CATALOGUE

DES

LIVRES ET DOCUMENTS IMPRIMÉS

DU

FONDS LORRAIN

DE LA

BIBLIOTHÈQUE MUNICIPALE DE NANCY

DRESSÉ ET PUBLIÉ

SOUS LA DIRECTION

DE

J. FAVIER

CONSERVATEUR DE LA BIBLIOTHÈQUE

NANCY

IMPRIMERIE A. CRÉPIN-LEBLOND

21, RUE SAINT-DIZIER, 40, RUE DES DOMINICAINS.

1898

CATALOGUE DU FONDS LORRAIN

DE LA

BIBLIOTHÈQUE MUNICIPALE DE NANCY

CATALOGUE

DES

LIVRES ET DOCUMENTS IMPRIMÉS

DU

FONDS LORRAIN

DE LA

BIBLIOTHÈQUE MUNICIPALE DE NANCY

DRESSÉ ET PUBLIÉ

SOUS LA DIRECTION

DE

J. FAVIER

CONSERVATEUR DE LA BIBLIOTHÈQUE

NANCY

IMPRIMERIE A. CRÉPIN-LEBLOND

21, RUE SAINT-DIZIER, 40, RUE DES DOMINICAINS.

1898

PRÉFACE

D<small>E</small> toutes les bibliothèques publiques de France, la bibliothèque municipale de Nancy est certainement l'une des plus
spacieuses et celle où le service est le mieux organisé. Sa
vaste salle de travail, éclairée de deux côtés par de larges baies, peut
recevoir 120 lecteurs ; et, tous les jours de la semaine, les portes en
sont ouvertes dès neuf heures du matin pour ne se fermer que vers
dix heures du soir. Même pendant la période des vacances, en août
et en septembre, la bibliothèque ne chôme que les après-midi. Aussi,
elle est fréquentée par de très nombreux travailleurs ; et, à certaines
heures du jour, tous les pupitres y sont occupés. Dans la dernière
année, l'on a compté plus de 80,000 lecteurs.

Parmi eux, beaucoup viennent se livrer à des recherches d'histoire locale. Ils savent que le dépôt de Nancy est sans conteste le plus
riche en ouvrages et brochures sur la Lorraine, le Barrois et les Trois-
Évêchés. C'est pour eux surtout qu'a été fait le présent *Catalogue*.
Jusqu'à ce jour, ils avaient à leur disposition l'excellent répertoire
des manuscrits qu'a dressé en 1886 notre infatigable bibliothécaire
en chef **M. J. Favier**, dans le *Catalogue général des manuscrits des
bibliothèques des départements*, et un grand nombre de ces écrits
concernent le pays lorrain ; pour les imprimés, ils pouvaient consulter
le grand registre manuscrit où, sous les rubriques : *Lorraine,
Meurthe, Vosges, Moselle, Meuse*, étaient indiqués les ouvrages dont
l'étendue dépassait cent pages, ou le registre des brochures lorraines,
rangées sous divers chapitres : *Théologie, jurisprudence, sciences et
arts, belles-lettres, histoire, mélanges, factums*, ou encore, quand ils
connaissaient avec exactitude le nom de l'auteur ou le titre de l'ouvrage anonyme, le catalogue sur fiches dans lequel, par ordre

A

alphabétique, sont confondus tous les livres de la bibliothèque. Enfin, ils trouvaient une aide précieuse dans l'obligeance de MM. les bibliothécaires qui leur indiquaient souvent, avec une grande compétence, les principaux documents sur un sujet déterminé. Néanmoins, ils n'étaient jamais assurés d'avoir consulté toutes les richesses que renferme notre belle bibliothèque ; ils ne pouvaient affirmer qu'aucune petite plaquette ne leur eût échappé, et souvent ces petits écrits de circonstance, qu'un anonyme a rédigés dans un moment de colère, en apprennent plus long sur une période que les gros volumes. Puis, un temps précieux était perdu jusqu'à ce qu'on eût retrouvé les titres de toutes ces brochures et jusqu'à ce qu'on eût réuni les volumes épars. Le nouveau catalogue de M. Favier évitera au travailleur beaucoup de tâtonnements comme aussi l'inquiétude de n'avoir pas tout consulté. Ici nous trouvons dans un ordre méthodique l'énumération de toutes les richesses que possède la bibliothèque. Vous voulez étudier le règne de Charles III et connaître les ouvrages qui ont déjà paru sur cette époque ; ouvrez le catalogue à la rubrique : *Histoire sous chaque règne*, et vous les trouverez rassemblés, tant ceux qui traitent du règne en général que ceux qui racontent quelque épisode. Les petites plaquettes sont mentionnées à côté des volumes considérables ; l'on vous énumère même toutes les estampes représentant les traits du prince. Vous aurez, sous les numéros 544-568, l'indication des ouvrages que vous cherchez à la bibliothèque. Vous voulez savoir l'histoire de votre village, M. Favier vous indique par ordre alphabétique les monographies communales, et vous en retrouverez aisément la liste. Il arrive souvent qu'un ouvrage rentre dans deux ou trois catégories différentes ; de toute évidence, il n'était possible de le signaler qu'en un endroit. Mais, à la fin du volume, a été imprimée une table alphabétique générale où sont indiqués les noms d'auteurs, les noms propres de personnes et de localités ; avec une telle table, il est bien facile de retrouver très vite les renseignements qu'on désire. M. Favier a mis en quelque sorte le cabinet lorrain sous nos yeux ; il nous a permis d'en parcourir par la pensée tous les compartiments ; il nous en a dévoilé tous les mystères.

La bibliothèque elle-même tirera de ce catalogue un grand profit. Si riche que soit le fonds lorrain, il n'est pas complet. Il manque encore beaucoup de ces petits écrits que les frondeurs faisaient paraître en cachette sous l'ancien régime, comme aussi quelques-unes de ces plaquettes que les événements révolutionnaires ont fait éclore à Nancy et dans les autres villes de la Lorraine. Pour le xixᵉ siècle même, un certain nombre de brochures lorraines — tirages à part de revues générales — ont dû échapper à l'attention de nos bibliothécaires. Par le catalogue de M. Favier, les amateurs de l'histoire lorraine sauront ce que possède la bibliothèque, mais aussi ce qui lui manque. Ils signaleront ces lacunes et, à chaque occasion, on s'efforcera de les combler. Sur un exemplaire interfolié l'on notera ces *desiderata* qui bientôt n'en seront plus. Nous espérons même que ces amateurs se mettront eux aussi à la recherche du volume qui fait encore défaut et, s'ils sont heureux dans leurs découvertes, qu'ils l'offriront à la bibliothèque municipale en reconnaissance des services qu'elle leur rend. Grâce au concours de tous, notre collection lorraine doit s'enrichir et devenir, si possible, tout à fait complète.

Mais ce catalogue ne sera pas seulement utile aux lecteurs de la bibliothèque et à la bibliothèque elle-même ; il rendra en dehors de Nancy même de grands services. Il formera un répertoire bibliographique lorrain ; il sera un inventaire général de tout ce qui a été écrit sur la Lorraine et de toutes les productions des auteurs lorrains. M. Ch.-V. Langlois, dans son excellent *Manuel de Bibliographie historique,* écrit : « Les catalogues imprimés des bibliothèques locales qui sont riches et qui possèdent la plupart des livres relatifs à l'histoire de la ville, ou de la province où elles se trouvent, lorsqu'ils sont disposés méthodiquement, constituent de véritables bibliographies d'histoire locale. » Il en va sûrement ainsi du *Catalogue* de M. Favier. C'est celui de la plus riche bibliothèque lorraine qui existe, et il est disposé avec beaucoup de méthode. Nous avons eu autrefois le *Catalogue des collections lorraines* de M. Noël ; il contient un nombre considérable de documents, quelques-uns fort rares ; mais pourquoi ne peut-il pas passer pour un répertoire ? Parce que le plan en est défectueux et confus, parce que les tables en sont incomplètes, parce que souvent l'auteur entre en scène et critique d'une façon trop personnelle les ouvrages qu'il décrit. Ici au contraire le système adopté pour le classement est des plus logiques et des plus clairs ; une table très développée rend les recherches promptes et aisées ; et jamais l'auteur n'a oublié cette règle de bibliographie qui domine toutes les autres, celle qui consiste à donner bien exactement le titre de l'ouvrage sans y rien ajouter. Règle bien simple, dira-t-on ; mais d'où vient qu'elle soit si peu observée ?

Lecteur assidu de la bibliothèque municipale, amateur passionné de l'histoire de Lorraine, je dis, au nom des autres lecteurs et des autres historiens, un cordial merci à M. Favier et à ses dévoués collaborateurs pour avoir rendu nos recherches à la bibliothèque plus faciles, et pour avoir élevé ce monument de bibliographie lorraine. La ville de Nancy qui a fait les frais de cette publication, a droit, elle aussi, à notre reconnaissance. En se montrant généreuse, elle a fait un bon placement. Elle a augmenté la valeur de la bibliothèque qui lui appartient, et, en faisant connaître les richesses de son cabinet lorrain, elle a invité chacun de nous, dans la mesure de ses moyens, à les augmenter.

CH. PFISTER.

AVERTISSEMENT

L_E *Fonds lorrain* de la Bibliothèque municipale de Nancy comprend tous les ouvrages et tous les documents, tant imprimés que manuscrits, relatifs à la Lorraine proprement dite, au Barrois et aux Trois-Évêchés (Metz, Toul et Verdun); c'est-à-dire au pays dont on a composé les départements de la Meurthe (1), de la Meuse, de la Moselle et des Vosges.

Par là nous n'entendons pas désigner seulement les ouvrages purement historiques, mais bien l'ensemble de tout ce qui peut avoir un intérêt quelconque pour la province (2).

Le *Catalogue des manuscrits* de notre Bibliothèque a été imprimé en 1886, et fait partie du *Catalogue général des manuscrits des bibliothèques publiques de France — Départements* (nouvelle série, t. IV), publié par les soins du Ministère de l'Instruction publique. Dans ce catalogue, les manuscrits lorrains ont été confondus avec les autres; mais, grâce aux tables qui en ont été dressées pour le tirage à part, on y trouve rapidement tout ce qui a trait à la Lorraine.

En y ajoutant le *Catalogue des imprimés* que nous publions aujourd'hui, les travailleurs et les curieux auront tout ce qu'il faut pour

---

(1) Dans le corps de ce catalogue, la dénomination de *Meurthe-et-Moselle* n'a été employée que pour des ouvrages sur des faits postérieurs à 1870.

(2) On comprendra aisément que nous n'avions pas à faire figurer ici les traités d'histoire générale, ni les grands recueils de l'histoire de France, dans lesquels on trouve cependant de nombreux matériaux sur l'histoire de notre province. Si jamais un bibliographe avait l'heureuse idée d'entreprendre la publication d'un *Répertoire des sources de l'histoire de Lorraine,* son premier devoir serait de dépouiller avec soin toutes ces collections.

pouvoir facilement se rendre compte des ressources que leur offrent nos collections relatives à l'histoire locale.

On y trouvera, avons-nous dit, des ouvrages de toute sorte que nous aurions pu classer, comme on le fait généralement pour les bibliographies universelles, sous les rubriques : Théologie, Jurisprudence, Sciences et Arts, Belles-Lettres et Histoire. Mais si nous avons dû conserver ces divisions dans leurs grandes lignes, nous en avons modifié l'ordre et les subdivisions pour les adapter à notre sujet suivant la logique et les besoins. — En fait de subdivisions, nous avons eu bien soin d'en restreindre le plus possible le nombre pour ne pas égarer le chercheur dans des tableaux par trop compliqués. Une *Table alphabétique* très détaillée rendra plus de services que l'emploi du meilleur des systèmes de classification (1).

Nous avons pensé que notre catalogue devait être considéré comme une sorte de *bibliographie pour l'étude de la Lorraine sous tous ses aspects;* et l'idée qui domine dans la bibliographie d'un pays ou d'une province, c'est l'histoire : Histoire proprement dite, histoire religieuse, histoire des lettres, des sciences et des arts. C'est donc au point de vue historique que nous nous sommes placé pour notre classement.

Nous avons fait passer avant tout le chapitre de l'*Histoire,* en ayant soin de nous conformer à l'usage, très logique du reste, qui est de faire précéder l'*Histoire proprement dite* de la *Géographie.* Quant à ce que l'on est convenu d'appeler les *Paralipomènes historiques,* nous les avons fait suivre dans l'ordre de leur importance.

L'histoire de la famille ducale a été confondue avec celle du duché, puisque l'une ne peut aller sans l'autre ; et, comme corollaire, nous avons donné en appendice à cette section, l'histoire des princes et princesses de la Maison de Lorraine. Pour cette série, nous avons classé les ouvrages dans l'ordre alphabétique des prénoms sous lesquels les personnages sont généralement connus. Ce système nous a semblé préférable au classement par branches de famille, parce qu'il est de beaucoup le plus facile pour les recherches.

Pour la période révolutionnaire, nous avons dû adopter un certain nombre de subdivisions à cause de la grande quantité d'articles

---

(1) Un certain nombre d'erreurs d'impression que l'on peut trouver dans le corps du *Catalogue* ont été corrigées dans cette table.

qui y figurent ; néanmoins nous ne pouvons affirmer que l'ordre y soit irréprochable : dans cette partie, plus que partout ailleurs, on trouvera beaucoup de brochures ou plaquettes pouvant entrer indistinctement sous telle ou telle rubrique.

L'*Histoire des localités* comprend d'abord les dictionnaires et les ouvrages d'ensemble ; puis, dans l'ordre alphabétique des localités, tout ce qui se rapporte à chacune d'elles : monographies historiques, découvertes et notices archéologiques, plans, vues, etc.

Le système adopté pour l'histoire des localités a été également suivi pour les biographies, c'est-à-dire que nous donnons le tout, vies, éloges et portraits de chaque personne, dans l'ordre alphabétique des noms.

Pour l'un et l'autre cas, nous avons eu soin de faire ressortir ces noms en les imprimant en caractères gras.

Dans le cadre de nos divisions, nous n'avions pas à ouvrir de chapitre à la *Théologie* proprement dite : comme plusieurs autres sciences, celle-là ne peut avoir un caractère local, et si la Lorraine a produit des théologiens, on les verra figurer à l'*Appendice I*, consacré aux auteurs lorrains qui ont publié des ouvrages sur des sujets étrangers à la Lorraine. Mais nous avons groupé sous la rubrique *Histoire religieuse* tout ce qui se rapporte à l'origine, au développement et à l'exercice des différentes religions pratiquées dans notre province.

La section *Jurisprudence* renferme une collection très importante de *Mémoires* et *Factums* relatifs à des procès engagés en Lorraine, de la fin du XVII\ e siècle à la Révolution, par des communes, des maisons religieuses ou des particuliers. Ces pièces, du plus haut intérêt pour l'histoire de la jurisprudence aussi bien que pour celle des localités, des familles et des ordres religieux, ont été classées, autant que possible, dans l'ordre alphabétique des noms des parties, en prenant pour repère le nom de la partie intéressée qui occupe le premier rang. A la *Table alphabétique*, nous nous sommes abstenu de donner les prénoms des personnes qui figurent dans cette section, nous contentant de grouper sous le seul nom de famille tous les numéros des pièces où figurent un ou plusieurs membres de cette famille. Nous avons voulu éviter ainsi un encombrement, pensant bien que les renseignements que nous y donnons seront largement suffisants.

A la section *Sciences et Arts*, nous n'avons fait figurer ni les sciences philosophiques, ni les sciences physiques et chimiques, ni les sciences mathématiques, parce que ni les unes ni les autres n'ont rien de lorrain. Comme pour la théologie proprement dite, nous avons renvoyé à l'*Appendice I* tous les ouvrages des philosophes, des physiciens, des chimistes ou des mathématiciens de la province.

Nous n'avons pas cru devoir agir ainsi pour les œuvres de nos artistes ; la plupart d'entre eux ont produit des pièces intéressant directement la Lorraine, et, au lieu de scinder ces collections pour renvoyer à l'appendice ce qui n'aurait rien de local, nous les avons groupées, afin de présenter en bloc les éléments de l'histoire des beaux-arts en Lorraine et dans les Trois-Évêchés.

Comme nous venons de le dire, notre *Fonds lorrain* n'est pas formé exclusivement des ouvrages où il est question de la Lorraine, mais nous y comprenons aussi les œuvres de toute nature composées par des Lorrains. La liste en est longue, mais il était indispensable de la donner, car on y trouvera un complément de matériaux pour l'histoire de la vie intellectuelle dans notre province.

Par auteurs lorrains, nous n'entendons pas seulement ceux qui sont nés en Lorraine ou dans les Trois-Évêchés ; mais nous considérons aussi comme tels, les théologiens, les juristes, les savants, les littérateurs et les historiens qui ont fait dans ce pays un séjour assez long pour y acquérir en quelque sorte le droit de cité. C'est à ce titre, par exemple, que nous donnons une place dans notre *Catalogue* aux œuvres d'une quantité d'écrivains qui sont venus des différents points de la France professer à l'une ou l'autre de nos Facultés.

Lorsque le titre de l'ouvrage comporte des indications suffisantes prouvant que l'auteur a les qualités requises pour figurer dans notre cadre, nous nous abstenons de toute annotation ; dans le cas contraire, nous mettons entre parenthèses son lieu de naissance ou toute autre mention justifiant le titre de lorrain dans les conditions que nous venons de dire.

Enfin, pour ne rien omettre, il nous restait encore à décrire une catégorie d'ouvrages n'ayant rien de lorrain que leur lieu d'impression. Nous en avons fait l'objet d'un second appendice que nous considérons comme indispensable pour quiconque voudrait étudier l'histoire de l'imprimerie en Lorraine, du xve au xixe siècle. C'est là que figurent : le premier livre imprimé à Nancy ; un des premiers sortis des presses de St-Dié ; un certain nombre de classiques imprimés à Pont-à-Mousson au commencement du xviie siècle, pour l'usage de l'Université lorraine ; la première édition des *Mémoires* du cardinal de Retz, etc., etc.

Dans cet appendice nous avons classé les ouvrages suivant l'ordre alphabétique des noms de lieux d'impression, et chaque série, dans l'ordre chronologique. Nous n'en avons pas écarté les publications faussement attribuées à la typographie lorraine, et, dans plusieurs cas, nous avons ajouté le nom vrai entre parenthèses, à côté du pseudonyme.

Cuique suum. Il est de toute justice d'indiquer ici la part de travail qui revient à chacun de nos collaborateurs :

M. A. Pèlerin, bibliothécaire en premier, a rédigé les fiches d'environ 3000 brochures, plaquettes et tirages à part.

M. C. Pèlerin, bibliothécaire en second, a recherché dans les différentes parties du Catalogue général de la Bibliothèque et décrit la plupart des ouvrages qui figurent aux deux appendices.

M. Hacquard, 1er commis, a dépouillé tous les recueils de pièces et particulièrement celles qui concernent l'histoire de la Révolution.

M. Lapointe, 2e commis, a dressé la liste des mémoires et factums des xviie et xviiie siècles ; a décrit les portraits des personnages lorrains ainsi que les plans et vues des localités ; et enfin a relevé les noms destinés à figurer à la table alphabétique.

Tout le personnel de la Bibliothèque a donc contribué à la rédaction de ce *Catalogue*, mais si le public peut lui en savoir quelque gré, la plus grande part de sa reconnaissance doit aller à l'Administration municipale qui a fourni les fonds nécessaires pour le faire imprimer.

J. FAVIER.

TABLE DES DIVISIONS

HISTOIRE

APPENDICES

HISTOIRE

I. GÉOGRAPHIE.

A. Géographie générale. — Géographie historique. — Cartes.

1. (DURIVAL). Table alphabétique des villes, bourgs, villages et hameaux de Lorraine et Barrois (par N. Durival). *S. l. (Nancy)*, *n. n.*, 1749. 182 pages, in-8°. Rel. mar. r., d. s. tr.

2. (DURIVAL). Table alphabétique des villes, bourgs, villages, etc. de la Lorraine et du Barrois, (par N. Durival). 2ᵉ édition. *Nancy, Thomas*, 1766. 176 pages, in-8°. Cart.

3. (DURIVAL). Mémoire sur la Lorraine et le Barrois. Suivi de la table alphabétique et topographique des lieux. Par D(urival). *Nancy, H. Thomas*, (1753). xv-604 pages, in-4°. Rel. veau.

4. (DURIVAL). Introduction à la description de la Lorraine et du Barrois. Par D(urival). *Nancy, Babin*, 1774. viii-512 pages, in-8°. Rel. veau. D. s. tr.

5. DURIVAL. Description de la Lorraine et du Barrois, par M. Durival l'aîné. *Nancy, Vᵛᵉ Leclerc et Lesenre*, 1779 à 1783. xxii-392 pages, avec une carte ; xii-395, 459, iv-247 pages. 4 vol. in-4°. Rel. basane. (Vignettes sur les titres.)

6. MAILLET.(de). Mémoires alphabétiques pour servir à l'histoire, au pouillé et à la description générale du Barrois ; contenant les noms des villes, bourgs, etc., par M. de Maillet, doyen de la chambre des comptes de Bar. Seconde édition, revue et augmentée. *Nancy, J.-B.-H. Leclerc*, 1773. xvi-419 pages, in-12. Rel. veau.

7. LORRAINE (La). — La Moselle, par Lorédan Larchey. — La Meuse, par André Theuriet. — Les Vosges, par Louis Jouve et Liétard. — La Meurthe, par Edgard Auguin. — Introduction par Auguste Prost. *Nancy, Berger-Levrault et Cie*, 1886. 740 pages, in-4°. Frontispice et figures. 2 vol. Demi-rel.

8. LABOURASSE. Le camp de la Woëvre *(castrum Vabrense)*, par H. Labourasse, inspecteur de l'enseignement primaire à Arcis-sur-Aube. *Bar-le-Duc, Contant-Laguerre*, 1871. 8 pages, in-8° (avec un plan). Br. — Encore le camp de la Woëvre, par H. Labourasse. *Bar-le-Duc, Contant-Laguerre*, 1892. 12 pages, in-8°. Br. — (Extrait des *Mémoires de la Société des lettres, sciences et arts de Bar-le-Duc.*)

9. LEPAGE. Quelques questions de géographie du moyen âge, par M. Henri Lepage. *Nancy, A. Lepage, s. d.* 39 pages, in-8°. Carte. Cart.

10. RÉPONSE au sentiment de D. Calmet sur les limites d'une partie du royaume, du côté de l'empire, avant l'an 1301. *S. l., n. n., n. d.* 14 pages in-12. Dem. rel.

11. STEMER. Traité du département de Metz. *Metz, J. Collignon*, 1756. viii-478 pages, in-4°. Rel. mar. r., fil., d. s. tr.

12. MARDIGNY (de). Dénombrement des villages et gagnages des environs de Metz, au commencement du xvᵉ siècle, par M. Paul de Mardigny. *Metz, F. Blanc*, 1855. 82 pages, in-8°. Carte. Demi-rel. (Extrait des *Mémoires de l'Académie de Metz*.)

13. WIENER. Description singulière de la

Lorraine tirée d'une géographie imprimée à Metz en 1685, par L. Wiener. *Nancy, G. Crépin-Leblond*, 1889. 4 pages, in-8°. Br. (Extrait du *Journal de la Société d'archéologie lorraine.*)

14. GODRON. De l'origine des noms de plusieurs villes et villages de la Lorraine, du pays messin et de l'arrondissement de Thionville, par D.-A. Godron. *Nancy, G. Crépin-Leblond*, 1875. 50 pages, in-8°. Cart. (Extrait des *Mémoires de la Soc. d'archéologie lorraine.*)

15. TERQUEM. Etymologies du nom des villes et des villages du département de la Moselle, par Auguste Terquem, de Metz. *Metz, Lorette*, 1863. XIV-215 pages, in-8°. Br.

16. ETUDE sur les noms de lieux à Metz et aux environs, ainsi que dans les pays lorrains. *S. l., n. n., n. d.* Pages 106 à 126, in-8°. Br.

17. ARBOIS DE JUBAINVILLE (D'). Quelques pagi de la première Belgique d'après les diplômes de l'abbaye de Gorze, par H. d'Arbois de Jubainville. *Nancy, A. Lepage*, 1852. 19 pages, in-8°. Cart.

18. MAXE-WERLY. Etudes sur les différents pagi qui, au X° siècle, formèrent le comté du Barrois. Première partie. Pagus barrensis. Par M. L. Maxe-Werly. (Extrait des *Mémoires de la Société des lettres, sciences et arts de Bar-le-Duc*). Bar-le-Duc, Contant-Laguerre, 1877. 32 pages, in-8°. Carte. Cart.

19. MAXE-WERLY. Limites de la province lingonaise du côté du Barrois, par L. Maxe-Werly. *Paris, imp. Pillet, s. d.* 7 pages, in-8°. Br. (Extrait de la *Revue archéologique.*).

20. QUINTARD. Dissertation sur la station appelée Mose, inscrite sur la table de Peutinger (voie romaine de Reims à Metz), par Léopold Quintard. *Nancy, imp. Saint-Epvre*, 1883. 15 pages, petit in-8°. Br. (Avec deux planches.)

21. (BÉGIN). Caractère général des villes du Nord-Est de la France (par Bégin). *S. l., n. n., n. d.* 35 pages, in-8°. Cart.

22. AUDENELLE. Essai statistique sur les frontières Nord-Est de la France ; contenant : 1° la description topographique et chronologique de la ligne frontière depuis le Rhin jusqu'aux Ardennes ; 2° la peinture matérielle du sol, sous les rapports de la topographie, des produits indigènes, de l'industrie territoriale et du commerce qui en dérive ; 3° la description, sous les mêmes rapports, des provinces étrangères limitrophes ; 4° un résumé historique ; 5° un précis archéologique ; 6° des observations sur les mœurs ; 7° enfin, un aperçu de l'importance des frontières Nord-Est sous les rapports politiques et militaires, par J. Audenelle, employé des douanes. *Metz, E. Hadamard*, 1827. XI-368 pages, in-8°. Dem. rel.

23. MÉRIAN. Zuegab von etlichen dess Heyl. Rom. Reichs Standen... Bisantz, Metz, Tull, Verdun, Lothringen... bei Matt. Mérian. *Franckfurt am Mayn, Hoffmann, s. d.* 17 pages, in-fol. Cartes, plans et profils. Cart.

24. BESCHREIBUNG Ausführliche der Hertzogthumer Lottringen und Savoien. *Franckfurt, Kiegel*, 1690. VIII-554 pages, in-12. Frontispice, plans et profils. Rel. parchemin.

25. HUHN. Deutsch-Lothringen. Landes. Volks und Ortskunde, von D' E. H. Th. Huhn. *Stuttgart, J. G. Cotta*, 1875. XII-566 pages, in-8°. Demi-rel.

26. BLEICHER. Les Vosges ; le sol et les habitants, par G. Bleicher, professeur à l'Ecole sup. de pharmacie de Nancy. Avec 28 coupes, profils et figures intercalées dans le texte. *Paris, J.-B. Baillière*, 1890. 320 pages, in-12. Demi-rel.

27. BARDIN. Montagnes françaises. Chaîne des Vosges. Carte topographique. Relief du sol figuré avec ou sans courbes. 24 cartes de dimensions diverses. Album gr. in-fol. Demi-rel.

28. IMFELD. Panorama du ballon de Guebwiller, par X. Imfeld, ingénieur topographe. *Nancy, Berger-Levrault et Cie*, 1881. Une planche, dans un cart. in-8°.

29. FOURNIER. Pourquoi appelle-t-on *Ballons* certains sommets des Vosges ? Par le docteur A. Fournier. *Nancy, Berger-*

Levrault, 1882. 8 pages, in-8°. Br. (Extrait du *Bulletin de la Société de géographie de l'Est.*)

3o. FOURNIER. Les Faucilles. Par le docteur A. Fournier. *Nancy, Berger-Levrault*, 1895. 12 pages, in-8°. Br. (Extrait du *Bulletin de la Société de géographie de l'Est.*)

31. GLEY. Le relief des Vosges, par Gérard Gley. *Épinal, V. Collot*, 1874. 16 pages, in-8°. Cart. (Extrait des *Annales de la Société d'émulation des Vosges.*)

32. LORIN. Les Vosges vues de Nancy. Avec un croquis planimétrique. Par Ed. Lorin. *Nancy, Berger-Levrault*, 1882. 7 pages, in-8°. Br. (Extrait du *Bulletin de la section vosgienne du Club alpin français.*)

33. LORIN. Causerie sur les Vosges. La carte, quelques altitudes, quelques dénominations, par E. Lorin. *Nancy, Berger-Levrault*, 1884. 15 pages, in-8°. Br. (Extrait du *Bulletin de la section vosgienne du Club alpin français*)

34. HÉRICART DE THURY. Annales de statistique. Bassin de la Meuse. Essai potamographique sur la Meuse, ou observations sur sa source, sa disparition sous terre, sa nouvelle sortie et son cours, par le cit. Héricart de Thury, élève des mines. *Paris, Valade*, 1802. 46 pages, in-8°. Cart.

35. BEAULIEU. Plans et profils des principales villes des duchez de Lorraine et de Bar, avec la carte générale et les particulières de chaque gouvernement. Dessinez sur les lieux, et présentés au roy, par le sieur de Beaulieu le Donjon, ... l'un de ses ingénieurs. *Paris, chez l'auteur, s. d.* 56 planches, y compris le titre et la table gravés. In-4°, obl. Demi-rel.

36. TASSIN. Plans et profils des principales villes du duché de Lorraine, avec les cartes générales et particulières de chacun gouvernement d'icelles, par le sieur Tassin, géographe ordinaire de Sa Majesté. *Paris, M. Tavernier*, 1633. VIII-25 pages, in-4°, oblong. Rel. parchemin.

37. SCHMIT. La route de France ou route de la Reine dans le Saulnois, par M. J.-A. Schmit. *Nancy, A. Lepage*, 1869. 44 pages, in-8°. Carte. Cart. (Extrait des *Mémoires de la Société d'archéologie lorraine.*)

38. WIENER. Essai de cartographie de la Lorraine, par Lucien Wiener, conservateur du Musée lorrain. *Nancy, R. Wiener*, 1896. 56 pages, in-8°. Br.

39. MAGGIOLO. Simples notes pour servir à l'histoire de la cartographie en Lorraine, du XVIe au XIXe siècle, par L. Maggiolo, recteur honoraire de l'Académie de Nancy, etc. *Nancy, Berger-Levrault et Cie*, 1881. 11 pages, in-8°. Br.

40. FILTZ. Carte du cours de la Moselle, compris entre Nancy et Coblentz, dressée d'après des documents nouveaux, par H. Filtz, conducteur des Ponts et chaussées, gravée sur pierre par Dembour. *Metz, Dembour et Gangel*, 1840. 4 pages, in-8°. Cart.

41. SANSON. La Picardie, la Champagne, etc. La Lorraine en plusieurs et diverses cartes particulières. Là où les diocèses des archeveschés et eveschés sont distingués en leurs archidiaconés et doyennés ruraux, etc. Par Nicolas Sanson, d'Abbeville, géographe ordinaire du roy. *Paris, chez l'auteur*, 1656. Gr. in-fol. Rel. parchemin.

42. CARTE archéologique des arrondissements de Nancy et de Toul. Géographie romaine et du moyen âge. — 290 sur 360 millim. (Extrait de Grille de Beuzelin, *Statistique monumen'ale.* 1837. Atlas.)

43. ROGUET. La Lorraine, avec l'indication des voies, villes et constructions romaines, des lieux de combats... Par Roguet. 1825. (ms.). — 540 sur 360 millim.

44. LEPAGE. Carte du département de la Meurthe au Xe siècle, d'après les diplômes et les historiens, par H. Lepage. *Nancy, aut. L. Christophe*, 1860. — 630 sur 420 millim.

45. BENOIT. Carte de la Lorraine. Westrich. *Nancy, aut. L. Christophe.* — 260 sur 360 millim. (Fac-similé de la carte de J. Schott, imp. à Strasbourg en 1513, dans une édition de la géographie de Ptolémée.)

46. CARTE de l'ancien royaume d'Austrasie, le vray et primitif héritage de la Couronne

de France. *Paris, M. Tavernier*, 1642. — 360 sur 510 millim. (Extrait de Chantereau Le Febvre, *Considérations sur la Maison de Lorraine.*)

47. AUSTRASIE. Carte gravée par L. Christophe. — 350 sur 430 millim. (Extrait de Digot, *Histoire d'Austrasie, Nancy*, 1863.)

48. CARTE de la Lorraine et du Barrois, à la fin du xvie siècle. *Nancy, N. Digout.* — 430 sur 440 millim. (Extrait de Digot, *Histoire de la Lorraine, Nancy*, 1856.)

49. LORRAINE. Lotharingiæ nova descriptio. 1587. — 510 sur 340 millim. (Voy. A. Ortelius. *Theatrum Orbis terrarum.* *Anvers*, 1595.)

50. LORRAINE vers le Septentrion. Lorraine vers le Midi. *Caesaroduni Turonum, M. Boguerealdus*, 1593. — 2 feuilles de 450 sur 355 millim. (Voy. *Théâtre français où sont comprises les chartes ... de la France*, par M. Bouguereau. *Tours*, 1593.)

51. LOTHARINGIÆ ducatûs superioris vera delineatio. Par Jollain. (Vers 1596). — 500 sur 360 millim.

52. LOTHARINGIA meridiona(lis). — 180 sur 140 millim. (Voy. Mercator. *Atlas minor. Amsterodami*, 1607. — La partie septentrionale manque.)

53. LOTHARINGIA septentrionalis. Lorraine vers le Midy, signée P. Kærius. (Vers 1607). — 2 feuilles de 250 sur 180 millim.

54. LOTHARINGIA ducatus. 1621. — 135 sur 95 millim. (Voy. Merula, *Cosmographiæ generalis libri tres, Amsterodami*, 1621).

55. LOTHARINGIA ducatus. Partie septentrionale et partie méridionale. Per G. Mercatorem. — 2 feuilles de 480 sur 360 millim. (Voy. G. Mercator, *Atlas, Amsterdam*, 1628.)

56. LOTHARINGIA septentrionalis. Lotharingia meridionalis. 1628. — 200 sur 135 millim. (Voy. Mercator. *Atlas minor. Amsterodami*, 1628).

57. LOTHARINGIA septentrionalis. Lorraine vers le Septentrion. Lorraine vers le Midi. *Amstelodami, apud Joannem Janssonium.* (Vers 1630). — 500 sur 375 millim.

58. LOTHARINGIA. (Carte anonyme publiée vers 1630). — 200 sur 135 millim.

59. CARTE de Lorraine, par le sieur Tassin, géogr. de S. M. 1633. — 150 sur 100 millim. (Voy. *Plans et profils*, etc., du même auteur. *Paris*, 1633.)

60. GOUVERNEMENT de Nancy. (Carte des environs de Nancy), par le sieur Tassin. 1633. — 150 sur 100 millim. (Voy. *Plans et profils* du même auteur).

61. CARTE générale des duchés de Lorraine et de Bar. Par le sieur Beaulieu. (Vers 1640). — 150 sur 105 millim. (Voy. *Plans et profils*, etc., du même auteur, *Paris, s. d.*)

62. LOTHARINGIA ducatus, vulgò Lorraine. *Amsterdami, apud G. Blaeuw.* (Vers 1640). — 500 sur 380 millim.

63. LOTHARINGIA ducatus; vulgò Lorraine. Par Mérian. — 370 sur 280 millim. (Voy. Merian. *Topographia*, etc. *Franckfurt.* 1643.)

64. LOTHARINGIA ducatus nova descriptio. *Amstelodami, apud J. Janssonium.* 1645. — 550 sur 420 millim. (Voy. *Nouvel atlas ou théâtre du monde*, etc., par le même auteur.)

65. CARTE des duchés de Lorraine et Bar. (*A Paris, chez N. Berey.*) 1646. — 4 feuilles, numérotées 23 à 26, de 520 sur 370 millim. chacune.

66. MEDIOMATRICI. Archidiaconnés de Metz, de Vic et de Marsal, dans l'évêché de Metz, etc. Par N. Sanson d'Abbeville, géographe du roi. *Paris, chez l'auteur*, 1656. — 500 sur 420 millim.

67. MEDIOMATRICI. Archidiaconné de Sarbourg, dans l'évesché de Metz, où sont les bailliage allemand, dans le duché de Lorraine et les terres adjacentes, etc. Par N. Sanson d'Abbeville. *Paris, chez l'auteur*, 1656. — 520 sur 450 millim.

68. LEUCI. Archidiaconné de Port, et prévosté de St-Dié, dans l'évesché de Toul, etc. Par N. Sanson d'Abbeville. *Paris, chez l'auteur*, 1656. — 590 sur 430 millim.

69. LEUCI. Archidiaconnés de Vosges et de Vitel, dans l'évesché de Toul, etc. Par N. Sanson, d'Abbeville. *Paris, chez l'auteur,* 1656. — 580 sur 430 millim.

70. LEUCI. Archidiaconnés de Toul, de Ligny et Reynel, dans l'évesché de Toul, etc. Par N. Sanson, d'Abbeville. *Paris, chez l'auteur,* 1656. — 500 sur 430 millim.

71. VERODUNI. Evesché de Verdun, où sont les comté et bailliage de Verdun, le Barrois ducal, etc. Par N. Sanson, d'Abbeville. *Paris, chez l'auteur,* 1656. — 490 sur 430 millim.

72. LORRAINE (la) qui comprend les duchés de Lorraine et de Bar et les bailliages des éveschés et des villes de Metz, Toul et Verdun. Par Sanson. *Paris, H. Jaillot,* 1692. — 880 sur 550 millim.

73. ESTATS entre la Nied, la Sare et le Rhin, où sont la Lorraine allemande, le duché de Deux-Ponts, les comtés de Bitche, etc., par H. Sengre. *Paris, Jaillot, s. d.* (1695). — 860 sur 420 millim.

74. FRONTIÈRES (les) de la Lorraine où sont Epinal, St-Diey, Lunéville, Marsal, etc. Par H. Sengre. *Paris, Jaillot, s. d.* (1695). — 860 sur 420 millim.

75. LORRAINE (la) qui comprend les duchés de Lorraine et de Bar et les bailliages des éveschés et des villes de Metz, Toul et Verdun. Par H. Jaillot. *Paris,* 1696. — 620 sur 460 millim.

76. DUCHEZ (les) de Lorraine et de Bar, la seigneurie temporelle des éveschez de Metz, de Toul et de Verdun, etc. Par J.-B. Nolin. 1696. — 620 sur 480 millim.

77. CARTE du duché de Lorraine, gravée sur les derniers mémoires. 1700. — 260 sur 180 millim.

78. MAPPA geographica in qua ducatus Lotharingiæ et Barr... sistuntur accuratissime designati per M. Seutter. (1700). — 580 sur 500 millim.

79. DUCHÉZ (les) de Lorraine et de Bar et les éveschéz de Metz, Toul et Verdun, par N. de Fer. *Paris, chez l'auteur,* 1703. — 340 sur 240 millim.

80. CARTE du duchez de Lorraine et Bar. 1705. — 510 sur 365 millim.

81. CIVITAS Leucorum sive pagus Tullensis, aujourd'hui le diocèse de Toul, pour servir à l'*Histoire...* de ce diocèse, par le P. Benoit... par G. de l'Isle. *Paris, chez l'auteur,* 1707. — 605 sur 480 millim.

82. DUCHEZ (les) de Lorraine et de Bar ; les évêchez de Metz, Toul et Verdun, par N. de Fer. 1708. — 585 sur 530 millim.

83. CARTE pour l'intelligence de l'histoire de Lorraine, où on fait observer la généalogie de ses ducs, etc. Par Gueudeville. *Amsterdam, Honoré et Chatelain,* 1719. — 450 sur 350 millim.

84. CARTE générale des duchez de Lorraine et de Bar, des trois évêchez de Metz, Toul et Verdun, etc. — Le Diocèse de Metz. — Le Diocèse de Toul. — Le Diocèse de Verdun. Par D. Bugnon (pour l'*Histoire de Lorraine,* par Dom Calmet). 1724-1725. — 4 feuilles de 340 sur 340, 390 sur 340, 440 sur 350 et 440 sur 340 millim.

85. ENVIRONS (les) de la ville de Nancy... où se trouve ce qui dépend de son office, châtellenie, bailliage et banlieue, avec le comté de Vaudémont, etc. Par De Ville. *Paris, J.-B. Nolin,* 1740. — 640 sur 480 millim.

86. COURANS (les) des rivières de Meuze, de Mozelle et de la Sar, où se trouvent le Luxembourg... et partie de la Lorraine et du Pays Messin, etc. Par J.-B. Nolin. *Paris, chez l'auteur,* 1742. — 600 sur 460 millim.

87. LORAINE (la). Par Le Rouge. *Paris, chez l'auteur,* 1743. Autre édition, *Paris, Crépy,* 1767. — 2 feuilles de 275 sur 205 millim.

88. DUCHÉS (les) de Lorraine et de Bar, les évêchés de Metz, Toul et Verdun... Par Le Rouge. *Paris, chez l'auteur,* 1743. — 640 sur 500 millim.

89. CARTE (nouvelle)... de la France, par Cassini de Thury. La Lorraine, comprenant les feuilles 41, 46, 51, 55, 64, 65 et 73. — 880 sur 560 millim.

90. CARTE générale du duchez de Lorraine et de Bar, des trois évêchez de Metz, Toul et Verdun, etc. Par Fonbonne. 1746. — 500 sur 510 millim.

91. LORRAINE et Alsace, par Robert. 1748. (Pour la *Géographie* de Dom Vaissette). — 135 sur 160 millim.

92. DUCHEZ (les) de Lorraine et de Bar, avec les 3 évêchez. Par de Norroy, noble lorrain. 1750. — 100 sur 105 millim.

93. CARTE des duchés de Lorraine et de Bar... Par de Beaurains. — Carte des trois évêchés Metz, Toul et Verdun, par G. de Baillian. (Pour la *Nouvelle description de la France*, par Piganiol de la Force). — 2 feuilles de 200 sur 140 millim.

94. CARTE de la Lorraine et du Barrois, dans laquelle se trouvent la généralité de Metz et autres enclaves, dressée pour la lecture du *Mémoire* de M. Durival, par Robert de Vaugondy. 1756. — 590 sur 480 millim.

95. CARTE des duchés de Lorraine et de Bar, des évêchés de Metz, Toul, Verdun et quelques enclaves, par de La Fosse. *Paris, Basset,* 1762. — 630 sur 485 millim.

96. CARTE de la Lorraine et des trois évêchés, par Defhert. (Pour le *Traité hist. des plantes de la Lorraine,* par Buchoz.) — 145 sur 160 millim.

97. CARTE physique et analytique de la Lorraine et des trois évêchés, par Denis. — Les environs de Verdun, par le même. *Paris, Pasquier et Denis,* 1765. — 2 feuilles de 360 sur 280 millim.

98. DUCHÉS (les) de Lorraine et de Bar, et les évêchés de Metz, Toul et Verdun, etc. *Paris, Desnos,* 1766. (Pour l'*Atlas général* exécuté par le s^r Desnos). — 340 sur 230 millim.

99. DESCRIPTION du pays messin, de ses confins, dépendances et terres adjacentes, par J. Brioys, 1766. — 640 sur 480 millim.

100. DUCHÉ de Lorraine, Duché de Bar, Duché de Deux-Ponts, Présidial de Ver-

dun, etc. *Paris, Crépy,* 1767. — 640 sur 510 millim.

101. CARTE du cours de la Mozelle et de la Meurthe, depuis Metz jusqu'à Nancy. — Carte du cours de la Mozelle depuis Metz jusqu'à Coblentz, par Le Brun, 1772. — 2 feuilles de 610 sur 350 et 2200 sur 480 millim.

102. CARTE de la Lorraine et du Barrois pour servir à la description de ces provinces (par Durival). (1778). *Arrivet inv.* — 270 sur 240 millim.

103. CARTE de la Lorraine où l'on a distingué le Pays messin, le Verdunois et le Toulois, etc., par Delamarche, 1784. *Paris, chez l'auteur.* — 540 sur 510 millim.

104. GOUVERNEMENT de Lorraine et celui d'Alsace, par Bonne. *André sculp.* (1786). — 345 sur 230 millim.

105. CARTE itinéraire des routes et communications ouvertes sur la partie des provinces de Lorraine, du Barrois, des trois évêchés, etc., par Vionnois. *Nancy, L. Christophe,* 1856. — 620 sur 400 millim.

106. GOUVERNEMENTS de Lorraine et des trois évêchés, par Aubert. (1790). — 430 sur 370 millim.

107. CARTE des départemens de la Meuse, de la Moselle, de la Meurthe, des Vosges, etc. *Paris, Desnos,* 1790. — 340 sur 230 millim.

108. CARTE de la Lorraine et des trois évêchés, divisée par bailliages, etc., dressée par Desauche. *Paris, chez l'auteur,* 1790. — 2 feuilles de 680 sur 450 millim.

109. CARTE de la Lorraine, où l'on a distingué le Pays messin, le Verdunois et le Toulois, etc., par C.-F. Delamarche. *Paris, chez l'auteur,* 1792. — 540 sur 515 millim.

110. FABERT (Abraham). Territorium metense. — 382 sur 489 millim.

111. FABERT (Abraham). Nova territorii Metensis descriptio. — 375 sur 475 millim.

112. CARTE (anonyme) des routes des lieux d'étapes pour le passage des troupes dans

le département de Metz, avec parties des routes des provinces de Lorraine et d'Alsace. 1755. — 240 sur 322 millim.

B. GÉOGRAPHIE PAR DÉPARTEMENTS :

1° Département de la Meurthe et de Meurthe-et-Moselle.

113. MALTE-BRUN. La France illustrée. Géographie, histoire, administration et statistique, par V.-A. Malte-Brun. Meurthe, Vosges, Meuse et Moselle. *Paris, Barba, s. d.* Chaque département comprend 16 pages grand in-8°, accompagnées d'une carte. Fig.

114. COSTER... Description abrégée du département de la Meurthe, par une commission composée de MM. Coster, Willemet, Poupillier et Lecreulx... *Paris, imprimerie de la République, an VII.* 28 pages, in-4°. Cart.

115. REGNARD-GIRONCOURT. Précis statistique du département de la Meurthe, pour servir d'introduction au dictionnaire topographique — historique — statistique du même département, par Regnard-Gironcourt, citoyen de Nancy, l'un des notables communaux. *Nancy, J.-R. Vigneulle, an X.* 34 pages, in-8°. Cart.

116. THIÉBAUT. Dictionnaire géographique, statistique du département de la Meurthe..., par C. Thiébaut, de Verdun, rédacteur du « Journal de la Meurthe ». *Nancy, Thiébaut, an XI.* 168 pages, in-8°. Demi-rel.

117. MARQUIS. Mémoire statistique du département de la Meurthe, adressé au ministre de l'Intérieur, d'après ses instructions, par M. Marquis, préfet de ce département. Publié par ordre du gouvernement. *Paris, Imp. imp., an XIII.* 231 pages, in-fol. Demi-rel.

118. MICHEL. Statistique administrative et historique du département de la Meurthe, par Michel, sous-chef à la préfecture. *Nancy, chez l'auteur, 1822.* XII-587 pages in-12, avec une carte du département et un plan de Nancy. Cart.

119. GROSSE. Dictionnaire statistique du département de la Meurthe, contenant une introduction historique sur le pays, avec une notice sur chacune de ses villes, bourgs, villages, hameaux, censes, rivières, ruisseaux, étangs et montagnes, par M. E. G(rosse), membre de plusieurs sociétés savantes. *Lunéville, Creuzat et Waltrin,* 1836 et 1838. CXIV-218 et 608 pages, in-8°. 2 vol. Demi-rel.

120. DESCRIPTION topographique et statistique de la France. — Département de la Meurthe. *S. l., n. n., n. d.* 36 pages, in-4°. Demi-rel.

121. LEPAGE. Le département de la Meurthe, statistique historique et administrative, publiée sous les auspices du préfet de la Meurthe, par Henri Lepage, avec une carte du département dressée par M. Guibal. *Nancy, Peiffer,* 1843. VIII-361 et 725 pages, in-8°. 2 vol. Demi-rel.

122. LEPAGE. Dictionnaire géographique de la Meurthe, rédigé d'après les instructions du Comité des travaux historiques et des sociétés savantes, et publié sous les auspices de la Société d'archéologie lorraine, par H. Lepage, président de la Société. Avec une carte du département au Xᵉ siècle. *Nancy, L. Wiener,* 1860. 312 pages, in-8°. Demi-rel. (Grand papier).

123. LEPAGE. Dictionnaire topographique du département de la Meurthe, rédigé... par M. Henri Lepage, archiviste du département. *Paris, Imp. impériale,* 1862. XXVII-213 pages, in-4°. Demi-rel.

124. HINZELIN. Géographie physique, administrative, industrielle et historique de la Meurthe... par A. Hinzelin, agent général des écoles de la ville de Nancy. 2ᵉ édition. *Nancy, N. Grosjean,* 1864. 246 pages, in-12, avec une carte. Demi-rel.

125. JOANNE. Géographie, histoire, statistique et archéologie des 89 départements de la France, par Adolphe Joanne. — Meurthe. (Trente et une gravures et une carte). *Paris, Hachette,* 1868. 96 pages, in-8°. Cart.

126. ZELLER. Petite géographie pour le département de Meurthe-et-Moselle, à l'usage de l'enseignement primaire, composée sous la direction de E. Levasseur, par

Zeller, professeur au Lycée de Nancy, et Ch. Périgot. *Paris, Delagrave*, 1876. 72 et 94 pages, in-12, avec une carte. Fig. Cart.

127. CHAMPION. Le département de Meurthe-et-Moselle. Géographie physique, historique, administrative, économique. Description particulière des cantons. Dictionnaire des communes, par Paul Champion, professeur d'histoire et de géographie. *Nancy. Sidot*, 1895. 222 pages, in-12. Carte. Br.

128. MÉMOIRE sur le placement des corps administratifs et judiciaires du département de la Meurthe et de l'École centrale. *S. l. n. n.* (1797). 27 pages, in-8°. Br.

129. RÉFUTATION des allégations avancées dans l'intérêt des villes de Toul et Lunéville, à l'effet de faire réunir à leur arrondissement les cantons de Vézelise et de Haroué (Meurthe), lesquels font déjà provisoirement partie, depuis trois ans, de l'arrondissement de Nancy, en vertu d'une ordonnance royale du 15 mars 1816. *S. l., C. Ballard. s. d.* 11 pages, in-4°. Br.

130. REPRÉSENTATIONS de la ville de Toul et des communautés voisines, au sujet des limites entre les départemens du Barrois, de la Lorraine et des Vosges. *Paris, Imprimerie nationale*, 1790. 7 pages, in-8°. Cart.

131. MÉMOIRE à l'appui de la demande faite au Gouvernement par la ville de Pont-à-Mousson... à l'effet d'obtenir un 6° arrondissement au département de la Meurthe, dont cette ville serait le chef-lieu. *Pont-à-Mousson, F. D. Thiéry, an VIII.* 18 pages, in-4°. Br.

132. MALTE-BRUN. Meurthe - et - Moselle ; chef-lieu : Nancy, par V.-A. Malte-Brun. *Paris, Vve P. Larousse.* 32 pages, in-4°. Br. Avec une carte hors texte. (Extrait de *la France illustrée.*)

133. MEURTHE. Extrait de la France pittoresque. *Paris, Rignoux et Cie, s. d.* 8 pages, in-8°. Portraits. Fig. Carte. Demi-rel.

134. BENOIT. Essai sur les limites du diocèse de Strasbourg dans le département de la Meurthe, par Arthur Benoit. *Nancy,*

A. Lepage, 1869. 57 pages, in-8°. Cart. Avec une carte. (Extrait des *Mémoires de la Société d'archéologie lorraine.*)

135. AMBROISE. L'arrondissement de Lunéville avant Léopold. (1595-1697), par Emile Ambroise, docteur en droit. *Lunéville, Bastien*, 1887. 250 pages, in-8°. Demi-rel.

136. CLESSE. Le canton de Conflans ; ses villages et ses anciens seigneurs, par M. Clesse, conseiller général du canton de Conflans. *Nancy, Imp. coop. de l'E t*, 1890-1891. IV-263 et 403 pages, in-8°. Demi-rel. (La pagination se continue d'un volume à l'autre.)

137. FREMIN. Carte routière des provinces d'Alsace et de Lorraine divisée en six départemens... *Paris.* — 545 sur 750 millim.

138. CHANLAIRE (P.-G.). Carte du département de la Meurthe, divisé en 5 arrondissements et 69 cantons. *Paris.* — 189 sur 201 millim.

139. CHARLE. Carte du département de la Meurthe. — 348 sur 258 millim.

140. CHARLE. Carte du département de la Meurthe. *Paris*, 1828. — 316 sur 488 millim.

141. CHARLE. Carte du département de la Meurthe. *Paris*, 1835. — 295 sur 488 millim.

142. COUCHÉ (fils). Tableau géographique et statistique du département de la Meurthe. *Paris* (1827). — 380 sur 465 millim.

143. DILSCHNEIDER (A.). Carte figurative de la circulation observée en 1869 sur les routes impériales et départementales du département de la Meurthe. *Nancy*, 1870. — 290 sur 635 millim.

144. DONNET (A.). Carte du département de la Meurthe. *Paris.* — 500 sur 655 millim.

145. DONNET (A.). Carte du département de la Meurthe. *Paris*, 1841. — 540 sur 663 millim.

146. DUFOUR (A.-H.). Carte du département de la Meurthe. *Paris.* — 545 sur 758 millim.

147. GIRAULT DE ST-FARGEAU. Carte routière du département de la Meurthe. *Paris*. — 141 sur 172 millim.

148. DUFOUR (A.-H.). Carte du département de la Meurthe. *Paris*. —250 sur 315 millim.

149. DUVOTENAY (Th.). Carte du département de la Meurthe. — 285 sur 360 millim.

150. GRIMBLOT. Carte du département de la Meurthe. *Nancy*. — 182 sur 243 millim.

151. GUIBAL. Carte du département de la Meurthe, pour la statistique du département, par Henri Lepage. *Nancy*, 1844. — 430 sur 625 millim.

152. HINZELIN (A.) Carte pour la géographie de la Meurthe. *Nancy*. — 212 sur 315 millim.

153. LEVASSEUR (V.). Carte du département de la Meurthe. *Paris*. — 307 sur 420 millim.

154. MICHEL. Carte du département de la Meurthe. *Nancy*, 1822. — 395 sur 530 millim.

155. MOITHEY. Carte du département de la Meurthe, divisé en 9 districts. *Paris*. — 185 sur 210 millim.

156. MONIN. Carte du département de la Meurthe. — 133 sur 176 millim.

157. MOREL (I.-J.). Carte postale du département de la Meurthe pour l'année 1854. *Nancy*. — 223 sur 270 millim.

158. OLRY. Topographie de la montagne de Sion-Vaudémont et de ses environs, par E. Olry. *Nancy, A. Lepage*, 1868. 47 pages, in-8°. Cart. (Extrait des *Mémoires de la Société d'archéologie lorraine.*)

159. OLRY. Petite géographie... de l'arrondissement de Toul, par E. Olry, instituteur à Allain. Deuxième édition. *Toul, Ravaillier, s. d.* 106 pages, in-12, avec une carte. Cart.

160. PELET (Lieutenant-général). Carte du département de la Meurthe. (Extrait de la carte topographique de la France levée par les officiers d'état-major.) *Paris*, 1839, en 6 feuilles de 530 sur 670 millim.

161. PERROT (A.-M.) et Aupick (J.). Carte du département de la Meurthe. 1824. — 400 sur 500 millim.

162. TARDIEU (P.). Carte du département de la Meurthe. — 205 sur 253 millim.

163. VIGNEULLE (J.-R.). Carte du département de la Meurthe. *Nancy* (1803). — 252 sur 360 millim.

164. VIGNEULLE (J.-R.). Carte du département de la Meurthe. *Nancy* (1804). 315 sur 450 millim.

165. VUILLEMIN (A.). Carte du département de la Meurthe. *Paris*. — 192 sur 220 millim.

166. CARTE topographique (anonyme) du comté du Vermois (ms.). — 350 sur 445 millim.

167. CARTE (anonyme) des cantons de Lunéville-Nord et Sud-Est. *Lunéville*. — 2 feuilles de 490 sur 365 millim.

168. CARTE (anonyme) du département de la Meurthe — 98 sur 151 millim.

169. CARTE (anonyme) du département de la Meurthe, divisé en 9 districts et en 74 cantons. *Paris*. — 510 sur 580 millim.

170. CARTE topographique (anonyme) du département de la Meurthe. *Strasbourg*, 1850. — 670 sur 810 millim.

171. CARTE (anonyme) du département de la Meurthe (Indicateur général de 1836). — 503 sur 635 millim.

172. CARTE (anonyme) du département de la Meurthe, divisé en 5 arrondissements et en 29 cantons. *Paris*, 1832. — 514 sur 588 millim.

173. GARNIER (Ad.). Carte topographique du département de Meurthe-et-Moselle, publiée en 1879 à *Paris*. — 4 feuilles de 740 sur 760 millim.

2° Département de la Meuse.

174. DUBOIS. Statistique du département de la Meuse, par E. Dubois, chef du secrétariat de la préfecture des Ardennes.

Charleville, Colas, 1842. 206 pages, in-8°. Demi-rel.

175. LIÉNARD. Dictionnaire topographique du département de la Meuse, comprenant les noms de lieu anciens et modernes, rédigé... par M. Félix Liénard. *Paris, Imp. nationale,* 1872. XLIV-297 pages, in-4°. Demi-rel.

176. AUPICK (J.) et Perrot (A.-M.). Carte du département de la Meuse, avec description statistique et historique. *Paris,* 1824. — 388 sur 563 millim.

177. AUPICK (J.) et Perrot (A.-M.). Carte du département de la Meuse. 1824. — 298 sur 292 millim.

178. CHANLAIRE (P.-G.). Carte du département de la Meuse, divisé en 4 arrondissements et 70 cantons, réduits à 28 justices de paix. *Paris.* — 200 sur 198 millim.

179. CHARLE. Carte du département de la Meuse. — 345 sur 258 millim.

180. DONNET (ALEXIS). Carte du département de la Meuse, autorisée le 26 février 1841. *Paris.* — 715 sur 485 millim.

181. DUFOUR (A.-H.). Carte du département de la Meuse. *Paris.* — 768 sur 530 millim.

182. DUFOUR (A.-H.). Carte du département de la Meuse. *Paris.* — 318 sur 250 millim.

183. DUVOTENAY (TH.). Carte du département de la Meuse. — 363 sur 276 millim.

184. LAVOCAT (L.-G.). Carte du département de la Meuse, divisé en 4 arrondissements communaux et 28 cantons contenant 589 communes. *Bar-le-Duc,* 1823. — 550 sur 387 millim.

185. LEVASSEUR (V.). Carte du département de la Meuse. *Paris.* — 440 sur 288 millim.

186. MOITHEY. Carte du département de la Meuse, divisé en 8 districts. *Paris.* — 225 sur 173 millim.

187. MONIN. Carte du département de la Meuse. — 183 sur 129 millim.

188. PELET (Lieutenant-général). Carte d'une partie du département de la Meuse (feuille de Mézières). Dépôt de la guerre. 1832. — 560 sur 813 millim.

189. PELET (Lieutenant-général). Carte du département de la Meuse. (Extrait de la carte topographique de la France levée par les officiers d'état-major.) *Paris,* 1839. — 4 feuilles de 905 sur 670 millim.

190. TARDIEU (P.). Carte du département de la Meuse. — 205 sur 255 millim.

191. CARTE (anonyme) du département de la Meuse, divisé en 8 districts et en 79 cantons. *Paris.* — 512 sur 580 millim.

192. CARTE (anonyme) du département de la Meuse (1793). — 158 sur 98 millim.

193. CARTE (anonyme) du département de la Meuse. — 257 sur 200 millim.

194. CARTE (anonyme) du département de la Meuse. *Paris.* — 420 sur 323 millim.

195. CARTE routière (anonyme) du département de la Meuse, divisé en 4 arrondissements et en 28 cantons. *Paris.* — 183 sur 122 millim.

196. CARTE d'une partie du département de la Meuse (feuille de Bar-le-Duc), levée par les officiers d'état-major. Dépôt de la guerre. 1838. — 570 sur 840 millim.

197. CARTE (anonyme) du département de la Meuse, divisé en 4 arrondissements et en 28 cantons. *Paris,* 1832. — 525 sur 590 millim.

3° Département de la Moselle.

198. BALLOIS. Annales de statistique. Département de la Moselle, par L.-J.-P. Ballois. *Paris, Valade,* 1802. 28 pages, in-8°. Cart.

199. FERRIÈRE (DE). Analyse de la statistique générale de la France, publiée sous l'autorisation du Ministre de l'Intérieur, par Alexandre de Ferrière, chef du bureau de statistique au ministère de l'Intérieur. Département de la Moselle. *Paris, A. Bailleul,* 1803. 108 pages, in-8°. Cart.

200. COLCHEN. Mémoire statistique du département de la Moselle, adressé au Ministre de l'Intérieur, d'après ses instructions, par le citoyen Colchen, préfet de ce département. Publié par ordre du gouvernement. *Paris, Imp. de la République, an XI.* 196 pages, in-fol. Demi-rel.

201. VIVILLE. Dictionnaire du département de la Moselle, contenant une histoire abrégée des anciens rois de Metz, de la république messine, des évêques de Metz, des monuments... du pays, et un dictionnaire des villes, des bourgs et des villages, etc., par M. Viville, ancien secrétaire général de la préfecture. *Metz, Antoine,* 1817. 511 et 452 pages, in-8°, avec une carte du département. 2 vol. Demi-rel.

202. VERRONNAIS. Statistique historique, industrielle et commerciale du département de la Moselle, contenant les villes, bourgs, villages..., rivières et ruisseaux ; publiée par Verronnais, imprimeur à Metz. *Metz, Verronnais,* 1844. — Supplément à la statistique historique, etc..., suivi de notes historiques inédites, publié par Verronnais, père. *Ibidem,* 1852. IV-511 et XXXX-384 pages, in-8°, avec une carte du département. 2 vol. Demi-rel.

203. CHASTELLUX. Le territoire du département de la Moselle, histoire et statistique, par M. de Chastellux, conseiller de préfecture. *Metz, V. Maline,* 1860. XIX-232 pages, in-4°. Cart.

204. SAINT-MARTIN. Atlas géographique, statistique et historique du département de la Moselle, par L.-B. de St-Martin, chef de bureau des ponts et chaussées. *Metz, lithogr. Etienne,* 1860. 52 feuillets, in-fol. obl. 9 cartes. Demi-rel.

205. THILLOY. Dictionnaire topographique de l'arrondissement de Sarreguemines, par M. Jules Thilloy, procureur impérial à Sarreguemines. *Metz, Rousseau-Pallez, s. d.* (1861). 130 pages, in-8°. Demi-rel.

206. BOUTEILLER (DE). Dictionnaire topographique de l'ancien département de la Moselle, comprenant les noms de lieu anciens et modernes, rédigé en 1868, par M. de Bouteiller. *Paris, Imp. nationale,* 1874. LV-316 pages, in-4°. Demi-rel.

207. CHANLAIRE (P.-G.). Carte du département de la Moselle, divisé en 4 arrondissements et 30 cantons. *Paris.* — 508 sur 743 millim.

208. CHARLE. Carte du département de la Moselle. — 268 sur 335 millim.

209. CHARLE. Carte du département de la Moselle. *Paris,* 1835. — 331 sur 525 millim.

210. CLÉROT (V.). Carte du département de la Moselle. — 532 sur 810 millim.

211. COUCHÉ (fils). Tableau géographique et statistique du département de la Moselle. — 383 sur 460 millim.

212. COUCHÉ (fils). Carte du département de la Moselle. — 205 sur 255 millim.

213. DUFOUR (A.-H.). Carte du département de la Moselle. — 283 sur 358 millim.

214. DUFOUR (H.). Carte du département de la Moselle. *Paris.* — 246 sur 314 millim.

215. ETIENNE (H.). Carte de la région secourue du département de la Moselle, en 1870-71, par la Société des Amis (Quakers). *Metz,* 1872. — 583 sur 763 millim.

216. FRISTO. Carte topographique du canton de Sierck. *Metz.* — 382 sur 540 millim.

217. HÉDIN. Carte des environs de Metz (nouvelles frontières). *Metz.* — 512 sur 655 millim.

218. HÉDIN. Carte des environs de Metz. *Metz.* — 450 sur 552 millim.

219. HÉDIN. Carte du théâtre de la guerre aux environs de Metz; Thionville, Briey. *Metz,* 1870. — 560 sur 408 millim.

220. LEVASSEUR (V.). Carte du département de la Moselle. *Paris.* — 300 sur 422 millim.

221. MATHELIN. Carte topographique du canton de Cattenom (ms.). — 265 sur 421 millim.

222. MICHAUD (F.). Carte du département de la Moselle, divisé en 4 arrondissements. *Metz,* 1821. — 312 sur 485 millim.

223. MIROMÉNIL (J.). Carte du département de la Moselle, divisé en 9 districts. *Strasbourg.* — 547 sur 795 millim.

224. MIROMÉNIL (J.). Carte du département de la Moselle, divisé en 4 arrondissements et en 27 cantons comprenant 601 communes. *Metz*, 1836. — 552 sur 795 millim.

225. MONIN. Carte du département de la Moselle. — 135 sur 186 millim.

226. MUSSOT (E.). Croquis des environs de Metz et de Thionville, d'après la carte d'état-major. 1870. — 525 sur 392 millim.

227. PELET (Lieutenant-général). Carte du département de la Moselle. (Extrait de la carte topographique de la France levée par les officiers d'état-major.) *Paris*, 1838. — 3 feuilles de 1073 sur 710 millim.

228. PELET. Carte de Longwy et de Sierck. Dépôt de la guerre. 1833. — 2 feuilles de 562 sur 830 millim.

229. PERROT (A.-M.) et Aupick. Carte du département de la Moselle. 1824. — 296 sur 370 millim.

230. REIGNIER (A.-L.). Carte détaillée de l'arrondissement de Thionville. *Metz*, 1831. — 528 sur 795 millim.

231. ROBIN (Ch.). Carte du département de la Moselle pour servir à la statistique et à l'annuaire de ce département. — 228 sur 460 millim.

232. ST-MARTIN (L.-B. DE). Carte topographique du département de la Moselle. 1844. — 533 sur 1050 millim.

233. ST-MARTIN (L.-B. DE). Carte topographique du département de la Moselle. 1844. — 540 sur 1070 millim.

234. VERRONNAIS. Carte du département de la Moselle. *Metz*. An XIII. — 316 sur 463 millim.

235. CARTE routière (anonyme) du département de la Moselle, divisé en 4 arrondissements et en 27 cantons. *Paris.* — 141 sur 168 millim.

236. CARTE (anonyme) du département de la Moselle. — 195 sur 238 millim.

237. CARTE (anonyme) du département de la Moselle, divisé en 9 districts et 76 cantons. *Paris.* — 510 sur 747 millim.

238. CARTE (anonyme) du département de la Moselle, divisé en 4 arrondissements et 27 cantons. *Paris*, 1818. — 502 sur 750 millim.

239. MOSELLE. Extrait de la *France pittoresque. Paris, Rignoux et Cie, s. d.* 8 pages, in-8º. Portraits. Fig. Carte. Demi-rel.

4º Département des Vosges.

240. DESGOUTTES. Tableau statistique du département des Vosges; par le citoyen Desgouttes, préfet. Publié par ordre du Ministre de l'Intérieur. *Paris, Imp. des Sourds-Muets. An X.* III pages, in-8º, avec 4 tableaux in-fol. Rel. basane.

241. LEPAGE. Le département des Vosges. Statistique historique et administrative, publiée... par H. Lepage et Ch. Charton... avec une carte du département dressée par M. Hogard. *Nancy, Peiffer*, 1845. VI-560 pages, avec une carte, et 1056 pages, in-8º. 2 vol. Demi-rel.

242. GLEY. Géographie physique, industrielle, administrative et historique des Vosges, précédée d'une géographie générale, par Gérard Gley, professeur au collège d'Epinal. Cinquième édition, revue et corrigée. *Epinal, chez l'auteur*, 1873. 256 pages, in-8º. Cart.

243. GLEY. Petite géographie pour le département des Vosges, à l'usage de l'enseignement primaire, composée sous la direction de E. Levasseur, par Gérard Gley... et Ch. Périgot. *Paris, Delagrave, et Epinal, Vve Durand*, 1873. 143 pages, in-12. Fig. Cart.

244. HUSSON. Nouvelle géographie méthodique du département des Vosges, par Husson, inspecteur d'académie. *Epinal, Vve Durand*, 1873. 36 pages, in-12. Cartes. Cart.

245. LOUIS. Le département des Vosges. Description. — Histoire. — Statistique... publié par Léon Louis, chef de division à

la préfecture. *Epinal, E. Buzy,* 1887-1889. VIII-359, 654, 390, 465 (les p. 1-249 n'ont pas paru), 610 (les p. 1-110 n'ont pas paru), 384 et 420 pages, in-8°. 7 vol. Demi-rel.

246. BOUTON. Les Vosges : Plombières, Bussang, Contrexéville, Gérardmer. Les villes d'eaux, les chemins de fer, la pisciculture, par Victor Bouton. 3° édition. *Paris, E. Dentu,* 1877. 64 pages, petit in-8°. Cart.

247. CUNY. Rapport fait au nom de la commission chargée de l'examen du projet de loi tendant à régler définitivement les circonscriptions électorales du département des Vosges, par M. Cuny, député des Vosges (Chambre des députés. Séance du 11 février 1825). *(Paris,) Imprimerie royale,* 1825. 3 pages, in-8°. Demi-rel.

248. FOURNIER. Des influences locales sur l'origine et la formation des noms de lieux dans le département des Vosges, par A. Fournier. *Nancy, Berger-Levrault,* 1889. 69 pages, in-8°. Br. (Extrait du *Bulletin de la Société de géographie de l'Est*).

249. FOURNIER. Topographie ancienne du département des Vosges, par A. Fournier. *Epinal, Busy et Huguenin,* 1892, 1893, 1894. 248, 159 et 88 pages, in-8°. Nombreuses cartes. 3 vol. Br.

250. JOUVE. Lettres vosgiennes, publiées par Louis Jouve. Descriptions, promenades, mœurs, histoire, bibliographie, etc. *Epinal, Valentin ; Remiremont, Leduc,* 1866. 220 pages, in-12. Demi-rel.

251. PORTIER. Vosges. Premières leçons d'histoire suivies d'un dictionnaire biographique et géographique spécial à ce département, par Eugène Portier, professeur d'histoire et de géographie, etc. *Epinal, Vve Durand,* 1866. 132 pages, in-12. Cart.

252. SIMÉON. Projet de statistique du département des Vosges, rédigé par H. Siméon, préfet des Vosges. *Epinal, Gérard,* 1832. 74 pages, in-8°. Cart.

253. THOULET. Contribution à l'étude des lacs des Vosges, par J. Thoulet. *Paris, imp. May et Motteroz,* 1894. 48 pages, in-8°. Fig. Br. (Extrait du *Bulletin de la Société de géographie de l'Est.*)

254. DÉPARTEMENT des Vosges (ci-devant Lorraine). *Paris, Delloye.* 8 pages, planches et carte hors texte, in-4°. Br. (Extrait de *la France pittoresque.*)

255. STATISTIQUE de l'arrondissement d'Epinal. *S. l., n. n., n. d.* 190 pages, in-12. Br.

256. STATISTIQUE de la ville et des communes du canton d'Epinal. *S. l., n. n., n. d.* 89 pages, in-12. Br.

257. (DEFRANOUX). Précis historique et topographique sur le canton de Gérardmer, par un membre de la Société d'émulation des Vosges. *Epinal, Gérard,* 1832. 23 pages, in-12. Cart.

258. JACQUEL. Histoire et topographie du canton de Gérardmer, suivies du catalogue des productions naturelles du sol de la contrée, par l'abbé Jacquel, curé de Liezey. *Plombières, imp. J.-C. Docteur,* 1852. X-178 pages, in-8°. Vue. Demi-rel.

259. MATHIEU. Atlas des 30 cantons composant le département des Vosges, dessiné d'après la carte de Cassini, sur laquelle plusieurs superpositions et augmentations ont été exécutées, par MM. Mathieu, conducteur des ponts et chaussées, et Danis, agent des chemins cantonaux. *Epinal, lith. Bogé,* 1832-1833. 31 planches, in-fol. obl. Cart.

260. CHANLAIRE (P.-G.). Carte du département des Vosges, divisé en 5 arrondissements et 66 cantons. *Paris.* — 190 sur 200 millim.

261. CHANLAIRE (P.-G.). Carte du département des Vosges, divisé en 5 arrondissements et en 30 cantons. *Paris.* — 510 sur 612 millim.

262. CHARLE. Carte du département des Vosges. *Paris,* 1835. — 310 sur 530 millim.

263. CHARLE. Carte du département des Vosges. — 347 sur 255 millim.

264. COUCHÉ (fils). Carte du département des Vosges. — 205 sur 250 millim.

265. DONNET (A.). Carte du département des Vosges. *Paris.* — 532 sur 660 millim.

266. DUFOUR (A.-H.). Carte du département des Vosges. — 285 sur 360 millim.

267. DUFOUR (A.-H.). Carte du département des Vosges. *Paris.* — 250 sur 313 millim.

268. DUFOUR (A.-H.). Carte du département des Vosges. *Paris.* — 545 sur 755 millim.

269. HOGARD (H.). Carte du département des Vosges, divisé en arrondissements de sous-préfectures et de justices de paix. *Paris.* — 280 sur 453 millim.

270. HOGARD (H.). Carte forestière de la sous-inspection de Rambervillers. *Epinal,* 1815 (ms.). — 870 sur 580 millim.

271. HOGARD (H.). Carte routière des Vosges. *Mulhouse,* 1843. — 8 feuilles de 533 sur 425 millim.

272. HOGARD (H.). Carte des Vosges pour la statistique du département, par Henri Lepage. *Nancy,* 1845. — 460 sur 647 millim.

273. HOGARD (H.). Carte routière des Vosges. *Mulhouse,* 1865. — 1078 sur 1668 millim.

274. HOGARD (H.). Carte du département des Vosges. *Mulhouse,* 1865. — 510 sur 825 millim.

275. LEVASSEUR (V.). Carte du département des Vosges. *Paris.* — 300 sur 408 millim.

276. MICHEL (fils aîné). Carte du département des Vosges. *St-Dié.* — 208 sur 250 millim.

277. MONIN. Carte du département des Vosges. — 134 sur 174 millim.

278. MURET. Carte de la chaîne des Vosges (Gérardmer, St-Amarin, St-Dié, Guebwiller, Schelestadt et Colmar). — 6 feuilles de 323 sur 413 millim.

279. PELET (Général de division). Carte du département des Vosges. (Extrait de la carte topographique de la France levée par les officiers d'état-major.) *Paris,* 1848. — 4 feuilles de 605 sur 930 millim.

280. PERROT (A.-M.) et J. Aupick. Carte du département des Vosges. 1825. — 298 sur 322 millim.

281. TOCQUAINE (X.). Plan général du canton de Plombières. *Remiremont,* 1830. — 471 sur 522 millim.

282. CARTE (anonyme) du département des Vosges. *Epinal,* 1833. — 350 sur 485 millim.

283. CARTE générale (anonyme) de la maîtrise des eaux et forêts de St-Dié. — 940 sur 1150 millim.

284. CARTE (anonyme) du département des Vosges, divisé en 9 districts et en 60 cantons. *Paris.* — 512 sur 618 millim.

285. CARTE routière (anonyme) du département des Vosges, divisé en 5 arrondissements et en 30 cantons. *Paris.* — 138 sur 165 millim.

286. CARTE (anonyme) du département des Vosges, divisé en 5 arrondissements et en 30 cantons. *Paris,* 1832. — 518 sur 620 millim.

287. CARTE (anonyme) du canton de Docelles et de ses environs (Vosges). *An IV* (ms.). — 340 sur 435 millim.

288. CARTE (anonyme) de Gérardmer et ses environs d'après la carte de l'état-major. *Nancy.* — 253 sur 344 millim.

C. VOYAGES.

(Dans l'ordre alphabétique des noms d'auteurs.)

289. ABEL. Une excursion historique en chemin de fer de Thionville à Sierck, par Charles Abel. *Metz, imp. C.-A. Carrière,* 1878. 22 pages, in-8°. Fig. Br.

290. BAZELAIRE. Promenades dans les Vosges, souvenirs et paysages, par M. Edouard de Bazelaire, sous les auspices de M. Ch. Nodier. Accompagnées de vues pittoresques, par MM. Camille Roqueplan, Justin Ouvrié, Villeneuve, Joly, Bayot, Sabatier, etc., etc. *Paris, Firmin-Didot,* 1838. IV-84 pages et 20 planches, g. in-4°. Demi-rel.

291. BELLEL. Les Vosges, par J.-J. Bellel. Vingt dessins d'après nature, lithographiés par J. Laurens. Texte descriptif par Théophile Gautier. *Paris, A. Morel et Cie,* 1860. 28 pages et 20 planches, gr. in-fol. Dans un étui.

292. BENOIT. Une excursion dans les Vosges. La vallée du Blanc-Rupt, par Arthur Benoit. *Nancy, Hinzelin,* 1860. 32 pages, in-8°. Cart.

293. BENOIT. A travers le pays de Bitche (Alsace-Lorraine), par A. Benoit. *Metz, Ch. Carrère,* 1880. 30 pages, in-8°. Br.

294. BENOIT. Le Schneeberg et le comté de Dabo en 1778. Étude sur les montagnards vosgiens, par un professeur allemand. Traduction et annotations par Arthur Benoit. *Strasbourg, Noiriel; Colmar, Barth,* 1878. 1x-36 pages, in-8°. Cart. (Extrait de la *Revue d'Alsace*.)

295. BONY DE LA VERGNE. Un court voyage à Plombières et à travers une petite partie de la Suisse, par M. L. C. D. B. D. L. V. A. C. D. G. (Jean-Léandre, comte de Bony de La Vergne). *Metz, Dembour et Gangel,* 1842. 431 pages, in-8°. Pl. Demi-rel.

296. BOULOUMIÉ. Guide aux eaux minérales des Vosges. Vittel, Contrexéville, Plombières, Bains, Luxeuil, Bourbonne, Gérardmer, par M. Ambroise Bouloumié, avec la collaboration scientifique de MM. les docteurs Bottentuit, Bougard, P. Bouloumié, Champouillon, Debout d'Estrées. 6 gravures et 1 carte. *Paris, Hachette et Cie,* 1879. iv-239 pages, in-16. Cart.

297. BRAY. Promenades et excursions dans les Vosges. Remiremont, Le Thillot, le Ballon d'Alsace, Belfort, par A. Bray. *Nancy, G. Crépin-Leblond,* 1877. 31 pages, in-8°. Cart.

298. CHAPIAT. Voyages dans les Vosges, par M. l'abbé Chapiat, curé doyen de Vitel. *Paris, Palmé,* 1881. xv-503 pages, in-12. Demi-rel.

299. CHARTON. Les Vosges pittoresques et historiques, par M. Ch. Charton. *Paris, Humbert,* 1862. 404 pages, in-12. Demi-rel.

300. COLLIGNON. Vues pittoresques des Vosges, dessinées d'après nature, par M. le professeur Collignon ; publiées par L.-P. Cantener, avocat. *Paris, Cantener,* 1837. 46 pages, 24 planches, in-4°. Demi-rel.

301. CONTY (DE). Alsace et Vosges. Guide pratique et illustré, par Henry A. de Conty. Carte pratique des Vosges et gravures inédites. *Strasbourg, Ed. Fietta, s. d.* 216 pages, in-16. Cart.

302. DENIS. Le conducteur français. Route de la diligence de Paris à Strasbourg, depuis Nancy jusqu'à cette ville, par L. Denis, géographe. *Paris, Sorin,* 1778. 72 pages, in-8°. Carte. Cart.

303. DENIS. Le conducteur français. Route de la diligence de Paris à Strasbourg, depuis St-Dizier jusqu'à Nancy, par L. Denis, géographe. *Paris, Sorin,* 1778. 55 pages, in-8°. Carte. Cart.

304. DENIS. Le conducteur français. Route de Metz à Strasbourg, par Château-Salins, par L. Denis, géographe. *Paris, Sorin,* 1778. 24 pages, in-8°. Carte. Cart.

305. DÉPRET. Le va-et-vient, par Louis Dépret. 1re série. Notices littéraires... Voyages (Plombières, Nancy, etc.). *Paris, A. Le Chevallier, s. d.* 72 pages; in-12. Br.

306. DUMAST. Coup d'œil sur l'état de la Lorraine au commencement du xviie siècle, d'après l'itinéraire de Jodocus Sincerus, par P.-G. de Dumast. *Nancy, A. Lepage,* 1852. 20 pages, in-8°. Cart. (Extrait des *Mémoires de la Société d'archéologie lorraine*.)

307. DUMAST. Esquisse d'un voyage de Nancy à Bourbonne. Souvenirs lorrains, par P.-G.-D. (Paul Guerrier de Dumast). *Nancy, Vagner,* 1846. 15 pages, in-8°. Cart. (Extrait de l'*Espérance, Courrier de Nancy*.)

308. FRAIPONT. Les montagnes de France. Les Vosges, par G. Fraipont, professeur à la Légion d'Honneur. Ouvrage orné de 160 dessins inédits de l'auteur. *Paris, H. Laurens, s. d.* (1894). xii-426 pages, gr. in-8°. Br.

309. GANIER ... Voyage aux châteaux historiques des Vosges septentrionales, par

Henry Ganier et Jules Frœlich. Illustré de 207 dessins originaux. *Paris-Nancy, Berger-Levrault et Cie,* 1889. VIII-511 pages, in-8°. Carte. Br.

310. GANIER ... Le Donon et ses vallées, par H. Ganier et J. Frœlich. *Nancy, Berger-Levrault et Cie,* 1894. 120 pages, in-8°. Figures. Br. (Extrait du *Bulletin de la Société de géographie de l'Est.)*

311. GLEY Une excursion dans les Vosges. Remiremont, Gérardmer, Le Hohneck, par Gérard Gley, professeur au collège d'Epinal. Conférence faite à l'hôtel de ville d'Epinal le 20 janvier 1867. *Epinal, E. Gley,* 1872. 30 pages, in-8°. Br. (Extrait des *Annales de la Société d'émulation des Vosges.)*

312. GOLBÉRY. Le col de Saales, par Gaston de Golbéry. *Paris, Georges Chamerot,* 1887. 23 pages, in-8°. Fig. Br. (Extrait de l'*Annuaire du Club alpin français.*)

313. — GRAEFF. Itinéraire historique et pittoresque du cours entier de la Moselle et de ses environs, avec une carte ; arrangé par M. et Mme Graeff. *Trèves, F. Lintz,* 1841. VIII-118 pages, in-8°. Cart.

314. GRÉGOIRE. Voyage dans les Vosges, par l'abbé Grégoire, ancien évêque de Blois et sénateur de l'Empire. *Epinal, Gley.* 12 pages, in-12, cart. (Réimpression extraite du 2° volume de l'ouvrage intitulé : *Correspondance sur les matières du temps. Paris, an VI.* — Augmenté de notes par M. Richard, bibliothécaire à Remiremont.)

315. GRÉGOIRE. Promenade dans les Vosges, par l'abbé Grégoire, publiée pour la première fois et annotée par Arthur Benoit. *Epinal, s. n.,* 1895. 56 pages, in-8°. Br.

316. GUERRIER. Promenades et excursions dans les communes des six cantons de l'arrondissement de Lunéville, par Guerrier, ancien professeur au collège de Lunéville. *Lunéville, Simon et Chenoux,* 1838. VIII-367 pages, in-8°. Frontispice. Demi-rel.

317. GUIDE du touriste à Gérardmer (Vosges). *Nancy, Berger-Levrault,* 1875. 33 pages, in-12. Cart.

318. GUIDE pittoresque du voyageur en France. Département de la Meurthe. Par une société de gens de lettres, de géographes et d'artistes. *Paris, F. Didot,* 1837. 28 pages, in-8°. Carte. Fig. Demi-rel.

319. GUIDE pittoresque du voyageur en France. Département de la Moselle. Par une société de gens de lettres, de géographes et d'artistes. *Paris, F. Didot,* 1837. 16 pages, in-8°. Carte. Fig. Demi-rel.

320. GUIDE pittoresque du voyageur en France. Département des Vosges. Par une société de gens de lettres, de géographes et d'artistes. *Paris, F. Didot,* 1837. 16 pages, in-8°. Carte. Fig. Demi-rel.

321. ITINÉRAIRE complet du royaume de France, divisé en cinq régions. Région de l'Est. *Paris, Langlois,* 1828. 287 pages et 1 pl. in-8°. Rel. basane.

322. ITINÉRAIRES (quatorze) au ballon de Guebwiller. *Nancy, Berger-Levrault,* 1882. 30 pages, in-8°. Br. (Extrait du *Bulletin de la section vosgienne du Club alpin français.)*

323. JADART. Excursion dans l'Argonne (29-31 août 1893), par un Rémois, Henri Jadart. *Reims, F. Michaud,* 1894. 41 pages, in-8°. Br.

324. JOANNE. Itinéraire général de la France, par Adolphe Joanne. Vosges et Ardennes, avec 14 cartes et 7 plans. *Paris, L. Hachette et Cie,* 1868. LII-712 pages, petit in-8°. Br.

325. JOANNE. Vosges et Ardennes, par Adolphe Joanne, avec 4 cartes. *Paris, L. Hachette et Cie,* 1869. XXXII-320 pages, in-16. Cart.

326. (LADOUCETTE). Voyage fait en 1813 et 1814 dans le pays entre Meuse et Rhin, suivi de notes, avec une carte géographique. (Par le baron de Ladoucette). *Paris, Alexis Eymery,* 1818. VI-378 pages, in-8°. Demi-rel.

327. (LA VALLÉE). Voyage dans les départemens de la France, par une société d'artistes et de gens de lettres, (par J. La Vallée). *Paris, Brion, Buisson, Desenne,* 1792. — Département de la Meurthe, 32 pages in-8°, 1 carte et 4 vues. — Départe-

ment des Vosges, 32 pages, in-8°, 1 carte et 2 vues. — Département de la Meuse, 35 pages, in-8°, 1 carte et 4 vues. — Département de la Moselle, 31 pages, in-8°, 1 carte et 4 vues. 1 vol. Demi-rel.

328. LEJEUNE. Les Vosges. La Forêt-Noire. Gérardmer. Colmar. Fribourg. Schaffouse. Bâle. Par Jules Lejeune. *Metz, Rousseau-Pallez*, 1862. 38 pages, in-8°. Cart. (Extrait de l'*Austrasie*.)

329. (LORIN). Promenades et excursions. Le Rougimont, le Donon, la vallée de Senones. *Nancy, Crépin-Leblond*, 1875. 20 pages, in-8°. Br. (Extrait du *Journal de la Meurthe et des Vosges*.)

330. (LORIN). Promenades et excursions. La Pierre d'Appel, les Hautes-Chaumes, le Honeck, la vallée de la Bresse, par Cléante (Lorin). *Nancy, Crépin-Leblond*, 1875. 42 pages, in-8°. Br. (Extrait du *Journal de la Meurthe et des Vosges*.)

331. LORRAINS (Aux) par M. B. *Nancy, A. Nicolle*, 1890. 24 pages, in-8°. Br.

332. MEIXMORON DE DOMBASLE. Autour du lac de Gérardmer, par Ch. de Meixmoron de Dombasle. *Paris, Chamerot et Renouard*, 1894. 27 pages, in-8°. Br. (Extrait de l'*Annuaire du Club alpin français*.)

333. MOLERI. De Paris à Strasbourg, à Reims, à Chaumont, à Metz, à Thionville, à Forbach, à Epinal et à Wissembourg, par Moleri. Itinéraire historique et descriptif, illustré de 101 vignettes sur bois, par Lancelot et Thérond, et contenant une carte des chemins de fer de l'Est. *Paris, L. Hachette et Cie*, 1861. VIII-408 pages, in-8°. Cart.

334. MONTÉMONT. Voyage à Dresde et dans les Vosges, contenant la description de ces contrées... avec les mœurs et coutumes des habitants, les curiosités naturelles, industrielles et autres, par Albert Montémont. *Paris, Ledoyen*, 1861. IV-152 pages, in-8°. Demi-rel.

335. MORAND. Comité des promenades de Gérardmer (Vosges). Son origine, ses travaux, ses projets. Rapport fait à la réunion générale des souscripteurs le 23 janvier 1876, par M. Morand, secrétaire-tré-

sorier. *Nancy, Berger-Levrault et Cie*, 1876. 16 pages, in-8°. Br.

336. MÜLLER. Voyage en Alsace et en Lorraine, par Alexandre Müller. *Rouen, Mégard et Cie, s. d.* 254 pages, in-12. Fig. Demi-rel.

337. OLRY. Excursion de Nancy à Sion-Vaudémont par les collines. Conférence par M. E. Olry, instituteur à Allain. (Extrait du *Bulletin de la Société de géographie de l'Est*.)

338. OLRY. De Nancy au mont St-Michel, près de Toul, par E. Olry. *Nancy, Berger-Levrault*, 1883. 37 pages, in-8°, avec 2 cartes. Br.

339. RANXIN. Voyage historique et pittoresque sur les ruines de Nasium, à Bar-le-Duc et dans ses environs, ou la vallée de l'Ornain, par M. Ranxin. *Bar-le-Duc, imp. Choppin*, 1825. 145 pages, in-12. Demi-rel.

340. RAVIGNAT. Revue pittoresque, historique et statistique des Vosges. Dessins : M. E. Ravignat. Texte : M. Ch. Charton. *Epinal, Pinton*, 1841. 88 pages et 48 planches, g. in-4°. Demi-rel.

341. RICHARD. Ancien voyage dans une partie de l'arrondissement de Remiremont, par Richard. *Nancy, A. Lepage*, 1849. 8 pages, in-8°. Cart. (Extrait du 2° *Bulletin de la Société d'archéologie lorraine*.)

342. RISTON. Les grottes de Sainte-Reine, par Victor Riston, membre du Club alpin français. *Nancy, Berger-Levrault*, 1891. 16 pages, in-8°. Avec un tracé. Br.

343. THÉVENIN. En vacance. Alsace et Vosges, par Evariste Thévenin. *Paris, L. Hachette et Cie*, 1865. 188 pages, in-8°. Fig. Demi-rel.

344. THIRIAT. Journal d'un solitaire et voyage à la Schlucht, par Gérardmer, Longemer et Retournemer, par Xavier Thiriat. Ouvrage couronné par la Société Franklin et par la Société d'encouragement au bien. *Paris, A. Picard*, 1883. XXV-276 pages, in-12. Br.

345. VOYAGES anciens et modernes dans les Vosges. Promenades, descriptions, sou-

venirs, lettres, etc. 1500-1870. — (Par
Ringmann. — Camerarius. — Montaigne.
— Dom Ruinart. — Voltaire. — Dom Tailly.
— L'abbé Grégoire. — Mme de Tracy (Sarah
Newton). — de Caumont. — de Bazelaire.
— Henri Martin, etc.). Publiés par Louis
Jouve. *Epinal, Durand,* 1881. XII-241
pages, in-12. Demi-rel.

II. HISTOIRE

PROPREMENT DITE

A. Chroniques. — Histoire générale.
— Origine et généalogie de la
Maison de Lorraine et de ses dif-
férentes branches.

346. CHRONIQUE (La) de Lorraine, publiée,
avec commentaires, par l'abbé Marchal.
Nancy, Wiener, 1860. XV-368 et 124 pages,
in-8°. Demi-rel.

347. RICHER. Chronique de Richer, moine
de Senones. Traduction française du XVIe
siècle, sur un texte beaucoup plus complet que tous ceux connus jusqu'ici ; publiée pour la première fois, avec des éclaircissements historiques, sur les manuscrits
des Tiercelins de Nancy et de la Bibliothèque publique de la même ville. Par
Jean Cayon. *Nancy, Cayon-Liébault,* 1842.
VIII-242 pages, in-4°. Cart.

348. (VOLCYRE). Chronicque abrégée par
petits vers huytains des empereurs, roys,
et ducz d'Austrasie. Avecques le quinter-
nier et singularitez du parc d'honneur.
(Par Nicolas Volcyre de Sérouville.) A la
fin : *Imprimée à Paris, par Nicolas Couteau, pour Didier Maheu, s. d.* (1530).
IV-56 feuillets, p. in-4°. Rel. peau.

349. CHAMPIER. Le recueil ou cronicques
des hystoires des royaulmes d'Austrasie
ou France orientale dite à présent Lorrayne, de Hiérusalem, de Sicile. Et de la
duché de Bar. Ensemble des saincts contes
et evesques de Toulx. Contenant sept livres tant en latin que en francoys... *A la
fin :* Composé en Lorrayne et finy l'an de
grâce 1510... par maistre Simphorien
Champier, conselier et premier médecin...
du duc de Lorraine. — *S. l., n. n., n. d.*

(Lyon, 1510). 109 feuillets, in-4° non numér. Gravures sur bois. Rel. vélin.

350. RUYR. Première partie (deuxième et
troisième parties) de la Recherche des
sainctes antiquitez de la Vosge, province
de Lorraine. Par Jean Ruyr, charmesien,
chantre et chanoine de l'insigne église
collegiate de S. Dié. *S. Dié, J. Marlier,*
1626. XII-397 pages, in-4°. Frontispice et
vignette par Callot. Rel. veau.

351. RUYR. Recherches des sainctes antiquitez de la Vosge, province de Lorraine.
Reveûes, corrigées et augmentées depuis
la première édition. Par Jean Ruyr, charmesien, chantre et chanoine de l'église insigne de Sainct-Diey. *Espinal, Ambroise
Amb.* 1634. XVIII-488 pages, in-4°. Frontispice. Rel. veau.

352. DIGOT. Histoire du royaume d'Austrasie, par Aug. Digot. *Nancy, Vagner.*
1863. 384, 376, 379 et 398 pages, avec une
carte. 4 vol. Demi-rel.

353. HUGUENIN. Brunechild et les Austra-
siens. Première étude sur l'histoire d'Austrasie, par Huguenin, jeune. *Metz, S. Lamort,* 1834. 109 pages, in-8°, une planche.
Cart.

354. HUGUENIN. Histoire du royaume mérovingien d'Austrasie, par M. A. Huguenin, professeur à la faculté des lettres de
Nancy. *Paris, Durand.* 1862. VII-615 pages,
in-8°. Demi-rel.

355. GÉRARD. Histoire des Francs d'Austrasie, par P. A. F. Gérard. *Paris,
A. Durand,* 1864. 422 et 413 pages, in-8°.
2 vol. Br.

356. HUGUES. Histoire des Lorrains, par
Hugues de Toul, extraite des annales de
Hainaut par Jacques de Guyse, rédigée et
commentée par M. le marquis de Fortia.
Paris, H. Fournier et Cie, 1838. IV-192
pages, in-8°. Demi-rel.

357. WASSEBOURG. Premier volume (et
second) des antiquitez de la Gaule, Belgicque, royaulme de France, Austrasie et
Lorraine. Avec l'origine des duchez et
contez de l'ancienne et moderne Brabant,
Tongre, Ardenne, Haynau, Mozelane, Lo-
treich, Flandres, Lorraine, Barrois, Luxembourg, Louvain, Vaudemont, Joinville, Na-

mur, Chiny, et aultres principaultez. Extraites soubs les vies des evesques de Verdun, ancienne cité d'icelle Gaule ; par M.Richard de Wassebourg, archidiacre en l'église de Verdun. *Paris, Vincent Sartenas,* 1549. vi-592 feuillets, in-fol. Frontispices et vignettes. 2 tomes en 1 vol. Rel. veau.

358. WASTELAIN. Description de la Gaule-Belgique, selon les trois âges de l'Histoire, l'ancien, le moyen et le moderne, avec des cartes de géographie et de généalogie. Par le Père Ch. Wastelain, de la Compagnie de Jésus. *Lille, C. M. Cramé,* 1761. xx-502 pages, in-4°. 3 cartes. Demi-rel. veau.

359. CALMET. Histoire ecclésiastique et civile de Lorraine, qui comprend ce qui s'est passé de plus mémorable dans l'archevêché de Trèves, et dans les évêchez de Metz, Toul et Verdun, depuis l'entrée de Jules César dans les Gaules, jusqu'à la mort de Charles V, duc de Lorraine, arrivée en 1690. Avec les pièces justificatives à la fin. Le tout enrichi de cartes géographiques, de plans de villes et d'églises, de sceaux, de monnoyes, de médailles, de monumens, etc. gravés en taille douce. Par le R. P. Dom Augustin Calmet, abbé de S. Léopold de Nancy. *Nancy, J.-B. Cusson,* 1728. T. I : xII pages, ccxl-1324 col., 11 planches ; t. II : xlviii-1542 col., 8 pl. ; t. III : ccviii-1413 col., 13 pl. ; t. IV (Preuves) 588, 680 et 696 col. 4 vol. in-fol. Rel. veau. (Exemplaire du premier tirage, avant les suppressions.)

360. CALMET. Histoire ecclésiastique et civile de Lorraine... Par le R. P. Dom Augustin Calmet. *Nancy, J.-B. Cusson,* 1728. (Exemplaire composé d'épreuves avec les corrections *manu auctoris.* On y a joint deux recueils factices portant, toujours de la main de D. Calmet, ces mots, l'un : *tome V, contenant les nouveaux cartons;* l'autre, avec un titre emprunté à la seconde édition : *Pour servir de supplément à l'édition de J.-B. Cusson,* 1728.) En tout, 6 vol. Rel. veau et parchemin.

361. CALMET. Histoire de Lorraine, qui comprend ce qui s'est passé de plus mémorable... depuis l'entrée de Jules César dans les Gaules, jusqu'à la cession de la Lorraine, arrivée en 1737, inclusivement... Nouvelle édition, revue, corrigée et aug-

mentée par l'auteur; avec les portraits des ducs et duchesses de Lorraine, d'après les médailles gravées par les ordres du duc Léopold. Par le R. P. Dom Calmet, abbé de Senones. *Nancy, A. Leseure* 1745-1757. T. I : xxII pages, ccc-902-367 col. et 10 planches ; t. II : lxxxiv-617-413 col. et 22 pl.; t. III : iv pages, ccxl-620-378 col. et 12 pl.; t. IV (Bibliothèque lorraine): xxviii pages, 1047 et 214 col. ; t. V : cccLXXVI-928-380 col. et 5 pl.; t. VI: ccliv col. (rel. avec le t. VII)-1362-416 col.; t. VII: ccciv-386-488 col. 7 vol. in-fol. Rel. veau.

362. PROST. Tables dressées par M. Aug. Prost des morceaux accessoires, documents et titres contenus dans les deux éditions de l' « Histoire de Lorraine » par Dom Calmet. *Paris, Soc. bibliographique,* 1877. 56 pages, in-8°. Demi-rel. (Extrait du *Polybiblion*).

363. NOEL. Table des matières de l'*Histoire de Lorraine* du R. P. Dom Calmet, abbé de Senones (deuxième édition, en sept volumes), à laquelle on a ajouté l'indication des titres qui ont été imprimés dans la première édition et qui n'ont point été réimprimés dans la seconde, ceux qui ont été supprimés et remplacés par des cartons, dans la première édition ; le tout tiré du *Catalogue des collections lorraines appartenant à M. Noël. Nancy, Dard,* 1850. 24 pages, in-fol. Cart.

364. CALMET. Abrégé de l'histoire de Lorraine. Par le R. P. Dom Calmet, abbé de Senone. *Nancy, V⁰ J.-B. Cusson et A.-D. Cusson,* 1734. 520 pages, in-8°. Rel. veau.

365. CHEVRIER. Histoire civile, militaire, ecclésiastique, politique et littéraire de Lorraine et de Bar, dédiée à Son Altesse Royale Monseigneur le duc Charles de Lorraine, etc. (Par Chevrier.) *Bruxelles, s. n.,* 1758. 322, 332, 336, 312, 352, 312 et 312 pages, in-12. 7 vol. Demi rel. bas. (Les tomes 6 et 7 n'ont pas paru.) — (Ex libris de Mory d'Elvange.)

366. HENRIQUEZ. Abrégé chronologique de l'histoire de Lorraine, contenant les principaux événements de cette histoire, depuis Clovis jusqu'à Gérard d'Alsace, premier duc héréditaire, et depuis ce prince jusqu'à François III : avec les guerres, les

batailles, etc., par M. H. C. R. D. L'O. D.
S. A., A. D. S. A. R. M. L. D. C. D. L.
(M. Henriquez, chanoine régulier de l'ordre
de Saint-Augustin, aumônier de S. A. R.
Mᵐᵉ la duchesse Charlotte de Lorraine).
Paris, Moutard, 1775. VIII-559 et IV-456
pages, in-12. 2 vol. Cart.

367. BEXON. Histoire de Lorraine, par
M. l'abbé Bexon. Tome premier (le seul
qui ait paru ; il finit au duc Antoine).
Paris, Valade et Nancy, Thomas, 1777.
LXXXIV-364 pages, in-8°. Demi-rel. (Vignettes
sur le titre et en tête de la dédicace.)

368. BÉGIN. Histoire des duchés de Lorraine
et de Bar, et des Trois-Évêchés. (Meurthe,
Meuse, Moselle, Vosges). Par E. A. Bégin.
Nancy, Vidart et Jullien, 1833. XX-380 et
404 pages, in-8°. 2 vol. Demi-rel.

369. DIGOT. Histoire de Lorraine, par Aug.
Digot. *Nancy, Vagner,* 1856. 440, 404,
411, 404, 468 et 428 pages, in-8°. Tabl.
généalogique, carte et plan. Demi-rel.

370. HAUSSONVILLE (D'). Histoire de la
réunion de la Lorraine à la France, par
M. le comte d'Haussonville. *Paris, M. Lévy,* 1854-1859. VI-576, V-524, III-480 et 668
pages, in-8°. 4 vol. Demi-rel.

371. HAUSSONVILLE (D'). Histoire de la
réunion de la Lorraine à la France, avec
notes, pièces justificatives et documents
historiques entièrement inédits, par M. le
comte d'Haussonville. Deuxième édition,
revue et corrigée. *Paris, M. Lévy,* 1860,
XI-459, 415, 407 et 505 pages, in-18. 4 vol.
Demi-rel.

372. RAVOLD. Histoire démocratique et
anecdotique des pays de Lorraine, de Bar,
et des Trois-Évêchés... depuis les temps
les plus reculés jusqu'à la Révolution
française, par J.-B. Ravold, officier d'Académie. *Paris, Bayle et Nancy, Sordoillet
et Sidot,* 1889-1890. 1406 pages, in-8° en
4 vol., (la pagination se continue d'un vol.
à l'autre). Demi-rel.

373. SAINT-MAURIS. Études historiques
sur l'ancienne Lorraine, par M. Victor de
Saint-Mauris. *Nancy, Vagner,* 1861. x-446
et 504 pages, in-8°. Demi-rel.

374. MOURIN. Récits lorrains. Histoire des
ducs de Lorraine et de Bar. Par Ernest
Mourin, recteur honoraire de l'Académie
de Nancy. *Paris-Nancy, Berger-Levrault
et Cⁱᵉ,* 1895. x-395 pages, pet. in-8°. Br.

375. ÉTIENNE. Résumé de l'histoire de
Lorraine, par M. H. Étienne. *Paris,
Lecomte et Durey,* 1825. VIII-352 pages,
in-12. Demi-rel. (De la collection des résumés de l'histoire de France par provinces.)

376. RAGON et D'OLIVET. Précis de l'his-
toire de Lorraine, par MM. F. Ragon et
Fabre d'Olivet. *Paris, Hachette,* 1834.
VI-192 pages, in-18. Demi-rel.

377. LEUPOL. Histoire de Lorraine racontée aux enfants, par M. L. Leupol (Leloup).
Nancy, Grimblot et Raybois, 1840. 175
pages, in-16. Cart.

378. LEUPOL. Précis de l'histoire de Lorraine, par L. Leupol. Quatrième édition,
revue et corrigée, etc. *Nancy, N. Grosjean,* 1874. 238 pages, in-12. Demi-rel.

379. (LALLEMENT). Précis très sommaire de
l'histoire de Lorraine, suivi de la liste des
personnages marquants nés dans le département de la Meurthe. (Par M. L. Lallement, avocat.) *Nancy, Grimblot et Vᵛᵉ
Raybois,* 1857. 83 pages, in-12. Demi-
rel.

380. HENRION. Histoire populaire de la
Lorraine, dédiée à la France, par Victor
Henrion, inspecteur de l'enseignement
primaire. *Paris, P. Dupont,* 1880. 418 pages,
in-12. Demi-rel.

381. NICOLAS. Tables synchroniques de
l'histoire de Lorraine, ou chronologie
abrégée de ses princes et des monarques
contemporains de France et d'Allemagne,
avec les agrandissements successifs de
Nancy, depuis l'origine de cette ville, ses
monuments, ses édifices publics, ses monastères et ses environs ; par M. N*** (Nicolas), officier en retraite. Ouvrage augmenté d'une table comprenant, par ordre
de dates, les grands hommes de France
et d'Allemagne, les archevêques de Trèves,
les évêques de Toul, Metz et Verdun et les
hommes illustres de la Lorraine ; précédé
d'une introduction, par M. X. M***. *Saint-
Nicolas-de-Port, P. Trenel,* 1844. VIII
pages et 64 tables, in-4°. Demi-rel.

382. CLESSE. Notions générales sur l'histoire des anciens duchés de Lorraine et de Bar, par M. Clesse, membre de plusieurs sociétés d'histoire. *Paris et Nancy, Berger-Levrault,* 1881. VII-115 pages, in-12. Demi-rel.

383. JACQUOT. Histoire de Lorraine depuis les premiers ducs jusqu'au blocus de Metz, par François Jacquot, professeur à Metz. *Metz, G. Lang,* 1874. 176 pages, in-8°. Br.

384. CALENDRIER lorrain, ou tableau sommaire des événements relatifs à l'histoire de Lorraine, correspondant à chaque jour de l'année. Année 1841. *Nancy, A. Paulet,* 1840. 32 pages, in-8°. Br.

385. HUHN. Geschichte Lothringens. Von Dr Eugen H. Th. Huhn. *Berlin, Th. Grieben,* 1877-1878. X-402 et 428 pages, avec une carte, in-8°. Demi-rel.

386. ZAGRI. Notizie istoriche della Lorena e de' suoi principi colle loro diramazioni e coll'albero della real casa di Lorena, date in luce da Filippo Zagri, originario della citta del Borgo S. Sepolcro... *Firenze, A. Albizzini,* 1738. VIII-47 pages, in-4°, 5 tableaux généalogiques et un portrait du duc François III. Rel. veau.

387. ELSASS und Lothringen deutsch. *Berlin, Springer,* 1860. 104 pages, in-8°. Br.

388. NOEL. Mémoires pour servir à l'histoire de Lorraine, par M. Noel, avocat, notaire honoraire. — N° 1. Notice sur les histoires de Lorraine de Dom Calmet. 16 pages. — N° 2. Histoire des Archives de Lorraine, et conseils aux personnes qui se proposent d'écrire l'histoire de cette province. 41 pages. — N° 3. Châtel-sur-Moselle. 31 pages. — N° 4. Du domaine ducal. 199 pages. — N° 5. Règnes des ducs Léopold, François III et Stanislas, de 1698 à 1766. XVIII-313 et 299 pages, avec une planche. — N° 6. Règne de Thiébaut Ier, 143 pages, avec 2 planches. *Nancy, Dard,* 1838-1845. Les n°s 1-4 en 1 vol., 5 en 2 et 6 en 1; en tout 4 vol. in-8°. Demi-rel.

389. LEPAGE. Lettres sur l'histoire de la Lorraine, par Henri Lepage, archiviste du département de la Meurthe. *Nancy, A. Lepage,* 1847. 135 pages, in-8°. Demi-rel.

390. (LEPAGE.) L'Austrasie et le royaume de Lorraine. Par H. L. (Henri Lepage). *Nancy, Lucien Wiener,* 1871. 31 pages, in-8°. Cart. (Extrait du *Journal de la Société d'archéologie lorraine.*) — Étude sur les anciens rapports de la Lorraine avec l'empire d'Allemagne.

391. LEPAGE (A). Récits de l'histoire de Lorraine, par Auguste Lepage. *Tours, Mame,* 1881. 237 pages, in-8°. Portrait. Br.

392. DUMAST (DE). Ce que fut jadis la Lorraine et ce qu'elle est encore. Aperçu sommaire, par P. G. de Dumast, correspondant de l'Institut. *Nancy, N. Grosjean,* 1866. 170 pages, in-12. Demi-rel.

393. DUMAST. Philosophie de l'histoire de Lorraine, morceau lu pour la clôture du congrès de 1850; suivi de cent années de l'Académie de Stanislas, discours en vers, prononcé dans la séance séculaire de cette compagnie, le 6 septembre 1850, à la salle des redoutes de l'hôtel de ville de Nancy, en présence du congrès scientifique de France, par P. G. de Dumast. *Nancy, Vagner,* 1850. 75 pages, in-8°. Demi-rel.

394. SCHÜTZ. Lorraine et France, 1460 et 1788. Par F. Schütz, membre de l'Académie de Stanislas. *Nancy, Raybois,* (1842). 24 pages, in-8°. Cart. (Extrait des *Mémoires de l'Académie de Stanislas.* Discours de réception.)

395. WITTICH. Die Entstehung des Herzogthums Lothringen. Erste Haelfte. Inaugural-Dissertation zur Erlangung der philosophischen Doctorwürde in Göttingen von Karl Wittich aus Berlin. *Göttingen, Hofer,* 1862. 78 pages, in-8°. Br.

396. STAAT (Alter und neuer) von Lothringen, aus den besten Nachrichten und *actis publicis* Kurtzlich entworffen von dem gegenwärtigen Berfasser der Europäischen *fama. S. l., n. n.,* 1737. 88 pages, in-8°. Br.

397. LEPAGE. Coup d'œil général sur l'histoire des Vosges, par Henri Lepage. *Épinal, Gley,* 1845. 31 pages, in-8°. Cart. (Extrait de la *Statistique des Vosges.*)

398. BOUVIER. Histoire générale des Vosges, par Félix Bouvier. *Épinal, imp. Busy,*

1888. 94 pages, in-8°. Demi-rel. (Extrait de l'ouvrage *Le département des Vosges,* publié par L. Louis.)

399. (ESTIENNE). Discours des histoires de Lorraine et de Flandres. Au roy treschrestien Henry II, (signé Charles Estienne). *Paris, Ch. Estienne,* 1552. 56 feuillets, in-4°. Rel. veau.

400. DU BOULLAY. Les généalogies des tresillustres et trespuissants princes les ducs de Lorraine marchis, avec le discours des alliances et traictez de mariages en icelle maison de Lorraine, jusques au duc François dernier décédé, dédié à tresillustre prince Charles tiers de ce nom, duc de Lorraine marchis, par Emond du Boullay son premier hérault et roy d'armes. *Paris, V. Sertenas,* 1549. 141 pages, in-8°, avec blasons. Rel. parchemin.

401. ROSIÈRES (DE). Stemmatum Lotharingiæ ac Barri ducum tomi septem. Ab Antenore, Trojanarum reliquiarum ad paludes Mœotidas rege, ad hæc usque illustrissimi... Caroli Tertii, ducis Lotharingiæ tempora... Authore Francisco de Rosières, nobili et patricio Barroducæo, archidiacono Tullensi. *Parisiis, G. Chaudière,* 1580. XL-499 feuillets, in-fol. Tableaux généalogiques. Rel. mar. v.

402. BRUAND. Bref discours de la trèsnoble, très-illustre et très-ancienne maison de Lorraine, descendue du puissant Pharamond, premier roy de France, et de Charlemaigne, grand empereur, etc. Extraits des escrits des plus anciens et vrays hystoriens de toute la Gaule Belgicque, par M. Bruand, bachelier en la faculté des décrets, et curé de Mousson. *Lyon, les héritiers de F. Didier.* s. d. (1590). 36 feuillets non numér., in-8°, Demi-rel. (Exemplaire défectueux.)

403. BIRÉ. Alliances généalogiques de la maison de Lorraine, par Pierre Biré, advocat du roy à Nantes. *S. l., n. n.,* 1593. XXX-348 et 135 pages, in-fol. Rel. parchemin. (Le titre manque.)

404. CLÉMENT. Austrasiæ reges epigrammatis per Nicolaum Clementem trelæum mosellanum descripti. *Coloniae, s. n.,* 1593. VIII-130 pages, pet. in-4°, fig. de Woëiriot. Rel. veau. (Aux armes de N. Vassart.)

405. CLEMENT. Les rois et ducs d'Austrasie depuis Théodoric premier, fils aîné de Clovis jusque à Henri de Lorraine II, à présent régnant, faict par Nicolas Clément, traduit en françois, par François Guibaudet, dijonnois. *Espinal, P. Houion,* 1617. XIV-145 pages, in-4°. Fig. sur bois grav. par A. Ambroise. Rel. parchemin.

406. ORIGINES Murensis monasterii in Helvetiis... ordinis S. Benedicti. Seu acta fundationis, cum brevi chronico sæculi undecimi quo major scriptorum penuria fuit... Atque imprimis antiquissima principum fundatorum genealogia... *Spirembergii, Brucknausen,* 1618. VII-75 pages, in-4°, avec un tableau généalogique. Rel. basane.

407. (GODEFROY). Généalogie des ducs de Lorraine, fidèlement recueillie de plusieurs histoires et tiltres authentiques (par Godefroy). *S. l., n. n.,* 1624. 66 pages, in-4°. Cart.

408. CHANTEREAU LE FEBVRE. Considérations historiques sur la généalogie de la maison de Lorraine. Première partie (les deux autres sont restées inédites) des mémoires rédigez par Louis Chantereau Le Febvre. *Paris, N. Bessin,* 1642. XXII-385 pages, in-fol. Carte. Rel. veau.

409. CHANTEREAU LE FEBVRE. Question historique, si les provinces de l'ancien royaume de Lorraine doivent estre appelées terres de l'Empire. Par L. Chantereau Le Febvre. *Paris, R. Bertault,* 1644. VIII-135 pages, pet. in-4°. Rel. Basane.

410. CHANTEREAU LE FEBVRE. Discours historique concernant le mariage d'Ansbert et de Blithilde, prétendue fille du roy Clothaire I ou II, divisé en deux parties, par M™ Louis Chantereau Le Febvre, conseiller du roy en ses conseils. *Paris, A. Vitré,* 1647. 30-354 pages, in-4°. Rel. veau.

411. DOMINICY. Ansberti familia rediviva... Auctore Antonio Dominicy. Adjecta ad majorem fidem variæ antiquitatis monumenta, quæ in operis contextu laudantur. *Lutetiæ, Seb. Cramoisy,* 1648. Le titre et les premiers feuillets de la dédicace manquent. V-256 et 30 pages, in-4°. Rel. parchemin.

412. CHIFLET. Lotharingia masculina, adversus anonymum parisiensem. Auctore Joanne Jacobo Chifletio, equite et regio archiatrorum comite. *S. l. (Anvers), n. n.,* 1648. 106 pages, pct. in-fol. Rel. parchemin.

413. CHIFLET. Commentarius lothariensis ; quo praesertim barrensis ducatus imperio asseritur ; jura ejus regalia serenissimo principi Carolo III, duci Lotharingiae et Barri absolute vindicantur : auctore Joanne Jacobo Chifletio equite, ac regio archiatrorum comite. *Antuerpiae, ex officina Balthasaris Moreti,* 1649. XII-106 pages, in-4°. Cart.

414. CHIFLET. Praelibatio e vindiciis lotharingicis, Joan. Jac. Chifletii, equitis et archiatri regii... Ducatus Lotharingiæ superioris est terra salica... *S. l., n. n., n. d.* 20 pages, in-4°. Br.

415. (VIGNIER). La véritable origine des très illustres maisons d'Alsace, de Lorraine, d'Autriche, de Bade et de quantités d'autres. Avec les tables généalogiques des descentes desdites maisons et des branches qui en sont sorties depuis l'an de Jésus-Christ six cens jusques à présent. Le tout vérifié par tiltres, chartres, monuments et histoires authentiques. (Par Jérôme Vignier, prêtre de l'Oratoire.) *Paris, G. Maturas,* 1649. XII-244 pages, in-fol. Rel. veau.

416. DU BOSC DE MONTANDRE. Suite historique des ducs de la Basse Lorraine, et en passant, l'histoire généalogique de la maison de Godefroy de Bouillon. Où on verra l'establissement du royaume d'Austrasie, son changement de nom en celuy de Lorraine... Par le sieur Du Bosc de Montandre. *Paris, M. Boisset,* 1662. XXII-48, 48 et 68 pages, in-4°. Rel. parchemin.

417. SALEUR. La clef ducale de la sérénissime, très auguste et souveraine Maison de Lorraine. Laquelle donne une ample ouverture à l'antiquité, dignité... de la noblesse, des alliances... des ducs et princes du sang lorrain... Le tout recherché..., par un R. F. Mineur (F. Jacques Saleur), P. de sa province. *Nancy, Antoine, Cl. et Ch. les Charlot,* 1663. VIII-131 pages, 5 tableaux généalogiques, pct. in-fol. Rel. veau.

418. ANSELME. Le palais d'honneur contenant les généalogies historiques des illustres maisons de Lorraine et de Savoie, et de plusieurs nobles familles de France. Ensemble l'origine et explications des armes, devises, etc., par le P. F. Anselme. *Paris, P. Bessin,* 1663. XVI-720 pages, in-4°. Frontispice et fig. Rel. veau. (Aux armes.)

419. (SOREL). Remarques sur la Lorraine ; pour montrer quels sont les princes qui l'ont possédée depuis l'establissement de la monarchie françoise et les droits que le roy y peut prétendre. Fait partie de Divers traitez... tirez des Mémoires historiques et politiques de M. C. S. S. D. S. (Charles Sorel, sieur de Souvigny). *Paris, Société des libraires,* 1666. 244 et 213 pages, in-12. En un vol. Cart.

420. LOUIS. Lotharingia contra Gallorum postulationes vendicata ; auctore Joh.-Pet. Ludovico, P. P. *Hagae-Comitis, s. n.,* 1697. 60 pages, in-12 et 2 tableaux généalogiques. Rel. veau.

421. LOUIS. Défence de la Lorraine contre les prétentions de la France, traduite du latin du Sr Jean-Pierre Louis, P. P. *Lahaye, s. n.,* 1697. 100 pages, in-12 et 2 tableaux généalogiques. Rel. veau.

422. (PICARD). L'origine de la très illustre maison de Lorraine, avec un abrégé de l'histoire de ses princes, (par le P. Benoit Picard). *Bâle, A. Laurent,* 1704. LXXX-544 pages, in-8°. Rel. veau.

423. (PICARD). Réplique aux deux lettres qui servent d'apologie du « Traité historique sur l'origine de la maison de Lorraine » avec la suite des remarques critiques sur le même sujet, par F. Benoist (Picard) de Toul, capucin. *Toul, L. Rolin, et E. Rolin,* 1713. 293 pages, in-8°. Rel.

424. (PICARD). Supplément à l' « Histoire de la maison de Lorraine » imprimée à Toul en 1704. Avec des remarques sur le « Traité historique et critique de l'origine et la généalogie de cette illustre maison », imprimé à Berlin en 1711, (par le P. Benoit Picard). *Toul, L. et E. Rolin,* 1712. XIII-192 et 142 pages, in-8°. 2 tomes en un vol. Rel. veau. — (Ex libris de Mory d'Elvange.)

425. (HUGO). Traité historique et critique sur l'origine et la généalogie de la maison de Lorraine, avec les chartes servant de preuves aux faits avancés dans le corps de l'ouvrage, et l'explication des sceaux, des monnoies et des médailles des ducs de Lorraine. Enrichi de plusieurs figures en taille douce. *Berlin, U. Liebpert*, 1711. xiv, 299 et 304 pages, 16 pl., in-8°. Rel. veau. (La dédicace est signée « Baleicourt » pseudonyme de Ch. L. Hugo.)

426. (HUGO). Réflexions sur deux ouvrages nouvellement imprimez, concernans l'histoire de la maison de Lorraine. Lettre I et Lettre II, (par Ch. L. Hugo). *S. l., n. n.*, 1712. 47 et 48 pages, in-8°. Rel. veau.

427. REGIA domus Lotharingica in theatrum Gloriæ producta et S. et R. D. Carolo Dei gratia archi-episcopo Treviren si... dedicata a Trevirensi et Confluentino S. J. Collegiis et novitiatu. *Confluentiae, J.-F. Krabben*, 1711. 52 pages, in-fol. Portraits et vignettes. Demi-rel.

428. MUSSEY. La Lorraine ancienne et moderne ou l'ancien duché de Mosellane, véritable origine de la maison royale et du duché moderne de Lorraine, avec un abrégé de l'histoire de chacun de ses souverains, par M. Jean Mussey, prêtre, curé de Longwy. *S. l., n. n.*, 1712. xviii-398 pages, in-8°. Rel. veau.

429. ZENO. Gloria Austriæ, seu compendium genealogico-historicum de serenissima Domo Lotharingicâ... a Francisco Josepho Zeno, equite ex Dannhauss collectum... anno 1718. *Œniponti, M. A. Wagner, s. d.* (1718). 28 pages, in-4°, et un frontispice. Rel. veau. (avec « Respublica christiana » du même auteur).

430. (BOURCIER). Dissertation sur l'origine et la nature du duché de Lorraine, (par le président Bourcier). *S. l., n. n.*, 1721. 128 pages, in-4°. Rel. veau. (Ex libris, C.-L.-B. Jacquemin).

431. (BOURCIER). De la nature du duché de Lorraine, (par M. Bourcier). — Droits de la Maison de Lorraine sur le royaume de Sicile. Sans titre. *S. l., n. n., n. d.* 129 et 12 pages, in-4° Rel. basane.

432. MÉMOIRE sur la masculinité du duché de Lorraine. (Sans titre ; sans nom d'auteur, peut-être de Bourcier ?). *S. l., n. n., n. d.* 40 pages, in-4°. Demi-rel.

433. WILHELM. Histoire abrégée des ducs de Lorraine, depuis Gérard d'Alsace, jusqu'à François III, à l'usage des jeunes gens de qualité, par le P. J.-B. Wilhelm, de la Compagnie de Jésus. *Nancy, F. Midon*, 1735. v-213 pages, in-16. Rel. veau.

434. BUBNA-LITTITZ. Gloriosissimi ortu, dominatu et gestis serenissimæ Lotharingorum gentis Heroes philosophicis instincti tractatibus de mundo, cœlo et elementis; annexis thesibus... quas in... Universitate Pragensi... publicè propugnavit D. Casimirus Ferdinandus S. R. I. Comes de Bubna et Littitz. *(Pragæ), In collegio Soc. Jesu*, 1738. 259 pages, in-fol. Frontispice, figures et carte. Demi-rel.

435. LAVERDY (DE). Mémoire pour établir, en faveur des princes de Ligne, le droit de succéder aux États de Lorraine et de Bar, supposé que la ligne directe de son Altesse Royale duc de Lorraine, du sérénissime prince Charles son frère et des sérénissimes princesses leurs sœurs, vînt à manquer... par M° de Laverdy, avocat. — Preuves des faits par les titres, tirées des chartes de Lorraine, etc. *Paris, Ch. Osmont*, 1739-1741. 78 et 687 pages, in-4°; 4 tableaux généalogiques. En un vol. Demi-rel.

— Un second exemplaire de cette dernière partie, rel. parchemin.

436. (LESLIE). Abrégé de l'histoire généalogique de la maison de Lorraine, rédigé pour servir à l'exercice public sur cette Maison, fait dans la grand'salle de l'Université de Pont-à-Mousson, le 30 janvier 1742... par Eugène-François, Marquis de Ligniville, rhétoricien. (Le P. Leslie, le véritable auteur, a mis son ouvrage sous le nom de son élève.) *Commercy, H. Thomas, s. d.* (1742). xvi-243 pages, in-8°. Rel. veau. (Aux armes de Lorraine et de France.)

437. BIPARTITA commentatio in tabulam hieroglyphicam et geneographicam domus Austriacæ et Lotharingicæ ære incisam... occasione... archiducis infantisque Hispaniæ Mariæ Annæ, cum serenissimo Carolo Alexandro Lotharingiæ principe et

duce conjugii initi·die 7 januarii a. 1744.
S. l., n. n., n. d. 58 pages, in-4°. 5 pl.
Cart.

438. KOPP. Vindiciæ actorum Murensium
pro et contra R. D. P. Marquardum Herrgott, Genealogiæ diplomaticæ augustæ
gentis Habsburgicæ auctorem; seu acta
fundationis Murensis monasterii tanquam
ejusdem genealogiæ fundamenta... vindicata, opera P. Fridolini Kopp, monachi
murensis. *Typis monasterii murensis, C.
Hiltensperger,* 1750. xxiv-325 et 98 pages
in-8°. En un vol. Rel. veau. (Frontispice
gravé.)

439. BILISTEIN (DE). Essai sur les duchés
de Lorraine et de Bar, par Charles Léopold Andreu de Bilistein. *Amsterdam, s. n.,
(H. Constapel),* 1762. 260 pages, in-8°. Rel.
mar. r., fil., d. s. tr.

440. PATRICK. Clef chronologique et diplomatique ou observations sur la différence des époques anciennes ecclésiastique, civile, gallicane et de Lorraine, pour
concilier les contradictions des annalistes
et les dates des diplômes, dédiées à la
Société roiale des sciences et arts à Metz,
par Hermann Bernard Patrick, directeur
des Archives du duc de Deuxponts. *Deux-
ponts, P. Hallanzy,* 1762. IX-68 pages,
in-4°, Cart.

441. CALMET. Suite des portraits des ducs
et duchesses de la maison royale de Lorraine, dessinés et gravés d'après les médailles de Saint-Urbain, par les plus
habiles maîtres de Florence, avec la dissertation historique et chronologique de
Dom Augustin Calmet, abbé de Senones.
Florence, F. Moücke, 1762. VIII-95 et 94
pages, in-fol. Frontispice double, vignettes
et 78 planches. Rel. veau.

442. (DUCROST). Mémoire historique et
critique sur la généalogie de la maison de
Lorraine, (par Ducrost.) *Berne, Dan.
Brounner et Alb. Haller,* 1764. 53 pages
in-4° et un tableau généalogique. Br.

443. (ZURLAUBEN). Tables généalogiques
des augustes maisons d'Autriche et de
Lorraine, et leurs alliances avec l'auguste
maison de France, précédées d'un mémoire sur les comtes de Habspourg, tiges
de la maison d'Auriche, (par B. F. A. J.

D. Zurlauben, baron de La Tour Chatillon). *Paris, Desaint,* 1770. XIV-320 pages,
in-8°. Rel. veau.

444. (MORY D'ELVANGE). Inscriptions qui
se lisent sur les tombeaux des princes et
princesses de l'auguste maison de Lorraine, dans le caveau ducal sous la chapelle ronde, chez les RR. PP. Cordeliers,
(par Mory d'Elvange). *Nancy, Haener,*
1774. 7 pages, in-18. Cart.

445. INSCRIPTIONS gravées sur les mau-
solées des ducs et duchesses, princes et
princesses de Lorraine, inhumés à Nancy,
dans la Chapelle ducale de l'église des
FF. Mineurs. *S. l., n. n.,* 1744. 14 pages,
in-4°. Br.

446. CACCIA. Compendio genealogico-sto-
rico delle auguste Case d'Austria e di Lorena dell'abbate Claudio Caccia. Volume
primo. *Cremona, Fr.-G.Ferrari,* 1778.
XIV-112 pages, in-4°. Titre gravé avec vignette et tableau généalogique. Rel. veau.

447. VITON DE SAINT-ALLAIS. Histoire
généalogique des maisons souveraines de
l'Europe, par M. V. (Nicolas Viton de
Saint-Allais). Tome second. — Maisons
ducales de Lorraine et de Lorraine-Guise.
Paris, Vᵉ Lepetit, 1812. 204 et 85 pages
in-8°. Avec 4 tableaux généalogiques.
Demi-rel.

448. CAYON. Les ducs de Lorraine. 1048-
1737. Costumes et notices historiques, par
Jean Cayon. *Nancy, Cayon-Liébault,* 1854,
II-64 pages in-4°, 30 portraits et 2 vignettes.
Cart.

449. STRATEN-PONTHOZ. Charles-le-Bon,
causes de sa mort, ses vrais meurtriers;
Thierry d'Alsace des comtes de Metz, seigneur de Bitche et comte de Flandre, par
le comte F. van der Stratten-Ponthoz.
Metz, S. Lamort, 1853. 87 pages, in-8°.
Fig. et tableau généalogique. Demi-rel.

450. MARCHAL. Considérations sur les
origines de la Maison de Lorraine, par
M. l'abbé Marchal. *Nancy, Grimblot et
Vᵉ Raybois,* 1854. 23 pages, in-8°. Br.
(Extrait des *Mémoires de l'Académie de
Stanislas.*)

451. NOEL. Examen critique de l'ouvrage
ayant pour titre : « Considérations sur les

origines de la maison de Lorraine... » par M. l'abbé Marchal ; par Noël. *Nancy, A. Dard,* 1855. 40 pages, in-8°. Br.

452. NOISY. Les ducs de Lorraine par C.-B. Noisy. *Rouen, Mégard et Cie,* 1860. 287 pages, in-8°. Fig. Cart.

453. GERMAIN. Notes historiques sur la maison de Lorraine tirées d'une publication récente : « Les comtes de Chiny », par le P. Goffinet, S. J. *Arlon,* 1880, par L. Germain. *Nancy, G. Crépin-Leblond,* 1882. 64 pages, in-8°. Br. (Extrait des *Mémoires de la Société d'archéologie lorraine.*)

454. (GODEFROY). Généalogie des comtes et ducs de Bar, jusques à Henry, duc de Lorraine et de Bar, l'an 1608. Recueillie de plusieurs tiltres et histoires anciennes, (par Godefroy). *Paris, Ed. Martin,* 1627. 52 pages, in-4°. Cart.

455. SERVAIS. Annales historiques du Barrois, de 1352 à 1411. Ou histoire politique, civile, militaire et ecclésiastique du duché de Bar, sous le règne de Robert, duc de Bar, par Victor Servais, chef de bureau de la préfecture de la Meuse, en retraite. *Bar-le-Duc, Contant-Laguerre,* 1865-1867. VIII-520 et 500 pages, in-8°. Fig. 2 vol. Demi-rel.

456. MAILLET (DE). Essai chronologique sur l'histoire du Barrois, par M. de Maillet, maître des comptes. *Paris, Cl. Hérissant,* 1757. VI-238 pages, in-12. Rel. veau.

457. GERMAIN. L'érection du duché de Bar, par Léon Germain. *Nancy, Crépin-Leblond,* 1885. 7 pages in-8°. Br. (Extrait du *Journal de la Société d'archéologie lorraine.*)

458. BOUILLÉ. Histoire des ducs de Guise, par René de Bouillé, ancien ministre plénipotiaire. *Paris, Amyot,* 1849-1850. VIII-556, 608, 516 et 524 pages, in-8°. 4 vol. Demi-rel.

459. FORNERON. Les ducs de Guise et leur époque, étude historique sur le seizième siècle, par H. Forneron. *Paris, Plon et Cie,* 1877. II-421 et 449 pages, in-8°. Tableaux généalogiques. 2 vol. Demi-rel.

460. PÉCHEUR. Histoire de la ville de Guise et de ses environs ; ses seigneurs, comtes, ducs, etc., par M. l'abbé Pécheur, ancien vicaire de cette ville. *Vervins, Papillon,* 1851. VII-421 et 470 pages, in-8°. Plan et médailles. 2 vol. Demi-rel.

461. SOYER-WILLEMET. Quand et comment le Comté de Guise échut à la maison de Lorraine, par H.-F. Soyer-Willemet, bibliothécaire en chef de la ville de Nancy. *Nancy, Grimblot et Ve Raybois,* 1853. 19 pages, in-8°. Rel. (Extrait des *Mémoires de l'Académie de Stanislas.*)

462. (CHÉRUBIN). Lettre sur l'histoire de Guise, par le docteur C. (Chérubin). *Vervins, Papillon,* 1846. 51 pages, in-8°. Br.

463. MAILLE. Recherches sur Elbeuf. Esquisses ou silhouettes de ses seigneurs de la maison de Lorraine, par M. Parfait Maille d'Elbeuf. *Louviers, Mlle Boussard et frère,* 1859. 208 pages, petit in-8°. Cart.

464. GUYARD. Histoire des seigneurs de Mayenne et de ce qui s'est passé de plus considérable en cette ville, par J.-B. Guyard de la Fosse, prêtre. *Le Mans, Monnoyer,* 1850. XVIII-234 pages, in-12. Demi-rel.

465. GERMAIN. Les seigneurs de Beaumesnil de la maison de Lorraine, par L. Germain. *Bernay, veuve A. Lefèvre,* 1884. 31 pages, in-8°. Br.

B. HISTOIRE SOUS CHAQUE RÈGNE.

1° De l'origine à François III inclus.

466. AULBERY. Histoire de la vie de saint Sigisbert roy de Metz et d'Austrasie. Comprenant plusieurs singularitez du duché et de la ville de Nancy, capitale de la Lorraine. Par Georges Aulbery, secrétaire de feu Son Altesse. *Nancy, J. Garnich,* 1617. XIV-268 pages, in-8°. Rel. veau.

467. VINCENT. Histoire fidelle de saint Sigisbert, XII roy d'Austrasie et III du nom. Avec un abrégé de la vie du roy Dagobert son fils. Le tout tiré des antiquités austrasiennes, par le R. P. Vincent de Nancy, religieux du tiers ordre de

saint François. *Nancy, R. Charlot et P. Deschamps,* 1702. XXII-280 et 64 pages, in-8°. Rel. veau.

468. RÉPONCE à la critique de l'histoire de S. Sigisbert, XII° roy d'Austrasie. — Réplique à la réponse aux deux lettres écrites sur l'histoire de saint Sigisbert, III° du nom, XII° roy d'Austrasie. — Observations sur la réplique de l'auteur anonyme, à la réponse aux deux lettres critiques contre l'histoire de saint Sigisbert, III° du nom, XII° roy d'Austrasie. Les 2 premières pièces *s. l., n. n., n. d.* ; la dernière : *Nancy, D. Gaydon,* 1704. 44, 80 et 56 pages, pet. in-8°. Demi-rel.

469. FRIZON. Histoire de la vie de saint Sigebert, roy d'Austrasie, troisième du nom. Par le R. P. Nicolas Frizon, de la Compagnie de Jésus. *Nancy, J. B. Cusson,* 1726. 272 pages, in-8°. Rel. veau.

470. BOUILLON (Godefroy de), duc de la basse Lorraine. Portrait. *J.-J. Flipart sculpsit.* — 191 sur 130 millim.

471. VAHA (de). Guilielmi de Waha Melreusii e Societate Jesu Labores Herculis christiani Godefridi Bullionii. *Leodii Arn. Bronckartii,* 1688. XVI-515 pages, in-12. Rel. veau.

472. GÉRARD D'ALSACE, duc et marquis. Portrait avec celui de sa femme. Médaillon et revers. *Fonbonne sc.* — 85 sur 160 millim.
— Adwide de Namur, sa femme. Portrait *J. Magni del.* — 240 sur 162 millim.

473. THIERRY, 2° duc. Portrait avec celui de sa femme. Médaillon et revers. *Fonbonne sc.* — 84 sur 160 millim.

474. SIMON I, le Belliqueux, 3° duc. Portrait avec celui de sa femme. Médaillon et revers. *Fonbonne fec.* — 85 sur 163 millim.

475. MATHIEU I, le Pieux, 4° duc. Portrait avec celui de sa femme. Médaillon et revers. *Fonbonne fec.* — 86 sur 163 millim.

476. SIMON II, le Pacifique, 5° duc. Portrait. *J. Magni del.* — 243 sur 163 millim.
— Le même avec sa femme. Médaillon et revers. *Fonbonne fec.* — 85 sur 163 millim.

477. FERRI I, dit de Bitche, 6° duc. Portrait. *J. Magni del.* — 232 sur 154 millim.
— Le même avec sa femme. Médaillon et revers. *Fonbonne fec.* — 86 sur 162 millim.
— Ludomille de Pologne, sa femme. Portrait. *J. Magni del.* — 243 sur 164 millim.

478. FERRI II, 7° duc. Portrait avec celui de sa femme. Médaillon et revers. *L. Racle del.* — 83 sur 161 millim.

479. THIBAUT I, 8° duc. Portrait avec celui de sa femme. Médaillon et revers. *Fonbonne sc.* — 86 sur 161 millim.

480. MATHIEU II, 9° duc. Portrait. *Giuliano Traballesi del.* — 231 sur 155 millim.
— Le même. Anonyme. — 112 sur 80 mill.
— Le même avec sa femme. Médaillon et revers. *Fonbonne sc.* — 85 sur 161 millim.

481. MEAUME. Le prisonnier de Maxéville, par E. Meaume. *Nancy, L. Wiener,* 1875. 36 pages, in-8°. Cart. (Extrait des *Mémoires de la Société d'Archéologie lorraine.*)

482. (BEAUPRÉ). De la prison de Ferry III, dit le Chauve, duc de Lorraine, dans la tour de Maxéville, (par M. Beaupré). *Nancy, Grimblot, Thomas et Raybois,* 1839. 74 pages, in-8°. Demi-rel.

483. FERRI III, 10° duc. Portrait. *Giuliano Traballesi del.* — 231 sur 156 millim.
— Le même avec sa femme. Médaillon et revers. *Fonbonne sc.* — 85 sur 160 mil.

484. THIBAUT II, 11° duc. Portrait. *Jos. Magni del.* — 231 sur 152 millim.
— Le même avec sa femme. Médaillon et revers. *Fonbonne sculp.* — 84 sur 160 millim.
— Isabelle de Rumigny, sa femme. Portrait. *J. Magni del.* — 243 sur 165 millim.

485. FERRI IV, 12° duc, surnommé le Lutteur. Portrait. *J. Magni del.* — 230 sur 156 millim.
— Le même avec sa femme. Médaillon et revers. *Fonbonne sculp.* — 84 sur 150 millim.
— Elisabeth d'Autriche, sa femme. Portrait. *J. Magni del.* — 245 sur 165 mill.

486. RAOUL, 13° duc. Portrait avec celui de sa femme. Médaillon et revers. *Fonbonne sculp.* — 84 sur 160 millim.

487. ALIX de CHAMPÉ. Trois lettres d'Alix de Champé, dame de Vendières, au duc de Lorraine Raoul-le-Vaillant, 1334-1346 ; et de l'abbaye de Beaupré, sépulture ducale. (Publiées par J. Cayon.) *Saint-Nicolas de Port, P. Trenel,* 1838. 22 feuillets, pet. in-4°. Lettres ornées, portrait et miniatures. Cart., dans un étui.

488. JEAN I, 14ᵉ duc. Portrait avec celui de sa femme. Médaillon et revers. *Fonbonne sculp.* — 85 sur 156 millim.
— Sophie de Wirtemberg, sa 1ʳᵉ femme. Portrait. *J. Magni del.* — 243 sur 162 millim.

489. CHARLES II, 15ᵉ duc, dit le Hardi. Portrait. *Giuliano Traballesi del.* — 230 sur 158 millim.
— Le même avec sa femme. Médaillon et revers. *Fonbonne sculp.* — 85 sur 160 millim.
— Marguerite de Bavière, sa femme. Portrait. *Julian. Traballesi del.* — 243 sur 163 millim.

490. ARREST du parlement de Paris donné et rendu à la requeste du procureur général du roy ; contre Charles II, duc de Lorraine, et autres complices et accusez ; avec une commission de la cour du mesme jour pour l'entière exécution dudit arrest ; et les remarques qu'en a fait Jean Juvenal des Ursins, le tout tiré du greffe criminel de la cour. *Paris, J. Villery,* 1634. III-208 pages, petit in-8°. Rel. parchemin.

491. CURICQUE. Notice historique sur la bienheureuse princesse palatine Marguerite de Bavière, duchesse de Lorraine (1373-1434). Par l'abbé J.-M. Curicque. *Metz, Rousseau-Pallez,* 1864. 40 pages, in-8°. Br.

492. GERMAIN. La date de la mort d'Edouard Iᵉʳ, comte de Bar, par M. Léon Germain. *Bar-le-Duc, L. Philipona,* 1884. 7 pages, in-8°. Br. (Extrait des *Mémoires de la Société des sciences, etc. de Bar-le-Duc.*)

493. RAYNOUARD. Notice sur René d'Anjou, roi de Naples, comte de Provence, etc. Par M. Raynouard, secrétaire perpétuel de l'Académie française, etc. *Paris, F. Didot,* 1821. 16 pages, in-8°. Cart. (Extrait du *Mémorial universel de l'industrie, des sciences et des arts.*)

494. VILLENEUVE (de). Histoire de René d'Anjou, roi de Naples, duc de Lorraine et comte de Provence, par M. le comte J.-L. de Villeneuve Bargemont. *Paris, J.-J. Blaise,* 1825. XIV-462, 463 et 401 pages, in-8°. Figures. 3 vol. Rel. basane.

495. VILLENEUVE (de). Précis historique sur la vie de René d'Anjou, roi de Naples, comte de Provence ; et principalement sur son séjour dans cette province, par M. le comte de Villeneuve, préfet du département des Bouches-du-Rhône, etc. *Marseille, J. F. Achard,* 1819. 51 pages, in-8°. Cart.

496. VILLENEUVE (de). Précis historique sur la vie de René d'Anjou, roi de Naples, comte de Provence ; et principalement sur son séjour dans cette province, par M. le comte de Villeneuve, préfet du département des Bouches-du-Rhône. Seconde édition. *Aix, G. Mouret,* 1820. 68 pages, in-8°. Demi-rel.

497. LECOY de la MARCHE. Le roi René. Sa vie, son administration, ses travaux artistiques et littéraires, d'après les documents inédits des Archives de France et d'Italie, par A. Lecoy de la Marche. *Paris, Firmin-Didot,* 1875. XVI-559 et 548 pages, in-8°. 2 vol. Demi-rel.

498. QUATREBARBES (de). Histoire de René d'Anjou, par M. le comte de Quatrebarbes. *Angers, Cosnier et Lachèse,* 1853. 288 pages, in-18. Demi-rel.

499. RENÉ. Œuvres complètes du roi René avec une biographie et des notices, par M. le comte de Quatrebarbes, et un grand nombre de dessins et ornements, d'après les tableaux et manuscrits originaux, par M. Hawke. *Angers, Imp. Cosnier et Lachèse,* 1845-1846. CLIV-152, CXIV-153, XXX-211, XIII-203 pages, 26, 24, 22 et 24 planches, in-4°. 4 vol. Demi-rel.

500. GERMAIN. La Souche et l'orange, emblèmes du roi René, par Léon Germain. *Caen, H. Delesques,* 1896. 26 pages, in-8°. Br.

501. URSEAU. Ouverture du tombeau du roi René à la cathédrale d'Angers. Par Ch. Urseau. *Angers, Germain et G. Grassin,* 1895. 6 pages, in-8°. Br. (Extrait de la *Semaine religieuse d'Angers.*)

502. RENÉ I d'ANJOU, roi de Naples. Portrait. *Jos. Magni del.* — 235 sur 160 millim.

— Le même. *Chasselat del.* — 165 sur 148 millim.

— Le même. *Pisan.* — 167 sur 118 millim.

— Le même. Ancien tableau. — 129 sur 87 millim.

— Le même avec sa 1re femme. Médaillon et revers. *Racle del.* — 82 sur 152 millim.

— Le même. Anonyme. — 143 sur 91 millim.

— Le même. *Rosselmann sc.* — 124 sur 89 millim.

— Le même. *Schütz.* — 181 sur 101 millim.

— Le même. Anonyme. — 266 sur 167 millim.

— Le même. *P. Hawke del.* — 251 sur 119 millim.

— Isabelle de Lorraine sa 1re femme. Portrait. *Jos. Magni del.* — 235 sur 160 millim.

— Jeanne de Laval, sa 2e femme. Portrait anonyme. — 86 sur 69 millim.

503. DIALOGUE de Joannes Lud (ou est traicté et discouru des affaires de feuz Messeigneurs Jan et Nicolas, et René... et notamment de la guerre de Bourgogne), publié par H. Lepage. *Nancy, A. Lepage,* 1854. 58 pages, in-8°. Demi-rel.

504. MARICHAL. Note sur le lieu de naissance de René II, duc de Lorraine, par Paul Marichal. *Nancy, G. Crépin-Leblond,* 1890. 12 pages, in-8°. Br. (Extrait des *Mémoires de la Société d'archéologie lorraine.*)

505. REMY. Discours des choses advenues en Lorraine, depuis le décez du duc Nicolas, jusques à celui du duc René, par M. Remy, procureur général de la Lorraine. *Pont-à-Mousson, M. Bernard,* 1605. IV-196 pages, in-4°. Frontispice et portrait. Rel. veau. (Aux armes de N. Vassart.)

506. (ROLAND). La guerre de René II, duc de Lorraine etc. contre Charles Hardy, duc de Bourgogne, où sont détaillées la mort de Charles Hardy, et la déroute de l'armée bourguignonne devant Nancy, (par le P. Aubert Roland, cordelier). *Luxembourg, A. Chevalier,* 1742. VIII-349 pages, in-8°. Rel. veau.

507. BERLET. Charles le Téméraire et René de Lorraine, par A Berlet, procureur de la République à Mauriac. *Dijon, Darantière,* 1892. 218 pages, in-8° et une carte. Br. (Extrait des *Mémoires de la Société bourguignonne de géographie et d'histoire.*)

508. DOCTEUR. Histoire des guerres et de la mort de Charles-le-Hardi, duc de Bourgogne, extraite de la Chronique de Lorraine. (Par Docteur). *Raon-l'Etape, J.-C. Docteur, s. d.* 34 pages, in-4°. Cart.

509. HUGUENIN. Histoire de la guerre de Lorraine et du siège de Nancy, par Charles le Téméraire, duc de Bourgogne, 1473-1477, par Huguenin jeune, professeur d'histoire au collège royal de Metz. *Metz, L. Troubat,* 1837. VI-352 pages, in-8°. Figures. Demi-rel.

510. LACOMBE (de). Le siège et la bataille de Nancy (1476-1477). Episodes de l'histoire de Lorraine, par Ferdinand de Lacombe, capitaine au 2e dragons. *Nancy, Maubon,* 1860. 163 pages, in-8° et un plan. Demi-rel.

511. PFISTER. La bataille de Nancy (5 janvier 1477). Conférence faite par M. Pfister, professeur à la Faculté des lettres, le 27 novembre 1892. *Nancy, s. n.,* 1892. 32 pages, in-16. Br.

512. MARCHAL. Mémoire sur la bataille de Nancy, gagnée par René II, duc de Lorraine, sur Charles de Bourgogne, le 5 janvier 1477, par M. l'abbé Marchal. *Nancy, Vagner,* 1851. 32 pages, in-8° et une carte. Demi-rel.

513. CAYON. Souvenirs et monuments de la bataille de Nancy. 5 janvier 1477. Publiés par J. Cayon. *Saint-Nicolas-de-Port, Imp. Trenel,* 1837. 36 pages, in-fol. Fig. Cart.

514. COLLIGNON. Souvenirs artistiques et littéraires de la bataille de Nancy (5 janvier 1477), recueillies par A. Collignon, professeur adjoint à la Faculté des lettres de Nancy. *Nancy, G. Crépin-Leblond,* 1894. 52 pages, in-8°. Br. (Extrait des *Mémoires de la Société d'archéologie lorraine.*)

515. VILLENEUVE-TRANS. Notice sur les tombeaux de Charles-le-Téméraire (à Nancy, et à Bruges) et de Marie de Bour-

gogne, par le marquis de Villeneuve-Trans. *Nancy, Grimblot, Raybois et Cie,* 1840. 32 pages, in-8°. Cart. (Extrait des *Mémoires de la Société royale des sciences, lettres et arts de Nancy.*)

516. LINAS. Translation des restes de Charles-le-Téméraire de Nancy à Luxembourg ; Manuscrit d'Antoine de Beaulaincourt, roi d'armes de la Toison d'Or, publié pour la première fois avec notes et pièces justificatives et précédé d'une introduction historique et d'une dissertation sur le tombeau du Duc de Bourgogne dans la collégiale Saint-Georges, par Ch. de Linas, *Nancy, A. Lepage,* 1855. 64 pages, in-8°. Br.

517. SAVE. Les restes du Téméraire sont-ils à Bruges ou à Nancy ? Par G. Save. *Nancy, A. Voirin et L. Kreis,* 1894. 12 pages, in-8°. Br.

518. SCHÜTZ. Louis XI et René II, page oubliée de l'histoire de France, par Ferdinand Schütz. *Nancy, Grimblot et Veuve Raybois,* 1846. 33 pages, in-8°. Br. (Extrait des *Mémoires de la Société royale des sciences, lettres et arts de Nancy.*)

519. MARICHAL. Le traité conclu en 1497 entre René II, duc de Lorraine et Robert II de la Marck, seigneur de Sedan, par P. Marichal. *Nancy, Crépin-Leblond,* 1892. 19 pages, in-8°. Br. (Extrait des *Mémoires de la Société d'archéologie lorraine.*)

520. GERMAIN. René II, duc de Lorraine et le comté de Guise, par Léon Germain. *Nancy, G. Crépin-Leblond,* 1888. 70 pages, in-8°. Br.

521. VIE (la) de la Vénérable servante de Dieu, madame Philippe de Gueldres, de glorieuse mémoire, jadis royne de Sicile, duchesse de Lorraine et de Bar, etc., qui après la mort du feu roy de Sicile son mary, se rendit religieuse au Couvent Ste-Claire du Pont-à-Mousson. Recueillie fidèlement par les plus anciennes religieuses dudit couvent, lesquelles ont vécu et conversé bien long-temps avec elle. Edition troisième. *Pont-à-Mousson, Cl. Cardinet et F. Maret,* 1691. (Jouxte la copie imprimée audit lieu, par Melchior Bernard, 1607). — Addition à la vie de la vénérable servante de Dieu sœur Philippe de

Gueldres... par le R. Père en Dieu Nicolas Guinet, docteur en théologie, abbé de Sainte-Marie de ladite ville. *(Pont-à-Mousson), Cl. Cardinet,* 1691. Ensemble : viii-36 et 176 pages, in-8°. Rel. veau.

522. MÉRIGOT. La vie de la Sérénissime Philippe de Gueldres, royne de Hierusalem et de Sicile, duchesse de Lorraine, Bar, Gueldres, etc. Et depuis pauvre religieuse au couvent de Saincte Claire au Pont-à-Mousson. Dédiée à l'Altesse de Monseigneur le Duc, par le père Ch. Mérigot de la Compagnie de Jésus. *Pont-à-Mousson, J. Appier Hanz. et J. Bernard,* 1627. vi-436 pages, in-12. Rel. veau.

523. MÉRIGOT. La vie de la Sérénissime Philippe de Gueldres, reine de Jérusalem et de Sicile, duchesse de Lorraine, Bar, etc. Et depuis, pauvre religieuse au couvent de Ste Claire de Pont-à-Mousson, par le R. P. Ch. Mérigot de la Compagnie de Jésus. *Pont-à-Mousson, J. Appier Hanz. et J. Bernard,* 1627. vi-266 pages, in-8°. Portrait. Rel. veau.

524. (BALTAZARD). La vie de la très illustre et très religieuse princesse Philippe de Gueldre, épouse de René II... Depuis religieuse de sainte Claire au monastère de Pont-à-Mousson... (par Nicolas Baltazard). *Nancy, N. Balthazard,* 1721. vi-91 pages, in-8°. Rel. veau.

525. ILLUSTRISSIMÆ principis Philippæ, Lotharingiæ ducissæ, etc. Quæ, marito defuncto, S. Claræ ordinem amplexa est, vita. Conscripta a virginibus, quæ in eodem cum eâ vixerunt monasterio, idiomate gallico, edita jussu Illustris. Cardinal. de Vaudémont. Nunc in latinum translata. *Coloniæ, A. Mylii,* 1604. 84 pages, non num., in-12. Demi-rel.

526. (LAMBEL). Philippe de Gheldres, duchesse de Lorraine, reine de Sicile et religieuse Clarisse, par l'auteur de la « vie de Marguerite de Lorraine » (M. de Lambel). *Paris, J. Mollie,* s. d. 141 pages, in-12. Br.

527. GUILLAUME. Vie de Philippe de Gheldres, reine de Sicile, duchesse de Lorraine, puis religieuse au monastère de Sainte-Claire de Pont-à-Mousson, par M.

l'abbé Guillaume, chanoine honoraire, aumônier de la chapelle ducale de Lorraine, secrétaire particulier de l'évêché de Nancy et de Mgr le premier aumônier de la maison de l'empereur, etc. *Nancy, Vagner,* 1853. xvi-384 pages, in-12. Cart.

528. HISTOIRE de Philippa de Gueldre, reine de Sicile et de Jérusalem, duchesse de Lorraine et de Bar, religieuse de l'ordre de sainte Claire, morte en odeur de sainteté au pauvre monastère de Sainte-Claire de Pont-à-Mousson. Par une pauvre clarisse de Sainte-Claire de l'Ave-Maria de Grenoble. *Grenoble, imp. Baratier et Dardelet,* 1889. xli-439 et 445 pages, in-8°. 2 vol. Br.

529. RENÉ II, duc de Lorraine et de Bar. Portrait. *Giul. Traballesi del.* — 236 sur 163 millim.

— Le même avec sa 2° femme. Médaillon et revers. *L. Racle del.* — 86 sur 164 millim.

— Le même. Anonyme. — 132 sur 100 millim.

— Le même. *Lith. de Dupuy.* — 123 sur 98 millim.

— Le même. Médaillon. Anonyme. — 71 sur 65 millim.

— Le même. *Lith. de Digout.* — 76 sur 58 millim.

— Le même. *J. Robert delineavit.* — 144 sur 100 millim.

— Philippe de Gueldres, sa 2° femme. Portrait *J. Traballesi del.* — 244 sur 164 millim.

Le même. — *P. Van Schuppen fecit* 1686. — 135 sur 75 millim.

530. (VOLCYRE). L'histoire et recueil de la triomphante et glorieuse victoire obtenue contre les seduyctz et abusez lutheriens mescréans du pays Daulsays et autres par treshault et trespuissant prince et seigneur Anthoine par la grâce de Dieu duc de Calabre, de Lorraine et de Bar, etc., en deffendant la foy catholique, nostre mere l'Eglise, et vraye noblesse, a l'utilité et prouffit de la chose publicque. (Par Nicolas Volcyre de Sérouville). *S. l., n. n., n. d.* (A la fin, une lettre datée de Paris, du 7 des calendes de janvier 1516.) x-98 feuillets, p. in-fol. Gravures sur bois. Rel. veau.

531. WEILL. La guerre des paysans, par Alexandre Weill. *Paris, Amyot,* 1847. xxxvi-288 pages, in-12. Demi-rel.

532. BUSSIERRE. Histoire de la guerre des paysans (seizième siècle), par M. le vicomte de Bussierre. *Paris, Sagnier et Bray,* 1852. 318 et 367 pages, in-8°. 2 portraits, une carte. 2 vol. Demi-rel.

533. OHLEYER. Der Vauernkrieg um Weissenburg anno 1525. *Weissenburg, Wentzell,* 1874. 130 pages, in-8°. Br.

534. ATORF. La guerre des Paysans (Rustauds) sous le duc Antoine de Lorraine, par le Dr Atorf. Traduit de l'allemand par Camille Massing. *Forbach, R. Hupfer,* 1890. 32 pages, grand in-4°. Br.

535. DU BOULLAY. La vie et trespas des deux princes de paix, le bon duc Antoine, et saige duc François premiers de leurs noms (par la grâce de Dieu) ducz de Lorraine, marchis, ducz de Calabre, de Bar, etc. qui trespasserent en moyns d'ung an; ensemble les royales et tres excellentes cérémonies observées et accomplies à leurs funérailles, etc. Par maistre Emond du Boullay... à present... roy d'armes de Charles III. *Metz, J. Pallier,* 1547. 156 feuillets, in-4°, non chiffrés. Armoiries coloriées. Rel. parchemin.

536. DUMAST. Le duc Antoine et les Rustauds, lettres au journal l'*Univers*, par P. G. Dumast ; suivies d'une seconde édition des esquisses d'un voyage de Nancy à Bourbonne, souvenirs lorrains. *Nancy, Vagner,* 1849. 63 pages, in-8°. Cart.

537. (BREYÉ.) Amusemens. (Guerre d'Antoine, duc de Lorraine, contre les rustauds. Histoire de Sybille de Marsal. Poésies. Par M. Breyé, avocat). *Nancy, A. Leseure,* 1733. viii-101 pages, in-8°. Cart.

538. DES ROBERT. Voyage de Renée de Bourbon à Metz (1523), par F. des Robert. *Nancy, G. Crépin-Leblond,* 1880. 46 pages, in-8°. Br. (Extrait des *Mémoires de la Société d'archéologie Lorraine.*) Une lithographie.

539. GERMAIN. La sphère, emblème du duc Antoine de Lorraine, par Léon Germain. *Caen, H. Delesques.* 4 pages, in-8°. Br. (Extrait du *Bulletin monumental,* 1890.)

540. GERMAIN. Le lit d'Antoine, duc de Lorraine et de la duchesse Renée de Bourbon, au Musée historique lorrain, par Léon Germain. *Nancy, Sidot,* 1895. 40 pages, in-8°. Br.

541. MOREY. Ex-voto du duc Antoine de Lorraine en reconnaissance des victoires qu'il remporta en Alsace sur les Rustauds en 1525, par P. Morey, architecte. *Nancy, Berger-Levrault,* 1880. 28 pages, in-8°. Br. Avec une chromolithographie. (Extrait des *Mémoires de l'Académie de Stanislas.*)

542. ANTOINE, duc de Lorraine et de Bar. Portrait. *Giul. Traballesi del.* — 235 sur 160 millim.
— Le même avec sa femme. Médaillon et revers. Anonyme. — 82 sur 160 millim.
— Le même. Statue équestre. *V. de Bouillé, d'après Viard.* — 195 sur 150 millim.
— Renée de Bourbon, sa femme. Portrait. *J. Traballesi del.* — 245 sur 163 millim.

543. FRANÇOIS I, duc de Lorraine et de Bar, Portrait. *Jo. Magni del.* — 236 sur 162 millim.
— Le même avec sa femme. Médaillon et revers. *L. Racle del.* — 85 sur 161 millim.
— Le même. *Dessiné par S. Le Roy.* — 132 sur 93 millim.
Christine de Dannemarck, sa femme. Portrait. *Jos. Magni del.* — 236 sur 161 millim.

544. DU BOULLAY. Les dialogues des trois estatz de Lorraine, sus la tresjoieuse nativité de treshault et tresillustre prince Charles de Lorraine, filz aisné de treshaut et trespuissant prince Françoys, par la grâce de Dieu duc de Bar etc. et de treshaute et tresillustre princesse madame Chrestienne de Danemarc son épouse, avec la généalogie de tous les roys et ducs qui ont regné en Austrasie dicte Lorraine, depuis Adam jusques au dict prince Charles nouvellement nay etc. Par M. Emond du Boullay, dict Clermont. A la fin : *Imprimé à Strasbourg, par G. Messerschmidt.* 1543. 30 feuillets. Frontispice et figures sur bois. Pet. in-fol. Rel. veau. Aux armes de N. Vassart.

545. COSTER. Eloge de Charles III dit le le Grand, duc de Lorraine, marchis, duc de Calabre, Bar, Gueldres, etc.; par Joseph-François Coster de Nancy. *Francfort, s. n.,* 1764. IV-122 pages, in-8°. Rel. mar. r., d. s. tr.

546. CONCORDATS du Barrois (entre Charles III, duc de Lorraine et les rois de France Charles IX et Henri III. 1571-1575). 26 pages, in-24. Br. (Le titre manque.)

547. DÉCLARATION donnée par le Roy Henry III le 8 août 1575 pour l'éclaircissement du Concordat fait entre le Roy Charles IX et Charles III, Duc de Lorraine (janvier 1571). S. l., n. n., n. d. 5 pages, in-4°. — Traité et Concordat entre le Roy Charles IX et Charles III (1571), 7 pages, in-4°. — Déclaration donnée par le Roy Charles IX le 13 février 1573, pour l'éclaircissement du Concordat fait entre ledit Seigneur Roy et Charles III, Duc de Lorraine et de Bar, le 25 janvier 1571. S. l., n. d. 5 pages, in-4°. Br.

548. BREF et véritable discours de l'heureuse victoire qu'il a pleu à Dieu donner à Monseigneur le duc de Lorraine, sur les reistres et lansquenets ennemis, qui estoient ja advancez en la plaine de Strasbourg, pour venir joindre les trouppes du prince de Béarn. *Paris, G. Chaudière,* 1589. 16 pages, in-8°. Br.

549. EXTRAIT du traité de Blamont du 21 novembre 1562. *Nancy, P. Antoine,* 1726. 10 pages, in-fol. — Consultation. S. l., n. n., n. d. 3 pages, in-fol. Br.

550. BENOIT. Notes sur la Lorraine allemande. Les Rhingraves et les Reitres pendant les guerres de religion du XVIᵉ siècle, par L. Benoit. *Nancy, A. Lepage,* 1860. 73 pages, in-8°. Fig. Cart. (Extraits du *Journal de la Société d'archéologie lorraine.*)

551. PASSAGE (Du) et route que tiennent les Reistres et Allemans, estans repoussez par le duc de Lorraine. Avec le nombre des gens d'ordonnance de leur gendarmerie. *A Lyon,* 1587. Réimpression : *Paris, Lemerre,* 1875. 20 pages, in-8°. Br.

552. LEPAGE. Les dernières années de Michel de La Huguerye (et la Lorraine, 1588 à 1602). Par H. Lepage. *Paris, Renouard,* 1882). 9 pages, in-8°. Br. (Extrait de l'*Annuaire-Bulletin de la Société de l'histoire de France.*)

553. DEMONGEOT. Chant royal et poëme funèbre sur le trespas de treshault... prince Charles III, duc de Calabre, Lorraine, etc. par Gabriel Demongeot, docteur en médecine. *Nancy, B. André,* 1608. 45 pages, pet. in-8°. Rel.

554. PÉRIN. Oraisons funebres sur le trespas de feu Monseigneur très-hault, très-illustre et serenissime prince Charles III, par la grâce de Dieu duc de Calabre, Lorraine, etc. et de feu Monseigneur son filz... prince Charles, cardinal de Lorraine.., evesque de Metz et de Strasbourg, prononcées à Nancy, en l'église collégiate de S. Georges et en la conventuelle des RR. PP. Cordeliers, les 18, 19 et 21 juillet, 1608. Par le P. Léonard Perin, de la Compagnie de Jésus. *Pont-à-Mousson, M. Bernard,* (1608). 168 pages, in-8°. Frontispice Rel. parchemin.

555. LA RUELLE (DE). Discours des cérémonies honneurs et pompe funèbre faits à l'enterrement du très-haut, très-puissant et sérénissime prince Charles 3 du nom, par la grâce de Dieu duc de Calabre, Lorraine, Bar, etc., par Claude de la Ruelle, secrétaire des commandementz de feue Son Altesse, etc. *Cler-lieu lez Nancy, J. Savine,* 1609. VII-205 feuillets, in-8°. Titre et frontispice gravés. Rel. parchemin.

556. LA RUELLE (DE). Pompe funèbre de Charles III, duc de Lorraine. « Dix grandes tables contenantes les pourtraicts des cérémonies, honneurs et pompe funèbres, faitz au corps de feu sérénissime prince Charles 3° du nom... Ce qui est outre la pompe funèbre du convoy faict aussi lors au transport dudit corps... et figuré en 48 tables... — L'ordre tenu au marcher, parmy la ville de Nancy... à l'entrée en icelle du S. prince Henry II... — Comme S. A. de Lorraine Henri II va à l'église... » En tout 74 planches, gravées à l'eau forte par Brentel, sur les dessins de Cl. de La Ruelle et de J. de la Hière. *Nancy, Herman de Loye,* 1611. Album in-plano. Demi-rel.

557. LUCTUS juventutis Academiæ Mussipontanæ, in funere Sereniss. Caroli III. Calab. Lothar. Barri ducis. *Mussiponti, M. Bernard,* 1608. 118 pages, pet. in-8°. Fig. Rel. parchemin.

558. (LE POIS). Caroli III sereniss. potentis. duc. Lothar. March. duc. Calab. Barri Gueld. etc. MAKAPISMOS seu felicitatis, et virtutum egregio principe dignarum coronæ, ex sapientiæ hortis lectæ, congestæque in honorarium ejus tumulum. (Par Ch. Le Pois, doyen de la faculté de médecine de Pont-à-Mousson.) *Ponte ad Monticulum. Jac. Garnich,* 1609. XII-262 pages, in-4°. Titre et frontispice gravés. Rel. veau. (Aux armes de N. Vassart).

559. MAGNIENVILLE Claude de France, duchesse de Lorraine, par M. R. de Magnienville. *Paris, Perrin,* 1885. 247 pages. Pet. in-8°. Portrait. Br.

560. CHARLES III, dit le Grand. Portrait. J. *Traballesi del.* — 244 sur 165 millim.
— Le même. D. C. — 162 sur 111 millim.
— Le même. Anonyme. — 272 sur 162 millim.
— Le même. Anonyme. — 148 sur 113 millim.
— Le même. Anonyme. — 104 sur 93 millim.
— Le même avec sa femme. Médaillon et revers. L. *Racle del.* — 87 sur 164 millim.
— Claude de France, sa femme. Portrait. J. *Traballesi del.* — 244 sur 165 millim.

561. SAUVAGE. Le Zodiaque sacré du grand soleil d'Austrasie. Où la vie et mort heureuses de Henri II, le débonnaire, duc de Lorraine, Bar, etc. Représentées en trois discours funèbres en l'église collégiate de S. George à Nancy, le 31 juillet 1625... Par le R. P. F. Jean Sauvage, champenois, provincial de l'ordre des minimes, etc. *Nancy, Séb. Philippe,* 1626. XVI-264 pages, in-8°. Rel. parchemin.

562. JOBARD. L'honneur du prince regretté de son peuple. Sur la vie et trespas de Henri II, duc de Lorraine. Par D. Jobard. *Paris, M. Collet,* 1625. XVI-166 pages, in-8°. Rel. veau.

563. ARMAILLÉ (D'). Catherine de Bourbon, sœur de Henri IV, 1559-1604. Etude historique par Mme la comtesse d'Armaillé. *Paris, Didier,* 1865. VII-336 pages, in-12. Demi-rel.

564. RÉCIT véritable de ce qui s'est passé à Nancy,... à la réception de Monseigneur

le Duc d'Angoulesme, comte d'Auvergne, Messieurs de Béthune et de Préaux, tous trois destinez à l'Ambassade, pour apaiser en la Germanie les troubles eslevez en l'Empire pour la Couronne de Bohesme... *Paris, Pierre des Hayes*, 1620. 14 pages, in-8°. Br.

565. HURTREL. Souvenirs du règne de Henri IV. Les amours de Catherine de Bourbon, sœur du roi, et du duc de Soissons, par M^{mo} Alice Hurtrel. *Paris, G. Hurtrel*, 1882. 218 pages, pet. in-8°. Fig. Br., étui.

566. (CAUMONT DE LA FORCE). Mémoire historique ou ànedocte (*sic*) galante et secrete de la duchesse de Bar, sœur d'Henry IV, roy de France. Avec les intrigues de la Cour pendant les règnes d'Henry III et Henry IV, (par Mlle Charlotte-Rose de Caumont de la Force). *Amsterdam, Desbordes*, 1713. VIII-542 pages, in-12. Rel. veau.

567. ARRÊT au sujet du mariage de la duchesse de Bar. *S. l., n. n., n. d.* 8 pages, in-8°. Br.

568. HENRI II, dit le Bon, nommé marquis de Pont, puis duc de Bar. Portrait. *J. Magni del.* — 245 sur 165 millim.

— Le même, avec sa 2° femme. Médaillon et revers. *L. Racle del.* — 85 sur 155 millim.

— Le même. Anonyme. — 162 sur 125 millim.

— Le même. Anonyme. — 274 sur 163 millim.

— Catherine de Bourbon, sa 1re femme. Portrait. Collection du château d'Eu. — 140 sur 88 millim.

— La même. *A. F. pinx.* — 137 sur 99 millim.

— Marguerite de Gonzague, sa 2° femme. Portrait. *J. Magni del.* — 244 sur 165 millim.

569. FRANÇOIS II, comte de Vaudémont, puis duc de Lorraine. Portrait. *G. Traballesi del.* — 226 sur 150 millim.

— Le même, avec sa femme. Médaillon. Anonyme. — 107 sur 96 millim.

— Le même avec sa femme. Médaillon et revers. Anonyme. — 84 sur 160 millim.

— Le même. Anonyme. — 137 sur 89 millim.

— Christine de Salm, sa femme. Portrait. *G. Traballesj del.* — 230 sur 151 millim.

570. BEAUVAU (DE). Mémoires du Marquis de Beauvau, pour servir à l'histoire de Charles IV, duc de Lorraine et de Bar. *Cologne, P. Marteau*, 1689. XVI-476 et 185 pages, in-12. 2 vol. Rel. veau. (Ex libris A. Bergiron.)

571. BEAUVAU (DE). Mémoires du marquis de Beauvau, pour servir à l'histoire de Charles IV, duc de Lorraine et de Bar. *Cologne, P. Marteau*, 1690. XIV-456 et 20 pages, in-12. Rel. veau.

572. LE CLER. Charles de Vaudémont, par G. Le Cler. Récits tirés de l'histoire de Lorraine, de 1620 à 1635. Premières années du règne de Charles IV. Invasion de la Lorraine. *Paris, E. Dentu*, 1869. 322 pages, in-18. Br.

573. FAVIER. Documents inédits sur la vie privée de Charles IV, duc de Lorraine, tirés des papiers de son confesseur, par J. Favier. *Nogent-le-Rotrou, Daupeley-Gouverneur*, s. d. (1886). 25 pages, in-8°. Br. (Extrait de la *Revue historique.*)

574. FAVIER. Notes et documents sur la vie privée de Charles IV, duc de Lorraine, tirés des papiers de son confesseur, par J. Favier. *Nancy, A. Voirin et L. Kreis*, 1895. 24 pages, in-8°. Br.

575. LA FORCE. Extraordinaire du XXVIII may MDCXXXV, contenant la lettre du Mareschal de la Force, escrite du camp d'Ericourt, le 18 may 1635 touchant la nouvelle defaicte des Lorrains. Et le procez verbal du Heraut envoyé par le Roy au Cardinal Infant luy denoncer la guerre. *Lyon, s. n.*, 1635. Pages 285-288, in-4°. Br.

576. DES ROBERT. Campagnes de Charles IV, duc de Lorraine et de Bar, en Allemagne, en Lorraine et en Franche-Comté, etc. 1634-1643. D'après des documents inédits... par F. des Robert. *Paris, Champion et Nancy, Sidot*, 1883-1888. XII-548 et XIV-413 pages, in-8°. 2 vol. Demi-rel.

577. DES ROBERT. Campagnes de Charles IV, duc de Lorraine et de Bar, en Franche-Comté, en Alsace, en Lorraine et en

Flandre (1638-1643), d'après des documents inédits tirés des archives du Ministère des affaires étrangères, par F. des Robert. *Nancy, Sidot*, 1886. 78 pages, in-8°. Br.

578. SCHMIT. Sept actes inédits relatifs à la première occupation de la Lorraine, 1632-1633, par M. J.-A. Schmit. *Nancy, L. Wiener*, 1873. 17 pages, in-8°. Cart.

579. SCHMIT. Un inventaire après saisie. État de la Lorraine avant la guerre (1631), dressé par ses envahisseurs après la conquête (1634), par M. J.-A. Schmit. *Nancy, L. Wiener*, 1870. 31 pages, in-8°. Cart. (Extrait des *Mémoires de la Société d'archéologie lorraine.*)

580. SCHMIT. Les campagnes de Louis XIII en Lorraine, écrites de sa propre main, par M. J.-A. Schmit. *Nancy, L. Wiener*, 1868. 17 pages, in-8°. Cart. (Extrait des *Mémoires de la Société d'archéologie lorraine.*)

581. DU BOIS. Histoire de l'emprisonnement de Charles IV, duc de Lorraine, détenu par les Espagnols dans le château de Tolède, avec ce qui s'est passé dans les négociations faites pour sa liberté, par M. le marquis du Châtelet, maréchal de Lorraine, et M. du Bois, conseiller d'Etat, intendant de ses armées, et ambassadeur en cour d'Espagne. *Cologne, P. Marteau*, 1688. 132 pages, in-12. Rel. veau.

582. DU BOIS. Histoire de l'emprisonnement de *Charles IV*, duc de Lorraine, détenu par les Espagnols dans le château de Tolède, avec ce qui s'est passé dans les négociations faites pour sa liberté, par M. le marquis de Châtelet, maréchal de Lorraine, et M. du Bois, conseiller d'Etat, intendant de ses armées, et ambassadeur à la cour d'Espagne, (par Nic. Du Bois). *Amsterdam, P. Brunel*, 1712. 132 pages, in-12. Rel. veau.

583. MEAUME. La jeunesse de la duchesse Nicole de Lorraine (1606-1634), par MM. Ed. Meaume et F. Des Robert. *Nancy, Sidot*, 1889. 134 pages, in-8°. Br. (Extrait des *Mémoires de l'Académie de Stanislas.*)

584. DÉCLARATION de Madame la Du-

chesse de Lorraine. — Narré véritable de ce qui s'est passé sur la fin du règne de Henry second, duc de Lorraine et de Bar, et pendant celui de Charles quatrième... touchant la succession en faveur de la ligne masculine, et la nullité du prétendu mariage d'entre S. A. et M° la Duchesse Nicole. — Réponse de Mad. la Duchesse au « Narré véritable... » *S. l., n. n., n. d.* 93 pages, in-4°. Cart.

585. MANIFESTE du duc Charles, touchant la nullité du mariage, d'entre ledit duc et Madame la duchesse de Lorraine. Avec la responce de Madame la duchesse de Lorraine. *Paris, P. Targa*, 1640. 64 pages, in-8°. Rel. basane.

586. ROUYER. Deux relations contemporaines de la fête donnée à Bruxelles par Charles IV, duc de Lorraine, roi du serment des arquebusiers de cette ville, le 24 may 1649, avec une introduction et des notes, par Jules Rouyer. *Nancy, Berger-Levrault*, 1881. 49 pages, in-8°. Br.

587. L'HOSPITAL. Panegyrique du roy Louys le Juste sur la prise de Nancy. Prononcé en l'église du collège royal de Bourbon, de la Compagnie de Jésus, le 16 décembre 1633. Par François de l'Hospital, marquis de Vitry, rhétoricien, aagé de douze ans. *Aix, E. David*, 1634. 27 pages, in-4°. Br.

588. MANIFESTE (Le) du duc de Lorraine, présenté à Son Altesse Royale. *Paris, S. de La Fosse, s. d.* (1650). 14 pages, in-4°. Rel. parchemin.

589. RELATION (La) extraordinaire, contenant tout ce qui s'est passé à la prise de la Ville d'Aigremont en Lorraine par la milice de Langres... *Paris, Sassier*, 1651. 7 pages, in-4°. Br.

590. NOUVELLE (La) extraordinaire, contenant tout ce qui s'est fait et passé en Champagne, entre l'armée du Roy, commandée par M. le Mareschal de la Ferté-Senecterre, et celle du Duc Charles ; avec la prise du sieur de Chastillon, et les articles accordéz par Sa Majesté à la Princesse de Phalsbourg, pour la neutralité de Neuf-Château. *Paris, G. Sassier, s. d.* 6 pages, in-4°. Rel. veau.

591. ROUYER. Les mémoires de Madame de la Guette dans leurs rapports avec l'histoire du Duc de Lorraine, Charles IV, en 1652. Par J. Rouyer. *Nancy, G. Crépin-Leblond, 1877.* 19 pages, in-8°. Br. (Extrait du *Journal de la Soc. d'archéol. lorraine.*)

592. LETTRE à Son Altesse Impériale l'Archiduc Léopold, sur le sujet de l'emprisonnement du Duc de Lorraine ; et du Manifeste publié contre luy le 25 jour de Fevrier 1654. Escrite par un serviteur de la Maison dudit Duc (M. J. A.)... *Paris, Veufve J. Guillemot, 1654.* 15 pages, in-4°. Br.

593. LETTRE escrite à Monsieur le Comte de Ligniville, Marechal de Camp General des armées de Son Altesse de Lorraine ; par un Conseiller de la Cour Souveraine, au subject du procés faict contre les Colonels de Remenecourt et de Mauléon, et autres Officiers déserteurs de l'armée de Son Altesse, avec leur procés. *S. l., n. n., n. d.* 4 pages, in-4°. Br.

594. ESCLAIRCISSEMENTS sur les affaires de Lorraine, pour tous les princes chrétiens. *Straesbourgh, M. Fredrick, 1671.* 131 pages, in-12. Br.

595. SWANEVELT. Lettre du sieur Swanevelt à un sien amis, sur les traittez de Monsieur le Duc de Lorraine avec le Roy tres-chrestien. (*La Haye*), *s. n., 1668.* 15 pages, in-4°. Br.

596. HAVET. Panegyricus serenissimo Lotharingiae et Barri Duci Carolo IV dictus a Carolo Havet, S. Jesu, decimo quarto Calendas novembris 1668. In aulâ collegii Mussipontani. *Mussipontani, Cl. Bouchard, 1668.* 60 pages, in-4°. Cart.

597. MANIFESTE du public au Roy, sur le retour de Sa Majesté de la Duché de Lorraine. *Paris, P. Mettayer, 1635.* 16 pages, petit in-4°. Br.

598. SCHMIT. Pièces originales sur la guerre de trente ans. (Publiées par J.-A. Schmit). *Nancy, L. Wiener, 1866-1868.* XIX-271, 511 et 89 pages, in-8°. 3 vol. Demi-rel.

599. CHARLES IV. La déclaration du Duc de Lorraine envoyée à Son Altesse Royale, faite à Messieurs de Parlement, contre Mazarin. Par le Duc Charles IV. *Paris, Claude Le Roy, s. d.* 8 pages, in-4°. Br.

600. (BARDIN). Le triomphe de Son Altesse Charles III, duc de Lorraine, etc., à son retour dans ses états, (par Philippe Bardin). *Nancy, D. Poirel, A. et Cl. Charlot, 1664.* 34 feuillets, pet. in-fol. Pl. et vignettes. Frontispice gravé : *Deruet, invent. et design., S. Leclerc sculp.* Demi-rel.

601. CHARLES IV. La lettre du duc de Lorraine, escrite à Monseigneur le prince de Condé, sur l'avancement de ses troupes. *Paris, Le Roy, 1652.* 7 pages, in-4°. Demi-rel.

602. CHARLES IV. Lettre du duc de Lorraine à Madame la duchesse d'Orléans, sa sœur ; touchant la marche de son armée, et les asseurances qu'il lui donne, qu'il vient se joindre à S. A. R. pour esloigner Mazarin. *Paris, J. Chevalier, 1652.* 7 pages, in-4°. Demi-rel.

603. CHARLES IV. Lettre du duc de Lorraine, envoyée à S. A. R. Madame la duchesse d'Orléans, sur la diligence qu'il fait pour le secours de Paris. *Paris, Vve J. Guillemot, 1652.* 7 pages, in-4°. Demi-rel.

604. CHARLES IV. Le manifeste du duc de Lorraine présenté à Son Altesse Royale. *Paris, De la Fosse, s. d.* 14 pages, in-4°. Demi-rel.

605. CHARLES IV. Dernière lettre de Monsieur le duc de Lorraine à Monsieur le prince ; apportée par un colonel de son armée, le 25 mars 1652 ; en laquelle il déclare plainement toutes ses intentions, les sujets de son retardement et sa marche à grandes journées vers Paris. *Paris, A. Perier, 1652.* 6 pages, in-4°. Demi-rel.

606. CHARLES IV. Lettre du duc de Lorraine à Messieurs de la ville de Paris. Ensemble les particularitez de son armée, et les noms des chefs qui la conduisent. *Paris, L. Hardouin, 1652.* 8 pages, in-4°. Demi-rel.

607. LORRAINE (La) en trouble, sur les signes apparus dans la ville de Nancy, le vendredi quatorzième jour du présent mois de juin, sur les huict heures du soir. Envoyé à Monsieur de Lomenie, secretaire d'Estat. Ensuitte l'explication faitte par Vekel, astrologue allemand, sur ce sujet. *Paris, s. n., 1652.* 8 pages, in-4°. Demi-rel.

608. CHARLES IV. Lettre du duc de Lorraine au mareschal de Turenne, qui a esté interceptée, par laquelle il tâche à couvrir sa trahison manifeste. *Paris, A. Chouqueux*, 1652. 7 pages, in-4°. Demi-rel.

609. L'ILLUSION publique, ou la revelation du secret de la retraite du duc de Lorraine. Discours et raisonnement sur ce sujet. Avec l'abrégé des moyens de finir bien-tost la guerre à l'avantage de Messieurs les princes, contre Mazarin. *S. l., n. n.*, 1652. 14 pages, in-4°. Demi-rel.

610. DEFFAITE (La) des trouppes du duc de Lorraine, par la noblesse et les communes de Brie et de Champagne, où il est demeuré plus de douze cents hommes. *Paris, A. Chouqueux*, 1652. 8 pages, in-4°. Demi-rel.

611. PROPOSITIONS (Les) du duc de Lorraine apportées à Son Altesse Royale par Monsieur le comte de Rieux, le vingt-uniesme juin 1652. Avec les resolutions de sadite Altesse Royale sur icelles. *Paris, J. Le Gentil*, 1652. 8 pages, in-4°. Demi-rel.

612. NICOLAS-FRANÇOIS. Déclaration de S. A. Nicolas-François, duc de Lorraine et de Bar, etc., sur le rétablissement de sa maison. *Bruxelles, Hubert-Anthoine Velpius*, 1654. 7 pages, in-4°. Br.

613. LETTRES escrittes au député plénipotentiaire de Son Alt. Sérénis. de Lorraine, à Ratisbonne, concernant l'information particulière des choses imputées par la France à sadite Altesse, et des raisons que le Roy Tres-Chrestien pretend avoir de l'invasion de la Lorraine. *Liège, Charles de la Vallée*. 1670. 24 pages, in-4°. Br.

614. ANNALES galantes de Lorraine. Année 1668. *Cologne, P. Marteau*, 1682. 103 pages, in-12. Demi-rel.

615. PINGAUD. Béatrix de Cusance, princesse de Cantecroix (1614-1663), par L. Pingaud. *Besançon, Dodivers*, 1876. 43 pages, in-8°. Br. (Extrait des *Mémoires de la Société d'émulation du Doubs*.)

616. SCHMIT. Catalogue descriptif des estampes relatives à la guerre de trente-ans en Lorraine, pendant la période dite suédoise, 1631-1648, par M. J.-A. Schmit. *Nancy, L. Wiener*, 1868. 38 pages, in-8°. Cart. (Extrait des *Mémoires de la Société d'archéologie lorraine*.)

617. CHARLES IV, duc de Lorraine. Portrait. *J. Magni del.* — 243 sur 165 millim.
— Le même. *A Paris, chez Daret*, 1652. — 190 sur 130 millim.
— Le même. *Moncornet excudit.* — 150 sur 116 millim.
— Le même. *B. Moncornet excu.* — 147 sur 105 millim.
— Le même. *J. de Leeuw schulp.* — 132 sur 80 millim.
— Le même. Anonyme. — 113 sur 61 mill.
— Le même. *Peter Aubry excudit.* — 144 sur 104 millim.
— Le même. *Gasp. de Crayer pinxit.* — 139 sur 104 millim.
— Le même. *J. V. S. F.* — 342 sur 224 millim.
— Le même. *A Paris, chez P. Bertrand.* — 230 sur 162 millim.
— Le même. Anonyme. — 192 sur 149 mill.
— Le même. *Cor. Nicolas Schurk sculp.* — 176 sur 126 millim.
— Le même. *Fred. Bouttats ex.* — 160 sur 113 millim.
— Le même avec sa 1re femme. Médaillon et revers. *Racle del.* — 80 sur 153 millim.
— Le même. Anonyme. — 183 sur 144 mill.
— Le même. Anonyme. — 142 sur 105 mill.
— Le même. *C. Deruet fecit.* — 352 sur 470 millim.
— Nicolle de Lorraine, sa 1re femme. Portrait. *J. Magni del.* — 244 sur 164 millim.
— La même. *Moncornet.* — 152 sur 115 millim.
— Béatrice-Constance de Cusance, sa 2e femme. Portrait. *A Paris, chez Daret*, 1652. — 190 sur 126 millim.
— La même. *Antonius Van Dick pinxit.* — 251 sur 193 millim.
— La même. *Van Guidertalen inv., Dannoot sculp.* — 115 sur 160 millim. Vélin.

618. LUBERIUS. Piis manibus serenissimæ Claudiæ Lotharingæ. Ser. Nicolai Franc. Lothar. et Barri Duc. etc... lectissimæ conjugis ... Die 2 Aug. a. 1648, vitâ functæ... a Joanne Liberio soc. Jesu. *Viennæ Aus-*

triæ, Mat. Rictius, 1649. 60 pages, in-4°. Titre et frontispice gravés. Rel. parchemin.

619. LUBERIUS. Discours funèbre prononcé en latin, en l'anniversaire de Son Altesse Madame la duchesse Claude de Lorraine, par le R. P. Jean Luberius, de la C. de Jésus, et traduit en françois par le sieur Hennequin, intendant des affaires et maison de Son Altesse le Duc François de Lorraine. *Nancy, A. Charlot,* 1651. x-66 pages, in-4°. Frontispice. Rel.

620. FAVIER. Note sur l'éducation d'un jeune cardinal de Lorraine à l'Université de Pont-à-Mousson, par J. Favier. *Nancy, G. Crépin-Leblond,* 1888. 25 pages, in-8°. Br. (Extrait des *Mémoires de la Société d'archéologie lorraine.*)

621. NICOLAS-FRANÇOIS, dit le duc François. Portrait. *Giul. Traballesi del.* — 236 sur 160 millim.

— Le même, avec sa femme. Médaillon et revers. *Racle del.* — 82 sur 158 millim.

— Le même. *A Paris, chez Louis Boissevin.* — 198 sur 129 millim.

— Le même. Anonyme. — 124 sur 86 mill.

— Claude de Lorraine, sa femme et sa cousine. Portrait. *J. Traballesi del.* — 247 sur 165 millim.

— La même. *E. Wideman delin.* — 162 sur 122 millim.

622. DE PONT. Abrégé historique et iconographique de la vie de Charles V, duc de Lorraine, dédié à Son Altesse royale Léopold I, son digne successeur (par De Pont, gentilhomme portugais). *Nancy, R. Charlot et P. Deschamps,* 1701. 28 pages et 28 planches, in-fol. Portrait ajouté. Rel. veau.

623. (FRESCOT). Vita di Carlo Quinto duca di Lorena e di Bar, etc., generalissimo dell' armi imperiali, etc. (par Frescot). *Bologna, G.-B. e G. Sassi,* 1693. 172 pages, in-12. Rel. veau.

624. (LA BRUNE). La vie de Charles V, duc de Lorraine et de Bar, et généralissime des troupes impériales (par Jean de La Brune). *Amsterdam, J. Garrel,* 1691. 447 pages, in-12. Frontispice. Portrait. Rel. veau.

625. JOURNAL de la glorieuse conqueste de la ville de Bude, capitale du royaume d'Hongrie, par les armes victorieuses de l'empereur Léopold I, sous la conduite de son altesse seren. le duc de Lorraine et de l'électeur de Bavière. *S. l., n. n.,* 1686. 156 pages, in-12. Cart.

626. REMONDINI. La grande ed immortale vittoria havuta dall' armi imperiali contro il Turco, con la rotta del visir, e la presa di tutto il suo bagaglio armi, e monitioni, con cento pezzi di cannone, sotto al commando del generalissimo sign. duca di Lorena e l'ellettor sign. duca di Baviera, composta in ottava rima, per Gio. Antonio Remondini. *Venetia-Bassano, s. n.,* 1687. 12 pages, in-18. Br.

627. RELATIONE (verissima, e distinta) dell' acquisto della fortezza di Pest fatto dall' armi cesaree il primo luglio 1684, comandate dal serenissimo sig. duca di Lorena, con l'assedio di Buda, contro gli Ottomani. *Bologna, G. Monti,* 1684. 4 pages, in-8°. Cart.

628. (RELATIONS de divers événements de la guerre contre les Turcs.) Prise de Belgrade, de Bude, etc. Recueil de quatorze fascicules, in-4°. En italien, 1683-1688.

629. BAYE (DE). Campagne de M. le Maréchal de Crequi, en 1677, par de Baye. *Lunéville, C.-F. Messuy,* 1761. VI-76 pages, in-8°. Rel. basane.

630. CARLET DE LA ROZIÈRE. Campagne de M. le maréchal de Créquy, en Lorraine et en Alsace, en 1677, rédigée par M. Carlet de la Rozière, chevalier de l'ordre royal et militaire de S. Louis, lieutenant-colonel de dragons, et ci-devant aide-maréchal général des logis de l'armée du Haut-Rhin. 2ᵉ édition, revue et corrigée. *Paris, Merlin,* 1764. VIII-199 pages, pet. in-8°. Carte. Rel. veau.

631. CHARLES V. Estratto di lettera del Sig. Duca di Lorena delli 28 ottobre 1683. *Bologna, l'Erede del Benacci, s. d.* 3 pages, in-4°. Br.

632. PIERRE (La) de touche politique. Septembre 1690. Les ombres de Schomberg et de Lorraine. *Dublin, Belle-Montagne,* 1690. 48 pages, in-12. Cart.

633. L'OMBRE de Charles V, duc de Lorraine, consultée sur l'état présent des affaires de l'Europe. *Cologne, P. Marteau,* 1693. 308 pages, in-12. Rel. parchemin.

634. TESTAMENT politique de Charles, duc de Lorraine et de Bar, déposé entre les mains de l'empereur Léopold à Presbourg, le 29 novembre 1687, en faveur du roy d'Hongrie et ses successeurs arrivans à l'empire. *Lipsic, G. Weitman,* 1696. 81 pages, in-12. Cart.

635. TESTAMENT politique de Charles duc de Lorraine et de Bar. Déposé entre les mains de l'empereur Léopold à Presbourg, le 29 novembre 1687, en faveur du roi d'Hongrie et ses successeurs arrivans à l'Empire. *Lipsic, G. Weitman,* 1697. 202 pages, in-12. Rel. veau.

636. TESTAMENT politique de Charles duc de Lorraine et de Bar, déposé entre les mains de l'empereur Léopold à Presbourg, le 29 novembre 1687, en faveur du roy d'Hongrie et ses successeurs arrivans à l'empire. *Lipsic, G. Weitman, s. d.* XXIII-133 pages, pet. in-8°. Rel. veau.

637. DU HAMEL DE BREUÏL. Le testament politique de Charles V de Lorraine, par le comte Jean du Hamel de Breuïl. *Paris, (Félix Alcan),* 1892. 63 pages, in-8°. Br. (Extrait de la *Revue historique.*)

638. DAUBENTON. Oraison funèbre de très-haut... prince Charles V, duc de Lorraine et de Bar, etc., prononcée à Nancy, dans l'église des PP. Cordeliers... le 20 avril 1700, par le P. Daubenton, de la C. de Jésus. *Nancy, R. Charlot et P. Deschamps,* (1700). 139 pages, in-8°. Rel. veau.

639. SOMMIER. Oraison funèbre de très-haut... prince Charles V, duc de Lorraine, etc., prononcée dans l'église paroissiale de St-Evre de Nancy, le 11 may, 1700, par M. Jean Claude Sommier, curé de Champs. *Nancy, P. Barbier,* 1701. 119 pages, in-8°. Rel. veau.

640. DUPONCET. Oraison funèbre de très-haut... prince Charles V, duc de Lorraine, etc., prononcée en l'église primatiale de Nancy, le 23 avril, 1700, par le P. Duponcet, de la C. de Jésus. *Pont-à-Mousson, F. Maret,* (1700). 148 pages, in-8°. Rel. veau.

641. DE PUTEO. Carolo quinto maximo, Lotharingiæ Duci, ob Budam expugnatam plausus regiæ Ticinensis Academiæ sive panegyricus publicè habitus in Templo Maximo die 5 novembris 1686. Ab abbate D. Joanne Baptista de Puteo. *Mediolani, Camillus Conrada,* 1687. 51 pages, in-4°. Br.

642. HELDENFELD (DE). Relation de la pompe funèbre faite à Nancy, le 19 avril 1700, aux obsèques de très-haut, très-puissant et très-excellent prince Charles V du nom, duc de Lorraine et de Bar, etc., par Willemin de Heldenfeld. *Nancy, N. et R. les Charlots et P. Deschamps.* 1700. 124 pages, in-8°. Rel. veau.

643. WAULTRIN. Panégyrique du grand Charles V, duc de Lorraine et de Bar et généralissime des troupes impériales, par Claude Waultrin, bachelier en théologie. (Dédié au duc Léodold, le 20 avril 1700.) Sans titre. *S. l., n. n., n. d.* 192 pages, in-12. Demi-rel.

644. RELATION de la mort et des funérailles de la reyne douairière de Pologne, et duchesse de Lorraine, morte à Vienne, en Autriche, le 17 décembre 1697. *S. l., n. n., n. d.* 4 pages, in-4°. Br.

645. FRIZON. Histoire abrégée de la vie d'Eléonor-Marie, archiduchesse d'Autriche, reine de Pologne, duchesse de Lorraine, mère de S. A. R. Léopold I, à présent regnant. Par Nicolas Frizon, de la C. de Jésus. *Nancy, J.-B. Cusson,* 1725. XIV-193 pages, in-8°. Rel. veau.

646. DES ROBERT. Ex-voto de Charles V, duc de Lorraine, dans l'église de Todmoos (Brisgau). *Nancy, G. Crépin-Leblond,* 1884. 13 pages, in-8°. Br. (Extrait du *Journal de la Société d'archéologie lorraine.*)

647. SOMMIER. Eloge funèbre de... Marie-Eléonor d'Autriche, Reine de Pologne, et Duchesse de Lorraine, prononcé à Remiremont, le 7 avril 1698, par maître Jean-Claude Sommier, docteur en théologie, curé de Champs. *Toul, Alexis Laurent,* 1698. 25 pages, in-4°. Br.

648. ARNAUD. L'inauguration de la statue du plus grand... de tous les princes, Son Altesse Royale Monseigneur le Prince

Charles, Duc de Lorraine et de Bar, etc. Dialogue entre Mars et l'Immortalité, par d'Arnaud. *Mons, Pierre J.-J. Plon*, 1775. 15 pages, in-4°. Br.

649. CHARLES V (Charles-Léopold-Nicolas-Sixte). Portrait. *Giuliano Traballesi del.* — 235 sur 160 millim.

— Le même. *A Paris, chez A. Trouvain.* — 305 sur 197 millim.

— Le même. Anonyme. — 161 sur 118 millim.

— Le même. *Cheron fec.* — 220 sur 173 millim.

— Le même. Collection du château d'Eu. — 137 sur 91 millim.

— Le même. *De L'Armessin sculpebat.* — 241 sur 169 millim.

— Le même avec sa femme. Médaillon et revers. Anonyme. — 82 sur 157 millim.

— Le même. *H. Bonnart sculpsit.* — 136 sur 88 millim.

— Le même. *Nanteuil ad vivum faciebat*, 1660. — 323 sur 249 millim.

— Le même. *J. Frasne fecit.* — 198 sur 144 millim.

— Le même. *A. Bloem deli.* — 224 sur 151 millim.

— Eléonore-Marie-Joseph d'Autriche, sa femme. Portrait. *J. Traballesi del.* — 246 sur 164 millim.

650. FOUCAULT. Histoire de Léopold I, duc de Lorraine et de Bar, père de l'empereur François I, tige de l'auguste maison de Lorraine-Autriche, par le comte de Foucault. *Bruxelles, E. Flon*, 1791. XVI-449 pages, in-8°. Avec un portrait et un tableau généalogique. Demi-rel.

651. BAUMONT. Études sur le règne de Léopold, duc de Lorraine et de Bar (1697-1729), par H. Baumont, principal du collège de Lunéville. *Nancy, Berger-Levrault*, 1894. X-638 pages, in-8°. Demi-rel.

652. CHARTON. La Lorraine sous le duc Léopold Ier, 1698-1729, par M. Ch. Charton, membre de la Société d'émulation des Vosges. *Épinal, V° Gley*, 1866. 348 pages, in-8°. Br. (Extrait des *Annales de la Société d'émulation des Vosges.*)

653. PILLEMENT DE RUSSANGE. Harangues prononcées à la cour de Lorraine, à l'occasion du rétablissement de son Altesse Royale (Léopold) dans ses États, par Pillement de Russange (doyen de la Faculté de droit de Pont-à-Mousson). *Paris, J. Musier*, 1700. XII-117 pages, in-8°. Rel. veau.

654. RELATION de ce qui s'est passé au mariage de Monsieur le Duc de Lorraine avec Mademoiselle, tant à Fontainebleau qu'à Bar, à Nancy et autres lieux, en octobre et novembre 1698. *S. l., n. n.*, (1698). 46 pages, in-4°. Br.

655. DESCRIPTION du feu d'artifice représenté à Nancy, au sujet du mariage de Son Altesse sérénissime avec Madame Élisabeth d'Orléans. *S. l., n. n.*, (1698). 4 pages, in-4°. Br.

656. MONQUERON. (Lettre) à Son Altesse Royale (Léopold, à l'occasion de sa prochaine entrée à Nancy), par Louis de Monqueron, gouverneur de la Saline de Rozières. *S. l., n. n.*, 1714. 7 pages, in-4°. Br.

657. RELATION de ce qui s'est passé à l'entrée de Leurs Altesses Royales dans leur ville capitale de Nancy, le 10 novembre 1698. *S. l., n. n., n. d.* 4 pages, in-4°. Br.

658. (ARRAULT). Mémoire de l'envoyé de Lorraine touchant les droits de souveraineté de Son Altesse Royale Monseigneur le duc de Lorraine, en qualité de duc de Bar, dans le Barrois mouvant. (Par Charles Arrault, avocat au Parlement de Paris.) — Exemplaire du premier tirage, interfolié avec quelques notes manuscrites. *Nancy, J.-B. Cusson, s. d.* 72 pages, in-fol. Demi-rel.

659. (ARRAULT). Mémoire de l'envoyé de Lorraine touchant les droits de souveraineté de Son Altesse Royale Monseigneur le duc de Lorraine, en qualité de duc de Bar, dans le Barrois mouvant. (Par Charles Arrault, avocat au Parlement de Paris.) Sans titre. *S. l., n. n., n. d.* (vers 1720). 197 pages, in-fol. Rel. veau.

660. MORELET (DE). Lettres à S. A. R. Monsieur, frère unique du Roy, par de Morelet son aumônier. *S. l., n. n., n. d.* 14 pages, in-4°. Br.

661. TRAITÉ conclu à Paris le 21 janvier 1718, en exécution des traitez de paix de Baden, de Riswick, et autres précédens, concernant les affaires de Lorraine. *Nancy, J.-B. Cusson,* 1718. 102 pages, in-12. Rel. veau.

662. TRAITÉ entre le roy et S. A. R. le duc de Lorraine, conclu à Paris, le 21 janvier 1718. *Paris, F. Fournier,* 1718. 56 pages, in-4°. Cart.

663. LETTRES patentes pour l'exécution du traité conclu à Paris le vingt-un janvier 1718. Données à Lunéville le 30 juin 1718... *Nancy, Jean-Baptiste Cusson,* 1718. 38 pages, in-4°. Br.

664. LETTRE d'un officier françois à un de ses amis contenant la relation de la cérémonie du baptême de Monseigneur le Prince-Royal de Lorraine. Devises, emblêmes et inscriptions... pour... la cérémonie. (*Nancy, Paul Barbier,* 1704.) 35 pages, in-4°. Avec une gravure. Br.

665. LETTRE du duc Léopold au comte du Han, 1702. *S. l., n. n., n. d.* 4 pages, in 8°.

666. GILBERT. Éloge de Son Altesse Royale Léopold I, duc de Lorraine, etc. Lu à l'Académie de Nancy, par M. Gilbert. *Luxembourg, les héritiers d'A. Chevalier,* 1774. 52 pages, in-8°. Br.

667. FOURNAUX. Le portrait des illustres seigneurs de la cour de Lorraine, par Joseph de Fournaux. *S. l., n. n., n. d.* 3 pages, in-4°. Br. (En vers latins.)

668. EXPOSITION sommaire du droit de son Altesse royale Monseigneur duc de Lorraine, à la souveraineté d'Arches et de Charleville et aux dix-huit villages qui en dépendent ; par le décès sans enfans, de Charles-Ferdinand de Gonzague, duc de Mantoüe et de Montferrat, prince souverain d'Arches et de Charleville. *Nancy, P. Barbier,* 1708. 12 pages, in-4°. Br.

669. MÉMOIRE des raisons de monseigneur le duc de Lorraine, pour établir son droit à la souveraineté d'Arches et de Charleville. *S. l., n. n., n. d.* 36 pages, in-fol. Rel.

670. LETTRE du Roy à Mons' le Comte de Salians, lieutenant-général des armées du Roy, Gouverneur et commandant général en chef dans les Évéchez, etc. Pour faire faire les réjouissances publiques de la paix (de Ryswick). *Metz, Brice Antoine,* (1697). 4 pages, in-4°. Br. — Lettre du Roy écrite à Monseigneur l'Archevêque de Paris pour faire chanter le *Te Deum* en actions de grâces de la paix. *Réimprimée à Metz, chez Pierre Antoine,* 1697. 4 pages, in-4°. Br.

671. ARREST notable de la cour souveraine de Lorraine et Barrois qui ordonne l'enregistrement et l'exécution d'un arrêt du Conseil d'État du 28 du présent mois, par lequel son Altesse royale Madame a été reconnûe Régente des États pendant l'absence de S. A. R., heureusement régnante, du trente-un mars mil sept cent vingt-neuf. *Nancy, R. Charlot, s. d.* 11 pages, in-4°. Br.

672. ORDRE qui sera suivi pour la pompe funèbre de Son Altesse Royale Léopold I. Qui règle l'heure et le lieu où les personnes qui y sont convoquées s'assembleront, le rang qu'elles y tiendront, les fonctions qu'elles y feront, et leurs habillements. *Lunéville, N. Galland,* 1729. 18 pages, petit in-4°. Cart.

673. ORDRE qui sera suivi pour la pompe funèbre de Son Altesse Royale Léopold I, qui règle l'heure et le lieu où les personnes qui y seront convoquées s'assembleront ; le rang qu'elles y tiendront, les fonctions qu'elles y feront, et leurs habillemens. *Nancy, Pierre Antoine,* 1729. 14 pages, in-4°. Br. — Autre édition de 16 pages. Sur la copie imprimée à Lunéville.

674. ALLIOT. Relation de la pompe funèbre faite à Nancy le 7ᵉ jour de juin 1729, aux obsèques de... Léopold Iᵉʳ du nom, duc de Lorraine et de Bar. Nouvelle édition, augmentée des devises et emblèmes employez à la décoration des services ; des oraisons funèbres prononcées dans le cours des services, et des autres oraisons funèbres des princes de la famille royale. par Alliot. *Nancy, J.-B. Cusson,* 1730. 398 pages, in-4°. Rel. veau.

675. DÉCORATION pour le service solennel que les Juges Consuls de Lorraine et Barrois et le corps des marchands de Nancy

ont fait célébrer pour Léopold premier duc de Lorraine... *Nancy, Jean-Baptiste Cusson*, 1729. 16 pages, in-4°. Cart.

676. ROZIÈRES. Oraison funèbre de... Léopold premier duc de Lorraine et de Bar, Roy de Jérusalem... par le R. P. de Rozières, de la Compagnie de Jésus. *Nancy, Pierre Antoine*, 1729. 45 pages, in-4°. Br.

677. (FRANÇOIS). Oraison funèbre de très-haut, très-puissant et très-excellent prince Léopold Iᵉʳ, duc de Lorraine et de Bar, roy de Jérusalem, prononcée, pour l'anniversaire de S. A. R. le 18 mars 1730, dans l'église de l'abbaye de Jandeures, ordre de Prémontré, en présence de MM. les abbés de Jovilliers, etc., par M. l'abbé de Jandeures (Nicolas François). *Nancy, J.-B. Cusson*, 1730. 22 pages, in-4°. Br.

678. SEGAUD. Oraison funèbre de... Léopold premier, Duc de Lorraine et de Bar, prononcée le 8 juin 1729, dans l'église des RR. PP. Cordeliers de Nancy... par le R. P. Segaud, de la Compagnie de Jésus, *Nancy, Jean-Baptiste Cusson*, 1729. 46 pages, in-4°. Br.

679. CLAUDE. Oraison funèbre de très-haut, très-puissant et très-excellent prince Léopold Iᵉʳ, duc de Lorraine et de Bar, roy de Jérusalem, prononcée dans l'église des RR. PP. Cordeliers de la ville de Ligny, par le P. Claude, ancien professeur de théologie, et gardien dudit couvent, le 4 juillet 1729. *Nancy, P. Antoine*, 1729. 37 pages, in-4°. Br.

680. GÉRARD. Oraison funèbre de... Léopold I, duc de Lorraine... prononcée dans l'église de Ligny en Barrois, le 28 juin 1729, par le P. Augustin Gérard. *Toul, Claude-Vincent*, 1729. 24 pages, in-4°. Br.

681. DENYS. Oraison funèbre de très-haut ... prince, Léopold premier, duc de Lorraine et de Bar... prononcée... le 20ᵉ juillet 1729, par le R. P. Denys. *Nancy, Jean-Baptiste Cusson*, 1729. 45 pages, in-4°. Br.

682. COLLINS. Histoire abrégée de la vie privée et des vertus de son altesse royale Élisabeth-Charlotte d'Orléans, petite-fille de France, duchesse de Lorraine et de Bar, par le R. P. Collins, dominicain de Nancy. *Nancy, héritiers de N. Baltazard*, 1762. XIII-208 pages, pet. in-8°. Demi-rel.

683. ESEQUIE della serenissima Elisabetta Carlotta d'Orléans duchessa vedova di Lorena fatte celebrare in Firenze dall' A. R. del serenissimo Francesco III, duca di Lorena e di Bar, granduca di Toscana, etc. *Firenze, Tartini e Franchi*, 1745. 15 pages, in-4°. Fig. Rel. parchemin.

684. COTONAY. Oraison funèbre de très-haute et très-puissante Princesse Élisabeth-Charlotte, Palatine de Bavière, Madame, duchesse douairière d'Orléans. Prononcée le 17 février 1723... par le R. P. Cotonay. *Nancy, Jean-Baptiste Cusson*, 1723. 35 pages, in-4°. Br.

685. CATHALAN. Oraison funèbre de très-haute... Princesse Madame Élisabeth-Charlotte, Palatine de Bavière, duchesse douairière d'Orléans, prononcée dans l'église de Laon, le 18 mars 1723, par le Père Cathalan. *Nancy, Jean-Baptiste Cusson*, 1723. 43 pages, in-4°. Br.

686. BUONDELMONTI. Orazione funebre in morte di S. A. R. la serenissima Elisabetta Carlotta duchessa vedova di Lorena, composta e recitata dall' illustrissimo sig. commendatore Giuseppe Buondelmonti, l'anno 1745. *Firenze, Tartini e Franchi*, 1745. 12 pages, in-4°. Rel. parchemin.

687. ÉRECTION d'un monument à Léopold. 1840. Prospectus, lettres d'invitation, extraits de journaux. Recueil, in-4°. Br.

688. COMITÉ (Le) des souscripteurs au monument du duc Léopold, à Messieurs les membres du Conseil municipal de Nancy. *Nancy, Lepage*, 1840. 4 pages, in-8°. Cart.

689. INAUGURATION du monument élevé à la mémoire de S. A. R. Léopold, duc de Lorraine et de Bar, dans l'ancienne église des Cordeliers de Nancy. Discours, compte-rendu, procès-verbal et liste des souscripteurs. *Nancy, Dard*, 1840. 40 pages et 2 planches, in-8°. Br.

690. LÉOPOLD I (Léop.-Jos.-Dom.-Agapet-Hyac.), duc de Lorraine et de Bar. Portrait. *D. Pierre fils à Nancy fec.* — 343 sur 235 millim.

— Le même. Galerie de Versailles. — 157 sur 111 millim.

— Le même avec sa femme. Médaillon et revers. *Racle del.* — 80 sur 156 millim.

— Le même. Anonyme. — 186 sur 145 millim.

— Le même. *Gravé par E. Desrochers.* — 145 snr 101 millim.

— Le même. Médaille. Anonyme. — 147 sur 67 millim.

— Le même. *J. Traballesi del.* — 244 sur 163 millim.

— Élisabeth-Charlotte d'Orléans, demoiselle de Chartres, sa femme. Portrait. *J. Traballesi del.* — 244 sur 164 millim.

— La même. — *Gravé par E. Desrochers.* — 140 sur 98 millim.

— La même. *Malgras.* — 170 sur 128 millim.

— La même. Galerie de Versailles. — 135 sur 108 millim.

691. VENUTI. Elogio litterario di Francesco III, di Lorena, imperatore de' Romani, e granduca de Toscana, etc., recitato nella solenne adunanza dell' Academia Etrusca di Cortona, dal Marchese Benvenuto di Venuti. *Lucca, J. Giusti,* 1766. 47 pages, in-4°. Rel.

692. ELOGIO letterario de Francesco terzo di Lorena imperator de' Romani granduca di Toscana. *S. l., n. n., n. d.* 47 pages, in-4°. Cart.

693. DISSERTACIONES juridico-politicas, sobre que no debe ser elegido emperador el gran duque de Toscana (François III.) Traducido del frances. *Madrid, s. n., n. d.* 24 pages, in-4°. Cart.

694. SOUHESMES. Instructions de François III à M. de Montureux (1736), par R. de Souhesmes, secrétaire de la Société d'archéologie lorraine. *Nancy, G. Crépin-Leblond,* 1893. 19 pages, in-8°. Br. (Extrait des *Mémoires de la Société d'archéologie lorraine.*)

695. MONTECATINI. Orazione funebre nelle solenni esequie dell' augustissimo imperador de' Romani Francesco primo celebrata dalla sererissima republica di Lucca, il di XIV d'ottobre 1765, nella cattedrale di essa citta, detta dal senatore Giambattista Montecatini patrizio lucchese, accademico oscuro dinanzi al serenissimo principe. *In Lucca, Benedini,* 1765. 28 pages, in-4°. Cart.

696. LE CHAPELAIN. Oraison funèbre de François Ier, empereur, pour le jour de l'anniversaire, par le R. P. Le Chapelain, de la compagnie de Jésus, prédicateur de leurs majestés Imp. et R. *Liège, B. Collette, s. d.* 140 pages, in-8°. Br.

697. BARTHÉLEMY. Mémoire sur l'élection à l'Empire d'Allemagne de François-Étienne, duc de Lorraine, 1720-1745. Par Édouard de Barthélemy. *Châlons, T. Martin,* 1850. 8 pages, in-8°. Br.

698. LALLEMENT. Le départ de la famille ducale de Lorraine (6 mars 1737), par Louis Lallement. *Nancy, Wiener,* 1860. 32 pages, in-8° et une gravure. Demi-rel.

699. LORRAINE. (François-Étienne de), empereur des Romains, duc de Lorraine et de Bar, grand-duc de Toscane. Portrait. *A Paris, chez Petit.* — 156 sur 105 millim.

— Le même. *Bu. Pinx.* — 142 sur 98 millim.

— Le même. *Mansfeld, sc.* — 254 sur 160 millim.

— Le même. *G. B. Goz. S...* — 158 sur 106 millim.

— Le même. *Nach den Leben Gezeichnet von Liodart,* 1762. — 384 sur 271 millim.

— Le même. Anonyme. — 451 sur 344 millim.

— Le même. *J. Traballesi del.* — 244 sur 163 millim.

— Le même. Médaille. Anonyme. — 76 sur 152 millim.

— Le même. Médaille. Anonyme. — 76 sur 154 millim.

— Marie-Thérèse-Walpurge-Amélie-Christine d'Autriche, sa femme. Portrait. *J. Traballesi del.* — 243 sur 163 millim.

— La même. Anonyme. — 138 sur 90 millim.

— La même. *Dessiné et gravé par Le Beau.* — 174 sur 115 millim.

— La même. *Peint par M. de Maytens.* — 156 sur 106 millim.

— La même. *G. B. Goz...* — 160 sur 102 millim.

— La même. *G. B Goz...* — 158 sur 102 millim.

700. CESSION de la principauté de Commercy (à la Duchesse douairière de Lorraine). Du 4 juillet 1737. *S. l., n. n., n. d.* 9 pages, in-4°. Br.

Appendice :
Princes et princesses de Lorraine.
BIOGRAPHIES ET PORTRAITS

(Dans l'ordre alphabétique des prénoms sous lesquels ils sont généralement connus.)

701. GERMAIN. Renseignements sur **Alix-Berthe de Lorraine**, comtesse de Kibourg, dame de Vignory, par Léon Germain. *Nancy, G. Crépin-Leblond,* 1884. 11 pages, in-8°. Br.

702. CHALON. **Anne-Charlotte de Lorraine**, abbesse de Sainte-Waudru, à Mons, par R. Chalon. *Mons, Masquillier et Lamir,* 1855. 29 pages et 3 planches, in-8°. Br.

703. BEXON. Oraison-funèbre de très-haute, très-puissante, et très-excellente princesson son Altesse Royale Madame **Anne-Charlotte de Lorraine**, abbesse de Remiremont, coadjutrice des abbayes et principautés de Thorn et d'Essen, etc., par M. Bexon, prêtre, docteur en théologie. *Nancy, Bontoux,* 1773. 34 pages, in-4°. Br.

704. FOLYOT. Oraison funèbre de très-haute, très-puissante et très-excellente princesse son Altesse Royale Madame **Anne-Charlotte de Lorraine**, abbesse de Remiremont, coadjutrice des abbayes impériales de Thorn et d'Essen, etc., prononcée en l'insigne église collégiale et séculière de Saint-Pierre de Remiremont,

au service funèbre et solennel, célébré le 15 décembre 1773, par M. Folyot, prêtre, docteur en théologie, etc. *Nancy, P. Antoine et P. Barbier, s. d.* 37 pages, in-4°. Br.

705. **Anne-Charlotte de Lorraine**, abbesse de Remiremont. Portrait. *Peint à Nancy par Girardet,* 1745. — 151 sur 99 millim.

— La même. *G. B. Goz S. M. A. P. et sc. fec. A. V.* — 150 sur 100 millim.

706. SAINT-MICHEL (DE). Oraison funèbre de feue madame **Anne-Marie de Lorraine**, abbesse de l'abbaye de Nostre Dame du Pont. Prononcée dans l'église de l'abbaye du Pont-aux-Dames, le 6 jour d'aoust, 1653. Par le R. P. Dom Cosme de S. Michel, feuillant. *Paris, G. Josse,* 1653. VI-96 pages, in-8°. Rel. veau.

707. **Antoine**, comte de Vaudemont et de Guise. Portrait. *Giul. Traballesi del.* — 235 sur 160 millim.

— Le même avec sa femme. Médaillon et revers. *Racle del.* — 89 sur 165 millim.

— Marie, comtesse d'Harcourt et d'Aumale sa femme. Portrait. *Giul. Traballesi del.* — 236 sur 160 millim.

708. PIMODAN. La mère des Guises, **Antoinette** de Bourbon. 1494-1583. Avec un portrait, une autographie des lettres inédites et de nombreux documents, par Gabriel de Pimodan. *Paris, Champion,* 1889. 474 pages, in-8°. Demi-rel.

709. **Armande-Henriette de Lorraine**, abbesse de N. D. de Soissons. Portrait. *P. Mignard pinx.* — 213 sur 148 millim.

710. ANDREU. Oraisons funèbres de très-haute, très-puissante et excellente princesse madame **Béatrix-Jeronyme de Lorraine**, dame et abbesse de Remiremont, morte à Paris le 9 février 1738, prononcées à Remiremont les 18 et 20 mars suivant, par le sieur François Andreu, prêtre, ancien curé dudit Remiremont. *Nancy, P. Antoine, s. d.* 47 pages, in-4°. Br.

711. **Catherine de Lorraine**, mariée à Charles I de Gonzague, duc de Nevers. Portrait. Coll. du château d'Eu. — 164 sur 104 millim.

712. MAJORET. Le monument de parfum ou discours funèbre des vertus de très-haute, très-illustre, et très-vertueuse princesse madame **Catherine de Lorraine,** abbesse de Remiremont, fondatrice et première abbesse de l'abbaye de N. Dame de la Consolation de Nancy. Fait audit Nancy aux honneurs funèbres qui luy furent rendus le 7 apvril 1648, en l'église de ses religieuses bénédictines de ladite abbaye. Par le R. P. Dom Laurent Majoret, religieux bénédictin de la congrégation de Sainct Vanne et Sainct Hydulphe et prieur de Sainct Vanne de Verdun. *Nancy, A. Charlot,* 1648. 40 pages, petit in-4°. Cart.

713. **Catherine-Marie de Lorraine,** duchesse de Bourbon-Montpensier, mariée à Louis I de Bourbon, duc de Montpensier. Portrait. Tableau du temps. — 138 sur 83 millim.

— La même. Anonyme. — 151 sur 105 millim.

714. SAINT PERAVI (DE). Ode sur l'érection de la statue de son Altesse Royale le prince **Charles de Lorraine,** etc., et sur la construction de la nouvelle place où cette statue est érigée, par M. de Saint Peravi. *Bruxelles, J.-L. de Boubers,* 1777. 47 pages, pet. in-8°. Fig. Cart.

715. CATALOGUE des effets précieux de feue S. A. R. le duc **Charles de Lorraine et de Bar,** etc., dont la vente se fera publiquement à Bruxelles, et commencera le 21 mai 1781. *Bruxelles, J.-L. de Boubers,* 1781. 120 pages, in-4°. Demirel. (Voy. n° 720.)

716. DÉTAIL des fêtes données à Bruxelles le 17 janvier 1775, à l'occasion de l'inauguration de la statue pédestre de Son Altesse Royale le Duc **Charles de Lorraine et de Bar.** *Nancy, P. Antoine et P. Barbier,* (1775). 16 pages, in-8°. Br.

717. RECUEIL des pièces, tant en vers qu'en prose qui ont parues à l'occasion de l'inauguration de la statue de S. A. R. Mgr le duc **Charles de Lorraine** et de Bar, etc. Avec une description de toutes les fêtes qui se sont données à ce sujet, et à laquelle on a ajouté un *Précis historique* de la vie de ce prince. *Bruxelles,* *J.-L. de Boubers,* 1775. LXXVII-60 pages, in-8°. Pl. et musique. Br.

718. DISCOURS sur l'inauguration de la statue de Son Altesse Royale le Sérénissime Duc **Charles-Alexandre de Lorraine** et de Bar, gouverneur-général des Pays-Bas autrichiens, etc. Suivi du précis historique de sa vie. *Bruxelles, J.-J. Tutot,* 1774. 60 pages, in-4°. Fig. Br.

719. **Charles-Alexandre de Lorraine,** dit le duc Charles, gouverneur des Pays-Bas. Portrait. *Peint par J.-M. Nattier.* — 170 sur 150 millim.

— Le même. *Peint à Vienne par Martin de Meytens.* — 259 sur 175 millim.

— Le même. *Peint à Vienne par M. de Meytens.* — 156 sur 105 millim.

— Le même. *Pinssio sculp.* — 143 sur 100 millim.

— Le même. *Fait par François 1753.* — 225 sur 163 millim.

— Le même. *Gregor Retwin pinx.* — 417 sur 280 millim.

— Le même. *Peint par L. Legendre.* — 414 sur 285 millim.

— Anne-Marie-Eléonore-Willelmine-Josephe d'Autriche, sa femme. Portrait. *Desrochers.* — 157 sur 105 millim.

— La même. *Peint par J.-M. Nattier.* — 140 sur 76 millim.

720. CATALOGUE tant du cabinet d'histoire naturelle que de diverses raretés de feue S. A. R. le duc **Charles-Alexandre de Lorraine et de Bar,** gouverneur général des Pays-Bas. *Bruxelles, Lemaire,* 1781. 577 pages, in-8°. Cart.

721. DISCOURS touchant la prise des villes et chasteaux de Chasteau-Porcien, et Pierre-Fons. Par Messieurs le duc de Guise (**Charles de Lorraine**) et comte d'Auvergne. Par P. D. C. S. D. N. *Paris, Vve J. Regnoul,* 1617. 8 pages, in-8°. Rel. parchemin.

722. PRISE (LA) du chasteau de Richecourt, faicte par Monsieur le duc de Guyse (**Charles de Lorraine**), le dimanche 5 de mars. *Paris, A. du Breuil,* 1617. 15 pages, in-8°. Rel. parchemin.

723. PRINSE (LA) du chasteau de Rozois en Thirache, et de la ville de Chasteau-Porcian, faicte par Monseigneur le duc de Guise (**Charles de Lorraine**)... *Paris, E. Perrin, s. d.* (1617). 8 pages, in-8°. Rel. parchemin.

724. **Charles de Lorraine**, duc de Guise et de Joyeuse, prince de Joinville. Portrait. *A Paris, chez Daret.* — 201 sur 129 mill.

— Le même. *B. Moncornet excudit.* — 161 sur 113 millim.

— Le même. Anonyme. — 270 sur 194 millim.

— Le même. *G. F. Fritsch fecit.* — 157 sur 90 millim.

— Le même. *H. Jacopsen excudit.* — 182 sur 122 millim.

— Henriette-Catherine de Joyeuse, sa femme. Portrait. *Peint par Ant. Van-Dyck.* — 182 sur 94 millim.

725. BOUCHER. La conjonction des lettres et des armes des deux trèsillustres princes lorrains **Charles**, cardinal de Lorraine, archevesque et duc de Rheims, et François, duc de Guyse, frères. Tirée du latin de M. Nicolas Boucher, docteur en théologie ; et traduitte en françois par M. Jacques Tigeou, angevin..., chanoine en l'église cathédrale de Metz. Etc. *Rheims, J. de Foigny,* 1579. VIII-164 feuillets, in-4°. Frontispice. Portrait. Rel. parchemin.

726. BOUCHER. **Caroli** Lotharingiæ card. et Francisci ducis Guysii, litteræ et arma, in funebri oratione habita Nanceii a N. Bocherio theologo, et ab eodem postea latine plenius explicata. His accesserunt utriusque icones, et ejusdem card. tumulus, atque concio, ab eodem Bocherio latine reddita. *Lutetiæ, F. Morellus,* 1577. 125 feuillets,. in-4°. Frontispice. Portraits et planche. Rel. parchemin.

727. TUMBEAU (LE) de messeigneurs les cardinal et duc de Guyse (**Charles et** François), avec plusieurs sonnets en forme de regrets et autres poésies sur le même subject. Plus une hymne de la Sainte-Ligue des catholiques unis *Paris, G. Bichon,* 1591. 55 pages, in-8°. Rel.

728. GUILLEMIN. Le cardinal (**Charles) de Lorraine**, son influence politique et religieuse au XVIᵉ siècle, par J.-J. Guil-lemin, professeur au collège de Reims. *Paris, Joubert,* 1847. LIII-505 pages, in-8°. Demi-rel.

729. (SPIFAME). Discours sur le congé impetré par monsieur le cardinal (**Charles) de Lorraine**, de faire porter armes défendues à ses gens, pour la tuition et défense de sa personne : Et sur ce qui luy advint à l'occasion de cela, à son arrivée à Paris, le 8 de janvier 1565. (Par Jacques-Paul Spifame, évêque de Nevers). *S. l., n. n.,* 1565. 88 pages, in-8°. Demi-rel.

730. (REGNIER DE LA PLANCHE). La légende de **Charles**, cardinal de Lorraine, et de ses frères, de la maison de Guise. Descrite en trois livres par François de l'Isle (Regnier de la Planche). *Reims, J. Martin,* 1576. VI-119 feuillets, in-8°. Demi-rel.

731. ORAISON (L') de monseigneur le illustrissime et reverendissime cardinal de Lorraine (**Charles**), faicte en l'assemblée de Poyssi, le roy y estant présent, le 16 jour de septembre 1561. *Paris, G. Morel,* 1561. 88 pages, in-8°. Rel. veau.

732. KLIPFFEL. Le colloque de Poissy. (**Charles de Lorraine**). Etude sur la crise religieuse et politique de 1561, par H. Klipffel, docteur ès lettres. *Paris, A. Lacroix, etc., s. d.* XII-207 pages, in-12. Br.

733. **Charles de Lorraine**, cardinal de Guise, duc de Chevreuse. Portrait anonyme. — 136 sur 89 millim.

— Le même. *Desrochers ex.* — 145 sur 100 millim.

— Le même. Anonyme. — 141 sur 83 millim.

— Le même. Anonyme. — 206 sur 140 millim.

— Le même. Anonyme. — 168 sur 140 millim.

— Le même. Anonyme. — 401 sur 284 millim.

734. BÉGUIN. Oraison funèbre de très-haut... Prince, Monseigneur **Charles de Lorraine**, Archevêque de Trèves... et de très-haut... Prince Monseigneur François-Anthoine de Lorraine,... abbé et Prince

souverain de Stavelo,... son frère,... par Pierre Béguin. *Nancy, R. Charlot et P. Deschamps,* 1716. 20 pages, in-fol. Br.

735. GUILLAUME. Visite de S. M. I. R. A. l'Empereur d'Autriche à la chapelle ducale de Lorraine. Translation des restes mortels de **Charles de Lorraine**, cardinal de Vaudémont, 81ᵉ évêque de Toul, et des princes de Mercœur, dans le caveau de famille sous la chapelle ducale, le 30 octobre 1867, par l'abbé Guillaume. *Nancy, A. Lepage,* (1867). 12 pages, in-8°. Br.

736. GAREL. La couronne sacrée de la royale, auguste et victorieuse Maison de Lorraine, à... Monseigneur **Charles de Lorraine,** prince de Vaudémont, par Hélye Garel. *Nancy, J. Garnich,* 1618. 39 pages, in-8°. Vignette sur le titre. Cart.

737. LAUBRUSSEL. La vie du très révérend Père **Charles de Lorraine** de la Compagnie de Jésus, par le R. P. de Laubrussel de la même compagnie. *Nancy, J.-B. et A.-D. Cusson,* 1733. VIII-262 pages, in-8°. Rel. veau.

738. **Charles de Lorraine**, cardinal. Portrait anonyme. — 75 sur 58 millim.

— Le même. Anonyme. — 134 sur 77 millim.

739. **Charles de Lorraine**, comte d'Armagnac, dit le prince Charles. Portrait anonyme. — 504 sur 359 millim.

— Le même. Anonyme. — 346 sur 252 millim.

740. **Charles de Lorraine**, comte de Marsan.

— Catherine-Thérèse de Matignon, marquise de Lonray, sa 2ᵉ femme. Portrait anonyme. — 108 sur 84 millim.

741. **Charles de Lorraine**, duc de Mayenne. Portrait. Galerie de Versailles. — 178 sur 155 millim.

— Le même. *Z. Belliard.* — 297 sur 211 millim.

— Le même. *Imp. litho. de Mlle Formentin.* — 189 sur 177 millim.

— Le même. Anonyme. — 262 sur 198 millim.

— Le même. Anonyme. — 148 sur 118 millim.

— Le même. *Lith. de Delpech.* — 133 sur 86 millim.

— Le même. *A. D. pinx.* — 147 sur 100 millim.

— Le même. *Harrewyn sculpsit brux.* — 141 sur 91 millim.

— Le même. Anonyme. — 149 sur 90 millim.

— Le même. *J. P. direx.* — 161 sur 90 millim.

742. **Charles II de Lorraine**, duc d'Elbeuf. Portrait. *B. Moncornet excudit.* — 147 sur 114 millim.

— Le même. *Balthasar Moncornet excud.* — 136 sur 88 millim.

— Le même. Anonyme. — 245 sur 196 millim.

743. BENOIT Le prince de Lambesc (**Charles-Eugène de Lorraine**) aux Tuileries (12 juillet 1789), par A. Benoit. *Metz, Ch. Carrère,* 1881. 15 pages, in-8°. Br.

744. **Charles-Eugène de Lorraine**, prince de Lambesc. Portrait. *Patas sc.* — 205 sur 129 millim.

745. PINGAUD. Le prince **Charles-Henri** de Vaudémont (1649-1723), par L. Pingaud. *Besançon, Dodivers,* 1879. 32 pages in-8°. Br. (Extrait des *Mémoires de la Société d'Émulation du Doubs,* 1876.)

746. **Charles-Henri de Lorraine**, comte de Vaudémont. Portrait. *Malgras.* — 187 sur 109 millim.

— Le même. *Ranc pinxit.* — 476 sur 328 millim.

— Anne-Elisabeth de Lorraine, sa femme. Portrait. *Malgras.* — 194 sur 118 millim.

747. CATHALAN. Oraison funèbre de... **Charles-Joseph de Lorraine**, électeur, archevêque de Trèves..., primat de Lorraine par le R. P. J. Cathalan. *Nancy, Jean-Baptiste Cusson,* 1716. 35 pages, in-fol. Br.

748. GUILLAUME. Relation de l'enterrement de la princesse **Charlotte de Lor**-

raine, par l'abbé Guillaume. *Nancy, A. Lepage*, 1864. Pages 13-24, in-8°. Cart. (Extrait des *Mémoires de la Société d'archéologie lorraine.*)

749. SOMMIER. Oraison funèbre de haute et sérénissime Princesse Royale, madame **Charlotte-Elisabeth-Gabrielle de Lorraine**, fille aînée de leurs Altesses Royales, abbesse de Remiremont, prononcée à Remiremont le 16 juin 1711, par messire Jean-Claude Sommier, conseiller et prédicateur ordinaire de S. A. R. et curé de Champs. *Lunéville, J.-L. Bouchard*, 1711. 20 pages, in-4°. Br.

750. **Charlotte-Marie Lorraine**, demoiselle de Chevreuse. Portrait. Col. du chât. d'Eu. — 152 sur 97 millim.

— La même. *A Paris, chez Daret.* — 198 sur 130 millim.

— La même. *B. Moncornet ex.* — 165 sur 109 millim.

751. **Christine de Lorraine**, mariée à Ferdinand de Médicis, grand duc de Toscane. Portrait. *Adriano Haluech sculp.* — 346 sur 240 millim.

— La même. Tableau du temps. — 166 sur 104 millim.

752. CHAUTARD. Notice sur **Claude de Lorraine** dit le chevalier d'Aumale, à propos d'un jeton, par J. Chautard. *Nancy, G. Crépin-Leblond*, 1872. 24 pages in-8°. Br. (Extrait du *Journal de la Société d'archéologie lorraine.*)

753. **Claude de Lorraine**, dit le chevalier d'Aumale. Portrait. *Thoma. de Leu fecit.* — 135 sur 81 millim.

— Le même. *Mauzaisse.* — 207 sur 180 millim.

754. DORÉ. Oraison panégyrique, pleine de consolation, pour hault et puissant prince **Claude de Lorraine**, duc de Guyse, per de France, décédé ceste présente année 1550. Par F. Pierre Doré, son confesseur et prédicateur ordinaire. Avec la doulce musique Davidique, ouye au cantique 125... Item un remède salutaire contre les scrupules de conscience. *Paris, J. de Brouilly*, 1550. 128 feuillets, in-8°. Blason. Rel. veau.

755. DU BOULLAY. Le très excellent enterrement du tres haut et tres illustre prince **Claude de Lorraine**, duc de Guyse, etc., auquel sont déclarés toutes les cérémonies de la chambre d'honneur du transport du corps... Faict par Emond du Boullay, roy d'armes de Lorraine. *Paris, G. Corrozet*, 1550. 112 feuillets, in-8°. Blason. Rel. veau.

756. GUILLIAULD. L'oraison funèbre déclarative des gestes, meurs, vie et trespas du tresillustre prince **Claude de Lorraine**, duc de Guyse et d'Aumalle... prononcée à l'enterrement dudict seigneur par maistre Glaude Guilliauld, docteur en théologie, etc. *Paris, J. Dallier et L. Grenet*, 1550. 44 feuillets, in-8°. Rel.

757. GERMAIN. L'enseigne de la compagnie d'ordonnance de **Claude de Lorraine** duc de Guise, par M. Léon Germain. *Nancy, Crépin-Leblond*, 1884. 20 pages, in-8°. Une planche. Br.

758. **Claude de Lorraine**, premier duc de Guise. Portrait. *Dessiné par F. Clouet.* — 142 sur 79 millim.

— Le même. De la collection du château d'Eu. — 139 sur 89 millim.

— Le même avec sa femme. *L. L.* — 127 sur 136 millim.

— Antoinette de Bourbon-Vendôme, sa femme. Portrait. Collection du château d'Eu. — 168 sur 111 millim.

— La même. *L. M.* — 182 sur 103 millim.

759. **Claude de Lorraine**, duc de Chevreuse. Portrait. *A Paris, chez Daret.* — — 191 sur 127 millim.

— Le même. *Balthasar Moncornet excudit.* — 157 sur 116 millim.

— Le même. Galerie de Versailles. — 154 sur 117 millim.

— Le même. *L. G.* — 146 sur 108 millim.

— Marie de Rohan-Montbazon, sa femme. Portrait. Galerie de Versailles. — 135 sur 88 millim.

— La même. *A Paris chez Daret*, 1653. — 203 sur 130 millim.

— La même. *Harding sc.* — 160 sur 99 millim.

— La même. Anonyme. — 160 sur 112 millim.

— La même. *Ferdinand pinxit.* — 143 sur 102 millim.

760. LÉGENDE de domp **Claude** de Guyse, abbé de Cluny. Contenant ses faits et gestes depuis sa nativité jusques à la mort du cardinal de Lorraine et des moyens tenus pour faire mourir le roy Charles neufieme, ensemble plusieurs princes, grands seigneurs et autres, durant ledit temps. *S. l., n. n.*, 1581. xx-256 pages, in-8°. Demi-rel.

761. BENOIT. **Elisabeth de Lorraine**, régente de Nassau-Sarrebruck et le burgfrid de Niederstinzel, par M. Louis Benoit. *Nancy, A. Lepage*, 1867. 31 pages, in-8°. Fig. cart. (Extrait des *Mémoires de la Société d'archéologie lorraine.*)

762. BENOIT. Une abbesse de Remiremont. **Elisabeth** d'Orléans, duchesse de Guise et d'Alençon, 1646-1696, par A. Benoit. *Saint-Dié, L. Humbert*. 30 pages, in-8°. Br. (Extrait du *Bulletin de la Société philomatique vosgienne*, 1890-91.)

763. CLÉMENT. Oraison funèbre de très-haute, très-puissante et très-excellente princesse **Elisabeth-Thérèse de Lorraine**, reine de Sardaigne, par M. l'abbé Clément, docteur en théologie. *Paris, H. L. Guérin et J. Guérin*, 1741. 61 pages, in-12. Cart.

764. GERMAIN. **Ferry I**er de Lorraine, comte de Vaudémont (1393-1415), par Léon Germain. *Nancy, G. Crépin-Leblond*, 1881. 86 pages, in-8°. Fig. Br.

765. **Ferri I**, comte de Vaudémont, surnommé le Courageux. Portrait. *Giul. Traballesi del.* — 236 sur 160 millim.

— Le même avec sa femme. Médaillon et revers. *L. Racle del.* — 84 sur 157 millim.

— Marguerite, comtesse de Vaudémont, dame de Joinville, sa femme. Portrait. *Giul. Traballesi del.* — 236 sur 160 millim.

766. **Ferry II**, comte de Vaudémont et de Guise. Portrait. *Giul. Traballesi del.* — 236 sur 159 millim.

— Yolande d'Anjou, sa femme. Portrait. *Giul. Traballesi del.* — 236 sur 161 millim.

767. CAUVIN. Vie de **François de Lorraine**, duc de Guise, surnommé le Grand, par Ch. Cauvin. *Tours, Mame*, 1878. 288 pages, in-12. Portrait. Demi-rel.

768. HADOT. **François de Guise**, né en 1519, mort le 24 février 1563, par T. Hadot. *S. l., n. n., n. d.* 16 pages, grand in-8°. Portrait. Br.

769. LABOURASSE. Les hommes illustres de la Lorraine et du Barrois. **François de Guise** (1519-1563), par H. Labourasse. *S. l., n. n.* 40 pages, in-8°. Br. (Extrait de l'*Annuaire de la Meuse pour* 1885-1886).

770. DUPUIS. Du lieu où le duc de Guise (**François de Lorraine**) a été assassiné par Poltrot, en 1563, par M. F. Dupuis, vice-président du tribunal civil d'Orléans. *Orléans, Jacob*, 1857. 14 pages, in-8°. Rel. (Extrait des *Mémoires de la Société archéologique de l'Orléanais*.)

771. DOMINICI. Sermon funèbre faict à Nancy, aux obsèques et funérailles de feu monseigneur, monsieur **François de Lorraine**, duc de Guise, en l'église des cordeliers, par l'ordonnance de son Alteze et de monseigneur le duc présens. Par Bernard Dominici, de l'ordre de la Sainte-Trinité et Rédemption des captifz. *Lyon, A. du Rosne*, 1563. 27 feuillets non chiffrés, petit in-4°. Rel. veau.

772. (DU TROUSSET DE VALINCOURT.) La vie de **François de Lorraine**, duc de Guise, (par J.-B.-Henri du Trousset de Valincourt). *Paris, Séb. Mabre-Cramoisy*, 1681. IV-175 pages, in-12. Rel. veau.

773. MÉMOIRES de **François de Lorraine**, duc d'Aumale et de Guise, concernant les affaires de France et les négociations avec l'Ecosse, l'Italie et l'Allemagne, 1547-1561. Publiés par MM. Champollion-Figeac et fils. *Paris, Imp. F. Didot*, 1839. 539 pages à 2 colonnes, gr. in-8°. Demi-rel. (*Nouvelle collection des mémoires pour servir à l'histoire de France, par MM. Michaud et Poujoulat.*)

4

774. **François de Lorraine**, duc de Guise. Portrait anonyme. — 204 sur 140 millim.

— Le même. Anonyme. — 137 sur 91 millim.

— Le même. *Fritz Miller del.* — 209 sur 145 millim.

— Le même. *Peint par Gigoux.* — 237 sur 137 millim.

— Le même. *Chrétien del.* — 205 sur 118 millim.

— Le même. *Paris, Bordoni pinx.* — 269 sur 205 millim.

— Le même. Anonyme. — 167 sur 103 millim.

— Le même. Anonyme. — 125 sur 71 millim.

— Le même. Anonyme. — 305 sur 211 millim.

— Le même. Anonyme. — 80 sur 53 millim.

— Le même. Anonyme. — 133 sur 76 millim.

— Le même. Anonyme. — 135 sur 78 millim.

— Le même. Anonyme. — 110 sur 93 millim.

— Anne d'Est, comtesse de Gisors, dame de Montargis, sa femme. Portrait. Tableau du temps. — 140 sur 85 millim.

775. MORLAIS. Discours funèbre sur la mort de très-haut, très-puissant... monseigneur **François de Lorraine**, prince de Joinville, prononcé en l'église S.-Pierre de Reims, en présence de très-illustre... princesse madame M. Françoise-Renée de Lorraine, abbesse de ladite église, et de tous les ordres de la ville, par le R. P. Joseph de Morlais, prédicateur capucin. Dernière édition. *Paris, D. Thierry,* 1640. 136 pages, in-8°. Rel. veau.

776. DESCRIZIONE dell' esequie fatte in Firenze a **Francesco di Lorena** principe di Gianville. Nella venerabile conpagnia dell' Arcangelo Raffaello. 1639. *Firenze, Z. Pignoni,* 1640. 31 pages, in-4°. Vignette. Cart.

777. **François de Lorraine**, prince de Joinville. Portrait. Galerie de Versailles. — 167 sur 91 millim.

778. **François de Lorraine**, évêque de Verdun. Portrait anonyme. — 194 sur 131 millim.

779. EXTRAICT de l'inventaire qui s'est trouvé dans les coffres de monsieur le chevallier de Guise (**François-Alexandre-Paris**), par mademoiselle d'Antraige, et mis en lumière par monsieur de Bassompierre. *S. l., n. n.,* 1615. 15 pages, in-8°. Rel. parchemin.

780. DU PONCET. Oraison funèbre de très-haut... Prince **François-Antoine de Lorraine**, prince du Saint Empire... prononcée à Lunéville le 17 septembre 1715. ... par le Père du Poncet. *Nancy, Jean-Baptiste Cusson,* 1715. 43 pages, in-fol. Br.

781. **François-Armand de Lorraine**, docteur en théologie, évêque de Bayeux. Portrait anonyme. — 234 sur 158 millim.

— Le même. *A Paris chez Crépy.* — 148 sur 98 millim.

— Le même. *Se vend à Paris, chez E. Desrochers.* — 145 sur 100 millim.

— Le même. Buste. *Mathey fecit.* — 85 sur 49 millim.

— Le même. *R. Tournière pinxit.* — 460 sur 325 millim.

782. **Françoise de Lorraine**, duchesse de Mercœur, mariée à César de Bourbon, duc de Vendôme. Portrait. *A Paris, chez L. Boissevin.* — 197 sur 130 millim.

— La même. *F. Jollain excudit.* — 196 sur 130 millim.

783. **Frédéric de Lorraine**, cardinal du titre de Ste-Marie in dominicâ, puis de S. Chrysogon, bibliothécaire et chancelier du Saint-Siège apostolique, abbé du Mont-Cassin ; enfin pape, sous le nom d'Étienne IX. Année 1049, jusqu'à 1058. *S. l., n. n., n. d.* 24 pages, in-8°. Portrait. Cart.

784. ROBERT. Un pape belge. Histoire du pape Étienne X. **Frédéric de Lorraine**, par Ulysse Robert, inspecteur général des Bibliothèques et Archives. *Bruxelles, Soc. belge de librairie,* 1892. 121 pages, in-8°. Br.

785. MÉRIMÉE. Le duc de Guise (**Henri de Lorraine**), né en 1550, mort en 1588, par P. Mérimée. *S. l., n. n., n. d.* 19 pages, in-8°. Br.

786. HENRY. État et déclarations de la ville de Reims, après les assassinats de Blois (décembre 1588, janvier et février 1589. **Henri** et Louis de Lorraine). Fragment d'une histoire de la Ligue à Reims, par M. Henry. *Reims, P. Dubois,* 1859. 30 pages, in-8°. Rel. (Extrait des *Travaux de l'Académie de Reims.)*

787. LETTRES d'unyon pour estre envoyes par toute la chrestienté. Touchant le meurtre et assassinat commis envers les personnes de monsieur le duc de Guyse **Henri de Lorraine** et monsieur le cardinal de Guyse son frère, et autres princes et seigneurs catholiques, lesquels ont évité la cruauté commise en la ville de Blois. *S. l., n. n.,* 1589. 14 pages, in-8°. Portrait et blason. Rel.

788. REGRETS et soupirs lamentables de la France, sur le trespas de très-haut, très-valeureux seigneur, monseigneur le duc de Guyse (**Henri de Lorraine**), pair et grand-maistre de France, etc. *Paris, Hubert Velu,* 1588. 10 pages, in-8°. Blason. Rel.

789. BRYE (DE). Le duc (**Henri**) de **Guise,** surnommé le Balafré. (Par de Brye). *Paris, C. Barbin,* 1714. xiv-318 pages, in-12. Rel. veau.

790. DISCOURS déplorable du meurtre et assassinat, traditoirement et inhumainement commis et perpétré en la ville de Blois, les Estatz tenant. De treshaut, très-puissant et très-catholique feu **Henry de Lorraine,** duc de Guyse, per et grand maistre de France, le vendredy 24 décembre 1588. *Jouxte la copie imprimée à Orléans, M.D.XXXXVIII (sic)* (1589). 8 pages, in-8°. (Incomplet.) Rel. parchemin.

791. RENAULD. **Henri de Lorraine,** duc de Guise (1558-1588) et Catherine de Clèves, Comtesse d'Eu (1548-1633), son épouse. Notes et souvenirs d'un voyage à Blois et à Eu, par M. J. Renauld. *Nancy, G. Crépin-Leblond, s. d.* 35 pages, in-8°. Pl. Br.

792. REQUESTE présentée à messieurs de la Court de Parlement de Paris, par madame la duchesse de Guyse. Pour informer du **massacre** et assassinat commis

en la personne de feu Monseigneur de Guyse (**Henri de Lorraine**). *S. l., n. n.,* 1589. 14 pages, in-8°. Rel. parchemin.

793. REQUESTE présentée à Messieurs de la Court de Parlement de Paris, par Madame la duchesse de Guyse. Pour informer du massacre et assassinat commis en la personne de feu Monseigneur de Guyse (**Henri de Lorraine**). *S. l., n. n.,* 1589. 9 pages, in-8°. Cart.

794. **Henri I de Lorraine,** dit le Balafré, duc de Guise. Portrait. *Z. Belliard.* — 277 sur 213 millim.

— Le même. *Lith. de Delpech.* — 115 sur 80 millim.

— Le même. *Hopwood, sc.* — 118 sur 87 millim.

— Le même. Galerie de Versailles. — 175 sur 105 millim..

— Le même. *W. J. J. des Hautverts.* — 178 sur 84 millim.

— Le même. *W. J. J. des Hauverts.* — 59 sur 42 millim.

— Le même. *Pisan.* — 122 sur 72 millim.

— Le même. *Gravé par Adam.* — 132 sur 82 millim.

— Le même. *R. Baron del.* — 210 sur 130 millim.

— Le même. *L. Chailly.* — 207 sur 123 millim.

— Le même. *Vernier del.* — 137 sur 80 millim..

— Le même. *Marckl del.* — 127 sur 86 millim.

— Le même. *Dessin de Robert, sourd-muet.* — 173 sur 114 millim.

— Catherine de Clèves, comtesse d'Eu, sa femme. Portrait. *Htc-L.* — 215 sur 136 millim.

795. MANIFESTE (Le) de Monseigneur le duc de Guise (**Henri de Lorraine**), touchant les particularitez de son emprisonnement, et les raisons de sa jonction avec M. le Prince. *S. l., n. n., n. d.* (1650). 15 pages, in-4°. Rel. parchemin.

796. MÉMOIRES (Les) de feu Monsieur le duc de Guise (**Henry de Lorraine**). *Paris, E. Martin et Séb. Mabre-Cramoisy,* 1668. viii-795 pages, in-4°. Rel. mar. bleu, dent., d. s. tr.

797. MÉMOIRES (Les) d'**Henri de Lorraine**, duc de Guise. *Paris, E. Martin.* 1681. VIII-585 pages, in-12. Rel. veau.

798. SUITE des mémoires d'**Henry de Lorraine**, duc de Guise. (Relation de ce qui s'est passé au voyage de Naples, en 1654.) *Paris, M. David et G. Crevier,* 1687. 142 pages, in-12. Rel. veau. (Ex libris Du Pont de Romémont.)

799. (CAPÈCE). L'état de la République de Naples, sous le gouvernement de monsieur le duc de Guise (**Henri II**), traduit de l'italien (du P. Capèce, confesseur du duc) par Mlle Marie Turge-Loredan. *Paris, F. Léonard,* 1679. VIII-262 pages, in-12. Rel. veau.

800. (PASTORET.) Le duc de Guise (**Henri II**) à Naples, ou Mémoires sur les révolutions de ce royaume en 1647 et 1648. (Par le comte Amédée de Pastoret.) *Paris, Ladvocat,* 1825. 319 pages, in-8°. Demi-rel.

801. LUSSAN. Histoire de la révolution du royaume de Naples, dans les années 1647 et 1648. (Gouvernement de **Henri II de Guise**), par Mademoiselle de Lussan. *Paris, Pissot,* 1757. XVI-360, IX-361, XI-388 et IX-327 pages, in-12. 4 vol. Rel. veau.

802. **Henri II de Lorraine**, duc de Guise, prince de Joinville, grand chambellan de France. Portrait. Galerie de Versailles. — 136 sur 95 millim.

— Le même. Anonyme. — 141 sur 85 millim.

— Le même. Anonyme. — 248 sur 179 millim.

— Le même. *N. Larmessin scul.* — 202 sur 133 millim.

— Le même. *N. de Larmessin sculpebat,* 1662. — 220 sur 155 millim.

— Le même. *Moncornet ex.* — 156 sur 114 millim.

— Le même. *Moncornet ex.* 1659. — 166 sur 123 millim.

— Le même. *P. Aubry excudit.* — 146 sur 100 millim.

— Anne de Gonzague-Clèves, sa première femme. Portrait. Tableau du temps. — 119 sur 83 millim.

803. JOBAL. Discours funèbre, à la mémoire de très-illustre prince Monseigneur **Henry de Lorraine,** Marquis de Hatton-châtel... par Claude Jobal, maître ès-arts, et prieur de l'abbaye de Belchamps. *Toul, Séb. Philippe,* 1611. 36 pages, pet. in-8°. Rel. parchemin.

804. BOURDON. Discours funèbre sur la mort de **Henry de Lorraine,** duc de Mayenne, et d'Aiguillon, pair et grand chambellan de France, gouverneur... de Guyenne. Prononcé en l'église S. Hierosme, de messieurs les pénitens bleus à Tolose, le 6 octobre 1621, par le R. P. Roland Bourdon, prédicateur augustin. *Tolose, Vve de J. Colomiez,* 1621. 40 pages, in-8°. Cart.

805. LETTRES patentes portant provision de la charge de gouverneur et lieutenant général pour le roy, au gouvernement de Guyenne, en faveur de très-haut et très-illustre prince **Henri de Lorraine,** duc de Mayenne et d'Aiguillon, pair et grand chambellan de France. *Paris, N. Roussot,* 1628. 54 pages, in-8°. Cart.

806. **Henri de Lorraine,** duc de Mayenne. Portrait. *A Paris, chez Daret,* 1652. — 203 sur 132 millim.

— Le même. Collection du château d'Eu. — 138 sur 87 millim.

807. MOREY. Tombeau de **Henri de Lorraine,** comte d'Harcourt, à Asnières-sur-Oise (Seine-et-Oise), par Morey, architecte. *Nancy, A. Lepage,* 1863. 11 pages, in-8°. Fig. Br.

808. **Henri de Lorraine,** comte d'Harcourt. Portrait. *B. Moncornet excudit.* — 166 sur 112 millim.

— Le même. Anonyme. — 150 sur 106 millim.

— Le même. *Mignard pinx.* — 107 sur 58 millim.

— Le même. Anonyme. — 269 sur 202 millim.

— Le même. *Peint par P. Mignard.* — 200 sur 91 millim.

— Le même. *A Paris, chez Daret.* 1652. — 194 sur 126 millim.

— Le même. *N. de Larmessin sculpebat.* 1663. — 223 sur 155 millim.

— Le même. *Nic. Mignard pinx.* — 148 sur 101 millim.

— Le même. Anonyme. — 214 sur 133 millim.

— Le même. *Mignard pinx.* — 247 sur 182 millim.

— Le même. Anonyme. — 218 sur 95 millim.

— Le même. Procédé de A. Collas. — 57 sur 46 millim.

— Le même. *N. Mignard pinx.* — 548 sur 405 millim.

— Marguerite Philippe du Cambout, sa femme. Portrait. *B. Moncornet excudit.* — 164 sur 110 millim.

809. ROSIÈRES (DE). Notables observations sur le mariage de Monseigneur **Henry,** prince de Lorraine, duc de Bar, etc. avec Madame Marguerite de Gonzague, princesse de Mantoue, par Jean de Rosières. *Pont-à-Mousson, M. Bernard,* 1606. 92 pages, in-8°. Rel. parchemin. (V. nᵒˢ 561-568.)

810. **Henri II de Lorraine,** comte de Brionne. Portrait. *N. de Largillière pinxit.* — 396 sur 295 millim.

811. **Henri I de Lorraine,** marquis de Moy, seigneur de Biernes-en-Rethelois, comte de Chaligny. Portrait anonyme. — 169 sur 126 millim.

— Le même. *Thomas de Leu sculpsit.* — 156 sur 100 millim.

— Glaude de Moy, sa femme. Portrait. Ancien tableau. — 140 sur 93 millim.

812. (DU TOUR). Vœux et offrandes à très-haute, très-illustre, et très-religieuse princesse, madame **Henriette de Lorraine,** abbesse de l'abbaye royale de Notre-Dame de Soissons, au jour de sa bénédiction faicte en l'église de ladite abbaye, le sixiesme janvier 1646, par un de ses très-humbles et très-obeyssans serviteurs (Du Tour). *Paris, M. Colombel,* 1646. 18 pages, petit in-4°. Cart.

813. PRINCESSE (La). de Phalsbourg (**Henriette de Lorraine**). Nouvelle historique et galante. *Cologne, P. Marteau,* 1739. 126 pages, in-16. Rel. veau.

814. DU BOULLAY. Le catholique enter- rement de feu Monsieur le reverendissime et illustrissime (**Jean**) cardinal de Lorraine, légat ès pays de Lorraine... archevesque de Narbonne, evesque d'Alby et de Metz, abbé de Cluny, de Fescan, etc. qui trespassa à Nogen-sur-Yonne, le 18 de may 1550, fait par Emond du Boullay, roy d'armes de Lorraine. *Paris, J. d'Allier et L. Grenet,* 1550. 31 pages, in-8°. Rel. veau.

815. **Jean de Lorraine,** cardinal. Portrait. Anonyme. — 49 sur 38 millim.

816. **Jean d'Anjou II,** duc. Portrait. *Giuliano Traballesi del.* — 233 sur 156 millim.

— Le même avec sa femme. Médaillon et revers. *Racle del.* — 81 sur 154 millim.

— Marie de Bourbon, sa femme. Portrait. *J. Traballesi del.* — 245 sur 164 millim.

817. HOMMEY. Epitaphium historico-panegyricum serenissimi Principis **Josephi a Lotharingia.** A F.-J. Hommey, Augustiniano. *Nancei, s. n.,* 1705. 8 pages, in-4°. Br.

818. **Leopoldo Clementi** regio Lotharingiæ principi primogenito. *Nanceii, J.-B. Cusson,* (1719). 4 pages, in-4°. Br.

819. PÉRUSSANT. Oraison funèbre de très-haut... Prince, Monseigneur le Prince royal **Léopold-Clément,** prononcée... par le P. Perussant. *Nancy, Jean-Baptiste Cusson,* 1723. 50 pages, in-fol. Br.

820. **Léopold-Clément de Lorraine,** dit le prince héréditaire de Lorraine. Portrait. *Derbois, exc.* — 334 sur 229 millim.

— Le même. *Gobert pinx.* — 254 sur 183 millim.

821. REGNIER. Du grand et loyal devoir, fidélité et obéissance de messieurs de Paris envers le roy et couronne de France, adressée à messieurs Claude Guyot, seigneur de Charmeaux... prevost des marchands, Jehan le Sueur, bourgeois, marchant... Pierre Prévost... Jehan Sanguin... et Jehan Mérant... eschevins de ladite ville de Paris. (Par Louis Regnier, sieur de La Planche). Contre le cardinal (**Louis**) **de Lorraine.** *S. l., n. n.,* 1565. 230 pages, in-8°. Rel. veau.

822. SAINTE-MARIE (DE). Oraison funèbre prononcée en l'église S. Pierre aux Non-nains de Reims, le 26 juillet, à la céré-monie de l'enterrement du cœur de feu monseigneur l'illustrissime ... **Louys**, cardinal de Guyse, archevesque duc de Reims... par F. Gabriel de S. Marie, evesque d'Archidal, ci-devant suffragant et vicaire général dudit seigneur. *Reims, S. de Foigny*, 1621. 35 feuillets, in-8°. Rel. veau.

823. LA CHÈZE. Pompes funèbres et céré-monies observées aux obsèques et funé-railles de très-illustre prince **Loys de Lorraine**, cardinal de Guyse, archevesque duc de Reims... avec un discours véri-table de la belle fin et un recueil des pro-pos derniers de ce prince. Par R. de la Chèze, eschevin du ban Sainct-Remy de Reims. *Reims, N. Constant*, 1621. VIII-80 pages, pet. in-8°. Rel.

824. **Louis de Lorraine**, 2ᵉ du nom, car-dinal de Guise. Portrait anonyme. — 138 sur 89 millim.

— Le même. *H. P.* — 121 sur 70 millim.

— Le même. Anonyme. — 323 sur 187 millim.

— Le même. Tableau du temps. — 137 sur 97 millim.

— Le même. *Maurin.* — 280 sur 234 millim.

— Le même. *Lith. de Delpech.* — 134 sur 106 millim.

825. **Louis de Lorraine**, 3ᵉ du nom, car-dinal de Guise. Portrait. *Moncornet ex.* — 169 sur 113 millim.

826. **Louis de Lorraine**. Portrait anonyme. — 213 sur 172 millim.

827. **Louis de Lorraine**, comte de Vaudé-mont. Portrait. Galerie de Versailles. — 185 sur 94 millim.

— Le même. Anonyme. — 169 sur 140 millim.

— Le même. Anonyme. — 44 sur 27 millim.

— Le même. Anonyme. — 125 sur 70 millim.

828. **Louis de Lorraine**, prince de Phaltz-bourg et de Lixheim.

— Henriette de Lorraine, sa femme. Por-trait. *Voisand, sculp.* — 145 sur 101 millim.

— La même. *Antonius Van Dyck pinxit.* — 272 sur 194 millim.

829. **Louis de Lorraine**, duc de Joyeuse et d'Angoulême. Portrait. *Peint par Phil. de Champagne.* — 135 sur 89 millim.

— Le même. *J. Frosne sculpsit.* — 200 sur 141 millim.

— Le même. *B. Moncornet ex.* — 155 sur 110 millim.

830. **Louis-Joseph de Lorraine**, duc de Guise.

— Élisabeth-Charlotte d'Orléans, duchesse d'Alençon, dite Mademoiselle d'Alençon, sa femme. Portrait. Tableau du temps. — 119 sur 73 millim.

— La même. *Larmessin sculpsit.* — 235 sur 165 millim.

831. BAILLON. Histoire de **Louise de Lor-raine**, reine de France, 1553-1601, par le comte de Baillon. *Paris, Techener*, 1884. 287 pages, in-8°. Portrait. Br.

832. MEAUME. Étude historique sur **Louise de Lorraine**, reine de France, 1553-1601, par E. Meaume. *Paris, L. Téchener*, 1882. 188 pages, in-8°. Demi-rel.

833. GALITZIN. Inventaire des meubles, bijoux et livres estant à Chenonceaux, le 8 janvier 1603, prédédé d'une histoire sommaire de la vie de **Louise de Lor-raine**, reine de France... par le prince Augustin Galitzin. *Paris, J. Téchener*, 1856. XIV-76 pages, in-8°. Demi-rel.

834. GALITZIN. **Louise de Lorraine**, reine de France, 1553-1601, par Augustin Ga-litzin (Extrait du *Correspondant*). *Paris, C. Douniol*, 1858. 16 pages, in-8°. Cart.

835. **Louise de Lorraine**, reine de France. Portrait. *Lanté del.* — 245 sur 184 millim.

— La même. *Gravé par Colin.* — 167 sur 104 miliim.

— La même. *Peint par Pellerin.* — 139 sur 87 millim.

— La même. *Desrochers ex.* — 145 sur 100 millim.

— La même. *Dumand del.* — 183 sur 104 millim.

— La même. *Harrewyn fecit.* — 136 sur 85 millim.

836. Louise - Marguerite de Lorraine, princesse de Bourbon-Conty, mariée à François de Bourbon-Conty. Portrait. *Mlle Prieur del.* — 315 sur 250 millim.

837. GERMAIN. Jean de Bourgogne et Pierre de Genève, comtes de Vaudémont, époux de **Marguerite de Joinville,** 1368-1392, par M. Léon Germain. *Nancy, Crépin-Leblond,* 1879. 164 pages, in-8°. Br.

838. LAMBEL (DE). **Marguerite de Lorraine,** duchesse d'Alençon, par le comte de Lambel. *Lille, L. Lefort,* 1862. x-133 pages, in-12. Fig. Demi-rel.

839. (DU HAMEAU.) La vie de **Marguerite de Lorraine,** duchesse d'Alençon, grande ayeule du roy Louys le Juste. Présentée à Sa Majesté (par le P. Pierre du Hameau). *Paris, Séb. Cramoisy,* 1628. VIII-213 pages, in-8°. Rel. parchemin.

840. LAURENT. Histoire de **Marguerite de Lorraine,** duchesse d'Alençon, bisaïeule de Henri IV, fondatrice et religieuse du monastère de Sainte-Claire d'Argentan (diocèse de Séez), par M. l'abbé E. Laurent, chanoine honoraire de Bayeux. *Argentan, Barbier,* 1854. XVII-372 pages, in-12. Portrait et blason. Demi-rel.

841. GERMAIN. Un portrait de **Marguerite de Lorraine,** duchesse d'Alençon, au Musée lorrain, par M. Léon Germain. *Nancy, Crépin-Leblond,* 1884. 8 pages, in-8°. Br. (Extrait du *Journal de la Soc. d'archéol. lorr.*)

842. Marguerite de Lorraine, mariée à René, duc d'Alençon. Portrait. *Cabasson del.* — 110 sur 73 millim.

— La même. Anonyme. — 175 sur 103 millim.

— La, même. Anonyme. — 237 sur 173 millim.

843. WARREN (DE). **Marguerite de Lorraine,** duchesse d'Orléans, 1615-1672, par le vicomte Lucien de Warren, ancien capitaine d'artillerie. (Extrait du *Bulletin de la Société philomatique vosgienne,* année 1882-83.) *Saint-Dié, L. Humbert, s. d.* 41 pages, in-8°. Br.

844. Marguerite de Lorraine, duchesse d'Orléans, mariée à Gaston J.-Bapt. d'Orléans. Portrait. *Ant. Van Dyck pinxit.* — 240 sur 179 millim.

— La même. *B. Moncornet ex.* — 148 sur 105 millim.

— La même. *Moncornet ex.* — 159 sur 111 millim.

— La même. *A Paris, chez Daret,* 1652. — 202 sur 130 millim.

— La même. *Dessiné par Devéria, d'après Petitot.* — 160 sur 122 millim.

— La même. *Gravé par Brasch.* — 186 sur 117 millim.

845. Marguerite de Lorraine, mariée à Anne, duc de Joyeuse. Portrait. *Lanté del.* — 251 sur 182 millim.

— La même. *Thom. De Leu fe. et ex.* — 150 sur 97 millim.

846. Marguerite de Lorraine, mariée au duc de Cadaval, prince de Portugal. Portrait. *R. B. del.* — 280 sur 182 millim.

847. HOLFORD. Margaret of Anjou : A. Poem, in ten cantos, by miss Holford. *London, J. Murray,* 1816. 474 pages, in-4°. Cart.

848. STRIKLAND. Vie de **Marguerite d'Anjou,** reine d'Angleterre, par miss Agnès Strickland. Traduite de l'anglais par madame C. G. *Paris, Sagnier et Bray,* 1850. 266 pages, in-12. Demi-rel.

849. PRÉVOST. Histoire de **Marguerite d'Anjou,** reine d'Angleterre ; par l'abbé Prévost. Avec figures. *Amsterdam, s. n.,* 1784. XXIV-576 pages, in-8°. Rel. veau.

850. LALLEMENT. Une héroïne oubliée des biographes lorrains. **Marguerite d'Anjou-Lorraine,** reine d'Angleterre. Notice biographique par Louis Lallement. *Nancy, A. Lepage,* 1855. 28 pages, in-8°. Br.

851. Marguerite d'Anjou, fille de René et d'Isabelle de Lorraine, mariée à Henri VI, roi d'Angleterre. Portrait. *Pub. June* 1801, *by Edward Harding.* — 175 sur 86 millim.

— La même. *Sergent del.* 1787. — 231 sur 157 millim.

— La même. *Dessiné par C. Jacquand.* — 219 sur 157 millim.

852. RECUEIL de pièces relatives aux donations faites par **Marie de Lorraine,** duchesse de Guise et de Joyeuse... à Messire Charles de Stainville, comte de Couvonges... 1686. *S. l., n. n., n. d.* 66 pages, in-fol. Demi-rel.

853. **Marie de Lorraine,** duchesse de Guise et de Joyeuse, princesse de Joinville, dite Mademoiselle de Guise. Portrait. *Petrus Mignard pinxit.* — 318 sur 222 millim.

— La même. *B. Moncornet excudit.* — 153 sur 116 millim.

854. **Marie de Lorraine,** mariée à Louis II d'Orléans Longueville et à Jacques Stuart V, roi d'Écosse. Portrait. *Adr. Vander Werff pinx.* — 305 sur 175 millim.

— La même. Anonyme. — 92 sur 69 millim.

— La même. *Harding del.* — 151 sur 114 millim.

— La même. Anonyme. — 165 sur 112 millim.

855. **Nicolas d'Anjou,** duc. Portrait. *Giuliano Traballesi del.* — 236 sur 160 millim.

— Le même. Médaille. *Racle del.* — 81 sur 155 millim.

856. **Philippe de Lorraine,** dit le Chevalier de Lorraine. Portrait. *A. Paris, chez A. Trouvain.* — 293 sur 198 millim.

— Le même. *F. Philipoteaux.* — 156 sur 107 millim.

— Le même. Galerie de Versailles, — 174 sur 107 millim.

857. (BRUSLÉ DE MONTPLEINCHAMP.) L'histoire de **Philippe Emanuel de Lorraine,** duc de Mercœur. (Attribuée à Jean Bruslé de Montpleinchamp.) *La Haye. A. Acher,* 1692. iv-332 pages, in-12. Rel. parchemin.

858. SALES (DE). Oraison funèbre sur le trespas de tres-hault et très-illustre prince **Philippe Emanuel de Lorraine,** duc de Mercœur et de Penthevre, pair de France, prince du S. Empire et de Martigues, etc., lieutenant général de l'empereur en ses armées de Hongrie. Faicte et prononcée en la grande église de Nostre-Dame de Paris, le 27 avril 1602, par Messire François de Sales, coad. et esleu

evesque de Genève. *Paris, R. Thierry et E. Foucault,* 1602. 64 pages, in-8°. Rel. parchemin.

859. **Philippe-Emmanuel de Lorraine,** duc de Mercœur et de Penthièvre. Portrait anonyme. — 152 sur 120 millim.

— Le même. Anonyme. — 168 sur 122 millim.

— Le même. — *Moncornet ex.* — 156 sur 110 millim.

860. **Raimond-Bérenger de Lorraine,** abbé. Portrait. *Cl. Lefebure delineavit.* — 328 sur 252 millim.

861. **René de Lorraine,** marquis d'Elbeuf. Louise de Rieux, comtesse d'Harcourt, sa femme. Portrait anonyme. — 170 sur 111 millim.

862. **Renée de Lorraine,** mariée à Guillaume V, duc de Bavière. Portrait anonyme. — 156 sur 121 millim.

863. **Renée de Lorraine,** mariée à Marie Sforce, duc d'Ognano. Portrait. Ancien tableau. — 138 sur 94 millim.

864. **Roger de Lorraine,** chevalier de Guise. Portrait. *B. Moncornet ex.* — 152 sur 108 millim.

2° De Stanislas à la Révolution.
1737-1788

865. (CHEVRIÈRES.) Histoire de Stanislas I, roi de Pologne, grand duc de Lithuanie, duc de Lorraine et de Bar, etc., par M. D. C. (J. G. de Chevrières). *Francfort, La Compagnie,* 1740. 182 et 160 pages, in-8° et un portrait. 2 tomes en un vol. Rel. veau.

866. (CHEVRIÈRES.) Histoire de Stanislas I, roi de Pologne, grand duc de Lithuanie, duc de Lorraine et de Bar, par M. D. C*** (J.-G. de Chevrières). *Londres, G. Meyer,* 1741. 216 et 189 pages, in-12. Portraits. Fig. 2 vol. Rel. veau.

867. PROYART. Histoire de Stanislas premier, roi de Pologne, duc de Lorraine et de Bar. Par M. l'abbé Proyart, de plu-

sieurs académies... *Lyon, P. Bruyset-Pon-thus, etc.,* 1784. vii-478 et 416 pages, in-12. 2 vol. Rel. veau.

868. (AUBERT.) La vie de Stanislas Leszczinski, surnommé le Bienfaisant, roi de Pologne, duc de Lorraine et de Bar. Par M. (Aubert), avocat aux conseils du roi de Pologne, etc. *Paris, Moutard,* 1769. viii-503 pages, in-12. Rel. veau.

869. LEBEN des Stanislaus Leszczinsky, Königes von Pohlen, Herzogs von Lothringen und Bar, durch Herrn ***. *Leipzig, s. n.* 1770. xvi-480 pages, in-8°. Cart.

870. LEBEN des wohlthätigen Philosophen. Oder vollständige lebensgeschichte des... Stanislai Lesczinski, Herzogs zu Lothringen und Bar. *Leipzig, s. n.,* 1767. vi-552 pages, in-8°. Portrait. Rel. veau.

871. (SAINT-OUEN.) Résumé de l'histoire de Stanislas, roi de Pologne, duc de Lorraine et de Bar. Orné d'un portrait de Stanislas et d'une vue de la place royale, (par Mme de Saint-Ouen). *Nancy, Grimblot,* 1831. iii-66 pages, in-12. Demi-rel.

872. BLAU. Notice historique sur Stanislas-le-Bienfaisant, depuis la violation de sa sépulture jusqu'à l'inauguration de sa statue; par M. Blau, inspecteur de l'académie de Nancy, etc., suivie de pièces relatives à la réception de la statue, aux inscriptions du piédestal et à la cérémonie de l'inauguration. *Nancy, C. J. Hissette,* 1831. 44 pages, in-8°. Cart.

873. DELCROIX. Le bon roi Stanislas, par Victor Delcroix. *Rouen, Mégard et Cie,* 1863. 264 pages, in-8°. Fig. Rel. angl.

874. BARAIL. Portrait caractéristique de Stanislas, Roi de Pologne, Duc de Lorraine et de Bar, présenté à Sa Majesté par l'abbé Barail, prêtre du Diocèse de Toul. *Nancy, Leseure,* 1752. 21 pages, in-4°. Br.

875. HENRY. Notice sur Stanislas Ier, Roi de Pologne, Duc de Lorraine et de Bar. Par Henry. *Paris, Everat, s. d.* 16 pages, in-8° Br. (Extrait de la *Biographie universelle.*)

876. PARALELLE de l'élection à la couronne de Pologne, faite en faveur du sérénissime Stanislas Leszczynski et du sérénissime Frédéric Auguste, électeur de Saxe. *Paris, Charles Guillaume, s. d.* 10 pages, in-4°. Br.

877. (MARTINEAU DE SOLLEINNE.) Stances sur la promotion du roy Stanislas à l'ordre du S.-Esprit, faite à Strasbourg le premier jour d'aoust 1725, et sur le mariage de la princesse Marie, sa fille, avec Sa Majesté Très-Chrétienne Louis XV, présentées à Leurs Majestez, (par Martineau de Solleinne). *Sens, A. Jeannot,* 1725.. 11 pages, in-4°. Cart.

878. FALSITAS narrationis de electione Stanislai Leszczynii et serenissimi atque-potentissimi Domini, Domini Augusti III, ad faciendam utriusque electionis paralellam in publicum sparsæ, a quodam equite Polono demonstrata. *S. l., n. n., n. d.* 39 pages, in-4°. Br.

879. BENOIT. Carissimo in Christo filio nostro Stanislao Poloniæ Regi illustri Benedictus Papa XIV. (Bref accordant un jubilé.) *Nanceii, A. Leseure,* (1745). 7 pages, in-4°. Br.

880. EXPOSÉ fidèle de ce qui s'est passé à l'élection du roi de Pologne, tenue entre Varsovie et le village de Wola, le 25 août 1733. *S. l., n. n., n. d.* 45 pages, in-4°. Cart.

881. ADUNANZA tenuta dagli Arcadi in occasione d'innalzarsi in Arcadia il ritratto della sacra Real Maestà di Stanislao I, Re di Polonia, Duca di Lorena, di Bar, etc. Fra gli Arcadi acclamati Eutimio Alifiore. *In Roma, Antonio de' Rossi,* 1753. 39 pages, in-4°. Br.

882. CLÉMENT. Bref de notre Saint Père le Pape Clément XIII au Roi de Pologne Stanislas I. *S. l., n. n., n. d.* 15 pages, in-16. Br.

883. TRAITÉ de paix entre le roy, l'empereur et l'empire, conclu à Vienne, le 18 novembre 1738. *Strasbourg, L. Petit,* 1739. 128 pages, in-4°. Rel.

884. TRAITÉ de paix entre le roy, l'empereur et l'empire, conclu à Vienne le 18 novembre 1738. *Metz, Brice Antoine,* 1739. 136 pages, in-8°. Cart.

885. DESCRIPTION du tableau allégorique de la réunion de la Lorraine à la France, peint par Nicolas Delobel, par B. D. R. — Réimprimé par M. G. Duplessis. *Paris, Dumoulin*, 1853. 16 pages, in-8°. Rel.

886. LETTRES-PATENTES du Roi, sur une convention conclue le 21 décembre 1751, entre Sa Majesté et le feu Roi de Pologne, Duc de Lorraine et de Bar, d'une part et le prince de Salm-Salm. Données à Versailles le 22 mai 1772. *Saint-Diez, Joseph Charlot, s. d.* 11 pages, in-4°. Br.

887. ARREST de la Chambre des comptes, Cour des aides et des monnoyes de Lorraine, qui ordonne l'enregistrement de l'Édit du roi, pour la prise de possession actuelle de ses duchés de Lorraine et de Bar. 28 février 1766. *Nancy, Charlot,* (1766). 8 pages, in-4°. Rel.

888. ACTES de cession et de prise de possession du duché de Lorraine. 1737. *Nancy, N. Charlot,* 1737. 19 pages, in-4°. Rel.

889. CARMEN in adventu S. ac P. Stanislai I, Regis Poloniæ, Magni Ducis Lithuaniæ, et Ducis Lotharingiæ et Bari, ad regiam Ludovici XV, anno 1747, 20 aprilis. *Paris, Le Breton,* 1747. 9 pages, in-4°. Br.

890. HANUS. Compliment fait par M. Hanus, lieutenant général de police de Nancy, le vendredi 22 mars 1737... à... M. de la Galaizière et de Meckec, commissaires nommés pour la prise de possession du duché de Lorraine. *Nancy, P. Antoine, s. d.* 3 pages, in-4°. Rel.

891. MONCRIF. Observations sur une matière très-importante par M. de Moncrif, lecteur de la Reine, membre de la Société royale de Nancy. (Lettre au Roi de Pologne, Duc de Lorraine et de Bar.) *S. l., n. n.,* 1753. 29 pages, in-8°. Cart.

892. LETTRES patentes en forme d'édit, pour la prise de possession des duchés de Lorraine et de Bar. Du mois de février 1766. *Nancy, Charlot,* (1766). 8 pages, in-4°. Rel.

893. ALMBERT (D'). La cour du roi Stanislas et la Lorraine en 1748, par Alfred d'Almbert. *Paris, Amyot,* 1866. 392 pages, in-12. Demi-rel.

894. BOYÉ. La cour de Lunéville en 1748 et 1749, ou Voltaire chez le roi Stanislas, par Pierre Boyé. *Nancy, G. Crépin-Leblond,* 1891. 83 pages, in-8°. Br.

895. (SOLIGNAC.) Lettre d'un Seigneur polonois écrite de Königsberg à un Seigneur de ses amis à Varsovie, (par M. le chevalier de Solignac). *S. l., n. n.,* 1735. 24 pages, in-4°. Br.

896. FILLION. Journal de ce qui s'est passé à l'arrivée et pendant le séjour de Mesdames de France, Adélaïde et Victoire, à Lunéville, au château de la Malgrange et à Nancy (1761). Par Fillion de Charigneu, écuyer lieutenant des gardes à pied du roi de Pologne. *Nancy, Vve et Cl. Leseure, s. d.* (1761). 84 pages in-8°. Rel. veau.

897. SAUVIGNY. Voyage de Madame et de Madame Victoire (en Lorraine), par de Sauvigny, garde du roi de Pologne. *Lunéville, Messuy, s. d.* iv-28 pages, pet. in-8°. Fig. Rel. veau.

898. DELESPINE. Relation du voyage de Mesdames Adélaïde et Victoire à Plombières, depuis leur départ de Marly, le 30 juin 1761, jusqu'à leur retour à Versailles, le 28 septembre de la même année, par Delespine. *Paris, G. Desprez,* 1762. vi-108 pages, in-8°. Rel. veau.

899. DESCRIPTION des fêtes qui ont été données à Mesdames de France, depuis leurs arrivées en Lorraine, jusqu'à leur sortie, avec le recueil des chansons qui ont été chantées devant Mesdames de France. *Lunéville, Messuy, s. d.* 47 pages, in-8°. Br.

900. ÉPOQUE du bonheur de la Lorraine, à l'arrivée de Mesdames Adélaïde et Victoire, pour prendre les eaux de Plombières. *Nancy, J.-B.-H. Leclerc,* 1761. 38 pages, pet. in-8°. Rel. veau.

901. CIRONCOURT. Description des fêtes données à Mesdames de France Adélaïde et Victoire, dans la ville d'Epinal. Dédiée à Mme la marquise de Spada, abbesse de l'illustre chapitre d'Épinal, par de Cironcourt (Gironcourt), chevalier d'honneur. *Nancy, P. Antoine, s. d.* (1762). xvi-100 pages, in-8°. Relié. veau.

902. LA BLACHÈRE. Relation du second voyage de Mesdames Adelaïde et Victoire, depuis leur départ de Plombières pour venir à Lunéville et Nancy, jusqu'à leur retour à Plombières... par La Blachère. *Lunéville, C. F. Messuy, s. d.* (1762). x-90 pages, petit in-8°. Rel. veau.

903. FILLION. Relation du second voyage de Mesdames de France en Lorraine, en 1762, par Fillion de Charigneu. *Nancy, Hœner, s. d.* (1762). 119 pages, in-8°. Rel.

904. (JUIGNÉ.) Mandement de Monseigneur l'évêque (A. de Juigné), comte de Chaalons, pair de France, qui ordonne des prières pour le repos de l'âme du roi de Pologne, duc de Lorraine et de Bar. *Chaalons, Seneuze,* 1766. 11 pages, in-4°. Br.

905. INSCRIPTIONS sur la mort de Stanislas. *S. l., n. n., n. d.* 7 pages, in-4°. Br.

906. MANDEMENT de Monseigneur l'évêque comte de Valence, qui ordonne qu'il sera fait un service solennel dans son église cathédrale pour le repos de l'âme du roi Stanislas de Pologne... *S. l., G. Desprez, s. d.* (1766). 6 pages, in-4°. Rel. veau.

907. MANDEMENT de Monseigneur l'évêque comte de Toul, prince du S. Empire, qui ordonne des prières publiques pour le repos de l'âme du roi de Pologne, duc de Lorraine et de Bar. *Toul, J. Carez,* 1766. 26 pages, in-4°. Rel. veau.

908. (MARCHAND.) Essai de l'éloge historique de Stanislas I, roi de Pologne, duc de Lorraine et de Bar, par M. M*** (Marchand). *Bruxelles, Paris, C. Hérissant,* 1766. iv-91 pages, in-4°. Rel. veau.

909. ÉLISÉE. Oraison funèbre de... Stanislas I, roi de Pologne, grand duc de Lithuanie, duc de Lorraine et de Bar, prononcée en l'église primatiale de Lorraine, le 10 mai 1766, par le R. P. Elisée, carme déchaussé. — Honneurs funèbres rendus à Stanislas dans la même église. *Nancy, P. Antoine, s. d.* (1766). 34 et 16 pages, in-4°. Rel. veau.

910. SOLIGNAC. Eloge historique de Stanislas I, roi de Pologne, duc de Lorraine et de Bar, etc., prononcé le 11 mai 1766, en la séance publique de l'Académie

royale des sciences et belles-lettres de Nancy, par M. le chevalier de Solignac, secrétaire perpétuel. *Nancy, Vve et Cl. Leseure, s. d.* (1766). 44 pages, in-4°. Vignettes. Rel. veau.

911. ELOGE historique de Stanislas I, le Bienfaisant, roi de Pologne, duc de Lorraine et de Bar, etc. *Nancy, P. Antoine,* 1766. 38 pages, in-12. cart.

912. COSTER. Oraison funèbre de Stanislas I, roi de Pologne, duc de Lorraine et de Bar, etc., prononcée dans l'église du collège, pendant le service solennel que les juges-consuls de Lorraine et Barrois, et le corps des marchands de Nancy y ont fait célébrer le 15 may 1766. . par M. Coster, curé de Remiremont. (Avec les honneurs funèbres). *Nancy, Vve et Cl. Leseure s. d.* (1766). 42 et 11 pages, in-4°. Vignettes. Rel. veau.

913. COSTER. Oraison funèbre de Stanislas I, roi de Pologne, duc de Lorraine et de Bar, etc., prononcée le 20 may 1766, dans l'église du collège, par le père J.-L. Coster, de la compagnie de Jésus. (Avec les honneurs funèbres.) *Nancy, Vve et Cl. Leseure, s. d.* (1766). 44 et 19 pages, in-4°. Vignettes. Rel. veau.

914. GUYOT. Oraison funèbre de Stanislas I, roi de Pologne, duc de Lorraine et de Bar, etc., prononcée le 10 juin 1766, en présence de l'Académie... en l'église des PP. Cordeliers de Nancy, par M. l'abbé Guyot... l'un des membres de l'Académie. Suivie de notes historiques. *Nancy, Vve et Cl. Leseure, s. d.* (1766). 45 et 15 pages, in-4°. Rel. veau.

915. DOMBASLE (de). Oraison funèbre de... Stanislas, premier du nom, roi de Pologne, duc de Lorraine et de Bar, etc. prononcée le 12 mai 1766, au service solennel que le chapitre de l'église primatiale de Lorraine a fait célébrer, par M. l'abbé de Dombasle, chanoine. *Nancy, J.-B.-H. Leclerc,* 1766. 28 pages, in-4°. Rel. veau.

916. CLÉMENT. Oraison funèbre de... Stanislas I, roi de Pologne, grand duc de Lithuanie, duc de Lorraine et de Bar, prononcée en l'église paroissiale de St-Roch de Nancy... le 26 may 1766, par M. l'abbé

Clément, abbé de Marcheroux, aumônier du feu roi de Pologne. *Paris, L.-F. Delatour,* 1766. 49 pages, in-4°. Rel. veau.

917. BOISGELIN (DE). Oraison funèbre de... Stanislas I, roi de Pologne... duc de Lorraine et de Bar, prononcée dans l'église de Paris, le 12 juin 1766, par M. Jean de Dieu-Raimond de Boisgelin de Cucé, évêque de Lavaur. *Paris, Hérissant,* 1766. 44 pages, in-4°. Vignettes. Rel. veau.

918. DESCRIPTION du mausolée et de la pompe funèbre faite dans l'église de Notre-Dame, le 12 juin 1766, pour... Stanislas Leszczynski, roi de Pologne... duc de Lorraine et de Bar. Sur les dessins de Challe. *S. l. (Paris), P. R. C. Ballard,* 1766. 17 pages, in-4°. Vignettes et trois planches. Rel. veau.

919. DESLAVIERS. La Bienfaisance sur le trône. Eloge historique de Stanislas I, roi de Pologne, grand duc de Lithuanie, duc de Lorraine et de Bar, dédié à la reine, par M. Deslaviers, avocat au Parlement. *Paris, Delalain,* 1768. IV-68 pages, in-8°. Portrait. Demi-rel.

920. DESLAVIERS. Recueil de différentes pièces, par M. Deslaviers, ancien conseiller françois au Conseil supérieur de l'isle de Corse. — Éloge historique de Stanislas I. — Éloge historique de Marie Leszczynski, princesse de Pologne, reine de France, etc. *Bastia, Battini, et Paris, Durand,* 1777. 85 et 57 pages, in-8°. Cart.

921. MAURY. Éloge de très-haut, très-puissant et très-excellent prince Stanislas le Bienfaisant, roi de Pologne, duc de Lorraine et de Bar, par M. l'abbé Maury. *Paris, A. Desventes de La Doue,* 1766. VIII-43 pages, in-8°. Cart.

922. BELLET. Éloges historiques de la princesse Marie, reine de France et de Navarre, et de Stanislas I, roi de Pologne, prononcés dans des assemblées publiques de l'Académie des Belles-Lettres de Montauban, par M. l'abbé Bellet. *Paris, Desaint,* 1768. II-92 pages, in-8°. Cart.

923. PONCET DE LA RIVIÈRE. Oraison funèbre de très-haute... Princesse Catherine Opalinska, Reine de Pologne, Duchesse de Lorraine et Bar, de prononcée dans l'église Notre-Dame de Paris, le 18 mai 1747. Par Messire Mathias Poncet de la Rivière, évêque de Troyes. *Paris, Vve Mazieres et Jean-Baptiste Garnier,* 1747. 33 pages, in-4°. Br.

924. PONCET DE LA RIVIÈRE. Oraison funèbre de très-haute, très-puissante et très-excellente princesse Catherine Opalinska, reine de Pologne, grande duchesse de Lithuanie, duchesse de Lorraine et de Bar, prononcée dans l'église de Notre-Dame de Paris, le 18 mai 1747, par messire Mathias Poncet de la Rivière, évêque de Troyes. *Troyes, J. B. F. Bouillerot,* 1747. 52 pages, in-12. Rel. veau.

925. HONNEURS funèbres rendus à la mémoire de... Catherine Opalinska, reine de Pologne, Duchesse de Lorraine et de Bar, par MM. les Prévot, Lieutenant-Général de Police et Conseillers de l'Hôtel de Ville de Nancy. *Nancy, Pierre Antoine,* (1747). 27 pages, in-4°. Br.

926. CLÉMENT. Oraison funèbre de très-haute, très-puissante et très-excellente princesse Catherine Opalinska, reine de Pologne... duchesse de Lorraine et de Bar... par M. l'abbé Clément, aumônier et prédicateur ordinaire du roi de Pologne... *Paris, Vve Mazières et J. B. Garnier,* 1747. 41 pages, in-4°. Vignettes. Rel. veau.

927. CUNY. Oraison funèbre de très-haute, très-puissante et très-excellente Princesse Catherine Opalinska, Reine de Pologne, Grande Duchesse de Lithuanie, Duchesse de Lorraine et de Bar.... Par le R. P. Louis-Antoine Cuny, de la Compagnie de Jésus. *Nancy, Pierre Antoine,* (1747). 55 pages, in-4°. Br.

928. (ÉRECTION de la statue de Louis XV à Nancy.) Arrest de la Cour. Prière pour le Roi de France. Chansons. Réflexions sur la médaille frappée à l'honneur de Stanislas et de Louis XV, 1755. Recueil in-4°. Broché.

929. RELATION de la dédicace de la statue pédestre de S. M. Très-Chrétienne, érigée par S. M. le Roy de Pologne, duc de Lorraine et de Bar, dans la ville de Nancy, le 26 novembre 1755. *Nancy, P. Antoine, s. d.* 15 pages, in-4°. Rel. mar. r., aux armes de Stanislas.

930. BRESSEY (de). Compliment prononcé le 26 novembre 1755, à l'occasion de la statue élevée par Stanislas le Bienfaisant, à Louis le Bien-Aimé par le Cte de Bressey, mestre-de-camp de cavalerie, en sa qualité de directeur de l'Académie des Sciences et Belles-Lettres de Nancy. *Nancy, P. Antoine, s. d.* 10 pages, in-4°. Rel. mar. r.

931. TRESSAN (de). Discours prononcé en présence de S. M. Polonoise, Stanislas I, dit le Bienfaisant, le 26 novembre 1755, jour de la dédicace de la place et de la statue de S. M. T.-C. Louis XV, par le comte de Tressan. *Nancy, P. Antoine, s. d.* 13 pages, in-4°. Rel. mar. r.

932. (LAMOUREUX.) Relation des cérémonies qui ont eu lieu lors de l'inauguration de la statue de Stanislas sur la place Royale de Nancy, le 6 novembre 1831. (Par J. Lamoureux.) — Liste générale des souscripteurs pour le monument élevé à la mémoire de Stanislas-le-Bienfaisant. *Nancy, Hissette,* 1834. vi-65 et 80 pages, in-8°. Une planche. Cart.

933. LAMOUREUX. Discours prononcé à la cérémonie de l'inauguration de la statue de Stanislas sur la place Royale de Nancy, le 6 décembre 1831, par Justin Lamoureux, président de l'Académie des sciences, lettres et arts de la même ville. *Nancy, Vve Hissette,* 1831. 8 pages, in-4°. Br.

934. HUMBERT. L'œuvre de Stanislas dit le Bienfaisant, par Lucien Humbert, architecte. *Nancy, Imprimerie nouvelle,* 1884. 46 pages, in-8°. Br.

935. LALLEMENT. Les mutilations de l'œuvre de Stanislas. Les appointements du roi de Pologne en Lorraine, par Louis Lallement, avocat à la Cour. *Nancy, Lucien Wiener,* 1879. 32 pages, in-8°. Br.

936. LALLEMENT. Du reproche de vandalisme adressé de nos jours à Stanislas, par Louis Lallement. *Nancy, Vagner, s. d.* 20 pages, in-8°. Br.

937. SOKOLNICKI. Discours prononcé par M. le général Sokolnicki à l'église de Bonsecours, à Nancy, le 11 juin 1814, sur la tombe de Stanislas Leszczinski. *Nancy, F.-A. Bachot, s. d.* 7 pages, in-4°. Demi-rel.

938. ARMAILLÉ (D'). La reine Marie Leckzinska. Étude historique par Mme la comtesse d'(Armaillé), née de Ségur. *Paris, Didier,* 1864. 313 pages, in-18. Demi-reliure.

939. MARIE LECKZINSKA. Lettres inédites de la reine Marie Leckzinska et de la duchesse de Luynes au président Hénault, publiées avec portraits, fac-simile et introduction par M. V. Des Diguères. *Paris, Champion,* 1886. 469 pages, in-8°. Demi-reliure.

940. PROYART. Vie de Marie Leckzinska, princesse de Pologne, reine de France, écrite sur les mémoires de la cour, par M. l'abbé Proyart. Nouvelle édition, ornée d'un portrait. *Lyon, Périsse,* 1839. vi-375 pages, in-12. Demi-rel.

941. FUMEL (de). Oraison funèbre de très-haute, très-excellente, très-puissante et très-chrétienne princesse Marie, princesse de Pologne, reine de France et de Navarre; prononcée au service solennel célébré par ordre des États-généraux de la province de Languedoc, et en leur présence, dans l'église de Notre-Dame des Tables à Montpellier, le 20 décembre 1768, par M. Jean-Félix-Henri de Fumel, évêque de Lodève. *Paris, Vincent,* 1769. 45 pages, in-4°. Cart.

942. STANISLAS LESZCZYNSKI, roi de Pologne, duc de Lorraine et de Bar. Portrait. *Peint par Massé.* — 136 sur 83 millim.

— Le même. *Venloo pinxit.* — 153 sur 97 millim.

— Le même. *Girardet pinxit.* — 303 sur 232 millim.

— Le même. *Lunebourg pinx.* — 240 sur 170 millim.

— Le même. Anonyme. — 205 sur 141 millim.

— Le même. *Peint par J.-B. Vanloo.* — 167 sur 112 millim.

— Le même. *Girardet del.* — 241 sur 166 millim.

— Le même. *Mougeot sculp.* — 155 sur 94 millim.

— Le même. *Gravé par Du Boulois.* — 123 sur 78 millim.

— Le même. *Franxishini pinx.* — 245 sur 193 millim.

— Le même. Anonyme. — 75 sur 49 millim.

— Le même. Anonyme. — 123 sur 95 millim.

— Le même. *Laurent del.* — 163 sur 125 millim.

— Le même. Anonyme. — 175 sur 134 millim.

— Le même. Anonyme. — 94 sur 69 millim.

— Le même. *Michel Stachowicz del.* — 196 sur 99 millim.

— Le même. *Venloo pinxit.* — 503 sur 315 millim.

— Le même. *Toussaint sc.* — 123 sur 78 millim.

— Le même. *Peint par Massé.* — 136 sur 80 millim.

— 12 autres portraits ou figures moins importantes.

— Catherine Opalinska, sa femme. Portrait. *Peint par J.-B. Vanloo.* — 168 sur 111 millim.

— La même. *A Paris, chez E. Desrochers,* — 144 sur 100 millim.

Appendice :
Mélanges sur l'histoire de Lorraine.

(Dans l'ordre alphabétique des noms d'auteurs.)

943. ABEL. Louis IX et le Luxembourg, par Ch. Abel. *(Paris), Imprimerie impériale,* 1869. 42 pages, in-8°. Cart.

944. ANCELON. Mémoire sur l'origine des populations lorraines, par E. Ancelon, docteur en médecine. *(Paris), Imprimerie impériale,* 1866. 28 pages, in-8°. Cart.

945. (BALLON.) Éphémérides vosgiennes, par A. B. (Ballon). *Remiremont, Mme Leduc,* 1865. 40 pages, in-12. Br.

946. (BÉGON.) Discours prononcé par Monseigneur l'Évêque (Bégon), comte de Toul, prince du St. Empire, etc., en commençant la cérémonie de la translation des restes des Princes et Princesses de Lorraine... en la Chapelle ronde des Cordeliers. Et réponse de M. le Comte de Rouvrois. *Nancy, Claude Leseure,* (1743). 10 pages, in-4°. Br.

947. BENOIT. Quelques lettres de Georges-Jean, comte palatin de Veldenz et Lutzelstein, par A. Benoit. *S. l., n. n., n. d.* Pages 17-32, in-8°. Br. (Extrait de l'Annuaire « *der Gesellschaft für Lothringische Geschichte und Altertumskunde 1891* ».

948. BENOIT. Les gendarmes rouges à Lunéville. 1768-1788. Par Arth. Benoit. *Lunéville, Imp. Majorelle,* 1868. 78 pages, in-8°. Fig. Demi-rel.

949. BENOIT. Les gendarmes rouges à Lunéville, par A. Benoit. 2° édition. *Lunéville, A. Quantin,* 1892. 66 pages, in-12. Br.

950. BESANCENET (DE). Les gloires de la vieille Lorraine, par Alfred de Besancenet. *Langres, E. L'Huillier,* 1870. 377 pages, in-12. Demi-rel.

951. BOULANGÉ. Recherches sur les sépultures des premiers ducs de la maison de Lorraine, dans l'abbaye de Sturzelbronn, par G. Boulangé. *Metz, Pallez et Rousseau,* 1854. 25 pages, in-8°. Fig. Cart. (Extrait de l'*Austrasie.*)

952. BOURNON. Chroniques, lois, mœurs et usages de la Lorraine, au moyen-âge, recueillis par Jacques Bournon, conseiller d'État sous le duc Charles III..., publiés pour la première fois par Jean Cayon. *Nancy, Cayon-Liébault,* 1838. XII-48 pages, in-4°. Fig. Cart.

953. CHARTON. Les anciennes guerres de Lorraine dans les Vosges, par M. Ch. Charton, auteur des *Vosges pittoresques* etc. *Charmes, B. Mongel,* 1863. 357 pages, in-18. Demi-rel.

954. CONVENTION entre le Roi (de France) et le Prince de Nassau-Weilbourg, concernant les limites de leurs États respectifs. Du 24 janvier 1776. *Paris, s. n.,* 1776. 23 pages, in-4°. Br.

955. CRIMES (DES) commis par les princes Lorrains, depuis leur établissement en France jusqu'aujourd'hui. *Lausanne, s. n., n. d.* 16 pages, in-8°. Cart.

956. DEBLAYE. La charité de saint Vincent de Paul en Lorraine, 1638-1647, par l'abbé J.-F. Deblaye. *Nancy, R. Vagner*, 1886. 150 pages, in-8°. Br.

957. DES ROBERT. Inventaire général des pièces d'artillerie de l'arsenal de Nancy (1ᵉʳ août 1624), publié et annoté par F. des Robert. *Paris-Nancy, Champion, Sidot*, 1882. 20 pages, in-8°. Br. (Extrait du *Journal de la Société d'archéologie lorraine.*)

958. DUFRESNE. De l'origine de l'intendance dans les Trois-Évêchés, par A. Dufesne. *S. l., n. n., n. d.* 4 pages, in-8°. Cart.

959. DUMAS (Guerrier de). La France et Nancy. Quelques pages de gros bon sens, par P. G(uerrier) de Dumast, correspondant de l'Institut, etc... *Nancy, Nicolas Grosjean*, 1871. 18 pages, in 8°. Br.

960. DUPRIEZ. Peste et famine dans le pays de la Rosselle, par Raymond Dupriez. *Metz, Charles Thomas*, 1879. 15 pages, in-12. Cart.

961. DUVERNOY. Politique des ducs de Lorraine envisagée dans leurs rapports avec la France et l'Autriche, de 1477 à 1545, par F. Duvernoy, professeur honoraire du Lycée de Nancy. *Nancy, Berger-Levrault*, 1892. 89 pages, in-8°. Cart. (Extrait des *Mémoires de l'Académie de Stanislas.*)

962. ÉDUCATION lorraine élémentaire. — Abécédaire. — Conversations et lectures. — Histoire des duchés de Lorraine et de Bar et des Trois-Évêchés. Précis de Géographie de Lorraine. *Metz, Verronnais*, 1835-1836. 108, 142 et 152 pages in-12. 3 tomes en 1 vol. Fig. Carte et portraits. Demi-rel.

963. ÉPHÉMÉRIDES vosgiennes. *S. l., n. n., n. d.* 32 pages, petit in-8°. Br. (Voy. n° 945.)

964. FERRY. Les francs-tireurs des Vosges. Origine. — Arbalétriers ; — Francs-archers ; — Craniquiers ; — Couleuvriniers ; — Bombardiers ; — Arquebusiers ; — Volontaires et francs-chasseurs, 539-1867 ; par Ch. Ferry, archiviste auxiliaire du département des Vosges, archiviste de la ville et de l'hospice St-Maurice d'Épinal. *Mirecourt, Humbert, s. d.* 169 pages, petit in-8°. Br.

965. GANIER. Costumes des régiments et des milices recrutés dans les anciennes provinces d'Alsace et de la Sarre, les républiques de Strasbourg et de Mulhouse, la principauté de Montbéliard et le duché de Lorraine, pendant les XVIIᵉ et XVIIIᵉ siècles, par Henry Ganier. *Épinal, C. Frœrcisen*, 1882. XII-140 pages, in-fol. 20 planches en couleur et un tableau synoptique. Demi-rel.

966. GERMAIN. Mélanges historiques sur la Lorraine, par Léon Germain. *Nancy, Typog. G. Crépin-Leblond*, 1889. 507 pages, in-8°. Fig. Demi-rel.

967. GODRON. Études sur la Lorraine dite allemande, le pays messin et l'ancienne province d'Alsace, par D.-A. Godron, doyen honoraire de la Faculté des sciences de Nancy. *Nancy, G. Crépin-Leblond*, 1871. 74 pages, in-8°. Br. (Extrait du *Bulletin de la Société d'archéologie lorraine.*)

968. GODRON. Études sur la Lorraine dite allemande, le pays messin et l'ancienne province d'Alsace, par D.-A. Godron, doyen de la Faculté des sciences de Nancy. 2ᵉ édition. *Nancy, G. Crépin-Leblond*, 1875. 133 pages, in-8°. Cart.

969. GUYOT. Les villes neuves en Lorraine, par M. Ch. Guyot, professeur à l'École nationale forestière, etc. *Nancy, G. Crépin-Leblond*, 1883. 34 pages, in-8°. Br. (Extrait des *Mémoires de la Société d'archéologie Lorraine.*)

970. JEANTIN. Les chroniques de l'abbaye d'Orval, par M. Jeantin, président du tribunal civil de Montmédy. *Nancy, Grimblot et Vᵛᵉ Raybois*, 1850. 448 pages, in-8°. Armoiries et plan. Demi-rel.

971. JEANTIN. Les chroniques de l'Ardenne et des Voëpvres, ou revue et examen des traditions locales, antérieures au onzième siècle, pour servir à l'histoire de l'ancien comté de Chiny, par M. Jeantin. *Paris, L. Maison ; Nancy, Grimblot et Vᵛᵉ Raybois*, 1851-1852. XLVII-594 et XIII-623 pages, in-8°. Fig. 2 vol. Demi-rel.

972. JEANTIN. Les chroniques de Saint-Hubert, par M. le P. Jeantin, auteur des « Chroniques d'Orval », etc. *Nancy, Vve Raybois,* 1867. x-775 pages, in-8°. Fig. Demi-rel.

973. JEANTIN. Les marches de l'Ardenne et des Woëpvres, ou l'arène féodale à la naissance des grandes suzerainetés lotharingiennes, par M. Jeantin. *Paris, L. Maison ; Nancy, Grimblot et Vve Raybois,* 1853-1854. LXXV-549 et 632 pages, in-8°. Carte. 2 vol. Demi-rel.

974. (LALLEMENT). L'amour des Lorrains pour leurs princes, (par Louis Lallement). Avec gravures originales reproduites par E. Thiéry, graveur I. R. de la cour d'Autriche, conservateur du Musée de Nancy. *Nancy, Imp. de N. Collin,* 1869. 14 pages et 4 planches, in-4°. Cart.

975. LA TOUR (DE) Lorraine et France. Études sur les doctrines religieuses et la politique de ces deux pays et de leurs princes, depuis la Renaissance, par M. G. de La Tour. *Paris, Bureau du « Correspondant » et Nancy, Vagner,* 1851. VII-187 pages, in-8°. Demi-rel.

976. LEPAGE. Recherches sur l'ancienne population de la Lorraine, par H. Lepage. (*Nancy, Grimblot et Vve Raybois,* 1858.) Pages 11 à 30, in-12. Cart. (Extrait de l'*Annuaire de la Meurthe.*)

977. LEPAGE. Sur l'organisation et les institutions militaires de la Lorraine, par Henri Lepage. *Paris, Berger-Levrault et Cie,* 1884. 444 pages, in-8°. Fig. Demi-rel.

978. LEPAGE. Calendrier lorrain ou tableau sommaire des événements relatifs à l'histoire de Lorraine correspondant à chaque jour de l'année, par Henri Lepage. *Nancy, A. Paullet,* 1840. 32 pages, in-8°. Br.

979. LEPAGE. Le drapeau lorrain, par Henri Lepage. *Nancy, N. Collin,* 1866. 13 pages, in-8°. Demi-rel.

980. LEPAGE. De la dépopulation de la Lorraine au XVIIe siècle. Par Henri Lepage. (*Nancy, Grimblot et Vve Raybois,* 1850.) Pages 11 à 58, in-12. Cart. (Extrait de l'*Annuaire de la Meurthe.*)

981. MATHIEU. L'ancien régime dans la province de Lorraine et Barrois, d'après des documents inédits, (1698-1789), par l'abbé D. Mathieu. *Paris, Hachette,* 1879. XII-469 pages, in-8°. Demi-rel.

982. MESSER. Journal de Henri Messer, juin 1712, publié par A. Bonvarlet et J. Thilloy. *Metz, F. Blanc,* 1870. 49 pages, in-8°. Br.

983. PANGE (DE). Le patriotisme français en Lorraine, antérieurement à Jeanne d'Arc, par le comte M. de Pange. *Paris, H. Champion,* 1889. 107 pages, in-16. Br.

984. PROCÈS - VERBAL de l'exhumation des dépouilles mortelles des anciens souverains, très-hauts... Princes et Princesses de la maison de Lorraine, de leur translation à l'église des Cordeliers, de leur réintégration dans l'ancien caveau ducal, dit de la Chapelle-Ronde et du service solennel qui, le 9 novembre 1826, a consacré cet acte expiatoire. *S. l., n. n., n. d.* 30 pages, in-4°. Br.

985. RATIFICATION du traité fait avec la ville de Metz. Vérifiée en la Chambre des Comptes de Lorraine, le 1er juin 1701. *Nancy, René Charlot et Pierre Deschamps,* (1701). 14 pages, in-4°. Br.

986. RAVOLD. L'ancien régime dans le canton de Gerbéviller et la Révolution. Conférence faite à Gerbéviller, le 14 juillet 1881, par J.-B. Ravold. *Lunéville, s. n., n. d.* 62 pages, in-8°. Br.

987. RAVOLD. Le peuple en Lorraine sous l'ancien régime. Conférence faite à Gerbéviller, le 14 juillet 1882, par J.-B. Ravold. *Lunéville, s. n., n. d.* 100 pages, in-8°. Br.

988. SCHMIT. Petite promenade lorraine parmi les papiers de Colbert, 1670-1671, par M. J.-A. Schmit. *Nancy, L. Wiener,* 1876. 19 pages, in-8°. Cart. (Extrait du *Journal de la Société d'archéologie lorraine.*)

989. VANSON. L'infanterie lorraine sous Louis XV, par le général Vanson. I. Régiment des Gardes lorraines. *Paris-Nancy, Berger-Levrault et Cie,* 1896. 103 pages

et 1 planche, in-8°. Br. (Extrait de *La Sabretache*.)

3° Pendant la Révolution.

a). *Assemblées provinciales. États généraux. Cahiers de doléances.*

990. PROCÈS-VERBAL des séances de l'Assemblée provinciale des duchés de Lorraine et de Bar, tenue à Nancy, dans le mois d'août 1787. *Nancy, H. Haener*, 1787. 495 pages, in-4°. Cart.

991. PROCÈS-VERBAL des séances de l'Assemblée provinciale des Trois-Évêchés et du Clermontois, tenue à Metz, dans les mois de novembre et décembre 1787. *S. l. (Metz), Vve Antoine et fils*, 1787. 520 pages, in-4°. Cart.

992. ÉDIT, arrêts et règlemens concernant l'assemblée provinciale des duchés de Lorraine et de Bar, et les assemblées secondaires. *Nancy, H. Haener*, 1788. 68 pages, in-8°. Br.

993. PROJET pour l'organisation des États provinciaux de Lorraine et Barrois. *Paris, s. n.*, 1788. 31 pages, in-8°. Br.

994. QUESTIONS à examiner pour l'organisation des États provinciaux de Lorraine. *S, l., n. n., n. d.* 7 pages, in-8°. Br.

995. ÉTATS-PROVINCIAUX (Des) de Lorraine. *S. l., n. n., n. d.* 8 pages, in-8°. Br.

996. ADRESSE de la noblesse de Lorraine au Roi pour lui demander la convocation des États de Lorraine. *S. l., n. n.*, (1788). 24 pages, in-8°. Br.

997. MÉMOIRE sur les États du duché de Bar. *Verdun, F. L. Christophe.* 1788. 9 pages. in-4°. — Addition au Mémoire ci-dessus. *Bar-le-Duc, Briflot*, 1789. 7 pages, in-4°. — Précis sur la Constitution du Barrois. *Bar-le-Duc, Briflot*, 1789. 4 pages, in-4°. — Procès-verbal de l'Assemblée des trois ordres de la ville de Bar. *Verdun, Christophe*, 1789. 11 pages, in-4°. — Procès-verbal de la commission représentant les Trois-Ordres de la ville de Bar. *Bar-le-Duc, Briflot*, 1789. 6 pages, in-4°.

— Observations sur le projet de désunir le Barrois de la Lorraine. *Nanci, Imp. de l'Assemblée provinciale*, 1789. 7 pages, in-4°. Br.

998. PROCÈS-VERBAL des séances de l'Assemblée du district de Metz, tenues les 5, 6, 7, 8, 9 et 10 novembre 1787. *Metz, Vve Antoine*, 1787. 32 pages, in-4°. Cart.

999. DÉLIBÉRATION des Trois-Ordres de la ville de Saint-Mihiel, sur les imputations injurieuses énoncées dans le mémoire de M. d'Epagnac. *Saint-Mihiel, C. Duval*, 1788. 23 pages, in-8°. Br.

1000. LETTRE d'un citoyen de Nancy, à MM. les officiers du Présidial de Nancy, datée du 7 juillet 1788. *S. l., n. n., n. d.* 7 pages, in-8°. Cart.

1001. LETTRE écrite par un membre du Tiers-État de Lorraine, à Messieurs du comité du Tiers-État à Nancy. *S. l., n. n., n. d.* 13 pages, in-8°. Br.

1002. ESSAI pour servir à un projet d'organisation des États-provinciaux des duchés de Lorraine et de Bar, 18 janvier 1789. *S. l., n. n., n. d.* 47 pages, in-8°. Broché.

1003. OBSERVATIONS sur quelques articles d'un écrit patriotique intitulé : Projet pour l'organisation des États-provinciaux de Lorraine et Barrois, dont l'auteur ne s'est pas nommé, par M. M... directeur des économats de Nancy. *S. l., n. n., n. d.* 6 pages, in-8°. Br.

1004. PROCÈS-VERBAL de l'assemblée des trois ordres de Lorraine, tenue en l'hôtel de ville de Nancy. Du 20 janvier 1789. *Nancy, H. Haener, s. d.* 32 pages, in-4°. Broché.

1005. BOUFFLERS (DE). Discours prononcé par M. le chevalier de Boufflers, bailli d'épée de Nancy, à l'ouverture de l'assemblée du bailliage, le 30 mars 1789, pour l'élection des députés aux États-généraux. *Nancy, H. Haener, s. d.* 20 pages, in-4°. Cartonné.

1006. LETTRE du roi pour la convocation des États-généraux à Versailles, le 27

5

avril 1789, et règlement y annexé, pour la Lorraine et Barrois. *Paris, Imprimerie royale,* 1789. 13 pages, in-8°. Br.

1007. PLAN pour la formation des États des duchés de Lorraine et de Bar. *S. l., n. n., n. d.* 9 pages, in-8°. Br.

1008. CUSTINE (DE). Plan à consulter, d'instructions et de pouvoirs à donner aux députés de la province de Lorraine, et celle des Trois-Évêchés, aux États-généraux, par M. le comte de Custine, maréchal des camps et armées du roi. *Nancy, s. n.,* 1789. 28 pages, petit in-8°. Demi-rel.

1009. NOTICE de M. le chevalier de Flin, l'un des Commissaires de la Noblesse des Trois-Ordres, en réponse au paragraphe qui la concerne dans le mémoire pour l'Assemblée patriotique du 15 janvier 1789. *S. l., n. n., n. d.* 4 pages, in-4°. Cart.

1010. LETTRE du roi pour la convocation des États-généraux à Versailles le 27 avril 1789, et règlement y annexé pour les Trois-Évêchés et Clermontois. *Paris, Imprimerie royale,* 1789. 13 pages, in-8°. Cart.

1011. PROJET de pouvoirs à donner aux députés de la province de Lorraine aux États-généraux, daté du 6 mars 1789. *S. l., n. n., n. d.* 11 pages, petit in-8°. Demi-rel.

1012. (ANTOINE.) Essai sur les assemblées de communautés, de bailliages et d'arrondissemens de la Lorraine, destinées à procéder tant aux élections, qu'à la rédaction des cahiers pour les États-généraux ; présenté à ces assemblées, par un citoyen (Antoine, *lieutenant-général de Boulay*). *Paris, s. n.,* 1789. 16 pages, in-8°. Br.

1013. SALLE. Opinion de M. Salle, député de Lorraine, sur la sanction royale, à la séance du premier septembre 1789. *Paris, Baudouin,* 1789. 30 pages, in-8°. Br.

1014. FRANÇOIS. Compte rendu à l'assemblée des communes du bailliage de Toul, par M. François de Neufchâteau, député suppléant, de l'outrage fait aux communes du bailliage, en la personne de quatre de leurs députés. Suivi des délibérations de cette assemblée, des 6 et 13 août 1789. *S. l., n. n.,* 1789. 50 et 19 pages, in-8°. Cart.

1015. RÈGLEMENT fait par le roi, pour l'exécution de ses lettres de convocation aux États-généraux, dans le bailliage de Clermont en Argonne. *Paris, Imprimerie royale,* 1789. 6 pages, petit in-8°. Demi-rel.

1016. RÉFLEXIONS d'un patriote sur les États-généraux de la Lorraine. *S. l., n. n., n. d.* 8 pages, in-8°. Br.

1017. PRÉCIS sur la Constitution, par un avocat lorrain. *S. l., n. n.,* 1789. 38 pages, in-8°. Cart.

1018. (GUILBERT.) Discours prononcé par l'un des curés de la province de Lorraine (Guilbert, curé de Saint-Sébastien), au nom de tous ses confrères, en l'assemblée des Trois Ordres, tenue à Nancy, le 20 janvier 1789. *S. l., n. n., n. d.* 14 pages, in-8°. Br.

1019. LA TOUR-DU-PIN (DE). Copies des lettres adressées par M. de La Tour du Pin, à MM. des Trois-Ordres de la ville de Metz, et à MM. du Comité patriotique de la même ville. *Versailles, s. n.,* 1789. 3 pages, in-4°. Cart.

1020. CUSTINE (DE) et Wolter de Neurbourg. Réponse de MM. le Cte de Custine et Wolter de Neurbourg, députés aux États-généraux pour les bailliages de Metz, Thionville, Sarlouis et Longwy, et les prévôtés royales et bailliagères de Phalsbourg et Sarbourg ; au mémoire de M. le Baron de Poutet, conseiller au Parlement de Metz. *S. l., n. n., n. d.* 7 pages. in-4°. Cart.

1021. MÉMOIRE pour l'assemblée patriotique, tenue à Metz le 15 janvier, 1789. *Metz, Vve Antoine et fils,* 1789. 33 pages, in-4°. Cart.

1022. MÉMOIRE des députés des Trois-Ordres de la ville de Metz, présenté au Conseil du Roi. *Metz, Collignon,* 1789. 43 pages, in-4°. Cart.

1023. MÉMOIRE des corporations de la ville de Metz, en réponse à celui présenté au Conseil du Roi, par les députés des prétendus Trois-Ordres de la même ville. *Metz, C. Lamort,* 1789. 16 pages, in-4°. Cart.

1024. EXTRAIT des registres des délibérations des Trois-Ordres de la ville de Metz et du pays Messin. Du 21 janvier 1789. *S. l., n. n., n. d.* 38 pages, in-4°. Cart.

1025. PROCÈS-VERBAL de l'assemblée tenue à Metz, par plusieurs de Messieurs du Clergé, de la Noblesse et du Tiers-État, dans la grand'salle de l'Académie, à l'Hôtel de ville, le jeudi 25 janvier 1789. *S. l., n. n., n. d.* 19 pages, in-4°. Cart.

1026. RÉCLAMATION contre la forme dans laquelle il a été procédé au choix du député direct du Tiers-État de la ville de Metz aux États-généraux. *Metz, C. Lamort,* 1789. 32 pages, in-4°. Cart.

1027. RŒDERER. Mémoire du comité patriotique, pour servir de réponse à MM. des prétendus Trois-Ordres, et à toutes les protestations faites et à faire, tant par eux que par d'autres. Par Rœderer, président. Daté de Metz du 29 août 1789. *Metz, Vve Antoine, s. d.* 52 pages, in-4°. Br.

1028. EXTRAIT des registres des délibérations des Trois-Ordres de la ville de Metz. Du 21 août 1789. *Metz, J.-B. Collignon,* 1789. 3 pages, in-4°. Cart.

1029. EXTRAIT des registres des délibérations des Trois-Ordres de la ville de Metz. Du 21 août 1789. *Metz, J.-B. Collignon,* 1789. 8 pages, in-4°. Cart.

1030. EXTRAIT des registres des Trois-Ordres de la ville de Metz et du pays messin. *S. l., n. n., n. d.* 2 pages, in-4°. Cart.

1031. EXTRAIT des registres des délibérations du bureau des finances de Metz. *Metz, J.-B. Collignon,* 1789. 3 pages, in-4°. Cart.

1032. MÉMOIRE des Trois-Ordres de la ville de Metz et du pays messin, pour établir leur droit à députer aux États-Généraux, de la même manière que les pays d'États. *Metz, Vve Antoine et fils,* 1788. 12 pages, in-4°. Cart.

1033. MÉMOIRE adressé au roi par les Trois-Ordres de la ville de Metz et du Pays-Messin. *S. l., n. n.,* 1788. 39 pages, in-8°. Br.

1034. RŒDERER. Observations sur l'élection d'un prétendu député de la ville de Metz aux États-Généraux. Par M. Rœderer, conseiller au parlement de Metz, de la société royale des sciences et arts de la même ville. Le 23 avril 1789. *S. l., n. n., n. d.* 28 pages, in-8°. Br.

1035. GEGOUT. Les cahiers de la Lorraine aux États-Généraux de 1789. Discours prononcé par M. Edgard Gegout. (Cour de Nancy. Audience de rentrée du 16 octobre 1889.) *Nancy, Wagner,* 1889. 48 pages, in-8°. Br.

1036. CAHIERS et pouvoirs des communes du bailliage royal de Bar-le-Duc, avec les procès-verbaux et pièces relatives à leur confection ; ensemble le procès-verbal de l'assemblée générale des trois ordres de ce bailliage, tenue en l'église Saint-Pierre, le 20 mars 1789. *S. l., n. n., n. d.* 89 et 95 pages, in-8°. Demi-rel.

1037. CAHIER de l'Ordre de la Noblesse du bailliage de Lunéville, et pouvoirs des députés aux États-Généraux. *S. l., n. n.,* 1789. 22 pages, in-8°. Cart.

1038. VŒU des Trois-Ordres de la ville de Metz et du Pays-Messin, au sujet du nombre respectif des députés de chaque ordre aux États-généraux, daté de Metz du 19 novembre 1788. *S. l., n. n., n. d.* 18 pages, in-8°. Br.

1039. CAHIER de l'ordre de la noblesse du bailliage de Metz. *Metz, Vve Antoine s. d.* 16 pages, in-8°. Br.

1040. CAHIER de plaintes, doléances et remontrances du Tiers-état du bailliage de Metz, présidé par M. le Lieutenant-général audit siège, commencé le 13 mars 1789, et clos le 20 dudit mois. *S. l., n. n., n. d.* 21 pages, in-8°. Br.

1041. CAHIER de la noblesse du bailliage royal de Nancy, et de son arrondissement, remis à MM. le comte de Ludre et le chevalier de Boufflers, leurs députés aux États-généraux. *Nancy et Paris, Debray,* 1789. 38 pages, in-8°. Cart.

1042. CAHIER contenant les remontrances, plaintes et doléances, moyens et avis du Tiers-État du bailliage de Toul, remis à ses députés aux prochains États-Généraux par l'ordre du Tiers-État du bailliage de

Toul, le 21 mars 1789. *S. l., n. n., n. d.*
48 pages, in-8°. Cart.

1043. CAHIER des remontrances, plaintes
et doléances, moyens et avis de l'Assemblée du Tiers-État du bailliage de Toul ;
arrêtés en l'assemblée générale de l'Ordre,
le 21 mars 1789. *S. l., n. n., n. d.* 31 pages, in-8°. Cart.

1044. REMONTRANCES (Très - respectueuses), plaintes et doléances du clergé
du bailliage de Toul. *S. l., n. n., n. d.*
19 pages, in-8°. Cart.

1045. REMONTRANCES (Respectueuses), et
doléances de l'ordre de la Noblesse de
Toul et Pays Toulois, adressées au roi.
S. l., n. n., n. d. 16 pages, in-8°. Cart.

1046. DAULNOY. Cahier du bourg de Vicheray, adopté par les villages de Pleuve-
zain, Beuvezain, Soncourt, Tramont-la-
Sus, Tramont-Emmi, Tramont-Saint-An-
dré, Maconcourt et Aroffe ; et que sont
chargés de porter à l'assemblée des États
du bailliage de Toul, MM. J.-B. Daulnoy,
curé des huit premiers villages ci-dessus,
et François de Neufchâteau, ancien procureur-général du roi, et conseiller honoraire au conseil supérieur de Saint-Domingue, résident à Vicheray. *S. l., n. n.,*
(1789). 20 pages, in-12. Cart.

1047. CAHIER des doléances des Trois-Ordres du bailliage royal de Villers-la-Montagne, daté du 19 mars 1789. *S. l., n. n.,
n. d.* 15 pages, in-8°. Cart.

b). *Affaire de Nancy : Historique. Actes officiels. Adresses, comptes rendus, etc. Pièces concernant Désilles.*

1048. MAIRE. Histoire de l'affaire de Nan-
cy, 1790. Épisode de la Révolution, par X.
Maire. Avec portrait et photographie.
Nancy, Maubon ; Paris, Techner, 1861.
III-220 pages, in-8°. Demi-rel.

1049. PRÉCIS des principaux événements
arrivés à Nancy, le 20 juillet 1790, jusqu'au six septembre suivant, concernant
l'insurrection et la rebellion caractérisées
des troupes de ligne de la garnison, com-

posée des régiments du Roi, de Château-
vieux, et du Mestre-de-Camp, cavalerie.
Nancy, Leseure, s. d. 43 pages, in-4°.
Relié.

1050. RÉCIT des principaux faits arrivés à
Nancy le 31 août 1790, et auxquels la
garde nationale de Metz a eu part. *S. l.,
n. n., n. d.* 15 pages, in-8°. Rel.

1051. LÉONARD. Relation exacte et impar-
tiale de ce qui s'est passé à Nancy le 31
août et les jours précédens. Par M. de
Léonard. (Avec prospectus et avis aux
souscripteurs.) *Nancy, Mme Henri*, 1790.
V-188 pages, in-4°. Rel.

1052. RELATION de ce qui s'est passé à
Nancy, depuis le 24 août jusqu'au 31 du
même mois 1790, *S. l., n. n., n. d.* 12 pages, in-8°. Rel.

1053. DÉTAILS (Grands) par pièces authentiques, de l'affaire de Nancy (1790). *Paris, Froullé, s. d.* 80 pages, in-8°. Cart.

1054. RECUEIL de pièces authentiques sur
l'affaire de Nancy. *Paris, Froullé, s. d.*
88 pages, in-8°. Demi-rel.

1055. DÉTAIL des événemens survenus à
Nancy, au régiment suisse de Lullin de
Châteauvieux, depuis l'époque du dix
août au 1er septembre 1790. Par les bas-
officiers et soldats du régiment. *S. l.,
Guillaume junior*, (1790). 34 pages, in-4°.
Broché.

1056. RELATION très-exacte de ce qui s'est
passé à Nanci, par l'armée commandée
par M. de Bouillé, datée de Metz du 30
septembre 1790. *Metz, Lamort, s. d.* 20
pages, in-8°. Cart.

1057. SERVICE (Détail du) funèbre qui sera
célébré par la garde nationale parisienne,
le lundi 20 septembre 1790, dans le champ
de la Fédération, en mémoire de nos frères d'armes morts à Nancy, pour l'exécution de la loi, avec l'ordre et la marche,
et un discours adressé aux gardes nationales françaises et à l'armée parisienne.
S. l., Pougin, s. d. 8 pages, in-8°. Cart.

1058. SERVICE (Détail du) funèbre qui sera
célébré par la garde nationale parisienne,
le lundi 20 septembre 1790, dans le
champ de la Fédération, en mémoire de

nos frères d'armes morts à Nancy pour l'exécution de la Loi, avec l'ordre de la marche, et un discours adressé aux gardes nationales françaises et à l'armée parisienne. *Paris, Caillot et Courcier, s. d.* 8 pages, in-8°. Rel.

1059. RELATION de l'opération de M. de Bouillé, lieutenant général, contre la garnison rebelle de Nancy, en vertus des décrets de l'Assemblée nationale et des ordres du Roi. *Paris, s. n.,* 1790. 14 pages, in-8°. Demi-rel.

1060. PIÈCE qui met tout à fait au grand jour la scélératesse déjà long-tems connue, des Buveurs de sang de jadis la malheureuse commune de Nancy, écrite et signée d'une partie de ses intriguans. Elle commence ainsi : Liste des individus à arrêter, comme ayant été auteurs principaux de la persécution exercée contre les Patriotes. *Nancy, Vve Bachot, s. d.* 4 pages, in-8°. Rel.

1061. JOURNAL de Paris, nᵒˢ 244 et 245, 1ᵉʳ et 2 septembre 1790 (affaire de Nancy). *Paris, Quillau,* 1790. 8 pages, in-4°. Rel.

1062. JOURNAL universel ou révolutions des royaumes. N° 268, du mardi 17 août 1790. (Détails sur l'affaire de Nancy.) *Paris, Hérissant,* 1790. 8 pages, in-8°. Relié.

1063. JOURNAL national. N° 149, du mercredi 1ᵉʳ septembre. N° 150, du jeudi 2 septembre 1790. (Détails sur l'affaire de Nancy.) *Paris, Rivet,* (1790). 16 pages, in-8°. Rel.

1064. JOBART. Observations sur un petit article de la relation municipale, au sujet des troubles de Nancy, par M. de Jobart. *S. l., n. n., n. d.* 14 pages, in-4°. Rel.

1065. QUATRE mots à M. de Jobart, en réponse à ses observations sur un petit article de la relation municipale. *S. l., n. n., n. d.* 10 pages, in-8°. Rel.

1066. ARRIVÉE de MM. de Bonne-Savardin, et l'abbé de Barmond, et détail très-exact et très-véritable des ravages, désordres et excès qui se sont commis dans la ville de Nancy, occasionnés par l'insurrection des régiments du Roi, de Chateau-

Vieux, et de Mestre-de-Camp, cavalerie. *Paris, Pougin, s. d.* 4 pages, in-8°. Rel.

1067. PRÉCIS des Événemens arrivés à Lunéville les 28, 29 et 30 août 1790, extrait des Procès-verbaux dressés par le Corps municipal. *Nancy, Vve Leclerc,* 1790. 11 pages, in-4°. Rel.

1068. PROCLAMATION du Roi sur un décret de l'Assemblée nationale qui règle les mesures à prendre pour la punition des instigateurs et fauteurs des excès commis par les régiments en garnison à Nancy, du 16 août 1790. *Nancy, H. Haener,* 1790. 6 pages, in-4°. Rel.

1069. PROCLAMATION du Roi sur un décret de l'Assemblée nationale, du 31 août 1790, qui ordonne qu'il sera fait une proclamation, tendante à faire rentrer dans le devoir les régiments en garnison à Nancy, et que cette proclamation sera portée par deux commissaires nommés par Sa Majesté. — Proclamation du Roi, sur un décret de l'Assemblée nationale du 3 septembre 1790, relatif à ce qui s'est passé à Nancy le 31 août dernier. *Nancy, Vve Leclerc,* 1790. 8 pages, in-4°. Rel.

1070. PROCLAMATION du Roi, sur deux décrets de l'Assemblée nationale, qui ont pour but le rétablissement de la discipline dans les corps de troupes réglées. *Nancy, H. Haener,* 1790. 6 pages, in-4°. Relié.

1071. PROCLAMATION de François-Claude-Amour de Bouillé, Lieutenant-général des armées du Roi, adressée de Toul le 30 août 1790, à la garnison en insurrection à Nancy. *Toul, s. n.,* 1790. 1 page, in-f°. Rel.

1072. LOI relative à l'insurrection de Nancy et aux diverses procédures que cet événement a occasionnées. *Nancy, P. Barbier,* 1790. 4 pages, in-4°. Rel.

1073. PROCLAMATION du Roi en exécution de la loi du 12 décembre 1790, relative à l'insurrection de Nancy. Du 26 janvier 1791. *Paris, Imp. royale,* 1791. 4 pages, in-4°. Br.

1074. COPIE de la lettre adressée à la municipalité par MM. du Département et du

Corps municipal, envoyés à M. de Bouillé. (*Nancy*), *s. n.* (*31 août* 1790). 1 page, in-4°.

1075. COPIE de la lettre écrite à MM. les Députés du Département de la Meurthe, à l'Assemblée nationale, par les membres du Directoire de ce département. *Paris, Baudouin, s. d.* 9 pages, in-8°. Rel.

1076. RAPPORT de MM. Duveyrier et B. C. Cahier, commissaires nommés par le roi, pour l'exécution des décrets de l'Assemblée nationale, relatifs aux troubles de Nanci, remis à M. la Tour-du-Pin, ministre de la guerre, le jeudi 14 octobre 1790. *Paris, Imprimerie nationale*, 1790. 109 pages, petit in-8°. Demi-rel.

1077. RAPPORT de MM. Duveyrier et B. C. Cahier, commissaires nommés par le Roi, pour l'exécution des décrets de l'assemblée nationale, relatifs aux troubles de Nancy. *Nancy, Vve Bachot*, 1790. 103 pages, in-8°. Rel.

1078. RÉPONSE au Rapport de MM. les Commissaires du Roi, sur les troubles de Nancy, contenant l'exposé de la conduite des administrateurs composant le Directoire du département de la Meurthe. *Nancy, H. Haener*, 1791. 216 pages, in-8°. Relié.

1079. REÇU de cent cinquante mille livres et procès-verbaux de vérification et de transport de la caisse du régiment du Roi (signés par des sous-officiers, soldats et officiers dudit régiment). (*Nancy*). *s. n.* (1790). 6 pages, in-8°. Br.

1080. PROCÈS-VERBAL de la vérification des comptes du Régiment du Roi, infanterie. *Nancy, H. Haener*, 1790. 19 pages, in-4°. Rel.

1081. PROCÈS-VERBAL de la vérification des comptes du Régiment du Roi, infanterie. *Paris, C. F. Ferlet*, 1790. 16 pages, in-4°. Rel.

1082. COPIE de la lettre des Députés assemblés pour représenter les compagnies du régiment d'infanterie du Roi, du 15 août 1790. *S. l., n. n., n. d.* 2 pages, in-4°. Relié.

1083. EXTRAIT du Registre de la Municipalité de Nancy du 26 août 1790, contenant la relation des troubles qui ont agité cette ville avant l'affaire du 31 du même mois. *Nancy, H. Haener, s. d.* 9 pages, in-4°. Demi-rel.

1084. PROCLAMATION de la Municipalité de Nancy du 1er septembre 1790, au sujet des armes enlevées à l'arsenal. *Nancy, P. Barbier*, 1790. 2 pages, in-4°. Rel.

1085. AVIS de la Municipalité de Nancy aux citoyens actifs de cette ville qui se destinent à faire le service de la Garde nationale, du 11 septembre 1790. *Nancy, H. Haener*, 1790. 2 pages, in-4°. Rel.

1086. PROCLAMATION de la Municipalité de Nancy, pour le maintien de la tranquillité publique, du 21 septembre 1790. *Nancy, H. Haener*, 1790, 3 pages, in-4°. Relié.

1087. EXTRAIT des registres des délibérations du Directoire du département de la Meurthe, au sujet des troubles de Nancy. Séances des 27, 28, 29, 30 et 31 août 1790. *Nancy, H. Haener*, 1790. 20 pages, in-4°. Relié.

1088. LETTRE du citoyen Faure (de la Haute-Loire), représentant du peuple, à la Société populaire de Nancy. *Nancy, Vve Bachot, s. d.* 7 pages, in-8°. Demi-rel.

1089. LETTRES et adresses de la Municipalité et de la Garde nationale de Metz, au Roi, au Président de l'Assemblée nationale, à M. La Fayette, à la Garde nationale de Paris, à diverses municipalités, Gardes nationales, et Société des Amis de la Constitution, à la Garde nationale de Nancy, du 30 septembre 1790. *Metz, Claude Lamort*, 1790. 8 pages, in-4°. Rel.

1090. EXTRAIT des délibérations du Directoire du département de la Moselle, du 3 septembre 1790. *Metz, Vve Antoine et fils*, 1790. 4 pages, in-4°. Rel.

1091. MUNICIPALITÉ (La) et la Garde nationale de Metz, à la Garde nationale de Nancy. *Metz, Claude Lamort*, 1790. 3 pages, in-4°. Rel.

1092. ADRESSE de la Société de 1789, au Directoire du département de la Meurthe;

à la municipalité de Nancy ; et principalement aux milices nationales et aux troupes de ligne, dont la fidélité courageuse a rétabli la paix et les loix dans la ville de Nancy. *Paris, Lejay, s. d.* 8 pages, in-8°. Rel.

1093. ADRESSE du cabinet littéraire national à messieurs les représentants de la commune de Nancy. *Nancy, Vve Bachot,* 1790. 3 pages, in-4°. Cart.

1094. DÉLIBÉRATION du Conseil municipal de la ville de Saint-Nicolas, au sujet du 31 août 1790 à Nancy. *Nancy, P. Barbier,* 1790. 2 pages, in-4°. Rel.

1095. COPIE de la lettre de Messieurs les officiers municipaux de la ville de Saint-Malo, à M. Hœner, fils, imprimeur, garde national à Nanci, et réponse de celui-ci. *Paris, s. n.,n. d.* 4 pages, in-8°. Rel.

1096. ADRESSE patriotique à MM. les colonels, officiers et autres membres de la Garde-citoyenne de Nancy. *Nancy, C. S. Lamort, s. d.* 8 pages, in-8°. Rel.

1097. ADRESSE des grenadiers, chasseurs et soldats du Régiment d'infanterie du Roi, à l'auguste Assemblée nationale. *S. l., n. n., n. d.* 8 et 5 pages, in-8°. Rel.

1098. ADRESSE des bas-officiers et soldats du Régiment de Lullin de Chateau-Vieux, aux autres régiments suisses. *S. l., n. n., n. d.* 3 pages, in-4°. Rel.

1099. ADRESSE des amis de la Constitution, de Metz, aux troupes de ligne. *Metz, Claude Lamort,* 1790. 2 pages, in-4°. Rel.

1100. COMPTE-RENDU à leurs Souverains par Messieurs les officiers du Régiment de Castella, suisse. *Metz, Jean-Baptiste Collignon,* 1790. 8 pages, in-4°. Rel.

1101. COMPTE-RENDU à leurs Souverains par Messieurs les officiers du régiment de Castella, suisse. *S. l., n. n., s. d.* 8 pages, in-4°. Rel.

1102. COMPTE-RENDU à leurs Souverains, par MM. les officiers du Régiment de Lullin de Chateauvieux, des mouvements de sédition et de rebellion qui ont eu lieu dans ledit régiment, depuis le 10 jusqu'au 31

août 1790 ; de leurs causes et des événements qui y sont relatifs. *S. l., n. n., n. d.* 44 pages, in-4°. Rel.

1103. LETTRE écrite aux administrateurs du département de la Meurthe par les sous-officiers, caporaux, grenadiers et fusiliers de Château-Vieux, pour répondre au décret de l'Assemblée nationale concernant les troubles de la garnison de Nancy. *S. l., n. n., n. d.* 2 pages, in-4°. Rel.

1104. LETTRE de félicitation du Directoire du département de la Moselle, aux citoyens de l'armée libérative de M. de Bouillé. *Nancy, H. Haener,* 1790. 3 pages, in-4°. Rel.

1105. LETTRE écrite à M. le Président de l'Assemblée nationale en date du 2 novembre, par neuf soldats détenus dans les prisons militaires de Nancy, et arrêtés illégalement au mois de juillet dernier, par les membres du Comité militaire de ce régiment. *S. l., n. n., n. d.* 2 pages, in-8°. Relié.

1106. LETTRE du commandant du régiment de Châteauvieux, adressé à M. de Lullin de Châteauvieux, colonel-commandant dudit régiment, lue à l'Assemblée dans la séance du 16 octobre. *Paris (Imprimerie nationale,) s. d.* 2 pages, in-8°. Rel.

1107. LETTRE des grenadiers, chasseurs et fusiliers du régiment de Picardie, à M. le Marquis de Bouillé, du 21 avril 1790. *Metz, s. n.,* 1790. 2 pages, in-4°. Rel.

1108. LETTRE de M. de Léonard, officier au régiment du Mestre-de-camp-Général de la cavalerie, à Monsieur de Sillery, membre de l'Assemblée nationale. *Paris, s. n.,* 1790. 4 pages, in-8°. Rel.

1109. LETTRE de M. de Courtivron, chef d'escadron au corps des carabiniers de Monsieur, à MM. Duveyrier et B. C. Cahier, etc., etc , etc. *Sens, s. n.,* 1790. 8 pages, in-8°. Rel.

1110. LETTRE écrite par quelques soldats du régiment du Roi, le 2 novembre 1790, au Président de l'Assemblée nationale. *S. l., n. n.,* 1790. 1 page, in-4°. Rel.

1111. LETTRE écrite de Lunéville le 8 septembre 1790, par les carabiniers des deux régiments à toutes les troupes de ligne de France. *S. l., n. n., n. d.* 3 pages, in-4°. Rel.

1112. MÉMOIRE justificatif pour les soldats du régiment du Roi, infanterie. *Paris, Devaux, s. d.* 42 pages, in-8°. Demi-rel.

1113. MÉMOIRE des officiers du corps des carabiniers de Monsieur, avec les pièces justificatives. *S. l., n. n., n. d.* 46 pages, in-8°. Rel.

1114. MÉMOIRE des officiers du corps des carabiniers de Monsieur, avec les pièces justificatives. *S. l., n. n.,* 1790. 53 pages, in-8°. Rel.

1115. OBSERVATIONS des officiers députés du régiment d'infanterie du Roi, sur la conduite des officiers de ce corps. *Nancy, P. Barbier, s. d.* 7 pages, in-8°. Rel.

1116. OBSERVATIONS des officiers députés du régiment d'infanterie du Roi, sur la conduite des officiers de ce corps. *Paris C. F. Perlet, s. d.* 7 pages, in-8°. Rel.

1117. PROCÈS-VERBAL adressé au Ministre de la Guerre, par les officiers composant le conseil d'administration du régiment du Mestre-de-Camp-général de la cavalerie. *S. l., n. n., n. d.* 16 pages, in-4°. Rel.

1118. PLAINTE adressée par quelques grenadiers, chasseurs et soldats du régiment du Roi à l'Assemblée nationale. 7 pages, in-4°. Rel.

1119. BOUILLÉ. Discours de M. le Marquis de Bouillé, prononcé à la tête des grenadiers de la garnison de Metz, le lundi 19 avril 1790. *S. l., n. n., n. d.* 2 pages, in-4°. Rel.

1120. SILLERY (DE). Rapport des comités réunis militaires, des rapports et des recherches, sur l'affaire de Nanci, par M. de Sillery, du 7 décembre 1790. *Paris, Imprimerie nationale,* 1791. 77 pages, petit in-8°. Demi-rel.

1121. COMPIÈGNE. Réponse des officiers du régiment du Roi au mémoire imprimé au nom des soldats, députés de ce régiment. Par de Compiègne et de Molien. *Paris, Devaux,* 1790. 61 pages, in-8°. Cart.

1122. ADRESSE de la société des amis de la Constitution de Châlon-sur-Saône aux gardes nationales de Metz, Toul et Pont-à-Mousson. *Châlon-s.-S., Delorme Delatour,* 1790. 8 pages, in-8°. Cart.

1123. ADRESSE de la garde nationale parisienne aux gardes nationales qui ont concouru au rétablissement de l'ordre à Nancy. *Paris, Lottin,* 1790. 8 pages, in-4°. Br.

1124. ADRESSE de la Garde nationale de Lunéville à l'Assemblée nationale et à tous ses frères d'armes, au sujet de l'affaire de Nancy. *Saint-Dié, Joseph Charlot,* 1790. 12 pages, in-4°. Rel.

1125. COMPTE que rend le Sr Haener, capitaine de la première compagnie de St-Roch, 2° bataillon des gardes nationales de Nancy, de la conduite qu'il a tenue dans la journée du 31 août 1790. *S. l., n. n., n. d.* 7 pages, in-8°. Rel.

1126. EXTRAIT du registre des délibérations du conseil d'administration de la garde nationale de Nancy du 15 novembre 1790, concernant une lettre de la garde nationale d'Angers, qui fait remise d'une somme de 711 francs, qu'elle destine aux veuves et aux orphelins des citoyens de Nancy, victimes de leur patriotisme à la journée du 31 août 1790. *S. l., n. n., n. d.* 4 pages, in-4°. Rel.

1127. DIVERSES délibérations de la plus grande partie des compagnies de la garde nationale de Nancy, concernant la malheureuse affaire arrivée en cette ville le 31 août 1790, savoir : 1° De la compagnie de Nicolas ; 2° de Brégeot ; 3° de Sellière ; 4° de Thouvenel ; 5° de Mengin ; 6° de Jacquinet ; 7° de Simonet ; 8° de Charlot ; 9° de Félix ; 10° de Rozières ; 11° de Mengin de Laneuveville ; 12° de Huin ; 13° de d'Haener ; 14° de Jadelot ; 15° de Thouvenin ; 16° de de La Tour ; 17° d'Oudinot cadet. *Nancy.* En tout 86 pages, in-4°. Rel.

1128. GARDE (La) nationale à ses frères d'armes de la garnison de Nancy. *S. l., n. n., n. d.* 4 pages, in-4°. Rel.

1129. MÉMOIRE justificatif pour la garde nationale de Nancy, adressé aux gardes nationales de Metz et de Toul. *Nancy, P. Barbier,* 1790. 16 pages, in-4°. Rel.

1130. PROTESTATION des gardes nationaux de n'avoir pris part à l'insurrection du 31 août 1790. Compagnie François. 31 août 1790. *Nancy, C. S. Lamort, s. d.* 2 pages, in-4°. Br.

1131. LETTRE de M. Louvain-Pescheloche, capitaine-aide-major de la garde nationale parisienne, en date du 18 octobre 1790... en réponse à celle de M. Sillery, député à l'Assemblée nationale, rapporteur de l'affaire de Nancy. *Paris, Boulard,* 1790. 78 pages, in-8°. Rel.

1132. LETTRE de l'Assemblée nationale du 24 octobre 1790 à M. Désilles. *S. l., n. n., n. d.* 1 page, in-4°. Rel.

1133. LETTRE du Directoire du département de la Meurthe à M. Désilles, en lui remettant une lettre de félicitation de la part de l'Assemblée nationale, datée du 5 septembre 1790. *Nancy, H. Haener,* 1790. 2 pages, in-4°. Rel.

1134. NOTICE des honneurs funèbres rendus à M. Désilles, par la garnison de Toul, le 17 décembre 1790. *S. l., n. n., n. d.* 17 pages, in-4°. Rel.

1135. LA FARE. Eloge funèbre de M. André-Joseph-Marc Desilles, chevalier de l'ordre royal et militaire de St.-Louis, officier au régiment du Roi ; prononcé le 19 octobre 1790, dans l'église Cathédrale-primatiale de Nancy, par M. l'Evêque (La Fare). *Nancy, H. Hœner,* (1790). 6 pages, in-4°. Br.

1136. VERS sur la mort de M. Désilles, par une jeune demoiselle. *Nancy, Vve Leclerc,* 1790. 2 pages, in-4°. Rel.

1137. ODE sur le dévouement héroïque de M. Desisle, jeune officier au régiment du Roi, en garnison à Nancy, lors de la catastrophe arrivée dans cette ville, à la journée du 31 août 1790. *Nancy, Leclerc, s. d.* 5 pages, in-8°. Rel.

1138. DESILLES (Aux mânes de). Panégyrique. Par un artiste de Dijon. *S. l., n. n.,* (1790). 4 pages, in-8°. Br.

1139. HÉROÏSME de Désilles. Gravures et lithographies. 13 pièces.

1140. EXTRAIT des registres des délibérations du Directoire du département de la Meurthe, séance du 19 octobre 1790, concernant la pompe funèbre de M. Desilles, suivi de son éloge funèbre, prononcé par M. de La Farre, Evêque de Nancy. *Nancy, H. Haener,* 1790. 14 pages, in-4°. Rel.

1141. ADRESSE à MM. les citoyens de Nancy, par M. D. L. D. M. *S. l., n. n., n. d.* 4 pages, in-8°. Rel.

1142. COPIE d'une lettre adressée de Verdun le 1er novembre 1790 à M. Haener, fils, sur son dévouement pour sauver M. Désilles. *S. l., n. n., n. d.* 3 pages, in-4°. Relié.

1143. COPIE d'une lettre de M. de Bouillé, à Monsieur de la Tour-du-Pin, ministre de la guerre, 1er septembre 1790. *Nancy, H. Haener, s. d.* 7 pages, in-8°. Rel.

1144. COPIE de la lettre adressée par M. de Bouillé à M. de Noue, datée de Toul du 30 août à minuit. *S. l., n. n., n. d.* 1 page, in-4°. Rel.

1145. BOUILLÉ (Le général de) aux amis de la Constitution, de la justice et de l'ordre. *S. l., n. n., n. d.* 1 page. in-4°. Rel.

1146. ÉPITRE des Nancéiens aux Messins sur le bruit que Metz veut venir à Nanci s'emparer de la châsse de saint Sigisbert et de la statue de Louis XV. *Frouart, s. n.,* 1790. 11 pages, in-8°. Rel.

1147. ÉPITRE au Roi de Prusse. *Nancy, Guivard, s. d.* 2 pages, in-8°. Rel.

1148. DÉLIBÉRATION de la Société des amis de la Constitution établie à Nancy, au sujet de l'invasion à main armée faite dans le lieu de ses séances. *Nancy, Vve Bachot,* 1790. 2 pages, in-4°. Rel.

1149. DISCOURS de M. Jourgniac Saint-Méard, aux chasseurs de sa compagnie, à Nancy le 25 juillet 1790. *Toul, J. Carez,* 1790. 7 pages, in-8°. Rel.

1150. COURRIER (Le) de Paris dans les 83 départements. Par Ant. J. Gorsas, citoyen de Paris. Nos IX, X, XI. (Rapport de Nancy.) *Paris, A. J. Gorsas,* 1790. 47 pages, in-8°. Rel.

1151. JUSTIFICATION de M. Limonier, ci-devant lieutenant de la compagnie d'Haener, contre une inculpation calomnieuse que lui a faite M. Jobart, lieutenant-colonel de la garde nationale de Nancy, dans une espèce de petit pamphlet qu'il vient de publier contre la Municipalité. *Nancy, s. n.*, 1790. 7 pages, in-8°. Rel.

1152. JOURGNIAC ST.-MÉARD. Ce qui m'est arrivé avant, pendant et après le transport armé de la garnison de Nancy à Lunéville, à commencer du samedi 28 août 1790, à trois heures après-midi, à Nancy. Par Jourgniac St-Méard. *Nancy, s. n.*, 1790. 19 pages, in-12. Cart.

1153. LAUGIER. Lettre du citoyen Laugier à un de ses amis, en lui envoyant les détails relatifs au jugement des patriotes de Nancy, traduits au Tribunal Révolutionnaire de Paris, pour être remis à la citoyenne Febvé. *Nancy, Guivard, s. d.* 4 pages, in-4°. Rel.

1154. LÉONARD. Copie de la lettre que M. Léonard, officier au régiment du Mestre-de-camp-Général de la cavalerie, a écrite à M. Haener, imprimeur ordinaire du Roi, et capitaine de la garde nationale de Nancy. *S. l., n. n., n. d.* 4 pages, in-4°. Rel.

1155. MARCEL. Courrier extraordinaire, ou le premier arrivé, par Marcel. *Paris. Imp. de la Société littéraire*, 1790. 8 pages, in-8°. Rel.

1156. MÉMOIRE justificatif ou défense légitime des Srs. Samuel De l'Isle de Lausanne, et Charles Emery de Genève ; ci-devant grenadiers au régiment Lullin de Châteauvieux, en garnison à Nancy ; accusés du crime de sédition. *Paris, Desenne, s. d.* 86 pages, in-8°. Rel.

1157. NOUVELLE du jour. Que font-ils en prison, pour se dédommager ? Ils se battent. *S. l., n. n., An III.* 23 pages, in-8°. Relié.

1158. OPINION de M. Cazalès dans l'affaire de Nancy. *Paris, (Imprimerie de l'ami du Roi), s. d.* 22 pages, in-8°. Rel.

1159. OPINION de M. de Cazalès, dans l'affaire de Nancy. *S. l., n. n., n. d.* 16 pages, in-8°. Rel.

1160. OPINION de M. du Chatelet, député du bailliage de Bar, sur le rapport de l'affaire de Nancy. *Paris, C. F. Perlet, s. d.* 22 pages, in-8°. Rel.

1161. RELATION de la cérémonie funèbre faite, à Besançon, en mémoire des gardes nationales de Metz, Toul, etc. et des soldats des troupes de ligne, morts à Nancy le 31 août 1790. *Paris, J. F. Daclin*, 1790. 12 pages, in-8°. Rel.

1162. RÉPONSE à la lettre adressée, par la voie de l'impression, à M. Haener, imprimeur ordinaire du Roi, par M. Léonard, officier au régiment du Mestre-de-camp-Général de la cavalerie. *S. l., n. n., n. d.* 6 pages, in-8°. Rel.

1163. RÉPONSE de Claude-Antoine Thiéry, commissaire du pouvoir exécutif, à Auguste Mauger. *S. l., n. n., n. d.* 8 pages, in-8°. Rel.

1164. RÉPONSE de Multzer au citoyen Philip. *Nancy, Vve Bachot, s. d.* 3 pages, in-8°. Rel.

1165. REPRÉSENTATIONS du sr Thouvenin, négociant à Nancy, aide-major de la garde citoyenne de cette ville à Messieurs les gardes-citoyens du département de la Meurthe, aux officiers municipaux de cette ville, et à M. de Noue, commandant, au sujet d'une lettre remplie de menaces contre lui, écrite de Metz à un citoyen de Nancy. *Nancy, C. S. Lamort*, 1790. 4 pages, in-4°. Rel.

1166. SOUSCRIPTION en faveur des veuves et des orphelins des braves citoyens qui se sont réunis à l'armée de M. de Bouillé, et qui ont été tués ou blessés, le 31 août dernier, par les rebelles aux décrets de l'Assemblée nationale des 6 et 16 même mois. *Nancy, P. Barbier*, 1790. 2 pages, in-4°. Rel.

1167. ÉLOGE funèbre des gardes nationales tués à Nancy. *Paris, Senties père, s. d.* 8 pages, in-8°. Rel.

1168. THERRIN. Lettre adressée à la Société des écrivains composant le Journal du département de la Meurthe, et que leur scrupuleuse impartialité les a empêchés d'imprimer. *S. l., n. n., n. d.* in-4°. Demi-rel.

c). *Actes des Directoires de départements et de districts.*

1169. RECUEIL factice de documents officiels intéressant la Lorraine et le département de la Meurthe, de 1789 à 1793. *Nancy, Haener, etc.* 1789, 1791 *et s. d.* in-4°. Cart.

1170. RECUEIL factice d'actes du Directoire, du conseil général, de l'administration et du préfet du département de la Meurthe, de 1792 à 1815. *Nancy, H. Haener, etc., s. d.* in-4°. Cart.

1171. TABLEAU des membres de l'Assemblée du département de la Meurthe, suivant l'ordre d'élection qui a été convenu provisoirement entre les neuf districts qui le composent, daté de Nancy, du 10 juin 1790. *Nancy, H. Haener, s. d.* 4 pages, in-4°. Br.

1172. ÉTAT contenant les noms des électeurs de tous les cantons des neufs districts, qui composent le département de la Meurthe, ainsi que les noms des communautés de chaque canton. *Nancy, H. Haener, s. d.* 47 pages, in-4°. Br.

1173. LISTE contenant les noms des membres qui composent le District de Nancy, dans l'ordre de leur élection. *Nancy, s. n.,* 1790. 1 page, in-4°. Rel.

1174. PROCÈS-VERBAL des séances de l'administration du département de la Meurthe. Session ouverte le 3 novembre 1790, et close le 15 décembre suivant. *Nancy, H. Haener,* 1791. 506 pages, in-4°. Cart.

1175. BARAIL. Précis d'un procès dévolu à MM. les Administrateurs des Directoires du département de la Meurthe et du district de Nancy. *Nancy, Claude Leseure,* 1790. 10 pages, in-4°. Br.

1176. TABLEAU de MM. les électeurs du département de la Meurthe, rassemblés à Nancy, le 13 mars 1791, pour les élections de l'évêque du département, et d'un membre de la cour de cassation. *S. l., n. n.,* 1791. 36 pages, in-8°. Br.

1177. SALLE... Adresse de MM. Salle, Hail-lecourt, Perrin, Bicquilley, Demangot l'aîné, Le Lorrain et Paugu, administrateurs du directoire et procureur-général-syndic du département de la Meurthe, à l'Assemblée nationale. Nancy, le 19 juin 1792. *S. l., Imprimerie nationale, s. d.* 4 pages, in-8°. Cart.

1178. EXTRAIT du registre des procès-verbaux des séances du Conseil permanent du département de la Meurthe, déclarant qu'on ne peut contraindre les citoyens à partir pour l'armée. Du 30 octobre 1792. *Nancy, H. Haener,* 1792. 11 pages, in-4°. Br.

1179. ADRESSE aux corps administratifs. *Paris, Imprimerie nationale,* 1792. 7 pages, in-4°. Cart.

1180. TABLEAU des citoyens électeurs du département de la Meurthe assemblés à Blâmont le 11 novembre 1792, l'an premier de la République Française, pour le renouvellement des corps administratifs et judiciaires, en exécution de la loi du 19 octobre 1792. *Nancy, H. Haener,* 1792. 33 pages, in-4°. Cart.

1181. INSTRUCTIONS pour la formation des Comités à établir en exécution de la Loi du 21 mars 1793. *Metz, Vve Antoine et fils, An II.* 6 pages, in-4°. Cart.

1182. EXTRAIT des registres des procès-verbaux du Directoire du département de la Meurthe. Du 26 septembre 1793. (Obligation aux ci-devants nobles de présenter leurs titres de noblesse pour être anéantis avant qu'il ne leur soit délivré de certificats de civisme.) *Nancy, H. Haener,* 1793. 3 pages, in-4°. Br.

1183. EXTRAIT des procès-verbaux des séances du Conseil général du département de la Meurthe, tendant à inviter les citoyens du département à former un corps de deux cents hommes qui se portera à la disposition de la Convention nationale. Du 12 janvier 1793. *Nancy, H. Haener,* 1793. 8 pages, in-4°. Br.

1184. EXTRAIT des registres des délibérations du Directoire du département de la Meurthe. Séance du 14 janvier 1793. (Arrêté invitant tous les citoyens en état de porter les armes à se rassembler au chef-lieu de leur canton le premier dimanche qui suivra le présent arrêté.) *Nancy, H. Haener,* 1793. 3 pages, in-4°. Br.

1185. ARRÊTÉ du Directoire du département de la Meurthe, concernant le service des convois militaires. Du 6 février 1793. *Nancy, Vve Bachot,* 1793. 32 pages, in-4°. Br.

1186. ARRÊTÉ du Directoire du département de la Meurthe. Du 5 juin 1793. (Relatif aux subsistances.) *Nancy.* Placard in-folio.

1187. DÉCRET de la Convention nationale du 27 juin 1793, consigné dans les registres du département de la Meurthe, qui suspend de leurs fonctions le procureur-général syndic et les membres composant le Directoire du département de la Meurthe. *Nancy, H. Haener,* 1793. 22 pages, in-4°. Br.

1188. EXTRAIT des registres des procès-verbaux de l'administration provisoire du département de la Meurthe. Du 27 brumaire, an II. (Recensement des grains et fourrages dans les communes du ressort du département.) *Nancy, H. Haener, An II.* 8 pages, in-4°. Br.

1189. EXTRAIT des registres des procès-verbaux du Directoire du département de la Meurthe. Séance publique tenue en présence du citoyen J.-B. Lacoste, du Cantal, représentant du peuple, adjoint aux commissaires des armées de la Moselle et du Rhin. *Nancy, H. Haener, An II.* 8 pages, in-4°. Cart.

1190. EXTRAIT des registres des procès-verbaux du Directoire du département de la Meurthe. Séance du 18 brumaire, an II. *Nancy, H. Haener, An II.* 4 pages, in-4°. Cart.

1191. EXTRAIT du registre des délibérations de l'administration provisoire du département de la Meurthe. Du 7 frimaire, an II. (Impossibilité de battre les grains dans le délai de deux décades, fixé par l'administration.) *Nancy, H. Haener, An II.* 3 pages, in-4°. Br.

1192. ARRÊTÉ des représentants du peuple près l'armée du Rhin, et délibération de l'administration provisoire du département de la Meurthe. 24 frimaire, an II. *S. l., n. n., An II.* 8 pages, in-4°. Cart.

1193. ARRÊTÉ du directoire du département de la Meurthe, et proclamation des représentans du peuple près l'armée du Rhin, relatifs à l'exercice des différens cultes. 22 brumaire, an II. *Nancy, H. Haener, An II.* 6 pages, in-4°. Cart.

1194. ADMINISTRATEURS (Les) provisoires du département de la Meurthe, à leurs administrés. *Nancy, H. Haener, An II.* 4 pages, in-4°. Cart.

1195. ADMINISTRATION (L') provisoire du département de la Meurthe, à ses concitoyens. *Nancy, H. Haener, An II.* 4 pages, in-4°. Br.

1196. ADRESSE des autorités constituées séantes à Nancy, composées de la commission provisoire du département, de l'administration du district, du conseil général de la commune, des tribunaux criminels, de district, de commerce, de police correctionnelle, révolutionnaire et du comité de surveillance, à la Convention nationale. 17 frimaire, an II. *Nancy, H. Haener, An II.* 12 pages, in-4°. Cart.

1197. ARRÊTÉ de l'administration provisoire du département de la Meurthe. 21 frimaire an II. *S. l., n. n., n. d.* 1 page, in-4°. Cart.

1198. RÉORGANISATION des autorités constituées, par Lacoste, Baudot et Bar, représentans du peuple, près les armées du Rhin et de la Moselle, et dans les départements de la Meurthe et du Bas-Rhin. *Nancy, P. Barbier, An II.* 8 pages, in-8°. Rel.

1199. ADMINISTRATEURS (Les) du Directoire du département de la Meurthe aux citoyens de ce département, et particulièrement à ceux des campagnes. *Nancy, H. Haener,* 1790. 12 pages, in-4°. Rel.

1200. DIRECTOIRE (Le) du département de la Meurthe, aux citoyens, pour les prévenir contre les rumeurs et les faux bruits qui se répandent et qui tendent à troubler la tranquillité publique. *Nancy, H. Haener,* 1790. 8 pages in-4°. Rel.

1201. ADRESSE de la Commission provisoire du département de la Meurthe, à ses concitoyens du même département. Du 23 frimaire, an II. (Offrandes à faire à la patrie, pour être distribuées à ses braves défenseurs.) *Nancy, H. Haener, An II.* 3 pages, in-4°. Br.

1202. CONSEIL (Le) général du département de la Meurthe, aux districts et municipalités de son ressort. *S. l., n. n., An II.* 2 pages, in-4°. Cart.

1203. DIRECTOIRE (Le) destitué du département de la Meurthe à la Convention nationale. Du 24 frimaire, an II. (Les Représentants du peuple Saint-Just et Lebas, aux armées du Rhin et de la Mozelle, accusent l'administration du département de la Meurthe de mollesse et de mauvaise foi dans la fourniture du contingent des subsistances militaires.) *Paris. Cellot, An II.* 30 pages, in-8°. Br.

1204. PROCLAMATION du Directoire du département de la Meurthe (Subsistances militaires), 10 août 1893. *Nancy, H. Haener, 1793.* 8 pages, in-4°. Br.

1205. TABLEAU des citoyens nommés par les Assemblées primaires du département de la Meurthe pour procéder aux élections prescrites par les lois des 5 et 13 fructidor de l'an III et 1er vendémiaire de l'an IV. *Nancy, P. Barbier, An IV.* 29 pages, in-4°. Br.

1206. EXTRAIT des registres des procès-verbaux de l'administration du département de la Meurthe. Du 5 frimaire an III. (Les citoyens Mang, Masson et Obry demandent une attestation comme ils ont constamment bien rempli leurs fonctions, et qu'ils n'ont pas démérité sa confiance, ni celle des administrés.) *Nancy, H. Haener, An III.* 3 pages, in-4°. Br.

1207. ÉTAT général des citoyens du canton de Nancy, (intrà-muros) qui, aux termes de la Constitution de l'an III, ont droit d'élire et d'être élus dans les assemblées primaires de l'an VI. *S. l., n. n., n. d.* 42 pages, in-fol. Br.

1208. EXTRAIT du registre des délibérations de l'administration du département de la Meurthe, au sujet des subsistances.

Du 27 brumaire, an III. *Nancy, H. Haener, An III.* 4 pages, in-4°. Cart.

1209. EXTRAIT du registre des délibérations du Conseil général du district de Nancy. Séance publique du 6 thermidor, an II de la République française. *Nancy, P. Barbier, An III.* 4 pages, in-4°. Br.

1210. EXTRAIT du registre des délibérations du Conseil général du district de Nancy. Séance publique du 6 thermidor, troisième année républicaine. *Nancy, P. Barbier, s. d.* 6 pages, in-8°. Rel.

1211. ARRÊTÉ du Directoire du district de Nancy, relatif au maximum du prix des grains et fourrages. *Nancy, P. Barbier, An III.* 3 pages, in-4°. Br.

1212. CONVOCATION des Assemblées primaires. — Les administrateurs et Procureur-général-syndic, aux citoyens du département de la Meurthe. (Acte constitutionnel proposé par la Convention nationale.) *Nancy, P. Barbier, An III.* Placard in-folio.

1213. TABLEAU des élections faites par l'Assemblée électorale du département de la Meurthe, dans sa session de germinal an V de la République. *Nancy, P. Barbier, s. d.* Placard, petit in-folio.

1214. BENEZECH. Le ministre de l'intérieur Benezech, à l'administration centrale du département de Meurthe, à Nancy. (Instructions relatives aux noyés.) *Nancy, Guivard, An V.* 6 pages, in-8°. Br.

1215. SALADIN... Compte de la gestion de l'administration centrale du département de la Meurthe, depuis son installation jusqu'au 15 floréal, an V ; rendu et imprimé en exécution de l'article 200 de la Constitution. Par Saladin, président ; Varinot, Balland, Poincloux, Benoist, administrateurs, etc. *S. l., n. n., n. d.* 60 pages, in-4°. Cart.

1216. EXTRAIT du registre des délibérations de l'administration centrale du département de la Meurthe. Du 6 pluviôse. an VI. (Fêtes nationales et décadaires.) *Nancy, Guivard, An VI.* 16 pages, in-8°. Br.

1217. ARRÊTÉ de l'administration centrale du département de la Meurthe, concernant les règles de police et de comptabilité, communes à toutes les barrières du même département. *Nancy, Guivard, An VI.* 6 pages, in-8°. Br.

1218. ARRÊTÉ de l'administration centrale du département de la Meurthe, et copie d'une lettre du Ministre des Finances, sur l'exécution des lois relatives aux patentes de l'an VI. *Nancy, J.-R. Vigneulle, An VI.* 6 pages, in-folio. Br.

1219. TABLEAU des électeurs nommés en germinal de l'an VI, par les assemblées primaires du département de la Meurthe. *S. l., n. n., n. d.* 24 pages, in-4°. Cart.

1220. NOTE contre le déplacement de l'Administration centrale du département de la Meurthe. *S. l., n. n., n. d.* 6 pages, in-4°. Br.

1221. ARRÊTÉ du Préfet du département de la Meurthe déclarant en exercice les sous-préfets des différents arrondissemens et notifiant aux administrations municipales de cesser leurs fonctions. *Nancy, Guivard, An VIII.* 6 pages, in-8°. Br.

1222. TABLEAU des électeurs nommés en germinal de l'an VII par les assemblées primaires du département de la Meurthe. *Nancy, P. Barbier, An VII.* 25 pages, in-4°. Br.

1223. PROCÈS-VERBAL d'installation du citoyen Marquis, préfet général du département de la Meurthe. *Nancy, P. Barbier, An VIII.* 12 pages, in-8°. Br.

1224. ADMINISTRATION (L') centrale du département de la Meurthe, aux administrations municipales des cantons de son arrondissement. *S. l., n. n., n. d.* 4 pages, in-4°. Br.

1225. ADRESSE de la commission provisoire du département de la Meurthe, aux administrateurs et administrés de son ressort. *Nancy, H. Haener, s. d.* 4 pages, in-4°. Cart.

1226. PROCUREUR (Le) général syndic, aux administrateurs des districts et officiers municipaux des communes de l'arrondissement de Nancy. (Remarques pour connaître le faux assignat de 250 livres

d'une seconde émission.) *S. l., n. n., An III.* 1 page, in-4°.

1227. BOULAY. Discours prononcé devant le corps électoral du département de la Meurthe, par le citoyen Antoine Boulay, après sa nomination au Corps Législatif. *Nancy, J.-B. Vigneulle, s. d.* 4 pages, in-4°. Br.

1228. BOUTEILLER. Discours prononcé par le citoyen Bouteiller, au moment de sa nomination aux fonctions administratives, par le Corps électoral du département de la Meurthe. *Nancy, C. S. Lamort, s. d.* 3 pages, in-4°. Br.

1229. CONVOCATION des assemblées primaires du département de la Meurthe. Du 28 vendémiaire, an IV. (Nominations des Juges de Paix, assesseurs et présidents des assemblées municipales.) *Nancy, P. Barbier, An IV.* 1 placard, in-folio.

1230. ÉLECTIONS faites par l'assemblée électorale du département de la Meurthe, dans sa session de vendémiaire, an IV. — Députés choisis dans le sein de la Convention nationale. *S. l., n. n, n. d.* 3 pages, petit in-folio. Br.

1231. PROCÈS-VERBAL de la séance publique des Corps administratifs et judiciaires de Lunéville, réunis le 19 brumaire de l'an II de la République française, trois heures après-midi. *Nancy, Vve Bachot, s. d.* 8 pages, in-4°. Cart.

1232. EXTRAIT des registres du district de Lunéville. (Épuration des autorités dans le district de Lunéville.) *S. l., n. n., An III.* 7 pages, in-4°. Br.

1233. EXTRAIT des procès-verbaux de l'administration du district de Vézelise. Du 12 octobre 1793. (Tarif des denrées de première nécessité.) *Nancy, P. Barbier, 1793.* Placard, in-folio.

1234. ADMINISTRATEURS (Les) et l'agent national du district de Vézelise, aux officiers municipaux et agents nationaux des Communes. (Fêtes décadaires.) *Vézelise, S. Richard, An II.* 4 pages, in-4°. Br.

1235. ARRÊTÉ du Conseil général du district de Vézelise. 8 frimaire, an II. *Nancy, H. Haener, An II.* 2 pages, in-4°. Cart.

1236. RÉPONSE des administrateurs du directoire du district de Blâmont aux injures de Claude Glodont, maire actuel de la ville de Blâmont. *Nancy, H. Haener,* 1792. 18 pages, in-4°. Br.

1237. INSTRUCTION adressée, par ordre du roi, au directoire du département de la Meuse. *Paris, Imprimerie royale,* 1790. 46 pages, in-4°. Cart.

1238. ARRÊTÉ du Directoire du département de la Meuse, qui interdit la publication d'écrits tendans à empêcher l'exécution des décrets de l'Assemblée nationale, sur l'organisation civile du clergé. Réimprimé aux frais de la Société des Amis de la Constitution de Metz. *Metz, Claude Lamort,* 1791. 10 pages, in-4°. Br.

1239. PROCÈS-VERBAL de l'assemblée du département de la Meuse, tenue à Bar-le-Duc, en novembre et décembre 1791. *Bar-le-Duc, Briflot, s. d.* (1791). 343 pages, in-4°. Cart.

1240. TERNAUX... Adresse de MM. Ternaux, Jeannot, Bertrand, etc., administrateurs du conseil-général du département de la Meuse, à l'Assemblée nationale, datée de Bar, du 3 août 1792. *S. l., Imprimerie nationale, s. d.* 4 pages, in-8°. Cart.

1241. INSTRUCTION adressée par ordre du roi, au directoire du département de la Moselle. *Paris, Imprimerie royale,* 1790. 46 pages, in-4°. Cart.

1242. EXTRAIT du procès-verbal des séances du Conseil général du département de la Moselle. Du 1er décembre 1790. *Metz, Vve Antoine et fils,* 1790. 6 pages, in-4°. Cart.

1243. EXTRAITS des registres du Directoire du district de Metz. Séances des 6 et 8 décembre 1790. *Metz, Vve Antoine et fils,* 1790. 8 pages, in-4°. Cart.

1244. PROCÈS-VERBAL de la session du Conseil du département de la Mozelle (du 15 novembre au 14 décembre 1791). *Metz, Vve Antoine, s. d.* 223 pages, in-4°. Cart.

1245. LEVASSEUR et Anthoine. Organisation des Comités de surveillance par les députés de la Convention nationale. *Metz, Vve Antoine et fils, An II.* 6 pages, in-4°. Cart.

1246. PROCÈS-VERBAL de la proclamation solennelle faite à Metz, de l'acte constitutionnel présenté par la Convention nationale à l'acceptation du peuple Français. *Metz, Vve Antoine et fils, An II.* 8 pages, in-4°. Cart.

1247. MALLARMÉ. Discours prononcé par le citoyen Mallarmé, représentant du peuple, le 1er germinal, l'an 2e de la République, jour de l'épuration qu'il a faite des autorités constituées séantes à Metz. *Metz, Vve Antoine et fils, An II.* 31 pages, in-4°. Cart.

1248. EXTRAITS des registres des délibérations de l'administration centrale du département de la Moselle. Séance du 7 prairial, an VII. *Metz, Antoine, An VII.* 22 pages, in-4°. Cart.

1249. EXTRAIT des registres des délibérations de l'administration centrale du département de la Moselle. Séance du 12 thermidor an VII. *Metz, Antoine, An VII.* 83 pages, in-4°. Cart.

1250. PIÈCES respectives des difficultés élevées entre le directoire du département des Vosges et la municipalité d'Épinal, chef-lieu de ce département. *Épinal, Vautrin,* 1790. 15 pages, petit in-4°. Br.

1251. DISCOURS prononcés par M. le vice-président du Directoire du département des Vosges, et par M. le procureur-général-syndic du même département, en présence de M. Maudru, nommé évêque de ce département, lors de sa première visite au Directoire le 3 mars 1791. *Épinal, Haener, s. d.* 4 pages, in-4°. Br.

1252. LETTRE du roi, portée à l'Assemblée nationale par le ministre de la justice, le 13 septembre 1791. Lue au Directoire du département des Vosges, le 16 du même mois et transcrite à l'instant sur ses registres. *Épinal, Haener, s. d.* 4 pages, in-4°. Br.

1253. DÉCRET de la Convention nationale, du 20 juillet 1793, lu au Directoire du département des Vosges, et consigné sur ses registres le 13 août suivant, qui change le nom de la ville de Neufchâteau en celui de Mouzon-Meuze. *Épinal, Haener,* 1793. 2 pages, in-4°. Br.

1254. EXTRAIT des délibérations du Conseil général du département des Vosges. Séance publique du 4 frimaire, l'an second de la République, une et indivisible. *Épinal, Haener, An II.* 4 pages, in-8°. Cart.

1255. ADRESSE des administrateurs et procureur-général-syndic du département des Vosges (MM. Benoist, président; Jaussaud, Rossignol, etc.), aux citoyens du même département. *Épinal, Haener, An III.* 16 pages, in-8°. Br.

1256. DISCOURS adressé au directeur Reubell, à Plombières, le décadi 30 thermidor an VI de la République, par le Président de l'Administration centrale du département des Vosges. *S. l., n. n., n. d.* 3 pages, in-4°. Br.

d). *Actes des administrations municipales.*

1257. EXTRAIT des registres des actes de la mairie de la ville de Bar-sur-Ornain, du 30 fructidor an XIII. Règlement de police. *Bar-sur-Ornain, Choppin, s. d.* 79 pages, in-8°. Cart.

1258. EXTRAIT du registre des délibérations de l'administration municipale du canton de Bayon. Du 26 nivôse, an IV. (Réclamation contre les taxations.) *Lunéville, Messuy, An IV.* 4 pages, in-4°. Br.

1259. ADRESSE de la commune de Dieuze, département de la Meurthe, à la Convention nationale. Imprimée dans le « Bulletin des Lois », par ordre de la Convention nationale. *Salins-libre, J.-J. Haener, s. d.* 5 pages, in-8°. Rel.

1260. ADRESSE de la municipalité d'Épinal, à l'Assemblée nationale. *Épinal, Vautrin, 1790.* 3 pages, in-4°. Br.

1261. ADRESSE du Comité municipal de Metz, aux troupes en garnison dans cette ville, à l'époque de la Révolution. Metz, le 4 octobre 1789. *Metz, Vve Antoine et fils, 1789.* 6 pages, in-4°. Cart.

1262. RÈGLEMENT du Comité municipal de Metz, du 12 octobre 1789. *Metz, Vve Antoine et fils, 1789.* 12 pages, in-4°. Cart.

1263. EXTRAIT du registre des délibérations du corps municipal de Metz. Du 2 janvier 1791. *Metz, Vve Antoine et fils, 1791.* 3 pages, in-4°. Cart.

1264. ADRESSE au Roi sur les événemens du 20 juin 1792, par le Conseil général de la Commune de la ville de Metz. 11 juillet 1792. *Metz, Vve Antoine et fils, 1792.* 2 pages, in-4°. Cart.

1265. EXTRAIT du registre des délibérations du Conseil général de la Commune de Metz. Du 23 février 1793. *Metz, C. Lamort, An II.* 4 pages, in-4°. Cart.

1266. EXTRAIT du registre des délibérations du Conseil général de la Commune de Metz. Du 23 février 1793. *Metz, C. Lamort, An II.* 7 pages, in-4°. Cart.

1267. EXTRAITS du registre des délibérations du Conseil général de la Commune de Metz. Du 22 juillet et du 18 octobre 1793. *Metz, Vve Antoine et fils, An II.* 14 pages, in-4°. Cart.

1268. RAPPORT fait au Conseil général de la Commune de Metz, sur les derniers devoirs à rendre aux morts. *Metz, Vve Antoine et fils, An II.* 7 pages, in-4°. Cart.

1269. MAIRE. Rapport sur les finances de la Commune de Metz, fait au Conseil général, par le citoyen Maire, dans la séance du 27 germinal, an III de la République française, une et indivisible. *Metz, Antoine, s. d.* 22 pages, in-4°. Cart.

1270. COMPTE-RENDU par le Conseil général de la Commune de Metz, de l'administration des caisses municipales, depuis le 7 pluviôse an III, jusqu'au 1er vendémiaire an IV. *Metz, Antoine, An IV.* 19 pages, in-4°. Cart.

1271. EXTRAIT du registre des délibérations du Conseil général de la Commune de Metz. Du 4 vendémiaire, l'an IV de la République française. *Metz, Antoine, An IV.* 11 pages, in-4°. Cart.

1272. EXTRAIT du registre des délibérations du corps municipal de la ville de Metz. Du 9 mars 1792, an IV de la liberté. *Metz, C. Lamort, 1792.* 8 pages, in-4°. Cart.

1273. ARRÊTÉS du Conseil général de la commune de Metz, du district et du département de la Moselle, pour l'envoi d'un commissaire près de la Convention nationale. *Metz, Antoine, An IV.* 27 pages, in-4°. Cart.

1274. ADMINISTRATEURS (Les) municipaux de la commune de Metz, suspendus de leurs fonctions par arrêté du département de la Moselle, au Directoire exécutif, au Ministre de la police générale, au Ministre de l'Intérieur et à leurs concitoyens. *Metz, Collignon, An V.* 27 pages, in-4°. Cart.

1275. THIRION. Discours prononcé par Jean-Claude Thirion, homme de loi, procureur de la commune de la ville de Mirecourt, devant le conseil général et les citoyens assemblés pour l'installation de la municipalité, le 27 novembre 1791. *Mirecourt, J. Bouillon, 1791.* 35 pages, in-8°. Br.

1276. TABLEAU des officiers municipaux de la ville de Nancy, élus par les citoyens actifs, conformément au décret de l'Assemblée nationale, donné à Paris, au mois de décembre 1789. *Nancy, H. Hæner, s. d.* 1 page, in-fol. Rel.

1277. ASSEMBLÉE des représentans de la commune de Nancy. Aperçu des comptes de la municipalité de Nancy. *Nancy, H. Hæner, 1789.* 34 pages, in-4°. Br.

1278. ORDONNANCE de la municipalité, concernant les jeux et danses publiques du 27 juillet 1790. *Nancy, P. Barbier, 1790.* 4 pages, in-4°. Rel.

1279. EXTRAIT du Registre des Délibérations de la municipalité de Nancy du 17 juin 1790. *Nancy, H. Hæner, 1790.* 2 pages, in-4°. Rel.

1280. CONSEIL (Le) général de la commune de Nancy aux bons citoyens pour leur annoncer qu'ils doivent leur tranquilité aux soins de M. de Bouillé. *Nancy, P. Barbier, 1790.* 3 pages, in-4°. Rel.

1281. EXTRAIT du registre des délibérations du conseil général de la commune de Nancy, concernant le changement des noms de plusieurs rues de cette commune,

du 17 septembre 1791. *Nancy, Vve Bachot, 1791.* 6 pages, in-4°. Rel.

1282. DÉLIBÉRATION du corps municipal, sur un écrit intitulé : Lettre de M. Anne-Louis-Henry de La Fare, évêque de Nancy, etc. *Nancy, Vve Leclerc, 1791.* 7 pages, in-4°. Br.

1283. DÉLIBÉRATION du corps municipal, sur différens écrits relatifs au serment à prêter par les ecclésiastiques fonctionnaires publics. *Nancy, Vve Leclerc, 1791.* 4 pages, in-4°. Br.

1284. DÉLIBÉRATION du corps municipal, relative à des manœuvres condamnables d'ennemis de la Constitution. *Nancy, Vve Bachot, 1791.* 4 pages, in-4°. Rel.

1285. PROCLAMATION du conseil général de la commune de Nancy. Séance du 16 juillet 1792. *Nancy, Vve Bachot, 1792.* 1 feuille in-fol.

1286. DUQUESNOY. Circulaire à MM. les officiers de la légion de Nancy, par M. Duquesnoy, maire de la ville. Du 17 juillet 1792. *S. l., n. n., n. d.* 4 pages, in-4°.

1287. EXTRAIT du registre des délibérations du corps municipal. Séance publique du 4 avril 1793, l'an II de la République. *Nancy, Vve Bachot, An II.* 6 pages, in-4°. Br.

1288. ADRESSE du conseil général de la commune de Nancy à ses concitoyens. *Nancy, Vve Bachot, 1793.* 4 pages, in-4°. Br.

1289. DUQUESNOY (Ad.) à ses concitoyens. Nancy, le 21 août 1793, an II de la République. *S. l., n. n., n. d.* 2 pages, in-8°. Rel.

1290. PROCLAMATION du conseil général de la commune de Nancy. *Nancy, Vve Bachot, An II.* Placard in-fol.

1291. TABLEAU de la situation politique de Nancy, depuis le commencement de la Révolution jusqu'au 18 thermidor, seconde année républicaine. *Nancy, P. Barbier, An II.* 16 pages, in-8°. Rel.

1292. EXTRAIT du registre des délibérations du conseil général de la commune de Nancy. Séance du 16 nivôse, an II. (Réception des citoyens Clouet et Repecout, commissaires nommés pour réorganiser l'administration des salines.) *Nancy, Vve Bachot, An II.* 6 pages, in-4°. Br.

1293. EXTRAIT du registre des délibérations du conseil-général de la commune de Nancy. Séance du 23 mai 1793. (Règlement pour les revendeurs de denrées.) *Nancy, Vve Bachot, s. d.* 10 pages, in-4°. Br.

1294. EXTRAIT du procès-verbal des autorités constituées de la ville de Nancy. Du 11 frimaire an II. (Envoi à toutes les communes, sociétés populaires et districts du ressort du département, d'une lettre du citoyen Balthazar Faure, représentant du Peuple.) *Nancy, H. Hæner, An II.* 4 pages, in-4°. Br.

1295. NOMENCLATURE ancienne et nouvelle des faubourgs, portes, casernes, hospices, places, cours, rues et impasses de la commune de Nancy, dont les noms ont varié depuis le 17 septembre 1791, définitivement arrêtée par le corps municipal, le 18 fructidor an III. *Nancy, Vve Bachot, s. d.* Placard.

1296. CONSEIL (Le) général de la commune de Nancy, chef-lieu de district, département de la Meurthe, au Comité de sûreté générale. *Nancy, Vve Bachot, An III.* 4 pages, in-4°. Cart.

1297. RÉCLAMATION de l'administration municipale du canton de Nancy, *intra muros*, sur la translation à Lunéville de l'administration centrale du département de la Meurthe. *(Nancy), s. n., An IV.* 16 pages, in-8°. Br.

1298. ETAT général des citoyens... de Nancy qui... ont droit d'élire et d'être élu *(sic)* dans les assemblées primaires de l'an VII. *S. l., n. n., n. d.* 39 feuillets, in-fol. Br.

1299. BOUTEILLER. Pétition aux citoyens composant le conseil général et le corps municipal de la commune de Nancy. *S. l., n. n., n. d.* 6 pages, in-4°. Cart.

1300. LISTE des citoyens actifs de la ville de Nancy, qui sont éligibles et électeurs. *Nancy, H. Hæner, s. d.* 40 pages, in-4°. Cart.

1301. CONSEIL (Le) général de la commune de Nancy, chef-lieu de district, département de la Meurthe, au Comité de sûreté générale. *Nancy, Vve Bachot, s. d.* 4 pages, in-4°. Br.

1302. DÉLIBÉRATION de la ville de Remiremont. Du 15 janvier 1789. *S. l., n. n., n. d.* 8 pages, in-12. Cart.

1303. CONSEIL (Le) général de la commune de Rozières-aux-Salines, district de Nancy, département de la Meurthe, aux citoyens nos frères du département, et à tous nos frères de la République, salut et fraternité, à l'occasion des troubles que le citoyen Laugier, curé constitutionnel de cette commune, y a excités pendant le temps qu'il y a exercé son ministère. *Nancy, H. Hæner, 1792.* 39 pages, in-4°. Cart.

1304. EXTRAIT du registre des délibérations de l'Hôtel commun de la ville de Toul. (Incomplet de la p. 39 à 86.) *S. l., n. n., n. d.* 48 pages, in-4°. Cart.

1305. DISCOURS du maire D*** à la commune de son village, avant de prêter le serment de fidélité, exigé par l'Assemblée nationale. *S. l., n. n., n. d.* 16 pages, in-8°. Br.

c). *Représentants du peuple en mission.*

1306. BAR. Arrêté de Bar, représentant du peuple dans les départements de la Meurthe et du Bas-Rhin. *Nancy, H. Hæner, An II.* 3 pages, in-4°. Cart.

1307. BLAUX. Rapport fait par N. F. Blaux, député du département de la Moselle à la Convention nationale, des opérations par lui faites en qualité de commissaire délégué par la Convention nationale, dans les départements de la Meurthe, du Bas-Rhin et de la Moselle, et projet de décret... *(Paris), Imprimerie nationale, s. d.* 91 pages, in-8°. Cart.

1308. COSTER. Au citoyen Michaud, représentant du peuple en mission dans les départements de la Meurthe et des Vôges, et aux citoyens formant la commission ordonnée par lui, pour examiner les réclamations des détenus, François-Joseph

Coster, habitant, ci-devant maire de Maxéville, détenu depuis dix-huit mois, et actuellement en la maison du Refuge. *S. l., n. n., n. d.* 8 pages, in-4°. Cart.

1309. COUTURIER. Rapport des opérations civiles et militaires des citoyens Couturier et Dentzel, députés-commissaires de la Convention nationale aux départements de la Meurthe, de la Moselle et du Bas-Rhin; par le citoyen Couturier, député du département de la Moselle. — Résumé de ce rapport. — Supplément à ce rapport. *Paris, Imp. nat.,* 1793. 112, 28 et 215 pages, in-8°. En 1 vol. Demi-rel.

1310. COUTURIER. Troisième partie, par suite du compte rendu de la mission du représentant Couturier, du département de la Moselle, tendant à faire rapporter le sans-préjudice apposé à la fin de l'article II du décret du 5 juin 1791, et qui porte un préjudice considérable, en ce que, par lui, la seconde et précieuse récolte des prés non-clos, connue sous le nom de regain, a été paralysée, ainsi que ce décret même dans toute son application et étendue. *Paris, Imprimerie nationale, s. d.* 20 pages, in-8°. Demi-rel.

1311. CUSTINE... Rapport des commissaires de l'Assemblée nationale envoyés dans les départemens du Rhin et des Vosges, fait par Custine, Chasset, Regnier de Nanci. *Paris, Imprimerie nationale,* 1791. 18 pages, petit in-8°. Demi-rel.

1312. FAURE. Rapport du représentant du peuple Faure, de la Haute-Loire, à la Convention nationale, pour servir à ceux déjà faits l'an II de la République, en justification de sa conduite incriminée par son collègue J. B. Lacoste et ses agens. *Paris, Imprimerie nationale, An III.* 216 pages, in-8°. Demi-rel.

1313. FAURE. Second rapport fait par Faure, de la Haute-Loire, chargé de la levée des chevaux de la quatrième division, aux Comités de salut public et de la guerre à la Convention nationale. *Paris, Imprimerie nationale, s. d.* 8 pages, in-8°. Rel.

1314. FAURE. Rapport et précis justificatif de la conduite de Faure, député de la Haute-Loire, représentant du peuple dans les départemens de la Meurthe, des Vos-

ges et de la Moselle, imprimés par ordre de la Convention nationale. *Paris, Imprimerie nationale, s. d.* 36 pages, in-8°. Demi-rel.

1315. FAURE. Suite au rapport de Faure, représentant du peuple, député du département de la Haute-Loire, sur sa mission dans les départemens de la Haute-Marne, des Vosges, de la Moselle et de la Meurthe. *Paris, Imprimerie nationale, An III.* 14 pages, in-8°. Demi-rel.

1316. FAURE. Discours prononcé à Sarreguemines (Moselle), par Balthazar Faure, le 20 nivôse, de l'an II°. *Nancy, Vve Bachot, s. d.* 15 pages, in-4°. Br.

1317. FAURE. Discours à la Convention, où il rend compte de sa mission à Nancy. (Extrait du *Journal des Débats.*) *Paris, (Imprimerie du Journal des Débats), s. d.* 8 pages, in-8°. Rel.

1318. FAURE. Proclamation faite par Balthazar Faure, représentant du peuple, envoyé par la Convention nationale dans les départements de la Mozelle, la Meurthe, les Vôges et la Haute-Marne, pour assurer et accélérer l'exécution du Décret relatif à une levée de chevaux dans toute l'étendue de la République. *Nancy, Vve Bachot, s. d.* 10 pages, in-4°. Br.

1319. FAURE. Proclamation faite par Balthazar Faure, représentant du peuple, envoyé par la Convention nationale, dans les départements de la Mozelle, la Meurthe, les Vôges et la Haute-Marne, en interprétation et par supplément d'instruction, à sa proclamation précédente sur l'exécution du décret de la Convention, pour la levée extraordinaire des chevaux destinés à la cavalerie. *Nancy, Vve Bachot, s. d.* 6 pages, in-4°. Br.

1320. VÉRITÉ (La). Observations pour servir de réfutation aux deux rapports de Faure, qui attaquent à la fois les patriotes de Nancy, le tribunal révolutionnaire de Paris, les jacobins, les cordeliers et les représentans du peuple Lacoste et Baudot. *Paris, G. F. Galletti, An II.* 24 pages, in-8°. Demi-rel.

1321. PHILIP. Exposé succint des événemments contre-révolutionnaires, arrivés à

Nancy, pendant le séjour qu'a fait, dans cette commune, le représentant du peuple Balthazard Faure, servant de réfutation à la partie du Rapport justificatif qu'a fait, à la Convention nationale, ce mandataire du souverain, relativement à ces événements, par le sans-culotte Philip. *Nancy, Guivard, s. d.* 127 pages, in-8°. Rel.

1322. FRANÇOIS. Le commissaire du Directoire exécutif près l'administration centrale du département des Vosges (François de Neufchâteau), à chacun des citoyens inscrits sur la liste générale des jurés, pour le second trimestre de l'an V. *Epinal, s. n., An V.* 3 pages, in-4°. Br.

1323. GÉNEVOIS. Discours du représentant du peuple, Génevois, en mission dans le département de la Meurthe, à la société populaire de Nancy, épurée le 29 frimaire, troisième année républicaine. — Réponse du citoyen Demange, agent national du district, président de la société populaire. *Nancy, Vve Bachot, s. d.* 4 pages, in-4°. Cart.

1324. GÉNEVOIS. Discours prononcé par le Représentant du peuple, en mission dans le département de la Meurthe, dans l'assemblée générale du peuple de Nancy, convoquée le 24 frimaire ; suivi du procès-verbal d'épuration des autorités constituées, et du tableau des divers membres dont elles sont composées. *Nancy, P. Barbier, An III.* 16 pages, in-4°. Br.

1325. HUYN. Au citoyen Michaud, Représentant du peuple, en mission dans les départements de la Meurthe et des Vosges, et aux citoyens formant la commission ordonnée par lui, pour examiner les réclamations des détenus, Jacques-Dominique Huyn, ex-Grand-Prévôt, détenu depuis dix-huit mois, et actuellement en la maison du Refuge. Vendémiaire, an III. *S. l., n. n., n. d.* 7 pages, in-4°. Br.

1326. JACQUINET. Agent national près le district de Vézelise, aux officiers municipaux et agens nationaux des communes de l'arrondissement. (Culture des pommes de terre.) *Vézelise, J. Richard, An II.* 20 pages, in-8°. Br.

1327. LEMONNIER. Le commissaire des guerres Lemonnier, chargé, par intérim, des fonctions d'ordonnateur de la quatrième division militaire, à Nancy, à ses concitoyens. *S. l., n. n., n. d.* 4 pages, in-8°. Br.

1328. LACOSTE (J.-B.), représentant du peuple près les armées du Rhin et de la Moselle, à la Convention nationale, sur la conduite de Faure. *S. l., n. n., n. d.* 88 pages, in-8°. Rel.

1329. LACOSTE (J.-B.) Arrêté de J. B. Lacoste, représentant du peuple, sur les moyens de pourvoir aux subsistances du peuple et de l'armée. *Nancy, Guivard, s. d,* 4 pages, in-4°. Br.

1330. MAUGER (Auguste), commissaire du conseil exécutif, aux citoyens des huit sections de Nancy. *S. l., n. n., n. d.* 14 pages, in-8°. Demi-rel.

1331. MAZADE, représentant du peuple, envoyé dans les départements de la Meurthe et de la Moselle, par décret de la Convention nationale du 12 pluviôse. Proclamation à ses frères et concitoyens du département de la Meurthe. *Nancy, H. Haener, An III.* 14 pages, in-4°. Br.

1332. MAZADE, représentant du peuple, en mission dans les départements de la Moselle et de la Meurthe, à ses concitoyens du district de Vézelise. (Épuration des membres de l'administration et autres fonctionnaires publics.) *S. l., n. n., An III.* 10 pages, in-4°. Br.

1333. MAZADE. Proclamation et arrêté du représentant du peuple (J.-B. D. Mazade), envoyé dans les départements de la Moselle et de la Meurthe, à ses concitoyens desdits départemens, concernant la loi du 3 ventôse, relative à la liberté de l'exercice des cultes. *Nancy, P. Barbier, An III.* 11 pages, in-4°. Cart.

1334. MICHAUD, représentant du peuple, envoyé dans le département de la Meurthe, aux membres composant l'administration du département des Vosges. *Epinal, Haener, An II.* 2 pages, in-4°. Br.

1335. MICHAUD. Arrêté de Michaud, représentant du peuple, envoyé dans le département de la Meurthe. (Épuration de tous les membres des corps administratifs et judiciaires de Nancy.) *Nancy, P. Barbier, An III.* 3 pages, in-4°. Br.

1336. MICHAUD. Discours du citoyen Michaud, représentant du peuple, prononcé dans la société populaire des amis de la liberté et de l'égalité de Nancy. Séance du 28 thermidor. *Nancy, Guivard, An II.* 8 pages, in-8°. Rel.

1337. MONTESQUIOU (DE). Rapport des commissaires de l'Assemblée nationale envoyés dans les départemens de la Meuse, de la Moselle et des Ardennes, fait par M. de Montesquiou, député de Paris, le 13 juillet 1791. *Paris, Imprimerie nationale,* 1791. 16 pages, petit in-8°. Demi-rel.

1338. THIÉRY. Réponse de Claude-Antoine Thiéry, commissaire du pouvoir exécutif, à Auguste Mauger. *S. l., n. n., n. d.* 8 pages, in-8°. Rel.

1339. ARRÊTÉ des représentans du peuple près l'armée du Rhin et de la Moselle. *Nancy, s. n., An II.* 8 pages, in-4°. Cart.

1340. ARRÊTÉ des représentans du peuple près l'armée de la Moselle. Du 24 septembre 1793, l'an second de la République françoise, une et indivisible. Consigné dans les registres du département de la Meurthe, le 25 du même mois. Portant nomination des citoyens qui doivent composer le conseil général du département de la Meurthe, en exécution de la loi du 31 juillet dernier. *Nancy, H. Haener, s. d.* 3 pages, in-4°. Cart.

1341. ARRÊTÉ des représentans du peuple, envoyés extraordinairement près l'armée du Rhin, relatif à la levée de cinq millions imposés sur les riches de la commune de Nancy, avec l'état nominatif de ceux qui devront supporter cet emprunt. *Nancy, P. Barbier, An II.* 8 pages, in-4°. Cart.

1342. ARRÊTÉ de Pflieger, représentant du peuple près l'armée de la Moselle, réglant la récolte des foins et des regains dans les communes du département de la Meurthe. 13 messidor an II. *Nancy, H. Haener, An II.* 2 pages, in-4°.

1343. PROCÈS-VERBAUX des séances des corps administratifs et judiciaires en résidence à Nancy, en présence des citoyens Anthoine et Levasseur, députés-commis-saires de la Convention nationale. *Nancy. Vve Bachot,* 1793. 32 pages, in-4°. Cart.

1344. LETTRE des représentans du peuple près l'armée de la Moselle à la garde nationale de la ville de Metz. — Suivie d'un extrait du procès-verbal de la Convention nationale du 17 juillet 1793 et d'une lettre du Ministre de la Guerre aux citoyens composant la garde nationale de Metz, du 19 juillet 1793, *Metz, C. Lamort, An II.* 3 pages, in-4°. Cart.

1345. DÉCRETS de l'Assemblée nationale, sanctionnés par le Roi, imprimés par ordre de MM. les Commissaires envoyés par le Roi, à Nancy. *Nancy, H. Haener, s. d.* 17 pages, in-8°. Rel.

f). *Gardes citoyennes et gardes nationales.*

1346. RÈGLEMENT pour la garde-citoyenne d'après le projet présenté à M. le comte d'Haussonville. *Nancy, H. Haener, s. d.* 6 pages, in-4°. Br. (Voy. n° 1367.)

1347. LA VALETTE (DE). Ordre général du 4 septembre 1789, par le comte de la Valette. *Nancy, H. Haener,* 1789. Placard in-fol.

1348. JADELOT. Opinion de M. Jadelot, Lieutenant de la compagnie Elliot, à l'occasion des uniformes. *Nancy, C. S. Lamort, s. d.* 4 pages, in-4°. Br.

1349. PROCÈS-VERBAL de l'assemblée de MM. les Commissaires de la garde citoyenne à l'Hôtel de ville, le 10 septembre 1789. *Nancy, H. Haener,* 1789. 4 pages, in-4°. Br.

1350. LA VALETTE (DE). Ordre du Conseil d'administration de la garde citoyenne, assemblée le dimanche 13 septembre, à l'Hôtel de ville, sous la présidence de M. le comte de la Valette. *S. l., n. n., n. d.* 2 pages, in-4°. Br.

1351. LETTRE des représentans de la commune de Nancy, à chacune des compagnies de la garde citoyenne de la même ville, servant d'envoi à l'arrêté dont il y est fait mention, et qui aurait dû leur être remis depuis 10 à 12 jours. Du 18 octobre 1789. *S. l., n. n., n. d.* 4 pages, in-4°. Br.

1352. PROCÈS-VERBAL de la séance du conseil d'administration de la garde citoyenne de Nancy. Du 25 octobre 1789. *S. l., n. n., n. d.* 7 pages, in-4°. Br.

1353. LA VALETTE (DE). Notes sur l'assemblée de la commune ou sur celle des communes de la ville de Nancy, par le comte de la Valette, commandant de la garde citoyenne. (*Nancy*), *s. n.*, (1789). 8 pages, in-4°. Br.

1354. DÉLIBÉRATION de la Compagnie de Thouvenin. Du 13 novembre 1789. *S. l., n. n., n. d.* 2 pages, in-4°. Br.

1355. LA VALETTE (DE). Lettre adressée à la garde citoyenne de Nancy. Du 16 novembre 1789. *S. l., n. n., n. d.* 1 page, in-4°. Br.

1356. DÉLIBÉRATION de la première compagnie de la paroisse Saint-Nicolas, du premier bataillon. Du 20 novembre 1789. *Nancy, C. S. Lamort*, 1789. 2 pages, in-4°. Br.

1357. DÉLIBÉRATION de la quatrième compagnie de Saint-Sébastien, premier bataillon. 20 novembre 1789. *S. l., n. n., n. d.* 2 pages in-4°. Br.

1358. EXTRAIT du registre des délibérations de la compagnie de Rozières, première de Saint-Sébastien, du second bataillon. Du 22 novembre 1789. *Nancy, C. S. Lamort, s. d.* 2 pages, in-4°. Br.

1359. DÉLIBÉRATION de la première compagnie de la paroisse Saint-Sébastien, du premier bataillon. 22 novembre 1789. *S. l., n. n., n. d.* 3 pages, in-4°. Br.

1360. DÉLIBÉRATION de la première compagnie de Saint-Roch, du premier bataillon. Du 6 décembre 1789. *Nancy, C. S. Lamort, s. d.* 4 pages, in-4°. Br.

1361. EXTRAIT des délibérations de la première compagnie de la paroisse Saint-Sébastien, du premier bataillon. Du 8 décembre 1789. *Nancy, C. L. Lamort, s. d.* 3 pages, in-4°. Br.

1362. DÉLIBÉRATION de la compagnie Rozières, première de la paroisse Saint-Sébastien, second bataillon. Du 13 décembre 1789. *Nancy, C. S. Lamort, s. d.* 3 pages, in-8°. Br.

1363. DÉLIBÉRATION de la première compagnie de Saint-Pierre, du premier bataillon de la garde citoyenne de Nancy. Du 20 décembre 1789. *S. l., n. n., n. d.* 7 pages, in-4°. Br.

1364. DÉLIBÉRATION de la première compagnie de Saint-Vincent et Saint-Fiacre, du premier bataillon. 17 novembre 1789. *Nancy, P. Barbier*, 1789. 3 pages, in-4°. Br.

1365. CIRCULAIRE à Messieurs, Messieurs les officiers et gardes citoyens, composant le second bataillon de la garde citoyenne de Nancy. (Refus par un nommé Bourgeois de prêter le serment de fidélité à la Nation, au Roi et à la Loi.) *S. l., n. n., n. d.* 3 pages, in-4°. Br.

1366. RÉFLEXIONS d'un citoyen, de sang-froid, sur les notes du commandant de la garde citoyenne (critique motivée des notes de M. de la Valette), et réponse des officiers du siège prévôtal de Nancy aux imputations téméraires et calomnieuses contenues dans le projet de lettre que M. de la Valette a envoyée aux compagnies de la garde citoyenne. *S. l., n. n., n. d.* 8 pages, in-4°. Br.

1367. RÈGLEMENT de la garde citoyenne de Nancy, librement fait par elle. *Nancy, H. Haener*, 1789. 19 pages, in-4°. Br.

1368. MESURE contre la cherté du blé. De la part de la première compagnie de Saint-Roch, du second bataillon. *S. l., n. n., n. d.* 4 pages, in-4°. Br.

1369. PROCÈS-VERBAL de la troisième compagnie de Saint-Sébastien, du second bataillon de la garde citoyenne de Nancy. *S. l., n. n., n. d.* 6 pages, in-4°. Br.

1370. LA VALETTE (DE). Avis à la garde citoyenne de Nancy, par le comte de la Valette. *S. l., n. n., n. d.* 1 page, in-4°. Br.

1371. LA VALETTE (DE). Lettre du commandant de la garde citoyenne, à toutes les compagnies de la même garde. *S. l., n. n., n. d.* 3 pages, in-4°. Br.

1372. DÉLIBÉRATION de la troisième compagnie de Saint-Sébastien, du second bataillon. Du 1er janvier 1790. *Nancy, P. Barbier, s. d.* 4 pages, in-4°. Br.

1373. EXTRAIT d'une délibération de partie des membres composant la compagnie de Saint-Epvre, du second bataillon. Du 7 janvier 1790. *S. l., n. n., n. d.* 3 pages, in-4°. Br.

1374. DÉLIBÉRATION de la première compagnie de Saint-Roch, du premier bataillon de la garde citoyenne de Nancy. Du 17 janvier 1790. *S. l., n. n., n. d.* 12 pages, in-4°. Br.

1375. ARRÊTÉ pris dans la garde nationale de Nancy, sur la coalition. Du 5 avril 1790. *Nancy, Vve Bachot, s. d.* 1 page, in-4°. Br.

1376. FAÇON (Ma) de penser sur l'inadmission des comédiens à la garde citoyenne de la ville de Nancy. *S. l., n. n., n. d.* 6 pages, in-8°. Br. (Voy. n° 1398.)

1377. EXTRAIT du registre du conseil général d'administration de la garde nationale de Nancy, département de la Meurthe. Du 17 juin 1790. *Nancy, H. Haener, s. d.* 4 pages, in-4°. Br.

1378. REGISTRE des procès-verbaux et délibérations de la compagnie Noël, compagnie du 3e bataillon, 5e section. Septembre 1790 à novembre 1791. Manuscrit autographe de 55 pages, in-4°. Br.

1379. DÉLIBÉRATION de la compagnie Haener, du 28 septembre 1790, sur les démissions données par plusieurs de ses membres. *S. l., n. n., n. d.* 4 pages, in-4°. Br.

1380. ARRÊTÉ pris dans la petite compagnie des Petits Volontaires de la garde citoyenne de Nancy, sur la coalition. Du 9 octobre 1790. *S. l., n. n., n. d.* 4 pages, in-4°. Br.

1381. PROCLAMATION du Roi sur un décret de l'Assemblée nationale, concernant le serment à prêter par les officiers et soldats des gardes nationales. *Paris, Imprimerie royale,* 1790. 2 pages, in-4°. Rel.

1382. DÉLIBÉRATIONS des compagnies de Rozières ; — de Jadelot ; — de Charlot ; — de Saint-Sébastien ; — de Thouvenin ; — de Saint-Roch ; — de Sellière ; — de Huin ; — de Saint-Epvre ; — de Saint-Nicolas ; — de Thouvenel ; — de Jacquinot ; — de Dujet ; — d'Oudinot. Septembre 1790. *Nancy, C. Lamort,* 1790. 15 pièces, in-4°. Etui.

1383. DÉLIBÉRATIONS des compagnies sur l'offre de démission de leur commandant : de la compagnie de Notre-Dame ; — de Fontenoy ; — de Saint-Epvre, 1er bataillon ; — de Saint-Epvre, 2e bataillon ; — de Saint-Pierre ; — de Félix ; — de Drouot ; — de Colin ; — de Charlot ; — de Saint-Roch ; — de Thouvenin ; — de Saint-Sébastien ; — de Saint-Pierre. Octobre 1789. *S. l., n. n., n. d.* 14 pièces, in-4°. Etui.

1384. PROCLAMATION de la municipalité relative au service de la garde nationale. Du 13 janvier 1791. *Nancy, P. Barbier,* 1791. 4 pages, in-4°. Br.

1385. PROCÈS-VERBAL du rassemblement par députations des gardes nationales du département des Vosges. Le 14 juillet 1791. *Epinal, Ant. Vautrin, s. d.* 18 pages, in-8°. Br.

1386. DÉLIBÉRATION du conseil d'administration de la garde nationale de Nancy. Du 6 septembre 1791. *Nancy, P. Barbier,* 1791. Placard, in-f°.

1387. CONSIGNE générale pour le service de la garde nationale. Du 10 mars 1792. *Nancy, P. Barbier,* 1792. Placard, in-f°.

1388. DISCOURS prononcé par M. l'Evêque de Nancy, lors de la bénédiction des drapeaux de la garde nationale, le 18 mars 1792. *Nancy, Vve Bachot,* 1792. 4 pages, in-4°. Br.

1389. DISCOURS prononcé dans toutes les compagnies de la garde nationale de Nancy, nouvellement organisée, à la première assemblée des huit bataillons, le dimanche 18 mars 1792. *Nancy, Guivard,* 1792. 4 pages, in-4°. Br.

1390. THIERIET. Lettre du maire de la commune de Nancy (Thieriet), à M. Friant, adjudant-général de la garde nationale de Nancy, datée de Nancy du 3 avril 1792. *S. l., n. n., n. d.* 32 pages, in-8°. Br.

1391. PÉTITION des grenadiers du 4ᵉ bataillon de la légion de Nancy, adressée aux citoyens administrateurs du département de la Meurthe et aux autres pouvoirs constitués, tendant à obtenir la mise en liberté du citoyen Franchet-Villeneuve, fils. *Nancy, Guivard,* 1793. 4 pages, in-4°. Cart.

1392. ORDRE pour le cas d'alarme donné à la garde nationale de Nancy. *Nancy, H. Haener, s. d.* 2 pages, in-4°. Demi-rel.

1393. LETTRE d'un citoyen aux gardes-citoyens de la ville de Nancy, en réponse à la question : Les juifs doivent-ils être admis dans la milice nationale ? *S. l., n. n., n. d.* 6 pages, in-8°. Br.

1394. DÉLIBÉRATION de la garde-nationale de Fénétrange. *S. l., n. n., n. d.* 6 pages, in-4°. Br.

1395. DÉTAIL circonstancié des entreprises des aristocrates, à Metz, et de la victoire remportée par les gardes nationales et le peuple. *S. l., L. L. Girard, s. d.* 8 pages, in-8°. Br.

1396. LAUGIER. Lettre adressée à MM. les gardes citoyens de Lunéville et de Nancy. *S. l., n. n., n. d.* 4 pages, in-8°. Br.

1397. LETTRE du Père Duchêne, à MM. de la municipalité et de la garde nationale de Metz. *S. l., n. n., n. d.* 4 pages, in-8°. Rel.

1398. ADRESSE de remerciement de la part des comédiens de la ville de Nancy, à l'auteur enroué, borgne et bossu de l'écrit intitulé : *Ma façon de penser sur l'inadmission des comédiens dans la garde citoyenne de cette ville. S, l., n. n., n. d.* 7 pages, in-8°. Br. (Voy. n° 1376.)

1399. ADRESSE d'un garde national du département des Vosges, à ses fidèles camarades. *S. l., n. n., n. d.* 8 pages, in-8°. Br.

g). *Histoire du clergé.*

1400. MANGENOT. Les ecclésiastiques de la Meurthe martyrs et confesseurs de la foi pendant la Révolution française, par l'abbé E. Mangenot, chanoine honoraire, professeur au Grand-Séminaire de Nancy.

Nancy, Pierron et Hozé, 1895. xi-523 pages, in-8°. 3 portraits. Br.

1401. CHAPELIER. L'abbé Georgel et la réorganisation du culte dans les Vosges (1802-1813), par l'abbé Ch. Chapelier, curé-doyen de Lamarche. *Saint-Dié, Humbert.* 65 pages, in-8°. Br. (Extrait de la *Semaine religieuse de Saint-Dié,* 1892-1893.)

1402. LETTRE adressée au clergé par la commission intermédiaire de Lorraine et Barrois, datée de Nancy du 4 août 1789. *S. l., n. n., n. d.* 2 pages, in-4°. Br.

1403. LETTRE adressée au clergé par la commission intermédiaire de Lorraine et Barrois, datée de Nancy du 6 août 1789. *S. l., n. n., n. d.* 4 pages, in-4°. Br.

1404. LETTRE adressée au clergé par la commission intermédiaire de Lorraine et Barrois, datée de Nancy du 18 décembre 1789. *S. l., n. n., n. d.* 4 pages, in-4°. Br.

1405. LETTRE des curés de Nancy et des environs, à plusieurs de leurs confrères de la province, datée de Nancy du 25 janvier 1789. *S. l., n. n., n. d.* 3 pages, in-8°. Br.

1406. PÉTITIONS (Très-humbles), remontrances et avis du clergé du bailliage de Pont-à-Mousson, arrêtés en l'assemblée générale de l'Ordre le 18 mars 1789. Au roi et aux États-généraux. *Pont-à-Mousson, Thiéry,* 1789. 21 pages, in-4°. Cart.

1407. DUBOURG. Prône patriotique sur le salut de l'État, par M. Dubourg, curé de Saint-Hilaire, près Nanci. *S. l., n. d.,* 1789. 31 pages, in-8°. Br.

1408. GRÉGOIRE. (Lettre) à MM. les curés lorrains et autres ecclésiastiques séculiers du diocèse de Metz. Par Grégoire. *(Nancy), s. n.,* 1789. 4 pages, in-8°. Cart.

1409. BERR. Lettre du Sʳ Jacob Berr, maître en chirurgie à Nancy, à Monseigneur l'Évêque de Nancy, député à l'Assemblée nationale ; pour servir de réfutation de quelques erreurs qui se trouvent dans celle adressée à ce prélat, par le Sʳ Berr-Isaac Berr. *(Nancy), s. n.,* 1790. 10 pages, in-8°. Cart.

1410. PRÉCIS de ce qui s'est passé à la séance de l'Assemblée nationale du samedi 13 février 1790, concernant la motion incidente de M. l'évêque de Nancy. *Nancy, Haener, s. d.* 6 pages, in-12. Br.

1411. BERR. Lettre du Sr Berr-Isaac-Berr, négociant à Nancy, juif naturalisé en vertu de Lettres-patentes du Roi, enregistrées au Parlement de Nancy, député des juifs de la Lorraine, à Monseigneur l'Évêque de Nancy, député à l'Assemblée nationale. (*Nancy*), *s. n.*, 1790. 20 pages, in-8°. Cart.

1412. RAPPORT fait à l'Assemblée nationale, au nom du comité ecclésiastique, sur la constitution du clergé (par Camus). *Nancy, Leseure,* 1790. 31 pages, in-8°. Br.

1413. MANDEMENT de M. l'Évêque de Nancy, primat de Lorraine, à l'occasion des troubles qui ont affligé son diocèse. *Nancy, H. Haener,* 1790. 15 pages, in-4°. Rel.

1414. LALANDE. Apologie des décrets de l'Assemblée nationale, sur la constitution civile du clergé; ou lettres à Monsieur le curé de... par le P. Lalande de l'Oratoire, ancien professeur de théologie et de langue hébraïque. *Paris, Froullé,* 1791. 63 pages, in-8°. Br.

1415. LALANDE. Supplément à l'apologie des décrets ou lettre à l'abbé Jabineau, par le P. Lalande de l'Oratoire, sur un écrit anonyme intitulé : Le fanatisme de l'ignorance confondu. *Paris, Froullé,* 1791. 86 pages, in-8°. Br.

1416. LALANDE. Apologie des décrets de l'Assemblée nationale sur la constitution civile du clergé ou lettres à M. le curé de... par le P. Lalande de l'Oratoire. 2° édition, revue et augmentée de notes, et d'une réponse à une critique anonyme. *Paris, Froullé,* 1791. 118 pages, in-8°. Cart.

1417. RÉFUTATION de l'Apologie des décrets de l'Assemblée nationale sur la constitution civile du clergé de M. Lalande, par M. le curé de***. *S. l., n. n.,* 1791. 53 pages, in-8°. Br.

1418. LALANDE. Lettre pastorale de M. Lalande, évêque du département de la Meurthe, dans laquelle il prouve, d'après les auteurs ecclésiastiques, que l'Assemblée nationale (dans la constitution civile du clergé) n'a rien fait qui ne soit de son ressort et de sa compétence. 2° édition. *Paris, Froullé,* 1791. 79 pages, in-8°. Cart.

1419. PARALLÈLE des principes de M. Lalande avec ceux des catholiques et des hérétiques. *S. l., n. n., n. d.* 32 pages, in-8°. Br.

1420. OBSERVATIONS d'un logicien de 1788, sur les lettres de trois théologiens de 1791, ou lettres de l'abbé G***, au sujet de celle de M. Meynier, curé de Chaligny, et vice-chancelier de l'Université de Nancy, du P. Lalande, évêque constitutionnel de la Meurthe, et de M. Barail, son premier vicaire. *S. l., n. n.,* (1791). 36 pages, in-8°. Br.

1421. MEYNIER. La légitimité du serment civique, ou réponse de M. Meynier, vice-chancelier de l'Université de Nancy..., curé de Chaligny et ses annexes, à différentes lettres anonymes, contre celle qu'il avoit écrite à M. Barail, premier vicaire-épiscopal. *Nancy, Vve Bachot,* 1791. 34 pages, in-8°. Cart.

1422. LA FARE (DE). Lettre de M. Anne-Louis-Henry de La Fare, Évêque de Nancy, adressée à MM. les curés de la ville épiscopale et à tout le clergé de son diocèse, sur l'instruction de l'Assemblée nationale, concernant la constitution civile du clergé. *S. l., n. n.,* 1791. 8 pages, in-8°. Br.

1423. LA FARE. Instruction pastorale et ordonnance de M. l'Évêque de Nancy..., concernant le schisme... par Anne-Louis-Henri de la Fare. *Trèves, s. n.,* 1791. 20 et 7 pages, in-8°. Br.

1424. LA FARE (DE). Instruction pastorale de M. l'évêque de Nancy (de La Fare), primat de Lorraine, portant réfutation des erreurs contenues dans la lettre prétendue pastorale du soi-disant évêque du département de la Meurthe. Donné à Berttich, diocèse de Trèves, le 28 juillet 1791. *S. l., n. n., n. d.* 105 pages, in-8°. Broché.

1425. FEBVÉ. Récit de ce qui s'est passé à Nancy lors de l'arrivée et de l'installation de M. Lalande, évêque constitutionnel du département de la Meurthe, lu à la Société des amis de la Constitution de Nancy, par M. Febvé. *Nancy, Vve Bachot*, 1791. 16 pages, in-8°. Br.

1426. (MICHEL.) La mèche éventée ou réponse d'un sous-diacre (Michel), à la lettre pastorale de M. Lalande, du 22 octobre, qui fixe l'ouverture de son séminaire, et qui invite les jeunes ecclésiastiques à s'y rendre. *S. l., n. n., n. d.* 40 pages, in-8°. Br.

1427. DÉCLARATION des diacres, sous-diacres, acolytes, clercs et autres étudiants composant le séminaire de Nancy, du 29 mai 1791. *S. l., n. n., n. d.* 4 pages, in-4°. Br.

1428. DUPLEIT. Discours prononcé dans l'église épiscopale de Metz, en présence du Conseil général de la commune, le dimanche 16 janvier 1791, à l'occasion de la prestation de serment de différens ecclésiastiques, fonctionnaires publics et autres prêtres du diocèse, par M. Dupleit, curé de Lessy. *Metz, Vve Antoine et fils*, 1791. 11 pages, in-4°. Cart.

1429. LETTRE des vicaires de M. l'évêque du département de la Meuse, aux curés, desservants et vicaires du diocèse, datée de Verdun, du 23 juin 1791. *Verdun, Christophe, s. d.* 24 pages, in-24. Br.

1430. LA FARE (de). Lettre pastorale de M. l'Évêque de Nancy, aux catholiques de la ville de Gerbéviller, datée de Trèves, le 25 janvier 1792. *S. l., n. n., n. d.* 4 pages, in-8°. Br.

1431. LA FARE (de). Lettre pastorale de M. l'Évêque de Nancy, aux catholiques de la ville de Nancy, par M. Anne-Louis-Henry de La Fare. *Trèves, s. n.*, 1792. 34 pages, in-8°. Br.

1432. DUQUESNOY. (Arrêté pris) par le maire et les officiers municipaux de la commune de Nancy (au sujet des édifices consacrés aux différents cultes), le 5 avril 1792... Signé : Duquesnoy, maire, Genaudet, etc. *Nancy, veuve Bachot*, 1792. **7 pages, in-4°.** Br.

1433. BARAIL. Appel à la religion, à la raison et au bon sens, contre les perturbateurs du repos public, par M. Barail, premier vicaire à la cathédrale de Nancy. *Nancy, Vve Bachot*, 1792. 31 pages, in-4°. Br.

1434. LOI relative aux ecclésiastiques qui n'ont pas prêté leur serment, ou qui, après l'avoir prêté, l'ont rétracté et ont persisté dans leur rétractation. Du 26 août 1792, l'an IV° de la liberté. Lue au conseil du département des Vosges et consignée sur ses registres le 3 septembre suivant. *Épinal, Haener, s. d.* 7 pages, in-4°. Br.

1435. RÉPONSE d'un religieux du département de la Meurthe, à une religieuse de Metz, qui demandoit avis sur le serment qu'elle a prêté au mois de septembre 1792, avec un entretien sur le serment, le schisme et l'excommunication. *S. l., n. n.*, 1793. vii-39 pages, in-8°. Br.

1436. RÉPONSE à un libelle anonyme qui a pour titre : Parallèle des principes de M. Lalande, avec ceux des hérétiques et des catholiques. *Nancy, Vve Bachot*, 1792. 48 pages, in-8°. Br.

1437. MESURES employées contre les prêtres réfractaires, dans le département de la Meurthe. *Nancy, Vve Bachot*, 1792. 40 pages, in-8°. Br.

1438. LETTRE d'un curé à un curé, concernant les religieux constitutionnellement défroqués. Du jour de la conversion de st. Paul. 1792. *S. l., n. n., n. d.* 4 pages, in-8°. Br.

1439. COMMENTAIRE littéral et politico-moral sur l'Instruction pastorale pour le carême de 1792, du révérend très-révérend Père en la Constitution Luc-François Lalande, évêque du département de la Meurthe. Ouvrage adressé aux 83 Églises de France. Par M. l'abbé B***, chef du conseil ép. *S. l., n. n., n. d.* 31 pages, in-4°. Demi-rel.

1440. RÉPONSES de M. l'évêque du département des Vosges, à diverses questions qui lui ont été faites par des ecclésiastiques et des fidèles de son diocèse, dans le cours de ses visites, sur les principaux points de la nouvelle constitution. Ou le légitime usage du pouvoir souverain dans la nouvelle organisation du clergé. *S. l., n. n.*, 1792. 344 pages, in-8°. Cart.

1441. MAUDRU. Instruction pastorale de M. l'Évêque du département des Vosges (M. J.-A. Maudru), sur l'excommunication. *Bruyères, Vve Vivot*, 1792. 75 pages, in-8°. Br.

1442. MAUDRU. Mandement de M. Maudru, Évêque des Vosges, pour la convocation d'un synode général. *Saint-Dié, s. n.*, 1797. 8 pages, in-8°. Br.

1443. MAUDRU. Mon dernier mot sur les rétractations, ou invitation amicale de Jean Antoine Maudru, Évêque des Vosges, faite le 13 mars 1797, an V de la République Française, à M. Marchal, ci-devant membre de son conseil, de justifier la rétractation du serment, et réponse à une anonyme sur le même objet. *Saint-Dié, Megeat*, 1797. 32 pages, in-8°. Br.

1444. DIOT. Copie de la lettre de l'évêque métropolitain de la Marne (N. Diot), au presbitère de la Meurthe. — Réponse des prêtres catholiques à ladite lettre, etc. *S. l., n. n.*, 1798. 16 pages, in-8°. Br.

1445. (MICHEL.) Journal de la déportation des ecclésiastiques du département de la Meurthe, dans la rade de l'île d'Aix, près Rochefort, par un de ces déportés (le curé Michel). *S. l., n. n., n, d. (Bruyères, Vve Vivot*, 1796.) 116 pages, in-8°. Cart.

1446. (MICHEL.) Journal de la déportation des ecclésiastiques du département de la Meurthe, dans la rade de l'île d'Aix, près Rochefort, en 1794 et 1795, par un de ces déportés (l'abbé Michel). Deuxième édition. *Nancy, Grimblot, Raybois et Cie*, 1840. 227 pages, in-12. Portrait. Demi-rel.

1447. LETTRE d'un prêtre déporté à Rochefort, contenant l'histoire édifiante de son arrestation, de son interrogatoire, de son voyage, de l'état des prisonniers de Rochefort, avec des avis importans pour tous les fidèles et l'apologie des ministres catholiques. *S. l., n. n., n. d.* 86 pages, in-8°. Br.

1448. ASSOCIATION de MM. les ecclésiastiques déportés à l'isle de Ré, dans le tems de la persécution en 1798 et 1799, formée entr'eux lorsqu'ils commencèrent à espérer leur liberté au mois de janvier 1800. *S. l., n. n., n. d.* 8 pages, in-8°. Br.

1449. CHAUMONT (de). Copie d'une lettre de Mgr de Chaumont, Evêque de Saint-Diez, adressée à son représentant, en date du 18 juin 1800. *S. l., n. n., n. d.* 4 pages, in-4°. Br.

1450. NICOLAS. Lettre pastorale de l'Evêque de Nancy, François Nicolas, qui ordonne l'exécution des statuts du synode général du diocèse de la Meurthe, tenu le 15 avril 1801, 25 germinal an IX de la République. *Nancy, Vve Bachot*, 1801. 24 pages, in-8°. Br.

1451. LETTRE au citoyen Nicolas, curé de Tantonville, diocèse de Toul, datée du 30 janvier 1800. *S. l., n. n., n. d.* 14 pages, in-8°. Br.

1452. POURQUOI (Les). Au citoyen François Nicolas, se disant évêque du diocèse de la Meurthe, par un laïc qui a lu avec attention la lettre pastorale du susdit citoyen, donnée à Nancy le 25 février 1800 de l'ère chrétienne, et de la République française, le 6 ventôse an VIII. *S. l., n. n., n. d.* 15 pages, in-8°. Br.

1453. GUILBERT et Charlot. Observations des citoyens Charles-Louis Guilbert, ancien curé de la paroisse St-Sébastien de Nancy, et Joseph Charlot, son successeur immédiat à la même cure, sur le procès-verbal du synode tenu à Nancy, par le C. François Nicolas, le 15 avril 1801... 25 germinal an IX, imprimé chez la Vve Bachot. *S. l., n. n., n. d.* 4 pages, in-8°. Br.

1454. TRADUCTION des trois inscriptions latines gravées sur le monument élevé, dans le cimetière de Nancy, à M. Nicolas, évêque démissionnaire du département de la Meurthe. *Nancy, J.-R. Vigneulle, s. d.* 2 pages, in-4°. Br.

1455. MAUDRU. Les Brefs attribués à Pie VI, convaincus de suppositon, ou lettres de Jean-Antoine Maudru, évêque des Vôges, au citoyen Thumery, prêtre à Saint-Dié. *S. l., n. n., n. d.* 32 pages, in-8°. Br.

1456. RÉFLEXIONS d'un catholique sur la lettre circulaire du presbytère de la Meurthe. *S. l., n. n., n. d.* 23 pages, in-8°. Br.

1457. LETTRE aux ouailles du nouvel Évêque. *S. l., n. n., n. d.* 4 pages, in-8°. Br.

1458. BARAIL. Lettres circulaires adressées aux curés, vicaires et autres ecclésiastiques du diocèse de la Meurthe, par le soussigné délégué de l'Evêque métropolitain de Rheims, au gouvernement spirituel du diocèse, pendant la vacance du siège épiscopal (M. Barail, prêtre). Et une lettre circulaire des Evêques réunis à Paris, aux Evêques et aux Eglises veuves. *S. l., n. n., n. d.* 16 pages, in-8°. Br.

1459. DISCOURS au peuple, prononcé par un curé de campagne, dans sa paroisse, le jour qu'il a prêté son serment. *S. l., n. n., n. d.* 14 pages, in-8°. Br.

1460. LETTRE à M. Meynier, curé de Chaligny, en réponse à sa lettre à M. Barail, premier vicaire du diocèse de la Meurthe. Par le curé de ***, auteur de la lettre à ses paroissiens. *S. l., n. n., n. d.* 21 pages, in-12. Br.

1461. LAUGIED. Abdication des fonctions dites curiales. Par le sans-culotte Laugied, ex-curé de Rozières-aux-Salines, département de la Meurthe. *S. l., n. n., n. d.* 26 pages, in-8°. Br.

1462. RÉPONSE à une lettre adressée à M. l'abbé C... (Camus). *S. l., n. n., n. d.* 14 pages, in-8°. Br.

1463. MALLARMÉ. Arrêté interdisant l'exercice du culte dans le district de Montmédy. *Bar-sur-Ornin, Choppin, An II.* 4 pages, in-4°. Br.

1464. MEYNIER. Lettre de M. Meynier, curé de Chaligny, vice-chancelier de l'Université de Nancy, à M. Barail, premier vicaire épiscopal du diocèse de la Meurthe. *S. l., n. n., n. d.* 27 pages, in-8°. Br.

1465. SALLE. Discours prononcé par M. Salle, le 31 juillet, à la séance du Conseil général du département de la Meurthe, sur la nécessité de réprimer les troubles religieux. *Nancy, H. Haener, s. d.* 19 pages, in-8°. Br.

1466. EXPOSITION des vrais principes, sur la constitution civile du clergé. *Nancy, C.-S. Lamort, s. d.* 8 pages, in-4°. Br.

1467. QUELQUES réflexions d'un patriote, sur une brochure ayant pour titre : Mémoire du Chapitre de la cathédrale de Metz, au Roi. *S. l., n. n., n. d.* 27 pages, in-8°. Br.

1468. ADMINISTRATION (L') et l'agent national du district de Vézelise aux municipalités et juges-de-paix de l'arrondissement. (Liberté des cultes.) *S. l., n. n., n. d.* 3 pages, in-4°. Br.

1469. PICARD. Discours de M. Picard, curé de Château-Salins, prononcé le 29 nivôse an XI, lors de sa prise de possession de la cure de cette ville, et de la réunion à Château-Salins, des prêtres de l'arrondissement, pour la prestation de leur serment. *Vic, R. Gabriel, s. d.* 11 pages, in-4°. Cart.

h). *Fêtes révolutionnaires.*

1470. THIÉBAUT. Manière de célébrer les fêtes décadaires et décoration des temples dans les communes de campagne, par C. Thiébaut, chef du bureau de l'administration départementale de la Meurthe. *Nancy, Guivard, s. d.* 68 pages, in-8°. Br.

1471. WULLIEZ et Rief. Instruction sur les fêtes décadaires. La Société populaire de Nancy à ses frères les citoyens des campagnes du district du même lieu et de toute la République, par Wulliez, président, et Rief, secrétaire. *Nancy, Guivard, s. d.* 8 pages, in-8°. Br.

1472. DISCOURS sur le fanatisme et la célébration des fêtes décadaires, prononcé au Temple dédié à l'Être suprême, par un membre de la Société républicaine de Bruyères. *Bruyères, Vve Vivot, s. d.* 14 pages, in-8°. Br.

1473. PROCÈS-VERBAL de la cérémonie faite à Saint-Dié, district de ce nom, département des Vosges, pour le pacte d'union qui a été formé par tous les François en ce jour à jamais mémorable ; du 14 juillet 1790. *Saint-Dié, J. Charlot, s. d.* 13 pages, in-8°. Br.

1474. ENSHEIM. Cantique composé par le citoyen Moyse Ensheim, à l'occasion de la fête civique célébrée à Metz, le 21 octobre, l'an 1er de la République, dans le Temple des citoyens israélites. *Metz, J. B. Collignon, An Ier*. 4 pages, in-4°. Cart.

1475. SCHMIT. Le culte de la Déesse-Raison à Château-Salins en 1793-1794, par M. J. A. Schmit. (Extrait de la *Semaine religieuse de la Lorraine.) Nancy, N. Colin*, 1870. 15 pages, in-8°. Cart.

1476. SCHMIT. Le culte de l'Être suprême à Château-Salins, en 1794, par M. J. A. Schmit. (Extrait de la *Semaine religieuse de la Lorraine.) Nancy, Sordoillet*, 1869. 10 pages, in-8°. Cart.

1477. ORDRE de marche de la fête à l'Être suprême, qui sera célébrée dans la commune de Nancy, le 20 prairial, an IIe de la République française, une, indivisible et démocratique, conformément à la loi du 18 floréal dernier. *Nancy, Guivard, s. d.* 22 pages, in-12. Cart.

1478. FAURE. Discours prononcé par Balthazard Faure, représentant du peuple, dans l'église ci-devant cathédrale de la commune de Nancy, le jour de la seconde décade, 20 brumaire, an second de la République française, une et indivisible. *Nancy, P. Barbier, An II.* 7 pages, in-8°. Br.

1479. FAURE. Discours du citoyen Faure, représentant du peuple, prononcé dans la Société populaire de Nancy, le 12e jour du 2e mois de l'an II. (Pour la fête de la régénération du genre humain.) *Nancy, Vve Bachot, An II.* 11 pages, in-8°. Br.

1480. FÊTE civique du decadi 30 brumaire, de l'an IIe de la République française, une et indivisible, Ier de la mort du Tyran, célébrée à Nancy, en exécution de l'arrêté du conseil général du département de la Meurthe, du 5e jour du 2e mois. *Nancy, Vve Bachot, An II.* 14 pages, in-4°. Cart.

1481. FÊTE civique de la première décade du second mois de l'an second de la République française, une et indivisible, premier de la mort du Tyran, célébrée à Nancy, en exécution de l'arrêté du conseil du département de la Meurthe, du cinquième jour du second mois. *Nancy, P. Barbier, s. d.* 7 pages, in-8°. Br.

1482. DISCOURS prononcé par le maire de la commune de Nancy, le 30 frimaire, troisième année républicaine, dans le Temple consacré à l'Être suprême. *Nancy, P. Barbier, An III.* 8 pages, in-8°. Br.

1483. TARDIF. Éloge de J. J. Rousseau, prononcé au Temple de l'Être suprême, le 30 vendémiaire, l'an 3e de la République française, une et indivisible, par le citoyen Tardif, commissaire près le tribunal du district de Nancy. *Nancy, Guivard, An III.* 16 pages, in-8°. Br.

1484. DEMANGE. Discours prononcé au Temple consacré à l'Être suprême, le 10 frimaire, an trois de la République française, une et indivisible, par Jean-Pierre Demange, agent national près le district de Nancy. *Nancy, P. Barbier, An III.* 6 pages, in-8°. Br.

1485. CLAUSTRE. Discours prononcé au temple de l'Être suprême, le jour consacré à célébrer, dans le district de Nancy, la fête du malheur, (dix frimaire, l'an troisième de la République française, une, indivisible et démocratique). Par Jacques-Hyacinthe Claustre, de St-Pierre-le-Moutier, département de la Nièvre, cavalier au quatorzième régiment, en dépôt à Nancy. *Nancy, H. Haener, s. d.* 7 pages, in-8°. Broché.

1486. POIRSON. Discours prononcé par le C. Poirson, président du canton de Dompaire, lors de la célébration de la fête de l'agriculture, l'an quatre de la République française, une et indivisible. *Mirecourt, Bouillon, An IV.* 15 pages, in-8°. Br.

1487. DUPRIEZ. Les fêtes nationales à Bousse, l'an VI de la République française, par Raymond Dupriez, membre de l'Académie de Metz. *Metz, Charles Thomas*, 1879. 12 pages, in-12. Cart.

1488. PROGRAMME de la fête de la souveraineté du peuple français, qui sera célébrée dans la commune de Nancy, le 30 ventôse an VI de la République française, une et indivisible. *Nancy, J. R. Vigneulle, s. d.* 8 pages, in-4°. Cart.

1489. FÊTE à la paix. *Metz, P. Antoine, An VI.* 4 pages, in-4°. Cart.

1490. MONGIN. Discours prononcé à Nancy le 25 messidor an VIII, à la célébration des fêtes réunies de la Concorde, et de l'anniversaire du 14 juillet, par le citoyen Mongin, professeur à l'école centrale du département de la Meurthe. *Nancy, Guivard, s. d.* 15 pages. in-8°. Br.

1491. DISCOURS prononcé le 14 juillet, an VIII, pour l'érection de la colonne départementale. *Metz, Antoine l'aîné, An VIII.* 4 pages, in-4°. Cart.

1492. MOLLEVAUT. Discours prononcé par Ch.-L. Mollevaut, le 25 messidor an X, en présence du Préfet de la Meurthe, pour célébrer la fête du 14 juillet. *Nancy, J. R. Vigneulle, An X.* 9 pages, in-8°. Cart.

1493. MONGIN. Discours prononcé par le citoyen Mongin, professeur à l'école centrale de la Meurthe, en présence des autorités civiles et militaires réunies pour célébrer la fête du 14 juillet. *S. l., n. n., n. d.* 19 pages, in-8°. Cart.

1494. VOSGIEN. Discours prononcé par M. Vosgien, maire d'Épinal, le samedi 14 juillet, ensuite de la cérémonie de la fête civique. *S. l., n. n., n. d.* 3 pages, in-4°. Br.

1495. THIÉBAUT. Couplets chantés dans la commune de Nancy, à la fête du 14 juillet, l'an IX de la République. (Par Thiébaut.) *Nancy, Impr. Thiébaut, (An IX).* 2 pages, in-8°. Demi-rel.

1496. (DUSSERT.) Strophes pour la fête des époux. Paroles du citoyen D(ussert). *Nancy, Vigneulle, s. d.* 3 pages, in-8°. Demi-rel.

1497. DUCAIRE. Couplets chantés le 10 floréal, jour de la fête des époux, à Nancy. Paroles du citoyen Ducaire. *Nancy, Impr. Veuve Bachot, s. d.* 2 pages, in-8°. Demi-reliure.

j). Tribunaux et prisons.

1498. JUGEMENT du tribunal du district de Nancy, du 18 janvier 1791. — Extrait de la liasse des Procédures extraordinaires du greffe du tribunal du district de Nancy

(contre divers écrits publiés par les prêtres insermentés). *Nancy, Barbier,* 1791. 4 pages, in-8°. Br.

1499. LISTE du juré spécial, pour juger du faux, pendant le trimestre d'avril 1793. *Metz, Vve Antoine et fils, An II.* 2 pages, in-4°. Cart.

1500. LISTE des jurés de jugement du tribunal criminel du département de la Moselle, pour le trimestre de nivôse (décembre), l'an II de la République française, une et indivisible, formée par le procureur-général-syndic du département, et approuvée par arrêté du Directoire, du 23 frimaire de la même année. *Metz, C. Lamort, An II.* 8 pages, in-4°. Cart.

1501. LISTE du juré de jugement du tribunal criminel du département de la Moselle, formée par le citoyen Procureur-général-syndic dudit département, en exécution de l'article VI du titre XI de la seconde partie de la loi du 29 septembre 1791, et approuvée par délibération du Directoire, du Ier de l'an II de la République française. *Metz, Vve Antoine et fils, An II.* 8 pages, in-4°. Cart.

1502. LISTE du juré de jugement du tribunal criminel du département de la Moselle, formée par le citoyen suppléant du Procureur-général-syndic dudit département, en exécution de l'art. VI du titre XI de la seconde partie de la loi du 29 septembre 1791, pour le trimestre qui commence au premier avril prochain, et finira le premier juillet suivant, et approuvée par délibération du Directoire, du 21 mars 1793, l'an II de la République française. *Metz, Vve Antoine et fils, An II.* 7 pages, in-4°. Cart.

1503. LISTE des trente citoyens qui doivent servir de juré dans les accusations au tribunal de district de Metz, formée par le Procureur-syndic du district, en exécution de l'article Ier du titre X de la loi du 29 septembre 1791, concernant la police de sûreté, la justice criminelle, et l'établissement des jurés ; ladite liste approuvée par délibération du 23 mars 1793, l'an second de la République. *Metz, Vve Antoine et fils, An II.* 2 pages, in-4°. Cart.

1504. LISTE des trente citoyens qui doivent

servir de jurés dans les accusations du tribunal du district de Metz, pour le trimestre de nivôse, l'an II de la République française, une et indivisible, formée par le Procureur-syndic du district, en exécution de l'art. 1er du titre X de la loi du 29 septembre 1791, concernant la police de sûreté, la justice criminelle et l'établissement des jurés ; ladite liste approuvée par délibération de l'administration du District du 30 frimaire. *Metz, Collignon, An II.* 3 pages, in-4°. Cart.

1505. LISTE de quatre-vingt-un citoyens du district de Metz, à raison d'un par mille âmes de population, formée par l'agent national près le même district, en exécution de l'art. 6 du paragraphe premier du décret de la Convention nationale, du 2 nivôse du présent mois, relatif à la loi du 16 septembre 1791, concernant les jurés et la procédure criminelle, à celle du 10 août 1792, qui abolit toute distinction de citoyens actifs et non actifs, pour remplir les fonctions de jurés, tant d'accusation que de jugement, pendant le présent trimestre de nivôse, pluviôse et ventôse de la seconde année de la République française, une et indivisible. *Metz, Collignon, An II.* 6 pages, in-4°. Cart.

1506. LISTE des accusés d'avoir pris part à la rébellion du 31 août, avec les noms des témoins soutenant ladite accusation. (Ms.) 4 pages, in-4°. Rel.

1507. DUBOIS. Liste formée par Dieudonné Dubois, procureur-général-syndic du département des Vosges, de deux cents citoyens choisis par lui... pour servir de juré de jugement dans le cours du premier trimestre 1793... *Epinal, Haener, 1792.* 10 pages, in-4°. Br.

1508. GENAUDET. Discours prononcé par le citoyen Genaudet, ex-président de l'administration municipale de Nancy, au moment de sa nomination de premier suppléant au tribunal, par le corps électoral du département de la Meurthe. *Nancy, J. R. Vigneulle, An III.* 3 pages, in-4°. Br.

1509. JUGEMENT du tribunal criminel du département de la Meurthe, du 19 fructidor, l'an troisième de la République française, une et indivisible, qui condamne à la peine de douze années de fers, Claude Cayon, contumace, ex-relieur et ex-régisseur de la Maison des secours, demeurant à Nancy, pour crime de dilapidation de deniers et effets appartenant à la République, d'abus d'autorité dans son administration, de vexations et d'oppressions. *Nancy, H. Haener, An III.* Placard, in-f°.

1510. DÉCRET de la Convention nationale du 18 pluviôse, an II, relatif à des citoyens de Nancy acquittés par le tribunal révolutionnaire. *Nancy, H. Haener, An II.* 2 pages, in-4°.

1511. ENGERRAN. Rapport et projet de décret au nom des comités de législation de sûreté générale, par Engerran, député du département de la Manche, sur l'arrestation d'un grand nombre de citoyens de la ville de Nancy, par ordre des commissaires au recrutement dans les départements de la Meurthe et de la Moselle. *Paris, Imprimerie nationale, s. d.* 8 pages, in-8°. Br.

1512. RÉCLAMATION de quatre-vingts citoyens détenus au secret dans la maison d'arrêt de Nancy, à tous les pouvoirs constitués. *Nancy, s. n.,* 1793. 28 pages, in-4°. Cart.

1513. PRÉCIS de l'affaire pendante au tribunal civil du département des Vosges, pour Pierre Déteindre, sellier à Nancy, contre Jacques Labaute, l'aîné, greffier en chef du tribunal de police correctionnelle de Nancy. *S. l., n. n., n. d.* 8 pages, in-4°. Cart.

k). *Emigrés. Affaires individuelles.*

1514. DÉCRETS de la Convention nationale, du 28 mars 1793, consignés dans les registres du département de la Meurthe, contre les émigrés. *Nancy, H. Haener, s. d.* 31 pages, in-4°. Br.

1515. LISTE des émigrés du département de la Meurthe, avec le nom de leur dernier domicile, d'après l'affiche du 19 juillet 1792. *Nancy, H. Haener, 1793.* 25 pages, in-4°. Cart.

1516. (PÉTITION faite par) les pères et mères des émigrés du département de la

Meurthe aux Représentans du peuple françois, assemblés en Convention nationale, contre le décret du 9 floréal, An III. *S. l., n. n., 14 thermidor, An III.* 24 pages, in-4°. Br.

1517. BARBILLAT. Au Comité de sûreté générale de la Convention nationale, expose Claude-Antoine Barbillat, citoyen de Nancy... (Mis en état d'arrestation par mesure de sûreté générale.) *S. l., n. n., n. d.* 8 pages, in-4°. Br.

1518. BIDAL DE NOUE. Réclamation du citoyen A. A. G. Bidal de Noue au peuple et à toutes les autorités constituées. Du 8 juillet 1793 (An II). *S. l., n. n., n. d.* 8 pages, in-4°. Cart.

1519. BIDAL DE NOUE. Pétition de A. A. G. Bidal de Noue au citoyen Génevois, représentant du peuple, en mission dans les départements de la Meurthe et de la Moselle. *S. l., n. n., n. d.* 4 pages, in-4°. Cart.

1520. BONNET - BONNEVILLE. Mémoire justificatif de Bonnet-Bonneville, commissaire inspecteur à la levée du 25° des chevaux, aux autorités constituées, et aux citoyens de Nancy. *S. l., n. n., n. d.* 15 pages, in-8°. Rel.

1521. BRACHET. Marie-Jean-Maurice Brachet, détenu à la maison dite du Refuge, à ses concitoyens. Du 23 ventôse, An II. *S. l., n. n., n. d.* 6 pages, in-4°. Cart.

1522. CHAILLY. Mémoire pour les sieurs Chailly frères, l'un ancien capitaine d'infanterie, présentement commandant de la garde-citoyenne du Val-des-Faux, l'autre commandant de la garde-citoyenne de Dommartin. *S. l., n. n., n. d.* 7 pages, in-8°. Br.

1523. RECOURS au Roi et aux États-Généraux pour l'élection de MM. le comte de Custine et Wolter de Neurbourg. *S. l., n. n., n. d.* 1 page, in-4°. Cart.

1524. DUMESNIL. Pétition du citoyen Dumesnil, homme de loi, à toutes les autorités constituées et aux citoyens de Nancy. Du 1er juin 1793, (An II). *S. l., n. n., n. d.* 4 pages, in-4°. Cart.

1525. ÉNARD. Appel au département de Metz, par Jean-Baptiste Énard, bénédictin. Du 23 novembre 1790. *S. l., n. n., n. d.* 16 pages, in-4°. Cart.

1526. ESLIN. Pétition de Charles Eslin, notaire à Nancy, aux citoyens administrateurs du Directoire du département de la Meurthe. *S. l., n. n., n. d.* 11 pages, in-4°. Cart.

1527. FEBVÉ. Justification du citoyen Febvé le jeune, en réponse à la dénonciation faite contre lui et contre plusieurs patriotes, dans la séance publique du 24 frimaire, par Géhin, ex-prêtre. *Nancy, Guivard, s. d.* 8 pages, in-8°. Rel.

1528. FEBVÉ. Aux amis de la justice et de la liberté par Jean-Baptiste Febvé, homme de loi à Nancy. *Nancy, Vve Bachot, s. d.* 12 pages, in-4°. Rel.

1529. FOBLANT. Mémoire pour Jean-Etienne Foblant, directeur des salines de Dieuze, en réponse au réquisitoire dénonciatif du Procureur syndic du district de Dieuze, département de la Meurthe. *Nancy, H. Haener,* 1792. 12 pages, in-4°. Br.

1530. GIVERNE. Discours du citoyen Giverne, prononcé au club de Nancy le 2 nivose dernier, en réponse à quelques dénonciations faites contre lui par les meilleures gens du monde, et qu'on sait bien qui n'y entendent point finesse. *Nancy, Guivard, An III.* 11 pages, in-4°. Br.

1531. GLASSON - BRISSE. Le maire de Nancy (Glasson-Brisse), indignement opprimé et injustement incarcéré, aux représentans du peuple français, à la Convention nationale. A la maison d'arrêt, dite du Refuge, Nancy le 4 nivôse, l'an II° de la République. *S. l., n. n., n. d.* 52 pages, in-8°. Br.

1532. GŒURY. Motion de Pierre-François-Xavier Gœury, notaire public, à la Société populaire de Nancy, en réclamation de sa liberté qui doit lui être ravie par mandat du Comité de surveillance, du 8 septembre dernier. *Nancy, Guivard,* 1792. 8 pages, in-4°. Cart.

1533. HAROUARD. Les terroristes de Saint-Avold, ou réponses de Claude Harouard et d'Augustin Watremez, propriétaires-cultivateurs exploitans les mines métalliques de Saint-Avold, et des environs de Sarre-Libre, à l'acte d'accusation porté contre eux, le 22 thermidor, 3e année de la République française, une et indivisible. *S. l., n. n., n. d.* 91 pages, in-8°. Br.

1534. HOCQUET. Réclamation d'un citoyen offensé. *S. l., n. n., n. d.* 3 pages, in-4°. Cart.

1535. HOUARD. Première pétition présentée le 10 juin 1793, l'an second de la République, aux citoyens composant le comité de surveillance, par Nicolas-Joseph Houard, détenu aux Dames prêcheresses. *Nancy, Guivard, An II.* 8 pages, in-4°. Broché.

1536. HOUARD. Pétition du citoyen Houard, brasseur et cultivateur, habitant Malzéville. *Nancy, s. n., An II.* 4 pages, in-8°. Relié.

1537. HOUARD. Réponse de Nicolas-Joseph Houard, l'aîné, détenu en la Maison dite du Refuge, aux motifs de son arrestation, le 27 thermidor, an II. *S. l., n. n., n. d.* 11 pages, in-8°. Rel.

1538. HOUARD. Motion de Ch. F. Houard, ancien officier, etc., à la société populaire de Nancy, en réclamation de sa liberté. *Nancy, Imp. des Sans-culottes, s. d.* 8 pages, in-4°. Br.

1539. JACQUEMINOT. Discours prononcé par le citoyen Jean-Ignace Jacqueminot, président de l'assemblée électorale du département de la Meurthe, à ladite assemblée, immédiatement après le dépouillement du scrutin qui lui a donné la pluralité absolue des suffrages, pour le porter à la législature. *Nancy, C. S. Lamort, s. d.* 2 pages, in-4°. Br.

1540. JACQUEMINOT. Mémoire que présente Jean-Ignace Jacqueminot, détenu dans la maison d'arrêt de Bar-sur-Ornain, aux citoyens président et administrateurs du département de la Meuse. *Nancy, C. S. Lamort, 1792.* 34 pages, in-4°. Br.

1541. JACQUEMINOT. Pétition de Jean-Ignace Jacqueminot, aux citoyens président, procureur-général-syndic et admi-nistrateurs du département de la Meurthe. *Nancy, C. S. Lamort, 1792.* 20 pages, in-4°. Br.

1542. JOURGNIAC de Saint-Méard. Ce qui m'est arrivé avant, pendant, et après le transport armé de la garnison de Nancy à Lunéville, à commencer du samedi 28 août 1790, à trois heures après-midi, à Nancy. *Nancy, s. n., 1790.* 19 pages, in-8°. Rel.

1543. JOURGNIAC de Saint-Méard. Vade-boncœur au Roi. *S. l., n. n., n. d.* 4 pages, in-8°. Rel.

1544. LAMARLE (CHARLES), ancien officier municipal de Metz, à ses concitoyens. *Metz, C. Lamort, 1792.* 7 pages, in-4°. Br.

1545. LAMÈLE et Barthe. Pétition et pièces justificatives, pour les citoyens Lamèle et Barthe, de Verdun. *S. l., Vve Hérissant, 1792.* 15 pages, in-8°. Br.

1546. LEFÈVRE (Défense du citoyen), chirurgien de 1re classe, à l'armée de Rhin et Moselle, accusé d'avoir déserté son poste et manqué à la subordination envers un commissaire des guerres. *Nancy, Vve Bachot, An V.* 27 pages, in-4°. Cart.

1547. LEMOLT-PHALARY (de Saarbrück). Pétition de J.-H. Lemolt-Phalary, à la Convention nationale. *Metz, Collignon, s. d.* 4 pages, in-4°. Br.

1548. LIGNIVILLE. Exposé de la conduite du citoyen Ligniville, général de division des armées de la République française, mis en état d'arrestation depuis le 4 avril, arrivé le 8 aux prisons de l'Abbaye, aux citoyens députés de la Convention nationale, et à tous ses concitoyens. *S. l., Seguy-Thiboust, An II.* 4 pages, in-4°. Cart.

1549. MAFFIOLI au peuple de Nancy. *S. l., n. n., n. d.* 4 pages, in-4°. Cart.

1550. MARCHET (JOSEPH), traiteur à Nancy, au citoyen Génevois, représentant du peuple. *Nancy, Vve Bachot, s. d.* 12 pages, in-4°. Cart.

1551. MARTIN. Mémoire à mes concitoyens (par Martin), et réponse de Jeandel, procureur-syndic du district de Nancy. *Nancy, Vve Bachot, An II.* 12 pages, in-4°. Br.

7

1552. MARTIN. Adresse de Joseph-Antoine-Louis-Barthélemy Martin, à ses concitoyens. Du 17 frimaire, an II. *Nancy, Vve Bachot, An II.* 8 pages, in-4°. Cart.

1553. (MASSON.) Un citoyen à M. l'abbé C... (Camus). Par Masson. *S. l., n. n., n. d.* 7 pages, in-8°. Br.

1554. MATHIEU DES ESSARTS. Mémoire pour le sr Mathieu des Essarts, conseiller du roi, son procureur et avocat en sa prévôté de Sainte-Marie, partie lorraine. *S. l., n. n., n. d.* 8 pages, petit in-4°. Cart.

1555. MATHIEU MOULON. Pétition de Mathieu Moulon, à la Société populaire de Nancy. Du 13 fructidor, an II. *S. l., n. n., n. d.* 8 pages, in-8°. Cart.

1556. MATHIEU dit MOULON. Lettre du citoyen Mathieu dit Moulon de Nancy, à la commune de la même ville, le 16 vendémiaire, an III. *S. l., n, n., n. d.* 6 pages, in-8°. Br.

1557. MAUBON. Mémoire pour Bernard Maubon, adressé aux différentes sections de l'assemblée générale des citoyens actifs de Nancy. *S. l., n. n., n. d.* 7 pages, in-4°. Cart.

1558. MAUJEAN. Mémoire pour le sr Maujean, conseiller honoraire au Présidial, maître échevin de la ville de Metz, et syndic provincial des trois Évêchés et du Clermontois. *S. l., n. n., n. d.* 7 pages, in-4°. Cart.

1559. MENGIN. Exposé fidèle sur l'arrestation de Christophe-François Mengin et sur celle des neuf citoyens qui ont attesté sa résidence, dans les mois de mai, juin et juillet 1792. *S. l., n. n.,* 1793. 19 pages, in-4°. Cart.

1560. MONTAGNARD-VALORY, appelant à l'opinion publique, de l'injustice de sa détention et de celle de son épouse. *S. l., n. n., n. d.* 3 pages, in-4°. Br.

1561. MOORE-BARBÉ-MARBOIS. Pétition d'Elisa Moore-Barbé-Marbois, aux citoyens administrateurs du département de la Moselle. *Metz, Vve Antoine et fils, s. d.* 20 pages, in-4°. Cart.

1562. MULTZER. Réponse de Multzer au citoyen Philip. *Nancy, Vve Bachot, An II.* 3 pages, in-8°. Rel.

1563. OTTHENIN, Genaudet et Villot (Mémoire pour), ci-devant officiers municipaux, et procureur de la commune de Nanci. *Paris, Imprimerie des Droits de l'Homme, An II.* 19 pages, in-4°. Br.

1564. PERRIN. Pétition aux autorités constituées, par G. Perrin, huissier à Acraignes-sur-Madon. *Nancy, s. n.,* 1793. 4 pages, in-4°. Br.

1565. PITOY. Adresse du citoyen Pitoy, professeur au Collège, et officier municipal de la commune de Nancy, à ses concitoyens. *Nancy, Guivard,* 1792. 43 pages, in-4°. Cart.

1566. PITOY (Le citoyen François), officier municipal de la commune de Nancy, aux citoyens représentans du peuple composant le Comité de sûreté-générale de la Convention nationale. *Paris, Célère, An II.* 42 pages, in-8°. Rel.

1567. RAYBOIS. Mémoire pour Claude Raybois, préposé au service des étapes des troupes en marche, demeurant à Nancy. *Nancy, J.-B. Vigneulle, s. d.* 8 pages, in-4°. Cart.

1568. ROBIN. Traits de récriminations dénoncés contre Puissant Viot, aîné, par Robin, ancien procureur. *S. l., n. n.,* 1793. 4 pages, in-4°. Br.

1569. RUTANT. Pétition de Mademoiselle Augustine Rutant, aux corps administratifs et judiciaires, aux citoyens procureur-général-syndic du département de la Meurthe, et commissaire national près des tribunaux de Nancy. *S. l., n. n., n. d.* 4 pages, in-4°. Cart.

1570. SALLE. Réflexions faites par J. Salle, républicain français, membre du corps électoral du district de Vézelise, département de la Meurthe, à... Collin, continué juge au tribunal du même district, au moment où il est venu au lieu des séances de l'assemblée électorale pour annoncer son acceptation. *S. l., n. n.,* 1792. 2 pages, in-4°. Cart.

1571. SALLE. Mémoire pour Jean Salle, républicain français, et négociant domicilié à Vézelise, présenté au conseil du département de la Meurthe. *S. l., n. n., n. d.* 20 pages, in-4°. Br.

1572. SALLE. Lettre du citoyen Salle, député à la Convention, au citoyen Biquilley, vice-président du département de la Meurthe. *Paris, Imprimerie nationale, s. d.* 6 pages, in-8°. Rel.

1573. SAURET. Aux citoyens composants le directoire du département de la Meurthe, expose Jean-François Sauret, libraire, résidant à Nancy. *S. l., n. n.,* 1793. 6 pages, in-4°. Br.

1574. TRICOLOR-MARQUE. La vérité opposée aux calomnies de Philip et autres, par Tricolor-Marque, citoyen de Nancy. *Nancy, Vve Bachot, An II.* 19 pages, in-8°. Rel.

1575. TRICOLOR-MARQUE (Exposé de la conduite de), précédemment C.-A. Marc, architecte à Nancy, depuis l'époque de notre glorieuse Révolution, en réponse aux calomnies qui ont pu ou qui pourraient être dirigées contre lui. Du 17 pluviôse, an II. *S. l., n. n., n. d.* 4 pages, in-4°. Cart.

1576. VILLIEZ. Villiez de Nancy, receveur général des contributions du département de la Meurthe et membre de la ci-devant commission du Palatinat, à ses concitoyens. *Nancy, Guivard, s. d.* 43 pages, in-8°. Br.

1577. WATRONVILLE. Justification du citoyen Watronville. *S. l., n. n., n. d.* 3 pages, in-4°. Cart.

1). *Sociétés révolutionnaires.*

1578. FÉDÉRATION du mont Sainte-Geneviève, près Nancy, du 19 avril 1790. *Nancy, H. Haener, s. d.* 52 pages, in-8°. Cart.

1579. ADRESSE des citoyens de Nancy à l'Assemblée nationale. Séance du 23 avril 1792. *Paris, Imprimerie nationale, s. d.* 2 pages, in-8°. Cart.

1580. ADRESSE des citoyens de Nancy à la Convention nationale. *Nancy, Vve Bachot, An III.* 2 pages, in-4°. Br.

1581. EXTRAIT des registres des délibérations de la société des amis de la Constitution établie à Epinal. Séance du 14 juillet 1791. Discours prononcé par un des membres du comité des rapports. *S. l., n. n., n. d.* 9 pages, in 4°. Br.

1582. ADRESSE de la société des amis de la Constitution de Nancy, à leurs frères de tous les départements, sur la nécessité de méditer son choix pour les prochaines élections. *Nancy, Vve Bachot, s. d.* 7 pages, in-4°. Cart.

1583. ADRESSE de la société des amis de la Constitution de Paris aux sociétés qui lui sont affiliées. *Réimprimée à Nancy, Vve Bachot,* 1790. 4 pages, in-4°. Rel.

1584. ADRESSE de la société des amis de la Constitution, établie à Nancy, tendant à les disculper de l'accusation formée contre eux par le commandant de la cydevant province de Lorraine, d'avoir été les instigateurs de l'affaire du 31 août à Nancy et des événements malheureux qui l'ont précédée. *Nancy, Vve Bachot,* 1790. 2 pages, in-4°. Rel.

1585. LETTRE aux amis de la Constitution sur les dangers de la patrie. *Nancy, Vve Bachot,* 1792. 8 pages, in-8°. Rel.

1586. COLLOT-D'HERBOIS. Société des amis de la Constitution, séante aux Jacobins St-Honoré, à Paris. Réponse de Collot-d'Herbois à des notes barbares envoyées à divers journaux, contre les soldats de Château-Vieux, et notamment à celles envoyées par MM. Roucher et André Chénier, au journal de Paris, lue à la société, le 4 avril, l'an IVᵉ de la liberté. *S. l., n. n., n. d.* 8 pages, in-8°. Br.

1587. MANDEL. Sébastien-François Mandel, au nom de la commune de Vic, département de la Meurthe, et de la société populaire de cette ville, à la Convention nationale. Du 3 octobre 1793. *Paris, Imprimerie des Jacobins,* 1793. 2 pages, in-8°. Br.

1588. EXTRAIT du registre des délibérations de la société des amis de la liberté et de l'égalité, séante à Nancy, département de la Meurthe. Du 13 juillet 1793. *Nancy, Vve Bachot, An II.* 7 pages, in-8°. Br.

1589. RÈGLEMENT de la société des amis de la liberté et de l'égalité de la ville de Nancy. *Nancy, Vve Bachot,* 1793. 24 pages, in-8°. Br.

1590. EXTRAIT du procès-verbal de la société populaire réintégrée de Nancy, du 17 floréal, l'an second de la République. (Nécessité de la loi du maximum). *Nancy, Guivard, An II.* 4 pages, in-4°. Br.

1591. MERVILLE. Réplique de Merville, à l'imprimé intitulé : Discours prononcé à la société populaire de Nancy, sur l'esprit public et la situation politique de cette commune, depuis le commencement de la révolution jusqu'à ce jour, premier messidor, an second de la République, par le sans-culotte Philip. *Nancy, s. n., An II.* 24 pages, in-4°. Cart.

1592. DISCOURS du citoyen Faure, représentant du peuple, prononcé dans la société populaire de Nancy, le 12e jour du 2e mois de l'an IIe de la République française. *Nancy, Vve Bachot, s. d.* 11 pages, in-8°. Rel.

1593. FAURE. Lettre du citoyen Faure (de la Haute-Loire), représentant du peuple, à la société populaire de Nancy. Paris, le 10 pluviôse, an IIIe de la République française, une et indivisible. *Nancy, Vve Bachot, An III.* 7 pages, in-8°. Rel.

1594. GENAUDET. Discours prononcé à la société populaire de Nancy, par J.-B. Genaudet, administrateur du district, le 23 pluviôse, l'an troisième de la République française, une et indivisible. *Nancy, Vve Bachot, s. d.* 16 pages, in-8°. Br.

1595. RÈGLEMENT de la société populaire de Nancy. *Nancy, Vve Bachot, An III.* 14 pages, in-8°. Br.

1596. EXTRAIT du registre des procès-verbaux des séances de la société républicaine des amis de la liberté et de l'égalité établie à Nancy, réintégrée par les représentants du peuple Lacoste, Baudot et Bar. *Nancy, Guivard, An II.* 8 pages, in-8°. Rel.

1597. EXTRAIT du registre des procès-verbaux des séances de la société populaire de Pont-à-Mousson, séance du 24 brumaire, l'an II de la République française. *S. l., n. n., n. d.* 7 pages, in-4°. Br.

1598. DISCOURS du citoyen Michaud, représentant du peuple, prononcé dans la société populaire des amis de la liberté et de l'égalité de Nancy. *Nancy, Guivard, s. d.* 8 pages, in-8°. Rel.

1599. COMMISSAIRES (Les) adjoints près l'armée révolutionnaire, à la société populaire de Nancy. *Nancy, Vve Bachot, s. d.* 3 pages, in-4°. Cart.

1600. PHILIP. Discours prononcé à la société populaire de Nancy, sur l'esprit public et la situation politique de cette commune, depuis le commencement de la Révolution jusqu'à ce jour, premier messidor, an deuxième de la République, une, indivisible et démocratique. Par le sans-culotte Philip. *Nancy, Guivard, s. d.* 63 pages, in-8°. Cart.

1601. PROJET relatif aux gardes nationales, par la société des amis de la Constitution ; à Bar-le-Duc, le 20 juillet 1790. Signé De Lamort, Harmand et Henriot de la Heicourt. *Bar-le-Duc, Choppin,* 1790. 7 pages, in-4°. Br.

1602. SOCIÉTÉ (La) populaire de Nancy, réintégrée, en réponse à la partie du rapport du représentant du peuple, Balthazard Faure, relative aux événements contre-révolutionnaires qui se sont passés dans cette commune, en frimaire et nivôse derniers (avec 7 pièces justificatives). *Nancy, Guivard, s. d.* 88 pages, in-8°. Rel.

1603. DISCOURS de la société des amis de la Constitution de Nancy, adressé, par l'organe de M. Masson, son président, à M. Lalande, évêque du département de la Meurthe, le lendemain de son arrivée. *Nancy, Vve Bachot, s. d.* 5 pages. in-4°. Br.

1604. RÉGÉNÉRATION de la société populaire de Nancy, par Lacoste, Baudot et Bar, représentans du peuple, faite le 26 pluviôse, an IIe de la République. *Nancy, P. Barbier, s. d.* 6 pages, in-8°. Rel.

1605. ADRESSE des citoyennes de Nancy, au citoyen Landremont, général de l'armée du Rhin, le 21 septembre, 1793. *S. l., n. n., n. d.* 4 pages, in-4°. Br.

1606. SOCIÉTÉ (La) des sans-culottes de

Nancy, à la Convention. 29 pluviôse, an II de la République Française. *Nancy, Guivard, An II.* 4 pages, in-8°. Rel.

1607. SOCIÉTÉ (La) populaire révolutionnaire de Nancy, aux sociétés populaires et révolutionnaires de la République. *Paris, Galletti, s. d.* 4 pages, in-4°. Br.

1608. LARUE. Adresse aux citoyens sans-culottes de Nancy, par le citoyen Larue. *Nancy, s. n., n. d.* 7 pages, in-4°. Cart.

1609. MARAT-MAUGER. Discours prononcé à l'ouverture des séances du comité des sans-culottes, par Marat-Mauger, président de ce comité, et commissaire du Conseil exécutif près le département de la Meurthe. *Nancy, Vve Bachot, s. d.* 4 pages, in-4°. Br.

1610. RÈGLEMENT pour la société réintégrée des sans-culottes montagnards de Nancy, amis de la Constitution populaire et du bonheur du genre humain. *Nancy, Guivard, An II.* 16 pages, in-8°. Rel.

1611. FEBVÉ. Réflexions sur l'association qui s'est formée à Nancy sous le titre de Comité permanent, par M. Febvé, garde-citoyen et secrétaire de la compagnie de Léviston. *Nancy, C. S. Lamort, s. d.* 15 pages, in-8°. Demi-rel.

1612. BEFFROY. Discours prononcé à une des séances publiques de la société des amis de la Constitution, établie à Metz, par François-Geneviève Beffroy, maréchal des logis chef au 12° régiment de Dragons, ci-devant Artois, membre de la dite société. *Metz, C. Lamort, 1791.* 7 pages, in-4°. Cart.

1613. PÉTITION de plusieurs citoyens de Nancy à la Convention nationale, prononcée le 18 ventôse, l'an II° de la République française, une et indivisible. *S. l., Pellier, s. d.* 22 pages, in-8°. Br.

1614. PÉTITION individuelle de citoyens amis de la Constitution, à l'Assemblée nationale. *Metz, C. Lamort, 1792.* 15 pages, in-4°. Cart.

1615. RÉFLEXIONS lues à la société de Metz, et imprimées par son ordre. De la liberté, de l'égalité, de la justice, de leurs rapports, de l'accord de la vraie liberté avec la soumission aux lois et la subordination aux magistrats ; comment l'inégalité des propriétés peut se concilier avec l'égalité des droits et l'égalité devant la loi. *Metz, C. Lamort, An II.* 8 pages, in-4°. Cart.

1616. RÉFLEXIONS sur l'amour de la patrie, imprimées par ordre de la société populaire de Metz. Séance du 30 prairial 1793. *Metz, C. Lamort, An II.* 4 pages, in-4°. Cart.

1617. MARCHAND. Discours prononcé par le Sr Marchand, à la société populaire de Metz, le 23 brumaire, an II. *Metz, Lamort, An II.* 4 pages, in-4°. Cart.

1618. DISCOURS prononcé à la tribune de la société populaire de Metz, le 27 mai 1793, l'an II de la République, une et indivisible, par les représentans du peuple, envoyés par la Convention nationale à l'armée de la Moselle. *Metz, C. Lamort, An II.* 7 pages, in-4°, Cart.

1619. ADRESSE des citoyens de Metz, réunis en société républicaine, à la Convention nationale. *Metz, C. Lamort, An III.* 7 pages, in-4°. Cart.

1620. OBSERVATIONS sur un imprimé ayant pour titre : Mémoire pour l'assemblée patriotique tenue à Metz, le 15 janvier 1789. *Metz, J.-B. Collignon, s. d.* 28 pages, in-4°. Br.

1621. MAZADE. Question de la société populaire de Metz, par J.-B. D. Mazade, représentant du peuple, en mission dans les départements de la Moselle et de la Meurthe. *Metz, Antoine, An III.* 8 pages, in-4°. Cart.

1622. REPRÉSENTANS (Les) du peuple composant la commission des dépêches, aux citoyens membres de la société populaire de Dieuze. *S. l., n. n., n. d.* 2 pages, in-8°. Rel.

1623. ADRESSE de la société des amis de la Constitution à ses frères les habitans des campagnes. *Epinal, A. Vautrin, 1792.* 15 pages, in-8°. Br.

1624. BENOIST. Rapport fait à la société populaire de Lunéville dans sa séance du 14° jour du second mois de l'an II de la

République française une et indivisible, par le citoyen Benoist, l'aîné. (Fête de l'ère républicaine.) *Lunéville, Messuy, An II.* 7 pages, in-4°. Br.

1625. VIARD... Adresse à l'Assemblée nationale, aux corps administratifs et aux associations patriotiques de la France, par la société des amis de la Constitution, séante à Ligny, département de la Meuse. (Viard, président ; Dusclaux et Grosjan-Dordelu, secrétaires). *Paris, Imprimerie nationale,* 1791. 8 pages, in-8°. Br.

1626. REGNAULT. Discours de J.-J. Regnault (de Bar-sur-Ornin), sur les dangers que fait courir l'athéisme à la sûreté du contrat social, sur les conjurations des impies et de l'étranger, sur la nécessité de l'existence de Dieu et de l'immortalité de l'âme, et sur leurs liaisons avec le gouvernement populaire, prononcé, le décadi 20 prairial, 2ᵉ année républicaine, dans le temple de l'Être suprême, à Bar-sur-Ornin, en présence du peuple, de l'administration du département, des autorités constituées et de la société des Jacobins de cette commune. *Bar-sur-Ornin, Choppin,* s. d. 31 pages, in-16. Br.

1627. REGNAULT. Discours de J.-J. Regnault, prononcé le 22 avril, l'an quatrième de la Liberté, pour l'inauguration du buste de Mirabeau, devant la société des amis de la Constitution et les corps judiciaires, administratifs, municipal et militaire. *Bar-le-Duc, Choppin,* 1792. 71 pages, in-8°. Br.

1628. FÉDÉRATION des Vosges. Le 7 mars 1790. *Épinal, A. Vautrin,* s. d. 45 pages, in-8°. Cart.

1629. GÉRARD à ses concitoyens. (Extrait du registre des délibérations de la société populaire et républicaine de Toul, épurée et affiliée aux Jacobins de Paris.) Séance du 14 pluviôse, an II. *S. l., n. n., n. d.* 16 pages, in-8°. Br.

1630. EXTRAIT du procès-verbal de la séance de la société populaire de la commune de Vézelise. 24 brumaire, an II. *S. l., n. n., n. d.* 4 pages, in-4°. Cart.

1631. FAURE, Représentant du peuple, aux citoyens composant la société populaire,

à Lamarche. *Darney, Imprimerie du district, An III.* 15 pages, in-8°. Rel.

1632. ADRESSE du cabinet-littéraire de Nancy à la société des amis de la Constitution, 1790. *Nancy, Vve Bachot, s. d.* 4 pages, in-4°. Br.

1633. ADRESSE aux citoyens, par la société des actionnaires de la caisse patriotique de Nancy. *Nancy, P. Barbier,* 1792. 10 pages, in-4°. Br.

m). *Pamphlets.*

1634. AUTEUR (L') et la fortune, satyre patriotique, dialoguée, en vers et en prose, avec des notes historiques, politiques, et véridiques. *Démocratopolis, s. n.,* 1790. viii-64 pages, in-8°. Rel.

1635. BROCHURETTE (La) ou l'argument de Henri IV vengé et triomphant du sophisme. *S. l., n. n., n. d.* 25 pages, in-12. Br.

1636. DIALOGUE entre un capitaine de la garde nationale, un électeur et un curé. *S. l., n. n., n. d.* 15 pages, in-8°. Br.

1637. DIALOGUE entre Tranchefétu, vétéran et Prêtatout, jeune soldat d'un des régiments travaillés par les clubs des vrais amis du bon ordre. (Par Jourgniac de St-Méard.) *Nancy, s. n.,* 1790. 24 pages, in-8°. Demi-rel.

1638. DIALOGUE entre Tranchefétu et Prêtatout, soldats au régiment d'infanterie du roi ; Brusquefeu, cavalier du mestre-de-camp ; Vindbeytel, grenadier suisse du régiment de Châteauvieux ; et Caramara, déserteur brabançon, déguisé en garde national, perdus, avec la plus grande partie de leurs camarades, par des clubs qui masquent leur faux patriotisme sous l'insinuante qualification des vrais amis de la paix, de la constitution, etc., pour servir de suite au dialogue du 5 août, entre Tranchefétu et Prêtatout. *Nancy, s. n.* 1790. 64 pages, in-8°. Cart.

1639. DELATTRE. Ambitieux et faux patriotes démasqués, ou l'art d'intriguer et de calomnier avec fruit, à l'approche des élections de germinal. Dialogue philosophique. Par Delattre, l'aîné. *Metz, C. Lamort, An VI.* 37 pages, in-8°. Br.

1640. DELATRE. Ode au 18 fructidor, par le citoyen Delatre, le jeune. *Metz, P. Antoine, An VI.* 7 pages, in-4°. Cart.

1641. HAINE à la royauté et à l'anarchie. — Avis aux électeurs du département de la Meurthe. *Nancy, J.-B. Vigneulle, s. d.* 16 pages, in-8°. Br.

1642. HYMNE sur les ci-devant saints. Air des Marseillais. *Nancy, Guivard, s. d.* 2 pages, in-8°. Rel.

1643. LETTRE bougrement patriotique du véritable Père Duchêne, à tous les soldats de l'armée. *S. l., n. n., n. d.* 7 pages, in-8°. Rel.

1644. PETIT (Un) mot en passant, du Père Duchêne aux patriotes de Nancy. *S. l., n. n., n. d.* 3 pages, in-8°. Rel.

1645. SAINT-LUC aux Nanceyens. — Épitre première et dernière. *Nancy, Dufey,* 1792. 24 pages, in-12. Br.

1646. TOLÉRANCE (La) constitutionnelle dans les provinces, ou relation de ce qui s'est passé à Mirecourt, le 12 octobre, à Vézelize, le premier novembre, et à Houdreville, le 2 du même mois 1791. *Paris, s. n.,* 1791. 47 pages, in-8°. Cart.

1647. VALOIS. L'impromptu du sentiment. Du 19 août 1789, par M. Valois, garde-citoyen. *S. l., n. n., n. d.* 4 pages, in-8°. Br.

1648. (VALOIS.) Les deux grenadiers françois. Dialogue. — Épigramme. (Par Valois.) *Strasbourg, s. n., n. d.* 8 pages, in-8°. Rel.

n). *Mélanges.*

1649. AU PEUPLE, sur le 18 fructidor. *Metz, Antoine, An VI.* 4 pages, in-4°. Cart.

1650. AVIS aux électeurs du département des Vosges. *S. l., n. n., An V.* 23 pages, in-12. Br.

1651. BENOIT. Souvenirs de la première révolution dans le pays messin et dans le diocèse de Metz, par A. Benoit. *Metz, C. Thomas,* 1881. 19 pages, in-8°. Br.

1652. BOTTIN. Discours prononcé par Mr Bottin, curé de Favières, lors de la bénédiction du drapeau de la garde nationale de Vézelise, le dimanche de la Pentecôte, 27 may, an IV de la liberté, pour servir de réponse aux auteurs et compagnie de la prophétie accomplie, etc. *S. l., n. n., n. d.* 7 pages, petit in-4°. Cart.

1653. BOUVIER. Les Vosges pendant la Révolution. 1789-1795-1800. Étude historique par Félix Bouvier. *Paris, Berger-Levrault et Cie,* 1885. xvi-520 pages, in-8°. Portraits. Demi-rel.

1654. DEVISMES. Discours sur l'affaire du Clermontois, prononcé au nom du comité des domaines, par M. Devismes, député de l'Aisne, à la séance du mardi soir, 15 mars 1791. *Paris, Imprimerie nationale, s. d.* 51 pages, pet. in-8°. Demi-rel.

1655. DISCOURS des dames poissonnières de Nancy, à M. le Maire, nosseigneurs les officiers municipaux, et notables de ladite ville. *S. l., n. n., n. d.* 3 pages, in-8°. Br.

1656. DURIVAL. Adresse au citoyen préfet et aux citoyens membres du conseil de préfecture du département de la Meurthe, par le citoyen Durival, ancien commissaire des guerres, pour la fête du 18 brumaire an X, à l'occasion de la signature des préliminaires de paix entre la France et l'Angleterre. *Nancy, Thiébaut, s. d.* 4 pages, in-8°. Br.

1657. ÉTABLISSEMENT de distributions gratuites de soupes économiques pour les indigens de la ville de Nancy (en l'an XIV). *S. l., n. n., n. d.* 4 pages, in-folio. Br.

1658. EXTRAIT de la réponse du ministre de l'Empereur, à l'avis réquisitorial des ambassadeurs, des électeurs, princes et états de l'empire, contre les décrets de l'Assemblée nationale... Troubles dans les départemens de la Moselle et de la Meurthe... Complot découvert dans le département du Bas-Rhin... Lettre de M. Guillin à l'Assemblée nationale. *Paris, s. n., n. d.* 4 pages, in-8°. Br.

1659. GALBAUD. Observations sur la pétition présentée à la Convention nationale, dans sa séance du 28 octobre 1792, l'an Ier de la République, par F.-T. Galbaud, maréchal-de-camp, ancien commandant de Verdun. *Paris, s. n., n. d.* 36 pages, in-8°. Cart.

1660. GILOT. Le général de division Gilot, aux représentans du peuple. *Nancy, H. Haener, s. d.* 24 pages, in-4°. Cart.

1661. LETTRE des représentans de la Moselle sur la conspiration de Babeuf. *Metz, C. Lamort, An IV.* 4 pages, in-4°. Cart.

1662. LETTRE d'un citoyen à un citoyen. (*Nancy, 1789*). 35 pages, in-8°. Br.

1663. MAISONNEUVE. Discours prononcé le 13 juillet 1793, l'an second de la République française, par le citoyen Maisonneuve, chef du second bataillon de la Moselle, commandant le camp de Bliescastel, à la lecture de l'acte constitutionnel. *Metz, C. Lamort, An II.* 3 pages, in-4°. Cart.

1664. MÉMOIRE sur la répartition de la la contribution foncière à décréter pour l'an V. *Nancy, J.-R. Vigneulle, An V.* 12 pages, in-4°. Br.

1665. OBERHERRSCHAFT (Die) und Oberlehnherrlichkeit Kaisers und Reichs über die Reichsstandische Landen, unmittelbare Territorien und Reichstadte in Elsass und Lothringen. 1791. *Teutschland, 1791.* 219 pages, in-4°. Br.

1666. OBSERVATIONS à valoir, pour la boucherie et la charcuterie, à nos concitoyens les officiers municipaux de la ville de Metz. *S. l., n. n., n. d.* 8 pages, in-4°. Cart.

1667. OBSERVATIONS sur la libre navigation de la Moselle et du Rhin, présentées aux directoires du district de Metz et du département de la Moselle, par les membres du conseil général de la commune de Metz, et par les citoyens correspondans du bureau de commerce. *Metz, Antoine, An III.* 22 pages, in-4°. Cart.

1668. OBSERVATIONS sur le rapport du comité des monnoies, fait à l'Assemblée nationale, relativement à l'organisation des monnoies et pour le rétablissement d'un hôtel à Metz. *Metz, Vve Antoine et fils, s. d.* 14 pages, in-4°. Cart.

1669. ORDONNANCE du Roi qui défend d'attaquer les châteaux, d'en enlever les archives et de commettre d'autres excès envers les habitans et les propriétés des seigneurs. *Metz, Vve Antoine, 1789.* 3 pages, in-4°. Cart.

1670. PETIT crayon des éloges faits en faveur du comte de Mirabeau, sur sa nomination aux États-généraux. *S. l., n. n., n. d.* 2 pages, in-4°. Cart.

1671. PÉTITION à la municipalité de Nancy pour la conservation de la statue de Louis XV, signée par 672 citoyens de Nancy et des communes voisines. *Nancy, C. Leseure, 1792.* 7 pages, in-4°. Cart.

1672. POLICE. Objet de salubrité publique. — Translation des cimetières hors la ville. *Metz, C. Lamort, 1793.* 8 pages, in-4°. Cart.

1673. PROCLAMATION sur la paix générale, du 18 brumaire an X de la République française. Les Consuls de la République aux Français. *Metz, Antoine aîné, An X.* 2 pages, in-4°. Cart.

1674. PROCLAMATION au sujet de la paix. Les Consuls de la République aux Français. *Metz, Antoine aîné, an IX.* 3 pages, in-4°. Cart.

1675. PUBLICATION de la paix. *S. l., n. n., An IX.* 1 page, in-4°. Cart.

1676. PROCLAMATION. Paix aux chaumières. — Guerre aux châteaux, *Metz, Vve Antoine et fils, An II.* 7 pages, in-4°. Cart.

1677. PROPOSITION d'un citoyen de Nancy, à tous ses concitoyens et adressée au comité des subsistances le 18 septembre 1789. *S. l., n. n., n. d.* 8 pages, in-8°. Br.

1678. RÉFLEXIONS sur le bien de tous, par un soldat de la garde nationale de Metz. *S. l., n. n., n. d.* 24 pages, in-8°. Br.

1679. RÉFLEXIONS sur l'événement qui a eu lieu à Lunéville, le 15 prairial an VI de la République française. *Lunéville, Guibal, fils, An VI.* 12 pages, in-4°. Br.

1680. SILVESTRE. Projet de décret concernant les subsistances militaires, proposé à la Convention nationale par le sans-culotte Silvestre, juge au tribunal du district de Dieuze, président du comité des Douze et membre de la société populaire de la même ville. *S. l., n. n., n. d.* 11 pages, in 4°. Cart.

1681. TAUX des grains fixé par le maximum au premier août 1793, l'an second de la République. *Nancy, Guivard,* 1793. Placard in-folio.

4°. De la Révolution à nos jours.
(*Mélanges.*)

1682. FÊTES données à l'occasion du passage de Sa Majesté l'Impératrice Marie-Louise dans le département de la Meurthe, du 24 au 27 mars 1810. *Nancy, Thiébaut, s. d.* 8 pages, in-8°. Br.

1683. BENOIT. Les prisonniers de guerre espagnols, à Épinal et à Neufchâteau, 1813, par M. A. Benoit *Épinal, Collot,* 1886. 12 pages, in-8°. Br. (Extrait des *Annales de la Société d'émulation des Vosges.*)

1684. BOUVIER. Les premiers combats de 1814. Prologue de la campagne de France dans les Vosges. Par Félix Bouvier. *Paris, Léopold Cerf,* 1895. 161 pages, in-12. Portrait. Br.

1685. BENOIT. Invasion de 1814 dans le département des Vosges. Correspondance inédite du général Cassagne, publiée par A. Benoit. *Epinal, V. Collot,* 1877. 94 pages, in-8°. Br.

1686. CHARTON. L'administration bavaroise dans les Vosges en 1814, et poésies (Les chasses algériennes ; La découverte de l'Amérique ; La Champagne ; Panem quotidianum), par M. Ch. Charton. *Epinal, Vve Gley,* 1864. 69 pages, in-8°. Br. (Extrait des *Annales de la Société d'émulation des Vosges.*)

1687. BENOIT. Les corps francs du commandant Brice en Lorraine (Souvenirs de 1815). Vitry-le-François, *Bitsch,* 1868. 34 pages, in-8°. Br. (Extrait de l'*Echo de la Marne.* Novembre 1867.)

1688. MÉMOIRE pour les fabricants et commerçants de draps de la ville de Nancy, aux fins d'obtenir la prompte exécution

des mesures adoptées pour assurer le paiement de toutes les dépenses causées par l'occupation de ce département. *S. l., n. n.,* 1814. 26 pages, in-4°. Br.

1689. MÉMOIRE pour la ville de Nancy (à propos des alliés). *Nancy, Hissette,* 1815. 9 pages, in 4°. Br.

1690. AVIS aux Français, par M. d'Alopeus. gouverneur-général pour les hautes puissances alliées, et Cte Roger de Damas, gouverneur-général pour le Roi. *S. l., n. n., d.* (1815). Placard in fol.

1691. BOULAY DE LA MEURTHE. Aux électeurs de l'arrondissement de Lunéville. Par Boulay de la Meurthe. *Lunéville, Impr. Pignatel,* 1839. 15 pages, in-4°. Cart.

1692. ABEL. Les Russes dans la vallée de la Moselle, par Charles Abel. *Metz, Rousseau-Pallez,* 1856. 31 pages, in-8°. Cart. (Extrait de l'*Austrasien.*)

1693. OBSERVATIONS de la ville de Pont-à-Mousson, en réponse à celles de la ville de Toul, présentées aux chambres sur le projet de loi tendant à distraire de l'arrondissement de Toul sept communes pour les réunir au canton de Pont-à-Mousson. Signé : Munier. *Paris, Fain,* 1818. 6 pages, in-4°. Br.

1694. DE CHATENOY. Copie de la lettre de M. le Marquis de Chatenoy, chef de l'Etat-major de la Garde nationale du département de la Meurthe, à M. le chevalier de Landrian, colonel de la garde nationale de Nancy. *Nancy, s. n.,* 1817. 4 pages, in-fol. Br.

1695. MÉMOIRE expositif des considérations qui militent en faveur du maintien de la réunion du canton de Haroué à l'arrondissement de Nancy, département de la Meurthe. *S. l., n. n.,* 1821. 8 pages, in-4°. Br.

1696. VOYAGE du roi dans les départements de l'Est, et au camp de manœuvres de Lunéville. Septembre 1828. *Paris, Imprimerie royale,* 1828. III-213 pages, in-8°. — Supplément au Moniteur. Voyage du roi dans les départements de l'Est. *Nancy, Haener, s. d.* 26 pages, in-8°. Demi-rel.

1697. RELATION du voyage de S. M.

Charles X et de S. A. R. Mgr le Dauphin dans le département de la Meurthe, leur séjour à Lunéville, Nancy et Toul, suivie du voyage de Mme la Dauphine dans le même département. *Nancy, Bontoux,* (1828). 31 pages, in-8°. Br.

1698. RELATION de la fête du roi, des grandes revues et des deux voyages de Sa Majesté dans l'intérieur du royaume. (Lorraine, etc.) en mai, juin et juillet 1831. —Supplément. *Paris, Mme veuve Agasse,* 1831. 559 et 36 pages, in-8°. Demi-rel.

1699. DISCOURS adressés au roi; Réponses de Sa Majesté pendant son voyage dans les départements de l'Est, en 1831. *Imprimeries diverses.* 106 pages, in-8°. Demi-rel.

1700. LISTE générale des électeurs parlementaires et départementaux des Vosges, pour 1846. *Epinal, Gley, s. d.* 51 pages, petit in-8°. Br.

1701. RELATION du passage de Louis-Napoléon dans la Meurthe, à l'occasion de l'inauguration du chemin de fer de Paris à Strasbourg, juillet 1852. *Nancy, Hinzelin,* 1852. 42 pages, in-8°. Br.

1702. RIBEYRE. Voyage en Lorraine de S. M. l'Impératrice et de S. A. I. le Prince Impérial, précédé du voyage de S. M. l'Impératrice à Amiens. Par Félix Ribeyre. *Paris, Plon,* 1867. 60 pages, gr. in-4° obl. 8 planches hors-texte et 34 gravures dans le texte. Cart.

1703. JUSSELAIN. Voyage en Lorraine de S. M. l'Impératrice et de S. A. le Prince Impérial, par Armand Jusselain. *Paris, E. Dentu,* 1866. 68 pages, in-8°. Demi-rel.

1704. BERNOT. Napoleoni tertio imperatori. Par Bernot, principal du collège de Châteaudun. (A l'occasion des fêtes auxquelles ce souverain devait assister à Nancy, en 1866.) *Châteaudun, A. Lecesne,* (1866). 7 pages, in-8°. Cart.

1705. LA TOUR DU PIN CHAMBLY (DE). L'armée française à Metz, par le Cte de La Tour du Pin Chambly, de l'état-major du IVᵉ corps (avec un dessin de M. A. Protais). 2ᵉ édition. *Paris, F. Amyot,* 1871. III-136 pages, in-12. Demi-rel.

1706. — SOUSCRIPTION nationale pour la délivrance de la France. Comité de Nancy. Liste des souscripteurs, *Nancy, Sordoillet et fils,* (1871). 104 pages, in-4°, Br.

1707. BAZAINE. Rapport sommaire sur les opérations de l'armée du Rhin, du 13 août au 29 octobre 1870, par le commandant en chef, maréchal Bazaine, avec une carte. Deuxième édition. *Berlin, Leonhard Simion ; Bruxelles, C. Muquardt ; London, Dulau ; Bâle et Genève, H. Georg.* 1870. 28 pages, in-8°. Br. (Siège et capitulation de Metz.)

1708. (PLAZANET.) Le maréchal Bazaine et l'armée de Metz. Mémoire pour servir à l'enquête sur la capitulation de Metz, (par Plazanet). *Paris, Dentu,* 1871. IX-93 pages, in-12. Demi-rel.

1709. FALIGAN. Les ballons pendant le siège de Metz, par Ernest Faligan. (Extrait du *Correspondant.*) *Paris, C. Douniol et Cie,* 1872. 15 pages, in-8°. Cart.

1710. WOLOWSKI. Campagne de 1870-71. Corps franc des Vosges (armée de l'Est). Souvenirs suivis des dépêches, décrets, etc. par Ladislas Wolowski, commandant des éclaireurs à cheval. *Paris, A. Laporte,* 1871. 104 pages, in-12. Demi-rel.

1711. VAINCUS (Les) de Metz par E. J*** ancien élève de l'École polytechnique, accompagné de trois cartes. *Paris, E. Donnaud,* 1871. 323 pages, in-8°. Demi-rel.

1712. SPOLL. Guerre de 1870. Campagne de la Moselle, par E. A. Spoll. *Bruxelles, A. N. Lebègue et Cie,* 1871. 288 pages, in-12. Demi-rel.

1713. COMBAT (Le) d'Épinal, par un officier de la garde nationale d'Épinal. *Épinal, H. Fricotel,* 1872. 12 pages, in-8°. Br.

1714. COMBAT (Le) d'Épinal (12 octobre 1870), par un ancien élève du lycée de Strasbourg. *Épinal, Busy,* 1871. 23 pages, in-8°. Br.

1715. DES GODINS DE SOUHESMES. Blocus de Metz en 1870. Bazaine. — Coffinières. Avec pièces et documents à l'appui et... une carte des environs de Metz, par G. Des Godins de Souhesmes. *Verdun, Laurent,* 1872. 248 pages, in-8°. Demi-rel.

1716. GRAD. Organisation du gouvernement de l'Alsace-Lorraine. Discours de Charles Grad, député de Colmar, prononcés au Reichstag. Par Charles Grad. *Colmar, Vᵉ J. B. Jung*, 1879. 15 pages, in-8°. Br.

1717. GRAD. L'Alsace-Lorraine aux Alsaciens-Lorrains. Discours prononcé par M. Ch. Grad... au Landesausschuss. *Colmar, J. B. Jung*, 1887. 27 pages, in-8°. Br.

1718. GRAD. Considérations sur les finances et l'administration de l'Alsace-Lorraine sous le régime allemand, par Charles Grad. *Paris, Germer-Baillière*, 1877. xv-574 pages, in-8°. Demi-rel.

1719. HEIMWEH. Triple alliance et Alsace-Lorraine, par J. Heimweh. *Paris, A. Colin*, 1892. iv-139 pages, in-16. Br.

1720. HEIMWEH. L'Alsace-Lorraine et la paix. La dépêche d'Ems, par J. Heimweh. *Paris, A. Colin*, 1894. 119 pages, in-16. Br.

1721. BENOIT. Le bois de Mey. Épisode du combat de Borny, par A. Benoit. *Mulhouse, Imp. veuve Bader*, 1882. 24 pages, in-12. Br. (Bataille du 14 août 1870.)

1722. BARRAL. Metz et le maréchal Bazaine, par J. A. Barral, membre du conseil général de la Moselle pour le 3ᵉ canton de Metz. *Paris, A. Chevalier*, 1870. 24 pages, in-8°. Cart.

1723. MÉMORIAL des souscriptions recueillies en 1879-80 pour les inondés de Murcie, et en 1885 pour les victimes des tremblements de terre de l'Andalousie, par D. Léon Mougenot, vice-consul d'Espagne à Nancy. *Nancy, J. Royer, s. d.* Placard, in-fol.

1724. GOULETTE. L'entrevue de Saint-Ail-Amanvillers, 17 juin 1893, par L. Goulette. *Nancy, Sidot*, 1893. 56 pages, 12 planches, gr. in-8°. Br.

1725. TEUTSCH. Notes pour servir à l'histoire de l'annexion de l'Alsace-Lorraine... (1871-1874). Par Édouard Teutsch, ancien député. *Nancy, Berger-Levrault*, 1893. 49 pages, in-8°. Br.

1726. ELSASS - LOTHRINGEN vor dem Reichstage. *Berlin*, 1879. 272 pages, in-8°. Broché.

1727. LEPAGE. Les prétentions de la Prusse. La Lorraine allemande, sa réunion à la France, son annexion à l'Allemagne 1766-1871. Par Henri Lepage. *Nancy, Lucien Wiener*, 1873. 51 pages, in-8°. Br.

1728. RAMBAUX. La guerre de partisans en Lorraine (1870-1871). Le pont de Fontenoy, par E. Rambaux, ex-officier aux Chasseurs des Vosges. (Avec une carte.) *Paris, Nancy, Berger-Levrault*, 1873. 58 pages, in-8°. Br.

1729. BALCH. Some facts about Alsace and Lorraine. A paper read before the geographical club of Philadelphia. January, 2, 1895. By Thomas Willing Balch. *S. l. (Philadelphia), n. n., n. d.* (1895). 16 pages, 4 vues et 1 carte, in-8°. Cart.

1730. RASCH. Les Prussiens en Alsace-Lorraine, par un prussien (traduit de l'allemand de G. Rasch par L. Léger). *Paris, Plon*, 1876. vii-244 pages, in-12. Demi-rel.

1731. RECUEIL d'affiches pendant l'invasion de 1870. *Nancy*, 1870. 1 vol. in-f°. Cart.

1732. MURAILLES (Les) d'Alsace-Lorraine depuis la déclaration de guerre jusqu'en octobre 1873. Metz, Strasbourg, Longwy, Haguenau, Nancy, etc. *Paris. Lechevalier*, 1874. 269 pages, in-4°. Cart.

1733. ALSACE-LORRAINE (L') depuis 25 ans sous le joug de l'Allemagne, par un jeune Alsacien. *Nancy, s. n.*, 1895. 12 pages, in-12. Br.

1734. RAIS. Le 25ᵉ anniversaire de la guerre. En Alsace. En Lorraine. Par Jules Rais (J. Nathan). *Nancy, s. n.*, 1895. 41 pages, in-18. Br. (Extraits de l'*Est Républicain*.)

C. HISTOIRE DES LOCALITÉS.

1°. Dictionnaires et ouvrages relatifs à plusieurs localités.

1735. CALMET. Notice de la Lorraine, qui comprend les duchez de Bar et de Luxembourg, l'électorat de Trèves, les trois évêchez Metz, Toul et Verdun ; les villes principales et autres lieux les plus célèbres, rangez par ordre alphabétique, ornée de plusieurs inscriptions antiques et figures en taille-douce, propres à illustrer l'histoire et la religion ancienne de ces pays, avant l'établissement du christianisme. Par Dom Aug. Calmet, abbé de Senones. *Nancy, L. Beaurain*, 1756. cxliv-946 et 224 (pour le supplément), cxvi-1024 et 74 colonnes, in-folio. 16 pl. 2 vol. Rel. veau.

1736. CALMET. Notice de la Lorraine, qui comprend les duchés de Bar et de Luxembourg, l'électorat de Trèves, les trois évêchés (Metz, Toul et Verdun) ; l'histoire, par ordre alphabétique, des villes de ce pays, des bourgs, des villages, des abbayes, de tous les établissements sacrés et civils, des camps romains, des palais des anciens rois d'Austrasie, des antiquités remarquables, et de tous les monuments qui méritent quelque distinction, par Dom Aug. Calmet. 2° édition. *Lunéville, Mme George*, 1844. xvi-516 et 516 pages, gr. in-8°. 2 vol. Demi-rel.

1737. LEPAGE. Les communes de la Meurthe, journal historique des villes, bourgs, villages, hameaux et censes de ce département, par Henri Lepage. (Abaucourt.— Bouxières-aux-Chênes.) *Nancy, A. Lepage, s. d.* 168 pages, in-4°. (L'éditeur a abandonné ce format pour reprendre l'in-8° en 1853.) Cart.

1738. LEPAGE. Les communes de la Meurthe. Journal historique des villes, bourgs, villages, hameaux et censes de ce département, publié sous les auspices du préfet de la Meurthe, par Henri Lepage, archiviste du département. *Nancy, A. Lepage,* 1853. lvi-743 et 799 pages, in-8°. Demi-rel.

1739. GUILBERT. Histoire des villes de France, avec une introduction générale pour chaque province, par M. Aristide Guilbert. — Trois-Évêchés. — Lorraine. *Paris, Furne et Perrotin,* 1853. 78 et 96 pages, in-8°. Fig. et armoiries. En un vol. Demi-rel.

1740. DUMONT. Les ruines de la Meuse, par Dumont, juge à Saint-Mihiel. — I. Prévôtés de Hattonchâtel et Lachaussée. — II. Seigneuries et prévôtés de Bouconville, Heudicourt, Les Kœurs et Pierrefitte, abbaye de Saint-Benoît-en-Woivre, commanderies de Doncourt et Marbotte. — III. Seigneurie d'Apremont. — IV. Seigneurie de Sorcy-sur-Meuse. — V. Sam-

pigny, et dépendances. *Nancy, Imp. N. Collin ; Paris, Derache, s. d.* 452, 422, 410, 372 et 390 pages, in-8°. Plans, vues et blasons. 5 vol. Demi-rel.

1741. DUMONT. Histoire des fiefs et principaux villages de la seigneurie de Commercy : Pont-sur-Meuse, Lérouville, Euville, Vignot, abbaye de Rengéval, Laneuveville-au-Rupt, Saint-Aubin, Sommières et Saulx-en-Barrois, Ménil-la-Horgue, Ville-Issey, Chonville et Morville, abbaye de Rieval. Par Dumont, juge à Saint-Mihiel. *Nancy, A. Dard ; Paris, Derache,* 1856. 502 et 464 pages, in-8°. Plans. 2 vol. Demi-rel.

1742. JEANTIN. Manuel de la Meuse. Histoire de Montmédy et des localités meusiennes de l'ancien comté de Chiny. Répertoire général des communes, etc., par M. Jeantin, président du tribunal de Montmédy. *Nancy, Vve Raybois,* 1861-1863. 2297 pages, in-8° en 3 vol. Demi-rel. (La pagination se continue d'un volume à l'autre.)

1743. JEANTIN. Histoire du comté de Chiny et des pays Haut-Wallons, par M. Jeantin, président du tribunal civil de Montmédy. *Paris, J Tardieu ; Nancy, Grimblot et Vve Raybois,* 1858-1859. xlvii-504 et xxviii-571 pages, in-8°. Fig. Demi-rel.

1744. BRIZION. Histoire des villages du canton de Fresnes-en-Wœvre, par M. A. Brizion, instituteur. *Verdun, Imp. L. Doublat,* 1866. 234 pages, in-8°. Carte. Demi-rel.

1745. THIRIAT. La vallée de Cleurie. Statistique, topographie, histoire, mœurs et idiomes des communes du Syndicat de Saint-Amé, de Laforge, de Cleurie et de quelques localités voisines, canton de Remiremont (Vosges). Par Xavier Thiriat. *Mirecourt, Humbert ; Remiremont, Leduc,* 1869. vi-458 pages, in-12. Carte. Demi-rel.

2ᵇ. Monographies locales.

NOTICES, PLANS ET VUES.

(Dans l'ordre alphabétique des noms de lieux.)

1746. **Abaucourt** (Meurthe). Vue de l'ancien château, 1842.

1747. **Aboncourt en Vosges** (Meurthe). Plan, vue et détails de l'église.

1748. **Agincourt** (Meurthe). Vue de l'église. — Vue du moulin. 2 pièces.

1749. RISTON. Le rétable de l'église d'**Aingeray**, par Victor Riston. *Nancy, G. Crépin-Leblond*, 1892. 8 pages, in-8°. Fig. Br. (Extrait des *Mémoires de la Société d'archéologie lorraine.*)

1750. **Aingeray** (Meurthe). Vues du rétable de l'église. Ensemble et détails. 2 pièces.

1751. **Albéchaux** (Meurthe). Vue de la chapelle.

1752. PROST. **Albestroff**, siège d'une châtellenie de l'évêché de Metz. Par Aug. Prost, membre de l'Académie impériale de Metz. *Metz, Rousseau-Pallez*, 1861. 104 pages, in-8°. Demi-rel.

1753. OLRY. Station antique découverte dans la forêt communale d'**Allain**, par E. Olry. *Nancy, G. Crépin-Leblond*, 1875. 19 pages, in-8°. Plan. Cart. (Extrait des *Mémoires de la Société d'archéologie lorraine.*)

1754. **Allamps** (Meurthe). Plan et détails de l'église. 2 pièces.

1755. COLLENOT. Renseignements fournis par M. Louis Collenot, sur une pierre de grande dimension... trouvée sur le territoire d'**Amance** (Meurthe). *Nancy, A. Lepage*, 1852. 16 pages, in-8°. Avec une gravure. Cart. (Extrait du *Journal de la Société d'archéologie lorraine.*)

1756. **Amance** (Meurthe). Plan figuratif du monticule où était bâti l'ancien château. — Plan et coupe de l'église ; vieille chapelle ; statues et fonts baptismaux de l'église ; porte de la maison seigneuriale. 9 pièces.

1757. DEPPING. Notice archéologique sur la ville d'**Arc-en-Barrois** (Haute-Marne), par Depping. *Paris, E. Duverger*, 1846. 31 pages, in-8°. Fig. Cart. (Extrait des *Mémoires de la Société des Antiquaires de France*, t. XVIII.)

1758. CONUS. Promenade historique et ar-chéologique aux ruines du château d'**Arches-sur-Moselle** et aux environs ; lecture faite à la Sorbonne, le 18 avril 1873, par J. Conus, d'Épinal, inspecteur d'académie, etc. *Épinal, E. Gley*, 1873. 20 pages, in-8°. Br.

1759. LEPAGE. **Arches-sur-Moselle**. Le château, la ville et le village. Par H. Lepage. *Épinal, Vve Collot*, 1874. 62 pages, in-8°. Avec un plan. Cart. (Extrait des *Annales de la Société d'émulation des Vosges*, t. XIV.)

1760. **Arlange** (Meurthe). Vue de la chapelle.

1761. GERMAIN. L'église d'**Arrancy**, par L. Germain. *Nancy, Sidot*, 1891. 54 pages, in-8°. Br.

1762. **Arry** (Moselle). Vue du château.

1763. SIMON. Notice sur d'anciennes constructions existant sur le territoire de la commune d'**Ars-sur-Moselle**, dans un bois près de la plaine de Geai, par M. Victor Simon. *Metz, Dembourg et Gangel*, s. d. 6 pages, in-8°. Cart.

1764. **Ars-sur-Moselle**. Vues partielles. — Vue dans la vallée. — Vue particulière. — Vue de l'ancienne église. 6 pièces.

1765. **Art-sur-Meurthe** (Meurthe). Statue sur la porte de l'église. — Vue d'une chapelle. 2 pièces.

1766. **Aube** (Moselle). Plan et vues de l'église. 2 pièces.

1767. TEISSIER. Note sur un pavé en mosaïque, découvert à **Audun-le-Tiche**, avec une digression sur l'ancienneté probable de ce village et de celui d'Audun-le-Roman, par Teissier. *Metz, Lamort*, 1824. 7 pages, in-8°. Br.

1768. **Augny** (Moselle). Plans et coupes de l'église. — Vue d'une habitation du mont Saint-Blaise. 3 pièces.

1769. GERMAIN. Charte d'affranchissement à la loi de Beaumont du ban d'**Aulnois**, septembre 1302. Par L. Germain. *Nancy, G. Crépin-Leblond*, 1881. 8 pages, in-8°. Broché.

1770. **Aulnois** (Meurthe). Vue du château. — Vue de la porte de la chapelle au château. 2 pièces.

1771. SOUHESMES. La chapelle et les tombeaux d'**Aulnois-en-Voëvre**. Par R. de Souhesmes. *Nancy, Crépin-Leblond, s. d.* 12 pages, grand in-8°. Fig. Br.

1772. **Aulnois-sous-Vertuzey** (Meuse). Plan d'un bois, par Henart.

1773. **Autrécourt** (Meuse). Objets antiques. 2 pièces.

1774. **Autrey** (Vosges). Plan du bois et de l'abbaye. — Vue de l'ancienne abbaye. 3 pièces.

1775. SCHAUDEL. Histoire d'**Avioth** et de son église, par L. Schaudel, lieutenant des douanes. *Bar-le-Duc, Contant-Laguerre,* 1891. 240 pages, in-8°. Fig. Br.

1776. JACQUEMAIN. Notre-Dame d'**Avioth** et son église monumentale au diocèse de Verdun (Meuse). Par M. l'abbé Jacquemain, curé d'Avioth. *Sedan, Imp. J. Laroche,* 1875. viii-132 pages, in-8°. Fig. Br.

1777. **Avioth** (Meuse). Plan de l'église. — Vue du baptistère. — Vues des différents détails de l'église. 9 pièces.

1778. **Azannes** (Meuse). Plan de la partie occidentale de l'étang du Haut-Fourneau.

1779. AUGUIN. **Baccarat.** Ses écoles, ses institutions économiques et ouvrières, ses sociétés de prévoyance, par E. Auguin. *Nancy, G. Crépin-Leblond,* 1878. 46 pages, in-8°. Br.

1780. **Baccarat.** Carte du cours de la Meurthe depuis le village jusqu'à la forêt de Moncel appartenant à la communauté de Baccarat. — Plan d'ensemble de Deneuvre et Baccarat. — Vue partielle de Baccarat, Deneuvre. 3 pièces.

1781. **Badlieu** (Vosges). Vues de la papeterie. 3 pièces.

1782. VIEUJOT-DESCOLIN. Notice historique sur **Badonviller** et Pierre-Percée par Vieujot-Descolin, ancien magistrat. *Lunéville, Pignatel,* 1837. 23 pages, in-8°. Cart.

1783. (BATAILLE). Notice historique sur la chapelle de Notre-Dame-de-la-Brosse, à **Bains** (par l'abbé Bataille, ancien recteur). *Mirecourt, Humbert,* 1859. 33 pages, petit in-12. Br.

1784. THIRIAT. Essai sur les eaux de **Bains**, par J.-B. Thiriat, docteur en médecine, inspecteur-adjoint desdites eaux, etc. *Paris, Crochard,* 1808. vii-38 pages, in-8°. Demi-rel.

1785. BAILLY. Des eaux thermales de **Bains-en-Vosges** et de leur usage dans les maladies chroniques, par le docteur Bailly, inspecteur, ancien interne des hôpitaux de Paris. *Paris, V. Masson,* 1852. 206 pages, in-8°. Carte. Demi-rel.

1786. ESSAI sur les eaux de **Bains**. *Paris, Duminil-Lesueur, s. d.* 38 pages, in-8°. Br.

1787. **Bains-en-Vosges.** Plan du bois. — 5 vues partielles. — Vue de la chapelle à la Vierge de la Brosse. 7 pièces.

1788. **Bainville-aux-Miroirs** (Meurthe). Vues de la tour et des ruines de la forteresse. 4 pièces.

1789. GERMAIN. **Bainville-sur-Madon,** par L. Germain. *Nancy, Sidot,* 1890. 20 pages, in-8°. Br.

1790. **Bainville-sur-Madon** (Meurthe). Plan géométrique de la commune. — Vue du village. 2 pièces.

1791. MERLIN. Notice sur le **Ban de la Roche** et le pasteur Oberlin, par P. Merlin, de Bruyères. *S. l., n. n., n. d.* 16 pages, in-8°. Br.

1792. DIETZ. Documents inédits pour servir à l'histoire de l'ancienne seigneurie du **Ban de la Roche,** par E. Dietz, pasteur à Rothau. *S. l., n. n., n. d.* 37 pages, in-8°. Br.

1793. **Ban de La Roche** (Vosges). Vue du village. — Vue de Rothau. 2 pièces.

1794. **Ban-Saint-Martin** (Moselle). Vue d'une habitation.

1795. BELLOT-HERMENT. Historique de la ville de **Bar-le-Duc,** par F.-A.-T. Bellot-Herment, chef de division de la préfecture de la Meuse, en retraite. Ouvrage publié par la commission du Musée. *Bar-le-Duc, Imp. Laguerre*, 1863. 552 pages, in-12. 1 pl. Demi-rel.

1796. RENARD. Le château de **Bar**, autrefois et aujourd'hui. Par l'abbé Gabriel Renard, chanoine honoraire de Verdun, aumônier des Dominicaines de Bar-le-Duc. *Bar-le-Duc, Contant-Laguerre*, 1896. 335 pages et 23 planches, in-8°. Br.

1797. BAILLOT. Notice historique sur l'hospice de **Bar-le-Duc**, par M. le docteur Baillot, vice-président de la Société des Lettres, Sciences et Arts de Bar-le-Duc. *Bar-le-Duc, Contant-Laguerre*, 1876. 132 et 43 pages, in-8°. Demi-rel. (Extrait des *Mémoires de la Société des Lettres, etc., de Bar.*)

1798. TRUCHEMENT (Le) de la justice divine avant courier du grand jugement, touchant les présages funestes et espouventables tant de l'embrasement de l'église de **Bar-le-Duc**, causé par un feu tombé du Ciel, qu'autres merveilleux prodiges apparus visiblement en d'autres contrées. Chose approuvée par plusieurs personnes. Cela est arrivé le 14 mars. *Toul, s. n.*, 1619. 14 pages, in-8°. Rel. parch.

1799. GIGAULT D'OLINCOURT. Notice sur un poêle calorifère, destiné à chauffer quatre pièces du rez-de-chaussée de l'hôtel de la préfecture du département de la Meuse, par Gigault d'Olincourt, architecte de la 1ʳᵉ division de la Meuse. *Paris, Everat, s. d.* 8 pages, in-8°. Fig. Demi-rel.

1800. GERMAIN. Les cloches du collège Gilles-de-Trèves à **Bar-le-Duc**, par Léon Germain. *Nancy, Sidot frères*, 1894. 16 pages, in-8°. Fig. Br.

1801. BUVIGNIER-CLOÜET. Faits divers recueillis à **Bar-le-Duc** en l'année 1720, publiés et annotés par Mˡˡᵉ Buvignier-Cloüet. *Nancy, Crépin-Leblond*, 1895. 38 pages, in-8°. Br. (Extrait de l'*Annuaire de Lorraine* pour 1896.)

1802. INAUGURATION du Musée de **Bar-le-Duc**. Galerie des illustrations de la Meuse. *Bar-le-Duc, Numa Rolin*, 1866. 16 pages, in-8°. Cart.

1803. **Bar-le-Duc**. 4 plans de la ville. — 6 vues générales. — 2 vues de la ville haute. — Vue de l'ancien château. — 2 vues du pont Notre-Dame. — Vue du collège Gilles. — Vue de l'hôtel de ville et de la statue d'Oudinot. — Vue du théâtre et café des oiseaux. — Vue de l'église Saint-Etienne. — Vue de l'ancien couvent des capucins. — 2 vues particulières. En tout 30 pièces.

1804. **Baronville** (Moselle). Plan et vues de l'église. 2 pièces.

1805. **Barville** (Vosges). Carte topographique du territoire.

1806. GERMAIN. Excursions épigraphiques. **Baslieux** (canton de Longwy), par Léon Germain. *Nancy, G. Crépin-Leblond*, 1887. 62 pages, in-8°. Br. (Extrait des *Mémoires de la Société d'archéologie lorraine*.)

1807. **Bauzemont** (Meurthe). Vue d'une statue de l'église.

1808. **Bayon**. Plan de la ville. — Vue particulière. 2 pièces.

1809. CHAPELLIER. Essai historique sur **Beaufremont**, son château et ses barons, par Chapellier, instituteur. *Epinal, Imp. Gley*, 1858. 490 pages, in-8°. Demi-rel.

1810. LEMAIRE. Recherches historiques sur l'abbaye et le comté de **Beaulieu-en-Argonne**, par P.-Auguste Lemaire, ancien professeur de rhétorique à Paris. *Bar-le-Duc, Contant-Laguerre*, 1873. VIII-328 pages, in-8°. Br.

1811. **Beaupré** (Meurthe). 2 plans de l'abbaye. — Vues des ruines de l'abbaye. 8 pièces.

1812. **Beauregard** (Commune de Nancy). Plan du domaine. 1832.

1813. **Beckerholtz** (Moselle). Vue particulière.

1814. **Belchamp** (Meurthe). Plan de l'abbaye.

1815. **Belleau** (Meurthe). Vue de la porte de l'ancien baillage.

1816. **Belle-Tanche** (Moselle). Vue du pont.

1817. **Bénaménil** (Meurthe). Plan du village.

1818. CHEVREUX. Notre-Dame de **Benoîte-Vaux** (Diocèse de Verdun), par le R. P. Chevreux, de la congrégation de Notre-Sauveur. *Verdun, J.-B. Laurent,* 1863. 484 pages, in-12. Demi-rel.

1819. MÉMORIAL du couronnement de Notre-Dame de **Benoîte-Vaux,** 8 septembre 1875. *Verdun, Ch. Laurent, s. d.* 42 pages, in-18. Br.

1820. **Benoite-Vaux** (Meuse). Vue de la chapelle. — Vue de la fontaine de la Vierge. — Image de N. D. de Benoîte-Vaux. 3 pièces.

1821. GERMAIN. La cloche de **Bermont,** (Vosges), par L. Germain. *Nancy, Sidot,* 1890. 15 pages, in-8°. Fig. Br.

1822. **Bernécourt** (Meurthe). Plans de la caserne de gendarmerie. 2 pièces.

1823. **Bertrichamps** (Meurthe). Plan des terrains formant l'irrigation de la Fauchée, sur la rive droite de la Moselle, 1856.

1824. **Besviller** (Meurthe). Plan topographique de l'étang.

1825. **Bettange** (Moselle). Vue du château.

1826. **Bienville-la-Petite** (Meurthe). Plan de la commune.

1827. **Bitche.** Plan du château. — Vue du château. — 5 vues générales. — Vue de l'hôtel de la Croix d'or. —Vue du collège. En tout 9 pièces.

1828. VARINOT. Estimation du marquisat de **Blainville,** par M. Varinot, procureur du Roy en l'Hôtel-de-ville de Nancy. *Nancy, Claude Lescure,* 1781. 22 pages, in-4°. Broché.

1829. **Blainville-sur-l'eau** (Meurthe). Vue particulière.

1830. **Blâmont.** Carte du gouvernement de Blâmont. — Carte des bois. — Plan de la ville. — 3 vues générales. — 4 vues partielles. — Vue du château. — Vue de l'hôpital. — Bénitier du XIVᵉ siècle dans la chapelle du collège. En tout 13 pièces.

1831. **Blanzey** (Meurthe). Plan et vue de l'église. 2 pièces.

1832. GUILLAUME. Notice sur le bourg de **Blénod-les-Toul,** précédée d'un éloge historique de monseigneur Hugues des Hazards, LXXIIᵉ évêque et comte de Toul. Par M. l'abbé Guillaume, curé de Blénod-les-Toul. *Nancy, Grimblot, Raybois et Cie,* 1843. XXXIV-240 pages, in-8°. Fig. Demi-reliure.

1833. **Blénod-les-Toul.** 2 plans du château. — 2 plans de l'église. — Vue générale. — 2 vues de l'église. — 7 vues du tombeau de Hugues des Hazards. — 6 vues : Emplacement du château, ruines, fossés, porte, etc. En tout 20 pièces.

1834. BENOIT. Notice historique sur la chapelle de **Bonne-Fontaine,** près de Phalsbourg (Meurthe), par Arthur Benoit. *Saverne, Imp. A. L. Castillon,* 1870. 14 pages, in-8°. Cart.

1835. **Bonneval** (Vosges). Plan du châtelet gaulois.

1836. **Borny** (Moselle). Vue d'une habitation.

1837. **Bosserville** (Meurthe). Carte de la vallée de la Meurthe et des environs de Bosserville. — Plans perspectifs de la Chartreuse en 1752 et en 1790. — Vues de la Chartreuse. — Vues de Bosserville. En tout 26 pièces.

1838. **Le Bouchot** (Vosges). 4 vues du saut du Bouchot.

1839. **Boudonville** (Commune de Nancy). — 2 plans : Bâtiments et rues. 1725.

1840. **Boulay** (Moselle). 2 vues partielles. — Vue d'une chapelle. 3 pièces.

1841. GROSLIN. Notice historique sur la ville de **Bourmont,** son ancienneté.... ses établissements, ses chartes, par Groslin, ancien curé de Bourmont. *Neufchâteau, Victor de Mongeot,* 1840. 47 pages, in-8°. Fig. Cart.

1842. **Bouxières-aux-Chênes** (Meurthe). Vue des stalles de l'église.

1843. **Bouxières-aux-Dames** (Meurthe). Plan du village. — Vue générale. — 2 vues de l'église. — Vue d'une porte. — Vue des ruines du couvent. — Vue du caveau du couvent. — Vue d'une habitation en ruines. Sceau du chapitre. En tout 12 pièces.

1844. JUSTE. Notre-Dame de Froidmont et **Bouxières**, en l'ancien pays messin, (par A. Juste, curé de Bouxières-sous-Froidmont). *Nancy, R. Vagner*, 1894. 183 pages, in-8°. Fig. Br.

1845. LETTRES d'érection du comté de **Bouzey**, données à Nancy, le vingtième janvier 1715. *Nancy, J.-B. Cusson*, 1715. 13 pages, in-4°. Fig. Br.

1846. **Bouzonville** (Moselle). 2 vues partielles.

1847. MAXE-WERLY. Notice sur l'oppidum de **Boviolles** (Meuse), par L. Maxe-Werly. *Paris, s. n.*, 1878. 19 pages, in-8°. Br. (Extrait des *Mémoires de la Société nationale des Antiquaires de France*.)

1848. **Brabois** (Commune de Villers-les-Nancy). Plan de la ferme et de ses dépendances. — Vue du château. 2 pièces.

1849. ABEL. Origines de la commune de **Briey** et sa charte d'affranchissement par Abel (Charles), docteur en droit. *Metz, J. Verronnais*, 1876. 35 pages, in-8°. Fig. Cart.

1850. **Briey**. 3 vues partielles.

1851. **Bru** (Vosges). Vue de l'emplacement des bassins de captage.

1852. PATÉ. Notice sur **Brulange**, par J.-B. Pâté père, maire de la commune, ancien président de la société libre d'agriculture de Morhange, ancien conseiller général de la Lorraine. *Nancy, P. Sordoillet*, 1886. 72 pages, in-8°. Br.

1853. DEMANGE. Un pèlerinage en l'honneur de Notre-Dame de Lourdes, dans un village du Toulois (**Bruley**), par M. l'abbé Demange, directeur de l'école Saint-Léopold. *Nancy, Le Chevallier*, 1885. xvi-377 pages, in-12. Cart.

1854. **Bruley** (Meurthe). Vue de la grotte de N.-D. de Lourdes, 1889.

1855. LEPAGE. Notice historique sur la ville de **Bruyères**, par Henri Lepage. *Épinal, Vve Collot*, (1878). 63 pages, in-8°. Cart. (Extrait des *Annales de la Société d'émulation des Vosges*.)

1856. (CHAINEL.) Histoire d'une cause célèbre, traitée au temple de la Gloire ; toutes les nations assemblées, la veille des Ides de décembre de la première année du 272e Lustre depuis la fondation de la monarchie française. (Théâtre de **Bruyères**. Par Philippe-Antoine Chainel, seigneur de Cheniménil.) *Paris, Le Moucheur*, 1764. 94 pages, in-12. Cart. — Suivie de : Lettre de don Roch Zurducaci, auteur de l'histoire d'une cause célèbre traitée au temple de la Gloire, à Monsieur le chef de la police de Bruyères, en Lorraine. *Eldorado, chez la Vérité, s. d.* 15 pages, in-8°.

1857. **Buding** (Moselle). Vue générale.

1858. **Bulgnéville** (Vosges). Vue de la plaine et du pont Barbazan.

1859. FISCHER. Die ehemalige Herrschaft **Burscheid**. Ein Beitrag zur Geschichte des Westreichs dargestellt von Dag. Fischer. *Strassburg, J. H. Eduard Heitz*, 1868. 17 pages, in-8°. Cart.

1860. JOUVE. **Bussang** (Vosges). Par Louis Jouve. I. Description, mœurs, coutumes anciennes, histoire de la commune. — II. Histoire des sources minérales, thérapeutique. — III. Bussang dans le présent et dans l'avenir ; l'hôtel, les promenades ; une chanson et une ballade ! *Remiremont, Imp. Vve H. Mougin*, 1887. 123 pages, in-16. Br.

1861. FOURNIER. **Bussang**. Les sources minérales, par le Dr Fournier. *Saint-Dié, L. Humbert*, 1895. 54 pages, in-8°. Br. (Extrait du *Bulletin de la Société philomatique vosgienne*, année 1895-96.)

1862. GRANDCLAUDE. Des eaux ferrugino-gazeuses de **Bussang**, par le Dr Grandclaude. *Remiremont, Vve Dubiez*, 1838. 116 pages, in-8°. Cart.

1863. LEMAIRE. Essai analytique sur les eaux de **Bussang**. Par J. Lemaire, ancien médecin ordinaire de feu S. A. R. Léopold I ... *Remiremont, C. Nicolas-Emmanuel Laurent*, 1750. xxxviii-160 pages, in-12. Rel. veau.

1864. DIDELOT. Examen sur les eaux minérales de la fontaine de **Bussang**, contenant des observations et des réflexions relatives aux maladies où elles conviennent par M. D*** (Nicolas Didelot.) *Épinal, Vautrin*, 1777. 198 pages, petit in-8°. Rel. bas.

1865. **Bussang** (Vosges). Vue générale. — Vue des sources des eaux minérales. — Vue particulière. 4 pièces.

1866. **Buthegnémont** (Commune de Nancy). Carte du terrain dépendant du fief. — Vue de la maison de campagne. 2 pièces.

1867. **Celles** (Vosges). Vue d'un moulin dans la vallée.

1868. **Cercueil** (Meurthe). Vue du château. — 4 vues : église, statue, bénitier. — Vue d'une porte. 6 pièces.

1869. **Chaligny** (Meurthe). 3 vues : église, portail de l'église et fenêtre.

1870. **Chamagne** (Vosges). Plan du village. — 2 vues de la maison natale de Claude Gelée. — Vue partielle du village et de la maison où est né Claude Gelée. 4 pièces.

1871. **Champ-le-Duc** (Vosges). Vues de l'église avec détails. 5 pièces.

1872. SOUHESMES. Note sur la borne armoriée du bois de **Champigneulles**. Par R. de Souhesmes. *Nancy, Crépin-Leblond*, 1884. 4 pages, in-8°. Br. (Extrait du *Journal de la Société d'archéologie lorraine*.)

1873. **Champigneulles** (Meurthe). 5 plans : Bois appartenant à la communauté, usine, ferme, cours de la Meurthe, terrains. — Vue partielle. — 2 vues de la papeterie. — Vue de l'ancienne marbrerie. 9 pièces.

1874. **Chanteheux** (Meurthe). 2 vues du château. — Vue de la rampe de l'escalier du château. — Vue d'un monument funèbre. 4 pièces.

1875. RENAULD. La ville de **Charmes-sur-Moselle** aux xvie et xviie siècles. Notice historique et archéologique d'après des documents originaux et inédits ; dessins, fac-similé, autographe, etc. Par Jules Renauld, ancien juge de paix du canton de Charmes. *Nancy, Husson-Lemoine et L. Wiener*, 1871. 257 pages, in-8°. Demi-rel.

1876. RENAULD. Fragments d'une étude sur la ville de **Charmes-sur-Moselle** aux xvie et xviie siècles. Le château, l'église, la maison seigneuriale, par J. Renauld, juge. *Nancy, A. Lepage*, 1870. 39 pages, in-8°. Grav. Cart. (Extrait des *Mémoires de la Société d'archéologie lorraine*.)

1877. RENAULD. Récit de l'invasion allemande à **Charmes-sur-Moselle**, par J. Renauld, ancien juge de paix du canton de Charmes. *Nancy, G. Crépin-Leblond*, 1875. 12 pages, in-12. Br. (Fait suite à l'« Incendie de Fontenoy », par l'abbé Briel.)

1878. **Charmes** (Vosges). Plan et élévation d'une partie du grand pont. — Vue d'une partie du pont. — Vue générale. — 2 vues des figures du sépulcre de l'église. — Bénitier de la chapelle Saint-Hubert. — Vue de la fontaine. 7 pièces.

1879. **Charmois-l'Orgueilleux** (Vosges). Plan de la forêt Saint-Léger, 1772.

1880. DONATION du 9 août 1842, autorisée par ordonnance royale du 5 avril 1846, faite par M. Jean-Baptiste Fouin Dufays, officier de la Légion d'honneur, sous-préfet de l'arrondissement de Château-Salins, à la ville de **Château-Salins** et aux communes de l'arrondissement. *Vic, veuve Gabriel*, s. d. 42 pages, in-4°. Demi-rel.

1881. SCHMIT. Promenades antiques aux alentours de **Château-Salins**, par M. J.-A. Schmit. *Nancy, L. Wiener*, 1872, 1874, 1875, 1876. 20, 24, 35 et 31 pages, in-8°. Cartes. Br. (Extraits des *Mémoires de la Société d'archéologie lorraine*.)

1882. SCHMIT. Reconstruction de l'église de **Château-Salins**, par M. J.-A. Schmit. (Extrait du journal l'*Espérance* du 18 décembre 1866.) *Nancy, Vagner*, s. d. 4 pages, in-8°. Cart.

1883. RÈGLEMENT de service intérieur pour la garde nationale du bataillon cantonnal de la ville de **Château-Salins** et des communes rurales qui y sont jointes. *Vic, R. Gabriel*, 1832. 20 pages, in-18. Cart.

1884. **Château-Salins**. Profil et élévation d'un bâtiment de la saline.

1885. **Château-Voué** (Meurthe). Plan de l'église, 1772.

1886. SIMON. **Châtel-Saint-Blaise** et l'aqueduc romain, par Victor Simon. *Metz, Verronnais, s. d.* 15 pages, in-8°. Plan. Fig. Cart.

1887. **Châtel-Saint-Blaise** (Moselle). 3 vues des ruines du château.

1888. **Châtel-Saint-Germain** (Moselle). Vue partielle. — 7 vues du moulin. 8 pièces.

1889. CHAPELLIER. Capitulation et démolition du château de **Châtel-sur-Moselle**, 1670. Par Chapellier. *Épinal, veuve Gley*, 1862. 13 pages, in-8°. Cart. (Extrait des *Annales de la Société d'émulation des Vosges*.)

1890. **Châtel-sur-Moselle** (Vosges). Plan de la ville et du château. — Vue générale. — Vue de l'abattoir et des anciennes fortifications. 3 pièces.

1891. CHANTEAU. Anciennes sépultures de l'église du prieuré de Saint-Pierre de **Châtenois** (Vosges). Le cartulaire de dom Claude Grandidier, par F. de Chanteau, archiviste paléographe. *Nancy, Crépin-Leblond*, 1879. 38 pages, in-8°. Fig. Br.

1892. **Châtenois** (Vosges). Plan de divers terrains. — Vue générale. 2 pièces.

1893. **Chaumousey** (Vosges). Vue de l'abbaye.

1894. **Chazelles** (Moselle). 4 vues de l'église.

1895. VERRONNAIS. Notice sur **Chérisey**. Par Verronnais. *Metz, Verronnais* (1844). 15 pages, in-8°. Cart. (Extrait de la *Statistique historique du département de la Moselle*.)

1896. **Chérisey** (Moselle). Vue de la tombe d'Henri de Chérisey et d'Alix de Flin sa femme, dans la chapelle de l'église.

1897. **Chonville** (Meuse). Carte du territoire avec plan du village.

1898. **Clairlieu** (Commune de Villers-les-Nancy). Plan de l'abbaye. — Vue du cul de lampe de l'ancienne église. — Vue de la ferme. 3 pièces.

1899. DÉTAIL (Le) de la réduction de **Clermont** en Lorraine au service du roy ; avec la reconnoissance faite à cette action à ceux qui ont esté employez en cette action, et quelques autres choses naguères passées à Rouen avant le départ du Roy. *Paris, s. n.*, 1650. 12 pages, in-4°. Cart.

1900. **Clermont-en-Argonne** (Meuse). Carte du gouvernement de Clermont. — 4 plans du château. 5 pièces.

1901. **Clévant** (commune de Custines, Meurthe). 2 plans des terres et prés du domaine.

1902. ABEL. Notice historique sur l'église et le château de **Colombey** (commune de Coincy, près de Metz), par Charles Abel. *Nancy, E. Réau*, 1876. 31 pages, in-8°. Fig. Cart. (Extraits des *Mémoires de l'Académie de Metz*.)

1903. **Colombey** (Meurthe). Plan de la forêt, 1726.

1904. DUMONT. Histoire de la ville et des seigneurs de **Commercy**, par C.-E. Dumont, avocat à Saint-Mihiel. *Bar-le-Duc, N. Rolin*, 1843. vi-393, 417 et 445 pages, in-8°. Plan et fig. 3 vol. Demi-rel.

1905. ÉTAT sommaire des revenus de la terre et seigneurie de **Commercy**, pour la part de Sarrebruche... *S. l., n, n., n. d.* 15 pages, in-4°. Br.

1906. **Commercy**. Carte de la seigneurie. — Plan de la ville. — Plan du jardin et du château. — Plan du canal, des moulins et des forges. — Vue générale. — Vue du château. — 2 vues du château bas. — Vue des monuments du roi Stanislas, gravée sous son règne. — Vue moderne des mêmes monuments. — Vue du château d'eau, façade principale. — Vue du château d'eau, à l'aspect de Vignot. — Vue de la colonnade du pont d'eau. — Vue de la fontaine royale dans la forêt. — Vue du quartier de cavalerie. En tout 25 pièces.

1907. CLESSE. Histoire de l'ancienne châtellenie et prévôté de **Conflans** en Jarnisy, par M. Clesse, notaire honoraire à Conflans. *Verdun, Ch. Laurent*, 1872. XIII-224 pages, in-8°. Demi-rel.

1908. GERMAIN. Recherches historiques sur la seigneurie de **Cons-la-Grandville**. Jean Iᵉʳ de Termes, sire de Cons (1247-1258), par Léon Germain. *Nancy, G. Crépin-Leblond*, 1880. 32 pages, in-8°. Br.

1909. GERMAIN. Le titulaire de l'église de **Cons-la-Grandville**. Par L. Germain. *Nancy, s. n.*, 1882. 16 pages, in-8°. Br.

1910. GERMAIN. Charte d'affranchissement de **Cons-la-Grandville** (Meurthe-et-Moselle). — Note complémentaire sur la charte d'affranchissement de Cons-la-Granville, 1248. — Chartes concernant l'histoire de Cons-la-Grandville, qui mentionnent les affranchissements accordés par Mathieu II, duc de Lorraine. Par Léon Germain. *Nancy, G. Crépin-Leblond*, 1878. 15, 15 et 7 pages, in-8°. Cart. (Extraits du *Journal de la Société d'archéologie lorraine.*)

1911. BAGARD. Mémoire sur les eaux minérales de **Contrexéville**, dans le bailliage de Darnay, en Lorraine, lu dans la séance publique de la Société royale des sciences et des arts, le 10 janvier 1760, par M. Bagard. *Nancy, Haener, s. d.* 33 pages, in-8°. Cart.

1912. UN MOT sur les eaux minérales de **Contrexéville**. Extrait de l'*Annuaire... des Vosges pour 1837*. *Épinal, Gley*, 1837. 34 pages, in-8°. Demi-rel.

1913. MAMELET. Notice sur les propriétés physiques, chimiques et médicinales des eaux de **Contrexéville** (Vosges). Par A.-F. Mamelet, ancien chirurgien militaire, etc. 3ᵉ édition. *Paris, J.-B. Baillière ; Neufchâteau, Imp. V. Mongeot*, 1839. 141 pages, in-8°. Demi-rel.

1914. MAMELET. Notice sur les propriétés physiques... des eaux de **Contrexéville** (Vosges), par A.-F. Mamelet. 4ᵉ édition. *Paris, J.-B. Baillière*, 1851. IV-108 pages, in-8°. Cart.

1915. LEPAGE (Ch.). Eaux minérales de **Contrexéville** (Vosges), par Ch. Lepage, pharmacien à l'établissement des eaux de Contrexéville. *Paris, J. Viat*, 1857. 54 pages, in-8°. Cart.

1916. LEGRAND DU SAULLE. Étude médicale sur **Contrexéville** (Vosges). Gravelle, goutte, catarrhe de vessie, maladies des voies urinaires, par H. Legrand du Saulle, médecin consultant à Contrexéville, etc. *Paris, A. Delahaye*, 1862. 64 pages, in-8°. Cart.

1917. MILLET. Une saison à **Contrexéville** (Vosges), par le docteur Auguste Millet (de Tours), professeur suppléant à l'École de médecine. *Paris, F. Savy*, 1863. 79 pages, in-8°. Cart.

1918. SCHMIT. Simples notes pour servir à la géographie ancienne du territoire de **Contrexéville**. Par M. J.-A. Schmit. *Nancy, L. Wiener*, 1878. 22 pages, in-8°. Br.

1919. **Contrexéville** (Vosges). Carte avec vue du Grand-Hôtel. — Plan du village et de ses environs. — Vue de l'hôtel de la Providence. — Vue de la fontaine. — Vue intérieure de la source du pavillon. 5 pièces.

1920. **Cousances-aux-Forges** (Meuse). Plan de diverses propriétés. — Élévation frontale de deux bâtiments du château. 2 pièces.

1921. CHAPELIER. Archéologie et épigraphie de l'église de **Coussey**, par l'abbé Ch. Chapelier. *S. l., n. n., n. d.* 16 pages, in-8°. Br. (Extrait des *Annales de la Société d'émulation des Vosges.*)

1922. GUYOT. Le domaine de la **Crayère**, près Rosières-aux-Salines, par Ch. Guyot. *Nancy, Berger-Levrault*, 1893. 18 pages, in-8°. Br. (Extrait des *Mémoires de l'Académie de Stanislas.*)

1923. **Crézilles** (Meurthe). Plan et coupes de constructions romaines.

1924. **Cuite-Fève** (Commune de Rosières-aux-Salines). Vue d'une tête trouvée dans l'ancienne chapelle des templiers.

1925. COLLIGNON. Note sur les crânes de **Cumières** (Meuse). Époque néolithique. par le docteur René Collignon. *Paris, A. Hennuyer*, 1883. 15 pages, in-8°. Br. (Extrait des *Bulletins de la Société d'anthropologie.*)

1926. **Custines** (Meurthe). 5 vues du château. — Vue de l'église. — Vue de la

porte de la sacristie. — Vue d'une chapelle. En tout 9 pièces.

1927. **Cutting** (Meurthe). Plan, élévation et
profil de la tour de l'église.

1928. BEAULIEU. Recherches archéologiques et historiques sur le comté de
Dachsbourg, aujourd'hui **Dabo** (ancienne
province d'Alsace). Par M. Beaulieu. *Paris,
Vve Le Normant*, 1836. 320 pages, in-8°.
6 pl. Demi-rel.

1929. BEAULIEU. Le comté de Dagsbourg,
aujourd'hui **Dabo** (ancienne Alsace). Archéologie et histoire. Par Dugas de Beaulieu. 2ᵉ édition, corrigée et augmentée.
Paris, Le Normant, 1858. 329 pages, in-8°.
Pl. Demi-rel.

1930. COLLE. Notice sur le comté de **Dabo**,
par M. Colle, avocat, ancien maire de
Sarrebourg. *Sarrebourg, Gabriel*, 1852.
60 pages, in-8°. Demi-rel.

1931. ALEXANDRE. Étude historique et
juridique sur l'ancien comté de **Dabo**,
ses usages forestiers, et les décrets de cantonnement des 12 avril 1854 et 19 mai
1857. Discours prononcé par M. C.-A.
Alexandre, premier avocat général, à l'audience solennelle de rentrée du 3 novembre 1858, de la Cour impériale de
Nancy. *Nancy, Hinzelin*, 1858. 68 pages,
gr. in-8°. Rel.

1932. FISCHER. Le dénombrement du
comté de **Dabo**. Étude historique, par
Dagobert Fischer. *Strasbourg, E.-P. Le
Roux*, 1868. 10 pages, in-8°. Cart. (Extrait de la *Feuille du samedi*.)

1933. **Dabo** (Meurthe). Vue d'une chapelle.
— Vue de monuments antiques. 2 pièces.

1934. MEAUME. Domaine de Berthéléville
(commune de **Dainville-aux-Forges**);
question affouagère, par E. Meaume. *Bellevue (Meudon), autog.*, 1878. 8 pages,
in-4°. Br.

1935. **Damelevières** (Meurthe). Vue du
rétable de l'autel de la Vierge.

1936. **Damvillers** (Meuse). Plan de la forteresse et de ses environs.

1937. MANGIN. Dissertation sur l'antiquité

du château de **Darnay en Vosges**; suivie
d'un appendice sur son état présent, par
C.-L. Mangin, avocat à Darnay. *Épinal,
Gérard*, 1828. 52 pages, in-8°. Cart.

1938. **Darney** (Vosges). Vue générale.

1939. **Darney-aux-Chênes** (Vosges). Plan
d'un bois.

1940. MANGIN. Études historiques et critiques ou mémoires pour servir à l'histoire de **Deneuvre** et de Baccarat, par
Charles Mangin, pharmacien à Baccarat.
Paris, L. Hachette et Cie, 1861. 271 pages, in-8°. Carte et plan. Demi-rel.

1941. BERNHARDT. **Deneuvre** et Baccarat, d'après des documents inédits. *Nancy,
Imp. Crépin-Leblond*, 1895. xii-296 pages,
in-8°. Fig. dans le texte et 22 planches
hors texte. Demi-rel.

1942. **Deneuvre** (Meurthe). Carte topographique. — Plan et ruine de la tour du
Bacha. — 2 vues particulières. 4 pièces.

1943. **Denting** (Moselle). 2 vues partielles.

1944. **Deuilly** (Vosges). Plan des ruines en
1851. — Vue des ruines du château, 1846.
2 pièces.

1945. **Deyvillers** (Vosges). Vue particulière.

1946. **Diarville** (Meurthe). 3 vues du trésor. — Vue de trouvailles. 4 pièces.

1947. **Diding** (Moselle). Vue particulière.

1948. SAULCY (Caignart de). Notes sur
quelques antiquités trouvées à **Lieu-
louard** (Meurthe), par Caignart de Saulcy,
lieutenant d'artillerie. *Metz, Lamort*,
1832. 14 pages, in-8°. Avec une planche.
Cart.

1949. GERMAIN. Pierre tombale de deux
fils de Charles Hierosme à **Dieulouard**,
par L. Germain. *Nancy, G. Crépin-Leblond*, 1885. 15 pages, in-8°. Br.

1950. **Dieulouard** (Meurthe). Plan du château. — Plan et coupe de l'église. — 2 vues
générales. — 3 vues des ruines du château.
— Vue de la statue qui ornait la porte du
château. — 4 vues partielles. En tout 12
pièces.

1951. ANCELON. Mémoire sur les inondations de la ville de **Dieuze**. Par E.-A. Ancelon, médecin en chef de l'hôpital de Dieuze. *Dieuze, Mainbourg,* 1851. 20 pages, in-8°. Cart.

1952. **Dieuze** (Meurthe). Plan de la ville et de la saline. — 5 plans de la saline avec détails. — Vue générale. — Vue d'une porte de la saline. En tout 9 pièces.

1953. LEPAGE. **Dombasle**, son château, son prieuré, son église, par Henri Lepage. *Nancy, Lucien Wiener,* 1862. 30 pages, in-8°. Deux planches. Cart. (Extrait des *Mémoires de la Société d'archéologie lorraine.*)

1954. **Dombasle** (Meurthe). Vue de l'ancienne porte de l'église. — Vue d'une fenêtre. 2 pièces.

1955. **Dombasle-sur-Seille** (Meurthe). 4 vues du château.

1956. **Dombrot-sur-Vair** (Vosges). Plan du village, du château et des environs.

1957. BLEICHER. Note sur une sépulture de l'âge du bronze, découverte à **Domèvre-en-Haye**, par MM. Bleicher et Barthélemy. *Nancy, G. Crépin-Leblond,* 1886. 7 pages, in-8°. Fig. Br. (Extrait du *Journal de la Société d'archéologie lorraine.*)

1958. GRANDJEAN. Affaire de **Domgermain**. Pétition à la Chambre des députés pour obtenir la mise en jugement du sous-préfet Cadiot. *Nancy, Dard,* 1836. 23 pages, in-8°. Br.

1959. CHAPELIER. Archéologie et épigraphie de l'église de **Domjulien**, par M. l'abbé Ch. Chapelier. *Saint-Dié, L. Humbert,* 1885. 15 pages, in-8°. Br. (Extrait du *Bulletin de la Société philomatique vosgienne.*)

1960. GUYOT. L'église de **Domjulien** (Vosges) et la pierre tombale d'Antoine de Ville, par M. Ch. Guyot. *Nancy, G. Crépin-Leblond,* 1881. 11 pages, in-8°. 2 planches. Br.

1961. **Dommartemont** (Meurthe). Vue de l'hermitage de la Gueule du loup.

1962. **Dommartin-les-Toul** (Meurthe). Vue du château.

1963. FERRY. Inventaire des archives anciennes de la ville de **Dompaire**, rédigé par Ch. Ferry, archiviste-auxiliaire. *Épinal, Vve Gley,* 1866. IV-40 pages, in-8°. Br.

1964. **Dompaire** (Vosges). Plan d'une forêt.

1965. CHAPELLIER. Étude historique et géographique sur **Domremy**, pays de Jeanne-d'Arc, par J.-Ch. Chapellier. *Saint-Dié, L. Humbert.* 40 pages, in-8°. Deux plans. Br. (Extrait du *Bulletin de la Société philomatique vosgienne.*)

1966. CHAPELLIER. Deux actes inédits du XVe siècle sur **Domremy**, par J.-Ch. Chapellier. *Nancy, G. Crépin-Leblond,* 1889. 16 pages, in-8°. Br.

1967. **Domremy** (Vosges). 2 plans du village. — Vue générale. — Plan de la maison de Jeanne-d'Arc et des bâtiments qui en dépendent. — Vue de la maison de Jeanne d'Arc, 1865. — Vue de la porte de la maison de Jeanne d'Arc. — 2 vues de la chambre de Jeanne d'Arc. — Vue du monument érigé en 1820 à la mémoire de Jeanne d'Arc. — Vue du monument et de l'église. — Vue de la vallée. En tout 20 pièces.

1968. **Doncourt-les-Conflans** (Moselle). Plan de l'église.

1969. **Dordhal** (Meurthe). Vue perspective.

1970. **Drouville** (Meurthe). Vu d'un bas-relief du château.

1971. GERMAIN. La légende du siège de **Dun** en 1533, par Léon Germain. *Montmédy, Imp. Ph. Pierrot,* 1896. 3 pages, in-8°. Br.

1972. GERMAIN. Excursions épigraphiques. **Dun-sur-Meuse**, par Léon Germain. *Montmédy, Ph. Pierrot,* 1887. 38 pages, in-8°. Br.

1973. **Dun** (Meuse). Vue de l'ancienne église romane de St-Gilles.

1974. **Ecrouves** (Meurthe). Plan, vue et détails de l'église.

1975. **Ecuelle** (Meurthe). Vue de l'église.

1976. **Einville** (Meurthe). Plan du village. — Plan du parc, 1812 (ms.) — Plans et vue du maître autel de l'église. — Vue de l'église. — Vue du château ; jardin et galerie. En tout 10 pièces.

1977. VIANSSON-PONTÉ. Notes historiques sur **Einville-au-Jard**. par l'abbé Viansson-Ponté. *Nancy, Crépin-Leblond,* 1896. 36 pages, in-8°. Br. (Extrait des *Mémoires de la Société d'archéologie lorraine.*)

1978. **Emberménil**. Plan de la station du chemin de fer et de ses abords. — Vue du monument à élever à Grégoire. 2 pièces.

1979. CHANZY. Essai sur l'histoire de la ville et des faubourgs d'**Épinal**, chef-lieu du département des Vosges, de 980 à 1789. Par M. Charles Chanzy (d'Épinal), juge au tribunal de Saint-Dié. *Épinal, Vve Thirion-Jouve,* 1844. 156 pages, in-8°. Demi-rel.

1980. DUHAMEL. Négociations de Charles VII et de Louis XI avec les évêques de Metz pour la châtellenie d'**Épinal** (réunion de cette ville à la Lorraine), par L. Duhamel, ancien élève de l'École des chartes, etc. *Paris, A. Durand et Pedone-Lauriel,* 1867. 252 pages, in-8°. Br. (Extrait des *Annales de la Société d'émulation des Vosges.*)

1981. CHAPELIER. Les origines d'**Épinal**, par l'abbé Ch. Chapelier. *Saint-Dié, L. Humbert.* 29 pages, in-8°. Br. (Extrait du *Bulletin de la Société philomatique vosgienne.*)

1982. MAUD'HEUX. Épisode de l'histoire d'**Épinal** (chronique inédite du xv° siècle), par Maud'heux, greffier en chef du tribunal civil. *Épinal, Gley,* 1837. 23 pages, in-8°. Cart.

1983. BALLON. La prise de la ville et du chasteau d'**Épinal**, par l'armée du roy, sous le commandement du mareschal de Créquy (1670). Extrait des gazettes nouvelles ordinaires et extraordinaires. (Bibliothèque du roi, page 937.) Par M. Ballon fils, d'Épinal, avocat à Paris. *Épinal, Gley,* 1843. 8 pages. in-8°. Br. (Extrait des *Annales de la Société d'émulation des Vosges.*)

1984. CHAPELIER. **Épinal** et saint Goëry, par l'abbé Ch. Chapelier. *Saint-Dié, L. Humbert.* 49 pages, in-8°. Br. (Extrait du *Bulletin de la Société philomatique vosgienne.*)

1985. DUHAMEL. L'église de Saint-Maurice d'**Épinal**. Etude archéologique par M. L. Duhamel, archiviste du département des Vosges, etc. *Caen, F. Le Blanc-Hardel,* 1867. 33 pages, in-8°. Br.

1986. CAVALCADE historique lorraine. Entrée à **Épinal** du prince Nicolas, marquis de Pont-à-Mousson. *Épinal, Vve Gley,* 1864. 16 pages, in-8°. Cart.

1987. LAURENT. Catalogue des collections de tableaux, statues, antiquités, armes poteries, médailles et monnaies, matrices de sceaux et meubles anciens du musée départemental des Vosges, par Jules Laurent, directeur. *Épinal, Vve Gley,* 1868. 116 pages, in-8°. Br.

1988. NOTICE des objets exposés au musée du département des Vosges. *Épinal, Gérard,* 1829. 22 pages, petit in-12. Br.

1989. MOREY. Notice sur un ancien tableau représentant la ville d'**Épinal,** par P. Morey, architecte. *Nancy, A. Lepage,* 1869. 7 pages, in-8°. Cart. (Extrait des *Mémoires de la Société d'archéologie lorraine.*)

1990. RÈGLEMENT de la municipalité d'**Épinal** concernant les étrangers. *Épinal, Vautrin,* 1791. Placard.

1991. RÈGLEMENT général de la ville d'**Épinal**. Police, voirie, etc. *Épinal, H. Fricotel,* 1873. 184 pages, petit in-8°. Br.

1992. FERRY. Ville d'**Épinal**. Construction du quai Rualménil et origine des fortifications. Question de propriété. Par Ch. Ferry, archiviste de la ville et des hospices d'Épinal. *Épinal, Pellerin et Cie,* 1868. 59 pages, in-8°. Br.

1993. COMMISSION du monument de Claude Gelée (à **Épinal**). *Épinal, Gley,* 1845. 8 pages, in-8°. Br.

1994. RELATION des réjouissances faites par la ville d'**Épinal**, à l'occasion de l'heureux rétablissement du Roi, le 23 janvier 1757, à 7 heures du soir. *Épinal, Jean-Nicolas Vatot*, 1757. 13 pages, in-4°. Broché.

1995. ORDRE de la fête du 10 août (1790), à **Épinal**. *Épinal, Hœner, s. d.* 8 pages, in-8°. Br.

1996. PUGNIÈRE. Notice sur les améliorations à apporter à la distribution d'eau de la ville d'**Épinal**, présentée par M. Pugnière, ingénieur en chef des ponts et chaussées. *Épinal, Buzy*, 1878. 24 pages, in-4°. Br.

1997. **Épinal**. Plan pittoresque et vues de l'ancien château. — 5 plans de bâtiments militaires. — 5 vues générales. — 5 vues partielles de la ville, des portes et du château. — Vue de la place des Vosges. — Vue du pont de fer. — Vue de la porte Boudiou. — 6 vues de Saint-Goëry. En tout 47 pièces.

1998. **Erival** (Vosges). Vue partielle. — Vue de la glacière. 2 pièces.

1999. **Escles**. 2 plans de la forêt.

2000. **Essey-les-Nancy** (Meurthe). 2 plans de l'église. — Vue de l'église. — Vue partielle, 1845. — Vue d'une statue dans l'église. — 8 vues des détails de l'église. En tout 17 pièces.

2001. (PETIT DE BARONCOURT.) Histoire de la ville d'**Etain** (Meuse), depuis ses premiers temps jusqu'à nos jours. Par M. P. d'Etain (Petit de Baroncourt), professeur d'histoire de l'Académie de Paris. *Verdun, Henriot ; Etain, Nicolas*, 1835. 140 pages, in-8°. Demi-rel.

2002. GERMAIN. Excursions épigraphiques. — Les épitaphes de l'église d'**Etain**, par Léon Germain, membre de l'Académie Stanislas, etc. *Bar-le-Duc, Contant-Laguerre*, 1887. 32 pages, in-8°. Br. (Extrait des *Mémoires de la Société des lettres, sciences et arts de Bar-le-Duc.*)

2003. **Etain** (Meuse). 3 plans de l'hôtel-de-ville.

2004. **Etanche** [L'] (Meuse). 5 vues de l'abbaye.

2005. **Etangs** [Les] (Moselle). Vue partielle.

2006. **Etival** (Vosges). 2 plans : côte Repy et bois. — Plan perspectif de l'abbaye. — Plan du château des Sarrazins situé sur la montagne de Repy. — Vue de l'intérieur de la nef de l'église. — Vue de l'abbaye. En tout 8 pièces.

2007. **Etreval** (Meurthe). 3 vues partielles du château.

2008. **Eulmont** (Meurthe). 8 vues de l'église, avec détails.

2009. **Euville** (Meuse). Carte du territoire avec plan du village. — Vue des carrières. 2 pièces.

2010. **Fains** (Meuse). Vue du camp.

2011. **Fannoncourt** (Meurthe). Plan de l'enclos du moulin et des environs.

2012. DUFRESNE. Notice sur les sépultures gallo-franques trouvées en 1854 à **Farébersviller** (Moselle, canton de Saint-Avold), par Dufresne. *Metz, F. Blanc*, 1855. 7 pages, in-8°. Planche. Cart. (Extrait des *Mémoires de l'Académie impériale de Metz.*)

2013 BENOIT. Notes sur la Lorraine allemande. La chapelle castrale de **Fénétrange**. Par M. Louis Benoit. *Nancy, Imp. A. Lepage, s. d.*, (1868). 57 pages, in-8°. Fig. Cart. (Extrait des *Mémoires de la Société d'archéologie lorraine.*)

2014 PISON DU GALLAND. Rapport du comité des domaines, sur l'aliénation du domaine ci-devant baronnie de **Fénétranges** en Lorraine, fait à l'Assemblée nationale, par A. F. Pison du Galland, membre de ce comité. *Paris, Imprimerie nationale*, 1791. 22 pages, petit in-8°. Demi-reliure.

2015. BENOIT. Notes pour servir à la statistique monumentale de la Lorraine allemande. La maison dite de Landsberg (à **Fénétrange**), par Louis Benoit. *Nancy, A. Lepage*, 1860. 8 pages, in-8°. Cart.

2016. BENOIT. Notice sur l'église de **Fénétrange**, par Louis Benoit. *Nancy, A. Lepage*, 1868. 25 pages, in-8°. Fig. Cart. (Extrait des *Mémoires de la Société d'archéologie lorraine.*)

2017. BENOIT. Notes sur la Lorraine allemande. La pierre tombale de Mathias Kilberger (1621), à **Fénétrange**, par Louis Benoit. *Nancy, A. Lepage, s. d.* 6 pages, in-8°. Fig. Br.

2018. **Fénétrange** (Meurthe). Plan de l'église protestante. — Plan de la chapelle castrale avec vue d'une partie de l'intérieur. — Plan et vue de la maison dite de Landsberg. — 9 vues des détails de l'église. — Vue de la pierre tombale d'Ulrich de Rathsamhausen et de Marie d'Andlau, dans l'église. En tout 33 pièces.

2019. **Ferrières** (Meurthe). Vue de la fontaine, derrière le château, autour de laquelle commence le banc de pierres lithographiques découvert par Charles-Léopold Mathieu. — Vue de l'entrée du chœur de l'église. 2 pièces.

2020. GUYOT. Une épisode de l'histoire de **Flabémont** (XVII° siècle), par Ch. Guyot. *Épinal, E. Busy,* 1890. 27 pages, in-8°. 1 plan. Br. (Extrait des *Annales de la Société d'Émulation des Vosges.*)

2021. **Flavigny-sur-Moselle** (Meurthe). Vue d'un vitrail du couvent. — Vues diverses. En tout 6 pièces.

2022. GALERIE des ducs de Lorraine au château de **Fléville**. *Nancy, Vagner,* 1857. 101 pages, in-12. Pl. Demi-rel.

2023. **Fléville** (Meurthe). Vue du village. — Vues du château en 1533, en 1840, 1844, 1845 et 1861. — 2 vues de l'église. En tout 13 pièces.

2024. **Flirey** (Meurthe). Vue de la tour de l'ancienne église démolie en 1849.

2025. HUART. Notice sur **Florange**. Par Em. d'Huart. *Metz, Verronnais,* 1839. 28 pages, in-8°. Cart. (Extrait de la *Revue d'Austrasie.*)

2026. **Florange** (Moselle). Vue du moulin.

2027. BRIEL. Le pillage et l'incendie de **Fontenoy**, par l'abbé Briel, curé de Gondreville et de Fontenoy. Seconde édition. *Nancy, G. Crépin-Leblond,* 1875. 94 pages, in-12. Br.

2028. BRIEL. Le pillage, l'incendie et la restauration de **Fontenoy** (1870-1871), par l'abbé Briel, curé de Gondreville et de Fontenoy. Troisième édition ornée de gravures. *Nancy, Crépin-Leblond,* 1892. 124 pages, in-16. Br.

2029. **Fontenoy** (Meurthe). Vues des ruines du château et d'une ancienne maison. 6 pièces.

2030. DUPRIEZ. Promenades archéologiques aux environs de **Forbach**, par Raymond Dupriez. *Metz, Ch. Thomas,* 1877. 20 pages, in-12. Avec une gravure. Cart.

2031. **Forbach** (Moselle). Vue de la verrerie. — Réception de la princesse Hélène de Mecklembourg en 1837. 2 pièces.

2032. **Forcelles-St-Gorgon** (Meurthe). Plan et détails de l'église.

2033. **Fossieux** (Meurthe). Vues de l'église et d'un monument funèbre. 3 pièces.

2034. **Foulcrey** (Meurthe). Vues de la chapelle de St-Joseph. 2 pièces.

2035. **Frain** (Vosges). 2 plans de l'église.

2036. **Framont** (Vosges). Croquis de la forêt royale. — 3 plans du temple. — Vue partielle. — 2 vues des forges. — Vue d'un petit hameau. — Détails du temple. En tout 28 pièces.

2037. THILLOY. Frauenberg, par Jules Thilloy. *Metz, Rousseau-Pallez,* 1865. 48 pages, in-8°. Cart. (Extrait des *Mémoires de la Société d'archéologie et d'histoire de la Moselle.*)

2038. **Frescaty** (Moselle). Vue du château.

2039. NOTICE (Courte) sur le rétablissement du culte à **Fricourt** et l'ouverture de cette chapelle au public. *Nancy, Vve Hissette,* 1834. 8 pages, in-8°. Cart.

2040. GERMAIN. La croix d'affranchissement de **Frouard** (XIII° siècle). Par Léon Germain. *Tours, Paul Bousrez,* 1882. 20 pages, in-8°. Fig. Br. (Extrait du *Bulletin Monumental.*)

2041. **Frouard** (Meurthe). 5 plans : cours de la Meurthe, bois et terrains. — 5 vues partielles du village et du château. — Vue de l'église. En tout 17 pièces.

2042. **Froville** (Meurthe). Vue d'une tombe dans l'église.

2043. **Gare-le-Cou** (commune de Toul). Vue de la chapelle.

2044. **Gentilly** (commune de Maxéville, Meurthe). Plan de Gentilly et du Sauvoy. — Profil du nivellement fait de la côte qui compose les bois, vignes, château, etc., dépendant de la propriété. 2 pièces.

2045. (PAXION.) Notice statistique sur le canton de **Gérardmer**. (Par Paxion et Defranoux.) *Épinal, Gérard,* 1834. 20 pages, in-16. Cart. (Extrait de l'*Annuaire des Vosges.*)

2046. GÉHIN. **Gérardmer** à travers les âges. Histoire complète de Gérardmer depuis ses origines jusqu'au commencement du xixᵉ siècle, d'après des documents inédits puisés aux archives communales et départementales. Par Louis Géhin, professeur à l'école primaire supérieure de Gérardmer. *Saint-Dié, Typ. Humbert,* 1892-1894. 333 pages, in-8°. Plan et cartes. Br.

2047. THIRIAT. Les montagnes des Vosges. **Gérardmer** et ses environs, par Xavier Thiriat. *Paris, Imp. Tolmer,* 1882. 207 pages, in-12. Cart.

2048. (SAUCEROTTE.) **Gérardmer**, son établissement hydrothérapique et ses environs, avec une carte, d'après celle de l'État-major, pour servir de guide dans les Vosges aux touristes et aux baigneurs. (Par E. Saucerotte.) *Lunéville, Pignatel,* 1862. 34 pages, in-12. Br.

2049. (SAUCEROTTE.) **Gérardmer**, son établissement hydrothérapique et ses environs... par E. S(aucerotte). 2ᵉ édition. *Paris, Dentu ; Nancy, N. Grosjean,* 1864. 36 pages, in-12. 2 cartes. Br.

2050. PÉTITION du conseil municipal de **Gérardmer** à MM. les membres du conseil général des Vosges. (Chemin de fer de Granges à Gérardmer.) *Nancy, Berger-Levrault,* 1874. 23 pages, in-8°. Cart.

2051. **Gérardmer**. Vue de la coupe verticale de la chaîne des Vosges, au canton de Gérardmer, pour servir aux études du chemin de fer d'Épinal à Colmar. — Plans et vue du Grand-Hôtel du lac. — Vue générale. — 2 vues partielles. — Vue d'un pont sur la Vologne. — 8 vues du lac et du Saut-des-Cuves. En tout 15 pièces.

2052. PIÉROT-OLRY. Notice historique et descriptive de la ville de **Gerbéviller**, avec un plan de cette localité et un autographe de messire Gaston-Jean-Baptiste de Tornielle. Par M. Ferdinand Piérot-Olry, ancien professeur à l'École normale de Nancy. *Paris, V. Didron,* 1851. 215 pages, in-12. Demi-rel.

2053. CHAPELLE (La) palatine. **Gerbéviller** (Meurthe-et-Moselle). Ancienne église du couvent des carmes déchaussés. *Saint-Nicolas, N. Collin, s. d.* 84 pages, in-4°. Cart.

2054. **Gerbéviller** (Meurthe). Plan des environs, 1609. — Plan de la ville et des faubourgs. — Plan de l'île renfermée entre les deux ponts. — Vue de fresques du xivᵉ siècle à la brasserie Noël. — Vue d'un tombeau. En tout 6 pièces.

2055. LEPAGE. L'hôpital de **Gerbonvaux** et la chapelle de Bermont, par Henri Lepage. *Épinal, V. Collot,* 1879. 66 pages, in-8°. Plan. Cart. (Extrait des *Annales de la Société d'émulation des Vosges.*)

2056. OLRY. Notice sur le village de **Germiny**, par E. Olry. *Nancy, G. Crépin-Leblond,* 1877. 40 pages, in-8°. Fig. Br. (Extrait des *Mémoires de la Société d'archéologie lorraine.*)

2057. **Germiny** (Meurthe). Plan et détails du château. 3 pièces.

2058. **Géroldzeck** (Meurthe). 2 vues des ruines du château, 1844.

2059. **Girancourt** (Vosges). Plan de la forêt, 1758.

2060. **Giriviller** (Meurthe). Plans d'une partie de l'église, 1842.

2061. **Gironcourt** (Vosges). Vue des ruines du château.

2062. **Golbey** (Vosges). Vue de l'église.

2063. **Gombervaux** (Meuse). Vue du château.

2064. COLOMBEY. L'agriculture et les paysans à **Gondreville** pendant le xviii* siècle. Causeries d'un paysan de la basse-classe, par Colombey, instituteur. *Toul, T. Lemaire*, 1889. 42 pages, petit in-8°. Br.

2065. **Gondreville** (Meurthe). La foire. — Élévation de l'église, 1774. 2 pièces.

2066. NIMSGERN. Histoire de la ville et du pays de **Gorze**, depuis les temps les plus reculés jusqu'à nos jours. Par J.-B. Nimsgern. Avec gravures, sceaux et monnaies. *Paris, Borrani et Droz*, 1853. xxvii-320 pages, in-8°. Demi-rel.

2067. **Gorze** (Moselle). Plan de l'aqueduc depuis Gorze jusqu'à Metz. — Carte du cours de l'aqueduc de Gorze à Metz. 3 pièces.

2068. DISCOURS préliminaire pour l'histoire de l'ancienne cité romaine de **Gran** (Vosges). *Nancy, Vve Hissette, s. d.* 8 pages, in-8°. Cart.

2069. **Grand** (Vosges). Vue de Méditrina (bas-relief antique).

2070. **Grange-le-Mercier** (Moselle). Vue générale.

2071. **Granges** (Vosges). Vue prise dans la vallée.

2072. **Gravelotte** (Moselle). Vue de l'église. — Vue d'un viaduc. 2 pièces.

2073. **Grimont** (Moselle). Vue du château, 1833.

2074. ABEL. La Vierge de **Græffinthal**. Souvenirs des bords de la Sarre. Par Charles Abel. *Metz, Rousseau-Pallez*, 1856. 40 pages, in-8°. Cart. (Extrait de l'*Austrasie*.)

2075. **Guermange** (Meurthe). Plan du territoire, 1786.

2076. **Halloville** (Meurthe). Vue de l'église, 1848.

2077. **Harol** (Vosges). Plan de la forêt, 1758.

2078. DOYOTTE. **Haroué** (jadis Craon), par l'abbé Doyotte. *Pierre, Impr. Chenin, s. d.* 3 pages, in-8°.

2079. DOYOTTE. A Messieurs les maire, adjoint et conseillers municipaux de la commune de **Haroué**. Par l'abbé Doyotte, curé-doyen de Haroué. *Pierre, Impr. Guyot, s. d.* 4 pages, in-8°. Br.

2080. DOYOTTE. Clocher de **Haroué**. Souscription. Par l'abbé Doyotte. *Nancy, René Vagner*, 1894. 39 pages, in-8°. Br.

2081. COMITÉ des dames patronnesses de l'orphelinat de **Haroué**. *Nancy, Vagner, s. d.* 8 pages, in-8°. Br.

2082. **Haroué** (Meurthe). Vue partielle. — 2 vues du château. — 4 planches représentant plusieurs tapisseries du château. En tout 9 pièces.

2083. BÉLAY. Episode de la grande Révolution. Comment on bâtit une église (**Hartzviller**), par J. V. Bélay, curé de Hartzviller. *Nancy, Thomas et Pierron*, 1873. viii-224 pages, in-12. Demi-rel.

2084. **Harville** (Meuse). 2 vues de l'ancienne commanderie.

2085. PFISTER. Un monument de Mercure trouvé à **Hatrize**, par Ch. Pfister. *Nancy, G. Crépin-Leblond*, 1889. 12 pages, in-8°. Br.

2086. **Hattigny** (Meurthe). 3 vues du portail de l'église.

2087. GERMAIN. Le retable d'**Hattonchâtel** et Ligier-Richier, par L. Germain. *Nancy, G. Crépin-Leblond*, 1886. 12 pages, in-8°. Fig. Br.

2088. **Hattonchâtel** (Meuse). Plan des bois des diverses communautés du village et autres localités (ms), 1788. — Tableau de la Passion, dans l'église. 2 pièces.

2089. PAQUATTE. Notice sur **Haussonville**, par l'abbé Paquatte, ancien curé d'Haussonville. *Metz, Imp. lorraine*, 1895. 226 pages, in-8°. Br. (Mémoire couronné par l'Académie de Metz.)

2090. GERMAIN. **Haussonville**. Compte rendu critique, par Léon Germain. *Nancy, Sidot*, 1896. 27 pages, in-8°. Br. .

2091. **Haussonville** (Meurthe). 2 vues : le château et l'église.

2092. CLAUDON. Le sac de l'abbaye de **Haute-Seille** en 1788, relation faite par F. Claudon, *religieux de cette abbaye*, publiée et annotée par J. Favier. *Nancy*, *G. Crépin-Leblond*, 1894. 11 pages, in-8°. Br. (Extrait du *Journal de la Société d'archéologie lorraine.*)

2093. DURIVAL. Discours prononcé à l'ouverture de la session du conseil municipal de la commune d'**Heillecourt**, le 26 messidor, an VIII de la République française. Par le citoyen Durival, ancien commissaire des guerres. *S. l., n. n., n. d.* 4 pages, in-8°. Cart.

2094. **Heillecourt** (Meurthe). Plan géométrique de la commune. — Vue partielle. — 4 vues de l'église. 5 pièces.

2095. **Héming** (Meurthe). Vue de la vieille tour.

2096. **Hérival** (Vosges). Vue partielle.

2097. **Hesse** (Meurthe). 5 vues : église, tombeaux, etc.

2098. **Hombourg** (Moselle). Vue du château.

2099. **Horgne-au-Sablon** [La] (Moselle). Vue du quartier général de Charles-Quint.

2100. **Houdemont** (Meurthe). Plan et vue de l'huilerie hydraulique. — Vue de la statue de saint Jacques. 2 pièces.

2101. **Houécourt** (Vosges). Vue du château.

2102. DE BLAYE. Le village de **Hymont**, près Mattaincourt, et sa nouvelle église, par l'abbé J.-F. de Blaye, ancien curé de Hymont. *Mirecourt, Humbert*, 1865. 15 pages, in-8°. Cart.

2103. **Imling** (Meurthe). Plan du village, an XIII.

2104. BENOIT. Le prieuré et la croix expiatoire d'**Insming**, par Louis Benoit. *Nancy, A. Lepage, s. d.* 10 pages, in-8°. Fig. Cart.

2105. **Jaillon** (Meurthe). Plan du village et du camp romain.

2106. BUVIGNIER. **Jametz** et ses seigneurs, par Ch. Buvignier. (Dessins de F. Labeville.) *Verdun, Pierson*, 1861. 97 pages, gr. in-8°. Plan. Demi-rel.

2107. **Jametz** (Meuse). 4 plans du château. — Vue générale. 5 pièces,

2108. **Jarménil** (Vosges). Plan, coupe et élévation d'un pont sur la Moselle, 1779.

2109. **Jarny** (Moselle). Plan et détails de l'église.

2110. **Jaulny** (Meurthe). Vue partielle, 1841. — Vue du moulin. 2 pièces.

2111. **Jeand'Heures** (Meuse). Vue du château.

2112. **Jéricho** (Commune de Malzéville, Meurthe). Plan de la campagne et 2 vues. 3 pièces.

2113. **Jezainville** (Meurthe). Vue partielle.

2114. **Jolibois** (Commune de Dieulouard, Meurthe). Plan de la propriété.

2115. **Jolivet** (Meurthe). Plan. — Vue du château. — 2 vues de l'église. 4 pièces.

2116. **Jouy-aux-Arches** (Moselle). Carte du cours de l'aqueduc. — 6 vues partielles du village, des arches et des ruines de l'aqueduc. 7 pièces.

2117. **Jussy** (Moselle). Vue de l'église.

2118. **Kichompré** (Vosges). Vue de l'hôtel de la Vologne.

2119. SOUHESMES. Le rocher sculpté de **Klang**. Par R. de Souhesmes. *Nancy, G. Grépin-Leblond*, 1891. 7 pages, in-8°. Fig. Br. (Extrait du *Journal de la Société d'archéologie lorraine.*)

2120. EXTRAIT des comptes rendus à la chambre des comptes de Bar, du domaine de **Koeurs**, depuis 1318, jusqu'en 1499, par les mayeurs et châtelains de ladite terre. *S. l., n. n., n. d.* 4 pages, in-fol. Br.

2121. **Lachalade** (Meuse). Vue de l'abside de l'église abbatiale.

2122. **Laitre** (Vosges). Vue d'un pont.

2123. **Laitre** (Commune de Deneuvre,

Meurthe). Vue d'une enseigne du xv° siècle (1496), servant aujourd'hui de dessus de porte.

2124. Laitre-sous-Amance (Meurthe). Vue du portail de l'église et vues diverses. 5 pièces.

2125. Lamath (Meurthe). Plan du village et de ses environs.

2126. Lamerey (Vosges). Vue d'un autel gaulois.

2127. DU BOYS DE RIOCOUR. Relation des sièges et blocus de **La Mothe** (1634-1642-1645). Par Du Boys de Riocour, lieutenant général au bailliage de Bassigny, conseiller d'État du duc de Lorraine, suivie des relations officielles des trois sièges publiées dans le *Mercure* et la *Gazette de France*. Édition entièrement revue sur les textes originaux et augmentée d'une introduction à l'histoire de La Mothe, par J. Simonnet. *Chaumont, Ch. Cavaniol*, 1861. xii-468 pages, in-8°. Plan et vues. Demi-rel.

2128. DU BOYS DE RIOCOUR. Histoire de la ville et des deux sièges de **La Mothe**, (1634 et 1645), par M. Du Boys de Riocour, lieutenant du bailliage de Bassigny, conseiller d'État de Charles IV, etc. Suivie de notes historiques et biographiques sur les principaux personnages qui ont figuré dans les deux sièges, avec un plan de La Mothe, de la ligne de circonvallation et des postes des assiégeans. *Neufchâteau, V. de Mongeot, s. d.* (1841.) 240 pages, in-8°. Demi-rel.

2129. LIÉBAUT. La Mothe. — Ses sièges. — Sa destruction. Par l'abbé Liébaut. *Nancy, Imp. L. Kreis*, 1896. 126 pages, in-8°. Plan. Br.

2130. HISTOIRE de la fondation et des trois sièges de **La Mothe** (1634, 1643, et 1645), par un officier supérieur qui avait assisté aux trois sièges. Avec un beau plan de la ville et forteresse de La Mothe. *Soulaucourt, Jean-Baptiste Nivert*, 1841. 53 pages, in-12. Cart.

2131. GRANDES (Les) ruynes et brulement de la plus grande partie de la ville et chasteau de **La Motte**. Par la foudroyante tempeste de canons et feux d'ar-

tifices de l'armée du Roy. Avec la dernière sommation faicte par monsieur le mareschal de la Force, général de l'armée de Sa Majesté. *Paris, M. Blageart*, 1634. 13 pages, pet. in-8°. Cart.

2132. L'ORDRE du siège et investiture de l'importante place et chasteau de **La Motte** en Lorraine. Par l'armée du Roy, commandée par Monsieur le mareschal de la Force. *Paris, M. Colombel*, 1634. 15 pages, pet. in-8°. Cart.

2133. PRISE (La) de **La Mothe**, avec sa capitulation. *Paris, s. n.*, 1645. 7 pages, in-4°. Cart.

2134. CHAPELLIER. Les défenseurs de **La Mothe**. Notices historiques et biographiques, par J.-Ch. Chapellier, instituteur. *Paris, A. Aubry*, 1863. 111 pages, in-8°. Fac-similé. Demi-rel. (Extrait des *Annales de la Société d'émulation des Vosges*.)

2135. GRANDES (Les) divisions et meurtres arrivez entre les habitans et la garnison de la ville et chasteau de **La Motte**, le samedy, 29 avril 1634. *Paris, P. Métayer*, 1634. 15 pages, pet. in-8°. Cart.

2136. DISCHES (DE). Lettre du gouverneur de **La Motte**, à Monsieur le duc de Lorraine, sur l'estat et oppression du siège de ladite ville, par l'armée du roy soubs la conduite de monsieur le mareschal de La Force, escrite le 21 juin 1634. *Paris, P. Mettayer*, 1634. 13 pages, pet. in-8°. Cart.

2137. GRANDE (La) désolation des habitans de la ville de **La Motte**, pour les grandes ruines, meurtres et bruslemens arrivéz en ladite ville le lundy et mardy 24 et 25 juillet 1634, par les effroyables feux d'artifices de l'armée du roy. *Paris, P. Mettayer*, 1634. 16 pages, pet. in-8°. Cart.

2138. ARTICLES accordéz par M. le mareschal de la Force, général de l'armée du roy, pour la réduction de la ville de **La Motte** en l'obéissance de Sa Majesté, avec messieurs Destainville, de Saint-Ouyn et de Puissey, députéz de ladite ville. Fait au camp devant La Motte, le 26 juillet 1634. *Paris, J. Brunet*, 1634. 8 pages, pet. in-8°. Cart.

2139. PRISE (La) et réduction de la ville de **La Motte**, en l'obéissance du Roy, par l'armée de Sa Majesté, sous la conduite de monsieur le mareschal de La Force. Avec la déclaration des habitans de ladite ville. Le vendredi 28 juillet 1634. *Paris, J. Brunet*, 1634. 15 pages, in-8°. Cart.

2140. **La Mothe** (Meuse). Plan de la ville et de la forteresse. — 2 vues générales. — Vue cavalière de la ville et des environs, d'après une gravure allemande du commencement du XVIIe siècle. — Vue de la montagne. — Fac-similé de la dernière délibération de la communauté. 5 pièces.

2141. FAVIER. Restes d'une chapelle romane dans le Scarponais (à **Landremont**). Par J. Favier. *Nancy, G. Crépin-Leblond*, 1879. 6 pages, in-8°. Fig. Cart. (Extrait du *Journal de la Société d'archéologie lorraine*.)

2142. **Landremont** (Meurthe). Vue du chœur de l'église, 1873.

2143. **Laneuveville-devant-Nancy** (Meurthe). Carte du terrain situé entre Laneuveville et Saint-Nicolas. — Vues diverses : partie du village, église avec détails, etc. 10 pièces.

2144. **La Rochette** (Meurthe). Vue de l'hermitage en 1752. — Valentin Jamerai-Duval à l'hermitage. 3 pièces.

2145. GERMAIN. Recherches sur les seigneurs de **La Tour** en Ardenne, antérieurement au XVe siècle, par Léon Germain. *Nancy, Sidot*, 1895. 28 pages, in-8°. Br.

2146. GERMAIN. La croix de **Laxou**, 1586, par L. Germain. *Nancy, G. Crépin-Leblond*, 1886. 15 pages, in-8°. Fig. Br.

2147. **Laxou** (Meurthe). Plan d'une propriété. — Plan de l'église. — 8 vues : église avec détails, porte et fenêtre particulières, etc. En tout 10 pièces.

2148. CAYON. Chroniques et description du lieu de la naissance, à **Lay-Saint-Christophe**, de Saint-Arnou, évêque de Metz, duc d'Aquitaine et d'Austrasie. — Notices sur les comtes du Chaumontois, sires d'Amance, princes de Lay, ducs de Scarpone et de Dieulouard, etc. Par Jean Cayon. Avec figures des monumens traditionnels de ces époques. *Nancy, Cayon-Liébault*, 1856. 44 pages et 13 planches, in-4°. Cart.

2149. **Lay-Saint-Christophe** (Meurthe). Plan de l'ancien prieuré. — Vue générale. — 11 vues : prieuré, chapelle avec détails, tour du clocher, chœur, etc. En tout 18 pièces.

2150. **Lay-Saint-Remy** (Meurthe). Plan d'une partie du village.

2151. GERMAIN. Les tombeaux de l'église de **Lenoncourt** (XVIe et XVIIe siècles), par Léon Germain. *Nancy, G. Crépin-Leblond*, 1882. 39 pages, in-8°. Fig. Br. (Extrait des *Mémoires de la Société d'archéologie lorraine*.)

2152. **Lenoncourt** (Meurthe). 7 vues : tour (1850), prie-dieu, pierres tumulaires dans la chapelle ducale, fac-similé d'une inscription prise au cimetière.

2153. **Léomont**. Vue de la fontaine de Diane et des armoiries qui se trouvent sur la porte de la ferme.

2154. **Lérouville** (Meuse). Carte du territoire avec plan du village et vue de l'ancienne église. — Vue partielle. — Vues des carrières. 5 pièces.

2155. **Létricourt** (Meurthe). Carte d'une partie de la rivière de Seille, et du territoire.

2156. **Lezey** (Meurthe). 3 plans : bâtiment pour couvrir un puits salé, etc ; emplacement et puits de l'ancienne saline.

2157. DESCRIPTION sommaire de la ville de **Ligny**, de l'église paroissiale de Notre-Dame et de la chapelle de Saint-Pierre de Luxembourg. *Paris, J.-B. Gros*, 1841. 17 pages et 6 planches in-4°. Rel. bas. bleue.

2158. BONNABELLE. Notes sur **Ligny-en-Barrois** pour faire suite à l'étude sur les seigneurs de Ligny de la maison de Luxembourg, la ville et le comté de Ligny, par Cl. Bonnabelle. *Bar-le-Duc, Contant-Laguerre*, 1881. 80 pages, in-8°. Br.

2159. **Ligny-en-Barrois** (Meuse). Plan et vue de la tour St-Pierre du château. — Vue de la bataille du 16 juin 1815. 2 pièces.

2160. LINDRE-BASSE (Meurthe). Cartes des bois et de l'étang de Lindre (ms).

2161. GERMAIN. Le passage du pape Eugène III à **Lions-devant-Dun**, 1147, par Léon Germain. *Nancy, Crépin-Leblond*, 1884. 7 pages, in-8°. Br.

2162. **Lisle-en-Barrois**. Plan des bâtiments et dépendances de l'abbaye.

2163. LEPAGE. **Liverdun**. Notice historique. Par Henri Lepage. *Nancy, Imp. de Lepage*, 1842. 64 pages, in-8°. Cart.

2164. LEPAGE. **Liverdun**. Extrait de la *Statistique historique et administrative du département de la Meurthe*, par H. Lepage. *Nancy, Peiffer*, 1844. 35 pages, in-18. Cart.

2165. LANG. **Liverdun**. Essai d'histoire et de géographie médicales. Avec 13 planches. *Nancy, Berger-Levrault et Cie*, 1894. 134 pages, in-8°. Br.

2166. **Liverdun** (Meurthe). Plan, fenêtre et porte de l'église. — 3 vues générales. — 36 vues : parties du village, tour, portes, croix, moulin, etc. En tout 40 pièces.

2167. RÉQUISITOIRE du procureur du roi au bailliage de **Lixheim**. Du 20 mai 1788. *S. l., n. n., n. d.* 8 pages, in-8°. Cart.

2168. **Lixheim** (Meurthe). 4 plans de la ville.

2169. RICHARD. Notice sur l'ancienne justice seigneuriale du ban de **Longchamp**, arrondissement de Remiremont, par Richard. *Épinal, Gley*, 1841. 8 pages, in-12. Cart.

2170. **Longemer** (Vosges). 3 vues du lac.

2171. (ABEL). La paroisse de **Longuyon** et son église collégiale Sainte-Agathe, (par Ch. Abel). *Briey, Imp. E. Branchard*, 1888. 111 pages, in-8°. 6 pl. Br. (*Mémoires de la société d'histoire et d'archéologie de la Moselle. Section de Briey*.)

2172. (CLAUTEAUX). Essai sur l'histoire de **Longwy**, par C. (Clauteaux, notaire), suivi de considérations relatives à l'industrie et au commerce de cette ville, et de notices biographiques sur les hommes illustres qui y ont pris naissance. *Metz, Verronnais*, 1829. 207 pages, in-8°. Demi-reliure.

2173. MASSAROLI. La défense de **Longwy** devant le conseil d'enquête et l'opinion publique, par E. Massaroli, lieutenant-colonel, commandant supérieur de la place de Longwy. *Paris, Lachaud et Burdin, s. d.* 97 pages, in-12. Br.

2174. RELATION du siège de **Longwy** et des événements qui l'ont suivi, pour servir de justification aux corps administratifs et aux citoyens de la même ville. *Metz, C. Lamort*, 1792. 39 pages, in-4°. Cart.

2175. GERMAIN. Le musée de **Longwy** et ses taques de foyer, par Léon Germain. *Montmédy, Ph. Pierrot*, 1893. 19 pages, in-8°. Br.

2176. **Longwy** (Moselle). Carte du plateau. — 3 plans de la ville. — Plan des aciéries. — Plan, profil et élévation de l'église. En tout 9 pièces.

2177. **Loro-Montzey** (Meurthe). Plan du village et du territoire.

2178. **Lorry-les-Metz** (Moselle). Vue d'antiquités.

2179. CAURIER. Statistique agricole et industrielle de la commune de **Louppy-le-Petit**, par M. Caurier, clerc de notaire à Bar-le-Duc. *Bar-le-Duc, N. Rolin*, 1841. 38 pages, in-8°. Demi-rel.

2180. MAGUIN. Notice sur **Louvigny** et Cheminot, par Henry Maguin, avocat. *Metz, Rousseau-Pallez*, 1860. 10 pages, in-8°. Planches. Br.

2181. MATHIEU. Ruines de l'ancien château de **Ludre** et du camp romain, dit la Cité d'Affrique, qui l'avoisine sur la côte de Ludre et d'Affrique, derrière Messein, près de la Moselle, ainsi que celles du camp romain de Jaillon, qui l'a précédé ; toutes dans le département de la Meurthe ; par Charles-Léopold Mathieu, ancien substitut au ci-devant parlement de Nancy, etc. *Nancy, C. J. Hissette*, 1829. 51 pages, in-8°. Plans. Cart.

2182. **Ludres** (Meurthe). Plan des ruines de l'ancien château et du camp romain. — Vue de la fontaine de la Poissonnerie. — 7 vues : église avec détails, les petites croix, etc. 9 pièces.

2183. BENOIT. **Lunéville** et ses environs. Notes et documents historiques. — I. Pierre tombale dans le cimetière d'Ogéviller. Grimod de la Reynière et l'abbaye de Domêvre. L'abbaye de Belchamp sous ses trois derniers abbés. Bossuet à Lunéville. La première garnison française à Lunéville. La musique du roi de Pologne. Cour de Lunéville. L'armée de Turenne dans l'arrondissement de Lunéville en 1674. Liste des émigrés de l'ancien district de Blâmont. — II. Blâmont. Le précepteur Keyssler à Lunéville et à Nancy. — III. L'économiste Arthur Young. Devaux-Panpan. Le fédéré Lazowski. — IV. Les pages du roi Stanislas. Les statues du château de Lunéville. Quelques notes sur le patois des environs de Lunéville. Le duc Charles-Alexandre à Ath. — V. Les élections aux États-Généraux à Lunéville, étude sur les cahiers de 1789. Règlement de la Société républicaine de Lunéville. Mémoire pour les juifs de Lunéville et de Sarreguemines. — VI. L'arrière-ban de la noblesse d'Anjou à Bénaménil, 1674; épisode d'une campagne de Turenne en Alsace. Par Arthur Benoit. *Lunéville, Bastien Georges,* 1876-1879. 66, 54, 66, 45, 115 et 53 pages, in-8°. 6 fascicules. Br.

2184. GUERRIER. Annales de **Lunéville**, ou essai historique sur cette ville, depuis sa fondation jusqu'à nos jours, dédiées à S. A. le prince d'Hohenlohe, par Guerrier, ancien professeur au collège de Lunéville. Seconde édition, revue, corrigée et augmentée de détails intéressants sur l'affaire de Malseigne et le congrès de Lunéville. *Lunéville, chez l'auteur,* 1818. 232 pages, in-8°. Demi-rel.

2185. MARCHAL. Histoire de **Lunéville**, avec une lithographie; par C. Marchal, avocat. *Paris, Lecointe; Lunéville, Creusat,* 1829. VI-188 pages, in-12. Demi-rel.

2186. BRIQUEL. **Lunéville** depuis sa fondation jusqu'à sa réunion à la France, par C. Briquel, ancien avocat, etc. *Nancy, G. Crépin-Leblond,* 1884. 40 pages, in-8°. Broché.

2187. (JOLY.) Le château de **Lunéville**. Fondation, prospérité, décadence. Par A. J. (Joly), architecte. *Nancy, Vagner,* 1846. 36 pages, in-18. Cart. (Extrait du *Moissonneur.*)

2188. JOLY. Histoire de Lorraine au XVIIIe siècle. Le château de **Lunéville**, par Alexandre Joly, architecte. *Paris, M. Lévy,* 1859. 198 pages, in-8°. Portrait. Demi-rel.

2189. DELARD. Notice sur le château de **Lunéville**, par Guill.-Aug. Delard, cap.-commandant le 3e escadron des Guides. *Paris, Imprim. Martinet,* 1840. 14 pages, in-8°. Demi-rel. (Extrait du *Spectateur militaire.*)

2190. JOLY. Recherches historiques sur la ville de **Lunéville**. Notice historique sur Viller-les-Lunéville, aujourd'hui faubourg de Viller, par Alexandre Joly, architecte. *Nancy, Wiener,* 1867. 68 pages, in-12. Demi-rel.

2191. (JOLY.) Recherches historiques sur la ville de **Lunéville**. Notice sur l'ancienne église paroissiale Saint-Jacques, démolie en 1745. *Nancy, Wiener,* 1865. 103 pages, in-8°. Demi-rel.

2192. PAULIN. Contribution à l'histoire de **Lunéville**. L'hôpital Saint-Jacques, depuis sa fondation jusqu'en 1815, par le docteur Ernest Paulin, chirurgien de l'hôpital civil. *Lunéville, Bastien,* 1892. 83 pages, in-8°. Br.

2193. BLANC. Asile des pauvres vieillards de **Lunéville**. Discours prononcé le 20 juillet 1856, à l'assemblée générale des dames de charité, le jour de la Saint-Vincent-de-Paul, par M. l'abbé Blanc, chanoine honoraire, etc. *Nancy, Vagner,* 1856. 12 pages, in-8°. Demi-rel.

2194. SAUCEROTTE. **Lunéville** et sa division de cavalerie. — Topographie. — Statistique. — Hygiène. — Maladies. Par le Dr C. Saucerotte, médecin de l'hôpital de Lunéville. *Paris, Imp. H. et Ch. Noblet,* 1858. 128 pages, in-8°. Demi-rel.

2195. RÉJOUISSANCES faites au château de **Lunéville**, à l'occasion du mariage de Monsieur le Dauphin. *Nancy, Leseure,* (1770). 11 pages, in-4°. Br.

2196. DESCRIPTION des fêtes données par S. A. R. Madame, le 12, et par la ville de **Lunéville**, le 14 février 1736; à l'occasion du mariage de Son Altesse Royale avec la

Sérénissime Archiduchesse Marie-Thérèse d'Autriche. (Le titre manque.) 16 pages, in-4°. Br.

2197. BAUMONT. La Société populaire de **Lunéville** (1793-1795), par H. Baumont. *Nancy, Berger-Levrault*, 1889. 40 pages, in-8°. Br. (Extrait des *Annales de l'Est*.)

2198. **Lunéville**. Carte du terrain proposé pour la manœuvre de la gendarmerie, août 1773. — Plans de la ville. — 13 plans : château avec détails, hôtel des gendarmes de Flandres, canaux, magasins, manège, monastère, etc. — Vue générale. — Vues du château. — Vue d'une maison du xviii° siècle. — 2 vues de l'église St-Maur. 1850, 1852. En tout 52 pièces.

2199. ORPHELINAT agricole de garçons à **Lupcourt**. Rapports adressés par M. l'abbé Michel, directeur, à Monseigneur l'évêque de Nancy. *Nancy, Vagner et Crépin-Leblond, s. d.*, et 1896. 2 plaquettes, in-8°. Br.

2200. FISCHER. **Lutzelbourg**, le château et le village. Étude historique, par Dagobert Fischer. *Nancy, G. Crépin-Leblond*, 1871. 42 pages, in-8°. Cart. (Extrait des *Mémoires de la Société d'archéologie lorraine*.)

2201. **Lutzelbourg** (Meurthe). Plan et profil de la maison de cure, 1753. — Vue partielle. — 4 vues des ruines du château. 6 pièces.

2202. BADEL. La **Madeleine**, près Saint-Nicolas, par E. Badel. *Nancy, G. Crépin-Leblond*, 1889. 8 pages, in-8°. Br.

2203. **Magnières** (Meurthe). Pierres tombales de Gérard de Haraucourt et de Marguerite du Châtelet, dans l'église. 2 pièces.

2204. **Magny** (Moselle). 2 plans et 1 vue du village. — Vue du moulin. 3 pièces.

2205. **Maidières** (Meurthe). Vue particulière.

2206. **Maixe** (Meurthe). Vue d'une pierre tombale dans l'église.

2207. **Maizières-lès-Vic** (Meurthe). Bas-relief du sanctuaire et statue de N.-D. du Chêne ; objets trouvés dans un cimetière mérovingien. 3 pièces.

2208. LALLEMENT. Le château de la **Malgrange**, notice historique et descriptive, par Louis Lallement. *Nancy, A. Lepage*, 1852. 46 pages, in-8°. Cart. (Extrait des *Mémoires de la Société d'archéologie lorraine*.)

2209. COLLIN. Discours sur la croix érigée au calvaire de la **Malgrange**, par le Roy de Pologne Stanislas I, duc de Lorraine et de Bar, prononcé en présence de Leur Majesté, le 14 sep. 1740. Par le Père Jean-Baptiste Collin, de la Compagnie de Jésus. *Nancy, Vve Nicolas Balthazard*, 1741. xiv-48 pages, in-12. Br.

2210. **Malgrange** [La] (Meurthe). Plan du château et du jardin. — Plan du souterrain de l'orangerie. — 8 vues du château et de ses dépendances, 1889-1894. — Vue de la maison de santé. 11 pièces.

2211. THOMAS. Courte notice sur **Malzéville**, par Stanislas Thomas. *Nancy, Lucien Wiener*, 1878. 15 pages, in-8°. Cart. (Extrait des *Mémoires de la Société d'archéologie lorraine*.)

2212. DUVEZ. Réponse du Sr Charles-Christophe Duvez, prêtre, docteur en théologie, curé de **Malzéville**, à la municipalité du même lieu. (*Nancy*), *s. n.*, 1791. 81 pages, in-8°. Br.

2213. **Malzéville** (Meurthe). Carte topographique d'un pré dépendant du domaine. — Vue du village. — 5 vues de l'église avec détails. — Vue particulière. 8 pièces.

2214. **Mandray** (Vosges). Carte topographique des bois, 1741.

2215. **Mandres-aux-Quatre-Tours** (Meurthe). Vue du portail de l'église.

2216. LEFEBVRE. **Manonville** et ses seigneurs. Par Henri Lefebvre. *Nancy, Sidot*, 1891. 223 pages, in-8°. Fig. et tableau généalogique. Br. (Extrait des *Mémoires de la Soc. d'archéol. lorr.*)

2217. **Marbache** (Meurthe). Vue du village.

2218. **Maréville** (Meurthe). 3 plans de l'asile. — Plan de la ferme du clos Jaloux. — 2 plans perspectifs. — 2 vues de l'asile. En tout 21 pièces.

2219. **Marivaux** (Meurthe). Plan du château.

2220. **Maron** (Meurthe). Vue d'une statue dans une maison particulière. — Vue d'objets antiques trouvés dans un tombeau. 2 pièces.

2221. LA SAUVAGÈRE (DE). Recherches sur la nature et l'étendue d'un ancien ouvrage des Romains, appelé communément « Briquetage de **Marsal** », avec un abrégé de l'histoire de cette ville, et une description de quelques antiquités qui se trouvent à Tarquinpole. Par M. d'Artezé de la Sauvagère, officier au régiment de Champagne, etc. *Paris, Ch.-A. Jombert,* 1740. VIII-54 pages, in-8°. 7 pl. Rel. veau. Aux armes d'Ossolinski.

2222. DUPRÉ. Mémoire sur les antiquités de **Marsal** et de Moyenvic. Par M. Dupré, directeur de la saline de Moyenvic. *Paris, Imp. Gaultier-Laguionie,* 1829. 74 pages, in-8°. Demi-rel.

2223. **Marsal** (Meurthe). Carte du gouvernement de Marsal. — Carte particulière des environs de Marsal. — 5 plans de la ville. — 4 vues générales. — Vue d'une partie du camp en 1663. En tout 14 pièces.

2224. MARDIGNY. Notice sur la collégiale de **Mars-la-Tour**. Par Paul de Mardigny. *Metz, Pallez et Rousseau,* 1853. 15 pages, in-8°. 2 planches. Cart. (Extrait de l'*Austrasie.*)

2225. LEROY. **Mars-la-Tour**. 16-18 août 1870, par O. Leroy. *Paris, Fichsbacher,* 1887. 67 pages, 5 planches et 1 carte, in-8°. Br.

2226. BADEL. **Mars-la-Tour** et son monument national, par E. Badel. *Mars-la-Tour, Ritter-Roscop, s. d.* (1893). 107 pages, in-8°. 4 planches, 1 portrait et 2 cartes. Br.

2227. **Mars-la-Tour** (Moselle). Plan de l'église. — Vue de l'intérieur de l'église.— 6 vues du monument commémoratif. 8 pièces.

2228. MARTIN. Notre-Dame de Recouvrance à **Marthemont**, par l'abbé Eug. Martin. *Tours, A. Cattier, s. d.* (1896). 16 pages, in-16. Br.

2229. **Martigny-lès-Lamarche** (Vosges). Vue de divers objets antiques.

2230. **Martincourt** (commune de La Garde, Meurthe). Plan de la ferme et des environs.

2231. GERMAIN. Chartes des archives communales de **Marville** (Meuse), des XIII° et XIV° siècles. Transcrites par Léon Germain. *Luxembourg, V. Buck,* 1881. 11 pages, in-4°. Br. (Extrait des *Publications de la section historique de l'Institut r. g.-d. de Luxembourg.*)

2232. TIHAY ET LIÉNARD. Le mont Saint-Hilaire (**Marville**). Signé V. Tihay et F. Liénard. *Verdun, Imp. Lallemant,* 1847. 41 pages, in-8°. 17 pl. Demi-rel.

2233. GERMAIN. Notice sur la tombe d'Isabelle de Musset, femme de Gilles I°r de Busleyden, à **Marville**, par Léon Germain. *Nancy, G. Crépin-Leblond,* 1886. 61 pages, in-8°. 1 planche. Br. (Extrait des *Mémoires de la Société d'archéologie lorraine.*)

2234. GERMAIN. Inscription d'autel du XV° siècle, à **Marville** (Meuse), par L. Germain. *Nancy, Crépin-Leblond,* 1884. 8 pages, in-8°. Br. (Extrait du *Journal de la Soc. d'archéol. lorr.*)

2235. **Marville** (Meuse). 18 vues : chapelle sépulchrale de St-Hilaire avec détails.

2236. DEBLAYE. Inventaire du trésor de l'église de **Mattaincourt**, en 1684, par M. l'abbé J.-F. Deblaye. *Nancy, Imp. A. Lepage,* 1864. 28 pages, in-8°. Pl. Br.

2237. BONNAIRE. Le 7 juillet 1853 à **Mattaincourt**. Relation descriptive dédiée à M. l'abbé Hadol, curé de Mattaincourt, fondateur de la nouvelle église érigée sur le tombeau du B. Pierre Fourier, etc., par Justin Bonnaire. *Nancy, Vagner,* (1853). 16 pages, in-8°. Br. (Extrait de l'*Espérance de Nancy.*)

2238. ÉGLISE (L') de **Mattaincourt**. *Nancy, Vagner,* 1853. 8 pages, in-12. Demi-rel.

2239. BAILLARD. Rétablissement du monastère de **Mattaincourt**. Monument à la mémoire du B. Pierre Fourier. Par les frères Baillard, curé et vicaire de Favières et curé de Saulxures-lès-Vannes. *Nancy,*

Imp. Richard-Durupt, (1834). 8 pages, in-8°. Br.

2240. **Mattaincourt** (Vosges). Vue de l'église.

2241. FRUSSOTTE. Ermitage de la Visitation et chapelle de Notre-Dame de Bonne-Espérance à **Mauvages** (Meuse), par G. Frussotte, curé de Jouy-devant-Dombasle. *Verdun, C. Laurent*, 1888. 16 pages, in-8°. Br.

2242. GERMAIN. Excursions épigraphiques. L'église de **Maxéville** (canton de Nancy-Nord), par Léon Germain, inspecteur de la Société française d'archéologie, etc. *Nancy, Sidot*, 1889. 65 pages, in-8°. Fig. Br. (Extrait des *Mémoires de la Société d'archéologie lorraine*.)

2243. **Maxéville** (Meurthe). Plan de la partie sud du village. — 5 vues : église, fonts baptismaux, bénitier, pierre funéraire et statue.

2244. **Mazelure** (commune d'Azerailles, Meurthe). Carte topographique de la ferme et de ses dépendances.

2245. **Méhon** (commune de Deuxville, Meurthe). Plan de la ferme et des environs.

2246. FLORANGE. La seigneurie et les seigneurs de **Meinsberg** (près Sierk, en Lorraine). Marlborough et Villars à Sierk en 1705. Par J. Florange. *Paris, J. Florange*, 1896. 68 pages, in-8°. Portraits, plans et vues. Br.

2247. BENOIT. Le Breitenstein (grande pierre) à **Meisenthal**, par A. Benoit. *Metz, F. Boutillot*, 1883. 11 pages, in-8°, et une carte. Br.

2248. **Ménil-la-Horgne** (Meuse). Carte du territoire avec plan du village.

2249. **Ménil-la-Tour** (Meurthe). Plans des ruisseaux le Terrouin et la Voivre.

2250. **Mensberg** (Moselle). Bombarde trouvée au château en 1838. — 2 vues des ruines du château. Voy. n° 2246.

2251. ABEL. Une explication historique des antiquités trouvées à **Merten**, par Ch. Abel. *S. l., n. n., n. d.* 39 pages, in-4°. Planches. Br.

2252. PROST. Le monument de **Merten**. Par Aug. Prost. *Paris, Typ. Pillet et Dumoulin*, 1879. 39 pages, in-8°. 2 planches. Cart. (Extrait de la *Revue archéologique*.)

2253. RENAULD. Promenades historiques aux environs de Nancy. Les ermitages de **Messein** et de Laneuveville, par Jules Renauld. *Nancy, Husson-Lemoine et R. Wiener*, 1882: 79 pages, in-8°. Br.

2254. (BÉGIN.) Guide de l'étranger à **Metz**, (par Bégin). *Metz, Verronnais*, 1834. 336 pages, in-12. Plan et vues. Demi-rel.

2255. TERQUEM. Guide du voyageur dans la ville de **Metz** et ses environs, avec statistique, notes et réflexions sur les institutions, les mœurs, les antiquités, les arts, l'industrie, etc. Par Auguste Terquem. *Metz, Lorette*, 1854. 276 pages, in-12. Plan et vues. Demi-rel.

2256. CHABERT. Vocabulaire topographique, historique et étymologique des rues, places, ponts et quais de la ville de **Metz**, par Chabert. *Metz, F. Blanc*, 1863. 65 pages, in-8°. Cart. (Extrait des *Mémoires de l'Académie impériale de Metz*.)

2257. CHABERT. Dictionnaire topographique, historique et étymologique des rues, places, ponts et quais de la ville de **Metz**, par F. M. Chabert. 3° édition avec plan. *Metz et Nancy*, 1878. 83 pages, in-8°. Demi-rel.

2258. DESCRIPTION historique et critique des principaux monumens et établissemens publics de **Metz**. *Metz, Lamort*, 1833. 60 pages, in-8°. Fig. Cart.

2259. DESCRIPTION historique de **Metz** et de ses monuments. 2° édition. *Metz, Lorette*, 1852. 118 pages, in-12. Demi-rel.

2260. (FRANÇOIS ET TABOUILLOT.) Histoire de **Metz**, par des religieux bénédictins de la congrégation de S. Vanne, membres de l'Académie royale des Sciences et des Arts de la même ville. (D. Jean François et D. Nicolas Tabouillot.) *Metz, P. Marchal, J.-B. Collignon et Cl. Lamort*, 1769-1790. I : xv-658 pages, 1 carte, 24 planches et 2 vignettes. — II : 703 pages. — III : 368-LXI-352 pages et 1 carte. — IV : 806 pages. — V : 777 pages. — VI : 787 pages. 6 vol. in-4°. Demi-rel.

2261. BACH. Les origines de **Metz**. Toul et Verdun. Études archéologiques et philosophiques, par le P. Julien Bach, S. J. *Metz, Typ. Rousseau-Pallez*, 1863. 128 pages, in-8°. Demi-rel. (Extrait des *Mémoires de la Soc. d'archéol. et d'hist. de la Moselle.*)

2262. (HUART.) Traditions populaires sur l'origine de la ville de **Metz**, recueillies par les Bénédictins. Par E. d'H. (d'Huart). *Metz, Alcan*, 1840. 14 pages, in-8°. Cart.

2263. WORMS. Histoire de la ville de **Metz**, depuis l'établissement de la république jusqu'à la Révolution française, par Justin Worms. Ouvrage couronné par l'Académie de Metz. *Metz, Alcan*, 1849. 303 pages, in-8°. Demi-rel.

2264. WORMS. Histoire de la ville de **Metz** depuis l'établissement de la république jusqu'à la Révolution française, par M. Justin Worms. Ouvrage couronné en 1848 par l'Académie nationale de Metz. 2ᵉ édition: *Metz, Alcan*, 1863. vi-338 pages, in-12. Br.

2265. BÉGIN. **Metz** depuis dix-huit siècles, son peuple, ses institutions, ses rues, ses monuments ; récits chevaleresques, religieux et populaires. Par Émile Bégin. *Paris, Furne, Sagnier et Bray*, 1834-1844. xvi-335, 390 et 395 pages, in-8°. 80 planches. 3 vol. Demi-rel.

2266. WESTPHAL. Geschichte der Stadt **Metz**, von Westphal, major von der Armée. *Metz, G. Lang*, 1875. xii-390 et x-464 pages, in-8°. Plan. 2 vol. Demi-rel.

2267. PROST. Études sur l'histoire de **Metz**, par Aug. Prost, membre de l'Académie impériale de Metz. Les légendes. *Metz, Rousseau-Pallez ; Paris, Aug. Aubry*, 1865. viii-511 pages, in-8°. Plan. Demi-rel.

2268. CHABERT. **Metz** ancien et moderne, ou description des monuments, rues, antiquités, fêtes, cérémonies... et histoire des arts, des lettres et des sciences dans cette ville, depuis les temps les plus reculés, jusqu'en 1881. Par F.-M. Chabert. Premier volume. *Metz, Imp. de la « Gazette de Lorraine »*, 1881. viii-192 pages, in-8°. Br.

2269. CHABERT. Tablettes chronologiques de l'histoire de la Moselle, depuis les temps les plus reculés, par F.-M. Chabert. *Metz, Pallez et Rousseau*, 1851-1857. vi-43, 101, 97 et 43 pages ; 50, 80, 64 et 56 pages, in-12. 8 séries en 2 vol. Demi-rel.

2270. HUSSON. Chronique de **Metz** de Jacomin Husson. 1200-1525. Publié d'après le manuscrit autographe de Copenhague et celui de Paris, par H. Michelant, bibliothécaire au département des manuscrits de la Bibliothèque impériale. *Metz, Rousseau-Pallez*, 1870. xii-380 pages, in-8°. Br.

2271. AUBRION. Journal de Jehan Aubrion, bourgeois de **Metz**, avec sa continuation par Pierre Aubrion, 1465-1512. Publié en entier pour la première fois, par Lorédan Larchey, de la bibliothèque Sainte-Geneviève. *Metz, F. Blanc*, 1857. 550 pages, in-8°. Plan. Demi-rel.

2272. BUFFET. Chronique de Buffet. 1580-1588. La ligue à **Metz**. Extrait des cahiers de François Buffet, ministre du S. E., à Metz. Publié pour la première fois par E. de Bouteiller, avec une introduction et des notes par Aug. Prost. *Paris, D. Dumoulin et Cie*, 1884. xxxvi-240 pages, in-8°. Br. (Petite bibliothèque messine.)

2273. LE COULLON. Journal de Jean le Coullon. 1537-1587. D'après le manuscrit original, publié pour la première fois et annoté par E. de Bouteiller. *Paris, D. Dumoulin et Cie*, 1881. xv-148 pages, in-8°. Fig. Br. (Petite bibliothèque messine.)

2274. HUGUENIN. Les chroniques de la ville de **Metz**, recueillies, mises en ordre et publiées, pour la première fois, par J.-F. Huguenin, de Metz..., enrichies du plan de Metz et des attaques dirigées contre cette ville, par Charles-Quint, en 1552. — Le doyen de Saint-Thiébault. — Jean Aubrion. — Philippe de Vigneulles. — Praillon. — Annales messines, etc. 900-1552. *Metz, S. Lamort*, 1838. viii-896 pages, grand in-8°. Demi-rel.

2275. VIGNEULLES. Gedenkbuch des **Metzer** Bürgers Philippe von Vigneulles aus den Jahren 1471 bis 1522. Nach der Handschrift des Verfassers herausgegeben von Dr Heinrich Michelant. *Stuttgart, s. n.*,

1852. xxxv-444 et 32 pages, in-8°. Demi-rel. (On trouve à la fin du volume la traduction française de la préface que M. Michelant avait rédigée en allemand.)

2276. ANCILLON. Recueil journalier de ce qui s'est passé de plus mémorable dans la cité de **Mets**, pays messin et aux environs, de 1656 à 1674, fait par Joseph Ancillon, publié par M. F.-M. Chabert. *Metz, Rousseau-Pallez ; Paris, A. Aubry*, 1860. xi-117 pages, in-12. Demi-rel.

2277. CHABERT. Chronique anonyme de 1684 à 1725, publiée en 1879, par F.-M. Chabert. *Sidot frères, Metz et Nancy*, 1879. 32 pages, in-8°. Cart. (Collection de Mémoires pour servir à l'histoire de **Metz**.)

2278. LE CHATELAIN. Les croniques de la noble ville et cité de **Metz**, par Jean le Châtelain. Réimprimées pour la première fois, et précédées de notes bibliographiques par M. F.-M. Chabert. *Metz, Rousseau-Pallez*, 1855. x-97 pages, in-12. Demi-rel.

2279. BAUCHEZ. Journal de Jean Bauchez, greffier de Plappeville au xviie siècle. Publié pour la première fois, d'après le manuscrit original, aux frais et sous les auspices de la Société d'histoire et d'archéologie du département de la Moselle, par MM. Abel et E. de Bouteiller. *Metz, Typog. Rousseau-Pallez*, 1868. xxiii-546 pages, in-8°. Demi-rel.

2280. BALTUS. Annales de **Metz**, depuis l'an 1724 inclusivement, par feu monsieur Baltus, notaire, ancien conseiller-échevin de l'hôtel-de-ville, pour servir de supplément aux preuves de l'histoire de Metz. *Metz, Cl. Lamort*, 1789. iv-359 pages, in-4°. Demi-rel.

2281. FLORET. Journal de D. Sébastien Floret, religieux bénédictin de l'abbaye royale de Saint-Arnould de **Metz**, publié pour la première fois, avec une préface et des notes explicatives, par M. F.-M. Chabert. *Metz, Typog. Rousseau-Pallez*, 1862. 87 pages, grand in-8°. Demi-rel.

2282. (BOULANGÉ.) **Metz** au moyen âge, par G. B. (Georges Boulangé). *Metz, s. n.*, 1856. 16 pages, in-8°. Fig. Cart.

2283. CAJOT. Les antiquités de **Metz**, ou recherches sur l'origine des Médiomatriciens ; leur premier établissement dans les Gaules, leurs mœurs, leur religion. Par Dom Joseph Cajot, bénédictin de l'abbaye de Saint-Arnould. *Metz, J. Collignon*, 1760. xxii-319 pages, in-8°. Rel. veau.

2284. HANNONCELLES (d'). **Metz** ancien par feu M. le baron d'Hannoncelles, premier président à la Cour royale de Metz. *Metz, Rousseau-Pallez*, 1856. vi-301 et 279 pages, in-fol. Fig. et blasons. En un vol. Demi-rel.

2285. HERSENT. De la souveraineté du roy à **Mets**, pays messin et autres villes et pays circonvoisins, qui estoient de l'ancien royaume d'Austrasie ou Lorraine. Contre les prétentions de l'Empire, de l'Espagne et de la Lorraine et contre les maximes des habitans de Mets, qui ne tiennent le roy que pour leur protecteur. Par R. Charles Hersent, chancelier de l'église cathédrale de Metz, et prédicateur. *Paris, Th. Blaise*, 1632. xiv-232 pages, in-8°. Rel. parchemin.

2286. GÖTSMANN DE THURN. Mémoire couronné par l'Académie royale des sciences et arts de Metz, le 18 septembre 1768. Sujet du prix : Comment la ville de **Metz** est-elle passée sous la puissance des empereurs d'Allemagne ? Quand obtint-elle précisément le titre de ville libre impériale ? Quels changements ces révolutions ont-elles opéré dans l'administration de la justice ? Par M. Götsmann de Thurn, ancien conseiller au conseil supérieur d'Alsace. *Metz, Edme*, 1769. 64 pages, in-8°. Demi-rel.

2287. PROST. Le patriciat dans la cité de **Metz**, par Aug. Prost. *Paris, s. n.*, 1873. 275 pages, in-8°. Demi-rel. (Extrait des *Mémoires de la Société nationale des antiquaires de France*.)

2288. DEVILLY. Antiquités médiomatriciennes. Premier mémoire. Monumens trouvés, en 1822, à l'ancienne citadelle de **Metz**. Par L. Devilly, membre de plusieurs académies et sociétés savantes. *Metz, C. Lamort*, 1823. 19 pages, in-8°. Cart.

2289. KLIPFFEL. **Metz**, cité épiscopale et impériale (dixième au seizième siècle). Un épisode de l'histoire du régime municipal, dans les villes romanes de l'Empire germanique, par H. Klipffel, docteur ès-lettres. *Bruxelles, Hayez,* 1867, ix-416 pages, in-8°. Demi-rel. (Extrait des *Mémoires... publiés par l'Académie royale de Belgique.*)

2290. SAULCY (DE) et Huguenin. Relation du siège de **Metz** en 1444, par Charles VII et René d'Anjou, publiée sur les documents originaux, par MM. de Saulcy et Huguenin aîné. *Metz, L. Troubat,* 1835. 344 pages, in-8°. Carte, plans et vues. Demi-rel.

2291. (SALIGNAC.) Le siège de **Metz**, par l'empereur Charles V, en l'an M.D.LII. Où l'on voit comme Monsieur de Guise et plusieurs grands seigneurs de France, qui étoient dans ladite ville, se sont comportés à la deffence de la place. (Par M. B. de Salignac.) *Metz, P. Collignon,* 1665. x-167 pages, in-4°. Plan. Rel. veau.

2292. SALIGNAC. Le siège de **Metz** par l'empereur Charles V, en l'an 1552. Par B. de Salignac. *Paris, Foucault,* 1823. 170 pages, in-8°. Demi-rel. (*Collection des Mémoires relatifs à l'histoire de France, par Petitot.* 1ʳᵉ série, t. 32.) — Le même. *Paris, Imp. Éverat,* 1848. 57 pages, grand in-8°. 2 col. Demi-rel. (*Collection... Michaud et Poujoulat.*)

2293. CHARLIER. Relation du siège de **Metz,** par Charles-Quint, en 1552, d'après les chroniques messines, recueillies par Huguenin ; l'histoire de ce siège par Bertrand de Salignac, etc. Avec un plan de la ville de Metz à cette époque. Par A. Charlier, capitaine au 22ᵉ léger. *Paris, Noirot,* 1841. 20 pages, in-8°. Demi-rel.

2294. (CHABERT.) Discours du temps de la rivalité de Henri II et de Charles-Quint. 1551-1552. (Publiés par M. Chabert.) Contre l'occupation de **Metz** par les Français. *Metz, Lecouteux,* 1849. 58 pages, in-8°. Demi-rel.

2295. CHABERT. Journal du siège de **Metz** en 1552. Documents relatifs à l'organisation de l'armée de l'empereur Charles-Quint, et à ses travaux devant cette place ; et description des médailles frappées à l'occasion de la levée du siège. Recueillis et publiés par M. F.-M. Chabert. *Metz, Rousseau-Pallez,* 1856. xx-151 pages, in-4°. Fig. et plans. Demi-rel.

2296. AURIAC. L'avant-dernier siège de **Metz** en l'an 1552, par Eugène d'Auriac. *Paris, Gauthier-Villars,* 1874. 71 pages, in-12. Br.

2297. (VILLIERS.) Brief discours du siège de **Metz** en Lorraine, rédigé par escript, de jour en jour, par un soldat, à la requeste d'un sien amy, avril 1552. (Par Hubert Philippe, dit de Villiers.) *S. l., n. n., n. d.* 22 pages, in-8°. Cart.

2298. (VILLIERS.) Brief discours du siège de **Metz** en Lorraine, rédigé par escript, de jour en jour, par un soldat, à la requeste d'un sien amy, (par Hubert Philippe, dit de Villiers). *Metz, Lecouteux,* 1846. 28 pages, in-12. Plan. Demi-rel.

2299. CARION. Extrait de Jean Carion sur le siège de **Metz**, en 1552. *Metz, Lecouteux,* 1847. 24 pages, in-12. Demi-rel.

2300. PARÉ. Relation du siège de **Metz** en 1552, par Ambroise Paré. *Metz, Lecouteux,* 1847. 28 pages, in-12. Portrait. Demi-rel.

2301. RÉCIT véritable de ce qui s'est faict et passé à la ville de **Metz**, et en la province de Champaigne, en conséquence du traicté faict entre le roy et la reyne sa mère. *Paris, N. Alexandre,* 1619. 15 pages, in-8°. Rel. parchemin.

2302. MARCHAL. Notice sur les causes du siège de **Metz**, par Charles-Quint, en 1552... Par le chevalier Marchal. *Bruxelles, M. Hayez,* 1853. 20 pages, in-8°. Cart. (Extrait des *Bulletins de l'Académie royale de Belgique.*)

2303. MERSON... Notice sur les deux sièges de **Metz** de 1444 et de 1552, par Merson, suivie de la relation du simulacre du siège de cette ville pendant septembre 1844, et des opérations des camps de la Moselle, par Verronnais. *Metz, Verronnais,* 1844. viii-184 pages, in-8°. Plan. Demi-rel.

2304. DES CHAGNATZ. Ephémérides du siège et saillyes de **Metz**, par Y. L. Des Chagnatz. *Metz, Lecouteux,* 1847. 34 pages, in-18. Br.

2305. RAHLENBECK. **Metz** et Thionville sous Charles-Quint, par Ch. Rahlenbeck. *Bruxelles, M. Weissenbruch,* 1880. 364 pages, in-8°. Demi-rel.

2306. FAIVRE. Une révolution au seizième siècle. Chroniques messines. Par B. Faivre. *Paris, Pougin ; Metz, L. Troubat.* 1835. xii-428 pages, in-8°. Demi-rel.

2307. BOISSARD. Réception du duc d'Epernon comme gouverneur de **Metz**. Texte et dessins de J.-J. Boissard, découverts et publiés par Ch. Abel. *Metz, Imp. J. Verronnais,* 1877. 53 pages, in-8°. Fig. Demi-reliure.

2308. (MOTET). Combat d'honneur concerté par les iv élémens sur l'heureuse entrée de Madame la duchesse de La Valette en la ville de **Metz**. Ensemble la réjouissance publicque concertée par les habitans de la ville et du pays sur le mesme sujet. (Par Jean Motet.) *S. l., n. n., n. d. (Pont-à-Mousson, Appier-Hanzelet,* 1626-1627), 130 pages, pet. in-4°. Titre et frontispice gravés. Fig. Rel. parchemin.

2309. FABERT. Voyage du roy à **Metz** ; à l'occasion d'iceluy : Ensemble les signes de réjouissances faits par ses habitans pour honorer l'entrée de Sa Majesté. Par Abr. Fabert. *S. l., n. n., (Metz, Abr. Fabert),* 1610. 72 pages, in-fol. Titre et frontispice gravés. Carte et fig d'Al. Vallée (le plan de Metz manque). Rel. parchemin.

2310. JOURNAL de ce qui s'est fait pour la réception du roy dans sa ville de **Metz**, le 4 août 1744. Avec un recueil de plusieurs pièces sur le même sujet, et sur les accidents survenus pendant son séjour. *Metz, Vve Pierre Collignon,* 1744. 83 pages, in-fol. et 8 planches in-plano. Rel. veau.

2311. CHAPPÉE. Le Saint-juratoire de **Metz**. — Manuscrit du xve siècle orné de miniatures. 1491-1790. Description et notice historique par J. Chappée, bibliothécaire de la Société historique et archéologique du Maine. *Paris, Lortic,* 1896. 16 pages de texte et 9 feuillets pour la reproduction en fac-similé. Pet. in-4°. Br.

2312. JOSSET. Compliment fait à la Reine, par M. l'abbé Josset, chanoine de la cathédrale de Metz... dans l'église des RR. PP. Jésuites à **Metz**, le 25 août 1744. *Paris, Jean-François Robustel,* 1764. 6 pages, in-8°. Br.

2313. BÉGIN. Histoire et description pittoresque de la cathédrale de **Metz**, des églises adjacentes et collégiales, par Emile Bégin. Edition illustrée par MM. Devilly, Dupuy, Maréchal, Michaud, Migette, Nouvian et Salzard. *Metz, Verronnais,* 1843. xii-362 et 480 pages, in-8°. 2 vol. Demi-rel.

2314. PROST. La cathédrale de **Metz**. Etude sur ses édifices actuels et sur ceux qui les ont précédés ou accompagnés depuis le ve siècle, par Aug. Prost. *Metz, Imprim. Even et Cie,* 1885. 483 pages, numér. 217-699, in-8°. Plan. Demi-rel.

2315. DU COËTLOSQUET. Notice sur la cathédrale de Metz, par le comte Du Coëtlosquet. *Metz, Dembour et Gangel, s. d.* 32 pages, in-8°. Fig. Br.

2316. ABEL. Etudes archéologiques sur la cathédrale Saint-Étienne de **Metz**, par Ch. Abel. *Metz, Delhalt,* 1885. 48 pages, in-8°. Fig. Br.

2317. ABEL. Recherches sur d'anciens ivoires sculptés de la cathédrale de **Metz,** par Charles Abel. *Metz, Rousseau-Pallez,* 1869. 55 pages, in-8°. Planches. Cart. (Extrait des *Mémoires de la Société d'histoire et d'archéologie de la Moselle.*)

2318. HUGUENIN. Notice historique sur l'église Sainte-Ségolène de **Metz**, par M. Al. Huguenin, professeur à la faculté de Poitiers. *Metz, Typ. Rousseau-Pallez,* 1859. 66 pages, in-8°. Fig. Demi-rel. (Extrait des *Mémoires de la Société d'histoire et d'archéologie de la Moselle.*)

2319. HALLEZ-D'ARROS. La chapelle du mont Saint-Quentin. Notice historique présentée à la Société d'archéologie et d'histoire de la Moselle, par O. Hallez-d'Arros. *Metz, Rousseau-Pallez,* 1861. 23 pages, in-8°. Fig. Cart.

2320. SIMON. Recherches sur l'emplacement du palais des rois d'Austrasie, à **Metz**, par Victor Simon. *Metz, Dembourg et Gangel, s. d.* 8 pages, in-8°. Cart.

2321. CHABERT. Notes pour servir à l'histoire de l'hôpital St-Nicolas de la ville de **Metz**, par F.-M. Chabert, de l'Académie impériale de Metz. *Paris, A. Le Clerc,* 1856. 47 pages, in-8°. Cart. (Extrait des *Annales de la Charité.*)

2322. ABEL. La Bulle d'or à **Metz**. Etude sur le droit public d'Allemagne au moyen-âge, par Ch. Abel, ancien avocat. *Nancy, E. Réau*, 1873. 125 pages, in-8°. Cart. (Extrait des *Mémoires de l'Académie de Metz*.)

2323. ABEL. Un procès de cloches à **Metz**. Par Ch. Abel. *Metz, Rousseau-Pallez*, 1858. 36 pages, in-8°. Cart. (Extrait de l'*Austrasie*.)

2324. ABEL. Rapport de la commission chargée d'examiner les droits de la ville de **Metz** sur le presbytère de l'église Saint-Simon. Par Machetay, Ch. Pêcheur et Ch. Abel, rapporteur. *Metz, E. Réau*, 1872. 23 pages, in-4°. Br.

2325. DUPRIEZ. Note sur un cimetière gallo-romain, découvert au Sablon, près de **Metz**, en 1877, par Raymond Dupriez. *Nancy, E. Réau*, 1878. 8 pages, in-8°. Fig. Cart. (Extrait des *Mémoires de l'Académie de Metz*.)

2326. PROST. Notice sur la maison de Gargan, rue Nexirue et sur l'ancien hôtel du voué de **Metz**, par Aug. Prost, novembre 1863. *Metz, Rousseau-Pallez, s. d.* 7 pages, in-8°. Cart. (Extrait du *Bulletin de la Société d'archéologie et d'histoire de la Moselle*.)

2327. BRÉMOND. Histoire de l'hôtel de Gargan, situé en Nexirue, à **Metz**, par Alphonse Brémond. *Metz, Ch. Thomas*, 1878. 16 pages, in-8°. Blasons. Cart.

2328. DIALOGUE concernant le colportage des marchandises en général et celui qui s'est exercé jusqu'à présent dans la ville de **Metz** en particulier... *Metz, J.-B. Collignon*, 1783. 46 pages, in-8°. Cart.

2329. ABEL. Rabelais, médecin stipendié de la cité de **Metz**, par Charles Abel. *Metz, F. Blanc*, 1870. 87 pages, in-8°. Cart. (Extrait des *Mémoires de l'Académie impériale de Metz*.)

2330. PONCELET. Aperçu sur l'état des arts dans la ville de **Metz**, aux diverses époques de son histoire. Discours prononcé à l'ouverture de la séance générale et annuelle de la Société des Lettres, **Sciences et Arts** de cette ville, le 24 mai 1824, par J.-V. Poncelet, capitaine du génie, président de cette société. *Metz, Lamort*, 1824. 37 pages, in-8°. Cart.

2331. PROJET d'une association mutuelle contre les incendies, proposé par le Conseil municipal de **Metz**. *Metz, Lamort*, (1819). 25 pages, in-8°. Cart.

2332. REVUE des collections composant en 1857 le muséum d'histoire naturelle de la ville de **Metz**. *Metz, J. Verronnais*, 1857. 47 pages, in-8°. Cart. (Extrait du *Bulletin de la Société d'histoire naturelle de la Moselle*.) Voy. n° 2342.

2333. MICHEL. Etude historique et critique sur le musée de peinture de la ville de **Metz**, par Emile Michel, vice-président de l'académie impériale de Metz. (Lecture faite à l'académie, le 19 mars 1868.) *Metz, F. Blanc*, 1868. 49 pages, in-8°. Cart.

2334. DES ROBERT. Un pensionnaire des rois de France à **Metz**, Richard de la Pôle, duc de Suffolk, chevalier de l'ordre de la Jarretière, 1492-1525. Par F. des Robert. *Nancy, G. Crépin-Leblond*, 1878. 40 pages, in-8°. Br. (Extrait des *Mémoires de la Société d'archéologie lorraine*.)

2335. CHABERT. Annales du département de la Moselle, par M. F.-M. Chabert. Janvier 1848-Décembre 1863. *Metz, Imp. Nouvion, s. d.* 484 et 204 pages, in-8°. 2 tomes en 1 vol. Demi-rel.

2336. (EMMERY.) Faits concernant la ville de **Metz** et le pays messin (par M. Emmery, avocat). *S. l., n. n., n. d.* 76 pages, in-8°. Demi-rel.

2337. BERGÈRE. Discours prononcé à la séance publique du 22 mai 1836, par M. Bergère, président de l'académie de Metz. (Aperçu des travaux exécutés à **Metz** et éloge du maréchal Fabert.) *Metz, Lamort, s. d.* 24 pages, in-8°. Cart.

2338. CHABERT. Mémoire de tout ce qui s'est passé à la démolition du lieu où est la citadelle... comme aussi des autours de **Metz**, précédé d'une notice et accompagné de notes authentiques, par F.-M. Chabert. *Metz, Rousseau-Pallez*, 1864. 94 pages, in-8°. Cart.

2339. LEMONNIER. Projet d'exploitation du théâtre de **Metz**, par une association en répartition proportionnelle de tous les bénéfices, par Alexis Lemonnier, artiste de province, ancien élève de l'école Choron et du Conservatoire royal de musique. *Metz, J. Mayer Samuel*, 1847. 39 pages, in-8°. Demi-rel.

2340. FÊTE donnée par le lieutenant-général commandant la division... à **Metz**... pour célébrer la naissance de S. A. R. le Duc de Bordeaux. *Metz, Antoine*, 1820. 16 pages, in-8°. Br.

2341. VOYAGE de l'Empereur à **Metz** et dans le département de la Moselle, les 29 et 30 septembre 1857. *Metz, F. Blanc*, 1857. 72 pages, in-4°. Demi-rel.

2342. TERQUEM. Rapport sur les accroissements du muséum de **Metz** pendant les années 1858 et 1859, par Terquem. *Metz, Verronnais*, 1860. 10 pages, in-8°. Cart.

2343. HÉDIN. Opérations militaires autour de **Metz** en 1870. Description des plans des batailles de Borny, Rezonville, Gravelotte, St.-Privat et du blocus de Metz, par Hédin, géographe. *Metz, Lang frères, s. d.* 58 pages, petit in-8°. Br.

2344. VÉRITÉ (La) sur **Metz**, par un témoin oculaire. Blocus et capitulation. *Tours, Ladevèze, s. d.* 84 pages, in-8°. Cart.

2345. VIANSSON. Le siège de **Metz** en 1870, par L. Viansson. *Nancy, Berger-Levrault*, 1881. 41 pages, in-8°. Br. (Discours de réception à l'Académie de Stanislas.)

2346. LA BOUILLE. Journal d'un aumônier militaire pendant le blocus de **Metz** (1870), par l'abbé La Bouille. *Sarlat, Michelet*, 1873. 53 pages, in-8°. Br.

2347. MARCHAL. Le drame de **Metz**, 31 juillet-31 octobre 1870, par le P. Marchal, aumônier de la garde impériale. 18e édition augmentée d'une préface. *Lyon, P. N. Josserand*, 1871. 40 pages, in-8°. Cart.

2348. MÉMOIRES pour la ville de **Metz**, dans les négociations de paix, entre la France et l'Allemagne. Publication du conseil municipal de Metz. *Metz, E. Réau*, 1871. 27 pages, in-8°. Cart.

2349. CHABERT. Annales de la ville de **Metz**, par F.-M. Chabert, depuis l'année 1880. *Metz, s. n.*, 1881. 15 pages, in-8°. Br.

2350. CHABERT. Histoire de **Metz**, de 1870-1871, par F.-M. Chabert. Quatrième édition. *Nancy, N. Collin*, 1878. VI-104 pages, in-8°. Demi-rel.

2351. CHABERT. Journal historique, littéraire, scientifique, industriel, statistique, etc., de la ville de **Metz** et du département de la Moselle, du 1er janvier 1865 au 19 juillet 1870, par F.-M. Chabert. *Saint-Nicolas, Imp. N. Collin*, 1873. 116 pages, in-8°. Cart.

2352. CHABERT. Journal du blocus de **Metz**, rédigé de jour en jour en l'année 1870, par F.-M. Chabert. *Metz, Sidot frères*, 1871. 103 pages, in-8°. Br.

2353. CHABERT. Journal de l'occupation de la ville de **Metz**, par l'armée prusso-allemande, du 29 octobre 1870 au 4 mars 1871, par F.-M. Chabert. *Nancy et Saint-Nicolas, N. Collin*, 1873. 104 pages, in-8°. Cart.

2354. CHABERT. Journal de ce qui s'est passé à **Metz** depuis l'annexion de cette ville à l'Allemagne, par F.-M. Chabert. *Saint-Nicolas et Nancy, Typogr. de N. Collin*, 1873. 63 pages, in-8°. Cart.

2355. CAPITULATION (La) de **Metz** devant l'histoire. 3e édition. *Bruxelles, Rozez fils*, 1870. 55 pages, in-12. Br. (Extrait du journal *L'Indépendance belge*.)

2356. CHANLOUP. Le blocus de **Metz** et les événements qui l'ont amené, par Hippolyte Chanloup, rédacteur du *National*. *Bordeaux, Fouraignan*, 1870. 43 pages, in-8°. Cart.

2357. MÜLLER. Lettres d'un messin sur le blocus de **Metz** en 1870, par N. Müller. *Metz, Sidot frères*, 1871. 42 pages, in-8°. Br.

2358. PROJET de distribution d'eau pour **Metz**. — Système mixte. — *Metz, Autoy Étienne, s. d.*, 16 pages lithographiées, in-4°. Br.

2359. RAPPORT fait au conseil municipal par la commission des usines et des eaux sur les projets présentés pour une distribution d'eau de la Moselle dans la ville de **Metz**. *Metz, S. Lamort,* 1844. 132 pages, in-4°. Br.

2360. VAN DER NOOT. Projet d'une distribution d'eau dans **Metz**. Rapport fait au conseil municipal, dans sa séance du 29 janvier 1853, par M. Van der Noot, ingénieur de la ville. *Metz, S. Lamort,* 1853. 96 pages, in-4°. Br.

2361. MARÉCHAL. Avis motivé et propositions de l'administration municipale sur les projets présentés par M. Van der Noot, ingénieur de la ville, pour la distribution d'eau et la reconstruction des usines. — Mémoire lu au conseil municipal dans les séances des 19 et 21 avril 1855 par M. Philippe Félix Maréchal, maire de Metz. *Metz, F. Blanc,* 1855. 105 pages, in-4°. Br.

2362. JACQUOT. Rapport fait à la commission municipale des eaux et usines, sur le projet de forer un puits artésien, dans l'enceinte de la ville de **Metz**, par E. Jacquot. *Metz, E. Lamort,* 1848. 16 pages, in-4°. Br.

2363. BERGERET. **Metz** monumental et pittoresque, par A. Bergeret. Album de 102 planches en phototypie. Préface de M. l'abbé Collin. Clichés de M. H. Prillot. *Nancy, phototypie J. Royer,* 1896. Grand in-4°. Demi-rel.

2364. **Metz**. Descriptio civitatis Mediomatricorum. — 2 cartes de la Médiomatrice aux 1ᵉʳ et vᵉ siècles de l'ère chrétienne. — Carte du gouvernement. — Carte donnant l'enceinte de la ville en 1444. — 3 plans perspectifs de la ville. — 21 plans de la ville ou de l'enceinte, de 1552 à nos jours. — 4 plans perspectifs du quartier des juifs au moyen âge, entre les xiᵉ et xiiᵉ siècles et au xviᵉ siècle. — Plan de la cathédrale. — Plan de la maison des Célestins, en 1785. — Plan de l'Arsenal en 1861. — 5 vues générales. — 280 vues diverses : parties de la ville, ponts, le Sas, palais de justice, abattoir, école régimentaire d'artillerie, poudrerie, poudrière, moulins, palais des Treize, hôtel de ville, théâtre, magasins de la citadelle, maison bâtie au xiiiᵉ siècle, temple des calvinistes, digues, fortifications, enceinte à la fin du xiᵉ siècle, portes, place Napoléon, esplanade, bâtiments romains, cathédrale avec détails ; églises St-Étienne, St-Vincent, St-Simon, St-Eucaire, Ste-Ségolène, oratoire des Templiers, synagogue aux xiᵉ, xiiᵉ xvᵉ et xviiᵉ siècles ; antiquités, etc. En tout 345 pièces.

2365. **Mey** (Moselle). Vue de l'église.

2366. **Millery** (Meurthe). Plan, élévation, coupe et détails de l'église.

2367. **Minorville** (Meurthe). Plan et vue de l'église.

2368. LAPRÉVOTE. Notice historique et biographique sur la ville de **Mirecourt,** depuis son origine jusqu'en 1766, par Charles Laprévote, ancien maire de Mirecourt, secrétaire de la Société d'archéologie lorraine, membre correspondant de l'Académie de Stanislas. *Nancy, L. Wiener,* 1877. 210 pages, in-8°. Demi-rel.

2369. GUYOT. L'hôpital de **Mirecourt**. Notice historique, par Ch. Guyot. *Nancy, G. Crépin-Leblond,* 1893. 132 pages, in-8°. Vue. Br. (Extrait, pour partie, des *Mémoires de la Société d'archéologie lorraine.*)

2370. GUYOT. La communauté des enfants-prêtres et l'inventaire des fondations de la paroisse de **Mirecourt** par Charles Guyot, président de la Société d'archéologie lorraine. *Nancy, G. Crépin-Leblond,* 1892. 52 pages, in-8°. Br.

2371. MAISON des orphelines de **Mirecourt** par A. G. *Mirecourt, Humbert, s. d.* 8 pages, in-8°. Demi-rel.

2372. RÈGLEMENT de l'association des jeunes économes de **Mirecourt**. *Mirecourt, Humbert,* 1850. 8 pages, in-8°. Demi-rel.

2373. LETTRE (Seconde) d'un citoyen de **Mirecourt**, à M. J.-C. Thirion, procureur de la commune de cette ville, au sujet du discours qu'il a prononcé à l'installation de la municipalité, le 27 novembre 1792. *Mirecourt, J. Bouillon,* 1792. 16 pages, in-8°. Br.

2374. **Mirecourt**. Plan de la citadelle. — Vue partielle. — Vue de l'église. 3 pièces.

2375. BENOIT. La croix Gebell de **Mittersheim**. Par A. Benoit. *Nancy, Sordoillet, s. d.* 4 pages, in-8°. Cart.

2376. **Moivron** (Meurthe). Plan du village, ban et finage, 1747.

2377. **Montaigu** (Commune de Laneuveville-devant-Nancy). Plan du domaine.

2378. CHANTEAU (DE). Notice historique et archéologique sur le château de **Montbras** (Meuse), par F. de Chanteau, archiviste-paléographe. *Nancy, G. Crépin-Leblond,* 1878. 32 pages, in-8°. Fig. Cart. (Extrait des *Mémoires de la Société d'archéologie lorraine.*)

2379. CHANTEAU (DE). Notice historique et archéologique sur le château de **Montbras** (Meuse), par F. de Chanteau. Nouvelle édition publiée par M. de Chanteau, et précédée d'une introduction par M. U. Robert. *Paris, Lemerre,* 1885. VIII-175 pages, gr. in-8°. Tableaux généalogiques, vues et carte. Demi-rel.

2380. GERMAIN. Excursions épigraphiques. **Mont-devant-Sassey**, par Léon Germain. *Bar-le-Duc, Contant-Laguerre,* 1888. 69 pages, in-8°. 1 planche. Br. (Extrait des *Mémoires de la Société des lettres, sciences et arts de Bar-le-Duc.*)

2381. **Mont-devant-Sassey** (Meuse). Vue du portail de l'église.

2382. **Montet** (Le), près de Nancy. Plan de la chapelle. — Vues et perspectives du village à diverses époques. En tout 14 pièces.

2383. POGNON. Histoire de **Montfaucon-d'Argonne**, depuis son origine (597), jusqu'à nos jours, par M. l'abbé Pognon, curé-doyen de cette paroisse. *Sedan, Sohet-Laurent,* 1890. x-708 pages, in-8°. Fig. Demi-rel.

2384. BONNABELLE. Courte étude sur **Montfaucon-en-Argonne**, par M. Cl. Bonnabelle. *Montmédy, Pierrot-Caumont,* 1888. 50 pages, in-8°. Br.

2385. DENIS. Inscription trouvée à **Monthureux** (Vosges), et déposée au musée d'Épinal. Par M. Denis. *Épinal, Gley,* 1841. 8 pages, in-8°. Fig. Cart. (Extrait des *Annales de la Société d'émulation des Vosges.*)

2386. **Montigny-lès-Metz**. 2 vues particulières.

2387. (RAGOT.) Notice historique et militaire sur la ville de **Montmédy**. (Par William Ragot.) *Montmédy, Pétré,* 1860. IX-154 pages, in-8°. 2 vues et 2 plans. Demi-rel.

2388. SIMON. Les deux bombardements de **Montmédy**. Souvenirs d'un témoin oculaire. Montmédy. — Sedan. — Premier bombardement, etc. Par Niclaus Simon, licencié en droit. *Paris, H. Plon,* 1872. 105 pages, in-8°. 1 pl. in-4°. Br.

2389. MASSY. Sur la prise de **Mont-Médy**. Par A. Massy. *S. l., n. n.,* 1657. 1 page, in-4°.

2390. GERMAIN. Monuments funéraires de l'église paroissiale de **Montmédy**, par Léon Germain. *Angers, Lachèse et Dolbeau,* 1883. 17 pages, in-8°. Br.

2391. GERMAIN. Les anciennes cloches de la paroisse de **Montmédy**, par Léon Germain, inspecteur de la Société française d'archéologie, etc. *Montmédy, Ph. Pierrot,* 1889. 15 pages, in-8°. Br.

2392. **Montmédy**. 2 plans de la ville. — Vue générale. — Vue perspective. — Vue du rocher de Mad, avant la construction du château. En tout 6 pièces.

2393. **Mont-St-Martin** (Moselle). Plan et détails de l'église. 3 pièces.

2394. DENIS. L'illustration restituée à la montagne de **Montsec**, département de la Meuse, canton de St-Mihiel ; position méconnue quoique importante, occupée successivement par les Gaulois et les Romains qui l'appelaient Mocio ; qui fut célèbre du temps des rois d'Austrasie, d'abord comme Castrum Vabrense, ensuite sous le nom de Châtel Montclin, nom qu'elle porte encore aujourd'hui ; par Cl. Fr. Denis, membre correspondant de la Société royale des antiquaires de France, etc. *Commercy, Ch. Cabasse,* 1844. VII-203 pages, in-8°. Plan. Cart.

2395. LOPPINET. Les tumuli de **Montzéville**, par F. Loppinet et P. Fliche. *Nancy, Crépin-Leblond,* 1890. 4 pages,

in-8°. Plan. Br. (Extrait du *Journal de la
Société d'archéologie lorraine.*)

2396. **Morelmaison** (Vosges). Plan de la
ferme de Velotte.

2397. **Morey** (Meurthe). Plan du bois et
des prairies de la seigneurie.

2398. **Morhange** (Moselle). Plan de la ville
en 1643. — Plan de l'église avec détails.

2399. **Morlange** (Moselle). 4 vues du
prieuré avec détails.

2400. DENIS. Dissertation sur un monument antique de M. le docteur Humbert,
médecin orthopédiste à **Morley** (Meuse) ;
par Cl. F. Denis, membre correspondant
de la Société royale des antiquaires de
France, etc. *Commercy, Denis,* 1841.
22 pages, in-8°. Planche. Cart.

2401. **Mortagne** (Vosges). Carte topographique de la forêt, 1747.

2402. **Motte** [La] (Commune de Dombasle,
Meurthe). 2 plans et 6 vues du château.

2403. (JOLY.) Notice sur **Mouacourt**, arron-
dissement de Lunéville, (par A. Joly).
Nancy, L. Wiéner, 1863. 23 pages, in-8°.
Demi-rel.

2404. **Moulin** (Commune de St-Nabord,
Vosges). 2 plans du ruisseau de Ste-Anne
et du pré des Portes.

2405. **Moulins-les-Metz** (Moselle). 3 vues :
château et moulins.

2406. BOYÉ. Recherches historiques sur
Mousson (Meurthe-et-Moselle), par Pierre
Boyé. Ouvrage orné de 8 planches hors
texte et d'une phototypie. *Pont-à-Mousson,
Typog. M. Vagné,* 1892. 175 pages, gr.
in-8°. Br.

2407. CIVRY (DE). Les ruines du château
de **Mousson** en Lorraine, notice historique, par Victor de Civry. *Pont-à-Mousson, Donoux,* 1848. 85 pages, in-8°. Demi-rel.

2408. CHARAUX. Une statue de Jeanne
d'Arc à **Mousson**. Par H. Charaux. *Pont-
à-Mousson, Marcel Vagné,* 1895. 29 pages, in-8°. Fig. Br.

2409. MUNDWEILER. Appel à la charité
pour la restauration de l'église et de la
chapelle castrale de **Mousson**, par
X. Mundweiler, curé de Mousson. *Pont-
à-Mousson, M. Vagné,* 1890. 4 pages,
in-8°. Fig. Br.

2410. **Mousson** (Meurthe). Plan de la chapelle. — Ruines du château. — Fonts
baptismaux, etc. 14 pièces.

2411. **Mouterhausen** (Moselle). Vue des
ruines du château.

2412. **Moutier** (Moselle). Vue d'une habitation.

2413. PRUGNEAUX. Département de la
Meurthe... Commune de **Moutrot**. Bor-
nage général et géométrique des propriétés rurales. *Nancy, N.-Collin,* 1865. 26
pages, in-8°. Br.

2414. **Moyen** (Meurthe). 4 plans et vues diverses du château. 15 pièces.

2415. FARON. **Moyenmoutier** à travers
les âges, et son abbaye. Notice publiée par
Jules Faron, directeur d'école à Moyenmoutier (Vosges). *Saint-Dié, C. Dufays,*
1896. 108 pages, in-8°. Br.

2416. DEBLAYE. Reliques de l'église de
Moyenmoutier, leur reconnaissance solennelle le 6 août 1854. Description et
histoire de l'oratoire Saint-Grégoire et du
tombeau de saint Hydulphe à Moyenmoutier ; par l'abbé L.-F. Deblaye. *Nancy,
A. Lepage,* 1856. 30 pages, in-8°. Fig. Cart.

2417. DEBLAYE. Dissertation sur une dal-
matique très-ancienne conservée dans la
châsse de saint Hydulphe, archevêque de
Trèves et fondateur de l'abbaye de
Moyenmoutier. Par l'abbé Deblaye.
Nancy, A. Lepage, 1854. 24 pages, in-8°.
Cart.

2418. **Moyenmoutier** (Vosges). Plan perspectif de l'abbaye. — Vue de l'abbaye. —
Dalmatique du sarcophage de saint Hydulphe. 3 pièces.

2419. **Moyenvic** (Meurthe). Carte des gouvernements des villes de Moyenvic, Vic et
Marsal, avec plans. — Plan des rues en
1759. — 3 plans de la ville. — 3 plans :
partie de la saline en 1761 ; ponts sur le

canal de la saline en 1755, pont sur le canal du moulin en 1786. — 3 vues de la ville. — Vue de l'église, etc. En tout 14 pièces.

2420. CLAUZEL. Rapport sur la demande du ministre de la guerre, en suspension de la vente des forges de **Moyeuvre**, Naix et Moutier, pour les affecter au service de l'artillerie, fait au nom du comité de l'extraordinaire des finances, par M. Clauzel, député de l'Ariège. *Paris, Imprimerie nationale*, 1792. 6 pages, in-8°. Cart.

2421. **Moyeuvre** (Moselle). 3 plans de la scierie.

2422. BENOIT. L'ancienne église collégiale de Saint-Nicolas de **Munster** (Meurthe), par Arth. Benoit. *Lunéville, Majorelle*, 1867. 18 pages, in-8°. Cart.

2423. **Munster** (Meurthe). Plan et coupe de l'église. — Vues de l'église. — Vues de tombeaux. En tout 17 pièces.

2424. **Naix** (Meuse). Plan des voies romaines qui convergeaient à Nasium. Voy. n° 2758.

Nancy.

Description. Histoire. Musées.

2425. BÉGIN. Guide de l'étranger à **Nancy**, par E.-A. Bégin. *Nancy, Vidart et Jullien; Paris, Legrand*, 1835. 258 pages, pet. in-8°. Plan et vues. Demi-rel.

2426. CHATELAIN. Gravures de l'histoire de Lorraine. Guide de **Nancy**, par Bégin. *Nancy, Vidart et Jullien, s. d.* 15 planches, in-8°. Cart.

2427. LEPAGE. La ville de **Nancy** et ses environs, guide du voyageur, par Henri Lepage, auteur de la « Statistique du département de la Meurthe ». *Nancy, Peiffer*, 1844. 231 pages, in-12. Fig. Cart.

2428. (LEPAGE.) Promenade dans **Nancy** et ses environs, (par H. Lepage). *Nancy, N. Grosjean et L. Wiener*, 1866. 126 pages, in-12. Plan. Demi-rel.

2429. GUIDE (Nouveau) dans **Nancy**, contenant la description de Nancy et des alentours ; l'histoire de Nancy et des sept

faubourgs... ; le dictionnaire des rues et places... ; la vue et le plan actuel de la ville. *Nancy, C. Thiébaut*, 1885. 228 pages, in-16. Br.

2430. (LALLEMENT.) **Nancy** vu en deux heures. Opuscule destiné aux voyageurs qui s'arrêtent seulement entre deux trains de chemin de fer. (Par Louis Lallement.) *Nancy, G. Crépin-Leblond*, 1881. 38 pages, petit in-8°. Br.

2431. LALLEMENT. **Nancy** vu en deux heures, par Louis Lallement, avocat à la Cour. Seconde édition, revue et augmentée. *Nancy, Husson-Lemoine*, 1883. 71 pages, petit in-4°. Br.

2432. LAPAIX. Description illustrée de **Nancy** et de ses environs, par Constant Lapaix, graveur héraldique. *Nancy, Berger-Levrault et Cie*, 1874. 115 pages, in-12 (tiré sur papier grand in-8°). Vues. Demi-reliure.

2433. TOUR (Le) de **Nancy** en 80 minutes, par une hirondelle. *Nancy, Imprimerie lorraine*, 1885. 37 pages, in-18. Plan. Cart.

2434. GUIDE (Nouveau) de l'étranger dans **Nancy**, avec un plan de la ville. 2° édition. *Nancy, Hinzelin, s. d.* 16 pages, in-8°. Cart.

2435. BADEL. **Nancy**. Guide complet illustré. Plan en couleurs de la ville. Monuments. Renseignements. Rues. Par Émile Badel. *Nancy, A. Crépin-Leblond*, 1896. 88 pages, in-32. Br.

2436. LIONNOIS. Histoire des villes vieille et neuve de **Nancy**, depuis leur fondation jusqu'en 1788, 200 ans après la fondation de la ville-neuve ; par le sieur J. J. Lionnois, prêtre, premier principal du ci-devant collège de l'Université et doyen de la faculté des arts de Nancy. *Nancy, Haener et Delahaye*, 1805-1811. XIV-639, XXII-595 et XII-326 pages, in-8°. Plan. Demi-rel.

2437. DIGOT. Table alphabétique et analytique de l' « Histoire de **Nancy** », de l'abbé Lionnois, par Paul Digot. *Nancy, Imp. Hinzelin*, 1855. 41 pages, in-8°. Demi-rel.

2438. (LIONNOIS.) Essais sur la ville de **Nancy**, dédiés à Son Altesse Royale Monseigneur Charles-Alexandre, duc de Lorraine et de Bar..., gouverneur des Pays-Bas. (Par J. J. Lionnois.) *La Haye, la Compagnie*, 1779. II-475 pages, in-8°. Rel. veau.

2439. PFISTER. Cours d'histoire locale. Histoire de la ville de **Nancy**. Leçon d'ouverture. Par Pfister, professeur à la Faculté des lettres de Nancy. *Nancy, Berger-Levrault*, (1894). 23 pages, in-8°. Br. (Extrait des *Annales de l'Est*.)

2440. PFISTER. Histoire de **Nancy**. Tome Ier. Depuis les origines jusqu'à la mort de René II. Par Ch. Pfister, professeur d'histoire de l'Est de la France, à l'Université de Nancy. *Nancy, Impr. Louis Kreis*, 1896. LXIII-429 pages, in-8°. Gravures. Br.

2441. PFISTER. L'abbaye de Molesme et les origines de **Nancy**, par Ch. Pfister. *Paris, L. Cerf*, 1896. 15 pages, in-8°. Br.

2442. LEPAGE. Recherches sur l'origine et les premiers temps de **Nancy**, par Henri Lepage. *Nancy, Imp. A. Lepage*, 1856. 94 pages, in-8°. Demi-rel. (Extrait du *Bulletin de la Soc. d'archéol. lorr.*)

2443. BLEICHER. **Nancy** avant l'histoire, par M. Bleicher. (Extrait des *Mémoires de l'Académie de Stanislas*, pour 1882.) *Nancy, Berger-Levrault et Cie*, 1883. 31 pages, in-8°. Br.

2444. HANNION. Le berceau de **Nancy**. Essai historique et archéologique, par M. J.-B. Paul Hannion. *Nancy, Imp. Crépin-Leblond*, 1892. II-72 pages, in-8°. Br.

2445. LIONNOIS. Etat ancien et actuel de **Nancy**. *S. l., n. n., n. d.* 52 pages, in-8°. Br.

2446. DUMAST (DE). **Nancy**. Histoire et tableau, par P. Guerrier de Dumast. *Nancy, Conty ; Paris, Debécourt*, 1837. II-49 pages, in-8°. Demi-rel.

2447. DUMAST. **Nancy**. Histoire et tableau par P. G. Dumast. Seconde édition revue et considérablement augmentée, avec la perspective gravée de cette capitale à l'époque de sa puissance, et la vue de l'ancien palais ducal, prise à vol d'oiseau. On y a joint les dessins de la porterie d'Antoine et de la salle des cerfs. *Nancy, Vagner*, 1847. XVI-320 pages, in-8°. Demi-reliure.

2448. CAYON. Histoire physique, civile morale et politique de **Nancy**, ancienne capitale de la Lorraine, depuis son origine jusqu'à nos jours ; avec nombre de figures et de plans, par Jean Cayon. *Nancy, Cayon-Liébault*, 1846. VIII-440 pages, in-8°. Demi-rel.

2449. LEPAGE. Histoire de **Nancy**, ville-vieille et ville-neuve, par Henri Lepage. *Nancy, Gonet*, 1858. 396 pages, in-8°. 2 plans. Demi-rel.

2450. BILISTEIN (DE). Essai sur la ville de **Nancy**, capitale du duché de Lorraine, par Charles-Léopold Andreu de Bilistein. *Amsterdam, H. Constapel*, 1762. 92 pages, in-8°. Plan. Rel. mar. r.

2451. COURBE. Promenades historiques à travers les rues de **Nancy**, au XVIIIe siècle, à l'époque révolutionnaire et de nos jours. Recherches sur les hommes et les choses de ces temps, par Ch. Courbe. *Nancy, Imp. nancéienne*, 1883. III-471 pages, in-8°. Demi-rel.

2452. COURBE. Les rues de **Nancy**, du XVIe siècle à nos jours, par Ch. Courbe. Tableau historique, moral, critique et satirique des places, portes, rues, impasses et faubourgs de Nancy. Recherches sur les causes et les origines des vocables qui leur ont été appliqués depuis le XVIe siècle. *Nancy, Imp. lorraine*, 1885-1886. 355, 331 et 301 pages, in-8°. Demi-rel.

2453. **Nancy** et la Lorraine. Notice historique et scientifique. (Par MM. Briard, Krantz, Sogniès, Collignon, Millot, Bleicher, Vuillemin, Cousin, Viansson, Boppe, Rogé, Keller, Schwab et Grandeau.) XVIe congrès de l'Association française pour l'avancement des sciences. *Nancy, Berger-Levrault et Cie*, 1886. 500 pages, in-12. Frontispice. Demi-rel.

2454. LEPAGE. Les archives de **Nancy** ou documents inédits relatifs à l'histoire de cette ville, publiés sous les auspices de l'administration municipale, par H. Lepage, archiviste de la Meurthe. *Nancy, L. Wiener*, 1865. XXXI-368, 399, 400 et 336 pages, in-8°, avec deux plans. Demi-rel.

2455. (LEPAGE ET ROUSSEL.) Les transformations de **Nancy**, par MM. Henri Lepage et Emile Roussel. *Nancy, Imp. N. Collin*, 1879. 130 pages, gr. in-8°. Cart.

2456. LEPAGE. Rôle des habitants de **Nancy** en 1551-1552, publié et annoté par Henri Lepage. *Nancy, A. Lepage*, 1854. 71 pages, in-8°. Demi-rel. (Extrait du *Journal de la Soc. d'archéol. lorr.*)

2457. THIÉRY et Mougenot. Les maisons du vieux **Nancy**. Souvenirs pittoresques gravés à l'eau forte par E. Thiéry. Texte par Léon Mougenot. *Nancy, Maubon*, 1861. 36 pages et 18 planches, in-4°. Demi-rel.

2458. LALLEMENT. Les maisons historiques de **Nancy**, par Louis Lallement, avocat à la Cour. *Nancy, Wiener (aîné) fils*, 1859. 46 pages, in-8°. Cart. (Extrait du *Journal de la Société d'archéologie lorraine.*)

2459. ÉTAT des maisons de la ville et des faubourgs de **Nancy**, par paroisses, rues et numéros. *Nancy, Thomas*, 1767. 213 pages, in-8°, numér. 19-231. Cart.

2460. TABLEAU contenant, par ordre d'ancienneté, les noms, demeures et dates de de la réception des maitres... Cuisiniers, Traiteurs, Rôtisseurs, Pâtissiers, Cabaretiers et Aubergistes des villes et faubourgs de **Nancy**. *Nancy, P. Barbier*, 1789. 16 pages, in-8°. Cart.

2461. RENAULD. **Nancy** en 1790. Etude historique, suivie du discours de réception prononcé dans la séance publique de l'Académie de Stanislas, du 11 mai 1876. Par Jules Renauld. *Nancy, L. Wiener et Husson-Lemoine*, 1876. 120 pages, in-8°. Demi-reliure.

2462. BARTHÉLEMY. Les Marseillais à **Nancy** (1792). Souvenirs de localité, peintures de mœurs, par P. Barthélemy, de Nancy. *Nancy, Imp. Hinzelin*, 1846. 333 pages, in-8°. Fig. Demi-rel.

2463. MARTIN. Le mouvement catholique à **Nancy**, de 1830 à 1850. Par l'abbé Eug. Martin. *Nancy, René Vagner*, 1894. 56 pages, in-8°. Br.

2464. LACROIX. Journal d'un habitant de **Nancy** pendant l'invasion de 1870-1871, par Louis Lacroix. *Nancy, Vagner*, 1873. xi-523 pages, in-12. Demi-rel.

2465. SIMONIN. Les ambulances de **Nancy**, en 1870 et 1871, par M. le professeur Simonin. *Nancy, Berger-Levrault et Cie*, 1883. xii-99 pages, in-8°. Br.

2466. GUYOT. Les femmes du peuple de **Nancy** et les prisonniers français. Par Paul Guyot. Brochure dédiée aux femmes de Nancy et vendue au profit de la souscription pour la libération du territoire. *Nancy, N. Collin*, 1872. 14 pages, in-8°. Br.

2467. BRAUN-WIESBADEN. Dreimal in **Nancy**. Kriegs und Friedensbilder, von Karl Braun-Wiesbaden. (Recueil de coupures détachées d'un journal allemand et publiées vers 1872.)

2468. RENAULD. La cour de l'Enfer à **Nancy**. Par J. Renauld. *Nancy, G. Crépin-Leblond*, 1877. 29 pages, in-8°. Fig. Cart. (Extrait des *Mémoires de la Société d'archéologie lorraine.*)

2469. MARCHAL. Notice historique et descriptive sur le faubourg et la paroisse Saint-Pierre de **Nancy**. Par M. l'abbé Marchal, curé de la paroisse. *Nancy, Imp. A. Lepage*, 1858. 57 pages, in-8°. Demi-reliure.

2470. RISTON. Notice sur la promenade dite la *Pépinière* et les améliorations à y faire, par Riston, magistrat, et Grillot, architecte. *Nancy, Richard-Durupt*, 1834. 27 pages, in-8°. Plan. Br.

2471. PROMENADE (De la) de la Pépinière de la ville de **Nancy**. *Nancy, Lepage, s. d.* 8 pages, in-8°. Br.

2472. THOMAS. Un dernier mot sur la Pépinière. *Nancy, J. Troup*, 1843. 16 pages, in-8°. Br.

2473. DUMAST (De). Sur la nécessité d'appliquer aux rues de **Nancy**, lors du renouvellement de leur nomenclature, le système des noms historiques qui commence partout à prévaloir.— Hodographie nancéyenne. Supplément ou seconde lettre sur les noms historiques à donner aux rues de Nancy. Par P.-G. Du Mast. *Nancy, Imp. A. Lepage*, 1857. 56 et 12 pages, in-8°. Demi-rel. (Extraits du *Bulletin* et du *Journal de la Société d'archéologie lorraine.*)

2474. MOUGENOT. Des noms historiques à donner aux rues de **Nancy**. Morceau lu à la Société d'archéologie lorraine, par M. Léon Mougenot. *Nancy, Imp. A. Lepage,* 1859. 45 pages, in-8°. Demi-rel.

2475. (LALLEMENT.) Noms à donner à diverses rues et places de **Nancy**. Quelques observations sur le travail de la commission. (Par Louis Lallement.) *Nancy, Autogr. Christophe, s. d.* 7 pages, in-fol. Br.

2476. CALLOT. Traité divers, pour un gouvernement purement monarchique. — Manifestation sur le changement des noms de beaucoup de rues de **Nancy**. Par Fr.-Ch. Callot, écuyer, ancien avocat à la Cour, séant à Nancy. *Nancy, C.-J. Hissette,* 1823. 86 pages, in-8°. Table généalogique de la famille de Callot. Rel.

2477. MARCHAL. Origine probable du nom de Nabécor, donné à un canton du faubourg Saint-Pierre de **Nancy**, par l'abbé Marchal, ancien curé de Saint-Pierre. *Nancy, A. Lepage,* 1869. 7 pages, in-8°. Cart. (Extrait du *Journal de la Société d'archéologie lorraine.*)

2478. DUMAST (DE). Sur les vraies armoiries de la ville de **Nancy**, par P. G. de Dumast. *Nancy, Imp. A. Lepage,* 1856. 35 pages, in-8°. Demi-rel. (Extrait du *Bulletin de la Société d'archéologie lorraine.*)

2479. JAMBOIS. Les armoiries de la ville de **Nancy**. Origine et description par C. Jambois, avocat. *Nancy, Berger-Levrault et Cie,* 1879. 44 pages, in-16. Blason. Br.

2480. RENAULD. Les armes de **Nancy**, par J. Renauld. *Nancy, G. Crépin-Leblond, s. d.* 20 pages, in-8°. Br.

2481. LEPAGE. La commanderie de Saint-Jean-du-Vieil-Aître (à **Nancy**). Par Henri Lepage. *Nancy, Lucien Wiener,* 1865. 23 pages, in-8°. Planche. Cart. (Extrait du *Journal de la Société d'archéologie lorraine.*)

2482. QUINTARD. Les fouilles du Vieil-Aître, cimetière mérovingien, près de la commanderie de Saint-Jean, à **Nancy**, par Léopold Quintard. *Nancy, G. Crépin-Leblond,* 1895. 38 pages, in-8°. Fig. Br. (Extrait des *Mémoires de la Société d'archéologie lorraine.*)

2483. COLLIGNON. Observations sur les crânes et ossements du Vieil-Aître (à **Nancy**), par Collignon et Bleicher. *Nancy, G. Crépin-Leblond,* 1895. 5 pages, in-8°. Br. (Extrait des *Mémoires de la Société d'archéologie lorraine.*)

2484. MOUGENOT. Les hôtelleries du vieux **Nancy**, Par Léon Mougenot. Dessins de Gustave Henry. *Nancy, A. Lepage,* 1863. 16 pages, in-8°. Cart. (Extrait du *Journal de la Société d'archéologie lorraine.*)

2485. LEPAGE. La galerie des cerfs et le musée lorrain au palais ducal de **Nancy**, par Henri Lepage. *Nancy, Wiener,* 1857. 60 pages, in-12. Fig. Demi-rel.

2486. MUSÉE lorrain. A propos des cent mille francs donnés par S. M l'Empereur d'Autriche au comité du musée lorrain. *Nancy, G. Crépin-Leblond,* 1874. 13 pages, in-8°. Cart.

2487. (LEPAGE.) Le palais ducal et le musée lorrain en 1875, par H. L. (Henri Lepage). *Nancy, G. Crépin-Leblond,* 1875. 16 pages, in-8°. Plans. Fig. Cart.

2488. CASSE. Agrandissement du musée. Salle Callot. Rapport présenté au conseil municipal de **Nancy**, par J. Casse, professeur de dessin. *Nancy, Gebhart,* 1880. 9 pages, in-8°. Br.

2489. GERMAIN. Le lit d'Antoine, duc de Lorraine et de la duchesse Renée de Bourbon au musée historique lorrain (**Nancy**), par L. Germain, *Caen, Le Blanc-Hardel,* 1885. 26 pages, in-8°. Fig. Br. (Extrait du *Bulletin monumental,* 1885.) Voy. n° 540.

2490. MICHEL. Un paysage d'Hobbema au musée de **Nancy**, par E. Michel. *Nancy, E. Réau,* 1873. 10 pages, in-8°. Cart.

2491. GODRON. Notice sur le musée d'histoire naturelle de **Nancy**. Par D.-A. Godron, doyen honoraire de la Faculté des sciences de Nancy. *Nancy, G. Crépin-Leblond,* 1872. 27 pages, in-8°. Cart. (Extrait du *Journal de la Société d'archéologie lorr.*)

2492. GERMAIN. Le camée antique de la Bibliothèque de **Nancy**, par L. Germain. *Tours, Paul Bousrez,* 1883. 11 pages, in-8°. Fig. Br. (Extrait du *Bulletin monumental,* 1883.)

2493. RÈGLEMENT pour les collections d'histoire naturelle et le jardin botanique de la ville de **Nancy**. *Nancy, Grimblot et Vve Raybois*, 1849. 16 pages, in-8°. Cart.

2494. JARDIN (Le) botanique devant le conseil municipal de **Nancy**, par S. N. Th. *Nancy, N. Collin*, 1864. 28 pages, in-8°. Cart.

Nancy.

Administration.

2495. MURAILLES de Nancy. Collection d'affiches officielles placardées, de 1607 à 1827, sur les murs de **Nancy**, par l'ordre du Conseil de ville, du Conseil d'Etat de S. A. R., de la Chambre des Comptes, de la Cour souveraine... : Arrêts, déclarations, ordonnances, taxes, règlements, mandements, etc., etc. Environ 2000 pièces, formant 9 liasses in-fol.

2496. ROUSSEL. Ville de **Nancy**. Table chronologique des actes et délibérations de l'autorité municipale (1789-1870). Par Émile Roussel. I. 1789-1800. *Nancy, Imp. nancéienne*, 1891. III-551 pages, in-4°. Demi-rel.

2497. CONSEIL municipal de **Nancy**. Procès-verbaux des délibérations du conseil. Années 1865 à 1895. *Nancy, N. Collin et Imp. nancéienne*, 1865-1895. 26 volumes. in-8°. Demi-rel.

2498. RÉSULTAT de la vérification faite par le conseil général de la commune, des comptes présentés par les officiers municipaux à Finance, pour l'exercice de 1789, et trois mois de 1790 ; avec des observations motivées sur chacun des articles qu'il a jugés susceptibles d'être modérés, sursis, ou rayés. (Municipalité de **Nancy**.) *S. l., n. n., n. d.* 36 pages, in-4°. Br.

2499. BUDGETS ou états des recettes et dépenses de la ville de **Nancy**. Comptes d'administration des recettes et dépenses de la même ville, de 1817 à 1895. Recueil formant 1 volume in-fol. et 7 volumes in-4°. Demi-rel.

2500. VILLE de **Nancy**. Bulletin administratif. Années 1878 à 1895. *Nancy, N.*

Collin, et Imp. coopérative, 1878-1895. 18 volumes, gr. in-8°. Demi-rel.

2501. CAHIER des charges général applicable aux travaux à exécuter tant à l'intérieur qu'à l'extérieur de la ville de **Nancy**, 1868 à 1895. *Nancy, Vve Nicolas ; Imp. nancéienne*, 1868-95. 5 vol. in-4°.

2502. BORDEREAU des prix des ouvrages de toute nature à exécuter pour la ville de **Nancy**. *Nancy, N. Collin, et Imp. administrative*, 1868-95. 3 vol. in-4°.

2503. VILLE de **Nancy**. Alignements généraux des voies publiques. Recueil des modifications apportées au plan approuvé par ordonnance du 24 septembre 1846. *Nancy, Imp. nancéienne*, 1882. 112 pages, in-4°. et 52 plans. Cart.

2504. DISTRIBUTION d'eau de la ville de **Nancy**. Rapport de M. Puguière, ingénieur en chef des ponts et chaussées, directeur du service des fontaines publiques, des canaux et de la petite voirie dans la ville de Nancy. *Nancy, Vve Nicolas*, 1866. 24 pages, lithog. in-fol. Br. — Avant-projet de distribution d'eau. Recherches relatives à l'alimentation de la ville de Nancy. Rapport de M. Pugnière, ingénieur, directeur du service. *Nancy, Vve Nicolas*, 1869. 15 pages, in-fol. Br. — Avant-projet de distribution d'eau. Rapport de M. Pugnière, ingénieur à l'appui de l'avant-projet. *Nancy, Vve Nicolas*, 1868. 67 pages, in-fol. Br. — Avant-projet de distribution d'eau. Utilisation des eaux dérivées de la Moselle. Rapport de M. Pugnière, ingénieur, directeur du service. *Nancy, Vve Nicolas et fils*, 1871. 21 pages, in-fol. Br. — Compte-rendu des travaux de toute nature exécutés du mois de novembre 1866 au mois de novembre 1869, pour l'amélioration du service des eaux de la ville de Nancy. Résumé sommaire du rapport présenté le 25 novembre 1869 par l'ingénieur des ponts-et-chaussées, directeur du service. *Nancy, Vve Nicolas et fils*, 1870. 14 pages, in-fol. Br. — La question des eaux de la Moselle devant servir à l'alimentation de la ville de Nancy. Rapport de M. Bernard, maire de Nancy, à Monsieur le Ministre des travaux publics. 21 août 1874. *Nancy, N. Collin*, 1874. 13 pages, in-fol. Br. — Distribution des eaux de la Moselle. Rapport de la commission des travaux sur le projet du tarif de la vente des eaux de la ville de Nancy, par M. Muntz, rapporteur. *Nancy, N. Collin,* 1878. 18 pages, in-fol. Br.

2505. EAUX de l'Asnée. Rapports présentés au conseil municipal sur le service des eaux, par M. Hatzfeld. — Opposition à la déclaration d'utilité publique de la nouvelle direction à faire prendre à la conduite des eaux de l'Asnée à travers le territoire de Villers-les-Nancy, par MM. Pierson et de Scitivaux de Greisch. — Observations présentées par M. de Montjoie sur le même sujet. *Nancy, (Imp. diverses),* 1869-70. 4 fasc. in-4°.

2506. GAUDCHAUX-PICARD. Le monopole de l'éclairage et du chauffage par le gaz. Mémoire présenté au conseil municipal de Nancy, par Émile Gaudchaux-Picard. Edition revue et augmentée de documents nouveaux. *Paris, B. Tignol,* 1889. 107 pages, in-8°. Br.

2507. GAUDCHAUX-PICARD. Les pensions des employés des administrations municipales, par Émile Gaudchaux-Picard. *Nancy, Imprimerie nancéienne,* 1885. 70 pages, in-8°. Br.

2508. LALLEMENT. Rapport au conseil municipal (de Nancy), sur la réorganisation du service médical municipal et sur la création d'un bureau municipal d'hygiène, par le Dr Ed. Lallement. *Nancy, Imprimerie nancéienne,* 1879. 16 pages, in-8°. Cart.

2509. ARRÊTÉ et règlement concernant l'octroi municipal et de bienfaisance de la ville de Nancy. Du 29 germinal an IX et du 29 juillet 1812. *Nancy, H. Haener et J. R. Vigneulle, s. d.* 25 et 24 pages, in-4°. Cart.

2510. RÈGLEMENTS pour l'octroi municipal de la ville de Nancy, 1812, 1827, 1857, 1862. — Règlement sur la police de la vidange des fosses d'aisance dans la ville de Nancy, 1846. — Réglementation des canaux particuliers, 1882. *Nancy, Imp. diverses.* 6 br. in-8° et in-4°. Br.

2511. RÉPONSE au mémoire pour la ville de Nancy, tendant à l'établissement d'un droit d'octroi de 1 1/2 p. o/o sur certains objets de commerce ; par les commerçans et fabricans que cet octroi frapperait. Du 23 décembre 1815. *Nancy, F. Guivard, s. d.* 24 pages, in-4°. Cart.

2512. VILLE de Nancy. — Tarifs des droits à percevoir : Pour le service des inhumations. 1884. — Des places aux marchés. 1852. *Nancy, Imp. div.,* 1852-1884. 2 brochures, in-4°. Br.

2513. RÈGLEMENT de voirie de la ville de Nancy. *Nancy, Haener,* 1834. 16 pages, in-18. Br.

2514. ARRÊTÉ portant additions aux articles 7, 9, 11, 12, 18 et 30 du Règlement de voirie de la ville de Nancy du 15 février 1834. *Nancy, Haener,* 1834. 8 pages, in-4°. Br.

2515. ARRÊTÉ du Maire de Nancy, sur les mesures de police concernant la petite voirie. *Nancy, A. Paullet,* 1842. 14 pages, in-4°. Br.

2516. TARIFS des droits de voirie à percevoir dans la ville de Nancy et ses faubourgs. *Nancy, Hinzelin et Cie,* 1845 et 1868. In-4° et in-8°. Br.

2517. ARRÊTÉ du Maire de Nancy relativement aux constructions en saillie sur la voie publique. *Nancy, Hinzelin et Cie,* 1842. 6 pages, in-4°. Br.

2518. NOËL. Pétition adressée au conseil municipal de la ville de Nancy. — Lettre adressée à M. Welche, maire de Nancy. — Des ordonnances de police pour la voirie de la ville de Nancy. Lettre à M. le rédacteur de l'*Impartial.* — Lettres adressées au Ministre de l'Intérieur, sur l'administration municipale de la ville de Nancy, principalement en ce qui concerne la voirie. — De l'illégalité des ordonnances pour la voirie de la ville de Nancy. — Suite à la brochure intitulée de l'*illégalité,* etc. — Seconde suite et troisième suite et fin de la brochure. Par Noël, avocat, notaire honoraire. *Nancy, Dard, Hinzelin, Nicolas,* 1841-1847. 33, 8, 71, 30, 48, 30, 7 et 11 pages, in-8°. Demi-rel.

2519. NOËL. (Contre la suppression des trappes de caves sur rue à Nancy.)

Extrait de l'*Impartial de la Meurthe et des Vosges* du 27 mai 1846. Par Noël. *Nancy, Hinzelin*. 8 pages, in-8°. Cart.

2520. MATHIEU. Quelques mots en réponse à un article inséré dans l'*Impartial* et à une brochure de M. Noël, avocat, concernant les constructions en saillie sur la voie publique dans la ville de **Nancy**. *Nancy, Vve Raybois*, 1845. 15 pages, in-8°. Cart.

2521. VILLE de **Nancy**. 1896. Commission spéciale des tramways. Rapport de la sous-commission. *Nancy, Imp. Crépin-Leblond*, 1896. 32 pages, in-8°. 6 pl. Br. — Rapport présenté au nom de la commission spéciale des tramways sur les propositions faites par la Compagnie, à l'effet de substituer la traction électrique à la traction animale. *Nancy, Imp. nancéienne*, 1897. 23 pages, in-8°. 1 plan. Br. — Second rapport présenté etc... 14 pages, in-8°. Br.

2522. GUÉRARD. Notice sur le Mont-de-piété de **Nancy**, par M. Guérard, directeur de la Caisse d'épargne et du Mont-de-piété de cette ville. *Nancy, Imp. A. Lepage*, 1859. 117 pages, in-8°. Demi-rel.

2523. CAISSE d'épargne et de prévoyance de **Nancy** et du département de la Meurthe. *Nancy, Dard, s. d.* 8 pages, in-8°. Br.

2524. FAVIER, GERVAIS-VOINIER... Mémoire sur le stationnement des voitures de roulage dans la rue de la Douane, présenté à M. Noël, maire de la ville de **Nancy**, par Favier, Gervais-Voinier, etc. *Nancy, Dard*, 1836. 27 pages, in-4°. Br.

2525. MAIRIE de **Nancy**. Règlement concernant les voitures de place et de remise. (*Nancy*), s. n., 1857. 9 pages, in-12. Br.

2526. MÉMOIRE adressé à M. le Préfet du département de la Meurthe, par plusieurs des principaux propriétaires et locataires, habitans sur le cours Bourbon, à **Nancy**, aux fins qu'il soit ordonné, sans s'arrêter à une délibération du conseil municipal, en date du 15 novembre 1817, à laquelle ce mémoire répond, 1° que les grands arbres dudit cours seront étêtés de manière que leur hauteur ne puisse jamais excéder celle des arbres de la place Car-

rière ; 2° que les petits arbres du même cours ne pourront non plus dépasser la même hauteur. *Nancy, F. A. Bachot, s. d.* 20 pages, in-4°. Br.

2527. PROJET de construction du cours Léopold. — Rapport présenté par le maire (M. Bernard), au conseil municipal, 28 octobre 1872. — Rapport de la commission, présenté par M. Martz, secrétaire, décembre 1872. — Protestation de plusieurs habitants. — Situation légale du cours Léopold. — Projet de MM. R. Ollivier et Cie, banquiers à Paris. — Perspective dessinée par Coupin. — Façade sur les rues latérales. — 16, 12, 5, 10 et 6 pages, in-4°. 1 placard et 2 vues in-fol. Étui.

2528. VOLLAND. Situation légale du cours Léopold, par Volland (père). *Nancy, Berger-Levrault*, 1872. 10 pages, in-4°. Br.

2529. ARBOIS DE JUBAINVILLE (D'). Y a-t-il obligation légale d'élever des constructions sur le cours Léopold. Par M. d'Arbois de Jubainville. *Nancy, G. Crépin-Leblond*, 1872. 8 pages, in-4°. Br.

2530. MOUGENOT. Observations sur un projet de rectification du quartier Saint-Epvre, à **Nancy**. Par Léon Mougenot. *Nancy, A. Lepage*, 1861. 20 pages, in-8°. Cart.

2531. CAYON. Lettre adressée à M. le maire de la ville de **Nancy** et aux membres du conseil municipal, relativement à l'emplacement d'un nouveau cimetière. *Nancy, Dard*, 1835. 8 pages, in-8°. Br.

2532. CAYON. Lettre à M. le maire, aux membres du conseil municipal de **Nancy**. (Question du cimetière de Préville.) Par J. Cayon-Liébault. 2° édition. *Nancy, Imp. Dard*, 1835. 8 pages, in-8°. Cart.

2533. MANDEL. Une petite machine infernale, ou le nouveau-né de trente-six pères. Question d'intérêt local (cimetière de Préville), par Ch. Mandel. *Nancy, Thomas*, 1837. 32 pages, in-8°. Br.

2534. CONCESSIONS de terrains dans les cimetières de Préville et Saint-Nicolas. *Nancy, A. Paillet, s. d.* 6 pages, in-4°. Br.

2535. CAYON. Pétition adressée au maire et aux membres du conseil municipal de

Nancy, à propos du pavé commémoratif, devant l'ancien hôtel de G. Marqueiz, où fut déposé, en 1477, le corps du duc de Bourgogne. *Nancy, Imp. A. Lepage,* 1839. 13 pages, gr. in-8°. Fig. Cart.

2536. CAYON. Pétition adressée à M. le maire et aux membres du conseil municipal de la ville de **Nancy**, par J. Cayon-Liébault, fils, propriétaire, etc., au sujet du pavé en pierres où a été déposé le corps du duc de Bourgogne. *Nancy, Lepage,* 1839. 7 pages, in-8°. Fig. Cart.

2537. LETTRE de M. Eug. Lorentz, au sujet d'une pétition présentée par les riverains du canal Saint-Thiébaut ou des Tanneries, datée de **Nancy,** du 6 décembre 1843. *Nancy, Dard, s. d.* 4 pages, in-fol. Br.

2538. MÉMOIRE pour les boulangers de **Nancy**. *S. l., n. n., n. d.* 4 pages, in-4°. Br.

2539. DUMAST. Idée d'une élection exceptionnelle. (Conseil municipal de **Nancy** en 1870.) Par Dumast. *Nancy, Sordoillet,* 1870. 11 pages, in-8°. Cart.

2540. CODE de police pour les villes et fauxbourgs de **Nancy**. *Nancy, J.-B.-H. Leclerc,* 1769. 215 pages, in-12. Rel. veau.

2541. RECUEIL factice de règlements, délibérations, etc., de la police et de la municipalité de **Nancy**, de 1762 à 1793. *Nancy, Haener, s. d.* in-4°. Cart.

2542. RÈGLEMENT de police pour la ville de **Nancy**. *Nancy, J.-B. Hissette,* 1818. 75 pages, in-8°. Cart.

2543. RÈGLEMENT de police municipale pour la ville de **Nancy**. *Nancy, Imp. de V. Nicolas,* 1861. 128 pages, in-8°. Demi-reliure.

2544. RÈGLEMENT constitutif de la compagnie des sapeurs-pompiers de la ville de **Nancy**. *Nancy, C.-J. Hissette,* 1829. 31 pages, in-8°. Br.

2545. RÈGLEMENT d'ordre, de service, et de discipline de la garde nationale de **Nancy**. *Nancy, F.-A. Bachot,* 1815. 15 pages, in-4°. Br.

Nancy.
Hospices. Hôpitaux. Sociétés de bienfaisance. Etc.

2546. LETTRES-PATENTES qui permettent à M. l'abbé de Ravinel d'établir, faubourg des Trois-Maisons, une maison de charité et d'instruction. *Nancy, C. S. Lamort,* 1784. 28 pages, in-4°. Br.

2547. CONTRAT de fondation par S. M. le roi de Pologne, duc de Lorraine et de Bar, de vingt-quatre places pour vingt-quatre enfans orphelins, sçavoir douze garçons et douze filles, dans l'hôpital Saint-Julien de **Nancy**. 21 février, 1747. *Nancy, P. Antoine, s. d.* 31 pages, in-4°. Rel. veau (Aux armes de Stanislas).

2548. WELCHE. Mémoire pour les hospices civils de **Nancy**, sur la question de propriété des bâtiments, jardins et dépendances de l'hôpital militaire. (Signé Welche, maire de Nancy et des membres de la commission des hospices.) *Nancy, Haener,* 1856. 66 pages, in-4°. Cart.

2549. PÉTITION adressée à la Chambre des Pairs, par la commission administrative des hospices de **Nancy,** au sujet d'une mesure ministérielle, d'amélioration prétendue : mesure contraire, par son principe, à l'équité, et, par ses conséquences désastreuses, à l'intérêt des pauvres. — Même pétition adressée à la Chambre des Députés. — Dernière expression de l'opinion de la ville de Nancy. — Courtes observations finales sur l'affaire des hospices de Nancy. — État de la question dans l'affaire des hospices, et nécessité d'adopter la proposition Golbéry. — Extraits d'une note du maire de la ville de Metz, sur la question des hospices civils. — Nouveaux documents sur l'affaire des hospices. *Nancy et Paris,* 1839 et 1840. En tout 204 pages, in-4°. Vignette. Cart.

2550. AGRANDISSEMENT des hôpitaux. Projet de traité à conclure avec les hospices civils, 1er février 1876. — Délibération relative à l'agrandissement des hôpitaux de **Nancy**, 18 octobre 1876. — Note sur la nature et l'étendue des droits de la congrégation de Saint-Charles sur l'hôpital, 26 février 1877. — Rapport sur le projet de reconstruction des hôpitaux de la ville de Nancy, au nom d'une sous-commission composée de MM. V. Parisot, président, Leclerc, Simonin, Feltz et Tourdes, rapporteur. *Nancy, Imp. div.* 1876-1877. 4 brochures, in-4°. Br.

2551. LECLERC. Rapport fait à la commission administrative des hospices civils de **Nancy,** sur l'origine de la maison de Saint-Charles, les droits en pleine propriété et en jouissance prétendus sur cet immeuble, soit par les hospices, soit par la congrégation des sœurs de Saint-Charles ; enfin sur les bases d'une transaction à intervenir entre cette congrégation et les hospices, par M. Leclerc, l'un de ses membres. *Nancy, E. Réau,* 1875. 61 pages, in-4°. Cart.

2552. MOREY. Le nouvel hôpital communal de **Nancy.** — Notice sur la disposition d'ensemble et de détails, par P. Morey, architecte. *Nancy, Berger-Levrault et Cie,* 1883. 17 pages, in-8°. Br.

2553. LA FLIZE. Notice historique de l'hôpital militaire de **Nancy,** par M. La Flize, aumônier dudit hôpital. *Nancy, Vagner,* 1848. 36 pages, in-8°. Plan. Demi-rel.

2554. BADEL. L'Hôpital militaire de **Nancy.** Notice historique et descriptive, par M. Émile Badel, bibliothécaire. *Nancy, Imp. A. Voirin,* 1889. 82 pages, in-8°. 6 phototypies. Br.

2555. COURTEVILLE (DE). Conseil municipal de **Nancy.** — Déplacement de l'hospice Saint-Julien. — Rapports présentés... par MM. de Courteville et André. *Nancy, Imp. Nancéienne,* 1895. 36 pages, in-8°. Br.

2556. RÈGLEMENT pour le service intérieur du dépôt de mendicité de la ville de **Nancy.** *Nancy, J. Troup,* 1843. 16 pages, in-4°. Br.

2557. BLAISE. Rapport fait au nom de la commission du dépôt de mendicité, au conseil municipal de **Nancy.** *Nancy, A. Paullet,* 1841. 4 pages, in-4°. Br.

2558. BOURGEOIS. Maison du Bon-Pasteur de **Nancy,** par l'abbé Bourgeois, supérieur de cette maison. *Nancy, Vagner, s. d.* 4 pages, in-8°. Demi-rel.

2559. GIRARD. La charité à **Nancy,** par M. l'abbé Girard, aumônier de l'hôpital militaire. *Nancy, Pierron et Hoxé,* 1890. XII-552 pages, in-8°. Demi-rel.

2560. RÈGLEMENT du bureau de bienfaisance de la ville de **Nancy.** *Nancy, Imp. Berger-Levrault,* 1874. 17 pages, in-4°. Br. — Assemblées générales de ce bureau. Années 1874, 1875, 1878, 1880, 1882, 1884. 6 plaquettes, in-8°. Br.

2561. DUMAST. Des distributions d'aliments cuits, opérées en divers temps chez les différents peuples du monde ; mémoire lu à l'Académie de Stanislas à l'occasion d'un nouveau système de secours alimentaires organisé à **Nancy** dans l'hiver de 1853-1854. — Supplément rectificatif au mémoire sur les distributions d'aliments cuits, par P. G. de Dumast. *Nancy, Grimblot et Vve Raybois,* 1855-1856. 39 et 8 pages, in-8°. Cart. (Extraits des *Mémoires de l'Académie de Stanislas.*)

2562. SOCIÉTÉ de Saint Vincent de Paul ; Conférences de Nancy. Années 1857 à 1859, 1862 à 1868, 1872, 1876, 1880 à 1882, 1884. — Conférences de la Meuse à Benoite-Vaux. Années 1860, 1872 à 1874, 1876, 1878, 1880 à 1883, 1888 à 1890. — Pèlerinage et réunion des conférences de la Meurthe, de la Meuse et des Vosges à Benoite-Vaux. Années 1885, 1887, 1891 à 1893, 1895. — Assemblées générales. Années 1842, 1847, 1849, 1851, 1854, 1857 à 1860, 1873 à 1875, 1878 à 1881, 1883 à 1893, 1895. *Nancy, Vagner,* 1842-95. 63 brochures, in-8°. Br.

2563. SOCIÉTÉ charitable de Saint François Régis de Nancy. Comptes rendus des travaux de l'œuvre. Années 1840 à 1847, 1849, 1851, 1852, 1855 à 1866, 1868, 1871, 1872, 1876, 1877, 1879 à 1885. *Nancy, Vagner,* 1840-86. 35 broch. in-8°.

2564. SOCIÉTÉ des ouvriers de Saint François-Xavier de Nancy : Assemblées générales. Comptes rendus et listes des membres. Années 1865, 1867, 1870, 1872, 1875, 1879, 1881 à 1884, 1887, 1888, 1890, 1892. *Nancy, Vagner,* 1865-1892. 14 broch. in-8°.

2565. VAGNER. Union des œuvres ouvrières catholiques de France. Rapports de 1874,

1875, 1877, 1878, 1883. *Nancy, Vagner,* 1874-83. 9 broch. in-8°.

2566. SOCIÉTÉ des amis du travail de **Nancy**. Séances annuelles de 1826 et 1828. *Nancy. Imp. C.-J. Hissette,* 1826, 1828. 36 et 11 pages, in-8°. Demi-rel.

2567. MANUEL à l'usage des membres de la société de patronage pour les aliénés, les sourds-muets, les aveugles et les orphelins. *Nancy, Vagner,* 1850. IX-79 pages, in-12. Demi-rel.

2568. INSTRUCTION (Nouvelle) du comité de la société de patronage de **Nancy**, adressé à tous les membres et correspondants de l'œuvre. *Nancy, Vagner,* 1851. 24 pages, in-8°. Demi-rel. Comptes rendus de cette société, années 1851, 1871, 1879, 1880, 1883 à 1888, 1891, 1892, 1894 et 1896. *Ibidem.* 15 brochures, in-8°.

2569. SOCIÉTÉ des crèches de **Nancy**. Assemblée générale des fondateurs (24 juillet 1878). 30 pages, in-8°. Br.

2570. SOCIÉTÉ de prévoyance et de secours mutuels de Nancy. Statuts de 1843, 1846, 1852. — Comptes rendus, de 1844 à 1849, de 1854 à 1857, 1868, 1874, 1886, 1889. *Nancy, Imp. div.* 1843-1889, 19 broch. in-8°.

2571. SOCIÉTÉ de secours mutuels d'Alsace-Lorraine, à **Nancy**, fondée le 30 mars 1873, approuvée par arrêté de M. le Préfet de Meurthe-et-Moselle, en date du 26 juillet suivant. 1er anniversaire, 1874, et suivants. *Nancy, au bureau de la Société,* 1874-1896. 23 broch., in-8°. Dans un étui.

2572. VAGNER. Association catholique des patrons de Nancy. Rapports de M. Vagner, président, dans les assemblées générales de 1878, 1880, 1882 et 1884. *Nancy, Vagner,* 1878-84. 4 brochures in-8°.

2573. SOCIÉTÉ des familles de secours mutuels de Nancy. Fête annuelle de 1878. 24° anniversaire. *Nancy, E. Nicolas,* 1878. 60 pages, in-8°. Br.

2574. DÉGLIN. Société nancéienne de patronage de l'enfance et de l'adolescence, autorisée par arrêté préfectoral du 9 mars 1893. Rapport sur les exercices 1894-1895.

Par M. Déglin, avocat. *Nancy, Impr. coopérative de l'Est,* 1896. 6 pages, in-8°. Br.
— Conférence faite par H. Mengin, avocat, pour la fondation de la société. *Nancy, G. Crépin-Leblond,* 1893. 19 p., in-8°. Br.

2575. DÉGLIN. Société immobilière nancéienne. Rapports sur les exercices 1893-1894, présentés aux assemblées générales des actionnaires en 1893 et 1895. Par M. H. Déglin, administrateur délégué. *Paris, Nancy, s. n.,* 1893-1895. 3 et 11 pages, in-8°. Br.

2576. MENGIN. La Prévoyante nancéienne. Société libre d'encouragement à la prévoyance, à la mutualité et à la retraite. — « En face d'un devoir ». Conférence faite en séance publique de la société, le 14 février 1897, par M. Henri Mengin, avocat à la Cour. *Nancy, Imp. coopérative de l'Est,* 1897. 19 pages, in-8°. Br.

Nancy.

Monuments civils.

2577. PRÉCIS des fondations et établissements faits par S. M. le roi de Pologne, duc de Lorraine et de Bar. *Nancy, P. Antoine,* 1758. VIII-198 pages, in-4°. Rel. veau.

2578. COMPTE général de la dépense des édifices et bâtiments que le roi de Pologne, duc de Lorraine et de Bar, a fait construire pour l'embellissement de la ville de **Nancy**, depuis 1751, jusqu'en 1759. *Lunéville, C.-F. Messuy,* 1759. 146 pages, in-fol., 4 planches hors texte et nombreuses vignettes dans le texte. Rel. mar. r., dent., d. s. tr. (Aux armes de Stanislas.)

2579. RECUEIL des fondations et établissemens faits par le roi de Pologne duc de Lorraine et de Bar, qui comprend la construction d'une nouvelle place, au milieu de laquelle est érigée la statue de Louis XV, et les bâtiments que Sa Majesté polonaise a fait élever dans la ville de **Nancy** pour son embellissement. Nouvelle édition augmentée et corrigée. *Lunéville, C.-F. Messuy,* 1762. VI-206 pages, in-fol. Vignettes. Demi-rel.

2580. LEPAGE. Le palais ducal de **Nancy**, par M. Henri Lepage. *Nancy, A. Lepage,* 1852. 192 pages, in-8°. Plan. Demi-rel.

2581. LEPAGE. Le palais ducal de **Nancy**, par Henri Lepage. *Nancy, L. Wiener,* 1861. 14 pages et 7 planches, in-4°. Cart.

2582. DU MAST. Sur la nécessité de profiter de l'occasion présente pour rendre à l'aile historique du palais ducal et au musée lorrain la portion indispensable qu'on a tardé jusqu'à présent à leur restituer, par P. G. Du Mast. *Nancy, A. Lepage,* 1858. 11 pages, in-8°. Cart.

2583. MOREY. Recherches sur l'emplacement et la disposition d'ensemble du château du duc Raoul, à **Nancy**, par P. Morey, archiviste. *Nancy, A. Lepage,* 1865. 19 pages, in-8°. Fig. Cart.

2584. (DUMAST.) A propos de la gendarmerie et du palais ducal. (Par G. de Dumast.) *Nancy, Crépin-Leblond,* (1871). 8 pages, in-8°. Cart.

2585. COURBE. Les singulières merveilles du vieux **Nancy**. Les figures allégoriques de la Porterie. Le bœuf qui prêche, etc. par Ch. Courbe. *Nancy, G. Crépin-Leblond,* 1881. 27 pages, in-8°. Br.

2586. GUYOT. Les agrandissements de l'hôtel-de-ville de **Nancy**, à propos de la démolition de l'hôtel de Rouerke, par Ch. Guyot. *Nancy, G. Crépin-Leblond,* 1890. 27 pages, in-8°. Fig. Br. (Extrait du *Journal de la Société d'archéologie lorraine*.)

2587. MEAUME. Les tribulations d'un fermier général à l'occasion de l'hôtel des fermes à **Nancy** (aujourd'hui l'évêché), par M. E. Meaume. *Nancy, G. Crépin-Leblond,* 1885. 40 pages, in-8°. Br.

2588. NAJOTTE. Revue monumentale à **Nancy**. Nouvelle Académie. Par Fr. Najotte. *Nancy, A. Dard, s. d.* 23 pages, in-8°. Cart.

2589. OBSERVATIONS sur la question de propriété du bâtiment de l'(ancienne) Université à **Nancy**. *Nancy, Lepage, s. d.* 20 pages, in-8°. Br.

2590. LALLEMENT. Le palais de justice de **Nancy** en 1751, par Louis Lallement. *Nancy, G. Crépin-Leblond,* 1887. 14 pa-

ges, in-8°. Br. (Extrait du *Journal de la Société d'archéologie lorraine*.)

2591. HUMBERT. De la réunion des tribunaux et des projets qui s'y rattachent, par Lucien Humbert. *Nancy, Paul Sordoillet,* 1886. 25 pages, in-8°. 2 vues et 1 plan. Br. — Fascicule complémentaire. 11 pages, in-8°. Broché.

2592. GUTTON. Courtes observations sur la nécessité de supprimer la porte Saint-Georges, présentées à la municipalité de **Nancy**, par Georges Gutton, avocat à la Cour d'appel. *Nancy, G. Crépin-Leblond,* 1879. 8 pages, in-8°. Cart.

2593. GERMAIN. La porte Saint-Georges à **Nancy**, par Léon Germain. *Tours, P. Bousrez, s. d.* 28 pages, in-8°. Fig. Br. (Extrait du *Bulletin monumental,* 1883.)

2594. MOUGENOT. De la conservation de la porte Saint-Nicolas de **Nancy**. Par Léon Mougenot. *Nancy, A. Lepage,* 1859. 20 pages, in-8°. Cart. (Extrait du *Journal de la Société d'archéologie lorraine*.)

2595. CONCOURS pour la construction d'un marché couvert à **Nancy**. *Nancy, s. n.,* 1848. 12 pages et 1 plan, in-8°. Br.

2596. CHANONY. Quelques considérations sur le projet de marché couvert de **Nancy**. Par Chanony. *Nancy, Vve Raybois,* 12 pages, in-8°. (Extrait du journal *Les Petites Affiches de la Meurthe* du 11 novembre 1848.)

2597. DUMAST. Lettre à MM. les rédacteurs des journaux qui ont appuyé la demande faite au conseil municipal (de **Nancy**), par le comité des souscripteurs du monument Léopold. *Nancy, Hinzelin,* 1840. 7 pages, in-8°. Cart. Voy. n° 688.

Nancy.

Monuments religieux.

2598. AUGUIN. Monographie de la cathédrale de **Nancy**, depuis sa fondation jusqu'à l'époque actuelle, par Ed. Auguin, ingénieur civil des Mines. *Nancy, Berger-Levrault et Cie,* 1882. 423 pages, in-4°. Frontispice et figures. Demi-rel.

2599. LA FLIZE. Notice historique de la cathédrale primatiale de **Nancy**, par M. La Flize, chanoine honoraire de cette cathédrale. *Nancy, Vagner,* 1849. 62 pages, in-8°. Fig. Demi-rel.

2600. GUILLAUME. La cathédrale de **Nancy**, notice descriptive et artistique par l'abbé Guillaume. *Nancy, Thomas et Pierron,* 1870. 67 pages, in-8°. Cart.

2601. RECUEIL des règlemens tirés des statuts, usages et louables coutumes de 1603, 1604 et 1611, des chapitres généraux et autres chapitres ordinaires ou extraordinaires de cette insigne église primatiale. *S. l., n. n., n. d.* 63 pages, in-fol. Br.

2602. JUSTIFICATION et ampliation du précis imprimé de ce qui s'est passé à l'occasion de la rédaction et homologation des nouveaux statuts et règlemens de l'église primatiale. *Nancy, Thomas, père et fils,* 1760. 21 pages, in-fol. Br.

2603. (GUILLAUME.) Notre-Dame de Bonne-Nouvelle en l'église cathédrale de **Nancy**. Histoire de son image miraculeuse. Prières en son honneur, (par l'abbé P. E. Guillaume). *Nancy, Vagner,* 1856. VIII-208 pages, in-12. Demi-rel.

2604. (JULET.) Histoire de Notre-Dame de Saint-Georges à **Nancy**, (par Didier Julet, prêtre, chanoine et écolâtre de Saint-George de Nancy). *S. l. (Nancy), n. n., n. d.* (le titre manque.) 326 pages, in-12. Rel. veau.

2605. GERMAIN. L'étole de saint Charles Borromée dans le trésor de la cathédrale de **Nancy**, par Léon Germain. *Nancy, G. Crépin-Leblond,* 1884. 15 pages, in-8°. Br.

2606. HONNEURS funèbres rendus à la mémoire de... Louis de Bourbon, Dauphin de France, dans l'église primatiale de **Nancy** le 3 février 1766. *S. l., n. n.,* 1766. 8 pages, in-4°. Br.

2607. ADRESSE au conseil municipal (de **Nancy**) pour la reconstruction de Saint-Epvre. Par X***. *Nancy, Veuve A. Dard,* s. d. 16 pages, in-8°. Cart.

2608. GRAND-EURY. L'église Saint-Epvre à **Nancy** (autrefois paroisse de la Cour de Lorraine). Notice archéologique et historique, par l'abbé P. Grand-Eury, vicaire de Saint-Epvre et Louis Lallement. *Nancy, Peiffer,* 1856. 124 pages, in-8°. Cart.

2609. LALLEMENT. Faut-il reconstruire Saint-Epvre ou se borner à le réparer. Par L. Lallement. *Nancy, Vagner.* 20 pages, in-8°. Cart. (Extrait de l'*Espérance* des 7 et 9 novembre 1859.)

2610. GUILLAUME. Mémoire sur les peintures murales et les inscriptions commémoratives découvertes dans l'ancienne église Saint-Epvre de **Nancy**. Par l'abbé Guillaume. *Nancy, A. Lepage,* 1863. 16 pages, in-8°. Cart. (Extrait du *Journal de la Société d'archéologie lorraine.*)

2611. EUGÈNE. Monographie de la basilique Saint-Epvre à **Nancy**. Publiée sous le haut patronage de Son Éminence le cardinal Foulon, archevêque de Lyon et de Vienne. Par un religieux de N. D. des Neiges, ordre de Citeaux (le P. Eugène). *Tournai, Desclée, Lefebvre et Cie,* 1890. XV-192 pages, gr. in-fol. Fig. dans le texte et 72 planches hors texte, en noir et en couleur. 2 vol. Demi-rel.

2612. SAINT-EPVRE de **Nancy**. La nouvelle église. *Nancy, G. Crépin-Leblond,* s. d. 46 pages, in-18. Cart.

2613. CONSÉCRATION de la basilique de Saint-Epvre. Fêtes religieuses de **Nancy**, 6, 7, 8 juillet 1875. *Nancy, N. Collin,* 1876. 27 pages, in-8°. Br.

2614. MOUGENOT. De l'emplacement de la nouvelle église paroissiale de la Ville-Vieille et du type architectonique qui devait obtenir la préférence à **Nancy**, par Léon Mougenot. *Nancy, A. Lepage,* 1861. 39 pages, in-8°. Cart.

2615. CONCOURS pour la rédaction du projet de reconstruction de l'église Saint-Epvre (de **Nancy**). *Nancy, Vve Nicolas,* 1862. 7 pages, in-4°. Br. (Avec un plan du quartier.)

2616. DEBLAYE. Nouveau système de monture des cloches de Joseph Pozdech... à Pesth (Hongrie), par l'abbé J. F. Deblaye. *Pont-à-Mousson, Bordes,* 1868. 46 pages, in-8°. Cart. (Les 8 dernières pages sont consacrées à une étude sur les anciennes et les nouvelles cloches de Saint-Epvre de **Nancy**.)

2617. CAYON. Notre-Dame de Bonsecours-lès-**Nancy**, autrefois Notre-Dame de la Victoire et des rois. — Inscriptions monumentales de l'église de Notre-Dame de Bonsecours, avec la traduction, par Jean Cayon. *Nancy, Cayon-Liébault*, 1845. 36 et 8 pages, gr. in-8°. Cart.

2618. LEPAGE. La chapelle de Bonsecours ou des Bourguignons, par Henri Lepage. *Nancy, Imp. A. Lepage*, (1852). 24 pages, in-8°. Vue. Demi-rel.

2619. FÊTE du couronnement de Notre-Dame de Bonsecours à **Nancy**. *Nancy, Vagner*, 1865. 44 pages, in-18. Fig. Cart.

2620. LEPAGE. Les caveaux de Notre-Dame de Bonsecours. Procès-verbaux de 1803 et 1814 relatifs à la conservation des restes mortels de Stanislas, par Henri Lepage, archiviste du département, etc., suivis d'une petite notice sur l'église. *Nancy, A. Lepage*, 1868. 64 pages, in-8°. Fig. Cart.

2621. (MOREL.) Souvenir de la visite faite à N.-D. de Bonsecours (à **Nancy**), par S. M. François-Joseph et par L. A. I. les archiducs Charles-Louis et Louis-Victor, le 22 octobre 1867. Par le curé de N.-D. de B.-S. (Morel). *Nancy, Vagner, s. d.* 12 pages, in-8°. Br.

2622. MOREL. Drapeaux de N.-D. de Bonsecours (à **Nancy**). Par Charles Morel, curé. *Nancy, Vve Raybois*, 1866. 8 pages, in-8°. Fig. Cart.

2623. BONSECOURS, de **Nancy** (Recueil de 8 pages sur l'église de). *Nancy, Vagner*, 1867. in-8°. Cart.

2624. RESTAURATION de l'église Notre-Dame de Bonsecours. *Nancy, Vagner, s. d.* 5 pages, in-8°. Br.

2625. MOREL. Compte-rendu des recettes et dépenses de l'œuvre de la restauration de Bonsecours, de 1844 à 1849, par M. l'abbé Morel, curé. *Nancy, Vagner, s. d.* 3 pages, in-8°. Br.

2626. VILLENEUVE-BARGEMONT (de). Chapelle ducale de **Nancy**, ou notice historique sur les ducs de Lorraine, leurs tombeaux, la cérémonie expiatoire du 9 novembre 1826, etc. Par M. le vicomte L.-F. de Villeneuve-Bargemont. Seconde édition. *Nancy, Bontoux ; Paris, J. J. Blaise*, 1827. 143 pages, in-8°. Demi-rel.

2627. GUILLAUME. Cordeliers et chapelle ducale de **Nancy**. Par M. l'abbé Guillaume, aumônier de la chapelle ducale. *Nancy, Peiffer*, 1851. 343 pages, in-8°. Pl. Demi-rel.

2628. CAYON. Église des cordeliers, la chapelle-ronde, sépultures de la maison de Lorraine, à **Nancy**. Histoire et description de ces édifices. Avec gravures et plans. Par Jean Cayon. *Nancy, Cayon-Liébault*, 1842. 100 pages, in-8°. Cart.

2629. DESCRIPTION des tombeaux de la Chapelle ronde (à **Nancy**). (*Nancy*), *s. n., n. d.* 7 pages, in-32. — Autre édition : Description des tombeaux des Ducs de Lorraine dans la chapelle ducale, appelée ci-devant chapelle ronde, et de ceux de l'église. *Nancy, Richard-Durupt, s. d.* 4 pages, in-12. Cart.

2630. LA FLIZE. Notice historique de l'église Saint-Sébastien de **Nancy**, par M. La Flize. *Nancy, Vagner*, 1852. 77 pages, in-8°. Demi-rel.

2631. DIGOT. Léopold, duc de Lorraine, fondateur de l'église Saint-Sébastien de **Nancy**. Par Paul Digot. *Nancy, G. Crépin-Leblond*, 1880. 16 pages, in-12. Br.

2632. BADEL. L'église Saint-Nicolas de **Nancy**, son histoire, ses objets d'art, ses peintures murales. Avec une notice sur Claude Charles, par É. Badel. *Nancy, G. Crépin-Leblond*, 1890. 31 pages, gr. in-8°. Fig. Br. (Extrait de la *Lorraine-Artiste*.)

2633. LEPAGE. Restauration de l'église des Petites-Carmélites (de **Nancy**). Par Henri Lepage. *Nancy, Vagner*. 7 pages, in-8°. Cart. (Extrait de l'*Espérance*, n° du 11 août 1852.)

Nancy.

Fêtes publiques.

2634. RELATION des réjouissances faites à **Nancy**, à l'occasion de la naissance de

Monseigneur le Dauphin. *Nancy, Henri Haener*, 1781. 8 pages, in-4°. Br.

2635. PRÉCIS des fêtes et réjouissances qui ont eu lieu à **Nancy**, à l'occasion du passage de S. M. l'Impératrice des Français et Reine d'Italie, le 10 fructidor, an XIII. *S. l., n. n., n. d.* 8 pages, in-8°. Br.

2636. FÊTES données à l'occasion du passage de Sa Majesté l'Impératrice Marie-Louise, dans le département de la Meurthe, du 24 au 27 mars 1810. *Nancy, Thiébaut, s. d.* 8 pages, in-8°. Br.

2637. RELATION des fêtes qui ont eu lieu à **Nancy** les 14, 15, 16 et 17 juillet 1866, à l'occasion de l'anniversaire séculaire de la réunion à la France, de la Lorraine et du Barrois, et de la visite de S. M. l'Impératrice et du prince impérial. *Nancy, N. Grosjean*, 1866. 176 pages, in-8°. Pl. Demi-reliure.

2638. FÊTE séculaire de la réunion à la France de la Lorraine et du Barrois. Recueil de programmes, placards, journaux, etc. 1 vol., in-fol. Cart.

2639. FÊTE séculaire de la réunion à la France de la Lorraine et du Barrois. *Nancy, N. Collin*, 1866. 35 pages, in-8°. Br.

2640. DUMAST (DE). Lettre sur les cent ans de réunion de Lorraine et Bar à la France, et sur les fêtes auxquelles doit donner lieu cet anniversaire séculaire. Par P.-G. de Dumast, correspondant de l'Institut. *Nancy, Imp. Hinzelin*, 1866. 20 pages, in-8°. Demi-rel.

2641. DUMAST (DE). La citadelle de **Nancy**, considérée au point de vue des fêtes séculaires de 1866, par P.-G. de Dumast. *Nancy, Vve Raybois*, 1866. 32 pages, in-8°. Demi-rel.

2642. DUMAST (DE). Lettre aux journaux de **Nancy**, à l'appui de l'opinion de M. Henri Lepage, sur les fêtes séculaires, par P.-G. de Dumast. *Nancy, Imp. Hinzelin*, 1866. 6 pages, in-8°. Demi-rel.

2643. VOYAGE de l'empereur d'Autriche à **Nancy**, *L'Illustration*, du 2 novembre 1867. — Sa Majesté l'Empereur François-Joseph à Nancy, 12 pages. — Visite de S. M. I. R. A. l'Empereur d'Autriche à la chapelle ducale de Lorraine. Translation des restes mortels de Charles de Lorraine, ... 81° évêque de Toul, et des princes de Mercœur, 12 pages. — Visite de Sa Majesté l'Empereur François-Joseph au palais ducal de Nancy, 4 pages. — Adresse de l'Académie de Stanislas à S. M. François-Joseph de Lorraine-Habsbourg, Empereur d'Autriche, pour son passage à Nancy, 3 pages. — Fragment du *Figaro*, n° du 24 octobre 1867.

2644. STATUE de Jacques Callot. Compte rendu des travaux du comité et de la cérémonie d'inauguration (à **Nancy**). *Nancy, G. Crépin-Leblond*, 1877. 31 pages, in-8° Fig. Br.

2645. FÊTES d'inauguration de la statue de Thiers à **Nancy**, du 1er au 4 août 1879. Recueil de programmes et de journaux illustrés. — Compte rendu. *Paris et Nancy*, 1879. Album in-fol. Demi-rel.

2646. KERMESSE du 13 juillet 1884. Journal spécial de la fête. *Nancy, Berger-Levrault*, 1884. 16 pages, in-fol. Fig. Br.

2647. INAUGURATION de la statue de Jeanne d'Arc, à **Nancy**. Recueil d'affiches de programmes, de journaux, de brochures, etc., publiés à cette occasion. 90 pièces de formats différents, dans un album gr. in-fol. Demi-rel.

2648. UNION des sociétés nancéiennes. Fête de charité organisée au profit des sinistrés de la Martinique et de la Guadeloupe. *Nancy, s. n.*, 1890. 7 feuillets, in-fol. Br.

2649. FÊTE des écoles des 10 et 11 mai 1890. Catalogue descriptif de l'exposition des arts incohérents. *Nancy, René Wiener*, 1890. 15 pages, in-4°. Avec illustrations et programmes. Br.

2650. GOUTIÈRE-VERNOLLE. Les fêtes de **Nancy**, 5, 6 et 7 juin 1892. Ouvrage orné de 30 planches hors texte, par É. Goutière-Vernolle. Phototypies J. Royer. *Nancy, G. Crépin-Leblond*, 1892. 151 pages, in-4°. Br.

2651. FÊTES (Les) de **Nancy**, juin 1892. Souvenir de la visite de M. Carnot, président de la République, à l'occasion de la XVIII° fête fédérale de gymnastique. 30

planches en photogravure d'après les instantanés de M. Bellieni. *Nancy, Berger-Levrault et Cie*, 1892. In-4° obl. Cart.

2652. MARILLAC. Les fêtes de **Nancy** (1892). Par E. Marillac, avec une préface de M. Mallat de Bassilan, de la Bibliothèque nationale. *Paris, Imp. L. Beillet*, 1892. 71 pages, in-12. Br.

2653. GERS. Les voyages du Président en 1892, par Paul Gers. M. Carnot à Bar-le-Duc, **Nancy**, Lunéville, Toul, etc. *Paris, E. Flammarion*, 1893. vi-296 pages, in-12. Portrait et fig. Br.

2654. FÊTES (Les) de **Nancy** données en juin 1892, à l'occasion du voyage de M. Carnot, président de la République. Recueil d'affiches, de programmes, de journaux, de brochures, etc., publiés à cette occasion. 2 étuis, in-fol.

Nancy.
Mélanges.

2655. MOUGENOT. De l'urgence d'un camp retranché au centre de la Lorraine, après le traité de Prague. Réimpression des articles publiés, en 1867, dans l'*Impartial de l'Est*, par M. Léon Mougenot. *Nancy, Berger-Levrault et Cie*, 1880. vi-74 pages, in-8°. Br.

2656. MALO. La question de **Nancy** et la défense nationale. Conférence faite à Nancy le dimanche 18 mars 1894, par Charles Malo. *Paris-Nancy, Berger-Levrault et Cie*, 1894. 54 pages, in-8°. Br.

2657. SOKOLNICKI. Discours prononcé par M. le général de division Sokolnicki, à l'occasion d'un service religieux célébré à l'église de Bonsecours le 11 juin 1814, lors du passage à **Nancy** des cadres de l'armée polonaise. *Nancy, F.-A. Bachot*, 1814. 4 pages, in-4°. Br.

2658. MIQUE (DE). — Discours de M. de Mique, Préfet du département de la Meurthe, en réponse au discours de M. le général Sokolnicki, lors du service qu'il a fait célébrer à **Nancy**, en l'église de Notre-Dame de Bonsecours, le 11 juin 1814 en mémoire de Stanislas le Bienfaisant. *Nancy, Guivard*, 1814. 3 pages, in-8°. Br.

2659. AZAÏS. Fédération lorraine. Ville de **Nancy**. (Discours par M. Azaïs, hymne et allégorie, chants, par Mᵐᵉ Azaïs.) *Nancy, Guivard*, 1815. 16 pages, in-8°. Cart.

2660. BADEL. De Callot à Jean-Lamour. Conférence publique faite à **Nancy**, le 18 mars 1894, dans la salle d'honneur de la porte de la Craffe, par É. Badel. *Nancy, A. Voirin et L. Kreis*, 1894. 36 pages, in-12. Br.

2661. CABASSE. Projet d'embellissements et de constructions d'objets d'utilité publique pour la ville de **Nancy**. Par Cabasse, du conseil municipal de Nancy. *Épinal, A. Cabasse*, 1854. 35 pages, in-8°. Cart.

2662. MUEL. Compliment fait par le sieur Muel, ancien sindic de la communauté des régens et Mᵉˢ écrivains des écoles de **Nancy**, au nom du corps, à Monseigneur le marquis de la Galaizière, grand chancelier de Lorraine et Barrois... *Nancy, N. Baltazard*, 1737. 1 page, petit in-fol. Br.

Nancy
Cartes. Plans. Vues.

2663. SOYER-WILLEMET. Note sur les anciens plans de la ville de **Nancy**, conservés dans la Bibliothèque publique, par M. Soyer-Villemet, bibliothécaire en chef. *Nancy, Vve Raybois*, 1866. 8 pages, in-8°. Demi-rel.

2664. **Nancy**. Carte des bois de la ville. Brannesson, 1647 (ms). 397 sur 500 mill. — Carte de Nancy et ses environs. *L. Steff. Imp. et lithog. G. Severeyns, s. d.* — 456 sur 628 mill.

2665. **Nancy** au xiᵉ siècle. Eau forte, par *Nicolas Digout, à Nancy.* — 160 sur 106 millim.

2666. CAYON. Plan du village de St-Dizier, du prieuré de Notre-Dame, du château de **Nancey**, xiᵉ siècle, d'après les documents historiques. *J. Cayon del.; Florentin, sculp.* — 135 sur 80 millim.

2667. **Nancy** en 1477. Plan et profil. *Nancy, Lith. L. Christophe.* — 160 sur 100 millim.

2668. LA RUELLE. Urbis Nancei Lotharingiæ metropolis secundum formam quam hoc anno 1611 habet exactissima delineatio. La ville de **Nancy**, capitalle de la Lorraine pourtraicte au vif, comme elle est ceste année 1611. *Nancei, Claudius de La Ruelle author, Fredericus Brentel fecit, Hermannus de Loye excudit.* — 940 sur 710 millim. (Fait partie de la *Pompe funèbre de Charles III.*)

2669. LA RUELLE. Urbis **Nancei**, etc. Reproduction, en phototypie, du plan précédent, réduit à 650 sur 490 millim. (Aux frais de R. Wiener.)

2670. LA RUELLE. Urbis **Nancei**, etc. Reproduction, en phototypie, du même plan, réduit à 525 sur 385 millim. (Se trouve dans la *Monographie de l'église Saint-Epvre,* par l'abbé Eugène.)

2671. LYONNOIS. Ancien plan de la ville vieille de **Nancy** en 1611. (D'après La Ruelle.) — 480 sur 348 millim. (Se trouve dans l'*Histoire de Nancy*, de Lyonnois.)

2672. **Nancy.** (Plan en perspective publié vers 1615.) — 150 sur 100 millim.

2673. BRAUN. Urbis Nancei Lotharingiæ... delineatio. La ville de **Nancy** capitalle de la Lorraine, pourtraicte au vif comme elle est en ceste année 1617. (D'après La Ruelle.) — 458 sur 350 millim. (Se trouve dans *Civitates orbis terrarum* de J. Braun.)

2674. **Nanci.** (Plan dressé vers 1620.) — 153 sur 105 millim. (Se trouve dans *Plans et profils des principales villes du duché de Lorraine...* par le sieur Tassin.)

2675. **Nancy.** (Profil publié vers 1625. — Copie du même, publié à la même époque.) — 163 sur 105 millim.

2676. PROFIL de la ville de **Nancy**, capitale du duché de Lorraine (vers 1630). — 165 sur 115 millim. (C'est le même que que celui de 1625, auquel on a ajouté un encadrement).

2677. DEFER. **Nancy.** (Plan dressé vers 1633.) — 185 sur 140 millim. (Se trouve sur la *Carte des duchés de Lorraine et de Bar,* par Defer, vers 1633.)

2678. DEFER. **Nancy.** (Fac-similé du plan qui précède (1633), publié par les soins de M. Mougenot, dans les *Mémoires de la Société d'archéologie lorraine,* en 1860.)

2679. NANCEIUM. **Nancy.** (Plan en perspective, dressé vers 1635. Anonyme.) — 510 sur 400 millim.

2680. **Nancy.** (Plan en perspective, dressé vers 1640.) — 110 sur 61 millim.

2681. SILVESTRE. **Nanci.** (Grande vue perspective de la ville avant 1660.) Au bas, à droite : « La ville de Nanci a esté le siège des ducs de Lorraine... Elle a esté prise par Louis XIII, et son fils, Louis XIV, la possède encore aujourd'hui. » *Dessiné et gravé par J. Silvestre. A Paris, chez P. Mariette.* — 822 sur 210 millim.

2682. SILVESTRE. **Nancy** au dix-septième siècle, sous Charles IV. Par Thorel, d'après J. Silvestre. *Lith. L. Digout,* 1847. — 702 sur 200 millim.

2683. SILVESTRE. Profil de la ville de **Nancy**, signé : *Israël ex.* Reproduit par Cayon, dans son *Histoire de Nancy,* avec le titre : *Nancy sous Charles III. L. Christophe sculp.* — 170 sur 85 millim.

2684. BEREY. **Nancy** en Lorraine. 1661. (Plan en perspective.) *A Paris, chez N. Berey, au bout du Pont Neuf,* etc. — 1026 sur 382 millim.

2685. TAVERNIER. Description du siège de **Nancy**, commencé le 27ᵉ jour d'août et rendu le 23ᵐ jour de septembre, mil six-cent-trente-trois. *A Paris, par Melchior Tavernier* (1633). — 475 sur 408 millim. (Reproduction faite par le lithographe Christophe, pour l'*Histoire de Lorraine* de Digot. Se trouve dans les *Triomphes de Louis le Juste,* par J. Valdor.)

2686. (MÉRIAN.) Nanceium. **Nancy.** (Plan en perspective avant la construction de la citadelle, 1634.) — 350 sur 230 millim.

2687. PLAN (en perspective) de la ville de **Nancy**, capitale de la Lorraine. (Réduction du plan de Mérian, antérieur à 1634). — 158 sur 120 millim.

2688. (MÉRIAN.) Nanceium. **Nancy.** (Plan en perspective, après la reconstruction de la citadelle, 1634.) — 350 sur 230 millim.

2689. (CHASTILLON.) Plan perspectif de la ville ducalle de **Nancy,** capitalle du duché de Lorraine. 1646. (Par Cl. Chastillon.) *A Paris, chez Jean Boisseau.* — 717 sur 272 millim. (Ce plan, daté de 1646, a été dressé d'après le plan de Mérian antérieur à 1634.)

2690. **Nanci** in Lotringen. Vue perspective. Devise : *Parva sunt arma foris si non est consilium domi.* (Vers 1640.) — 150 sur 100 millim.

2691. AVELINE. Nanceium. **Nancy** ville capitale du duché de Lorraine. *Profil fait par Aveline...* (vers 1670). — 315 sur 207 millim.

2692. **Nancy.** (Vue perspective, tirée des plans et profils des principales villes des duchés de Lorraine et de Bar... par le sieur de Beaulieu, vers 1670. — Plan des villes et citadelle de Nancy. — Plan de la citadelle de Nancy, (tirés du même ouvrage). — 3 feuilles de 152 sur 107 millim.

2693. PLAN manuscrit de la ville de **Nancy** (dressé vers 1673). — 970 sur 640 millim. (Dans les angles du haut, on a copié la carte de Lorraine et celle du gouvernement de Nancy, par Tassin.)

2694. **Nancy** fortifié (1673). *J. Cayon del. Lith. L. Christophe.* (Réduction du plan manuscrit dressé vers 1673.) — 175 sur 135 millim.

2695. WERNER. **Nancy.** (Vue perspective provenant d'un recueil fait à Augsbourg vers 1680. *F.-B. Werner del. ; A. Gloesser sc. ; Mart. Engelbrecht excud.* — 310 sur 210 millim.

2696. DEFER. **Nancy,** ville forte et la plus considérable du duché de Lorraine... *A Paris, chez le sieur Defer...* 1693. — 282 sur 212 millim. — Copie du même plan, avec un autre cartouche pour le titre, et sans adresse.

2697. PLAN des villes et citadelle de **Nancy.** 1728. (Se trouve dans l'*Histoire de Lorraine* de D. Calmet.) — 500 sur 330 millim.

2698. PLAN des villes et citadelle de **Nancy.** 1728. (Reproduction du plan de D. Calmet pour les *Archives de Nancy* par Lepage.) — 400 sur 210 millim.

2699. LE ROUGE. Plan de **Nancy** avec les changements que le roy de Pologne, duc de Lorraine et de Bar y a fait (*sic*). Dédié à Sa Majesté polonoise par Le Rouge... *A Paris,* 1752. — 500 sur 600 millim.

2700. BELPREY. Plan général des deux villes de **Nancy** et des nouveaux édifices que Sa Majesté le Roy de Pologne, duc de Lorraine, etc., y a fait construire, levé et gravé par Belprey, l'un des brigadiers de ses gardes, en 1754. — 1245 sur 800 mill.

2701. (MICHEL). Plan général de **Nancy,** levé en 1758. (Présenté par Nicolas-Léopold Michel. — Se trouve dans le *Recueil des fondations,* etc. *faites par le roy de Pologne.*) — 350 sur 405 millim.

2702. PLAN de **Nancy** (vers 1760). — 140 sur 70 millim.

2703. PLAN manuscrit anonyme de la ville de **Nancy,** dressé en 1778 et sur lequel figurent différents projets qui n'ont pas été exécutés, entre autres celui d'un agrandissement de la Pépinière, jusqu'à la Meurthe. — 1010 sur 700 millim.

2704. SAUSSARD. Plan général de **Nancy,** dessiné par Saussard. 1776. (Manuscrit.) — 167 sur 200 millim.

2705. MIQUE. Plan des villes, citadelle et fauxbourgs de **Nancy...,** par C. Mique, architecte du feu roi de Pologne, à Nancy. (vers 1778.) — 1030 sur 710 millim. — Un second exemplaire portant en marge une : *Carte historique des principaux édifices de Nancy.*

2706. PLAN des villes de **Nancy.** (Plan manuscrit dressé vers 1778). — 1090 sur 800 millim.

2707. MOITHEY. Plan des villes, citadelle et fauxbourgs de **Nancy,** publié en 1778, par Moithey, ingénieur géographe du roi. — 985 sur 788 millim.

2708. MIQUE. Plan des villes, citadelle, faubourgs et environs de **Nancy...,** par C. Mique, architecte, etc., avec les nouveaux projets approuvés par arrêt du conseil du 12 juin 1778. (De ces différents projets, le cours Léopold seul a été réalisé.) — 470 sur 360 millim.

2709. MIQUE. Plan des villes, citadelle, faubourgs et environs de **Nancy**..., par C. Mique, architecte du feu roy de Pologne, à Nancy. (Vers 1778.) *Se vend à Nancy, chez les sieurs Mique et Dorvasy.* — 470 sur 360 millim. — Un autre exemplaire où le nom de Mique ne figure pas à l'adresse.

2710. COURBE. **Nancy** paroissial avant 1791. *Nancy, J. Royer. E. Bazin, aut.* — 350 sur 270 millim. (Se trouve dans *Promenades historiques à travers les rues de Nancy*, par Ch. Courbe.)

2711. PLAN (Nouveau) des villes, citadelle, faubourgs et environs de **Nancy**, dressé par F.-J. B... emp. à la Direct. de l'Enregistrement et des domaines du Roi. 1817. (Manuscrit.) — 490 sur 420 millim.

2712. MICHEL. Plan de la ville de **Nancy**. 1822. Réduit et dessiné par Michel. *Gravé par Toussaint, à Metz.* — 397 sur 322 mill.

2713. PLAN de la ville de **Nancy** (Réduction du plan dressé par M. Michel en 1822). — 115 sur 78 millim.

2714. (MICHEL.) Plan de la ville de **Nancy** 1828. *Lith. de C. Labouré, à Nancy.* — 370 sur 300 millim.

2715. MICHEL. Plan de la ville de **Nancy** (divisé en sections). 1834. Par Michel. *Gravé par Toussaint, à Metz.* — 397 sur 322 millim.

2716. PLAN de la ville de **Nancy** dressé d'après les dernières opérations du cadastre. 1835. *Vidart et Jullien, libraires-éditeurs. Lith. A. Paullet, Nancy.* — 428 sur 350 millim.

2717. PLAN de la ville de **Nancy**, dressé d'après le plan cadastral déposé à la mairie. 1837. *Grimblot, Thomas et Raybois, éditeurs. Lith. de Raimont.* — 510 sur 330 millim.

2718. **Nancy**. 1841. Plan pittoresque comprenant, dans l'enceinte des deux villes, l'indication en relief, dressé et dessiné par

Chatelain, architecte du département. *Gravé par E. Ollivier; publié par Mlle Gonet.* — 930 sur 600 millim.

2719. PLAN du territoire et de la ville de **Nancy**. 1845. *Imp. lith. de L. Christophe.* — 500 sur 587 millim.

2720. PLAN de la ville de **Nancy** (1846). J. Cayon del.; *Lith. L. Christophe.* — 200 sur 200 millim.

2721. PLAN du territoire et de la ville de **Nancy**. 1850. *Imp. lith. de L. Christophe. Chez Mlle Gonet, etc.* — 505 sur 320 mill.

2722. PLAN de la ville de **Nancy**. 1857. Dessiné par J. Cayon; *Lithographie E. Prévot. Nancy.* — 410 sur 310 millim.

— Le même, encadré de 18 vues de monuments publics.

2723. PLAN du territoire et de la ville de **Nancy**. 1857. *Imp. lith. de L. Christophe. Chez Wiener aîné et fils, etc.* — 505 sur 620 millim.

2724. PLAN de **Nancy** (vers 1860). *Peiffer, éditeur.* — 197 sur 117 millim.

2725. **Nancy**, ancienne capitale de la Lorraine, chef-lieu du département de la Meurthe, quartier général du IIIe corps d'armée. Plan de 1863. Dessiné par J. Cayon; *Lithog. E. Prévot.* — 410 sur 350 millim.

2726. PLAN de la ville de **Nancy**, levé en 1866, sous l'administration de M. Buquet, maire. — Plusieurs feuilles dont l'ensemble mesure 2100 sur 1990 millim.

2727. PLAN de **Nancy** en 1866, avec l'indication des monuments détruits. *Lith. Christophe; L. Wiener, édit.* — 400 sur 210 millim.

2728. PLAN du territoire et de la ville de **Nancy**. 1871. *Lith. L. Christophe.* — 500 sur 620 millim.

2729. PLAN de la ville de **Nancy**, réduit du plan d'alignement, par H. Micault, conducteur attaché au service municipal. Publié sous le patronage de l'administration municipale. 1872. *Gravé par Erhard et imprimé par Monrocq, à Paris.* — 1100 sur 835 millim.

2730. **Nancy** en 1873. Plan édité par *Lorette, libraire à Nancy; Lith. G. Sévèreyns, à Bruxelles.* — 490 sur 400 millim.

2731. PLAN de la ville de **Nancy**, réduit du plan d'alignement, revu, complété et mis à jour par É. Roussel, archiviste de la ville de Nancy, 1879. *Gravé par Erhard.* — 1100 sur 835 millim.

2732. PLAN de **Nancy**, par H. Lapaix, dessinateur au Génie. *Lith. Christophe* (1883). — 285 sur 250 millim.

2733. **Nancy**-Guide. Nouveau plan par sections, avec itinéraire pour visiter la ville. Dressé par *É. Bazin, éditeur.* 1884. — 350 sur 275 millim.

2734. **Nancy.** Plan dressé par Albert Barbier, conducteur des ponts et chaussées, 1885. *Lith. É. Munier.* — 500 sur 600 millim.

2735. PLAN de la ville de **Nancy** (1886). *Lithog. Munier; Autog. Albert Barbier.* — 320 sur 390 millim.

2736. PLAN de la ville de **Nancy**, réduit du plan d'alignement, revu, complété et mis à jour par Albert Barbier, conducteur des ponts et chaussées, 1888. — 1090 sur 825 millim.

2737. PLAN anonyme de la ville de **Nancy**, dressé en 1891, pour la police. — 482 sur 386 millim.

2738. PLAN du territoire et de la ville de **Nancy**, 1889-1890. *Lith. H. Christophe.* — 500 sur 630 millim.

2739. PLAN de **Nancy** (par Bazin, 1891). *Lith. Christophe.* — 470 sur 400 millim.

2740. PLAN de **Nancy** (par Vanazzi, 1891). — 210 sur 160 millim.

2741. ENVIRONS de **Nancy**, par Albert Barbier (1891). — 210 sur 155 millim.

2742. PLAN de **Nancy** et ses environs, 1892. Dressé et dessiné par Paulin, à Dommartemont. *Lith. H. Christophe.* — 710 sur 560 millim.

2743. PLAN de la ville de **Nancy** divisée par sections. Dressé par *É. Bazin, éditeur*, 1892. — 1000 sur 730 millim.

2744. PLAN de **Nancy** (1894). *P. Lorette, éditeur, Lith. Munier.* — 495 sur 375 millim.

2745. PLAN (Nouveau) de **Nancy** monumental, industriel et commercial, dressé par la société des plans monumentaux de France. *Édité par MM. Sidot, frères, à Nancy* (1894). — 1050 sur 685 millim.

2746. BARBIER. Plan de **Nancy**, dressé et mis à jour par Albert Barbier, ex-conducteur des ponts et chaussées, capitaine commandant les sapeurs-pompiers de Nancy, 1896-1897. *Nancy, A. Barbier, autog.* — 663 sur 855 millim.

2747. **Nancy.** Architecture. Beaux-Arts. Monuments. — Album de 100 planches en phototypie. (Préface de É. Badel.) *Paris, Guérinet; Nancy, phototyp. J. Royer*, 1895. — Nancy monumental et pittoresque, par Bergeret. Album de 100 planches en phototypie, avec préface de M. Pfister. *Nancy, phototyp. J. Royer*, 1896. Ensemble 2 vol. gr. in-4°. Demi-rel.

2748. **Nancy.** (*Album national, 24° fascicule.*) *Paris, L. Boulanger*, 1895. Pages 369-383, in-4°, oblong. Br.

2749. **Nancy.** Plans particuliers : Ancien camp des 1100 Français envoyés par Louis XI au secours du duc René de Lorraine, contre le duc de Bourgogne assiégeant Nancy. 1 pièce. — Caserne supplémentaire de cavalerie. 2 p. — Château du duc Raoul. 1 p. — Ancien chemin. 1 p. — Hôpital militaire en 1848. 1 p. — Hôpital civil. 2 p. — Hôtel d'Alsace. 1 p. — Jardin botanique et oisellerie. 7 p. — Lycée. 1 p. — Manufacture royale St-Jean. 1 p. — Manufacture de tabac. 1 p. — Palais de justice. 1 p. — Pépinière (concours régional de 1862). 1 p. — Place de Grève et halle (fêtes de 1866). 2 p. — Place du Marché et ses abords, 1848. 1 p. — Place St-Epvre et ses abords. 3 p. — Ancienne Université. 2 p. En tout 63 pièces.

2750. **Nancy.** Vues diverses : Abattoir. 1 pièce. — Almanach de 1791 avec vues des principaux édifices. 1. — Armoiries. 7 p. — Calendrier de 1770 (passage de Marie-Antoinette). 1 p. — Casernes, logements militaires et pavillons d'officiers. 6 p. — École normale. 1 p. — École professionnelle de l'Est. 1 p. — Fontaine de la Poissonnerie. 1 p. — Gare, chemin de fer, etc. 7 p. — Gare Ste-Catherine et bassin. 2 p. — Hôpital militaire en 1780 ; tableau allégorique de la salle d'honneur ; portrait de Léopold, duc de Lorraine, fondateur, etc. 5 p. — Hôtel de ville (ancien). 1 p. — Institution des sourds-muets. 6. p. — Institut orthopédique. 1 p. — Laboratoire de la station agronomique de l'Est. 1 p. — Maisons et hôtels, 30 p. — Marais où Charles, duc de Bourgogne, fut tué à la bataille qu'il perdit contre René duc de Lorraine, le 5 janvier 1477. 1 p. — Grands moulins. 4 p. — États divers du pavé commémoratif des honneurs funèbres rendus à Charles le Téméraire, en 1477. 1 p. — Pont de Malzéville et vue du Crosne. 6 p. — Vues générales et partielles de la ville. 20 p. — Ville assiégée par le duc de Bourgogne. 1 p. — Ancien couvent des Bédédictins. 1 p. — Croix de Bourgogne. 6 p. — Croix Gagnée. 3 p. — Croix de la mission royale. 3 p. — Maison des sœurs de Saint-Vincent-de-Paul. 2 p. — Monastère St-Dominique. 1 p. — Monument élevé au cimetière de Préville, aux soldats français. 3 p. — Palais épiscopal, 1792. 1 p. — Portail du prieuré Notre-Dame. 2 p. — Séminaire (autrefois mission royale). 10 p. — Temple protestant. 4 p. En tout 259 pièces.

2751. **Nancy.** Portes : Arc-de-Triomphe (autrefois porte royale). 14 pièces. — Porte de la Craffe. 8 p. — Porte Désilles (autrefois St-Louis, Stainville et Neuve). 11 p. — Porte Notre-Dame. 28 p. — Porte Sainte-Catherine. 5 p. — Porte Saint-Georges. 12 p. — Porte Saint-Jean (disparue). 8 p. — Porte Saint-Nicolas (ancienne et disparue). 12 p. — Porte Saint-Nicolas (nouvelle). 9 p. — Porte Stanislas. 5 p. En tout 113 pièces.

2752. **Nancy.** Places : Place d'Alliance. 8 pièces. — Place Stanislas (autrefois Royale). 98 p. — Place Carrière. 36 p. — Place Carnot (autrefois place de Grève et de l'Académie). 7 p. En tout 149 pièces.

2753. **Nancy.** Statues : Statue Louis XV (disparue). 6 pièces. — Statue Stanislas. 3 p. — Statue Mathieu de Dombasle. 6 p. — Statue Drouot. 9 p. — Statue Jeanne d'Arc. 6 p. — Statue Thiers. 1 p. En tout 31 pièces.

2754. **Nancy.** Palais ducal : Plans, vues générales ou partielles, parterre, escalier de la tour de l'horloge, vestibule d'entrée, galerie extérieure, cheminées dans la galerie des cerfs, salle des cerfs, lit du duc Antoine, tente de Charles le Téméraire, etc. 100 pièces.

2755. **Nancy.** Chapelle ronde et église des Cordeliers : Plan de la chapelle, d'une partie de l'église et du couvent, 1780 ; caveau ducal, 1780 et 1842 ; chapelle, église, autel, statues, tombeaux, fresque du réfectoire, etc. 54 pièces.

2756. **Nancy.** Églises et chapelles : Cathédrale (autrefois la Primatiale). 49 pièces. — Église de Bonsecours (autrefois chapelle des Bourguignons), tombeaux de Stanislas et de la reine de Pologne. 66 p. — Église des Oblats. 5 p. — Église Saint-Epvre (ancienne et nouvelle). 51 p. — Église Saint-Vincent-Saint-Fiacre. 6 p. — Église Saint-Joseph. 4 p. — Église Saint-Julien et hôpital. 6 p. — Église Saint-Sébastien. 9 p. — Chapelle du collège royal (Lycée). 1 p. — Chapelle du Petit-Sacré-Cœur. 2 p. En tout 199 pièces.

2757. **Nancy.** Églises et chapelles disparues: Église des Capucins. 1 pièce. — Églises des grandes et petites Carmélites. 24 p. — Église des Dominicains. 1 p. — Église des Jésuites. 2 p. — Église Saint-Nicolas. 5 p. — Église Saint-Roch. 3 p. — Église Saint-Georges (ancienne collégiale). 13 p. — Chapelle Saint-Jean. 12 p. — Chapelle Sainte-Élisabeth du noviciat des Dames de Nancy. 2 p. En tout 63 pièces.

2758. DENIS. Essai archéologique sur **Nasium**, ville des anciens Leucois, dont l'emplacement se trouve au centre d'un triangle qui a Ligny, Gondrecourt et Commercy à ses extrémités ; par C.-Fr. Denis. *Commercy, Denis, 1818.* 28 pages, in-8°. Cart. Voy. n° 2424.

2759. **Nettancourt** (Meuse). Vue du château.

2760. DIGOT. Essai sur l'histoire de la commune de **Neufchâteau**, par M. Aug. Digot. *Nancy, Grimblot et Vve Raybois,* 1847. 104 pages, in-8°. Cart. (Extrait des *Mémoires de la Soc. roy. des Sc., L. et Arts de Nancy.*)

2761. SAVE. Les origines de **Neufchâteau**, par Gaston Save. *Neufchâteau, Léon Beaucolin.* 26 pages, in-18. Br. (Extrait de l'*Abeille des Vosges*, 1893.)

2762. ARBOIS DE JUBAINVILLE (D'). Église Saint-Christophe de **Neufchâteau**, par M. H. d'Arbois de Jubainville, ancien élève de l'école des Chartes. *Paris, Leleux,* 1856. 7 pages, in-8°. Fig. Plan. Demi-rel. (Extrait des *Bulletins de la Soc. d'archéologie lorraine.*)

2763. **Neufchâteau.** Carte de la partie occidentale de la civitas des Leuci. — Plan de l'église St-Christophe. — Plan d'une propriété. — Vue générale. — 8 vues : pont sur le Mouzon, église St-Christophe, église St-Nicolas, tombeaux. En tout 21 pièces.

2764. FISCHER. Recherches sur le village détruit de **Neustadt**, près de Dabo (Meurthe), par Dagobert Fischer. *Nancy, G. Crépin-Leblond,* 1871. 6 pages, in-8°. Cart. (Extrait du *Journal de la Société d'archéologie lorraine.*)

2765. **Neuve-Grange** (Vosges). Vue de la filature.

2766. **Neuville-au-Rupt** [La] (Meuse). Carte du territoire avec plan du village.

2767. **Neuviller-sur-Moselle** (Meurthe). 2 plans : projet d'une faisanderie ; salon au château de M. le marquis de La Galaizière.

2768. **Nomeny** (Meurthe). Plan et coupe de l'église. — 4 vues du château. 5 pièces.

2769. **Nomexy** (Vosges). Vue de l'ancienne église.

2770. **Nonhigny** (Meurthe). Plan des forêts communales de Nonhigny et Montreux.

2771. HALDAT. Observations sur l'autel votif (trouvé à **Norroy**) possédé par la ville de Nancy, et dédié à Hercule des rochers (Hercules Saxanus), suivies d'une notice sur la chapelle de Bermont, célèbre dans l'histoire de Jeanne d'Arc. Par M. de Haldat. *Nancy, Vve Hissette,* 1835. 22 pages et deux planches, in-8°. Br. (Extrait des *Mémoires de la Société royale des sciences, lettres et arts de Nancy,* 1833-34.)

2772. DUPEUX. Sur l'autel consacré à Hercule Saxanus (trouvé à **Norroy** et) placé à la porte de la Bibliothèque de Nancy, par F.-R. Dupeux. *Nancy, Berger-Levrault,* 1874. 10 pages et deux planches, in-8°. Br.

2773. **Norroy** (Meurthe). Vue d'un monument élevé dans les carrières, par les Romains.

2774. **Nouveau-Lieu** (commune de Rosières-aux-Salines, Meurthe). 2 plans des propriétés de la ferme.

2775. **Novéant** (Moselle). Vue du pont suspendu sur la Moselle.

2776. GERMAIN. Excursions épigraphiques lorraines. L'église de **Nubécourt** et ses monuments funéraires, par Léon Germain. *Nancy, G. Crépin-Leblond,* 1886. 40 pages, in-8°. Br.

2777. **Nubécourt** (Meuse). Pierre de fondation aux armes de F. Du Hautoy et de N. de Beauvau sa femme, dans l'église. — Tombeaux dans l'église. 3 pièces.

2778. **Ogéviller** (Meurthe). Vue partielle avec deux tours en ruine.

2779. DIDIOT. Notice historique sur l'église d'**Olley**, par Jules Didiot. *Metz, Rousseau-Pallez,* 1868. 16 pages, in-8°. Cart.

2780. **Oncourt** (Vosges). Carte de la forêt St-Pierre, 1772.

2781. **Ormerswiller** (Moselle). Plan et coupe de l'église.

2782. **Ormes-et-Ville** (Meurthe). Vitraux de l'église. 3 pièces.

2783. GOLBÉRY. **Ormont**. Légendes, histoire, paysages vosgiens, par Gaston de Golbéry. *Paris, Georges Chamerot,* 1884. 30 pages, in-8°. Br. (Extrait de l'*Annuaire du Club alpin français.*)

2784. **Padoux** (Vosges). Vue de la vieille église.

2785. **Pagny-sur-Moselle**. Plan du cimetière. — Vue de la gare. — 2 vues du terrain sur lequel s'est passé l'incident du 20 avril 1887. 4 pièces.

2786. Parroy (Meurthe). Plan de la forêt.

2787. Peltre (Moselle). Vue de l'ancienne église, démolie.

2788. Pépinville (Moselle). Vue du château.

2789. BENOIT. **Phalsbourg** et ses monuments, par Arthur Benoit. *Nancy, G. Crépin-Leblond*, 1870. 27 pages, in-8°. Fig. Cart. (Extrait des *Mémoires de la Société d'archéologie lorraine.*)

2790. BENOIT. Nouvelles recherches historiques sur **Phalsbourg** et ses environs, par A. Benoit. *Nancy, G. Crépin-Leblond*, 1871. 31 pages, in-8°. Fig. Cart. (Extrait des *Mémoires de la Société d'archéologie lorraine.*)

2791. BENOIT. Le blocus de **Phalsbourg**. Histoire du 9° bataillon des gardes nationaux d'élite du département de la Meurthe (armée du Rhin, 1815), par Arthur Benoit. *Metz, Rousseau-Pallez*, 1868. 39 pages, in-8°. Cart.

2792. BENOIT. Le siège de **Phalsbourg** de 1870, par Arthur Benoit. *Nancy, Grosjean-Maupin*, 1871. 80 pages, in-8°. Fig. Cart.

2793. (BENOIT.) Guerre de 1870. Lichtemberg, La Petite-Pierre, **Phalsbourg**, par un passant (A. Benoit). *Strasbourg, Simon, Noiriel*, 1872. 75 pages, in-12. Fig. Cart.

2794. Phalsbourg. Carte du gouvernement de Phalsbourg. — 6 plans de la ville. — 12 plans pour une église à construire. En tout 27 pièces.

2795. Pierre (Meurthe). Vue d'une chapelle.

2796. GUÉRIN. Note sur une sépulture préhistorique à **Pierre-la-Treiche** par Raoul Guérin. *Nancy, A. Lepage*, 1869. 7 pages, in-8°. Fig. Br. (Extrait du *Journal de la Société d'archéologie lorraine.*)

2797. Pierrefort (Meurthe). Vues du château. 5 pièces.

2798. Pierre-Percée (Meurthe). 3 vues des ruines du château.

2799. Plainfaing (Vosges). Vue partielle.

2800. CHABERT. Mémoire concernant la construction et la décoration de l'église destinée à servir de paroisse à la commune de **Plantières-Queuleu**, par M. F.-M. Chabert. *Metz, Rousseau-Pallez, s. d.* (1866). 92 pages, in-4°. Pl. Demi-rel.

2801. CHABERT. Mémoire historique sur **Plantières et Queuleu**, commune rurale du deuxième canton de Metz. Accompagné des plans de l'église en construction. Par F.-M. Chabert. *Metz, V. Maline*, 1861. 37 pages, in-4°. Planches. Br.

2802. VIANSSON. **Plappeville.** Par Viansson. *Metz, Rousseau-Pallez*, 1867. 32 pages, in-8°. Cart. (Extrait des *Mémoires de la Société d'histoire et d'archéologie de la Moselle.*)

2803. Plappeville (Moselle). 3 vues : église et calvaire.

2804. BEAULIEU. Antiquités des eaux minérales de Vichy, **Plombières**, Bains et Niederbronn, par Beaulieu, de la Société des antiquaires de France. *Paris, Vve Le Normant*, 1851. 208 pages, in-8°. Fig. Demi-rel.

2805. BERTHEMIN. Discours des eaux chaudes et bains de **Plombières** divisés en deux traictez. Au premier il est discouru en général des eaux, des feus qui les eschauffent, et de la matière qui entretient ces feus soub terre. Au second il est discouru particulièrement des eaux de Plombières, de leurs minéraux et propriétez. Par D. Berthemin, sieur de Pont. *Nancy, Jacob Garnich*, 1615. xiv-334 pages, in-8°. Demi-rel.

2806. BERTHEMIN. Petit traité qui enseigne la méthode que l'on doit tenir en buvant les eaux chaudes et froides de **Plombières** en Lorraine, et la manière de prendre les bains, la douche et l'étuve des dites eaux, par M. Berthemin. *Mirecourt, A. Beauson*, 1738. 55 pages, in-18. Br.

2807. CALMET. Traité historique des eaux et bains de **Plombières**, de Bourbonne, de Luxeuil et de Bains, par le R. P. Dom Calmet, abbé de Senones. *Nancy, Leseure*, 1748. 356 pages, petit in-8°. Fig. Rel. veau.

2808. CHARTON. Voyage de L. L. A. A. R. R. M. le duc et Mme la duchesse d'Orléans, aux eaux de **Plombières**, en juillet

1842. Notes recueillies par M. Ch. Charton, chef de bureau à la préfecture des Vosges, etc. *Épinal, Gley, s. d.* 43 pages, in-8°. Br.

2809. DELACROIX. Notice sur **Plombières** et ses bains, avec une carte des environs, par Émile Delacroix, docteur en médecine, inspecteur adjoint de l'établissement thermal de Plombières, etc. *Plombières, Vve Blaise,* 1860. 73 pages, in-12. Br.

2810. DEMANGEON. **Plombières,** ses eaux et leur usage, avec des considérations sur leur antiquité, leur composition naturelle, les principes de leur activité curative, les indications qui doivent en faire modifier l'administration et une nouvelle théorie sur la cause de la chaleur des eaux thermales. Par J.-B. Demangeon, docteur en philosophie et en médecine, etc... *Paris, Just Rouvier et E. Lebouvier,* 1835. IV-227 pages, in-12. Demi-rel.

2811. DUVAL. Considérations théoriques et pratiques sur les eaux minérales de **Plombières,** par Vincent Duval, docteur en médecine. *Paris, J.-B. Baillière,* 1849. VIII-180 pages, in-12. Demi-rel.

2812. FRANCŒUR. Notice sur **Plombières** et ses eaux minérales, par L.-B. Francœur. *Paris, Bachelier,* 1839. 90 pages, in-24. Br.

2813 (FRIRY.) **Plombières** neuf. 1860. (Par Friry.) *Remiremont, Imp. Mougin,* (1860). 9 pages, in-8°. Fig. Cart.

2814. (FRIRY.) Guide du baigneur et du touriste à **Plombières,** à Remiremont et lieux voisins. *Épinal, Imp. A. Cabasse,* (1846). 161 pages, in-8°. Cartes et figures. Demi-rel.

2815. GROSJEAN. Précis sur les eaux minérales de **Plombières,** par M. A. Grosjean, suivi d'une notice sur les eaux ferrugino-gazeuses de Bussang, par le même, et de leur analyse récente par M. Barruel. *Paris, Rouen frères,* 1829. 114 pages, in-8°. Cart.

2816. GROSJEAN. Nouvel essai sur les eaux minérales de **Plombières,** par M. Grosjean, (2° édition). *Nancy, Guivard, An X* (1801). 96 pages, in-8°. Demi-rel.

2817. GUIDE pittoresque du touriste et du baigneur de Luxeuil, de **Plombières** et de Bains, dans la partie montagneuse des Vosges comprise dans l'arrondissement de Remiremont et dans le canton de Gérardmer, suivi d'un précis topographique et historique sur ce canton, par un membre de la Société d'émulation des Vosges. *Mirecourt, Humbert,* 1865. 48 pages, petit in-8°. Br.

2818. GUIDE du baigneur et du touriste à **Plombières,** à Remiremont et lieux voisins. 1re et 2e parties. *Épinal, Commercy, Remiremont; A. et C. Cabasse et Mougin, s. d.* IV-74, 161 et 9 pages, in-8°. Carte. Br.

2819. HAUMONTÉ. **Plombières** ancien et moderne, avec gravures, plans et vues générales, par J.-D. Haumonté, maire de Plombières. *Paris, Mirecourt; Humbert,* 1865. 347 pages, in-8°. Demi-rel.

2820. HENRY. Hydrologie de **Plombières** ou nouvelles recherches sur le rendement, la température et la composition chimique des sources de Plombières par MM. O. Henry, membre de l'Académie impériale de médecine, D. Lhéritier, docteur en médecine, inspecteur-adjoint des eaux de Plombières. *Paris, G. Baillière,* 1855. 154 pages, in-8°. Plan. Demi-rel.

2821. HUTIN. Guide des baigneurs aux eaux minérales de **Plombières,** par M. Ph. Hutin. *Paris, Germer-Baillière,* 1842. 199 pages, in-18. Demi-rel.

2822. HUTIN. . Guide des baigneurs aux eaux minérales de **Plombières,** par le D' Hutin, ancien médecin des eaux de Plombières, et le D' Bottentuit, médecin consultant aux eaux de Plombières. 6° édition, entièrement refondue et augmentée de 17 gravures et d'une carte des environs de Plombières. *Paris, Lahure,* 1872. XV-286 pages, in-16. Cart.

2823. JUTIER... Études sur les eaux minérales et thermales de **Plombières** comprenant des considérations générales sur l'origine géologique des sources minérales de l'est de la France, l'historique, le captage, l'aménagement, le débit, les propriétés physiques et chimiques, l'analyse et la composition des eaux minérales de Plombières, par M. P. Jutier, ingénieur des mines, chargé des travaux relatifs aux sources de **Plombières**, et M. J. Lefort, membre titulaire de la Société d'hydrologie médicale de Paris, avec plan de la ville et carte des environs de Plombières. *Plombières, s. n.*, 1862. VIII-229 pages, in-8°. Demi-rel.

2824. LE BON. Abrégé de la propriété des eaux de **Plombières**, par Jean Le Bon, réimprimé sur l'édition de 1576, avec une préface et un glossaire-index par Louis Jouve. *Épinal, V. Peyrou*, 1869. XVI-100 pages, in-12. Demi-rel.

2825. LECLÈRE. Des eaux minérales de **Plombières** et de leur emploi dans le traitement des maladies chroniques du tube digestif, par le Dr C. Leclère, médecin aux eaux de Plombières. *Paris, Delahaye*, 1869. 84 pages, in-8°. Cart.

2826. LE MAIRE. Essay sur la manière de prendre les eaux de **Plombières**, par J. Le Maire, membre de l'Académie des sçavans d'Allemagne, médecin de l'hôtel de S. A. S. Madame la princesse abbesse, et stipendié à Remiremont. *Remiremont, Laurent*, 1748. 120 pages, petit in-8°. Cart.

2827. LEMOINE. **Plombières** et ses environs. Guide du baigneur, par Édouard Lemoine. *Paris, L. Hachette*, 1859. 179 pages, in-12. Cart.

2828. LEMOINE... **Plombières**. Itinéraire descriptif, historique et médical, par MM. Édouard Lemoine et le docteur Lhéritier, inspecteur des eaux de Plombières, médecin consultant de l'Empereur, officier de la Légion d'honneur; illustré de 11 gravures sur bois par Hubert Clerget et contenant une carte. *Paris, L. Hachette et Cie*, 1867. XXIV-287 pages, petit in-8°. Br.

2829. LHÉRITIER. Eaux de **Plombières**. Clinique médicale. Du rhumatisme, et de son traitement par les eaux thermo-minérales de Plombières; par le docteur Lhéritier, inspecteur adjoint des eaux de Plombières, etc. 1re année. *Paris, Germer-Baillière*, 1853. LXVIII-320 pages, in-8°. Demi-rel.

2830. LHÉRITIER. Eaux de **Plombières**. Clinique médicale. Des paralysies (hémiplégie, paraplégie, irritation spinale, myé-

lite) et de leur traitement par les eaux thermo-minérales de Plombières, par le docteur Lhéritier, inspecteur adjoint des eaux de Plombières, etc. 2e année. *Paris, Germer-Baillière*, 1854. 268 pages, in-8°. Demi-rel.

2831. LIÉTARD. Études cliniques sur les eaux de **Plombières**, par le Dr G. Liétard. *Paris, V. Masson*, 1860. 106 pages, in-8°. Br.

2832. (MENGIN-FONDRAGON.) Une saison à **Plombières**, par M. le baron de M*** (Mengin-Fondragon). *Paris, Lecointe et Durey*, 1825. 292 pages, in-18. Fig. Demi-rel.

2833. (PIRAULT DES CHAULMES). Voyage à **Plombières** en 1822; où se trouve la version faite pour la première fois en français du poème latin, sur Plombières de Joachim Camerarius, recteur de l'Université de Leipsick, imprimé à Venise en 1553, avec le texte latin en regard; ou Lettres à M. V. par M. P. D. C. (Pirault des Chaulmes.) *Paris, Guillaume*, 1823. 156 pages, in-12. Frontispice. Demi-rel.

5834. **Plombières** pittoresque, historique, poétique, médical et topographique, par une société d'artistes, de médecins et de touristes. *Paris, N. Chaix et Cie*, 1859. 291 pages, in-12. Fig. Br.

2835. RESAL. Plan topographique de **Plombières** et des environs, avec indication des promenades, chemins, leurs distances de Plombières, etc., dressé par Amé Resal. *Mulhouse, Engelmann*, 1852. in-8°. Cart.

2836. RICHARDOT. Nouveau système des eaux chaudes de **Plombières** en Lorraine, et de l'eau froide, dite savonneuse, et de celle dite de Sainte-Catherine, de leurs effets, et à quelles maladies elles conviennent, ou non. De la manière de s'en servir et des abus qui se commettent dans leur usage. On y reconnoît la nature de ses eaux, le principe de leur chaleur et ce qu'elles contiennent, par Camille Richardot. *Nancy, chez l'auteur*, 1722. 151 pages, in-18. Rel. veau.

2837. ROUVEROY (DE). Petit traité enseignant la vraye et assurée méthode pour boire les eaux chaudes et froides minéralles, qui sortent des rochers qui sont dedans et aux environs de **Plombières**, comme aussi la manière que l'on doit prendre les bains, la douche et l'étuve des dites eaux chaudes, par le sieur de Rouveroy. *Espinal, C. Thomas*, 1720. 96 pages, in-18. Cart.

2838. **Plombières.** Carte du territoire. — 2 plans de la ville. — Plan du grand-bain. — Plan d'une fontaine. — 2 vues générales. — 7 vues partielles. — 3 vues des bains romains. — Vue de la promenade de Stanislas. — 2 vues des hôtels et thermes Napoléon, et du parc impérial. — 3 vues : fontaine du chêne ou du crucifix, en 1709 ; entrée du grand bain ; nouvelle église. — Vue du bain royal. — Vues de la fontaine Stanislas. En tout 43 pièces.

2839. (DESERF.) Extrait des registres de l'état civil de **Pompey** (par Deserf). *Nancy, N. Collin*, 1867. 18 p., in-8°. Br.

2840. BOULANGÉ. Archéologie. Notice sur les tombes gallo-romaines découvertes autour de l'ermitage de Saint-Eucaire, commune de **Pompey** (Meurthe), et sur la tradition des martyrs leucois, compagnons de saint Eucaire, par Georges Boulangé. *Nancy, A. Lepage*, 1852. 19 pages, in-8°. Fig. Cart. (Extrait du *Journal de la Société d'archéologie lorraine.*)

2841. COLLENOT. Du martyre de 2,200 chrétiens mis à mort en l'an 362 et inhumés sur le territoire de **Pompey** (Meurthe). Par Louis Collenot. *Nancy, Hinzelin*, 1860. 68 et 7 pages, in-8°. Fig. Cart.

2842. QUINTARD. Le cimetière franc du champ des tombes à **Pompey** (Meurthe-et-Moselle), par L. Quintard. *Nancy, G. Crépin-Leblond*, 1878. 21 pages, in-8°. Fig. Cart. (Extrait des *Mémoires de la Société d'archéologie lorraine.*)

2843. **Pompey** (Meurthe). Carte de la forêt de l'Avant-garde et ruines du château. — Vue de la rue des Chèvres. — Vue de l'ancien château de l'Avant-garde. En tout 6 pièces.

2844. HENRY. Histoire de **Pont-à-Mousson** et des environs, suivie d'une biographie des grands hommes auxquels cette ville donna naissance, ou qui s'y distinguèrent; par Napoléon Henry, d'Arnaville, mé-

decin. *Pont-à-Mousson, tous les libraires*, 1839. VIII-260 pages, in-8°. Demi-rel.

2845. ORY. Causeries sur **Pont-à-Mousson**, par Eugène Ory. *Pont-à-Mousson, Imp. E. Ory*, 1880. 504 pages, in-8°. Fig. Demi-rel.

2846. SANSONETTI (DE). Description de l'ancienne église des Antonistes, maintenant paroisse Saint-Martin, de **Pont-à-Mousson**. Vue, plan, coupe, détails et texte, par Victor de Sansonetti, ancien élève de M. Ingres. *Nancy, Grimblot, Raybois et Cie*, 1844. 11 pages et 6 planches, in-fol. Cart.

2847. HYVER. L'église des Claristes de **Pont-à-Mousson** et la sépulture des doyens de la Faculté de droit, par l'abbé Hyver. *Nancy, G. Crépin-Leblond*, 1873. 26 pages, in-8°. Cart. (Extrait des *Mémoires de la Société d'archéologie lorraine.*)

2848. HYVER. L'église de la commanderie de Saint-Antoine de **Pont-à-Mousson**, par l'abbé Charles Hyver. *Nancy, Grosjean-Maupin*, 1877, 53 et x pages, in-8°. Cart. (Extrait des *Mémoires de la Société philotechnique de Pont-à-Mousson.*)

2849. INSTITUT hydrothérapique de **Pont-à-Mousson** (Meurthe), dirigé par M. Geoffroy et le Dr Lubanski. *Paris, J.-B. Gros*, s. d. 8 pages, in-8°. 2 pl. Demi-rel.

2850. HUMBERT. La maison d'un maître échevin à **Pont-à-Mousson**. Texte et dessin par L. Humbert. *Nancy, P. Sordoillet*, 1886. 7 pages, in-8°. Br.

2851. GUILLAUME. Archéologie lorraine. Une sculpture du XVIIᵉ siècle (à **Pont-à-Mousson**), par l'abbé Guillaume. *Nancy, A. Lepage*, 1852. 32 pages, in-8°. Cart.

2852. BENOIT. Une inscription funéraire de Geoffroy de Kaysersberg à **Pont-à-Mousson**, 1358. Publié par A. Benoit. *Rixheim, F. Sutter*, 1895. 14 pages, in-8°. Fig. Br.

2853. VAGNER. La journée du 9 juillet à **Pont-à-Mousson**. Par Vagner. (*Nancy, Imp. Vagner*, 1865.) 4 pages, in-8°. Cart. (Extrait de l'*Espérance du 12 juillet.*)

2854. **Pont-à-Mousson.** 7 plans de la ville.

— 2 vues générales. — 9 vues partielles. — Vue du vieux moulin. — Vues du séminaire. — Vues de l'église St-Martin. En tout 38 pièces.

2855. **Pont-les-Bonfays** (Vosges). Carte d'un bois. 1757.

2856. GERMAIN. Excursions épigraphiques. **Pont-Saint-Vincent.** Par Léon Germain. *Nancy, Sidot*, 1888. 131 pages, in-8°. Br. (Extrait des *Mémoires de la Soc. d'archéol. lorr.*)

2857. **Pont-Saint-Vincent** (Meurthe). Plan, coupe et détails de l'église. 9 pièces.

2858. **Pont-sur-Meuse** (Meuse). Carte du territoire avec plan du village et vue de l'ancienne église.

2859. **Portieux** (Vosges). Carte de la forêt de Terne, 1754. 4 vues : verrerie, couvent. 5 pièces.

2860. **Port-sur-Seille** (Meurthe). 2 vues partielles.

2861. **Postroff** (Meurthe). Plan du village.

2862. **Poussay** (Vosges). Carte d'un bois.

2863. BRÉMOND. Monographie de la seigneurie de **Preisch** (Luxembourg, Lorraine). Son histoire, son château féodal, etc. ; avec la liste chronologique de ses châtelains depuis 1122 ; son armorial particulier, etc. Par Alphonse Brémond. *Metz, Imp. Ch. Thomas*, 1879. 123 pages, in-8°. Fig. Br.

2864. **Prény** (Le château de), chronique lorraine, par E. d'H. (Feuilleton de la *Gazette de Metz*.) *Metz, Collignon*, 1835. 4 pages, gr. in-fol. Cart.

2865. **Prény** (Meurthe). Plan de l'ancien château, 1839. — Vues du château et des ruines. — Vue de l'église. En tout 18 pièces.

2866. **Provenchères** (Vosges). Carte de terrains.

2867. MARTIN. **Pulligny.** Etude historique et archéologique, par l'abbé Eug. Martin, docteur ès-lettres. *Nancy, Imp. Crépin-Leblond*, 1893. 112 pages, 1 pl., in-8°. Br.

2868. **Pulligny** (Meurthe). 2 vues : maison et statue, fontaine antique.

2869. **Pulnoy** (Meurthe). Plan d'une section du territoire, 1833.

2870. **Puxe** (Moselle). Vue du portail et d'un chapiteau de l'église.

2871. AURICOSTE DE LAZARQUE. Souvenirs d'une excursion à la chapelle de **Rabas.** Par Auricoste de Lazarque. *Metz, lithogr. Henry Étienne*, 1875. 15 pages, in-8°. Fig. Br.

2872. FOURNIER. Origine de **Rambervillers**, par le Dr A. Fournier. *Saint-Dié, L. Humbert*, 1880. 8 pages, in-8°. Br. (Extrait du *Bulletin de la Société philomat. vosgienne.*)

2873. (FOURNIER.) **Rambervillers** au xvie siècle (1557-1583), par A. Fournier. *Épinal, V. Collot*, (1880). 28 pages, in-8°. Br. (Extrait des *Annales de la société d'émulation des Vosges.*)

2874. FOURNIER. **Rambervillers** au xviie siècle (1636-1660), par le Dr A. Fournier. *Épinal, Vve Collot*, 1879. 37 pages, in-8°. Br. (Extrait des *Annales de la Société d'émulation des Vosges.*)

2875. FOURNIER. **Rambervillers** au xviie siècle (1670-1690), par le Dr A. Fournier. *Épinal, Busy*, 1878. 19 pages, in-8°. Br. (Extrait des *Annales de la Société d'émulation des Vosges.*)

2876. FOURNIER. **Rambervillers** au xviiie siècle, par A. Fournier. *Épinal, V. Collot* (1882). 13 pages, in-8°. Br. (Extrait des *Annales de la Société d'émulation des Vosges.*)

2877. FOURNIER. La lutte d'un apothicaire contre les chirurgiens et les bourgeois de **Rambervillers**, au xviiie siècle, 1742-1752, par le Dr A. Fournier. *Saint-Dié, L. Humbert*, 1881. 11 pages, in-8°. Br. (Extrait du *Bulletin de la Société philomatique vosgienne.*)

2878. FOURNIER. La boucherie et les maîtres et compagnons du corps des bouchers de **Rambervillers**, au xviiie siècle, par le Dr A. Fournier. (Extrait du *Bulletin de la Société philomatique vosgienne.*)

Saint-Dié. L. Humbert, 1883. 9 pages, in-8º. Br.

2879. FOURNIER. Deux épisodes de l'histoire de **Rambervillers**. Une grève de bouchers(1729). Émeute de femmes (1771). Par le Dr A Fournier. *Saint-Dié, L. Humbert*, 1878. 8 pages, in-8º. Br. (Extrait du *Bulletin de la Société philomatique vosgienne.*)

2880. FOURNIER. Mesdames Adélaïde et Victoire, filles du roi Louis XV, à **Rambervillers**. François Pelletier, bourgeois artiste. Par le Dr A. Fournier, de Rambervillers. *Saint-Dié, L. Humbert*, 1880. 10 pages, in-8º. Br. (Extrait du *Bulletin de la Société philomatique des Vosges.*)

2881. FOURNIER. **Rambervillers** pendant la Révolution, par A. Fournier. *Nancy, Berger-Levrault*, 1889. 43 pages, in-8º. Br. (Extrait des *Annales de l'Est.*)

2882. FOURNIER. Rédaction du cahier des doléances, plaintes et remontrances du tiers-état de la ville de **Rambervillers**, 1789. Par le docteur Fournier. *Épinal, V. Collot*, 1877. 25 pages, in-8º. Br. (Extrait des *Annales de la Société d'émulation des Vosges.*)

2883. FOURNIER. Registre des délibérations de la société populaire de **Rambervillers**, par le Dr A. Fournier. *Épinal, V. Collot*, 1882. 25 pages, in-8º. Br. (Extrait des *Documents publiés par le comité d'histoire vosgienne.*)

2884. FOURNIER. Un épisode de la guerre de trente ans. Les Allemands à **Rambervillers**, par le Dr Fournier. *Rambervillers, Méjeat*, 1875. 33 pages, in-8º. Br. (Extrait des *Annales de la Société d'émulation des Vosges.*)

2885. FOURNIER. L'hôtel de ville de **Rambervillers**, par A. Fournier. *Saint-Dié, Humbert*. 14 pages, in-8º. Fig. Br. (Extrait du *Bulletin de la Société philomatique vosgienne.* 1892.)

2886. FOURNIER. Pourquoi raille-t-on les habitants de **Rambervillers ?** par le Dr A. Fournier. *Nancy, G. Crépin-Leblond*, 1882. 8 pages, in-8º. Br. (Extrait du *Journal de la Société d'archéologie lorraine.*)

2887. BOUVIER. La défense de **Rambervillers**, en 1870. Par Félix Bouvier. *Paris, Nancy, Berger-Levrault*, 1895. 31 pages, in-8º. Br.

2888. ÉPISODE (Un) de l'invasion allemande dans les Vosges. **Rambervillers**, 9 octobre 1870. *Paris, Madre*, 1871. 16 pages, in-8º. Br.

2889. POSE de la première pierre de l'église de **Raon-aux-Bois**, le 21 juin 1863. *Remiremont, Mougin, s. d.* 14 pages in-8º. Br.

2890. **Raon-lès-Leau** (Meurthe). Vue de la tombe de J.-B. Brignon.

2891. CABASSE. Quelques documents relatifs aux anciennes fortifications de **Raon-l'Étape** (Vosges), par Paul Cabasse, pharmacien de première classe. *Saint-Dié, L. Humbert*, 1876. 46 pages, in-8º. Plan et figures. Cart. (Extrait du *Bulletin de la Société philomatique vosgienne.*)

2892. CABASSE. Notes historiques et topographiques sur la commune de **Raon-l'Étape**... par Cabasse, pharmacien. *Épinal, V. Collot*, 1877. 49 pages, in-8º. Cart. (Extrait des *Annales de la Société d'émulation des Vosges.*)

2893. TENON. Rapport et projet de décret, concernant les secours à accorder à divers incendiés de **Raon-l'Étape**, de Georgelieu et de Bellac, présentés au nom du comité des secours publics, par M. Tenon, député du département de Seine-et-Oise, le 20 mars 1792. *Paris, Imprimerie nationale, s. d.* 6 pages, in-8º. Cart.

2894. **Raon-l'Étape** (Vosges). 2 vues partielles.

2895. **Raon-sur-Plaine** (Vosges). Plan topographique de l'état du Donon, en 1692. — 6 vues : partie du village, sommet du Donon et antiquités du Donon. 7 pièces.

2896. **Raville** (Moselle). Plan d'un aqueduc. 1776.

2897. (MARQUIS). Le prix de la rose de Salency, aux yeux de la religion, avec le véritable esprit de celle de **Réchicourt-le-Château**, instituée sur le modèle de la première. (Par Joseph-Benoît Marquis, curé de Réchicourt-le-Château.) *Metz,*

Imp. J. Antoine, 1780. VIII-147 pages, in-8°. Br. (Le titre manque.)

2898. MARQUIS. Idée de la vertu chrétienne. — Conférences sur la fête de la Rose, qui ont été exécutées dans la paroisse de **Réchicourt-le-Château**, 1779-1780. — Discours prononcé à la cérémonie de la première rosière de Réchicourt-le-Château, le 11 juin 1780, par M. Marquis, curé de ladite paroisse. *Dieuze, J. J. Lambelet*, 1781. IV-259 pages, in-8°. Demi-reliure.

2899. GAUTHIER. Relation de la fête de la Rose, à **Réchicourt**, en l'année 1780. Copie de la relation faite par M. Gauthier, curé d'Igney. *Dieuze, J. J. Lambelet*, 1781. 28 pages, in-8°. Demi-rel.

2900. GUILLAUME. La rosière de **Réchicourt**, par l'abbé Guillaume, chanoine honoraire. *Nancy, A. Lepage*, 1853. 28 pages, in-8°. Cart. (Extrait des *Mémoires de la Société d'archéologie lorraine*.)

2901. GERMAIN. **Récicourt**. Chapelle funéraire de la famille du Hautoy. *Nancy, Crépin-Leblond*, 1884. 20 pages, in-8°. Br.

2902. **Rembercourt-aux-Pots** (Meuse). Projet de portes pour l'église.

2903. DIDELOT. **Remiremont**. Les saints. — Le chapitre. — La Révolution. Par M. l'abbé Didelot. *Nancy, Vagner*, 1887. XXVIII-574 pages, in-8°. Demi-rel.

2904. VACCA. Notes pour servir à l'histoire de **Remiremont**, par E. Vacca, professeur au lycée de Metz, avec une préface de Louis Jouve. Histoire abrégée du Saint-Mont par le chanoine Renaud. *Remiremont, Mme Leduc*, 1867. XI-120 pages, petit in-8°. Fig. Br.

2905. RICHARD. Notes historiques relatives aux anciennes fortifications, à la défense, et aux différents sièges, subis par la ville de **Remiremont**. Par Richard. *Nancy, A. Lepage, s. d.* 35 pages, in-8°. Fig. Cart.

2906. GEORGEOT. Conférence sur l'histoire de **Remiremont**, faite le 30 novembre 1879, par Charles Georgeot, avocat. *Remiremont, Imp. Mougin*, 1879. 56 pages, in-8°. Br.

2907. FOURNIER. **Remiremont** et le Saint-Mont ont-ils été un sanctuaire consacré au Dieu-Soleil ? par le Dr Fournier. *Saint-Dié, L. Humbert*, 1894. 49 pages, in-8°. Br. (Extrait du *Bulletin de la Société philomatique vosgienne*.)

2908. RICHARD. Une cité lorraine au moyen âge ou **Remiremont** en 1465. Fragment d'un manuscrit contenant divers monuments diplomatiques relatifs à l'histoire de cette ville, recueillis par Richard. *Épinal, Gley*. 45 pages, in-8°. Fig. Cart. (Extrait de l'*Annuaire des Vosges*.)

2909. RICHARD. Guerre des Pannonceaux à **Remiremont**, en 1566, par Richard, conservateur de la bibliothèque. *Remiremont, Mougin, s. d.* 7 pages, in-8°. Br.

2910. BUISSON. Essai historique sur l'hôpital de **Remiremont**, par l'abbé E. Buisson. *Remiremont, Imp. E. Guillemin*, 1888. VIII-164 pages, in-16. Br.

2911. (FRIRY.) Quelques mots sur le transfert des restes de l'ancien cimetière de **Remiremont** dans le nouveau, 1844. (Par M. Friry.) *S. l., n. n., n. d.* Texte et encadrements autographiés. 22 pages, in-8°. Cartonné.

2912. PUTON. Entrées et serments des ducs de Lorraine à **Remiremont**, par Bernard Puton, avocat. (Extrait du *Bulletin de la Société philomatique vosgienne*.) *Saint-Dié, L. Humbert*, 1889. 69 pages, in 8°. Br.

2913. BUISSON. Cahier des plaintes, doléances et remontrances du tiers-état de **Remiremont** en 1789, par l'abbé E. Buisson. *Remiremont, E. Guillemin*, 1889. 20 pages, in-12. Br.

2914. BUISSON. Les élections de 1789 à **Remiremont**. Projet de réformes d'un citoyen ; par l'abbé E. Buisson. *Remiremont, E. Guillemin*, 1890. 29 pages, in-8°. Br.

2915. RICHARD. Dons faits à l'église Saint-Pierre, de **Remiremont**, à différents titres, tels que ceux de grandes aumônes et d'anniversaires, annotés par Richard. *Épinal, Vve Gley*, 1853. 16 pages, in-12. Cart. (Extrait de l'*Annuaire des Vosges*.)

2916. GERMAIN. Discours prononcé à l'occasion du rétablissement de la fête de saint Romaric, second patron de **Remiremont,** le 24 janvier 1841, par l'abbé Germain. *Nancy, Grimblot, Raybois et Cie,* 1841. 12 pages, in-8°. Cart.

2917. (PUTON.) Observations et nouvelles observations présentées à MM. les Préfet, Président et Membres du Conseil général des Vosges pour les cultivateurs... de la commune de **Remiremont.** — Mémoire... pour les mêmes, par A. Puton, avocat à la Cour. *Nancy, Berger-Levrault,* 1874. 21-7 et 12 pages, gr. in-8°. Cart.

2918. **Remiremont.** Plan de la prairie du Grand-Pont. — Plan de la ville. — Vue générale au xvii° siècle. — Vue générale en 1782. — 8 vues générales et partielles. En tout 19 pièces.

2919. **Remoncourt** (Meurthe). Vue de l'église.

2920. GOÜY. Notice historique sur **Renémont,** commune de Jarville, par M. Jules Goüy. *Nancy, Berger-Levrault,* 1888. 8 pages, in-4°. Fig. Br.

2921. **Renémont** (Commune de Jarville, Meurthe). 4 vues de l'ancien hôtel Lunati-Visconti.

2922. **Rengéval** (Meuse). Carte du territoire avec plan du hameau.

2923. **Repaix** (Meurthe). Vue de l'église.

2924. AURICOSTE DE LAZARQUE. Mémoire sur l'établissement d'une société de prévoyance et de secours mutuels à **Retonféy,** par E. Auricoste de Lazarque. *Metz, Rousseau-Pallez,* 1866. 29 pages, in-8°. Br.

2925. **Retournemer** (Vosges). Lac, scierie. 4 pièces.

2926. **Ricarville** (Commune de Turquestein, Meurthe). Vue particulière.

2927. **Richemont** (Moselle). Vue du pont de l'Orne.

2928. **Riéval** (Meuse). Plan et vue de la ferme (ancienne abbaye).

2929. DELAGUÉPIERRE. La Vierge et le monastère de **Rinting** (Meurthe), par Louis Delaguépierre. *Lunéville, Majorelle,* 1869. 85 pages, in-8°. Cart.

2930. GERMAIN. Une question de géographie historique. **Riste-sur-Feste,** par Léon Germain. *Nancy, Sidot,* 1896. 24 pages, in-8°. Br. (Extrait du *Bulletin de la Société philomatique vosgienne.*)

2931. TEISSIER. Note sur Ricciacum, (**Ritzing**), station ou lieu de gîte militaire sur la voie romaine de Metz à Trèves ; par Teissier. *Metz, C. Lamort,* 1822. 14 pages in-8°. Br. (Extrait des *Mémoires de la Société des lettres, sciences et arts de Metz.*)

2932. SIMON. Notice sur une statuette représentant deux personnages opposés dont l'un a des ailes à la tête (trouvée sur le territoire de **Ritzing**). Lue à l'Académie royale de Metz, le 2 avril 1837. Par Victor Simon. *Metz, Lamort,* 1837. 8 pages, in-8°. Fig. Br.

2933. PRUGNEAUX. Campagne des Cent-Jours. *Combat de* **Rodemack.** Souvenir patriotique aux défenseurs de ce fort. Par Prugneaux. *S. l., n. n.,* 1858. 31 pages, in-8°. Cart.

2934. **Rollainville** (Vosges). Plan de l'église avec un fac-similé de l'inscription placée sur le socle du chœur. — 3 vues de l'église. 4 pièces.

2935. ABEL. **Rombas.** Étymologies. Histoire. Par Charles Abel, membre de l'Académie de Metz. *Metz, Delhalt,* 1888. 26 pages, in-8°. Br. (Extrait des *Mémoires de l'Académie de Metz.*)

2936. BOCHERON. Règlement de police municipale pour la ville de **Rosières-aux-Salines,** par Léon Bocheron, maire. *Saint-Nicolas, P. Trenel,* 1862. 58 pages, in-8°. Br.

2937. **Rosières-aux-Salines** (Meurthe). Carte géologique de la commune et de ses environs. — 3 plans ; village et bâtiments des salines. — Vue d'une porte. En tout 14 pièces.

2938. **Roville** (Meurthe). Plan du territoire. — Projet de pont sur la **Moselle. 2 pièces**

2939. HUSSON et Benoit. Note au sujet de fouilles faites à **Royaumeix**. Par C. Husson et P. Benoit. *Nancy, G. Crépin-Leblond*, 1883. 7 pages, in-8°. Br. (Extrait du *Journal de la Société d'archéologie lorraine*.)

2940. **Ruaux** (Vosges). Plan cavalier du château des Fées.

2941. **Saâles** (Vosges). Vue de l'ancienne église incendiée en 1847.

2942. KÖLLNER. Geschichte der Stadte **Saarbrücken**, und St. Johann. Von Adolph. Köllner. *Saarbrücken, Siebert*, 1865. 545 et 508 pages, in-8°. Carte et plan. 2 vol. Demi-rel.

2943. **Saint-Aubin** (Meuse). Carte du territoire avec plan du village.

2944. BRONDER. Histoire de **Saint-Avold** et de ses environs, depuis la fondation de la ville jusqu'à nos jours, par Ph. Bronder. Ouvrage orné de quatre photographies. *Metz, Typ. Nouvian*, 1868. 130 pages, in-8°. Br.

2945. **Saint-Avold** (Moselle). Vue partielle.

2946. GERMAIN. Le bas-relief de **Saint-Benoît-en-Voëvre**, 1527. Par Léon Germain. *Nancy, Sidot frères*, 1893. 8 pages, in-8°. Br.

2947. GRAVIER. Histoire de la ville épiscopale, et de l'arrondissement de **Saint-Dié**, département des Vosges, sous le gouvernement théocratique de quatre monastères, en opposition avec les ducs de Lorraine et les princes constitutionnels de Salm. Par N.-F. Gravier, receveur de l'enregistrement. *Épinal, Imp. Gérard*, 1836. XXXII-400 pages, in-8°. 1 carte et 2 planches. Demi-rel.

2948. CHANZY. Précis chronologique de l'histoire de la ville de **Saint-Dié**, département des Vosges, par M. Charles Chanzy, juge au tribunal de la même ville. *Saint-Dié, Freisz*, 1853. 212 pages, in-8°. Br.

2949. SAVE et Schuler. L'église de **Saint-Dié**. Première partie. Notice historique jusqu'au XIII° siècle et monographie de l'église Notre-Dame, avec 53 gravures. Par G. Save et C. Schuler. *Saint-Dié, Imp.*

L. Humbert, 1883. 87 pages, in-8°. Br. (Extrait du *Bulletin de la Société philomatique vosgienne*.)

2950. L'HOTE. Études historiques sur le diocèse de **Saint-Dié**. Notre-Dame de Saint-Dié, par l'abbé E. L'Hote. *Saint-Dié, L. Humbert, s. d.* 98 pages, in-8°. Br.

2951. FRANCE. Douzième centenaire de **Saint-Dié**, par Isabelle France (Marcelle Ferry), daté de Saint-Dié, du 15 juillet 1879. *Saint-Dié, L. Humbert, s. d.* 27 pages, in-8°. Br.

2952. BARDY. Les institutions hospitalières du vieux **Saint-Dié**. Discours prononcé à la réunion générale de la Société philomatique vosgienne, le 23 février 1890, par Henri Bardy. *Saint-Dié, L. Humbert, s. d.* 28 pages, in-8°. Br.

2953. BARDY. Les inondations et les incendies à **Saint-Dié**. Discours prononcé à la réunion de la Société philomatique vosgienne, le 22 février 1891, par H. Bardy, président. *Saint-Dié, L. Humbert*, 28 pages, in-8°. Br.

2954. DINAGO. Notice historique sur la donation d'une somme de 100,000 livres de France faite par le Roi Stanislas, duc de Lorraine, en faveur des habitants de **Saint-Dié**, victimes de l'incendie du 27 juillet 1757, et publication de l'acte de donation, par F. Dinago. *Saint-Dié, L. Humbert*, 1884. in-4°. Br. (Extrait du *Bulletin de la Société philomatique vosgienne*.)

2955. SAVE. Antiquités de **Saint-Dié**. Par Gaston Save. *Nancy, Crépin-Leblond*, 1896. 32 pages, in-8°. Br.

2956. NICOLAS. Dissertation chymique sur les eaux minérales de **Saint-Dié**, par M. Nicolas, démonstrateur royal de chymie en l'Université de Nancy, etc... *Nancy, Sébastien Bachot*, 1780. 11-33 pages, in-12. Rel. veau.

2957. BEAUPRÉ. Lettre à M. Nicolas, démonstrateur de chymie en l'Université de Nancy, sur la « Dissertation des eaux de **Saint-Diez** »; par Beaupré, élève en pharmacie chez M. Mandel, etc... *(Nancy)*, s. n., n. d. 73 pages, in-12. Rel. veau.

2958. BARDY. **Saint-Dié** en 1853, par H. Bardy. *Saint-Dié, Typog. Humbert*, 1896. 11 pages et 2 vues, in-8°. Br. (Extrait du *Bulletin de la Société philomatique vosgienne.*)

2959. BARDY. **Saint-Dié** pendant la guerre de 1870-71, par Henri Bardy. *Saint-Dié, Typog. Humbert*, 1895. 85 pages, pet. in-8°. Br.

2960. **St-Dié.** Carte pour servir à l'intelligence de l'histoire de la ville et de l'arrondissement. — Vues partielles. — Chapelle, cloître, chaire. — Scierie. En tout 17 pièces.

2961. **Saint-Éloi** (Moselle). Plan de la ferme et du château, en 1778.

2962. **Saint-Élophe** (Vosges). Vue partielle. — Vue du tombeau de Jean-Blaise de Mauléon. 2 pièces.

2963. **Sainte-Anne** (commune de Sexey-aux-Forges, Meurthe). Plans et cartes des terres et des bois. 4 pièces.

2964. **Sainte-Anne** (commune d'Albestroff, Meurthe). Vue de l'ermitage en 1855.

2965. **Sainte-Anne** (commune de Vitrimont, Meurthe). 2 vues de l'ermitage.

2966. **Sainte-Barbe** (Moselle). Vue de l'église.

2967. **Sainte-Barbe** (commune de Pont-St-Vincent, Meurthe). Vue de l'ermitage.

2968. **Sainte-Geneviève** (commune de Dommartemont, Meurthe). Plan et vue de la ferme.

2969. **Sainte-Marie-au-Bois** (Meurthe). Plan de l'église et des restes de l'abbaye. — Portail de l'église, 1857. 5 pièces.

2970. **Sainte-Sabine** (Vosges). Vue de la chapelle.

2971. **Saint-Eucaire** (Meurthe). 2 vues de la chapelle de l'ermitage.

2972 RENAULD. L'ermitage de **Sainte-Valdrée**, près de Laneuveville-devant-Nancy, par Jules Renauld. *Nancy, L. Wiener*, 1874. 27 pages, in-8°. Fig. Cart. (Extrait des *Mémoires de la Société d'archéologie lorraine.*)

2973. GOURY. **Saint-Hilairemont**, de 1530 à 1850, par Gustave Goury. *Nancy, René Vagner*, 1891. 63 pages, in-8°. Br.

2974. BENOIT. La ville de **Saint-Hippolyte** de 1555 à 1616. La pierre d'Oiry de Widranges, par A. Benoit. *Colmar, Vve C. Decker, s. d.* 7 pages, in-8°. Br. (Extrait de la *Revue nouvelle d'Alsace-Lorraine.*)

2975. **Saint-Jean** (commune de Nancy). Plan de la grande briqueterie et des terrains qui en dépendent. — Plan d'une partie du clos de la tuilerie. 2 pièces.

2976. **Saint-Julien-lès-Metz** (Moselle). Vue prise au bas du village. — 2 vues du moulin. 3 pièces.

2977. HARROUARD. Notice sur le pèlerinage et sur la restauration de la chapelle de **St-Livier** (Salival), par M. G. Harrouard, curé de Morville-lès-Vic. *Vic, Vve Gabriel*, 1848. 12 pages, in-18. Cart.

2978. **Saint-Louis** (canton de Bitche, Moselle). Vues de la verrerie. 5 pièces.

2979. **Saint-Martin** (Meuse). Vue partielle.

2980. **Saint-Max** (Meurthe). Carte du village et de ses environs. — Plan et vues de l'église. 5 pièces.

2981. DUMONT. Histoire de la ville de **Saint-Mihiel**, par Dumont, juge à Saint-Mihiel. *Nancy, A. Dard ; Paris, Derache*, 1860-1862. 368, 403, 404 et 442 pages, in-8°. Plan et fig. 4 vol. Demi-rel.

2982. BONNABELLE. Notice sur **Saint-Mihiel**, son abbaye, ses dépendances et aperçu sur le canton, par Bonnabelle. *Bar-le-Duc, Contant-Laguerre*, 1889. 155 pages, in-8°. Br.

2983. PIÈCES justificatives pour servir aux observations de la ville de **Saint-Mihiel**, en réponse à la requête présentée au roi par M. de Calonne, et aux mémoires de M. d'Espagnac, concernant l'échange de Sancerre. *Saint-Mihiel, s. n.*, 1787. 124 pages, in-8°. Br.

2984. BONNAIRE. Respect au sépulcre (de **Saint-Mihiel**) ! Point de déplacement ! ou Ligier-Richier vengé dans son chef-d'œuvre, par Justin Bonnaire, avocat à la Cour de Nancy. *Nancy, Imp. Vagner*, 1863. 64 pages, in-8°. Br.

2985. COLLIGNON. Projet de restauration du sépulcre. Le passé, le présent et l'avenir de l'église abbatiale **St-Michel**. Un mot à M. Dumont. Par J. Collignon, avocat. *Saint-Mihiel, Vve Casner*, 1863. 59 pages, in-8°. Cart.

2986. COLLIGNON. Réponse à la lettre de M. le maire de **Saint-Mihiel** au sujet du sépulcre, par J. Collignon, avocat. *Bar-le-Duc, Imp. Laguerre*, 1863. 15 pages, in-8°. Cartonné.

2987. DUMONT. La question du sépulcre. Par Dumont. *St-Mihiel, Vve Casner*, 1863. 8 pages, in-8°. Cart.

2988. DUMONT. Un cri général sur la question du sépulcre. Par Dumont. *St-Mihiel, Vve Casner*, 1863. 4 pages, in-8°. Cart.

2989. LAURENS. Les roches, l'abbaye, le sépulcre de **Saint-Mihiel**. Par L. Laurens. *Nancy, R. Vagner*, 1894. 22 pages, in-8°. Fig. Br.

2990. GERMAIN. Monuments funéraires de l'église Saint-Étienne à **Saint-Mihiel** (1349-1856), par M. Léon Germain. *Bar-le-Duc, L. Philipona*, 1884. 54 pages, in-8°. Br. (Extrait des *Mémoires de la Société des sciences, etc. de Bar-le-Duc*.)

2991. GERMAIN. Notice sur le tombeau de Warin de Gondrecourt, autrefois dans l'église Saint-Étienne de **Saint-Mihiel**, par Léon Germain. *Nancy, G. Crépin-Leblond*, 1882. 30 pages, in-8°. Fig. Br.

2992. GERMAIN. Monuments funéraires de l'église Saint-Michel à **Saint-Mihiel** (Meuse), par Léon Germain. *Bar-le-Duc, Schorderet et Cie*, 1886. 124 pages, in-8°. Br. (Extrait des *Mémoires de la Société des lettres, etc. de Bar-le-Duc*.)

2993. **Saint-Mihiel.** 3 plans des XII°, XIV° et XVIII° siècles. — 16 vues : église Saint-Étienne, monument Dieuleward-Pourcelet, sépulcre, statues, grand'maison du roy, scels de la prévôté et de la cour des grands jours, monnaies. 19 pièces.

2994. **Saint-Nabord** (Vosges). Plan de l'église.

2995. MUNIER-JOLAIN. L'ancien régime dans une bourgeoisie lorraine (**Saint-Nicolas-de-Port**). Etude historique par J. Munier-Jolain. *Paris, Berger-Levrault et Cie*, 1885. xxiv-416 pages, in-8°. Demi-rel.

2996. MAIRE. Histoire de la ville de **Saint-Nicolas**, par X. Maire, membre de l'Université. Ouvrage orné d'une belle gravure. *St-Nicolas, P. Trenel*, 1846. 27 pages, in-8°. Demi-rel.

2997. LEPAGE. La ville de **Saint-Nicolas-de-Port** et son imprimerie, par Henri Lepage, archiviste de la Meurthe. *Nancy, L. Wiener*, 1867. 24 pages, in-8°. Br.

2998. DEBLAYE. Pillage et incendie de **Saint-Nicolas-de-Port**. 4-11 novembre 1635. Par l'abbé J.-F. Deblaye. *Saint-Dié, Freis\?*, 1872. 32 pages, in-12. Cart.

2999. PHILBERT. Journal historique de Barthélemy Philbert, receveur des deniers patrimoniaux et de l'octroi à **Saint-Nicolas-de-Port**, 1709-1717. Publié pour la première fois et annoté par Ferdinand Des Robert. *Nancy, Sidot frères*, 1882. 51 pages, in-8°. Br.

3000. CAYON. Eglise de **Saint-Nicolas-de-Port** en Lorraine, par Cayon fils. *St-Nicolas, P. Trenel*, 1835. 16 pages, in-8°. Demi-reliure.

3001. BALTHAZAR. Notice historique et descriptive sur l'église de **Saint-Nicolas-du-Port** (Meurthe), par M. l'abbé C.-G. Balthazar. *Paris, Leleux*, 1847. 12 pages, in-8°. Fig. Demi-rel. (Extrait de la *Revue archéologique*.)

3002. DIGOT. Notice sur l'église de **Saint-Nicolas-de-Port**, par M. Aug. Digot. *Nancy, Vagner*, 1848. 20 pages, in-8°. Fig. Demi-rel.

3003. NOTICE sur l'église de **Saint-Nicolas-de-Port**. (Par Aug. Digot. — 1er tirage, sans le nom de l'auteur.) *Nancy, Vagner*, 1848. 16 pages, in-8°. Fig. Cart.

3004. GODY. Le bourg de **Saint-Nicolas-de-Port**, son église, son pèlerinage et la légende de Cunon de Réchicourt. Par le P. Gody, bénédictin de Saint-Vanne. *Nancy, L. Wiener*, 1861. 16 pages, in-8°. Demi-reliure.

3005. BADEL. L'église de **Saint-Nicolas-de-Port** en Lorraine et son fondateur par É. Badel. *Nancy, G. Crépin-Leblond*, 1889. 59 pages, in-8°. Fig. Br.

3006. BADEL. L'église de **Saint-Nicolas** en Lorraine. Son fondateur. Ses objets d'art. Avec une notice sur l'église de Varangéville, par Émile Badel. *Nancy, G. Crépin-Leblond*, 1892. 95 pages, gr. in-8°. Fig. Br.

3007. BADEL. Les cloches de **Saint-Nicolas-de-Port**. Souvenir du baptême du 12 avril 1896. Par Émile Badel. *Nancy, Crépin-Leblond*, 1896. 36 pages, in-12. Fig. Br.

3008. DIGOT. Inventaire des objets contenus dans le trésor de l'église de **Saint-Nicolas-de-Port**, publié avec des notes, par M. Auguste Digot. *Caen, Typ. A. Hardel, s. d.* (1849) : 16 pages, in-8°. 2 pl. Demi-rel. (Extrait du *Bulletin monumental*, T. XIV.)

3009. BADEL. Le musée de **Saint-Nicolas-de-Port**, par Émile Badel. *Nancy, G. Crépin-Leblond*, 1895. VI-70 pages, in-8°. Fig. Br.

3010. BADEL. La statue de Jeanne d'Arc à **Saint-Nicolas-de-Port**. Par Émile Badel. *Nancy, G. Crépin-Leblond*, 1896. 34 pages, in-8°. Fig. Br.

3011. **Saint-Nicolas-de-Port** (Meurthe). Carte topographique de la grande vanne des moulins. — 5 plans. — Vue générale. — Vues et perspective de l'église. — Vues de l'église avec détails. — Bas-reliefs et sculptures de l'ancienne bourse ; bas-reliefs de l'hôtel de la Licorne et d'une ancienne maison ; Hôtel de ville (ancien) ; entrée principale du couvent ; moulin, etc. En tout 99 pièces.

3012. **Saint-Quirin** (Meurthe). Plan des biens immeubles de la verrerie. — Plan de la forêt domaniale. — Vue de la chapelle. 3 pièces.

3013. **Salival** (Meurthe). 2 vues de l'abbaye en 1752.

3014. BENOIT. Notice sur la réunion de la principauté de **Salm** à la France (1793), par Arthur Benoit. *Saint-Dié, L. Humbert*, 1893. 55 pages, in-8°. Br. (Extrait du

Bulletin de la Société philomatique vosgienne.)

3015. SEILLIÈRE. Partage du comté de **Salm** en 1598, par le baron Frédéric Seillière, ingénieur diplômé des arts et manufactures. *Saint-Dié, L. Humbert*, 1894. 72 pages, in-8°. Br. (Extrait du *Bulletin de la Société philomatique vosgienne.*)

3016. DÉCRETS de la Convention nationale, des 1er et 2 mars 1793, l'an second de la République française. 1°..... 5° Réunion de la ci-devant principauté de **Salm**, au département des Vosges. *Paris, Imprimerie nationale*, 1793. 7 pages, in-4°. Cart.

3017. MÉMOIRE pour M. le Prince régnant de **Salm-Salm**... qui réclame l'exécution d'une convention conclue le 21 décembre 1751 entre Sa Majesté et le feu Roi Stanislas de Pologne, duc de Lorraine et de Bar, d'une part ; et le feu Prince de Salm-Salm, d'autre part. *S. l., Al. Le Prieur*, 1772. 15 pages, in-4°. Br.

3018. **Salm-Salm** (Commune de la Broque, Vosges). Carte des forêts composant l'ancienne principauté. — Vue d'une inscription au château. 2 pièces.

3019. BONNABELLE. Notice sur **Sampigny**, bourg de l'arrondissement de Commercy... par M. Bonnabelle, directeur d'imprimerie. *Bar-le-Duc, Contant-Laguerre*, 1883. 48 pages, in-8°. Br. (Extrait des *Mémoires de la Société des Lettres... de Bar-le-Duc*.)

3020. **Sampigny** (Meuse). Plan du château et du parc.

3021. HUART. Notice sur **Sancy**. Par Emmanuel d'Huart. *Metz, Verronnais, s. d.* 32 pages, in-8°. Cart.

3022. **Sarralbe** (Moselle). Plan et vue de ponts.

3023. (SOULIÉ.) Notices historiques sur la ville de **Sarrebourg**, depuis les temps les plus reculés. (Publiées par M. Soulié, ancien instituteur à Munster (Lorraine), d'après les documents recueillis par M. l'abbé Wagnez, ancien curé de Niederwiller). *Sarrebourg, Imp. E. Morin, s. d.* 259 pages, in-8°. Br.

3024. COLLE. Réponse à un libelle distribué aux habitants de la ville de **Sarrebourg**. Par Colle, maire de Sarrebourg. *Lunéville, Pignatel*, 1841. 19 pages, in-8°. Cartonné.

3025. CONCITOYENS (A mes) ! Aux mânes des anciens Sarrebourgeois ! Par J. C. (habitant de **Sarrebourg**). *Nancy, Raybois*, 1841. 16 pages, in-8°. Cart.

3026. **Sarrebourg.** Cartes de l'arrondissement. — Voies romaines. — Plan des prisons de la ville. — 3 vues diverses. En tout 9 pièces.

3027. THOMIRE. Notes historiques sur **Sarreguemines**, depuis l'an 706 jusqu'après la Révolution française, recueillies dans les archives de la ville, par A. Thomire. Cartes et plans par E. Muller. *Strasbourg, Fischbach*, 1887. 198 pages, in-8°. Br.

3028. **Sarreguemines** (Moselle). Carte des environs. — Vue partielle. 2 pièces,

3029. **Saulx** (Commune de Rupt, Vosges). Vue du tissage mécanique.

3030. **Saulxures-sur-Moselotte** (Vosges). Vue d'ensemble de l'école pratique d'agriculture et de laiterie.

3031. **Sauville** (Vosges). Plan, profils et élévation de l'église.

3032. (LEPAGE.) Le **Sauvoy**. Par H. L. (Henri Lepage.) *Nancy, N. Collin* (1879). 8 pages, in-8°. Cart. (Extrait du *Journal de la Société d'archéologie lorraine*.)

3033. KLEIN. **Saverne** et ses environs, par Ch.-G. Klein, avoué, illustrés par Eugène Laville, avec dessins d'architecture par M. Maestlé. *Strasbourg, G. Silbermann*, 1849. 227 pages, in-8°. Carte, plans et vues. Demi-rel.

3034. **Savigny** (Vosges). Vue des ruines du château. — Élévation de la façade du château. 2 pièces.

3035. **Savonnières** (Commune de Foug, Meurthe). Objets trouvés dans des tombeaux, au lieudit *Ancien cimetière*, en 1837.

3036. **Savonnières-en-Perthois** (Meuse). Vue de la carrière de l'Espérance.

3037. MELNOTTE. Notice historique sur **Scarpone** et Dieulouard, par M. l'abbé Melnotte, curé de Belleville. *Nancy, R. Vagner*, 1895. 190 pages, in-8°. — Deux mots de réponse à la « Notice sur Scarpone », par un vieux scarponnais (O. Mathieu). *Pont-à-Mousson, N. Vagné*, 1895. 12 pages, in-8°. — Un mot de réponse à « un vieux scarponnais » qui n'est pas de Scarpone, par l'auteur de la « Notice sur Scarpone. » *Nancy, R. Vagner*, 1895. 13 pages, in-8°. en 1 vol. Demi-rel.

3038. MANSUY. Notices sur l'ancienne ville de **Serpanne** et le pays serpannais, tirées de différents ouvrages, recueillies et rapprochées par Laurent Mansuy, avocat et ancien maire du bourg de Dieulouard... ; avec quelques notes supplémentaires sur les faits les plus mémorables arrivés dans le canton de la province des Médiomatriciens... — Supplément aux notices sur Serpanne. *Pont-à-Mousson, Thiéry*, 1817-1818. 46 et 16 pages, in-8°. Demi-rel.

3039. BEAULIEU. Lettre sur diverses antiquités récemment découvertes à **Scarpone** (Meurthe), adressée à la Société royale des antiquaires de France, en 1832. Par Beaulieu. 8 pages, in-8°. Cart. (Extrait du dixième volume des *Mémoires* de cette société.)

3040. MATHIEU. Ruines de **Scarpone**, l'antique Serpane, et histoire de cette ville.... Par Charles-Léopold Mathieu. *Nancy, Imp. Haener*, 1834. 64 pages, in-8°. Plans et figures. Cart.

3041. **Scarpone** (Meurthe). Carte du Scarponois et des environs. — 4 plans : environs de Scarpone, village, château. — 7 vues des restes de Scarpone. 12 pièces.

3042. FISCHER. Notice historique sur la cense de **Schacheneck** (commune de Hazelbourg), par Dagobert Fischer. *Nancy, A. Lepage*, 1870. 12 pages, in-8°. Cart. (Extrait du *Journal de la Société d'archéologie lorraine*.)

3043. **Schirmeck** (Vosges). Plan du ban de la communauté (copie d'un plan du 12 mars 1780). — Vues partielles. 4 pièces.

3044. **Schoeneck** (Moselle). Carte du gîte houiller en 1825. — Plan du bassin houiller de la Moselle dont fait partie le hameau. — Plan d'une partie de la localité et de ses environs. — 2 vues du château. 5 pièces.

3045. **Scy** (Moselle). Vue partielle.

3046. **Selaincourt** (Meurthe). Plan de la forêt. (vers 1725.)

3047. JOUVE. Etude géographique sur le ban et les possessions de **Senones** jusqu'au milieu du XIIIᵉ siècle, par Louis Jouve. *Saint-Dié, L. Humbert*, 1879. 45 pages, in-8°. Carte. Br. (Extrait du *Bulletin de la Société philomatique vosgienne*.)

3048. SEILLIÈRE. Rapport présenté à la commission du monument de Dom Calmet, à **Senones**, par M. F. Seillière. Description du tombeau et notice sur la chapelle historique de Senones. Compte-rendu de la fête d'inauguration et discours prononcé par Mgr. Freppel. *Saint-Dié, L. Humbert*, 1873. 105 pages, in-8°. 5 planches. Br.

3049. SEILLIÈRE. Compte-rendu par M. Frédéric Seillière des fouilles entreprises pour retrouver les restes de Dom Augustin Calmet, abbé de **Senones**. *Paris, F. Dufour*, 1868. 24 pages, in-8°. Br.

3050. CHANTEAU. Document inédit sur le monument (primitif) de Dom Calmet (à **Senones**), publié et annoté par F. de Chanteau. *Épinal, V. Collot*, 1875. 4 pages, in-8°. Br.

3051. **Senones** (Vosges). 2 plans perspectifs : ville et abbaye en 1754 et en 1791. — 8 vues : étangs et filatures ; abbaye, cellule, tombeau et canons d'autel de Dom Calmet ; tombeau des princes de Salm-Salm ; monument des abbés de Senones ; sceaux du canton de Senones. 10 pièces.

3052. **Sexey-aux-Forges** (Meurthe). Vue d'une drague à vapeur, sur la Moselle.

3053. FLORANGE. Histoire des seigneurs et comtes de **Sierk** en Lorraine, par J. Florange. *Paris, chez l'auteur*, 1895. VII-230 pages, in-8°. Fig. Br.

3054. GRELLOIS. Etudes sur les eaux minérales de **Sierk** (chloro-sodiques bromurées,

froides), par Eugène Grellois. D. M. P. *Paris, V. Masson*, 1859. 106 pages, in-18. Cart.

3055. DIEU, Rondolphi, Marchal et Willemin. Mémoires et rapports sur les eaux minérales de **Sierck** (Moselle), chloro-sodiques bromurées, froides. *Paris, Victor Masson*, 1861. 76 pages, in-8°. Br.

3056. **Sierck** (Moselle). 2 plans de la ville. — Vues générales et partielles. 11 pièces.

3057. DIDRIT. Étude archéologique et historique sur **Sion-Vaudémont** en Lorraine, par l'abbé T. Didrit, membre de la collégiale de Bon-Secours. *Nancy, R. Vagner*, 1894. 123 pages, in-8°. Fig. Carte et plans. Br. — Supplément. *Ibidem*, 1895. 20 pp.

3058. BAILLARD. Établissement de **Sion-Vaudémont**, Meurthe. Prospectus (contenant le projet de fondation d'une école primaire supérieure, d'une école normale de Frères instituteurs, d'un asile pour les prêtres devenus vieux). Par les trois frères Baillard, l'un curé et l'autre vicaire de Favières, le troisième curé de Saulxures-lès-Vannes. *Mirecourt, veuve Fricadel-Dubiez*, 1837. 8 pages, in-8°. Cart.

3059. BEAULIEU. Des divinités topiques Nundina et Rosmerta. Par Beaulieu. (*Paris. E. Duverger, s. d.* 7 pages, in-8°. Cart. (Inscription trouvée à **Sion**. — Extrait des *Mémoires de la Société royale des Antiquaires de France*.)

3060. **Sion** (Meurthe). Vue générale et vues particulières, couvent, église, etc. 10 pièces.

3061. SIMON. Notice sur une villa découverte près de **Sorbey**, en 1836, par Victor Simon. *Metz, Dembourg et Gangel, s. d.* 16 pages, in-8°. Plan. Cart. (Extrait de la *Revue d'Austrasie*.)

3062. **Sorbey** (Meuse). Cercueils trouvés en 1859.

3063. SOUHESMES. Notice sur **Souhesmes**, par Raymond des Godins de Souhesmes. *Nancy, G. Crépin-Leblond*, 1884. 74 pages, in-8°. Br. (Extrait des *Mémoires de la Société d'archéologie lorraine*.)

3064. **Soulosse** (Vosges). Plan de la partie du territoire dans laquelle la commission des antiquités a fait faire des fouilles. — Vues diverses : tombeau de saint Élophe antiquités de Solimariaca. 6 pièces.

3065. **Stenay** (Meuse). Carte du gouvernement avec plan de la ville, citadelle et camp. — 4 plans et 5 vues de la ville. 11 pièces.

3066. **Sturzelbronn** (Moselle). Vue du portail de l'ancienne église, en 1836.

3067. SOUHESMES (DE). Notice sur les fiefs de **Suzémont** et de La Tour de Fresnes, par R. de Souhesmes. *Nancy, G. Crépin-Leblond*, 1888. 46 pages, in-8°. Br.

3068. **Tantonville** (Meurthe). Vue de la mairie.

3069. KUHN. **Tarquimpol**, premier siège de la royauté franque dans les Gaules, par l'abbé Kuhn. *Metz, Imp. lorraine*, 1893. 16 pages, in-8°. Br. (Extrait des *Mémoires de l'Académie de Metz*.)

3070. **Tarquinpol** (Meurthe). Plan de la localité avec l'indication des fortifications et des traces de voies et de constructions romaines.

3071. **Tendon** (Vosges). 3 vues de la cascade.

3072. **Thiaucourt** (Meurthe). Plan d'alignement de la ville.

3073. **Thicourt** (Moselle). 2 vues de l'abside de l'église.

3074. TEISSIER. Histoire de **Thionville**, suivie de divers mémoires sur l'origine et l'accroissement des fortifications, les établissements religieux et de charité, l'instruction publique, etc. ; de notices biographiques, de chartes et actes publics dans les langues romane et teutone, etc. Par G.-F. Teissier. *Metz, Verronnais*, 1828. 494 pages, in-8°. 1 vue. Demi-rel.

3075. SIÈGE (Le) et prinse de **Thionville** : mise en l'obéissance du roy, par monseigneur le duc de Guise, pair et grand chambellan de France et lieutenant général du roy. Contenant au long le discours de batteries, trenchées, saillies, escarmouches, et assaultz faitz par chacun jour tant d'une part que d'aultre, durant ledit siège, jusques à la reddition de ladicte ville. Ensemble les capitulations faites par ledit seigneur à ceulx de ladite ville. *Paris, R. Ballard*, 1558. 12 pages, in-8°. Cart. (Réimpression.)

3076. DES ROBERT. Le siège de **Thionville** (juin 1639), par F. des Robert. *Nancy, Berger-Levrault*, 1885. 37 pages, in-8°. Br.

3077. BRÉMONT. Luxembourg-Lorraine. Notice historique sur l'ancien palais des gouverneurs de **Thionville**, jadis résidence royale, par Alphonse Brémond, généalogiste héraldiste. *Metz et Nancy, Sidot frères*, 1880. 16 pages, in-8°. Fig. Br. (Extrait de l'*Histoire de la Maison de Gargan*.)

3078. (HUGO). Journal historique du blocus de **Thionville** en 1814, et de Thionville, Sierck et Rodemack, en 1815 ; contenant quelques détails sur le siège de Longwi ; rédigé sur des rapports et mémoires communiqués. Par M. A.-An-Alm***, ancien officier d'état-major au gouvernement de Madrid (le lieutenant-général comte Joseph-Léopold-Sigismond Hugo). *Blois, Imp. P.-F. Verdier*, 1819. 224 pages, in-8°. Demi-rel.

3079. ABEL. Feuquières devant **Thionville**. Par Charles Abel. *Metz, S. Lamort*, 1854. 14 pages, in-4°. Cart.

3080. VENDEL (A.). **Thionville** il y a soixante ans. Par A. Vendel. *Metz, Paul Even*, 1896. 19 pages, in-8°. Br.

3081. **Thionville**. Carte du territoire communal avec plan de la ville et vue de la façade de l'église, en 1830. — 4 plans de la ville. — Vues générales ou partielles. — Vues de la prise de Thionville, en 1558, de la défense et de la levée du siège, en 1792. 14 pièces.

3082. **Thons** [Les] (Vosges). Vue du château.

3083. **Thusey** (commune de Vaucouleurs, Meuse). Objets fabriqués à la fonderie. 20 pièces.

3084. **Tomblaine** (Meurthe). Vue du paysage et vues diverses. 4 pièces.

3085. **Tonnoy** (Meurthe). Portail de l'église, statue, tombeau. 3 pièces.

3086. **Torcheville** (Meurthe). Carte des bois de la seigneurie. 1787.

3087. PICART. Histoire ecclésiastique et politique de la ville et du diocèse de **Toul**, par le R. P. Benoit (Picart), de Toul, prêtre capucin de la province de Lorraine. *Toul, A. Laurent, 1707.* XXIV-656 pages, in-4°. Portrait, carte et vignette. Rel. veau.

3088. THIÉRY. Histoire de la ville de **Toul** et de ses évêques, suivie d'une notice sur la cathédrale, et ornée de seize lithographies, dont deux plans historiques, par A.-D. Thiéry. *Paris, Roret ; Nancy, Grimblot et Raybois ; Toul, Vve Bastien.* 1841. x-375, VII-398 et 58 pages, in-8°. 2 vol. Demi-rel.

3089. BATAILLE. Notice historique sur la ville de **Toul**, ses antiquités et ses célébrités ; par C.-L. Bataille, de Toul. *Paris, Roret ; Nancy, Peiffer ; Toul, Nutzbaum,* 1841. 170 pages, in-8°. Fig. Demi-rel.

3090. DU PASQUIER. Mémoires de Jean Du Pasquier, procureur sindic de la cité de **Toul**. Tirés d'un manuscrit de la Bibliothèque publique de la ville de Nancy, et publiés par MM. Daulnoy, ancien commandant du génie, et Pillement, ancien directeur des domaines. *Toul, T. Lemaire,* 1878. VI-313 pages, in-8°. Fac-similé. Demi-rel.

3091. DAULNOY. Histoire de la ville et cité de **Toul**, depuis les temps les plus reculés jusqu'à nos jours, par le commandant Daulnoy, ancien élève de l'École polytechnique. Tome premier. *Toul, Imp. T. Lemaire,* 1881. 280 pages, in-8°. Demi-rel.

3092. MARTIN. La révolution communale à **Toul**, par l'abbé Eug. Martin, docteur ès lettres... *Nancy, Imp. Berger-Levrault et Cie,* 1896. 91 pages, in-8°. 1 plan. Br.

3093. DAULNOY. Légende détaillée du plan de la ville de **Toul** en 1700, par le commandant Daulnoy. *Nancy, Autog. H. Christophe,* 1876. 58 pages, in-4°. Fig. Br.

3094. LE LIEPVRE. Mémoire sommaire sur la ville de **Toul** et le pays toulois. Par Le Liepvre, commissaire des guerres. Publié par Dufresne. *Metz, Rousseau-Pallez, s. d.* 15 pages, in-8°. Cart.

3095. HÉQUET. Le siège de **Toul** en 1420, sous l'épiscopat de Henri de Ville, par Charles Héquet. *Nancy, E. Réau, 1875.* 24 pages, in-8°. Cart.

3096. PIMODAN (DE). La réunion de **Toul** à la France, et les derniers évêques-comtes souverains, par le marquis de Pimodan. Avec une planche d'armoiries et trois portraits. *Paris, Calmann Lévy, 1885.* XL-441 pages, in-8°. Demi-rel.

3097. HUSSON. **Toul** au point de vue municipal pendant la période 1790-1815, par M. Husson. Statistique. *Toul, T. Lemaire,* 1879. 16 pages, in-8°. Br.

3098. DENIS. **Toul** pendant la Révolution, par Albert Denis, avocat. De la convocation des États-généraux, à l'abolition de la royauté (5 juillet 1788-21 septembre 1792). *Toul, T. Lemaire, 1892.* 419 pages, in-8°. Portraits. Br.

3099. DENIS. Le club des jacobins de **Toul** (1793-1795), par Albert Denis, avocat. Préface de Ch. Pfister, professeur à la Faculté des lettres de Nancy. *Paris-Nancy, Berger-Levrault et Cie, 1895.* x-130 pages, in-8°. Br.

3100. (FRANÇOIS.) Études sur les rues, la cathédrale et les écoles de **Toul**, suivies d'une notice sur la côte Saint-Michel. Par C. F. (Camille François, vétérinaire à Toul, d'après des notes de M. C.-L. Bataille, ancien notaire). *Toul, T. Lemaire,* 1876. 129 pages, in-12. Cart.

3101. OLRY. Répertoire archéologique de la ville, des faubourgs et du territoire de **Toul**, par E. Olry. *Nancy, A. Lepage,* 1870. 92 pages, in-8°. Cart. (Extrait des *Mémoires de la Société d'archéologie lorraine.*)

3102. BATAILLE. Le foyer leuquois. Faits, épisodes et scènes historiques, pris dans **Toul** et dans ses environs, par C.-L. Bataille, de Toul. *Toul, Imp. A. Bastien,* 1850. 304 pages, in-8°. Demi-rel.

3103. MARTIN. Le chapitre de **Toul** aux XIV° et XV° siècles, par l'abbé Eug. Martin, docteur ès-lettres. *Nancy, Imp. R. Vagner,* 1896. 59 pages, in-8°. Br.

3104. HÉQUET. La guerre des chanoines avec les bourgeois de **Toul** en 1342, par Charles Héquet. *Nancy, E. Réau,* 1876. 13 pages, in-8°. Cart.

3105. HUSSON. Statistique médicale et hygiène. Éléments de la population dans la ville de **Toul,** par Husson, ancien pharmacien, etc. *Toul, T. Lemaire,* 1878. 66 pages, in-8°. Br.

3106. HUSSON. Les écoles de **Toul** depuis 1790, par Husson, adjoint au maire. *Toul, T. Lemaire,* 1877. 69 pages, in-8°. Br.

3107. GUILLAUME. Les écoles épiscopales de **Toul** pendant toute la durée du siège fondé par saint Mansuy. Par l'abbé Guillaume. *Nancy, A. Lepage,* 1869. 38 pages, in-8°. Cart. (Extrait des *Mémoires de la Société d'archéologie lorraine.*)

3108. GUILLAUME. Mobilier artistique des églises de **Toul,** par l'abbé Guillaume, aumônier de la chapelle ducale de Lorraine. *Nancy, G. Crépin-Leblond,* 1880. 23 pages, in-8°. Fig. Br. (Extrait des *Mémoires de la Société d'archéologie lorraine.*)

3109. MOREL. Monographie ou notice historique et descriptive de la cathédrale de **Toul,** par l'abbé Morel, vicaire. *Toul, Imp. Vve Bastien,* 1841. 58 pages, in-8°. Vue et plan. Demi-rel.

3110. BALTHASAR. Notice historique et descriptive sur la cathédrale de **Toul,** accompagnée de gravures sur acier et vignettes intercalées dans le texte, par M. l'abbé C.-G. Balthasar. *Paris, Leleux,* 1848. 45 pages, in-8°. 5 planches. Demi-rel.

3111. BATAILLE. La cathédrale de **Toul** offerte aux visiteurs, aux étrangers, aux savants, aux archéologues et à tous les Lorrains ; avec les détails et les explications qui peuvent les intéresser, par C.-L. Bataille, de Toul, chroniqueur lorrain, etc. *Toul, Imp. A. Bastien,* 1855. 94 pages, in-8°. Demi-rel.

3112. LE MERCIER DE MORIÈRE. Les testaments au profit de l'église de **Toul,** par L. Le Mercier de Morière. *Nancy, G. Cré-*

pin-Leblond, 1884. 44 pages, in-8°. Br. (Extrait des *Mémoires de la Société d'archéologie lorraine.*)

3113. GUILLAUME. La cathédrale de **Toul,** par M. l'abbé Guillaume, aumônier de S. M. l'empereur d'Autriche et de la chapelle ducale de Lorraine. *Nancy, L. Wiener ; Toul, A. Bastien-Chaput,* 1863. 196 pages, in-8°. 1 plan. Demi-rel.

3114. BALTHASAR. La cathédrale de **Toul.** Par l'abbé Balthasar. *Paris, Imp. E. de Soye, s. d.* 7 pages, in-8°. Cart.

3115. LEPAGE. Inventaires du trésor de la cathédrale de **Toul.** Par Henri Lepage. *Nancy, A. Lepage, s. d.* 16 pages, in-8°. Cart.

3116. GERMAIN. Le calice de saint Gérard (à **Toul**), par L. Germain. *Nancy, G. Crépin-Leblond,* 1887. 12 pages, in-8°. Br. (Extrait du *Journal de la Société d'archéologie lorraine.*)

3117. RICHE. Histoire du saint Clou, partagé à Trèves et à **Toul.** Tirée des mémoires de feu monseigneur du Saussay, évêque et comte de Toul, par le sieur Riche (curé de Gouhecourt). *Toul, A. Laurent,* 1680. VIII-102 pages, in-8°. 3 gravures, in-4°. Rel. veau.

3118. (DEMANGE.) Le saint Clou de **Toul.** Son origine, son authenticité, son culte, par un ancien vicaire de la cathédrale de Toul (M. Demange). *Nancy, R. Vagner,* 1888. 103 pages, in-8°. Fig. Demi-rel.

3119. GUILLAUME. Notice sur le fragment de l'un des clous de la Passion de Notre-Seigneur, vénéré dans l'insigne cathédrale de **Toul,** par M. l'abbé Guillaume. *Nancy, N. Collin,* 1880. 22 pages, in-8°. Br.

3120. DEBLAYE. Œuvre des sépultures des évêques de **Toul,** par l'abbé Deblaye. *Nancy, A. Lepage,* 1861. 33 pages, in-8°. Cart.

3121. BARBIER DE MONTAULT. Le surhuméral des évêques de **Toul,** par Mgr X. Barbier de Montault. *Nancy, G. Crépin-Leblond, s. d.* (1887). 10 pages, in-8°. Br. (Extrait des *Mémoires de la Société d'archéologie lorraine.*)

3122. GUILLAUME. Archéologie hospitalière. Notice sur l'hospice du Saint-Esprit de la ville de **Toul**, par M. l'abbé Guillaume, chanoine honoraire, aumônier de la chapelle ducale, membre de la Société d'archéologie lorraine, etc. *Nancy, N. Collin*, 1873. 23 pages, in-8°. Cart.

3123. NOTE sur le siège de **Toul** du 14 août au 23 septembre 1870. Par « un volontaire. » *S. l., n. n.*, (1870). 7 pages, in-8°. Br.

3124. JÉROME. Une relique de saint Joseph à la cathédrale de **Toul**, par l'abbé Léon Jérome, professeur au grand séminaire de Nancy. *Nancy, R. Vagner*, 1895. 35 pages, in-8°. Br.

3125. **Toul.** 2 cartes des voies romaines de la partie occidentale de la cité des Leuci. — Carte du gouvernement. — Plan de la ville en 1700, établi d'après divers documents. — 4 plans de la ville. — 11 plans de différentes parties de la ville et des fortifications. — 5 plans de la cathédrale et de l'église St-Gengoult. — 2 vues générales. — Vues particulières : la Quiquengrone, pont sur la Moselle, hôtel de ville, casernes de cavalerie, baraquements de l'artillerie, casernes de la Justice, baraquements d'Écrouves, maison particulière, etc. — 80 vues de la cathédrale et de l'église St-Gengoult, avec détails. En tout 132 pièces.

3126. OLRY. Notice sur le château de **Tumejus** et sur la Blaissière, ban de Bulligny, par E. Olry. *Nancy, G. Crépin-Leblond*, 1874. 64 pages, in-8°. Fig. Cart. (Extrait des *Mémoires de la Société d'archéologie lorraine*.)

3127. LEPAGE. Les seigneurs, le château, la châtellenie et le village de **Turquestein**, par Henri Lepage, avec extrait de la carte de Cassini, plan de l'ancien château, vue des ruines, sceaux et pièces justificatives. *Nancy, Sidot*, 1886. 91 pages, in-8°. Br. (Extrait des *Mémoires de la Société d'archéologie lorraine*.)

3128. **Turquestein** (Meurthe). 2 vues des ruines du château. 1844.

3129. **Uxegney** (Vosges). Plan de la forêt, 1757.

3130. VANSON. **Valcour** et les missionnaires diocésains, par M. l'abbé Vanson, supérieur de la Malgrange. *Nancy, Lib. N.-D.*, 1882. 126 pages, in-12. Demi-rel.

3131. **Valcourt** (commune de Bicqueley, Meurthe). Vue de la chapelle.

3132. CATELLE. La Feuillée Dorothée, au **Val-d'Ajol**, par Auguste Catelle, petit-neveu de Gresset. *Paris, Ch. Lahure*, 1863. 19 pages, in-8°. Br.

3133. DIALOGUE entre un voyageur et un habitant du **Val-d'Ajol**, ou histoire abrégée du chemin vicinal de cette commune à Remiremont. *S. l., n. n., n. d.* 14 pages, in-8°. Br.

3134. **Val-d'Ajol** [Le] (Vosges). Carte géologique du Val-d'Ajol. — Village et vallée des Roches. 3 pièces.

3135. **Valtin** [Le] (Vosges). 4 vues : vallée, scierie, cascade.

3136. **Vandœuvre** (Meurthe). Plan cadastral (extrait). — 3 vues : porte de l'église, statues. 4 pièces.

3137. **Vannes** (Meurthe). Plan de la forêt.

3138. **Vantoux** (Moselle). 2 vues de l'église.

3139. **Varangéville** (Meurthe). Plan de l'église. — Vues diverses : ponts, ancien couvent, restes d'une construction romaine, église avec détails, saline. 19 pièces.

3140. LOPPINET. Les ouvrages défensifs de la forêt de **Varennes-en-Argonne**, par F. Loppinet. *Nancy, G. Crépin-Leblond*, 1892. 14 pages, in-8°. Carte. Br. (Extrait du *Journal de la Société d'archéologie lorraine*.)

3141. **Varize** (Moselle). Vue d'une habitation.

3142. **Vaubécourt** (Meuse). 2 vues : dalle tumulaire et épitaphe dans l'église.

3143. CHANTEAU. Notice historique sur l'hôpital du Saint-Esprit de **Vaucouleurs** (Meuse), par Francis de Chanteau, archiviste-paléographe. *Nancy, G. Crépin-Leblond*, 1881. 60 pages, in-8°. Br.

3144. SALLE. Notice sur le comté de **Vaudémont**, par F. Salle (de Vézelise). *S. l., n. n., n. d.* 47 pages, in-8°. Demi-rel.

3145. Vaudémont (Meurthe). 3 vues des ruines du château, 1844.

3146. Vaux (Moselle). 2 vues du château.

3147. Veckersviller (Moselle). Carte des forêts de la baronnie de Fénétrange, situées sur le ban de la commune, 1788.

3148. Ventron (Vosges). Plan du village.

3149. (ROUSSEL.) Histoire ecclésiastique et civile de **Verdun**, avec le pouillé, la carte du diocèse, et le plan de la ville. Par un chanoine de la même ville (M. Roussel, chanoine de l'église collégiale de la Magdeleine). *Paris, P.-G. Simon*, 1745. xxvi-852 pages, in-4°. Rel. veau.

3150. ROUSSEL. Histoire ecclésiastique et civile de **Verdun**, avec le pouillé, la carte du diocèse et le plan de la ville en 1745, par N. Roussel, chanoine de la collégiale de Sainte-Madeleine de la même ville ; édition revue et annotée par une société d'ecclésiastiques et d'hommes de lettres, augmentée du pouillé des lieux réunis, en 1823, à l'ancien diocèse. *Bar-le-Duc, Contant-Laguerre*, 1863-1864. xxiv-446 et 525 pages, gr. in-8°. Demi-rel.

3151. CLOÜET. Histoire de **Verdun** et du pays verdunois, par M. l'abbé Cloüet, bibliothécaire de la ville, chevalier de la Légion d'honneur, officier et ancien professeur de l'Université. *Verdun, Ch. Laurent*, 1867-1870. 538, 599 et 656 pages, in-8°. Blasons, sceaux, plans et vues. 3 vol. Demi-rel.

3152. JUSSY. Histoire politique et religieuse de **Verdun**, par M. Charles Jussy, membre de l'Institut historique. *Verdun, Lippmann*, etc., 1840-1842. 311 et 160 pages, in-8°. Br. (Ouvrage resté inachevé.)

3153. GABRIEL. **Verdun.** Notice historique par M. l'abbé Gabriel, aumônier du collège de Verdun. *Verdun, V. Freschard*, 1888. 287 pages, in-12. Br.

3154. DUFOUR. Mémoire historique militaire sur la ville de **Verdun** (Meuse), par M. A. Dufour, lieutenant au 57° de ligne. *Verdun, Imp. Lippmann, s. d.* 156 pages, in-8°. Demi-rel.

3155. GABRIEL. **Verdun** au xi° siècle. Son évêque Thierry-le-Grand ; les comtes Godefroid-le-Barbu, Godefroid-le-Bossu et Godefroid-de-Bouillon ; par l'abbé Gabriel, aumônier du collège de Verdun. *Verdun, Imp. Renvé-Lallemant*, 1891. 519 pages, in-8°. Demi-rel.

3156. FRIZON. Petite bibliothèque verdunoise. Recueil de documents inédits et de pièces rares sur **Verdun** et le pays verdunois, publié avec introductions et notes par l'abbé N. Frizon, bibliothécaire de la ville. (Mémoire du chanoine N. Guédon sur la procession des huguenots. Histoire verdunoise au temps de Nicolas Psaulme, par Mathieu Husson l'Escossois. Etc.) *Verdun, Ch. Laurent*, 1885-1889. iv-188, 204, 200, 208 et 204 pages, in-12. Planches. 5 vol. Demi-rel.

3157. MÉRAT. **Verdun** en 1792, épisode historique et militaire des guerres de la Révolution française, par Paul Mérat, lieutenant au 24° léger. *Paris, J. Corréard ; Verdun, P. Bastien*, 1849. 233 pages, in-8°. Demi-rel.

3158. CAVAIGNAC. Rapport fait au nom du Comité de sûreté générale et de surveillance, par J.-B. Cavaignac, sur la reddition de **Verdun** en 1792. *Paris, Imprimerie nationale, s. d.* 40 pages, in-8°. Cart.

3159. YBERT. Pétition prononcée à la barre de la Convention nationale, sur la prise de **Verdun**, par le citoyen Ybert, le 11 novembre 1792. *Paris, s. n., n. d.* 15 pages, in-8°. Cart.

3160. ÉVÉNEMENTS mémorables arrivés à **Verdun**, au sujet du maréchal de Broglio, et son arrivée à Metz ; autres événements arrivés à Chatellerault en Poitou et à Londres. *S. l., Lefèvre*, 1789. 8 pages, in-8°. Cart.

3161. NOTICE sur la réclamation adressée par les habitans de **Verdun**, au gouvernement anglais, pour une somme de trois millions cinq cent mille francs. *Londres, Schulze et Cie*, 1839. 27 pages, in-8°. Cart.

3162. HUMBERT. De la ruine de **Verdun** et de la violation du droit des gens (signé : J. Humbert, créancier et porteur de plusieurs procurations ; Clausson, fondé de pouvoir de la masse des créanciers ; Lombard de Langres, avocat). *S. l., J. Smith*, 1818. 16 pages, in-8°. Br.

3163. CLAUSSON. Mémoire pour les habitans de la ville de **Verdun**, créanciers des anglais détenus comme otages dans cette ville, après la rupture du traité d'Amiens. Par Clausson, fondé de pouvoir de la masse des créanciers de Verdun. *S. l., Pillet*, (1821). 16 pages, in-4°. Cart.

3164. CARTIER. **Verdun** pendant la guerre de 1870. Étude militaire sur les trois bombardements. Par M. A. Cartier, major en retraite, etc. *Verdun, Typogr. Ch. Laurent*, 1872. 388 pages, gr. in-8°. Br.

3165. GABRIEL. Journal du blocus et du bombardement de **Verdun** pendant la guerre de 1870. Par M. l'abbé Gabriel, aumônier du collège de Verdun. *Verdun, Imp. Lallemant*, 1872. 404 pages, in-8°. Carte. Demi-rel.

3166. (CARTIER.) Église cathédrale de **Verdun**. Notice sommaire sur les origines de cette église-matrice, sur ses transformations successives, sur son état actuel, avec l'explication du symbolisme de ses nouvelles verrières, par un vieil habitué de la paroisse (A. Cartier). *Verdun, J.-B. Laurent*, 1863. 103 pages. in-8°. Br.

3167. (CLOÜET.) Notice historique sur les hôpitaux de **Verdun**. (Par l'abbé Cloüet.) *Verdun, Lallemant, s. d.* 18 pages, in-4°. Cart.

3168. BUVIGNIER. Les maladreries de la cité de **Verdun**, par Ch. Buvignier. *Metz, Imp. Nouvian*, 1862. 59 pages, gr. in-8°. Demi-rel.

3169. LIONNOIS. Recueil des sépultures anciennes et épitaphes de Saint-Paul de **Verdun**, publié en 1779, avec un avis à la noblesse, par l'abbé Lionnois. Nouvelle édition, soigneusement revue. *Nancy, Cayon-Liébault*, 1865. 28 pages, in-16. Cart.

3170. BUVIGNIER-CLOÜET. Note sur **Verdun**. Par Mlle Buvignier-Cloüet. *Nancy, G. Crépin-Leblond*, 1893. 8 pages, in-8°. Br. (Extrait de l'*Annuaire de Lorraine*.)

3171. DESGODINS. Observations critiques sur les histoires de **Verdun**, par H. Desgodins. *Verdun, Lippmann*, 1839. 14 pages, in-8°. Br.

3172. PROJET pour une société de bienfaisance dans la ville de **Verdun** et ses alentours. *Verdun, s. n.*, (1784). 16 pages, in-8°. Cart.

3173. BÉGIN. L'ordre social de l'aimable commerce, société artistique et littéraire fondée dans la ville de **Verdun**-sur-Meuse (1724-1740). Par M. Émile Bégin, docteur en médecine, etc. *Verdun, Ch. Laurent*, 1877. 13 pages, in-8°. Cart. (Extrait des *Mémoires de la Société philomatique de Verdun*.)

3174. CLOÜET. Charte mérovingienne inédite, avec préambule et notes, par l'abbé Cloüet. **Verdun**. *Lallemant*, 1846. 17 pages, in-8°. Br.

3175. NOTICE verdunoise. Rue de la Belle-Vierge et place d'Armes (à **Verdun**). *Verdun, Ch. Laurent*, 1887. 16 pages, in-8°. Br.

3176. **Verdun**. 5 plans de la forteresse. — 2 plans de la ville. — Plan des fours de munitions. — 6 vues perspectives. — 32 vues diverses : porte Chaussée en 1860, pont Sainte-Croix, hôtel de ville, synagogue, place Chevert, évêché, église Saint-Vannes, statue de Chevert, monument Saintignon, moulin, etc. En tout 49 pièces.

3177. **Vergaville** (Meurthe). Carte topographique d'un chemin et de divers terrains. 1766. — Plan d'une enceinte découverte au sud-est du village. — Vues de Saint-Eustase. 4 pièces.

3178. BOTTIN. Mémoire sur des tombeaux antiques découverts en 1809, 1815 et 1816, sur le territoire de **Vézelise**, au département de la Meurthe ; par M. Bottin, chevalier de la Légion d'honneur, etc. *S. l., n. n., n. d.* 24 pages, in-8°. Planche. Cart. (Extrait des *Mémoires de la Société royale des Antiquaires de France*.)

3179. OLRY. Note sur le comté de Vaudémont, son étendue, ses enclaves, sa population en 1477, et sur **Vézelise**, sa capitale, par E. Olry. *Nancy, G. Crépin-Leblond*, 1870. 15 pages, in-8°. Plan et carte. Cart. (Extrait des *Mémoires de la Société d'archéologie lorraine*.)

3180. BRETAGNE. L'église de **Vézelise**. Par Bretagne. *Nancy, G. Crépin-Leblond,* 1879. 20 pages, in-8°. Fig. Cart. (Extrait des *Mémoires de la Société d'archéologie lorraine.*)

3181. **Vézelise** (Meurthe). Plan des bâtiments de la maison nationale dite des ex-religieuses. — Vue d'un vitrail de l'église. 2 pièces.

3182. **Vic** (Meurthe). 5 plans : ville, forteresse, porte de Metz en 1764, collège. — Vue générale. — 4 vues particlles. — 2 vues du collège. — 11 vues des détails de l'église. 23 pièces.

3183. BOULANGÉ. Mélanges d'archéologie lorraine, par G. Boulangé. *Nancy, A. Lepage,* 1854. 12 pages. in-8°. (Deux planches : Églises de **Vicherey** et d'Aboncourt.) Cart.

3184. **Vicherey** (Vosges). Plan, vue et détails de l'église. — Plan géologique du petit plateau qui existe entre Vicherey et Manoncourt. 2 pièces.

3185. **Vieux-Moutier** (Meuse). Plan de l'ancien monastère.

3186. **Vignot** (Meuse). Carte du territoire, avec plan du village. — Vue de l'ancienne église et du Mas, avec scel de la prévôté. 2 pièces.

3187. LEFEBVRE. La terre de Hey et le ban de Blaincourt (**Vilcey**). Par H. Lefebvre. *Nancy, Crépin-Leblond,* 1896. 19 pages, in-8°. Br. (Extrait des *Mémoires de la Société d'archéologie lorraine.*)

3188. **Villacourt** (Meurthe). Plan de la maison commune.

3189. **Villefranche** (Meuse). Carte du gouvernement. — Plan de la forteresse. 2 pièces.

3190. **Ville-Issey** (Meuse). Carte du territoire, avec plan du village.

3191. **Villers-lès-Nancy**. 2 plans (sections D et E du cadastre). — 3 vues : château et tuilerie.

3192. BLEICHER. Notice sur la découverte d'une station funéraire de l'âge de bronze à **Villey-saint-Étienne**, par le docteur Bleicher et Lucien Wiener. *Nancy, René Wiener,* 1886. 15 pages et 1 planche, in-8°. Br. (Extrait du *Journal de la Société d'archéologie lorraine.*)

3193. GUYOT. Les derniers temps de la mainmorte en Lorraine. Procès des habitants de **Virecourt** contre le commandeur de Saint-Jean, leur seigneur, 1756, par Ch. Guyot. *Nancy, Crépin-Leblond, s. d.* 5 pages, in-8°. Br. (Extrait du *Journal de la Société d'archéologie lorraine.* 1888.)

3194. **Virecourt** (Meurthe). Vue du baptistère ancien de l'église.

3195. CHAPIAT. **Vittel**, par M. l'abbé Chapiat, curé-doyen de première classe. *Nancy, Typ. Humbert,* 1877. 103 pages, in-12. Demi-rel.

3196. RICHARD. Le grief de **Vittel**, par Richard. *Épinal, Gley, s. d.* 4 pages, in-16. Cart.

3197. PATÉZON. Hygiène du buveur d'eau aux eaux minérales de **Vittel** (Vosges), par le Dr A. Patézon. *Paris, A. Delahaye,* 1862. 24 pages, in-18. Br.

3198. VITTEL (Vosges). Composition chimique et propriétés thérapeutiques de ses eaux minérales. *Mirecourt, Humbert, s. d.* 6 pages, in-8°. Br.

3199. NICKLÈS. Sur l'eau minérale de **Vittel** (Vosges). Par M. J. Nicklès. *Nancy, Impr. Vve Raybois,* 1863. 4 pages, in-8°. Demi-rel.

3200. **Vittel** (Vosges), 2 vues partielles.

3201. **Vittonville** (Meurthe). Vue particulière.

3202. **Viviers** (Moselle). Plan du château. — 2 vues partielles, avec ruines du château. 3 pièces.

3203. LABOURASSE. **Vouthon-Haut** et ses seigneurs, par H. Labourasse. *Bar-le-Duc,* 1890. VIII-188 pages, in-8°. Plans et tabl. généal. Demi-rel. (Extrait des *Mémoires de la Société des lettres, sciences et arts de Bar-le-Duc.*)

3204. **Vroville** (Vosges). Carte d'une forêt. 1757. — Vue de l'église. 2 pièces.

3205. **Vry** (Moselle). 2 vues des ruines du château.

3206. **Waldeck** (Moselle). Vue des ruines du château.

3207. **Walmunster** (Moselle). Plan, vue et détails de l'église. — Vue du château. 3 pièces.

3208. **Wissembach** (Vosges). Carte dressée en 1778.

3209. **Woippy** (Moselle). Vue d'une maison fortifiée.

3210. FAVIER. Découverte archéologique faite près de **Xertigny-en-Vosges**, en 1775. Par J. Favier. *Saint-Dié, L. Humbert,* 1895. 7 pages, in-8°. Fig. Br. — (Extrait du *Bulletin de la Société philomatique vosgienne.*)

3211. **Xouaxange** (Meurthe). 2 vues des ruines du château.

3212. QUINTARD. La commanderie de **Xugney** (Vosges), par L. Quintard. *Nancy, G. Crépin-Leblond,* 1877. 17 pages, in-8°. Fig. Cart. (Extrait des *Mémoires de la Société d'archéologie lorraine.*)

3213. **Zainvillers** (Vosges). Vue d'une fabrique.

III. HISTOIRE
DE LA NOBLESSE

Armoriaux. — Généalogies. — Armes
DES VILLES, BOURGS ET VILLAGES.

3214. BERMANN. Dissertation historique sur l'ancienne chevalerie et la noblesse de Lorraine, par de Bermann, avocat à la Cour souveraine de Lorraine. *Nancy, Haener,* 1763. 218 pages, in-8°. Rel. veau.

3215. BOUTON. De l'ancienne chevalerie de Lorraine. Documents inédits publiés par M. Victor Bouton, peintre héraldique et paléographe. *Paris, Imp. Jouaust,* 1861. 111 pages, petit in-8°. Demi-rel.

3216. CAYON. Ancienne chevalerie de Lorraine ou Armorial historique et généalo-gique des maisons qui ont formé ce corps souverain et en droit de siéger aux assises, avec un discours préliminaire et d'autres éclaircissements ; par Jean Cayon. *Nancy, Cayon-Liébault,* 1850. xxxvi-234 pages, in-4°. Frontispice et blasons. Cart.

3217. (LIONNOIS.) Principes du blason. (Alliances de la maison de Lorraine. Armoiries de plusieurs familles lorraines, par Lionnois.) *Nancy, P. Antoine et P. Barbier, s. d.* 47 pages, in-8°. Tableaux généalogiques. 2 pl. de blasons. Demi-rel.

3218. DUMAST. Sur les grands et petits chevaux de Lorraine, par P. G.-D. (Guerrier de Dumast.) *Nancy, A. Lepage.* 1861. 7 pages, in-8°. Cart. (Extrait du *Journal de la Société d'archéologie Lorraine.*)

3219. GERMAIN. Grands et petits chevaux de Lorraine, par Léon Germain. *Saint-Amand (Cher), Imp. Destenay,* 1896. 8 pages, in-8°. Br.

3220. HUSSON. Le simple crayon, utile et curieux, de la noblesse des duchés de Lorraine et Bar, et des évêchés de Metz, Toul et Verdun. Avec les armes, blazons, filiations et alliances de plusieurs maisons considérables, etc. Par le sieur Mathieu Husson l'Escossois, conseiller du roy, au siège présidial de Verdun, etc. *S. l., n. n.,* 1674. 6 feuillets limin. et 243 tableaux généalogiques. Petit in-fol. Blasons. Rel. veau.

3221. HUSSON. Le simple crayon utile et curieux de la noblesse des duchés de Lorraine et de Bar et des évêchés de Metz, Toul et Verdun, par le sieur Mathieu Husson l'Escossois, conseiller du roi, etc. *Nancy, Cayon-Liébault,* 1857. 348 blasons sur 7 pl. in-4° double. Titre et frontispice gravés, blasons. Cart.

3222. GRENSER. Armorial de Lorraine. Recueil des armes de l'ancienne chevalerie de Lorraine, publié d'après un manuscrit du noble Jean Callot, héraut d'armes du duc Charles II, par Alfred Grenser. *Leipsic, M. G. Priber,* 1863. 16 pages et 14 planches, in-4°. Br.

3223. MEAUME. Histoire de l'ancienne chevalerie lorraine, par feu G.-E. Meaume, substitut du procureur impérial. *Nancy, Sordoillet*, 1870. 247 pages, in-8°. Demi-reliure.

3224. MEAUME. Les assises de l'ancienne chevalerie lorraine, par G.-E. Meaume. *Nancy, L. Wiener*, 1874. 73 pages, in-8°. Demi-rel.

3225. SOUËF. Des assises de la chevalerie lorraine. Discours prononcé par M. Souëf. (Cour de Nancy. Audience de rentrée.) *Nancy, Hinzelin*, 1866. 59 pages, in-8°. Br.

3226. (LALLAIN de MONTIGNY.) Annoblis tant du duché de Lorraine que de celui de Bar, par le duc René, avec le blason de leurs armes, à commencer depuis 1382. (Par Lallain de Montigny.) *Liège, J. F. de Soer*, 1753. iv-420 pages, in-8°. Rel. veau.

3227. (LALLAIN de MONTIGNY.) Nobiliaire du duché de Lorraine et de Bar, par le duc René (*sic*). Avec le blason de leurs armes, à commencer depuis 1382. On y a joint la cession de la Lorraine à la couronne de France, du 24 décembre 1736. Copie de l'édition de Liège. (Par Lallain de Montigny.) *Gand, Duquesne*, 1862. iv-332 pages, in-8°. Demi-rel.

3228. PELLETIER. Nobiliaire ou armorial général de la Lorraine et du Barrois, en forme de dictionnaire, où se trouvent les armes gravées et environnées de très-beaux cartouches, et mises à côté de chacun des articles qui les concernent. Par le R. P. Dom Ambroise Pelletier, religieux bénédictin, curé de Senones. Tome premier, contenant les annoblis. *Nancy, Thomas*, 1758. xxxviii-826 pages numérotées 1-136, 157-838, 1-4 et 1-4, in-fol. Blasons. Rel. veau.

3229. LEPAGE et Germain. Complément au *Nobiliaire* de Lorraine de Dom Pelletier, précédé d'une dissertation sur la noblesse, et suivi de listes chronologique et alphabétique des anoblis, depuis l'origine jusqu'en 1790... par H. Lepage et L. Germain. *Nancy, Crépin-Leblond*, 1885. vii-388 pages, in-8°. Blasons. Demi-rel.

3230. COLLIN de PARADIS. Nobiliaire de Lorraine et Barrois, ou dictionnaire des familles anoblies et leurs alliances, d'après l'*Armorial* général de Dom Pelletier, par

Félix Collin de Paradis. *Nancy, Imp. Crépin-Leblond*, 1878. iv-483 pages, in-8°. Demi-rel.

3231. BRAUX (de). Une lettre inédite de Dom Pelletier. Publiée et annotée par G. de Braux. *Nancy, G. Crépin-Leblond*. 3 pages, in-8°. Br. (Extrait du *Journal de la Société d'archéologie lorraine*.)

3232. COURBE. État de la noblesse de Nancy, distribué par paroisse et selon les numéros des hôtels et maisons, par Ch. Courbe. *Nancy, P. Antoine et P. Barbier*, 1884. 31 pages, in-8°. Br. (Extrait du *Journal de la Société d'archéologie lorraine*.)

3233. DIGOT. La chevalerie lorraine. 1000-1665, par le baron P. Digot. *Nancy, Imp. Mangeot-Collin*, 1887. 257 pages, in-8°. Br.

3234. DIGOT. Lorraine noble. Nancy. (Et seconde partie). Par Paul Digot, en collaboration avec Collin de Paradis. *Nancy, Imp. A. Collin*, 1883. 134 et 16 pages, gr. in-8°. Blasons. Br.

3235. LE MARLORAT. Blasons décrits et dessinés par Gabriel Le Marlorat, dans son journal de la Chambre des Comptes de Bar-le-Duc (1605-1632). *Nancy, autographie A. Barbier, s. d.* 7 feuilles, in-8°. Blasons. Br.

3236. DES GODINS de SOUHESMES. Armorial de la recherche de Didier Richier. (1577-1581.) Précédé d'une notice par Raymond des Godins de Souhesmes. *Nancy, Imp. Crépin-Leblond*, 1894. 130 pages, in-8°. Br.

3237. DUMONT. Nobiliaire de Saint-Mihiel, par Dumont, juge à Saint-Mihiel. *Nancy, N. Collin*, 1864-1865. 497 et 483 pages, in-8°. Blasons. 2 vol. Demi-rel.

3238. GILLANT. Notes sur le nobiliaire de Saint-Mihiel. Erreurs généalogiques. Par Gillant. *Nancy, Crépin-Leblond, s. d.* 6 pages, in-8°. Br. (Extrait du *Journal de la Société d'archéologie lorraine*.)

3239. DES GODINS de SOUHESMES. Les franquignons de Saint-Mihiel et les gentilshommes d'Amance, par R. de Souhesmes. *Nancy, Crépin-Leblond*, 1896. 12

pages, in-8°. Br. (Extrait des *Mémoires de la Société d'archéologie lorraine*.)

3240. GERMAIN. Armorial des écuyers du bailliage de Bar rédigé par Dominique Callot, d'après les recherches de Didier Richier (fin du XVIe siècle), publié et annoté par Léon Germain. *Nancy, Sidot frères*, 1894. 35 pages, in-8°. Br. (Extrait des *Mémoires de la Société des lettres, sciences et arts de Bar-le-Duc*.)

3241. RIOCOUR (DE). Preuves de noblesse des cadets-gentilshommes du roi Stanislas, duc de Lorraine, par le comte David de Riocour. *Paris, J.-B. Dumoulin*, 1881. 103 pages, in-8°. Br.

3242. GERMAIN. De la prétendue noblesse des gentilshommes verriers en Lorraine, par Léon Germain. *Nancy, G. Crépin-Leblond*, 1885. 15 pages, in-8°. Br.

3243. PILLEMENT DE RUSSANGE. Très-humble remontrance au Roy, par les gentilshommes de Lorraine créez depuis l'an 1610. Présentée à Sa Majesté, au mois de septembre 1697. Par P. D. R. (Pillement de Russange). *S. l., n. n.*, (1697). 7 pages, in-4°. Br.

3244. PILLEMENT DE RUSSANGE. Très-humble remontrance au roi par les gentilshommes de Lorraine... Par Pillement de Russange. (Réimpression.) *Pont-à-Mousson, F. Toussaint*, 1859. 16 pages, in-12. Demi-rel.

3245. BUVIGNIER-CLOÜET. Les citains de Verdun. Réponses à une lettre publiée par M. Chadenet Senocq. Par Mlle Buvignier-Cloüet. *Verdun, Renvé-Lallemant*, 1892. 5 et 3 pages, in-8°. Br.

3246. LA ROQUE. Catalogue des gentilshommes de Lorraine et du duché de Bar, qui ont pris part ou envoyé leur procuration aux assemblées de la noblesse, pour l'élection des députés aux États-Généraux de 1789, publié, d'après les procès-verbaux officiels, par Louis de la Roque et Edouard de Barthélemy. *Paris, E. Dentu, Aug. Aubry*, 1863. 2 livraisons contenant chacune 48 pages, in-8°. Br.

3247. TROIS ORDRES (Les) de la province des Évêchés et du Clermontois. Noblesse. Assemblées politiques tenues à Metz, 1787-1788-1789. Recherche de 1674. Ancienne chevalerie lorraine. *Metz, Rousseau-Pallez*, 1863. 75 pages, in-8°. Demi-rel.

3248. GEORGEL. Armorial des familles de Lorraine, titrées ou confirmées dans leurs titres au XIXe siècle, par J. Alcide Georgel. *Elbeuf, chez l'auteur*, 1882. 720 pages, in-4°. Blasons. Demi-rel.

3249. BRÉMOND. La Moselle nobiliaire et héraldique ou état de la noblesse de ce département, au moment de sa transformation en province lorraine, contenant les noms patronymiques de fiefs et les surnoms des familles nobles ou réputées telles; avec leurs titres nobiliaires, dignités et fonctions; la description héraldique de leurs armoiries; leur province d'origine et leurs dernières résidences dans le département de la Moselle, avant son démembrement de la France (1871). Par Alphonse Brémond (de Strasbourg). Avec blasons gravés sur bois par Adolphe Bellevoye. *Metz, Charles Thomas*, 1879. 47 pages, in-8°. Br.

3250. LAPAIX. Armorial des villes, bourgs et villages de la Lorraine, du Barrois et des Trois-Évêchés (Meurthe, Meuse, Vosges, Moselle, etc.). Texte, dessin, gravure par Constant Lapaix, graveur héraldique. *Nancy, chez l'auteur*, 1868. 318 pages. in-4°. Frontispice et blasons. — Armorial, etc. Supplément. *Saint-Nicolas de Port, N. Collin*, 1878. 77 pages, in-4°. Br.

3251. LAPAIX. Armorial des villes, bourgs et villages de la Lorraine, du Barrois et des Trois-Évêchés, par C. Lapaix. Seconde édition, revue, corrigée et augmentée. *Nancy, Grosjean-Maupin*, 1877. 346 pages, in-8°. Frontispice et blasons. Demi-rel.

3252. CAYON. Armorial des villes, bourgs et communautés de la Lorraine et du Barrois, par Jean Cayon, inspecteur correspondant du Ministère de l'Intérieur pour les monuments historiques du département de la Meurthe. *Nancy, Cayon-Liébault*, 1853. 16 planches. in-4°. Blasons. Cart.

3253. GERMAIN. Les armoiries de Gérardmer (Vosges), par M. Léon Germain. *Nancy, G. Crépin-Leblond*, 1884. 8 pages, in-8°. Br.

3254. BENOIT. Armorial de quelques monastères lorrains, par Arthur Benoît. *Nancy, G. Crépin-Leblond*, 1873. 7 pages, in-8°, avec une planche. Cart. (Extrait du *Journal de la Société d'archéologie lorraine.*)

3255. GERMAIN. Origine de la croix de Lorraine, par L. Germain. *S. l., n. n*, 1885. 9 pages, in-4°. Br. (Extrait de la *Revue de l'Art chrétien.*)

3256. GERMAIN. Origine de la croix de Lorraine, par Léon Germain. *Nancy, Sidot frères*, 1895. 28 pages, in-8°. Fig. Br. (Extrait de l'*Annuaire de Lorraine.*)

3257. GERMAIN. Le chardon lorrain sous les ducs René II et Antoine, par L. Germain. *Nancy, Berger-Levrault*, 1855. 31 pages, in-8°. Fig. Br. (Extrait des *Mémoires de l'Académie de Stanislas.*)

3258. BOUTEILLER (DE) et de Braux. La famille de Jeanne d'Arc. Documents inédits. Généalogie. Lettres de J. Hordal et de Cl. du Lys à Ch. du Lys. Publiés pour la première fois par E. de Bouteiller et G. de Braux. *Paris, A. Claudin*, 1878. IV-296 pages, in-12. Frontispice et armoiries. Demi-rel.

3259. BOUTEILLER (DE) et de Braux. Nouvelles recherches sur la famille de Jeanne d'Arc. Enquêtes inédites. Généalogie par E. de Bouteiller et G. de Braux. *Paris, A. Claudin,* 1879. XXXVI-131 pages, in-12. Demi-rel.

3260. GERMAIN. Recherches généalogiques sur la famille d'**Augy** (Barrois, XV-XVII° siècles), par Léon Germain. *Nancy, Crépin-Leblond*, 1885. 52 pages et un tableau, in-8°. Br.

3261. BRAUX (DE). Généalogie de la famille **Barrois** de Boucq, par le baron G. de Braux. *Nancy, Crépin-Leblond,* 1896. 11 pages, in-8°. Fig. Br.

3262. LEFEBVRE. Généalogie des **Barrois-Manonville**, dressée d'après les registres paroissiaux de Saint-Mihiel, de Kœurs, de Manonville, et les actes... conservés dans la famille. Par H. Lefebvre et d'Hamonville. *Nancy, G. Crépin-Leblond, s. d.* 14 pages, in-8°. Br.

3263. GERMAIN. Plaque de foyer aux armes de Christophe de **Bassompierre** et de Louise de Radeval (forges de Cousance, 1581), par Léon Germain. *Caen, Henri Delesques*, 1888. 25 pages. in-8°. Fig. Br. (Extrait du *Bulletin monumental.*)

3264. BAZELAIRE (DE). Généalogie de la famille de **Bazelaire** en Lorraine, par Louis de Bazelaire de Saulcy. *Toulouse, Imp. P. Rivière*, 1882. 18 pages, in-fol. Cart.

3265. SAINTE-MARTHE. Histoire généalogique de l'illustre et seigneurialle maison de **Beauvau**, composée et fidellement recueillie dans les annales, monuments et histoires, par messieurs de Saincte-Marthe (*sic*), gentil-hommes d'Anjou, frères jumaux et advocats en la court de Parlement de Paris. *S. l., n. n.,* 1622. VIII-127 pages, in-fol. Blasons. Demi-rel.

3266. NOTICE historique et généalogique sur la maison de **Beauvau**-Craon. *S. l., n. n., n. d.* 18 pages, in-8°. Br.

3267. MARCHAL. Souvenirs du Bassigny. La famille **Blanchevoye**, par J. Marchal, ancien magistrat. *Nancy, Sidot frères*, 1892. 14 pages, in-8°. Fig. Br.

3268. GERMAIN. La famille de **Bombelles** en Lorraine, par L. Germain. *Nancy, Sidot*, 1890. 16 pages, in-8°. Br. (Extrait du *Journal de Montmédy.*)

3269. GERMAIN. La famille de **Bourlotte**, par Léon Germain. *Nancy, Crépin-Leblond*, 1885. 8 pages, in-8°. Br. (Extrait du *Journal de la Société d'archéologie lorraine.*)

3270. MÉMOIRE généalogique pour la maison de **Bouzey**, à l'occasion de l'érection du comté de Bouzey en marquisat, accordée par le feu duc Léopold I° de glorieuse mémoire, au maréchal de Bouzey, qui en espère l'exécution des bontez de S. A. R. *Nancy, J.-B. Cusson*, 1730. 21 pages, in-fol. Br. Voy. n° 1845.

3271. SCHAUDEL. Les anciens seigneurs de **Breux**, par L. Schaudel, membre de la Société d'archéologie lorraine. *Montmédy, Ph. Pierrot*, 1890. 49 pages, in-8°. Br.

3272. LAINÉ. Généalogie de la maison de **Briey**, en Lorraine et en Belgique, extraite du neuvième volume des « Archives généalogiques et historiques de la noblesse de France », publiées par M. Lainé, successeur de M. de Courcelles, généalogiste du roi. *Paris, Moquet et Hauquelin,* 1843. 134 pages, in-8°. Demi-rel.

3273. GERMAIN. Anoblissement des enfants de Ferri de **Calabre**, par le duc de Lorraine, en 1529, par L. Germain. *Nancy, G. Grépin-Leblond,* 1885. 11 pages, in-8°. Br. (Extrait du *Journal de la Société d'archéologie lorraine.*)

3274. LE MERCIER DE MORIÈRE. L'origine de la maison de **Chambley**, par Le Mercier de Morière. *Nancy, G. Crépin-Leblond,* 1882. 23 pages, in-8°. Br. (Extrait des *Mémoires de la Société d'archéologie lorraine.*)

3275. SOUHESMES. Note sur la famille de **Chrétien de Chastenoy**, par R. de Souhesmes. *Nancy, G. Crépin-Leblond,* 19 pages, in-8°. Br. (Extrait des *Mémoires de la Société d'archéologie lorraine.*)

3276. HISTOIRE généalogique de la maison de **Crévecœur**. Sans titre. *S. l., n. n., n. d.* (*Nancy, H. Thomas,* 1755). 133 pages, in-fol. Blason, Tableau généalogique. Cart.

3277. VINCENT. La maison **Des Armoises**, originaire de Champagne, par Henry Vincent. *Paris, Henri Menu ; Nancy, G. Crépin-Leblond,* 1877. 26 pages, in-8°. Br. (Extrait des *Mémoires de la Société d'archéologie Lorraine.*)

3278. LEMERCIER DE MORIÈRE. Recherches sur la famille **Des Armoises**, et en particulier sur la branche de Neuville, par M. Lemercier de Morière. *Nancy, G. Crépin-Leblond,* 1881. 19 pages, in-8°. Br. (Extrait des *Mémoires de la Société d'archéologie lorraine.*)

3279. GERMAIN. **Des Androuins**. Notes généalogiques. par Léon Germain. *Nancy, Crépin-Leblond,* 1884. 7 pages, in-8°. Br.

3280. (HUGO.) Histoire de la maison **Des Salles**, originaire de Béarn, depuis son établissement en Lorraine, jusqu'à présent. Avec les preuves de la généalogie de cette maison. (Par le P. Hugo, abbé d'Estival.) *Nancy, J.-B. Cusson,* 1716. xx-52 et cxlii pages, pet. in-fol. Blasons et tableaux généalogiques. Rel. Veau.

3281. GERMAIN. Note sur les armoiries de Diane de **Dommartin**, marquise d'Havré, sculptées dans la chapelle castrale de Fénétrange, par Léon Germain. *Nancy, G. Crépin-Leblond,* 1879. 11 pages, in-8°. Br. (Extrait du *Journal de la Société d'archéologie lorraine.*)

3282. ÉRECTION du comté de Riocourt. Déclaration de gentillesse et permission de se qualifier chevalier, pour Antoine François, baron **Du Bois** de Riocourt. Extrait des registres du greffe de la chambre des Comptes de Lorraine. *Nancy, Vagner,* 1846. 16 pages. in-8°. Br.

3283. GÉNÉALOGIE de la maison **Du Chasteler**, avec les preuves. *Bruxelles, J. Vanden Berghen,* 1768. 18 pages, in-fol. Br.

3284. CHASTELER. Généalogie de la maison **Du Chasteler**, avec les preuves, (par le marquis de Chasteler). Seconde édition. *S. l., n. n.,* 1777. xvi-332 pages, pet. in-fol. Pl. et tabl. généal. Demi-rel.

3285. CALMET. Histoire généalogique de la maison **Du Châtelet**, branche puînée de la maison de Lorraine. Justifiée par les titres les plus authentiques, la plupart tirés du Trésor des chartres de Lorraine, tombeaux, sceaux, etc., par le R. P. Dom Calmet, abbé de Senone. *Nancy, J.-B. Cusson,* 1741. xxxii-204 et cccxiii pages, in-fol. Fig. et blasons. Rel. mar. r., dent., d. s. tr., aux armes des Du Châtelet.

3286. (LIONNOIS.) Maison **Du Hautoy**, (par Lionnois). *Nancy, P. Barbier,* 1777. 56 pages, in-4°. Cart.

3287. COURCELLES (de). Généalogie de la maison **Du Houx**, extraite de l'Histoire généalogique et héraldique des Pairs de France, des grands dignitaires de la Couronne, etc. Par M. le chevalier de Courcelles, généalogiste ordinaire du roi. *Paris, Plassan et Cie,* 1829. 38 pages, in-4°. Cart.

3288. OTT. Les familles Noël **Du Lys** et Villeroy. Généalogies dressées par A. Ott, publiées par G. de Braux. *Nancy, Gros-jean-Maupin*, 1892. 28 pages, in-8°. Br.

3289. GERMAIN. Recherches sur la famille **Fesseler**. — Barrois, xv°-xvi° siècles, par L. Germain. *Nancy, G. Crépin-Leblond*, 1889. 16 pages, in-8°. Br.

3290. GERMAIN. Épitaphe de Marie-Catherine de **Fléming**, femme de René-François, marquis du Châtelet et de Grandseille, par Léon Germain. *Nancy, G. Crépin-Leblond*, 1888. 12 pages, in-8°. Br. (Extrait du *Journal de la Société d'archéologie lorraine*.)

3291. VAN DER STRATEN-PONTHOZ. Les **Heu**. Par le comte F. van der Straten-Ponthoz. *Metz, F. Blanc*, 1854. 8 pages, in-8°. Br. (Extrait de *Metz littéraire*.)

3292. VAN DER STRATEN-PONTHOZ. La maison de **Heu** ; manuscrit de la Bibliothèque de l'Arsenal, à Paris, et le Miroir des nobles de Hesbaie, de Jacques d'Hemricourt, par le comte F. van der Straten-Ponthoz. *Metz, Rousseau-Pallez*, 1859. 35 pages, in-8°. Br. (Extrait de l'*Austrasie*.)

3293. LECLER. Généalogie de la maison de **Lambertie**. Par l'abbé A. Lecler, membre de la Société archéologique et historique du Limousin, du Conseil héraldique de France. *Limoges, Imp. Vve H. Ducourtieux*, 1895. 178-cccxxii pages, 57 pl. hors texte, nombreuses armoiries, in-4°. Br.

3294. (BEAUPRÉ.) Les armoiries de Melchior de **La Vallée**. Notice sur une gravure nancéienne du xvii° siècle. (Par Beaupré.) *Nancy, A. Lepage*, (1864). 10 pages, in-8°. Br. (Extrait du *Journal de la Société d'archéologie lorraine*.)

3295. GERMAIN. Les armoiries de la maison de **La Vaulx**, par Léon Germain. *Saint-Dié, L. Humbert*, 1894. 36 pages, in-8°. Fig. Br. (Extrait du *Bulletin de la Société philomatique vosgienne*.)

3296. GERMAIN. Une épitaphe lorraine à Dunkerque. (Famille **Lebeuf**.) Par Léon Germain. *Nancy, G. Crépin-Leblond*, 1887. 11 pages, in-8°. Br. (Extrait, avec additions, du *Journal de la Société d'archéologie lorraine*.)

3297. FRAGMENT de généalogie de la famille **Le Duchat**, contenant les branches établies en la ville de Metz. Justifiée par les registres de baptêmes, mariages, etc. *S. l., n. n.*, 1763. 200 pages, in-4°. Tableaux généalogiques. Cart.

3298. GERMAIN. Origine de la famille **Le Pois**. Par Léon Germain. *Nancy, G. Crépin-Leblond*, 1882. 8 pages, in-8°. Br. (Extrait du *Journal de la Société d'archéologie lorraine*.)

3299. RÜHL. Recherches historiques et généalogiques sur la maison de **Linange-Dabo**. Par M. Rühl. *Strasbourg, F.-G. Levrault*, 1789. iv-164 pages, in-4°. Rel. veau.

3300. FROLOIS (DE). Généalogie de la maison de **Ludre**, branche cadette de la maison de Frolois, puînée de Bourgogne. Tirée des dictionnaires héraldiques et des histoires de Lorraine et de Bourgogne, (par le marquis de Frolois). *Nancy, C.-J. Hissette*, 1832. 40 pages, in-4°. Demi-rel.

3301. LUDRES (DE). Histoire d'une famille de la chevalerie lorraine (famille de **Ludres**), par le comte de Ludres. *Paris, L. Champion*, 1893-1894. xviii-434 et 395 pages, in-8°. Portraits, tableau généalogique. 2 vol. Br.

3302. TRANSLATION de la substitution du marquisat de Bayon, sur le comté de Guise; et érection du comté de Guise en marquisat de Frolois, en faveur de la maison de **Ludres**. Du 20 mars 1757. *Nancy, Thomas*, 1765. iv-83 pages, in-4°. Frontispice. Rel. Veau.

3303. GERMAIN. Une correction au *Nobiliaire* de Dom Pelletier. Les familles de **Malvoisin**, Malvoisin et Conreux de Malvoisin, par L. Germain. *Nancy, G. Crépin-Leblond*, 1885. 10 pages, in-8°. Br.

3304. CHARLES. Généalogie de la maison de **Mauléon**, justifiée par le rapport de plusieurs anciens historiens..., mise en ordre par César-François comte de Mauléon. Rédigée par le Sr Charles, héraut d'armes de Lorraine. *Nancy, H. Thomas*, s. d. 56 pages, in-fol. Rel. veau.

3305. GERMAIN. Une erreur du *Nobiliaire* de Dom Pelletier : **Mercy**, Morey, Mory, par Léon Germain. *Nancy, Crépin-Le-*

blond, 1882. 7 pages, in-8°. Br. (Extrait du *Journal de la Société d'archéologie lorraine*.)

3306. DESCENDANCE de Nicolas-François, baron de **Metz**, descendant au 10ᵉ degré de Mathieu de Metz, anobli, le 20 août 1462, par lettres patentes de René d'Anjou. (Tableau généalogique.) *S. l., n. n.*, (1890). Une feuille, in-plano.

3307. GERMAIN. La famille **Parspergaire** (xvᵉ-xviᵉ siècles), par Léon Germain. *S. l., G. Crépin-Leblond, s. d.* 14 pages, in-8°. Br.

3308. GERMAIN. Recherches généalogiques sur la famille de **Pillart** de Naives, par M. Léon Germain. *Nancy, G. Crépin-Leblond*, 1883. 31 pages, in-8°. Br.

3309. (LIONNOIS.) Maison de **Raigecourt**, (par l'abbé Lionnois). *Nancy, Vve Leclerc*, 1777. cxxiii-227 et c pages, in-4°. Tableau généalogique. Cart.

3310. GERMAIN. La famille des **Richier**, d'après les travaux les plus récents, par Léon Germain. *Bar-le-Duc, Philipona*, 1885. 31 pages, in-8°. Br. (Extrait des *Mémoires de la Société des lettres, sciences et arts de Bar-le-Duc*.)

3311. (LIONNOIS.) Maison de **Saintignon**, (par l'abbé Lionnois). *Nancy, Vve Leclerc*, 1778. cccxii-368 pages, in-4°. 3 planches. Demi-rel.

3312. SAINT-MAURIS. Généalogie historique de la maison de **Saint-Mauris**, du comté de Bourgogne, depuis le courant du xiᵉ siècle, par C.-E.-P., Marquis de Saint-Mauris, pair de France. *Vesoul, Imp. Bobillier*, 1830-1832. 282 pages, in-fol. Blasons. Demi-rel.

3313. GERMAIN. Les armoiries du comte de **Serre** et des différentes branches de sa famille. Par L. Germain. *Nancy, G. Crépin-Leblond*, 1887. 6 pages et une planche, in-8°. Br. (Extrait du *Journal de la Société d'archéologie lorraine*.)

3314. GERMAIN. La maison de **Tonnoy**, de l'ancienne chevalerie lorraine, xiiiᵉ-xvᵉ siècles, par Léon Germain. *Nancy, Sidot*, 1890. 16 pages, in-8°. Br.

3315. GERMAIN. Plaque de reliure aux armes de Jean **Vincent**, baron d'Autry, seigneur de Génicourt, datée de 1610, par L. Germain. *Nancy, Sidot*, 1891. 18 pages, in-8°. Fig. Br.

3316. WARREN (DE). Notice historique et généalogique sur la famille de **Warren** et sur ses établissements successifs en Angleterre, en Irlande, en Lorraine et en Toscane, par le comte François-Patrice-Édouard de Warren. *Nancy, Autog. L. Christophe*, 1860. xii-158 pages, in-4°. Demi-rel.

3317. WARREN (DE). Les comtes de **Warren**. Annales et portraits de famille. 940-1879. (Par le comte François-Patrice-Édouard de Warren.) Blasons et gravures par C. Lapaix. *Saint-Nicolas-de-Port, N. Collin*, 1879. 354 pages, in-8°. Demi-rel.

3318. DES ROBERT. Les seigneurs de **Xonville**, par Ferdinand des Robert, correspondant de l'Académie de Metz. *Metz, Delhalt*, 1887. 18 pages, in-8°. Br. (Extrait des *Mémoires de l'Académie de Metz*.)

IV. BIOGRAPHIE

A. DICTIONNAIRES BIOGRAPHIQUES. — BIOGRAPHIES COLLECTIVES.

(Dans l'ordre alphabétique des noms d'auteurs.)

3319. ADAM. Étude sur trois gardes des sceaux de France, nés en Lorraine. Discours prononcé, le 4 novembre 1792, à l'audience de rentrée de la Cour d'appel de Nancy, par M. Lucien Adam, substitut du procureur général. *Nancy, Vagner*, 1872. 42 pages, in-8°. Br.

3320. BADEL. Les gloires militaires de Haroué. Les maréchaux de France F. de Bassompierre et Ch. de Beauvau ; les généraux Gérard et Pouget. Par Émile Badel. *Nancy, Imp. Crépin-Leblond*, 1896. 48 pages, in-12. Br.

3321. BARBIER. Le livre d'or de la géographie dans l'Est de la France, par J.-V. Barbier, secrétaire général de la Société de géographie de l'Est. *Nancy, Berger-Le-vrault et Cie*, 1883. 206 pages, in-8°. Br. (Publié sous les auspices de cette Société.)

3322. BÉGIN. Biographie de la Moselle, ou histoire, par ordre alphabétique, de toutes les personnes nées dans ce département, qui se sont fait remarquer par leurs actions, leurs talents, leurs écrits, leurs vertus ou leurs crimes, par E.-A. Bégin. *Metz, Verronnais*, 1826-1832. XXIII-462, 582, 536 et 587 pages. Portraits, in-8°. 4 vol. Demi-rel.

3323. BÉGIN. Nécrologie. Discours prononcé à la Société des sciences médicales du département de la Moselle, par Émile Bégin. *Metz, Verronnais, s. d.* 19 pages, in-8°. Demi-rel.

3324. BENOIT. Iconographie meusienne. Les portraits des députés du Barrois et du Verdunois, à l'Assemblée nationale de 1789, par M. A. Benoit, auteur des « Collections et collectionneurs alsaciens ». *Bar-le-Duc, Contant-Laguerre*, 1888. 35 pages, in-8°. Br. (Extrait des *Mémoires de la Société des sciences, lettres et arts de Bar-le-Duc.*)

3325. BENOIT. Notes sur le famille de Claude Gellée, sur le village de Chamagne et sur quelques artistes vosgiens, par A. Benoit. *Epinal, E. Busy*, 1890. 16 pages, in-8°. Br. (Extrait des *Annales de la Société d'émulation des Vosges.*)

3326. BENOIT. Note sur quelques collectionneurs vosgiens au siècle dernier. L'histoire naturelle. Par A. Benoit. *S. l., n. n., n. d.* 10 pages, in-8°. Br. (Extrait des *Annales de la Société d'émulation des Vosges.*)

3327. BERTHELÉ. Les fondeurs de cloches de la sénéchaussée de Bourmont, du XVIe au XVIIe siècle, d'après les recherches de J. Marchal. Par Joseph Berthelé. *Bruges, Imp. Desclée*, 1893. 16 pages, in-4°. Br. (Extrait de la *Revue de l'art chrétien.*)

3328. BIOGRAPHIE (Nouvelle) de la Moselle, par les collaborateurs de l'*Austrasie. Metz, Rousseau-Pallez*, 1855. 70 pages, in-8°. Br. (Incomplet.)

3329. BOUVIER. Biographie générale vosgienne, par Félix Bouvier. *Epinal, Imp.*

Busy, 1888. 215 pages, in-8°. Demi-rel. (Extrait de l'ouvrage *Le département des Vosges*, publié par L. Louis.)

3330. CALMET. Bibliothèque Lorraine, ou histoire des hommes illustres, qui ont fleuri en Lorraine, dans les Trois-évêchés, dans l'archevêché de Trèves, dans le duché de Luxembourg, etc. Par le R. P. Dom Calmet, abbé de Senones. *Nancy, A. Leseure*, 1751. XXVIII pages et 1047 col. Suppléments : 118, 162 et 30 col. Rel. veau.

3331. CALMET. Réponse de Dom Calmet aux attaques dirigées contre la *Bibliothèque lorraine*, dans les *Mémoires* de Chevrier. *Nancy, A. Lepage, s. d.* 26 col. in-fol. Cart.

3332. CERFBERR. Biographie alsacienne-lorraine, par A. Cerfberr de Médelsheim. *Paris, Lemerre*, 1879. 327 pages, in-12. Demi-rel.

3333. CHEVRIER. Mémoires pour servir à l'histoire des hommes illustres de Lorraine, avec une réfutation de la « Bibliothèque Lorraine » de Dom Calmet, abbé de Senones, par M. de Chevrier. *Bruxelles, s. n.*, 1754. XV-362 et 330 pages, in-12. 2 vol. Rel. veau.

3334. DIDELOT. Notice sur les curés de Remiremont, du XIIIe au XIXe siècle, par l'abbé Didelot ; publiée, rectifiée et complétée par l'abbé Buisson. *Nancy, G. Crépin-Leblond*, 1891. 27 pages, in-8°. Br. (Extrait du *Journal de la Société d'archéologie lorraine.*)

3335. DIGOT. Les contemporains de Nancy pour 1883. Armée, arts, industrie, lettres, noblesse et sciences, par le baron Paul Digot. *Nancy, Sidot frères*, 1882. 55 pages, in-8°. Br.

3336. DIGOT. Photographies rétrospectives lorraines, de 1789 à 1804. Par le baron Digot. *Nancy, Imp. A. Nicolle*, 1889. 110 pages, in-16. Br.

3337. DOMMANGET. Notices biographiques sur Dom Tabouillot, Claire Tabouillot et Barbe Henri, par Dommanget. *Metz, Rousseau-Pallez*, 1869. 52 pages, in-8°. Br. (Extrait des *Mémoires de la Société d'histoire et d'archéologie de la Moselle.*)

3338. FERRY. Nécrologie des Spinaliens morts pour la défense de la Patrie. 1789-1871. Par Ch. Ferry, archiviste de la ville et des hospices d'Épinal. *Nancy, Berger-Levrault et Cie*, 1875. 87 pages, in-4°. 1 planche. Cart.

3339. GABRIEL. Courte notice sur les hommes dont les noms sont donnés aux établissements militaires de la subdivision de Verdun, en 1887. Par l'abbé Gabriel, aumônier du collège. *Verdun, Imp. Renvé-Lallemant, s. d.* (1887.) 201 pages, in-12. Demi-rel.

3340. GERMAIN. Les Briot et la famille de Pierre Wœiriot, à propos d'un travail récent. *Nancy, Sidot frères* (1891). 51 pages, in-8°. Br. (Extrait du *Journal de la Société d'archéologie lorraine.*)

3341. JACQUOT. Les graveurs lorrains par Albert Jacquot. *Paris, E. Plon, Nourrit et Cie*, 1889. 23 pages, in-8°. Br. — Observations sur un mémoire intitulé : « Les graveurs lorrains », par L. Wiener. *Nancy, Crépin-Leblond, s. d.* 8 pages, in-8°. Br. —Réponse à des « Observations » faites par M. Lucien Wiener, sur un mémoire intitulé : « Les graveurs lorrains », par Albert Jacquot. *Nancy, A. Nicolle*, 1890. 8 pages, in-8°. Br.

3342. JOUVE. Biographie générale des Vosges. Wœiriot. Les Briot. Fratrel. Par Louis Jouve, bibliothécaire de l'Arsenal. *Paris, chez l'auteur*, 1890. 80 pages, in-12. Br.

3343. JOUVE. Les Wiriot et les Briot, artistes lorrains du XVIᵉ et du XVIIᵉ siècle. Nouvelles esquisses, par Louis Jouve. *Paris, chez l'auteur*, 1891. 136 pages, in-12. Br.

3344. JOUVE. Dictionnaires départementaux. La Meuse. Dictionnaire, annuaire et album. (Biographie contemporaine.) *Paris, H. Jouve*, 1895. IV-228 feuillets, in-8°. Portraits. Cart.

3345. JOUVE. Dictionnaires départementaux. Meurthe-et-Moselle. Dictionnaire, annuaire et album. (Biographie contemporaine.) *Paris, H. Jouve*, 1896. VIII-223 feuillets, in-8°. Portraits. Br.

3346. LABOURASSE. Les hommes illustres de la Lorraine et du Barrois. Levrechon, Vayringe et Cugnot, par A. Labourasse. *Bar-le-Duc, Contant-Laguerre*, 1888. 47 pages, in-8°. Br. (Extrait de l'*Annuaire de la Meuse.*)

3347. LADOUCETTE. Des guerriers et autres hommes recommandables de la Moselle, par J.-C.-F. Ladoucette. *Saint-Denis, A. Leclaire, s. d.* 7 pages, in-8°. Demi-rel.

3348. LAMBEL (DE). Biographies lorraines, par M. le comte de Lambel. (— Le bon duc Antoine. 1489-1544. — Madame de Saint-Balmont. 1607-1660. — Vie du R. P. de Beauveau.) *Paris, J. Lefort, s. d.* 168 pages, in-8°. Pl. Demi-rel.

3349. (LEMPEREUR.) Histoire d'une sainte et illustre famille de ce siècle (Beauvau), dédiée à S. A. R. Madame la duchesse de Lorraine, par le P. L(empereur), de la Compagnie de Jésus. *Paris, R. et N. Pepie*, 1698. XXII-383 pages, in-12. Rel. veau.

3350. LEPAGE. Le tableau d'honneur de la Meurthe, par H. Lepage. *Nancy, Collin*, 1871. VII-186 pages, in-8°. Br.

3351. LEPAGE. Nécrologies : M. Chatelain. M. Gény. 7 pages, in-8°. — M. Domergue de Saint-Florent. 8 pages, in-8°. — M. Louis Benoit. 6 pages, in-8°. — M. Alexandre de Bonneval. 4 pages, in-8°. — M. l'abbé Marchal. 4 pages, in-8°. — M. Beaupré. 7 pages, in-8°. Par H. Lepage. *Nancy, G. Crépin-Leblond.* (Extraits du *Journal de la Société d'archéologie lorraine.*)

3352. LEPAGE. Quelques notes sur des peintres lorrains des XVᵉ, XVIᵉ et XVIIᵉ siècles, par H. Lepage. *Nancy, A. Lepage*, 1853. 104 pages, in-8°. Demi-rel. (Extrait du *Bulletin de la Société d'archéologie lorraine.*)

3353. LE VOSGIEN. Le général Humbert (Lion amoureux). — Voyage dans les Vosges et notices biographiques des célébrités vosgiennes, avec histoires, contes, légendes des montagnes, par H. Le Vosgien. *Mirecourt, Humbert*, 1866. 568 pages, petit in-8°. Br.

3354. LIEUTAUD. Liste alphabétique des portraits de personnages nés dans l'ancien duché de Lorraine, celui de Bar, et le

Verdunois, dont il existe des dessins, gravures et lithographies, avec l'indication du format et le nom des artistes, par Soliman Lieutaud. *Paris, Rapilly*, 1852. 120 pages, in-8°. Demi-rel.

3355. LIEUTAUD. Liste alphabétique de portraits dessinés, gravés et lithographiés de personnages nés en Lorraine, pays messin, et de ceux qui appartiennent à l'histoire de ces deux provinces, avec une courte notice biographique sur chaque personnage, etc. Deuxième édition, corrigée et considérablement augmentée, par S. Lieutaud. *Paris, Rapilly*, 1862. viii-240 pages, gr. in-8°. Demi-rel.

3356. MEAUME. Étude historique et biographique sur les Lorrains révolutionnaires Palissot, Grégoire et François de Neufchâteau, par Édouard Meaume. *Nancy, G. Crépin-Leblond*, (1882). 55 pages, in-8°. Broché.

3357. MEAUME. George Lalleman et Jean Le Clerc, peintres et graveurs lorrains. Par É. Meaume. *Nancy, Lucien Wiener*, 1876. 64 pages, in-8°. Br. (Extrait des *Mémoires de la Société d'archéologie lorraine.*)

3358. MEAUME. Recherches sur quelques artistes lorrains. Claude Henriet ; Israel Henriet ; Israel Sylvestre et ses descendants, par M. É. Meaume. *Nancy. Grimblot et Vve Raybois*, 1852. 67 pages in-8°. Demi-rel. (Extrait des *Mémoires de l'Académie de Stanislas.*)

3359. MICHEL. Biographie du parlement de Metz, par Emmanuel Michel, conseiller honoraire à la Cour impériale de Metz. *Metz, Nouvian*, 1853. vii-653 pages, in-8°. Demi-rel.

3360. MICHEL. Biographie historique et généalogique des hommes marquans de l'ancienne province de Lorraine, par Michel, juge de paix du canton de Vézelise. *Nancy, G.-J. Hissette*, 1829. 532 pages, in-12. Demi-rel.

3361. MOREY. Les artistes lorrains à l'étranger. Par P. Morey, architecte. *Nancy, Berger-Levrault*, 1883. 52 pages, in-8°. Br. (Extrait des *Mémoires de l'Académie de Stanislas.*)

3362. NICOT. L'Alsace-Lorraine et l'armée française, par Lucien Nicot et P. de Pardiellan. *Paris, E. Dentu, s. d.* (1895). iii-267 pages, in-18. Br.

3363. NOLLET-FABERT. La Lorraine militaire, par M. J. Nollet-Fabert. *Nancy, Grimblot et Vve Raybois*, 1852-1853. 456, 411 et 356 pages, in-8°. Portraits. 3 vol. Demi-rel.

3364. PUYMAIGRE (DE). Poètes et romanciers de la Lorraine, par le comte Th. de Puymaigre. *Metz, Pallez et Rousseau*, 1848. 436 pages, in-12. Demi-rel.

3365. QUÉPAT. Dictionnaire biographique de l'ancien département de la Moselle, contenant toutes les personnes notables de cette région, par Nérée Quépat (René Paquet). *Paris, Picard*, 1887. 623 pages, gr. in-8°. Demi-rel.

3366. RAVOLD. Les transportés de la Meurthe en 1852, par J.-B. Ravold, de Gerbéviller. *Paris, A. Degorce-Cadot ; Nancy, A. Cleutgen*, 1873. vii-84 pages, in-8°. Br.

3367. RICHARD. Extraits d'une petite biographie des savants et des littérateurs nés dans l'arrondissement de Remiremont, par Richard. *Épinal, Gley*, 1841. 12 pages, in-12. Cart.

3368. SALMON. Le barreau de Bar-le-Duc sous la Restauration, par Salmon. *Bar-le-Duc, veuve Numa Rolin, Chuquet et Cie, s. d.* 12 pages, in-8°. Br.

3369. SCHAUDEL. Fondeurs de cloches lorrains en Allemagne, par L. Schaudel. *Nancy, G. Crépin-Leblond*, 1893. 13 pages, in-8°. Br. (Extrait du *Journal de la Société d'archéologie lorraine.*)

3370. SILVESTRE. Renseignements sur quelques peintres et graveurs des xvii° et xviii° siècles. Israel Silvestre et ses descendants, par E. de Silvestre. *Paris, Vve Bouchard-Huzard*, 1868. 168 pages, in-8°. Fac-similés et tableau généalogique. Demi-rel.

3371. TASSY. Bernard Lorentz et Adolphe-Louis-François Parade (de l'École forestière), par L. Tassy. *Paris, Hennuyer*, 1866. 159 pages, in-8°. 2 portraits et 1 planche. Demi-rel.

3372. VIE (La), les miracles et le martyre des saints Pian, Agent et Colombe, frères et sœur... La fête de ces saints se solemnise à Moyenvic le 30 octobre. *Besançon, L. Rigoine, s d.* 40 pages, in-8°. Cart.

3373. VIES des premières religieuses dominicaines de la congrégation de Saint-Dominique de Nancy. *Nancy, Imp. R. Vagner,* 1896. VIII-381 et 415 pages, 1 portrait et 2 vues, in-12. 2 vol. Br.

3374. WUILLEMIN. Biographie vosgienne, par M. F. Vuillemin. *Nancy, Gonet,* 1848. 305 pages, in-8°. Demi-rel.

B. BIOGRAPHIES INDIVIDUELLES. — PORTRAITS.

(Dans l'ordre alphabétique des noms de personnes.)

3375. DU COURNAU. A propos de Gaëtana. M. Edmond **About** (né à Dieuze). L'homme et ses œuvres, par Attale Du Cournau. *Paris, Garnier,* 1862. 16 pages, in-8°. Cart.

3376. MARTIN. Le P. **Abram**, historien de l'Université de Pont-à-Mousson, et ses deux traducteurs, Ragot et le P. Carayon, par l'abbé Eugène Martin, professeur à l'École Saint-Sigisbert. *Nancy, G. Crépin-Leblond,* 1888. 32 pages, in-8°. Br. (Extrait des *Mémoires de la Société d'archéologie lorraine.)*

3377. **Adelsward** (Oscar d'), député de la Meurthe. Portrait. *Dessiné d'après nature, par Léveillé.*

3378. PROST. Les sciences et les arts occultes au XVI° siècle. Corneille **Agrippa** (à Metz, 1518-1520), sa vie et ses œuvres, par M. Aug. Prost. *Paris, Champion,* 1882. XXXIX-401 et 546 pages, in-8°. Portrait. 2 vol. Demi-rel.

3379. **Agrippa** (Henri Corneille), avocat et orateur de la ville de Metz. Portrait anonyme.

3380. **Alençon** (Charles-Mathias, comte d'), député de Toul. Portrait. *Gravé... par Paris.*

3381. CONVERSION (La) et le baptême d'**Alexandre** de Saint-Avold, juif de naissance, rabbin de la synagogue de Metz, et cy-devant rabbin supérieur de celle de Carpentras. *Metz, Brice Antoine,* 1699. 4 pages, in-4°. Br.

3382. **Amé** (le Révérend Père), professeur de théologie au séminaire de Nancy. Portrait. *Lith. L. Christophe.*

3383. **Ancillon** (Charles), jurisconsulte de Metz. Portrait. *Michaud f.* — Le même. *W. de Broen sculp.*

3384. **Antoine** (Joseph), député de la Moselle. Portrait. *Imp. Donnec.*

3385. DES ROBERT. Charles-François d'**Anglure** de Bourlémont, abbé de Belchamps et de la Crète..., archevêque de Toulouse, par Ferdinand des Robert. *Nancy, G. Crépin-Leblond,* 1888. 37 pages, in-8°. Br. (Extrait des *Mémoires de la Société d'archéologie lorraine.)*

3386. FAVIER. Jean **Appier** et J. Appier dit Hanzelet, graveurs lorrains du XVII° siècle, par J. Favier. *Nancy, Sidot,* 1890. 47 pages, in-8°. 4 phototypies. Br.

3387. DEPÉRONNE. Discours prononcé sur la tombe de M. Charles-Joseph d'**Arbois de Jubainville**, ancien bâtonnier des avocats, par M. Depéronne, bâtonnier de l'ordre des avocats. *Nancy, G. Crépin-Leblond,* 1875. 8 pages, in-8°. Cart.

3388. LALLEMENT. Notice nécrologique sur M. d'**Arbois de Jubainville**, par Louis Lallement, avocat. *Nancy, Hinzelin* (1875). 8 pages, in-8°. Br.

N.-B. Les ouvrages relatifs à Jeanne d'Arc sont classés dans l'ordre alphabétique des noms des auteurs. Pour les ouvrages anonymes, on a pris comme repère le premier mot du titre. — Voy. aussi pour Jeanne d'Arc, les sections **Poésie** *et* **Théâtre***.*

3389. ANNIVERSAIRE (le 426°) de la délivrance d'Orléans, 8 mai 1855. *Orléans, Pagnerre,* 1855. VIII-172 pages, in-8°. Carte. Cart.

3390. ATTEL DE LUTANGE (D'). L'héroïne d'Orléans, xv° siècle, avec une carte de tous les lieux cités dans cet ouvrage, et un plan de la ville d'Orléans, à l'époque de sa délivrance par Jeanne d'**Arc**. Par M. J.-F.-D. d'Attel de Lutange. *Paris, Charpentier*, 1844. XVI-298, 343 et 330 pages, in-8°. 3 vol. Demi-rel.

3391. BADEL. Jeanne d'**Arc** à Nancy. 1429-1890. Par Émile Badel. *Orléans, Herluison*, 1890. 102 pages, gr. in-8°. Fig. Br.

3392. BADEL. Jeannne d'**Arc** à Nancy. Par Émile Badel. *Nancy, G. Crépin-Leblond*, 1894. 16 pages, in-8°. Fig. Br.

3393. BADEL. Jeanne d'**Arc** est Lorraine, par Émile Badel. *Nancy, Crépin-Leblond*, 1895. 32 pages, in-8°. Br.

3394. BARANTE (DE). Histoire de Jeanne d'**Arc**, par M. le baron de Barante, membre de l'Académie française. *Paris, Didier et Cie*, 1859. 276 pages, in-12. Frontispice. Demi-rel.

3395. BARTHÉLEMY DE BEAUREGARD. Histoire de Jeanne d'**Arc**, d'après les chroniques contemporaines, les recherches des modernes et plusieurs documents nouveaux, suivie de près de 1200 articles indiquant tout ce qui a été publié sur cette héroïne, par l'abbé J. Barthélemy de Beauregard, chanoine de Reims. Ornée de gravures. *Paris, T.-M. Aubry Dile-Roupe*, 1847. VI-528 et 536 pages, in-8°. 2 vol. Demi-rel.

3396. BARTHÉLEMY DE BEAUREGARD. Mission divine de Jeanne d'**Arc**, prouvée par ses triomphes et son martyre. Panégyrique prononcé dans la cathédrale d'Orléans, à la fête du 8 mai 1850 et 1853, par M. l'abbé Barthélemy de Beauregard. *Orléans, A. Jacob*. 1853. 72 pages, in-8°. Demi-rel.

3397. BERRIAT-SAINT-PRIX. Jeanne d'**Arc**, ou coup-d'œil sur les révolutions de France au temps de Charles VI et de Charles VII, et surtout de la Pucelle d'Orléans, par M. Berriat-Saint-Prix. Avec un itinéraire exact des expéditions de Jeanne d'Arc, son portrait, deux cartes... *Paris, Pillet*, 1817. 368 pages, in-8°. Demi-rel.

3398. BLOCH. Inauguration de la statue de Jeanne d'**Arc**. Allocution prononcée au temple consistorial de Nancy, le 28 juin 1890, par Armand Bloch, rabbin de Toul. *Paris, Durlacher*, 1890. 12 pages, in-8°. Br.

3399. BOUCHER DE MOLANDON. L'armée anglaise vaincue par Jeanne d'**Arc**, sous les murs d'Orléans. Documents inédits et plan. Par M. Boucher de Molandon et A. de Beaucorps. *Orléans, H. Herluison ; Paris, L. Baudoin*, 1892. 315 pages, in-8°. Plan. Br.

3400. BOUGAUD. Panégyrique de Jeanne d'**Arc** prononcé dans la cathédrale d'Orléans, le 8 mai 1865, en la fête du 436° anniversaire de la délivrance de la ville, par M. l'abbé Em. Bougaud, vicaire général d'Orléans. *Paris, Vve Poussielgue et fils*, 1865. 49 pages, in-8°. Cart.

3401. BOUTEILLER (DE) et de Braux. Notes iconographiques sur Jeanne d'**Arc**, par E. de Bouteiller et de Braux. *Paris, A. Claudin*, 1879. 39 pages, in-12. Fig. Demi-rel.

3402. BUCHON. Chronique et procès de la Pucelle d'Orléans, d'après un manuscrit inédit de la bibliothèque d'Orléans, accompagné d'une dissertation de l'abbé Dubois ; publié par J.-A. Buchon. *Paris, Verdière*, 1827. LXI-413 pages, in-8°. Demi-rel.

3403. CAZE. La vérité sur Jeanne d'**Arc**, ou éclaircissemens sur son origine, par P. Caze. Fragments d'un poème sur le même sujet, par le même auteur. *Paris, Rosa*. 1819. 350, 252 et 80 pages, in-8°. 2 vol. Cart.

3404. CERIZIERS. Jeanne d'**Arc**, ou l'Innocence affligée. (Fragment de « Les trois estats de l'innocence », par le R. P. René de Ceriziers). Le titre manque. (*Paris, Camusat et Lepetit*, 1646.) 145 pages numérotées 157-302, in-8°. Fig. Rel. veau.

3405. CHAPELLIER. Étude sur la véritable nationalité de Jeanne d'**Arc**, par Ch. Chapellier, instituteur. *Épinal, Vve Gley*, 1870. 16 pages, in-8°. Br.

3406. CHAPOTIN. La guerre de Cent ans.

Jeanne d'**Arc** et les Dominicains, par le R. P. Fr. Marie-Dominique Chapotin, des Frères prêcheurs. *Évreux, Odieuvre*, 1888. 191 pages, in-8°. Demi-rel.

3407. CHAUSSARD, Jeanne d'**Arc**. Recueil historique et complet, publié par M. Chaussard, professeur au lycée d'Orléans. *Orléans, Darnault-Maurant*, 1806. xii-500 pages, in-8°. Portrait. 2 vol. Demi-rel.

3408. CHESNELONG. Jeanne d'**Arc** et la vocation chrétienne de la France. Conférence faite à Nancy, le 17 mai 1894, par Chesnelong. *Nancy, E. Le Chevallier*, 1894. 26 pages, in-8°. Br.

3409. COUSINOT. Chronique de la Pucelle ou Chronique de Cousinot; suivie de la Chronique normande de P. Cochon, relatives aux règnes de Charles VI et de Charles VII, restituées à leurs auteurs et publiées pour la première fois intégralement à partir de l'an 1403, d'après les manuscrits. Avec notices, notes et développements, par M. Vallet de Viriville. *Paris, A. Delahays*, 1859. 540 pages, in-12. Demi-rel.

3410. (DAVID.) Jeanne d'**Arc**. Récit historique et critique de sa mission, présenté sous forme dramatique, en sept journées et en vers libres. (Par David, de Remiremont.) *Paris, A. Wittersheim*, 1861. 255 pages, gr. in-8°. Demi-rel.

3411. DEGUERRY. Éloge de Jeanne d'**Arc**, prononcé dans l'église cathédrale d'Orléans, le 8 mai 1828, par M. l'abbé Deguerry, chanoine honoraire d'Orléans. *Orléans, Rouzeau Montaut*, 1828. 58 pages, in-8°. Cart.

3412. DEGUERRY. Éloges de Jeanne d'**Arc**, prononcés dans l'église cathédrale d'Orléans, les 8 mai 1856 et 8 mai 1828, par M. l'abbé Deguerry, curé de la Madeleine. *Paris, J. Lecoffre et Cie*, 1856. 108 pages, in-8°. Fig. Cart.

3413. DEL'AVERDY. Mémoire lu au comité des manuscrits, concernant la recherche à faire des minutes originales des différentes affaires qui ont eu lieu par rapport à Jeanne d'**Arc**, appelée communément la Pucelle d'Orléans. Par M. Del'Averdy. *Paris, Imprimerie royale*, 1787. 19 pages, in-4°. Cart. Voy. n° 3471.

3414. DEL'AVERDY. Notices des procès de Jeanne d'**Arc**, dite la Pucelle d'Orléans, tirées des différens manuscrits de la Bibliothèque du roi. Par M. Del'Averdy. *Paris, Imp. royale*, 1790. viii-604 pages, in-4°. Rel. bas. (Tome III des *Notices et extraits des manuscrits de la Bibliothèque du roi*.)

3415. DESJARDINS. Vie de Jeanne d'**Arc**, par Abel Desjardins, professeur d'histoire à la faculté des lettres de Dijon, d'après les documents nouvellement publiés. *Paris, F. Didot*, 1854. iv-388 pages, in-12. Carte. Demi-rel.

3416. DISCOURS prononcés, le 28 juin 1890, à l'inauguration de la statue de Jeanne d'**Arc**. *Nancy, s. n.*, 1890. 22 pages, in-4°. Br.

3417. DUCHESNE. Étude historique et littéraire sur « Jeanne d'**Arc** », poème de M. Raoul de la Grasserie, par Julien Duchesne. *Rennes-Paris, Oberthur*, 1890. 44 pages, in-8°. Br. (Extrait des *Annales de Bretagne*.)

3418. DUFAUX. Vies dictées d'outre-tombe, à Ermance Dufaux, âgée de 14 ans, et publiées par elle. Jeanne d'**Arc** par elle-même. *Melun, Desrues*, 1855. 392 pages, in-12. Demi-rel.

3419. DUFAUX. Histoire de Jeanne d'**Arc**, dictée par elle-même à Ermance Dufaux, âgée de 14 ans, 2° édition. *Paris, Ledoyen*, 1860. viii-382 pages, in-12. Demi-rel.

3420. (DU LIS.) Recueil de plusieurs inscriptions proposées pour remplir les tables d'attente estans sous les statues du roy Charles VII et de la Pucelle d'Orléans, qui sont élevées... sur le pont d'Orléans, dès l'an 1458. Et de diverses poésies faites à la louange de la mesme Pucelle, de ses frères et de leur postérité. (Par Charles Du Lis.) *Paris, E. Martin*, 1628. 124 pages, in-4°. Vignette sur le titre et gravure intitulée : Pourtrait d'une tapisserie, etc. Rel. parchemin.

3421. (DU LIS.) Traité sommaire tant du nom et des armes que de la naissance et parenté de la Pucelle d'Orléans et de ses frères. Justifié par plusieurs patentes et arrest, enquestes et informations, etc. Fait en octobre 1612 et reveu en 1628. (Par

Charles Du Lys.) *Paris, E. Martin*, 1628.
52 pages, in-4°. Rel. parchemin.

3422. DU LIS. Opuscules historiques relatifs à Jeanne d'**Arc**, dite la Pucelle d'Orléans, par Charles Du Lis. Nouvelle édition précédée d'une notice historique sur
l'auteur, accompagnée de diverses notes
et développements et de deux tableaux
généalogiques inédits avec blasons, par M.
Vallet de Viriville. *Paris, A. Aubry*, 1856.
114 pages, in-12. Cart.

3423. DUMAS. Jeanne d'**Arc**, par Alexandre
Dumas ; suivi d'un appendice contenant une analyse raisonnée des documents anciens et de nouveaux documents
inédits sur la Pucelle d'Orléans, par J. A.
Buchon ; avec une introduction par M.
Charles Nodier, de l'Académie française.
Paris, Ch. Gosselin, 1843. xv-453 pages,
in-12. Demi-rel.

3424. DUMAST. De la véritable orthographe
du nom de Jeanne d'**Arc**, par P. G. Dumast. *Nancy, Grimblot et Vve Raybois*,
1856. 16 pages, in-8°. Cart. (Extrait des
Mémoires de l'Académie de Stanislas.)

3425. DUPANLOUP. Panégyrique de Jeanne
d'**Arc**, prononcé par Mgr Dupanloup,
évêque d'Orléans, dans la cathédrale de
Sainte-Croix, le 8 mai 1855. *Orléans, Gatineau*, s. d. 48 pages, in-8°. Cart.

3426. DUPONT. Les trois statues de Jeanne
d'**Arc**, par Léonce Dupont. *Orléans, Pesty*,
1855. 109 pages, in-12. Fig. Demi-rel.

3427. DUPUIS. Des œuvres littéraires et
artistiques inspirées par Jeanne d'**Arc**.
Mémoire lu au Congrès scientifique d'Orléans, par M. F. Dupuis, vice-président du
tribunal civil d'Orléans. *Orléans, A. Jacob*,
1852. 42 pages, in-8°. Rel.

3428. DUVAL. Jeanne **Darc** ou la délivrance
de la France, en 12 chants, par P.-C.-P.
Duval de Belle-Ile-en-Mer (Morbihan).
Quimper, L. Alphonse, 1857. III-397 pages,
in-8°. Demi-rel.

3429. FABERT. Les deux procès de Jeanne
d'**Arc**. Condamnation : 1431. Réhabilitation : 1456. Par M. Léon Fabert. *S. l.,
n. n., n. d.* 127 pages, in-4°, à 2 col. Fig. Br.

3430. FABRE. Jeanne d'**Arc** libératrice de
la France, par Joseph Fabre. *Paris. Ch.
Delagrave*, 1884. 364 pages, in-12. Fac-
similé. Demi-rel.

3431. FABRE. Jeanne d'**Arc** libératrice de
la France, par Joseph Fabre. Edition illustrée de quarante gravures hors-texte,
d'après des tableaux, des statues, des
estampes et des documents de toutes les
époques. *Paris, Ch. Delagrave*, (1884).
IV-319 pages, in-8°. Demi-rel.

3432. FABRE. Procès de condamnation de
Jeanne d'**Arc**, d'après les textes authentiques des procès-verbaux officiels. Traduction avec éclaircissements, par Joseph
Fabre. *Paris, Ch. Delagrave*, 1884. 432
pages, in-12. Fac-similé. Demi-rel.

3433. FABRE. Procès de réhabilitation de
Jeanne d'**Arc**, raconté et traduit d'après
les textes latins officiels, par Joseph Fabre.
Paris, Ch. Delagrave, 1888. 372 et 399
pages, in-12. 2 vol. Demi-rel.

3434. FEUTRIER. Éloge historique et religieux de Jeanne d'**Arc**, pour l'anniversaire de la délivrance d'Orléans, le 8 mai
1429, prononcé dans la cathédrale de cette
ville, le 8 mai 1821 et le 9 mai 1823, par
M. l'abbé Feutrier, curé de la paroisse de
la Madeleine de Paris. *Orléans, Rouzeau-
Montaut*, s. d. 33 pages, in-8°. Demi-rel.

3435. FREPPEL. Panégyrique de Jeanne
d'**Arc**, prononcé dans la cathédrale d'Orléans, à la fête du 8 mai 1860, par M. l'abbé
Freppel, professeur d'éloquence sacrée à
la Sorbonne. 2° édition. *Paris, A. Bray*,
1860. 30 pages, in-8°. Demi-rel.

3436. GAUCOURT. Des faits relatifs à
Jeanne d'**Arc** et au sire de Gaucourt.
Lettres à M. Henri Martin, par le Marquis
de Gaucourt. *Paris, Garnier*, 1857. 136
pages, in-12. Rel.

3437. GEORGES. Jeanne d'**Arc** considérée
au point de vue franco-champenois, par
l'abbé Étienne Georges, de Troyes. *Troyes,
L. Lacroix*, 1894. VI-538 pages, in-8°.
Demi-rel.

3438. GERMAIN. Bibliographie : « Jeanne
d'**Arc** champenoise. Étude sur la véritable nationalité de la Pucelle... par E.

Misset. » Par L. Germain. *Nancy, Crépin-Leblond*, 1895. 12 pages, in-8°. Br.

3439. GÉRY. Éloge de Jeanne d'**Arc**, dite la Pucelle d'Orléans, prononcé dans l'église cathédrale d'Orléans, le 8 mai 1779, jour anniversaire de la levée du siège de cette ville en 1429. Par M. André-Guillaume de Géry, abbé de Sainte-Geneviève. *Paris, Ph.-D. Pierres*, 1779. 39 pages, in-4°. Cart.

3440. GILLIS. Panégyrique de Jeanne d'**Arc** prononcé dans la cathédrale d'Orléans, à la fête du 8 mai 1857, par Mgr Gillis, évêque de Limyra, etc. *Orléans, A. Gatineau*, 1857. 56 pages, gr. in-8°. Fig. Demi-rel.

3441. GIROD. Éloge de Jeanne d'**Arc**, pour l'anniversaire de la délivrance d'Orléans, le 8 mai 1429, prononcé dans la cathédrale de cette ville, le 8 mai 1826, par M. l'abbé Girod, vicaire de la Métropole de Paris, chanoine honoraire d'Avignon. *Orléans, Rouzeau-Montaut*, 1826. 52 pages, in-8°. Demi-rel.

3442. GODEFROY. Le livre d'or français. La mission de Jeanne d'**Arc**, par Frédéric Godefroy. Ouvrage illustré d'un portrait inédit de la Pucelle en chromolithographie ... et de quatorze compositions originales imprimées en camaïeu, de Claudius Ciappori-Puche. *Paris, Ph. Reichel*, 1878. XII-392 pages, gr. in-8°. Demi-rel.

3443. GOERRES. Jeanne d'**Arc** d'après les chroniques contemporaines, par M. Guido Goerres, traduite de l'allemand par M. Léon Boré. *Paris, Périsse*, 1843. XVI-400 pages, in-8°. Demi-rel.

3444. (GORCUM ET GERSON.) Sibylla francica seu de admirabili Puella, Johanna Lotharingica, pastoris filia, ductrice exercitûs Francorum, sub Carolo VII, dissertationes aliquot coaevorum scriptorum historicae et philosophicae, in quibus et de arte magica obiter disputatur, et historiae aliae complures lectu jucundissimae inseruntur. Item dialogi duo de querelis Franciae et Angliae... Omnia ex bibliotheca Melchioris Haiminsfeldii Goldasti eruta, et in lucem producta. *Ursellis, Cornel. Sutorius*, 1606. IV-36 et 43 pages, in-4°. **Rel. parchemin.**

3445. GOTTIS. Jeanne d'**Arc** ou l'héroïne française ; par Mme Gottis. Orné de quatre jolies figures et du portrait de l'héroïne. *Paris, A. Bertrand*, 1822. XII-288, 333, 322 et 342 pages, in-12. 4 vol. Demi-rel.

3446. GUILBERT. Éloge historique de Jeanne d'**Arc**, surnommée la Pucelle d'Orléans ; suivi de notes, des pièces justificatives de son procès et de diverses remarques historiques. Par Ph.-J.-Et.-Vt. Guilbert. *Rouen, V. Guilbert, s. d.* 84 pages, in-8°. Cart.

3447. HALDAT (DE). Éloge de Jeanne d'**Arc**, Pucelle d'Orléans, prononcé à Domremy, le 10 septembre 1820, par M. de Haldat, docteur en médecine. *Neufchâteau, Beaucolin, s. d.* 31 pages, in-8°. Demi-rel.

3448. HALDAT (DE.) Relation de la fête inaugurale célébrée à Domremy, le 10 septembre 1820, en l'honneur de Jeanne d'**Arc** ; suivie de deux dissertations sur l'authenticité de la maison de l'héroïne et sur les monuments anciennement érigés à sa gloire dans la province de Lorraine ; par M. C.-N.-Al. de Haldat, docteur en médecine. *Nancy, C.-J. Hissette, s. d.* II-98 pages, in-8°. 1 portrait et 2 planches. Demi-rel.

3449. HALDAT (DE.) Notice sur la chapelle de Bermont, célèbre dans l'histoire de Jeanne d'**Arc**, par M. de Haldat. *Nancy, Hissette*, 1835. 7 pages, in-8°. Demi-rel. (Extrait des *Mémoires de la Société des sciences, lettres et arts de Nancy.*)

3450. HALDAT (DE.) Considérations sur la famille de Jeanne d'**Arc**, par M. de Haldat. *Nancy, L. Vincenot*, 1844. 12 pages, in-8°. Demi-rel.

3451. HALDAT (DE.) Examen critique de l'histoire de Jeanne d'**Arc**, suivi de la relation de la fête célébrée à Dom-Remi en 1820, et de mémoires sur la maison de Jacques d'Arc et sur sa descendance, par M. de Haldat. *Nancy, Grimblot et Vve Raybois*, 1850. 338 pages, in-8°. Portrait et 3 planches. Demi-rel.

3452. (HAUTEFEUILLE.) Jeanne d'**Arc**, par Anna Marie (Madame la comtesse d'Hautefeuille). *Paris, Debécourt*, 1841. IX-392 et 392 pages, in-8°. 2 tomes en 1 vol. Demi-rel.

3453. HISTOIRE de Jeanne d'Arc, surnommée la Pucelle d'Orléans, d'après les
manuscrits de la Bibliothèque du roi.
Paris, Marchands de nouveautés, 1839.
158 pages, in-12. Fig. Demi-rel.

3454. HORDAL. Heroinæ nobilissimæ Joannæ **Darc** Lotharingæ vulgo Aurelianensis Puellæ historia. Ex variis gravissimæ
atque incorruptissimæ fidei scriptoribus
excerpta. Ejusdem mavortiæ virginis inno-
centia a calomniis vindicata. Authore
Joanne Hordal scr. Ducis Lotharingiæ
consiliario, et J. U. doctore ac professore
publico in alma Universitate Ponti-Mus-
sanâ. *Ponti-Mussi, Melch. Bernard,* 1612.
xvi-254 pages, pet. in-4°. Rel. parchemin.

3455. HUIN. Histoire populaire de Jeanne
d'Arc, suivie de détails curieux sur sa
chaumière, sur les lieux que la pieuse
héroïne a visités, et sur l'établissement
d'un musée à Domremy (Vosges). Par
A.-F.-F. Huin, habitant de Domremy,
conservateur du Musée de Jeanne d'Arc.
Paris, Garnier, 1856. 175 pages, in-12.
Demi-rel.

3456. JADART. Jeanne d'Arc à Reims. Ses
relations avec Reims, ses lettres aux Rémois. Notice accompagnée de documents
originaux et publiée à l'occasion du projet d'érection de la statue de Jeanne d'Arc
à Reims. *Reims, F. Michaud,* 1887. vii-
135 pages, gr. in-8°. Fig. Demi-rel.

3457. JANVIER. Panégyrique de la vénérable Jeanne d'Arc, prononcé à l'église métropolitaine de Tours, le 29 avril 1894, par
le R. P. M.-Alb. Janvier, des Frères prêcheurs. *Paris, Imp. A. Quelquejeu,* 1894.
47 pages, in-8°. Br.

3458. JEANNE la bonne Lorraine. *Verdun,
Renvé-Lallement,* 1895. 22 pages, in-12. Br.

3459. JOLI. Puellæ Aurelianensis causa ad-
versariis orationibus disceptata, ad ampli-
simum virum D. D. Nicolay, equitem tor-
quatum, regi a consiliis et regiarum ratio-
num principem. Auctore Jacobo Jolio.
Parisiis, Jul. Bertaut, 1609. xx-173 pages,
in-12. Cart.

3460. JOLLOIS. Histoire abrégée de la vie
et des exploits de Jeanne d'Arc, sur-

nommée la Pucelle d'Orléans, suivie d'une
notice descriptive du monument érigé à
sa mémoire, à Domremy, de la chaumière où l'héroïne est née, des objets antiques que cette chaumière renferme, et
de la fête d'inauguration célébrée le 10
septembre 1820, par M. Jollois, ingénieur
en chef des Vosges. *Paris, P. Didot,* 1821.
xxiv-202 pages et 10 planches in-fol.; suivies de la copie manuscrite de la relation
de la fête inaugurale célébrée à Domremy
le 10 septembre 1820... par M. de Haldat,
et publiée à Nancy, sous format in-8°.
58 pages in-fol., avec une aquarelle représentant Jeanne d'Arc, d'après le portrait possédé par M. de Haldat. Rel. mar.
bleu, fil. d. et dor. s. tr.

3461. JOLLOIS. Histoire du siège d'Orléans,
contenant une dissertation où l'on s'at-
tache à faire connaître la ville et les environs, tels qu'ils existaient en 1428 et
1429 ; ainsi que l'emplacement des bou-
levarts et bastilles des Anglais, les armes
en usage à cette époque pour l'attaque et
la défense, et les forces relatives des as-
siégeants et des assiégés, par M. Jollois,
ingénieur en chef des ponts et chaussées.
Paris, chez l'auteur, 1833. 95 pages, gr.
in-4°. 7 planches. On y a joint 4 croquis
lithographiés par Ch. Pensée. Demi-rel.

3462. JOLLOIS. Monuments anciens et modernes, érigés en France à la mémoire de
Jeanne d'Arc. Recueil composé de neuf
feuilles de dessins lithographiés, par Ch.
Pensée, professeur à Orléans, avec un
texte historique et descriptif par M. Jollois. *Orléans, l'auteur,* 1834. 14 pages,
gr. in-4°. Demi-rel.

3463. KARL. « France-album » à Jeanne
d'Arc. *Paris, A. Karl,* 1894. 7 pages.
29 fig. in-8°, obl. Cart.

3464. LAFONTAINE. Vie de Jeanne d'Arc,
par A.-P. Lafontaine, conseiller municipal
à Orléans. *Orléans, Gatineau,* 1854. 512
pages, in-12. Demi-rel.

3465. LANÉRY D'ARC. Jeanne d'Arc par
André Thevet ; extrait de ses «Vrais pour-
traits et vies des hommes illustres» (1584).
Avec une note sur les armes de la Pucelle, par Pierre Lanéry d'Arc, avocat à
la cour d'appel d'Aix. *Orléans, H. Herluison,* 1890. 41 pages, in-4°. Br.

3466. LANÉRY D'ARC. La Piuzela d'Or-lhienx. Récit contemporain en langue romane de la mission de Jeanne d'**Arc**, de sa présentation au roi Charles VII et de la levée du siège d'Orléans. Communiqué le 13 juin 1889 au Congrès des sociétés savantes, par P. Lanéry d'Arc, et Ch. Grellet-Balguerie. *Paris, A. Picard*, 1890. 15 pages, grand in-8°. Br.

3467. LANÉRY D'ARC. Le livre d'or de Jeanne d'**Arc**. Bibliographie raisonnée et analytique des ouvrages relatifs à Jeanne d'Arc. Catalogue méthodique, descriptif et critique des principales études historiques, littéraires et artistiques consacrées à la Pucelle d'Orléans, depuis le xv° siècle jusqu'à nos jours. Par Pierre Lanéry d'Arc. *Paris, Techener*, 1894. xxviii-1008 pages, gr. in-8°. Fig. Demi-rel.

3468. LANÉRY D'ARC. Mémoires et consultations en faveur de Jeanne d'**Arc**, par les juges du procès de réhabilitation, d'après les manuscrits authentiques publiés pour la première fois par Pierre Lanéry d'Arc. Pour servir de complément et de tome VI aux procès de condamnation et de réhabilitation de Jules Quicherat. *Paris, A. Picard*, 1889. 601 pages, in-8°. Demi-rel.

3469. LANGLET DU FRESNOY. Histoire de Jeanne d'**Arc**, dite la Pucelle d'Orléans. Par M. l'abbé Langlet du Fresnoy. *Amsterdam, La Compagnie*, 1759. xiv-115 160 et 184 pages, in-12. 3 parties en 1 vol. Rel. veau.

3470. LANGLET DU FRESNOY. Histoire de Jeanne d'**Arc**, dite la Pucelle d'Orléans, par M. l'abbé Langlet du Fresnoy. 1re et 2° parties. *Amsterdam, s. n.*, 1775. 115 et 160 pages, in-12. Rel. veau.

3471. L'AVERDY. Procès de Jeanne d'**Arc**. Observations sur le procès de la Pucelle. — Réflexions historiques et critiques sur la conduite qu'a tenue Charles VII à l'égard de Jeanne d'Arc, après qu'elle eut été faite prisonnière par les Anglais, au siège de Compiègne. — Sentiment sur la mission et le procès de la Pucelle. Par de l'Averdy. — Du prétendu mariage de la Pucelle d'Orléans. Opinions de Viguier, de Vienne de Plancy, de Polluche, de Langlet du Fresnoy et de d'Artigny. *Paris, Dentu*, 1838. En tout 96 pages, in-8°.

Demi-rel. (*Collection des meilleures dissertations... relatives à l'histoire de France, par Leber*.) Voy. n°s 3413 et 3414.

3472. LE BRUN DES CHARMETTES. Histoire de Jeanne d'**Arc**, surnommée la Pucelle d'Orléans, tirée de ses propres déclarations, de cent quarante-quatre dépositions de témoins oculaires, et des manuscrits de la bibliothèque du roi et de la Tour de Londres ; par M. Le Brun des Charmettes, sous-préfet de Saint-Calais. Ornée du portrait de Jeanne d'Arc et de sept jolies figures. *Paris, A. Bertrand*, 1817. xvi-451, 430, 455 et 468 pages, in-8°. 4 vol. Demi-rel.

3473. LE COURTIER. Éloge de Jeanne d'**Arc** à l'occasion de la délivrance de la ville d'Orléans, le 8 mai 1429, prêché dans la cathédrale d'Orléans, le 8 mai 1830, par M. l'abbé Le Courtier, premier vicaire de Saint-Étienne-du-Mont, à Paris. *Orléans, Rouzeau-Montaut*, 1830. 44 pages, in-8°. Demi-rel.

3474. LEPAGE. Jeanne d'**Arc** est-elle Lorraine ? Par Henri Lepage. *Nancy, Grimblot et Vve Raybois*, 1852. 56 pages, in-8°. Demi-rel. (Extrait des *Mémoires de l'Académie de Stanislas*.)

3475. LEPAGE. Jeanne d'**Arc** est-elle Lorraine ? Seconde dissertation, accompagnée de documents inédits, notamment sur la maison de la Pucelle, par Henri Lepage. *Nancy, Grimblot et Vve Raybois*, 1855. 90 pages, in-8°. Demi-rel. (Extrait des *Mémoires de l'Académie de Stanislas*.)

3476. LEPAGE. Un dernier mot sur cette question : Jeanne d'**Arc** est-elle lorraine ? Par Henri Lepage. *Nancy, A. Lepage*, 1856. 16 pages. Plan. Demi-rel. (Extrait du *Journal de la Société d'archéologie lorraine*.)

3477. LEROY. Jeanne d'**Arc** à Domremy. Son histoire. Guide du pèlerin à Domremy et dans les environs. Histoire de la basilique et de la statue monumentale. La statue de Frémiet à Nancy. Biographie de MM. Sédille, Frémiet et Osiris. Par Osvald Leroy. Dessins à la plume par M. G. Save. *Saint-Dié, L. Humbert*, 1890. 73 pages, in-18. Br.

3478. LOCK. Histoire de France. Jeanne d'Arc, 1429-1431, par Frédéric Lock. *Paris, Dubuisson et Cie,* 1866. 208 pages, in-24. Br.

3479. (LOISEAU.) Discours sur la révolution opérée dans la monarchie françoise, par la Pucelle d'Orléans, prononcé dans l'église cathédrale de cette ville, le 8 mai 1764, (par Loiseau, chanoine). *Orléans, J. Rouzeau-Montaut,* 1764. 47 pages, pet. in-8°. Cart.

3480. LONGIN. Éloge de Jeanne d'Arc, pour l'anniversaire de la délivrance d'Orléans, le 8 mai 1429, prononcé dans la cathédrale de cette ville, le 8 mai 1825 et présenté à S. M. Charles X, par M. l'abbé Longin, premier vicaire de la paroisse royale de Saint-Germain-l'Auxerrois. *Paris, Beaucé-Rusand,* 1825. 47 pages, in-8°. Demi-rel.

3481. LORRAIN. Notice sur Jeanne Darc et sur sa statue, par Nicolas Lorrain. *Paris, G. Gratiot,* 1856. 8 pages, in-8°. Cart.

3482. LUCE. Jeanne d'Arc à Domremy. Recherches critiques sur les origines de la mission de la Pucelle, accompagnées de pièces justificatives, par Siméon Luce. *Paris, H. Champion,* 1886. cccxvi-416 pages, in-8°. Demi-rel.

3483. LUCHET. Dissertation sur Jeanne d'Arc, vulgairement nommée la Pucelle d'Orléans, par M. de Luchet, ancien officier de cavalerie. *S. l., n. n.,* 1776. 131 pages, in-12. Rel. basane.

3484. MARIANA. Jeanne d'Arc, la Pucelle d'Orléans, par le Père Jean de Mariana, de la Compagnie de Jésus, avec une notice biographique, par M. Antoine de Latour. Texte et traduction. *Orléans, H. Herluison,* 1877. 20 pages, in-8°. Fig. Br.

3485. MAROLLES. Discours sur la Pucelle d'Orléans, et sur la délivrance d'Orléans, prononcés dans l'église cathédrale de la même ville, l'un le 8 mai 1759, l'autre le 8 mai 1760. Par le P. de Marolles, J. *Orléans et Paris, Despilly,* 1760. 48 et 55 pages, in-12. Demi-rel.

3486. MARTIN. La légende de Jeanne Darc (1410-1431); par Félix Martin. *Nantes, Guéraud,* 1851. 27 pages, in-8°. Cart.

3487. MARTIN. Jeanne d'Arc, par Henri Martin. *Paris, Furne et Cie,* 1857. 377 pages, in-12. Fig. Demi-rel.

3488. MARTIN. Jeanne Darc. Étude lue à la salle Barthélemy, le dimanche 21 février 1864, par Henri Martin, auteur de l'« Histoire de France ». *Paris, Furne,* 1864. 48 pages, in-12. Demi-rel.

3489. MERMILLOD. Panégyrique de Jeanne d'Arc, prononcé dans la cathédrale d'Orléans, le 8 mai 1863, par M. l'abbé Gaspard Mermillod, recteur de Notre-Dame de Genève. *Orléans, A. Gatineau,* 1863. 66 pages, in-8°. Demi-rel.

3490. MICHAUD. Notice sur Jeanne d'Arc, surnommée la Pucelle d'Orléans. Par MM. Michaud et Poujoulat. *Paris, Beauvais, etc.,* 1837. 328 pages, in-8°. Demi-rel.

3491. MICHAUD. Mémoires concernant la Pucelle d'Orléans. Par MM. Michaud et Poujoulat. *Paris, Guyot,* 1850. 183 pages à 2 colonnes, gr. in-8°. Demi-rel. (*Nouvelle collection des Mémoires pour servir à l'histoire de France.*)

3492. MICHELET. Jeanne d'Arc, par J. Michelet (1412-1432). *Paris, L. Hachette et Cie,* 1853. viii-148 pages, in-12. Demi-rel.

3493. MICHELET. Jeanne d'Arc, par J. Michelet. *Paris, L. Hachette,* 1856. viii-151 pages, in-12. Demi-rel.

3494. MICQUEAU. Aureliæ urbis anglicana obsidio, et simul res gestæ Joannæ Darciæ vulgo Puellæ Aurelianensis. Authore Joanne Lodoïco Micquello. Opus nunc demum recognitum. *Lutetiæ Parisiorum, Jac. Dugart,* 1631. xxii-287 pages, in-12. Rel. mar. vert.

3495. MISSET. Jeanne d'Arc champenoise. Étude critique sur la véritable nationalité de la Pucelle, d'après les documents officiels de son époque et les plus récentes publications, par E. Misset, directeur de l'École Lhomond. *Paris, H. Champion,* 1895. 80 pages, in-8°. Br.

3496. MISSET. Jeanne d'Arc champenoise. Réponse à M. Poinsignon, par E. Misset. La prévôté de Vaucouleurs et la prévôté d'Andelot. *Paris, Champion ; Orléans, Herluison,* 1895. 32 pages, in-8°. Br.

3497. MISSET. Première réponse à M. l'abbé L'Hote, professeur au grand séminaire de Saint-Dié, par E. Misset, directeur de l'École Lhomont. (Jeanne d'Arc champenoise.) *Paris, H. Champion ; Orléans, H. Herluison,* 1895. 14 pages, in-8°. Br.

3498. MISSET. Jeanne d'Arc champenoise. Deuxième réponse à M. l'abbé L'Hote, professeur au grand séminaire de Saint-Dié, par E. Misset, directeur de l'École Lhomond. *Paris, H. Champion ; Orléans, H. Herluison,* 1895. 29 pages, in-8°. Br.

3499. MISSET. Un contre-sens ou la croix de Lorraine dans la basilique de Domremy. Par E. Misset. *Paris, H. Champion,* 1896. 7 pages, in-8°. Br.

3500. MONTROND (DE). Jeanne d'Arc. Récit d'un preux chevalier. Chronique française du xve siècle, par Maxime de Montrond. 4e édition. *Lille, L. Lefort,* 1857. 160 pages, in-8°. Frontispice. Cart.

3501. MOORE. La légende de Jeanne d'Arc, suivie des faits et gestes du renard et des amours des anges ; poésies, traduits (*sic*) de l'anglais, de Thomas Moore, par Toussaint Cabuchet. 2e édition. *Paris, Dentu,* 1858. 142 pages, in-12. Demi-rel.

3502. MOUROT. Jeanne la bonne Lorraine et la grande Française. La nationalité de Jeanne d'Arc. Réponse à l'étude de M. l'abbé Misset « Jeanne la champenoise », par M. l'abbé Mourot, prêtre du diocèse de Saint-Dié. *Laveline, chez l'auteur,* 1896, 271 pages, in-8°. 1 plan. Br.

3503. NARJO. Jeanne **Darc**, sa vie, son procès, sa mort. *Paris, L. Marpon,* 1867. 68 pages, in-16. Fig. Cart.

3504. O'REILLY. Les deux procès de condamnation, les enquêtes et la sentence de réhabilitation de Jeanne d'Arc, mis pour la première fois intégralement en français... Par E. O'Reilly, conseiller à la Cour de Rouen. *Paris, H. Plon,* 1868. cxii-428 et 540 pages, in-8°. 2 frontispices. 2 vol. Demi-rel.

3505. OZANEAUX. La mission de Jeanne d'Arc, chronique en vers, par M. George Ozaneaux. *Paris, E. Renduel,* 1835. 365 pages, in-8°. Demi-rel.

3506. (PAU.) Histoire de notre petite sœur, ou l'enfance de Jeanne d'Arc, dédiée aux enfants de la Lorraine, par Marie-Edmée (Pau). *S. l., n. n., n. d.* (1871.) 86 pages, in-8°, non numér., 1 portrait et 53 planches. Demi-rel.

3507. PÈLERINAGE à Jeanne d'Arc, 1250 kilomètres à pied. Par un habitant de Saint-Dizier. *Saint-Dizier, Henriot et Godard,* (1892). 7 pages, in-4°. Br.

3508. PERNOT. Jeanne d'Arc champenoise et non pas lorraine. Mémoire lu au Congrès scientifique de France, dans sa XVIIIe session, tenue à Orléans, en septembre 1851, par F.-A. Pernot. *Orléans, A. Jacob,* 1852. 19 pages, in-8°. Carte. Demi-rel.

3509. PETITOT. Mémoires concernant la Pucelle d'Orléans, dans lesquels se trouvent plusieurs particularités du règne de Charles VII, depuis 1422 jusques en 1429. Par Petitot. *Paris, Foucault,* 1825. 402 pages, in-8°. Demi-rel. (*Collection des mémoires relatifs à l'histoire de France.*)

3510. PETITOT. Précis de l'histoire de Jeanne d'Arc, surnommée la Pucelle d'Orléans ; extrait de la collection des *Mémoires relatifs à l'histoire de France,* publiée par M. Petitot, *Paris, Foucault,* 1819. 178 pages, in-8°. Br.

3511. POINSIGNON. Ni lorraine ni champenoise, ou nouvel aperçu sur Domremy, pays de Jeanne d'Arc. Par Maurice Poinsignon. *Châlons, Imp. Thouille,* 1895. 19 pages, in-8°. Br.

3512. PUYMAIGRE (DE). Jeanne d'Arc au théâtre, 1439-1875, par le comte de Puymaigre. *Paris, Ch. Douniol et Cie,* 1875. 32 pages, in-8°. Cart.

3513. PUYMAIGRE (DE). Jeanne d'Arc au théâtre. 1439-1890, par le comte de Puymaigre. *Paris, A. Savine,* 1890. 115 pages, in-12. Br.

3514. QUICHERAT. Procès de condamnation et de réhabilitation de Jeanne d'Arc dite la Pucelle, publiés pour la première fois d'après les manuscrits de la Bibliothèque royale, suivis de tous les documents historiques qu'on a pu réunir, et accompagnés de notes et d'éclaircissements. Par Jules Quicherat. *Paris, J. Re-*

nouard, 1841-1849. 507, 472, 473, 540 et 575 pages, in-8°. 5 vol. Demi-rel. (*Publications de la Société de l'Histoire de France.*)

3515. QUICHERAT. Aperçus nouveaux sur l'histoire de Jeanne d'**Arc**, par J. Quicherat, professeur à l'École nationale des Chartes, éditeur des procès de la Pucelle. *Paris, J. Renouard et Cie*, 1850. II-168 pages, in-8°. Demi-rel.

3516. QUICHERAT. Histoire du siège d'Orléans et des honneurs rendus à la Pucelle, par Jules Quicherat. *Paris, L. Hachette et Cie*, 1854. 64 pages, in-12. Demi-rel.

3517. RENARD. Du nom de Jeanne d'**Arc**. Examen d'une opinion de M. Vallet de Viriville, par Renard (Athanase). *Paris, Garnier*, 1854. 16 pages. in-8°. Demi-rel.

3518. (RENARD.) Du nom de Jeanne d'**Arc**. Examen d'une opinion de M. Vallet de Viriville, (par M. Athanase Renard). *Paris, J. Claye, s. d.* 16 pages, in-8°. Demi-rel.

3519. RENARD. Jeanne d'**Arc** était-elle française ? Réponse au mémoire de M. Henri Lepage, intitulé : « Jeanne d'Arc est-elle lorraine ? » Par Renard (Athanase). *Chaumont, Renard-Charlet*, 1852. 34 pages, in-8°. Demi-rel.

3520. RENARD. Jeanne d'**Arc** était-elle française ? Deuxième réponse à M. Henri Lepage, par Renard (Athanase). *Paris, J. Claye*, 1855. 32 pages, in-8°. Demi-rel.

3521. RENARD. Jeanne d'**Arc** était-elle française ? Troisième et dernière réponse à M. Henri Lepage, par Renard (Athanase). *Paris, J. Claye*, 1857. 29 pages, in-8°. Demi-rel.

3522. RENARD. Jeanne d'**Arc**. Examen d'une question de lieu, par M. Renard (Athanase). *Orléans, G. Jacob*, 1861. 16 pages. in-8°. Demi-rel. (Extrait des *Mémoires de la Société archéologique de l'Orléanais.*)

3523. (RENARD). La mission de Jeanne d'**Arc**. Examen d'une opinion de M. Jules Quicherat, (par M. Athanase Renard). *Paris, J. Claye, s. d.* 32 pages, in-8°. Rel.

3524. RENARD. La mission de Jeanne d'**Arc**. Examen d'une opinion de M. Jules Qui-

cherat, par Renard (Athanase). *Paris, Garnier*, 1856. 32 pages, in-8°. Demi-rel.

3525. RENARD. La patrie de Jeanne d'**Arc**, par M. Ath. Renard. *Langres, F. Dangien*, 1880. 15 pages, in-12. Br.

3526. RENARD. L'état civil de Jeanne d'**Arc**, par M. Ath. Renard. *Langres, F. Dangien*, 1879. 16 pages, in-8°. Br. (Extrait du *Bulletin de la Société historique de Langres.*)

3527. RENARD. Souvenirs du Bassigny champenois. Jeanne d'**Arc** et Domremi. Par Renard (Athanase). *Paris, Bénard*, 1851. 15 pages, in-4°. Demi-rel. (Extrait des *Mémoires de la Société historique... de Langres.*)

3528. RENARD. Souvenirs du Bassigny champenois. Jeanne d'**Arc** et Domremi, par Renard (Athanase). *Paris, J. Claye*, 1857. 24 pages, in-8°. Demi-rel.

3529. RENZI. Jeanne d'**Arc**, sa mission et son martyre, avec le plan du siège d'Orléans et la statue équestre de M. Foyatier ; par M. A. Renzi, administrateur de l'Institut historique de France, etc. *Paris, Garnier et Dentu*, 1855. 128 pages, in-8°. Demi-rel.

3530. RENZI. Jeanne **Darc**, sa mission et son martyre, avec le plan du siège d'Orléans et la photographie de la statue équestre de M. Foyatier ; par M. A. Renzi, etc, 2e édition, revue, corrigée et augmentée par l'auteur. *Paris, E. Dentu*, 1857. IV-128 pages, in-8°. Cart.

3531. RONDELET... Rapport fait à l'Athénée des arts de Paris, par MM. Rondelet, Beauvallet et Duchesne fils, sur la fonte en bronze de la statue de Jeanne d'**Arc**, par M. Gois fils, statuaire, et moulée en sable, sous sa conduite, par MM. Rousseau et Honoré Gonon, fondeurs ; lu dans la séance publique du 8 fructidor an XII. *S. l., Delance*, 1805. 21 pages, in-8°. Cart. (Extrait du *Magasin encyclopédique.*)

3532. (ROUSSY.) Aurélia ou Orléans délivré. Poème latin (qui n'a jamais existé), traduit en françois (par l'abbé Jean de Roussy.) *Paris, Mérigot*, 1738. XII-389 pages, in-12. Rel. veau.

3533. ROY. Histoire de Jeanne d'**Arc**, dite la Pucelle d'Orléans, par J.-J.-E. Roy. Quinzième édition, revue et approuvée par une société d'ecclésiastiques. *Tours, A. Mame et Cie*, 1862. 284 pages, in-12. Fig. Demi-rel.

3534. SAVE. Jehanne des Armoises (Jeanne d'**Arc**), Pucelle d'Orléans, par Gaston Save. *Nancy, Crépin-Leblond*, 1893. 31 pages, gr. in-8°. Br.

3535. SÉGUR (Comte de). Jeanne d'**Arc**, épisode historique, par M. le comte de Ségur. *Paris, d'Emery, Fruger et Cie*, 1829. 187 pages, in-12. Fig. Rel. veau.

3536. SEMMIG. Die Jungfrau von Orléans und ihre Zeitgenossen. Von Dr. Herman Semmig, früher Gymnasialprofessor Zu Orléans. *Leipzig, Siegismund, Volkening, s. d.* 280 pages, in-8°. Cart. percal.

3537. SI Jeanne d'**Arc** a été brûlée. Extrait du Magasin pittoresque, t. XII (1844), pp. 286-298. 9 pages, in-8°. Rel.

3538. SOREL. La maison de Jeanne d'**Arc** à Domremy, par Alexandre Sorel, président du tribunal civil de Compiègne. Avec vues et plan. *Paris, H. Champion*, 1886. 102 pages, gr. in-8°. Demi-rel.

3539. SOREL. La prise de Jeanne d'**Arc** devant Compiègne et l'histoire des sièges de la même ville, sous Charles VI et Charles VII, d'après des documents inédits, par Alexandre Sorel, président du tribunal civil de Compiègne. Avec vues et plans. *Paris, A. Picard ; Orléans, H. Herluison*, 1889. XII-385 pages, in-8°. Demi-rel.

3540. (TRIPAULT.) L'histoire et discours au vray du siège qui fut mis devant la ville d'Orléans, par les Anglois, le mardy, 12° jour d'octobre, 1428, régnant alors Charles VII, roy de France, contenant toutes les saillies, assauts... avec la venue de Jeanne la Pucelle, etc... Prise de mot à mot, sans aucun changement de langage, d'un vieil exemplaire escrit à la main en parchemin et trouvé en la maison de ladite ville d'Orléans... (Par Léon Tripault.) *Orléans, O. Boynard et J. Nyon*, 1611. 296 pages n. numér. Portrait in-12. Rel. veau. (Aux armes de Guyot de Mirman.)

3541. TURINAZ. Jeanne d'**Arc** et le monument national de Domremy. Discours prononcé par Monseigneur Turinaz, évêque de Nancy et de Toul, à l'occasion du pèlerinage national de Domremy, le 22 juillet 1890. *Nancy, Pierron et Hozé*, 1890. 16 pages, in-8°. Cart.

3542. TURINAZ. La Très sainte Vierge, Jeanne d'**Arc** et la France. Discours prononcé devant la grotte de Lourdes, le 2 septembre 1888, par Monseigneur Turinaz, évêque de Nancy et de Toul, à l'occasion de la bénédiction d'un étendard de Jeanne d'**Arc** offert par le pèlerinage lorrain. *Nancy, G. Crépin-Leblond*, 1888. 30 pages, in-8°. Cart.

3543. VALLET DE VIRIVILLE. Mémoire sur la manière dont en doit écrire le nom de famille que portait la Pucelle d'Orléans, par A. Vallet. (Extrait du tome IX de l'*Institut historique*.) 10 pages à 2 col., in-8°. Demi-rel.

3544. VALLET DE VIRIVILLE. Nouvelles recherches sur la famille et sur le nom de Jeanne d'**Arc**, dite la Pucelle d'Orléans, accompagnées de tableaux généalogiques et de documents inédits, par A. Vallet de Viriville. *Paris, Dumoulin*, 1854. 51 pages, in-8°. Demi-rel.

3545. VALLET (DE VIRIVILLE.) Procès de condamnation de Jeanne d'**Arc**, dite la Pucelle d'Orléans. Traduit du latin et publié intégralement pour la première fois en français d'après les documents manuscrits et originaux, par M. Vallet (de Viriville). *Paris, F. Didot*, 1867. CIX-324 pages, in-8°. Demi-rel.

3546. VALLET DE VIRIVILLE. Recherches iconographiques sur Jeanne d'**Arc**, dite la Pucelle d'Orléans. Analyse critique des portraits ou œuvres d'art faits à sa ressemblance, par M. Vallet de Viriville. (Extrait de la *Revue archéologique*.) *Paris, Dumoulin*, 1855. 24 pages, in-8°. 2 planches. Demi-rel.

3547. VAUZELLES (DE). Fête du 8 mai 1868. 439° anniversaire de la délivrance d'Orléans. Jeanne d'**Arc**, par Ludovic de Vauzelles, conseiller à la Cour impériale d'Orléans. *Paris, Ch. Lahure*, 1868. 15 pages, in-8°. Cart.

3548. VERGNAUD - ROMAGNÉSI. Notice historique sur la fête de Jeanne d'Arc à Orléans, par Vergnaud-Romagnési. Quatrième année séculaire depuis la levée du siège d'Orléans (8 mai 1829). *Orléans, Vergnaud-Romagnési,* 1829. 6 pages et 5 planches, in-4°. Demi-rel.

3549. VERGNAUD-ROMAGNÉSI. Mémoires sur les monuments élevés en l'honneur de Jeanne d'Arc, sur les gravures, sur les peintures qui la représentent, et particulièrement sur une ancienne bannière de la ville d'Orléans, par C.-F. Vergnaud-Romagnési. *Orléans, Gatineau,* 1846. 12 pages, in-8°. 2 pl. Rel.

3550. VERGNAUD-ROMAGNÉSI. Fête de Jeanne d'Arc à Orléans, les 6, 7, 8, 9 et 10 mai. Précis sur la vie et les exploits de Jeanne d'Arc; ses portraits, les monumens en son honneur, ses médailles, ses armoiries, les fêtes remarquables de la délivrance d'Orléans, le programme de celles de cette année et des indications pour les étrangers, par C.-F. Vergnaud-Romagnési. *Orléans, Gatineau,* 1855. 20 pages, in-8°. Demi-rel.

3551. VILLIAUMÉ. Histoire de Jeanne d'Arc, et réfutation des diverses erreurs publiées jusqu'à ce jour, par N. Villiaumé. *Paris, E. Dentu,* 1863. 439 pages, in-12. Demi-rel.

3552. WAILLY (DE). Jeanne d'Arc par M. Wallon. Par N. de Wailly, *Paris, Ad. Lainé et J. Havard, s. d.* 8 pages, in-8°. Cart. (Extrait de la *Bibliothèque de l'École des Chartes.*)

3553. WALLON. Jeanne d'Arc, par H. Wallon, membre de l'Institut. *Paris, L. Hachette et Cie,* 1860. LVIII-336 et 360 pages, in-8°. 2 vol. Demi-rel.

3554. WALLON. Jeanne d'Arc, par H. Wallon. Édition illustrée d'après les monuments de l'art depuis le quinzième siècle jusqu'à nos jours. Seconde édition. *Paris, Firmin-Didot et Cie,* 1876. XII-556 pages, gr. in-8°. Demi-rel. d. s. tr.

3555. ALBUM de Jeanne d'Arc. 10 phototypies, reproductions de statues, monuments et estampes. *Nancy, Phototypie J. Royer,* (1890). In-8°. Emboîtage percal.

3556. **Arc** (Jeanne d'). Portrait. *F.-M. Queverdo del.* — La même. *Vauzelles del.* — La même. *Gravé par N. Lemire.* — La même. *Peint par Schnetz.* — La même. *Baron del.* — La même. *Publié par Purne.* — La même. *Dess. et lith. par Thorelle.* — La même. *Lith. de Delpech.* — La même. *Dessiné par Mlle A. Prieur.* — La même. *Peint et gravé par Bounieu.* — La même. 6 portraits anonymes. — Plus 50 pièces relatives à l'histoire de Jeanne d'Arc.

3557. ARREST du Conseil d'Estat, rendu contradictoirement au profit d'un des descendans de l'illustre Pierre d'Arc, surnommé le Chevalier du Lys, frère puisné de la victorieuse Pucelle d'Orléans. Du 19 may, 1670. *S. l., n. n., n. d.* 7 pages, in-4°. Broché.

3558. BÉGEL. Histoire de saint **Arnoul**, évêque de Metz et premier ministre d'Austrasie sous Clotaire-le-Grand et Dagobert-le-Grand. — Vie de saint Clodulphe, fils du précédent et évêque de Metz. Récit de sa translation et de ses miracles, traduit d'un manuscrit inédit, par M. l'abbé Bégel, missionnaire. *Bar-le-Duc, Les Célestins,* 1874. 324 pages, in-12. Br.

3559. **Arnulphe**, évêque de Metz. Portrait anonyme.

3560. MARET-LERICHE. Notice biographique sur Mme **Arnould-Plessy**, de la Comédie française (née à Metz), par Jules Maret-Leriche. Extrait du *Musée biographique, panthéon universel. Paris, Bailly, Divry et Cie,* 1857. 12 pages, in-8°. Demi-reliure.

3561. (PSAUME.) Éloge de M. **Aubry** (né à Deyviller), ancien prieur bénédictin, membre de l'Académie de Nancy. (Par C. Psaume.) *Paris, Colas, s. d.* (1809). 53 pages, in-8°. Demi-rel.

3562. GUILLAUME. A propos de l'histoire de Toul ; quelques fleurs sur une tombe ! (sur la tombe de M. **Aubry,** curé de Saint-Gengoult.) Par l'abbé Guillaume. *Toul, Imp. Vve Bastien,* 1841. 16 pages, in-8°, Br. — Fleur nouvelle sur une tombe semi-séculaire ou réponse de fond à une assertion controuvée. Par l'abbé Guillaume, de

Toul, pour complément de sa brochure de 1841 intitulée : *Quelques fleurs sur une tombe. S. l., autogr., s. n.,* 1872. 18 pages, in-8°. Br.

3563. **Aubry** (Jean-Baptiste), député de Bar-le-Duc. Portrait. *Gros del.*

3564. GUINOT. Notice historique sur la vie de M. Pierre **Ayotte**, fondateur et premier supérieur du séminaire de Senaide (Vosges), et curé de cette paroisse ; par M. l'abbé A. Guinot. *Paris, Debécourt,* 1843. 271 pages, in-8°. Br.

3565. GUADET. **Azaïs.** Sa vie et ses ouvrages, par J. Guadet. *Paris, Firmin-Didot frères,* 1846. XLVIII pages, in-8°. Br.

3566. **Azaïs** (Pierre-Hyacinthe). Recteur de l'académie de Nancy. Portrait anonyme, — Le même. *Dessiné et gravé par Ambroise Tardieu.*

3567. HAMANT. Éloge de M. **Bagard,** écuyer, chevalier de l'ordre du Roi, premier médecin du feu Roi de Pologne, etc. Par Harmant. *Nancy, Baltazard,* 1773. 43 pages, in-8°. Br.

3568. JADELOT. Éloge historique de M. **Bagard,** écuyer, premier médecin ordinaire du feu Roi de Pologne, président du Collège royal de médecine de Nancy, etc. Lu dans la séance publique de l'Académie de Lorraine, le 8 mai 1773. Par Jadelot, professeur de la Faculté de médecine de Nancy. *Nancy, chez les frères Leseure,* (1773). 31 pages, petit in-8°. Br.

3569. PUTON. Discours prononcé sur la tombe de M. **Bagneris** (sous-directeur de l'école forestière), par Puton, directeur de cette École, le 15 novembre 1881. *Nancy, Crépin-Leblond,* 1881. 6 pages, in-8°. Br.

3570. SALMON. Le docteur **Bagré** (médecin à Vic), par C.-A. Salmon. *Coulommiers, Paul Brodard, s. d.* 8 pages, in-12. Br.

3571. MORT (La) d'un vertueux jeune homme de Lorraine, ou récit historique des circonstances édifiantes qui ont précédé et accompagné la mort de M. Jean-Baptiste-Étienne-Aimé **Bailly,** né à Pont-à-Mousson, sous-diacre du diocèse de Toul, décédé à Bar le 19 novembre 1781, âgé de près de vingt-quatre ans. Lettres de M***, chanoine de Saint-Pierre de Bar, à M. Willemin, avocat à Pont-à-Mousson. *Verdun, Christophe,* 1782. 190 pages (les dernières manquent), in-8°. Cart.

3572. PASSY. Notice sur M. de **Barbé-Marbois** (né à Metz), par A. Passy. *Évreux, J.-J. Ancelle fils,* 1838. 32 pages, in-8°. Br. (Extrait du *Recueil de la Société libre d'agriculture,* etc., *du département de l'Eure.*)

3573. (BARBÉ-MARBOIS.) Journal d'un déporté non jugé, ou déportation en violation des lois, décrétée le 18 fructidor an V. (Par **Barbé-Marbois**). *Paris, Chatet, Fournier jeune,* 1835. LII-275 et 328 pages, in-8°. 2 tomes en 1 vol. Demi-rel.

3574. SIMÉON. Discours prononcé le 17 janvier 1838, à la Chambre des Pairs de France, par M. le comte Siméon, à l'occasion du décès de M. le marquis de (Barbé-)**Marbois** (de Metz). *S. l., n. n., n. d.* 18 pages, in-8°. Demi-rel.

3575. **Barbé-Marbois** (François, marquis de), premier président de la cour des comptes. Portrait. *Dequevauviller, sculp.* — Le même. *I. Lith. de Delpech.* — Le même. Anonyme. — Le même. Galerie de Versailles. — Le même. *Lith. Delaunois.*

3576. DUBOIS. Guillaume **Barclay,** jurisconsulte écossais, professeur à Pont-à-Mousson et à Angers. 1546-1608 (avec portrait). Discours de réception à l'Académie de Stanislas, accompagné de notes et d'appendices, par Ernest Dubois, professeur à la faculté de Droit de Nancy. *Nancy, Husson-Lemoine ; Paris, Ernest Thorin,* 1872. 123 pages, in-8°. Br.

3577. **Barclay** (Jean), poète (né à Pont-à-Mousson). Portrait. *De Larmessin, sculp.* — Le même. Anonyme.

3578. BOUCHOTTE. Notice biographique sur L.-J. **Bardin,**... ancien professeur à l'École d'artillerie de Metz, ancien représentant du peuple pour le département de la Moselle, etc. Par Émile Bouchotte. *Metz, F. Blanc,* 1868. 30 pages, in-8°. Br. (Extrait des *Mémoires de l'Académie impériale de Metz.*)

3579. **Barre** (Élisabeth-Zoé), supérieure générale des sœurs de la congrégation de St-Charles de Nancy. Portrait. *Bouasse-Lebel édit.*

3580. **Barrès** (Maurice), député de Meurthe-et-Moselle. Portrait. *Dessin d'Axilette.*

3581. VIE militaire du capitaine **Barrey**, né à Besançon, le 19 octobre 1773, et retraité à Saint-Nicolas-du-Port (Meurthe). *Nancy, Vagner*, 1850. 22 pages, in-8°. Br.

3582. **Barrière** (Pierre de), évêque de Toul. Portrait anonyme.

3583. BLANC. M. l'abbé **Barthélemy**, ancien curé de la paroisse Saint-Sébastien, à Nancy,... décédé prieur de la Chartreuse de Valbonne (Gard)... par M. l'abbé Blanc. *Nancy, Vagner*, 1870, 148 pages, in-8°. Br.

3584. **Barthélemy** (Barbe), supérieure générale des sœurs de la charité de Saint-Charles de Nancy. Portrait. *Senémont pinxit.*

3585. BASSET. Tableau de mes persécutions, aux supérieurs ecclésiastiques et à l'opinion publique, par M. **Basset**, curé de Noyers (Meuse). *S. l., n. n.*, 1797. 60 pages, in-8°. Demi-rel.

3586. BASSOMPIERRE. Mémoires du maréchal de **Bassompierre**, contenant l'histoire de sa vie, et de ce qui s'est fait de plus remarquable à la Cour de France, pendant quelques années. *Cologne, J. Sambix*, 1721. 264, 248, 288 et 246 pages, in-12. 4 volumes. Rel. veau.

3587. BASSOMPIERRE. Journal de ma vie. Mémoires du maréchal de **Bassompierre**. Première édition conforme au manuscrit original, publiée, avec fragments inédits, pour la Société de l'histoire de France, par le marquis de Chantérac. *Paris, Vve J. Renouard*, 1870-1875. 416, 445, 456 et xxxii-480 pages, in-8°. 4 vol. Demi-rel.

3588. BASSOMPIERRE. Mémoires du maréchal de **Bassompierre**. Publiés par MM. Michaud et Poujoulat. *Paris, Imp. F. Didot*, 1837. 368 pages à 2 colonnes, gr. in-8°. Demi-rel. (*Nouvelle collection des Mémoires pour servir à l'histoire de France.*)

3589. BASSOMPIERRE. Mémoires du maréchal de **Bassompierre**. Publiés par Petitot. *Paris, Foucault*, 1822. 234, 504 et 431 pages, in-8°. 3 vol. Demi-rel.

3590. FELETZ. Bassompierre, né le 12 avril 1579, mort le 12 novembre 1646. Par de Feletz. *S. l., n. n., n. d.* 16 pages, gr. in-8°. Br.

3591. MARTEL. Éloge funèbre de haut et puissant seigneur Messire François-Louis, marquis de **Bassompierre**, seigneur de Dombal, Bioncourt, Essey, etc. Par Martel. *Nancy, Jean-Baptiste Cusson*, 1715. 20 pages, in-4°. Br.

3592. MAUREL-DUPEYRÉ. **Bassompierre** en Espagne. *Bruxelles, Méline, Cans et Cie*, 1856. 243 pages, in-12. Demi-rel.

3593. **Bassompierre** (François de), marquis d'Haroué, maréchal de France. Portrait. *Lasne del.* — Le même. *A Paris, chez Daret.* — Le même. *J. Lamsveld fec.* — Le même. *A. D. pinx.* — Le même. *P. Aubry excud.* — Le même. *Balt. Moncornet excud.* — Le même. Anonyme. — Le même. *Delineavit et sculp. M. Lasne.* — Le même. *Alaux pinx.* — Le même. *Peint par Alaux.*

3594. FOURCAUD. Exposition des œuvres de Jules **Bastien-Lepage** (né à Damvilers). — Notice biographique par Fourcaud. *Paris, Imp. réunies*, 1885. 89 pages, in-8°. Br.

3595. NOTICE sur sœur Marie-Agnès de **Bauffremont**... et abrégé de la vie de sœur Marie-Louise de Bauffremont. *Nancy, Berger-Levrault*, 1882. 73 pages, in-4°. Br.

3596. SAINT-MAURICE CABANY. Notice nécrologique sur Charles-Louis-Joseph **Bazoche** (né à Nancy), contre-amiral..., mort à Brest le 22 juin 1853, par E. de Saint-Maurice Cabany. *Paris, Imp. de Mme Vve Dondey-Dupré*, 1853. 15 pages, in-8°. Br. (Extrait du *Nécrologe universel du xixe siècle.*)

3597. **Beaufort** (Charles, marquis de), bienfaiteur de l'hospice de Saint-Julien de Nancy. Portrait. *Lith. de Langlumé.*

3598. MÉMOIRE adressé à Son Excellence le ministre de la guerre, par M. **Beau-**

mont (à Nancy) et pièces relatives à sa destitution de l'emploi de lieutenant, qu'il occupait au 6e régiment de chasseurs à cheval. *Metz, Pierret*, 1830. 59 pages, in-4°. Br.

3599. DEMANGEOT. Suicide de Nicolas **Beaurepaire**, commandant la place de Verdun-sur-Meuse, 3 septembre 1792, par E. Demangeot. 2e édition. *Paris, Menu*, 1885. 36 pages, in-12. Br.

3600. **Beaurepaire** (Nicolas-Joseph de), commandant de Verdun. Figure. *A. Lacauchée, sculp.*

3601. BEAUVAU. Recueil de quelques lettres spirituelles et édifiantes, du R. P. Anne-François de **Beauvau**, de la Compagnie de Jésus. *Nancy, N. Baltazard, s. d.* 276 pages, in-12. Rel. veau.

3602. NYEL. La vie du R. P. Anne-François de **Beauvau**, de la Compagnie de Jésus, par Louis Nyel. *Paris, S. Cramoisy*, 1682. xxii-220 pages, in-12. Rel. veau.

3603. NYEL. La vie du R. P. Anne-François de **Beauvau** de la Compagnie de Jésus, par Louis Nyel, de la Compagnie de Jésus. 2e édition. *Paris, S. Cramoisy*, 1683. xxii-283 pages, in-12. Rel. veau.

3604. BENOIT. Tombeau de René de **Beauvau** et de Claude de Baudoche, au Musée lorrain, par Louis Benoit. *Nancy, A. Lepage, s. d.* 7 pages, in-8°. Une planche. Cart.

3605. BOUFFLERS (DE). Éloge de M. de **Beauvau**, l'un des quarante de la ci-devant Académie française, prononcé à une séance publique de la 2e classe de l'Institut, le 12 thermidor an XIII, par M. de Boufflers, membre de la classe de la littérature française de l'Institut national. *Paris, Xhrouet*, 1805. 41 pages, in-8°. Cart.

3606. DISCOURS prononcés dans l'Académie françoise, le jeudi 21 mars 1771, à la réception de M. le prince de **Beauvau**. *Paris, V. Regnard et Demonville*, 1771. 16 pages, in-4°. Cart.

3607. **Beauvau - Craon** (Charles - Just, prince de) maréchal de France. Portrait. *Peint par Mme Bruyère.*

3608. **Beauveau** (Marc de), prince de Craon, marquis d'Haroué, prince du St-Empire Romain. Portrait. *Gobert pinx.*

3609. **Beauveau** (François-Vincent-Marc de), primat de Lorraine. Portrait. *Antonius David delin. et pinx.*

3610. CHAPELIER. Le R. P. Jean **Bédel** (d'Azelot). Sa vie et ses œuvres, par l'abbé Ch. Chapelier. *Nancy, Berger-Levrault et Cie*, 1885. x-117 pages, in-8°. Demi-rel.

3611. STEINS. Notice biographique sur M. **Bégin**, médecin. Président du conseil de santé des armées... Par E. de Steins. *Paris, s. n.*, 1852. 11 pages, in-8°. Br. (Extrait du *Panthéon biographique universel.*)

3612. **Bégon** (Scipion-Jérôme), évêque de Toul. Portrait. *Dess. et lith. par l'abbé Morel.*

3613. **Bellavêne** (Jacques-Nicolas, baron de), général de division (né à Verdun). Portrait. *Thorelle del.*

3614. LECLERC. Éloge du maréchal de **Belle-Isle**. Discours prononcé à la séance solennelle de l'Académie impériale de Metz, le 11 mai 1862, par L. Leclerc, président. *Metz, F. Blanc*, 1862. 84 pages, in-8°. Br. (Extrait des *Mémoires de l'Académie impériale de Metz.*)

3615. **Belle-Isle** (Charles-Louis-Auguste-Fouquet, duc de), maréchal de France, gouverneur de Metz. Portrait. *Geoffroy sculp.* — Le même. *Lith. de Delpech.* — Le même. *Vin. Vangelisty fecit.* — Le même. *De la Tour pinxit.* — Le même. *Desrochers ex.* — Le même. *Sysang sc.* — Le même. *Anonyme.*

3616. LECLERC. Notice sur Mme la maréchale duchesse de **Belle-Isle**, par L. Leclerc. *Metz, F. Blanc*, 1864. 54 pages, in-8°. Br. (Extrait des *Mémoires de l'Académie impériale de Metz.*)

3617. **Bénit** (Pierre-Hyacinthe), docteur en médecine de la faculté de Paris, (à Nancy). Portrait. *Thorelle del.*

3618. (BENOIT). Louis **Benoit**, bibliothécaire en chef de la ville de Nancy, 1826-1874, (par A. Benoit). *S. l., n. n., n. d.* 16 pages, in-8°. Cart.

3619. **Benoit** (Louis), bibliothécaire en chef de la ville de Nancy. Portrait. *Rhein del.*

3620. **Benoit** (Joseph-Sigisbert), ancien pharmacien à Paris. Portrait. *Lith. L. Christophe.*

3621. **Bérard** (Pierre-Clément), littérateur (né à Stenay). Portrait. *Carrière*, 1832. — Le même. *Fonrouge, éditeur.*

3622. **Bercheny** (Ladislas-Ignace, comte de), maréchal de France, gouverneur de Commercy. Portrait anonyme. — Le même. Galerie de Versailles.

3623. **Bergier** (Nicolas-Silvestre), prêtre (né à Darney). Portrait anonyme.

3624. ROCHE DU TEILLOY (DE). Association amicale des anciens élèves des lycées de Nancy, Metz, Strasbourg et Colmar. 7ᵉ assemblée annuelle, 1886. (Notice sur Edmond **Berlet**, par A. de Roche du Teilloy.) *Nancy, P. Sordoillet*, 1887. 44 pages, in-8°. Br.

3625. **Berman** (J.-P.), professeur de théologie au séminaire de Nancy. Portrait. *Thorelle del.* — Le même. *E. Pécheur.* — Le même. *Thorelle del.*

3626. **Bernard**, de Lunéville. Portrait. *Lalance.*

3627. LEPAGE. Le bienheureux **Bernard** de Bade. Par Henri Lepage. *Nancy, L. Wiener*, 1861. 35 pages, in-8°. Portrait et fig. Br.

3628. **Bernis** (François-Joachim de Pierre de), cardinal, abbé de Saint-Arnould de Metz. Portrait. *Lith. de Delpech.*

3629. BERR. Observations sur un article du second volume de la nouvelle biographie des contemporains, par Michel **Berr**, de Turique. *Paris, Blanchard*, 1821. 15 pages, in-8°. Demi-rel.

3630. NOËL. Extrait du *Patriote de la Meurthe et des Vosges* du 28 mai 1844 (sur M. **Bertier** et l'École de Roville). Par Noël, notaire honoraire. *Nancy, Dard.* 3 pages, in-4°. Cart.

3631. VIOX. Notice biographique sur Antoine **Bertier**, de Roville, par Viox, an-

cien représentant (du peuple). *St-Nicolas, P. Trenel*, 1855. 31 pages, in-8°. Br.

3632. VIOX. Vie de Antoine **Bertier**, de Roville. Nouvelle édition. Par Camille Viox. *Paris, Schulz et fils ; Nancy, Grosjean-Maupin ; Lunéville, Vve Lemoine*, 1875. 39 pages, in-8°. Br.

3633. MONTÉMONT. Quelques mots prononcés sur la tombe de M. **Bertrand**, du ban de Sapt, près Saint-Dié (Vosges), capitaine de la vieille garde impériale, décédé à Paris, le 1ᵉʳ avril 1847 ; par Albert-Montémont. *Paris, Imp. A. René*, (1847). 4 pages, in-8°. Br.

3634. **Besson** (Jacques-François), évêque de Metz. Portrait. *C.*, 1829.

3635. PAILLART. L'abbé **Bexon** (né à Remiremont). Étude biographique et littéraire, par Paillart, premier président de la Cour de Nancy. *Nancy, Vve Raybois*, 1868. 38 pages, in-8°. Br. (Extrait des *Mémoires de l'Académie de Stanislas.*)

3636. BUISSON. Un collaborateur de Buffon. L'abbé **Bexon**, sa vie et ses œuvres, par l'abbé E. Buisson. *Saint-Dié, L. Humbert.* 45 pages, in-8°. Br. (Extrait du *Bulletin de la Société philomatique vosgienne.*)

3637. NOTE des services de M. **Bexon**, et sur sa proscription. *S. l., J.-R. Lottin, s. d.* 22 pages, in-8°. Cart.

3638. BUISSON. Un jurisconsulte vosgien, Scipion **Bexon** ; sa vie et ses œuvres, par E. Buisson. *Épinal, E. Busy*, 1891. 70 pages, in-8°. Br. (Extrait des *Annales de la Société d'émulation des Vosges.*)

3639. LAURENT. Oraison funèbre de M. Pierre-Marie, baron de **Bicquelley**, général de brigade d'artillerie..., membre du corps électoral du département de la Meurthe, prononcée le 11 juillet 1809, en l'église ci-devant cathédrale de Toul, par l'abbé Laurent, ancien professeur de rhétorique. *Toul, Joseph Carez*, 1809. 32 pages, in-8°. Br.

3640. BLAISE. Rétractation du père **Blaise**, appelé Chérubin dans son ordre, capucin-prêtre, faite en chaire, à l'issue de la messe paroissiale, en l'église de Dommartin, près de Remiremont en Lorraine, le second dimanche de juillet 1797, en présence du citoyen Roussel, qui l'avoit célébrée, et de toutes les personnes qui y avoient assisté. *S. l., n. n., n. d.* 12 pages, in-12. Br.

3641. **Blanchevoye** (Jean), contrôleur des sénéchaussées de la Mothe et Bourmont. 2 portraits anonymes.

3642. ROUYER. De Pierre de **Blarru** et de son poëme la *Nancéïde*, à propos d'un manuscrit de cette œuvre appartenant au musée historique lorrain, par Jules Rouyer. *Nancy, Lucien Wiener*, 1876. 65 pages, in-8°. Br.

3643. COLLIGNON. De Nanceide Petri de **Blaro Rivo** parisiensis. Thesim Facultati litterarum parisiensi proponebat A. Collignon, Scholæ normalis olim alumnus. *Nanceii, Berger-Levrault et s.*, 1892. XIII-115 pages, in-8°. 2 pl. Br.

3644. DUMAST. Éloge de M. **Blau**, membre de la Société royale académique de Nancy, prononcé en séance publique, le jeudi 30 mars 1843, par P. Guerrier de Dumast. *Nancy, Raybois*. 19 pages, in-8°. Cart.

3645. PROST. J.-F. **Blondel** (architecte à Metz) et son œuvre, par Aug. Prost, membre de l'Académie impériale de Metz. *Metz, Rousseau-Pallez*, 1860. 84 pages, in-8°. Cart.

3646. **Blouet de Camilly** (François), évêque de Toul. Portrait anonyme.

3647. MOREY. Notice sur la vie et les œuvres de Germain **Boffrand**, premier architecte de Léopold, duc de Lorraine et de Bar. Par P. Morey, architecte. *Nancy, Vve Raybois*, 1866. 82 pages, in-8°. Br. (Extrait des *Mémoires de l'Académie de Stanislas.*)

3648. HÉQUET. Notice nécrologique sur le docteur F. **Bonfils**, professeur honoraire à l'École de médecine de Nancy, etc. Par Charles Héquet. *Vitry, F.-V. Bitsch*, 1862. 16 pages, in-8°. Br.

3649. SERRIÈRES. Éloge historique de J.-F. **Bonfils**, docteur en médecine, professeur d'accouchements et d'opérations chirurgicales à l'École secondaire de mé-

decine (de Nancy), etc. Par le Dr Serrières, médecin en chef des hôpitaux civils. *Nancy, C.-J. Hissette*, 1831. 18 pages, in-8°. Br.

3650. LEPAGE. M. Alexandre de **Bonneval** (héraldiste lorrain). Par H. Lepage. *Nancy, G. Crépin-Leblond*, 1871. 4 pages, in-8°. Br. (Extrait du *Journal de la Société d'archéologie lorraine.*)

3651. FAVIER. Sébastien **Bottin** (né à Grimonviller). Par J. Favier. *Nancy, Crépin-Leblond*, 1895. 13 pages, in-8°. Br. (Extrait de l'*Annuaire de Lorraine.*)

3652. VALTER. Note biographique sur M. **Bottin** (Sébastien), par L. Valter. *S. l., n. n., n. d.* 14 pages, in-8°. Demi-rel. (Extrait de la *Revue générale biographique.*)

3653. CROZE. Le chevalier de **Boufflers** (né à Lunéville) et la comtesse de Sabran. 1788-1792. Par Pierre de Croze. *Paris, C. Lévy*, 1894. 335 pages, in-18. Br.

3654. DISCOURS prononcés dans l'Académie françoise, le lundi 29 décembre 1788, à la réception de M. le chevalier de **Boufflers**. *Paris, Demonville*, 1789. 34 pages, in-4°. Cart.

3655. SÉGUR (DE). Funérailles de M. le marquis de **Boufflers**, le 23 janvier 1815. Discours de M. le comte de Ségur. *S. l., n. n., n. d.* 4 pages, in-4°. Cart.

3656. **Boufflers** (Stanislas, marquis de), membre de l'Académie française. Portrait. *H. Garnier.* — Le même. Anonyme.— Le même. *Hilaire Le Dru del.* — Le même. *Deveria del.* — Le même. *L. M.* — Le même. *Jul. Boilly.*

3657. **Boufflers** (Louis-François, duc de), maréchal de France, gouverneur de Lorraine. Portrait anonyme. — Le même. *Peint par Couder.*
— Marie-Françoise-Catherine de Beauvau-Craon, sa femme. Portrait anonyme.

3658. MEAUME. La mère du chevalier de **Boufflers**. Étude sur les mœurs de la société en Lorraine et en France, d'après une correspondance inédite. 1738-1785. Par E. Meaume. *Paris, L. Téchener*, 1885. 130 pages, in-8°. Demi-rel.

3659. (RENAULD.) Léopold **Bougarre**, avocat et poète lorrain (1810-1871). Avec un dessin de J.-J. Grandville. Par J. R. (Jules Renauld). *Nancy, G. Crépin-Leblond,* 1872. 8 pages, in-8°. Br. (Extrait du *Journal de la Meurthe.*)

3660. BOUILLÉ. Mémoires du marquis de **Bouillé**... général en chef de l'armée de Meuse, Sarre et Moselle ; avec une notice sur sa vie. *Nancy, Haener,* 1822. XXXII-262, 299 pages, in-12. 2 tomes en 1 volume. Demi-rel.

3661. **Bouillé** (Victor de), statuaire. Portrait. *D'après J.-J. Grandville.* — Le même. *A. Cholet.* — Le même. Anonyme.

3662. SCHMIDT. Discours funèbre prononcé aux obsèques de Mᵐᵉ Ernestine-Élisabeth **Boulangé**, épouse de M. Charlot, conseiller à la Cour impériale de Nancy, le 7 avril 1863, par C.-F. Schmidt, pasteur. *Nancy, Vᵛᵉ Raybois,* 1863. 7 pages, in-8°. Br.

3663. SADOUL. Étude sur **Boulay** de la Meurthe. Discours prononcé par M. Sadoul. (Cour de Nancy. Audience de rentrée.) *Nancy, Vagner,* 1880. 37 pages, in-8°. Br.

3664. LADOUCETTE (DE). Obsèques de M. le comte **Boulay** de la Meurthe. *S. l., Vᵛᵉ Agasse, s. d.* 6 pages, in-8°. Demi-rel. (Extrait du *Moniteur* du 8 février 1840.)

3665. **Boulay** de la Meurthe (Antoine-Jacques-Claude-Joseph). *Paris, Ch. Lahure,* 1868. 395 pages, in-8°. Demi-rel.

3666. **Boulay** de la Meurthe (Antoine-Jacques-Claude-Joseph, comte), ministre d'État. Portrait. *David,* 1832. — Le même. Anonyme.

3667. GODART DE SAPONAY. Notice nécrologique sur M. le comte Henry **Boulay** de la Meurthe, sénateur, président honoraire de la Société pour l'instruction élémentaire, lue à la séance générale du 19 juin 1859, par M. Godart de Saponay, vice-président de la Société. *Paris, S. Raçon et Cie, s. d.* 20 pages, in-8°. Cart.

3668. BIOGRAPHIE. Garde nationale de Paris. M. Henry **Boulay** (de la Meurthe), lieutenant-colonel de la 11ᵉ légion. (*Paris*), *Poussin, s. d.* 4 pages, in-8°. Br.

3669. **Boulay** de la Meurthe (Henri-Georges), vice-président de la République française. Portrait. *Lith. d'après nature par Llanta.* — Le même. *Lith. Buffet.* — Le même. *E. Norin.* — Le même. *H. D.* — Le même. *Lith. d'après nature par E. Desmaisons.*

3670. **Boulenger** (J.-Baptiste), curé de Saint-Gengoult à Toul. Portrait. *Lith. E. Prévot.*

3671. **Bourbon** (Henri de), évêque de Metz. Portrait. *Balt. Moncornet ex.*

3672. **Bourbon** (Henri II de), 3ᵉ prince de Condé, gouverneur de Nancy et de la Lorraine. Portrait. *A Paris, chez Daret.* — Le même. *A. E. pinx.*

— Charlotte-Marguerite de Montmorency, femme d'Henri II de Condé. Portrait. *A. F. pinx.* — La même. *A Paris, chez Daret.*

3673. **Bourbon** (Louis II de), 4ᵉ prince de Condé, prince souverain de Stenay, de Clermont, etc. Portrait. *A Paris, chez Daret,* 1652. — Le même. *Nanteuil del.* — Le même. *Le Juste pinxit.* — Le même. *Lith. de Delpech.* — Le même. *Hesse del.*

3674. DIGOT. Éloge historique de Jean-Léonard, baron de **Bourcier**, premier président de la Cour souveraine et conseiller d'État du duc Léopold. Par Aug. Digot, avocat. *Nancy, Grimblot, Raybois et Cie,* 1842. 66 pages, in-8°. Br. (Extrait des *Mémoires de la Société royale des sciences, lettres et arts de Nancy.*)

3675. (SALMON.) Étude sur le président **Bourcier**, (par Salmon). *Toul, Vᵛᵉ Bastien,* 1846. 46 pages, in-12. Br.

3676. JOURNAL du président **Bourcier**. (1649-1726), publié et annoté par R. de Souhesmes. *Nancy, Crépin-Leblond,* 1891. 96 pages, in-8°. Br. (Extrait des *Mémoires de la Société d'archéologie lorraine.*)

3677. **Bourdon** (R. M. Rose-Catherine), religieuse dominicaine du monastère de Vic. Portrait. *Cyprien Briot, lith.* — La même. *Lith. L. Christophe.*

3678. BUVIGNIER-CLOÜET. Notice sur Etienne **Bourgeois**, abbé de Saint-Vannes de Verdun (1417-1452), par Mˡˡᵉ Buvignier-Cloüet, membre de la Société d'archéologie lorraine. *Nancy, Sidot frères,* 1892. 24 pages, in-8°. Br. (Extrait des *Mémoires de la Société d'archéologie lorraine.*)

3679. **Bournon** (Jacques de), 1er président des grands jours de St-Mihiel. Portrait. *Lith. Malgras.*

3680. **Bouteiller** (Charles-François Romaric de), général de division (né à Nancy). Portrait. *Thorelle del. — Le même. D'après V. de Bornschlegel,* 1849.

3681. NICKLÈS. **Braconnot,** sa vie et ses travaux, par M. J. Nicklès. *Nancy, Grimblot et Vve Raybois,* 1856. 136 pages, in-8°. Demi-rel. (Extrait des *Mémoires de l'Académie de Stanislas.*)

3682. DECHARMES. **Braconnot,** sa vie et ses travaux, par J. Nicklès, professeur de chimie à la Faculté des sciences de Nancy. (Article bibliographique), par C. Decharmes, professeur de sciences au Lycée d'Amiens. *Paris, Dubuisson.* 8 pages, in-8°. Br. (Extrait du journal *la Science,* du 5 mars 1857.)

3683. LEPAGE. Discours prononcé sur la tombe de M. **Braconnot,** par H. Lepage, président de l'Académie de Stanislas. *Nancy, Grimblot, etc.,* 1855. 3 pages, in-8°. Demi-rel. (Extrait des *Mémoires de l'Académie de Stanislas.*)

3684. NICKLÈS. Discours prononcé sur la tombe de M. **Braconnot,** le 15 janvier 1855, par M. J. Nicklès. *Paris, E. Thunot,* 1855. 7 pages, in-8°. Br. (Extrait du *Journal de pharmacie et de chimie.*)

3685. SIMONIN. Notice biographique sur M. Henri **Braconnot,** par François Simonin. *Nancy, Grimblot et Vve Raybois,* 1856. 31 pages, in-8°. Portrait. Br. (Extrait du *Compte rendu des travaux de la Société de médecine de Nancy.*)

3686. **Braconnot** (Henri), chimiste. Portrait. *Lith. L. Christophe. — Le même. D. P.,* 1830.

3687. **Braux** (Auguste), député des Vosges. Portrait. *Lith. d'après nature, par Soulange Teissier.*

3688. PAILLART. Éloge de F.-L. **Bresson** (né à La Marche-en-Barrois), conseiller à la Cour de cassation, membre de l'Académie de Stanislas. Discours de réception à l'Académie de Stanislas, par Paillart, premier président honoraire de la Cour de Nancy. *Nancy, Grimblot et Vve Raybois,* 1853. 35 pages, in-8°. Br. (Extrait des *Mémoires de l'Académie de Stanislas.*)

3689. CHAIX D'EST-ANGE. M. de **Bresson,** conseiller à la Cour de cassation, membre du conseil du sceau des titres. Par Gustave Chaix d'Est-Ange. *Paris, Ch. Lahure.* 7 pages, in-8°. Br. (Extrait du *Moniteur universel* du 22 décembre 1865.)

3690. **Bresson** (Charles-Joseph, comte), ambassadeur. Portrait anonyme. — Le même. Photographie. — Le même. *Nach d. nat. gez. v. prof. Krüger.*

3691. ROUYER. Alexandre-Marie-Auguste **Bretagne** (archéologue à Nancy). Par Jules Rouyer. *Bruxelles,* 1892. 12 pages, in-8°. Br. (Extrait de la *Revue belge de numismatique.*)

3692. **Bretagne** (Mme), née Marie-Caroline-Élisabeth Jacquet. Portrait anonyme.

3693. DIGOT. Notice biographique et littéraire sur François-Xavier **Breyé,** avocat à la Cour souveraine de Lorraine et Barrois et garde des livres de S. A. R. Léopold Ier, par Aug. Digot. *Nancy, A. Lepage,* 1859. 23 pages, in-8°. Br.

3694. FLICHE. Emmanuel **Briard** (né à Metz), botaniste. 1845-1895. Par M. P. Fliche. *Nancy, Imp. Berger-Levrault et Cie,* 1896. 16 pages, in-8°. Br. (Extrait des *Mémoires de l'Académie de Stanislas.*)

3695. **Brice** (Joseph-Nicolas-Noël), général de brigade (né à Lorquin). Portrait. *Thorelle d'après Pauquet. — Le même. Gobert d'après Thorelle.*

3696. **Bridey** (Louis), vicaire général honoraire, supérieur du grand séminaire de Nancy. Notice nécrologique. *Nancy, René Vagner,* 1890. 19 pages, in-8°. Portrait. Br.

3697. LEPAGE. Nicolas **Briot,** graveur des monnaies du duc de Lorraine Henri II. Par Henri Lepage. *Nancy, A. Lepage,* (1858). 15 pages, in-8°. Planche. Br. (Extrait du *Journal de la Société d'archéologie lorraine.*)

3698. JOUVE. Nicolas **Briot**, médailleur et mécanicien, 1580-1646, par Louis Jouve, bibliothécaire à l'Arsenal. *Nancy, Sidot frères*, 1893. 12 pages, in-8°. Br. (Extrait du *Journal de la Société d'archéologie lorraine.*)

3699. TUETEY. Le graveur lorrain François **Briot**, d'après des documents inédits, par Alexandre Tuetey. (Avec un portrait.) *Paris, Charavay frères*, 1887. 33 pages, in-8°. Br. (Extrait des *Mémoires de la Société d'émulation de Montbéliard.*)

3700. RENAULD. Bernard **Brouillon**, (négociant à Nancy). Par J. Renauld, 1805-1877. (*Nancy*), G. *Crépin-Leblond*, 1877. 13 pages, in-8°. Br. (Extrait du *Journal de la Meurthe et des Vosges.*)

3701. **Brousse** (Jean-Mathias), député de Metz. Portrait. *Turlure del.*

3702. **Buffet** (Louis-Joseph), ministre de l'agriculture et du commerce (né à Mirecourt). Portrait. *Lith. d'après nature par A. Maurin.*

3703. NOTICE biographique sur le général **Buquet** (né à Charmes), 1768-1835. *Épinal, Gérard, s. d.* 8 pages, in-8°. Br.

3704. **Buquet** (Louis-Léopold), baron, général de brigade. Portrait. *Thorelle del. et lithogr.*

3705. **Buquet** (Henri-Alfred-Léopold), baron, maire de Nancy. Portrait. *De B...* 1868. — Le même. *Ch. Vogt*, 1855. — Le même. 2 photographies.

3706. BENOIST (DE). Nicolas-Amand **Buvignier** (maire de Verdun), 1808-1880. Discours de M. le baron de Benoist. *Verdun, R. Lallemant, s. d.* 15 pages, in-8°. Br.

3707. **Buvignier** (Eusèbe-Isidore), député de la Meuse. Portrait. *Lith. d'après nature par Devéria.* — Le même, anonyme.

3708. MEAUME. Recherches sur la vie et les ouvrages de Jacques **Callot**, suite au « Peintre-Graveur français » de M. Robert-Dumesnil, par E. Meaume. *Paris, Vve Jules Renouard*, 1860. XII-131 et 704 pa-

ges, in-8°. Tableau généalogique, planches. 2 tomes en 1 volume. Demi-rel. (Extrait des *Mémoires de l'Académie de Stanislas.*)

3709. HUSSON. Éloge historique de **Callot**, noble lorrain, célèbre graveur, dédié à S. A. Mgr Charles-Alexandre de Lorraine. (Par F. Husson, religieux cordelier.) *Bruxelles, s. n.*, 1766. VI-163 pages, pet. in-4°. Vignettes. Rel. mar. r., d. s. tr.

3710. DU MAST. Jacques **Callot**, par Prosper Du Mast. *Nancy, Berger-Levrault*, 1875. 47 pages, in-8°. Br. (Extrait des *Mémoires de l'Académie de Stanislas.*)

3711. PUYMAIGRE. Aquarelles... Notice sur Jacques **Callot**... Par Théodore de Puymaigre. *Metz, J. Leduc*, 1842. 262 pages (20 pour la notice), in-8°. Demi-rel.

3712. RENAULD. Inauguration de la statue de Jacques **Callot**. Discours de J. Renauld. *Nancy, G. Crépin-Leblond*, 1877. 8 pages, in-8°. Br. (Extrait du *Journal de la Société d'archéologie lorraine.*)

3713. VACHON. Jacques **Callot**, par Marius Vachon. *Paris, Rouam, s. d.* 72 pages, in-4°. Demi-rel. (De la collection *Les Artistes célèbres.*)

3714. VOÏART. Jacques **Callot**, 1606-1637, par Mme Elise Voïart, avec un portrait de l'artiste lorrain, dessiné par M. Voïart, et gravé sur bois par Mlle C. Voïart. *Paris, Dumont*, 1841. VIII-339 et 325 pages, gr. in-8°. 2 vol. Demi-rel.

3715. DES MARETZ. Éloge historique de **Callot**, graveur lorrain, ouvrage couronné par la Société des sciences, lettres et arts de Nancy, le 22 mai 1828, par M. Des Maretz, adjoint au maire et secrétaire de l'Académie de Nancy. *Nancy, C.-J. Hissette*, 1828. 75 pages, in-8°. Demi-rel.

3716. **Callot** (Jacques). Portrait. *Ant. Van Dyck pinxit. L. Vosterman sculpsit.* — Le même. *Ant. Van Dyck pinxit, Esme Boulonois fecit.* — Le même. *Bosse fecit, Fagnani excudit.* — Le même. *Jacques Lubin sculpsit.* — Le même. *M. Lasne delineavit et fecit.* — Le même. *M. Lasne delineavit. A. Lœmans sculpsit.* — Le même *Desrochers exc.* — Le même. *Raphael Custodis fecit.* — Le même. *Montcornet* *excud.* — Le même. *Odieuvre.* — Le même. *Yves.* 1855. — Le même. *Engraved by J.-J. Smith.* — Le même. *Dessiné par Jacquand, gravé par A. Boilly.* — Le même. *H. Brevière del., El. Voïart sculp.* — Le même. *Dessiné et gravé par J. Lévy.* — — Le même. 2 portraits anonymes.

3717. CALLOT. Histoire de la famille Fr.-Ch. **Callot**, écuyer, ancien avocat au parlement de Nancy. *Nancy, C.-J. Hissette,* 1823. 19 pages, in-8°. Rel.

3718. (FANGÉ.) La vie de très-révérend père D. Augustin **Calmet**, abbé de Senones ; avec un catalogue raisonné de tous ses ouvrages, tant imprimés que manuscrits, auquel on a joint plusieurs pièces qui ont rapport à cette vie. (Par Dom Fangé.) *Senones, J. Pariset,* 1762. VIII-518 pages, in-8°. Portrait. Rel. veau.

3719. COLLIN. In obitum clarissimi ac doctissimi viri D. D. Augustini **Calmet**, abbatis senoniensis, (auctore) Ambrosio Collin, benedictino. *Toul, Carez,* 1757. 4 pages, in-4°. Br.

3720. DEBLAYE. Véritable épitaphe de Dom **Calmet**, par l'abbé J.-F. Deblaye. *Nancy, G. Crépin-Leblond,* 1873. 14 pages, in-8°. Br. (Extrait des *Mémoires de la Société d'archéologie lorraine.*)

3721. DIGOT. Notice biographique et littéraire sur Dom Augustin **Calmet**, abbé de Senones, par Aug. Digot. *Nancy, L. Wiener,* 1860. 157 pages, in-8°. Demi-rel. (Extrait des *Mémoires de la Société d'archéologie lorraine.*)

3722. GUILLAUME. Documents inédits sur les correspondances de Dom **Calmet**, abbé de Senones, et de Dom Fangé, son neveu et son successeur, par l'abbé Guillaume. *Nancy, G. Crépin-Leblond,* 1873. 60 pages, in-8°. Br. (Extrait des *Mémoires de la Société d'archéologie lorraine.*)

3723. GUILLAUME. Nouveaux documents inédits sur la correspondance de Dom **Calmet**, abbé de Senones, par l'abbé Guillaume. *Nancy, G. Crépin-Leblond,* 1874. 115 pages, in-8°. Br. (Extrait des *Mémoires de la Société d'archéologie lorraine.*)

3724. LA BOUILLE. Une statue à Dom **Calmet**, par M. le curé de Ménil-la-Horgne (E. La Bouille). *Bar-le-Duc, Mme Laguerre,* 1861. 36 pages, in-18. Portrait. Cart.

3725. MAGGIOLO. Éloge historique de D. A. **Calmet**, par L. Maggiolo. Ouvrage couronné et publié par l'Académie de Stanislas, pour faire suite à ses *Mémoires* de 1838. *Nancy, Grimblot, etc.* 1839. 131 pages, in-8°. Demi-rel.

3726. MAGGIOLO. Mémoire sur la correspondance inédite de Dom **Calmet**, abbé de Senones. Extrait du Journal de son séjour à Paris. Mai 1706 à juillet 1715. *Paris, Imprimerie impériale,* 1863. 14 pages, in-8°. Cart.

3727. **Calmet** (Antoine, en religion Dom Augustin) savant bénédictin de la congrégation de St-Vannes. 5 portraits anonymes. — Le même. Buste. *A Paris, chez E. Desrochers.*

3728. **Cange** (Joseph), commissionnaire de la prison de St-Lazare (né à Sarrebourg). Portrait. *Peint d'après nature par Legrand.* — Le même. *F. Bonneville del.*

3729. PROST. Claudius **Cantiuncula**, jurisconsulte messin du XVI° siècle, par M. Aug. Prost, membre de l'Académie impériale de Metz. *Metz, F. Blanc,* 1868. 27 pages, in-8°. Cart. (Extrait des *Mémoires de l'Académie impériale de Metz.*)

3730. PUYMAIGRE. Poètes et romanciers de la Lorraine. Désiré **Carrière**. *Metz, Rousseau-Pallez,* (1855). 14 pages, in-8°. Br. (Extrait de l'*Austrasie.*)

3731. **Casse** (Jacques), curé, (né à Toul). Portrait. *J. Casse del.*

3732. SALMON. Étude sur M. de **Caumont**, ancien recteur de l'Académie de Nancy... Par Salmon. *Metz, F. Blanc,* 1858. 40 pages, in-8°. Br. (Extrait des *Mémoires de l'Académie impériale de Metz.*)

3733. PERROT. M. de **Caumont**. Notice biographique, par P.-E. Perrot. *Nancy, Hinzelin,* 1855. 8 pages, in-8°. Br.

3734. PAILLART. Discours prononcé sur la tombe de M. de **Caumont**, par Paillart, président de l'Académie de Stanislas. *Nancy, A. Lepage,* 1855. 3 pages in-8°. Br.

3735. DUCHESNE. Éloge de M. de **Caumont**. Discours de réception (à l'Académie de Stanislas), par H. Duchesne. *Nancy, veuve Raybois,* 1860. 23 pages, in-8°. Br.

3736. SEILLIÈRE. Un nouveau portrait de Dom Remi **Ceillier**, prieur de Flavigny-sur-Moselle, par le baron Frédéric Seillière. *Saint-Dié, Humbert,* 1893. 21 pages, in-8°. Fig. Br. (Extrait du *Bulletin de la Société philomatique vosgienne.*)

3737. BEUGNET. Étude biographique et critique sur Dom Remi **Ceillier**, par l'abbé A. Beugnet, professeur au grand séminaire de Nancy. *Bar-le-Duc, Contant-Laguerre,* 1891. 64 pages, in-8°. (Extrait des *Mémoires de la Société des Lettres, Sciences et Arts de Bar-le-Duc.*)

3738. (CHABERT.) Confidences autobiographiques. (Par **Chabert**, né à Longeville-lès-Metz.) *Metz, Nouvian,* 1867-1868. 3 fascicules comprenant 107 pages, in-24. Br.

3739. **Chadenet** (Félix-Jean-Baptiste), député de la Meuse. Portrait. *Lemaire.*

3740. **Chamon** (Antoine-Jacques de), évêque, (né à Bulgnéville). Portrait. *Tailland sc.*

3741. RIVIER. Claude **Chansonnette**, jurisconsulte messin et ses lettres inédites. Par A. Rivier. *Bruxelles, F. Hayez,* 1878. 102 pages, in-8°. Br.

3742. MICHAUT. Notice sur Claude **Charles**, peintre du duc Léopold, par G. Michaut. *Nancy, G. Crépin-Leblond,* 1895. 71 pages, in-8°. Deux portraits. Br. (Extrait des *Mémoires de la Société d'archéologie lorraine.*)

3743. (ADAM.) Éloge funèbre de M. l'abbé Joseph **Charlot**, curé de la paroisse Notre-Dame de Nancy, décédé le 15 mars 1824. (Par Adam fils, avocat.) *Nancy, Claude-Antoine Leseure,* (1824). 24 pages, in-4°. Br.

3744. **Charlot** (Joseph), curé. Portrait. *Pierre fils del.*

3745. **Charon** (Mengin-Charles), député de la Meurthe. Portrait. *Lith. d'après nature par E. David.*

3746. **Charras** (Jean-Baptiste-Adolphe), sous-secrétaire d'État de la guerre, (né à Phals-

bourg). Portrait. *Lith. d'après nature par Lafosse.*

3747. MARICHAL. Examen de la déposition de Chrétien de **Chastenoy** (1583). Par Paul Marichal. *Nancy, G. Crépin-Leblond,* 1894. 10 pages, in-8°. Br. (Extrait des *Mémoires de la Société d'archéologie lorraine.*)

3748. **Châteaufort** (François d'Aristay de) conseiller en la Cour souveraine de Lorraine. Portrait. *Peint en 1754, par F. Senémont.*

3749. **Chatria** (Laurent), député de Toul et de Vic. Portrait. *Perrin del.*

3750. CLARETIE. Célébrités contemporaines. — Erckmann-**Chatrian** (nés, le premier à Phalsbourg, le second à Soldatenthal-Abreschwiller), par Jules Claretie. *Paris, A. Quantin,* 1883. 32 pages, in-16. Br.

3751. THIRIET. L'abbé L. **Chatrian** (né à Lunéville), 1752-1814. Sa vie et ses écrits, par l'abbé H.-J. Thiriet. *Nancy, R. Vagner,* 1890. 39 pages, in-8°. Portrait. Br.

3752. **Chelaincourt** (le comte de) de Borny. Nécrologie. *Paris, Bouchard-Huzard,* 1849. 16 pages, in-8°. Demi-rel.

3753. MELLIER. Étude sur François **Chéron**, graveur en médailles (né à Lunéville), par E. Mellier. *Nancy, G. Crépin-Leblond,* 1894. 26 pages, in-8°. Fig. Br. (Extrait des *Mémoires de la Société d'archéologie lorraine.*)

3754. MANGENOT. Léopold **Chevallier**, chanoine honoraire, professeur de dogme au grand séminaire de Nancy. Notice nécrologique, par l'abbé Eugène Mangenot, professeur au même séminaire. *Nancy, R. Vagner,* 1891. 15 pages, in-8°. Br.

3755. MORTEMART. **Chevert** (François de), né à Verdun sur Meuse, le 2 février 1695 ; mort le 24 janvier 1769. Par le baron de Mortemart. *Paris, Langlois et Leclerq,* 1844. 12 pages, gr. in-8°. Portrait. Cart. (Extrait du *Plutarque français.*)

3756. BUVIGNIER-CLOÜET. **Chevert**, lieutenant-général des armées du roi, 1695-1769. Son origine, sa naissance, sa vie, les expéditions auxquelles il prit part et les causes qui les déterminèrent. Par Mlle Madeleine Buvignier-Cloüet. *Verdun, Renvé-Lallemant*, 1888. iv-?bo pages, gr. in-8°. Portraits. Fig. et tableaux généalogiques. Demi-rel.

3757. GERMAIN. Bibliographie. **Chevert**, lieutenant-général des armées du roi (1695-1769), par Mlle Madeleine Buvignier-Cloüet. Compte rendu critique par Léon Germain. *Montmédy, Ph. Pierrot*, 1890. 11 pages, in-8°. Br. (Extrait des *Annales de l'Est*.)

3758. DES GODINS. Notice historique et biographique sur le général **Chevert**, accompagnée d'un autographe, de notes et d'une généalogie indiquant la parenté de Chevert avec plusieurs familles habitant encore la Lorraine, par Gaston des Godins, étudiant en droit. *Paris, L. Richard*, 1861. 48 pages, in-8°. Br.

3759. BONNAIRE. **Chevert**. Par Justin Bonnaire, avocat à la Cour. *Nancy, Raybois*, 1841. 11 pages, in-8°. Br.

3760. Éloge historique de M. de **Chevert**. *Paris, Lacombe*, 1769. 32 pages, in-12. Br. (Extrait du *Mercure* d'avril 1769.)

3761. **Chevert** (François). Lieutenant-général. Portrait. *Peint par Hischbein.* — Le même. *Maurin del.* — Le même. *Phototypie J. Royer.* — Le même. *Ibid.* — Le même. *Larivière pinxit.* — Le même. *Larivière del.* — Le même. *Sergent del.* — Le même. *Hischbein pinxit.* — Le même. *Vin. Vangelisty sculp.* 1776. — Le même. *Hischbein pinx.* — Le même. Anonyme. — Le même. *Cochin fil. del.* — Le même. *Couché del.* — Le même. Médaille. *Caqué F.* — Le même. Statue. *F. Liénard del.* — Le même. Statue. *Phototypie J. Royer.*

3762. GILLET. Notice historique et bibliographique sur **Chevrier** (né à Nancy), par M. Gillet. *Nancy, Vve Raybois*, 1864. 200 pages, in-8°. Portrait. Demi-rel. (Extrait des *Mémoires de l'Académie de Stanislas*.)

3763. **Chevrier** (François-Antoine), littérateur. Portrait anonyme.

3764. BUVIGNIER-CLOÜET. Notice sur Catherine de **Choiseul** et Ursule de Saint-Astier, réformatrices de l'abbaye de Saint Maur de Verdun. Par Mlle Buvignier-Cloüet. *Nancy, G. Crépin-Leblond*, 1894. 45 pages, in-8°. Br. (Extrait des *Mémoires de la Société d'archéologie lorraine*.)

3765. **Choiseul** (César, duc de), maréchal de France, gouverneur de Toul. Portrait. *Gravé d'après le tableau qui est aux Grands Augustins* — Le même. *Daret ex.*

3766. **Choiseul** (Jacques-Philippe de), duc de Stainville, maréchal de France, commandant en chef de la Lorraine. Portrait. *Peint par Vauchelet.* — Le même. *Peint par Vauchelet.* — Le même. *Vauchelet pinx.*

3767. **Choiseul-Stainville** (Claude-Antoine Gabriel, duc de), lieutenant-général, maire à Houécourt (Vosges). Portrait anonyme. — Le même. *Laurent.* — Le même. *S.-J. Le Gros.* 1827.

3768. **Choiseul** (Étienne-François, duc de), lieutenant général, gouverneur de Mirecourt. Portrait. *Peint par L.-M. Vanloo.* — Le même. Anonyme. — Le même. *Peint par L.-M. Vanloo.* — Le même. *Lith. de Delpech.* — Le même. *Gravé par Massard.*

3769. **Christophe** (Joseph), de Verdun, peintre. Portrait. *Peint par Drouais.*

3770. HUBER-SALADIN. Le comte de **Circourt** (né à Bouxières-aux-Chênes). Son temps, ses écrits. — Madame de Circourt. Son salon, ses correspondances. — Notice biographique offerte à leurs amis par le colonel Huber-Saladin. *Paris, Imp. A. Quantin*, 1881. xiv-167 pages, in-8°. Portrait. Br.

3771. SAVE. Charles **Claudot**, décorateur lorrain, 1733-1806, par Gaston Save. *Nancy, R. Wiener*, 1888. 26 pages, in-8°. Br. (Extrait de la *Lorraine artiste*.)

3772. (DOYOTTE.) Essai sur la biographie de M. de **Clévy** (né à La Marche), par un membre du clergé de Nancy (Doyotte). *Nancy, Bordes*, 1868. 31 pages, in-8°. Cart.

3773. DINGÉ. Notice sur Claude-Michel **Clodion** (né à Nancy), par A. Dingé. *Paris, A. Clo, s. d.* 8 pages, in-4°. Br.

3774. BUVIGNIER-CLOÜET. Observations sur la manière dont M. Labande juge l'abbé **Cloüet** (né à Verdun). Par Mlle M. Buvignier-Cloüet. *Verdun, Renvé-Lallemant*, 1891. 71 pages, in-8°. Br.

3775. DISCOURS de M. l'Évêque de Vence, lors de sa réception à l'Académie française, le 12 mars 1733, à la place de feu M. le duc de **Coislin**, évêque de Metz. *S. l., n. n., n. d.* 8 pages, in-4°. Rel.

3776. **Colchen** (Jean-Victor), sénateur, préfet de la Moselle. Portrait anonyme.

3777. VIE de M. Théodore **Collardé**, curé de Liverdun, ou histoire religieuse de Liverdun pendant 80 ans. *Nancy, Vagner*, 1862. 57 pages, in-12. Br.

3778. (COLLENNE.) Mémoire d'un ex-fonctionnaire public, destitué à la Révolution de juillet (**Collenne**, ancien conseiller de préfecture à Épinal). *Épinal, P.-H. Faguier*, 1833. 126 pages, in-8°. Br.

3779. BREF envoyé par S. S. le Pape Pie IX à M. Louis **Collenot**, à Amance (Meurthe). *Nancy, Hinzelin*, 1862. 2 pages, grand in-4°. Br.

3780. MANGENOT. Jean-Baptiste **Collet**, curé de Voinémont, guillotiné à Nancy, le 25 octobre 1793, par l'abbé Eugène Mangenot, professeur au Grand Séminaire. *Nancy, René Vagner*, 1893. 40 pages, in-8°. Br.

3781. **Colson** (Jean), député du bailliage de Sarreguemines. Portrait. *Labadye del.*

3782. RENARD. Notice historique sur la vie et les travaux de Gustave de **Coriolis**. Par M. N.-A. Renard, professeur de mathématiques à la faculté des sciences de Nancy. *Nancy, Imp. Vve Raybois, s. d.* 28 pages, in-8°. Br.

3783. **Cossé-Brissac** (Artus de), maréchal de France, gouverneur de Metz. Portrait. *N. pinx.*

3784. **Coste** (Jean-François), médecin principal de l'hôpital militaire de Nancy. Portrait. *Dessiné et gravé par Ambroise Tardieu.* — Le même. *Phototypie J. Royer.*

3785. BLAU. Éloge de M. **Coster** (né à Nancy), par Blau, ancien inspecteur de l'Académie de Nancy. *Nancy, Grimblot, Thomas et Raybois*, 1838. 16 pages, in-8°. Br.

3786. **Coster** (Sigisbert-Étienne), chanoine, député du bailliage de Verdun. Portrait. *Godefroy del.*

3787. LABOURASSE. Le conventionnel E.-B. **Courtois** (préfet de la Meuse), par H. Labourasse. *Bar-sur-Aube, A. Lebois*, 1892. 98 pages, in-8°. Portrait. Br.

3788. **Courtois** (Alexandre-Nicolas), avocat, (né à Longuyon). Portrait. *Michaud F.*

3789. ROUQUETTE. **Cremer** (né à Sarreguemines). Par Jules Rouquette. *Paris, s. n., n. d.* 16 pages, in-8°. Portrait. Br.

3790. HUART (G. D'). Le colonel de **Croonders**, gouverneur de Hombourg et de Saint-Avold (1644-1671), par le baron G. d'Huart. *Nancy, G. Crépin-Leblond*, 1885. 38 pages, in-8°. Br. (Extrait des *Mémoires de la Société d'archéologie lorraine.*)

3791. BENOIT. Note sur le véritable endroit où mourut Charles-Philippe de **Croy**, marquis d'Havré, baron de Fénétrange, grand d'Espagne, etc. Par A. Benoit. *Metz, s. n.*, 1893. 5 pages, in-4°. Br.

3792. COSTE. Éloge de M. **Cupers**, président du Collège-Royal de médecine de Nancy... Par Coste, médecin en chef de l'hôpital militaire de Nancy. (Lu à la séance publique de l'Académie de Nancy, le 25 août 1775.) *Nancy, J.-B. Hiacinthe Leclerc*, 1775. 31 pages, in-12. Br.

3793. THOUMAS. Le général **Curély** (né à Avillers). Itinéraire d'un cavalier léger de la Grande armée (1793-1815). Publié d'après un manuscrit authentique par le général Thoumas. *Paris, Berger-Levrault et Cie*, 1887. iv-436 pages, in-12. Portrait. Demi-rel.

3794. CRIMES et forfaits, mœurs et liaisons du général **Custines** (né à Metz), depuis sa nomination au grade de général, ainsi qu'un de ses aides-de-camp, arrêté hier au palais de l'égalité, suivis de son projet tramé contre la République. *S. l., Feret, s. d.* 8 pages, in-8°. Br.

3795. CUSTINE. Mémoires du général **Custine** sur les guerres de la République, précédés d'une notice sur le général Dumouriez. *Paris, Ladvocat,* 1824. xxxiii-384 pages, in-8°. Demi-rel.

3796. ENTRETIEN du citoyen général **Custines**, avec Théophile Mandar, commissaire national du conseil exécutif provisoire de la République française, dans le département du Mont-Terrible. *S. l., Administration centrale, s. d.* 15 p., in-8°. Br.

3797. LETTRE de son fils. L'ex-général **Custine** traité comme il le mérite. *S. l., Guilhemat, s. d.* 8 pages, in-8°. Br.

3798. LETTRE écrite par M. de **Custine**, lieutenant-général, commandant à Landau et de la cinquième division, à M. Levasseur, député du département de la Meurthe. *Paris, Imprimerie nationale, s. d.* 4 pages, in-8°. Br.

3799. OBSERVATIONS pour le citoyen Baruch Cerf-Berr, régisseur des achats des subsistances militaires à l'armée du Rhin, en réponse au général **Custines**. *S. l., n. n., n. d.* 30 pages, in-4°. Br.

3800. JUGEMENT rendu par le tribunal criminel révolutionnaire, établi au Palais à Paris, par la loi du 10 mars 1793, pour juger sans appel les conspirateurs, qui condamne à mort Adam-Philippe **Custines**, ci-devant général en chef des armées du Nord et des Ardennes, convaincu d'avoir trahi la République. *S. l., Feret, s. d.* 4 pages, in-4°. Br.

3801. VAN HELDEN. Relation de la prise de Francfort sur le Mein par S. M. le roi de Prusse et réponse du général Van Helden aux déclamations calomnieuses du général **Custine**, commandant en chef de l'armée de la République française sur le Rhin. *La Haye, Van Cleef,* 1798. 294 pages, in-8°. Rel. basane.

3802. **Custine** (Adam-Philippe, comte de), général en chef. Portrait. *Peint par Mlle Baron.* — Le même. *Couché fils sc.* — Le même. *J. Lith. de Delpech.* — Le même. *Lambert jeune sculp.* —Le même. *Dessiné d'après nature et gravé par C. Guérin,* 1793. — Le même. *F. Bonneville del. sculp.* — Le même. *Galerie historique.* —

Le même. *Michaud F.* — Le même. Anonyme. — Le même. *Duc del.*

3803. GRAND-EURY. Œuvre du catéchisme de persévérance. Séance du 26 novembre 1856. Notice historique sur Mlle Marie-Amélie, comtesse de **Custine**, par l'abbé P. Grand-Eury. *Nancy, Vagner,* 1856. 16 pages, in-8°. Demi-rel.

3804. **Cuvier** (Rodolphe), pasteur à Nancy. Portrait. *G.* — Le même. Anonyme.

3805. **Cuvier** (M. Othon), pasteur honoraire, ancien pasteur des églises réformées de Metz et de Nancy. Sa vie et ses travaux. Sa prédication. Discours prononcés à ses obsèques. *Nancy, Berger-Levrault et Cie,* 1897. 46 pages, in-4°. Br.

3806. DUGAS DE BEAULIEU. Gertrude de **Dachsbourg**, par M. Dugas de Beaulieu. *Épinal, Vve Gley, s. d.* 11 pages, in-8°. Cart. (Extrait des *Annales de la Société d'émulation des Vosges,* 1855.)

3807. **Dahlmann** (Nicolas), général de brigade (né à Thionville). Portrait. *Gregorius pinx.*

3808. CLERGÉ (Le) contemporain. Sa Grandeur Mgr Georges **Darboy**, archevêque nommé de Paris. Portrait et biographie. *Paris, Victor Palmé, s. d.* 17 pages, petit in-8°. Br.

3809. FÈVRE. Vie intime et travaux littéraires de Mgr **Darboy**, archevêque de Paris, par Justin Fèvre. *Bar-le-Duc, L. Guérin,* 1863. 48 pages, in-8°. Br.

3810. VÉRITÉ (La) sur Monseigneur **Darboy**. Étude précédée d'une lettre à S. E. le cardinal Foulon, archevêque de Lyon. *Gien, P. Pigelet,* 1889. 88 pages, in-8°. Br.

3811. **Darboy** (Georges), évêque de Nancy. Portrait. *Imp. Lemercier et Cie.* — Le même. 3 portraits anonymes.

3812. GUILLAUME. Congrégation des sœurs de la Sainte-Enfance-de-Marie. Son fondateur, son berceau, son parrain. — Notice biographique sur M. Claude **Daunot** (né à Liverdun), premier supérieur général des sœurs de cette congrégation, etc. Par l'abbé Guillaume. *Nancy, A. Lepage,* 1889. 27 pages, in-8°. Br.

3813. PUTON. M. **David**, commandeur de la Légion d'honneur, ancien conseiller d'État (né à Remiremont). Sa vie et ses œuvres. Par A. Puton. *Remiremont, Mougin*, 1868. 18 pages, in-8°. Br.

3814. **David** (Harmand), de Richemont (Moselle). Portrait. *E. T.*

3815. DEBLAYE. Mélanges. Ma collaboration à l'*Impartial des Vosges*, 1871, par l'abbé J.-F. **Deblaye**, prêtre du diocèse de Saint-Dié... *Saint-Dié, Ed. Trotot*, 1871. VII-219 pages, in-8°. Br.

3816. **Debraux** (Paul-Émile), chansonnier (né à Ancerville). Portrait. *Élisa Hocquart sculp.*

3817. **Delalle** (Louis-Auguste), curé archiprêtre de la cathédrale de Toul. Portrait. *G. Barry, d'après Portmann. — Le même. D'après Portmann.*

3818. **Deleau** (Nicolas), médecin (né à Vézelise). Portrait. *A. Lacauchie.*

3819. **Delille** (Marie-Jeanne Vaudechamp, née à Mandray, femme de Jacques). Portrait. *Peint par Pierre Danloux.*

3820. DEMNISE. Défense de l'abbé **Demnise**, curé de Lucy, devant la Cour d'appel de Metz, le 7 mai 1874. *Pont-à-Mousson, E. Ory*, 1874. 44 pages, in-8°. Cart.

3821. LABOURASSE. Notice biographique sur Claude-François **Denis** (de Commercy), publiciste et antiquaire, par H. Labourasse. *Nancy, Berger-Levrault*, 1893. 37 pages, in-8°. Portrait. Br.

3822. MOREY. Notice sur la vie et les œuvres du R. P. François **Dérand**, architecte lorrain. Par P. Morey, architecte. *Nancy, Vve Raybois*, 1868. 19 pages, in-8°. Br. (Extrait des *Mémoires de l'Académie de Stanislas*.)

3823. **Derivaux** (Achille), baron, général (né à Senones). Portrait. *Thorelle del.*

3824. AUGUIN. Le portrait du peintre lorrain **Deruet** par Louis XIII, par E. Auguin. *S. l., n. n., n. d.* 15 pages, in-8°. Br.

3825. MEAUME. Recherches sur la vie et les ouvrages de Claude **Deruet**, peintre et graveur lorrain (1588-1660), par M. E.

Meaume. *Nancy, A. Lepage*, 1853. 120 pages, in-8°. Demi-rel. (Extrait du *Bulletin de la Société d'archéologie lorraine.*)

3826. JACQUOT. Notes sur Claude **Deruet**, peintre et graveur lorrain, 1588-1660. Par Albert Jacquot. *Paris, J. Rouam et Cie*, 1894. 195 pages, in-8°. Fig. Br.

3827. GABRIEL. Le maréchal de camp **Desandroüins** (né à Verdun), 1729-1792. Par l'abbé Gabriel, aumônier du collège de Verdun. *Verdun, Renvé-Lallemant*, 1887. VIII-419 pages, in-8°. Br.

3828. LEPAGE. André **Des Bordes**. Épisode de l'histoire des sorciers en Lorraine, par H. Lepage. *Nancy, Wiener*, 1857. 55 pages, in-8°. Demi-rel. (Extrait du *Bulletin de la Société d'archéologie lorraine.*)

3829. **Deshayes** (Achille-Nicolas), député de la Moselle. Portrait. *Lith. d'après nature par Léveillé.*

3830. **Désilles** (André-Joseph-Marc), lieutenant (mort à Nancy). Portrait. *De Meixmoron del. — Le même. B. — Le même.* 2 portraits anonymes.

3831. BRENET. Un compositeur oublié du XVII° siècle, Henri **Desmarets** (mort à Lunéville), 1662-1741, par Michel Brenet. *Paris*, 1883. 8 feuillets, in-fol. Br. (Fragments du journal *Le Ménestrel*.)

3832. **Dessaux** (Charles), député de la Meuse. Portrait. *Fischer.*

3833. GANDAR. Notice sur Victor-François **Desvignes**, musicien-compositeur, fondateur de l'École de musique et membre titulaire de l'Académie impériale de Metz. Lue à cette Société, dans sa séance publique du 7 mai 1854, par M. Eugène Gandar. *Metz, S. Lamort*, 1854. 32 pages, in-8°. Cart.

3834. THILLOY. Agnès, comtesse de **Deux Ponts**, dame de Bitche, en 1297, par Jules Thilloy. *Metz, Rousseau-Pallez*, 1864. 36 pages, in-8°. Br. (Extrait des *Mémoires de la Société d'archéologie et d'histoire de la Moselle.*)

3835. **Deux-Ponts** (Charles, baron de), capitaine de chevau légers (né à Forbach). Figure. *Sweback.*

3836. **Devaux** (François-Antoine), littérateur (né à Lunéville). Portrait. Anonyme.

3837. NOTICE biographique de Th. **Devilly** (né à Metz). Discours prononcés sur sa tombe, le 26 décembre 1886, et catalogue de ses œuvres. *Nancy, P. Sordoillet,* 1887. 50 pages, in-16. Br.

3838. MEIXMORON DE DOMBASLE (DE). **Devilly** et l'aquarelle d'après nature, par Ch. de Meixmoron de Dombasle. (Extrait du *Bulletin du Club alpin français, section vosgienne.*) *Nancy, Berger-Levrault et Cie,* 1889. 8 pages, in-16. Br.

3839. BENOIT. Note sur Dom Benoit **Didelot**, bénédictin (né à Vadonville), par A. Benoit. *Nancy, Crépin-Leblond,* 1896. 7 pages, in-8°. Br.

3840. VIRLET. Notice sur la vie et les travaux du général J. **Didion** (né à Thionville), par le colonel Virlet. *Metz, Ch. Thomas,* 1880. 37 pages, in-8°. Br.

3841. **Didion** (Barbe-Franc.-Mad.), commerçante (née à Nancy). Portrait. *Durupt pinx.* — La même. *Demenge pinx.*

3842. BENOIT. Un épisode du séjour du préfet **Dieudonné** (des Vosges), dans le département du Nord. Par A. Benoit. *Saint-Dié, L. Humbert.* 7 pages, in-8°. Br. (Extrait du *Bulletin de la Société philomatique vosgienne,* 1880-1881.)

3843. **Dieudonné** (Christophe), préfet (né à Saint-Dié). Portrait. *Moinal sculp.*

3844. **Dieudonné** (Christophe), député du département des Vosges à l'Assemblée nationale, à ses commettans. *Paris, Imprimerie nationale,* 1792. 6 pages, in-8°. Br.

3845. VAGNER. A la mémoire de M. J.-S. **Dieulin**, vicaire général, décédé à Nancy, le 17 mars 1847. Lettre à MM. les rédacteurs du journal l'*Espérance.* Par Vagner. — Quelques mots prononcés sur la tombe de M. Dieulin, à Xousse, le 17 mars 1847, par Vagner. *Nancy, Vagner,* (1847). 8 pages, in-8°. Br.

3846. **Dieulin** (Jean Sébastien), vicaire général du diocèse de Nancy. Portrait. *L'abbé Lange del.*

3847. GILLET. Notice historique et littéraire sur M. Aug. **Digot**, par Gillet. Discours de réception à l'Académie de Stanislas, 1865. *Nancy, Vve Raybois,* 1865. 23 pages, in-8°. Cart.

3848. **Digot** (Aug.) docteur en droit, membre de l'Académie de Stanislas, de la Société d'archéologie lorraine et d'autres sociétés savantes. *Nancy, Lucien Wiener,* 1864. 24 pages, in-8°. Cart. (Extrait du *Journal de la Société d'archéologie lorraine.*)

3849. **Digot** (Aug.), historien de la Lorraine. Portrait. *D. Pierre del.* — Le même. *J. Lévy.*

3850. APOLOGIE du sieur Perrin de **Dompmartin**, touchant la qualité de sa naissance, et le changement de son nom. *Nancy, S. Philippe,* 1639. 28 pages, in-4°. Rel.

3851. BIOGRAPHIE du clergé contemporain, par un solitaire. M. **Donnet**. *Paris, A. Appert,* 1841. Pages 145-180, in-18. Br.

3852. **Donnet** (Ferdinand), coadjuteur de Nancy. Portrait. *D. Pierre del.* — Le même. *C. de Balthasar pinx.* — Le même. *Dulac pinx. et del.*

3853. RELATION de la cérémonie funèbre qui a eu lieu à Metz, le 22 juillet 1848, en l'honneur d'Auguste **Dornès**, représentant du département de la Moselle à l'Assemblée nationale. *Metz, Nouvian,* 1848. 49 pages, in-8°. Demi-rel.

3854. **Dornès** (Auguste), député de la Moselle. Portrait. *Dessiné d'après nature par A. Maurin.*

3855. **Doublat** (Auguste), député des Vosges. Portrait. *Lith. d'après nature par Llanta.*

3856. DROUARD. Joseph **Drouard** (né à Xouaguesange), par Pauline Drouard. *Nancy, Vve A. Dard, s. d.* 11 pages, in-8°. Br.

3857. GEORGEL. Oraison funèbre d'illustrissime et révérendissime père en Dieu, Monseigneur Claude **Drouas de Boussey**, évêque, comte de Toul, prince du S. Empire, etc... par M. Pierre-Michel Georgel, prêtre, docteur en théologie. *Toul, Joseph Carez,* 1774. 59 pages, in-4°. Br.

3858. **Drouas de Boussey** (Claude), évêque de Toul. Portrait. *Dess. et lith. par l'abbé Morel.*

3859. LEPAGE. Une famille de sculpteurs lorrains (les **Drouin**), par Henri Lepage. *Nancy, Imp. A. Lepage,* 1863. 52 pages, in-8°. Planche. Br. (Extrait des *Mémoires de la Société d'archéologie lorraine.*)

3860. DROUOT. Notice biographique sur le général **Drouot** (Antoine), écrite par lui-même. *Nancy, Vve Raybois,* 1846. 4 pages, in-8°. Br.

3861. FONTAINE. Vie du général **Drouot**, par J.-N. Fontaine. *Nancy, Grimblot ; Bar-le-Duc, Imp. A. Laguerre,* 1848. 23 pages, in-12. Br.

3862. GIROD (de l'Ain). Le général **Drouot** (1774-1847). Par M. Girod de l'Ain, capitaine d'artillerie. *Paris, Berger-Levrault,* 1890. 126 pages, gr. in-8°. Portrait. Demi-reliure.

3863. INAUGURATION de la statue du général **Drouot** à Nancy, le 17 juin 1855. *Nancy, Grimblot et Vve Raybois,* 1855. 36 pages, in-8°. (Extrait du *Bon cultivateur.*)

3864. DISCOURS prononcés à l'inauguration de la statue du général comte **Drouot**... Notice historique sur la vie du sage de la Grande armée, suivie d'une ode à sa mémoire. *Nancy, Hinzelin,* 1855. 39 pages et un portrait, in-8°. Br.

3865. LACORDAIRE. Éloge funèbre du général **Drouot**, prononcé dans la cathédrale de Nancy, le 25 mai 1847, par le R. P. Henri-Dominique Lacordaire, des Frères prêcheurs. *Nancy, Vagner,* 1847. 48 pages, in-8°. Cart.

3866. (LEPAGE.) Le général **Drouot**, sa mort, ses funérailles. (Par Henri Lepage.) *Nancy, A. Lepage,* 1847. 14 pages, in-8°. Br. (Extrait du *Journal de la Meurthe.*)

3867. LEVALLOIS. Éloge du général **Drouot**. Par J. Levallois, ingénieur en chef des mines. *Paris, E. Duverger,* (1848). 16 pages, in-8°. Br. (Discours lu, le 17 février 1848, à la Société royale des sciences, lettres et arts de Nancy.)

3868. MAIRE. Notice biographique sur le général **Drouot**, par X. Maire. *Saint-Nicolas-de-Port, P. Trenel,* 1847. 8 pages, in-8°. Br. (Extrait du journal le *Moissonneur.*)

3869. NOLLET. Biographie du général **Drouot**, par J. Nollet (de Nancy). *Paris, J. Corréard ; Nancy, Grimblot et Vve Raybois,* 1848. 235 pages, in-8°. Portrait, fac-similé et 2 tableaux. Demi-rel.

3870. PROCÈS du lieutenant-général comte **Drouot**, grand officier de la Légion d'honneur, précédé d'une note historique sur cet officier général, et orné de son portrait. *Paris, S.-C. L'huillier,* 1816. VIII-63 pages, in-8°. Cart.

3871. **Drouot** (Antoine), général d'artillerie. Portrait. *Singry pinxit.* — Le même. *H. Garnier.* — Le même. *Fauchery del.* — Le même. *Couché sculp.* — Le même. *Lefèvre.* — Le même. *Ed. Lièvre.* — Le même. *Singry pinxit.* — Le même. *Feyen jeune, d'après Singry.* — Le même. *Rive, d'après H. Vernet.* — Le même. *Lith. de Delpech.* Le même. *P. A. T.* — Le même. *Aubry pinxit.* — Le même. 3 portraits anonymes.

3872. **Drouot** (Le vicomte Antoine), député de la Meurthe. Portrait. *De B.*

3873. PRÉCIS historique de la vie de Mᵐᵉ la comtesse **Du Barry** (née à Vaucouleurs). *Paris, s. n.,* 1774. 96 pages, in-8°. Br. (Incomplet.)

3874. VATEL. Histoire de Madame **Du Barry**, d'après ses papiers personnels et les documents des archives publiques, précédée d'une introduction sur Madame de Pompadour, le Parc-aux-Cerfs et Mademoiselle de Romans. Par Charles Vatel. *Versailles, L. Bernard,* 1883. LIV-505, II-554 et 488 pages, in-12. Gravures. 3 volumes. Demi-rel.

3875. VATEL. Madame **Du Barry** et son temps. Étude critique et biographique d'après les papiers personnels de l'ancienne favorite de Louis XV et les documents de nos archives publiques, précédée d'une introduction sur Mᵐᵉ de Pompadour, le Parc-aux-Cerfs, Mlle de Romans, etc... (Première édition de l'introduction seulement.) Par C. Vatel. *Versailles, Imp. E. Aubert,* (1880). 48 pages, in-8°. Br.

3876. VIE de Madame la comtesse **Du Barry**, suivie de ses correspondances épistolaires, et de ses intrigues galantes et politiques. (*Paris*), *Imp. de la Cour*, 1790. IV-89 pages, in-8°. Portrait. Br.

3877. **Du Barry** (Marie-Jeanne Vaubernier, comtesse), maîtresse de Louis XV. Portrait. *Lith. Delarue.* — La même. *Zin. Belliard.* — La même. *A. Paris, chez Esnauts.* — La même. *N. Measom.* — La même. *Marilly del.* — La même. *Bovinet sculp.* — La même. *F. Bonneville del.* — La même. *Bertonnier.* — La même. *Drouais pinx.* — La même. *Lith. de Delpech.*

3878. JADART. Émond **Du Boullay**, historiographe et poète du XVIe siècle, héraut de France et de Lorraine, par H. Jadart, secrétaire général de l'Académie de Reims. *Reims, F. Renart*, 1883. 63 pages, in-8°. Blason et tableau généalogique. Br. (Extrait des *Travaux de l'Académie de Reims.*)

3879. BOURBON-LANCY. Éloge funèbre de très-haut et très-puissant seigneur Erard **du Chastelet**, marquis de Tréchâteau, mareschal de Lorraine,... et gouverneur de la ville de Semeur... Par le R. Père Archange de Bourbon-Lancy. *Dijon, Jean Ressayre*, 1685. 60 pages, in-4°. Br.

3880. **Du Châtelet** (Erard), maréchal de Lorraine. Portrait anonyme, sur son tombeau.

3881. **Du Châtelet** (Gabrielle-Emilie Le Tonnelier de Breteuil, marquise) décédée à Lunéville. Portrait. *Peint par Marie-Anne Loir.* — La même. *A Paris, chez Petit.* — La même. *Monnet del.* — La même. *Monnet del.* — La même. *Lith. de Delpech.*

3882. **Du Châtelet** (Pierre), seigneur de Bulgnéville. Portrait anonyme.

3883. **Du Châtelet** (Huet), baron de Deuilly, et Jeanne de Cicon, son épouse. Portraits, sur leur tombeau. *Humblot del.*

3884. **Du Châtelet** (Anne), abbé de Flabémont. Portrait. *Ravenet sculp.*

3885. **Du Châtelet** (Antoine), bailli de Nancy, et Anne de Beauvau son épouse. Portraits, sur leur tombeau. *Ravenet sculpsit.*

3886. **Du Châtelet** (Nicolas), seigneur de Ville-sur-Illon. Portrait, sur son tombeau. *A. Humblot del.*

3887. **Du Châtelet** (Godefroy), aide de camp des armées du roi. — (Charles-Antoine), gouverneur de Metz. Portraits anonymes, sur leur tombeau.

3888. DUVERNOY. Notice sur M. Julien **Duchesne** (né à Nancy), lue à l'Académie de Stanislas, dans la séance du 4 novembre 1892, par F. Duvernoy. *Nancy, Berger-Levrault*, 1893. 15 pages, in-8°. Br.

3889. DU COËTLOSQUET. Derniers souvenirs de Charles **Du Coëtlosquet** (de Metz). *Nancy, Vagner*, 1852. 111 pages, in-8°. Portrait. Demi-rel.

3890. GENTIL. Mort d'un pèlerin à Jérusalem, en 1852, Notice sur les derniers moments du comte Charles **Du Coëtlosquet**, par E. Gentil. *Paris, Plon*, 1854. 42 pages, in-8°. 1 planche. Demi-rel.

3891. **Ducreux** (Joseph), peintre (né à Nancy). Portrait. *Ducreux pinx.*

3892. **Dudot** (Jean-Françoise-Théodore), vicaire général du diocèse de Metz. Portrait. *Imp. Lithog. de Dupuy.*

3893. NOTICE nécrologique sur le baron G.-J.-B. **Dufour**, pair de France, ancien intendant militaire, grand officier de la Légion d'honneur, décédé, maire de Metz, le 10 mars 1842. (Extrait de l'*Annuaire historique et statistique du département de la Moselle.*) *Metz, Verronnais*, 1843. 22 pages, in-8°. Cart.

3894. ADAM. Le baron Guerrier de **Dumast** (né à Nancy), par Lucien Adam. *Nancy, G. Crépin-Leblond*, 1883. 60 p., in-8°. Rel.

3895. **Dumast** (Auguste-Prosper-François, baron Guerrier de) [1796-1883]. *Nancy, Berger-Levrault et Cie*, 1883. 108 pages, in-8°. Rel. mar. viol. aux armes, d. s. tr.

3896. **Dumast** (M. de). *Nancy, G. Crépin-Leblond*, (1882). 14 pages, in-8°. Br. (Extrait du *Journal de la Meurthe.*)

3897. LISTE des écrits imprimés de M. P.-G. de **Dumast**. *Nancy, Vve Raybois, s. d.* 20 pages, in-8°. Cart.

3898. VAGNER. Notice sur M. Guerrier de **Dumast**, envisagé au point de vue religieux, par Vagner. *Nancy, René Vagner,* 1883. 18 pages, in-8°. Br.

3899. INAUGURATION du buste du baron Guerrier de **Dumast**, au palais des Facultés. *Nancy, Berger-Levrault et Cie,* 1885. 50 pages, in-8°. Rel.

3900. LOMBARD. Inauguration du buste du baron Guerrier de **Dumast**, au palais des Facultés. Discours de M. A. Lombard. *Nancy, Berger-Levrault et Cie,* 1885. 8 pages, in-8°. Br. (Extrait des *Mémoires de l'Académie de Stanislas.*)

3901. INAUGURATION du buste du baron P.-G. de **Dumast** au Musée lorrain. *Nancy, G. Crépin-Leblond,* 1890. 5 pages, in-8°. Br. (Extrait du *Journal de la Société d'archéologie lorraine.*)

3902. **Dumast** (Aug.-Prosper-François, baron Guerrier de), avocat. Portrait. *Lith. de Lemercier.*

3903. JOLY. **Du Ménil-la-Tour**, peintre (né à Lunéville). Par A. Joly. *Nancy, A. Lepage,* 1863. 8 pages, in-8°. Br.

3904. **Dumont** (François), peintre (né à Lunéville). Portrait. *C.-N. Cochin delin. — Le même. I. A. L.*

3905. GERMAIN. Un sculpteur normand d'origine lorraine (Antoine **Duparc**), par Léon Germain. *Nancy, Crépin-Leblond,* 1884. 7 pages, in-8°. Br. (Extrait du *Journal de la Société d'archéologie lorraine.*)

3906. **Dupont** (Jacques-Marie-Antoine-Célestin), évêque de Saint-Dié. Portrait. *Lith. par Léon Noël.*

3907. CHABERT. Notice sur un bienfaiteur de Vouxey, l'abbé **Duquesnoi**, par Chabert. *Épinal, V. Collot,* (1879). 7 pages, in-8°. Br. (Extrait des *Annales de la Société d'émulation des Vosges.*)

3908. **Duquesnoy** (né à Bricy). Compte-rendu à ses concitoyens. *Nancy, Vve Bachot,* 1793. 22 pages, in-4°. Cart.

3909. FAVIER. Notice sur Nicolas **Durival**, lieutenant général de police de la ville de Nancy, historien et géographe de la Lorraine, par J. Favier, sous-bibliothécaire de la ville de Nancy. *Nancy, G. Crépin-Leblond,* 1880. 37 pages, in-8°. Portrait. (Extrait des *Mémoires de la Société d'archéologie lorraine.*)

3910. HEITZ. Le général **Duroc**, duc de Frioul (né à Pont-à-Mousson)... par Louis Heitz. *Grenoble, J. Baratier,* 1892. 15 pages, in-8°. Br. (Extrait des *Heures libres.*)

3911. **Duroc** (Michel), maréchal de France. Portrait. *Villerey fils, sc. — Le même.* Anonyme. *— Le même. Z. Belliard. — Le même. J. Guildrau del. — Le même.* Galerie historique. *— Le même. I. Lith. de Delpech. — Le même. Villerey fils, sc. — Le même. Ambroise Tardieu direxit.*

3912. DIGOT. Notice biographique et littéraire sur Valentin Jamerai-**Duval** (né à Arthonnay). Par Aug. Digot. *Nancy, Grimblot et Vve Raybois,* 1847. 96 pages, in-8°. Br. (Extrait des *Mémoires de la Société royale des sciences, lettres et arts de Nancy.*)

3913. DUVAL. Œuvres de Valentin Jamerai **Duval**, précédées des mémoires sur sa vie, avec figures. *St-Pétersbourg; Strasbourg, J.-G. Treuttel,* 1784. XIV-322 et 336 pages, in-8°. 2 vol. Rel. veau.

3914. **Duval** (Jamerai). Scènes de l'enfance de Valentin-Jamerai Duval. *Dessinées par Charpentier.* 2 pièces in-fol.

3915. GLATZ. **Duval**, histoire véritable racontée par un curé de village à ses élèves et suivie d'un épisode de la vie du roi Stanislas Leszczynski, par le même. 2° édition (traduction française). *Tours, A.-D. Mame et Cie,* 1837. 180 pages, in-18. Fig. Cart.

3916. GLATZ. **Duval**, histoire racontée par un curé de village à ses élèves, traduite de l'allemand de Glatz, et suivie d'un épisode de la vie du roi Stanislas Leszczinski, par le même. Septième édition. *Tours, Mame* 1852. 139 pages, in-18. Fig. Demi-rel.

3917. KAYSER. Leben des herrn Valentin Jamerai **Duval**, Kaiserl. bibliothekars und aufsehers über das Münzkabinet zu Wien... von Albrecht-Christoph Kayser. *Regensburg,* 1788. XL-360 et 200 pages,

in-8°. Portrait et vignette. 2 tomes en
1 vol. Demi-rel.

3918. **Duval** (Valentin-Jamerai), professeur
d'histoire à l'Académie de Lunéville. Portrait. *S. Kleiner del. et sc.* 1750. — Le
même. *Charpentier pinxit.* — Le même.
Gravé par Delvaux. 1785. — Le même.
W. Bock. sc. 1783.

3919. GIROD (de l'Ain). Le général **Éblé**
(né à Saint-Jean-de Rohrbach), 1758-1812.
Par Maurice Girod de l'Ain, capitaine d'artillerie. *Nancy, Berger-Levrault et Cie,*
1893. 220 pages, in-8°. Portrait. Br.

3920. **Éblé** (Jean-Baptiste), inspecteur général d'artillerie. Portrait anonyme. — Le
même. *Michaud F.* — Le même. *Michaud.*

3921. **Éleuther**, fondateur du monastère
aux Dames de Metz. Portrait anonyme.

3922. ADRIEN. Éloge historique de l'illustre
martyr saint **Élophe** (né à Soulosse). Par
le R. P. Adrien de Nancy, capucin. *Nancy,
N. Baltazard,* 1721. 86 pages, in-8°. Portrait. Rel. veau.

3923. ZELLER. Saint **Élophe**. Sa famille,
sa vie, son culte, par l'abbé E. Zeller,
curé de St-Élophe. *Neufchâteau, Kienné,*
1875. 236 pages, in-8°. Pl. Demi-rel.

3924. THILLOY. Le comte **Emmery** en
1804, par Jules Thilloy. *Metz, F. Blanc,*
1867. 16 pages, in-8°. Br. (Extrait des
Mémoires de l'Académie de Metz.)

3925. **Emmery** (Jean-Louis-Claude), député
des bailliages de Metz, Thionville, etc.
Portrait. *Labadye del.* — Le même. *Michaud F.*

3926. **Enclin** (Antoine), curé de la paroisse
de St-Nicolas de Nancy. Portrait anonyme.

3927. HUGO. La vie de la Rév. mère Marie-
Thérèse **Erard**, supérieure du monastère
de Notre-Dame du Refuge de Nancy, (par
le P. Hugo). *Nancy, D. Gaydon,* 1704.
VIII-160 pages, in-8°. Rel. veau.

3928. LALLEMEND. Jean **Errard** de Bar-
le-Duc, premier ingénieur du très-chrestien roy de France et de Navarre Henri IV,
sa vie, ses œuvres, sa fortification. (Lettres inédites de Henri IV et de Sully.)

Par M. Lallemend et A. Boinette. *Paris,
Thorin,* 1884. VI-333 pages, in-12. Br.

3929. THIESSÉ. M. **Étienne** (Charles-
Guillaume). Essai biographique et littéraire, par M. Léon Thiessé. *Paris, Didot,*
1853. 232 pages, in-8°. Demi-rel.

3930. **Étienne** (Charl.-Guil.), député de la
Meuse. Portrait. *Deveria del.* — Le même.
2 portraits anonymes.

3931. **Étienne** (Henri), député de la Meuse.
Portrait. *A. Coilette.*

3932. PERRY. La vie de saint **Eustase**, second abbé de Luxeu, et patron de l'abbaye
de Vergaville, de l'ordre de Saint-Benoit.
Composée et divisée en trois livres, par
le P. Cl. Perry, de la Compagnie de Jésus. *Metz, J. Antoine,* 1645. XX-319 pages,
in-8°. Rel. parchemin.

3933. ELQUIN. Notice historique sur la vie,
le culte et les miracles de saint **Èvre**,
évêque de Toul... Par C.-F.-A. Elquin,
prêtre. *Nancy, chez l'auteur,* 1828. 108
pages, in-12. Cart.

3934. JACQUOT. Petite vie de saint **Èvre**,
évêque de Toul, avec l'office du saint, etc.,
par F. Jacquot, professeur à l'École Fénelon, à Bar-le-Duc. *Bar-le-Duc, Les Célestins,* 1879. 87 pages, in-12. Br.

3935. CHÉRY. Saint **Epvre**, VIIᵉ évêque de
Toul. Sa vie, son abbaye, son culte, par
le R. P. M. Chéry, des Frères prêcheurs.
Paris, Vve Poussielgue et fils, 1866. 194
pages, in-12. Fig. Demi-rel.

3936. NOLLET-FABERT. Le maréchal
R.-J.-I. **Exelmans**. Extrait de la *Lorraine
militaire*, galerie historique, par Jules
Nollet-Fabert. *Nancy, Grimblot et Vve
Raybois,* 1853. 20 pages, in-8°. Br.

3937. NOLLET-FABERT. Notice sur M. le
maréchal **Exelmans**, 1775-1851, par
Jules Nollet (Fabert). *Bar-le-Duc, Imp.
Numa-Rolin,* 1851. 15 pages, in-8°. Br.

3938. **Exelmans** (Remy-Joseph-Isidore,
comte), maréchal de France (né à Bar-
sur-Ornain). Portrait. *A. L.* — Le même.
H. Emy. — Le même. *Lith. Delaunois.* —
Le même. *Et. David.*

3939. **Eynard** (J.-Franc.), sergent-major (né à Dieuze). Portrait anonyme.

3940. ALTMAYER. Éloge du maréchal **Fabert**, par N. Altmayer, cultivateur à Saint-Avold. *Metz, Imp. de Wittersheim*, 1837. 47 pages, in-8°. Br.

3941. BARRE. Vie de M. le marquis de **Fabert**, maréchal de France, par le P. Barre, chanoine régulier, chancelier de l'abbaye de Sainte-Geneviève, etc. *Paris, J.-T. Hérissant*, 1752. xiv-504 et 376 pages, in-12. Portrait. 2 vol. Rel. veau.

3942. (BÉGIN.) Éloge du maréchal **Fabert**. (Par E.-A. Bégin.) Ouvrage couronné par l'Académie royale de Metz, dans sa séance publique du 15 mai 1837. *Metz, S. Lamort*, 1837. 50 pages, in-8°. Cart.

3943. BOURELLI. Le maréchal **Fabert** (1599-1662). Étude historique d'après ses lettres et des pièces inédites tirées de la Bibliothèque et des Archives nationales, etc., par J. Bourelli, chef d'escadron d'état-major. *Paris, Didier*, 1880-1881. xi-445 et 438 pages, in-8°. Portrait. 2 vol. Demi-rel.

3944. (SANDRAS DE COURTILZ). Histoire du maréchal de **Fabert**, lieutenant-général des armées du roy, gouverneur de la ville et château de Sedan, etc. (par Gatien Sandras de Courtilz). *Amsterdam, H. Desbordes*, 1697. 366 pages, pet. in-12. Portrait. Rel. veau.

3945. (SANDRAS DE COURTILZ). Histoire du Maréchal de **Fabert**, lieutenant général des armées du roy, gouverneur des ville et château de Sedan, etc. (par G. Sandras de Courtilz). *Amsterdam, H. Desbordes*, 1697. 186 pages, in-12. Portrait. Rel. veau.

3946. CULMANN. Discours prononcé le 30 octobre 1842, à l'inauguration de la statue de **Fabert**, par M. Culmann, lieutenant-colonel d'artillerie, président de l'Académie royale de Metz. *Metz, S. Lamort, s. d.* 22 pages, in-8°. Cart.

3947. FEILLET. Le premier maréchal de France plébéien. Notes inédites sur Abraham **Fabert**, par M. Alph. Feillet. *Paris, Dumaine, s. d.* 38 pages, in-8°. Cart. (Extrait de la *Revue historique des Ardennes*.)

3948. **Fabert** (Abraham), maréchal de France (né à Metz). Portrait anonyme. — Le même. *Peint par Schnetz*. — Le même. *N.-H. Jacob del.* — Le même. *Sergent del.* — Le même. *Voyez major sculp.* 1785. — Le même. *Michaud F.* — Le même. *Lith. de Nouvian.* — Le même. *Duc del.* — Le même. *Edelinck sculp. C. P. R.* — Le même. Statue. *Thorelle del.* — Le même. Statue. Anonyme.

3949. **Fabert** (Abraham), directeur de l'imprimerie ducale de Nancy. Portrait. *G. Ladame del. et fecit.* — Le même. *A. E. 75.*

3950. DEBIDOUR. Étude sur le général **Fabvier**, 1782-1855, par A. Debidour. *Nancy, Berger-Levrault et Cie*, 1885. 44 pages, in-8°. Br.

3951. MÉZIÈRES. Le général **Fabvier** en Grèce. Par Mézières, professeur à la Faculté des lettres de Nancy. *Nancy, Grimblot, Vve Raybois et Cie*, 1858. 24 pages, in-8°. Br. (Extrait des *Mémoires de l'Académie de Stanislas*.)

3952. OBSERVATIONS présentées dans l'intérêt du colonel **Fabvier**, sur la question de savoir s'il doit être mis en accusation. (*Paris*), *Baudouin frères*, (1820). 15 pages, in-8°. Cart.

3953. BOURLIER. Messieurs **Fabvier** et Sainneville convaincus d'être ce qu'ils sont, par P. Bourlier, maire révoqué de Saint-Andéol. *Lyon, Guyot*, 1818. 78 pages, in-8°. Cart.

3954. **Fabvier** (Ch.-Nic.), lieutenant général (né à Pont-à-Mousson). Portrait. *Julien.* — Le même. *Maurin.* — Le même. *Dessiné d'après nature.*

3955. PAILLART. Éloge de M. **Fabvier**, conseiller à la Cour de Cassation, par Paillart, premier président à la Cour de Nancy. *Nancy, Vve Raybois*, 1859. 48 pages, in-8°. Br. (Extrait des *Mémoires de l'Académie de Stanislas*.)

3956. **Fabvier** (Nicolas-Charles-Antoine), conseiller à la Cour de Cassation (né à Pont-à-Mousson). Portrait. *Thorelle d'après Sentie.* — Le même. 2 portraits anonymes.

3957. PUY-PÉNY. Vie de la révérende mère Pauline de **Faillonnet,** supérieure de la Doctrine-Chrétienne de Nancy, par M. Puy-Pény. vicaire général de Saint-Dié. *Paris, Lecoffre,* 1865. xv-448 et 391 pages, in-12. 2 vol. Demi-rel.

3958. BLANC. Éloge funèbre de Mᵐᵉ Pauline de **Faillonnet,** supérieure générale de la congrégation de la Doctrine Chrétienne de Nancy, prononcé le 27 décembre 1856, par l'abbé Blanc, aumônier du Lycée. *Nancy, Vᵛᵉ Raybois.* 8 pages, in-8°. Br. (Extrait des *Annales des sœurs de la Doctrine Chrétienne.*)

3959. **Faillonnet** (Françoise), dite sœur Pauline, supérieure générale des sœurs de la Doctrine Chrétienne de Nancy. Portrait. *Lith. par l'abbé Lange.*

3960. MICHEL. Notice sur la vie et les œuvres d'Émile **Faivre** (né à Metz), par Émile Michel, président de l'Académie de Metz. *Metz, F. Blanc,* 1869. 34 pages, in-8°. Br.

3961. **Falatieu** (Joseph), député des Vosges. Portrait anonyme.

3962. **Falatieu** (Jules), député des Vosges. Portrait. *Lith. d'après nature par Raunheim.*

3963. **Faller,** curé de Mars-la-Tour. Portrait. *Phototypie J. Royer.*

3964. **Fangé** (Dom Augustin), abbé de Senones. Portrait anonyme.

3965. **Fauconnet** (Jean-Louis-François), général de brigade (né à Révilly). Portrait. *Dessiné par Naudet.*

3966. **Fenouillot** de Falbaire de Quincey (Charles-Georges), inspecteur général des salines de Lorraine. Portrait. *C.-N. Cochin del.*

3967. **Ferri** (Paul), ministre protestant (né à Metz). Portrait. *Michaud F.*

3968. BENOIT. Bébé (**Ferry**), le nain du roi Stanislas, 1741-1764, par A. Benoit. *Saint-Dié, L. Humbert.* 18 pages, in-8°. Br. (Extrait du *Bulletin de la Société philomatique vosgienne,* 1883-84.)

3969. TRESSAN (Le comte de). Mémoire envoyé à l'Académie royale des sciences, par le comte de Tressan, associé. (Sur les nains Bébé [**Ferry**] et Borwslasky.) *Nancy, Vᵛᵉ et Claude Leseure,* (1759). 19 pages, in-16. Br. — Autre édition imprimée à *Paris, chez Al. le Prieur,* 1760. 7 pages, in-4°. Br.

3970. LETTRE d'une personne de Lunéville, à un de ses amis à Paris, au sujet du « Mémoire envoyé l'Académie des Sciences », par M. le Comte de Tressan, associé. *S. l., n. n., n. d.* 15 pages, in-8°. Br. (Parallèle entre le nain Bébé [**Ferry**] et le nain polonais Borwslasky.)

3971. LIÉGEY. Le Bébé (**Ferry**) de Stanislas Leckzinski, roi de Pologne et duc de Lorraine, par le docteur Liégey. (Extrait des *Annales de la Société d'émulation des Vosges.*) *Épinal, E. Busy,* 1889. 16 pages, in-8°. Br.

3972. BÉBÉ (Nicolas **Ferry** dit), nain de Stanislas. Portrait. Galerie de Versailles. — Le même. *V. de Bouillé.*

3973. GUILLAUME. Notice nécrologique sur M. l'abbé **Ferry,** ancien supérieur du séminaire de Nancy... Par l'abbé Guillaume. *Nancy, Vagner,* 1858. 16 pages, in-8°. Br.

3974. DANNREUTHER. Une épitaphe lorraine à Bâle. **Ferry** de Jaulny, 1587 ; par H. Dannreuther. *Bar-le-Duc, Contant-Laguerre, s. d.* 9 pages, in-8°. Br.

3975. SYLVIN. Célébrités contemporaines. Jules **Ferry,** par Édouard Sylvin. *Paris, A. Quantin,* 1883. 32 pages, in-8°. Portrait. Broché.

3976. **Ferry** (Jules), président du Sénat (né à Saint-Dié). Portrait. *Güth del.*

3977. **Ferry** (Victor-Eugène), député de la Meurthe. Portrait. *Courtois.*

3978. HISTOIRE de la vie et des miracles de saint **Firmin,** évêque de Verdun, et de la translation de ses reliques et de celles de sainte Émérite, martyre, au prieuré de Flavigny, en Lorraine. *Nancy, P. Antoine, s. d.* (1740). 45 pages, in-8°. Cart.

3979. VIE (La) et miracle de s. **Firmin,** septiesme évesque de Verdun, et la translation de son corps de l'abbaye de S.-Vanne au prieuré de Flavigny, ordre de sainct Benoit. (Incomplet des 8 premiers feuillets. Une note manuscrite sur la feuille de garde dit : « Cet exemplaire doit appartenir à l'édition que les bénédictins de Flavigny firent imprimer à Nancy, en 1663 ».) 76 pages, numérotées 9-84, in-8°. Cart.

3980. BARDY. Dom Claude **Fleurand,** moine bénédictin de Moyenmoutier et son journal d'observations sur les insectes de Lorraine, par Henry Bardy. *Saint-Dié, L. Humbert,* 1880. 14 pages, in-8°. Br. (Extrait du *Bulletin de la Société philomatique vosgienne.*)

3981. SAVE. Philippe de **Florange,** grand prévôt de Saint-Dié, par Gaston Save. *Saint-Dié, Typog. L. Humbert,* 1896. 27 pages et 2 planches, in-8°. Br. (Extrait du *Bulletin de la Société philomatique vosgienne.*)

3982. ADAM. Oraison funèbre d'illustre et révérende dame Madame Christine de **Floranville,** abbesse de Ste-Marie, prononcée à Metz... par N. Adam, docteur en théologie. *Metz, Jean Antoine,* (1701.) 22 pages, in-4°. Br.

3983. **Foës** (Anuce), médecin (né à Metz). Portrait. *Dessiné d'après le buste, par A. Dembour.*

3984. GUYOT... Paul-Bernard, comte de **Fontaine** (souverain de Fougerolles), mort à Rocroi en 1643, par MM. Ch. Guyot et L. Germain. *Nancy, G. Crépin-Leblond,* 1886. 53 pages, in-8°. Portrait. Br. (Extrait des *Mémoires de la Société d'archéologie lorraine.*)

3985. **Fontanges** (François de), évêque de Nancy. Portrait. *C. Fuhs.*

3986. LACORDAIRE. Éloge funèbre de Monseigneur Ch.-Auguste de **Forbin-Janson,** prononcé dans la cathédrale de Nancy, le 28 août 1844, par le R. P. Henri-Dominique Lacordaire, des Frères prêcheurs. *Nancy, Imp. de Vagner,* 1844. 46 pages, in-8°. Br.

3987. **Forbin-Janson** (Charles-Auguste-Marie-Joseph, comte de), évêque de Nancy et

Toul. Portrait. *Georges del.* — Le même. *Dulac.* — Le même. *E. Pierre del.* — Le même. *Dulac.* — Le même. *Imp. Lemercier et Cie.*

3988. **Forel** (Carlos), député des Vosges. Portrait. *Lith. d'après nature par Célestin Deshays.*

3989. **Foresta** (Marie-Joseph, marquis de), préfet de Nancy. Portrait. *C. P.*

3990. (DOCTEUR.) Vie du vénérable frère Pierre-Joseph **Formet,** né en 1724, à Lomont (Haute-Saône), mort en 1784, en odeur de sainteté, à Ventron (Vosges) ; par J.-C. D*** (Docteur). *Luxeuil, Docteur,* 1854. 54 pages, in-12. Br.

3991. **Formet** (Le bienheureux Joseph), solitaire à Ventron (Vosges), cantique et récit. *Remiremont, Vve Dubiez, s. d.* 8 pages, in-12. Br.

3992. (LEROY.) Vie de Pierre-Joseph **Formet,** dit frère Joseph, solitaire de Ventron, (par l'abbé Leroy, curé de Ventron). *Mirecourt, Humbert,* 1854. 91 pages, in-16. Br.

3993. **Foucquet** (Nicolas), conseiller au Parlement de Metz. Portrait. *Nanteuil pinx.*

3994. ABRÉGÉ de la vie, des vertus et des miracles du Bienheureux Pierre **Fourier,** chanoine régulier, curé de Mataincourt, etc. *Nancy, P. Antoine,* 1731. 224 pages, in-8°. Portrait. Rel. veau.

3995. ABRÉGÉ de la vie du Bienheureux Pierre **Fourier,** curé de Mataincourt, en Lorraine, réformateur et général des chanoines réguliers de la congrégation de Notre-Sauveur, et instituteur des religieuses de la congrégation de Nostre-Dame. *S. l., n. n.,* 1731. 60 pages, pet. in-8°. Rel. veau.

3996. ACTA beatificationis B. Petri **Forerii.** (Recueil de 40 pièces.) *Romæ, Typis Cameræ Apost.,* (XVIIe et XVIIIe sæc.) 18 pièces formant 879 pages et 22 pièces formant 656 pages, in-fol. Frontispice. 2 vol. Rel. veau.

3997. ATTESTATIONS pour le miracle opéré par le R. P. **Fourier,** sur la personne de Gilles Picard, en religion frère Pascal, capucin. *S. l., n. n., n. d.* (1680). 8 pages, in-4°. Br.

3998. BAILLARD. Le bon père de Mattaincourt. Vie du Bienheureux Pierre **Fourier**, curé de Mattaincourt, instituteur de la congrégation de Notre-Dame et général réformateur des chanoines réguliers de la congrégation de Notre-Sauveur, par Maurice Baillard. *Paris, Jeanthon, Meyer et Cie*, 1834. ix-249 et 192 pages. 2 tomes en 1 vol. in-12. Portrait. Demi-rel.

3999. BAILLARD. Panégyrique du B. P. **Fourier**, prononcé sur sa tombe, à Mattaincourt, le 7 juillet 1837, jour de sa fête ; par l'abbé Baillard aîné, curé de Favières. *Mirecourt, Vve Fricadel-Dubiez*, 1837. 23 pages, in-8°. Br.

4000. BAZELAIRE (de). Le Bienheureux Pierre **Fourier**, curé, réformateur d'ordre, et fondateur, au commencement du xvii° siècle, de l'une des premières congrégations de femmes vouées à l'instruction gratuite des jeunes filles, par M. Édouard de Bazelaire. *Paris, Sagnier et Bray*, 1846. 176 pages, in-18. Demi-rel.

4001. BEDEL. Idea boni parochi, et perfecti religiosi ; sive vita R. P. Petri **Forerii**, vulgo Patris de Mattaincour, canonicorum regularium congregationis Salvatoris Nostri ... reformatoris... A R. P. Joanne Bedel... gallicè primum conscripta ; nunc a P. Dominico Bisselio... latinitate donata et parochis ac religiosis in exemplum proposita. *Augustæ Vindelicorum, J. Schönigkins*, 1668. xvi-639 pages, in-8°. Portrait et armoiries. Rel. veau.

4002. BÉDEL. La vie du très-révérend père Pierre **Fourier**, dit vulgairement le Père de Mataincourt, réformateur et général des chanoines réguliers de la congrégation de Nostre-Sauveur et instituteur des religieuses de la congrégation de Nostre-Dame. Par le R. P. Jean Bédel, chanoine régulier, etc. Seconde édition, reveue, corrigée et augmentée, par l'autheur. *Pont-à-Mousson, J. Guilleré*, 1656. x-572 pages, in-4°. Rel. veau.

4003. BÉDEL. La vie du très-reverend père Pierre **Fourier**, dit vulgairement le Père de Mattaincourt, etc. Par le R. P. Jean Bédel, etc. *Mirecourt, Humbert*, 1869. viii-477 pages, in-4°. Demi-rel.

4004. BESANCENET (de). Le Bienheureux Pierre **Fourier** et la Lorraine. Étude historique. xvi° et xvii° siècles. Par Alfred de Besancenet. *Paris, R. Muffat*, 1864. viii-307 pages, in-12. Portrait, armoiries et tableau généalogique. Demi-rel.

4005. BIENHEUREUX (Le) Pierre **Fourier** de Mattaincourt. Par M. F. *Lille, L. Lefort*, 1854. 107 pages, in-12. Portrait. Cart.

4006. CHAPIA. Histoire du B. Pierre **Fourier**, curé de Mattaincourt, instituteur de la congrégation de Notre-Dame, etc. Par M. l'abbé Chapia, curé de Damas. *Nancy, Vagner ; Paris, Lecoffre*, 1850. 440 et 355 pages, in-8°. Portrait et fac-similé. 2 vol. Demi-rel.

4007. CLÉMENT. Panégyrique du Bienheureux Pierre **Fourier**, curé de Mataincourt, réformateur et supérieur général des chanoines réguliers de Lorraine, etc. Prononcé dans l'église de l'abbaye de Lunéville, le 10 août 1752. Par M. l'abbé Clément, aumônier et prédicateur ordinaire du roi de Pologne, etc. *Nancy, P. Antoine*, s. d. (1752). 56 pages, in-12. Cart.

4008. DEBLAYE. Examen de l'« Histoire du B. P. P. **Fourier** », par M. Barthélemy de Beauregard, et défense du vrai motif de la retraite de P. Fourier en la ville de Gray, par M. l'abbé J.-F. Deblaye. *Nancy, Vagner*, 1865. 63 pages, in-8°. Br.

4009. DEBLAYE. Iconographie du Bienheureux Pierre **Fourier** de Mattaincourt, par M. l'abbé J.-F. Deblaye, prêtre du diocèse de Saint-Dié, etc. *Neufchâteau, Kienne*, 1877. 20 pages, in-8°. Cart.

4010. DEBLAYE. Pierre **Fourier** et le *Réveil*, par M. l'abbé J. Deblaye. *Nancy, s. n.*, 1882. 27 pages, in-32. Br.

4011. DROUIN. Notice sur le Bienheureux Pierre **Fourrier**, curé de Mattaincourt, fondateur des religieuses de la congrégation de Notre-Dame et réformateur des chanoines réguliers de Saint-Augustin, d'après les mémoires manuscrits de dom Drouin, abbé élu de Saint-Pierremont, en 1642. *Metz, Dembour et Gangel*, s. d. 16 pages, in-8°. Portrait. Demi-rel.

4012. FAUCILLON. Panégyrique du B. P. **Fourier**, prononcé dans l'église de Mattaincourt, le 7 juillet 1862, par le T. R. P. Faucillon, de l'ordre des Frères prêcheurs. *Paris, Humbert,* 1862. 45 pages, in-8°. Br.

4013. FLAVIGNY (DE). Le Bienheureux Pierre **Fourier**, par Mᵐᵉ la vicomtesse de Flavigny, ouvrage précédé d'une lettre de Mgr l'évêque d'Orléans. *Paris, H. Plon,* 1873. VII-488 pages, in-8°. Portrait. Demi-rel.

4014. (FRIANT.) Vie ou éloge historique du Bienheureux Pierre **Fourier**, dit vulgairement le Père de Mattaincourt, réformateur et général des chanoines réguliers de la congrégation de Notre-Sauveur, etc. (Par le P. Friant.) *Nancy, Leseure,* 1746. VIII-191 et 174 pages, in-8°. 2 tomes en 1 vol. Rel. veau.

4015. HENRIOT. Panégyrique du B. Pierre **Fourier**, prononcé à Mattaincourt, le 7 juillet 1870, par le R. P. Henriot, religieux de l'ordre des Frères-prêcheurs. *Mirecourt, Humbert,* 1870. 30 pages, in-8°. Broché.

4016. IMAGO boni parochi, seu acta, precipuè parochialia Beati Petri **Forerii**, Mataincuriae, dioecesis tullensis, in Lotharingià parochi, institutoris monialium congregationis Dominae - Nostrae... Juxta exemplar Viennae in Austria editum. *Nanceii, Fr. Midon,* 1731. VIII-77 pages, in-8°. Frontispice. Cart.

4017. LACORDAIRE. Panégyrique du B. **Fourier**, prononcé dans l'église de Mattaincourt, le 7 juillet 1853, par le R. P. Henri-Dominique Lacordaire, des Frères prêcheurs. *Paris, Sagnier et Bray,* 1853. 48 pages, in-8°. Br.

4018. (LORIQUET.) Vie du B. Pierre **Fourier**, curé de Mattaincourt, réformateur des chanoines réguliers de la congrégation de Notre-Sauveur. Par l'auteur du cours d'histoire A. M. D. G. (Le P. Loriquet.) *Paris, Poussielgue-Rusand,* 1838. VIII-304 pages, in-12. Demi-rel.

4019. (MARANGONI.) Compendio della vita del B. Pietro **Forier**, canonico regolare, parroco di Mattencuria, istitutore delle canonichesse di Nostra-Signora... (per Gio. Marangoni). *Roma, Zenobi,* 1730. 79 pages, in-8°. Rel. parchemin.

4020. MIRACLES opérés par le B. Pierre **Fourier**, pendant sa vie et après sa mort, suivi d'un cantique en son honneur. *Mirecourt, Humbert,* 1838. 24 pages, in-24. Br.

4021. PIART. Vita Beati Petri **Forerii**, canonici regularis, parochi Mataincuriae, institutoris Santi-Monialium, seu canonissarum congregationis Dominae-Nostrae, etc... Benedicto XIII dicata (a J.-B. Piart, ab. S. Salvatoris in Dom-Apro...) *Romae, Hier. Mainard,* 1730. XII-214 pages, in-8°. Rel. parchemin.

4022. PILLARD. La vie du Bienheureux Pierre **Fourier**, curé de Mattaincourt, instituteur des religieuses de Notre-Dame, etc. Par Mademoiselle Héloïse Pillard. *Paris, Imp. Decourchant,* 1839. 185 pages, in-12. Demi-rel.

4023. ROGIE. Histoire du B. Pierre **Fourier**, chanoine régulier de Saint-Augustin, curé de Mattaincourt, instituteur des congrégations de Notre-Dame et de Notre-Sauveur, d'après sa correspondance et les documents les plus anciens et les plus authentiques, par le P. J. Rogie, de la congrégation de Notre-Sauveur. *Verdun, Ch. Laurent,* 1887-1888. XIX-573, 602 et 591 pages, in-8°. Portrait et fac-similé. 3 vol. Demi-rel.

4024. ROGIE. Histoire abrégée du B. Pierre **Fourier**, par le R. Père Rogie, de la congrégation de Notre-Sauveur. Ouvrage orné d'un magnifique portrait..., et de plusieurs dessins. Avec une introduction par M. l'abbé Eug. Martin. *Nancy, A. Crépin-Leblond,* 1897. XIV-374 pages, in-12. Br.

4025. SAINT (Un) de la Lorraine. Le Bienheureux Pierre **Fourier**. *Épinal, Pellerin,* 1893. 16 pages, in-8°. Planches coloriées. Br.

4026. VUILLEMIN. Panégyrique du B. Pierre **Fourier**... par le R. P. Dom J.-B. Vuillemin. *Besançon, J. Jacquin,* 1879. 15 pages, in-8°. Br.

4027. **Fourier** (Pierre), curé de Mattaincourt, général et réformateur des chanoines réguliers de Saint-Augustin... Portrait. *Lith. d'E. Simon. — Le même. Et. David inv. — Le même. Publié par Alcan. — Le même. A Paris, chez Maradan, graveur. — Le même. F. Belprey. — Le même.*

Publié par Alcan. — Le même. *P. Giffart fec.* — Le même. Anonyme. — Le même. *Chez Lacour et Cie, à Nancy.* — Le même. *Lith. Humbert.* — Le même. *J. Devaux sculp.* — Le même. *Ch. Duflos sculp.* — Le même. *Jo. Bapta Sixtes del. et sc. Rom.*

4028. FOUILLÉE. Notice sur la vie et les travaux de M. Adolphe **Franck** (né à Liocourt), par Alfred Fouillée. *Paris, Firmin-Didot*, 1894. 27 pages, in-4°. Br. (Extrait des *Mémoires de l'Institut de France. Acad. des sciences morales et politiques.*)

4029. CONUS. **François** de Neufchâteau, ministre de l'intérieur (17 juin 1798-22 juin 1799), par Ch. Conus, chef de bureau à la mairie d'Épinal. *Épinal, Busy*, 1874. 12 pages, in-12. Br.

4030. (CUBIÈRES [DE]). Essai historique sur la vie et les écrits de **François** (de Neufchâteau), entremêlé de quelques conseils qu'on lui adresse sur son ministère. Par un hermite de Seine-et-Marne (Michel de Cubières de Palmezeaux). *Paris, J.-B. Chemin, An VII.* VIII-62 pages, in-8°. Cart.

4031. FELETZ (DE)... Funérailles de M. le comte **François** de Neufchâteau. Discours de MM. de Feletz, directeur de l'Académie française, et le baron de Silvestre, secrétaire perpétuel de la Société royale et centrale d'agriculture. Le 11 janvier 1828. *Paris, F. Didot et Mme Huzard, s. d.* 5 et 2 pages, in-4°. Cart.

4032. **François** de Neufchâteau, auteur de Paméla, à la Convention nationale. *Paris, C.-F. Patris*, 1793. 53 pages, in-8°. Cart.

4033. (LAMOUREUX.) Notice historique et littéraire sur la vie et les écrits du comte **François** de Neufchâteau (par Lamoureux). *Nancy, Ch. Raybois*, 1843. 74 pages, in-8°. Cart.

4034. PIÈCES concernant **François** de Neufchâteau. Publiées par J. Favier. (Extrait de la *Revue rétrospective.) Paris, M. Décembre, s. d.* 21 pages, in-12. Br.

4035. SILVESTRE (DE). Notice biographique sur M. le comte Nicolas **François** de Neufchâteau, lue à la Société royale et centrale d'agriculture, le 15 avril 1828, par le baron A.-F. de Silvestre. *Paris, Huzard*, 1828. 32 pages, in-8°. Demi-rel.

4036. **François** de Neufchâteau (Nicolas, comte). Portrait anonyme. — Le même. *Mariage sculp.* — Le même. *Jul. Boilly*, 1820. — Le même. *Labadye del.* — Le même. *I. Lith. de Delpech.* — Le même. *Pujos del.* — Le même. *Mme de Noireterre del.* — Le même. *Casanova del.* — Le même. *Mme de Noireterre del.* — Le même. *F. Bonneville del. sculp.*

4037. PERRAUD DE THOURY. Notice biographique sur M. **Frantz**, avocat, chevalier de la Légion d'honneur, ancien capitaine des corps-francs de la Moselle. Par E. Perraud de Thoury. *Versailles, Klefer*, 1852. 48 pages, in-8°. Cart. (Extrait du *Panthéon biographique universel.*)

4038. **Fremyn** (Louis), second président à mortier au Parlement de Metz. Portrait. *Sebastianus Le Clerc féc.*

4039. **Friant** (E.), peintre (né à Dieuze). Portrait. *E. Friant.*

4040. STEINS (DE). Notice biographique sur M. le général baron **Fririon** (Joseph-François), commandeur de la Légion d'honneur. Par le vicomte E. de Steins. *Montmartre, Pilloy frères et Cie*, 1852. 44 pages, in-8°. Cart.(Extrait du *Panthéon biographique universel.*)

4041. **Fririon** (François-Nicolas), lieutenant général (né à Vandières). Portrait. *Peint par sa fille. Llanta.*

4042. **Gaillard** (J.-Baptiste), adjudant sous-officier (né à Flavigny). Portrait anonyme.

4043. LAMOUREUX. Éloge de M. **Gaillardot**, docteur en médecine,... Par Lamoureux aîné. *Nancy, Vve Hissette*, 1836. 28 pages, in-8°. Br. (Extrait des *Mémoires de la Société royale de Nancy.*)

4044. BUISSON. Notice biographique sur M. **Galland**, curé de Charmes, député aux États-généraux (1738-1793), par l'abbé Buisson. *Saint-Dié, Humbert*, 1892. 18 pages, in-8°. Br. (Extrait de la *Semaine religieuse* de Saint-Dié.)

4045. PROST. Notice sur Eugène **Gandar**, (né à Neufour), professeur à la Faculté des lettres de Paris, par Aug. Prost, membre de l'Académie impériale de Metz. *Metz, F. Blanc*, 1868. 59 pages, in-8°. Cart.

4046. SCHMIT. M. **Gandar**, professeur à la Faculté des lettres de Paris, par J.-A. Schmit. *Louvain, C.-J. Fonteyn*, 1868. 7 pages, in-8°. Cart.

4047. FRANÇOIS. Éloge historique de M. **Gandoger**, médecin-consultant du feu Roi de Pologne, professeur d'anatomie, de chirurgie et de botanique en l'Université de Lorraine, etc. Lu dans la séance publique de la Société royale et littéraire de Lorraine, le 14 novembre 1770. Par François. *Nancy, J.-B.-H. Leclerc*, 1770. 55 pages, petit in-8°. Br.

4048. **Gannal** (Jean-Nicolas), chimiste (né à Sarrelouis). Portrait. *Maurin.*

4049. **Gardel** (Pierre-Gabriel), maître de ballets à l'Académie royale de musique (né à Nancy). Portrait. *Dessiné par Cœuré.* — Gardel (Marie-Élisabeth-Anne Houbert femme), célèbre danseuse. Portrait. *Cœuré del.*

4050. VAILLANT. Nécrologie. Le baron Th.-Ch.-J. de **Gargan**. — Aug. de Gargan. Par F. Vaillant. (*Paris*), s. n., 1854. 5 pages, in-8°. Br. (Extraits du *Vœu national* de Metz et de l'*Union*.)

4051. NOTICE biographique de Joseph **Gautherot**, hydroscope à Nancy. 2° édition. *Nancy, Hinzelin*, 1856. 29 pages in-8°. Br.

4052. BLANC. Notice sur feu Charles **Gautiez**, architecte (né à Metz), par M. F. Blanc. *Metz, F. Blanc*, 1857. 14 pages, in-8°. Cart. (Extrait des *Mémoires de l'Académie impériale de Metz*.)

4053. MEAUME. Claude **Gellée** dit le Lorrain, par E. Meaume. *Nancy, G. Crépin-Leblond*, 1871. 28 pages, in-8°. Br. (Extrait des *Mémoires de la Société d'archéologie lorraine*.)

4054. MEAUME... Catalogue des estampes gravées par Claude **Gellée** dit le Lorrain, précédé d'une notice sur cet artiste

par MM. Édouard Meaume et Georges Duplessis. (Extrait du tome XI du «Peintre graveur français» de M. Robert-Dumesnil.) *Paris, Vve Bouchard-Huzard*, 1870. 64 pages, in-8°. Demi-rel.

4055. VOÏART. Éloge historique de Claude **Gelée**, dit le Lorrain, par Voïart. *Nancy, Imp. de Thomas et Cie*, 1839. 32 pages, in-8°. Br.

4056. PATTISON. Claude Lorrain (**Gelée**), sa vie et ses œuvres, d'après des documents inédits, par Mᵐᵉ Mark Pattison. Suivi d'un catalogue des œuvres de Claude Lorrain, conservées dans les musées et dans les collections particulières de l'Europe. *Paris, J. Rouam*, 1884. 312 pages, in-4°. 4 gravures hors texte ; nombreuses gravures dans le texte. Demi-rel. (*Bibliothèque internationale de l'Art*.)

4057. BENOIT. Joachim de Sandrart. Étude sur Claude **Gellée** et sur son séjour à Rome, par A. Benoit. *Saint-Dié, L. Humbert*, 1880. 14 pages, in-4°. Br.

4058. HÉQUET. Claude **Gelée**, dit le Lorrain (1600-1682). Par Charles Héquet. *Nancy, A. Lepage*, 1863. 16 pages, in-8°. Br. (Extrait du *Journal de la Société d'archéologie lorraine*.)

4059. HÉQUET. Essai biographique. Claude **Gelée** dit le Lorrain (1600-1682), par Charles Héquet, ex-typographe, membre correspondant de plusieurs académies. *Nancy, P. Sordoillet*, 1886. 32 pages, in-8°. Br.

4060. **Gelée** (Claude), dit le Lorrain, peintre et graveur. Portrait. *Hesse.* — Le même. *Dumont sc.* — Le même. *P. Rolin.* — Le même. Anonyme. — Le même. *St. fec.* — Le même. Ancien tableau. — Le même. *J. Feuillette.* — Le même. *J. F., d'après une gravure ancienne.* — Le même. *Hesse del.* — Le même. *Lith. Christophe.* — Le même. *Mosset.* — Le même. *Dessiné par Laëderick.*

4061. **Geny** (Alfred), de Nancy. *Nancy, Vagner*, 1881. 11 pages, in-8°. Br. (Extraits de l'*Espérance*.)

4062. PSAUME. Notice sur feu M. l'abbé **Georgel** (né à Bruyères), ancien grand vicaire de M. le cardinal Louis de Rohan, chargé d'affaires et secrétaire d'ambassade à Vienne, etc. Par M. P. (Psaume). *Paris, A. Eymery,* 1817. 24 pages, in-8°. Demi-rel.

4063. **Gérando** (M. le Baron de), premier président honoraire de la Cour d'appel de Nancy. *Bar-le-Duc, Vve Numa Rolin, Chuquet et Cie, s. d.* 12 pages, in-8°. Br.

4064. BENOIST. La vie de s. **Gérard**, évêque de Toul. Avec des notes pour servir à l'histoire du païs. Composée par le R. P. Benoist de Toul, capucin. *Toul, E. Rolin,* 1700. lxiv-360 pages, in-8°. Rel. veau.

4065. GRIDEL. Notice biographique sur l'abbé **Gérard**, curé de Laneuveville-lès-Nancy, par l'abbé Gridel, professeur de théologie. *Nancy, Raybois et Cie, s. d.* 10 pages, in-8°. Demi-rel.

4066. RENAULD. Charles **Gérard**, avocat et homme de lettres (à Nancy), 1814-1877. Par J. Renauld. *Nancy, G. Crépin-Leblond,* 1877. 4 pages, in-8°. Br. (Extrait du *Journal de la Société d'archéologie lorraine.*)

4067. MOSSMANN. Notice biographique sur Charles **Gérard**, lue au Musée historique, dans sa séance du 16 novembre 1877, par A. Mossmann. *Mulhouse, Vve Bader,* 1878. 16 pages, in-4. Portrait. Br.

4068. **Gérard** (Etienne-Maurice, comte), maréchal de France (né à Damvillers). Portrait. *Bougé.* — Le même. *A. Maurin.* — Le même. *Fauchery del.* — Le même. *Lith. de Delpech.* — Le même. *Forestier sculp.* — Le même. *Peint par Larivière.* — Le même. *I. Lith. de Delpech.* — Le même. *Delorieux,* 1823. — Le même. *A. de Lattre.* — Le même. 3 portraits anonymes.

4069. **Gérard** (François-Antoine-Christophe), général de division (né à Haroué). Portrait. *Peint et lithographié par A. Juliard.*

4070. **Gérard** (Joseph), curé de Charmes-sur-Moselle. Portrait. *Gerbaut fecit.*

4071. **Gérardin** (Sébastien), naturaliste (né à Mirecourt). Portrait anonyme.

4072. **Gérardot** (Joseph-Alexis), meunier à Laval (Vosges), auteur d'une sphère mécanique. Portrait. *J. A. L.*

4073. BOUISSON. Notice biographique sur J.-D. **Gergonne** (né à Nancy), ancien recteur de l'Académie de Montpellier, par F. Bouisson. *Montpellier, Boehm,* 1859. 14 pages, in-8°. Br.

4074. GERVAIS. Discours prononcé aux funérailles de M. **Gergonne**, professeur honoraire, par Paul Gervais, doyen de la Faculté des sciences de Montpellier. *Montpellier, J. Martel,* (1859). 8 pages, in-4°. Broché.

4075. LAFON. **Gergonne**, sa vie et ses travaux. Discours de réception. Par M. A. Lafon, professeur à la Faculté des sciences de Nancy. *Nancy, Vve Raybois, s. d.* (1860). 50 pages, in-8°. Cart. (Extrait des *Mémoires de l'Académie de Stanislas.*)

4076. THIEL. Notice biographique sur M. **Gerson-Lévy** (né à Metz), par Thiel. *Metz, F. Blanc,* 1865. 16 pages, in-8°. Br.

4077. GRIDEL. Notice nécrologique sur M. l'abbé **Géry**, curé de Saint-Gengoult, à Toul, par l'abbé Gridel, vicaire général du diocèse. *Nancy, Vagner,* 1847. 7 pages, in-8°. Br. (Extrait de l'*Espérance.*)

4078. **Géry** (Pierre), curé de St-Gengoult, à Toul. Portrait. *Goblet pinx.*

4079. SCHMIT. Notice sur le poète **Gilbert** (né à Fontenoy-le-Château). Biographie, bibliographie et iconographie, par J.-A. Schmit, de la Bibliothèque nationale. *Nancy, Sidot,* 1890. 83 pages, in-8°. Portrait. Br.

4080. COLIN. **Gilbert**, son enfance, sa vie, son agonie, sa mort, d'après des documents inédits, par Louis Colin. *Nancy, Imprimerie lorraine,* 1886. 36 pages, in-8°. Br. (Extrait du *Grand Almanach de la Famille.*)

4081. DUMAST. Éloge du poète **Gilbert**, ouvrage couronné par la Société royale académique de Nancy, le 3 juillet 1817. Par P. Dumast. *Nancy, Barbier,* 1817. 40 pages, in-8°. Br.

4082. SALMON. Étude sur **Gilbert**, par M. Salmon, conseiller à la Cour impériale de Metz. *Metz, F. Blanc,* 1859. 31 pages, in-8°. Cart. (Extrait des *Mémoires de l'Académie impériale de Metz.*)

4083. **Gilbert** (Nicolas-Joseph-Florent), poète satirique. Portrait. *H. Grevedon, d'après G. Lefèvre.* — Le même. *Desenne del.* — Le même. *Bour del.* — Le même. *Delvaux sc.* — Le même. *Duc del.* — Le même. *Goulu sculp.* — Le même. *Philippoteaux.*— Le même. 3 portraits anonymes.

4084. BONNE. Notice sur M. **Gillon** (Jean-Landry), député de la Meuse, conseiller à la Cour de cassation, officier de la Légion d'honneur, par L.-Ch. Bonne, docteur en droit, avoué à Bar-le-Duc. *Bar-le-Duc, N. Rolin,* 1856. 40 pages, in-8°. Cart.

4085. **Gillon** (J.-L.), député des bailliages de Verdun et Clermont-en-Argonne. Portrait. *Isabey del.*

4086. **Gillon** (Paulin), député de la Meuse. Portrait. *Lith. d'après nature par Léveillé.*

4087. DANNREUTHER. Le mathématicien Albert **Girard**, de Saint-Mihiel. 1595-1633. Par H. Dannreuther. *Bar-le-Duc, Contant-Laguerre,* 1894. 6 pages, in-8°. Br. (Extrait des *Mémoires de la Société des lettres, sciences et arts de Bar-le-Duc.*)

4088. **Girardet** (Jean), peintre, (né à Lunéville). Portrait. *D'après un dessin original de Collin.* — Le même. *Dessiné et gravé.. par Collin... d'après le dessin de M. Mirbeck.*

4089. **Girardin** (Louis-Stanislas-Cécile-Xavier, comte de), préfet, (né à Lunéville). Portrait. *Maurin.* — Le même. *Julien.* — Le même. *Delorieux,* 1823.

4090. (SALMON.) Le lieutenant-colonel Emmanuel-Victor Regnard de **Gironcourt.** (Par Ch.-Aug. Salmon.) *Bar-le-Duc, Vve Numa-Rollin, Chuquet et Cie,* (1884). 16 pages, in-8°. Br.

4091. NOTICE sur l'abbé **Gley** (né à Gérardmer). Par A. G. *Épinal, Imp. Gérard,* 1836. 12 pages, in-18. Br.

4092. NÉCROLOGIE de M. G.-J. **Godechaux,** banquier à Nancy. Par B***. *S. l., J.-B. Imbert, s. d.* 4 pages, in-8°. Cart. (Extrait des *Annales de l'honneur en France.*)

4093. **Godegandus**, évêque de Metz. Portrait anonyme.

4094. FLICHE. Notice sur D.-A. **Godron,** sa vie et ses travaux, par M. Fliche, professeur à l'École forestière. (Extrait des *Mémoires de l'Académie de Stanislas.*) *Nancy, Berger-Levrault et Cie,* 1887. 87 pages, in-8°. Br.

4095. LEJEUNE. Nécrologie. M. **Godron,** par Jules Lejeune, président de la section vosgienne du Club alpin français. *Paris, G. Chamerot,* (1880). 7 pages, in-8°. Br.

4096. **Godron** (D.-A.) doyen de la Faculté des sciences de Nancy. 2 portraits anonymes.

4097. FERRY. M. l'abbé **Gombervaux,** supérieur du petit séminaire de Pont-à-Mousson, par C. Ferry, professeur de rhétorique. *Pont-à-Mousson, Imp. J.-F. Gauthier,* 1883. 16 pages, in-8°. Br.

4098. OUDENOT. Oraison funèbre de Nicolas-François, comte de **Gondrecourt,** chevalier, seigneur de Mézay, Senonville, etc., et premier président de la Cour souveraine de Lorraine et Barrois. Prononcée à Nancy, le 5 août 1735, dans la paroisse de St-Sébastien... par le R. P. D. Placide Oudenot, religieux bénédictin. *Nancy, Pierre Antoine, s. d.* 33 pages, in-4°. Br.

4099. **Gossin** (Pierre-François), député au bailliage de Bar. Portrait. *Moreau del.*

4100. **Goudchaux** (Michel), député, (né à Nancy). Portrait. *Lith. d'après nature par Patout.* — Le même. *Massard.*

4101. **Gouguenheim** (Baruch), grand rabbin de Nancy. Portrait. *Lith. Drouin.*

4102. **Goussaincourt** (Mme L. de), peintre à Nancy. Portrait. *Phototypie J. Royer.*

4103. **Goutière-Vernolle**, directeur d'assurances à Nancy. Portrait. Peint par Prouvé. *Phototypie J. Royer.*

4104. MULOT. Oraison funèbre de J.-B. **Gouvion,** maréchal de camp, prononcée dans l'église paroissiale et métropolitaine de Notre-Dame, à Paris, le jeudi 21 juin 1792, par François-Valentin Mulot, prêtre, docteur en théologie, député de Paris à l'Assemblée nationale. *Paris, Cagnion,* 1792. 24 pages, in-8°. Cart.

4105. LA REDORTE (de). Discours prononcé à la Chambre des pairs de France, le vendredi 9 avril 1824, par M. le comte Maurice-Mathieu de La Redorte, à l'occasion de la mort de M. le comte de **Gouvion**, (né à Toul). *Paris, J. Didot l'aîné.* 1824. 10 pages, in-8°. Demi-rel.

4106. GUAY de VERNON. Vie du maréchal **Gouvion-Saint-Cyr**, par le baron Gay de Vernon. *Paris, Didot*, 1856. xii-548 pages, in-8°. Br.

4107. NOLLET-FABERT. Le maréchal **Gouvion-Saint-Cyr**. Extrait de la *Lorraine militaire*, galerie historique, par Jules Nollet-Fabert. *Nancy, Grimblot et Vve Raybois*, 1853. 28 pages, in-8°. Br.

4108. **Gouvion-Saint-Cyr** (Laurent), maréchal de France. Portrait. *Dessiné d'après nature, par J. Guérin.* — Le même. *Peint par H. Vernet.* — Le même. *Imp.-Lithog. de Delpech.* — Le même. *Vernet pinx.* — Le même. *Vernet pinx.* — Le même. *Dessiné par J. Guérin.* — Le même. *Bonneville sculp.* — Le même. *Horace Vernet pinx.* — Le même. *Dess. et Lith. par l'abbé Morel.* — Le même. *Forestier sculp.* — Le même. Anonyme. — Le même. *Couché fils sc.*

4109. GUERLE (de). Madame de **Graffigny** (née à Nancy), par M. de Guerle. *Nancy, Berger-Levrault*, 1882. 24 pages, in-8°. Br. (Extrait des *Mémoires de l'Académie de Stanislas.*)

4110. **Graffigny** (Françoise d'Issembourg-d'Happoncourt, dame de), auteur dramatique et romancière. Portrait. *N.-H. Jacob del.* — La même. *Maurin del.* — La même. *Desenne del.* — La même. *Garand pinx.* — La même. *Migneret.* — La même. *Frilley sc.* — La même. *Sipage fecit.* — La même. *Levêque sculp.* — La même. *J. Adam.* — La même. 2 portraits anonymes.

4111. BLANC. **Grandville** (né à Nancy), par Charles Blanc. *Paris, E. Audois*, 1855. 84 pages, in-16. Portrait et fac-similé. Demi-rel.

4112. MEIXMORON de DOMBASLE. J.-J. **Grandville**, par Ch. de Meixmoron de Dombasle. *Nancy, Berger-Levrault*, 1894. 43 pages, in-8°. Br.

4113. NOLLET. Éloge historique de J.-J. **Grandville**, par Jules Nollet (Fabert), membre correspondant de l'Académie belge d'histoire et de philologie. *Anvers, Max Kornicker*, 1853. 21 pages, in-8°. Cart.

4114. RATIER. **Grandville**. Par Victor Ratier. *S. l., n. n., n. d.* 4 pages, in-4°. Cart.

4115. INAUGURATION du monument de J.-J. **Grandville**. (Compte rendu publié par la ville de Nancy.) *Nancy, Imp. coop. de l'Est*, 1893. 30 pages, in-8°. Demi-rel.

4116. INAUGURATION du monument de J.-J. **Grandville**, à Nancy, le 2 juin 1893. Comptes rendus publiés par les journaux de la ville (réédités par E. Langlard). *Nancy, Imp. Nancéienne*, 1893. 36 pages, in-8°. Fig. Demi-rel.

4117. **Grandville** (Jean-Baptiste-Isidore Gérard dit), dessinateur. Portrait. *A. Duncan sc.* — Le même. *Émile Lassalle 1840.* — Le même. *Julien.* — Le même. *Ch. Geoffroy inv. et sc.*

4118. AUDIGUIER. Épître à M. **Grégoire** (né à Vého), ancien évêque de Blois, par Audiguier. *Paris, Delaunay*, 1820. 23 pages, in-8°. Cart.

4119. BARADÈRE. Derniers momens de M. **Grégoire**, évêque de Blois, et relation exacte de tout ce qui a eu lieu au sujet des sacremens et honneurs funèbres refusés par M. l'archevêque de Paris, suivie des lettres de ce prélat à M. Grégoire, des réponses faites par celui-ci, du procès-verbal de M. Guillon, évêque nommé de Beauvais et autres pièces justificatives, par l'abbé Baradère. *Paris, Delaunay*, 1831. 59 pages, in-8°. Cart.

4120. CARNOT. Notice historique sur Henri **Grégoire**, extraite de l'*Encyclopédie des gens du monde*, tome XIII. Par H. Carnot. (*Paris, Treuttel et Würtz.*) 16 pages, in-8°. Cart.

4121. CARNOT. Rapport d'un concours fondé par M. **Grégoire**, ancien évêque de Blois et membre de la Convention nationale, lu à la Société de la morale chrétienne, assemblée générale du 30 avril 1838, par M. Carnot. *Paris, A. Henry.* 36 pages, in-8°. Cart.

4122. CHOPPIN-D'ARNOUVILLE. Quelques faits historiques relatifs à l'élection de M. **Grégoire**, en 1819, dans le département de l'Isère ; par A. Choppin-d'Arnouville, ancien préfet de l'Isère. *Paris, Fain*, 1820. 16 pages, in-8°. Cart.

4123. COUSIN D'AVALLON. Grégoireana, ou résumé général de la conduite, des actions et des écrits de M. le comte Henri **Grégoire**, ancien curé d'Emberménil, député de Lorraine aux États-généraux, à l'Assemblée nationale constituante, évêque constitutionnel de Loir-et-Cher... par Cousin d'Avallon. *Paris, Plancher*, 1821. 174 pages, in-18. Portrait. Demi-rel.

4124. DEBIDOUR. L'abbé **Grégoire**, par A. Debidour. *Nancy, Paul Sordoillet*, 1881. 15 pages, in-8°. Br.

4125. DÉFENSE de mon apologie contre M. Henri **Grégoire**. *Paris, Crapart*, 1791. 45 pages, in-8°. Cart.

4126. GRÉGOIRE. Abdication volontaire et motivée du titre de commandeur dans la Légion d'honneur. Par **Grégoire**, ancien évêque de Blois. *Blois, Aucher-Éloy*, 1822. 6 pages, in-8°. Cart.

4127. APPEL aux contemporains, à la postérité, et plus particulièrement aux électeurs de l'Isère, sur l'élection d'Henri **Grégoire**, par J. Lavaud. *Paris, Corréard*, 1820. 21 pages, in-8°. Demi-rel.

4128. **Grégoire** (M.) *Paris, A. Appert*, 1842. 73 pages, in-18. Portrait. Cart. — (Fragment de la *Biographie du clergé contemporain*.)

4129. **Grégoire** (M.), député à l'Assemblée nationale, et évêque constitutionnel du département de Loir-et-Cher, dénoncé à la nation comme ennemi de la Constitution, infidèle à son serment, perturbateur du repos public, rénovateur du despotisme épiscopal, tyran de la liberté, etc., etc., et par conséquent criminel de lèze-nation, par les habitans dudit département, cidevant diocèse de Blois. *Paris, Crapart*, s. d. 22 pages, in-8°. Demi-rel.

4130. **Grégoire** (L'abbé) jugé par lui-même... Fut-il un des auteurs de la mort de Louis XVI... ? Par E. P. R. B. *S. l., n. n., n. d.* 21 pages, in-8°. Cart.

4131. **Grégoire**. Mémoires de Grégoire, ancien évêque de Blois, député à l'Assemblée constituante, etc. Précédés d'une notice historique sur l'auteur, par M. H. Carnot. Ornés d'un portrait. *Paris, Dupont*, 1837. 479 et 450 pages, in-8°. 2 vol. Demi-rel. — Les mêmes. *Paris, J. Yonet*, 1840. 480 et 450 pages, in-8°. 2 vol. Demi-rel.

4132. **Grégoire**. Première et dernière réfutation de la calomnie éternelle de l'Ami de la religion et des jésuites. (*Paris, Pihan-Delaforest (Morinval)*, 1829. 7 pages, in-8°. Cart. (Extrait de la *Gazette des cultes*.)

4133. (**Grégoire**.) Première et dernière réponse aux libellistes, (par Grégoire). *Paris, Adrien Egron, s. d.* Deux éditions, l'une de 24 et l'autre de 26 pages, in-8°. Cart.

4134. GUILLON. Exposé de ma conduite auprès de M. **Grégoire**, par Marie-Nicolas-Silvestre Guillon. *Paris, Levavasseur*, 1831. 43 pages, in-8°. Cart.

4135. LAVAUD. Notice sur Henri **Grégoire**, ancien curé d'Emberménil, député de Lorraine aux États-généraux, à l'Assemblée constituante, évêque constitutionnel du département de Loir-et-Cher (Blois) ; député de ce département à la Convention nationale,... sénateur, etc. Par J. Lavaud. *Paris, Corréard ; Grenoble, Falcon*, 1819. 102 pages, in-8°. Cart.

4136. LETTRES (Quelques) adressées à l'abbé **Grégoire**. Publiées par J. Favier, dans la *Revue rétrospective* du 1er novembre 1891. *Paris, s. n.* 10 pages, in-12. Br.

4137. MAGGIOLO. La vie et les œuvres de l'abbé **Grégoire**, 1750-1789, 1789-1831, 1794-1831. *Nancy, Berger-Levrault et Cie*, 1873-1885. En tout 299 pages, in-8°. Cart.

4138. MAZERAT. Notice biographique sur Henri **Grégoire**, par Mazerat. *Grenoble, Vve Peyronard*, 1819. 4 pages, in-8°. Cart.

4139. (MOÏSE.) De l'opinion de M. **Grégoire**, ancien évêque de Blois et sénateur, dans le procès de Louis XVI. Par M. Moïse, évêque de Saint-Claude. *S. l., n. n.*, (1801). 14 pages, in-8°. Cart. (Extrait des *Annales de la Religion*.)

4140. MOT (Un) à monsieur l'abbé Guillon, professeur d'éloquence sacrée, aumônier de la reine des Français, etc., en réponse à sa rétractation dans l'affaire de monsieur **Grégoire**, ancien évêque constitutionnel de Blois. *Paris, Jérôme*, 1832. 20 pages, in-8°. Cart.

4141. NOËL. Extrait de l'*Impartial de la Meurthe et des Vosges* du 1ᵉʳ juillet 1845. (Lettre au rédacteur de ce journal critiquant le jugement de M. Thiers sur **Grégoire**.) Par Noël, notaire honoraire. *Nancy, Hinzelin*. 8 pages, in-8°. Cart. (Avec une Lettre à la *Réforme*, n° du 10 juin 1845, rédigée dans le même sens par Marchal, député de la Meurthe.)

4142. NOTICE biographique sur M. **Grégoire**, ex-sénateur. *Metz, Lamort, s. d.* 8 pages, in-8°. Cart.

4143. RECUEIL de pièces relatives aux obsèques de M. **Grégoire** et à la nomination de M. Guillon à l'évêché de Beauvais. *Paris, Poussielgue*, 1831. 37 pages, in-8°. Cart.

4144. **Grégoire** (Henri, comte), évêque. Portrait. *Jul. Boilly*, 1822. — Le même. *Lith. de Ducarme.* — Le même. *Imp. lith. de Mlle Formentin.* — Le même. *Lith. Delpech.* — Le même. *Publié par Blaisot.* — Le même. *David*, 1828. — Le même. *Moreau del.* — Le même. *F. Bonneville del.* — Le même. 4 portraits anonymes.

4145. SICARD. Précis historique sur M. le comte **Grenier**, lieutenant-général des armées du Roi, etc. Orné d'un portrait et d'une vignette. Par Sicard, officier d'état-major. *Paris, Anselin ; Metz, Vve Thiel*, 1828. 56 pages, in-8°. Br.

4146. **Grenier** (Paul, comte), lieutenant-général, député de la Moselle. Portrait. *Ambroise Tardieu direxit.* — Le même. 2 portraits anonymes.

4147. **Gridel** (Nicolas), doyen du chapitre de la cathédrale de Nancy. Portrait. *Joseph Jacquot. 85.*

4148. **Grillon**, avocat à Nancy. Portrait. *V. Prouvé*, 1888.

4149. BADEL. Pierre **Gringoire**, poète français, héraut d'armes du duc de Lorraine (1470-1539), par É. Badel. *Nancy, A. Voirin*, 1892. 159 pages, in-8°. Br.

4150. KRANTZ. Buste de Pierre **Gringoire**. Discours d'inauguration. Par É. Krantz, doyen de la Faculté des lettres de Nancy. Allocution de M. le Maire de Nancy. *Nancy, Imp. coopérative de l'Est*, 1894. 25 pages, gr. in-8°. Br.

4151. LEPAGE. Pierre **Gringoire**. Extrait d'études sur le théâtre en Lorraine, par H. Lepage. *Nancy, Grimblot et Vve Raybois*, 1849. 52 et 16 pages, in-8°. Demirel. (Extraits des *Mémoires de la Société des sciences, lettres et arts de Nancy*, et *Journal de la Société d'archéologie lorr.*)

4152. **Gringoire** (Pierre), poète. Portrait. *Cl. Migette inv. et del.*

4153. **Grosjean-Maupin**, libraire à Nancy. Portrait. *M. Schiff, 15 février 1883.*

4154. **Guérard** (Eugène-Charles-François), peintre à Nancy. Portrait. *Dessin de Henri Royer*, d'après un croquis appartenant à M. de S.

4155. EXPOSÉ des principaux travaux de M. Raoul **Guérin**, élève de l'École des hautes études, membre de la Société d'archéologie lorraine, etc., de 1865 à 1874. *Paris, A. Hennuyer*, 1874. 12 pages, in-8°. Cart.

4156. **Guerrier**, de Lunéville. Portrait. *Dess. et gravé par Quenedey.*

4157. **Guibal** (Nicolas), sculpteur (né à Lunéville). Portrait. *Schenau del.* — Le même. *Peint par Jos. Melliny.*

4158. HÉQUET. Notice biographique sur **Guilbert de Pixerécourt**. Par Charles Héquet. *Vitry-le-François, Bitsch*, 1865. 23 pages, in-8°. Br.

4159. HALDAT. Discours prononcé par M. de Haldat, sur la tombe de M. **Guilbert de Pixerécourt**, le 26 juillet 1844. Par de Haldat. *Nancy, L. Vincenot*, (1844). 4 pages, in-8°. Br.

4160. **Guilbert de Pixerécourt** (René-Charles), écrivain dramatique. Portrait.

J. Boilly del. — Le même. *Mme Chera-dame pinxit.*

4161. GERMAIN. Du lieu de naissance (Saint-Mihiel) du frère **Guillaume**, illustre peintre-verrier. Par Léon Germain. *Nancy, G. Crépin-Leblond,* 1883. 11 pages, in-8°. Br.

4162. LE LORRAIN. Oraison funèbre de très-révérend père en Dieu, messire Alexandre **Guillaume**, chanoine régulier de l'ordre de Prémontré, docteur en théologie, abbé de Ste-Marie-Majeure de Pont-à-Mousson. Par le R. P. François le Lorrain, prieur de St-Paul de Verdun. *Pont-à-Mousson, François Maret,* (1711). 30 pages, in-4°. Br.

4163. BONFILS. Éloge de feu Nicolas **Guillemin,** docteur en médecine de la Faculté de Montpellier, membre du ci-devant collège de médecine de Nancy,... Par François Bonfils, officier de santé. *Nancy, Hissette, An VIII.* 23 pages, in-8°. Br.

4164. **Guillemin** (Pierre-J.-Baptiste-Charles), organiste de St-Epvre, à Nancy. Portrait. *A. Cholet del.* 1837.

4165. VAUGEOIS. François **Guinet**, jurisconsulte lorrain (1604-1681), par A. Vaugeois, professeur à la Faculté de droit de Nancy. *Nancy, Vve Raybois,* 1868. 64 pages et 2 planches, in-8°. Br. (Extrait des *Mémoires de l'Académie de Stanislas.*)

4166. JACQUINOT. Le doyen Nicolas **Guyot,** jurisconsulte lorrain, avec notes et pièces justificatives, par Alfred Jacquinot, ancien magistrat. Eau-forte de Gaitet. *Dijon, Imp. E. Jobard,* 1885. 82 pages, in-8°. Br.

4167. **Hacquard** (Le R. P.),supérieur de la mission d'Ouargla (né dans le département de la Meurthe). Portrait anonyme.

4168. CHAUTARD. Éloge de M. de **Haldat,** par M. J. Chautard. *Nancy, Grimblot et Vve Raybois,* 1858. 36 pages, in-8°. Br. (Extrait des *Mémoires de l'Académie de Stanislas.*)

4169. NOTICE des travaux du docteur de **Haldat,** de Nancy, présentée à MM. les membres de l'Académie des sciences. *Nancy, Imp. Raybois et Cie, s. d.* 8 pages, in-4°. Br.

4170. NOTICE succincte des mémoires publiés sur le magnétisme, par le docteur **Haldat,** depuis l'année 1828 jusqu'en 1846, présentée à MM. les membres de l'Académie des sciences. *Nancy, Imp. Vve Raybois et Cie, s. d.* 6 pages, in-4°. Br.

4171. SIMONIN. Notice sur la vie et les ouvrages de feu M. le docteur de **Haldat** du Lys, lue à la Société de médecine de Nancy, le 26 octobre 1853, par le Dr Simonin, père, directeur honoraire de l'École de médecine de Nancy, etc... *Nancy, Grimblot et Vve Raybois,* 1854. 18 pages, in-8°. Cart.

4172. TURCK. Éloge de M. de **Haldat.** Par S.-A. Turck, docteur en médecine, etc... *Nancy, Grimblot et Vve Raybois,* 1856. 29 pages, in-8°. Br.

4173. **Haldat** du Lys (Charles-Nicolas-Alexandre), docteur en médecine (né à Nancy). Portrait. *J. Casse del.* — Le même. *J. A. L.*

4174. **Hancarville** (Pierre-François-Hugues d'), antiquaire (né à Nancy). Portrait. *Demon del. et sulp.*

4175. **Haraucourt** (Élisée d'), gouverneur de Nancy. Portrait. *Fait à Nancy par Jean Appier,* 1610.

4176. **Haudreville,** peintre en miniature (né à Nancy). Portrait. *Laurent.*

4177. DISCOURS prononcés dans la séance publique tenue par l'Académie française pour la réception de M. d'**Haussonville** (d'une famille de l'ancienne chevalerie de Lorraine), le 31 mars 1870. *Paris, F. Didot,* 1870. 58 pages, in-4°. Cart.

4178. LABOURASSE. Le bon père Antoine **Hautcolas,** curé de Vadonville (1657-1709). Par H. Labourasse. *Verdun, Charles Laurent,* 1896. 22 pages, in-8°. Br.

4179. AUBERNON. Éloge historique de M. le lieutenant-général du génie baron **Haxo** (né à Lunéville), prononcé par Aubernon, pair de France, à la séance de la Chambre du 25 mai 1839. *(Paris), Crapelet.* 31 pages, in-8°. Br.

4180. BARDY. Le général **Haxo** (7 juin 1749-21 mars 1794). Discours de Henri

Bardy. *Saint-Dié, L. Humbert*, 1895. 49 pages, in-8°. Un croquis topographique. Br.

4181. LETTRE à un électeur. Par le général **Haxo**. *Lunéville, Guibal*, 1828. 2 pages, in-4°. Br.

4182. MENGIN. Notice nécrologique sur le lieutenant-général baron **Haxo**, par G. Mengin, chef de bataillon du génie, datée de Paris du 15 juillet 1838. *S. l., Bourgogne et Martinet, s. d.* 22 pages, in-8°. Cart. (Extrait du *Spectateur militaire*.)

4183. **Haxo** (François-Nicolas-Benoit, baron), inspecteur-général du génie. Portrait. *Thorelle del. et lith.* — Le même. *A. Carrière.* — Le même. *A. Farcy.*

4184. **Hazards** (Hugues des), évêque de Toul. Portrait. *Dessiné et lith. par l'abbé Guillaume.*

4185. AURICOSTE DE LAZARQUE. Monsieur **Hennequin**, ancien curé de Sainte-Barbe. Histoire de chasse et de guerre dans le pays messin, par E. Auricoste de Lazarque du Montaut. *Metz, Sidot frères; Paris, Pairault*, 1885. 57 pages, in-8°. Br.

4186. FAVIER. Souvenirs inédits de François **Hennequin** (seigneur de Pulnoy), prisonnier à la Bastille, de 1675 à 1677, publiés par J. Favier. *Paris, Noizette, s. d.* 72 pages, in-12. Br. (Extrait de la *Revue rétrospective*.)

4187. **Henrion** (Christophe, baron), général de brigade (né à Villecloye). Portrait. *Thorelle del.*

4188. BERNARD. Notice sur la vie et les œuvres de M. le premier président **Henrion de Pansey** (né à Tréveray), par M. Bernard, avocat à la Cour royale de Paris. *Paris, Barrois et B. Duprat*, 1829. 21 pages, in-8°. Demi-rel.

4189. FORGUES. **Henrion de Pansey**. Éloge historique, prononcé le 25 novembre 1837, devant la Conférence des avocats de Paris, par E. D. Forgues. *S. l., n. n., n. d.* 23 pages, in-8°. Cart.

4190. LABOURASSE. **Henrion de Pansey**, savant jurisconsulte, premier président de la Cour de cassation, par H. Labourasse. *Bar-le-Duc, Contant-Laguerre*, 1892. 32 pages, in-8°. Portrait. Br.

4191. PAILLART. Éloge de M. le baron **Henrion de Pansey**, premier président de la Cour de cassation, prononcé à l'Académie de Stanislas, le 1er février 1856, par Paillart, premier président honoraire de la Cour de Nancy. *Nancy, Grimblot et Vve Raybois*, 1856. 44 pages, in-8°. Br.

4192. ROZET. Notice historique sur la vie et les ouvrages de M. le baron **Henrion de Pansey**, premier président de la Cour de cassation, par Rozet. *Paris, Barrois et Duprat*, 1829. 72 pages, in-8°. Br.

4193. TAILLANDIER. Notice historique sur M. **Henrion de Pansey**, premier président de la Cour de cassation, par A. Taillandier. *Paris, s. n.*, 1829. 16 pages, in-8°. Demi-rel. (Extrait de la *Revue encyclopédique*.)

4194. **Henrion de Pansey** (Pierre-Paul-Nicolas), premier président de la Cour de cassation. Portrait. *Nap. Thomas.* — Le même. *Phototypie J. Royer.*

4195. **Herbin** (Nicolas), lieutenant de dragons (né à Dun). Portrait. *Par M. Hion.*

4196. MOREY. Notice sur la vie et les œuvres d'Emmanuel **Héré** de Corny, premier architecte de S. M. Stanislas, roi de Pologne, duc de Lorraine et de Bar, par P. Morey, architecte. *Nancy, Vve Raybois*, 1863. 70 pages, in-8°. Portrait. Br. (Extrait des *Mémoires de l'Académie de Stanislas*.)

4197. STATUE de Emmanuel **Héré**. Discours d'inauguration. *Nancy, Imp. coopérative de l'Est*, 1894. 13 pages, gr. in-8°. Br.

4198. **Héré** (Emmanuel), architecte. Portrait. *P. Morey.*

4199. LERET. Notice sur la vie et les travaux du docteur **Herpin** (de Metz), par le Dr Leret. *Paris, Paul Dupont*, 1872. 8 pages, in-8°. Br.

4200. **Herpin** (J.-Ch.), docteur en médecine. Portrait anonyme.

4201. FÉJACQ. Oraison funèbre de haute et puissante Dame, Madame la marquise d'**Heudicourt**, gouvernante des enfans de Lorraine. Prononcée par le R. Père Féjacq, de l'ordre des Frères Prêcheurs. *Nancy, Dominique Gaydon*, 1710. 40 pages, in-4°. Br.

4202. VIE (La) de saint **Hidulfe**, archevêque de Trèves, fondateur et premier abbé de l'abbaye de Moyenmoutier en Vosges. *Strasbourg, G. Schmouck*, 1723. 48 pages, in-8°. Cart.

4203. VIE (La) de sainct **Hydulphe**, confesseur archevesque de Trèves et fondateur du monastère de Moyenmoustier en Vosges. *Toul, s. n.*, 1623. xvi-159 pages, pet. in-8°. Titre et frontispice gravés. Rel. basane.

4204. VIE (La) de saint **Hidulphe**, archevêque de Trèves, fondateur et premier abbé de l'abbaye de Moyenmoutier (Vosges), avec l'histoire de son culte. *Saint-Dié, Éd. Trotot*, 1865. 32 pages, in-12. Br.

4205. MOUROT. Oraison funèbre de... dom **Hilarion** de Bar, abbé régulier de Longeville, prononcée dans l'église de la même abbaye, le 17 juillet 1715. Par le R. P. dom Sébastien Mourot, prieur de l'abbaye de Saint-Mansuy de Toul. *Toul, Alexis Laurent*, 1715. 39 pages, in-4°. Br.

4206. **Hingray** (Charles), député des Vosges. Portrait. *Lith. d'après nature par Patout.*

4207. JACQUINET. François **Hoffman** (né à Nancy), sa vie et ses œuvres, par P. Jacquinet. *Nancy, Berger-Levrault*, 1878. 52 pages, in-8°. Br. (Extrait des *Mémoires de l'Académie de Stanislas.*)

4208. **Hoffmann** (François-Benoit), auteur dramatique. Portrait. *T. aq.*

4209. ABRÉGÉ de la vie de sainte **Hoïlde**, vulgairement appelée sainte Hou vierge, de la traduction de Monsieur ***, abbé de Haultefontaine (faite sur un ancien manuscrit de l'abbaie de Sainte-Hou, de l'ordre de Cisteau, au diocèse de Toul. — Traduction de la vie de sainte Menehou, vierge, faite sur un ancien manuscrit de Cheminon, de l'ordre de Cisteaux, au diocèse de Châlons-sur-Marne). *Toul, A. Laurent*, 1688. 34 pages, in-8°. Cart.

4210. CHABERT. A la mémoire de M. J.-J.-J. **Holandre**, ancien bibliothécaire de la ville de Metz, fondateur et président de la Société d'horticulture de la Moselle, etc. Notice biographique, par F.-M. Chabert. Discours par Clerx, etc. *Metz, Rousseau-Pallez*, 1857. 46 pages, in-8°. Br.

4211. DEVILLE. Notice biographique sur M. **Holandre**, ancien bibliothécaire en chef de la ville de Metz, membre de plusieurs sociétés savantes. Par Frédéric Deville. *Paris, Amyot*, 1846. 8 pages, in-8°. Br. (Extrait de la *Revue générale biographique et nécrologique.*)

4212. **Hordal** (Jean), professeur à l'Université de Pont-à-Mousson. Portrait anonyme.

4213. HUMBERT. Notice sur Rosine (**Horiot**), l'extatique de Lamarche (Vosges), par D. Humbert (d'Épinal). *Mirecourt, Humbert*, 1851. 30 pages, in-8°. Cart.

4214. HOUCHARD. Notice historique et justificative sur la vie militaire du général **Houchard**, par son fils (Nicolas Houchard). *Strasbourg, F.-G. Levrault*, 1809. 64 pages, in-8°. Demi-rel.

4215. **Houchard** (Jean-Nicolas), général en chef (né à Forbach). Portrait. *F. Bonneville del. et sculp.* — Le même. *Peint par La Perche.* — Le même. *Ambroise Tardieu direxit.* — Le même. *Levachez sculp.*

4216. **Houël** (Jean-Hubert), député des Vosges. Portrait. *Lith. d'après nature par Desmadryl.*

4217. (BLANPAIN.) Jugement des écrits de M. **Hugo**, évêque de Ptolémaïde, abbé d'Estival en Lorraine, historiographe de l'ordre de Prémontré (par le R. P. Blanpain). *S. l., n. n.*, 1736. xiv-468 pages, in-8°. Rel. veau.

4218. DIGOT. Éloge historique de Charles-Louis **Hugo**, évêque de Ptolémaïde et abbé d'Étival, par Aug. Digot. *Nancy, Grimblot et Raybois*, 1843. 70 pages, in-8°. Cart. (Extrait des *Mémoires de la Société royale des Sciences, Lettres et Arts de Nancy.*)

4219. JÉROME. Testament de Charles-Louis **Hugo**, évêque de Ptolémaïde et dernier abbé régulier d'Étival, par l'abbé Jérome, professeur agrégé d'histoire au grand séminaire de Nancy. *Nancy, Crépin-Leblond*, 1896. 19 pages, in-8°. Br.

4220. **Hugo**. Mémoires du général Hugo. *Paris, Ladvocat*, 1883. 292, xcviii-388, et 480 pages, in-8°. Portraits. 3 vol. Demi-rel.

4221. NOLLET-FABERT. Le général **Hugo**. Extrait de la *Lorraine militaire*, galerie historique, par Jules Nollet-Fabert. *Nancy, Grimblot et Vve Raybois*, 1853. 19 pages, in-8°. Br.

4222. **Hugo** (Joseph-Léopold-Sigisbert, comte), maréchal de camp (né à Nancy). Portrait. *Thorelle del.* — Le même. *Réville sculp.*

4223. CHABERT. Notice sur Alexandre **Huguenin**, professeur à la Faculté des lettres de Nancy, par F.-M. Chabert. *Metz, F. Blanc*, 1863. 16 pages, in-8°. Br. (Extrait des *Mémoires de l'Académie de Metz.*)

4224. **Hulin** (Jacq.), ministre de S. M. le roi de Pologne, duc de Lorraine et de Bar. Portrait. *Sonois pinx.* 1775.

4225. **Hulot** (Le lieutenant-général baron E.) 1774-1850 (mort à Nancy). Notice biographique ; documents historiques et militaires ; ordres du jour ; lettres. (Par E.-B., ancien officier de cavalerie.) *Paris, Collombon et Brulé*, 1884. 84 pages, in-8°. Cart.

4226. **Hulot** (Étienne, baron), lieutenant-général. Portrait anonyme.

4227. HISTOIRE des cardinaux français. Onzième siècle. **Humbert**, de la Forêt-Blanche (moine de l'abbaye de Moyenmoutier), cardinal du titre des saintes Ruffine et Secondine. *S. l., n. n., n. d.* 68 pages, in-8°. Cart.

4228. **Humbert** (Femme), concierge de la porte Stainville, à Nancy. Figure. Bureau des révolutions de Paris.

4229. **Hunolstein** (Félix-Philippe-Charles, comte d'), lieutenant-général. (D'une ancienne famille du pays Messin.) Portrait anonyme.

4230. **Huot** (Pierre-Antoine-Victor), député des Vosges. Portrait. *Lith. d'après nature par Llanta.* — Le même. *A. Farcy.*

4231. **Huot de Goncourt** (Jean-Ant.), député du Bassigny en Barrois. Portrait. *Perrin del.*

4232. LACHRYMÆ convictus mussipontani in obitu nobilissimi adolescentis F. Claudii **Hureau**, religiosi professi ordinis sancti Benedicti, in regio divi Dyonisii apud Parisios coenobio eleemosynarii. *Mussiponti, Melch. Bernard*, 1619. 52 pages, petit in-4°. Demi-rel.

4233. PHILIPPIQUE contre les octroyeurs et les brigueurs de places. Par un français de 89 (**Husson**). Troisième édition. (*Nancy, Vve Raybois*), 1849. 80 et 16 pages, gr. in-8°. Portrait. Demi-rel.

4234. **Husson** (Ant.), banquier à Nancy. Portrait. *Thorelle del.*

4235. **Iohmann** (Eugène), sculpteur à Nancy. Portrait. *M. Schiff.* 1882.

4236. TAIGNY. J.-B. **Isabey**, sa vie et ses œuvres, par M. E. Taigny. *Paris, Panckoucke*, 1859. 55 pages, in-8°. Demi-rel. (Extrait de la *Revue européenne.*)

4237. **Isabey** (Jean-Baptiste), peintre (né à Nancy). Portrait. *E. Armand.* — Le même. *Isabey.* — Le même. *A. R.*

4238. **Jacquemard** (Claude), député (né à Vaucouleurs). Portrait. *Labadye del.*

4239. MANGENOT. Mgr **Jacquemin**, évêque de Saint-Dié, 1750-1832, par l'abbé Mangenot, professeur au grand séminaire de Nancy. *Nancy, R. Vagner*, 1892. 272 pages, in-8°. Portrait. Br.

4240. **Jacqueminot** (Jean-François), lieutenant général (né à Nancy). Portrait. *Lith. de F. Gigault d'Olincourt.* — Le même. *A. Maurin*, 1835.

4241. **Jacques** (Alexis), évêque de St-Dié. Portrait. *Lith. de Dupuy et Tavernier.*

4242. DESCHAMPS (Th.)... Biographie de E. de Mirecourt (**Jacquot**), par Th. Deschamps et M. Serpantié. 2ᵉ édition. *Paris, Delcambre*, 1855. ix-80 pages, in-16. Portrait. Cart.

4243. DESCHAMPS. Biographie de **Jacquot** dit de Mirecourt, par Théophile Deschamps. *Paris, Morris et Cie*, 1857. 124 pages, petit in-8°. Br.

4244. GIRAUD. Monsieur Eugène de Mirecourt (**Jacquot**) ou un pamphlétaire contemporain, par Alexis Giraud. *Lyon, A. Vingtrinier*, 1856. 80 pages, in-32. Cart.

4245. CALOMNIE (La). Simples notes pour mes lecteurs, avec une notice autobiographique par Eugène de Mirecourt (**Jacquot**). *Nantes, Libaros*, 1873. 71 pages, in-12. Demi-rel.

4246. MAZEROLLE. Confession d'un biographe. Fabrique de biographies. Maison E. de Mirecourt (**Jacquot**) et compagnie, par un ex-associé, Pierre Mazerolle. *Paris, Mazerolle*, 1857. 188 pages, in-16. Cart.

4247. **Jacquot** (Eugène), dit de Mirecourt, littérateur. Portrait. *Diolot, de la Tremblais.*

4248. **Jadelot** (Jean-François-Nicolas), médecin (né à Nancy). Portrait. *Maurin.*

4249. DARRAS. Monseigneur **Jager** (né à Grening). Notice biographique par M. l'abbé J.-E. Darras, chanoine honoraire d'Ajaccio et de Nancy. *Paris, C. Douniol*, 1868. 48 pages, in-8°. Br.

4250. NOLLET-FABERT. Le général **Jamin** (né à Villers-Cloye, près de Montmédy). Extrait de la *Lorraine militaire*, galerie historique, par Jules Nollet-Fabert. *Nancy, Grimblot et Vve Raybois*, 1853. 20 pages, in-8°. Br.

4251. DANZAS. Le révérendissime père **Jandel** (né à Gerbéviller), par Fr. Antonin Danzas, des Frères prêcheurs (article publié par la *Couronne de Marie*, en février, mars, avril et mai 1873). *Lyon, s. n.*, 1873. in-12. Cart.

4252. GUILLAUME. Notice biographique sur le révérendissime père Alexandre-Vincent **Jandel**, maître-général de l'ordre des Frères-Prêcheurs. Par l'abbé Guillaume. *Nancy, Thomas et Pierron*, 1873. 60 pages, in-8°. Br.

4253. JONQUIÈRES (DE). Notice nécrologique sur le baron Antoine-Stanislas-Nicolas-Pierre Fourier, de **Jankovitz** de Jezenicze, ancien député et ancien préfet (par intérim) de la Meurthe, etc., mort à Versailles (Seine-et-Oise), le 6 juin 1847 ; par le baron Raoul de Jonquières. *Paris, Plon*, 1847. 16 pages, in-8°. Portrait. Br. (Extrait du *Nécrologe universel du xix° siècle.*)

4254. **Jankovitz** de Jezenicze (Antoine-Stanislas-Pierre Fourier, baron de), député de la Meurthe. Portrait. *J. Petit.*

4255. PUTON. L'abbé **Janny**, ancien principal du collège de Remiremont, par F.-A. Puton. *Nancy, Berger-Levrault*, 1888. 30 pages, in-8°. Portrait. Br. (Extrait des *Mémoires de l'Académie de Stanislas.*)

4256. NOTICE sur la vie de M. **Jauffret**, décédé évêque de Metz. (Extrait de la *France chrétienne.*) *Paris, Imp. Beaucé-Rusand, s. d.* 12 pages, in-8°. Demi-rel.

4257. **Jauffret** (Gaspard-Jean-André-Joseph, baron), évêque de Metz. Portrait. *L. Lair del.*

4258. NÉCROLOGIE. L'abbé Nicolas **Jennot** (né à Vého). *Nancy, Vagner*, (1844). 4 pages, in-8°. Br.

4259. SOUVENIRS. M. **Joguet** (ancien proviseur du lycée de Nancy). *Paris, A. Parent*. 1875. 140 pages, in-8°. Br.

4260. GERMAIN. Fragment d'études historiques sur le comté de Vaudémont. Ancel, sire de **Joinville**, par Léon Germain. *Nancy, G. Grépin-Leblond*, 1884. 35 pages, in-8°. Br.

4261. CHABERT. Étude biographique. Pierre **Joly**, seigneur de Bionville, procureur-général ès-ville de Metz et pays messin. Par F.-M. Chabert. *Metz, S. Lamort*, 1854. 11 pages, in-8°. Br. (Extrait de *Metz littéraire.*)

4262. NOLLET-FABERT. Le général N.-L. **Jordy** (né à Abreschwiller). Extrait de la *Lorraine militaire*, galerie historique, par M. Jules Nollet-Fabert. *Nancy, Grimblot et Vve Raybois*, 1852. 43 pages, in-8°. Portrait. Demi-rel.

4263. **Jordy** (Nicolas-Louis), général de brigade. Portrait. *Thorelle del.*

4264. BENOIT. Un minéralogiste vosgien au siècle dernier. Le docteur **Kast**, de Strasbourg, par Benoit. *Épinal, V. Collot*, 1882. 5 pages, in-8°. Br. (Extrait des *Annales de la Société d'émulation des Vosges.*)

4265. **Kellermann** (François-Étienne), duc de Valmy, général de division (né à Metz). Portrait. 1814. *Johannot sc.* — Le même. *Forestier sculp.* — Le même. Portrait anonyme.

4266. **Klein** (Dominique-Louis-Antoine, comte), général de division. Portrait. *P. Tassaert s. — Le même. Ambroise Tardieu direxit.*

4267. **Kreubé** (Charles-Frédéric), professeur de violon (né à Lunéville). Portrait. *A.-P. Vincent del.*

4268. HAUDIQUER. Histoire du vénérable Dom Didier de **La Cour**, réformateur des bénédictins de Lorraine et de France, tirée d'un manuscrit original de l'abbaye de Saint-Vanne ; avec une apologie de l'état monastique, par un religieux bénédictin de la congrégation de Saint-Maur (F.-Ch.-M. Haudiquer). *Paris, J.-F. Quillau,* 1772. xvi-344 pages, in-8°. Portrait. Rel. veau.

4269. DONY. Tombe de Dom Didier de **La Cour**, réformateur des bénédictins de Lorraine et de France, par Pierre Dony. *Verdun, Charles Laurent,* 1891. 2 pages et une planche, gr. in-4°. Br.

4270. GERMAIN. La tombe de Dom Didier de **La Cour**, prieur claustral de Saint-Vanne, réformateur des bénédictins de Lorraine et de France († 1623), par L. Germain. *Nancy, G. Crépin-Leblond,* 1891. 23 pages, in-8°. Fig. Br. (Extrait du *Journal de la Société d'archéologie lorraine.*)

4271. **La Cour** (Dom Didier de), réformateur de l'ordre de Saint-Benoît. Portrait *de la Gardette sculp. — Le même. Anonyme.*

4272. **Lacour** (DE), général (né à Metz). Portrait. *Thorelle del.*

4273. PAILLART. Notice sur M. J. de **Lacourt** (maire de Commercy), lue à l'Académie de Stanislas, par Paillart. *Nancy, Vve Raybois,* 1861. 28 pages, in-8°. Br. (Extrait des *Mémoires de l'Académie de Stanislas.*)

4274. DISCOURS prononcés dans la séance publique, tenue par la classe de la langue et de la littérature française de l'Institut national, le 15 ventôse de l'an XIII, pour la réception de M. de **La Cretelle**. *Paris, Bossange, Masson et Besson,* s. d. 38 pages, in-4°. Cart.

4275. BIGOT DE PRÉAMENEU. Funérailles de M. **Lacretelle** aîné. Discours de M. le comte Bigot de Préameneu, membre et chancelier de l'Académie française. Le 7 septembre 1824. *Paris, F. Didot,* s. d. 2 pages, in-4°. Cart.

4276. SÉGUR (DE). Discours pour la réception de M. **Lacretelle** jeune, à l'Académie française, prononcé par M. le comte de Ségur, grand-maître des cérémonies, conseiller d'État, président l'Institut dans la séance du 7 novembre 1811. *Paris, F. Buisson,* 1811. 29 pages, in-8°. Demi-rel.

4277. **Lacretelle** (Pierre-Louis), membre de l'Institut (né à Metz). Portrait. *Jules Boilly,* 1822. — Le même. *H. Garnier.* — Le même. *Michaud F.* — Le même. Anonyme.

4278. LE NORMAND. Inauguration du buste de Charles de **Lacretelle**. Par L. Le Normand, etc. *Mâcon, Émile Protat,* 1856. 68 pages, in-8°. Br.

4279. **Lacretelle** (Charles), historien (né à Metz). Portrait. *Jul. Boilly,* 1821. — Le même. *Frilley del. et sculp.* 1831.

4280. BEAULIEU. Notice sur la vie et les travaux de Jean-Charles-François, baron **Ladoucette** (né à Nancy), par Beaulieu. *S. l., n. n., n. d.* 14 pages, in-8°. Br.

4281. CHEVANDIER. Notice biographique sur le baron de **Ladoucette** (Jean-Charles-François...), par M. Eug. Chevandier. *S. l., veuve Bouchard-Huzard,* s. d. 12 pages, in-8°. Demi-rel.

4282. STASSART. Notice sur J.-C.-F. baron **Ladoucette**, associé de l'Académie royale de Belgique ; par le baron de Stassart. (Lue à la séance du 6 novembre 1848.) *Bruxelles, Hayez,* 1848. 15 pages, in-16. Br. (Extrait de l'*Annuaire de l'Académie royale de Bruxelles.*)

4283. **Ladoucette** (M. le baron Jean-Charles-François), par P. M. (Extrait des « Archives de la France contemporaine », 1843.) *Paris. s. n.,* 1843. 55 pages, in-8°. Demi-rel.

4284. BLARD. Notice sur la vie et les travaux de M. le baron **Ladoucette**. Extrait de la « France représentative, ou aperçu critique des principales individualités de

16

la Chambre des pairs et de celle des députés », publiée sous la direction de M. J. Blard. *Paris, s. n.*, 1844. 32 pages, in-8° Cart.

4285. NOTICE sur la vie et les travaux de M. le baron de **Ladoucette**, député de la Moselle, par A. D. *Paris, Aux bureaux de « la Renommée »*, 1842. 21 pages, in-8°. Cart.

4286. BOUDIN. M. le baron **Ladoucette**, par A. Boudin. *S. l. (Paris), Schneider et Langrand, s. d.* 23 pages, in-8°. Cart.

4287. BOUDIN. Notice sur la vie et les travaux administratifs, littéraires et politiques de M. le baron **Ladoucette**, publiée dans le tome Ier des « Archives de la France contemporaine », par M. A. Boudin. Deuxième édition. *Paris, Bureau de l'Administration*, 1844. 80 pages, in-8°. Cart.

4288. **Ladoucette** (M. le baron). par C. V. *S. l. (Paris), P. Baudouin, s. d.* 23 pages, in-8°. Cart.

4289. DUVERGER. Le baron **Ladoucette**, par J. Duverger. *Paris, Lacombe, s. d.* 32 pages, in-8°. Cart.

4290. MONTÉMONT. Notice sur M. **Ladoucette**, ancien préfet de l'Empire, ex-député, etc. Par Albert Montémont. *Paris, L. Martinet*, 1848. 15 pages, in-8°. Br. (Extrait du *Bulletin de la Société de géographie*.)

4291. ROUYÈRES (DE). M. le baron **Ladoucette**, par de Rouyères. *S. l. (Paris), F. Locquin, s. d.* 53 pages, in-8°. Cart.

4292. **Ladoucette** (Jean-Charles-François, baron de), administrateur et littérateur. Portrait. *A. Legrand.* — Le même. *A. Lacauchie.*

4293. DÉMISSION (La) motivée ou mes adieux (par Mgr de **La Fare**). *S. l., n. n., n. d.* 6 pages, in-12. Cart.

4294. **La Fare** (Anne-Louis-Henry de), évêque de Nancy. Portrait. *Labadye del.* — Le même. *Imp. Lemercier.*

4295. **La Ferté-Senneterre** (Henri II, duc de), maréchal de France, gouverneur de Metz, etc. Portrait. *Peint par Helm.*

4296. SERRIÈRES. Éloge de Jean-Baptiste **Lafitte**, docteur en médecine et en chirurgie, ancien professeur d'anatomie, médecin en chef de l'hospice civil et du lycée de Nancy, etc. Prononcé à la séance publique de l'Académie de Nancy, par le docteur Serrières, médecin en chef de l'hospice civil. *Nancy, Haener et Delahaye*, 1809. 12 pages, in-8°. Br.

4297. **La Flize** (Georges-Charles-Camille), député de la Meurthe. Portrait. *Lith. d'après nature, par H. Grévedon.*

4298. **Lafrogne** (François-Balthazard), député de la Meurthe. Portrait anonyme.

4299. **La Galaizière** (Antoine-Martin de Chaumont de), intendant de Lorraine et Barrois. Portrait anonyme.

4300. POINCARÉ. Notice sur **Laguerre** (né à Bar-le-Duc), par M. Poincaré. *Paris, Gauthier-Villars*, 1887. 14 pages, in-8°. Br.

4301. LESAING. Éloge historique de J.-B. **Lahalle** (né à Vomécourt), docteur en médecine, par Lesaing, docteur en médecine. *Nancy, Grimblot et Raybois*, 1844. 48 pages, in-8°. Br.

4302. NOËL. Notice nécrologique sur M. de **La Lance** (de Crévic), membre ordinaire de la Société centrale d'agriculture de Nancy, par Noël, de Sommervillers. *Nancy, Grimblot et Vve Raybois*, 1846. 4 pages, in-8°. Br.

4303. BROCA. Éloge de François **Lallemand**, lu à la Société de chirurgie, dans la séance solennelle du 22 janvier 1862, par M. Paul Broca, professeur agrégé à la Faculté de médecine, chirurgien de l'hôpital de Bicêtre, etc. *Paris, Asselin*, 1862. 34 pages, in-8°. Cart. (Extrait du *Moniteur des sciences médicales et pharmaceutiques*.)

4304. **Lallemand** (Claude-François), médecin (né à Metz). Portrait. *Maurin, d'après nature.*

4305. **Lallemand** (Charles-François-Antoine, baron), lieutenant-général (né à Metz). Portrait. *Mullard del.* — Le même. *Ambroise Tardieu direxit.*

4306. MATHIEU. Souvenirs relatifs à la famille de M. Louis **Lallement**, avocat (à

Nancy), par D. Mathieu. (Extrait des papiers inédits de M. de Dumast père.) *S. l., autog., s. d.* 12 pages, in-8°. Br.

4307. GUYOT. M. Louis **Lallement**. Obsèques. Bibliographie, par Ch. Guyot. *Nancy, G. Crépin-Leblond,* 1890. 18 pages, in-8°. Br.

4308. MENGIN. M° Louis **Lallement**. Notice nécrologique, par H. Mengin. *Nancy, G. Crépin-Leblond,* 1890. 17 pages, in-8°. Br.

4309. **Lambel** (DE), général (né à Bar-le-Duc). Portrait. *Thorelle del.*

4310. **Lambert** (Charles), curé de Buissoncourt. Portrait. *L. C.*

4311. COURNAULT. Jean **Lamour**, serrurier du roi Stanislas, à Nancy, par Ch. Cournault. *Paris, J. Rouam, s. d.* 32 pages, in-4°. Fig. Demi-rel. (De la collection *Les Artistes célèbres.*)

4312. **Lamour** (Jean), serrurier. Portrait. *L. B., d'après un tableau du cabinet de M. Noël.*

4313. **Landrian** (François-Érard de), capitaine d'infanterie. Portrait anonyme.

4314. **Lange** (Charles-Hyacinthe), curé de la paroisse St-Nicolas de Nancy. Portrait. *Par lui-même,* 1845. — Le même. *Ipse fecit.*

4315. LOPPINET. Œuvres du verdunois de **La Pointe**. — Les tumulus de Verrières en Hesse, par M. F. Loppinet. *Verdun, Imp. L. Laurent,* 1896. 5 pages, in-8°. 1 carte. Br.

4316. MAGUIN. Notice nécrologique sur M. **Lapointe**, de Maisery, par Henri Maguin, docteur en droit. *Nancy, E. Réau,* 1876. 32 pages, in-8°. Br.

4317. **Larcher** (Joseph), docteur en médecine (né à Lunéville). Portrait. *J. Casse, del. et lith.*

4318. BÉGIN. Vie militaire du comte de **Lasalle**, général de division, tirée de la biographie de la Moselle, par E. A. Bégin, D. M., associé correspondant de la Société royale des antiquaires de France, etc. *Metz, Verronnais,* 1830. 31 pages, in-8°. Portrait. **Cart.** ····

4319. ROBINET DE CLÉRY. D'Esseling à Wagram. **Lasalle**. Correspondance recueillie par M. Robinet de Cléry, avec 13 gravures et une carte dressée par M. le capitaine Matuszinski. *Paris-Nancy, Berger-Levrault et Cie,* 1891. 222 pages, in-8°. Br.

4320. **Lasalle** (Antoine-Chevalier-Louis, comte de), général de division, (né à Metz). Portrait. *Gros pinx..* — Le même. *Dutertre.* — Le même. *Michaud, F.* — Le même. *Maulet sc.* — Le même. *Lith. de Lordereau.* — Le même. *Peint par Gros.* — Le même. *Gros pinx.* — Le même. *Llanta.* — Le même. Statue. *Phot. J. Royer.*

4321. **La Salle** (Nicolas-Théodore-Antoine-Adolphe de), député de Metz. Portrait. *Labadye del.*

4322. **Latasse** (Claude), abbé, docteur en théologie (né à Nancy). Portrait. *D'après une aquarelle du cabinet de M. le curé Marchal.* — Le même. *Lith. Christophe.*

4323. **La Tour du Pin Montauban** (Louis-Apollinaire de), évêque de Nancy. Portrait *C. Fuhs.* — Le même. *Peint d'après nature et dessiné par Cl.-F.-H. Petit, en 1807.*

4324. **Launois** (Gaspard-Auguste), député de la Meuse. Portrait. *Lith. d'après nature par E. Levasseur.*

4325. HALDAT. Éloge historique de M. **Laurent**, peintre, professeur de l'École de dessin et directeur du Musée d'Épinal, lu le 7 juillet 1833, par M. de Haldat. *Nancy, Hissette,* 1833. 20 pages, in-8°. Rel.

4326. **Laurent** (Jean-Antoine), peintre d'histoire, (né à Baccarat). 2 portraits anonymes.

4327. LEPAGE. Melchior de **La Vallée** (aumônier du duc de Lorraine, Henri II) et une gravure de Jacques Bellange, par Henri Lepage. *Nancy, Imp. Crépin-Leblond,* 1882. 56 pages, in-8°. Br. (Extrait des *Mémoires de la Société d'archéologie lorraine.*)

4328. VACANT. Le cardinal **Lavigerie**, par l'abbé Vacant, professeur au Grand Séminaire. Discours de réception à l'Académie de Stanislas. *Nancy, Berger-Levrault,* 1893. 27 pages, in-8°. Br.

4329. **Lavigerie** (Charles-Martial-Allemand), évêque de Nancy. Portrait. *J. Casse del. et lith.* — Le même *Lafosse*, 1867. — Le même. 2 portraits anonymes.

4330. MELNOTTE. Le P. **Le Bonnetier,** dernier prieur-curé de Scarponc, confesseur de la foi (1720-1804), par l'abbé Melnotte, curé de Belleville. *Nancy, R. Vagner*, 1892. 84 pages, in-8°. Br.

4331. VIE (La) de la vénérable mère Alix **Leclerc,** fondatrice, première mère et religieuse de l'ordre de la Congrégation de Notre-Dame, contenant la relation d'icelle, escrite et signée de la mesme mère, par commendement de ses supérieurs ; les esclaircissements sur cette relation : avec les remarques du commencement de la congrégation tirées sur les écrits propres du R. P. fondateur et quelques mémoires des actions principales de ladite mère. Dédiée à Son Altesse, par les supérieures et religieuses du premier monastère de la congrégation à Nancy. *Nancy, A. Cl. et Ch. les Charlots,* 1666. 34 et 412 pages, in-4°. Rel. parchemin.

4332. (GAUTRELLE.) La vie de la vénérable mère Alix **Leclerc,** co-institutrice de l'ordre de la Congrégation de Notre-Dame, par un carme déchaussé de la province de Lorraine (le P. Timothée Gautrelle). *Nancy, H. Haener,* 1773. XVI-272 pages, in-8°. Portrait. Demi-rel.

4333. CHAPIA. Vie de la V. Mère Alix **Leclerc,** et histoire de la Congrégation de Notre-Dame, par M. l'abbé Chapia, curé de Vittel. *Mirecourt, Humbert,* 1858. VIII-320 pages, in-8°. Portrait. Demi-rel.

4334. ALIX **Le Clerc,** dite en religion Mère Thérèse de Jésus, fondatrice de la Congrégation de Notre-Dame de l'ordre de Saint-Augustin. *Liège, H. Dessain, s. d.* (1888). XX-340 et 337 pages, in-8°. Portrait. 2 vol. Demi-rel.

4335. (LAMBEL.) Alix **Le Clerc,** fondatrice de la Congrégation de Notre-Dame, par l'auteur de « Philippe de Gheldres » (M. de Lambel). *Paris, Lefort, s. d.* VI-135 pages, in-12. Figure. Demi-rel.

4336. **Leclerc** (La vénérable mère Alix), dite Thérèse de Jésus, fondatrice des religieuses de N.-D., à Nancy. Portrait. *Nicole à Nancy,* 1773. — La même. 2 portraits anonymes.

4337. MARGUET. Vie de sœur Louise **Leclerc** (née à Mirecourt), supérieure provinciale des établissements de la Congrégation de la Doctrine chrétienne, en Algérie etc., par M. J. Marguet, vicaire général du diocèse de Nancy. *Nancy, Vve Raybois,* 1850. VIII-168 pages, in-12. Portrait. Demi-rel.

4338. **Leclerc** (Marie-Louise), de la Doctrine chrétienne. Portrait. *Mlle Thorelle del.*

4339. VALLEMONT. Éloge de M. **Le Clerc** (né à Metz), chevalier romain, dessinateur et graveur ordinaire du cabinet du roi ; avec le catalogue de ses ouvrages, et des réflexions sur quelques-uns des principaux, par M. l'abbé de Vallemont. *Paris, N. Caillou et J. Musier,* 1715. VIII-227 pages, in-8°. Vignette. Rel. veau.

4340. MEAUME. Sébastien **Le Clerc** et son œuvre, par Édouard Meaume. Ouvrage couronné par l'Académie de Metz, orné d'une eau forte rare reproduite par Amand Durand et d'un fac-similé de l'écriture de Séb. Le Clerc. *Paris, Baur,* 1877. 370 pages, in-8°. Demi-rel.

4341. JOMBERT. Catalogue raisonné de l'œuvre de Sébastien **Le Clerc,** chevalier romain, dessinateur et graveur du cabinet du roi, avec la vie de ce célèbre artiste, par Charles-Antoine Jombert. *Paris, chez l'auteur,* 1774. LXXXVIII-329 et VI-360 pages, in-8°. Frontispice. 2 vol. Rel. veau.

4342. **Leclerc** (Sébastien). Portrait. *Duflos sculp. A Paris, chez G. Audran.* 2 états. — Le même. *De La Croix pinx., P. Dupin sculp.* — Le même. *E. Jeaurat sculp.* — Le même. *Michaud F.* — Le même. *Desjardins.*

4343. (LALLEMENT.) M. le premier président **Leclerc** (né à Saint-Mihiel), membre de l'Académie de Stanislas. (Par L. Lallement.) *Nancy, G. Crépin-Leblond,* 1882. 16 pages, in-8°. Br.

4344. **Leclerc** (François), député de la Meurthe. Portrait. *A. Farcy.* — Le même. *Lith. d'après nature par Levasseur.*

4345. SALMON. Étude sur le président **Le Febvre,** par Salmon. *Toul, Vve Bastien,* 1842. 43 pages, in-8°. Demi-rel.

4346. FAULTRIER. Éloge de **Le Febvre,** par Gaston de Faultrier, avocat. *Metz, Imp. Nouvian,* 1868. 35 pages, in-8°. Br.

4347. VILLARD. Discours prononcé par M. Villard, substitut du procureur général, à la rentrée de la Cour d'Appel de Nancy, 1877. — Le président **Le Febvre.** *Nancy, Vagner,* 1877. 52 pages, in-8°. Br.

4348. **Lefebvre** (Laurent-Etienne), receveur général du département de la Meurthe. Portrait. *Thorelle del.*

4349. DEVILLY. Notice historique sur le général **Legrand.** Par Devilly. *Metz, C. Lamort,* 1822. 15 pages, in-8. Br. (Extrait des *Mémoires de la Société des lettres, sciences et arts de Metz.*)

4350. DOROTHÉ (Le P.). Oraison funèbre de feu Messire Georges **L'Égyptien,** bachelier en théologie, ancien curé de Vandière, chanoine et prévost de l'insigne collégialle de Sainte-Croix du Pont-à-Mousson et directeur des Dames de la Visitation Sainte-Marie de la même ville, prononcée... par le R. P. Dorothé... du S. Ordre des Capucins, le 14 mars 1691. *S. l., n. n.,* (1691). 19 pages, in-4°. Br.

4351. **Lemaire** (Nicolas-Éloi), doyen de la Faculté des lettres de Paris (né à Triaucourt). Portrait. *C. Laguiche.*

4352. LEPAGE. Notice sur Laurent-Marie-Joseph **Le Mercier de Morière,** archiviste-paléographe, secrétaire de la Société d'archéologie lorraine. *Nancy, Crépin-Leblond,* 1885. 8 pages, in-8°. Br. (Extrait du *Journal de la Société d'archéologie lorraine.*)

4353. **Le Moine** (Pierre), jésuite à Nancy. Portrait. *Ingouf junior sculp.*

4354. **Lenfant** (Alexandre-Charles-Anne), jésuite, prédicateur de Stanislas. Portrait. *C. M. F. Dien, sculp.*

4355. **Le Noble** (Eustache), procureur général du parlement de Metz. Portrait. *A Paris, chez E. Desrochers.* — Le même. *P. Simon pinx.*

4356. **Lenoncourt** (Robert de), cardinal. Portrait. *Gravé par Meunier.*

4357. WIBERT. Vita S. **Leonis IX** papæ, Leucorum antea episcopi. Wiberto archidiacono coœtaneo auctore. *Lutetiæ Parisiorum, Séb. Cramoisy,* 1615. VI-127 pages, in-8°. Rel. parchemin.

4358. DELARC. Un pape alsacien. Essai historique sur saint **Léon IX** et son temps. Par M. l'abbé Delarc, du clergé de Paris. *Paris, E. Plon et Cie,* 1876. VIII-525 pages, in-8°. Demi-rel.

4359. DEXEN. Où est né le pape saint **Léon IX** ? Par P. P. Dexen. *Strasbourg, E. Bauer,* 1884. 47 pages, in-8°. Br.

4360. DUHAMEL. Le pape **Léon IX** et les monastères de Lorraine, par L. Duhamel, ancien élève de l'École des Chartes. *Épinal, Vve Gley,* 1869. 115 pages, in-8°. Br.

4361. FISCHER. Recherches sur le lieu de naissance du pape saint **Léon IX,** par Dagobert Fischer, membre de la Société d'archéologie lorraine. *Nancy, N. Collin, s. d.* 12 pages, in-8°. Cart.

4362. **Léon IX** (Brunon de Dagsbourg), évêque de Toul, pape. Portrait. *Lith. Prévot.* — Le même. 2 portraits anonymes.

4363. GUYOT. Bibliographie de Henri **Lepage,** précédée d'une notice sur sa vie, par Ch. Guyot, président de la Société d'archéologie lorraine. *Nancy, Imp. G. Crépin-Leblond,* 1889. 82 pages, in-8°. (Extrait des *Mémoires de la Société d'archéologie lorraine.*)

4364. GALERIES biographiques-historiques de la Société de statistique universelle. M. Henri **Lepage,** homme de lettres, etc. *Paris, Lacour,* 1846. 4 pages, in-8°. Br.

4365. ABEL. Notice historique sur Henri **Lepage,** membre correspondant de l'Académie de Metz, par Charles Abel. *Metz, Delhalt.* 5 pages, in-8°. Br. (Extrait des *Mémoires de l'Académie de Metz,* 1887-1888.)

4366. LISTE des imprimés de M. Henri **Lepage.** *Saint-Nicolas, P. Trenel,* (1866). 16 pages, in-8°. Br.

4367. BUSTE (Le) de Henri **Lepage**. Souvenir offert aux souscripteurs, 1889. *Nancy, G. Crépin-Leblond*, 1889. 49 pages, in-8°. Br.

4368. **Lepage** (Henri), archiviste. 2 portraits anonymes.

4369. **Lepois** (Charles), médecin (né à Nancy). Portrait. *Lith. L. Christophe.* — Le même. *Lith. L. Christophe.*

4370. CONTRACT de mariage entre M. François **Le Prud'homme**, chevalier, seigneur de Nicey, conseiller d'Estat de S. A. S. de Lorraine et Madame de la Mothe. *S. l., n. n.*, (1669). 8 pages, in-4°. Br.

4371. NÉCROLOGIE. L'abbé Hubert **Lesoing** (né à Nancy). Par de M... *Nancy, Vagner*, 1845. 4 pages, in-8°. Br.

4372. MIRABEAU (Comtesse de). Henri de **L'Espée** (du village de Froville). Par la comtesse de Mirabeau. *Nancy, Crépin-Leblond*, (1871). 20 pages, in-8°. Br.

4373. **Le Tellier** (Louis-Char.-César), comte d'Estrées, maréchal de France, gouverneur des 3 évêchés, Metz, Toul et Verdun. Portrait. *A. Paris, chès Bligny.*

4374. LAPRÉVOTE. Quelques détails inédits sur la vie et la mort de Florentin **Le Thierriat** (de Mirecourt), par Charles Laprévote. *Nancy, A. Lepage*, 1863. 20 pages, in-8°. Br. (Extrait des *Mémoires de la Société d'archéologie lorraine.*)

4375. GERMAIN. Note sur l'origine de Florentin **Le Thierriat**, par Léon Germain. *Nancy, G. Crépin-Leblond*, 1882. 8 pages, in-8°. Br. (Extrait du *Journal de la Société d'archéologie lorraine.*)

4376. TRÉLAT. Notice sur François **Leuret** (né à Nancy), médecin en chef à l'hospice de Bicêtre, par Ulysse Trélat. *Paris, J.-B. Baillère*, 1851. 24 pages, in-8°. Br.

4377. HÉQUET. Notice biographique sur la vie et les travaux du docteur **Leuret**. Par Charles Héquet, ouvrier typographe. *Nancy, Grimblot et veuve Raybois*, 1852. 60 pages, in-12. Br.

4378. SERVICE funèbre célébré à la synagogue de Thionville, le 15 mars 1820, en l'honneur de feu M. Mayer **Lévy**, membre du conseil municipal de cette ville, et du consistoire israélite de la circonscription de Metz ; décédé le 7 mars 1820. *Metz, E. Hadamard*, (1820). 20 pages, in-8°. Demi-rel.

4379. **Lezay-Marnésia** (Claude-François-Adrien, marquis de), poète (né à Metz). Portrait. *Le Wailly.*

4380. **L'Hospital** (François de), comte de Rosnay, maréchal de France, gouverneur de Nancy. Portrait. *A Paris, chez Daret*, 1652.

4381. **Liger-Belair** (Louis, comte), général de division, commandant de la 4° division militaire à Nancy. Portrait. *A. Pre.* 1826.

4382. TURPIN. La France illustrée ou le Plutarque français, par M. Turpin, citoyen de St-Malo. Année 1776. Histoire ou éloge historique de Philippe-Emmanuel, comte de **Ligniville**. *Paris, s. n.*, 1777. 66 pages, in-4°. Portrait. Cart.

4383. **Ligniville** (Philippe-Emmanuel, comte de), général d'artillerie des armées de Lorraine. Portrait. *Vin. Vangelisty fecit*, 1777. — Le même. *A Paris, chez Daret*, 1652. — Le même. *Montcornet excudit.*

4384. PSAUME. Éloge de M. l'abbé **Lionnois**, ci-devant principal du collège de l'Université de Nancy, par M*** (Et. Psaume), jurisconsulte. *Nancy, Haener et Delahaye, s. d.* 17 pages, in-8°. Cart.

4385. PFISTER. Éloge de Jean-Jacques **Lionnois**, par Ch. Pfister. *Paris-Nancy, Berger-Levrault*, 1890. 51 pages, in-8°. Br. (Extrait des *Mémoires de l'Académie de Stanislas.*)

4386. LIOUVILLE. Félix **Liouville** (né à Toul), ancien bâtonnier de l'ordre des avocats du barreau de Paris, 1860 ; par Albert et Henry Liouville. *S. l., Renou et Maulde, s. d.* 82 pages, in-8°. Cart.

4387. POUILLET. Éloge de Félix **Liouville**, ancien bâtonnier de l'ordre des avocats. Discours prononcé à l'ouverture de la conférence des avocats du barreau de Paris, le 6 décembre 1862, par Eugène Pouillet, avocat à la Cour de Paris. *Paris, Renou et Maulde*, 1863. 38 pages, in-8°. Cart.

4388. SALMON. **Liouville**. De la profession d'avocat. Principes. Histoire. Lois et usage. Par Salmon. *Metz, F. Blanc*, 1865. 14 pages, in-8°. Cart.

4389. **L'Isle** (Claude de), historiographe (né à Vaucouleurs). Portrait. *Fait par Mlle L'Héritier.*

4390. RAMBERVILLER. Les actes admirables en prospérité, en adversité et en gloire du bienheureux martyr sainct **Livier**, gentil-homme d'Austrasie. Avec les stances de son hymne, et la vérification des miracles faits en la fontaine dudit martyr, voisine de l'abbaye de Salival, près Vic, en l'année 1623. Par Alph. de Ramberviller, escuyer, lieutenant général au bailliage de l'évêché de Metz, etc. *Vic, Cl. Félix*, 1624. 100 et 75 pages, in-8°. Rel. parchemin.

4391. **Livron** (Scolastique-Gabrielle de), abbesse du monastère de Juvigny (Meuse). Portrait anonyme.

4392. **Loison** (Louis-Henri, comte), général de division (né à Damvillers). Portrait. *Mlle de Noireterre del.*

4393. CHAPELLIER. Notice sur la vie de D. Jean-François **Lombard**, 55° et dernier abbé de Senones, et la suppression de l'abbaye, avec quelques détails sur la réunion de la principauté de Salm à la France, par J.-Ch. Chapellier, ancien instituteur, officier de l'Instruction publique, trésorier du Comité d'histoire vosgienne et membre de plusieurs autres sociétés savantes. *Épinal, V. Collot*, 1880. 119 pages, in-8°. Br.

4394. **Lorentz** (Bernard), directeur-fondateur de l'École forestière de Nancy. Portrait. *Gravé par Ch. Schuler.*

4395. AUDIFFRET (D'). Souvenirs sur le baron **Louis**, par M. le marquis d'Audiffret. *S. l., Crapelet, s. d.* 29 pages, in-8°. Demi-rel.

4396. SAINT-CRICQ (DE). Éloge de M. le baron **Louis**, prononcé par M. le comte de Saint-Cricq, le 2 juin 1838, à la Chambre des pairs. *S. l., Crapelet, s. d.* 25 pages, in-8°. Demi-rel.

4397. **Louis** (Joseph-Dominique, baron), député de la Meurthe. Portrait. *M. Périnet sc. — Le même. Montaut del. et sc. —* Le même. 2 portraits anonymes.

4398. **Louis** (Antoine), célèbre chirurgien (né à Metz). Portrait. *Michaud F. —* Le même. *Peint par J.-S. Chardin.*

4399. CHABERT. Notice sur Thiébaut **Louve**, 24° abbé du monastère de Saint-Clément de Metz. 1390-1421. Par F.-M. Chabert. *Metz, Pallez et Rousseau*, 1853. 7 pages, in-8°. Br. (Extrait de l'*Austrasie, Revue de Metz et de Lorraine*.)

4400. LAHACHE. Biographie de M. **Loye**, ancien sous-préfet de Saint-Dié, par E. Lahache, juge de paix à Xertigny. *Épinal, L. Fricotel*, 1868. 87 pages, in-8°. Br.

4401. SAVE. Vautrin **Lud** et le gymnase vosgien, par Gaston Save. *Saint-Dié, L. Humbert*, 1890. 50 pages, in-8°. Fig. Br. (Extrait du *Bulletin de la Soc. philomatique vosgienne.*)

4402. **Ludre** (Charles-Louis-Marie-Yves, vicomte de), député de la Meurthe. Portrait. *Lith. d'ap. nat. par Patout. —* Le même. *A. Collette.*

4403. (BEAUPRÉ.) La belle de **Ludre**. 1648-1725. Essai biographique (par M. Beaupré). *Saint-Nicolas-de-Port, Imp. P. Trenel*, 1861. 117 pages, in-8°. Portrait et fac-similé. Demi-rel.

4404. MEAUME. Madame de **Ludre** et Madame de Montespan, 1674-1677. Benserade et les métamorphoses d'Ovide en rondeaux, 1676 ; par Édouard Meaume. *Paris, L. Téchener*, 1875. 32 pages, in-8°. Cart. (Extrait du *Bulletin du bibliophile.*)

4405. **Ludre** (Auguste-Louise de Custine, marquise de), présidente des Dames de la charité de Nancy. Portrait. *Lith. de Dupuy.*

4406. **Luxer** (Nicolas-Henri de), président du tribunal civil de Nancy. Portrait. *Thorelle del.*

4407. ORAISON funèbre de feue Madame... de **Lyvron**, très digne abbesse du monastère Notre-Dame de la Consolation à Nancy, vulgairement appelée des Dames de Remiremont et depuis de la célèbre abbaye de Vergaville, de l'ordre de saint

. Benoît en Lorraine, par un religieux Mi-
. nime de la province de Lorraine. *S. l., n.
n., n. d.* 72 pages, in-4°. Cart.

4408. CÉLESTE. Louis **Machon** (né à
Toul), apologiste de Machiavel et de la
politique du cardinal de Richelieu. Recherches sur sa vie et ses œuvres, par
Raymond Céleste. *Bordeaux, Gounouilhou,*
1882. 29 pages, in-8°. Br.

4409. **Maffioli** (Jean-Nicolas), ancien curé de
Plombières. Portrait anonyme.

4410. CATALOGUE des ouvrages publiés de
1830 à 1890, par L. **Maggiolo** (recteur
honoraire de l'Académie de Nancy). *Toul,
Lemaire,* 1889. 8 pages, in-8°. Cart.

4411. ABEL. Notice lue devant l'Académie
de Metz, sur Henri **Maguin**, avocat, docteur en droit, conseiller général de la Moselle, président du Comice agricole de
Metz, etc., par Charles Abel, député au
Reichstag, président de la Société d'archéologie de la Moselle. *Nancy, E. Réau,*
1877. 27 pages, in-8°. Br. (Extrait des
Mémoires de l'Académie de Metz.)

4412. VIANSSON. Notice nécrologique sur
M. Henry **Maguin**, docteur en droit, ancien membre du conseil général de la Moselle... Par Viansson. *Nancy, E. Réau,*
1876. 11 pages, in-8°. Br.

4413. CHABERT. Notice historique sur Nicolas **Maguin**, aman de la paroisse Saint-
Jean, Saint-Vic, trois fois maître-échevin
de la ville de Metz au xviie siècle, par F.-
M. Chabert. *Metz, Pallez et Rousseau,*
1853. 21 pages, in-8°. Br. (Extrait de
l'*Austrasie, Revue de Metz et de Lorraine.*)

4414. **Maillefer** (Pierre-Martin dit), homme
de lettres (né à Nancy). Portrait. *Chez Aubert.*

4415. **Maillet** (Benoit de), diplomate (né à
Saint-Mihiel). Portrait. *E. Jeaurat sculp.,*
1735. — Le même. 2 portraits anonymes.

4416. **Maimbourg** (Louis), jésuite (né à
Nancy). Portrait. *Gravé sur le naturel par
N. Habert,* 1686. — Le même. *Nivellon
del.* — Le même. *Nivellon in. et delin.* —
Le même. *Gravé par E. Desrochers.*

4417. THIRIET. M. l'abbé de **Malartic,**
maréchal de camp, premier supérieur
diocésain du séminaire de Nancy, par
l'abbé Thiriet, professeur audit séminaire.
Nancy, René Vagner, 1883. 25 pages,
in-8°. Br. (Extrait de la *Semaine religieuse.*)

4418. **Malgaigne** (Joseph-François), chirurgien (né à Charmes, Vosges). Portrait.
Maurin d'après nature.

4419. MANGEONJEAN. M. **Malgras,** sa vie
et ses travaux. Discours prononcé le 21
mai 1874, à l'École normale de Mirecourt,
par M. Mangeonjean, inspecteur primaire
à Remiremont, lors de l'inauguration du
médaillon en bronze de M. Malgras, ancien
inspecteur d'académie du département des
Vosges. *Épinal, V. Collot, s. d.* 7 pages,
in-8°. Br.

4420. **Malgras** (Georges), curé à Jallaucourt.
Portrait. *Thorelle del.*

4421. SALMON. Notice biographique sur M.
Alfred **Malherbe,** membre honoraire de
l'Académie impériale de Metz (d'une fa-
mille originaire de Metz), par Salmon.
Metz, F. Blanc, 1866. 26 pages, in-8°. Br.
(Extrait des *Mémoires de l'Académie de
Metz.*)

4422. GIRONDE. Notice nécrologique sur
M. le baron **Mallarmé,** ancien préfet de
la Vienne, membre de la Société royale
des sciences, lettres et arts de Nancy et
président de la Société centrale d'agriculture de la même ville. Par Gironde.
(Nancy), Hœner, 1835. 6 pages, in-12. Br.
(Extrait du *Bon cultivateur.*)

4423. HALDAT. Discours prononcé par M.
de Haldat, au nom de la Société royale des
sciences, lettres et arts de Nancy, sur la
tombe de M. le baron **Mallarmé.** *(Nancy),*
s. n., 1835. 2 pages, in-12. Br.

4424. **Mallarmé** (François-René-Auguste),
député de la Meurthe. Portrait. *F. Bonneville del.*

4425. HALDAT (DE). Éloge de François
Mandel, doyen des pharmaciens, membre
du jury de médecine, du conseil municipal
et de la Société royale des sciences, lettres
et arts de Nancy, lu à la séance publique

de la Société, le 10 mai 1821, par M. de Haldat, professeur de physique. *Nancy, Barbier,* 1821. 16 pages, in-8°. Br.

4426. LENFANT. Vie de M. Antoine-Gabriel de **Manessy,** ancien curé de Troussey, supérieur de la congrégation des sœurs de la Doctrine chrétienne, chanoine de l'église cathédrale de Toul, par M. Lenfant, curé de Favières, dans le diocèse de Nancy. *Nancy, Hissette,* 1807. xiv-344 pages, in-12. Demi-rel.

4427. GUILLAUME. Mémoire sur l'apostolat de saint **Mansuet** à Toul et dans le pays Leukois, par M. l'abbé Guillaume. *Nancy, L. Wiener,* 1862. 76 pages, in-8°. Demi-reliure.

4428. **Mansuy** (Jean-Baptiste), chanoine-doyen de la cathédrale de Nancy. Portrait. *Thorelle del.*

4429. AFFAIRE de Jean-Baptiste **Marchal,** curé de Ludres (1757). Recueil de documents inédits. *Nancy, Lepage, s. d.* 15 pages, in-8°. Br.

4430. MEAUME. Le curé de Ludres (**Marchal**). Une cause célèbre en Lorraine au xviii° siècle, par Édouard Meaume. *Nancy, Sidot frères,* 1887. 39 pages, in-8°. Br. (Extrait des *Mémoires de l'Académie de Stanislas.*)

4431. **Marchal** (Pierre-François), député de la Meurthe. Portrait. *Lith. d'après nature par Bour.*

4432. MEAUME. Bibliothèque et publications de M. l'abbé **Marchal,** par É. Meaume. *Nancy, G. Crépin-Leblond, s. d.* 8 pages, in-8°. Cart. (Extrait du *Journal de la Société d'archéologie lorraine.*)

4433. GERMAIN. Guillaume de **Marcillat,** peintre lorrain, par L. Germain. *Nancy, Crépin-Leblond,* (1884). 11 pages, in-8°. Br.

4434. GERMAIN. L'origine de Guillaume de **Marcillat,** peintre-verrier (xv°-xvi° siècles); par Léon Germain. *Nancy, G. Crépin-Leblond,* 1886. 10 pages, in-8°. Br.

4435. FRÉCOT. Notice nécrologique sur M. P. de **Mardigny** (né à Metz), ingénieur en chef des Ponts et chaussées.... Par H. Frécot. *Nancy, E. Réau,* 1875. 35 pages,

in-8°. Br. (Extrait des *Mémoires de l'Académie de Metz.*)

4436. **Marillac** (Louis de), maréchal de France, lieutenant général des évêchés de Metz, Toul et Verdun. Portrait. *J.-D. Leeuw, sculp.* — Le même. *A Paris, chez Daret,* 1652.

4437. MELLIER. Discours prononcés sur la tombe de M. **Marlier,** directeur de l'École normale d'instituteurs de Meurthe-et-Moselle. Par MM. Mellier, inspecteur d'Académie, Hasse, professeur à l'École normale et un élève. *Nancy, N. Collin,* 1883. 10 pages, in-8°. Br. (Extrait du *Bulletin de l'instruction primaire de Meurthe-et-Moselle.*)

4438. DANNREUTHER. Les **Marlorat** (1506-1642). *Bar-le-Duc, Contant-Laguerre,* 15 pages, in-8°. Br. (Extrait de l'*Annuaire de la Meuse* pour 1891.)

4439. **Marlorat** (Augustin), ministre protestant, (né à Bar-le-Duc). Portrait. *Th. Trotter sculp.* — Le même. *Se vend chez E. Desrochers.*

4440. **Marquet** (François-Nicolas), médecin, (né à Nancy). Portrait anonyme. — Le même. *Nicole à Nancy,* 1763.

4441. ÉTUDE sur M. J.-J. **Marquis,** avocat, membre de l'Assemblée constituante, juge au tribunal de cassation et premier préfet de la Meurthe. *Saint-Mihiel, Casner,* 1847. 24 pages, in-12. Br.

4442. BLANC. Un dernier adieu ou hommage à la mémoire de la sœur **Marthe,** décédée à Nancy, supérieure des filles de Saint-Vincent-de-Paul. Par l'abbé Blanc, aumônier du Lycée. *Nancy, N. Collin,* 1864. 18 pages, in-8°. Br.

4443. COLLIN. Oraison funèbre de Messire... Achilles-François **Massu,** général des chanoines réguliers D. L. C. D. N. S., abbé de St-Pierremont, prononcée par Messire et très-révérend P. Pierre Collin, abbé de Domepvre, le 23 novembre 1707, à Pont-à-Mousson. *Nancy, Dominique Gaydon,* 1707. 26 pages, in-4°. Br.

4444. FLOQUET. Notice sur Émile **Mathieu** (né à Metz), sa vie et ses travaux, par G. Floquet. *Nancy, Berger-Levrault,* 1891.

36 pages, in-8°. Br. (Extrait du *Bulletin de la Société des sciences de Nancy.*)

4445. FLOQUET. Notice sur les travaux scientifiques de M. Émile **Mathieu**. *Nancy, Imprimerie nancéienne*, 1882. 29 pages, in-4°. Br.

4446. DUHEM. Émile **Mathieu**, his life and works, by P. Duhem. *New York, s. n*, 1892. 13 pages, in-8°. Br. (Extrait du *Bulletin of the New York mathematical Society.*)

4447. FLICHE. Notice sur Auguste **Mathieu** (né à Nancy), sa vie et ses travaux, par Fliche, professeur à l'École forestière. *Nancy, Berger-Levrault*, 1892. 48 pages, in-8°. Portrait. Br. (Extrait des *Mémoires de l'Académie de Stanislas.*)

4448. (FLICHE.) Le buste de Auguste **Mathieu**. Souvenir offert aux souscripteurs, (par P. Fliche). *Nancy, Imp. Berger-Levrault et Cie*, 1896. 68 pages, in-8°. 1 pl. Broché.

4449. BÉCUS. **Mathieu de Dombasle**, sa vie et ses œuvres, par E. Bécus, agriculteur. *Nancy, André*, 1874. 119 pages, gr. in-8°. Portrait. Demi-rel.

4450. FAWTIER. **Mathieu de Dombasle**. Lettre à MM. les membres de la Société d'agriculture de Nancy, par J.-C. Fawtier, fermier, élève de Roville. *Nancy, Grimblot et Vve Raybois; Paris, Vve Bouchard-Huzard*, 1845. 38 pages, in-8°. Cart. (Extrait du *Bon cultivateur.*)

4451. FÊTE du 100° anniversaire de la naissance de **Mathieu de Dombasle**, célébrée le 25 février 1877, par le Comice agricole de Lunéville. *Lunéville, George*, (1877). 40 pages, in-8°. Portrait. Br.

4452. FRAISSE. Fêtes du centenaire de **Mathieu de Dombasle** et concours régional. Compte rendu publié au nom du bureau (de la Société centrale d'agriculture de Meurthe-et-Moselle), par Fr. Fraisse. *Nancy, E. Réau*, 1878. 175 pages, in-8°. Portrait. Demi-rel.

4453. LECLERC-THOUIN. Notice biographique sur M. **Mathieu de Dombasle**, par Oscar Leclerc-Thouin, secrétaire perpétuel de la Société centrale d'agriculture.

(*Paris*), *Imp. de Mme Vve Bouchard-Huzard*, 1844. 28 pages, in-8°. Br. (Extrait des *Mémoires de la Société royale et centrale d'agriculture.*)

4454. LELONG. **Mathieu de Dombasle** et son école. Étude familière et rétrospective, par Émile Lelong. *Chartres, Imp. Durand frères*, 1880. 23 pages, in-8°. Br.

4455. (MEIXMORON-DOMBASLE.) Quelques notes sur **Mathieu de Dombasle** et sur l'influence qu'il a exercée. Par un élève de Roville (C. de Meixmoron Dombasle). *Nancy, Vve Raybois*, 1846. 23 pages, in-8°. Br.

4456. MEIXMORON-DOMBASLE. Une page de l'histoire de Roville, ou quelques notes sur **M.(athieu) de Dombasle**, sur l'influence qu'il a exercée et sur les résultats qu'il a obtenus. Par C. de Meixmoron Dombasle, fabricant de charrues. *Nancy, Raybois*, 1851. 32 pages, in-8°. Demi-rel. (Extrait du *Calendrier du Bon cultivateur.*)

4457. INAUGURATION de la statue de **Mathieu de Dombasle**, en présence du Congrès scientifique de France, tenant à Nancy sa 17° session, en septembre 1850. *Nancy, Grimblot et Vve Raybois*, 1851. 15, 7, 5 et 3 pages, in-8°. Cart.

4458. **Mathieu de Dombasle** (Christophe-Joseph-Alexandre), agronome, (né à Nancy). Portrait. *D. Pierre pinx.* — Le même. *Pauquet.* — Le même. *Dessiné et lithographié à Nantes chez Charpentier.* — Le même. *G. Tath.* — Le même. *J. Casse del.* — Le même. *D. Pierre pinx.*

4459. **Matsuque** (J.-B.), curé de Charmes-sur-Moselle. Portrait. *P. del.*

4460. GRÉGOIRE. Discours prononcé à Belleville, près Paris, par Grégoire, ancien évêque de Blois, à l'inhumation du vénérable Jean-Antoine **Maudru**, ancien évêque de Saint-Dié, le 15 septembre 1820. *Paris, Baudouin frères, s. d.* 8 pages, in-8°. Cart. (Extrait de la *Chronique religieuse.*)

4461. BUZY. Dom **Maugérard**. Histoire d'un bibliographe lorrain, de l'ordre de Saint-Benoît, au XVIII° siècle, par J.-B. Buzy, ancien professeur aux lycées de Reims et de Sens. *Châlons-sur-Marne, T. Martin*, 1882. 303 pages, in-8°. Demi-rel.

4462. CHABERT. Étude historique sur Pierre **Maujean**, dernier maître-échevin de la ville de Metz, par F.-M. Chabert. *Metz, F. Blanc*, 1861. 35 pages, in-8°. Br. (Extrait des *Mémoires de l'Académie de Metz*.)

4463. **Mazarini-Mancini** (Louis-Jules-Barbon), duc de Nivernais, lieutenant-général de Lorraine et Barrois. Portrait anonyme. — Le même. *Dessiné et gravé d'après nature, par Aug. St-Aubin, en* 1796.

4464. PUTON. M. **Meaume** (ancien professeur à l'École forestière), sa vie et ses œuvres, par A. Puton. *Paris, A. Hennuyer, s. d.* (1886). 6 pages, in-8°. Br. (Extrait de la *Revue des eaux et forêts*.)

4465. GUYOT. M. Édouard **Meaume**, sa vie et ses œuvres, par Ch. Guyot, professeur à l'École forestière. Discours de réception à l'Académie de Stanislas. *Nancy, Berger-Levrault et Cie*, 1886. 51 pages, in-8°. Portrait. Br.

4466. MÉDAILLON (Le) de M. Édouard **Meaume**, (par Bussière). Compte rendu aux souscripteurs. *Nancy, A. Voirin*, 1888. 15 pages, in-8°. Br.

4467. MEAUME (Édouard), professeur à l'École forestière à Nancy. 2 portraits anonymes.

4468. (DUQUESNE.) Vie de la vénérable mère Catherine de Bar (née à Saint-Dié), dite en religion **Mechtilde** du Saint-Sacrement, institutrice des religieuses de l'Adoration perpétuelle, (par l'abbé Duquesne). *Nancy, C.-S. Lamort*, 1775. 477 pages, in-12. Rel. veau.

4469. HERVIN. Vie abrégée de la très révérende mère **Mechtilde** du Saint-Sacrement, fondatrice de l'Institut des Bénédictines de l'Adoration perpétuelle du Très-Saint-Sacrement. Par M. Hervin, chanoine, aumônier de Saint-Sacrement d'Arras, et M. Marie Dourlens, curé d'Haravesnes. *Paris, Bray et Retaux*, 1883. XXVIII-432 pages, in-8°. Br.

4470. MARIE-ANNE (Sœur). Lettre aux Mères et Sœurs bénédictines du Saint-Sacrement sur la vie de la Mère Catherine-**Mectilde** du Saint-Sacrement, institutrice de l'Adoration perpétuelle. Par la Sœur Marie-Anne, prieure. (*Paris,*) *Veuve Estienne Chardon,* (1698). 20 pages, in-4°. Br.

4471. PFISTER. Catherine de Bar (R. M. **Mechtilde**), sa vie et son œuvre, par Ch. Pfister, professeur d'histoire à l'Université de Nancy. *Saint-Dié, Typog. L. Humbert*, 1897. 26 pages, in-8°. Br. (Extrait du *Bulletin de la Société philomatique vosgienne*.)

4472. **Meixmoron de Dombasle**, agriculteur à Nancy. 2 portraits anonymes.

4473. **Menessier** de Nancy. Portrait. *Fait... par Quenedey.*

4474. VERS adressés à Monsieur **Mengin**, lieutenant-général du bailliage royal de Nancy, lors de son départ pour Paris, le 9 juin 1788... *S. l., n. n., n. d.* 1 page, in-8°. Br.

4475. COLLARD. Notice sur M. le baron **Mengin**, conseiller en la Cour royale, membre de l'Académie royale des sciences et belles-lettres de Nancy, etc. Par C.-P. Collard, de Martigny, avocat en la Cour royale, etc. Lue à l'Académie le 27 août 1828. *Paris, Carpentier-Méricourt*, 1829. 26 pages, in-8°. Cart.

4476. **Mengin** (Jean-Joseph), curé de Blâmont. Portrait. *F. Émeraux del. et lith.*

4477. BLANC. Vie de Monseigneur Alexis-Basile **Menjaud**, ancien proviseur du collège royal, ancien évêque de Nancy et de Toul, premier aumônier de S. M. Napoléon III, archevêque de Bourges, par M. l'abbé Blanc. *Paris, Bray*, 1862. X-334 pages, in-8°. Demi-rel.

4478. BLANC. Notice biographique dédiée à Monseigneur **Menjaud**, évêque de Nancy et de Toul, premier aumônier de S. M. Napoléon III, pour la St-Alexis. Par l'abbé Blanc. *Nancy, Autog. L. Christophe*, 6 pages, in-4°. Br.

4479. (DUPANLOUP.) Éloge funèbre de Monseigneur Alexis-Basile **Menjaud**, archevêque de Bourges, primat des Aquitaines,... premier aumônier de l'empereur, etc., prononcé dans la cathédrale de Bourges, le 17 décembre 1861, par Mgr l'évêque d'Orléans, de l'Académie française (Mgr Dupanloup). *Orléans, Alphonse Gatineau*, 1861. 24 pages, in-8°. Br.

4480. **Menjaud** (Alexis-Basile), évêque de Nancy et de Toul. Portrait. *Soulange Teissier del.* — Le même. *Dessiné et lith. par l'abbé Lange.* — Le même. *Bazin.* — Le même. Anonyme. — Le même. *Deelôme.* — Le même. *C. Fuhs.*

4481. COLY. Souvenirs de sainte **Menne**, vierge du diocèse de Toul, par M. l'abbé Coly, chanoine de la cathédrale de Saint-Dié. *Mirecourt, Humbert,* 1862. 15 pages, in-8°. Br.

4482. DEBLAYE. Notice sur les reliques de sainte **Menne**, vierge touloise au IVᵉ siècle, transférées à Puzieux, annexe de Juvaincourt (Vosges), le 6 novembre 1861. Par l'abbé J.-F. Deblaye. *Mirecourt, Humbert,* (1861). 29 pages, in-8°. Br.

4483. VIE de sœur Hyacinthe **Merdier** (née à Sorcy), supérieure générale de la congrégation de Saint-Charles. Par E. *Nancy, Vagner,* s. d. 8 pages, in-8°. Br.

4484. MERLIN. Vie et correspondance de **Merlin**, de Thionville, publiées par M. Jean Reynaud. *Paris, Furne et Cie,* 1860. VIII-225 et 342 pages, in-8°. Portrait, 2 tomes en 1 vol. Demi-rel.

4485. COMBES. Lectures historiques à la Sorbonne et à l'Institut, d'après les archives des pays étrangers..., par François Combes, professeur d'histoire à la Faculté des lettres de Bordeaux, etc. **Merlin**, de Thionville, entre la France et l'Autriche pendant la Révolution. *Bordeaux, Feret,* 1884. 42 pages, in-4°. Br.

4486. **Merlin de Thionville** (Antoine-Christophe), député de la Moselle. Portrait. *Maurin.* — Le même. *J. Lith. de Delpech.*

4487. FORTIA D'URBAN. Histoire et ouvrages de Hugues **Métel**, né à Toul en 1080, ou Mémoires pour servir à l'histoire ecclésiastique du XIIᵉ siècle, par M. le marquis de Fortia d'Urban. *Paris, Fournier,* 1839. VIII-304 pages, in-8°. Demi-rel.

4488. BOTTIN. Un mot prononcé sur le cercueil de Monsieur **Mettemberg** (né à Sainte-Croix-aux-Mines), le 20 septembre 1840. Par Bottin. *Paris, Paul Dupont,* 1840. 6 pages, in-8°. Br.

4489. CHAUTARD. Discours prononcé sur la tombe de M. de **Metz-Noblat** (avocat à Nancy), membre de l'Académie de Stanislas, par le président J. Chautard, professeur à la Faculté des sciences de Nancy. *Nancy, Vagner,* 1871. 15 pages, in-8°. Br. (Extrait du journal l'*Espérance.*)

4490. VIRLET. Notice sur M. **Mézières**, ancien recteur de l'Université, membre de l'Académie de Metz, par Virlet, colonel en retraite. *Nancy, E. Réau,* 1873. 38 pages, in-8°. Br. (Extrait des *Mémoires de l'Académie de Metz.*)

4491. **Mézières** (Alfred), député de Meurthe-et-Moselle. Portrait anonyme.

4492. THIRIET. L'abbé **Mézin**, doyen de la Faculté de théologie à l'Université de Nancy, par l'abbé H.-J. Thiriet, professeur au Grand Séminaire de Nancy. *Nancy, René Vagner,* 1884. 19 pages, in-8°. Br.

4493. **Michaut** (Adrien-Joseph), député de la Meurthe. Portrait. *Lith. d'après nature par Llanta.*

4494. BLAU. Éloge de M. **Michel**, directeur d'école secondaire et membre de l'Académie de Nancy, par Blau. *Nancy, Vigneulle,* 1808. 9 pages, in-8°. Br.

4495. DELALLE. Notice sur M. l'abbé J. **Michel**, chanoine archiprêtre de la cathédrale de Nancy, vicaire général honoraire, chevalier de la Légion d'honneur, etc., suivie de son testament. Par l'abbé Delalle. *Nancy, Raybois,* 1842. 19 pages, in-8°. Br.

4496. DELALLE. Oraison funèbre de M. l'abbé **Michel**, prononcée en l'église cathédrale de Nancy, le 29 novembre 1842. Par l'abbé Delalle, curé de la cathédrale de Toul. *Nancy, Raybois,* 1842. 29 pages, in-8°. Br.

4497. MARCEL. Notice biographique sur l'abbé **Michel**, curé de la cathédrale de Nancy, par l'abbé Marcel. *Nancy, Vagner,* s. d. 8 pages, in-4°. Cart. (Extrait de l'*Espérance.*)

4498. VOINIER. Vie de M. **Michel**, confesseur de la foi, supérieur du Grand Séminaire de Nancy et curé de la cathédrale, par M. l'abbé Voinier. *Nancy, Vagner,* 1861. 332 pages, in-12. Demi-rel.

4499. **Michel** (Jean), curé de la cathédrale de Nancy. Portrait. *Gravé par Lewicki.* — Le même. *Lith. par l'abbé Lange.*

4500. BELLEVOYE. Notice biographique sur Auguste **Migette**, peintre et professeur de dessin, suivie de l'inventaire des objets d'art contenus dans sa maison de Longeville, léguée à la ville de Metz, par Ad. Bellevoye, graveur, membre de l'Académie de Metz. *Metz, Even,* 1886. 88 pages, in-8°. Br.

4501. RECUEIL des plus signalées et éminentes vertus de la Révérende mère Angélique **Milly**, religieuse de la congrégation de Notre-Dame et seconde supérieure du monastère de Nancy. *Nancy, A. Cl. et Ch. les Charlots,* 1666. 53 pages, in-4°. Rel.

4502. MOREY. Richard **Mique**, architecte de Stanislas, roi de Pologne et de la reine Marie-Antoinette, par P. Morey, architecte. *Nancy, Vve Raybois,* 1868. 30 pages, in-8°. Portrait et plan. Br. (Extrait des *Mémoires de l'Académie de Stanislas.*)

4503. **Mirbeck** (Frédéric-Ignace de), avocat (né à Nancy). Portrait. *L. Laffite del.*

4504. LEGÉNISSEL. Notice sur les campagnes et opérations militaires faites en Chine, par M. Tardif de **Moidrey** (né à Metz), capitaine d'artillerie dans l'armée française, officier de la Légion d'honneur, général en chef des armées chinoises, et commandant le corps des franco-chinois, d'après des documents officiels. Par M. Legénissel, commandant du génie, directeur général des établissements militaires de la Chine. *Metz, Rousseau-Pallez,* 1864. 27 pages, in-4°. Portrait. Cart.

4505. CHABERT. Éloge de Monsieur le docteur Claude-Joseph **Moizin**..., médecin-inspecteur en retraite à Metz, etc. Par Chabert. *Metz, Vve Pallez et Rousseau,* 1851. 76 pages, in-8°. Br.

4506. CAMPAGNE des années VII et VIII (1799) en Suisse. Rapport des opérations de la brigade du général **Molitor**. 25 pages, 1 carte. — Précis des opérations du général Molitor, pendant la campagne de 1800, à l'armée du Rhin. 36 pages. — Campagne de 1806 en Dalmatie. Rapport du général Molitor. 19 pages. (Extraits du

« Spectateur militaire », groupés en un vol.) Demi-rel.

4507. NICOT. Vie du maréchal **Molitor**, par M. Nicot, secrétaire perpétuel de l'Académie du Gard. *S. l., n. n., n. d.* 40 pages, in-8°. Num. 317 à 356. Rel.

4508. NOTICE sur le maréchal **Molitor**, pair de France. *Paris, F. Malteste et Cie, s. d.* 11 pages, in-8°. Cart. (Extrait du *Biographe*.)

4509. PASCALLET, Gabriel-Jean-Joseph, comte **Molitor**, par E. Pascallet. (Extrait de la *Revue générale biographique et littéraire*.) *Paris, s. n.,* 1841. 30 pages, in-8°. Demi-rel.

4510. RECUEIL de notices sur le maréchal **Molitor**, signées : A. B., F. T. de la B., etc. *Paris, Imp. div.* 16, 11, 35 et 31 pages, grand in-8°. Portrait. Br.

4511. MOLITOR (Gabriel-Jean-Joseph, comte), maréchal de France (né à Hayange). Portrait. *Maurin.* — Le même. *Forestier sculp.* — Le même. *I. Lith. de Delpech.* — Le même. *Mullard del.* — Le même. *Lith. d'Artus.* — Le même. *Peint par H. Vernet.* — Le même. *Thorelle, d'après H. Vernet.*

4512. THIRIET. L'abbé Gabriel **Mollevaut**, docteur en théologie, premier curé de la paroisse Saint-Vincent-Saint-Fiacre, à Nancy, par l'abbé H.-J. Thiriet. *Nancy, Vagner,* 1886. 128 pages, in-8°. Br. (Extrait de la *Semaine religieuse* de Nancy.)

4513. **Mollevaut** (Gabriel), prêtre, docteur en théologie. Portrait. *Claudot del.*

4514. **Mollevaut** (Gabriel-Étienne-Joseph), prêtre de Saint-Sulpice (né à Nancy). Portrait. *Beaudet.*

4515. NOTICE biographique sur M. **Mollevaut** fils, membre de l'Institut et des principales sociétés savantes et littéraires de France et de l'étranger. *Paris, Imp. Breton,* 1843. 20 pages, in-8°. Br.

4516. DOTTIN. Étude littéraire sur C.-L. **Mollevaut**, de l'Institut, etc., par Henri Dottin. *Clermont (Oise), E. Hersent,* 1845. 18 pages, in-8°. Br.

4517. BIOGRAPHIE de M. **Mollevaut**, membre de l'Institut, de l'Université et des principales académies de l'Europe. *S. l., n. n., n. d.* 3o pages, in-18. Demi-reliure.

4518. **Mollevaut** (Charles-Louis), prêtre (né à Nancy). Portrait. *Jul. Boilly,* 1822. — Le même. *J. Bertrand lith.* — Le même. *Chasselat inv.*

4519. **Monchy** (Scévole), marchand de bois (né à Metz). Portrait anonyme.

4520. **Mongin** (François-Bernard), prêtre (né à Toul). Tombe. *Lith. de Bazin et Gournaux.*

4521. CHAUTARD. Nécrologie. Notice sur M. Auguste **Monnier** (président de la Société d'agriculture de la Meurthe), membre associé de la Société de numismatique belge. Par J. Chautard. *Bruxelles, Devroye,* 1864. 3 pages, in-8°. Br. (Extrait de la *Revue de la numismatique belge.*)

4522. **Montalivet** (Jean-Pierre-Bachasson, comte de), ministre de l'intérieur (né à Sarreguemines). Portrait. *Velyn sc.* — Le même. *Velyn sc.* — Le même. Anonyme. — Le même. *Michaud F.* — Le même. *Perrot.* — Le même. *S. J. Le Gros pinx.* 1820.

4523. DEVILLE. Notice biographique sur M. **Montémont** (Albert), homme de lettres, membre de plusieurs sociétés savantes. Par Frédéric Deville. *Paris, Lambert,* 1846. 11 pages, in-8°. Br. (Extrait de la *Revue générale biographique et nécrologique.*)

4524. **Montémont** (Albert), littérateur (né à Remiremont). Portrait. *D.*

4525. MONTESQUIOU (DE), préfet de Meurthe-et-Moselle. Portrait anonyme.

4526. VALLADIER. Les saintes montagnes et collines d'Orval et de Clairevaux. Vive représentation de la vie exemplaire et religieux trépas de R. P. Dom Bernard de **Montgaillard**, abbé de l'abbaye d'Orval, de l'ordre de Cisteaux... par R. P. M.-F. André Valladier, abbé de Sainct-Arnould de Metz. *Luxembourg, H. Reuland,* 1629. 122 pages, in-4°. Portrait. Rel. parchemin.

4527. **Monvel** (Jacques-Marie Boutet de), artiste dramatique (né à Lunéville). Portrait. *Devéria del.* — Le même. *Led. del.*

4528. **Moreau** (Jean), né à Stainville. *Bar-le-Duc, Contant-Laguerre, s. d.* 15 pages, in-8°. Br. (Extrait de l'*Annuaire de la Meuse pour* 1864.)

4529. **Moreau** (Valentin-Adolphe), député de la Meuse. Portrait. *Lith. d'après nature par Patout.*

4530. **Morey** (P.), architecte de la ville de Nancy. Portrait. *H. Royer.*

4531. CHABERT. Un bienfaiteur des pauvres de la ville de Metz, Étienne-Pierre **Morlanne**. Notice biographique, par F.-M. Chabert. *Metz, Rousseau-Pallez,* 1862. 56 pages, in-8°. Br.

4532. **Morlant** (François-Louis), colonel (né à Souilly). Portrait. *Trezel del.*

4533. DIGOT. Éloge historique de François-Dominique de **Mory d'Elvange**, par Aug. Digot, avocat. *Nancy, Grimblot et Vve Raybois,* 1845. 76 pages, in-8°. Br. (Extrait des *Mémoires de la Société royale des sciences, lettres et arts de Nancy.*)

4534. **Mory d'Elvange** (François-Dominique), numismate (né à Nancy). Portrait. *Thorelle del.*

4535. MAUD'HEUX. Notice biographique sur M. le docteur **Mougeot** père (né à Bruyères), par Maud'heux fils et Lahache. *Épinal, Vve Gley.* 20 pages, in-8°. Br. (Extrait des *Annales de la Société d'émulation des Vosges,* 1858.)

4536. FLICHE. Étude sur J.-B. **Mougeot**, sa vie et ses travaux, par M. Fliche. *Nancy, Berger-Levrault,* 1880. 39 pages, in-8°. Br. (Discours de réception à l'Académie de Stanislas.)

4537. JAUBERT. Hommage rendu à la mémoire de J.-B. **Mougeot**, par le comte Jaubert, président de la Société botanique de France. *Paris, L. Martinet.* 4 pages, in-8°. Br. (Extrait du *Bulletin de la Société botanique de France,* 1858.)

4538. NÉCROLOGIE. Le maréchal comte de Lobau (**Mouton**, né à Phalsbourg). Par le comte P. de Ch. *Paris, Bourgogne et Martinet*, 1838. 8 pages, in-8°. Br. (Extrait du *Spectateur militaire*.)

4539. NÉCROLOGIE. Le maréchal Lobau (**Mouton**), commandant en chef les gardes nationales de la Seine. *Paris, A. Éverat et Cie*, 1838. 14 pages, in-8°. Cart.

4540. NOTICE (Nouvelle) historique sur la vie et la mort du maréchal comte de Lobau (**Mouton**), toutes les campagnes de cet illustre guerrier, sous l'empereur Napoléon ; son exposition dans une chapelle ardente, à l'État-major général, place du Carrousel. *Paris, Chassaignon*, 1838. 12 pages, in-12. Cart.

4541. ROUVAL. Vie du maréchal comte de Lobau (**Mouton**), pair de France, commandant général de la garde nationale du département de la Seine, avec des notes biographiques sur plusieurs contemporains. Par A.-A.-J. Rouval. *Paris, A. Appert*, 1838. 72 pages, in-8°. Cart.

4542. SAINT-DIZIER. Lobau (**Mouton**), au pont de Landshutt. Par Adolphe-Nicolas Saint-Dizier. *Paris, Henri Plon*, 1859. 15 pages, in-8°. Br.

4543. SÉGUR (DE). Éloge historique de M. le maréchal comte de Lobau (**Mouton**), prononcé par M. le lieutenant-général comte Philippe de Ségur, pair de France, à la séance de la Chambre, du 17 juin 1839. *Paris, Crapelet*, (1839). 16 pages, in-8°. Br.

4544. VIE anecdotique, militaire et politique du maréchal comte Lobau (Georges **Mouton**), ancien aide-de-camp de Napoléon et commandant en chef de la garde nationale de Paris. Dédié à l'armée. *Paris, Guiboud*, 1839. 46 pages, in-8°. Cart.

4545. **Mouton** (Georges), comte de Lobau, maréchal de France. Portrait. *Ambroise Tardieu direxit*. — Le même. *Dessiné d'après nature par Maurin*. — Le même. *Ary Scheffer pinx*. — Le même. *Thorelle del*. — Le même. *Lith. de Delpech*. — Le même. *Dessiné par B. Raynaud*. — Le même. *Bourdet lith*.

4546. CHATTON. Note sur Simon **Moycet** (fondateur de l'église de Saint-Nicolas-de-Port), par l'abbé E. Chatton, suivie d'observations, par Léon Germain. *Nancy, Sidot frères*, 1893. 30 pages, in-8°. Br. (Extrait du *Journal de la Société d'archéologie lorraine*.)

4547. **Munier** (Nicolas), jésuite (né à Médonville, Vosges). Portrait. *Lith. C. Labouré*.

4548. **Musculus** (Wolfgangus), théologien (né à Dieuze). Portrait. *B. R.* — Le même. *H. fe*.

4549. **Najean** (Véridique), député des Vosges. Portrait. *Lith. d'après nature par Coëdes*.

4550. **Naudé** (Gabriel), chanoine de Verdun. Portrait. *Cl. Mellan g. del. et sc*.

4551. BENOIT. Marguerite de **Neufchâtel**, abbesse de Beaume-les-Dames et de Remiremont (1501-1549). Par Arthur Benoit. *Nancy, Sidot frères*, 1891. 21 pages, in-8°. Fig. Br. (Extrait du *Bulletin de la Société philomatique vosgienne*.)

4552. **Neufchâtel** (Jean de), évêque de Toul. Portrait anonyme.

4553. BERRYER. Exposé justificatif pour le maréchal **Ney** (né à Sarrelouis). Par Me Berryer père, avocat. *S. l., A. Bailleul, s. d.* 20 pages, in-4°. Cart.

4554. CAMOT. Réfutation, en ce qui concerne le maréchal **Ney**, de l'ouvrage ayant pour titre : Campagne de 1815, ou relation des opérations militaires qui ont eu lieu pendant les Cent Jours, par le général Gourgaud, écrite à Sainte-Hélène ; par M. Camot, officier de la Légion d'honneur et ancien préfet. *Paris, A. Bailleul*, 1818. 50 pages, in-8°. Demi-rel.

4555. DELMAS. Mémoire sur la révision du procès du maréchal **Ney** et sur la jurisprudence en général de la Cour des pairs, par G. Delmas, avocat à la Cour royale de Paris. *Paris, L. Janet*, 1832. 87 pages, in-8°. Demi-rel.

4556. GUILBERT. Précis authentique sur la naissance et la mort du maréchal **Ney**, dédié aux républicains, par Anaxagore Guilbert, de Rouen. *Paris, Bailly, Divry et Cie*, 1848. 8 pages, in-8°. Cart.

4557. HEYMÈS. Relation de la campagne, de 1815, dite de Waterloo, pour servir à l'histoire du maréchal **Ney** ; par M. le colonel Heymès, son premier aide-de-camp, témoin oculaire. *Paris, Gaultier-Laguionie,* 1829. 28 pages, in-8°. Demi-rel. (Extrait du *Spectateur militaire.*)

4558. **Ney** (Le maréchal) devant les maréchaux de France. *Paris, C.-F. Patris* 1815. 41 pages, in-8°. Portrait. Cart.

4559. PROCÈS du maréchal **Ney** devant le conseil de guerre convoqué par une ordonnance du roi. *S. l., C.-F. Patris, s. d.* 8 pages, in-4°. Cart.

4560. PROCÈS du maréchal **Ney** ou recueil complet des interrogatoires, déclarations, dépositions, procès-verbaux, plaidoyers et autres pièces rapportées textuellement. *Paris, L.-G. Michaud,* 1815. 87, 39, 78 et 59 pages, pet. in-8°. Portrait. Demi-rel.

4561. SAINT-ARNAUD (DE). Discours prononcé par S. Exc. le maréchal de Saint-Arnaud, ministre de la guerre, grand écuyer de l'empereur, etc., à la cérémonie d'inauguration de la statue du maréchal **Ney**, duc d'Elchingen, prince de la Moskowa, le 7 décembre 1853. *Paris, imprimerie impériale,* 1853. 6 pages, in-4°. Cart.

4562. WELSCHINGER. Le maréchal **Ney**. 1815. Par Henri Welschinger. *Paris, Plon,* 1893. IV-427 pages, in-8°. Portraits. Demi-rel.

4563. MÉMOIRES du maréchal **Ney**, duc d'Elchingen, prince de la Moskowa, publiés par sa famille. *Paris, H. Fournier,* 1833. IV-463 et 478 pages, in-8°. 2 volumes. Demi-rel.

4564. **Ney** (Michel), duc d'Elchingen, prince de la Moskowa, maréchal de France. Portrait. *F. Gérard pinx.* — Le même. *Imp. lith. de Mlle Formentin.* — Le même. *Peint par J.-M. Langlois,* 1832. — Le même. *Ludovic.* — Le même. *F. Gérard pinx.* Le même. *Paris, Léotaud, édit.* — Le même. *Antonin.* — Le même, *I. Lith. de Delpech.* — Le même. *Ambroise Tardieu direxit.* — Le même. *Gravé par Joubert.* — Le même. *Michaud F.* — Le même. *F. Gérard pinx.* — Le même. *Louis David*

pinx. — Le même. *J. Delarue.* — Le même. *Gaildrau del.* — Le même. *R. Hennon-Dubois.* — Le même. *Carrière,* 1834. — Le même. 2 portraits anonymes.

4565. MOREY. Discours prononcé sur la tombe de M. **Nicklès** (professeur à la Faculté des sciences de Nancy), au nom de l'Académie de Stanislas, par son président, M. P. Morey. *Nancy, Sordoillet,* 1869. 3 pages, in-8°. Demi-rel.

4566. NOTICE sur les travaux scientifiques de M. F.-J.-J. **Nicklès**. *Paris, Impr. Mallet-Bachelier,* 1854. 8 pages, in-4°. Demi-rel.

4567. **Nicklès**, chimiste. Portrait anonyme.

4568. BOISARD. Notice sur la vie et les ouvrages de P. F. **Nicolas**, docteur ès-sciences et en médecine, etc. (né à Saint-Mihiel). Par F. Boisard. *Caen, F. Poisson,* 1816. 16 pages, in-8°, Br. — Questions posées par M. Bagard, président du Collège royal, à Pierre-François Nicolas, aspirant à la maîtrise (en pharmacie). *Nancy, P. Antoine,* 1768. Placard.

4569. **Niezabitowky** (Cyprien-Joseph de Lubiez), directeur de l'école polonaise à Nancy. Portrait anonyme.

4570. MEAUME. Jean **Nocret**, peintre lorrain, né à Nancy, en 1617, mort à Paris, en 1672 ; par M. E. Meaume. *Nancy, Grosjean-Maupin,* 1886. 45 pages, in-8°. Br. (Extrait des *Mémoires de l'Académie de Stanislas.*)

4571. **Nocret** (Jean), Peintre. Portrait. *Joannes Nocret seipsum pinxit.* — Le même. *Peint par Ch. Nocret, son fils.*

4572. FLAMANT. Éloge de M. Joseph **Noël** (né à Bayon), docteur en médecine, professeur et directeur de l'École spéciale de médecine de Strasbourg. Par le professeur Flamant. *Strasbourg, F. G. Levrault,* 1808. 27 pages, in-4°. Demi-rel.

4573. CONTAL. Louis **Noël**, vicaire général honoraire, curé archiprêtre de Saint-Jacques de Lunéville, etc. 19 février 1826-22 mars 1887 ; par Edmond Contal, avocat à la Cour, etc. *Nancy, R. Vagner,* 1887. 31 pages, in-8°. Br.

4574. **Noël** (F.-J.-Bapt.) avocat (né à Nancy). Portrait anonyme.

4575. DEMANGE. L'abbé Eugène-Alexis **Noël**, curé de Saint-Léon de Nancy, chanoine honoraire de Nancy et d'Alger, par l'abbé Demange. *Nancy, Vagner*, 1875. 31 pages, in-8°. Br. (Extrait de la *Semaine religieuse* et de l'*Espérance* de Nancy.)

4576. **Nogaret de La Valette** (Louis de), cardinal, gouverneur de Metz. Portrait. *A. P. Pinx.* — Le même. *A Paris, chez Daret*, 1652. — Le même. Anonyme.

4577. **Nogaret de La Valette** (Jean-Louis de), duc d'Épernon, gouverneur de Metz. Portrait. *A. E. pinx.* — Le même. *Z. Belliard.* — Le même. 2 portraits anonymes.

4578. **Nogaret de La Valette** (Bernard de). duc d'Épernon, gouverneur des 3 Évêchés. Portrait. *A Paris*, 1654. — Le même. 4 portraits anonymes.

4579. **Nouet** (Nicolas-Antoine), né à Pompey, Meurthe. Portrait. *Dutertre.* — Le même. Anonyme.

4580. (LUTTEROTH). Notice sur Jean-Frédéric **Oberlin**, pasteur à Waldbach, au Ban-de-la-Roche, mort le 1er juin 1826, (par M. H. Lutteroth). *Paris, H. Servier*, 1826. 79 pages, in-8°. Portrait. Cart.

4581. MATHIEU. Éloge de J.-F. **Oberlin**, pasteur de Waldersbach, au Ban-de-la-Roche (Vosges), prononcé à la séance extraordinaire de la Société d'émulation du département des Vosges, le 16 mai 1831, par M. Hubert Mathieu, médecin-vétérinaire en chef du département des Vosges, etc. *Épinal, Gérard*, 1832. 32 pages, in-8°. Cart.

4582. MERLIN. Le pasteur **Oberlin**. Nouvelle alsacienne, par Paul Merlin. *Paris, Delaunay ; Strasbourg, Treuttel et Wurtz*, 1833. 140 pages, in-8°. Demi-rel.

4583. STŒBER. Vie de J.-F. **Oberlin**, pasteur à Waldbach, au Ban-de-la-Roche, chevalier de la Légion d'honneur, par D. E. Stœber, l'aîné, avocat, etc. (Ornée de neuf lithographies.) *Paris, Strasbourg et Londres, Treuttel et Wurtz*, 1831. xiv-616 pages, in-8°. Demi-rel.

4584. **Olivier** (J.D.), député (né à Longwy). Portrait. *Lith. par Llanta.*

4585. DEVARENNE. Discours du vice-amiral Devarenne aux funérailles du vice-amiral **Olry** (né à Nancy). *Paris, J. Montorier*, 1890. 23 pages, in-24. Br.

4586. NOTICE biographique de Mgr Nicolas-Alexis **Ondernard**, évêque de Namur (né à Rambervillers). *Namur, J.-J. Legros*, (1831). 4 pages, in-8°. Br.

4587. **Ordener** (Michel), comte, lieutenant général (né au village de l'Hôpital, Moselle). Portrait. *Rosselin, éditeur.*

4588. ALLOCUTIONS et discours prononcés à l'occasion de la mort de M. **Ortlieb** (professeur à la Faculté de droit de Nancy). *Nancy, Berger-Levrault*, 1879. 26 pages, in-8°. Br.

4589. GUILLAUME. Vie épiscopale de Mgr Antoine-Eustache **Osmond**, évêque de Nancy, par M. l'abbé Guillaume, aumônier de la chapelle ducale de Lorraine, etc. *Nancy, Vagner*, 1862. 695 pages, in-8°. Demi-rel.

4590. **Osmond** (Antoine-Eustache d'), évêque de Nancy. Portrait. *D. Pierre fils fec.* — Le même. *Imp. Lemercier.* — Le même. *D. Pradier del.*

4591. NOTICE historique sur la vie de Maurice **Oubriot**, horloger-mécanicien à Revigny (Meuse), et exposé des travaux auxquels il s'est livré pendant cinquante-cinq ans. *S. l., n. n., n. d.* 12 pages in-8°. Demi-rel.

4592. **Oudinot**, duc de Reggio. (Les hommes remarquables de la Meuse.) *Bar-le-Duc, Laguerre*, 1848. 107 pages, in-8°. Demi-rel.

4593. STIEGLER. Le maréchal **Oudinot**, duc de Reggio, d'après les souvenirs inédits de la maréchale. Par Gaston Stiegler. *Paris, Plon*, 1894. x-566 pages, in-8°. Portraits. Demi-rel.

4594. NOLLET. Histoire de Nicolas-Charles **Oudinot**, maréchal d'empire et duc de Reggio, par M. Jules Nollet (Fabert). *Nancy, Grimblot et Vve Raybois*, 1850. xi-320 pages, in-8°. Portrait et fac-similé. Demi-rel.

4595. NOLLET - FABERT. Le maréchal **Oudinot**. Extrait de la *Lorraine militaire*, galerie historique, par Jules Nollet-Fabert. *Nancy, Grimblot et Vve Raybois,* 1853. 83 pages, in-8°. Portrait. Br.

4596. OLINCOURT (D'). Le Bayard des temps modernes, ou actions héroïques et faits d'armes du maréchal **Oudinot**, duc de Reggio, par F. d'Olincourt. *Saint-Mihiel, Casner,* 1847. 22 pages, in-8°. Br.

4597. **Oudinot** (Charles-Nicolas), duc de Reggio, maréchal de France. Portrait. *Maurin.* — Le même. *Maurin aîné, d'après un buste.* — Le même. *R. J.* — Le même. *Julien.* — Le même. *Lith. de Villain.* — Le même. *Az. Hubert sc.* — Le même. *I. Lith. de Delpech.* — Le même. *Forestier sculp.* — Le même. *C. L. P.* 1818. — Le même. *Fauchery del.* — Le même. *A. Sandoz del.* — Le même. *J.* Le même. *Réville sculp.* — Le même. *Vigneron del.* — Le même. Anonyme. — Le même. *Peint par Robert Lefèvre.* — Le même. *A Paris, chez l'auteur.* — Le même. *A Paris, chez Jean.* — Le même. *A Paris, chez Jean.* — Le même. *Martinet pinxit.*

4598. OUDINOT. (Nicolas-Charles-Victor), duc de Reggio, général de division (né à Bar-le-Duc). Portrait. *Lith. Lafosse.* — Le même. *A Paris, chez A. Bes et F. Dubreuil.*

4599. RÉFLEXIONS à l'occasion de la candidature de M. le colonel **Paixhans**, comme député de l'arrondissement de Sarreguemines. *Sarreguemines, M. Weis, s. d.* 13 pages, in-8°. Cart.

4600. MEAUME. **Palissot** et les philosophes, par E. Meaume. *Nancy, Vve Raybois,* 1864. 92 pages, in-8°. Br. (Extrait des *Mémoires de l'Académie de Stanislas.*)

4601. **Palissot** (Charles) de Montenoy, littérateur (né à Nancy). Portrait. *De St-Aubin pinx.* — Le même. *Odevare pinxit.* — Le même. *Dessiné par Ch. Monnet,* 1788. — Le même. *Peint en 1775, par Ch. Monnet.* — Le même. *Devéria del.*

4602. **Parade**, directeur de l'École forestière à Nancy. Portrait. *Grav. Héliog. Baudran et de La Blanchère.*

4603. RÉVEILLÉ-PARISE. Etienne **Pariset** (né à Grand), par le docteur Réveillé-Parise. *Paris, E. Thunot,* 1850. 16 pages, in-8°. Br. (Extrait de la *Gazette médicale de Paris.*)

4604. **Pariset** (Etienne), docteur en médecine. Portrait. *Dessiné d'après nature par Gabriel.* — Le même. *Ambroise Tardieu direxit.* — Le même. *Perrot.* — Le même. *Mauzaisse f.*

4605. **Parisot** (Docteur Victor), né à Nancy. 1811-1895. *Nancy, Berger-Levrault,* (1895). 37 pages, in-8°. Portrait. Br.

4606. JOURNAL (Le) de Marie-Edmée (**Pau**, de Nancy). Introduction de M. Antoine de Latour. *Paris, Plon,* 1876. XXXI-571 pages, in-8°. Portrait. Demi-rel.

4607. **Paullet** (Maxime), lithographe-imprimeur à Nancy. Portrait. *Thorelle.*

4608. MONTAIGLON (DE). Notice historique et bibliographique sur Jean **Pèlerin**, chanoine de Toul, et sur son livre *De artificiali perspectiva*. Par Anatole de Montaiglon. *Paris, Tross,* 1861. 20 pages et 2 planches, pet. in-fol. Cart.

4609. MONTAIGLON (DE). Notice historique et bibliographique sur Jean **Pèlerin** dit le Viateur, chanoine de Toul, et sur son livre *De artificiali perspectiva;* par Anatole de Montaiglon. *Paris, Tross,* 1861. 74 pages, in-8°. Br.

4610. BRIGUEL. Aux mânes de M. **Pellet**, d'Épinal. Discours prononcé par Briguel aîné, président, dans la séance de la Société d'émulation des Vosges, tenue le 8 avril 1830. — Ode sur la mort de M. Pellet et autre chant dédié aux mânes du Barde des Vosges, par Mme L. E. Désormery. *Épinal, Gérard,* (1830). 16 pages, in-8°. Portrait. Br.

4611. **Pellet** (Jean-François), poète (né à Épinal). Portrait. *Périn del.*

4612. JOLY. Dominique **Pergaut**, peintre, (né à Vacqueville), par Alexandre Joly, architecte. *Nancy, A. Lepage,* 1867. 8 pages, in-8°. Br. (Extrait du *Journal de la Société d'archéologie lorraine.*)

4613. LEPAGE. Jean **Perrin** (lorrain ?) et

son poème. Histoire d'une recherche restée infructueuse. Par H. Lepage. *Nancy, G. Crépin-Leblond, s. d.* 13 pages, in-8°. Cart. (Extrait du *Journal de la Société d'archéologie lorraine,* 1877.)

4614. **Persuis** (Louis-Luc Loiseau de), compositeur (né à Metz). Portrait. *Jules Porreau sc.* 1849.

4615. OUDENOT. Oraison funèbre de Monseigneur **Petit-Didier**, évêque de Macra, prélat assistant du trône et abbé régulier de Saint-Pierre de Senone. Prêchée dans l'église de cette abbaïe, le 12 aoust 1728. Par le R. P. D. Placide Oudenot, religieux de la maison. *Saint-Diez, Jean-Martin Heller,* 1728. 32 pages, in-4°. Br.

4616. DIGOT. Éloge historique du R. P. Benoît **Picard**, gardien des capucins de Toul, par Aug. Digot, avocat. *Nancy, Grimblot et Vve Raybois,* 1845. 95 pages, in-8°. Br. (Extrait des *Mémoires de la Société royale des sciences, lettres et arts de Nancy.*)

4617. FOURIER DE BACOURT. Vie du Bienheureux **Pierre** de Luxembourg, étudiant de l'Université de Paris, évêque de Metz et cardinal, 1369-1387, par Fourier de Bacourt, docteur en droit. *Paris, Berche et Tralin,* 1882. VII-352 pages, in-8°. Portrait. Demi-rel.

4618. MARTIN. La vie, exercices, mort et miracles du bienheureux S. **Pierre** de Luxembourg, diacre, cardinal du titre de S. George au voile d'or, évesque de Metz et patron tutélaire de la ville d'Avignon, mise en lumière par F. Martin de Bourey, religieux célestin de Roüen. *Paris, R. Foüet,* 1623. XXVIII-244 pages, in-12. Frontispice, portrait et blason. Rel. parchemin.

4619. CLÉMENT. Panégyrique du B. **Pierre** de Luxembourg, prononcé dans l'église collégiale de Ligni, le 5 juillet 1749. Par l'abbé Clément, aumônier et prédicateur ordinaire du Roi de Pologne, duc de Lorraine... *Lunéville, Gœbel,* 1749. 49 pages, petit in-8°. Br.

4620. **Pierre** de Luxembourg, cardinal. Portrait anonyme.

4621. NOTICE nécrologique sur M. l'abbé **Pierre**, curé de Saint-Pierre de Nancy, décédé le 20 avril 1845. Par S. S. *Nancy, Vagner,* (1845). 4 pages, in-8°. Br.

4622. VAGNER. Discours prononcés sur la tombe de M. Dieudonné **Pierre**, peintre (né à Nancy). Par Vagner et P. Guerrier de Dumast. *Nancy, Thomas,* 1838. 8 pages, in-8°. Br.

4623. PIERRE (Dieudonné), peintre. Portrait. *A. Geny pinxit.*

4624. COSTE. Éloge de M. **Pierrot**, lieutenant du premier chirurgien du Roi, prévôt perpétuel et honoraire du Collège royal de chirurgie de Nancy, chirurgien-major des hôpitaux bourgeois de St-Charles, de St-Julien et des renfermeries royales de Nancy et Maréville... Par Coste, médecin de l'hôpital militaire de Nancy. *Nancy, Hyacinthe Leclerc,* 1773. 36 pages, in-8°. Br.

4625. BÉGIN. Esquisses biographiques et littéraires, par E.-A. Bégin. — **Pilâtre de Rozier** et les aérostats. — Lettre à M. Weiss, membre de l'Institut. — Essai sur le commerce ancien du comté de Bourgogne, par Dom Grappin, mémoire lu à l'Académie de Metz, dans l'assemblée ordinaire du lundi 18 février 1782. *Metz, Dembour et Gangel, s. d.* 119 pages, in-8°. Cart.

4626. **Pilâtre de Rozier** (Jean-François), aéronaute (né à Metz). Portrait. *Michaud F.*

4627. **Piroux** (M.), fondateur et directeur de l'Institut des Sourds-Muets de Nancy... *Paris, Lacour,* 1846. 12 pages, in-8°. Br. (Extrait des *Galeries biographiques-historiques.*)

4628. NOTICE sur M. **Piroux**, chevalier de la Légion d'honneur, directeur de l'Institution des Sourds-Muets de Nancy. *Paris, Alcan-Lévy,* 1864. 8 pages, in-8°. Br.

4629. SOUVENIR de M. Joseph **Piroux**, fondateur-directeur de l'Institution des Sourds-Muets de Nancy. *Nancy, G. Crépin-Leblond,* 1884. 20 pages, in-8°. Portrait. Br.

4630. **Piroux** (Joseph), Directeur de l'institut des Sourds-Muets de Nancy. Portrait. *Regnier lith.* — Le même. Anonyme. --

4631. BRAUX (DE). Le conseiller d'Etat Nicolas **Pistor** (né dans le comté de Vaudémont), sa famille, sa généalogie, par G. de Braux. *Nancy, G. Crépin-Leblond,* 1894. 17 pages, in-8. Br.

4632. PLATEL. Lettre de M. l'abbé C.-P. **Platel** (né à Bar-le-Duc), ci-devant le P. Norbert..., par laquelle il adresse à l'ordre des Capucins le bref de Clément XIII qui le fait passer à l'état de prêtre séculier, avec les patentes du Souverain et les approbations des supérieurs du même ordre. *Toul, Joseph Carez,* 1760. 43 pages, petit in-8. Br.

4633. **Platel** (Madame), de Nancy. Portrait. *Thorelle.*

4634. (JACQUOT.) Les contemporains. **Plessy-Arnould** (Jeanne-Sylvanie), par Eugène de Mirecourt (Jacquot). *Paris, Gaittet,* 1858. 91 pages, in-16. Portrait et facsimilé. Demi-rel.

4635. **Plessy** (Jeanne-Sylvanie), dame Arnould, artiste du théâtre français (née à Metz). Portrait. *Alexandre Lacauchie.* — La même. *Joliot sc.* — La même. *Skelton del.* — La même. *Carey del. et sculp.*

4636. NOTICE sur les travaux de M. **Poirel** (de Rosières-aux-Salines), inspecteur général des Ponts et chaussées. *Saint-Nicolas, P. Trenel, s. d.* 12 pages, gr. in-4°. Br.

4637. MACQUIN. Vie de M. l'abbé **Poirot**, vicaire général, archiprêtre, curé de la cathédrale de Nancy, fondateur de l'église du faubourg Saint-Georges, par Macquin. *Nancy, Vagner,* 1854. 36 pages, in-8°. Br.

4638. SALMON. Notice sur M. **Poirot**, curé de la cathédrale de Nancy, par Salmon. *Metz, Rousseau-Pallez,* 1866. 31 pages, in-8°. Br. (Extrait de la *Revue de l'Est.*)

4639. CLAUDE. Oraison funèbre de M. **Poirot**, curé de la cathédrale, prononcée le 10 novembre 1853, à l'église Saint-Georges, de Nancy, par M. l'abbé Claude, professeur de rhétorique au séminaire de Pont-à-Mousson. *Nancy, Vagner, s. d.* 16 pages, in-8°. Cart.

4640. **Poirot** (Pierre-François), vicaire général honoraire, chanoine de la cathédrale de Nancy. Portrait. *Lith. L. Christophe.* — Le même. *Gérard. pinx. et del.*

4641. **Poirrier** (François-Alcide), sénateur (né à Clermont-en-Argonne). Portrait. *Ladrey phot.*

4642. **Polignac** (Armand-Jules-François duc de), prince de Fenestrange, maréchal de camp. Portrait. *Lith. de Delpech.*

4643. BARDY. Un médecin lorrain au siècle dernier. Le Dr Félix **Poma** (1744-1794), par Henri Bardy. *Épinal, H. Fricotel,* 1895. 20 pages, in-8°. Br. (Extrait du *Bulletin médical des Vosges.*)

4644. DUPIN... Discours prononcés aux funérailles de M. le général **Poncelet** (né à Metz), le mardi 24 décembre 1867. Par MM. le baron Charles Dupin, membre de l'Académie des sciences ; Dumas, membre de l'Académie des sciences, professeur honoraire de la Faculté des sciences ; de Chabaud La Tour, général de division, président du comité du génie ; Rolland, directeur général des manufactures de l'État. *Paris, Gauthier-Villars, s. d.* 29 pages, in-8°. Cart.

4645. **Porcelets de Maillane** (Jean des), évêque de Toul. Portrait. *V. de Bouillé.* — Le même. *V. D. B.* — Le même. *Poinsot del.*

4646. **Potot** (Nicolas-Marie-Dieudonné), jésuite, fondateur des Orphelines et de la Bibliothèque chrétienne de Metz. Portrait. *Lith. de Dembour.*

4647. MICHEL. Auguste **Prost**, ancien conseiller municipal de la ville de Metz, membre de la Société nationale des antiquaires de France, etc. 1817-1896. Par Émile Michel, de l'Institut. *Paris, L. Lesort,* (1897). 23 pages, in-8°. Portrait. Br.

4648. NOTICE biographique sur M. Philippe Constantin **Prugneaux**, maire de Moutrot... *Paris, Turfin et Ad. Juvet,* 1874. 12 pages, in-8°. Br.

4649. PAILLART. J. **Prugnon**, avocat, député de Nancy à l'Assemblée nationale, défenseur des naufragés de Calais. Étude biographique par Paillart, premier président honoraire de la Cour impériale. *Nancy, Vve Raybois,* 1866. 47 pages, in-8°. Br. (Extrait des *Mémoires de l'Académie de Stanislas.*)

4650. **Prugnon** (Louis-Pierre-Joseph), député (né à Nancy). Portrait. *Perrin del.*

4651. GABRIEL. Étude sur Nicolas **Psaulme**, évêque et comte de Verdun (1518-1575), donnée en conférences publiques par M. l'abbé Gabriel, aumônier du collège de Verdun. *Verdun, L. Doublat,* 1867. 171 pages, in-8°. Portrait. Fig. Br.

4652. **Psaume** (Nicolas), évêque de Verdun. Portrait. *Godfroid del.*

4653. (BROSSAIRE.) Grande complainte... sur l'horrible et épouvantable assassinat commis, le 27 octobre de l'an 1828, dans la forêt dite le Hazois..., sur la personne de M. Étienne **Psaume**, en son vivant avocat et homme de lettres, demeurant à Commercy. (Par Brossaire.) *Nancy, Barbier,* 1829. 13 pages, in-8°. Br.

4654. VACCA. Le baron **Puton** (né à Remiremont). Par E. Vacca. *Remiremont, Mougin.* 4 pages, in-8°. Br. (Extrait de l'*Écho des Vosges* du 28 juillet 1866.)

4655. ALBRIER. Le baron **Puton**, sa vie et sa famille. Notes historiques et généalogiques, par Albert Albrier. *Chambéry, Albert Bottero, s. d.* 26 pages, in-8°. Br. (Extrait des *Mémoires et documents publiés par la Société savoisienne d'histoire et d'archéologie.*)

4656. GUYOT. Discours prononcé aux obsèques de M. **Puton**, directeur de l'École forestière, par Ch. Guyot, inspecteur des études et professeur à cette École (16 mai 1893). *Nancy, G. Crépin-Leblond.* 10 pages, in-8°. Br.

4657. (VAGNER.) Conversion et martyre de saint **Quirin** et de sainte Balbine, sa fille, avec l'histoire de la translation de leurs corps au village de Saint-Quirin [diocèse de Nancy], (par Vagner). *Nancy, Vagner,* 1847. 60 pages, in-12. Demi-rel.

4658. BOUDON. Le triomphe de la croix, en la personne de la vénérable mère Marie-Élisabeth de La Croix de Jésus (Élisabeth de **Ranfaing**, née à Remiremont), fondatrice de l'Institut de Notre-Dame du Refuge des vierges et filles pénitentes, par Henry-Marie Boudon, docteur en théologie, grand archidiacre de l'église d'Évreux. *Liège, H.-G. Streel,* 1686. XIV-584 pages, in-12. **Rel.** veau.

4659. PICHARD. Admirable vertu des saints exorcismes sur les princes d'enfer possédants réellement vertueuse damoiselle Élizabeth de **Ranfaing**, avec ses justifications contre les ignorances et calomnies de F. Claude Pithoys, minime. Par le sieur Pichard, escuyer, docteur en médecine, etc. — *Conférence et ce qui est arrivé depuis.* (Cette dernière partie est incomplète.) *Nancy, Séb. Philippe,* 1622. XXIV-676 et 96 pages, in-12. Rel. veau.

4660. FRISON. La vie de la vénérable mère Marie-Élisabeth de la Croix de Jésus, dite, dans le monde, Élisabeth de **Ranfaing**, fondatrice de l'ordre de Notre-Dame du Refuge, établi à Nancy en 1631. Par le R. P. Nic. Frison, de la Compagnie de Jésus. *Avignon, F. Girard,* 1735. X-420 pages, in-8°. Portrait. Rel. veau.

4661. **Ranfaing** (Élisabeth de), fondatrice des religieuses de N.-D. du Refuge à Nancy. Portrait. *A. Poinsot del.*

4662. **Raucourt** (Marie-Antoinette-Joseph Saucerote, dite), actrice célèbre. Portrait. *Devéria del.* — La même. *Devéria del.* — La même. *Julien.* — La même. *Mme Romance pinx.*

4663. **Ravignat** (Antoine), adjudant-major au 3ᵉ régiment de hussards (né à Baccarat). Portrait. *La Fitte del.*

4664. ALEXANDRE. Notice sur Claude-Ambroise **Regnier**, duc de Massa, grand juge, ministre de la justice, 14 septembre 1802-20 novembre 1813. Discours prononcé par M. A. Alexandre, premier avocat général, à l'audience solennelle de rentrée, du 3 novembre 1853, de la Cour impériale de Nancy. *Nancy, Hinzelin,* 1853. 40 pages, gr. in-8°. Demi-rel.

4665. **Regnier** (Claude-Ambroise), duc de Massa, député de la Meurthe, ministre de la justice. Portrait. *Labadye del.* — Le même. *Mme de Noireterre del.,* 1813. — Le même. Anonyme.

4666. AURICOSTE DE LAZARQUE. Notice biographique sur Jean-Pierre-Gustave **Regnier** (né à Sarrelouis), par Auricoste de Lazarque. *Paris, F. Alcan ; Nancy, A. Nicolle,* 1892. 8 pages, in-8°. Br. (Extrait des *Mémoires de l'Académie de Metz.*)

4667. BARDY. Le tombeau de Gérard de **Reinach-Montreux** (gouverneur de Blâmont), par H. Bardy. *Belfort, Spitzmuller,* 1891. 7 pages, in-8°. 2 planches. Br.

4668. BUISSON. L'abbé **Remy** (né à Remiremont), sa vie et ses œuvres, par l'abbé E. Buisson. *Saint-Dié, Humbert.* 36 pages, in-8°. Br. (Extrait du *Bulletin de la Société philomatique vosgienne,* 1891-1892.)

4669. LECLERC. Notice sur Nicolas **Remy,** par L. Leclerc. *Nancy, Sordoillet,* 1869. 105 pages, in-8°. 2 portraits. Br. (Extrait des *Mémoires de l'Académie de Stanislas.*)

4670. **Remy** (Nicolas), procureur général en la Cour souveraine de Lorraine et Barrois. Portrait. *D'après un tableau du Musée lorrain.* — Le même. Anonyme.

4671. **Remy** (J.-Baptiste-Georges), capitaine (né à Bar-le-Duc). Portrait anonyme.

4672. GUILLAUME. Cinquante ans de vie pastorale, notice biographique sur M. Jean-Baptiste **Renard,** curé de Lunéville..., par M. l'abbé Guillaume, aumônier de la chapelle ducale de Lorraine. *Nancy, Thomas,* 1857. 216 pages, in-8°. Demi-rel.

4673. **Renard** (J.-Baptiste), curé de Lunéville. Portrait. *Llanta lith.*

4674. BARDY. Notice sur Gabriel-François **Renaud,** maître en pharmacie à Saint-Dié, membre correspondant de la Société royale de médecine de Paris (1751-1821). Par Henri Bardy. *Saint-Dié, L. Humbert,* 1881. 14 pages, in-8°. Br. (Extrait du *Bulletin de la Société philomatique vosgienne.*)

4675. **Renauldin** (Léopold-Joseph), médecin (né à Nancy). Portrait. *Ambroise Tardieu direxit.*

4676. CHARLES. Oraison funèbre de M. l'abbé **Renaux,** curé de Damelevières... Par l'abbé Charles. *Nancy, Vagner,* 1854. 19 pages, in-8°. Br.

4677. **Reynaud** (Jean), député de la Moselle. Portrait. *Lith. par Tony Toullion.*

4678. NIFFLE-ANCIAUX. Notes pour servir à la biographie de Jacques **Richardot** (né à Lunéville), sculpteur. Par Ed. Niffle-Anciaux, docteur en droit. *Paris, E. Plon,* 1895. 16 pages, in-8°. Fig. Br.

4679. NOLLET-FABERT. Le général **Richepance.** Extrait de la *Lorraine militaire,* galerie historique, par Jules Nollet-Fabert. *Nancy, Grimblot et Vve Raybois,* 1853. 72 pages, in-8°. Br.

4680. **Richepanse** (Antoine de), général de division (né à Metz). Portrait. *Ambroise Tardieu direxit.* — Le même. *Trolli del.*

4681. DAUBAN. Ligier **Richier,** sculpteur lorrain. Étude sur sa vie et ses ouvrages, par C.-A. Dauban. *Paris, Vve Jules Renouard,* 1861. 35 pages, in-8°. Br. (Extrait de la *Revue des sociétés savantes.*)

4682. SOUHAUT. Les **Richier** et leurs œuvres, par l'abbé Souhaut, doyen de Ligny-en-Barrois. *Bar-le-Duc, Contant-Laguerre,* 1883. viii-407 pages, in-8°. Phototypies. Demi-rel.

4683. COURNAULT. Ligier **Richier,** statuaire lorrain du xvie siècle, par Charles Cournault. *Paris, Rouam, s. d.* 55 pages, in-4°. Fig. Demi-rel. (De la collection *Les artistes célèbres.*)

4684. BONNET. Ligier **Richier.** Un grand artiste protestant en Lorraine. Par Jules Bonnet. *Puteaux, s. n.,* 1883. 8 pages, in-8°. Br. (Extrait du *Bulletin du protestantisme français.*)

4685. HENNEQUIN. Notice sur la vie et les campagnes de M. le vice-amiral comte de **Rigny.** Par J.-F.-G. Hennequin. *Paris, Imprimerie royale,* 1832. 50 pages, in-8°. Cart. (Extrait des *Annales maritimes.*)

4686. **Rigny** (Louis-Marie-Daniel Gauthier, comte de), vice-amiral (né à Toul). Portrait. *A. Maurin,* 1836. — Le même. *Dess. et lith. par l'abbé Morel.* — Le même. Anonyme. — Le même. *G. Lepaulle pinx.* — Le même. *Dessiné d'après nature en 1832 et gravé par Ambroise Tardieu.*

4687. **Rigoley de Juvigny** (Jean-Antoine), conseiller au Parlement de Metz. Portrait. *Dessiné par C.-N. Cochin fils.*

4688. DIGOT. Éloge historique de François de **Riguet,** grand prévôt de l'église collégiale de Saint-Dié, par Aug. Digot. *Nancy, Grimblot et Vve Raybois,* 1846. 62 pages, in-8°. Br. (Extrait des *Mémoires de la Société royale des sciences, lettres et arts de Nancy.*)

4689. NÉCROLOGIE. M. le baron **Riouffe**, préfet de la Meurthe. Par A. *Dijon, Frantin*, 1813. 3 pages, in-8°. Br. (Extrait du *Journal de la Côte-d'Or*.)

4690. EXTRAIT des registres des délibérations du parlement, au sujet de Jacques **Riston**, avocat à Nancy. Du 15 juin 1787. *Chaalons, Collignon*, 1787. 6 pages, in-4°. Cart.

4691. **Rivard** (Dominique-François), professeur de philosophie (né à Neufchâteau). Portrait. *Suite de Desrochers.* — Le même. *Valade delineavit et pinxit.*

4692. **Robaine** (Catherine), de Voinémont (Meurthe). Portrait. *La Fitte del.*

4693. **Robert** (Joseph), adjudant (né à Phalsbourg). Portrait anonyme.

4694. RŒDERER. Réfutation d'un passage des mémoires posthumes du comte Miot de Mélito (sur **Rœderer**, né à Metz). Par le baron Rœderer. *Paris, Firmin-Didot*, 1859. 16 pages, in-8°. Br.

4695. MIGNET. Éloge historique de M. le comte **Rœderer**, par M. Mignet, secrétaire perpétuel de l'Académie. Lu dans la séance publique du 27 décembre 1837. *S. l., n. n., n. d.* 39 pages, in-4°. Cart.

4696. **Rœderer** (Pierre-Louis), comte, député de Metz. Portrait. *Dessiné par J. Guérin.* — Le même. *Labadye del.* — Le même. *F. Bonneville del.* — Le même. *M. del.* — Le même. *D'après le tableau de Monanteuil.* — Le même. Anonyme.

4697. **Roger** (Michel), dit Loiseau, co-accusé de Georges Cadoudal, (né à Toul). Portrait. *Dumortier del.*

4698. **Rohan** (Louis-Constantin de), cardinal, abbé de Saint-Èvre. Portrait. *Gravé par C. Guérin en* 1776.

4699. BOULLAN. Notice sur l'abbé René-François **Rohrbacher**, docteur en théologie, auteur de l'*Histoire universelle de l'Église catholique*, etc. Par l'abbé J.-A. Boullan et Louis Veuillot. *Paris, Simon-Raçon*, 1856. 16 pages, in-8°. Br.

4700. **Rohrbacher** (René-François), professeur de théologie (né à Langatte, Meur-

the). Portrait. *Pauquet del.* — Le même. *Lith. L. Christophe.*

4701. GANDAR. A. **Rolland**, notaire à Rémilly. Notice sur sa vie et ses ouvrages, par E. Gandar, professeur suppléant à la Faculté des lettres de Paris. *Metz, F. Blanc*, 1863. 60 pages, in-4°. Cart.

4702. **Rolland** (J.-Baptiste-Dominique), député de la Moselle. Portrait. *Lith. de Villain.* — Le même. Anonyme. — Le même. *Michaud f.*

4703. SERARIUS. Comitum par genere, potentia, opibus, heroicaq. virtute inclytum : B. Godefridus, Westphalus ; S. **Romaricus**, austrasius, e manuscriptis libris, cum notatiunculis, per Nicolaum Serarium, societatis Jesu. *Moguntiæ, B. Lippius*, 1605. XII-144 pages, in-16. Fig, Br. Rel. parchemin.

4704. **Romaric** (Saint), fondateur du monastère de Saint-Mont. Portrait anonyme.

4705. **Rondeville** (F.-M. de), député de Metz. Portrait. *Delaplace del.*

4706. **Rossat** (Jean), vicaire général du diocèse de Verdun. Portrait. *E. Desmaisons.*

4707. **Rouyer** (Marie-François), général de brigade (né à Vouxey, Vosges). Portrait. *L. Laffite del.*

4708. **Royer**, lithographe à Nancy. Portrait. *D'après un dessin de E. Friant*, 1888.

4709. RÉTRACTATION de M. **Ruffier**, nommé constitutionnellement à la cure de Viviers-lès-Offroicourt. *S. l., n. n., n. d.* 8 pages, in-12. Br.

4710. **Rutant** (Anne-Françoise-Octavie de Pont-Rennepont, comtesse de), morte à Nancy. Portrait. *Ed. Demange d'après André.*

4711. MATHIEU. Une victime de la Révolution en Lorraine. Charlotte de **Rutant** (née à Saulxures-lès-Nancy), par M. l'abbé Mathieu, de l'Académie de Stanislas. *Nancy, Berger-Levrault et Cie*, 1889. 30 pages, in-8°. Br. (Extrait des *Annales de l'Est.*)

4712. NOTICE sur Madame de **Saint-Bal-**

mont. *Metz, Verronnais*, 1838. 15 pages, in-8°. Fig. Br. (Extrait de la *Revue d'Austrasie*.)

4713. **Saint-Balmont** (Barbe-Alberte d'Ernecourt, dame de), née à Neuville, Meuse. Portrait. *Lithographié par Ch. Nouvian.* — Le même. *F. Aubry sculpsit.* — Le même. *Fauchery sculp.* — Le même. *Malgras.*

4714. PIERROT. Étude sur **Saint-Lambert** (né à Nancy), par M. E. Pierrot, avocat général à la Cour de Nancy. *Nancy, Berger-Levrault*, 1875. 36 pages, in-8°. Br. (Extrait des *Mémoires de l'Académie de Stanislas*.)

4715. DAMIRON. Mémoire sur **Saint-Lambert**, par M. Damiron, lu à l'Académie des sciences morales et politiques. *Orléans, Colas-Gardin*, 1855. 123 pages, in-8°. Cart.

4716. **Saint-Lambert** (Jean-François de), poète. Portrait. *Gravé par Adam d'après l'original.* — Le même. *Scall pinx.*

4717. PETSCHE. Notice sur M. de **Saint-Martin** (né à Ruppes), conducteur principal des Ponts et chaussées, membre de l'Académie de Metz, par Petsche, ingénieur des Ponts et chaussées. *Nancy, E. Réau*, 1873. 16 pages, in-8°. Br. (Extrait des *Mémoires de l'Académie de Metz*.)

4718. **Saint-Ouen** (Adolphe-Urguet de), député de la Meurthe. Portrait. *Lith. d'après nature par Léveillé.*

4719. LEPAGE et Beaupré. Ferdinand de **Saint-Urbain**, par H. Lepage, avec un catalogue de l'œuvre de cet artiste, par M. Beaupré. *Nancy, L. Wiener*, 1867. 178 pages, in-8°. Demi-rel. (Extrait des *Mémoires de la Société d'archéologie lorraine*.)

4720. **Saint-Urbain** (Ferdinand de), graveur (né à Nancy). Portrait. *D'après un tableau du cabinet de M. Noël.*

4721. **Saint-Vincent** (Le baron de), président honoraire à la Cour d'appel de Nancy, par A. H. *Nancy, Crépin-Leblond*, (1890). 30 pages, in-8°. Br.

4722. VATEL. Biographie de J.-B. **Salle**, membre de l'Assemblée constituante, dé-

puté à la Convention pour le département de la Meurthe. Extrait de l'ouvrage intitulé *Charlotte de Corday et les Girondins*, par M. Ch. Vatel, avocat à la Cour d'appel de Paris. Avec deux fac-similé d'autographes. *Paris, Plon*, 1872. 160 pages, in-8°. Demi-rel.

4723. SALLE. Notice historique et biographique sur J.-B. **Salle**, médecin, né à Vézelise en 1760, député du Tiers-État de Nancy, par J.-B.-V. Salle. *Alger, Fontana*, 1893. 208 pages, in-8°. Portrait. Br.

4724. LETTRE écrite par **Salle**, représentant du peuple, député de la Meurthe, à son épouse, au moment de son exécution, datée de Bordeaux, du 30 prairial an II. *S. l., n. n., n. d.* 4 pages, in-8°. Cart.

4725. MÉMOIRE pour le rhingrave de **Salm**, avec une introduction de l'éditeur. *Hollande, s. n., n. d.* XI-46 pages, in-8°. Cart.

4726. PICOT. Notice sur la vie et les travaux de M. **Salmon** (né à Riche). Par Georges Picot. *Paris, Firmin-Didot*, 1893. 11 pages, in-4°. Br.

4727. **Salmon** (Charles-Auguste), député de la Meuse. Portrait. *Lith. d'après nature par Desmadryl.*

4728. **Salmon** (J.-B.), chirurgien principal de l'hôpital militaire de Nancy. Portrait anonyme.

4729. PERROT. Nécrologie de Joseph **Sarazin** (né à La Neuveville-en-Saulnois), par P. E. Perrot. *Vic, Marcel*, 1838. 21 pages, in-18. Cart. (Extrait du *Correspondant des écoles catholiques*.)

4730. HERRGOTT. Le docteur Constant **Saucerotte** de Lunéville, par Herrgott. *Nancy, Berger-Levrault*, 1885. 15 pages, in-8°. Br.

4731. HALDAT (DE). Éloge historique de Nicolas **Saucerotte** (chirurgien de Stanislas), lu à la séance publique de la Société royale de Nancy, le 18 août 1814, par M. de Haldat, docteur en médecine, etc. *Nancy, F. Guivard*, 1815. 17 pages, in-8°. Cartonné.

4732. **Saulnier** (Pierre-Dieudonné-Louis), député de la Meuse. Portrait anonyme.

4733. **Save** (Gaston), peintre (né à Saint-Dié). Portrait. *Cliché V. Franck.* — *Le même. Cliché V. Franck.*

4734. ASSELINEAU. Notice sur Jean de **Schelandre**, poète verdunois (1585-1635). Par Charles Asselineau. 2° édition, suivie de poésies réimprimées pour la première fois d'après l'édition unique de 1608. *Alençon, Poulet-Malassis et de Broise,* 1856. 73 pages, in-12. Br.

4735. **Schmidt** (Charles-Frédéric), pasteur de l'église réformée de Nancy. Portrait. *J. C.* — *Le même. J. C.*

4736. **Schmit** (Joseph-Alexandre), conservateur à la Bibliothèque nationale (né à Château-Salins). Portrait. *F. Koenig.*

4737. **Schmits** (Louis-Joseph), baron, député de Sarreguemines. Portrait. *Moreau del.*

4738. **Schnaebelé**, commissaire spécial à Pagny-sur-Moselle. Portrait anonyme.

4739. **Schoeffler** (Augustin), missionnaire, (né à Mittelbronn, Meurthe). Portrait. *Gaspard. P. A.*

4740. **Schomberg** (Charles de), duc d'Hallwin, maréchal de France, gouverneur de Metz. Portrait. *Rouillard pinx.* — *Le même. A Paris, chez Daret,* 1652.

4741. RIRI. Souvenirs de 1794-1795, par L. **Schott**, ancien lieutenant à l'armée de Rhin et Moselle. *Nancy, Grimblot et Vve Raybois,* 1853. 72 pages in-18. Cart.

4742. MIRABEAU. M. de **Scitivaux de Greische** (de Villers-lès-Nancy), par la comtesse de Mirabeau. *Nancy, G. Crépin-Leblond, s. d.* 8 pages, in-8°. Br. (Extrait du *Journal de la Meurthe.*)

4743. ISNARD. Notice biographique sur le professeur **Scoutetten** (directeur de l'hôpital militaire de Metz), par J.-A. Isnard, membre de l'Académie de Metz. *Nancy, E. Réau,* 1873. 55 pages, in-8°. Br. (Extrait des *Mémoires de l'Académie de Metz.*)

4744. **Sellier** (Mme), mère du peintre Ch. Sellier. Portrait. *Dessiné par son fils.*

4745. RENAULD. École lorraine. Le peintre **Senémont**, 1720-1782 (né à Nancy), par Jules Renauld. *Nancy, Berger-Levrault,* 1877. Pages 27-55, in-8°. Br. (Extrait des *Mémoires de l'Académie de Stanislas.*)

4746. LACOMBE (DE). Le comte de **Serre** (né à Pagny-sur-Moselle), sa vie et son temps, par Ch. de Lacombe. *Paris, Didier et Cie,* 1881. IV-463 et 418 pages, in-8°. 2 vol. Demi-rel.

4747. MAZADE (DE). Le comte de **Serre**. La politique modérée sous la Restauration, par Ch. de Mazade. *Paris, Plon,* 1879. VI-303 pages. in-12. Demi-rel.

4748. SALMON. Étude sur M. le comte de **Serre**, par M. Salmon, membre de l'Académie impériale de Metz. *Paris, Hachette,* 1864. VII-271 pages, in-8°. Demi-rel.

4749. SALMON. Étude sur M. le comte de **Serre** par M. Salmon. *Metz, F. Blanc,* 1864. 44 pages, in-8°. Br. (Extrait des *Mémoires de l'Académie impériale de Metz.*)

4750. SALMON. Inauguration du buste du comte de **Serre**, à Pagny-sur-Moselle, le dimanche 24 octobre 1886. Discours de M. Salmon, ancien sénateur, conseiller honoraire à la Cour de cassation, ancien avocat général à Metz. *Nancy, Berger-Levrault et Cie,* 1887. 20 pages, in-8°. Br.

4751. INAUGURATION du buste du comte de **Serre**, érigé sur sa maison natale à Pagny-sur-Moselle, au moyen d'une souscription nationale, le 24 octobre 1886. *Nancy, Berger-Levrault et Cie,* 1886. 115 pages, gr. in-8°. Fig. Demi-rel.

4752. **Serre** (Pierre-Hercule, comte de), ministre de la justice. Portrait. *Mlle de Monfort pinx.*

4753. **Sicard** (François), capitaine, (né à Thionville). Portrait. *Llanta.*

4754. FAUCHEUX. Notice sur la vie d'Israël **Silvestre** (né à Nancy). Catalogue de l'œuvre de cet artiste. Par M. Faucheux. *Nancy, Imp. A. Lepage,* 1856-1859. 336 pages, in-8°. Demi-rel.

4755. **Silvestre** (Israël). Portrait. *Le Brun pinx. G. Édelinck sculp.* Avec une vue de Paris.

4756. DEBLAYE. Essai historique sur les

reliques et le culte de saint **Siméon**, septième évêque de Metz... par l'abbé L.-F. Deblaye, curé de Dommartin-lès-Toul. *Nancy, A. Lepage*, 1856. 36 pages, in-8°. Broché.

4757. **Siméon** (Henri), comte, préfet des Vosges. Portrait. *Llanta* 1833.

4758. PROST. Notice sur M. Victor **Simon** (né à Metz), et sur ses travaux, par Aug. Prost. *Metz, F. Blanc.* 1866. 53 pages, in-8°. Br. (Extrait des *Mémoires de l'Académie de Metz.*)

4759. **Simon** (Jean-François), curé, député de Bar-le-Duc. Portrait. *Duval del.*

4760. SIMONIN. Notices biographiques sur François **Simonin**, pharmacien chimiste, membre du conseil d'hygiène (de Nancy), et de plusieurs sociétés savantes, par le docteur Adolphe Simonin. *Nancy, Vve Raybois*, 1861. 10 pages, in-8°. Br.

4761. SIMONIN. Notice sur le docteur Adolphe **Simonin** (né à Nancy). Par le docteur J.-B. Simonin, père. *Nancy, Sordoillet et fils*, 1869. 9 pages, in-8°. Br. (Extrait des *Mémoires de la Société de médecine.*)

4762. NOTICE biographique sur M. le docteur **Simonin** (père)... *Paris, Desoye, Valery et Cie*, 1849. 8 pages, gr. in-8°. Portrait. Cart.

4763. LALLEMENT. Discours prononcé sur la tombe de M. Ed. **Simonin**, par M. le professeur Lallement, au nom de l'association des médecins de Meurthe-et-Moselle et du conseil central d'hygiène. *Nancy, Berger-Levrault*, 1885. 8 pages, in-8°. Br.

4764. **Simonin** (J.-B.), chirurgien en chef des hôpitaux civils de Nancy. Portrait. *A. Legrand.*

4765. SIMONIN. Hommage à une chère mémoire. Madame Christine-Marie-Caroline **Simonin**. Notes biographiques, par E. Simonin. *Nancy, Berger-Levrault et Cie*, 1883. 8 pages, in-8°. Br.

4766. **Simonin** (L.-N.-T.), chanoine à la collégiale de N. D. de Bonsecours à Nancy. Portrait. *J. Casse del. et lith.*

4767. **Singry** (J.-B.), peintre (né à Nancy). Portrait. *N. Rive d'après lui-même.*

4768. THIÉBAUT-DE-BERNEAUD. Éloge historique de Ch.-Sig. **Sonnini de Manoncourt**, célèbre naturaliste et voyageur ; par Arsenne Thiébaut-de-Berneaud, secrétaire émérite de l'Académie italienne. *Paris, D. Colas*, 1812. 58 pages, in-8°. Cart.

4769. **Sonnini de Manoncourt** (Charles-Nicolas-Sigisbert), naturaliste (né à Lunéville). Portrait. *Langlois de Sézanne pinxit.* — Le même. *Bonnet del.*

4770. **Sonnini** (Léopold-Charles), capitaine d'artillerie de marine (né à Nancy). Portrait. *Imp. Lemercier.*

4771. **Soret** (G.-J.), avocat, de l'Académie de Nancy. Portrait. *Peint par Mme de Vaupré.*

4772. BÉCUS. Notice biographique sur **Soyer-Willemet**, botaniste distingué, bibliothécaire en chef de la ville de Nancy... Par Édouard Bécus, agriculteur. *Nancy, Imp. G. Crépin-Leblond*, 1877. 31 pages, in-8°. Br.

4773. STOFFLET. **Stofflet** et la Vendée, par Edmond Stofflet. Ouvrage enrichi d'une grande carte spéciale. *Paris, E. Plon et Cie*, 1873. 440 pages, in-12. Demi-rel.

4774. **Stofflet** (Nicolas), général (né à Bathelémont-lès-Bauzemont). Portrait. *Imp. lith. Formentin.* — Le même. Anonyme. — Le même. *Belliard del.*, 1826.

4775. GANDAR. Mme O. **Sturel-Paigné** (née à Metz). *Metz, Pallez et Rousseau*, 1853. 12 pages, in-8°. Br. (Extrait de *l'Austrasie, Revue de Metz et de Lorraine.*)

4776. SCOUTETTEN. Notice sur Madame **Sturel**, née Marie-Octavie Paigné. Par le docteur Scoutetten. *Metz, S. Lamort*, 1854. 18 pages, in-8°. Br.

4777. GERMAIN. Plaque de foyer aux armes de François **Taafe**, comte de Carlinford (gouverneur de Léopold). Par L. Germain. *Nancy, G. Crépin-Leblond*, 1882. 7 pages, in-8°. Fig. Br. (Extrait du *Journal de la Société d'archéologie lorraine.*)

4778. SALMON. M. **Tabouret de Crespy** (juge au tribunal de Toul). Par Salmon. *Metz, Rousseau-Pallez*, 1864. 8 pages, in-8°. Br. (Extrait de la *Revue de l'Est.*)

4779. **Tastu** (Sabine-Casimire-Amable Voïart, dame), femme poète (née à Metz). Portrait. *David del.*

4780. **Teissier** (Guil.-Ferd.), sous-préfet de Toul et de Thionville. Portrait. *Hussenot del.* — Le même. *A. de Pr.*, 1821.

4781. PROUHET. Notice sur la vie et les travaux d'Olry **Terquem** (né à Metz), officier de l'Université, docteur ès-sciences, professeur aux écoles impériales d'artillerie, etc. *Paris, Mallet-Bachelier*, 1862. 11 pages, in-8°. Cart.

4782. SAINT-MAURICE CABANY. Notice nécrologique sur François-Xavier **Tétard**, maire de Haussonville..., mort à Haussonville (Meurthe), le 22 mars 1854 ; par E. de Saint-Maurice Cabany, directeur-rédacteur en chef du *Musée biographique et des Archives générales de la noblesse*, etc. *Paris, Smith*, 1854. 8 pages, in-8°. Cart. (Extrait du *Nécrologe universel du* XIX° *siècle.*)

4783. **Theuriet** (André), romancier (né d'une famille lorraine). Portrait. *Dessin de Goutière-Vernolle.* — Le même. Anonyme.

4784. **Thiard** de Bissy (Henri de), évêque de Toul. Portrait. *Dominicus de Rubeis... Romae.* — Le même. *Se vend chez E. Desrochers à Paris.*

4785. **Thibaut de Ménonville** (François-Louis), maréchal de camp (né au château de Villé, Vosges). Portrait. *Labadye del.*

4786. **Thiébault** (Dieudonné), littérateur (né à La Roche, Vosges). Portrait. *Eng. by H. Adlard.*

4787. MÉMOIRES de J.-P. **Thierry**, de Verdun, ou ses neuf jugemens. Mémoires d'un contemporain, ancien adjudant, commandant, en 1814, les surveillans des palais royaux de Versailles, Trianons, etc., écrits par lui-même. *Saint-Dizier, Fournier-Guillaume, s. d.* 177 pages, in-8°. Portrait. Cart.

4788. ORBAIN. Notice sur Louis-Gabriel-Jules **Thilloy** (né à Sarreguemines), membre titulaire de l'Académie de Metz. Par Orbain. *Nancy, E. Réau*, 1879. 13 pages, in-8°. Br. (Extrait des *Mémoires de l'Académie de Metz*.)

4789. SCHLEMMER. Notice sur M. **Thirion** (né à Nancy), membre du conseil (de la Société d'encouragement pour l'industrie nationale), par G. Schlemmer. *Paris, G. Chamerot*, 1887. 15 pages, in-4°. Br.

4790. LENEPVEU. Notice sur M. Ambroise **Thomas** (né à Metz). Par M. Charles Lenepveu, membre de l'Académie des Beaux-Arts. Lue dans la séance du 9 janvier 1897. *Paris, Imp. Firmin-Didot et Cie*, 1897. 24 pages, in-4°. Br.

4791. **Thomas** (F.), peintre (né à Nancy). Portrait. *J. Isabey.*

4792. **Thomas** de Lunéville, accusé d'avril 1834. Portrait anonyme.

4793. **Thorelle** (J.-J.), artiste peintre à Nancy. Portrait. *Imp. L. Christophe.*

4794. HALDAT. Éloge historique de feu Pierre **Thouvenel**, premier médecin consultant du roi, prononcé le 28 juin 1816, par M. de Haldat. *Nancy, Hissette, s. d.* 31 pages, in-8°. Rel.

4795. **Thouvenel** (Pierre), médecin (né à Sauville, Vosges). Portrait. *Ménageot del.*

4796. QUINTARD. Aventures d'un jeune Lorrain chez les Turcs au XVII° siècle (Gabriel **Th.**), par Léopold Quintard. *Nancy, G. Crépin-Leblond*, 1890. 15 pages, in-8°. Br. (Extrait du *Journal de la Société d'archéologie lorraine.*)

4797. **Totain** (Nicolas-Théodore), député de la Moselle. Portrait. *Lith. par Roussel.*

4798. **Tourtel** (Prosper) et **Tourtel** (Jules), brasseurs à Tantonville. Portraits anonymes.

4799. **Toussaint** (J.-B.), administrateur de la cristallerie de Baccarat. Portrait. *Ch. Vogt*, 1858.

4800. **Toustain** (Joseph-Maurice, comte de), député du baillage de Mirecourt. Portrait. *Aug. Delorme del.*

4801. CHEVRIER. Vers sur la mort de Monsieur le marquis de **Toustain-de-Viray**, procureur général au parlement de Nancy. *S. l., n. n., n. d.* 2 pages, in-4°. Cart.

4802. **Tressan** (Louis-Élisabeth de la Vergne, comte de), lieutenant-général, grand maréchal de la cour de Stanislas. Portrait. *A. Berd del.* — Le même. *A. Duc del.* — Le même. *A Paris, chez Ménard.* — Le même. *Pelletier del.*

4803. ANECDOTES recueillies sur Mgr **Trouillet**, curé de Saint-Epvre de Nancy. Par L. et S. (O. Leroy et E. Simon). *Nancy, G. Crépin-Leblond,* 1887. 16 pages, in-4°. Portrait. Br.

4804. COLIN. Hommage à Mgr **Trouillet**, à l'occasion de ses noces d'or célébrées à la basilique Saint-Epvre, le 11 décembre 1883, par Louis Colin. *Nancy, Fringnel et Guyot,* 1883. 7 pages, in-8°. Br.

4805. COLIN. Noces d'or de Mgr **Trouillet** célébrées à la basilique Saint-Epvre le 11 décembre 1883, par Louis Colin, ancien professeur au collège Albert-le-Grand. *Nancy, Fringnel et Guyot,* 1883. 118 pages, in-8°. Portrait. Br.

4806. **Trouillet** (Joseph), curé doyen de Saint-Epvre. Portrait. *Joseph Jacquot.* — Le même. Anonyme. — Le même. D'après la photographie Barcò.

4807. THOMAS. Notice biographique sur M. Amédée **Turck** (né à Nancy), lue à la séance de la Société d'agriculture de Meurthe-et-Moselle, le 29 mars 1873. Par Stanislas Thomas. *Nancy, Berger-Levrault.* 6 pages, in-8°. Br.

4808. **Turck** (Léopold), député des Vosges. Portrait. *A. Collette.*

4809. **Turinaz** (Charles-François), évêque de Nancy. Portrait. *A. Richard.* — Le même. *Cliché de Pierre Petit, phot.* — Le même. *Alph. Monchablon,* 1896.

4810. KAEUFFER. Charles-Marie **Vagner**, (né à Nancy), zouave pontifical, mort pour la France, le 2 décembre 1870. Par Kaeuffer et Vagner. *Nancy, Vagner,* 1871. 45 pages, in-8°. Br.

4811. **Vagner** (Nicolas). Sa mort. Ses funérailles. Discours de Mgr l'évêque de Nancy. Lettre de Mgr l'archevêque de Besançon. Billet de condoléance de Mgr Langénieux, archevêque de Reims. Lettre du P. Joseph. Lettre de M. le comte de Lambel. Témoignages de la presse. *Nancy, R. Vagner,* 1886. 65 pages, in-8°. Br.

4812. **Vagner** (Nicolas), directeur du journal l'*Espérance*, à Nancy. Portrait. *J. Jacquot,* 1886.

4813. **Valayer** (Placide-Bruno), évêque de Verdun. Portrait. *P. Bronzet.*

4814. MELLIER. Un graveur liégeois à Nancy. Jean **Valdor**, par Émile Mellier. *Nancy, Typ. G. Crépin-Leblond,* 1884. 19 pages, in-8°. Br. (Extrait des *Mémoires de la Société d'archéologie lorraine.*)

4815. HALDAT (DE). Éloge de feu le docteur Louis **Valentin**, membre du conseil municipal de Nancy, lu à la séance publique de la Société royale des sciences, lettres et arts de Nancy, le 14 mai 1829, par de Haldat, directeur de l'École secondaire de la même ville. *Nancy, Hissette,* 1829. 23 pages, in-8°. Portrait. Br.

4816. **Valentin** (Louis), médecin à Nancy. Portrait. *Dess. au physionotrace et gravé par Quénedey,* 1812.

4817. **Valentin** (Henri), peintre (né à Allarmont, Vosges). Portrait. *Marc.*

4818. **Valladier** (André), abbé de Saint-Arnoult de Metz. Portrait. *Mich. Lasne delineavit et fecit,* 1627.

4819. **Valmonzey** (Mlle C.), artiste (née à Nancy). Portrait. *R. Hennon-Dubois.*

4820. **Valory** (G.-F.-H.), général de brigade (né à Toul). Portrait. *Swebach del.*

4821. VAGNER. Madame de **Vannoz** (née à Nancy). Par Vagner. *Nancy, Vagner,* s. d. 8 pages, in-8°. Br.

4822. **Varin** (Charles Voirin dit), auteur dramatique (né à Nancy). Portrait. *M. Alophe.*

4823. PICARD. La vie et les travaux de M. Henry-Auguste **Varroy** (né à Vittel), ingénieur en chef des Ponts et chaussées, sénateur, ancien ministre des travaux publics, par A. Picard. *S. l., n. n., n. d. (Paris, Tolmer et Cie).* 94 pages, in-8°. Br.

4824. MACQUIN. L'une des gloires du clergé de la Meurthe. Vie de M. l'abbé

Vatelot (né à Bruley), fondateur des religieuses de la Doctrine chrétienne, par Macquin. *Pont-à-Mousson, P. Toussaint,* 1854. 36 pages, in-18. Br.

4825. NOTICE biographique sur la vie et les travaux de M. Bourdon de **Vatry**, député, dédiée aux électeurs de Château-Salins (Meurthe). *Paris, C. Bajat,* 1842. 15 pages, in-8°. Cart.

4826. COLLE. Discours prononcé sur la tombe de M. l'abbé **Vaudeville** (né à Saint-Nicolas-de-Port), ancien chef d'escadron, officier de la Légion d'honneur... Par l'abbé Colle. *Saint-Nicolas, Prosper Trenel,* (1840). 8 pages, in-8°. Br.

4827. HALDAT. Éloge historique de feu M. l'abbé **Vautrin** (né à Saint-Nicolas-de-Port), membre de l'Académie de Nancy, par M. de Haldat. *Nancy, Hissette,* 1823. 20 pages, in-8°. Rel.

4828. CHASSIGNET. Le général de **Vercly** (né à Metz). Esquisse biographique par L.-M.-M. Chassignet. *Nancy, Berger-Levrault,* 1893. 56 pages, in-8°. Br.

4829. **Verder** (Catherine-Mélanie Monot-Osvalt, femme), de Lunéville. Portrait. *Dumontier del.*

4830. **Verdet** (Louis), député (né à Nancy). Portrait. *Labadye del.* — Le même. *Lambert del.*

4831. VERDUN. La république dédiée à tous les évêques et à tous les prêtres, à toute la représentation nationale, à tous les magistrats, à tous les citoyens, à tous les gardes nationaux et à tous les soldats français, par l'abbé J.-G. **Verdun** (curé de Ferrières). *Nancy, Hinzelin,* 1835. 92 pages, in-8°. Cart.

4832. LALLEMENT. Notice sur Édouard **Vicq** (de Saint-Mihiel), par Louis Lallement, avocat à la Cour. *S. l., n. n., n. d.* 13 pages, in-8°. Br.

4833. BELLUNE (DE). Mémoires inédits de feu M. le maréchal duc de Bellune (**Victor**), an VIII (1800). Campagne de l'armée de réserve. Bataille de Marengo. *Paris, Bourgogne et Martinet, s. d.* 40 pages, in-8°. Carte. Demi-rel.

4834. BELLUNE (DE). Mémoire pour M. le maréchal duc de Bellune (**Victor**), sur les marchés Ouvrard. *Paris, C.-J. Trouvé,* 1826. 176 pages, in-8°. Demi-rel.

4835. CHATEAUBRIAND (DE)... Le duc de Bellune (**Victor**), considéré comme signe de la grandeur passée et de la grandeur future de la France ; pièces recueillies de MM. de Chateaubriand, Hyde de Neuville et Madrolle, et de mémoires autographes du duc de Bellune lui-même. *Paris, Hivert,* 1841. 20 pages, in-8°. Demi-rel.

4836. BRÉZÉ (DE). Discours prononcé, le 7 mars 1842, à la Chambre des Pairs de France, par M. le marquis de Brézé, à l'occasion du décès de M. le maréchal **Victor**, duc de Bellune. *S. l., n. n., n. d.* 26 pages, in-8°. Demi-rel.

4837. LATOUR-MAUBOURG (DE). Lettre de M. le marquis Victor de Latour-Maubourg, pair de France, gouverneur des Invalides, à M. le maréchal duc de Bellune (**Victor**), pair de France, en réponse à l'introduction de son dernier mémoire. *Paris, F. Didot,* 1826. 12 pages, in-8°. Demi-rel.

4838. **Victor** (Claude-Perrin dit), duc de Bellune, maréchal de France (né à La Marche, Vosges). Portrait. *A Paris, chez Jean.* — Le même. *Lith. de Villain.* — Le même. *Maurin.* — Le même. *I. Lith. de Delpech.* — Le même. Anonyme. — Le même. *Forestier sculp.* — Le même. *Imp. de Drouart.* — Le même. *Gros pinxit.* — Le même. *Peint par Gros.* — Le même. *Fauchery del.* — Le même. *Couché del.* — Le même. *Martinet pinxit.*

4839. **Vignon** (Vve), de Vic. Portrait. *Adèle J., de Nancy, née Le Breton pinx.*

4840. (FOURNIER.) Inauguration du monument élevé à la mémoire du Dr **Villemin**, le 30 septembre 1894, à Bruyères. (Par Fournier.) *Rambervillers, Imp. Risser,* 1894. 53 pages, in-8°. Fig. Br. (*Bulletin médical des Vosges.*)

4841. NOLLET (Fabert). Notice historique sur la vie et les travaux de M. Louis François de **Villeneuve - Bargemont**, marquis de Trans,... (historien du duc René d'Anjou). Par Jules Nollet (Fabert). *Saint-Nicolas, Trenel,* 1851. 24 pages, in-8°. Br. — Allocution adressée au nom de l'Académie de Nancy au convoi funéraire de M. de Villeneuve, avant le service. *Nancy, Vve Raybois, s. d.* 3 p., in-4°. Br.

4842. SÉGUR. Vie de Hélion-Charles-Alban, marquis de **Villeneuve-Trans**, mort sergent de zouaves sous les murs de Sébastopol, par le comte Anatole de Ségur. *Paris, J. Lecoffre, s. d.* 175 pages, in-12. Demi-rel.

4843. **Villeneuve-Trans** (Charles-Alban-Hélion, marquis de), sergent de zouaves (né à Nancy). Portrait anonyme. — Le même. *Imprimé par Alfred Chardon.*

4844. BÉGIN. Charles-François-Dominique de **Villers** (né à Boulay), Mme Rodde et Mme de Staël. Par Ém. Bégin. *Metz, Verronnais, s. d.* 77 pages, in-8°. Portrait. Cart.

4845. (VILLIAUME). M. **Villiaume** (né à Charmes), sommeillant à Charenton, suivi du réveil de M. Villiaume, et de sa rentrée dans le monde (par Villiaume). *Paris, Vve Cussac,* 1818. xvi-315 pages, in-8°. Rel. veau.

4846. **Villiaumé** (Nicolas), avocat, historien (né à Pont-à-Mousson). Portrait. *Lith. par E. Desmaisons.* — Le même. *J.-A. Beaucé.*

4847. RENAULD. Le commerce lorrain au xviiie siècle, par Jules Renauld. J.-B. **Villiez** et J.-F. Villiez (marchands à Nancy). *Nancy, Berger-Levrault, s. d.* 18 pages, in-8°. Br.

4848. CAMPAUX. Isidore **Vincent** (né à Saint-Dié). Feuillet d'histoire de l'École normale supérieure et de l'École d'Athènes. 1840-1850. Par Antoine Campaux, professeur à la Faculté des lettres de Nancy. *Nancy, Berger-Levrault,* 1874. 38 pages, in-8°. Br.

4849. **Vincent** (Nicolas-Charles, baron de), diplomate (d'une famille de Lorraine). Portrait. *Laurent.*

4850. **Vioménil** (Charles-Joseph-Hyacinthe du Houx, marquis de), maréchal de France (né à Ruppes, Vosges). Portrait. *Peint par Delaval.* — Le même. *L. Boilly,* 1827. — Le même. *Lith. de Villain.*

4851. **Viox** (Antoine-Joseph), député de la Meurthe. Portrait. *Courtois.*

4852. JOUVE. Notice sur Jean **Viriot** d'Épinal, par Louis Jouve. *Nancy, G. Crépin-Leblond,* 1894. 22 pages, in-8°. Br. (Extrait du *Journal de la Société d'archéologie lorraine.*)

4853. **Vogin** (Pierre-Auguste), député de la Meurthe. Portrait. *Lith. d'après nature par Marin Lavigne.* — Le même. *Selb f.*

4854. BENOIT. Éloge de Madame Élise **Voïart**, par M. L. Benoit, bibliothécaire de la ville de Nancy. Discours de réception à l'Académie de Stanislas. *Nancy, Sordoillet,* 1869. 24 pages, in-8°. Portrait. Demi-rel.

4855. DUMAST. Paroles prononcées sur la tombe de Madame Élise **Voïart**. Par P.-G.-D. (P. Guerrier de Dumast). *Nancy, A. Lepage,* 1866. 4 pages, in-8°. Cart.

4856. GINDRE DE MANCY. Madame Élise **Voïart** et son hôte Rouget de Lisle. Générosité de Béranger. Par J.-B. Gindre de Mancy. *Nancy, Sordoillet,* 1868. 28 pages, in-8°. Portrait. Rel.

4857. GINDRE DE MANCY. Notice nécrologique sur Madame Élise **Voïard**, comprenant des détails relatifs à Rouget de Lisle, par J.-B. Gindre de Mancy. *Nancy, Sordoillet et fils,* 1869. 28 pages, in-8°. Br.

4858. **Voïart** (Anne-Élisabeth Petitpain, Élise), femme de lettres (née à Nancy). Portrait. *P.-J. David,* 1832. — La même. *P.-J. David del.*

4859. **Voidel** (J.-G. Charles), député (né à Château-Salins). Portrait *Labadye del.* — Le même. *Lambert del.*

4860. DIGOT. Notice biographique et littéraire sur Nicolas **Volcyr**, historiographe et secrétaire du duc Antoine. Par Aug. Digot. *Nancy, Grimblot et veuve Raybois,* 1849. 84 pages, in-8°. Br. (Extrait des *Mémoires de la Société des sciences, lettres et arts de Nancy.*)

4861. LALLEMENT. M. **Volland** père, avocat à Nancy, par Louis Lallement. *Nancy, Crépin-Leblond,* (1882). 16 pages, petit in-8°. Br.

4862. **Waldetrude** (Ste Françoise), fondatrice des dames chanoinesses séculières de Lorraine (Ste Valdrée). Portrait anonyme.

4863. GILLET. Paroles prononcées par M. Gillet, substitut du procureur du roi, sur la tombe de M. Henry **Welche**, avocat à Nancy, le 31 août 1842. *Nancy, Hinzelin*, (1842). 4 pages, in-8°. Br.

4864. **Welche** (Nicolas), député des Vosges. Portrait anonyme.

4865. **Wendel** (de), secrétaire de la Chambre des députés (né à Hayange). Portrait. *I. Lith. de Delpech.*

4866. **Wiener** (Lucien), conservateur du musée lorrain. Portrait. *M. Schiff*, 1883. — Le même. *Prouvé.*

4867. LAMOUREUX. Notice biographique sur Pierre-Remy **Willemet**, professeur de botanique, directeur du Jardin des plantes de Nancy, etc. Par M. Justin Lamoureux, membre de l'Académie de Nancy. *Bruxelles, s. n.*, 1808. 20 pages, in-8°. Cart.

4868. HALDAT. Éloge de M. **Willemet**, lu à la séance publique de l'Académie de Nancy, le 20 août 1807, par M. le docteur Haldat, secrétaire de cette Académie. *Nancy, Vinculle*, 1807. 17 pages, in-8°. Demi-rel.

4869. **Willemet** (Remi), professeur de botanique et de chimie. Portrait. *Y.-D. Collin del.*

4870. GILBERT. Notice biographique sur N.-X. **Willemin** (né à Nancy), membre honoraire (de la Société des antiquaires de France). Par Gilbert. *Paris, E. Duverger*, (1833). 4 pages, in-8°. Br. (Extrait des *Mémoires de la Société des antiquaires de France*.)

4871. **Wimpffen** (Félix de), député, défenseur de Verdun. Portrait. *F. Bonneville del.*

4872. JACQUOT. Pierre **Woeiriot**. Les Wiriot-Woeiriot, orfèvres-graveurs lorrains, par Albert Jacquot. *Paris, J. Rouan*, 1892. 78 pages, in-8°. 12 fig. Br.

4873. JOUVE. Pierre **Woeiriot** et sa famille. Critique de la brochure de M. Albert Jacquot intitulée « Les Wiriot-Woeiriot », par Louis Jouve. *Paris, chez l'auteur*, 1892. 56 pages, in-12. Br.

4874. BADEL. Jules **Wohlgemuth**, directeur de l'École professionnelle de l'Est (à Nancy). Sa vie, sa mort, ses funérailles, par Émile Badel, professeur à la même école. *Nancy, s. n.*, 1893. 32 pages, in-8°. Portrait. Br.

4875. **Woirhaye** (Charles-François), député de la Moselle. Portrait. *Lith. d'après nature par C. Deshays.*

4876. JÉROME. M. l'abbé Paul **Xilliez**, professeur de philosophie à l'institution B. Pierre Fourier de Lunéville (1868-1896), par l'abbé Jérome, professeur au grand séminaire de Nancy. *Nancy, R. Vagner*, 1896. 19 pages, in-8°. Portrait. Br.

4877. (VOLLAND...) Discours prononcés à Nancy, le mardi 27 juin 1871, sur la tombe de M. Hubert-Edgard-Charles-Marie **Zaepffel**, avocat, garde mobile, mort à Paris le 19 février 1871. (Par MM. Volland père, Jalabert et Ory.) *Nancy, s. n.*, (1871). 16 pages, in-8°. Br.

4878. PAILLART. Éloge de M. le baron **Zangiacomi** (né à Nancy), pair de France, président de chambre à la Cour de cassation, prononcé à l'Académie de Stanislas, par Paillart, ancien procureur général. *Nancy, Grimblot et Vve Raybois*, 1854. 32 pages, in-8°. Br. (Extrait des *Mémoires de l'Académie de Stanislas.*)

V. ARCHÉOLOGIE

A. Archéographie

(Dans l'ordre alphabétique des noms des auteurs. — Pour les antiquités locales, les fouilles et les découvertes, voir : Histoire des localités, n°ˢ 1735 à 3213.)

4879. ABEL. Ad Duodecimum. Extrait des excursions archéologiques le long des voies romaines du pays Mosellan, avec deux cartes topographiques, par Charles Abel, président de la Société d'histoire et d'archéologie de la Moselle, etc. *Metz, Béha, s. d.* 8 pages, in-8°. Br.

4880. ABEL. Les voies romaines dans le département de la Moselle, par C. Abel, docteur en droit. *Metz, Rousseau-Palley,* 1859. 31 pages, in-8°. Cart. (Extrait des *Mémoires de la Société d'archéologie et d'histoire de la Moselle.*)

4881. ABEL. Le dit des trois morts et des trois vifs, dans le département de la Moselle. Par Ch. Abel. (*Metz*), *s. n.*, (1866). 11 pages, in-8°. Fig. Cart.

4882. BACH. Mémoire sur les habitations gauloises et sur les vestiges qu'on en trouve dans les provinces de l'Est, par le R. P. Bach, de l'École Saint-Clément. *Metz, Rousseau-Palley,* 1866. 16 pages, in-8°. Cart.

4883. BARDY. L'archéologie et les beaux-arts dans l'arrondissement de Saint-Dié. Discours... par Henri Bardy, président de la Société philomatique. *Saint-Dié, L. Humbert,* 1882. 20 pages, in-8°. Br.

4884. BARTHÉLEMY. Camps vitrifiés et camps calcinés, par F. Barthélemy. *Nancy, G. Crépin-Leblond,* 1892. 39 pages, in-8°. Fig. Br.

4885. BARTHÉLEMY. Répertoire des découvertes préhistoriques dans le département de la Meurthe, par M. F. Barthélemy. *Paris, Imp. Chaix,* 1889. 16 pages, in-8°. 1 carte. Demi-rel. (Publié par l'*Association française pour l'avancement des sciences.*)

4886. BARTHÉLEMY. Recherches archéologiques sur la Lorraine avant l'histoire, par F. Barthélemy. Ouvrage couronné par l'Académie de Stanislas. (Prix Herpin 1889). Avec 2 cartes et 31 planches hors texte. *Nancy, Sidot ; Paris, J.-B. Baillière,* 1889. 302 pages, in-8°. Demi-rel. (Extrait des *Mémoires de la Soc. d'archéol. lorr.*)

4887. BARTHÉLEMY. Outil acheuléen découvert dans les alluvions de la Moselle, par F. Barthélemy. *Paris, Chaix,* 1890. 3 pages, in-8°. Br. (Publié par l'*Association française pour l'avancement des sciences.*)

4888. BEAULIEU. Archéologie de la Lorraine, ou recueil de notices et documents pour servir à l'histoire des antiquités de cette province, par L. Beaulieu, de la Société royale des antiquaires de France, etc. *Paris, Le Normant,* 1840-1843. XII-288 et 271 pages, in-8°. Fig. 2 vol. Demi-rel.

4889. BEAULIEU. De l'emplacement de la station romaine d'Andesina, par L. Beaulieu. *Nancy, Grimblot et Vve Raybois,* 1849. 27 pages, in-8°. 4 fig. Demi-rel. (Extrait des *Mém. de la Soc. des sciences, lettres et arts de Nancy.*)

4890. BEAULIEU. Observations sur le mémoire de M. Digot, intitulé : Recherche du véritable nom et de l'emplacement de la ville que la table de Peutinger indique sous le nom Andésina ou Indésina, et assignation à Bourbonne-les-Bains, de l'édifice thermal sans nom qui figure sur la même table. Par Beaulieu, de la Société impériale des antiquaires de France, etc. *Chaumont, C. Cavaniol,* 1854. 10 pages, in-8°. Cart.

4891. BÉGIN. Mélanges d'archéologie et d'histoire : — Études sur la Lorraine et le pays messin. — Promenades archéologiques dans le val de Metz. — Étude sur la navigation et l'histoire de la Moselle. — Traduction de la *Moselle,* poème d'Ausone. Par Émile Bégin. *Metz, Verronnais,* 1840. 16, 49, 65 et 16 pages, in-8°. Cart.

4892. BÉGIN... Recueil de dissertations, mémoires et notices archéologiques, concernant la Lorraine et particulièrement le pays messin, avec gravures, plans, etc., par MM. Bégin, Dufresne, C. Dutreux, E. d'Huart, de Saint-Contest, Emmery, E. Michel, V. Simon, etc., etc. *Metz, Imp. Dembour et Gangel, s. d.* Environ 400 pages, in-8°. Demi-rel.

4893. BENOIT. Association française pour l'avancement des sciences. Congrès de Nancy, 1886 ; séance du 13 août. Recherches sur les monuments en bronze, à partir du XIVe siècle, par M. A. Benoit. *Nancy, Berger-Levrault et Cie, s. d.* 8 pages, in-8°. Br.

4894. BENOIT. Enseignes et insignes, médailles et décorations se rattachant à la Lorraine, par A. Benoit. *Nancy, G. Crépin-Leblond,* 1872. 26 pages, in-8°. — Enseignes et insignes (suite). *Nancy, Grosjean-Maupin,* 1874. 19 pages, in-8°. Fig. Cart. (Extraits des *Mémoires de la Société d'archéologie lorraine.*)

4895. BENOIT. Les temps anciens en Alsace-Lorraine. Les pierres et les roches des Vosges inférieures (le Schneeberg, Saverne, Bitche) et des vallées de la Sarre, de la Seille et de la Moselle. Par A. Benoit. *Strasbourg, R. Schultz.* 20 pages, in-8°. Br. (Extrait du *Journal des communes d'Alsace-Lorraine.*)

4896. BENOIT. En Lorraine. Notes publiées dans les *Mémoires* de la Société d'archéologie lorraine. Par A. Benoit. *Nancy, Crépin-Leblond.* 140 pages, in-8°. Fig. Br.

4897. BENOIT. A travers le Saulnois. Par A. Benoit. *Château-Salins, Pétry, s. d.* Recueil de 23 opuscules, in-8°.

4898. BENOIT. Notes sur la Lorraine. Par A. Benoit. Recueil de 126 pages, in-8°. (Extraits du *Messin*, du *Journal de Montmédy* et de la *Curiosité universelle.*)

4899. BENOIT. Les voies romaines de l'arrondissement de Sarrebourg, par Louis Benoit. *Nancy, A. Lepage,* 1865. 18 pages, in-8°. Carte. Cart.

4900. BENOIT. Notice sur les antiquités du département de la Meurthe et des cimetières de la période gallo-romaine, par Louis Benoit, bibliothécaire en chef de la ville de Nancy. *Nancy, A. Lepage,* 1868. 28 pages, in-8°. Fig. Cart. (Extrait des *Mémoires de la Société d'archéologie lorr.*)

4901. BENOIT. Pierres bornales armoriées (Meurthe, Bas-Rhin, Vosges), par L. Benoit. *Nancy, A. Lepage,* 1870. 56 pages, in-8°. Fig. Cart. (Extrait des *Mémoires de la Société d'archéologie lorraine.*)

4902. BENOIT. Répertoire archéologique du département de la Meurthe. Arrondissement de Sarrebourg. Par M. Louis Benoit, maire de Berthelming. *Nancy; Imp. A. Lepage,* 1862. 52 pages, in-8°. Cart. (Extrait des *Mémoires de la Soc. d'archéol. lorr.*)

4903. BERNHARDT. Les peuples préhistoriques en Lorraine, par C. Bernhardt. *Nancy, Imp. G. Crépin-Leblond,* 1890. 163 pages, in-8°. Br.

4904. BLAU. Mémoires sur deux monuments géographiques conservés à la Bibliothèque publique de Nancy, par M. Blau, inspecteur honoraire. *Nancy, Imp. Vve Hissette,* 1836. 55 pages, in-8°. 2 pl. Demi-rel. (Extrait des *Mémoires de la Soc. r. des sc., let. et arts de Nancy.*)

4905. BLEICHER. Guide pour les recherches archéologiques (époques préhistoriques, gallo-romaine et mérovingienne) dans l'Est de la France : Belfort, Doubs, Haute-Saône, Meurthe-et-Moselle, Meuse, Vosges. Par MM. Bleicher et J. Beaupré. Avec 188 dessins au trait, par J. Beaupré. *Nancy, A. Crépin-Leblond,* 1896. VIII-118 pages, in-12. Cart.

4906. BLEICHER. Commerce et industrie des populations primitives de l'Alsace et de la Lorraine, par le docteur Bleicher. *Colmar, Decker,* 1891. 34 pages, in-8°. Br. (Extrait du *Bulletin de la Société d'histoire naturelle de Colmar.*)

4907. BLEICHER. Contribution à l'étude : 1° de la céramique préromaine ; 2° des matières premières usitées par les populations anciennes de l'Alsace, de la Lorraine, du Nord de l'Afrique, par le docteur Bleicher. *Colmar, Vve Camille-Decker,* 1888. 63 pages et 16 planches, in-8°. Br. (Extrait du *Bulletin de la Société d'histoire naturelle de Colmar.*)

4908. BLEICHER. Les tumuli de la Lorraine, par MM. le dr Bleicher et Barthélemy. *Nancy, Berger-Levrault et Cie, s. d.* (1886). 14 pages, in-8°. Br. (*Association française pour l'avancement des sciences.*)

4909. BLEICHER. Note sur la découverte d'un atelier de taille de silex, aux environs de Commercy, par A. Bleicher, professeur à l'Ecole supérieure de pharmacie. *Nancy, Berger-Levrault et Cie, s. d.* 7 pages, in-8°. Br.

4910. BOTTIN. Mélanges d'archéologie, précédés d'une notice historique sur la Société royale des antiquaires de France... publiés par Séb. Bottin... *Paris, Delaunay,* 1831. 306 pages, in-8°. Fig. Demi-rel. (Mémoires sur Marsal, Moyenvic, Gran, etc.)

4911. BOULANGÉ. Antiquités celtiques et gallo-romaines du département de la Moselle, par G. Boulangé. *Metz, Pallez et Rousseau,* 1853. 18 pages, in-8°. Fig. Cart.

4912. BOULANGÉ. Causerie archéologique, par G. B. (Georges Boulangé.) *Metz, s. n.*, (1855). 16 pages, in-8°. Fig. Cart.

4913. BOULANGÉ. Excursion archéologique dans le pays de Bitche. Par Georges Boulangé. *Metz, S. Lamort*, 1854. 6 pages, in-4°. Cart.

4914. BOULANGÉ. Les châteaux de la Moselle, notes archéologiques, par G. Boulangé. *Metz, Rousseau-Pallez*, 1855. 16 et 29 pages, in-8°. Dix planches. Cart.

4915. BRETAGNE. Description d'un laraire antique trouvé à Naix, par M. Bretagne. *Nancy, G. Crépin-Leblond*, 1883. 9 pages, in-8°. Fig. Br. (Extrait des *Mémoires de la Société d'archéologie lorraine.*)

4916. BRETAGNE. Inscriptions métalliques sur les édifices publics des Leuci, à l'époque gallo-romaine, par Bretagne. *Nancy, G. Crépin-Leblond*, 1880. 12 pages, in-8°. Fig. Cart. (Extrait des *Mémoires de la Société d'archéologie lorraine.*)

4917. CHAPELIER. Médailles du bienheureux Pierre Fourier, par l'abbé Ch. Chapelier. *Nancy, G. Crépin-Leblond*, 1886. 16 pages, in-8°. Br. (Extrait, avec addition, du *Journal de la Société d'archéologie lorraine.*)

4918. CHAPELIER. Notes archéologiques : Le château de Maherus. Les fourrières de la Madeleine. Croix de Renaud de Senlis. Sépulture et croix de Maherus. Par l'abbé Ch. Chapelier. *Saint-Dié, L. Humbert*, 1888. 10 pages, in-8°. Br. (Extrait du *Bulletin de la Société philomatique vosgienne.*)

4919. CHAPIA. Excursion hagio-archéologique dans les Vosges, par M. l'abbé Chapia, curé de Vittel, etc. *Nancy, Vagner*, 1857. 20 pages, in-8°. Cart.

4920. COLLIGNON. Anthropologie de la Lorraine, par le dr R. Collignon. *Nancy, Berger-Levrault et Cie*, 1886. 15 pages, in-12. Br.

4921. COLLIGNON. Observations sur les crânes et ossements du Vieil-Aître, par MM. Collignon et Bleicher. *Nancy, Crépin-Leblond*, 1895. 5 pages et 1 pl. in-8°. Broché.

4922. DIGOT. Recherche sur le véritable nom et l'emplacement de la ville que la Table théodosienne appelle Andesina ou Indesina, par M. Aug. Digot. *Nancy, Vagner*, 1851. 23 pages, in-8°. 2 pl. Demi-rel.

4923. DINAGO. Un bas-relief du Donon. BELLICcUS SURBUR, fac-similé inédit, d'après le dessin original de la Bibliothèque de Saint-Dié, avec une notice, par F. Dinago, avocat. *Saint-Dié, L. Humbert*, 1876. 4 pages, in-8°. Planche. Cart.

4924. DUFRESNE. Notice sur quelques antiquités trouvées dans l'ancienne province leuke (évêché de Toul), depuis 1832 jusqu'en 1847, par A. Dufresne. *Metz, S. Lamort*, 1849. 62 pages, in-8°. Planches. Cart. (Extrait des *Mémoires de l'Académie de Metz.*)

4925. FAVIER. Note sur le hanap en vermeil du musée lorrain, par J. Favier. *Nancy, G. Crépin-Leblond*, 1893. 10 pages, gr. in-8°. Fig. Br.

4926. FONTAINE. Recueil d'anciennes croix du diocèse de Saint-Dié (Vosges). Dessinées et accompagnées de notices, par Ch. Fontaine, architecte. *Saint-Dié, Typog. L. Humbert*, 1875. 24 pages et 40 planches, gr. in-4°. Br.

4927. FONTAINE. Recueil de différents monuments du diocèse de Saint-Dié (Vosges). Autographiés et accompagnés de notices, par Ch. Fontaine, architecte. Première partie. *Saint-Dié, Typ. L. Humbert*, 1875. 10 pages et 60 planches, gr. in-4°. Br.

4928. (FRIRY.) Essai sur les origines et antiquités de l'arrondissement de Remiremont, département des Vosges (par Friry). *Remiremont, Vve Dubiez*, 1835. 40 pages, in-8°. Cart.

4929. GERMAIN. Anciens bénitiers lorrains, par Léon Germain. *Nancy, G. Crépin-Leblond*, 1886. 16 pages, in-8°. Br. (Extrait du *Journal de la Société d'archéologie lorraine.*)

4930. GERMAIN. Anciennes cloches lorraines, par L. Germain. *Nancy, G. Crépin-Leblond*, 1885. 74 pages, in-8°. Br.

4931. GERMAIN. La crosse émaillée du Musée historique lorrain, par Léon Germain. *Nancy, G. Crépin-Leblond*, 1888. 7 pages, in-8°. Br. (Extrait des *Mémoires de la Société d'archéologie lorraine*.)

4932. GERMAIN. Taque de fourneau au Musée de Longwy représentant la crucifixion (xvii° siècle). *Montmédy, Imp. Ph. Pierrot*, 1896. 8 pages, in-8°. Br.

4933. GODRON. L'âge de pierre en Lorraine, par D. A. Godron, docteur en médecine et docteur ès-sciences, doyen de la Faculté des sciences de Nancy, etc. *Nancy, Vve Raybois*, 1868. 20 pages, in-8°. Planche. Cart. (Extrait des *Mémoires de l'Académie de Stanislas*.)

4934. GOLBÉRY (DE). Lettre à M. Matter, professeur à l'Académie royale de Strasbourg (au sujet du camp des Romains, dit camp d'Afrique), par P. de Golbéry, membre correspondant de la Société royale des antiquaires de France, datée de Vandœuvre, près Nancy, du 30 septembre 1823. *S. l., n. n., n. d.* 11 pages, in-8°. Demi-rel.

4935. GRILLE DE BEUZELIN. Rapport à M. le Ministre de l'Instruction publique sur les monuments historiques des arrondissements de Nancy et de Toul (département de la Meurthe), accompagné de cartes, plans et dessins; par E. Grille de Beuzelin, membre de la Société des antiquaires de France. *Paris, Imp. Crapelet*, 1837. 159 pages, in-4° et 38 planches, in-fol. 2 vol. Demi-rel.

4936. GUÉRIN. De la conservation des objets d'archéologie, par Raoul Guérin, de la Société lorraine d'archéologie. *Nancy, G. Crépin-Leblond*, 1873. 16 pages, in-8°. Cart. (Extrait du *Journal de la Société d'archéologie lorraine*.)

4937. GUÉRIN. Études historiques lorraines. Note sur un anneau-support trouvé dans la Meurthe, par Raoul Guérin, de la Société lorraine d'archéologie. *Nancy, Hinzelin et Cie*, 1868. 5 pages, in-8°. Planche. Cart.

4938. GUÉRIN. Note sur les objets préhistoriques de la côte de Boudonville, par Raoul Guérin. *Nancy, A. Lepage*, 1870. 7 pages et 2 planches, in-8°. Br. (Extrait du *Journal de la Soc. d'archéol. lorraine*.)

4939. HUSSON. Notes pour servir aux recherches relatives à l'apparition de l'homme sur la terre... Alluvions des environs de Toul (trous de Sainte-Reine), par Husson. *Toul, Auguste Bastien*, 1863. 18 pages et une planche, in-8°. Br.

4940. HUSSON. Origine de l'espèce humaine dans les environs de Toul par rapport au diluvium alpin, par Husson. *Pont-à-Mousson, P. Toussaint*, 1864. 63 pages, in-8°. Fig. Br.

4941. HUSSON. Ancienneté de l'homme dans les environs de Toul à l'occasion d'une brochure de M. de Mortillet, par Husson. *Toul, A. Bastien*, 1865. 7 pages, in-8°. Br.

4942. HUSSON. Ancienneté de l'homme dans les environs de Toul. Note complémentaire, par Husson. *Toul, A. Bastien*, 1865. 8 pages, in-8° et une photographie. Br. (Extrait des *Comptes rendus de l'Académie des sciences*.)

4943. HUSSON. Alluvions des environs de Toul par rapport à l'antiquité de l'espèce humaine, par Husson. *Toul, A. Bastien*, 1865. 16 pages, in-8°. Br.

4944. HUSSON. Alluvions des environs de Toul par rapport à l'antiquité de l'espèce humaine, par Husson. *Toul, A. Bastien*, 1866. 8 pages, in-8°. Br.

4945. HUSSON. Origine de l'espèce humaine dans les environs de Toul et figurines des temps primitifs, par Husson. *Toul, A. Bastien*, 1866. 16 pages, in-8°. Br.

4946. HUSSON. Origine de l'espèce humaine dans les environs de Toul, par rapport au diluvium alpin, par Husson. *Paris, J.-B. Baillère et fils*, 1867. 16 pages, in-8°. Br.

4947. HUSSON. Origine de l'espèce humaine... Analyse chimique et examen comparatif des épaves touloises avec celles du Musée impérial de Saint-Germain et de l'Exposition universelle. *Toul. A. Bastien*, 1867. 29 pages, in-8°. Br.

4948. HUSSON. Histoire du sol de Toul. 17° note sur l'origine de l'espèce humaine dans les environs de cette ville, par Husson. *Toul, T. Lemaire*, 1870. 56 pages, in-8°. Br.

4949. JACQUOT. La Lorraine préhistorique, par François Jacquot. *Nancy, G. Crépin-Leblond*, 1893. 16 pages, gr. in-8°. Cart. (*Annuaire de Lorraine.*)

4950. JOHANNEAU. Lettre à M. Bottin, secrétaire général de la Société des antiquaires, sur deux inscriptions de Gran (Vosges) et sur le culte de la foudre et du taureau, par M. Éloi Johanneau, datée de Montreuil-les-Pêches, banlieue de Paris, du 10 novembre 1825. *S. l., n. n., n. d.* 24 pages, in-8°. Demi-rel.

4951. JOLLOIS. Mémoire sur quelques antiquités remarquables du département des Vosges, par J.-B.-P. Jollois, ingénieur en chef. *Paris, Derache*, 1843. xxxvii-200 pages. Frontispice, carte, plans, figures, en tout 41 planches. Demi-rel.

4952. JOLLOIS. Mémoire sur les antiquités du Donon, par M. Jollois, ingénieur en chef des ponts et chaussées... *Épinal, Gérard*, 1828. 36 pages, in-8°. 4 pl. Cart.

4953. JOUVE. Le musée des Vosges. Étude par Louis Jouve. *Nancy, Berger-Levrault*, 1878. 26 pages, in-8°. Br.

4954. KRAUS. Kunst und Alterthum in Lothringen. Beschreibende statistik im auftrage des Kaiserlichen ministeriums für Elsass-Lothringen. Herausgegeben von Dr. Franz Xaver Kraus, professor an der Universität Freiburg. *Strassburg, C.-F. Schmidt*, 1889. 1049 pages, in-8°. Nombreuses figures dans le texte et planches hors texte. Demi-rel.

4955. LAPRÉVOTE. Note sur un bronze antique, par Charles Laprévote. *Nancy, G. Crépin-Leblond*, 1876. 7 pages, in-8°. Cart. (Extrait des *Mémoires de la Société d'archéologie lorraine.*)

4956. LEDAIN. Lettres et notices d'archéologie, de numismatique, de topographie gallo-romaine et d'histoire, par M. l'abbé Ledain. Nouvelle édition, revue et augmentée. *Metz, Nouvian*, 1869. 654 et lxv pages, in-8°. 6 planches. Br.

4957. LIÉNARD. Archéologie de la Meuse. Description des voies anciennes et des monuments aux époques celtique et gallo-romaine, par M. Félix Liénard, secrétaire perpétuel de la Société philomatique de Verdun, président de la commission du musée de cette ville. *Verdun, Ch. Laurent*, 1881-1885. vii-125, 191 et ii-144 pages, 41, 43 et 40 planches, in-4°. 3 tomes en 2 vol. (1 de texte et 1 de pl.) Demi-rel.

4958. LORRAIN. Musées de la ville de Metz. Catalogue de la galerie archéologique, rédigé par M. Lorrain, conservateur, précédé d'une notice historique, par M. Abel. *Metz, J. Verronnais*, 1874. xxv-161 pages, in-8°. Demi-rel.

4959. MOREY. De quelques antiquités gauloises en Lorraine, particulièrement du briquetage de la Seille, par P. Morey. *Nancy, Vve Raybois*, 1868. 22 pages et une planche, in-8°. Cart. (Extrait des *Mémoires de l'Académie de Stanislas.*)

4960. MORLET. Quelques monuments de l'époque gallo-romaine trouvés sur les sommités des Vosges, près de Saverne (à la limite de l'Alsace et de la Lorraine). Par le colonel de Morlet. *Caen, A. Hardel*, 1862. 8 pages, in-8°. Cart. (Extrait du *Bulletin monumental.*)

4961. OLRY. Répertoire archéologique de l'arrondissement de Toul, cantons de Domèvre, Toul-Nord et Thiaucourt. Par E. Olry, instituteur à Allain. *Nancy, G. Crépin-Leblond*, 1871. 111 pages, in-8°. Cart. (Extrait des *Mémoires de la Société d'archéologie lorraine.*)

4962. OLRY. Répertoire archéologique des cantons de Haroué et de Vézelise, par E. Olry, instituteur à Allain-aux-Bœufs. *Nancy, A. Lepage*, 1866. 84 pages, in-8°. Cart.

4963. ROBERT. Épigraphie gallo-romaine de la Moselle. Étude par P. Charles Robert, membre de l'Institut. *Paris, Didier*, 1873. vii-177 pages, in-4°. 10 planches. Demi-rel.

4964. ROUYER. Un rosaire lorrain du xvii° siècle. Description et notes par Jules Rouyer. *Nancy, Crépin-Leblond*, 1881. 20 pages, in-8°. Fig. Br. (Extrait des *Mémoires de la Société d'archéologie lorraine.*)

4965. SCHMIT. Deux bornes de la route de France, par M. J.-A. Schmit. *Nancy, G. Crépin-Leblond*, 1872. 6 pages, in-8°. Fig. Cart. (Extrait du *Journal de la Société d'archéologie lorraine.*)

4966. SIMON. Notices archéologiques : Notice sur Metz et ses environs et sur le Hiéraple, situé près de Forbach. — Notice sur l'aqueduc romain qui conduisait les eaux de Gorze à Metz. — Notice sur Metz et ses environs. — Recherches sur l'usage du fer chez les anciens. Par M. Victor Simon. *Metz, S. Lamort,* 1841, 1842, 1843. 28, 28 et 44 pages. Planches. Plan. Cart. (Extraits des *Mémoires de l'Académie royale de Metz.*)

4967. SIMON. Notice sur les matériaux employés à Metz dans les temps antiques, tant pour la construction que pour la décoration des monuments. — Notice sur quelques antiquités trouvées à Metz et dans ses environs. — Proposition de demander la conservation des ruines de Prény (Meurthe), faite à l'Académie (de Metz). Par Victor Simon. *Metz, Imp. S. Lamort,* 1839. 38 pages, in-8°. Deux planches. Cart. (Extrait des *Mémoires de l'Académie de Metz.*)

4968. SIMON. Rapports sur les monumens anciens existant dans le département de la Moselle et sur les archives de l'Académie royale de Metz, pour l'année 1837-1838, par M. Victor Simon, juge au tribunal de Metz, etc. *Metz, S. Lamort,* 1838. 23 pages, in-8°. Cart.

4969. (TEISSIER.) Direction sur les recherches archéologiques, historiques, etc., à faire dans l'arrondissement de Thionville. (Par Teissier.) *Thionville, Fondeur,* 1820. 15 pages, in-8°. Br.

4970. THILLOY. Les ruines du comté de Bitche, par Jules Thilloy, procureur à Sarreguemines. *Metz, F. Blanc,* 1862. 80 pages, in-8°. Cart. (Extrait des *Mémoires de l'Académie impériale de Metz.*)

4971. VILLENEUVE-TRANS (DE). Notice sur la tapisserie de Charles-le-Téméraire, conservée à la Cour royale de Nancy ; par M. le marquis de Villeneuve-Trans, membre correspondant de l'Institut, etc. *Nancy, Thomas et Cie,* 1838. 24 pages, in-8°. Cart. (Extrait des *Mémoires de la Société royale des sciences, lettres et arts de Nancy.*)

4972. VOULOT. Les Vosges avant l'histoire.

Étude sur les traditions, les institutions, les usages, les idiomes, les armes, les ustensiles, les habitations, les cultes, les types de race des habitants primitifs de ces montagnes. Résumé de leurs travaux découverts, décrits, dessinés et gravés par F. Voulot, professeur de l'Université. Deuxième édition. *Paris, Sandoz et Fischbacher,* 1875. XVIII-224 pages et 80 planches, gr. in-4°. Demi-rel.

4973. CATALOGUE des objets d'art et d'antiquité composant... le Musée historique lorrain établi dans l'ancien palais des ducs de Lorraine, à Nancy. *Nancy, A. Lepage,* 1851. 20 pages, in-8°. Br. — Catalogues de 1852 et de 1855. *Ibidem.* 64 et 71 pages, in-8°. Br.

4974. WIENER. Musée historique lorrain au Palais ducal de Nancy. Catalogue des objets d'art et d'antiquité, par Lucien Wiener. Sixième édition. *Nancy, R. Wiener,* 1887. XXII-295 pages, in-8°. Demi-rel. — Le même. 7° édition. *Ibidem,* 1895. XX-320 pages, in-8°. Demi-rel.

B. MŒURS ET USAGES.

(Dans l'ordre alphabétique des noms d'auteurs.)

4975. AURICOSTE DE LAZARQUE. Cuisine messine, par E. Auricoste de Lazarque. *Metz, A. Beha ; Paris, E. Rolland,* 1890. XIII-255 pages, in-12. Br.

4976. AURICOSTE DE LAZARQUE. Cuisine messine, par E. Auricoste de Lazarque. Deuxième édition, revue et augmentée. *Nancy, Sidot,* 1892. 345 pages, in-8°. Br.

4977. AURICOSTE DE LAZARQUE. Le *Gründonnerstag* ou le jeudi vert en Alsace-Lorraine et en Allemagne. Par E. Auricoste de Lazarque. *Paris, Émile Lechevalier,* 1893. 12 pages, in-8°. Br. (Extrait de la *Revue des traditions populaires.*)

4978. BENOIT. Essai historique sur le divorce en Alsace-Lorraine (1792-1815), par A. Benoit. *Mulhouse, Bader,* 1881. 19 pages, in-12. Br.

4979. BENOIT. La chasse dans le val de Metz et le Toulois, par A. Benoit. *Metz, Carrère,* 1880. 15 pages, in-8°. Br.

4980. BRETAGNE. Quelques recherches sur les peignes liturgiques, par Bretagne. *Nancy, A. Lepage, s. d.* 23 pages, in-8°. Fig. Cart. (Étude sur le peigne de saint Gauzelin et celui de sainte Libaire, insérée dans les *Publications de la Société historique du grand duché de Luxembourg.*)

4981. BUVIGNIER. La Harouille ou le lundi gras au prieuré de Cons, par Charles Buvignier. *Verdun, Laurent,* 1854. 19 pages, in-8°. Cart. (Extrait des *Mémoires de la Société philomatique de Verdun.*)

4982. CALMET. Publication des œuvres inédites de Dom Calmet, par F. Dinago. — Première série : Des divinités payennes adorées autrefois dans la Lorraine... Origine du jeu de cartes. — Deuxième série : Origine de la cérémonie du Roy-Boit... Conjectures sur les coquillages qu'on trouve sous la terre, etc. *Saint-Dié, L. Humbert,* 1876-1877. 93 et 67 pages, in-8°. Br. (Extraits du *Bulletin de la Société philomatique vosgienne.*)

4983. CLÉMENT. Fragments historiques. — Légendes et traditions concernant la Bresse, Cornimont, Saulxures, Ventron et Vagney, par Clément, de Cornimont. *Remiremont, Mougin,* 1868. 24 pages, in-12. Broché.

4984. DENIS. La sorcellerie à Toul aux XVIe et XVIIe siècles. Étude historique par Albert Denis, licencié en droit. *Toul T. Lemaire,* 1888. 191 pages, in-12. Br.

4985. DUFRESNE. État de la dépense de la maison du duc de Bourgogne, le mercredi 25e jour d'octobre l'an 1475, en son siège devant la ville de Nancy, par A. Dufresne. *Metz, S. Lamort,* 1849. 10 pages, in-8°. Cart. (Extrait des *Mémoires de l'Académie de Metz.*)

4986. ÉCORCHEURS (Les) dans le val de Vaxy, 1443. *Château-Salins, Pétry, s. d.* 7 pages, in-8°. Br.

4987. FAVIER. Un droit singulier des femmes de Châtel-sur-Moselle, au moyen âge, publié par J. Favier. *S. l., n. n., n. d.* (*Nancy, Crépin-Leblond,* 1880.) 5 pages, in-8°. Br. (Extrait du *Journal de la Société d'archéologie lorraine.*)

4988. FOURNIER. Vieilles coutumes, usages et traditions populaires des Vosges, provenant des cultes antiques, et particulièrement de celui du soleil, par le docteur A. Fournier. *Saint-Dié, L. Humbert,* 1890. 73 pages, in-8°. Br. (Extrait du *Bulletin de la Société philomatique vosgienne.*)

4989. GERMAIN. Devises horaires lorraines, par M. Léon Germain, membre de l'Académie Stanislas, etc. *Bar-le-Duc, Contant-Laguerre,* 1887. 11 pages, in-8°. Br. (Extrait des *Mémoires de la Société des lettres, sciences et arts de Bar-le-Duc.*)

4990. GRANDIDIER. Anecdotes relatives à une ancienne confrairie de buveurs, établie sur les confins de la Lorraine et de l'Alsace ; extraites des essais historiques sur cette dernière province, manuscrit composé par M. l'abbé Grandidier, chanoine de l'église cathédrale de Strasbourg. *Nancy, Cayon-Liébault,* 1850. 22 pages, in-8°. Vignette. Cart.

4991. GUYOT. Quelques contrats d'apprentissage au XVIe siècle, par M. Ch. Guyot. *Nancy, G. Crépin-Leblond,* 1884. 9 pages, in-8°. Br. (Extrait du *Journal de la Société d'archéologie lorraine.*)

4992. JACOB. Documents historiques sur les anciennes sociétés de tir, notamment sur celles de Metz et de Nancy, par V. Jacob, bibliothécaire de la ville. *Metz, Rousseau-Pallez,* 1867. 8 pages, in-8°. Cart. (Extrait des *Mémoires de la Société d'histoire et d'archéologie de la Moselle.*)

4993. JOUY. L'Hermite en province, ou observations sur les mœurs et les usages français au commencement du XIXe siècle. Par M. de Jouy. (T. XI. Alsace et Lorraine.) *Paris, Pillet,* 1826. 433 pages, in-18. Carte. Demi-rel.

4994. LADOUCETTE. La Moselle, par J.-C.-F. Ladoucette. *Paris, A. Pinard,* 1832. 35 pages, in-8°. Cart. (Mœurs, usages, traditions et croyances populaires du pays messin. — Extrait de la *France littéraire.*)

4995. LATHAU. Notice Lorraine. Jeu de casse-tête, par Ed. Lathau. *Verdun, Ch. Laurent,* 1886. 16 pages, in-8°. Br.

4996. LEPAGE. Une coutume du carnaval en Lorraine, par A. Lepage. (*Nancy, Grimblot et veuve Rayôois*, 1858.) Pages 31 à 41, in-12. Cart. (Extrait de l'*Annuaire de la Meurthe*.)

4997. LEPAGE. Une table princière en Lorraine, aux xvie et xviie siècles, par Henri Lepage. *Nancy, Imp. G. Crépin-Leblond*, 1882. 58 pages, in-8°. Br.

4998. MICHIELS. Les anabaptistes des Vosges, par Alfred Michiels. *Paris, Poulet-Malassis*, 1860. 339 pages, in-12. Demi-rel.

4999. MICHIELS et Schuler. Les bûcherons et les schlitteurs des Vosges. Texte par Alfred Michiels ; dessins par Théophile Schuler. *Paris, Paulin et Le Chevalier ; Strasbourg, E. Simon*, 1859. 35 pages et 44 planches, in-4°. Cart.

5000. (NOËL.) Le dîner ; le piquet. Par un gastronome lorrain (Noël). *Nancy, Imp. Dard*, 1842. 53 pages, in-8°. Cart.

5001. OLRY. Sobriquets et dictons appliqués aux noms et aux habitants de quantité de villages du pays, par E. Olry. *Nancy, G. Crépin-Leblond*, 1882. 24 pages, in-8°. Br. (Extrait du *Journal de la Société d'archéologie lorraine*.)

5002 POMMEREL. Les sorcelleries lorraines, par A. Pommerel. *Metz, Impr. Pallez et Rousseau*, 1853. 57 pages, in-12. Br.

5003. RAMBAUD. La vie lorraine d'autrefois, d'après les *Archives de Nancy*, de Henri Lepage, par Alfred Rambaud, professeur d'histoire contemporaine à la Faculté des lettres de Paris. *Nancy, G. Crépin-Leblond*, 1888. 24 pages, in-8°. Br. (Extrait du *Journal de la Société d'archéologie lorraine*.)

5004. RELATION envoyée à Son Altesse Sérénissime Monseigneur le Prince Charles de Lorraine, évêque d'Osnabrug, touchant les plaisirs de la Cour de Lorraine pendant le carnaval. *Nancy, Paul Barbier*, 1702. 8 pages, in-4°. Br. — Réimpression. (Par les soins de M. J. Favier.) *Nancy, Sidot frères*, 1881. 19 pages, in-12. Br.

5005. RENAULD. Coutumes et usages lorrains. Les officiers du corps des perruquiers de Nancy, par Jules Renauld. *Nancy, G.*

Crépin-Leblond, 1874. 67 pages, in-8°. Cart. (Extrait des *Mémoires de la Société d'archéologie lorraine*.)

5006. RENAULD. Les hostelains et taverniers de Nancy. Essai sur les mœurs épulaires de la Lorraine, par Jules Renauld. *Nancy, L. Wiener*, 1875. 228 pages, in-8°. Fig. Demi-rel.

5007. RENAULD. L'office du roi de Pologne et les mets nationaux lorrains. Fragments d'une étude sur les mœurs épulaires de la Lorraine, par Jules Renauld. *Nancy, L. Wiener*, 1875. 36 pages, in-8°. Br. (Extrait des *Mémoires de la Société d'archéologie lorraine*.)

5008. RICHARD. Essai chronologique sur les mœurs, coutumes et usages anciens les plus remarquables dans la Lorraine, par Richard, bibliothécaire de la ville de Remiremont. *Épinal, Gérard*, 1835. 72 pages, in-12. Cart. (Publié dans l'*Annuaire des Vosges*.)

5009. RICHARD. Traditions populaires, croyances superstitieuses, usages et coutumes de l'ancienne Lorraine. Recueillis par M. Richard, conservateur de la Bibliothèque de Remiremont. *Remiremont, Mougin*, 1848. 270 pages, in-12. Demi-rel.

5010. RICHARD. Coutume particulière, mœurs et usages de la commune de la Bresse. Par Richard. *Mirecourt, Humbert*, s. d. 13 pages, in-8°. Cart. (Extrait de l'*Écho des Vosges*.)

5011. RICHARD. Contes populaires, traditions, croyances superstitieuses, proverbes et dictons applicables à des villes et villages de la Lorraine, recueillis par Richard, bibliothécaire de la ville de Remiremont. *Épinal, Gérard*, 1836. 23 pages, in-12. Cart.

5012. RICHARD. Souvenirs de quelques obligations et redevances souvent bizarres ou singulières de la féodalité en Lorraine, recueillis par Richard. *Épinal, veuve Gley*, s. d. 20 pages, in-12. Cart.

5013. RICHARD. Le rp du bâton. Par Richard. *Metz, Verronnais*, s. d. 7 pages, in-12. Cart.

5014. SAVE. Le costume rustique vosgien, par Gaston Save. *Saint Dié, L. Humbert*,

1888. 46 pages, in-8°. Br. (Extrait du *Bulletin de la Société philomatique vosgienne*.)

5015. SCHAUDEL. Le carnaval sur les bords de la Chiers et des Thonnes, par L. Schaudel. *Montmédy, Ph. Pierrot*, 1892. 6 pages, in-8°. Br.

5016. SEILLIÈRE. Au pied du Donon. Scènes de mœurs vosgiennes. Par E.-A. Seillière. 2° édition. *Paris, A. Bourdilliat*, 1861. 247 pages, in-12. Demi-rel.

5017. SOUHESMES. Une curieuse coutume à Gerbéviller, au xv° siècle, par R. de Souhesmes. *Nancy, G. Crépin-Leblond*, (1892). 10 pages, in-8°. Br. (Extrait du *Journal de la Société d'archéologie lorraine*.)

5018. TAILLY. Lettres vosgiennes, ou lettres écrites de Plombières, par M. le chevalier de ***, gentilhomme breton, à Madame de la ***, marquise de ***, en Bretagne, par Dom Pierre Tailly, bénédictin de la congrégation de Saint-Vanne et Saint-Hydulphe. *Liège, J.-F. Bassompierre ; Neufchâteau, Monnoyer*, 1789. LII-233 pages, in-12. Demi-rel.

C. NUMISMATIQUE ET SIGILLOGRAPHIE.

(Dans l'ordre alphabétique des noms d'auteurs.)

5019. ABEL. Du monnayage des Gaulois à propos de deux trouvailles faites dans le département de la Moselle, par Ch. Abel. *Metz, F. Blanc*, 1866. 19 pages, in-8°. Planche. Cart. (Extrait des *Mémoires de l'Académie impériale de Metz*.)

5020. BEAUPRÉ. Catalogue descriptif des ouvrages de Ferdinand de Saint-Urbain, par M. Beaupré. *Nancy, L. Wiener*, 1867. 98 pages, in-8°. Demi-rel.

5021. BENOIT. Numismatique de la Lorraine allemande, par M. Louis Benoit. *Nancy, A. Lepage*, 1865. 26 pages, 2 pl., in-8°. Cart. (Extrait des *Mémoires de la Société d'archéologie lorraine*.)

5022. BRETAGNE. Découverte de monnaies lorraines à Sionviller. *Nancy, Crépin-Leblond*, 1874. 22 pages, in-8°. Br.

5023. BRETAGNE. Monnaie, sceau et plaque de foyer aux armes de Diane de Dommartin, baronne de Fontenoy et dame en partie de Fénétrange, par Bretagne. *Nancy, Crépin-Leblond*, 1881. 13 pages, in-8°. Fig. Br. (Extrait des *Mémoires de la Société d'archéologie lorraine*.)

5024. BRETAGNE. Monnaies gauloises inédites de Strasbourg, par Bretagne. *Nancy, G. Crépin-Leblond*, 1882. 8 pages, in-8°. Planche. Br. (Extrait des *Mémoires de la Société d'archéologie lorraine*.)

5025. BRETAGNE. Notice sur une trouvaille de monnaies lorraines des xii° et xiii° siècles, faite à Saulxures-lès-Vannes (canton de Colombey), par A. Bretagne et E. Briard. *Nancy, G. Crépin-Leblond*, 1884. 55 pages, in-8°. Planches. Br. (Extrait des *Mémoires de la Société d'archéologie lorraine*.)

5026. BUVIGNIER. Aperçu critique des études numismatiques sur une partie du Nord-est de la France, de C. Robert. Par Ch. Buvignier. (Extrait de la *Revue de numismatique belge*, t. III, 2° série.) 16 pages, in-8°. Cart.

5027. CALMET. Dissertation historique et chronologique sur la suite de médailles des ducs et duchesses de la maison royale de Lorraine, gravées par M. Ferdinand de St-Urbain... graveur des médailles et monnoyes de Son Altesse... Par le R. P. Dom Augustin Calmet, abbé de Senones. *S. l., n. n.*, 1736. VIII-70 pages, in-4°. Frontispice et vignettes. Cart.

5028. CATALOGUE d'un choix de monnaies françaises, monnaies et médailles des ducs de Lorraine, provenant des collections de feu Édouard Meaume, ancien professeur à l'École forestière de Nancy. *Paris, Rollin et Feuardent*, 1887. 19 pages, in-8°. Cart.

5029. CHABERT. Découvertes numismatiques faites aux environs de Metz, par F.-M. Chabert. *S. l., n. n., n. d.* 6 pages, in-8°. Br.

5030. CHABERT. Notice sur le sceau d'or, apposé par François, duc de Guise, défenseur de la cité de Metz et du pays messin. Par F.-M. Chabert. *Metz, Verronnais*, 1849. 11 pages, in-8°. Br.

5031. CHABERT. Numismatique messine et document relatif à l'histoire de France, par F.-M. Chabert. *Metz, Pallez et Rousseau*, 1853. 7 pages, in-8°. Br.

5032. CHABERT. Notice sur la trouvaille de Kerling-lès-Sierck (Moselle). Par F.-M. Chabert. *Metz, Pallez et Rousseau*, 1853. 8 pages, in-8°. Br.

5033. CHABERT. Mélanges de numismatique messine, par F.-M. Chabert. *Metz, F. Blanc*, 1857. 18 pages, in-8°. Br.

5034. CHABERT. Description de différentes médailles intéressant la ville de Metz, par F.-M. Chabert. *Metz, F. Blanc*, 1862. 10 pages, in-8°, avec planches. Cart.

5035. CHAUTARD. Description de différentes monnaies trouvées en Lorraine, par J. Chautard. *Nancy, Vve Raybois*, 1863. 18 pages et une planche, in-8°. Br. (Extrait des *Mémoires de l'Académie de Stanislas*.)

5036. CHAUTARD. Lettre de M. J. Chautard à M. R. Charon, directeur de la *Revue de la numismatique belge*. *Bruxelles, Gobbaerts*, s. d. 7 pages, in-8°. Br.

5037. (CHENU.) Tableau de la monnaie de Metz, de ses officiers, de son ressort et de ses justiciables. Précédé d'un précis historique. (Par Louis Chenu, avocat). *Metz, J.-B. Collignon*, 1785. 81 pages, in-4°. Fig. Cart.

5038. CLOÜET. Recherches sur les monnaies frappées à Verdun-sur-Meuse, depuis l'époque celtique, ou histoire de la monnaie verdunoise, et de celle de quelques autres lieux du département de la Meuse, par F. Cloüet, secrétaire de la Société philomatique. (*Verdun, Imp. Lallemant*, 1850.) 115 pages, in-8°. Pl. Br. (Extrait des *Mémoires de la Société philomatique de Verdun*.)

5039. COLSON. Notice sur la monnaie de Marie de Blois et de Jean Ier, duc de Lorraine, frappée à Neufchâteau, par M. le Dr Colson. *Blois, Dezairs*, 1851. 2 pages, in-8°. Cart.

5040. DESCRIPTION de la collection numismatique de M. P. Charles Robert. Pays-Bas et nord de la France. — Évêchés de Metz, Toul et Verdun. — Lorraine et Barrois. — Luxembourg, Alsace, etc. *Paris, Rollin et Feuardent*, 1886. xxxi-48, 120, 98 et 81 pages, in-8°. 14 pl. 4 fascicules en 1 vol. Demi-rel.

5041. DIGOT. Note sur deux sceaux inédits, par M. Aug. Digot. *Nancy, A. Lepage*, 1864. 5 pages, in-8°. 1 planche. Demi-rel. (*Mémoires de la Soc. d'archéol. lorr.*)

5042. DISSERTATION sur un médaillon frappé au sujet de la régence de Son Altesse Royale Madame. *Nancy, s. n.*, 1729. 11 pages, in-4°. Br.

5043. DONY. Monographie des sceaux de Verdun, avec les documents inédits qui s'y reportent, par Pierre Dony. — Cité et Justice. *Verdun, Imp. Ch. Laurent*, 1888. 83 pages, petit in-4°. 4 pl. Br.

5044. EXPLICATION de la médaille frappée par ordre de l'Hôtel de ville, en l'honneur de Monseigneur François-Étienne, prince royal, pour sa première entrée dans la ville de Nancy, le 25 de novembre 1714. *Nancy, J.-B. Cusson*, 1715. 8 pages, in-4°. Fig. Br.

5045. EXPLICATION du médaillon frappé en l'honneur de Son Altesse Royale au sujet de la construction nouvelle des ponts et chaussées dans les duchez de Lorraine et de Bar, 1726. *Nancy, François Midon*, 1726. 12 pages, in-4°. Br.

5046. EXPLICATION d'une médaille frappée en Lorraine en l'honneur de Son Altesse Royale Léopold I, au sujet du chemin royal de Nancy à Toul, que ce prince a fait réparer... *S. l., D. Gaydon*, (1705). 4 pages, in-4°. Br. (Extrait du *Journal de Soleure*.)

5047. GERMAIN. Sceau du cardinal de Bar, par M. Léon Germain. *Nancy, G. Crépin-Leblond*, 1883. 8 pages, in-8°. Fig. Br.

5048. HUGO. Explicatio historica signati numismatis in honorem beatissimi papæ Clementis XI a R. P. Ludovico Hugo, priore domus S. Joseph Nanceiani. *Nanceii, D. Gaydon*, 1706. 23 pages, in-4°. Fig. Br.

5049. JACOB. Catalogue des monnaies gauloises de la ville de Metz. Par V. Jacob. *Metz, J. Verronnais*, 1874. 27 pages, in-8°. Br.

5050. JACOB. Catalogue des monnaies mérovingiennes de la collection de la ville de Metz. Par V. Jacob. *Metz, Rousseau-Pallez,* 1869. 18 pages, in-8°. Br.

5051. JACOB. Catalogue des monnaies municipales et médailles messines de la collection de la ville. Par V. Jacob. *Metz, Rousseau-Pallez,* 1866. 52 pages, in-8°. 3 planches. Br.

5052. LAPRÉVOTE. Note sur quelques médailles gravées par Ferdinand de Saint-Urbain. Par Ch. Laprévote. *Nancy, A. Lepage, s. d.* 6 pages, in-8°. 1 planche. Br.

5053. LAPRÉVOTE. Lettre sur trois monnaies lorraines inédites, adressée à MM. les membres de la Société d'archéologie lorraine, par C. Laprevote. *Nancy, A. Lepage,* 1856. 7 pages, in-8°. Planche. Cart. (Extrait du *Journal de la Société d'archéologie lorraine.*)

5054. LAPRÉVOTE. Lettre à M. Ch. Robert, sur un denier de Mirecourt. Par Ch. Laprévote. *Paris, E. Thunot et Cie,* 1862. 7 pages, in 8°. Br.

5055. LAPRÉVOTE. Numismatique lorraine. Atelier de Lunéville, par Charles Laprévote, secrétaire de la Société d'archéologie lorraine. *Nancy, Crépin-Leblond,* 1879. 8 pages, in-8°. Br. (Extrait des *Mémoires de la Société d'archéologie lorraine.*)

5056. LAURENT. Catalogue des monnaies et médailles anciennes et modernes de la collection du musée départemental des Vosges. Par J. Laurent. *Épinal, Vve Gley,* 1848. 56 pages, in-8°. Br.

5057. LAURENT. Notice sur une découverte de monnaies lorraines faite à Diarville, département de la Meurthe, par M. J. Laurent. *Épinal, Vve Gley,* 1862. 17 pages, in-8°. 2 planches. Br.

5058. LEPAGE. Notes et documents sur les graveurs de monnaies et médailles et la fabrication des monnaies des ducs de Lorraine, depuis la fin du xve siècle, par M. H. Lepage. *Nancy, Crépin-Leblond,* 1876. 229 pages et 4 planches, in-8°. Demi-rel.

5059. MANGEART. Médaillon présenté à Son Altesse Royale Monseigneur le Duc Charles de Lorraine, gouverneur général des Pays-Bas, etc... par Dom Thomas Mangeart, son antiquaire. *Bruxelles, Pierre de Bast,* (1754). 8 pages, in-4°. Fig. Br. — Vers de Chevrier à l'occasion de ce médaillon. 2 pages, in-4°.

5060. MAXE-WERLY. Mélanges de numismatique, par L. Maxe-Werly. *Bruxelles, Fr. Gobbaerts,* 1875. 29 pages, in-8°. Br. (Extrait de la *Revue belge de numismatique.*)

5061. MAXE-WERLY. Recherches historiques sur les monnayeurs et les ateliers monétaires du Barrois, par L. Maxe-Werly, associé étranger de la Société royale de numismatique de Belgique. *Bruxelles, Fr. Gobbaerts,* 1874. 104 pages, in-8°. Cart. (Extrait de la *Revue de la numismatique belge.*)

5062. MAXE-WERLY. Trouvaille de Bidestroff (Meurthe), par L. Maxe-Werly. *Le Mans, Ed. Monnoyer,* 1876. 14 pages, in-8°. Cart. (Extrait des *Mélanges de numismatique.*)

5063. MAXE-WERLY. Numismatique de Remiremont et de Saint-Dié, par Léon Maxe-Werly. *Nancy, Imp. Crépin-Leblond,* 1879. 83 pages, in-8°. 6 pl. Br. (Extrait des *Mémoires de la Société d'archéologie lorraine.*)

5064. MONNIER. Mémoire sur les monnaies des ducs bénéficiaires de Lorraine, par M. Monnier, président de la Société centrale d'agriculture de Nancy. *Nancy, Vve Raybois,* 1862. 40 pages, in-4°. 4 planches. Demi-rel. (Extrait des *Mémoires de l'Académie de Stanislas.*)

5065. MORY D'ELVANGE. Essai historique sur les progrès de la gravure en médaille, chez les artistes lorrains, suivi d'un catalogue de tous les ouvrages de Ferdinand de St-Urbain, connus en Lorraine, par M. de Mory d'Elvange. *Nancy, H. Haener,* 1783. 46 pages, in-8°. Demi-rel.

5066. MORY D'ELVANGE. Notice d'un ouvrage intitulé : *Recueil pour servir à l'histoire métallique des maisons et duchés de Lorraine et de Bar ; fragmens sur quelques villes et maisons illustres de cette province, sur les villes de Metz, Toul et Verdun ; trois petits volumes in-folio ma-*

nuscrit, avec planches, présentés par M. de Mory d'Elvange, à l'Académie de Nancy... en 1780 et déposé dans la bibliothèque publique. *Nancy, C. S. Lamort*, 1782. 98 pages, in-8°. Demi-rel.

5067. MORY d'ELVANGE. Notice d'une collection métallique donnée à la bibliothèque de Nancy, par le roi Stanislas I, son fondateur. Essai sur l'utilité et l'agrément que l'on doit tirer de l'étude des médailles... présentés à l'Académie de Nancy... en 1786, par M. de Mory d'Elvange. *Nancy, Haener*, 1787. 114 pages, dont 38 in-4° et 86 in-8°. Demi-rel.

5068. (MOULON.) Essay pour servir à l'histoire métallique de Stanislas le Bienfaisant (par M. Mathieu de Moulon, fils). *Nancy, P. Antoine*, 1754. vi-65 pages, in-4°. Cart.

5069. QUINTARD. Médaille commémorative de l'Affaire de Nancy. — Le sou Thuillié, par Léopold Quintard. *Nancy, A. Lepage*, 1869. 7 pages, in-8°. Br.

5070. QUINTARD. Notice sur un sceau de l'abbaye de St-Mansuy de Toul, par Léopold Quintard. *Nancy, G. Crépin-Leblond*, 1872. 4 pages, in-8°. Br.

5071. QUINTARD. Restitution au duc Mathieu II de deniers attribués jusqu'alors à son successeur, Ferry III, par L. Quintard. *Nancy, G. Crépin-Leblond*, 1876. 11 pages, in-8°. Fig. Br. (Extrait des *Mémoires de la Société d'archéologie lorr.*)

5072. QUINTARD. Un teston inédit de Nicolas de Vaudémont (1552), par L. Quintard. *Nancy, Crépin-Leblond*, 1878. 3 pages, in-8°. Fig. Br. (Extrait des *Mémoires de la Société d'archéologie lorraine.*)

5073. QUINTARD. Monnaie inédite d'un maître échevin de Metz, par Léopold Quintard. *Nancy, Crépin-Leblond*, 1884. 3 pages, in-8°. Br. (Extrait des *Mémoires de la Société d'archéologie lorraine.*)

5074. QUINTARD. Description d'une trouvaille de monnaies messines des x° et xi° siècles, par Léopold Quintard, membre correspondant de l'Académie de Stanislas, etc. *Nancy, G. Crépin-Leblond*, 1886. 15 pages, in-8°. Fig. Br. (Extrait du *Journal de la Société d'archéologie lorraine.*)

5075. QUINTARD. Le trésor de Thionville, par Léopold Quintard, membre correspondant de l'Académie de Stanislas, etc. *Nancy, G. Crépin-Leblond*, 1888. 12 pages, in-8°. Fig. Br. (Extrait des *Mémoires de la Société d'archéologie lorraine.*)

5076. QUINTARD. Jetons de l'Hôtel de ville de Nancy, aux xvi°, xvii° et xviii° siècles. Description de ces jetons et de quelques autres qui intéressent la même ville. Par Léopold Quintard, vice-président de la Société d'archéologie lorraine. *Nancy, Sidot frères*, 1890. 38 pages, in-4°. Frontispice et 4 planches. Demi-rel.

5077. QUINTARD. Monnaie inédite de Thomas de Bourlémont, frappée à Liverdun. Par Léopold Quintard. *Nancy, Crépin-Leblond, s. d.* 3 pages, in-8°. Fig. Br.

5078. QUINTARD. Sigillographie de Saint-Dié. Sceau du chanoine Sehère (xiii° siècle), par L. Quintard. *Saint-Dié, Typ. L. Humbert*, 1896. 5 pages, in-8°. Br.

5079. ROBERT. Numismatique lorraine, par Ch. Robert. Extrait de la *Revue de numismatique. Paris, Imp. E. Thunot*, 1861. 12 pages, in-4°. 2 planches. Demi-rel.

5080. ROBERT. Recherches sur les monnaies des évêques de Toul, par Ch. Robert. *Paris, Rollin*, 1844. 67 pages, in-4°. 10 planches. Demi-rel.

5081. ROBERT. Monnaie de Gorze sous Charles de Rémoncourt, et circonstances politiques dans lesquelles elle a été frappée. Par P. Charles Robert. *Paris, Rollin et Feuardent*, 1870. 16 pages et 2 planches, in-4°. Br.

5082. ROBERT. Recherches sur les monnaies et les jetons des maîtres-échevins (de Metz), et description de jetons divers, par Ch. Robert. *Metz, Imp. Nouvian*, 1853. 88 pages et 6 planches, in-4°. Demi-rel.

5083. ROBERT. Sigillographie de Toul, par Charles Robert, correspondant de l'Académie des inscriptions et belles-lettres. *Paris, Rollin et Feuardent*, 1868. 288 pages et 41 planches, in-4°. Demi-rel.

5084. ROBERT. Études numismatiques sur

une partie du Nord-est de la France, par C. Robert de la Société des antiquaires de France. *Metz, Imp. Nouvian*, 1852. 251 pages, in-4°. 18 planches. Demi-rel.

5085. ROBERT. Monnaies mérovingiennes. Agaune, Auxerre, Orléans, Famars, Metz, Bellange, Toul, Mayence, Beaugé, Lieuvillers, Jubleins, par Charles Robert. *Paris, E. Thunot et Cie*, 1863. 8 pages, in-8°. Planche. Cart.

5086. ROBERT. Monnaies de Pfalzel, de Thionville, de Rémilly et de Rémelange. Par M. Charles Robert. *Paris, E. Thunot et Cie, s. d.*, 1863. 12 pages, in-8°. Planche. Cart. (Extrait de la *Revue numismatique*.)

5087. ROBERT. Médailles commémoratives de la défense de Metz en 1552. Étude par P. Charles Robert. *Paris, Imp. nationale*, 1874. 22 pages, in-8°. Cart. (Extrait des *Comptes rendus de l'Académie des inscriptions et belles-lettres*.)

5088. ROBERT. Notes sur des monnaies austrasiennes inédites, par M. C. Robert. *Metz, Rousseau-Pallez*, 1850. 7 pages, in-8°. Cart.

5089. ROBERT. Un florin d'or de Robert, duc de Bar, par Ch. Robert, membre de l'Institut. *Bruxelles, F. Gobbaerts, s. d.* 9 pages, in-8°. Br.

5090. ROBERT. Souvenirs numismatiques du siège de 1552. Par Ch. Robert. *Metz, S. Lamort*, 1852. 13 pages, avec une planche, in-8°. Br.

5091. ROBERT. Sceau et monnaies de Zuentibold, roi de Lorraine (895-900). — Monnaie de son successeur Louis, fils d'Arnould (900-911). Par M. Ch. Robert. *Metz, Rousseau-Pallez*, 1863. 7 pages, in-8°. Planche. Cart. (Extrait des *Mémoires de la Société d'archéologie et d'histoire de la Moselle*.)

5092. ROLIN. Sardonix-intaille appartenant à Remiremont, par M. G. Rolin. *Nancy, Vve Raybois et Cie*, 1846. 7 p., in-8°. Br.

5093. ROLIN. Mémoire sur un médaillon de bronze, inédit, de la ligue et du parti des Guises, par M. G. Rolin. *Nancy, Vve Raybois et Cie*, 1847. 7 pages, in-8°. 1 planche. Br.

5094. ROLIN. Mémoire sur quelques monnaies inédites du xie et du xiie siècle, par G. Rolin, ancien inspecteur des forêts. *Nancy, Imp. Hinzelin*, 1841. 4 et 39 pages, 3 pl., in-8°. Cart.

5095. ROLIN. Description de monnaies du xive siècle découvertes à Buissoncourt (Meurthe), par M. G. Rolin. *Nancy, Vve Raybois et Cie, s. d.* 8 pages, in-8°. 1 pl. Br.

5096. ROLIN. Attribution à Jeanne d'Arc d'une médaille en plomb, par M. G. Rolin. *Blois, Dézairs, s. d.* 5 pages, in-8°. Demi-rel. (Extrait du t. Ier de la *Revue de la numismatique française*.)

5097. ROUYER. L'œuvre du médailleur Nicolas Briot, en ce qui concerne les jetons, par Jules Rouyer. *Nancy, R. Wiener*, 1895. 239 pages, in-8°. 14 planches. Br.

5098. ROZIÈRES (DE). Note sur une trouvaille de monnaies faite près de Marsal, par M. Ch. de Rozières. *Nancy, A. Lepage, s. d.* 6 pages, in 8°. 1 planche. Br.

5099. (SAINT-URBAIN) [Mlle de]. Réflexions de l'auteur du revers de la médaille frappée en l'honneur de Stanislas et de Louis XV. (Par la fille de Saint-Urbain, épouse du procureur Vautrin.) *Nancy, Pierre Antoine*, 1755. 7 pages, in-4°. Br.

5100. SAULCY (DE). Recherches sur les monnaies des ducs héréditaires de Lorraine, par F. de Saulcy, capitaine d'artillerie, correspondant de l'Institut. *Metz, typ. S. Lamort*, 1841. xi-251 pages, 36 planches, in-4°. Demi-rel.

5101. SAULCY (DE). Recherches sur les monnaies des comtes et ducs de Bar, pour faire suite aux recherches sur les monnaies des ducs héréditaires de Lorraine, par F. de Saulcy. *Paris, F. Didot*, 1843. 44 pages et 7 planches, in-4°. Demi-rel.

5102. SAULCY (DE). Recherches sur les monnaies de la cité de Metz, par F. de Saulcy. *Metz, S. Lamort*, 1836. 120 pages, in-8°. 3 pl. Demi-rel.

5103. SAULCY (DE). Recherches sur les monnaies des évêques de Metz. Par F. de

Saulcy. *Metz, S. Lamort*, 1833. 97 pages, 3 pl., in-8°. Demi-rel.

5104. SAULCY (DE). Supplément aux recherches sur les monnaies des évêques de Metz, par M. Caignart de Saulcy. *Metz, S. Lamort*, 1835. 99 pages, in-8°. 6 planches. Cart.

5105. SAULCY (DE). Note sur quelques monnaies inédites du moyen âge, trouvées en juin 1832, à Tronville, près Mars-la-Tour, par M. de Saulcy, membre de la Société des antiquaires de Normandie. *Caen, Chalopin*, 1833. 29 pages, in-8° et une planche. Br. (Extrait des *Mémoires de la Société des antiquaires de Normandie*.)

5106. SAULCY (DE). Observations numismatiques. *Metz, S. Lamort*, 1834-35. 45 pages, in-8°. 1 planche. Br.

5107. SERVAIS. Extraits historiques sur la fabrication et le cours des monnaies dans le Barrois et la Lorraine, aux XIV°, XV° et XVI° siècles, tirés des archives de l'ancienne Chambre des comptes de Bar, par M. V. Servais. *Nancy, Vagner*, 1851. 24 pages, in-8°. Br.

5108. VALLET DE VIRIVILLE. Notes sur deux médailles de plomb relatives à Jeanne Darc, et sur quelques autres enseignes politiques ou religieuses tirées de la collection Forgeais. Par M. Vallet de Viriville, membre de la Société des antiquaires de France. *Paris, Pillet*, 1861. 30 pages, in-8°. Cart. (Extrait de la *Revue archéologique*.)

5109. WIENER. Jeton à l'effigie de Louis XV et aux armes de Nancy. Par Lucien Wiener. *Nancy, G. Crépin-Leblond*, 1894. 2 pages, in-8°. Br. (Extrait du *Journal de la Société d'archéologie lorraine*.)

VI. HISTOIRE
SCIENTIFIQUE ET LITTÉRAIRE

A. UNIVERSITÉ. — COLLÈGES ET ÉCOLES AVANT LA RÉVOLUTION.

5110. ABRAM. L'Université de Pont-à-Mousson. Histoire extraite des manuscrits du P. Nicolas Abram, de la Compagnie de Jésus, publiée par le P. A. Carayon, de la même Compagnie. *Paris, Lécureux*, 1870. LV-552 pages, in-8°. Demi-rel.

5111. MARTIN. L'Université de Pont-à-Mousson, (1572-1768), par l'abbé Eugène Martin, docteur ès-lettres, professeur à l'École Saint-Sigisbert de Nancy. *Nancy, Berger-Levrault et Cie*, 1891. XIX-456 pages, in-8°. Figures et plans. Demi-rel.

5112. HYVER. Maldonat et les commencements de l'Université de Pont-à-Mousson (1572-1582), avec pièces justificatives, par l'abbé Hyver. *Nancy, N. Collin*, 1873. 62 et XXVIII pages, in-8°. Br.

5113. MAGGIOLO. Mémoire sur l'érection de l'Université de Pont-à-Mousson, ou documents inédits extraicts des papiers, lettres et aultres qui se trouvent dans les archives de Rome où se traicte du Pont-à-Mousson, années 1574-1575, par L. Maggiolo. *Paris, Imprimerie impériale*, 1864. 22 pages, in-8°. Cart.

5114. FAVIER. Harangues des étudiants de Pont-à-Mousson au duc de Lorraine Henri II; 1614; par J. Favier. *Nancy, Sidot frères*, 1892. 20 pages, in-8°. Br. (Extrait des *Mémoires de la Société d'archéologie lorraine*.)

5115. (WAPI.) Sacra atque hilaria mussipontana, ob relatos a Gregorio XV, auctoritate apostolica, in ecclesiasticum sanctorum album et canonem Ignatium Loyolam, et Franciscum Xaverium, sanctitate et miraculis claros, Societate Jesu soles geminos. Primum gallice edita (a P. Wapy), post e gallico in latinum sermonem conversa (a P. Perin) : utrobique formis aeneis illustrata (ab A. Hanzelet). *Mussiponti, Seb. Cramoisy*, 1623. 65 pages, in-4°. Fig. Rel. basane.

5116. MAGGIOLO. Mémoire sur l'Université de Pont-à-Mousson, ou quelques pages de son histoire inédite, par M. L. Maggiolo, docteur ès-lettres, inspecteur de l'Académie de Nancy, etc. *S. l., n. n.*, 1864. 34 pages, in-8°. Br.

5117. FAVIER. Mœurs et usages des étudiants de l'Université de Pont-à-Mousson.

1572-1768. Par J. Favier, sous-bibliothécaire de la ville de Nancy. *Nancy, L. Wiener*, 1878. 64 pages, in-8°. Fig. Demi-rel. (Extrait des *Mémoires de la Société d'archéologie lorraine.*)

5118. FAVIER. Nouvelle étude sur l'Université de Pont-à-Mousson. Comment on y devenait maitre ès arts. Programme des études. Cérémonial de la collation des grades. Avec 25 dessins de reliures (aux armes) des prix décernés aux écoliers. Par J. Favier. *Nancy, Sidot*, 1880. 69 pages, in-8°. Demi-rel.

5119. UBALDIN, comte de Montée, ou le bon pensionnaire de la Compagnie de Jésus. Présenté pour étrennes aux pensionnaires du collège du Pont-à-Mousson. *(Pont-à-Mousson), J. Guilleré*, 1655. xxiv-183 pages, pet. in-8°. Cart.

5120. CHARLES DE VAUDÉMONT. De Ecclesià. Theologica disputatio quam in Academià Mussipontanà publicè defendet Illust. ac Rever. princeps DD. Carolus a Lotaringia S. R. E. cardinalis Vademontanus. *Virduni, M. Marchant*, 1580. IV-36 feuillets, in-4°. Vignette avec une vue de Vaudémont. Br.

5121. LE BLANC. Præsentatio academica ad licentiatum theologicum R. P. F. Friderici Payen, ordinis præmonstratensis canonici, monasterii Sanctæ Mariæ Maioris in civitate Mussipontana professi. Et ordinis præmonstratensis panegyricus. Auctore P. Thoma Le Blanc, Societatis Jesu presbytero. *(Mussiponti), P. Vincent*, 1630. VIII-61 pages, in-12. Br.

5122. MENGIN. Theses theologicæ. De pœnitentià. Pro baccalaureatu biblico. Has theses... tueri conabitur D. Henricus Mengin, nanceïanus, in aulà minore collegii Mussi-Pontani... 1732. *Mussi-Ponti, F. Maret, s. d.* (1732). Placard de 1,11 sur 0,81 cent. Gravure.

5123. SYNOPSIS theologica thesibus digesta pro actu publico, in Collegio et Universitate Mussipontana Societatis Jesu. Die 9 novembris, 1703. *Mussiponti, F. Maret, s. d.* (1703). 96 pages, in-4°. Br.

5124. DELLE. Theses ex universa theologia, pro licentiatu et doctoratu theologico,... Propugnabit D. Carolus Delle, nanceïanus... in aula majore collegii Mussipontani, Societatis Jesu, die 22 junii... 1718. *Nanceii, J.-B. Cusson*, (1718). 34 pages, in-4°. Br. (Vignette aux armes de Marc de Beauvau, signée Houat.)

5125. ANDREU. Theses ex universa theologia, dedicat, vovet et consecrat Carolus-Josephus Andreu, presbyter diœcesis tullensis, canonicus insignis ecclesiæ S. P. Romaricomontanæ. ... pro licentiatu et doctoratu theologico. In aula majore collegii Mussipontani, S. J., die 23 julii, 1720. *Nanceii, J.-B. Cusson*, (1720). 17 pages, pet. in-fol. Br.

5126. ERECTIO et fundatio generalis studii, seu Academiæ privilegiatæ civitatis Pontimussi in Lotharingia. Cum paribus privilegiis, prærogativis, dignitatibus, etc. Additis legibus et statutis, quibus utriusque juris pontificii et civilis facultates, earumque scholæ publicè reguntur. *Pontimussi, M. Mercator*, 1583. 27 feuillets non numér., pet. in-8°. Rel. veau.

5127. PILLEMENT. E jurisprudentiæ studio publicam pendere felicitatem, adumbrato in Augustis Cæsaribus Ludovici Magni panegyrico, Academiæ decanatus inaugurationi suæ prolusurus, oratione demonstrabit A. C. Pillement de Russange. *Ponti-Mussi, C. Cardinet*, 1692. 83 pages, in-8°. Rel. veau.

5128. HYVER. Le doyen Pierre Grégoire de Toulouse et l'organisation de la Faculté de droit à l'Université de Pont-à-Mousson (1582-1597). Par l'abbé Charles Hyver. *Pont-à-Mousson, Eugène Ory*, 1874. 88 et xvi pages, in-8°. Fig. Br.

5129. MAGGIOLO. Mémoire sur l'Université de Pont-à-Mousson, où l'on traite de la condition des professeurs à la Faculté de droit, de 1572 à 1766, par M. L. Maggiolo, docteur ès-lettres, inspecteur de l'Académie de Nancy, etc. *S. l., n. n.*, 1886. 31 pages, in-8°. Br.

5130. CARPENTERII (Petri) jurisconsulti, et in Academià juris Lotharingicà decani, orationum in eàdem Academià habitarum. Decas prima. — Decas secunda. *Tulli, Fran. Dubois*, 1608. 2 tomes, 110 et 109 pages, in-12. Reliés en un volume, parchemin.

5131. HARANGUE à Son Altesse Royale, prononcée par le doyen de la Faculté des droits de son Université de Pont-à-Mousson, étant à la tête de la compagnie, en robes rouges, à Lunéville, le 19 may 1698. *Pont-à-Mousson, F. Maret, s. d.* 7 pages, in-4°. Rel.

5132. (PILLEMENT DE RUSSANGE.) Harangue à Son Excellence Monseigneur François, comte de Taff, milord de Carlinford, gouverneur de Son Altesse Sérénissime, prononcée (par Pillement de Russange), doyen de la Faculté des droits de Pont-à-Mousson, le 21 janvier 1698. *Pont-à-Mousson, Fr. Maret,* (1698). 7 pages, in-4°. Br.

5133. TOURDES. Origines de l'enseignement médical en Lorraine. La Faculté de médecine de Pont-à-Mousson (1572-1768), par G. Tourdes, professeur de la Faculté de médecine de Nancy. *Paris, Berger-Levrault et Cie ; G. Masson,* 1875. 88 pages, in-8°. Cart. (Extrait des *Mémoires de l'Académie de Stanislas.*)

5134. HYVER. La Faculté de médecine de l'Université de Pont-à-Mousson (1592-1768), par l'abbé Hyver. *Nancy, G. Crépin-Leblond,* 1876. 48 et xv pages, in-8°. Cart. (Extrait des *Mémoires de la Société d'archéologie lorraine.*)

5135. RENÉ. L'ancienne Faculté de médecine de Pont-à-Mousson (1592-1768), par le docteur Albert René... chef des travaux physiologiques à la Faculté de Nancy. *Paris, s. n.,* 1881. 49 pages, in-8°. Br. (Extrait de la *Gazette des hôpitaux.*)

5136. JUDICIUM saluberrimæ Facultatis Parisiensis super formulas medicamentorum a certo quodam digestas, nunc in cancellariâ facultatis medicinæ Ponti-Mussanæ publicè jacentes. *S. l., n. n., n. d.* 12 pages, in-4°. Cart.

5137. GRILLOT. Theoremata ex universâ medicinâ... quæ in inclyta Academia Pontimussana, pro doctoratu medico... tutabitur Claudius Grillot Vizilisiensis. *Pontimussi, P. Vincent,* 1629. 31 pages, in-4°. Demi-rel.

5138. ARREST du Conseil d'État du Roi, portant association de la Faculté de médecine de Pont-à-Mousson et du Collège royal des médecins de Nancy. Du quatre mai 1753. *Nancy, Nicolas Charlot,* 1753. 6 pages, in-4°. Br. Voir n° 5157.

5139. SENHEIM (DE). Theses ex universâ medicinâ depromptæ, quas... pro laureâ doctoratus consequendâ publicè ... propugnabit... 1617... Arnoldus de Senheim. *Ponte ad Monticulum, apud C. Mercatorem,* 1617. 15 pages, in-4°. Demi-rel.

5140. ALLIOT. Theses duæ medicæ... Pro laureâ Apollinari consequendâ. In celeberrimâ Mussipontanâ Academiâ, a Joanne Alliot Barroducæo... propositæ et propugnatæ... 1663. *Mussiponti, apud Gasp. Bernardum,* 1663. 31 pages, in-4°. Demi-rel.

5141. COLLECTION de 341 thèses soutenues à la Faculté de médecine de Pont-à-Mousson, de 1715 à 1768. La plupart de ces thèses ont été imprimées à Pont-à-Mousson : par François Maret, jusqu'en 1739 ; par Pierre Maret, jusqu'en 1753 ; par Fr. Thouvenin, jusqu'en 1763 ; et par Séb. Bachot, jusqu'en 1768. 3 vol. in-4°. Demi-rel.

5142. ROUOT. Conclusiones ex universâ philosophiâ ... Pro doctoratu philosophico ... quas propugnare conabitur... Em. Flavian. Rouot, nanceïanus ... in aulâ majore collegii Mussi-Pontani... 1750. *Mussi-Ponti, P. Maret, s. d.* (1750). Placard de 0,50 sur 0,65 cent. (La partie supérieure de la gravure manque.)

5143. CREDO. Conclusiones ex universâ philosophiâ... Pro doctoratu philosophico... quas tueri conabitur ... Joannes Franciscus Credo, nanceïanus ... in aulâ majore collegii Mussi-Pontani... 1755. *Mussi-Ponti, F. Thouvenin, s. d.* (1755). Placard de 0,55 sur 0,76 cent. (La partie supérieure de la gravure manque.)

5144. CONCLUSIONES ex universâ philosophiâ quas... propugnabunt ... (suit une liste de 23 candidats). Pro doctoratu philosophico. In aulâ majore collegii Mussi-Pontani... 1758. *S. l., n. n., n. d.* Placard de 0,74 sur 0,74 cent. Gravure.

5145. BILLECARD. Conclusiones ex universâ philosophiâ... quas... tueri conabuntur D. Antoine ex Fribourg-l'Évêque ; L.-J. Billecard, nanceïanus ; J.-M. Beck, rupisvillanus ; N. de Peronne, nanceïanus.

Pro doctoratu philosophico. In aulâ collegii Mussipontani... 1759. *Mussi-Ponti, F. Thouvenin*, 1759. Placard de 0,91 sur 0,62 cent. Gravure.

5146. NONCOURT (DE). Conclusiones ex universâ philosophiâ... Pro doctoratu philosophico... quas... tueri conabitur... Joan. Bapt. Alex. de Noncourt, San-Nicol. In aulâ majore collegii Mussi-Pontani... 1763. *Mussi-Ponti, Fr. Thouvenin, s. d.* (1763). Placard de 1,14 sur 0,80 cent. Gravure.

5147. COLLIN. Conclusiones ex universâ philosophiâ... quas... propugnabit... Claudius Collin, Valdemontanus, in aulâ majore collegii Mussipontani... 1714. Pro doctoratu philosophico. *S. l., n. n., n. d.* Placard imprimé sur satin, de 0,91 sur 0,61 cent. Gravure.

5148. SIREJEAN. Conclusiones ex universâ philosophiâ quas... tueri conabitur Joannes-Baptista Sirejean, nanceianus. Pro doctoratu philosophico. In aulâ majore collegii Mussi-Pontani. 1747. *Mussi-Ponti, P. Maret, s. d.* (1747). Placard de 0,90 sur 0,63 cent. Gravure.

5149. (LEVRECHON.) Selectæ propositiones in tota sparsim mathematica pulcherrimæ. Ad usum et exercitationem Mussipontanæ juventutis. (Auctore Levrechon.) *Mussiponti, apud Seb. Cramoisy*, 1622. 36 pages, in-4°. Cart.

5150. COLLECTION de 594 thèses soutenues à la Faculté de médecine de Nancy, de 1769 à 1791. La plupart de ces thèses ont été imprimées à Nancy : par Séb. Bachot, jusqu'en 1784 ; par sa veuve, jusqu'en 1791. 6 vol., in-4°. Demi-rel.

5151. ROGUIER (DE). Conclusiones ex universâ philosophiâ... quas... tueri conabitur... C.-A.-Romaricus de Roguier, nanceïanus. In aulâ majore Facultatis Artium Nanceïanæ... 1772. Pro doctoratu philosophico. *Nanceii, Seb. Bachot, s. d.* (1772). Placard de 0,34 sur 0,50 cent. (La partie supérieure de la gravure manque.)

5152. PACOTTE. Quæstio theologica... Has theses ordinavit, et... tueri conabitur Nicolaus-Benedictus Paçotte, presbyter nanceianus, ... Die 18ª Augusti, 1789. In aula majore almæ Universitatis Nanceiensis. Pro licentiatu theologico. *Nanceii, Bachot*, (1789). 8 pages, in-4°. Br.

5153. DOYEN. Conclusiones philosophicæ... quas tueri conabitur Carolus Franciscus Doyen lunevillanus. In aulâ majore Facultatis Artium Nanceïanæ... 1772. Pro actu publico. *Nanceii, Seb. Bachot, s. d.*, (1772). Placard de 1,04 sur 0,71 cent. Gravure.

5154. CHAVANE (Fr.-X.). Manu-ductio in elementa juris romani, juxta ordinem Institutionum justinianearum, disposita ; operâ F.-X. Chavane ... in jurium facultate nanceianâ antecessoris. *Nanceii, Seb. Bachot*, 1773. 2 tomes, XII-303 et 176 pages, in-12. Rel. en un volume, veau.

5155. NICOLAS. Précis des leçons publiques de chimie et d'histoire naturelle, qui se font toutes les années aux Écoles de médecine de l'Université de Nancy. Par M. Nicolas, conseiller, médecin du roi, etc. 2ᵉ édition. *Nancy, H. Haener*, 1787. 432 et 344 pages, in-8°. 2 vol. Cart.

5156. LETTRES patentes du Roi portant établissement d'un Collège royal de médecine, à Nancy. *Nancy, Nicolas Charlot*, 1752. 21 pages, in-4°. Br.

5157. (JADELOT.) Lettre de M*** (Jadelot), professeur en médecine, etc., à M*** (Harmant), docteur en médecine, etc., en réponse aux notes insérées à la suite de l'éloge de M. Bagard, prononcé au Collège royal de médecine de Nancy, le premier mai 1773. *S. l., n. n.*, 1773. 13 pages, in-8°. Br.

5158. LAMOUREUX. Mémoire pour servir à l'histoire littéraire du département de la Meurthe, ou tableau statistique du progrès des sciences, des lettres et des arts dans ce département, depuis 1789, jusqu'en l'an XI (1803), par Justin Lamoureux. *Nancy, J.-R. Vigneulle et Vincenot*, 1803. 124 pages, in-8°. Demi-rel.

5159. RÈGLEMENT du Séminaire de Nancy (établi par Mgr L.-A. de La Tour-Dupin-Montauban). *Nancy, Haener*, 1781. 18 pages, in-12. Demi-rel.

5160. THIRIET. Le séminaire de Nancy jusqu'à la Révolution, par l'abbé H.-J. Thiriet, professeur au séminaire de Nancy. *Nancy, R. Vagner,* 1889. 96 pages, in-8°. Br.

5161. (CAMIER et GIGOT.) Institutiones philosophicæ, ad usum seminarii Tullensis, Illustrissimi ac Rev. in Christo Patris D.D. Claudii Drouas, episcopi et comitis Tullensis, jussu et auctoritate editæ. (Auctoribus Camier et Gigot.) *Neocastri, Monnoyer; et Tulli-Leucorum, J. Carez,* 1769. XXXIV-418, 428, 573, 452 et 484 pages, in-12. 20 planches. 5 vol. Rel. veau. (Aux armes de Cl. Drouas, évêque de Toul.)

5162. (LAMBERT.) Observations sur un ouvrage imprimé qui a pour titre : Institutiones philosophicæ ad usum seminarii Tullensis, etc., editæ Spinali, 1763 ; Neocastri 1769 ; Tulli-Leucorum 1770, 1771, etc., (par le P. Lambert). *S. l., n. n.,* 1777. 60 pages, in-12. Rel. veau.

5163. EXERCICE public, au séminaire de Toul. 1er septembre 1775. *Toul, J. Carez,* 1775. 14 pages, in-4°. Demi-rel.

5164. FLORIOT. Conclusiones philosophicæ quas... tueri conabitur Josephus Floriot Bulgnevillanus... in aulâ majore collegii Spinalensis ... 1751. *Spinali, Cl. Anselme, s. d.* (1751). Placard collé sur toile, de 1,38 sur 0,82 cent. Gravure.

5165. ESTIENNOTTE. Questiones theologicæ ... Has theses ... tueri conabuntur FF. Bernardinus Estiennotte et Antonius Jude, clerici minoritæ. Die 8a mensis aprilis, 1717. In conventu regio ducali fratrum minorum nanceianorum. *Nanceii, Dom. Gaydon,* (1717). 8 pages, in-4°. Br. — Theses (quas) defensuri ascendent FF. Lambertus Savoyen et Antonius Jude (ibidem). Augusti luce quinta 1721. *Nanceii, P. Antoine,* (1721). 9 pages, in-4°. Br. — Assertiones (quas) ascendent propugnaturi Josephus Fontaine, Bernardinus Collignon, Benedictus Poirson, minores (ibidem). Die 28 Augusti, 1732. *Nanceii, P. Antoine,* (1732). 7 pages, in-4°. Br.

5166. CONCLUSIONES theologicæ. Pro comitiis provincialibus Carmelitarum excalceatorum provinciæ Sancti Nicolai in Lotharingiâ. *Nanceii, P. Antoine,* 1763. 7 pages, **in-4°. Br.**

5167. EXERCITATIO rhetorica. M. T. Ciceronis orationes pro Ligario, etc. interpretari... connitentur collegii Lunevillensis rhetores ... die 17 Augusti, 1778. *Lunevillæ, Messuy, s. d.,* (1778). 10 pages, pet. in-4°. Cart.

5168. GOUGEON. Cosmographie ou traité de la sphère du monde universel. Contenant une exacte description et dénombrement de toutes les parties de la région éthérée et élémentaire, etc... A l'usage et en faveur de messieurs les cadets gentilshommes de l'école royalle de Longwy. Par le sieur Loûis Gougeon, leur professeur. *Luxembourg, André Chevalier,* 1692. 11-347 pages, in-4°. Rel. veau.

5169. VAYRINGE. Cours de philosophie mécanique et expérimentale par lequel, sans être versé dans les mathématiques, on peut comprendre presque tous les phénomènes de la nature, qui ont été découverts par principes géométriques. Le tout démontré par expériences, et par le secours de plusieurs machines mises en jeu. Par le sieur Vayringe, professeur de phisique de l'Académie de S. A. R. à Lunéville. *Lunéville, Nicolas Galland,* 1732. 11 pages, in-4°. Br.

5170. DISPOSITIO Serenissimi Regis in rem nobilium juvenum, qui exercentur in Academiâ Lunevillæ per Suam Majestatem erectâ et institutâ. *Nanceii, Petrus Antoine,* (1738). 27 pages, in-4°. Cart.

5171. BENOIT. L'école des cadets-gentilshommes du roi de Pologne à Lunéville. 1738-1766. Par Arth. Benoit. *Lunéville, Majorelle,* 1867. 33 pages, in-8°. Cart.

5172. PLAID. Cours de mathématique à l'usage de Messieurs les cadets gentilshommes de Sa Majesté le roi de Pologne... Par M. Plaid, chanoine régulier, professeur royal de mathématiques et d'histoire de l'École militaire et des pages du roi de Pologne, etc. *Paris, Ch. Aut.-Jombert,* 1760. XXIV-496 et XXX-511 pages, in-8°. 21 pl. 2 vol. Rel. mar. r., fil. d. s. tr. (Aux armes mêlées de Stanislas et de Lorraine.)

5173. RÈGLEMENT pour l'Académie qui sera établie à Nancy, capitale de la Lorraine, le mois de may de la présente année 1699. *S. l., n. n., n. d.* 3 pages, in-4°. Cart.

5174. LIONNOIS. Cours d'études à l'usage de la pension établie sous la protection de S. M. le roi de Pologne, duc de Lorraine et de Bar, chez le sieur Lionnois, prêtre habitué de la paroisse Saint-Epvre de Nancy. *Nancy, Charlot,* 1765. 375 pages, in-4°. Rel. veau, fil. dor., d. s. tr. (Ex-libris de l'évêque de Toul.)

5175. DÉLIBÉRATION (Extrait de la) du collège royal de Nancy, du 5 janvier 1761. — Liste de MM. du collège royal de Nancy, 1761. *S. l., n. n., n. d.* 10 pages, in-4°. Cart.

5176. FAVIER. Quelques mots sur l'École royale militaire de Pont-à-Mousson, 1776-1793, par J. Favier. *Nancy, Sidot,* 1881. 23 pages, in-8°. Br. (Extrait du *Journal de la Société d'archéologie lorraine.*)

5177. FAVIER. Notice sur l'École royale militaire de Pont-à-Mousson. 1776-1793. Par J. Favier. Deuxième édition, augmentée de documents inédits et des souvenirs d'un ancien élève de cette école. *Nancy, Imp. Crépin-Leblond,* 1896. 55 pages, in-8°. Br.

5178. EXERCICES divers, par les élèves du Collège royal de Nancy, 1777-1779-1784. Recueil, in-4°. Demi-rel.

5179. MAGGIOLO. Les collèges dirigés en Lorraine par les chanoines réguliers de Notre-Sauveur, 1623 à 1789, par M. L. Maggiolo. *Nancy, Berger-Levrault,* 1886. 23 pages, in-8°. Cart.

5180. BÉGIN. Histoire des sciences, des lettres, des arts et de la civilisation dans le pays messin, depuis les Gaulois jusqu'à nos jours ; par Émile-Auguste Bégin, docteur en médecine. *Metz, Verronnais,* 1829. XVI-612 pages, in-8°. Carte. Cart.

5181. VIANSSON. Histoire du premier collège de Metz, par M. Viansson. *Nancy, E. Réau,* 1874. 80 pages, in-8°. Br. (Extrait des *Mémoires de l'Académie de Metz.*)

5182. ESTIENNE. Traité de géographie divisé en deux parties. Lesquelles sont disposées pour être expliquées, par le sieur Estienne, professeur dans l'École royale de la compagnie de messieurs les cadets gentils-hommes que monsieur de Morton commande. *Metz, François Bouchard,* 1685. II-176 pages, in-12. Rel. basane.

5183. TENNETAR (DU). Élemens de chymie, rédigés d'après les découvertes modernes ; ou précis des leçons publiques de la Société royale des sciences et des arts de Metz ; par M. Michel du Tennetar, professeur royal de la Faculté de médecine de Nancy. *Metz, P. Marchal,* 1779. X-180 pages, in-12. Demi-rel.

5184. MILLET. Exercice sur l'art oratoire,... l'éloquence,... l'explication des discours de Cicéron, etc., par MM. les rhétoriciens du collège royal de Saint-Louis de Metz, Claude Ant. Léopold de Millet, de Nancy, Pierre Villot, de Metz. *Metz, Joseph Antoine,* 1782. 8 pages, in-4°. Cart.

5185. CASBOIS. Cours de mathématiques à l'usage du collège de Metz. Par D. N. Casbois, religieux bénédictin..., principal du collège. *Metz, J. Antoine,* 1772-1773. 302 et 320 pages, in-8°. 8 pl. 2 vol. Rel. veau.

5186. MAGGIOLO. De la condition de l'instruction primaire et du maître d'école en Lorraine, avant 1789, par M. Maggiolo, inspecteur de l'Académie de Nancy. *S. l., n. n.,* 1869. 15 pages, in-8°. Br.

5187. SCHMIDT. L'instruction primaire à la campagne, en Lorraine, il y a cent ans, d'après l'enquête de 1779, par Édouard Schmidt, pasteur. *Paris, G. Fischbacher,* 1880. 39 pages, in-8°. Br.

5188. GROS A, B, C, ou alphabet à l'usage des écoles. *Toul, Joseph Carez,* 1786. 92 pages, in-32. Cart.

5189. FOURNIER. L'instruction publique à Rambervillers au XVIII° siècle, par le D' A. Fournier. *Nancy, G. Crépin-Leblond,* 1881. 12 pages, in-8°. Br.

5190. MANGEONJEAN. Les écoles primaires avant la Révolution de 1789, dans la région des Vosges formant aujourd'hui l'arrondissement de Remiremont, par J.-F. Mangeonjean, inspecteur de l'enseignement primaire, etc. *Épinal, V. Collot,* 1874. 67 pages, in-8°. Br.

5191. MAGGIOLO. Historique de l'instruction publique dans les Vosges, avant et après 1789, par L. Maggiolo. *Épinal, E. Busy*, 1889. 48 pages, in-8°. Br. (Extrait de l'ouvrage *Le département des Vosges*, par L. Louis.)

5192. MAGGIOLO. Pouillé scolaire ou inventaire des écoles dans les paroisses et annexes de l'ancien diocèse de Metz avant 1789, et de 1789 à 1833, par M. Maggiolo. *Nancy, Berger-Levrault et Cie*, 1883. 104 pages, in-8°. Cart.

5193. MAGGIOLO. Les écoles dans les anciens diocèses de Châlons et de Verdun, avant 1789. Extrait des pouillés scolaires de ces diocèses, rédigés par M. Maggiolo. *Arcis-sur-Aube, Léon Frémont*, 1881. 14 pages, in-8°. Cart.

5194. MAGGIOLO. Pouillé scolaire ou inventaire des écoles dans les paroisses et annexes du diocèse de Toul avant 1789, et de 1789 à 1833, par M. Maggiolo. *Nancy, Berger-Levrault et Cie*, 1880. 112 pages, in-8°. Cart.

B. ÉCOLES CENTRALES. — FACULTÉS. — COLLÈGES. — SÉMINAIRES. — ÉCOLES DEPUIS LA RÉVOLUTION.

5195. COSTER. L'École centrale considérée dans son objet et dans ses moyens. Discours prononcé à l'installation de l'École centrale du département de la Meurthe..., par le citoyen J.-François Coster,.... professeur d'histoire. *Nancy, J.-R. Vigneulle*, (An IV). 36 pages, in-8°. Cart.

5196. ÉCOLE CENTRALE. Ouverture des cours, le 11 brumaire (an V). Arrêté de l'administration centrale du département de la Meurthe. *Nancy, J.-R. Vigneulle*, (An V). 7 pages, in-4°. Cart.

5197. COSTER. Discours prononcé à l'École centrale, le 30 Fructidor an V, par le citoyen Coster, professeur d'histoire, pour la distribution des prix. *Nancy, Vigneulle, An V.* 8 pages, in-4°. Demi-rel.

5198. LETTRES du ministre de l'Intérieur aux professeurs de l'École centrale de la Meurthe. Recueil in-4°. Cart.

5199. OBSERVATIONS de l'École centrale du département de la Meurthe sur le rapport et projet de loi sur l'instruction publique, présentés au Conseil d'État par le citoyen J.-A. Chaptal, conseiller d'État. *Nancy, H. Haener père*, (An IX). 30 pages, in-8°. Cartonné.

5200. MONGIN. Philosophie élémentaire ou méthode analytique appliquée aux sciences et aux langues, par le C. Mongin, professeur de grammaire générale, à l'École centrale de la Meurthe. *Nancy, Haener et Delahaye*, 1803. vi-315 et 310 pages, in-8°. 2 vol. Demi-rel.

5201. MATHIEU. Discours sur la physique et la chymie pour servir de plan à présenter ces deux sciences ensemble dans le cours des écoles centrales, par Charles-Léopold Mathieu, de Nancy. *Nancy, J. R. Vigneulle, An VI.* 54 pages, in-8°. Cart.

5202. ARRÊTÉ de l'administration centrale du département de la Meurthe relatif aux pensions temporaires accordées par la loi aux élèves des écoles publiques. 13 ventôse an VII. *Nancy, Barbier, s. d.* Placard in-fol.

5203. DISTRIBUTIONS des prix aux élèves de l'École centrale du département de la Meurthe, de l'an IV à l'an XI. *Nancy, Haener père et J.-R. Vigneulle.* Recueil in-4°. Cart.

5204. COSTER. Discours prononcé par Joseph-François Coster, professeur d'histoire à l'École centrale du département de la Meurthe,... en présence des autorités .. et des citoyens de Nancy, assemblés pour célébrer la fête de la Paix le 18 brumaire. *Nancy, J.-R. Vigneulle, An X.* 30 pages, in-8°. Cart.

5205. HALDAT. Discours prononcé à la fête de la distribution des prix aux élèves de l'École centrale de la Meurthe, par le citoyen Haldat, professeur de physique. *Nancy, Vigneulle, s. d.* 11 pages, in-4°. Demi-rel.

5206. EXERCICES publics de l'École centrale du département de la Meurthe, de l'an IV à l'an XI. — Exercice des élèves du Conservatoire de musique. Recueil de pièces, in-4°. 4 vol. Demi-rel.

5207. EXERCICES publics de l'École centrale du département des Vosges, an V, an VIII. Recueil de pièces in-4°. Demi-rel.

5208. DÉLIBÉRATION du Conseil municipal de Nancy, sur une question relative à son École de médecine. *Nancy, A. Paullet*, 1838. 34 pages, in-8°. Br.

5209. NÉCESSITÉ (Sur la) de donner aux écoles secondaires de médecine une organisation définitive ; mémoire adressé au Ministre de l'instruction publique par les professeurs de l'École secondaire de médecine de Nancy. *Nancy, A. Paullet*, 1840. 8 pages, in-4°. Br.

5210. TRANSFORMATION (Sur la) de l'École secondaire de médecine de Nancy en École préparatoire de médecine et de pharmacie... Mémoire présenté par les professeurs de cette École à MM. les membres du Conseil municipal de Nancy, du Conseil général de la Meurthe, et de la Commission des hospices de Nancy. *Nancy, Raybois et Cie*, 1841. 16 pages, in-4°. Br.

5211. BÉCHET. Quelques réflexions sur le mémoire de l'École secondaire de médecine ayant pour titre : *Sur la transformation de l'École secondaire de médecine et de pharmacie*. Par Béchet père, Béchet fils, Castel, Grandjean, etc., docteurs médecins. *Nancy, Grimblot, Raybois et Cie*, 1841. 12 pages, in-4°. Br.

5212. LETTRE d'un médecin du département de la Meurthe à un professeur de l'École de médecine de Nancy, à l'occasion des réflexions de quelques médecins sur le *Mémoire* de cette École. *Nancy, Raybois et Cie*, 1841. 4 pages, in-4°. Br.

5213. (LETTRE) à Messieurs Béchet père, médecin des épidémies, H. Béchet fils, Castel, Grandjean, Henry aîné, Lemoine, L. Lévylier, Lorta, de Schacken, Spillmann, et Boppe, docteurs-médecins. *Nancy, A. Paullet*, (1841). 8 pages, in-4°. Br.

5214. SIMONIN. École préparatoire de médecine et de pharmacie de Nancy. Les directeur et professeurs à M. le Ministre de l'instruction publique. (Lettre au sujet des réformes à faire dans les établissements de ce genre.) Par Simonin, directeur, Coliny, secrétaire, Archambault, V. Parisot, A. Godron, Simonin, Blondlot, Roussel. *Nancy, Vve Raybois*, 1845. 4 pages, in-4°. Br.

5215. OBSERVATIONS au sujet de la loi sur l'enseignement de la médecine votée par la Chambre des pairs... Mémoire adressé à Monsieur le Ministre de l'instruction publique par l'École préparatoire de médecine et de pharmacie. *Nancy, Grimblot et Vve Raybois*, 1847. 20 pages, in-4°. Br.

5216. SIMONIN. Notice sur l'École préparatoire de médecine et de pharmacie de Nancy et compte rendu de ses travaux en 1850-51, par le Dr E. Simonin, directeur de l'École, chirurgien en chef des hôpitaux civils, professeur de clinique chirurgicale, président de l'Académie de Stanislas, etc. *Nancy, Grimblot et Vve Raybois*, 1852. 95 pages, in-8°. Demi-rel.

5217. (SIMONIN.) Complément de la notice sur l'École préparatoire de médecine et de pharmacie de Nancy. (Par E. Simonin, directeur de l'École.) *Nancy, s. n.*, 1852. 95 pages, in-8°. Br.

5218. SÉANCE de rentrée de l'École préparatoire de médecine et de pharmacie de Nancy, le 24 novembre 1853. *Nancy, Grimblot et Vve Raybois*, 1854. 58 pages, in-8°. Br.

5219. ORGANISATION (De l') des Écoles préparatoires de médecine et de pharmacie. Nancy (19 juin 1860). *Nancy, Vve Raybois*, 1860. 82 pages, in-8°. Br.

5220. ORGANISATION (De l') de l'enseignement médical en France. Plan d'enseignement... étudié par l'École de médecine et de pharmacie de Nancy. *Nancy, Vve Raybois*, (1866). 44 pages, in-8°. Br.

5221. TRANSFORMATION (De la) de l'École de médecine et de pharmacie de Nancy en Faculté de médecine. *Nancy, Vve Raybois*, (1866). 12 pages, in-8°. Br.

5222. RAPPORT de la Commission réunie par le maire de Nancy sous sa présidence et composée de MM. V. Parisot, Poincaré, Lallement, E. Marchal, Cournault, Duvaux, conseillers municipaux ; docteur Simonin, directeur de l'École de médecine (sur la question de la transformation de cette École en Faculté). *Nancy, Vve Nicolas et fils,* (1871). 7 pages, in-8°. Br.

5223. LEMOINE. Mémoire relatif à l'omission de Nancy sur la liste des quinze rectorats conservés, par Lemoine, maire de la Ville. *Paris, H. Simon Dautreville,* 1852. 7 pages, in-4°. Br.

5224. LACROIX. Leçon d'ouverture du cours d'histoire de la Faculté des lettres de Nancy, par M. L. Lacroix, professeur. (20 novembre 1855.) *Nancy, Vagner, s. d.* 20 pages, in-8°. Demi-rel.

5225. UNIVERSITÉ de France. Académie de Nancy. — Installations et rentrées solennelles des Facultés et de l'École supérieure de pharmacie de Nancy, de 1854 à 1896. *Nancy, Grimblot et Vve Raybois ; Sordoillet ; Berger-Levrault et Cie ; Imp. coop. de l'Est,* 1855-1896. 42 fascicules, in-8°, en 8 vol. Demi-rel.

5226. DUMAST. De l'indispensable nécessité de rétablir l'École de droit de Nancy, par P. G. de Dumast. *Nancy ; Paris, B. Duprat,* 1863. 30 pages, in-8°. Cart.

5227. FÊTE offerte aux professeurs de la nouvelle Faculté de droit de Nancy, par le barreau de Nancy, le samedi 14 janvier 1865. *Nancy, N. Collin,* 1865. 10 pages, in-8°. Br.

5228. DUMAST. La France et Nancy. Quelques pages de gros bon sens, par P. G. de Dumast. *Nancy, Nicolas Grosjean,* 1871. 18 pages, in-8°. Cart.

5229. CONSEIL municipal de Nancy. Séance du 9 juin 1871. (Vœu en faveur de la translation à Nancy des quatre Facultés qui existaient à Strasbourg avant la guerre.) *Nancy, Vve Nicolas et fils,* 1871. 3 pages, in-8°. Br.

5230. NÈVE. Les quatre Facultés de Nancy et le mouvement intellectuel en Lorraine, par Félix Nève, professeur à l'Université de Louvain, membre de l'Académie royale de Belgique. *Louvain, C. Peeters,* 1873. 31 pages, in-8°. Cart.

5231. LAMBERT. Rapport présenté au nom de la commission spéciale des Instituts scientifiques, par E. Lambert. *Nancy, Berger-Levrault,* 1885. 31 pages, in-8°. Br.

5232. (ADRESSE) du recteur et des professeurs de l'Université de Nancy au recteur et aux professeurs de l'Université de Lausanne. *Nancy, s. n.,* 1891. Une feuille in-plano. (Suivie d'une note explicative manuscrite, par M. Lederlin, doyen de la Faculté de droit.)

5233. BLEICHER. Discours prononcé à la séance solennelle de rentrée des Facultés, le 7 novembre 1895, par M. Bleicher. *Nancy, Imp. coop. de l'Est,* 1896. 19 pages, in-8°. Br.

5234. GASQUET. Allocution de M. Gasquet, recteur. L'Université de Nancy, (1896). *Nancy, Imp. coopérative de l'Est,* 1897. 15 pages, in-8°. Br.

5235. COLLECTION de thèses soutenues à Nancy, de 1865 à 1897 : Pour la licence en droit, 40. — Pour le doctorat en droit, 65. — Pour le doctorat en médecine, 154. — Pour la pharmacie, 4. (Un certain nombre de thèses soutenues sur des sujets d'un intérêt local ont été réparties, suivant la matière, dans les différentes sections du présent *Catalogue*.)

5236. SOCIÉTÉ des amis de l'Université de Nancy. Bulletin. *Nancy, Imp. Berger-Levrault et Cie,* 1891-1893. II-71, 34 et 53 pages, in-8°. 3 vol. Br.

5237. GOUTIÈRE-VERNOLLE. Le cercle des étudiants de Nancy. Historique du cercle, ses statuts, rapports... par E. Goutière-Vernolle et A. Leclaire, étudiants, précédés d'une lettre de M. Paul Bert, député, professeur à la Faculté des sciences de Paris. *Versailles, Cerf et fils,* 1881. 48 pages, in-8°. Br.

5238. SOCIÉTÉ générale des étudiants de Nancy. Historique. Comptes rendus particuliers. Administration. — Supplément. — Programme des fêtes. *Nancy, G. Crépin-Leblond,* 1892. Recueil, gr. in-4°. Étui.

5239. ANNUAIRE. Société générale des étudiants de Nancy. — Annuaire 1896-1897. Historique 1877-1895. — Administration. — Université de Nancy. — Fêtes universitaires. — Membres de la Société. — Année scolaire 1895-1896. *Nancy, Crépin-Leblond*, 1896. 446 pages, in-12. Br.

5240. LAMBERT des CILLEULS. Petit guide des aspirants pharmaciens et herboristes, contenant les règlements en vigueur dans les facultés mixtes de médecine et de pharmacie et les écoles supérieures de pharmacie, par F. Lambert des Cilleuls, secrétaire de la Faculté de médecine, etc... — Guide de l'étudiant. — Faculté de médecine de Nancy. Programme. *Nancy, s. n.* 1889-92. 5 plaquettes formant 105 pages, in-18. Br.

5241. LAMBERT des CILLEULS. Guide des aspirantes à la profession de sage-femme. (1ʳᵉ et 2ᵉ classes). Par F. Lambert des Cilleuls, secrétaire de la Faculté de médecine de Nancy. *Nancy, s. n.*, 1889. 94-44 pages, in-24. En 1 vol. Cart.

5242. CHOBERT. Observations présentées, au nom de la Faculté de droit de Nancy, sur la proposition de M. Delsol, membre de l'Assemblée nationale, relative aux droits du conjoint survivant. Par Charles Chobert, agrégé chargé d'un cours du code civil à cette Faculté. *Saint-Nicolas, N. Collin*, 1874. 43 pages, in-4°. Br.

5243. LACROIX. Dix ans d'enseignement historique à la Faculté des lettres de Nancy, par Louis Lacroix, ancien membre de l'École française d'Athènes, etc... *Paris, L. Hachette et Cie*, 1865. XLVIII-455 pages, in-8°. Demi-rel.

5244. GUYOT. Note sur l'installation de l'École forestière à Nancy, par Charles Guyot. *Paris-Nancy, Berger-Levrault*, 1896. 15 pages, in-8°. Br.

5245. NANQUETTE. Cours d'aménagement des forêts enseigné à l'École impériale forestière, par Henri Nanquette, ancien élève de cette École, etc... *Nancy, Grimblot, Vve Raybois et Cie*, 1860. xxIV-323 pages, in-8°. Demi-rel.

5246. LORENTZ. Cours élémentaire de culture des bois, créé à l'École forestière de Nancy, par M. Lorentz, directeur-fondateur de cette École, etc.. *Paris, Mᵐᵉ Vve Bouchard-Huzard*, 1860. VIII-699 pages, **in-8°. Demi-rel.**

5247. BOPPE. Cours de technologie forestière créé à l'École de Nancy, par H. Nanquette, directeur honoraire de l'École. Édition entièrement nouvelle, publiée par L. Boppe, professeur à l'École nationale forestière, etc... *Paris, Berger-Levrault et Cie*, 1887. x-335 pages, in-8°. Fig. Br.

5248. FLICHE. Manuel de botanique forestière. Par H. Fliche, professeur à l'École forestière de Nancy. *Nancy, Berger-Levrault et Cie*, 1873. IV-313 pages, in-12. Demi-rel.

5249. BOPPE. Traité de sylviculture. Par L. Boppe, professeur de sylviculture à l'École nationale forestière, etc... *Nancy, Berger-Levrault et Cie*. 1889. XXXI-444 pages, in-8°. Br.

5250. NOTICES sur l'exposition de l'École impériale forestière, au concours général et national de l'agriculture, à Paris, en 1860. *Nancy, Grimblot, Vve Raybois et Cie*, 1860. 59 pages, in-8°. Br.

5251. PROJETS de routes et de chemins étudiés et tracés dans les forêts domaniales du Haut-Poirot, de Lyris et de Rougimont, par MM. les élèves de la première division de l'École forestière, en juin 1845. *Nancy, Grimblot et Vve Raybois*, 1845. 99 pages, in-8°. Br.

5252. BLANC. Monographie du lycée de Nancy, depuis 1789 jusqu'à nos jours. Par l'abbé Blanc, aumônier du lycée. *Paris-Nancy, Berger-Levrault et Cie*, 1879. VII-182 pages, in-8°. Plan. Demi-rel.

5253. PROJET de souscription volontaire pour l'établissement d'un lycée à Nancy, proposé par le conseil municipal de la commune, et approuvé par arrêté du préfet de la Meurthe, du 30 thermidor An X. *Nancy, Haener, An X*. 4 pages, in-4°. Demi-rel.

5254. EXERCICES publics et distributions des prix au lycée de Nancy. 1804 à 1814. Recueil, in-4°. Demi-rel.

5255. EXERCICES publics dans les écoles secondaires de M. Henry, de M. Hanriot, de M. Michel, de MM. Nicolle et Jacquemin, en 1805, 1806 à 1810. Recueil, in-4°. Demi-rel.

5256. DISTRIBUTIONS des prix faites aux élèves du collège et du lycée de Nancy. 1839-1896. (44 palmarès. Plusieurs lacunes entre les années 1839 et 1867.) — Discours prononcés à un certain nombre de ces distributions. 22 plaquettes.

5257. LE MONNIER. Conseil municipal de Nancy. Projet de création d'un lycée de filles. Rapport adressé à M. le Maire et à MM. les conseillers municipaux, par M. Le Monnier, adjoint délégué à l'instruction publique. Autographie. *S. l., n. n., n. d.,* (1893.) 27 pages, in-fol. Br.

5258. MAGGIOLO. Collège de Pont-à-Mousson. Allocutions prononcées par le principal, L. Maggiolo, à la distribution des prix. Années 1848, 1849 et 1850. *Pont-à-Mousson, Toussaint et Simon, s. d.* 6, 7 et 9 pages, in-8°. Demi-rel.

5259. MAGGIOLO. Discours divers, par L. Maggiolo. 1847-1869. 9 pièces, in-8°. Cart.

5260. DEPERCY. Discours prononcé par M. Depercy, préfet des Vosges, le 14 août 1848, à la distribution des prix du collège d'Épinal. *Épinal, A. Cabasse,* 1848. 7 pages, in-8°. Demi-rel.

5261. DISTRIBUTION des prix faite aux élèves du collège royal de Metz. 1823-1829. *Metz, Collignon,* 1823-1829. 7 broch., in-8°. Demi-rel.

5262. HENNEQUIN. Mémoire adressé à M. Guizot, Ministre de l'instruction publique, par Amand Hennequin..., président de la Société de Nancy pour l'encouragement de l'enseignement mutuel..., proviseur du collège royal de Nancy. Daté de Nancy du 15 novembre 1836. *Toul, Vve Bastien, s. d.* 32 pages, in-8°. Cart.

5263. BADEL. L'École professionnelle de l'Est au Luxembourg. Par Émile Badel. *Nancy, Imp. Kreis,* 1896. 15 pages, in-16. Br.

5264. PIROUX. Organisation, situation et méthode de l'institut des sourds-muets de Nancy, par M. Piroux, fondateur et directeur de cet établissement, ancien élève-professeur de l'institut royal des sourds-muets de Paris, membre de la Société royale des sciences, lettres et arts de Nancy, etc. *Nancy, Vidard et Jullien,* 1834. 50 pages, in-4°. Demi-rel.

5265. PIROUX. Solution des principales questions relatives aux sourds-muets, considérés en eux-mêmes et dans la société, au moyen de 25 tableaux synoptiques, annotés par M. Piroux. *Nancy, Grimblot et Vve Raybois,* 1850. 27 pages, in-4°. Demi-rel.

5266. PROCÈS-VERBAUX (Extrait des) des délibérations des conseils généraux des Ardennes, de l'Aube, de la Côte-d'Or, de la Haute-Marne, de la Meurthe, de la Meuse, de la Moselle et des Vosges. (Session de 1850), concernant l'institut des sourds-muets de Nancy ; résumé des travaux du directeur et système de philosophie sur lequel repose sa méthode. *Nancy, Vve Raybois et Cie, s. d.* 16 pages, in-8°. Demi-rel.

5267. INSTITUTION des sourds-muets de Nancy..Extrait des délibérations des conseils généraux... (session de 1851. — Notices... — Résumé... — Loi à faire sur les sourds-muets. — Le Prince Président à Nancy. — Rapport fait à la Société de patronage... — Lettre à Mgr l'évêque de Nancy et de Toul, etc. *Nancy, Vve Raybois et Cie,* 1852, 1853, 1855, 1857. 99, 48, 75 et 64 pages, in-8°. Demi-rel.

5268. (PIROUX.) Institut des sourds-muets de Nancy. Distribution des prix 1842-1870. *Nancy, Imp. div.,* 1842-1870. 20 brochures, in-8°.

5269. VISITE de S. M. l'Impératrice et de S. A. le Prince Impérial à l'Institution des sourds-muets de Nancy. 17 juillet 1866. *Nancy, Vve Raybois,* 1866. 38 pages, in-8°. Demi-rel.

5270. PIROUX. Institution des sourds-muets de Nancy. Extrait du rapport présenté à M. le Préfet de Meurthe-et-Moselle, le 3 juillet 1876, par le directeur de l'établissement (pour son érection en institution nationale). *Nancy, G. Crépin-Leblond.* 3 pages, in-4°. Cart.

5271. PIROUX. L'ami des sourds-muets, journal de leurs parents et de leurs instituteurs, utile à toutes les personnes qui s'occupent d'éducation ; rédigé par M. Piroux. *Nancy, Imp. Thomas et Cie,* 1838-1844. 5 années en 1 vol., in-8°. Cart.

5272. PIROUX. Petit catéchisme historique de Claude Fleury disposé pour l'usage des sourds-muets, par M. Piroux. *Nancy, Conty,* 1837. 207 pages, in-16. Demi-rel.

5273. PIROUX. Journée d'un chrétien, disposée pour l'usage des sourds-muets, par M. Piroux. *Nancy, Conty,* 1837. v-295 pages, in-16. Demi-rel.

5274. PIROUX. Maximes tirées de la Bible, et disposées pour l'usage des sourds-muets, par M. Piroux. *Nancy, Imp. Raybois et Cie,* 1841. 163 pages, in-16. Demi-rel.

5275. PIROUX. Méthode complète de lecture, préparant à la connaissance de l'orthographe, et de la bonne prononciation, à l'usage des enfants des villes et des campagnes, des adultes et des étrangers, par M. Piroux. *Nancy, Vidart et Jullien, s. d.* 80 pages, in-16. Cart.

5276. PIROUX. Phrases primordiales simples, complexes et composées, à l'usage des sourds-muets, par M. Piroux. *Nancy, Imp. Raybois et Cie,* 1842. viii-256 pages, in-16. Demi-rel.

5277. PIROUX. Le vocabulaire des sourds-muets, (partie iconographique), première livraison, contenant 500 noms appellatifs de la langue usuelle, interprétés par un pareil nombre de figures correspondantes ; par M. Piroux. *Nancy, L. Vincenot et Vidart,* 1830. 116 pages, in-8°. Gravures. Cart.

5278. RICHARDIN. Réflexions et citations sur l'état moral des sourds-muets sans instruction, sur celui des sourds-muets qu'on instruit, et sur les méthodes en usage à Paris et à Nancy, etc. Par C.-J. Richardin, professeur sourd-muet à l'Institut des sourds-muets de Nancy. *Paris, Hachette ; Nancy, Vidart et Jullien,* 1834. 58 pages, in-8°. 3 planches. Demi-rel.

5279. RICHARDIN. Sentences de morale et de religion, choisies pour l'usage des sourds-muets, et classées alphabétiquement sur le mot le plus saillant de chacune, par C.-J. Richardin. *Nancy, Imp. Thomas et Cie,* 1837-1838. 11-313 pages, in-16. Demi-rel.

5280. RICHARDIN. Exercices de grammaire à l'usage des jeunes sourds-muets, par C.-J. Richardin. *Nancy, Imp. J. Troup,* 1844.

x-432 et 478 pages, in-12. 2 volumes. Demi-rel.

5281. MAXÉ. Mémoire sur l'institution des jeunes aveugles fondée à Nancy pour les départements de l'Est. Par l'abbé C.-A. Maxé, directeur de l'institution. Avec facsimilé (alphabet) de l'écriture des aveugles selon Braille. *Nancy, Vagner,* 1853. 40 pages, in-8°. Br.

5282. INSTITUTION des jeunes aveugles de Nancy. Compte moral, administratif et financier de l'œuvre, pour les exercices 1879 à 1882 et 1884. *Nancy, G. Crépin-Leblond,* 1880-85. 5 brochures in-8°.

5283. MAGGIOLO. Les écoles en Lorraine avant et après 1789 : I. L'ancien régime. — II. La Révolution. — III. De 1802 à 1890. Par L. Maggiolo. *Nancy, Berger-Levrault et Cie,* 1891. 226 pages, in-8°. Cart.

5284. INSTRUCTION (L') primaire à Nancy. Extrait du *Journal d'éducation populaire...* *Paris, Schneider,* 1847. 46 pages, in-8°. Demi-rel.

5285. CAUMONT. Au Conseil général du département de la Meurthe. Session de janvier 1833. (Fondation de l'École normale d'instituteurs de la Meurthe.) Par M. de Caumont, recteur. *Nancy, Hissette,* 1833. 10 pages, in-8°. Cart.

5286. PÉTITION pour l'instruction publique. *Nancy, A. Lepage, s. d.* 16 pages, in-8°. Demi-rel.

5287. PERCIN. Rapport au conseil académique sur la situation de l'instruction primaire dans le département de la Meurthe, pendant l'année scolaire 1854-1855, par M. Percin, inspecteur de l'Académie de la Meurthe. *Nancy, Grimblot et Vve Raybois,* 1855. 20 pages, in-8°. Cart.

5288. LEZAUD. Rapports présentés au conseil académique, par M. Hippolyte Lezaud, premier président de la Cour impériale : 1° sur l'état de l'enseignement primaire dans les départements de la Meurthe, de la Meuse, de la Moselle et des Vosges ; 2° sur l'établissement des facultés des lettres et des sciences dans la ville de Nancy, et sur l'influence exercée déjà par leur enseignement. *Nancy, Hinzelin et Cie,* 1856. 32 pages, in-8°. Cart.

5289. MAGGIOLO. Rapports présentés au conseil départemental de la Meurthe, sur la situation de l'instruction primaire pendant les années 1861 à 1868, par M. Maggiolo, docteur ès-lettres, inspecteur d'académie en résidence à Nancy. *Nancy, Vve Raybois et N. Collin.* s. d. 25, 22, 26, 34 et 21 pages, in-8°. Br.

5290. JOST. Rapport sur la situation de l'instruction primaire dans le département de Meurthe-et-Moselle, au 1er juin 1876, présenté au conseil départemental par M. Jost, inspecteur de l'instruction primaire à Nancy, faisant fonctions d'inspecteur d'académie. *Saint-Nicolas et Nancy, N. Colin,* 1876. 56 pages, in-8°. Br.

5291. MELLIER. Rapports annuels sur la situation de l'enseignement primaire dans le département de Meurthe-et-Moselle. Par M. Mellier, inspecteur d'Académie. *Nancy, Berger-Levrault,* 1882, 1888 et 1890. Chacun 24 pages, in-8°. Br.

5292. ORGANISATION pédagogique des écoles primaires publiques de Meurthe-et-Moselle. *Nancy, N. Grosjean,* 1874. 45 pages, in-8°. Cart.

5293. INAUGURATION des nouvelles écoles de garçons et de filles du faubourg Stanislas (à Nancy). *Nancy, E. Réau,* 1876. 11 pages, in-8°. Cart.

5294. BERNARD. Discours prononcés par M. Bernard, avocat, maire de Nancy, aux distributions de prix (des écoles municipales de la ville.) *Nancy, N. Collin,* 1873. 17 pages. — 1874, 13 pages. — 1875, 31 pages. — 1876, 26 pages.

5295. LALLEMENT. Rapport sur l'enseignement de la gymnastique dans les écoles municipales de Nancy, par le docteur Ed. Lallement, professeur-adjoint à la Faculté de médecine, membre du conseil municipal. *Nancy, N. Collin,* (1873). 24 pages, in-8°. Cart.

5296. MICHEL. Écoles municipales de Nancy. Rapport présenté à la délégation communale des écoles de la ville de Nancy, au nom de la commission chargée de visiter les écoles municipales de dessin ; par Em. Michel. *Nancy, N. Collin,* 1873. 7 pages, in-8°. Cart.

5297. INSTRUCTION et règlement pour les salles d'asile de la ville de Nancy. *Nancy, A. Paulet,* 1842. 35 pages, in-8°. Demi-rel.

5298. CAISSE des écoles et des salles d'asile (de la ville de Nancy). Règlement. *Nancy, N. Collin,* 1878. 7 pages, in-8°. Cartonné.

5299. ÉCOLE municipale de musique (de la ville de Nancy). Règlement. *Nancy, s. n.,* 1881. 23 pages, in-8°. Br.

5300. RECUEIL des écrits publiés sur la question du rétablissement des écoles des Frères de la doctrine chrétienne à Nancy, en écoles communales. *Nancy, F.-A. Bachot,* 1836. 60 pages, in-8°. Cart.

5301. RAPPORTS lus par le secrétaire du comité des écoles chrétiennes, dans les assemblées générales tenues à l'évêché, sous la présidence de Monseigneur, années 1849, 1852, 1855, 1856, 1857, 1858, 1860 et 1887. *Nancy, Vagner, Vve Raybois et Cie,* 1852-1887. 8 fascicules, in-8°. Demi-rel. et Br.

5302. MARTIN. La première communion des enfants forains à l'École Saint-Sigisbert, par l'abbé Eug. Martin, professeur à l'École. 2e édition. *Nancy, R. Vagner,* 1893. 48 pages, in-12. Br.

5303. HERPIN. Discours prononcé à la distribution des prix accordés par S. A. R. Mme la duchesse de Berri, aux élèves de l'école gratuite d'enseignement mutuel de musique de Metz, le 16 décembre 1821 ; par M. Herpin. *Metz, E. Hadamard,* 1822. 15 pages, in-8°. Demi-rel.

5304. DISTRIBUTIONS des prix faites aux élèves des écoles israélites de Metz. 1822-1829. *Metz, E. Hadamard,* 1822-1829. 7 brochures in-8°. Demi-rel.

5305. PÉTITION en faveur de l'enseignement simultané du français et de l'allemand dans les écoles primaires de la Lorraine allemande (Moselle). *Strasbourg, E.-P. Le Roux,* 1869. 45 pages, in-8°. Cart.

5306. ROUGIER. Discours de M. Rougier, baron de la Bergerie, préfet des Vosges, prononcé à Schirmeck, le 8 octobre 1843, à l'occasion de l'inauguration des deux écoles fondées dans cette ville ; l'une, l'école de français pour les filles adultes, établie pour l'accomplissement de l'un des derniers vœux de Mgr le duc d'Orléans ; l'autre, la salle d'asile, sous le patronage de Mgr le comte de Paris. *Épinal, Gley, s. d.* 7 pages, in-8°. Demi-rel.

5307. BOULAY (de la Meurthe). Notice historique, statistique et normale de l'instruction primaire dans l'arrondissement de Mirecourt (département des Vosges) ; par H. Boulay de la Meurthe, membre du conseil de la Société de Paris, pour l'enseignement élémentaire. (Extrait du *Bulletin de la Société.*) *Paris, Decourchant, 1833.* 34 pages, in-8°. Cart.

5308. DEMANGE. Les écoles d'un village toulois au commencement du XVIII° siècle, d'après des documents inédits, par l'abbé F.-J. Demange. *Paris, Retaux-Bray ; Nancy, R. Vagner, 1892.* VIII-311 pages, in-12. Br.

5309. BOULAY (de la Meurthe). Notice sur l'école d'enseignement mutuel de Roville (Meurthe), par H. Boulay de la Meurthe. *Paris, Decourchant, s. d.* 7 pages, in-8°. Demi-rel.

5310. RÈGLEMENT pour les écoles primaires élémentaires communales de l'arrondissement de Château-Salins. *Vic, R. Gabriel, 1840.* 27 pages, in-8°. Cart.

5311. MAGGIOLO. L'instruction publique dans le district de Lunéville. (1789-1802.) par M. Maggiolo. *Nancy, Berger-Levrault et Cie, 1876.* 40 pages, in-8°. Cart.

5312. SAUCEROTTE. Les colonies agricoles de jeunes prévenus et la colonie de Gentilly (près Nancy), par le docteur Saucerotte, père. *Metz, Rousseau-Pallez, 1867.* 55 pages, in-8°. Cart. (Avec une carte de la France à teintes graduées, indiquant pour chaque département le nombre des jeunes prévenus.)

5313. APPERT. Colonie agricole et industrielle pour les condamnés libérés et les enfants des prisonniers, fondée à Rémelfing (Moselle), par M. Appert. *Sarreguemines, Michel Weisse, 1841.* 16 pages, in-8°. Br.

C. SOCIÉTÉS SAVANTES, INDUSTRIELLES ET ARTISTIQUES.

5314. MÉMOIRES de la Société royale des sciences et belles-lettres de Nancy. *Nancy, P. Antoine et Haener, 1754-1759.* 4 vol. in-12. Rel. veau.

— RAPPORT sur l'établissement, la correspondance et les travaux de la Société libre des sciences, lettres et arts de Nancy, par le cit. Haldat, 22 décembre 1802.—Règlements de 1802 et 1804. — Séance publique de 1803. *Nancy, J.-R. Vigneulle.* 3 plaquettes, in-8°. Rel. basane.

— PRÉCIS analytique des travaux de la Société des sciences, lettres et arts de Nancy. *Nancy, J.-R. Vigneulle, 1804-1813.* 7 fascicules in-8° en 1 vol. Rel. basane.

— PRÉCIS des travaux de la Société royale des sciences, lettres, arts et agriculture de Nancy, de 1813 à 1832. *Nancy, Hissette, 1817 à 1833.* 5 fascicules in-8° en 2 vol. Rel. basane.

— MÉMOIRES de la Société royale des sciences, lettres et arts de Nancy. *Nancy, Hissette, Grimblot et Vve Raybois, 1835 à 1852.* 18 vol. in-8°. Demi-rel.

— MÉMOIRES de l'Académie de Stanislas. *Nancy, Grimblot et Vve Raybois ; Sordoillet ; Berger-Levrault et Cie, 1853 à 1895.* 42 vol. in-8°. Demi-rel.

— TABLES alphabétiques des matières et des noms d'auteurs contenus dans les trois premières séries des Mémoires de l'Académie de Stanislas (1750-1866), par M. Simonin père. *Nancy, Vve Raybois, 1867.* 300 pages, in-8°. Demi-rel.

5315. DISCOURS prononcés le 3 février 1751, à la première assemblée de la Société littéraire, fondée dans la ville de Nancy, par le roi de Pologne, duc de Lorraine et de Bar. *Nancy, P. Antoine, s. d.* 77 pages, in-4°. Rel. mar. r.

5316. MENOUX. Discours prononcé à la séance de la Société littéraire de Nancy, tenue à Lunéville, devant le roy, le 11 mars 1751, par le R. P. de Menoux. *Nancy, P. Antoine, s. d.* 30 pages, in-4°. Rel. mar. r.

5317. SOLIGNAC. Discours sur l'utilité des Académies. Par le chevalier de Solignac, secrétaire perpétuel de l'Académie (de Nancy). *S. l., n. n., n. d.* 21 pages, in-8°. Cart.

5318. (LA TOURRETTE.) Discours de réception à la Société royale des sciences et belles-lettres de Nancy. (Par J.-A. Claret de Fleurieu de la Tourrette.) *S. l., n. n., n. d.* 24 pages, in-8°. Cart.

5319. LESLIE. Épître au roi, présentée par le R. P. Leslie, nommé par Sa Majesté, membre honoraire de la Société littéraire. *Nancy, P. Antoine, s. d.* 5 pages, in-4°. Rel. mar. r.

5320. THIBAULT. Discours sur la déclaration donnée par Sa Majesté, au mois de juillet 1750, pour l'établissement d'une Chambre des consultations. Prononcé par M. Thibault, lieutenant-général du bailliage et membre de la Société littéraire de Nancy, à la séance publique de cette Société du 8 mai 1751. *Nancy, Pierre Antoine, s. d.* 23 pages, in-4°. Cart.

5321. BILLECARD. Discours qui a remporté le prix d'éloquence au jugement de la Société royale des sciences et belles-lettres de Nancy. Pour l'année 1753. Par M° Billecard, avocat à la Cour. *Nancy, Vve et Claude Leseure, s. d.* 48 pages, in-8°. Cart.

5322. STANISLAS. Discorso recitato nella publica adunanza della Societa reale di Nancy, li 10 gennaro 1753. Tradotto dal francese da Panemo Cisseo P. A. Con una lettera concernente la solemne acclamazione di S. M. Stanislas I, duca di Lorena, autore del sopradetto discorso... *Roma, A. de Rossi* (1753). 18 pages, in-4°. Fig. Br.

5323. PALISSOT. Discours prononcés le 8 mai 1753, à l'assemblée publique de la Société royale des sciences et belles-lettres de Nancy. Par Palissot, Fréron et Cogolin. *Nancy, Pierre Antoine, s. d.* 36 pages, in-4°. Cart.

5324. MENOUX. Discours prononcé le 20 octobre 1753, à la séance publique de la Société royale et littéraire de Nancy. Par le R. P. Menoux, supérieur du séminaire royal des missions. *Nancy, s. n., n. d.* 53 pages, in-4°. Cart.

5325. PIERRE. Sinastal, histoire dumocalienne. Ouvrage qui a remporté le prix de littérature... pour l'année 1754. Par M. Pierre, substitut en la Cour souveraine de Lorraine et Barrois. *Nancy, François Midon, s. d.* 31 pages, in-4°. Br.

5326. DUREY D'ARNONCOURT. Discours de Monsieur Durey d'Arnoncourt, receveur général des finances, pour sa réception à l'Académie royale des sciences et des belles-lettres de Nancy. *Nancy, Haener.* 1756. 12 pages, in-4°. Cart.

5327. SORET. Discours de M. Soret, avocat au Parlement, pour sa réception à l'Académie royale des sciences et belles-lettres de Nancy. *Paris, s. n.*, 1756. 15 pages, in-4°. Cart.

5328. GROSLEY. De l'influence des loix sur les mœurs, mémoire présenté à la Société royale de Nancy, par P.-J. Grosley, avocat à Troyes, pour sa réception dans cette Société. *Nancy, Haener ; Paris, Cavelier,* 1757. 46 pages, in-4°. Cart.

5329. DUSAULX. Discours de Monsieur Dusaulx, commissaire de la gendarmerie, prononcé dans une séance publique, pour sa réception à l'Académie de Nancy. *Nancy, Haener,* 1757. 23 pages, in-4°. Cart.

5330. DUREY DE MORSAN. Discours de Monsieur Durey de Morsan, secrétaire du cabinet de S. M. le roi de Pologne, pour sa réception à l'Académie de Nancy. *Nancy, Haener,* 1757. 23 pages, in-4°. Cart.

5331. DISCOURS prononcés dans l'Académie royale des sciences et belles-lettres de Nancy, en la présence de S. M. le roi de Pologne, duc de Lorraine et de Bar, le vendredi 20 octobre 1758, à la réception de M. l'abbé de Boufflers... et de M. l'abbé Porquet... *Nancy, Haener, s. d.* 47 pages, in-4°. Demi-rel.

5332. BARAIL. Discours qui a remporté le prix de l'éloquence à la séance publique de l'Académie... de Nancy..., par M. l'abbé Barail, l'aîné. *Nancy, Haener,* 1758. 19 pages, in-4°. Br.

5333. PLAY. Discours prononcé le 20 octobre 1759, dans l'Académie royale des sciences et belles-lettres de Nancy. Par Play, chanoine régulier, professeur de mathématiques et d'histoire de Messieurs les cadets gentilshommes de Sa Majesté le roy de Pologne. Pour sa réception. *Nanci, Haener, s. d.* 26 pages, in-4°. Cart.

5334. PAULMY. Discours prononcés dans l'Académie royale des sciences et belles-lettres de Nancy, à la réception de M. le marquis de Paulmy et de M. l'abbé Guyot, prédicateur ordinaire de Sa Majesté le roi de Pologne. *Nancy, Vve et Claude Leseure,* 1760. 50 pages, in-4°. Cart.

5335. LA TOUR DU PIN. Discours de M. de La Tour Du Pin, abbé d'Ambournay, prédicateur ordinaire du roi, prononcé le 8 mai 1761, jour de sa réception à l'Académie royale des sciences et belles-lettres de Nancy. *Nancy, Cl. Leseure, s. d.* 21 pages, in-4°. Demi-rel.

5336. BERMANN. Discours qui a remporté le prix des sciences, au jugement de la Société royale de Nancy, en l'année 1761. Par Mlle de Bermann. *Nancy, Vve et Claude Leseure, s. d.* 26 pages, in-8°. Cart.

5337. SOZZI. Discours de réception lu à l'assemblée publique de la Société royale des sciences, belles-lettres et arts de Nancy, par Sozzi. *Nancy, Vve et Claude Leseure,* 1762. 37 pages, in-12. Cart.

5338. CÉRUTTI. De l'intérêt d'un ouvrage, discours prononcé par le P. Cérutti, jésuite, à sa réception à l'Académie royale des sciences et belles-lettres de Nancy, le 8 mai 1763. *Nancy, Vve et Claude Leseure, s. d.* 32 pages, in-8°. Cart.

5339. COYER. Discours prononcé dans l'Académie royale des sciences et belles-lettres de Nancy, par M. l'abbé Coyer, à sa réception, le dimanche 8 mai 1763. *Nancy, Babin,* 1763. 40 pages, in-8°. Cart.

5340. BOLLIOUD MERMET. Discours sur l'émulation, adressé à la Société royale des sciences et belles-lettres de Nanci, par Bollioud Mermet. *Lyon, les frères Périsse,* 1763. 44 pages, in-8°. Cart.

5341. MILLOT. Discours sur cette question : s'il est plus difficile de conduire les hommes que de les éclairer. Lu à la séance publique de la Société royale des sciences et belles-lettres de Nancy, le 8 mai 1765.

Par l'abbé Millot, aumônier du roi de Pologne. *Nancy, s. n. ; Lyon, G. Regnault,* 1765. 28 pages, in-8°. Br.

5342. COSTER. Discours prononcé par M. Coster, le 8 mai 1765, jour de sa réception à l'Académie royale des sciences et belles-lettres de Nancy. *Nancy, Claude Leseure, s. d.* 24 pages, in-8°. Cart.

5343. THIÉRY. Discours de réception à l'Académie des sciences et belles-lettres de Nancy, par Thiéry... Séance du 8 mai 1767. *Nancy, Vve et C. Leseure, s. d.* 23 pages, in-8°. Cart,

5344. MARNÉSIA (Le marquis de). Discours de réception à la Société royale des belles-lettres de Nancy, par M. le marquis de Marnésia ; lu dans la séance publique du 20 octobre 1767. *Nancy ; Paris, Quillau, Dessain junior,* 1767. 22 pages, in-8°. Cart.

5345. SOLIGNAC. Quatrains ou maximes sur l'éducation des jeunes gens, lus dans la séance publique de la Société royale des sciences et belles-lettres de Nancy, le 16 décembre 1768. Par le chevalier de Solignac, secrétaire perpétuel. *Nancy, Claude Leseure, s. d.* 20 pages, in-8°. Cart.

5346. MARQUET. Essai sur le bon goût dans les ouvrages de littérature, discours qui a remporté le prix des belles-lettres au jugement de Messieurs de la Société royale des sciences et belles-lettres de Nancy, pour l'année 1770. Par M. l'abbé Marquet. *Nancy, C. Leseure, s. d.* 27 pages, in-8°. Cart.

5347. MARQUET. Essai sur le génie, discours qui a remporté un des prix des belles-lettres, au jugement de Messieurs de la Société royale des sciences et belles-lettres de Nancy, en l'année 1771. Par M. l'abbé Marquet, licencié ès-droit. *Nancy, Leseure, s. d.* 39 pages, in-8°. Cart.

5348. FERLET. Éloge de l'imprimerie. Discours qui a remporté le prix des belles-lettres, au jugement de Messieurs de la Société royale des sciences et belles-lettres de Nancy, 1771. Par Ferlet. *Nancy, Claude Leseure, s. d.* 44 pages, in-8°. Cart.

5349. SOLIGNAC. Discours prononcé en l'assemblée publique de la Société royale des sciences et belles-lettres de Nancy, le 8 mai 1772, jour de la distribution solennelle des prix, par M. le chevalier de Solignac, secrétaire perpétuel. *Nancy, Claude Leseure, s. d.* 19 pages, in-8°. Cart.

5350. COSTE. Du genre de philosophie propre à l'étude et à la pratique de la médecine. Discours de réception à l'Académie... de Nancy. Par Coste, médecin en chef de l'hôpital royal et militaire de Nancy. *Nancy, J.-B.-Hiacinthe Leclerc,* 1777. 48 pages, in-8°. Cart.

5351. (LE CREULX.) Discours sur le goût appliqué aux arts et particulièrement à l'architecture, lu à l'Académie royale des sciences et belles-lettres de Nancy, dans la séance publique du 8 mai 1778, par un membre de cette Académie (H. Le Creulx). *Nancy, Haener,* 1778. 49 pages, in-8°. Cart.

5352. THIERIET. Début littéraire, ou l'amour de la gloire. Discours qui a remporté le prix des belles-lettres au jugement de l'Académie royale de Nancy, en l'année 1782. Par M. Thieriet, avocat au parlement de Nancy. *Nancy, C.-S. Lamort,* 1782. 32 pages, in-8°. Cart.

5353. PRIX extraordinaire proposé par l'Académie royale... de Nancy (pour la recherche de la houille en Lorraine). *Nancy, Haener,* 1787. 3 pages, in-4°. Br.

5354. BOUFFEY. Mémoire qui a remporté le prix au jugement de l'Académie de Nancy... Par Bouffey, docteur en médecine. *Paris, Croulbois,* 1789. 56 pages, in-8°. Cart.

5355. PROGRAMME proposé par l'Académie de Nancy, pour le concours de 1793. *S. l., n. n., n. d.* 3 pages, in-4°. Demi-rel.

5356. COSTER. Rapport historique sur l'Académie de Nancy.., par Coster. *Nancy, H. Haener,* 1793. 23 pages, in-4°. Br.

5357. PSAUME. Lettre au citoyen Mollevaut, père, président de la Société des sciences, lettres et arts de Nancy (sur cette Société) ; par E. Psaume. *Nancy, chez l'auteur,* 1803. 19 pages, in-8°. Demi-rel.

5358. PERRON. De la physionomie. Discours de réception prononcé à la séance publique de la Société royale des sciences, lettres et arts de Nancy, le 7 juillet 1833, par F. Perron, docteur ès-lettres. *Nancy, Richard-Durupt,* 1833. 21 pages, in-8°. Cart.

5359. MAGIN-MARRENS. De l'influence de l'élément germanique dans la civilisation moderne ; discours de réception prononcé dans la séance publique de la Société royale des sciences, lettres et arts de Nancy, le 11 avril 1844, par Magin-Marrens, recteur de l'Académie. *Nancy, Grimblot, Raybois et Cie, s. d.* 36 pages, in-8°. Br.

5360. FAYE... Discours de réception (à l'Académie de Stanislas). Par Faye, Benoit et Burnouf. Réponse de Paillart. *Nancy, Grimblot et Vve Raybois,* 1855. 69 pages, in-8°. Cart.

5361. GUILLORY. Le marquis de Turbilly à l'Académie de Stanislas à Nancy, par Guillory aîné. *Angers, Cosnier et Lachese,* 1855. 6 pages, in-8°. Br. (Extrait du *Bulletin de la Société industrielle d'Angers.*)

5362. PAILLART. Réponse de M. Paillart, président de l'Académie de Stanislas, aux discours de réception de M. Chautard et de M. Mézières. *Nancy, Grimblot et Vve Raybois,* 1858. 20 pages, in-8°. Cart.

5363. DUMAST. Réponse du président (de l'Académie de Stanislas, P. G. de Dumast) aux récipiendaires. *Nancy, Vve Raybois,* 1861. 28 pages, in-8°. Cart.

5364. LEUPOL. Vues d'avenir qu'avait émises de bonne heure la Lorraine sur l'orientalisme et notamment sur l'utile influence du sanscrit. Discours de réception de M. Leupol à l'Académie de Stanislas, dans la séance publique annuelle du 24 mai 1862 et réponse du président (G. de Dumast). *Nancy, Vve Raybois,* 1867. 36 pages, in-8°. Cart.

5365. NICKLÈS. Rapport sur le concours pour le prix de chimie appliquée, fondé par M. Paul Bonfils. Par M. Nicklès, rapporteur. *Nancy, Imp. Vve Raybois,* 1863. 23 pages, in-8°. Demi-rel.

5366. DUMAST. Réponse aux deux récipiendaires (MMs Vaugeois et de la Ménardière), par le président P.-G. de Dumast. *Nancy, Vve Raybois*, 1868. 26 pages, in-8°. Cart.

5367. MOREY. Discours prononcé à la séance solennelle de l'Académie de Stanislas, le 27 mai 1869, par son président, M. P. Morey. *Nancy, Sordoillet*, 1869. 14 pages, in-8°. Cart.

5368. JALABERT. Les professeurs de droit à l'Académie de Stanislas. Discours de réception à l'Académie de Stanislas, par Ph. Jalabert, doyen de la Faculté de droit de Nancy. *Nancy, Berger-Levrault*, 1873. 24 pages, in-8°. Cart.

5369. COURNAULT. Réponse aux récipiendaires, par M. Cournault, président pour l'année 1873-1874. *Nancy, Berger-Levrault et Cie*, 1874. 24 pages, in-8°. Cart.

5370. DUMAST. Réponse aux deux récipiendaires, MM. Michel, paysagiste et Renauld, historien. (Par le président de l'Académie de Stanislas, P.-G. de Dumast). *Nancy, G. Crépin-Leblond*, 1876. 53 pages, in-8°. Cart.

5371. DUBOIS. Réponse aux récipiendaires, par M. Ernest Dubois, président (de l'Académie de Stanislas), pour l'année 1880-1881. *Nancy, Berger-Levrault*, 1881. 19 pages, in-8°. Br.

5372. DUBOIS. Le premier concours de la fondation Herpin et le premier volume de l'enquête sur les patois lorrains. Par E. Dubois. *Nancy, Berger-Levrault*, 1881. 25 pages, in-8°. Br.

5373. PARISET. Deuxième concours de la fondation Herpin. Prix accordé à un travail sur la condition des classes agricoles et industrielles en Lorraine. Rapport lu par M. Pariset. *Nancy, Berger-Levrault*, 1882. 23 pages, in-8°. Br.

5374. MEAUME. Montesquieu et l'Académie de Stanislas, par MM. Meaume et Ballon. *Nancy, Berger-Levrault*, 1889. 26 pages, in-8°. Br.

5375. LEDERLIN. Réponse du président, M. E. Lederlin, aux récipiendaires. (Séance de l'Académie de Stanislas du 16 mai 1889.) *Nancy, Berger-Levrault*, 1889. 15 pages, in-8°. Br.

5376. GUYOT. Compte rendu de l'année 1889-1890. (Académie de Stanislas. Séance du 22 mai 1890.) Par Ch. Guyot. *Nancy, Berger-Levrault*, 1890. 18 pages, in-8°. Br.

5377. LEJEUNE. Rapport sur les prix de vertu, pour le dévouement des mères de famille et la piété filiale, par Jules Lejeune, secrétaire perpétuel (de l'Académie de Stanislas). *Nancy, Berger-Levrault*, 1892. 18 pages, in-8°. Br.

5378. GUYOT. Rapport sur les prix de vertu, pour le dévouement des mères de famille et la piété filiale, par Ch. Guyot. *Nancy, Berger-Levrault*, 1894. 18 pages, in-8°. Br.

5379. GUYOT. Réponse du président, M. Ch. Guyot, au récipiendaire, M. l'abbé Vacant. *Nancy, Berger-Levrault*, 1893. 18 pages, in-8°. Br.

5380. VACANT. Rapport sur les prix de vertu, pour le dévouement des mères de famille et la piété filiale, par l'abbé Vacant. *Nancy, Berger-Levrault*, 1895. 14 pages, in-8°. Br.

5381. THOULET. Discours de réception de M. Julien Thoulet à l'Académie de Stanislas. (Séance publique du 7 mai 1896.) Réponse de M. C. Millot, président. *Nancy, Imp. Berger-Levrault et Cie*, 1896. 20 pages, in-8°. Br.

5382. VICQ. Essai sur les connaissances nécessaires au médecin, par B. Vicq, pour sa réception à la Société d'émulation de Nancy. *Nancy, Haener et Delahaye, An X*. 28 pages, in-8°. Br.

5383. LAMOUREUX. Notice des travaux de la Société d'émulation de Nancy, par Justin Lamoureux. *Nancy, J.-R. Vigneulle*, 1803. 35 pages, in-8°. Br.

5384. TABLEAU de MM. du collège royal de médecine de Nancy, 1776. *Nancy, Vve Charlot*. 8 pages, in-4°. Br. Voir n°ˢ 5138 et 5156.

5385. RÈGLEMENT de la Société de santé de Nancy. *Nancy, J.-R. Vigneulle, An V*. 11 pages, in-12. Br.

5386. EXTRAIT de la séance publique de la Société de santé de la commune de Nancy,

relative à la rentrée des cours publics...
(*Nancy*), *s. n., An VII.* 3 pages, in-4°. Br.

5387. SOCIÉTÉ de médecine de Nancy (Extrait des registres de la). Vaccine. *Nancy, Guivard, An X.* 10 pages, in-8°. Br.

5388. RÈGLEMENT de la Société de médecine de Nancy. *Nancy, Berger-Levrault,* 1880. 20 pages, in-8°. Br.

5389. SIMONIN. Comptes rendus des travaux de la Société de médecine de Nancy. — Mémoires. — Comptes rendus annuels. — Procès-verbaux des séances. *Nancy, Grimblot et Vve Raybois; Crépin-Leblond; Berger-Levrault,* 1844-1895. 52 fascicules en 16 vol. in-8°. Cart. et br.

5390. ACTES de l'association de prévoyance et de secours mutuels des médecins de Meurthe-et-Moselle. *Nancy, Berger-Levrault et Cie,* 1870-1895. 1 volume, in-8°. Broché.

5391. RÈGLEMENT de la Société d'archéologie lorraine, fondée à Nancy et autorisée par décision préfectorale le 28 octobre 1848. *Nancy, A. Lepage,* (1855). 7 pages, in-8°. Br.

5392. BULLETIN de la Société d'archéologie lorraine. *Nancy, A. Lepage,* 1849-1858. 8 vol. in-8°. Demi-rel.
— MÉMOIRES de la Société d'archéologie lorraine. Seconde série. *Nancy, Lepage,* 1859-1872. 14 vol. in-8°. Demi-rel.
— MÉMOIRES de la Société d'archéologie lorraine et du musée historique lorrain. Troisième série. *Nancy, Crépin-Leblond,* 1873-1896. 24 vol. in-8°. Demi-rel.
— RECUEIL de documents sur l'histoire de Lorraine. Publication de la Société d'archéologie lorraine. *Nancy, A. Lepage et Crépin-Leblond,* 1855-1896. 18 vol. in-8°. Demi-rel.
— TABLE des vingt-deux premiers volumes de *Bulletins* et *Mémoires* et des quinze (premiers) volumes de *Documents* sur l'histoire de Lorraine, par A. Benoit, Ch. Laprévote et Lepage. *Nancy, Crépin-Leblond,* 1874. 92 pages, in-8°. Demi-rel.
— JOURNAL de la Société d'archéologie et du comité du musée lorrain. *Nancy, A. Lepage et Crépin-Leblond,* 1853-1896. 45 vol. in-8°. Demi-rel.

5393. DOCUMENTS officiels concernant la Société d'archéologie lorraine. Décret impérial. Statuts. Règlement intérieur. *Nancy, G. Crépin-Leblond, s. d.* 10 pages, in-8°. Br.

5394. RECUEIL d'opuscules concernant la Société d'archéologie lorraine et le musée historique lorrain. 16 pièces, in-8°. Br.

5395. INAUGURATION de la Galerie des Cerfs, au palais ducal de Nancy, le 20 mai 1862. (Société d'archéologie lorraine et Comité du musée historique lorrain.) *Nancy, L. Wiener,* 1862. CIII pages, in-8°. Cart.

5396. GILLET. Rapport fait au nom de la commission chargée d'examiner le projet de publication de documents sur l'histoire de Lorraine. Par Gillet, rapporteur, Beaupré, l'abbé Marchal, Meaume, A. Digot, etc., membres de la commission (instituée par la Société d'archéologie lorraine). *Nancy, A. Lepage, s. d.* 12 pages, in-8°. Br.

5397. LEPAGE. Quelques explications à propos de la délibération du conseil municipal relative au Musée lorrain, par H. Lepage. *Nancy, G. Crépin-Leblond,* 1880. 7 pages, in-8°. Br.

5398. BULLETIN de la Société de géographie de l'Est, publié par les soins et sous le contrôle du comité de rédaction. *Nancy, Berger-Levrault et Cie,* 1879-1895. 17 volumes, in-8°. Demi-rel.

5399. CLUB alpin français. Bulletin de la section vosgienne, 1882-1896. *Nancy, Berger-Levrault et Cie,* 1882-1896. 15 années, dont 14 rel. en 4 vol. in-8°, le reste en fascicules.

5400. STATUTS de la Société des sciences de Nancy. (Ancienne Société des sciences naturelles de Strasbourg, fondée en 1828.) Avec la liste complète des membres de cette Société en 1873. *Nancy, Berger-Levrault,* 1873. 20 pages, in-8°. Br.

5401. BULLETIN de la Société des sciences de Nancy. Ancienne société des sciences naturelles de Strasbourg fondée en 1828. Série II. *Nancy, Berger-Levrault et Cie,* 1874-1893. 13 tomes en 8 volumes in-8°. Demi-rel. — Bulletin des séances de la même société, 1889 à 1894. 5 vol. in-8°. Broché.

5402. RÈGLEMENT constitutif de la Société catholique nancéienne pour l'alliance de la foi et des lumières, suivi du discours d'ouverture et précédé de considérations sur les rapports actuels de la science et de la foi. *Nancy, Thomas et Cie*, 1838. 111 pages, in-8°. Cart.

5403. LISTE des membres composant la Société centrale d'agriculture de Nancy. *Nancy, A. Paullet*, 1840. 19 pages, in-8°. — Listes pour les années 1842, 1844, 1846, 1848, 1853, 1854, 1864. Cart.

5404. RÈGLEMENT du comice agricole de l'arrondissement de Nancy. *Nancy, Grimblot et Vve Raybois*, 1846. 8 pages, in-8°. Cart.

5405. MANDEL. Précis des travaux de la Société centrale d'agriculture de Nancy, depuis sa dernière séance publique, par M. Ch. Mandel, membre ordinaire, président de la section d'horticulture, etc. *Nancy, Paullet,* 1841. 42 pages, in-8°. Demi-rel.

5406. DUMAST (DE). Rapport fait à la Société centrale d'agriculture de Nancy, sur la question des réserves de céréales, au nom d'une commission spéciale composée de MM. Henri Lepage, Masson,... et Guerrier de Dumast, rapporteur ; présenté au Congrès central d'agriculture, dans sa session de 1851. *Nancy, Vve Raybois,* 16 pages, in-8°. Cart.

5407. BRUNEAU. Rapport sur les travaux de la Société (centrale d'agriculture de Nancy), de 1870 à 1873, par Bruneau, secrétaire-archiviste. *Nancy, Berger-Levrault,* 1874. 19 pages, in-8°. Br.

5408. COMPTE RENDU sommaire de la situation financière et des travaux de l'année 1886-1887. (Société générale d'agriculture de Meurthe-et-Moselle et comice de Nancy). *Nancy, Hinzelin et Cie,* 1887. 40 pages, in-8°. Br.

5409. BULLETIN de la Société centrale d'horticulture de Nancy. *Nancy, Imp. N. Collin,* 1877-1893. 18 vol., in-8°. Br.

5410. DUMAST (DE). Recueil de Mémoires fournis à la Société d'acclimatation de Nancy. Par M. G. de Dumast. *Nancy,*

divers, 1856-1870. Ensemble : 203 pages, in-8°. Cart.

5411. BULLETIN de la Société d'encouragement et de bienfaisance pour les campagnes de Meurthe-et-Moselle. *Nancy, Imp. Crépin-Leblond,* 1879-1892. 1 vol., in-8°. Br.

5412. BULLETIN de la société industrielle de l'Est. *Nancy, Berger-Levrault et Cie,* 1884-1893. 21 volumes, in-8°. Br.

5413. BULLETIN des sociétés artistiques de l'Est. *Nancy, s. n.,* 1894-1895. 1 volume, in-8°. Br.

5414. BULLETIN de la Société lorraine de photographie. *Malzéville, Impr. Thomas,* 1894-1895. 1 volume, in-8°. Br.

5415. UNION des artistes musiciens de Nancy. *Nancy, Grimblot et Vve Raybois,* 1851. 13 pages, in-8°. Cart.

5416. STATUTS et règlements de la Conférence scientifique nancéienne. *Nancy, Sordoillet et fils,* 1870. 12 pages, in-8°. Br. — Autre édition, 1873. 15 p., in-8°. Br.

5417. CONFÉRENCE littéraire fondée par les étudiants de la Faculté de droit de Nancy. Règlement. *Nancy, Autogr.,* 1875. 7 pages, in-4°. Br.

5418. CONGRÈS scientifique de France. Dix-septième session, tenue à Nancy, en septembre 1850. *Paris, Derache ; Nancy, Vagner,* 1851. 540 et 548 pages, in-8°. Cartes et plans. 2 vol. Demi-rel.

5419. BERTINI. Relazione del XVII congresso scientifico francese tenutosi in Nancy, nel settembre 1850, per B. Bertini, dottore collegiato di medicina deputato al parlamento Sardo, uno dei vice-presidenti generali di detto congresso. *Torino, G. Favale e comp.,* 1850. 46 pages, in-8°. Cart.

5420. ASSOCIATION française pour l'avancement des sciences. Compte rendu de la 15° session. Nancy. 1886. Première partie. Documents officiels. Procès-verbaux. — Seconde partie. Notes et mémoires. *Paris, G. Masson,* 1887. xcix-331 et 1115 pages, 1 plan et 18 planches. 2 vol. Cart.

5421. SCHAKEN. Séance publique de la Société d'agriculture de l'arrondissement de Château-Salins, tenue le 18 novembre 1844, sous la présidence de M. Blahaye. Rapport fait au nom de la commission chargée de visiter les exploitations rurales de l'arrondissement, par le docteur Guillaume de Schaken. *Nancy, Vve Raybois.* 26 pages, in-8°. Br.

5422. SCHAKEN. Séance publique de la Société d'agriculture de l'arrondissement de Château-Salins, tenue le 19 novembre 1846: rapport fait au nom de la commission chargée de visiter les exploitations rurales. *Nancy, Grimblot et Vve Raybois,* 1847. 16 pages, in-8°. Cart. (Extrait du *Bon Cultivateur.*)

5423. MASSON. Compte rendu des travaux de la Société scientifique et littéraire de Dieuze, par l'abbé Masson, secrétaire-archiviste. *Nancy, Vagner,* 1847. 23 pages, in-8°. Br.

5424. LISTE des membres fondateurs et règlement de la Société philotechnique de Pont-à-Mousson. *Pont-à-Mousson, E. Ory,* 1874. 26 pages, in-8°. Br.

5425. MÉMOIRES de la Société philotechnique de Pont-à-Mousson. *Pont-à-Mousson, Imp. E. Ory,* 1874-1878. 201 et 228 pages, in-8°. 2 tomes en 1 vol. Demi-rel.

5426. GILLON. Discours prononcé à la Société d'agriculture de l'arrondissement de Bar-le-Duc, dans sa séance du dix septembre 1863, par Paulin Gillon. *Bar-le-Duc, Numa Rolin, s. d.* 8 pages, in-8°. Cart.

5427. BULLETIN de la Société du Musée de Bar-le-Duc. Tome I. *Bar-le-Duc, Imp. N. Rolin,* 1867. 72 pages, in-8°. Br.

5428. STATUTS de la Société des lettres, sciences et arts de Bar-le-Duc. *Bar-le-Duc, Contant-Laguerre,* (1868). 8 pages, in-8°. Br. (Extrait du *Bulletin de l'instruction primaire.*)

5429. MÉMOIRES de la Société des lettres, sciences et arts de Bar-le-Duc. *Bar-le-Duc, Contant-Laguerre,* 1871-1896. 25 tomes en 16 volumes. Cart.

5430. EXPOSITION géographique et ethnographique à Bar-le-Duc. Compte rendu de la séance d'inauguration (19 août 1883). *Bar-le-Duc, Comte-Jacquet,* 1883. 20 pages, in-8°. Br.

5431. CATALOGUE de l'exposition géographique et ethnographique ouverte à Bar-le-Duc, le 19 août 1883. (Société de géographie de l'Est.) *Bar-le-Duc, Contant-Laguerre,* 1883. 24 pages, in-8°. Br.

5432. MÉMOIRES de la Société philomathique de Verdun (Meuse). *Verdun, Lallemant, Laurent,* 1840-1896. 14 volumes, in-8°. Cart.

5433. SOCIÉTÉ pour l'encouragement de l'enseignement élémentaire dans le département de la Moselle. Règlements et rapports. 1819-1821. *Metz, Verronnais,* 1819-1821. In-8°. Demi-rel.

5434. RÈGLEMENT de la société des sciences médicales de la Moselle. *Metz, Verronnais,* 1842. 24 pages, in-8°. Demi-reliure.

5435. EXPOSÉ des travaux de la Société des sciences médicales du département de la Moselle. *Metz, Verronnais,* 1840-1869. 22 volumes, in-8°. Br.

5436. DIEU. Discours prononcé par M. le docteur Dieu, président, à la séance générale annuelle de la Société des sciences médicales du département de la Moselle, tenue le 21 mai 1861. *Metz, Verronnais, s. d.* 85 pages, in-8°. Cart.

5437. BULLETIN de la Société d'histoire naturelle du département de la Moselle. 1843 à 1870. 12 cahiers. — Bulletin de la Société d'histoire naturelle de Metz. 1874-1893. 6 cahiers. *Metz, Verronnais, Even,* 1843-1893. 18 cahiers, in-8°. Demi-rel. Br.

5438. MÉMOIRES de la Société d'archéologie et d'histoire de la Moselle. *Metz, Imp. Rousseau-Pallez, Even,* 1858-1887. 17 volumes, in-8°. Cart. (Le t. 12 manque). — Bulletin de la même Société. *Ibidem,* 1858-1873. 13 volumes, in-8°. Cart. (Les années 1870 à 1873 sont incomplètes.)

5439. CONFÉRENCES littéraires à Metz au XVI° siècle. Extrait d'une ancienne chronique. *Metz, F. Blanc,* 1864. 23 pages, in-4°. Br.

5440. MÉMOIRES de l'Académie de Metz. Société des lettres, sciences et arts. *Metz, Imp. Antoine, Lamort, Blanc, Ballet, Houpert,* 1821-1895. 77 volumes. in-8°. Cart.

5441. DU COËTLOSQUET. Rapport sur le concours relatif au patronage, par du Coëtlosquet. *Metz, S. Lamort,* 1837. 73 pages, in-8°. Cart. (Extrait des *Mémoires de l'Académie royale de Metz.*)

5442. PUYMAIGRE. Discours prononcé par M. le comte de Puymaigre, président. Souvenirs littéraires du pays messin. (Académie impériale de Metz. Séance du dimanche 7 mai 1865.) *Metz, F. Blanc,* 1865. 39 pages, in-8°. Cart.

5443. CHABERT. Deux lettres inédites du maréchal duc de Belleisle, touchant l'établissement définitif de la Société royale des sciences et des arts de la ville de Metz, communiquées par F.-M. Chabert. *Metz, F. Blanc,* 1862. 5 pages, in-8°. Portrait. Br. (Extrait des *Mémoires de l'Académie impériale de Metz.*)

5444. THILLOY. Trois comptes rendus par Jules Thilloy, membre de l'Académie de Metz. *Metz, F. Blanc,* 1868. 23, 16 et 20 pages, in-8°. Cart. (Travaux des années 1865-1866, 1866-1867, 1867-1868.)

5445. RAPPORTS sur les concours de poésie des années 1883-84, 1884-85, 1885-86, présentés à l'Académie de Metz. Recueil de 3 pièces, in-8°. Br.

5446. RÈGLEMENT de la Société organisée à Metz, sous le titre de Cercle littéraire. *Metz, Collignon, s. d.* 16 pages, petit in-8°. Br.

5447. CONGRÈS archéologique de France. Séances générales tenues à Metz, à Trèves, à Autun, à Châlons et à Lyon, en 1846, par la Société française pour la conservation des monuments historiques. *Paris, Derache,* 1847. xv-518 pages, in-8°. Fig. Demi-rel.

5448. DOCUMENTS rares et inédits de l'histoire des Vosges, rassemblés et publiés, au nom du comité d'histoire vosgienne, par L. Duchanel, J.-C. Chapellier, G. Gley et P. Chevreux. *Épinal, Gley, Collot ; Paris, Dumoulin, Champion, Pi-* card, 1868-1891. xx-388, x-432, x-414, x-367, x-416, 432, x-396, xii-394, 397 et xvi-383 pages, in-8°. 10 vol. Demi-rel.

5449. MATHIEU. Rapport fait à la Société d'agriculture du département des Vosges, dans sa séance du 4 décembre 1824, au nom d'une commission prise dans son sein, sur les avantages de la broie mécanique rurale de M. Laforest, par H. Mathieu, secrétaire de la société et médecin vétérinaire en chef du département, etc. *Paris, Bachelier,* 1825. 15 pages, in-8°. Demi-rel.

5450. JOURNAL de la Société d'émulation du département des Vosges, séant à Épinal. De 1825 à 1827. *Épinal, Gérard.* 9 numéros, in-8°. Cart.

— SÉANCES publiques de la Société d'émulation... de 1828 et 1829. 2 numéros, in-8°. Cart.

— CONNAISSANCES usuelles... publiées par la même société. De 1833 à 1842. 14 numéros, in-8°. Cart.

— ANNALES de la Société d'émulation des Vosges. *Épinal, Gérard, Gley, Busy,* 1831-1896. 46 vol., in-8°. Cart.

— TABLES des matières et des noms d'auteurs contenus dans les ouvrages publiés par la Société d'émulation des Vosges, de 1825 à 1859 et de 1860 à 1889. Par Claudot, bibliothécaire de cette société. *Épinal, Busy,* 1890 et 1891. 2 br., in-8°. Cart.

5451. BALLON. Compte rendu des travaux de la Société d'émulation du département des Vosges, par Ballon, avocat. *Épinal, Gley,* 1846. 36 pages, in-8°. Cart. (Extrait des *Annales de la Société d'émulation.*)

5452. HAILLANT. Discours prononcé à la séance publique annuelle de la Société d'émulation des Vosges, par M. Haillant. — Rapport de la commission d'agriculture sur les récompenses à décerner en 1876, par M. Defranoux. — Rapport de la commission des concours littéraire et artistique, par M. L. Rambaud. — Récompenses décernées. *Épinal, V. Collot,* 1876. 86 pages, in-8°. Br.

5453. OUSTRY. Discours prononcé à l'ouverture de la séance publique et solennelle de la Société d'émulation des Vosges, le 16 novembre 1876, par Oustry, préfet des Vosges, président d'honneur de la société. *Épinal, V. Collot,* 1877. 7 pages, in-8°. Br.

5454. CHAPELLIER. Rapport de la commission d'agriculture de la Société d'émulation des Vosges, sur les récompenses décernées à l'agriculture en 1877, par J.-C. Chapellier. (*Épinal, V. Collot.*) 18 pages, in-8°. Br. (Extrait des *Annales de la Société d'émulation des Vosges.*)

5455. GAZIN. Discours prononcé à la séance publique annuelle de la Société d'émulation des Vosges, le 17 décembre 1885, par M. Gazin. *S. l., n. n., n. d.* 53 pages, in-8°. Br.

5456. VUILLEMIN. Communication faite à la Société phrénologique d'Épinal, dans sa séance du 8 septembre 1841, par M. F. Vuillemin, secrétaire perpétuel. *Épinal, Gley,* 1842. 7 pages, in-8°. Demi-rel.

5457. BULLETIN de la Société philomatique vosgienne. *Saint-Dié, L. Humbert,* 1876-1896. 21 tomes en 11 volumes, in-8°. Cart.

5458. BARDY. La marraine de l'Amérique, par H. Bardy. *Saint-Dié, Humbert.* 24 pages, in-8°. Br. (Discours prononcé à la réunion générale de la Société philomatique vosgienne du 26 février 1893.)

D. PÉRIODIQUES.

(*N. B. On n'a pas fait figurer ici les publications périodiques n'ayant aucun caractère local imprimées à Nancy, depuis 1872, par la maison Berger-Levrault et Cie.*)

5459. JOURNAL de Lorraine et Barrois, année 1778. N°° 1 à 48. *Nancy, Babin et Lamort,* 1778. 2 tomes en 1 vol. Rel. veau.

5460. JOURNAL du département de Meurthe, rédigé par M. C.-S. Sonnini. Du 15 juillet 1790 au 7 juillet 1791. *Nancy, C.-S. Lamort et Vve Bachot.* 46 numéros, in-8°. 2 vol. Demi-rel.

5461. JOURNAL des frontières, pour l'instruction des habitans des villes et des campagnes. Du 10 juin 1792 au 6 juin 1793. *Nancy, Vve Bachot.* 80 numéros, in-8°. 1 vol. Cart.

5462. JOURNAL DE NANCY, année 1779, contenant des pièces fugitives, des analyses raisonnées des ouvrages nouveaux, etc. N°° 1 à 24. *Nancy, C.-S. Lamort,* 1779. 1 vol. in-8°. Rel. veau.

5463. JOURNAL DE NANCY, années 1780 à 1787. *Nancy, C.-S. Lamort et H. Haener,* 1780-1787. 24 volumes, in-12. Rel. veau.

5464. JOURNAL DE LA MEURTHE, publié successivement sous les titres : Patriote de la Meurthe, du 22 septembre 1797 au 20 avril 1798. — Journal moral et politique de Nancy, du 26 avril 1798 au 23 septembre 1798. — Journal de la Meurthe, du 25 septembre 1798 au 15 mars 1814. — Journal de la Lorraine et du Barrois, du 20 mars 1814 au 28 août 1814. — Journal de la Meurthe, du 30 août 1814 au 24 février 1815. — Journal, feuille d'annonces et avis du département de la Meurthe, du 26 février 1815 au 29 novembre 1816. — Journal de la Meurthe, du 1er décembre 1816 au 30 mars 1817. — Journal, feuille d'annonces et avis du département de la Meurthe, du 1er avril 1817 au 8 juin 1817. — Journal, affiches, annonces et avis divers du département de la Meurthe, du 10 juin 1817 au 29 décembre 1829. — Journal de la Meurthe, du 1er janvier 1830 au 18 janvier 1840. — Journal de la Meurthe et des Vosges, du 20 janvier 1840 à nos jours. *Nancy, Imprimeries diverses.* — Cette collection, à laquelle il manque 68 numéros du commencement, comprend 143 volumes, dont 35 in-8°, 29 in-4°, 7 pet. in-fol., 19 in-fol. et 53 gr. in-fol. Cart

5465. JOURNAL DE LA COUR d'appel de la Meurthe, de la Meuse et des Vosges, pour les tribunaux de son ressort. Du 14 août 1807 au 24 juin 1808. *Nancy, Vigneulle.* 159 numéros, in-8°. 2 vol. Cart.

5466. ÉCHO DE LA LORRAINE (L'). Journal de littérature, de théâtres, de beaux-arts et de mœurs, contenant les annonces et avis divers du département ; suivi des arrêts de la Cour royale de Nancy. *Nancy, Hissette,* 14 août 1823 à 25 octobre 1825. In-4°. Cart.

5467. COURRIER LORRAIN (Le). Journal

du soir. *Nancy, Richard-Durupt,* 5 juillet 1831 à 22 septembre 1832. 2 vol. Pet. in-fol. Demi-rel.

5468. SPECTATEUR DE LA LORRAINE (Le). Journal de littérature, de beaux-arts et de mœurs, contenant les annonces et avis divers du département. *Nancy, Hissette,* 30 octobre 1835 à 5 mars 1836. In-4°. Cart.

5469. REVUE de Lorraine (par Gustave Choley). *Nancy, Imp. Hissette,* 1835-1836. 6 vol. in-8°. Demi-rel.

5470. INSTITUTEUR (L') et le père de famille. Recueil contenant les lois, les ordonnances... et autres documens relatifs à l'instruction primaire. (*Édité par Vidart et Jullien, à Nancy.*) *Nancy, Imp. Dard,* 1835-1838. 3 vol. in-8°. Cart.

5471. LITTÉRATEUR LORRAIN (Le). *Nancy, Hinzelin,* 1836-1838. 5 vol. in-8°. Cart.

5472. ESPÉRANCE (L'). Courrier de Nancy. Du 24 décembre 1840 à nos jours. *Nancy, Imp. Raybois et Cie,* de 1840 à 1842 ; *Vincenot,* 1843; *Nicolas,* 1844; *et Vagner,* de 1845 à 1896. 56 vol. in-fol. Demi-rel. — Pourquoi l'*Espérance* voulait reparaître ; pourquoi elle ne reparaît pas. Un mot aux abonnés. (Par Vagner.) *Nancy, Vagner,* 30 novembre 1870. 11 pages, in-8°. Br.

5473. FEUILLES d'annonces et petites affiches de la Meurthe. Commerce, industrie, agriculture, propriété, économie domestique. Du 10 mars 1841 au 28 février 1855. *Nancy, Imp. Raybois et Cie.* 14 vol. in-fol. Cart.

5474. ASMODÉE. Journal de la littérature, des arts, des théâtres et des modes. *Nancy, Imp. Dard,* 6 septembre 1846 à 12 mars 1848. Gr. in-4°. Cart.

5475. LORRAINE ARTISTIQUE. Journal fondé à Nancy par la Société de l'union des arts. *Nancy, s. n.,* 1849. N° 1, contenant 16 pages et une lithographie, in-4°. Br.

5476. SEMAINE RELIGIEUSE (La), historique et littéraire de la Lorraine. *Nancy, Raybois, Thomas et Pierron,* de 1863 à 1866; de 1870 à 1876, et de 1885 à 1895. 21 volumes, in-8°. Cart. et br.

5477. PETIT-POUCET (Le). Journal non politique, paraissant tous les dimanches. Rédacteur en chef, Ch. Pierson. N° 1 (1er mai 1864) à 35 (29 décembre 1864). *Nancy, N. Collin.* 1 vol. in-4°. Cart.

5478. MONITEUR DE LA MEURTHE. Du 1er janvier 1869 au 21 août 1870 et du 1er janvier 1882 au 30 décembre 1884. *Nancy, Imp. Hinzelin et Cie,* 1869-1884. 5 vol. in-fol. Cart.

5479. IMPARTIAL (L') de l'Est. De janvier 1869 à janvier 1897. *Nancy, Imp. Hinzelin et Cie,* 1869-1896. 24 vol. in-fol. Cart.

5480. MONITEUR officiel du gouvernement général de la Lorraine et du préfet (allemand) de la Meurthe. Publié par ordre du commissaire civil de la Lorraine. Du 8 septembre 1870 au 28 mars 1871. *Nancy, Imp. Hinzelin,* 1870-1871. 1 vol. in-fol. Cart.

5481. PROGRÈS DE L'EST (Le). De janvier 1872 à janvier 1897. *Nancy, Imp. N. Collin,* 1872-1896. 40 vol. in-fol. Cart.

5482. GAZETTE DE L'EST (La). Chronique de Meurthe-et-Moselle, Vosges et Meuse, paraissant tous les jours, le lundi excepté. Du 1er janvier 1882 au 1er novembre 1883. *Nancy, Imp. Jules Picard,* 1882-1883. 2 vol. in-fol. Cart.

5483. ESTAFETTE LORRAINE (L'). Journal politique et agricole des arrondissements de Nancy, Briey, Lunéville et Toul. Du 1er janvier 1882 au 30 décembre 1883. *Nancy, Imp. Hinzelin et Cie,* 1882-1883. 1 vol. in-fol. Cart.

5484. ABEILLE TOULOISE (L'). Du 1er janvier 1882 au 27 janvier 1884. *Nancy, Imp. G. Crépin-Leblond,* 1882-1884. 1 vol. in-fol. Cart.

5485. AMI DU PEUPLE (L'). Du 1er janvier 1882 au 28 décembre 1884. *Nancy, Imp. Vagner,* 1882-1884. 1 vol. in-fol. Cart.

5486. NANCY-ARTISTE, revue hebdomadaire des beaux-arts en Lorraine, par E. Auguin. — La Lorraine-Artiste, ancien Nancy-Artiste, par Goutière-Vernolle. *Nancy, Crépin-Leblond, A. Voirin,* 1885 (3° année) à 1896. 4 vol. in-4° et 8 vol. gr. in-8°. Cart.

5487. COURRIER (Le) de Meurthe-et-Moselle. Le Courrier de la Moselle. Du 1er janvier 1882 au 31 décembre 1888. Nancy, Imp. P. Sordoillet, 1882-1888. 14 vol. in-fol. Cart.

5488. PETIT RÉPUBLICAIN DE L'EST (Le). Du 2 janvier 1882 au 30 décembre 1883. Nancy, Imp. N. Collin, 1882-1883. 4 vol. in-fol. Cart.

5489. PATRIOTE DE L'EST (Le). Journal républicain radical paraissant tous les dimanches. Du 23 juillet 1882 au 28 décembre 1884. Nancy, Imp. Hinzelin, 1882-1884. 1 vol. in-fol. Cart.

5490. CHRONIQUE DE L'EST, politique, littéraire, scientifique, industrielle, agricole et commerciale. Du 19 mai au 5 octobre 1883. Nancy, (Imp. Fringnel et Guyot), 1883. 1 vol. in-fol. Cart.

5491. RÉPUBLICAIN LORRAIN (Le). Journal démocratique et libéral, paraissant le jeudi et le dimanche. Du 1er mars 1883 au 28 décembre 1884. Nancy, Imp. Paul Sordoillet, 1883-1884. 1 vol. in-fol. Cart.

5492. LECTURE AU FOYER (La). Journal hebdomadaire illustré paraissant tous les samedis. Histoire. — Biographie. — Romans. — Contes, etc... Nancy, Imp. Fringnel et Guyot, 1884-1895. 10 vol. gr. in-8°. Br.

5493. FLEURS DE NOTRE-DAME (Les), sous la direction du comte Albert Gandelet. De 1885 à 1891. Nancy, Fringnel et Voirin. 6 vol. in-12. Br.

5494. ANNALES DE L'EST. Revue trimestrielle publiée sous la direction de la Faculté des lettres de Nancy. (Par Ch. Pfister.) Nancy, Berger-Levrault et Cie, 1887-1896. 10 vol. in-8°. Demi-rel.

5495. PETIT NANCÉIEN (Le), artistique, littéraire et théâtral. Du 3 novembre 1880 au 26 février 1891. Nancy, Imp. Gebhart, 1880-1891. 5 vol. in-fol. Cart.

5496. L'IMMEUBLE et la construction dans l'Est. Revue de la propriété et des travaux publics et particuliers, intérêts régionaux, professions, industries et commerce qui concourent au bâtiment. Par E. Jacquemin. Nancy, A. Voirin et Kreis, 1887-96. 10 vol. in-4°. Cart.

5497. EXPRESS DE L'EST (L'). Du 2 février 1888 au 11 mars 1890. Nancy, Imp. Crépin-Leblond, 1888-1890. 3 vol. in-fol.

5498. ALÉRION (L'). Bulletin de l'Académie de la Ville-Neuve. Du 21 avril au 6 octobre 1889. Nancy, Imp. A. Voirin, 1889. 22 numéros, in-fol. Br.

5499. EST RÉPUBLICAIN (L'). De mai 1889 à janvier 1897. Nancy, Imp. de l'Est, 1889-1896. 16 vol. in-fol. Cart.

5500. INDÉPENDANT LORRAIN (L'). Journal quotidien. Du 1er mars au 29 mai 1890. Nancy, Imp. P. Boutillot, 1890. 1 vol. in-fol. Cart.

5501. REVUE DE L'EST. Nancy, Imp. Crépin-Leblond, 1894. 1 vol. in-8°. Br.

5502. REVUE DE NANCY. 1re année. Nos 1 à 10. Nancy, Imp. nouvelle, 1890. in-fol. Broché.

5503. MOISSONNEUR (Le). Journal littéraire, agricole, commercial et feuilles d'annonces de l'arrondissement de Lunéville et du canton de Saint-Nicolas. Du 30 août 1845 au 27 août 1848. Saint-Nicolas, Imp. P. Trenel, 1845-1848. 1 vol. in-fol. Demi-rel.

5504. JOURNAL DE LUNÉVILLE. Petites affiches de l'arrondissement, paraissant le mercredi et le dimanche. Du 1er janvier 1882 au 30 décembre 1883. Lunéville, Imp. C. George, 1882-1883. 1 vol. in-fol. Cart.

5505. ÉCLAIREUR DE LUNÉVILLE (L'). Journal républicain, paraissant le mercredi, le vendredi et le dimanche. Du 1er janvier 1882 au 31 décembre 1884. Lunéville, Imp. Robin, 1882-1884. 3 vol. in-fol. Cart.

5506. PATRIOTE MUSSIPONTAIN (Le). Journal politique, littéraire, industriel, agricole, d'annonces et avis divers pour les cantons de Pont-à-Mousson, Nomeny et Thiaucourt. Du 7 janvier 1882 au 27 décembre 1884. Pont-à-Mousson, Imp. Gauthier, 1882-1884. 1 vol. in-fol. Cart.

5507. JOURNAL DE PONT-A-MOUSSON, politique, administratif, littéraire, agricole, commercial, financier, industriel et d'annonces de l'arrondissement de Nancy, paraissant le jeudi. Du 3 mai au 6 décembre 1883. *Pont-à-Mousson, Imp. Gauthier,* 1883. 1 vol. in-fol. Cart.

5508. GAZETTE POPULAIRE de Saint-Nicolas. Journal littéraire, agricole et d'annonces, paraissant le dimanche. Du 1er janvier 1882 au 28 décembre 1884. *Nancy, Imp. N. Collin,* 1882-1884. 1 vol. in-fol. Cart.

5509. ÉCHO TOULOIS (L'). Journal républicain de l'arrondissement de Toul, paraissant le samedi. Du 7 janvier 1882 au 27 décembre 1884. *Toul, Imp. T. Lemaire,* 1882-1884. 1 vol. in-fol. Cart.

5510. LE NARRATEUR, journal du département de la Meuse. Nos 1 à 1841. *Commercy, Denis,* 27 septembre 1804 au 31 décembre 1829. 50 vol. in-8°. Demi-rel.

5511. REVUE DE LA MEUSE. *Bar-le-Duc, Laguerre ; Verdun, Lippmann,* 1841-1843. 4 vol. in-8°. Cart. (La 1re livraison du t. Ier manque.)

5512. AFFICHES DE METZ, feuille périodique. 6 mars à 24 décembre 1765. *Metz, J. Antoine.* 1 vol. in-12. — Affiches d'Austrasie, feuille hebdomadaire. 2 janvier à 26 juin 1766. *Ibid.* 1 vol. in-12. — Affiches de Lorraine, feuille hebdomadaire. 7 janvier 1770 à 2 décembre 1772. *Ibid., J.-B. Collignon.* 3 vol. in-4°. — Affiches, annonces et avis divers pour la Lorraine et les Trois-Évêchés. 2 janvier 1773 à 31 décembre 1778. *Ibid., Collignon et Antoine.* 6 vol. in-4°. — Affiches des Évêchés et Lorraine. 7 janvier 1779 à 8 juillet 1790. *Ibid., Antoine et Lamort.* 11 vol. in-4°. — Journal des départements de la Moselle, de la Meurthe, etc. 15 juillet 1790 à 28 juillet 1797. *Ibid., Lamort et Blouet.* 6 vol. in-4°. En tout 27 vol. Cart. (Quelques lacunes, entre autres de janvier 1794 à octobre 1796.)

5513. L'AUSTRASIE, revue du Nord-Est de la France. 1837 à 1839. 5 vol. — Revue d'Austrasie. 1840 à 1843. 8 vol. — Revue de Metz. 1844-1845. 3 vol. — L'Austrasie, revue de Metz et de Lorraine. 1853 à 1863. 11 vol. — Revue de l'Est (L'Austrasie). xxiiie année, 1864 à 1868. 6 vol. *Metz, Verronnais, Alcan,* etc. 1837-1868. 33 vol. in-8°. Cart.

5514. UNION DES ARTS (L'). Revue littéraire et artistique, publiée sous les auspices de la Société de l'union des arts. *Metz, Mme Salsard,* 1851-1852. 463 et 370 pages, in-8°. Gravures. 2 vol. Cart.

5515. JOURNAL du blocus de Metz. Recueil de journaux parus à Metz en 1870-71. 40 feuilles, in-fol. Cart.

5516. REVUE DE METZ et de Lorraine. Histoire. — Littérature. — Sciences. — Beaux-arts. Par Chabert. *Metz, Lang,* 1873. 128 pages, in-8°. 1 pl. Br. en 3 fascicules.

5517. ÉCHO DES VOSGES (L'). Sciences, littérature, beaux-arts, industrie, progrès. *Mirecourt, Imp. Humbert,* 1837. 376 et 336 pages, in-8°. 2 vol. Cart.

E. Annuaires et Almanachs.

5518. ALMANACH de Lorraine, 1724-1725. *Nancy, J. B. Cussson.* 2 vol. in-32. Br.

5519. ALMANACH de Lorraine et Barrois. 1762, 1763, 1765 à 1790. *Nancy, (Imprimeries diverses).* 28 vol. in-32. Cart. et rel.

5520. JOURNAL de Metz. 1758, 1760, 1761, 1764 à 1767, 1770, 1776. *Metz, J.-B. Collignon.* 9 volumes, in-12. Br.

5521. ALMANACH des Trois-Évêchés. 1783 à 1789 (fait suite au *Journal de Metz*). *Metz, J.-B. Collignon.* 7 volumes, in-32. Rel. v. et br.

5522. CALENDRIER de la Cour de Son Altesse royale pour les années 1750, 1756, 1761 et 1771. *Bruxelles, F. Claudinot et Vve de Bast.* 4 vol. in-32. Rel. v.

5523. ALMANACH royal de la Cour du roi de Pologne, pour 1762 et 1766. *Lunéville, Messuy.* 2 vol. in-32. Rel. v. et br.

5524. ALMANACH et état de la Gendarmerie, 1771, 1774, 1775. — État du corps de la gendarmerie, année 1779. — État de la gendarmerie, pour 1786. *Lunéville, Messuy et Chenoux ; Nancy, C. Leseure et Vve Leclerc, s. d.* 5 vol. in-32. Br.

5525. ALMANACH du Palais, pour les années 1749 et 1754. *Nancy, F. Balthazard.* 2 vol. in-32. Cart.

5526. ÉTAT de Messieurs les officiers du régiment du Roi, Infanterie, suivant leur ancienneté, avec leurs adresses. Du 16 mai 1756. — État du Régiment du Roi. Infanterie, août 1774; mai 1784; juillet 1787. *Nancy, Thomas et C. S. Lamort.* 4 vol. in-32. Br.

5527. ALMANACH de la Garde-citoyenne de Nancy, année 1790. *Nancy, C. S. Lamort,* 1790. 125 pages, in-32. Br.

5528. ETRÉNES de robe et d'épée, utiles et curieuses, pour les années 1762, 1763, 1764, 1765. *Nancy, Charlot,* 1762-65. 4 vol. in-32. Cart.

5529. ALMANACH des départements de la Meurthe, des Vosges, de la Meuse et de la Mozelle, qui se partagent les anciennes provinces de Lorraine et Barrois, année 1791. *Nancy, C. S. Lamort,* 1791. 249 pages, in-32. Br.

5530. ALMANACH du père Gérard, pour l'année 1792, la troisième de l'ère de la Liberté, par J.-M. Collot-d'Herbois, membre de la Société. *Nancy, Vve Bachot, s. d.* 100 pages, in-32. Br.

5531. ALMANACH (Le petit) de Nancy, pour la IIIᵉ année de la République française, une, indivisible et démocratique. *Nancy, Guivard.* 36 pages, in-32. Br.

5532. ALMANACH de la République française pour l'an VIᵉ, 1797 et 1798. *Nancy, J.-B. Vigneulle.* 66 pages, in-32. Br.

5533. THIÉBAUT. Annuaire du peuple, pour la quatrième année de la République française, par C. Thiébaut, citoyen de Nancy. *Nancy, Thiébaut et Guivard, s. d.* 108 pages, in-32. Br.

5534. THIÉBAUT. Jeannot le voyageur, ou almanach curieux, amusant, prophétique et chantant pour l'année 1795-96, par C. Thiébaut. *Nancy, Thiébaut et Guivard, s. d.* 108 pages, in-32. Br.

5535. THIÉBAUT. Annuaire du département de la Meurthe. Ans IV, V, VII, VIII, par C. Thiébaut. *Nancy, Thiébaut, Hissette et Vve Bachot.* 4 vol. in-32. Cart.

5536. THIÉBAUT. Annuaire de la IVᵉ division militaire. Ans XI, XII, XIII, 1806, 1807, 1808, 1809, 1810, 1811, par C. Thiébaut. *Nancy, Thiébaut.* 9 vol. in-32. Br.

5537. THIÉBAUT. Annuaire de la Meurthe, 52ᵉ département, 4ᵉ division militaire de la République française, pour l'an X, (1801-1802 vieux style), par C. Thiébaut, de Nancy. *Nancy, Thiébaut, s. d.* 108 pages, in-32. Br.

5538. ALMANACH du département de la Meurthe, 1792-1793. — Annuaire du département de la Meurthe. Ans IX, X, XI. *Nancy, C. S. Lamort.* 5 vol. in-32. Br.

5539. VOYAGEUR (Le). Almanach curieux, amusant, prophétique et chantant pour l'an V ou 1797 (v. s.). *Nancy, Guivard, s. d.* 108 pages, in-32. Br.

5540. ALMANACH du citoyen pour le département de la Meurthe. Ans V, VI. — Annuaire du citoyen pour le département de la Meurthe. Ans VII, VIII, IX, X, XI. *Nancy, J. R. Vigneulle.* 7 vol. in-32.

5541. ANNUAIRE du département de la Meurthe. Ans 9, 10, 11 et 12. *Nancy. Guivard.* 4 vol. in-32. Br.

5542. ALMANACH de la Cour d'appel du département de la Meurthe. 1806, 1807, 1809 à 1815, 1817 à 1831, 1839 à 1848. *Nancy, (Imprimeries diverses).* 34 volumes, in-18. Demi-rel., cart. et br.

5543. ANNUAIRE du département de la Meurthe. Ans XII, XIII, 1806 (publié par ordre du Préfet) ; 1822 à 1838 (Michel) ; 1839 à 1848 (Grimblot, Thomas et Raybois); 1849 (H. Lepage) ; 1850 à 1860 (H. Lepage et Georges Grimblot) ; 1861 à 1885 (H. Lepage et N. Grosjean) ; 1886 à 1888 (H. Lepage et Albert Briquel) ; 1889 à 1891 (Paul Sordoillet); 1892 à 1897 (Hinzelin). *Nancy, (Imp. div.)* 77 vol. in-12. Cart.

5544. ANNUAIRE-AGENDA statistique, administratif, industriel et commercial du département de la Meurthe, contenant l'ordre judiciaire du département du ressort de la Cour royale de Nancy (Meurthe, Meuse et Vosges) ; 1846 et 1847. *Nancy, Hinzelin et Cie.* 2 vol. in-8º. Br.

5545. ALMANACH de Lorraine pour 1851. — Conciliation. *Nancy, Edm. Élie, Mlle Gonet, Grimblot et Hinzelin, s. d.* 127 pages, in-24. Br.

5546. POSTILLON LORRAIN (Le). 1838 à 1897. *Nancy, Vagner.* 58 vol. p. in-4°. Br.

5547. ANNUAIRE médical et pharmaceutique lorrain, illustré. Par F. de Bourbonne (des Cilleuls). 1re année, 1897. *Nancy, A. Crépin-Leblond,* 1897. 175 pages, in-8°. Br.

5548. PIERRE. Almanach populaire et politique de la Meurthe et des Vosges, pour 1850, par Eugène Pierre. *Nancy, Philbert,* 1850. 52 pages, in-4°. Cart.

5549. ALMANACH de Pont-à-Mousson. Souvenirs historiques, statistique, anecdotes instructives et amusantes. Année 1862. *Pont-à-Mousson, P. Toussaint.* 72 pages, in-8°. Cart.

5550. LEROY. Étrennes nancéiennes, par Osvald Leroy, pour les années 1884 à 1889. *Nancy, Imp. Crépin-Leblond,* 1883-1888. 6 années rel. en 1 vol. in-12 et 1 vol. in-8°.

5551. COLLIN. Annuaire général des départements de l'Est et du diocèse de Nancy-Toul, pour 1866, par N. Collin. *Nancy, N. Collin,* 1866. 358 pages, in-8°. Br.

5552. ALMANACH LORRAIN de Nancy et Metz (Le véritable). 1884 à 1892. *Nancy, (Imp. div.)* 9 fascicules, p. in-4°.

5553. ANNUAIRE de Lorraine. Guide illustré du commerçant, de l'industriel, du voyageur et du touriste pour Meurthe-et-Moselle, Meuse et Vosges; 1893 à 1897. *Nancy, Crépin-Leblond.* 5 vol. gr. in-8°. Cart. toile.

5554. ALMANACH des familles, de 1872 à 1895. *Nancy, Berger-Levrault et Cie.* 20 fascicules, p. in-4°.

5555. ANNUAIRE de l'arrondissement du tribunal de police correctionnelle de Toul, pour l'an VIII de la République française. *Toul, Bralret, s. d.* 108 pages, in-32. Br.

5556. ALMANACH de la commune et canton de Toul, pour l'année sextile VIIe de la République. *Toul, Bralret, An VII.* 108 pages, in-32. Br.

5557. ALMANACH du département de la Meuse, pour l'année bissextile 1792, rédigé par M. L***. *Bar-le-Duc, Moucheron et Duval, An III.* 260 pages, in-32. Demi-reliure.

5558. ANNUAIRE statistique du département de la Meuse, formé pour l'an XII, d'après les instructions du Ministre de l'Intérieur. *S. l., n. n., n. d.* 252 pages, in-8°. Cart.

5559. ALMANACH du commerce de la ville de Bar-le-Duc, pour l'année 1817. *Bar-le-Duc, Laguerre.* 115 pages, in-32. Br.

5560. ANNUAIRE du département de la Meuse. 1824, 1826, 1830, 1833, 1835, 1840 (sans nom d'auteur); 1844, 1845 (Servais); 1848 (Barthélemy); 1852 à 1854 (Liégeois); 1861 à 1866, 1868, 1873, 1874-75 (Florentin et Bonnabelle); 1876 à 1888, 1890, 1891, 1893-94 (Bonnabelle). *Bar-le-Duc, Contant-Laguerre.* 36 vol. in-12. Br.

5561. ALMANACH de la Meuse, publié par la Société meusienne. 1830 à 1834. *Bar-le-Duc, Laguerre.* 5 vol. in-32. Br.

5562. ALMANACH instructif et populaire pour l'an de grâce 1836. *Bar-le-Duc, Cartier.* 104 pages, in-32. Br.

5563. ALMANACH démocratique de la Meuse pour l'année 1849, par une société de démocrates. *Bar-sur-Ornain, A. Laguerre et Mme Barthélemy.* 180 pages, in-24. Cart.

5564. VERNÉGEOL. Guide-annuaire illustré de Verdun et de l'arrondissement, pour 1892, par Jules Vernégeol. *Verdun, Ch. Laurent,* 1892. 296 pages, in-8°. Br.

5565. ALMANACH du département de la Mozelle, pour l'an de grâce 1791. *Metz, J.-B. Collignon.* 268 pages, in-32. Br.

5566. ALMANACH des Amis de la liberté pour l'an VIIe de la République française. *Metz, Verronnais,* 48 pages, in-32. — Annuaire du département de la Moselle. Ans 7, 8, 12, 13, 14, 1807, 1811 à 1843, 1845-49, 1850-52. (Verronnais). — La Moselle administrative. 1857 à 1861, 1867 à 1870 (Sauer). *Metz, Verronnais.* 53 vol. (formats divers). Br.

5567. ANNUAIRE du département de la Moselle, pour l'an XI et l'an XII de l'ère française. *Metz, Antoine.* 2 vol. in-18. Cart.

5568. ÉTRENNES aux dames charitables, pour l'année 1806, contenant l'origine de tous les établissements de bienfaisance de la ville de Metz, le nom des administrateurs, celui des dames charitables, et des médecins et chirurgiens qui y sont attachés. *Metz, Collignon,* 1806. 88 pages, in-32. Cart.

5569. ALMANACH ecclésiastique du diocèse de Metz, pour l'an 1809 de l'ère chrétienne. (1re année.) *Metz, Lemaire.* 204 pages, in-32. Br.

5570. MESSAGER patriote de l'Est. Almanach populaire pour 1833. *Metz, Lamort,* 1833. 79 pages, in-4°. Cart.

5571. ANNUAIRE des écoles municipales de Metz, pour 1841, 1843, 1845, 1846, 1852. *Metz, Verronnais et Lamort, s. d.* 4 vol. pet. in-8°. Demi-rel.

5572. THIÉBAUT. Almanach civique du département des Vosges, pour les années 1791, 1792 et 1793, par C. Thiébaut, citoyen d'Épinal. *Épinal, Haener et Thiébaut.* 3 vol. in-32. Br.

5573. ALMANACH d'Épinal, année bissextile 1772. *Épinal, Vautrin,* 1772. 36 pages, in-32. Br.

5574. CALENDRIER pour la ville d'Épinal. 1773, 1774, 1775. *Épinal, Vautrin.* 3 vol. in-32.

5575. CALENDRIER pour l'an troisième de la République française, une et indivisible, avec les foires des différens départemens et pays étrangers, suivant l'ère vulgaire. *Épinal, Vve Vautrin, s. d.* 23 pages, in-18. Broché.

5576. ANNUAIRE du département des Vosges. Ans 7, 8, 11, 12, 13, 1808, 1810 à 1812, 1821 à 1826 (imprimés par ordre du Préfet); 1827 à 1839, 1841 à 1843, 1845 à 1847 (Charton); 1863, 1864 (sans nom d'auteur); 1871, 1872, 1875 à 1879, 1881 à 1883, 1888 (Louis). *Épinal, (Imprimeries diverses).* 48 volumes, formats divers. Br.

5577. CLÉMENT. Étrennes à mes amis, ou l'almanach sans almanach. 1re année, 3me édition, contenant tous les tableaux nécessaires pour convertir les mesures anciennes en nouvelles, et connaître le prix de celles-ci d'après les prix connus des anciennes mesures analogues, etc. Divers autres articles curieux, entr'autres : « Le mariage embarrassant ou M. Chaponnet », par J. P. Clément, professeur de mathématiques retraité, bachelier ès-lettres et ès-sciences. *Épinal, A Cabasse,* 1840. 48 pages, in-12. Br.

5578. VEILLEUR (Le) de nuit. Album d'Alsace et de Lorraine, illustré par MM. P. Ballet, E. Boetzel, de Beylié, Beyer, Brion, Gluck, Haffner, Jundt, Lallemand, Laville, Lévy, Desinger, Picquart, Th. Schuler, L. Schützenberger, Touchemolin, H. Valentin. *Strasbourg, G. Silbermann,* 1857. 96 pages, in-4°. Cart.

VII. BIBLIOGRAPHIE

A. BIBLIOGRAPHIE CRITIQUE.

5579. ABEL. Recherches inédites sur les Francs ripuaires, dans un poème latin du xe siècle, par Charles Abel. *Bar-le-Duc, Contant Laguerre,* 1891. Pages 213 à 225, in-8°. Br. Avec notes critiques de Ad. Vendel. (Extrait des *Mémoires de la Société des lettres, sciences et arts de Bar-le-Duc.*)

5580. (AVEZAC [D']). Martin Hylacomylus Waltzemüller. Ses ouvrages et ses collaborateurs. Voyage d'exploration et de découvertes à travers quelques épîtres dédicatoires, préfaces et opuscules en prose et en vers du commencement du xvie siècle. Notes, causeries et digressions bibliographiques, par un géographe bibliophile (d'Avezac). *Paris, Challamel,* 1867. x-176 pages, in-8°. Demi-rel. (Extrait des *Annales des voyages.*)

5581. BEAULIEU. Notices historiques et philologiques : *Histoire des Lorrains, par Hugues de Toul, extraite des Annales du Hainaut,* par Jacques de Guyse, rédigée et commentée par M. le marquis de Fortia. *Paris,* 1838, in-8°. — *Histoire et ouvrages de Hugues Métel, ou mémoires pour servir à l'histoire ecclésiastique du* xii° *siècle ;* par M. le marquis de Fortia d'Urban. *Paris,* 1839, in-8°. (Étude critique sur ces deux ouvrages) par Beaulieu. *Nancy, Hinzelin, s. d.* 52 pages, in-8°. Cart.

5582. BEAUPRÉ. Archéologie de la Lorraine ou recueil de notices et documents pour servir à l'histoire des antiquités de cette province, par M. Beaulieu, de la Société royale des Antiquaires de France. Paris, 1840 et 1843. 2 vol. (Critique et commentaire) par Beaupré. *Nancy, Grimblot et Vve Raybois; Hinzelin, s. d.* 54 et 18 pages, in-8°. Cart.

5583. BEAUPRÉ. Dom Calmet aux prises avec la censure à l'occasion de la réimpression de son histoire de Lorraine. Par Beaupré. *Nancy, A. Lepage, s. d.* 23 pages, in-8°. Br.

5584. BEAUPRÉ. Notice bibliographique sur les livres de liturgie des diocèses de Toul et Verdun, imprimés au xv° siècle et dans la première moitié du xvi°, par M. Beaupré, juge au tribunal civil de Nancy, etc. *Nancy, Raybois et Cie,* 1843. 74 pages, in-8°. Cart.

5585. (BEAUPRÉ.) Notice sur l'établissement typographique qui existait à Saint-Diey (Vosges), dans les premières années du xvi° siècle, sur ses produits et notamment sur le livre intitulé « Cosmographiæ introductio... ». (Par M. Beaupré.) *Nancy, Imp. Raybois et Cie,* 1842. 34 pages, in-12. Cart.

5586. BEAUPRÉ. Notices analytiques de quelques écrits à consulter pour l'histoire de Lorraine, au xvi° et au xvii° siècle, et pour l'histoire particulière de la maison de Guise. Par Beaupré. *Saint-Nicolas-de-Port, P. Trenel,* 1846. 24 pages, in-8°. Demi-rel. (Extrait du *Moissonneur.*)

5587. BEAUPRÉ. Recherches historiques et bibliographiques sur les commencements de l'imprimerie en Lorraine et sur ses progrès jusqu'à la fin du xvii° siècle. Par M. Beaupré, vice-président du tribunal civil de Nancy, etc. *Saint-Nicolas-de-Port, P. Trenel,* 1845. viii-544 pages, in-8°. 1 pl. Demi-rel.

5588. BEAUPRÉ. Nouvelles recherches de bibliographie lorraine, 1500-1700, par M. Beaupré, conseiller à la Cour impériale de Nancy. *Nancy, Grimblot, Peiffer,* 1856. 32, 84, 116 et 68 pages, in-8° en 1 vol. Demi-rel. (Extraits des *Mémoires de l'Académie de Stanislas,* années 1852 à 1855.)

5589. BEAUPRÉ. Pamphlets pour et contre les Guise. 1565. Par Beaupré. *Nancy, Vve Raybois,* 1846. 23 pages, in-8°. Demi-rel. (Extrait des *Mémoires de la Société royale... de Nancy.*)

5590. (BENOIT.) Bibliographie de l'arrondissement de Château-Salins. (Par A. Benoit.) *S. l., n. n., n. d.* 8 pages, in-8°. Br.

5591. BOUTON. Les puînés de Lorraine et Jacques Callot. Deux planches de Jacques Callot. Armorial de Lorraine, par V. Bouton. *Bruxelles, Gobbaerts, s. d.* 8 pages, in-fol. Br.

5592. BRIARD. Bibliographie des almanachs nancéiens au xviii° siècle, par E. Briard. *Nancy, G. Crépin-Leblond,* 1886. 56 pages, in-8°. Br.

5593. BUVIGNIER-CLOÜET (Mlle). Notice bibliographique des dissertations relatives au *Castrum Vabrense.* Par Mlle Buvignier-Cloüet. *Verdun, Renvé-Lallemant,* 1894. 14 pages, in-8°. Br.

5594. CALMET. Réponse de Dom Calmet aux attaques dirigées contre lui dans les *Mémoires* de Chevrier. (Publiée par Gillet.) *Nancy, A. Lepage, s. d.* 54 pages, in-8°. Br. Voy. n° 3331.

5595. CHANTEAU. Collections lorraines aux xvi° et xvii° siècles. Documents conservés à la Bibliothèque nationale, recueillis et annotés par F. de Chanteau, archiviste-paléographe. *Nancy, G. Crépin-Leblond,* 1880. 80 pages, in-8°. Br.

5596. CLESSE. Quel est le premier livre imprimé en Lorraine ? Par M. Clesse, membre de l'Académie de Stanislas. *Nancy, Grimblot, Vve Raybois,* 1859. 11 pages, in-8°. Br.

5597. COLLIGNON. Note sur une grammaire manuscrite du viii° siècle appartenant à la bibliothèque de Nancy, contenant des fragments inédits de Virgilius Maro, par A. Collignon. *Paris, Klincksieck*, 1883. 10 pages, in-8°. Br. (Extrait de la *Revue de philologie*.)

5598. COLLIGNON. Notice sur la « Celléide » de H. Joly. Par A. Collignon. *Nancy, Berger-Levrault*, (1895). 14 pages, in-8°. Br.

5599. COURBE. « Histoire des villes vieille et neuve de Nancy », par le sieur J.-J. Lionnois, prêtre.— I. Historique de sa publication. — II. Liste inédite des souscripteurs. Par Ch. Courbe. *Nancy, Fringnel et Guyot*, 1883. 39 pages, in-8°. Br.

5600. DANNREUTHER. Pierre Jénin de Jametz et son almanach astronomique pour l'an MDCIX, par H. Dannreuther. *Bar-le-Duc, L. Philipona, s. d.* 5 pages, in-8°. Br.

5601. DEBLAYE. « Histoire des fiefs et principaux villages de la seigneurie de Commercy », tome Ier, par Dumont, juge à Saint-Mihiel... Étude critique sur ce tome, par l'abbé Deblaye. *Nancy, Vagner*, 1857. 16 pages, in-8°. Cart. (Extrait de l'*Espérance, Courrier de Nancy*.)

5602. DEBLAYE. Monsieur Guillaume aux prises avec l'histoire des diocèses de Toul et de Nancy. Par l'abbé J.-F. Deblaye. *Nancy, N. Collin*, 1866. 46 pages, in-8°. Cart.

5603. DES ROBERT. Deux codex manuscrits de l'abbaye de Gorze, par Ferdinand des Robert. *Nancy, Sidot frères*, 1884. 60 pages et un fac-similé, in-8°. Br.

5604. DIOGÈNE. Les journaux de Nancy. Boutade humoristique par Diogène et Cie. (F. Jacquot). *Nancy, Lefort*, 1882. 35 pages, in-8°. Br.

5605. DUCROS. Bibliographie. Œuvres de M. Boucher de Crèvecœur de Perthes. Par Ducros. *Abbeville, P. Briez*, (1861). 6 pages, in-8°. Br. (Extrait du *Journal général de l'instruction publique*.)

5606. (FAULQUES.) Lettre au R. P. Dom Augustin Calmet, prieur titulaire du prieuré de Laye, sur l'édition de l'historien Herculanus, donnée au public par M. l'abbé d'Étival, dans son recueil intitulé « Sacræ antiquitatis monumenta ».

— Seconde lettre au R. P. D. Calmet, etc. — Troisième lettre, etc. (Par D. Henry Faulques, abbé de Longeville). *S. l., n. n., n. d.* (1726). 22, 36 et 29 pages, in-4°. Rel. basane.

5607. FAVIER. Trésor du bibliophile lorrain. Fac-similés de 125 titres ou frontispices d'ouvrages lorrains rares et précieux, publiés sous la direction de J. Favier, avec une lettre de Léopold de Delisle. *Nancy, Sidot*, 1889. 28 pages et 100 pl., gr. in-4°. Demi-rel.

5608. FAVIER. Un livre de liturgie du xve siècle ayant appartenu au château de Gombervaux, par J. Favier et L. Le Mercier de Morière. *Nancy, G. Crépin-Leblond*, 1884. 11 pages, in-8°. Br.

5609. GERMAIN. Bibliographie. Albert Jacquot. *Pierre Wœiriot. Les Wiriot-Wœiriot, orfèvres-graveurs lorrains. Paris, J. Rouam et Cie*, 1892. Gr. in-8°, 78 pages, etc. Par Léon Germain. *Nancy, Berger-Levrault* (1893). 13 pages, in-8°. Br. (Extrait des *Annales de l'Est*.)

5610. GERMAIN. Bibliographie. *Monographie de la basilique de Saint-Epvre à Nancy*... Par L. Germain. *Nancy, Berger-Levrault*, 1892. 16 pages, in-8°. Br. (Extrait des *Annales de l'Est*.)

5611. GERMAIN. Note sur un discours du sicle d'Israël publié vers 1550, par François Drouyn, prévôt de Bar-le-Duc. Par Léon Germain. *Bar-le-Duc, Contant-Laguerre*, (1895). 7 pages, in-8°. Br.

5612. GERMAIN. Philippe - Emmanuel, comte de Ligniville, renseignements bibliographiques par Léon Germain. *Nancy, Crépin-Leblond*, 1884. 14 pages, in-8°. Br. (Extrait du *Journal de la Société d'archéologie lorraine*.)

5613. GERSON-LÉVY. Rapport sur l'ouvrage de M. Beaupré, intitulé : « Commencements et progrès de l'imprimerie en Lorraine ». *Metz, Lamort*, 1846. 10 pages, in-8°. Demi-rel.

5614. GILLET. Notices bibliographiques sur des livres peu connus, par M. Gillet, membre de la Société d'archéologie lorraine. *Nancy, A. Lepage*, 1863. 12 pages, in-8°. Cart.

5615. HAILLANT. Bibliographie vosgienne de l'année 1883, ou catalogue... des publications sur les Vosges... par N. Haillant. *Épinal, Vve Durand et fils ; Paris, E. Lechevalier,* 1884. 87 pages, in-8°. Br. — Bibliographie de 1884 et supplément à 1883. 75 pages. — Bibliographie de 1885 et supplément aux années 1883 et 1884. 44 pages. — Bibliographie de 1886 et supplément aux années 1883 à 1885. 42 p., in-8°. Br.

5616. HAILLANT. Indication et description sommaires des anciennes cartes de géographie conservées dans les Vosges et quelques régions voisines, par N. Haillant. *Épinal, Henri Fricotel,* 1885. 31 pages, in-8°. Br. (*Société de géographie de l'Est. Section vosgienne. — Congrès de la Sorbonne,* 1885.)

5617. HAILLANT. Plan, divisions et table d'une bibliographie vosgienne, par N. Haillant. *Nancy, G. Crépin-Leblond,* 1885. 11 pages, in-8°. (Extrait du *Journal de la Société d'archéologie lorraine.*) — Nouvelles notes pour le plan d'une bibliographie vosgienne, suivies d'un tableau d'ensemble, par N. Haillant. *Épinal,* 1887. 16 pages et un tableau, in-8°. — Bibliographie sommaire, par N. Haillant. *Épinal, l'auteur ; Paris, E. Lechevalier,* 1889. 31 pages, in-8°. Br.

5618. HUGO. Lettre première du R. P. Hugo, abbé d'Estival, au R. P. Dom Calmet, prieur titulaire de Laye, pour servir de réfutation et de réponse à la lettre écrite au même Dom Calmet, par un anonyme (Faulques), le 15 janvier 1726, au sujet de l'histoire et des notes sur Herculanus, imprimées dans le premier tome des « Sacræ antiquitatis monumenta ». — Lettre seconde, etc. *Nancy, F. Midon,* 1726. 20 et 17 pages, in-4°. Rel. basane.

5619. JOLY. Bibliographie. « Couronne poétique de la Lorraine, par P. G. de Dumast ». Par le Dr D. Joly, professeur à la Faculté des sciences de Toulouse. *Toulouse, Montaubin,* (1874). 19 pages, in-12. Br. (Extrait du *Journal de Toulouse.*)

5620. (JOUVE.) Bibliographie de Plombières. (Par Jouve.) *Remiremont, Mougin,* 1866. 43 pages, in-8°. Cart.

5621. JUSSY. Réponse de M. Charles Jussy à MM. Clouët. *Verdun, Lippmann ; Paris, Dumoulin,* 1841. 39 pages, in-8°. Cart.

5622. LACROIX. Les opuscules inédits de Stanislas, roi de Pologne, duc de Lorraine et de Bar. Mémoire lu à l'Académie de Stanislas, au centième anniversaire de la mort de ce prince et de la réunion de la Lorraine à la France, par Louis Lacroix, membre de l'Académie de Stanislas. *Nancy, Vve Raybois,* 1866. 63 pages, in-8°. Cart.

5623. LEPAGE. Le duc René II et Améric Vespuce. Par Henri Lepage. *Nancy, G. Crépin-Leblond,* 1875. 14 pages, in-8°. Br. (Extrait du *Journal de la Société d'archéologie lorraine.*)

5624. LEPAGE. Nouvelle note sur l'auteur de la vie de René II, imprimée à Saint-Dié en 1510, et sur Jean Perrin. Par Henri Lepage. *Nancy, Crépin-Leblond,* 1884. 8 pages, in-8°. Br. (Extrait du *Journal de la Société d'archéologie lorraine.*) Voy. n° 4613.

5625. LISTE chronologique des œuvres de M. le docteur E. Simonin... *Nancy, Sordoillet et fils,* 1882. 40 pages, in-8°. — Suite à la liste chronologique des œuvres de M. le Dr E. Simonin. *Nancy, Berger-Levrault,* 1883. 15 pages, in-8°. Br.

5626. MARCHAL. Petit supplément aux recherches de bibliographie lorraine. Par l'abbé Marchal. *Nancy, G. Crépin-Leblond,* 1871. 14 pages, in-8°. Br. (Extrait du *Journal de la Société d'archéologie lorraine.*)

5627. MARCKWALD. Elsass-Lothringische Bibliographie. I. 1887. Von Ernst Marckwald. *Strasburg, J.-H. Ed. Heitz,* 1889. VIII-120 pages, in-8°. Br.

5628. NOËL. Sur la bibliographie des Histoires de Lorraine de Dom Calmet. Par Noël, notaire honoraire. *Mirecourt, Humbert, s. d.* 15 pages, in-8°. Br.

5629. NOTICE raisonnée sur les ouvrages publiés par Mollevaut, membre de l'Institut. *Paris, J. Delacour,* (1836). 22 pages, in-12. Cart.

5630. NOTICE bibliographique et analytique sur les travaux du docteur J.-Ch.

Herpin (de Metz) relatifs à l'économie publique, aux arts agricoles et industriels. Par le Dr Herpin. *Paris, Vve Bouchard Huzard*, 1855. 16 pages, in-8°. Br.

5631. NOTICE sur les travaux scientifiques et sur les titres universitaires et académiques du docteur N. Joly, professeur à la Faculté des sciences de Toulouse. *Toulouse, Louis et Jean-Matthieu Douladoure*, 1874. 20 pages, in-4°. Br.

5632. NOTICE des ouvrages publiés et composés par M. Thiébaut de Berneaud, sur l'agriculture et la botanique appliquée. *S. l., n. n., n. d.* 8 pages, in-4°. Br.

5633. NOTICE sur les travaux scientifiques publiés par M. Thoulet, professeur à la Faculté des sciences de Nancy. (*Nancy*), 1888. Autographié. 26 pages, in-4°. Br.

5634. ORY. Une restitution bibliographique, pour servir à l'histoire de l'imprimerie mussipontaine, par Eugène Ory. *Pont-à-Mousson, E. Ory*, 1878. 87 pages, in-8°. Demi-rel.

5635. PROSPECTUS et analyse des « Meuttes et véneries » de haut et puissant seigneur messire Jean de Ligniville. *Paris, Téchener*, 1844. 14 pages, in-8°. Br.

5636. RECUEIL de comptes rendus critiques d'ouvrages publiés par M. G. de Dumast. Dix pièces formant 54 pages, in-4°. Cart.

5637. ROUYER. Fragments d'études de bibliographie lorraine. — Éditions des Mémoires du marquis de Beauvau. — Imprimés pseudo-lorrains. — Imprimés lorrains déguisés. Par Jules Rouyer. *Nancy, René Wiener*, 1880. 83 pages, in-8°. Br. (Extrait des *Mémoires de la Société d'archéologie lorraine*.)

5638. ROUYER. Placard d'annonce d'indulgences accordées en faveur des œuvres des Mathurins (xvi° siècle), publié par Jules Rouyer. *Nogent-le-Rotrou, Imp. Doupeley-Gouverneur*, 1893. 11 pages, in-8°. Fac-similé en phototypie. Br. (Extrait du *Bulletin de la Société de l'histoire de Paris et de l'Ile de France*.)

5639. SABOURIN DE NANTON. Les commencements de l'imprimerie dans les Vosges, par Sabourin de Nanton. *Strasbourg, Vve Berger-Levrault*, 1865. 16 pages, in-8°. Br. (Extrait du *Bibliographe alsacien*.)

5640. SCHAUDEL. Bibliographie. Decempagi-Tarquimpol. Par L. Schaudel. *Nancy, G. Crépin-Leblond*, 1894. 8 pages, in-8°. Br. (Extrait du *Journal de la Société d'archéologie lorraine*.)

5641. SCHAUDEL. Les origines de Montmédy, par L. Schaudel. *Montmédy, Ph. Pierrot*, 1893. 14 pages, in-8°. Br. (Bibliographie.)

5642. TEISSIER. Essai philologique sur les commencemens de la typographie à Metz, et sur les imprimeurs de cette ville ; puisé dans les matériaux d'une histoire littéraire, biographique et bibliographique de Metz et de sa province, par G.-F. Teissier. *Metz, Ch. Dosquet ; Paris, Tilliard*, 1828. 293 pages, in-8°. Portrait. Demi-rel.

5643. THOMASSY. Guillaume Fillastre considéré comme géographe, à propos d'un manuscrit de la géographie de Ptolémée, par Raymond Thomassy. *Paris, Bourgogne et Martinet*, (1842). 14 pages, in-8°. Br. (Extrait du *Bulletin de la Société de géographie*.)

B. BIBLIOTHÈQUES PUBLIQUES
Histoire et catalogues.

5644. RICHARD. Des bibliothèques publiques de la Lorraine, par Richard, bibliothécaire de la ville de Remiremont. *S. l., n. n., n. d.* 8 pages, in-8°. Br. (Extrait de la *Revue de Lorraine*.)

5645. GRÉGOIRE. Observations sur l'état actuel de l'instruction publique, des bibliothèques, des archives, des monumens, etc., dans les départemens de la Haute-Marne, la Haute-Saône, les Vosges, la Meurthe, les Haut et Bas-Rhin, le Doubs, etc., par le citoyen Grégoire. *Paris, Menu*, 1876. 30 pages, in-8°. Cart. (Extrait du *Cabinet historique*.)

5646. CATALOGUE des livres qu'il a plû à Son Altesse Royale de confier à la communauté des avocats suivant la Cour souveraine de Lorraine et Barrois, et qui sont déposés chez Maître Breyé, l'un d'eux. *S. l., n. n., n. d.* 7 pages, in-16. Br.

5647. DANNREUTHER. Manuscrits de la bibliothèque de Bar-le-Duc, par H. Dannreuther. *Paris, Plon,* 1894. 46 pages, in-8°. Demi-rel. (*Catal. gén. des mss. des biblioth. pub. de France,* t. 24.)

5648. NICOLAS. Catalogue des livres composant la bibliothèque de la ville de Bar-le-Duc. Par Auguste Nicolas, bibliothécaire. *Bar-le-Duc, Contant-Laguerre,* 1877. VIII-224 pages, in-8°. Br.

5649. CATALOGUE de la bibliothèque populaire de Dombasle-sur-Meurthe, fondée en 1881. *Nancy, R. Wiener,* 1883. 39 pages, in-12. Br.

5650. (MICHELANT.) Catalogue des manuscrits de la bibliothèque d'Épinal (par Michelant). *Paris, Imp. Impériale,* 1861. 85 pages, in-4°. Cart. (*Collection de documents inédits relatifs à l'histoire de France.*)

5651. MATHER. Manuscrits de la bibliothèque de Lunéville, par Mather. *Paris, Plon,* 1893. 19 pages, in-8°. Demi-rel. (*Catal. gén. des mss. des biblioth. pub. de France,* t. 21.)

5652. CLERX. Bibliothèque de la ville de Metz. Catalogue des manuscrits relatifs à l'histoire de Metz et de la Lorraine. Rédigé par M. Clerx, conservateur. *Metz, F. Blanc,* 1856. 238 pages, in-8°. Demi-rel.

5653. (JACOB.) Catalogue des manuscrits de la bibliothèque de Metz (par V. Jacob). *Metz, Imp. J. Verronnais,* 1875. 178 pages, in-8°. Demi-rel.

5654. PROST. Notice sur la collection des manuscrits de la bibliothèque de Metz, par M. Auguste Prost. *Paris, Imp. nationale,* 1877. 192 pages, in-4°. Demi-rel.

5655. (QUICHERAT.) Catalogue des manuscrits de la bibliothèque de Metz (par Jules Quicherat). *Paris, Imp. nationale,* 1879. CXCII-415 pages, in-4°. Cart. (*Collection de documents inédits relatifs à l'histoire de France.*)

5656. JACOB. Catalogue des incunables de

la bibliothèque de Metz, accompagné d'une table alphabétique et suivi des marques des imprimeurs messins, par M. Victor Jacob. *Metz, Imp. J. Verronnais,* 1876. 285 pages, in-8°. Demi-rel.

5657. SCHUSTER. Catalogue des ouvrages imprimés de la bibliothèque municipale de Metz, par A. Schuster, conservateur de la bibliothèque, etc. *Metz, J. Verronnais,* 1878-1886. VIII-324 pages, en 8 fascicules, in-8°. Br.

5658. CATALOGUE des manuscrits de la bibliothèque de Mirecourt. *Paris, Plon,* 1888. 1 page, in-8°. Demi-rel. (*Catal. gén. des mss. des bibliothèques publiques de France. Dép.* t. 9.)

5659. PFISTER. Note sur trois manuscrits provenant de l'abbaye de Moyenmoutier, par Ch. Pfister. *Nancy, Crépin-Leblond,* 1890. 14 pages, in-8°. Br. (Extrait du *Journal de la Société d'archéologie lorraine.*)

5660. ÉDIT du Roy pour l'établissement d'une bibliothèque publique, à Nancy, et fondation de deux prix. Du 28 décembre 1750. *Nancy, Nicolas Charlot,* 1751. 9 pages, in-4°. Br.

5661. ORDONNANCE du Roy concernant la bibliothèque publique de Nancy. Du 27 juin 1763. *Nancy, Thomas père et fils,* 1763. 3 pages, in-4°. Br.

5662. CATALOGUE des livres de la bibliothèque royale de Nancy. *Nancy, J.-J. Haener,* 1756. IV-100 pages, pet. in-8°. Demi-rel.

5663. CATALOGUE des livres de la bibliothèque royale de Nancy, fondée par le roi de Pologne, duc de Lorraine et de Bar (rédigé par M. Marquet). *Nancy, Vve et Cl. Leseure,* 1766. XVI-241 pages, in-8°. Demi-rel.

5664. RÈGLEMENT concernant la bibliothèque publique du département de la Meurthe. *Nancy, H. Haener père, J.-R. Vigneulle.* Un placard.

5665. RÈGLEMENT pour la bibliothèque publique de la ville de Nancy. *Nancy, A. Paullet,* 1841. 19 pages, in-8°. Br.

5666. GILLET. Rapport à M. le maire de la ville de Nancy sur la situation de la bibliothèque publique au 1er janvier 1845, fait au nom de la commission de surveillance, par M. Gillet, secrétaire. *Nancy, Vve Raybois et Cie, s. d.* 53 pages, in-8°. Cart.

5667. DUMAST. Sur les réorganisations projetées de la bibliothèque de Nancy. Nouvelles notes à consulter. Par Dumast. *Nancy, Vve Raybois,* 1867. 11 pages, in-8°. Br.

5668. RÈGLEMENT de la bibliothèque publique de Nancy. *Nancy, N. Collin,* 1876. 20 pages, in-8°. Br.

5669. GODRON. La bibliothèque publique de Nancy et l'Académie de Stanislas, par D.-A. Godron, membre de l'Académie de Stanislas. *Nancy, Berger-Levrault,* 1877. 14 pages, in-8°. Br.

5670. (BALLON.) Inventaire sommaire des manuscrits de la bibliothèque de Nancy. (Rédigé par M. A. Ballon et publié par M. U. Robert.) *Nancy, Sidot,* 1882. 17 pages, in-8°. Demi-rel.

5671. FAVIER. Catalogue des incunables de la bibliothèque publique de Nancy, par J. Favier. *Paris, H. Champion ; Nancy, Sidot,* 1883. 54 pages, gr. in-8°. Demi-rel. (Extrait du *Cabinet historique.*)

5672. FAVIER. Catalogue des manuscrits de la bibliothèque publique de Nancy. Par J. Favier, conservateur de la bibliothèque. *Paris, E. Plon,* 1886. 192 pages, in-8°. Demi-rel. (Extrait du *Catalogue général des mss. des biblioth. de France,* t. 4.)

5673. FAVIER. Les livres de N. Vassart à la bibliothèque publique de Nancy. Par J. Favier. *Nancy, G. Crépin-Leblond,* 1882. 7 pages, in-8°. Fig. Br. (Extrait du *Journal de la Société d'archéologie lorraine.*)

5674. THIAUCOURT. Les bibliothèques de Strasbourg et de Nancy, par C. Thiaucourt, professeur à la Faculté des lettres de Nancy. *Nancy, Berger-Levrault et Cie,* 1893. 119 pages, in-8°. Br.

5675. FAVIER. Choix de lettres tirées de la collection d'autographes de la bibliothèque municipale de Nancy. Par J. Favier. *Nancy, Berger-Levrault,* 1894. 55 pages, in-8°. Br.

5676. BIBLIOTHÈQUE populaire de Nancy. Règlement. *Nancy, Hinzelin,* 1865. 4 pages, in-8°. Br.

5677. FAVIER. Catalogue des manuscrits de la Société d'archéologie lorraine, dressé par J. Favier. *Nancy, R. Wiener,* 1887. 86 pages, in-8°. Demi-rel. (Extrait des *Mémoires* de cette Société.)

5678. FAVIER. Coup d'œil sur les bibliothèques des couvents du district de Nancy pendant la Révolution. Ce qu'elles étaient. Ce qu'elles sont devenues. Par J. Favier, de la bibliothèque publique de Nancy. *Nancy, Sidot,* 1883. 60 pages, in-8°. 2 pl. Demi-rel. (Extrait des *Mémoires de la Soc. d'archéol. lorr.*)

5679. VACANT. La bibliothèque du grand séminaire de Nancy, par J.-M.-A. Vacant, professeur au grand séminaire de Nancy. *Nancy, Imp. Berger-Levrault et Cie,* 1897. 111 pages, in-8°. Br.

5680. COYECQUE. Manuscrits de la bibliothèque de Neufchâteau, par Ernest Coyecque. *Paris, Plon,* 1894. 24 pages, in-8°. Demi-rel. (*Catal. gén. des mss. des biblioth. pub. de France,* t. 24.)

5681. PICART. Catalogue alphabétique et méthodique de la bibliothèque municipale de la ville de Pont-à-Mousson. Par Prosper Picart, bibliothécaire. *Pont-à-Mousson, Vagné,* 1882. 324 pages, in-8°. Br.

5682. CATALOGUE des 2130 volumes formant double emploi dans la bibliothèque de Pont-à-Mousson, à vendre... ensemble ou séparément et de gré à gré. *S. l., n. n.,* n. d. 61 pages, in-8°. Cart.

5683. FAVIER. Manuscrits de la bibliothèque de Pont-à-Mousson, par J. Favier. *Paris, Plon,* 1893. 5 pages, in-8°. Demi-rel. (*Catal. gén. des mss. des biblioth. pub. de France. Dép.* t. 13.)

5684. CATALOGUE des manuscrits de la bibliothèque de Rambervillers. *Paris, Plon,* 1881. 2 pages, in-8°. Demi-rel. (*Catal. gén. des mss. des biblioth. pub. de France. Dép.* t. 13.)

5685. PUTON. Catalogue des manuscrits de la bibliothèque publique de Remiremont, par Bernard Puton, avocat à la Cour d'appel de Nancy, etc. (Publication de l'administration municipale.) *Remiremont, V. Jacquot.* 1888. 18 pages, in-8°. Br.

5686. CATALOGUE des manuscrits de la Bibliothèque de Remiremont. *Paris, Plon*, 1893. 14 pages, in-8°. Demi-rel. (*Catal. gén. des mss. des biblioth. pub. de France. Dép.* t. 21.)

5687. RICHARD. Notice sur la bibliothèque publique de Remiremont. Par Richard. *Remiremont, Mougin, s. d.* 7 pages, in-12. Br. (Extrait de l'*Écho des Vosges.*)

5688. BENOIT. Note sur les bibliothèques religieuses de Remiremont en 1790. Par A. Benoit. *S. l., n. n., n. d.* (1885). 15 pages, in-8°. Br. (Extrait des *Annales de la Société d'émulation des Vosges.*)

5689. (MICHELANT.) Catalogue des manuscrits de la bibliothèque de Saint-Dié, (par Michelant). *Paris, Imp. impériale*, 1861. 34 pages, in-4°. Cart. (*Collection de documents inédits relatifs à l'histoire de France.*)

5690. (MICHELANT.) Catalogue des manuscrits de la bibliothèque de Saint-Mihiel, (par Michelant). *Paris, Imp. impériale*, 1861. 34 pages, in-4°. Cart. (*Collection de documents inédits relatifs à l'histoire de France.*)

5691. FAVIER. Manuscrits de la bibliothèque de Toul, par J. Favier. *Paris, Plon*, 1893. 2 pages, in-8°. Demi-rel. (*Catal. gén. des mss. des biblioth. pub. de France. Dép.* t. 21.)

5692. MICHELANT. Catalogue des manuscrits de la bibliothèque de Verdun, (par MM. Michelant et l'abbé Didiot.) *Paris, Imp. nationale*, 1879. 120 pages, in-4°. Cart. (*Collection de documents inédits relatifs à l'histoire de France.*)

5693. FRIZON. Catalogue méthodique de la bibliothèque publique de la ville de Verdun, revu, complété et publié par l'abbé N. Frizon, bibliothécaire de la ville. — Histoire. — Belles-lettres. Bibliographie. — Sciences et arts. *Verdun, Imp. Ch. Laurent*, 1884-1896. LXVIII-558, XVI-530 et XXII-748 pages, in-8°. 3 vol. Demi-rel.

5694. FRIZON. Bibliothèque publique de la

ville de Verdun. Liste des dons faits par des particuliers pendant les années 1883, 1885, 1887 et 1888, par N. Frizon, conservateur de la bibliothèque. *Verdun, R. Lallemant*, 1884, 1886, 1888, 1889. 24, 20, 27 et 31 pages, in-8°. Br.

5695. BENOIT. Catalogue des estampes relatives au département des Vosges, antérieures à l'année 1790, par A. Benoit. *Saint-Dié, L. Humbert*, 1881. 25 pages, in-8°. Br. (Extrait du *Bulletin de la Société philomatique vosgienne.*)

C. Bibliothèques particulières.

Catalogues.

5696. CATALOGUE de la bibliothèque de M. Aerts de Metz. Manuscrits, livres rares et curieux, elzévirs, facéties, contes, ouvrages gothiques, collections diverses, journaux de la Révolution de 1793, collection lorraine, etc. *Paris, Mme Bachelin Deflorenne*, 1864. 180 pages, in-8°. Cart.

5697. BENOIT. Description bibliographique des factums, mémoires, arrêts, lettres, patentes, etc. qui font partie de la bibliothèque de M. A. Benoit et concernant la Lorraine, le Barrois et les Trois-Évêchés, par Arthur Benoit. *S. l., n. n., n. d.* 34 pages, in-8°. Br.

5698. BERGER-LEVRAULT. Catalogue des Alsatica de la bibliothèque de Oscar Berger-Levrault. *Nancy, Imp. Berger-Levrault et Cie*, 1886. 7 volumes, in-8°. Br.

5699. BURE (DE). Catalogue des livres de la bibliothèque de M. Buc'hoz, médecin de feu S. M. le roi de Pologne, par G. de Bure. *Paris, de Bure*, 1778. XVI-212 pages, in-8°. Rel. veau.

5700. CATALOGUE d'une précieuse collection de livres, anciens, rares et curieux... et particulièrement remarquables par un choix d'ouvrages sur l'histoire de Lorraine, provenant du cabinet de M. Ch. B***, de V. (Charles Buvignier, de Verdun.) *Paris, J. Téchener*, 1849. 262 pages, in-8°. Demi-rel.

5701. ERMENS. Catalogue des livres, estampes et planches gravées de la bibliothèque du palais de feue S. A. R. le duc Charles Alexandre de Lorraine et de Bar, disposé et mis en ordre par J. Ermens. *Bruxelles, J. Ermens,* (1781). xxiv-452 pages, in-8°. Demi-rel. Voy. n°ˢ 715 et 720.

5702. CATALOGUE des monnaies et médailles grecques, romaines, françaises et étrangères composant le cabinet de feu M. de Charmont, de Nancy. *Paris, Ch. Lahure,* 1857. 54 pages, in-8°. Cart.

5703. CATALOGUE des livres rares et précieux et des estampes composant la bibliothèque de feu M. Gustave Chartener de Metz. Première partie. — Catalogue des livres rares, principalement sur la Lorraine, etc. Seconde partie. *Paris, Labitte,* 1885. xiv-201 et 112 pages, in-8°. Cart.

5704. CATALOGUE des livres de la bibliothèque de feu Monseigneur Drouas de Boussey, évêque et comte de Toul. *Autun, P. P. de Jussieu,* 1780. 157 pages, in-12. Cartonné.

5705. CATALOGUE des livres composant la bibliothèque de feu M. le comte Emmery, pair de France, dont la vente aura lieu le 27 avril 1849 et jours suivants. — Catalogue des manuscrits et documents originaux relatifs à l'histoire de la ville de Metz et du pays messin, depuis le viiᵉ siècle jusqu'au xviiiᵉ, provenant du cabinet de feu M. le comte Emmery, dont la vente aura lieu le 5 septembre 1850. (Rédigés par E. J. Lecouteux.) *Metz, Lecouteux,* 1849-1850. 178 et 262 pages, in-8°. 1 vol. Cartonné.

5706. CATALOGUE des livres rares et précieux composant la bibliothèque de feu M. Gillet, conseiller à la Cour impériale de Nancy. *Paris, L. Potier,* 1865. 104 pages, in-8°. Cart.

5707. CATALOGUE des livres rares et précieux et de la plus belle condition, composant la bibliothèque de M. Guilbert de Pixérécourt, chevalier de la Légion d'honneur. *Paris, J. Crozet,* 1838. vii-414 pages.

5708. CATALOGUE de livres, manuscrits, autographes, provenant de la bibliothèque de feu M. Guilbert de Pixérécourt. *Paris, P. Jannet,* 1849. 42 pages, in-8°. Cart.

5709. CATALOGUE de la bibliothèque de feu M. de Haldat, secrétaire perpétuel de l'Académie de Stanislas, etc. *Nancy, Grimblot et Vve Raybois,* 1853. 168 pages, in-8°. Cart.

5710. CATALOGUE d'un choix de livres, la plupart relatifs aux beaux-arts. Grands ouvrages provenant de la collection de feu M. Isabey, membre de l'Institut. *Paris, J. Téchener,* 1856. 38 pages, in-8°. Cart.

5711. CATALOGUE de livres rares et curieux provenant d'un bibliophile lorrain, suivi d'une collection d'ouvrages concernant la Lorraine et les provinces limitrophes ayant appartenu à feu M. l'abbé Jeannin, supérieur du grand séminaire de Verdun et ancien aumônier du lycée de Bar-le-Duc. *Paris, François,* 1863. iv-162 et 42 pages, in-8°. Demi-rel.

5712. CATALOGUE des livres imprimés et manuscrits et des autographes de feu M. Lerouge, de Commercy. *Paris, Leblanc,* 1833. xii-289 pages, in-8°. Cart.

5713. CATALOGUE de livres rares. Catalogue de livres anciens et modernes. — Catalogue de l'importante collection d'autographes concernant la Lorraine. — Collection d'estampes... composant le cabinet de M. Édouard Meaume, ancien professeur à l'École forestière de Nancy. *Paris, Labitte ; E. Charavay,* 1887. 108, 140, 53 et 57 pages, in-8°. 4 fascicules en 1 vol. Cart.

5714. NOËL. Catalogue raisonné des collections lorraines (livres, manuscrits, tableaux, gravures, etc). de M. Noël, ancien avocat, notaire honoraire. Contenant la table de la deuxième édition de l' « Histoire de Lorraine » de Dom Calmet, etc. *Nancy, chez l'auteur,* 1850-1855. xxviii-xiv-1242 et 184 pages, in-8°. 3 pl. En 3 vol. Cart.

5715. CATALOGUE des principaux livres, manuscrits, monnaies, médailles, etc. provenant des collections lorraines de M. Noël, décédé avocat, notaire honoraire, dont la vente aura lieu le 8 mars et jours suivants, etc. *Nancy, Peiffer, etc.,* 1858. 182 pages, in-8°. Cart.

5716. SCHMIT. Une relique bibliographique

de l'abbaye de Salival conservée à la Bibliothèque impériale, par M. J. A. Schmit. *Nancy, A. Lepage,* 1868. 8 pages, in-8°. Cart.

5717. CATALOGUE de la bibliothèque botanique de H. F. Soyer-Willemet. *Nancy, Vagner,* 1868. 18 pages, in-8°. Br.

5718. BENOIT. Les bibliophiles, les collectionneurs et les bibliothèques des monastères des Trois Évêchés. 1552-1790. Par Arthur Benoit. *Nancy, R. Wiener ; Bruxelles, R. Dupriez,* 1884. 304 pages, gr. in-8°. Nombr. fig. Demi-rel.

5719. FAVIER. La bibliothèque d'un maître-échevin de Metz au commencement du XVIᵉ siècle. Inventaire annoté et publié par J. Favier. *Nancy, Sidot frères,* 1885. 19 pages, in-8°. Br.

5720. BENOIT. Les ex-libris anciens aux armes de Jeanne d'Arc. Par A. Benoit. *Nancy, Grosjean-Maupin ; Orléans, H. Herluison,* 1894. 8 pages, in-4°. Br. (Extrait des *Archives de la Société française des collectionneurs d'ex-libris.*)

5721. STOEBER. Société de médecine de Nancy. Catalogue de la bibliothèque dressé par M. le docteur Stoeber. *Nancy, G. Crépin-Leblond,* 1893. 54 pages, in-8°. Br.

5722. CATALOGUE de la bibliothèque de la Société des sciences de Nancy. *Nancy, Berger-Levrault et Cie,* 1894. 93 pages, in-8°. Br.

5723. CATALOGUE des livres, cartes et plans composant la bibliothèque du secrétariat de la commission interdépartementale du syndicat du canal de l'Est. *Nancy, Imp. Berger-Levrault et Cie,* 1877. 145 pages, in-8°. Cart.

5724. CATALOGUE de la bibliothèque de l'ordre des avocats du Parlement de Metz, établie en vertu de la délibération du 22 avril 1761, homologuée par arrêt de la Cour du premier juin suivant. *Metz, J. Antoine,* 1776. IV-157 pages, in-4°. Cart.

5725. CATALOGUE de la bibliothèque de l'ordre des avocats du Parlement de Metz. *S. l., n. n.,* (1783). 52 pages, in-4°. Cart.

5726. RÈGLEMENS concernant la bibliothèque, les conférences et exercices relatifs à la profession d'avocat... *Metz, Joseph Antoine,* 1783. 16 pages, in-4°. Cart.

D. ARCHIVES DÉPARTEMENTALES ET COMMUNALES.

5727. LEPAGE. Le trésor des chartes de Lorraine, par Henri Lepage, archiviste. *Nancy, Wiener,* 1857. 184 pages, in-8°. Demi-rel. (Extrait du *Bulletin de la Société d'archéologie lorraine.*)

5728. MARICHAL. Dufourny et Lancelot. — Notes sur les anciens inventaires du trésor des chartes de Lorraine, par Paul Marichal. *Nancy, G. Crépin-Leblond,* 1894. 74 pages, in-8°. Broché. (Extrait des *Mémoires de la Société d'archéologie lorraine.*)

5729. LEPAGE. Inventaire sommaire des archives départementales antérieures à 1790, rédigé par M. H. Lepage et E. Duvernoy, archivistes. Meurthe, Meurthe-et-Moselle. *Nancy, N. Collin, Imp. lorraine, Nicolle.* 1873-1896. XX-359, 385, 501, XV-180, XXXIV-372, 508 (Tables) et 323 pages, in-4°. 7 vol. Demi-rel.

5730. LEPAGE. Inventaire des archives de la Meurthe, par H. Lepage. (Exécution de la circulaire ministérielle du 20 janvier 1854.) *Nancy, A. Lepage,* 1855. 254 pages, in-8°. Demi-rel.

5731. LEPAGE. Archives communales et hospitalières de la Meurthe, par H. Lepage, archiviste du département. *Nancy, Wiener,* 1858. 280 pages, avec une planche, in-8°. Demi-rel.

5732. LEPAGE. Coup d'œil sur les archives départementales de la Meurthe, par Henri Lepage. *Nancy, A. Lepage,* 1853. 50 pages, in-8°. Br. (Extrait de l'introduction au *Journal historique des communes* de ce département.)

5733. LEPAGE. Sur des cyrographes conservés aux Archives de la Meurthe. Par Henri Lepage. *Nancy, Crépin-Leblond,* 1872. 20 pages, in-8°. Br. (Extrait du *Journal de la Société d'archéologie lorraine.*)

5734. LEPAGE. Archives de Toul. Inventaire et documents, par Henri Lepage, archiviste du département. *Nancy, Wiener,* 1858. 192 pages, in-8°. Pl. Demi-rel.

5735. BUVIGNIER. Note sur les archives de l'Hôtel de ville de Verdun (Meuse). Par Ch. Buvignier. *Metz, Typ. Nouvian*, 1855. 120 pages, in-8°. Demi-rel.

5736. CATALOGUE de cartulaires et chartes originales, du x° au xvii° siècle, concernant l'histoire de la Lorraine et des provinces voisines, de lettres autographes, etc, provenant de la collection de feu M. Marchand. (Archives de l'abbaye de Saint-Mihiel.) *Paris, E. Tross*, 1853. 45 pages, in-8°. Demi-rel.

5737. MARICHAL. Catalogue des manuscrits conservés à la Bibliothèque nationale, sous les numéros 1 à 725, de la collection de Lorraine. Par Paul Marichal. *Nancy, R. Wiener*, 1896. xLv-480 pages, in-8°. Br. (Extrait du *Recueil de documents sur l'histoire de Lorraine*.)

5738. MARICHAL. Documents retirés du greffe du parlement de Metz, en 1738, par P. Marichal. *Saint-Denis, H. Bouillant*, 1896. 4 pages, in-8°.

5739. SAUER. Inventaire sommaire des archives départementales antérieures à 1790. Département de la Lorraine, par M. Édouard Sauer, archiviste. *Metz, Imp. de la Gazette de Lorraine*, 1879-1895. 3 vol. in-4°. Demi-rel.

5740. DISS. Inventaire sommaire des archives communales antérieures à 1790. — Ville de Metz. Par Diss. *Metz, J. Verronnais*, 1880. vii-252 pages, in-4. Demi-rel.

5741. SAUER. Inventaire des aveux et dénombrements déposés aux Archives départementales à Metz, précédé d'une notice sur la création de la Chambre royale, publiés par M. Édouard Sauer, directeur des Archives départementales en retraite. *Metz, G. Scriba*, 1894. xviii-232 pages, gr. in-8°. Broché.

5742. LABANDE ET VERNIER. Département de la Meuse. Ville de Verdun. Inventaire sommaire des archives communales antérieures à 1790, par H. Labande et J. Vernier, archivistes-paléographes. *Verdun, Ch. Laurent*, 1891. LXXVI-311 pages, in-4°. Br.

5743. DUHAMEL. Inventaire sommaire des archives départementales antérieures à 1790. Vosges. Rédigé par M. L. Duhamel, archiviste. Tome I. 76 pages in-4° (sans titre). — Tome II. Archives civiles, supplément à la série E. *Épinal, Gley*, 1867. xiv-590 pages, in-4°. Br.

5744. DUHAMEL. Inventaire sommaire des archives communales (du département des Vosges), antérieures à 1790, rédigé par M. L. Duhamel, archiviste. — Ville de Charmes. *Épinal, Gley*, 1868. 92 pages, in-4°. Br. — Ville de Rambervillers. *ibid.*, 1869. 129 pages, in-4°. Br. — Ville de La Bresse. *Ibid.*, 1870. 75 pages, in-4°. Br.

5745. FERRY. Inventaire historique des archives anciennes de la ville d'Épinal, rédigé par Ch. Ferry, archiviste de la ville et des hospices. Tomes 2 à 6, (séries BB, CC, DD et EE). *Épinal, H. Fricotel*, 1885-1892. xxx-604, x-524, 634, 531, 584 et 571 pages, in-8°. Cartes et plans. 6 vol. br.

5746. BONNARDOT. Chartes françaises de Lorraine et de Metz. Rapport à M. le Ministre de l'instruction publique, par M. Bonnardot, ancien élève pensionnaire de l'École des Chartes, sur une mission littéraire en Lorraine. *Paris, Imprimerie nationale*, 1873. 47 pages, in-8°. Cart. (Extrait des *Archives des missions scientifiques et littéraires*.)

5747. DUFRESNE. Dissertation sur l'origine des sceaux et sur leur usage principalement dans l'évêché de Toul, par A. Dufresne. *Metz, F. Blanc*, 1858. 38 pages, in-8°. Cart. (Extrait des *Mémoires de l'Académie impériale de Metz*.)

5748. GERMAIN. Charte de Jean, sire de Joinville, en langue vulgaire, concernant la vente, à l'abbaye de Saint-Mihiel, de vingt setiers de grain sur le village de Bure, au mois de mars 1275. Par Léon Germain. — Trois chartes inédites de Simon, sire de Joinville, 1228 ; Robert, sire de Sailly, 1258 ; Jean, sire de Joinville, 1303, publiées par A. Jacob, archiviste-adjoint du département de la Meuse. *Nancy, G. Crépin-Leblond*, 1879. 15 pages, in-8°. Br. (Extrait du *Journal de la Société d'archéologie lorraine*.)

5749. GERMAIN. Deux chartes du xiii° siècle en langue vulgaire provenant de l'abbaye de Châtillon. Par L. Germain.

Nancy, G. Crépin-Leblond, 1881. 7 pages, in-8°. Br. (Extrait du *Journal de la Société d'archéologie lorraine.*)

5750. JACOB. Notice sur les archives de la ville de Metz, par Victor Jacob, bibliothécaire de la ville. *Metz, Rousseau-Pallez,* 1866. 24 pages, in-8°. Cart.

5751. LEPAGE. Les archives du notariat à Nancy. Par H. Lepage. *Nancy, Wiener (ainé),* 1859. 40 pages, in-8°. Cart.

5752. DUFRESNE. Tabellions et notaires. Évêché de Toul. Par A. Dufresne. *S. l., n. n., n. d.* 6 pages, in-8°. Cart.

5753. SAVE. Le diplôme de l'impératrice Richarde à Étival, en 886, par Gaston Save. *Épinal, Imp. vosgienne,* 1894. 19 pages, in-8°. Br.

5754. PARISOT. Deux diplômes inédits pour la collégiale Ste-Marie-Madeleine de Verdun. Par R. Parisot. (*Nancy, Berger-Levrault.*) 11 pages, in-8°. Br. (Extrait des *Annales de l'Est,* 1893.)

5755. THILLOY. Sur un passage du testament de Saint-Remy, par Jules Thilloy. *Metz, Rousseau-Pallez,* 1864. 12 pages, in-8°. Br. (Extrait des *Mémoires de la Société d'archéologie et d'histoire de la Moselle.*

5756. WOLFRAM. Die Dufresnesche Urkundensammlung von Dr. Georg Wolfram. *Metz, G. Scriba,* 1895. 30 pages, in-8°. Br. (Sonderabdruck aus dem *Jahrbuche der Gesellschaft für lothringische Geschichte und Altertumskunde.* Band VII. 1895.)

HISTOIRE RELIGIEUSE

I. HISTOIRE

DES ÉVÊCHÉS.

METZ. — TOUL. — VERDUN. — NANCY. — SAINT-DIÉ.

5757. GRAVEL. Scripta differentia Christianissimum Regem et Trium Episcopatuum vasallos concernentia, exhibitaque laudabilissimo Imperii directorio in modernis comitiis Ratisbonensibus. (A Roberto de Gravel, regis christianis. plenipotentiario.) S. l., Chr. Fischer, 1671. 124, 124, 19, 14, 24 et 29 pages, in-4°. Cart.

5758. MEURISSE. Histoire des évêques de l'Église de Metz. Par le R. P. Meurisse, de l'ordre de S. François, docteur et naguiere professeur en théologie à Paris, évesque de Madaure et suffragan de la mesme Église. Metz, J. Anthoine, 1634. 79-719 pages, in-fol., 6 planches comprises dans la pagination. Rel. veau.

5759. DOERING. Beitraege zur Aeltesten Geschichte des Bisthums Metz, von Dr Oscar Doering. Mit einer karte. Innsbruck, Wagner, 1886. v-150 pages, in-8°. Br.

5760. LETTRES d'investiture du temporel de l'évêché de Metz; accordées par le Roi à M. l'Évêque de Metz, données à Fontainebleau le 4 novembre 1765. S. l., n. n., n. d. 4 pages, in-4°. Br.

5761. DIALOGUE entre un curé du diocèse de Metz et un avocat, au sujet de l'ordonnance de Monsieur de St-Simon, évêque de Metz, du 1er décembre 1743, pour la fixation des fêtes qui se célébreront dorénavant dans le diocèse. Seconde édition. Liège, L.-J. Leroux, 1749. 16 pages, pet. in-8°. Br.

5762. BENOIT. Notes pour servir à la statistique religieuse du diocèse de Metz, dans le cours du dix-huitième siècle. — Les terres d'Empire. — Les comtés de Nassau-Saarbrück, de Nassau-Saarwerden, de Créhange, le Rhingraviat de Salm à Diemeringen, par M. A. Benoit. Metz, Ballet, 1888. 36 pages, in-8°. Br. (Extrait des Mémoires de l'Académie de Metz.)

5763. LETTRE du Roy écrite à Monseigneur l'évesque de Metz, duc de Coislin, etc. Metz, Vve B. Antoine, s. d. 7 pages, in-4°. Rel.

5764. LÉVY. Notes sur l'ancien archiprêtré de Bouquenom (Saarunion), par Jos. Lévy, curé de Lorenzen. Rixheim, F. Sutter, 1895. 41 pages, in-8°. Br. (Extrait de la Revue catholique d'Alsace.)

5765. GUILLAUME. Histoire du diocèse de Toul et de celui de Nancy, depuis l'établissement du christianisme chez les Leuci jusqu'à nos jours, précédée d'une dissertation historique sur l'antiquité de l'église de Toul, par M. l'abbé Guillaume, de Toul, aumônier de la chapelle ducale de Lorraine. Nancy, Thomas et Pierron, 1866-1867. xvii-506, 476, vii-496, 464, 534 pages, in-8°. Tableau. 5 vol. Demi-rel.

5766. RIGUET (DE). Sisteme chronologique, historique des évêques de Toul, avec des mémoires historiques et chronologiques pour la vie de saint Dié, évêque de Nevers, et fondateur de l'insigne église de Saint-Dié en Lorraine. Par M. l'abbé de Riguet, grand aumônier de S. A. R., grand prieur de Saint-Dié, etc. Nancy, P. Barbier, 1701. xv-358 pages, in-8°. Rel. veau.

5767. MARTIN. Quelques observations sur le catalogue des évêques de Toul, prédécesseurs de saint Gauzelin, par l'abbé Eugène Martin, docteur ès-lettres. *Nancy, R. Vagner,* 1893. 12 pages, in-8°. Br. (Extrait de la *Semaine religieuse* de la Lorraine.)

5768. (PICARD.) Défense de l'antiquité de la ville et du siège épiscopal de Toul. Contre la préface d'un livre qui a pour titre : « Système chronologique et historique des évêques de Toul », (par le P. Benoit Picard, capucin). *Paris, S. Langlois,* 1702. 52 pages, in-8°. Rel. basane.

5769. (PICART.) Pouillé ecclésiastique et civil du diocèse de Toul, imprimé par ordre de Monseigneur, (par Benoist Picart). *Toul, L. et E. Rolin,* 1711. xvii-488 et 404 pages, in-8°. Rel. veau.

5770. LEPAGE. Pouillé du diocèse de Toul, rédigé en 1402, publié pour la première fois, d'après la copie conservée à la Bibliothèque impériale, par Henri Lepage. *Nancy, L. Wiener,* 1863. cxlvi-256 pages, in-8°. Demi-rel.

5771. GUILLAUME. Démembrement du diocèse de Toul. Épisode de l'histoire de ce diocèse, 1776, par l'abbé Guillaume. *Metz, Rousseau-Pallez,* 1861. 58 pages, in-8°. Cart. (Extrait du *Bulletin de la Société d'archéologie de la Moselle.*)

5772. GUILLAUME. Nouvelle dissertation sur l'antiquité de l'église de Toul, par l'abbé Guillaume. *Nancy, N. Collin,* 1869. 43 pages, in-8°. Cart.

5773. HÉQUET. Fragments historiques sur le démembrement et la suppression du diocèse de Toul. Par Charles Héquet. *Vitry-le-François, F.-V. Bitsch,* 1864. 15 pages, in-8°. Cart. (Extrait du *Journal de la Société d'archéologie lorraine.*)

5774. GUILLAUME. Le surhuméral, prérogative séculaire des seuls évêques de Toul, chez les latins, en raison de l'antiquité de leur église. *Nancy, Vve Raybois, s. d.* 7 pages, in-8°. Cart.

5775. REMONTRANCES (Très-humbles et très-respectueuses) présentées à Monseigneur... Claude Drouas, évêque, comte de Toul, par les curés de son diocèse, au sujet du changement des fêtes patronales. *S. l., n. n.,* (1770). 68 pages, in-8°. Br.

5776. BREFS de N. S. P. le pape Clément XIII, au roi de Pologne et à M. l'archevêque de Paris, datés de Rome du 15 février 1764. — Réflexions... *S. l., n. n., n. d.* 25 et 40 pages, in-12. Cart.

5777. LETTRES-PATENTES du Roi, qui confirment la bulle d'érection d'un Évêché à Nancy, données à Versailles au mois de janvier 1778, registrées au Parlement le 19 janvier 1778. *Nancy, Vve Charlot, s. d.* 63 pages, in-4°. Br.

5778. LETTRES-PATENTES du Roi, qui confirment les bulles de N. S. P. le Pape, relatives à l'érection des évêchés de Nancy et de Saint-Diez, données à Versailles au mois de mai 1778, registrées au Parlement le 15 juin 1778. *Nancy, Vve Charlot, s. d.* 6 pages, in-4°. Br.

5779. DIGOT. Lorraine noble. Les évêques de Nancy, par le baron P. Digot. *Nancy, Thomas, Pierron et Hozé,* 1883. 40 pages, in-8°. 1 pl. Br.

5780. BELLEMARE. Les entretiens de Nancy ou le troupeau sans pasteur, par M. Bellemare. *Paris, A. Le Clère,* 1835. viii-130 pages, in-12. Cart.

5781. LETTRES-PATENTES du Roi, confirmatives de la bulle d'érection d'un évêché à Saint-Diez, du 21 juillet 1777, données à Versailles au mois d'août 1777, registrées au Parlement le 6 septembre 1777. *Nancy, Vve Charlot, s. d.* 71 pages, in-4°. Br.

5782. RIGUET. Mémoires historiques et chronologiques, pour la vie de saint Dié, evesque de Nevers et fondateur de l'insigne Église collégiale de St-Dié en Lorraine, par Messire François Riguet, chanoine, grand prévost de St-Dié, et prieur de Flavigny. *Nancy, Ch. Charlot et N. Charlot,* 1680. — Vita sancti Deodati nivernensis episcopi, et insignis Ecclesiæ Sandeodatensis in Vosago, fundatoris. — Observations sur les titres de l'insigne Église de St-Dié en Vosge suivant l'ordre des dates. *Ibidem.* 57, 45 et 64 pages, in-8°. Rel. veau.

5783. SOMMIER. Histoire de l'Église de Saint-Diez ; avec les pièces justificatives de ses immunitez et privilèges. Dédiée à notre St. Père le pape Benoit XIII, par Messire Jean-Claude Sommier, archevêque de Césarée, grand prévôt de la même église. *Saint-Diez, D.-J. Bouchard, 1726.* XXXVI-479 pages, pet. in-8°. Rel. veau.

5784. (SOMMIER.) Apologie de l'histoire de l'Église de Saint-Diez, et d'un mémoire touchant les droits de son prélat, contre un livre intitulé : « Défense de l'Église de Toul », etc., contre les entreprises du chapitre de Saint-Diez, et des abbés de la Voge, (par M. Sommier). *Saint-Diez, J. Charlot, 1737.* 212 pages, in-8°. Rel. veau.

5785. GUINOT. Les saints du val de Galilée, au diocèse de Saint-Dié, par M. l'abbé A. Guinot. *Paris, Sagnier et Bray, 1852.* 453 pages, in-8°. Br.

5786. CLOÜET. Histoire ecclésiastique de la province de Trèves et des pays limitrophes, comprenant les diocèses de Trèves, Metz, Toul, Verdun, Reims et Châlons. Par M. l'abbé Cloüet, bibliothécaire et professeur à Verdun. *Verdun, Villet-Collignon et Lallemant, 1844-1851.* IV-882 et XCII-592 pages, in-8°. Demi-rel.

5787. ROBINET. Pouillé du diocèse de Verdun, par l'abbé N. Robinet, chapelain de la cathédrale de Verdun. Tome premier. *Verdun, Ch. Laurent, 1888.* XXVI-770 pages, in-8°. Br.

5788. CODEX parochialium ecclesiarum diœcesis virdunensis, vulgò « Le pouillé du diocèse de Verdun ». Cum annexis suis, si quas habeant. Insuper nomen patroni seu titularis ecclesiæ nec non collatoris beneficii, cum nominibus curatorum, qui parochialibus illis in ecclesiis sederunt ab anno 1500. Sedere qui prius ignorantur. *Verduni, D. Fanart, 1738.* 192 et 47 pages, in-12. Rel. veau.

5789. LETTRE de nostre sainct père le Pape Grégoire XV, envoyée au très-illustre prince de Lorraine, évesque et comte de Verdun, par laquelle il luy accorde de quitter sa principauté et évesché pour se faire religieux de la Compagnie de Jésus. *Paris, D. Moreau, 1622.* 4 pages, in-8°. Rel. parchemin.

5790. DESNOS. Copie de la lettre de M. Desnos, évêque de Verdun, à M. de Montmorin, ministre d'État. *S. l., n. n., n. d.* 7 pages, in-8°. Cart.

5791. LETTRE (Première) à un Verdunois. *S. l., n. n., 1718.* 29 pages, pet. in-8°. Cart.

5792. SUPPLÉMENT au recueil des actes de soumission du diocèse de Verdun aux décrets des souverains Pontifes contre les erreurs de Baïus, Jansénius et Quesnel. *Verdun, Vve de Didier Fanart, 1745.* 32 pages, in-4°. Br.

5793. RECUEIL des arrests de la Chambre royale establie à Metz, pour la réunion des dépendances des trois éveschez de Metz, Toul et Verdun, et autres endroits, à l'obéissance du roy. En conséquence des traitez de paix de Munster, des Pyrénées et de Nimègue. *Paris, F. Léonard, 1681.* 277 pages, in-4°. Rel. veau. (On a ajouté à la fin un arrêt de la même Chambre sur le même sujet, du 10 septembre 1683. 21 pages, in-4°.)

5794. GRISER. Programme des catholiques de l'Alsace-Lorraine devant l'annexion, par M. l'abbé Griser, curé de Lixheim. *Strasbourg, E.-P. Le Roux, 1871.* 36 pages, in-8°. Cart.

5795. FOURLEMANN. Réponse au « Programme des catholiques de l'Alsace-Lorraine » de M. l'abbé Griser, par J.-B. Fourlemann, de Lixheim. *Strasbourg, J.-H.-E. Heitz, 1871.* 36 pages, in-8°. Cart.

II. SYNODES DIOCÉSAINS.

MANDEMENTS. — INSTRUCTIONS
PASTORALES.

5796. FACULTATES Illustrissimi ac Reverendissimi Domini D. Caroli tituli sancti Apollinaris, presbyteri, cardinalis a Lotharingia, in Lotharingiæ et Barriducis ducatibus, ac Metensi, Tullensi et Virdunensi civitatibus et diœcesibus... per Papam Pium Quintum concessæ. *Virduni, apud N. Bacnetium, 1567.* 23 feuillets, in-8°. Rel. basane.

5797. FACULTATES Illustrissimi ac reverendissimi Domini D. Caroli, tituli sanctæ Agathæ diaconi cardinalis a Lotharingia, in Lotharingiæ et Barriducis ducatibus et diœcesibus... per Papam Gregorium XIV concessæ. *Treviris, religiosi S. Maximini*, 1603. 19 pages, pet. in-8°. Rel. basane.

5798. CONSTITUTIONES editæ et promulgatæ in synodo metensi celebrata auctoritate, et de mandato illustrissimi et reverendiss. Caroli S. R. E. tituli s. Agathæ diaconi cardinalis, legati, et primatis Lotharingiæ, episcopi metensis et argentinensis. Anno Domini 1604. *Mussiponti, Mel. Bernard*, 1604. 71 pages, pet. in-8°. Rel. basane.

5799. STATUTA synodi diœcesanæ metensis primæ, ab illustriss. ac reverend. D. D. Anna Descars..., episcopo metensi habitæ, anno Domini 1610. *Metis, A. Fabert*, (1610). 127 pages, pet. in-8°. Cart.

5800. STATUTA synodi diocesanæ metensis, anno Domini 1616, die 16 junii, per RR. DD. ejusdem episcopatus administratores celebratæ. *Mussiponti, M. Bernard*, 1616. 20 pages, pet. in-8°. Rel. basane.

5801. CODEX selectorum canonum ecclesiæ metensis, quos observari mandavit illustriss. ac rev. D. D. Henricus Carolus du Cambout de Coislin, episcopus metensis... In synodo Metis congregata die Mercurii 1a Julii ann. 1699. *Metis, apud Bricium Antoine*, 1699. VI-112 pages, in-12. — Appendix ad codicem canonum ecclesiæ metensis. *Ibid.*, 1714. 13 pages. — Appendix altera. 3 pages. En 1 volume. Rel. veau.

5802. MANDEMENT et instruction pastorale de monseigneur l'évesque de Metz pour la publication de la constitution de N. S. P. le Pape, du 8 septembre 1713. *Metz, B. Antoine*, 1714. 27 pages, in-4°. Rel.

5803. LETTRE (Copie d'une) écrite par le sieur La Richardie, grand vicaire de Metz, aux archiprêtres du diocèse, datée de Metz, du 20 décembre 1736. *S. l., n. n., n. d.* 1 page, in-4°. Rel.

5804. REGULÆ vivendi seminarii a Sancta Anna, ab Illustrissimo ac Reverendissimo D. D. (L.-J. de Montmorency-Laval), episcopo (metensi) approbatæ, illiusque jussu typis mandatæ. *Metis, J. Collignon*, 1765. 75 pages, in-12. Cart.

5805. JAUFFRET. Recueil choisi de man-

demens, lettres pastorales, avis, règlemens et ordonnances de Monseigneur l'évêque de Metz (G.-J.-A.-J. Jauffret). *Metz, Collignon, s. d.* 425 et 470 pages, in-8°. 2 vol. Cart.

5806. STATUTA synodalia diœcesis metensis, Rev. D. D. Gaspardi-Joannis-Andreæ-Josephi Jauffret, episcopi metensis, auctoritate edita. *Metis, Collignon*, 1820. 182 et 27 pages, in-8°. Br.

5807. RECUEIL des mandements de l'évêché de Toul, classés par ordre de dates. Années 1515-1802. 356, 369, 362, 424 et 468 feuillets. 5 vol. in-4°. Demi-rel. (Recueil factice, composé par M. Poirot, curé de la cathédrale de Nancy. — Quelques pièces sont manuscrites. — Outre les mandements proprement dits, ordonnances et lettres pastorales, on y trouve quelques publications ayant un caractère officiel, telles que : Règles de la maison des orphelines de Nancy. Août 1715. — Statuts synodaux de 1658 et de 1722. — Règlement du petit séminaire de Toul, 1765. Etc...)

5808. STATUTA synodalia olim per reverendos patres tullensis ecclesie presules edita. Nunc vero per reverendum patrem dominum Hugonem de Hazardis illorum in episcopatu successorem, innovata reformata et aucta... (à la souscription) :... *Per Symonem Vostre... impressa...* 1515. 108 feuillets, pet. in-4°. Rel. en bois couvert de veau gaufré.

5809. DU SAUSSAY. Statuta synodi diœcesanæ tullensis, ab illustrissimo et reverendissimo in christo patre et domino D. Andrea Du Saussay, episcopo et comite tullensi, S. R. I. P. Tulli, die quinta mensis Junii anno domini 1658 celebratæ. *Tulli Leucorum, apud Gerardum Perin*, 1658. 64 pages, petit in-8°. Cart.

5810. STATUTS publiés au synode général de Toul, le 20 avril 1678, par Illustrissime et Rév. Père en Dieu Mgr Jacques de Fieux, évêque et comte de Toul. *Toul, E. Rolin, s. d.* (1678). 78 pages, in-8°. Rel. veau. (Le dernier feuillet manque.)

5811. STATUTS publiés au synode général de Toul, le 20 avril 1678, par Illustrissime et Rév. Père en Dieu Mgr Jacques de

Fieux, évêque et comte de Toul. Seconde édition. *Toul, A. Laurent*, 1682. 80 pages, in-8°. Rel. veau.

5812. MANDEMENT de feu Ill. et Rév. Père en Dieu Mgr Jacques de Fieux vivant évesque et comte de Toul, qu'il vouloit faire publier dans son premier synode général. *Toul, A. Laurent et E. Rolin*, 1687. 60 pages, pet. in-8°. Rel. basane.

5813. STATUTS sinodaux de feu Illustrissime et Rév. Seigneur Messire Jacques de Fieux, vivant évêque comte de Toul. Avec les ordonnances sinodales faites par Ill. et Rév. Seigneur, Messire Henry de Thiard de Bissy, son successeur. *Toul, A. Laurent*, 1704. IV-168 pages, in-8°. Cart.

5814. INSTRUCTIONS pour les curez et les vicaires. *Toul, A. Laurent*, 1707. 62 pages, in-16. Br.

5815. STATUTS sinodaux de feu Illustrissime et révérendissime... Jacques de Fieux, vivant évêque comte de Toul. Avec les ordonnances sinodales faites par Illustris. et Révérend. Henry de Thiard de Bissy et François Blouet de Camilly, ses successeurs. *Toul, A. Laurent*, 1712. VI-249 pages, in-8°. Rel. basane.

5816. MANDEMENT de monseigneur l'illustrissime et révérendissime évesque comte de Toul, prince du S. Empire, pour la publication de la constitution de notre S. Père le Pape Clément XI, du 8 du mois de septembre 1713, avec la même constitution en latin et en françois, l'instruction pastorale de l'assemblée du clergé et autres actes. *Toul, A. Laurent*, 1714. 5 pages, in-4°. Rel.

5817. LAIGLE (DE). Mandement de monsieur le grand vicaire de Toul (Charles-Claude de Laigle), avec la lettre du roi pour chanter le *Te Deum*, en action de grâces de la prise du Quesnoy. *Toul, A. Laurent*, 1722. 7 pages, petit in-4°. Cart.

5818. RÉPONSE à une lettre du R. P. Dom Mathieu Petitdidier, président de la congrégation de Saint-Vanne, du 15 novembre 1723, où l'on réfute la dernière instruction pastorale de M. le C. de Bissy. *S. l., n. n.*, 1724. IV-71 pages, in-4°. Cart.

5819. MANDEMENT de monseigneur l'évêque, comte de Toul, portant condamnation de deux livres intitulez, l'un : *Dissertation sur la validité des ordinations des anglois;* et l'autre : *Deffense de la dissertation sur la validité des ordinations des anglois*, etc., avec deffense de lire, garder, et débiter lesdits livres ; portant aussi deffense de lire, garder, et débiter le livre intitulé : *Abrégé de la mystique cité de Dieu, ou de la vie de la très Sainte Vierge*, imprimé à Nancy, chez Nicolas Baltazard, en mil sept cens vingt-sept, publié au synode général tenu au palais épiscopal le 7 avril 1728. *Toul, L. et E. Rolin*, 1728. 12 pages, in-4°. Rel.

5820. RÈGLEMENS de Monseigneur l'évêque comte de Toul : faits et publiés au Sinode général tenu à Toul le dixième avril 1720. — Liste des cas réservés dans le diocèse de Toul. — Table et abrégé des statuts synodaux du diocèse de Toul. *S. l., n. n., n. d.*, (1729). 40, 4 et 31 pages, in-8°. Rel. basane.

5821. RÈGLEMENS du séminaire de Toul. *Toul, S. Vincent*, 1738. X-455 pages, in-8°. Rel. veau.

5822. DECRETUM Illustrissimi et Reverendissimi domini D. episcopi comitis Tullensis (Scipion-Jérôme Bégon) circa censuras et casus reservatos, promulgatum in synodo generali diœcesanâ, anni millesimi septingentesimi quadragesimi. *Tulli Leucorum, L. S. Rolin*, 1740. 24 pages, in-12. Br.

5823. DECRETUM Illustrissimi et Reverendissimi Domini D. Episcopi comitis Tullensis, circa censuras et casus reservatos, promulgatum in synodo generali diœcesanâ, anni millesimi septengentesimi quadragesimi. *Tulli Leucorum, Steph. Rolin et Vid. Lud. Rolin*, 1750. 16 pages, pet. in-8°. Rel. basane.

5824. RELATION des troubles arrivés à l'occasion d'une ordonnance (sur la confession des malades) du nouvel évêque de Toul, en Lorraine (Claude Drouas), 1754. — Très-humbles et très-respectueuses remontrances que présentent au roi, notre très-honoré souverain seigneur, les gens tenans la Cour souveraine de Lorraine et Barrois (sur la même ordonnance), du 22 mars 1755. *S. l., n. n., n. d.* (Le titre manque.) 197 et 66 pages, in-8°. Cart.

5825. (DROUAS DE BOUSSEY.) Instructions sur les principales vérités de la religion, et sur les principaux devoirs du christianisme ; adressées par Monseigneur l'Illust. et Rev. évêque, comte de Toul (Claude Drouas de Boussey), au clergé séculier, régulier et aux fidèles de son diocèse. *Épinal, Vve Dumoulin*, 1764. vi-372 pages, in-8°. Rel. veau.

5826. MANDEMENT de messieurs les vicaires généraux de Monseigneur l'évêque, comte de Toul, prince du S. Empire, qui ordonne des prières publiques pour le repos de l'âme du roi Louis XV, de glorieuse mémoire. *Toul, J. Carez*, 1774. 22 pages, petit in-4°. Cart.

5827. INSTRUCTIONS pour le Jubilé, ordonnées par Mgr l'évêque, comte de Toul, prince du S. Empire, pour la publication du Jubilé de l'année sainte. *Toul, J. Carez*, 1776. 64 pages, in-12. Br.

5828. INSTRUCTIONS chrétiennes en forme de lectures et de méditations, adressées par Mgr l'illustrissime et révérendissime évêque, comte de Toul, prince du Saint Empire, au clergé et aux fidèles de son diocèse. *Toul, J. Carez*, 1776. iv-520 pages, pct. in-8°. Rel. veau.

5829. LETTRES-PATENTES du Roi, qui confirment des mandements par lesquels les évêques de Toul, de Saint-Dié et de Nancy, ont réduit le nombre des fêtes dans leurs diocèses ; données à Versailles au mois de novembre 1781, registrées en Parlement le 19 novembre 1781. *Nancy, Vve Charlot, s. d.* 19 pages, in-4°. Br.

5830. (DROUAS DE BOUSSEY.) Instructions sur les fonctions du ministère pastoral, adressées par Mgr l'évêque, comte de Toul (Claude Drouas de Boussey), au clergé séculier et régulier de son diocèse. Nouvelle édition. *Angers, Mame*, 1803. 278, 340, 432, 308 et 318 pages, in-12. 5 vol. D.-rel.

5831. ARREST de la Cour souveraine de Lorraine et Barrois, portant enregistrement du mandement de M. l'évêque de Toul, qui fixe au dimanche suivant immédiatement les Quatre-Tems de septembre, la célébration de la fête patronale de toutes les églises paroissiales, annexes et succursales de son diocèse. *Nancy, N. Charlot, s. d.* 4 pages, in-4°. Br.

5832. CHOISEUL-BEAUPRÉ. Mandement de Monseigneur le Primat de Lorraine, pour faire chanter le *Te Deum* dans l'insigne église primatiale, en actions de grâces de la naissance de Mgr le comte de Provence. Novembre 1755. *Nancy, P. Antoine, s. d.* 8 pages, in-4°. Rel.

5833. RECUEIL des mandements, circulaires, etc., de l'évêché de Nancy, classés par ordre de dates. Années 1755-1844. 342, 384, 326, 293 et 389 feuillets. 5 vol. in-4°. Demi-rel. (Recueil factice composé par M. Poirot, curé de la cathédrale de Nancy.) — Suite de ce recueil, de 1844 à 1895. 8 cartons in-4°. (Quelques lacunes.)

5834. RECUEIL des mandements publiés à Nancy sous le schisme, et autres écrits y relatifs. Années 1790-1801. 234 feuillets, in-4°. Demi-rel. (Recueil factice composé par M. Poirot, curé de la cathédrale de Nancy.)

5835. OSMOND (D')... Mandements de Monseigneur l'évêque de Nancy (d'Osmond) et de M. l'évêque nommé de Nancy (Costaz). de 1809 à 1813. *Nancy, Leseure, s. d.* in-4°. Cart.

5836. FORBIN-JANSON (DE). Lettres pastorales et mandements de Monseigneur l'évêque de Nancy et de Toul (de Forbin-Janson), de 1824 à 1833. *Nancy, Leseure, Haener et Dard*, 1828, 1829, 1833 et *s. d.*, in-4°. Cart.

5837. ORDONNANCE de Mgr l'évêque de Nancy, pour le rétablissement des conférences ecclésiastiques dans son diocèse. — Circulaires relatives à ces conférences. 1830-1844. *Nancy, Imp. div.* 10 pièces, in-4°. Demi-rel.

5838. DARBOY. Œuvres pastorales de Monseigneur Darboy, comprenant ses mandements et ses allocutions, depuis son élévation au siège de Nancy jusqu'à sa mort. *Paris, A. Le Clère*, 1876. xvi-495 et 521 pages, in-8°. Portrait. 2 vol. Demi-rel.

5839. ACTA et statuta synodi nanceiensis anno Domini 1856 habitæ, ab Illust. et Rever. DD. A.-B. Menjaud episcopo nanceiensi et tullensi. *Nanceii, Grimblot et Vve Raybois*, 1857. 90 pages, in-8°. Br.

5840. FOULON. Œuvres pastorales de Monseigneur Foulon, archevêque de Besançon, ancien évêque de Nancy et de Toul. *Nancy, Libr. Notre-Dame,* 1882. xvii-419 et 433 pages, in-8°. 2 vol. Br.

5841. (FOULON.) Instruction pastorale de Mgr l'évêque de Nancy et de Toul au clergé et aux fidèles de son diocèse sur la providence de Dieu et son action dans les événements actuels. Par Joseph (Foulon), évêque de Nancy et de Toul. (Se vend au profit des incendiés de Fontenoy.) *Nancy, Thomas et Pierron,* 1871. 53 pages, in-8°. Br.

5842. SOMMIER. Statuts publiez au synode de Saint-Diez, tenu le 9 may 1731, par l'illustrissime et reverendissime Monseigneur Jean-Claude Sommier, ... grand prévôt de Saint-Diez. *Saint-Diez, J. Charlot, s. d.* viii-109 pages, pet. in-8°. Rel. veau.

5843. STATUTS synodaux du diocèse de St-Diez, imprimés par ordre d'Ill. et Rév. Seigneur, Mgr Barthelemi-Louis-Martin de Chaumont, premier évêque-comte de Saint-Diez. Publiés dans le synode général tenu le sept mai 1783. *Saint-Diez, J. Charlot,* 1783. 163 pages, in-8°. Rel. bas.

5844. CONSTITUTIONES editæ et promulgatæ in synodo virdunensi celebrata per Illustrissimum et Reverendissimum principem Erricum a Lotharingia, episcopum et comitem virdunensem, anno Domini 1598, die 15 Julii. *Virduni, J. Wapy,* 1598. 94 pages, in-8°. Rel. basane.

5845. HALLENCOURT (d'). Mandement de Monseigneur l'évêque et comte de Verdun, prince du Saint Empire (C.-F. d'Hallencourt), pour la publication de la constitution *Unigenitus. Verdun, Didier Fanart,* 1723. 10 pages, in-4°. Cart.

5846. STATUTS généraux du diocèse de Verdun, publiés au synode général, tenu au palais épiscopal, le 8 avril 1750, par Mgr Ch.-Fr. d'Hallencourt, évêque et comte de Verdun. *Verdun, N.-H. Fanart,* 1750. vi-90 pages, pet. in-8°. Rel. veau.

5847. STATUTS généraux du diocèse de Verdun, publiés par Mgr A.-J. Le Tourneur, évêque de Verdun. *Verdun, Villet-Collignon,* 1844. xix-463 pages, in-12. Demi-rel.

III. LITURGIE.

MISSELS. — BRÉVIAIRES.

5848. MANUALE seu officiarium sacerdotum (ad usum insignis ecclesie et diocesis tullensis)... *S. l., n. n., n. d.* (vers 1494.) Les feuillets liminaires manquent, 62 feuillets non numér., in-4°. Rel. veau. (Cf. *Journal de la Société d'archéologie lorraine.* 1884, p. 101.)

5849. MANUALE seu officiarium sacerdotum ad usum insignis ecclesie et diocesis tullensis... *Parisiis, G. Merlin,* 1559. x-94 feuillets, in-4°. Rel. veau.

5850. RITUALE tullense seu officialis liber continens ea quæ à parochis in officiis pastoralibus obeundis praestanda sunt ad romanum recentem quantum fieri potuit accomodatus. Jussu et auctoritate Reverend. Dom. D. Joannis Porcelleti Maillanæi episc. et comitis tullensis, S. R. I. principis editus. *Tulli-Leucorum, apud Simonem San-Martellum,* 1616. viii-399 pages, in-4°. Frontispice et titre gravés. Rel. veau.

5851. RITUEL de Toul, imprimé par ordre d'Illustris. et Rév. Seigneur Monseigneur Henry de Thyard-Bissy, évêque de Toul. *Toul, A. Laurent,* 1700. xii-640 pages, in-4°. Vignettes de N. Bonnat. Rel. veau.

5852. CÉRÉMONIAL de Toul dressé par un chanoine de l'église cathédrale, et imprimé par ordre d'Illustrissime et Rév. Seigneur Mgr Henry de Thyard-Bissy, évêque comte de Toul. *Toul, A. Laurent,* 1700. xii-696 pages, in-4°. Rel. veau.

5853. RITUEL de Toul, imprimé par ordre d'Illustris. et Rév. Seigneur Monseigneur Henry de Thyard-Bissy, évêque, comte de Toul. Nouvelle édition. *Nancy, Vve et Cl. Leseure,* 1760. x-639 pages, in-4°. Vignettes de N. Bonnart. Rel. veau.

5854. EXTRAIT du rituel de Toul, contenant la pratique pour l'administration des sacrements et les bénédictions les plus usitées. *Nancy, Leseure, s. d.* 176 pages, in-12. Cart.

5855. MISSALE ad consuetudinem insignis ecclesie tullensis, correctum et pluribus missis, prosis et notis locupletatum et augmentatum... *Parisiis, Galeot. A Prato,* 1537. 124, 48, 38 et 15 feuillets, in-4°. Fig. 4 parties en 1 vol. Rel. veau.

5856. MISSALE ad insignis ecclesiæ tullensis consuetudinem, nunc demum locupletatum et auctum. Accessit enim huic postremæ æditioni... Domini Toussani (de Hocédy) episcopi et comitis tullensis... auctuarium quoddam non pœnitendum. *Tulli, J. Palier junior,* 1551. xii-170, 56, 46 et 22 pages, in-fol. Frontispice et fig. Rel. veau.

5857. MISSALE romano tullense ex decreto sacrosancti concilii tridentini restitutum, Pii V pont. max. jussu editum. *Tulli Leucorum, A. Laurent,* 1718. 808 pages, in-fol. Rel. veau.

5858. MISSALE ad usum cathedralis ecclesiæ et diœcesis tullensis, illustrissimi... D. D. Scip.-Hier. Begon... episcopi et comitis tullensis... jussu et auctoritate... editum. *Tulli Leucorum, typographi usuum tullensium,* 1750. xx-163 pages, in-fol. Rel. veau.

5859. MISSALE tullense ab illustrissimo... D. D. Lud.-Apollinari de La-Tour-du-Pin-Montauban... primo episcopo nanceiensi... adaptatum. *Nanceii, Fratres Leseure,* 1781. xx-846 pages, in-fol. Frontispice. Rel. veau.

5860. MISSEL à l'usage des diocèses de Toul, Nancy et St-Diez... imprimé par permission d'Illust. et Rév. Mgr François de Fontanges, évêque de Nancy, etc. *Nancy, Cl. Leseure,* 1785. xiv-724 pages, in-12. Rel. basane.

5861. MISSALE in quo continentur missæ pro defunctis ad usum cathedralis ecclesiæ et diœcesis nanceiensis ac tullensis... D.D. Car.-Aug.-Ma.-Jos. de Forbin-Janson, episcopi nanceiensis ac tullensis... jussu et auctoritate... editum. *Nanceii, Cl.-A. Leseure,* 1828. 42 pages, in-fol. Cart.

5862. MISSALE nanceiense et tullense, illustrissimi ac reverendissimi Car.-Aug.-Mar.-Jos. de Forbin-Janson, episcopi nanceiensis, etc... jussu et auctoritate... re-

cognitum ac typis denuo mandatum. *Nanceii, Thomas,* 1838. lvi-744 pages, in-fol. Rel. mar. r., d. s. tr.

5863. MISSÆ propriæ ad usum ecclesiæ nanceiensis... de mandato illustrissimi ac reverendissimi Georgii Darboy, episcopi nanceiensis et tullensis editæ. *Turonibus, A. Mame,* 1860. 63 pages, petit in-fol. Br.

5864. RUBRICÆ generales ab Illustris. ac Rev. in Christo Patre DD. Francisco de Fontanges,... episcopo nanceiensi... præscriptæ. *Nanceii, Cl. Leseure,* 1785. 20 pages, in-8°. Cart.

5865. RUBRICÆ nanceienses. Aliæ spectant officium seu breviarium ; aliæ sacrosanctum missæ sacrificium. De his tractatu duplici. *Nanceii, Cl.-A. Leseure,* 1821. 44 pages, in-8°. Cart.

5866. RUBRICÆ missalis nanceiensis et tullensis, cum singulis missæ ritibus, auctoritate... C.-A.-M.-Joseph de Forbin-Janson, episcopi nanceiensis et tullensis, editæ. *Nanceii, Hœner,* 1830. 151 pages, in-12. Cart.

5867. RUBRICÆ missalis et breviarii nanceiensis, cum missæ ordinario et singulis ritibus. Accedit index alphabeticus sanctorum in missalis ordine et calendario memoratorum. *Nancy, Thomas et Cie,* 1838. 148 pages, in-8°. Br.

5868.. PROCESSIONNALE tullense Illustris. ac Rev. in Christo patris DD. Claudii Drouas... episcopi tullensis... jussu et auctoritate... editum. *Nanceii, A. Leseure,* 1756. 640 pages, in-4°. Rel. veau.

5869. PROCESSIONAL à l'usage du diocèse de Nancy et de Toul, contenant, outre les processions et les supplications, tout ce qui concerne les saluts du T.-S. Sacrement : imprimé par ordre de Mgr A.-B. Menjaud, évêque de Nancy et de Toul. *Nancy, Grimblot et Vve Raybois,* 1848. 244 pages, in-8°. Demi-rel.

5870. GRADUALE tullense, Illustrissimi... DD. Scip.-Hier. Begon... episcopi et comitis tullensis... jussu et auctoritate... editum. *Tulli Leucorum, typographi usuum tullensium,* 1752. 945 pages, in-fol. Rel. veau.

5871. GRADUEL à l'usage du diocèse de Nancy et de Toul, imprimé par ordre de Mgr A.-B. Menjaud, évêque de Nancy et de Toul. *Nancy, Grimblot et Vve Raybois*, 1847. xiv-452 pages, in-8°. Demi-rel.

5872. VESPÉRAL à l'usage des diocèses de Toul, Nancy et St-Diez, qui contient les vêpres et complies de toute l'année... Imprimé par permission de Mgr François de Fontanges, évêque de Nancy, etc... *Nancy, Leseure*, 1787. xiii-340 et 76 pages, in-12. Maroquin vert.

5873. VESPÉRAL à l'usage du diocèse de Nancy et de Toul, imprimé par ordre de Mgr A.-B. Menjaud, évêque de Nancy et de Toul. *Nancy, Grimblot et Vve Raybois*, 1849. xiv-584 pages, in-8°. Demi-rel.

5874. BREVIARIUM secundum usum insignis ecclesiæ tullensis. Jussu et auctoritate Reverendissimi in Christo patris, et Domini D. Christophori a Valle episcopi et comitis tullensis... editum. *Mussiponti, apud S. Mercatorem*, 1595. xxxiv-72, 320, 176 et 64 feuillets, in-8°. Vignettes. Rel. veau. (Sur le 1er plat, un calvaire, sur le 2e, la Salutation angélique.)

5875. BREVIARIUM secundum usum insignis ecclesiæ tullensis. Jussu et auctoritate Reverendissimi D. Caroli Christiani de Tournay, episcopi sitiensis, administratoris in spiritualibus et pontificalibus episcopatus tullensis, et de ejusdem ecclesiæ capituli concensu editum. *Tulli, S. Belgrand*, 1628. Pars hiemalis, lxviii-573 ; pars verna, lxviii-547 ; pars æstiva, lxviii-647 ; pars autumnalis, lxviii-524 pages, in-8° (numérotation enchevêtrée). Frontispices et titres gravés. Fig. 4 vol. Rel. veau.

5876. BREVIARIUM tullense, in quatuor anni tempora divisum. Editio secunda, primâ emendatior et correctior. *Tulli Leucorum, A. Laurent*, 1695. Pars hiemalis, lxxiv-610 ; pars verna, xxviii-584 ; pars æstivalis, xxviii-590 ; pars autumnalis, xxvi-576 pages. in-12. 4 vol. Rel. veau. D. s. tr.

5877. BREVIARIUM tullense Illustris. ac Rev. in Christo Patris DD. Scipionis Hieronymi Begon,... episcopi et comitis tullensis, jussu et auctoritate... editum. *Tulli Leucorum, et Nanceii, A. Leseure*, 1748. Pars hyemalis, xxxvi-730 ; pars verna, xxxvi-712 ; pars æstivalis, lii-788 ; pars autumnalis, xxxvi-738 pages, in-4°. Fig. 4 vol. Rel. veau.

5878. BREVIARIUM tullense ab Illust. ac Rev. in Christo Patre DD. Ludovico-Apollinari de La-Tour-du-Pin-Montauban..., primo episcopo nanceiensi... necnon de insignis ejusdem ecclesiæ capituli consensu adoptatum. — Rubricæ nanceienses a DD. episcopo præscriptæ. *Nanceii, Leseure*, 1780. Pars verna, xxii-11 ; pars æstiva, xxii-18 ; pars autumnalis, xxii-19 ; pars hyemalis, xxii-18 pages, in-8°. En 1 vol. Cart.

5879. BREVIARIUM nanceiense, olim tullense, Illust. ac Rev. in Christo Patris DD. Antonii-Eustachii Osmond, episcopi nanceiensis auctoritate..., denuo editum. *In seminario nanceiensi*, 1821. Pars hiemalis, 794 ; pars verna, 774 ; pars æstiva, xxvi-704 ; pars autumnalis, xxvi-784 pages, in-8°. 4 vol. Demi-rel.

5880. DIURNALE tullense, Illustris. ac Rev. in Christo Patris DD. Claudii Drouas de Boussey..., episcopi et comitis Tullensis..., concensu editum. — Pars hiemalis. — Pars æstiva. *Nanceii, Vid. et Cl. Leseure*, 1759. xxiv-512 et xxii-451 pages, in-12. 2 vol. Demi-rel.

5881. MANUEL des cérémonies de la messe basse, à l'usage des jeunes prêtres et des clercs du séminaire de Toul. *Toul, J. Carez*, 1770. 90 pages, in-8°. Cart.

5882. PSALTERIUM Davidicum secundum ritum sacri et canonici ordinis Præmonstratensis per hebdomadam dispositum. Et nunc opera ac labore F. Petri Desbans, doctoris theologi, et Sanctæ Mariæ Majoris Mussipontanæ sub abbate Servatio... impressum. *Mussiponti, F. Du Bois*, 1619. xxii-652 pages, in-fol. Frontispice. Rel. en bois, parchemin gaufré, fermoirs et coins en cuivre ciselé.

5883. ANTIPHONALE juxta breviarium tullense, illustrissimi... DD. Scipionis Hieronymi Begon..., episcopi et comitis tullensis..., jussu et auctoritate... editum, anno 1753. — Pars hyemalis. — Pars æstivalis. *Nancy, Cl. Leseure, s. d.* (1753). VIII-512 et VIII-569 pages, gr. in-fol. 2 vol. Rel. veau.

5884. PSALTERIUM juxta breviarium tullense, cum officiis in solemnitate et anniversario Dedicationis Ecclesiæ ; de Beatâ Mariâ in sabbato ; pro defunctis et communi sanctorum. Illustrissimi... DD. Scipionis Hieronymi Begon..., episcopi et comitis tullensis..., jussu et auctoritate... editum, anno 1753. *Nanceii, Cl. Leseure, s. d.* (1753.) in-439 pages, in-fol. Rel. veau.

5885. OFFICE divin conforme aux bréviaire et missel (de Toul) adoptés par Monseigneur l'évêque de Nancy, pour son diocèse ; à l'usage des fidelles qui fréquentent leurs paroisses. *Nancy, Leseure,* 1781-1782. XVI-1030, XII-1012, XVI-1068, LC-806 et XVI-552 pages, in-8°. 5 vol. Demi-rel.

5886. BREF perpétuel pour la récitation de l'office divin conforme aux breviaire et missel (de Toul) adoptés par Monseigneur l'évêque et primat de Nancy pour son diocèse ; à l'usage des fidelles qui fréquentent leurs paroisses. *Nancy, Leseure,* 1783. IV-167 pages, in-8°. Demi-rel.

5887. PSEAUTIER à l'usage du diocèse de Nancy, contenant l'office entier des dimanches et des principales fêtes de l'année ; l'office de la B. Vierge Marie, etc., conformes au bréviaire de Toul, Nancy et St-Diez. *Toul, Vve Carez,* 1803. 669 pages, in-12. Rel. veau.

5888. LIVRE de chant pour les messes et les processions du matin. — Livre de chant pour les vêpres et les autres offices différents de la messe et des processions du matin, imprimés par ordre de Mgr Antoine-Eustache d'Osmond, évêque de Nancy, à l'usage de son diocèse. *Nancy, Cl.-A. Leseure,* 1823. XII-596 et XII-676 pages, in-8°. 2 vol. Rel. veau.

5889. OFFICES de la quinzaine de Pâques, à l'usage des fidèles du diocèse de Nancy et de Toul. *Nancy, Grimblot et Vve Raybois,* 1846. 503 pages, in-12. Demi-rel.

5890. OFFICE des morts, selon l'usage du diocèse de Nancy et de Toul, imprimé par ordre de Mgr A.-B. Menjaud, évêque de Nancy et de Toul. *Nancy, Grimblot et Vve Raybois,* 1846. 160 pages, in-8°. Demi-rel.

5891. OFFICIA propria ad usum ecclesiæ nanceiensis juxta exemplar a S. R. Congregatione revisum et emendatum... de mandato G. Darboy, episcopi nanceiensis et tullensis edita. *Turonibus, A. Mame,* 1860. 109, 111, 89 et 104 pages, in-8°. 4 parties en 1 vol. Br.

5892. OFFICIUM B. Mariæ Virginis sub titulo de Virtutibus. Ritu paschali. Solemne-majus. — Solemne officium B. Petri de Luxemburgo. (Approuvés pour l'usage du diocèse de Toul, en 1768.) *Bar-sur-Ornain, Laguerre, s. d.* 82 pages, in-8°. Cart.

5893. LIVRE d'église, contenant l'office noté, pour tous les dimanches et fêtes de l'année, imprimé par ordre de Mgr l'évêque de Toul, à l'usage de son diocèse. *Toul, J. Carez,* 1787. XVIII-1044 et XX-901 pages, in-8°. 2 vol. Rel. veau.

5894. LIVRE d'église à l'usage du diocèse de Nancy. *Nancy, Cl. Leseure,* 1806. XIV-581 et XIV-484 pages, in-8°. 2 vol. Rel. veau.

5895. LIVRE d'église à l'usage du diocèse de Nancy et de Toul et du diocèse de Saint-Dié. *Nancy, Conty,* 1835. 696 pages, in-12. Frontispice. Rel. mar. r., doré s. tr.

5896. LIVRE de chant à l'usage des congrégations de la très-sainte Vierge, établies en Lorraine. *Nancy, Vagner,* 1847. 84 pages, in-8°. Cart.

5897. LIVRE de chant à l'usage des congrégations de la très-sainte Vierge, établies en Lorraine. *Nancy, Vagner,* 1853. 88 pages, in-8°. Br.

5898. PAROISSIEN complet ou nouveau psautier à l'usage des fidèles du diocèse de Nancy et de Toul, imprimé par ordre de Mgr A.-B. Menjaud, évêque de Nancy et de Toul. *Nancy, Grimblot et Vve Raybois,* 1855. XII-672 pages, in-12. Rel. basane.

5899. OFFICE divin ou livre d'église à l'usage des fidèles du diocèse de Nancy et de Toul. Nouvelle édition, seule approuvée par Mgr l'évêque. *Nancy, Gudin-Philbert,* 1856. 720 pages, in-12. Rel. basane.

5900. NOUVEAU paroissien romain très complet, à l'usage du diocèse de Nancy. Approuvé par Mgr l'évêque de Nancy. *Paris, Morizot*, 1861. x-1140 pages, in-12. Rel. basane.

5901. LETTRE au révérend père*** contenant des observations sur les deux bréviaires imprimés à Nancy et à Senones. *La Haye, s. n.*, 1767. 55 pages, petit in-8°. Cart.

5902. ORDO divini officii recitandi missæque celebrandæ, juxta ritum nanceiensem... *Nanceii, Grimblot, Thomas et Pierron*, 1847 à 1886. 33 volumes, in-12. Br.

5903. RECHERCHES (Quelques) historiques sur le chant grégorien ainsi que sur le chant et l'ancienne liturgie de l'Église de Toul, par un ancien vicaire de la cathédrale de Toul. *Nancy, Vagner*, 1860. 22 pages, in-8°. Demi-rel.

5904. GRANDIDIER. Messe nationale des Français, chantée pour la première fois le 20 septembre 1792, et dédiée à Pie VI, par P. F. Grandidier de Moyenvic. *S. l., n. n., n. d.* 11 pages, in-4°. Br.

5905. MESSE constitutionnelle à l'usage des amis de la Liberté. *Nancy, Richard-Durupt*, 1831. 6 pages, in-8°. Br.

5906. OFFICIUM sanctæ coronæ spineæ Domini, ad usum ecclesiæ Sancti Georgii de Nanceio. *Nanceii, N. Charlot, s. d.* 25 pages, in-4°. Cart.

5907. PAROISSIEN ou livre d'église à l'usage des fidelles du diocèse de Metz... *Metz, Collignon*, 1804. xiv-634 pages, in-12. Rel. bas.

5908. OFFICIUM sacratissimi cordis D. N. Jesu Christi, II. ac Rev. D. D. Claudii Drouas de Boussey..., episcopi et comitis tullensis, consensu editum. *Nanceii, Cl. Leseure*, 1764. 22 pages, in-8°. Cart.

5909. SERIES ordinationum ex pontificiali rom. Clement. VIII, pont. max. jussu restituto atque edito... Ad usum præsertim clericorum diœcesis tullensis novissime typis mandata. *Tulli-Leucorum, A. Laurent*, 1693. 225 pages, in-12. Br.

5910. RITUALE metense seu liber in quo continentur ea quæ parœcos prestare oportet in sacramentorum administratione..., jussu et auctoritate Rev. Domini madaurensis episcopi, episcopatus metensis suffraganei, et vicarii generalis. *Metis, Cl. Felix*, 1631. xx-264 pages, in-4°. Rel. veau.

5911. RITUALE metense auctoritate celsissimi et excellentissimi D. D. Henrici-Caroli du Cambout, episcopi metensis, etc., editum. *Metis, B. Antoine*, 1713. xxxvi-328, 184 et 132 pages, in-4°. 3 parties en 2 vol. Rel. veau. (En latin, en français et en allemand.)

5912. VESPERALE metense, ad usum ecclesiarum parochialium, et aliarum quæ officio canonico non tenentur. *Metis, Collignon*, 1819. 607 pages, in-8°. Rel. veau.

5913. BREVIARIUM metense. *In fine* : Finitur breviarium ad usum cathedralis ecclesie metensis impressum... Sumptibus probi viri Casparis Hœchfeder alemanni bibliopole metensis. *Lugduni, J. Clein*, 1517. viii-72, 160, 152 et 30 feuillets, pet. in-8°. Vignettes. Rel. veau. (Les feuillets 27 et 28 de la dernière partie manquent.)

5914. MANUEL des cérémonies de la messe basse, à l'usage des jeunes prêtres et des clercs du séminaire de Metz. *Metz, J.-B. Collignon*, 1781. 90 pages, in-8°. Cart.

5915. PROST. Caractère et signification de quatre pièces liturgiques composées à Metz, en latin et en grec, au ix° siècle, par M. Aug. Prost, membre de l'Académie de Metz, membre résidant de la Société nationale des antiquaires de France. *Paris, s. n.*, 1877. 176 pages, in-8°. Br. (Extrait des *Mémoires de la Société nationale des antiquaires de France*.)

5916. INSTITUTIO catholica quam vulgus manuale vocat, secundum usum diocesis virdunensis, continens rationem administrandi sacramenta ecclesiastica... Authoritate, opera et sumptibus Reverendi in Christo patris domini Nicolai Psaulme, episcopi ac comitis virdunensi excusa... *Parisiis, J. Amaseur*, 1554. xv-180 feuillets, in-4°. Fig. Rel. veau.

5917. BREVIARIUM secundum usum insignis ecclesiæ virdunensis nunc jam his typis excussum, authoritate et mandato Reverendi in Christo patris, et Domini D. Nicolai Psalmæi, episcopi et comitis virdunensis meritissimi. *Virduni, N. Bacnetius*, 1560. Pars hyemalis, xii-108, 242 et 36 ; pars æstivalis (le titre manque), xi-108, 249 et 36 feuillets, pet. in-8°. Fig. 2 vol. Rel. veau.

5918. GERMAIN. La liturgie des décanats vallons, par Léon Germain. *S. l., n. n.*, 1886. 3 pages, in-4°. Br. (Extrait de *la Revue de l'art chrétien.*)

5919. CÆREMONIALE monasticum jussu et auctoritate capituli generalis congregationis SS. Vitoni et Hydulphi ordinis S. Benedicti editum. *Tulli-Leucorum, A. Laurent*, 1695. xiv-499 pages, in-8°. Frontispice, figure et vignettes. Rel. veau.

5920. BREVIARIUM monasticum juxta regulam S. Patris Benedicti, ad usum congregationis SS. Vitoni et Hydulphi. *Nanceii, Haener*, 1777. Pars hyemalis, xxxvi-758 ; pars verna, xxii-778 ; pars æstiva, xxii-742 ; et pars autumnalis, xxii-730 pages, in-8°. 4 vol. Rel. veau.

5921. PROCESSIONALE monasticum ad usum congregationis sanctorum Vitoni et Hydulphi. Cui adjunguntur ritus administrandi extremam unctionem et viaticum infirmis, etc. *Nanceii, H. Haener*, 1783. 407 pages, in-4°. Rel. veau.

5922. SPECIMEN breviarii monastici ad mentem regulæ S. Patris Benedicti. *Nanceii, J. Haener*, 1771. xxii-620 et xxii-708 pages, in-8°. 2 vol. Rel. veau. D. s. tr.

5923. BREVIARIUM monasticum juxta regulam S. Patris Benedicti, et ad mentem Pauli V, pontificis maximi. *Senoniis in principatu Salmensi, apud J. Pariset*, 1764. Pars prima, xxxii-716-civ ; pars secunda, lvi-664-civ pages, in-8°. 2 vol. Rel. veau.

5924. RECHERCHES sur le bréviaire de l'ordre de Saint-Benoit (à propos du bréviaire imprimé à Senones en 1764). *S. l., n. n.*, 1766. 130 pages, in-12. Demi-rel.

5925. LETTRE au R. P.*** contenant des remarques sur l'écrit intitulé : « Recherches sur le bréviaire de St-Benoit. » *Cologne, La Compagnie*, 1766. 46 pages, in-12. Demi-rel. Voy. n° 5901.

5926. GRADUEL romain à l'usage des religieuses de la congrégation de N.-Dame. Seconde édition, corrigée et augmentée des messes votives du St Esprit, de la Ste Vierge, pour tous les tems de l'année, de S. Joseph, des SS. chanoines réguliers et de plusieurs autres, chacunes dans leur ordre. *Toul, A. Laurent*, 1718. 341 pages, in-4°. Rel. veau.

5927. OFFICE des saints Anges gardiens, à l'usage des confrères de la confrairie du S. Ange gardien, établi dans l'église des RR. PP. Minimes du couvent de Nancy. *Nancy, F. Midon*, 1726. iv-26 pages, in-12. Cart.

IV. CATÉCHISMES.

INSTRUCTIONS CHRÉTIENNES. — OUVRAGES MYSTIQUES. — EXERCICES DE PIÉTÉ.

5928. CATÉCHISME du diocèse de Toul, imprimé par l'ordre d'Illustris. et Rév. Seigneur Monseigneur Henry de Thiard-Bissy, évêque, comte de Toul. *Toul, A. Laurent*, 1703. xxxii-526 pages, in-8°. Rel. Veau.

5929. CATÉCHISME du diocèse de Toul, imprimé par ordre d'illustriss. et révérendis. Seigneur Monseigneur Claude Drouas, évêque, comte de Toul. *Nancy, Leseure*, 1777. xxxii-316 pages, in-8°. Cart.

5930. CATÉCHISME du diocèse de Nancy, imprimé par l'ordre de Mgr l'évêque de Nancy, pour être enseigné dans toutes les écoles. *Nancy, H. Haener*, 1786. 130 pages, in-12. Cart.

5931. CATÉCHISME à l'usage de toutes les églises de l'Empire français (approuvé par l'évêque de Nancy). *Paris, Vve Nyon*, 1806. xii-144 pages, in-12. Cart.

5932. CATÉCHISME du diocèse de Nancy, approuvé et ordonné par Mgr l'évêque, pour être seul enseigné dans son diocèse. *Nancy, Cl.-A. Leseure*, 1814. xxii-108 pages, in-12. Cart.

5933. CATÉCHISME du diocèse de Toul, qui doit être enseigné dans toutes les écoles. Imprimé par ordre de Mgr l'Ill. et Rév. évêque, comte de Toul. *Toul, Vve Bastien,* 1836. viii-374 pages, in-12. Cart.

5934. CATÉCHISME du diocèse de Nancy et de Toul, augmenté des répons de la messe et des prières de la messe et des vêpres. Nouvelle et seule édition approuvée et ordonnée par Mgr l'évêque de Nancy et de Toul. *Nancy, Grimblot et Vve Raybois,* 1849. 146 pages, in-12. Demi-rel.

5935. CATÉCHISME du diocèse de Nancy et de Toul. Nouvelle édition, seule autorisée pour l'usage du diocèse. *Nancy, Grimblot et Vve Raybois,* 1852. xvi-144 pages, in-16. Cart.

5936. EXPLICATION (Nouvelle) du catéchisme de Nancy, par demandes et par réponses. *Nancy, Grimblot, Raybois et Cie,* 1842. 256 pages, gr. in-8° à 2 col. Demi-rel.

5937. EXPLICATION (Nouvelle) du catéchisme du diocèse de Nancy et de Toul, par demandes et par réponses. *Nancy, Grimblot et Vve Raybois,* 1853. 716 pages, in-12. Demi-rel.

5938. CATÉCHISME du diocèse de Metz, imprimé par l'ordre de Mgr l'Illustris. et Révér. évêque de Metz, pour être seul enseigné dans tout son diocèse. *Metz, J.-B. Collignon,* 1785. viii-148 pages, pet. in-8°. Cart.

5939. CATÉCHISME de toutes les églises catholiques de l'Empire français, imprimé par ordre de Mgr l'évêque de Metz, à l'usage de son diocèse. *Metz, Collignon,* 1807. 180 pages, in-12. Cart.

5940. ABRÉGÉ du catéchisme de Verdun. *Verdun, Fourauld,* s. d. 72 pages, in-8°. Cartonné.

5941. CATÉCHISME ou exposition de la doctrine chrétienne, imprimé par l'ordre de Mgr l'évêque comte de Saint-Dié, pour l'usage de son diocèse. *Saint-Dié, J. Charlot,* 1778. 136 pages, in-8°. Cart.

5942. CATÉCHISME du diocèse de Saint-Dié, qui doit être enseigné dans toutes les écoles. Nouvelle édition. *Rambervillers, R. Gabriel,* 1797. 108 pages, in-8°. Cart.

5943. CATÉCHISME du diocèse de Saint-Dié, approuvé et ordonné par Mgr l'évêque, pour être seul enseigné dans son diocèse. *Rambervillers, Méjeat,* 1834. 120 pages, in-12. Cart.

5944. CATÉCHISME du diocèse de Saint-Dié, approuvé et ordonné par Monseigneur l'évêque, pour être seul enseigné dans son diocèse. *Remiremont, Vve Dubiez,* 1840. 120 pages, in-12. Cart.

5945. (GUYOT.) Dialogues catéchistiques sur les principales et plus communes cérémonies, et usages de l'Église. Dressez pour l'instruction des simples et gens de campagne. Par un curé du diocèse de Toul (Antoine Guyot, curé d'Adompt). *Toul, G. Périn,* 1662. viii-192 pages, in-8°. Cart.

5946. INSTRUCTION familière sur l'Église, en forme de catéchisme, mise à la portée des simples fidèles. *S. l., n. n.,* 1791. 30 pages, in-18. Br.

5947. INSTRUCTION (Courte) pour les nouveaux catholiques, imprimée par l'ordre de Mgr l'illustrissime et révérendissime évêque de Metz, prince du Saint Empire. *Metz, B. Antoine,* 1699. 11-132 pages, in-12. Cart.

5948. INSTRUCTION et prières pour le jubilé universel de l'année sainte, imprimé par ordre de Mgr l'évêque de Nancy. *Nancy, C.-A. Leseure,* 1826. 130 pages, in-12. Br.

5949. INSTRUCTIONS chrétiennes pour les jeunes gens. Utiles à toutes sortes de personnes, mêlées de plusieurs traits d'histoires et d'exemples édifians. Corrigées de nouveau et réimprimées par l'ordre de Mgr Claude Drouas, évêque, comte de Toul..., à l'usage de son diocèse. *Épinal, C.-A. Dumoulin,* 1762. viii-271 pages, pet. in-8°. Rel. veau.

5950. INSTRUCTIONS pratiques et prières pour honorer le Sacré-Cœur de Jésus ; imprimées par ordre de Monseigneur l'Ill. ... évêque, comte de Toul, à l'usage de son diocèse. *Nancy, Vve et Cl. Leseure,* 1765. 196 pages, in-8°. Rel. Veau.

5951. MAXIMES chrétiennes et règles de vie pour les jeunes gens, tirées de la sainte

22

jeunesse de Jésus-Christ..., réimprimées par l'ordre de Mgr Claude Drouas, évêque, comte de Toul. *Épinal, C.-A. Dumoulin*, 1758. 96 pages, in-8°. Rel. basane.

5952. DARBOY. Programme pour les examens des jeunes prêtres, publié par ordre de Mgr Darboy, évêque de Nancy et de Toul. *Nancy, Vve Raybois*, 1862. LX-115 pages, in-12. Cart.

5953. FRANÇOIS. Lettre de M. François de Neufchâteau, à M. l'abbé Drouas, à l'occasion des bruits répandus contre le séminaire de Toul, datée de Vézelise, du 11 novembre 1773. *S. l., n. n., n. d.* 56 pages, in-8°. Cart.

5954. BAILLET. L'office de saint Saintin, premier évêque de Verdun. Par le R. P. Dom Pierre Baillet, sous-prieur de Saint-Vanne et maître des novices. — La vie de saint Saintin, premier évêque et apostre de Meaux et de Verdun. *Verdun, J. Morin*, 1734. 60 et 34 pages, in-12. Portrait. Cart.

5955. BLANC. Esquisse sur l'action providentielle de Dieu dans le monde, ou comment saint Sigisbert fait la pluie et le beau temps. Par l'abbé Blanc. *Nancy, N. Collin*, 1865. 23 pages, in-8°. Cart.

5956. BOUQUET mystérieux ou petit office de s. François de Sales. Avec approbation et indulgence de Monseigneur l'évêque et comte de Toul. Par un dévot au saint. *Pont-à-Mousson, F. Maret*, 1712. 32 pages, in-16. Cart.

5957. CANTIQUES spirituels à l'usage des congrégations du diocèse de Toul. *Nancy, Vve et Cl. Leseure*, 1762. 160 pages, in-8°. Fig. Rel. veau.

5958. CANTIQUES spirituels à l'usage des missions. Cinquième édition. *Metz, J.-B. Collignon*, 1732. VIII-148 pages, in-8°. Cart.

5959. CHOIX de cantiques à l'usage des missions du diocèse de Nancy. Cinquième édition. *Nancy, L. Vincenot et Cie*, 1824. 96 pages, in-12. Cart.

5960. DEMI-PSAUTIER à l'usage des écoles du diocèse de Nancy et de Toul. *Nancy, Hinzelin, s. d.* 198 pages, in-12. Cart.

5961. DÉVOTION (La) au Sacré-Cœur de Notre Seigneur Jésus-Christ, établie dans l'église des RR. PP. capucins de Neufchâteau et dans plusieurs autres lieux. *Neufchâteau, Monnoyer, s. d.* 120 pages, in-12. Cartonné.

5962. PRIÈRES à l'usage des écolières pensionnaires et externes, que l'on instruit chez les religieuses de la congrégation de Notre-Dame, instituées par le B. Pierre Fourier, réformateur des chanoines réguliers de la congrégation de Notre-Sauveur... *Épinal, J. N. Vatot*, 1750. 118 pages, in-32. Cart. Voy. n° 6139.

5963. GEISTLICHE Gesänge Welche bey der Königlichen Mission in Lothringen pflegen gesungen zu werden. *Nanzig, J. Häner*, 1778. 156 pages, in-12. Cart.

5964. GRIFFET. Prières chrétiennes, ou méditations pieuses, dédiées à S. A. R. Madame la princesse Charlotte de Lorraine, par le R. P. Griffet, de la Compagnie de Jésus. *Nancy, P. Barbier*, 1778. IV-44 pages, pet. in-8°. Rel. veau.

5965. SENTIMENTS de piété envers Jésus et Marie, mis en cantiques. 3° édition. *Bruyères, Vve Vivot*, 1788. 60 pages, in-12. Br.

5966. GUILLAUME. Litanies des saints de la Lorraine et spécialement des saints de l'ancien diocèse de Toul, traduites du latin par l'abbé Guillaume. *Nancy, Thomas et Pierron*, 1871. 23 pages, in-24. Br.

5967. HEURES nouvelles à l'usage de la congrégation érigée pour les filles, en l'honneur de la très-sainte Vierge, par Mgr l'évêque, comte de Toul, dans la ville de Toul, et autres érigées, ou à ériger dans toute l'étendue de son diocèse. *Nancy, Vve et Cl. Leseure, s. d.* (1760). XXII-280 pages, in-8°. Fig. Rel. veau.

5968. HEURES de Nostre-Dame à l'usage de Toul, nouvellement réformées selon le kalendie faict par nostre Sainct Père le Pape Grégoire Treiziesme. *Troyes, J. Le Coq, s. d.* (1583). 210 feuillets, in-8° non num. Fig. Rel. veau gaufré (à la marque de l'imprimeur, avec sa devise). — On y a joint : Petite instruction et manière de vivre pour une femme séculière. 28 feuillets. — Dévote méditation sur la mort et passion de Nostre Sauveur. 27 feuillets. — Méditation pour l'espace d'une basse messe. 5 feuillets. — Extraict de plusieurs saincts docteurs. 32 feuillets. — Les quinze effusions du sang de Nostre Sauveur Jésus-Christ. 12 feuillets. — La vie et passion de Madame saincte Marguerite. 12 feuillets.

5969. HEURES (Les présentes) à l'usaige de Verdun toutes au long sans requérir... *ont esté faictes à Paris pour Symon Vostre.* Au verso du titre, un almanach pour 16 ans (1515-1530). 100 feuillets non numérotés, encadrements et nombreuses gravures. Rel. veau gaufré aux armes de Louis XII, et tranche ciselée. (A la fin, des notes manuscrites pour la généalogie de la famille Maire de Nancy, 1646-1718.)

5970. HEURES à l'usaige de Tou, tout au long sans rien requérir avec plusieurs suffraiges et oraisons... A la fin : *Nouvellement imprimées à Paris, pour Guillaume Godard.* Au verso du titre, un almanach pour 16 ans (1515-1530). 100 feuillets non numérotés, encadrements et nombreuses gravures. Rel. veau gaufré au semis d'abeilles et de roses héraldiques, de Louis XII. (A la suite des Heures, quatre feuillets renfermant « la vie de Antechrist... avec la prophecie et dictz des douze Sibilles... »

5971. HORE Virginis Marie ad usum Tullensis Ecclesie. A la fin, la souscription : *Faictes et imprimées à Sainct-Nicolas-du-Port... l'an 1503..., par Pierre Jacobi.* 107 feuillets non numérotés. Pet. in-4°. Fig. sur bois. Rel. en bois, couvert de veau. (Quelques feuillets manquent notamment le cahier G tout entier. — En tête, le feuillet de garde est un exemplaire de la formule d'indulgence imprimée à Saint-Nicolas-de-Port, en 1511.)

5972. HUMBERT. La sepmaine saincte. Dédiée à l'Altesse Sérénissime de Henry, second du nom, duc de Calabre, Lorraine, Bar, Gueldres, etc. Par Henry Humbert. *Toul, Séb. Philippe,* 1609. VIII-206 pages, in-12. Rel. parchemin.

5973. LE PAIGE. Le manuel des confrères du S. Rosaire... Y est insérée une belle méthode pour faire les plus communes actions de la vie humaine avec profit et mé-

rite. Dédié à Son Altesse, par F. Thomas Le Paige, prédicateur de l'ordre de sainct Dominique. (A Messieurs de la Confrérie du S. Rosaire... de Nancy.) *Nancy, A. Charlot,* 1625. XXXII-311 pages, in-12. Rel. parchemin.

5974. PRATIQUE du sacrement de pénitence ou méthode pour l'administrer utilement, imprimée par l'ordre de Mgr l'évêque, comte de Verdun, pour servir aux confesseurs de son diocèse. 3e édition, corrigée et augmentée. *Paris, D. Thierry,* 1694. XIV-535 pages, in-12. Rel. veau.

5975. PRATIQUES de piété en l'honneur du bienheureux Pierre Fourier, instituteur des religieuses de la congrégation de Notre-Dame, réformateur et général des chanoines réguliers de Lorraine. *Strasbourg, Christmann et Levrault,* 1764. IV-68 pages, in-12. Portrait. Cart.

5976. PRATIQUE de piété en l'honneur du bienheureux Pierre Fourier, curé de Mattaincourt, instituteur des religieuses de la congrégation de Notre-Dame, réformateur et général des chanoines réguliers de Lorraine. *Mirecourt, G. Bouillon,* 1764. 86 pages, in-18. Portrait. Br.

5977. PRATIQUES de piété en l'honneur du Bienheureux Pierre Fourier, curé de Mattaincourt... Nouvelle édition augmentée de détails sur sa vie, etc. *Mirecourt, Fricadel-Dubiez,* 1834. XX-84 pages, in-12. Cart. avec un exemplaire de l'édition de 1840.

5978. PRATIQUE de dévotion au Sacré-Cœur de Marie ; établie dans... l'église des RR. PP. Capucins de Bar. *Bar-le-Duc, R. Briflot, s. d.* 36 pages, in-12. Rel. veau.

5979. PRIÈRES à l'usage des sœurs de la Providence à Portieux. *Rambervillers, Méjeat,* 1836. 334 pages, in-12. Cart.

5980. PSAUTIER à l'usage du diocèse de Nancy, contenant les offices des dimanches et fêtes, l'office de la B. V. Marie, etc. conformes au bréviaire de Nancy et de Toul. *Mirecourt, Fricadel-Dubiez,* 1834. 648 pages, in-18. Maroquin vert. D. s. tr.

5981. RATIONAL chrétien ou profession de foi du curé lorrain, qui expose sa saine doctrine à ses paroissiens, et qui leur démontre l'aimable vérité de sa religion. *S. l., n. n.*, 1770. 168 pages, in-8°. Rel. veau.

5982. RECUEIL de prières pour le Jubilé..., avec les mandement et instruction de M. l'évêque de Nancy, pour tous les fidèles de son diocèse. *Nancy, Leseure*, (1804). 72 pages, in-8°. Br.

5983. RECUEIL de prières qui se chantent aux processions qui se font dans la ville de Metz, pendant les trois jours des rogations. Le tout sans renvoy. *Metz, J. Antoine, s. d.* vi-154 pages, in-8°. Cart.

5984. VIES et office de s. Vincent, martyr, et de s. Fiacre, solitaire, patrons de la paroisse de Boudonvile, Trois-Maisons et dépendances, faubourg de Nancy. *Nancy, C. Leseure*, 1787. xxiv-196 et 50 pages, in-8°. En 1 vol. Rel. veau.

5985. GERMAIN. Le grand saint Christophe de Palestine. Son histoire authentique et sa popularité dans les Deux-Mondes, par des Lorrains bibliophiles : L. Germain, abbé Ch. Chapelier, F. Jacquot, abbés J. Bernel et F.-J. Deblaye. *Nancy, P. Boutillot*, 1890. 92 pages, petit in-8°. Br.

5986. GUILLAUME. Histoire du culte de la très-sainte Vierge en Lorraine et principalement dans l'ancien diocèse de Toul... Par M. l'abbé Guillaume, aumônier de la chapelle ducale de Lorraine. *Nancy, Hinzelin, s. d.* x-285, 312 et 275 pages, in-12. 3 vol. D.-rel. — Nancy, ses vœux à Marie, par M. l'abbé Guillaume. Appendice à l'histoire du culte de la très-sainte Vierge, par le même. *Nancy, Lepage*, 1860. 75 pages, in-12. Demi-rel.

5987. LETTRE de quelques habitants du département de la Meurthe, à Son Excellence Mgr le ministre des affaires ecclésiastiques. *Nancy, Barbier*, 1828. 18 pages, in-8°. Demi-rel.

5988. MANUEL de piété à l'usage des élèves de la maison des Orphelines, (de Nancy). *Nancy, Vagner*, 1853. 680 pages, in-12. Demi-rel.

5989. MARTON. Les fêtes de Nancy en l'honneur du bienheureux J.-B. de La Salle, 27, 28, 29 mai 1888, par l'abbé P. Marton,

chanoine honoraire. *Nancy, R. Vagner*, 1888. 16 pages, in-8°. Portrait. Br. (Extrait de la *Semaine religieuse*.)

5990. RAPPORT sur la situation de l'œuvre de la propagation de la foi dans le diocèse de Verdun, en 1848, suivi du compte de la même année. *Verdun, Villet-Collignon*, 1849. 31 pages, in-8°. Demi-rel.

5991. GERMAIN. Notes sur l'*Ave Maria* de Lorraine, par L. Germain. *S. l., n. n.*, 1886. 5 pages, in-4°. Br. (Extrait de la *Revue de l'Art chrétien*.)

5992. THIÉBAUT. Prière des patriotes français, par C. Thiébaut, électeur et citoyen d'Épinal. *Nancy, Vve Bachot*, 1793. 4 pages, in-8°. Br.

5993. MANUEL des œuvres et institutions de charité du diocèse de Nancy, publié avec l'autorisation de Mgr l'évêque de Nancy et de Toul, par un membre de la Société de Saint Vincent de Paul. *Nancy, Vagner*, 1855. 108 pages, in-12. Br.

5994. DISCOURS touchant le bon pasteur et le bon paroissien. Imprimé par l'ordre de Mgr l'évêque de Metz... *Metz, Brice Antoine*, 1704. xvi-344 pages, in-8°. Rel. veau.

5995. ESSAIS de prônes ou homélies sur les évangiles des dimanches de l'année. A l'usage de MM. les curez et vicaires du diocèse de Toul. *Toul, A. Laurent*, 1711. xl-592 pages, in-8°. Rel. veau.

5996. (ROHRBACHER.) Prône prêché à Lunéville le 16e dimanche après Pentecôte 1815, sur l'évangile du jour, par un des vicaires de la paroisse (Rohrbacher). *Lunéville, Guibal.* 15 pages, in-8°. Br.

5997. BURTIN. Sermons prêchés à Nancy, en faveur de plusieurs œuvres et établissements charitables de cette ville, par M. l'abbé Burtin, chanoine titulaire de la cathédrale de Nancy... *Nancy, Thomas et Pierron*, 1879. xii-233. pages, in-12. Br.

5998. EXHORTATION faite par M. le curé de Lunéville à ses paroissiens, le dimanche 1er janvier 1832. *Lunéville, Guibal*, 1832. 20 pages, in-8°. Br.

5999. DAUBIÉ. Instructions et conseils aux congréganistes, avec l'approbation et la permission de NN. SS. les évêques de Nancy et de Saint-Dié. Par l'abbé J.-F. Daubié. *Nancy, Vagner,* 1848. 311 pages, in-12. Cart.

6000. TROUILLET. Sermon de charité prêché à l'église Saint-Jacques de Lunéville, par M. l'abbé Trouillet, sur l'importance de la fondation de son église. *Nancy, Vagner,* 1853. 19 pages, in-8°. Br.

6001. LAGUILLE. Préservatif pour un jeune homme de qualité contre l'irreligion et le libertinage... (A Messieurs de l'Académie de la jeune noblesse établie à Lunéville, par Stanislas). Par Louis Laguille, J. *Nancy, P. Antoine. s. d.* XVI-320 pages, in-8°. Rel. veau.

V. PÈLERINAGES
ET RELIQUES.

(Pour les vies des saints d'origine lorraine, voir la BIOGRAPHIE.)

6002. DIGOT. Les grands pèlerinages lorrains, Bon-Secours, St-Nicolas, Benoîte-Vaux, Mattaincourt, Notre-Dame de Sion. Par Paul Digot. *Nancy, Imp. Collin,* 1882. 23 pages, in-8°. Br.

6003. GUILLAUME. Des pèlerinages en Lorraine. Comment ils sont traités dans les dictionnaires des pèlerinages, par M. l'abbé Guillaume. *Nancy, Lepage,* 1859. 16 pages, in-8°. Br.

6004. MANUEL du pèlerin de Saint-Nicolas-de-Port. Vie du saint, son culte. Tradition locale, avis, renseignements. *Saint-Nicolas, Prosper Trenel,* 1866. 28 pages, in-18. Br.

6005. BADEL. Guide du pèlerin et du touriste à Saint-Nicolas-de-Port. Par Émile Badel. *Nancy, Crépin-Leblond,* 1893. 192 pages, in-12. Fig. Br.

6006. (BADEL.) Le 5 décembre à Saint-Nicolas, (par É. Badel). *Nancy, Berger-Levrault,* 1888. 24 pages, in-8°. Fig. Br.

6007. BADEL. Le bras d'or de Saint-Nicolas. Notice historique sur les reliques du patron de la Lorraine... Par Émile Badel. *Nancy, Crépin-Leblond,* 1894. 60 pages, in-8°. Phototypies. Br.

6008. VIE (La) du grand et incomparable St-Nicolas, évêque de Myre et patron de la Lorraine, avec un abrégé de plusieurs miracles, arrivez par son intercession en l'église de St-Nicolas-de-Port en Lorraine, et les litanies de ce grand saint. *Nancy, N. Charlot, s. d.* (1612). 64 pages, in-8°. Portrait. Cart.

6009. PERIN. Vita S. Nicolai Myrensis episcopi Lotharingiæ patroni. Collecta ex probatis autorib. distributèque scripta. A Leonardo Perino Stagnen. e societate Jesu. Jussu Ill. ac Rev. Pr. Nicolai Francisci a Lothar. episcopi tullensis. *Mussiponti, J. Appier Hanz. et J. Bernard,* 1627. XII-325 pages, in-12. Titre et frontispice gravés. Rel. parchemin.

6010. L'ISLE (DE). Histoire de la vie, du culte, de la translation des reliques et des miracles de S. Nicolas, évêque de Myre, en Lycie, par le R. P. Dom Joseph de L'Isle, prieur titulaire d'Haréville, ordre de S. Benoit, de la congrégation de S. Vanne et S. Hydulphe. *Nancy, A.-D. Cusson,* 1745. XVI-233 pages, in-8°. Rel. mar. r., d. s. tr.

6011. (MASSON.) Notice historique sur la vie, le culte et les miracles de saint Nicolas, évêque de Myre et patron de la Lorraine, dont les reliques reposent dans l'église de la ville de St-Nicolas-de-Port, (par M. Masson). *Nancy, C.-J. Hissette,* 1823. 96 pages, in-16. Cart.

6012. HUSSON. Notice historique sur la vie de saint Nicolas, archevêque de Myre et patron de la Lorraine, par l'abbé Husson, vicaire de Saint-Nicolas-de-Port. *St-Nicolas, Trenel,* 1852. 142 pages, in-16. Demi-rel.

6013. BRALION. La vie admirable de saint Nicolas, par le P. de Bralion. Nouvelle édition, revue, annotée et dédiée à S. E. le cardinal Morlot. *Paris, Téchener,* 1859. XXIV-217 pages, in-16. Demi-rel.

6014. VIE de saint Nicolas, évêque de Myre, patron de la Lorraine. *Abbeville, Paillart, s. d.* 32 pages, in-16. Gravures. Br.

6015. PÈLERIN (Le) de Mattaincourt, ou manuel à l'usage des personnes qui fréquentent le pèlerinage de Mattaincourt. Ouvrage entièrement nouveau, ayant pour objet d'éclairer et de diriger la piété des fidèles envers le B. P. Fourier. *Mirecourt, Fricadel-Dubieɀ*, 1843. VIII-256 pages, in-12. Portrait. Cart. Voy. nᵒˢ 5975-5977.

6016. LEPAGE. Histoire de la relique de saint Sigisbert déposée en l'église cathédrale de Nancy, par H. Lepage. *Nancy, Vagner*, 1851. 23 pages, in-8°. Br.

6017. VANSON. Découverte d'un trésor de reliques à la cathédrale de Nancy, par Vanson, chanoine honoraire. *Nancy, R. Vagner*, 1889. 18 pages, in-8°. Br. (Extrait de la *Semaine religieuse de la Lorraine*.)

6018. JULET. Miracles et grâces de Notre-Dame de Bonsecours-les-Nancy. (Par Nicolas Julet, minime). *Nancy, S. Philippe*, 1630. XXVI-506 pages, in-8°. Titre et frontispice grav. par Callot. Rel. parchemin.

6019. (JULET.) Miracles et grâces de Notre-Dame de Bonsecours proche Nancy. Avec des instructions et une pratique générale pour faire des neuvaines à Notre-Dame de Bonsecours... (Par Nicolas Julet, minime.) *Nancy, A. Lescure*, 1734. XXIV-184 et 212 pages, in-8°. Frontispice. Rel. veau.

6020. (MOREL.) Pèlerinage de Notre-Dame de Bonsecours. Notice historique et descriptive. Neuvaine (par M. l'abbé Morel, premier curé de cette paroisse). *Nancy, Vagner*, 1846. 108 pages, in-12. Vue. Cart.

6021. PÈLERIN (Le) de Notre-Dame de Bonsecours. Précis historique sur cet édifice et ses monuments, avec les inscriptions traduites. *Nancy, Cayon-Liébault*, 1844. 22 pages, in-24. Fig. Cart.

6022. MARIE (La comtesse). Pèlerinages en Lorraine. Notre-Dame de Bon-Secours, à Nancy. Par la comtesse Marie. *Paris, A. François, s. d.* 14 pages, in-4°. Br. (Extrait de la *Lecture et la Censure*.)

6023. VINCENT. Histoire de l'ancienne image miraculeuse de N.-Dame de Sion, révérée depuis plusieurs siècles, en l'église des religieux du Tiers Ordre St-François, en la comté de Vaudémont en Lorraine. Par le R. P. Vincent de Nancy, religieux du même ordre. *Nancy, N. et R. les Charlots*, 1698. XXXV-232 pages, in-8°. Gravures. Rel. veau.

6024. TROÜILLOT. Histoire de l'image miraculeuse de Notre-Dame de Sion en Lorraine, avec une pratique de dévotion, par le R. P. Ange Troüillot, religieux tiercelin, ancien gardien, prédicateur du roi. *Nancy, N. Charlot et F. Messin*, 1757. 131 pages, in-8°. Fig. Rel. veau.

6025. COLLMAR (DE). Pèlerinages en Lorraine. Notre-Dame de Sion-Vaudémont (Meurthe), par la comtesse de Collmar. *Nancy, Vagner*, 1845. 121 pages, in-12. Demi-rel.

6026. VAGNER. Le dix juin 1858 sur la montagne de Sion. — Compte rendu de la cérémonie de la pose de la première pierre du monument à Marie Immaculée, par Vagner. — Procès-verbal. — Discours du R. P. Paris. — Allocution de Mgr l'évêque de Nancy et de Toul. *Nancy, Vagner*, (1858). 24 pages, in-8°. Cart.

6027. (GRANDEURY.) Pèlerinage de Notre-Dame de Sion-Vaudémont. Notice historique. (Par M. Grandeury, curé de Frémonville). *Nancy, Vagner*, 1859. IV-108 pages, in-12. Frontispice. Demi-rel.

6028. (CONRARD.) Manuel du pèlerin de Notre-Dame de Sion. (Par Conrard, O. M. I., ancien gardien de N.-D. de Sion.) *Nancy, Vagner*, 1860. 214 pages, in-12. Demi-rel.

6029. FÊTES du couronnement de N.-D. de Sion, et pèlerinage du 10 septembre 1873. *Nancy, Thomas et Pierron*, 1873. 46 pages, in-8°. Cart.

6030. GERMAIN. Le pèlerinage de la ville de Nancy à Notre-Dame de Benoîte-Vaux, en 1642, (par M. Léon Germain). *Nancy, Crépin-Leblond*, 1883. 36 pages, in-8°. Br. (Extrait des *Mémoires de la Société d'archéologie lorraine*.)

6031. VIE (La) de s. Hubert, évêque de Mastricht et de Liège, patron de l'abbaye d'Autrey, en Lorraine. Avec des prières et des instructions pour les pèlerins. *Estival, J.-M. Heller, s. d.* 96 pages, in-12. Cart.

6032. PANO. Pèlerinage des Lorrains à Paray-le-Monial, 12 juin 1873. Souvenirs et impressions par l'abbé E. Pano, vicaire à Saint-Sébastien de Nancy. *Nancy, N. Collin,* 1873. 24 pages, in-8°. Cart.

6033. PÈLERINAGE lorrain à Notre-Dame-des-Victoires, à Issoudun, à Lourdes et à Paray-le-Monial, sous l'invocation de Notre-Dame-du-Salut, 16-26 août 1880. *Nancy, G. Crépin-Leblond,* 1880. 29 pages, in-8°. Br. — Principales guérisons obtenues... *St-Dié, Humbert,* 1880. 79 pages, in-8°. Br.

6034. MATHIEU. Souvenirs du pèlerinage lorrain à Rome. Une conférence de M. de Rossi. Une messe à Saint-Nicolas-des-Lorrains, par l'abbé D. Mathieu. *S. l., R. Vagner, s. d.* 8 pages, in-8°. Br.

6035. GERMAIN. Fondations faites par des Lorrains à Saint-Louis-des-Français à Rome, par L. Germain. *Nancy, Sidot frères,* 1889. 11 pages, in-8°. Br. (Extrait du *Journal de la Société d'archéologie lorraine.*)

6036. LACROIX. La Lorraine chrétienne et ses monuments à Rome. Par Mgr Pierre Lacroix,... postulateur de la cause de canonisation du B. Pierre Fourier, près le Saint-Siège. *Nancy, A. Lepage,* 1854. 130 pages, in-8°. Demi-rel. (Extrait du *Bulletin de la Soc. d'archéol. lorr.*)

6037. RELATION (Nouvelle) de guérisons extraordinaires opérées à Metz et dans les environs, par l'intervention du prince Alexandre de Hohenlohe, chanoine de l'église métropolitaine de Bamberg... Par M. J. N. J.... *Paris, Adrien Leclère ; Metz, L. Devilly, Collignon,* 63 pages, in-8°. Br.

6038. CONVERSION (La) et le martyre de saint Quirin, tribun ou colonel de cavalerie sous l'empereur Trajan, avec l'histoire de la translation de son corps de la ville de Rome au lieu de St-Quirin, maintenant du diocèse de Nancy. *S. l., n. n.,* 1806. 24 pages, in-12. Br.

6039. HISTOIRE mémorable d'un esprit qui est apparu en la maison du sieur Le Royer de Monclos, curé de S.-Avold, et qui a été délivré en la chapelle de sainte Marguerite d'Hélimère, en 1694. *S. l., n. n.,* 1718. 19 pages, in-4°. Cart.

6040. BRION. Relation d'une guérison miraculeuse opérée le 4 novembre 1822, sur la sœur Constance Barbiche, professe de la Congrégation de Saint-Charles de Nancy, par les prières de S. A. Mgr le prince d'Hohenlohe, par M. l'abbé Brion, vicaire général, suivie de la copie du certificat du médecin, M. Serrières. *Nancy, C. A. Lesceure,* 1822. 4 pages, in-12. Br.

VI. HISTOIRE

DES ORDRES RELIGIEUX.

CHAPITRES NOBLES. — CONFRÉRIES.

6041. PICART (Benoit). Veteris ordinis seraphici monumenti nova illustratio. Cui altera dissertatione accedunt vindiciæ Conradi episcopi, ejusdem ordinis, contra centuriatores Magdeburgenses. Cum sinopsi historica, chronologica et topographica ortus et progressus illius ordinis apud Lotharingos, eisque finitos Leucos, Metenses, et Virdunenses. (Auctore F. Benedicto a Tullo, cap. prov. Loth.) *Tulli Leucorum, A. Laurent,* 1708. 292 pages, in-8°. Rel. veau.

6042. BELHOMME. Historia Mediani in monte Vosago Monasterii, ordinis sancti Benedicti, ex congregatione sanctorum Vitoni et Hidulphi. Opera et studio R. Patris Domini Humberti Belhomme, ejusdem monasterii abbatis. *Argentorati, J.-R. Dulssecker,* 1724. VIII-469 pages, in-4°. 4 pl. Rel. veau.

6043. CALMET. Histoire de l'abbaye de Senones. Manuscrit inédit de Dom Calmet, publié dans le « Bulletin de la Société philomatique vosgienne » et par tirage à part, avec une préface, des notes et quelques détails sur la réunion de la principauté de Salm à la France, par F. Dinago, avocat à Saint-Dié. *Saint-Dié, L. Humbert,* (1878-1880). 440 pages, in-8°. Plan. Demi-rel.

6044. BENOIT. Quelques mots sur les abbayes de Moyenmoutier et de Senones en 1759, par A. Benoit. *Saint-Dié, L. Humbert,* 1880. 6 pages, in-8°. Br. (Extrait du *Bulletin de la Société philomatique vosgienne.*)

6045. L'ISLE (DE). Histoire de la célèbre et ancienne abbaye de Saint-Mihiel, précédée de cinq discours préliminaires, avec l'abrégé de la vie du cardinal de Retz et de plusieurs grands hommes. Par le R. P. Dom Joseph de l'Isle, abbé de St-Léopold, prieur de l'abbaye de St-Mihiel. *Nancy, Haener,* 1757. LXXX-538 pages, in-4°. Rel. veau.

6046. (HENEZON.) Histoire de l'insigne abbaye de Saintmhiel en Lorraine au diocèse de Verdun. (Par dom Henry Henezon, abbé.) *Toul, A. Laurent,* 1684. 99 pages, in-8°. Rel. veau.

6047. CHRONICON Sancti Michaelis monasterii in pago Virdunensi. Ex antiquissimo codice nunc primum integrum edidit Ludovicus Trosse. *Hammone, L. Tross,* 1857. 28 pages, in-4°. Cart.

6048. CALMET. Histoire du prieuré de Lay (Saint-Christophe). Par Dom Augustin Calmet, publiée pour la première fois d'après le manuscrit conservé aux Archives de la Meurthe, par Henri Lepage. *Nancy, Lucien Wiener,* 1863. 41 pages, in-8°. Cart.

6049. CHAUSSIER. L'abbaye de Gorze. Histoire messine, avec portraits, vues, sceaux, médailles et monnaies, par l'abbé F. Chaussier, archiprêtre et curé de Gorze. *Metz, N. Houpert,* 1894. XVI-524 pages, in-8°. Br. Voy. n° 2066.

6050. DUPRIEZ. Première note pouvant servir à la rectification de la liste des abbés de Gorze, d'après les archives de ce monastère, par Raymond Dupriez. *Thionville, Charier,* 1879. 28 pages, in-8°. Br.

6051. MATHIEU. De Joannis abbatis Gorziensis vita. Thesim proponebat facultati litterarum Nanceiensi D. Mathieu. *Nanceii, Crépin-Leblond,* 1878. 83 pages, in-8°. Br.

6052. MARTON. Les bénédictins anglais de Dieulouard et la fuite du révérend père Marsh, dernier prieur du couvent de Saint-Laurent, par l'abbé P. Marton. *Nancy, R. Vagner,* 1884. 47 pages, in-8°. Fig. Br.

6053. MATRICULA religiosorum et sacerdotum congregationis sanctorum Vitoni et Hydulphi. *Nanceii, H. Haener,* 1782. 62

et 105 pages, in-4°. Rel. veau. (Continué à la main jusqu'en 1786.)

6054. VALLADIER. L'auguste basilique de l'abbaye royale de Sainct-Arnoul de Metz, de l'ordre de Sainct-Benoict. Pour le recouvrement, restablissement et maintien de son ancienne piété, exemption, immunité et gloire. Par André Valladier, abbé de Sainct-Arnoul..., où sont contenues les bulles, fondations, donations, exemptions et sauvegardes gardiennes octroyées à l'abbaye, etc. *Paris, P. Chevalier,* 1615. XXXII-327 pages, in-4°. 4 tableaux généalogiques. Rel. veau.

6055. VALLADIER. La tyrannomanie ou plaincte libelle au roy pour la conservation des sainctz canons, concordatz et droictz du royaume. Par messire André Valladier, conseiller prédicateur ordinaire du roy, etc.... *Paris, Pierre Chevalier,* 1627. VIII-738 pages, in-4°. Frontispice. Gravure. Rel. parchemin. (Exempl. incomplet.)

6056. LE PUILLON DE BOBLAYE. Notice historique sur l'ancienne abbaye royale de Saint-Arnould, par M. Théodore Le Puillon de Boblaye, général de brigade d'artillerie, commandant l'École d'application de l'artillerie et du génie. *Metz, Typog. Rousseau-Pallez,* 1857. 155 pages, gr. in-8°. Plans et fig. Demi-rel.

6057. JACOB. Cartulaire de l'abbaye de Sainte-Hoïlde, d'après le manuscrit original de la Bibliothèque nationale, publié par M. A. Jacob. *Bar-le-Duc, Contant-Laguerre,* 1882. XII-115 pages, in-8°. Br.

6058. GERMAIN. Donation faite par Hugues II, comte de Vaudémont à l'abbaye de Saint-Michel du four banal de Courcelles, en 1221. *Nancy, G. Crépin-Leblond, s. d.* 8 pages, in-8°. Br.

6059. GUILLAUME. Notice historique et biographique sur l'ancien prieuré aujourd'hui abbaye de Flavigny-sur-Moselle, par M. l'abbé Guillaume, aumônier de la chapelle ducale de Lorraine. *Nancy, L. Wiener,* 1877. 108 pages, in-8°. Vue. Demi-rel. (Extrait des *Mémoires de la Société d'archéologie lorraine.*)

6060. APOLOGIE pour le Révérend Père Domp Pulchrone Lavignon, abbé de

St.-Avold. Ordre de S. Benoit..., et autres religieux du mesme ordre... *A Lion, chez Guillaume des Aulnes*, 1630. 59 pages, petit in-8°. Br.

6061. GUILLAUME. Notice historique et archéologique sur l'abbaye de Saint-Mansui-lès-Toul, par M. l'abbé Guillaume. *Nancy, Lucien Wiener*, 1879. 48 pages, in-8°. Fig. Br. (Extrait des *Mémoires de la Société d'archéologie lorraine*.)

6062. CONSTITUTIONS accomodées à la règle de s. Benoist. Pour les religieuses de l'abbaye de S.-Maur de Verdun. *Metz, J. Antoine*, 1645. 305 pages, petit in-8°. Rel. veau.

6063. LETTRE d'un jeune religieux de la congrégation de St-Vanne et St-Hidulphe à un ancien supérieur de cette congrégation et réponse de cet ancien supérieur à ce jeune religieux, sur l'habilité des religieux de la même congrégation à posséder en titre perpétuel les abbaïes, prieurez et autres bénéfices qui dépendent de leurs monastères. Datée de Verdun du 25 novembre 1719. *S. l., n. n., n. d.* 69 pages, in-8°. Br.

6064. FERDINAND. Copie des lettres de Sa Majesté impérial Ferdinand II, etc... touchant l'abbaye de Saint-Nabord, ordre de S. Benoist..., et située en la ville de St-Avold. *S. l., n. n., n. d.* 28 pages, in-16. Br.

6065. JEAN-FRANÇOIS. Corpus academicum almæ societatis litterariæ germano-benedictinæ, in suas classes a R. P. Oliverio Legipont distributum. (La dédicace est signée : D. Joannes François, in abbatia Sancti Symphoriani Metis, O. S. B. decanus.) *Metis, J. Antoine*, 1758. VIII-60 pages, in-8°. Rel. mar. r., fil. d., d. s. tr.

6066. LEPAGE. L'abbaye de Clairlieu, ordre de Citeaux; par M. Henri Lepage. (*Nancy, A. Lepage*, 1855) 119 pages, in-8°. Demi-rel. (Extrait du *Bulletin de la Société d'archéologie lorraine*.)

6067. DUMONT. Histoire des monastères de l'Étanche et de Benoite-vau, par Dumont, juge à Saint-Mihiel. *Nancy, Imp. Dard ; Paris, Derache*, 1853. 400 pages, in-8°. Fig. Demi-rel.

6068. CONCLUSIONES theologicæ a Carmelitis discalceatis propugnendæ, in eorum collegio metensi. Die 24 maii, 1726. *Metis, Collignon*, 1726. 11 pages, in-4°. Br.

6069. BERSEAUX. L'ordre des chartreux et la chartreuse de Bosserville, (avec portraits et gravure). Par l'abbé Berseaux, ancien professeur de théologie. *Nancy, Vagner ; Paris, Tolra et Haton*, 1868. VIII-600 pages, in-8°. Demi-rel.

6070. LEPAGE. Les chartreuses de Sainte-Anne et de Bosserville, par Henri Lepage, archiviste du département de la Meurthe. *Nancy, Vagner*, 1851. 56 pages, in-8°. Demi-rel.

6071. THIÉRY et Lallement. La Chartreuse de Bosserville, près Nancy, fondée par Charles IV, duc de Lorraine. Gravures à l'eau-forte par E. Thiéry, avec une notice par Louis Lallement. *Nancy, Maubon*, 1861. 8 pages, et 10 planches, in-4°. Cart.

6072. MARTIMPREY DE ROMÉCOURT (DE). L'abbaye de Haute-Seille, par Edmond de Martimprey de Romécourt. *Nancy, G. Crépin-Leblond*, 1887. 57 pages, in-8°. Planches. Br. (Extrait des *Mémoires de la Société d'archéologie lorraine*.)

6073. JOUVE. De l'histoire des Vosges. Fondation de l'abbaye de Chaumousey, par Louis Jouve. *Épinal, Busy*, 1880. 11 pages, in-8°. Br. (Extrait de l'*Annuaire général des Vosges*.)

6074. (MUNIER.) Lettre historique sur la réunion des PP. Cordeliers observantins de France, avec les PP. conventuels. (Par le P. Munier.) *Nancy, P. Antoine et P. Barbier*, 1772. 72 pages, in-8°. Cart.

6075. RELATION de la découverte du corps de saint Augustin, trouvé à Pavie... dont la fête se solemnisera, le 28 août 1729, dans l'église de RR. PP. Augustins de Nancy. *Nancy, P. Antoine*, 1729. 8 p., in-4°. Br.

6076. MIDOT. Vindiciæ communitatis Norbertinæ antiqui rigoris. Scriptæ ad ecdicium sylvium Ælyarem, a R. D. Joanne Midotio, sacræ theologiæ doctore..., collegiatæ Tullensis præposito. *Apud S. Ste-*

phanum de Venderiis, G. Bernard, 1632.
xviii-98 et 246 pages, in-4°. Frontispice
et titre gravés. 2 parties en 1 vol. Rel.
parchemin.

6077. MARTIN. De canonicis præmonstra-
tensibus in Lotharingia et de congregatione antiqui rigoris a Servatio de Lai-
ruels instituta. Thesim Facultati litterarum nanceiensi proponebat Eugenius
Martin. Nanceii, Berger-Levrault, 1891.
87 pages, in-8°. Demi-rel.

6078. RITUALE territorii quasi-episcopalis
Stivagiensis, cum cœremoniali, et nonnullorum sanctorum officiis, in eodem terri-
torio celebrari consuetis. In abbatia Stiva-
giensi, J.-M. Heller, 1725. xviii-48 et 86
pages, in-4°. Rel. veau.

6079. REMONTRANCES (Très-humbles) présentées par l'abbé de Ste-Marie de Pont-à-
Mousson, vicaire général de la congrégation de l'estroite observance de l'ordre de
Prémonstré. Pour l'establissement et le
progrès de la réforme en quelques maisons de l'ordre où elle pourroit estre facilement reçeue. A monseigneur et révérendissime Michel Colbert, abbé de Prémontré, chef et général de l'ordre. Nancy,
C. Charlot, 1672. 27 pages, petit in-4°.
Cart.

6080. LA VISITE de l'abbaye de Sainte-
Marie du Pontamousson, de la congrégation de l'étroite observance de l'ordre de
Prémontré, faite par le vicaire général de
ladite congrégation les 19, 20, 21 et 22
d'aoust 1683, avec un éclaircissement des
droits honoraires appartenans audit vicaire général, qui luy ont esté refusez
pendant cette visite. S. l., n. n., n. d. 42
pages, in-fol. Br.

6081. ESTAT sommaire de la difficulté qui
est survenue entre les abbé et religieux de
l'abbaye de Sainte-Marie du Pont-à-Mousson, chanoines réguliers de l'ordre de
Prémontré, d'une part ; et les vénérables
prévôts chanoines et chapitre de la collegiate de Sainte-Croix, à eux joints les religieux de la commanderie de St-Anthoine
d'autre, au sujet de la réception de S. A.
Sérénissime, dans ladite ville. S. l., n. n.,
n. d. 6 pages, in-fol. Br.

6082. INHIBITIO in favorem reformato-

rum ordinis Præmonstratensis, (auct.
R. P. D. Dunozet tullensis reformationis).
1629. S. l., n. n., n. d. 11 pages, in-4°. Br.

6083. CIVRY (de). Les ruines lorraines,
chroniques monumentales, par Victor de
Civry. — I. Sainte-Marie-aux-Bois. (Meurthe.) Nancy, Vagner, 1845. 103 pages.
in-8°. Pl. Demi-rel.

6084. BRISACIER. Lettre à Monsieur l'abbé
général de Prémontré (sur le premier volume des annales de cet ordre par le
R. P. Hugo). Paris, s. n., 1737. 12 pages,
in-4°. Br.

6085. BENOIT. Les anciennes inscriptions
des abbayes de l'ordre de Prémontré situées dans le département des Vosges, par
Arthur Benoit. Saint-Dié, Humbert, 1893.
39 pages, in-8°. Planche. Br. (Extrait du
Bulletin de la Société philomatique vosgienne.)

6086. MANDEMENT de Monseigneur le Révérendissime abbé d'Étival (Ch. Louis
Hugo), pour disposer les peuples de sa
juridiction à bien recevoir le sacrement
de confirmation. S. l., n. n., 1725. 2 pages, in-4°. Rel. v.

6087. RÉFUTATION d'un écrit qui a paru
sous le titre d'« Ordonnance de Mons. le
Révérend abbé d'Étival... », (par M. Broulier). S. l., n. n., n. d. 50 pages, in-4°.
Rel. v.

6088. RÉFLEXIONS sur un écrit intitulé
« Ordonnance de Mons. le Révérend. abbé
d'Étival... » S. l., n. n., n. d. 4 et 24 pages, in-4°. Rel. v.

6089. ORDONNANCE de Monseigneur le
Révérendis. abbé d'Étival, portant condamnation des réquisitions du promoteur
de l'évêché de Toul et du jugement rendu
en conséquence contre le mandement de
mondit seigneur abbé d'Estival, au sujet
de l'administration du sacrement de confirmation... Estival, D.-J. Bouchard, 1725.
36 pages, in-4°. Rel. v.

6090. ORDONNANCE de Mgr l'évêque
comte de Toul, prince du S. Empire, etc.
portant condamnation de l'écrit intitulé :
« Mandement de Mgr le Rév. abbé d'Étival ». Toul, L. et E. Rolin, 1725. 12 pages, in-4°. Rel. v.

6091. ORDONNANCE de Monseigneur l'évêque de Toul,... qui condamne l'écrit intitulé « Ordonnance de Monseigneur le Révérend. abbé d'Étival... » *Toul, L. et E. Rolin,* 1726. 32 pages, in-4°. Rel. v.

6092. SOMMIER. Lettre de Messire Jean-Claude Sommier, archevêque de Césarée, et grand-prévôt de Saint-Diez, à Monseigneur de Bégon, évêque et comte de Toul... *S. l., n. n.,* 1726. 18 pages, in-4°. Rel. v.

6093. LETTRE à Monseigneur l'archevêque titulaire de Césarée, au sujet de ses plaintes contre la première période de l'auteur des réflexions sur l'ordonnance du P. H(ugo). *S. l., n. n., n. d.* 8 pages, in-4°. Rel. v.

6094. (BROULIER.) Défense de l'Église de Toul, avec l'ordonnance de Monseigneur l'évêque de Toul, prince du S. Empire. Sur les réquisitions de son promoteur général. Contre les entreprises du chapitre de St.-Dié, et des abbéz de la Vôge (par M. Broulier, grand vicaire). — Réflexions sur les remarques du R. P. Dom Calmet, abbé de Senones, pour servir de suite à la défense de l'Église de Toul, par M. Brouilly (Broulier). *Toul, L. et E. Rolin,* 1727 et 1746. VII-445 et 34 pages, in-4°. Rel. veau.

6095. EXTRAIT du procès-verbal de l'assemblée générale du clergé de France, tenue à Paris, en l'année 1726, du vendredi 13 décembre. *Paris, P. Simon,* 1726. 7 pages, in-4°. Rel. v.

6096. ARREST de la Cour souveraine de Lorraine et Barrois, qui condamne au feu différens libelles diffamatoires, du 31 décembre 1725. *Nancy, J.-B. Cusson, s. d.* 4 pages, in-4°. Rel. v.

6097. ARREST de la Cour souveraine de Lorraine et Barrois, du 11 janvier 1726, portant condamnation d'une lettre anonyme écrite à Monseigneur l'évêque de Toul. *Nancy, Cusson, s. d.* 4 pages, in-4°. Rel. v.

6098. MARION. L'abbé régulier sacré évêque in partibus infidelium (le P. Hugo, abbé d'Étival), ou traité dans lequel on examine l'état d'un abbé régulier après sa consécration épiscopale. Par le R. P. Al-bert Marion, chanoine régulier de l'ordre de Prémontré, prieur-curé de Sanzey, diocèse de Toul. *Luxembourg, A. Chevalier,* 1739. XII-268 pages, in-4°. Rel. veau.

6099. (HUGO.) Critique de l'histoire des chanoines, ou apologie de l'état des chanoines propriétaires depuis les premiers siècles de l'Église jusqu'au douzième. Avec une dissertation de la canonicité de l'ordre de Prémontré. (Par le P. Hugo.) *Luxembourg, A. Chevalier,* 1700. 362 pages, in-8°. Rel. bas.

6100. DISPOSITIF de l'arrest du Conseil d'État de Sa Majesté le roy de Pologne, duc de Lorraine et de Bar, faisant règlement pour l'insigne chapitre d'Épinal. Du 20 janvier 1761. *Nancy, P. Antoine,* 1762. 182 pages, pet. in-fol. Rel. mar. r., aux armes de Stanislas.

6101. VAUTROT. La vraie vérité à propos des clers réguliers de la congrégation de Notre-Sauveur établis à Verdun, par J.-B. Vautrot, clerc régulier de la congrégation de Notre-Sauveur. *Verdun, Ch. Laurent,* 1878. 39 pages, in-8°. Br.

6102. (BENOIT.) Grimod de la Reynière et l'abbaye de Domèvre. (Par Arthur Benoit.) *Lunéville, Imp. Majorelle, s. d.* 16 pages, in-8°. Cart.

6103. BENOIT. L'abbaye de Belchamp (commune de Méhoncourt) sous les trois derniers abbés. Par Arthur Benoit. *Lunéville, s. n., n. d.* 37 pages, in-8°. Cart. (Extrait des *Petites affiches de Lunéville.*)

6104. RÉPONSE des Chanoines réguliers de Lorraine, à la réplique des RR. PP. Bénédictins, touchant la préséance dans les cérémonies, tant ecclésiastiques, que civiles. *S. l., n. n., n. d.* 48 p., in-fol. Br.

6105. APOSTILLES sur la dernière réponse des Chanoines réguliers à la réplique des RR. PP. Bénédictins. *S. l., n. n., n. d.* 52 pages, in-4°. Br.

6106. FOURIER. Lettres choisies du Bienheureux Pierre Fourier, fondateur de deux nouvelles congrégations, l'une de chanoines réguliers réformés, l'autre de religieuses, depuis 1641 jusques 1757. *Nancy, Bonthoux,* 1775. VIII-614 pages, in-8°. Cart.

6107. FOURIER. Lettres du B. P. Fourier, curé de Mattaincourt, instituteur de la congrégation de Notre-Dame, réformateur des chanoines réguliers de Lorraine. Recueillies et classées par les religieux de sa réforme, clercs réguliers de la congrégation de N. Sauveur (sous la direction et par les soins du P. Rogie). *Autographiées à Sainte-Claire de Verdun*, 1878-1889. LVI-465, 408, 691, 402, 517, 668 et 228 pages, in-4°. 7 vol. Demi-rel.

6108. FOURIER. Opuscules du B. P. Fourier, concernant les religieux de la congrégation de Notre-Sauveur. (Autographiés par les soins du P. Rogie.) *Verdun*, 1886-1889. 558 et 541 pages, in-4°. 2 vol. Demi-rel.

6109. FAVIER. Le collège de Saint-Béning, de la cité d'Aoste, dirigé par des professeurs lorrains (chanoines réguliers, 1643-1748), par J. Favier, bibliothécaire. (*Nancy*, G. Crépin-Leblond, 1881. 12 pages, in-8°. Br. (Extrait du *Journal de la Société d'archéologie lorraine.*)

6110. MAGGIOLO. Les monastères de l'ordre de Saint-Benoît en Lorraine et dans les trois évêchés de Metz, Toul et Verdun, avant 1789, par M. L. Maggiolo. *Nancy*, *Berger-Levrault et Cie*, 1886. 54 pages, in-8°. Cart.

6111. STATUTS (Les) des Récollets de la province de Saint-Nicolas en Lorraine... *Neufchâteau, J.-N. Monnoyer*, 1764. VIII-198 pages, in-4°. Rel. veau.

6112. INSTITUT des hermites du diocèse de Toul, sous l'invocation de s. Antoine, premier père des solitaires. Imprimé par ordre de Monseigneur. *Neufchâteau, Monnoyer*, 1767. VIII-388 pages, in-12. Rel. veau.

6113. STATUTS et règlements approuvés par N. S. P. le Pape Urbain VIII et par Mgr l'évêque de Sitie, administrateur de l'évêché de Toul..., pour être observés par la congrégation des Pénitens blancs du Confalon et de la Miséricorde, Ville-vieille de Nancy... *Nancy*, *C.-S. Lamort*, 1775. 160 pages, in-8°. Fig. Rel. veau.

6114. PUTON. De la religion dans ses rapports avec la civilisation en France. Avec un petit mot sur les Marianites, à Sion (Meurthe). Par le colonel baron Puton. *Mirecourt, Humbert*, 1837. 31 pages, in-8°. Demi-rel.

6115. RÉPONSE de M. l'abbé Léopold Baillard à la lettre de Mgr l'Évêque de Nancy et de Toul, à NN. SS. les archevêques et évêques, concernant les affaires de la congrégation des frères de la Doctrine chrétienne, dits frères de Sion-Vaudémont, en date du 27 novembre 1847. *Paris, H. de Surcy et Cie, s. d.* 23 pages, in-4°. Br.

6116. CATALOGUS personarum et officiorum provinciæ Campaniæ societatis Jesu. A lucalibus anni 1746 ad lucalia anni 1747. *Mussiponti, P. Maret*, 1746. 53 pages, in-8°. Cart. — Catalogus personarum, etc. Exeunte anno 1767. *S. l., n. n.*, 1767. 48 pages, in-8°. Rel. veau. (Additions manuscrites.)

6117. VIANSSON-PONTÉ. Les jésuites à Metz. Collège Saint-Louis, 1622-1762. — Collège Saint-Clément, 1852-1872. Par L. Viansson-Ponté, membre des académies de Metz et de Nancy. *Strasbourg, F.-X. Le Roux et Cie*, 1897. XV-448 pages, in-8°. 7 planches et 3 plans. Br.

6118. EXTRAIT des registres des délibérations de la Cour souveraine de Lorraine et Barrois. Du 5 août 1766, (concernant les Jésuites). *S. l., n. n., n. d.* 33 pages, in-12. Cart.

6119. EXTRAITS des registres des parlemens de Metz et de Grenoble (concernant les Jésuites), 1762. *Metz, J. Collignon, s. d.* 7 et 34 pages, in-12. Cart.

6120. HONNEURS funèbres rendus à très-haut, très-puissant et très-excellent Prince Monseigneur Louis, Dauphin ; par les Jésuites de Nancy, dans l'église de leur collège de cette ville, le 7 janvier 1766, et par ceux du collège et Université de Pont-à-Mousson, dans leur église, le 15 du même mois. *Nancy, Claude Sigisbert Lamort* (1766). 24 pages, in-4°. Br. (Gravure représentant l'intérieur de l'église des Jésuites de Nancy, avec la décoration funèbre.)

6121. STATUTS et règlemens de l'abbaye et insigne église collégiale royale et séculière de Saint-Louis de Metz. *Paris, P. Alex. Le Prieur*, 1767. XVI-472 pages, in-8°. Rel. veau.

6122. DANNREUTHER. Un janséniste à Saint-Mihiel, en 1650. Le chanoine Bayon de la congrégation de Notre-Sauveur. Par H. Dannreuther. *Nancy, Berger-Levrault*, s. d. 6 pages, in-8°. Br.

6123. LEPAGE. A propos des abbayes de Saint-Martin de Metz et de Saint-Martin de Tours, par Henri Lepage. *Nancy, G. Crépin-Leblond*, 1886. 5 pages, in-8°. Br. (Extrait du *Journal de la Société d'archéologie lorraine*.)

6124. SERVAIS. Notice historique sur l'ordre de Saint-Hubert du duché de Bar, par V. Servais. *Paris, J.-B. Dumoulin*, 1868. 12 pages, in-8°. Cart. (Extrait de la *Revue nobiliaire*.)

6125. FISCHER. L'ancien prieuré de Durrenstein, près de Walscheid (comté de Dabo), par Dagobert Fischer. *Nancy, G. Crépin-Leblond*, 1872. 24 pages, in-8°. Cart. (Extrait des *Mémoires de la Société d'archéologie lorraine*.)

6126. DEGERMAIN. La donation de Charlemagne au prieuré de Lièpvre en 774, par Jules Degermain. *Strasbourg, Imprimerie strasbourgeoise*, 1892. 31 pages, gr. in-8°. Carte. Br. (Extrait du *Bulletin de la Société pour la conservation des monuments historiques d'Alsace*.)

6127. BENOIT. L'abbaye de Craufthal (Claustriacum), par Louis Benoit. *Strasbourg, Vve Berger-Levrault*, 1865. 24 pages, in-4°. Br. (Extrait du *Bulletin de la Société pour la conservation des monuments historiques d'Alsace*.)

6128. FISCHER. Notice historique sur le couvent de Renting (près de Sarrebourg), par Dagobert Fischer. *Nancy, G. Crépin-Leblond*, 1874. 30 pages, in-8°. Cart. (Extrait des *Mémoires de la Société d'archéologie lorraine*.)

6129. DUPRIEZ. Charte de fondation de la collégiale Saint-Étienne de Hombourg-l'Évêque, par Raymond Dupriez. *Metz, Ch. Thomas*, 1879. 11 pages in-12, et une page in-4°. Cart.

6130. BENOIT. Une lettre inédite du R. P. Benoit Picard sur le prieuré de Saint-Quirin, par Arthur Benoit. *Nancy, A. Lepage*, 1870. 5 pages, in-8°. Cart. (Extrait du *Journal de la Société d'archéologie lorraine*.)

6131. MARTIN. État d'âme d'un religieux toulois au XII° siècle. Par Eugène Martin, docteur ès-lettres. *Paris, Letouzey et Ané*, 1895. 35 pages, in-8°. Br. (Extrait de la *Revue du clergé français*.)

6132. REMONTRANCES présentées au Roy, le 23 avril 1761 (par le chapitre de Bourmont). *S. l., n. n., n. d.* 21 pages, in-12. Br.

6133. DIGOT. Mémoire sur les décorations des chapitres de Lorraine, par A. Digot. *Nancy, L. Wiener*, 1864. 41 pages, in-8°. Quatre planches en chromolithographie. Cart. (Extrait des *Mémoires de la Société d'archéologie lorraine*.)

6134. CHANTEAU. Notes pour servir à l'histoire du chapitre de Saint-Dié. — Les sorciers à Saint-Dié et dans le val de Galilée. — Les archives du chapitre. Par F. de Chanteau, archiviste paléographe. *Nancy, Berger-Levrault*, 1877. 69 pages, in-8°. Cart.

6135. CHANTEAU. Notes pour servir à l'histoire du chapitre de Saint-Dié aux XV° et XVI° siècles. — La vie privée des chanoines. Par F. de Chanteau, ancien élève de l'École des chartes. *Nancy, Berger-Levrault*, 1875. 36 pages, in-8°. Cart.

6136. FOURIER. Les vrayes constitutions des religieuses de la congrégation de Nostre-Dame, faictes par le très-révérend Père Pierre Fourier, leur instituteur, et général des chanoines réguliers de la congrégation de Nostre-Sauveur, approuvées par nostre Sainct-Père le Pape Innocent X. *S. l., n. n.*, 1649. XVI-368, 96, 149 et 68 pages in-8°, en 1 vol. Portrait. Rel. parchemin.

6137. (BERNARD.) Conduite de la Providence dans l'établissement de la congrégation de Nostre-Dame, qui a pour son instituteur le Bienheureux Père Pierre Fourier, dit vulgairement de Mataincourt, etc. (Par Louis Gaspard Bernard, chanoine régulier de Pont-à-Mousson.) *Toul,*

Cl. Vincent, 1732. xxviii-340 et viii-340 pages, in-4°. Fig. 2 parties en 1 vol. Rel. veau.

6138. DORIGNY. Histoire de l'institution de la congrégation de N.-Dame. Où l'on voit l'abrégé de la vie du vénérable Père Pierre Fourier, de Mataincourt, qui en est le fondateur ; et de celle de la mère Alix Le Clerc, première fille de la même congrégation. Par le R. P. J. Dorigny, de la comp. de Jésus. *Nancy, J.-B. Cusson*, 1719. xxxii-304 pages, in-12. Rel. veau.

6139. PRIÈRES à l'usage des écolières des religieuses de la congrégation de Notre-Dame, avec des avis généraux et particuliers conformes à l'esprit du Bienheureux Père de Mataincourt. *Nancy, Séb. Bachot*, 1775. 180 pages, in-12. Demi-rel. Voy. n° 5962.

6140. FOURIER. Opuscules du B. P. Fourier, concernant les religieuses de la congrégation de Notre-Dame, autographiés par les soins du P. Rogie. *Verdun*, 1881. viii-548 pages, in-4°. Demi-rel.

6141. FONDATION par Madame Adélaïde, le 1er février 1780. *S. l., n. n., n. d.* 12 pages, in-4°. Br.

6142. LETTRES-PATENTES du Roi qui confirment une fondation faite par Madame Adélaïde de France, dans le couvent des Urbanistes de Sorcy, et une autre en faveur de l'attelier de charité de Bar-le-Duc; données à Versailles au mois de mars 1780. *S. l., n. n., n. d.* 4 pages, in-4°. Br.

6143. LETTRES-PATENTES du Roi qui, révoquant celles du mois de mars 1780 qui avaient autorisé deux établissements fondés par Mme Adélaïde de France, l'un dans le couvent des Urbanistes de Sorcy, et l'autre dans l'attelier de Charité de Bar-le-Duc, confirment la nouvelle fondation faite par cette princesse dans le monastère des chanoinesses régulières de la congrégation de N.-D. établi à Mirecourt. *Nancy, Vve Charlot, s. d.* 30 pages, in-4°. Br.

6144. BENOIT. Les derniers jours du couvent des prêcheresses de Metz (1790). Par A. Benoit. *Metz, Carrère*, 1882. 7 pages, in-8°. Br.

6145. BLANC. Discours prononcé le 28 novembre 1855, chez les dames dominicaines de Nancy, à l'occasion d'une profession religieuse, par M. l'abbé Blanc, chanoine honoraire, officier de l'instruction publique, aumônier du Lycée. *Nancy, Vagner*, 1855. 12 pages, in-8°. Demi-rel.

6146. RÈGLEMENT pour les sœurs de la Doctrine chrétienne, dites Watelottes. *Nancy, Cl. Leseure, s. d.* (1808). 24 pages, petit in-12. Cart.

6147. STATUTS de l'association des sœurs de la Doctrine chrétienne, connues ci-devant sous le nom de Sœurs Vatelotes (établies à Nancy). *Nancy, Cl. Leseure, An XI.* 24 pages, in-12. Cart.

6148. PRÉCIS historique de la congrégation des religieuses de Saint-Charles, autrement dit de la communauté de la sainte famille de Jésus, Marie, Joseph, fondée à Nancy en 1652. *Nancy, Vagner*, 1845. 230 pages, in-12. Cart.

6149. RÈGLES et offices pour les congrégations de la très-sainte Vierge. Approuvés par Nosseigneurs les évêques de Nancy et de Saint-Dié, pour être suivis dans leurs diocèses. *Nancy, Thomas*, 1844. 284 et 64 pages, in-12. Rel. basane.

6150. SALLES. Chapitres nobles de Lorraine. Annales, preuves de noblesse, documents, portraits, sceaux et blasons, par Félix de Salles. *Vienne, Gerold ; Paris, Lechevalier*, 1888. 52 pages, gr. in-4°. Br. (Extrait du *Recueil annuel de la Société héraldique « Adler »*, pour 1887.)

6151. BENOIT. Notes critiques sur les « Chapitres nobles » par M. Félix de Salles, par A. Benoit, datées de Berthelmingen, du 11 juillet 1888. *S. l., n. n., n. d.* 5 pages, in-4°. Br.

6152. LEPAGE. L'abbaye de Bouxières, par Henri Lepage. *Nancy, Wiener*, 1859. 144 pages, in-8°. Fig. Demi-rel. (Extrait des *Mémoires de la Société d'archéologie lorraine*.)

6153. LEPAGE. Cinq chartes inédites de l'abbaye de Bouxières, par M. Henri Lepage. *Nancy, Imp. A. Lepage*, (1862). 28 pages, in-8°. Demi-rel.

6154. BREVET qui autorise le chapitre noble de Bouxières à solliciter, en Cour de Rome, sa translation, soit dans la ville de Nancy, soit aux environs. (Suivi d'autres pièces relatives à cette translation.) *S. l.* (*Nancy*), *n. n.*, *n. d.* (1787). 86 pages, in-4°. Demi-rel.

6155. BULLA... translationis III. capituli canonissarum oppidi de Bouxières... in ecclesiam N. D. de Bon-Secours... civitatis nanceyensis... *Paris, G. Desprez,* 1788. 15 pages, in-4°. Br.

6156. GUINOT. Étude historique sur l'abbaye de Remiremont, par M. A. Guinot, curé de Contrexéville, chanoine honoraire de Troyes. *Paris, C. Douniol,* 1859. v-430 pages, in-8°. Demi-rel.

6157. MARNAVITIUS. Sacra columba venerabilis capituli AA. RR. DD. Canonicarum S. Petri Romaricensis, ab imposturis vindicata, suæq. origini restituta. Authore Joanne Tomco Marnavitio Bosnen. archidiacono cathedrali Zagrabien., etc. *Romæ, apud L. Grignanum,* 1629. 83 pages, in-4°. Vignette. Br. Couv. parchemin.

6158. MABILLON. Lettre de dom Jean Mabillon à un de ses amis, touchant le premier institut de l'abbaye de Remiremont. *Paris, J.-B. Coignard,* 1687. 21 pages, in-4°. Rel. veau.

6159. RECUEIL des réglemens et usages de l'insigne église collégiale et séculière de Saint-Pierre de Remiremont, immédiattement sujette au St-Siège. *Remiremont, J. Charlot,* 1735. 259 pages, in-4°. Rel. veau.

6160. DISCOURS prononcé par M. le chancelier, dans le chapitre de Remiremont, avant l'élection de l'Abbesse, faite le 10 may 1738. *S. l., n. n., n. d.* 4 pages, in-4°. Br.

6161. DUHAMEL. Le palefroi du chapitre de Remiremont (1099-1681), par L. Duhamel. *Nogent-le-Rotrou, A. Gouverneur, s. d.* 16 pages, in-8°. Br.

6162. INSCRIPTION historique et chronologique, scellée dans les murs de la fondation du palais abbatial de Remiremont, avec les portraits et les revers des trois médailles d'or en relief, qui y ont été mises à la position de la première pierre, le 26 juillet 1752. *S. l., n. n., n. d.* 2 pages, in-fol. Cart.

6163. JENNESSON. Discours à madame la comtesse de St-Mauris, dame chanoinesse de l'insigne chapitre de Remiremont, prononcé par le sieur Jennesson, de Nancy, architecte-conducteur du palais abbatial dudit Remiremont, en présence de toutes les dames, lors de la bénédiction et position de la première pierre, le 26 juillet 1752. *Remiremont, Laurent,* 1752. 4 pages, in-4°. Cart.

6164. RICHARD. L'Échapenoises ou transaction faite entre le duc de Lorraine Ferry III et le chapitre de Remiremont, le 18 juillet 1295, par Richard. *Nancy, Vve Raybois, s. d.* 16 pages, in-8°. Cart.

6165. THÉVENOT. Notes concernant la princesse Marie-Christine de Saxe, abbesse de Remiremont, extraites de la correspondance du prince François-Xavier de Saxe, son frère, seigneur de Pont-sur-Seine, par Arsène Thévenot. *Épinal, E. Gley,* 1871. 20 pages, in-8°. Br. (Extrait des *Annales de la Société d'émulation des Vosges.*)

6166. ARRESTS du Conseil d'Estat du roy, Sa Majesté y estant, des années 1692, 1693 et 1694, donnez sur les avis de Monseigneur l'archevêque de Paris, etc... en forme de règlement, pour l'église insigne, collégiale et séculière de S.-Pierre de Remiremont en Lorraine.... Entre Mme D. Rhindgraff, princesse de Salm, abbesse et les dames doyenne et chanoinesses... *Paris, S. Langlois,* 1694. IV et 261 pages, in-4°. Rel. v.

6167. ANTOINE. Panégyrique de Saint-Amé, prononcé le jour de sa feste, le 13 septembre, l'an 1673, devant le célèbre et illustre chapitre des dames chanoinesses et comtesses de Remiremont, et dédié à madame M. de Rouxel de Mesdavid, par le R. P. Antoine de Bretagne, capucin. *Espinal, Cl. Cardinet,* 1673. VI-26 pages, in-4°. Cart.

6168. RICHARD. Le fief colonger d'Hochstatt. Par Richard. *Paris, Imp. E. Duverger,* 1842. 9 pages, in-8°. Cart. (Extrait du XVIe volume des *Mémoires de la Société des antiquaires de France.*) — Ce fief dépendait de l'abbaye de Remiremont.

6169. BENOIT. Deux procès criminels dans les abbayes de Remiremont et de Poussay, par A. Benoit. *Épinal, E. Busy,* 1889. 22 pages, in-8°. Br. (Extrait des *Annales de la Société d'émulation des Vosges.*)

6170. BENOIT. Deux procès du chapitre de Remiremont à la fin du xviii° siècle. La chanoinesse de Raigecourt ; les dames tantes et les dames nièces. Le pape Pie VI et le roi Louis XVI. Étude par A. Benoit. *Épinal, V. Collot, s. d.* 16 pages, in-8°. Br. (Extrait des *Annales de la Société d'émulation des Vosges.*)

6171. DÉCLARATION du roi portant règlement pour les jurisdictions communes entre Sa Majesté et le chapitre de Remiremont, du 22 novembre 1751. *Nancy, N. Charlot,* 1751. 13 pages, in-4°. Br.

6172. CRI de l'humanité et de la raison. (En faveur du Chapitre de Remiremont.) *Bruyères, Vve Vivot,* 1790. 48 pages, in-8°. Cart.

6173. SAULCY. Oratoire des Templiers de la commanderie de Metz, par de Saulcy. *Metz, S. Lamort,* 1835. 12 pages, in-8°. Planche. Cart. (Extrait des *Mémoires de l'Académie royale de Metz.*)

6174. GASPARD. Abbaye et chapitre de Poussay, par M. Émile Gaspard, notaire à Mirecourt. *Nancy, G. Crépin-Leblond,* 1871. 44 pages, in-8°. Br. (Extrait des *Mémoires de la Société d'archéologie lorraine.*)

6175. SABOURIN DE NANTON. Notice historique et archéologique sur les dames chanoinesses d'Épinal et la chapelle des innocents, par M. Sabourin de Nanton, directeur comptable des postes du département, etc. *Épinal, Vve Gley,* 1858. 21 pages, in-8°. Cart. (Extrait des *Annales de la Société d'émulation des Vosges.*)

6176. RÈGLEMENS, statuts et prières pour la confrairie du Saint-Sacrement de l'autel, fondée en l'église paroissiale de la ville de Dieuze, en 1545, par la dame Bi-

chebois, et érigée en la même paroisse par Charles de Lorraine, cardinal légat du St-Siège, évêque de Strasbourg et Metz... en 1603. *Dieuze, J.-J. Lambelet,* 1772. 96 pages, in-12. Cart.

6177. RÈGLEMENS et prières de la confrérie du Très-Saint-Sacrement et de l'Adoration perpétuelle, de la paroisse Saint-Sébastien de Nancy. *Nancy, C.-J. Hissette, s. d.* (1816.) 23 pages, in-8°. Cart.

6178. INSTRUCTIONS, prières et indulgences pour les confrères de la confrairie de la Très-Sainte Trinité, érigée dans l'insigne église collégiale de Saint-George de Nancy. Pour la rédemption des captifs. *Nancy, N. Baltazard,* 1721. 95 pages, in-12. Rel. veau.

6179. RÈGLEMENS et pratiques de piété à l'usage des congrégations érigées en l'honneur de la sainte Vierge dans les paroisses du diocèse de Toul... Par un prêtre de l'Oratoire, curé dans le diocèse. *Nancy, P. Antoine,* 1738. 712 pages, in-8°. Rel. veau.

6180. ÉRECTION de la confrairie de Notre-Dame du S. Suffrage pour le soulagement des âmes du Purgatoire, en l'église paroissiale de Saint-Roch de la ville de Nancy. *Nancy, P. Antoine,* 1754. 81 pages, in-12. Cartonné.

6181. NEUVAINE en l'honneur de saint Sigisbert, roy d'Austrasie. Dédiée à M. Barbarot, chef et roi de la confrairie de ce grand saint érigée dans l'insigne église de Nostre-Dame de Nancy, primatiale de Lorraine. *Nancy, N. Baltazard, s. d.* (1722.) 60 pages, in-12. Cart.

6182. NEUVAINE à l'honneur de s. Sigisbert, roi d'Austrasie, troisième du nom. En faveur de la confrairie... érigée... dans la cathédrale de Nancy. *Nancy, P. Barbier,* 1790. 72 pages, in-12. Cart.

6183. RÈGLEMENT et statut. Vu et approuvé par Mgr l'Ill. et Rév. évêque et comte de Toul, pour être observé par les confrères de la congrégation royale des Pénitens de l'Annonciation Notre-Dame de la Miséricorde, de la Ville-Neuve de Nancy. *S. l., n. n., n. d.* (1736.) 24 pages, pet. in-8°. Cart.

6184. EXPOSITION de l'institut de la congrégation de Notre-Dame de Refuge (établie à Nancy). Nouvelle édition. *Nancy, J.-B. Cusson*, 1716. xxxviii-95 pages, in-8°. Rel. veau.

6185. RÈGLE du troisième ordre de Saint-François, confirmée et approuvée par bulle du pape Léon X du 20 janvier 1521. — Statuts et usages des religieuses hospitalières du monastère de Ste-Élisabeth de Nancy, du troisième ordre de Saint-François, etc. *Nancy, L. Beaurain*, 1754. 45 pages, in-8°. Rel. veau.

6186. DEBLAYE. Quelle est l'origine des congrégations sous le patronage de la sainte Vierge, établies surtout dans les églises de Lorraine? Confrérie de la Conception de Notre-Dame dans l'église de Lagney. Par l'abbé J.-F. Deblaye. *Nancy, A. Lepage*, 1857. 15 pages, in-8°. Cart.

6187. LIVRE à l'usage des confrères et consœurs associés à la confrérie du grand saint Hubert, érigée en l'église paroissiale de Mulcey, par Mgr S. Simon, évêque de Metz. *Dieuze, J.-J. Lambelet*, 1761. 32 pages, in-12. Portrait. Rel. veau.

6188. PETIT office de la Providence. — Règlemens de l'association en l'honneur de la divine Providence, érigée à Nancy. *Nancy, H. Haener*, 1785. 48 pages, in-12. Rel. veau.

6189. RÈGLEMENTS et statuts de la confrérie des Morts, à établir dans la paroisse S.-Maurice d'Épinal. *Épinal, Pellerin*, (1808.) 15 pages, in-8°. Cart.

6190. MANUEL (Petit) de l'archiconfrérie de Saint-Joseph... établie... à Nancy. *Abbeville, Paillart, s. d.* 32 pages, in-16. Gravures. Br.

6191. PRIÈRES pour l'association de la Bonne Mort, érigée dans l'église de Saint-Nicolas de Nancy ; suivies de la neuvaine qui se célèbre dans la même église, en l'honneur de saint François Xavier, patron de ladite association. *Nancy, Hissette*, 1808. 89 pages, in-12. Demi-rel.

6192. RÈGLEMENS et prières pour l'association de la Bonne Mort, érigée dans l'église de Saint-Nicolas de Nancy, le 29 octobre 1804. *Nancy, Hissette*, 1805. 53 pages, in-12. Rel. veau.

6193. RÈGLEMENT et prières à l'usage de ceux qui sont associés à la congrégation dite de la Bonne Mort. *Nancy, les héritiers de N. Baltazard*, 1752. 169 pages, pet. in-8° Rel. basane.

6194. RÈGLEMENS, statuts et prières pour la confrérie des Agonisans, érigée en 1711, en la paroisse de Saint-Sébastien, ville neuve de Nancy, vus et approuvés par Mgr de Camilly, évêque-comte de Toul. *Nancy, N. Charlot*, 1756. 48 pages, in-8°. Cart.

6195. MANUEL des confréries du Sacré-Cœur et de la Bonne-Mort érigées dans la paroisse Notre-Dame, cathédrale de Nancy. *Nancy, Vagner*, 1871. 332 pages, in-12. Br.

6196. GUILLAUME. Confréries à Gondreville, à Rosières-aux-Salines, et à Lenoncourt, par M. l'abbé Guillaume. *Nancy, A. Lepage*, 1858. 16 pages, in-8°. Br.

6197. RÈGLEMENTS et prières pour l'association des Dames de charité érigée dans la paroisse de Ferrières, canton de Saint-Nicolas, sous le titre de la Visitation de la Sainte Vierge, par un décret de Mgr l'évêque de Nancy, en date du 9 juillet 1803. *Nancy, C. Lesœure*, (1803). 23 pages, in-8°. Cartonné.

6198. RÈGLES et offices pour les congrégations d'hommes. Approuvés et ordonnés par Mgr l'évêque de Nancy et de Toul, pour être suivis dans son diocèse. *Nancy, Haener*, 1833. xxxvi-379 pages, in-12. Rel. basane.

6199. RÈGLEMENTS, statuts et prières pour la confrairie de Notre-Dame-des-Hermites, érigée en 1778, en la paroisse de Villers-lès-Nancy, etc. *Nancy, P. Barbier*, 1785. 48 pages, in-8°. Cart.

6200. ASSOCIATION de persévérance, formée dans la ville de Nancy, à la suite de la Mission donnée en 1825. — Pour les hommes. — Pour les femmes. *S. l., n. n., n. d.* 8 pages, in-8°. Cart.

6201. STATUTS de la confrairie de la Miséricorde (Saint-Yves et Saint-Nicolas). *Nancy, P. Antoine*, 1761. 33 pages, in-8°. Cart.

6202. STATUTS et offices de la confrérie de la Pénitence, établie en l'église paroissiale de Saint-Nicolas de Nancy. *Nancy, Vagner*, 1847. 37 pages, in-8°. Br.

6203. LEPAGE. Notice sur quelques établissements de l'ordre de Saint-Jean-de-Jérusalem, situés en Lorraine, par H. Lepage. *Nancy, A. Lepage,* 1852. 66 pages, in-8°. Demi-rel.

6204. PRIVILÈGES (Les) des commanderies de l'ordre de Saint Jean de Hierusalem, sises en Lorraine. Octroyez et accordez par les sérénissimes ducs et duchesses de Lorraine qui s'ensuivent. Scavoir : Marie de Blois, espouse de Ferry III ; le duc Jean, son fils ; Charles II ; René, roy de Naples, Sicile, etc.; Charles III ; et Henri II à présent régnant. *Nancy, J. Garnich,* 1614. 9 feuillets, in-4°, n. num. Cart.

6205. PETIT OFFICE de la congrégation des hommes, érigée en l'église paroissiale de Moyenvic, sous l'invocation des saints patrons Pian, Agent et Colombe, en l'année 1775. *Dieuze, J.-J. Lambelet,* 1779. 99 pages, in-12. Demi-rel. Voy. n° 3372.

VII. RELIGIONS DIVERSES.

Religion protestante. — Religion
juive.

Appendice : Franc-maçonnerie.

6206. MEURISSE. Histoire de la naissance, du progrès et de la décadence de l'hérésie dans la ville de Metz et dans le pays messin. Par le R. P. Meurisse, docteur et professeur en théologie à Paris, évesque de Madaure, et suffragan de l'évesché de Metz. *Metz, J. Antoine,* 1670. xvi-588 pages, in-4°. Rel. veau.

6207. THIRION. Étude sur l'histoire du protestantisme à Metz et dans le pays messin. Thèse présentée à la Faculté des Lettres de Paris, par Maurice Thirion, professeur agrégé d'histoire. *Nancy, F. Collin,* 1884. 480 pages, in-8°. Demi-rel.

6208. OLRY. La persécution de l'Église de Metz, décrite par le sieur Jean Olry. Deuxième édition accompagnée de notices et de notes par Othon Cuvier, pasteur de cette église. *Paris, Franck,* 1860. 268 pages, in-16. Br.

6209. GRANDE (La) et mémorable défaicte de trois mille six cens reistres et lansquenets, et leur entreprise découverte, par le duc de Bavière et marquis de Spinola. Ensemble les furieuses rencontres et desroute faite des trouppes du comte de Mansfeld et autres protestans sur les frontières du duc de Lorraine. *Paris, J. Mesnier,* 1621. 16 pages, in-8°. Rel. parchemin.

6210. MAUDUICT. Relation véritable de ce qui s'est fait, dit et allégué en la controverse des traditions dogmatiques apostoliques ; agitée contre le Sr Ancillon, l'un des quatre ministres de la religion prétendue réformée de la ville de Metz, les 29 janvier et 5 février 1657 ; par Mgr.... l'évêque d'Auguste, suffragan et vicaire général de l'évesché de Metz. Fidellement rapportée par le sieur François Mauduict Xaintongeois, présent. *Metz, J. Antoine,* s. d. (1657). iv-39 pages, in-4°. Cart.

6211. DIDELOT. La religion prétendue mourante à Pfaltzbourg entre les mains de ses médecin et ministre, d'un coup de pistole, le 12 avril 1621. Après avoir esté vaincue diverses fois par disputes entre le R. P. Nicolas Oudé, jésuite, et le sieur Brasi, ministre, comme il est icy narré fidellement. Par Mre Dominicque Didelot, théologien, curé à Pfaltzbourg. *Pont-à-Mousson, Ch. Marchant,* s. d. viii-158 pages, in-12. Rel. parchemin.

6212. NOUVEAU prodige arrivé en la ville de Metz, où trois coqs de ministres se sont convertis en poulles. *S. l., n, n.,* 1622. 16 pages, in-8°. Cart.

6213. COUET. La conférence faicte à Nancy, entre un docteur jésuite accompagné d'un capucin et deux ministres de la parole de Dieu : descrite par Jacques Couet, parisien. *Basle, s. n.,* 1600. 141 pages, in-8°. Rel, mar. n., d. s. tr.

6214. BOSSUET. Réfutation du catéchisme du Sr Paul Ferry, ministre de la religion prétendue réformée. Par Jacques Bénigne Bossuet, docteur en théologie de la Faculté de Paris, chanoine et grand archidiacre en l'église cathédrale de Metz. *Metz, J. Antoine,* 1655. xii-240 pages, in-4°. Rel. parchemin.

6215. ADVIS à Messieurs de la religion prétendue réformée de Metz, sur les atroces calomnies réitérées par leur ministre Ferry contre l'Église romaine et les docteurs d'icelle. *Toul, S. Belgrand*, 1625. 56 pages, in-4°. Rel. parchemin.

6216. BENOIT. Les protestants lorrains sous le roi Stanislas. 1737-1766. Baronnie de Fénétrange, principauté de Lixheim, comté de Saarwerden, etc., par A. Benoit. *Strasbourg, Noiriel*, 1886. 140 pages, in-8°. Br. (Extrait de la *Revue d'Alsace*.)

6217. BENOIT. Le duc de Lorraine Léopold et les réformés de Lixheim (Correspondance inédite des rois de Prusse Frédéric Ier et Frédéric-Guillaume Ier et du duc Léopold), par A. Benoit. *Colmar, Vve C. Decker*, 1888. 27 pages, in-8°. Br. (Extrait de la *Revue nouvelle d'Alsace-Lorraine et du Rhin*.)

6218. DANNREUTHER. Jean de Luxembourg (1537-1576) et la Réforme dans le comté de Ligny-en-Barrois. Par H. Dannreuther. (*Paris*), *Imp. réunies May et Motteroz*, (1894). 15 pages, in-8°. Fig. Br. (Extrait du *Bulletin de la Société de l'histoire du protestantisme français*.)

6219. DANNREUTHER. Ligier Richier et la Réforme à Saint-Mihiel, par Dannreuther, pasteur de l'église réformée à Barle-Duc. *Bar-le-Duc, Contant-Laguerre*, (1883). 23 pages, in-8°. Br. (Extrait des *Mémoires de la Société des lettres, sciences et arts de Bar-le-Duc*.)

6220. DANNREUTHER. Notes sur l'église réformée de Nettancourt, par H. Dannreuther. *Arcis-sur-Aube, Léon Frémont*, 1886. 27 pages, in-8°. Br.

6221. CUVIER. Trois martyrs de la Réforme, brûlés en 1525, à Vic, Metz et Nancy, par Othon Cuvier, pasteur. *Paris-Nancy, Berger-Levrault et Cie*, 1889. x-116 pages, pet. in-8°. Br.

6222. CUVIER. Sermon prononcé dans l'église réformée de Nancy, le 17 août 1828, par R. Cuvier, pasteur de cette église et président de l'église consistoriale de Metz, pour la consécration au saint ministère de Charles-Frédéric Schmidt, de Nancy. *Nancy, s. n.*, 1828. 40 pages, in-8°. Br.

6223. BOISSARD. Extrait de la lettre pastorale de M. le Président de l'église consistoriale de Strasbourg et des oratoires y réunis, à l'occasion de la fête anniversaire du couronnement de S. M. I. et R. et de la bataille d'Austerlitz, et discours prononcé à la même occasion dans le temple des protestants de Nancy, le 4 décembre 1808, par G. D. F. Boissard, pasteur de l'oratoire de Nancy. *S. l., n. n., n. d.* 15 pages, in-8°. Br.

6224. JUNG. Histoire de la Réformation à Wissembourg, précédée d'une notice historique sur cette ville jusqu'au seizième siècle. — Thèse présentée à la Faculté de théologie protestante de Strasbourg et soutenue publiquement le jeudi 3 juin 1841, par Jean-Frédéric Jung, de Strasbourg. *Strasbourg, G. L. Schuler*, 1841. 52 pages, in-4°. Br.

6225. SCHMIDT. Discours prononcé dans le temple protestant de Nancy, le 30 avril 1843, par C. F. Schmidt, pasteur de cette église et président de l'église consistoriale de Metz. Réponse aux attaques de M. Lacordaire, de l'ordre des Dominicains. *Nancy, Hinzelin et Cie*, 1843. 16 pages, in-8°. Br.

6226. SOCIÉTÉ biblique de Nancy. Règlement. — Rapports annuels. — Procès-verbal de l'assemblée générale. *Nancy, F. Bachot*, 1825-27. 72 pages, in-8°. Br.

6227. TE DEUM laudamus, chanté dans l'église réformée de Nancy pour l'ouverture du temple protestant. (Poésie attribuée à M. Boissard.) *S. l., n. n., n. d.* 2 pages, in-8°. Br.

6228. PROCÈS-VERBAL de l'inauguration de l'église protestante de Nancy, le 12 juillet 1807. *S. l., n. n., n. d.* 8 pages, in-4°. Br.

6229. MARCHAL. La doctrine des catholiques sur la Bible, mise en regard des chimères que leur prêtent charitablement messieurs de la chapelle évangélique, ou dialogues entre un catholique et un colporteur de bibles, par M. l'abbé Marchal, curé de Heillecourt. *Nancy, Thomas et Raybois*, 1838. 26 pages, in-24. Br.

6230. MARCHAL. L'abbé Marchal aux chrétiens qui se disent évangéliques. *Nancy, Thomas et Raybois*, 1838. 29 pages, in-16. Broché.

6231. MARCHAL. Encore l'abbé Marchal, aux chrétiens qui se disent évangéliques. *Nancy, Thomas et Raybois*, 1838. 72 pages, in-24. Br.

6232. FILHOL. Réponse (et seconde réponse) à l'abbé M***, par un chrétien évangélique, M. Filhol, pasteur. *Nancy, A. Paulet*, 1838. 16 pages, in-16. Br.

6233. MARCHAL. Lettre à M. Schmidt en réponse au discours qu'il a prononcé dans le temple protestant de Nancy, le 30 avril 1843, par M. l'abbé Marchal, curé de Heillecourt. *Nancy, Raybois et Cie*, 1843. 26 pages, in-8°. Br.

6234. MARLORAT. Martini Marlorati lotharingi de orthodoxo et neotheorico Calviniano, seu hugonistico baptismate, ac utriusque effectu, liber his temporibus accomodatissimus, et maxime necessarius. In quo refellitur nonnullorum calumnia promulgantium Barro-Duci ac in confinibus, hugonistarum parvulos... fuisse rebaptizatos. *Parisiis, apud S. Nivellium*, 1578. vii-146 feuillets, in-8°. Rel. veau.

6235. NYEGARD. Catéchisme à l'usage des églises évangéliques, par E. Nyegard, l'un des pasteurs de l'église de Nancy. *Nancy, Berger-Levrault et Cie*, 1894. viii-87 pages, in-12. Br.

6236. OUDÉ. Colonne de diamant érigée sur le cénotaphe ou tombeau vide, basti par M. Etienne Bouchard, docteur hérétique ès trois facultés de médecine, grec et poésie. Enrichie de notes et apostilles, par le R. P. Nicolas Oudé, de la Compagnie de Jésus. *Pont-à-Mousson, Ch. Marchant*, 1622. 40 pages, in-4°. Cart.

6237. (L'HOTE.) Église chrétienne primitive. Lettre pastorale de M. l'évêque de Nancy, primat-coadjuteur de Lorraine (F. J.-B. L'hôte). *Paris, Ducessois*, 1832. 30 pages, in-8°. Br. — Autre édition. *Nancy, Vidart et Jullien*, 1832. 30 pages, in-8°. Br.

6238. BÉDEL. Discours aux juifs de Metz sur la conversion du Sr Paul Du Vallié, médecin du roy en la garnison de Brisach; appellé le docteur Paulus, fils aîné de deffunt Isaac juif, médecin célèbre, dit le docteur des juifs de Metz... Par le R. P. Jean Bédel, chanoine régulier. *Metz, J. Antoine*, 1651. xxxii-107 pages, pet. in-8°. Rel. parchemin.

6239. GRÉGOIRE. Motion en faveur des juifs, par M. Grégoire, curé d'Emberménil, député de Nancy; précédée d'une notice historique, sur les persécutions qu'ils viennent d'essuyer en divers lieux, notamment en Alsace, et sur l'admission de leurs députés à la barre de l'Assemblée nationale. *Paris, Belin*, 1789. xvi-47 pages, in-8°. Demi-rel.

6240. ANSPACH. Rituel des prières journalières, à l'usage des israélites. Traduit de l'hébreu par J. Anspach. 4e édition. *Metz, A. Grodvolle, Typ. J. Mayer Samuel*, 5608 (1851). 444 pages, in-8°. Demi-rel.

6241. (HOUBIGANT.) Conférences de Metz, entre un juif, un protestant et deux docteurs de Sorbonne (par le P. Ch.-F. Houbigant). *Leyde, s. n.*, 1750. iv-365 pages, pet. in-8°. Rel. veau.

6242. RECUEIL des loix, coutumes et usages observés par les juifs de Metz, en ce qui concerne leurs contrats de mariage, tutelles, etc. Auxquel on a joint l'extrait qui en a été fait par feu Monsieur Lançon. *Metz, Vve Antoine*, 1786. vi-276 et 104 pages, in-12. Rel. veau.

6243. CAHEN. Règlements somptuaires de la communauté juive de Metz, à la fin du xvii° siècle, par Abraham Cahen. *Versailles, Imp. Cerf et fils*, 1881. 47 pages, in-12. Br.

6244. CAHEN. Le rabbinat de Metz, pendant la période française (1567-1871), par Abraham Cahen. *Paris, A. Durlacher*, 1886. 91 pages, in-8°. Br. (Extrait de la *Revue des études juives*.)

6245. LE CHANT du coq. Le chant de minuit. Première parabole adressée aux enfants d'Israël. *S. l., J.-M. Eberhart, s. d.* 12 pages, in-8°. Br.

6246. GOUGUENHEIM. Discours prononcé par B. Gouguenheim, grand-rabin de la circonscription de Nancy, lors de l'inauguration d'une nouvelle synagogue pour les israélites de Toul. *Nancy, Barbier, s. d.* 6 pages, in-8°. Br.

6247. GOUDCHAUX. Lettre du Sr Lion Goudchaux, juif à Nancy, à M. l'abbé Maury, député à l'Assemblée nationale, sur sa motion pour l'inadmission des juifs au droit de cité. *Nancy, s. n.*, 1790. 16 pages, in-8°. Br.

6248. BERR. Appel à la justice des nations et des rois, ou adresse d'un citoyen français au congrès qui devait avoir lieu à Lunéville, au nom de tous les habitans de l'Europe qui professent la religion juive. Par Michel Berr, membre de la Société d'émulation de Nancy. *Strasbourg, Levrault*, 1801. 72 pages, in-8°. Cart.

6249. BERR. Du rabbinisme et des traditions juives, pour faire suite à l'article *Christianisme* de Benjamin-Constant et à l'article *Judaïsme* de M. de Kératry, dans l'*Encyclopédie moderne*, avec un avant-propos et des notes, par Michel Berr (de Turique).... *Paris, Setier*, 1832. xix-51 pages, in-8°. Cart.

6250. BERR. Nouveau précis élémentaire d'instruction religieuse et morale, à l'usage de la jeunesse française israélite, avec un court sommaire de l'Écriture sainte, suivi de quelques histoires morales tirées de la Bible et des traditions ; ouvrage d'enseignement et de lecture, etc. *Nancy, A. Paullet*, 1839. 104 pages, in-12. Cart.

6251. BERR. Prière publique ordonnée à l'occasion de la grossesse de la Reine par ... les sindics de la communauté des juifs établis en Lorraine..., par Berr-Isaac Berr, le jeune. *Nancy, Scholastique Baltazard*, 1778. 9 pages, in-4°. Br.

6252. BERR. Un mot de M. Michel Berr, avec des notes, en réponse à un pamphlet anonyme, intitulé : « Un mot à M. Michel Berr », publié par des juifs de Paris. *Paris, Setier*, 1824. 11-62 pages, in-8°. Cart.

6253. BLOCH. Allocution prononcée au service funèbre célébré à la synagogue de Nancy pour le repos de l'âme de M. Carnot, par Isaac Bloch. *Nancy, Berger-Levrault*, 1894. 15 pages, in-8°. Br.

6254. BLOCH. La foi par la doctrine. Sermon prononcé à la synagogue consistoriale le 1er jour de Pentecôte 5655 (29 mai 1895), par Isaac Bloch, grand rabbin. *Nancy, Berger-Levrault*, 1895. 14 pages, in-8°. Br.

6255. LIQUIDATION des dettes de l'ancienne communauté juive de Metz. — Mise en recouvrement du rôle de 1853. — Compte de l'emploi du produit du rôle de 1843. — Copie du rôle de 1853. *Metz, Imp. J. Mayer Samuel, s. d.* 76 pages, in-8°. Demi-rel.

6256. PLAINTES et lamentations sur la mort du roi Louis XV, de glorieuse mémoire, ordonnées par les syndics de la communauté des juifs de Lorraine, et récitées dans leurs synagogues après avoir fait distribuer des aumônes, composées par le rabbin de Lorraine, et traduites par le Sr Berr-Isaac Berr, le jeune. *Nancy, P. Antoine*, (1774). 5 pages, in-8°. Cart.

6257. MÉMOIRE pour les juifs de Lunéville et de Sarreguemines. *S. l., n. n., n. d.* 8 pages, pet. in-8°. Demi-rel.

6258. CODE des statuts et règlemens pour la R∴ L∴ Saint-Jean, régulièrement constituée sous le titre distinctif de Saint-Jean-de-Jérusalem, à l'O∴ de Nancy ; rédigé par délibération du 18e jour du 4e mois de l'an de la V∴ L∴ 5799, et du 3e jour du 5e mois de la même année ; arrêté et adopté le 10e jour du 3e mois de l'an de la V∴ L∴ 5800, et de l'ère française le 20e jour de floréal an 8. *S. l., n. n., An VIII*. 68 pages, in-32. Br.

6259. RÈGLEMENT particulier du S∴ Ch∴ des RR∴ CC∴ constitué sous le titre distinctif de Ch∴ de Nancy, le 13e jour de l'an de la V∴ L∴ 5786 ; avec le tableau des PP∴ FF∴ Ch∴ qui le composent. *Nancy, Imprimerie du Ch∴, An IX*. 17 pages, in-32. Cart.

6260. RÈGLEMENT du Souv∴ Chap∴ de Nancy : réimprimé, et suivi d'un recueil d'instructions sur les divers ordres qu'il confère. *S. l., n. n., An II*. 38 pages, in-32. Broché.

6261. STATUTS et règlemens particuliers de la R∴ L∴ Saint-Jean, régulièrement constituée sous le titre distinctif de la Parfaite-Union, à l'O∴ d'Épinal ; arrêtés et adoptés le 30e jour du 8e mois de l'an de la V∴ L∴ 5819. *S. l., n. n.*, 1820. 56 pages, in-32. Br.

6262. LOGE Saint-Jean-de-Jérusalem. Morceau d'architecture prononcé par le F∴ Merville, Vén∴ de la R∴ L∴ Saint-Jean-de-Jérusalem, à l'O∴ de Nanci, le 8e jour du 11e mois de l'an de la V∴ L∴ 5825

(8 janvier 1826), jour de la célébration de la fête patronale et de l'inauguration du Temple. *Paris, Pillet aîné,* 1826. 12 pages, in-8°. Br.

6263. EXTRAITS des archives de la R∴ L∴ Saint-Jean-de-Jérusalem, régulièrement constituée à l'O∴ de Nancy, le 7 janvier 1771, ère vulgaire. — Fête solsticiale de la régénération de la lumière (8 janvier 1837). Allocutions et morceaux d'architecture. — Installation du nouveau Vénér∴ titulaire par le F∴ ex-Maître. — Allocution du T∴ C∴ F∴ Ch. Mandel au T∴ C∴ F∴ Bachot. *S. l., n. n., n. d.* 38 pages, in-8°. Broché.

6264. LOGE Saint-Jean-de-Jérusalem. Or∴ de Nancy, le 14° jour du 6° mois de la V∴ L∴ 5837, (15 août 1837 de l'ère vulgaire). — Morceau d'architecture prononcé par Ch. Mandel, R∴ X∴ *S. l., n. n., n. d.* 8 pages, in-8°. Br.

6265. RÈGLEMENT du Souv∴ Chap∴ de Nancy, revisé par ordre de ce R∴ Atelier. — Nouvelle édition. *S. l., n. n.,* 1838. 12 pages, in-8°. Br.

6266. LOGE Saint-Jean-de-Jérusalem. — Morceau d'architecture prononcé à la tribune des orateurs par le T∴ C∴ F∴ Eug. Bagré. *Nancy, Thomas et Cie,* 1839. 16 pages, in-8°. Br.

6267. TABLEAU des FF∴ qui composent la R∴ L∴ Saint-Jean-de-Jérusalem à l'Or∴ de Nancy : à l'époque du 24° jour et du 4° mois de l'an de la V∴ L∴ 5801 (1801) et de l'ère française le 5° jour du mois de messidor An 9. — An 11. — An 12. — 5808 (1808). — 1812. — 14. — 15. — 16. — 18. — 19. — 21. — 22. — 28. — 31. — 34. — 37. — 38. — 39. — 41. — 45. 18 brochures. *S. l., n. n.* In-32. Cart.

6268. TABLEAU des PP∴ FF∴ R∴ C∴ qui composent le S∴ Ch∴ de Nancy, à l'époque du 11° jour du 2° mois de l'an de la V∴ L∴ 1805 (21 germinal an 13). 1806. — 8. — 9. — 10. — 11. — 12. — 14. 16. — 18. — 20. — 21. — 22. 14 brochures. *S. l., n. n.* In-32. Cart.

6269. OR∴ de Nancy. L∴ Saint-Jean-de-Jérusalem. Inauguration du buste de Sa Majesté Louis XVIII. *Nancy, s. n.,* 1814. 47 pages, in-8°. Cart.

6270. MARCHAL. Notice historique sur la loge Saint-Jean, à l'Orient de Nancy, fondée en janvier 5771. Par Eugène Marchal. *Nancy, A. Dard.* 1856. 18 pages, in-8°. Cartonné.

6271. COURNAULT. Discours prononcé à la L∴ Saint-Jean-de-Jérusalem, à la fête solsticiale d'hiver de 1873, par le F∴ Cournault. *Nancy, G. Crépin-Leblond,* 1873. 7 pages, in-8°. Br.

6272. (BEYERLÉ.) De Conventu generali latomorum, apud aquas Wilhelminas, prope Hanauviam, oratio. *S. l. (Nancy), n. n., n. d.* (1782). 256 pages, in-8°. Demi-rel.

6273. NOTE sur les chapitres. *Metz, F∴ Verronnais, s. d.* 4 pages, in-32. Br.

6274. RÈGLEMENT du Subl∴ Cons∴ des G∴ E∴ Ch∴ K∴ 30° Dez∴, sous le titre distinctif des Amis de la vérité, à la Val∴ de Metz. *Metz, F. Verronnais,* 5830 (1830). 26 pages, in-32. Br.

6275. PLANCHE à tracer de la cérémonie de l'installation de la R∴ L∴ de St-Jean, régulièrement constituée à l'O∴ de Metz, sous le titre distinctif des Vrais amis. Le dix-septième jour du onzième mois de l'an de la vraie lumière 5787. *S. l., n. n.,* 1788. 49 pages, in-8°. Cart.

6276. L'HOMME de désir. Par le philosophe inconnu. Nouvelle édition, revue et corrigée par l'auteur. *Metz, Behmer, An 10-*1802, 2 vol. in-18. Br.

6277. CODE des statuts et règlemens de la R∴ L∴ Saint-Jean, sous le titre distinctif de l'École de la sagesse et du Triple accord réunis, à l'O∴ de Metz. *Metz, Collignon,* 5820. 126 pages, in-32. Br.

6278. CODE des statuts et règlemens pour la R∴ L∴ Saint-Jean, régulièrement constituée sous le titre distinctif de la Parfaite-union, à l'O∴ d'Épinal : arrêté et adopté le 1er jour du 1er mois de l'an de la V∴ L∴ 5802 (1802), et de l'ère française le 10° jour de Ventôse An X. *S. l. n. n., An X.* 68 pages, in-32. Br.

JURISPRUDENCE

I. HISTOIRE DU DROIT

ET DES

INSTITUTIONS JUDICIAIRES.

6279. BONVALOT. Histoire du droit et des institutions de la Lorraine et des Trois Évêchés (843-1789). Par Édouard Bonvalot, ancien conseiller de la Cour d'appel. Avec une introduction de M. E. Glasson. — Du traité de Verdun à la mort de Charles II. *Paris, F. Pichon*, 1895. VIII-386-XXIV pages, in-8°. Br.

6280. GLASSON. Rapport sur le concours pour le prix Odilon Barrot à décerner en 1891. Histoire du droit public et privé dans la Lorraine et les Trois Évêchés, depuis le traité de Verdun, en 843, jusqu'en 1789. *S. l., n. n., n. d.* 17 pages, in-8°. Br.

6281. LESEURE. Dissertation historique sur les progrès de la législation en Lorraine, qui a remporté le prix des belles lettres au jugement de la Société royale des sciences et belles lettres de Nancy, en l'année 1790, par M. Leseure. *Nancy, Leseure, s. d.* 94 pages, in-8°. Rel. veau

6282. MOUCHEREL. Traité élémentaire et pratique sur l'administration de la justice consulaire de Lorraine et Barrois. Par M. Moucherel, avocat. *Nancy, C. S. Lamort*, 1788. 71 pages, in-8°. Demi-rel.

6283. THIBAULT. Histoire des loix et usages de la Lorraine et du Barrois, dans les matières bénéficiales..., par M. François-Thimothée Thibault, chevalier, conseiller d'État... *Nancy, P. Antoine*, 1763. XX-635 pages, in-fol. Rel. veau.

6284. SCHÜTZ (F.). Tableau de l'histoire constitutionnelle et législative du peuple lorrain, suivi de documents inédits, par M. Ferdinand Schütz. *Nancy, Grimblot, Raybois et Cie*, 1843. 124 pages, in-8°. Cart. (Extrait des *Mémoires de l'Académie de Stanislas*.)

6285. GUILLAUME DE ROGÉVILLE. Jurisprudence des tribunaux de Lorraine, précédée de l'histoire du Parlement de Nancy; par M. Guillaume de Rogéville, chevalier, conseiller au même Parlement. *Nancy, C. S. Lamort*, 1785. LIII-772 pages, in-4°. Rel. veau.

6286. LUXER. Cour d'appel de Nancy. — Installation de M. Ballot-Beaupré, en qualité de premier président, et audience solennelle de rentrée du 4 novembre 1879. — Discours prononcé par M. A. Luxer, substitut du procureur général. — Les principales institutions judiciaires du duché de Lorraine. *Nancy, Vagner*, 1879. 72 pages, in-8°. Br.

6287. LUXER. L'organisation judiciaire en Lorraine sous Léopold et les réformes de ce prince. 1697-1729. Discours prononcé par M. Luxer. (Cour de Nancy. Audience de rentrée.) *Nancy, Vagner*, 1883. 18 pages, in-8°. Br.

6288. (LEFEBVRE.) La pratique judiciaire de Lorraine selon l'ordonnance du duc Léopold de l'année 1707, ouvrage très-utile et nécessaire aux juges, avocats, procureurs, greffiers, huissiers, et généralement à tous ceux qui souhaitent de savoir parfaitement la pratique, (par Lefebvre). *Nancy, J.-J. Haener et J. Lechesne*, 1755. XI-544 pages, pet. in-8°. Rel. veau.

6289. LEPAGE. Les offices des duchés de Lorraine et de Bar et la maison des ducs de Lorraine, par Henri Lepage, avec la collaboration de M. Alexandre de Bonneval. — Un épisode de la dernière session des États généraux de Lorraine (note additionnelle). *Nancy, L. Wiener*, 1869. 428 et 8 pages, in-8°. Demi-rel. (Extrait des *Mémoires de la Soc. d'archéol. lorr.*)

6290. BOURGEOIS. Pratique civile et criminelle pour les justices inférieures du duché de Lorraine, conformément à celle des sièges ordinaires de Nancy. Par M. Claude Bourgeois, conseiller d'Estat de S. A. et maistre eschevin de Nancy. *Nancy, J. Garnich*, 1614. IV-53 feuillets, in-4°. Rel. parchemin.

6291. MORY D'ELVANGE (DE). Fragmens historiques sur les États-généraux en Lorraine; la forme de leur convocation; la manière d'y délibérer les objets qui s'y traitoient. *S. l., n. n.*, 1788. 54 pages, in-8°. Br.

6292. EXPOSITION des loix, actes et monumens authentiques concernant l'origine et la constitution de la Cour souveraine séante à Nancy. *Nancy, C. S. Lamort*, 1775. 88 pages, in-4°. Br.

6293. MÉMOIRE présenté par la Cour souveraine de Lorraine et Barrois, pour prouver que le Parlement de Metz ne peut à aucun titre,... demander le ressort de la Cour souveraine de Lorraine et Barrois. *S. l., n. n.*, 1766. 36 pages, in-4°. Br.

6294. MÉMOIRE (Second) présenté par la Cour souveraine de Lorraine et Barrois; contenant des observations sur les questions auxquelles ont donné lieu les prétentions formées sur son ressort, par le Parlement de Metz. *S. l., n. n., n. d.* 15 pages, in-4°. Br.

6295. POULET. La Cour souveraine de Lorraine sous Stanislas. M. d'Aristay de Châteaufort. Discours prononcé par M. Jules Poulet. (Cour de Nancy. Audience de rentrée.) *Nancy, Vagner*, 1876. 43 pages, in-8°. Br.

6296. NOËL. Recherches historiques sur l'origine du notariat dans le ci-devant duché de Lorraine, et réflexions sur les droits, les devoirs et les prérogatives des notaires actuels..., par M. Noël, notaire et ancien avocat à Nancy. *Nancy, Grimblot, Vincenot et Vidart*, 1831. IV-126 pages, in-8°. Demi-rel.

6297. LEPAGE. La juridiction consulaire de Lorraine et Barrois et la confrérie des marchands de Nancy, par M. Henri Lepage. *Nancy, A. Lepage, s. d.* 43 pages, in-8°. Br. (Extrait des *Mémoires de la Société d'archéologie lorraine.*)

6298. DUMONT. Justice criminelle des duchés de Lorraine et de Bar, du Bassigny et des Trois Évêchés, par Dumont, substitut à Épinal. *Nancy, Dard*, 1848. VII-374 et IV-395 pages, in-8°. 2 vol. Demi-rel.

6299. MOTIFS qui doivent faire regarder le prétendu établissement des procureurs en Lorraine, comme une chose pernicieuse au bien des peuples. *S. l., n. n., n. d.* 4 pages, in-fol. Br.

6300. NOËL. Des domaines et de l'état constitutionnel de la Lorraine, par M. Noël. *Nancy, chez les principaux libraires*, 1830. 119 pages, in-8°. Demi-rel.

6301. GERMAIN. Écrous et élargissements. Documents inédits sur l'histoire de la Lorraine et sa législation, par M. D. Germain. *Nancy, Crépin-Leblond*, 1890. 53 pages, in-8°. Br.

6302. LUXER. Les institutions judiciaires de la ville de Toul avant sa réunion à la France. Discours prononcé par M. Luxer. (Cour de Nancy. Audience de rentrée.) *Nancy, Vagner*, 1888. 43 pages, in-8°. Br.

6303. DUFRESNE. Traité de l'officialité de Toul de Jean Dupasquier, par A. Dufresne. *S. l., n. n., n. d.* 8 pages, in-8°. Cart.

6304. STILE et règlement pour l'instruction des procès, des présidiaux, bailliages, prévôtéz et chatellenies du ressort du Parlement de Metz... Corrigé suivant l'ordonnance. Troisième édition. *Metz, F. Bouchard*, 1686. XVI et 280 pages, pet. in-8°. Rel. veau.

6305. KLIPFFEL. Les paraiges messins. Étude sur la république messine, du treizième au seizième siècle; par F.-D. Henri

Klipffel, professeur d'histoire au Lycée de Metz. *Metz, Warion ; Paris, Durand,* 1863. xi-238 pages, in-8°. Demi-rel.

6306. PROST. Les institutions judiciaires dans la cité de Metz, par M. A. Prost, membre de l'Académie de Metz. *Paris-Nancy, Berger-Levrault,* 1893. xvii-259 pages, in-8°. Br. (Extrait des *Annales de l'Est.*)

6307. PROST. L'ordonnance des maiours. Étude sur les institutions judiciaires à Metz, du xiii° au xvii° siècle, par M. A. Prost, membre de l'Académie de Metz. *Paris, L. Larose,* 1878. 122 pages, in-8°. Demi-rel. (Extrait de la *Nouvelle revue historique du droit.*)

6308. PROST. Les jugements à Metz au commencement du treizième siècle, par Aug. Prost. *Paris, E. Thorin,* 1876. 35 pages, in-8°. Cart. (Extrait de la *Revue de Législation ancienne et moderne, française et étrangère.*)

6309. MICHEL. Histoire du Parlement de Metz, par Emmanuel Michel, conseiller à la Cour royale de Metz. *Paris, J. Téchener,* 1845. 548 pages, in-8°. Portrait. Demi-rel. Voy. n° 3359.

6310. CHABERT. Création des notaires royaux dans la ville de Metz, et suppression des amans ou notaires du pays messin, 1552-1728, par M. F.-M. Chabert. *Metz, F. Blanc,* 1859. 40 pages, in-8°. Rel.

6311. AFFAIRE des parlements, 1788. Recueil renfermant : Réquisitoire du procureur du roi au bailliage de Lixheim. — Délibération du bailliage de Nomeny. — Arrêté du bailliage d'Épinal. — Discours de l'intendant du roi au bailliage de Nancy. — Arrêtés des bailliages de Fénétrange, — de Thiaucourt, — de Château-Salins, — de Verdun. — Dispositif de la sentence rendue au bailliage de Commercy. — Déclarations et itératives protestations du Parlement de Nancy. — Enrégistrement fait au bailliage de Pont-à-Mousson de cette déclaration. — Examen du système de législation établi par les édits du mois de mai 1788 (Atteintes aux droits de la Lorraine.) — Délibérations des bailliages de Vézelise, — de Nancy, — de Bouzonville. — Lettre d'un membre du Tiers-

État à la noblesse de Lorraine. — Délibération du bailliage de Commercy. — États, droits, usages en Lorraine. Lettre d'un gentilhomme lorrain à un prince allemand (par Mory d'Elvange). — Déclarations du Parlement de Metz. — Du bailliage de Sarrelouis. — Etc. 737 pages, in-8°. Cart.

6312. OBSERVATIONS de la Cour d'appel de Metz sur le projet d'organisation judiciaire... qui supprime la Cour de Metz et place à Nancy le chef-lieu du nouveau ressort. *Metz, Nouvian,* 1848. 20 pages, in-4°, 4 tableaux et une carte. Br.

6313. THILLOY. Les institutions judiciaires de la Lorraine allemande, avant 1789. (Discours prononcé par M. J. Thilloy, substitut du procureur général, à l'audience solennelle de rentrée de la Cour impériale de Metz, du 3 novembre 1864.) *Metz, Nouvian,* 1864. 67 pages, in-8°. Cart.

6314. LEDERLIN. Exposé de l'organisation judiciaire en Alsace-Lorraine, présenté à la Société de Législation comparée, par M. Lederlin, professeur à la Faculté de droit de Nancy. *Paris, Cotillon et fils,* 1872. 15 pages, in-8°. Br. (Extrait du *Bulletin de la Société de Législation comparée,* 1872.)

6315. BENOIT. Notes sur la Lorraine allemande. Le Westrich. — Étude sur les institutions communales du Westrich et sur le livre du vingtième jour de Fénétrange, par M. Louis Benoit (de Berthelming). *Nancy, A. Lepage,* 1861-1866. 27 et 91 pages, in-8°. Planches. Demi-rel. (Extraits des *Mémoires de la Soc. d'archéol. lorr.*)

6316. COUR d'appel de Nancy. Audience du 11 avril 1872. Installation d'une seconde chambre civile. *Nancy, Vagner,* 1872. 16 pages, in-8°. Br.

II. COUTUMES.

6317. BEAUPRÉ. Essai historique sur la rédaction officielle des principales coutumes et sur les assemblées d'États de la Lorraine ducale et du Barrois, accompagné de documents inédits et d'une bibliographie de ces coutumes, par M. Beaupré, vice-président du tribunal civil de Nancy, etc. *Nancy, Grimblot*, 1845. 185 pages, in-8°. Demi-rel. Grand papier. (Extrait des *Mémoires de la Société royale des sciences, etc., de Nancy.*)

6318. COUSTUMES (Les) générales du duché de Lorraine, ès bailliages de Nancy, Vosges et Allemagne. — Recueil du style à observer ès instructions des procédures tant des assizes que ès sièges supérieurs et inférieurs..., avec le règlement pour le sallaire des juges, procureurs, etc... *Nancy, J. Janson*, 1596. iv-54, 16 et 39 feuillets, in-4°. Rel. basane. (Sur les deux titres figurent des empreintes différentes de fers à dorer, aux armes de Lorraine. — A la fin, un cartouche avec la souscription de l'imprimeur.)

6319. COUSTUMES (Les) générales du duché de Lorraine, ès bailliages de Nancy, Vosges et Allemagne. Interprétation et esclarcissement d'aucuns articles d'icelles formalités, etc. *Nancy, Blaise André, s. d.* (*Semble postérieure à celle de Janson*). iv-120 feuillets (le numérotage est défectueux à partir de 89), in-4°. Demi-rel. basane. (Sur le titre figure l'empreinte d'un fer à dorer, aux armes de Lorraine.)

6320. COUTUMES générales anciennes et nouvelles du duché de Lorraine, pour les bailliages de Nancy, Vosge et Allemagne. Ensemble : le stile des procédures d'assises ; celuy des procédures de justice ; le règlement et taxe d'icelles. *Metz, Fr. Bouchard*, 1682. 124 et 42 pages, in-12. Rel. veau.

6321. COUSTUMES générales anciennes et nouvelles du duché de Lorraine, pour les bailliages de Nancy, Vosges et Allemagne. Le style des procédures d'assises. Celuy des procédures de justice : Le règlement et taxe d'icelles. *Espinal, A. Ambroise*, 1633. viii-159 et 130 pages, in-4°. Rel. peau de chamois. (Sur le titre, une vignette aux armes de Lorraine.)

6322. COUTUMES générales, anciennes et nouvelles, du duché de Lorraine, pour les bailliages de Nancy, Vosges et Allemagne ; ensemble : le stile des procédures d'assises, celuy des procédures de justice, le

règlement et taxe d'icelles. *Nancy, P. Barbier*, 1710. vi-194 et 156 pages, in-12. Rel. veau.

6323. BREYÉ. Dissertation sur le titre X des coutumes générales anciennes et nouvelles du duché de Lorraine, des donations entre vifs, simples, mutuelles et à cause de noces. *Nancy, J.-B. Cusson*, 1725. xvi-360 pages, in-12. Rel. veau.

6324. COUTUMES générales du duché de Lorraine, pour les bailliages de Nancy, Vosge et Allemagne. Nouvelle édition imprimée sur celle de Jacob Garnich de l'an 1614, et augmentée des nouvelles dispositions survenues depuis. *Nancy, A.-D. Cusson*, 1748. 145 et 177 pages, in-12. Rel. veau.

6325. COUTUMES générales du duché de Lorraine, pour les bailliages de Nancy, Vosge et Allemagne. Nouvelle édition imprimée sur celle de Jacob Garnich de l'an 1614, et augmentée de nouvelles dispositions survenues depuis. *Nancy, Babin*, 1770. 145 et 177 pages, in-12. Rel. veau.

6326. COUTUMES générales du duché de Lorraine, pour les bailliages de Nancy, Vosge et Allemagne. Nouvelle édition, revue et corrigée. *Paris, Valade; Nancy, Bonthoux*, 1783. 214 pages, in-12. Rel. veau.

6327. COUTUMES générales du duché de Lorraine, pour les bailliages de Nancy, Vosge et Allemagne. Nouvelle édition, imprimée sur celle de Jacob Garnich de l'an 1614 et augmentée de nouvelles dispositions survenues depuis. *Paris, Valade; Nancy, Bonthoux*, 1783. 218 pages, in-12. Rel. bas.

6328. CANON. Commentaire sur les coustumes de Lorraine, auquel sont rapportées plusieurs ordonnances de S. A. et des ducs ses devanciers. Avec des arrests de son conseil... Par Pierre Canon, juge adsesseur au bailliage de Vosges. *Épinal, A. Ambroise*, 1634. iv-494 pages, in-4°. Rel. veau.

6329. RISTON. Contribution à l'étude du droit coutumier lorrain. Des différentes formes de la propriété : fiefs, censives, servitudes réelles. Par V. Riston, docteur en droit. *Paris, A. Rousseau*, 1887. 347 pages, in-8°. Demi-rel.

6330. RISTON. Analyse des coutumes sous le ressort du Parlement de Lorraine, adaptées au droit commun et aux loix particulières à cette province. Dédiée au roi, par M. Riston, écuyer, substitut en Parlement. *Nancy, D. Mathieu*, 1782. xiv-418 et 86 pages, in-4°. Rel. veau.

6331. FABERT. Les remarques d'Abraham Fabert, chevalier, sieur de Moulins et maistre-eschevin de Metz, sur les coustumes générales du duché de Lorraine, es bailliages de Nancy, Vosges et Allemagne. *Metz, Cl. Bouchard*, 1657. 1-553 pages, gr. in-fol. Frontispice et portrait. Rel. veau.

6332. HUART. Die gemeine Landtsbräuche... in Lotharingen. Auss der Frankösischen in die Teutsche gemeine Sprach durch Johan Huart. — Form der Processen in dem assisen. *Franckfurt am Mayn*, 1599. xvi-120 et 11 pages, in-4°. Demi-rel.

6333. COUSTUMES du bailliage de Bar. Rédigées par les trois États dudict bailliage convoqués à cest effect... Et homologuées par Son Altesse au moys d'octobre 1579. *Nancy, Blaise Andréa*, 1599. iv-78 feuillets, in-4°. Rel.

6334. COUSTUMES du bailliage de Bar, rédigées par les trois Estats dudit bailliage, convoquez à cet effect par ordonnance de Sérénissime prince Charles, par la grâce de Dieu duc de Calabre, Lorraine, Bar, Gueldres, etc., et homologuées par Son Altesse au mois d'octobre 1579. *S. Mihiel, François et J. Du Bois*, 1623. vi-140 et 13 pages, pet. in-4°. Rel. bas.

6335. COUTUMES du bailliage de Bar, avec un commentaire tiré du droit romain, des coûtumes de Paris, de Sens et autres ; et des arrêts et règlemens de la Cour de parlement. — Procèz verbal. — Anciennes coutumes... *Paris, G. Saugrain*, 1698. xvi-360 et 111 pages, in-12. Rel. veau.

6336. LE PAIGE. Nouveau commentaire sur la coutume de Bar-le-Duc, conférée avec celle de St-Mihiel dont le texte est joint, revû, corrigé et augmenté de nouvelles notes, pour la résolution et la décision des matières les plus ordinaires et les plus importantes du droit coûtumier, par Jean Le Paige, l'aîné, escuyer, conseiller de S. A. R. et maître des comptes de Barrois.

2° édition. *Bar-le-Duc, J. Lochet*, 1711. vi-511, 31 et 64 pages, pet. in-8°. Rel. veau.

6337. LE PAIGE. Coutume de Bar-le-Duc, commentée par feu M. Le Paige. Troisième édition, augmentée d'une notion des loix civiles..., par M. de Maillet. En deux parties. — Coutume du bailliage de Saint-Mihiel. *Toul, Carez*, 1783. xxvi-676, 60 et xxv pages, in-12. Rel. veau. (Ex-libris de Vassimon de Vertuzey.)

6338. COUTUMES générales du bailliage du Bassigny..., avec le style contenu au cayer suivant. (Dédicace signée Collin.) *Nancy, Thomas*, 1761. vii-112 pages, in-8°. Rel.

6339. COUSTUMES générales du bailliage du Bassigny. Rédigées par les trois Estats d'iceluy, convocquez à cest affect... Et omologuées par Son Altesse, au mois de novembre 1580. Avec le style contenu au cayer suivant. *Pont-à-Mousson, Melchior Bernard*, 1607. v-119 feuillets, in-4°. Rel.

6340. COUTUMES du comté de Blâmont, avec les lettres patentes d'omologation, du dix-neuf mars 1596. *Nancy, N. Charlot*, 1747. 31 pages, in-8°. Br.

6341. COUTUMES du comté de Blâmont, avec les lettres-patentes d'omologation du dix-neuf mars 1596. *Nancy, Thomas*, 1761. 16 pages, in-8°. Rel.

6342. COUTUMES (Anciennes) du comté de Blâmont (par M. l'abbé Chatton). *Nancy, J. Royer*, 1889. 43 pages, in-8°. Br.

6343. DEFOURNY. La loy de Beaumont. Coup d'œil sur les libertés et les institutions du moyen-âge, par M. l'abbé Defourny (Pierre Dufour). *Reims, P. Dubois*, 1864. 262 et xiv pages, in-8°. Plan de Beaumont au xiii° siècle, in-4°. Demi-rel.

6344. BONVALOT. Le tiers état d'après la charte de Beaumont et ses filiales, par Ed. Bonvalot, ancien conseiller des Cours de Colmar et de Dijon. Ouvrage couronné par l'Académie de Stanislas. *Paris-Nancy, A. Picard et Sidot*, 1884. xxv, 557 et 88 pages, in-8°. Demi-rel.

6345. ARBOIS de JUBAINVILLE (d'). Loi de Beaumont. Texte latin inédit. Par H. d'Arbois de Jubainville. *Paris, Dumoulin*,

1851. 9 pages, in-8°. Cart. (*Bibliothèque de l'École des Chartes.*)

6346. COUTUME particulière à la Bresse. *Nancy, Thomas*, 1754. 3o pages, in-8°. Br.

6347. COUSTUMES (Les) de Chaumont en Bassigny. (Édition du commencement du XVIᵉ siècle, imprimée probablement *à Troyes, chez Jehan Lecoq*, comme on peut s'en convaincre en en comparant les caractères, avec ceux des ouvrages suivants.) 52 feuillets, petit in-8°. (Le titre manque.) — Relié avec : Le grant coustumier de Sens. A la fin : *Imprimé à Troyes chez Jehan Lecoq, s. d.* 48 feuillets, pet. in-8° ; et Les coustumes du Bailliage de Troyes en Champaigne. *Ibidem, s. d.* 64 feuillets in-8°. Rel. veau. (Les titres de ces deux derniers ouvrages portent la marque de l'imprimeur.)

6348. GOUSSET. Les loix municipales, et coustumes générales du bailliage de Chaulmont en Bassigny et ancien ressort d'iceluy, corrigées, interprétées et annotées... par M. Jean Gousset, licencié es droicts... *Espinal, P. Houion*, 1623. VI-90 feuillets, in-4°. Rel. parchemin.

6349. GOUSSET. Les loix municipales et coûtumes générales du bailliage de Chaumont en Bassigny et ancien ressort d'iceluy, recorrigées, interprétées et annotées, etc. par feu Jean Gousset. *Chaumont, G. Briden*, 1722. XVI-366 pages, in-8°. Rel. veau.

6350. SALMON. Des usages du comté de Dabo, par M. Salmon. *Metz, F. Blanc*, 1867. 11 pages, in-8°. Cart. (Extrait des *Mémoires de l'Académie impériale de Metz.*)

6351. COUSTUMES générales du bailliage d'Espinal, par ordonnance de Sérénissime prince Charles, par la grâce de Dieu, duc de Lorraine, Bar, etc. et omologuée par Son Altesse, à la requeste des sieurs desputez, et gouverneur de la dicte ville d'Espinal, avec le stil, et formalitez. *Nancy, B. André*, (1607). V-146 pages, petit in-4°. Demi-rel.

6352. COUSTUMES générales du bailliage d'Épinal... avec le stile et formalités (Dédicace signée P. B. A. Raceycourt.) *Nancy, Thomas*, 1761. VI-122 pages, in-8°. Rel.

6353. COUTUMES générales des pays Duché de Luxembourg et comté de Chiny. *Luxembourg, A. Chevalier*, 1688. — Ordonnance et édict perpétuel des archiducs nos princes souverains, pour meilleur direction des affaires de la justice, en leurs pays de pardeça. *Ibidem*, 1688. 116 et 43 pages, in-16. Rel. veau.

6354. COUTUMES générales du pays duché de Luxembourg et comté de Chiny. *Metz, J. Antoine*, 1710. — Ordonnance et édit perpétuel des Archiducs. *Ibidem, s. d.* 118 et 43 pages, in-16. Rel. veau.

6355. COUTUME de la ville et prévôté de Marsal. *Nancy, Thomas*, 1761. 32 pages, in-8°. Rel. v.

6356. COUTUME des ville et prévosté de Marsal. *S. l., n. n., n. d.* 26 pages, petit in-8°. Cart.

6357. COUTUMES générales de la ville de Metz et pays messin. Corrigées ensuite des résolutions des trois États de ladite ville, ès années 1616, 1617 et 1618. Seconde édition. *Metz, F. Bouchard*, 1688. XXIV-168 pages, in-16. Rel. veau.

6358. COUTUMES générales de la ville de Metz, et pays messin, corrigées ensuite des résolutions des trois États de ladite ville, ès années 1616, 1617 et 1618, avec les procez-verbaux de correction. *Metz, Brice Antoine, s. d.* XXII-144 pages, in-12 Rel. veau.

6359. COUTUMES générales de la ville de Metz et pays messin... enrichies d'un commentaire sur les principaux articles. *Metz, Collignon*, 1769. XVI-528 pages, in-12. Rel. veau.

6360. DILANGE. Coutumes générales de l'évêché de Metz, enrichies d'une table raisonnée des matières mise par ordre alphabétique. — Coutumes municipales des villes et châtellenies de Remberviller, Baccarat et Moyen, commentées par M. Dilange, conseiller au parlement de Metz. *La Haye, Cie des libraires*, 1771-72. 389 et 71 pages, petit in-8°. Demi-rel.

6361. GABRIEL. Observations détachées sur les coutumes et les usages anciens et modernes du ressort du Parlement de Metz. Par feu M. Gabriel, doyen et ancien bâtonnier de l'ordre des avocats au Parlement de Metz. *Bouillon, Société typographique*, 1787. IV-740 et 869 pages. 2 vol. in-4°. Rel. veau.

6362. (ANCILLON.) Traité de la différence des biens meubles et immeubles de fonds et de gagières, dans la coutume de Metz. Avec un sommaire du droit des offices. (Par Ancillon.) *Metz, Brice Antoine*, 1698. XXIV-274 et 6 pages in-12. Rel. veau.

6363. COUTUMES de l'évêché de Metz. *Nancy, Thomas*, 1761. 56 pages, in-8°. Rel. v.

6364. COUTUMES de l'évêché de Metz, avec les municipales de Ramberviller, Baccarat et Moyen. Nouvelle édition augmentée de la déclaration des villes, bourgs et villages dépendans du bailliage de l'évêché de Metz, à Vic, distingués par châtellenies, bans particuliers, vaulx, mairies, ou seigneuries notables. *Metz, J. Collignon*, s. d. 117 pages, in-12. Rel. veau.

6365. DINAGO. Usages locaux constatés en 1855 dans le canton de Saint-Dié, et en 1857 dans le canton de Raon-l'Étape, publiés, annotés et précédés d'une préface par F.-J.-M. Dinago, avocat. *Saint-Dié, C. Dufays*, 1876. 41 pages, in-8°. Br.

6366. COUSTUMES du bailliage de Sainct-Mihiel. Avec les ordonnances faictes sur le style, et règlement de la justice... Rédigées par escrit, par ordonnance de Sérénissime Prince Charles... Et homologuées par Son Alteze au moys de novembre 1598. *Pont-à-Mousson, Melchior Bernard*, 1599. IV-90 feuillets in-4°. Rel. v.

6367. COUTUMES du bailliage de Saint-Mihiel, avec les ordonnances faites sur le style et règlement de la justice au siège dudit bailliage. — Anciennes coutumes dudit bailliage. Dédicace signée « Jean Bourgeois ». *Nancy, Thomas*, 1762. IV-90 et 82 pages, in-8°. Rel. veau.

6368. COUTUMES générales de la ville de Thionville et des autres villes et lieux du Luxembourg françois ; sçavoir du bailliage de Carignan, des prévôtez royales de Montmédy, Damvilliers, Marville, Chauvancy et autres lieux. *Metz, J. Antoine*, 1706. XX-140 pages, in-16. Rel. veau. — On y a joint : Ordonnance et édit perpétuel des archiducs, nos princes souverains. *Ibidem*. 44 pages, in-16.

6369. COUTUMES générales de la ville de Thionville et des autres villes et lieux du Luxembourg françois, sçavoir : du bailliage de Carignan, des prévostez-royales de Montmédy, Danvilliers, Marville, Chauvancy et autres lieux. *Nancy, Thomas*, 1761. X-72 pages, in-8°. Rel. v.

6370. COUTUMES du Val-de-Liepvre, Sainte-Croix et Sainte-Marie-aux-Mines, de l'an 1586. *Nancy, Thomas*, 1761. 44 pages, in-8°. Rel. veau. (Sur le titre, une note manuscrite annonce : « Cette impression a été supprimée par arrêt rendu, les chambres assemblées, le 11 août 1781.)

6371. BONVALOT. Les coutumes du Val de Rosemont ; publiées pour la première fois, avec introduction et notes, par Ed. Bonvalot. *Paris, A. Durand*, 1866. 81 pages, in-8°. Cart. (Extrait de la *Revue historique de droit.*)

6372. BEAUPRÉ. Documents inédits sur la rédaction et les coutumes du comté de Vaudémont ; sur les causes qui l'ont empêchée d'aboutir à un texte officiel ; sur la féauté de Vaudémont et les singularités de cette juridiction, publiés et annotés par Beaupré. *Nancy, A. Lepage*, 1857. 37 pages, in-8°. Cart.

6373. COUTUMES générales de la ville de Verdun, et pays verdunois. Rédigées et réformées en exécution de la déclaration du roy du 24 février 1741. Homologuées et autorisées par lettres patentes du 30 septembre 1747. Ensemble le procès verbal de réformation. *Metz, F. Antoine*, s. d. (1748). IV-164 pages, in-8°. Rel. veau.

6374. COUTUMES générales de la ville et cité, évêché et comté de Verdun, appelées communément les coutumes et droits de Sainte-Croix. (Dédicace signée « Bouchard ».) *Nancy, Thomas*, 1762. VI-36 pages, in-8°. Rel.

6375. COUTUMES générales de la ville et cité, évesché et comté de Verdun, appelées communément les coutumes et droits de Sainte-Croix. *Metz, J. Antoine*, s. d. XII-84 pages, in-12. Rel. veau.

6376. ORDONNANCES d'Illustrissime et Révérendissime prince Monseigneur Charles de Lorraine évesque et comte de Verdun, pour le règlement de la justice de sondict évesché et comté. *Verdun, J. Wapy*, 1619. 81 pages, in-4°. Demi-rel.

6377. LETTRES patentes du roy, portant que les coûtumes du bailliage de Verdun et les usages locaux de la ville de Toul y insérés, seront observés. Données à Versailles le 30 septembre 1747. *Metz, F. Antoine*, 1748. 98 pages, in-4°. Rel. veau. (Ex libris de J.-J. Bourgeois.)

6378. BENOIT. Étude sur les institutions communales du Westrich, et sur le livre du vingtième jour de Fénétrange, par M. Louis Benoit (de Berthelming). *Nancy, A. Lepage*, 1866. 91 pages, in-8°. Br. (Extrait des *Mémoires de la Société d'archéologie lorraine*.)

6379. USAGES locaux de la ville de Toul, et pays toulois. Homologués et autorisés par lettres patentes du 30 septembre 1747. Ensemble le procès-verbal de rédaction. *Metz, Fr. Antoine, s. d.* (1748). VI-88 pages, in-12. Rel. veau.

6380. BERTHELIN. Recueil des usages locaux dans le département de la Meurthe tels qu'ils ont été constatés et vérifiés officiellement, contenant : 1° les usages auxquels la législation donne force de loi ; 2° les usages pratiqués par tolérance réciproque, etc. Publié sous les auspices de M. Langlé, préfet de la Meurthe, par E. Berthelin, avocat à Troyes. *Paris, Maillet-Schmitz ; Nancy, Hinzelin*, 1857. 63 pages, in-8°. Demi-rel.

III. ORDONNANCES.

RECUEILS. — ADMINISTRATION DE LA JUSTICE. — JUSTICE CONSULAIRE. — AFFAIRES ECCLÉSIASTIQUES. — TRAITÉS SPÉCIAUX. — MÉLANGES.

6381. ÉDITS, ordonnances, arrêts, déclarations, etc. Collection de 3274 pièces en éditions originales, imprimées de 1607 à 1807. 37 étuis gr. in-8° et in-4°.

6382. FRANÇOIS DE NEUFCHATEAU. Recueil authentique des anciennes ordonnances de Lorraine, et de quelques autres pièces importantes, tirées des registres du greffe du grand bailliage des Vosges, séant à Mirecourt ; par M. François de Neufchateau, ancien lieutenant général au bailliage de Mirecourt, actuellement procureur-général au Cap Français. *Nancy, C. S. Lamort et D. Mathieu*, 1784. XXXII-279 et 248 pages, in-4°. 2 parties en 1 vol. Rel. veau.

6383. GUILLAUME DE ROGÉVILLE. Dictionnaire historique des ordonnances, et des tribunaux de la Lorraine et du Barrois. Dédié à Monseigneur le marquis de Miroménil, chevalier, garde des sceaux de France, par M. Pierre-Dominique Guillaume de Rogéville, chevalier, conseiller au Parlement de Nancy. *Nancy, Vve Leclerc et N. Gervois*, 1777. VIII-621-88 et 702 pages, in-4°. 2 vol. Rel. veau.

6384. ÉDITS, ordonnances, arrêts, etc., sur toutes sortes de matières promulgués de 1582 à 1729. (Recueil factice.) 365 pages, in-fol. Rel. veau.

6385. RECUEIL des édits, ordonnances, déclarations, traitez et concordats du règne de Léopold Ier, de glorieuse mémoire, duc de Lorraine et de Bar. — Depuis le règne du duc Léopold, jusqu'à celui de Sa Majesté le roi de Pologne. — Du règne de S. M. le roi de Pologne. — Du règne de Leurs Majestés Louis XV et Louis XVI. *Nancy, J.-B. Cusson ; P. Antoine ; Thomas et Babin*, 1733-1786. 15 tomes en 16 volumes, in-4°. Rel. veau.

6386. (RISTON.) Table de matières contenues dans les ordonnances des ducs de Lorraine, depuis le commencement du règne du duc Léopold, jusqu'à la fin de celui du roi Stanislas, excepté de celles contenues au IV° volume, qui est celui des monnaies, (par Riston). *Nancy, Babin*, 1769. 192 pages, in-4°. Rel. veau.

6387. RECUEIL d'édits et ordonnances : Traité entre l'empereur Charles-Quint et Antoine, duc de Lorraine, 14 may 1522. — Extrait des principales ordonnances des S. ducs de Lorraine et de Bar, concernant la police extérieure de l'Église dans leurs États, 63 pages. — Ordonnance sur l'establissement de deux foires franches au bourg de S. Nicolas-de-Port en Lorraine, 1597. 16 pages. — Ordonnance touchant la nourriture, entretenement et subvention des pauvres... 1626 et 1628. 8 et 11 pages. — Édit contre les duels. 1699. 14 pages. Etc. 339 feuillets, in-4°. Rel. veau.

6388. ARRESTS choisis de la Cour souveraine de Lorraine et Barrois contenant les décisions de plusieurs questions notables. On y a joint divers actes publics, concernant les duchez de Lorraine et de Bar. *Nancy, J.-B. Cusson,* 1717-1722. XII-384 et 394 pages, in-4°. 2 vol. Rel. veau.

6389. RECUEIL périodique des arrêts de la Cour d'appel de Nancy et des jugements rendus par les tribunaux de son ressort. Publié sous le patronage de M. le premier président et du conseil de l'ordre des avocats, sous la direction de MM. les conseillers Audiat et Stainville, par G. Gutton, E. Boulangé, A. Décosse, H. Mengin, avocats à la Cour, E. de Sobirats, avoué à la Cour, etc. *Nancy, G. Crépin-Leblond,* 1876-1895. 20 vol. in-8°. Demi-rel.

6390. RECUEIL factice d'arrêts du Conseil d'État (intéressant la Lorraine), de 1766 à 1779. *Paris, P. G. Simon, etc.,* 1767-1785. 41 pièces in-4°. Cart.

6391. RECUEIL d'édits, déclarations du roy, et lettres patentes, registrés au Parlement de Metz depuis sa création, de plusieurs arrets du Conseil, et des arrets de règlement, rendus par la même Cour. Recueil factice, composé des pièces originales publiées de janvier 1633 à novembre 1744 et réunies en 24 volumes, in-4°. (En tête de chaque volume se trouve le titre ci-dessus, imprimé). — Table chronologique des édits, déclarations, lettres patentes et arrêts du Parlement de Metz, depuis sa création jusqu'en 1740. — Table alphabétique... *Metz, F. Antoine,* 1740. 385 pages, in-4°. En tout 25 volumes. Rel. veau.

6392. (EMMERY.) Recueil des édits, déclarations, lettres patentes et arrêts du Conseil enregistrés au Parlement de Metz; ensemble des arrêts de règlemens rendus par cette Cour. (Par Emmery.) *Metz, P. F. Marchal; Antoine,* 1774-1788. 5 volumes, in-4°. Rel. veau.

6393. ORDONNANCES de la ville et cité de Metz et païs messin. — 1. Pour la justice et police. — 2. Pour les rentes et layées à cense. — 3. Pour les pauvres. Avec tables et indices bien amples des matières... *Imprimé à Metz, s. n.,* 1565. XXXII-141 pages, in-4°. Rel. parchemin. (Sur le titre, un cartouche aux armes de la ville de Metz. Les pages 1-8 ayant disparu ont été remplacées par 8 pages manuscrites.)

6394. REMONTRANCES faites aux ouvertures de la St.-Martin de la Cour souveraine de Lorraine et Barrois, par les advocats généraux en icelle, depuis l'année 1705, jusqu'en l'année 1717 inclus. *Nancy, R. Charlot et P. Deschamps, s. d.* 307 pages, in-4°. Rel. veau.

6395. FREMYN. Décisions de plusieurs notables, questions traitées en l'audience du Parlement de Metz, séant à Toul, par Messire Louis Fremyn, seigneur de Walle..., advocat général audit Parlement. *Toul, S. Belgrand et J. Laurent,* 1644. VIII-445 pages, in-4°. Rel. parchemin.

6396. ORDONNANCE de Léopold Ier, duc de Lorraine et de Bar, etc. Donnée à Nancy, au mois de juillet 1701. *Nancy, P. Barbier,* 1701. VIII-238, 147 et 396 pages, in-12. 2 vol. Rel. veau.

6397. ORDONNANCE ampliative de Son Altesse Royale, pour supplément de celles des mois de juillet et août 1701. Donnée à Lunéville, le 19 février 1704. *Nancy, P. Barbier,* 1704. 162 pages, in-12. Rel. veau.

6398. ORDONNANCE de Son Altesse Royale, pour l'administration de la justice. Donnée à Lunéville, au mois de novembre 1707. Nouvelle édition, revue, corrigée et augmentée. *Nancy, J.-B. Cusson,* 1725. XIV-550 pages, in-12. Rel. veau.

6399. MOUCHEREL. Pratique criminelle sur l'ordonnance de Lorraine du duc Léopold, de 1707..., par M. Moucherel, avocat au Parlement de Nancy. *Nancy, C.-S. Lamort et F. Babin,* 1775. VIII-310 pages, in-8°. Rel. veau.

6400. PRATIQUE JUDICIAIRE (La) de la Lorraine, selon l'ordonnance du duc Léopold, de l'année 1707. Seconde édition. *Nancy, J. J. Haener,* 1771. VIII-468 pages, in-12. Rel. veau.

6401. ORDONNANCE de Son Altesse Royale pour l'administration de la justice. Donnée à Lunéville au mois de novembre 1707. Nouvelle édition. *Nancy, J. et F. Babin,* 1770. VI-567 pages, in-8°. Rel. veau (en 3 volumes interfoliés. — Notes manuscrites au premier volume.)

6402. ROLLE de la taxe de la finance des offices créez héréditaires par édit de Son Altesse Royale du présent mois, tant dans son Conseil d'État, que dans sa Cour souveraine de Lorraine et Barrois, chambre des comptes de Lorraine et de Bar, chambre des requêtes du Palais, bailliages, sièges bailliagers, prévôtez, gruries et autres juridictions de ses États, terres et seigneuries de son obéissance, y enclavées ou annexées, conformément audit édit ; en exécution duquel ledit rolle a été arrêté au conseil des finances de S. A. R. ce jourd'hui vingt-quatre février mil sept cens vingt-cinq, comme s'ensuit... *S. l., J.-B. Cusson, s. d.* 20 pages, in-fol. Br.

6403. ROLLE des offices créez héréditaires, par édits de Son Altesse Royale des mois de may, octobre, novembre, décembre mil sept cens vingt-trois, et janvier mil sept cens vingt-quatre dont les possesseurs sont tenus de racheter le droit annuel au denier vingt-cinq, en exécution de l'édit de sa dite A. R. du présent mois ; auquel rolle il a été procédé par son conseil des finances, cejourd'hui vingt-six février mil sept cens vingt-cinq, comme s'ensuit... *S. l., J.-B. Cusson, s. d.* 19 pages, in-fol. Br.

6404. ROLLE des offices créez héréditaires par édit de Son Altesse Royale du 10 janvier dernier, dont sadite A. R. a ordonné par sa déclaration du 11 du présent mois de juin, au soussigné conseiller d'État et et controlleur général des finances, de faire faire de nouveau les affiches et publications, comme n'ayant pas été levez par les titulaires ; pour iceux être ajugez au bureau du sieur Joseph Barail, trésorier général des revenus casuels de Lorraine et Barrois, en la manière ordinaire, daté de Lunéville du 17 juin 1719. *S. l., J.-B. Cusson, s. d.* 17 pages, in-fol. Br.

6405. ÉDIT de Son Altesse Royale, pour l'hérédité des offices et rachat de la Paulette. *Nancy, J.-B. Cusson,* 1725. 30 pages, in-4°. Br.

6406. ÉDIT du mois de may 1664, contenant l'ordre et règlement que Son Altesse veut estre observé en la fonction et droits de l'office de grand voyer et de ses voiers et archers, en Lorraine et Barrois, vérifié en Parlement et Chambre des Comptes. Et en suitte l'ordonnance de Monsieur le grand voyer. (Suivi de lettres patentes et d'arrêts concernant la même charge.) *S. l., n. n.,* (1664). 8 pages, in-8°. Br.

6407. DISSERTATION sur la question de sçavoir si, en Lorraine, l'office de tabellion général déroge à la noblesse. *S. l., n. n., n. d.* 6 pages, in-4°. Rel.

6408. THOMAS. Des origines politiques de la juridiction souveraine des gradués en Lorraine. Discours prononcé par M. G. Thomas, substitut du procureur général. *Nancy, Vagner,* 1881. 46 pages, in-8°. Br. (Cour de Nancy. Audience de rentrée.)

6409. ORDONNANCES, statuts, privilèges et règlemens des ducs de Lorraine, accordez aux marchands juges consuls dudit Duché. *Nancy, R. Charlot et P. Deschamps* (1697). 45 pages, in-4°. Br. — Ordonnances, statuts, privilèges et règlemens accordez par les Ducs de Lorraine aux marchands juges consuls dudit Duché. *Nancy, Jean-Baptiste Cusson,* 1716. 36 pages, in-4°. Br. — Édit de Son Altesse Royale du mois de novembre 1715, portant établissement d'une justice consulaire pour le duché de Lorraine, à Nancy... *Nancy, Jean-Baptiste Cusson,* 1716. 8 pages, in-4°. Br.

6410. ORDONNANCES, statuts, privilèges et règlements accordez par les duc de Lorraine aux marchands juges consuls dudit duché. *Nancy, A.-D. Cusson,* 1743. 100 pages, in-8°. Rel. veau.

6411. CHARTRES et privilèges des maîtres bouchers de Nancy, du trois février mil six cent dix. *Nancy, Thomas père et fils,* s. d. 8 pages, in-fol. Br.

6412. ÉDIT du roy portant règlement général pour les eaux et forêts. Vérifié au Parlement le 23 décembre 1669. *Metz, Jean et Brice les Antoines, s. d.* (1683). 240 pages, in-12. Rel. parchemin.

6413. (MOUCHEREL.) Commentaire sur les ordonnances de Lorraine, civile, criminelle et concernant les eaux et forêts, combinées avec celles de France, de 1670 et de 1677. *Bouillon, Société typographique*, 1778. VIII-304 et 378 pages, in-8°, en 1 vol. Rel. veau.

6414. RÈGLEMENT fait par Messieurs les commissaires députez par Sa Majesté, pour la réformation des eaux et forêts du département des duchez de Lorraine et de Barrois, et des prévôtez réunies aux trois évêchez de Metz, Toul et Verdun. *Sur l'imprimé à Metz, F. Bouchard, en 1686 et 1693.* 117 pages, in-12. Cartonné.

6415. RÈGLEMENT fait par Messieurs les commissaires députez par Sa Majesté pour la réformation des eaux et forests du département du duché de Bar, et des prévotez réunies aux trois évêché de Metz, Toul et Verdun. *Nancy, Ch. et N. les Charlots,* 1688. 86 pages, in-8°. Cart.

6416. RÈGLEMENT fait par Messieurs les commissaires députés par Sa Majesté pour la réformation des eaux et forêts du département du duché de Bar, et des prévôtés réunies aux trois évêchés de Metz, Toul et Verdun. *Metz, J. et B. Antoine,* 1691. 87 pages, pet. in-12. Rel. veau.

6417. RISTON. Conférence, par ordre alphabétique, des matières contenues en l'ordonnance de Lorraine, civile, criminelle et des eaux et forêts de 1707..., par A. Riston. *Nancy, C. S. Lamort,* 1774. VI-282, 120 et 98 pages. 3 parties reliées en un volume in-8°, veau.

6418. (GUINET.) Factum ou propositions succinctement recueillies, des questions qui se forment aujourd'huy sur la matière de l'usure, sur lesquelles il est à propos de faire une consultation forte et sérieuse, que l'on ne peut mieux faire, qu'après avoir entendu les parties qui ont qualité pour parler sur ce sujet... (Par F. Guinet.) *Ville-sur-Yllon (Strasbourg),* s. n., 1680. 16 pages, in-4°. Rel.

6419. (GUINET.) Factum ou propositions succinctement recueillies, des questions qui se forment aujourd'huy sur la matière de l'usure... *S. l., n. n., n. d.* (1703). *Jouxte la copie imprimée à Ville-sur-Illon (Strasbourg)* en 1680. 14 pages, in-4°. Rel.

6420. ORDONNANCE de Monseigneur l'illustrissime et révérendissime évêque comte de Toul, portant condamnation d'un libelle intitulé « Factum ou propositions succinctement recueillies des questions qui se forment aujourd'hui sur la matière de l'usure, etc. » *Toul, A. Laurent,* 1703. 12 pages, in-4°. Rel.

6421. DE L'USURE ou du prêt usuraire de l'argent par obligation. Seconde édition. *Toul, A. Laurent,* 1703. IV-34 pages, in-4°. Cart. parchemin.

6422. PETIT-DIDIER. Dissertation théologique et canonique sur les prests par obligation spéculative d'intérests usitez en Lorraine et Barrois. Par le R. P. J.-J. Petit-Didier, de la Compagnie de Jésus. *Nancy, F. Midon,* 1745. XIII-235 pages, pet. in-8°. Rel. veau.

6423. FOISSAC. Plaidoyer contre l'usure des juifs des Évêchés, de l'Alsace et de la Lorraine..., par M. de Foissac, capitaine au corps royal du génie, commandant la garde nationale de la ville de Pfalsbourg. *S. l., n. n., n. d.* 109 pages, in-8°. Cart. On y a joint : « Observations sur un écrit en faveur des juifs de l'Alsace », par le même. 29 pages, in-8°.

6424. LAIGLE (DE). Mémoire de M. l'official de Toul, pour les curez et vicaires de sa juridiction, par de Laigle. *Toul, A. Laurent,* 1687. 44 pages, in-16. Br.

6425. ARREST de la Cour souveraine contre l'ordonnance du vicaire général de Toul du 19 mai 1700. Du 25 may 1700. *Nancy, N. et R. Charlot, et P. Deschamps,* s. d. 10 pages, petit in-4°. Cart.

6426. ARREST de la cour souveraine, touchant la publication du nouveau rituel du diocèse de Toul. Du 26 avril 1700. *Nancy, N. et R. Charlot, et P. Deschamps,* s. d. 7 pages, petit in-4°. Cart. Voy. n° 5851.

6427. ARREST de la Cour souveraine de Lorraine et Barrois, qui déclare les ecclésiastiques exempts du droit de main-morte, sur les conclusions de M. l'avocat général. *Nancy, P. Barbier,* 1703. 89 pages, in-4°. Rel. veau.

6428. ARREST du conseil d'État privé du roy très-chrétien, qui casse les arrêts du parlement de Metz, qui avaient confirmé

24

la suppression de l'église collégiale de Liverdun. Et requète servant de factum à nosseigneurs de la Cour souveraine de Lorraine et Barrois, pour les chanoines et chapitre de cette même église collégiale, demandeurs en main-levée des revenus de leurs biens, scituez en Lorraine. Contre messire Henry de Thiard-Bissy, évêque et comte de Toul, deffendeur. *Nancy, D. Gaydon*, 1704. 26 pages, petit in-4°. Cart.

6429. DIFFICULTEZ sur l'ordonnance et l'instruction pastorale de M. l'archevèque duc de Cambrai, touchant le fameux cas de conscience. *Nancy, J. Nicolai (pseud.)*, 1704. vi-124 pages, in-12. Rel. veau.

6430. ARREST du Conseil d'État de Son Altesse Royale, qui ordonne l'exécution des concordats et conventions faites entre les évêques de Metz et les ducs de Lorraine, en faveur des habitans de l'ancien territoire de l'évêché de Metz. *Nancy, P. Antoine*, 1725. 106 pages, in-12. Cart.

6431. REMONTRANCES de la Cour souveraine au roi, présentée à Sa Majesté, le 2 janvier 1755. (A propos d'une ordonnance de l'évêque de Toul relative à la confession des malades par les religieux.) *Nancy, N. Charlot*, 1755. 37 pages, in-4°. Rel. veau. Recueil factice. (Ex libris du Pont de Romémont.)

6432. REMONTRANCES au roy, par le clergé de Lorraine et requète du clergé lorrain du diocèse de Toul, concernant le don gratuit annuel, demandé en 1756. Du 8 janvier 1758. *S. l., n. n., n. d.* 15 et 16 pages, in-8°. Rel.

6433. ÉDIT du roi, touchant la discipline ecclésiastique en Lorraine, donné à Versailles au mois de mai 1784. *Nancy, Vve Charlot, s. d.* 31 pages, in-4°. Br.

6434. INSTRUCTIONS pour l'exécution des règlemens concernant les actes de baptême, mariage et sépulture, sous le ressort du Parlement de Nancy, suivies d'un protocole de la forme des actes, suivant les divers cas. *Nancy, Vve Charlot*, 1784. 30 pages, in-4°. Br.

6435. BERTOLIO. Ultimatum à M. l'évêque de Nancy, par M. Bertolio. *Paris, Buisson*, 1790. 78 pages, in-8°. Cart.

6436. EXTRAIT des principales ordonnances des sérénissimes ducs de Lorraine et de Bar, concernant la police extérieure de l'Église dans leurs États. Touchant la Foy et Religion catholique, et contre les Hérétiques. *S. l., n. n., n. d.* 63 pages, in-8°. Cartonné.

6437. MÉMOIRE sur la propriété des biens ecclésiastiques. Par un bénéficier de Lorraine. *S. l., n. n., n. d.* 20 pages, in-8°. Cartonné.

6438. MÉMOIRE sur l'entreprise de l'officialité du consistoire de Trèves, et sa palinodie au sujet des églises du diocèse de Metz. *S. l., n. n.*, 1801. 67 pages, in-8°. Broché.

6439. INSTRUCTION relative aux circonstances actuelles. (Ouvrage paru en 1815, pour le département des Vosges.) *S. l., n. n., n. d.* 14 pages, in-12. Br.

6440. MARCHAL. Observations soumises au Conseil d'État, par M. Marchal, député de la Meurthe, sur un projet de donation anonyme au profit du Séminaire de Nancy. *Paris, Fain*, 1829. 15 pages, in-8°. Demi-reliure.

6441. RECUEIL des édits, ordonnances, déclarations, tarifs, traités, règlement et arrêts, sur le fait des droits de haut-conduit, entrée et issue-foraine, traverse, impôt sur les toiles et acquits-à-caution de Lorraine et Barrois. Avec une instruction pour les receveurs des droits de la marque des fers, (du 27 janvier 1597 au 4 septembre 1756). *Nancy, Vve Leseure*, 1757. 254 pages, in-4°. Cart.

6442. RECUEIL des anciennes chartres, arrests et règlemens, concernant le droit de châtrerie dans toute l'étendue des états de Lorraine et de Bar, terres et seigneuries des vassaux y enclavées. *Nancy, Henry Thomas*, 1738. 29 pages, in-8°. Br.

6443. ORDONNANCES, statuts, privilèges et règlemens accordés par les ducs de Lorraine à la ville de Saint-Nicolas-de-Port, et confirmés par le traité de Meudon. *Nancy, Pierre Antoine, s. d.* 40 pages, petit in-8°. Br.

6444. ORDONNANCE de Son Altesse concernant l'institution du subside charitable général et perpétuel, qui en deniers sera prins et levé sur les vin et bierre entrans en la ville de Nancy. *Nancy, Humbert Bastoigne*, 1634. 16 pages, in-4°. Br.

6445. ORDONNANCE de Son Altesse Royale en interprétation de l'édit des portions congruës, datée de Nancy du 20 février 1699. *S. l., n. n., n. d.* 1 page, in-fol. Cart.

6446. REMONTRANCES de la Cour souveraine (Lorraine et Barrois) au roi, présentées à Sa Majesté le 2 janvier 1755. *Nancy, N. Charlot*, 1755. 223 pages, in-12. Cart.

6447. RENTRÉE du Parlement de Nancy. *S. l., n. n., n. d.* 29 pages, in-8°. Br.

6448. CONCORDATS et traitez faits entre les rois de France et les ducs de Lorraine et de Bar. *Nancy, J.-B. Cusson*, 1726. 108 pages, in-12. Demi-rel.

6449. ARRÊTS, ordonnances et règlements concernant les chemins, ponts et chaussées de Lorraine et Barrois. *Nancy, Leseure*, 1748. 26 pages, in-4°. Cart.

6450. RÈGLEMENT des imposts. *Nancy, s. n.*, 1665. 13 pages, in-4°. — Extrait des registres de la Cour souveraine de Lorraine et Barrois. *Nancy, s. n.*, 1632 et 1666. 3 et 6 pages, in-4°. Br.

6451. REMONTRANCES de la Cour souveraine au roy, arrêtées le 15 mai 1756. (Pour le maintien de l'autorité des lois.) *S. l., n. n., n. d.* 58 pages, in-4°. Rel.

6452. REMONTRANCES... que présentent au roy, les gens tenans sa Cour souveraine de Lorraine et Barrois (sur l'édit de l'établissement du vingtième des revenus). 17 janvier 1750. 8 pages. — 14 décembre 1757. 21 pages. — 4 février 1758. 18 pages. — 9 mars 1758. 3 pages. — 27 avril 1758. 6 pages. — 27 juin 1758. 31 pages. — 3 et 7 août 1758. 6 et 6 pages. En tout 99 pages, in-4°. Rel.

6453. CODE de la librairie et imprimerie (de Paris, rendu commun pour la province de Lorraine, par arrêt du 4 juillet 1767). *Nancy, aux dépens de la communauté*, 1785. xvi-133 pages, in-8°. Rel. veau.

6454. EXTRAIT du dispositif d'un arrêt de la Cour de parlement, chambre de la Tournelle, rendu sur procédure extraordinaire instruite au bailliage de Sarguemines, à requête du substitut du procureur général du roi. *Nancy, Vve Charlot*, 1780. 2 pages, in-4°.

6455. (GUILLAUME DE ROGÉVILLE.) Considérations sur les droits seigneuriaux de Lorraine et Barrois. (Par Guillaume de Rogéville.) *S. l., n. n.*, 1790. 37 pages, in-8°. Br.

6456. MANDEMENT de nosseigneurs de la Chambre des comptes de Lorraine concernant la subvention et autres impositions. *Nancy, Charlot père et fils*, 1759. 77 et x pages, in-24. Cart.

6457. BENOIT. Les plaids annaux de la baronnie de Sarreck (Meurthe). Étude sur les justices seigneuriales au xviii° siècle, par M. Arthur Benoit. *Metz, Rousseau-Pallez*, 1869. 55 pages, in-8°. Br. (Extrait de la *Revue de l'Est.*)

6458. LÉVY. Les droits des catholiques dans le ci-devant bailliage de Harskirchen, d'après le traité de 1766 et le décret de Napoléon I°, 22 février 1805. Par Jos. Lévy, curé de Lorenzen... *Rixheim, F. Sutter et Cie*, 1896. 16 pages, in-8°. Br.

6459. BONVALOT. Les féautés en Lorraine, par E. Bonvalot. *Paris, L. Larose et Forcel*, 1889. 24 pages, in-8°. Br.

6460. BREYÉ. Traité du retrait féodal et du retrait lignager, par M° François-Xavier Breyé, avocat en la Cour souveraine de Lorraine et Barrois, garde des livres de S. A. R. *Nancy, Leseure*, 1736. viii-190 et 322 pages, in-4°. 2 parties en 1 vol. Rel. veau.

6461. CHANTEAU. Du droit de bâtardise sur les membres du chapitre de Saint-Dié, par F. de Chanteau. *Paris, Henri Menu*, 1877. 15 pages, in-8°. Cart. (Extrait du *Cabinet historique.*)

6462. CONSULTATION importante délibérée par six des plus fameux avocats au parlement de Paris, portant que dans la coûtume de Nancy, les seigneurs féodaux, ny le prince même, n'ont point droit de retirer par retrait féodal les héritages vendus, et que ce droit est absolument inconnu en cette coûtume. *S. l., Vve Antoine Lambin, s. d.* 12 pages, in-fol. Br.

6463. COSTÉ. Dissertation sur le droit du tiers-denier en Lorraine, par M. Costé, président à la Cour royale de Nancy. *Nancy, Grimblot, Raybois et Cie*, 1840. 29 pages, in-8°. Demi-rel.

6464. DURIVAL. Mémoire concernant la clôture des héritages ; le vain paturage ; et le parcours en Lorraine (par N. Durival). *Nancy, Thomas*, 1763. 15 pages, in-8°. Cart.

6465. EBERHARD. Consultatio facultatis juridicae Universitatis Ingoldstadiensis. Ex qua rationes eliciuntur clarissimae cur comitatus Sarwerdensis ad Serenissimum Lotharingiae ducem pertinere debeat. Ex operibus N. Eberhardi desumpta. *S. l., n. n., n. d.* 216 pages, in-4°. Rel. veau. (Aux armes de N. Vassart.)

6466. ÉTATS, droits, usages en Lorraine. Lettre d'un gentilhomme lorrain à un prince allemand (par Mory d'Elvange). *S. l.* 1788. 40 pages, in-8°. Br.

6467. EXPOSÉ sur les abus administratifs en Lorraine, adressé à Monseigneur de Loménie de Brienne, archevêque de Sens, principal ministre. *S. l., n. n., n. d.* 11 pages, in-8°. Br.

6468. EXTRAITS (Modèles des différens) à délivrer par MM. les greffiers des maîtrises, pour les bois des salpêtriers. *S. l., n. n., n. d.* 6 pages, in-4°. Rel.

6469. (BOUTEILLER.) Examen du système de législation établi par les édits du mois de mai 1788..., adressé aux princes du sang royal et aux pairs de France, avec prière et invitation de le mettre sous les yeux de Sa Majesté ; en exécution de la résolution annoncée par les déclarations et protestations des officiers du parlement de Nancy, du 11 juin 1788 (par M. Bouteiller, conseiller audit parlement). *S. l., n. n., n. d.* 78 pages, in-8°. Br.

6470. GUYOT. Des assemblées de communautés d'habitants en Lorraine, avant 1789, par Ch. Guyot. *S. l., n. n., n. d.* 35 pages, in-8°. Br.

6471. GUYOT. De la situation des campagnes en Lorraine, sous le règne de Mathieu II (1220-1251), par Charles Guyot. *Nancy, G. Crépin-Leblond*, 1895. 65 pages, in-8°. Br. (Extrait des *Mémoires de la Société d'archéologie lorraine.*)

6472. GUYOT. Deux études de droit lorrain. — Un nouvel exemple d'urfehde. — Les droits de vue sur le cimetière d'Autreville, par Ch. Guyot. *Nancy, G. Crépin-Leblond*, 1892. 20 pages, in-8°. Br. (Extrait du *Journal de la Société d'archéologie lorraine.*)

6473. GUYOT. Des faultés ou féautés lorraines, par Ch. Guyot. *Nancy, Crépin-Leblond*, 1891. 11 pages, in-8°. Br. (Extrait du *Journal de la Société d'archéologie lorraine.*)

6474. GRÉGOIRE. Mémoire sur les droits du tiers denier des biens communaux, et de troupeaux à part, usités dans la Lorraine, le Barrois et le Clermontois. Lu à la séance de l'Assemblée nationale, du 5 mars 1790, par M. Grégoire, curé d'Emberménil. *S. l., n. n., n. d.* 56 pages, in-8°. Demi-rel.

6475. (LETTRES) à Son Altesse Royale (contre le rétablissement des procureurs en Lorraine. — Épitaphe latine en mémoire du prince Léopold-Clément). *Nancy, Jean-Baptiste Cusson*, (1723). 5 pages, petit in-fol. Br.

6476. MAILLET (DE). Les élémens du barreau ou abrégé des matières principales et les plus ordinaires du palais, selon les loix civiles, les ordonnances et la coûtume de Bar-le-Duc, avec la forme de procéder au civil en justice, dans le Barrois, par M. de Maillet, maître des comptes du Barrois, etc. *Nancy, F. Midon*, 1746. 320 pages, in-4°. Rel. veau.

6477. MENGIN. Notice historique sur le barreau lorrain, suivie du tableau général et chronologique des avocats reçus en la Cour souveraine de Lorraine..., à partir du 10 mai 1661, par L. Mengin, avocat. *Nancy, Crépin-Leblond*, 1872-1873. 155 pages, in-8°. Demi-rel. (Extrait des *Mémoires de la Société d'archéologie lorraine.*)

6478. NOTES historiques sur le droit à une indemnité qu'avait autrefois en Lorraine l'inculpé indûment poursuivi et détenu préventivement et sur l'urphède, ou renonciation à ce droit. *Nancy, A. Lepage*, 1858. 12 pages, in-8°. Br. (Extrait du *Journal de la Société d'archéologie lorraine.*)

6479. PRINCIPES des cassations, extraits d'un mémoire fait pour la Lorraine. *Paris, Prault*, 1764. 40 pages, petit in-12. Cart.

6480. PROST. Étude sur le régime ancien de la propriété. La vesture et la prise de ban à Metz, par A. Prost. *Paris, Larose*, 1880. 253 pages, in-8°. Br. (Extrait de la *Nouvelle revue historique de droit.*)

6481. REMY. Recueil des principaux points de la remontrance faite à l'ouverture des plaidoieries du duché de Lorraine, après les Rois, en l'an 1597 ; par Nicolas Remy, conseiller de Son Altesse en son conseil d'Estat, et son procureur général en Lorraine. *Metz, A. Faber*, 1597. 30 pages, in-4°. Rel. parchemin (Titre encadré et, à la fin, marque typographique de l'imprimeur.)

6482. REMIGII (Nicolai) Sereniss. Ducis Lotharingiae a consiliis interioribus, et in ejus ditione Lotharingica cognitoris publici daemonolatriae libri tres. Ex judiciis capitalibus nongentorum plus minus hominum, qui sortilegii crimen intra annos quindecim in Lotharingia capite luerunt. *Coloniae Agrippinae, H. Falckenburg*, 1596. xxx-414 pages, in-16. Relié parchemin.

6483. REMIGII (Nicolai) Sereniss. Ducis Lotharingiae a consiliis interioribus... demonolatreiae libri tres. Ex judiciis capitalibus nongentorum plus minus hominum, qui sortilegii crimen intra annos quindecim in Lotharingia capite luerunt. *Lugduni, officina Vincentii*, 1595. xxiv-394 pages, in-4°. Rel. en parchemin. (On y a ajouté un portrait de l'auteur, d'après une gravure du temps, attribuée à Woëriot.)

6484. SALMON. Discours prononcé par M. Salmon, avocat général, et allocution de M. Woirhaye, premier président. — La magistrature et le barreau de Metz. (Audience solennelle de rentrée de la Cour impériale de Metz, du 4 novembre 1856.) *Metz, Nouvian*, 1856. 56 pages, in-8°. Cart.

6485. TRAITÉ du faux, où l'ordonnance de France du mois de juillet 1737, concernant le faux principal et incident, et la reconnaissance des écritures et signatures en matière criminelle ; conférée avec les ordonnances de Lorraine, réduite en pratique et stile. *Bar-le-Duc, Rich. Briflot, s. d.* (1756). xxxix-389 pages, in-12. Rel. mar. vert, t. d.

6486. MARIN. Rapport présenté à l'Assemblée nationale, au nom du comité de division, sur le nombre et le placement des notaires à établir dans le département des Vosges, en exécution de la loi du 29 septembre 1791, par M. Marin, député du département de la Moselle, juin 1792. (*Paris*), *Imprimerie nationale, s. d.* 7 pages, in-8°. Cart.

6487. BOULAY. Conseil des Cinq-cents. Rapport fait par Boulay (de la Meurthe), au nom d'une commission spéciale chargée d'examiner la réclamation faite au Conseil par les propriétaires des salines particulières qui se trouvent dans le département de la Meurthe. *Nancy, Henri Haener*, (An 7). 30 pages, in-8°. Cart.

6488. MAUD'HEUX. Considérations sur la propriété des rivières et le régime de la Moselle, par M. Maud'heux, greffier en chef du tribunal d'Épinal. *Épinal, Gérard*, 1834. 45 pages, in-8°. Br.

6489. NOËL. Des droits des riverains des cours d'eau déclarés flottables dans les départements de la Meurthe et des Vosges, par l'ordonnance du 10 juillet 1835 ; par Noël, notaire honoraire. *Mirecourt, Humbert*, 1837. 16 pages, in-8°. Cart.

6490. NOMENCLATURE des actes administratifs et pièces diverses assujettis à l'enregistrement et au timbre, ou exempts de ces formalités, dressée et rédigée par M. le directeur de l'enregistrement et des domaines du département de la Meurthe, pour servir de guide à MM. les maires, les administrateurs et les receveurs des communes et des établissements publics. *Nancy, Grimblot et Vve Raybois*, 1846. 30 pages, in-8°. Br.

6491. GARNIER. Jurisprudence de la Cour d'appel de Nancy, en matière civile et commerciale, ou recueil analytique et alphabétique des décisions rendues par cette Cour, depuis le 1er janvier 1830 jusqu'au 1er janvier 1846; suivi, 1° d'une table des articles des codes, lois, décrets et ordonnances cités dans l'ouvrage ; 2° d'une table alphabétique des noms des parties ;

3° d'une table chronologique des arrêts ; lesdites décisions mises en ordre et publiées par M. Garnier, avocat général près la Cour d'appel de Nancy. *Nancy, Grimblot et Vve Raybois*, 1848. 555 pages, in-8°. Demi-rel.

6492. JURISPRUDENCE de la Cour royale de Metz, ou recueil des arrêts rendus par la Cour de Metz, en matière civile, criminelle, commerciale, de procédure et de droit public. *Metz, Lamort*, 1818-1868. 20 vol. in-8°. Demi-rel. et br.

6493. RECUEIL méthodique des lois, décrets, ordonnances, arrêtés et instructions relatifs à l'exercice du pouvoir municipal, publié par ordre de Monsieur le préfet du département de la Moselle. *Metz, Antoine*, 1823. xv-732 pages, in-8°. Cart.

6494. CHEVANDIER de VALDROME. Notes remises aux maires et conseils municipaux des communes de Walscheid et Harreberg (ancien comté de Dabo), canton et arrondissement de Sarrebourg, pour la défense de leurs droits d'usage. Par Georges Chevandier de Valdrôme, membre du conseil général de la Meurthe, représentant le canton. *Nancy, A. Lepage*, 1865. iv-56 pages, in-4°. Br.

6495. GERBAUT. Notice des principaux arrêts correctionnels, rendus par la Cour royale de Nanci, en matière forestière, depuis la promulgation du code jusqu'au 1er janvier 1839 ; ouvrage accompagné de notes dans lesquelles la jurisprudence de cette Cour royale est conférée avec la législation, la doctrine des auteurs et la jurisprudence des autres cours souveraines et de la Cour de cassation, par Alfred Gerbaut, licencié en droit. *Nanci, Grimblot, Raybois et Cie*, 1840. x-331 pages, in-8°. Demi-rel.

6496. LISTE générale du Jury pour 1828, du département de la Meurthe. Seconde partie. *S. l., n. n., n. d.* 15 pages, in-fol. Br.

6497. LISTE générale du jury du département de la Meurthe pour 1843. *Nancy, Raybois.* Placard.

6498. MICHIELS. Les droits de la France sur l'Alsace-Lorraine, par A. Michiels. *Bruxelles, Vanderauwera*, 1871. 80 pages, in-8°. Br.

6499. ABEL. Discours de Ch. Abel, député de la ville de Metz. Délégation provinciale d'Alsace-Lorraine. Discussions d'un projet de loi sur l'exercice du droit de chasse et d'un projet de loi concernant les droits de licence sur les débits de boissons alcooliques. *Strasbourg, G. Fischbach*, 1880. 37 pages, in-8°. Cart.

6500. MUTH. Beiträge zur Lehre von den Pfarreien nach Staats=und Kirchen=Recht. von Dr jur. J.-P. Muth. *Saarlouis*, 1892-1893. vii-235 et 312 pages, in-8°. 2 vol. Brochés.

6501. HEPP. Du droit d'option des Alsaciens-Lorrains pour la nationalité française. Textes. Questions. Solutions. Par Eugène Hepp, docteur en droit. *Paris, Sandoz et Fischbacher*, 1872. 168 pages, in-12. Demi-rel.

6502. CHENUT. Réponse à la lettre publiée par M. Lebègue à ses concitoyens de Malzéville. Par Chenut. *Nancy, Hinzelin*, 1844. 3 pages, in-4°. Br.

6503. RECUEIL administratif pour le département de la Meurthe. *Nancy, Barbier*, 1815-1895. 81 volumes, in-8°. Cart.

6504. PROCÈS-VERBAL des délibérations du conseil général. (Département de la Meurthe.) *Nancy, A. Paullet*, 1840-1895. 85 volumes, in-8°. Cart. et br.

6505. PROCÈS-VERBAUX des délibérations. conseil général du département de la Moselle. *Metz, Humbert*, 1840-1866. 28 volumes, in-8°. Cart. et br.

6506. PROCÈS-VERBAUX du conseil général du département de la Meuse, etc... 1840-1880. *Bar-le-Duc, Numa Rolin*, 1840-1880. 47 volumes, in-8°. Cart. et br.

IV. DISCOURS
DE RENTRÉES.

Cours de Nancy et de Metz.

(Dans l'ordre chronologique. — Voir passim *dans le présent* Catalogue, *les discours où ont été traités des sujets relatifs à la Lorraine.)*

6507. MILLET-de-CHEVERS. Discours prononcé par M. Millet-de-Chevers, avocat général à la rentrée de la Cour royale de Metz, 1815. *Metz, C. Lamort*, 1815. 43 pages, in-8°. Br.

6508. THIERET (DE). Discours prononcé par M. de Thieriet, à la rentrée de la Cour royale de Nancy, 1824. — La vie privée de l'avocat. *Nancy, C. A. Leseure*, 1824. 22 pages, in-4°. Br.

6509. POIREL. Paroles prononcées par M. Poirel, à la rentrée de la Cour de Nancy, après sa prestation de serment comme premier avocat général, 1830. *Nancy, Haener*, 1830. 10 pages, in-8°. Br.

6510. FABVIER. Discours prononcé par M. Fabvier, procureur général, à la rentrée de la Cour royale de Nancy, 1839. *Nancy, A. Paullet*, 1839. 16 pages, in-8°. Br.

6511. PIOU. Discours prononcé par M. Piou, procureur général du roi, à la rentrée de la Cour royale de Metz, 1840. *Metz, Humbert*, 1840. 23 pages, in-8°. Br.

6512. PAILLART. Discours prononcé par M. Paillart, procureur général à la rentrée de la Cour royale de Nancy, 1840. — Le Devoir. *Nancy, A. Paulet*, 1840. 21 pages, in-8°. Br.

6513. PAILLART. Discours prononcé par M. Paillart, procureur général, à la rentrée de la Cour royale de Metz, 1842. — La vigilance. *Chartres, Garnier*, 1842. 16 pages, in-8°. Br.

6514. PAILLART. Discours prononcé par M. Paillart, procureur général, à la rentrée de la Cour royale de Nancy, 1843. — Le Droit. *Nancy, J. Troup*, 1843. 18 pages, in-8°. Br.

6515. PAILLART. Discours prononcé par M. Paillart, procureur général, à la rentrée de la Cour royale de Nancy, 1845. — La vie publique du magistrat. *Nancy, Vve Raybois et Cie*, 1845. 16 p., in-8°. Br.

6516. GARNIER. Discours prononcé par M. Garnier, avocat général, à la rentrée de la Cour royale de Nancy, 1847. — De l'étude des lois et de leur application. *Nancy, Vve Raybois et Cie*, 1847. 20 pages, in-8°. Br.

6517. PROCÈS-VERBAL d'installation de M. Woirhaye, procureur général, à la Cour d'appel de Metz, le 3 mars 1848. *Metz, S. Lamort, s. d.* 11 pages, in-8°. Demi-rel.

6518. GÉRANDO (DE). Discours prononcé par M. de Gérando, procureur général près la Cour d'appel de Metz, à l'audience solennelle de rentrée, le 7 novembre 1850. *Metz, Nouvian*, 1850. 30 pages, in-8°. Demi-rel.

6519. INSTALLATION de M. Lezaud, procureur général impérial à la Cour de Nancy. *Nancy, Hinzelin et Cie*, 1853. 30 pages, in-8°. Br.

6520. SAUDBREUIL. Discours prononcé par M. Saudbreuil, avocat général, à la rentrée de la Cour impériale de Nancy, 1854. — De l'influence des études théoriques sur l'application des lois et la pratique des affaires. *Nancy, Hinzelin et Cie*, 1854. 42 pages, in-8°. Br.

6521. ALEXANDRE. La propriété mobilière et la loi. Discours prononcé par M. A. Alexandre, premier avocat général, à l'audience solennelle de rentrée, du 3 novembre 1855, de la Cour impériale de Nancy. *Nancy, Hinzelin*, 1855. 42 pages, gr. in-8°. Rel.

6522. SALMON. Discours prononcé par M. Salmon, avocat général, à la rentrée de la Cour impériale de Metz, 1856. — De l'esprit de confraternité. La magistrature et le barreau de Metz. *Metz, Nouvian*, 1856. 56 pages, in-8°. Br.

6523. INSTALLATION de M. Hyppolite Lezaud, premier président à la Cour impériale de Nancy et de M. Millevoye, procureur général impérial à la même Cour. *Nancy, Hinzelin et Cie*, 1856. 71 pages, in-8°. Br.

6524. SOUËF. Discours prononcé par M. Souëf, avocat général, à la rentrée de la Cour impériale de Nancy, 1857. *Nancy, Hinzelin et Cie*, 1857. 42 pages, in-8°. Br.

6525. GÉRANDO (DE). Discours prononcé par M. le baron de Gérando, procureur général impérial, à la rentrée de la Cour impériale de Metz, 1859. — De l'identité de principe du courage civil et du courage militaire. *Metz, Nouvian,* 1859. 19 pages, in-8°. Br.

6526. BENOIT. Discours prononcé par M. E. Benoit, substitut du procureur général, à la rentrée de la Cour impériale de Nancy, 1859. — Des justices de paix, de leur influence sur la moralisation des classes ouvrières. *Nancy, Hinzelin et Cie,* 1859. 36 pages, in-8°. Br.

6527. LIFFORT. Discours prononcé par M. E. Liffort, substitut du procureur général, à la rentrée de la Cour impériale de Nancy, 1860. — De la publicité des débats judiciaires. *Nancy, Hinzelin et Cie,* 1860. 40 pages, in-8°. Br.

6528. SOUËF. Discours prononcé par M. Souëf, avocat général, à la rentrée de la Cour impériale de Nancy, 1861. — De la magistrature dans ses rapports avec la liberté civile. *Nancy, Hinzelin et Cie,* 1861. 40 pages, in-8°. Br.

6529. PROCÈS-VERBAL d'installation de M. le baron Alméras-Latour, premier président (Cour impériale de Metz). *Metz, Nouvian,* 1862. 37 pages, in-8°. Cart.

6530. AUDIAT. Discours prononcé par M. Audiat, substitut du procureur général, à la rentrée de la Cour impériale de Nancy, 1862. — De la détention préventive. *Nancy, Hinzelin et Cie,* 1862. 53 pages, in-8°. Br.

6531. CHATILLON. Discours prononcé par M. Émile Chatillon, substitut du procureur général, à la rentrée de la Cour impériale de Nancy, 1863. — De l'origine des épreuves judiciaires. — Des gages de bataille. *Nancy, Hinzelin et Cie,* 1863. 66 pages, in-8°. Br.

6532. INSTALLATION de M. Leclerc, procureur général près la Cour impériale de Nancy, 1864. *Nancy, Hinzelin et Cie,* 1864. 37 pages, in-8°. Br.

6533. LIFFORT DE BUFFÉVENT. Discours prononcé par M. Liffort de Buffévent, avocat général, à la rentrée de la Cour impériale de Nancy, 1865. — De l'interrogatoire en matière criminelle. *Nancy, Hinzelin et Cie,* 1865. 50 pages, in-8°. Br.

6534. LIFFORT DE BUFFÉVENT. Discours prononcé par M. Liffort de Buffévent, avocat général à la rentrée de la Cour impériale de Nancy, 1867. — Des pénalités pécuniaires. *Nancy, Hinzelin et Cie,* 1867. 48 pages, in-8°. Br.

6535. PIERROT. Discours prononcé par M. Pierrot, substitut du procureur général, à la rentrée de la Cour impériale de Nancy, 1868. — De l'indépendance politique du magistrat. *Nancy, Hinzelin et Cie,* 1868. 41 pages, in-8°. Br.

6536. STAINVILLE. Discours prononcé par M. E. Stainville, avocat général, à la rentrée de la Cour impériale de Nancy, 1869. — De la répression pénale des fautes de l'enfance. *Nancy, Hinzelin et Cie,* 1869. 62 pages, in-8°. Br.

6537. INSTALLATION de M. Godelle, en qualité de procureur général de la République, près la Cour d'appel de Nancy, à l'audience de rentrée du 3 novembre 1871. *Nancy, Hinzelin et Cie,* 1871. 39 pages, in-8°. Br.

6538. HONORÉ. Discours prononcé par M. Jules Honoré, substitut du procureur général, à la rentrée de la Cour d'appel de Nancy. 1873. — Étude sur la calomnie. *Nancy, Vagner,* 1873. 49 pages, in-8°. Br.

6539. ANGENOUX. Discours prononcé par M. Angenoux, avocat général, à la rentrée de la Cour d'appel de Nancy, 1874. — La magistrature dans les temps troublés. *Nancy, Vagner,* 1874. 74 pages, in-8°. Br.

6540. PIERROT. Discours prononcé par M. Émile Pierrot, avocat général à la rentrée de la Cour d'appel de Nancy, 1875. — Du droit et du domaine des lois. *Nancy, Vagner,* 1875. 36 pages, in-8°. Br.

6541. INSTALLATION de M. Ernest Hardouin, en qualité de procureur général près la Cour d'appel de Nancy, 1877. *Nancy, Vagner,* 1877. 28 pages, in-8°. Br.

6542. INSTALLATION de M. Flouest, en qualité de procureur général près la Cour d'appel de Nancy, 1877. *Nancy, Vagner,* 1877. 28 pages, in-8°. Br.

6543. INSTALLATION de M. Ballot-Beaupré, en qualité de procureur général près la Cour d'appel de Nancy, 1878. *Nancy, Vagner*, 1878. 24 pages, in-8°. Br.

6544. FAYNOT. Discours prononcé par M. L. Faynot, avocat général, à la rentrée de la Cour d'appel de Nancy, 1878. — De l'origine de l'appel et des cours d'appel. *Nancy, Vagner*, 1878. 43 pages, in-8°. Br.

6545. VILLARD. Discours prononcé par M. E. Villard, substitut du procureur général, à la rentrée de la Cour d'appel de Nancy, 1882. — Réforme pénale au xviii° siècle. *Nancy, Vagner*, 1882. 64 pages, in-8°. Br.

6546. INSTALLATION de M. Serre, en qualité de premier président près la Cour d'appel de Nancy, 1883. *Nancy, Vagner*, 1883. 39 pages, in-8°. Br.

6547. INSTALLATION de M. Sadoul, en qualité de procureur général, près la Cour d'appel de Nancy, 1884. *Nancy, Vagner*, 1884. 24 pages, in-8°. Br.

6548. THOMAS. Discours prononcé par M. G. Thomas, substitut du procureur général, à la rentrée de la Cour d'appel de Nancy, 1885. — Les procès de sorcellerie et la suggestion hypnotique. *Nancy, Vagner*, 1885. 47 pages, in-8°. Br.

6549. VILLARD. Discours prononcé par M. E. Villard, avocat général, à la rentrée de la Cour d'appel de Nancy, 1886. — Le droit de punir et Joseph de Maistre. *Nancy, Vagner*, 1886. 44 pages, in-8°. Br.

6550. OBRIN. Discours prononcé par M. Obrin, substitut du procureur général, à la rentrée de la Cour d'appel de Nancy, 1887. — Le code civil français dans les provinces rhénanes et le grand-duché de Luxembourg. *Nancy, Vagner*, 1887. 54 pages, in-8°. Br.

6551. PAILLOT. Discours prononcé par M. Paillot, substitut du procureur général, à la rentrée de la Cour d'appel de Nancy, 1890. — Un procès littéraire en 1830. *Nancy, Vagner*, 1890. 37 pages, in-8°. Br.

6552. VILLARD. Discours prononcé par M. E. Villard, avocat général, à la rentrée de la Cour d'appel de Nancy, 1892. —

Beccaria et la réforme pénale. *Nancy, Vagner*, 1892. 51 pages, in-8°. Br.

6553. OBRIN. Discours prononcé par M. Obrin, avocat général, à la rentrée de la Cour d'appel de Nancy, 1893. — Du style judiciaire. *Nancy, Vagner*, 1893. 52 pages, in-8°. Br.

6554. INSTALLATION de M. Sadoul, premier président et de M. Coste, procureur général près la Cour d'appel de Nancy, 1893. *Nancy, Vagner*, 1893. 47 pages, in-8°. Br.

6555. BARADEZ. Discours prononcé par M. L. Baradez, substitut du procureur général, à la rentrée de la Cour d'appel de Nancy, 1895. — L'anthropologie criminelle et le roman. *Nancy, Vagner*, 1895. 39 pages, in-8°. Br.

6556. VILLARD. Le droit criminel et le jury durant l'époque intermédiaire. Discours prononcé par M. E. Villard, avocat général, à l'audience solennelle de rentrée de la Cour d'appel de Nancy, le 16 octobre 1896. *Nancy, Vagner*, 1896. 52 pages, in-8°. Br.

V. PROCÈS.

Mémoires et factums.

(Classés pour la plupart dans l'ordre alphabétique des noms des parties, en prenant pour repère de chaque procès le nom de la partie qui occupe le 1er rang dans l'alphabet ; néanmoins, pour la facilité des recherches, voir à la Table *le nom de chaque partie.)*

6557. LEPAGE. Une procédure de sorciers au xvi° siècle. Par H. Lepage. *Nancy, Grimblot et Vve Raybois*, 1854. 38 pages, in-12. Cart.

6558. RÉPONSES des sieurs *Anthoine* et d'*Auxone*, au mémoire du sieur *Aerts*, en présence des sieurs de *Bacourt*, père et fils. *Nancy, P. Barbier*, 1783. 36 pages, in-4°. Br.

6559. SOMMAIRE des actes de la cause entre le sieur *Alba*, substitut de monsieur

le procureur général à Mirecourt, appellant ; contre le sieur Innocent de *Laurent*,
scripteur apostolique, intimé. *S. l., n. n.,
n. d.* 8 pages, in-4°. Cart.

6560. MÉMOIRE à consulter et consultation
pour Nicolas *Mariotte*, marchand boucher
à Nancy, appellant ; contre les prieur et
religieux de la maison de Saint-Jean-de-
Dieu de *Nancy*, agissant pour F. *Albert*,
l'un d'eux, intimés ; Jean *Lefebvre*, maî-
tre-d'hôtel en la même ville, intimé.
Nancy, C.-S. Lamort, 1784. 52 pages,
in-4°. Br.

6561. FACTUM pour les abbé, prieur et religieux chanoines Réguliers... de *Létanche*,
... contre messire François-Louis d'*Alençon*, chevalier seigneur de Creüe... *S. l.,
n. n., n. d.* 9 pages, in-4°. Br.

6562. FACTUM pour messire François-Ro-
bert *Aubery*, comte de *Ponthieu*, abbé
commandataire de l'abbaye de Hombliéres,
seigneur de Landaville ... ; contre MM.
d'*Alençon*, barons de Beaufremont...; M. le
président de *Beaufremont* ..., M. le comte
de Torniel, marquis de *Gerbéviller*... ; Joseph *Estienne*, et trois autres manans de
Landaville ... ; et dame... d'Aboncourt,
veuve de M. de *Ximénes* ... *S. l., D. Gaydon, s. d.* 19 pages, in-fol. Br.

6563. FACTUM pour Claude *Bagard* et
Christophe *Rayel*, à cause de Catherine
et Thérèse Mathieu, leurs femmes, demeurants à Dombasle,... contre messieurs
les présidents de *Beaufremont* et d'*Alençon*, en qualité de barons du même Beaufremont ; et Jean-Simon *Mathieu*, demeurant à Gendreville ... *S. l., D. Gaydon*,
1714. 11 pages, in-fol. Br.

6564. RÉPONSE pour M. Anne-Françoise-
Robert *Aubery*, comte de *Ponthieu*, abbé
de Hombliéres, etc. ; contre MM. d'*Alençon*, M. le président de *Beaufremont*, M. le
marquis de *Gerbéviller*, et les autres parties alliées ... *S. l., D. Gaydon*, 1714. 9
pages, in-fol. Br.

6565. PRÉCIS de la cause pour M. Joseph
Pierre, tabellion général en Lorraine, résidant à Nancy,... contre Claude *Alexandre*, maréchal ferrant, demeurant à Ludres, cy-devant tuteur de Nicolas Evotte...
S. l., R. Charlot, s. d. 4 pages, in-fol. Br.

6566. PROCEZ (Sommaire du) pendant au
conseil de son Altesse Royale, entre le
sieur Mathias *Allaine*, abbé de l'abbaye
de Saint-Sauveur en Vosges, transférée à
Domepvre, contre Germain *Jacquot*, cy-
devant son procureur d'office au même
lieu, au sujet de la prétendüe charge de
prévôt audit Domepvre... *S. l., n. n., n. d.*
13 pages, in-fol. Br.

6567. MÉMOIRE pour le s^r Anne-François
comte d'*Allegrain*, chevalier, seigneur de
Brachey ... ; contre Me Joseph *Contal*,
prêtre et vicaire au village d'Eply ; le
s^r Louis-Gabriel Contal ; le s^r Étienne
Helfflinger de Rodenberg, et d^lle Françoise
Contal, son épouse ..., en présence des
sieurs Dominique comte d'Allegrain ... et
Marc-Réné comte d'Allegrain de Cayeux ...
Metz, Vve Antoine et fils, 1786. 79 pages,
in-4°. Br.

6568. MÉMOIRE pour le sieur *Thomas*, avocat en la Cour souveraine de Lorraine et
Barrois, ... contre le sieur *Doyen*, conseiller au bailliage de Nancy, le sieur
Allié, prévôt de Frolois, et leurs épouses ... *S. l., Hérissant*, 1770. 80 pages,
in-4°. Rel.

6569. MÉMOIRE pour la demoiselle *Alliot*,
contre le nommé *La Ralde*, soi-disant tuteur de Bazile-Amable de *Beauvau*. *S. l.,
L. Cellot*, 1761. 58 pages, in-4°. Rel.

6570. PLAIDOYÉ pour Demoiselle Marie-
Louise *Alliot* ..., contre M. Franc.-Xav.-
Henry *de Pont*... et Me Baltazard *Husson*,
procureur à la Cour, en qualité de curateur établi par justice à Bazile-Amable de
Beauvau. Nancy, Thomas, 1762. 94 pages,
in-8°. Rel.

6571. MÉMOIRE pour Me Baltazard *Husson*,
procureur à la Cour, en qualité de tuteur
de Basile-Amable, fils légitime de M. *de
Pont* et de la dame Marie-Louise *Alliot*,
son épouse ... ; contre la dame M.-L. Alliot de Pont ; M. Ch.-Fr.-X. Henry, seigneur de Pont... *Nancy, P. Antoine*, 1762.
144 pages, in-8°. Rel.

6572. CONSULTATIONS de théologiens et
de jurisconsultes, sur la validité du mariage contracté par violence et par crainte,
entre M. *de Pont*, conseiller en la Cour
souveraine de Lorraine et Barrois, et Mlle

Alliot. Nancy, Thomas, (1762). 149 pages,
in-8°. Rel.

6573. RÉPLIQUE pour la demoiselle *Alliot.* — Additions à la réplique de la d^lle
Alliot. Nancy, J.-B.-H. Leclerc, 1762. 84
et 48 pages, in-8°. Rel.

6574. MÉMOIRE pour le sieur Christophe
de *Cossu,* écuyer, seigneur de Pulligny, y
demeurant, en qualité de gardien-noble du
sieur Charles-Christophe de Cossu, son
fils mineur, issu de son premier mariage
avec la dame Nicole de Châtillon ... ;
contre le sieur François *Alliot...,* le sieur
Jean-Joseph Alliot ..., le sieur Louis-
Alexandre Alliot... *Nancy, P. Antoine,*
1752. 35 pages, in-fol. — Mémoire (Addition au) du sieur de Cossu ..., contre les
sieurs Alliot... *Nancy, P. Antoine,* 1752.
9 pages, in-fol. Rel.

6575. MÉMOIRE pour messieurs François
Alliot ... ; Jean-Joseph Alliot ... ; Loüis
Alexandre Alliot... ; contre le sieur Christophe de *Cossu...,* en qualité de père et
gardien-noble du sieur Charles-Christophe
de Cossu, son fils mineur, issu de son premier mariage avec la dame Anne-Nicole
de Châtillon ; et Me Loüis Chemin, avocat à la Cour et aux conseils du roy, en
qualité de ci-devant curateur du sieur
François-Antoine-Nicolas-Christophe de
Cossu, issu du second mariage d'entre
ledit sieur Christophe de Cossu et la dame
Marie-Claire Alliot ... *Lunéville, s. n.,*
1752. 35 pages, in-fol. Rel.

6576. MÉMOIRE pour Joseph *Saulnot,* laboureur à Fomerey, à cause de Marguerite Parisot sa femme ; et Mathis *Morel,*
aussi laboureur à Esvaux, en qualité de
père et tuteur de..., enfant mineur de son
mariage avec défunte Jeanne Parisot, sa
femme ; héritières de Françoise Parisot,
femme en premières nôces de Jean André
fils ...; contre Jean *André,* père, Antoine
et Anne les André, et Joseph *Masson,* à
cause de Marie André, ses enfans et gendre, demeurans à Chavelot et Taon ...
Nancy, P. Antoine, 1724. 4 pages, in-fol.

6577. PROCÈS contre Philippe-Jacques *Stie-
ler,* baron de *Landoville* ...; Jean-Gaspard
Grether ; Théodorine *André* ; Anne *Mal-
demé* ; Adolphe *Billion* ; Jean-Baptiste
Grandcolas ; *Florentin* et sa femme. *Nancy, Raybois et Cie, s. d.* 80 pages, in-8°. Br.

6578. FACTUM pour le sieur comte de
Suze, deffendeur ; contre le sieur commandeur d'*Anglure,* demandeur. *S. l.,
n. n., n. d.* 14 pages, in-4°. Br.

6579. PRÉCIS pour le Chapitre électoral de
Trèves, contre la communauté et la fabrique d'*Anoux. Nancy, Leseure,* 1787.
12 pages, in-4°. Br.

6580. PRÉCIS pour les fabrique et communauté d'*Anoux,* contre le Chapitre électoral de *Trèves,* appellant. *Nancy, Leseure,*
1787. 16 pages, in-4°. Br.

6581. MÉMOIRE pour M. François-Henry
d'*Anthès* de Longepierre...; le sieur Fran-
çois-Philippe d'Anthès...; le sieur Georges-
François-Xavier d'Anthès ..., contre M.
François-Joseph de *Régemorte*...; le sieur
Jean-Jacques *Lantz* ..., tous deux exécu-
teurs testamentaires de feu le s^r Jean-
Georges d'Anthés ... ; M. Pierre-Nicolas de
Salomon ... *Nancy, C.-S. Lamort,* 1782.
168 pages, in-4°. Br.

6582. PRÉCIS pour le sieur Dominique-
Marc *Anthoine*..., contre la dame Thérèse
Henri de *Pont,* son épouse ... *Nancy,
J.-B.-H. Leclerc,* 1769. 14 pages, in-4°. Rel.

6583. RÉPONSE pour le sieur Dominique-
Marc *Anthoine* ... au mémoire de la dame
Thérèse Henri de *Pont,* son épouse ...
Nancy, J.-B.-H. Leclerc, 1769. 19 pages,
in-4°. — Copie de la lettre de M. le mar-
quis de Belloy, portant suscription : A M.
Cognel, avocat à la Cour, à Boudonville.
Ibid. 2 pages, in-4°. Rel.

6584. FACTUM pour messire Charles, comte
d'*Aspremont,* demandeur; contre les sieurs
comtes de *Linanges,* deffendeurs. *S. l.,
n. n., n. d.* 7 pages, in-fol. Br.

6585. INTERROGATOIRE sur faits et articles pertinens et réponses du sieur Nicolas-Gabriel *Arbanner* et Marguerite Naval, sa femme, à la requeste du sieur
Antoine *Fornachon. S. l., n. n., n. d.* 12
pages, in-fol. Rel.

6586. PROCEZ (Sommaire du) pour Nicolas-
Gabriel *Arbanner,* concierge des prisons
royales de Metz, et Marguerite Naval, sa
femme, intimez ; contre Antoine *Fornachon,* ancien concierge des mêmes prisons,
appellant. *S. l., J. Antoine,* 1738. 4 pages,
in-fol. Rel.

6587. PROCÈS (Idée générale et sommaire de l'état du) pendant en la Cour, entre Antoine *Fornachon*, ... appellant; contre Nicolas-Gabriel *Arbanner* ..., et Marguerite Naval, sa femme, intimez. *S. l., n. n., n. d.* 2 pages, in-fol. Rel.

6588. MÉMOIRE pour Christophe *Vaultrin*, maître chirurgien, demeurant à Girauvoisin, comme poursuivant les droits de Christophe Vaultrin, son fils..., contre Antoine *Berret*, Alexis *Guenin*, Claude *Mouget*, François *Mathis* et Charles *d'Argent*, habitans de Beaufremont et de Roncourt, ... le sieur baron de *Beaufremont*, et son procureur fiscal au même lieu ... *S. l., N. Charlot*, 1727. 6 pages, in-fol. Br.

6589. FACTUM sur le procez cy-devant indécis en la Cour souveraine de Lorraine et Barrois, et évoqué au conseil d'État, pour dame Gabrielle de Boilesve, marquise d'Harroüé, comtesse d'Armaillé et de Gonor, veuve de messire François-Pierre de *la Forêt*, lorsqu'il vivoit comte d'Armaillé ..., en qualité d'héritière de messire Claude de Boilesve..., contre messire Anne-François-Joseph, marquis de *Bassompierre*... ; dame Marie-Louise de Beauvau, veuve de messire Charles-Louis, marquis de Bassompierre... *S. l., Vve Gaydon*, 1719. 32 pages, in-fol. Br.

6590. SUPPLIQUE de Gabrielle de Boislève, comtesse de Gonord, veuve de François-Pierre de *la Forest*, chevalier, comte d'Armaillé ... au sujet du marquisat d'*Harroüé*. *Nancy, P. Antoine*, 1730. 10 pages, in-fol. Br.

6591. MÉMOIRE pour monsieur le prince de *Craon* ..., contre la dame comtesse d'*Armaillé* ... *Nancy, J.-B. Cusson*, 1730. 14 pages, in-fol. Br.

6592. FACTUM pour madame la comtesse d'*Armaillé*, ... contre monsieur le prince de *Craon* ... *Nancy, P. Antoine*, 1730. 29 pages, in-fol. Br.

6593. PRÉCIS de la cause d'entre monsieur le marquis de *Beauvau* et de *Craon* ...; contre dame Gabrielle de Boislève, veuve de monsieur de *la Forêt d'Armaillé* ... *S. l., J.-B. Cusson, s. d.* 14 pages, in-fol. Br.

6594. PRÉCIS pour le sr Jean-François *Thiéri*, ... et la dlle Marie Thiéri, épouse séparée, quant aux biens, du sr *Jobert* ..., en qualité d'héritiers du sr Jean Thiéri, leur père, ... contre Jean *Arnoult* père, Jean-Baptiste-Henri et Jean-François Arnoult fils ..., et encore contre Me Guillot, procureur au présidial de Verdun, en qualité de curateur, établi par justice, à la succession vacante et abandonnée du sieur Jean Thiéri fils ... *Nancy, C.-S. Lamort*, 1772. 23 pages, in-4°. Br.

6595. PRÉCIS pour Jean-Baptiste *Joli*, laboureur à Jouaville, contre M. le comte d'*Arros*. *Nancy, C.-S. Lamort*, 1781. 26 pages, in-4°. Br.

6596. FACTUM pour messire Jean d'*Arros de la Motte*, conseiller, chevalier au Parlement de Metz, demandeur; contre dame Catherine de *la Serre de Cadillon*, défenderesse. *S. l., J. Quillan*, 1716. 8 pages, in-fol. Br.

6597. MÉMOIRE pour le maire et les habitants de la *Bresse*, intimés ; contre le domaine de l'État, représenté par M. le préfet des Vosges, appelant; et les sieurs *Rhuland, Artmann* et consors, aussi appelants. *Nancy, Richard-Durupt*, 1832. 50 pages, in-4°. Br.

6598. FACTUM pour le sieur François *Hardy de Vidembourg*, écuyer, prévost de Marsal ; les prieur, religieux et couvent de la Chartreuse de *Bosserville* ; Me Joseph *Bacq*, en qualité de curé d'*Assoudange* ; la fabrique dudit lieu ; Me Loüis *Jacquemin*, prêtre, curé de la paroisse de Saint-Gorgon de la ville de Metz et consors, propriétaires et postériens du ban d'Assoudange ..., contre Jean *Deslandres*, habitant d'Assoudange... *S. l., n. n., n. d.* 8 pages, in-fol. Rel.

6599. MÉMOIRE pour le frère *Athanase* et consors, religieux capucins de la province de Paris, contre le frère *Dorothée*, provincial. *S. l., L. Cellot*, 1763. 68 pages, in-4°. Rel.

6600. FACTUM pour les sieurs Claude *Guerre* ...; Paul Guerre, ... héritiers de Joseph Guerre leur frère ... ; à eux joint Paul Guerre leur père ... ; contre Françoise *Aubert*, servante domestique dudit Joseph Guerre, se disant sa veuve ; ... à elle joint maître Joseph Pierre, procureur en la Cour, curateur à la lite de Jean-Baptiste, fils naturel de ladite Aubert ... *S. l., J.-B. Cusson, s. d.* 22 pages, in-fol. — Pièces justificatives. *S. l., n. n., n. d.* 9 pages, in-fol. Br.

6601. FACTUM (Supplément au) de Me Claude *Guerre* et consors, contre Françoise *Aubert. S. l., J.-B. Cusson, s. d.* 11 pages, in-fol. Cart.

6602. SOMMAIRE sur les questions, savoir : 1° Si la dîme de foins est deûe en la paroisse de Mance et la Malmaison ; 2° supposé qu'elle soit deûe, sur quel pied elle doit s'y payer ? et si c'est à l'unze ; pour les abbé, prieur et chanoines Réguliers de *S. Pierremont*, inthimés ; contre Nicolas *Aubert*, Jean *Barbé*, et Nicolas *Barbier*, laboureurs esdit lieux de Mance et la Malmaison, appellants sous le nom des habitans et communautés ; et les propriétaires du ban et finage des mêmes lieux, appellés et mis en cause. *S. l., N. Baltazard, s. d.* 7 pages, in-fol. Br.

6603. PRÉCIS pour Me Florent *Aubry*, avocat à la Cour, exerçant au bailliage de Pont-à-Mousson, ... contre la dame marquise de *Balestrin* ... *Nancy, A.-D. Cusson*, 1744. 15 pages, in-fol. Br.

6604. REMARQUES pour monsieur l'évêque d'*Auguste*, servants de répliques au plaidoier de l'advocat du sieur abbé de *Coursan. S. l., n. n., n. d.* 8 pages, in-4°. Br.

6605. MÉMOIRE pour S. A. R. Mgr le duc d'*Aumale*, appelant ; contre les communes de *Mouzay, Baalon, Lion, Milly* et *Landzécourt*, intimées. *Nancy, Grimblot, Thomas et Raybois*, 1839. 62 pages, in-fol. Br.

6606. OBSERVATIONS pour les princesses de *Rohan* et le duc d'*Aumale*, héritiers bénéficiaires du maréchal prince de Soubise, appelés en garantie par la d^{lle} *Couchot*, les sieurs *Paillot, Demimuid, Parisot* et consors, tous intimés ; contre monsieur le préfet du département de la Meuse, au nom de l'État, appelant. *Nancy, Dard, s. d.* 73 pages, in-4°. Br.

6607. SUPPLIQUE de Claude-François *Duval*, abbé régulier d'Autrey ... ; contre les maire, habitans et communauté de *Frémifontaine-la-Haute* ... ; et les maire, habitans et communauté du même lieu d'*Autrey. S. l., J.-B. Cusson*, 1734. 19 pages, in-fol. Br.

6608. MÉMOIRE pour messire Charles-Louis *Preissac de Lesclignac* ..., abbé commendataire de l'abbaye d'*Autrey*, et les prieur et chanoines Réguliers... de ladite abbaye, demandeurs ; contre monsieur de *Saint-Simon*, évêque de Metz, ... défendeur. *Nancy, P. Antoine*, 1749. 29 pages, in-fol. Cart.

6609. PRÉCIS pour les abbé, prieur et chanoines Réguliers d'*Autrey* ..., contre M. de *Saint-Simon*, évêque de Metz ... *Nancy, P. Antoine*, 1754. 14 pages, in-fol. Br.

6610. MÉMOIRE pour les prieur et chanoines Réguliers de l'abbaye d'*Autrey* ... ; contre M. Claude de *St-Simon*, ... évêque de Metz, en cette qualité seigneur de la châtellenie de Remberviller ... *Lunéville, Messuy*, 1758. 59 pages, in-fol. Br.

6611. MÉMOIRE pour M. Claude de *St-Simon*, évêque de Metz ..., défendeur ; contre les prieur et chanoines Réguliers de l'abbaye d'*Autrey*, demandeurs. *Lunéville, Messuy*, 1758. 50 pages, in-fol. Br.

6612. SUPPLIQUE des prieur et chanoines Réguliers de l'abbaye d'*Autrey*, demandeurs ; contre monsieur Claude de *Saint-Simon*, évêque de Metz, etc., défendeur. *Lunéville, Messuy*, 1758. 20 pages, in-fol. Br.

6613. PRÉCIS du procès d'entre les religieux d'*Autrey*, demandeurs ; et M. l'évêque de Metz, défendeur. *Lunéville, Messuy*, 1759. 4 pages, in-fol. Br.

6614. EXTRAIT des registres du conseil royal des finances et commerce, au sujet de l'affaire entre M. de *Saint-Simon*, évêque de Metz, d'une part ; les abbé, prieur et Religieux d'*Autrey* ; les habitans et communautés tant de *Ramberviller*, que des communautés de la châtellenie dudit lieu, et autres parties en cause, usagères dans les bois dépendans du domaine de l'évêché dudit Metz, dans le territoire de ladite châtellenie, d'autre part. *S. l., n. n., n. d.* 45 pages, in-fol. Cart.

6615. TITRES (Exposition sommaire des) de propriété de l'abbaye d'*Autrey*, au sujet des bois qui sont en contestation avec monsieur l'évêque de Metz. *S. l., n. n., n. d.* 7 pages, in-fol. Cart.

6616. PRÉCIS de l'instance d'entre les prieur et religieux chanoines Réguliers de l'abbaye ·d'*Autrey*, demandeurs ; contre M⁰ Nicolas de *La Marque*, prêtre curé de Glonville et ses annexes, deffendeur. *Nancy, F. Baltazard, s. d.* 10 pages, in-fol. Br.

6617. MÉMOIRE pour le sieur Claude-François *Aymont*, écuyer, seigneur de Contre-Église, Bourbevelle, Ransvelle, baron de *Mervaux*, etc., deffendeur ; contre les habitans et communauté de *Montsavillon*, demandeurs. *S. l., D. Gaydon, s. d.* 6 pages, in-fol. Br.

6618. PRÉCIS pour le sieur de *Bacalan* ... demandeur ; contre Martin *Valter* et consors, défendeurs. *S. l., P. Al. Le Prieur*, 1768. 12 pages, in-4°. Rel.

6619. PRÉCIS pour les maires des communes de *Badonviller, Pexonne, Fenneviller, Sainte-Paule* et *Pierre-Percée*, appelans ; contre M. le préfet du département de la Meurthe ..., intimé. *Nancy, Barbier, s. d.* 47 pages, in-4°. Br.

6620. MÉMOIRE pour les communautés de *Badonviller, Pexonne, Sainte-Paul, Fenneviller* et *Pierrepercée*, appellantes ; contre M. le procureur général en la Chambre des comptes de Lorraine ..., intimé. *Nancy, C.-S. Lamort*, 1790. 38 pages, in-4°. Br.

6621. PRÉCIS pour M⁰ Joseph *Barthélemy*, prêtre et curé de Fenneviller et Badonviller, contre les fabriciens et bourgeois de *Badonviller*, les fermiers du domaine, M. le procureur général, d'office, et M. Jean-Gabriel-François *Chassel*, ... représentant la succession vacante et abandonnée de M⁰ *Trogny*. *Nancy, P. Barbier*, 1783. 21 pages, in-4°. Br.

6622. SUPPLIQUE de Charles *Bagard* ..., et Antoine Bagard ... ; contre les créanciers de feu le sieur abbé Bagard, chanoine ..., le sⁱ abbé *Anthoine*, les sieurs *Magnein de Serrière* et le chapitre de la *Primatiale* de Lorraine ... *Nancy, P. Antoine*, 1763. 33 pages, in-4°. Rel.

6623. SUPPLIQUE de Joseph *Bagard*, clerc du diocèse de Toul, chanoine de l'insigne église collégiale de S. George de Nancy, au sujet d'une demande de pension scholastique. *S. l., J.-B. Cusson, s. d.* 8 pages, in-fol. Br.

6624. POUR faire voir la nullité de plusieurs dispositions des testament et codicille du feu sieur *Baillivi*, les sieurs *Noirel* et *Cueullet* beau-fils d'iceluy supplient très-humblement estre considéré... *S. l., n. n., n. d.* 9 pages, in-4°. Rel.

6625. MÉMOIRE pour messire Antoine-Bernard de *Rheims*, chevalier, seigneur de Vannes, Saulxures, et autres lieux ..., contre messire Nicolas-François de *Baillivy*, chevalier seigneur de *Mérigny* et de Saulxures en partie ... *S. l., J.-B. Cusson*, 1726. 4 pages, in-fol. Br.

6626. MÉMOIRE pour messire Nicolas-François de *Baillivy* de *Mérigny*, chevalier, seigneur de Saulxures-les-Vannes, Tourteron et autres lieux, à cause de dame Louïse-Dorothée de *Gournay*, son épouse, demandeur et opposant ; contre dame Marie-Charlotte de *Gourcy*, veuve de messire Ignace, comte de *Gournay*, deffenderesse. *Nancy, P. Antoine*, 1738. 21 pages, in-fol. Br.

6627. RÉPLIQUE pour M. de *Mérigny*, à cause de la dame de Gournay, son épouse, contre madame de *Gourcy*, veuve de M. le marquis de *Gournay*. *Nancy, P. Antoine*, 1739. 17 pages, in-fol. Br.

6628. SOMMAIRE de la cause d'entre Laurent-Sigisbert et Jean-François *Baillot* ...; contre Nicolas *Mesny*, ... Marie Collot, veuve de Jean Baillot, et M⁰ Antoine Charles, avocat à la Cour, en sa qualité de curateur en titre, et à Dominique Baillot, absent ... *Nancy, J.-B. Cusson, s. d.* 11 pages, in-fol. Br.

6629. SOMMAIRE de la cause de Nicolas *Mesny* ...; contre Jean-François *Baillot* ..., Laurent-Sigisbert Baillot ..., M⁰ Antoine Charles, avocat à la Cour, curateur en titre, et en cette qualité deffendant les droits de Dominique Baillot, prétendu absent ..., et Marie Collot, veuve de Jean Baillot ... *Nancy, P. Antoine*, 1728. 13 pages, in-fol. Br.

6630. MÉMOIRE pour François *Baillot* ...,
contre le sieur Mathieu *Fromenteau* ...,
et le sieur Jean *Verraquin de la Magdelaine*, directeur général de la ferme des
tabacs de Lorraine ... *S. l., n. n., n. d.*
11 pages, in-fol. Br.

6631. MÉMOIRE pour Nicolas *Baltazard*,
imprimeur de S. A. R., appelant; contre
le sieur Jean-Baptiste *Cusson*, imprimeur
de S. A. R., intimé. *Nancy, N. Baltazard,
s. d.* 6 pages, in-fol.—Addition. *S. l., n. n.,
n. d.* 1 page, in-fol. Br.

6632. SUPPLIQUE de Nicolas *Baltazard* ... ;
contre Jean-Baptiste *Cusson* ... *Nancy,
N. Baltazard*, 1731. 22 pages, in-fol. Br.

6633. SUPPLIQUE de Jean-Baptiste *Cusson* ..., contre Nicolas *Baltazard* ... *S. l.,
n. n.*, 1730. 19 pages, in-fol. Br.

6634. SUPPLIQUE de Nicolas *Baltazard* ...,
contre *Cusson. Nancy, N. Baltazard*, 1731.
10 pages, in-fol. Br.

6635. FACTUM pour maître François *Jacquinot*, prêtre, sous-chantre de l'insigne
église Primatiale de Lorraine, pourvu de
la chapelle sous l'invocation de S. Jean-
Baptiste, érigée en l'église paroissiale de
Pulligny ...; contre maître Vincent *Maucotel*, prêtre, sacristain de la même église
Primatiale, et maître Gaspard *Baltazard,*
prêtre, et prébendé de la même église ...
S. l., J.-B. Cusson, s. d. 19 pages, in-fol. Br.

6636. FACTUM pour maître Gaspard *Baltazard*, prêtre prébandier de l'insigne église
de Notre-Dame de Nancy, Primatiale de
Lorraine ..., contre maître Vincent *Maucotel*, prêtre sacristain de la même église,
et maître François *Jacquinot*, prêtre sou-
chantre de ladite église ... *S. l., N. Baltazard, s. d.* 32 pages, in-fol. Br.

6637. MÉMOIRE pour les entrepreneurs de
la manufacture de mousselines, contre les
sieurs de *Roissy, Baltus* et *Pierre. Metz,
J. Antoine, s. d.* 50 pages, in-fol. Br.

6638. MÉMOIRE pour les habitans du duché de *Bar* qui prouve qu'un particulier
né dans l'étenduë de la prévôté d'*Ivois*
n'est originaire d'aucun des lieux portés
par la fondation du collège de la Marche
pour pouvoir en estre principal. *S. l., n. n.,
n. d.* 4 pages, in-fol.

6639. MÉMOIRE pour le sieur *Rambois*, admodiateur à Gerbécourt, ... contre le sieur
Lacroix, fermier général des domaines de
Lorraine et Barrois ; poursuites et diligences du sʳ Jean-Charles *Baraban*, chargé
de commission pour régir les droits do-
maniaux du Cronc de Nancy ... *Nancy,
H. Haener*, 1789. 33 pages, in-4°. Br.

6640. MÉMOIRE et consultation pour le
sieur *Baradez*, négociant à Ste-Marie-aux-
Mines, en qualité de syndic des créanciers
de Dominique *Dubois*, et de Sophie Ku-
bler, son épouse, ci-devant marchands en
la même ville, demandeur ; contre Mᵉ
Jean-Marc *Chailly de Bellecroix*, avocat
en parlement, receveur-général des consi-
gnations, et commissaire aux saisies
réelles en Lorraine, défendeur. *Nancy,
C. Leseure*, 1786. 22 pages, in-4°. Br.

6641. MÉMOIRE sur l'origine et l'état des
cures de Nancy. Pour J.-B.-A. de *Baranger*, prêtre du diocèse de Toul... curé de
la paroisse St-Nicolas de la même ville,
appellant, contre M. H. *de Vallée*, prêtre
du diocèse de Toul, curé de Moncel et
Aponcourt, demeurant à Nancy, intimé ;
et le chapitre de l'insigne église primatiale de *Nancy*, aussi intimé. *Nancy, Baltazard*, 1776. 85 pages, in-4°. Br.

6642. MÉMOIRE pour messires François et
Anthoine, comtes de *Ligniville*, barons de
Wanne, seigneurs de Saulxures, Housse-
laimont, etc., prenant le fait et cause de
Mᵉ Jacques Vivin, leur procureur d'office
..., contre Marguerite Barbillon, veuve de
Cuny Noël, Pierre et Jacques les *Barbil-
lon*, habitans de Saulxure ... *S. l., D.
Gaydon, s. d.* 11 pages, in-fol. Br.

6643. FACTUM pour les maitres tanneurs,
corroyeurs de la ville de *Bar-le-Duc*, établis en la rûe des Tanneurs, appellans;
contre le syndic de la même ville, intimé.
S. l., Vᵛᵉ A. Lambin, s. d. 6 pages,
in-fol. Br.

6644. RÉPONSE au mémoire publié par
Napoléon *Mazi*, sous le nom de Napoléon
Barrabino, se disant fils de Nicolas Barrabino, et se disant son légataire universel, par Constant *Barrabino*, propriétaire,
demeurant à Forbach, propriétaire de Sarreck, et Adolphe Barrabino, propriétaire
de la verrerie du Harberg, tous deux héri-

tiers de François Barrabino dit Montaire, leur père, vivant propriétaire de Sarreck et de la verrerie. *Sarrebourg, Gabriel fils, s. d.* 29 pages, in-4°. Br.

6645. FACTUM pour M° Joseph *Barrat*, prêtre, cy-devant curé de Cercûeil, demeurant présentement à l'hôpital du bourg de Saint-Nicolas, appellant ; contre M° Toussaint *Simonaire*, prêtre, curé de Cercûeil, intimé. *Nancy, P. Barbier, s. d.* 10 pages, in-4°. Br. .

6646. MÉMOIRE pour les communes de *Vagney, Saulxures, Basse-sur-le-Rupt, Thiéfosse, Gerbamont, Rochesson, Sapois* et du syndicat de *St-Amé*, représentées par leurs maires, intimés ; contre M. le préfet du département des Vosges, représentant le domaine de l'État, appelant. *Nancy, L. Vincenot, s. d.* 27 pages, in-4°. Br.

6647. MÉMOIRE pour messire Jean-Claude, marquis de *Bassompierre,* baron de *Baudricourt...,* contre messire Louis, marquis de *Beauvau* et de Novian, chevalier, seigneur de Fléville et autres lieux..., maréchal de Lorraine et Barrois, et bailly d'Allemagne. *S. l., D. Gaydon,* 1716. 4 pages, in-fol.

6648. PRÉCIS de la cause de messire Louis, marquis de *Beauvau* et de Novian ..., appellant ; contre messire Jean Claude, marquis de *Bassompierre,* baron de *Baudricourt...,* intimé. *S. l., J.-B. Cusson, s. d.* 6 pages, in-fol. Br.

6649. MÉMOIRE préliminaire servant d'introduction pour messire Jean-Baptiste de *La Garde...* tant en son nom qu'en qualité de directeur des droits des créanciers de François de Godefroy de Beauvilliers ; et encore pour messire Jean-Baptiste *Raboüin...,* messire Claude-Gabriel *Aymier...* et maître Nicolas-Eustache *Colin...,* créanciers et codirecteurs des droits des autres créanciers de la succession dudit François de Godefroy de Beauvilliers, opposans à fin d'annuller à la saisie réelle et criées de la terre et seigneurie de Bassompierre ; contre messire Anne-François-Joseph, marquis de *Bassompierre* et de *Rémoville,* et consors, poursuivans les criées, vente et adjudication par décret de ladite terre et baronnie de Bassompierre... *Nancy, P. Antoine,* 1724. 11 pages, in-fol. Br.

6650. MÉMOIRE sommaire servant de réplique pour messire Jean-Baptiste *Raboüin...,* messire Claude-Gabriel *Aymier...* et M° Nicolas-Eustache *Colin...,* créanciers et co-directeurs des droits des autres créanciers de la succession de François de Godefroy de Beauvilliers ..., opposans à fins d'annuller à la saisie réelle et criées de la terre et seigneurie de Bassompierre ... ; contre messire Anne-François-Joseph, marquis de *Bassompierre* et de *Rémoville,* et consors poursuivans les criées, vente et adjudication par décret de ladite terre et baronnie de Bassompierre... ; et encore messire Jean-Baptiste de *La Garde ... Nancy, P. Antoine,* 1725. 14 pages, in-fol. — Addition. *S. l., n. n., n. d.* 5 pages, in-fol. Br.

6651. MÉMOIRE pour dame Marie-Éléonore d'Oglethorpe de Roche, douairière de M. Anne-François-Joseph, marquis de *Bassompierre* de *Rémoville* et du Chatelet, seigneur de Dombasle, Brin et Bioncourt ..., contre messire Étienne, duc de *Choiseul ...,* marquis de *Stainville ...,* et M. Charles-Adrian, marquis de *Ligny ...,* M° Charles-François *Bron,* avocat à la Cour..., en qualité d'exécuteur testamentaire de dame Marie-Louise de Beauveau, douairière de M. Charles-Louis Maréchal de Bassompierre..., et M. Leopold-Clément, marquis de Bassompierre de *Beaudricourt...,* en qualité de tuteur de ses enfans légataires universels de la dame Marie-Loüise de Beauveau, adhérant aux demandes de M° Bron. *Nancy, Haener,* 1761. 53 pages, in-fol. Br.

6652. SOMMAIRE de la cause de messieurs de *Bassompierre,* appellans ; contre messire Jean-Antoine, baron d'*Eltz ...,* intimé. *S. l., J.-B. Cusson, s. d.* 16 pages in-fol. Br.

6653. FACTUM pour messire Jean Antoine, baron d'*Eltz...,* contre MM. les marquis de *Bassompierre,* de *Rémoville* et de *Baudricourt... Nancy, P. Antoine, s. d.* 21 pages, in-fol. Br.

6654. FACTUM (Supplément de) pour le sieur baron d'*Eltz...,* contre MM. de *Bassompierre,* appellans. Le curateur à la succession du maréchal de Bassompierre, incidemment appellant et opposant ..., le curateur en titre, assigné pour les intérêts des héritiers absens de la dame marquise de Crussol, et du sieur de Beauvilliers, adjudicataire de la terre de Bassompierre, et autres biens voisins, décrétez et vendus au Châtelet de Paris, sur les successions des sieurs de Beauvilliers, frères. *Nancy, P. Antoine, s. d.* 16 pages, in-fol. Br.

6655. FACTUM (Supplément au) de messire Jean-Claude, marquis de *Bassompierre* et de *Baudricourt* ; et de dame Marie-Madeleine-Bonne d'Hamal, douairière de messire François, marquis de Bassompierre, gardienne-noble des sieur et demoiselle ses enfans, appellans ; et demande subsidiaire contre Mᵉ César Mauljean, tabellion et procureur au bailliage de Nancy, curateur des enfans mineurs de défunt le sieur de *Grandchamps* et de la dame son épouse, intimé. *Nancy, J.-B. Cusson, s. d.* 7 pages, in-fol. Br.

6656. ARREST de la Cour souveraine de Lorraine et Barrois, intervenu entre MM. de *Bassompierre*, appellans ; et le curateur à la succession de François de Bassompierre, maréchal de France, opposant ; au profit du baron d'*Eltz*..., intimé. *Nancy, P. Antoine, s. d.* 8 pages, in-fol. Br.

6657. FACTUM pour madame Marie-Joséphine-Barbe d'Avin, veuve de messire Ferdinand-Joseph de *Croy*, duc d'*Havré* et de Croy..., contre messieurs de *Bassompierre*... *Nancy, P. Barbier*, 1709. 22 pages, in-fol. — Suite au Factum. *S. l., n. n., n. d.* 7 pages, in-fol. Br.

6658. CONSULTATION pour madame la duchesse d'*Havré*, contre messieurs de *Bassompierre. S. l., R. Charlot et P. Deschamps, s. d.* 8 pages, in-fol. Br.

6659. RÉFUTATION de la consultation faite à Paris, pour madame la duchesse d'*Havrez*, contre messieurs de *Bassompierre*, le 4 juillet 1709. *S. l., D. Gaydon, s. d.* 6 pages, in-fol. Br.

6660. MÉMOIRE pour le chapitre de l'insigne église collégiale... de *Poussay*, en Lorraine, contre M. le marquis de *Bassompierre. S. l., Didot*, 1778. 41 pages, in-4°. Br.

6661. MÉMOIRE en réponse pour le marquis de *Bassompierre* ..., contre les dames chanoinesses de ... *Poussay*, en Lorraine... *S. l., Quillau*, 1779. 60 pages, in-4°. Br.

6662. SOMMAIRE de la cause d'entre madame Catherine-Diane de Beauvau, veuve en secondes noces de messire Charles-François de *Stainville*, comte de Couvonges..., en qualité de mère et gardienne-noble des enfans de ses premières noces avec messire Anne-François-Joseph, marquis de *Bassompierre ;* madame Marie-Louise de Beauvau, veuve de messire Charles-Loûis, marquis de Bassompierre ..., en qualité de mère et tutrice de son fils unique, messire François de Bassompierre, marquis de Baudricourt ..., héritiers de George African de Bassompierre, marquis de Rémoville ..., deffendeurs ; et dame Marie Le Picard, épouse non-commune en biens de messire Jacques de *Fécamp*, chevalier, seigneur de *Villeron*, demanderesse. *S. l., D. Gaydon, s. d.* 12 pages, in-4°. Rel.

6663. INSTANCE d'entre Mᵉ Jacques de *Fécan*, seigneur de *Villeron*, au nom qu'il agit ; le sieur Louis de *Latte*..., et consors, créanciers de la succession du comte de Gonor, vivant marquis de Haroûé ; dame Marie Valence, veuve de M. Amelot du *Chailloux* ..., et consors, créanciers de la succession du sieur Godefroy de Bauvilliers ..., contre M. le procureur général de la Chambre des comptes ; messieurs les comte de *Couvonges*, marquis, et dame de *Bassompierre*, ès noms qu'ils procèdent ; et les curateurs aux successions desdits sieurs de Bauvilliers et maréchal de Bassompierre ... *S. l., n. n., n. d.* 7 pages, in-fol. Br.

6664. FACTUM pour dame Marie Le Picard, épouse non commune en biens de messire Jacques de *Fécan*, chevalier, seigneur de *Villeron*..., contre messieurs les marquis et dames marquises de *Bassompierre* ... ; et les curateurs aux successions du maréchal de Bassompierre, de Godefroy de Bauvilliers et consors ... *S. l., D. Gaydon, s. d.* 20 pages, in-4°. Br.

6665. RÉPONSE au factum secret imprimé à la diligence de messieurs les marquis et dames marquises de *Bassompierre. S. l., n. n., n. d.* 4 pages, in-4°. Br.

6666. PROCEZ (Extrait du) d'entre dame Marie *Le Picard*, épouse non commune en biens de messire Jacques de *Fecan*, chevalier, seigneur de *Villeron*..., contre dame Catherine-Diane de Beauvau, veuve de messire Charles-François de *Stainville*, vivant comte de Couvonges ..., en qualité de gardienne-noble des enfans mineurs de ses premières noces avec feu messire Anne-François-Joseph, marquis de *Bassompierre*, et consors ... *S. l., D. Gaydon, s. d.* 28 pages, in-fol. Br.

6667. NOTE sur l'incident suscité par les créanciers du mareschal de *Bassompierre*. *S. l., n. n., n. d.* 4 pages, in-4°. Br.

6668. CURE DE PULLIGNY (La) est de patronage lay noble, présentement divisé en tour alternatif entre monsieur le prince de *Salm* et monsieur le mareschal de *Bassompierre*. *S. l., n. n., n. d.* 10 pages, in-4°. Br.

6669. MÉMOIRE et consultation pour le sieur Daniel-Ernest *Dumont*, négociant à Mayence, directeur et administrateur de la loterie électorale de cette ville..., contre le sʳ Michel-Damien *Baudouin*..., Mᵉ Léopold-Sigisbert Berment, notaire à Nancy..., comme ayant pris le fait et cause en défense du sieur *Bertier*, Mᵉ Joseph *Pierson*..., dˡˡᵉ Marcel, veuve de Mᵉ Jean-Charles-Joseph Pierson..., le sʳ Nicolas *Froment*..., ancien receveur général, en Lorraine, de la loterie électorale de Mayence ... *Nancy, P. Barbier*, 1787. 73 pages, in-4°. Br.

6670. MÉMOIRE pour le sieur Gilbert de Courcelles, tuteur de Jean-François-Charles et de Charles-Jacques *Baudon*, enfans de François Baudon, fermier général, et d'Anne-Marguerite-Charlotte de Ligniville, née comtesse de Ligniville et du Saint-Empire ; contre Jacques-François Baudon, ci-devant directeur des fermes ... sur les promesses d'égalités et autres convenances de succéder. *Paris, P.-G. Simon*, 1781. 48 pages, in-4°. Cart.

6671. FACTUM pour Louis *Baumont*, bourgeois de Sarre-Loûis, appellant ; contre Catherine Remic, femme séparée, quant aux biens, de Thomas *Macors* son marit, intimée. *S. l., n. n., n. d.* 4 pages, in-fol. Relié.

6672. FACTUM pour Catherine Remic, femme séparée, quant aux biens, de Thomas *Macorps* son marit, intimée ; contre

Louis *Baumont*, bourgeois de Sarre-Louis, appellant... *S. l., n. n., n. d.* 7 pages, in-fol. Rel.

6673. REQUÊTE de Nicolas-Antoine *Baur*, ci-devant chanoine prémontré de Wadgase, ... au sujet de l'abbaye de *Wadgase*. *S. l., n. n., n. d.* 8 pages, in-4°. Br.

6674. RÉPONSE aux trois propositions du mémoire du sieur *Bayon. Nancy, C. S. Lamort*, 1767. 5 pages, in-4°. Rel.

6675. SOMMAIRE de l'instance pendante et indécise en la Cour, entre Mᵉ Dieu-Donné *Pidollot*, prêtre, curé de Gircourt, pourvu de la chapelle érigée en l'église paroissiale de Mircourt, sous l'invocation de saint Didier et sainte Catherine, ... contre Mᵉ Nicolas *Baȝelaire*, vicaire à Juvaincourt, se prétendant pourvu de la même chapelle ...; François *Chévrier*, laboureur, demeurant à Jossey, à cause d'Anne Rousselot sa femme ..., et le sieur Nicolas Guillemin ... *S. l., n. n., n. d.* 9 pages, in-fol. Br.

6676. MÉMOIRE pour Narcisse *Baȝillon*, Nicolas *Chastillon* et compagnie..., contre Jacob *Naas*, prévôt d'Amback, détenu ès prisons civiles de la conciergerie du palais, défendeur au principal et demandeur en opposition et main-levée de sa personne. *S. l., J.-B. Cusson, s. d.* 12 pages, in-fol. Br.

6677. PLAIDOYÉ pour Nicolas *Chastilon*, Jean et Narcisse *Baȝillon*, demeurans à Keskastel et à Dieuze..., contre Jacob *Naas*, prévôt d'Ambach ... *S. l., J.-B. Cusson, s. d.* 55 pages, in-fol. Br.

6678. PLAIDOYÉ pour Jacob *Naas*, prévôt d'Ambach ..., contre Narcisse *Baȝillon*, Nicolas *Chatillon*, demeurans à Dieuze et Kessecastel, et compagnie ... *Nancy, P. Antoine*, 1726. 31 pages, in-fol. Br.

6679. MÉMOIRE pour le sieur Emmanuel *Oriot*, négociant à Nanci en Lorraine, en sa qualité de fermier des droits d'entrée de cette ville, intimé ; contre le sieur André *Vallet* fils, marchand en la même ville, appelant..., et contre le sieur Claude *Beau*, marchand à Essey près de Nanci, aussi intimé. *S. l., P.-Al. Le Prieur, s. d.* 24 pages, in 4°. Rel.

6680. PRÉCIS pour le sieur Charles-Joseph-Gabriel de *Beauchamps*, dit de *Bermond*, ..., pour M⁰ Claude Malglaive, procureur au parlement, son curateur à la lite ; contre M⁰ *François*, prêtre et curé de de St-Epvre de cette ville ..., M⁰ *Humbert*, notaire en cette ville ... *Nancy, Vve Leclerc*, 1781. 29 pages, in-4°. Br.

6681. PRÉCIS pour M⁰ François *François*, curé de St-Epvre ..., contre M⁰ Malglaive, procureur au parlement, en qualité de curateur à la lite au Sʳ Charles-Joseph-Gabriel de *Bermont* ..., le Sʳ Charles-Joseph-Gabriel de Bermont émancipé ... *Nancy, C. Leseure*, 1781. 24 pages, in-4°. Br.

6682. MÉMOIRE pour M⁰ Denis, procureur au parlement de Nancy, en qualité de curateur établi au sieur Charles-Joseph-Gabriel de *Beauchamps*, contre M. Charles-François de *Vigneron*, président-à-mortier au même parlement, et consors, tous en qualité d'héritiers de la dame de Beauchamps, et les sieurs de *Venture* et d'*Aubarède*, parens paternels, à cause des dames de Beauchamps, leurs épouses. *Nancy, C. S. Lamort*, 1782. 79 p., in-4°. Br.

6683. PREUVES de l'état du sieur de *Beauchamps*. *Nancy, Vve Leclerc*, 1782. 56 pages, in-4°. Br.

6684. CHARTREUX (Pour les) de Ste-Anne, demandeurs en impenses et méliorations loyaux, couste et despens, contre le Sʳ de *Beaufort*, gouverneur de Chastel, deffendeurs. *S. l., n. n., n. d.* 4 pages, in-4°. Rel.

6685. MÉMOIRE pour messire Jean-Étienne *Caboud* de Saint-Mars ..., Charles-Ferdinand-Léopol de *Ponze* ..., et François-Patrice de Ponze, abbé, écuyer, héritiers par bénéfice d'inventaire de Jean Caboud leur père et ayeul, deffendeurs ; contre les curez et marguilliers de la paroisse de Notre-Dame de *Bonnes Nouvelles*, Maurice *Larcher*, Eustache-Marc-Pierre *Beaulieu*, et Madeleine *Bilharan*, demandeurs. *S. l., P.-G. Le Mercier fils*, 1730. 12 pages, in-fol. Br.

6686. CONSULTATION pour M⁰ Jean-Louis *Beaulieu*, avocat à la Cour impériale de Nancy, intimé ; contre M⁰ Jean-Pierre *Maffioli*, conseiller en la Cour prévôtale

de Nancy, en qualité de curateur aux enfans à naître dudit M⁰ Beaulieu, appelant. *Nancy, F.-A. Bachot, s. d.* 15 pages, in-4°. Br.

6687. MÉMOIRE pour Anne-Louise-Marie de *Beauvau*, princesse de *Poix*, contre l'administration des domaines. *S. l., Éverat, s. d.* 107 pages. in-4°. Br.

6688. MOTS (Encore quelques) pour madame la princesse de *Poix*, contre l'administration des domaines. *Nancy, Dard, s. d.* 15 pages, in-4°. Br.

6689. MÉMOIRE de Louise *Beauvau*, en réponse aux observations des régisseurs de l'enregistrement. — Consultation ... *S. l., Knapen, An VIII.* 26 et 20 pages, in-4°. Cart.

6690. PLAIDOYER de M. Merlin, procureur général impérial de la Cour de cassation, prenant le fait et cause du préfet du département de la Meuse, défendeur ; contre Anne-Louise-Marie de *Beauvau*, épouse séparée de biens de Ph.-M.-A. de *Noailles de Poix*, demanderesse ... *Paris, Imp. impér.*, 1805. — Réponse ... au second mémoire de la dame de Noailles de Poix ... *Ibid.*, 1806. 164 et 210 pages, in-4° en 1 vol. Cart.

6691. MÉMOIRE pour Charles-Just-Louis-Eugène, marquis de *Beauvau-Craon-Tigny* ..., appelant ; contre Sophie-Victoire-Reine de Beauvau, dame de *Launet*, intimée ; Marc-Perrine-Marie-Vincent le Sénéchal de Carcado-Molac, veuve du feu marquis de Beauvau-Craon-Tigny, aussi aujourd'hui dame *Ledet*, partie intervenante ; et Marc-Étienne-Gabriel, prince de Beauvau-Craon-Tigny, aussi partie intervenante. Question d'État. *Paris, A. Egron*, 1821. 147 pages, in-4°. Cart.

6692. RÉPONSE au supplément du factum et à la requête signifiée le 15, pour dame Marie *Le Picard*, contre dame Diane de *Bauvau*, et consors, deffendeurs. *S. l., D. Gaydon, s. d.* 5 pages, in-4°. Br.

6693. MÉMOIRE pour François-Joseph *Becker*, ancien adjudant-général au service de France, demeurant à Metz, intimé ; contre Nicolas *Baar*, notaire à Forbach, et Apolline Becker, son époux, tant en leurs noms que comme se disant cessionnaires d'Élisabeth Becker, épouse de Rodolphe Spinga, notaire à Saralbe ; Joseph Becker ..., appelans ; en présence de Georges Becker, percepteur des contributions, demeurant à Saralbe ; de Gabriel-Joseph *Molitor*, lieutenant-général, demeurant à Tomblaine, près de Nancy, et de Barbe Becker, son épouse ..., intimés. *Metz, Lamort, s. d.* 29 pages, in-4°. Cart.

6694. DUPATY. Justification de sept hommes, condamnés par le parlement de Metz en 1769, sur les seules dépositions de juifs-plaignants, les quatre premiers à la question préalable et à la mort ; et les trois autres à la question préparatoire et aux galères perpétuelles. Par M. Dupaty (Guillaume *Braun*, Mathis *Errette*, Michel *Fix*, Jean-Gaspard *Beckvert*, Joseph *Siégler*, Louis Siégler et Ulrich Beckvert, condamnés ; *Cerf* Moyse et Salomon Cerf, juifs-plaignants). *S. l., n. n.,* 1787. 116 pages, in-8°. Cart.

6695. JUSTIFICATION de sept hommes condamnés par le parlement de Metz, en 1769, sur les seules dépositions de juifs-plaignants ; les quatre premiers à la question préalable et à la mort, et les trois autres à la question préparatoire et aux galères perpétuelles (affaire *Cerf* Moyse, Salomon Cerf ; et Guillaume *Braun*, Mathis *Errette*, Michel *Fix*, Jean-Gaspard *Beckvert*, Joseph *Siégler*, Louis Siégler, et Ulrich Beckvert). *Paris, Lottin l'aîné et Lottin de S. Germain,* 1787. 112 pages, in-4°. — Pièces justificatives dans l'affaire des sept innocents condamnés par le parlement de Metz en 1769. *S. l., Clousier,* 1787. 16 pages, in-4°. — Réhabilitation de la mémoire de deux accusés et justification de trois autres. *Paris, N.-H. Nyon,* 1787. 144 pages, in-4°. Rel.

6696. NOTE et conclusions pour la compagnie d'assurances contre l'incendie le *Nord,* dont le siège est à Paris ..., contre les héritiers bénéficiaires de feu Pierre *Bédaton* ..., en présence des sieurs *Roy, Grunenwald* et veuve *Mouillereaux* ... *Nancy, G. Crépin-Leblond, s. d.* 11 pages, in-fol. Br.

6697. PRÉCIS de la cause d'entre maitre Louis *Petit,* clerc du diocèse de Trèves, chapelain de la chapelle de S.-Michel,

érigée en l'église paroissiale de *Morfontaine* ..., à lui joints le curé et les deux anciens échevins synodaux de la même église, patrons ; contre maître Joseph *Béguinet,* prêtre du même diocèse ..., à lui joint Pierre Beguinet, co-patron. *S. l., J.-B. Cusson, s. d.* 9 pages, in-fol. Br.

6698. SUPPLIQUE de Christophe *Belfort,* maire de la seigneurie de l'abbaye de Munster à Garsche ; Jean Belfort ; Nicolas *Stourme* ; Nicolas *Conne* ; Martin Belfort ; et Marguerite Stourme, femme de Nicolas *Juvin,* tous prisonniers en la conciergerie du palais, apellans ..., contre M° François Brice *Gomé* ..., intimé. *S. l., n. n., n. d.* 10 pages, in-fol. Rel.

6699. MÉMOIRE signifié, pour Claude-François *Belle,* ci-devant receveur des fermes du roi au bureau de Remiremont, ... et pour Hélène Mathieu, son épouse, contre François-Antoine *Florence,* avocat et contre Charles-Bernard *Laurent,* notaire et procureur au bailliage de Remiremont. *S. l., V\ve Hérissant,* 1775. 55 pages, in-4°. Broché.

6700. PRÉCIS pour le sieur Pierre *Fignel,* inspecteur des domaines du roi, demeurant à Lunéville, appellant ; contre le sieur Nicolas-Joseph *Bellot,* marchand magasinier à Nancy, en qualité d'agent du corps des marchands de la même ville, intimé. *Nancy, C. S. Lamort,* 1781. 28 pages, in-4°. Br.

6701. MÉMOIRE pour la commune de *Rosières* ..., contre le sieur de *Bénaville* ... *Nancy, Haener, s. d.* 40 pages, in-4°. Br.

6702. DOCUMENTS. Les héritiers du conseiller aulique Louis *Schneider,* contre MM. *Berger-Levrault et Cie,* libraires-éditeurs à Nancy. *Nancy, Berger-Levrault et Cie,* 1890. 44 pages, in-4°. — Lettres de M. Otto *Janke* à ses fils. *Ibid., s. d.* 4 pages, in-4°. — Mémoire et conclusions pour MM. Berger-Levrault et Cie, libraires-éditeurs à Nancy, contre les héritiers du conseiller aulique Louis Schneider. *Ibid.,* 1890. 20 pages, in-4°. — Arrêt entre MM. Berger-Levrault et Cie, libraires-éditeurs à Nancy, les héritiers du conseiller aulique Louis Schneider et MM. Janke, libraires-éditeurs à Berlin. *Ibid., s. d.* 7 pages, in-4°. Br.

6703. RÉFUTATION pour Me Léopold-Si-gisbert *Berment*, doyen des notaires, comme poursuivant les droits de son épouse, héritière et légataire des sieur et dame Chardin, appelant ; contre Mes Jean-Gabriel-François Chassel, Claude-Louis-Bertrand Jacquemin, Claude-Charles Thomas, Nicolas-Gabriel François, avocats, et autres héritiers de la dame *Chardin*, intimés. *Nancy, Leseure*, 1787. 54 pages, in-4°. Br.

6704. PRÉCIS pour Mes Jean-Gabriel-Fran-çois Chassel, Claude-Louis-Bertrand Jacquemin, Claude-Charles Thomas, Nicolas-Gabriel François, avocats, et autres héritiers de la dame *Chardin*, intimés ; contre Me Léopold-Sigisbert *Berment*, notaire à Nancy, appelant ; et autres parties. *Nancy, P. Barbier,* 1787. 21 pages, in-4°. Br.

6705. RÉPONSE des héritiers de la dame *Chardin* au mémoire de Me *Berment*. *Nancy, P. Barbier,* 1787. 30 pages, in-4°. Broché.

6706. MÉMOIRE pour Jean-Joseph *Vincent*, ancien premier juge-consul et marchand à Nancy, deffendeur ; contre les veuve et héritiers du sieur Jean *Bernard*, lorsqu'il vivoit marchand à Strasbourg, demandeurs. *S. l., J.-B. Cusson,* 1734. 38 pages, in-fol. Rel.

6707. RÉPONSE au mémoire de Jean-Joseph *Vincent* ..., pour les veuve et héritiers de Jean *Bernard*. *Nancy, A. Leseure,* 1734. 36 pages, in-fol. Br.

6708. PROCEZ (Sommaire du) d'entre les maire, habitans et communauté de *Harey-ville*, appellans ; contre le sieur Jean-François *Ducoin*, commissaire au remembrement du même lieu ; messire Gaspard comte de *Sommièvre*, seigneur haut-justicier, moyen et du même lieu ; noble Nicolas *Maurice*, avocat à la Cour, demeurant à Mircourt, aussi appellant ; Joseph la *Montagne*, Nicolas *Voirin*, intimez ; noble Nicolas *Bernard*, aussi avocat à la Cour, demeurant à Bourmont ; Claude *Vincent* et consors, appellez en cause. *S. l., D. Gaydon, s. d.* 8 pages, in-fol.

6709. PRÉCIS pour Me Jean *Marchal*, notaire royal à Épinal et Marie-Rose Jacques son épouse, intimés ; contre Jean Ber-

teaux, cordonnier à Dijon, et Barbe Thibaut, veuve de François *Ferry*, menuisier à Xertigny, appellans. *S. l., n. n., n. d.* 8 pages, in-4°. Br. incomplet.

6710. MÉMOIRE pour le baron Joseph-Antoine *Bertrand*, maréchal-de-camp, ... Barthélemy *Couturier* ..., Jean *Bonaventure*, ... et leurs consorts, défendeurs ; contre le comte David-Georges-Thomas-Charles de *Gestas* ..., et le comte Aymar de Gestas, demandeurs. *Metz, Lamort, s. d.* 35 pages, in-4°. Cart.

6711. MANIFESTE et discours véritable du procez démené entre noble homme Jean *Bertrand* ..., et les sieurs héritiers prétendus bénéficiaires de feu dame Jeanne *Dausonne* ... *S. l., n. n., n. d.* 49 pages, in-4°. Br.

6712. ARREST duquel est demandée révision, entre la cause pendante à la Cour souveraine de parlement, entre les révérends abbé, général de l'ordre de Cisteaux ; dom Pierre de *Cléron*, abbé de Charlieu, ... et Dom Pierre *Besançon*, abbé de Rosières..., suppliants d'une part ; et révérend sieur messire Laurent *Othenim*, abbé commendataire de l'abbaye Notre-Dame d'Acey, deffendeur d'autre part. *S. l., n. n., n. d.* 14 pages, in-4°. Rel.

6713. FACTUM pour le sieur Dieudonné de *Bettainviller*, chevalier, seigneur de Moineville, Moyeuvre et autres lieux, demandeur ..., contre les sieurs de *Gournay* de Frioville ; François *Molé* de Champlâtreux ; les abbé et religieux de *Justemont* ; la dame de *Malle* et consors, deffendeurs ... ; contre Claude *Fabre*, fermier de la grande forge de Moyeuvre, deffendeur. *S. l., D. Gaydon, s. d.* 7 pages, in-8°. Br.

6714. RÉPLIQUE pour Jean-Baptiste, baron de *Mahuet*, comte de *Mailly*, seigneur de Coyvillers, au mémoire de madame la marquise d'*Hennezey*, et de MM. les barons de Mahuet et de *Bettainviller*. *S. l., n. n., n. d.* 110 pages, in-8°. Br.

6715. FACTUM pour messire Isaac de *Charrotz*, abbé commendataire de l'abbaye de Jendeure, et chanoine de l'église de Notre-Dame de Paris, appellant, ... contre messire Claude de *Beurges*, seigneur de Trémont, intimé. *S. l., n. n., n. d.* 8 pages, in-4°. Br.

6716. PROCEZ (Sommaire du) d'entre Nicolas *Genette*, ... de son chef et en qualité de curateur de Jeanne et Marie les Genette, ses sœurs et Marie Genette, veuve de Claude *Claude* ..., tous héritiers de Sébastien Genette leur père, et prenans le fait et cause d'Annel *Bruant* et de Claude *Thouvenin* ..., contre Barbe Ferry, veuve de Sulpice *Beuvard* ..., appellante ; et Mᵉ Nicolas *Dupaquier*, prêtre curé de Viterne. Lesdit Bruant, Thouvenin et Dominique *Mengenot*, intimez. *S. l., D. Gaydon, s. d.* 9 pages, in-fol. Br.

6717. PRÉCIS pour J.-P. *Brissot*, contre M. *Bexon*, se disant représentant de la municipalité de Remiremont. *Paris, François,* 1790. 21 pages, in-8°. Br.

6718. MÉMOIRE pour Mᵉ Antoine *Bexon*, ... juge-garde des terres et seigneuries de Longuet, Raon, Bussegnicourt, foréterie du ban de Vagney et autres lieux, et doyen des avocats exerçants à Remiremont, intimé ; contre Mᵉ Nicolas *Noirdemange*, prêtre curé de Saint-Nabord, près de Remiremont, appellant. *Nancy, N. Charlot, s. d.* 12 pages, in-fol. Br.

6719. PROCÈS (Précis du) pendant en la Cour souveraine grand-chambre, entre le frère *Bigarel*, chanoine régulier, les religieux de *Domèvre* et le général de la congrégation, d'une part ; Mᵉ *Colchen*, curé de Destricht, et M. l'évêque de *Metz*, appellé en cause, d'autre part. *Nancy, Haener,* 1768. 32 pages, in-4°. Br.

6720. FACTUM d'entre Mᵉ Jean *Mahuet*, lieutenant civil et criminel au bailliage de Nancy ..., contre Albert *Bigot*, et consors, héritiers bénéficiaires de feu Marien Bigot leur père, et purs et simples de feûe Élisabethe Broussart leur mère ..., contre Mᵉ Nicolas *Pierre*, licentié en droits, prestre curé du Pont-Saint-Vincent ... *S. l., n. n., n. d.* 11 pages, in-fol. Br.

6721. MÉMOIRE pour les habitans de *Wasly*, en Clermontois, intimés ; contre messire Gaspard de *Billaut*, seigneur de Wasly ..., appellant ; et contre le sieur *Didelot*, et consorts, aussi appellans. *S. l., Vve Hérissant,* 1773. 40 pages, in-4°. Cart.

6722. PRÉCIS pour Mᵉ Antoine-André *Chappé* ..., seigneur de la baronnie de Bioncourt, intimé ; contre Mᵉ Jean-Charles *Billecard*, prêtre, chapelain de la chapelle castrale de Bioncourt, appellant ... *Nancy, C. S. Lamort,* 1785. 51 pages, in-4°. Br.

6723. MÉMOIRE pour Mᵉ Jean-Baptiste *Poirine*, chanoine ... pourvu de la cure, vicairie-perpétuelle et régulière du Val-d'Ajol ..., contre Mᵉ Étienne *Billoutel*, prêtre, ... se disant pourvu de la même cure ..., en présence des prieur-commendataire et chanoines Réguliers du prieuré d'*Hérival* ... *Nancy, P. Barbier,* 1782. 75 pages, in-4°. Br.

6724. MÉMOIRE pour Mᵉ Étienne *Billoutel*, ... contre frère Jean-Baptiste *Poirine* ... ; et les prieur-commendataire, chanoines Réguliers du prieuré d'*Hérival* ... *Nancy, Thomas,* 1782. 208 pages, in-4°. Br.

6725. RÉSUMÉ de la cause de Mᵉ Étienne *Billoutel*, prêtre, curé du Val-d'Ajol, avec les religieux d'*Hérival*. *Nancy, C. S. Lamort,* 1784. 21 pages, in-4°. Br.

6726. MÉMOIRE pour la ville de *Bitche*, contre les abbé, prieur et religieux de *Stulzelbrom*. *Nancy, J.-B. H. Leclerc,* 1769. 49 pages, in-4°. Br.

6727. PRÉCIS et consultation pour le sieur *Blaise*, contre Mᵉ Basile *Prud'homme*. *S. l., n. n., n. d.* 18 pages, in-4°. Br.

6728. MÉMOIRE pour Mᵉ *Prud'homme*, avocat en parlement, intimé ; contre le sieur *Blaise*, ci-devant marchand à Darney, appelant ; les sieurs *Moienna* et *Botta*, négocians, Mᵉ *Dufort*, avocat en parlement, et le sieur *Pierron*, intimés ; le sieur Henrion, se disant syndic des créanciers de Blaise, intimé. *Nancy, H. Haener,* 1785. 70 pages, in-4°. Br.

6729. MÉMOIRE à consulter, pour François-Joseph de *Feydeau* ..., intimé ; contre Pierre *Blaise*, commis à l'entrepôt du tabac, bourgeois de Nancy, appellant ; en présence du sieur *Le Bègue d'Einville*, aussi intimé, et de M. le procureur-général ... *S. l., n. n., n. d.* 78 pages, in-4°. — Mémoire (Second) à consulter. *Metz, J.-B. Collignon,* 1788. 14 pages, in-4°. — Pièces justificatives. *S. l., n. n., n. d.* 31 pages, in-4°. Br.

6730. MÉMOIRE et consultation pour le sieur Pierre *Blaize* ..., contre les sieurs *Garrisson d'Estillac*, de *Feydeau* et *Le Bègue d'Einville*; en présence de monsieur le procureur-général. *Nancy, H. Haener,* 1788. 68 pages, in-4°. Br.

6731. RÉPONSE pour le sieur Pierre *Blaise*, ..., contre les sieurs *Garrisson d'Estillac*, de *Feydeau* et *Le Bègue d'Einville* ; en présence de monsieur le procureur-général. *Nancy, H. Haener,* 1788. 63 pages, in-4°. Br.

6732. PLAIDOYÉ pour les prêtres de la mission, directeurs perpétuels du séminaire de *Toul*, auquel sont réunis les revenus du cy-devant chapitre de Brissey, curez primitifs de Foug et de la Neuveville, décimateurs pour un tiers de ces lieux ..., contre M° Charles *Bruno*, prêtre, vicaire des mêmes lieux de Foug et de la Neuveville ..., Jean *Blaisin*, bourgeois de Toul, Dominique et Loüis *Nicolas*, demeurants à Foug, engagistes des deux autres tiers de dîmes des mêmes lieux ..., et la congrégation des Messieurs établie au collège des Jésuites de *Nancy* ... *Nancy, P. Antoine,* s. d. 16 pages, in-fol. Br.

6733. RÉPLIQUE succinte pour les prêtres de la mission de *Toul* ...; contre M° Charles *Bruno* ..., Jean *Blaisin*, Dominique et Loüis Nicolas ... ; et la congrégation établie au collège de *Nancy* ... *Nancy, P. Antoine,* s. d. 6 pages, in-fol. Br.

6734. SUPPLIQUE de Estienne-François *Blanchelaine*, avocat à la Cour et gruyer des gruyeries de *Nancy*, demandeur ; contre les officiers du bailliage de la même ville, deffendeurs. *S. l., n. n., n. d.* 6 pages, in-fol. Br.

6735. PRÉCIS pour les sieurs Jean-François *Dieudonné*, Pierre *Blanchet* et Clément ..., appellans ; contre le sieur de *Tonnoy* ..., intimé. *Nancy, P. Barbier,* 1786. 28 pages, in-4°. Br.

6736. SUPPLIQUE de Georges-Affricain *Malcuy*, l'un des fermiers de l'étang de Lindre; contre Jean *Chemit ; Georges Jacquet ;* et Élisabeth Noël, veuve de Claude-Joseph *Blanpain*, aussi fermiers dudit étang. *Nancy, P. Antoine,* 1727. 70 pages, in-fol. Br.

6737. SUPPLIQUE de Jean *Chemit*, Georges *Jacquet*, et Élisabeth Noël, veuve de Claude-Joseph *Blanpain*, ... ; contre Georges-Affricain *Malcuy* ... *Nancy, J.-B. Cusson,* 1728. 37 pages, in-fol. Br.

6738. SUPPLIQUE de Jean *Chemit*, George *Jacquet*, et Élizabeth Noël, veuve de Claude-Joseph *Blanpain* ..., contre George-Affricain *Malcuyt* ... *S. l., J.-B. Cusson,* s. d. 11 pages, in-fol. Rel.

6739. SUPPLIQUE de Georges-African *Malcuy* ..., contre Jean *Chemit*, Georges *Jacquet*, et Élizabeth Noël, veuve de Claude-Joseph *Blanpain* ... *S. l., n. n., n. d.* 8 pages, in-fol. Br.

6740. RÉPONSE du sieur *Blaume* fils, défendeur ; à un imprimé intitulé : « Précis pour Jean-Baptiste *Monnier*, demandeur ». *Nancy, P. Antoine et P. Barbier,* 1768. 8 pages, in-4°. Rel.

6741. PRÉCIS pour les héritiers et légataires de feu le sieur Jean *Boisserand*, demandeurs; contre Marie-Magdelaine Vivenot, veuve du dit sieur Jean Boisserand, défendresse. *Nancy, Haener,* 1781. 12 pages, in-4°. Br.

6742. PRÉCIS pour M° Joseph *Marchal*, avocat en parlement, à cause de son épouse, et autres légataires de Jean *Boisserand*, intimés ; contre Marie-Magdelaine Vivenot, veuve dudit Jean Boisserand, appellante. *Nancy, Haener,* 1776. 15 pages, in-4°. — Questions : Un mari peut-il par son testament déroger à son contrat de mariage, au préjudice de son épouse ? Un mari peut-il, par un acte clandestin, anéantir une convention, un contrat sinnallagmatique ? *Nancy, P. Antoine et P. Barbier,* 1776. 13 pages, in-4°. Rel.

6743. MÉMOIRE pour Armand, prince de *Rohan*, comte de Ventadour, abbé commendataire de l'abbaye de Saint-Epvreles-Toul, intimé ; contre les habitans d'*Alain-aux-Bœufs*, appellans ; M° Nicolas *Boivin*, prêtre du diocèse de Toul, intimé ; M° Léopold *Charpentier*, prêtre, vicaire perpétuel de Colombey et d'Alain son annexe, aussi intimé ; les maire, habitans et communauté de *Colombey*, appellez en cause. *Metz, J. Antoine,* 1737. 19 pages, in-fol. Br.

6744. MÉMOIRE servant de réponse pour les habitans d'*Alain-aux-Bœufs*, appellans, contre M. le prince de *Rohan* ..., intimé ; les maire, habitans et communauté de *Colombey*, intimés ; M° *Charpentier*, prêtre-curé de Colombey, aussi intimé ; et M° Nicolas *Boivin*, prêtre-curé d'Alain, appellé en cause. *Nancy, P. Antoine, s. d.* 17 pages, in-fol. Br.

6745. FACTUM pour les abbé, prieur et chanoines réguliers de l'abbaye de *Vadgasse*, ordre de Prémontré ; Jean et Guillaume *Henyen* ... ; contre Jean Gaspard *Guir*, Mathis *Bolcher*, George *Guldener*, et consors, comme prenant fait et cause en deffense pour Honoré *Chais* ... *S. l., D. Gaydon, s. d.* 6 pages, in-fol. Br.

6746. MÉMOIRE à consulter pour madame Marthe Camp, vicomtesse de *Bombelles*. *S. l., L. Cellot*, 1771. 32 pages, in-4°. Br.

6747. MÉMOIRE à consulter pour Nicolas *Bondidier*, marchand cafetier à Nancy. *S. l., Knapen, s. d.* 8 pages, in-4°. Br.

6748. MÉMOIRE pour le sieur Charles-François-Éléonore *Grandjacquet*, ci-devant bailliste des forges de Blanc-Murger et de Ruaux ... ; contre le sieur François-Denis *Viney* ..., propriétaire des forges de Blanc-Murger et de Ruaux ..., le sieur Charles-Martin *Bouiard*, associé pour le bail des forges de Blanc-Murger et de Ruaux ... ; le sieur George *Lambert*, maître de forge à Sey-sur-Saône ... *Nancy, P. Barbier*, 1786. 117 pages, in-4°. Br.

6749. MÉMOIRE pour M° François-Dieudonné *Grandjean* ..., tant en son nom, qu'en qualité de tuteur des sieur et demoiselle de *Bonnay*, opposans et appelans, contre le sieur *Clément* ..., défendeur et intimé ; le sieur de Macé, en qualité de tuteur de la demoiselle Julie de *Thomerot*, intimée ; et demoiselle Marguerite-Christine Clément, aussi appellante. *Nancy, H. Haener, s. d.* 72 pages, in-4°. Br.

6750. SUPPLIQUE de Antoine *Renauld*..., Jean-Pierre *Zimmermann*..., et César *Laurent*..., adhérans à la demande en cassation formée par Catherine Gabriel, veuve de Jean *Bonneval*, et demandeurs en sommation ; contre le sieur Pierre-Gaspard *Marotel*, prévôt d'Azeraille, pareillement adhérent à la demande en cassation, et deffendeur sur celle en sommation formée par les supplians ; Catherine Gabriel, veuve de Jean Bonneval, ci-devant fermier des moulins de Châtel, demanderesse en cassation ; M. le Procureur général de la chambre des comptes en cette qualité ; Jacques *Laporte*, fermier des domaines réunis de Châtel ; Jean *LaMotte*, fermier actuel des moulins du même lieu : les officiers de l'hôtel de ville de *Châtel*..., tous deffendeurs sur la cassation... *Lunéville, N. Galland*, 1732. 15 pages, in-fol. Rel.

6751. MÉMOIRE pour M° Jean-Baptiste *Borde de Charmois*, prieur de St-Blin, contre le sieur *Geoffroi de Limon*, clerc tonsuré du diocèse de la Rochelle, cessionnaire des droits de dom Mancel, religieux de la congrégation de St-Maur. *Nancy, Haener*, 1774. 72 pages, in-4°. — Précis pour le sieur abbé Geoffroy de Limon..., contre le sieur abbé Borde de Charmois. *Nancy, Haener*, 1774. 25 pages, in-4°. Rel.

6752. MÉMOIRE pour dame Marie Thérèse, née baronne d'Eltz, dame de Freistroff, Châteaurouge et autres lieux, douairière de François-Louis-Joseph, baron de *Schmitbourg*, grand échanson, héréditaire de l'Électorat de Trèves ; contre Anselme-Charles, baron de *Vasberg*, seigneur de Leyding, procédant sous l'autorité de Charles-Gaspard Godefroy de Beissel de Guimick ; et le sieur Charles-Philippe *Bosche*, prêtre au diocèse de Trèves ; en présence du sieur Jean-Baptiste *Gérardin*, prêtre curé de Leyding. *S. l., P.-Al. Le Prieur*, 1768. 52 pages, in-4°. Rel.

6753. MÉMOIRE à consulter pour le sieur René de *Bouchard*, écuyer, seigneur d'Herbéville et Lanoy, et le sieur abbé *Fériet*..., chanoine de la collégiale de St-Mihiel. *Nancy, J.-B. Cusson*, 1739. 19 pages, in-fol. Br.

6754. MÉMOIRE servant de réponses à un autre mémoire imprimé et signifié le 15 mars 1741 de la part du Sr René *Bouchard* pour les prévôt, doyen, chanoines et chapitre de l'église collégiale de *Deneuvre*, défendeurs en opposition à l'union de la chapelle de St-Nicolas d'Einville, à leur église ; contre le même sieur Bouchard, en qualité de seigneur d'Herbéviller-Launoy, demandeur en opposition à l'union de la chapelle ; et le sieur abbé de *Fériet*, nommé à la chapelle, et adhérant à l'opposition. *Nancy, Vve J.-B. Cusson*, 1741. 17 pages, in-fol. Br.

6755. RÉPLIQUE pour le sieur François *Chanlay*, ci-devant commissaire des vivres de France..., contre le sieur Edme *Boudard*, se disant entrepreneur des vivres ; le sieur Claude Guerre, substitut de M. le Procureur général en la prevôté de Saint-Nicolas..., et le sieur Jean Charles, avocat à la Cour... *S. l., D. Gaydon*, 1716. 10 pages, in-fol. Br.

6756. SUPPLIQUE de Charlotte de Vernou de la Rivière, veuve de Mre Louis de *Crussol d'Uzets*, chevalier marquis de Crussol et d'Harroué, intervenante et opposante à l'arrest obtenu par François Delatte..., contre ledit *Delatte*, soy-disant cessionnaire de Charles Boudet..., et Antoine *Boudet* et Dagobert *Millet*... *S. l., n. n., n. d.* 4 pages, in-fol. Rel.

6757. MOYENS d'opposition des propriétaires habitant la vallée et les rives du ruisseau de *Boudonville*, contre la troisième demande administrative, formée le 14 septembre 1843, par le sieur *Paquet*, corroyeur à Nancy. *Nancy, Hinzelin et Cie*, 1843. 151 pages, in-8°. Br.

6758. MÉMOIRE pour le sieur Jean-Baptiste Antoine de *La Coste de Beaufort*, docteur de Sorbonne, prieur commendataire du prieuré de Landécourt, intervenant ; contre Me Nicolas *Grosjean*, pourvu de la vicairie perpétuelle de Landécourt, comme ayant repris l'instance au lieu et place de Me de Montzet, pourvu de la même vicairie, appelant ; Me Antoine *Boudot*, pourvu de la même vicairie, intimé ; et Monsieur le prince Constantin de *Rohan*, cardinal... et abbé de Saint-Èvre, pareillement intervenant. *Nancy, P. Antoine*, 1766. 43 pages, in-fol. Br.

6759. PRÉCIS pour le sieur Gérard *Henriquel*, prêtre et curé de Fremréville, pourvu de la chapelle Saint-Joseph, érigée dans l'église de Vigneulles, demandeur en opposition et défendeur sur les interventions des sieurs *Paton*, *des Camus* et *Vaultrin* à luy joint ; les sieurs Christophe François, chanoine de l'église de Saint-Sauveur de Metz ; les sieurs Charles et Abram les *François*, dit la Tour, et Marie d'Hulin, veuve de Mengin *Laurent*, en sa qualité de mère et tutrice des enfans d'entre elle et ledit Laurent ; demandeurs à fin d'intervention et opposition ; contre maître Nicolas *Boudot*, prêtre au diocèse de Verdun, se disant pourvu de ladite chapelle, défendeur sur l'opposition ; à lui joint les sieurs Nicolas Paton, des Camus, demandeurs à fin d'intervention. *S. l., n. n., n. d.* 10 pages, in-fol. Br.

6760. MÉMOIRE pour M. Étienne *Psaume*, avocat et homme de lettres ; contre le sieur *Bougeat*..., second adjoint au maire de Commercy. Signé Liouville et Hamelot. *Nancy, F. Bachot, s. d.* (1826.) 16 pages, in-8°. Demi-rel.

6761. MÉMOIRE pour le Sr François *Forget de Barst de Bouillon*..., contre les prétendus héritiers du feu Sr de *Bouillon* d'Isback. *Nancy, P. Antoine*, 1747. 30 pages, in-fol. Br.

6762. MÉMOIRE pour le sieur Jean-Henry *Forget de Barst de Bouillon*, écuyer seigneur de Kerprik-Hermestroff, Itzbac, Furgts et Buren, capitaine-prévôt de Siersberg, bailly, pour le roy, de Mertzig et Sargaw, et subdélégué ez mêmes juridictions..., contre les sieurs *Forget de Barst*, *Cailloux*, *Gillot* et *Grison*... *Nancy, P. Antoine*, 1751. 36 pages, in-fol. Br.

6763. FACTUM pour Maurice *Gilon* ; Nicolas *le Blanc*, Jean *Adam* et Nicolas *Henry*, aux noms de Jeanne, Nicole et Ursule Gilon leurs femmes, Anne Coutelet, veuve de George Gilon, et Rose Gilon, veuve de Jean *Brandon*..., contre François *Bouilloux*, Jean-Claude Gilon, et Jean *Goujon*..., Isidore *Olry*, Isidore *Roussel*, Dominique *Fery* et Nicolas *Cousin*... *S. l., D. Gaydon*, 1718. 11 pages, in-fol. Br.

6764. LE SERIN, ou Mémoire du Sr *Boulanger*, ancien chirurgien-major en chef de l'hôpital militaire de Metz, et pensionné de Sa Majesté, contre M. le baron *d'Huart*, ancien capitaine d'infanterie... *Metz, Vve Antoine, s. d.* 95 pages, in-8°. Demi-rel.
— Une seconde édition, imp. chez la même ; 59 pages, in-8°. Rel. à la suite de la précédente.

6765. MÉMOIRE pour les administrateurs, receveur et procureur de la confrairie Notre-Dame, dite des Prêtres, administrée en la paroisse de *Boulay*..., contre les soidisants échevins synodaux de la même paroisse... *Nancy, Leseure*, 1787. 64 pages, in-4°. Br.

6766. FACTUM pour maître Louis *Bourbon*, tabellion général au duché de Lorraine, résidant à Nancy..., et Catherine Bourbon, veuve de maître Jean-Alexis *Thouvenin*..., comme ayant repris l'instance au nom et place dudit maître Thouvenin, tant de son chef qu'en qualité de mère et tutrice de Marie Thouvenin, sa fille mineure, enfans du premier lict de feu maître Denis Bourbon...; contre Marguerite Royer, veuve en secondes noces dudit maître Denis Bourbon... et maître Joseph Pierre..., en qualité de curateur à la litte établis à Marguerite et Jeanne Bourbon filles mineures du second lict dudit maître Denis Bourbon... *S. l., R. Charlot et P. Deschamps*, 1717. 12 pages, in-fol. Br.

6767. MÉMOIRE à consulter pour dame Marie-Anne Breton, veuve *Lapierre*..., Antoine-Stanislas-Sébastien Lapierre, Joseph-Nicolas-Hyppolite *Hun*..., à cause de dame Anne-Charlotte Lapierre..., appelants ; contre M. Cl.-Léonard *Bourcier de Monthureux*..., à cause de dame Marie-Charlotte de Fiquelmont, son épouse..., les héritiers de Mᵉ *Thiébaut*..., Mᵉ *Perrin*... *Nancy, Delahaye, Haener fils et Cie, s. d.* 20 pages, in-4°. Br.

6768. PRÉCIS pour les habitans de *Lépange*, défendeurs ; contre le comte de *Girecourt* et la dame comtesse de *Bourcier-de-Villé*, demandeurs. *Nancy, Leseure*, 1789. 19 pages, in-4°. Br.

6769. LETTRE à monseigneur le Chancelier, adressée par le chapitre de *Bourmont*, à la date du 9 juillet 1762. *S. l., n. n., n. d.* 1 page in-fol.

6770. PIÈCES et mémoire pour servir de moyens aux oppositions formées à l'enregîtrement de toutes lettres patentes portant la suppression du chapitre de l'insigne église collégiale de la ville de *Bourmont* en Barrois, et l'union de ses revenus au chapitre des dames de *Poussay* en Lorraine. *S. l., n. n., n. d.* 52 p., in-4°. Br.

6771. MÉMOIRE pour les prévost et chanoines du chapitre de *Bourmont. S. l., L. Cellot*, 1767. 18 pages, in-4°. Br.

6772. CONSULTATION de Paris touchant le projet de suppression du chapitre de *Bourmont. S. l., n. n., n. d.* 19 pages, in-12. Br.

6773. SOMMAIRE pour les abbesse, doyenne, chanoinesses, et chapitre de l'insigne église ... de *Bouxières*, deffenderesses ; contre M. le procureur général de la Cour, demandeur. *Nancy, N. Charlot*, 1742. 16 pages, in-fol. Br.

6774. MÉMOIRE pour les dames abbesse, chanoinesses et chapitre de l'insigne église de Notre-Dame de *Bouxières*, contre la Dame de *Briey de Landres*, doyenne. *S. l., L. Cellot*, 1763. 98 pages, in-4°. Br.

6775. MÉMOIRE pour demoiselle Françoise-Claire de *La Tour-en-Voivre*, tant de son chef, que procédant sous l'autorité de dame Anne-Thérèse de Landres de Briey, veuve, douairière du sieur Nicolas comte de La Tour-en-Voivre, sa mère et tutrice ..., intimée ; contre les dames abbesse, chanoinesses et chapitre noble et séculier de l'insigne église de Notre-Dame de *Bouxières*, appellantes. *Nancy, P. Antoine*, 1764. 158 pages, in-4°. Rel.

6776. MÉMOIRE pour les dames abbesse, chanoinesses et chapitre de l'insigne église de Notre-Dame de *Bouxières* ..., contre demoiselle Françoise-Claire de *La Tour-en-Voivre*, tant de son chef que comme procédant sous l'autorité de dame Anne-Thérèse de *Landres de Briey*, sa mère ..., la dame Anne-Catherine de *Briey de Landres*, doyenne du chapitre de Bouxières ... *Nancy, Vᵛᵉ et C. Leseure*, 1764. 59 pages, in-4°. Rel.

6777. ARRÊT du conseil d'État du roi, qui approuve l'adjudication des bâtimens du Chapitre de *Bouxières*, transféré à Nancy, donné à Versailles, le 20 janvier 1787. *S. l., n. n., n. d.* 3 pages, in-4°. Cart.

6778. PRÉCIS des causes et moyens d'intervention, de messires Nicolas-Joseph, comte de *Bouzey*, baron de Vitrey, maréchal de Lorraine et Barrois ; Antoine comte de Bouzey ; Jean-Claude, aussi comte de Bouzey ..., au procés d'entre madame la comtesse de Bouzey leur mère ..., contre M. le maréchal de *Ligniville*, et M. *du Pâquier*, baron de *Dommartin* ... *S. l., J.-B. Cusson*, 1730. 40 pages, in-fol. Br.

6779. SUPPLIQUE de Melchior comte de *Ligniville*, marquis d'Houécourt, maréchal de Lorraine et Barrois, grand baillif des Vôges, contre les sieurs et dame de *Bouzey*. *Nancy, P. Antoine, s. d.* 12 pages, in-fol. Br.

6780. RÉPONSE des comtes de *Bouzey*, à la requête imprimée de M. le maréchal de *Ligniville*. *S. l., J.-B. Cusson*, 1731. 19 pages, in-fol. Br.

6781. RÉPONSE du maréchal de *Ligniville*, deffendeur en intervention, au précis de messieurs les comtes de *Bouzey*, intervenants. *Nancy, R. Charlot*, 1731. 27 pages, in-fol. Br.

6782. RÉPLIQUE des comtes de *Bouzey*, à la réponse de M. le maréchal de *Ligniville*. *Nancy, J.-B. Cusson*, 1731. 12 pages, in-fol. Br.

6783. RÉPONSE des comtes de *Bouzey*, à la réplique de M. le maréchal de *Ligniville*. *S. l., J.-B. Cusson*, 1732. 9 pages, in-fol. Br.

6784. MÉMOIRE pour Antoine de *Bouzey*, chevalier seigneur dudit lieu, pour justifier comme feu le sieur Joseph de Bouzey, son frère, lui a mis en compte les intérêts des intérêts dans le prix de la vente de la terre et seigneurie de Bouzey. *Nancy, P. Barbier, s. d.* 4 pages, in-fol. Br.

6785. RESPONSES pour madame de *Bouzey*, au mémoire du Sr Antoine de Bouzey, son beau-frère. *S. l., n. n., n. d.* 6 pages, in-fol. Br.

6786. MÉMOIRE pour Mrs Joseph et François *Huraux*, prêtres et curés, l'un de Crainvilliers, et l'autre de Contrexéville ; à eux joints vingt-trois habitans des mêmes lieux, de *Landaville, Belmont* et *Bulgnéville* ..., contre M. Christophe comte de *Bouzey*, chevalier, baron de Vitry ..., Mⁱ Jean-Baptiste *Félix*, curé, et la communauté de *Suriauville* ... *Nancy, P. Antoine*, 1764. 30 pages, in-fol. Br.

6787. RÉPONSE du comte de *Bouzey*, au mémoire de Mrs Joseph et François *Huraux* ... *Nancy, P. Antoine*, 1764. 30 pages, in-fol. Br.

6788. MÉMOIRE au conseil du roy, sur la demande en cassation d'un arrêt contradictoirement rendu en la Cour souveraine de Lorraine et Barrois, le 5 août 1765, au profit du sieur comte de *Bouzey* ; contre différens maires, syndics, curés et autres habitans en Lorraine. *Paris, Vve d'Houry*, 1766. 30 pages, in-4°. Br.

6789. PRÉCIS pour le comte de *Bouzey*..., contre le sieur *Daedhemar* de Monteil, de Brunier, comte de *Marsane*..., la dame de Marsane, le sieur marquis de *Champagne* ... *Nancy, P. Antoine*, 1762. 43 pages, in-4°. Rel.

6790. SUPPLIQUE des prieur et religieux bénédictins de *Bouzonville* ; Jean-Batiste *Tailleur*, avocat à la cour ; et Mⁱ Nicolas *Bourguignon*, tabellion et procureur en la prévôté de Bouzonville, en qualité de fermiers de ladite abbaye, deffendeurs ; contre messire Charles-Philippe de *Lambertye*, abbé commandataire de l'abbaye de Sainte-Croix de Bouzonville, et prieur de Romont, demandeur. *Nancy, P. Antoine*, 1739. 55 pages, in-fol. Br.

6791. PRÉCIS pour les religieux bénédictins de l'abbaye de *Bouzonville*, défendeurs ; contre l'abbé de *Sarlabouze*, demandeur. *Nancy, P. Barbier*, 1784. 12 pages, in-4°. Br.

6792. BOYARD. Réponses aux deux libelles anonymes et diffamatoires insérés dans les suppléments à *la Quotidienne* des 26 novembre et 17 décembre 1826, (par M. Boyard, conseiller à la Cour de Nancy). *Nancy, Barbier*, 1826. 31 pages, in-8°. Br.

6793. MÉMOIRE signifié pour le Sr Sébastien-Antoine de *Braux*, écuyer, et dame Élisabeth Rey son épouse... ; contre le sieur Jacques *Huin*, négociant à Nancy, tant en son nom que comme syndic des créanciers chirographaires de la manufacture royale établie à la Vennerie ..., Nicolas *Le Bel*, négociant à Nancy, autrefois l'un des associés et aujourd'hui seul entrepreneur de ladite manufacture ..., le sieur Sébastien *Thomas* ..., maître *Mes* sein..., les veuve et héritiers du sieur *Philbert*, le sieur *Chapuis*, les sieurs *Toussaint*, *Husson* et *Charpentier*, le sieur *François*, le sieur Le Roy, syndic des créanciers du S* *Jacob*, et Mᵉ Gay, curateur aux créanciers absens et inconnus... *S. l.*, *Knapen*, s. d. 74 pages, in-fol. Br.

6794. PLACET présenté à son Altesse Royale par dame Antoinette de Gournay, veuve de messire Bernard de *Raigecourt*, chevalier, seigneur de Brémoncourt, etc.; contre messire Charles-Anne de *Bressey*, chevallier, seigneur de Manoncourt ... *S. l.*, *D. Gaydon*, 1712. 8 pages, in-fol. Br.

6795. MÉMOIRE pour messire Loûis-Amé de *Loys*, baron de la *Bastie*, en qualité de père et gardien noble de Loûis-Gaspard-Philippe-Antoine de *Loys* de Bonnevaux, son fils ...; contre messire Charles Nicolas comte de *Bressey*, en qualité de père et gardien noble d'Adrien-Loûis et Nicolas-François-Bernard de Bressey, chevaliers de Malte, ses fils ; messire Claude Marie, comte de Bressey ..., messire François, comte de Bressey ..., Mᵉ Jean-Baptiste de *Maud'huy* en qualité d'exécuteur testamentaire de feu madame Antoinette de Gournay, doûairière de messire Bernard comte de Raigecour. *Nancy*, *P. Antoine*, 1739. 34 pages, in-fol. Br.

6796. MÉMOIRE pour monsieur le comte de *Bressey*, père, en qualité de gardien noble d'Adrien-Loûis et Nicolas-François-Bernard de Bressey ..., contre le baron de la *Bastie*, en qualité de gardien noble de Gaspard-Philippe de *Loys*, baron de la Bastie, son fils mineur ... *Nancy*, *P. Antoine*, 1739. 7 pages, in-fol. Br.

6797. MÉMOIRE pour M. Louis-Antoine-Gaspard-Philippe de *Loys*, baron de La *Bastie*, contre M. Claude-Marie comte de *Bressey*, seigneur de Manoncourt, Taisé et autres lieux ... *Nancy*, *N. Charlot*, 1753. 35 pages, in-fol. Br.

6798. MÉMOIRE pour M. Claude-Marie, comte de *Bressey* ..., seigneur de Thésé, Brémoncourt et autres lieux ...; contre M. Louis-Gaspard de *Loys*, baron de *la Bastie*, seigneur de Bellerive, Bonneveau, Cholex, etc ... *Nancy*, *J.-J. Haener*, 1753. 110 pages, in-fol. Br.

6799. PRÉCIS pour la dame comtesse de *Bressey* ..., contre la dame marquise de *Novillars* ..., le sieur comte de Bressey, etc. *Nancy*, *P. Antoine*, 1755. 11 pages, in-fol. Rel.

6800. MÉMOIRE pour messire Claude Marie comte de *Bressey* ..., seigneur de Manoncourt, Thésey-St.-Martin, Brémoncourt, Jaulny, la Coste Rougemont et autres lieux ..., contre dame Gabrielle, née comtesse de Bressey, doûairière de messire Thomas de *Jouffroy*, marquis de *Novillars* ... *Nancy*, *J.-J. Haener*, 1755. 56 pages, in-fol. Br.

6801. MÉMOIRE pour dame Gabrielle, née comtesse de Bressey, doûairière de messire Thomas de *Jouffroy*, marquis de *Novillars*..., contre messire Claude-Marie, comte de *Bressey* ...; messire Gaspard de Franc, comte d'*Anglure*, seigneur de Magnières, à cause de dame Louise de Bressey, son épouse ; messire Fr. Gabriel, marquis de *Lezay*, seigneur de Moutonne en Franche-Comté, à cause de dame Antoinette de Bressey, son épouse ... *Nancy*, *H. Thomas*, 1755. 47 pages, in-fol. Rel.

6802. MÉMOIRE signifié pour René, marquis du *Châtelet*, baron de Circy ..., Jacques comte de *Lutzelbourg* ..., Charles-Emmanuel, comte d'*Ourches* ..., les abbé, prieur et religieux de *Saint-Avold* ..., le comte de *Bressey*, seigneur d'Ancerville ... et Jacques *Michelet*, seigneur d'Adaincourt, reçus parties intervenantes, et demandeurs; contre le sieur Claude de *Saint-Simon*, évêque de Metz, défendeur. *S. l.*, Vᵛᵉ A. *Knapen*, 1740. 54 pages, in-fol. Rel.

6803. MÉMOIRE pour le sieur Nicolas-François de *Bressey*, écolâtre de l'église cathédrale-primatiale de Nancy ...; contre le sieur Michel Damien *Baudoin*, ci-devant receveur du tabac pour la ferme générale, en la même ville ... *Nancy*, *Thomas*, 1781. 46 pages, in-4°. Br.

6804. SUPPLIQUE de François-Nicolas, comte de *Bressey* ..., contre Laurent *David*, ci-devant adjudicataire général des fermes-unies de France et de Lorraine, comme exerçant les droits du sieur *Baudouin*, receveur général du tabac à Nancy, son débiteur..., et encore contre le même sieur Baudouin ... *Metz*, *J.-B. Collignon*, 1788. 76 pages, in-4°. Br.

6805. MÉMOIRE servant de réponse, pour demoiselle Agnès Gentil, épouse de Mᵉ Alexis-Louis *Bresson*, avocat ...; contre Mᵉ Charles *Le Molt*, aussi avocat ... S. l., C. F. Simon, 1758. 7 pages, in-4°. Br.

6806. RÉPONSES aux objections de Mᵉ Claude *Breton*, prêtre du diocèse de Toul, et Mᵉ Claude-Nicolas *Thibault*, clerc du même diocèse, se disans pourvûs des chapelles de Sainte-Catherine du château d'Harroüé et du cimetière d'Ormes..., pour Mᵉ Sébastien *Canville*, clerc du diocèse de Bâle, résidant à Colmar, pourvù des mêmes chapelles ..., et Mʳ Nicolas *Gilbert*, commissaire aux saisies réelles et séquestre des terre et marquisat d'Harroüé ... S. l., n. n., n. d. 10 pages, in-fol. Br.

6807. SUPPLIQUE de Louis-Armand de *Brichanteau*, marquis de *Nangis* ..., gouverneur des ville et château de Salse, héritier bénéficiaire de messire Ignace de l'Hôtel, marquis d'Escots, deffendeur ; contre monsieur le procureur général, demandeur. Nancy, P. Antoine, s. d. 8 pages, in-fol. Br.

6808. MÉMOIRE pour les veuve et héritiers *Paris*, intimés ; contre Jean-Nicolas *Grosset*, Jean Ponce *Brion*, huissier, Jean-Joseph *Magniette*, appelans. Metz, Lamort, s. d. 21 pages, in-4°. Cart.

6809. SOMMAIRE pour les sieurs Nicolas *Regnard*, Marie *Jacquinot*, et consors, et François *Mathieu*, marchands à Nancy, intervenans en la cause d'entre le sieur Pierre de *Brioude*, marchand à Lyon, appellant ..., et le sieur Jean *Hanus*, aussi marchand audit Nancy, intimé. Nancy, P. Antoine, s. d. 6 pages, in-fol. Br.

6810. PRÉCIS pour Mʳ Barthelémi *Guibal* ..., en qualité de syndic des créanciers du sieur de *Curel*, défendeur ; contre les sieurs Jean-François *Poinsignon* ..., et Charles Jean-Baptiste *Poinsignon* ..., intimé ; le sieur Abraham-Isaac *Brisac*, appelant ; les héritiers *Pugin* et *Jacquot*, et le sieur Hennequin de *Fresnel*. S. l., n. n., n. d. 8 pages, in-4°. Br.

6811. RÉPONSES des sieurs *Poinsignon*, aux mémoires imprimés sous les noms du juif Abraham-Isaac *Brisac*, et de Mᵉ *Guibal*. Nancy, P. Barbier, s. d. 44 pages, in-4°. Br.

6812. LETTRES écrites à M. l'évêque de Toul, par M. *Brocquevielle*, à l'occasion des bruits qui se sont répandus contre le séminaire. S. l., n. n., n. d. 34 pages, in-fol. Br.

6813. MÉMOIRE (Projet de) pour M. *Daulnoit*, curé de Neufchâteau, en réponse aux lettres de M. *Brocquevielle*, ancien supérieur du séminaire de Toul. S. l., n. n., n. d. 15 pages, in-4°. Br.

6814. MÉMOIRE pour messire Georges *Le Prudhomme*, chevalier, seigneur de *Vitrimont*, etc., chambellan de S. A. R. ; et dame Loüise de Villelunne, au nom et comme ayant la garde noble des enfans mineurs procréés de son mariage avec messire Christophe-François Le Prudhomme, au jour de son déceds chevalier, comte de *Fontenoy*..., deffendeurs ; contre messire Dominique de *Theuvenin*, chevalier, seigneur en partie de *Saint-Jullien*, etc ..., au nom et comme ayant la garde noble des enfans mineurs procréés de son mariage avec dame Marie-Loüise Prüet de Mépas, se disant subrogé aux poursuites commencées par messire François *Gervaise*, chevalier, seigneur de *Broussey* et Raulcourt, et feüe dame Anne de Meligny de Magnicourt son épouse, demandeur ... S. l., n. n., n. d. 14 pages, in-fol. Br.

6815. EXTRAIT des lettres et mémoires, tant de la dame de *Broussey* donatrice, que du sieur de Broussey même, que le sieur de *Vitrimont*, et madame la comtesse de *Fontenoy*, deffendeurs, ont produit au procez, contre les sieurs de *St-Jullien* et de Broussey en leurs qualitez, etc., deffendeurs. Nancy, P. Antoine, 1728. 19 pages, in-fol. Br.

6816. MÉMOIRE pour Mᵉ Robert *Brulliot*, avocat à la Cour et au conseil d'État, servant de réponse à l'avis donné au public, sous le nom du sieur Ignace *Decker*. Nancy, P. Antoine, 1730. 23 pages, in-4°. Broché.

6817. MÉMOIRE pour le sieur Crespin *Larcher* ..., procureur syndic en l'hôtel de ville de Toul, appellant ; contre les sieurs *Vaultrin* et *Brunel*, demeurans à Nancy, intimez. S. l., J.-B. Cusson, s. d. 6 pages, in-fol. Br.

6818. REMONTRANCE de François *Buisson*, Charles *Coullez*, Nicolas *Grand-Jean*, Nicolas et François les *Gimel*, contre les vexations de M. de *Saint-Simon*, évêque de Metz. *S. l., n. n., n. d.* 4 pages, in-fol. Br.

6819. PLAIDOYER de M° Villiaumé pour les héritiers de la veuve *Burnot*, contre le sieur *Najotte*, avocat, prononcé devant la première chambre de la Cour royale de Nancy, le 6 février 1846. *Nancy, Vve Raybois et Cie, s. d.* 27 pages, in-8°. Br.

6820. ARRÊT de la Cour royale de Nancy, rendu le 19 février 1846, dans la cause des héritiers de la veuve *Burnot*, contre M° *Najotte*, avocat. *Nancy, Vve Raybois et Cie, s. d.* 7 pages, in-8°. Br.

6821. LETTRE (Copie d'une) adressée à M. le curé de Houdreville par M° Villiaumé, avocat près la Cour royale de Nancy, à l'occasion de deux publications intitulées l'une : « Plaidoyer de M° Villiaumé pour les héritiers de la veuve *Burnot*, contre le sieur *Najotte*, avocat »; et l'autre : « Arrêt de la Cour royale de Nancy du 19 février 1846 ». *Nancy, Grimblot et Vve Raybois,* 1846. 2 pages, in-8°. Br.

6822. DÉCLARATION donnée par M° Villiaumé ..., à M° *Najotte* ..., à l'occasion des deux brochures qu'il a publiées contre ce dernier et ayant pour titres : « Plaidoyer de M° Villiaumé pour les héritiers de la veuve *Burnot*, contre le sieur Najotte, avocat »; et « Arrêt de la Cour royale de Nancy, du 19 février 1846 ». *Nancy, Grimblot et Vve Raybois,* 1846. 2 pages, in-8°. Broch.

6823. MÉMOIRE en forme de dialogue, entre les maires de *Burtoncourt* et *Boccange,* sur le procez d'entre le sieur *Duval* et les portériens de ces deux villages. *Metz, J. Antoine, s. d.* 5 pages, in-fol. Rel.

6824. SUPPLIQUE des portériens propriétaires des terres labourables de *Burtoncourt*, demandeurs; contre le sieur *Duval*, seigneur de Burtoncourt et Boccange, défendeur; et les portériens du ban de *Boccange,* opposans. *Metz, J. Antoine, s. d.* 4 pages, in-fol. Rel.

6825. PORTÉRIENS (De la part des), propriétaires des terres labourables du ban de *Burtoncourt*, demandeurs et défendeurs;

contre le sieur Pierre *Duval*, seigneur de Burtoncourt et Boccange, défendeur et demandeur; et contre les portériens de *Boccange,* opposans. *S. l., n. n., n. d.* 7 pages, in-fol. Rel.

6826. FACTUM pour M° Nicolas *Forfer*, prêtre, curé de Scy, Longeville et Chazelle ..., contre demoiselle Anne-Thérèse de Limpenbach, veuve du sieur Mathias *Sutter* ..., et contre le S° Jean de *Bury* ..., demoiselle Catherine Gendarmes, veuve de M° Adam Loüis ..., et Jean-Charles *Viriot*... *S. l., D. Gaydon,* 1717. 7 pages, in-fol. Br.

6827. INVENTAIRE de production que mettent et donnent par devant vous, nosseigneurs de parlement, messire François-Antoine-Elie *Durocheret*, chevalier, seigneur d'Oriocourt, et dame Antoinette Busselot, son épouse, appelans..., contre le sieur François-Chrestien *Busselot*, écuyer, seigneur du fief de Delme, et la dame Rousselot, son épouse; et encore contre le sieur Paul *Ferrand*, subdélégué à Vic, et dame Charlotte Busselot son épouse, intimez. *Metz, Vve B. Antoine, s. d.* 14 pages, in-fol. Rel.

6828. LARCHER. Mme Vve *Buvignier-Cloüet* contre M. l'abbé *Frizon*. Note en réponse. Par E. Larcher, avocat. *Nancy, A. Voirin, s. d.* 21 pages, in-4°. Br.

6829. MÉMOIRE à consulter pour Joseph-Nicolas *Cabocel* ..., appelant; contre le sieur *Germain* ..., intimé. *Nancy, F. A. Bachot,* 1823. 24 pages, in-4°. Br.

6830. FACTUM pour M° Joseph Gorgon *Cadot*, clerc du diocèse de Toul, pourvû de la chapelle de Sainte-Barbe et du Saint-Sépulchre, érigée en l'église de Pulligni, opposant; à lui joint François Cadot...; contre M° Albert *Roidot*, prêtre chanoine ..., prétendant droit à la même chapelle, deffendeur en opposition; à lui joints Nicolas-François *Rousselot*, écuyer seigneur de Dompmartin, à cause de dame Aimé-Gabrielle Lyon, son épouse, et François *Mamal* ..., intervenants. *S. l., D. Gaydon, s. d.* 22 pages, in-4°. Br.

6831. FACTUM pour le sieur François *Platel du Plateau*, escuyer, préfect des dattes en cour de Rome et pourveu en commande par bulles apostoliques du prieuré de Chastenoy, demandeur ; contre doms Rupert *Caillier* et Charles de *Raulin*, religieux ..., soy disants pourveu du mesme bénéfice, deffendeurs et opposantz. *S. l., n. n., n. d.* 8 pages, in-4°. Br.

6832. PROCÈS (Raisons fondamentales du) du prieuré de Chastenois pendant pardevant la Cour, entre les R. P. D. Rupert *Caillier*, D. Charles de *Raulin*, d'une part, deffendeurs ; et le sieur *Platel du Plateau*, d'autre part, demandeur. *S. l., n. n., n. d.* 6 pages, in-4°. Br.

6833. PRÉCIS pour les sieurs Jean-Claude *Letixerant*, père ; Jean-François-Thomas Letixerant, fils, arpenteur et géomètre à Groshemestrof ; et Charles *Singer*, habitant du même lieu, intimés ; contre dame Marie-Louise-Adélaide-Mélanie-Françoise de Mailly, douairière de M. Charles-René de *Cambout*, comte de *Coaslin*, résidante à Paris, appellante. *Nancy, P. Barbier,* 1789. 16 pages, in-4°. Br.

6834. RÉPONSE de la dame comtesse de *Coaslin*, au mémoire imprimé de Jean-Claude *Letisserant* et consors. *Nancy, P. Barbier,* 1789. 15 pages, in-4°. Br.

6835. FACTUM pour messire François marquis de *Lée*, seigneur d'Aulnoy et de Vertuscy ..., et dame Anne de Throckmorton, son épouse, et à cause d'elle, demandeur et opposant au décret de la terre et seigneurie de Tantonville ; contre Milord Théobald, comte de *Carlingfort*, monsieur le comte de *Ferrari*..., les sieurs Patrice et Bernard *Taafs*, et consors du royaume d'Irlande ; le sieur Taaf, capitaine pour le service de S. M. I., aussi demandeurs en opposition au décret de la même terre *S. l., N. Baltazard, s. d.* 28 pages, in-fol. Broch.

6836. FACTUM pour messire Théobald, comte de *Taaff*, milord de *Carlinford* ..., seigneur de Tantonville en Lorraine ..., contre messire François, marquis de *Lée* ..., et dame Anne de Trocqmorton, son épouse, à cause d'elle ..., messire Nicolas comte de Taaf ..., les sieurs Patrice Taaff, Nicolas et Guillaume Taaff de Courtovone ..., et messire Loüis, comte de *Ferraris*, chambellan ... poursuivant le décret volontaire de la terre de Tantonville...

S. l., D. Gaydon, 1718. 38 pages, in-fol.
— Traduction française des pièces à l'appui. *S. l., n. n., n. d.* 16 pages, in-fol. Br.

6837. FACTUM (Addition au) du sieur marquis de *Lée*, touchant les erreurs de fait, remarquées dans le factum de Milord *Carlingfort*. *S. l., n. n., n. d.* 4 pages, in-fol. Br.

6838. RÉPLIQUE (Sommaire de la) pour messire François, marquis de *Lée*, etc., demandeur ; contre Milord Théobald, comte de *Carlingfort*, messire comte de *Ferrari*, deffendeurs ; et les sieurs *Taaff* d'Irlande et d'Allemagne, demandeurs et opposans. *S. l., n. n., n. d.* 18 pages, in-fol. Br.

6839. PIÈCES justificatives et consultation pour M. le marquis del *Carretto* de Balestrin. *Nancy, P. Barbier,* 1783. 17 pages, in-4°. Br.

6840. RÉPONSE au précis de M. le comte de *Damas-Crux*, maréchal des camps et armées du roi ..., et M. le comte François *Descarts* ..., à cause de mesdames Étiénette-Charlotte-Émélie et Sophie-Joséphine-Antoinette de Ligny, leurs épouses, appellans ; contre la dame veuve du sieur *Catoire*, Me Chappé, avocat au Parlement, et autres parties en cause, intimés. *Nancy, C. Leseure,* 1782. 15 pages, in-4°. Br.

6841. MÉMOIRE pour M. *Lippmann* ... ; contre les créanciers du sieur *Catoire de Bioncourt* ... *Nancy, Thomas,* 1837. 35 pages, in-4°. Br.

6842. MÉMOIRE pour la commune de *Celles*, département des Vosges, intimée, agissant par M. J.-B. Fortier, son maire ; contre le domaine de l'État, représenté par M. le préfet du département des Vosges, appelant. *Nancy, Thomas, s. d.* 40 pages, in-4°. Br.

6843. FACTUM pour Me Jean-Louis *Chaillot*, prêtre, chanoine de la cathédrale de Metz, défendeur ; contre le sieur Loüis *Georgin*, demandeur en proposition d'erreurs... *S. l., n. n., n. d.* 27 pages, in-fol. Br.

6844. ÉTAT du produit des biens enlevez par le sieur Jean-Louis *Chaillot*, chanoine à Metz, sur Loüis *Georgin* et ses enfans, depuis l'année 1699 jusqu'en 1718 inclusivement. *S. l., J.-B. Cusson, s. d.* 5 pages, in-fol. Br.

6845. MÉMOIRE à consulter pour M. Jean-Étienne *Mareschal*, écuyer, seigneur de Charentenay, tant en son nom, en qualité d'héritier du sr François-Ferdinand Mareschal, son frère vivant chanoine à Besançon, qu'en qualité de père et tuteur naturel du sr Charles-Marie Erric, son fils, légataire universel de dlle Susanne-Gabriel Mareschal, appellant ; contre M. Antoine-François-Éléonore de *Rouhier*, écuyer, aussi seigneur de Charentenay, intimé ; les veuve et héritiers de Joachim *Chalmin*, du même lieu, assignés sur l'appel. *Nancy, Haener,* 1774. 48 pages, in-4°. Rel.

6846. FACTUM pour les sieurs Jean-Nicolas *Froment*, admodiateur à Vircourt ; Étienne Froment, receveur des finances de S. A. R., au bureau de Nancy ; Nicolas-Bernard Froment, prêtre, curé de Clérey ; et Barbe Froment, fille majeure... ; contre frère Charles de *Chambré* ..., commandeur de Vircourt..., et contre monsieur le Grand Maitre, et tout l'ordre de *Malthe... Nancy, J.-B. Cusson, s. d.* 25 pages, in-fol. Br.

6847. MÉMOIRE pour le sieur Charles *Loyal* et la demoiselle Catherine-Françoise Chambrette, son épouse, appellans ; contre le sieur Gabriel *Chambrette*, intimé, et la demoiselle Élizabeth Bejot, veuve du sieur Jacques Chambrette, appellée en cause. *Nancy, Thomas père et fils,* 1762. 16 pages, in-fol. Br.

6848. MÉMOIRE du sieur *Chambrette*, servant de réponse à celui du sr *Loyal* et consors. *Metz, J. Antoine, s. d.* 94 pages, in-8°. Rel.

6849. PLAIDOYER pour le comte de *Chamissot*, à cause de la dame Marie-Françoise-Félicité de Morvilliers, son épouse, intimé ; contre le marquis de *Spada*, à cause de la dame de Morvillier, son épouse, appellant ; le marquis de *Croismard* et la dame son épouse, intimés. *Nancy, C.-S. Lamort,* 1773. 52 pages, in-4°. — Pièces justificatives. *Nancy, P. Antoine et P. Barbier, s. d.* 11 pages, in-4°. Rel.

6850. MÉMOIRE pour M. Louis-Eugène, marquis de *Croismare*..., et M. François-Ulrich, comte de *Chamissot* ..., à cause d mesdames Charlotte-Antoinette-Josèphe, et Marie-Françoise-Félicité de Labbé de Morvilliers, leurs épouses ; contre M. Charles-Antoine, marquis de *Spada*, chevalier, seigneur dudit lieu et autres, à cause de madame Anne-Françoise-Alexandrine Labbé de Morvilliers, aussi son épouse... *Nancy, P. Antoine et P. Barbier,* 1773. 61 pages, in-4°. Rel.

6851. MÉMOIRE à consulter pour monsieur Charles-Antoine, marquis de *Spada*, chevalier, seigneur dudit lieu et autres, à cause de madame Anne-Françoise-Alexandre de L'Abbé de Morvilliers, son épouse. *Nancy, S. Bachot,* 1773. 80 pages, in-4°. Relié.

6852. SENTIMENTS d'un ami, ancien magistrat du Parlement de Paris, sur la consultation, le mémoire, les lettres et autres pièces produites au procès, subsistant entre madame de *Spada* et mesdames de *Croismare* et de *Chamissot. Nancy, S. Bachot,* 1773. 39 pages, in-4°. Rel.

6853. CONSULTATION sur le testament de M. le comte de Morvilliers. *Nancy, C. Leseure,* 1773. 17 pages, in-4°. Rel.

6854. PRÉCIS pour Joseph-François *Watier* ..., en présence de François-Ulrich, comte de *Chamissot*..., contre Charlotte-Christine, comtesse de Chamissot, épouse séparée de Maximilien, baron de *Schenck.* ... *S. l., Vve Hérissant,* 1775. 19 pages, in-4°. Br.

6855. FACTUM pour Me Jean-Christophe *Thierry*, avocat en la Cour, demeurant à Épinal ..., contre noble Estienne-Alexis *Roguier*..., en qualité de tuteur naturel des enfans mineurs de son mariage avec feuë damoiselle Marguerite Husson ; Me Dominique-François *Aubry* ..., à cause de damoiselle Magdelaine Husson, son épouse ; et damoiselle Jeanne-Claude Husson, veuve de Me Claude-Henry *Jaugeon*, dit Lavaux ..., et encore le sieur Joachim de *Champagne*..., à cause de dame Anne-Françoise Thierry, son épouse... *S. l., D. Gaydon, s. d.* 19 pages, in-fol. Br.

6856. MÉMOIRE pour Jeanne-Claude *Charotte*, demeurant à Aboncourt, intimée ; contre Joseph *Chanot*, marchand, demeurant à Boulaincourt, son mary putatif, appellant. *Nancy, P. Antoine,* 1737. 16 pages, in-fol. Rel.

6857. FACTUM pour M⁰ Jean-Baptiste-Claude *Chardon,* procureur au bailliage et siège présidial de Toul, et Claire Potère, sa femme, appellans ; contre le sʳ Jean *Jeandel,* valet de chambre de Son Altesse Royale, intimé. *S. l., Vᵛᵉ D. Gaydon,* 1719. 11 pages, in-fol. Br.

6858. RÉPONSE du sieur Jean *Jeandel...* ; au factum de M⁰ Jean-Baptiste-Claude *Chardon...,* à cause de Claire Potère, sa femme... *S. l., Vᵛᵉ D. Gaydon,* 1719. 12 pages, in-fol. Br.

6859. FACTUM pour monsieur le prince *Charles* de Lorraine, évèque..., primat de Nancy, etc., demandeur ; contre M⁰ Jean-François *Savary...,* héritier de feu M. Savary, évèque de Séez, son frère, deffendeur ; sur la question de la restitution des fruits de la Primatie et de l'abbaye de l'Isle, son annexe. *S. l., n. n., n. d.* 12 pages, in-fol. Br.

6860. FACTUM pour *Charles Henry* de Lorraine, prince de *Vaudémont,* demandeur..., contre Herman François, comte de *Manderscheid,* deffendeur. *S. l., n. n., n. d.* 8 pages, in-fol. Br.

6861. PROCEZ (Observations sur le) pendant au conseil, au rapport de monsieur de la Brisse, entre monsieur le prince de *Vaudémont,* demandeur..., contre monsieur le comte de *Manderscheid,* deffendeur. *S. l., n. n., n. d.* 24 pages, in-fol. Br.

6862. FACTUM pour dom Benoist *Noirel,* prieur du prieuré de Saint-Léonard de Fénestrange ..., contre M⁰ *Charles-Henry* de Lorraine, prince de *Vaudémont...,* et M⁰ Charles-Philippe de *Tailfumier* ... *S. l., n. n., n. d.* 6 pages, in-4°. Br.

6863. FACTUM pour dom Nicolas *Bonnet,* abbé de l'abbaye de Clairlieu ..., opposant ; contre dom Pierre *Charlot,* religieux ..., se disant pourveû de la mesme abbaye de Clairlieu, deffendeur. *S. l., n. n., n. d.* 6 pages, in-fol. Rel.

6864. ÉTAT sommaire de l'affaire de dom *Charlot,* abbé de Clairlieu. *S. l., n. n., n. d.* 10 pages, in-4°. Br.

6865. FACTUM pour frère Nicolas *Charru,* prêtre ..., pourvû de la cure régulière de Rouvre ... ; contre M⁰ Antoine *Saintelette,* prêtre séculier, prétendant droit à la même cure ... *S. l., D. Gaydon, s. d.* 32 pages, in-4°. Rel.

6866. MÉMOIRE pour frère Nicolas *Charru,* prêtre ..., prieur curé de Rouvre ..., contre M⁰ Antoine *Saintelette,* prêtre du diocèse de Verdun, se disant pourvû de la même cure... *S. l., D. Gaydon, s. d.* 7 pages, in-fol. Br.

6867. FACTUM pour M⁰ *Klingelfus...,* curé d'Holbing...., contre M⁰ *Charton,* prêtre du diocèse de Metz ..., et madame la *Rhingrave de Dhaun...* Nancy, N. Charlot et P. Antoine, 1750. 47 pages, in-fol. Br.

6868. SUPPLIQUE de Anne-Cécile Senturier, veuve du sieur Alexandre-Sébastien *Marcol...,* en qualité d'héritière bénéficiaire du sʳ Alexandre Senturier, son père..., contre le sieur Hubert *Charvet...,* et dame Marie-Susanne Senturier, son épouse..., et dame Barbe Marcol, veuve du sieur Alexandre *Senturier ... Nancy, P. Antoine,* 1735. 32 pages, in-fol. Br.

6869. RÉPONSE pour le sieur Hubert *Charvet...,* et dame Marie-Susanne Senturier, son épouse, demandeurs ; à la consultation des dames *Senturier* et *Marcol,* défenderesses. *Nancy, P. Antoine,* 1735. 26 pages, in-fol. Br.

6870. SUPPLIQUE de Anne-Cécile Senturier, veuve du sʳ Alexandre-Sébastien *Marcol,* deffenderesse ; contre le sieur Hubert *Charvet,* aux droits de la dame, son épouse, demandeur en cassation. *Nancy, P. Antoine,* 1736. 29 pages, in-fol. Br.

6871. PLAIDOYÉ pour frère Charles *Chastel,* prêtre-religieux..., pourvu par le St-Siège du prieuré de St-Clou-de-Lay ..., contre frère Hyacinthe *Lafaulx,* prêtre-religieux..., se prétendant pourvu du même prieuré..., et frère Sébastien *Guillemin...,* en qualité de visiteur en Lorraine... *Nancy, P. Antoine, s. d.* 19 pages, in-fol. Br.

6872. RÉPLIQUE aux plaidoyers de D. Hyacinthe *Lafaulx,* et de D. Sébastien *Guillemin,* visiteur, pour D. Charles *Chastel. Nancy, P. Antoine, s. d.* 32 pages, in-fol. Br.

6873. RÉPLIQUE (Seconde) aux plaidoyers de D. Hyacinthe *Lafaulx*, et de D. Sébastien *Guillemin*, visiteur, pour D. Charles *Chastel*. *Nancy, P. Antoine, s. d.* 15 pages, in-fol. Br.

6874. MÉMOIRE pour dom Charles *Chastel*, religieux..., prieur titulaire du prieuré de Notre-Dame d'Insming, contre Me Jean *Trap*, et Me Jean *Hillard*, prétendus curés d'*Honkirich* et de *Vitersbourg*, et les habitans et communauté desd. lieux. *Nancy, P. Antoine*, 1749. 19 pages, in-fol. Br.

6875. MÉMOIRE pour le sieur Claude-François *Mury* ..., prieur commandataire du prieuré St-Pierre de *Châtenois*, demeurant à Paris, demandeur ; contre le prieur claustral et les religieux bénédictins du même prieuré, défendeurs. *Nancy, P. Antoine*, 1753. 40 pages, in-fol. Br.

6876. MÉMOIRE pour les abbé, prieur et religieux de l'abbaye de *Chatillon*, contre les dames *Hardy* et *Sivry*, demeurans à Verdun. *Nancy, Vve Charlot*, 1778. 72 pages, in-4°. Br.

6877. MÉMOIRE pour dame Jeanne Clément, veuve du sieur Nicolas *Sivry*, et dame Jeanne-Barbe Sivry, leur fille, veuve du sieur *Hardi*..., propriétaires de la forge de Longuyon, intimées ; contre les abbé, prieur, procureur et religieux de *Chatillon*, ordre de Cîteaux, appellans. *Nancy, P. Barbier*, 1778. 81 pages, in-4°. Br.

6878. MÉMOIRE pour servir de réponse à celui des dames *Hardy* et *Sivry*. *Nancy, C.-S. Lamort*, 1778. 44 pages, in-4°. Br.

6879. MÉMOIRE et consultation pour le sr *Chatillon* de Saralbe, demandeur ; contre le sr *Pêcheur de Seugnon*, échevin municipal de la ville de Bitche, défendeur. *Nancy, C. Lescure*, 1783. 27 pages, in-4°. Br.

6880. MÉMOIRE pour les supérieure et religieuses de l'ordre de S. Dominique du monastère de la ville de *Vic* ..., contre Me Nicolas-Joseph *Chaumont*, greffier à Château-Salins, en qualité d'héritier et comme ayant repris l'instance de feu Me Jean-Nicolas Chaumont, son frère ; et Jacques *Nocus*, laboureur à Châteaubrehein... *S. l., n. n., n. d.* 14 pages, in-fol. Br.

6881. MÉMOIRE pour M. Barthélemy-Louis-Martin de *Chaumont*, évêque de St-Diez, intimé ; contre le sieur Jacques *Lhermite*, curé des Trois-Vallois, demandeur. *Nancy, H. Haener*, 1789. 64 pages, in-4°. Br.

6882. MÉMOIRE du curé des Trois-Vallois (*Lhermitte*), présenté au Roi et à nosseigneurs des États-Généraux, pour demander justice des persécutions qu'il a essuyées, notamment par neuf ans d'exil, dont quatre de prison, de la part de son évêque, M. de *Chaumont de la Galaizière*, évêque et comte de St-Diez, en Lorraine. *S. l., n. n.*, 1789. 74 pages, in-8°. Br.

6883. EXEMPLE frappant des abus des lettres de cachet, ou mémoire du curé des Trois-Vallois (*Lhermitte*), présenté au Roi et à Nosseigneurs des États-Généraux, pour demander justice des persécutions qu'il a essuyées... de la part son évêque, M. de *Chaumont de la Galaizière*, évêque et comte de Saint-Dié, en Lorraine, par *Lhermitte*, curé des Trois-Vallois. (Seconde édition.) *S. l., n. n.*, 1789. 63 pages, in-8°. Br.

6884. LETTRE du curé des Trois-Vallois (*Lhermitte*), à M. de *Chaumont de la Galaizière*, évêque et comte de Saint-Dié, à lui envoyée imprimée, en même temps qu'au Roi et aux États-Généraux..., précédée de quelques autres lettres antérieures, et d'une réponse du prélat ... *S. l., n. n.*, 1789. 78 pages, in-8°. Br.

6885. MÉMOIRE pour Mr Jacques *Lhermitte*, curé des Trois-Vallois, appelant ; contre M. Barthélemi-Louis-Martin de *Chaumont de La Galaizière*, évêque et comte de St-Dié, intimé. *S. l., n. n.*, 1790. 105 pages, in-8°. — Fragmens d'un ouvrage du curé des Trois-Vallois, intitulé : « Lettres à un ami », écrit à Bischemberg, lieu de son second exil. *S. l., n. n. n. d.* 40 pages, in-8°. — Pièces justificatives. *S. l., n. n., n. d.* 64 pages, in-8°. Br.

6886. RÉFLEXIONS provisoires du curé des Trois-Vallois (*Lhermitte*), à Monseigneur l'évêque et comte de Saint-Dié (de *Chaumont de La Galaizière*) sur les pièces produites par le prélat, dans la cause pendante au parlement entre les parties. *Nancy, C.-S. Lamort*, 1790. 19 pages, in-8°. Br.

6887. FACTUM du procès pendant à la Cour, entre le sieur Emmanuel *Chauvenel*, sieur de Xoudal, et demoiselle Anne Rouyer, vefve du feu sieur *Virion*, au nom et comme directrice de la maison de la Charité de Nancy, l'un et l'autre demandeurs et respectivement deffendeurs. *S. l., n. n., n. d.* 3 pages, in-4°.

6888. PLAIDOYER pour M° Nicolas *Chaxel*, avocat à la Cour, lieutenant de police de la ville de Sarguemines, défendeur sur l'opposition, contre M° Charles *Pierrard*, avocat à la Cour, résident à Fénétrange, et consors, opposans. *Nancy, Haener*, 1763. 63 pages, in-8°. Demi-rel.

6889. MÉMOIRE pour les héritiers de M° *Pierrard*, notaire à Fénétrange, et consors ... ; contre M° Nicolas *Chaxel*, avocat... *Nancy, Haener*, 1763. 55 pages, in-8°. Demi-rel.

6890. PRÉCIS pour M° Claude-Joseph *Monard*, avocat..., contre le sieur André-Léopold *Cheneau*, directeur de la ferme-générale de Lorraine, M° Charles-Adrian *Doyette*, ancien procureur ..., et demoiselle Marie Gérard, veuve de M° *Corisot*... *Nancy, Haener*, 1760. 22 pages, in-fol. Br.

6891. HISTOIRE d'une cause célèbre jugée par arrêt du parlement de Nanci, le 3 aoust 1759, entre noble François-Antoine *Cherrier*, homme de lettres, appelant ; François-Timotée *Thibault* ..., Fr.-D. Friant d'Alaincourt, intimé et le procureur général du parlement... *S. l., n. n.,* 1759. 216 pages, in-12. Cart.

6892. SOMMAIRE pour le sieur Jean René, comte de *Choyseul* et consorts, intimez ; contre le sieur François de *Méligny*, apellant. *S. l., n. n., n. d.* 4 pages, in-fol. Relié.

6893. SUPPLIQUE de François de *Magnicourt*, chevalier, seigneur de *Méligny*, en la qualité qu'il agit, appelant ; contre dame Anne de Lorraine, veuve de M. Albert de *Choiseul-Beaupré*, chevalier, et consors, intimés. *S. l., n. n., n. d.* 4 pages, in-fol. Rel.

6894. MÉMOIRE signifié pour M° George-Remi Verdet, procureur ès compagnies souveraines, en qualité de sindic établi aux créanciers hypothéquaires et reconnus légitimes du sieur comte Duhan ..; contre M. Antoine-Clérialdus, marquis de *Choiseul-Beaupré* ..., M. le comte de *Sommièvre* ... M. François-Étienne, duc de *Choiseul*..., M. Jacques, comte de *Choiseul-Stainville*..., M. le comte de *Ludres*, marquis de Frolois, et messieurs sés fils, dame Catherine, comtesse Duhan ..., le sieur Léopold, comte Duhan... et M° Nicolas-François Bron, avocat à la Cour, en qualité d'exécuteur testamentaire de feu le sieur Balthazard, comte de Ravenel. *Nancy, J.-B. H. Leclerc,* 1772. 108 pages, in-4°. Rel.

6895. MÉMOIRE pour Jean *Roger*, détenu dans les prisons de la conciergerie du Palais, appellant ; contre le marquis de *Choyseüil. S. l., n. n., n. d.* 4 pages, in-fol. Br.

6896. OBSERVATIONS et réflexions sur les erreurs de fait et paradoxes en droit de la requête de soixante pages, imprimée au nom du sieur de Saint-Pez, pour les sieurs et dames de *Choisy de Sivry* ..., et M° Joseph-Humbert *Perrot*, prêtre par eux nommé à la cure de Serrières... ; contre le sieur de *Saint Pez* ..., et M° Joseph *Duquénois*, prêtre ... *Nancy, P. Antoine,* 1723. 14 pages, in-fol. Br.

6897. APOLOGIE pour Nicolas *Choppin*, Gaspard et François les *Henry* ... ; contre l'arrêt rendu contre eux en la Chambre des comptes de Nancy, le dixième mai 1706. *S. l., n. n., n. d.* 7 pages, in-4°. Br.

6898. MÉMOIRE à consulter pour Dom Théodore *Haboury*, nommé par le Roi à l'abbaye de *Clairlieu*, en Lorraine... ; contre les religieux de la même abbaye, opposans. *Paris, Knapen et Delaguette,* 1769. 128 pages, in-4°. Br.

6899. REQUESTE de contredits servant pour l'instruction du procès qui est pendant au conseil entre dom Claude *Bichet*, abbé de *Clair-Lieu* en Lorraine, et les religieux de la dite abbaye, d'une part ; et Père François *Élie*, prestre de l'Oratoire, d'autre part. *S. l., n. n., n. d.* 12 pages, in-fol. Br.

6900. MÉMOIRE pour l'abbaye de *Clairlieu*, ordre de Citeaux ; contre M° Gabriel *Pierron*, vicaire de Puligny, prétendu dévolutionnaire de la cure d'Autrey, régulière et incorporée à l'abbaye. *Nancy, P. Antoine, P. Barbier,* 1772. 33 pages, in-4°. Br.

6901. RÉPONSE pour l'abbaye de Clairlieu, au mémoire de M° Gabriel *Pierron,* vicaire de Puligny. *Nancy, P. Antoine, P. Barbier,* 1773. 23 pages, in-4. Br.

6902. REMONSTRANCES à Son Altesse pour les abbé et religieux ... de *Clairlieu,* joincts à eux noble Jean *Odot* ..., et le sieur Pierre *Martin* ..., au nom et comme fermiers desdits abbé et religieux, demandeurs en abornement ; contre honoré seigneur Nicolas de *Nogent,* S° de Neuflotte, *Forcelles S. Gergonnes,* etc. ; et les habitans dudict Forcelles, défendeurs ; M. le procureur général au comté de Vaudémont, intervenant avec la communauté de Praie... *S. l., n. n., n. d.* 22 pages, in-fol. Br.

6903. PRÉCIS pour M. Charles-Ignace-Augustin, comte de *Mercy* ..., seigneur d'Avillers, Haucourt, Joppécourt et autres lieux, comme prenant le fait et cause en défence de Nicolas *Claude,* l'aîné, marchand, demeurant à Avillers, demandeur en opposition ; contre M° Jean-Jacques *Prévot,* fermier général des domaines et droits de sceau et autres, défendeur. *Nancy, J.-B. H. Leclerc,* 1767. 22 pages, in-4°. Rel.

6904. PLAIDOYER de M° Fleury, avocat de MM. *Claudel,* appelants, prononcé dans les audiences de la Cour royale de Nancy, des 24 et 25 janvier 1842 ; contre les époux *Renaudin,* intimés. *Nancy, Raybois et Cie,* s. d. 23 pages, in-fol. Br.

6905. PROCÈS-VERBAUX (Extraits des) de l'enquête directe et de l'enquête contraire auxquelles il a été procédé les 3, 4, 5 et 6 novembre 1841, devant M. Froment, conseiller à la Cour royale ..., dans l'affaire de MM. François-Victor *Claudel* et François-Camille Claudel, appelants ; contre Anne Mayeur, épouse du sieur François *Renaudin* ..., intimés. *Nancy, Raybois et Cie,* s. d. 30 pages, in-4°. Br.

6906. SOMMAIRE pour Dominique *Clausse,* le jeune ..., et Jean *Voignier* ..., en qualité de père et tuteur de Léopold Voignier, son fils, appellans ... ; contre Nicolas *Perrin* ..., intimé. *Nancy, P. Antoine,* 1729. 4 pages, in-fol. Rel.

6907. MÉMOIRE pour le S° Nicolas *Poirel,* propriétaire, demeurant à Rosières, appelant ; contre la demoiselle Françoise *Clément,* demeurant au même lieu, intimée. *Nancy, C. Leseure, s. d.* 83 pages, in-4° Br.

6908. PRÉCIS pour les s° *Renaut* et compagnie, propriétaires de la verrerie de Baccarat, appellans ; contre les sieurs *Clément* et compagnie, adjudicataires des coupes et exploitation des forêts de l'évêché, dans les châtellenies de Baccarat et de Rambervillers, intimés. *Nancy, P. Antoine et P. Barbier,* 1773. 27 pages, in-4°. Relié.

6909. PRÉCIS pour le sieur Joseph *Clément* et compagnie ... ; contre M° Antoine *Renaut* ..., propriétaire en partie des verreries de Baccarat ... *Nancy, S. Bachot,* 1774. 41 pages, in-4°. Rel.

6910. MÉMOIRE pour le sieur Nicolas *Clessienne,* laboureur à Coumes, tant en son nom personnel, qu'en qualité de syndic des habitans, corps et communauté de *Coumes* ... ; contre messire Pierre *Streff,* prêtre, curé de la paroisse de Coumes ... *S. l., Vve D. Houry et Debure, s. d.* 44 pages, in-4°. Cart.

6911. PROCEZ (Sommaire du) d'entre le s° Jean de *Greche* de Bifontaine ... ; contre les sieurs *Margadel, Châalon,* de *Clévant, Willotte, Mathiot* ..., et les sieurs de Clévant, de *Saint-Pée,* et ledit Mathiot ... *S. l., n. n., n. d.* 4 pages, in-fol. Relié.

6912. PRÉCIS de la cause d'entre M° Nicolas de *Cléry,* prêtre, chantre et chanoine de l'église cathédrale de la ville de Toul ..., contre le sieur François de *Leviston* ..., demeurant en la même ville ... *Metz, Vve B. Antoine, s. d.* 10 pages, in-fol. Rel.

6913. FACTUM pour le s° Jean Louis de *Clopstain,* écuyer, seigneur de Récourt, demeurant à Apremont ... ; contre le s° Charles Beaufort de *Mirécourt* ..., comme poursuivant les droits de sa prétendue fille ..., Ignace *Maury,* tailleur d'habits, demeurant à Apremont, en qualité de père et tuteur naturel de Marguerite, sa fille mineure ... *Nancy, P. Antoine, s. d.* 48 pages, in-fol. Br.

6914. NIKLÈS. Affaire *Coanet* contre *Wild*. Observations sur le rapport des experts, par M. J. Nicklès, professeur de chimie à la faculté des sciences de Nancy ... *Nancy, Impr. N. Collin*, 1866. 28 pages, in-4°. Demi-rel.

6915. MÉMOIRE pour Antoine *Méaille*, marchand commissionnaire à Nancy ...; contre Noël *Cœur*, marchand à Bar, et François *Micquet*, marchand à St-Mihiel, et compagnie. *Nancy, C. S. Lamort*, 1772. 73 pages, in-4°. Br.

6916. MÉMOIRE ... pour le sieur Hubert *Périné* ..., dénonciateur ; contre le sieur Joseph-Michel *Cœur-de-Roy*, détenteur du marquisat d'Aulnoy ; les enfans de feu le sieur *Durand*, ci-devant de Silly, acquéreur de l'hôtel Desarmoises ; l'héritier des enfans du sieur *Le Prudhomme*, ci-devant Vitrimont, vendeur ; et ceux de la dame de *Saint-Pierre*, aussi venderesse desdits immeubles, tous lesdits vendeurs réliquataires de la créance de 70.000 livres y annexée. *Nancy, Guivard, s. d.* 20 pages, in-4°. Br.

6917. LETTRES patentes du Roy qui confirment l'accord et transaction passée entre messieurs Michel *Colbert*, abbé de Prémontré, chef et général de tout l'ordre et le Révérend Père Nicolas *Guinet*, abbé de Sainte-Marie Major du Pont-à-Mousson, son grand vicaire dans la communauté ou congrégation de l'estroite observance dudit ordre. *S. l., n. n.*, (1675). 3 pages, in-4°. Br.

6918. CONSULTATION pour le citoyen *Collart-de-Ville* ...; contre les dame veuve et héritiers *Rousseaux* ... *Metz, Antoine, s. d.* 29 pages, in-4°. Cart.

6919. FACTUM pour les sieurs *Perrin* de Brichambeau ..., et pour le sieur Joseph *Collenet*, substitut de monsieur le procureur général au Neuf-Château, à cause de dame Jeanne-Françoise Perrin, son épouse et consors, enfans desdits sieurs Perrin...; contre les RR. PP. Minimes de cette ville de *Nancy* ..., et encore contre le sieur J. Nicolas *Henry*, seigneur dudit lieu en partie... *S. l., n. n., n. d.* 7 pages, in-4°. Br.

6920. SUPPLIQUE de Jean-Baptiste *Colin*, prêtre, pourvu de la cure de Liepvre au diocèse de Strasbourg. *S. l., N. Galland, s. d.* 9 pages, in-fol. Rel.

6921. EXPOSITION de la cause du sieur Remy *Collin*, conseiller de l'hôtel-de-ville de Nancy, appellant ; contre le sieur Claude *Guerre*, avocat à la Cour, substitut de monsieur le procureur général en la prévôté de S.-Nicolas, intimé. *Nancy, J.-B. Cusson, s. d.* 10 pages, in-fol. Br.

6922. MÉMOIRE pour les prieur et religieux, chanoines réguliers de l'abbaye de *St-Paul* de *Verdun* ..., et frère Nicolas *Le Bonnetier*, curé de Scarponne ...; contre M. François *de La Salle* ..., codécimateur en partie de la paroisse de St-Pierrat ; les maire, syndic, habitants et communauté de *Ville-au-Val*, paroisse de St-Pierrat ; le sieur *Colombé*, prêtre habitué de la paroisse de St-Pierrat, en qualité de neveu et héritier de M. J.-J. Bernier, ci-devant curé dudit St-Pierrat ; le sieur Louis *Haury*, curé de la paroisse de St-Pierrat ... *Nancy, Vve D'Houry et Debure*, 1787. 86 pages, in-4°. Broch.

6923. MÉMOIRE pour les maire, syndic, habitans et communauté de *Bezaumont*, au pays messin, contre les maire, syndic, habitans et communauté de *Ville-au-Val*, en Lorraine, le sieur François de *La Salle*, écuyer, décimateur en partie de Ville-au-Val et Bezaumont, le sieur Louis Haury, curé de S.-Pierrat, décimateur en partie desdits Bezaumont et Ville-au-Val, le sieur *Colombé*, prêtre habitué de la paroisse de St-Pierrat, au nom et comme héritier du sieur Jean-Jérôme Bernier, ci-devant curé dudit St-Pierrat ... *Nancy, Vve D'Houry et Debure*, 1787. 84 pages, in-4°. Br.

6924. FACTUM pour les prieure et religieuses Bénédictines du monastère de *St-Avold*, appellantes ; contre le sieur François *Dubois* ..., en qualité de père et tuteur naturel des enfans mineurs de son mariage, avec feuë demoiselle Marie-Marthe de *Condé*, sa première femme, damoiselle Anne-Marie-Dorothée le Prêtre, veuve du sieur *Condé de la Coix*, lorsqu'il vivoit seigneur de Crisval, aussi en qualité de mère et tutrice de ses enfans mineurs, Pierre de *Coraille* et Augustin *Bonhomme*, à cause des demoiselles Angélique et Françoise de *Condé* leurs épouses, intimés. *S. l., D. Gaydon*, 1718. 16 pages, in-fol. Broché.

6925. SUPPLIQUE de frère François *Mansuy* ..., prieur-curé d'Auzainvillers, demandeur en cassation ; contre maître Claude *Contal*, prêtre-curé de Sandaucourt, deffendeur ; le sieur marquis *des Salles* et le commandeur de *Robécourt*, en leur qualité de décimateurs pour partie audit Auzainvillers, appellez en cause. *Nancy, A. Leseure*, 1733. 13 pages, in-fol. Broché.

6926. FACTUM pour le sieur Jean-François *Dumolart*, prêtre ..., demandeur et plaignant ; contre Catherine *Corbilly*, fille majeure, demeurante à Nancy, deffenderesse. *Nancy, P. Barbier, s. d.* 19 pages, in-4°. Rel.

6927. FACTUM pour dame Marie-Juliane de Gerte, née de Certtine, veuve en premières nôces du sieur Jean *Conrad-Chaffleur* ..., et en secondes, du sieur Sylvestre *du Breüil* ..., tant de son chef, que comme mère et tutrice de demoiselle Élizabeth *Conrad-Chaffleur* de Stincalfelz, sa fille mineure ... ; contre monsieur le procureur général de son Altesse royale ... et Catherine *Corbilly*, fille majeure, prisonnière en la conciergerie du Palais ... *Nancy, P. Barbier, s. d.* 21 pages, in-4°. Br.

6928. FACTUM (Addition au) de la demoiselle *Corbilly*, appellante. *S. l., n. n., n. d.* 5 pages, in-4°. Cart.

6929. RÉPONSE de la dame de *Gerte du Breüil*, aux faits calomnieux avancés dans l' « Addition au factum » de la *Corbilly*. *S. l., n. n., n. d.* 12 pages, in-4°. Cart.

6930. (MÉMOIRE) pour la demoiselle *Vaudré*, veuve du sieur *Cosserat*, avocat et curateur en titre au bailliage d'Épinal. *Nancy, C.-S. Lamort*, 1770. 6 pages, in-4°. Rel.

6931. PIÈCES justificatives pour M. le comte *du Hautoy*, appellant, contre *Joseph Coster fils et compagnie*, intimés ; Jean-Gaspard *Genève*..., et M° *Sozzi*, avocat à Lyon, intervenans. *Nancy, J.-B.-H. Leclerc*, 1760. 47 pages, in-4°. Br.

6932. MÉMOIRE pour le comte *Duhautoy*, seigneur de Gussainville, Tichémont, Hatrice et autres lieux..., appellant ; contre la veuve *·Coster*, Joseph Coster et compagnie, ci-devant marchands banquiers à Nancy, intimés ; Jean-Gaspard *Genève*, marchand à Paris, et M° *Sozzi* ..., intervenans. *Nancy, P. Antoine*, 1762. 113 pages, in-4°. — Addition pour M. le comte du Hautoy. *Nancy, H. Leclerc*, 1762. 22 pages, in-4°. — Consultations de Paris pour M. le comte du Hautoy. *S. l., n. n., n. d.* 19 pages, in-4°. — Consultation pour monsieur le comte Duhautoy. *Nancy, Haener*, 1762. 11 pages, in-4°. Rel.

6933. PLAIDOYER pour la veuve *Coster* l'aîné, Joseph-François Coster, ses autres enfants majeurs, et le curateur de ses enfants mineurs, en société de commerce sous le nom de : *Veuve Coster l'aîné, fils et compagnie* ; contre M. le comte *du Hautoy. Nancy, Vve et Cl. Leseure*, 1762. 158 pages, in-8°. Rel. veau.

6934. RÉPLIQUE de M° de *Sozzi*, avocat, demandeur en intervention et défendeur ; contre le comte *du Hautoy*, demandeur, et contre les garants formels. *Nancy, Vve et Cl. Leseure*, 1762. 104 pages in-8°. Rel.

6935. MÉMOIRE pour M° de *Sozzi*, avocat, au Parlement de Paris et ès Cours de Lyon ..., demandeur en intervention ; contre le comte *du Hautoy*, défendeur ; et contre la veuve *Coster* l'aîné ... et les sieur et dame *Genève* de Paris, garants formels. *Nancy, Vve et Cl. Leseure*, 1762. 49 pages, in-8°. Rel.

6936. RÉPLIQUE pour la veuve *Coster*, l'aîné, Joseph-François *Coster*, etc., contre M. le comte *du Hautoy. Nancy, Vve et Cl. Leseure*, 1762. 168 pages, in-8°. Rel.

6937. MÉMOIRE pour M° de *Sozzi*, avocat ..., défendeur ; contre le comte *Du Hautoy*, caution de Jean *Gautier*, demandeur en cassation, et contre les *Veuve Coster* l'aîné, *fils et compagnie*, de Nancy, et les sieurs et dame *Genève* de Paris, garants formels. *Paris, s. n.*, 1794. 227 pages, in-8°. Rel.

6938. CONSULTATION sur la demande en cassation, pour M. le comte *Duhautoy*, contre Joseph *Coster* et consorts ; Gaspard *Genève* ... et M° *Sozzi* ... *Nancy, s. n.*, 1764. 31 pages, in-4°. Rel.

6939. CONSULTATION sur la demande en cassation, pour ·M. le ·comte *Duhautoy*, contre Joseph *Coster* et consorts ; Gaspard *Genève* ..., et M° *Sozzi*. *Nancy, J.-B.-H. Leclerc*, 1764. 16 pages, in-4°. Rel.

6940. SUPPLIQUE de Léopold comte *Duhautoy* ..., demandeur en cassation, contre *Jean-Joseph Coster et compagnie* ..., défendeurs ; Gaspard *Genève* ..., défaillant ; et M° *Sozzi* ..., défendeur. *Nancy, P. Antoine*, 1764. 83 pages, in-4°. Rel.

6941. MÉMOIRE pour M° *Sozzi*, avocat, défendeur, contre le comte *du Hautoy*, demandeur en cassation, et contre les sieurs *Coster*. — Réponses aux objections. *Nancy, Vve et Cl. Leseure*, 1765. 80 pages, in-8°. Rel.

6942. REQUÊTE (A la) de la veuve *Coster* l'aîné, de Joseph-François Coster et consors, soit signifié à M. le comte *du Hautoy*, au domicile de son avocat... *S. l., n. n., n. d.* (1765). 166 pages, in-8°. Rel. veau.

6943. RÉPONSE de Joseph-François *Coster* à une consultation de Paris, produite par M. le comte *du Hautoy. Nancy, Vve et Cl. Leseure*, 1765. 113 pages, in-8°. Rel.

6944. RÉFUTATION sommaire du Mémoire à consulter, et de la Consultation des *Veuve Coster, fils et compagnie* ..., pour le comte *du Hautoy. S. l., P.-Al. Le Prieur*, 1768. 25 pages, in-4°. Rel.

6945. OBSERVATIONS (Dernières) pour le comte *du Hautoy*, contre les *Veuve Coster l'aîné, fils et compagnie* ..., les sieurs *Genève et Sozzi. S. l., P.-Al. Le Prieur*, 1768. 17 pages, in-4°. Rel.

6946. RÉPONSE de M° *Billecard*, ci-devant notaire à Nancy, au second précis du sieur Joseph-François *Coster*, tant en son nom que comme représentant seul l'ancienne société de commerce des sieurs *Veuve Coster l'aîné, fils et compagnie*, et des sieurs *Credo* ci-devant banquiers en ladite ville. *Nancy, P. Barbier*, 1779. 43 pages, in-4°. Broché.

6947. COURTE réponse aux imprimés nombreux et volumineux du comte *du Hautoy. S. l., n. n., n. d.* 20 pages, in-8°. Rel.

6948. MÉMOIRE pour les Srs *Perrier* et *Coster* d'Épinal, appellans ... contre les Srs *Huguenin* et *Foulon*, intimés ; madame

la duchesse de *Quintin*, héritière bénéficiaire de M. le maréchal duc de Lorges, aussi intimée et appellante. *S. l., J.-M. Couche, s. d.* 47 pages, in-4°. Rel.

6949. OBSERVATIONS pour les Srs *Perrier* et *Coster*, contre les Srs *Huguenin* et *Foulon*, et madame la duchesse de *Quintin*, héritière bénéficiaire de M. le maréchal de Lorges. *S. l., n. n., n. d.* 16 pages, in-4°. Rel.

6950. FACTUM pour Claudine Boulier, veuve de Jean *Votier* ..., contre le sieur François *Vautier*, l'un des brigadiers des gardes-du-corps de S. A. R ; Nicolas *Roussel*, Simon *Mathieu*, et Élisabeth Cottenot ..., et encore contre M° Christophe *Mesgnien*, avocat à la Cour, exerçant au bailliage de Vézelise ... *S. l., D. Gaydon.* 15 pages, in-fol. — Réplique. *S. l., n. n., n. d.* 3 pages, in-fol. Br.

6951. SOMMAIRE pour M° Sébastien *Huon*, curé de Maxey-sur-Vaize, appellant, contre le sieur de *L'Écluse*, et damoiselle Antoinette Le Paige, sa femme, cy-devant veuve du sieur de *Courcelle*, seigneurs en partie de Maxey, intimés. *S. l., Vve Delormel, s. d.* 8 pages, in-4°. Br.

6952. RÉSUMÉ du procès du *Courrier de la Moselle*, devant la Cour royale de Metz. *(Metz), S. Lamort*, (1830). 176 pages, in-8°. Cart.

6953. LETTRE d'un habitant de Nancy à un habitant de Metz, sur le procès du *Courrier de la Moselle. Metz, Wittersheim, s. d.* 19 pages, in-8°. Br.

6954. PRÉCIS pour le sieur *Krieger*, syndic des créanciers de la succession du feu sieur comte de Courtomer, décédé gouverneur de Thionville, contre le sieur de *Courtomer*, fils et seul et unique héritier par bénéfice d'inventaire dudit feu sieur comte de Courtomer. *S. l., P.-Al. Le Prieur*, 1762. 14 pages, in-4°. Br.

6955. MÉMOIRE pour le comte de *Courtomer*, brigadier des armées du roi ..., fils et seul et unique héritier par bénéfice d'inventaire du comte de Courtomer, décédé gouverneur de Thionville, contre le sieur *Krieger*, procureur au bailliage de Thionville, se disant syndic des créanciers de la succession dudit feu comte de Courtomer. *S. l., Didot,* 1763. 18 pages, in-4°. Br.

6956. POUR l'absolution du sieur *Guichard* demeurant à Vagney, tant des fins civiles que de l'accusation instruictes contre lui, par D. Judith *Crésille,* sa femme séparée. *S. l., n. n., n. d.* 29 pages, in-4°. Rel.

6957. FACTUM pour les prieur et religieux Bénédictins de l'abbaye de *Senones ...,* contre le sieur *Cueillet,* seigneur de Ferrières, à cause de dame Nicole Pancheron son épouse, défendeur ; la dame *Thiriet* et les autres créanciers ... *S. l., Vve J.-B. Cusson et A.-D. Cusson,* 1739. 50 pages, in-fol. Br.

6958. MÉMOIRE pour le sieur Simon *Cusinat ...,* ancien assesseur au grand-sénat de la ville de Strasbourg ..., contre les sieurs Simon et Charles-Joseph *Picquet ... Nancy, P. Barbier,* 1785. 40 pages, in-4°. Broché.

6959. MÉMOIRE pour le sieur *Girard ;* contre le comte de *Custine ...,* ayant la garde noble d'Amand-Louis-Philippe-François de Custine, son fils mineur et tuteur honoraire dudit mineur, et M° Rousseau, avocat, tuteur onéraire. *S. l., Lambert et Baudouin,* 1784. 82 pages, in-8°. Cart.

6960. PLAIDOYER pour le sieur *Girard,* contre le comte de *Custine,* maréchal des camps et armées du roi, ayant la garde-noble de son fils mineur, et son tuteur honoraire ; et contre M° Rousseau, avocat en parlement, tuteur onéraire. Servant de seconde partie à son mémoire. — Pièces justificatives. *S. l., Lambert et Baudouin,* 1784. 92 et 14 pages, in-4°. Cart.

6961. EXPOSÉ sommaire pour M. le marquis de *Custine. Nancy, Haener, s. d.* 11 pages, in-4°. Br.

6962. MÉMOIRE pour les maire et habitants de la commune de *Dolving ...,* en réponse au précis signifié par Madame Louise-Delphine-Éléonore-Mélanie de Sabran, veuve d'Adam-François-Louis-Philippe *Custine,* en qualité de tutrice établie à Louis-Astolphe-Éléonore Custine son fils ; Évrard *Dreux,* à cause d'Adeline-Anne-Philippe Custine, son épouse ; tous

héritiers bénéficiaires d'Adam-François-Louis-Philippe Custine ... *Nancy, J.-R. Vigneulle, s. d.* 57 pages, in-4°. Br.

6963. ANALYSE de la manière dont il faut établir le compte du sieur Jean-Baptiste de *Foulon,* banquier en la ville de Bruxelles, contre la pièce volante, intitulée par les directeurs de la cy-devant *Compagnie du commerce de Lorraine ;* compte des vingt-quatre mil billets de lotterie, remis au sieur Foulon, de Bruxelles, par le sieur d'Aubonne. *Nancy, P. Antoine,* 1725. 14 pages, in-fol. Br.

6964. FACTUM et réponse pour le sieur Jean-Baptiste de *Foulon ...,* demandeur ... ; contre les directeurs de la cy-devant *Compagnie du commerce de Lorraine,* deffendeurs ... *S. l., n. n., n. d.* 40 pages, in-fol. Broché.

6965. FACTUM (Second) et réponse pour le sieur Jean-Baptiste de *Foulon ...,* demandeur ; contre les directeurs de la ci-devant *Compagnie de commerce de Lorraine,* défendeurs. *Nancy, P. Antoine,* 1726. 22 pages, in-fol. Rel.

6966. SUPPLIQUE de Jean-Baptiste *Foulon ... ;* contre les directeurs de la ci-devant *Compagnie du commerce de Lorraine. S. l., J.-B. Cusson, s. d.* 4 pages, in-fol. Rel.

6967. FACTUM pour le sieur Ignace de *Decker,* écuyer, demeurant à Nancy ; contre les directeurs de la cy-devant *Compagnie de commerce de Lorraine. S. l., n. n., n. d.* 52 pages, in-fol. Rel.

6968. MÉMOIRE pour le sieur Ignace de *Decker ...,* défendeur ; contre les directeurs de la ci-devant *Compagnie du commerce de Lorraine,* demandeurs. *Nancy, F. Midon,* 1728. 59 pages, in-fol. Br.

6969. MÉMOIRE (Second) et réponse pour les directeurs de la *Compagnie de commerce de Lorraine,* demandeurs, contre le sieur Ignace *Decker,* directeur intéressé de la même compagnie ..., et le sieur Jean-Baptiste *Foulon ...,* défendeur. *S. l., J.-B. Cusson, s. d.* 59 pages, in-fol. Br.

6970. MÉMOIRE (Quatrième) et réponses pour les directeurs de la *Compagnie de commerce de Lorraine,* contre les sieurs

Jean-Baptiste *Foulon* et Ignace *Decker*.
S. l., J.-B. Cusson, s. d. 26 pages, in-fol.
—Avertissement. *Nancy, F. Midon,* 1728.
4 pages, in-fol. Br.

6971. SUPPLIQUE des directeurs de la dernière *Compagnie de commerce de Lorraine* ; contre un arrêt du conseil rendu
contr'eux par deffaut le 4 septembre 1726.
Nancy, F. Midon, 1733. 7 pages, in-fol. Br.

6972. SUPPLIQUE des directeurs de la dernière *Compagnie de commerce de Lorraine,* pour obtenir le remboursement des
fonds considérables qu'ils ont employés à
l'acquit des dettes de l'État. *S. l., n. n.,
n. d.* 6 pages, in-fol. Br.

6973. MÉMOIRE et consultation de six anciens avocats à la Cour et de deux banquiers de la ville de Nancy, au procès indécis ..., entre les directeurs de la *Compagnie de commerce de Lorraine,* demandeurs ; contre le sieur Ignace de *Decker* ..., défendeur. *S. l., J.-B. Cusson,
s. d.* 44 pages, in-fol. Br.

6974. CONSULTATION de messieurs Begon, Berroyer, Freteau, de La Vignes, Ligier, anciens avocats du parlement de Paris, au sujet du procès des directeurs de
la *Compagnie de commerce de Lorraine,*
demandeurs ; contre le sieur Ignace *Decker,* directeur de la même compagnie, et
Jean-Baptiste *Foulon,* défendeurs. *S. l.,
J.-B. Cusson, s. d.* 8 pages, in-fol. Rel.

6975. RÉPONSE de Moïse *Alcan* au second mémoire des directeurs de la ci-devant *Compagnie de commerce dite d'Aubonne. Nancy, P. Antoine,* 1738. 15 pages,
in-fol. Br.

6976. SUPPLIQUE de Barbe Sabine Deck,
épouse séparée, quant aux biens, de Mᵉ
Nicolas Damin, avocat ..., intimée ; contre
le sieur Antoine de *La Lance,* chevalier
seigneur de Fromeréville, et Mᵉ Jean-Fiot
de *La Tour* ..., appellans ..., et le même
Mᵉ Nicolas *Damin,* aussi intimé et défaillant. *Nancy, P. Antoine,* 1735. 12 pages,
in-fol. Br.

6977. MÉMOIRE à consulter sur un
compte courant, fourny par *Pierre,* de
Francfort, à *Daniel,* de Nancy, son débiteur. La copie dudit compte courant est

jointe au présent mémoire fidellement
extraitte de l'original. *S. l., n. n., n. d.*
8 pages, in-fol. Cart.

6978. PLAIDOYÉ de Mᵉ Joseph-Bernard
André pour Mᵉ Charles *Del,* prêtre curé
de Remenoville, deffendeur; contre Mᵉ Joseph *Grégoire,* prêtre résident à Gerbéviller, demandeur ; et messire de *Pisegus,*
abbé commandataire de l'abbaye de St-
Epvre, demandeur en intervention. *S. l.,
P. Charlot et P. Deschamps, s. d.* 15 pages, in-fol. Br.

6979. PRÉCIS pour le sʳ *Périné* ..., et dame
Françoise-Catherine, née comtesse Desarmoises d'Anderny, son épouse ; contre les
enfans du sʳ comte de *Vitrimont,* la dame
comtesse de *St-Pierre,* et la veuve *Delaire.
Nancy, Thomas père et fils,* 1776. 32 pages, in-4°. Rel.

6980. MÉMOIRE pour Mᵉ Christophe-
Bonne *Delaurier,* avocat à la Cour, demandeur ; contre le sʳ *Durand,* cy-devant
trésorier des parties casuelles, deffendeur.
Nancy, N. Charlot, s. d. 16 pages, in-fol. Br.

6981. PRÉCIS justificatif pour François
Delorme, receveur des sels nationaux,
pour la vente étrangère, à Roche-Libre
près Libre-Mont ; contre l'accusation portée contre lui au tribunal criminel du département des Vosges, pour prétendu
avilissement d'assignats. *Libre-Mont, Dubiez, s. d.* 32 pages, in-8°. Br.

6982. MEAUME. Lettre de M. Meaume à
son ancien confrère, Mᵉ Louis Lallement.
Neuilly, Bouzin-César, 1876. 47 pages,
in-8°. Br. (Affaire *Demeufve,* ancien notaire.)

6983. MÉMOIRE (Iᵉʳ) à consulter pour le
C. J.-A.-L.-B. *Martin,* ex-capitaine de ca-
noniers, demeurant à Nancy, appellant ;
contre les nommés *Verdun,* ex-fermier-
général et surintendant des finances du
ci-devant comte d'Artois, et Claude *Denis,*
ex-procureur au ci-devant parlement de
Nancy, intimés. *Nancy, Vᵛᵉ Bachot et
fils, An VI.* 24 pages, in-8°. Br.

6984. MÉMOIRE (IIᵉ) à consulter pour le
C. J.-A.-L.-B. *Martin* ..., appellant ; contre
les nommés *Verdun* ..., et Claude *Denis* ...,
intimés. *Nancy, Vᵛᵉ Bachot et fils, An VI.*
72 pages, in-8°. Br.

6985. MÉMOIRE pour M. le général comte de *Mercy d'Argenteau*; contre M. le comte *Desarmoises* de Bouvillers. *Nancy, P. Antoine,* 1741. 8 pages, in-fol. Rel.

6986. SUPPLIQUE de François Florimond, comte *Desarmoises* ...; contre le sieur comte d'*Argentau* ... *Nancy, N. Charlot,* 1741. 11 pages, in-fol. Rel.

6987. SUPPLIQUE de François Florimond, comte *Desarmoises* ...; contre le sieur comte d'*Argentau* ... *Nancy, N. Charlot,* 1741. 28 pages, in-fol. Rel.

6988. FACTUM pour dame Lamberte-Constance Dufaing, née comtesse d'Assel ..., veuve de messire Charles, chevalier comte *Desarmoises*, marquis d'Aulnoy..., comme ayant repris l'instance au lieu et place de M. son époux ; a elle joints les habitans et communauté dudit *Aulnoy*, et messire Antoine-Bernard, comte Desarmoises ..., tant de leur chef que comme prenans le fait et cause en deffense de Didier *Grandidier*, Claude *André* et Charles *Martin*...; contre messire Jacques-Marc-Antoine de *Mahuet* ..., seigneur de Létricourt ...; à lui joints les habitans et communauté dudit *Létricourt*, tant de leur chef que comme ayant pris l'instance au lieu et place de Michel *Ancel*, et comme prenans le fait et cause, en deffense de Pierre André ... *Nancy, P. Antoine,* 1729. 78 pages, in-fol. Br.

6989. MÉMOIRE pour madame Lamberte-Constance du Faing, née comtesse d'Hasselt, veuve de Messire Charles comte *Desarmoises*, gouvernante de Mesdames les Princesses, etc.; contre monsieur Jean-Henry comte Duhautoy, Mre Claude-Alexandre marquis de *Rennepont* et de *Praslin* ; ensemble Marie-Magdelaine de *Pont de Massige. Nancy, P. Antoine,* 1732. 18 pages, in-fol. Br.

6990. MÉMOIRE pour messire Pierre-Louis-Joseph, comte *des Armoises*, seigneur de S. Baslemont ..., intimé. *S. l., D. Gaydon, s. d.* 9 pages, in-fol. Br.

6991. SUPPLIQUE de Pierre-Louis-Joseph, chevalier comte *Desarmoises*, seigneur de Commercy, pour la part de Sarrebruche. *S. l., n. n., n. d.* 19 pages, in-fol. Br.

6992. FACTUM pour le sieur Jean *Jousse*, écuyer, sieur de *Marigné* ...; contre les héritiers collatéraux de dame Anne *des Combles*, lorsqu'elle vivoit son épouse ... *S. l., n. n., n. d.* 15 pages, in-fol. Br.

6993. PRÉCIS pour demoiselle Apolline de Vaux, veuve de Me André *de Jarny*, au jour de son décès avocat en la Cour, exerçant à Étain, tant de son chef, que comme mère et tutrice de demoiselle de Jarny sa fille ...; contre Mes *Descottils* et de *la Henrière* ... *Nancy, J.-B. Cusson, s. d.* 6 pages, in-fol. Br.

6994. SOMMAIRE de la cause du sieur Georges Amelon *Desgronder*..., à cause de demoiselle Charlotte Richier, son épouse, intimé ; contre le sieur Pierre *Larcher* Dainville ..., à cause de demoiselle Anne Richier sa femme, appellant. *Nancy, P. Antoine,* 1723. 7 pages, in-fol. Br.

6995. MÉMOIRE pour Me Jean-Philippe *Mulnier*, avocat en parlement, contrôleur des actes et conservateur des hypothèques au bureau de Nancy, intimé ; contre le sieur Charles - François - Xavier *Desmarets*, écuyer, seigneur d'Housséville, appellant. *Nancy, Vve Leclerc,* 1778. 14 pages, in-4°. Broché.

6996. SUPPLIQUE de Henry Palatin de *Dio*, comte de Monmort, marquis de *Mompérou*, et Anne-Élisabeth, comtesse *Dessales*, son épouse séparée quant aux biens, demeurant en Bourgogne ; icelle comme fille unique et héritière bénéficiaire de la succession du sieur maréchal de *Roreté*, son père. *Nancy, P. Antoine,* 1722. 14 pages, in-fol. Br.

6997. FACTUM pour messire François *Dessalles*, chevalier, comte de *Rorté*, marquis de Bulgnéville, défendeur ; contre messire Henry Palatin de *Dio*, comte de Mommort, marquis de *Monpéroux* ..., et dame Anne-Élisabeth Dessalles son épouse ..., demandeurs et deffendeurs ; et messire Gabriel de *Mion*, chevalier, seigneur de Gombervaux, en qualité d'exécuteur testamentaire de feu monsieur le maréchal de Rorté, demandeur. *Nancy, P. Antoine,* 1723. 67 pages, in-fol. Br.

6998. FACTUM pour messire Henry Palatin de *Dio*, comte de Mommort, marquis de *Montpéroux* ..., et dame Anne-Elisabeth comtesse des Salles, son épouse; contre messire Gabriel de *Myon* ..., et messire François *des Salles*, comte de *Rorté* ..... *S. l., J.-B. Cusson, s. d.* 71 papages, in-fol. Br.

6999. LETTRE du marquis de *** au sieur R*** avocat au parlement de Metz, en réponse de la sienne, du premier juin 1725, au sujet du procès touchant le marquisat de Bulgnéville, daté de Nancy du 22 juin 1725 (Affaire de *Monpéroux - de Rorté*). *S. l., J.-B. Cusson, s. d.* 15 pages, in-fol. Relié.

7000. PRÉCIS signifié pour les prieur et religieux Bénédictins de *Deuilly-les-Morizécourt*, et le sieur Hubert *Leclerc*, curé de Serécourt, intimés ; contre les prieur et religieux Prémontrés de *Flabémont*, appellans. *S. l., B. Brunet*, 1760. 27 pages, in-4°. Br.

7001. MÉMOIRE pour les RR. PP. prieur, procureur et religieux Bénédictins de *Morizécourt*, et la dame Marie-Nicole, née comtesse d'Offlise, veuve de messire Jean-Baptiste-Marc, comte de *Toustain*, seigneur de *Deuilly et Morizécourt*, intimés ; contre les maire, syndic et habitans du village de *Frain*, appelans. *S. l., Demonville*, 1784. 52 pages, in-4°. Br.

7002. PRÉCIS pour le duc des *Deux-Ponts;* contre le sieur *Devaux* d'Achy. *Nancy, P. Antoine et P. Barbier*, 1769. 9 pages, in-4°. Rel.

7003. SOMMAIRE des questions à juger en l'instance indécise à la Cour, entre messire Loüis Antoine, comte de *Lenoncourt*, prêtre..., abbé commandataire de l'abbaye de Saint-Mihiel ... ; contre M° Didier *Loumont*, prêtre, vicaire perpétuel de la paroisse de *Trougnon* ..., Jean *Hémelot*, Didier *Forquignon*, et Marie *Dhullien*, fermiers des dîmes imaginaires de ce vicaire perpétuel ..., les dames de Saint-Maur de *Verdun*, et l'hôpital de *Saint-Mihiel*, intimés avec le sieur abbé de Lenoncourt. *Nancy, P. Antoine*, 1723. 16 pages, in-fol. Br.

7004. MÉMOIRE pour noble François-Timothée *Thibault*, avocat en la Cour ... ; contre M° Nicolas-Hyacinthe *Didier*, aussi

avocat à la Cour, exerçant au bailliage de Saint-Mihiel ..., M. François *Notta de la Tour* ... et le sieur George *Baudoüin de Tallevanne*, écuyer, demeurant à Saint-Mihiel ... *S. l., J.-B. Cusson*, 1729. 18 pages, in-fol. Br.

7005. MÉMOIRE à consulter, pour le sieur abbé *Dinot*, vicaire de la paroisse Saint-Nicolas de Nancy. *S. l., n. n.*, 1771. 21 pages, in-4°. Br.

7006. MÉMOIRE pour M° Antoine Bexon, avocat à la Cour, exerçant à Remiremont, en qualité d'exécuteur testamentaire de damoiselle Marie-Marguerite *Dolignon;* contre M° *Folyot*, procureur exerçant en la même ville, comme se disant curateur établi aux héritiers de ladite Dolignon ..., les maire, grands échevins et jurez de la même ville, et M° Jean-Urbain Daval, avocat à la Cour et conseiller de l'abbaye de la même ville ..., et les légataires de ladite Dolignon .... *S. l., R. Charlot, et P. Deschamps, s. d.* 4 pages, in-fol. Br.

7007. PRÉCIS de la cause d'entre les maire, habitans et communauté de *Dombasle*, appellans ; contre Loüis *Ranzier*, amodiateur au même lieu, et le procureur de S. A. R. au bailliage de Nancy en qualité d'office, intimez ; et les officiers dudit bailliage, demandeurs en opposition, et en revendication. *S. l., N. Charlot, s. d.* 13 pages, in-fol. Br.

7008. PRÉCIS des écritures fournies à la Cour par Claude Florent, et Françoise *Dombrot*, demeurant à Rozelieures ...; contre Christian *Mérel* demeurant à Florémont, à cause de Françoise sa femme... et Catherine Thouvenot, veuve de François Dombrot, résidante audit Rozelieures ... *S. l., J.-B. Cusson, s. d.* 12 pages, in-fol. Br.

7009. RÉFLEXIONS pour Claude-Florent, et Françoise *Dombrot*, sur le procès d'entr'eux ...; contre Christian *Mérel*, à cause de Françoise sa femme ..., et Catherine Touvenot, veuve de François Dombrot ... *S. l., J.-B. Cusson, s. d.* 3 pages, in-fol. Br.

7010. FACTUM pour dom Ferdinand *Dordelu*, prieur titulaire de Romont, ordre de Saint-Benoît, et en cette qualité curé primitif du même lieu, appellant ; contre M⁰ Claude *Poirson*, prêtre, vicaire perpétuel dudit Romont, intimé. *Nancy, P. Antoine*, 1722. 21 pages, in-fol. Br.

7011. FACTUM pour le sieur Claude *Poirson*, prêtre, curé de Romont ...; contre dom Ferdinand *Dordelu* ..., et les granddoyen, chanoines et chapitre de l'insigne église collégiale de Saint-Diez ... *Nancy, P. Antoine, s. d.* 15 pages, in-fol. Br.

7012. SOMMAIRE pour le sieur Jean-François *Doridant*, lieutenant bailliager à Bruyère, et ses enfans ...; contre le sieur Loüis *le Febvre*, médecin à Épinal, à cause de demoiselle Catherine Doridant son épouse ... et M⁰ Claude *Froment*, procureur à la Cour, en qualité de curateur à la litte, à l'enfant mineur desdits sⁱ et demoiselle le Febvre ... *S. l., Vᵛᵉ D. Gaydon*, 1718. 8 pages, in-fol. Br.

7013. MÉMOIRE en l'instance évoquée au Conseil, pour dame Anne-Christine Cueullet, veuve de messire Bernard *Raulin* ..., premier président de la Chambre des comptes de Lorraine ...; contre le sⁱ Nicolas-François Raulin, écuyer, demeurant à Nancy, le sⁱ Nicolas-François Raulin, écuyer, avocat à la Cour, en qualité d'exécuteur-testamentaire de mondit sieur le président, le sⁱ Jean-François *Doridant*, écuyer, avocat à la Cour et gruyer de de Bruyères, le sⁱ Pierre-Henry *La Vaux* ..., à cause de son épouse, demoiselle Marie-Anne Doridant, fille majeure ..., et demoiselle Anne Cueullet, fille majeure, dame d'*Arey Chambille* ... *Nancy, P. Antoine*, 1739. 15 pages, in-fol. Br.

7014. MÉMOIRE en l'instance évoquée au conseil, servant de réponse à celui du 20 may 1739, pour le sⁱ Jean-François *Doridant* ..., le sⁱ Pierre-Henry *Lavaux* ..., à cause de dame Françoise-Thérèse Doridant son épouse, dˡˡᵉ Marie-Anne Doridant, fille majeure... ; contre dame Anne-Christine Cueullet, veuve de messire Nicolas-Bernard *Raulin* ..., le sⁱ Pierre-François Raulin ..., le sⁱ Nicolas-François Raulin..., en qualité d'exécuteur testamentaire de mondit sieur le président ..., et dˡˡᵉ Anne Cueullet, fille majeure, dame d'*Araye Chambille* ... *Nancy, P. Antoine*, 1739. 66 pages, in-fol. — Mémoire à consulter, par d'habiles avocats. *Nancy, P. Antoine*, 1739. 3 pages, in-fol. Br.

7015. PRÉCIS pour les sieurs *Doridant* et consors, deffendeurs ; contre la dame *Raulin*, demanderesse, etc. *Nancy, N. Charlot*, 1741. 16 pages, in-fol. — Consultation. *Lunéville, s. n.*, 1741. 13 pages, in-fol. Rel.

7016. SOMMAIRE de la cause d'entre M. Jean-François *Humbert*, écuyer, seigneur de Gircourt et autres lieux... et noble Jean-François *Doridant* ..., seigneur de Fauconpierre, appellants ; contre Jacqueline Cuny, veuve de Humbert *Matthieu*, originaire de Fauconpierre, décédé à Épinal, et les officiers de l'hôtel commun, bourgeois, habitans et communauté de la même ville et des villages en dépendants, intimez. *S. l., D. Gaydon, s. d.* 17 pages, in-fol. Br.

7017. MÉMOIRE pour le sieur Jean-Claude-Joachim de *Faultrier* ..., seigneur en partie de Chieulle et autres lieux, aux droits de la dame son épouse, et les maires, sindics, habitans et communautés dudit *Chieulle* et *Vanny*...; contre le sieur Louis-Daniel-Alexandre de *Luc* ..., dame Anne Dorthe, veuve du sieur Jean-Claude de *Salusses*, chevalier seigneur de Jouy-aux-Arches et en partie dudit Chieulle, demoiselle Marie *Dorthe*, dame de Vanny et autres lieux ... et le sieur François-Aimé de *Seillons* ..., seigneur de Courcelles, Chaussy et autres lieux, aux droits de la dame son épouse... *Nancy, L. Beaurain*, 1773. 22 pages, in-4°. — Mémoire (Addition au) du sⁱ de Faultrier, et des communautés de Chieulle et de Vanny ; contre le sieur de Luc, le sieur de *Seillons*, et consors. *Nancy, L. Beaurain*, 1773. 8 pages. in-4°. Rel.

7018. RÉPONSE du sⁱ Louis-Daniel-Alex. de *Luc* ..., seigneur de Grimont et de Châtillon ...; contre le sieur Jean-Claude-Joach. de *Faultrier* ..., seigneur en partie de Chieulle, et les maires, syndics, habitans et communautés de *Chieulle* et de *Vanny* ..., dame Anne Dorthe, veuve du sⁱ Jean-Claude de *Salusses*, dame de Chieulle pour l'autre partie, et demoiselle Marie *Dorthe*, dame de Vanny ... et le sⁱ François-Aimé de *Seillons*, seigneur de la Basse-Courcelle, Chaussy..., et dame... Dorthe, son épouse ... *Nancy, Haener*, 1773. 25 pages, in-4°. Rel.

7019. RÉPONSE (Supplément à la) du sieur Louis-Daniel-Alexandre de *Luc*, écuyer, seigneur de Grimont, Châtillon ... ; contre le s^r Jean-Claude-Joachim de *Faultrier*, écuyer, etc., seigneur en partie de Chieulle, et les maires, syndics, habitans et communautés de *Chieulle* et de *Vanny* ..., la dame veuve du s^r de *Salusses*, dame de Chieulle pour l'autre partie, et la demoiselle *Dorthe* ..., dame de Vanny ... et les s^r et dame de *Seillons* ... *Nancy, P. Antoine et P. Barbier*, 1773. 10 pages, in-4°. — Réponse pour le s^r de Faultrier, et les communautés de Chieulle et Vanny, au supplément fourni par le s^r de Luc, à son imprimé du 16 août 1773. *Nancy, L. Beaurain*, 1773. 8 pages, in-4°. Rel.

7020. FACTUM pour Me Pierre *Caudot*, eschevin à Nancy, et Charles de *Bérup*, s^r de Ceintrey, héritier bénéficiaire de Nicolas Fériet, deffendeurs ; contre Me Pierre de *Rozières*, soy disant prieur de Varangéville, demandeur..., contre un arrest du 17 juillet 1643, rendu contre le duc d'Atrie en ladite qualité de prieur de Varangéville et lesdits deffendeurs demandeurs en sommation et deffendeurs ; contre le s^r Charles *Dourches*, s^r de Cercueil, héritier de Henry Dourches, son père, et Claude Dourches, son oncle, deffendeur... *S. l., n. n., n. d.* 5 pages, in-fol. Br.

7021. PRÉCIS pour messires Louis-Charles d'*Ourches*, chevalier seigneur de Sauville, Delouze, etc., Jacques et Nicolas-Loüis d'Ourches, aussi chevaliers seigneurs de Vidampierre ... ; contre messire Charles d'*Ouche*, chevalier seigneur de Cercüeil ... *Nancy, P. Barbier*, 1710. 48 pages, in-fol. Broché.

7022. MÉMOIRE pour messire Charles, comte d'*Ourches*, seul seigneur haut, moyen et bas justicier de Cercüeil et autres lieux..., deffendeur ; contre frère Loüis de Froulay, commandeur de Saint-Jean-le-Viellastre de Nancy, demandeur. *Nancy, P. Antoine*, 1734. 23 pages, in-fol. Br.

7023. MÉMOIRE pour le sieur Robert *Dromgold*, banquier à Paris, demandeur ; contre le sieur Robert *Fletcher*, cy-devant banquier en la même ville, et présentement réfugié à Nancy, défendeur. *Nancy, P. Antoine, s. d.* 15 pages, in-fol. Br.

7024. SUPPLIQUE de Robert *Fletcher* ..., contre Robert *Dromgold* ... *S. l., J.-B. Cusson, s. d.* 23 pages, in-fol. Br.

7025. ARREST de la Cour du Parlement de Metz, en faveur de Me Ponce *Droüillet*, prêtre, curé et doyen de Mouzon, appelant comme d'abus de la procédure extraordinairement instruite, décret de prise de corps, et suspense des fonctions de ses Ordres, décerné contre luy par l'Official de *Reims*, le seizième novembre 1716, au sujet de la Constitution *Unigenitus*. Du 28 juin 1716. *Metz, Brice Antoine*, 1717. 7 pages, in-4°. Br.

7026. PRÉCIS pour le citoyen *Drouot*, défendeur ; en réponse à un mémoire distribué contre lui, au nom des filles mineures de la citoyenne Anne-Françoise-Charlotte Perrot, veuve *Tardieu*, demanderesses et appelantes. *S. l., Leseure, s. d.* 25 pages, in-4°. Br.

7027. REQUESTE présentée à Son Altesse sérénissime, de la part de Me Claude *Droüot*, prothonotaire apostolique et prieur commandataire du prieuré de Lay, deffendeur ; servante de responses aux requestes et productions de M. le comte de *Furstemberg*, demandeur ; et dom Anthoine *Millet*, religieux bénédictin, intervenant. *S. l., n. n., n. d.* 11 pages, in-fol. Br.

7028. PRÉCIS de la cause d'entre Me Pierre Dieu-donné *Droüville*, avocat à la cour ..., et Élisabeth Richier, femme de Me Barthélemy *Philbert* ..., autorisée par justice pour la poursuite de ses droits ... *S. l., n. n., n. d.* 5 pages, in-fol. Br.

7029. RÉPONSE du citoyen *Dubois*, au mémoire du citoyen *Poirot. S. l., n. n., n. d.* 8 pages, in-4°. Cart.

7030. MÉMOIRE pour le sieur *Duboutet*, marquis de Maranville, et le sieur de *Saint-Vandelin*, marquis de Genézy, coseigneurs du lieu de *Ménil-la-Tour*, généralité de Metz ; contre les syndic et habitans du même lieu. *S. l., Quillau*, 1773. 28 pages, in-4°. Cart.

7031. FACTUM pour le sieur Claude *Du Bourg* ..., intimé ; contre le sieur Claude *Raulin*, conseiller auditeur de la Chambre des comptes de Lorraine, appellant. *S. l., n. n., n. d.* 4 pages, in-4°.

7032. FACTUM d'entre le sieur Claude *Raulin*, et ses consors, appellants de certaines sentences rendûes en la justice de Bruyères, en juin et décembre 1664, d'une part ; et le sieur Claude *Du Bourg*, demeurant audit Bruyères, inthimé, d'autre part. *S. l., n. n., n. d.* 4 pages, in-4°. Rel.

7033. SOMMAIRE (Addition au) produit par les sieurs *Dudoigt* et consors, demandeurs, opposans et poursuivant criées ; contre les héritiers du sieur *Thiriet* et les créanciers opposants au décret. *S. l., n. n., n. d.* 4 pages, in-fol. Br.

7034. MÉMOIRE sommaire signifié pour maître Pierre-Jean-Baptiste *Du Fosset*, prêtre..., chanoine de l'église cathédrale de Toul ... ; contre maître Alexandre-Nicolas *Marthel*, chanoine et official du chapitre de ladite église ..., et contre maître Jean *Vathelot*, chanoine et promoteur du même chapitre ... *Metz, F. Antoine,* 1743. 20 pages, in-fol. Br.

7035. MÉMOIRE pour les sieurs Jean-François-Gaspard *Dujard* ..., et Marc-Henri-Sigisbert Dujard ... ; contre les héritiers de feu le sieur J.-B. *Fallois*, avocat du roi aux requêtes du palais ..., en présence du sieur comte de *Ludres*, des dames de Ste-Élisabeth, des dames religieuses de la Visitation de *Nancy* ..., et encore contre la dame veuve *Fallois*, et les héritiers de feu Me *Gœury*, procureur au bailliage ... *Nancy, Vve Leclerc,* 1781. 44 pages, in-4°. Br.

7036. RÉSUMÉ pour les sieurs et demoiselles *Fallois* ... ; contre les religieuses de la Visitation de *Nancy*, les sieurs *Dujard*, et autres ... *Nancy, P. Barbier,* 1781. 54 pages, in-4°. Br.

7037. TABLEAU de situation, depuis le 28 mars 1757, jusqu'au 1er janvier 1771, pour le sieur Louis-Jérôme *Parat de Mongeron*, receveur général des finances des duchés de Lorraine et de Bar ; contre dame Marie-Philiberte Grimod, veuve du sieur *Dumas*, sa belle-mère. *Paris, P.-G. Simon, s. d.* 26 pages, in-4°. Br

7038. EXPOSÉ-SOMMAIRE pour M. *Dumast*, ancien commissaire-ordonnateur. *Nancy, C.-A. Leseure, s. d.* 12 pages, in-4°. Br.

7039. MÉMOIRE pour Me d'*Oppel de Saint-Astier*, prêtre ..., pourvu du canonicat dit de Clairlieu ..., demandeur et défendeur ; contre Me *Duménil*, prêtre, se disant résignataire de la même prébende, défendeur ; contre Me de *Gourcy* d'Alamont, prêtre, pourvu en Cour de Rome, de la même prébende, demandeur ; et encore contre Me *Cueillette*, se prétendant pourvu en régale de la même prébende, demandeur et défendeur. *S. l., Chardon,* 1779. 60 pages, in-4°. Br.

7040. MÉMOIRE pour Me Antoine *Dumesnil*, archidiacre et chanoine de l'église cathédrale de Toul, intimé ; contre la dame de la *Chauvinière*, apellante ... *S. l., n. n., n. d.* 8 pages, in-fol. Rel.

7041. MÉMOIRE pour M. de *Silly*, chevalier seigneur des Francs, major des villes et citadelles de Metz ..., et dame Dumesnil son épouse, intimés ; contre la dame Okelly, douairière de M. Alexandre, marquis *Dumesnil* ..., tant en son nom, qu'en qualité de mère et tutrice de ses enfants mineurs, et les curateurs aux mêmes enfans, appellans. *Nancy, P. Barbier,* 1783. 38 pages, in-4°. Br.

7042. MÉMOIRE pour dame Cécile Okelly, douairière de M. Alexandre, marquis *Dumesnil* ..., en qualité de mère et tutrice naturelle des sieurs Jérôme et Jean les Dumesnil, ses fils mineurs ..., appellans et anticipés ; contre M. Henry Durand de *Silly* ..., et dame Marie-Élisabeth Dumesnil, son épouse, intimés et anticipants ; M. Joseph-Hyacinthe Dumesnil... et Me Otthenin, avocat en parlement, intimés. *Nancy, H. Haener,* 1783. 54 pages, in-4°. Br.

7043. PRÉCIS pour Mr Jean-Baptiste Messein, procureur en la Cour, en qualité de curateur établi à la litte de Marguerite Brisot, épouse de Dominique *Dumolard* ..., neveu du ci-après nommé, autorisée à la poursuite de ses droits, appellant ; contre le sieur François Dumolard, prêtre ..., intimé ; et Dominique Dumolard, pareillement appellant ... *Nancy, P. Antoine,* 1741. 9 pages, in-fol. Rel.

7044. PRÉCIS pour le sieur *Dumont* et consorts, défendeurs en cassation ; contre les sieurs *Forget de Barst*, demandeurs. *S. l., Vve Hérissant,* 1778. 19 pages, in-4°. Br.

7045. MÉMOIRE pour Jean-Hubert *Dumont*, charron, demeurant à Vœl, et Anne-Marguerite Leroi, son épouse ... ; contre Nicolas *Sagot* et consors ... *Nancy, P. Barbier*, 1783. 31 pages, in-4°. Br.

7046. MÉMOIRE pour le sieur Nicolas *Froment*, conseiller du roi, receveur-particulier des finances à Nancy, défendeur en sommation ; contre le sieur Daniel *Dumont* de Mayence, demandeur. *Nancy, Vve Leclerc*, 1787. 22 pages, in-4°. Br.

7047. MÉMOIRE pour Didier *Peignier*, conseiller du roy, banquier expéditionnaire en Cour de Rome, appellant ; contre Bouvier *Dumoslard*, escolastre de la primatiale de Nancy. *S. l., n. n., n. d.* 3 pages, in-fol. Rel.

7048. FACTUM pour le sieur Charles-François *Dumoulin*, écuyer, seigneur d'Afléville et d'Aingeville en partie, à cause de dame Claude de Landrian son épouse ; et demoiselle Jeanne Notta, veuve de noble Pierre-François *Aymé* ..., appellants ; contre le sieur François de *Roncourt*, écuyer seigneur dudit lieu, sénéchal de la Motte et Bourmont ; et les religieuses Annonciades du même lieu, intimez. *S. l., D. Gaydon*, 1714. 12 pages, in-fol. Br.

7049. SUPPLIQUE de Pierre *Dunesme*, écuyer, sieur de *Lauvillers*, Claude Marguerite Dunesme, son épouse, séparée quant aux biens ; et Médard *Texier*, écuyer sieur de *Proñais*, leur cessionnaire, deffendeurs ; contre les sieurs Jean-Jacques et Charles *Dunesme du Dordal*, et demoiselles Marie-Thérèse et Anne Dunesme, demandeurs ... *S. l., D. Gaydon*, 1718. 20 pages, in-fol. Br.

7050. MÉMOIRE pour les sieurs Antoine du *Platel*, Jacques-Ignace Platel ..., le sieur *Brigeot*, écuyer, seigneur de Cousture ..., et consors, héritiers du sieur Nicolas-François *Lallemant du Platel*, intimez ; contre les sieurs et demoiselles *Dauphin*, et consors, appellans ; les demoiselles du Platel, filles mineures du sieur du Platel ..., intimées ... *S. l., D. Gaydon, s. d.* 12 pages, in-4°. Rel.

7051. SOMMAIRE de la cause d'entre messire François-Daniel de *Mouchet*, comte de *Voҳelle*, etc., au nom et comme exerçant les droits de dame Anne-Catherine Eude de Baucaviller, son épouse, appellant ; et monsieur Me Guillaume d'*Enguelguen*, conseiller au parlement de Metz, intimé. *S. l., D. Gaydon, s. d.* 10 pages, in-fol. Br.

7052. FACTUM pour Monsieur Me Henri Guillaume d'*Engelgen*, écuyer, seigneur d'Acy et Trémery, conseiller au parlement de Metz, au nom de dame Anne de Boucault, son épouse ... ; contre dame Anne-Catherine Eude de Baucavilliers, épouse du messire Daniel de *Mouchet* ..., dame Françoise Vatier, épouse non-commune en biens de messire Charles de *Tusseau de Maisontier* ..., Me Jean Aubert, procureur au présidial de Toul, en qualité de curateur établi à la lite à messire Antoine de *Boucault* ... *Nancy, P. Barbier, s. d.* 12 pages, in-fol. Br.

7053. FACTUM pour Me Jean Aubert, procureur au présidial de Toul, en qualité de curateur à la lite du sieur Antoine de *Boucault* ... ; contre dame Anne-Catherine Eude de Baucavilliers, épouse de messire Daniel de *Mouchet* ..., dame Françoise Vatier, épouse non-commune en biens de messire Charles de *Tusseau de Maisontier...* ; et Monsieur Me Henry Guillaume d'*Engelgen* ..., à cause de dame Anne de Boucault son épouse .... *Nancy, P. Barbier, s. d.* 8 pages, in-fol. Br.

7054. MÉMOIRE pour le Corps des marchands de la ville d'*Épinal*..., demoiselle Anne-Magdelaine Vaudré, veuve du sieur Joseph-Marie *Puis*, vivant marchand en gros à Épinal ..., agissante tant pour elle que pour ses enfans ..., le se Étienne *Perrière*, marchand bourgeois d'Épinal, Martin *Le Clerc*..., Dominique *Willemin* ..., François Willemin ..., ce dernier en qualité de tuteur des enfans mineurs de feu Joseph Willemin de *Fontenay*, parties au procès, et le Corps des marchands de *Nancy*, les juges consuls de Lorraine ... ; contre les dames, doyenne, chanoinesses, et chapitre de l'insigne église collégiale et séculière de Saint-Goëric d'Épinal ..., les héritiers de Claude *Marchal*, cy-devant fermier du droit de vente ... *Épinal, J.-N. Vatot*, 1748. 148 pages, in-fol. Br.

7055. MÉMOIRE pour les dames doyenne, chanoinesses et chapitre de l'insigne église collégiale et séculière de Saint-Goëry d'*Épi-*

nal, deffenderesses ; contre M. Jean-Baptiste *Perrier*, l'un des officiers municipaux, Thiébaut *Dondaine*, marchand de grains, et Étienne *Perrier*, se disants le Corps des marchands d'Épinal, en cette qualité demandeurs..., les juges consuls de Nancy ; les veuve et héritiers de Joseph-Marie *Puis* d'Épinal, les veuve et héritiers de Martin *Leclerc*, de Charmes, Dominique *Villemin* et les héritiers de Joseph Villemin, de Fontenay ; Dominique *Viard*, d'Épinal, ci-devant fermier du droit de la vente, les héritiers de Claude *Marchal* .... *Espinal*, *C.-A. Dumoulin*, 1749. 38 pages, in-fol. Br.

7056. PRÉCIS pour le chapitre d'*Espinal*, contre les soy-disants le Corps des marchands de la même ville, demandeurs en cassation de l'arrêt rendu au cy-devant conseil, le 8 janvier 1737... *Lunéville, s. n.*, 1749. 8 pages, in-fol. Br.

7057. PIÈCES principales du chapitre d'*Espinal*, avec quelques notes ; contre M° Jean-Baptiste *Perrier* ..., Joseph-Estienne Perrier, Thiébault *Dondaine* d'Espinal se disants le Corps des marchands de la même ville, demandeurs ..., et autres parties au procès. *Espinal, C.-A. Dumoulin*, 1749. 37 pages, in-fol. Br.

7058. RÉPONSE du chapitre d'*Épinal*, au précis des soi-disans le Corps des marchands de la même ville, demandeurs en cassation de l'arrêt de 1737. *Épinal, C.-A. Dumoulin*, 1750. 17 pages, in-fol. Br.

7059. SUPPLIQUE du Corps des marchands d'*Épinal*, contre le chapitre des dames chânoinesses de cette ville. *Lunéville, F.-E. Gœbel*, 1750. 3 pages, in-fol. Br.

7060. PROCÈS (Questions principales du) pendant au conseil d'État entre le Corps des marchands d'*Épinal*, le chapitre des dames chanoinesses de cette ville, les héritiers de *Marchal* et autres parties. *Épinal, C.-A. Dumoulin*, 1750. 9 pages, in-fol. Broch.

7061. RÉFLEXIONS sur la question de sçavoir, si le chapitre d'*Épinal* peut se prévaloir d'une possession immémoriale de percevoir un droit des forains qui achètent auprès des bourgeois d'Epinal et tous autres étrangers. *Épinal, C.-A. Dumoulin*, 1740. 4 pages. in-fol. Br.

7062. MÉMOIRE présenté au conseil d'État par les juges consuls de Lorraine et Barrois, concernant le procès d'entre le Corps des marchands d'*Épinal* et le chapitre de la même ville. *Lunéville, F.-E. Goebel*, 1750. 3 pages in-fol. Br.

7063. PRÉCIS pour le chapitre de l'insigne église collégiale et séculière d'*Épinal*; contre la dame abbesse du même chapitre. *Nancy*, *P. Antoine*, 1760. 49 pages, in-4°. Br.

7064. PRÉCIS pour les dames doyenne, secrette, chanoinesses et chapitre de l'insigne église de Saint-Goëry d'*Épinal*; contre la dame de *Spada*, abbesse de cette église. *Nancy, P. Antoine*, 1760. 25 pages, in-4°. Br.

7065. MÉMOIRES (Supplément aux) de l'insigne chapitre d'*Épinal*; contre la dame de *Spada*, abbesse. *Nancy, P. Antoine*, 1760. 27 pages, in-4°. Br.

7066. MÉMOIRE pour M° Amé-Joseph *Pierrot*, curé-vicaire perpétuel de la paroisse d'*Épinal*...; contre le chapitre des Dames d'*Épinal* ...; en présence de l'évêque de *Saint-Diez* ... *Nancy, C. Leseure*, 1781. 50 pages, in-4°. Br.

7067. MÉMOIRE pour les officiers du bailliage royal d'*Épinal*, défendeur; contre le Sr *Laurent*, procureur du roi au même siège, demandeur. *Nancy, Leseure*, 1787. 8 pages, in-4°. Br.

7868. RÉPONSE du procureur du roi du bailliage d'*Épinal*, au mémoire des officiers du même siège. *Nancy, P. Barbier*, 1787. 9 pages, in-4°. Br.

7069. OBSERVATIONS pour les officiers du bailliage royal d'*Épinal*, défendeurs ; sur le mémoire du Sr *Laurent*, procureur du roi, demandeur. *S. l., n. n., n. d.* 8 pages, in-4°. Br.

7070. OBSERVATIONS du procureur du roi du bailliage d'*Épinal*, sur celles des officiers du même siège. *Nancy, P. Barbier*, 1787. 6 pages, in-4° Br.

7071. MÉMOIRE pour les maire, syndic, échevins, notables habitans et communauté d'*Erming*, contre des habitans de *Kalhausen* et de *Rahling*. *Nancy, C.-S. Lamort*, 1784. 64 pages, in-4°. Br.

7072. MÉMOIRE pour Nicolas *Seuret*, maire, et Nicolas *Toussaint*, lieutenant de maire, en 1769, de la partie Lorraine de *Martinvelle*, et pour Nicolas *Esmez* l'aîné, et consors, au nombre de trente-trois, tous habitans du même lieu, défendeurs; contre les sieurs *Laurent* ... et *Villaprey*, ancien prévôt, en qualité de ci-devant sous-fermiers du domaine de la baronnie de Passavant..., demandeurs; et monsieur le procureur-général d'office. *Nancy, C.-S. Lamort*, 1784. 68 pages, in-4°. Br.

7073. OBSERVATIONS de la ville de Saint-Mihiel, en Lorraine, sur l'échange du comté de Sancerre, en réponse à la requête de M. *de Calonne*. *Saint-Mihiel*, *s. n.*, 1787. 288 pages. in-8°. Br.

7074. MÉMOIRE pour le comte d'*Espagnac*, accusateur et appelant; contre des quidams, auteur, imprimeur, distributeurs et colporteurs d'un libelle anonyme, intitulé : « Observations de la ville de *St-Mihiel*, en Lorraine, sur l'échange du comté de Sancerre, en réponse à la requête de M. de *Calonne* », accusés; et contre M. le procureur-général, intimé. *Paris, Lottin l'aîné, et Lottin de S.-Germain*, 1788. 148 pages, in-4°. — Pièces justificatives. *S. l., n. n., n. d.* 75 pages, in-4°. Rel.

7075. MÉMOIRE justificatif pour les officiers de la maîtrise des eaux et forêts de *Saint-Mihiel*, en Lorraine, en réponse au mémoire de M. *d'Espagnac*, sur l'échange de Sancerre. *S. l., n. n., n. d.* 63 pages. in-8°. Br.

7076. MOTION sur l'échange de Sancerre, présentée à l'Assemblée nationale. *S. l., n. n., n. d.* 45 pages, in-8°. Br.

7077. RÉPONSE d'un député du bailliage de Blois à la seconde supplique présentée à l'Assemblée nationale, par M. le comte d'*Espagnac*, sur l'échange du comté de Sancerre. *Paris, Baudouin, s. d.* 16 pages, in-8°. Br.

7078. ÉCLAIRCISSEMENS et pièces justificatives concernant l'échange du comté de Sancerre. *S. l., n. n., n. d.* 98 pages, in-8°. Br.

7079. MÉMOIRE pour madame la princesse d'*Esterhazy*..., contre M° *Le Vasseur*, avocat à la Cour ... *Nancy, C.-S. Lamort*, 1764. 45 pages, in-fol. Br.

7080. FACTUM pour MM. Claude-Moël *Oger*, ancien prevôt, gruyer et chef de police de Deneuvre, Claude *Gaillard*, lieutenant en prevôté, contrôlleur, garde-marteau en la gruerie, et Pierre Gaillard, tabellion général en Lorraine, demeurants au même lieu...; contre M° Joseph *Fallois*, cy-devant sergent, et présentement substitut de Monsieur le procureur général en la même prevôté ... *S. l., D. Gaydon, s. d.* 12 pages, in-fol. Br.

7081. MÉMOIRE de Joseph *Fallois* ..., servant de réponse au factum de Claude-Moël *Oger* ..., Claude *Gaillard*..., et Pierre Gaillard ... *S. l., J.-B. Cusson, s. d.* 17 pages, in-fol. Br.

7082. COMPTE-RENDU par les frères *Henrion*, à leurs concitoyens, de l'arrêt rendu en leur faveur le 9 janvier 1816, contre la famille *Fauconnier*. *Metz, Lamort, s. d.* 4 pages, in-4°. Cart.

7083. RÉPONSE des paroissiens de *Faulquemont*, appelans; au factum du sieur *Renauldin*, intimé. *S. l., n. n., n. d.* 12 pages, in-4°. Br.

7084. FACTUM pour les maire, habitans, paroissiens et communauté de *Faulquemont*, apellans; contre maître Sébastien *Renauldin*, prêtre ..., intimé. *S. l., n. n., n. d.* 34 pages, in 4°. Br.

7085. FACTUM pour maître Sébastien *Renauldin*, prêtre, curé de Bermering, archiprêtre de Morhange, intimé; contre les maire, habitans et communauté de *Faulquemont*, appellans. *S. l., n. n., n. d.* 27 pages, in-4°. Rel.

7086. ARREST du parlement de Metz, rendu contre le sieur Joseph de *Fayolle*, écuyer, seigneur de *Lourigny*, et les habitans et communauté du même lieu. *Metz, J. Antoine, s. d.* 4 pages, in-fol. Rel.

7087. FACTUM pour dame Marie *Le Picard*, épouse non-commune en biens de messire Jacques de *Fécan*, chevalier, seigneur de *Villeron* et autres lieux, demeurante à Paris, légataire universelle des meubles et acquêts de feu s' Gabriel de Boissève, lorsqu'il vivoit comte de Gonor...; contre M. le procureur général ..., et le s' Loüis de *Latte*, écuyer, sieur du Plessis. *S. l., D. Gaydon, s. d.* 64 pages, in-fol. Br.

27

7088. PRÉCIS pour le marquis de *Lamber-tye*..., abbé commandataire de l'abbaye de de Bouzonville, intimé ; contre M° *Ferry*, notaire à Gerbéviller, appelant. *Nancy*, C. *Leseure*, 1779. 17 pages, in-4°. Br.

7089. MÉMOIRE à nosseigneurs du conseil pour le sieur Antoine-Charles *Pillement* de Russange..., avocat général au parlement de Lorraine, et le sieur Joseph-Antoine de *Montagnac*..., donataires de la dame marquise d'Haraucourt... ; *contre* maistre Charles *Fétiq*, père, ancien avocat au parlement de Metz, le sieur Jean-François Fétiq, fils, sieur de Cussigny, procureur du roy au bureau des finances en la généralité de Metz, et damoiselle Jeanne Fétiq, sa sœur, fille majeure.... *S. l., D. Jollet, s. d.* 24 pages, in-fol. Br.

7090 RÉPONSE des sieurs *Pillement* et de *Montagnac*, demandeurs, etc ; aux trois factums de M° *Fétiq*, et des sieur et damoiselle Fétiqs, ses enfans, défendeurs, etc. *S. l., n. n., n. d.* 4 pages, in-fol. Br.

7091. MÉMOIRE pour d^{lle} Jeanne-Sophie-Wilhelmine *Fintzenhagen*, de Brandebourg, en Prusse, en qualité de mère de Joseph-Jean-François-Napoléon, son fils naturel, appelant ; contre le sieur François-Joseph-Dagobert *Drouot de Lamarche*..., demeurant à Sarrebourg, intimé. *Nancy*, C.-J. *Hissette, s. d.* 23 pages, in-4° Br.

7092. FACTUM pour maistre Gérard *Rousselot*, intimé ; contre messire Léonard de *Fiquemont*, appellant. *S. l., n. n., n. d.* 4 pages, in-4°

7093. MÉMOIRE pour le sieur *Le Bègue de Nonzard*..., abbé commandataire de l'abbaye de Flabémont..., et encore pour les prieur, religieux, chanoines réguliers de l'abbaye de *Flabémont*, demandeurs... ; contre le sieur Claude *Urguet de Saint-Ouen*, défendeur. *S. l., d'Houry*, 1783. 26 pages, in-4°. Cart.

7094. PRÉCIS pour le sieur *Le Bègue de Nonzard*, et encore pour les prieur, religieux, chanoines réguliers de l'abbaye de *Flabémont*, demandeurs... ; contre le sieur Claude *Urguet de Saint-Ouen*, conseiller au grand conseil, défendeur. *S. l., D'Houry*, 1783. 17 pages, in-4°. Cart.

7095. MÉMOIRE pour Charlotte du Sart, femme de Nicolas *Humbert*, demanderesse... et défenderesse ; contre Jean et Claude *Fleuri* en leurs noms et comme tuteurs de Roch et Nicolas Fleuri, enfans impubères du premier ..., les prieur et religieux Prémontrez de *Benoitevaux*, deffendeurs et demandeurs... *S. l., n. n., n. d.* 16 pages, in-fol. Br.

7096. MÉMOIRE pour Mathieu *Nurdin*, demeurant à la Grange-Barret, à cause d'Anne Fleurot sa femme, intimé ; contre Jean et Sébastien les *Fleurot*, demeurans à Girmont, paroisse de Valdajol, appellans ; et d'Esle *Thiery* et Françoise Fleurot, sa femme, aussi intimez. *S. l., D. Gaydon*, 1715. 16 pages, in-fol. Br.

7097. MÉMOIRE à consulter et consultation pour Mes Marc-Antoine et Charles-Ferdinand Casimir *Thouvenel*, avocats en parlement, demeurans à Remiremont... ; contre d^{lles} Jeanne-Gabrielle Folliot, veuve de M° *Lhuillier*.... et Hélène *Folliot*, fille majeure demeurante à Remiremont..., d^{lles} Anne-Marguerite-Gabrielle, Marguerite-Antoinette, Anne-Marie-Reine et Madelaine-Elisabeth *Lhuillier*... *Nancy, P. Barbier*, 1778. 24 pages, in-4°. Br.

7098. FACTUM pour François *Lardon*, Pierre *Retourna*, Dominique et Joseph *Thouvenin*, François *Pajot*, et Dominique *Marchal*, demeurans à Epinal et à Circourt... ; contre le sieur Dieudonné de *Fontanière*, prêtre, curé de Rozières-aux-Salines..., demoiselle Barbe-Nicole Piémante de Fontanière..., et Pierre *Collin*, secrétaire de l'hôtel de ville du dit Rozières... *S. l., J.-B. Cusson, s. d.* 28 pages, in-fol. Rel.

7099. PLAIDOYER pour le sieur Dieudonné de *Fontenière* ...; contre François *Lardon*, Pierre *Retourna*, Dominique et Joseph *Thouvenin*, François *Pajot*, et Dominique *Marchal* ..., Damoiselle Barbe de Fontenière..., et Pierre *Colin*.... *S. l., F. Midon, s. d.* 16 pages, in-fol. Rel.

7100. PLAYDOYÉ pour damoiselle Barbe-Nicole Piémante de *Fontanières*..., contre François *Lardon*, Pierre *Retourna*, Dominique et Joseph *Thouvenin*, François *Pajot*, et Dominique *Marchal* ..., le sieur Dieudonné de Fontanières ..., et Pierre *Colin*... *Nancy, P. Antoine*, 1728. 22 pages, in-fol. Rel.

7101. RÉPLIQUE sommaire pour François *Lardon* et consors, contre le sieur de *Fontanière*, curé de Rozières-aux-Salines, et la demoiselle Piémante, sa sœur. *S. l., J.-B. Cusson, s. d.* 12 pages, in-fol. Rel.

7102. RÉPLIQUE pour le sieur Dieudonné de *Fontenière* ..., contre Dominique et François les *Thouvenin* et consors..., et la demoiselle Piémante de Fontenière ... *S. l., F. Midon, s. d.* 23 pages, in-fol. Rel.

7103. INTERROGATOIRES et réponses du sieur de *Fontenière. Nancy, N. Baltazard, s. d.* 5 pages, in-fol. Rel.

7104. PRÉCIS pour monsieur le comte de *Fontenoy*, seigneur haut-justicier de Champigneulles ..., contre M. de *Girecourt* ..., M. le comte de *Viermes* ..., d^lle Catherine de *Vienville*..., et dame Anne Lhuillier de Spisemberg, veuve de M. *Hugo*, ancien maître des comptes de Lorraine ; et d^lles Gertrude et Ursulle *Lhuillier de Spisemberg*, demeurantes à St-Diez... *Nancy, P. Antoine,* 1739. 14 pages, in-fol. Br.

7105. MÉMOIRE pour messire Christophe-François *Le Prudhomme*, chevalier, comte de *Fontenoy* ..., plaignant ; contre Dominique *Jacquet*, laboureur à Sexey-les-Bois, et Dominique *Mosnier*, forêtier ès gruries de Nancy et de Gondreville, et Maurice *Beuvelot*, habitans dudit Sexey, détenus ès prisons de la conciergerie du Palais. *S. l., n. n., n. d.* 29 pages, in-fol. Br.

7106. SUPPLIQUE de Christophe-François *Le Prud'homme,* chevalier, comte de *Fontenoy* ..., contre Dominique *Jacquet* ... et Dominique *Monnier*... *S. l., J.-B. Cusson, s. d.* 6 pages, in-fol. Br.

7107. MÉMOIRE pour Dominique *Monnier,* dit Duhaut..., contre monsieur le procureur général de la Chambre des comptes de Lorraine. *S. l., n. n., n. d.* 8 pages, in-fol. — Significations et suppliques. *S. l., n. n., n. d.* 6 pages, in-fol. Rel.

7108. PIÈCES dont il est parlé dans la requête ci-jointe. — Supplique de Dominique *Monnier*, dit Duhaut... et Dominique *Jacquet* ..., contre M. le comte de *Fontenoy* ... *S. l., n. n., n. d.* 15 pages, in-fol. Br.

7109. SUPPLIQUE de Dominique *Monnier*, dit Duhaut ..., et Dominique *Jacquet* ..., contre monsieur le comte de *Fontenoy*. *S. l., n. n., n. d.* 7 pages, in-fol. — Arrêt. *S. l., n. n., n. d.* 3 pages, in-4°. Br.

7110. SUPPLIQUE de Dominique *Monier*, dit Duhaut..., et Dominique *Jacquet*..., contre messire Christophe-François *Le Prud'homme*, comte de *Fontenoy*..., à lui joint M. le procureur général, demandeur en plainte. *S. l., N. Charlot, s. d.* 9 pages, in-fol. Br.

7111. FACTUM ou sommaire du procès d'entre messire Christophe *Leprudhomme*, chevalier, comte de *Fontenois* ..., et messire George Leprudhomme, son frère, aussi chevalier, seigneur de *Vitrimont*..., contre le sieur Affrican Heynard, écuyer, seigneur de Vallois, au nom et comme tuteur de François de *Jurrecourt*, fils mineur..., et encore contre dame Magdelaine Leprudhomme, veuve de messire Charles *le Bègue*, vivant chevalier, seigneur de Germiny, bailli du comté de Vaudémont... *S. l., n. n., n. d.* 17 pages, in-fol. Br.

7112. MÉMOIRE pour Louis-Ferdinand-Joseph, duc d'*Havré* et de Croy..., seigneur pour moitié du comté de Fontenoy en Vosges, etc., et François-Armand *Dupaquier de Dommartin* ..., seigneur dudit comté pour l'autre moitié..., contre les maire, bourgeois et communauté de *Fontenoy* et la *Côte*, et contre le sieur Nicolas-Ignace *Huvé*, ancien prévôt, le sieur *Maillard*..., Pierre *Thuillier* et consors... *Nancy, A. Leseure*, 1738. 29 pages, in-fol. Rel.

7113. MÉMOIRE servant de réponse pour les maires, bourgeois et communautez de *Fontenoy* et la *Côte*, défendeurs ; contre les seigneurs du même lieu, demandeurs en cassation; et contre les s^rs *Huvé*, ancien prévôt dudit *Fontenoy* et consors, pareillement défendeurs. *Nancy, P. Antoine,* 1738. 11 pages, in-fol. Br.

7114. PRÉCIS pour les sieurs *Jacquinot,* contre la dame de *Fontet* et autres parties. *Nancy, P. Antoine,* 1767. 15 pages, in-4°. Rel.

7115. MÉMOIRE pour la dame Marie-Anne, comtesse de *Forbach*..., contre M. Charles-Philippe, prince de *Hohenlohe* ... *Nancy, P. Antoine,* 1763. 36 pages, in-4°. Br.

7116. RÉPONSE au factum du sieur Pierre *Fournier*..., à cause de Sébastienne Clément, sa femme, et de Loüis *le Roy*, tuteur de ses enfans mineurs, et de deffunte Anne Clément, sa femme..., pour Jeanne Clément, veuve de Jean *Piconot*... *S. l., n. n., n. d.* 7 pages, in-fol. Br.

7117. COPIE des articles pour le procez rémissorial, en particulier sur les vertus et miracles spécials du vénérable serviteur de Dieu, Pierre *Fourrier*, réformateur et général des chanoines Réguliers de Saint-Augustin... *S. l., n. n., n. d.* 140 pages, in-4°. Br.

7118. COPIA articulorum pro processu remissoriali, in specie super virtutibus et miraculis in specie venerabilis servi Dei Petri *Fourier* canonicorum regularium S.-Augustini, congregationis Salvatoris Nostri olim præpositi generalis, ac reformatoris, et monalium D. ordinis congregationis Dominæ Nostræ institutoris. *Mussiponti, C. Cardinet*, 1681. 88 pages, in-4°. Br. Voy. n° 3996.

7119. QUE ce soit à la plus grande gloire de Dieu, et de son saint serviteur le Bienheureux Père de Mattaincourt (Pierre *Fourier*), le récit que moy sœur Marie Angélique *du Chastelet*, prieure de Nòtre-Dame de Pitié-les-Joinville, ordre de S.-Benoist, vas faire du miracle arrivé en la personne de ma nièce, novice dudit prieuré, le septième jour de mars 1684. *S. l., n. n., n. d.* 10 pages, in-4°. Br.

7120. MÉMOIRE touchant la translation du corps du Bienheureux Pierre *Fourier*, général des chanoines réguliers de la congrégation de Notre-Sauveur, que les habitans de *Mataincourt* et ceux de *Mircourt* prétendent retenir vers eux, nonobstant les ordres, décrets et jugemens au contraire en faveur desdits chanoines Réguliers. *Lunéville, N. Galland*, 1730. 39 pages, in-4°. Br.

7121. RÉPLIQUE sommaire pour la ville de *Mircourt* et de *Mattaincourt*, au mémoire de messieurs les chanoines Réguliers, au sujet de la translation du corps du Bienheureux Pierre *Fourier*... *Nancy, N. Baltazard, s. d.* 20 pages, in-4°. Br.

7122. RÉPONSE pour les chanoines Réguliers de la congrégation de Notre-Sauveur, ordre de Saint-Augustin, à la réplique de la ville de *Mircourt* et du village de *Mattaincourt*, au sujet de la translation du corps du Bienheureux Pierre *Fourier*... *Nancy, P. Antoine, s. d.* 29 pages, in-4°. Br.

7123. RÉPONSE pour la ville de *Mirecourt* et pour *Mattaincourt*, au dernier factum de messieurs les chanoines Réguliers. *Nancy, N. Baltazard, s. d.* 24 pages, in-4°. Br.

7124. REMARQUES pour les chanoines Réguliers sur la réponse de la ville de *Mirecourt* et *Mataincourt*, au sujet de la translation du corps du Bienheureux Pierre *Fourier*... *Lunéville, N. Galland*, 1731. 11 pages, in-4°. Br.

7125. MÉMOIRE pour le prince de *Rohan-Ventadour*, évêque de Ptolémaïde, coadjuteur de l'évêché de Strasbourg..., M° Jacques *Mounot*, prêtre-vicaire de Viterne..., contre M° Jacques *Fouyn*, administrateur de l'Hôtel-Dieu de Chaumont... *S. l., A. Leseure, s. d.* 51 pages, in-fol. Br.

7126. MÉMOIRE pour M° Jacques *Fouyn*, curé-vicaire perpétuel de Viterne...; contre M° *Monot*, prêtre du diocèse de Toul, se disant pourvû de la même cure, et M° de *Rohan de Vantadour*, coadjuteur de Strasbourg, abbé de St-Epvre... *Nancy, P. Antoine*, 1746. 15 pages, in-fol. Br.

7127. MÉMOIRE pour M° Antoine *Lachasse*, avocat..., patron de la chapelle St-Nicolas d'Ormes, et M° Claude-François Lachasse, prêtre..., pourvu de ladite chapelle; contre le s° Joseph-Antoine *François*..., se disant seul patron, et M° Sigisbert François, prêtre habitué à la paroisse St-Roch de Nancy, pourvu de la même chapelle. *Nancy, Vve Leclerc*, 1779. 52 pages, in-4°. Br.

7128. MÉMOIRE historique et canonique pour dom Jean *François*, bénédictin de la congrégation de S.-Vanne..., pourvu du prieuré de Munols ou Muneau; contre les jésuites de *Liège*, détenteurs de ce prieuré. *S. l., n. n., n. d.* 44 pages, in-4°. Br.

7129. FACTUM pour Lion *Goutchou*, marchand juif, demeurant à Nancy...; contre le sieur Claude *François*, joüaillier de

S. A. R., demeurant en la même ville ...,
et le sʳ de *Venette*, seigneur de Richolffen,
etc., demeurant à Marzéville ... *S. l., R.
Charlot, et Vve P. Deschamps, s. d.* 13
pages, in-fol. Cart.

7130. FACTUM pour Claude *François*,
joüaillier de S. A. R. ... ; contre Lyon
Godchot ..., et le sieur de *Venette*, seigneur
de Reicholffen ... *Nancy, P. Antoine*,
1724. 11 pages, in-fol. Cart.

7131. FACTUM pour maître François *Madin*, prêtre curé de Bouxières-aux-Dames,
appellant ; contre Joseph *Thyrion*, tisserant, habitant du même lieu, intimé ; et
encore contre Mᵉ Jean *François*, avocat à
la Cour et juge en garde au même lieu,
aussi intimé. *S. l., R. Charlot, P. Deschamps, s. d.* 32 pages, in-4°. — Supplément. *Ibid.* 12 pages, in-4°. Br.

7132. PLAIDOYÉ pour Mᵉ Philippe *Fran-
ken*, prêtre curé de Rémilly, anticipant ;
contre Jean Charles *Volmerange* et consors,
bourgeois de cette ville, apellans ... *Metz,
J. Antoine, s. d.* 8 pages, in-fol. Rel.

7133. FACTUM pour dom Macé Charles
Perrin ..., abbé de l'abbaye de Notre-Dame
de Freistroff ... ; contre dom Pierre *Aubertot*, religieux ..., soy disant élu à la même
abbaye de Freistroff..., et contre dom
Nicolas *Aubertot*, abbé de Morimond, père
immédiat de ladite abbaye de Freistroff,
et les prieur et religieux de ladite abbaye
de *Freistroff* ... *S. l., D. Gaydon, s. d.* 28
pages, in-fol. Br.

7134. FACTUM pour D. Pierre *Aubertot* ...,
abbé régulier de l'abbaye de Notre-Dame
de *Freistroff* ... ; contre Charles Macé *Perrin*, prêtre ..., se disant aussi pourvû par
dévolut de l'abbaye de Freistroff..., les
prieur et religieux de la même abbaye, et
dom Nicolas Aubertot, prêtre ..., supérieur
immédiat de l'abbaye de Freistroff ....
Nancy, D. Gaydon, s. d. 58 pages, in-4°.
Broché.

7135. MÉMOIRE pour le sieur Jean-François *Leléal*, l'un des juges consuls de Lorraine ... ; contre François et Mathieu les
Fromantau, marchands à Nancy ... *S. l.,
D. Gaydon*, 1719. 14 pages, in-fol. Br.

7136. MÉMOIRE pour le sieur Jean-François *Leléal* ... ; contre François et Mathieu

les *Fromenteau* ... *S. l., J.-B. Cusson, s. d.*
15 pages, in-fol. Br.

7137. RÉPLIQUE pour le sieur Jean-François *Leléal* ... ; contre François et Mathieu
les *Fromantau* ... *S. l., n. n., n. d.* 15 pages, in-fol. Rel.

7138. RÉPONSE à la réplique de *Leléal*,
pour les sieurs François et Mathieu *Fromantau*, banquiers à Nancy ..., contre le
sieur Jean-François Leléal ... *S. l., J.-B.
Cusson, s. d.* 5 pages, in-fol. Rel.

7139. RÉPONSE au libelle intitulé : « Vir
fidelis multum laudabitur : qui autem fes-
tinat ditari, non erit innocens », pour les
sieurs François et Mathieu *Fromantau*,
banquiers à Nancy, ce dernier ancien juge-
consul, demandeur... ; contre le sieur Jean-
François *Leléal*, l'un des juges-consuls, et
marchand à Nancy, deffendeur ... *S. l.,
n. n., n. d.* 15 pages, in-fol. Rel.

7140. PRÉCIS de MM. *Labbé*, comte de Rouvrois et de Coussey, et du marquis de
Fussey, intimés ; contre les dames abbesse, doyenne, chanoinesses et chapitre
de *Poussey. Nancy, P. Antoine et P. Barbier*, 1774. 37 pages, in-4°. Rel.

7141. MÉMOIRE pour les dames abbesse,
doyenne, chanoinesses, et chapitre de
Poussay, contre monsieur le comte du
Rouvroy et monsieur le marquis de *Fussey. Nancy, S. Bachot*, 1774. 56 pages,
in-4°. Br.

7142. MÉMOIRE (Supplément au) des dames
abbesse, doyenne, chanoinesses et chapitre de *Poussay ;* contre monsieur le comte
de *Rouvroy* et monsieur le marquis de
Fussey. Nancy, S. Bachot, 1774. 25 pages,
in-4°. Br.

7143. MÉMOIRE pour Charles-François,
marquis de *Fussey*, seigneur de Melay,
etc., en qualité d'héritier bénéficiaire de
l'abbé de Fussey, intimé ; contre dame
Élisabeth-Charlotte-Pauline de Hennequin de Curel, douairière du marquis de
Ménessaire, appellante. *Nancy, C.-S. Lamort*, 1778. 24 pages, in-4°. — Consultation. *Nancy, C.-S. Lamort, s. d.* 6 pages,
in-4°. Br.

7144. SUPPLIQUE de Nicolas *Guerre* ..., à
cause de Marie-Anne Gaillard, son épouse,

Catherine *Gaillard*, fille majeure, et Marguerite Gaillard, veuve du sieur *Duperron*, écuyer, tous résidans à St-Nicolas ...; contre Pierre-Antoine *Sornet*, marchand en la même ville de Saint-Nicolas ... *Nancy, P. Antoine*, 1731. 13 pages, in-fol. Br.

7145. DENIS. Un épisode de l'émigration. L'affaire *Marc, Gauthier et Malvoisin* (1791-1792), par Albert Denis, avocat. *Toul, T. Lemaire*, 1891. 30 pages, in-16. Br.

7146. PLAIDOYER de M. *Malcuit*, conseiller, maître en la chambre des comptes de Lorraine ...; contre le sieur Jean *Gautier*, ingénieur du roi ..., les sieur et dame de *Barat de Boncourt* et la dame comtesse d'Hunolstein, veuve et douairière du comte *Le Bègue*. *Nancy, N. Charlot*, 1758. 63 pages, in-fol. Br.

7147. PLAIDOYÉ pour le sieur Jean *Gautier* ... ; contre M. *Malcuit* ..., le sieur et la dame de *Boncourt*. *Nancy, P. Antoine*, 1759. 62 pages, in-fol. Br.

7148. RÉPLIQUE de M. *Malcuit* ... ; contre Jean *Gautier*..., les sʳ et dame de *Boncourt*, et la dame comtesse *Le Bègue*... *Nancy, Charlot père et fils*, 1759. 24 pages, in-fol. Broché.

7149. RÉPLIQUE pour le sieur *Gautier* ... ; contre M. *Malcuit. Nancy, P. Antoine*, 1759. 26 pages, in-fol. Br.

7150. DUPLIQUE pour M. *Malcuit* ...; contre Jean *Gautier*, défendeur en faux. *Nancy, Charlot père et fils*, 1759. 32 pages, in-fol. Br.

7151. SIGNIFICATION à la requête de M. *Malcuit* ..., demandeur en faux, faite à Jean *Gautier*, accusé de faux. *Nancy, Charlot père et fils*, 1759. 2 pages, in-fol. Br.

7152. RÉPONSE du sieur *Gautier* à l'acte imprimé et signifié par M. *Malcuit*, le 22 février 1759. *Nancy, P. Antoine*, 1759. 3 pages, in-fol. Br.

7153. MÉMOIRE et conclusions pour madame Rose Gautier, épouse de M. Théodore-Remy *Goussault*, officier comptable ..., et ce dernier pour l'assistance et l'autorisation de la dame son épouse, défendeurs; contre : 1° M. *Grillot*, ancien greffier du tribunal civil de Verdun, demandeur;

2° M. Prosper *Gautier*, rentier à Stenay ; 3° M. Jules *Quinard*, rentier à Olizy-sur-Chiers, intervenants. *Nancy, G. Crépin-Leblond*, 1879. 16 pages, in-fol. Br.

7154. COUDOIEMENT (Le) intentionnel. — Question de droit criminel et de morale pratique. — Compte-rendu des débats qui ont eu lieu devant le tribunal de simple police des ville et canton d'Épinal (Vosges), le 2 février 1888, sur la plainte et sur le témoignage exclusif du sieur Edgard *Gazin*, avocat et conseiller municipal audit lieu, contre la demoiselle Julia *Pierquin*, domestique en la même cité. *Nancy, G. Crépin-Leblond*, 1888. 16 pages, in-8°. — Conclusions des procès intentés, 1° par la dᵉˡˡᵉ Pierquin, demanderesse, à Mᵉ Gazin, défendeur ; 2° par la dᵉˡˡᵉ Pierquin et M. *Beligné*, appelants; contre M. Gazin, intimé (Cour d'appel de Nancy, audience du 7 juin 1888). *Autographie*. 8 et 10 pages, in-4°. Br.

7155. FACTUM concernant le procès d'entre la dame vefve du sieur de *Mailhane*, et le sieur de *Gellenoncovrt. S. l., n. n., n. d.* 4 pages, in-4°.

7156. PRÉCIS pour la veuve *Thirion* et Mᵉ Berment, la première, tutrice, et le second, curateur des enfans de Joseph Thirion ; contre Léopold *Gentillâtre*, bourgeois de Nancy. *Nancy, P. Antoine et P. Barbier*, 1776. 59 pages, in-4°. Rel.

7157. GENTILLATRE. Compte rendu du citoyen Gentillâtre, l'aîné, au public, dans l'espèce de démêlé qu'il a avec la justice. *Metz, Verronnais, s. d.* 18 et 48 pages, in-8°. Br.

7158. PRÉCIS pour Dᵉˡˡᵉ Catherine Trotianne, veuve du sieur Nicolas *Georges*, assesseur et garde-marteau au siège de la Grandville, Ambroise Georges, son fils, Louis *Collignon*, greffier au même siège, son gendre, Marie-Claude Georges et Catherine Georges, ses filles, tous appellans ; contre le sieur Nicolas Georges, marchand, et son conseil de première instance, appellé en cause sur les réquisitions du ministère public, Mᵉ Laurent Lambert, avocat, et en présence de M. le procureur général. *Nancy, C.-S. Lamort*, 1781. 24 pages, in-4°. Br.

7159. PRÉCIS de la cause indécise à la Cour entre Mᵉ Claude *George*, avocat ..., et consors, au nombre de vingt-trois, descendus de Claude et Libaire George en qualité d'héritiers en partie de monsieur le président George ... ; contre le sieur François George de la Grange ..., et consors, descendus de Henry et François George, et de Jeanne George, vivante femme de Nicolas Boüillon d'Antelup ... *S. l., N. Charlot, s. d.* 5 pages, in-fol. Br.

7160. RAISONS (Les) pour lesquelles le P. Jean *George*, religieux de S.-François, demande d'être reclu. *S. l., n. n., n. d.* 6 pages, pet. in-fol. Br.

7161. SUPPLIQUE de Joseph *Lacour*, marchand demeurant à Mamey ... ; contre Louis *Georgin*, ci-devant substitut de M. le procureur général en la grûerie de Pont-à-Mousson ... *Luxembourg, A Chevalier*, 1735. 67 pages, in-fol. Br.

7162. SUPPLIQUE de Joseph *Lacour* ... ; contre Jean-Loüis *Georgin* .... *Nancy, Burtin*, 1736. 76 pages, in-fol. Rel.

7163. SUPPLIQUE de Jean-Louis *Georgin*, avocat... ; contre Joseph *Lacour*..., à lui joint monsieur le procureur général de la Chambre des comptes de Lorraine. *Nancy, N. Charlot*, 1736. 83 pages, in-fol. Rel.

7164. SUPPLIQUE de Joseph *Lacour* ..., demandeur; contre Jean-Louis *Georgin*, défendeur. *Nancy, A. Leseure*, 1738. 22 pages, in-fol. Br.

7165. SIGNIFICATION à la requête de Joseph *Lacour* ..., faite à Jean-Louis *Georgin. Nancy, Leseure*, 1738. 3 pages, in-fol. Br.

7166. MÉMOIRE des raisons des curez et autres ecclésiastiques du doyenné *d'Espinal*, intervenants en la cause d'entre les fermiers du domaine d'Arches ...; contre les héritiers de Mᵉ Nicolas *Gérard*... *Epinal, J.-A. Guery, s. d.* 1 pages, in-4°. Rel.

7167. FACTUM pour Mᵉ Jean-François *Gérard*, commissaire aux saisies réelles; contre le sieur Joseph *Guyot*, seigneur de Saulx. *S. l., R. Charlot et Vve P. Deschamps, s. d.* 17 pages, in-fol. Br.

7168. MÉMOIRE pour Mᵉ Joseph *Gérard*, avocat...; contre monsieur François-Marie-Claude *Richard*..., seigneur de la baronnie d'Uberherren... *Nancy, C.-S. Lamort*, 1777. 32 pages, in-4°. Rel.

7169. MÉMOIRE pour la compagnie d'assurances contre l'incendie, *L'Urbaine*; contre le sieur Claude-Charles *Gérard*, horloger à Nancy. *Nancy, Vve Raybois et Cie*, 1846. 52 pages, in-4°. Br.

7170. FACTUM pour Nicolas et Fiacre *Picard*, Nicolas et Fiacre *Gérardin*, Claude *Poirson*, à cause de Marie Gérardin sa femme; et Marguerite Gérardin, fille mineure émancipée ..., en qualité de neveux et héritiers de deffunt Nicolas Prin...; contre le sieur Jean *Rouyer* ..., au nom et comme ayant repris l'instance d'entr'eux, et Marie Neveux sa femme, et auparavant veuve de Nicolas Prin ... *S. l., D. Gaydon, s. d.* 13 pages, in-fol. Br.

7171. FACTUM pour les prieur et religieux du couvent des Carmes déchaussez de la ville de *Gerbéviller* ..., contre Mᵉ Jean-Regnauld *Guyot*, clerc du diocèse de Toul ..., et Messires Anne-Joseph comte de Tornielles et de Brionne, marquis de *Gerbéviller*..., Henry-Hyacinthe comte de *Tornielles* et de Brionne... et grand doyen de l'insigne église primatiale de Nancy, et Nicolas-François marquis de Lambertye et de Cons-la-Grandville ... *Nancy, P. Antoine*, 1729. 69 pages, in-fol. Br.

7172. FACTUM pour messire Anne-Joseph comte de Tornielle et de Brionne, marquis de *Gerbéviller*, grand chambellan de S. A. R. et bailly de Bar, oyant compte et incidemment demandeur en augmentation; contre messire Affrican *Hénard*, conseiller d'Etat ... rendant compte et incidemment deffendeur, et la dame veuve du Sʳ *Pancheron*, mise en cause. *S. l., D. Gaydon*, 1718. 28 pages, in-fol. Br.

7173. MÉMOIRE pour messire Anne-Joseph, comte de Tornielle et de Brionne, marquis de *Gerbéviller* ..., et grand bailly de Nancy, deffendeurs ; à lui joint messire Nicolas-François, marquis de *Lambertye* et de Cons-la-Grandville ..., et bailly de Lunéville, intervenant ; contre le sieur Laurent Affrican *Hénart*, capitaine au régiment des gardes, demandeur en requête. *Nancy, P. Antoine*, 1730. 22 pages, in-fol. Br.

7174. SUPPLIQUE de Anne-Joseph comte de Tornielle et de Brionne, marquis de *Gerbéviller* ...; contre le sieur Laurent-African *Hénart* ... *Nancy, J.-B. Cusson,* 1730. 13 pages, in-fol. Br.

7175. SUPPLIQUE de Anne-Joseph comte de Tornielle et de Brionne, marquis de *Gerbéviller* ..., contre le sieur Laurent-Affrican *Hénart* ... et messire Nicolas-François, marquis de Lambertye et de Cons-la-Grand'ville ... *S. l., J.-B. Cusson,* 1730. 15 pages, in-fol. Br.

7176. SUPPLIQUE de Laurent-Affrican *Hénart* ..., demandeur; contre messire Anne-Joseph comte de Tornielle et de Brionne, marquis de *Gerbéviller* ..., défendeur; et messire Nicolas-François, marquis de *Lambertye* et de Cons-la-Grand'ville ..., intervenant. *Nancy, J.-B. Cusson, s. d.* 16 pages, in-fol. Br.

7177. SUPPLIQUE de Laurent-Affrican *Hénart* ..., demandeur; contre messire Anne-Joseph comte de Tornielle et de Brionne, marquis de *Gerbéviller* ..., défendeur; et messire Nicolas-François marquis de *Lambertye* et de Cons-la-Grand'ville .... intervenant. *S. l., J.-B. Cusson,* 1730. 9 pages, in-fol. Br.

7178. RÉPONSE du marquis de *Gerbéviller* à la troisième requête du sieur *Hénart. S. l., J.-B. Cusson,* 1730. 6 pages, in-fol. Br.

7179. SUPPLIQUE de Laurent-Affrican *Hénart*..., pour obtenir la nullité d'un décret. *Nancy, J.-B. Cusson, s. d.* 16 pages, in-fol. Br.

7180. MÉMOIRE pour M. François-Antoine, marquis de *Lambertye* et de Cons-la-Grandville ..., intimé; contre dame Barbe Hurault de Moranvillé, épouse séparée de biens de M. Camille de Lambertye, marquis de *Gerbéviller*, etc., appelante; M. le marquis de Gerbéviller, et François *Rosman,* admodiateur de la terre de Gerbéviller, intimé. *Nancy, J.-J. Haener,* 1756. 30 pages, in-fol. Br.

7181. PLAIDOYER pour les sieurs Jean-Louis *Olry*..., Dieudonné et Nicolas-Hiacinthe Olry..., Jean-Nicolas Olry, et Jean-George-Antoine *Marin* ..., à cause de demoiselle Françoise-Louise Olry, son épouse ...; contre le sieur Camille, comte de Tornielle, marquis de *Gerbéviller,* demeurant à Paris ..., le sieur *Grandcolas,* Jean *Bailli,* Didier et Sébastien *Gérardin,* François *Viriot,* Maurice *Deigle* et Joseph Bailli, sous-fermiers de différentes parties des marquisat de Gerbéviller et comté de Romont ... *Nancy, J.-B.-H. Leclerc,* 1771. 19 pages, in-4°. Rel.

7182. RÉPONSE du comte de Tornielle, marquis de *Gerbéviller,* intimé, au plaidoyer imprimé des enfans de Joseph *Olry,* appellans. *Nancy, P. Antoine et P. Barbier,* 1771. 15 pages, in-4°. Rel.

7183. RÉPLIQUE pour les sieurs Jean-Louis *Olry* ..., Dieudonné et Nicolas-Hiacinthe Olry..., Jean-Nicolas Olry, et Jean-George-Antoine *Marin* ..., à cause de demoiselle Françoise-Louise Olry, son épouse ...; contre le sieur Camille, comte de Tornielle, marquis de *Gerbéviller* ..., le sieur *Grandcolas,* Jean *Bailli,* Didier et Sébastien *Gérardin,* François *Viriot,* Maurice *Deigle,* et Joseph Bailli, sous-fermiers de différentes parties des marquisat de Gerbéviller et comté de Romont ... *Nancy, J.-B.-H. Leclerc,* 1771. 18 pages, in-4°. Rel.

7184. PRÉCIS pour les s^rs Olry et *Marin*...; contre le comte de Tornielle, marquis de *Gerbéviller,* demandeur; et les sous-fermiers du marquisat de Gerbéviller... *Nancy, J. Haener,* 1772. 33 pages, in-4°. Rel.

7185. MÉMOIRE pour M. Nicolas-François-Camille de *Lamberty,* comte de Tornielle, marquis de *Gerbéviller*...,défendeur; contre M. François-Emmanuel marquis de *Lamberty* ..., à cause de la dame Louise-Antoinette de Lamberty-Gerbéviller, son épouse, demandeur; et demoiselle Françoise-Antoinette de *Lamberty-Gerbéviller,* demanderesse. *Nancy, C.-S. Lamort,* 1782. 19 pages, in-4°. Br.

7186. MÉMOIRE pour les sieurs et dames de *Lamberty,* demandeurs; contre M. le marquis de *Gerbéviller,* défendeur. *Nancy,* 1782. 30 pages, in-4°. Br.

7187. PIÈCES justificatives pour M. le marquis de *Gerbéviller;* contre monsieur, madame et mademoiselle de *Lamberty. Nancy, C.-S. Lamort,* 1782. 21 pages, in-4°. Br.

7188. MÉMOIRE pour M. Nicolas-François-Camille de *Lamberty*, comte de Tornielle, marquis de *Gerbéviller* ..., intimé ; contre M. François-Emmanuel marquis de *Lamberty* ..., à cause de la dame Louise-Antoinette de Lamberty-Gerbéviller, son épouse, appellans ; et demoiselle Françoise-Antoinette de Lamberty-Gerbéviller, aussi appelante. *Nancy, C.-S. Lamort*, 1784. 32 pages, in-4°. Br.

7189. MÉMOIRE pour M. Nicolas-François-Camille de *Lamberty*, comte de Tornielle, marquis de *Gerbéviller* ..., intimé ; contre M. François-Emmanuel marquis de *Lamberty* ..., à cause de la dame Louise-Antoinette de Lamberty-Gerbéviller, son épouse, appelans ; et demoiselle Françoise-Antoinette de *Lamberty-Gerbéviller*, aussi appelante. *Nancy, C.-S. Lamort*, 1784. 62 pages, in-4°. Br. — Pièces justificatives. *Nancy, C.-S. Lamort*, 1784. 29 pages, in-4°. Br.

7190. MÉMOIRE pour les sieur et dames de *Lambertye*, appelants ; contre le marquis de *Gerbéviller*, intimé. *Nancy, Vve Leclerc*, 1784. 57 pages, in-4°. Br.

7191. MÉMOIRE pour les sieurs Jean-François-Dominique et Pierre-Joseph *Bock*, propriétaires de la manufacture de fayence de Sept-Fontaines, pays de Luxembourg, intimés ; contre le sieur Nicolas-François-Camille, comte de Tornielle Lamberty, marquis de *Gerbéviller*, seigneur d'Audun-le-Tige ..., appelant. *Nancy, C.-S. Lamort*, 1784. 37 pages, in-4°. Br.

7192. MÉMOIRE pour M° Chabert, avocat en Parlement, en qualité de syndic établi aux créanciers du sr marquis de *Gerbéviller*, défendeur ; contre M. le marquis de Gerbéviller, demandeur. *Nancy, Leseure*, 1787. 38 pages, in-4°. Br.

7193. MÉMOIRE pour M° *Deslon*, prêtre du diocèse de Saint-Diez, ancien titulaire de la chapelle de Létraye ; contre M° *Germain*, dévolutaire, en présence de M° Boileau, titulaire du même bénéfice. *Nancy, C. Leseure*, 1779. 76 pages, in-4°. Broché.

7194. OBSERVATIONS sur le mémoire de M° *Dogeron* et de M° *Germain*. *Nancy, C. Leseure*, 1779. 10 pages, in-4°. Br.

7195. SUPPLIQUE de Jean *Hernepont*, tant en son nom, que comme poursuivant les droits d'Elisabeth Bignet sa femme, et d'Antoine Hernepont, son fils majeur ; contre Nicolas-François Germain et ses complices. *Nancy, P. Antoine, s. d.* 6 pages, in-fol. Br.

7196. PRÉCIS pour *Gerson-Lévy*, libraire à Metz. *Metz, E. Hadamard, s. d.* 32 pages, in-8°. Br.

7197. FACTUM pour M° Gabriel-François *Gigney*, prêtre ..., et Dominique-François *Gault de Montaran* ..., à cause de dame Marie-Christine Gigney, son épouse, héritiers quant aux propres et immeubles d'Élisabeth Gigney, leur nièce, appellants ... ; contre damoiselle Marie-Thérèse Brahu, veuve de noble Joseph-Philippe Gigney, avocat en la Cour, héritière mobiliaire de ladite Élisabeth Gigney, sa fille, intimée. *S. l., D. Gaydon, s. d.* 8 pages, in-fol. Br.

7198. SUPPLIQUE de Jean *La Ralde*, colonel... ; contre le sr Pierre-Guillaume *Montade* ..., le sieur Nicolas *Gilbert* ..., et le sieur Jacques *Masson*... *Nancy, P. Antoine*, 1732. 36 pages, in-fol. Br.

7199. SUPPLIQUE de Jean *La Ralde*, colonel... ; contre le sr Pierre-Guillaume *Montade* ..., le sieur Nicolas *Gilbert* ..., et le sieur Jacques *Masson*... *Nancy, P. Antoine*, 1732. 31 pages. in-fol. Br.

7200. SUPPLIQUE de Nicolas *Gilbert*, conseiller du roy... ; contre le sieur Jean *Laralde*..., le sieur Pierre-Guillaume *Montade*..., et le sieur Jacques *Masson*... *Nancy, F. Midon*, 1732. 22 pages, in-fol. Br.

7201. SUPPLIQUE de Pierre-Guillaume *Montade*... ; contre le sieur Jean *la Ralde* ..., le sieur Nicolas *Gilbert* ..., et le sieur Jacques *Masson* ... *S. l., J.-B. Cusson*, 1732. 21 pages, in-fol. Br.

7202. SUPPLIQUE de Pierre-Guillaume *Montade* ... ; contre le sieur Jean *la Ralde* ..., le sieur Nicolas *Gilbert*... et le sieur Jacques *Masson*... *S. l., J.-B. Cusson*, 1732. 26 pages, in-fol. Br.

7203. SUPPLIQUE de Pierre-Guillaume *Montade*, contre le sieur Jean *La Ralde*. *Nancy, P. Antoine, s. d.* 12 pages, in-fol. Br.

7204. SUPPLIQUE de Jean *Laralde*, colonel...; contre le sʳ Pierre-Guillaume *Montade*..., et encore le sʳ Nicolas *Gilbert* ... *Nancy*, *P. Antoine*, 1733. 17 pages, in-fol. Br.

7205. SUPPLIQUE de Jean *Laralde*, colonel...; contre le sʳ Pierre-Guillaume *Montade*..., et encore contre le sʳ Nicolas *Gilbert*... *Nancy*, *P. Antoine*, 1733. 9 pages, in-fol. Br.

7206. SUPPLIQUE de Nicolas *Gilbert*...; contre le sieur Jean *Laralde*..., le sieur Pierre-Guillaume *Montade* ... et le sieur Jacques *Masson*... *Nancy*, *F. Midon*, 1733. 6 pages, in-fol. Br.

7207. MÉMOIRE pour Claude *Glodont*, maire actuel de la ville de Blâmont, et pour sa justification, contre le tribunal de district, l'accusateur public, et autres. *Nancy*, *Guivard*, *s. d.* 35 pages, in-4°. Br.

7208. PRÉCIS pour Michel *Godchaux*, appellant; contre le sʳ de *Vaucourt*, procureur du roi au bailliage de Nancy, en cette qualité juge tutélaire, intimé. *Nancy*, *P. Barbier*, 1777. 13 pages, in-4°. Rel.

7209. MÉMOIRE pour dame Anne-Christine *Gomé*, accusée d'adultère, et d'avoir fait apparaître des esprits, contre Mᵉ Romain de *Klinglin*, son mary, second président au conseil souverain d'Alzace. *S. l., n. n., n. d.* 16 pages, in-4°. Rel.

7210. MÉMOIRE pour le sieur Dominique *Le Léal*, marchand à Nancy, appellant; contre Jean-Baptiste *Idelette*, aussi marchand, demeurant à Lunéville, intimé; et Lyon *Goudechaux*, juif, habitant de Nancy, pareillement intimé. *S. l., n. n., n. d.* 18 pages, in-fol. Br.

7211. PRÉCIS pour le sieur Arnould de *Loyauté*, maréchal des camps et armées du roi..., et la dame son épouse, appellans; contre le sieur Louis de *Goullon*, chevalier, seigneur d'Hauconcourt, Amelange et autres lieux..., intimé. *Nancy*, *Haener*, 1773. 22 pages, in-4°. Rel.

7212. REQUÊTES (Copie textuelle des deux) en séparation de corps, présentées par la dame Jeanne *Gouvion*, épouse de Mᵉ François-Louis *Perrin*, ancien avoué à la Cour royale de Nancy... *Nancy*, *Nicolas*, 1845. 22 pages, in-fol. Br.

7213. PROCÈS (Précis du) entre le sieur *Lasalle*, seigneur de la baronnie de Dilling, de Schmitbourg, et autres lieux, demeurant à Sarloûis, intimé; le sʳ Mathias *Soller*, et les héritiers du sʳ Pierre-Joseph *Gouvy*, censitaires des forges et fourneaux de Dilling et Betting, demeurans aussi à Sarloûis, appellans; et le sʳ Claude *Pierron*, et son épouse, demeurans à Nancy, intimés. *Nancy*, *P. Antoine et P. Barbier*, 1769. 27 pages, in-4°. Rel.

7214. PROCEZ (Sommaire du) d'entre Louis *Le Labriet*, écuyer, seigneur de Thury, et consorts, intimez et défendeurs; contre le sieur Jean *Graffet* de Failly, appellant... *S. l., n. n., n. d.* 8 pages, in-fol. Rel.

7215. MÉMOIRE pour Mᵉ Thiéry-Gabriel de *Nicéville*, prêtre, curé de Broussey et Raulecourt...; contre Mᵉ Claude *Grandbastien*, prêtre, curé de Sion... *Nancy*, *P. Antoine*, 1754. 20 pages, in-fol. Br.

7216. PLAIDOYÉ pour Mᵉ Claude *Grandbastien*, prêtre du diocèse de Toul..., pourvu de la cure de Broussey et Raulecourt...; contre Mᵉ Thiéry-Gabriel de *Nicéville*, se disant pourvu de la même cure... *Nancy*, *N. Charlot*, 1754. 11 pages, in-fol. Br.

7217. ADDITIONS pour servir de réponses aux objections de Mᵉ *Grandbastien*. *Nancy*, *P. Antoine*, 1754. 9 pages, in-fol. Br.

7218. MÉMOIRE pour M. *Grandjean*, agriculteur à Épinal, appelant; contre M. *Maud'heux*, fils, avocat à Épinal, et consorts, intimés. *Metz*, *V. Maline*, *s. d.* 60 pages, in-fol. Br.

7219. REQUÊTE pour le sieur Charles-Remy de *Lombillon*, demandeur...; contre les sieurs et dames de *Saint-Germain*, *Millet* et de *Greiche*, défendeurs. *S. l.*, *Vᵛᵉ J.-B. Cusson*, 1734. 61 pages, in-fol. Br.

7220. PRÉCIS pour dame Anne-Catherine-Charlotte, née comtesse de Rennel, épouse du sʳ marquis de *Trestondant*; contre demoiselles Catherine-Éléonore, Marie-Catherine, et Anne-Scolastique, comtesses de *Greiche*. *Nancy*, *Thomas père et fils*, 1760. 14 pages, in-4°. Br.

7221. MÉMOIRE en défense pour la dame Catherine-Charlotte de Greische, veuve du sieur de *Scitivaux*,...; contre la dame

Lucie-Thérèse-Victoire de Stack, veuve du sieur Henri Dieudonné, comte de *Greische*, demanderesse... *S. l., Lenormant, s. d.* 22 pages, in-4°. Br.

7222. MÉMOIRE pour dame Catherine-Charlotte de Greische, veuve du sieur de *Scitivaux ...*, appelante ... ; contre dame Lucie-Thérèse-Victoire de Stack, veuve du sieur Henri Dieudonné, comte de *Greische*, intimée. *Dijon, Bernard Defay*, 1819. 42 pages, in-4°. Br.

7223. CONSULTATION pour madame de *Scitivaux. Dijon, Bernard Defay*, 1819. 4 pages, in-4°. Br.

7224. OBSERVATIONS pour madame de *Scitivaux*, contre madame de *Greische. Dijon, Bernard Defay*, 1819. 10 pages, in-4°. Br.

7225. FACTUM pour Nicolas-François *Parisot*, écuyer, conseiller au bailliage de Saint-Mihiel, et consors...; contre messire Alexandre de *Grimaldy*, marquis de Dona, seigneur de Sampigny, Freyaltorf, et autres lieux, héritier universel de messire François de Grimaldy, vivant prince de Lixeim, son oncle... Et encore ledit sieur Parisot et consors...; contre Joseph de *Tillon*, chevalier, seigneur d'Escuelle et autres lieux, et consors... *S. l., n. n., n. d.* 44 pages, in-4°. Cart.

7226. MÉMOIRE du différent pendant et indécis en la Cour, entre le sieur Jean-Nicolas *Jennesson*, architecte de S. A. R., demeurant à Nancy..., et le sieur Antoine *Grisot*, conseiller de S. A. R.... *S. l., n. n., n. d.* 11 pages, in-fol. Br.

7227. FACTUM de la procédure extraordinaire pendante en la Cour, entre le sieur Antoine *Grisot ...; contre Jean-Nicolas *Jennesson ... S. l., n. n., n. d.* 9 pages, in-fol. Br.

7228. SUPPLIQUE de François-Antoine de *Solaty...*, à cause de dame Cordola de Rhodt, son épouse ; François-Antoine *Rieneker...*, François-Nicolas *Guelb...*, Marie-Madelaine-Sabine Guelb, veuve du sieur Charles de *Lauriet...*, Marie-Élisabeth Guelb..., Marie Deslors, veuve du sieur Christophe *Keiffel*, en qualité de mère et tutrice naturelle de Nicolas et

Marie-Louise Keiffel, ses enfans mineurs ; Marie-Anne Keiffel, veuve du sieur *Le Feuille...*, demandeurs en cassation d'un arrêt du conseil du 10 décembre 1728. *Lunéville, N. Galland*, 1731. 29 pages, in-fol. Br.

7229. PRÉCIS pour la princesse et le prince de *Loevestein*, intimés; contre Jean *Guerber*, appellant. *Nancy, P. Barbier*, 1786. 22 pages, in-4°. Br.

7230. CONSULTATION pour MM. *Guérin* et *Rollin*, contre la commune de *Virming. Nancy, Vve Raybois et Cie, s. d.* 27 pages, in-4°. Br.

7231. DISCOURS véritable du subiet de la procédure extraordinairement instruicte contre Jean *Guenaire*, tabellion général au duché de Lorraine..., à l'accusation de Bastien *Jacquemin*, secrétaire ordinaire à Son Altesse, et Jean *Malthiéry*, fruictier en l'hostel de monseigneur de Vaudemont. *S. l., n. n.*, 1622. 46 pages, in-4°. Br.

7232. MÉMOIRE pour M° *Sido*, nommé à la cure vicairie-perpétuelle d'Amance, par madame l'abbesse de Sainte-Glossinde, appellant ; contre M° *Guerre*, pourvu par le concours, intimé. *Nancy, C.-S. Lamort*, 1787. 53 pages, in-4°. Br.

7233. MÉMOIRE pour M° François-Dieudonné *Grandjean...*, prévôt et chef de police du comté d'Ourches, demandeur en plainte, contre M° Nicolas-Hyacinthe *Guerre*, prêtre..., curé d'Amance. *Nancy, H. Haener*, 1788. 28 pages, in-4°. Br.

7234. RÉFUTATION (Courte) des deux imprimés de M° *Guerre. Nancy, C.-S. Lamort*, 1787. 19 pages, in-4°. Br.

7235. FACTUM pour Nicolas *Guerre*, marchand, bourgeois de Saint-Nicolas, appellant...; contre Jean *le Clerc*, maître boulanger audit Nancy ; François *Langlois*, demeurant audit Saint-Nicolas ; et Charles *Hoüot*, demeurant à Rozières, intimez. *S. l., D. Gaydon, s. d.* 8 pages, in-fol. Br.

7236. FACTUM pour dame Marie-Marguerite-Susanne Ragot, veuve du sieur Paul *Guerre*, fils, seigneur d'Obcourt, demeurant à Pont-à-Mousson, appellante; contre le sieur Charles *Mitté...*, demoiselle Jeanne Magnien, veuve du sieur Paul Guerre père..., en qualité de mère et tutrice de Marie-Barbe Guerre, sa fille mineure ..., messire Pierre-Paul-Melchior-Henry de *Séchamp*..., en qualité de père et gardien-noble de Henry-Melchior de Séchamp, son fils mineur, issu de son mariage avec feuë dame Françoise-Christine Guerre, sa première femme..., et le sieur Jean-Loüis *Georgin*, avocat à la Cour..., en qualité d'exécuteur testamentaire dudit sieur Paul Guerre fils, tous intimés. *Nancy, P. Antoine*, 1730. 15 pages, in-fol. Br.

7237. PRÉCIS pour Claude *Guichard*, demeurant à Martigny, intimé ; *contre* Jacques *Vacher*, marchand bourgeois de la ville d'Auxonne. *S. l., n. n., n. d.* 4 pages, in-fol. Br.

7238. SUPPLIQUE de Jean-Antoine *Guichenon*, subdélégué du commissaire général ordonnateur de la province d'Allemagne..., demeurant à Saarguemine, contre les officiers du bailliage d'*Allemagne. Nancy, P. Antoine*, 1733. 54 pages, in-fol. Br.

7239. REQUÊTE au parlement de Metz, contre Mᵉ Loüis-Dominique *Guillaume*, receveur et payeur des gages des officiers du bailliage et siège présidial de Toul. *S. l., n. n., n. d.* 2 pages, in-fol. Rel.

7240. REQUÊTE au parlement de Metz, contre Mᵉ Loüis-Dominique *Guillaume* . . *S. l., F. Antoine, s. d.* 4 pages, in-fol. Rel.

7241. PRÉCIS de la contestation indécise à la Cour, chambre des enquêtes, entre les sieurs Laurent *Guillon*..., Claude-François *Dusable*..., à cause de Jeanne Guillon, son épouse ; François *Saulcy* ..., à cause de Jeanne-Marguerite Guillon, son épouse ; et Thérèse Guillon, fille majeure ; tous en qualité d'héritiers du sʳ Philippe Guillon..., appellants ; contre la dame Anne-Françoise Mathieu, veuve dudit sʳ Guillon, intimée. *Nancy, L. Beaurain*, 1775. 20 pages, in-4°. Rel.

7242. FACTUM de quelques questions dans l'instance d'ordre d'entre les créanciers et poursuivans la vente et adjudication des biens du sieur Joseph-Henry *le Brun* de Huviller, et de dⁱˡᵉ Louise Malclerc, sa femme, contre M. Mᵉ Henry *Guyot*..., seigneur de Creveschamps, Lorrey et Roville en partie, opposant au décret desdits biens. *S. l., J.-B. Cusson, s. d.* 32 pages, in-fol. Br.

7243. PRÉCIS de quelques considérations importantes auxquelles la Cour est suppliée de faire attention pour décider la difficulté d'entre les créanciers du sʳ *le Brun* et M. *Guyot. S. l., D. Gaydon*, 1715. 15 pages, in-fol. Br.

7244. CONCLUSIONS motivées pour les héritiers de dame Marie Royer, veuve de Nicolas Guyot, propriétaire à Villers-le-Sec (Meuse), appelants ; contre les héritiers dudit sieur Nicolas *Guyot*, intimés. *Nancy, G. Crépin-Leblond, s. d.* 7 pages, in-fol. Br.

7245. SOMMAIRE de la cause de Jean *Semel*..., comme poursuivant les droits de Gabrielle Christophe, sa femme, appellant ; contre André *Hachon*..., en qualité de cy-devant tuteur de ladite Gabriëlle Christophe, intimé. *Nancy, P. Antoine*, 1723. 14 pages, in-fol. Br.

7246. FACTUM pour dⁱˡᵉ Cécile Mayre, veuve de Mᵉ Claude-Charles *Hanryot*, vivant avocat à la Cour, demeurant à Mirecourt, demanderesse...; contre Marie Hanryot, veuve de Nicolas *Mayre*, lorsqu'il vivoit marchand à Nancy, deffenderesse..., ladite demoiselle Cécile Mayre, deffenderesse sur lesdites demandes ; Claude *Brisot*, bourgeois de cette ville, en qualité d'exécuteur testamentaire de Nicolas Mayre, appellé en cause. *Nancy, P. Antoine*, 1725. 30 pages, in-fol. Br.

7247. FACTUM pour Marie Hanryot, veuve de Nicolas *Mayre*..., deffenderesse..., contre damoiselle Cécile Mayre, veuve de Mᵉ Claude-Charles *Hanryot*..., demanderesse..., et Claude *Brisot*, bourgeois de Nancy..., appellé en cause. *Nancy, P. Antoine*, 1725. 19 pages, in-fol. Br.

7248. RÉPONSE sommaire pour damoiselle Cécile Mayre, veuve de Mᵉ Claude-Charles *Hanryot*..., contre Marie Hanryot, veuve de Nicolas *Mayre*... *Nancy, P. Antoine*, 1725. 6 pages, in-fol. Br.

7249. SUPPLIQUE de Marie Hanriot, veuve de Nicolas *Mayre*..., contre damoiselle Cécile Mayre, veuve de Mᵉ Claude-Charles *Hanriot*... *Nancy, R. Charlot, s. d.* 24 pages, in-fol. Br.

7250. MÉMOIRE pour messire Claude *Hardy de Tillon*, chevalier, seigneur en partie de Tragny, Sazeray et Marbache...; contre messire François-Joseph *Hurault*, chevalier, seigneur d'Audun-le-Tige, Villerûe et Rhoden... *Nancy, P. Antoine*, 1739. 14 pages, in-fol. Br.

7251. FACTUM pour Reine Drapier, veuve de Gérard *Harmand*, demeurant à Thiaucourt, tant de son chef, que comme mère et tutrice des ses enfans mineurs...; contre M⁰ François-Joseph *Vuara*, conseiller de l'hôtel de ville de Thiaucourt... *S. l., D. Gaydon*, 1716. 10 pages, in-fol. Br.

7252. COUP-D'ŒIL sur l'affaire du sieur *Harnepon*, intimé; contre le sieur *Micque*, appellant. *S. l., C. Leseure*, 1776. 12 pages, in-4°. Rel.

7253. RÉPONSE de la dame *Ferrel*, au mémoire du sieur *Harnepon*. *Nancy, P. Barbier*, 1778. 17 pages, in-4°. Br.

7254. MÉMOIRE à consulter et consultations pour le sieur *Harnepon*, négociant à Nancy, contre le sieur abbé *Fijan*, se disant ancien provincial de la Société des ci-devant jésuites, demeurant à Nancy; en présence du contrôleur des bons d'État du conseil. *Paris, Demonville*, 1785. 144 pages, in-4°. — Relevé des balances. *S. l., n. n., n. d.* 63 pages, in-4°. Rel.

7255. RÉPONSE au mémoire intitulé « Réfutation », pour le sieur *Harnepon* ...; contre le sieur abbé *Fijan*..., en présence du contrôleur des bons d'État du conseil. *Paris, Demonville*, 1786. 132 pages, in-4°. Broché.

7256. RÉPONSE de M. le comte d'*Haussonville*, deffendeur; à la réplique du recteur des jésuites d'*Épinal*, demandeur. *S. l., D. Gaydon, s. d.* 12 pages, in-4°. Br.

7257. FACTUM pour les RR. PP. jésuites du collège d'*Espinal*, contre messire Jean Ignace de *Moissy Cléron*, baron de Saffre, comte de *Haussonville*..., comme possédant la succession de feu monsieur le maréchal de Viange. *S. l., n. n., n. d.* 28 pages, in-4°. Rel.

7258. FACTUM pour maître François *Lemoyne*, fermier général des domaines et gabelles de Lorraine et Barrois, deffendeur en opposition, contre messire Jean Ignace de *Moisy*, de *Clairon*, baron de

Saffre, comte de *Haussonville*..., opposant. *S. l., n. n., n. d.* 23 pages, in-fol. Br.

7259. PRÉCIS pour M⁰ Nicolas *Poirel*, prêtre et curé de Mangeville...; contre les prévôt, chanoines et chapitre d'*Haussonville* ...; M⁰ Laurent Poirel..., Pierre *Robin*..., Pierre-Ignace Robin..., Claude *Magras*..., à cause de Catherine de Tartu, son épouse; et Pierre *Petit*..., à cause de Marguerite du Tartu, son épouse... *Nancy, P. Antoine*, 1753. 13 pages, in-fol. Br.

7260. MÉMOIRE pour Sébastien *Hazard*..., bourgeois de Darney, tant en son nom qu'en qualité de père et tuteur naturel de Joseph *Hazard*, son fils mineur...; contre le sieur Emmanuel-Bernard *Petit*, écuyer, seigneur de Reincourt et de Marquelong..., lieutenant-général civil et criminel au bailliage royal de Darney... *Nancy, P. Barbier*, 1787. 48 pages, in-4°. Br.

7261. MÉMOIRE à consulter pour le sieur Joseph *Roussel*..., M⁰ Jean-Joseph-Alexis Roussel, son fils..., et le sieur François *Héderval*...; contre le sieur Henri-Antoine *Regnard*..., et le sieur Nicolas Regnard..., commissaire-inspecteur des harras de Lorraine, résidant à Rozières. *Nancy, s. n.*, 1775. 66 pages, in-4°. — Consultation. *Nancy, s. n.*, 1775. 22 pages, in-4°. — Copie des onze lettres contenues en la liasse cotée C, suivant la requête des sieurs Regnard, et cotée D, suivant la production par eux en faite au greffe. *Nancy, Haener*, 1775. 7 pages, in-4°. Br.

7262. RÉPONSE pour le sieur Henri-Antoine *Regnard* de Gironcourt..., et le sieur Nicolas Regnard ..., plaignants, au mémoire imprimé des sieurs *Roussel* père et fils ..., et du sieur *Héderval*..., accusés. *Nancy, J.-B.-H. Leclerc*, 1775. 28 pages, in-4°. Rel.

7263. RÉSUMÉ général pour les sieurs *Roussel* et *Héderval*; contre les sieurs *Regnard*. *Nancy, Haener*, 1775. 19 pages, in-4°. Rel.

7264. MÉMOIRE (Second) pour le sieur *Regnard* de Gironcourt, et le sieur Regnard, capitaine de cavalerie, plaignants; contre les sieurs *Roussel* et *Héderval*, accusés. *Nancy, Vve Leclerc*, 1776. 18 pages, in-4°. Rel.

7265. OBSERVATIONS pour le sieur *Hennel*, propriétaire de la tuilerie de Fénétrange, intimé ; contre M. le Préfet de la Meurthe, au nom de l'État, appelant. *Nancy, Dard, s. d.* 25 pages, in-4°. Br.

7266. MÉMOIRE pour Mᵉ Charles-François de *Bourgongne*, écuyer, avocat au Parlement..., défendeur ; contre le sieur Jean-François *Hennequin*, demandeur ; au sujet de la succession du sieur Dominique de Bourgongne, père de Mᵉ de Bourgongne, et aïeul maternel du sieur Hennequin. *Nancy, C.-S. Lamort,* 1786. 37 pages, in-4°. Br.

7267. MÉMOIRE pour M. Christophe-Antoine comte de *Schavembourg*, seigneur de Riguel, comte de Fœlkem..., à cause de dame Élisabeth née comtesse de Hennin son épouse, et M. Charles baron de *Hennin* ... ; contre François *Huel*, soufermier du domaine de St-Avold ..., le sieur Joseph *Thorel* prêtre et doyen du chapitre de l'église collégiale de Gorze, dame Charlotte *Thorel*, veuve du sieur *Chapuy* ..., et le sieur Léopold de *Villeneuve* ..., à cause de dame Élisabeth Thorel son épouse... *Nancy, F. Midon,* 1756. 15 pages, in-fol. Br.

7268. MÉMOIRE pour dame Marie-Claude de Montignon, veuve du sieur Alexandre-Augustin *Henry*, écuyer, prévôt d'Insming ..., contre Monsieur maître César *Marien*, écuyer, seigneur de *Frémery* ..., à cause de dame Catherine-Gabrielle Henry, son épouse, le sieur Jules-Armand-Henry, d'Hoéville ..., et le sieur Charles *Doré* de Crépy ..., à cause de dame Anne-Catherine Henry, son épouse, héritiers bénéficiaires du sieur Alexandre-Augustin Henry ... *S. l., J.-B. Cusson, s. d.* 8 pages, in-fol. Br.

7269. SUPPLIQUE de Jean-François Christian de *Villaucourt*, écuyer, seigneur d'Haraucourt-lès-Marsal, gouverneur de la saline de Château-Salins, à cause de Marguerite Derand son épouse ; contre Hubert *Henry*, écuyer, seigneur de Saulrup, demeurant à Nancy. *Nancy, P. Antoine,* 1735. 14 pages, in-fol. Br.

7270. RÉPONSE au mémoire instructif pour George *Henry*, marchand-libraire à Nancy ; contre M. *Lionnois*, principal du collège-université, etc. *Nancy, P. Antoine, P. Barbier,* 1771. 11 pages, in-4°. Br.

7271. MÉMOIRE pour le sieur Philippe-Alexandre *de Tourel du Verneüil*, écuyer, demeurant à Tuquenieux, dames Anne de Manessy, veuve du sieur Nicolas-François Maillard, Anne-Marie le Bègue, veuve du sieur Nicolas-François de *Manessy*, tant en son nom, qu'en qualité de gardienne-noble de ses enfans mineurs, Charles de Mannessy, prévôt gruyer du comté de Chaligny, Barbe-Hélène de Mannessy, fille-majeure, Nicolas-François *Turpin de la Chatagneraye* ..., sieur de Maixe en partie, à cause de dame Jeanne Gabriel de Mannessy, son épouse, François-Louis Maillard ..., François *le Clerc*, et Marie Jacquemin sa femme, en qualité de donataires de Thomas Piant, et les directeurs de l'hôpital St-François de *St-Nicolas*, en qualité de légataires universels de Mᵉ Barat vivant prêtre chapelain du même hôpital ... ; contre Mᵉ Claude François *Thomassin* ... et les sieurs Loüis Henry... et François Henry ... *Nancy, P. Antoine,* 1733. 15 pages, in-fol. Br.

7272. PRÉCIS pour le sʳ Jean-Georges *Herrenberger*, directeur au bureau du Zollkeller de la ville de Strasbourg, comme ayant épousé en premières noces Anne-Barbe Wolbrett ... ; contre les héritiers de la dame Cunégonde Wolbrett, veuve *Rothjacob*, demeurant à Haguenau ..., et les veuve et héritiers de M. *Lang*, vivant notaire à Strasbourg ... *Nancy, L. Beaurain,* 1773. 22 pages, in-4°. Rel.

7273. PRÉCIS pour Mᵉ Charles, syndic des créanciers du marquis d'*Heudicourt*, contre le sieur de *Ruttant*, et autres parties. *Nancy, P. Antoine,* 1763. 15 pages, in-4°. Rel.

7274. MÉMOIRE pour les cessionnaires des droits de J. *Gautier*, sur la maison d'*Heudicourt-Lenoncourt*, opposants au décret ; contre Mᵉ *Billecard*, notaire, et les héritiers de feu M. *Malcuit*, maître des comptes, créanciers aussi opposants. *Nancy, Vve et C. Leseure,* 1764. 35 pages, in-8°. Rel.

7275. PRÉCIS pour Mᵉ *Billecard*, notaire ; contre Mᵉ de *Sozzi* et autres cessionnaires des droits de J. *Gautier*, sur la maison d'*Heudicourt-Lenoncourt*, tous opposans au décret. *Nancy, Thomas père et fils,* 1765. 40 pages, in-8°. — Pièces justificatives. *Nancy, Vve et C. Leseure,* 1765. 40 pages, in-8°. Rel.

7276. PRÉCIS (Addition au) des cessionnaires de J. *Gautier*, etc.; contre le sindic des créanciers d'*Heudicourt-Lenoncourt*. *Nancy, s. n.*, 1765. 8 pages, in-8°. Rel.

7277. SUPPLIQUE de Louis-François de *Sozzi*, avocat au parlement de Paris ..., au sujet des affaires de la maison d'*Heudicourt-Lenoncourt. Nancy, Vve et C. Leseure*, 1765. 36 pages, in-8°. Rel.

7278. MÉMOIRE pour le sieur Joseph-Michel-Nicolas *Sublet*, comte d'*Heudicourt de Lenoncourt* ..., le sieur Michel-Nicolas Sublet, marquis d'Heudicourt de Lenoncourt ..., et le sieur Gaspard-Philippe Sublet, chevalier d'Heudicourt de Lenoncourt, appelans; contre le sieur Alexandre d'*Adhémar* de Monteuil de Brunier, comte de *Marsanne* ..., et le sieur Jean-Charles-Alexandre, marquis d'Adhémar, intimés; en présence du sieur Charles-Louis-Edme Sublet, comte d'Heudicourt de Lenoncourt de Pierrefort ... *Nancy, H. Haener*, 1789. 65 pages, in-4°. Br.

7279. PRÉCIS pour Me Jean-Christophe *Hinkelbein*, prêtre du diocèse de Bamberg, résidant aux verreries de Sainte-Anne près de Baccarat, appellant comme d'abus; contre messire Louis-Apollinaire de *La-Tour-du-Pin-Montauban*, premier évêque de Nanci, et primat de Lorraine, intimé. *Metz, J.-B. Collignon*, 1783. 25 pages, in-4°. Br.

7280. RÉPONSE de M. le comte et de Mme la comtesse d'*Hoffelize*, née de Rurange, au mémoire de la commune de *Blainville*. *Nancy, Barbier, s. d.* 36 pages, in-4°. Br.

7281. MÉMOIRE pour MM. Joseph-Gaspard comte d'*Hoffelize* ..., et Christophe Thiébaut, comte d'Hoffelize..., tous deux demeurant à Nancy, demandeurs; contre M. le préfet du département des Vosges, au nom de l'État, et M. le directeur général de l'administration de l'enregistrement et des domaines; poursuites et diligences du directeur de la même administration pour le département des Vosges, défendeurs. *Nancy, Barbier, s. d.* 48 pages, in-4°. Br.

7282. MÉMOIRE pour monsieur M.-François *Hordal-Dulis*, seigneur de Vannecourt, et autres lieux, conseiller vétéran au parlement de Metz, et dame Anne-Dieudonnée *Hordal-Dulis*, veuve de messire Michel Maurin...; contre Marie-Madelaine *Mastine* ..., à elle joints les vénérables grand-doyen, chanoines et chapitre de l'insigne église de *Saint-Diey*, et messire Hyacinthe *Abram*... *S. l., J.-B. Cusson, s. d.* 28 pages, in-fol. Br.

7283. MÉMOIRE pour François *Lombard*, laboureur à Sainte-Geneviève, et Geneviève Lombard sa fille, veuve de François *Hoüin*, prissonniers ès prisons criminelles de la conciergerie du palais ...; contre le substitut de monsieur le procureur général au bailliage de Pont-à-Mousson... *S. l., n. n., n. d.* 11 pages, in-fol. Br.

7284. SUPPLIQUE de Charles *Mesgnien*, conseiller au bailliage de Vôges, prevôt des ville et office de Mirecourt, deffendeur; contre Nicolas, Jean-Charles, Dominique et Joseph les *Hugo*, Jean *Tabourin*, tous demeurant à Chauffecourt, Nicolas *Thomassin*, laboureur à Ambacourt, Antoine *Frein*, procureur d'office à Frenel-la-Petite, Joseph *Petitjean*, chirurgien à Bayon, Joseph *Bernardel* demeurant à Neuvillers, et Me Nicolas *Marchal*, assesseur et garde-marteau en la grurie de Charmes, tous héritiers de Nicolas Hugo, et démissionnaires de Jeanne Drian leur père et mère, beau-père et belle-mère, demandeurs en proposition d'erreurs. *S. l., D. Gaydon*, 1715. 10 pages, in-fol. Br.

7285. SUPPLIQUE de Nicolas, Jean-Charles, Dominique, Joseph les *Hugo*, Jean *Tabourin* ..., Nicolas Thomassin ..., Anthoine *Frein*, Joseph Petitjean ..., Joseph *Bernardel* ..., et Nicolas *Marchal* ..., tous démissionnaires de Nicolas Hugo et de Jeanne Drian leurs père et mère, beau-père et belle-mère; contre le sieur Charles *Mesgnien* ... *S. l., D. Gaydon*, 1716. 13 pages, in-fol. Br.

7286. HUIBRATTE. Analyse du mémoire pour l'ingénieur au corps royal des ponts et chaussées en résidence dans le département de la Meurthe; contre l'administration des salines de l'Est, par Huibratte. *Paris, Jeunehomme-Crémière*, 1822. 58 pages, in-8°. Cart.

7287. MÉMOIRE pour la dame Gertrude de Malclerc, veuve douairière du sieur Melchior *Dolmaire*, seigneur de *Provenchères*, etc., défendresse ; contre Mᵉ Nicolas-Philippe Mengeot, notaire et procureur au bailliage royal de Rozières, en qualité de curateur établi par justice à la fausse Anne de *Humbert*, demandeur en cassation et le sieur Jean-Louis de Humbert, écuïer, demeurant à Einville, tant en son nom, qu'en sa prétenduë qualité de père et tuteur naturel de la même mineure. *Nancy, L. Beaurain*, 1755. 65 pages, in-fol. Br.

7288. MÉMOIRE en forme de réplique pour la dame Gertrude de Malclerc, doüairière du sieur *Dolmaire* de *Provenchères* ; contre Mᵉ Nicolas-Philippe Mengeot, curateur de la fausse Anne de *Humbert*, et le sieur Jean-Louis de Humbert. *Nancy, L. Beaurain*, 1756. 18 pages, in-fol. Br.

7289. MÉMOIRE signifié pour Mᵉ Nicolas-Philippe Mengeot..., en qualité de curateur établi par justice à demoiselle Anne de *Humbert*, fille mineure émancipée, demandeur en cassation ; contre la dame Gertrude de Malclerc, veuve du sʳ Melchior *Dolmaire*, seigneur de *Provenchères*, etc., défenderesse ; et le sieur Jean-Louis de Humbert..., tant en son nom, qu'en sa qualité de père et tuteur naturel de sa fille mineure. *Nancy, P. Antoine*, 1756. 70 pages. in-fol. Br.

7290. MÉMOIRE pour le sieur Jean-Louis de *Humbert* ..., adhérant à la demande en cassation ; contre la dame Gertrude de Malclerc, veuve du sʳ Melchior d'*Olmer*, seigneur de *Provenchères*, etc., défenderesse ; et Mᵉ Nicolas-Philippe Mangeot ..., en qualité de curateur établi à la demoiselle Anne de Humbert, fille mineure émancipée, demandeur en cassation. *Nancy, P. Antoine*, 1756. 48 pages, in-fol. Br.

7291. SOMMAIRE de la cause pour Mᵉ Nicolas *Husson*, prêtre, curé de Lay ... ; contre M. l'abbé *Morel*, prieur commandataire du prieuré de Lay ... *S. l., D. Gaydon*, s. d. 9 pages, in-fol. Br.

7292. PRÉCIS pour les abbé, prieur et chanoines-réguliers-prémontrés de l'abbaye de *Salival* ; contre le frère *Huvel*, chanoine-régulier-prémontré. *Nancy, P. Barbier*, 1786. 35 pages, in-4° Br..

7293. MÉMOIRE servant de réponse pour le sieur Nicolas-François *Huyn*, écuyer, seigneur de Raville et de Bienville, avocat à la Cour, et dame Anne Mengin, son épouse ... ; contre le sieur Henry *Mengin*, prêtre et curé de Malzéville, le sieur Jean-Baptiste Mengin, avocat ..., tant en son nom, qu'en qualité de tuteur établi à demoiselle Marie-Françoise Mengin... *Nancy, A.-D. Cusson*, 1744. 33 pages, in-fol. Br.

7294. MÉMOIRE pour Mᵉ Jean-Claude *Huyn*, avocat à la Cour, appellant ; contre Antoine *Lalande*, marchand à Nancy, intimé ; et Claude Huyn, bourgeois de la même ville, pareillement intimé. *Nancy, F. Baltazard*, s. d. 20 pages, in-fol. Br.

7295. PRÉCIS pour le sieur Jacques *Huyn*, marchand à Nancy, tant en son nom que comme poursuivant les droits de la demoiselle Françoise Masson son épouse ... ; contre Mᵉ Jean-Claude Huyn, avocat à la Cour... *S. l., n. n., n. d.* 20 pages, in-fol. Broché.

7296. MÉMOIRE pour Jean *Michel*, marchand, bourgeois de Toul, demandeur ... ; contre Jean-Baptiste *Idelette*, marchand, bourgeois de Lunéville, défendeur, le sieur *Vincent*, premier juge-consul de Lorraine et Barrois, et consors, aussi défendeurs. *Nancy, J.-B. Cusson*, s. d. 16 pages, in-fol. Br.

7297. SUPPLIQUE de Claude-Dagobert *Millet* ..., seigneur haut-justicier, moyen et bas des seigneuries d'Igney ... ; contre les maire, habitans et communauté dudit *Igney* ... *S. l., R. Charlot et Vᵛᵉ P. Deschamps*, s. d. 17 pages. in-fol. Br.

7298. MÉMOIRE pour messire Jean-Baptiste *Isnardy de Castello Havart*, marquis de *Carail*, seigneur de Ligneville, Vitel, et la Malmaison ..., demandeur ... ; contre M. le procureur général en la même chambre, en qualité d'office, et les maire, syndic, habitans et communauté de *St-Remimont*, défendeurs. *Nancy, P. Antoine*, 1740. 8 pages, in-fol. Br.

7299. RÉPONSE des sieurs *Jacquier, Laugier* et *Lhote*, fabriquans de papiers peints, au mémoire présenté par le sieur *Varry*, à Messieurs les juges du tribunal de district de Nancy, sur les demandes en restitution formées contre lui par lesdits fabricans. *Nancy, Vve Bachot, s. d.* 18 pages, in-4°. Br.

7300. MÉMOIRE pour M° Jean-Jacques *Jager*, prêtre du diocèse de Metz et curé de Bibiche, appellant ; contre M° Jacques-Antoine *Neubeker*, prêtre du même diocèse, intimé. *Nancy, H. Leclerc,* 1775. 20 pages, in-4°. Br.

7301. FACTUM pour Jean-Louis *Jammaire. S. l., n. n., n. d.* 6 pages, in-fol. Br.

7302. PRÉCIS du sieur *Jandel* et compagnie ; contre le sieur *Lanfrey* et compagnie. *Nancy, P. Antoine et P. Barbier,* 1772. 18 pages, in-4°. Rel.

7303. SOMMAIRE de l'instance d'entre M° Jean *Thionville*, archi-prêtre, curé de Nommeny ..., demandeur ... ; contre Jean *Mouillac*, sous-fermier du domaine de Son Altesse Royale et tabellion au marquisat de Nommeny, deffendeur. *S. l., D. Gaydon, s. d.* 16 pages, in-4°. Br.

7304. FACTUM (Addition au) du sieur Jean *Thionville*, archiprêtre, curé de Nommeny ; contre Jean *Mouillac*, et le sieur de *Jandelaincourt. S. l., n. n., n. d.* 10 pages, in-fol. Br.

7305. PRÉCIS des moyens de M. l'abbé *Alliot ...*, abbé commendataire de l'abbaye de *Jandeures*, appellant ; contre les religieux Prémontrés de la même abbaye, intimés. *S. l., n. n., n. d.* 4 pages, in-fol. Br.

7306. MÉMOIRE pour M° Jean-Nicolas *Jenot*, avocat, procureur du roi au bailliage de Villers-la-Montagne en Lorraine, demandeur en cassation d'un arrêt de la Cour souveraine de Lorraine, du 6 mars 1766. *S. l., C.-E. Chenault,* 1766. 24 pages, in-4°. Br.

7307. MÉMOIRE touchant les droits des *Jésuites* et de ceux qui sont congédiez de leur Compagnie avant qu'ils y ayent fait leurs derniers vœux. *S. l., F. Midon, s. d.* 12 pages, in-fol. Br.

7308. DEMANDE en profit de défaut de monsieur le procureur général du parlement de Metz, sur l'appel comme d'abus des constitutions, etc., de la Société se disant de Jésus. *Metz, J. Collignon,* 1762. 26 pages, in-4°. Br.

7309. ARREST de la Cour de parlement, qui juge l'appel comme d'abus, interjetté par M. le procureur général, des bulles, brefs, constitutions et autres règlements de la Société se disant de Jésus : fait défenses aux soi-disant Jésuites, et à tous autres, de porter l'habit de la Société, de vivre sous l'obéissance au général, et aux constitutions de ladite Société, et d'entretenir aucune correspondance directe ou indirecte avec le général et les supérieurs de cette Société, etc. *Metz, J. Collignon,* 1762. 21 pages, in-4°. Br.

7310. SUPPLIQUE des recteurs et supérieurs des collèges et maisons de la Compagnie de Jésus. *S. l., n. n., n. d.* 4 pages, in-fol. Br.

7311. ARREST de la Cour de parlement, qui nomme quatre commissaires à l'effet de régler provisoirement les difficultés qui pourraient survenir, et les frais à faire pour l'exécution de l'arrêt du 20 septembre, qui juge l'appel comme d'abus de l'institut des ci-devant soi-disans *Jésuites*, etc. *Metz, J. Collignon, s. d.* 3 pages, in-4°. Br.

7312. MÉMOIRE de ce qui a été plaidé aujourd'huy 5 août 1700, à une audience extraordinaire en la grand'chambre, pour madame de *Reims* demanderesse ... ; contre monsieur *Joly*, greffier en chef de ce parlement, deffendeur et demandeur en garantie contre monsieur le doyen de la Cour, et contre les héritiers de *Douhin*, commis à la garde des sacs du palais. *S. l., n. n., n. d.* 7 pages, in-fol. Br.

7313. MÉMOIRE pour Françoise *Pérard*, veuve de Barthélemy *Joly*, conseiller du roy et son avocat général en la chambre des comptes de Dijon, au sujet de la mort violente de son fils, conseiller à Metz. *S. l., n. n., n. d.* 11 pages, in-4°. Br.

7314. MÉMOIRE pour frère André *Vincent*, chanoine régulier prémontré de l'étroite-observance, pourvu de la cure de Doncières et Xafféviller ; contre le frère *Julier*, prêtre du même ordre, se disant institué et élu canoniquement à ladite cure, le ci-devant vicaire-général de la réforme, les religieux du cloître d'*Étival*, et les autres parties. *Nancy, C.-S. Lamort,* 1774. 122 **pages, in-4°. Br.**

28

7315. MÉMOIRE à consulter pour frère *Juliers*, contre frère *Vincent*. *Nancy, C. Leseure*, 1784. 42 pages, in-4°. Br.

7316. MÉMOIRE pour les prieur, religieux ..., de l'abbaye de *Justemont*, appellans ; contre les maire, syndic, habitans et communauté de *Richemont*, intimés ; René *Guilleré*, meunier à Metz, ci-devant au moulin de Richemont, Louis *Holstein*, curateur *ad hoc* à la succession vacante de Gabriel Marchand, M. le procureur général de la table de marbre, prenant fait et cause de son substitut au siège de la maîtrise de Thionville, tous aussi intimés. *Metz, J. Antoine, s. d.* 63 pages, in-fol. Br.

7317. MÉMOIRE pour les abbé et religieux de *Justemont*, de la réforme de Prémontré, appellans ; contre le sieur de la *Vallée de Pimodan*, et autres riverins de la rivière d'Orne, intimez. *S. l., Rebuffé, s. d.* 4 pages, in-fol. Br.

7318. OBSERVATIONS (Courtes) pour les mineurs *Keller*, appelans ; en réponse au mémoire des sieurs de *Perrin*, intimés. *Metz, C.-M.-B. Antoine, s. d.* 7 pages, in-4°. Cart.

7319. FACTUM (Supplément au) des sieurs de *Saint-Félix*, servant de réfutation de ceux des sieurs *Klain* et *Stok*. *S. l., J.-B. Cusson, s. d.* 11 pages, in-fol. Br.

7320. EXTRAIT (Très-court) de mon procès et des persécutions que j'ai essuyées. (Affaire *Klein-Vaultrin*.) *Nancy, P. Antoine*, 1767. 16 pages, in-4°. Rel.

7321. MÉMOIRE pour le sieur de *Klinglin*, baron d'Halstat, défendeur ; contre le sieur comte, et la dame comtesse de *Faletans*, demandeurs. *Nancy, Vve Leclerc*, 1776. 30 pages, in-4°. Rel.

7322. MÉMOIRE à consulter et consultation pour M. le comte et Me la comtesse de *Faletans*. *Nancy, S. Bachot*, 1776. 33 pages, in-4°. Rel.

7323. MÉMOIRE pour le sieur Nicolas-Antoine de *Klopstein*, chevalier, seigneur du fief de Saint-Aignan ... ; contre le sieur Jérôme-Jean *Michou de Massigny*, à cause de dame Marie-Françoise de Klopstein, son épouse ... *Nancy, C.-S. Lamort*, 1785. 48 pages, in-4°. Br.

7324. CHARDIN. Consultation (au sujet des seigneuries de *Koeur* et de *Sampigny*), par Chardin, Breton, etc. *Nancy, s. n.*, 1726. 3 pages, in-4°. Br.

7325. MÉMOIRE du sieur de *La Bastie*, apellant comme d'abus du décret de monsieur l'évêque de *Metz*, portant refus de lui accorder son visa. *S. l., n. n., n. d.* 5 pages, in-fol. Rel.

7326. PRÉCIS pour M. Claude-François *Labbé*, chevalier, comte de *Coussey*, baron de Bezonvaux ... ; contre Claude, comte d'*Apremont de Lynden* et du Saint-Empire romain, maréchal des camps et armées du roi ... *Nancy, P. Antoine*, 1757. 60 pages, in-4°. Br.

7327. TABLEAU de la cause d'entre M. Claude-François *Labbé*, chevalier, comte de *Coussey*, baron de Besonveau ..., et M. Claude, comte d'*Apremont de Lynden* et du Saint-Empire romain ... *Nancy, P. Antoine*, 1760. 63 pages, in-fol. Br.

7328. PRÉCIS de MM. *Labbé*, comte du *Rouvrois* et de *Coussey*, et du marquis de *Fussey*, intimés ; contre les dames abbesse, doyenne, chanoinesses et chapitre de *Poussey*. *Nancy, P. Antoine et P. Barbier*, 1774. 37 pages, in-4°. Br.

7329. MÉMOIRE à consulter pour M. Charles *Labbé*, comte de *Coussey* et du *Rouvrois*... ; contre M. Claude-François *Labbé*, comte de *Coussey* ... *Nancy, Thomas père et fils*, 1777. 36 pages, in-4° Br.

7330. ANALYSE de la cause d'entre M. le comte de *Coussey* et M. le comte du *Rouvrois*. *Nancy, P. Barbier*, 1777. 16 pages, in-4°. Br.

7331. PRÉCIS pour les dames abbesse et religieuses de l'abbaye royale de *Juvigny*... ; contre M. Claude-François *Labbé*, baron de *Coussey* ... *S. l., J.-B. Cusson, s. d.* 8 pages, in-fol. Br.

7332. RÉPONSE pour messire Claude-François *Labbé*, baron de *Coussey*..., au « Précis » donné par les dames abbesse et religieuses de l'abbaye royale de *Juvigny* ... *S. l., J.-B. Cusson, s. d.* 11 pages, in-fol. Broché.

7333. FACTUM du procès extraordinairement instruit contre messire Charles-François *Labbé*, chevalier baron de Baufremont et de Vrécourt ..., président de la Chambre des comptes de Lorraine, à la requête de monsieur le procureur général de la même chambre. *S. l., J.-B. Cusson*, s. d. 19 pages, in-fol. Br.

7334. MÉMOIRE à consulter et consultation pour M° Marie-Joseph *Lacretelle*, curé de Haboudanges, défendeur ; contre M° Étienne *Beauzin*, vicaire à Plappeville, se disant pourvu de la cure de Haboudanges, demandeur. *Nancy, P. Barbier*, 1784. 41 pages, in-4°. Br.

7335. MÉMOIRE pour M° Marie-Joseph *Lacretelle*, pourvu de la cure de Soulancourt, défendeur ; contre M° Jean-Philippe *Pitois*, pourvu de la même cure, demandeur en opposition ; M. l'évêque de Toul, intervenant, et aussi demandeur en opposition ; et les prieur et religieux bénédictins de *St-Epvre-les-Toul*, appellés. *Nancy, P. Barbier*, 1780. 30 pages, in-4°. Br.

7336. MÉMOIRE pour M° Jean-Philippe *Pitois* ...; contre M° Marie-Joseph *Lacretelle*, prêtre du diocèse de Metz... *Nancy, C. Leseure*, 1780. 83 pages, in-4°. Br.

7337. (LACRETELLE, ainé). Plaidoyers. *Bruxelles (Nancy)*, s. n. 1775. 170 pages, in-8°. Demi-rel.

7338. MÉMOIRE pour Dom Hyacinthe *Lafauche*, religieux bénédictin ..., prieur titulaire de Lay, contre le père de *Menoux*, supérieur de la Mission royale de Nancy. *Nancy, Charlot père et fils*, 1760. 16 pages, in-4°. Br.

7339. MÉMOIRE pour Claude-Mathias Causse de *La Forest*, cy-devant receveur et contrôleur général de la ville de Metz. *S. l., n. n., n. d.* 8 pages, in-fol. Rel.

7340. MÉMOIRE de M. de *La Galaizière*, demandeur ...; contre M. le comte de *Mitry*, appellant ... *Nancy, J.-B. H. Leclerc*, 1770. 25 pages, in-4°. Br.

7341. PLAIDOYER pour François *La Grange*, contre les maîtres et jurés du corps des perruquiers de *Nancy*. *Metz, Thomas père et fils*, 1771. 18 pages, in-8°. Br.

7342. MÉMOIRE pour Pierre de *La Grange*, négociant, bourgeois de Metz, appellant ...; contre le sieur Jean-Daniel *Lawaetz*, négociant à Altona, intimé. *Metz, J.-B. Collignon*, 1785. 38 pages, in-4°. Br.

7343. SOMMAIRE pour les sieurs *Thieriet*, vigneron, et *Lagresse*, héritiers bénéficiaires de monsieur Jean Thieriet ..., deffendeurs ; contre le sieur François *Dudoigt*, écuyer, sieur de *La Martinière* et consors, se disant héritiers du s° Jacques Petitgot, opposans et demandeurs. *S. l., n. n., n. d.* 3 pages, in-fol. Br.

7344. PROCEZ (Sommaire du) pour messire Charles-Gaspard, baron de *La Leyen* ..., deffendeur et incidemment intimé ; contre madame Sophie-Sibille, née comtesse de Linange, veuve et douairière de Frédéric, prince de *Hesse-Hombourg*, et demoiselle Esther-Julienne, aussi née comtesse de *Linange*, fille majeure, sa sœur, demanderesses en désistement de la totalité de la terre de Forbach, et incidemment appellantes. *S. l., D. Gaydon*, s. d. 23 pages, in-fol. Br.

7345. FACTUM pour madame Sophie-Sibille, née comtesse de Linange, veuve et douairière de Frédéric, prince souverain, et Landtgrave de *Hesse-Hombourg*, et dame Esther-Julienne, aussi née comtesse de *Linange*, fille majeure, demanderesses en désistement ; contre messire Charles-Gaspard, baron de *La Leyen*, demeurant à Coblentz, deffendeur. *S. l., D. Gaydon*, s. d. 28 pages, in-fol. Br.

7346. REQUESTE en proposition d'erreurs contre l'arrest de la Cour souveraine du vingt-troisième mars 1709, pour M. le baron de *La Leyen* ; contre madame la Landgrave, princesse de *Hesse-Hombourg*, et la demoiselle sa sœur. *S. l., D. Gaydon*, 1710. 32 pages, in-fol. Br.

7347. REQUÊTE pour madame la princesse de *Hesse-Hombourg*, et madame la comtesse Esther de *Linange*, deffenderesses en proposition d'erreur ; contre le sieur baron de *La Leyen*, demandeur. *S. l., D. Gaydon*, 1712. 81 pages, in-fol. Br.

7348. RÉPLIQUE pour messire Charles-Gaspard, baron de *La Leyen* d'Adendorff, etc., deffendeur ; contre madame Sophie-

Sibille, née comtesse de Linange, veuve et doüairière de feu monsieur le prince de *Hesse-Hombourg*, et Esther-Julienne, née comtesse de *Linange*, demanderesses. *S. l., D. Gaydon, s. d.* 10 pages, in-fol. Br.

7349. MÉMOIRE pour justifier la disposition testamentaire faite par la défunte demoiselle *La-Loy*, en faveur des PP. *Jésuites. Lunéville, N. Galland*, 1735. 33 pages, in-fol. Br.

7350. MÉMOIRE pour MM. Charles-Philippe de *Lamberty*, abbé commendataire de Bouzonville, Christophe Charles, marquis du *Pondoye*, à cause de dame Louise-Thérèse de Lamberty, son épouse ... ; contre dame Élisabeth de Ligniville, doüairière de messire Nicolas-François de Lamberty..., M. Charles-François de Lamberty..., et M. Charles-Alexandre de Lamberty... *Nancy, N. Charlot*, 1749. 25 pages, in-fol. Br.

7351. FACTUM du procez d'entre François-Simon *Sallet*, écuyer, seigneur d'Outrancourt, lieutenant-général au bailliage du Bassigny ... ; contre les sieurs Jean-Baptiste de la *More*, écuyer, auditeur de la Chambre des comptes de Bar, Jean-François du *Mouginot* ..., seigneur de Rebeuville et Noncourt, noble Claude *Sauville*, advocat à la Cour, comme ayant épousé dames Anne, Françoise Simone, et Christine 'Sallet, et Claude-Charles Sallet ... *S. l., N. Charlot, s. d.* 59 pages, in-fol. Br.

7352. MÉMOIRE pour Mᵉ Louis *Lamorlette*, avocat exerçant au bailliage d'Étain ... ; contre le sieur Sébastien *Naudin*, rentier à Jametz ... *Nancy, H. Haener*, 1782. 54 pages, in-4°. Br.

7353. MÉMOIRE (Addition au) imprimé pour Mᵉ Louis *Lamorlette*; contre le sieur Sébastien *Naudin*. *Nancy, H. Haener*, 1782. 7 pages, in-4°. Br.

7354. FACTUM pour demoiselle Nicolle Aubry, veuve du sʳ Jean *Lanoy*, marchand, demeurant à Bauzé, intimé ; contre Nicolas *Vautrin* et consors, apellans. *S. l., n. n., n. d.* 9 pages, in-fol. Rel.

7355. CALOMNIE (La) confonduë ou sentence de l'officialité de Toul pour dame Catherine-Angélique Davy de *La Pailleterie*; contre la dame abesse de *Poussay*. *S. l., n. n.*, 1678. 13 pages, in-4. Rel.

7356. MÉMOIRE pour le sieur Léon *Devaux*, juge-consul, en sa qualité de syndic des créanciers du sieur *Ficher ;* contre le sieur de *La Ruelle. S. l., n. n., n. d.* 58 pages, in-4°. Br.

7357. PRÉCIS du sieur de *La Ruelle*, appellant ; contre les sieurs *Devaux* et *Courtois*, intimés. *Nancy, P. Barbier*, 1778. 27 pages, in-4°. Rel.

7358. MÉMOIRE pour les sieurs *Le Touṛé* ..., lieutenant de maire et de police à Lunéville, Antoine *Pastourel*, gendarme du roi ..., Yves-Louis Remy de *Méry*, écuyer, gendarme du roi ... ; contre le sieur *Lasnière*, maire-royal à Lunéville ... *Nancy, Vᵛᵉ Leclerc*, 1779. 45 pages, in-4°. Br.

7359. MÉMOIRE pour le sʳ Jean-Baptiste-Louis *Le Touṛé* ..., lieutenant de police à Lunéville, dénoncé par les sieurs *Lasnière, Pronsal* et *Poirson*, officiers municipaux. *S. l., n. n.*, 1781. 43 pages, in-4°. Broché.

7360. MÉMOIRE (Second) pour le sʳ Jean-Baptiste-Louis *Le Touṛé* ..., dénoncé par les sieurs *Lasnière, Pronsal* et *Poirson*, officiers municipaux. *Nancy, Vᵛᵉ Leclerc*, 1781. 31 pages, in-4°. — Pièces justificatives. *Ibid.* 12 pages, in-4°. Br.

7361. MÉMOIRE pour le sʳ Jean-François *Lasnière* ..., en réponse à celui du sʳ *Letouṛé* ... *Nancy, C. Lescure*, 1781. 25 pages, in-4°. Br.

7362. MÉMOIRE pour les héritiers de *La Salle ;* contre les maires de la ville de Nancy et des communes de *Pompey, Frouard, Marbache* et *Liverdun*, agissant au nom des quatre hospices de la ville de Nancy et des pauvres des communes ci-dessus, représentés par les bureaux de bienfaisance. *Nancy, Vᵛᵉ Raybois*, 1863. 87 pages, in-4°. Br.

7363. PRÉCIS pour le baron de *Macklot*, appelant ; contre le comte de *Latournelle*, intimé. *Metṛ, Lamort, s. d.* 8 pages, in-4°. Cart.

7364. EXTRAIT du traité et accord fait entre maistre Nicolas de *Viterne*, le jeune, chanoine de l'église cathédralle de Toul, et le sieur de *La Vallée*, par les arbitres par eux convenus, touchant l'assassin commis en la personne dudit sieur de Viterne par ledit sieur de La Vallée et ses vallets, en l'année 1662. *S. l., n. n., n. d.* 3 pages, in-4°.

7365. MÉMOIRE pour M° George-Marie *Hamelin*, avocat, demeurant à Lunéville, intimé ; contre M. et Mme de *La Vieuville*, demeurans à Gerbéviller, appelans. *S. l., n. n., n. d.* 26 pages, in-4°. Br.

7366. RÉPONSE de M. *Hamelin*, au second mémoire imprimé par Madame de *La Vieuville*. Nancy, *Haener et Delahaye*, *s. d.* 28 pages, in-4°. Br.

7367. OBSERVATIONS pour M° Georges-Marie *Hamelin*, avocat, sur le mémoire imprimé de madame de *La Vieuville*. Nancy, *Haener et Delahaye*, *s. d.* 31 pages, in-4°. Br.

7368. MÉMOIRE signifié pour le s^r Antoine-Charles *Rollin*, chanoine de l'église de Toul ..., prieur commendataire de *Lay-Saint-Christophe*, défendeur ; contre les religieux bénédictins du même prieuré, demandeurs ; le supérieur et les prêtres de la maison royale des Missions de Nancy, adhérans à la demande, et M. Louis-Joseph de *Montmorency-Laval*, évêque de Metz, abbé commendataire de S.-Arnould, aussi défendeur. Nancy, *P. Antoine, P. Barbier*, 1776. 201 pages, in-4°. Br.

7369. PRÉCIS pour les prieur et religieux bénédictins de *Lay-S.-Christophe ;* contre M° *Rollin,* chanoine de l'église de Toul. Nancy, *P. Antoine et P. Barbier,* 1776. 61 pages, in-8°. Br.

7370. MÉMOIRE à consulter pour madame Marie-Anne-Louise *Du Pont*, veuve de M. Pierre-Louis *Le Bègue de Bayecourt*, ancien magistrat ... ; et pour M. Louis-Auguste *Le Bègue de Passoncourt* ..., M^{elles} Thérèse-Charlotte et Marie-Antoinette Le Bègue de Bayecourt ..., lesquels sont appelans ; contre l'administration générale des Domaines, poursuites et diligences de M. le Préfet du département des Vosges ..., laquelle administration est intimée. Nancy, *C.-J. Hissette, s. d.* 70 pages, in-4°. Br.

7371. MÉMOIRE pour les héritiers Le Bègue de Bayecourt ; contre la commune de *Pallegney. Nancy, Thomas, s. d.* 26 pages, in-4°. Br.

7372. MÉMOIRE pour Mme *Lebel* et *Schmit,* avocats à St-Diez ; contre M° *Lemaire,* notaire en la même ville. Nancy, *H. Haener,* 1788. 38 pages, in-4°. Br.

7373. REQUESTE d'employ servant d'établissement aux prétentions du s^r *Le Bœuf de Millet,* écuyer, seigneur d'Ary et Vittonville ; contre Nicolas *Pierron,* fermier des domaines du marquisat de Pont-à-Mousson. *S. l., n. n., n. d.* 12 pages, in-fol. Br.

7374. PRODUCTION nouvelle et supplément à la requeste d'employ, imprimée et signifiée le 28 juillet dernier, pour le s^r Loûis *Le Bœuf de Millet*... ; contre Nicolas *Pierron* ... *S. l., n. n., n. d.* 7 pages, in-fol. Br.

7375. FACTUM pour M° Jean-Baptiste *Gille,* prêtre, curé d'Aix et Affléville, en qualité d'exécuteur testamentaire de deffunt M° Nicolas *Le Brun,* vivant prêtre, curé de Pienne, deffendeur ; contre demoiselle Gabrielle Le Brun, fille majeure, demeurante à Ambly, demanderesse, et encore contre Nicolas *Gillet,* Gilles *Le Blan,* Nicolas *Deschamps,* Jean *Hallot* et consors, intervenans et demandeurs. *S. l., Collignon,* 1723. 54 pages, in-fol. Br.

7376. LECOMTE. La vérité opposée aux détracteurs de J.-B. *Lecomte,* ancien notaire à Bar-le-Duc, par Lecomte. Nancy, *Richard-Durupt,* 1833. 144 et 15 pages, in-4°. Cart.

7377. SUPPLIQUE de Charles-Remy de *Lombillon,* conseiller à la Cour, exerçant les droits de Gabrielle-Catherine *le Febvre,* son épouse. *S. l., n. n., n. d.* 4 pages, in-fol. Br.

7378. MÉMOIRE pour le marquis de *Raigecourt-Gournay* ..., en qualité de tuteur et gardien noble des enfants mineurs, nés de son premier mariage avec la dame Gabrielle-Charlotte de Lenoncourt, sa première épouse, défendeur ; contre la dame, comtesse de *Lenoncourt,* dame et secrète du chapitre de Remiremont, demanderesse. Nancy, *P. Antoine, P. Barbier,* 1771. 24 pages, in-4°. Br.

7379. RÉPONSE de la dame de *Lenoncourt...,* au mémoire du marquis de *Gournay.* Nancy, *P. Antoine, P. Barbier,* 1772. 25 pages, in-4°. Br.

7380. SUPPLIQUE de la communauté des avocats de la Cour de *Nancy*, contre Mᵉ Charles *le Page*, aussi avocat. *S. l., n. n., n. d.* 4 pages, in-fol. Br.

7381. SUPPLIQUE de René *Le Roy*, chevalier, sieur de *Ricarville*, apellant ; contre Mᵉ Nicolas *Trompette*, prêtre, docteur en théologie, curé de *Rambervillers*, les maire et échevins de police dudit lieu, en qualité d'administrateurs de l'hôpital de Rambervillers ; Mᵉ Jean L'Homme, en qualité de tuteur du sieur Alexandre *Hilaire*, et d'exécuteur testamentaire du sieur Bonaventure Canon, Mᵉ Loüis *Parisot*, prêtre et curé de Docelle, tous légataires dudit défunt sieur Canon, intimez. *S. l., n. n., n. d.* 8 pages, in-fol. Rel.

7382. SUPPLIQUE de Jean Lhomme, en qualité de tuteur du sieur Alexandre *Hilaire*, et d'exécuteur testamentaire de défunt le sieur Bonaventure Canon, intimé ; contre le sieur René *Le Roy*, chevalier, sieur de *Ricarville*, apellant. *S. l., n. n., n. d.* 7 pages, in-fol. Rel.

7383. FACTUM pour dame Anne-Marguerite Canon, veuve de messire René *Le Roy*, chevalier, seigneur de *Ricarville* ..., apellante ; contre messire Charles et Joseph René Félix de *Monluc* ... *S. l., n. n., n. d.* 12 pages, in-fol. Rel.

7384. RÉPONSE sommaire pour messires Charles et Joseph René de *Montlut* ..., intimés ; au factum de dame Anne-Marguerite Canon, veuve du sieur de *Ricarville*, apellante. *S. l., J. Antoine, s. d.* 10 pages, in-fol. Rel.

7385. FACTUM pour Mᵉ Nicolas *Morisot*, prestre curé d'Escles, reçeu intervenant au procez d'entre les dames abbesse, doyenne et chapitre de l'église Saint-Pierre de Remiremont, demanderesses en main levée des saisies faites sur les deux tiers des dismes de Lerrin, à elles appartenans ; contre les habitans dudit *Lerrin*, saisissans et deffendeurs, et les habitans de *Vioménil*, appellez en cause. *S. l., n. n., n. d.* 6 pages, in-fol. Br.

7386. MÉMOIRE à consulter pour le sᵣ *Le Tixerant*, géomètre, demeurant à Saint-Mihiel. *Nancy, Leseure*, 1787. 42 pages, in-4°. Br.

7387. SUPPLIQUE des créanciers chrétiens de Samuel *Lévy*, juif, cy-devant détenu en la conciergerie du Palais à Nancy, intimés ; contre les sieurs Dominique *Antoine*, Alexandre *Senturier*, Gérard *Despoulles*, et Alexandre *Ollivier*, syndics, appellans..., Françoise Clavel et Françoise Regnard, femmes d'Alexandre et Mathieu les *Olliviers*, et les directeurs de leurs créanciers, appellans ... *Nancy, P. Antoine*, 1724. 14 pages, in-fol. Cart.

7388. MÉMOIRE pour les créanciers chrétiens de Samuel *Lévy*, contre leurs syndics. *S. l., n. n., n. d.* 2 pages, in-fol. Cart.

7389. RÉPLIQUE pour Samuël *Lévy* ...., appellant ; contre les créanciers chrétiens dudit Samuël Lévy, intimés, et Jacques Merle, marchand à Amsterdam, intervenant. *S. l., n. n., n. d.* 29 pages, in-fol. Cart.

7390. RÉPONSES de Samuel *Lévy* ..., défendeur, aux contredits des syndics de ses créanciers chrétiens, demandeurs. *S. l., J.-B. Cusson, s. d.* 46 pages, in-fol. Cart.

7391. RÉPONSE de Samuël *Lévy*, aux écritures des sᵣˢ *Antoine*, *Despoulles* et *Seinturier*. *S. l., n. n., n. d.* 10 pages, in-fol. Cartonné.

7392. MÉMOIRE pour Mᵉ Nicolas *Liffort*, avoué près le tribunal civil de première instance de Nancy ; contre M. le procureur général près la Cour royale de Nancy. *S. l., C.-J. Trouvé, s. d.* 31 pages, in-4°. Br.

7393. SUPPLIQUE de Claude-Lamoral-Hyacinthe Ferdinand, prince de *Ligne* et du Saint-Empire, marquis de Moï et de Dormant, baron de Trelou, vicomte de Vincelle et de Solly, etc., héritier par bénéfice d'inventaire de M. le marquis de Moï son père , contre le sieur de *Manonville*. *S. l., n. n., n. d.* 20 pages, in-fol. Br.

7394. SUPPLIQUE de Claude-Lamoral-Hyacinthe-Ferdinand, prince de *Ligne* ... ; contre le sieur de *Manonville*. *S. l., n. n., n. d.* 13 pages, in-fol. Br.

7395. SUPPLIQUE de François de Barrois, chevalier comte de Kœurs, baron de *Manonville*, et chambellan de Son Altesse Royale ; contre monsieur le prince de *Ligne*. *S. l., J.-B. Cusson, s. d.* 32 pages, in-fol. Br.

7396. CONSULTATION de messieurs Rulland, Saindidier, Vannier et Pagel, avocats au parlement de Metz, pour le sieur de *Manonville*; contre M. le prince de *Ligne*, daté de Metz du 17 janvier 1727. *S. l., J.-B. Cusson, s. d.* 16 pages, in-fol. Br.

7397. FACTUM pour messire Alexandre de *Tissard*, marquis de *Rouvre*, au nom et comme poursuivant les droits de dame Claude de Simony son épouse, et ci-devant veuve d'Antoine de Ligniville, intervenant; contre messire Jean-Jacques de *Ligniville...* opposant, demandeur..., messire Bernard de *Rheims*, chevalier, seigneur de Lorry..., et les directeurs des créanciers de feu Antoine de Ligniville, défendeurs. *S. l., J.-B. Cusson, s. d.* 7 pages, in-fol. Br.

7398. FACTUM pour messire Antoine Bernard de *Rheims*, chevalier, seigneur de Lory, Barisey..., défendeur...; contre messire Jean-Jacques de *Ligniville*..., opposant et demandeur..., et les syndics des créanciers de feu messire Antoine de Ligniville, défendeurs; messire François de Ligniville, aussi défendeur et défaillant... *S. l., J.-B. Cusson, s. d.* 20 pages, in-fol. Br.

7399. RÉPLIQUE de messire Jean-Jacques comte de *Ligniville* d'Autricourt..., demandeur; contre messire Antoine Bernard de *Rheims*, seigneur de Lorry..., et les syndics des créanciers de feu Antoine de Ligniville, défendeurs. *S. l., J.-B. Cusson, s. d.* 22 pages, in-fol. Br.

7400. FACTUM pour les directeurs et syndic des créanciers de feu messire Antoine de Ligniville..., deffendeurs...; contre messire Jean-Jacques de *Lignéville*..., opposant et demandeur...; messire Antoine Bernard de *Rheims*, chevalier seigneur de Lory, etc., pareillement deffendeur...; et messire Alexandre de *Tissart*, marquis de *Rouvre*, au nom et comme poursuivant les droits de dame Claude de Simony son épouse, ci-devant veuve dudit sieur Antoine, comte de Lignéville, intervenant. *S. l., N. Baltazard, s. d.* 19 pages, in-fol. Broché.

7401. SUPPLIQUE des supérieur et religieux Prémontrez de *Paret-sous-Montfort*; contre M. le maréchal de *Ligniville. S. l., J.-B. Cusson, s. d.* 14 pages, in-fol. Cart.

7402. SUPPLIQUE des supérieur et religieux Prémontrez de *Paret-sous-Montfort*; contre M. le maréchal de *Ligniville. S. l., J.-B. Cusson, s. d.* 16 pages, in-fol. Br·

7403. FACTUM pour les supérieur et religieux Prémontrez de *Paret-sous-Montfort*, défendeurs...; contre messire Melchior comte de *Ligniville*, conseiller d'État, maréchal de Lorraine..., demandeur. *S. l., J.-B. Cusson, s. d.* 24 pages, in-fol. Br.

7404. SUPPLIQUE de César *Rollet*, bourgeois de Nancy, demandeur...; contre Jean *Limouse*, marchand boucher, bourgeois de la même ville, défendeur. *S. l., J.-B. Cusson, s. d.* 10 pages, in-fol. Br.

7405. PRÉCIS pour... les comtesses de *Linange-Dabo-Heidesheim*; contre Me *Tassin*, suppléant les fonctions de substitut de M. le procureur général au bailliage de Schambourg, Me *Morel*, et autres parties. *Nancy, P. Antoine et P. Barbier,* 1773. 19 pages, in-4°. Rel.

7406. REMONTRANCE des doyen, chanoines et chapitre de l'église collégiale de Saint-Euchaire de *Lyverdun*, diocèse de Toul, et les habitans et communauté de la même ville; contre l'évêque de *Toul*, et le séminaire de ladite ville. *S. l., C. Huguier, s. d.* 68 pages, in-fol. Br. Voy. n° 6428.

7407. SOMMATION (Troisième) faite à monseigneur l'Évesque de *Toul* et à monsieur son official, de faire justice aux bourgeois et habitants de *Liverdun*, contre la conduite irrégulière de leur curé. *S. l., n. n., n. d.* 10 pages, in-4° Br.

7408. MÉMOIRE pour Madame Edmé, comtesse de *Ténar-Viller*, dame et secrette de l'insigne église collégiale et séculière de Saint-Pierre de Remiremont...; contre le sieur Étienne-Julien *Locquet-de-Grandville*, comte de Marainville..., et dame Claude-Charlotte de Rune, veuve de feu le sieur Gaston, comte du *Hautoy*, marquis de Clémery... *Nancy, P. Antoine,* 1744. 63 pages, in-fol. Br.

7409. PRÉCIS pour Adam comte de *Lœwenhaupt*..., maréchal des camps et armées du roi..., défendeur sur la demande **en séparation de la dame son épouse.**

Nancy, P. Antoine et P. Barbier, 1772. 29 pages, in-4°. — Précis pour madame la comtesse de *Lewenhaupt*, née baronne de *Sainclaire. Nancy, S. Bachot*, 1772. 64 pages, in-4°. Rel.

7410. RÉPONSE de M. le comte de *Lœwen-haupt*, au dernier mémoire de la dame son épouse. *Nancy, P. Antoine et P. Barbier*, 1773. 33 pages, in-4°. — Supplément pour M. le comte de Lœwenhaupt. *Ibid.* 23 pages, in-4°. Rel.

7411. SUPPLIQUE de Charles-Remy de *Lombillon*, conseiller à la Cour, à cause de Catherine-Gabriëlle Le Febvre son épouse ; contre les sieurs et dames de *Saint-Germain. Nancy, N. Baltazard*, 1735. 8 pages, in-fol. Br.

7412. ACTES, pièces et procès de très-illustre, hault et puissant prince et seigneur Christophe, duc de *Wirtemberg* et Teck, comte de Montbelliard, etc. ; contre damoiselle Françoise de *Longvy*, dicte de *Rye*, et messire Girard de *Rye*, seigneur de Balançon, dame Louyse de *Longvy* sa femme, et messire Marc de Rye, sieur de Dicey, tant en son nom qu'au nom de Claude-François de Rye entrant. *S. l., n. n., n. d.* 872 pages, in-fol. Rel.

7413. MÉMOIRE pour prouver que l'action en retrait lignager du comté de Ligny, formée par M. le duc de *Châtillon* ; contre Son Altesse Royale Monseigneur le duc de *Lorraine* et de *Bar*, est sans fondement. *Nancy, J.-B. Cusson*, 1719. 8 pages, in-fol. Br.

7414. SUPPLIQUE de Paul-Sigismond de *Montmorency-Luxembourg*, duc de *Châtillon*, su sujet de la vente du comté, châtellenie et prévôté de Ligny et de Saulx, situez en Barrois..., à M. le duc de *Lorraine*, par messire Charles-François-Frédéric de Montmorency, duc de Luxembourg et de *Piney*, son frère. *S. l., n. n., n. d.* 40 pages, in-4°. Br.

7415. MÉMOIRE pour Monsieur le duc de *Lorraine*, demandeur en requeste d'opposition ; contre madame la maréchalle duchesse doüairière de *Luxembourg*, deffenderesse. *S. l., L. Collin, s. d.* 24 pages, in-fol. Br.

7416. FACTUM. (Sommaire du) de Monsieur le duc de *Lorraine*, opposant à l'exécution d'un arrest obtenu par Madame la duchesse doüairière de *Luxembourg. S. l., L. Sevestre, s. d.* 4 pages, in-fol. Br.

7417. MÉMOIRE pour les abbez et religieux Bénédictins des monastères de *Lorraine*, contre les prétentions des abbez et religieux chanoines Réguliers du même païs, touchant la préséance dans les cérémonies publiques, tant ecclésiastiques que civiles, sur lesdits abbez et religieux Bénédictins. *S. l., n. n., n. d.* 10 pages, in-fol. Br.

7418. RÉPONSE des chanoines Réguliers de *Lorraine*, à la réplique des RR. PP. Bénédictins, touchant la préséance... *S. l., n. n., n. d.* 48 pages, in-fol. Br.

7419. RÉPONSE des chanoines Réguliers de *Lorraine*, au mémoire des abbés et religieux Bénédictins des mêmes états, touchant la préséance... *S. l., n. n.*, 1699. 68 pages, in-4°. Br.

7420. RÉPLIQUE des abbez et religieux Bénédictins de *Lorraine* et Barrois, aux réponses des chanoines Réguliers des mêmes païs, au sujet de la préséance... *S. l., n. n., n. d.* 118 pages, in-fol. Br.

7421. APOSTILLES sur la dernière réponse des chanoines Réguliers, à la réplique des RR. PP. Bénédictins. *S. l., n. n., n. d.* 52 pages, in-4°. Br.

7422. RÉPONSE des chanoines Réguliers de *Lorraine*, aux apostilles des RR. PP. Bénédictins, touchant la préséance. *S. l., n. n.*, 1700. 43 pages, in-4°. Br.

7423. RÉFLEXIONS sur l'escrit qui a paru depuis peu contre les Réguliers. *S. l., n. n., n. d.* 20 pages, in-4°. Br.

7424. MÉMOIRE pour M. l'évêque de Toul, et le clergé séculier de Lorraine, contre les chanoines Réguliers de *Lorraine*, contre les chanoines Réguliers de la Congrégation de Notre-Sauveur, ou dissertation historique, théologique et canonique, sur la capacité prétendue par les chanoines Réguliers aux bénéfices séculiers, par un prêtre séculier du diocèse de Toul, docteur en théologie, chanoine, etc. *Nancy, C. Leseure*, 1765. 388 pages, in-4°. Br.

7425. ACTE d'APPEL interjetté par le procureur général de *Lorraine* et Barrois, de l'exécution du bref du 22 septembre dernier, rendu contre l'ordonnance de Son Altesse Royale du mois de juillet 1701. De Notre Saint Père le Pape Clément XI, mal informé, à Notre Saint Père le Pape lorsqu'il sera mieux informé, avec l'arrêt d'enregistrement d'icelui. *Nancy, P. Barbier,* 1703. 17 pages, in-4°. Br.

7426. FACTUM pour les provincial et religieux du *Tiers-Ordre* de Saint-François, de la province de France et Lorraine, appellans comme d'abus des sentences renduës par M. l'évêque de Toul ..., les 2 et 9 août 1672, et demandeurs en requête du 12 octobre dernier ; contre les doyen d'*Espinal*, curé de *Charmes*, celui de *Frizon*, etc., inthimés et deffendeurs. *S. l., n. n., n. d.* 4 pages, in-4°. Rel.

7427. FACTUM (Réponse au) composé par les ... frères, pères Jean Damascène et Barthélemy, religieux *Tiercelins,* pour les provincial et religieux du Tiers-Ordre de S.-François de la province de France et et Lorraine, appellans ...; contre les doyen d'*Espinal*, curez de *Charmes*, celuy de *Frizon*, etc., inthymez et deffendeurs. *S. l., n. n., n. d.* 8 pages, in-4°. Br.

7428. FACTUM (Supplément au) des *Capucins* de Lorraine ...; contre le F. *Dorothée,* provincial des capucins de la province de Paris ... *S. l., n. n., n. d.* 58 pages, in-12. Demi-rel.

7429. ARRÊTÉ... Très-humbles... remontrances faites au roi (par la Cour souveraine, au sujet de la suppression d'un mémoire justificatif pour elle), le 13 septembre 1759. *S. l., n. n., n. d.* 11 pages, in-4°. Br.

7430. ARREST de la Cour souveraine de Lorraine et Barrois, qui ordonne l'enregistrement d'une déclaration du roi, concernant les quatre chapitres de Dames chanoinesses de Lorraine ... *Nancy, Charlot, père et fils,* 1761. 9 pages, in-4°. Cart.

7431. ARREST du conseil d'État du roi, concernant l'admission aux dignités et prébendes dans les quatre chapitres de Dames, situés en Lorraine, du 23 avril 1765. *Nancy, Charlot. père et fils, s. d.* 4 pages, in-4°. Rel.

7432. MÉMOIRE pour les tanneurs-fabricants de Lorraine et du Barrois ; contre la Ferme-générale. S. *l., Vve Hérissant,* 1777. 22 pages, in-4°. Br.

7433. LETTRE à un amy, touchant les sentences de monsieur l'official de *Toul,* contre les curez de *Veroncour* et de *Lorrey.* S. *l., n. n., n. d.* 27 pages, in-4°. Br.

7434. ARRÊT (L') de la Cour souveraine de Nancy, au sujet de l'excommunication du curé de *Veroncour* et de la suspense du curé de *Lorrey*, avec de petites notes sur l'exposé et les réquisitions de M. le procureur général. *S. l., n. n., n. d.* 8 pages, in-4°. Br.

7435. PROTESTATION faite par les officiers de la cour ecclésiastique de *Toul,* contre l'arrêt du 20 juin rendu par la Cour souveraine de Nancy, sur l'ex-communication du curé de *Veroncour,* et la suspense du curé de *Lorrey.* S. *l., n. n., n. d.* 25 pages, in-4°. Br.

7436. LETTRE d'un théologien au curé de **, doyen rural de **, en Lorraine, touchant les sentences de M. l'official de *Toul,* contre les curez de *Veroncourt* et de *Lorrey.* S. *l., n. n., n. d.* 91 pages, in-4°. Br.

7437. LETTRE (Seconde) d'un théologien, au curé de ***, doyen rural ***, en Lorraine, dans laquelle on réplique à la suite de la réponse etc., au sujet des censures prononcées contre les curez de *Veroncourt* et de *Lorrey.* S. *l., n. n., n. d.* 78 pages, in-4°. Br.

7438. RÉFUTATION de la lettre d'un théologien au curé de ***, doyen rural de ***, en Lorraine, touchant les sentences de M. l'official de *Toul,* contre les curez de *Veroncourt* et de *Lorrey.* S. *l., n. n., n. d.* 24 pages, in-4°. Br.

7439. LETTRE à un amy, touchant les sentences de M. l'official de *Toul,* contre les curez de *Veroncourt* et de *Lorrey.* S. *l., n. n., n. d.* 48 pages, in-4°. Br.

7440. RÉPONSE à la lettre écrite à un ami, touchant les sentences de M. l'official de *Toul,* contre les curez de *Veroncour* et de *Lorrey. S. l., n. d., n. d.* 27 pages, in-4°. Br. — Suite de la réponse à la lettre ... *Ibid.* 36 pages, in-4°. Br.

7441. PRÉCIS pour la commune de *Lorrey*, appelante ; contre le domaine de l'État, intimé. *Nancy, Dard, s. d.* 16 pages, in-fol. Br.

7442. REMARQUES sur l'acte du 24 may 1652, fait en forme de finits de compte, que le s^r de *Lorry* a fait signer au s^r de *Reims*, son frère, et qu'il ente au milieu du compte qu'il prétend luy avoir rendu de sa tutelle. *S. l., n. n., n. d.* 12 pages, in-4° Br.

7443. MÉMOIRE pour dame Louise-Geneviève Morand, veuve du sieur *Louis* ; contre les officiers municipaux de la ville de *Thionville. Metz, J. Antoine, s. d.* 34 pages, in-fol. Br.

7444. PRÉCIS signifié pour M° Jean-Joseph *Risch*, prêtre et curé de la paroisse Saint-Simplice de cette ville (Metz), accusé ; contre M° Jean-Joseph *Louys*, prêtre de ce diocèse, accusateur et plaignant ; contre la nommée Barbe *Marchand*, M° Jean-Claude *Pierre*, prêtre et vicaire de la même paroisse, M° Gabriel-Honoré *Gravelotte*, prêtre, curé de Courcelle-sur-Nied, André *Petit-Mangin*, marguillier de ladite paroisse, et Marguerite *Lainel*, sa femme, et Anne *Thomas*, femme de Nicolas *Marchand*, aussi tous accusés. *Metz, J. Collignon, s. d.* 47 pages, in-fol. Rel.

7445. SUPPLIQUE de M° Jean-Joseph *Risch* ... ; contre M° Jean-Joseph *Louys* ... ; contre la nommée Barbe *Marchand*, M° Jean-Claude *Pierre* ..., M° Gabriel-Honoré *Gravelotte* ..., André *Petit-Mangin* ..., et Marguerite Lainel sa femme, et Anne Thomas, femme de Nicolas *Marchand*.... *Metz, P. Antoine,* 1749. 64 pages, in-fol. Rel.

7446. SUPPLIQUE de Anne Thomas, femme de Nicolas *Marchand* ... ; contre M° Jean-Joseph *Louis* ... *Metz, J. Collignon, s. d.* 12 pages, in-fol. Rel.

7447. MÉMOIRE pour M° Jean-Joseph *Louys* ... ; contre la nommée Barbe *Marchand*, M° Jean-Joseph *Risch* ..., M° Jean-Claude *Pierre* ..., André *Petit-Mengin* ..., et Marguerite Lainel sa femme, et Anne Thomas, femme de Nicolas *Marchand*, et encore contre M° Gabriël-Honoré *Gravelotte* ... *Metz, J. Antoine, s. d.* 71 pages, in-fol. Rel.

7448. MÉMOIRE (Second) pour M° Jean-Joseph *Louys* ..., ; contre la nommée Barbe *Marchand*, M° Jean-Joseph *Risch* ..., M° Jean-Claude *Pierre* ..., André *Petit-Mangin* ..., et Marguerite Lainel, sa femme, et Anne Thomas, femme de Nicolas *Marchand* ; et encore contre M° Gabriel-Honoré *Gravelotte* ... *Metz, J. Collignon, s. d.* 80 pages, in-fol. Rel.

7449. MÉMOIRE (Addition au second) de M° *Louys*, prêtre du diocèse de Metz. *Metz, J. Collignon, s. d.* 15 pages, in-fol. Relié.

7450. MÉMOIRE pour M° Jean-Claude *Pierre* ... ; contre M° Jean-Joseph *Louis* ... *Metz, J. Collignon, s. d.* 19 pages, in-fol. Rel.

7451. MÉMOIRE (Second) pour M° Jean-Claude *Pierre* ... ; contre M° Jean-Joseph *Louys* ... *Metz, J. Collignon, s. d.* 8 pages, in-fol. Rel.

7452. MÉMOIRE pour Barbe *Marchand* ... ; contre M° Jean-Joseph *Louis* ... *Metz, J. Collignon, s. d.* 38 pages, in-fol. Rel.

7453. RÉPONSE pour Anne Thomas, femme de Nicolas *Marchand* ..., au mémoire de Barbe Marchand ..., et à la réplique de M° Jean-Joseph *Louys* ... *Metz, J. Collignon, s. d.* 12 pages, in-fol. Rel.

7454. MÉMOIRE pour M° Gabriel-Honoré *Gravelotte* ... ; contre M° Jean-Joseph *Louys* ... *Metz, J. Collignon, s. d.* 19 pages, in-fol. Rel.

7455. ARREST du parlement de Metz, qui condamne Barbe *Marchand*, Jean-Joseph *Risch* ..., et autres co-accusés, du 22 décembre 1749. *Metz, F. Antoine, s. d.* 22 pages, in-fol. Rel.

7456. PRÉCIS contenant les faits pour Jean-Joseph *Louis* ..., demandeur en cassation d'un arrêt ... *S. l., Montalant,* 1754. 32 pages, in-4°. Br.

7457. PIÈCES justificatives. Interrogatoires de Barbe *Marchand* et autres. *S. l., n. n., n. d.* 111 pages, in-4°. Rel.

7458. MÉMOIRE pour Jean-Joseph *Louys* ..., demandeur en cassation, et subsidiairement en revision d'un arêt. *S. l., Montalant,* 1754. 142 pages, in-4°. Rel.

7459. MÉMOIRE pour Jean-Joseph *Louys*..., demandeur en cassation d'un arêt... *S. l., Montalant*, 1754. 45 pages, in-4°. Rel.

7460. PRÉCIS pour le sieur Louis-Daniel-Alexandre de *Luc*..., seigneur de Grimont et de Châtillon, appellant; contre les princier, doyen, chanoines et chapitre de l'église cathédrale de cette ville (Metz), intimés ; et encore contre le sieur François-Aimé de *Seillon*, chevalier, seigneur de la Barre, Courcelles - Chaussy, Frécourt, Chieul, Vanny et autres lieux..., et dame Marie-Charles Douglas, son épouse, pareillement intimés. *Metz, J.-B. Collignon*, 1784. 21 pages, in-4°. Br.

7461. RÉPONSE pour les princier, doyen, chanoines et chapitre noble de l'église cathédrale de *Metz*, intimés ; au mémoire imprimé du sieur Louis-Daniel-Alexandre de *Luc*..., seigneur de Grimond et Châtillon, appellant. *Metz, J. Antoine, s. d.* 19 pages, in-4°. Br.

7462. SUPPLIQUE adressée à Messieurs les députés aux assemblées provinciales de la Lorraine, par les propriétaires de la manufacture royale de faïence et terre à pipe de *Lunéville. S. l., n. n., n. d.* 4 pages, in-4°. Br.

7463. PROCÈS des accusés d'avril devant la Cour des pairs, publié de concert avec les accusés. Catégorie de *Lunéville. Paris, Pagnerre*, 1835. 128 pages, in-8°. Br.

7464. MÉMOIRE pour Charles de *Luxembourg*, de *Béon*, chef du nom et des armes de la maison de Luxembourg, demandeur en ouverture de substitution des comté de Ligny et duché de Piney ; contre Charles-François-Frédéric de *Montmorency*, duc et pair de France, gouverneur de Normandie, lieutenant général des armées du roy, défendeur. *S. l., J. Quillau*, 1714. 6 pages, in-fol. Br.

7465. FACTUM pour Charles-François-Frédéric de *Montmorency-Luxembourg*, duc de *Luxembourg*, de Montmorency et de Piney, pair de France, comte de Ligny, gouverneur de la province de Normandie, défendeur ; contre messire Charles de *Béon du Massez*, demandeur. *Paris, J.-B. Coignard*, 1715. 29 pages, in-fol. — Extraict des registres de parlement. *S. l., n. n., n. d.* 8 pages, in-fol. Rel.

7466. FACTUM contenant les principales raisons du procez pour monsieur le duc de *Luxembourg;* contre monsieur *du Massez. S. l., n. n., n. d.* 10 pages, in-fol. Br.

7467. EXTRAICT des régistres de la Cour de parlement au sujet de la défense faite à messire Bernard de *Béon du Massez*, marquis de Boutteville, de porter le nom et armes pleines de la maison de *Luxembourg. S. l., n. n., n. d.* 10 pages, in-fol. Br.

7468. FACTUM ou prolégomène de la tyrannomanie de révérend père en Dieu messire André *Valladier*..., abbé de Sainct-Arnoul ; contre Lazare de *Selve*, le gros Coulas Pansecy, dict *Maghin*, et aultres leurs complices persécuteurs de l'abbaye de Sainct-Arnoul, et de tout l'ordre ecclésiastique. *S. l., n. n.*, 1618. 167 pages, in-fol. Rel.

7469. INVENTAIRE libellé des pièces produites par messire André *Valladier*..., abbé de S.-Arnoul de Metz ; contre les calumnies et attentats de maistre Lazare de *Selve*, des *Maghins* père et fils, et leurs consors. *S. l., n. n., n. d.* 71 pages, in-4°. Relié.

7470. MÉMOIRE pour le sieur Thomas *Margueron*, avocat à la Cour, rendant compte ; contre Dieudonné *Magot*, oyant compte. *Nancy, Lescure*, 1746. 15 pages, in-fol. Br.

7471. EXTRAIT pour les abbé, prieur et religieux de *Clair-lieu*, défendeurs; contre messire Ignace de *Mahuet* ..., comte de *Lupcourt*..., et les maire, habitans et communauté dudit Lupcourt, demandeurs ..., messire Louis de *Ludre*, chevalier, comte d'Afrique, seigneur dudit Ludre, etc., et les maire, habitans et communauté du même lieu, pareillement défendeurs. *Nancy, J.-B. Cusson, s. d.* 20 pages, in-fol. — Supplément. *Ibid.* 7 pages, in-fol. Br.

7472. FACTUM pour messire Charles-Ignace de *Mahuet*..., seigneur du Vermois, dont Lupcourt fait partie..., comme ayant repris l'instance au lieu et place de feu monsieur le baron de Mahuet, son père ; à luy joint les habitans et communauté de *Lupcourt*... ; contre les abbé, prieur et religieux de *Clairlieu*..., et encore contre messire Louis de *Ludre*..., et les habitans et communauté du même lieu... *S. l., D. Gaydon*, 1718. 20 pages, in-fol. Br.

7473. SUPPLIQUE de Charles-Ignace de *Mahuet*..., comte de *Lupcourt*...; contre les habitants de *Ville-en-Vermois. Nancy, *P. Antoine, s. d.* 34 pages, in-fol. Br.

7474. SUPPLIQUE des habitans et communauté de *Ville-en-Vermois*; contre messire Charles-Ignace de *Mahuet*, comte de *Lupcourt*... *S. l., n. n., n. d.* 10 pages, in-4°. Br.

7475. FACTUM pour messire Marc-Antoine de *Mahuet*, baron du Saint-Empire, seigneur de *Lupcourt*..., et les habitants et communauté de Lupcourt...; contre le sieur Edme-Chrétien *Philbert*, seigneur foncier de Gérardcourt..., et les habitants et communauté de *Gérardcourt*...; contre messire Loüis-Joseph, marquis de *Beauvau*, seigneur de Fléville..., et les habitants et communauté de *Fléville... Nancy, P. Barbier, s. d.* 16 pages, in-fol. Br.

7476. SUPPLIQUE de Charles-Ignace, baron de *Mahuet* et de Drouville, comte de *Lupcourt*, seigneur haut-justicier et moyen pour la plus grande partie d'Ohéville, et foncier pour le tout..., comme ayant pris le fait et cause en défense des habitans et communauté de Courbessaux...; contre messire Gabriel *Dumesnil*, seigneur voué haut-justicier et moyen pour deux sixièmes d'Ohéville..., et les sieurs *Darnolet*, de *Beaufort* et *Dubois*, aussi seigneurs vouëz hauts-justiciers et moyens en partie du même lieu d'Ohéville... *S. l., J.-B. Cusson, s. d.* 43 pages, in-fol. Br.

7477. SUPPLIQUE de Gabriel *Dumesnil*...; contre messire Charles-Ignace, baron de *Mahuet* et de Drouville, comte de *Lupcourt*..., et encore contre les sieurs *Darnollet*, de *Beaufort* et *Dubois*, seigneurs en partie d'Ohéville... *S. l., J.-B. Cusson, s. d.* 30 pages, in-fol. Br.

7478. ANALYSE, par ordre de dattes, des titres produits par le sʳ comte de *Lupcourt*, au procès indécis au conseil...; contre le sieur *Duménil*..., qui prétend avoir les deux tiers et demi dans la totalité de la haute et moyenne justice d'Ohéville... *S. l., n. n., n. d.* 15 pages, in-fol. Br.

7479. ANALYSE servant de contredits particuliers de la part du sieur comte de *Lup-

court*, des titres du sieur *Duménil*, par ordre de dattes, produits par luy dans le procès indécis entre eux au conseil... *S. l., n. n., n. d.* 16 pages, in-fol. Br.

7480. MÉMOIRE pour M. *Perreney du Magny*, écuyer, seigneur du Magny, d'Aubigny et Escutigny; contre M. de *Maleteste*, conseiller au parlement de Bourgogne, seigneur de Villey, etc. *Nancy, C.-S. Lamort*, 1776. 24 pages, in-4°. Rel.

7481. MÉMOIRE pour le sieur Pierre de *Mallac de Palais*, chevalier, seigneur de Belle-Fontaine..., le sieur Pierre Fondel de Fontanière, écuyer; le sieur Hyacinte Diverlange..., en qualité de tuteur et curateur des enfans mineurs dudit sieur de Palais, et de feuë dame Élisabeth Dumont, son épouse, auparavant veuve du sieur Jean-Baptiste Vienot...; contre Mᵉ Jacques-François *Vienot*..., fils unique et aîné du premier mariage de la dame Dumont avec ledit sieur Jean-Baptiste Vienot... *Nancy, J.-B. Cusson*, 1731. 16 pages, in-fol. Rel.

7482. MÉMOIRE pour M. *Zimmermann*, à l'occasion de sa poursuite en contrefaçon, contre M. *Malҭaës*, et du jugement qui le déboute de sa demande, par M. J. Nicklès, professeur à la Faculté des sciences de Nancy... *Nancy, Vᵛᵉ Nicolas*, 1862. 34 pages, in-4°. Br.

7483. SUPPLIQUE de Antoine-François *Mangienne*, conseiller du roy, lieutenant particulier du siège royal de la maîtrise des eaux et forêts de Metz...; contre M. le procureur général de la réformation... *Metҭ, Vᵛᵉ B. Antoine, s. d.* 13 pages, in-fol. Br.

7484. AFFAIRE de Jean-Baptiste *Marchal*, curé de Ludres. *Nancy, Lepage, s. d.* 15 pages, in-8°. Br. Voy. n° 4430.

7485. SENTENCE qui annulle le testament de Pierre *Marchal*, dit *Dujard*, marchand bourgeois de Nancy. *S. l., n. n., n. d.* 4 pages, in-fol. Br.

7486. RECOURS (Pièces à l'appui du) formé par MM. Lallemand et consorts, contre l'arrêté du conseil de préfecture du département de la Moselle, en date du 23 juillet 1860. (Décret impérial du 19 mars 1859, qui a autorisé MM. Aimé-François *Mar-

chal et Germain-François Marchal, à ajouter à leur nom patronymique : *de Corny*, et à s'appeler à l'avenir Marchal de Corny). *S. l., A. Guyot et Scribe, s. d.* 44 pages, in-4°. Cart.

7487. MÉMOIRE pour Joseph-Morquin *Marchand*, bourgeois de Mircourt, intimé ; contre M° Nicolas-François Marchand, ancien tabellion en la même ville, appellant..., et Joseph *Moitessier*, demeurant à Montureux-le-Sec, pareillement intimé. *Nancy, P. Antoine,* 1743. 13 pages, in-fol. Br.

7488. MÉMOIRE pour Philippe *Rennepont* et consors; contre le sieur *Marien. Nancy, J.-J. Haener,* 1754. 21 pages, in-fol. Rel.

7489. FACTUM pour M. Philipes-Eberhard de Bavière, prince de *Morbac,* abbé et seigneur de *Gorze,* demandeur à fins d'opposition ; contre M° François *Martel* et consors, défendeurs. *S. l., n. n., n. d.* 4 pages, in-fol. Rel.

7490. MÉMOIRE pour M° Simon *Rollin,* vicaire perpétuel de Moriville et Châtel-sur-Moselle, son annexe; contre M° Charles *Martel,* soy disant pourvu du même bénéfice par la voie du concours. *S. l., n. n., n. d.* 5 pages, in-fol. Br.

7491. RÉPONSE pour Dom Benoit *Martin,* prieur titulaire de *Flavigni...,* appellant ; au mémoire de M° Charles *Noël,* curé de *Ludres,* intimé. *Nancy, J. Haener,* 1772. 72 pages, in-4°. Br.

7492. EXTRAIT des régistres du conseil d'État, relatif aux franchises pour les habitans de *Marville,* daté de Versailles du 10 avril 1708. *S. l., n. n., n. d.* 7 pages, in-4°. Br.

7493. MÉMOIRE justificatif pour le s° *Masson,* cy-devant chargé par feu S. A. R. de plusieurs affaires concernant l'administration de ses finances, daté de Nancy du 30 novembre 1729. *S. l., n. n., n. d.* 29 pages, in-fol. Br.

7494. MÉMOIRE pour le sieur *Maujean,* conseiller honoraire au présidial, maître échevin de la ville de Metz, et syndic provincial des Trois Évêchés et du Clermontois. *S. l., n. n., n. d.* 7 pages, in-4°. Br.

7495. PLAIDOYÉ pour M° Claude-George *Mathieu,* écuyer, seigneur de *Moulon,* avocat en la Cour souveraine, appellant ; contre M. Jean-François *Tervenus,* écuyer, seigneur d'Étreval et autres lieux, intimé. *Nancy, P. Antoine,* 1737. 27 pages, in-fol. Br.

7496. MÉMOIRE pour M. *Tervenus,* servant de réponse à la demande contre lui formée par M. de *Moulon. Nancy, P. Antoine,* 1737. 12 pages, in-fol. Br.

7497. MÉMOIRE (Second) pour M. *Tervenus,* servant de réponse à la réplique de M. de *Moulon. Nancy, P. Antoine,* 1737. 14 pages, in-fol. Br.

7498. MÉMOIRE pour M° Claude-George *Mathieu* de Moulon, servant de réponse au second mémoire de M. *Tervenus... Nancy, P. Antoine,* 1737. 34 pages, in-fol. Br.

7499. RÉPLIQUE pour M° Claude-George *Mathieu,* écuyer, seigneur de *Moulon... ;* contre M. Jean-François *Tervenus... Nancy, P. Antoine,* 1737. 27 pages, in-fol. Rel.

7500. CONSULTATION faite par monsieur Aubry, avocat au parlement de Paris. (Affaire *Mathieu de Moulon-Tervenus.*) *Nancy, P. Antoine,* 1737. 4 pages, in-fol. Br.

7501. AFFAIRE du lieutenant de *Mercy.* Juridiction militaire. 2° conseil de guerre de la 8° division, séant à Lyon. Résumé de la défense... *Lyon, J.-B. Pélagaud, s. d.* 28 pages, in-4°. Cart.

7502. MÉMOIRE pour dom François-Joseph d'*Étrepy,* prêtre profès de l'ordre de Cisteaux, et prieur de l'abbaye de Nôtre-Dame de Pontifroid du même ordre; contre le substitut de M. le procureur général au bailliage de Metz, le sieur Sébastien *Maréchal,* préposé aux fonctions des offices d'œconomes séquestres et de leurs controlleurs, et encore contre les dames abbesse et religieuses du Petit-Clairvaux de *Metz,* ordre de Cisteaux. *S. l., F. Antoine,* 1741. 44 pages, in-fol. Br.

7503. MÉMOIRE (Second) pour les dames abbesse et chanoinesses de Saint-Pierre et de Sainte-Marie de *Metz* ; contre M. l'Évêque de Metz. *S. l., Vve A. Knapen,* 1741. 40 pages, in-fol. Rel.

7504. MÉMOIRE pour le chapitre de Saint-Louis de Metz. *S. l., n. n., n. d.* 60 pages, in-4°. Br.

7505. MÉMOIRE pour les sieurs *Verdun, Regnault* et compagnie, fermiers des bois du prieuré de Saint-Quirin ; *contre les* sieurs *Lanfrey, Mena* et compagnie, entrepreneurs des verreries de Saint-Quirin ; M. l'abbé de *Saint-Ignon*, prieur-commendataire de Saint-Quirin ; les dames abbesse, doyenne et chanoinesses du chapitre de Saint-Louis de *Metz*, et les sieurs *Saint-Mihiel* et compagnie, entrepreneurs des forges de Framont, en la principauté de Salm-Salm. *S. l., G. Desprez,* 1775. 119 pages, in-4°. Br.

7506. REQUESTE des pères Jacobins de la ville de *Metz*, demandeurs ; contre les prieur et religieux de l'abbaye royale de Saint-Arnould de la même ville, défendeurs. *S. l., n. n., n. d.* 7 pages, in-4°. Br.

7507. MÉMOIRE signifié pour les prieur, procureur et religieux... de l'abbaye royale de Saint-Arnould de *Metz*..., opposans à un arrêt de cassation ; contre le frère Pierre *Tiroux*..., de la congrégation de Saint-Vanne, défendeur. *S. l., D'Houry,* 1783. 91 pages, in-4°. Cart.

7508. MÉMOIRE pour les prieur et religieux de l'abbaye royale de Saint-Arnould de la ville de *Metz*, ordre de Saint-Benoist ; *contre les frères Prêcheurs de la même ville. S. l., n. n., n. d.* 50 pages, in-4°. Br.

7509. MÉMOIRE pour les prieur et religieux de l'abbaye royale de Saint-Arnould de *Metz*, ordre de Saint-Benoist, deffendeurs ; contre les pères Jacobins de la même ville, demandeurs. *S. l., P. Emery, s. d.* 4 pages, in-fol. Br.

7510. MÉMOIRE signifié pour les abbé, prieur et religieux de l'abbaye de S.-Vincent, de la ville de *Metz*..., demandeurs ; contre les maître échevin et officiers de l'hôtel commun de la ville de Metz, prenant le fait et cause des propriétaires-possesseurs des vignes dans l'étenduë de la paroisse de *S.-Julien*, près la ville de Metz, défendeurs. *S. l., Moreau,* 1741. 16 pages, in-fol. Rel.

7511. MÉMOIRE pour les prieur et religieux de l'abbaye de Saint-Clément de *Metz*.,., appellans ; contre M° Dominique *Thiébaut*, prêtre, vicaire perpétuel de la paroisse de Magny et ses annexes, intimé ; et encore contre messire Claude-François de *Besse de la Richardie*..., abbé commendataire de l'abbaye de Saint-Clément... *S. l., F. Antoine,* 1746. 22 pages, in-fol. Br.

7512. PRÉCIS de la question pour M° Charles-Cuny *Robinet*, prêtre, curé de la paroisse St-Laurent de Pont-à-Mousson... ; contre les grand doyen, chanoines et chapitre de l'église cathédrale de *Metz*... ; et encore contre Jacques *Villemin* et Pierre *Roger*, bourgeois de Pont-à-Mousson ... *Nancy, P. Antoine,* 1723. 13 pages, in-fol. Br.

7513. PRÉCIS pour les princier, doyen, chanoines et chapitre de l'église cathédrale de *Metz* ; contre les héritiers de feu le sr *Du Croiset*, vivant curé de Nommeny, et le curé actuel dudit Nommeny ; et encore contre les abbé, prieur et religieux de l'abbaye de St-Symphorien de Metz. *Nancy, L. Beaurain,* 1764. 26 pages, in-4°. Rel.

7514. ARREST célèbre de la Cour de parlement, qui maintient et confirme les abbez commendataires des quatre abbayes de l'ordre de Saint-Benoît de la ville de *Metz*, dans le droit et la possession de recevoir les honneurs dans leurs églises, par préférence au chapitre de la cathédrale de la même ville, qui y va en station ; et qui maintient encore les religieux des mêmes abbayes dans le droit et la possession qu'ils ont d'occuper la droite du chœur de leurs églises, pendant les stations. *S. l., n. n.,* 1713. 59 pages, in-4°. Br.

7515. MÉMOIRE pour les princier, doyen, chanoines et chapitre de l'église cathédrale de *Metz*... ; contre M° Jean-Loüis *Le Seur*, prêtre, chanoine de la même église... *Metz, Vve B. Antoine, s. d.* 34 pages, in-fol. Rel.

7516. RÉPLIQUE servant de réponse au mémoire du chapitre, pour M° Jean-Loüis *le Seur*, prêtre, chanoine de l'église cathédrale de *Metz*... ; contre les princier, doyen, chanoines et chapitre... *Metz, Vves J. et P. Collignon, s. d.* 29 pages, in-fol. — Requête. *Metz, Vve B. Antoine, s. d.* 18 pages, in-fol. Rel.

7517. MÉMOIRE pour M⁰ Jean-Louis *Leseur,* prêtre-chanoine de l'église cathédrale de *Metz*... ; contre les princier, doyen, chanoines et chapitre... *Nancy, Leseure, s. d.* 27 pages, in-fol. Rel.

7518. PRÉJUGÉ (Nouveau) pour M⁰ Jean-Louis *Leseur,* prêtre-chanoine de l'église cathédrale de *Metz*... ; contre les princier, doyen, chanoine et chapitre... *Nancy, Leseure, s. d.* 7 pages, in-fol. Br.

7519. PIÈCES justificatives des faits exposés dans la requête du chapitre de *Metz*, contenant sa demande en cassation des arrêts du parlement de la même ville, des 14, 15 et 18 juin 1759. *S. l., P. Al. Le Prieur,* 1759. 16 pages, in-4°. Br.

7520. SOMMAIRE des XXIII demandes respectives qui sont à juger au conseil pour M⁰ Jean *Du Moulin,* prestre ..., primicier de l'église de Mets ; contre Monsieur l'archevesque d'Ambrun, évesque de *Mets,* et contre le chapitre de la mesme église. *S. l., n. n., n. d.* 38 pages, in-fol. Br.

7521. PRÉCIS pour les Trois-Ordres de la ville de *Metz*; contre le supérieur du petit séminaire de la même ville. *Metz, J. Collignon, s. d.* 8 pages, in-fol. Rel.

7522. CONSULTATION de quatre fameux avocats du Parlement de *Metz,* sur la question de sçavoir si le retrait féodal, doit être admis dans l'évêché de Metz, quoiqu'il n'en soit pas parlé dans la coutume, datée de Metz, du 20 may 1720. *S. l., J.-B, Cusson, s. d.* 6 pages, in-fol. Br.

7523. REQUESTE présentée au conseil par les adjudicataires des bois de l'évêché de *Metz,* en cassation du jugement rendu par les officiers de la réformation des bois dudit évêché. *S. l., Vve A. Knapen,* 1741. 20 pages, in-fol. Br.

7524. MÉMOIRE en réponse à la demande faite par la ville de *Metz* de l'acensement perpétuel des forges royales de *Moyeuvre,* en Lorraine. *S. l., n. n., n. d.* 62 pages. in-8°. Br.

7525. EXPOSÉ de la conduite de M. Cunin dans l'affaire de la ville de *Metz,* contre le sieur Dehaut. *Metz, C. Dosquet, s. d.* 22 pages, in-4°. **Br.**

7526. ABRÉGÉ du procès fait aux juifs de *Metz.* Avec trois arrets du Parlement qui les déclarent convaincus de plusieurs crimes, et particulièrement Raphaël Levy, d'avoir enlevé sur le grand chemin de Metz à Boulay, un enfant chrestien âgé de trois ans : pour réparation de quoy il a esté brûlé vif le 17 janvier 1670. *Paris, F. Léonard,* 1670. 96 pages, in-12. Demi-rel.

7527. MÉMOIRE adressé à la chambre des députés des départemens, par des adjudicataires de coupes de bois royaux, pour l'ordinaire 1814, revendues dans le département de la *Meurthe,* de l'autorité du gouvernement des puissances alliées, aussi en 1814. *Nancy, Barbier,* 1818. 34 pages, in-fol. Br.

7528. PRÉCIS pour Jean-Philbert *Michel,* gentilhomme de Laveline, contre les sindic, maire, habitans et communauté dudit lieu. *Nancy, P. Antoine,* 1743. 8 pages, in-fol. Br.

7529. FACTUM pour damoiselle Philbert Michel, femme du sr Camille *Richardot,* médecin... ; contre le sr Jean Albert *Stella de Rascache,* seigneur de Saulny, à cause de dame Marie Michel sa femme..., et damoiselle Elisabet Humbert, veufve du sr Claude *Michel,* receveur d'Arches, en qualité de mère et tutrice de Nicolas et Héleine Michel, enfans mineurs dudit sr Michel et d'elle... *S. l., n. n., n. d.* 7 pages, in-fol. Br.

7530. PLAIDOYER pour Nicolas *Sauvage,* fermier général des domaines de Lorraine et Barrois... ; contre demoiselle Anne-Marie Bouchard, veuve du sr Charles de *Mircourt*..., la dame veuve du sr *Duhautoy* de Vaudoncourt..., ensemble Me Frétaux, avocat exerçant au bailliage de Pont-à-Mousson, en qualité de curateur étably à l'enfant mineur d'Hélène *Lacier,* procréé des œuvres du sr Charles de Mircourt..., et encore Dominique *Udot,* en qualité de père et tuteur de Nicolas Udot, fils mineur procréé de son mariage avec feue Thérèse Deschamps, sœur utérine du même sr de Mircourt... *Nancy, C. Charlot,* 1741. 20 pages, in-fol. Br.

7531. RÉPLIQUE pour le fermier général. (Affaire Sauvage de *Mircourt.*) *Nancy, C. Charlot,* 1741. 12 pages, in-fol. Br.

7532. FACTUM pour les président, conseillers de l'hôtel de ville, bourgeois et communauté de *Mirecourt...*; contre le sieur *Baltazard*, comte de *Ravenel*, seigneur de Mandre..., Nicolas *Chauvin*, Jean et Dominique *Dupuy*, Etienne *Paul*, Joseph *Contrey* et les veuve et héritiers de Joseph *Marot*, tous bourgeois dudit Mirecourt... *S. l., n. n., n. d.* 9 pages, in-fol. Br.

7533. MÉMOIRE pour les officiers municipaux de la ville de *Mirecourt...*; contre le régisseur-général des domaines... *Nancy, C.-S. Lamort*, 1783. 40 pages, in-4°. Br.

7534. DISCOURS de droict sur le faict du procès du sieur Eustache Marie, sieur du *Breuil*, gouverneur de la ville et citadelle de Mirecourt...; contre les maire, conseillers et aucuns des habitans dudit *Mircourt....* *S. l., n. n., n. d.* 87 pages, in-4°. Relié.

7535. FACTUM pour messire Lothaire Ferdinand *Mohr de Waldt*, chevalier, seigneur de Petervars..., et Philippe de Mohr de Waldt, chevalier...; contre dame Suzanne Redouté, veuve du sieur Joseph de *Mortagne...* *S. l., n. n., n. d.* 14 pages, in-fol. Br.

7536. MÉMOIRE ou précis du procez de Claude *Sylvestre*, marchand, bourgeois de Nancy, appellant; contre Denis et Alexis *Monier*, marchands, magasiniers en la même ville, intimés. *Nancy, P. Antoine*, 1782. 8 pages, in-fol. Br.

7537. FACTUM pour dame Marie-Suzanne Redoubté, veuve de messire Joseph-Antoine de *Montagnac...*, intimée; contre messire Albert-Eugène de *Custine*, chevallier, seigneur d'*Auflance*, etc., et dame Marie-Suzanne d'Haraucourt, son épouse, appellans. *S. l., n. n., n. d.* 27 pages, in-fol. Br.

7538. FACTUM pour dame Marie-Suzanne Redoubté, veuve de messire Joseph Antoine de *Montagnac...*; contre messire Jacques de *Chastenet*, chevalier, marquis de *Puiségur...*; et contre dame Barbe d'Haraucourt de Chambley, chanoinesse et sonrière de Remiremont... *S. l., Collignon, s. d.* 29 pages, in-fol. Br.

7539. MÉMOIRE pour les maire, syndic, **habitans et communauté d'*Eschweiller...*;**

contre le sieur Jean-François de *Montigny...*, Anne-Marie Koutz, veuve de Sébastien *Krémer...*, M. le procureur-général, en qualité d'office, à cause de son substitut au bailliage royal de Bitche..., le s^r *Vaillant* de St-Germain, à cause de la dame Angélique Zoller, son épouse, M° Messein, en qualité de procureur plus ancien des créanciers opposants au décret formalisé par devant la Cour, à requête dudit s^r Vaillant, et M° Robin, en sa qualité de commissaire aux saisies réelles... *Nancy, L. Beaurain*, 1776. 46 pages, in-4°. Rel.

7540. MÉMOIRE pour le sieur Joseph-Sigisbert Arnould de *Prémont*, chevalier, baron de Cirey, contre la dame Madeleine-Félicité de *Mortal*, son épouse. *Nancy, P. Barbier*, 1789. 37 pages, in-4°. Br.

7541. PRÉCIS pour la dame Marguerite-Catherine Le Febvre de Saint-Germain, douairière du sieur de *Mortal*. *Nancy, Vve Leclerc*, 1786. 18 pages, in-8°. Br.

7542. PRÉCIS pour Joseph *Mouche*, ancien garde-magasin à Dieuze. *S. l., n. n., n. d.* 19 pages, in-4°. Br.

7543. OBSERVATIONS des héritiers de M° *Mougel* sur le précis produit par les directeurs du séminaire de Nancy. *Nancy, Thomas*, 1781. 9 pages, in-4°. Br.

7544. APOLOGIE pour dom *Mougenot*; contre un libelle anonyme dressé en forme d'exposition de doctrine, ou réponse à un religieux de la congrégation de S.-Vanne, sur son écrit contre la profession de foi et l'exposition des sentimens théologiques de D. Mougenot. *Lauzanne, frères Grasset*, 1773. 166 pages, in-8°. Br.

7545. ARREST contradictoire du 19 may 1724, pour les religieux de l'abbaye de Notre-Dame de *Mouzon*, lequel déboute les sieurs *Brion* et *Collinet*, commis à la desserte de la vicairie perpétuelle de St-Martin, de leur opposition à l'arrest du 4 may 1722, etc. *Paris, Laurent Rondet*, 1725. 4 pages, in-4°. Br.

7546. ARREST notable du grand conseil, portant les droits honorifiques des religieux de l'abbaye de Notre-Dame de la ville de *Mouzon*, ordre de S.-Benoist, contre

Maître Barthélemy *Hays*, vicaire perpétuel de l'église paroissiale de ladite ville de Mouzon. *Paris, Laurent-Rondet*, 1725. 8 pages, in-4°. Br.

7547. MÉMOIRE pour Anne-Claude, veuve du sieur *Munier*, de Vézelize en Lorraine. *S. l., P. Al. Le Prieur*, 1768. 18 pages, in-4°. Rel.

7548. MÉMOIRE pour Sébastien-Corentin *Le Dall de Tromelin*, chanoine de l'église de Tréguier..., abbé-commendataire de l'abbaye de Mureau en Champagne...; contre les sous-prieur et religieux Prémontrés de l'abbaye de *Mureau*... *Nancy, C. Leseure*, 1786. 47 pages, in-4°. Br.

7549. RÉPONSE pour les chanoines réguliers Prémontrés, de l'abbaye de *Mureau*, au mémoire de M. de *Tromelin*..., abbé commendataire de Mureau. *Nancy, H. Haener*, 1786. 31 pages, in-4° Br.

7550. SUPPLIQUE des prieur et chanoines réguliers Prémontrés de l'abbaye de *Mureau*, au sujet de la chapelle ou hermitage de Notre-Dame de Bon-Lieu. *Neufchâteau, Monnoyer*, 1762. 23 pages, in-fol. Br.

7551. MÉMOIRE pour le recteur du noviciat des Jésuites de *Nancy*..., en réponse aux écritures des abbé, prieur et religieux de *Béchamps*... *Nancy, N. Charlot*, 1750. 17 pages, in-fol. Rel.

7552. RÉPONSE aux consultations faites à Metz et à Nancy, par les agens de M. l'évêque de Toul ; contre la capacité des chanoines Réguliers à posséder des bénéfices séculiers. *Nancy, Haener, s. d.* 76 pages, in-4°. Br.

7553. MÉMOIRE pour le R. P. recteur des Jésuites du noviciat de *Nancy*, appellant ; contre les maire, sindic, habitans et communauté de *Maron*, intimés ; et Mᵉ *Couquot*, prêtre et curé du même lieu ; pareillement intimé. *Nancy, Haener*, 1759. 36 pages, in-fol. Br.

7554. RÉPLIQUE pour le R. P. recteur des Jésuites du noviciat de *Nancy*, appellant ; contre les maire, sindic, habitans et communauté de *Maron*, intimé ; et Mᵉ *Couquot*, prêtre et curé du même lieu, pareillement. *Nancy, Haener*, 1759. 56 pages, in-fol. Br.

7555. PLAIDOYER pour les maire, syndic, habitans et communauté de *Maron*...; contre le P. recteur des Jésuites du noviciat de *Nancy*. *Nancy, L. Beaurain*, 1759. 16 pages, in-fol. Br.

7556. MÉMOIRE pour les Jésuites du noviciat de *Nancy* ; contre les maire, sindic, habitans et communauté de *Maron*. *Nancy, Haener*, 1760. 51 pages, in-4°. Br.

7557. RÉPONSE pour les maire, syndic, habitans et communauté de *Maron*..., au mémoire du père recteur des Jésuites du noviciat de *Nancy*... *Nancy, L. Beaurain*, 1760. 41 pages, in-fol. Br.

7558. SUPPLIQUE du recteur des Jésuites du noviciat de *Nancy*... ; contre les maire, syndic, habitans et communauté de *Maron*... *Nancy, Haener*, 1760. 69 pages, in-fol. Br.

7559. RÉPONSE pour les maire, syndic, habitans et communauté de *Maron*, à la requête imprimée du père recteur des Jésuites du noviciat de *Nancy*. *Nancy, L. Beaurain*, 1761. 38 pages, in-fol. Br.

7560. MÉMOIRE pour l'auteur des observations présentées au nom des habitants de *Maron*, contre les Jésuites. *Nancy, Haener*, 1761. 21 pages, in-4°. Br.

7561. MÉMOIRE à consulter pour MM. les avocats de la Cour souveraine de Nancy. *S. l., J. Lamesle*, 1761. 28 pages, in-4°. Br. (Affaire Jésuites de *Nancy-Maron*.)

7562. RÉPONSE pour le P. recteur des Jésuites du noviciat de *Nancy*, au dernier mémoire des habitans de *Maron*. *Nancy, Haener*, 1761. 19 pages, in-fol. Br.

7563. CONSULTATION de MM. les avocats du Parlement de Metz, du 25 juin 1761. *S. l., J. Lamesle*, 1761. 22 pages, in-4°. Br. (Affaire Jésuites de *Nancy-Maron*).

7564. CONSULTATION de Messieurs les avocats du parlement de Metz. *Metz, J. Antoine, s. d.* 48 pages, in-fol. Br. (Affaire Jésuites de *Nancy-Maron*.)

7565. EXTRAIT de la liasse des procès-verbaux du greffe du bailliage royal de Nancy. *S. l., n. n., n. d.* 6 pages, in-fol. Br. (Affaire Jésuites de *Nancy-Maron*.)

7566. MÉMOIRE pour le s' A.-C. *Rollin*, archidiacre des Vosges, chanoine de l'église cathédrale de Toul, prieur commendataire du prieuré de Saint-Clou de Lay-Saint-Christophe..., M. l'archevêque duc de *Cambray*, abbé commendataire de l'abbaye royale de Saint-Arnould de Metz... ; contre les supérieurs et Jésuites de la maison royale des Missions de *Nancy*. *Nancy*, *P. Antoine*, 1766. 120 pages, in-4°. — Objections et réponses. *Ibid*. 9 pages, in-4°.

7567. MÉMOIRE du très-révérend père dom Michel *Fouant*, prieur de l'abbaye de St-Vanne de Verdun, président et supérieur général de la congrégation St-Vanne et St-Hydulphe, ordre de Saint-Benoit, pour les abbé, prieur et religieux de l'abbaye de St-Léopold de *Nancy* ; contre dom Benoît *Belfoy*, religieux du même ordre et de la même congrégation. *S. l., n. n., n. d.* 14 pages, in-fol. Cart.

7568. MÉMOIRE à consulter et consultation pour les religieux de la Charité, contre le premier chirurgien du roi. *Paris, G. Valleyre*, 1758. 50 pages, in-4°. Rel.

7569. MÉMOIRE pour les administrateurs de la maison de Charité de la paroisse St-Vincent-et-St-Fiacre, appellans ; contre les administrateurs de la maison de Charité de la paroisse Notre-Dame, intimés. *Nancy, C. Leseure*, 1789. 55 pages, in-4°. Br.

7570. SUJET (Le) de la cause d'entre François *Perrin de Dompmartin*, seigneur dudit lieu et du Montheu..., et les gardien et religieux du couvent des Cordeliers de *Nancy*. *S. l., n. n., n. d.* 4 pages, in-4°. Rel.

7571. PRÉCIS pour les frères du Tiers-Ordre de St-Dominique... ; contre les religieux Dominicains de *Nancy* leurs pères .., père *Soutivier* provincial..., Jean *Menny*... *Nancy, Vve Baltazard*, 1747. 15 pages, in-fol. Br.

7572. RESPONSE des religieux Prémonstrez de la maison de Sainct-Joseph de *Nancy*, défendeurs, au factum de Toussaint *Gagneur* et consors, demandeurs. *S. l., n. n., n. d.* 4 pages, in-fol. Br.

7573. MÉMOIRE pour les créanciers de feu M° *Tourtel* ; contre les dames du Refuge de *Nancy*. *Nancy, C.-S. Lamort*, 1782. 35 pages, in-4°. Br.

7574. MÉMOIRE pour le monastère du Refuge de *Nancy* ; contre M° Denys, syndic des créanciers de feu M° *Tourtel*, avocat au parlement. *Nancy, C.-S. Lamort*, 1783. 58 pages, in-4°. Br.

7575. FACTUM pour les religieuses de Notre-Dame du Refuge de *Nancy*, demanderesses, contre le sieur Jean-Marie *Voillot* et consors, deffendeurs. *S. l., n. n., n. d.* 7 pages, in-4°. Br.

7576. MÉMOIRE pour messire Henry de *Thyard de Bissy*, évêque et comte de Toul, prenant le fait-et-cause de son promoteur, contre les religieuses du Tiers-Ordre de Saint-François, dittes les Sœurs grises de *Nancy*, appellantes comme d'abus de son ordonnance du 31 octobre 1696, par laquelle il leur a enjoint de se mettre en clôture. *S. l., n. n., n. d.* 51 pages, in-4°. Broché.

7577. RÉPONSE pour les religieuses hospitalières du Tiers-Ordre de Saint-François de la ville de *Nancy*, aux mémoires de Monsieur l'évêque de Toul. *S. l., n. n., n. d.* 22 pages, pet. in-fol. Br.

7578. FACTUM pour le sieur Pierre *Grandpair*, receveur des finances de S. A. R. au bureau de Gondreville, demeurant à Nancy... ; contre mère Catherine *François*, religieuse hospitalière de Sainte-Elisabeth du Tiers-Ordre de *Nancy*, et les dames supérieures, religieuses et communauté du même monastère... *Nancy, P. Antoine*, 1729. 29 pages, in-fol. Br.

7579. MÉMOIRE et réponse pour les supérieure et religieuses hospitalières de Sainte-Elisabeth du Tiers-Ordre de Saint-François de la ville de *Nancy*... ; contre le sieur Pierre *Grandpair*..., et dame Catherine *François*, religieuse du même monastère de Sainte-Elisabeth... *Nancy, P. Antoine*, 1729. 23 pages, in-fol. Br.

7580. MÉMOIRE pour les vénérables prevost et chanoines de l'insigne église collégiale de St-George de *Nancy*. *S. l., n. n., n. d.* 6 pages, in-fol. Cart.

7581. MÉMOIRE à consulter pour la cure de St-Vincent-et-St-Fiacre de *Nancy*, faubourg des Trois-Maisons. *Nancy, C. Leseure*, 1780. 33 pages in-4°. Br.

7582. QUESTION de préséance entre l'Université et le bailliage-présidial de *Nancy*. *Nancy, S. Bachot*, 1773. 37 pages, in-4°. Relié.

7583. PLAIDOYER pour le présidial de *Nancy*, demandeur; contre l'Université de la même ville, défendresse. *Nancy, J.-B.-H. Leclerc*, 1773. 29 pages. — Réponse de l'Université au plaidoyer des officiers du présidial de Nancy. *Nancy, S. Bachot*, 1773. 8 pages, in-4°. — Réplique pour le présidial de Nancy, demandeur; contre l'Université de la même ville, défendresse. *Nancy, J.-B.-H. Leclerc*, 1773. 13 pages, — Précis de la contestation, entre les officiers du présidial de Nancy et l'Université de la même ville, sur la préséance. *Nancy, C. Leseure*, 1773. 6 pages, in-4°. Rel.

7584. DÉBATS des procès de la place de Grève (*Nancy*) et du *Patriote de la Meurthe*. *Nancy, Dard, s. d.* 46 pages, in-12. Br.

7585. MÉMOIRE pour les juges-consuls et corps des marchands de *Nancy*; contre le fermier de la caphouse de la même ville. *Nancy, Vve et Claude Leseure*, 1760. 30 pages, in-fol. Br.

7586. MÉMOIRE pour les juges-consuls, notables et corps des marchands de la ville de *Nancy*, demandeurs; contre les officiers municipaux et Claude *Rousseau*, fermier du droit d'entrée sur les marchandises, défendeurs. *Nancy, C. Leseure*, 1778. 14 pages, in-4°. Br.

7587. HOUARD. Lettre écrite le 5 décembre 1788, à Messieurs les officiers du bailliage royal de *Nancy*, par *Houard*, assesseur au même siège. *S. l., n. n.* 12 pages. — Au public impartial. 3 pages. — Requête présentée par M. Houard, assesseur, à MM. les officiers du bailliage royal de Nancy. 3 pages, in-8°. Br.

7588. PRÉCIS pour les officiers du bailliage de *Nancy*, demandeurs; contre le sieur *Urion*, lieutenant-général de police de Nancy, défendeur. *Nancy, Vve Leclerc*, 1779. 10 pages, in-4°. Br.

7589. PRÉCIS pour MM. *Hilbert, Noël, Guérin, Poirel, Germain, Marx* et *Turck*...; contre la ville de *Nancy*, représentée par M. Noël, son maire... *S. l., Dard, s. d.* 14 pages, in-4°. Br.

7590. MÉMOIRE pour les seigneurs, habitans et communauté de *Damelevière*...; contre le révérend père recteur du noviciat des Jésuites de *Nancy*; Jeanne Pariset, veuve de Nicolas *Gérard* et consors; les habitans de *Barbonville*..., ensemble les abbé et chanoines Réguliers de *Béchamps*, et le curé de Damelevière, en qualité de décimateur... *Nancy, P. Antoine*, 1746. 8 pages, in-fol. Br.

7591. MÉMOIRE pour les abbé, prieur et chanoines Réguliers de l'abbaye de *Belchamps*..., en réponse à celui du recteur du noviciat des Jésuites de *Nancy*... *Nancy, A.-D. Cusson*, 1750. 18 pages, in-fol. Br.

7592. OBSERVATIONS sur le mémoire du sieur *Naudin*. *Nancy, H. Haener*, 1782. 17 pages, in-4°. Br.

7593. FACTUM pour messire Charles-Ignace, comte de *Nettancourt*, chevalier, seigneur de Bettancourt, Woil, etc.; et dame Charlotte-Françoise de Nettancourt, veuve de messire Nicolas; François, comte de Nettancourt, chevalier, seigneur de Neuville, Autrecourt, etc...; contre le sieur Ferdinand, marquis de *Trestondant*, chevalier, seigneur de Siaucourt et Pisteloup, comme ayant la garde-noble des enfans mineurs de son mariage avec dame Julienne de Procheville; et dame Anne de Taillefumier, veuve de M. Me Pierre-Étienne de *Procheville*... *S. l., n. n., n. d.* 19 pages, in-fol. Br.

7594. FACTUM pour M. Jean-Nicolas *Cachet*, pourvu par le roy de l'office de mairie de *Neuf-Chasteau* en Lorraine; contre certains bourgeois dudit lieu, opposans à son installation. *S. l., n. n., n. d.* 7 pages, in-4°. Rel.

7595. SUPPLIQUE de Nicolas de *Jacquemin*, chevalier..., demandeur...; contre le maire, habitans et communauté de *Neufgrange*, deffendeurs; et les officiers de la grurie de Neufgrange, demandeurs... *Nancy, P. Antoine*, 1738. 20 pages, in-fol. Rel.

7596. MÉMOIRE pour M. Pierre-Charles-Daniel *O'Héguerty*, chevalier, seigneur de Villey-le-Sec...; contre M. François-Bernard O'Héguerty; dame Cécile-Vertu O'Héguerty, veuve de M. Dominique *Fon-*

taine..., et demoiselle Sara-Rose O'Héguerty... *Nancy, Mme S. Baltazard*, 1774. 73 pages, in-4°. Br.

7597. RÉPONSE de M. Pierre-Charles-Daniel *O'Héguerty*, chevalier, seigneur de Villey-le-Sec..., au second mémoire de M. François-Bernard O'Héguerty...; de dame Cécile-Vertu O'Héguerty, veuve de Dominique *Fontaine... Nancy, Mme S. Baltazard*, 1774. 60 pages, in-4°. Br.

7598. SUPPLIQUE de Marie-Françoise Clavel, veuve du sieur Alexandre *Ollivier*, vivant marchand banquier à Nancy ; contre les créanciers des frères Ollivier. *Toul, C. Vincent*, 1736. 8 pages, in-fol. Br.

7599. FACTUM pour demoiselle Marie-Françoise Clavel, veuve du sieur Alexandre *Ollivier...;* contre le sieur Antoine *Chaninel,* sindic des créanciers dudit défunt sieur Ollivier..., et encore la demoiselle Ollivier... ; contre ledit sieur Chaninel... *Nancy, A. Burtin,* 1738. 39 pages, in-fol. — Consultation. *S. l., n. n., n. d.* 4 pages, in-fol. Rel.

7600. MÉMOIRE pour les créanciers de défunt Alexandre *Ollivier*, et de Marie-Françoise Clavel, sa veuve...; contre Marie-Françoise Clavel... *Nancy, P. Antoine,* 1738. 35 pages, in-fol. Br.

7601. MÉMOIRE concernant l'intérêt des créanciers d'Alexandre et Mathieu *Ollivier,* par eux présenté à leurs créanciers le 22 novembre 1722. *Nancy, A. Burtin,* 1738. 2 pages, in-fol.

7602. RÉPONSE au mémoire des créanciers du sieur Alexandre *Ollivier,* pour demoiselle Marie-Françoise Clavel, sa veuve...; contre le sieur Antoine *Chaninel,* sindic desdits créanciers... ; et encore la demoiselle Clavel...; contre ledit sieur Chaninel... *Nancy, A. Burtin,* 1738. 36 pages, in-fol. Br.

7603. RÉPONSE à celle de Marie-Françoise Clavel..., pour les créanciers d'Alexandre *Ollivier,* sa veuve... *S. l., Leseure,* 1738. 10 pages, in-fol. Br.

7604. RÉPONSE à la réplique des créanciers du sieur Alexandre *Ollivier...,* pour demoiselle Marie-Françoise Clavel, veuve dudit sieur Ollivier... *Nancy, N. Charlot,* 1739. 21 pages, in-fol. **Br.**

7605. PROCEZ (Sommaire du) d'entre le sieur Louis de *Vigneulle,* marchand, bourgeois de Metz, intimé ; contre les sieurs Antoine de *Rozières,* seigneur d'Uvezin, Claude *Richard,* marchand, bourgeois de Nancy, et Cerf *Openheim,* juif habitant de cette ville, apellans. *S. l., n. n., n. d.* 4 pages, in-fol. Rel.

7606. MÉMOIRE (Suite du) pour le s^r Louis de *Vigneulle,* intimé ; contre Cerf *Openheim* et consors, appellans. *S. l., n. n., n. d.* 1 page, in-fol. Rel.

7607. FACTUM pour Me Charles-Antoine de *Rozières,* chevalier, seigneur d'Euvezin, et consorts, apellans ; contre Louis de *Vigneules...,* intimé. *S. l., n. n., n. d.* 6 pages, in-fol. Rel.

7608. PROCEZ (Sommaire du) d'entre le sieur Louïs de *Vigneulle...;* contre les sieurs Charles Anthoine de *Rozière,* seigneur d'Uvesin ; Claude *Richard ...,* et Cerf *Oppenheim... S. l., n. n., n. d.* 4 pages, in-4°. Rel.

7609. MÉMOIRE pour madame la princesse de *Talmond,* sœur et unique héritière de madame la duchesse Ossolinska ; contre M. le comte *Ossolinski,* légataire universel de M. le duc Ossolinski, son ayeul. *Nancy, P. Antoine,* 1757. 51 pages, in-4°. Br.

7610. MÉMOIRE (Second) pour madame la princesse de *Talmond ;* contre monsieur le comte *Ossolinski. Nancy, P. Antoine,* 1757. 62 pages, in-4°. Br.

7611. SUPPLIQUE de Jérosme-Louis *Parat de Montgeron,* écuyer, ancien receveur général des finances des duchés de Lorraine et de Bar, au sujet d'un arrêt de la grande chambre du parlement de Paris, en date du 20 avril 1769. *Paris, P.-G. Simon,* 1770. 45 pages, in-4°. Br.

7612. PRÉCIS d'une requeste en cassation pour le sieur Pierre-François *Pelletier,* ancien procureur fiscal au bailliage ducal d'Arc en Barrois ; et le sieur Nicolas Pelletier, avocat en parlement. *S. l., Montalant,* 1750. 13 pages, in-fol. Br.

7613. FACTUM pour Catherine Launois, veuve de Me Noël *Petit,* assesseur en l'hôtel commun de la ville de Mouzon, appellante ; contre Jean *Wala,* laboureur, demeurant à Roussy, et Marie Wala, fille majeure, demeurante au même lieu, intimés. *S. l., Collignon, s. d.* 12 pages, in-fol. Rel.

7614. SUPPLIQUE de Jean et Marie *Walla*, intimés ; contre Catherine Launois, apellante. *Metz, J. Antoine, s. d.* 8 pages, in-fol. Rel.

7615. MÉMOIRE pour le sieur *Petitbon*, directeur et receveur des salines royales de Dieuze. *S. l., n. n., n. d.* 54 pages, in-8°. Cart.

7616. FACTUM pour madame la princesse de *Phaltzbourg* et de Lixein, auctorizée par justice à la poursuite de ses droitz, opposante aux saisies et criées des terres et seigneuries de Pagny et Vandlainville...; contre dame Anne de Villers-l'Isle-Adam, vefve de Mᵉ René de *Stainville*, deffenderesse... *S. l., n. n., n. d.* 7 pages, in-4°. Br.

7617. FACTUM pour Henry *Philbert*, docteur en médecine ; Jeanne-Marie Philbert, femme de Mᵉ François *Cablé*, advocat et garde-nottes à Mirecourt..., et pour Jaquotte Basard, veuve de Sébastien *Midenet*, et fille de Dieudonné Basard et de Barbe Mariotte... ; et Dominique Philbert, aussi advocat à la Cour..., fils dudit Charles Philbert, appellé en cause pour prendre qualité, par les sʳˢ Denis *Quinot* et Jean *Huguet* ; contre lesdits Quinot et Huguet, marchands au Neuf-Château, héritiers de Barbe Mariotte, ses donnataires, exécuteurs testamentaires, vendeurs et acquéreurs des biens meubles et immeubles de la succession de Mansuy Philbert ... *S. l., n. n., n. d.* 8 pages, in-fol. Br.

7618. FACTUM pour François *Thouvenin*, marchand bourgeois de Nancy, deffendeur ; contre François *Pierrot*, jardinier, demeurant en la même ville, tant à cause de Marguerite Remion, sa femme, que comme concessionnaire de Nicolas Remion, son beau-frère, demandeur... *S. l., D. Gaydon, s. d.* 9 pages, in-fol. Br.

7619. MÉMOIRE pour le sieur *Poinsignon*, seigneur en partie de Gremsey et autres ; contre le sieur de *Peindray*, seigneur de la Tour de Frémonville. *Nancy, J. Haener,* 1772. 35 pages, in-4°. — Mémoire (Addition au) du sieur Gaspard Poinsignon et

consors, intimés ; contre le sieur de Peindráy, appellant. *Ibid.* 7 pages, in-4°. Rel.

7620. PRÉCIS pour le comte de *Pindray*, appellant ; contre le sieur de *Thomassin* du Chamoy, à cause de la dame son épouse, les sʳˢ Poinsignon, Contal et de Nettancourt, intimés. *Nancy, P. Antoine et P. Barbier,* 1772. 29 pages, in-4°. Rel.

7621. ÉCLAIRCISSEMENS dans l'affaire des sieurs *Poinsignon* et de *Thomassin;* contre le sieur François Clostain, se disant comte de *Peindray*. *Nancy, s. n.,* 1772. 4 pages, in-4°. — Réponse du comte de Pindray, à un mémoire du sieur Poinsignon, intitulé : « Éclaircissemens ». *Nancy, P. Antoine et P. Barbier,* 1772. 8 pages, in-4°. — Précis pour le sieur Louis de Thomassin, intimé ; contre le sieur de Pindray, appellant. *Ibid.* 8 pages, in-4°. Rel.

7622. PRÉCIS pour le comte de *Pindray;* contre les sieurs de *Busselot. Nancy, P. Antoine et P. Barbier,* 1775. 17 pages, in-4°. Rel.

7623. FACTUM sur le procez pendant au conseil souverain, entre Anthoine *Roger*, orfèvre, demeurant à Nancy, au nom et comme marit de Claude Serre et consors..., les hoirs et héritiers de Nicolas *Play*... *S. l., n. n., n. d.* 11 pages, in-4°. Rel.

7624. SUPPLIQUE des supérieur et chanoines Réguliers de l'ordre de Saint-Antoine de *Pont-à-Mousson* ...; contre les officiers de l'hôtel commun, les soy-disans lieutenant et corps des marchands ; à eux joints les tanneurs, les huilliers et les bouchers de la même ville... *Metz, J. Antoine, s. d.* 87 pages, in-fol. — Pièces justificatives. *S. l., n. n., n. d.* 53 pages, in-fol. Br.

7625. REQUÊTE à Son Altesse Royale pour les chanoines Réguliers de St-Antoine, servant de réponse aux requêtes des officiers de l'hôtel de ville et des marchands de *Pont-à-Mousson. Nancy, P. Antoine,* 1725. 35 pages, in-fol. Br. — Supplique des supérieur et chanoines Réguliers... de *Pont-à-Mousson*... ; contre les officiers de l'hôtel commun, les soi-disans lieutenant et corps des marchands ; à eux joints les tanneurs, huilliers et bouchers de la même ville... *Lunéville, N. Galland,* 1728. 5 pages, in-fol. Br.

7626. SUPPLIQUE des officiers de l'hôtel de ville de *Pont-à-Mousson*, les lieutenant et corps des marchands de la même ville...; contre les supérieur et chanoines Réguliers... de la même ville... *S. l., J.-B. Cusson, s. d.* 40 pages, in-fol. Br.

7627. SUPPLIQUE des officiers de l'hôtel de ville, les lieutenant et corps des marchands de *Pont-à-Mousson...* ; contre les supérieur et chanoines Réguliers... *S. l., J.-B. Cusson, s. d.* 33 pages, in-fol. Br.

7628. SUPPLIQUE des lieutenant et corps des marchands de *Pont-à-Mousson* ; contre les supérieur et chanoines Réguliers ... *S. l., J.-B. Cusson*, 1728. 6 pages, in-fol. Br.

7629. MÉMOIRE pour les supérieur et chanoines Réguliers de S.-Antoine, de la ville de *Pont-à-Mousson...* ; contre monsieur le procureur général... *S. l., n. n., n. d.* 5 pages, in-fol. Br.

7630. RÉFUTATION des calomnies répandues dans un écrit imprimé à Metz en forme de requête adressée à S. A. R., sous le nom des supérieur et chanoines Réguliers de l'ordre de Saint-Antoine de *Pont-à-Mousson*, au sujet de l'établissement des Jésuites de la même ville dans l'église et la maison qu'ils occupent. *Nancy, F. Midon*, 1728. 76 pages, in-fol. — Pièces justificatives. *S. l., n. n., n. d.* 12 pages, in-fol. Br.

7631. FACTUM et moïens du procès pour messire Jacques-Marc-Antoine de *Mahuet de Champel...*, seigneur d'Olley, Bettainviller et de Létricourt... ; contre les supérieur et chanoines Réguliers de la maison de S.-Antoine de *Pont-à-Mousson...*, maître Charles *Didelon*, prêtre-curé de *Létricourt*, et les maire, habitans et communauté du même lieu... *Nancy, s. n.*, 1738. 36 pages, in-fol. Rel.

7632. MÉMOIRE au sujet des réparations à faire dans l'église paroissiale de *Létricourt*, servant de réponse à un second imprimé, signifié le 4 mars 1739, de la part des supérieur et chanoines Réguliers de la maison de Saint-Antoine de *Pont-à-Mousson*, contenant 47 pages, pour messire Jacques-Marc-Antoine de *Mahuet de Champel...*, demandeur...; contre les mêmes supérieur et chanoines Réguliers de la maison de Saint-Antoine de Pont-à-Mousson, défendeurs... *S. l., Vve J.-B. Cusson et A.-D. Cusson*, 1739. 18 pages, in-fol. Br.

7633. FACTUM pour les prieur et religieux de S.-Arnoult de *Metz*, les supérieur et religieux de S.-Antoine du *Pont-à-Mousson*, et le P. recteur des Jésuites, administrateur du séminaire de l'évêchez de Metz, établi au collège de ladite ville du Pont, codixmiers de la paroisse de S.-Martin... ; contre les prévôt, chanoines et chapitre de l'église collégiate Sainte-Croix du Pont-à-Mousson... *S. l., n. n., n. d.* 4 pages, in-4°. Cart.

7634. MÉMOIRE pour le R. P. recteur du collège et de l'Université de *Pont-à-Mousson*, en qualité d'administrateur du séminaire établi dans le même collège ... ; contre M° Jean *Clément*, curé de la paroisse Saint-Martin de Pont-à-Mousson, et des Mesnils, son annexe...; les supérieur et chanoines Réguliers de St-Antoine de la maison de Pont-à-Mousson ; les prieur et religieux Bénédictins de l'abbaye royale de Saint-Arnould de *Metz*..., et le chapitre de Sainte-Croix de Pont-à-Mousson ... *Nancy, Haener*, 1760. 47 pages, in-fol. Br.

7635. MÉMOIRE signifié pour M° Joseph *Gallois*, prêtre, curé de Chambley, appellant ; contre les Jésuites du collège de *Pont-à-Mousson*, intimés. *Nancy, P. Antoine*, 1749. 17 pages, in-fol. Br.

7636. MÉMOIRE pour les pères Jésuites du collège de *Pont-à-Mousson*, en qualité de prieurs d'*Apremont*, appellans... ; contre les habitans et communauté d'*Apremont*, intimés. *S. l., n. n., n. d.* 12 pages, in-fol. — Addition. *S. l., n. n., n. d.* 5 pages, in-fol. Br.

7637. RÉPONSE du père recteur du collège de l'Université de *Pont-à-Mousson*, intimé ; au mémoire de M° Jean *Piette*, prêtre-curé de Malancourt et Montoy, appellant. *Nancy, P. Antoine*, 1733. 15 pages, in-fol. Br.

7638. MÉMOIRE pour les prévôt, chanoines et chapitre de Ste-Croix de *Pont-à-Mousson*, appellans ; contre le sieur abbé d'*Heudicourt de Lenoncourt*, chanoine de Toul, intimé. *Nancy, Vve Leclerc*, 1776. 28 pages, in-4°. — Consultation. *Ibid.* 11 pages, in-4°. Br.

7639. MÉMOIRE pour le sieur Joseph-Michel-Nicolas *Sublet*, comte d'*Heudicourt de Lenoncourt*, prêtre, chanoine du chapitre noble de l'insigne église cathédrale de Toul, titulaire de la chapelle de Notre-Dame, érigée en la collégiale de Ste-Croix de *Pont-à-Mousson*, intimé ; contre les prévôt, chanoines et chapitre de la même collégiale, appellans ; et Mr Charles *Michon*, prêtre, curé de Jezoncourt, prétendant droit à la même chapelle, adhérant à l'appel. *Nancy, Thomas père et fils*, 1778. 33 pages, in-4°. Br.

7640. PRÉCIS pour l'abbaye de Sainte-Marie de *Pont-à-Mousson* ; contre M. l'archevêque de Reims, abbé de Gorze, le chapitre dudit lieu, et autres décimateurs de Lachaussée ; et Claude *Husson*, entrepreneur de bâtimens, demeurant à Thiaucourt. *Nancy, P. Antoine*, 1759. 19 pages, in-fol. Br.

7641. MÉMOIRE pour les prieur et chanoines réguliers de l'ordre de Prémontré de l'étroite observance, en l'abbaye de Sainte-Marie-Majeure de *Pont-à-Mousson*, comme poursuivant les droits du noviciat de la même abbaye, intimés ; contre les supérieure et religieuses de la Visitation de la même ville, appellantes. *Nancy, P. Antoine*, 1759. 18 pages, in-fol. Br.

7642. FACTUM pour François *Perrin de Dommartin*, escuyer, sieur de Montheu, comme ayant la garde-noble de Nicolas Perrin de Dommartin, son fils mineur, héritier ab intestat, et légataire de la faculté de racheter les immeubles de sœur Marguerite *Baillivy*, religieuse professe au couvent de la Visitation Sainte-Marie de la ville du *Pont-à-Mousson*, léguez aux pères Jésuites de la province de *Champagne*... ; contre les supérieure et religieuses dudit couvent..., Nicolas de *Bayon*, et de damoiselle *Mengeon Maillet*... S. l., n. n., n. d. 7 pages, in-4°. Rel.

7643. FACTUM pour François *Perrin de Dommartin*, escuyer, sr de Montheu, comme ayant la garde noble de Nicolas Perrin de Dommartin, son fils mineur.... ; contre les supérieure, religieuses, et couvent de la Visitation Nostre-Dame de *Pont-à-Mousson*... S. l., n. n., n. d. 4 pages, in-4°. Rel.

7644. FACTUM pour François *Perrin de*

Dommartin, chevalier, seigneur de Montheu, comme gardien noble de Nicolas Perrin de Dommartin, son fils mineur d'ans, héritier naturel et légitime des immeubles paternels de sœur Marguerite *Baillivi*, religieuse professe de la Visitation Ste-Marie au *Pont-à-Mousson*, deffendeur ; contre le P. provincial des Jésuites de *Champagne* et *Lorraine*, demandeur..., et lesdites religieuses jointes, et demanderesses... S. l., n. n., n. d. 6 pages, in-4°. Relié.

7645. MÉMOIRE politique contre la poursuite des RR. pères Jésuites de la province de *Champagne*, pour établir un collège dans la ville de Toul, sur le fond des biens des feu sieur Baillivi et demoiselle Marguerite Roder, donnés contre l'ordonnance par le testament supposé de sœur Marguerite *Baillivi*, religieuse professe de la Visitation au *Pont-à-Mousson*. S. l., n. n., n. d. 2 pages, in-4°. Rel.

7646. OBJECTIONS des religieuses de la Visitation du *Pont*, intimées ; et responses du sr de *Dommartin*, appellant. S. l., n. n., n. d. 1 page, in-4°. Rel.

7647. MÉMOIRE pour dame Louise-Charlotte-Alexandrine, comtesse de *Pont de Rennepont*, chanoinesse d'Épinal ; dame de Pont de Rennepont, chanoinesse de Denain, demoiselles majeures ; Jean-Baptiste Thiriot, au nom et comme tuteur des autres enfans mineurs de défunt messire Claude-Alexandre, comte de Pont de Rennepont..., intimés ; contre les syndic, habitans et communauté de *Roche, Cultrue* et *Betaincourt* au Val-de-Rognon, appellans... — Observations. *Paris, Vve Hérissant*, 1776. 90 et 28 pages, in-4°. Cart.

7648. PRÉCIS pour le sieur de *Prémont*, défendeur en requéte civile. *Nancy, P. Barbier*, 1785. 30 pages, in-4°. Br.

7649. RÉPONSE du sieur de *Prémont*, aux mémoire et plaidoyer imprimés de son épouse. *Nancy, P. Barbier*, 1789. 28 pages, in-4°. Br.

7650. FACTUM pour les sieurs Christophe et François les *Preudhomme*, filz et héritiers de feu le sieur Blaise Preudhomme, leur père..., et de damoiselle Esther de Combles leur mère, deffendeurs ; contre le sieur Simon d'*Igny* dit de Fontenoy, au nom et comme marit de dame Barbe Preudhomme, son épouse ; et maistre François Janmaire, advocat à Nancy, comme curateur de la damoiselle Marie Preudhomme, quoyque majeure, demandeurs. *S. l., n. n., n. d.* 13 pages, in-4°. Rel.

7651. COLLECTION des réponses de M⁰ *Harmand*, receveur du chapitre de la cathédrale *Primatiale de Lorraine,* sur ses comptes des biens temporels dudit chapitre, pour servir de nouvelles pièces justificatives au sʳ abbé *Barail,* contre ledit receveur. *Nancy, C. Leseure,* 1789. 76 pages, in-4°. — Consultation. *Ibid.* 1788. 7 pages, in-4°. Br.

7652. DROIT de la *Primatiale de Lorraine. S. l., n. n., n. d.* 18 pages, in-4°. Br.

7653. FACTUM pour les grand doyen, chanoines et chapitre de l'insigne église *Primatiale de Lorraine,* appellans ; contre les habitans et communauté de *Salonne,* M⁰ Jacques *Saubourel,* prêtre, curé du même lieu, et Nicolas et Joseph *Crochot,* intimez. *S. l., J.-B. Cusson, s. d.* 14 pages, in-fol. Br.

7654. FACTUM pour les doyen, chanoines et chapitre de l'église *Primatiale de Nancy ;* contre le sieur de *Guron,* soy-disant clerc du diocèse de Poictiers, demandeur. *S. l., n. n., n. d.* 20 pages, in-4°. — Deux pièces relatives à l'érection de l'église *Primatiale. S. l., n. n., n. d.* 18 et 6 pages, in-4°. Rel.

7655. FACTUM pour les doyen, chanoines et chapitre de l'église *Primatiale de Nancy ;* contre les vicaires de ladite église, demandeurs. *S. l., n. n., n. d.* 14 pages, in-4°. Rel.

7656. MÉMOIRE pour Mʳˢ de l'insigne église *Primatiale ;* contre Mʳˢ de l'église collégiale de St-George, avec la réponce à leur mémoire. *S. l., n. n., n. d.* 42 pages, in-fol. Br.

7657. MÉMOIRE pour les grand-doyen, chanoines et chapitre de la *Primatiale ;* contre M⁰ *Baranger,* professeur en théologie. *Nancy, Vve Charlot,* 1776. 39 pages, in-4°. Rel.

7658. MÉMOIRE pour le chapitre de l'insigne église cathédrale, *Primatiale de Lorraine,* et pour le sieur Charles-Antoine de *Moy* de Sons, pourvu d'un canonicat du

même chapitre ; contre le sieur Jean-Paul Hubert de *Crèvecœur,* nommé à un canonicat du chapitre de St-Georges ; et monsieur le procureur-général. *Nancy, Haener,* 1784. 56 pages, in-4°. Rel.

7659. MÉMOIRE pour M. le cardinal de *Choiseul...,* primat de l'église *Primatiale de Lorraine... Nancy, J.-B.-H. Leclerc,* 1762. 45 pages, in-fol. Rel.

7660. MÉMOIRE pour monseigneur Antoine Clérialde de *Choiseul Beaupré,* archevêque de Besançon, primat de Lorraine... ; contre les sieurs de *Ligniville,* écolâtre, de la *Chataigneraie,* et de *Gourcy,* chanoines, opposans. *Nancy, J.-B.-H. Leclerc,* 1761. 64 pages, in-fol. — Actes capitulaires. Extraits des registres de l'église *Primatiale. S. l., n. n., n. d.* 14 pages, in-fol. Rel.

7661. MÉMOIRE pour le sieur abbé de *Crèvecœur,* nommé par le roi au canonicat du sieur abbé de Ravinel, mort titulaire de Saint-Georges ; contre le chapitre de l'insigne église cathédrale *Primatiale de Lorraine,* et le sieur abbé de *Moy,* nommé par lui, et M. le procureur général. *Nancy, C.-S. Lamort,* 1784. 37 pages, in-4°. Rel.

7662. MÉMOIRE pour M⁰ François-Antoine *Harmand...,* en qualité de receveur de l'insigne chapitre de la cathédrale *Primatiale de Lorraine ;* contre le sieur Léopold *Barail,* l'un des chanoines de ladite église. *Nancy, H. Haener,* 1789. 105 pages, in-4°. Relié.

7663. MÉMOIRE pour M⁰ Jean *Mayence,* prêtre-vicaire perpétuel de Dieuze, et messieurs les primat, grand doyen, chanoines et chapitre de l'insigne église *Primatiale de Lorraine,* défendeurs ; contre M⁰ Pierre-Dominique *Masse,* curé de Hagéville, se disant pourvû de la vicairie perpétuelle de Dieuze, demandeur en cassation. *Nancy, P. Antoine,* 1754. 38 pages, in-fol. Br.

7664. MÉMOIRE sur l'origine et l'état des cures de Nancy. Pour M. J.-B.-A. de *Baranger...,* curé de la paroisse Saint-Nicolas... ; contre M. Hiacinthe de *Vallée...,* curé de Moncel..., intimé ; et le chapitre de l'insigne église *Primatiale de Nancy,* aussi intimé. *Nancy, M. Scholastique Baltazard,* 1776. 85 pages, in-4°. Br.

7665. OBSERVATIONS sur les mémoires du chapitre de la *Primatiale de Nancy*. *Nancy*, C. *Leseure*, 1776. 47 pages, in-4°. Broché.

7666. PIÈCES justificatives pour le sr abbé *Barail*, chanoine du chapitre de l'insigne église cathédrale *Primatiale de Lorraine;* contre le receveur du même chapitre. *Nancy*, *Leseure*, 1788. xii-119 pages, in-4°. Rel.

7667. POUR les doyen, chanoines et chapitre de l'église *Primatiale de Nancy;* contre monsieur le duc d'*Atrie*, Scipion d'Ajacet de Aquaviva, demandeur au possessoire du prieuré de Varangéville. *S. l., n. n., n. d.* 38 pages, in-4°. Rel.

7668. PRÉCIS pour le chapitre de l'insigne église cathédrale *Primatiale de Lorraine*, et pour le sieur Charles-Antoine de *Moy de Sons...*; contre le sieur Jean-Paul-Hubert de *Crévecœur... Nancy*, *Haener*, 1784. 29 pages, in-4°. Rel.

7669. PRÉCIS de ce qui s'est passé à l'occasion de la rédaction et homologation des nouveaux réglemens de l'église *Primatiale*. *Nancy*, L. *Beaurain*, 1760. 17 pages, in-fol. Rel.

7670. RECUEIL des règlemens tirés des statuts, usages et louables coutumes de 1603, 1604 et 1611, des chapitres généraux et autres chapitres ordinaires ou extraordinaires de cette insigne église *Primatiale*. *S. l., n. n., n. d.* 47 pages, in-fol. Rel.

7671. REMARQUES sur quelques endroits du dictionnaire de Trévoux imprimé à Nancy (*Primatiale St-George*). *S. l., n. n., n. d.* 7 pages, in-fol. Cart.

7672. REMARQUES (Nouvelles) sur l'état des cures de *Nancy*. *Nancy*, C. *Leseure*, 1776. 23 pages, in-4°. Br.

7673. REMONTRANCE des doyen, chanoines, et chapitre de l'église collégiale Nostre-Dame *Primatiale de Nancy;* contre le sieur de *Guron. S. l., n. n., n. d.* 20 pages, in-4°. Rel.

7674. RÉPLIQUE du grand-doyen de la *Primatiale*, à la troisième partie du mémoire des opposans. *Nancy, s. n.*, 1761. 36 pages, **in-fol. Rel.**

7675. RÉPONSE au précis intitulé : « Réplique du grand-doyen de la *Primatiale*, à la troisième partie du mémoire des opposans », pour les sieurs Henry-Honoré de *Ligniville*, écolâtre; C. Léop. Turpin de *La Chataigneraye* ; François-Antoine-Etienne de *Gourcy*, chanoines de l'église Primatiale, opposans ; et pour les sieurs François-Ernest de *Lapierre*, Pierre-Denis *Rousseau*, Nicolas-Jean-Jacques de Ligniville, Antoine-Joseph de Ligniville, Joseph-Bernard de *Willemin*, Jean-Louis de Bourcier de *Montureux*, Franç.-Paschal-Marc *Anthoine*, et Antoine *Sallet*, aussi chanoines, intervenans et adhérans à l'opposition. *Nancy*, *Thomas père et fils*, 1761. 64 pages, in-fol. — Actes capitulaires. Extraits des registres de l'église Primatiale de Lorraine. *Nancy*, *Thomas père et fils*, s. d. 21 pages, in-fol. Rel.

7676. RÉPONSE aux deux précis intitulés : l'un, « Précis de ce qui s'est passé à l'occasion de la rédaction et homologation des nouveaux réglemens de l'église *Primatiale* » ; l'autre : « Justification et ampliation du précis imprimé de ce qui s'est passé », etc. *Nancy*, *Thomas père et fils*, 1760. 73 pages, in-fol. Rel.

7677. RÉPONSE pour les srs Honoré de *Ligniville*, écolâtre; C. Léopold Turpin de *La Chataigneraye* ; François-Antoine-Étienne de *Gourcy*, chanoines de l'insigne église *Primatiale de Lorraine*, défendeurs et opposans ; et pour les srs François-Ernest de *Lapierre*, Pierre-Denis *Rousseau*, N.-J.-Jacques de Ligniville, A.-J. de Ligniville..., aussi chanoines de la même église, intervenans et adhérans à l'opposition; au mémoire de monseigneur Ant. Clérialde de *Choiseul-Beaupré...*, demandeur. *Nancy*, *Thomas père et fils*, 1761. 51 pages, in-fol. Rel.

7678. RÉPONSE au mémoire de la *Primatiale*, prétendant que les cures de *Nancy* sont unies à son église. *Nancy*, C. *Leseure*, 1776. 8 pages, in-4°. Br.

7679. RÉPONSE au dernier mémoire de M. Antoine Clérialde de *Choiseul-Beaupré*, cardinal de la sainte Église romaine... *Nancy*, *Thomas père et fils*, 1762. 26 pages, in-fol. — Addition. *Ibid.* 4 pages, in-fol. Rel.

7680. RÉPONSE sommaire aux quatre mémoires imprimés du sʳ *Baranger*, signifiés
les 29 avril et 2 mai. *Nancy, Thomas*,
1776. 32 pages, in-4°. Br.

7681. REQUÈTE à nosseigneurs les commissaires, dénommés par Son Altesse
Royale pour le réglement de la préséance
contestée entre le chapitre de l'insigne
église collégiale de Saint-George de *Nancy*,
demandeur; contre le chapitre de l'insigne
égise collégiale de Notre-Dame de la ville
neuve de Nancy, vulgairement dite la
Primatiale, deffendeur. *Nancy, P. Barbier*, 1702. 66 pages, in-4°. Br.

7682. REQUÈTE... pour le règlement de la
préséance contestée au chapitre de l'insigne église *Primatiale de Lorraine;* contre
le chapitre de l'église collégiale de Saint-
George de *Nancy*. *Nancy, P. Barbier*,
1702. 62 pages, in-4°. Rel.

7683. RÉSUMÉ de la cause de l'abbé de
Crèvecœur. *Nancy, C.-S. Lamort*, 1784.
11 pages, in-4°. Rel.

7684. SUPPLIQUE... pour le réglement de
la préséance entre l'insigne église Primatiale de Lorraine et l'église collégiale de
Saint-George ; des grand doyen, chanoines
et chapitre de l'insigne église *Primatiale
de Lorraine*, demandeurs et défendeurs ;
contre les prévôt, chanoines et chapitre de
l'église collégiale de Saint-George, défendeurs et demandeurs. *S. l., n. n., n. d.* 62
pages, in-fol. Cart.

7685. SUPPLIQUE de Jean-Baptiste-Alexan-
dre *de Baranger*..., curé de la paroisse
Saint-Nicolas... ; contre M. Hyacinthe *de
Vallée*..., curé de Moncel et Aponcourt...,
et le chapitre de l'insigne église *Primatiale de Lorraine* ... *Nancy, J.-B.-H. Leclerc*, 1775. 108 pages, in-4°. Br.

7686. TITRES (Principaux) qui font connoître l'origine et l'état des cures de
Nancy. *Nancy, J.-B.-H. Leclerc*, 1775.
41 pages, in-4°. Br.

7687. CONSULTATION demandée par madame *Quillard*, datée du 25 mars 1870.
Nancy, Vve Nicolas et fils, s. d. 16 pages,
in-4°. Br.

7688. RÉPONSE pour la dame comtesse de
Raigecourt, à la requête présentée au con-

seil le 14 août 1756, par le comte de *Sommièvre*. *Nancy, L. Beaurain*, 1757. 30 pages, in-4°. — Lettres patentes. *S. l., n. n.,
n. d.* 7 pages, in-4°. Br.

7689. RÉPONSE pour la dame comtesse de
Raigecourt, à la requête du comte de
Sommièvre, du 29 avril 1757, au conseil.
Nancy, L. Beaurain, 1757. 9 pages, in-4°.
Broché.

7690. RÉPONSE pour la dame comtesse de
Raigecourt, à la production nouvelle du
du sieur Ébaudi, du premier mars 1757,
à sa requête au conseil du même jour, et
à la production nouvelle faite par le
comte de *Sommièvre*, d'une consultation de
Paris, du premier septembre 1756. *Nancy,
L. Beaurain*, 1757. 41 pages, in-4°. Br.

7691. RÉPONSE pour le comte de *Raigecourt*, au mémoire des sieur et dame
d'*Haussonville*, du 20 février 1757. *Nancy,
L. Beaurain*, 1757. 44 pages, in-4°. Br.

7692. RÉPONSE pour le sieur Charles-Jérôme, comte de *Raigecourt* ...; contre les
héritiers du sieur Charles Bernard, comte
d'*Haussonville* ... *Nancy, Haener*, 1757.
22 pages, in-4°. Br.

7693. RÉPONSE pour le comte de *Raigecourt;* contre les héritiers du comte
d'*Haussonville*. *S. l., n. n.*, 1757. 4 pages,
in-4°. Br.

7694. CONSULTATION des avocats du parlement de Besançon, pour M. le comte de
Raigecourt. *Nancy, L. Beaurain*, 1757. 11
pages, in-fol. Br.

7695. MÉMOIRE pour la dame comtesse de
Raigecourt, née comtesse de Walter-Wal-
tersveil, douairière de M. le comte de
Raigecourt..., appellante ; M. le marquis
de Raigecourt de Gournay..., demeurant à
Nancy, et M. le marquis de Raigecourt,
son frère, demeurant à Metz, adhérans à
l'appel ; contre M. Charles-Jérôme, comte
de Raigecourt ...; M. Léopold, comte de
Raigecourt ...; M. Charles-Étienne, comte
de Raigecourt de Fontaine ..., intimés.
Nancy, Vve Lechesne, 1764. 28 pages, in-
fol. Br.

7696. FACTUM pour maistre Nicolas de
Rambouillet, chanoine en l'église cathédrale de Toul, et pourveu en regalle de

l'archidiaconé de Port et de la chapelle épiscopalle en la dite église, demandeur ; contre maistre Joachin *Seiglier*, soy disant pourveu en cour de Rome dudit archidiaconé et de ladite chapelle, défendeur. *S. l., n. n., n. d.* 8 pages, in-4°. Br.

7697. FACTUM pour le sieur Nicolas *Derambouillet* ..., chanoine et chapelain épiscopal en l'église cathédrale de *Toul* ...; contre les sieurs doyen, chanoines et chapitre de ladite église ... *S. l., n. n., n. d.* 19 pages, in-4°. Br.

7698. MÉMOIRE pour les sieurs Jean-François baron de *Lalance d'Autrécourt* ..., à cause de dame Marie-Victoire-Antoinette Regnault de Raulcourt, son épouse, Charles-Antoine-Joseph *Regnault de Raulcourt;* aux fins d'obtenir du gouvernement la restitution du prix des biens illégalement vendus sur feu le sieur François-Joseph Regnault de Raulcourt ..., et sur feue dame Agnès Lecomte de Beaumont, épouse de ce dernier, leurs père et beau-père, mère et belle-mère. *Nancy, F. Guivard, s. d.* 36 pages, in-4°. Cart.

7699. MÉMOIRE contre le refus que monseigneur l'évêque de Toul a fait au sieur Jean-Baptiste *Regnier*, prêtre de la ville de Saint-Diez, licencié en droit canon, de lui donner les institutions de la chapelle de Saint-Martin, dans l'église de Flin, au diocèse de Toul. *Nancy, P. Antoine,* 1735. 39 pages, in-fol. Br.

7700. ARRESTS (Les dispositifs des) du conseil d'État du roy, Sa Majesté y étant, des années 1692, 1693 et 1694, donnez sur les avis de Mgr l'archevêque de Paris..., en forme de règlement, pour l'église insigne collégiale et séculière de St-Pierre de *Remiremont* en Lorraine, entre madame Dorothée *Rhindgraff*, princesse de *Salm*, abbesse de ladite église, et les dames chanoinesses d'icelle, à elle jointes, d'une part ; et les dames doyenne, chanoinesses et chapitre de ladite église, d'autre part. *S. l., n. n., n. d.* 24 pages, in-fol. Br.

7701. ÉTAT sommaire de la difficulté d'entre les dames abbesse, doyenne et chapitre de l'insigne église collégiate et séculière St-Pierre de *Remiremont*, demanderesses ; contre les officiers du bailliage de Vosges, siège bailliager de Bruyères, et

ceux des prévôtés et gruries d'Arches, Bruyères et Dompaire. *S. l., n. n., n. d.* 17 pages, in-fol. Cart.

7702. FACTUM pour les dames doyenne, chanoinesses et chapitre du collège de *Remiremont*, se joignantes à dame Marguerite de *Méchatin*, dame secrète du même collège ...; contre dame Anne de *Stainville*, se disant pourvûe de la secréterie par bulles de notre Saint-Père le Pape..., et encore contre dames Hélène d'*Haraucourt*, Christine princesse de *Salm*, et consors, dames du même chapitre ... *S. l., D. Gaydon,* 1707. 37 pages, in-4°. Br.

7703. FACTUM pour dame Anne de *Stainville*, ancienne dame de prébende, et secrète de l'église insigne séculière et collégiale de *Remiremont*, immédiatement sujette au Saint-Siège ... à elle jointes, dames Heleine d'*Haraucourt*, sonrière, et plus ancienne dame du chapitre, Christine princesse de *Salm*, dame chanoinesse et administratrice de l'abbaye, et plusieurs autres dames officières et chanoinesses, composant la plus saine partie du chapitre de la même église ...; contre dame Marguerite de *Méchatin la Faye*, dame nièce de prébende ..., dame Bernarde de *Cléron de Saffre*, doyenne, et quelques autres dames chanoinesses ses adhérantes ... *Nancy, P. Barbier, s. d.* 23 pages, in-fol. — Factum (Suite du). *S. l., D. Gaydon, s. d.* 8 pages, in-fol. Br.

7704. FACTUM pour dame Marguerite de *Méchatin La Faye*, dame secrète du collège de *Remiremont* ..., à elles joints les dame doyenne et chapitre ; contre dame Anne de *Stainville*, dame du même collège ..., et dame Hélène d'*Haraucourt*, Christine princesse de *Salm*, et consors, dames du même collège... *S. l., D. Gaydon,* 1707. 33 pages, in-4°. Br.

7705. SOMMAIRE de la réplique plaidée le 26 août 1707, pour la dame de *Méchatin*; contre la dame de *Stainville. S. l., D. Gaydon, s. d.* 26 pages, in-4°. Br.

7706. ANNOTATA ad summariam narrationem reverendissimi Domini suffraganei Basileensis. Super controversia et lite... Romæ pendente circa officium seu dignitatem secretæ, seu sacristæ, ecclesiæ collegiatæ Romaricomontanæ (de *Remire-*

mont)... presentata ex parte Dominæ Annæ de *Stainville* ejusdem ecclesiæ canonissæ prebendatæ ... contra D. Margaritam *de Méchatin la Faye*, dictæ ecclesiæ canonissam... *S. l., n. n.*, (1709). 78 pages, in-4°. Br.

7707. SUPPLIQUE des dames abbesse, doyenne, chanoinesses et chapitre de l'insigne église collégiale et séculière de Saint-Pierre de *Remiremont*...; contre les doyens, échevins, promoteurs, et curés des doyennez de Remiremont, *Jorcey, Poursas, Châtenoy, S.-Oin, Vitel* et *Épinal*... *S. l., n. n., n. d.* 23 pages, in-fol. Br.

7708. SUPPLIQUE des doyens, eschevin, promoteurs et curés des doyennés de *Remiremont, Jorxey, Poursai, Châtenoi, Neuf-Château, Saintois, et Vitel*...; contre les dames abbesse, doyenne, chanoinesses, et chapitre de l'insigne église collégiale de St-Pierre de Remiremont... *Nancy, P. Antoine*, 1723. 23 pages, in-fol. Br.

7709. SUPPLIQUE des doyens, échevins, promoteurs et curés des doyennés de *Remiremont, Jorxey, Poursay, Châtenoy, Neufchâteau, Saint-Oys et Vitel*...; contre les dames abbesse, doyenne, chanoinesses et chapitre de l'insigne église collégialle et séculière de Saint-Pierre de Remiremont. *Nancy, P. Antoine*, 1723. 31 pages, in-fol. Broché.

7710. PRÉCIS du procez d'entre les dames abbesse, doyenne, chanoinesses et chapitre de l'insigne église collégiale et séculière de Saint-Pierre de *Remiremont*...; contre les maire, habitans et communautez de de *Crévy, Sommervillé* et *Flainval*, comme prenanş le fait et cause en défense de leurs cohabitans ..., monsieur *Fériet*, conseiller d'État et en la Cour, la dame marquise de *Bassompierre*, et le sieur *Malclerc*..., en qualité de seigneurs voüez esdits lieux... *S. l., J.-B. Cusson*, 1724. 12 pages, in-fol. Br.

7711. SUPPLIQUE des doyens, échevins, promoteurs, et curés des doyennés de *Remiremont, Jorcey, Poursas, Châtenoy, Saiṇt-Oint, Vitel* et *Épinal*...; contre les dames abbesse, doyenne, chanoinesses et chapitre de l'insigne église collégiale séculière de Saint-Pierre de Remiremont... *Nancy, P. Antoine*, 1725. 80 pages, in-fol. Br.

7712. RÉPONSE pour les dames du chapitre de *Remiremont*, à un écrit intitulé : « Factum pour messieurs les curés des doyennés de *Porsas, Jorcey* et *Vitel*, demandeurs en portion congrue ; contre les dames abbesse, doyenne et autres du chapitre de Remiremont et autres principaux seigneurs dismiers. » *S. l., n. n., n. d.* 7 pages, in-8°. Cart.

7713. PRÉCIS pour le chapitre de l'insigne église de *Remiremont* ; contre les doyens, échevins, promoteurs et curés des paroisses dans le district et la dépendance du même chapitre. *Nancy, P. Antoine*, 1733, 30 pages, in-fol. Br.

7714. MÉMOIRE pour le sieur Charles-Antoine *Royer*..., seigneur de Marainville, Diarville et autres lieux...; contre les dames abbesse, doyenne, chanoinesses et chapitre séculier de l'insigne église collégialle de St-Pierre de *Remiremont*... *S. l., N. Charlot*, 1727. 55 pages, in-fol. Br.

7715. ARREST de la Cour souveraine de Lorraine et Barrois, portant suppression de certaines qualitez attribuées à l'abbesse de *Remiremont* dans les nouvelles publiques du 19 avril 1738. *Nancy, N. Charlot, s. d.* 1 page, in-fol. Cart.

7716. PLAIDOYER pour les chanoinesses de l'insigne chapitre de *Remiremont*...; contre le sʳ *Andreu*, prévôt de Dompaire et le sʳ Andreu, curé de Tantimont..., et le sʳ *Petitmengin*, curé de Remiremont et écolâtre du chapitre... *Nancy, N. Baltaʒard*, 1749. 45 pages, in-fol. Br.

7717. EXTRAIT des registres du greffe de la Cour souveraine de Lorraine et Barrois, du huitième février 1745 (Chapitre de *Remiremont*). *S. l., n. n., n. d.* 1 page, in-fol. Cart.

7718. DÉCLARATION du roi, portant règlement pour les jurisdictions communes entre sa Majesté et le chapitre de *Remiremont*, du 22 novembre 1751. *Nancy, N. Charlot*, 1751. 13 pages, in-4°. Cart.

7719. ARREST du conseil royal des finances et commerce, portant règlement entre les officiers du roi et ceux du chapitre de *Remiremont*, dans les maîtrises de Mirecourt, Épinal et Saint-Diez... *Nancy, N. Charlot*, 1753. 11 pages, in-4°. Cart.

7720. MÉMOIRE pour les dames abbesse, doyenne, chanoinesses et chapitre de l'insigne église de St-Pierre de *Remiremont*, demanderesses ; contre les officiers des maîtrises de *Saint-Diez*, *Épinal* et *Mirecourt*, défendeurs. *Nancy, P. Antoine*, 1753. 27 pages, in-fol. Br.

7721. MÉMOIRE signifié pour les abbesse, doyenne, chanoinesses et chapitre de l'insigne église collégiale et séculière de St-Pierre de *Remiremont*, en Lorraine ; contre les syndics, bourgeois et marchands de la ville de Remiremont. *S. l., Hérissant*, 1768. 30 pages, in-4°. Cart.

7722. PRÉCIS pour le chapitre de *Remiremont* ; contre le sᵉ curé d'*Archette*. *Nancy, P. Antoine et P. Barbier*, 1771. 6 pages, in-4°. Rel.

7723. PRÉCIS pour l'insigne chapitre de *Remiremont*, et l'hôpital d'*Arches*... ; contre Mᵉ de *Valentin*, curé de Hadol... *Nancy, P. Antoine et P. Barbier*, 1772. 29 pages, in-4°. Rel.

7724. MÉMOIRE pour Mᵉ de *Valentin*, curé d'Hadol ; contre le chapitre de *Remiremont* et Mᵉ *Thouvenin*, chapelain de l'hôpital d'Arches. *Nancy, P. Antoine et P. Barbier*, 1774. 18 pages, in-4°. Rel.

7725. MÉMOIRE pour Claude *Marquis* et Charles *Morel*, syndics nommés..., et les notables bourgeois et communauté de Remiremont... ; contre les abbesse, doyenne, chanoinesses et chapitre de l'insigne église de Saint-Pierre de *Remiremont*... *Nancy, S. Baltazard*, 1775. 74 pages, in-4°. Rel.

7726. MÉMOIRE pour les dames abbesse, doyenne, chanoinesses et chapitre de l'insigne église de St-Pierre de *Remiremont* ; contre Claude-Nicolas *Marquis*, et Charles-Ambroise *Morel*, syndics d'une partie des bourgeois de ladite ville. *Nancy, L. Beaurain*, 1776. 30 pages, in-4°. Rel.

7727. PRÉCIS pour l'insigne chapitre de *Remiremont*.., ; contre le sieur *Fricot*, procureur du roi au ' bailliage séant à Remiremont..., les officiers du même siège... *Nancy, P. Barbier*, 1780. 29 pages, in-4°. Br.

7728. MÉMOIRE pour le sieur *Fricot*..., les officiers du même siège...; contre l'insigne chapitre de *Remiremont*... *Nancy, Vve Leclerc*, 1780. 35 pages, in-4°. Br.

7729. MÉMOIRE à consulter pour le sieur *Fricot*..., les officiers du même siège, à lui joints ; contre les dames abbesse, doyenne, chanoinesses •et chapitre de l'insigne église Saint-Pierre de *Remiremont*. *Bruyères, Vve Vivot*, 1784. 163 pages, in-4°. Br.

7730. MÉMOIRE signifié, pour l'insigne chapitre de *Remiremont* ; contre le sieur *Fricot*..., et les officiers du même siège... *Paris, Knapen*, 1785. 142 pages, in-4°. Br.

7731. PRÉCIS pour l'insigne chapitre de *Remiremont*...; contre la dame de *Raigecourt*, dame chanoinesse du même chapitre... *Nancy, Vve Leclerc*, 1780. 24 pages, in-4°. Br.

7732. MÉMOIRE à consulter et consultation pour madame la comtesse de *Raigecourt*, dame de *Remiremont*. *Metz, J.-B. Collignon*, 1781. 46 pages, in-4°. Br.

7733. MÉMOIRE à consulter et consultation pour les dames de *Closen*, dame sonrière, et la dame la plus ancienne de l'insigne église collégiale et séculière de Saint-Pierre de *Remiremont*, Henriette de *Montjoye*, première dame censière ; Gabrielle de *Lenoncourt*, ancienne dame secrette..., toutes représentant la majeure et plus saine partie du même chapitre de Saint-Pierre de Remiremont. *Paris, P.-G. Simon, et N.-H. Nyon*, 1792. 80 pages, in-4°. Br.

7734. REQUÊTES des abbesse, doyenne, secrette, chanoinesses et chapitre de l'insigne église de Saint-Pierre de *Remiremont* ; contre les dames de *Closen*, de *Montjoye*..., chanoinesses de •la même église, agissantes, tant en leur nom, que comme exerçant les droits des dames leurs nièces ; et de Anne de Closen, dame sonrière, et la dame la plus ancienne de l'insigne église collégiale et séculière de Saint-Pierre de Remiremont...; contre... les dames Céleste-Hyacinthe de *Briey*, dame et doyenne, Charlotte de *Wangen*..., faisant aussi partie du même chapitre, datées des 9 août et novembre 1782. *S. l., n. n., n. d.* 81 pages, in-4°. Br.

7735. MÉMOIRE à consulter, pour les dames Anne de *Closen*, dame sonrière et consorts, au sujet des dignités dans l'église de *Remiremont*. *S. l., n. n., n. d.* 43 pages, in-4°. Br.

7736. EXTRAIT du dispositif de l'arrest du parlement de Nancy, du onze août 1776, entre les dames abbesse, doyenne, chanoinesses et chapitre de l'insigne église collégiale et séculière de Saint-Pierre de *Remiremont*..., les notables bourgeois, marchands, syndics et communauté de la ville de Remiremont, représentés par Claude-Nicolas *Marquis* et Charles-Ambroise *Morel*, leurs syndics. *S. l., n. n., n. d.* 4 pages, in-4°. Cart.

7737. MÉMOIRE pour le sieur Nicolas-François *Godignon*, syndic et les notables bourgeois de la ville de Remiremont...; contre les dames abbesse, doyenne et chapitre de l'insigne église de Saint-Pierre de *Remiremont*... *Paris, P.-G. Simon, N.-H. Nyon*, 1783. 57 pages, in-4°. Br.

7738. PRÉCIS pour le chapitre de *Remiremont*. *S. l., Lambert et Baudouin*, 1783. 23 pages, in-fol. Br.

7739. RÉPLIQUE et consultation sur plusieurs points importants de la constitution du chapitre de *Remiremont*. *Paris, N.-H. Nyon*, 1783. 254 pages, in-4°. Rel.

7740. RÉPONSE pour le chapitre de *Remiremont*, à l'imprimé, en 254 pages, intitulé : « Réplique et consultation », pour les dames opposantes à l'élection de madame de Ferrete ; en présence des dames de Muggentalh et de Raigecourt de Failly, et de madame la princesse de Lorraine, abbesse actuelle. *Paris, Demonville*, 1783. 39 pages, in-4°. Cart.

7741. FACTUM pour le sieur Charles *Pagnant*, prêtre, curé de Ramonchamps..., doyen de Remiremont...; contre les dames doyenne, chanoinesse et chapitre de *Remiremont*... *Nancy, P. Barbier, s. d.* 23 pages, in-4°. Rel.

7742. MÉMOIRE pour M. le maire de la ville de *Remiremont*, intimé ; contre le sieur *Serrier*, entrepreneur de bâtimens en la même commune, appelant. *Nancy, F.-A. Bachot, s. d.* 48 pages, in-4°. Br.

7743. MÉMOIRE pour demoiselles Anne-Elisabeth et Catherine-Gabriel de *Saint-Victor*, filles majeures, détendresses en opposition ; contre Antoine *Revel*, maître en chirurgie à Gugney sous Vaudémont, soit disant opposant, Dominique *Pidon*, François-Joseph *André*, Paul *Bassigny*, Jean-François *Vimer*, créanciers appellés ; et le sieur Balthazard de Saint-Victor, et dame Yolande-Charlotte de Maré son épouse, parties saisies. *Nancy, C. Leseure*, 1773. 33 pages, in-4°. Rel.

7744. FACTUM pour les seigneurs comtes de *Sainct-Amour* et de *Suze*...; contre les sieurs de *Reynac*... *S. l., n. n., n. d.* 23 pages, in-fol. Br.

7745. MÉMOIRE pour les officiers de la maîtrise des eaux et forêts de *Sarguemines*...; contre la communauté de *Rhaling*..., et les habitans dudit lieu... *Nancy, P. Barbier*, 1785. 30 pages, in-4°. Br.

7746. MÉMOIRE pour les officiers de la maîtrise des eaux et forêts de *Sarguemines*...; contre les maire, syndic, habitans et communauté de *Rhaling*... *Nancy, P. Barbier*, 1786. 51 pages, in-fol. Br.

7747. RÉSUMÉ pour la communauté de *Rhaling*, contre la maîtrise de *Sarguemines*. *Nancy, H. Haener*, 1786. 38 pages, in-4°. Br.

7748. FACTUM pour messire Charles-Louis-Philippe, Wildgraff de *Dhaun* et de *Kirbourg*, Rhingraff de Stein, comte de Salm, seigneur de Fénestrange, etc., résidant à Grombach...; contre dame Marie-Charlotte, née princesse d'Ostfrise et douairière de *Créhange*, en qualité de gardienne-noble de Christine-Louise, née comtesse d'Ostfrise et de Créhange..., dame Anne-Dorothée, comtesse de *Ribaupierre*..., messires Charles et Jean-Charles-Louis, Rhingraff de *Dhaun* et de *Stein*..., messires Nicolas, Léopold, Rhingraffs de *Dhaun* et de *Neuviller*, et consors... *Nancy, P. Antoine*, 1724. 28 pages, in-fol. Rel.

7749. FACTUM pour messire Nicolas-Léopold, comte Sauvage et du Rhin et messire Joseph, comte de *Mérode*, marquis de Deinse, en qualité de tuteur des enfans mineurs de feu messire Henry-Joseph, comte Sauvage et du Rhin...; contre dame

Marie-Charlotte, née princesse d'Ostfrise, veuve de messire Frédéric-Ulric, comte de *Créhange*, en qualité de mère et tutrice de demoiselle Christine-Louise de Créhange, monsieur Christian, prince de *Boihenfeld*, au nom et comme héritier de dame Anne-Dorothée, comtesse de Ribaupierre, sa tante, monsieur Eberhard-Loüis, duc de *Wirtemberg*..., monsieur Loüis Otton, prince de *Salm*, messire Charles, comte Sauvage et du Rhin de *Dhaun*... *Nancy, P. Antoine*, 1724. 72 pages, in-fol. — Consultation. *S. l., n. n., n. d.* 4 pages, in-fol. Rel.

7750. SUPPLIQUE de Nicolas-Léopold Wild et Rhingraff de *Salm*, de *Neuvillers*, etc., et Joseph, comte de Mérode, marquis de Dheins, en qualité de tuteur des fils mineurs de messire Henry-Joseph, Wild et Rhingraff aussi de Neuvillers; *contre* Marie-Charlotte, née princesse d'Ostfrise, veuve de messire Frédéric-Ulric, comte de *Créhange*, en qualité de mère et tutrice de demoiselle Christine-Louise de Créhange... *Nancy, P. Antoine*, 1725. 9 pages, in-fol. Rel.

7751. FACTUM pour monsieur Eberhardt Louis duc de *Wirtemberg* et de Teck..., monsieur Christian, prince palatin du Rhin et de *Birckenfeld*..., madame Marie-Charlotte, née princesse d'Ostfrise, veuve et doüairière de feu messire Friderie-Ulric comte d'Ostfrise et de *Créange*, en qualité de tutrice..., et messire Charles-Louis-Philippe, Rhingrave de *Grombach* et de Kirbourg, comte de *Salm*..., comme seigneurs et dame du comté de Morhange; *contre* monsieur Gustave-Samuël-Léopold, prince palatin du Rhin, duc des *Deux-Ponts*... *S. l., J.-B. Cusson*, 1726. 28 pages, in-fol. Br.

7752. SUPPLIQUE de Charles-Alexandre, duc de *Wirtemberg* et de Teck, comte de Montbéliard, seigneur de Heydenheim..., Henry-Frédéric, duc de Wirtemberg et de Teck...; *contre* messire Nicolas-Léopold, comte Sauvage du Rhin messire Joseph, comte de *Mérode*, marquis de Deinse, en qualité de tuteur des enfans mineurs de feu messire Henry-Joseph, comte Sauvage et du Rhin, messire Charles, comte Sauvage du Rhin et de Dhaun..., dame Marie-Charlotte, née princesse d'Ostfrise, veuve

de feu messire Frédéric-Ulric, comte de *Créhange*... *Nancy, P. Antoine*, 1728. 23 pages, in-fol. Rel.

7753. FACTUM pour dame Marie-Charlotte, née princesse d'Ostfrise, comtesse doüairière d'Ostfrise et de *Créhange*, en qualité de mère et gardienne-noble de Christine-Loüise, née comtesse d'Ostfrise et de Créhange, sa fille mineure, comme exerçant les droits de feüe Anne-Dorothée, comtesse de Créhange, et monsieur *Christian III*, prince palatin du Rhin, duc de Bavière, comte de Veldentz et de Sponheim, etc., aux droits de feüe Anne-Dorothée, comtesse de Ribeaupierre, sa tante; *contre* messires Charles, Rhingrave de *Dhaun*, Jean-Charles-Louis, Rhingrave de *Stein* ou de *Grebweiller*, Charles-Louis-Philippe, Rhingrave de *Groumbach*... *S. l., B. Antoine, s. d.* 57 pages, in-fol. Rel.

7754. FACTUM servant de défenses et de réponses à prétendus moyens de cassation pour M° *Christian III*..., et messire Jean-Adolphe-Louis, comte de *Wied*...; *contre* messire Nicolas-Léopold, comte Sauvage et du Rhin de *Neuviller*, etc., et messire Joseph, comte de *Mérodes*, marquis de Dheins..., touchant la propriété de la terre et seigneurie de Morhange, et messire Charles, Rhingrave de *Dhaun*... *S. l., J.-B. Cusson, s. d.* 57 pages, in-fol. Br.

7755. SUPPLIQUE de Ignace de *Decker*, cy-devant intendant de la dame comtesse doüairière *Colonna de Fels*, détenu ès prisons des tours de Notre-Dame de Nancy; *contre* Léopold *Rhingraf*... *Toul, C. Vincent*, 1727. 17 pages, in-fol. Rel.

7756. SUPPLIQUE de Nicolas-Léopold, comte Sauvage du Rhin et de *Salm*..., héritier bénéficiaire de Guillaume-Florentin, Rhingraf, son père..., Henry, baron de *Risenfels*...; *contre* le sieur Ignace *Decker*. *S. l., n. n., n. d.* 23 pages, in-fol. — Consultation. *Nancy, P. Antoine*, 1727. 3 pages, in-fol. Rel.

7757. REQUÊTE à Son Altesse Royale pour monsieur Nicolas-Léopold, Rhingraf de *Salm*..., et messire Henry, baron de *Risenfels*...; *contre* le sieur Ignace *Decker*, détenu ez prisons des tours Notre-Dame de Nancy... *Nancy, P. Antoine*, 1727. 6 pages, in-fol. Rel.

7758. FACTUM pour le sieur Ignace de *Decker...* ; contre monsieur Nicolas-Léopold Rhingraff, et monsieur Henry, baron de *Risenfels...* Nancy, *F. Midon,* 1728. 29 pages, in-fol. Rel.

7759. FACTUM pour le sieur Ignace *Decker...* ; contre monsieur Nicolas-Léopold Rhingraff, et monsieur Henry, baron de *Risenfels...* Nancy, *F. Midon,* 1728. 63 pages, in-fol. Rel.

7760. RÉPONSE pour monsieur Nicolas-Léopold Rhingraff, et messire Henry, baron de *Risenfels,* etc., à la seconde partie du factum du sieur *Decker. Nancy, P. Antoine,* 1728. 58 pages, in-fol. Rel.

7761. RÉPONSE pour monsieur Nicolas-Léopold, Rhingraff de *Salm...,* et messire Henry, baron de *Risenfels...,* en qualité de tuteur de messire François, comte *Colonna de Fels...,* au factum du sʳ Ignace *Decker... Nancy, P. Antoine,* 1728. 33 pages, in-fol. Rel.

7762. MÉMOIRE pour MM. Jean-Dominique-Albert, et Philippe, Rhingrafs, comtes Sauvage du Rhin et de *Salm...,* M. François-Joseph *Colona de Fels,* comte du Saint-Empire..., à cause de dame Marie-Catherine Ferdinande, née baronne de Greissen son épouse ; Benigne-Louise et Marie-Anne-Joseph, aussi nées baronnes de Greissen ; contre M. le prince Nicolas-Léopold, Rhingraff de *Salm,* et madame son épouse... Nancy, *P. Antoine,* 1740. 64 pages, in-fol. — Consultation. *Nancy, J.-B. Cusson,* 1741. 6 pages, in-fol. Rel.

7763. PRÉCIS de l'instance indécise au conseil d'État du roy, d'entre S. A. S. madame la princesse de *Salm* ; contre MM. Jean-Dominique-Albert et Philippe, Rhingraffs. *Nancy, J.-B. Cusson,* 1741. 8 pages, in-fol. Rel.

7764. FACTUM pour dame Élisabeth-Jeanne, princesse palatine Rhingraff, douairière...; contre monsieur le, Rhingraff de *Dhaunn... S. l., D. Gaydon, s. d.* 8 pages, in-fol. Rel.

7765. FACTUM pour messire Nicolas-Léopold Wild et Rhingraff...; contre messire Jean-Adolphe-Louis, comte de *Wied,* à **cause de dame Christine-Louise, née com-**

tesse d'Ostfrise, son épouse, monsieur le prince palatin de *Birkenfeld,* monsieur le duc, et messieurs les princes de *Wirtemberg,* messire Charles Walrad-Guillaume, Wild et Rhingraff de *Gromback,* monsieur le prince de *Salm,* et messieurs les Rhingraffs de *Dhaun* et de *Puttelange... Nancy, J.-B. Cusson,* . *s. d.* 38 pages, in-fol. Rel.

7766. RÉPONSE de madame la princesse palatine Rhingraffe, douairière de *Morhange,* deffenderesse ; au factum de monsieur le Rhingraff de *Dhaun,* opposant. *S. l., D. Gaydon, s. d.* 6 pages, in-fol. Rel.

7767. FACTUM (Supplément au) servant à contredire la production nouvelle des sieurs Rhingraffs de *Dhaun. S. l., n. n., n. d.* 5 pages, in-fol. Rel.

7768. TABLEAU de l'inconstance représenté en la cause d'entre messires Guillaume Florentin, Rhingraff de *Flandre,* Grombag Stein et d'Haum...; contre dame Élizabeth-Jeanne, née princesse palatine Rhingraffe, douairière de *Kirbourg* et Morhange ... *S. l., n. n., n. d.* 9 pages, in-fol. Rel.

7769. PRÉCIS pour messire Charles, Rheingraff de *d'Haun,* Stein, Kirbourg, etc., comte de *Salm,* Fénétrange, Puttelange...; contre les maire, synodaux, habitans et communauté de *Rémering... Nancy, P. Barbier, s. d.* 10 pages, in-fol. Br.

7770. RÉPONSE des princesses de *Hesse-d'Armstad,* du prince de *Nassau-Usingen,* etc., au mémoire des princes apanagés de *Baade-d'Ourlac,* et Rheingrave de *Gremiller. Nancy, P. Barbier,* 1782. 88 pages, in-4°. Br.

7771. MÉMOIRE et consultation pour Mᵉ Jacques-César *Riston,* écuyer, avocat au parlement ; contre Mᵉ Pierre-Nicolas-Albert Riston, Mᵉ François-Denis Riston, tous deux écuyers, avocats en parlement, l'un en qualité de curateur à la minorité dudit Mᵉ Jacques-César Riston, l'autre aussi en qualité de curateur à la prétendue substitution portée par le testament de Mᵉ Albert Riston, père commun, et Mᵉ Claude *Malglaive,* procureur au parlement. *Nancy, s. n.,* 1786. 32 pages, in-4°. — Pièces justificatives. *Nancy, H. Haener, s. d.* 10 pages, in-4°. Br.

7772. MÉMOIRE au Roi et à son Conseil, par *Riston*, nommé substitut surnuméraire de monsieur le procureur général au parlement de Nancy. *S. l., n. n., n. d.* 34 pages, in-4°. Br.

7773. MÉMOIRE pour la demoiselle Marie-Joseph *Robert*. *Nancy, H. Leclerc*, 1772. 47 pages, in-4°. Br.

7774. RÉPLIQUE pour le s^r Henry *Robert*, officier municipal à St-Mihiel. *Nancy, C. Leseure*, 1772. 90 pages, in-4°. — Pièces justificatives. *S. l., n. n., n. d.* 23 pages, in-4°. Br.

7775. RÉFUTATION des faits principaux imprimez dans le supplément des sieurs *Roguier* et consors, et par eux plaidez en réplique. *S. l., J.-B. Cusson, s. d.* 7 pages, in-fol. Br.

7776. MÉMOIRE pour Claude-Philippe de *Rolinville*, baron dudit lieu et Rouceux, conseiller d'État ..., demandeur en cassation d'un arrêt surpris au conseil de régence, le 1er juin 1729. *Nancy, H. Thomas, s. d.* 34 pages, in-fol. Br.

7777. CONSULTATION de sept anciens avocats suivans la Cour, par laquelle il est établi que M^e de *Rollinville* est bien fondé à se pourvoir en cassation de l'arrêt rendu contre luy au conseil d'État, le premier juin de l'année dernière 1729, en faveur du sieur Pierre-Nicolas *Sallot de La Martinière*, cy-devant son secrétaire. *Nancy, P. Antoine*, 1730. 8 pages, in-fol. Br.

7778. SUPPLIQUE de Pierre-Nicolas *Sallot de La Martinière*, conseiller-secrétaire ... ; contre Claude-Philippe *Rolin de Rolinville*, baron dudit lieu et de Rouceux, ci-devant conseiller d'État ... *S. l., J.-B. Cusson*, 1731. 46 pages, in-fol. Br.

7779. FACTUM pour les sieurs Claude *Rousselot*, prestre habitué en la paroisse de St-Sébastien de Nancy et consorts ; contre les sieurs François *Serre*, conseiller du conseil d'Estat de Lorraine, Jacques Serre... *S. l., n. n., n. d.* 6 pages, in-4°. Rel.

7780. PRÉCIS pour les sieurs *Terré* ; contre le sieur maréchal de *Sainscy*. *Nancy, Haener*, 1776. 7 pages, in-4°. Rel.

7781. MÉMOIRE pour les abbé, prieur et religieux de l'abbaye de *St-Benoît* en Voivre, ordre de Citeaux, contre Me Antoine-François *Collin*, procureur du roi en la maîtrise royale de St-Mihiel et plusieurs autres parties. *Nancy, P. Barbier*, 1777. 69 pages, in-4°. Br.

7782. MÉMOIRE pour le sieur *Colin* ; contre l'abbé et les religieux de *St-Benoît* et autres parties en cause. *Nancy, Vve Charlot*, 1777. 52 pages, in-4°. Br.

7783. FACTUM pour les sieurs grand prévôt, doyen, chanoines et chapitre de l'insigne église séculière et collégiale de *Saint-Diez* ...; contre Jacques *Finance*, laboureur demeurant en la même ville de St-Diez ; à luy joints les maires, habitans et communautez du *Val de Saint-Diez* ... *S. l., D. Gaydon*, 1715. 24 pages, in-fol. — Addition. *S. l., n. n., n. d.* 4 pages, in-fol. Br.

7784. SOMMAIRE de la cause d'entre les grand prévôt, doyen, chanoines et chapitre de l'église de *St-Diez*...; contre les maires, habitans et communautez du *Val de St-Diez*... ; les dames abbesse, doyenne, chanoinesses et chapitre de *Remiremont*, et les abbés, prieurs et religieux des abbayes de *Senonne, Moyenmoutier* et *Étival* ..., et contre les habitans et communautez des lieux où ils sont décimateurs ... *S. l., D. Gaydon*, 1718. 16 pages, in-fol. Br.

7785. SUPPLIQUE des grand-doyen, chanoines et chapitre de l'insigne église de *Saint-Diey*, deffendeurs ; contre les vicaires perpétuels du *Val de Saint-Diey*, demandeurs. *Nancy, F. Midon*, 1730. 21 pages, in-fol. Br.

7786. RÉPONSE des grand-doyen, chanoines et chapitre de l'insigne église de *Saint-Diey*..., au mémoire des vicaires perpétuels du *Val de Saint-Diey*... *Nancy, A. Leseure*, 1732. 41 pages, in-fol. Br.

7787. MÉMOIRE servant de réponse pour les grand doyen, chanoines et chapitre de l'insigne église de *Saint-Diey*, deffendeurs ; contre les vicaires perpétuels de *Val de Saint-Diey*, demandeurs. *Nancy, F. Midon, s. d.* 26 pages, in-fol. Br.

7788. MÉMOIRE (Nouveau) en répliques, pour les senier et curez du *Val de Saint-*

Diez... ; contre le chapitre de *Saint-Diez...* *Lunéville, N. Galland,* 1733. 64 pages, in-fol. Br.

7789. RÉFUTATION pour les grand-doyen, chanoines et chapitre de l'insigne église de *S.-Diey,* deffendeurs, du nouveau mémoire des vicaires perpétuels du *Val de Saint-Diey,* demandeurs. *Nancy, A. Leseure,* 1734. 46 Pages, in-fol. Br.

7790. MÉMOIRE pour M° Jérôme *Duguenot,* prêtre et curé, vicaire perpétuel de la paroisse de Sainte-Croix de *Saint-Diez,* intimé ; contre le noble et insigne chapitre de la même ville, appelant. *Nancy, C.-S. Lamort,* 1786. 40 pages, in-4°. Br.

7791. MÉMOIRE pour l'insigne chapitre de de l'église cathédrale de *Saint-Diez,* appellant ; contre M. Jérôme *Duguenot,* curé, vicaire-perpétuel de la paroisse Ste-Croix de Saint-Diez, intimé. *Nancy, C. Leseure,* 1786. 46 pages, in-4°. Br.

7792. PRÉCIS pour les sieurs Jean-François *Dieudonné,* Pierre *Blanchet* et *Clément,* avocats, commissaire aux saisies réelles, et lieutenant en la maîtrise des eaux et forêts de *Saint-Diez,* appellans ; contre le sieur *de Tonnoy,* grand-doyen du chapitre de Saint-Diez, intimé. *Nancy, P. Barbier,* 1786. 28 pages, in-4°. Br.

7793. SOMMAIRE pour les grand-doyen, chanoines et chapitre de l'insigne église de *Saint-Diey...* ; contre M° Christophe *Jacquel,* prêtre et curé de Moyenmont et annexe. *Nancy, F. Midon, s. d.* 7 pages, in-fol. Br.

7794. MÉMOIRE pour la communauté de *Saint-Hipolite* ; contre les officiers municipaux de la même ville. *Nancy, P. Barbier,* 1789. 24 pages, in-4°. Br.

7695. MÉMOIRE (Copie du) que M. l'abbé de *Luxembourg* fit imprimer à Paris en 1689 ; contre les religieux de l'abbaye de *S.-Mihiel,* pour donner aux commissaires nommés par le roy T.-C. Louis XIV, lorsque cet abbé eut été nommé par ce prince pour tenir cette abbaye en commande. *S. l., n. n., n. d.* 4 pages, in-4°. Br.

7796. MÉMOIRE pour messire Louis-Antoine comte de *Lenoncourt,* abbé commendataire de l'abbaye de *S.-Mihiel...* ;

contre les prieur et religieux de la même abbaye... *S. l., F. Baltazard,* 1733. 52 pages, in-fol. Br.

7797. FACTUM pour les prieur et religieux Bénédictins de l'abbaye de *Saint-Mihiel...* ; contre messire Loûis-Antoine de *Lenoncourt... Nancy, P. Antoine,* 1733. 59 pages, in-fol. Br.

7798. PRÉCIS pour les prieur et religieux Bénédictins de l'abbaye de *Saint-Mihiel* ; contre messire Loûis-Antoine de *Lenoncourt,* abbé ... *Nancy, P. Antoine,* 1734. 12 pages, in-fol. Br.

7799. SUPPLIQUE des prieur et religieux Bénédictins de l'abbaye de *Saint-Mihiel...* ; contre le sieur Louis-Antoine de *Lenoncourt... Nancy, P. Antoine,* 1734. 6 pages, in-fol. Br.

7800. PRÉCIS pour l'abbé de *Lenoncourt* ; contre les Bénédictins de *Saint-Mihiel. Nancy, P. Antoine,* 1734. 17 pages, in-fol. Broché.

7801. SUPPLIQUE des prieur et religieux Bénédictins de l'abbaye de *Saint-Mihiel...* ; contre le sieur Louis-Antoine de *Lenoncourt... Nancy, P. Antoine,* 1734. 15 pages, in-fol. Br.

7802. MÉMOIRE (Second) signifié, contenant une réfutation sommaire du mémoire de l'abbé de *Lenoncourt,* pour les prieur et religieux de l'abbaye de *Saint-Mihiel* ; contre ledit sieur abbé de Lenoncourt. *S. l., Vve H. Knapen,* 1741. 16 pages, in-fol. Relié.

7803. PRÉCIS pour les prieur et religieux de l'abbaye de *St-Mihiel,* demandeurs ; contre messire Louis-Antoine de *Lenoncourt,* abbé..., défendeur. *S. l., n. n., n. d.* 16 pages, in-fol. Br.

7804. PRÉCIS pour les prévôt, chanoines et chapitre de l'église collégiale de *St-Mihiel...,* le sʳ *Fériet,* pourvu du doyenné du chapitre... ; contre le sieur *de Lisle,* chanoine de l'église collégiale de Saint-Pierre de Bar... *Nancy, P. Antoine,* 1760. 42 pages, in-4°. Br.

7805. MÉMOIRE pour le sieur François de *Fériet,* doyen de la collégiale, curé-vicaire perpétuel de la paroisse de St-Mihiel... ;

contre M. de *La Galaisière*, abbé de St-Mihiel, en cette qualité curé primitif de la paroisse..., le chapitre de *St-Mihiel*..., les semi-prébendés du même chapitre... *Nancy, S. Baltaʒard*, 1777. 20 pages, in-4°. Rel.

7806. OBSERVATIONS de M. de *Fériet*, doyen, curé à St-Mihiel, sur le mémoire du 22 février dernier, de M. l'évêque de *St-Dieʒ*, abbé commendataire de l'abbaye de *St-Mihiel*, en cette qualité curé primitif de sa paroisse. *Nancy, S. Baltaʒard*, 1778. 11 pages, in-4°. Br.

7807. RÉFLEXIONS pour le chapitre et les semi-prébendés de *Saint-Mihiel* ; contre M. l'évêque de *Saint-Dieʒ*, en qualité d'abbé commendataire et curé primitif de la paroisse de Saint-Mihiel. *Nancy, M.-M.-S. Baltaʒard*, 1778. 9 pages, in-4°. Rel.

7808. RÉPLIQUE sommaire au mémoire distribué par les chanoines de *Saint-Mihiel*, et par M° *Tocquot*, dévolutaire. *Nancy, C. Leseure*, 1780. 15 pages, in-4°. Br.

7809. PLAIDOYER pour le sieur Nicolas-François *Josselin*, prêtre du diocèse de Verdun, nommé à la cure et au doyenné de *Saint-Mihiel*, *défendeur ; contre les* chanoines de la même ville, demandeurs... et M° *Tocquot*, prêtre, chanoine et dévolutaire, *intervenant*. *Nancy, C. Leseure*, 1780. 52 pages, in-4°. Br.

7810. ANALYSE succinte de la cause du sieur *Josselin... ; contre les* chanoines de *Saint-Mihiel*, et M° *Tocquot... Nancy, C. Leseure*, 1780. 8 pages, in-4°. Br.

7811. MÉMOIRE à consulter au sujet de l'abbaye de *St-Mihiel... S. l., J.-B. Cusson, s. d.* 4 pages, in-fol. Br.

7812. FACTUM pour les prieur et religieux Bénédictins de *St-Nicolas*, deffendeurs ; contre les habitants et communauté dudit St-Nicolas, demandeurs ; et les vénérables grand-doyen, chanoines et chapitre de la *Primatiale de Lorraine*, appellez en cause. *S. l., D. Gaydon, s. d.* 51 pages, in-fol. Br.

7813. RÉPLIQUE pour les prévôt, maire, officiers, paroissiens et communauté de *Saint-Nicolas*, demandeurs ; *contre les* prieur, religieux et couvent des Bénédictins dudit Saint-Nicolas, défendeurs. *Nancy, P. Barbier*, 1708. 31 pages, in-fol. Br.

7814. RÉPONSE des prieur et religieux Bénédictins de *Saint-Nicolas*, à la réplique des habitans dudit lieu. *S. l., D. Gaydon, s. d.* 12 pages, in-fol. Br.

7815. RÉFUTATION servant de salvations, pour les prévôt, maire, officiers, paroissiens, habitans et communauté de *Saint-Nicolas-de-Port*, demandeurs ; contre les prieur, religieux et couvent des Bénédictins dudit lieu. *Nancy, P. Barbier*, 1708. 10 pages, in-fol. Br.

7816. MÉMOIRE pour les prévôt, maire, officiers, paroissiens, habitans et communauté de *Saint-Nicolas-de-Port*, demandeurs ; contre les prieur et religieux Bénédictins du même lieu, deffendeurs ; et les vénérables doyen, chanoines et chapitre de l'insigne église *Primatiale de Lorraine* en qualité de curés primitifs de St-Nicolas, appellés en cause. *S. l., n. n., n. d.* 32 pages, in-fol. Br.

7817. MÉMOIRE pour messire Dominique-Remi *Pagel*, chanoine de l'église de Toul, pourvu en régale du prieuré de Bleurville... ; contre les religieux Bénédictins de *Saint-Nicolas-de-Port... S. l., C.-E. Cheuault*, 1772. 48 pages, in-4°. Br.

7818. SUPPLIQUE des abbesse, religieuses et couvent de l'abbaye de *Sainte-Hoïlde*, en Barrois..., au sujet du paiement de quatre rentes. *S. l., n. n., n. d.* 2 pages, in-fol. Br.

7819. SUPPLIQUE des abbesse, religieuses et couvent de *Sainte-Hoïlde* en Barrois..., au sujet du paiement de quatre rentes. *S. l., n. n., n. d.* 10 pages, in-fol. Br.

7820. MÉMOIRE pour Jean-Nicolas *Saintronne*, maréchal-des-logis, invalide du lieu de Morhanges en Lorraine, demandeur en cassation de deux arrêts... *S. l., P.-Al. Le Prieur*, 1768. 32 pages, in-4°. Rel.

7821. PLAIDOYER pour messire Antoine *Paris...*, comte de Sampigny, seigneur de Pont-sur-Meuse, et autres lieux... ; contre les correcteur et religieux de l'ordre de St-François de Paule, dits Minimes du couvent de *Sainte-Lucie*, près de Sampigny... *S. l., J.-B. Cusson, s. d.* 14 pages, in-fol. Broché.

7822. SANCÉ. Mémoire justificatif du citoyen *Sancé*, chef du 2ᵉ bataillon de la Moselle. Par J. Sancé. *Metz, Verronnais, An II.* 26 pages, in-4°. Br.

7823. MÉMOIRE pour les maire, syndics et communauté des habitans de *Sarlouis*, et pour les corps des marchands et bouchers de la même ville; contre les juifs Hayem *Worms*, Cerf Worms, Abraham Worms, Jacob Olry Worms, frères, Lyon *Alexandre*, et Joseph-Joseph *Cahem. S. l., n. n., n. d.* 43 pages, in-4°. Cart.

7824. MÉMOIRE pour Mᵉ Joseph-Théodore *Zimmerman*, assesseur et garde-marteau en la prévôté et grurie de Blâmont...; contre François *Saucerotte*, greffier ès mêmes prévôté et grurie, actuellement détenu dans les prisons de la conciergerie du Palais... *Nancy, Leseure,* 1745. 37 pages, in-fol. Rel.

7825. SUPPLIQUE de François *Saucerotte*...; contre Mᵉ Joseph-Théodore *Zimmerman... Nancy, Leseure,* 1745. 60 pages, in-fol. Br.

7826. PRÉCIS pour Nicolas Sigisbert *Sauret*, fermier des droits d'entrée sur les bois à Nancy...; contre Christophe *Souhard*, menuisier, demeurant à Paris... *Nancy, s. n.,* 1750. 8 pages, in-fol. Br.

7827. FACTUM pour Gabrielle *Le Brun*, fille majeure, demeurant à Saint-Mihiel, demanderesse; et encore pour Nicolas et Marie les *Gillet*; Jean *Beaugeois*; Gilles *Le Blanc*; Jean *Hallot*; Jean *Le Maire*; Claude *Goujon*; et Barbe *Marchal*, à cause de ses enfans mineurs..., intervenans et pareillement demandeurs; contre Mᵉ Jean-Baptiste *Gille*, prêtre..., deffendeur. *S. l., Collignon,* 1724. 59 pages, in-fol. Br.

7828. SUPPLIQUE de Antoine-Claude *Sauvage*, prêtre, chanoine de l'église collégiale de Sainte-Marie-Magdelaine de Verdun, greffier de l'officialité de la même ville; contre monsieur *Teinturier*, prêtre, chanoine et archidiacre de l'église cathédrale de Verdun, conseiller à la Cour, cy-devant grand vicaire et official du diocèse. *Metz, Vve B. Antoine, s. d.,* 64 pages, in-fol. Rel.

7829. FACTUM pour le sieur Antoine Claude *Sauvage*, prêtre...; contre monsieur Charles *Teinturier*, chanoine... *Metz, J. Antoine, s. d.* 30 pages, in-fol. Rel.

7830. REQUETTE de monsieur le procureur général signifiée le 8 juillet 1726 et produitte en l'instance pendante au conseil d'Etat, entre M. le baron de *Schack* et M. de *Vitrimont*, imprimée par les soings et aux frais dudit sieur de Schack. *Nancy, N. Baltazard, s. d.* 21 pages, in-fol. Br.

7831. SUPPLIQUE de Charles-Joseph de *Lombillon*, conseiller à la Cour, tant en son nom qu'en celui de Charles-Remy de Lombillon, aussi conseiller à la Cour, son fils, propriétaire pour moitié du fief de S.-Epvre; contre le sieur baron de *Schack. Nancy, N. Baltazard, s. d.* 46 pages, in-fol. Rel.

7832. SUPPLIQUE de *Ulrich*, baron de *Schack*; contre le sᵣ de *Vitrimont*, au sujet de la seigneurie de Deuville. *S. l., n. n., n. d.* 11 pages, in-fol. Br.

7833. FACTUM servant de réponses pour le sieur Pierre-Georges *Le Prudhomme*, chevalier seigneur de *Vitrimont*, Deuville...; contre le sieur Ulrich, baron de *Schack*..., comme ayant repris l'instance au lieu et place de messire Charles de *Lombillon... S. l., n. n., n. d.* 48 pages, in-fol. Br.

7834. NOTE et conclusions pour M. le baron *Seillière*, propriétaire du domaine du Montet, près de Nancy...; contre MM. *Stumm*, frères, maîtres de forges à Neunkirchen (Prusse rhénane)... *Nancy, G. Crépin-Leblond, s. d.* 8 pages, in-fol. Br.

7835. MÉMOIRE pour les prieur et religieux de l'abbaye de *Senones*, deffendeurs; contre monsieur *Du Hautoy*, chevalier, etc., demandeur. *S. l., n. n., n. d.* 6 pages, in-fol. Br.

7836. CONSULTATION sur le procez des prieur et religieux de l'abbaye de *Senones* avec M. *Du Hautoy. S. l., n. n., n. d.* 8 pages, in-fol. Br.

7837. MÉMOIRE pour les abbé et religieux de l'abbaye de *Senones*; contre les officiers de M. le prince de *Salm. S. l., n. n., n. d.* 6 pages, in-fol. Br.

7838. PRÉCIS de l'instance d'entre M. l'abbé de *Senones* et dom Placide *Pierson*, qu'il a nommé à la vicairie de Saint-Jean-du-Mont, d'une part, et les prieur et religieux de la même abbaye ; ensemble dom Antoine *Robinot*, qu'ils ont nommé à la même vicairie, d'autre part. *S. l., n. n., n. d.* 17 pages, in-fol. Br.

7839. MÉMOIRE pour dame Barbe-Catherine Petit-Didier, veuve du sieur *Chinoir de Benne*..., noble François *Barail*..., à cause de dame Anne-Marguerite Petit-Didier, son épouse, noble Pierre *Petit-Didier*..., le sieur Joseph *Alliot*..., à cause de dame Louise-Françoise Petit-Didier, son épouse, M. Jean-François *Colin*..., à cause de demoiselle Élisabeth Petit-Didier, son épouse, et demoiselle Gabriel Petit-Didier..., tous héritiers de M. Mathieu Petit-Didier, évêque de Macra, leur frère, beau-frère et oncle... ; contre les prieur et religieux Bénédictins de l'abbaye de *Senone*, ayant pris le fait et cause de Michel *Georges*, receveur des revenus du prieuré de Léomont... *Nancy, F. Midon, s. d.* 50 pages, in-fol. — Trois lettres du pape Benoît XIII. *Ibid.* 10 pages, in-fol. Br.

7840. PRÉCIS de la cause d'entre les prieur et religieux de l'abbaye de *Senone*... ; contre noble françois *Barail*..., noble Pierre *Petitdidier*..., le sieur Joseph *Alliot*... et consors..., et Michel *George*, receveur... *S. l., J.-B. Cusson,* 1730. 33 pages, in-fol. Br.

7841. RÉPONSE pour M. l'évêque-comte de *Toul*... ; contre M* *Maget*, curé de Raon..., M* *Bertaut*, pourvu de la cure de Ramberviller..., et les abbé, prieur et religieux de *Senones*... *Nancy, N. Charlot,* 1747. 9 pages, in-fol. Cart.

7842. RÉPONSE de Nicolas *Seurette*, et consors, habitans de Martinvelle, partie Lorraine, au nombre de trente-cinq, à la lettre écrite le 28 dernier, par M* Laurent, à son cher ami, et signifiée le 12 du courant. *Nancy, Vve Charlot,* 1784. 59 pages, in-4°. Br.

7843. MÉMOIRE pour monsieur Maximilien, comte de *Tenezin Ossolins*, colonel..., en qualité d'unique héritier régnicole, et de légataire universel de M. Maximilien-François, duc de Tenezin Ossolins, son ayeul,

en tout ce qu'il a délaissé en Lorraine et en France, partie saisie... ; contre madame Marie-Anne-Louise, née contesse Jablonowska, épouse non commune de M. Anne-Charles-Frédéric de *La Trémoille*, duc de Châtelleraud, prince de *Talmond*, se disant héritière de madame Catherine, comtesse Jablonowska, à son décès épouse en secondes nôces de mondit s* duc Ossolinski... *Nancy, H. Thomas père et fils,* 1757. 60 pages, in-fol. Br.

7844. MÉMOIRE pour monsieur Maximilien, comte de *Tenezin Osselins*, colonel... ; contre madame Marie-Anne-Louise, née comtesse Jablonowska, princesse de *Talmond*... *Nancy, Thomas père et fils,* 1757. 78 pages, in-fol. Br.

7845. MÉMOIRE pour M* François-Martin *Thiébaut*, curé de Sainte-Croix... ; contre les filles de la Propagation de la Foi, et encore contre M. l'évêque de *Metz*... *Metz, C. Lamort,* 1785. 95 pages, in-4°. Br.

7846. SUPPLIQUE de Médard *Thiéry* de Franqueville, au sujet de la succession de Jean Thiéry, mort à Venise. *S. l., L. Jorry,* 1790. 6 pages, in-4°. Br.

7847. PRÉCIS pour le sieur Nicolas-François *Vanson*, marchand magazinier à Lunéville, appellant ; contre le sieur *Thiry*, lieutenant général au bailliage de Lunéville ; et M* Thiry fils, avocat à la Cour, exerçant au même siège, tous deux intimés. *Nancy, L. Beaurain,* 1775. 16 pages, in-4°. Rel.

7848. MÉMOIRE pour le sieur Jean-Baptiste-Fiacre *Thoilliey*, ci-devant jésuite... ; contre le sieur Nicolas-François Thoilliey de Theillières... *S. l., J.-B. Cusson, s. d.* 12 pages, in-fol. Br.

7849. FACTUM pour les prieur, religieux et couvent de l'abbaye *St-Evre-lès-Toul*... ; contre messire Claude-François de *Chastenet de Puységur*, abbé commendataire de la même abbaye... *S. l., Collignon, s. d.* 24 pages, in-fol. Br.

7850. MÉMOIRE pour les religieux, prieur et couvent de l'abbaye de *St-Evre* (*lès-Toul*)... ; contre messire François de *Chastenet de Puységur. S. l., n. n., n. d.* 4 pages, in-fol. Br.

7851. FACTUM pour les prieur et religieux de l'abbaye de *Saint-Èvre de Toul*...; contre M° Claude-François de *Chastenet de Puységur*... *Metz, J. Antoine, s. d.* 21 pages, in-fol. Br.

7852. FACTUM pour le sʳ Charles-Léopold *Jeannot*, prêtre, curé de Manoncourt...; contre les prieur et religieux Bénédictins de *Saint-Epvre-lès-Toul*... *Nancy, P. Antoine,* 1728. 18 pages, in-fol. Br.

7853. MÉMOIRE à consulter sur la capacité des chanoines Réguliers à posséder des bénéfices séculiers, présenté par M. Jacques-Simon *Pierre*, chanoine régulier de la congrégation de Notre-Sauveur, nommé par le roy de Pologne à la cure séculière de Sainte-Paule. *Nancy, L. Beaurain,* 1762. 49 pages, in-4°. Rel.

7854. MÉMOIRE pour les vénérables grand-doyen, chanoines et chapitre de la cathédrale de *Toul*, intervenants ; contre frère Jacques-Simon *Pierre*, chanoine régulier de la congrégation de Notre-Sauveur ; à lui joint frère Hyacinthe *Pillerel*, général de ladite congrégation, monsieur l'évêque de Toul, et les autres parties en cause. *Nancy, P. Antoine,* 1765. 83 pages, in-4°. Rel.

7855. PLAIDOYER pour M. Simon-Jacques *Pierre*, chanoine régulier, nommé par Sa Majesté à la cure de Ste-Paule ; à lui joint la congrégation des chanoines Réguliers de Notre-Sauveur, opposans à fins de nullité et demandeurs ; contre M. *Drouas*, évêque-comte de Toul, le clergé du diocèse de *Toul*, etc. *S. l., n. n., n. d.* 389 pages. — Réplique sur un incident. — Réplique sur les moyens de nullité. *Ibid.* 40 pages, — Notes. *Nancy, s. n.,* 1765. 35 pages, in-4°. Rel.

7856. MÉMOIRE pour M. Claude *Drouas*, évêque et comte de *Toul*..., défendeur ; à lui joints les curés séculiers de son diocèse, parties au procès principal, le chapitre de la cathédrale, premier intervenant, et M. Antoine-Clément de *Choiseul-Beaupré*..., primat de l'église Primatiale de Lorraine..., seconds intervenans ; contre frère Jacques-Simon *Pierre*, chanoine régulier de Notre-Sauveur, et les autres chanoines réguliers de la même congrégation, demandeurs. *Nancy, Thomas père et fils,* 1765. 47 pages, in-4°. Rel.

7857. MÉMOIRE pour les curés du diocèse de *Toul* ; contre les chanoines Réguliers de la congrégation de Notre-Sauveur et autres parties en cause. *Nancy, P. Antoine,* 1765. 220 pages, in-4°. Rel.

7858. MÉMOIRE pour le clergé du diocèse de *Toul*, contre les chanoines Réguliers de la congrégation de Notre-Sauveur, sur la capacité prétendue pour les chanoines réguliers à posséder des bénéfices séculiers. *Nancy, Vve et C. Leseure,* 1765. 388 pages, in-4°. Rel.

7859. PRÉCIS de la cause des chanoines Réguliers, contre M. *Drouas*, évêque de *Toul*, les curés séculiers du clergé, et autres parties en cause. *Nancy, Haener,* 1765. 78 pages, in-4°. Rel.

7860. BULLE et décision perpétuelle et deffinitive du pape Benoit XIV, du sept des ides de juillet 1745, qui déclare les chanoines Réguliers de Latran et du Très-Saint-Sauveur, vraiment et réellement incapables de tout bénéfice ecclésiastique séculier, et de toute pension ecclésiastique, sans avoir obtenu indult apostolique à cet effet, avec les formalités prescrites. *Nancy, Thomas père et fils, s. d.* 34 pages, in-4°. Rel.

7861. BULLE de Notre Très-Saint Père en Jésus-Christ et Seigneur le pape Benoit XIV, sur l'ordre de préséance entre l'abbé général et les autres abbés et chanoines Réguliers de la congrégation de Latran, et l'abbé général, les autres abbés et moines de l'ordre et congrégation de Saint-Basile-le-Grand, conforme à l'exemplaire romain, avec la version du texte latin. *Nancy, Haener, s. d.* 39 pages, in-4°. Rel.

7862. MÉMOIRE pour les chanoines et chapitre de l'insigne église collégiale de Saint-Gengoul de la ville de *Toul*, contenant le détail de tous les procez qu'ils ont été obligez de soutenir contre messieurs les doyens du même chapitre, et tous les réglemens intervenus en conséquence. *S. l., n. n.,* 1736. 84 pages, in-fol. Rel.

7863. PLAIDOYÉ pour les doyen, chanoines et chapitre de l'insigne église collégiale de S.-Gengoulf, intimez ; contre M° Joseph *Bagneux*, prêtre, vicaire de Minorville-

S.-Gengoulf, appellant. *S. l., J.-B. Cusson, s. d.* 16 pages, in-fol. Br.

7864. MÉMOIRE signifié pour M. Quentin *Hussenot*, prêtre, curé de la paroisse de Woid et Wacon... ; contre les doïen et chanoines de l'église-cathédrale de *Toul. S. l., Ch. Osmont, s. d.* 34 pages, in-4°. Rel.

7865. MÉMOIRE (Addition au) de M. Quentin *Hussenot*, prêtre, curé de Woid, et Vacon son annexe, opposant à un arrêt de cassation rendu au conseil le 9 juin 1738 ; contre les doyen, chanoines et chapitre de l'église cathédrale de *Toul. S. l., Ch. Osmont,* 1740. 6 pages, in-fol. Rel.

7866. PRÉCIS de l'instance d'entre les doyen, chanoines et chapitre de l'église cathédrale de *Toul*, défendeurs ; contre M° Quintin *Hussenot...* demandeur. *Metz, Vve B. Antoine, s. d.* 5 pages, in-fol. Rel.

7867. PIÈCE (sans titre) relative au procès, entre le chapitre de *Toul* et les officiers de la prévosté de *Gondreville*, et marquisat du *Pont. S. l., n. n., n. d.* 18 pages, in-4°. Rel.

7868. MÉMOIRE pour M. l'évêque de *Toul*, au sujet de l'établissement d'une maison de retraite pour les ecclésiastiques infirmes, pauvres et vicieux de son diocèse. *S. l., n. n., n. d.* 42 pages, in-4°. Br.

7869. DÉSAVEU de M. le promoteur général de l'évêché de *Toul*, contre certains pareatis demandez en son nom, à son insçu et contre son intervention. *S. l., n. n., n. d.* 3 pages, in-4°.

7870. EXTRAIT du plaidoyer de M. l'avocat général au parlement de Metz, dans le fameux procès de M. de *Valdahon. Nancy, P. Barbier, s. d.* VI-131 pages, in-12. Cart.

7871. REQUESTE présentée par les gardien et religieux Tiercelins du couvent de Nostre-Dame de *Sion...* ; contre M° Charles-Laurent *Vaultrin*, prestre vicaire perpétuel des doyen, chanoines et chapitre de l'église collégiatte de St-Gengoult de Toul, demeurant à Saxon... *S. l., n. n., n. d.* 5 pages, in-4°. Br.

7872. EXTRAICT du greffe du bailliage du comté de Vaudémont du 12 juillet 1683, à Vézelise, au sujet de la requeste présentée par les gardiens et religieux Tiercelins du couvent de Nostre Dame de *Sion...* ; contre M° Charles-Laurent *Vaultrin*, prestre... *S. l., n. n., n. d.* 5 pages, in-4°. Broché.

7873. CONSULTATION au sujet du mémoire des habitans et communauté de *Vaux. Nancy, P. Antoine et P. Barbier, s. d.* 4 pages, in-4°. Rel.

7874. MÉMOIRE pour M. le président de *Vigneron* ; contre M° *Verdet. Nancy, Vve Charlot,* 1782. 99 pages, in-4°. Br.

7875. PIÈCES justificatives pour répondre à celles qui sont à la suite du mémoire de M. le président de *Vigneron*, et aux différens chefs d'accusation ; contre M° *Verdet. Nancy, Vve Leclerc,* 1781. 20 pages, in-4°. Br.

7876. MÉMOIRE pour M° *Verdet*, avocat au parlement ; contre M. le président de *Vigneron*, M° *Pierre*, notaire à Nancy, et M° *Marchand*, procureur au même parlement. *S. l., n. n., n. d.* 57 pages, in-4°. Br.

7877. ESTAT des raisons des pères Jésuites de *Verdun* pour obtenir le plein possessoire du prieuré du *Mont-St-Martin-lès-Longwy*, uny à leur collège, l'an 1596. *S. l., n. n., n. d.* 6 pages, in-4°. Br.

7878. MÉMOIRE pour messire Hypolite de *Béthune*, evesque et comte de Verdun... ; contre les doyen, chanoines et chapitre de l'église cathédrale de *Verdun... Paris, F.-H. Muguet,* 1693. 40 pages, in-4°. Rel.

7879. PROCEZ (Précis du) pour les doyen, chanoines et chapitre de l'église cathédrale de *Verdun*, appellans ; contre les maire, syndic, habitans et communauté de *Sivry-sur-Meuse*, intimez. *Metz, J. Antoine, s. d.* 4 pages, in-4°. Rel.

7880. FACTUM pour les doyen, chanoines et chapitre de l'église cathédrale de *Verdun...* ; contre Claude *Person*, habitant de Lemmes, en qualité de père et tuteur d'Anne Person, sa fille mineure..., et encore contre les soi-disant maire et échevins, habitans et communautés des villages de *Lempire, Lemmes, Sivry-la-Perche, Joüy, Morgemoulin* et *Foamey... S. l., Collignon,* 1723. 36 pages, in-fol. Br.

7881. FACTUM pour frère Nicolas *Morizon*, prêtre, chanoine..., pourvû du prieuré-cure de Sommedieux..., à luy joints les prieur et chanoines Réguliers de l'abbaye de S.-Paul de *Verdun*... ; contre Mᵉ François *Robert*, prêtre séculier du diocèse de Verdun, soy-disant pourvu de la même cure... *S. l., J.-B. Cusson*, 1729. 46 pages, in-fol. Br.

7882. SUPPLIQUE des prieur et religieux de l'abbaye de Saint-Paul de *Verdun* ; contre les habitans et communauté de de *Dieuë*, ayant pris le fait et cause en défense de Jean et François *Humbert*, fils de Nicolas Humbert, de Claude *George*, Nicolas *Monet* et de Didon *Le Page*... *Metz, J. Antoine, s. d.* 9 pages, in-fol. Rel.

7883. MÉMOIRE pour les prieur et chanoines Réguliers de l'ordre de Prémontré..., de l'abbaye de Saint-Paul, située à *Verdun*... ; contre son Éminence monseigneur Pierre *Guérin de Tencin*, cardinal..., abbé de Saint-Paul de Verdun..., et Mᵉ Augustin *Cattoire*, prêtre séculier dans le diocèse de Laon... *Nancy, P. Antoine*, 1743. 28 pages, in-fol. Br.

7884. SUPPLIQUE des prieur et chanoines Réguliers Prémontrés de l'abbaye de St-Paul de *Verdun*... ; contre son Éminence monseigneur Pierre *Guérin de Tencin*, cardinal..., et Mᵉ Augustin *Cattoire*, prêtre... *Nancy, P. Antoine*, 1744. 19 pages, in-fol. Br.

7885. MÉMOIRE pour les prieur et religieux, chanoines Réguliers de l'abbaye de Saint-Paul de *Verdun*, ordre de Prémontré, étroite observance, demandeurs en règlement de juges ; contre les maire, syndic et communauté des habitans de *Dombale*, défendeurs. *S. l., D'Houry*, 1784. 24 pages, in-4°. Cart.

7886. MÉMOIRE pour les dames abbesse, prieure et religieuses de l'abbaye de Saint-Maur de *Verdun*, ordre de Saint-Benoit, appellantes ; contre le sieur Nicolas *Willaume*, écuyer, seigneur de *Champneuville*, intimé ; et encore contre les maire, habitans et communauté du même lieu, appellans incidemment. *Nancy, P. Antoine, P. Barbier*, 1773. 66 pages, in-4°. Br.

7887. PRÉCIS pour Mᵉ Pierre *Duperron*, chanoine et archidiacre de la cathédrale de *Verdun*, et prévôt du chapitre de l'église collégiale de la Madeleine de la même ville, intimé ; contre les doyen, chanoines et chapitre de ladite église collégiale de la Madeleine, appellans. *Nancy, P. Antoine et P. Barbier*, 1774. 26 pages, in-4°. — Mémoire pour les doyen, chanoines et chapitre de Sainte-Marie-Madeleine de Verdun, appellans ; contre Mᵉ Pierre Duperron, chanoine..., intimé. *Nancy, S. Baltazard*, 1774. 22 pages, in-4°. Rel.

7888. MÉMOIRE pour les prieur et chanoines Réguliers de l'abbaye de Saint-Nicolas-des-Prez de *Verdun*... ; contre messire François de *Montauban*, abbé commendataire de la même abbaye... *Metz, J. Antoine, s. d.* 10 pages, in-fol. Rel.

7889. MÉMOIRE pour les doyen, chanoines et chapitre de l'église cathédrale de *Verdun*, défendeurs ; contre Jean *Petit-Jean*, habitant de Fromezey, demandeur. *Metz, Vve B. Antoine, s. d.* 8 pages, in-fol. Rel.

7890. MÉMOIRE pour Jean *Petitjean*, habitant de Fromezey, demandeur ; contre les doyen, chanoines et chapitre de l'insigne cathédrale de *Verdun*, défendeurs. *S. l. Vve B. Antoine, s. d.* 7 pages, in-fol. Rel.

7891. MÉMOIRE à consulter pour plusieurs abbés, prieurs et religieux de la congrégation de Saint-Vanne de *Verdun. S. l., Vve A. Knapen*, 1741. 22 pages, in-4°. Rel.

7892. MÉMOIRE pour servir de réponse au mémoire imprimé par ordre des supérieurs majeurs de la congrégation de Saint-Vanne, assemblez à la diette tenuë en l'abbaye de Saint-Urbain, le 20 septembre 1741. *S. l., n. n., n. d.* 98 pages, in-4°. — Pièces justificatives. *S. l., n. n., n. d.* 16 pages, in-4°. Br.

7893. PIÈCES justificatives pour servir au mémoire intitulé : « Eclaircissement des difficultés nées dans la congrégation de Saint-Vanne, au sujet du bref de Notre Saint-Père le Pape, du 13 avril 1741. » *S. l., n. n., n. d.* 14 pages, in-fol. Br.

7894. MÉMOIRE pour les religieux Bénédictins de la congrégation de S.-Vanne ; contre les supérieurs majeurs de la même congrégation. *S. l., Vve Knapen*, 1742. 118 pages, in-4°. Br.

7895. MÉMOIRE à consulter pour dom Pierre *Malard*, religieux de la congrégation de St-Vanne. *Nancy, H. Thomas père et fils*, 1757. 22 pages, in-fol. Br.

7896. SOMMAIRE historique des procédures qui ont eu lieu, et des projets d'accommodement qui ont été proposés depuis que l'affaire de Dom *Malard* a été portée à la Cour, des consentemens et agrémens de M. le procureur général, malgré les oppositions de ses parties. *Nancy, H. Thomas père et fils*, 1757. 6 pages, in-fol. Br.

7897. MÉMOIRE au sujet d'un bref concernant le gouvernement des religieux Bénédictins de la congrégation de S.-Vanne et de S.-Hydullphe. *S. l., n. n., n. d.* 81 pages, in-4°. Br.

7898. CONSULTATION au sujet du brevet de nomination de l'abbaye de S.-Léopold de Nancy, accordé à un religieux de la congrégation de S.-Vannes. *S. l., n. n., n. d.* 6 pages, in-fol. Br.

7899. REMONTRANCE de Isaac Gavard, bourgeois-habitant de Courcelle-Chaussy, pays messein, bien et sincèrement converti et réuni à la religion catholique apostolique et romaine, et comme tel, tuteur établi par justice à Abraham *Véry*, garçon présentement âgé de 10 ans, au sujet de la succession de Sara Xandry, veuve de Pierre *Pilla*, ayeulle maternelle de l'enfant. *S. l., n. n., n. d.* 4 pages, in-fol. Rel.

7900. MÉMOIRE pour maistre François *Le Fèvre*, prestre, docteur en théologie, curé de la ville de Vic ...; contre les religieux de Saint-François, cordeliers et capucins, établis dans la même ville, intimez. *S. l., n. n., n. d.* 10 pages, in-fol. Br.

7901. MÉMOIRE concernant l'abbaye de *Villers Betnach*, sur lequel messieurs de Sorbonne sont priez de donner leur avis par écrit. *S. l., n. n., n. d.* 4 pages, in-4°. Br.

7902. MÉMOIRE pour la commune de *Villers-la-Montagne*, appelante; contre l'État, représenté par M. le préfet du département de la Moselle, intimé. *Metz, Lamort, s. d.* 39 pages, in-4°. Br.

7903. PRÉCIS pour P. F. *Viriot*, colonel de cavalerie, accusé. *Metz, C. Lamort*, 1816. 16 pages, in-8°. Br.

7904. MÉMOIRE pour Cuny Georges, Georges Lacour, Toussaint Henriot, François Villette, Nicolas Bagard, Pierre Houdoine, Toussaint Jeanson, Dominique Lavocat, François Thiéry, Antoine Pigeon, Dominique May, Bernard Drapier, Jean Martin, et autres habitans de *Viterne*, opposans; contre François *Drouville*, cy-devant admodiateur audit lieu, deffendeur. *S. l., D. Gaydon*, 1718. 5 pages, in-fol. Br.

7905. MÉMOIRE pour les sieurs *Vivaux* et compagnie, baillistes emphitéotiques des forges nationales de Moyeuvre, Naix et Montier-sur-Saux, situées en la ci-devant province de Lorraine. Demande à fin d'exécution d'un bail dont il reste encore dix-neuf années de jouissance. *S. l., P.-L. Siret*, 1792. 17 pages, in-4°. Br.

7906. RECUEIL (Second) de pièces justificatives, produites dans l'affaire du prieuré de *Xures*, ou par M. l'abbé de Sainte-Croix, ou par les R.R. P.P. Bénédictins. *Metz, J.-P. Collignon*, 1771. 46 pages, in-4°. Br.

7907. FACTUM pour Nicolas *Vautrin*, marchand bourgeois de Nancy, appellant; contre Germain *Lefèvre*, perruquier, aussi bourgeois de la même ville. *S. l., D. Gaydon, s. d.* 7 pages, in-fol. Br.

7908. SUPPLIQUE de Catherine-Roze Henry, veuve de Nicolas-François-Joseph *Le Febvre* ...; contre monsieur maitre Charles-Remy de *Lombillon*, écuyer-conseiller à la Cour, à cause de dame Gabriel-Catherine Le Febvre son épouse ..., le sieur Nicolas Le Febvre ... *Nancy, P. Antoine*, 1734. 16 pages, in-fol. Br.

SCIENCES & ARTS

I. SCIENCES.

A. SCIENCES ÉCONOMIQUES.

1°. Économie politique. — Finances. — Salines. — Économie domestique.

7909. RÈGLEMENT des imposts... Faict en la Chambre des comptes de Lorraine, à Nancy le 25 novembre 1665. *S. l., n. n., n. d.* 14 pages, in-4°. — Le même. *Nancy, A. et Cl. les Charlot*, 1666. 8 pages, in-4°. — Le même. *Nancy, Ch. Charlot*, 1678. 14 pages, in-4°. Br.

7910. BAIL des fermes générales des domaines, gabelles et tabacs de Lorraine et Barrois, passé le 23 novembre 1719, à M. Jean-Baptiste Bonnedame, S^r de St-Jean, pour onze années, à commencer la jouissance du 1er janvier 1720. *Nancy, J.-B. Cusson*, 1720. 83 pages, in-12. Cart.

7911. BAIL des fermes générales des domaines, gabelles et tabacs de Lorraine et Barrois, passé le 2 mars 1730, à Pierre Gillet, pour neuf années, à commencer du premier janvier 1731. *Nancy, P. Antoine*, 1730. 112 pages, in-12. Cart.

7912. BAIL des fermes générales des domaines, gabelles et tabacs de Lorraine et Barrois, passé le 7 septembre 1737, à Philippe Le Mire, pour sept années, à commencer du 1er octobre 1737. *Nancy, P. Antoine*, 1738. 186 pages, in-12. Rel. veau.

7913. DÉCLARATION du roy, faisant bail des fermes générales des domaines, gabelles, salines, tabacs et autres droits de Lorraine et Barrois, à Louis Dietrich, pour six années, qui commenceront le 1er octobre 1750. *Nancy, Leseure, s. d.* 70 pages, in-4°. Cart.

7914. DÉCLARATION du roi, faisant bail des fermes générales des domaines, gabelles, salines, tabacs et autres droits de Lorraine et Barrois. A Jean-Louis Bonnard, pour six années, qui commenceront le 1er octobre 1756. *Nancy, A. Leseure, s. d.* (1756). VIII-64 pages, in-4°. Rel. veau.

7915. RÈGLEMENT pour les gruyeries de Son Altesse et autres bois de communautéz, comme pour le droict de pasturage, clostures de hayes et autres défenses sur ce subject. *Nancy, J. Garnich*, 1629. 12 pages, petit in-fol. Br.

7916. ARREST du Conseil d'Estat pour la réduction des rentes et interests, du 18 avril 1646. *Nancy, A. Charlot, s. d.* 33 pages, in-12. Br.

7917. BOYÉ. Le budget de la province de Lorraine et Barrois sous le règne nominal de Stanislas (1737-1766), d'après des documents inédits. Par Pierre Boyé, avocat. *Nancy, Crépin-Leblond*, 1896. 175 pages, in-8°. Br.

7918. MÉMOIRE sur l'état de la province de Lorraine relativement aux impôts, et sur l'impossibilité de porter aucune augmentation sur la somme de l'abonnement des vingtièmes ..., présenté au Roi à l'appui des itératives remontrances arrêtées par le Parlement de Nancy le 22 février 1788. *S. l., n. n., n. d.* 36 pages, in-8°. Br.

7919. RECUEIL des édits, déclarations, arrests et règlemens concernant la Ferme générale du tabac de Lorraine et Barrois (de 1703 à 1752). *Nancy, Leseure*, 1752. 279 feuillets, in-4°. Rel. veau.

7920. TARIF des droits de coupillon, tonlieu, hallage, vente, poids et balances appartenans à la maison des chanoines Réguliers de Saint-Augustin et congrégation de St-Antoine, qui se perçoivent dans la ville de Pont-à-Mousson, aux jours de marchés, durant la semaine, et pendant les foires..., le tout vérifié et enregistré en la chambre du conseil et des comptes du duché de Bar, le 29 aoust 1725. *Pont-à-Mousson, F. Maret, s. d.* 19 pages, in-4°. Broché.

7921. RÈGLEMENT pour les salaires des artisans, ouvriers et manœuvres (à Nancy et villages en deppendans). *Nancy, Anthoine Charlot*, 1646. 14 pages, in-4°. Br.

7922. MÉMOIRE adressé aux représentans de la Nation, en avril 1792, par le conseil d'Épinal, au sujet des forêts nationales. *Épinal, Vautrin, s. d.* 22 pages, in-4°. Br.

7923. RECUEIL des lois nouvelles relatives aux conventions ou transactions entre particuliers..., soit avant, soit pendant le cours du papier-monnaie, etc. Avec les tableaux de dépréciation du papier-monnaie dans les départemens de la Meurthe, de la Meuse, de la Moselle, des Vosges, etc. *Nancy, J.-B. Vigneulle, an VI.* XXVIII-99 pages, in-8°. Demi-rel.

7924. CHEVANDIER. Rapport de M. Eugène Chevandier, membre du conseil général, au nom de la commission d'administration sur l'aliénation projetée des bois de l'État, dans le département de la Meurthe. *Nancy, Grimblot et Vve Raybois,* (1850). 9 pages, in-8°. Br.

7925. CHEDEAUX. Projet d'établissement d'une foire européenne à Metz, par P.-J. Chedeaux, ancien président du tribunal de commerce de Metz. *Metz, Collignon,* 1822. 66 pages, in-8°. Demi-rel.

7926. LALOY. Rapport fait par P.-A. Laloy, au nom d'une commission spéciale chargée d'examiner les réclamations de plusieurs propriétaires de salines dans le département de la Meurthe, contre un arrêté du Directoire exécutif qui prohibe l'exploitation de salines particulières, aux termes de la loi du 28 juillet 1791. *Paris, Imprimerie nationale, An VI.* 10 pages, in-8°. Cart.

7927. LOYSEL. Observations sur les salines du département de la Meurthe..., par Loysel, député à la Convention nationale. *Paris, Imprimerie nationale, An III.* 19 pages, in-8°. Cart.

7928. BESSON. Rapport sur les salines et sources salées (du département de la Meurthe, etc.), et sur le parti le plus avantageux que peut en tirer le gouvernement, par Alexandre Besson, membre du conseil des Cinq-cents. *Paris, Imprimerie nationale, an IV.* 49 pages, in-8°. Demi-rel.

7929. BARBÉ-MARBOIS. Opinion de Barbé-Marbois, sur la résolution du 7 nivôse An V, concernant les salines de la République, (département de la Meurthe, etc.). *Paris, Imprimerie nationale, An V.* 30 pages, in-8°. Demi-rel.

7930. RICHAUD. Projet de résolution présenté au nom d'une commission spéciale, par Richaud, relatif aux salines (des départemens de la Meurthe, de la Moselle, etc.). *Paris, Imprimerie nationale, An V.* 38 pages, in-8°. Demi-rel.

7931. BOULAY (de la Meurthe). Rapport fait au conseil des Cinq-cents, par Boulay de la Meurthe, sur la réclamation faite au conseil par les propriétaires des salines particulières qui se trouvent dans le département de la Meurthe, 27 frimaire An VII. — Opinion de Villers, sur ce rapport. *Nancy, H. Haener,* (1799). 30 et 14 pages, in-8°. Demi-rel.

7932. DIALOGUE entre un actionnaire du bail des grandes salines et un propriétaire de petite saline, à l'occasion de l'arrêté du préfet de la Meurthe, du 26 vendémiaire An X, relatif aux mines, usines, salines, etc., par J.-X. V***. *Nancy, Lamort, s. d.* (1801.) 24 pages, in-8°. Demi-rel.

7933. DORNÉS. Du monopole de la fabrication du sel dans les départemens de l'Est, par A. Dornés, avocat. *Paris, Cosson, s. d.* 52 pages, in-8°. Cart.

7934. HUIBRATTE. Analyse du mémoire pour l'ingénieur au corps royal des ponts et chaussées, en résidence dans le département de la Meurthe ; contre l'administration des salines de l'Est. Par Huibratte. *Paris, Mad. Jeunehomme-Crémière*, 1822. 59 pages, in-8°. Cart.

7935. BRUYÈRES-CHALABRE (DE). Rapport fait au nom de la commission chargée de l'examen du projet de loi relatif à la mise en régie intéressée, au profit de l'État, des salines de l'Est et de la mine de sel gemme découverte à Vic, par M. le comte de Bruyères-Chalabre, député de l'Aude. *Paris, Imprimerie royale*, 1825. 10 pages, in-8°. Cart.

7936. CRESSAC (DE). Opinion de M. de Cressac, député de la Vienne, sur l'amendement proposé par M. le général Foy, à l'article unique de la loi relative à la concession de la mine de sel gemme de Vic. Séance du 2 avril 1825. *S. l., A. Henry, s. d.* 22 pages, in-8°. Cart.

7937. ÉMONIN. Opinion de M. Émonin, député du département du Doubs, sur le projet de loi relatif à la concession de la mine de sel gemme, (département de la Meurthe, etc.). Session de 1825. *S. l., A. Henry, s. d.* 15 pages, in-8°. Demi-rel.

7938. FLEURIAU DE BELLEVUE. Opinion de M. Fleuriau de Bellevue, député de la Charente-Inférieure, sur le projet de loi relatif à la concession de la mine de sel gemme (département de la Meurthe, etc.), prononcée dans la séance du 29 mars 1825. *S. l., A. Henry, s. d.* 16 pages, in-8°. Demi-rel.

7939. (LA GERVAISAIS.) La loi sans motifs, ou état de la discussion sur l'exploitation de la mine de Vic. (Par de La Gervaisais). *Paris, A. Egron*, 1825. IV-51 pages, in-8°. Cart. Voy. n° 7985.

7940. SESMAISONS (DE). Note supplémentaire aux réflexions sur les intérêts des salines de mer par le comte D. de Sesmaisons. *Paris, J. Tastu*, 1825. 15 pages, in-8°. Demi-rel.

7941. SIMÉON. Opinion de M. le comte Siméon, sur le projet de loi relatif aux salines de l'Est, et à la mine de sel gemme découverte à Vic. (Chambre des Pairs de France. Séance du 31 janvier 1825.) *S. l., J. Didot, s. d.* 20 pages, in-8°. Cart.

7942. TURCKHEIM (DE). Opinion de M. de Turckheim, député du Bas-Rhin, sur le projet de loi relatif à la concession de la mine de sel gemme (département de la Meurthe, etc.). Séance du 18 mars 1825. *S. l., A. Henry, s. d.* 38 pages, in-8°. Demi-rel.

7943. VILLÈLE (DE). Projet de loi relatif à la mise en régie intéressée, au profit de l'État, des salines de l'Est, et de la mine de sel gemme découverte à Vic ; présenté à la Chambre des Pairs le 4 janvier 1825. Discours du ministre des finances, Joseph de Villèle, contenant les motifs du projet de loi. *S. l., n. n., n. d.* 20 pages, in-8°. Cart.

7944. PANGE (DE). Opinion de M. le marquis de Pange, sur le projet de loi relatif aux salines de l'Est, et à la mine de sel gemme découverte à Vic. (Chambre des Pairs de France. Séance du 29 janvier 1825.) *S. l., n. n., n. d.* 12 pages, in-8°. Cart.

7945. ROY. Opinion de M. le comte Roy, sur le projet de loi relatif aux salines de l'Est et à la mine de sel gemme découverte à Vic. Séance du 31 janvier 1825, de la Chambre des pairs de France. *S. l., n. n., n. d.* 38 pages, in-8°. Cart.

7946. EXAMEN de la propriété des salines nationales et sources salées des départements de l'Est, et des avantages que l'État peut en tirer. *Nancy, H. Haener et Vigneulle, s. d.* 24 pages, in-8°. Cart.

7947. PROJET de décret sur les salines et salins nationaux (Meurthe), présenté par les comités des domaines, des finances et des contributions publiques. *Paris, Imprimerie nationale, s. d.* 19 pages, in-8°. Cart.

7948. LÉVESQUE. Opinion de M. Lévesque, député de la Loire-Inférieure, sur le projet de loi relatif à la concession de la mine de sel gemme. *S. l., A. Henry, s. d.* 7 pages, in-8°. Demi-rel.

7949. OBSERVATIONS de la compagnie des salines et mines de sel de l'Est (Meurthe), relatives à l'ordonnance qui a réduit le prix de son bail. Paris, le 9 novembre

1831. *S. l., E. Duverger, s. d.* 48 pages, in-8°. Cart.

7950. MONOPOLE (Du) et de l'impôt du sel. De la nécessité d'abolir le monopole et de réduire l'impôt. *Metz, S. Lamort,* 1833. 47 pages, in-8°. Cart.

7951. PUTON. Lettre d'un industriel des Vosges sur la question du sel, aux députés des départements de l'Est. Par le colonel baron Puton. *Épinal, Faguier,* 1834. 16 pages, in-4°. Cart.

7952. LEVALLOIS. Mémoire sur les travaux qui ont été exécutés dans le département de la Meurthe pour la recherche et l'exploitation du sel gemme, par J. Levallois, ingénieur en chef des mines. *Paris, Carilian-Gœury,* 1834. 155 pages, in-8°. Planches. Demi-rel.

7953. AUBERT... Du monopole du sel dans les départemens de l'Est (Meurthe...), par L. Aubert... *Paris, Cosson,* 1836. 43 pages, in-8°. Cart.

7954. MONOPOLE (Du) du sel dans les départements de l'Est. L'abolition du monopole du sel serait un immense bienfait pour la population, etc. — Pétition contre le monopole. *Metz, Imp. S. Lamort,* 1836. 47 et 4 pages, in-8°. Demi-rel.

7955. ÉCLAIRCISSEMENTS sur la question des salines de l'Est. (*Paris*), *E. Duverger,* 1838. 14 pages, in-8°. Cart. — Encore un mot sur la vente des salines de l'État. Addition aux « Éclaircissements... » (*Paris*), *E. Duverger,* 1838. 7 pages, in-8°. Cartonné.

7956. COMPAGNIE des anciennes salines nationales de l'Est. Saline de Dieuze. Caisse fraternelle. Secours mutuels. Prêts. Retraites. *Paris, Firmin Didot frères,* 1851. 31 pages, in-4°. Cart.

7957. (PÉTITION) à Messieurs les membres de la Chambre des députés (adressée par les fabricants de soude et de produits chimiques contre la fabrique de Dieuze). *Épinal, Imp. Pellerin,* (1831). 34 pages, in-8°. Demi-rel.

7958. MAUD'HEUX. Observations sur l'ordonnance du 10 juillet 1835, qui prescrit **d'affermer la pêche de la Moselle au profit** de l'État. Par Maud'heux, greffier du tribunal d'Épinal. *Épinal, Gérard,* 1836. 35 pages, in-8°. Cart.

7959. PARISET. Monographie d'une famille de bûcheron usager de l'ancien comté de Dabo (Lorraine allemande), par M. Pariset. *Paris, Dupont,* 1884. 72 pages, in-8°. Br.

7960. CHASSIGNET. Société d'économie sociale. Enquête sur la condition des petits logements en France et à l'étranger. Ville de Nancy, par M. Chassignet, ancien élève de l'École polytechnique. (Extrait de la *Réforme sociale*). *Paris, F. Levé,* 1889. 32 pages, in-8°. Br.

7961. CHASSIGNET. Allumeur de réverbères de Nancy (Meurthe-et-Moselle), par Chassignet. *Paris, Firmin-Didot,* 1895. 53 pages, in-8°. Br. (De la collection : *Les ouvriers des deux mondes.*)

7962. ABEL. Cri d'alarme poussé par un alambiqué lorrain, Charles Abel. *Metz, Éven,* 1886. 15 pages, in-8°. Br.

7963. FAWTIER. De la fabrication du pain chez la classe agricole, et dans ses rapports avec l'économie publique, par J.-C. Fawtier, membre de la société centrale d'agriculture de Nancy. *Nancy et Paris, Grimblot et Vve Bouchard-Huzard,* 1845. 101 pages, in-8°. Cart. (Extrait du *Bon Cultivateur.*)

2° Industrie.

(Dans l'ordre alphabétique des noms d'auteurs.)

7964. BARBE-SCHMITZ. Un mot sur la broderie en présence des prohibitions, par Barbe-Schmitz, fondateur et président du syndicat de la fabrique de broderies de Nancy. *Nancy, Grimblot et Vve Raybois,* 1856. 36 pages, in-8°. Cart.

7965. BEAUPRÉ. Recherches sur l'industrie verrière et les privilèges des verriers dans l'ancienne Lorraine, par M. Beaupré. *Nancy, Imp. Hinzelin,* 1841-42. 26 pages, **pet. in-4°. Demi-rel.**

7966. BEAUPRÉ. Les gentilshommes verriers, ou recherches sur l'industrie et les privilèges des verriers dans l'ancienne Lorraine, aux xvᵉ, xviᵉ et xviiᵉ siècles, par M. Beaupré, vice-président du tribunal civil de Nancy. 2ᵉ édition, revue et augmentée. *Nancy, Hinzelin*, 1846. 49 pages, gr. in-8°. Cart.

7967. (BEAUPRÉ.) Notice sur un ouvrage de Volcyr, imprimé en 1530, et où il est particulièrement question des richesses minérales de la Lorraine et de ses verreries. *Nancy, Imp. Hinzelin*, 1842. 24 pages, in-4°. Demi-rel.

7968. BENOIT. Les corporations de Fénétrange, par M. Louis Benoit. *Nancy, Imp. A. Lepage*, 1864. 32 pages, in-8°. Cart. (Extrait des *Mémoires de la Soc. d'Archéol. lorr.*)

7969. BERGERY. Rapport sur l'exposition des produits de l'industrie du département de la Moselle, en 1828. Par M. Bergery. *Metz, Ch. Dosquet*, 1829. 152 pages, in-8°. Cartonné.

7970. CONGRÈS (Compte-rendu sommaire du) de la société de l'industrie minérale dans l'Est de la France et en Belgique. Août 1887. (Extrait des comptes-rendus mensuels. Septembre 1887.) *St-Etienne, Théolier et Cie*, 1887. 70 pages, in-8°. Br.

7971. DETROIS. Tarif des ornemens d'architecture en mastic, à l'instar de Sarrebourg, et en carton-pierre, à l'instar de Paris, de Detrois, fabricant de décors, à Nancy. *Nancy, s. n., n. d.* 18 pages, in-8°. Cart.

7972. DURAND. Les grandes industries minérales en Lorraine (sel, soude et fer), par Ch. Durand, professeur à l'École supérieure de Nancy. *Nancy, A. Nicolle*, 1893. 57 pages, in-8°. Carte géologique. Br.

7973. ESSUILE (D'). Observations sur divers objets importants. (Salines de la Lorraine, etc., par le comte d'Essuile). *Berlin, s. n.*, 1787. 215 pages, in-8°. Demi-rel.

7974. FALATIEU. Adresse des maitres de forges de la Haute-Saône et des Vosges. (A Sa Majesté Napoléon III, Empereur des Français.) Par... J. Falatieu de Pruines,

etc. *Vesoul, L. Suchaux, s. d.* 15 pages, in-4°. Cart.

7975. FILATURE de coton et moulins à blé de Blainville-la-Grande, près Lunéville (Meurthe). Société en commandite sous la raison Boutillot et Cie, constituée le 8 juin 1856, par acte passé devant Mᵉ Montillard, notaire à Blainville-la-Grande. *Nancy, A. Lepage, s. d.* 26 pages, in-4°. Carte. Cart.

7976. FOURNIER La verrerie de Portieux. Origine. Histoire. Par A. Fournier. *Nancy, Berger-Levrault et Cie*, 1886. 81 pages, in-8°. Pl. Br.

7977. GERMAIN. Les anciennes cloches de Saugues (Haute-Loire) refondues en Lorraine. Étude d'épigraphie campanaire par L. Germain. *Nancy, Sidot*, 1890. 72 pages, in-8°. Br.

7978. GERMAIN. Les fondeurs de cloches lorrains, par M. Léon Germain, membre de l'académie Stanislas, etc. *Bar-le-Duc, Contant-Laguerre*, 1887. 24 pages, in-8°. Br. (Extrait des *Mémoires de la Société des lettres, sciences et arts de Bar-le-Duc.*)

7979. GRANDEAU. Observations sur la création projetée par l'administration des mines de Bouxviller d'une fabrique de prussiate de potasse à Laneuveville, par L. Grandeau, directeur de la Station agronomique de l'Est. *Nancy, Sordoillet*, 1871. 13 pages, in-8°. Cart.

7980. HANON-VALKE. Aérateur. Pièces relatives aux expériences faites à la manutention militaire de Metz, par Hanon-Valcke. *Paris, Cosson*, 1851. 63 pages, in-8°. Demi-rel.

7981. HAXO. Populations industrielles de la France. La broderie et les brodeuses vosgiennes. Coup d'œil sur la situation actuelle de cette industrie dans les Vosges, et son influence sur la santé des ouvrières, par le docteur Haxo d'Épinal, membre du conseil d'hygiène du département. *Épinal, Vve Gley*, 1856. 68 pages, in-8°. Cartonné.

7982. HUMBERT. Exposition publique des produits de l'industrie française, 1834. — Notice sur les appareils et machines exposés dans la salle n° 1, section 24, inventés par M. Humbert père, et employés dans l'établissement orthopédique fondé par lui à Morley, dès l'année 1817. *Bar-le-Duc, F. Gigault d'Olincourt, s. d.* 32 pages, in-8°. Demi-rel.

7983. JACQUOT. Rapport sur l'industrie de la Moselle, par E. Jacquot, ingénieur des mines. *Metz, V. Maline,* 1856. 32 pages, in-8°. Cart.

7984. JAUNEZ. Mémoire sur les pressoirs à vin, qui a remporté, en 1786, le prix proposé par la Société royale des sciences et arts de Metz. Par M. Jaunez, architecte à Metz. *Paris, Cellot,* 1788. 32 pages, in-8°. Planches. Cart.

7985. LA GERVAISAIS (DE). Etat de la question sur l'exploitation de la mine de sel gemme (mine de Vic, etc., par de La Gervaisais). *Paris, A. Egron,* 1825. 96 pages, in-8°. Demi-rel. Voy. n° 7939.

7986. LEMACHOIS. Nancy à l'exposition de Metz, par M. A. Lemachois, rédacteur en chef du *Journal de la Meurthe et des Vosges. Nancy, Imp. A. Lepage,* 1862. 441 pages, in-8°. Demi-rel.

7987. LEPAGE. Les tapisseries des ducs de Lorraine, par Henri Lepage. *Nancy, G. Crépin-Leblond,* 1886. 47 pages, in-8°. Br. — A propos de la « Note sur les tapisseries des ducs de Lorraine ». La fabrique de Lunéville, par le même. *Nancy, Crépin-Leblond,* 1886. 3 pages, in-8°. Br. (Extraits du *Journal de la Société d'Archéologie lorraine.*)

7988. LEPAGE. Quelques notes pour servir à l'histoire de l'industrie séricicole en Lorraine, par Henri Lepage. *Nancy, Grimblot et Vve Raybois,* 1848. 12 pages, in-8°. Br.

7989. LEVALLOIS. Sur la puissance mécanique et la puissance calorifique de la vapeur. Application à la saline de Dieuze, par J. Levallois, ingénieur en chef des mines. *Paris, Carilian-Gœury, s. d.* 18 pages, in-8°. Cart. (Extrait des *Annales des mines.*)

7990. LOYSON. Les cristalleries de Baccarat, par l'abbé Jules-Théodore Loyson. *Paris, Charles Douniol,* 1866. 40 pages, in-8°. Cart. (Extrait du *Correspondant.*)

7991. MANUFACTURE de Saint-Clément. Son histoire, sa fabrication, son exposition. *Nancy, Berger-Levrault,* 1878. 39 pages, in-8°. Br.

7992. MARCUS. Les verreries du comté de Bitche. Essai historique (xv°-xviii° siècles), par Ad. Marcus, ancien administrateur des cristalleries de Saint-Louis. Accompagné de nombreuses pièces justificatives, avec 12 dessins ou plans topographiques et une carte générale. *Nancy, Berger-Levrault et Cie,* 1887. 365 pages, in-8°. Br.

7993. MARCUS. Note sur l'aventurine verte ou aventurine de chrome, par Marcus. *Metz, Ch. Thomas,* 1882. 10 pages, in-8°. Br. (Extrait des *Mémoires de l'Académie de Metz.*)

7994. MARSY. Quelques fondeurs de cloches originaires de Lorraine, ayant travaillé en Hollande, par le comte de Marsy. *Nancy, G. Crépin-Leblond,* 1886. 7 pages, in-8°. Br.

7995. MOREY. La vapeur d'eau utilisée comme force motrice en Lorraine, dans le cours du xviii° siècle, par M. Morey, ancien architecte, correspondant de l'institut. *Nancy, Berger-Levrault et Cie,* 1884. 17 pages, in-8°. Br.

7996. MUEL-DOUBLAT. Précis sur la concession des forêts de l'Etat, en faveur des forges d'Abainville (Meuse), par Muel-Doublat, propriétaire de forges. *Paris, Lachevardière,* 1827. 16 pages, in-8°. Demi-reliure.

7997. MUNIER. Rapport sur les pressoirs, par M. le capitaine Munier. *Metz, S. Lamort, s. d.* 33 pages, in-8°. Planche. Cart. (Extrait des *Mémoires de l'Académie de Metz.*)

7998. NICKLÈS. Rapport sur la fabrique de de produits chimiques de Dieuze, par M. J. Nicklès. *Nancy, N. Collin,* 1865. 26 pages, in-8°. Demi-rel.

7999. RANÇONET. Dissertation sur l'établissement d'un laminoir à Nancy, achevé par le sieur Michel Rançonet, horloger en la même ville. *Nancy, L. Beaurain,* 1759. 27 pages, in-8°. Cart.

8000. LETTRE d'un industriel des montagnes des Vosges à MM. Gros, Odier, Roman et Cie, à Wesserling; distribuée aux membres des deux chambres et du ministère. (Amélioration de la classe ouvrière). — Nouvelle lettre d'un industriel, etc. à M. François Delessert, député... — Mémoire d'un industriel, etc., adressé à M. le Ministre du commerce et des manufactures. — Lettre d'un industriel, etc. à M. Legentil, pair de France, suivie de deux lettres adressées à M. Guizot, accompagnées du projet de loi internationale ;qui limiterait à douze heures le travail journalier dans les manufactures. — Appel respectueux d'un industriel de la vallée des Vosges illustrée par le vénérable Oberlin, adressé aux gouvernements de la France, de l'Angleterre, etc. (en faveur de de la classe ouvrière). *Strasbourg, Imp. Berger-Levrault*, 1838, 1839, 1840, 1847 et 1848. 20, 8, 15, 12 et 14 pages, in-8°. Demi-rel.

8001. REGNEAULT. Expériences sur le sciage exécutées à la scierie de la cense Saint-Pierre, au pied du Donon, par E.-E. Regneault, professeur à l'École forestière. *Nancy, Grimblot, Raybois et Cie*, 1840. 34 pages, in-8°. Cart.

8002. RISTON. Industrie agricole-séricicole. Rapport à la Société centrale d'agriculture de Nancy, par M. Riston. *Nancy, Vagner*, 1848. 16 pages, in-8°. Br.

8003. SAVE. Les fayences de Gérardmer, par Gaston Save. *Nancy, R. Wiener*, 1888. 8 pages, in-8°. Br.

8004. SCHLŒSING. Lettre de M. Schlœsing, directeur du laboratoire de l'administration des tabacs, à Paris, relative au projet d'établissement d'une fabrique de produits chimiques à Laneuveville-devant-Nancy. *Versailles, Imp. E. Aubert*, 1872. 8 pages, in-4°. Br.

8005. SEILLIÈRE. Discours prononcé par M. Aimé Seillière au meeting de Remiremont le 16 décembre 1869. *Saint-Dié, Ed. Trotot*, 1869. 18 pages, in-8°. Cart.

8006. STATUTS de la compagnie des salines de Rosières (Meurthe), avec une notice de M. Collignon, ancien ingénieur en chef du canal de la Marne au Rhin. *Metz, Dimbourg et Gangel*, (1849). 18 pages, in-4°. Cart.

8007. SOCIÉTÉ en commandite par actions pour l'exploitation des forges de Maucourt, près Stenay (Meuse). *Stenay, Renaudin*, 1838. 37 pages, in-8°. Cart.

8008. SOLVAY et Cie. Soude et produits chimiques. *S. l., n. n., n. d.* 39 pages, in-8°, et 4 diagrammes. Br. (Exposition universelle, Paris, 1889.)

8009. STATUTS de la Société anonyme à capital variable des laboratoires industriels de l'Est. *Nancy, Berger-Levrault*, 1874. 20 pages, in-8°. Cart.

8010. TAINTURIER. Recherches sur les anciennes manufactures de porcelaine et de faïence (Alsace et Lorraine). Par A. Tainturier. Avec 55 monogrammes et gravures. *Strasbourg, Berger-Levrault*, 1868. VII-95 pages, in-8°. Demi-rel.

8011. THUILLIÉ. Fonderie de cloches. Pompes à incendie. Thuillié, fondeur et fabricant à Nancy. *S. l., n. n., n. d.* 4 pages, in-4°. Fig. Cart.

8012. VIANSSON. Rapport présenté à l'assemblée générale des actionnaires de la Société anonyme des produits chimiques de l'Est, par M. Viansson... *Nancy, P. Sordoillet*, 1881. 8 pages, in-4°. — Annexe au rapport ci-dessus. Rapport sur les procédés de M. Hennebutte pour l'extraction des sels ammoniacaux et la fabrication du carbonate de soude, par A. Carnot. *Nancy, P. Sordoillet*, 1880. 7 pages, in-4°. Br.

8013. VILLE de Bar-le-Duc. — Exposition des produits des arts et de l'industrie en 1846. — Rapport du jury. *Bar-le-Duc, N. Rolin, s. d.* (1846). 99 pages, in-8°. Cart.

8014. VIVENOT-LAMY. Notice sur les avantages à retirer des richesses minérales du département de la Meurthe, par Vivenot-Lamy, ancien maître de forges. *Nancy, s. n., n. d.* 11 pages, in-4°. (Autographié.)

8015. WIENER. Étude sur les filigranes des papiers lorrains, par Lucien Wiener, conservateur du Musée lorrain. *Nancy, R. Wiener*, 1893. 79 pages, gr. in-8°. 35 pl. Br.

8016. WIENER. Recherches sur l'industrie cartière en Lorraine, par Lucien Wiener, conservateur du Musée lorrain. *Nancy, R. Wiener,* 1884. 81 pages, in-8°. 9 facsimilés. Br.

3° Commerce.

8017. TARIF de Lorraine et Barrois... Droits sur les marchandises entrans et sortans des États de Lorraine et Barrois... *Nancy, J.-B. Cusson,* 1665. 26 pages, in-4°. Br.

8018. TARIF général des droictz d'entrées et sorties des duchés de Lorraine et de Bar, pays et estat de Son Altesse. *Nancy, Antoine, Claude et Charles les Charlots,* 1665. 48 pages, in-4°. Br.

8019. RÉFLEXIONS d'un solitaire, sur le projet de priver la province de Lorraine de la liberté de commercer avec l'étranger, pour l'assimiler aux provinces de France, dites des « cinq grosses fermes ». *S. l., n. n., n. d.* VI-56 pages, in-8°. Demi-rel.

8020. APERÇU des motifs qui s'opposent à ce que les duchés de Lorraine et de Bar soient compris dans le projet du reculement des barrières. (Par Prugnon, avocat.) *S. l., n. n., n. d.* 120 pages, in-8°. Demi-rel.

8021. RÉFUTATION d'un mémoire répandu en Lorraine, et attribué à M. de Cormeré, sur les avantages qui selon lui résulteroient pour la Lorraine et les Évêchés, du projet de les comprendre dans le reculement des barrières. *S. l., n. n., n. d.* 32 pages, in-8°. Demi-rel.

8022. MÉMOIRE pour la ville de Nancy, sur le dommage immense qui lui résulteroit du reculement des barrières. *S. l., n. n., n. d.* 36 pages, in-8°. Demi-rel.

8023. OBSERVATIONS des commerçants lorrains, sur le projet du reculement des barrières. *S. l., n. n.,* 1787. 91 pages, in-8°. Cart.

8024. OBSERVATIONS d'un citoyen de Metz, sur la destruction des barrières. *S. l., n. n., n. d.* 8 pages, in-4°. Cart.

8025. (AUVERGNE) [D']. Les intérêts de la Lorraine défendus contre ses marchands. (Par d'Auvergne, directeur des fermes à Nancy.) *S. l. (Nancy), n. n.,* 1787. 108 pages, in-8°. **Demi-rel.**

8026. OBSERVATIONS sur les intérêts des Trois Évêchés et de la Lorraine, relativement au reculement des barrières des traites. *S. l., n. n., n. d.* 24 pages, in-8°. Cartonné.

8027. MÉMOIRE des fabriquans de Lorraine et de Bar, présenté à monseigneur l'intendant de la province, concernant le projet d'un nouveau tarif, et servant de réponse à un ouvrage intitulé : « Lettres d'un citoyen à un magistrat ». *Nancy, s. n.,* 1762. 75 pages, in-8°. Cart. Voy. n° 8043.

8028. MÉMOIRE des juges-consuls de Lorraine et de Bar, et du corps des marchands de Nancy, présenté le 15 janvier 1762, à Monseigneur l'intendant de la province, sur les raisons qui doivent affranchir le commerce des duchés de Lorraine et de Bar, du tarif général projetté pour le royaume de France. *Nancy, s. n.,* 1762. 52 pages, in-12. Demi-rel.

8029. RÉPONSE de M. G.. R.. E.. à M. H.. L.. N.., sur le projet d'un nouveau tarif. *Nancy, Thomas,* 1762. 4 pages, in-8°. Cart.

8030. LETTRES de Monsieur D... (Doyen) à Monsieur M... sur le commerce de la Lorraine et sur le projet d'un nouveau tarif. *Amsterdam, s. n.,* 1762. 104 pages, in-8°. Demi-rel.

8031. LETTRES de M. D... (Doyen) à M. M..., sur le commerce de la Lorraine et sur le projet d'un nouveau tarif. Nouvelle édition. *Nancy, Thomas,* 1763. 99 pages, in-8°. Cart.

8032. MÉMOIRES concernant la navigation des rivières de la province des Trois-Évêchés et le commerce de la ville de Metz ; lus dans l'assemblée publique de la Société royale des sciences et des arts de Metz, tenue le 18 novembre 1772. *Metz, P. Marchal,* 1773. IV-426 pages, in-4°. 3 pl. Demi-rel.

8033. RŒDERER. Questions proposées par la commission intermédiaire de l'assemblée provinciale de Lorraine, concernant le reculement des barrières, et observations pour servir de réponse à ces questions. Par M. Rœderer, conseiller au parlement de Metz. *S. l., n. n.,* 1787. 223 pages, **in-8°. Cart.**

8034. MÉMOIRE du commerce de la Lorraine. *S. l., n. n., n. d.* 83 pages, in-8°. Demi-rel.

8035. DESSALES. Mémoire lu par M. le comte Dessales, à l'assemblée provinciale, dans la séance du 23 août 1787. (Sur le tarif.) *S. l., n. n., n. d.* 6 pages, pet. in-4°. Cartonné.

8036. (DESSALLES.) Réflexions d'un fabricant (à propos du commerce de la Lorraine). (Par le comte Dessales.) *S. l., n. n.,* 1787. 91 pages, in-8°. Demi-rel.

8037. INTÉRÊTS (Les) de la Lorraine confondus avec ceux des négociants lorrains qui ne sont point les *marchands de leur patrie ;* réponse à un libelle intitulé « Les intérêts de la Lorraine, défendus contre ses marchands ». *S. l., n. n.,* 1787. 46 pages, in-8°. Demi-rel. Voy. n° 8025.

8038. LETTRE des entrepreneurs de dix grandes fabriques de toile et bonneterie de Ste-Marie-aux-Mines et des environs, à M. Rœderer. — Réponse de M. Rœderer. *S. l., n. n., n. d.* (1787). 7 pages, in-8°. Cart.

8039. MÉMOIRE et observations pour et contre le reculement des barrières sur la frontière des Trois Évêchés. *Metz, Cl. Lamort,* 1787. 82 pages, in-4° Rel. veau.

8040. LETTRE de plusieurs manufacturiers, à M. Rœderer, à Mirecourt, le 10 juin 1787. *S. l., n. n., n. d.* (1787). 13 pages, in-8°. Cart.

8041. RŒDERER. Réflexions sur le rapport fait à l'assemblée provinciale de Metz, au sujet du reculement des barrières, des traités, au delà des provinces dites étrangères. Par M. Rœderer. *S. l., n. n.,* 1788. 37 pages, in-8°. Cart.

8042. COSTER. La Lorraine commerçante. Discours qui a remporté le prix des sciences, au jugement de Mrs de la Société royale des sciences et belles-lettres de Nancy, pour l'année 1759. Par Joseph-François Coster. *Nancy, Vve et C. Leseure,* 1760. 72 pages, in-8°. Cart.

8043. (COSTER.) Lettres d'un citoyen à un magistrat, sur les raisons qui doivent affranchir le commerce des duchés de Lorraine et de Bar, du tarif général, projeté pour le royaume de France. (Par J.-F. Coster.). *S. l., n. n.,* 1762. 421 pages, in-8°. Cart.

8044. (BRESSON.) Réponse d'un citoyen (Louis Bresson, lieutenant général du bailliage de Darney en Lorraine) à un citoyen (Coster). *Nancy, Thomas,* 1762. 132 pages, in-8°. Cart.

8045. MÉMOIRE sur différens moyens de donner la plus grande activité au commerce et aux manufactures des villes de Nancy, Metz et de leurs alentours. *Nancy, Vve Bachot,* 1791. 37 pages, in-8°. Cart.

8046. TABLEAU du maximum des denrées et marchandises qui se consomment ordinairement dans l'étendue du district de Nancy, dressé par l'agent national du même district conformément aux décrets de la Convention nationale des 6 et 30 ventôse, au second de la République française, une, indivisible et démocratique. *Nancy, P. Barbier, An II.* 43 pages, in-fol. oblong. Br.

8047. RÉGULATEUR (Le) des marchés dans le département de la Moselle, ou compte fait des prix à donner des quantités de marchandises mesurées ou pesées, selon le nouveau système, en connaissant leurs valeurs selon l'ancien. *Metz, Pierret, An X.* 94 pages, non num., in-12. Cart.

8048. RÈGLEMENS relatifs à l'organisation du pesage, du mesurage et du jaugeage publics, suivant le système métrique. *Nancy, Vigneulle, An XII.* 15 pages, in-4°. Br.

8049. MOREL. Tarif de réduction des mesures anciennes en nouvelles et des nouvelles en anciennes, employées dans le département de la Meurthe. Par L. Morel, géomètre du cadastre. *Lunéville, Creusat,* 1830. 143 pages, in-12. Cart.

8050. LE NOBLE. Traité de la monnoye de Metz. Avec un tarif de sa réduction en monnoye de France. Par M. Le Noble, procureur général au Parlement de Metz. *Paris, P. Recolet,* 1675. 165 pages, in-12. Rel. parchemin.

8051. BRIEY. Réductions complettes de l'argent de Lorraine en argent de France; et celles de l'argent de France en argent de Lorraine, etc. Par T.-N. Briey. *Nancy, Thomas,* s. d. 190 et 108 pages, in-12. 2 parties en 1 vol. Cart.

8052. RÉNARD. Traité des mesures générales et de localités, ou manuel métrique, administratif et élémentaire de la contribution foncière comparée aux nouvelles mesures ; à l'usage des départements et particulièrement de ceux de la Moselle, de la Meurthe, des Vosges, de la Meuse, etc..., contenant les tables de réduction, et les prix comparatifs des mesures, d'après le mètre et le kilogramme définitifs ; par J.-B. Rénard, contrôleur des contributions. *Metz, Lamort et Devilly, An X.* 880 et 72 pages, in-8°. obl. Demi-rel.

8053. RÉDUCTION des mesures à grain des duchez de Lorraine et de Bar, et autres lieux voisins, à mesure de Nancy. Avec plusieurs receptes pour faire toutes sortes de bonnes liqueurs. *S. l., n. n., n. d.* 16 pages, petit in-8°. Cart.

8054. TARIF de la réduction des monnoyes de France et de Lorraine. *Nancy, Charlot,* 1764. 50 pages, in-32. Br.

8055. TARIF par lequel on peut, avec une grande facilité, faire toutes sortes de comptes, et tout faits..., par M. B*** arithméticien. Nouvelle édition revue, corrigée et augmentée d'une réduction des francs de Lorraine en livres, et des livres en francs. *Nancy, J.-B.-H. Leclerc,* s. d. 310 pages, in-12. Rel. bas.

8056. VÉRITÉ (La) sur le tarif. *S. l., n. n., n. d.* 14 pages, in-8°. Demi-rel.

8057. THIÉBAUT. Tarif décimal, 2° partie, ou comptes faits en francs et centimes, ou conversion de l'ancien barreme en barreme nouveau..., par C. Thiébaut. *Nancy, Thiébaut,* s. d. 84 pages, in-8°. Br.

8058. TABLES de comparaison des mesures en usage dans le département de la Meurthe, calculées d'après les différentes bases transmises par la préfecture, datées de l'an XI de la République française. *Nancy, Guivard,* s. d. 17 pages, in-8°. Demi-rel.

8059. TABLES de comparaison entre les mesures anciennes et celles qui les remplacent dans le nouveau système métrique, avec leur explication et leur usage ; nouvelle édition, rendue conforme à la détermination définitive du mètre et du kilogramme, et à la nomenclature fixée par l'arrêté des consuls du 13 brumaire, an 9. *Nancy, Guivard, An 9.* 48 pages, in-8°. Cart.

8060. TABLEAU de réduction, rendue facile des mesures anciennes en nouvelles, et des nouvelles en anciennes, usitées dans le département de la Meurthe, etc... *Nancy, Haener,* s. d. IV-59 pages, in-8°. Cart.

8061. INSTRUCTION sur les nouvelles mesures, publiée par ordre du ministre de l'intérieur, en exécution de l'arrêté des consuls du 13 brumaire an 9. *Nancy, Guivard, An IX.* 84 pages, in-8°. Cart.

8062. GUIBAL. Système métrique, et tarifs de comparaison des mesures locales des quatre départements de la Meurthe, de la Meuse, de la Moselle et des Vosges, par C.-F. Guibal, juge de paix à Nancy. *Nancy, George-Grimblot,* 1837. 150 pages, in-12. 1 pl. Demi-rel.

8063. TARIF de la réduction des monnoyes de France et de Lorraine. *Nancy, F. Midon,* s. d. 33 pages, pet. in-8°. Cart.

8064. BÉDEL. Tables de comparaison entre les mesures anciennes en usage dans le département des Vosges, et celles qui les remplacent dans le nouveau système métrique, avec leur explication et leur usage ; par J.-J. Bédel, professeur de mathématiques à l'École centrale des Vosges. *Épinal, Haener, An X.* XVI-100 pages, in-8°. Cartonné.

8065. ARRÊTÉ du préfet du département de la Meurthe, relatif à l'exécution du décret impérial du 12 février 1812, concernant les mesures usuelles, du 27 décembre 1812. *Nancy, H. Haener,* s. d. 27 pages, in-8°. Demi-rel.

8066. CHEDEAUX. Réflexions sur la nécessité d'établir des entrepôts sur tous les points principaux de la France, et particulièrement à Metz, par P.-J. Chedeaux, négociant, membre du conseil général de commerce de France, président de la chambre de commerce de Metz. *Paris, A. Bailleul,* 1819. 23 pages, in-8°. Demi-rel.

8067. LOIS douanières allemandes publiées sous le patronage de la chambre de commerce de Nancy. Délibération du 22 janvier 1875. *Nancy, E. Réau*, 1875. 48 pages, in-8°. Br.

4° Routes. — Chemins de fer. — Canaux.

8068. LEPAGE. Notice historique sur les voitures publiques en Lorraine, par H. Lepage. *S. l., n. n., n. d.* (Nancy, Grimblot et Vve Raybois, 1856). 55 pages, in-12. Cart. (Extrait de l'*Annuaire de la Meurthe*.)

8069. MARDIGNY (DE). Notice historique sur les voitures publiques de Metz à Paris, par Paul de Mardigny. *Metz, Pallez et Rousseau*, 1853. 21 pages, in-8°. Br. (Extrait de l'*Austrasie*.)

8070. BALIGAND. État général des ponts et chaussées de Lorraine et Barrois. Divisé en cinq arrondissemens ; sous le sr Baligand, ingénieur en chef. *S. l., n. n.*, 1757. 268 pages, in-fol. Rel. veau.

8071. RECUEIL général des tarifs de la taxe d'entretien des routes du département de la Meurthe. *Nancy, J.-R. Vigneulle, An VI*. 86 pages, in-8°. Br.

8072. LE MASSON. Rapport sur un mémoire présenté à l'Académie royale de Metz, sur les questions mises au concours et ayant pour but de connaître : 1° Les causes qui se sont opposées jusqu'à présent à ce que les chemins vicinaux soient, en France, et particulièrement dans le département de la Moselle, en aussi bon état de viabilité qu'ils le sont dans d'autres pays ? 2° Les moyens à employer pour remédier efficacement à cet état de choses, tant par voie de dispositions législatives, que par voie de mesures administratives ; par M. Le Masson, ingénieur en chef des ponts-et-chaussées, membre de l'Académie royale de Metz. *Metz, Lamort*, 1833. 23 pages, in-8°. Demi-rel.

8073. QUINTARD. Encore un mot sur le projet de loi des chemins vicinaux, par Ferdinand Quintard. *Nancy, Grimblot*, 1835. 32 pages, in-12. Br.

8074. MAUD'HEUX. Mémoire sur les principales communications nécessaires à la Lorraine. (Lu au congrès scientifique de Metz, en septembre 1837.) Par M. Maud'heux, membre du conseil général du département des Vosges. *Épinal, Gley, s. d.* 35 pages, in-8°. Br.

8075. RISTON. Observations d'un propriétaire sur une circulaire de M. le préfet de la Meurthe, à tous les maires du département, relativement à la reconnaissance des chemins ruraux. Par Riston. *Nancy, A. Paullet*, (1840). 16 pages, in-8°. Br.

8076. VIONNOIS. Mémoire sur les routes du département de la Meurthe, par M. Vionnois, ingénieur en chef des ponts et chaussées du département. *S. l., n. n., n. d.* 21 pages, in-4°. Br.

8077. SAINT-MARTIN (DE). Extrait des notes historiques sur les routes impériales et départementales de la Moselle, au 1er janvier 1856, par M. de Saint-Martin, chef de bureau des ponts-et-chaussées à Metz, membre de l'Académie impériale de cette ville. *Metz, F. Blanc*, 1857. 48 pages, in-8°. Demi-rel.

8078. COLLIGNON. Rapport fait au conseil municipal de Nancy, sur le tracé du chemin de fer de Paris à Strasbourg, par M. Ch. Collignon. *Nancy, A. Paullet*, 1841. 67 pages, in-8°. Cart. Demi-rel.

8079. COLLIGNON. Lettre de M. Ch. Collignon, membre du conseil municipal de Nancy, en réponse à M. Ferdinand Kœchlin, ancien président de la chambre de commerce de Mulhouse, pour faire suite au rapport publié par le conseil municipal de Nancy, sur le tracé du chemin de fer de Paris à Strasbourg. *Nancy, A. Paullet*, 1842. 39 pages, in-8°. Demi-rel.

8080. COLLIGNON. Du concours des canaux et des chemins de fer et de l'achèvement du canal de la Marne au Rhin, par Ch. Collignon, ingénieur en chef du canal de la Marne au Rhin, etc... *Nancy, Grimblot et Vve Raybois*, 1845. 278 pages, in-8°. Demi-rel.

8081. KOHLER. Chemin de fer de Paris à Strasbourg par Metz, et des chemins de fer considérés comme lignes défensives et comme lignes frontières, par J. Kohler, ingénieur. *Mulhouse, J.-P. Risler*, 1841. 3o pages, in-8°. Cart.

8082. DÉLIBÉRATION du conseil municipal de la ville de Nancy, relativement au chemin de fer de Paris à Strasbourg. *Nancy, Hinzelin et Cie*, 1846. 7 pages, in-4°. Br.

8083. VARROY. Note sur les chemins de fer départementaux ou d'intérêt local dans le département de la Meurthe ; leur utilité, la largeur de voie à adopter, leur prix de revient, etc., par H. Varroy, ingénieur des ponts et chaussées. *Nancy, N. Grosjean*, 1866. 85 pages, in-8°. 1 carte. Br.

8084. VARROY. Exposé de la marche administrative suivie pour l'organisation du premier réseau des chemins de fer départementaux ou d'intérêt local, dans le département de la Meurthe, par H. Varroy, ingénieur. 1ᵉʳ fascicule. *Nancy, Sordoillet et fils*, 1870-72. 110 pages, in-8°. Br.

8085. VARROY. État de la question des voies de communication dans l'ancien département de la Meurthe, et examen de la possibilité d'étendre le réseau des chemins de fer d'intérêt local dans le nouveau département de Meurthe-et-Moselle, par H. Varroy, ingénieur en chef des ponts-et-chaussées, député de la Meurthe. *Nancy, Sordoillet*, 1871. 34 pages, in-8°. Carte. Broché.

8086. VARROY. Avant-projet d'un chemin de fer d'intérêt local de Sarrebourg à Fénétrange, avec prolongement jusqu'à la limite du département du Bas-Rhin. Par M. Varroy, ingénieur ordinaire. *Nancy, N. Collin*, 1865-1866. 11 pièces en 1 vol. in-4°. Cart.

8087. VARROY. Avant-projet d'un chemin de fer d'intérêt local d'Avricourt à Blâmont et à Cirey. Par M. Varroy, ingénieur ordinaire. *Nancy, Vagner*, 1866-1867. 11 pièces en 1 vol., in-4°. Cart.

8088. VARROY. Avant-projet d'un chemin de fer d'intérêt local de Nancy à Vézelise par Pont-St-Vincent. Par M. Varroy, ingénieur ordinaire. *Nancy, Imp. N. Collin*, 1866-1868. 22 pièces en 1 vol. in-4°. Cart.

8089. VARROY. Observations sommaires sur l'état de la question du prolongement des chemins de fer d'intérêt local dans le département de la Meurthe, par H. Varroy, ingénieur des ponts et chaussées. *Nancy, Vve Raybois*, 1868. 14 pages, in-8°. Br.

8090. BENOIS-ODIOT. Mémoire pour un chemin de fer de Nanci à Metz, à Sarreguemines et Sarrebruck, par Dieuze, Sarre-Albe, etc., avec embranchements sur Château-Salins, Sarrebourg et Sarre-Union, où il se souderait à la ligne de Strasbourg, par M. Benois-Odiot. *Paris, de Fain*, 1838. 42 pages, in-4°. Br.

8091. TOUSSAINT. Carte du chemin de fer de Nancy à Metz et à Sarrebruck. *Metz*, 1850. En trois feuilles.

8092. DEMBOUR. Itinéraire et carte du chemin de fer de Nancy à Metz et de Metz à Saarbruck..., et guide du voyageur..., publié par Dembourg et Gangel. *Metz et Nancy, Grimblot*, 1850. 49 pages, in-12. 1 carte. Cart.

8093. CHEMINS de fer de l'Est. Ligne de Toul à Nancy par Pont-Saint-Vincent. (Partie comprise entre Toul et Pont-Saint-Vincent). Expropriations. 32 cahiers autog., pet. in-fol. 1 plan parcellaire.

8094. GUIBAL. Carte de l'avant-projet d'un chemin de fer d'intérêt local de Nancy à Château-Salins et à Vic, 1866.

8095. FLACHAT. Projet de chemin de fer de Metz à Sarrebruck, présenté par une société de négociants, de banquiers et de chefs d'industrie de Metz et de Sarrebruck, dressé par MM. E. Flachat et J. Petiet, ingénieurs civils. *Paris, Mathias*, 1839. 146 pages, gr. in-8°. 1 carte. Br.

8096. COURNAULT. Rapport de la commission nommée par le conseil municipal de la ville de Toul, dans sa séance du 7 avril 1846, pour examiner la question relative à l'emplacement qu'il convient de donner, près de cette ville, à la gare du canal de la Marne au Rhin et à la station du chemin de fer de Paris à Strasbourg, par M. Cournault, rapporteur. *Toul, Vve Bastien*, 1846. 34 pages, in-8°. Br.

8097. PETITBIEN. Chemin de fer de Chaumont à Toul. Observations sur les deux tracés présentés par l'administration pour le raccordement, à partir de Neufchâteau, du chemin de fer de Chaumont à Toul avec la ligne de l'Est, par M. Petitbien. *Périgueux, Lavertujon et Dounot,* 1862. 60 pages, gr. in-8°. Br.

8098. BENOIST (DE). Chemin de fer de Reims à Metz, par le camp de Châlons, par le baron de Benoist, député de la Meuse. *Paris, Ch. Lahure et Cie,* 1861. 46 pages, in-8°. Carte. Cart.

8099. TARDIF DE MOIDREY. Chemin de fer en projet de Reims à Metz. Du tracé entre Verdun et Metz, par P. Tardif de Moidrey, ancien élève de l'École polytechnique. *Nancy, Cayon-Liébaut,* 1866. 31 pages, in-8°. 1 carte. Br.

8100. FOURNEL. Mémoire sur le chemin de fer de Gray à Verdun, communiqué aux maîtres de forges du département de la Haute-Marne, le 2 août 1829, par H. Fournel, ingénieur au corps royal des mines, etc. *Paris, Éverat,* 1831. 64 pages, in-8°. Carte. Demi-rel.

8101. RAPIN. Chemin de fer à une voie, entre Saint-Dié et Lunéville. — Avant-projet. — Rapport de M. P.-L. Rapin, ingénieur, chargé de l'arrondissement de Saint-Dié, à l'appui de l'avant-projet. *Épinal, Vve Gley,* 1855. 48 pages, in-8°. Plan. Cart.

8102. VALHEY. Observations sur l'enquête ouverte à Saint-Dié pour l'établissement d'un chemin de fer à travers les Vosges, par M. Valhey. *Nancy, Vagner,* 1867. 22 pages, in-8°. Br.

8103. CONSIDÉRATIONS sur un projet de chemin de fer ayant pour but de faire converger l'une vers l'autre, les lignes d'Épinal et de Saint-Dié, pour les porter ensemble, à travers la chaîne des Vosges, vers Colmar et l'Allemagne. *Nancy, Vve Raybois,* 1861. 21 pages, in-8°. Br.

8104. SCITIVAUX (DE). Rapport fait au nom de la commission chargée d'examiner la question du chemin de fer de Nancy à Gray, tracé direct (M. de Scitivaux, rapporteur). *Paris, H.-S. Dautreville et Cie,* s. d. 16 pages, in-8°. Demi-rel.

8105. STATUTS de la compagnie du chemin de fer de Nancy à Dijon, par Épinal, Vesoul et Gray. — Observations sur les divers tracés proposés pour un projet de chemin de fer de Nancy à Gray. *Nancy, A. Lepage,* 1852. 26 et 16 pages, in-8°. Br.

8106. CHANTREAUX. Toujours sur la nécessité d'un chemin de fer de Saint-Dizier vers Gray, Besançon, Dijon et le Midi, par Chantreaux, ancien maître de forges. *Bar-le-Duc, N. Rolin,* s. d. 15 pages, in-8°. Demi-rel.

8107. CHEMIN de fer de Nancy à Gray. — Avant-projet. — Partie comprise entre la limite des départements des Vosges et de la Haute-Saône et la station de Gray, sur une longueur de 97,940 mètres. Plans, profils, description du tracé, etc. (Signés Jacquiné). Plusieurs liasses.

8108. MÉMOIRE à l'appui de la percée des Vosges, par la vallée de Munster. *Strasbourg, Vve Berger-Levrault,* s. d. 19 pages, in-4°. Cartes. Cart.

8109. CHANONY. Examen des objections faites par les partisans du chemin de fer de Remiremont-Mulhouse, à celui d'Épinal-Colmar, par Chanony, daté de Gérardmer, du 25 septembre 1867. *Nancy, Vve Raybois,* s. d. 12 pages, in-8°. Br.

8110. POIROT. Nouvelle appréciation sur la question des chemins de fer vicinaux des Vosges, par Isidore Poirot, géomètre à Golbey. — Supplément... *Mirecourt, Humbert,* 1865. 32 et 8 pages, in-12. Br.

8111. CONIGLIANO. La question des chemins de fer économiques dans les Vosges, par Léopold de Conigliano, avocat. *Épinal, Vve Gley,* 1865. 36 pages, in-8°. Br.

8112. RESAL. Des chemins de fer dans les Vosges et en particulier d'un classement de chemin de fer départemental dans les trois arrondissements d'Épinal, Mirecourt et Neufchâteau, par M. Resal, membre du conseil général. *Épinal, L. Fricotel,* 1864. 39 pages, in-8°. Br.

8113. MULOTTE... Rapport sur l'établissement d'un chemin de fer de Cocheren à Sarrebourg, présenté au nom des villes de Saar-Union et de Fénétrange, à la chambre du commerce de Strasbourg, par MM.

Mulotte, membre du conseil, Hochstein, adjoint, etc. *Sarreguemines, A. Weisse,* 1857. 7 pages, in-8°. Demi-rel.

8114. BILISTEIN (DE). Essai de navigation lorraine, traitée relativement à la politique, au militaire, au commerce intérieur et extérieur, à la marine et aux colonies de la France; pour servir de suite à l'Essai sur les duchés de Lorraine et de Bar : Par lequel plan on établit la jonction de la Méditerranée à l'Océan par le centre du royaume, et par la capitale ; et ensuite la communication entre ces deux mers et la Mer Noire, par la Lorraine, l'Alsace, etc. Par Charles-Léopold-Andreu de Bilistein. *Amsterdam, H. Constapel,* 1764. 184 pages, pet. in-8°. Rel. veau. Voy. n° 439.

8115. LECREULX. Mémoire sur les avantages de la navigation des canaux et rivières qui traversent les départemens de la Meurthe, des Vosges, de la Meuse et de la Moselle ; sur les travaux qu'il conviendroit y faire pour le bien de l'État et leur estimation ; sur les obstacles qui se sont opposés à l'exécution de ces ouvrages jusqu'à ce moment, et les moyens de les lever. Par le citoyen Lecreulx, ingénieur en chef des ponts et chaussées. *Nancy, P. Barbier, An III.* 113 pages, in-4°. 2 plans. Rel. veau.

8116. OBSERVATIONS sur la libre navigation de la Moselle et du Rhin, présentées aux directoires du district de Metz et du département de la Moselle, par les membres du conseil général de la commune de Metz, et par les citoyens correspondans du bureau de commerce. *Metz, Antoine, An III.* 23 pages, in-4°. Br.

8117. RUGY. Observations sur le projet de curement et de redressement de la Seille, soumis au conseil général du département de la Meurthe, dans sa session de 1817, et sur celui d'un canal de navigation à établir au moyen de cette rivière. Par de Rugy. *Metz, L. Devilly, Vincenot,* 1818. 42 pages, in-8°. Cart. — Autre édition. *Paris, A. Leroux,* 1824. 46 pages, in-8°. Cart.

8118. SARTORIS. Du canal des Ardennes, avec quelques observations sur la ligne navigable à établir par les rivières d'Aisne et Meuse pour le transit des marchandises de la Manche au Rhin. Par Urb. Sartoris. *Paris, Imp. Gœtschy,* 1826. 39 pages, in-4°. Br.

8119. BRESSON. Rapport au conseil général des Vosges sur la jonction de la Saône à la Meuse et à la Moselle, par M. S. Bresson. *Épinal, Gley,* 1839. 43 pages, in-8°. Broché.

8120. ROBIN. Canal royal de jonction du Rhin à la Seine, de Strasbourg à Paris, avec plusieurs embranchements à effectuer à ce canal. — Rivières du 2° et 3° ordre, à rendre navigables en Alsace, dans les Vosges, en Lorraine, dans le Barrois, les Trois-Évêchés et la Champagne, par un système de petite navigation, d'après les projets fournis par M° Robin de Betting, ingénieur de 1ᵣᵉ classe du corps royal des ponts et chaussées, etc. Année 1824. *Nancy, C.-J. Hissette, s. d.* 42 pages, in-4°. Cart.

8121. (CORDIER.) Mémoire sur le canal de jonction de la Saône à la Moselle, de Châlons à Toul, rédigé par un ingénieur des ponts et chaussées (J. Cordier). *Paris, Carilian-Gœury,* 1828. 74 pages, in-8°. Demi-rel.

8122. LE MASSON... Mémoire sur la navigation de la Moselle, par MM. Le Masson, ingénieur en chef, et Le Joindre, ingénieur ordinaire des ponts et chaussées. *Metz, S. Lamort,* 1835. 122 pages, in-8°. Cart.

8123. MASSON, etc. Sur les divers projets de jonction de la Saône avec le canal de la Marne au Rhin. Observations adressées au conseil général du département de la Meurthe, par les membres de la commission nommée par le conseil municipal, le tribunal de commerce... de Nancy. Par Masson, Favier-Gervais, L. Duroselle, etc. *Nancy, Raybois, s. d.* 24 pages, in-8°. Br.

8124. TOURNEUX. Lettre à messieurs les membres du conseil général du département de la Meuse, par Prosper Tourneux, ancien élève de l'École polytechnique, propriétaire à Brabant. *Paris, Fain et Thunot,* 1839. 14 pages, in-8°. Demi-rel.

8125. WELCHE... Nécessité de la jonction de la Sarre au canal de la Marne au Rhin.

Les membres de la chambre consultative de Nancy, MM. Welche, Mathieu, etc., à M. le ministre des travaux publics. *Nancy, Grimblot, Raybois et Cie*, 1840. 18 pages, in-8°. Carte. Demi-rel.

8126. EXAMEN du projet de canalisation de la Saône à la Moselle et à la Meuse. *Épinal, Gley*, 1843. 31 pages, in-8°. Br. (*Société d'émulation des Vosges.*)

8127. EXTRAIT de la délibération du conseil municipal de Nancy, dans sa séance du 25 août 1849. (Construction du canal de la Marne au Rhin.) *Nancy, Dard*, 1849. 6 pages, in-4°. Br.

8128. ROCHAT. Mémoire sur la nécessité et l'urgence du canal des houillères de la Sarre pour les départements de l'Est, daté de Mulhouse, du 30 novembre 1857. (M. John Rochat, rapporteur). *Mulhouse, P. Baret, s. d.* 21 pages, in-8°. Demi-rel.

8129. ROZET... Sur le canal des houillères de la Sarre et le prolongement du chemin de fer des Ardennes vers l'Allemagne. 2° édition. Par J. Rozet, président et rapporteur, J. Becquey, secrétaire, etc. *Saint-Dizier, O. Saupique*, 1859-1860. 39 et 48 pages, in-4°. Cart.

8130. POINCARÉ. Service de correspondance pour l'annonce des crues de la Meuse. Notice, carte et règlement. Par A. Poincaré, Holtz, de Mardigny, Prudhomme, ingénieurs. *Bar-le-Duc, Contant-Laguerre*, 1864. 16 pages, gr. in-4°. Carte. Br.

8131. GARNIER. Projet de jonction de la Saône à la Meuse, par le docteur Garnier, ancien médecin inspecteur des eaux minérales de Plombières. *Épinal, L. Fricotel*, 1866. VIII-50 pages, in-8°. Carte. Br.

8132. MAUD'HEUX. Le déluge de la Saint-Crépin. — Le réseau de navigation de la Lorraine. — Une grande manifestation administrative, par M. Maud'heux père, président de la Société d'émulation des Vosges. *Épinal, Vve Gley*, 1869. 47 pages, in-8°. Plan. Br. (Extrait des *Annales de la Société d'émulation des Vosges.*)

8133. AUGUIN. Rétablissement sur le territoire français des voies navigables interceptées par la nouvelle frontière, par E.

Auguin, ingénieur civil des mines. *Nancy, G. Crépin-Leblond*, 1872. 27 pages, in-8°. Carte. Br. (Extrait du *Journal de la Meurthe et des Vosges.*)

8134. RÉTABLISSEMENT sur le territoire français des voies navigables interceptées par la nouvelle frontière. — Canalisation de la Meuse ; canaux de la Moselle à la Meuse et à la Saône. — Rapport général de l'ingénieur en chef. *Nancy, Berger-Levrault et Cie*, 1873. 72 pages, in-8°. Br.

8135. MOREY. Projet d'un tunnel réunissant les ports et les chantiers du canal de la Marne au Rhin à Nancy, avec la gare aux marchandises du chemin de fer de Paris à Strasbourg, de la même ville ; par P. Morey. *Nancy, A. Lepage, s. d.* 11 pages, in-8°. Cart.

8136. DENYS. Alimentation des canaux, principalement dans l'Est de la France. Rapport par M. Denys, ingénieur en chef des ponts et chaussées, à Épinal. *Paris, Lahure*, 1892. 51 pages, gr. in-8°. Cartes et plans. Br. (*5° congrès international de navigation intérieure.*)

8137. FLACHAT. Observations pour MM. les membres des conseils généraux sur une modification du tracé du canal de Paris à Strasbourg, entre la Marne et la Meuse, par MM. Eugène Flachat et Jules Petiet, ingénieurs civils. *Paris, L. Mathias (Augustin)*, 1838. 70 pages, in-4°. Br.

8138. CONSIDÉRATIONS sur les projets de jonction de la Saône à la Moselle, publiées par l'*Impartial*, journal de la Meurthe et des Vosges. *Nancy, Hinzelin et Cie*, 1843. 36 pages, in-8°. Br.

8139. ROUSSEL. Réfutation du rapport de M. l'ingénieur ordinaire du canal de la Marne au Rhin de la circonscription de Bar-le-Duc, concernant la dernière délibération du conseil général de la Meuse d'octobre 1874, relative au déclassement de la rivière d'Ornain, par M. Roussel. *Bar-le-Duc, Vve Numa Rolin, Chuquet et Cie, s. d.* 28 pages, in-8°. Br.

8140. VARROY. Note relative à la réalisation des voies et moyens d'exécution du projet de canal de la Moselle à la Saône **et du projet de canalisation de la Haute-**

Meuse et de la jonction de cette rivière avec la Moselle, par H. Varroy, député de la Meurthe. *Nancy, Sordoillet et fils,* 1871. 15 pages, in-8°. Br.

8141. CANAL de l'Est. Syndicat des départements des Ardennes, Meuse, Meurthe-et-Moselle, Vosges et Haute-Saône. Rapports et procès-verbaux de la commission interdépartementale. *Nancy, Imp. Berger-Levrault et Cie,* 1874-1881. 25 fascicules, pet. in-fol., et 10 liasses de pièces diverses.

8142. VIANSSON. Histoire du canal de l'Est. 1874-1882. Par L. Viansson. *Nancy, Berger-Levrault et Cie,* 1882. 530 pages, in-8°. Carte. Cart.

8143. VIANSSON. Notes pour servir à l'histoire du canal de l'Est. Mémoire présenté à la Société de géographie de l'Est, par L. Viansson, secrétaire de la commission... du canal de l'Est. *Nancy, Berger-Levrault,* 1881. 45 pages, in-8°. Br.

8144. HENRY. Le bateau à vapeur *Le Stanislas,* de Nancy à Metz. Par Napoléon Henry. *Metz, Collignon,* 1841. 55 pages, in-8°. Cart.

8145. CARRIÈRE. Inauguration du bateau à vapeur *Le Stanislas.* Par Désiré Carrière. — Discours prononcés à cette occasion. *Nancy, Raybois,* (1841). 13 pages, in-8°. Cart.

8146. BATEAUX à vapeur inexplosibles de la Moselle et une délibération de la chambre de commerce de Metz. *Metz, Dembour et Gangel,* 1843. 9 pages, in-4°. Br.

5°. Agriculture. — Horticulture. — Viticulture — Sylviculture. — Économie rurale. — Mélanges.

(Dans l'ordre alphabétique des noms des auteurs.)

8147. ABEL. Étude sur la vigne dans le département de la Moselle, par Charles Abel. *Metz, F. Blanc,* 1862. 30 pages, in-8°. Cart. (Extrait des *Mémoires de l'Académie impériale de Metz.*)

8148. ARRÊTÉ de l'administration centrale du département des Vosges, sur un moyen préliminaire d'encourager l'agriculture dans ce département, par la réunion des propriétés morcelées, et par quelques autres mesures. Séance du 15 floréal, an V de la République Française, une et indivisible. *Épinal, Haener, s. d.* 89 pages, in-8°. Cart.

8149. BAZELAIRE (DE). Manuel du planteur. Du reboisement, de sa nécessité et des méthodes pour l'opérer avec fruit et avec économie, par H. de Bazelaire, membre du comice agricole de Saint-Dié. *Nancy, Vagner,* 1846. 143 pages, in-12. Cartonné.

8150. BÉCUS. Statistique agricole de l'arrondissement de Nancy (Meurthe-et-Moselle), par M. Édouard Bécus, agriculteur. *Nancy, N. Grosjean,* 1872. 398 pages, in-8°. Demi-rel. — Avec un atlas contenant les cartes des huit cantons de l'arrondissement de Nancy, pour servir à la statistique agricole.

8151. BÉCUS. Situation agricole du canton de Lamarche (Vosges). — Biographie succincte des principales illustrations de ce canton, par Édouard Bécus, agronome à Nancy. *Épinal, Durand,* 1883. 174 pages, in-8°. 1 carte. Br.

8152. BÉCUS. Rapport sur les travaux agricoles et de salubrité publique de M. A. Perrot, de Rosières, fait au nom d'une commission spéciale, par M. Bécus, membre ordinaire de la Société d'agriculture. *Nancy, Grimblot, Vve Raybois et Cie,* 1858. 12 pages, in-8°. Br.

8153. BÉLIER (Le). Journal spécial d'agriculture pour le Nord-Est de la France, paraissant une fois par semaine. *Nancy, Imp. N. Collin,* 1863-1883. Du 27 décembre 1863 au 30 décembre 1883. 5 volumes, in-f°. Cart.

8154. BON CULTIVATEUR (Le). Recueil agronomique publié par la Société centrale d'agriculture de Nancy. *Nancy, Imp. div.,* 1821-1895. 61 volumes, in-8° et in-4°. Cart.

8155. BOUVIER. Essai d'œnologie statistique du département des Vosges, par Bouvier. *Épinal, P.-H. Faguier,* 1834. 48 pages, in-8°. Cart.

8156. BRETAGNE. Statistique agricole annuelle de la France. Département de la Meurthe, par Bretagne, directeur des contributions directes en retraite. *Nancy, E. Réau*, 1878. 7 pages, in-8°. Cart.

8157. BULLETIN de la Société régionale d'acclimatation fondée à Nancy pour la zone du Nord-Est. *Nancy, Grimblot, Vve Raybois et Cie, Berger-Levrault et Cie*, 1857-1873. 6 volumes, in-8°. Demi-rel.

8158. CADET-DE-VAUX. Instruction sur l'art de faire le vin, par A.-A. Cadet-de-Vaux. *Nancy, Guivard, s. d.* 72 pages, in-8°. Cart. — Observations œnologiques relatives à l'ouvrage du citoyen Cadet-de-Vaux, sur l'art de faire le vin, par F. Mandel, pharmacien. *Nancy, Guivard, s. d.* 15 pages, in-8°. Cart.

8159. CHAPELLIER. Variétés agricoles. Irrigation des prairies dans les terrains calcaires de la partie des Vosges dite « La plaine », par Chapellier, membre de la commission cantonale de statistique d'Épinal. *Épinal, A. Cabasse*, 1854. 19 pages, in-12. Br.

8160. CHAPELLIER. Recherches sur la culture du merisier et la fabrication du kirsch, par J.-C. Chapellier. *Paris, Humbert*, 1861. IV-80 pages, in-12. Br.

8161. CONCOURS régional agricole de Metz, du samedi 18 au dimanche 26 mai 1861. *Metz, F. Blanc*, 1861. 27 pages, in-8°. Cart.

8162. CONCOURS régional de Nancy, du 23 juin au 1ᵉʳ juillet 1894. — Catalogue des animaux, instruments et produits agricoles. — Liste des prix, etc. *Paris et Nancy*, 1894. 4 brochures. in-8°. Br.

8163. COTHERET. Documents statistiques sur l'emploi des bois dans la Meuse, par M. Cotheret, conservateur des forêts. *Nancy, Grimblot*, 1846. IV-94 pages, in-8°. Cartonné.

8164. CREDO. Mémoire sur la nouvelle culture, lû à la séance publique de l'Académie... de Nancy, par M. Credo. *Nancy, Haener*, 1758. 17 pages, in-4°. Br.

8165. DAURIER. De la nécessité d'un institut agricole pour l'Est de la France ; rapport... par Daurier et de Meixmoron. *Nancy, Grimblot et Vve Raybois*, 1846. 11 pages, in-8°. Cart. (Extrait du *Bon Cultivateur*.)

8166. DELISLE de MONCEL. Mémoire sur le repeuplement, l'augmentation et la conservation à venir des bois, dans les départements de la Meurthe, Moselle, Aisne, Meuse, Marne, etc. Par M. Delisle de Moncel... *Nancy, H. Haener*, 1791. 62 pages, in-8°. Cart.

8167. DENIS. Esquisse d'une topographie et d'une statistique agricoles de l'arrondissement de Toul. Par le Dʳ P.-S. Denis (de Commercy), médecin à Toul. *Toul, Vve Bastien*, 1848. 128 pages, in-8°. Demi-rel.

8168. DISCOURS sur les moyens d'améliorer l'agriculture dans les Évêchés, Lorraine et Champagne, prononcé à l'académie de Metz, par l'auteur du premier volume du « Manuel intéressant du cultivateur ». *Nancy, Lamort*, 1788. 23 pages, in-8°. Fig. Cart.

8169. DUMAST. Deux fruits intéressants de la région du Nord-Est. Par P.-G. de Dumast. *Nancy, G. Crépin-Leblond*, 1882. 18 pages, in-8°. Br. (Extrait du *Bélier*.)

8170. DUROSELLE. Le blé et la cherté des subsistances, par M. Eugène Duroselle, membre de la Société d'agriculture de Nancy. *Nancy, G. Crépin-Leblond*, 1874. 46 pages, in-8°. Br.

8171. ENQUÊTE agricole. Deuxième série : enquêtes départementales. — 12ᵉ circonscription : Meuse, Ardennes, Moselle, Meurthe. *Paris, Imp. imp.*, 1867. 553 pages, in-4°. Demi-rel. (Publiée par le Ministère de l'agriculture, du commerce et des travaux publics.)

8172. ÉTAT (Du mauvais) actuel des chevaux dans le département de la Moselle. Idées sur la possibilité d'introduire quelques moyens d'amélioration dans cette branche importante de l'économie rurale. Par un propriétaire-cultivateur. *Metz, Ch. Dosquet*, 1824. 23 pages, in-8°. Cart.

8173. EXPOSITION (XIXᵉ) de la Société d'horticulture de la Moselle à Metz. Règlement et programme. *Metz, Rousseau-Pallez*, 1855. 8 pages, in-8°. Cart.

8174. FAWTIER. La question du sel considérée sous le point de vue de l'industrie agricole et de l'impôt. Rapport fait à la Société centrale d'agriculture de Nancy, par C.-J. Fawtier, fermier, élève de Roville. *Nancy, Grimblot et Vve Raybois*, 1844. 49 pages, in-8°. Cart.

8175. FAWTIER. Des marchés de la halle au blé, et spécialement de celle de Nancy, par C.-J. Fawtier, fermier, élève de Roville. *Nancy, Grimblot et Vve Raybois*, 1846. 40 pages, in-8°. Cart.

8176. FLICHE. Note sur une substitution ancienne d'essences forestières aux environs de Nancy, par M. Fliche, professeur à l'École forestière de Nancy. *Nancy, Berger-Levrault et Cie, s. d.* 10 pages, in-8°. Br. (Extrait du *Bulletin de la Société des sciences de Nancy*, 1886.)

8177. FRAISSE. Statistique agricole de la moyenne et grande propriété (dans le département de Meurthe-et-Moselle). Fermes de 20 hectares et au dessus... Dressée et publiée... par Frédéric Fraisse, secrétaire général de la Société centrale d'agriculture de Nancy. *Nancy, Imp. E. Réau, s. d.* 255 pages, in-4°. Cart.

8178. FRANÇOIS. Rapport fait à la Société royale et centrale d'agriculture, par M. le comte François de Neufchâteau, sur l'agriculture et la civilisation du Ban de la Roche ; suivi de pièces justificatives. *Paris, Huzard*, 1818. 46 pages, in-8°. Portrait. Cart.

8179. GÉNIN. Rapport sur la nouvelle charrue introduite dans l'arrondissement de Lunéville par Jean-Joseph Grangé, de Harol, département des Vosges ; lu en séance, le 16 février 1833, par M. Génin. *S. l., n. n., n. d..* 51 pages, in-8°. Planches. Cart. (Extrait du *Bon Cultivateur*.)

8180. GILLON. Déposition de M. Paulin Gillon, avocat, président de la Société d'agriculture de Bar-le-Duc, devant la commission supérieure de l'enquête agricole présidée par M. Suin, sénateur. Séance du 27 juin 1867. Abornements généraux et cadastre. *Bar-le-Duc, N. Rolin, s. d.* 44 pages, in-8°. Cart.

8181. GOSSIN. Les avantages de la réunion territoriale ; proverbe, par Louis Gossin, membre de la Société d'agriculture des Ardennes, etc. ; ouvrage couronné par la Société centrale d'agriculture de Nancy, dans sa séance publique du 9 mai 1841. *Nancy, A. Paullet*, 1841. 39 pages, in-12. Cartonné.

8182. GRANDEAU. Comptes rendus des travaux du congrès agricole libre, tenu à Nancy les 23-26 juin 1869, sous la présidence de S. E. Drouyn de Lhuys, publiés par M. L. Grandeau. *Nancy, Imp. Sordoillet*, 1869. 276 pages, in-8°. 6 pl. Demi-rel.

8183. GRANDEAU. Annales de la Station agronomique de l'Est. Chimie et physiologie appliquées à la sylviculture. (Travaux de 1868 à 1878.) Par L. Grandeau, directeur de la Station agronomique, etc... *Paris, Berger-Levrault et Cie*, 1878. IV-414 pages, in-8°. Demi-rel.

8184. GRAVIER. Recherches sur les causes du malaise des cultivateurs de la montagne dans le département des Vosges, et moyens de relever l'agriculture et d'assurer le bien-être des cultivateurs..., par N.-F. Gravier. *Remiremont, Vve Dubiez*, 1835. 13 pages, in-8°. Cart.

8185. GRAVIER. Mémoire sur la nécessité de reboiser les sommets et les pentes rapides des montagnes des Vosges, par M. Gravier, président du comice agricole de Remiremont. *Remiremont, Thiriet*, 1846. 16 pages, in-8°. Br.

8186. GUÉRARD. Annales historiques de l'agriculture et de la législation rurale du pays de Lorraine, depuis Gérard d'Alsace jusqu'à nos jours, par Guérard, secrétaire de la Société d'agriculture de Lunéville. Deuxième édition. *Nancy, Dard*, 1843. X-419 pages, in-12. Demi-rel.

8187. GUION DE S. VICTOR. Note descriptive du Bois Monsieur (ban de Sexey-aux-Forges), par M. Guion de St-Victor. *Toul, J. Carez, s. d.* 8 pages, in-8°. Cart.

8188. GUYOT. Les forêts lorraines, jusqu'en 1789, par Charles Guyot, professeur à l'École nationale forestière de Nancy. *Nancy, Crépin-Leblond*, 1886. XVIII-410 pages, in-8°. Demi-rel.

8189. GUYOT. Histoire d'un domaine rural en Lorraine, par Ch. Guyot, professeur à l'École nationale forestière de Nancy. *Nancy, Berger-Levrault*, 1887. 127 pages, in-8°. Br. (Extrait des *Mémoires de l'Académie de Stanislas.*)

8190. GUYOT. Rapport sur l'état de l'agriculture en Lorraine, 1789-1889, rédigé au nom de la commission nommée pour l'étude de cette question, par Ch. Guyot, membre de la Société centrale d'agriculture de Meurthe-et-Moselle, professeur à l'École nationale forestière. *Nancy, Hinzelin et Cie*, 1887. 47 pages, in-8°. Br.

8191. GUYOT. Essai sur l'aisance relative du paysan lorrain à partir du xvᵉ siècle, par Ch. Guyot, président de la Société d'archéologie lorraine. *Nancy, Imp. Berger-Levrault et Cie*, 1889. 139 pages, in-8°. Br. (Extrait des *Mémoires de l'Académie de Stanislas.*)

8192. GUYOT. Le métayage en Lorraine, avant 1789, par Ch. Guyot. *Nancy, Berger-Levrault.* 22 pages, in-8°. Br.

8193. HAXO. Réflexions sur l'ichtyogénie ou éclosion artificielle des œufs de poissons (procédés de MM. Remy et Gehin de La Bresse), par le Dʳ Haxo, secrétaire perpétuel de la Société d'émulation... des Vosges. *Épinal, A. Cabasse*, 1851. 23 pages, in-12. Demi-rel.

8194. HUSSON. Agriculture. Proverbes ou dictons toulois relatifs aux récoltes, par Husson, pharmacien. *Toul, Lemaire*, 1881. 54 pages, in-8°. Br.

8195. JACQUOT. Essai d'une statistique agronomique de l'arrondissement de Toul (département de la Meurthe). Par M. E. Jacquot, ingénieur des mines. *Paris, Imp. impériale*, 1860. xxxii-252 pages, in-8°. Demi-rel.

8196. JACQUOT. Carte agronomique de l'arrondissement de Toul. 1860. 1040 sur 735 millim.

8197. JAUNEZ. Manuel du vigneron du département de la Moselle. Par J.-P. Jaunez, ingénieur de la ville de Metz. *Metz, Collignon*, 1816. 99 pages, in-8°. Cart.

8198. JEANTIN. Rapport fait à la Société d'agriculture des arrondissements de Bar-le-Duc et Commercy, par Jeantin, secrétaire de cette Société, au nom d'une commission spéciale chargée de rendre compte des expériences faites avec une nouvelle charrue à avant-train, construite par le sieur Grangé, de Harol (Vosges). *Bar-le-Duc, Choppin*, 1833. 20 pages, in-8°. 4 planches. Cart.

8199. JOURNAL agricole de la Meuse rédigé par une réunion d'agronomes et de praticiens, faisant partie des sociétés d'agriculture du département, sous la direction de M. Justin Bonet, ancien cultivateur, secrétaire de la Société d'agriculture de l'arrondissement de Bar-le-Duc. Mai 1840 à décembre 1847. *Bar-le-Duc, N. Rolin*, 1840-1847. 5 tomes en 3 vol. in-8°. Fig. Cartes. Demi-rel.

8200. KLEINHOLT. Résumé analytique d'expériences et d'études sur la culture et la maladie des pommes de terre, par V. Kleinholt, chef de culture de l'établissement horticole de MM. Simon-Louis frères, à Metz (Moselle). *Metz, S. Lamort*, 1854. 28 pages, in-8°. Cart.

8201. LABOURASSE. Parmentier et sa légende, par H. Labourasse. *Bar-le-Duc, Contant-Laguerre*, 1891. 31 pages, in-8°. Broché.

8202. LADOUCETTE. Rapport fait à la Chambre des députés, par M. le baron Ladoucette, sur des pétitions d'habitants de la Moselle, de la Meuse et de la Meurthe, relatives à la destruction des bois. *Paris, Panckoucke*, 1843. 4 pages, in-8°. Demi-rel.

8203. LAGRUE. Agriculture élémentaire, ou petit traité d'éducation agricole. Livre de lecture à l'usage des écoles primaires, par M. Androphile Lagrue. *Nancy, Hinzelin*, 1836. 228 pages, in-12. Cart.

8204. LAGRUE. Agriculture élémentaire... Par A. Lagrue... *Nancy, Vidart*, 1838. 264 pages, in-12. Demi-rel.

8205. LARZILLIÈRE. Les forêts de la Meuse et leurs produits, par F. Larzillière. *Saint-Mihiel, A. Vérand*, (1887). 68 pages, in-8°. Broché.

8206. LEBRUN. Prairies des environs de Lunéville, par F. Lebrun. *Lunéville, Majorelle*, 1865. 15 pages, in-8°. Cart.

8207. LEPAGE. Les haras de la chaume du Ballon et de Vagney, (par H. Lepage). *S. l., n. n., n. d.* (1875.) 13 pages, in-8°. Cart. (Extrait des *Annales de la Société d'émulation des Vosges.*)

8208. LE PAYEN. Description de la construction qui s'est faite à Metz en 1779, de vaisseaux en maçonnerie, propres à loger et à conserver le vin, par Le Payen. *Metz, Joseph Antoine,* 1780. 18 pages, in-4°. Br.

8209. LESAING. Observations sur la pourriture des pommes de terre, qui a régné pendant les années 1845 et 1846 par le docteur Lesaing, de Blâmont. *S. l., n. n., n. d.* 16 pages, in-8°. Cart.

8210. LOPPINET. Traité de l'éducation des abeilles, adapté au climat du département de la Meurthe, etc., par F. Loppinet. *Paris, Duprot-Duverger,* 1813. VIII-64 pages, in-8°. Cart.

8211. (LORIN.) A propos de la réunion du 5 septembre de la Société centrale d'agriculture et du comice de Nancy; par Cléante (Lorin). *Nancy, Crépin-Leblond,* 1875. 10 pages, in-8°. Br. (Extrait du *Journal de la Meurthe et des Vosges.*)

8212. MARC. De l'agriculture dans les Vosges et de ses progrès depuis un siècle, par M. Marc. Rapport fait à la Société royale et centrale d'agriculture, dans les séances des 20 mai et 3 juin 1835, au nom d'une commission, par M. Bottin (Extrait des *Annales de l'agriculture française,* 1835.) *S. l., Mme Huzard, s. d.* 16 pages, in-8°. Demi-rel.

8213. MASSON. Mémoire sur les étangs de Lindre, par M. Masson, membre correspondant de la Société royale et centrale d'agriculture. *Paris, Bouchard-Huzard,* 1843. 37 pages, in-8°. 1 carte. Demi-rel.

8214. MASSON. Mémoire sur l'exploitation des étangs dans le département de la Meurthe, par Masson. *Nancy, J. Troup,* 1843. 16 pages, in-8°. Cart. (Extrait du *Bon Cultivateur.*)

8215. MASSON. Tableaux statistiques de la production des animaux domestiques et de la consommation de la viande de boucherie dans le département de la Meurthe, de 1830 à 1849, par Masson. *Nancy, Grimblot et Vve Raybois,* 1851. 7 pages, in-8°. Cart. (Extrait du *Bon Cultivateur.*)

8216. MATHIEU. Voyage agricole dans les Vosges en 1820, ou exposé succinct des principaux vices et des principales améliorations de l'économie rurale vosgienne, par H. Mathieu, médecin-vétérinaire en chef du département. *Épinal, Vautrin,* 1821. IV-108 pages, in-8°. Cart.

8217. MATHIEU. Rapport sur les semis de mélèze de M. Évon, père, propriétaire à Épinal, etc... M. Mathieu, rapporteur. *S. l., n. n.,* (1830). 9 pages, in-8°. Br.

8218. MATHIEU DE DOMBASLE. Halle au blé de Nancy. — Subsistances. — Boulangers. — Accapareurs. — Approvisionnement de réserve. Par C.-J.-A. Mathieu de Dombasle. *Toul, J. Carez,* 1818. 62 pages, in-8°. Cart.

8219. (MATHIEU DE DOMBASLE.) La richesse du cultivateur, ou les secrets de Jean-Nicolas Benoit. (Par Mathieu de Dombasle.) *S. l., n. n., n. d.* (1832.) 71 pages, p. in-8°. Demi-rel.

8220. MATHIEU DE DOMBASLE. Annales agricoles de Roville, ou mélanges d'agriculture, d'économie rurale, et de législation agricole, par C.-J.-A. Mathieu de Dombasle, directeur de l'établissement agricole exemplaire de Roville. *Paris, Mme Huzard,* 1824-1837. 9 volumes, in-8°. Demi-rel.

8221. MATHIS. Mémoire couronné par la Société royale des sciences et des arts de la ville de Metz, sur cette question : *Quelle est la meilleure méthode de faire et de gouverner les vins du pays messin ?* Par Mathis. *Metz, Joseph Antoine,* 1769. 62 pages, in-8°. Cart.

8222. MÉMOIRE sur la façon de planter la vigne et la cultiver à peu de frais. *Nancy, L. Beaurain,* 1769. 67 pages, in-12. Cart.

8223. MÉMOIRE à M. Necker, ministre d'État, directeur général des finances, pour quelques laboureurs de la Lorraine. *S. l., n. n., n. d.* 25 pages, in-4°. Br.

8224. MILLOT. Instructions sur les moyens de convertir la pomme de terre en farine panifiable et sur les procédés à employer pour en tirer en même temps d'excellente eau-de-vie, et nourrir à peu de frais les bestiaux, par J.-B. Millot, chimiste à Nancy. *Nancy, Bontoux,* 1817. 24 pages, in-8°. — Instruction sur l'emploi économique des pommes de terre..., les moyens de convertir les pommes de terre en farine panifiable et sur les procédés employés pour leur distillation ; suivie de plusieurs notices sur leurs conservation et plantation économique. Seconde édition. Par J.-B. Millot. *Nancy, Bachot,* 1818. 48 pages, in-8°. Cart.

8225. MIRBECK (DE). Le questionneur. Opuscule sur les abeilles, à l'usage spécial de l'habitant de la campagne de la Lorraine, de l'Alsace, etc., par de Mirbeck, capitaine-garde-du-corps du roi, en retraite. *Nancy, Haener,* 1825. 92 pages, in-8°. 1 pl. Cart.

8226. MIRBECK (DE). Nouvelles observations sur les abeilles, depuis 1825 jusqu'à 1836, formant, avec le « Questionneur », un ouvrage classique ; par M. de Mirbeck. *Nancy, Haener,* 1837. — Supplément au « Questionneur ». 43 et 7 pages, in-8°. Cart.

8227. MOINEL. Des prairies irriguées et de leur établissement, par Ch. Moinel, ex-conducteur du service hydraulique des Vosges. *Épinal, Pellerin et Cie,* 1869. 96 pages, in-8°. Br.

8228. MOLL. Manuel d'agriculture... spécialement destiné aux écoles villageoises et aux cultivateurs du Nord-Est de la France, par M. L. Moll, ancien professeur à l'Institut de Roville. 3° édition. *Nancy, Grimblot Raybois et Cie,* 1841. 404 pages, in-12. Demi-rel.

8229. MONNIER. Des moyens d'augmenter la masse des substances alimentaires destinées à la consommation de l'homme, par Auguste Monnier, président de la Société d'agriculture de Nancy. *Nancy, Grimblot et Vve Raybois,* 1845. 24 pages, in-8°. Cart. (Extrait du *Bon Cultivateur.*)

8230. MOUTON. Rapport sur l'agriculture de l'arrondissement de Neufchâteau. Par M. Mouton, secrétaire du comice. *Neufchâteau, Imp. Kienné,* 1878. 16 pages, in-4°. Br.

8231. (PARISET.) Des réunions territoriales et de la création de chemins d'exploitation. Étude sur le morcellement en Lorraine, par M. F. P. (Pariset.) *Paris, librairie de la Maison rustique,* 1857. 48 pages, in-8°. Br.

8232. PATÉ. De l'agriculture en Lorraine, par J.-A. Paté, professeur d'agriculture à Nancy. *Nancy, Grosjean-Maupin,* 1880. 16 pages, in-8°. Cart.

8233. PATÉ. Mes revers et mes succès en agriculture, par Jean-Baptiste Paté, fermier à la Netz. — Mémoire à l'occasion de la grande prime d'honneur à décerner dans le département de la Meurthe en 1862, et présenté le 23 février 1861. *Nancy, Vve Raybois,* 1862. 126 pages, in-8°. Cart.

8234. PICORÉ. Culture et taille de la vigne du vignoble lorrain, par J.-J. Picoré, professeur de viticulture. *Nancy, Munier,* 1891. 55 pages, in-4°. Br.

8235. PUTON. Crédit agricole. Rapport présenté à la commission de la Société centrale d'agriculture de Meurthe-et-Moselle, composée de MM. Viansson, Pariset, Duroselle, Masson, Bailly, Cournault, de Metz-Noblat et Puton. Par Puton, directeur de l'École forestière. *Nancy, Paul Sordoillet,* 1881. 16 pages, in-8°. Br.

8236. PUTON. Extension aux opérations d'abornement général de la loi, du 21 juin 1865, sur les associations syndicales. — Rapport présenté à la Société centrale d'agriculture de Meurthe-et-Moselle, au nom de la commission composée de MM. Thiry, Gourier, Bretagne, de Nicéville, Puton, Lorin, Gorce et Mienville, par M. A. Puton, daté de Nancy, du 21 avril 1876. *Nancy, E. Réau, s. d.* 15 pages, in-8°. Br.

8237. PUVIS. De la méthode d'irrigation des prés des Vosges, par M. A. Puvis, ancien député. *Bourg, Milliet-Bottier,* 1846. 29 pages, in-8°. Cart.

8238. RAPPORT lu dans une réunion de propriétaires, de négocians et de fabricans du département de la Moselle, au nom d'une commission par eux choisie pour constater et exposer à la commission

33

d'enquête les besoins de l'agriculture, de l'industrie et du commerce dans ce département. *Metz, S. Lamort, s. d.* 44 pages, in-8°. Cart.

8239. RAPPORT fait au conseil municipal de Bar-sur-Ornin, par sa commission d'agriculture, le 25 pluviôse de l'an 9, sur la culture des vignes, etc. *S. l., n. n., n. d.* 32 pages, in-8°. Cart.

8240. RAPPORTS et études sur la charrue Grangé. Recueil in-4°. Planches. Cart. (Années 1833 et 1834.)

8241. RISTON. Quelques mots sur la crise agricole et l'industrie fromagère en Lorraine, par Victor Riston. *Nancy, G. Crépin-Leblond,* 1892. 15 pages, in-8°. Br. (Extrait du *Bulletin de la Société d'encouragement et de bienfaisance pour les campagnes de Meurthe-et-Moselle.*)

8242. RÈGLEMENT pour la formation d'une Société d'encouragement de l'agriculture et de l'industrie dans le département de la Moselle. *Metz, Antoine,* 1819. 12 pages, in-8°. Br.

8243. SCITIVAUX (DE). Rapport sur l'utilité d'une halle aux blés avec entrepôt à Nancy, fait au nom d'une commission spéciale, par M. de Scitivaux de Greische. *Nancy, Grimblot et Vve Raybois,* 1846. 11 pages, in-8°. Cart.

8244. SOCIÉTÉ lorraine d'encouragement pour l'amélioration de la race chevaline... Compte rendu de la séance... du 16 décembre 1866. *Nancy, Vve Raybois.* 35 pages, in-8°. Br.

8245. SOCIÉTÉ vosgienne d'encouragement pour la race chevaline dans le département des Vosges. — Statuts, etc. *Épinal, Pinot et Sagaire,* 1866. 12 pages, in-4°. Br.

8246. SOYER-WILLEMET. De la production des chevaux et de l'amélioration de leurs races. Réponse de M. de Dombasle à un article du rédacteur du *Bon Cultivateur,* et réplique de M. Soyer-Willemet. (*Nancy*), *s. n.,* 1831. 24 pages, in-8°. Br. (Extrait du *Bon Cultivateur.*)

8247. SOYER-WILLEMET. Précis et rapports sur différentes questions d'agriculture. Recueil, in-8°. Demi-rel.

8248. STATISTIQUE agricole et industrielle de l'arrondissement de Lunéville d'après le questionnaire officiel de 1853. *Lunéville, Pignatel,* 1854. 30 pages, in-8°. Cart.

8249. STATUTS de la Société lorraine et messine, société anonyme à capital variable des travaux agricoles à vapeur dans l'Est. *Nancy, Berger-Levrault,* (1873). 21 pages, in-8°. Br.

8250. STRATEN-PONTHOZ. Vaine pâture. Des règlements municipaux sur les troupeaux communs et les troupeaux séparés, par le comte Van der Straten-Ponthoz. *Metz, Blanc,* 1858. 25 pages, in-8°. Br. (Extrait des *Mémoires de l'Académie de Metz.*)

8251. THIRIAT. L'agriculture dans les montagnes des Vosges, par X. Thiriat, membre de la Société d'émulation des Vosges. *Paris, V. Masson,* 1866. 43 pages, in-8°. Br. (Extrait du *Journal de la ferme et des maisons de campagne.*)

8252. TISSERANT. Une invasion de la péripneumonie contagieuse du gros bétail dans les environs de Nancy en 1880, par H. Tisserant. *Nancy, P. Sordoillet,* 1884. 16 pages, in-8°. Br.

8253. TISSERANT. Maladies contagieuses des animaux domestiques et indemnités à obtenir dans les cas d'abatage et d'enfouissement, par H. Tisserant, médecin-vétérinaire. *Nancy, Hinzelin,* 1894. 24 pages, in-12. Br.

8254. TISSERANT. Congrès agricole et concours régional de Nancy. — Compte rendu publié au nom du bureau (de la Société centrale d'agriculture de Meurthe-et-Moselle), par H. Tisserant, médecin-vétérinaire, secrétaire général de la Société. Juin, 1894. *Nancy, Imp. Hinzelin,* 1895. 574 pages, in-8°. Plan. Br.

8255. TOUSSAINT. La Lorraine et son agriculture. Par Frédéric-Guillaume Toussaint, ingénieur d'agriculture, attaché à la présidence supérieure d'Alsace-Lorraine. Traduit de l'allemand par M. H. Bernard. *Metz, G. Lang,* 1876. 123 pages, in-8°. Demi-rel.

8256. UNION LORRAINE (L'). Bourse commune contre les chances du tirage au sort, particulière aux quatre départements de la Meurthe, de la Meuse, de la Moselle, et des Vosges. Statuts. *Nancy, Hinzelin et Cie*, 1865. 16 pages, in-8°. Cart.

8257. VACCA. Fabrication des fromages dits de Gérômé, par M. E. Vacca, professeur de chimie à Remiremont. *Paris, Ch. Lahure*, 1864. 8 pages, in-8°. Br. (Extrait du *Journal d'agriculture pratique*.)

8258. (VIANSSON.) Tarif général des douanes, traités de commerce. — Rapport sur l'enquête. — Vœu émis par la Société centrale d'agriculture de Meurthe-et-Moselle, dans sa séance du 31 janvier 1880. (Par Viansson.) *Nancy, Imp. Paul Sordoillet*, (1880). 14 pages, in-8°. Br.

8259. (VIANSSON.) Rapport de la commission nommée par la Société centrale d'agriculture de Meurthe-et-Moselle pour répondre au questionnaire de la Société des agriculteurs de France, sur les baux à ferme. (Par Viansson.) *Nancy, Impr. Paul Sordoillet*, 1880. 12 pages, in-8°. Br.

8260. VILLEMOTTE. Manuel de l'éleveur de chevaux en Lorraine, par G. de Villemotte. *Nancy, Grimblot et Vve Raybois*, 1850. 22 pages, in-12. Br. (Extrait du *Bon Cultivateur*.)

8261. VOSGIEN. Mémoire sur l'agriculture du département des Vosges, par M. Vosgien, ex-président et administrateur du département. *Épinal, Vautrin*, 1790. 15 pages, in-8°. Cart.

8262. YVART. Considération sur la première livraison des « Annales agricoles de Roville, ou mélanges d'agriculture, d'économie rurale et de législation agricole ; par M. Mathieu de Dombasle, directeur de l'établissement exemplaire de Roville, etc. » Par J.-A. Victor Yvart, ancien cultivateur, membre de l'Institut, etc. *Paris, Mme Huzart*, 1824. 62 pages, in-8°. Cart. (Extrait des *Mémoires de la Société royale et centrale d'agriculture*.)

B. Sciences naturelles.

1° Météorologie.

8263. CHAUTARD. Résumé des observa-

tions météorologiques faites en Lorraine, par M. J. Chautard, professeur à la faculté des sciences de Nancy. *Nancy, Vve Raybois*, 1863. 198 pages, in-8°. Br. (Extrait des *Mémoires de l'Académie de Stanislas*.)

8264. THIRIAT. Notes pour servir à l'histoire physique de l'ancienne province de Lorraine et des pays circonvoisins, recueillies et publiées par X. Thiriat, de la Société d'émulation des Vosges. *Remiremont, Leduc*, 1872. 100 pages, pet. in-8°. Br.

8265. OLRY. Recherches sur les phénomènes météorologiques de la Lorraine, par Olry, instituteur. *Nancy, Berger-Levrault et Cie*, 1885. 107 pages, in-8°. Pl. Br. (Extrait du *Bulletin de la Société de géographie de l'Est*.)

8266. BACH. Éphémérides naturelles du pays messin, par le R. P. Bach, S. J., de l'école Saint-Clément. *Metz, Imp. V. Maline*, 1866. 350 pages, in-8°. Demi-rel.

8267. GRAD. Essais sur le climat de l'Alsace et des Vosges, par M. Charles Grad. *Mulhouse, E. Perrin*, 1870. 279 pages, in-8°. Demi-rel. (Extrait du *Bulletin de la Société d'histoire naturelle de Colmar*.)

8268. BARDY. L'hiver de 1879-1880 à Saint-Dié-des-Vosges, par Henry Bardy, membre de la Société météorologique de France. *Saint-Dié, L. Humbert*, s. d. 7 pages, in-8°. Br. (Extrait du *Bulletin de la Société philomatique vosgienne*.)

8269. DIETZ. Note sur les observations météorologiques faites au Lessouto en 1865, par le Dr Casalis. Communication de M. Dietz. *Strasbourg, G. Fischbach*, s. d. 4 pages, in-8°. Br.

8270. DIETZ. Les pluies en Alsace-Lorraine, de 1878 à 1880. Communication faite à la Société des sciences, agriculture et arts de la Basse-Alsace, par Émile Dietz, pasteur à Rothau, etc. *Strasbourg, Treuttel et Wurtz*, 1883. 37 pages, in-8°. Broché.

8271. DIETZ. Observations météorologiques faites pendant l'année 1878-79 à Rothau (Vosges), par Émile Dietz, pasteur. *Saint-Dié, L. Humbert*, 1879. 10 pages, in-8°. Br. (Extrait du *Bulletin de la Société philomatique vosgienne.*)

8272. DIETZ. Observations météorologiques de 1884, par M. É. Dietz. *Strasbourg, G. Fischbach*, s. d. 12 pages, in-8°. Br.

8273. DIETZ. Relevé des observations météorologiques de l'année 1887 et tremblements de terre en Alsace-Lorraine, en 1886-87, par M. É. Dietz, à Rothau. *Strasbourg, G. Fischbach*, 1888. 17 pages, in-8°. Br. (Extrait du *Bulletin de la Société des sciences, agriculture et arts de la Basse-Alsace.*)

8274. DIETZ. Le climat du Ban-de-la-Roche (vallée de la Bruche), au siècle dernier et dans la première moitié de ce siècle, suivi d'une notice sur l'introduction de la pomme de terre dans cette contrée, par É. Dietz, pasteur-président à Rothau, membre associé de l'Académie de Stanislas, etc. *Strasbourg, Treuttel et Wurtz*, 1887. 36 pages, in-8°. Br. (Extrait des *Bulletins de la Société des sciences, agriculture et arts de la Basse-Alsace.*)

8275. DIETZ. Le climat de l'Alsace-Lorraine de 1888 à 1891, par Émile Dietz, pasteur à Rothau. *Strasbourg, Stuckelberger*, 1892. 75 pages, in-8°. Br. (Extrait du *Bulletin de la Société des sciences, agriculture et arts de la Basse-Alsace.*)

8276. LEPAGE. Recherches historiques sur la température, en Lorraine. Par Henri Lepage. (*Nancy, Grimblot et Vve Raybois*, 1857.) 54 pages, in-12. Cart. (Extrait de l'*Annuaire de la Meurthe.*)

8277. MILLOT. Étude sur les orages dans le département de Meurthe-et-Moselle, par M. C. Millot, ancien officier de marine, chef des travaux météorologiques à la faculté des sciences de Nancy. *Nancy, Berger-Levrault et Cie*, 1884. 20 pages, in-8°. Br. (Extrait du *Bulletin de la Société des sciences de Nancy.*)

8278. MILLOT. Observatoire météorologique de Nancy. — Le climat de Nancy, par C. Millot. *Nancy, Berger-Levrault et Cie*, 1886. 18 pages, in-16. Br.

8279. MILLOT. La nébulosité à Nancy, par C. Millot, chargé d'un cours de météorologie à la Faculté des sciences. *Nancy, Berger-Levrault*, 1891. 8 pages, in-4°. Br.

8280. MILLOT. Températures normales et quantités normales de pluie à Nancy, par C. Millot, chargé d'un cours, etc. *Nancy, Imprimerie coopérative de l'Est*, 1891. 12 pages, in-8°. Br.

8281. MILLOT. Répartition de la pluie et des orages dans une année normale à Nancy, par C. Millot. (Observatoire météorologique de Nancy.) *Nancy, Berger-Levrault*, 1892. 12 pages, in-8°. Br. (Extrait du *Bulletin de la Société des sciences de Nancy.*)

8282. MILLOT. Marche annuelle normale de la température de l'air à Nancy, par C. Millot. *Nancy, Berger-Levrault*, 1892. 12 pages, in-8°. Br.

8283. MILLOT. L'humidité de l'air à Nancy, par C. Millot, chargé d'un cours, etc. *Nancy, Berger-Levrault*, 1893. 12 pages, in-8°. Br. (Extrait du *Bulletin de la Société des sciences de Nancy.*)

8284. MILLOT. Fréquence relative et propriété physique des différents vents à Nancy, par C. Millot. *Nancy, Berger-Levrault*, 1894. 23 pages, in-8°. Br. (Extrait du *Bulletin de la Société des sciences de Nancy.*)

8285. MILLOT. Marche annuelle moyenne de la pression de l'air à Nancy, par C. Millot. *Nancy, Berger-Levrault*, 1894. 8 pages, in-8°. Br. (Extrait du *Bulletin de la Société des sciences de Nancy.*)

8286. MILLOT. L'évaporation sous le climat de Nancy. Par C. Millot. *Nancy, Imp. coopérative de l'Est*, 1895. 9 pages, in-8°. Br. (Extrait du *Bulletin de la Société météorologique de Meurthe-et-Moselle.*)

8287. MILLOT. De l'insolation à Nancy, ses rapports avec la nébulosité, par C. Millot. *Nancy, s. n.*, 1896. 8 pages, in-8°. Br. (Extrait du *Bulletin de la Société météorologique.*)

8288. OBSERVATIONS météorologiques de la commission de Meurthe-et-Moselle, (faites sous la direction de M. C. Millot). *Nancy, s. n.,* 1881-1896. 14 volumes, in-8°. Brochés.

8289. SIMONIN. Observations météorologiques et médicales faites à Nancy, depuis 1841 jusqu'à 1869 inclusivement, par MM. Simonin, père et Chautard. *Nancy, Grimblot, Raybois, Sordoillet,* 1855-1870. 27 brochures, in-8°, en 1 vol. Demi-rel. (Extraits des *Mémoires de l'Académie de Stanislas.*)

8290. SIMONIN. Notice sur la météorologie du département de la Meurthe, par le docteur Simonin père, directeur de l'École secondaire de médecine de Nancy. *Nancy, J. Troup,* 1843. 15 pages, in-8°. Br. (Extrait de la *Statistique historique du département de la Meurthe,* publiée par H. Lepage.)

8291. SIMONIN. Météorologie et climat du département de la Meurthe, par J.-B. Simonin père. *Nancy, Vve Raybois,* 1862. 38 pages, in-8°. Br. (Extrait des *Mémoires de l'Académie de Stanislas.*)

8292. SIMONIN. Influence des phases de la lune sur le nombre de jours de pluie et de neige, par J.-B. Simonin père. *Nancy, Vve Raybois,* 1863. 7 pages, in-8°. Br. (Extrait des *Mémoires de l'Académie de Stanislas.*)

8293. BAUR. Observations météorologiques faites à Metz, en 1869, par M. Baur. — En 1870-1871, par Baur et Muller. — En 1872, par Muller et Schuster. — En 1874, par Schuster. *Metz et Nancy, E. Réau,* 1870-1876. 4 fascicules, in-8°. Br. (Extraits des *Mémoires de l'Académie de Metz.*)

8294. POINCARÉ. Notice sur la distribution et marche des pluies, dans le département de la Meuse, le bassin supérieur de la rivière de Meuse, etc., par M. Poincaré, ingénieur des ponts et chaussées. *Paris, Dunod,* 1873. 43 pages, in-8°. Une carte. Br.

8295. DEMANGEON. Résumé des observations météorologiques faites à Épinal en 1873-1874, par A. Demangeon. *Épinal, V. Collot,* 1875. 14 pages, in-8°. 3 tableaux. Br. (Extrait des *Annales de la Société d'émulation des Vosges.*)

8296. SIMONIN. Examen des prédictions de Mathieu de la Drôme, par J.-B. Simonin (par leur comparaison avec les phénomènes observés dans le département de la Meurthe). *Nancy, Vve Raybois,* 1864. 7 pages, in-4°. Br. (Extrait des *Mémoires de l'Académie de Stanislas.*)

8297. SIMONIN. Est-il possible de prévoir dix-neuf ans à l'avance la constitution météorologique d'une année ? Essai par J.-B. Simonin père. (D'après les phénomènes observés dans le département de la Meurthe.) *Nancy, Vve Raybois,* 1865. 18 pages, in-8°. Br. (Extrait des *Mémoires de l'Académie de Stanislas.*)

8298. THIRIAT. Météorologie agricole du canton de Remiremont, en 1867. Notices sur les orages, sur l'ozone et cinq tableaux synoptiques inédits, par X. Thiriat, membre de la Société d'émulation des Vosges, etc. *Remiremont, Mougin,* 1868. 39 pages, in-12. Br.

2° Géologie.

(Dans l'ordre alphabétique des noms d'auteurs.)

8299. ADELSWÄRD (D'). Concession de mine de fer sous le plateau de Longwy. Mémoire présenté par M. O. d'Adelswärd. *Nancy, N. Collin,* 1863. 30 pages, in-8°. et un plan. Br.

8300. ARCET (D'). Précis sur la mine de sel gemme de Vic, département de la Meurthe, et sur les principales mines de sel de l'Europe ; suivi du rapport fait à l'Académie royale des sciences, par M. d'Arcet, au nom d'une commission composée de M. le comte Chaptal, de M. Gay-Lussac, de M. Vauquelin, de M. Dulong et de M. d'Arcet. *Paris, Everat,* 1824. 86 pages, in-8°. Demi-rel. Voy. n° 7935...

8301. BARTHÉLEMY. Sur des molaires de mammouth trouvées à Nancy, par F. Barthélemy. *Nancy, Berger-Levrault,* (1893). 3 pages, in-8°. Br.

8302. BEAUMONT (DE). Observations géologiques sur les différentes formations qui, dans le système des Vosges, séparent la formation houillère de celle du lias ; par L. Élie de Beaumont, ingénieur des mines. *Paris, Huzard,* 1828. VII-199 pages, in-8°. 3 pl. Demi-rel.

8303. BENOIST. Note sur le grès infraliasique du département de la Meurthe, par M. Benoist. *Bordeaux, F. Degréteau,* (1867). 6 pages, in-8°. Fig. Br. (Extrait des *Actes de la société linnéenne de Bordeaux.*)

8304. BILLY. Carte géologique du département des Vosges, par E. de Billy, ingénieur en chef du corps des mines, 1848. *Paris, Andriveau-Goujon.* 6 feuilles collées sur toile. Étui.

8305. BLEICHER. Guide du géologue en Lorraine. Meurthe-et-Moselle, Vosges, Meuse. Par M. G. Bleicher, professeur à l'École supérieure de pharmacie de Nancy. *Paris, Berger-Levrault et Cie,* 1887. X-210 pages, in-12. 2 pl. Demi-rel.

8306. BLEICHER. Essai de géologie comparée des Pyrénées, du plateau central et des Vosges. Thèse de géologie présentée à la Faculté des sciences de Strasbourg..., le 10 août 1870..., par G. Bleicher. *Colmar, Camille Decker,* 1870. 107 pages, in-8°, 1 tableau et 4 planches. Br.

8307. BLEICHER. Études de géologie comparée sur le terrain quaternaire d'Italie, d'Algérie, du Maroc, de l'Est de la France et de l'Alsace. Par Bleicher. *Reims, J. Justinart,* 1880. 8 pages, in-8°. Br. (*Association française pour l'avancement des sciences.* Extrait du *Compte rendu de la 9° session.*)

8308. BLEICHER. Recherches sur l'étage bathonien ou grande oolithe des environs de Nancy, par Bleicher. *Nancy, Berger-Levrault,* 1881. 23 pages, in-8°. Br. (Extrait du *Bulletin de la Société des sciences de Nancy.*)

8309. BLEICHER. Recherches de minéralogie micrographique sur la roche de Thélod et sur le basalte d'Essey-la-Côte, par M. Bleicher. *Nancy, Berger-Levrault et Cie,* 1883. 11 pages, in-8°. Fig. Br. (Extrait du *Bulletin de la Société des sciences de Nancy.*)

8310. BLEICHER. Note sur la limite inférieure du lias en Lorraine, par M. Blei-

cher. *Lagny, F. Auréau,* 1884. 5 pages, in-8°. Br. (Extrait du *Bulletin de la Société géologique de France.*)

8311. BLEICHER. Le minerai de fer de Lorraine (lias supérieur et oolithe inférieure), au point de vue stratigraphique et paléontologique, par M. Bleicher. *Lagny, Auréau,* 1884. 62 pages, in-8°. Tableaux et carte. Br. (Extrait du *Bulletin de la Société géologique de France.*)

8312. BLEICHER. Géologie et archéologie préromaine des environs de Nancy, par M. le D' Bleicher. *Nancy, Berger-Levrault et Cie,* 1886. 53 pages, in-8°. Br.

8313. BLEICHER. Sur la découverte du carbonifère à fossiles marins et à plantes aux environs de Raon-sur-Plaine, par Bleicher. *Paris, Gauthier-Villars,* 1887. 3 pages, in-4°. Br. (Extrait des *Comptes rendus des séances de l'Académie des sciences.*)

8314. BLEICHER. Sur le gisement et la structure des nodules phosphatés du lias de Lorraine, par Bleicher. *Lille, Imp. Le Bigot,* 1892. 10 pages, in-8°. Fig. Br. (Extrait du *Bulletin de la Société géologique de France.*)

8315. BLEICHER. Sur la structure microscopique du minerai de fer oolithique de Lorraine, par Bleicher. *Paris, Gauthier-Villars,* 1892. 3 pages, in-4°. Br. (Extrait des *Comptes rendus de l'Académie des sciences.*)

8316. BLEICHER. Sur la structure microscopique des oolithes du bathonien et du bajocien de Lorraine, par Bleicher. *Paris, Gauthier-Villars,* 1892. 2 pages, in-4°. Br. (Extrait des *Comptes rendus de l'Académie des sciences.*)

8317. BLEICHER. Recherches micrographiques sur quelques roches du muschelkalk lorrain, par le docteur Bleicher. *Rennes-Paris, Oberthür,* 1892. 6 pages, in-8°. Br. (Extrait de la *Feuille des jeunes naturalistes.*)

8318. BLEICHER. Sur la découverte des Bactryllium dans le trias de Meurthe-et-Moselle, par Bleicher et Fliche. *Paris, Gauthier-Villars,* 1892. 3 pages, in-4°. Br. (Extrait des *Comptes rendus de l'Académie des sciences.*)

8319. BLEICHER. Contribution à l'étude des bryozoaires et des spongiaires de l'oolithe inférieure (bajocien et bathonien) de Meurthe-et-Moselle, par Bleicher. *Nancy, Berger-Levrault*, 1894. 14 pages, in-8°. Trois planches. Br. (Extrait du *Bulletin de la Société des sciences de Nancy*.)

8320. BLEICHER. Sur la découverte d'un gisement de terrain tertiaire terrestre fossilifère dans les environs de Liverdun (Meurthe-et-Moselle), par Bleicher. *Paris, Gauthier-Villars*, 1896. 3 pages, in-4°. Br. (Extrait des *Comptes rendus des séances de l'Académie des sciences*.)

8321. BLEICHER. Sur la structure de certaines rouilles ; leur analogie avec celles des minerais de fer sédimentaires de la Lorraine, par M. Bleicher. *Paris, Gauthier-Villars et fils*, 1894. 3 pages, in-4°. Br.

8322. BLEICHER. Recherches sur la structure et le gisement du minerai de fer pisolithique de diverses provenances françaises et de la Lorraine en particulier. Par M. Bleicher. *Nancy, impr. Berger-Levrault et Cie*, 1894. 10 pages, in-8°. Br.

8323. BLEICHER. Les anciens glaciers des Vosges méridionales, par Bleicher et Barthélemy. *Paris, imp. Chaix*, 1893. 4 pages, in-8°. Br.

8324. BOULAY. Recherches de la paléontologie végétale sur le terrain houiller des Vosges, par l'abbé Boulay, docteur ès-sciences. *Colmar, C. Decker*, 1879. 47 pages, in-8°. Deux cartes. Br.

8325. BONNARD (DE). Mémoire sur les mines de houille du pays de Sarrebrück, par A. H. de Bonnard, ingénieur des mines et usines de France. *S. l., Bossange et Masson*, 1809. 30 pages, in-8°. Demi-rel. (Extrait du *Journal des mines*.)

8326. BRACONNIER. Description des terrains qni constituent le sol du département de Meurthe-et-Moselle, par M. A. Braconnier, ingénieur au corps de mines. *Nancy, Collin*, 1879. 280 pages, in-12. Cartes et fig. Demi-rel. Étui.

8327. BRACONNIER. Richesses minérales du département de Meurthe-et-Moselle, par M. A. Braconnier. *Nancy, Husson-Le-*

moine ; *Paris, Dunod*, 1872. 216 pages, in-8°. 8 planches et 3 cartes. Demi-rel.

8328. BRACONNIER. Description géologique et agronomique des terrains de Meurthe-et-Moselle, par M. A. Braconnier. *Nancy, N. Grosjean ; Paris, F. Savy*, 1883. VI-436 pages, in-8°. Cart.

8329. BRACONNIER. Les minerais de fer dans le département de la Meurthe. Statistique pour 1870, par A. Braconnier. *Nancy, N. Collin*, 1871. 85 pages, in-8°. 4 planches et une carte. Cart.

8330. BUC'HOZ. Vallerius Lotharingiae, ou catalogue des mines, terres, fossiles, sables et cailloux qu'on trouve dans la Lorraine et les Trois Évêchés ; ensemble leurs propriétés dans la médecine et dans les arts et métiers ; par M. Pierre-Joseph Buc'hoz, médecin botaniste lorrain. *Nancy, Lamort et Gervois ; Paris, Durand*, 1769. VII-388 pages, in-12. Rel. veau.

8331. BUVIGNIER. Statistique géologique, minéralogique, minérallurgique et paléontologique du département de la Meuse. Par Amand Buvignier, membre de la Société géologique de France. *Paris, J.-B. Baillière ; Verdun, l'auteur*, 1852. LII-694 pages, in-8° ; 52 pages et 32 pl. in-fol. 2 vol. Demi-rel.

8332. BUVIGNIER. Département de la Meuse. Extrait de la carte topographique de la France, levée par les officiers d'État-major, etc., avec les divisions géologiques du sol déterminées par M. Amand Buvignier. *Paris, Kaeppelin*, 1845. 5 feuilles collées sur toile. Étui.

8333. BUVIGNIER. Catalogue des mollusques du département de la Meuse, par Amand Buvignier. *Verdun, Lallemant*, 1840. 12 pages, in-8°. Br. (Extrait des *Mémoires de la Société philomatique de Verdun*.)

8334. CARRIÈRE. Recherches sur la minéralogie des gîtes métallifères de Framont, ou descriptions des principales espèces minérales qui se rencontrent dans les exploitations de minerai de fer de cette localité, par le docteur Carrière, de Saint-Dié. *Épinal, Vve Gley, s. d.* 50 pages, in-8°. 9 planches. Cart.

8335. CARRIÈRE. Description des principales espèces minérales qui entrent comme partie constituantes, essentielles ou accessoires, dans la composition des roches cristallines des Vosges. Par le docteur Carrière. *Épinal, Vve Gley*, 1853-1855. 102 pages, in-8°. Fig. Cart. (*Annales de la Société d'émulation des Vosges.*)

8336. CARTE géologique du pays messin. Lédée del. *Lith. Etienne.* — Coupe ou profils de terrains des environs de Metz. *Lith. Etienne.*

8337. CATALOGUE du cabinet d'histoire naturelle de feu M. Villiez, négociant à Nancy, et ancien premier juge-consul de Lorraine et Barrois. *Nancy, P. Antoine et P. Barbier*, 1775. VI-166 pages, in-8°. 1 pl. Cart.

8338. CATALOGUE des fossiles du muschelkalk (des environs de Lunéville), avec la synonymie des auteurs qui les ont classés. *Lunéville, Pignatel, s. d.* 8 pages, in-8°. Cart.

8339. COLLOMB. Preuves de l'existence d'anciens glaciers dans les vallées des Vosges. Du terrain erratique de cette contrée, par Edouard Collomb, chimiste à Wesserling. Ouvrage accompagné de 12 figures dans le texte et de 4 planches coloriées. *Paris, Masson*, 1847. 246 pages, in-8°. Demi-rel.

8340. COLLOMB. Sur les anciens glaciers des Vosges. — Résultats sommaires d'une exploration faite avec la Société géologique de France, par Ed. Collomb. *S. l., n. n., n. d.* 16 pages, in-8°. Br.

8341. CONSIDÉRATIONS sur les couches de sel découvertes à Vic, département de la Meurthe. Par L.-P. *Paris, Crapelet*, 1824. 46 pages, in-8°. Cart.

8342. CREUTZER. Aperçu géologique et statistique historique, industrielle et agricole du canton de Sarralbe (Moselle), par P. Creutzer, pharmacien. *Metz, Warion*, 1851. 94 pages, in-8°. 7 tableaux. Demi-rel.

8343. DAUBRÉE. Mémoire sur la relation des sources thermales de Plombières avec les filons métallifères, et sur la fondation contemporaine des zéolithes. Par M. Dau-

brée, ingénieur en chef des mines, etc. *Paris, E. Thunot et Cie*, 1858. 32 pages, in-8°. Cart. (Extrait des *Annales des mines.*)

8344. DAURIER. Notice sur le gisement de la strontiane sulfatée de Bouvron, et nouvelles recherches sur sa composition, par M. A. Daurier. *Paris, Didot*, 1827. 6 pages et une planche, in-8°. Br. (Extrait des *Annales des sciences d'observation.*)

8345. DAURIER. Notice sur le gisement de la strontiane sulfatée de Bouvron, et nouvelles recherches sur sa composition, par A. Daurier. *Paris, Gaultier-Laguionnie*, 1829. 11 pages, in-12. Plan. Cart.

8346. DELESSE. Mémoire sur la constitution minéralogique et chimique des Vosges, par M. Achille Delesse, ingénieur des mines, etc. *Besançon, Outhenin Chalandre*, 1847. 80 pages, gr. in-8°. Planche. Br. (Extrait des *Mémoires de la Société d'émulation du Doubs.*)

8347. DELESSE. Mémoire sur la constitution minéralogique et chimique des roches des Vosges, par M. Delesse, ingénieur des mines, professeur à la Faculté des sciences de Besançon. — Pegmatite avec tourmalines de Saint-Étienne (Vosges). *Paris, Thunot*, 1849. 15 et 42 pages, in-8°. Demi-rel. (Extraits des *Annales des mines.*)

8348. DIETRICH. Description des gîtes de minerai, forges, salines, verreries, tréfileries, fabriques de fer-blanc, porcelaine, faïence, etc., de la Lorraine méridionale. Par feu Dietrich, membre de l'Académie des sciences, etc... *Paris, impr. Didot jeune, An VIII.* XXXIII-576 pages, in-4°. Demi-rel.

8349. DIGOT. Notice sur les anciennes salines de Moyen-Moutier, par Aug. Digot. — Observations au sujet de la notice précédente, par J. Levallois. *Nancy, Vve Raybois*, 1846. 12 pages, in-8°. Cart. (Extrait des *Mémoires de la Société royale des Sciences, lettres et arts de Nancy.*)

8350. DURAND. Géologie des Vosges appliquée à l'agriculture, par Charles Durand. Ouvrage couronné par la Société d'émulation des Vosges. *Nancy, E. Balland, s. d.* (1886). 97 pages, in-8°. Carte et planches. **Broché.**

8351. (DURIVAL.) Mémoire sur les salines de Lorraine, Trois Évêchés et Franche-Comté. *S. l., n. n., n. d.* 40 pages, in-8°. Cart. (Attribué à Claude Durival.)

8352. FLICHE. Sur les lignites quaternaires de Jarville, près de Nancy, par P. Fliche. *Paris, Gauthier-Villars,* 1875. 4 pages, in-4°. Cart. (Extrait des *Comptes rendus dé l'Académie des sciences.*)

8353. FLICHE. Étude sur la flore de l'oolithe inférieure aux environs de Nancy, par Fliche et Bleicher. *Nancy, Berger-Levrault,* 1882. 49 pages, gr. in-8° et une planche. Br.

8354. FLICHE. Sur les lignites quaternaires de Bois-l'Abbé, près d'Épinal, par P. Fliche. *Paris, Gauthier-Villars,* 1883. 3 pages, in-4°. Br. (Extrait des *Comptes rendus...*)

8355. FLICHE. Description d'un nouveau cycadeospermum du terrain jurassique moyen, par M. Fliche. *Nancy, Berger-Levrault,* 1883. 4 pages et une planche, in-8°. Br. (Extrait du *Bulletin de la Société des sciences de Nancy.*)

8356. FLICHE. Note sur les tufs et les tourbes de Lasnez, près de Nancy, par M. Fliche, professeur à l'École forestière à Nancy. *Nancy, Berger-Levrault et Cie, s. d.* 14 pages, in-8°. Br.

8357. FLICHE. Études sur la flore fossile de l'Argonne (Albien-Cénomanien). Par P. Fliche, professeur à l'École forestière de Nancy. *Nancy, Imp. Berger-Levrault et Cie,* 1896. 196 pages, 17 planches, in-8°. Br. (Extrait du *Bulletin de la Société des sciences de Nancy.*)

8358. FRIREN. Mélanges paléontologiques, par l'abbé A. Friren, professeur au petit séminaire de Montigny-lès-Metz, etc. 2° article... *Metz, Even,* 1886. 54 pages, in-8°. Br. (Extrait du *Bulletin de la Société d'histoire naturelle de Metz.*)

8359. GAILLARDOT. Notice géologique sur la côte d'Essey, par C. A. Gaillardot, docteur en médecine, etc. *Lunéville, Guibal,* 1818. 19 pages, in-8°. Cart.

8360. GAULARD. Mémoire pour servir à une description géologique du département de la Meuse, par Gaulard, professeur de physique au collège de Verdun, vice-président de la Société philomatique de la même ville, et membre de plusieurs sociétés savantes. *Verdun, Villet-Collignon,* 1836. 40 pages, in-8°. Demi-rel.

8361. GAULARD. Mémoire sur les formations géologiques de l'arrondissement de Mirecourt, par Gaulard, professeur de sciences... physiques au collège de Mirecourt. *Épinal, Gley, s. d.* 24 pages, in-8°. Cart. (Extrait des *Annales de la Société d'émulation des Vosges.*)

8362. GRAD. Description des formations glaciaires de la chaîne des Vosges en Alsace et en Lorraine, par Charles Grad. *Paris, F. Savy ; Colmar, E. Barth,* 1873. 49 pages, in-8°. Cart. — Observations sur les petits glaciers temporaires des Vosges, par Ch. Grad. *Colmar, C. Decker,* 1871. 7 pages, in-8°. Cart.

8363. GRAD. Mémoire sur les lacs et les tourbières des Vosges, par Ch. Grad. *Épinal, E. Gley, s. d.* 15 pages, in-8°. Cart. (Extrait des *Annales de la Société d'émulation des Vosges.*)

8364. GROSJEAN. Nouvel essai sur les eaux minérales de Plombières. Par le citoyen Grosjean, D. M., ancien inspecteur des eaux minérales de Bussang, médecin du lieu, etc. *Remiremont, E. Dubiez,* 1799. 95 pages, in-8°. Cart. Voy. n° 2816.

8365. GUIBAL. Notice sur la géologie dans le département de la Meurthe, par Guibal, juge de paix. *Nancy, J. Troup,* 1843. 22 pages, in-8°. Cart. (Extrait de la *Statistique du département de la Meurthe,* publiée par H. Lepage.)

8366. GUIBAL. Mémoire sur le terrain jurassique du département de la Meurthe, par M. Guibal. *Nancy, Raybois et Cie, s. d.* 48 pages, in-8°. Planche. Br.

8367. GUIBAL. Mémoire sur les terrains du département de la Meurthe inférieurs au calcaire jurassique, par M. Guibal. *Nancy, Raybois, s. d.* 34 pages, in-8°. Cart.

8368. GUIBAL. Carte géologique du département de la Meuse (ms).

8369. HAXO. Coup d'œil sur les eaux minérales du département des Vosges. 2ᵉ édition. *Épinal, Vve Gley*, 1852. 54 pages,
in-8°. Br.

8370. HOGARD. Table des hauteurs, au-
dessus du niveau de la mer, et des posi-
tions géographiques des points principaux
du système des Vosges, par Henri Hogard,
membre de plusieurs sociétés. *Épinal,
Gérard*, 1835. 16 pages, in-8°. Planche.
Demi-rel.

8371. HOGARD. Tableau minéralogique
des roches des Vosges, suivi d'une liste
des espèces minérales constituant ces roches, disséminées dans leurs masses ou
associées avec elles, par Henri Hogard.
Épinal, Gérard, 1835. vii-80 pages, in-8°.
Demi-rel. (Extrait des *Annales de la Société d'émulation des Vosges*.)

8372. HOGARD. Observations sur les traces
de glaciers qui, à une époque reculée, pa-
raissent avoir recouvert la chaîne des
Vosges, et sur les phénomènes géologiques qu'ils ont pu produire, par M. H.
Hogard. *Épinal, Gley*, 1840. 24 pages,
in-8°. Demi-rel. (Extrait des *Annales de la
Société d'émulation des Vosges*.)

8373. HOGARD. Esquisse géologique du
Val-d'Ajol, département des Vosges, par
Henri Hogard. 1841-1845. *Épinal, Gley*,
s. d. 85 pages, in-8°. Carte. Planches. Demi-rel.

8374. HOGARD. Carte géologique des Vosges, par Henri Hogard, 1845. 4 feuilles,
collées sur toile. Etui.

8375. HOGARD. Carte, croquis et coupes
pour servir à l'explication de la constitution géologique des Vosges, par Henri
Hogard, 1846. *Épinal, Imp. Vve Gley*. 5
pages et 24 planches, in-fol. (Tout ce qui
a paru.) Demi-rel.

8376. HOGARD. Coup d'œil sur le terrain
erratique des Vosges, par H. Hogard. *Épinal, Vve Gley*, 1848. 71 pages, in-8°. Cart.

8377. HOGARD. Coup d'œil sur le terrain
erratique des Vosges, par Henri Hogard.
Édition accompagnée d'un atlas de 32
planches, publiée par Dolfuss-Ausset. *Épinal, Vve Gley*, 1851. xiii-139 pages, in-8°.
32 pl. in-fol. 2 vol. Demi-rel.

8378. HOGARD. Description minéralogique
et géologique des régions granitique et
arénacée du système des Vosges, avec un
atlas comprenant une carte géognostique
des Vosges, plusieurs vues et coupes. Par
Henri Hogard. *Épinal, Valentin*, 1837.
xvi-423 pages, in-8°. 13 planches, in-fol.
2 vol. Demi-rel.

8379. HOGARD. Aperçu de la constitution
minéralogique et géologique du départe-
ment des Vosges, par H. Hogard. *Épinal,
Imp. Gley*, 1845. 131 pages, in-8°. Cart.
(Extrait de la *statistique du département des
Vosges*, par MM. H. Lepage et Ch. Charton.)

8380. HOGARD. Observations sur les mo-
raines et sur les dépôts de transport ou
de comblement des Vosges, par Henri
Hogard. *Épinal, Imp. Gley*, 1842. 81 pages, in-8° et 13 croquis in-4°. Br.

8381. HUSSON. Étude géologique sur les
couches situées à la jonction des trois
départements : Meurthe, Moselle et Meuse,
par Husson. *Nancy, Vve Raybois*, 1863.
16 pages, in-8°. Br. (Extrait des *Mémoires
de l'Académie de Stanislas*.)

8382. HUSSON. Esquisse géologique de
l'arrondissement de Toul, suivie d'un
aperçu botanique des environs de cette
ville. Par Husson, pharmacien. — Supplément à l'esquisse géologique. — Annotations et corrections. — 3ᵉ supplément,
etc. *Toul, Imp. Vve Bastien*, 1848-1853.
106, 24, 8 et 32 pages, in-8°. Cartes.
1 vol. Demi-rel.

8383. HUSSON. Géologie. Concordance de
classifications relatives à l'arrondissement
de Toul, par Husson, ancien pharmacien.
Toul, T. Lemaire, 1880. 52 pages, in-8°. Br.

8384. JACQUOT. Description géologique et
minéralogique du département de la Moselle, par M. E. Jacquot, ingénieur des
mines, avec la coopération de MM. O.
Terquem et Barré. *Paris, S. Rançon*,
1868. vii-490 pages, in-8°. 5 planches.
Demi-rel.

8385. JACQUOT. Études géologiques sur
le bassin houillier de la Sarre, faites en
1847, 1848 et 1850, par E. Jacquot, ingénieur des mines. *Paris, Imp. impériale*,
1853. 271 pages, in-8°. 1 carte et 2 pl.
Demi-rel.

8386. JACQUOT. Note sur la découverte de la houille à Creutzwald et à Carling, par A.-E. Jacquot. *Metz, F. Blanc*, 1855. 20 pages, in-8°. Br. (Extrait des *Mémoires de l'Académie de Metz.*)

8387. JACQUOT. Notice géologique et historique sur les mines de plomb et de cuivre des environs de Saint-Avold, de Hargarten et de Sarrelouis, par E. Jacquot. *Metz, F. Blanc*, 1858. 28 pages, in-8°. Br. (Extrait des *Mémoires de l'Académie impériale de Metz.*)

8388. KŒCHLIN-SCHLUMBERGER. Mémoire sur le terrain de transition des Vosges. — Partie géologique par J. Kœchlin-Schlumberger. — Partie paléontologique par W.-Ph. Schimper. *Strasbourg, Imp. Vve Berger-Levrault*, 1862. 348 pages, in-4°. 3o planches. Cart. (Extrait des *Mémoires de la Société des sciences naturelles de Strasbourg.*)

8389. LANGLOIS... Études minéralogiques et chimiques sur les minerais de fer du département de la Moselle, par MM. Langlois, docteur en médecine à l'hôpital militaire de Metz, et Jacquot, ingénieur des mines. *Metz, S. Lamort*, s. d. 29 pages, in-8°. Cart. (Extrait des *Mémoires de l'Académie nationale de Metz.*)

8390. LEBRUN. Mémoire sur l'âge des roches des Vosges, par J.-F. Lebrun, architecte. *Épinal, Vve Collot*, s. d. 108 pages, in-8°. Br. (Extrait des *Annales de la Société d'émulation des Vosges.*)

8391. LEBRUN. Tableau suivant d'Alberti, des fossiles du trias, séparés suivant les formations, augmentés pour la Lorraine, par J.-F. Lebrun. *Épinal, Vve Gley*, 1849. 11 pages, in-8°. Cart. (Extrait des *Annales de la Société d'émulation des Vosges.*)

8392. LEBRUN. Nouvelles explorations géologiques à Essey-la-Côte, par M. F. Lebrun. *Épinal, Gley*, 1852. 23 pages, in-8°. Cart. (Extrait des *Annales de la Société d'émulation des Vosges.*)

8393. LEBRUN. Description des échantillons recueillis à Essey-la-Côte. Basalte et ses minéraux. Tufs basaltiques, roches métamorphiques et leurs minéraux. Par M. F. Lebrun. *Nancy, Grimblot, Vve Raybois et Cie*, 1858. 118 pages, in-8°. 1 pl. Cart.

8394. LEBRUN. Ce que nous savons aujourd'hui sur les terrains récents du département de la Meurthe, par J.-F. Lebrun. *Nancy, Nicolas Grosjean*, 1863. 32 pages, in-8°. — Notes sur les terrains récents du département de la Meurthe, par F. Lebrun. — *Ibidem*, s. d. 61 pages, in-8°. Cart.

8395. LENOIR. Rapport fait à la conférence des mines, sur la reprise des anciens travaux des mines de plomb et d'argent de la Croix, département des Vosges, par les citoyens Lenoir et Gillet-Laumont. *Paris, Imprimerie de la République, An VIII*. 32 pages, in-8°. Un plan. Cart.

8396. LEVALLOIS. Mémoire sur le gisement de sel gemme dans le département de la Moselle et sur la composition générale du muschelkalk en Lorraine, par J. Levallois. *Nancy, Grimblot et Vve Raybois*, 1846. 29 pages, in-8°. Cart. (Extrait des *Mémoires de la Société royale des sciences, lettres et arts de Nancy.*)

8397. LEVALLOIS. Observations sur la roche ignée d'Essey-la-Côte (arrondissement de Lunéville), par M. Levallois, ingénieur en chef des mines des départements de la Meurthe et de la Moselle. *Nancy, Grimblot et Vve Raybois*, 1846. 8 pages, in-8°. Demi-rel.

8398. LEVALLOIS. Notice sur des roches d'origine ignée (avec talc et fer oxydulé), observées au milieu des marnes supraliasiques à la côte de Thélod, par J. Levallois. *Nancy, Grimblot et Vve Raybois*, 1847. 11 pages, in-8°. Cart.

8399. LEVALLOIS. Notice sur la minière de fer de Florange, département de la Moselle, et sur ses relations avec le grès super-liasique (Marly-sandstone des Anglais), par M. J. Levallois. *Paris, Carilian-Gœury et V. Dalmont*, 1850. 15 pages, in-8°. Demi-rel.

8400. LEVALLOIS. Aperçu de la constitution géologique de la Meurthe. Note à l'appui de la carte géologique de ce département, exécutée d'après la carte du dépôt de guerre, par J. Levallois. *Paris,*

Carilian-Gœury et V. Dalmont, 1851. 35 pages, in-8°. — Autre édition. *Nancy, A. Lepage,* 1856. 36 pages, in-8°. — Autre édition. *Nancy, Vve Raybois,* 1862. 60 pages, in-8°. (Extrait des *Mémoires de l'Académie de Stanislas.*)

8401. LEVALLOIS. Remarques sur l'ostræa costata et sur l'ostræa acuminata, considérées comme fossiles caractéristiques, dans les départements de la Meurthe et de la Moselle, par M. J. Levallois. *Paris, Martinet,* 1851. 16 pages, in-8°. Demi-rel. (Extrait du *Bulletin de la Soc. géologique de France.*)

8402. LEVALLOIS. Note sur le grès d'Hettange (département de la Moselle) et sur le grès de Luxembourg. Composition générale du lias en Lorraine, par J. Levallois. *Paris, L. Martinet.* 13 pages, in-8°. — La question du grès d'Hettange. Résumé et conclusions, par M. Levallois. *Paris, L. Martinet.* 8 pages, in-8°. Cart. (Extraits du *Bulletin de la Société géologique de France,* 1852 et 1863.)

8403. LEVALLOIS. Observations à propos du mémoire de M. Jules Martin, intitulé : « Zone a Avicula contorta ou étage rhoetien ». — État de la question, par M. Levallois. *Paris, Savy,* 1865. 23 pages, in-8°. Br.

8404. LEVALLOIS. Remarques sur les relations de parallélisme que présentent dans la Lorraine et dans la Souabe les couches du terrain dit marnes irisées ou keuper, par Levallois. *Paris, F. Savy,* 1867. 46 pages, in-8°. Cart. (Extrait du *Bulletin de la Société géologique de France.*)

8405. LEVALLOIS. Carte géologique du département de la Meurthe, par M. J. Levallois. Exécutée par report sur pierre, de la carte topographique dite carte d'État-major. 4 feuilles, collées sur toile. Étui.

8406. LEVALLOIS et REVERCHON. Carte géologique et agronomique du département de Meurthe-et-Moselle. *Paris, s. n.,* 1882. En 4 feuilles.

8407. LÉVY. Notice sur les divers terrains superposés au terrain houillier et sur les principaux faits concernant les travaux entrepris jusqu'à ce jour dans le bassin, par J. Lévy, ingénieur-directeur des travaux de la compagnie houillère de la Moselle. *Saint-Etienne, Vve Théolier,* 1859. 55 pages, in-8°. Un tableau et trois plans. Cart.

8408. LISTE des minéraux des deux départements du Rhin, et de la partie limitrophe du département des Vôges, d'après l'ordre alphabétique des villes, villages, etc. *Strasbourg, Heitz, s. d.* 22 pages, in-12. Cart.

8409. LUCAS. Notice sur quelques ossements fossiles des environs de Verdun, suivie d'une note sur la distinction des deux espèces d'écrevisses, par H. Lucas, professeur d'histoire naturelle au collège de Verdun. *Verdun, Lallemant,* 1840. 18 pages, in-8°. Br.

8410. MONNIER. Note sur la constitution géologique des environs de Nancy, par M. Monnier. *Nancy, Grimblot, Thomas et Raybois,* 1839. 13 pages, in-8° et un plan. Cart. (Extrait des *Mémoires de la Société royale des sciences, lettres et arts de Nancy.*)

8411. MOUGEOT. Étude géographique et géologique sur les montagnes des Vosges, du ballon d'Alsace... jusqu'au Donon, par le docteur Mougeot. *Épinal, Busy,* 1880. 15 pages, in-8°. Br. (Extrait de l'*Annuaire général des Vosges.*)

8412. MOUGEOT. Le département des Vosges. Géologie. Études par le Dr Mougeot, conseiller général. *Épinal, Busy,* 1880. 7, 12 et 16 pages, petit in-8°. Br. (Extrait de l'*Annuaire des Vosges.*)

8413. MOUGEOT. Rapports à MM. les membres de la Société d'émulation, sur les objets concernant l'histoire naturelle déposés au musée vosgien. Par M. le docteur Mougeot. *Épinal, Gley,* 1849 à 1859. 43, 24, 31, 27, 24, 36, 56, 60, 48, 32, 54, 74, 36, 74, 11 et 33 pages, in-8°. 16 fascicules en 1 vol. Demi-rel. (Extraits des *Annales de la Société d'émulation des Vosges.*)

8414. NICKLÈS. Analyse de l'eau de Laxou. Par M. J. Nicklès. *Nancy, Imp. Vve Raybois, s. d.* 6 pages, in-8°. Demi-rel.

8415. NICKLÈS. Sur la présence du spath fluor en roche dans le bassin de Plombières, par M. J. Nicklès. *Nancy, Imp. Vve Raybois et Cie, s. d.* 2 pages, in-8°. Demi-rel.

8416. NICOLAS. Mémoire sur les salines de la République, dans lequel on fait connaître la nature des eaux salées, l'état actuel des salines, relativement à leur produit en sel, leur consommation en combustibles et les améliorations dont ces usines précieuses sont susceptibles ; par le citoyen Nicolas, associé, non résidant, de l'Institut national, professeur de chimie et d'histoire naturelle à l'École centrale du département de la Meurthe, etc. *Nancy, Nicolas, s. d.* vi-104 pages, in-8°. Demi-rel.

8417. NOTICE sur la mine de sel gemme découverte à Vic. *Paris, Guiraudet,* 1822. 58 pages, in-8°. Cart.

8418. NOTICE sur les gisements houillers et les travaux des mines de Schœnecken, département de la Moselle. *Metz, Ch. Dosquet,* 1825. 20 pages, in-8°. Cart.

8419. NOTICE sur les gisements houillers et les travaux des mines de Schœnecken, département de la Moselle. *Paris, H. Tilliard,* 1826. 12 pages, in-8°. Planches. Cart.

8420. OBERLIN. Propositions géologiques pour servir d'introduction à un ouvrage sur les élémens de la chorographie, avec l'exposé de leur plan, et leur application à la description géognostique, œconomique et médicale du Ban de la Roche, par Henri Gottfried Oberlin, docteur en médecine. *Strasbourg, Levrault,* 1806. xiv-261 pages, in-8°. 5 planches. Demi-rel.

8421. OLRY. Conférences faites en 1879, par MM. les instituteurs. Étude géologique et agronomique des sols de l'arrondissement de Toul, par E. Olry, instituteur. *Toul, T. Lemaire.* 11 et 50 pages, in-8°. Broché.

8422. PÉROCHE. Esquisses géologiques. Les mers dans le département de la Meuse ; des dépôts d'alluvion et de l'état glaciaire. Par Jules Péroche, directeur des contributions indirectes. *Bar-le-Duc, Con-* tant-Laguerre, 1876. 32 pages, in-8°. Br. (Extrait des *Mémoires de la Société des lettres, sciences et arts de Bar-le-Duc.*)

8423. PETITOT-BELLAVÈNE. Étude sur les inondations de la Meuse, et sur les travaux qui ont été exécutés pour en diminuer la fréquence et l'intensité, par M. Petitot-Bellavène. *Verdun, Imp. Ch. Laurent,* 1873. 119 pages, in-8°. 4 pl. Br.

8424. PIROUX. Mémoire sur le sel et les salines de Lorraine, qui a remporté le prix de l'Académie des sciences et belles-lettres de Nancy, le 8 mai 1791. Par M. Piroux, architecte juré de cette ville, et homme de loi à Lunéville... Mémoire couronné le 8 mai 1781, par la même Académie, qui avoit proposé cette question. *Nancy, H. Haener,* 1791. 56 pages, in-8°. Cart.

8425. POMMIER. De la constitution physique et chimique des eaux minérales du département des Vosges et en particulier de quelques sources peu connues. Thèse présentée et soutenue à l'École supérieure de pharmacie de Paris, le 10 janvier 1854, par Charles-Achille Pommier, de Mirecourt (Vosges), etc. *Paris, E. Thunot et Cie,* 1854. 88 pages, in-8°. Carte. Br.

8426. PUTON. Des métamorphoses et des modifications survenues dans certaines roches des Vosges, par Ernest Puton, membre de la Société géologique de France. *Paris, Baillière,* 1838. 54 pages, in-8°. Cart. (Extrait des *Mémoires de la 5e session du congrès scientifique de France.*)

8427. PUTON. Rapport à la Société géologique de France sur les roches des Vosges, travaillées pour la décoration, dans les ateliers de M. Colin à Épinal, par E. Puton. *Épinal, Vve Gley,* 1848. 15 pages, in-8°. Cart. (Extrait des *Annales de la Société d'émulation des Vosges.*)

8428. PUTON. Essai sur les mollusques terrestres et fluviatiles des Vosges, par Ernest Puton. *Épinal, Valentin,* 1847. iv-104 pages, in-8°. Cart. (Extrait de la *Statistique du département des Vosges,* publiée par MM. H. Lepage et Ch. Charton.)

8429. RÉUNION extraordinaire (de la Société géologique de France) à Épinal, du 10 au 23 septembre 1847. *Paris, L. Martinet.* 88 pages, in-8°. — Projet d'itinéraire pour les excursions dans les Vosges, par H. Hogard et E. Puton. *Remiremont, Thiriet,* 1847. 8 pages, in-8°. Cart.

8430. REVERCHON. Carte géologique du département de la Moselle, dressée par M. Reverchon, ingénieur en chef des mines. Extrait, par report sur pierre, de la carte topographique dite carte d'État-major. 1866. 3 feuilles, collées sur toile. Étui.

8431. ROZET. Description géologique de la partie méridionale de la chaîne des Vosges, par M. Rozet. *Paris, Roret,* 1834. 144 pages, in-8°. 1 pl. Demi-rel.

8432. ROZET. Carte géognostique de la partie méridionale de la chaîne des Vosges. *Paris,* 1835. 488 sur 640 millim.

8433. RUPIED. Observations sur les mines de sel gemme existantes dans la vallée de la Seille. Par Rupied. *Paris, Ant. Bailleul,* 1821. 28 pages, in-4°. Cart.

8434. SCHIMPER et Mougeot. Monographie des plantes fossiles du grès bigarré de la chaîne des Vosges, par Schimper, conservateur des collections de la Faculté des sciences et du muséum d'histoire naturelle de Strasbourg, et Mougeot, docteur médecin à Bruyères. Avec XI. planches imprimées en couleur. *Leipzig, Engelmann,* 1844. 83 pages, gr. in-4°. 40 planches en couleur. Demi-rel.

8435. SCHLUMBERGER. Notes sur trois nouvelles espèces d'Alaria recueillies dans le minerai de fer des environs de Nancy (Meurthe), au niveau des ammonites Sowerbyi et Murchisonœ, par Schlumberger, ingénieur de la marine. *Caen, F. Le Blanc-Hardel,* 1865. 6 pages, in-8° et une planche. Cart. (Extrait du IXᵉ volume du *Bulletin de la Société Linnéenne de Normandie.*)

8436. SIMON. Itinéraire géologique et minéralogique dans les départemens de la Moselle, du Haut-Rhin, du Bas-Rhin, des Vosges, de la Meurthe et dans les contrées voisines, par Victor Simon. *Metz, Lamort,* 1831. 19 pages, in-8°. Cart. (Extrait des *Mémoires de l'Académie royale de Metz.*)

8437. SIMON. Itinéraire géologique et minéralogique, de Metz à Sarrelouis, Oberstein, Bingen, Coblentz, Laach, Trèves, Sierck, et retour à Metz. Par M. Victor Simon. *Metz, Lamort,* 1832. 19 pages, in-8°. Cart. (Extrait des *Mémoires de l'Académie royale de Metz.*)

8438. SIMON. Aperçu des chances plus ou moins favorables d'obtenir des puits artésiens dans le département de la Moselle, présenté à l'Académie par Victor Simon. *Metz, S. Lamort,* 1836. 8 pages, in-8°. Br. (Extrait des *Mémoires de l'Académie royale de Metz.*)

8439. SIMON. Mémoire sur le lias du département de la Moselle, par Victor Simon. *Metz, S. Lamort,* 1836. 28 pages, in-8°. Cart.

8440. SIMON. Aperçu sur la géologie du département de la Moselle, présenté à la 5ᵉ session du congrès scientifique de France, par M. Victor Simon, président de la Société d'histoire naturelle du département de la Moselle. *Metz, S. Lamort,* 1838. 8 pages, in-8°. Cart.

8441. SIMON. Promenade géologique et archéologique de Metz à Auboué et Moyeuvre. Par Victor Simon. *S. l., n. n., n. d.* 13 pages, in-8°. Cart.

8442. SIMON. Description de la partie de la formation oolithique qui existe dans le département de la Moselle, par M. Victor Simon. *Metz, Lamort, s. d.* 40 pages, in-8°. Cart.

8443. SIMON. Aperçu sur la géologie des environs de Sarrelouis, d'Oberstein et de Berncastel, par V. Simon. *Metz, Dembour et Gangel, s. d.* 14 pages, in-8°. Cart.

8444. SIVRY (DE). Journal des observations minéralogiques faites dans une partie des Vosges et de l'Alsace. Par M. de Sivry, avocat en parlement. *Nancy, H. Haener,* 1782. VIII-118 pages, in-8°. Cart.

8445. SOLEIROL. Mémoire sur les carrières des environs de Metz qui fournissent la pierre à chaux hydraulique, par J.-F. Soleirol, chef de bataillon du génie en retraite. *Metz, Lamort,* 1847. 49 pages, in-8°. Planche. Demi-rel.

8446. TERQUEM. Remarques critiques sur les bélemnites du département de la Moselle, par M. Terquem, ancien pharmacien. *Metz, Verronnais*, 1846. 12 pages, in-8°. Br. (Extrait des *Mémoires de la Société d'histoire naturelle du département de la Moselle.*)

8447. TERQUEM. Observations sur le lias du département de la Moselle, par M. Terquem. *Metz, Verronnais*, 1847. 37 pages, in-8°. Br.

8448. TERQUEM. Paléontologie de l'étage inférieur de la formation liasique de la province de Luxembourg (Grand-Duché) et de Hettange, département de la Moselle. Par M. O. Terquem. *S. l., n. n.*, 1855. 125 pages, in-4°. 26 planches. Demi-rel.

8449. TERQUEM. Observations sur quelques espèces de lingules, par Terquem. *Paris, L. Martinet*, 1850. 4 pages et une planche, in-8°. Cart. (Extrait du *Bulletin de la Société géologique de France.*)

8450. TERQUEM. Paléontologie du département de la Moselle, par Terquem. *Metz, Rousseau-Pallez*, 1855. 40 pages, in-8°. Cart. — Observation sur un fossile nouveau trouvé dans le département de la Moselle, par Terquem. *Metz. Verronnais*, s. d. 4 pages, in-8° et une planche. Cart. (Extrait de la *Statistique de la Moselle.*)

8451. TERQUEM. Observations sur les griphées du département de la Moselle, par M. Terquem. *Metz, Verronnais*, s. d. 12 pages, in-8° et une planche. Br. (Extrait du *Bulletin de la Société d'histoire naturelle du département de la Moselle.*)

8452. TERQUEM. Recherches sur les foraminifères du département de la Moselle, par M. Terquem. *Metz, Blanc; Paris, Savy*, 1858-1874. 2 séries comprenant 11 mémoires, in-8°. Pl. 2 vol. Demi-rel.

8453. TERQUEM. Monographie de l'étage bathonien dans le département de la Moselle, par MM. O. Terquem et T. Jourdy. *S. l., n. n., n. d.* 175 pages, in-4°. Planches. Demi-rel.

8454. VIVENOT-LAMY. Note sur la question d'existence de la houille dans les départements de Meurthe-et-Moselle et des Vosges, par Vivenot-Lamy. *Nancy, Husson-Lemoine*, 1884. 16 pages, in-4°. Plan. Broché.

8455. VOLTZ. Notice géognostique sur les environs de Vic (Meurthe), par M. Voltz, ingénieur au corps royal des mines. *S. l., n. n., n. d.* 38 pages, in-8°. Cart.

3° Botanique.

8456. ABEL. L'érynose devant l'Académie de Metz, par Charles Abel. *Metz, Delhalt*, 1888. 6 pages, in-8°. Br. (Extrait des *Mémoires de l'Académie de Metz.*)

8457. BERHER. Catalogue des plantes vasculaires qui croissent spontanément dans le département des Vosges, rédigé par le docteur E. Berher. *Épinal, V. Collot*, 1876. 260 pages, in-8°. Br. (Extrait des *Annales de la Société d'émulation des Vosges.*)

8458. BRUNOTTE. Les marais salés de la vallée de la Seille au point de vue botanique. Par Camille Brunotte. *Nancy, Berger-Levrault*, 1896. 24 pages, in-8°. Une carte. Br. (Extrait du *Bulletin de la section vosgienne du Club alpin français.*)

8459. BRUNOTTE. Contribution à l'étude de la flore de la Lorraine, par Camille Brunotte. *Paris, Imp. J. Mersch*, 1895. 5 pages, in-8°. (Extrait du *Journal de botanique.*)

8460. BRUNOTTE. Guide du botaniste au Hohneck et aux environs de Gérardmer, par Camille Brunotte, professeur à l'École supérieure de pharmacie et Constant Lemasson, professeur au collège de Bruyères. *Paris-Nancy, Berger-Levrault*, 1893. 40 pages, in-8°. Cart. Br.

8461. BOULAY. Flore cryptogamique de l'Est. Muscinées (mousses, sphaignes, hépatiques). Par M. l'abbé Boulay. *Paris, F. Savy; Saint-Dié, T. Freisz*, 1872. XII-880 pages, in-8°. Demi-rel.

8462. BUC'HOZ. Traité historique des plantes qui croissent dans la Lorraine et les Trois-Évêchés, contenant leur nom, l'endroit où elles croissent, leur culture, leur analyse, et leurs propriétés, tant pour la médecine, que pour les arts et métiers ; par M. P.-J. Buc'hoz, avocat au Parlement de Metz, docteur en philosophie et en médecine. *Nancy, P. Messin*, 1762-1770. 10 tomes reliés en 7 volumes, in-12. Veau. Les figures, reliées à part, forment un album de 200 planches, in-4°. Demi-rel.

8463. BUC'HOZ. Tournefortius Lotharingiae, ou catalogue des plantes qui croissent dans la Lorraine, et les Trois Évêchés ; rangées suivant le système de Tournefort, avec les endroits où on les trouve le plus communément. Par M. P.-J. Buc'hoz, médecin ordinaire du roi de Pologne. *Paris, Durand ; Nancy, Babin, s. d.* VIII-294 pages, in-12. Rel. veau.

8464. CASPARY. Die Nuphar der Vogesen und des Schwarwaldes. Von Robert Caspary. Mit 2 Tafeln. *Halle, W. Schmidt.* 1870. 92 pages, et 2 pl. in-4°. 1 tableau, in-fol. Br.

8465. CATALOGUS plantarum horti botanici nanceiensis. *Nanceii, Guivard*, 1802. 20 pages, in-8°. Cart.

8466. CATALOGUES des graines récoltées au Jardin des plantes de Nancy (en 1855 et 1856). Recueil in-4°. Cart.

8467. CATALOGUE des plantes du jardin de l'institut agricole de Roville, par M. B., professeur de botanique de l'établissement. *Nancy, Haener*, 1830. 62 pages, in-12. Cart.

8468. CHAPELLIER. Quelques mots sur la botanique des environs d'Épinal, par Chapellier, archiviste de la Société d'émulation des Vosges. Note lue à la Société, le 8 août 1861. *Épinal, Vve Gley, s. d.* 7 pages, in-8°. Br. (Extrait des *Annales de la Société d'émulation des Vosges*.)

8469. CHOULETTE. Synopsis de la flore de Lorraine et d'Alsace, ou description succincte et tableau analytique des plantes phanérogames qui croissent spontanément, ou qui sont le plus généralement cultivées dans l'Est de la France, par S. Choulette, professeur de botanique et de pharmacie à l'hôpital militaire d'instruction de Strasbourg. *Strasbourg, Derivaux*, 1845. 284 pages, in-12. Demi-rel.

8470. DOISY. Essai sur l'histoire naturelle du département de la Meuse. Par C. Doisy,

ancien conservateur du cabinet d'histoire naturelle de Verdun. 1re partie. Flore. *Verdun, Villet-Collignon*, 1835. XLIX-1108 pages, in-18. 2 vol. Demi-rel.

8471. FERRY. Atlas des fougères de la Lorraine et de l'Alsace, par René Ferry, avocat à Saint-Dié, docteur en droit et docteur en médecine. *Saint-Dié, L. Humbert, s. d.* 13 pages, in-8°. 18 planches. Br.

8472. FLICHE. Note sur la flore de l'étage rhétien aux environs de Nancy, par M. Fliche, professeur à l'École forestière. *Nancy, Berger-Levrault et Cie, s. d.* 4 pages, in-8°. Br.

8473. FLICHE. Note sur la présence, dans les Vosges françaises, du Vaccinium Myrtillus L. variété Leucocarpum Dun. ; par M. P. Fliche. *Paris, May et Motteroz*, 1892. 5 pages, in-8°. Br.

8474. FRIREN. Flore adventive du Sablon, ou observations sur quelques plantes récemment introduites aux portes de Metz, par l'abbé A. Friren. 2e article. *Metz, Paul Even*, 1895. 25 pages, in-8°. Br. (Extrait du *Bulletin de la Société d'histoire naturelle de Metz*.)

8475. GODRON. Flore de Lorraine (Meurthe, Moselle, Meuse, Vosges), par le docteur D.-A. Godron, professeur adjoint à l'école secondaire de médecine de Nancy. — Tableaux et premier supplément. *Nancy, Grimblot, Raybois et Cie*, 1843-1844. XXVII-330, 305, 274, 81 et 31 pages, in-12. 3 vol. Demi-rel.

8476. GODRON. Flore de Lorraine, par D.-A. Godron, doyen de la Faculté des sciences de Nancy. Deuxième édition. *Nancy, Grimblot et Vve Raybois*, 1857. XII-504 et 557 pages, in-12. 2 vol. Demi-rel.

8477. GODRON. Flore de Lorraine, par D.-A. Godron, doyen de la Faculté des sciences de Nancy. Troisième édition, publiée par MM. Fliche et G. Le Monnier. *Nancy, N. Grosjean*, 1883. XIX-608 et 506 pages, 2 vol. in-12. Demi-rel.

8478. GODRON. Essai sur la géographie botanique de la Lorraine, par D.-A. Godron, doyen de la Faculté des sciences de Nancy. *Nancy, Vve Raybois*, 1862. 211 pages, in-8°. Demi-rel.

8479. GODRON. De l'établissement d'un jardin de naturalisation à la Pépinière de Nancy, par le Dʳ Godron, directeur de l'École de médecine. *Nancy, Vve Raybois.* 1848. 11 pages, in-8°. Br. (Extrait du *Bon cultivateur.*)

8480. GODRON. Notice historique sur les jardins botaniques de Pont-à-Mousson et de Nancy, par D.-A. Godron, doyen honoraire de la Faculté des sciences de Nancy. *Nancy, Sordoillet,* 1872. 40 pages, in-8°. Plan. Cart.

8481. GODRON. De la végétation du Kaiserstuhl dans ses rapports avec celle des coteaux jurassiques de la Lorraine, par D.-A. Godron, docteur en médecine et docteur ès-sciences, etc. *Nancy, Vve Raybois,* 1864. 30 pages, in-8°. Br. (Extrait des *Mémoires de l'Académie de Stanislas.*)

8482. GALLÉ. Floriculture. Par Émile Gallé. *Nancy, Imp. nancéienne,* 1894. 18 pages, in-8°. Br.

8483. HAILLANT. Flore populaire des Vosges, par N. Haillant, avoué. (Ouvrage couronné par la Société d'horticulture de France.) *Paris, G. Rougier et Cie, s. d.* 220 pages, in-8°. Br. (Extrait du *Journal* de ladite société.)

8484. HANIN. Enumeratio plantarum circa Metas sponte nascentium, quas in continuis fere itineribus collegit... L. Hanin, ad usum lycei Metensis alumnorum. *Metis, Collignon,* 1806. 28 pages, in-4°. Cart.

8485. HARMAND. Description des différentes formes du genre Rubus observées dans le département de Meurthe-et-Moselle. Par J. Harmand. *Auch, impr. G. Foix,* 1887. 66 pages, in-8°. Planches. Br.

8486. HOLANDRE. Nouvelle flore de la Moselle, ou manuel d'herborisation dans les environs de Metz principalement et les autres parties du département. 2ᵉ édition, disposée selon la méthode naturelle de de Candolle, par J.-J.-J. Holandre, ancien bibliothécaire de Metz. *Metz, Verronnais; Paris, Roret,* 1842. LXXVI-946 pages, in-12. 2 vol. Demi-rel.

8487. HUMBERT. Essai monographique sur les roses du bassin de la Moselle, par F. Humbert. *Nancy, Berger-Levrault,* 1877.

40 pages, in-8°. Cart. (Extrait du *Bulletin de la Société des sciences de Nancy.*)

8488. HUSSENOT. Chardons nancéiens, ou prodrome d'un catalogue des plantes de la Lorraine. 1ᵉʳ fascicule. Par le docteur Hussenot, qui n'est rien, etc. *Nancy, Imp. Dard,* 1835. 213 pages, in-8°. Demi-rel.

8489. HUSSON. Champignons comestibles et vénéneux dans l'arrondissement de Toul, par C. Husson. *Nancy, P. Sordoillet,* 1884. 45 pages, in-8°. Br.

8490. KIRSCHLEGER. Statistique de la flore d'Alsace et des Vosges qui font partie de cette province. Par F. Kirschleger, D. M. *Mulhausen, J. Risler,* 1831. 120 pages, in-4°. Cart.

8491. KIRSCHLEGER. Une excursion botanique dans les Hautes-Vosges (14-16 août 1855). *Colmar, Camille Decker, s. d.* 19 pages, in-8°. Cart.

8492. KRÉMER. Monographie des hépatiques de la Moselle, suivie d'une méthode analytique des genres et des espèces. Par J.-P. Krémer, ex-officier de santé militaire, membre de la Société d'histoire naturelle du département de la Moselle, etc. *Metz, Mme Thiel,* 1837. 45 pages, in-8°. Cart.

8493. LEMASSON. Guide du botaniste aux environs de Bruyères, Vosges ; par C. Lemasson, professeur au collège de Bruyères. Préface de Camille Brunotte, professeur agrégé d'histoire naturelle à l'École supérieure de pharmacie de Nancy. *S. l., n. n.,* 1892. (Autographié.) 19 pages, in-4°. Carte. Broché.

8494. MOUGEOT. La flore des Vosges. — Champignons. — Algues. Par le docteur Antoine Mougeot. *Épinal, Imp. Busy,* 1887. 196 et 88 pages, in-8°. Demi-rel. (Extraits de l'ouvrage *Le département des Vosges,* publié par L. Louis.)

8495. MOUGEOT. Considérations générales sur la végétation spontanée du département des Vosges, par M. le docteur Mougeot. *Épinal, Imp. Gley,* 1845. 356 pages, in-8°. Cart. (Extrait de la *Statistique du département des Vosges,* par MM. H. Lepage et Ch. Charton.)

34

8496. PUTON. Le sapin des Vosges. — Étude d'estimation forestière, par A. Puton. *S. l., n. n., n. d.* 20 pages, in-8°. Br.

8497. QUÉLET. Les champignons du Jura et des Vosges, par L. Quélet, docteur en médecine. *Montbéliard, Imp. H. Barbier,* 1872-1875. 424 pages, in-12 ; 128 pages, 24, 5 et 4 pl., in-8°. Br. (Extraits des *Mémoires de la Société d'émulation de Montbéliard.*)

8498. QUÉLET. Champignons observés dans les Vosges..., aux environs de Bruyères et de Saint-Dié, par les docteurs L. Quélet, A. Mougeot et R. Ferry. *Toulouse, H. Montaubin,* 1881. 19 pages, in-8°. Br. (Extrait de la *Revue mycologique.*)

8499. SOYER - WILLEMET. Observations sur certaines espèces d'arenaria, suivies d'une liste de plantes découvertes aux environs de Nancy, par M. Soyer-Willemet. *Paris, Fain,* 1831. 6 pages, in-8°. Demi-rel.

8500. SOYER - WILLEMET. Observations sur quelques plantes de France, suivies du catalogue des plantes vasculaires des environs de Nancy, par H.-F. Soyer-Willemet, bibliothécaire en chef de la ville de Nancy. *Nancy, Bontoux et Grimblot,* 1828. 195 pages, in-8°. Demi-rel.

8501. SUARD. Catalogue des plantes vasculaires du département de la Meurthe, par Suard, pharmacien. *Nancy, J. Troup,* 1843. 46 pages, in-8°. Cart. (Extrait de la *Statistique du département de la Meurthe,* publiée par H. Lepage.)

8502. WILLEMET. Phytographie économique de la Lorraine, ou recherches botaniques sur les plantes utiles dans les arts. Par M. Willemet, doyen des apothicaires... de Nancy. *Nancy, Vve Leclerc,* 1780. iv-142 pages, in-8°. Vignette. Rel. veau, fil., d. sur tr. (*Ex libris* de l'auteur.)

8503. WILLEMET. Phytographie encyclopédique, ou flore de l'ancienne Lorraine et des départemens circonvoisins ; par M. Willemet, professeur d'histoire naturelle et de botanique à l'École centrale du département de la Meurthe, etc. *Nancy, Guivard,* 1805. x-1498 pages, in-8°. 3 vol. Rel. basane.

4° Zoologie.

8504. BENOIT. Les loups dans l'ancien comté de Saarwerden (Alsace) pendant la Révolution, par A. Benoit. *Colmar, Imp. Decker,* 1895. 8 pages, in-8°. Br.

8505. BRIQUEL. Poissons. Époque des pontes des poissons de Meurthe-et-Moselle, par C. Briquel, membre de la Société d'histoire naturelle de la Moselle. *Nancy, Crépin-Leblond,* 1881. 8 pages, in-8°. Br.

8506. BUC'HOZ. Aldrovandus Lotharingiae, ou catalogue des animaux, quadrupèdes, reptiles, oiseaux, poissons, insectes, vermisseaux et coquillages qui habitent la Lorraine et les Trois-Évêchés ; par Pierre-Joseph Buc'hoz, ancien médecin botaniste lorrain. *Paris, Fétil,* 1771. iv-330 pages, in-12. Rel. veau.

8507. CANTENER. Histoire naturelle des lépidoptères rhopalocères ou papillons diurnes des départements des Haut et Bas-Rhin, de la Moselle, de la Meurthe et des Vosges, publiée par L. P. Cantener, avocat. *Paris, Roret et Levrault,* 1834. 166 pages, 30 planches, in-8°. Cart.

8508. FOURNEL. Faune de la Moselle, ou manuel de zoologie contenant la description des animaux libres ou domestiques observés dans le département de la Moselle, par D.-H.-L. Fournel, professeur d'histoire naturelle à Metz. *Metz, Verronnais,* 1836-1840. xiv-512, xx-624 pages, in-12. 2 vol. Demi-rel.

8509. GÉHIN. Notes pour servir à l'histoire des insectes nuisibles à l'agriculture dans le département de la Moselle, par J.-B. Géhin..., membre de la Société entomologique de France. Fascicules 1, 3 et 4. *Metz, Rousseau-Pallez,* 1856-1860. 23, 123 et 24 pages, in-8°. Cart. (Extraits du *Journal de la Société d'horticulture de la Moselle,* du *Bulletin de la Société d'histoire naturelle de la Moselle,* et du *Bulletin des comices.*)

8510. GODRON. Zoologie de la Lorraine ou catalogue des animaux sauvages, observés jusqu'ici dans cette ancienne province, par D.-A. Godron, doyen de la

Faculté des sciences de Nancy. *Paris, J.-B. Baillière ; Nancy, N. Grosjean*, 1863. vi-283 pages, in-8°. Demi-rel.

8511. HAMONVILLE (D'). Les oiseaux de la Lorraine (Meuse, Meurthe, Moselle et Vosges), par le baron L. d'Hamonville. *Nancy, Sidot*, 1895. 100 pages (numérotées 187-287), in-8°. Br. (Extrait des *Mémoires de la Société zoologique de France*.)

8512. HAMONVILLE. L'outarde canepetière en Meurthe-et-Moselle. Par le baron L. d'Hamonville. *Paris, s. n.*, 1892. 2 pages, in-8°. Br. (Extrait du *Bulletin de la Société zoologique de France*.)

8513. HAXO. Considérations sur la constitution physique des habitans des Vosges, par M. le docteur Haxo, secrétaire perpétuel de la Société d'émulation du même département. *Épinal, Gley*, 1847. 11 pages, in-8°. Br. (Extrait de la *Statistique des Vosges*)

8514. HOLANDRE. Faune du département de la Moselle, par J. Holandre, bibliothécaire et conservateur du Musée d'histoire naturelle de Metz. — Animaux vertébrés. — Mollusques. *Metz, Thiel*, 1836. viii-282 et 59 pages, in-12. 2 tomes en 1 vol. Demi-rel.

8515. HOLANDRE. Faune du département de la Moselle et principalement des environs de Metz (ornithologie), par Holandre. *Metz, Verronnais*, 1825. 46 pages, in-8°. cartonné.

8516. HOLANDRE. Notice sur les musaraignes des environs de Metz et sur quelques autres genres d'animaux de ce même pays, par Holandre, bibliothécaire, etc. *Metz, Ch. Dosquet*, 1836. 11 pages, in-8°. Cart.

8517. HOLANDRE. Notice sur plusieurs espèces non décrites de poissons du genre Cyprin, observées dans le département de la Moselle ; communiquée à la Société d'histoire naturelle de Metz le 27 avril 1837, par J. Holandre. *Metz, Ch. Dosquet.* 4 pages, in-8°. Cart.

8518. HOLANDRE. Catalogue des lépidoptères ou papillons, observés et recueillis aux environs de Metz, par Holandre.

Metz, Verronnais, 1849. 24 pages, in-8° Cart. (Extrait des *Travaux de la Société d'histoire naturelle de la Moselle*.)

8519. HOLANDRE. Sur une singulière nourriture de l'hélice des jardins (Helix hortensis), par Holandre. *Metz, Verronnais*, 1849. 4 pages, in-8°. Planche. Cart. (Extrait des *Travaux de la Société d'histoire naturelle de la Moselle*.)

8520. PUTON. Notice sur l'Unio ater de Nilsson, observée dans les Vosges, par E. Puton. *Épinal, Vve Gley*, 1853. 4 pages, in-8°. Cart. (Extrait du *Rapport* de M. le docteur Mougeot à la Société d'émulation...)

8521. REIBER. Catalogue des hémiptères-hétéroptères de l'Alsace et de la Lorraine, par F. Reiber et A. Puton, membres de la Société entomologique de France. *Colmar, C. Decker*, 1876. 40 pages, in-8°. Cart. (Extrait du *Bulletin de la Société d'histoire naturelle de Colmar*.)

8522. REIBER. Catalogue des hémiptères-homoptères (cicadines et psyllides) de l'Alsace et de la Lorraine, et supplément au catalogue des hémiptères-hétéroptères, par Ferd. Reiber et A. Puton, membres de la Société entomologique de France. *Colmar, Vve Camille Decker*, 1880. 32 pages, in-8°. Br. (Extrait du *Bulletin de la Société d'histoire naturelle de Colmar*.)

C. Sciences médicales.

1° Médecine et chirurgie. — Médecine vétérinaire.

(Pour la plupart des eaux minérales particulières, voir : Histoire des localités.)

8523. ANCELON. Mémoire sur les fièvres typhoïdes périodiquement développées par les émanations de l'étang de Lindre-Basse, par E.-A. Ancelon, docteur en médecine, membre correspondant de la Société de médecine de Nancy, etc. *Nancy, Grimblot et Vve Raybois*, 1847. 73 pages, in-8°. Cart.

8524. ANCELON. Le choléra-morbus épidémique à Château-Voué (Meurthe). Par

E.-A. Ancelon, docteur en médecine, etc... *Dieuze, Imp. Mainbourg*, 1850. 39 pages, in-8°. Cart.

8525. ANCELON. Sur la constitution épidémique actuelle, 1852-1853. Par E.-A. Ancelon, docteur en médecine, médecin en chef de l'hôpital de Dieuze, etc. *Dieuze, Mainbourg*, 1853. 16 pages, in-8°. Cart. (Extrait de la *Gazette des hôpitaux*.)

8526. ANCELON. Pathogénie comparée des endémies et des enzooties produites par les marais de la Seille (Meurthe), par M. le docteur Ancelon. *Paris, V. Masson*, 1858. 27 pages, in-8°. Br. (Extrait de la *Gazette hebdomadaire de médecine*, etc.)

8527. ANCELON. Mémoire sur les causes du goître et du crétinisme endémiques à Rosières-aux-Salines. Lu en séance publique du congrès scientifique. Session de 1850. *Nancy, Grimblot et Vve Raybois*, 1850. 24 pages, in-8°. Br.

8528. ANCELON. De Marsal à Bordeaux. Par M. le docteur E.-A. Ancelon. *Nancy, A. Lepage*, 1862. 17 pages, in-8°. Br.

8529. ARCHAMBAULT. Rapport à M. le préfet de la Meurthe, sur le service médical de l'asile d'aliénés de Maréville, pendant l'année 1842 ; par le docteur Archambault, médecin en chef de l'établissement, etc... *Nancy, Raybois et Cie*, 1843. 18 pages, in-8°. Cart.

8530. BAGARD. Mémoire et consultation de monsieur Bagard, premier médecin ordinaire du Roi, touchant la maladie des chevaux et des bœufs pendant l'année 1742. *Nancy, P. Antoine*, (1742). 7 pages, in-4°. Br.

8531. BAGARD. Discours sur l'épidémie de petite vérole qui régna en Lorraine en 1759 et 1760. Par Bagard, président du Collège royal (des médecins de Nancy). *Nancy, Pierre Antoine*, 1760. 12 pages, in-12. Br.

8532. BAILLY. De l'avenir des établissements d'eaux minérales dans les Vosges, par le Dr Bailly. Plombières-Contrexéville et Vittel-Bains et Bussang. L'hydrothérapie à Gérardmer et la cure de petit lait sur les chaumes. Les Hautes-Vosges et les touristes. *Épinal, A. Cabasse*, 1862. 59 pages, in-8°. Br.

8533. BANCEL. Topographie médicale et hygiène de l'arrondissement de Toul, par le Dr Émile Bancel, médecin des épidémies de l'arrondissement, etc. *Toul, A Bastien*, 1866. 84 pages, in-8°. Br.

8534. BANCEL. De la mortalité de la première enfance dans la ville de Toul, et des moyens de la combattre. Société protectrice de l'enfance, crèche. *Toul, T. Lemaire*, 1875. 14 pages, in-8°. Br.

8535. BARDY. Travaux du conseil d'hygiène et de salubrité publique de l'arrondissement de Saint-Dié, pendant la période de 1870 à 1880, par Henri Bardy, pharmacien. *Saint-Dié, L. Humbert*, 1880. 65 pages, in-8°. Br. (Extrait du *Bulletin de la Société philomatique vosgienne*.)

8536. BARDY. Les eaux dans l'arrondissement de Saint-Dié, par H. Bardy. *Colmar, C. Decker*, 1874. 42 pages, in-8°. Br.

8537. BARDY. Note sur la composition chimique de quelques eaux de puits de Raon-l'Étape, par Henri Bardy, pharmacien de 1re classe. *Saint-Dié, L. Humbert*, 1882. 8 pages, in-8°. Br. (Extrait du *Bulletin de la Société philomatique vosgienne*.)

8538. BARDY. L'empoisonnement par les champignons. Observations recueillies à Saint-Dié et dans les Vosges, par Henri Bardy. *Saint-Dié, L. Humbert*, 1883. 19 pages, in-8°. Br. (Extrait du *Bulletin de la Société philomatique vosgienne*.)

8539. BARDY. Les eaux minérales de Saint-Dié. Étude historique et documents scientiques, par H. Bardy. *Saint-Dié, L. Humbert*, 1887. 89 pages, in-8°. Br. (Extrait du *Bulletin de la Société philomatique vosgienne*.)

8540. BÉGIN. Lettres sur l'histoire médicale du Nord-Est de la France. — Lorraine et Barrois. — Province des Trois-Évéchés. etc... Par Émile Bégin. *Metz, S. Lamort*, 1840. 134 pages, 9 pl. in-8°. Cart.

8541. BÉGIN. Lettres sur quelques phlegmasies muqueuses épidémiques qui ont régné depuis deux siècles dans le Nord-Est de la France, à M. Littré, membre de l'Institut. — Nécrologie. Discours prononcé à la Société des sciences médicales du département de la Moselle, par E.-A. Bégin. *Metz, Verronnais,* 1841. 88 et 19 pages, in-8°. Cart.

8542. BENOIT. Une initiative vosgienne à Saint-Dié à la fin du XVIII° siècle. Les cures par l'électricité (1782-1787), par A. Benoit. *Saint-Dié, L. Humbert,* 1888. 13 pages, in-8°. Br. (Extrait du *Bulletin de la Société philomatique vosgienne.*)

8543. BERTINI. Sul manicomio di Mareville presso Nancy lettera del dottore B. Bertini, membro della Camera dei deputati. *Torino, s. n.,* 1850. 5 pages, in-12. Br.

8544. BLONDLOT. Rapport par M. le docteur Blondlot, membre du conseil central d'hygiène du département de Meurthe-et-Moselle, au sujet de la pétition concernant l'établissement d'une fabrique de ferrocyanure de potassium sur le territoire de Laneuveville-devant-Nancy. *Nancy, N. Collin,* (1871). 15 pages, in-8°. Cart.

8545. BONNET. Asile de Maréville. Rapport médical sur le service de la division des hommes, par le docteur Henry Bonnet. *Nancy, Vve Raybois,* 1863. 72 pages, in-8°. Br.

8546. BRACONNIER. Mémoire sur les sources sulfatées calciques du trias en Lorraine, par M.-A. Braconnier, ingénieur au corps des mines. *Épinal, V. Collot,* (1879). 9 pages, un tableau et deux figures, in-8°. Br. (Extrait des *Annales de la Société d'émulation des Vosges.*)

8547. BRAULT. Topographie physique et médicale de Metz et de ses environs ; par J.-Ch. Brault, D. M. P., pharmacien-major breveté, démonstrateur à l'hôpital militaire d'instruction de Metz. *Paris, Mme Huzard,* 1827. 259 pages, in-8°. Demi-rel.

8548. BULARD. Asile de Maréville. Rapport médical sur le service de la division des femmes pour l'année 1870, par le docteur J. Bulard. *Nancy, Sordoillet et fils,* 1871. 96 pages, in-8°. Br.

8549. BUVIGNIER. Recherches historiques sur les maladies épidémiques et contagieuses qui ont régné dans le Verdunois, par Charles Buvignier. *Verdun, Imp. Laurent,* 1853. 82 pages, in-8°. Cart.

8550. CARRON DU VILLARDS. Compte-rendu de cent quatre-vingt-cinq opérations de strabisme, pratiquées à Nancy, par C.-J.-F. Carron du Villards, docteur-médecin, oculiste et directeur de l'Institut ophthalmique de Paris, etc. ; recueillies et observées par L. Paul, D. M. *Metz, S. Lamort,* 1842. 14 pages, in-8°. Demi-rel.

8551. CHAMPION. Relation historique et médicale des accidens causés par un loup enragé, dans la ville de Bar-sur-Ornain ; par L. Champion, chirurgien en chef du dépôt de mendicité de la Meuse, etc., présentée et lue à l'Institut de France, le 6 septembre 1813. *Paris, Migneret,* 1813. 43 pages, in-8°. Demi-rel. (Extrait du *Journal de médecine, chirurgie et pharmacie,* etc.)

8552. DAVILLER. Notice sur les eaux thermales et en particulier sur celles de Plombières, par le D^r Ch. Daviller. *Nancy, Berger-Levrault,* 1874. 36 pages, in-8°. Br.

8553. DEMANGEON. Notice statistique sur le régime hygiénique des habitans des Vosges, par J.-B. Demangeon, docteur en philosophie et en médecine. *Mirecourt, Humbert,* 1837. 71 pages, in-8°. Cart.

8554. DESCRIPTION et traitement de la maladie qui règne cette année sur les bêtes à cornes, etc., dans la province de Lorraine... *Nancy, Vve Leclerc,* 1779. 15 pages, petit in-8°. Br.

8555. DIDELOT. Lettre à messieurs les président, doyen et docteurs du collège royal de médecine de Nancy, sur la cause de l'épidémie de l'année 1771, sa nature, son traitement et les moyens de s'en préserver. Par M. Didelot, maître en chirurgie, etc... *Bruyères, Imp. Vve Vivot,* 1771. 111 pages, in-12. Demi-rel.

8556. DIDION. Histoire des épidémies qui ont régné dans le département de la Moselle, depuis 1821 jusqu'à 1871. Par le docteur Jules Didion, médecin honoraire des hôpitaux civils de Metz, etc... *Nancy, Imp. Berger-Levrault et Cie,* 1884. 38 pages, in-8°. Br.

8557. EAUX (Des) minérales de la montagne de Mousson en Lorraine. Avec un discours de leur nature et qualitez bienfaisantes.

Et une courte direction du régime qu'il faut garder en les beuvant. *Pont-à-Mousson, Fr. Maret, s. d.* 41 pages, in-8°. Cart.

8558. FOURNIER. Une épidémie au xviiᵉ siècle. — La peste à Rambervillers, 1610. — Annexion de Rambervillers à la Lorraine (1718), par le Dʳ A. Fournier. *Rambervillers, Ch. Méjeat,* 1878. 16 pages, in-8°. Br. (Extrait du *Bulletin de la Société philomatique vosgienne.*)

8559. (GEOFFROY.) Compte-rendu des cures faites à l'institut hydropathique de Pont-à-Mousson (Meurthe), pendant le premier trimestre 1842. (Par Geoffroy.) *Pont-à-Mousson, Simon,* (1842). 16 pages, in-8°. Cart.

8560. GIRAUD. L'asile de Maréville, son état sanitaire et son régime alimentaire, par J. Giraud. *Nancy, Berger-Levrault,* 1880. 27 pages, in-8°. Br. (Extrait de la *Revue médicale de l'Est.*)

8561. GRELLOIS. Histoire médicale du blocus de Metz, par E. Grellois. *Paris, J.-B. Baillière,* 1872. 407 pages, in-8°. Une planche. Demi-rel.

8562. GROUVELLE. Lettre à monsieur Émile Bouchotte, maire de la ville de Metz, sur les améliorations à introduire dans les hôpitaux et les prisons du département. Par M. Ph. Grouvelle, ingénieur civil. *Paris, Malher et Cie,* 1830. 31 pages, in-8°. Cart.

8563. HARMANT. Mémoire sur les funestes effets du charbon allumé, avec le détail des cures et des observations faites à Nancy sur le même sujet. Par M. Harmant, conseiller-médecin ordinaire de feue S. M. le Roi de Pologne, duc de Lorraine et de Bar. *Nancy, Imp. Scolastique Baltazard,* 1775. 80 pages, in-8°. Cart.

8564. HAXO. Réflexions adressées au conseil général sur le mode de propagation de la vaccine... dans le département des Vosges, par M. le Dʳ Haxo. *S. l., n. n., n. d.* 11 pages, in-8°. Demi-rel.

8565. HUMBERT. Hygiène et salubrité, par Lucien Humbert. *Nancy, Hinzelin,* 1884. 22 pages, in-8°. Br.

8566. HUSSON. Lois principales du mouvement de la population dans la ville et dans l'arrondissement de Toul, par Husson, pharmacien, etc... *Pont-à-Mousson, P. Toussaint,* 1861. 106 pages, in-8°. Br.

8567. HUSSON. Empoisonnement par les champignons à Essey-lès-Nancy et au Pont-d'Essey en septembre 1884, par C. Husson. *Nancy, P. Sordoillet,* 1885. 19 pages, in-8°. Br.

8568. HUSSON. Toul et Florac comparés au point de vue de l'hygiène, et considérations sur la meilleure marche à suivre pour la confection des statistiques d'hygiène, par Husson, pharmacien. *Nancy, A. Lepage,* 1856. 165 pages, in-8°. Demi-rel. (Extrait des *Mémoires du conseil d'hygiène de la Meurthe.*)

8569. INSTRUCTION sur la propagation de la vaccine, à l'usage des maires et vaccinateurs du département de la Meurthe, rédigée en 1820 par le comité central de vaccine du même département. *Nancy, Bontoux,* (1820). 26 pages, in-8°. Br.

8570. ISNARD... Revue rétrospective des cas judiciaires qui ont nécessité l'intervention des médecins dans l'arrondissement de Metz, par MM. Isnard et S. Dieu, docteurs en médecine de la Faculté de Paris, professeurs à l'hôpital militaire d'instruction de Metz, membres de la Société des sciences médicales de la Moselle. *Paris, V. Masson,* 1847. 119 pages, in-8°. Demi-rel.

8571. JACQUEMIN. Analyse des eaux minérales de Martigny-les-Bains (Vosges), par E. Jacquemin, professeur de chimie à l'École supérieure de pharmacie. *Paris, G. Masson,* 1872. 64 pages, in-8°. Br.

8572. JACQUOT. Essai de topographie physique et médicale du canton de Gérardmer, département des Vosges, précédé d'une notice historique... Par J.-B. Jacquot, officier de santé à Gérardmer. (Thèse de doctorat soutenue à la Faculté de médecine de Strasbourg, le 18 mars 1826.) *Strasbourg, F.-G. Levrault, s. d.* 47 pages, in-4°. Cart.

8573. JOURNAL de médecine du département de la Meurthe. *Nancy, F. Bachot,* 1825-1826. v-379, 380 et 382 pages, in-8°. 3 vol. Cart.

8574. LALLEMENT. A propos de l'épidémie régnante à Nancy. Question d'hygiène municipale, par le D^r Ed. Lallement. *Nancy, Imprimerie nancéienne*, 1882. 15 pages, in-8°. Br.

8575. LECLERC. Topographie médicale de l'arrondissement de Toul, département de la Meurthe, ou examen général des causes qui peuvent avoir une influence marquée sur la santé des habitants de cet arrondissement, le caractère de leurs maladies, et le choix des remèdes et des précautions hygiéniques qui leur sont applicables, par N. Leclerc, docteur en médecine, médecin des hospices civil et militaire de la ville de Toul. *Paris, J. Carez*, 1824. 170 pages, in-8°. Demi-rel.

8576. LETTRE d'un citoyen à un curé de Nancy, sur une affaire importante (exercice de la chirurgie par les religieux.) *Nancy, s. n.*, 1758. 36 pages, in-12. Cart.

8577. LEURET. Mémoire sur la dothiénentérite observée à Nancy au commencement de l'année 1828 ; par le Dr Leuret, membre de la Société royale des sciences, lettres et arts de Nancy, etc... *S. l., Impr. Migneret*, s. d. 33 pages, in-8°. Cart.

8578. MAMELET. Notice sur les propriétés physiques, chimiques et médicinales des eaux de Contrexéville (Vosges). Par A. Mamelet, ancien chirurgien militaire, etc... *Paris, Mme Auger Méquignon*, 1829. IV-115 pages, in-8°. Demi-rel. Voy. n° 1913.

8579. MANDEL. Analyse d'une eau minérale nouvellement découverte dans la ville de Nancy, adressée à messieurs du collège royal de médecine, par F. Mandel. *Nancy, J.-J. Haener*, 1772. 21 pages, in-18. Rel. veau. Voy. n° 8593.

8580. MANDEL. Réponse aux « Observations sur l'analyse d'une eau nouvellement découverte dans la ville de Nancy », adressée à l'auteur, par F. Mandel. *Nancy, J.-J. Haener*, 1772. 23 pages, in-18. Rel. veau.

8581. MANGIN. Mémoire sur l'inoculation de la petite vérole, par Mangin, docteur en médecine. *Metz, Joseph Antoine*, 1769. 46 pages, in-8°. Cart.

8582. MARÉCHAL. Tableau historique, chronologique et médical des maladies endémiques, épidémiques et contagieuses, qui ont régné à Metz et dans le pays messin, depuis les temps les plus reculés jusqu'à nos jours, par le Dr Félix Maréchal, médecin des hôpitaux civils de Metz, etc... *Metz, Imp. Verronnais*, 1850. 352 pages, in-8°. Demi-rel.

8583. MARQUET. Observations sur la guérison de plusieurs maladies notables, aiguës et chroniques, auxquelles on a joint l'histoire de quelques maladies arrivées à Nancy, et dans les environs, avec la méthode employée pour les guérir ; par M. F.-N. Marquet, ancien médecin de la Cour de Lorraine, médecin consultant de l'Hôtel-de-ville, et doyen des médecins de Nancy. *Paris, Briasson*, 1750. VI-385 pages, in-12. Rel. veau.

8584. MARTINET. Journal physico-médical des eaux de Plombières, pour l'an V de la République, par J.-F. Martinet, médecin des eaux et de l'hôpital de Plombières, etc. *Remiremont, E. Dubiez, An VI*. 64 pages, in-8°. Br.

8585. MAUD'HEUX. Notice historique sur les épidémies qui ont régné dans l'Est de la France, par M. Maud'heux, président de la Société d'émulation des Vosges. *Épinal, Vve Gley*, 1854. 57 pages, in-8°. Demi-rel.

8586. MÉMOIRE sur la peste, rédigé par un médecin pensionné de la ville... (Par P.-F. Nicolas ?) *Nancy, L. Beaurain*, 1770. 32 pages, in-8°. Cart.

8587. MESNY. Dissertation pour l'Académie royale des sciences de Nancy, présentée par Barthélemy Mesny, docteur médecin, etc..., où l'on examine la cause des maladies épidémiques qui règnent dans les villages des duchés de Lorraine et de Bar, avec quelques moyens pour les prévenir. *La Haye, Jean Neaulme*, 1758. 60 pages, in-12. Demi-rel.

8588. MICHEL DU TENNETAR. Lettre à M. P..., doct. méd., sur les flux dyssentériques, épidémiques en Lorraine, par M. Michel du Tennetar, conseiller et médecin du roi, etc... *Nancy, Pierre Barbier*, 1777. 43 pages, in-12. Cart.

8589. MOREL. Considérations sur les causes du goître et du crétinisme endémiques à

Rosières-aux-Salines (Meurthe). Par M. Morel, médecin en chef de l'asile public d'aliénés à Maréville (Meurthe). *Nancy, Imp. Vagner*, 1851. 32 pages, in-8°. Demi-rel.

8590. MOREL. Rapport médical sur l'asile de Maréville (Meurthe), par M. Morel, médecin en chef de Maréville. *Paris, Imp. L. Martinet*, s. d. 39 pages, in-8°. Cart.

8591. MORVILLE. Rapport fait à la Société centrale d'agriculture de Nancy, sur la question de l'amélioration du service sanitaire dans les campagnes, par A. de Morville, maire de Mailly. *Nancy, Vve Raybois*, (1851). 6 pages, in-8°. Cart.

8592. NICOLAS. Dissertation chymique sur les eaux minérales de la Lorraine, ouvrage qui a remporté le prix au jugement de MM. de l'Académie des sciences et belles-lettres de Nancy, le 9 mai 1778. Par M. Nicolas, maître ès arts et en pharmacie, etc... *Nancy, Thomas*, 1778. v-116 pages, in-8°. Demi-rel.

8593. NICOLAS. Observations sur l' « Analyse d'une eau minérale nouvellement découverte dans la ville de Nancy », adressées à l'auteur par Pierre-François Nicolas. *Nancy, C.-S. Lamort*, 1772. IV-12 pages, in-12. Rel. veau. Voy. n° 8579.

8594. NICOLAS. Réplique à la réponse aux observations sur l'analyse d'une eau minérale nouvellement découverte dans la ville de Nancy ; par P.-F. Nicolas. *Nancy, C.-S. Lamort*, 1772. 13 pages, in-12. Rel. veau.

8595. NICOLAS. Avis sur l'électricité considérée comme remède dans certaines maladies. Par Nicolas, professeur de chymie à l'Université de Nancy. *Nancy, Lamort*, 1782. 18 pages, in-12. Br. (Extrait du *Journal de Nancy*.)

8596. ORDONNANCE de Son Altesse Royale, portant réglement pour la médecine et la pharmacie. Vérifiée en la Cour souveraine le 18 juin 1708. *Nancy, Paul Barbier*, 1708. 18 pages, in-4°. Rel. veau.

8597. PACQUOTTE. Dissertation sur les eaux minérales de Pont-à-Mousson. Par M. Charles-Guillaume Pacquotte, conseiller-médecin ordinaire de S. A. R. etc... *Nancy, Imp. Jean-Bapt. Cusson*, 1719. 84 pages, in-12. Rel. veau.

8598. PASCAL. Mémoire sur le choléra morbus qui a régné épidémiquement à Metz, et lieux circonvoisins, pendant l'année 1832. Par J.-J. Pascal, docteur en médecine de la Faculté de Paris, etc... *Paris, J.-B. Baillière*, 1836. XI-310 pages, in-8°. Demi-rel.

8599. (PAULET.) Lettre à M. Coste, médecin de Nancy, sur sa traduction des œuvres de Mead, tant louée par M. Roux, le journaliste. (Par Paulet). *Amsterdam, Ruault*, 1775. 48 pages, in-12. Br.

8600. PESCHIER. Notice sur les eaux minérales de Vittel, près Contrexéville (Vosges), par Peschier, docteur en médecine. *Paris, Victor Simon*, 1855. 14 pages, in-8°. Br.

8601. POINCARÉ. La relation de l'épidémie de fièvre typhoïde qui a régné à Nancy en décembre 1881 et en janvier 1882, par L. Poincaré, professeur à la Faculté de médecine. *Paris, Imp. Tolmer*, 1882. 47 pages, in-8°. Br. (Extrait des *Annales d'hygiène publique et de médecine légale*.)

8602. POINCARÉ. Historique de la fièvre typhoïde dans les départements de l'Est, par le professeur Poincaré. Documents recueillis pour le service de l'inspection régionale de l'hygiène publique. *Nancy, Berger-Levrault ; Paris, F. Alcan*, 1891 et 1892. 47 et 93 pages, in-8°. 2 parties en 1 vol. Demi-rel. (Extraits de la *Revue médicale de l'Est*.)

8603. POINCARÉ. Les égouts de Nancy, par le Dr Poincaré. *Paris, G. Masson*, 1889. 55 pages, in-8°. Fig. Br. (Extrait de la *Revue d'hygiène et de police sanitaire*.)

8604. RAPPORTS sur les travaux des conseils d'hygiène publique et de salubrité du département de la Meurthe, etc... *Nancy, Imprimeries diverses*, 1852-1896. 30 vol., in-8°. Demi-rel. Br.

8605. RAPPORTS sur le service médical des circonscriptions rurales dans le département de la Meurthe, etc... *Nancy, Imprimeries diverses*, 1856-1895. 8 vol., in-8°. Cart.

8606. RAPPORT sur les travaux du conseil d'hygiène et de salubrité publique du département de la Meuse, depuis son institution jusqu'au 1er juillet 1853. *Bar-le-Duc, N. Rolin*, 1853. 80 pages, in-8°. Cart.

8607. READ. Histoire de l'esquinancie gangréneuse pétéchiale, qui a régné dans le village de Moivron au mois de novembre 1777. Par M. Read, docteur en médecine, etc... On y a joint un essai sur les affections vaporeuses, et un mémoire sur les bronchocèles endémiques du pays messin, du même auteur. *Metz, Jean-Baptiste Collignon*, 1777. 91 pages, in-12. Cart.

8608. RECUEIL de réglemens et lettres patentes concernant les privilèges de la chirurgie, dans la Lorraine et le Barrois. *Nancy, Claude Leseure*, 1764. 66 pages, in-12. Rel. veau.

8609. RELOGUE. Recherches et observations sur les causes de la maladie épizootique et instructions sur son traitement, par le citoyen Relogue, médecin à Nancy. *S. l., n. n., n. d.* 14 pages, in-8°. Cart.

8610. REVUE médicale de l'Est. 1874-1895. *Nancy, Imprimeries diverses*, 1874-1895. 27 vol. in-8°. Cart.

8611. ROBERT. Notice sur l'eau sulfatée calcique..., de Martigny-les-Bains, près Lamarche (Vosges), par le Dr Aimé Robert. *Strasbourg, G. Silbermann*, 1869. 35 pages, in-12. Carte. Br.

8612. SAUCEROTTE. Topographie médicale de Lunéville et de son arrondissement, ou étude des rapports dans lesquels se trouvent la santé et les maladies des habitans, avec les circonstances physiques environnantes. Par Constant Saucerotte, docteur en médecine de la Faculté de Paris, etc... *Lunéville, Creusat*, 1833. III-131 pages, in-8°. Cart.

8613. SCHACKEN. Notice sur l'épidémie de Velaine-en-Haye, juin-juillet 1832. Traitement du choléra-morbus. Par le docteur Schacken, chirurgien-major de la garde nationale de Nancy. *Nancy, Imp. Bachot*, (1832). 34 pages, in-8°. Cart.

8614. SCHMIT. Un témoin de la peste de 1630 à Château-Salins, par M. J.-A. Schmit. *Nancy, G. Crépin-Leblond*, 1871. 9 pages, in-8°. Fig. Cart.

8615. SERRIÈRES. Rapport du comité de vaccine du département de la Meurthe, au comité central de vaccine, établi près S. Exc. le ministre de l'intérieur, suivi d'une notice sur les mesures prises pour la propagation de la vaccine dans le département, avant la formation des comités. Rédigé et lu dans la séance générale du comité du département, le 3 décembre 1807, par son secrétaire, le docteur Serrières, médecin honoraire de S. M. le roi de Hollande, etc... *Nancy, Imp. Delahaye-Haener et Cie*, (1807). VI-30 pages, in-8°. Demi-rel.

8616. (SERRIÈRES.) Comité de vaccine de Nancy. Procès-verbal de la séance du comité de vaccine du département de la Meurthe, du 20 janvier 1815. (Par Serrières.) *Nancy, Imp. de F. Guivard*, (1815). 8 pages, in-12. Demi-rel.

8617. (SERRIÈRES.) Instruction sur la propagation de la vaccine à l'usage de MM. les maires et vaccinateurs du département de la Meurthe, rédigée en 1820, par le comité central de vaccine du même département, et imprimée par ordre de M. le préfet. *Nancy, Bontoux*, (1820). 26 pages, in-8°. Demi-rel.

8618. SERRIÈRES. Notice historique sur les progrès de la vaccine dans le département de la Meurthe, suivie du rapport de son comité central de vaccine, année 1828, par le docteur Serrières. *Nancy, Imp. Haener et E. Dard*, 1829. 48 pages, in-8°. Demi-rel.

8619. SIMONIN. Esquisse de l'histoire de la médecine et de la chirurgie en Lorraine, depuis les temps anciens jusqu'à la réunion de cette province à la France, par M. J.-B. Simonin, père. *Nancy, Imp. Lepage*, 1858. 103 pages, in-8°. Demi-rel. (Extrait des *Mémoires de la Soc. d'archéol. lorr.*)

8620. SIMONIN. Recherches topographiques et médicales sur Nancy, par J.-B. Simonin, père, directeur honoraire de l'École de médecine de Nancy, etc. *Nancy, Grimblot et Vve Raybois ; Paris, J.-B. Baillière*, 1854. 430 pages, in-8°. Demi-rel.

8621. SIMONIN. De l'emploi de l'éther sulfurique et du chloroforme, à la clinique chirurgicale de Nancy, par E. Simonin, D. M. P., officier de l'Université, etc... *Paris, J.-B. Baillière*, 1849-1879. 4 vol. in-8°. Demi-rel.

8622. THOUVENEL. Traité analytique des fièvres contagieuses et sporadiques, simples et compliquées, qui ont régné dans le département de la Meurthe, vers la fin de 1813 ou au commencement de 1814. Par P.-S. Thouvenel, de Médonville, etc... *Pont-à-Mousson, Thiéry père et fils*, 1814. 51-466 pages, in-8°. Demi-rel.

8623. THOUVENEL. Mémoire chymique et médicinal sur les principes et les vertus des eaux minérales de Contrexéville en Lorraine. Par M. Thouvenel, docteur en médecine de la Faculté de Montpellier. *Nancy, Babin*, 1774. 128 pages, in-12. Demi-rel.

8624. TISSOT. Recherches topographiques et médico-militaires, faites dans les quartiers de cavalerie établis à Neufchâteau (Vosges) et à Vassy (Haute-Marne) en 1784, 1785, 1786 et 1787, par M. Tissot, maître-ès-arts de l'Université de Paris, docteur en médecine, etc. *Paris, Mᵐᵉ Huzard*, 1825. 42 pages, in-8°. Demi-rel. (Extrait du *Recueil périodique des Mémoires de médecine, de chirurgie et de pharmacie militaires*.)

8625. TISSOT. Topographie médicale de Neufchâteau en Lorraine, par M. Tissot, docteur en médecine, correspondant de la Société royale de médecine, etc. *S. l., n. n.*, 1788. 134 pages, in-8°. Cart. (Extrait du *Journal de médecine, chirurgie et pharmacie militaires*.)

8626. TOUSSAINT. Description du choléra-morbus épidémique qui s'est manifesté dans les villes de Saint-Nicolas et de Rosières, et dans les communes de Tonnoy, Burthecourt, Lupcourt, Gérardcourt, Dombasle, Art-sur-Meurthe, Bosserville, Haraucourt, Lenoncourt et Laneuveville ; suivie de considérations topographiques sur ces communes. Par F. Toussaint, docteur en médecine, etc... *St-Nicolas, Imp. Prosper Trénel*, 1835. 119 pages, in-8°. Cart.

8627. TOUSSAINT. Description d'une gastro-entérite épidémique qui s'est développée dans la ville de Saint-Nicolas pendant les mois de juillet et août 1826, par M. Toussaint, docteur en médecine, etc... *Nancy, F. Bachot*, 1826. 44 pages, in-8°. Cart.

8628. TRIBOUT. Mémoire sur le traitement des maladies épizootiques les plus communes dans le département de la Moselle, et sur les prairies naturelles et artificielles. Par C. Tribout, artiste vétérinaire et membre de la Société d'agriculture du département de la Moselle. *Metz, Imp. B. Antoine*, 1807. 111-82 pages, in-12. Cart.

8629. TURCK. De l'emploi de l'eau dans le traitement de plusieurs maladies graves, suivi de quelques cures remarquables obtenues à l'aide des bains de Plombières, par Léopold Turck. *Remiremont, Ant. Dubiez, s. d.* 30 pages, in-8°. Br.

8630. TURCK. Précis du mode d'action des eaux minérales de Plombières dans le traitement des maladies chroniques. Par Léopold Turck, médecin à Plombières. *Nancy, Bachot ; Plombières, H. Hérissé*, 1828. 72 pages, in-8°. Br.

8631. TURCK. Du mode d'action des eaux minéro-thermales de Plombières, par Léopold Turck, docteur-médecin... 2°, 3° et 4° éditions. *Plombières, Hérissé ; Paris, Baillère*, 1847. xxii-190, xxxii-216 et xl-282 pages, in-8°. 2 vol. cart. et demi-rel.

8632. VALENTIN. Résultats de l'inoculation de la vaccine dans les départements de la Meurthe, de la Meuse, des Vosges et du Haut-Rhin. Précédés d'un discours préliminaire, et suivis de ceux de la vaccination sur divers animaux. Par Louis Valentin, docteur en médecine, etc... *Nancy, Haener et Delahaye*, 1802. 96 pages, in-8°. Demi-rel.

2° Pharmacie.

8633. HUSSON. Histoire des pharmaciens de Lorraine, par C. Husson (de Toul), président de la Société de pharmacie de Lorraine, etc. *Nancy, P. Sordoillet*, 1882. 32 pages, in-8°. Br. (Extrait du compte rendu de la *Société de pharmacie de Lorraine*.)

8634. REGLEMENTS et statuts des Ms apotiquairs de Nancy. *Nancy, Claude et Charles les Charlot*, 1670. 25 pages, in-4°. Rel. veau. Voy. n° 8596.

8635. RÉGLEMENS et statuts des maîtres apotiquaires de Nancy. *Nancy, Vve Lechesne*, 1754. 33 pages, in-4°. Br.

8636. ARTICLES et réglement pour les apoticaires de la ville de Metz. *Metz, Joseph Antoine*, 1758. 12 pages, in-4°. Br.

8637. TAXA seu pretium medicamentorum pharmacopeorum civitatis nanceianæ. *Nancy, Charles Charlot, et Nicolas Charlot*, 1683. 15 pages, in-4°. Rel. veau.

8638. LISTE des drogues et médicamens, que les apoticaires de Lorraine et Barrois doivent tenir dans leurs boutiques. Avec le tarif approuvé de leur juste prix, auquel chaque apoticaire est tenu de se conformer, etc. *Nancy, Paul Barbier*, (1708). 49 pages, in-4°. Rel. veau.

8639. CATALOGUE et tarif des drogues simples officinales, medicamens composés galéniques et préparations chymiques que tous les pharmaciens ou apoticaires de Lorraine et Barrois, doivent tenir dans leurs pharmacies. *Nancy, René et Nicolas les Charlot*, 1730. 41 pages, in-4°. Br.

8640. CATALOGUE et tarif des médicamens ... qui doivent se trouver chez les apoticaires de Nancy ... *Nancy, P. Antoine*, 1752. 33 pages, in-4°. Br.

8641. MANDEL. Codex medicamentarius seu pharmacopœa nanceiana, in lucem edita Francisco Mandel, pharmaciæ... professore. *Nanceii, Vigneulle, s. d.* LXXXVI-312 pages, in-8°. Rel. veau.

8642. DORVEAUX. Inventaire de la pharmacie de l'hôpital St-Nicolas de Metz, (25 juin 1509), publié pour la première fois par le Dr Paul Dorveaux, bibliothécaire de l'École supérieure de pharmacie de Paris, avec une préface de M. Lorédan Larchey. *Paris, Welter; Nancy, Sidot*, 1894. 73 pages, in-8°. Br.

8643. GRANDEAU. Méthode générale d'analyse des eaux. Recherches sur la nature et la composition de l'eau minérale de Pont-à-Mousson..., fontaine Rouge, par Louis Grandeau. (Thèse de pharmacie.) *Paris, Mallet-Bachelier*, 1860. 30 pages, in-4°. Br.

8644. MANDEL. Instruction sur les vertus de la boule d'acier de Nancy du sr Mandel, les cures opérées par ce spécifique, et les moyens de s'en servir, publiée par lui-même. *S. l., n. n.*, 1805. 77 pages, in-8°. Broché.

II. BEAUX-ARTS.

A. PEINTURE.

8645. MÉNARD. L'art en Alsace-Lorraine, par René Ménard. *Paris, Ch. Delagrave*, 1876. 558 pages, gr. in-8°. Fig. Demi-rel.

8646. (GANDAR). Notes pour servir à une histoire des arts dans le pays messin, 1825-1852. (Par Eugène Gandar.) *Metz, Imp. S. Lamort*, (1852). 142 pages, gr. in-8°. Demi-rel. (Extrait de *l'Union des Arts.*)

8647. SOCIÉTÉ lorraine des Amis des arts, établie à Nancy, pour les départements de la Meurthe, de la Meuse et des Vosges. — Listes des membres. — Statuts. — Règlements. — Catalogues des expositions de 1833 à 1894. 34 brochures in-8° et in-12. Br. et cart.

8648. RAPPORTS sur l'exposition des beaux-arts et de l'industrie. (Lus à la Société royale des sciences, lettres et arts de Nancy.) Année 1833, par de Caumont. 20 pages. — Année 1838, par P. Laurent. 37 pages. — Année 1843, par Guibal. 46 pages. *Nancy, Hissette, Grimblot, etc.* 3 brochures, in-8°. Cart.

8649. SOCIÉTÉ lorraine de l'Union des arts, fondée à Nancy, le 1er novembre 1848. — Statuts. — Tableau des membres. — Catalogue des ouvrages de peinture, sculpture, etc., exposés à Nancy, au pensionnat Saint-Léopold. — Circulaires. *Nancy et St-Nicolas, Digout, Trénel et Grimblot, etc.*, 1850-1851. 16 et 28 pages, in-8°. Demi-rel.

8650. MEAUME. Tableaux faussement attribués à Jacques Callot, par É. Meaume. *Nancy, Lucien Wiener*, 1878. 37 pages, in-8°. Br. (Extrait des *Mémoires de l'Académie de Stanislas.*)

8651. SCROFANI. Lettera di Saverio Scro-fani, siciliano, corrispondente dell'Istituto di Francia, sopra un quadro di Claudio di Lorena, diretta al chiarissimo cavaliere Ennio Quirino Visconti, membro dello stesso Istituto. *Napoli, dalla fonderia reale...*, 1812. 33 pages, in-8°. Br.

8652. SCROFANI. Lettre de Xavier Scrofani, sicilien, correspondant de l'Institut de France, à M' le chevalier Ennius Quiri-nus Visconti, membre du même Institut, sur un paysage de Claude Lorrain. *Naples, s. n.*, 1812. 32 pages, in-8°. Br.

8653. LUCY. Rapport sur les procédés de peinture inventés par M. Hussenot, par Lucy, Blanc, Bégin, etc. *Metz, S. Lamort*, 1842. 14 pages, in-8°. — Peinture à l'huile en feuilles applicables sur toute espèce de corps, avec un mordant à l'huile ..., par Hussenot. *Paris, Ducessois*, 1843. 4 pages, in-8°. Cart.

8654. DU PUY. Explication du tableau présenté à Son Altesse Royale le jour de la fête de St-Léopold, le 15 novembre 1706, par le s' N. du Puy, son premier peintre. *Nancy, D. Gaydon*, 1706. 8 pages, in-4°. Br.

8655. GERMAIN. Notice sur deux tableaux concernant la famille de Beauveau, par Léon Germain. *Nancy, G. Crépin-Le-blond*, 1890. 2 phototypies et 12 pages, in-4°. Br. (Publication de la *Lorraine artiste.*)

8656. GUYOT. Tableau de Claude Deruet, à l'église paroissiale de Mirecourt, par Ch. Guyot. *Nancy, G. Crépin-Leblond*, 1893. 7 pages, in-8°. Phototypie. Br. (Extrait du *Journal de la Société d'archéologie lorraine.*)

8657. GUYOT. Un tableau de l'église de Poussay (Vosges), par Ch. Guyot ... Observations, par Mgr X. Barbier de Montault. *Nancy, G. Crépin-Leblond*, 1892. 13 pages, in-8°. Fig. Br. (Extrait du *Journal de la Société d'archéologie lorraine.*)

8658. HUILLARD-BRÉOLLES. Notice sur une ancienne peinture historique de la collégiale de Saint-Dié. Par Huillard-Bréolles. *Paris, Imp. Ch. Lahure*, 1862. 18 pages, in-8°. Fig. Br. (Extrait des *Mémoires de la Société impériale des Antiquaires de France.*)

8659. CATALOGUE des tableaux et statues exposés au musée de Nancy. *Nancy, His-sette*, 1825. 23 pages, in-12. Demi-rel.

8660. NOTICE des objets d'art exposés au musée de Nancy. *Nancy, Hinzelin*, 1845. 86 pages, in-12. Cart.

8661. NOTICE des tableaux, dessins, gravures, statues et bas-reliefs exposés au musée de Nancy. *Nancy, Vve Nicolas*, 1866. 142 pages, in-12. Br. — Même *Notice*, édition de *St-Nicolas et Nancy, N. Collin*, 1875. 164 pages, in-12. Demi-rel.

8662. MIGETTE. Musées de la ville de Metz. Catalogue des tableaux et des sculptures, rédigé par M. A. Migette. *Metz, Imp. J. Verronnais*, 1876. XXIV-148 pages, in-12. Demi-rel.

8663. CATALOGUE de l'exposition des beaux-arts ouverte à Metz le 5 septembre 1837. *Metz, Dupuy, s. d.* 14 pages, petit in-8°. Cart.

8664. REVUE rapide de l'exposition de peinture au musée de Metz, en 1846, par un observateur très-peu versé dans la matière. *Metz, Lorette*, 1846. 23 pages, in-8°. Cart. (En vers.)

8665. JACOB. Musée de Bar-le-Duc. Catalogue sommaire ou guide du visiteur dans les différentes salles de cet établissement et dans la galerie des illustrations de la Meuse, par M. A. Jacob, conservateur. *Bar-le-Duc, N. Rolin, Chuquet et Cie*, 1880. 80 pages, in-8°. Br.

8666. MARX. L'art à Nancy en 1882, par Roger Marx, avec une lettre d'Alex. Hepp, et 10 planches hors texte reproduisant des dessins inédits de É. Friant, Jeanniot, C. Martin, Prouvé, Schiff, Sellier, J. et L. Voirin. *Nancy, R. Wiener*, 1883. 119 pages, in-12. Br.

8667. CATALOGUE critique du salon de Nancy, 1886, par E. A. (E. Auguin.) *Nancy, Crépin-Leblond*, 1886. 61 pages, in-12. Br.

8668. GOUTIÈRE-VERNOLLE. La Lorraine au salon. Années 1887 et 1888. *Nancy, J. Royer*, 1887 et 1888. 51 et 56 planches, in-4°. Cart.

8669. TEICHMANN. Nancy-Salon, 1888. Par Henri Teichmann. Avec une préface de M. Maurice Barrès. *Nancy, Imp. G. Crépin-Leblond,* 1888. 87 pages, in-8°. Br.

8670. BADEL. Les arts décoratifs en Lorraine. Exposition de la salle Poirel, juillet 1894. Par Émile Badel. *Nancy, A. Voirin et L. Kreis,* 1894. 56 pages, in-8°. Br.

8671. NOTICE sommaire des tableaux et objets d'art exposés dans les salons de l'Hôtel de ville (de Nancy), au profit des Alsaciens-Lorrains, émigrant en Algérie. — Exposition rétrospective de tableaux, etc. Compte rendu sommaire des travaux de la commission. *Nancy, E. Réau,* 1875. 143 et 34 pages, in-8°. Br.

8672. AUGUIN. Exposition (rétrospective) de Nancy, 1875. Impressions et souvenirs. Par E. Auguin, rédacteur en chef du *Journal de la Meurthe et des Vosges. Nancy, Typogr. G. Crépin-Leblond,* (1875). 464 pages, in-8°. 23 photographies in-4°. 2 vol. Demi-rel.

8673. BRAY. La peinture à l'exposition rétrospective de Nancy. Par A. Bray, rédacteur au *Journal de la Meurthe et des Vosges. Nancy, Typogr. G. Crépin-Leblond,* 1875. IX-308 pages, in-8°. Br.

8674. EXPOSITION rétrospective de Nancy, juillet 1875. Notes de voyage. *Metz, A. Rousseau,* 1875. 19 pages, in-8°. Cart. (Extrait du *Vœu national* des 18, 21 et 23 juillet 1875.)

8675. SALMON. M. Maréchal au salon, par M. Salmon, conseiller honoraire à la Cour de cassation. *Bar, Vve Numa Rollin, Chuquet et Cie, s. d.* 6 pages, in-8°. Br.

8676. LIVET. Rapport de M. Livet, sur les vitraux exposés par MM. Maréchal et Gugnon, le 24 juin 1843. *Metz, S. Lamort,* 1843. 40 pages, in-8°. Cart. (Extrait des *Mémoires de l'Académie royale de Metz.*)

8677. DEMNISE. Analyse des nouveaux vitraux de Saint-Maur, à Lunéville. Par l'abbé Demnise. *Nancy, Vagner,* 1855. 8 pages, in-8°. Cart.

8678. DESCRIPTION de divers objets d'arts dépendant de la succession de feu M. le lieutenant général comte Villatte, décédé à Nancy le 14 mai 1834. Tableaux, sculptures, armes, etc. *Nancy, Vve Hissette,* 1834. 59 pages, in-8°. Cart.

8679. CATALOGUE des tableaux faits par Mme Émile Aurel, née Octavie Paigné. *Metz, S. Lamort,* 1854. 11 pages, in-8°. Br.

8680. GIRARDET (JEAN), né à Nancy. Esquisses diverses. Sujets religieux et mythologiques, etc.; tympan du fronton de la caserne Sainte-Catherine; groupes de l'hémicycle de la Carrière, etc.; le Samaritain, gravé par Collin. 17 pièces.

8681. CATALOGUE illustré des œuvres de C.-A. Sellier (1830-1882), exposées à l'École des Beaux-arts. Notice de Jules Claretie, portrait de F. Gaillard et 9 reproductions d'après les dessins originaux de Sellier. *Paris, Ludovic Baschet,* 1883. 46 pages, in-4°. Br.

8682. SELLIER (CHARLES). Le frère quêteur; la ménagère, gravés par Thiéry. 2 pièces.

8683. MOROT (AIMÉ-NICOLAS), né à Nancy. La bataille de Reischoffen, reproduction en phototypie.

8684. PROUVÉ (VICTOR), né à Nancy. Esquisses et tableaux. Reproductions par la phototypie, etc. 10 pièces.

8685. LAURENT (PAUL), peintre à Nancy. Paysages; portraits; scènes diverses. 11 pièces.

8686. FRIANT. Reproductions, par la phototypie, des principaux tableaux d'É. Friant. 17 pièces.

8687. CATALOGUE de tableaux anciens et modernes, gravures, porcelaines, etc., provenant des collections de MM. de Meixmoron et de Haldat, qui seront vendus à l'enchère le lundi 28 mai, et jours suivants. *Nancy, Vve Raybois,* 1866. 16 pages, in-8°. Cart.

8688. CATALOGUE des tableaux de M. le Forestier, à Nancy. *Nancy, A. Paullet,* 1839. 7 pages, in-8°. Cart.

8689. MICHEL. Du paysage et du sentiment de la nature à notre époque, par Émile Michel. Discours de réception pro-

noncé dans la séance publique de l'Académie de Stanislas, du 11 mai 1876. *Nancy, Berger-Levrault et Cie*, 1876. 27 pages,
in-8°. Br.

8690. ROLLAND. Œuvres de A. Rolland,
publiées par sa famille, avec le concours
de K. Bodmer, Français, J. Laurens, E.
Le Roux, Mouilleron, Vernier, et précédés
d'une notice sur sa vie et d'un catalogue
de ses ouvrages, par E. Gandar. *Metz,
Typog. F. Blanc*, 1863. 17 pages, gr. in-fol.
1 portrait, 1 vignette et 43 planches. Demi-rel.

8691. ROYER (H.), né à Nancy. Paysages,
scènes d'intérieur et de genre. Reproductions par la phototypie. 28 pièces.

8692. HISTORIQUE de la manifestation
franco-russe organisée par le comité lorrain, à l'occasion de la visite de l'escadre
russe en France. Octobre 1893. — Livre
d'or offert par la Lorraine à la Russie.
Nancy, Crépin-Leblond et J. Royer, 1894.
36 pages et 91 planches, gr. in-8°. Étui.

8693. SAVE. Iconographie et légendes ri-
mées de la vie de saint Dié, par Gaston
Save. *Saint-Dié, L. Humbert*, 1895. 41
pages, in-8°. Fig. Br. (Extrait du *Bulletin
de la Société philomatique vosgienne*.)

B. Gravure. — Lithographie. — Phototypie.

*(Dans l'ordre alphabétique des noms des
artistes.)*

8694. APPIER (Hanzelet), né à Haraucourt.
Frontispices ; thèses ; vues de l'Université
de Pont-à-Mousson ; etc. 12 pièces. (Tirages modernes et reproductions.)

8695. FAVIER. Note sur une thèse inédite
de Nicolas-François de Lorraine, ornée
d'une gravure également inédite d'Appier
Hanzelet, par J. Favier. *Nancy, Sidot
frères*, 1894. 6 pages, in-8°. Fig. Br.
(Extrait du *Journal de la Société d'archéologie lorraine*.)

8696. GERMAIN. Tables d'horloges solaires
gravées par Jean Appier Hanzelet, par
Léon Germain. *Nancy, Sidot frères*, 1893.

40 pages, in-8°. Phototypie. Br. (Extrait
des *Mémoires de la Société d'archéologie
Lorraine*.)

8697. BELLANGE (Jacques), né à Nancy.
Estampes diverses : Rois mages ; décolla-
tion de Saint-Jean ; Diane et Orion ; etc.
8 pièces.

8698. BERNHOEFT. Strasbourg, Metz et les
Vosges. 150 vues phototypiques, reproduites d'après nature par Ch. Bernhoeft,
avec le concours du club vosgien. Commentaire du Dr Jean Luthmer, traduit
par Nageldinger. (En allemand et en français.) *Strasbourg, W. Heinrich*, 1894. 38
pages et 150 pl., in-4°. Obl. Demi-rel.

8699. BOUILLÉ (Victor de), dessinateur à
Nancy. Croquis, dessins et lithographies.
7 pièces.

8700. CALLOT (Jacques). Œuvres. Recueil
de pièces montées en album et formant
3 volumes grand in-fol. Demi-rel.

1. Dessins originaux (chevaux et hommes
d'armes) attribués à Callot. Une feuille
de 185 sur 237 millim.
2. Le passage de la Mer rouge. 1er, 2e et
3e états. (N° 1 du *Catalogue des ouvrages
de Callot*, par E. Meaume.)
3. Le Miracle d'Élie. (2.)
4. L'Enfant Jésus. 2e état. (3.)
5. Saint Jean prêchant dans le désert. (4.)
6. Le Massacre des Innocents (1re planche).
1er état. (5.)
7. Le Massacre des Innocents (2e planche).
2e état. (6.)
8. L'Ecce-Homo. 4e état. (7.)
9. Jésus-Christ en Croix. (10.)
10. L'Ensevelissement. (11.)
11. La Passion de Notre Seigneur (*La
Grande Passion*). Suite de 7 estampes,
dont 5 du 1er état et 2 du 2e. (12-18.)
— Une autre suite du 2e état.
12. La Passion de Notre Seigneur (*La
Petite Passion*). Suite de 12 estampes.
(19-30.) — Une autre en double. •
13. Les Mystères de la Passion de Notre
Seigneur et la vie de la Vierge. Suite
de 6 estampes formant 20 compositions.
(31-36.)
14. Le Nouveau Testament. Suite de 11
estampes. 2e état. (37-47.)
15. Les quatre banquets. Suite de 4 estampes. (48-51.)

16. Jésus-Christ au milieu des mesureurs de grains. (52.)

17. La Parabole de l'Enfant prodigue. Suite de 11 morceaux. 2° et 3° états. (53-63.)

18. La sainte Famille à table ou le *Benedicite*. 2 exemplaires du 1er état et 1 du 2°. (65.)

19. La sainte Famille, d'après André del Sarte. 2° état. (66.)

20. La vie de la sainte Vierge. Suite de 14 estampes. 1 exemplaire du 1er état et 1 du 2°. (76-89.)

21. Différents sujets. Suite de 9 estampes. 2° état. (90-98.)

22. Le triomphe de la Vierge. 2° état. (100.)

23. L'apôtre saint Pierre. 2° et 3° états. (101.)

24. Saint Jean dans l'île de Pathmos. 2° état. (102.)

25. Saint Paul. 1er état. (103.)

26. Le Sauveur, la sainte Vierge, les douze apôtres et saint Paul. Suite de 16 estampes. 1 exemplaire du 1er état et un autre du 2°. (104-119.)

27. Le martyre des Apôtres. Suite de 16 estampes. 2 exemplaires. (120-135.)

28. Le martyre de saint Laurent. 2° état. (136.)

29. Le martyre de saint Sébastien. 1er et 2° états. (137.)

30. Tentation de saint Antoine. 3° état. 2 exemplaires. (139.)

31. Saint Nicolas ou saint Séverin. 2° état. (140.)

32. Le miracle de saint Mansuy. 7° état. (141.)

33. Saint François d'Assise. 2° état. 2 exemplaires. (142.)

34. Saint François dans un lis. (143.)

35. L'Arbre de saint François. (145.)

36. Les pénitents et pénitentes. Suite de 6 estampes. (147-152.)

37. Le Purgatoire et l'Enfer. 2° état. (153.)

38. Le petit prêtre. 3° état. (154.)

39. Les martyrs du Japon. 1er et 2° états. (155.)

40. La possédée. 4° état. (156.)

41. Les sept péchés capitaux. Suite de 7 estampes. Divers états. (157-163.)

42. Les sacrifices. (164-166.)

43. Les tableaux de Rome. Suite de 30 estampes. (167-196.)

44. Titre des *Miracles de N.-D. de Bonsecours*. (197.)

45. Titre de la *Sainte Apocatastase*. (198.)

46. Titre du *Règlement des Pénitents blancs*. (199.)

47. Titre des *Règles de la Congrégation de N.-D.* (200.)

48. Titre du *Sacra Cosmologia* par Ruthard. (203.)

49. Estampes décorant les *Saintes antiquités de la Vosge*, par Ruyr. (204-206.)

50. Estampes décorant la vie de la Mère de Dieu, suite de 27 estampes. 2° état. (207-233.)

51. Estampes décorant le livre : *Lux Claustri*. Suite de 27 estampes. 2° état. (234-260.)

52. Estampes décorant le *Scelta d'alcuni miracoli*, par Lottini. Suite de 41 estampes. 3° état. (261-301.) Le titre manque. Cf. *Lottini*.

53. Les images de tous les saints et saintes et des fêtes mobiles de l'année. Suite de 490 estampes, sur 124 planches. Le titre en 2° état ; le frontispice, 5° état ; les fêtes mobiles, 4° état. (302-425.)

54. Titre des *Coutumes de Lorraine*. (426.)

55. Portrait de François de Médicis. 2° état. (429.)

56. Portrait de Cosme II, de Toscane. 2° état. (429 *bis*.)

57. Estampe décorant le poëme *Fiesole distrutta*, par Péri. (432-433.)

58. Estampes décorant le livre : *Il Solimano*, par P. Bonarelli. Suite de 6 estampes. (434-439.)

59. Figures du *Voyage à la Terre-Sainte* par le P. Bernardin. Suite incomplète (24 planches sur 35.) (455-489.)

60. Estampes décorant le *Combat à la barrière*, par H. Humbert. Suite de 11 planches, plus 2 surnuméraires. (490-503.)

61. Portrait de Cl. Deruet. (505.)

62. Louis XIII. 2° état. (507.)

63. Louis de Lorraine, prince de Phalsbourg. (508.)

64. Combat de Veillane. (509.)

65. Siège de Bréda. 6 planches. 3° état. (510.)

66. Siège de la Rochelle, avec quelques morceaux de la bordure. 10 pièces. (511, 512 [3° état], 518, 520, 521.)

67. Siège du fort de Saint-Martin, dans l'île de Ré, avec les bordures. 15 pièces. (522-530, 532.)

68. Débarquement de troupes. 1er état. (533.)

69. Règne de Ferdinand 1er de Médicis. (Suite incomplète, ne comprend que les n°ˢ 535 à 540, 542, 543, 546 à 549.)
70. Le combat des quatre galères du grand duc. Suite de 4 pièces de divers états. (550-553.)
71. La revue. (556.)
72. Les petites misères de la guerre. Suite de 7 pièces. (557-563.)
73. Les grandes misères de la guerre. Suite de 18 pièces. Un exemplaire du 2ᵉ état, et un autre du 3ᵉ. (564-581.)
74. Les exercices militaires. Suite de 13 pièces. 2ᵉ état. (582-594.)
75. Deux combats de cavalerie. 2ᵉ état. (595-596.)
76. Catafalque de l'empereur Mathias. 2ᵉ et 3ᵉ états. (597.)
77. Généalogie de la Maison de Lorraine. 3 planches. (598.)
78. Les monnoies. Suite de 10 planches. (605-614.)
79. La grande thèse. 3ᵉ état. (615.)
80. Le grand rocher. (616.)
81. L'éventail. 2ᵉ état. (617.)
82. Le vaisseau d'artifice. 3ᵉ état. (618.)
83. La Carrière de Nancy. 2ᵉ état. (621.)
84. Parterre de Nancy. 1er et 2ᵉ états (622.)
85. Le jeu de boules. 2ᵉ état. (623.)
86. La grande foire de Florence (2ᵉ planche). 1er état. (625.)
87. Les deux pantalons. (626.)
88. Les trois pantalons. Suite de 3 pièces. (627-629.)
89. Joûtes de Florence. 2 suites, l'une de 3 et l'autre de 5 pièces. (633-640.)
90. Balli ou Cucurucu. Suite de 24 pièces. 1er état. (641-664.)
91. Les supplices. 2ᵉ et 6ᵉ états. (665.)
92. Le brelan. 2ᵉ état. (666.)
93. Les bohémiens. Suite de 4 estampes. 2ᵉ état, en double exemplaire. (667-670.)
94. La dévideuse et la fileuse. 2ᵉ état. (671.)
95. Deux dames de condition. 2ᵉ état. (672.)
96. La noblesse. Suite de douze pièces. 1er état ; en double exemplaire. (673-684.)
97. Les gueux. Suite de 25 estampes. 2ᵉ état. (685-709.)
98. La chasse. 3ᵉ état. (711.)
99. La petite vue de Paris. 3ᵉ état. (712.)
100. Les deux grandes vues de Paris. 2ᵉ état. (713-714.)

101. Les quatre paysages. Le 1er en 2 états. (715-718.)
102. Figures variées. Suite de 17 pièces dont la plupart en plusieurs états. (730-746.)
103. Les bossus ou Gobbi. Suite de 21 pièces. Un exemplaire du 1er et un autre du 2ᵉ état. (747-767.)
104. Les caprices. 2ᵉ planche. Suite de 50 pièces. En double : 1er et 2ᵉ états. (768-867.)
105. Fantaisies. Suite de 14 pièces. 2ᵉ état. (868-881.)

PIÈCES DOUTEUSES

106. Jésus-Christ au Jardin des oliviers. (977.)
107. Martyre de saint Laurent. 2ᵉ état. (1000.)
108. Le prisonnier. (1045.)
109. La rivière. (1046.)
110. Les deux femmes assises. (1096.)
111. Livre de paysages. Suite de 22 pièces. 2ᵉ état. (1098-1120.)
112. Suite de paysages, portant : *Callot in.* 27 pièces. (1121-1139 et 1141-1149.)
113. Suite de paysages anonymes. 14 pièces. (1150-1155, 1157, 1158, 1160, 1162, 1164-1166, 1173 *ter.*)
114. Paysages dessinés à Florence. Suite de 12 pièces. 1er état. (1187-1198.)
115. Paysages. 3 pièces. (1203, 1205, 1207.)
116. Bourgeoises, dans différentes attitudes. 1re suite, 4 pièces ; 2ᵉ suite, 7 pièces. (1209-1219.)

8701. CALLOT. Combat à la barrière, fait en cour de Lorraine le 14 febvrier, en l'année présente 1627. Représenté par les discours et poësie du sieur Henry Humbert. Enrichy des figures du sieur Jacque Callot, et par luy-même. Dédié à madame la duchesse de Chevreuse. *Nancy, S. Philippe*, 1627. 59 pages, in-4° et 11 planches. Rel. parchemin, aux armes de Lorraine. (490-503.)

8702. — Vie de la Mère de Dieu représentée par emblesmes. Vita Beatæ Mariae Vir. Matris Dei emblematib. delineata. Callot fec. *S. l., n. n., n. d.* 27 feuillets renfermant 27 estampes, petit in-4°. Rel. veau. (76-89.)

8703. — Les images de tous les saints et saintes de l'année, suivant le martyrologe romain. Faictes par Jacques Callot, et mises en lumière par Israël Henriet. Dédiées à Monseigneur l'Éminentissime cardinal duc de Richelieu. *Paris, I. Henriet*, 1636. 490 estampes, sur 124 planches, pet. in-fol. Rel. veau. (302-425.)

8704. CALLOT. Il Solimano, tragedia del conte Prospero Bonarelli. *Firenze, Cecconcelli*, 1620. x-164 pages, in-4°. Rel. parchemin. Édition décorée d'une suite de 6 estampes, y compris le titre, gravées par J. Callot. (434-439.)

8705. — Scelta d'alcuni miracoli e grazie della santissima Nunziata di Firenze descritti dal P. F. Gio. Angiolo Lottini, dell' ord. de servi, alla Ser. Christiana di Loreno Gran Duchessa di Toscana. *In Firenze, nella stamperia de Landini*, 1636. x.-225 pages de texte et 41 estampes, pet. in-4°. Rel. mar. r. jans., d. s. tr., dent. int. (261-301.)

8706. — Livre d'esquisses de Jacques Callot, dans la collection Albertine à Vienne, avec cinquante héliogravures en fac-simile et huit vignettes, publié par Moriz Thausing. *Paris, F. Didot; Vienne, H.-O. Miethke*, 1888. 20 pages et 50 pl. gr. in-4°. Cartonné.

8707. CASSE (J.) peintre et professeur à Nancy. — Académies et portraits. 12 pièces.

8708. CHARLES (CLAUDE), né à Nancy. — Dessin, eaux-fortes et gravures. Sujets divers. 10 pièces.

8709. CLAUDOT (JEAN-BAPTISTE-CHARLES), né à Badonviller. — Dessin; groupe de personnages et d'animaux; paysages. 8 pièces.

8710. COLLIGNON (FRANÇOIS), graveur, né à Nancy. — Deux paysages et quatre pièces d'ornements.

8711. COLLIN (fils), graveur, né à Nancy. — Cour souveraine de Lorraine et Barrois; figures pour un bréviaire; ex-libris, etc. 35 pièces.

8712. COLLIN (YVES-DOMINIQUE), graveur et peintre en miniature, par Lucien Wiener, conservateur du Musée lorrain. *Nancy, R. Wiener*, 1885. 7 pages et une planche, in-8°. Br.

8713. DEMBOURG (JEAN), graveur, né à Metz. — Portraits; paysages; gravures satiriques, etc., par Dembourg (fabricant d'estampes), à Metz. 16 pièces. Voy. n° 8810.

8714. DERLANGE (JEAN-NICOLAS), orfèvre à Nancy. — Les quatre heures du jour. Eaux fortes. 4 pièces.

8715. DERUET (CLAUDE), peintre graveur du duc Henri II. — La carrière; le Palais ducal, etc. Voy. le *Triomphe de Charles IV*.

8716. DIGOUT. Portraits; paysages; costumes; scènes historiques; etc. Par Digout, lithographe à Nancy. 46 pièces.

8717. DROUIN. Scènes historiques; paysages; vue de Nancy; etc., par Drouin, lithographe à Nancy. 15 pièces.

8718. DUPUY. Paysages; portraits; figures; etc., par Dupuy, lithographe à Metz. 33 pièces.

8719. FACHOT (le jeune). Vue d'un petit hameau des environs de Framont, en Lorraine. 2 épreuves.

8720. FAGONDE, professeur à Pont-à-Mousson. — Album du paysagiste, composé de seize belles vues de Lorraine, dessinées d'après nature, par Fagonde, en 1848. *Pont-à-Mousson, Élie, s. d.* 16 pages, pet. in-8° obl. Cart.

8721. — Les étapes d'un artiste ou suite de quarante vues et croquis exécutés d'après nature en 1856, par V. Fagonde. *Lithographie artistique de la Lorraine, Haguenthal, éditeur à Pont-à-Mousson*. Album pet. in-4°. Br.

8722. — Vues des stations des chemins de fer de l'Est. Section de Nancy à Metz. Douze vues dessinées d'après nature et lithographiées par V. Fagonde. *Pont-à-Mousson, Haguenthal, s. d.* 13 feuillets, in-4°, oblong. Cart.

8723. — Le carton inédit de V. Fagonde, ou pérégrination dans les Vosges; douze croquis d'après nature. *Pont-à-Mousson, Haguenthal, s. d.* 12 vues, in-4°, oblong. Cart.

8724. FERRAND (fils), dessinateur à Nancy. Galilée; Derniers moments de Milton. 2 pièces.

35

8725. FRANÇOIS. Spectacles des vertus, des arts et des sciences, historiques, poétiques et allégoriques, représentés dans les palais des dieux ; en cinq parties in-folio, taille douce. Dédiés au roy de Pologne, duc de Lorraine. Par François, graveur ordinaire de Sa Majesté. — Palais d'Apollon, 1re partie. *Paris, François ; Nancy, Nicolas ; Lyon, Pariset, s. d.* (1756). 9 pages in-fol., 9 planches. Rel. veau, dent. (Aux armes de Stanislas.)

8726. FRANÇOIS. Études et portraits, gravés par Jean-Charles François, né à Nancy. 7 pièces.

8727. GELÉE. Eaux-fortes de Claude le Lorrain, reproduites et publiées par Amand-Durand, texte par Georges Duplessis. *Paris, Amand-Durand, s. d.* 7 pages et 44 pièces accompagnées de texte explicatif, in-fol. Demi-rel.

8728. — Liber veritatis ; or a collection of prints, after the original designs of Claude le Lorrain ; in the collection of his Grace the duke of Devonshire. Executed by Richard Earlom. *London, Boydell, s. d.* (1839). 17, 10 et 6 pages, 300 planches et 3 portraits, in-fol. 3 vol. Demi-rel. D. s. tr.

8729. — Paysages et marines, gravés d'après Claude Gelée. 12 pièces.

8730. GÉNIOLE, dessinateur, né à Nancy. Les femmes de Paris, et autres sujets. 6 pièces.

8731. GENTIL, de Champigneulles. Études; sujets de dévotion; scènes de cabarets, par E. Gentil. 1 eau forte et 7 lithographies.

8732. GRANDVILLE (J.-J.), né à Nancy.
1. La Caricature. 100 lithographies, en noir et en couleurs.
2. Le Charivari. 38 lithographies.
3. Tribulations de la petite propriété. 11 pièces.
4. Les Métamorphoses du jour. 19 pièces.
5. Grande course au clocher académique. 3 feuilles. Un exemplaire de chaque édition.
6. 16 planches de l'*Association* ou *Souscription mensuelle*.
7. Muséum Dantanorama. 8 portraits.
8. Singeries morales et politiques. 3 planches.

9. Les breuvages de l'homme. 6 pièces.
10. Petits jeux de société. 2 pièces.
11. Voyage du prince Kamchaka, etc. 4 pièces.
12. Mélanges : Prospectus, titres, extraits de journaux et d'ouvrages illustrés par Grandville. 170 pièces de tout format.

8733. GRANDVILLE (Ouvrages illustrés par): Œuvres complètes de P.-J. de Béranger. Édition unique revue par l'auteur. Ornée de 104 vignettes en taille-douce dessinées par les peintres les plus célèbres. (On y a ajouté la suite des illustrations que Grandville a faites pour l'édition de 1836.) *Paris, Perrotin,* 1834. 5 volumes, in-8°. Demi-rel.

8734. — Fiel et miel. Poésies par A. Eude-Dugaillon, rédacteur du *Patriote de la Meurthe et des Vosges. Paris, Paulin ; Nancy, Mlle Gonet,* 1839. VIII-347 pages, in-8°. Fig. de Grandville. Demi-rel.

8735. — Voyages de Gulliver dans les contrées lointaines. Par Swift. Édition illustrée par Grandville. *Paris, H. Fournier aîné,* 1838. LXIX-279 et 319 pages, in-8°. 2 volumes. Demi-rel.

8736. — Voyages de Gulliver dans les contrées lointaines. Par Swift. Traduction nouvelle, illustrée par Grandville. *Paris, H. Fournier,* 1845. XXXII-450 pages, in-8°. Demi-rel.

8737. — Aventures de Robinson Crusoë. Par Daniel de Foë. Traduction nouvelle. Édition illustrée par Grandville. *Paris, H. Fournier aîné,* 1840. 611 pages, in-8°. Demi-rel.

8738. — Fables de La Fontaine. Édition illustrée par J.-J. Grandville. *Paris, H. Fournier,* 1838-1840. XXVIII-292, 310 et 12 pages, in-8°. 3 volumes. Demi-rel. (La Bibliothèque possède les dessins originaux qui ont servi à ces illustrations.)

8739. — Fables de La Fontaine illustrées par Grandville. *Paris, Furne et Cie,* 1842-1843. XXIV-433 et II-486 pages, in-8°. 2 volumes. Demi-rel.

8740. — Fables de S. Lavalette. Illustrées par Grandville. Suivies de poésies diverses, illustrées par Gérard Séguin. *Paris, J. Hetzel et Paulin,* 1841. 228 pages, in-8°. Demi-rel.

8741. GRANDVILLE (Ouvrages illustrés par), suite : Fables de S. Lavalette. Illustrées de nouvelles eaux fortes, par Grandville. Troisième édition. *Paris, J. Hetzel*, 1847. 160 pages, in-8°. Demi-rel.

8742. — Petites misères de la vie humaine, par Old Nick et Grandville. *Paris, Henri Fournier*, 1846. viii-391 pages, in-8°. Demi-rel.

8743. — Scènes de la vie privée et publique des animaux. Par Stahl et autres. Vignettes par Grandville. *Paris, J. Hetzel et Paulin*, 1842. iv-393 et 396 pages, in-8°. 2 volumes. Demi-rel.

8744. — Fables de Florian, illustrées par J.-J. Grandville. Suivies de Tobie et de Ruth, poëmes tirés de l'Écriture sainte et précédés d'une notice sur la vie et les ouvrages de Florian, par P.-J. Stahl. *Paris, J.-J. Dubochet et Cie*, 1843. xvi-292 pages, in-8°. Demi-rel.

8745. — Un autre monde. Transformations, visions, incarnations, ascensions, locomotions, explorations, pérégrinations, excursions, stations, cosmogonies, fantasmagories, rêveries, folâtreries, facéties, lubies, métamorphoses, zoomorphoses, lithomorphoses, métempsycoses, apothéoses et autres choses. Par Grandville. *Paris, H. Fournier*, 1844. 295 pages, gr. in-8°. Demi-rel.

8746. — Cent proverbes par Grandville. *Paris, Henri Fournier*, 1845. 400 pages, in-8°. Demi-rel.

8747. — Jérôme Paturot à la recherche d'une position sociale, par Louis Reybaud. Édition illustrée par J.-J. Grandville. *Paris, J.-J. Dubochet*, 1846. 460 pages, in-8°. Demi-rel.

8748. — Les fleurs animées. Par J.-J. Grandville. *Paris, Gabriel de Gonet*, 1847. 236 pages, gr. in-8°. Demi-rel.

8749. — L'ingénieux don Quichotte de la Manche. Par Miguel de Cervantès Saavedra. Illustré par J.-J. Grandville. *Tours, A. Mame et Cie*, 1848. xxiii-383 et xii-406 pages, in-8°. 2 volumes. Demi-rel.

8750. — Les métamorphoses du jour, par Grandville. Accompagnées d'un texte par MM. Albéric Second, etc... Précédées d'une notice sur Grandvillle, par M. Charles Blanc. *Paris, Gustave Havard*, 1854. xxviii-283 pages, in-8°. Demi-rel.

8751. GUÉRARD (Eugène-Charles-François), né à Nancy. Paysages ; scènes de chasse ; croquis. Gravés sur bois et sur pierre. 16 pièces.

8752. HENRY (G.), né à Lunéville. Église et château de Dombasle ; hôtellerie de la *Croix blanche* ; saint Élophe ; pièces satiriques. *Lith. Christophe à Nancy*. 20 pièces.

8753. ISABEY (Jean-Baptiste), né à Nancy. Portraits divers ; marines. 12 pièces.

8754. VOYAGE en Italie, par J. Isabey, en 1822. Trente dessins lithographiés par lui même, précédés d'une table. *S. l., n. n., n. d.* In-fol. Demi-rel.

8755. JACQUART (Claude), né à Nancy. Arc de triomphe en l'honneur de Charles V, duc de Lorraine ; portrait de saint Jean Népomucène ; croquis divers. 5 pièces.

8756. JACQUEL (Émile). Sujets de genre. *Lith. Christophe.* 5 pièces.

8757. JACQUOT. Vues des Vosges dessinées d'après nature et gravées par Victor Jacquot. *Remiremont, V. Jacquot*, 1874. 17 vues, petit in-4° oblong. Cart.

8758. LAPAIX (Constant), né à Nancy. Ex-libris ; sceaux ; paysages ; copies de gravures anciennes. 20 pièces.

8759. LAURENT (Jean-Antoine), né à Baccarat. L'homme au masque de fer ; Cendrillon ; Galilée ; Cupidon ; portraits. 19 pièces.

8760. LEBORNE (Louis), directeur de l'École de dessin de Nancy. Paysages ; scènes de chasse ; portrait. 9 pièces.

8761. LE CLERC (Sébastien), né à Metz. Œuvres diverses. Album. Demi-rel.
1. Saint Éloy. (N° 9 du *Catalogue* de l'œuvre du maître, dressé par C.-A. Jombert.)
2. Aqueduc de Jouy. (45.)
3. Vie de saint Benoît. 33 pièces. (57.)
4. Portrait du Maréchal de la Ferté. (58.)
5. La thèse de Pont-à-Mousson. (64.)
6. La seconde messe. 17 pièces sur 36. (66.)
7. 3 pièces de l'office de la Vierge. (67.)
8. Destruction de Lustucru. (68.)
9. La Cléopâtre. 12 pièces. (83.)

10. 108 pièces de l' « Histoire sacrée en tableaux. » (93, 94, 116.)

11. 15 pièces de l'« Histoire de l'Empire ottoman. » (97.)

12. Frontispice et 10 pièces de l' « Histoire naturelle des animaux. » (101, 122, 230.)

13. 2 pièces de la « Mesure de la terre. » (102.)

14. 2 pièces du « Recueil de poésies » de le Houx. (103.)

15. 3 pièces du « Livre de paysages. » (107.)

16. 6 pièces pour les « Œuvres de Racine. » (120.)

17. Allégorie pour le canal du Languedoc. (131.)

18. Le labyrinthe de Versailles. 41 pièces. (134.)

19. Aminta. 6 pièces. (143.)

20. Filli di Sciro. 2 pièces. (144.)

21. Arc de triomphe de Louis XIV. (146.)

22. Divers dessins de figures. 19 pièces. (149.)

23. Tivoli. 1 pièce. (158.)

24. La troisième messe. 34 pièces. (162.)

25. Conversations. 1 pièce. (165.)

26. Poème à la louange de Lebrun. 2 pièces. (168.)

27. Une estampe pour feux d'artifices. (175.)

28. Une pièce de l' « Histoire de la Ligue. » (178.)

29. « Dialogue sur l'existence de Dieu. » 4 pièces. (189.)

30. Mai des Gobelins. 3 épreuves. (191.)

31. La grande harpe mystérieuse. (193.)

32. Petits paysages. 36 pièces. (196.)

33. Vignette du « Traité de l'établissement et des prérogatives de l'église de Rome. » (200.)

34. Tombeau de Bonneau de Trassy. (201.)

35. Figures à la mode. 4 pièces. (205.)

36. 2 pièces des « Conquêtes du roi. » (212.)

37. Réception du roi à l'Hôtel de ville de Paris. (213.)

38. Tombeau de M. Berbier du Metz. 2 pièces. (225.)

39. Passion de N.-S. J.-C. 36 pièces. (232.)

40. Apothéose d'Isis. 2 épreuves. (236.)

41. Saint Claude. 4 épreuves. (239.)

42. Vues des faubourgs de Paris. 12 pièces. (244.)

43. Mons assiégée par le roi. (246.)

44. La multiplication des pains dans le désert. (251.) 2 épreuves.

45. Caractères des passions. 20 pièces. (256.)

46. Une pièce des batailles d'Alexandre. (257.)

47. Figures, chevaux, paysages. 90 pièces. (258.)

48. L'Histoire. (260.)

49. L'Académie des sciences. 4 épreuves. (263.)

50. Aubouin apportant des livres au prince. (264.)

51. Vignette pour les œuvres de St Athanase. (265.)

52. La Vierge aux anges. (266.)

53. Deux plafonds. (268.)

54. Petites conquêtes du roi. 8 pièces. (279.)

55. Guérison d'Hyppolite. (281.) Reproduction.

56. L'office des chevaliers du St-Esprit. 9 pièces. (284.)

57. Entrée d'Alexandre dans Babylone. (285.)

58. Histoire de Charles V. 38 pièces. (288.)

59. Habillements grecs et romains. 5 pièces. (291.)

60. Le prophète Élie. (293.)

61. Histoire de la Maison d'Auvergne. 33 pièces. (297.)

62. Procession des chevaliers du St-Esprit. (304.)

63. Chapelle de Versailles. 3 pièces. (306.)

64. Cabinet de M. Le Clerc. (310.)

65. Quatre vignettes de l'« Histoire ecclésiastique. » (311.)

66. Neuf pièces diverses.

8762. LE CLERC (Ouvrages illustrés par Sébastien) : — Labyrinte (sic) de Versailles. Paris, Imp. royale, 1679. 34 et 84 pages, in-8°. 1 vignette et 41 planches. Rel. veau, aux armes de Louis XV. (134.)

8763. — Calendrier des saints, ou figures des vies des saints, pour tous les jours de l'année, gravées d'après Sébastien Le Clerc. Amsterdam, J. Goerée, 1730. 3 titres (en hollandais) gravés, 365 fig., à 2 à la page. In-fol. Rel. veau.

8764. — Vita et miracula sanctissimi Patris Benedicti. Sebastianus Le Clerc f. S. l., n. n., n. d. 39 estampes, petit in-fol. Cart. (57.)

8765. — Pratique de la géométrie sur le papier et sur le terrain, Paris, Th. Joly, 1669. (92.)

8766. LE CLERC (Ouvrages *illustrés* par Sébastien), *suite* : — Histoire de l'état présent de l'empire ottoman, par Ricault, traduit de l'anglais par Briot. *Paris, Mabre-Cramoisy*, 1670. in-4°. (97.)

8767. — L'Art de peinture, traduit en françois par Dufresnoy, avec des remarques (par Roger de Piles). *Paris, Nicolas Langlois*, 1673. In-12. (108.)

8768. — Les dix livres d'architecture de Vitruve, corrigés et traduits nouvellement en françois, par M. Perrault. *Paris, Coignard*, 1673. In-fol. (109.)

8769. — Métamorphoses d'Ovide en rondeaux imprimez et enrichis de figures, par ordre de Sa Majesté et dédiez à Monseigneur le Dauphin. *Paris, Imp. royale*, 1676. In-4°. (129.)

8770. — Les édifices antiques de Rome, par Desgodetz. *Paris, J.-B. Coignard*, 1682. Gr. in-fol. (167.)

8771. — De la sainteté et des devoirs de la vie monastique, par l'abbé de Rancé. *Paris, s. n.*, 1683. 2 vol. in-4°. (179.)

8772. — Oraison funèbre de la reine, par Fléchier. *Paris, s. n.*, 1684. In-4°. (186.)

8773. Oraison funèbre du prince de Condé, par Bourdaloue. *Paris, Cramoisy*, 1684. in-4°. (188.)

8774. — Traité de géométrie, par S. Le Clerc, *Paris, Jean Jombert*, 1690. In-8°. (229.)

8775. — Bibliotheca Telleriana. *Paris, Imp. royale*, 1693. In-fol. (237.)

8776. — Les hommes illustres de Perrault. *Paris, s. n.*, 1696-1700. 2 vol. in-fol. (255.)

8777. — Histoire généalogique de la maison d'Auvergne, par Baluze. *Paris, Dezallier*, 1708. 2 vol. in-fol. (297.)

8778. — Histoire ecclésiastique par l'abbé Fleury. *Paris, s. n.*, 1712. In-4°. (311.)

8779. — La logistique ou aritmétique françoise. Par monsieur Famuel, prêtre, etc... *Metz, François Bouchard*, 1690. 1 vol. in-8°.

8780. — Nouvelle manière de fortification, composée pour la noblesse françoise. Exposée en forme d'éléments et dédiée à monseigneur de Choisy. Par Jean Brioys, ingénieur et géographe ordinaire du roy. *Metz, P. Collignon*, 1666. viii-68 pages, in-4°. Rel. veau. (75.)

8781. MEAUME. Étude bibliographique sur les livres illustrés par Sébastien Le Clerc, par Édouard Meaume. *Paris, L. Téchener*, 1877. 83 pages, in-8°. Br.

8782. MEAUME. Sujets de tapisseries gravés par Sébastien Le Clerc. Exposition des Champs-Élysées de 1876, par M. É. Meaume. *Nancy, E. Réau*, 1877. 9 pages, in-8°. Br. (Extrait des *Mémoires de l'Académie de Metz*.)

8783. CHABERT. Notice sur une planche gravée par Sébastien Le Clerc, par F.-M. Chabert. *Metz, F. Blanc*, 1858. 4 pages, in-8°. Fig. Br. (Extrait des *Mémoires de l'Académie impériale de Metz*.)

8784. LE CLERC (Sébastien) fils. Six pièces: l'Ambition, l'Amour, l'Avarice, la Haine, la Danse, l'Histoire.

8785. MICHEL. Sur le Beethoven de M. A. de Lemud (né à Thionville), par Ém. Michel. *Metz, F. Blanc*, 1865. 18 pages, in-8°. Br. (Extrait des *Mémoires de l'Académie de Metz*.)

8786. LE PRINCE (Jean-Baptiste), né à Metz. Pastorales ; les délices de l'été ; scènes de genre, etc. 13 pièces.

8787. LÉVY (Gustave), né à Toul. Portraits de Racine, de Lamartine, etc. La Vierge aux candélabres. 8 pièces.

8788. LEWICKI (J.). Groupe de portraits ; Revue sur la place Stanislas, etc. 4 pièces.

8789. LIÈVRE (Édouard), né à Blâmont. Révolution de 1848 : A bas Guizot!... ou la mort, etc. 3 pièces.

8790. MALARDOT (Charles-André), né à Metz. 2 paysages.

8791. MANSION, né à Nancy. La guirlande ; le bonnet ; l'écharpe, etc. 6 pièces.

8792. MARC (Jean-Auguste), né à Metz. L'impôt. 1 gravure.

8793. MENESSIER (Dominique-Auguste). Paysages publiés par la Société lorraine des Amis des arts. 4 pièces.

8794. NICOLE (Claude-François). Portrait de C.-H.-L. de Muin ; Jésus-Christ mourant ; l'Ascension de la Vierge d'après Cl. Charles ; plusieurs ex-libris et autres vignettes. 29 pièces.

8795. PENSÉE (Charles-François-Joseph), né à Épinal. Vues diverses d'Orléans et de Rouen. 9 pièces.

8796. PÉRIGNON (Nicolas), né à Nancy. Vue du lac de Genève ; paysages divers. 3 pièces.

8797. PÉRIGNON. Paysages dessinés d'après nature et gravés par N. Pérignon. *Paris, chez l'auteur, s. d.* 36 estampes, petit in-4° oblong. Demi-rel.

8798. PIERRE (Dieudonné), né à Nancy. Portrait de P.-G. de Dumast ; paysages. 5 pièces.

8799. RAIMOND, lithographe. Portrait ; scènes de genre, etc. 6 pièces.

8800. SILVESTRE (Israël), né à Nancy.
  1. Vues de Rome et d'Italie. Suites diverses. 92 pièces.
  2. Paris et ses environs. 53 pièces.
  3. Maison de St-Ouen.
  4. Château de Vaux.
  5. Hôtel de Liancourt. 19 pièces.
  6. Château de St-Germain. 7 pièces.
  7. Château de Fontainebleau. 14 pièces.
  8. Divers paysages. 20 pièces.
  9. Livre de divers paysages. Châteaux de Gaillon, Tanlay, etc. 27 pièces.
  10. Divers paysages de la duché de Bourgogne. 13 pièces.
  11. Vues de Lyon et des environs. 28 pièces.
  12. 50 pièces diverses, hors séries.

8801. — Livre de diverses perspectives et païsages faicts sur le naturel. Par Israël Silvestre. — Diverses vues de Rome et des environs. — Profil de la ville de Nancy, auquel sont jointes les veües et perspectives des portes et lieux plus remarquables des environs d'icelle. — Vues de Bourgogne, de Champagne, etc. — Vues et perspectives nouvelles tirées sur les plus beaux lieux de Paris et des environs. *Paris, Israël Henriet,* 1645-1651. 115 et 146 planches, in-4° obl. 2 vol. Rel. veau.

8802. SILVESTRE (Nicolas-Charles). La fileuse.

8803. SINGRY (Jean-Baptiste), né à Nancy. Portraits de Lafayette, de Chauvelin, etc. 5 pièces.

8804. SPIERRE (François), né à Nancy. L'Assomption de la Vierge ; le Christ dans les nuages, adoré par cinq saints ; saint Jean-Baptiste prêchant dans le désert ; Mars et Minerve. 4 pièces.

8805. THIÉRY (Émile), né à Nancy. Miniatures pour rire ; portraits-charges ; paysages ; revue critique du salon de Nancy (en collaboration avec Grillot); copies ; ex libris, etc., eaux fortes et lithographies. Environ 150 pièces.

8806. THORELLE (J.-J.) de Nancy. Portraits ; scènes d'intérieur ; types de l'asile de Maréville ; dessin du calvaire de Hattonchâtel par L. Richier. 20 pièces.

8807. VALDOR. Les triomphes de Louis le Juste, XIII° du nom, roy de France et de Navarre. Contenans les plus grandes actions où Sa Majesté s'est trouvée en personne, représentées en figures ænigmatiques exposées par un poème héroïque de Charles Beys, et accompagnées de vers françois sous chaque figure, composez par P. de Corneille. — Avec les portraits des rois, princes et généraux d'armées qui ont assisté ou servy ce belliqueux Louis le Juste combattant ; et leurs devises et expositions en forme d'éloges, par Henry Estienne, etc. Ensemble le plan des villes, sièges et batailles, avec un abrégé de la vie de ce grand monarque, par René Barry, etc. Le tout traduit en latin par le R. P. Nicolai, docteur en Sorbonne, etc. — Ouvrage entrepris et finy par Jean Valdor, liégeois, calcographe du Roy. *Paris, A. Estienne,* 1649. 66, 87, 142 et 116 pages in-fol. 24 figures, 35 portraits, 50 cartes ou plans, nombreuses médailles et vignettes. Rel. veau. Voy. n° 4814.

8808. VALLÉE (Alexandre), né à Bar-le-Duc. La sainte famille ; S. Paul. 2 pièces.

8809. VOÏART (Anne-Élisabeth), née à Nancy). 12 gravures (épreuves avant la lettre).

8810. DEMBOUR. Description d'un nouveau procédé de gravure en relief sur cuivre dite ectypographie métallique, inventé par A. Dembour, graveur et lithographe à Metz. *Metz, S. Lamort,* 1834. 17 pages et 6 planches, in-4°. Cart.

8811. STRATEN-PONTHOZ. Les neuf preux, gravure sur bois du quinzième siècle. Fragments de l'Hôtel de Ville de Metz. — Discussions sur cette gravure à la Société d'archéologie de la Moselle et à la Société des Antiquaires de France, précédées d'un avis et accompagnées de notes et d'un appendice, par le comte F. van der Straten-Ponthoz. *Pau, E. Vignancour,* 1864. 56 pages, in-8°. Cart. (V. *Bulletin de la Société d'archéologie et d'histoire de la Moselle,* 1861.)

C. Architecture. — Sculpture.

8812. BOFFRAND. Livre d'architecture contenant les principes généraux de cet art, et les plans, élévations et profils de quelques-uns des bâtiments faits en France (entre autres : Palais de Nancy ; Palais de la Malgrange ; Château de Lunéville ; Château d'Haroué ; Hôtel de Craon, à Nancy). Par le sieur Boffrand, architecte du roy, etc. Ouvrage françois et latin, enrichi de planches en taille douce. *Paris, G. Cavelier,* 1745. iv-100 pages, in-fol. 70 planches. Rel. veau.

8813. HÉRÉ. Recueil des plans, élévations et coupes, tant géométrales qu'en perspective, des châteaux, jardins et dépendances que le roy de Pologne occupe en Lorraine, y compris les bâtiments qu'il a fait élever, ainsi que les changements considérables, les décorations et autres enrichissemens qu'il a fait faire à ceux qui étaient déjà construits. Le tout dirigé et dédié à Sa Majesté, par M. Héré, son premier architecte. *Paris, François, s. d.* (1753). 3 feuillets liminaires, frontispice, dessiné par Girardet, 34, 27 et 17 planches, gr. in-fol. dont plusieurs doubles. A la fin du tome II, le mausolée de la reine de Pologne, dessiné par Eisen ; le titre du tome III, gravé par Choffard, est suivi d'un frontispice dessiné par Girardet. Le tout gravé par J.-C. François, de Nancy. 3 vol. Rel. maroquin rouge, encadr. (Aux armes de Stanislas.)

8814. — LAMOUR. Recueil des ouvrages en serrurerie que Stanislas le Bienfaisant, roy de Pologne, duc de Lorraine et de Bar, a fait poser sur la place royale de Nancy, à la gloire de Louis le Bien-Aimé. Composé et exécuté par Jean Lamour, son serrurier ordinaire ; avec un discours sur l'art de serrurerie et plusieurs autres dessins de son invention. *Nancy, chez l'auteur ; Paris, François, s. d.* 7 feuillets liminaires et 28 planches gravées par Collin, dans un album, gr. in-fol. Cart.

8815. DEVIS des ouvrages de maçonnerie... qu'il convient faire pour la construction d'un nouveau bâtiment... joignant l'ancien château de la Malgrange..., suivant les plans... faits par M. de Boffrand, architecte de Son Altesse Royale... *S. l., n. n., n. d.* 22 pages, in-fol. Br.

8816. GENAY (Ferdinand). Recueil de travaux d'architecture. Profils, façades et plans. Album in-fol. Cart.

8817. MOUGENOT. De l'impuissance architectonique du XIXe siècle, et de la substitution du roman au style prétendu ogival généralement adopté aujourd'hui dans la construction des édifices religieux (à propos de Saint-Epvre). Par Louis Mougenot. *Nancy, A. Lepage,* 1859. 24 pages, in-8°. Cartonné.

8818. HUMBERT. Projet pour l'érection de la statue du général Drouot... et transformation de la Pépinière en Élisée lorrain, par A. Humbert, architecte. *Nancy,* 1852. 7 pages autogr., in-4°. et un plan. Br.

8819. ADAM. Recueil de sculptures antiques, grecques et romaines. *L. S. Adam, l'aîné, de Nancy, inv. et fecit,* 1754. 1 frontispice, 1 table et 62 planches, in-4°. Rel. mar. r., d. s. tr. (Aux armes de Stanislas.)

8820. THIRION. Les Adam et Clodion, par H. Thirion. *Paris, A. Quantin,* 1885. 416 pages, gr. in-8°. Portraits et figures. Demi-rel.

8821. DENYS. Mémoire sur le sépulchre de Saint-Mihiel et sur Richier (Léger ou Ligier) son auteur. Présenté et lu à la Société royale des sciences, etc. d'Orléans, par M. le docteur Denys. *Orléans, Imp. Pagnerre*, 1847. 48 et 16 pages, in-8°. 9 planches. Demi-rel.

8822. DESCRIPTION du sépulcre de Saint-Mihiel, et notice sur Léger Richier, son auteur, publiées par les soins et au profit de la fabrique de l'église Saint-Étienne de la même ville, chargée de la conservation du monument. *Saint-Mihiel, Casner, s. d.* 7 pages, in-8°. Fig. Cart.

8823. LALLEMEND. L'école des Richier, par Marcel Lallemend. *Bar-le-Duc, Comte-Jacquet*, 1887. VI-241 pages, in-8°. Br.

8824. RICHIER (Ligier). Œuvres dessinées par Thorel, N. Rive, etc. 17 pièces.

8825. GERMAIN. Médaillon de Jean Richier, représentant Pierre Joly, procureur général de Metz, mort en 1622, par Léon Germain. *S. l., n. n.*, (1888). 9 pages, in-8°. Br. (Extrait de la *Revue numismatique*.)

8826. GERMAIN. De la collaboration de Ligier Richier au tombeau de Claude de Lorraine, duc de Guise, à Joinville (1550). Par Léon Germain. *Nancy, Crépin-Leblond*, 1885. 7 pages, in-8°. Br. (Extrait du *Journal de la Soc. d'archéol. lorraine*.)

8827. GERMAIN. Les dessins de Jean et de Joseph Richier de la collection Bonnaire. Par Léon Germain. *Nancy, Vagner*, 1893. 16 pages, in-8°. Br.

8828. GERMAIN. Jacob Richier, sculpteur lorrain, d'après une notice récente, par L. Germain. *Nancy, Crépin-Leblond*, 1885. 4 pages, in-8°. Médaillon. Br. (Extrait de *Nancy-Artiste*.)

8829. GERMAIN. La chapelle de Dom Loupvent et les Richier, par L. Germain. *Nancy, G. Crépin-Leblond*, 1886. 12 pages, in-8°. Br.

8830. GERMAIN. L'auteur des statues de la porte Saint-Georges. Par L. Germain. *Nancy, G. Crépin-Leblond*, 1883. 14 pages, in-8°. Br. (Extrait du *Journal de la Meurthe.*)

8831. JACQUOT. Un bas-relief ignoré, par Albert Jacquot. *Paris, E. Plon...*, 1889. 4 pages, grand in-8°. Fig. Br.

8832. LALLEMENT. Les trois bustes lorrains de Nancy (Henri, Léopold, Stanislas). Étude historique et critique par Louis Lallement. *Nancy, A. Voirin*, 1889. 15 pages, gr. in-8°. Trois phototypies. Br.

8833. GUILLAUME. Notice historique et descriptive sur une adoration des bergers, sculpture du XVIIᵉ siècle, transportée de l'église conventuelle des Carmélites de Pont-à-Mousson, en la cathédrale de Toul, par l'abbé Guillaume. *Nancy, Vagner*, 1852. 20 pages, in-8°. Cart. (Extrait du *Bulletin de la Société d'archéologie lorraine.*)

8834. GUILLAUME. Détails sur la décoration de la chapelle ducale, par l'abbé Guillaume. *Nancy, A. Lepage*, 1864. 12 pages, in-8°. Cart. (Extrait des *Mémoires de la Société d'archéologie lorraine.*)

8835. MOREY. Les statuettes dites de terre de Lorraine, avec un exposé de la vie et des œuvres de leurs principaux auteurs : Cyfflé, Sauvage dit Lemire, Guibal et Clodion. Par P. Morey, architecte. *Nancy, G. Crépin-Leblond*, 1871. 45 pages, in-8°. Br. (Extrait des *Mémoires de la Société d'archéologie lorraine.*)

8836. ARBELTIER DE LA BOULLAYE. L'écritoire dite du duc Léopold. Par Arbeltier de la Boullaye. *Troyes, Dufour-Bouquot*, 1894. 10 pages, in-8°. Fig. Br. (Extrait de l'*Annuaire de l'Aube*.)

8837. WIENER. Sur les sculptures en bois attribuées à Bagard, par Lucien Wiener. *Nancy, G. Crépin-Leblond*, 1874. 12 pages, in-8°. Br. (Extrait du *Journal de la Société d'archéologie lorraine*.)

8838. WIENER. Les bois sculptés dits de Bagard, par Lucien Wiener. *Nancy, G. Crépin-Leblond*, 1893. 3 pages, in-8°. Fig. Br. (Extrait de la *Lorraine-Artiste*.)

8839. WIENER. Note sur les sculptures attribuées à l'abbaye de Salival. Par Lucien Wiener. *Nancy, G. Crépin-Leblond*, 1895. 7 pages, in-8°. Br.

8840. BENOIT. Le buste de saint Adelphe, jadis à Neuwiller. Observation sur une notice faite par Mgr X. B. de Montault, par M. A. Benoit (de Berthelming). *Colmar, Vve C. Decker*, 1886. 4 pages, in-8°. Br. (Extrait de la *Revue nouvelle d'Alsace-Lorraine.*)

8841. BENOIT. Dernier mot à un iconographe poitevin à propos de son article sur un buste alsacien, par A. Benoit. *Nancy-Metz, Sidot*, 1886. 11 pages, in-8°. Br.

8842. BENOIT. Une sculpture lorraine à Strasbourg, avant 1870, par A. Benoit. *Colmar, Vve Camille Decker*, 1886. 3 pages, in-8°. Br. (Extrait de la *Revue nouvelle d'Alsace-Lorraine.*)

D. ARTS DIVERS. — JEUX.

8843. APPIER DIT HANZELET. Recueil de plusieurs machines militaires et feux artificiels pour la guerre, et récréation. Avec l'alphabet de Trittemius, par laquelle chacun qui sçait escrire, peut promptement composer congruement en latin. Aussi le moyen d'escrire la nuict à son amy absent. De la diligence de Jean Appier dit Hanzelet, calcographe et de François Thybourel, M° chirurgien. *Pont-à-Mousson, Ch. Marchant*, 1620. vi-88, 39, 24, 112, 11-40 et 64 pages, in-4°. Titre gravé, nombreuses fig. dans le texte. Rel. parchemin.

8844. APPIER DIT HANZELET. La pyrotechnie de Hanzelet lorrain, où sont représentéz les plus rares et plus appreuvéz secrets des machines et des feux artificiels, propres pour assiéger, battre, surprendre et deffendre toutes places. *Pont-à-Mousson, J. et G. Bernard*, 1630. vi-264 pages, in-4°. Titre gravé, nombreuses fig. Rel. veau.

8845. MAIRE. Avis que Pierre Maire, horloger de la Reine, demeurant à Nancy, donne au public, contenant les moyens de régler les montres, tant simple qu'à répétition. *Nancy, François Baltazard*, (1746). 16 pages, in-16. Cart.

8846. DESCRIPTION d'une horloge astronomique; de ses artificiels mouvemens célestes; de son calendrier; de son carillon et d'autres effets mémorables, qui se construit à Lunéville pour la chapelle neuve de Son A. R., de l'invention du s² Noël de Nouve..., liégeois de nation. *S. l., n. n., n. d.* 6 pages, in-4°. Cart.

8847. ÉTIENNE. Notions sur l'horlogerie, pour l'instruction des personnes qui font usage des montres, par J.-P. Etienne, horloger mécanicien. *Nancy, C. Leseure*, 1810. 33 pages, in-16 et une planche. Cart.

8848. GALLÉ. Notice au jury sur sa production, par Émile Gallé. — La céramique. — Le verre. (viii° exposition des arts décoratifs). 8 et 16 pages gr. in-4°, autographiées. (1884). — *Revue des arts décoratifs*, n° de juin 1892 (contenant un article de M. Gallé et deux reproductions de meubles). 28 pages, grand in-4°. — Notice remise au jury (exposition universelle de 1889), sur sa fabrication de verres et cristaux de luxe, par É. Gallé. *Nancy, Imprimerie coopérative de l'Est*, 1889. 24 pages, grand in-4°. — (Autre) notice sur sa fabrication de fayences d'art. *Idem*, 16 pages. — Notes remises au jury sur sa production et catalogue de son envoi. *Idem*, 20 pages. — Sept photographies de meubles sortant de ses ateliers. Liasse gr. in-4°.

8849. LAVOCAT. Recueil de plusieurs pièces mécaniques, inventées et exécutées par Antoine Lavocat..., dédié à S. A. R., le duc Charles Alexandre de Lorraine et de Bar, gouverneur des Pays-Bas Autrichiens. *Nancy, Haener*, 1778. 40 pages, in-8°. Cart.

8850. LALLEMENT. Restitution au roi Stanislas d'un ouvrage anonyme, faussement attribué par les bibliographes au mécanicien Lavocat de Champigneulles..., par Louis Lallement. *Nancy, Berger-Levrault*, 1881. 24 pages, in-8°. Br. (Extrait des *Mémoires de l'Académie de Stanislas*).

8951. VAUTRIN. Cadran à la portée de tout le monde ou moyen de connoître l'heure à l'ombre d'un bâton, par Vautrin, censeur du Lycée impérial de Metz. *Metz, Collignon*, 1812. 15 pages, pet. in-8°. Cartonné.

8852. WIENER. Reliures artistiques, par René Wiener, relieur mosaïste. *Nancy, Royer*, 1894. 31 planches, in-4°. Demi-rel.

8853. IMPRIMERIE (L') Berger-Levrault et Cie. Notice historique sur le développement et l'organisation de la maison. *Nancy et Paris, Berger-Levrault et Cie*, 1878. VIII-56 pages, in-4°. Frontispice et 4 planches. Cart.

8854. FÊTE (Une) de famille à l'imprimerie Berger-Levrault et Cie. Cinquantenaire de M. J. Norberg. *Nancy, Berger-Levrault et Cie*, 1893. 23 pages, 26 planches, in-4° obl. Cart.

8855. ÉPREUVES de caractères de la fonderie typographique de Constantin. Nancy, Meurthe. Années 1809, 1822, 1843, 1853, 1862. 7 volumes, in-8°. Demi-rel. et cart.

8856. JACQUOT. La musique en Lorraine. Étude rétrospective d'après les archives locales, par Albert Jacquot, précédée d'une introduction par J. Gallay. *Paris, A. Quantin*, 1882. XV-206 pages, gr. in-8°. Frontispice en couleur, fig. Demi-rel.

8857. MOTS (Quelques) des membres du comité d'orchestre du théâtre de Nancy, en réponse aux insinuations malveillantes qui leur sont imputées. *Nancy, Hinzelin, s. d.* 8 pages, in8°. Cart.

8858. CONCOURS (Grand) national de musique du dimanche 29 juin 1870, organisé sous le patronage de l'administration municipale de Nancy. *Nancy, Imp. Nancéienne*, 1890. 47 pages, in-8°. Br.

8859. ORGUE de l'église Saint - Pierre (de Bar-sur-Aube), construit par M. N.-A. Lété, facteur d'orgues du roi, à Mirecourt (Vosges). Notice par Garnier. *Mirecourt, Humbert*, 1846. 6 pages, in-8. Fig. Demi-reliure.

8860. GROSJEAN. Airs des Noëls lorrains recueillis et arrangés pour orgue et harmonium, par R. Grosjean, organiste de la cathédrale de Saint-Dié. *Saint-Dié, Ed. Trotot*, 1862. VII-51 pages, in-4° obl. Br.

8861. MATHIEU DE DOMBASLE. Amour malheureux. Romance. Paroles et musique de M. J.-A. Mathieu de Dombasle. *Paris, s. n., n. d.* 3 pages, pet. in-fol. Cart.

8862. MATHIEU DE DOMBASLE. Un troubadour. Romance. Paroles et musique M. J.-A. Mathieu de Dombasle. *Paris, s. n., n. d.* 3 pages, pet. in-fol. Cart.

8863. AURICOSTE DE LAZARQUE. Notre Père. Chant d'église, par E. Auricoste de Lazarque. *Metz, A. Bréha*, 1892. 2 pages, in-fol. Br. (Avec accompagnement pour harmonium).

8864. AURICOSTE DE LAZARQUE. Messe brève à l'unisson (chant en style XVIIᵉ siècle), par E. Auricoste de Lazarque du Montaut. Accompagnement par J.-P. Thiriot. *Metz, Franz ; Paris, Parvy*, 1886. 8 pages, gr. in-8°. Br.

8865. AURICOSTE DE LAZARQUE. Le bonsoir des chasseurs ; chœur pour voix d'hommes arrangé sur un air de chasse, par Th. Gallyot. Paroles de E. Auricoste de Lazarque. *Metz, J. Verronnais*, 1867. 11 pages, gr. in-8°. Br.

8866. GRIDEL. Souvenirs d'un louvetier. — Chasses des Vosges. Avec trente illustrations hors texte. Par É. Gridel. *Paris, Firmin-Didot*, 1891. 261 pages, in-8°. Portrait. Demi-rel.

8867. GUYOT. La chasse en Alsace-Lorraine, par M. Ch. Guyot, professeur à l'École forestière à Nancy. (Association française pour l'avancement des sciences. Congrès de Nancy, séance du 16 août 1886). *Nancy, Berger-Levrault et Cie*, 1886. 5 pages, in-8°. Br.

8868. LIGNIVILLE. La meutte et venerie de haut et puissant seigneur messire Jean de Ligniville, chevalier, comte de Bey, seigneur de Dombrot et de la Basse-Vosge, Berlize, Faulcompierre, etc., grand veneur de Lorraine de 1602 à 1632. *Nancy, Maubon*, 1861. 166 pages, pet. in-4°. Demi-rel.

8869. LIGNIVILLE. Les meuttes et veneries de Jean de Ligniville, chevalier, comte de Bey. Introduction et notes par Ernest Jullien et Henri Gallice. *Paris, D. Morgand*, 1892. XXII-467 et 470 pages, vignette et fac-similés, pet. in-4°. Br.

8870. METZ-NOBLAT. Petit traité du jeu de whist, à l'usage des dames du diocèse de Toul et de Nancy, par M*** (de Metz-Noblat). *Nancy, Lepage*, 1837. 28 pages, in-12.

BELLES-LETTRES

I. LINGUISTIQUE.

PATOIS.

8871. ADAM. Les patois lorrains, par Lucien Adam, conseiller à la Cour d'appel de Nancy. *Nancy, Grosjean - Maupin ; Paris, Maisonneuve et Cie*, 1881. LI-460 pages, in-8°. Carte. Demi-rel. (Publié sous les auspices de l'Académie de Stanislas.)

8872. AIVERTISSEMAUT as aubitants de lai Baisse de lai Moselotte. *Saint-Dié, L. Humbert, s. d.* 8 pages, in-8°. Cart.

8873. AURICOSTE DE LAZARQUE. Note sur la formation probable du second imparfait usité dans quelques patois lorrains, par M. Auricoste de Lazarque. *Metz, Delhalt, s. d.* (1884). 10 pages, in-8°. Br. (Extrait des *Mémoires de l'Académie de Metz.*)

8874. BARDY. Les traditions et la littérature populaire. Le roman et la poésie dans l'arrondissement de Saint-Dié. Discours prononcé... par Henri Bardy, président de la Société philomatique. *St-Dié, L. Humbert*, 1883. 19 pages, in-8°. Br.

8875. BONNARDOT. Document en patois lorrain relatif à la guerre entre le comte de Bar et le duc de Lorraine. (1337-1338.) *Paris, Viweg*, 1872. 24 pages, in-8°. Br. (Extrait de la *Romania*.)

8876. BONNARDOT. Une ancienne traduction en dialecte lorrain. Texte en prose du XIIᵉ siècle (publié et annoté par F. Bonnardot). *Paris, s. n.*, 1876. 64 pages, in-8°. Cart. (Extrait de la *Romania*.)

8877. (BOUCHER.) Lo grand discours qu'é fa lo Toinon di Petit-Baptiste y conseil municipal de Barbey-Seroux, devant lé séance, di tot que les conséliés s'chôfinsor é coté di foné (par H. Boucher). *S. l., n. n., n. d.* 6 pages, in-8°. Cart.

8878. (BRONDEX et MORY.) Chan Heurlin, ou les fiançailles de Fanchon. Poème patois messin, en sept chants. Par B... (Abel Brondex) et M... (Didier Mory), de Metz. Publié par M. G... (Gentil). *Metz, C. Lamort*, 1787 (pour les pages 1-40), et *Vve Devilly*, 1825 (pour le reste). VI-70 pages, in-8°. Demi-rel.

8879. BRONDEX et MORY. Chan Heurlin, ou les fiançailles de Fanchon. Poème patois messin, en sept chants. Par Brondex et Mory, de Metz. Publié par M. G... (Gentil). *Metz, Vve Devilly*, 1841. VI-63 pages, in-8°. Demi-rel.

8880. (BRONDEX et MORY.) Chan-Heurlin, ou les fiançailles de Fanchon, poème patois messin, en sept chants, suivi de Lo bêtome et des Trimazos. 5ᵉ édition. *Metz, Lorette*, 1857. 117 pages, in-8°. Demi-rel.

8881. CANTIQUES et noëls sur la naissance de Notre Seigneur (en français et en patois lorrain). *Nancy, P. Barbier*, 1777. 48 et 52 pages, in-12. Demi-rel. Voy. n° 8962.

8882. CLESSE. Essai sur le patois lorrain. Patois de Fillières (canton de Longwy), par Clesse. *Nancy, Berger-Levrault*, 1879. 87 pages, in-8°. Cart. (Extraits des *Mémoires de l'Académie de Stanislas*).

8883. CORDIER. Coumédies an patois meusien. — Le bie. — L'échainge. — La dispute. Par F.-S. Cordier. *Bar-le-Duc, Contant-Laguerre ; Paris, A. Aubry*, 1870. 184 pages, in-8°. Demi-rel.

8884. CORDIER. Dissertation sur la langue française, les patois, et plus particulièrement le patois de la Meuse, par F.-S. Cordier. *Bar-le-Duc, Imp. Laguerre*, 1843. 79 pages, in-8°. Demi-rel.

8885. DES ROBERT. Un vocabulaire messin du XVIᵉ siècle, par Ferdinand des Robert. *Metz, Charles Thomas*, 1881. 24 pages, in-8°. Br.

8886. DEVILLY. Du patois messin et de sa littérature. Signé Félix D*****y (Devilly). *Metz, Dembour et Gangel*, 1841. 27 pages, in-8°. Cart. (*Revue d'Austrasie.*)

8887. DIALOGUE de Thoinette et d'Alizon, pièce inédite en patois lorrain du dix-septième siècle, publiée et annotée par M. Albert de la Fizelière. — Glossaire. *Paris, Imp. S. Rançon et Cie.*, 1856. 32 pages, in-16. Demi-rel.

8888. DIALOGUE facétieux d'un gentilhomme françois, se plaignant de l'amour, et d'un berger (lorrain), parlant à luy en son patois. Le tout fort plaisant. *Metz, par N. Antoine*, 1671. — Réimpression : *Metz, Lecouteux*, 1847. 34 pages, in-12 obl. Demi-rel.

8889. (DUBOIS.) Remarques sur la langue françoise, à l'usage de la jeunesse de Lorraine. Par Monsieur (Dubois). *Paris, les libraires associés*, 1775. XIV-125 pages, in-8°. Demi-rel.

8890. EMWARAYE (La grosse) messine. — Anciens patois de la France. *Paris, Téchener*, (1840). 34 pages, in-8°. Demi-rel.

8891. FALLOT. Recherches sur le patois de Franche-Comté, de Lorraine et d'Alsace, par S.-F. Fallot, de Montbéliard. *Montbéliard, Deckherr*, 1828. VI-150 pages, in-12. Demi-rel.

8892. FRANÇOIS. Vocabulaire austrasien, pour servir à l'intelligence des preuves de l'histoire de Metz, des loix et des atours de la ville, des chartres, titres, actes et autres monumens du moyen âge, écrits en langue romance, tant dans le pays messin, que dans les provinces voisines. Par dom Jean François. *Metz, J.-B. Collignon*, 1773. VII-211 pages, in-8°. Cart.

8893. (GEORGEN). Histoire véritable de Vernier, maître-tripier du Champé, notable et désigné pour être échevin de la paroisse Saint-Eucaire. Dialogue patois-messin et français, à cinq personnages. (Par l'abbé Georgen). *Metz, H.-X. Lorette*, 1844. 28 pages, in-8°. Demi-rel.

8894. GÉRARD. Les patois lorrains, par Charles Gérard, avocat à la Cour d'appel de Nancy. Discours de réception à l'Académie de Stanislas, le 24 mai 1877. *Nancy, Berger-Levrault*, 1877. 29 pages, in-8°. Cartonné.

8895. GUILLAUME. Lettre apostolique de notre Saint-Père le Pape Pie IX, touchant la définition dogmatique de l'Immaculée Conception de la T. S. Vierge, traduite en patois du pays de Toul, par l'abbé Guillaume, aumônier de la chapelle ducale. *Nancy, A. Lepage*, 1865. 48 pages, in-8°. Cartonné.

8896. HAILLANT. Concours de l'idiome populaire ou patois vosgien à la détermination de l'origine des noms de lieu des Vosges, par N. Haillant, docteur en droit, etc. *Épinal, V. Collot*, 1883. 34 pages, in-8°. Br. (Extrait des *Annales de la Société d'émulation des Vosges*).

8897. HAILLANT. Examen du travail de M. Clesse, intitulé : « Essai sur le patois lorrain, patois de Fillières, canton de Longwy », grammaire, textes et vocabulaire patois-français. Par M. Haillant, membre titulaire de la Société d'émulation des Vosges. *Épinal, V. Collot*, 1882. 6 pages, in-8°. Br.

8898. HAILLANT. Essai sur un patois vosgien (Uriménil, près Épinal), par N. Haillant, docteur en droit, etc. *Épinal, V. Collot*, 1882-83. 43 et 56 pages, in-8°. Br. (Extraits des *Annales de la Société d'émulation des Vosges*.)

8899. HEURLIN. Lo pia ermonèk loûrain, 1877, patouè et français pè Chan Heurlin. *Strasbourg, G. Fischbach*, 1877. 96 pages, in-8°. Cart.

8900. (JACLOT.) Le lorrain peint par lui-même. Almanach pour l'année 1853. Curious et émuzant. « J' pâle dé torto : dè Napoléon, dè le République, » etc. Cet

Almanach est suivi d'un vocabulaire patois-français... Pè in pliageant ome des anvirons dé Metz (Jaclot, de Saulny). — Le même almanach pour 1854. — *Metz, Lecouteuy,* 1853; *et Lorette,* 1854. xxxvi-60 et 60-36 pages, in-8°. 2 brochures en 1 vol. Demi-rel.

8901. JACLOT. Les passe-temps lorrains, ou récréations villageoises; recueil de poésies, contes, nouvelles, fables, chansons, idylles, etc., en patois, par Jaclot, de Saulny. *Metz, Lorette,* 1854. 60 pages, in-12. Demi-rel.

8902 JACLOT. Vocabulaire patois du pays messin. Par Jaclot, de Saulny. *Paris, Borrani et Droz,* 1854. viii-60 pages, in-8°. Demi-rel.

8903. JOUVE. Coup d'œil sur les patois vosgiens, par Louis Jouve. *Épinal, Valentin; Remiremont, Mme Leduc,* 1864. iv-115 pages, in-12. Demi-rel.

8904. JOUVE. Chansons en patois vosgien, recueillies et annotées par Louis Jouve, avec un glossaire et la musique des airs. *Épinal, Peyron; Remiremont, Leduc,* 1876. 126 pages, in-8°. Demi-rel.

8905. JOUVE. Noëls patois, anciens et nouveaux, chantés dans la Meurthe et dans les Vosges; recueillis, corrigés et annotés par L. Jouve. *Paris, Firmin-Didot,* 1864. 123 pages, in-12. Demi-rel.

8906. JOUVE. Bibliographie du patois lorrain. Par Louis Jouve. *Nancy, A. Lepage,* 1866. 28 pages, in-8°. Demi-rel. (*Mémoires de la Société d'archéologie lorraine.*)

8907. LABOURASSE. Glossaire abrégé du patois de la Meuse, notamment de celui des Vouthons, par H. Labourasse. *Nancy, Typog. Crépin-Leblond,* 1887. v-560 pages, in-8°. Br.

8908. LABOURASSE. Conte de noël, recueilli par H. Labourasse. *Bar-le-Duc, Contant-Laguerre,* 1894. 28 pages, in-8°. Br. (Extrait des *Mémoires de la Société des lettres, sciences et arts de Bar-le-Duc.*)

8909. LABOURASSE. A propos de trois mots patois, par H. Labourasse. *Arcis-sur-Aube, Léon Frémont, s. d.* 14 pages, in-8°. Br.

8910. LATTE (Lé 2ᵉ) do Fanfan Finaudin ès électeurs vosgiens. *Épinal, V. Collot,* (1877). 15 pages, in-8°. Br.

8911. (LE DUCHAT ?) La famille ridicule, comédie messine. (Par Le Duchat ?) Revue, corrigée et augmentée; achevée d'imprimer pour la première fois en 1720. *Berlin, J. Toller.* 76 pages, pet. in-8°. Demi-rel. (Attribuée aussi à Fétig.)

8912. (LE DUCHAT ?) Flippe Mitonno, ou la famille ridicule, comédie messine, en vers patois. (Par Le Duchat ?) Nouvelle édition, revue, corrigée et augmentée de de chansons inédites. *Metz, Lecouteux,* 1848. x-96 pages, in-8°. Cart.

8913. LORRAIN. Glossaire du patois messin, par D. Lorrain. *Nancy, Sidot,* 1876. 63 pages, in-8°. Demi-rel.

8914. LOTHRINGISCHER psalter (Bibl. Mazarine. N° 798). Altfranzösische übersetzung des xiv Iahrhunderts. Mit einer grammatischen Einleitung, enthaltend die Grundzüge der Grammatik des altlothringischen Dialects, und einen Glossar. Zum ersten mal herausgegeben von Friedrich Apfelstedt. *Heilbronn, Henninger,* 1881. lxiii-177 pages, in-8°. Br.

8915. MICHEL. Dictionnaire des expressions vicieuses usitées dans un grand nombre de départemens, et notamment dans la ci-devant province de Lorraine; par J.-F. Michel, ex-directeur du pensionnat établi près l'École centrale de la Meurthe. *Nancy, Vigneulle, Bontoux, etc.* 1807. vii-205 pages, in-8°. Demi-rel.

8916. (MORY.) Lo franc messin, ou les loisis d'vendome. R'cueil de pièces que nomment iqua vu l'jo, et qu'sront fourt eutiles aux brauves gens. Pè D. M... (Mory), de Metz. *Metz, Verronnais,* 1827. 24 pages, in-8°. Demi-rel.

8917. MORY. Lo bètome dont p'tiat fei de Chan Heurlin, de Vreumin, par D. Mory, de Metz. Appendice au poème en sept chants. *Nancy, Imp. L. Vincenot,* (1841). 20 pages, in-8°. Demi-rel.

8918. MORY. Lo bètome don p'tiot fei de Chan Heurlin, de Vreumin. Par M. D. M.

(Didier Mory), de Metz. Appendice au poème en sept chants. *Metz, Vve Devilly*, 1834. 24 pages, in-8°. Demi-rel.

8919. MORY. Les bucaliques messines, pièces queuriouses don tems pessé, don tems preusent ; per D. M. (Mory), auteur de p'tiates comédies, de p'tiats ermoneks..., sans comptet l'poême de Chan Heurlin, dont les quoête darniers chants sont d'sè fèçon... *Metz, Verronnais*, 1829. 230 pages, in-8°. Cart.

8920. MUNIER. Dictionnaire des locutions vicieuses les plus répandues dans la bonne compagnie ; ou fautes que l'on commet journellement..., par F. Munier, instituteur à Metz. 2° édition. *Metz, Lamort*, 1817. II-140 pages, in-8°. Demi-rel.

8921. OBERLIN. Essai sur le patois lorrain des environs du comté du Ban de la Roche, fief royal d'Alsace, par le sr Oberlin, agrégé de l'Université de Strasbourg. *Strasbourg, J.-F. Stein*, 1775. VIII-287 pages, in-8°. Cart.

8922. (PÉTIN.) Dictionnaire patois-français, à l'usage des écoles rurales et des habitants de la campagne. Ouvrage qui, par le moyen du patois usité dans la Lorraine et principalement dans les Vosges, conduit à la connaissance de la langue française, par L. M. P... (Pétin), curé de St-Nabord (Vosges). *Nancy, Thomas*, 1842. XVIII-317 pages, in-16 à 2 col. Demi-rel.

8923. PFISTER. La limite de la langue française et de la langue allemande en Alsace-Lorraine. Considérations historiques, par Ch. Pfister. *Paris-Nancy, Berger-Levrault*, 1890. 44 pages, in-8°. Br.

8924. POTTIER. Épître en patois adressée par les habitants de Gérardmer à S. Exc. le Ministre de l'intérieur, en 1809. Composée par M. Pottier, curé de cette commune. Avec une notice, une traduction et des notes par Louis Jouve. *Remiremont, Mougin*, 1866. 25 pages, in-8°. Cart.

8925. ROLLAND. Vocabulaire du patois du du pays messin, par Eugène Rolland. *Paris, A. Franck*, 1873. 18 pages, in-8°. Cart. (Extrait de la *Romania, t. II*.) — Complément, par le même. *Paris, s. d.* 1876. 41 pages, in-8°. (Extrait de la *Romania, t. V*.)

8926. ROMY. Lo p'tiat ermoneck messin, po l'ennaye 1817, dans l'quel on treuv' c'que n'am dans les autes, et c'qu'on n'em' iqua vu. Dédict aux dèmes et d'moinzel's de Metz. Pé l'franc messin Romy. *Metz, Lémout (Lamort)*, 1817. 43 pages, in-18. Cart.

8927. ROMY. La p'tiat ermoneck messin po l'ennaye 1818, dédict aux dèmes et d'moinzelles de Metz, pè l'franc messin Romy. *Metz, Imp. Lémout*, (1818). 87 pages, in-8°. Cart.

8928. SALMON. Rapport... à l'Académie de Metz pour la composition d'un glossaire du patois messin, par Salmon. *Metz, E. Réau*, 1869. II pages, in-8°. Cart. (Extrait des *Mémoires de l'Académie impériale de Metz*.)

8929. SAUVÉ. Le folk-lore des Hautes-Vosges, par L. F. Sauvé. *Paris, Maisonneuve et Ch. Leclerc*, 1889. VII-417 pages, in-16. Cart. (*Littératures populaires*, t. 29.)

8930. (THINCELIN.) Let Fanchon Peurlin de Moéin. Traduction modifiée par Félix Th. (Thincelin) du poème patois messin « Chan Heurlin ». *Nancy, Lorette*, 1885. 60 pages, in-8°. Br.

8931. (VION.) Vaïège à l'exposition de Londres (en patois messin, par l'abbé Vion, vicaire de Noiseville). Autographié. *Metz, s. n.*, 1851. 60 pages, in-8°. Cart.

8932. VION. Eune lecture publique é Failly sheu les keulos, è l'occasion d'une distribution de prix, lo 3 septembre 1865. Pè Michel Vion, de Noësfel. *Metz, F. Bian (Blanc)*, 1865. 15 pages, in-8°. Cart.

8933. WAILLY (DE). Notice sur les actes en langue vulgaire du XIIIᵉ siècle contenus dans la Collection de Lorraine, à la Bibliothèque nationale, par M. Natalis de Wailly. — Extrait du tome XXVIII, 2ᵉ partie, des *Notices des manuscrits*. — *Paris, Imp. nationale*, 1878. 288 pages, in-4°. Demi-rel.

8934. XARDEL. La cloche, par René Xardel. *Château-Salins, Pétry*, 1878. 9 pages, in-8°. Cart. (Extrait de la *Gazette de Château-Salins*.)

II. DISCOURS.

(*Voir* n⁰ˢ 5314-5458 et 6507-6556.)

8935. BOUCHY. Discours au Roi, présenté à Sa Majesté, par M° François Bouchy, prêtre, curé de Bouxières-sous-Froidmont. (*Paris*), *Joseph Saugrain*, 1745. 4 pages, in-4°. Br.

8936. BOURCIER DE MONTUREUX. Harangue prononcée par M. le comte de Bourcier de Montureux, conseiller d'État du Roy de Pologne, et son procureur général en sa Cour souveraine de Lorraine et Barrois, à l'ouverture de la Saint-Martin, 1741. De l'humeur dans l'administration de la justice et dans les exercices du barreau. *Nancy, Nicolas Charlot*, (1741). 24 pages, in-4°. Br.

8937. BOURCIER DE VILLERS. Discours prononcé par Bourcier de Villers, à l'ouverture de la Saint-Martin. *S. l., n. n.*, 1709. 28 pages, in-4°. Br.

8938. COSTER. Oraison funèbre de... Monseigneur Louis, Dauphin, prononcée dans l'insigne église primatiale de Lorraine, le 3 février 1766, au service ordonné par le roi de Pologne..., par le P. Jean-Louis Coster, de la Compagnie de Jésus. *Nancy, Vve et Cl. Leseure*, 1766. 40 pages, in-4°. Rel. veau.

8939. COSTER. Oraison funèbre de très-haute, très-puissante et excellente Princesse Marie, reine de France, prononcée aux Nouveaux Convertis, le 9 du mois de novembre 1768, par Sigisbert Étienne Coster, curé de Remiremont. *Paris, Guillaume Desprez*, 1768. 33 pages, in-4°. Br.

8940. CUNY. Oraison funèbre de... Marie-Thérèse-Antoinette-Raphaële, Infante d'Espagne, Dauphine de France, prononcée... dans l'église primatiale de Nancy, le 26 septembre 1746. Par le R. P. Louis-Antoine Cuny, de la Compagnie de Jésus. *Nancy, Pierre Antoine*, (1746). — Et honneurs funèbres rendus à sa mémoire dans la même église. 58 et 16 pages, in-4°. Br.

8941. FRANÇOIS de Neufchâteau. Harangue pour l'ouverture du palais, prononcée au siège présidial de Mirecourt, le lendemain de St-Martin 1776, par M. François de Neufchâteau, docteur en droit, lieutenant-général de ce siège ; des académies de Dijon, Lyon, Marseille, et de la Société royale et littéraire de Lorraine. *Nancy, Mathieu*, 1777. 8-48 pages, in-4°. Rel.

8942. FRÉJACQ. Oraison funèbre de très-haut... Prince, Monseigneur le Dauphin, prononcée dans la cathédrale de Metz... par le P. Fréjacq. *Metz, Jean Collignon*, 1712. 28 pages, in-4°. Br.

8943. GODEFROY. La tristesse patriotique. Le pèlerinage de Metz. Discours prononcé au petit séminaire de la chapelle Saint-Mesmin, près Orléans, le 3 novembre, et au séminaire de Saint-Chéron, près Chartres, le 10 novembre 1874, par Frédéric Godefroy, lauréat de l'Académie française et de l'Académie des inscriptions et belles-lettres. *Paris, A. Le Clère*, 1874. 19 pages, in-8°. Cart.

8944. JÉROME. Allocution prononcée dans la chapelle de Notre-Dame de Bonsecours à Nancy, le 24 août 1893, avant la célébration du mariage religieux de Monsieur Albert Lau avec Mˡˡᵉ Marguerite Doublat, par l'abbé Jérôme, aumônier de l'institution Saint-Dominique. *Verdun, Renvé-Lallemant*. 8 pages, in-4°. Br.

8945. LANFANT. Oraison funèbre de... Monseigneur Louis Dauphin, prononcée dans l'église du collège de la Compagnie de Jésus, le 7 février 1766, par le P. Lanfant. *Nancy, F. Messin et N. Gervois*, 1766. 30 pages, in-4°. 2 vignettes. Rel. veau.

8946. LHONORÉ. Discours religieux et historique, pour l'anniversaire du couronnement de Sa Majesté l'empereur Napoléon Iᵉʳ, par Jacques Lhonoré, desservant la paroisse de Boviolle (Meuse). *Nancy, Claude Leseure, s. d.* 44 pages, in-8°. Br.

8947. SEILLIÈRE. Discours prononcés par le baron Frédéric Seillière (aux fêtes du centenaire de la réunion de la principauté de Salm à la France, 10 et 11 septembre 1893). *Saint-Dié, L. Humbert*. 10 pages, in-8°. Br.

8948. TROUILLET. Allocution de M. Trouillet, curé de St-Maur, à la bénédiction de la première pierre de la maison d'école qu'on construit en ce moment pour les garçons dans sa paroisse. Datée de Lunéville, du 28 août 1859. *Lunéville, Pignatel, s. d.* 8 pages, in-8°. Cart.

8949. TURINAZ. Discours prononcé par Mgr Turinaz, évêque de Nancy et de Toul, auprès du monument de Mars-la-Tour, à l'occasion du vingtième anniversaire de la bataille de Gravelotte, le 16 août 1890. *Nancy, Le Chevallier,* 1890. 15 pages, in-8°. Fig. Cart.

8950. VAUTRIN. Discours pour l'anniversaire du couronnement de S. M. I. et R., et de la victoire remportée à Austerlitz, prononcé à la cathédrale de Nancy, par M. l'abbé Vautrin, censeur du lycée de Metz. *Nancy, C. Leseure, s. d.* 20 pages, in-8°. Br.

III. POÉSIES.

8951. ABANY (D'). Jeanne d'Arc, poème en vingt-quatre chants, par Mᵐᵉ d'Abany, auteur de *Séila*, etc. Édition augmentée d'une notice sur la vie de cette héroïne, de l'histoire de son procès, et de détails authentiques sur ses derniers momens, par A. Antoine. *Paris, Mme Picard,* 1823. xii-388 et 394 pages, in-8°. 2 vol. Cart.

8952. ALMANACH des cantiques de Noël, anciens et nouveaux, pour l'année 1864. *Nancy, Hinzelin et Cie, s. d.* 144 pages, petit in-8°. Br.

8953. AURICOSTE DE LAZARQUE. Folk-Lore. Saint-Éloi et le pèlerinage des chevaux, de Flastroff en Lorraine, par E. Auricoste de Lazarque... *Metz et Nancy, Sidot frères,* 1888. 19 pages, in-8°. Br. (Extrait de la *Revue nouvelle d'Alsace-Lorraine et du Rhin.*)

8954. BAILLARD. La délivrance de Nancy, par le duc René II. Poème lu le 20 mai 1824 à la séance publique de la Société royale académique de Nancy, par M. Baillard, avocat, membre de cette société. *Nancy, Haener, s. d.* 16 pages, in-8°. Demi-rel.

8955. BALLADE (La) de la Pucelle. Publiée par G. de Braux. *Nancy, G. Crépin-Leblond,* 1892. 7 pages, in-8°. Br. (Extrait des *Mémoires de la Société d'archéologie lorraine.*)

8956. BANQUET annuel des Vosges, années 1828, 1842, 1844 à 1848. *Paris, F. Didot, Bruneau, A. Appert,* 1828-1848. 19, 8, 16, 8, 11 et 15 pages, in-8°. Br.

8957. BARRON. Actions de grâce sur le mariage du Roy avec la princesse de Pologne Marie Leczinski, fille du roy Stanislas, présentées le 7 septembre 1725, à Sa Majesté. Par M. l'abbé Barron. *Paris, Vve Vaugon, s. d.* 8 pages, in-4°. Cart.

8958. BARTHÉLEMY. La Nancéienne, chant patriotique dédié à la Garde nationale. *Nancy, Haener, s. d.* 3 pages, in-8°. Cart.

8959. BARTHÉLEMY. La Gloire nationale, chant patriotique. *Nancy, Hinzelin, s. d.* 4 pages, in-8°. Cart.

8960. BASTIDE. Épinal. Poème descriptif, par A.-E. Bastide, notaire. *Épinal, Alexis Cabasse,* 1838. 50 pages, in-8°. Cart.

8961. BERGERS (Les) lorrains. Dialogue sur la mort de la reine de France. *S. l., n. n., n. d.* 15 pages, in-18. Cart.

8962. BIBLE (La grande) de Noëls anciens et nouveaux; avec plusieurs cantiques sur la naissance de Notre-Seigneur Jésus-Christ. *Nancy, Vve Leseure-Gervois,* 1813. 60 pages, in-12. Cart.

8963. BIBLE (Grande) de Noëls anciens et nouveaux; avec plusieurs cantiques sur la naissance de N.-S. J.-C. (en français et en patois lorrain). *Toul, J. Carez,* 1817. 60 et 48 pages, in-12. Cart.

8964. BIBLE (La grande) des Noëls, anciens et nouveaux, avec plusieurs cantiques sur la naissance de Notre-Seigneur Jésus-Christ. *Toul, J. Carez,* 1823. 60 pages, in-12. Demi-rel.

8965. BIBLE (La grande) des Noëls anciens et nouveaux, et cantiques composés sur les airs les plus choisis et les plus nouveaux. *Nancy, Grimblot, Thomas et Raybois,* 1839. 48 et 48 pages, in-12. Cart.

8966. BIBLE (La grande) de Noëls vieux et nouveaux. Avec plusieurs cantiques sur la naissance de N.-S. Jésus-Christ (en français et en patois lorrain). *Nancy, J. Haener, s. d.* 80 et 48 pages, in-8°. Demi-rel.

8967. BIBLE (La grande) renouvellée de Noëls nouveaux, où tous les mystères de la naissance et de l'enfance de Jésus-Christ sont expliqués. *Troyes, J.-A. Garnier, s. d.* 64 pages, pet. in-8°. Demi-rel.

8968. BLANC. Souvenirs de Metz (arts et poésie), par F. Blanc. *Nancy, Berger-Levrault,* 1873. 20 pages, in-8°. Br. (Extrait des *Mémoires de l'Académie de Stanislas.*)

8969. BLARRU. Petri de Blarrorivo parhisiani insigne Nanceidos opus de bello Nanceiano. Hac primum exaratura elimatissime nuperrime in lucem emissum. *In pago divi Nicolai de Portu, P. Jacobi,* 1518. 130 feuillets non chiffrés, pet. in-fol. Gravures. Rel. en bois couvert de veau gaufré. Voy. n°⁵ 3642 et 3643.

8970. BLARRU. La Nancéide ou la guerre de Nancy, poème latin de Pierre de Blarru, avec la traduction française, augmentée de l'exposé du système de ponctuation et d'abréviations suivi au moyen âge, d'un examen philosophique, de poésies, de documents historiques et de plusieurs gravures, par M. Ferdinand Schütz. *Nancy, Grimblot, Raybois et Cie,* 1840. LXXX-252 et 324 pages, in-8°. 2 vol. Demi-rel.

8971. BLIER. Jeanne d'Arc. Poëme dramatique, par Paul Blier. *Paris, E. Plon et Cie,* 1878. 320 pages, in-12. Demi-rel.

8972. BOISSEAU. Anniversaire de la naissance de Monseigneur Illustrissime et Révérendissime Jean-Claude Sommier, archevêque de Césarée, etc., par François Boisseau. (Vers français et latins). *Saint-Diez, J. Charlot, s. d.* 3 pages, in-fol. Cart.

8973. BONNAIRE. Lorraine-France, ou l'anniversaire national. Chant patriotique, par Justin Bonnaire, de Saint-Mihiel. 1766-1866. *Nancy, Imp. N. Collin,* 1866. 8 pages, in-8°. Demi-rel.

8974. BOSCOVICH. Stanislai I. Poloniæ Regis, Lotharingiæ ac Barri Ducis..., apotheosis, auctore P. Rogerio Josepho Bos-

covich, societatis Jesu... *Romæ, Salomonus,* 1753. 13 pages, in-8°. Br.

8975. BOSCOVICH. Poëme latin en l'honneur du roi de Pologne, duc de Lorraine et de Bar, lû à l'Académie des Arcades de Rome. Par le P. Boscovich, jésuite, le jour que le portrait de Sa Majesté y fut placé. Traduction de ce poëme en vers françois, par Cogollin. *Nancy, Pierre Antoine,* (1753). 35 pages, in-8°. Br.

8976. BOUCHET. Alsace et Lorraine, par Ch. Bouchet. *Vendôme, Lemercier,* 1873. 13 pages, in-8°. Cart. (Extrait du *Bulletin de la Société archéologique du Vendômois.*)

8977. (BOUGARRE.) Les deux ruchers. Petite promenade en Lorraine, au bois de la Croix-Gagnée. Satire. (Par Léopold Bougarre.) *Pont-à-Mousson, Breton,* 1839. 14 pages, in-8°. Cart. (Fait suite à la satire : *Les enfants d'Israël,* par le même auteur.)

8978. BOURCIER (DE). Portion imprimée du poème de M. de Bourcier contre la Cour de Toul. *S. l., n. n., n. d.* 12 pages, in-18. Cart.

8979. BRAVE. Le vieux collège, par J. Brave. *Lunéville, Imp. nouv.,* 1882. 4 pages, in-8°. Br.

8980. BREYÉ. Ode sur le retour de Son Altesse Royale le duc François, duc de Lorraine et de Bar. *S. l., n. n., n. d.* 5 pages, in-4°. Cart.

8981. BRICE. Hymne à la patrie, par le citoyen Brice, acteur au théâtre de Nancy. *Nancy, Vve Bachot, s. d.* 2 pages, in-8°. Cart.

8982. BROSSET. Séjour à Metz de LL. AA. RR. les ducs de Nemours et de Montpensier. Poésie, par le lieutenant-colonel en retraite Brosset. *Metz, J. Mayer Samuel, s. d.* 16 pages, in-8°. Cart.

8983. BRYON. Salade gauloise. *Bar-le-Duc, Contant-Laguerre,* 1891. 164 pages, in-8°. Gravures. Demi-rel.

8984. CANTATE sur l'auguste mariage de Son Altesse Royale avec la Sérénissime archiduchesse Marie-Thérèse d'Autriche, présentée à S. A. R. Madame la Régente, le 26 février 1736. *Nancy, Leseure,* 1736. 7 pages, in-4°. Cart.

36

8985. CAUMONT (DE). Sur le passage de Mgr le duc de Berri dans la ville de Nancy. *S. l., n. n., n. d.* 2 pages, in-8°. Cart.

8986. CAUMONT (DE). Couplets relatifs à Mgr le duc de Berri. *S. l., n. n., n. d.* 3 pages, in-8°. Cart.

8987. CAUMONT (DE). Couplets chantés par la Garde nationale de Nancy. *S. l., n. n., n. d.* 2 pages, in-8°. Cart.

8988. CENTON (Nouveau) composé de parties de vers empruntées d'une diatribe rimée, intitulée « Police correctionnelle littéraire » et autres ouvrages mis en couplets. *S. l., n. n., n. d.* 13 pages, in-8°. Cart.

8989. CHANSON à boire, par un officier au corps impérial d'artillerie. — Couplets chantés à Nancy, lors du passage du 21° régiment de chasseurs. *S. l., n. n., n. d.* 3 pages, in-8°. Cart.

8990. CHANSON au Roi et à Mesdames Adélaïde et Victoire. *Nancy, Haener,* 1761. 3 pages, petit in-4°. Cart.

8991. CHANSON des gardes du corps de S. M. le Roi de Pologne, à Mesdames Adélaïde et Victoire, à leur second voyage aux eaux de Plombières, le 28 mai 1762. *Nancy, Haener,* 1762. 4 pages, in-4°. Cart.

8992. CHANSON nouvelle relative au séjour que Mesdames de France ont fait à Plombières, pour y boire les eaux. *Nancy, Haener,* 1761. 2 pages, in-4°. Cart.

8993. CHANSON électorale. *S. l., n. n., n. d.* 4 pages, in-8°. Cart.

8994. CHANSONS patriotiques. La Guingueringuette. — La nouvelle guingueringuette. *Nancy, Guivard, s. d.* 6 pages, in-8°. Rel.

8995. CHANSONS patriotiques dédiées à la garde nationale. Par un musicien de la garde nationale de Blâmont. *Nancy, Imp. Richard-Durupt,* 1830. 22 pages, in-12. Demi-rel.

8996. CHAPELAIN. La Pucelle ou la France délivrée. Poëme héroïque. Par M. Chapelain. Troisième édition reveue et retouchée. *Paris, A. Courbé,* 1657. LXIV-430 pages. 1 frontispice et 12 fig., in-12. Rel. veau.

8997. CHAPELAIN. Les douze derniers chants du poëme de la Pucelle, publiés pour la première fois sur les manuscrits de la Bibliothèque nationale, par H. Herluison, précédés d'une préface de l'auteur et d'une étude sur le poëme de la Pucelle, par René Kerviler. *Orléans, H. Herluison,* 1882. c-396 pages, in-12. Frontispice. Cart.

8998. CHEVALLIER. Épître à l'ombre de Gilbert, ou la fin du dix-huitième siècle, par le citoyen L.-F. Chevallier. *S. l., Maret et Durand, s. d.* 16 pages, in-8°. Cart.

8999. CHEVRIADE (La) ou l'observateur des enfers. *Paris, N.-B. Duchesne ; Amsterdam, A. Hupkes,* 1762. IV-99 pages, in-12. Cart.

9000. CHOISEUL (DE). Jeanne d'Arc. Poème par Mᵐᵉ la comtesse de Choiseul, née princesse de Bauffremont. Seconde édition. *Paris, Delaforest,* 1829. 501 et 47 pages, in-8°. Demi-rel.

9001. CLARAY DE CREST-VOLLAND. Sonnet à M. C.-L. Mollevaut, de l'Institut royal de France, par J.-B. Claray de Crest-Volland. *S. l., n. n.,* 1835. 4 pages, in-16. Cart. (2° édition.)

9002. CLUB (Le) des Allumettes en déroute. Romance à la Malboroug. *Laxou, (Imprimerie rurale),* 1762. 10 pages, in-4°. Cart.

9003. COLLIN DES GIMÉES. Nancy, la Lorraine et ses ducs. Chants séculaires, suivis de notes historiques très étendues, par Mˡˡᵉ V. Collin des Gimées. *Nancy, Hinzelin,* 1837. 328 pages (numér. 18-336), in-8°. Demi-rel.

9004. COMPLAINTE sur la mort de Stanislas I, roi de Pologne, duc de Lorraine et de Bar. *Nancy, Pierre Antoine,* 1766. 4 pages, in-4°. Cart.

9005. COMPLAINTE sur l'emprisonnement de l'étapier Raybois. *S. l., n. n., n. d.* 4 pages, in-8°. Cart.

9006. COMPLIMENT en chanson fait à Mesdames de France à leur passage à la Ferté-sous-Jouarre (lorsqu'elles se rendaient à Plombières). *S. l., n. n., n. d.* 2 pages, in-4°.

9007. COMPLIMENT des écoliers de Nancy à la reine de France. Placet des Muses au roy, etc. *S. l., n. n., n. d.* Recueil de 12 pages, in-4°. Br.

9008. COMPLIMENT à la reine de France. (La reine étant chez son père, le roi Stanislas, à Commercy.) Par M. le maire de Toul. *Metz, D. Antoine, s. d.* 1 page, in-4°. Cart.

9009. (COMPLIMENTS en vers adressés) à Son Altesse Royale (et à divers personnages de la Cour de Lorraine. Par Lavignon, garde du corps de S. A.) *S. l., n. n., n. d.* 15 pages, in-4°. Br.

9010. CONGRATULATION à la Lorraine, relative à l'entrée de Mesdames Adélaïde et Victoire. *Nancy, Haener,* 1761. 4 pages, in-4°. Cart.

9011. COUPLETS à M. Anthoine, lieutenant général du bailliage de Boulay, pour servir de pendants aux jolis couplets qu'il a composés et chantés en l'honneur de M. Mengin, lieutenant-général au bailliage de Nancy, lesquels couplets ont été envoyés par le courrier de Metz. *S. l., n. n., n. d.* 2 pages, in-8°. Cart.

9012. COUPLETS à M. Mengin, lieutenant-général du bailliage de Nancy, chantés au nom de la province, dans un dîner patriotique donné à l'Hôtel de ville, le 20 octobre 1788, jour de la rentrée du Parlement. *S. l., n. n., n. d.* 2 pages, in-8°. Cart.

9013. COUPLETS du vaudeville joués à la fête donnée par le ministre des relations extérieures, le 28 pluviôse, an IX. *S. l., n. n., n. d.* 4 pages, in-4°. Cart.

9014. COUPLETS chantés au banquet donné par la garde nationale et la garnison de Nancy, à S. A. R. Monsieur. *S. l., n. n., n. d.* 6 pages, in-8°. Cart.

9015. COUPLETS aux vainqueurs du Nord, chantés à Nancy, au retour de la Grande-Armée, à son passage dans cette ville en septembre 1808. *Nancy, C. Thiébaut, s. d.* 4 pages, in-8°. Cart.

9016. COUPLETS chantés dans l'une des fêtes données aux colonnes de la Grande-Armée qui sont rentrées par Nancy. *Nancy, J.-B. Vigneulle,* 1808. 4 pages, in-8°. Cart.

9017. COUPLETS sur la réorganisation de la Société populaire de Nancy. *Nancy, Vve Bachot, s. d.* 2 pages, in-8°. Cart.

9018. COUPLETS patriotiques adressés au peuple composant l'auditoire de la Société populaire de Nancy. *Nancy, Guivard, s. d.* 4 pages, in-8°. Cart.

9019. COUPLETS sur la lanterne que vient de friser une dame aristocrate de Nancy. *S. l., n. n., n. d.* 4 pages, in-12. Cart.

9020. COUPLETS pour le passage de S. A. R. Monsieur, dans la ville de Nancy. *S. l., n. n., n. d.* 3 pages, in-8°. Cart.

9021. DAVID DE THIAIS. Jeanne d'Arc et Napoléon. Poème dialogué, par H. David de Thiais, avocat, conservateur de la Bibliothèque de Poitiers. *Paris, Maison,* 1846. 114 pages, in-16. Cart.

9022. DELARIVIÈRE. Chanson lorraine sur l'heureuse arrivée de Madame la Dauphine à Nancy. Par Jean-Baptiste Delarivière, commissaire de police. *Nancy, Viot,* 1770. 3 pages, in-4°. Br.

9023. DELARIVIÈRE. Chanson à la louange du corps des grenadiers de France, par J.-B. Delarivière. *Nancy, Vve Lechesne,* 1764. 3 pages, in-4°. Br.

9024. DELAVIGNE. Trois messéniennes. — Élégies sur les malheurs de la France. Deux messéniennes sur la vie et la mort de Jeanne d'Arc. 4° édition augmentée d'une épître à MM. de l'Académie française, par M. Casimir Delavigne. *Paris, Ladvocat,* 1820. 64 pages, in-8°. Demi-rel.

9025. DELORME (PIERRE), ex-parisien, ex-noble, ex-poète, ex-gendarme, ex-jacobin, ex-missionnaire d'Orléans, ex-président du comité révolutionnaire, et chef du cercle soi-disant constitutionnel de Lunéville, à tous les anarchistes de l'univers. *S. l., n. n., n. d.* 11 pages, in-12. Cart.

9026. DEMANGE. Impressions et souvenirs par l'abbé F.-J. Demange. Avec une lettre préface de Son Éminence le cardinal Foulon. *Paris, V. Retaux,* 1892. XIV-312 pages, in-12. Br.

9027. DIDELON. Marainville. Poème. Par Charles Didelon. *Nancy, Berger-Levrault,* 1879. 15 pages, in-8°. Cart.

9028. DIDELON. Mirecourt, poème. Par Charles Didelon. *Nancy, Berger-Levrault,* 1880. 14 pages, in-8°. Br.

9029. DIGOT. Les sanctuaires de Nancy. Ode sacrée par le baron Paul Digot. *Nancy, Imprimerie lorraine,* 1885. 28 pages de texte et 7 de musique, in-18. Br.

9030. DIOGÈNE et Cⁱᵉ (F. Jacquot). La Nancéide. Poème. *Nancy, A. Voirin,* 1885. 33 pages, in-12. Br.

9031. DISCOURS en vers pour la clôture de la conférence de droit, établie à la Cour royale de Nancy, daté du 31 juillet 1837. *Nancy, Dard, s. d.* 16 pages, in-4°. Br.

9032. DROUAILLET. Aux bords de la Meuse. Poésies dédiées à M. le vicomte Alphonse de Lamartine, par Henri Victor Drouaillet (de Verdun). *Bar-le-Duc, F. d'Olincourt, s. d.* 369 pages, in-8°. Demi-rel.

9033. DUCAIRE. Couplets chantés à Nancy, le 30 ventôse, jour de la fête de la souveraineté du peuple. Par Ducaire. *Nancy, J.-B. Vigneulle, s. d.* 2 pages, in-8°. Cart.

9034. DUMAST (DE). Couronne poétique de la Lorraine. Recueil de morceaux écrits en vers, sur des sujets lorrains. Par P.-G. de Dumast, correspondant de l'Institut. *Nancy, Berger-Levrault et Cie,* 1874. x-356 pages, in-8°. Demi-rel.

9035. (DU MAST.) La salle des Cerfs et tout ce qu'elle a vu... (Par G. du Mast.) *Nancy, Imp. A. Lepage,* 1862. 48 pages, in-8°. Cart.

9036. (DU MAST.) Réplique imaginaire adressée par un des vétérans de l'Académie (G. Du Mast) à M. Duchesne..., destinée à la séance publique du 31 mai 1860. *Nancy, Vve Raybois,* 1860. 8 pages, in-8°. Cart. (Extrait des *Mémoires de l'Académie de Stanislas.*)

9037. DUPARC. Hommage à Jeanne d'Arc, dite la Pucelle d'Orléans, à l'occasion de la fête anniversaire célébrée en son honneur par la ville d'Orléans, le 8 mai 1817. Par M. l'abbé Duparc, inspecteur de l'Académie d'Orléans. *Orléans, Rouzeau-Montaut,* 1817. 8 pages, in-8°. Br.

9038. DUSAULCHOY DE BERGEMONT. Épître à monseigneur de La Fare, évêque de Nancy et primat de Lorraine ; par M. Dusaulchoy de Bergemont. *Nancy, C.-S. Lamort,* 1789. 15 pages, in-12. Cart.

9039. DUSSERT. Couplets. *S. l., n. n.,* 1831. 2 pages, in-8°. Cart.

9040. ÉCOLE (L') secondaire-provisoire de Commercy, à M. Aubry, ex-évêque du département de la Meuse, le jour de son installation en qualité de curé de ladite ville. *S. l., n. n., An XI.* 7 pages, in-8°. Br.

9041. ÉGLOGUE sur l'heureuse arrivée de Mesdames de France aux eaux de Plombières, par D. A. C. B. *Nancy, Haener,* 1761. 4 pages, in-4°.

9042. ÉPITRE critique aux acteurs des théâtres de Metz et de Nancy, par M*** officier du corps impérial d'artillerie. *S. l., n. n.,* 1809. 33 pages, in-12. Cart.

9043. ÉPITRE présentée au roi de Pologne, à son arrivée à Commercy, le 5 juillet 1756. *Nancy, P. Antoine,* 1756. 2 pages, in-4°. Cart.

9044. ÉPITRE au roi de Pologne. *Nancy, P. Antoine, s. d.* 4 pages, in-4°. Br.

9045. ÉPITRE au roi. *Nancy, F. Guivard, s. d.* 4 pages, in-4°. Cart.

9046. ÉPITRE à Messieurs de l'Assemblée du 30 mars, à Nancy. *S. l., n. n., n. d.* 4 pages, in-8°. Cart.

9047. EUDE-DUGAILLON. Épître au général Drouot, premier lieutenant dans la compagnie d'artillerie de la garde nationale de Nancy, par A. Eude-Dugaillon. *Nancy, C.-J. Hissette,* 1831. 15 pages, in-8°. Cart.

9048. EUDE-DUGAILLON. Fiel et Miel. Poésies par A. Eude-Dugaillon, rédacteur du *Patriote de la Meurthe et des Vosges,* auteur des *Échos du Juif errant,* dédiées à M. Eugène Sue. 2ᵉ édition. *S. l., Pommeret et Guénot,* 1846. 347 pages, in-8°. Fig. Demi-rel. Voy. 1ʳᵉ édition, n° 8734.

9049. EUDE-DUGAILLON. Polonaise. *S. l., n. n., n. d.* 2 pages, in-8°. Cart.

9050. FALLOT. Les eaux de Plombières. Poëme suivi de notes et de poésies fugitives, par S.-F. Fallot. *Montbéliard, Imp. Deckherr*, 1823. 132 pages, in-8°. Cart.

9051. FARAIN DE HAUTEMER. Épithalame pour le mariage de M. le marquis de Guitau, avec Mlle Chaumont de la Galaizière. Par M. Farain de Hautemer. *Nancy, L. Beaurain*, s. d. 4 pages, in-4°. Cart.

9052. FEUILLET. Ode, cantate et autres vers sur l'arrivée (à Nancy) et le mariage de Madame la Dauphine, par Feuillet, avocat en Parlement. *Nancy, C.-S. Lamort*, 1770. 12 pages, in-4°. Br. — (Réjouissances au château de Lunéville, à l'occasion du même mariage.)

9053. FEUILLET. Ode funèbre sur la mort de Sa Majesté le roi de Pologne, duc de Lorraine et de Bar. Par Feuillet. *Nancy, Pierre Antoine*, 1766. 15 pages, in-8°. Br.

9054. FRANÇOIS, de Neufchâteau. Les Vosges. Poème récité à Épinal, dans la fête de la fondation de la République française, le 1er vendémiaire de l'an V, par N. François (de Neufchâteau), imprimé par ordre de l'administration centrale du département des Vosges. *St-Dié, Thomas*, s. d. IV-33 pages, in-12. Demi-rel.

9055. FRANÇOIS. Les Vosges. Poëme, par M. François (de Neufchâteau). 2° édition, revue et augmentée. *Paris, Desenne, An V*. 48 pages, in-8°. Cart.

9056. FRANÇOIS. Ode sur la distribution solennelle des prix du séminaire épiscopal de S. Claude, fondé en 1769 par M. Drouas, évêque, comte de Toul, prononcée le 14 septembre 1770, par M. François, de Neufchâteau. *Toul, Joseph Carez*, 1770. 7 pages, in-4°. Cart.

9057. FRETIN. La mort de Gilbert. Monologue en vers, par Charles Fretin. *Nogent-sur-Seine, Garreau et Raveau*, s. d. 8 pages, in-12. Cart.

9058. GARDÉ. La Judit de ce tems, représentée en la personne de très-haute et très-vertueuse princesse madame Louise de Lorraine, princesse de Ligne, etc., religieuse professe au couvent des pénitentes capucines à Douay, sous le nom de sœur Claire Françoise de Nancy, par le s^r Gardé, prestre. *Mons, Fr. de Waudret*, 1641. x-238 pages, in-4°. Rel. maroquin.

9059. GENTILLIATRE. Défense officieuse et chantante de Glaçon-Brice, ex-maire, arrêté dans la maison du Refuge, par un jugement équitable du représentant du peuple, par le citoyen Gentilliâtre. *S. l., n. n., n. d.* 3 pages, in-8°. Cart.

9060. GENTILLIATRE. Épître au citoyen Laugier, faiseur d'indienne en papier et de vers en prose. Par Gentilliâtre. *Nancy, Duplan l'aîné*, s. d. 20 pages, in-12. Cart.

9061. GENTILLIATRE. Les citoyennes de Nancy à Bonaparte d'Italie, en lui envoyant une chanson sur la paix. Par Gentilliâtre. *Nancy, Duplan*, s. d. 4 pages, in-8°. Cart.

9062. (GENTILLATRE ?) Confrontation récréative de Joseph Henry, ex-conseiller du roi, son procureur au siège de la police de Nancy, avec l'abbé ***, témoin entendu dans la procédure extraordinairement instruite contre ledit Joseph Henry. *S. l., n. n.*, 1789. 22 pages, in-12. Cart.

9063. (GENTILLATRE.) Étrennes nancéyennes, pour l'année bisextille 1792, accommodées à la croque au sel pour l'appétit de ceux qui lisent tout : ou recueil de pièces patriotiques et fugitives. (Par Gentillâtre.) (*Nancy*), *Imp. nat. de la Vérité*, 1792. 72 pages, pet. in-8°. Cart.

9064. GÉRARD. Retour de l'armée d'Italie ou revue sur la réception donnée au maréchal Canrobert, par la ville de Nancy. Par J. Gérard. *Nancy, Vve Nicolas*, 1860. 14 pages, in-8°. Cart.

9065. GINDRE DE MANCY. Jeanne d'Arc à la chapelle de Domremy. *Paris, F. Malteste*, s. d. 16 pages, in-16. Br.

9066. GLATIGNY. L'ombre de Callot. Prologue en vers, en un acte, par Albert Glatigny. *Nancy, Vve Nicolas*, 1863. 18 pages, in-8°. Br.

9067. GODY. Odes sacrées, pour l'honneste récréation de toutes sortes de personnes. Divisées en huict parties qui traictent : 1. de S. Nicolas, et du voyage à son église ; 2. de l'amour de Dieu, etc. Avec la table des airs selon lesquel elles se chantent.

Par Pierre G. Gody. *S. Nicolas, Jac. François*, 1629. VIII-184 pages, in-12. Rel. parchemin.

9068. GUAY. Jeanne d'Arc. Prosopopée écrite devant sa statue dans les galeries historiques du palais de Versailles, par C. Guay. *Paris, A. Blondeau*, 1857. 8 pages, in-8°. Demi-rel.

9069. GUERRE (La) de Metz, en 1324. Poème du XIVᵉ siècle, publié par E. de Bouteiller, ancien député de Metz ; suivi d'études critiques sur le texte, par F. Bonnardot, ancien élève de l'École des chartes, et précédé d'une préface, par Léon Gautier. *Paris, Firmin-Didot et Cie*, 1875. XXV-511 pages, in-8°. Pl. Demi-rel.

9070. GUILLEMIN. Jeanne d'Arc. Poème en douze chants, par Alexandre Guillemin. Illustrations de M. Pauquet. *Paris, L. Curmer*, 1844. 357 pages, in-8°. 12 fig. Demi-rel.

9071. GUINET. Astræa in terras revocata felicissimis auspiciis Caroli Quarti Lotharingiæ ducis potentissimi carmen. Authore Francisco Guineto. *Pontimussi, Seb. Cramoisy*, 1624. 40 pages, in-4°. Br.

9072. GUINET. Hymne de la très-illustre et très-ancienne, et très-vertueuse maison de Lorraine. Dédié à Monseigneur de Metz, par Nicolas Guinet, charollois. *Pont-à-Mousson, E. Marchant*, 1588. 15 feuillets non chiffrés, pet. in-8°. Rel. parchemin.

9073. (GUINOT.) Quelques souvenirs lorrains. (Par Guinot, curé de Contrexéville.) *Neufchâteau, Kienné*, 1878. 16 pages, in-8°. Br.

9074. (HÉRAUDEL.) Deplorandi Lotharingiæ status ab aliquot annis. Elegia in qua videre est quid passa sit, peste, fame, bello, author (J. Héraudel) plurium testis est oculatus, etc. *Nanceii, A. Charlot*, 1660. 21 pages, in-4°. Rel. veau.

9075. (HÉRAUDEL.) Deplorandi Lotharingiæ status ab aliquot annis. Elegia in qua videre est quid passa sit, peste, fame, bello... (Réimpression faite par les soins de J. Cayon.) *Saint-Nicolas-de-Port, P. Trénel*, 1839. 17 pages, gr. in-8°. Frontispice et vignettes. Cart.

9076. (HÉRAUDEL.) Élégie de ce que la Lorraine a souffert depuis quelques années, par peste, famine et guerre, sur l'élégie latine de l'auteur (J. Héraudel) et par soy mesme, tesmoing oculaire d'une partie, etc. *Nancy, A. Charlot*, 1660. 32 pages, in-4°. Rel. veau.

9077. (HÉRAUDEL.) Élégie de ce que la Lorraine a souffert depuis quelques années, par peste, famine et guerre. Sur l'élégie latine de l'auteur et par soy mesme, etc. (Réimpression faite par les soins de J. Cayon.) *Saint-Nicolas-de-Port, P. Trénel*, 1839. XXIII-28 pages, gr. in-8°. Frontispice, portraits et vignettes. Cart.

9078. (HÉRAUDEL.) De serenissimi atque invictissimi principis Lotharingiæ et Barri Ducis Caroli IIII optatissimo reditu panegyris. (Auctore J. Heraudel.) *Nanceii, A. Charlot*, 1660. 19 pages, in-4°. Rel. veau.

9079. HINZELIN. Gringoire. Poésie, par Émile Hinzelin. *Nancy, G. Crépin-Leblond*, 1894. 8 pages, petit in-8°. Br.

9080. HISTORIETTE. Père capucin, confessez ma femme. *Nancy, Duplan l'aîné, An V*. 32 pages, in-8°. Cart.

9081. HOMEY. Ad illustrissimum D. D. Marchionem de Lenoncourt, de Blainville, etc. Summum regio-ducalis cubiculi præpositum... gratulatio. A. P. Fr. Jacobo Homey, augustiniano. *S. l., n. n., n. d.* Une page in-fol.

9082. HUGUENY. Épître aux nymphes du lac Blanc, par C. Hugueny, de Charmes, au bénéfice des incendiés de Salins. *Nancy, Bontoux, s. d.* 4 pages, in-4° Br.

9083. HYMNE chantée le deux pluviôse, dans la commune de Nancy, pour l'anniversaire de la mort du Tyran. *Nancy, Vve Bachot, s. d.* 3 pages, in-8°. Cart.

9084. (IMBARD.) Souvenirs d'une lorraine. Poésies. Par Mᵐᵉ I(mbard). *Nancy, N. Collin*, 1866. 200 pages, in-12. Cart.

9085. IMPROMPTU sur la fête de la poissonnerie, chanté par les dames poissonnières de la ville de Nancy. — Pot pourri. *S. l., n. n., n. d.* 3 pages, in-8°. Cart.

9086. IMPROMPTU. Vers à Monsieur de la Vallée de Boisrobert, ancien capitaine au régiment de Bretagne, pour son début sur le théâtre de Nancy. *S. l., n. n., n. d.* 1 page, in-8°. Cart.

9087. INSCRIPTIONS, vers et devises, pour servir aux réjouissances que la ville de Lunéville a fait faire, le 14 février 1736, à l'occasion du mariage de S. A. R. avec l'archiduchesse aînée Marie Thérèse d'Autriche. *Nancy, A. Leseure,* 1736. 8 pages, pet. in-fol. Cart.

9088. INVOCATION à l'Être suprême. *Nancy, J.-B. Vigneulle, s. d.* 3 pages, in-8°. Cart. .

9089. ISTORIA dove si contiene la liberazione di Vienna. *In Milano, Francesco Bolẓani, s. d.* 12 pages, in-24. Cart.

9090. JACQUET. Jeanne d'Arc. Poème national en dix-huit chants, par L.-J. Jacquet, curé d'Arcis. *Paris, Waille,* 1843. iv-531 pages, in-8°. Demi-rel.

9091. JACQUET. L'épée de Jeanne d'Arc. Poème en dix-huit chants, par M. l'abbé Jacquet. *Paris, A. Le Clère et Cie,* 1855. 451 pages, in-8°. Fig. Demi-rel.

9092. JOUVE. Les Granges Notre-Dame. Poëme de la montagne des Vosges (1869-1871), par Louis Jouve. 1ʳᵉ partie, 1869. *Épinal, Mme Vve Durand,* 1882. 63 pages, in-8°. Br.

9093. JOUVE. La colline des eaux. Promenade archéologique, par Louis Jouve. *Saint-Dié, C. Dufays,* 1879. 16 pages, in-8°. Br.

9094. JOUVE. La Bourgonce. *Saint-Dié, C. Dufays,* 1880. 20 pages, in-8°. Br.

9095. JOUVE. Le montagnard vosgien, par Louis Jouve. *Saint-Dié, C. Dufays,* 1881. 20 pages, in-8°. Br.

9096. JUDLIN. Chants d'Alsace-Lorraine.— La guerre. — Virich de Nideck. Légende. — La Roche du diable. Conte bleu. Par Auguste Judlin. *Paris, Berger-Levrault et Cie,* 1881. 134, 22 et 18 pages, petit in-8°. En 1 vol. Demi-rel.

9097. KYRIOLÉS ou cantiques qui sont chantez à l'église de Mesdames de Remiremont, par des jeunes filles de différentes paroisses des villages voisins de cette ville,

qui sont obligez d'y venir en procession, le lendemain de la Pentecôte. *Remiremont, Cl. Nic. Emm. Laurent,* 1773. 14 pages, in-8°. 4 fig. sur bois. Cart.

9098. LA GRASSERIE. Jeanne d'Arc. Poème. Par Raoul de la Grasserie. *Paris, Lemerre,* 1890. 46 pages, in-8°. Br. Voy. n° 3417.

9099. LA MARCHE (O. DE). Le chevalier délibéré comprenant la mort du duc de Bourgogne qui trespassa devant Nancy en Lorraine. Fait et composé par Messire Olivier de la Marche. Et nouvellement imprimé à Paris. (Texte reproduit d'après l'édition sans date imprimée à Skiedam, en Hollande, à la fin du xvᵉ siècle.) *Paris, Crapelet,* 1842. 120 pages, in-16. Frontispice. Demi-rel.

9100. LAMBERTI DE TORNIEL. Stanislao primo, Polonorum Regi, Duci Lotharingiæ et Barriæ, Serenissimo proavo, Serenissimum Burgundiæ Ducem recéns ortum, relevatamque partu Delphinam Serenissimam Lucina gratulans. A Francisco-Nicolao-Camillo Lamberti de Torniel, nanciaco. (*Parisiis*), *Thiboust,* 1751. 8 pages, in-4°. Br.

9101. LAUGIER. Poësies diverses, par M. l'abbé (François de Paule) de Laugier. *Nancy, Lechesne,* 1759. iv-96 pages, in-8°. Cartonné.

9102. LAUGIER. Essais sur l'hiver de l'an vii, à Nancy, divisés en sept chants, par le citoyen Louis Laugier, de Marseille, négociant à Nancy. *Nancy, Guivard, s. d.* 1-28 pages, in-8°. Demi-rel. — Imitation par le citoyen Laugier de l'ode latine du citoyen Famin sur la paix. 2 pages. — Hymnes et couplets chantés à la fête de la République, le premier jour de l'an ix. Paroles du citoyen Laugier, 6 pages.

9103. LAURENS. Archéologie. Sonnet. Par L. Laurens. *Nancy, René Vagner,* 1893. 1 page, in-4°. Br.

9104. LAURENS. Nancy. Sonnet. Par L. Laurens. *Nancy, René Vagner,* 1893. 1 page, in-4°. Br.

9105. LAURENS. Sonnet à la Société des lettres, sciences et arts de Bar-le-Duc. Par L. Laurens. *Nancy, René Vagner,* 1894. 2 feuillets, in-8°. Br.

9106. LEMOINE. Ode sur l'érection de la statue de Louis XV à Nancy, par M. Lemoine, avocat à la Cour. *S. l., n. n., n. d.* 2 pages, in-4°. Cart.

9107. LÉOPOLD premier, duc de Lorraine et de Barrois. Anagramme : Le Miroer, et l'appuy des braves Alerions. — Charlotte-Élisabeth d'Orléans. Anagramme : Tu es le bonheur de la Lorraine. *S. l., n. n., n. d.* 4 pages, in-fol. Cart.

9108. (LESLIE.) Chanson à l'occasion du buste du roy qui vient d'être placé dans la maison des Missions royales. (Par le P. Leslie.) *S. l., n. n., n. d.* 4 pages, in-4°. Br.

9109. (LESLIE.) Ode au roi de Pologne, duc de Lorraine et de Bar, à l'occasion de son buste en marbre blanc érigé dans une salle du séminaire royal des missions de la Compagnie de Jésus dont il est fondateur. (Par le P. Leslie.) *S. l., n. n., n. d.* 8 pages, in-4°. Br.

9110. LOMBARD. Jeanne d'Arc. Poésie d'après la chronique de la Pucelle, par A. Lombard. *Nancy, Berger-Levrault et Cie,* 1876. 47 pages, in-8°. Br. (Extrait des *Mémoires de l'Académie de Stanislas.*)

9111. LOMBARD. La muse moderne, par A. Lombard. *Nancy, Berger-Levrault,* 1885. 13 pages, in-8°. Br. (Extrait des mêmes *Mémoires.*)

9112. LOMBARD. Les voix. *Nancy, Berger-Levrault et Cie, s. d.* 5 pages, in-8°. Br. (Extrait des mêmes *Mémoires.*)

9113. LOMBARD. Lorraine, par M. A. Lombard. *Nancy, Berger-Levrault et Cie,* 1889. 11 pages, in-8°. Br. (Extrait des mêmes *Mémoires.*)

9114. LOMBARD. Drouot, par M. A. Lombard. *Nancy, Berger-Levrault et Cie,* 1890. 11 pages, in-8°. Br. (Extrait des mêmes *Mémoires.*)

9115. LOMBARD. Pensées de septembre 1891, par A. Lombard. *Nancy, Berger-Levrault et Cie,* 1893. 11 pages, in-8°. Br. (Extrait des mêmes *Mémoires.*)

9116. LOMBARD. Le lac de la Meix. Légende vosgienne. Par M. A. Lombard. *Nancy, Berger-Levrault et Cie,* 1895. 11 pages, in-8°. Br. (Extrait des *Mémoires de l'Académie de Stanislas.*)

9117. LOMBARD. Dans les champs, par A. Lombard. *Nancy, Berger-Levrault et Cie,* 1896. 8 pages, in-8°. Br. (Extrait des mêmes *Mémoires.*)

9118. LORRAINE (La) à Stanislas le Bienfaisant. *S. l., n. n, n. d.* 2 pages, in-4°. Br.

9119. LORRAINE (La). Poésie. *Nancy, Richard-Durupt,* 1830. 3 pages, in-8°. Cart.

9120. (LOUIS.) La Bulgnéville. Petit poème, à l'occasion du professorat que j'ai eu l'honneur d'occuper. (Par Louis.) *Bar-le-Duc, F. d'Olincourt, s. d.* 4 pages, in-8°. Cartonné.

9121. MAIGRET. Miscellanea. Joannis-Francisci Maigret, presbyteri, in regio Universitatis nanceïanæ collégio professoris, carmina. *Nanceii, Cl. Leseure,* 1773. 60 pages, in-8°. Cart.

9122. MAIGRET. Inscriptions pour le service funèbre de madame la princesse Charlotte de Lorraine, composées en latin par M. Maigret, et traduite par M. Lavo. *Nancy, P. Antoine et P. Barbier,* 1783. 13 pages, in-8°. Cart.

9123. MARCHAL. Strophes sur la maladie du Roy, et sur le rétablissement de la santé de Sa Majesté, par M. l'abbé Marchal. *S. l., n. n., n. d.* 2 pages, in-4°. Cart.

9124. (MARNE) [DE]. Compliment en vers, présenté par les bourgeois de Bar-le-Duc, le 26 may 1762, et composé par M. de Marne, demeurant en ladite ville. *S. l., n. n., n. d.* 1 page, in-fol.

9125. MARTINEAU DE SOLLEYNE. Stances présentées à Son Altesse Royale, madame la duchesse de Lorraine, sur son arrivée à Paris le 18 février 1718. Par Martineau de Solleyne. *Paris, Jacques Estienne,* 1718. 4 pages, in-4°. Br.

9126. MOLET. Apothéose. Épître à messieurs les associés de l'Académie royale des sciences et belles-lettres de Nancy, par M. Molet, curé de Millery et Autreville, diocèse de Metz, en Lorraine. *Pont-à-Mousson, M. Thiéry*, 1766. 14 pages, in-4°. — Une autre édition. *Ibidem.* 14 pages, in-12. Cart.

9127. MOLLEVAUT. A M. Albert Montémont, traducteur en vers des odes d'Horace. — A M. Émile Bégin, sonnet. Par Mollevaut. Recueil in-8°. Cart.

9128. MONTÉMONT. Mes soixante ans. — Epître à M. Michel Berr de Turique, sur les lorrains célèbres. — Ode à M. le docteur Malgaigne. — Les habitants des Vosges. — L'amour du lieu natal. — La Vosgienne. — Souvenirs du pays natal. — Ode à M. Mollevaut. — Ode sur la mort de Pellet, d'Épinal. — La Lorraine, pépinière de talens. — Le caractère. En tout 11 pièces de vers, par Albert de Montémont. 2 recueils, in-8°. Cart.

9129. MUSE (La) civique aux ennemis des Français, dédiée aux cosmopolites, par le curé de Raucourt. *Pont-à-Mousson, F. D. Thiéry*, 1792. 13 pages, in-4°. Cart.

9130. NOËLS et cantiques nouveaux sur la naissance de Notre-Seigneur Jésus-Christ. *Toul, J. Carez*, 1823. 48 pages, in-12. Demi-rel. Voy. n°° 8962-8967.

9131. (ODE) sur le retour de Son Altesse Royale. *S. l., n. n.*, (1730). 5 pages, in-4°. Broché.

9132. ODE sur l'auguste mariage de Son Altesse Royale Monseigneur le prince François, duc de Lorraine et de Bar, avec haute et puissante dame Marie-Thérèse d'Autriche. *Toul, Claude Vincent*, 1736. 7 pages, in-4°. Cart.

9133. ODE au roi de Pologne, duc de Lorraine et de Bar, sur l'arrivée de Mesdames de France, dans ses États. *Nancy, Hæner*, 1761. 4 pages, in-8°.

9134. ODE présentée au roi de Pologne, Duc de Lorraine, le jour de la dédicace solennelle de la statue du roi de France, son gendre, dans la nouvelle place Royale de Nancy. *S. l., n. n., n. d.* 5 pages, in-4°. Cart.

9135. ODE funèbre sur la mort de Sa Majesté le roi de Pologne, duc de Lorraine et de Bar. *Nancy, Pierre Antoine*, 1766. 15 pages, in-12. Cart.

9136. ODE sur le rétablissement de la santé du roy. *Metz, Vve P. Collignon*, 1744. 4 pages, in-4°. Cart.

9137. ODE au prince Maximilien à son passage à Nancy. *S. l., n. n., n. d.* 1 page, in-4°. Cart.

9138. ODE au roi de Danemarck à son passage à Nancy. Novembre 1768. *S. l., n. n., n. d.* 1 page, in-4°. Cart.

9139. ODE sur les pluies survenues en 1816, et sur les prières faites à saint Sigisbert, à cette occasion. *Nancy, Barbier*, (1816). 4 pages, in-8°. Br.

9140. OLRY. Gilbert, chant lyrique. Par Olry (d'Épinal), docteur ès-lettres. *Nancy, Grimblot et Thomas*, 1839. 8 pages, in-8°. Cart.

9141. OLRY. Hommage à la mémoire de Pellet. Chant lyrique, par M. Olry... *Nancy, Thomas et Cie, s. d.* 4 pages, in-8°. Cart.

9142. OUDIN. Serenissimo Lotharingiæ Principi (Ludovico I°), recens nato (28 januarii 1704), plausus collegii mussipontani. A. Francisco Oudin, S. J. *S. l., n. n.*, (1704). 8 pages, in-4°. Br.

9143. (PAQUET.) Chants populaires messins recueillis dans le val de Metz, en 1877, par Nérée Quépat (Henri-Remi-René Paquet). *Paris, Champion*, 1878. 84 pages, in-12. Br.

9144. PEIRE. Épitre aux laboureurs. Avec des notes historiques et agronomiques, par Ch. Peire. *Nancy, Vve Raybois*, 1863. 52 pages, in-8°. Cart.

9145. PELLET. Le barde des Vosges. Recueil de poésies par Pellet d'Épinal. 2° édition, augmentée de pièces inédites. *Paris, A. Costes*, 1829. 372 pages, in-12. Frontispice et vignette. Demi-rel.

9146. PIERRON. Templum metensibus sacrum, carmen. — Le temple des messins, poème. Par Dom Bernardin Pierron, bénédictin, professeur d'humanités au collège de Metz. *Metz, J.-B. Collignon et Gerlache*, 1779. XVI-221 pages, in-8°. Demi-rel.

9147. PIERRON. Le temple des messins. Poème. Par dom Bernardin Pierron, bénédictin, professeur d'humanités au collège de Metz. Reproduction de la traduction française de ce poème, avec notice, par F.-M. Chabert. *Nancy, Typog. N. Collin, s. d.* xvi-152 pages, in-8°. Demi-rel.

9148. PIERRON. Le barbeau héraldique de Pont-à-Mousson. Légende du xviie siècle, par E. Pierron. *Pont-à-Mousson, Eug. Ory,* 1879. 3o pages, in-16. Br.

9149.•PILLADIUS. Laurentii Pilladii canonici ecclesiæ Sancti Deodati, Rusticiados libri sex, in quibus illustris. principis Antonii Lotharingiæ Barri et Gheldriæ ducis, gloriosissima de seditiosis Alsatiæ rusticis victoria copiose describitur. *Metis, J. Palier,* 1548. 109 feuillets, petit in-4°. Rel. veau.

9150. PILLADIUS. La Rusticiade ou la guerre des paysans en Lorraine, par Laurent Pilladius, traduite par F.-R. Dupeux. *Nancy, Berger-Levrault et Cie,* 1875-1876. vii-356 et 277 pages, in-12. Demi-rel. Étui.

9151. PLAINTE de l'Allemagne sur le départ de Son Altesse Sérénissime Léopold duc de Lorraine. Avec la réponse de la Lorraine à l'Allemagne. Par L. L., Père de la Compagnie de Jésus. *Pont-à-Mousson, François Maret,* 1698. 14 pages, in-4°. Br.

9152. PLEYEL. Hymne à la Liberté, par le citoyen Pleyel. *Nancy, Vve Bachot, s. d.* 2 pages, in-8°. Cart.

9153. POÉSIES populaires de la Lorraine. (Recueillies par l'abbé Marchal.) — Publication de la Société d'archéologie lorraine. *Nancy, A. Lepage,* 1854. 192 pages, in-8°. Musique. Demi-rel.

9154. POIRSON. Chant lorrain à l'occasion du centième anniversaire de la réunion de la Lorraine à la France. Par F.-E. Poirson. *Nancy, Imp. N. Collin,* 1866. 12 pages, in-12. Demi-rel.

9155. PORTRAIT de Leurs Altesses Royales de Lorraine. Épître à Madame de Villequier. *S. l., n. n., n. d.* 12 pages, in-4°. Br.

9156. POT-POURRI joyeux sur la chute des tyranneaux, louveteaux, brigandeaux, etc. *S. l., n. n., n. d.* 4 pages, in-8°. Cart.

9157. PUYMAIGRE (DE). Chants populaires recueillis dans le pays messin, mis en ordre et annotés par le comte de Puymaigre, membre de l'Académie impériale de Metz. *Metz, Rousseau-Pallez ; Paris, Didier,* 1865. xxxiii-475 pages de texte et 20 de musique. In-12. Demi-rel.

9158. PUYMAIGRE (DE). Chants populaires recueillis dans le pays messin, mis en ordre et annotés par le comte de Puymaigre. Nouvelle édition augmentée de notes et de pièces nouvelles. *Paris, Champion ; Nancy et Metz, Sidot,* 1881. vii-286 et 283 pages de texte et 19 de musique. In-12. 2 vol. Br.

9159. PUYMAIGRE (DE). Poésie populaire. Chants allemands recueillis dans le département de la Moselle, par le comte de Puymaigre. *Metz, Rousseau-Pallez,* 1864. 31 pages, in-8°. Cart. (Extrait de la *Revue de l'Est.*)

9160. PUIMAIGRE (DE). Notes sur quelques chansons populaires du pays messin, par M. le comte de Puymaigre. *Metz, Rousseau-Pallez,* 1868. 43 pages, in-8°. Cart. (Extrait de la *Revue de l'Est.*)

9161. RABALLET DE CHAMPLAURIER. Hommage à la Lorraine et à l'Alsace, par J. Raballet de Champlaurier. *Mirecourt, Humbert,* 1860. 16 pages, in-8°. Cart.

9162. RANXIN. Le triomphe de la vertu. Ode adressée à M. Mengin de la Neuveville, lieutenant-général du bailliage de Nancy. Par M. Ranxin. *S. l., n. n., n. d.* 6 pages, in-8°. Cart.

9163. RAUCOUR. Remerciement de la citoyenne Raucour, première actrice du théâtre français, à ses concitoyens. *S. l., n. n., n. d.* 2 pages, in-8°. Demi-rel.

9164. RECUEIL de poésies, chansons, épigrammes, épîtres, etc., (sur Nancy). Par M...n. (Mengin ?) *S. l., n. n., n. d.* 15. pages, in-8°. Br.

9165. RECUEIL (Petit) de poésies lyriques et patriotiques dédié à la ville de Nancy. *Paris, Imprimerie Sanculotide des Amis de la Liberté, An III.* 46 pages, in-8°. Cart.

9166. REINHARD. Le drapeau en deuil à Retournemer. (Poésie.) Par Aimé Reinhard. *Nancy, Berger-Levrault,* 1894. 7 pages, in-8°. Br.

9167. REQUÊTE du curé de Fontenoy au roy. — Foi et hommage du s^r Ch***, maire de Fontenoy, à Louis le Bien-Aimé. — Vers sur la bataille de Fontenoy, par le vicaire du lieu. — Épître du s^r Rabot, maître d'école de Fontenoy. *Toul, S. Vincent,* 1745. 13 pages, in-4°. Cart.

9168. REGRETS d'un citoyen sur la mort du roi Stanislas. *Nancy, C.-S. Lamort,* 1766. 3 pages, in-4°. Cart.

9169. RICHARD. Les kyriolés de Remiremont, par Richard. *Épinal, Gley, s. d.* 11 pages, in-12. Cart.

9170. ROBERT. Vers présentés au roy Louis XV, par Robert, avocat. *Metz, F. Antoine, s. d.* 4 pages, in-4°. Cart.

9171. ROMARIC (Saint). Causerie d'un vieillard né à Remiremont. *Paris, Imp. Guiraudet et Jouaust, s. d.* 40 pages, in-8°. Cart.

9172. SAINT-FERRÉOL. Épître à M. Albert Montémont. Par Em. de Saint-Ferréol. *Paris, Bruneau,* 1848. 3 pages, in-24. Cart.

9173. SAINT-EPVRE (La nouvelle église) à Leurs Majestés Impériales. Cantate. Paroles de l'abbé Dufay. Musique de A. Rigaux, maître de chapelle. *Nancy, N. Collin,* 1866. 3 pages, in-8°. Br.

9174. SCHMIT. Une chanson politique en 1634. Épisode de l'invasion française en Lorraine, par M. J.-A. Schmit. *Nancy, L. Wiener,* 1874. 24 pages, in-8°. Cart. (Extrait des *Mémoires de la Société d'archéologie lorraine.*)

9175. SÉRIEYS. Insurrection du peuple contre les tyrans. — Hymne aux républicains. Par Sérieys. *Nancy, Guivard, s. d.* 4 pages, in-8°. Cart.

9176. SEURET. Jeanne d'Arc. Poème en dix chants, par L.-T. Seuret. Seconde édition, corrigée. *Lille, Bronner-Bauwens,* 1832. 124 pages, in-12. Demi-rel.

9177. SIEBECKER. Poésies d'un vaincu. Noëls alsaciens-lorrains. Poëmes de fer. *Paris, Berger-Levrault et Cie,* 1882. 294 pages, in-12. Br.

9178. SIGEBERT. Éloge de Metz par Sigebert de Gembloux. Poème latin du onzième siècle, traduit et annoté par E. de Bouteiller, suivi de quelques autres pièces sur le même sujet. *Paris, D. Dumoulin et Cie,* 1881. 11-147 pages, in-8°. Fig. Br. (Petite bibliothèque messine.)

9179. SIMONET. La vision de Jeanne d'Arc, par E. Simonet. *Neufchâteau, Vve Beaucolin,* 1879. 11 pages, in-8°. Br.

9180. SIMONET. Une halte militaire à Domremy, par E. Simonet. *Paris, A. Chérié,* 1878. 10 pages, in-12. Cart.

9181. (SOLIGNAC.) Compliments d'une troupe de matelots habillés à la hollandoise, à Mesdames de France, à leur passage à Lunéville. (Par M. de Solignac.) *S. l., n. n., n. d.* 3 pages, in-4°.

9182. (SOMMIER.) Orgia alicapellana. Festes d'Alichapelle. (Poème attribué par M. Godron à Jean-Claude Sommier, curé de Champs, puis archevêque de Césarée, et par Noël [n° 4503 de son catalogue] à Léonard Bourcier.) *S. l., n. n., n. d.* (MDCLLII : 1702). 28 pages, in-8°. Br.

9183. SONNET sur l'entrée de Mesdames de France à Nancy. *Nancy, Haener,* 1761. 1 page, in-4°. Cart.

9184. SOUVENIRS de 1814. — Quelques satires pour essai. *Metz, S. Lamort,* 1845. 35 pages, in-8°. Cart.

9185. STANCES à Son Altesse Royale le duc François. *Nancy, P. Antoine,* 1730. 3 pages, in-4°. Cart.

9186. STANCES sur la religion. *Nancy, Hæener,* 1758. 16 pages, petit in-8°. Br.

9187. TALIBERT. Chants messins, par de Talibert (des Robert). 1870-1880. *Nancy, Crépin-Leblond,* 1881. 36 pages, in-8°. Br.

9188. THOMAS. La Lorraine. — L'anniversaire de la réunion de la Lorraine à la France, 1766-1866. Par Auguste Thomas, inspecteur de l'instruction primaire. *Mirecourt, Humbert, s. d.* (1866). 60 pages, in-8°. Demi-rel.

9189. TOUTAIN-MAZEVILLE. La mission de la Pucelle d'Orléans. Chronique mise en vers, par Toutain-Mazeville. *Havre, Costey,* 1865. 11-143 pages, in-8°. Demi-rel.

9190. VALLIER (DE). Journal en vers de ce qui s'est passé au camp de Richemont, commandé par M. de Chevert, lieutenant-général des armées du roi. Commencé le 26 août 1755 et fini le 25 septembre suivant. (Par F.-C. de Vallier, comte du Saussay, capitaine de grenadiers.) *Metz, J. Collignon,* 1755. 41 pages, in-4°. Rel. mar. r., dent.

9191. VICQ. Côté des dames. Anodinets, contes, historiettes, poésies diverses. — Côté des hommes. Contes meusiens, par Édouard Vicq. *Saint-Mihiel ; Nancy, N. Collin,* 1884. 106 et 112 pages, in-8°. Demi-rel.

9192. VICQ. Au fond du verre. Cent contes lorrains, par Édouard Vicq. *Saint-Mihiel ; Nancy, N. Collin,* 1882. 236 pages, in-8°. Broché.

9193. VICAIRE. Le récit du grand-père. Souvenir d'Alsace. *Paris, Berger-Levrault,* 1882. 11 pages, in-8°. Br.

9194. VOLTAIRE. La Pucelle d'Orléans. Poëme en vingt et un chants, par Voltaire. *Paris, Th. Dabo,* 1819. XII-290 pages, in-12. Br.

9195. (VOLTAIRE.) La Pucelle d'Orléans. Poëme en vingt-un chants, avec des notes, auquel on a joint plusieurs pièces qui y ont rapport (par Voltaire). *Londres (Paris, Cazin),* 1780. 218 et 180 pages, 1 frontispice, 21 vignettes, in-18. 2 vol. Rel. veau, d. s. tr.

9196. (VOLTAIRE.) La Pucelle d'Orléans. Poëme divisé en vingt-un chants, avec des notes. Nouvelle édition, corrigée, augmentée et collationnée sur le manuscrit de l'auteur. (Par Voltaire.) *S. l. (Genève), n. n.,* 1762. VIII-358 pages, in-8°. 20 fig. Rel. veau.

9197. WAULTRIN. L'arrivée triomphante de Son Altesse Sérénissime Léopold premier du nom, duc de Lorraine et de Bar, etc., dans ses États et son entrée victorieuse dans sa ville capitale de Nancy, par Waultrin. *Pont-à-Mousson, François Maret,* (1698.) 77 pages, in-4°. Br.

9198. YDILLE héroïque sur l'absence de Son Altesse Royale et de Monseigneur, présentée à S. A. R. Madame la régente, le 12 février 1736. *S. l., n. n., n. d.* 4 pages, petit in-4°. Cart.

IV. THÉATRE

9199. ABEL. Un mystère à Metz. Par Ch. Abel. *Metz, Rousseau-Pallez,* (1855). 45 pages, in-8°. Cart. (Extrait de l'*Austrasie.*)

9200. ACIS et Galatée. Pastorale héroïque en musique, représentée devant Leurs Altesses Royales, à Lunéville, le 15 novembre 1706. *Nancy, Paul Barbier, s. d.* 64 pages, in-4°. Br.

9201. AMADIS de Gaules. Tragédie en musique, représentée devant Leurs Altesses Royales le 7 février 1709. *Lunéville, J.-L. Bouchard, s. d.* 93 pages, in-4°. Br.

9202. AURICOSTE DE LAZARQUE. Théâtre de la foire. Aile et pilon, ou tout vient à point à qui sait attendre. Canevas en un acte pour marionnettes. Par E.-A. de Lazarque. *Metz, Ch.-A. Carrère,* 1881. 25 pages, in-8°. Br.

9203. AVRIGNI (D'), Jeanne d'Arc à Rouen. Tragédie en cinq actes, en vers. Par M. C.-J.-L. d'Avrigni. *Paris, Ladvocat,* 1819. 90 pages, in-8°. Demi-rel.

9204. BERNARD. Diane amante. Pastorale en musique représentée devant Leurs Altesses Royales Monseig. le duc et Mad. la duchesse de Lorraine..., sur le canal d'Einville. Par Barthélemy Bernard. *Lunéville, Bouchard,* 1708. 58 pages, pet. in-4°. Br. (Texte français et traduction italienne en regard.)

9205. CALLOT. Apothéose de la maison de Lorraine, précédée de la nôce champêtre. Pastorale héroïque en forme de ballet et de petit opéra. Pour le jour du mariage de S. A. S. Monseigneur le prince Charles de Lorraine..., par M. Callot. *Commercy, Henry Thomas,* 1744. 30 pages, in-4°. Br.

9206. COSRÖES II. Tragédie. — Le point d'honneur. Comédie. Représentées par les écoliers de l'Université de Pont-à-Mousson, pour la distribution des prix..., le 22 août 1736. *Pont-à-Mousson, François Maret,* 10 pages, in-4°. Br.

9207. CRUX. Les vœux accomplis, ou le mariage patriotique. Opéra-comique en un acte, à l'occasion de la naissance de Monseigneur le Dauphin, *représenté sur le théâtre de Metz, le lundi 19 novembre 1781,* et composé par le sieur Crux, acteur dudit théâtre. *Metz, Joseph Antoine, 1781.* 35 pages, in-8°. Cart.

9208. CUVELIER. La Pucelle d'Orléans. Pantomime historique et chevaleresque, en trois actes, à grand spectacle, précédée du songe de Jeanne d'Arc, et terminée par son apothéose, par J.-G.-A. Cuvelier ; musique par M. Alexandre ; divertissemens de M. Jacquinet ; costumes et décors de M. Isidore. *Paris, Barba, 1814.* 16 pages, in-8°. Br.

9209. DECOUR. Jacques Callot à Nancy. Comédie historique en un acte, mêlée de vaudevilles, par Eugène Decour, représentée pour la première fois à Paris, sur le théâtre des Jeunes-Élèves, rue de Thionville, le 26 octobre 1805. *Paris, Allut,* 1806. 31 pages, in-8°. Cart.

9210. DIEULAFOY... Jeanne d'Arc, ou le siège d'Orléans. Fait historique, en trois actes, mêlé de vaudevilles, par MM. Dieulafoy et Gersin, représenté pour la première fois à Paris, sur le théâtre de Vaudeville, le 24 février 1812. *Paris, Fages,* 1812. 66 pages, in-8°. Demi-rel.

9211. DIVERTISSEMENT pour la feste de Son Altesse Royale. Mis en musique par M. Desmaretz, sur-intendant de la musique de S. A. R. Représenté à Lunéville en présence de Leurs Altesses Royales, le 15 novembre 1717. *Nancy, Cusson, 1717.* 19 pages, in-4°. Br.

9212. DIVERTISSEMENT pour le mariage de S. A. S. Monseigneur le prince de Lixin, grand maistre de l'hôtel de S. A. R., avec mademoiselle de Craon. Mis en musique par Desmaretz. Représenté sur le théâtre du palais de Lunéville, le 19 août 1721. *Nancy, Cusson, 1721.* 22 pages, in-4°. Br.

9213. DIVERTISSEMENT pour le jour de la fête du roy de Pologne, duc de Lorraine et de Bar. Mis en musique par M. de la Pierre, maître de la musique de la chapelle de Sa Majesté. *S. l., n. n., n. d.* 11 pages, in-4°. Br.

9214. DOMINIQUE. Fête galante, mise en musique par M. Regnault, maître de musique de S. A. R. Représentée à Lunéville le 4 novembre 1704. Les danses sont de la composition de M. Magny, maitre à danser de S. A. R. Madame. — Les amours d'Arlequin, comédie d'un acte, représentée à Lunéville, le même jour, par la troupe des comédiens italiens de S. A. R. (Par P.-Fr. Biancolelli, plus connu sous le nom de Dominique.) *Nancy, P. Barbier,* 1704. 46 pages, in-4°. Cart.

9215. DUFFAUD... Jeanne d'Arc, ou Domremy et Orléans. Comédie historique mêlée de chant, en deux actes et trois tableaux, par MM. Henri Duffaud et Eugène Duval, représentée pour la première fois à Paris, sur le théâtre des Jeunes-Élèves-Comte, le 23 octobre 1835. *Paris, J. Bréauté,* 1835. 128 pages, in-12. Cart.

9216. DUMANIANT. Le dragon de Thionville. Fait historique en un acte et en prose, par M. Dumaniant. Représenté pour la première fois à Paris, sur le théâtre des Variétés amusantes, le 26 juillet 1786. *Paris, Brunet,* 1793. 19 pages, in-8°. Cart.

9217. DUMOLARD. La mort de Jeanne d'Arc. Tragédie en trois actes, par H.-F. Dumolard, dédiée aux citoyens d'Orléans, et représentée, pour la première fois, sur le théâtre de cette ville, le 8 mai 1805, jour anniversaire de sa délivrance par Jeanne d'Arc. *Orléans, Darnault-Maurant,* 1807. 68 pages, in-8°. Demi-rel.

9218. FONTAN... Le procès d'un maréchal de France (Ney), 1815. Drame historique en quatre actes, par MM. Fontan et Dupeuty. Non représenté au théâtre des Nouveautés, le samedi 22 octobre 1831, par défense de l'autorité supérieure. *Paris, A. Dupont,* 1831. 68 pages, in-8°. Cart.

9219. FOURNITOUT. (M.) ou le bureau de placement. Comédie-vaudeville en un acte, représentée pour la première fois, sur le théâtre de Nancy, le 21 novembre 1827. *Nancy, Hæner,* 1827. 39 pages, in-8°. Cart. (Avec une lithographie.)

9220. (FRONTON du DUC.) L'histoire tragique de la Pucelle de Dom-Remy, aultrement d'Orléans. Nouvellement départie par actes, et représentée par personnages. (Par Fronton du Duc, professeur à l'Université de Pont-à-Mousson.) *Nancy, Vve J. Janson,* 1581. viii-48 feuillets, in-4°. Rel. maroquin bleu, fil. (Aux armes de Jeanne d'Arc.)

9221. FRONTON du DUC. L'histoire tragique de la Pucelle d'Orléans par le P. Fronton du Duc, représentée à Pont-à-Mousson, le vii sept. 1580, devant Charles III, duc de Lorraine et publiée en 1581 par J. Barnet. (Réimpression faite aux frais et par les soins de Durand de Lançon.) *Pont-à-Mousson, P. Toussaint,* 1869. xxvi-106 pages, pet. in-4°. Demi-rel.

9222. GAMON. Beaurepaire ou la prise de Verdun par le roi de Prusse, à la fin de 1792. Targédie en trois actes et en vers ; par M. Gamon, président de la Cour criminelle de l'Ardèche. *Paris, Bacot,* (1806). viii-48 pages, in-8°. Demi-rel.

9223. GODEFROI DE BOUILLON, représenté par les élèves de l'Académie des langues orientales devant leurs très augustes fondateurs, le 18 décembre 1757... *Vienne en Autriche, chez les héritiers de Schilgin, s. d.* 48 pages, in-8°. Cart.

9224. (GODY.) Richecourt. Trage-comédie, représentée par les pensionnaires des RR. Pères Bénédictins de S.-Nicolas. 1628. (Par Simplicien Gody, religieux de la congrégation de Saint-Vanne.) *S.-Nicolas, J. François,* 1628. 76 pages, in-8°. Cart.

9225. (GODY.) Richecourt. Tragi-comédie. (Par Simplicien Gody...) Jouxte la copie imprimée à Saint-Nicolas-de-Port, en 1628. *Saint-Nicolas-de-Port, Typ. P. Trenel ; Nancy, Wiener,* 1860. 78 pages, in-4°. Demi-rel.

9226. GOUTIÈRE - VERNOLLE. L'intrus. Farce grossière et romaine en un acte, représentée au Cercle des étudiants de Nancy le 22 janvier 1892. *Nancy, G. Crépin-Leblond,* 1892. 48 pages in-8°. Br.

9227. GOUTIÈRE-VERNOLLE. Par le code ! comédie en un acte et en vers. Représentée pour la première fois sur le théâtre de Nancy, le 5 juin 1892, à la soirée de gala offerte par la Société générale des étudiants. *Nancy, G. Crépin-Leblond,* 1892. 16 pages, in-16. Br.

9228. (GUDIN DE LA BRUNELLERIE.) Lothaire et Valdrade, ou le royaume mis en interdit. Tragédie, brûlée à Rome par les moines inquisiteurs de cette ville, le 28 sept. 1768. (Par P. P. Gudin de la Brunellerie.) *Rome, Imp. du Vatican,* 1777. xxiv-117 pages, in-8°. Demi-rel.

9229. GUERRIER (Le) bienfaisant. Comédie en un acte en vers et en prose, par B. *Bliecastel, s. n.,* 1784. 37 pages, in-8°. Br. (La scène se passe à Nancy.)

9230. GUESSARD. Le mistère du siège d'Orléans. Publié pour la première fois, d'après le manuscrit unique conservé à la Bibliothèque du Vatican, par MM. F. Guessard et E. de Certain. *Paris, Imp. impériale,* 1862. lxvi-813 pages, in-4°. Cart. (*Collection de documents inédits relatifs à l'histoire de France.*)

9231. GUILBERT DE PIXERÉCOURT. Charles le Téméraire, où le siège de Nancy. Drame héroïque en trois actes, en prose, dédié à la ville de Nancy, par R.-C. Guilbert de Pixerécourt ; et représenté pour la première fois, à Paris, le 26 octobre 1814. *Paris, Barba,* 1814. 92 pages, in-8°. Rel. mar. bleu, avec encadr. aux armes du roi de France. (A la suite du titre, une dédicace calligraphiée en lettres d'or : *Aux habitants de Nancy* et signée de la main de l'auteur.)

9232. GUILBERT-PIXERÉCOURT. Marguerite d'Anjou. Mélodrame historique en trois actes, en prose, et à grand spectacle ; par R.-C. Guilbert - Pixerécourt. Représenté, pour la première fois, à Paris, sur le théâtre de la Gaîté, le 11 janvier 1810. Musique de M. Gérard-Lacour. 2ᵉ édition. *Paris, Barba,* 1810. 68 pages, in-8°. Br.

9233. GUIVARD. La paix ou le triomphe de l'humanité. Fait historique à grand spectacle, en deux actes et en prose, mêlé de chants. Paroles du citoyen Guivard. Musique du citoyen Jadin. Représenté pour la première fois sur le théâtre de Nancy, le 24 février, an VI de la République. *Nancy, Guivard, An VI.* 48 pages, in-8°. Cart.

9234 HALDAT (DE). Histoire tragique de Jeanne d'Arc, en cinq actes et en vers, par le père Fronton du Duc. Analyse par M. de Haldat. *Nancy, Grimblot et Vve Raybois*, 1847. 19 pages, in-8°. Br. (Extrait des *Mémoires de la Société des lettres, sciences et arts de Nancy*.)

9235. HÉDOUVILLE (DE). Jeanne d'Arc ou la Pucelle d'Orléans. Tragédie en cinq actes, par N.-J.-C. de Hédouville, chevalier de Saint-Louis et de la Légion d'Honneur. *Paris, A. Le Clere et Cie*, 1829. 112 pages, in-8°. Cart.

9236. H'EYMONET. Les scellés. Comédie-vaudeville en un acte. Représentée pour la première fois, le 23 janvier 1897, sur le théâtre municipal de Nancy. Par George H'eymonet. *Nancy, Iochum*, 1897. 62 pages, in-12. Br.

9237. HIMBERT DE FLÉGNY. La mort de Henri de Guise. Tragédie en cinq actes ; par le baron Himbert de Flégny, ex-législateur, ex-tribun et ancien préfet. *Paris, Imp. Crapelet*, 1823. II-75 pages, in-8°. Cartonné.

9238. INTERMÈDES de la comédie du Bourgeois-Gentilhomme, avec tous ses agréments de danses et de musiques. Représentés devant Leurs Altesses Royales, à Nancy, le 1er février 1717. *Nancy, R. Charlot et P. Deschamps, s. d.* 39 pages, in-8°. Br.

9239. INTERMÈDES de la comédie du Bourgeois-Gentilhomme avec tous ses agréments de danses et de musique. Représentés devant Leurs Altesses Royales à Lunéville, le 15 novembre 1708. *Lunéville, Jean-Louis Bouchard, s. d.* 41 pages, in-4°. Br.

9240. JOUVE... Jeanne Darc. Drame historique en dix tableaux, par Louis Jouve et Henri Cozic. *Paris, E. Dentu*, 1857. XII-240 pages, in-12. Br.

9241. LA MOTHE. Amadis de Grèce. Tragédie. Représentée par l'Académie royale de musique. Paroles de M. de la Mothe, musique de Destouches. *Metz, Vve Brice Antoine*, 1730. 42 pages, in-4°. Br.

9242. LA VALLÉE (DE). Le serment civique, ou les lorrains-patriotes. Pièce en un acte, représentée, pour la première fois, par MM. les comédiens de la cité de Nancy, le 19 avril 1790, dédiée à MM. de la garde nationale de Nancy ; par M. de La Vallée, ancien capitaine au régiment de Bretagne, etc. *Nancy, Vve Bachot*, 1790. 22 pages, in-8°. Br.

9243. LAVO et Lorenziti. L'hiver. Divertissement mis en musique par M. Lorenziti, l'aîné, maître du concert des Amateurs. Paroles de M. Lavo, négociant à Nancy. *S. l., n. n., n. d.* 4 pages, in-4°. Cart.

9244. LEMOINE. Les Prussiens en Lorraine ou l'honneur d'une mère. Drame en quatre actes, par Gustave Lemoine. *Paris, Vve Bondey-Dupré*, 1840. 36 pages, in-8°. Cartonné.

9245. LE PRÉVOST. Les trois rivaux. Opéra-comique de M. Le Prévost, garde du roi de Pologne, duc de Lorraine et de Bar. *Lunéville, Messuy*, 1758. 46 pages, in-8°. Cart.

9246. MAITRE (Le) de musique. Intermède en musique, en deux actes. *Nancy, L. Beaurain*, 1754. 32 pages, pet. in-8°. Br. (Texte italien en regard.)

9247. MARTHÉSIE, première reine des Amazones. Tragédie chantée devant Leurs Altesses Royales, et représentée à Nancy le dix-neuf février 1700. *Nancy, Nicolas, René les Chalots, et Pierre Dechampts*, 1700. 56 pages, in-4°. Cart.

9248. MATTHIEU. Troisième édition de la Guisiade. Tragédie nouvelle. En laquelle au vray, et sans passion, est représentée le massacre du duc de Guise. Revue, augmentée, etc. Par Pierre Matthieu, avocat à Lyon. Sur l'imprimé à Lyon, J. Roussin, 1589. *S. l., n. n., n. d. (La Haye, J. Gosse*, 1744.) 116 pages, in-8°. Rel. mar. r. (Extrait de l'édition de 1744, du *Journal de Henri III*, par P. de l'Estoile. Suivi de *La Tragédie* de feu Gaspard de Colligny.)

9249. MAURIN. Jeanne d'Arc, ou le siège d'Orléans. Comédie héroïque à grand spectacle, en trois actes et en vers, par M. Maurin. *Metz, Lamort*, 1809. 86 pages, in-8°. Cart. (Le titre manque.)

9250. MYSTÈRE (Le) de saint Clément, publié par Charles Abel, avocat, etc., d'après un manuscrit de la Bibliothèque de Metz. *Metz, Rousseau-Pallez,* 1861. xvii-188 pages, in-4°. Br.

9251. PALISSOT. Divertissement exécuté sur le nouveau théâtre de Nancy, le 26 novembre 1755, jour de la dédicace de la statue de Sa Majesté Très-Chrétienne. Par Palissot de Montenoy. *Nancy, Pierre Antoine,* 1755. 56 pages, in-8°. Cart.

9252. PASTORALE pour le jour de la fête de la reine de Pologne, duchesse de Lorraine et de Bar. Mise en musique par M. de la Pierre, maître de la musique de la chapelle et de la chambre de Leurs Majestez. *Nancy, Pierre Antoine, s. d.* 22 pages, in-4°. Br.

9253. PÉRIN. La maison de Jeanne d'Arc. Comédie anecdote en un acte en prose, par M. René Périn, représentée, pour la première fois, à Paris, sur le théâtre Favard, par les comédiens - sociétaires de l'Odéon, le 16 septembre 1818. *Paris, J.-N. Barba,* 1818. 31 pages, in8°. Demi-reliure.

9254. PLOMBIÈRES en belle humeur. Comédie au sujet du séjour de Mesdames de France en cette ville. *Épinal, Dumoulin, s. d.* 31 pages, pet. in-8°. Rel.

9255. PORCHAT. La mission de Jeanne d'Arc. Drame en cinq journées, en vers, par J.-J. Porchat (de Lausanne). *Paris, J.-J. Dubochet,* 1844. 140 pages, in-12. Demi-rel.

9256. POTTECHER. Théâtre du peuple. Premier spectacle. Le diable marchand de goutte. Pièce populaire en trois actes, par Maurice Pottecher. *Nancy, Imp. Voirin et L. Kreiss,* 1895. viii-85 pages in-8°.

9257. PUYMAIGRE (de). Jeanne d'Arc. Tragédie par le vicomte Théodore de Puymaigre. *Paris, Debécourt,* 1843. 229 pages, in-8°. Demi-rel.

9258. RAYNOUARD. Les états de Blois. Tragédie en cinq actes et en vers..., précédée d'une notice historique sur le duc de Guise, par M. Raynouard. *Paris, Mame,* 1814. 360 pages, in-8°. Portrait. Demi-rel.

9259. RENARD. Jeanne d'Arc ou la fille du peuple au xv° siècle. Drame historique et critique, par Renard (Athanase). *Paris, Furne et Cie,* 1851. 291 pages, in-12. Demi-rel.

9260. ROMAIN. La Salmée. Pastorelle comique, ou fable bocagère, sur l'heureuse naissance du filz premier-né de très-hault, et très-généreux prince Monseigneur de Vaudémont, François de Lorraine. Par Nicolas Romain, natif du Pont-à-Mousson, docteur ès-droictz, et secrétaire de mondict seigneur. *Pont-à-Mousson, M. Bernard,* 1602. 140 pages, pet. in-8°. Vignette. Rel. velours vert.

9261. ROUGEMONT. La maison de Jeanne d'Arc. Anecdote-vaudeville en un acte, par M. de Rougemont ; représenté, pour la première fois, à Paris, sur le théâtre du Vaudeville, le 3 octobre 1818. *Paris, Fages,* 1818. 32 pages, in-8°. Br.

9262. ROUSSEL. Nancy ! tout le monde descend ! Revue en 5 actes et 7 tableaux de MM. Émile Roussel et Georges Gugenheim ; musique nouvelle de Paul Thomas. *Nancy, s. n.,* 1880. 25 pages, in-4°. Cart. (Suivent trois chansonnettes extraites de la pièce, avec la musique et trois portraits.)

9263. ROUSSEL. Le mannequin. Comédie en un acte, en prose, par Émile Roussel. *Nancy, Berger-Levrault,* 1880. 35 pages, in-8°. Cart.

9264. ROUSSEL. Le chemin de Damas. Comédie en un acte et en prose, par Émile Roussel. *Nancy, André,* 1874. 24 pages, in-8°. Cart.

9265. SEURAT. Le triomphe de l'humanité. Divertissement exécuté par les ordres de l'Hôtel-de-ville de Nancy, sur le nouveau théâtre, le 26 novembre 1755, jour de la dédicace de la statue que Sa Majesté Polonoise a fait élever à l'honneur de Sa Majesté Très-Chrétienne. Palissot de Montenoy loth. scripsit ; Seurat, loth. cecinit ; Collin, loth. sculp. *S. l. (Paris), Montulay, s. d.* (1755). 64 pages, in-4°, oblong. Titre et frontispice gravés. Rel. mar. r. d. s. tr. (Aux armes de Stanislas.)

9266. THÉMISTOCLE, tragédie. Le duelliste, comédie. Seront représentées sur le théâtre de l'Opéra de Nancy, par les humanistes du collège de la Compagnie de Jésus, le mercredi 23 février 1729, après-midi. *Nancy, Nicolas Balthazard, s. d.* 7 pages, in-4°. Br. (Cette brochure ne contient que les noms des acteurs et l'indication de leur lieu d'origine.)

9267. THÉSÉE. Tragédie; mise en musique par défunt monsieur de Lully, exécutée par monsieur Desmarest, maistre de musique de Son Altesse Royale. Représentée à Lunéville, 1708. *Nancy, Paul Barbier, s. d.* 82 pages, in-4°. Br.

9268. THIÉBAUT. La Révolution française. Pièce en trois actes, pour être représentée aux jours de fêtes civiques et décades, par de jeunes citoyens... Par C. Thiébaut. *Nancy, H. Hœner,* 1793. 31 pages, in-8°. Cart. — Autre édition. *Épinal, Haener,* 1793. 27 pages, in-8°. Cart.

9269. THIÉBAUT. La guerre de Vendée. Pièce révolutionnaire, en trois actes et en prose..., par C. Thiébaut, chef de bureau de l'administration du département de la Meurthe. *Nancy, Vve Buchot, An II.* 32 pages, in-8°. Cart.

9270. THYRSIS. Drama allegoricum in mortem Leopoldi-Clementis regii Principis a Lotharingia, dabitur in theatrum a selectis rhetoribus in aulâ majore collegii Nanceïani Societatis Jesu, die 6 Augusti, anno 1723. *Nanceii, N. Balthazard, s. d.* 4 pages, in-4°. Br. (Distribution des rôles.)

9271. WOLKONSKY. Giovanna d'Arco. Dramma per musica ridotto da Schiller dalla principessa Zenaide Wolkonsky russa prima sua produzione italiana. *Roma, presso Paolo Salviucci e figlio,* 1821. 40 pages, in-8°. Cart.

9272. SCHILLER. Die Jungfrau von Orleans. Eine romantische Tragedie, von Schiller. *Stuttgart, Cottascher,* 1852. 182 pages, in-8°. Demi-rel.

9273. SCHILLER. Jeanne d'Arc ou la Pucelle d'Orléans. Tragédie en cinq actes, par Frédéric Schiller, poète allemand, traduit par Charles-Frédéric Cramer. *Paris, Cramer,* 1802. xvi-196 pages, in-8°. Demi-rel.

9274. SCRIBE. Jeanne Darc, hommes et choses de son temps. Étude historique-drame, par P.-A.-A. Scribe. *Paris, J.-B. Dumoulin,* 1861. xx-240 pages, in-8°. Cart.

9275. SEWRIN... Le roi René, ou la provence au xve siècle. Opéra-comique en deux actes ; paroles de MM. Sewrin et Belle ; musique de M. Hérold. Représenté pour la première fois à Paris, sur le théâtre royal de l'opéra-comique, par MM. les comédiens ordinaires du roi, le 24 août 1824. *Paris, Sétier,* 1824. 62 pages, in-8°. Cart.

9276. SOUMET. Jeanne d'Arc. Tragédie en cinq actes et en vers, par M. Alexandre Soumet, de l'Académie française, représentée, pour la première fois, sur le théâtre royal de l'Odéon, le 14 mars 1825. *Paris, J.-N. Barba,* 1825. 80 pages, in-8°. Fig. Demi-rel.

9277. MAGGIOLO. Inventaire chronologique et sommaire des pièces représentées en Lorraine, sur le théâtre de la Compagnie de Jésus, de 1582 à 1736. 4° mémoire pour servir à l'histoire de l'Université de Pont-à-Mousson, par M. L. Maggiolo, docteur ès-lettres, inspecteur de l'Académie de Nancy, etc. *S. l., n. n.,* 1866. 20 pages, in-8°. Br.

9278. MAGGIOLO. Le théâtre classique en Lorraine (1574-1736). Répertoire chronologique et bibliographique, par M. L. Maggiolo. *Nancy, Berger-Levrault et Cie,* 1887. 44 pages, in-8°. Cart.

9279. OBSERVATIONS sur l'analyse de la comédie des « Quatre tuteurs » données dans le 8° numéro du *Journal de Nancy,* pour l'année 1779. *Nancy, Haener,* 1779. 11 pages, in-8°. Cart.

V. ROMANS. — NOUVELLES.

ANECDOTES. — FACÉTIES.

9280. ALMANE (d'). La Gueule-le-Loup. Légende lorraine. Par le Chev L. d'Almane. *Nancy, Lepage,* 1842. 24 pages, in-8°. Cart.

9281. AURICOSTE DE LAZARQUE. Une chasse en temps de neige. Saynète. Par E.-A. de Lazarque. *Metz, Carrère,* 1882. 14 pages, in-8°. Br.

9282. AURICOSTE de LAZARQUE. Une chasse au miroir dans le pays messin, en 187*. Metz, C.-A. Carrère, 1878. 32 pages, in-8°. Br.

9283. AURICOSTE de LAZARQUE. Vloo ! Vloo ! par E. Auricoste de Lazarque du Montaut. Parthenay, E. Seguy, 1886. 15 pages, in-8°. Br.

9284. BADEL. D'une sorcière qu'aultrefois on brusla dans Sainct-Nicholas. Par Émile Badel. Le tout habillé d'ymaiges, par J. Jacquot. Nancy, Berger-Levrault et Cie, 1891. 232 pages, in-8°. Br.

9285. (BOURGEOIS.) Les gens d'Épinal. 1423-1444. Par Richard Auvray (Louis-Alfred Bourgeois). Paris, A. Colin et Cie, s. d. VIII-446 pages, in-12. Br.

9286. BRYE (de). L'histoire et les amours du duc (Henri) de Guise, surnommé le Balafré, (par de Brye). Paris, Vve M. Cramoisi, 1695. xx-249 pages, in-12. Frontispice. Demi-rel. Voy. n° 789.

9287. BRYE (de). Le duc de Guise, roman historique. (Par le sieur de Brye.) Paris, G.-C. Hubert, 1814. 203 pages, in-12. Demi-rel.

9288. CONTE lorrain. Par E. P. S. l., n. n., n. d. 11 pages, in-8°. Br.

9289. COSQUIN. Contes populaires de Lorraine, comparés avec les contes des autres provinces de France et des pays étrangers, et précédés d'un essai sur l'origine et la propagation des contes populaires européens. Par Emmanuel Cosquin. Paris, F. Vieweg, s. d. LXVII-290 et 376 pages, in-8°. 2 vol. Demi-rel.

9290. COURSIERS. Chroniques lorraines, par Th. Coursiers. Paris, Margana ; Bar-le-Duc, Laguerre, 1844. xvi-460 et 492 pages, in-8°. 2 vol. Demi-rel.

9291. CROQUENOIX. Aventures de Croquenoix, avec son maître la Luzerne, ex-ministre de la marine de France, depuis le 7 septembre 1791, qu'il la suivi en Angleterre, jusqu'à ce jour, qu'il est dans la maison d'arrêt de Nancy, faute de passeport. Par Croquenoix. S. l., Duplan, s. d. 14 pages, in-4°. Cart.

9292. DOCTEUR. Le château de Pierre-Percée. Roman historique tiré de l'histoire des comtes de Salm dans le douzième siècle, par J.-C. Docteur, membre de l'académie, fondée en Lorraine par Stanislas. St-Dié, J. Trexon, 1840. XVI-312 pages, in-8°. Demi-rel.

9293. DUBALAY. Le sac puce, par Dubalay. Nancy, Hinzelin, s. d. 58 pages, in-8°. Cartonné.

9294. DUPRIEZ. Légendes historiques des princesses Mélusine et Mazurine, par Raymond Dupriez. Metz, Ch. Thomas, 1877. 10 pages, in-12. Cart.

9295. DUTRIPON. La commissionnaire de Bezange. Par C. Dutripon. Paris, E. Dentu, 1864. 368 pages, in-12. Demi-rel.

9296. ERCKMANN-CHATRIAN. Le blocus. Épisode de la fin de l'empire. Par Erckmann-Chatrian. Paris, J. Hetzel et Cie, s. d. 335 pages, in-12. Cart.

9297. FERBUS. Sarah l'Israélite, par Ferbus, avocat et juge-suppléant à Sarrebourg. S. l., n. n., 1846. 55 pages, in-8°. Cart.

9298. FLAGY (de). Garin le Loherain. Chanson de geste, composée au XIIe siècle, par Jean de Flagy, mise en nouveau langage par A. Paulin Pâris, membre de l'Institut. Paris, Hetzel, s. d. IV-400 pages, in-12. Demi-rel.

9299. FLAGY (de). Li romans de Garin le Loherain (par Jean de Flagy), publié pour la première fois et précédé de l'examen du système de M. Fauriel sur les romans carlovingiens. Par M. P. Pâris. Paris, Téchener, 1833-1835. xxviii-300 et 294 pages, in-12. Demi-rel.

9300. FLEURET. Un complot dans la lune, par Jules Fleuret (des Vosges). Paris, Victor Magen, 1839. 120 pages, in-8°. Cart.

9301. GONZALÈS. La Luciole, par Em. Gonzalès et Paul Gentilhomme ; avec une préface de Roland Bauchery. Paris, Roux, 1837. xvi-343 pages, in-8°. Demi-rel.

9302. GRANT. Mary of Lorraine. An historical romance, by James Grant. London, Routledge-Warne et Routledge, 1862. IV-444 pages, pet. in-8°. Demi-rel.

9303. HENRIOT. Chroniques lorraines du temps de Charles IV. — Frère Eustache. — La dame de Neuville. — Le Besme. Par M. Antoine-Achille Henriot, juge de paix à Bar-le-Duc. *Bar-le-Duc, Contant-Laguerre,* 1876. 271 et 257 pages, in-12. 2 vol. Demi-rel.

9304. (HENRIOT.) Frère Eustache. 1634. — La dame de Neuville, 1635. — Le Besme. 1641-1645. Chroniques lorraines. (Par Henriot.) *Bar-le-Duc, N. Rolin,* 1850-1852. 152, 128 et 240 pages, in-8°. 3 tomes en 1 vol. Demi-rel.

9305. (HUART.) Le château de Prény, tradition du *Chasseur noir.* Par Em. d'H(uart). *Metz, Verronnais, s. d.* 8 pages, in-8°. Cartonné.

9306. KÉDALES (Les) et les Voinreaux. Conte saussuron. Publié par X. Thiriat. Illustré par Victor Jacquot. *Remiremont, s. n.,* 1872. 20 pages, in-8°. Cart.

9307. LADOUCETTE. Robert et Léontine, ou la Moselle au xvi° siècle, orné d'un plan du siège de la ville de Metz et de trois airs notés ; par J.-C.-F. Ladoucette, membre de plusieurs académies françaises et étrangères. 2° édition. *Paris, Dauvin et Fontaine,* 1843. 455 pages, in-8°. Demi-rel.

9308. LA LANCE (DE). Mes petits papiers. Choix d'opuscules historiques et littéraires, publiés dans diverses revues, par Gustave de La Lance (de Saint-Mihiel). *St-Mihiel, Typ. Vve Casner, s. d.* 561 pages, in-8°. Demi-rel.

9309. LA LANCE (DE). Lorraine et Bourgogne. Légende lorraine du xv° siècle. Par Gustave de La Lance. *Paris, Ch. Froment,* 1829. 172, 204, 200 et 211 pages, in-12. 4 vol. Br.

9310. LA LANCE (DE). Les Croates. Légende lorraine du xvii° siècle, par Gustave de La Lance, auteur de Lorraine et Bourgogne. *Paris, Jules Lefebvre et Cie,* 1830. 4 volumes in-12. Br.

9311. LAMOTHE (DE). Le taureau des Vosges, par A. de Lamothe. *Paris, Ch. Blériot, s. d.* 349 pages, in-12. Br.

9312. LEPAGE. Fleurs lorraines, par H. Lepage. *Nancy, Cayon,* 1842. v-261 et 240 pages, in-12. Demi-rel.

9313. LEROY. Contes et récits nancéiens, par Osvald Leroy. *Nancy, A. Voirin,* 1887. 63 pages, in-16. Br.

9314. LEROUX DE LINCY. Analyse critique et littéraire du roman de Garin-le-Loherain, précédée de quelques observations sur l'origine des romans de chevalerie, par Leroux de Lincy. *Paris, Téchener,* 1835. 89 pages, in-12. Cart.

9315. LESPINE. Un souvenir des Paraiges. Nouvelle, par Eugène Lespine. *Metz, Collignon,* 1841. 59 pages, in-8°. Demi-rel. (Extrait de la *Gazette* de Metz.)

9316. LEUPOL. La Lorraine. Antiquités, chroniques, légendes. Histoire des faits et des personnages célèbres, description des sites et des monuments remarquables de cette province, avec gravures, par Leupol et Eugène de Mirecourt. *Nancy, Hinzelin et Cie,* 1839-1840. 389, 391 et 393 pages, in-8°. 3 vol. Cart.

9317. LOTERIE burlesque en faveur des mécontens... *S. l., n. n., n. d.* 4 pages, in-8°. Br.

9318. MACQUIN. Le damoiseau de Commercy..., par Macquin. *Nancy, Vagner,* 1857. 15 pages, in-8°. Cart.

9319. MÉMOIRES de l'Académie de la Ville neuve de Nancy, tome premier. — Suite des mémoires, etc. (Par MM. Recouvreur, avocat, de Nicéville, Mathieu de Moulon, père, Vidampierre, Cognel, père, Pierrot, chirurgien). *Cologne (Nancy), P. Marteau,* 1757. xxiv-151 et 15 pages, in-8°. Pl. de Collin. Rel. veau.

9320. MORT (La) de Garin le Loherain. Poème du xii° siècle, publié pour la première fois, d'après douze manuscrits, par M. Édélestand du Méril. *Paris, Franck,* 1846. xcviii-260 pages, in-12. Demi-rel.

9321. OLINCOURT (D'). Les veillées de la Lorraine, ou lecture du soir. Recueil historique, littéraire, scientifique et artistique, extrait de la *Revue de l'Est,* publiée par F. d'Olincourt. *Paris, Robert* 1841-42. 404, 412, 416 et 433 pages, in-12. 4 vol. Demi-rel.

9322. PASTORET (DE). Érard du Châtelet. Esquisses du temps de Louis XIV. 1661-

1664. Par l'auteur du duc de Guise à Naples (Amédée de Pastoret). *Paris, Delloye*, 1835. 323 et 343 pages, in-8°. 2 vol. Demi-rel.

9323. PIERRON. Les moines et les sorcières d'Ancy, au XVI° siècle, par Pierre Sternon (Ernest Pierron). *Nancy, Imp. nouvelle*, 1886. 152 pages, in-12. Br.

9324. PIERRON. Adventures d'ung honneste tabellion en la bonne ville de Nancy, par Pierre Sternon (Ernest Pierron). *Nancy, imp. Berger-Levrault et Cie, s. d.* 17 pages, in-12. Br.

9325. (PIROUX.) Inscription de la porte Stainville à Nancy. Dialogue du sylphe Pyrodès avec l'abbé B., académicien de Paris, l'an MMCCCCXL, touchant une inscription qu'ils trouvèrent dans les ruines à Nancy, (par Piroux). *S. l., n. n., n. d.* 15 pages, in-8°. Br.

9326. PROST. Jean des Lacs. Souvenir d'une excursion dans les Vosges ; par Aug. Prost. *Metz, Rousseau-Pallez*, 1864. 29 pages, in-8°. Cart. (Extrait de la *Revue de l'Est.*)

9327. PUTEGNAT. Les aventures d'un médecin, par le docteur Putegnat, illustrées de 18 gravures en taille douce par G. Henry. *Paris, Ernest Leroux*, 1874. 357 pages, in-8°. Br.

9328. PUTEGNAT. La folle décorée ou épisodes de la vie d'un médecin, par le docteur Putegnat (de Lunéville). *Nancy, N. Grosjean*, 1863. VI-132 pages, in-8°. Cart.

9329. RICHARD. La Kaisersburg d'Alsace. Récit du treizième siècle (Alsace-et-Lorraine, etc.), par R. A. Richard, docteur en médecine. *Strasbourg, G. Silbermann*, 1865. IV-399 pages, in-12. Br.

9330. SÈVE. Une descente en enfer, ou la vérité reconnue. Tradition lorraine recueillie et publiée par François-Gabriel Sève. *Nancy, Hinzelin, s. d.* 62 pages, in-12. Demi-rel.

9331. STRAWBERRY. La vierge du Romberg. Épisode de l'histoire de Lorraine, par Ralph Strawberry. *Remiremont, Mme Leduc*, 1869. 105 pages, petit in-8°. Br.

9332. THEURIET. La chanoinesse. 1789-1793. Par André Theuriet. *Paris, A. Collin et Cie, s. d.* 394 pages, in-12. Br.

9333. THIÉBAUT. Tableau moral du département de la Meurthe ou recueil des belles actions qui y ont eu lieu, depuis 1787 jusqu'à l'an quatorze (1806), par C. Thiébaut, rédacteur du *Journal de la Meurthe. Nancy, Thiébaut, s. d.* 160 pages, in-8°. Cart.

9334. UZIER. Triomphe du corbeau, contenant les propriétés, perfections, raretés et vertus souveraines avec les significations des mystères relevés de nostre foy, et le triomphe du monarque lorrain remettant par favorable présage le sceptre de Judée en l'auguste maison de ses devanciers. Faict par Messire Anthoine Uzier, curé à Enville au Parc, commingeois. *Nancy, J. Garnich*, 1619. XXIV-141 pages, in-8°. Vignette. Rel. parchemin.

9335. UZIER. Triomphe du corbeau, contenant les propriétés, perfections, raretés, etc... Faict par messire Anthoine Uzier, curé à Enville au Parc, commingeois. — Réimpression. *Nancy, Cayon-Liébault*, 1839. XL-141 pages, in-8°. Cart. Étui.

9336. VALLIÈRES (DE). Une page de l'histoire de la ville de Metz, par Louis de Vallières. *Paris, Marie Blanc, s. d.* 72 pages, in-12. Cart.

9337. VERNEUIL. Les mystères de Nancy, par V. Verneuil. *Verdun, Imp. Lippmann, s. d.* X-127 pages, in-8°. Cart.

9338. VISITE (Une) à l'abbaye de Senones. *Metz, Lamort, s. d.* 23 pages, in-8°. Cart.

9339. VOÏART. Or, devinez ! Tradition lorraine, 1272. Par Madame Élise Voïart. *Paris, Dumont*, 1838. 237 et 308 pages, in-8°. 2 vol. Demi-rel.

APPENDICES

I. OUVRAGES

PUBLIÉS PAR DES LORRAINS

sur des

SUJETS ÉTRANGERS A LA LORRAINE

9340. ABOUT (Edmond). La Grèce contemporaine. Par Edmond About (né à Dieuze). *Paris, L. Hachette et Cie*, 1854. 486 pages, in-12. Demi-rel.

9341. — Voyage à travers l'exposition des Beaux-Arts (peinture et sculpture). *Ibidem*, 1855. 270 pages, in-12. Cart.

9342. — Le roi des montagnes. *Ibidem*, 1857. 11-301 pages, in-12. Cart.

9343. — Nos artistes au Salon de 1857. *Ibidem*, 1858. 1-380 pages, in-12. Cart.

9344. — Germaine. *Ibidem*, 1858. 318 pages, in-12. Cart.

9345. — La question romaine. *Lausanne, Corbaz et Rouiller fils*, 1859. 220 pages, in-12. Cart.

9346. — Causeries. *Paris, L. Hachette et Cie*, 1867. 382 et 377 pages, in-12. 2 vol. Demi-rel.

9347. — Les vacances de la comtesse. *Ibidem*, 1874. 349 pages, in-12. Demi-rel.

9348. — L'infâme. *Ibidem*, 1880. 291 pages, in-12. Demi-rel.

9349. — Le marquis de Lanrose. *Ibidem*, 1880. 359 pages, in-12. Demi-rel.

9350. — Le mari imprévu. *Ibidem*, 1881. 306 pages, in-12. Demi-rel.

9351. — De Pontoise à Stamboul. *Ibidem*, 1884. 284 pages, in-12. Demi-rel.

9352. ABOUT (Edmond). *Suite :* — Madelon. *Paris, Hachette et Cie*, 1885. 562 pages, in-12. Demi-rel.

9353. — Maître Pierre. *Ibidem*, 1885. 307 pages, in-12. Demi-rel.

9354. — Les mariages de Paris. *Ibidem*, 1885. 440 pages, in-12. Demi-rel.

9355. — Trente et quarante. *Ibidem*, 1885. 344 pages, in-12. Demi-rel.

9356. — L'homme à l'oreille cassée. *Ibidem*, 1886. 1-277 pages, in-12. Demi-rel.

9357. — Alsace (1871-1872). *Ibidem*, 1887. 348 pages, in-12. Demi-rel.

9358. — Les mariages de province. *Ibidem*, 1887. 335 pages, in-12. Demi-rel.

9359. — Le roman d'un brave homme. *Ibidem*, 1887. vi-456 pages, in-12. Demi-rel.

9360. — Tolla. *Ibidem*, 1887. viii-315 pages, in-12. Demi-rel.

9361. — A. B. C. du travailleur. *Ibidem*, 1888. 315 pages, in-12. Demi-rel.

9362. — Le nez d'un notaire. *Paris, Calmann Lévy*, 1888. 209 pages, in-12. Demi-rel.

9363. ABRAM (Nicolas). Nicolai Abrami lotharingi e societate Jesu commentarius in tertium volumen orationum M. T. Ciceronis. *Lutetiæ Parisiorum, sumptibus Sebastiani Cramoisy*, 1631. viii-970 et vi-778 pages, in-fol. 2 vol. Rel. veau.

9364. — Commentarii in Pub. Virgilii Maronis Aeneidem. *Mussiponti, apud Gasparem Bernardum*, 1633. xii-459 et 379 pages, in-8°. Rel. veau.

9365. — Pharus veteris Testamenti, sive sacrarum quæstionum libri XV. *Parisiis, apud Mathurinum Hénault*, 1648. xiv-586 pages, in-fol. Rel. veau.

9366. ABRAM (Nicolas). *Suite :* — Axiomata vitæ christianæ a Nicolao Abramo, societatis Jesu, collecta. *Mussiponti, apud Joannem Guillere*, 1654. 38 pages, in-16. Cart.

9367. ADAM. Appendice au code pénal ou recueil de lois, décrets et dispositions légales le plus fréquemment appliquées en matières correctionnelles et criminelles, mis en ordre et annotés par M. Adam, substitut du procureur du roi près le tribunal de Nancy. *Nancy, G. Grimblot*, 1836. 130 pages, in-8°. Cart.

9368. — Le guide pratique de l'officier de l'état civil. Par M. Adam, substitut du procureur du roi. *Nancy, George Grimblot*, 1834. 272 pages, in-12. Demi-rel.

9369. ADAM (Lucien). Grammaire de la langue mandchou. Par Lucien Adam, membre titulaire de l'Académie de Stanislas (actuellement président de chambre à la Cour de Rennes). *Paris, Maisonneuve et Cie*, 1873. 137 pages, in-8°. Demi-rel.

9370. — De l'abolition de l'esclavage aux États-Unis. *Nancy*, 1861. 72 pages, in-8°. Broché.

9371. — De l'harmonie des voyelles dans les langues ouralo-altaïques. *Paris, Maisonneuve et Cie*, 1874. 76 pages, in-8°. Br.

9372. — Études sur six langues américaines. Dakota, Chibcha, Nahuatl, Kechua, Quiché, Maya. *Paris, Maisonneuve et Cie*, 1878. viii-165 pages, in-8°. Br.

9373. — Arte y vocabulario de la lengua chiquita con algunos textos traducidos y explicados sobre manuscritos ineditos del xviii° siglo. *Paris, Maisonneuve y Cia*, 1880. xvi-136 pages, in-8°. Br.

9374. — Les classifications, l'objet, la méthode, les conclusions de la linguistique. *Paris, Maisonneuve et Cie*, 1882. vii-94 pages, in-8°. Br.

9375. — Grammaire et vocabulaire de la langue taensa, avec textes traduits et commentés par J.-D. Haumonté, Parisot, L. Adam. *Paris, Maisonneuve et Cie*, 1882. xix-111 pages, in-8°. Br.

9376. — Grammaire de la langue tongouse. *Paris, Maisonneuve et Cie, s. d.* 78 pages, in-8°. Demi-rel.

9377. — Réforme et liberté de l'enseignement supérieur. *Paris, E. Dentu*, 1870. 26 pages, in-8°. Br.

9378. ADAM (C.-E.). De methodo apud Cartesium, Spinozam et Leibnitium hæc facultati litterarum parisiensi proponebat C.-E. Adam (professeur au lycée de Nancy), scholæ normalis olim alumnus. *Lutetiæ, apud bibliopolam Hachette et socios*, 1885. 115 pages, in-8°. Br.

9379. ADDE-MARGRAS. Manuel du vaccinateur des villes et des campagnes, par Adde-Margras, de Nancy, médecin à Paris, etc... *Paris, Labé*, 1856. xii-336 pages, in-12. Demi-rel.

9380. ADRIEN (Le R. P.). Exercices spirituels et pratique continuelle de l'Imitation de Jésus-Christ. En faveur des personnes dévotes et religieuses, particulièrement des enfans de Saint-François. Par le R. P. Adrien, de Nancy, capucin. *Luxembourg, A. Chevalier*, 1733. viii-248 pages, in-8°. Rel. veau.

9381. ALCAN (Moyse). Damas. — Noéma. Poésies par Moyse Alcan. *Metz, Gerson-Lévy et Alcan*, 1841. 8 et 142 pages, in-18. Demi-rel.

9382. ALLIOT (J.-B.). Traité du cancer, où l'on explique sa nature, et où l'on propose les moyens les plus sûrs pour le guérir méthodiquement. Avec un examen du système et de la pratique de M. Helvétius. Par M. J. B. Alliot (médecin du duc Léopold), conseiller du roy, etc... *Paris, François Muguet*, 1698. xxii-168 pages, in-12. Rel. veau.

9383. ALLIOT. Sermon sur le philosophe chrétien. Par M. l'abbé Alliot, aumônier ordinaire et gouverneur des pages du roy de Pologne, duc de Lorraine et de Bar, etc. *Nancy, P. Antoine, s. d.* 1750. viii-64 pages, in-12. Cart.

9384. ALLIOT (F.). La philosophie des adolescens. Par F. Alliot, curé d'Ormes. *Nancy, C.-J. Hissette*, 1826. 214 pages, in-12. Cart.

9385. — La philosophie des sciences. *Paris, Vve Béchet*, 1834. 502 et 541 pages, in-8°. 2 vol. Demi-rel.

9386. — Nouvelle doctrine philosophique. *Paris, s. n.*, 1849-1850. 417, 557 et 662 pages, in-8°. 3 vol. Demi-rel.

9387. ALLIOT (F.). *Suite :* — Fragments philosophiques se composant d'un dernier coup-d'œil sur la philosophie, d'importantes considérations sur le progrès et d'un supplément sur la polémique religieuse. *Bar-le-Duc, Imp. Mme Laguerre,* 1862-1865. 4 vol. in-12. Br.

9388. — Quelques pages de supplément à la quatrième partie du progrès ou des destinées sur la terre. Fragments philosophiques, suite de la démonstration des erreurs des sciences. *Bar-le-Duc, Imp. Contant-Laguerre et Cie,* 1865. 11-186 pages, in-12. Br.

9389. — Lettres philosophiques de la Montagne, suite du livre du progrès. Démonstration des erreurs des sciences. *Bar-le-Duc, Imp. Contant-Laguerre et Cie,* 1866. VIII-237 pages, in-12. Br.

9390. — Nouvelles lettres philosophiques de la Montagne, troisième collection pour faire suite au livre du progrès, ou des destinées de l'humanité sur la terre, suite de la démonstration des erreurs des sciences. *Bar-le-Duc, Contant-Laguerre,* 1867. VIII-388 pages, in-12. Br.

9391. — Les récentes provinciales, pour être annexées au livre du progrès, ou des destinées de l'humanité sur la terre, suite de la démonstration des erreurs des sciences. *Bar-le-Duc, Contant-Laguerre,* 1869. VIII-375 pages, in-12. Br.

9392. ANCELON (E.-A.). Manuel d'hygiène à l'usage des enfants et des gens du monde; terminé par l'indication des accidents qui menacent promptement la vie, ainsi que des moyens de les prévenir et d'y remédier. Par E.-A. Ancelon, médecin en chef de l'hôpital de Dieuze. *Nancy, Grimblot et Vve Raybois,* 1853. 165 pages, in-12. Br.

9393. — Philosophie mathématique et médicale de la vaccine. *Dieuze, Mainbourg,* 1857. XII-94 pages, in-8°. Cart.

9394. — *Opuscules :* Mémoire sur l'état de la végétation dans les terrains salifères, et sur les moyens d'améliorer les terres par le chlorure de sodium. 1847. 12 p., in-8°. — De l'opération du bec-de-lièvre pratiquée immédiatement après la naissance. 1848. 7 p., in-8°. — Sur la cause la plus fréquente et la moins connue des accidents déterminés par l'inhalation du chloroforme. 1850. 24 p., in-8°. — Une création de Louis XVIII, simple histoire racontée au congrès scientifique d'Arras. 1853. 14 p.,

in-12. — Mémoire sur la transformation des fièvres essentielles. 1853. 12 p., in-8°. — De l'aptitude anesthésique des sujets pour le chloroforme et du dosage de cet agent, lu à l'Académie des sciences, dans la séance du 9 octobre 1854. (1854.) 7 p., in-8°. — Influence de l'inoculation et de la vaccine sur les populations. 1854. 20 p., in-8°. — De l'influence du taxis sur les conséquences de la kélotomie. (1856.) 8 p., in-8°. — Lettre à M. le docteur Bayard sur quelques-unes des causes de la mort du fœtus, vers le terme de la grossesse. 1856. 7 p., in-8°. — Le congrès scientifique de France, à Limoges. (1859.) 11 p., in-8°. — Écriture, papyrus, parchemin, pâte à papier. S. d. 8 p., in-8°. — Fracture de la mâchoire inférieure abandonnée à elle-même. S. d. 6 p., in-8°. — Hydatides en grappe de l'utérus (Acephalocystis racemosa). S. d. 6 p., in-8°. — Encore un mot sur les hernies. S. d. 8 p., in-8°. — Note sur la sécrétion du lait. S. d. 9 p., in-8°. — Note sur le traitement de la coqueluche. S. d. 7 p., in-8°. — Observation de pustule maligne. S. d. 20 p., in-8°. — Du traitement du staphylôme de la cornée transparente par la ligature, suivant le procédé du docteur Borelli. S. d. 9 p., in-8°.

9395. ANCILLON (DAVID). Mélange critique de littérature recueilli des conversations de feu monsieur (David) Ancillon (né à Metz). Avec un discours sur sa vie et ses dernières œuvres. *Basle, Éman et Jean-George Kœnig,* 1698. XXXVI-408, 512 et 500 pages, in-12. 3 vol. Portrait. Rel. veau.

9396. ANCILLON (CHARLES). Histoire de la vie de Soliman, second empereur des Turcs, par Charles Ancillon (né à Metz), conseiller d'ambassade de Sa Majesté le Roy de Prusse, etc... *Rotterdam, Reinier Leers,* 1706. CC-270 pages, in-12. Rel. veau.

9397. ANDELARRE (LOUIS D'). Études sur la question du travail dans ses rapports avec la législation. — Rapport au conseil général de la Meuse, par M. Louis d'Andelarre, maire de Tréveray, membre du conseil général. *Bar-le-Duc, N. Rolin,* 1850. 50 pages, in-8°. Cart.

9398. — Observations sur le projet d'organisation de l'administration intérieure. *Paris, Schiller,* 1851. 45 pages, in-8°. Demi-rel.

9399. ANTOINE (Paul-Gabriel). Theologia moralis universa complectens omnia morum præcepta, et principia decisionis omnium conscientiæ casuum, suis quæque momentis stabilita. Ad usum parochorum et confessariorum. Authore R. P. Paulo-Gabriele Antoine (né à Lunéville), societatis Jesu presbytero, S. Theologiæ doctore et ex-professore. *Nanceii, apud Joannem-Baptistam Cusson*, 1731. VI-643 pages, in-4°. Rel. veau.

9400. — Méditations pour tous les jours de l'année, sur les grandes vérités de la foi, les exemples de Jésus-Christ, les vertus chrétiennes, les vices capitaux, les moyens efficaces du salut et de la perfection, et les mystères des fêtes principales de l'année. *Nancy, Pierre Antoine*, 1737. VI-472 pages, in-12. Rel. veau.

9401. — Démonstration de la vérité de la religion chrétienne et catholique. *Nancy, Vve N. Baltazard*, 1739. 200 pages, in-8°. Cart.

9402. ANTOINE (C.-J.-A.). Élémens d'arithmétique et d'algèbre, par C.-J.-A. Antoine, professeur de mathématiques au Lycée impérial de Nancy. *Nancy, Imp. C. Hissette*, 1810. 361 pages, in-8°. Cart.

9403. — Élémens d'arithmétique. *Paris, Lecointe et Durey*, 1830. 244 pages, in-8°. Demi-rel.

9404. ANTOINE (Charles). De la succession légitime et testamentaire en droit international privé, ou du conflit des lois de différentes nations en matière de succession. Par M. Charles Antoine (né à Clermont-en-Argonne), docteur en droit, etc... *Paris, A. Maresq aîné*, 1876. XII-180 pages, in-8°. Demi-rel.

9405. ANTOINE (Ferdinand). De casuum syntaxi Vergiliana. Thesim facultati litterarum parisiensi proponebat Ferd. Antoine (né à Domgermain), in algeriensi litterarum schola superiori professor. *Paris, C. Klincksieck*, 1882. 258 pages, in-8°. Br.

9406. — Étude sur le « Simplicissimus » de Grimmelshausen. Thèse française présentée à la Faculté des lettres de Paris. *Paris, C. Klincksieck*, 1882. 308 pages, in-8°. Br.

9407. — Syntaxe de la langue latine. *Paris, F. Vieweg*, 1885. VIII-420 pages, in-8°. Demi-rel.

9408. ARBOIS de JUBAINVILLE (A. d'). Recherches sur les taillis sous futaie. Par A. d'Arbois de Jubainville, garde général à Vaucouleurs, etc... *Nancy, Grimblot, Vve Raybois et Cie*, 1860. 57 pages, in-8°. Br.

9409. — Manuel du défrichement des forêts. *Paris, Librairie agricole*, 1865. VI-174 pages, in-8°. Demi-rel.

9410. — *Opuscules* : Utilité des assolements forestiers. 1864. 48 p., in-8°. — Observations sur la vente des forêts de l'Etat. 1865. 12 p., in-8°. — Règlement du balivage dans une forêt particulière exploitée en taillis sous futaie. 1865. 64 pages, in-8°. Br. — Observations sur le système d'élagage de Courval et des Cars. 1869. 16 p., in-16. — Rapport au nom de la commission voyageuse du comice agricole de Neufchâteau. 1886. 17 pages, in-8°. — Note sur l'élagage des arbres forestiers. *S. d.* 19 p., in-12. Br.

9411. ARBOIS de JUBAINVILLE (H. d'). Recherches sur la minorité et ses effets en droit féodal français, depuis l'origine de la féodalité jusqu'à la rédaction officielle des coutumes, par H. d'Arbois de Jubainville (né à Nancy), avocat, etc... *Paris, Durand*, 1852. I-81 pages, in-8°. Demi-reliure.

9412. — Pouillé du diocèse de Troyes, rédigé en 1407, publié pour la première fois d'après une copie authentique de 1535. *Paris, A. Durand*, 1853. VIII-318 pages, in-8°. Carte. Demi-rel.

9413. — Voyage paléographique dans le département de l'Aube. Rapport à M. le préfet sur une inspection faite, en 1854, dans les archives communales et hospitalières du département. *Troyes, Bouquot*, 1855. VII-356 pages, in-8°. Demi-rel.

9414. — Études sur l'état intérieur des abbayes cisterciennes, et principalement de Clairvaux, au XIIᵉ et au XIIIᵉ siècle. *Paris, Auguste Durand*, 1858. XVIII-489 pages, in-8°. Demi-rel.

9415. — Histoire de Bar-sur-Aube sous les comtes de Champagne, 1077-1284. *Paris, Aug. Durand*, 1859. XXVII-164 pages, in-8°. Demi-rel.

9416. — Histoire des ducs et des comtes de Champagne depuis le VIᵉ siècle jusqu'à la fin du XIᵉ. *Paris, Aug. Durand*, 1859-1869. 8 vol. in-8°. Demi-rel.

9417. ARBOIS de JUBAINVILLE (H. d').
Suite : — Répertoire archéologique du département de l'Aube rédigé sous les auspices de la Société d'agriculture, sciences et belles-lettres du département. *Paris, Imp. impériale,* 1861. 146 pages, in-4°. Demi-rel.

9418. — Documents relatifs à la construction de la cathédrale de Troyes. *Troyes, Dufëy-Robert,* 1862. 64 pages, in-8°. Cart.

9419. — Inventaire-sommaire des archives départementales antérieures à 1790. Aube. Archives civiles. Tome 1er. *Troyes, Impr. J. Brunard,* 1864. v-89, 355 et 35 pages, in-4°. 3 tomes en un vol. Demi-rel.

9420. — Catalogue d'actes des comtes de Brienne. 950-1356. *Paris, s. n.,* 1872. 48 pages, in-8°. Cart.

9421. — La déclinaison latine en Gaule à l'époque mérovingienne. Étude sur les origines de la langue française. *Paris, Dumoulin,* 1872. 162 pages, in-8°. Demi-rel.

9422. — Inventaire-sommaire des archives départementales antérieures à 1790. Aube. Archives ecclésiastiques. Tome 1er. *Paris, Paul Dupont,* 1873. LXVIII-488 pages, in-4°. Demi-rel.

9423. — Les premiers habitants de l'Europe d'après les auteurs de l'antiquité et les recherches les plus récentes de la linguistique. *Paris, J.-B. Dumoulin,* 1877. x-350 pages, in-8°. Demi-rel.

9424. — Inventaire ou catalogue sommaire de la bibliothèque des archives départementales et de la préfecture de l'Aube. *Paris, Pédone-Lauriel,* 1877. XVII-183 pages, in-8°. Br.

9425. — L'administration des intendants, d'après les archives de l'Aube. *Paris, H. Champion,* 1880. XVIII-229 pages, in-8°. Demi-rel.

9426. — Études grammaticales sur les langues celtiques. *Paris, F. Vieweg,* 1881. XIV-122 et 69 pages, in-8°. 2 tomes en 1 vol. Cart.

9427. — Études sur le droit celtique. Le Senchus Môr. Par H. d'Arbois de Jubainville. *Paris, L. Larose,* 1881. 108 pages, in-8°. Cart.

9428. — Essai d'un catalogue de la littérature épique de l'Irlande, précédé d'une étude sur les manuscrits en langue irlandaise conservés dans les Iles Britanniques et sur le continent. *Paris, Ernest Thorin,* 1883. CLV-282 pages, in-8°. Br.

9429. — Rapport sur une mission littéraire dans les Iles Britanniques. *Paris, Imp. nationale,* 1883. 51 pages, in-8°. Br.

9430. ARBOIS de JUBAINVILLE (H. d').
Suite : — Introduction à l'étude de la littérature celtique. — Cours de littérature celtique. *Paris, Ernest Thorin,* 1883-1895. 8 vol. in-8°. Cart. et br.

9431. — Les premiers habitants de l'Europe d'après les écrivains de l'antiquité et les travaux des linguistes. Seconde édition. *Paris, Ernest Thorin,* 1889-1894. XXIV-400 et XXVI-426 pages, in-8°. 2 vol. Br.

9432. — Recherches sur l'origine de la propriété foncière et des noms de lieux habités en France. (Période celtique et période romaine.) *Paris, Ernest Thorin,* 1890. XXXI-703 pages, in-8°. Demi-rel.

9433. — Les noms gaulois chez César et Hirtius (De bello Gallico). *Paris, Émile Bouillon,* 1891. xv-259 pages, in-12. Br.

9434. — Deux manières d'écrire l'histoire. Critique de Bossuet, d'Augustin Thierry et de Fustel de Coulanges. *Paris, Émile Bouillon,* 1896. XXIII-277 pages, in-12. Br.

9435. — *Opuscules :* Réplique au mémoire intitulé : « Revue critique pouvant servir de supplément au répertoire archéologique du département de l'Aube. » 1862. 13 p., in-4°. — La littérature ancienne de l'Irlande et l'Ossian de Mac-Pherson. 1880. 13 p., in-8°. — Celtes et Germains, étude grammaticale. 1886. 10 p., in-8°. — Le fundus et la villa en Gaule. 1886. 6 p., in-8°. — La propriété foncière en Gaule. 1887. 21 p., in-8°. — L'exil des fils d'Usnech. (Avec L. Poinsinet.) 1888. 8 p., in-8°. — La langue latine en Gaule. 1888. 10 p., in-8°. — La *Pignoris Capio* avec enlèvement immédiat et sans commandement préalable en droit irlandais, d'après le Senchus Môr. 1892. 35 p., in-8°.

9436. ARNAUD. De l'urgence du reboisement en général, et particulièrement de celui des Alpes, par des troupes, par Arnaud, de la Société d'agriculture de la Meurthe. *Nancy, Lepage,* 1845. 21 pages, in-12. Cart.

9437. ARNOULT (Gabriel). De la révision des constitutions. Établissement et révision des constitutions françaises. Système de révision des constitutions étrangères. Thèse pour le doctorat. Par Gabriel Arnoult, avocat à la Cour d'appel de Nancy. *Paris, Arthur Rousseau,* 1895. XII-774 pages, in-8°. Br.

9438. ARTH (G.). Recueil de procédés de dosage pour l'analyse des combustibles, des minerais de fer, des fontes, des aciers et des fers. Par G. Arth, professeur de chimie industrielle à la Faculté des sciences de Nancy. *Paris, G. Carré et C. Naud,* 1897. III-313 pages, in-8°. Rel. angl.

9439. AUBÉ (Ph.). Le brahmane où l'école de la raison, par Aubé (né à Longwy), membre de l'Institut historique. *Metz, Verronnais,* 1842. 256 pages, in-8°. Cart.

9440. — *Opuscules :* Le Brahmane au journalisme, à ses organes en tout mode de l'intelligence humaine. *Metz, Verronnais,* 1844. 95 pages, in-8°. Br. — Le Brahmane. Chant du cygne. La révélation interprétée par la science. 1845. 46 p., in-8°.

9441. AUBERT. Le politique vertueux. La candeur et la bonne foi sont plus nécessaires à l'homme d'État, que la ruse et la dissimulation, par M. Aubert, avocat à la Cour et ès conseils du roi, à Lunéville. *Nancy, J.-B.-H. Leclerc,* 1762. LXVI-174 pages, pet. in-8°. Portrait. Demi-rel.

9442. AUBERTIN (Antonin). La vie de sainct Astier, religieux anachorète confesseur. Par le R. P. Antonin Aubertin, prieur de l'abbaye d'Estival, etc... *Nancy, Anthoine Charlot,* 1656. VIII-107 pages, in-12. Rel. veau.

9443. AUBERTIN. Mémoires sur la guerre de la Vendée, en 1793 et 1794, (par le général Aubertin, né à Lunéville). *Paris, Ladvocat,* 1823. 175 pages, in-8°. (Précédent les *Mémoires* du général Hugo.)

9444. AUBRI (Sébastien). Instructions dogmatiques et pratiques pour toutes sortes d'états et conditions, surtout pour les premiers communians, etc. Par M. Sébastien Aubri, prêtre, curé d'Ancemont..., diocèse de Verdun. *Nancy, Haener,* 1759. 368 pages, in-8°. Cart.

9445. AUBRY (J.-B.). L'ami philosophe et politique. Ouvrage où l'on trouve l'essence, les espèces, les principes, les signes caractéristiques, les avantages et les devoirs de l'amitié, etc. (Par dom J.-B. Aubry, bénédictin, né à Deyviller.) *Nancy, Babin,* 1776. X-267 pages, in-8°. Front. grav. par Collin. Demi-rel.

9446. — *Opuscules :* Lettres critiques sur plusieurs questions de la métaphysique moderne. *Bruyères, Vve Vivot,* 1783. 48 pages, in-8°. Cart. — Aubade ou lettres apologétiques et critiques à MM. Geofroy et Mongin. *Commercy, Denis, s. d.* 55 pages, in-8°. Br.

9447. AUBURTIN (J.-D.-V.). Fragmens d'une nouvelle théorie de l'univers, par J.-D.-V. Auburtin, de Sainte-Barbe, ancien capitaine-quartier-maître. *Metz, Wittersheim,* 1833. 61 pages, in-8°. Demi-rel.

9448. AUCLAIRE. Élégie sur le service funèbre célébré pour S. M. Louis XVI, et pour les autres victimes de cette auguste famille, en la cathédrale de Metz, le 7 juin 1814. Par Auclaire, président à la Cour royale de Metz. *Metz, Antoine,* 1814. 16 pages, in-8°. Cart.

9449. AUERBACH (Bertrand). La diplomatie française et la Cour de Saxe. (1648-1680.) Par Bertrand Auerbach, docteur ès-lettres, (professeur à la Faculté des lettres de Nancy). *Paris, Hachette et Cie,* 1888. XXIV-491 pages, in-8°. Demi-rel.

9450. AURICOSTE de LAZARQUE. A propos de tableaux. Notions élémentaires sur la peinture et les peintres. Par E. Auricoste de Lazarque (de Metz). *Metz, Sidot frères,* 1885. 74 pages, in-8°. Br.

9451. — Lointains souvenirs. *Metz, Paul Even,* 1893. 107 pages, in-18. Br.

9452. — *Opuscules :* Notes sur le rôle de l'accent dans la rime et dans les vers de quelques langues modernes, 1887. 7 p., in-8°. — Une question de prononciation, 1889. 7 p., in-8°.

9453. (AUVERNI.) Méthode nouvelle, concise et raisonnée, pour instruire facilement la jeunesse sur les principes de la lecture, etc... (Par M. Auverni.) *Nancy, Jean-Jacques Haener et Joseph Lechesne,* 1756. 236 pages, in-12. Rel. veau.

9454. AZAÏS (H.). De Napoléon et de la France. Par H. Azaïs (recteur à Nancy). *Nancy, impr. C.-J. Hissette,* 1815. XX-77, 4 et 8 pages, in-8°. 3 brochures en 1 vol. Cartonné.

9455. — Correspondance philosophique. *Paris, Béchet, etc.,* 1818-1819. XI-99, 130, 48, 50, 42 et 50 pages, in-8°. 6 lettres en 1 vol. Demi-rel.

9456. BACH (Le R. P.). Recherches philologiques sur les forêts des Gaules et sur les origines qui s'y rapportent, par le R. P. Bach (né à Metz). *Metz, Rousseau-Pallez,* 1868. 16 pages, in-8°. Cart. (Extrait des *Mémoires de la Société d'histoire et d'archéologie de la Moselle,* 1867.)

9457. BACHELIER (Jules). Exposé critique et méthodique de l'hydropathie ou traitement des maladies par l'eau froide, par Jules Bachelier, médecin à Pont-à-Mousson, etc... *Pont-à-Mousson, Simon,* 1843. viii-254 pages, in-8°. Portrait. Demi-rel.

9458. BAGARD (C.). Recherches et observations sur la durée de la vie de l'homme. (Par C. Bagard, président du collège royal des médecins de Nancy.) *Nancy, Pierre Antoine,* 1754. iv-126 pages, in-8°. Cart.

9459. — Discours sur l'inoculation de la petite vérole. *Nancy, Lamort,* 1755. 61 pages, in-8°. Br.

9460. — *Opuscules:* Mémoire sur la petite vérole. Histoire en latin de l'inoculation sur un manuscript d'un médecin de Constantinople. 1752. 46 p. in-4°. — Observations sur diverses maladies. (1754.) 42 p. in-4°. — Des causes physiques des tremblemens de terre. Quelles sont les maladies épidémiques qu'ils occasionnent... ? 1770. 22 p. in-8°. — Essais et observations de médecine. Recueil de 10, 10, 12 et 8 p. in-4°.

9461. (BALTHUS.) Réponse à l'histoire des oracles, de Mr de Fontenelle, de l'Académie françoise. Dans laquelle on réfute le système de Mr Van-Dale, sur les auteurs des oracles du paganisme, sur la cause et le temps de leur silence ; et où l'on établit le sentiment des Pères de l'Église sur le même sujet, (par Balthus, né à Metz). *Strasbourg, Jean Renauld Doulssecker,* 1707. xl-386 pages, in-8°. Frontispice. Rel. veau.

9462. — Suite de la réponse à l'histoire des oracles, dans laquelle on réfute les objections insérées dans le XIII° tome de la *Bibliothèque choisie,* et dans l'article II de la *République des Lettres,* du mois de juin 1707 ; et où l'on établit, sur de nouvelles preuves, le sentiment des SS. Pères touchant les oracles du paganisme. *Strasbourg, Jean Renauld Doulssecker,* 1708. xxx-469 pages, in-8°. Rel. veau.

9463. — Défense des SS. Pères accusez de platonisme. *Paris, Le Conte et Montalant,* 1711. xlvi-654 pages, in-4°. Frontispice. Rel. veau.

9464. BANCEL (Émile). Relation médico-chirurgicale du siège de Toul, août-septembre 1870. Par M. le docteur Émile Bancel, médecin et chirurgien en chef de l'hôpital civil et militaire de Toul, etc... *Nancy, Berger-Levrault et Cie,* 1873. 117 pages, in-8°. Br.

9465. (BARBÉ-MARBOIS.) La richesse des cultivateurs, ou dialogues entre Benjamin Jachère et Richard Treffle, laboureurs, sur la culture du treffle, de la luzerne et du sainfoin, traduits de l'allemand ; imprimés en conséquence d'un arrêté du directoire du département de la Moselle. (Par Barbé-Marbois, né à Metz.) *Metz, Antoine et fils,* (1792). xiv-174 pages, in-8°. Cartonné.

9466. BARBIER (J.-V.). A travers le Sahara. Les missions du colonel Flatters, d'après des documents absolument inédits, par J.-V. Barbier, secrétaire général de la Société de géographie de l'Est, etc... *Paris, impr. A.-L. Guillot,* 1884. 174 pages, in-18. Broché.

9467. — Rapport sur les travaux cartographiques publiés par les ministères français, à propos de l'exposition organisée à Douai... en 1883. *Nancy, Berger-Levrault,* 1883. 63 pages, in-8°. Br.

9468. — Essai d'un lexique géographique. *Paris, Berger-Levrault et Cie,* 1886. 115 pages, in-8°. Br.

9469. — Lexique géographique du monde entier, publié sous la direction de M. E. Levasseur (de l'Institut), professeur au collège de France. *Nancy, Berger-Levrault et Cie,* 1894-1895. (En cours de publication.) Gr. in-8°. Br.

9470. — *Opuscules :* Atlas uniprojectionnel. Développement de la surface terrestre par zones coniques égales. 1878. 12 p., in-8° et 2 pl. — De l'emploi de la projection conique dans un atlas systématiquement uniprojectionnel. 1884. 18 p., in-8°. — Les transcriptions géographiques. 1887. 10 p., in-8°. — Note sur la nomenclature géographique et administrative du Japon. 1888. 28 p., in-8°. — Question de l'orthographe géographique au point de vue national et international. Exposé présenté au congrès international de Berne. 1892. 14 p., in-8°. — Le canal des Deux-Mers devant le congrès des sociétés françaises de géographie tenu à Tours, en 1893. 1894. 28 p. in-8°.— Le projet de carte de la terre à l'échelle du 1/1.000.000°, devant la commission technique de la Société de géographie de l'Est. 1894. 44 p. in-8°. — Projet de la carte de la terre à l'échelle du 1/1.000.000°. Rapport présenté au congrès de Lorient. 1896. 17 p. in-8°.

9471. BARCLAY (G.). De potestate Papæ : an et quatenus in reges et principes seculares jus et imperium habeat ; Guil. Barclaii (profess. Universitat. mussipont.) J. C. liber posthumus. S. l., n. n., 1609. xvi-359 pages, in-8°. Rel. veau.

9472. — De potestate Papæ ; an et quatenus in reges et principes seculares jus et imperium habeat. Mussiponti, J. Garnich, 1610. xiv-343 pages, pet. in-8°. Rel. parchemin.

9473. — Traicté de la puissance du Pape. Sçavoir s'il a quelque droict, empire, ou domination sur les rois et princes séculiers. Pont-à-Musson (sic), Hélie Huldric (Pseud.), 1611. x-274 feuillets, in-8°. Rel. veau.

9474. BARCLAY (JEAN). Joannis Barclaii (mussipontani). Pietas. Sive publicæ pro regibus ac principibus, et privatæ pro Gullielmo Barclaio parente vindiciæ. Adversus Roberti S. R. E. cardinalis Bellarmini tractatum de potestate summi Pontificis in rebus temporalibus. Parisiis, P. Mettayer, 1612. xii-801 pages, in-4°. Rel. veau.

9475. — Parænesis ad sectarios libri II. Coloniæ, apud J. Kinckium, 1617. xvi-296 pages, in-8°. Rel. parchemin.

9476. — Icon animorum. Francofurti, apud D. et D. Aubrios, et C. Schleichium, 1625. 187 pages, in-8°. Rel. parchemin.

9477. — Le pourtrait des esprits... mis en françois. Paris, N. Buon, 1625. v-430 pages, in-12. Rel. parchemin.

9478. — Icon animorum. Editio indice capitum, rerum et verborum auctior. Francofurti, Ch. Hermsdorff, 1675. x-225 pages, in-12. Frontispice. Rel. veau gaufré.

9479. — L'œil clairvoyant d'Euphormion dans les actions des hommes, et de son règne parmy les plus grands et signalés de la de la Cour. Satire de nostre temps, composée en latin par Jean Barcley et mis en nostre langage par M. Nau, advocat en

Parlement. Paris, A. Estoct, 1626. x-278 feuillets, in-8°. Titre et frontispice gravés. Rel. parchemin.

9480. BARCLAY (JEAN). Suite : — Euphormionis Lusinini, sive Joannis Barclaii Satyricon. Partes quinque cum clave. Accessit conspiratio anglicana. Lugd. Batavorum, apud Elzevirios, 1637. 717 pages, in-12. Titre et frontispice gravés. Rel. veau.

9481. — Euphormionis Lusinini, sive Jo. Barclaii Satyricon, nunc primum castratum, castigatum, in sex partes dispertitum, et notis illustratum, cum clavi. Accessit conspiratio anglicana. Lugd. Batavorum, ex off. Hackiana ; et Parisiis, F. Léonard, 1674. xxii-720 pages, in-8°. Frontispice avec portrait de l'auteur. Rel. veau. — Étude bibliographique et littéraire sur le Satyricon de Jean Barclay, par M. Jules Dukas. Paris, L. Techener, 1880. 91 pages, in-8°. Br.

9482. — Argenis. Editio novissima. Cum clave, hoc est nominum propriorum elucidatione hactenus nondum edita. Lugd. Bat., ex off. Elzeviriana, 1630. 696 pages, in-12. Titre et frontispice gravés. Rel. veau, fil. d.

9483. — Argenis, nunc primum illustrata. Lugd. Batav. et Roterod., ex off. Hackiana, 1669. xxviii-652 pages, in-8°. Titre et frontispice gravés, portrait. Rel. veau.

9484. — Argenis, figuris æneis adillustrata, suffixo clave, hoc est nominum propriorum explicatione atque indice locupletissimo. Noribergæ, W.-M. Endter, 1703. xxii-743 pages, in-12. Cart.

9485. — Argénis, traduction libre et abrégée, par M. Savin, ancien professeur d'humanités au collège de la Magdeleine de Bordeaux. Paris, Delalain, 1771. xiv-335 et 359 pages, in-12. 2 vol. Demi-rel.

9486. — L'Argénis, traduction nouvelle par M. l'abbé Josse, chanoine de Chartres. Chartres, N. Besnard, 1732. xxvi-382, 392 et 424 pages, in-12. 3 tomes en 2 vol. Rel. veau.

9487. BARDY (HENRI). Opuscules : Enguerrand de Coucy et les Grands-Bretons. Épisode de l'histoire d'Alsace (1368-1376). Par Henri Bardy (pharmacien à Saint-Dié). 1860. 38 p., in-8°. — Gustave Dauphin, peintre d'histoire. Sa vie et ses œuvres. 1881. 31 p., in-8°. — Le comte de la Suze et la seigneurie de Belfort de 1636 à 1654. 1884-1885. 40 p., in-8°. — Le folk-lore du Val-de-Rosemont, (1891). 22 p., in-8°. (Avec une vue.) — Au pays d'Ajoie (souvenirs pré-alpinistes). 1891. 20 p., in-8°. — Une histoire de revenant. 1893. 13 p. in-8°. — Le conventionnel Sébastien Delaporte. (Né à Belfort, le 15 septembre 1760...) S. d. 24 p., in-8°.

9488. BARNABÉ. Ballons dirigeables. Par Barnabé, de Nancy. (Nancy), autographie, 1893. 12 pages, in-4°. Br.

9489. BARRÉ (H.). Notice sur les procédés de lever des plans et sur leur application au cadastre et aux autres services publics, par H. Barré et L. Roussel, professeurs à l'École forestière. Paris, s. n., 1878. 20 pages, in-4°. Br.

9490. — Manuel d'arpentage et de lever des plans. (Avec Lucien Roussel). Nancy, Berger-Levrault et Cie, 1873. XII-286 pages, in-8°. Br.

9491. BARTH. Traité pratique d'auscultation suivi d'un précis de percussion par M. Barth, (né à Sarreguemines), professeur agrégé à la Faculté de médecine de Paris, etc... et M. Henri Roger, professeur agrégé à la même Faculté, etc... Paris, Labé, 1860. XX-736 pages, in-12. Demi-rel.

9492. BARTHÉLEMY (P.). Nouvel abrégé de la mythologie à l'usage de la jeunesse, suivi d'un résumé de l'Iliade, de l'Odyssée et de l'Énéide ; par M. P. Barthélemy, (professeur à Nancy), bachelier ès-lettres, maître de langue. Paris, Hachette, 1835. 142 pages, in-18. Cart.

9493. — Napoléon aux Invalides. Chant lyrique. Dédié au maréchal Moncey, gouverneur de l'Hôtel des Invalides. Nancy, Hinzelin, 1840. 6 pages, in-8°. Cart.

9494. BASSET (L'abbé). Analyse du discours pastoral de M. l'abbé Basset, curé de Sommeille, sur le retour miraculeux de la famille des Bourbons. Bar-sur-Ornain, Laguerre, (1814). 8 pages, in-8°. Rel.

9495. BASSET (René). Études sur l'histoire d'Éthiopie. Par René Basset (né à Lunéville), chargé de cours à l'École supérieure des lettres d'Alger. Paris, Imp. nationale, 1882. 315 pages, in-8°. Demi-rel.

9496. BASSET (René). Suite : — Contes arabes. Histoire des dix vizirs (Bakhtiar-Nameh). Traduite et annotée. Paris, Ernest Leroux, 1883. XXVIII-203 pages, in-18. Br.

9497. — Les dictons satiriques attribués à Sidi Ah'med ben Yousof. Paris, Impr. nationale, 1890. 96 pages, in-8°. Br.

9498. — Loqmân berbère avec quatre glossaires et une étude sur la légende de Loqmân. Paris, Ernest Leroux, 1890. XCVIII-409 pages, in-12. Br.

9499. — Les apocryphes éthiopiens, traduits en français. Paris, Imp. divers, 1893-1896. 8 brochures, in-12. Br.

9500. — Étude sur la Zenatia du Mzab de Ouargla et de l'Oued-Rir'. Paris, Ernest Leroux, 1893. XV-274 pages, in-8°. Br.

9501. — Études sur les dialectes berbères. Paris, Ernest Leroux, 1894. XIV-164 pages, in-8°. Br.

9502. — Étude sur la Zenatia de l'Ouarsenis et du Maghreb central. Paris, Leroux, 1895. III-162 pages, in-8°. Br.

9503. — Opuscules : Mélanges d'histoire et de littérature orientales. 1886. 9 p., in-8°. — Mélanges d'histoire et de littérature orientales. 1888. 27 p., in-8°. — Documents musulmans sur le siège d'Alger en 1541. Traduits et annotés. 1890. 44 p., in-8°. — Fastes chronologiques de la ville d'Oran pendant la période arabe. 290-915 hégire (903-1509 de J.-C.). 1892. 27 p., in-8°. — L'insurrection algérienne de 1871 dans les chansons populaires kabyles. 1892. 60 p., in-8°. — Notice sur les dialectes berbères des Harakta et du Djerid tunisien. 1892. 18 p., in-8°. — Les inscriptions de l'île de Dahlak. 1893. 35 p., in-8°. — Notice sommaire des manuscrits orientaux de deux bibliothèques de Lisbonne. 1894. 29 p., in-8°. — Les noms des métaux et des couleurs en berbère. 1895. 35 p., in-8°.

9504. BASSINET (A.-J.-D.). Histoire sacrée du Nouveau Testament, contenant la vie de Jésus-Christ ; ornée de soixante-douze figures gravées d'après les plus grands maîtres, Raphaël, Rubens, Poussin, etc. ; ouvrage très utile aux personnes de tout âge, et principalement à l'instruction de la jeunesse. Par M. A.-J.-D. B(assinet, grand-vicaire de Verdun). Paris, Elluin, etc., 1802. XXXIX-191 pages, in-8°. Carte. Fig. Cart.

9505. BASSOMPIERRE (Le maréchal de).

Remarques de monsieur le mareschal de Bassompierre (né à Haroué), sur les vies des roys Henry IV et Louys XIII de Dupleix. *Paris, Pierre Bienfait*, 1665. IV-544 pages, in-12. Rel. veau.

9506. BASSOMPIERRE (Le maréchal de). Ambassade du mareschal de Bassompierre en Espagne, l'an 1621. — En Suisse, l'an 1625. — En Angleterre, l'an 1626. *Cologne, P. du Marteau*, 1668. 163, 388, 269 et 316 pages, in-12. 4 tomes en 2 vol. Rel. veau. Voy. nos 3586-3589.

9507. BASTIDE (A.-E.-R.). Mosaïque poétique. Par A.-E.-R. Bastide, ancien notaire (à Épinal). *Paris, Souverain*, 1849. III-317 et 324 pages, in-8°. 2 vol. Demi-rel.

9508. BAYON (Nicolas de). Nicolai Bayonensis mussipontani S. Th. D. et in ecclesiâ virdunensi præcentoris et canonici, de sacramentis Ecclesiæ et sacrosancto missæ sacrificio liber. *Virduni, F. et J. du Bois*, 1620. X-439 pages, pet. in-8°. Rel. veau.

9509. — Tractatus de contractibus, tam in genere quam in specie. *Parisiis, N. Collet*, 1633. VIII-382 pages, in-12. Rel. parchemin.

9510. BAZELAIRE (H. de). Manuel du planteur. Du reboisement, de sa nécessité et des méthodes pour l'opérer avec fruit et avec économie. Par H. de Bazelaire, membre du comice agricole de Saint-Dié. *Nancy, Vagner*, 1846. 138 pages, in-12. Cart.

9511. BEAUCHET (Ludovic). Histoire de l'organisation judiciaire en France. Époque franque, par Ludovic Beauchet, professeur à la Faculté de droit de Nancy. *Paris, Arthur Rousseau*, 1886. IV-509 pages, in-8°. Demi-rel.

9512. — Loi de Vestrogothie. (Codex antiquior.) Traduite et annotée. *Paris, L. Larose et Forcel*, 1889. 142 pages, in-8°. Br.

9513. BEAUFORT (Le marquis de). Du salut de la France, par un ancien officier de la maison du roi (le marquis de Beaufort, de Nancy). *Paris, C.-F. Patris*, 1815. 97 pages, in-8°. Br.

9514. BEAULIEU (L.). Lettre... sur diverses antiquités égyptiennes trouvées à Salzbourg, par L. Beaulieu (né à Nancy). *Paris, Imp. Le Normant*, 1841. 43 pages, in-8°. Pl. Demi-rel.

9515. BEAULIEU (L.). *Suite :* — Antiquités de Vichy-les-Bains (département de l'Allier). *Paris, Le Normant*, 1846. 102 pages, in-8°. Demi-rel.

9516. BEAUMONT (Charles de). Le trente et quarante du peuple français, ou le onzième anniversaire de la Révolution de 1830. Ode. Par Charles de Beaumont (né à Pont-à-Mousson). *Nancy, L. Vincenot*, 1841. 47 pages, in-8°. Cart.

9517. BEAUNIS (H.). Nouveaux éléments de physiologie humaine, comprenant les principes de la physiologie comparée et de la physiologie générale. Par H. Beaunis, professeur de physiologie à la Faculté de médecine de Nancy. *Paris, J.-B. Baillière et fils*, 1876. XLI-1140 pages, in-8°. Gravures. Demi-rel.

9518. — Nouveaux éléments de physiologie humaine comprenant les principes de la physiologie comparée et de la physiologie générale. Deuxième édition. *Paris, J.-B. Baillière et fils*, 1881. XX-1484 pages, in-8°. Gravures. 2 vol. Rel. anglaise.

9519. — Impressions de campagne (1870-1871). *Paris, Félix Alcan*, 1887. VI-304 pages, in-12. Demi-rel.

9520. — L'École du service de santé militaire de Strasbourg, et la Faculté de médecine de Strasbourg, de 1856 à 1870. Discours prononcé à la séance de rentrée de la Faculté de médecine de Nancy, le 31 octobre 1888. *Nancy, Berger-Levrault et Cie*, 1888. 22 pages, in-8°. Br.

9521. — Nouveaux éléments de physiologie humaine, comprenant les principes de la physiologie comparée et de la physiologie générale. Troisième édition. *Paris, J.-B. Baillière et fils*, 1888. XII-736 et 936 pages, in-8°. Gravures. 2 vol. Rel. anglaise.

9522. — L'année psychologique, (avec Binet). *Paris, Félix Alcan*, 1895-1896. VII-619 et 1010 pages, in-8°. 2 vol. Br.

9523. BEAUVAU (Henry de). Relation journalière du voyage du Levant fait et descrit par haut et puissant seigneur Henry de Beauvau, baron dudict lieu et de Manonville, seigneur de Fléville, Sermaise, Domèpvre, etc... Reveu, augmenté et enrichy par l'autheur de pourtraicts des lieux les plus remarquables. *Nancy, Jacob Garnich*, 1619. VI-181 pages, in-4°. Fig. Rel. veau.

9524. BEAUVAU (Louis de). Le pas d'armes de la bergère, maintenu au tournoi de Tarascon. (Par Louis de Beauvau.) Publié d'après le manuscrit de la bibliothèque du roi, avec un précis de la chevalerie et des tournois, etc. Par G.-A. Crapelet, imprimeur. *Paris, Crapelet*, 1828. IV-152 pages, gr. in-8°. Cart.

9525. BEAUZÉE. Grammaire générale, ou exposition raisonnée des éléments nécessaires du langage, pour servir de fondement à l'étude de toutes les langues. Par M. Beauzée, de la Société royale des sciences et arts de Metz, etc. *Paris, J. Barbou*, 1767. XLVIII-619 et 664 pages. 2 vol. in-8°. Rel. veau.

9526. — Preuves historiques de la religion chrétienne, pour lui servir d'apologie contre les sophismes de l'irréligion, ouvrage destiné à l'éducation de la jeunesse, suivis d'extraits de diverses lettres de Fénelon, et des entretiens de ce prélat avec Ramsai. *Paris, Société catholique des bons livres*, 1825. VI-300 pages, in-12. Demi-rel.

9527. BECQ (L'abbé). Journal et impressions d'un pèlerin de Terre sainte, au printemps de 1855, par l'abbé Becq, prêtre du diocèse de Verdun. *Nancy, Vagner*, 1857. 348 pages in-12. Demi-rel.

9528. BÉDEL (J.-J.). Notions élémentaires sur le calcul décimal et sur les nouvelles mesures ; suivies des principes de l'arpentage appliqué au système métrique, et de tables de comparaison, etc... Par J.-J. Bédel, ancien professeur de mathématiques à l'École centrale des Vosges, etc... *Épinal, George*, 1809. II-122 pages, in-8°. Rel. veau.

9529. BÉGEL (L'abbé). Vie de la Sainte Vierge d'après la tradition, par l'abbé Bégel, (curé dans le diocèse de Nancy). *Nancy, Vagner*, 1852. 432 et 459 pages, in-8°. 2 vol. Planches. Demi-rel.

9530. BÉGIN (E.-A.). Congrès scientifique de France. Section d'histoire et d'archéologie. — Influence des croyances religieuses sur les monumens des anciens peuples ; par E.-A. Bégin (né à Metz), docteur-médecin. *Metz, S. Lamort*, 1838. 84 pages, in-8°. Demi-rel.

9531. BÉGIN (E.-A.). *Suite :* — Le Buchan français, nouveau traité complet de médecine usuelle et domestique, comprenant, dans un ordre méthodique, l'anatomie et la physiologie de l'homme, l'hygiène, la pathologie interne et externe, les accouchemens, la toxicologie, la thérapeutique, la matière médicale et la pharmacie, ouvrage mis à la portée des gens du monde. *Nancy, L. Vincenot et Cie*, 1839-1840. XI-648 et 621 pages, in-8°. 2 vol. Demi-rel.

9532. — Histoire de Napoléon, de sa famille et de son époque, au point de vue de l'influence des idées napoléoniennes sur le monde. *Paris, Plon frères*, 1853-1854. 5 vol., in-8°. Demi-rel.

9533. BEL (A.). Grammaire latine, élémentaire et raisonnée, contenant la classification ou lexigraphie, la syntaxe, les idiotismes et la construction. A l'usage des collèges, par A. Bel, professeur de l'université (au collège de Verdun), etc... *Verdun, Bénit*, 1829. 282 pages, in-12. Cart.

9534. BÉNARD (L'abbé). Histoire de la révélation ou de la religion chrétienne, ancien et nouveau Testament ; par l'abbé Bénard, membre de l'Académie de Stanislas, etc... *Paris, P. Lethielleux*, 1863. 4 vol., in-12. Br.

9535. — Bienfaits du christianisme dans la société. *Nancy, Vagner*, 1856. 288 pages, in-12. Br.

9536. — Le Christ et César ou le Christ-roi. L'église primitive et le césarisme. *Paris, P. Lethielleux*, 1864. 355 pages, in-12. Demi-rel.

9537. — La passion de Jésus-Christ et la semaine sainte. *Nancy, Impr. N. Collin*, 1883. VII-529 pages, in-8°. Br.

9538. — Le mois du Sacré-Cœur de Jésus. *Nancy, A. Nicolle*, 1894. IV-139 pages, in-16. Br.

9539. — Vérité sur « le Christ et César ». Réponses à toutes les attaques. Justification de l'auteur par les évêques et le souverain pontife. *Strasbourg, G. Silbermann*, 1864. 35 pages, in-12. Demi-rel.

9540. BÉNIT (A.-F.). Idées d'un jeune officier sur l'état militaire ; par M. A.-F. Bénit (né à Mirecourt). *Paris, s. n.*, 1820. 66 pages, in-8°. Cart.

9541. BENOIST (Le baron de). Les souffrances de l'agriculture, par M. le baron de Benoist (de la Meuse). *Verdun, L. Doublat*, 1866. 24 pages, in-8°. Cart.

9542. BENOIT (Arthur). Collections et collectionneurs alsaciens, 1600-1820 : antiquités, monnaies, médailles, tableaux, manuscrits, gravures, curiosités, etc., par Arthur Benoit, membre de la Société d'archéologie lorraine, etc. *Strasbourg, Noirel*, 1875. 82 pages, in-8°. Br.

9543. — Vitry-le-François de 1778 à 1789. *S. l., n. n., n. d.* 128 pages (incomplet), in-8°. Cart.

9544. — *Opuscules :* Relation de la fête donnée le 28 pluviôse an IX (17 février 1801), à Paris, par le ministre des affaires étrangères, à l'occasion de la paix de Lunéville. *Lunéville, Majorelle*, 1868. 18 p., in-8°. — Liste des gardes d'honneur du département du Bas-Rhin. 1869. 19 p., in-8°. — Waterloo ; récits de la campagne de 1815 par le général Drouot et le maréchal Ney. 1869. 28 p., in-8°. — Recherche sur le lieu de naissance du chroniqueur strasbourgeois Godefroy d'Ensmingen. 1870. 13 p., in-8°. — Les conférences de Haguenau, 1815. 1873. 8 p., in-8°. — Les ex-libris de Schœpflin. 1883. 14 p. et deux pl., in-8°.

9545. BENTZ (L.). Premiers éléments d'agriculture, par L. Bentz, directeur de l'école normale primaire de la Meurthe, etc. *Paris, Édouard Tétu et Cie*, 1845. 143 pages, in-12. Cart.

9546. — Premiers éléments d'horticulture. *Paris, Édouard Tétu et Cie*, 1848. 168 pages, in-12. Cart.

9547. BÉRAULT-BERCASTEL (de). La conquête de la terre promise. Poème. (Par l'abbé de Bérault-Bercastel, né à Briey.) *Bar-le-Duc, François-Louis Christophe*, 1766. xl-288 et 282 pages, in-12. 2 vol. Rel. veau.

9548. — Histoire de l'Église, dédiée au roi. *Paris, Moutard*, 1778-1790. 23 vol. in-12. Rel. bas.

9549. BERGER-LEVRAULT (Oscar). Les costumes strasbourgeois édités au dix-septième siècle par Frédéric-Guillaume Schmuck et au dix-huitième siècle par ses fils Frédéric et Guillaume Schmuck. Par Oscar Berger-Levrault (imprimeur à Nancy). *Nancy, Berger-Levrault et Cie*, 1889. 16 pages et 102 pl., in-8°. Br.

9550. BERGER-LEVRAULT (Oscar.). *Suite :* — Annales des professeurs des académies et universités alsaciennes. 1523-1871. *Nancy, Impr. Berger-Levrault et Cie*, 1892. ccxlv-379 pages, in-8°. Br.

9551. BERGERY (C.-L.). Les devoirs, petite philosophie propre aux écoles primaires, par C.-L. Bergery, professeur à l'école normale de Metz, etc... *Metz, Mme Thiel*, 1843. 255 pages, in-18. Demi-rel.

9552. — Géométrie appliquée à l'industrie, à l'usage des artistes et des ouvriers. *Metz, Mme Thiel*, 1835. vii-500 pages, in-8°. Demi-rel.

9553. — Astronomie élémentaire ou description géométrique de l'univers, faite aux ouvriers messins. *Metz, Mme Thiel*, 1838. v-148 pages, in-8°. Demi-rel.

9554. — Physique et chimie des écoles primaires. *Metz, Mme Thiel*, 1840. iii-350 pages, in-12. Demi-rel.

9555. — Théorie des affûts et des voitures d'artillerie. *Metz, Verronnais*, 1840. xi-319 pages, in-8°. Demi-rel.

9556. — Cosmographie des écoles primaires, précédée du système raisonné de l'enseignement primaire. *Metz, Mme Thiel*, 1839. xvi-108 pages, in-8°. Demi-rel.

9557. — Aritmétique des écoles primaires. *Metz, Mme Thiel*, 1841. 250 pages, in-12. Demi-rel.

9558. — Cours de machines à l'usage des officiers d'artillerie, des ingénieurs et des praticiens. (Avec J.-C. Migout, chef d'escadron d'artillerie.) *Metz, Verronnais*, 1842. x-572 pages, in-8°. Demi-rel.

9559. — Géométrie des courbes appliquée aux arts. *Metz, Mme Thiel*, 1843. xi-427 pages, in-8°. Demi-rel.

9560. — Mécanique des écoles primaires. *Metz, Warion*, 1847. 175 pages, in-12. Demi-rel.

9561. — Discours sur le partage des richesses, prononcé à la distribution des prix des cours industriels de Metz, le 1er juin 1834. *Metz, S. Lamort*, 1834. 17 pages, in-8°. Cart.

9562. BERGIER (L'abbé). Les élémens primitifs des langues, découverts par la comparaison des racines de l'hébreu avec celles du grec, du latin et du françois. Par M. Bergier (né à Darney), docteur en théologie, etc... *Paris, Brocas et Humblot*, 1764. iv-354 pages, in-12. Rel. veau.

9563. BERGIER (L'abbé). *Suite :* — La certitude des preuves du christianisme, ou réfutation de l'examen critique des apologistes de la religion chrétienne. — Réponse aux « Conseils raisonnables » ; pour servir de supplément à « La certitude des preuves, etc... » *Paris, Humblot,* 1768-1769. vi-231, 211 et 94 pages, in-12. 3 tomes en 1 vol. Rel. veau.

9564. — Apologie de la religion chrétienne, contre l'auteur du « Christianisme dévoilé » et contre quelques autres critiques. *Paris, Humblot,* 1770. viii-544 et 544 pages, in-12. 2 vol. Rel. veau.

9565. — Le déisme réfuté par lui-même, ou examen en forme de lettres, des principes d'incrédulité répandus dans les divers ouvrages de M. Rousseau. *Paris, Humblot,* 1771. xxiv-285 et 259 pages, in-12. 2 tomes en 1 vol. Rel. veau.

9566. — Examen du matérialisme ou réfutation du système de la nature. *Paris, Humblot,* 1771. xxvi-495 et 484 pages, in-12. 2 vol. Rel. veau.

9567. — L'origine des dieux du paganisme et le sens des fables découvert par une explication suivie des poésies d'Hésiode. *Paris, Humblot,* 1767. xvi-227, 206, 258 et 250 pages, in-12. 4 tomes en 2 vol. Rel. veau.

9568. — Traité historique et dogmatique de la vraie religion, avec les réfutations des erreurs qui lui ont été opposées dans les différens siècles. *Paris, Moutard,* 1780. 12 vol. in-12. Rel. veau.

9569. — Les élémens primitifs des langues, découverts par la comparaison des racines de l'hébreu, du latin et du françois, augmentés d'un essai de grammaire générale, par l'imprimeur-éditeur. *Besançon, Lambert et Cie,* 1837. vi-344 pages, in-8°. Br.

9570. — Discours qui a remporté le prix d'éloquence de l'Académie de Besançon. *Besançon, Impr. Jean-Félix Charmet,* 1765. 27 pages, in-12. Rel. veau.

9571. BERNARD. Avis au peuple sur le choléra-morbus asiatique traité au moyen de l'éther sulfurique opiacé à haute dose. Par Bernard (de Château-Salins), docteur en médecine de la Faculté de Paris, etc... *Paris, Germer-Baillière,* 1849. 56 pages, in-8°. Cart.

9572. BERNHEIM (H.). Leçons de clinique médicale, par le docteur H. Bernheim, professeur agrégé à la Faculté de méde-

cine de Nancy, etc... *Paris, Bérger-Levrault et Cie,* 1877. xii-535 pages, in-8°. Demi-rel.

9573. BERNHEIM (H.). *Suite :* — De la suggestion dans l'état hypnotique et dans l'état de veille. *Paris, Octave Doin,* 1884. 109 pages, in-8°. Br.

9574. — De la suggestion et de ses applications à la thérapeutique. *Paris, Octave Doin,* 1888. xi-596 pages, in-12. Fig. Demi-rel.

9575. — Hypnotisme, suggestion, psychothérapie. Études nouvelles. *Paris, Octave Doin,* 1891. ii-518 pages, in-8°. Br.

9576. BERR. Lettre du sieur Berr-Isaac Berr, manufacturier, membre du conseil municipal de Nancy, à M. Grégoire, sénateur à Paris. *Nancy, P. Barbier,* 1806. 48 pages, in-8°. Demi-rel.

9577. BERR (MICHEL). Abrégé de la Bible, et choix de morceaux de piété et de morale. A l'usage des israélites de France. Par un israélite français, membre de la Société pour l'instruction élémentaire, etc. (Michel Berr, né à Nancy.) *Paris, Imp. Sétier,* 1819. xli-344 pages, in-12. Demi-reliure.

9578. — De la littérature hébraïque et de la religion juive. — De la fête du nouvel an, et du jeûne des expiations ou grand pardon chez les juifs. — Du rabbinisme et des traditions juives. *Paris, Sétier,* 1832. 8, 8 et xix-50 pages, in-8°. 3 plaquettes en 1 vol. Cart.

9579. — Éloge de Benjamin-Constant, prononcé le 12 juin 1833, dans la chaire de l'Athénée royal de Paris. *Paris, Treuttel et Wurtz,* 1836. iv-168 pages, in-8°. Cart.

9580. Nouveau précis élémentaire d'instruction religieuse et morale, à l'usage de la jeunesse française israélite, avec un court sommaire de l'Écriture sainte, suivi de quelques histoires morales tirées de la Bible et des traditions, etc... *Nancy, A. Paullet,* 1839. xvi-102 pages. — Seconde édition. *Pont-à-Mousson, A. Simon,* 1842. xii-96 pages, in-12. Demi-rel.

9581. — *Opuscules :* L'appréciation du monde, ouvrage traduit de l'hébreu, 1808. xviii-49 p., in-8°. — Notice sur Maymonide, philosophe juif du xii° siècle, lue dans une séance de l'Académie royale des sciences, lettres, arts et agriculture de Nancy. 1815. 12 p., in-8°. — Observations

38

sur l'acte additionnel aux constitutions de l'Empire et sur notre situation politique. 1815. 40 p., in-8°. — Éloge de M. Abraham Furtado, l'un des adjoints de la mairie de Bordeaux..., décédé à Bordeaux le 29 janvier 1817. 1817. 35 p., in-8°. — Lettre sur les premières livraisons de l'*Israélite français*, adressée à M. Villenave, rédacteur en chef des *Annales politiques*, membre de plusieurs sociétés savantes et littéraires. 1818. 31 p., in-8°. — Sur une réponse à la brochure intitulée : « Lettre sur les premières livraisons de l'*Israélite français*, adressée à M. Villenave, rédacteur en chef de *Annales politiques*. » *S. d.* 4 p., in-8°. — « Des quatre concordats », de M. de Pradt, ou observations sur un passage de cet ouvrage. 1819. 40 p., in-8°. — Littérature hébraïque. 1823. 12 p., in-8°. — Du passé, du présent et de l'avenir. 1830. 30 p., in-8°. — Essai sur la vie et les ouvrages de Paul-Jérémie Bitaubé, membre de l'Institut de France et de l'Académie de Berlin, né à Kœnigsberg, en 1730, mort à Paris, le 22 novembre 1808. *S. d.* 19 p., in-8°. — Appel à la justice des nations. VIII-72 p. — Notice sur M. Charles Villers. 7 p. — Sur le divorce considéré chez les israélites. 8 p. — Préface de l'ouvrage intitulé : « Abrégé de la Bible ». 41 p. — Observations sur un article du second volume de la « Nouvelle biographie des contemporains ». 15 p. — Un mot de M. Michel Berr. 62 p. — Notices biographiques sur les littérateurs contemporains. 8 p. — Lettre au rédacteur du *Progresseur*. 19 p. (Ces 8 derniers opuscules sont réunis en un recueil in-8°. Demi-rel.)

9582. BERSEAUX (L'abbé). Les grandes questions religieuses résolues en peu de mots. L'église et le monde. La foi et l'incrédulité. L'évangile et le siècle. Par l'abbé Berseaux, professeur de théologie dogmatique au grand séminaire de Nancy. *Paris, Putois-Cretté*, 1861. 272, 266 et 256 pages, in-12. 3 vol. Br.

9583. BERTHELET (DOM GRÉGOIRE). Traité historique et moral de l'abstinence de la viande et des révolutions qu'elle a eues depuis le commencement du monde jusqu'à présent, tant parmi les hébreux que parmi les païens, les chrétiens et les religieux anciens et modernes. Par le R. P. Dom Grégoire Berthelet (né à Belrain), religieux bénédictin de la congrégation de Saint-Vanne et de Saint-Hydulphe. *Rouen, Ibérault*, 1731. XXXIX-521 pages, in-4°. Rel. veau.

9584. BERTIER. *Opuscules* : Réclamations de l'agriculture française, l'une des plus arriérées de l'Europe, près du gouvernement et des chambres, par M. Bertier, de Roville. *Nancy, A. Paullet*, 1839. 44 pages, in-8°. 1 tableau. Cart. — Réflexions sur la confection d'un code rural, adressées à M. Malepeyre, auteur d'observations sur le même sujet. *Paris, Decourchant*, *s. d.* 14 pages, in-8°. Demi-rel.

9585. BERTON. Élémens de dessin géométrique à l'usage des artistes et des ouvriers qui suivent les cours industriels ; par N. Berton, professeur de mathématiques à Metz. *Metz, Imp. C. Lamort*, 1827. 77 pages, in-8°. Cart.

9586. BEXON (S.-J.) Réflexions sur la nécessité et les moyens de conserver et d'améliorer les forêts. Par S.-J. Bexon, commissaire du roi près le tribunal de district de Remiremont, etc... *Remiremont, E. Dubiez*, 1791. 11-36 pages, in-12. Cart.

9587. — Réflexions d'un vosgien, ou le député au coin de son feu. *Paris, Libraires associés*, 1787. 81 pages, in-8°. Cart.

9588. — Parallèle du code pénal d'Angleterre avec les lois pénales françaises et considérations sur les moyens de rendre celles-ci plus utiles. *Paris, Fauvelle et Sagnier*, An VIII. IV-430 pages, in-8°. Cart.

9589. — Développement de la théorie des lois criminelles, par la comparaison de plusieurs législations anciennes et modernes, notamment de Rome, de l'Angleterre et de la France ; suivi de l'application de cette théorie, dans un projet de code criminel, correctionnel et de police. *Paris, Garnery*, 1802. XVI-574 et 524 pages, in-8°. 2 vol. Demi-rel.

9590. — Application de la théorie de la législation pénale, ou code de la sûreté publique et particulière, fondé sur les règles de la morale universelle, sur le droit des gens ou primitif des sociétés, et sur leur droit particulier, dans l'état actuel de la civilisation ; rédigé en projet pour les états de Sa Majesté le roi de Bavière ; dédié à Sa Majesté et imprimé avec son autorisation. *Paris, Imp. Courcier*, 1807. CCXXVI-62, 72, 156, 112 et 112 pages, in-fol. 5 fascicules en 1 vol. Demi-rel.

9591. BEYERLÉ (J.-P.-L.). Lettre de M. de Beyerlé, conseiller au parlement de Nancy, à M. de Calonne, ministre d'État, suivie d'observations sur les erreurs avancées par M. de Calonne, dans sa requête au roi, et dans ses éclaircissements et pièces justificatives, au sujet des louis fabriqués à Strasbourg en l'année 1786. *Paris, s. n.*, 1787. 88 pages. in-8°. Cart.

9592. — Lettres de M. Graumann, sur la proportion entre l'or et l'argent, etc. Traduit de l'allemand. *S. l., n. n.*, 1788. vi-101 pages, in-8°. Cart.

9593. — Essai sur la franc-maçonnerie, ou du but essentiel et fondamental de la F.·. M.·., etc... *Latomopolis, Xiste Andron*, 5784. lx-260 et 416 pages, in-8°. 2 vol. Rel. veau.

9594. — Essai préliminaire, ou observations historiques, politiques, théoriques et critiques sur les monnoies, pour servir de supplément à la première partie du tome V de l'« Encyclopédie méthodique », etc... *Paris, Nyon le jeune*, 1789. viii-179 pages, in-4°. Cart.

9595. — Beyerlé-Philalète aux véritables amis de la liberté. Observations philosophiques et politiques sur les monnoies d'or et d'argent. *Paris, Imp. Plassan*, 1793. 116 pages, in-8°. Cart.

9596. BICHAT (E.). Introduction à l'étude de l'électricité statique, par M. E. Bichat, professeur à la Faculté des sciences de Nancy. *Paris, Gauthier-Villars*, 1885. x-141 pages, in-8°. Demi-rel.

9597. — *Opuscules :* Oscillation du plan de polarisation par la décharge d'une batterie. Simultanéité des phénomènes électrique et optique. 1882. 4 p., in-8°. — Mesure de la différence de potentiel des couches électriques qui recouvrent deux liquides au contact. 1883. 19 p., in-8°. — Sur un électromètre absolu à indications continues. *S. d.* 8 p., in-8°.

9598. BIENAYMÉ. Mémoire sur les abeilles. Nouvelle manière de construire des ruches en paille, et la façon de gouverner les abeilles. Nouvelle édition. Par M. Bienaymé, évêque de Metz, ci-devant chanoine de la cathédrale d'Évreux. *Metz, Collignon*, 1803. 80 pages, in-12. Planches. Cart.

9599. (BIGELOT.) Ode sur la poésie, par l'auteur de la traduction de la première satire d'Horace, insérée dans le *Mercure* du 9 mars 1816. (Par Bigelot, né à Nancy.) *Paris, Delaunoy*, 1816. 14 pages, in-8°. Cart.

9600. (BIGOT.) Règles de vie, de mœurs et de conduite pour les filles qui veulent être religieuses dans le monde, très utiles à toutes sortes de personnes, en toute sorte d'état. (Par le P. Bigot, chanoine régulier.) *Nancy, N. Baltazar*, 1717. 55 et 111 pages, in-8°. — Précédées de : Déclaration du R. P. Petitdidier, jésuite. *Nancy, F. Midon*, 1747. 23 pages, in-8°. Rel. veau.

9601. BILISTEIN (Andreu de). Institutions militaires de la France ou le Végèce françois, par Andreu de Bilistein (né à Nancy). *Amsterdam, E. van Harrevelt*, 1762. xxviii-148 pages, in-8°. Rel. veau.

9602. BIZEMONT (H. de). L'Amérique centrale et le canal de Panama. Par le Vte H. de Bizemont (né à Nancy). *Paris, Imp. Laloux fils et Guillot*, 1881. iii-164 pages, in-18. Br.

9603. — La France en Afrique. Algérie et Tunisie. Sénégal et dépendances. Gabon et Congo. Par le Vte Henri de Bizemont. *Paris, Jules Gervais*, 1883. 84 pages, in-8°. Br.

9604. — L'Indo-Chine française. Basse Cochinchine. — Annam. — Tong-King. Par le Vte H. de Bizemont. *Paris, Imp. A.-L. Guillot*, 1884. 170 pages, in-18. Br.

9605. BLAISE. Nouveaux élémens d'algèbre et de géométrie réduite à ses vrais principes, dédiés à M. d'Argenson, ministre, etc... Par M. Blaise (né à Remiremont), maître de mathématiques. *Paris, Antoine Boudet*, 1743. vi-293 pages, in-4°. Planches. Rel. veau.

9606. BLAISE (Ch.-E.). Discours politique et moral sur les circonstances présentes, en vers héroïques, par le citoyen Ch.-E. Blaise, de Nancy. *Nancy, Langard, An IX.* 10 pages, in-4°. Cart.

9607. BLAISE (Mlle). Les méditations ou les songes d'Amélie. (Par Mlle Blaise, de Nancy.) *Nancy, Mlle Leseure*, 1831. 228 pages, in-8°. Cart.

9608. BLAISE. Notice sur l'établissement d'une caisse des retraites pour les classes laborieuses. Par Blaise (des Vosges). *Paris, Schneider*, 1843. 16 pages, in-8°. Demi-rel. (Extrait de la *Revue indépendante.*)

9609. BLANC (L'abbé). Le christianisme intégral ou la vérité catholique démontrée aux jeunes gens par les matières concernant le baccalauréat ès-lettres et ès-sciences, etc... Par M. l'abbé Blanc (aumônier du lycée de Nancy), chanoine honoraire, etc... *Nancy, N. Collin*, 1868. xxii-302 et 376 pages, in-8°. 2 vol. Br.

9610. — Manuel explicatif à l'usage des aspirants et aspirantes au brevet de capacité pour l'enseignement primaire, dans le département de Meurthe-et-Moselle. *Paris, Berger-Levrault et Cie*, 1877. vii-157 pages, in-18. Demi-rel.

9611. BLEICHER (Gustave). Matériaux pour une étude préhistorique de l'Alsace, par M. le docteur Bleicher, professeur d'histoire naturelle à l'École supérieure de pharmacie de Nancy. *Colmar, Vve Decker*, 1878-1894. 5 fascicules, in-8°. Br.

9612. — Les fécules. *Paris, Berger-Levrault et Cie*, 1878. 70 pages, in-8°. Br.

9613. — Une page de l'histoire scientifique et littéraire de l'Alsace. Les sociétés scientifiques et littéraires avant et après l'annexion. *Nancy, Berger-Levrault et Cie*, 1894. 97 pages, in-8°. Br.

9614. — *Opuscules* : Enceinte avec blocs vitrifiés du Hartmannswillerkopf (Haute-Alsace). 1879. 16 p. et 1 pl., in-8°. — Sur la découverte du terrain carbonifère marin en Haute-Alsace. 1882. 4 p., in-4°. Br. — Sur le carbonifère marin de la Haute-Alsace, découverte du culm dans la vallée de la Bruche. 1883. 3 p., in-4°. — Notice sur une station préhistorique avec faune quaternaire à Vœgtlinshofen dans la Haute-Alsace. 1888. 26 p., in-8°. Fig. — Recherches lithologiques sur la formation à bois silicifiés de Tunisie et d'Algérie. 1888. 3 p., in-4°. — Contribution à l'étude du terrain tertiaire d'Alsace et des environs de Mulhouse. 1890. 31 p., in-8°, et pl. — Sur la découverte des coquilles terrestres tertiaires dans le tuf volcanique du Limbourg. (Kayserstuhl, grand-duché de Bade.) 1891. 3 p., in-4°. — Sur la structure microscopique des roches phosphatées du Dekma (département de Constantine). 1891. 3 p., in-4°. — Sur la faune entomologique de la Casamance. 1892. 6 p., in-8°. — Sur une tourbière disparue des environs de Froidefontaine. 1892. 6 p., in-8°. Br. — Biographie de Charles-Frédéric Faudel, docteur en médecine, président de la Société d'histoire naturelle de Colmar. 1826-1893. 1894. 31 p., in-8°. Portrait. — Le lac salé d'Arzeu. Notes d'excursion et recherches de laboratoire. 1895. 4 p., in-8°. — Sur quelques perfectionnements apportés à la préparation et à l'étude de plaques minces de roches sédimentaires calcaires. 1895. 3 p., in-4°. — Sur les débris végétaux et les roches des sondages de la campagne du Caudan dans le golfe de Gascogne (août 1895). 1896. 3 p., in-4°. — Sur quelques faits nouveaux relatifs à la fossilisation osseuse. *S. d.* 9 p., in-8°. — Note sur les sépultures anciennes de Tagolsheim (Haute-Alsace). *S. d.* 5 p., in-8°.

9615. BLOCH (Isaac). Les fils de Samson. Histoire juive d'après S. Kohn. Par Isaac Bloch, grand rabbin d'Alger (actuellement grand rabbin à Nancy). *Paris, A. Durlacher*, 1887. 198 pages, in-12. Br.

9616. BLONDIN. Manuel des prud'hommes contenant : les loi et décret organiques des conseils de prud'hommes, et ceux qui les complètent, etc... Par Blondin fils, secrétaire du conseil des prud'hommes de Metz, etc... *Metz, Verronnais*, 1827. 175 pages, in-12. Cart.

9617. BLONDLOT (N.). Traité analytique de la digestion considérée particulièrement dans l'homme et dans les animaux vertébrés, par N. Blondlot, docteur en médecine (à Nancy), etc... *Nancy, Grimblot, Raybois et Cie*, 1843. 471 pages, in-8°. Demi-rel.

9618. — Essai sur les fonctions du foie et de ses annexes. *Nancy, Grimblot et Vve Raybois*, 1846. viii-129 pages, in-8°. Br.

9619. — Recherches sur la digestion des matières amylacées ; mémoire présenté à l'Académie impériale des sciences, le 14 novembre 1853. *Nancy, Grimblot et Vve Raybois*, 1853. 80 pages, in-8°. Br.

9620. — Recherches sur la digestion des matières grasses, suivies de considérations sur la nature et les agents du travail digestif. *Nancy, Grimblot et Vve Raybois*, 1855. 58 pages, in-8°. Br.

9621. — *Opuscules :* Considérations sur les phénomènes vitaux. Discours de réception prononcé dans la séance publique de la Société royale des sciences, lettres et arts de Nancy, le 13 mars 1845. 1845. 24 p., in-8°. — Nouveaux perfectionnements à la méthode de Marsh, pour la recherche chimico-légale de l'arsenic. 1845. 32 p., in-8°. — Inutilité de la bile dans la digestion proprement dite ; mémoire complémentaire de l'essai sur les fonctions du foie. 1851. 16 p., in-8°. — Nouvelles recherches chimiques sur la nature et l'origine du principe acide qui domine dans le suc gastrique. 1851. 42 p., in-8°. — Sur la manière d'agir du suc gastrique. 1857. 5 p., in-8°. — Sur la recherche de l'arsenic par la méthode de Marsh, mémoire lu à l'Académie impériale de médecine, dans sa séance du 5 mai 1857. 1857. 7 p., in-8°. — Sur quelques perfectionnements à apporter dans l'établissement des fistules gastriques artificielles. 1858. 6 p., in-8°. — Sur la recherche toxicologique du phosphore par la coloration de la flamme. 1861. 41 p., in-8°. — Sur la transformation de l'arsenic en hydrure solide par l'hydrogène naissant sous l'influence des composés nitreux ou de la pression. 1863. 25 p., in-8°. — Sur le dosage de l'antimoine dans les analyses et dans les recherches toxicologiques. 1864. 8 p., in-8°. — Purification de l'acide sulfurique. 1864. 11 p., in-8°. — Influence des corps gras sur la solubilité de l'acide arsénieux considérée dans ses rapports avec la toxicologie. *S. d.* 20 p., in-8°. — Note sur une modification à la pipette graduée de Mohr. *S. d.* 7 p., in-8°. — Note sur une particularité relative à la trempe de l'acier et de la fonte de fer. *S. d.* 4 p., in-8°. — Sur l'origine du sucre de lait. *S. d.* 16 p., in-8°. — Nouvelles recherches sur la digestion. Première partie : sur le principe acide du suc gastrique. *S. d.* 13 p., in-8°.

9622. BLONDLOT (R.). Introduction à l'étude de la thermodynamique, par R. Blondlot, professeur adjoint à la Faculté des sciences de Nancy. *Paris, Gauthier-Villars et fils,* 1888. ix-112 pages, in-8°. Demi-rel.

9623. — *Opuscules :* Sur la détermination de la quantité de magnétisme d'un aimant. 1875. 4 p., in-4°. — Sur le diamagnétisme de l'hydrogène condensé. 1877. 3 p., in-4°. — De la non-existence de l'allongement d'un conducteur traversé par un courant électrique, indépendamment de l'action calorifique. 1878. 3 p., in-4°. — Sur la capacité de polarisation voltaïque. 1879. 4 p., in-4°. — Sur une nouvelle propriété électrique du sélénium et sur l'existence des courants tribo-électriques proprement dits. 1880. 2 p., in-4°. — Sur la conductibilité voltaïque des gaz échauffés. 1881. 2 p., in-4°. — Recherches expérimentales sur la transmission de l'électricité à faible tension par l'intermédiaire de l'air chaud. 1887. 19 p., in-8°. — Sur la double réfraction diélectrique, simultanéité des phénomènes électrique et optique. 1888. 6 p., in-8°. — Sur un électromètre astatique pouvant servir comme Wattmètre. 1889. 7 p., in-8°. — Détermination de la constante diélectrique du verre, à l'aide d'oscillations électriques très rapides. 1891. 8 p., in-8°. — Détermination expérimentale de la vitesse de propagation des ondes électromagnétiques. 1891. 13 p., in-8°. — Sur l'influence exercée sur les phénomènes de résonance électro-magnétique, par la dissymétrie du circuit le long duquel se propagent les ondes. 1892. 4 p., in-4°. — Sur un nouveau procédé pour transmettre les ondulations électriques le long de fils métalliques, et sur une nouvelle disposition du récepteur. 1892. 4 p., in-4°. — Démonstration élémentaire du théorème de Maxwell, relatif à l'action mécanique qui s'exerce entre des corps électrisés. *S. d.* 3 p., in-8°.

9624. BLUMEREL (Jean). Elegantiarum poeticarum per locos communes digestarum flores. Ex optimis quibusque authoribus collecti, et secunda hac editione multis additionibus et titulis locupletati opera et studio Joannis Blumerel lotharingi. *Mussiponti, Sebastianum Cramoisy,* 1624. xiv-861 pages, in-12. Rel. parchemin.

9625. BOCK (J.-N.-E. de). Histoire du tribunal secret, d'après les loix et les constitutions de l'empire germanique. Pouvant faire suite aux « Chevaliers des sept montagnes », et à « Hermann d'Unna ». Par Jean-Nicolas-Etienne de Bock (membre de l'Académie de Metz). *Metz, Imp. Behmer,* 1801. 143 pages, in-12. Gravure. Demi-reliure.

9626. BOFFRAND. Description de ce qui a été pratiqué pour fondre en bronze d'un seul jet la figure équestre de Louis XIV, élevée par la ville de Paris dans la place de Louis le grand, en mil six cens quatre-vingt-dix-neuf. Ouvrage françois-latin, enrichi de planches en taille-douce. Par le sieur Boffrand, architecte du roy. *Paris, Guillaume Cavelier*, 1743. III-63 pages, in-fol. Rel. veau. Voy. n° 8812.

9627. BOILEAU (P.). Introduction à l'étude de la mécanique pratique, à l'usage des écoles régimentaires et de l'enseignement industriel, par P. Boileau (né à Metz), lieutenant d'artillerie, etc... *Metz, S. Lamort*, 1838. 176 pages, in-8°. Planches. Demi-rel.

9628. — Traité de la mesure des eaux courantes. *Paris, Mallet-Bachelier*, 1854. XIV-361 pages, in-4°. Planches. Demi-rel.

9629. — Notions nouvelles d'hydraulique, concernant principalement les tuyaux de conduite, les canaux et les rivières. *Versailles, Imp. L. Ronce*, 1881. XII-224 pages, in-4°. Planches. Cart.

9630. BOINETTE (ALFRED). Le Portugal. Histoire. Géographie. Commerce. Agriculture. — Le Brésil. Par Alfred Boinette (né à Bar-le-Duc), membre de la Société de géographie de Paris. *Bar-le-Duc, Contant-Laguerre*, 1882. VIII-395 pages, in-8°. Br.

9631. BOISSARD (Jean-Jacob). Topographia urbis Romæ... In lateinischer Sprach beschrieben durch Joan. Jacobum Boissardum (graveur à Metz). Ietz aber in Teutsche Sprach ubergesetz... durch Dieterich de Bry seeligen hinderlassene Wittwe und zween Söhne. *Franckfürt, bei Matthias Becker*, 1603. VI-78 pages, in-fol. Frontispice, 89 planches. Rel. parch.

9632. — Poemata. *Metis, excudebat Abrahamus Faber*, 1689. XIV-416 pages, in-8°. Rel. parchemin.

9633. BONFILS. *Opuscules* : Analyse du liquide d'un kyste. Par Paul Bonfils (de Nancy). 1853. 3 p., in-8°. — Marsh et sa méthode. Notions élémentaires à l'usage des gens du monde, des jurés, des avocats, des magistrats, sur la recherche chimico-légale de l'arsenic. 1853. 26 p., in-8°. — Notes sur les réactions propres à déceler la présence de l'iode. 1853. 5 p., in-8°. — Note sur l'extraction de l'iode des bains iodurés. 1853. 8 p., in-8°. — Programme d'un cours de chimie théorique. *S. d.* 9 p., in-8°.

9634. BONNAIRE-MANSUY (J.-S.). Cosmogonie ou de la formation de la terre et de l'origine des pétrifications ; nouveaux principes de géologie, etc... Par Bonnaire-Mansuy (receveur de la loterie royale de France à Saint-Mihiel). *Paris, Rusand*, 1824. XXIV-236 pages, in-8°. Cart.

9635. — *Opuscules* : Projet d'une loterie littérale, de bienfaisance et d'émulation, présenté au roi. 1815. 35 p., in-8°. — La sœur d'école. Avec une belle lithographie. 1838. 16 p. et 1 pl., in-8°.

9636. BONNAIRE (JUSTIN). *Opuscules* : Ode à M. le vicomte de Chateaubriand, par Justin Bonnaire, avocat à la cour royale de Nancy. 1839. 16 p., in-8°. — Les cendres de Napoléon. Stances dédiées au général Drouot. 1840. 36 p., in-8°. — Une promenade à Trèves en 1844. 1844. 76 p., in-8°. — La sainte robe. Épilogue en vers d'une promenade à Trèves. 1845. 8 p., in-8°. — A mon ami Désiré Carrière, à l'occasion de ses deux épîtres à M. de La Mennais, du « Curé de Valneige ou Jocelyn catholique », et d'un poëme national projeté sur Jeanne d'Arc. *S. d.* 12 p., in-8°.

9637. BONNE (L.-CH.). Étude sur le morcellement de la propriété, suivie de notions élémentaires sur l'échange. Par M. L.-Ch. Bonne (né à Guerpont), docteur en droit, etc.. *Bar-le-Duc, Numa Rolin*, 1860. VIII-146 pages, in-12. Br.

9638. — Leçons élémentaires de droit commercial à l'usage des écoles primaires supérieures et des écoles professionnelles. *Paris, Dezobry, Ferdinand Tandou et Cie*, 1862. XXXI-204 pages, in-12. Br.

9639. — Législation française élémentaire et pratique à l'usage de tout le monde. *Paris, F. Tandou et Cie*, 1863. 491 pages, in-12. Demi-rel.

9640. — Cours de législation usuelle rédigé conformément au nouveau programme officiel. *Paris, Dezobry*, 1864. X-238 pages, in-12. Demi-rel.

9641. — Ce que c'est que le devoir. Premières et secondes lectures. Leçons de morale pour les enfants. *Bar-le-Duc, Contant-Laguerre*, 1869. 180 pages, in-12. Cart.

9642. BONNE (L.-Ch.). *Suite :* — Cours élémentaire d'économie sociale et industrielle à l'usage de tout le monde, des lycées, des collèges et des écoles primaires. *Bar-le-Duc, Contant-Laguerre*, 1871. 187 pages, in-12. Cart.

9643. — Compétence commerciale. Lieu de la promesse. Lieu de la délivrance. Lieu du payement. Influence de la facture. *Paris, A. Marescq aîné*, 1873. 92 pages, in-8°. Br.

9644. — Notions élémentaires sur l'organisation administrative de la France, à l'usage des écoles primaires. *Paris, Ch. Delagrave*, 1876. 132 pages, in-12. Cart.

9645. — Les principes de 1789. Précis historique. *Paris, Ch. Delagrave, s. d.* 168 pages, in-12. Br.

9646. — Conseils aux parents qui font à leurs enfants le partage de leurs biens sous la réserve d'une pension viagère. *Paris, F. Tandou et Cie*, 1864. 32 pages, in-8°. Br.

9647. BONNET (J.-M.). Hygiène dentaire ou les moyens de conserver ses dents belles et bonnes ; à l'usage des gens du monde. Par J.-M. Bonnet (de Nancy), chirurgien dentiste, etc... *Nancy, Mlle Gonet*, 1842. viii-88 pages, in-8°. Cart.

9648. BOPPE (A.). Correspondance inédite du comte d'Avaux. *Paris, Plon*, 1884. — Documents inédits sur les relations de la Serbie avec Napoléon I. Publiés par Aug. Boppe. *Belgrade, s. n.*, 1888. 2 vol., in-8°.

6649. BORD (F.-J.). Cours complet ou tableau alphabétique, analytique et raisonné des droits d'enregistrement, de timbre, etc. Par F.-J. Bord, premier commis de la direction de l'enregistrement et des domaines, à Nancy. *Nancy, Imp. F. Guivard*, 1813. iii-399 pages, in-8°. Demi-rel.

9650. BOTTIN (S.). Annuaire politique et économique du département du Bas-Rhin, par le cit. Bottin (né à Grimon-viller), de la Société libre des sciences et des arts de Strasbourg, etc... *Strasbourg, F.-G. Levrault, An VII-An IX.*3 vol. in-12. Demi-rel.

9651. BOTTIN (S.). *Suite :* — Annuaire statistique du département du Nord, pour l'an XI de la République, avec la carte du département. *Douai, Impr. Marlier, An XI.* ix-306 pages, in-8°. Cart.

9652. — Annuaire statistique du département du Nord, pour l'an XIII (1804-1805). *Lille, Impr. Marlier, An XIII.* xxxvi-362 pages, in-8°. Cart.

9653. — Le livre d'honneur de l'industrie française. *Paris, Imp. J. Smith*, 1820. x-488 pages, in-8°. Cart.

9654. — Mélanges sur les langues, dialectes et patois ; renfermant entre autres une collection de versions de la parabole de l'enfant prodigue en cent idiomes ou patois différens, presque tous de France ; précédés d'un essai d'un travail sur la géographie de la langue française. *Paris, Delaunay*, 1831. viii-571 pages, in-8°. Demi-rel.

9655. BOUCHOT (L'abbé). Différence entre la grammaire et la grammaire générale raisonnée... (Par l'abbé Bouchot, ancien aumônier de feue S. A. R. Madame de Lorraine.) *Pont-à-Mousson, Fr. Thouvenin et Martin Thiéry*, (1751). — Réplique à l'auteur du *Journal des savans. S. l., n. n.*, 1760. vi-102 et 42 pages, in-12. Rel. veau.

9656. — Précis analytique des avantages qui résultent de savoir les premiers principes de sa langue naturelle, pour apprendre facilement le latin et les autres langues. *Pont-à-Mousson, Martin Thiéry* (1761). 28 pages, in-12. Cart.

9657. BOUCHOTTE. *Opuscules :* Rapport sur les travaux du conseil général de l'agriculture, des manufactures et du commerce. (Session de 1850.) Par Émile Bouchotte (de Metz), président de la chambre de commerce, etc..., 1850. 41 p., in-8°. — Observations sur le calendrier grégorien, lues à l'Académie impériale de Metz, le 12 avril 1855. 10 p., in-8°. — Trois études sur des mesures anciennes. Le stade, la coudée babylonienne, le pied de carrière du pays messin. 1864. 98 p., in-8°. — Note sur la distance de la terre au soleil, lue à l'Académie impériale de Metz, dans sa séance du 26 décembre 1867. 1868. 8 p., in-8°.

9658. BOUCHY. Compliment à Monseigneur le Dauphin, au sujet de son mariage avec l'infante... Marie-Thérèse. Pré-

senté par M⁰ François Bouchy, curé de
Bouxières-sous-Froidmont. *S. l., n. n.,*
1745. 4 pages, in-4°. Br.

9659. BOUFFLERS (Stanislas, chevalier de).
Discours sur la vertu prononcé à l'Académie des sciences et belles-lettres de Berlin, le 25 janvier 1797, par Stanislas de
Boufflers (né à Lunéville). Deuxième édition, corrigée et augmentée. *Paris, Ch.
Pougens,* 1800. viii-73 pages, in-8°. Rel.
veau.

9660. — Le libre arbitre. *Paris, F. Buisson.*
1808. xv-249 pages, in-8°. Demi-rel.

9661. — Œuvres posthumes. *Paris, F. Louis,*
1816. xvi-250 pages, in-8°. Demi-rel.

9662. — Œuvres choisies. *Paris, Furne,* 1827.
viii-213 pages, in-16, gravures. Demi-rel.

9663. — Œuvres complètes. Nouvelle édition, augmentée d'un grand nombre de
pièces non recueillies. *Paris, Furne,* 1827.
xxviii-372 et 432 pages, in-8°. Portrait.
2 vol. Demi-rel.

9664. — Le derviche. Tamara et Ah! si...
Paris, Dauthereau, 1829. 300 pages, in-16.
Demi-rel.

9665. — Œuvres, précédées d'une histoire
de Boufflers, par Arsène Houssaye. *Paris,
E. Didier,* 1852. 321 pages, in-18. Br.

9666. — Correspondance inédite de la comtesse de Sabran et du chevalier de Boufflers. *Paris, Plon et Cie,* 1875. xviii-526
pages, in-8°. Portrait. Demi-rel.

9667. — Lettres du chevalier de Boufflers à
la comtesse de Sabran. *Paris, E. Plon,
Nourrit et Cie,* 1891. xvi-137 pages, in-8°.
Broché.

9668. — *Opuscules :* Lettre de monsieur le
chevalier de Boufflers, pendant son voyage
en Suisse, à Madame sa mère, 1771. 31 p.,
in-8°. — Éloge historique de M. l'abbé
Barthélemy, l'un des quarante de la ci-
devant Académie française, prononcé à
une séance publique de l'Institut, le 13
août 1806. 1806. 49 p., in-8°. — Sur l'emploi des biens du clergé. *S. d.* 15 p., in-8°.

9669. BOUGARRE (Léopold). La noblesse
et le commerce. Dédié à la petite noblesse
de province. Ouvrage entremêlé de deux
satires en vers, et suivi d'un recueil de
chansons, trouvées derrière un comptoir,
par le fils d'un commerçant, avocat (Léopold Bougarre, à Nancy). *Paris, Renard,*
1838. 123 pages, in-8°. Blasons. Cart.

9670. BOUCARRE (Léopold). *Suite : —* Les
enfants d'Israël. Satire, par Léopold Bougarre, avocat. *Paris, s. n. ; Nancy, s. n.,*
1839. 11 pages, in-8°. Cart. (Édition suivie
de *Les deux ruchers,* par le même auteur.)

9671. BOULANGER (Ernest). Traité pratique et théorique des radiations hypothé-
caires. Par Ernest Boulanger (né à Nan-
tillois), docteur en droit, etc... *Paris,
Delamotte fils et Cie,* 1880. 632 et 662
pages, in-8°. 2 vol. Demi-rel.

9672. BOULAY de la Meurthe (A.-J.-C.-J.).
Essai sur les causes qui, en 1649, ame-
nèrent en Angleterre l'établissement de la
République ; sur celles qui devaient l'y
consolider ; sur celles qui l'y firent périr.
Par M. Boulay (de la Meurthe), représentant du peuple. *Paris, Baudoin, An VII.*
132 pages, in-8°. Rel. veau.

9673. — Tableau politique des règnes de
Charles II et de Jacques II, derniers rois
de la maison de Stuart. *Paris, Thomine et
Fortic,* 1822. xvi-383 et 406 pages, in-8°.
2 vol. Demi-rel.

9674. — Théorie constitutionnelle de Sieyès.
— Constitution de l'an VIII. — Extraits
des mémoires inédits de M. Boulay de la
Meurthe. *Paris, P. Renouard,* 1836. 73
pages, in-8°. Br.

9675. BOULAY de la Meurthe (H.). Affaire
Simon-Lorière. Pétitions et consultations
rédigées par M. H. Boulay de la Meurthe.
Paris, divers noms, 1820-1829. 5 opuscules en 1 vol. in-8°. Demi-rel.

9676. — Enquête sur l'instruction primaire.
Paris, divers noms, 1830-1850. 16 opuscules en 1 vol. in-8°. Demi-rel.

9677. — Histoire du choléra-morbus dans
le quartier du Luxembourg, ou précis des
travaux de la commission sanitaire et du
bureau de secours de ce quartier, etc. *Paris, P. Renouard,* 1832. iv-128 pages, in-8°.
Fig. Plan. Demi-rel.

9678. — Rapport sur l'organisation du commerce de la boucherie fait au conseil municipal de Paris, dans sa séance du 13
août 1841, au nom d'une commission spéciale. *Paris, Vinchon,* 1841. 103 pages,
in-4°. Cart.

9679. — Notice sur la place des Vosges, à
Paris. *Mirecourt, Humbert,* 1848. 58 pages, in-8°. Cart.

9680. — *Opuscules :* Rapports et travaux

divers à la Société pour l'instruction élémentaire. — Travaux sur l'instruction primaire. — Discours et opuscules législatifs. Environ 200 plaquettes en 25 vol., in-8°. Demi-rel.

9681. BOULET (J.-E.). Cours pratique de langue latine par J.-E. Boulet (né à Metz). *Paris, Imp. Renouard*, 1842-1845. IV-248 et x-222 pages, in-16. 2 tomes en 1 vol. Demi-rel.

9682. (BOULLANGER.) Manuel d'instructions, de prières et de lectures à l'usage des enfants qui se préparent à la première et à la seconde communion. (Par M. Boullanger, curé d'Épinal.) *Épinal, A. Cabasse*, 1844. 288 pages, in-12. Cart.

9683. BOURGEAT (J.-B.). Histoire de la philosophie, par l'abbé J.-B. Bourgeat (chanoine honoraire de Verdun), membre de la Société asiatique de Paris, etc... *Paris, Hachette et Cie*, 1850. XVIII-573 pages, in-8°. Demi-rel.

9684. — Études sur Vincent de Beauvais. *Paris, Auguste Durand*, 1856. VIII-231 pages, in-8°. Demi-rel.

9685. BOURGUIGNON (A.). Éléments généraux de législation française. Par A. Bourguignon (né à Moyenvic). *Paris, Garnier frères*, 1873. II-704 pages, in-12. Br.

9686. BOURNON (CHARLES). De Montisferrati ducatu responsio Caroli Bornonii serenissimi Lotharingiæ ducis consiliarii ab intimis, et in suprema curia Sammielana senatoris, ad consultationem Francisci Nigri Cyriaci J. C. et senatoris Mantuani. *Sammieli, J. Du Bois*, 1629. 92 pages, in-4°. Cart.

9687. BOUTEILLER (E. DE). Histoire de Frantz de Sickingen, chevalier allemand du seizième siècle, par E. de Bouteiller (de Metz), ancien capitaine d'artillerie. *Metz, Rousseau-Pallez*, 1860. XI-341 pages, in-8°. Fig. Demi-rel.

9688. BOUTON (VICTOR). Wapenboeck ou armorial de 1334 à 1372. Précédé de poésies héraldiques par Gelre, hérault d'armes, publié pour la première fois par M. Victor Bouton (né à Épinal), peintre héraldique et paléographe. Tomes 2 et 3. (Armorial 1 et 2). *Paris, N.-V. Bouton*, 1896. 432 et 324 pages, in-4°. 2 vol. Photographies et armoiries coloriées. Rel. anglaise.

9689. BRACONNIER (J.-B.). Grammaire française, contenant : 1° Opinion sur l'étude de la grammaire. 2° Théorie du genre des noms français. 3° Méthode d'analyse grammaticale. 4° Grammaire mise sur un nouveau plan. Par J.-B. Braconnier, professeur au collège de Lunéville. *Lunéville, Creusat*, 1833. 47 pages, gr. in-8°. Cart.

9690. — Essais sur la langue française. Théorie du genre des noms. *Paris, Belin-Mandar*, 1835. 279 pages, in-8°. Demi-rel.

9691. BRACONNOT (HENRI). Recherches analytiques sur la nature des champignons, par Henri Braconnot (né à Commercy), professeur d'histoire naturelle, etc. *Nancy, Imp. H. Perronneau*, 1811. 40 et 23 pages, in-8°. 2 brochures en 1 vol. Cart.

9692. — *Opuscules* : Analyse comparative des onze sources minérales et thermales de Luxeuil. 1839. 33 p., in-8°. — De la conservation des substances alimentaires ; rapport sur les mémoires de M. Willaumez, fait à la Société royale des sciences, lettres et arts de Nancy. 1844. 6 p., in-8°. — De l'influence du sel sur la végétation, avec des observations sur ce mémoire, par M. Soyer-Willemet. 1845. 16 p., in-8°. — Examen d'une matière grasse et d'une mèche trouvées dans une lampe antique. 1847. 5 p., in-8°.

9693. BRESSON (L.). Les mystères dévoilés, ou la vérité découverte en physique, métaphysique et morale, justifiée par expérience, par L. Bresson, avocat à Lamarche (Vosges). *Neufchâteau, Beaucolin-Robin*, s. d. XIII-182 pages, in-8°. Cart.

9694. BRETAGNE (A.). Quelques réflexions sur les abornements généraux et la rénovation du cadastre, par A. Bretagne (de Nancy). *Nancy, N. Collin*, 1867. 18 pages, in-8°. Br.

9695. — Nouvelle étude sur le cadastre, etc. *Nancy, L. Wiener*, 1870. 135 pages, in-8°. 4 pl. Demi-rel.

9696. BRIARD (EMMANUEL). Satires et élégies. Par Emmanuel Briard (né à Metz). *Paris, Librairie internationale*, 1869. 192 pages, in-12. Br.

9697. — A l'étranger. Réflexions d'un voyageur. Allemagne, Suisse, Italie. *Paris, Berger-Levrault et Cie*, 1874. III-368 pages, in-12. Demi-rel.

9698. BRIARD (Emmanuel). *Suite :* — Cortuse. Poëme. *Paris, Berger-Levrault et Cie,* 1877. 41 pages, in-18. Br.

9699. — Le comique en musique. *Nancy, C. Metzner,* 1884. 127 pages, in-8°. Br.

9700. BRIGUEL (L.). Cours de langue française, sous le rapport de la composition et du style. Par L. Briguel (ancien professeur au collège d'Épinal), principal honoraire, etc... *Épinal, Pellerin,* 1837. 264 pages, in-12. Cart.

9701. BRIQUEL (C.). L'écrevisse, par C. Briquel, ancien avocat, membre de la Société d'histoire naturelle de la Moselle. *Nancy, G. Crépin-Leblond,* 1884. 14 pages, in-8°. Br.

9702. — Petite faune ou description sommaire des animaux que l'on rencontre le plus fréquemment en France. *Nancy, Imp. Lorraine,* 1879. 242 pages, in-12. Br.

9703. BRIQUEL (Paul). Soirs d'automne. Par Paul Briquel (étudiant en médecine à Nancy). *Nancy, Sidot frères,* 1890. 72 pages, in-8°. Br.

9704. BRONDEX (Albert). Opuscules. Poésies par Albert Brondex (né à Metz). *Paris, Parisot,* 1801. 13 pages, in-8°. Cart.

9705. BRUNOT (Ferdinand). Étude sur le « De moribus Germanorum ». Par Ferdinand Brunot (né à Saint-Dié), ancien élève de l'École normale supérieure, etc... *Paris, Alphonse Picard,* 1883. 72 pages, in-12. Broché.

9706. — Précis de grammaire historique de la langue française, avec une introduction sur les origines et le développement de cette langue. *Paris, G. Masson,* 1889. xxviii-698 pages, in-8°. Rel. anglaise.

9707. — La doctrine de Malherbe d'après son commentaire sur Desportes. *Paris, G. Masson,* 1891. xxii-605 pages, in-8°. Demi-rel.

9708. BUC'HOZ (Pierre-Joseph). Médecine rurale et pratique, tirée uniquement des plantes usuelles de la France, appliquées aux différentes maladies qui règnent dans les campagnes, ou pharmacopée végétale et indigène, etc... Par M. Pierre-Joseph Buc'hoz, docteur agrégé au collège royal des médecins de Nancy, etc... *Paris, Lacombe,* 1768. 11-426 pages, in-12. Demi-rel.

9709. BUC'HOZ (Pierre-Joseph). *Suite :* — Dictionnaire raisonné universel des plantes, arbres et arbustes de la France, etc... *Paris, J.-P. Costard,* 1770-1771. 4 vol., in-8°. Rel. veau.

9710. — Toilette de Flore, ou essai sur les plantes et les fleurs qui peuvent servir d'ornement aux dames, contenant les différentes manières de préparer les essences, pommades, rouges, poudres, fards et eaux de senteurs. *Paris, Vallade,* 1771. xxiv-240 pages, in-12. Rel. bas.

9711. — Histoire universelle du règne végétal, ou nouveau dictionnaire physique et œconomique de toutes les plantes qui croissent à la surface du globe, etc... *Paris, J.-P. Costard,* 1774-1775. 5 vol. in-fol. Rel. veau.

9712. — Traité de l'éducation des animaux qui servent d'amusement à l'homme. *Paris, Lamy,* 1780. viii-280 pages, in-12. Rel. veau.

9713. — L'art alimentaire, ou méthode pour préparer les aliments les plus sains pour l'homme. *Paris, Buc'hoz,* 1783. 11-352 pages, in-12. Rel. veau.

9714. — Trésor des laboureurs dans les oiseaux de basse-cour, etc... *Paris, Durand neveu,* 1783. xxx-349 pages, in-12. Cart.

9715. — Dictionnaire minéralogique et hydraulogique, etc... *Paris, Volland,* 1785. 4 vol. in-8°. Rel. veau.

9716. — Traité des plantes qui servent à la teinture et à la peinture. *Paris, Imp. Vve Valade,* 1785. 168 pages, in-12. Cart.

9717. — Catalogue latin et françois des arbustes et plantes, qu'on conserve pendant l'hiver dans l'orangerie et la serre chaude, faisant suite au Catalogue latin et françois des arbres, arbustes et plantes vivaces qu'on peut cultiver en pleine terre. *Paris, Buc'hoz,* 1787. 11-139 pages, in-12. Demi-rel.

9718. — Manuel vétérinaire des plantes, ou traité sur toutes les plantes qui peuvent servir de nourriture et de médicamens, etc... Ouvrage d'une utilité première aux cultivateurs et aux élèves dans l'art vétérinaire. *Paris, Pernier,* 1799. viii-388 pages, in-8°. Demi-rel.

9719. — Opuscules d'histoire naturelle. *Paris, div. noms, div. dates.* 1 vol. in-8°. Demi-rel.

9720. BUGNON (Didier). Relation exacte

concernant les caravanes ou cortèges des marchands d'Asie. Par M. Bugnon (né à Metz), ingénieur en chef et géographe militaire de S. A. R. *Nancy, R. Charlot*, (1707). xiv-124 pages, in-12. Rel. veau.

9721. BUISSON (E.). Les victimes de Boileau. L'abbé Cottin. Par E. Buisson. *La Chapelle-Montligeon, s. n.*, 1895. 50 pages, in-8°. Br.

9722. BURNOUF (Émile). Méthode pour étudier la langue sanscrite, ouvrage composé sur le plan de la méthode grecque et de la méthode latine de J.-L. Burnouf, d'après les idées d'Eugène Burnouf et les meilleurs traités de l'Angleterre et de l'Allemagne, notamment la grammaire de Bopp ; par Émile Burnouf, professeur de littérature ancienne à la Faculté des lettres de Nancy, etc... *Nancy, Vagner*, 1859. xxi-182 pages, in-8°. Cart.

9723. — Nala. Épisode du Mahâbhârata. Traduit du sanskrit en français. *Nancy, Grimblot et Vve Raybois*, 1856. 94 pages, in-8°. Demi-rel.

9724. — De la nécessité des études orientales. Discours prononcé à Nancy, le 28 novembre 1861. *Nancy, N. Grosjean*, 1861. 26 pages, in-8°. Br.

9725. — Essai sur le Véda ou introduction à la connaissance de l'Inde. *Paris, Dezobry, F. Tandou et Cie*, 1863. vii-476 pages, in-8°. Br.

9726. — Dictionnaire sanscrit-français où sont coordonnés, révisés et complétés les travaux de Wilson, Bopp, Westergaard, Johnson, etc... *Nancy, Imp. Vve Raybois*, 1865. xiii-781 pages, in-8°. Demi-rel.

9727. (BUSSON.) Réponse d'un citoyen à un citoyen (par Busson, lieutenant-général du bailliage de Darney en Lorraine). *Nancy, Thomas*, 1762. 132 pages, in-8°. Cart.

9728. BUSY (L.). Études sur le phylloxéra et sur le meilleur remède opposable à ses ravages dans les vignobles, par L. Busy et F. Jacquot, membres de la Société littéraire et scientifique de Saint-Nicolas-de-Port. *Saint-Nicolas-de-Port*, 1878. 55 pages, in-24. Br.

9729. BUVIGNIER (A.). Statistique minéralogique et géologique du département des Ardennes, par MM. C. Sauvage, ingénieur des mines, et A. Buvignier, membre de la Société géologique de France. *Mézières, Trécourt*, 1842. xlv-554 pages, in-8°. 5 pl. Demi-rel.

9730. CACHET (Christophe). Controversia medica inter DD. Duretum parisiensem medicum regium, et Cachetum lotharingum archiatrum. *S. l., n. n.*, 1607. 14 pages, in-12. Cart.

9731. — Controversiæ theoricæ practicæ, in primam aphorismorum Hippocratis sectionem. Opus in duas partes divisum, etc... *Tulli, apud Sebastianum Philippe*, 1612. xxxii-803 pages, in-8°. Rel. parchemin.

9732. — Pandora bacchica furens medicis armis oppugnata. Hic temulentiæ ortus, et progressus ex antiquorum monumentis investigatur ; Bacchi vis effrenis Æsculapii clava retunditur atque compescitur, etc... *Tulli, apud Sebastianum Philippe*, 1614. xxii-465 pages, in-12. Rel. parchemin.

9733. — Apologia dogmatica in hermetici cujusdam anonymi scriptum de curatione calculi. In qua chymicarum ineptiarum vanitas exploditur, etc... *Tulli, apud Sebastianum Philippum*, 1617. 160 pages, in-12. Cart.

9734. — Vray et assuré préservatif de petite vérole et rougeole, divisé en trois livres. Enrichy de quatre-vingts problèmes, etc... *Toul, Sébastien Philippe*, 1617. xiv-760 pages, in-8°. Rel. parchemin.

9735. — Controversiæ medicæ in praxi frequentissimæ circa diagnosin, prognosin, purgationem, venæ sectionem, et diætam, a nemine hactenus tanta facilitate et elegantia discussæ. His pro argumento substernitur prima aphorismorum Hippocratis sectio, quæ praxeos fundamenta continet. *Tulli Leucorum, apud Simonem San-Martellum*, 1618. xxxi-803 pages, in-8°. Rel. parchemin.

9736. — Exercitationes equestres in epigrammatum centurias sex distinctæ, etc... *Nanceii, typis Anthonii Charlot*, 1622. vii-234 pages, in-8°. Rel. parchemin.

9737. — Sonnets sur les festes de la sacrée Vierge, mère de Dieu. Dédiez à Son Altesse. *Nancy, S. Philippe*, 1624. 15 pages, in-4°. Demi-rel.

9738. CADET. Du sol, de l'air et des eaux d'Espagne. Précautions qu'ils exigent. Par M. Cadet, de Metz. *Paris, Imp. Beaucé-Rusand*, 1823. xii-65 pages, in-8°. Cart

9739. CADET. *Suite :* — Direction des glaces, des eaux et de l'atmosphère, déduite des relations de Ross et de Parry, et de celles des plus célèbres voyageurs dans les mers arctiques. *Paris, Dondey-Dupré,* 1824. xvi-125 pages, in-8°. Br.

9740. CAHEN (S.). Cours de lecture hébraïque, ou méthode facile pour apprendre seul et en peu de temps à lire l'hébreu, pour acquérir la connaissance d'un grand nombre de mots, et les premiers principes de la grammaire, contenant des exercices où la lecture est figurée en caractères français, quelques morceaux avec traduction interlinéaire, et plusieurs autres avec traduction en regard, suivi d'un vocabulaire hébreu-français. Par S. Cahen (né à Metz), auteur de la nouvelle traduction de la bible. *Paris, Théophile Barrois,* 1832. ii-76 pages, in-8°. Cart.

9741. CAILLOT-DUVAL. Correspondance philosophique de Caillot-Duval (en garnison à Nancy), rédigée d'après les pièces originales et publiée par une société de littérateurs lorrains (le comte Alph. Fortia de Piles et le chevalier Boisgelin de Kerdu). *Nancy et Paris chez les marchands de nouveautés,* 1795. xii-236 pages, in-8°. Rel. basane.

9742. CAJOT (Dom J.). Les plagiats de M. J.-J. R. de Genève, sur l'éducation. Par D. J. C. B. (Cajot, né à Verdun, bénédictin). *La Haye, s. n.,* 1766. xxii-378 pages, in-8°. Demi-rel.

9743. — Examen philosophique de la règle de saint Benoist. *Avignon, s. n.,* 1767. 126 pages, in-12. Demi-rel.

9744. — Recherches historiques sur l'esprit primitif et sur les anciens collèges de l'ordre de Saint-Benoit, d'où résultent les droits de la société sur les biens qu'il possède. *Paris, Guillot,* 1787. vii-202 et 394 pages, in-4°. 2 tomes en 1 vol. Rel. veau.

9745. CALLOT (F.-J.). L'idée et le triomphe de la vraie médecine, en forme d'apologie. Par M. Callot (né à Nancy), docteur en médecine, etc... *Commercy, Henry Thomas,* 1742. xxiii-184 pages, in-8°. Rel. veau.

9746. — Le triomphe de la médecine, ou l'idée de la vraie médecine, en forme d'apologie. *Nancy, François Midon,* 1742. xxiii-184 pages, in-12. Rel. veau.

9747. CALLOT (F.-J.). *Suite :* — Moyens de conserver sa santé, de prolonger ses jours, de parvenir à une heureuse vieillesse, et à une bonne fin, par un régime convenable et une vie régulière. Seconde édition. *Nancy, Hœner,* 1763. 16 pages, in-4°. Br. (En vers.)

9748. CALLOT (François-Charles). Projet de constitution pour le notariat..., par François-Charles Callot, citoyen de Nancy. *S. l., n. n.,* 1792. 22 pages, in-8°. Rel.

9749. CALMET (Dom Augustin). Histoire de la vie et des miracles de Jésus-Christ ; tirée de l'histoire de l'Ancien et du Nouveau Testament, par le R. P. D. Augustin Calmet, abbé de S.-Léopold de Nancy. Enrichie de 24 figures en taille douce, et d'une carte géographique de la Terre-Sainte. *Paris, Émery,* 1720. lxxiv-426 pages, in-12. Fig. Rel. veau.

9750. — Histoire de l'Ancien et du Nouveau Testament et des Juifs. *Paris, Émery,* 1719. lxxv-909 et xxviii-867 pages, in-4°. 2 vol. Rel. veau.

9751. — Dissertations qui peuvent servir de prolégomènes de l'Écriture sainte. Revûes, corrigées, considérablement augmentées, et mises dans un ordre méthodique. *Paris, Émery,* 1720. vi-94, 822, 428, 476 et 898 pages, in-4°. 3 vol. Rel. veau.

9752. — Commentaire littéral sur tous les livres de l'Ancien et du Nouveau Testament. *Paris, Émery, etc.,* 1724. 14 vol. in-fol. Gravures. Rel. veau.

9753. — Abrégé chronologique de l'histoire sacrée et profane, depuis le commencement du monde jusqu'à nos jours. *Nancy, J.-B. Cusson,* 1729. xix-398 pages, pet. in-8°. Rel. veau.

9754. — Dictionnaire historique, critique, chronologique, géographique et littéral de la Bible, enrichi de plus de trois cents figures en taille douce, qui représentent les antiquitez judaïques. *Paris, Émery,* 1730. 4 vol. in-fol. Rel. veau.

9755. — Commentaire littéral, historique et moral sur la règle de saint Benoît. Avec des remarques sur les différens ordres religieux qui suivent la règle de St Benoît. *Paris, Émery,* 1734. v-598 et 576 pages, in-4°. 2 vol. Rel. veau.

9756. — Histoire universelle, sacrée et profane, depuis le commencement du monde jusqu'à nos jours. *Strasbourg, Jean Re-*

nauld Doulssecker, 1735-1771. 17 vol. in-4°. Frontispice. Rel. veau.

9757. CALMET (Dom Augustin). *Suite :* — Dissertations sur les apparitions des esprits, et sur les vampires ou les revenans de Hongrie, de Moravie, etc... *Einsidlen, Jean Everhard Kälin,* 1749. xxvi-431 et xii-234 pages, in-8°. 2 vol. Rel. veau.

9758. — Diarium helveticum. *Typis monast. Einsidlensis, J.-E. Kälin,* 1756. iv-149 pages, in-8°. Fig. Rel. veau.

9759. — Traité sur les apparitions des esprits et sur les vampires, ou les revenans de Hongrie, de Moravie, etc... *Senones, Joseph Pariset,* 1759. xxiv-422 et xv-402 pages, in-8°. 2 vol. Demi-rel.

9760. — Histoire de l'abbaye de Munster, suivie de quelques remarques sur les premiers évesques de Strasbourg et sur la fondation de l'abbaye de Munster, avec un nouveau catalogue de tous ses abbéz. *Colmar, L. Lorber, J.-B. Jung et Cie,* 1882. xii-255 pages, in-8°. Br.

9761. CAMPAUX (Antoine). Discours prononcé par M. Antoine Campaux, professeur de rhétorique, agrégé des lettres (plus tard professeur à la Faculté des lettres de Nancy), à la distribution solennelle des prix du Lycée impérial de Mâcon. *Mâcon, E. Protat,* 1855. 11 pages, in-8°. Demi-rel.

9762. — François Villon, sa vie et ses œuvres. *Paris, A. Durand,* 1859. iv-392 pages, in-8°. Demi-rel.

9763. — Les legs de Marc-Antoine. *Paris, Dentu,* 1864. xiv-229 pages, in-8°. Demi-rel.

9764. — Maisonnette. *Paris, Berger-Levrault et Cie,* 1874. xii-195 pages, in-12. Demi-rel.

9765. — Les pêcheurs. *Paris, Berger-Levrault et Cie,* 1882. xvi-166 pages, in-8°. Demi-rel.

9766. — Le rêve de Jacqueline. Chanson d'avril. *Paris, Imp. D. Jouaust,* 1890. 92 pages, in-12. Demi-rel.

9767. — Histoire du texte d'Horace. *Paris, Berger-Levrault et Cie,* 1891. 108 pages, in-8°. Br.

9768. CAMUS (de). Traité des forces mouvantes, par M. de Camus, gentilhomme lorrain. *Paris, C. Jombert,* 1722. xiv-542 pages, pet. in-8°. Planches. Rel. veau.

9769. CARANT (N.-T.). Rapport sur les comptabilité et remplacement des rece-

veurs-généraux et particuliers des finances, par N.-T. Carant, député des Vosges. *Paris, Imprimerie nationale, s. d.* 24 pages, pet. in-8°. Demi-rel.

9770. CARBAULT (Édouard). Les églantines. Poésies. Par Édouard Carbault (né à Metz). *Metz, Imp. Ch. Dieu,* 1846. 291 pages, in-8°. Demi-rel.

9771. CARCY (F. de). De Paris en Égypte. Souvenirs de voyage par F. de Carcy (de Nancy), ancien chef d'escadron d'état-major, etc... *Paris, Berger-Levrault et Cie,* 1874. 529 pages, in-12. Demi-rel.

9772. CARRIÈRE (Désiré). A Monsieur de La Mennais. Deux épîtres. Politique et religion. Par Désiré Carrière (né à Nancy). *Paris, Debécourt ; Nancy, Thomas, etc.,* 1837. 55 pages, in-8°. Cart.

9773. — Le curé de Valneige, pages retrouvées du journal de Jocelyn. *Paris, Gaume frères,* 1845. 314 et 345 pages, in-8°. Frontispice. 2 vol. Demi-rel.

9774. — Œuvres choisies. *Mirecourt, Impr. Humbert, s. d.* 555 pages, in-12. Portrait. Cart.

9775. CASSE (J.). Les principes du dessin mis à la portée de tous ceux qui veulent cultiver ce bel art, et spécialement destinés aux jeunes gens qui désirent entrer aux écoles royales et militaires. Ouvrage orné de vingt planches avec texte explicatif en regard. Par J. Casse (professeur au Lycée de Nancy), peintre, etc... *Nancy, Imp. L. Christophe,* 1848. 41 pages, in-8°. Demi-rel.

9776. CASTARA (J.-S.). Les regrets. Par J.-S. Castara (de Lunéville). *Lunéville, Guibal,* 1830. 14 pages, in-8°. Cart.

9777. CAUMONT (de). Recueil de poésies, par M. de Caumont (professeur de mathématiques au Lycée de Nancy). *Nancy,* 1814-1830. 74 pages, in-8°. Cart.

9778. CAYON (Jean). Famille de Carpentier, seigneurs de Juvigny, des Tournelles, Lizy, et autres lieux. (Par Jean Cayon, de Nancy). *Nancy, Cayon-Liébault,* 1860. v-54 pages, in-4°. Tableau généal. Cart.

9779. — Maison de Lignières, comtes de Lignières et de Saint-Lô, vicomtes de Gergny, seigneurs de Champs, Flavy-le-Martel, Osly, Marteville, Sancourt, Vicfville et autres lieux. *Nancy, Cayon-Liébault*, 1862. vii-32 pages, in-4°. Tableau général. Cart.

9780. CEILLIER (Remy). Apologie de la morale des pères de l'église, contre les injustes accusations du sieur Jean Barbeyrac, professeur en droit et en histoire, à Lausanne. Par le R. P. D. Remy Ceillier (né à Bar-le-Duc), religieux bénédictin, etc... *Paris, Émery fils*, 1718. lxiv-475 pages, in-4°. Rel. basane.

9781. — Histoire générale des auteurs sacrés et ecclésiastiques, qui contient leur vie, le catalogue, la critique, le jugement, la chronologie, l'analyse et le dénombrement des différentes éditions de leurs ouvrages, etc... *Paris, Barois*, 1729.-1782. 25 vol., in-4°. Rel. basane.

9782. CHABERT (F.-M.). Les assurances sur la vie. Extraits des publications des meilleurs auteurs sur la matière, parues en Angleterre, aux États-Unis et en France, par F.-M. Chabert (de Metz). *Pont-à-Mousson, Eug. Ory*, 1873. vi-90 pages, in-8°. Br.

9783. CHAMBEAU. De quelques réflexions sur l'éducation nationale, par Chambeau, instituteur. *Bar-le-Duc, Laguerre, s. d.* 27 pages, in-12. Demi-rel.

9784. CHAMPIER (Symphorien). Rosa gallica aggregatoris Lugdunesis domini Symphoriani Chaperii, omnibus sanitatem affectantibus utilis et necessaria, etc... *Ex officina Ascensiana*, 1513. xvi-271 pages, in-8°. Frontisp. Rel. veau. Cf. *Étude sur S. Champier*, par Allut. *Lyon*, 1859. In-8°.

9785. — Le myrouel des appothiquaires et pharmacopoles (Le miroir des apothicaires). Nouvelle édition revue, corrigée et annotée par le Dr P. Dorveaux, bibliothécaire de l'École supérieure de pharmacie de Paris. *Paris, H. Welter*, 1895. 56 pages, in-8°. Br.

9786. CHAMPALBERT (A.). Exercices sur les homonymes français, et sur les difficultés que présentent les genres de substantifs. Par A. Champalbert, professeur de grammaire (à Nancy). *Nancy, L. Vincenot et Vidart*, 1829. 168 pages, in-12. Cart.

9787. — Petit cours de thèmes sur la langue française. *Nancy, Vidart et Jullien*, 1834. 60 pages, in-12. Cart.

9788. CHANONY. Grammaire latine. Par Chanony, de Nancy. *Nancy, Imp. C.-J. Hissette*, 1829. viii-184 pages, in-8°. Cart.

9789. — Nouvelle grammaire italienne. *Nancy, Vidart et Jullien*, 1835. 114 pages, in-8°. Demi-rel.

9790. — Mémoire d'un voyage à pied dans la Suisse, le Tyrol, l'Autriche et le nord de l'Italie. *Nancy, Imp. Hinzelin et Cie*, (1837). 106 pages, in-8°. Cart.

9791. — Grand papa Levaillant, ou le bien mène au bonheur. *Nancy, Imp. Hinzelin et Cie*, 1848. 132 pages, in-16. Cart.

9792. — Mémoire d'un voyage à pied dans la Suisse, le Tyrol, l'Autriche et le nord de l'Italie. *Nancy, Imp. Vve Raybois*, 1861. 1-279 pages, in-8°. Demi-rel.

9793. — Mémoire d'un voyage à pied en Italie. *Nancy, Hinzelin, s. d.* 168 pages, in-8°. Cart.

9794. CHAPIA (L'abbé Ch.). Mélopées de la solitude, par M. l'abbé Ch. Chapia (né à Belmont). *Lyon, Cormon et Blanc*, 1841. 307 pages, in-8°. Demi-rel.

9795. — Mélopées, poésies pieuses. *Nancy, Vagner*, 1846. xiv-402 pages, in-32. Demi-rel.

9796. — Mélopées, poésies pieuses. *Mirecourt, Humbert*, 1860. 334 pages, in-12. Br.

9797. CHARAUX (Charles). La pensée et l'amour, par Charles Charaux (né à Pont-à-Mousson), docteur ès-lettres, etc... *Paris, Durand et Pedone-Lauriel*, 1869. 256 pages, in-12. Br.

9798. — La philosophie et le concile. Lettres d'un philosophe scolastique à Mgr Mermillod, évêque d'Hébron, etc... *Paris, Douniol*, 1869-1871. 125, 56 et 28 pages, in-8°. 3 fasc. Br.

9799. — L'ombre de Socrate. Petits dialogues de philosophie socratique précédés d'un essai sur le rire et le sourire. *Paris, Durand et Pedone-Lauriel*, 1878. 288 pages, in-12. Br.

9800. — Petit manuel de morale. Les principes de la philosophie morale. *Paris, A. Durand et Pedone-Lauriel*, 1883. 93 pages, in-12. Br.

9801. — De la pensée. *Paris, Durand et Pedone-Lauriel*, 1883. 384 pages, in-12. Br.

9802. — Philosophie religieuse. Dialogues et récits. *Grenoble, s. n.*, 1884. 330 pages, in-12. Br.

9803. CHARAUX (Charles). *Suite :* — Notes et réflexions. *Paris, Durand et Pedone-Lauriel,* 1887. 317 pages, in-12. Br.

9804. — De l'esprit philosophique et de la liberté d'esprit. *Paris, Pedone-Lauriel,* 1888. 192 pages, in-12. Br.

9805. — La cité chrétienne. Dialogues et récits. *Paris, Firmin-Didot et Cie,* 1890. 542 pages, in-12. Demi-rel.

9806. — De l'esprit et de l'esprit philosophique. *Paris, Pedone-Lauriel,* 1892. xlvii-303 pages, in-12. Br.

9807. — L'histoire et la pensée. Essai d'une explication de l'histoire par l'analyse de la pensée. *Paris, Pedone-Lauriel,* 1893. 355 pages, in-12. Br.

9808. — La cité chrétienne. Dialogues et récits. *Paris, Firmin-Didot et Cie,* 1895. 336 et 429 pages, in-12. 2 vol. Br.

9809. CHARDON (Ch.). Histoire des sacremens, ou de la manière dont ils ont été célébrés et administrés dans l'Église, et de l'usage qu'on en a fait depuis le temps des apôtres jusqu'à présent. Par le R. P. dom C. Chardon (de Metz), religieux bénédictin de la congrégation de St-Vannes. *Paris, Guillaume Desprez,* 1745. 6 vol., in-12. Rel. veau.

9810. CHASLES (Émile). Michel de Cervantès, sa vie, son temps, son œuvre politique et littéraire. Par Émile Chasles, professeur de littérature étrangère à la Faculté des lettres de Nancy. *Paris, Didier et Cie,* 1866. 1-460 pages, in-8°. Demi-rel. — Une autre édition, tirée en in-12. *Ibidem.*

9811. — De adagiis D. Erasmi Roterodami. *Parisiis, apud Didier,* 1862. 49 pages, in-8°. Br.

9812. — La comédie en France au seizième siècle. *Paris, Didier et Cie,* 1862. 214 pages, in-8°. Demi-rel.

9813. — Histoire nationale de la littérature française. *Paris, Ducrocq,* 1870. viii-449 pages, in-12. Demi-rel.

9814. CHASSIGNET (M.). Journal d'une excursion en Palestine, par L. M. M. Chassignet (de Nancy), ancien élève de l'École polytechnique. *Nancy, Imp. Vve Raybois,* 1862. xi-189 pages, in-18. Phototyp. Demi-rel.

9815. — Essai historique sur les institutions militaires ou la formation, l'organisation et l'administration des armées en France,

depuis les temps les plus reculés jusqu'en 1789. *Paris, Victor Rozier,* 1869. x-414 pages, in-8°. Br.

9816. CHASSIGNET (M.). *Suite :* — Essai historique sur les institutions militaires, etc. 2° édition. *Ibidem,* 1871. xi-462 et 9 pages, in-8°. Demi-rel.

9817. — Plan d'une constitution militaire pour la France. *Nancy, Vagner,* 1871. 49 pages, in-8°. Br.

9818. — Études sur la réforme militaire et observations sur l'ouvrage intitulé : « L'armée française en 1879 ». *Paris, Berger-Levrault et Cie,* 1881. viii-164 pages, in-12. Br.

9819. — Les Maronites. *Paris, Imp. F. Levé,* 1886. 22 pages, in-8°. Br.

9820. CHATELAIN (J.). La première parole du cœur, par J. Châtelain, de Châtel (Vosges). *Épinal, A. Cabasse,* 1843. 199 pages, in-16. Br.

9821. CHAULASEL (C.). Conformité de la constitution civile du clergé, avec les vrais principes du christianisme. Par C. Chaulasel, vicaire de Villouxel, élu curé de Liffol-le-Grand. *Neufchâteau, Monnoyer, An II.* 48 pages, in-8°. Br.

9822. CHAUTARD (J.). Exposé théorique et pratique des sources de chaleur et de lumière. Par M. J. Chautard, professeur de physique à la Faculté des sciences de Nancy. *Nancy, Nicolas-Grosjean,* 1866. 165 pages, in-8°. Br.

9823. — Imitation des monnaies au type Esterlin frappées en Europe pendant le xiii° et le xiv° siècle. *Nancy, Sordoillet et fils,* 1871. xxvi-484 pages, in-8°. Demi-rel.

9824. — Les incendies modernes, ou les composés détonants. — Les engins explosibles. — Les amorces et les exploseurs électriques. — Les feux liquides. Le pétrole. *Nancy, Imp. Sordoillet et fils,* 1872. 106 pages, in-12. Br.

9825. — Les spectres de la chlorophylle et leurs applications à la chimie, à la physiologie, à la toxicologie. *Nancy, Imp. Berger-Levrault et Cie,* 1875. 92 pages, in-8°. Br.

9826. — *Opuscules :* Action de l'acide sulfurique monohydraté sur le camphre du Japon. 1857. 3 p., in-4°. — Nouvelles recherches sur les propriétés optiques des différentes espèces de camphre et en particulier sur celles du camphre de matricaire. 1858. 26 p., in-8°. — Notes sur les phénomènes de diffraction obtenus par le passage de rayons très-divergents à travers un écran percé d'un certain nombre d'ouvertures et placé devant l'objectif d'une lunette. 1861. 4 p., in-8°. — Note sur des pièces de monnaie en argent trouvées à Authon (Loir-et-Cher). 1862. 8 p., in-8°. — Nouvelles études sur le camphre gauche de matricaire et sur les huiles essentielles au point de vue de la production du camphre. 1863. 21 p., in-8°. — Note relative aux acides camphoriques inactifs. 1863. 3 p., in-4°. — Leçon d'ouverture du cours de physique de la Faculté des sciences de Nancy, le jeudi 1er décembre 1864. 1864. 10 p., in-8°. — Notice sur M. Auguste Monnier, membre associé de la Société de la numismatique belge. 1864. 3 p., in-8°. — Mémoire sur les divers acides camphoriques, suivi de deux notes, l'une sur les acides de l'orchis hyrcinum, l'autre sur les propriétés phosphogéniques de la lumière du magnésium. 1865. 20 p., in-8°. — Recherches sur la lumière des courants d'induction traversant les gaz raréfiés. 1865. 6 p., in-8°. — De la vulgarisation de quelques phénomènes de physique expérimentale. 1867. 8 p., in-8°. — De la météorologie agricole. 1869. 10 p., in-8°. — Du rôle de la science dans la guerre de 1870-1871. 1871. 29 p., in-8°. — Vulgarisation de quelques phénomènes de physique expérimentale. 1872. 25 p., in-8°. — Quelques mots sur les raies de la chlorophylle et leurs applications en physiologie, en toxicologie et en pharmacie. Suivis d'un programme de manipulations sur les bandes spectrales d'absorption. 1873. 32 p., in-8°. — Les rapports de la physique avec les autres siences et en particulier avec les sciences médicales et pharmaceutiques. 1873. 21 p., in-8°. — Action du chlore, du brome, de l'hypochlorite et de l'hypobromite de chaux sur les huiles essentielles et sur quelques autres substances organiques. S. d. 17 p., in-8°. — De l'emploi du polarimètre pour reconnaître la pureté des huiles essentielles les plus répandues dans le commerce. S. d. 8 p., in-8°. — Étude optique de différentes substances organiques. S. d. 8 p., in-8°. — Notes sur deux nouvelles séries d'acides organiques homologues, et sur la constitution de l'acide pyrothérébique. S. d. 4 p., in-8°.

9827. CHEDEAUX (P.-J.). Mémoire sur les ressources que présente la propriété foncière de l'industrie pour augmenter ses capitaux circulans et affermir son crédit, par P.-J. Chedeaux, ancien président du tribunal de commerce de Metz. Metz, Verronnais, 1830. 32 pages, in-8°. Demi-rel.

9828. CHENU. Encyclopédie d'histoire naturelle... Par le Dr Chenu (né à Metz), chirurgien-major au Val-de-Grâce. — Botanique. — Coléoptères. — Papillons. Paris, Marescq et Cie, s. d. 3 vol. gr. in-8°. Cart.

9829. CHERRIER (S.). Méthode familière pour les petites écoles, contenant les devoirs des maîtres et des maîtresses d'école, avec la manière de bien instruire. (Par S. Cherrier, né à Metz). Toul, Étienne Rolin, 1749. xxiv-207 pages. in-12. — Traité de la prononciation et de l'orthographe de la langue françoise, tiré des meilleurs auteurs, avec une instruction sur l'écriture. Toul, Étienne Rolin, 1749. xiv-229 pages, in-12. En 1 vol. Rel. veau.

9830. — Méthodes nouvelles pour aprendre à lire aisément et en peu de temps, même par manière de jeu et d'amusement, aussi instructives pour les maîtres que commodes aux pères et mères et faciles aux enfants, etc... Paris, Augustin-Martin Lottin, 1755. xxiv-258 pages, in-12. Rel. veau.

9831. — Histoire et pratique de la clôture des religieuses, selon l'esprit de l'église et la jurisprudence de France. Paris, G. Desprez, 1764. xlviii-704 pages, in-12. Demi-rel.

9832. CHERRIER (C. de). Histoire de la lutte des papes et des empereurs de la maison de Souabe. De ses causes et de ses effets, par C. de Cherrier (né à Neufchâteau), membre de l'Institut. 2e édition. Paris, Furne et Cie, 1858. 512, 475 et 543 pages, in-8°. 3 vol. Demi-rel.

9833. — Histoire de Charles VIII, roi de France, d'après des documents diplomatiques inédits et nouvellement publiés. Paris, Didier et Cie, 1868. viii-500 et 503 pages, in-8°. 2 vol. Demi-rel.

9834. CHEVALLIER (L.). De scientia regiminis animarum supernaturalis, auctore Leopoldo Chevallier (né à Malzéville), sacræ theologiæ magistro, etc... Nanceii, apud René Vagner, 1888. 251 pages, in-8°. Broché.

9835. CHEVANDIER (Eugène). Recherches sur la composition élémentaire de différents bois, et sur le rendement annuel d'un hectare de forêts, par M. Eugène Chevandier (de Circy). *Paris, Imp. Bachelier*, 1844. 34 pages, in-8°. Cart.

9836. CHEVANDIER de VALDROME. Discussion de la loi sur l'amortissement. Discours de M. Chevandier de Valdrome (de Circy), député au Corps législatif. *Paris, Hennuyer et fils*, 1866. 16 pages, in-8°. Br.

9837. CHEVRIER (de). Recueil de ces dames (par de Chevrier, né à Nancy). *Bruxelles, la Compagnie*, 1745. xvi-290 pages, in-12. Rel. veau.

9838. — Cela est singulier. Histoire égyptienne, traduite par un rabin génois. *Babylone (Paris), Imp. royale*, 1752. 120 pages, pet. in-12. Cart.

9839. — Observations sur le théâtre. Dans lesquelles on examine avec impartialité l'état actuel des spectacles de Paris. *Paris, Debure*, 1755. 86 pages, in-12. Rel. veau.

9840. — L'épouse suivante, comédie en un acte, en prose. *Paris, Duchesne*, 1756. 60 pages, in-8°. Rel. veau.

9841. — L'Acadiade; ou proûesses angloises en Acadie, Canada, etc. Poëme comi-héroïque en quatre chants. *Cassel, l'auteur*, 1758. 80 pages, in-8°. Cart.

9842. — La mandrinade, poëme héroï-comique en six chants. *Valenciennes, J. Le Camus*, 1758. 63 pages, in-8°. Cart.

9843. — La Prussiade, poëme nouveau en quatre chants en vers comi-héroïques. *Cassel, l'auteur*, 1758. 70 pages, in-8°. Cart.

9844. — Testament politique du maréchal duc de Belle-Isle. *Amsterdam, s. n.*, 1761. 216 pages, in-12. Rel. veau.

9845. — Le codicille et l'esprit, ou commentaire des maximes politiques de M. le maréchal duc de Belle-Isle ; avec des nottes apologétiques, historiques et critiques. *La Haye, Van Duren*, 1762. xvi-87 et 146 pages, in-12. Rel. veau.

9846. — La vie politique et militaire de M. le maréchal duc de Belle-Isle, prince de l'Empire, ministre d'État de S. M. T. C., etc. *La Haye, Van Duren*, 1762. viii-264 pages, in-12. Rel. veau.

9847. — La vie du fameux père Norbert, ex-capucin, connu aujourd'hui sous le nom de l'abbé Platel. *Londres, J. Nourse*, 1762. 144 pages, in-12. Demi-rel.

9848. CHEVRIER (de). *Suite :* — Essai historique sur la manière de juger des hommes. *Amsterdam, H. Constapel*, 1763. viii-117 pages, in-12. Cart.

9849. — Histoire de la vie de H. Maubert, soi-disant chevalier de Gouvest, gazetier à Bruxelles, et auteur de plusieurs libelles politiques. *Londres, Libraires associés*, 1763. 71 pages, in-8°. Demi-rel.

9850. — Paris, histoire véridique, anecdotique, morale et critique, avec la clef. *La Haye, s. n.*, 1767. 88 pages, in-8°. Cartonné.

9851. — Œuvres complètes de M. de Chevrier. — Le colporteur. — Almanach des gens d'esprit. — Amusements des dames. — Les trois C. — Je m'y attendois bien. — Mémoires d'une honnête femme. — Les ridicules du siècle. — Nouvelles libertés de penser. — Essai sur les mémoires de M. Guillaume. — La vie du fameux P. Norbert. *Londres, J. Nourse*, 1774. 413, viii-489 et 510 pages, in-12. 3 vol. Rel. veau.

9852. — Essai historique sur la manière de juger les hommes. Nouvelle édition. *La Haye, s. n.*, 1779. viii-168 pages, in-12. Rel. veau.

9853. — Le colporteur, histoire morale et critique. *Londres, J. Nourse, s. d.* 224 pages, in-8°. Demi-rel.

9854. — Je m'y attendois bien. Histoire bavarde, par l'auteur du « Colporteur ». *S. l., n. n., n. d.* 64 pages, in-8°. Br.

9855. — *Opuscules :* Cargula, parodie de Catilina, tragédie de M. de Crébillon, de l'Académie française. 1749. 38 p., in-8°. — Voyage de Rogliano. 1751. 23 p., in-8°. — Le retour du goût. Comédie en un acte en vers libres avec un divertissement. 1754. 44 p., in-12. — La revue des théâtres, comédie en vers en un acte, avec un divertissement. 1754. 40 p., in-12. — La campagne. Comédie en un acte, en vers. 1755. 47 p., in-12. — Les fêtes parisiennes. Comédie, en un acte, en vers, mêlée de chants et de danses ; à l'occasion de la naissance de Monseigneur le comte de Provence. 1756. 41 p., in-12. — La nouvelle du jour. Comédie en un acte en vers, ornée de chants et de danses. 1759. 16 p., in-8°. — L'observateur des spectacles, ou anecdotes théâtrales. 1762. 48 p., pet. in-8°. — Extrait de la séance publique de l'Académie de belles-lettres de Corse, tenue... le 1er novembre 1749. 8 p., in-4°. — Épître sur la prise de Port-Mahon... 8 p., in-4°. —

Épître à un de ses amis qui lui demandoit une peinture de la ville d'Aix-la-
Chapelle. 8 p., in-4°. — Prospectus de son
« Histoire de Lorraine ». 4 p., in-4°. — Avertissement concernant les souscripteurs de
cette histoire. 16 p., in-8°. — Vers sur la
mort de Toustain-de-Viray. 2 p., in-4°. —
Placet à S. M. Polonoise, le duc de Lorraine, concernant la sentence rendue contre
l' « Histoire de Lorraine » et l'auteur. 8 p.,
in-4°.

9856. CHOPPIN. De la taille du poirier et
du pommier en fuseau. Avec 4 planches
lithographiées contenant 18 figures. Dédiée
à la Société d'agriculture de Bar-le-Duc,
par Choppin, membre de cette société.
Bar-le-Duc, Numa Rollin, 1846. 157 pages,
in-8°. Br.

9857. CLARINVAL. Expériences sur les
machines à percer les métaux, exécutées
par ordre de M. le général d'artillerie
Mazure, par M. Clarinval (né à Metz),
capitaine d'artillerie. *Paris, J. Corréard*,
1859. 125 pages, in-8°. Br.

9858. — Leçons d'hydraulique. Étude des
moteurs hydrauliques, comprenant les
conditions théoriques et pratiques de leur
construction... *Metz, Verronnais ; Paris,
Dumaine*, 1859. XI-179 pages, in-8°. 6 pl.
Broché.

9859. — Cours de mécanique appliquée.
Leçons sur la résistance des matériaux,
considérée au point de vue pratique.
Paris, J. Corréard, 1861. VII-138 pages,
in-8°. 1 pl. Br.

9860. CLAUDEL (J.). Formules, tables et
renseignements pratiques. Aide-mémoire
des ingénieurs, des architectes, etc. Par J.
Claudel (né à Golbey), ingénieur civil...
5° édition. *Paris, Dalmont et Dunod*, 1860.
XXXII-1174 pages, in-8°. 3 pl. Demi-rel.

9861. — Introduction à la science de l'ingénieur. — Aide-mémoire des ingénieurs,
des architectes, etc. Partie théorique. 3°
édition. *Paris, Dunod*, 1863. XVI-903 pages, in-8°. Demi-rel.

9862. CLÉMENT (L'abbé). Sermon sur la
dévotion à la très-sainte Vierge, par M.
l'abbé Clément, aumônier du roi de Pologne, duc de Lorraine, et prédicateur du
roi. *Nancy, Leseure*, 1749. 29 pages,
petit in-4°. Cart.

9863. CLÉMENT (L'abbé). *Suite :* — Pratique de dévotion en l'honneur de saint
Jean Népomucène, chanoine et martyr.
Paris, Vve Mazières et J.-B. Garnier,
1744. XII-235 pages, in-12. Rel. veau.

9864. — Entretiens de l'âme avec Dieu, tirés
des paroles de saint Augustin, dans ses
méditations, ses soliloques, et son manuel.
(Traduit en vers polonais par Stanislas.)
S. l., n. n., 1745. XII-408 pages, in-8°.
Rel. veau.

9865. — Élévations de l'âme à Dieu, ou
prières tirées de la sainte Écriture. *Nancy,
Leseure*, 1750. 179 pages, in-12. Cart.

9866. — Maximes pour se conduire chré-
tiennement dans le monde. Nouvelle
édition, revue et augmentée de l'éloge historique de feue madame Henriette de
France. *Paris, H.-L. Guérin et L.-F. Delatour*, 1753. VIII-400 pages, in-12. Rel.
veau.

9867. — Élévations de l'âme à Dieu, ou
prières tirées de la sainte Écriture, pour
toutes les différentes situations où l'on
peut se trouver pendant la vie. *Paris, H.
L. Guérin et L.-F. Delatour*, 1755. X-384
pages, in-12. Rel. veau, d. s. tr.

9868. — Sermon pour la fête séculaire de
l'établissement de l'institut de l'Adoration
perpétuelle du Très-Saint-Sacrement ;
prononcé dans l'église du premier monastère de l'institut établi à Paris, rue Cassette.
Paris, H.-L. Guérin et L.-F. Delatour,
1755. II-58 pages, in-16. Cart.

9869. — Entretiens de l'âme avec Dieu.
Nancy, P. Antoine, 1756. 142 pages, pet.
in-8°. Rel. veau.

9870. — Avis à une personne engagée dans
le monde ; ouvrage ascétique dans lequel
on trouvera des règles certaines pour
assurer une conscience scrupuleuse, et
une direction exacte pour conduire à la
plus haute perfection au milieu du monde.
A madame la marquise de L***. *Paris,
H.-L. Guérin et L.-F. Delatour*, 1759.
VIII-244 pages, in-12. Rel. veau.

9871. — Méditations sur la Passion de Jé-
sus-Christ Notre Seigneur. *Paris, H.-L.
Guérin et L.-F. Delatour*, 1762-63. 304 et
VIII-399 pages. 2 vol. in-12. Rel. veau.

9872. — Œuvres diverses. *Paris, C. Hérissant*, 1764. 203 pages, in-12. Rel. veau.

9873. CLÉMEUR. Historique du 3° corps de
l'armée d'Italie, commandé par le maréchal Canrobert pendant la campagne de

1859. Dédié aux troupes du 3ᵉ corps par le chef d'escadron d'état-major Clémeur, attaché à l'état-major général de ce corps. *Nancy, impr. Hinzelin et Cie*, 1861. 224 pages, in-8°. Carte. Demi-rel.

9874. CLESSE. Les campagnes au moyen-âge et sous l'ancien régime. Par M. Clesse, notaire honoraire à Conflans, etc... *Verdun, impr. Ch. Laurent*, 1872. 42 pages, in-8°. Br.

9875. COFFIGNY (C.). Élémens de grammaire française, par demandes et par réponses, d'après les auteurs les plus accrédités ; par C. Coffigny, instituteur primaire. *Commerci, Impr. Denis*, 1828. XVI-212 pages, in-12. Cart.

9876. COLIN (C.). Nouvel avis au peuple sur sa santé, ou exposition et développement des principes modernes de la médecine, à l'usage des personnes qui n'ont pas étudié cette science ; par C. Colin (de Nancy), docteur en médecine de la Faculté de Paris. *Paris, Lecointe et Pougin*, 1831. VIII-412 pages, in-8°. Demi-rel.

9877. — Instruction sur le choléra morbus ; crainte exagérée qu'inspire cette maladie ; préservatif et traitement qu'elle exige ; critique de l'opinion erronée et du traitement peu rationnel des médecins étrangers. *Nancy, Vidart et Jullien*, 1831. 27 pages, in-8°. Cart.

9878. (COLINET DE LA SALLE.) Pensées d'un militaire français. (Par Colinet de la Salle.) *Nancy, Cl.-A. Leseure, s. d.* 11 pages, in-8°. Br. — Au peuple français. *Nancy, C.-J. Hissette, s. d.* 12 p., in-8°. Br.

9879. COLLARD (C.-P.). Questions de jurisprudence médico-légale sur la viabilité en matière civile et en matière criminelle ; par C.-P. Collard, de Martigny, etc... *Paris, Germer-Baillière*, 1832. 125 pages, in-8°. Cart.

9880. — Coup d'œil sur l'état de l'instruction publique en France et sur les développemens qu'elle exige. *Paris, Levrault ; Nancy, G. Grimblot*, 1835. 96 pages, in-8°. Demi-rel.

9881. — Du système des circonstances atténuantes, depuis son origine, spécialement sous le code de 1832, et des modifications qu'il exige. *Nancy, Georges Grimblot*, 1840, IV-115 pages, in-8°. Cart.

9882. COLLARD (C.-P.). *Suite. — Opuscules :* De l'action du gaz carbonique (mofette atmosphérique, air fixe, acide méphytique, acide crayeux, etc...), sur l'économie animale. 1827. 21 p., in-8°. — Des besoins actuels de l'enseignement élémentaire. 1836. 44 p., in-8°.

9883. COLLIGNON. Rapport fait au nom de la commission chargée d'examiner le projet de loi relatif au chemin de fer de Versailles à Chartres, par M. Collignon, député de la Meurthe. Séance du 28 juin 1847. *S. l., A. Henry*, 1847. 23 pages, in-8°. Cart.

9884. COLLIGNON (MAXIME). Mythologie figurée de la Grèce. Par Maxime Collignon (né à Verdun), ancien membre de l'École française d'Athènes, etc... *Paris, A. Quantin*, (1883.) IV-352 pages, in-8°. Rel. angl.

9885. — Phidias. Ouvrage accompagné de 45 gravures. *Paris, J. Rouam*, 1886. 128 pages, in-8°. Br.

9886. — Histoire de la sculpture grecque. *Paris, Firmin-Didot et Cie*, 1892-1897. XII-569 et 715 pages, in-8°. Gravures. 2 vol. Br.

9887. — Manuel d'archéologie grecque. *Paris, A. Quantin, s. d.* IV-360 pages, in-8°. Rel. angl.

9888. COLLIGNON (A). Deux lettres inédites de Voltaire, par A. Collignon, professeur au lycée de Nancy. *Nancy, Berger-Levrault et Cie*, 1885. 25 pages, in-12. Br.

9889. — Étude sur Pétrone. La critique littéraire, l'imitation et la parodie dans le *Satiricon. Paris, Hachette et Cie*, 1892. VIII-406 pages, in-8°. Demi-rel.

9890. COLLIGNON (R.). L'anthropologie au conseil de révision. Méthode à suivre. Son application à l'étude des populations des Côtes-du-Nord. Par le docteur R. Collignon (né à Metz). *Paris, A. Hennuyer*, 1891. 63 pages, in-8°. Br.

9891. — Anthropologie de la France. Dordogne, Charente, Corrèze, Creuze, Haute-Vienne. *Paris, s. d.*, 1894. 75 pages, in-8°. Br.

9892. — Anthropologie du sud-ouest de la France. Première partie : Les Basques. Deuxième partie : Basses-Pyrénées, Hautes-Pyrénées, Landes, Gironde, Charente-Inférieure, Charente. *Paris, s. n.*, 1895. 129 pages, in-8°. Br.

9893. — *Opuscules :* L'angle facial de Cuvier

sur le vivant, mesuré à l'aide du gonio-
mètre facial médian de Topinard. 1886.
26 p., in-8°. — Carte de la répartition de
l'indice céphalique en France. 1887. 8 p.,
in-8°. — L'inscription de Temia, découverte par le capitaine Lefèvre. Contribution à l'étude des Aïnos. 1888. 6 p., in-8°.
— Répartition de la couleur des yeux et
des cheveux chez les Tunisiens sédentai-
res. 1888. 8 p., in-8°. — Contribution à
l'étiologie de la fièvre typhoïde à Cher-
bourg. 1890. 8 p., in-8°. — L'indice céphalique des populations françaises. 1890.
24 p., in-8°. — Contribution à l'étude an-
thropologique des populations françaises.
(Charente, Corrèze, Creuze, Dordogne,
Haute-Vienne.) 1893. 12 p., in-8°. —
Anthropologie du Calvados et de la région
environnante. 1894. 25 p., in-8°.

9894. COLLIGNON (ALBERT). La vie littéraire. Notes et réflexions d'un lecteur. Par
Albert Collignon (né à Metz). Paris, Fischbacher, 1896. 473 pages, in-12. Br.

9895. COLLIN. Le guide du propriétaire d'a-
beilles, par un curé du diocèse de Nancy
(Collin, curé de Tomblaine). Nancy, Vagner, 1857. 212 pages, in-12. 1 pl. Demi-rel.

9896. — Le guide du propriétaire d'abeilles.
Cinquième édition. Paris, Berger-Le-
vrault et Cie, 1878. v-227 pages, in-8°.
Demi-rel.

9897. COLLIN-D'AMBLY (F.). Grammaire
françoise, analytique et littéraire, etc...
Par M. F. Collin d'Ambly (né à Ambly-
sur-Meuse), instituteur à Picpus. Paris,
Ch. Villet, 1807. xvi-397 pages, in-8°. Cart.

9898. COLMAR. Adresse à la nation et au
roi, par M. Colmar, citoyen, natif de
Thionville aux Trois-Évêchés, auteur des
principes d'un bon gouvernement, et d'autres productions en économie politique,
datée au 9 février 1790. S. l., Cailleau,
s. d. 8 pages, pet. in-8°. Demi-rel.

9899. COLOMBEY (ÉMILE). Ruelles, salons
et cabarets. Histoire anecdotique de la
littérature française. Par Émile Colombey,
(Laurent, né à Colombey). Paris, Adolphe
Delahays, 1858. 353 pages, in-12. Cart.

9900. — Les causes gaies. Bruxelles, Méline, etc... s. d. 353 pages, in-12. Cart.

9901. — L'esprit au théâtre. Bruxelles, Méline, etc..., s. d. in-334 pages, in-12. Cart.

9902. COMMERELL (L'abbé DE). Mémoire
et instruction sur la culture, l'usage et les
avantages de la racine de disette. Par M.
l'abbé de Commerell, correspondant de la
Société royale des sciences et des arts de
Metz. Metz, Vve Antoine et fils, 1786. 40
pages, in-8°. Cart.

9903. CONTAL (ALP). Causerie sur l'organisme humain, par le docteur Alp. Contal (de Nancy). Nancy, Berger-Levrault,
1874. 32 pages, petit in-8°. Br.

9904. COSTE (J.-F.). Traité des maladies
du poumon. Par M. Coste (médecin de
l'hôpital militaire de Nancy), conseiller,
etc... Paris, Hérissant, 1767. x-132 pages,
in-12. Cart.

9905. — Des avantages de la philosophie
relativement aux belles-lettres. Nancy,
J.-B.-H. Leclerc, 1774. 58 pages, in-8°.
Cart.

9906. — De antiqua medico-philosophia
orbi novo adaptanda. — Oratio habita in
capitolio Gulielmopolitano in comitiis
Universitatis Virginiæ, die XII junii 1782.
Lugduni Batavorum, s. n., 1783. vi-103
pages, in-8°. Rel. veau. Fil. d.

9907. — Matière médicale indigène, ou
traité des plantes nationales, substituées
avec succès à des végétaux exotiques, auquel on a joint des observations médicinales sur les mêmes objets, avec M. Willemet, doyen du collège de pharmacie de
Nancy, etc. Paris, Villier, s. d. x-162 pages, in-8°. Demi-rel.

9908. — Matière médicale indigène, ou
traité des plantes nationales, substituées
avec succès à des végétaux exotiques, auquel on a joint des observations médicinales sur les mêmes objets, avec M. Willemet, doyen du collège de pharmacie, en
l'Université de Nancy... Nouvelle édition.
Nancy, Vve Leclerc, 1793. xxiv-152 pages, in-8°. Demi-rel.

9909. — De la santé des troupes à la Grande-
armée. Strasbourg, Levrault, 1806. 104
pages, in-8°. Cart.

9910. COSTER. Éloge de Jean-Baptiste Colbert. Discours qui a obtenu le premier accessit au jugement de l'Académie françoise, en 1773. Par Coster (né à Nancy).
Paris, J.-B. Brunet, 1773. 64 pages, in-8°.
Cart.

9911. COURNAULT (Henri). Mémoire sur la défense de la France par les places fortes, concurremment avec l'action des armées. Par C. (Henri Cournault, de Nancy), officier supérieur. *Paris, Impr. P. Didot*, (1819). xv-184 pages, in-8°. Br.

9912. COURNAULT (Édouard). Des conseils cantonaux. Par Édouard Cournault, membre du conseil général de Meurthe-et-Moselle. *Nancy, Berger-Levrault et Cie*, 1873. 69 pages, in-8°. Br.

9913. — Exposition des principes actuels de la philosophie, ou examen historique et discussion critique des principes subjectif, spiritualiste et éclectique, sur lesquels repose de nos jours la philosophie. *Paris, Ladrange*, 1843. 320 pages, in-8°. Demi-reliure.

9914. — De l'âme. Essai de psychologie expérimentale. *Paris, Didier*, 1855. 287 pages, in-8°. Demi-rel.

9915. — Considérations politiques. *Paris, Michel Lévy frères*, 1863. 347 pages, in-12. Demi-rel.

9916. CREVAUX (J.). Grammaires et vocabulaires roucouyenne, arrouague, piacopo et d'autres langues de la région des Guyanes. Par MM. J. Crevaux (né à Lorquin), P. Sagot et L. Adam. *Paris, Maisonneuve et Cie*, 1882. iv-288 pages, in-8°. Cart.

9917. — Voyages dans l'Amérique du Sud. Avec 253 gravures sur bois, d'après des photographies ou des croquis pris par les voyageurs. 4 cartes et 6 fac-simile des relevés du Dr Crevaux. *Paris, Hachette et Cie*, 1883. xvi-635 pages, in-4°. Demi-reliure.

9918. CROUSSE. Comment consolider la Révolution ? par M. Crousse, premier avocat général à la Cour impériale de Metz. *Paris, L. Beaupré*, 1815. 34 pages, in-8°. Broché.

9919. CUSSON (Jean-Baptiste). Agathon et Tryphine, histoire sicilienne. (Par Jean-Baptiste Cusson, imprimeur à Nancy). *Nancy, Jean-Baptiste Cusson*, 1711. x-354 pages, in-12. Rel. veau.

9920. CUSTINE (de). Lettre écrite par M. de Custine (né à Metz), lieutenant-général commandant à Landau et de la 5e division, à M. Levasseur, député du département de la Meurthe, datée de Landau du 12 août 1792. *Paris, Imprimerie nationale*, s. d. 4 pages, in-8°. Cart.

9921. DALY (César). Revue générale de l'architecture et des travaux publics. Journal des architectes, des ingénieurs, des archéologues, des industriels et des propriétaires, sous la direction de M. César Daly (né à Verdun), architecte. *Paris, Typ. Lacrampe et Cie*, 1840-1874. 31 vol. in-4°. Gravures. Demi-rel.

9922. — Motifs historiques d'architecture et de sculpture d'ornement. Choix de fragments empruntés à des monuments français. *Paris, A. Morel*, 1869. 44 pages. 112 et 86 planches, in-fol. 2 vol. Demi-rel.

9923. — L'architecture privée au xixe siècle. Nouvelles maisons de Paris et des environs. *Paris, Ducher et Cie*, 1870. 3 vol., in-fol. Gravures. Cart.

9924. DANTEC (L.). Cours de thèmes pour la huitième, avec des exercices sur l'analogie des cas et des temps primitifs et dérivés ou méthode élémentaire latine, etc... Par L. Dantec, maître de pension à Metz. *Nancy, Vidart et Jullien*, 1834. 70 pages, in-12. Cart.

9925. DARBOY (G.). Saint Thomas Becket, archevêque de Cantorbéry et martyr. Sa vie et ses lettres..., par M. G. Darboy, vicaire général de Paris (ensuite évêque de Nancy). *Paris, A. Bray*, 1858. 479 et 547 pages, in-8°. 2 vol. Demi-rel.

9926. DARMESTETER (A.). Traité de la formation des mots composés dans la langue française, comparée aux autres langues romanes et au latin, par Arsène Darmesteter (né à Château-Salins), répétiteur de langues romanes à l'École pratique des Hautes Études. *Paris, A. Franck*, 1875. xx-331 pages, in-8°. Cart.

9927. — Le seizième siècle en France. Tableau de la littérature et de la langue. Suivi de morceaux en prose et en vers choisis dans les principaux écrivains de cette époque. *Paris, Ch. Delagrave*, 1878. vi-384 pages, in-12. Demi-rel.

9928. — La vie des mots étudiée dans leurs significations. *Paris, Ch. Delagrave*, 1887. xii-213 pages, in-12. Demi-rel.

9929. — Reliques scientifiques. Portrait par Charles Waltner. *Paris, L. Cerf*, 1890. lxxvi-310 et 328 pages, in-8°. 2 vol. Br.

9930. DARMESTETER (J.). Haurvatât et Ameretât. Essai sur la mythologie de l'Avesta, par James Darmesteter (né à Château-Salins), élève de l'École pratique des Hautes Études. *Paris, A. Franck*, 1875. 92 pages, in-8°. Cart.

9931. — Ormuzd et Ahriman. Leurs origines et leur histoire. *Paris, F. Vieweg*, 1877. 360 pages, in-8°. Cart.

9932. — Essais orientaux. *Paris, A. Lévy*, 1883. 280 pages, in-8°. Br.

9933. — Les prophètes d'Israël. *Paris, C. Lévy*, 1892. xx-386 pages, in-8°. Demi-rel.

9934. DAUBRÉE (A.). Description géologique et minéralogique du département du Bas-Rhin, par M. A. Daubrée (né à Metz), ingénieur au corps des mines, etc... *Strasbourg, E. Simon*, 1852. xvi-500 pages, in-8°. Demi-rel.

9935. — Rapport sur les progrès de la géologie expérimentale. *Paris, Impr. impériale*, 1867. 142 pages, in-8°. Demi-rel.

9936. — Études synthétiques de géologie expérimentale. *Paris, Dunod*, 1879. iii-828 pages, in-8°. Fig. Demi-rel.

9937. — Les eaux souterraines aux époques anciennes. Rôle qui leur revient dans l'origine et les modifications de la substance de l'écorce terrestre. *Paris, Vve Ch. Dunod*, 1887. iv-443 pages, in-8°. Gravures. Demi-rel.

9938. — Les eaux souterraines à l'époque actuelle. Leur régime, leur température, leur composition au point de vue du rôle qui leur revient dans l'économie de l'écorce terrestre. *Paris, Vve Ch. Dunod*, 1887. iii-455 et 302 pages, in-8°. Gravures. 2 vol. Demi-rel.

9939. — Les régions invisibles du globe et des espaces célestes. Eaux souterraines, tremblements de terre, météorites. *Paris, Félix Alcan*, 1888. 204 pages, in-8°. Gravures. Rel. anglaise.

9940. DAULNOY. Méthode abrégée et simplifiée d'établir et de vérifier les comptes courans d'intérêts réciproques, suivie des tarifs d'intérêts à tous les taux... Par Daulnoy, officier-comptable de l'hôpital militaire de Nancy. *Nancy, Vve Hissette*, 1834. 115 pages, in-8°. Cart.

9941. DAURIER (J.-B.-A. baron). Expériences sur le sel ordinaire employé pour l'amendement des terres, par M. J.-B.-A. baron Daurier, membre de la Société d'agriculture de Nancy. *Nancy, Impr. Dard*, 1846-1847. 116 pages, in-4°. Br.

9942. (DAVID.) Françonnette. Récit traditionnel du hameau d'Estanquet près d'Agen, ancienne province de Guyenne. Imitation libre du poème familier composé en vers gascons par Jasmin. (Par David, de Gérardmer.) *Paris, Impr. Wittersheim*, 1851. v-192 pages, in-8°. Portrait. Demi-reliure.

9943. — L'aveugle de Castel-Cuillé et Marthe la folle. Imitations libres de deux poèmes composés en vers gascons par Jasmin. *Paris, Impr. Wittersheim*, 1854. 55 et 53 pages, in-8°. Demi-rel.

9944. — Le château de Lude. Essai historique sur son origine et ses possesseurs. *Paris, Imp. Wittersheim*, 1854. 143 pages, in-8°. Grav. Demi-rel.

9945. — Jehan Daillon, seigneur de Lude, chambellan de Louis XI. Drame historique coupé en trois journées, et écrit en vers octosyllabiques à l'imitation des drames espagnols. *Paris, Imp. Wittersheim*, 1854. xii-184 pages, in-8°. Demi-rel.

9946. — Adam. Représentation de la chute du premier homme. *Paris, Imp. A. Wittersheim*, 1855. xvii-54 pages, in-8°. Demi-reliure.

9947. DEBIDOUR (A.). Le général Bigarré, aide de camp de Joseph Bonaparte, d'après ses mémoires inédits. Par M. Debidour, professeur à la Faculté des lettres de Nancy. *Paris, Berger-Levrault et Cie*, 1880. 138 pages, in-8°. Br.

9948. — La Fronde angevine. Tableau de la vie municipale au xviie siècle. *Paris, Ernest Thorin*, 1877. 427 pages, in-8°. Demi-rel.

9949. — Histoire de Du Guesclin. *Paris, Hachette et Cie*, 1880. 190 pages, in-12. Gravures. Demi-rel.

9950. — L'impératrice Théodora. Étude critique. *Paris, E. Dentu*, 1885. 180 pages, in-12. Demi-rel.

9951. — Études critiques sur la Révolution, l'Empire, et la période contemporaine. *Paris, G. Charpentier et Cie*, 1886. 378 pages, in-12. Demi-rel.

9952. — Histoire diplomatique de l'Europe, depuis l'ouverture du congrès de Vienne jusqu'à la clôture du congrès de Berlin (1814-1878). *Paris, Félix Alcan*, 1891. viii-460 et 600 pages, in-8°. 2 vol. Demi-rel.

9953. DEBIDOUR (A.). *Suite.* — *Opuscules :* Découverte et colonisation du Brésil, de la fin du xvᵉ siècle au commencement du xixᵉ. 1878. 37 p., in-8°. — Conférence. De la morale de nos révolutions. 1882. 19 p., in-8°.

9954. DEBLAYE (L'abbé A.). Les prisonniers français à Kalk et au Gremberg, près Cologne. Journal d'un aumônier des prisonniers français en Allemagne, par l'abbé A. Deblaye, professeur au petit séminaire de Pont-à-Mousson. *Paris, Sarlit,* 1871. 116 pages, in-8°. Un plan. Br.

9955. — Méthode théorique et pratique pour apprendre la langue allemande. *Paris, Berger-Levrault et Cie,* 1872-1873. vii-110 et iv-136 pages, in-8°. 2 vol. Cart.

9956. DECHARME (P.). Mythologie de la Grèce antique par P. Decharme, professeur de littérature grecque à la Faculté des lettres de Nancy. *Paris, Garnier,* 1879. 644 pages, fig. dans le texte et 4 pl., in-8°. Demi-rel.

9957. — Euripide et l'esprit de son théâtre. *Paris, Garnier,* 1893. iv-568 pages, in-8°. Broché.

9958. DEDON. Relation détaillée du passage de la Limat, effectué le 3 vendémiaire an VIII ; suivie de celle du passage du Rhin, du 11 floréal suivant ; et de quelques autres passages de fleuve, etc... Avec cartes topographiques gravées par Tardieu. Par le citoyen Dedon l'aîné (né à Toul), chef de brigade d'artillerie. *Paris, Didot,* 1801. 231 pages, in-8°. Cart.

9959. — Précis historique des campagnes de l'armée du Rhin et Moselle, pendant l'an IV et l'an V ; contenant le récit de toutes les opérations de cette année, sous le commandement du général Moreau, depuis la rupture de l'armistice conclu à la fin de l'an III, jusqu'à la signature des préliminaires de la paix à Léoben, etc... *Paris, Magimel, s. d.* xxxii-279 pages, in-8°. Plans. Demi-rel.

9960. DEFRANOUX. Éléments synoptiques de la grammaire latine, par Defranoux, membre de la Société d'émulation des Vosges, etc... *Épinal, Imp. Gérard,* 1832. iv-36 pages, in-8°. Cart.

9961. DELALLE (L'abbé). Lettres à M. Letronne, sur la cosmogonie des pères de l'église et de la genèse ; par M. l'abbé De-

lalle (ancien vicaire général à Nancy), ancien professeur de Théologie. *Paris, Debécourt,* 1835. xv-104 pages, in-8°. Cart.

9962. DELEAU. Aperçu de l'abus du vomissement provoqué dans les maladies, avec des réflexions pour venir à l'appui de la doctrine physiologique de M. Broussais ; par Deleau, le jeune (né à Vézelise), docteur en médecine de la Faculté de Paris, etc... *Commercy, s. n.,* 1820. 93 pages, in-8°. Demi-rel.

9963. — Introduction à des recherches pratiques sur les maladies de l'oreille qui occasionnent la surdité, et sur le développement de l'ouïe et de la parole chez les sourds-muets qui en sont susceptibles. Première partie. *Paris, Mme Huzard,* 1824. 176 pages, in-8°. Demi-rel.

9964. — *Opuscules :* Exposé d'une nouvelle dactylologie alphabétique et syllabique, indispensable aux personnes qui veulent commencer l'instruction des sourds-muets. 1830. 11 p., in-8°. — Nouvelles recherches physiologiques sur les éléments de la parole qui composent la langue française, et sur leur application à une nouvelle dactylologie alphabétique et syllabique pour l'éducation des sourds-muets. *Paris, E.-B. Delanchy,* 1838. 28 p., in-8°. — Rapport sur un ouvrage du docteur Deleau, jeune, daté de Paris du 15 décembre 1829. *S. d.* 8 p., in-8°.

9965. DELESSE. Carte géologique du département de la Seine..., par M. Delesse, (né à Metz), ingénieur des mines. 1865. 4 feuilles, in-plano, montées sur toile. Étui.

9966. — Carte agronomique des environs de Paris. 1 feuille, gr. in-plano, montée sur toile. Étui.

9967. — Cartes géologique et hydrolique de la ville de Paris. 2 feuilles, gr. in-plano, montées sur toile. Étui.

9968. DELISLE DE MONCEL. Méthodes et projets pour parvenir à la destruction des loups dans le royaume. Par M. Delisle de Moncel, ancien capitaine de cavalerie, etc... *Paris, Imp. royale,* 1768. xiv-322 pages, in-12. Rel. veau.

9969. DELORME. Ode sur l'occupation de l'Algérie, par Delorme, juge au tribunal d'Épinal (Vosges). *Épinal, A. Cabasse,* 1839. 21 pages, in-8°. Cart.

9970. DELPIERRE (A.-F.). — *Opuscules :* Adresse aux amis de la liberté, par M. Delpierre le jeune, homme de loi dans le district de Mirecourt. *Mirecourt, Bouillon,* 1791. 43 pages, in-8°. Br. — Rapport sur les troubles d'Arles, fait au nom du comité des pétitions, le 18 février 1792. *S. d.* 32 p., pet. in-8°.

9971. DEMANGE (L'abbé). De l'abus des plaisirs dans l'éducation contemporaine. Par M. l'abbé Demange (directeur de l'école Saint-Léopold, à Nancy), chanoine honoraire, etc... *Nancy, Fringnel et Guyot,* 1883. xxiv-356 pages, in-12. Demi-rel.

9972. — *Opuscules :* La France au tribunal de Dieu. 1874. 40 p., in-8°. — L'enfant de chœur. 1875. 10 p., in-12. — La Vierge et les abeilles ou travail et piété. 1875. v-8 p., in-8°. — La liberté de l'enseignement chrétien. 1879. iv-20 p., in-8°. — Une larme, poésie. 1881. 15 p., in-8°.

9973. DEMANGE (Émile). Étude clinique et anatomo-pathologique sur la vieillesse. Leçons faites à l'hospice Saint-Julien, par Émile Demange, professeur agrégé à la Faculté de médecine de Nancy. *Paris, F. Alcan,* 1886. vi-160 pages, 6 pl., in-8°. Br.

9974. DEMANGEON (J.-B.). Par bonheur au médecin Pierrot, pourtant! ou le jeune médecin vis-à-vis du vieux, dans un accouchement accompagné de convulsions, avec mention honorable des juges respectifs. Par J.-B. Demangeon, docteur en philosophie de l'ancienne Université de Strasbourg, etc... *Paris, s. n., An XII.* 66 pages, in-8°. Cart.

9975. — Tableau analytique et critique de l'ouvrage du docteur Gall, sur les nerfs, le cerveau et leurs fonctions automatiques et intellectuelles. *Paris, Méquignon-Marvis,* 1822. 231 pages, in-8°. Cart.

9976. — Anthropogénèse ou génération de l'homme, avec des vues de comparaison sur les reproductions des trois règnes de la nature, etc. *Paris, Rouen frères,* 1829. vii-346 pages, in-8°. Demi-rel.

9977. — De l'imagination considérée dans ses effets directs sur l'homme et les animaux, et dans ses effets indirects sur les produits de la gestation. Ouvrage où l'on fait la part de l'imagination dans les phénomènes du magnétisme, de l'exorcisme, l'ascétisme et d'autres prestiges. *Paris, Rouen frères,* 1829. viii-560 pages, in-8°. Demi-rel.

9978. DEMANGEON (J.-B.). *Suite :* — Physiologie intellectuelle ou l'esprit de l'homme considéré dans ses causes physiques et morales, d'après la doctrine de Gall, de Spurzheim et d'autres auteurs. *Paris, Fortin, Masson et Cie,* 1843. xv-605 pages, in-8°. Demi-rel.

9979. DEMNISE (L'abbé). Épître à Napoléon III, par l'abbé Demnise, curé de Lucy. *Nancy, N. Collin,* 1871. 15 pages, in-8°. Br.

9980. DEMONTZEY (P.). Étude sur les travaux de reboisement et de gazonnement des montagnes, par P. Demontzey (né à Saint-Dié), conservateur des forêts, etc... *Paris, Imp. nationale,* 1878. viii-421 pages, gr. in-8°. Nombreuses planches. Demi-rel.

9981. DENIS (C. F.). Manuel du créancier et du débiteur, pendant la durée du papier-monnaie, ou recueil des lois qui les concernent (par C. F. Denis, né à Commercy). *Commercy, Denis, s. d.* 63 pages, in-8°. Cartonné.

9982. DENIS (Prosper-Sylvain). Recherches expérimentales sur le sang humain, considéré à l'état sain, par Prosper-Sylvain Denis, docteur en médecine, à Commercy (Meuse), etc... *Commercy, Cl.-Fr. Denis,* 1830. xvi-358 pages, in-8°. Demi-rel.

9983. — Recherches d'anatomie et de physiologie pathologiques sur plusieurs maladies des enfans nouveau-nés. *Commercy, Cl.-Fr. Denis,* 1826. xvi-608 pages, in-8°. Demi-rel.

9984. — Mémoires sur trois genres différens de cas rares, dans l'ordre physiológico-pathologique... *Paris, Baillière,* (1828). 96 pages, in-8°. Cart.

9985. — Essai sur l'application de la chimie à l'étude physiologique du sang de l'homme, et à l'étude physiologique pathologique, hygiénique et thérapeutique des maladies de cette humeur. *Paris, Béchet jeune,* 1838. 366 pages, in-8°. Demi-rel.

9986. — Démonstration expérimentale sur l'albumine et sur les substances inorganiques qui l'accompagnent... *Commercy, Imp. C.-F. Denis,* 1839. 52 pages, in-8°. Broché.

9987. — Études chimiques, physiologiques et médicales, faites de 1835 à 1840 sur les matières albumineuses, connues sous les noms d'albumine soluble, d'albumine coagulée, etc... *Commercy, C.-F. Denis*, 1842. xxxii-182 pages, in-8°. Cart.

9988. DENIS (Prosper-Sylvain). *Suite :* — Nouvelles études chimiques, physiologiques et médicales sur les substances albuminoïdes qui entrent comme principes immédiats dans la composition des solides et des fluides organiques tant animaux que végétaux, etc... *Paris, J.-B. Baillière*, 1856. 236 pages, in-8°. Demi-rel.

9989. — Mémoire sur le sang considéré quand il est fluide, pendant qu'il se coagule et lorsqu'il est coagulé ; suivi d'une notice sur l'application de la méthode d'expérimentation par les sels à l'étude des substances albuminoïdes. *Paris, J.-B. Baillière et fils*, 1859. viii-208 pages, in-8°. Broché.

9990. DENIS (C.-J.-B.). Méthode pour cultiver les meilleures graines potagères dans les sols les moins fertiles, par M. C.-J.-B. Denis fils, membre de la Société d'émulation des Vosges. *Épinal, Thirion-Jouve*, 1839. 75 pages, in-8°. Cart.

9991. DERAND (François). L'architecture des voûtes ; ou l'art des traits, et coupes des voûtes. Par le R. P. François Derand (né dans le diocèse de Metz), de la Compagnie de Jésus. *Paris, André Cailleau*, 1743. xvi-205 pages, in-fol. Gravures. Rel. veau.

9992. DERCHÉ. (J.-J.). Discours de J.-J. Derché, des Vosges, sur la rive gauche du Rhin, limite de la République française. *Paris, Desenne et Louvet, An IV*. 63 pages, in-8°. Cart.

9993. DESBORDES. Discours de la théorie de la pratique et de l'excellence des armes, par le sieur Desbordes (né en Lorraine). *Nancy, B. André, s. d.* (1610). iv-28 feuillets, in-4°. Portrait de l'auteur, par J. Appier. Cart.

9994. DESGODINS (C.-H.). La mission du Thibet de 1855 à 1870, comprenant l'exposé des affaires religieuses, et divers documents sur ce pays, accompagnée d'une carte du Thibet. D'après les lettres de M. l'abbé Desgodins, missionnaire apostolique. Par C.-H. Desgodins (né à Manhuelle), inspecteur des forêts en retraite. *Verdun, Impr. Ch. Laurent*, 1872. iv-419 pages, in-8°. Br.

9995. DESGODINS de SOUHESMES (G.). Tunis. Histoire. — Mœurs. — Gouvernement. — Administration. — Climat. — Productions. — Industrie. — Commerce. — Religion. Etc... Par G. Desgodins de Souhesmes. *Paris, Gustave Guérin*, 1875. iv-346 pages, in-12. Demi-rel.

9996. DESHAYES (G.-P.). Description des coquilles fossiles des environs de Paris. Par G.-P. Deshayes (né à Nancy), membre de la Société d'histoire naturelle de Paris. *Paris, chez l'auteur*, 1824. 2 vol. pour le texte et 1 pour les planches. In-4°. Demi-rel.

9997. — Conchyliologie de l'île de la Réunion (Bourbon). *Paris, Dentu*, 1863. 144 pages, 41 pl. in-8°. Br.

9998. — Description des animaux sans vertèbres découverts dans le bassin de Paris... *Paris, J.-B. Baillière et fils*, 1860-1866. 3 vol. pour le texte et 2 pour les planches. In-4°. Demi-rel.

9999. DESJARDINS (Gustave). Histoire de la cathédrale de Beauvais, par Gustave Desjardins (né à Sarreguemines), ancien élève de l'école des Chartres, archiviste du département de l'Oise. *Beauvais, V. Pineau*, 1865. 286 pages, pet. in-4°. 2 pl. Demi-rel.

10000. — Recherches sur les drapeaux français, oriflamme, bannière de France... *Paris, Vve A. Morel et Cie*, 1874. 167 pages, 1 frontispice et 42 planches en couleur, in-8°. Demi-rel.

10001. — Cartulaire de l'abbaye de Conques en Rouergue. *Paris, A. Picard*, 1879. cxx-518 pages, in-8°. Br.

10002. — Tableau de la guerre des Allemands, dans le département de Seine-et-Oise. 1870-1871. *Paris, L. Cerf*, 1882. ii-140 pages, in-8°. 1 carte. Br.

10003. — Le Petit-Trianon. Histoire et description. *Versailles, L. Bernard*, 1885. xvi-478 pages, 21 pl. et supplément de 34 pages, in-8°. Br.

10004. DES ROBERT (F.). Larmes et sourires. Par F. des Robert (né à Montigny-lès-Metz). *Metz, Rousseau-Pallez*, 1867. 236 pages, in-12. Br.

10005. — Le cardinal de Lattier de Bayane, d'après ses souvenirs inédits. 1739-1818. *Nancy, Sidot frères*, 1891. 97 pages, in-8°. Broché.

10006. — Correspondance de deux officiers

de marine en 1789. *Nancy, Berger-Levrault*, 1892. 51 pages, in-8°. Br. (Extrait des *Mémoires de l'Académie de Stanislas*, 1891.)

10007. DIDELON (Charles). Poésies diverses. Le deux novembre. Par Charles Didelon. 4 pages. — Le malheureux. 3 p. — Une nuit d'hiver. 3 p. — Le punch. 4 p. — Mon chien Ralph. 3 p. — Madeleine. 4 p. — A mon compatriote, M. P. Lambert. 2 p. — Découragement. Résignation. 9 p. — La nuit de Noël. La nouvelle année. 8 p. — Au coin du feu. 24 p. — Légende. La sorcière. 7 p. — A la mémoire d'un frère. Le deux novembre. 11 p. — Repentir. Pater. 7 p. — Le retour. Solitude. 8 p. — La tombe d'une jeune fille. 7 p. — Le cimetière. 14 p. — Montagne bleue. 10 p. — Ninette. Au souvenir d'un ami. 6 p. — Chez un procureur. 13 p. *Nancy, Berger-Levrault et Cie, s. d.* Recueil, in-8°. Br.

10008. DIDELOT. Avis aux gens de la campagne, ou traité des maladies les plus communes, avec des observations sur les causes des maladies du peuple, sur l'abus des remèdes, etc... Par M. Didelot (premier chirurgien de Stanislas). *Nancy, Gervois, etc...* 1772. xxxvi-322 pages, in-12. Rel. veau.

10009. — Précis des maladies chroniques et aiguës, servant de suite à l'avis aux gens de la campagne. *Nancy, Mathieu*, 1774. xl-216 et 304 pages. 2 vol. In-12. Rel. veau.

10010. DIDELOT (Dom). Sur la légitimité du serment, exigé des ecclésiastiques fonctionnaires publics, par dom Didelot (membre de la Société des amis de la Constitution de la ville de Saint-Mihiel). *Saint-Mihiel, Duval*, 1791. 88 pages, in-12. Br.

10011. DIDELOT (V.). Falsification des vins. Procédés pour les reconnaître. Par V. Didelot, pharmacien à Nancy, etc... *Nancy, Imp. Berger-Levrault et Cie*, 1876. 6 pages, in-8°. Br.

10012. DIDION (Le général). Calcul des pensions dans les sociétés de prévoyance. Par M. le général Didion, membre de l'Académie impériale de Metz. *Metz, Impr. F. Blanc*, 1864. 98 pages, in-8°. Br.

10013. DIDION (Le général). Suite : — Mémoire sur la balistique. *Paris, Imp. nationale*, 1848. 149 pages, in-4°. Br.

10014. — Lois de la résistance de l'air sur les projectiles. *Paris, J. Dumaine*, 1857. iv-79 pages, in-8°. Br.

10015. — Calcul des probabilités appliqué au tir des projectiles. *Paris, J. Dumaine*, 1858. ii-91 pages, in-8°. Br.

10016. — Traité de balistique. *Paris, J. Dumaine*, 1860. xxiv-603 pages, in-8°. Fig. Br.

10017. — Études sur le tracé des roues hydrauliques à aubes courbes de M. le général Poncelet. *Paris, Imp. nationale*, 1870. vi-96 pages, in-4°. Planches. Br.

10018. — Expression du rapport de la circonférence au diamètre et nouvelle fonction. *Nancy, Réau*, 1872. 12 pages, in-8°. Br.

10019. DIEHL (Ch.). Études d'archéologie byzantine. L'église et les mosaïques du couvent de Saint-Luc en Phocide. Par Charles Diehl, professeur à la Faculté des lettres de Nancy, etc... *Paris, Ernest Thorin*, 1889. 72 pages, in-8°. Br.

10020. — Excursions archéologiques en Grèce. Mycènes. — Délos. — Athènes. — Olympie. — Eleusis. — Épidaure. — Dodone. — Tirynthe. — Tanagra. Ouvrage contenant 8 plans. *Paris, Armand Collin et Cie*, 1890. x-388 pages, in-12. Br.

10021. — L'Afrique byzantine. Histoire de la domination byzantine en Afrique (533-709). *Paris, Ernest Leroux*, 1896. xiv-644 pages, in-8°. Gravures. Br.

10022. — Opuscules : Cours d'archéologie. Leçon d'ouverture. 1888. 24 p. in-8°. — Les découvertes de l'archéologie française en Algérie et en Tunisie. 1892. 35 p. in-8°.

10023. DIEUDONNÉ. — *Opuscules :* Rapports faits au nom du comité de l'ordinaire des finances, par M. Dieudonné, député des Vosges. 1792. 37, 6 et 4 p., in-8°. — Rapport et projet de décret sur les mesures à prendre pour accélérer la vente des sels et tabacs nationaux, fait et présenté au nom du comité de l'ordinaire des finances (1792). 20 p., pet. in-8°.

10024. DIEULIN (L'abbé). Le bon curé au xixe siècle, ou le prêtre considéré sous le rapport moral et social, par M. l'abbé Dieulin, vicaire-général de Nancy, etc... *Lyon, Mothon et Pincanon*, 1845. x-517 et 576 pages, in-8°. 2 vol. Demi-rel.

10025. DIEULIN (L'abbé). *Suite :* — Le guide des curés, du clergé et des ordres religieux, pour l'administration des paroisses, et pour leurs rapports légaux avec les fabriques, les communes, les écoles, les diverses autorités et les particuliers ; ouvrage enrichi de notions d'architecture, avec 250 figures servant de modèles d'églises, autels, confessionnaux, colonnes, monuments funèbres ; 64 formules d'actes, 50 lois, ordonnances, etc... *Nancy, Vagner,* 1860. xxxiv-457 et 461 pages, in-8°. Portrait. 2 vol. Demi-rel.

10026. DOCTEUR (J.-C.). La théorie de l'âme ou classement complet des facultés de l'esprit, par J.-C. Docteur, membre de la Société royale des sciences, lettres et arts de Nancy. *Paris, Lagny frères,* 1837-1838. xiii-204 et vii-248 pages, in-8°. 2 tomes en 1 vol. Demi-rel.

10027. — Pensées philosophiques, morales et littéraires. *Nancy, Imp. Dard,* 1832. ii-278 pages, in-8°. Demi-rel.

10028. — La théorie de la matière, ou la science des corps ramenée au point de vue rationnel et chrétien. *Raon-l'Étape, Imp. J.-C. Docteur,* 1847. 423 pages, in-8°. Cart.

10029. — La vérité sur la femme, au point de vue philosophique, au point de vue social et au point de vue de la famille. *Luxeuil, J.-C. Docteur,* 1859. 176 pages, in-8°. Demi-rel.

10030. — *Opuscules :* Mémoire sur la cause de la pluie et du beau temps. 1875. 16 p., in-8°. — Mémoire sur les causes de la rosée. 1875. 24 p., in-8°.

10031. DOLIVOT. Lettre de M. Dolivot à M. Alix, en réponse à la brochure de M. l'abbé Lefèvre. *Nancy, Berger-Levrault et Cie,* 1882. 19 pages, in-12. Br.

10032. DORVEAUX (Paul). Inventaire des archives de la Compagnie des marchands apothicaires de Paris et du Collège de pharmacie de Paris, dressé en 1786. Publié pour la première fois par le Dr Paul Dorveaux (né à Courcelles-Chaussy), bibliothécaire de l'École supérieure de pharmacie de Paris. *Paris, Émile Bouillon,* 1893. 120 pages, in-8°. Br.

10033. DOUBLE (F.-J.). Séméïologie générale ou traité des signes et de leur valeur dans les maladies ; par F.-J. Double (né à Verdun). *Paris, Croullebois,* 1811-1822. lxiv-502, 518 et 602 pages, in-8°. 3 vol. Demi-rel.

10034. DOURIN (Jules). Réflexions d'un paysan à MM. les députés, par M. Jules Dourin. *Commercy, Ch. Cabasse,* 1864. 52 pages, in-12. Cart.

10035. — Le mariage à la hussarde. Vaudeville en un acte. *Bar-le-Duc, F. d'Olincourt, s. d.* 38 pages, in-8°. Demi-rel.

10036. DOYOTTE (L'abbé). Cours d'adultes. Par l'abbé Doyotte (de Haroué), officier d'académie, etc... *Nancy, Vagner,* 1874. iv-74 pages, in-18. Br.

10037. — Les attributions du curé dans les écoles. *Nancy, Vagner,* 1878. vi-135 pages, in-18. Br.

10038. — Guide du délégué cantonal et du délégué communal. *Nancy, Vagner,* 1878. iv-139 pages, in-18. Br.

10039. — *Opuscules :* A la France. Ode allégorique pour la détourner de la guerre. (1873). 4 p., in-16. — Aux noces d'argent de mes condisciples. 1889. 8 p., in-16. — Discours d'un chef d'institution à ses élèves et à ses professeurs. 1890. 7 p., in-8°. — Le monastère. *S. d.* 3 p., in-8°.

10040. DRUON (H.). Les Français dans l'Inde, au xviie et au xviiie siècle. Martin. — Dumas. — Dupleix. — La Bourdonnais. — Bussy. — Lally-Tollendal. — de Bellecombe. — Suffren. Par H. Druon (membre de l'Académie de Stanislas), docteur ès-lettres. *Paris, H.-E. Martin,* 1886. 320 pages, in-8°. Gravures. Demi-rel.

10041. DUBOIS. Rapport fait par Dubois (des Vosges), au nom d'une commission, sur un message du Directoire exécutif du 15 nivôse dernier, tendant au rapport de la loi du 9 du même mois, interprétative de celle du 17 prairial de l'an 4, concernant les terreins destinés à l'agrandissement du muséum d'histoire naturelle. *Paris, Imprimerie nationale, an V.* 34 pages, in-8°. Cart.

10042. DUBOIS (Ch.). Madame Agnès. Roman, par Charles Dubois, membre de l'Académie de Stanislas. Avec une lettre préface de M. Eug. de Margerie. *Paris, Blériot,* 1871. x-334 pages, in-12. Br.

10043. — Récits d'un alsacien. *Tours, Alfred Mame et fils,* 1873. 228 pages, in-8°. Gravure. Br.

10044. DUBOIS (Ch.). *Suite* : — Maître Olivier. Épisode du temps de la Terreur en Alsace. *Paris, Adrien Le Clère et Cie*, 1875. 325 pages, in-12. Br.

10045. — Sophie. *Paris, Théodore Olmer*, 1876. 323 pages, in-12. Br.

10046. — Contes d'Auteuil. *Paris-Auteuil, s. n.*, 1878. 182 pages, in-12. Fig. Br.

10047. — Les lis rouges. *Paris-Auteuil, s. n.*, 1878. 195 pages, in-12. Br.

10048. — Les deux coupes. Nouvelle strasbourgeoise. *Paris, Martinet*, 1879. 34 p., in-12. Br.

10049. — Les poètes du foyer. Poésies allemandes traduites avec préface et commentaires. *Paris, Maurice Tardieu*, 1880. 184 pages, in-16. Br.

10050. — Rudolf ou l'esclavage à Rome. *Nancy, s. n.*, 1882. VI-281 pages, in-12. Cart.

10051. — Marguerite. Nouvelle strasbourgeoise (1789). *Strasbourg, Christophe, s. d.* 74 pages, in-16. Br.

10052. DUBOIS (Ernest). Réforme et liberté de l'enseignement supérieur et en particulier de l'enseignement du droit. Par Ernest Dubois, professeur à la Faculté de droit de Nancy. *Paris, Cotillon et fils*, 1871. 110 pages, in-8°. Br.

10053. — Le contentieux administratif en Italie et la loi du 20 mars 1865, étudiés à l'occasion des projets de suppression des conseils de préfecture. *Paris, Cotillon*, 1873. 53 pages, in-8°. Br.

10054. — Programme du cours de droit romain.—Introduction.—Personnes.—Droits réels. — Successions. — Actions. *Paris, Cotillon*, 1877. II-60 pages, in-8°. Br.

10055. — Le remploi dans ses rapports avec la transcription et la purge et avec les droits d'enregistrement et de transcription sous le régime de la communauté légale pure. *Paris, Tolmer et Cie*, 1880. 68 pages, in-8°. Br.

10056. — La saisine héréditaire en droit romain. *Paris, L. Larose*, 1880. 60 pages, in-8°. Br.

10057. — *Opuscules* : Programme du cours de droit romain. Obligations. 1871. 22 p., in-8°. — Leçon d'ouverture du cours de droit civil approfondi dans ses rapports avec l'enregistrement, suivi d'une bibliographie raisonnée de l'enregistrement. 1876. 39 p., in-8°. — La déduction des dettes et des charges dans l'impôt sur les successions. 1878. 26 p., in-8°. — Législa-

tion et jurisprudence comparées de la France et de l'Italie sur l'effet à l'étranger du jugement déclaratif de faillite. 1879. 14 p., in-8°. — Du droit de transcription sur l'acceptation de remploi. Lettre à M. Armand Demasure, avocat à la Cour de cassation. 1880. 13 p., in-8°.

10058. DUBOIS de LAUNAY (L'abbé). Nouvelle analyse de Bayle, où lui-même il réfute, par des assertions positives et par les plus solides argumens, tout ce qu'il a écrit contre les mœurs et la religion. Par l'abbé Dubois de Launay (jésuite à Nancy); on a joint à cette analyse une dissertation sur le suicide par le même auteur. *Paris, Mérigot le jeune*, 1782. XLVIII-281 et 321 pages, in-12. 2 vol. Rel. veau.

10059. DU BOYS (Albert). Histoire du droit criminel des peuples anciens depuis la formation des sociétés jusqu'à l'établissement du christianisme. Par Albert Du Boys (né à Metz), ancien magistrat. *Paris, Joubert*, 1845. II-717 pages, in-8°. Demi-rel.

10060. — Histoire du droit criminel des peuples européens. *Paris, Auguste Durand*, 1858-1865. V-672, 734 et IV-668 pages, in-8°. 3 vol. Demi-rel.

10061. — Histoire du droit criminel de la France, depuis le XVIe jusqu'au XIXe siècle, comparé avec celui de l'Italie, de l'Allemagne et de l'Angleterre ; pour faire suite à l'histoire du droit criminel des peuples modernes du même auteur. *Paris, Durand et Pédone-Lauriel*, 1874. VII-671 et 672 pages, in-8°. 2 vol. Demi-rel.

10062. DUCHAND (Le général). Observations critiques sur l'organisation nouvelle de l'artillerie, par le général Duchand, commandant l'École régimentaire d'artillerie de Metz. *Metz, Mme Thiel*, 1833. 168 pages, in-8°. Cart.

10063. DUCHESNE (Julien). *Opuscules* : Le chant de la cloche ou le poëme de la vie, par Schiller. Histoire et traduction dédiées à S. A. le Prince Impérial, par Julien Duchesne, professeur au Lycée de Nancy. 1866. 30 p., in-8°. — Un héritier de Brizeux. Poésies de M. Joseph Rousse. 1886. 32 p., in-8°. — Le ruisseau. Idylle, par Alfred Tennyson, poète lauréat. Traduit en vers français. 1886. 12 p., in-8°. — Un premier maître de La Fontaine découvert à la bibliothèque de Rennes. Étude

littéraire et artistique. 1887. 35 p., in-8°.
— Le poète Thomas Gray (1716-1771) et
l'élégie du cimetière de village (1742-
1750). Histoire et traduction en vers. 1887.
29 p., in-8°. — La suspension de la cré-
maillère (The Hanging of the crane), ou
l'avenir d'une famille. Idylle domestique,
par Longfellow. 1889. 23 p., in-8°. — Association artistique de Bretagne. Première
conférence de la section littéraire. 1890.
39 p., in-8°. — Esquisses du monde littéraire et artistique de 1830, d'après les portraits et souvenirs d'Hippolyte Lucas. 1891.
44 p., in-8°. — Le plongeur. Ballade de
Schiller. Notice, traduction en vers. — La
chanson de l'homme de cœur, par Burger,
traduite en vers français. Préface sur les
progrès de l'accent populaire dans notre
poésie contemporaine. (Services rendus, en
ce sens, par l'école bretonne actuelle). 1892.
20 p., in-8°. — Inès de Portugal. Grand
opéra en quatre actes. 1864. 36 p., in-12.

10064. DU COËTLOSQUET (Le baron).
Cinq nouvelles. Par le baron du Coëtlosquet (conseiller général de la Moselle).
Metz, Impr. Ch. Dosquet, 1835. 96 pages,
in-18. Demi-rel.
10065. — Vade-mecum du chrétien. Paris,
Périsse, 1837. XII-488 pages, in-8°. Demi-rel.
10066. — Souvenirs de voyages. Paris,
Waille, 1843. 239 pages, in-12. Cart.
10067. — Albert ou le duel. Paris, Waille,
1844. X-242 et 226 pages, in-12. 2 vol.
Demi-rel.
10068. — Quelques réflexions sur la manière
de traiter les matières religieuses. Paris,
Waille, 1845. 68 pages, in-12. Br.
10069. — Opuscules : Éloge de M. le comte
de Cessac, lu à l'Académie royale de Metz,
du 25 juillet 1841. 1841. 15 p., in-8°. —
Considérations sur les moyens de détruire,
ou au moins d'affaiblir, en France, le préjugé du duel. 28 p., in-8°.

10070. DUGAILLON (Aug.-Eude). Opuscules : Les Français sur le mont Atlas.
Chant guerrier, par Auguste-Eude Dugaillon. 1830. 8 p., in-8°. — La mystification
du peuple. Satyre politique. 1831. 23 p.,
in-8°. — L'ombre de Napoléon. Poésie.
1840. 16 p., in-8°.

10071. DUHAN (Le comte). Voyage d'Alci-
médon, ou naufrage qui conduit au port.
Histoire intéressante, qui peut encourager à la recherche des terres inconnues.

(Par M. le comte Duhan, de Martigny.)
Nancy, J.-B. Hiacinthe Leclerc, 1768. VI-
182 pages, in-12. Rel. bas.

10072. DUMAST (P. Guerrier de). La maçonnerie. Poème en trois chants, avec des
notes historiques, étymologiques et critiques. Ouvrage orné de deux gravures et de
sept vignettes ou culs-de-lampe. (Par Guerrier de Dumast.) Paris, Arthus Bertrand,
1820. XXXII-331 pages, in-8°. Demi-rel.
10073. — Chios, la Grèce et l'Europe, poème
lyrique accompagné de notes explicatives ;
suivi de la traduction, avec le texte en regard, d'une épître grecque-moderne adressée, en 1820, par N. S. Piccolos à G. Gla-
racès, l'une des victimes des massacres de
Chios. Paris, Schlesinger, 1822. VIII-78
pages, in-8°. Demi-rel.
10074. — Ce que la France avait raison de
vouloir dans la question d'Orient. Lettre
au rédacteur de l'Univers. Paris, Debécourt ; Nancy, Grimblot, etc., 1841. 55 pages, in-8°. Cart.
10075. — L'orientalisme rendu classique
dans la mesure de l'utile et du possible,
suivi d'une lettre à M. Jules Mohl sur la
langue perse. 2e édition augmentée de documents et correspondances sur l'état présent de la question orientaliste. Nancy,
N. Vagner, 1854. 60 pages, in-8°. Demi-rel.
10076. — Les psaumes traduits en vers
français et mis en regard d'un texte latin
littéral, indiquant, en façon de commentaire perpétuel, les principales et les plus
admissibles variétés d'interprétation qui
ont été proposées. Nancy, Vagner, 1858-
1859. XLII-497, 555 et 494 pages. 3 vol.,
in-8°. Demi-rel.
10077. — Promenades d'automne dans les
champs de la vérité, ou examen de quelques opinions reçues. Paris, B. Duprat ;
Nancy, s. n., 1862. 126 pages, in 8°. Cart.
10078. — Sur l'enseignement supérieur tel
qu'il est organisé en France, et sur le
genre d'extension à y donner. Paris, Vve
B. Duprat, 1865. XII-100 pages, in-8°. Cart.
10079. — Le redresseur, rectification raisonnée des principales fautes de français, locutions vicieuses ou impropres, etc. Paris,
A. Durand, 1866. 136 pages, in-8°. Demi-
reliure.
10080. — L'Heptapège ou les sept fontaines,
poème en sept chants suivi de poésies religieuses diverses. Nancy, Impr. Saint-
Epvre, 1882. 195 pages, in-8°. Br.

10081. DUMAST (P. Guerrier de). *Suite :* — Considérations sur les rapports actuels de la science et de la croyance, suivies du réglement et du discours d'ouverture de la société « Foi et Lumières » de Nancy. *Paris, Waille, s. d.* xlii-398 pages, in-8°. Demi-rel.

10082. — *Opuscules :* La rime. 1819. 10 p., in-8°. — Charles X ou le jour du sacre, poème. 1825. 20 p., in-8°. — Le pour et le contre sur la résurrection des provinces. 1835. 37 p., in-8°. — La Navarre et l'Espagne, ou véritable nature de la question débattue par les armes dans la péninsule Ibérique, et solution possible des difficultés qu'elle présente. 1836. 16 p., in-8°. — Notice sur Silvio Pellico insérée dans le Dictionnaire de la conversation et de la lecture. 1838. 15 p., in-8°. — Paris fortifié. 1841. 16 p., in-8°. — De la politique générale à suivre par la France ; quatre lettres adressées en janvier 1847 à l'*Espérance, Courrier de Nancy*. 1847. 28 p., in-8°. — Maximes traduites des Courals de Tirou-Vallouvar, ou la morale des Parias, d'après des extraits de poésies tamoules. 1854. 24 p., in-8°. — Supplément qui termine la seconde édition de « L'orientalisme rendu classique dans la mesure de l'utile et du possible ». Notes et documents faisant connaitre quel est l'état présent de la question orientaliste. 1854. 28 p., in-8°. — Une précieuse conquête à faire. 1856. 36 p., in-8°. — Sur deux nouveaux ouvrages de M. Fée. 1856. 10 p., in-8°. — Sur la vraie prononciation d'une lettre arabe ; lettre à M. Garcin de Tassy. 1857. 30 p., in-8°. — Une idée lorraine. Mémoire destiné à l'assemblée des délégués des sociétés savantes, convoquée dans les salles de la Sorbonne, à Pâques 1863, par S. E. le ministre de l'instruction publique. 1863. 23 p., in-8°. — Sur la vie des langues, leurs âges et leurs 'maladies. 1864. 5 p., in-8°. — Sur les besoins intellectuels de la France d'à présent ; deux mémoires. 1868. 34 p., in-8°. — Ponctuer les phrases dans les langues musulmanes. 1873. 8 p., in-8°. — Sur la désertion des campagnes et sur quelques moyens trop négligés de la combattre. 1875. 49 p., in-8°. — De l'*e* moyen et de l'accent droit. *S. d.* 15 p., in-8°.

10083. DUMONT. Conseils à un juré, pour la cour d'assises. Par Dumont, juge à Saint-Mihiel. *Nancy, A. Dard*, 1855. 22 pages, in-8°. Br.

10084. DUMONT (Paul-Charles). Du serment considéré comme mode de preuve. Par Paul-Charles Dumont (né à Nancy). licencié ès-lettres, etc... *Nancy, s. n.*, 1876. xcii-176 pages, in-8°. Br.

10085. DUPIN. Mémoire statistique du département des Deux-Sèvres, adressé au ministre de l'intérieur d'après ses instructions, par le citoyen Dupin (né à Metz), préfet de ce département. *Paris, Imp. de la République, An XII*. 306 pages, in-fol. Demi-rel.

10086. DUPONCET (Le R. P.). Histoire de Scanderbeg, roy d'Albanie. Par le R. P. Duponcet (né en Lorraine), de la compagnie de Jésus. *Paris, Jean Mariette*, 1709. xxiv-592 pages, in-12. Rel. veau.

10087. — Histoire de Gonsalve de Cordoue, surnommé le grand capitaine. *Paris, Jean Mariette*, 1714. xxxii-367 et 351 pages, in-12. 2 vol. Rel. veau.

10088. DUPUY. Conseils pratiques de santé et premiers secours à donner en cas d'accident, avant l'arrivée du médecin, par le Dr Dupuy (de Frenelle), ancien membre titulaire du conseil d'hygiène et de salubrité publique de l'arrondissement de Mirecourt (Vosges). *Paris, E. Lacroix, s. d.* 72 pages, in-12. Cart.

10089. DUQUESNOY (Ad.). Mémoire sur l'éducation des bêtes à laine, et les moyens d'en améliorer l'espèce. Par Ad. Duquesnoy, maire de Nancy. *Nancy, Bachot*, (1792). vi-228 pages, in-8°. Br.

10090. — Journal sur l'Assemblée constituante (3 mai 1789. — 3 avril 1790). Publié par la Société d'histoire contemporaine, par Robert de Crévecœur. *Paris, A. Picard*, 1894. xi-504 et 545 pages, in-8°. 2 vol. Br.

10091. (DURAND.) Dialogue sur ces mots de Montesquieu : « La vertu est la base des républiques ». (Par Durand, censeur des études au lycée de Nancy.) *Nancy, Hœner fils et Delahaye, s. d.* 17 pages, in-8°. Cart.

10092. DURIVAL (Jean). Essai sur l'infanterie françoise. Discours prononcé dans l'Académie royale... de Nancy, le 20 octobre 1760. Par M. Durival, cadet, greffier en chef des conseils du roy, pour sa ré-

ception à l'Académie. *Nancy, Cl. Leseure,
s. d.* 36 pages, in-12. Demi-rel.

10093. DURIVAL (Jean). *Suite :* — Détails
militaires. *Lunéville, Messuy,* 1758. 127
pages, in-12. Demi-rel.

10094. DURIVAL (Claude). De la vigne.
Mémoire couronné par l'Académie de
Metz, par M. Durival le jeune. *Nancy,
C.-S. Lamort,* 1777. 87 pages, in-8°. 3 pl.
Cart.

10095. — Équation des tributs. *S. l., n. n.,*
1768. xxvi-84 pages, in-8°. Cart.

10096. DUROSELLE (Eug.). *Opuscules :* Le
mélilot de Sibérie dans les sols stériles,
par M. Eug. Duroselle, membre de la Société d'agriculture de Nancy. 1872. 8 p.,
in-12. — Le blé et la cherté des subsistances. 1875. 32 p., in-8°. — Nouveau projet de crédit agricole. 1877. 10 p., in-8°.
— Le rôle de l'atmosphère dans les sols
stériles. 1878. xii-59 p., in-12. — Le me-
lilot de Sibérie dans les sols stériles. *S. d.*
6 p., in-8°.

10097. DU SAUSSAY (André). Andreas
frater Simonis Petri ; seu de gloria S. An-
dreæ apostoli libri XII. Auctore Andrea
du Saussay, episcopo et comite tullensi,
etc... *Lutetiæ Parisiorum, sumptibus Sebastiani Cramoisy,* 1656. xxi-676 et 119
pages, in-fol. Grav. 2 tomes en 1 vol. Rel.
veau.

10098. — De episcopali monogamia, et uni-
tate ecclesiastica dissertatio. *Parisiis,
apud Petrum Chaudiere,* 1632. lxiv-436
pages, in-4°. Rel. veau.

10099. — Martyrologium gallicanum, in
quo sanctorum, beatorumque ac piorum
plusquam octoginta millium, ortu, vita,
factis, doctrina, agonibus, trophæis, opi-
tulationumque gloria, ac cæteris quibusque sacræ venerationis titulis, in gallia
illustrium certi natales indicantur... *Lutetiæ Parisiorum, sumptibus Stephani Richer,*
1637. clxxxviii-671, 579 et 254 pages,
in-fol. 3 tomes en 2 vol. Frontispice. Rel.
veau.

10100. — De mysticis Galliæ scriptoribus mul-
tiplicique in ea christianorum rituum origine. Selectæ dissertationes, in singulas
Ecclesiæ ætates digestæ. *Parisiis, sumptibus Sebastiani Cramoisy,* 1639. xxxiv-
1253 pages, in-4°. Rel. veau.

10101. — Divina doxologia. Seu sacra glo-
rificandi Deum in hymnis et canticis me-

thodus. *Tulli, S. Belgrand, G. Perin et
L. Laurent,* 1658. iv-175 et 96 pages,
in-12. Rel. parchemin.

10102. DU SAUSSAY (André). *Suite :* — De
gloria sancti Remigii, proprii francorum
apostoli et prophetæ : per quem cœlestis
unctionis munus, regibus christianissimis,
divinitus impetratum est, libri quatuor.
Tulli leucorum, apud S. Belgrand, 1661.
x-207 pages, in-fol. Cart.

10103. — Épitome vitæ admirabilis S. Phi-
lippi Nerii, oratorii romani fundatoris,
viri plane apostolici, etc... *Tulli Leucorum, apud S. Belgrand et J. Laurent,*
1664. iv-271 pages, in-4°. Portrait. Rel.
parchemin.

10104. — Insignis libri de scriptoribus eccle-
siasticis, eminentissimi cardinalis Bellai-
mini continuatio, ab anno 1500 in quo
desinit, ad annum 1600 quo incipit se-
quentis sæculi exordium. *Tulli Leucorum, apud Joannem et Joan. Fr. les Lau-
rents,* 1665. xiv-260 pages, in-4°. Rel. parchemin.

10105. — Panoplia clericalis. Seu de clericorum tonsura, eorumque recta
institutione, et canonica disciplina. *Parisiis, apud Sebastianum Mabre-Cramoisy,*
1681. 4 vol. in-fol. Rel. veau.

10106. ELQUIN (L'abbé). Tableau politique
de l'Europe, depuis la bataille de Leipsic,
gagnée le 18 octobre 1813 (par l'abbé
Elquin, ancien vicaire de la paroisse Saint-
Epvre). *Londres, s. n.,* 1813. 83 pages,
in-8°. Br.

10107. — Abrégé de la vie de S. Louis de
Gonzague, avec l'office de ce saint et di-
verses prières en son honneur. *Nancy,
Imp. Haener,* 1827. iv-66 pages, in-12.
Cartonné.

10108. — Le saint Évangile de Jésus-Christ,
présenté, dans ses principaux détails, à la
jeunesse chrétienne, en forme de lectures,
etc. *Nancy, Bontoux,* 1827. xiv-262 pages,
in-8°. Cart.

10109. — *Opuscules :* Dialogues entre Mᵉˢ Firmin, marchand ; Christophe, vigneron ;
Lapierre, menuisier ; et Lafleur, ancien
soldat. (1815.) 16 p., in-8°. — Instruction
chrétienne et familière en forme de sermon, sur l'état des agriculteurs. Préémi-
nence de cet état aux yeux de la religion... Consolations qu'il présente. 1827.
24 p., in-12. — Des crises politiques, de
leur effet sur l'esprit public et des obstacles

qui s'opposent à une opinion unanime, qui est plus réelle qu'elle ne le paroît. *S. d.* 21 p., in-8°. — Dialogues entre un laboureur, un manœuvre et un grenadier de Bonaparte. *S. d.* 12 p., in-8°.

10110. ÉMY. Notice sur un nouveau niveau à lunette et à bulle d'air, exempt de vérification, par Émy, capitaine au corps impérial du génie, sous-directeur de l'École impériale de l'artillerie et du génie. *Metz, Collignon*, 1808. 11 pages, in-8°. Demi-reliure.

10111. ENGELHARDT (Ed.). Du régime conventionnel des fleuves internationaux. Études et projets de règlement général, précédés d'une introduction historique. Par Ed. Engelhardt (né à Rothau), ministre plénipotentiaire. *Paris, A. Cotillon et Cie*, 1879. iv-270 pages, in-8°. Demi-rel.

10112. ENNERY. Dictionnaire général de géographie universelle ancienne et moderne, historique, politique, littéraire et commerciale, par Ennery (né à Nancy) et Hirth, accompagné d'une introduction, etc... *Strasbourg, Baquol et Simon*, 1839-1841. 4 vol. in-8°. Demi-rel.

10113. ERCKMANN-CHATRIAN. Madame Thérèse. Par Erckmann-Chatrian. *Paris, Hetzel et Cie, s. d.* 377 pages, in-12. Cartonné.

10114. ERRARD (J.). La géométrie et practique générale d'icelle : par J. Errard de Bar-le-Duc, ingénieur ordinaire de Sa Majesté. *Paris, Michel Daniel*, 1619. 352 pages, in-8°. Rel. parchemin.

10115. — La fortification démonstrée et réduite en art. Reveue, corrigée et augmentée, par A. Errard son nepveu aussi ingénieur ordinaire du roy, suivant les mémoires de l'auteur contre les grandes erreurs de l'impression contrefaicte en Allemagne. Dédiée à Sa Majesté. *Paris, s. n.* (1619-1622). iv-70 feuillets, in-fol. Titre et frontispice gravés. 34 planches hors texte. Rel. parchemin.

10116. — La fortification démonstrée et réduicte en art. Etc. *Paris, s. n.*, 1620. vi-179 pages, in-fol. Titre et frontispice gravés ; nombreuses figures dans le texte. Rel. veau. (Aux armes de N. Vassart.)

10117. ESCHBACH. Introduction générale à l'étude du droit contenant outre l'encyclopédie juridique : 1° un traité élémentaire de droit international, 2° des institutiones litterariæ de droit ancien et moderne, et 3° un résumé des législations égyptienne, hébraïque, hellénique et indoue ; par M. Eschbach (né à Phalsbourg), professeur du code Napoléon à la Faculté de Strasbourg, etc... *Paris, Cotillon*, 1856. xx-615 pages, in-8°. Demi-rel.

10118. ÉTIENNE (J.-P.). Notions sur l'horlogerie, pour l'instruction des personnes qui font usage des montres, par M. J.-P. Étienne, horloger-méchanicien (membre de la Société académique des sciences, lettres et arts de Nancy). *Nancy, C. Leseure*, 1810. 33 pages, in-12. Cart.

10119. ÉTIENNE (E.). Essai de grammaire de l'ancien français. (ix°-xiv° siècles.) Par E. Etienne (professeur au lycée de Nancy), docteur ès lettres, etc... *Nancy, Berger-Levrault et Cie*, 1895. viii-521 pages, in-8°. Br.

10120. ÉTIENNE (Louis). Géographie élémentaire en vers techniques, par L. É. (Louis Étienne, né à Longeville-lès-Metz). *Paris ; Metz, Imp. Lamort*, 1824. 20 pages, in-8°. Cart.

10121. ÉVON (N.). Maladie des pommes de terre et remèdes à y apporter, par M. N. Évon fils, membre de la Société d'émulation des Vosges, et cultivateur à Épinal. *Épinal, A. Cabasse*, 1846. 24 pages, pet. in-8°. Br. (Extrait du *Journal des Vosges*.)

10122. FABVIER (Le colonel). Journal des opérations du sixième corps, pendant la campagne de France, en 1814, par le colonel Fabvier (né à Pont-à-Mousson). *Paris, J.-L. Chanson*, 1819. 74 pages, in-8°. Cart.
10123. — Lyon en mil huit cent dix-sept. *Paris, Delaunay*, 1818. 31 et 56 pages, in-8°. 2 plaquettes en 1 vol. Cart.

10124. FAMUEL. La logistique ou arithmétique françoise. Par M. Famuel, prêtre, cy-devant chanoine de la cathédrale de Toul, etc... *Metz, François Bouchard*, 1690. x-496 pages, in-8°. Rel. veau.

10125. FANGÉ (Dom). Mémoires pour servir à l'histoire de la barbe de l'homme. (Par

Dom Fangé, né à Hatton-Châtel.) *Liège, Jean-François Broncart*, 1774. XIV-317 pages, in-8°. Rel. veau.

10126. FAULTRIER (DE). Rapport fait à l'Assemblée nationale législative sur... la révision du code forestier, par M. de Faultrier (né à Metz), représentant du peuple. 3 avril 1851. *Paris, Noblet*, 1851. 166 pages, in-8°. Demi-rel.

10127. FEBVÉ (L'abbé). *Opuscules* : Essai philantropique sur l'esclavage des nègres par M. l'abbé Febvé, chanoine de Vaudémont. 1778. 48 p., in-8°. — Discours sur les qualités sociales. Couronné par l'Académie de Nancy, dans la séance publique du 8 mai 1779. 1779. 22 p., in-8°.

10128. FÉLIX (H.). Grammaire latine suivant une méthode nouvelle ou principes de la grammaire générale de M. l'abbé Janny, appliqués à l'étude du latin, par H. Félix, officier de l'Université. *Nancy, Vagner*, 1864. XV-383 pages, in-8°. Br.

10129. — Nouvelle méthode d'analyse pour l'explication de la syntaxe. *Nancy, Vagner*, 1864. III-72 pages, in-4° oblong. Br.

10130. FERLET. *Opuscules* : Le bien et le mal que le commerce des femmes a fait à la littérature, par Ferlet, professeur d'humanités au collège de l'Université de Nancy. *Nancy, Claude Leseure*, (1772). 51 pages, in-8°. — De l'abus de la philosophie par rapport à la littérature. *Nancy, Leseure*, 1773. II-44 pages, in-8°. Cart.

10131. FERRY (PAUL). Histoire et politique. Poésies par Paul Ferry. *Paris, Souverain*, 1849. 216 pages, in-12. Demi-rel.

10132. FERRY (JULES). Le Tonkin et la mère-patrie, par Jules Ferry (né à Saint-Dié). *Paris, Victor Havard*, 1890. 406 pages, in-12. Br.

10133. — Discours et opinions, publiés avec commentaires et notes par Paul Robiquet, avocat au conseil d'État, etc... *Paris, Armand Colin, et Cie*, 1893-1895. 3 vol. in-8°. Br.

10134. FERVEL (J.-NAPOLÉON). Campagnes de la Révolution française dans les Pyrénées-Orientales et description topographique de cette moitié de la chaîne pyré-néenne ; par J.-Napoléon Fervel (né à Nomeny), chef de bataillon du génie. *Paris, J. Dumaine*, 1861. 308 et 395 pages, in-8°. Atlas, in-fol. Demi-rel.

10135. FERVEL (J.-NAPOLÉON). *Suite :* — Histoire de Nice et des Alpes-Maritimes pendant vingt et un siècles. *Paris, J. Hetzel*, 1862. 334 pages, in-12. Demi-rel.

10136. FESQUET (JEAN-LOUIS). Description physique et morale de la République française, par départements, cantons et communes. Ouvrage commencé... par Jean-Louis F(esquet), domicilié à Nancy. *Nancy, Imp. F(esquet)*, An VII. IV-112 pages, in-8°. Demi-rel.

10137. FIEFFÉ-LACROIX. Les élémens de la jurisprudence ; suivis du détail des matières contenues dans le digeste, etc. Par Fieffé-Lacroix, de Neufchâteau. *Metz, C.-M.-B. Antoine*, 1807. IV-523 pages, in-8°. Demi-rel.

10138. — Elémens de nouvelle tactique, ou nouvel art de la guerre ; ouvrage utile à tous les militaires, et singulièrement aux commençans ; avec des notes étymologiques et historiques sur la propriété des différens termes qu'on emploie dans l'art militaire. *Metz, Antoine*, 1803. XIV-303 pages, in-8°. Demi-rel.

10139. FLAVIGNY (La marquise de). L'éducation, poème par madame la marquise de Flavigny, chanoinesse d'Épinal. — Réponse à la critique du poème... *S. l., n. n., n. d.* 19 pages, in-12. Cart.

10140. FLEURET. L'art de composer des pierres factices aussi dures que le caillou, et recherches sur la manière de bâtir des anciens, sur la préparation, l'emploi et les causes du durcissement de leurs mortiers... Par M. Fleuret, ancien professeur d'architecture de l'École royale militaire de Paris. *Nancy, Delahaye-Haener fils et Cie*, 1807. 298 pages, in-4°. Planches. Demi-rel.

10141. FLEURY (P.-HENRY). Le calcul infinitésimal fondé sur des principes rationnels et précédé de la théorie mathématique de l'infini. Par P.-Henry Fleury (né à Longwy). *Marseille, Camoin*, 1879. XVI-320 pages, in-8°. Demi-rel.

40

10142. FLICHE (P.) Recherches chimiques sur la végétation forestière. Par P. Fliche et L. Grandeau, professeurs à l'École forestière. *Paris, Berger-Levrault et Cie*, 1878. 117 pages, in-8°. Br.

10143. — Un reboisement. Étude botanique et forestière. *Nancy, Imp. Berger-Levrault et Cie*, 1888. 52 pages, in-8°. Br.

10144. — Étude sur les flores de l'Aube et de l'Yonne. (Distribution et origine de certains de leurs éléments.) *Troyes, Imp. Dufour-Bouquot*, 1894. 51 pages, in-8°. Br.

10145. — *Opuscules :* De l'influence de la composition chimique du sol sur la végétation du pin maritime (Pinus Pinaster, Soland), 1873. 32 p., in-8°. — De l'influence de la composition chimique du sol sur la végétation du châtaigner. 1874. 26 p., in-8°. — Rapport sur les récompenses à décerner aux préposés forestiers. 1874. 4 p., in-8°. — Notes pour servir à l'histoire des temps glaciaires. 1879-1880. 12 p., in-8°. — Recherches sur le terrain tertiaire d'Alsace et du territoire de Belfort. 1885. 44 p. et deux pl., in-8°. — Étude sur le pin pinier (P. Pinea, L.). 1886. 8 p., in-8°. — Les flores tertiaires des environs de Mulhouse. Notice présentée à la Société industrielle de Mulhouse, dans sa séance du 31 mars 1886. 1886. 15 p., in-8°. — Notes pour servir à l'étude de la nervation. 1886. 30 p., in-8°. — Recherches chimiques et physiologiques sur les lichens. 1887. 26 p., in-8°. — Sur les bois silicifiés de la Tunisie et de l'Algérie. 1888. 3 p., in-4°. — Notes sur les formes du genre Ostrya. 1888. 13 p., in-8°. — Sur les bois silicifiés d'Algérie. 1889. 3 p., in-4°. — Notes sur la flore de la Corse. 1889. 15 p., in-8°. — Recherches chimiques et physiologiques sur la famille des Éricinées. 1889. 12 p., in-8°. — Étude chimique et physiologique sur les feuilles de fougères. 1891. 18 p., in-8°. — Sur une Dicotylédone trouvée dans l'albien supérieur, aux environs de Sainte-Menehould (Marne). 1892. 3 p., in-4°. — Sur des fruits de palmiers trouvés dans le cénomanien aux environs de Ste-Menehould. 1894. 2 p., in-4°. — Note sur la flore pliocène du Monte-Mario. *S. d.* 18 p., in-8°. Fig. — Recherches chimiques et physiologiques sur la bruyère commune. *S. d.* 18 p., in-8°.

10146. FLOQUET (G.). Sur les équations différentielles linéaires à coefficients doublement périodiques, par M. G. Floquet, professeur à la Faculté des sciences de Nancy. *Paris, Gauthier-Villars*, 1883. 5 plaquettes, in-4°. Br.

10147. — *Opuscules :* Intégration de l'équation d'Euler par les lignes de courbure de l'hyperboloïde réglé. 1875. 8 p., in-8°. — Sur la théorie des équations différentielles linéaires. 1881. 5 p., in-8°. — Sur le mouvement d'une surface autour d'un point fixe. 1887. 4 p., in-4°. — Sur une propriété de la surface x y z = 1³. 1887. 4 p., in-4°. — Sur le mouvement d'un fil dans un plan fixe. 1889. 3 p., in-4°. — Sur le mouvement d'un fil dans l'espace. 1894. 4 p., in-4°.

10148. FOBLANT. Francs propos. Morale. Politique. Littérature. (Par MM. Foblant, A. de Metz-Noblat, H. Gomont, Jules Lejeune, V. Vaillant, É. Cournault.) *Metz, Rousseau - Pallez ; Paris, Didier*, 1863. XXVII-371 pages, in-12. Cart.

10149. FONTAYNE. Traitez sur différens sujets de morale. Contre la profanation des saints jours, les désordres du carnaval, la fréquentation des mauvaises compagnies, l'ivrognerie, le larcin, le procez. Par M. Fontayne, archiprêtre, et curé de Vignot en Lorraine. *Toul, L. et E. Rolin*, 1725. XIV-458 pages, in-8°. Rel. veau.

10150. FONTAYNE. Mémoire sur l'administration des forêts. (Par le citoyen Fontayne, agent forestier à Saint-Mihiel.) *Saint-Mihiel, Arnoult, An IX*. VIII-82 pages, in-8°. Br.

10151. FORGET (JEAN). Artis signatæ designata fallacia. Authore Joanne Forget, medico lotharingo. *Nanceii, apud Anthonium Charlot*, 1633. XIII-186 pages, in-12. Rel. parchemin.

10152. FORTHOMME (C.). Introduction à la haute optique. Par le Dr Auguste Beer, professeur à l'Université de Bonn. Traduit de l'allemand par M. C. Forthomme (professeur au lycée de Nancy), ancien élève de l'École normale, etc... *Nancy, Grimblot, Vve Raybois, et Cie*, 1858. XVI-374 pages, in-8°. Demi-rel.

10153. — Traité élémentaire de physique expérimentale et appliquée. *Paris, J.-B.*

Baillière et fils, 1860-1861. vi-540 et 520 pages, in-12. 2 vol. Demi-rel.

10154. FOUQUET (Louis). Pages d'album. Par Louis Fouquet (né à Thiaucourt). *Paris, Berger-Levrault,* 1880. 49 pages, in-8°. Br.

10155. — La tentatrice. *Paris, Berger-Levrault,* 1880. 42 pages, in-8°. Br.

10156. — Impressions : Abandon. — Vertige. — Effroi. — Lassitude. — Colère. — Découragement. Etc... *Paris, Berger-Levrault et Cie,* 1881. 98 pages, in-12. Br.

10157. FOURIER de BACOURT (Ad.). Correspondance entre le comte de Mirabeau et le comte de La Marck pendant les années 1789, 1790 et 1791. Recueillie, mise en ordre et publiée par Ad. (Fourier) de Bacourt (né à Nancy), ancien ambassadeur de France près la Cour de Sardaigne. *Paris, Vve Le Normant,* 1851. 466, 534 et 499 pages, in-8°. 3 vol. Demi-rel.

10158. FOURNEL. Nouvelle théorie chimique du fumier et exposé de ses conséquences pour la production industrielle d'engrais complets et de substances analogues à celles que l'on extrait des végétaux et des animaux, par Fournel, ingénieur civil à Nancy. *Nancy, Imp. Hinzelin et Cie,* 1868. x-43 pages, in-8°. Br.

10159. FOURNEL (Victor). Les contemporains de Molière. Recueil de comédies, rares ou peu connues, jouées de 1650 à 1680, avec l'histoire de chaque théâtre, des notes et notices biographiques, bibliographiques et critiques. Par Victor Fournel (né à Cheppy). *Paris, Firmin Didot frères, fils et Cie,* 1863-1875. xli-552, iv-668 et xi-572 pages, in-8°. 3 vol. Demi-rel.

10160. — Les rues du vieux Paris. Galerie populaire et pittoresque. Ouvrage illustré de 165 gravures sur bois. *Paris, Firmin Didot et Cie,* 1879. vi-663 pages, in-8°. Demi-rel.

10161. — Les artistes français contemporains. Peintres. — Sculpteurs. Illustré de 10 eaux-fortes et de 176 gravures dans le texte. *Tours, Alfred Mame et fils,* 1884. xi-544 pages, in-8°. Rel. chagrin.

10162. — Petites comédies rares et curieuses du xviie siècle, avec notes et notices. *Paris, A. Quantin,* 1884. ii-328 et 355 pages, in-12. 2 vol. Br.

10163. FOURNEL (Victor). *Suite :* — Le vieux Paris. Fêtes, jeux et spectacles. *Tours, Alfred Mame et fils,* 1887. 527 pages, in-8°. Gravures. Demi-rel.

10164. FOURNIER (A.). *Opuscules :* Note sur l'éclairage de jour et le mobilier scolaire des écoles primaires. Par le docteur A. Fournier (de Rambervillers). 1881. 6 p., in-8°. — L'Alsace. 1891. 14 p., in-8°.

10165. FRAISSE (Fréd.). La nutrition des végétaux considérée dans ses rapports avec la chimie, la physiologie et l'agriculture, par Fréd. Fraisse, pharmacien à Saint-Nicolas, etc... *Nancy, Mlle Gonet,* 1853. 166 pages, in-12. Demi-rel.

10166. — Emplois agricoles du sel marin. *Nancy, Berger-Levrault et Cie,* 1873. 139 pages, in-8°. Br.

10167. FRANCK (Ad.). Des systèmes de philosophie et du moyen de les mettre d'accord ; par M. Ad. Franck (né à Liocourt), docteur ès-lettres, professeur de philosophie au collège royal. *Nancy, Thomas et Cie,* 1837. 12 pages, in-8°. Demi-reliure.

10168. — Esquisse d'une histoire de la logique, précédée d'une analyse étendue de l'*Organum* d'Aristote. *Paris, L. Hachette,* 1838. 316 pages, in-8°. Demi-rel.

10169. — Mémoires sur la Kabale. (*Paris,*) *Firmin-Didot,* (1839). 156 pages, in-4°. Demi-rel.

10170. — Le communisme jugé par l'histoire. *Paris, Joubert,* 1848. 71 pages, in-12. Cart.

10171. — Philosophie du droit ecclésiastique. Des rapports de la Religion et de l'État. *Paris, Germer-Baillière,* 1864. 192 pages, in-12. Demi-rel.

10172. — Philosophie du droit pénal. *Paris, Germer-Baillière,* 1864. 240 pages, in-12. Demi-rel.

10173. — Réformateurs et publicistes de l'Europe. Moyen-âge. Renaissance. *Paris, Michel Lévy frères,* 1864. iv-506 pages, in-8°. Demi-rel.

10174. — Dictionnaire des sciences philosophiques. *Paris, L. Hachette et Cie,* 1875. xii-1806 pages, in-8°. Demi-rel.

10175. — Philosophes modernes étrangers et français. *Paris, Didier et Cie,* 1879. xi-421 pages, in-12. Demi-rel.

10176. — Réformateurs et publicistes de

l'Europe. Dix-septième siècle. *Paris, Calmann Lévy*, 1881. 516 pages, in-8°. Br.

10177. FRANCK (Ad.). *Suite* : — Réformateurs et publicistes de l'Europe. Dix-huitième siècle. *Paris, Calmann Lévy*, 1881. xviii-382 pages, in-8°. Br.

10178. — Des rapports de la Religion et de l'État. *Paris, Félix Alcan*, 1885. xi-192 pages in-12. Demi-rel.

10179. — Philosophie du droit civil. *Paris, Félix Alcan*, 1886. vii-295 pages, in-8°. Demi-rel.

10180. — La Kabbale ou la philosophie religieuse des Hébreux. *Paris, Hachette et Cie*, 1889. vi-314 pages, in-8°. Br.

10181. FRANÇOIS (de Neufchâteau). Poësies diverses du sr François, pensionnaire au collège de Neufchâteau. *Neufchâteau, Monnoyer*, 1765. 44 et 98 pages, in-12. 2 plaquettes en 1 vol. Demi-rel.

10182. — Pièces fugitives. *Neufchâteau, Monnoyer*, 1766. 96 pages, pet. in-8°. Demi-rel.

10183. — Épitre à madame la comtesse d'Alsace, sur l'éducation de son fils. Avec des notes. *Neufchâteau, Monnoyer*, 1770. 64 pages, in-16. Cart.

10184. — Anthologie morale, ou choix de quatrains et de distiques, pour exercer la mémoire, orner l'esprit et former le cœur des jeunes gens. Dédiée à Monseigneur le Dauphin. *Paris, Cailleau*, 1784. viii-148 pages, in-16. Demi-rel.

10185. — Mémoire en forme de discours sur la disette du numéraire à Saint-Domingue, et sur les moyens d'y remédier, lu à la Chambre de commerce du Cap-françois, le 19 mars 1787. Nouvelle édition. *Metz, Cl. Lamort*, 1788. iv-184 pages, in-8°. 1 tableau. Cart.

10186. — Les lectures du citoyen. Mémoire sur l'établissement d'un grenier d'abondance dans chaque canton. *Toul, Joseph Carez*, 1790. 51 pages, in-8°. Cart.

10187. — L'origine ancienne des principes modernes, ou les décrets constitutionnels... *Paris, Imp. nat.*, 1791. 57 pages, in-8°. Br.

10188. — Paméla, ou la vertu récompensée. Comédie en cinq actes, en vers, représentée, pour la première fois, par les comédiens français, le 1er auguste 1793, au second de la République, et remise au théâtre de la rue Feydeau, le 6 thermidor, l'an troisième. *Paris, Barba, An III*. xii-116 pages, in-8°. Cart.

10189. FRANÇOIS (de Neufchâteau). *Suite* : — Distribution des prix faite aux élèves du Pritanée français, le 6 fructidor, an VI de la République française. *Paris, s. n., An VI*. iii-67 pages, in-8°. Cart.

10190. — L'institution des enfans, ou conseils d'un père à son fils. *Melun, Michelin, An VI*. 39 et 19 pages, in-16. Br.

10191. — L'ornement de la mémoire, ou... anthologie morale. *Paris, Cailleau, An VI*. viii-148 pages, in-16. Br.

10192. — Méthode pratique de lecture ; ouvrage compris dans la liste officielle des livres élémentaires consacrés au premier degré d'instruction. *Paris, P. Didot, An VII*. 180 pages, in-8°. Demi-rel.

10193. — Recueil des lettres circulaires, instructions, programmes, discours, et autres actes publics, pendant ses deux exercices du ministère de l'intérieur. *Paris, Impr. de la République, An VII-An VIII*. c-458 et 448 pages, in-4°. 2 vol. Demi-rel.

10194. — Le conservateur, ou recueil de morceaux inédits d'histoire, de politique, de littérature et de philosophie. *Paris, Impr. de Crapelet, An VIII*. xxx-416 et 448 pages, in-8°. 2 vol. Demi-rel.

10195. — Essai sur la nécessité et les moyens de faire entrer dans l'instruction publique l'enseignement de l'agriculture, lu à la Société d'agriculture du département de la Seine. *Paris, Huzard, An X*. 113 pages, in-8°. Cart.

10196. — Lettre sur le robinier, connu sous le nom impropre de faux acacia ; avec plusieurs pièces relatives à la culture et aux usages de cet arbre. *Paris, Meurant*, 1803. 314 pages, in-12. Rel. bas.

10197. — Résultats des expériences sur la carotte et le panais cultivés en plein champ, pour démontrer que ces racines sont les plus utiles de celles qu'on ait pu introduire dans l'exploitation des terres. *Paris, Bossange, etc...*, 1804. xxiv-251 pages, in-12. Cart.

10198. — Tableau des vues que se propose la polique anglaise, dans toutes les parties du monde, suivi d'un coup-d'œil historique sur les résultats des principaux traités entre la France et l'Angleterre avant le traité d'Amiens. *Paris, Baudouin*, 1804. 130 pages, in-8°. Demi-rel.

10199. — Histoire de l'occupation de la Bavière par les Autrichiens, en 1778 et 1779, contenant les détails de la guerre et des négociations que ce différend occasionna, et qui furent terminées, en 1779, par la paix de Teschen. *Paris, J.-J. Marcel, An XIV.* xvi-307 pages, in-8°. Cart.

10200. FRANÇOIS (de Neufchâteau). *Suite :*
— Voyages agronomiques dans la sénatorerie de Dijon, contenant l'exposition du moyen employé avec succès, depuis un siècle, pour corriger l'abus de la désunion des terres, par la manière de tracer les chemins d'exploitation ; etc... *Paris, Huzard,* 1806. xii-260 pages, in-4°. Cart.

10201. — L'art de multiplier les grains, ou tableau des expériences qui ont eu pour objet d'améliorer la culture des plantes céréales, d'en choisir les espèces et d'en augmenter le produit. *Paris, Huzard,* 1809. viii-435 et 437 pages, in-12. 2 vol. Rel. bas.

10202. — Rapport fait à la Société d'agriculture du département de la Seine, dans sa séance publique du 6 septembre 1812, sur le concours pour des mémoires historiques sur les progrès de l'agriculture en France depuis cinquante ans. *Paris, Mme Huzard,* 1812. 58 pages, in-8°. Demi-rel.

10203. — Fables et contes en vers, suivis des poèmes de la lupiade et de la vulpéide. Dédiés à Ésope, avec le portrait de l'auteur. *Paris, Impr. P. Didot, l'aîné,* 1815. xvi-294 et 360 pages, in-12. 2 vol. Rel. bas.

10204. — Mémoire sur le plan que l'on pourroit suivre pour parvenir à tracer le tableau des besoins et des ressources de l'agriculture françoise. *Paris, Mme Huzard,* 1816. 124 pages, in-8°. Demi-rel.

10205. — Essai sur la langue françoise, et particulièrement sur les *Provinciales* et sur les *Pensées* de Pascal, précédé d'une lettre à l'Académie françoise. Le tout revu, corrigé et tiré de la nouvelle édition complette des œuvres de Pascal, publiée par Lefèvre, en cinq volumes, in-8°. *Paris, Crapelet,* 1818. 180 pages, in-8°. Demi-rel.

10206. — Examen de la question de savoir si Le Sage est l'auteur de *Gil Blas* ou s'il l'a pris de l'espagnol... *S. l., n. n.,* (1818). 64 pages, in-8°. Cart.

10207. — Rapport sur les fosses mobiles et inodores de MM. Cazeneuve et compagnie, fait à la Société royale et centrale d'agriculture, suivi d'un supplément contenant des recherches sur l'utilité de l'urine par rapport à l'agriculture. *Paris, Mme Huzard,* 1818. 62 pages, in-8°. Planches. Demi-rel.

10208. FRANÇOIS (de Neufchâteau). *Suite :*
— Paméla, ou la vertu récompensée, comédie en cinq actes. *Senlis, Imp. Tremblay,* 1823. xxxi-123 pages, in-12. Demi-rel.

10209. — Dictionnaire d'agriculture pratique, contenant la grande et la petite culture, l'économie rurale et domestique, la médecine vétérinaire, etc... *Paris, Aucher-Éloy et Cie,* 1827. cxv-595 et 782 pages, in-8°. 2 vol. Demi-rel.

10210. — Mémoire sur la manière d'enseigner l'agriculture et sur les diverses propositions qui ont été faites pour établir en France une grande école d'économie rurale. *Blois, Aucher-Éloy,* 1827. 111 pages, in-8°. Cart.

10211. — Les études du magistrat. Discours prononcé à la rentrée du conseil supérieur du Cap, le 5 octobre 1786. *Au Cap-français ; Nancy, Leclerc, s. d.* xix-100 pages, in-8°. Cart.

10212. — Lettre au citoyen Janny, professeur de belles-lettres à l'École centrale du département des Vosges, datée de Paris du 1er germinal, an VII ; et méthode pratique pour apprendre à lire aux enfants dans les écoles primaires. *S. l., n. n., n. d.* 180 pages, in-8°. Demi-rel.

10213. — *Opuscules :* Vers adressés à M. de Voltaire, le 15 juillet 1766. — Réponse de M. de Voltaire, 6 août 1766. (1766). 2 p., in-12. — Lettre à un ami sur le spectacle pyrique et hydraulique. 1768. 12 p., in-24. — Épître à M. Duhamel du Monceau, le bienfaiteur de l'agriculture. Lue à la séance publique de la Société royale des sciences et belles-lettres de Nancy, le 25 août 1769. 1769. 11 p., in-8°. — Discours sur la manière de lire les vers. 1774. 16 p., in-8°. — Ode sur le prix de l'Académie de Marseille en 1774. 1774. 7 p., in-8°. — Le désintéressement de Phocion, dialogue en vers. 1778. 21 p., in-8°. — La nymphe de la Seine aux princes, enfans de monseigneur le duc d'Orléans ; ode sur l'intérêt que Leurs Altesses Sérénissimes ont pris au sort malheureux des arrière-neveux de Racine. 1789. 13 p., in-8°. — Rapport fait au nom du comité de législation, d'un article additionnel au décret sur les troubles excités sous prétexte de religion. 1791. 22 p., in-8°. — Discours prononcé à la Convention nationale au nom des membres de l'Assemblée nationale-législative. 1792. 4 p., in-8°. — Opinion sur la nécessité d'un décret provisoire, avant la troisième lecture et la discussion du projet de décret relatif au mode civil de constater l'état des citoyens, prononcée à la séance de l'Assemblée nationale du samedi 17 mars 1792. 1792. 16 p., in-12. — Les lectures du citoyen, ou suite de mémoires sur des objets de bien public. Premier mémoire sur l'établissement d'un grenier d'abondance, ou magasin public dans chaque canton ; composé en 1790. 1793. 42 p., in-8°. — Conseils d'un père à son fils imités des vers que Muret a écrits en latin pour l'usage de son neveu. 1801. 46 p., in-4°. — Consejos de un padre à su hijo, imitacion de los versos que Mureto escribis en latin para uso de su sobrino, traducidos por D. T. G. S. con las versiones francesa, italiana y alemana. 1803. 46 p., pet. in-4°. — Discours pour l'ouverture de la Société en faveur des savans et des hommes de lettres, prononcé dans la première assemblée de de cette société, tenue à la préfecture du département de la Seine, le 25 nivôse, an XI. An XI. 30 p., in-8°. — Lettres du lord Somerville, du duc de Bedford, de M. Arthur Young,... sur la charrue, et rapport fait à la Société d'agriculture de Bath, sur le même sujet. Avec trois planches. An XI. 40 p., in-8°. — Société en faveur des savans et des hommes de lettres. An XI. 5 p., in-8°. — Des vins de fruits. An XIV. 23 p. à 2 col., in-4°. — Programmes des séances publiques de la Société d'agriculture de Paris. 1811, 1812, 1815. 12, 7 et 6 p., in-4°. — Mémoire sur les pruneaux et autres fruits secs, et principalement des pruneaux du midi. 1813. 20 p., in-8°. — Lettre à M. Suard..., sur sa traduction de l'Histoire de Charles-Quint. 1817. 34 p., in-8°. — Le jubilé académique ou la cinquantième année d'une association littéraire : Épître à M. Dumas, secrétaire de l'Académie royale des sciences, belles-lettres et arts de Lyon, lue à la séance extraordinaire de l'Académie française, du mardi 3 février 1818. 1818. 15 p., in-8°. — Lettre à Messieurs de la Société d'agriculture, arts et commerce du département des Pyrénées-Orientales, à Perpignan, sur l'irrigation et sur d'autres objets d'économie rurale ; suivie de quelques notes extraites de l'anglais, du voyage de M. Birkbeck en France. 1818. 40 p., in-8°. — Épître à M. Viennet. 1821. 15 p., in-8°. — Le corps et l'âme. Discours en vers. (1823.) 16 p., in-8°. — Rapport fait à la Société

royale et centrale d'agriculture, sur la traduction en français des douze livres latins de Columelle sur l'économie rurale, par M. Deslandes. 1827. 30 p., in-8°. — Extrait du *Supplément au Traité de M. Parmentier sur le maïs*. S. d. 23 p., in-8°. — Lettre à M. C.-L.-F. Panckoucke, secrétaire de la présidence du Sénat ; au sujet de son essai sur l'exposition, la détention et la peine de mort. S. d. 15 p., in-8°. — Rapport sur les travaux du C. Douette-Richardot, cultivateur à Langres. 16 pp. — Programmes des prix donnés par la Société d'agriculture de la Seine. 1805-1807. 40 et 74 pp. — Coup d'œil sur l'influence de la Société d'agriculture. 24 pp. — Rapports sur le perfectionnement des charrues. 72, 36, 27 pp. — Correspondance sur le pain de maïs. 16 pp. (Ces sept derniers opuscules se trouvent dans un recueil de 4 vol. in-8°. Demi-rel.) — Réponse à l'avertissement (d'Olivier Sauvageot Du Croisi sur son mariage). Fait dans la nuit du 6 au 7 nivôse an 2, par le citoyen F. de N., dans un accès de goute. S. d. 4 p., in-8°. — Discours en vers, sur la mort, lu dans la séance de l'Institut, du 15 messidor an 8. An VIII. 12 p., in-8°.

10214. FRICOT (François-Firmin). Rapport du comité des domaines, sur l'échange de Sancerre, par François-Firmin Fricot, député des Vosges. *Paris, Imprimerie nationale, s. d.* 101 pages, pet. in-8°. Demi-reliure.

10215. FRIOT. Les vidanges et les eaux ménagères au point de vue de l'assainissement des habitations privées. Par le docteur Friot (de Nancy), membre de la Société de médecine publique, etc... *Paris, G. Steinheil,* 1889. 339 pages, in-12. Br.

10216. FRIREN (L'abbé). Mélanges paléontologiques. Par l'abbé Friren (de Metz), secrétaire de la Société d'histoire naturelle, etc... *Metz, Imp. Paul Even,* 1892. 26 pages, in-8°. Br.

10217. FRIZON (Nicolas). La vie du cardinal Bellarmin, de la Compagnie de Jésus, par le père Nicolas Frizon, de la même compagnie. *Nancy, Paul Barbier,* 1708. xx-553 pages, in-4°. Portrait. Rel. veau.

10218. GABRIEL (L'abbé). Louis XVI, le marquis de Bouillé et Varennes. Épisode de la Révolution française. (Juin 1791.) Par l'abbé Gabriel, aumônier du collège de Verdun. *Paris, A. Ghio,* 1874. VII-415 pages, in-8°. Demi-rel.

10219. GADEL (Auguste). Observations sur les questions subsidiaires posées au jury dans les accusations criminelles, présentées à la Chambre des pairs à l'occasion du projet de loi qui modifie le Code pénal et le Code d'instruction criminelle, et renvoyées par la Chambre à la commission chargée d'examiner ce projet ; par Auguste Gadel (avocat à Sarrebourg), docteur en droit, etc... *Lunéville, Valtrin,* 1832. 22 pages, in-8°. Br.

10220. GALLAND (N.). Faits et observations sur la brasserie, suivis de la description d'un nouveau procédé de fabrication. Par N. Galland, directeur-gérant de la Brasserie viennoise de Maxéville. *Nancy, Berger-Levrault et Cie,* 1874. 86 et 15 pages, in-8°. Planches. 2 vol. Br.

10221. GAMA (J.-P.). Traité des plaies de tête et de l'encéphalite, principalement de celle qui leur est consécutive. Par J.-P. Gama (né à Rombas), officier de l'ordre royal de la Légion d'honneur, etc... *Paris, Sédillot,* 1830. IX-455 pages, in-8°. Br.
10222. — Proposition d'un projet de loi pour la création : 1° d'un directoire des hôpitaux militaires avec ses divisions ou dépendances ; 2° d'un nouveau corps de médecins militaires. *Paris, Germer Baillière,* 1846. 256 pages, in-8°. Cart.

10223. GANDAR (E.). Ronsard considéré comme imitateur d'Homère et de Pindare. Par E. Gandar (né à Neufour), ancien membre de l'École française d'Athènes, etc... *Metz, Imp. F. Blanc,* 1854. I-211 pages, in-8°. Demi-rel.
10224. — Bossuet orateur. Études critiques sur les sermons de la jeunesse de Bossuet. (1643-1662.) *Paris, Didier et Cie,* 1867. XLVIII-460 pages, in-8°. Demi-rel.
10225. — Choix de sermons de la jeunesse de Bossuet. Édition critique donnée d'après les manuscrits de la Bibliothèque impériale. *Paris, Didier et Cie,* 1867. XXIV-540 pages, in-8°. Demi-rel.
10226. — Lettres et souvenirs d'enseignement, publiés par sa famille et précédés d'une étude biographique et littéraire par M. Sainte-Beuve, de l'Académie française. *Paris, Didier et Cie,* 1869. LIV-582 et VII-564 pages, in-8°. 2 vol. Demi-rel.

10227. — *Opuscules* : Bossuet et la littérature française pendant la seconde partie du règne de Louis XIV. (1662-1687.) Discours prononcé à la Sorbonne le mercredi 3 décembre 1862, pour l'ouverture du cours d'éloquence française. 1862. 31 p., in-8°. — Fénelon et son temps. (1687-1715.) Discours prononcé à la Sorbonne le samedi 22 décembre 1863, pour l'ouverture du cours d'éloquence française. 1863. 24 p., in-8°. — Pascal, Bossuet, Fénelon. Programme du cours d'éloquence française fait à la Sorbonne en 1862, 1863 et 1864. 1864. 32 p., in-8°.

10228. GARDEL. Psyché, ballet pantomime, en trois actes, par Gardel (né à Nancy). *Versailles, J.-P. Jacob,* 1809. 27 pages, in-8°. Cart.

10229. GAREL (Hélye). Le bocage sacré de la très-sainte et très-auguste vierge Marie, mère de Dieu. Dédié à Son Altesse, par Hélye Garel, et traduits du vers latins du même auteur. *Nancy, J. Garnich,* 1618. 16 pages, in-8°. Rel.

10230. GARNIER (Jules). Ce qu'est l'économie politique, son objet, son caractère, son utilité sociale et son rapport avec les autres sciences. Premières leçons d'économie politique professées en novembre 1877, par Jules Garnier, professeur agrégé à la Faculté de droit de Nancy, etc... *Nancy, Imp. Berger-Levrault et Cie,* 1878. 60 pages, in-8°. Br.

10231. GAROT (L'abbé). *Opuscules* : Discours sur l'alliance de la religion et de la liberté, prononcé dans la chapelle du collège royal de Nancy, le mercredi 27 juillet 1831, en présence des professeurs et des élèves, à l'occasion du service funèbre célébré en mémoire des victimes des trois glorieuses journées ; par l'abbé Garot, aumônier. *Nancy, L. Vincenot,* 1831. 18 pages, in-8°. Br. — Nouvelles études sur la raison et les rapports de la philosophie et de la foi. *Nancy, Vagner, s. d.* 15 p., in-8°.

10232. GASPARD (A.). Considérations sur les mœurs agricoles et le bonheur de la vie champêtre, par A. Gaspard, vice-président du comice agricole de Mirecourt (Vosges). *Mirecourt, Humbert,* 1846. 11-146 pages, in-16. Demi-rel.

10233. GAUDCHAUX-PICARD (ÉMILE). Projets de nouveaux impôts. Par Émile Gaudchaux - Picard, ancien manufacturier à Nancy. *Paris, Berger-Levrault et Cie,* 1872. 55 pages, in-8°. Br.

10234. — La conversion du cinq pour cent. *Paris, E. Dentu,* 1882. 111 pages, in-8°. Br.

10235. GAUTIER (L'abbé). Réfutation du Celse moderne, ou objections contre le christianisme avec des réponses. (Par Jos. Gautier, professeur des pages de Stanislas, à Lunéville.) *Lunéville, F.-E. Jœbel, etc...* 1752. xx-228 pages, in-12. Rel. veau.

10236. — Réfutation du Celse moderne, ou objection contre le christianisme, avec des réponses. *Lunéville, s. n.,* 1765. xx-224 pages, pet. in-8°. Cart.

10237. GAY (J.-B.). Du respect et du dévouement dans la famille et l'État. Allocution prononcée à Nancy, dans l'église des Cordeliers, le 19 mai 1868, à l'occasion de l'heureuse naissance de la princesse Marie, archiduchesse d'Autriche. Par le R. P. J.-B. Gay, mariste. *Nancy, Imp. A. Lepage,* 1868. 22 pages, in-8°. Br.

10238. GEBHART (ÉMILE). De l'Italie. Essais de critique et d'histoire. Par Émile Gebhart, professeur de littérature étrangère à la Faculté des lettres de Nancy, etc... *Paris, Hachette et Cie,* 1876. xiv-316 pages, in-12. Demi-rel.

10239. — Praxitèle. Essai sur l'histoire de l'art et du génie grecs, depuis l'époque de Périclès jusqu'à celle d'Alexandre. *Paris, F. Tandou et Cie,* 1864. 300 pages, in-8°. Demi-rel.

10240. — Essai sur la peinture de genre dans l'antiquité. *Paris, Imp. impériale,* 1868. 63 pages, in-8°. Br.

10241. — Rabelais. La Renaissance et la Réforme. *Paris, Hachette et Cie,* 1877. iv-298 pages, in-12. Demi-rel.

10242. — Les origines de la Renaissance en Italie. *Paris, Hachette et Cie,* 1879. 11-421 pages, in-12. Demi-rel.

10243. — L'Italie mystique. Histoire de la Renaissance religieuse au moyen-âge. *Paris, Hachette et Cie,* 1890. vii-327 pages, in-12. Demi-rel.

10244. — *Opuscules :* Introduction à l'histoire du sentiment religieux en Italie depuis la fin du xii° siècle jusqu'au concile de Trente. Leçon d'ouverture du cours de littératures méridionales. 1884. 47 p., in-12. — Moines et papes. Essais de psychologie historique. 1896. 36 p. in-12.

10245. GELLE. Rhétorique élémentaire, par M. Gelle, professeur de rhétorique au collège royal de Metz. *Metz, Mme Vve L. Devilly,* 1840. 94 pages, in-12. Cart.

10246. GENAY. La comptabilité agricole. Rapport présenté à la Société centrale d'agriculture de Nancy, le 22 novembre 1873. Par M. Genay, de Bellevue-Chanteheux. *Nancy, Imp. Berger-Levrault et Cie,* 1874. 13 pages, in-8°. Br.

10247. GÉNIN (E.). Trois mois autour de Madagascar. Les ports et les îles de l'Afrique orientale. Aden, Mascate, d'après les notes de M. l'abbé Guerret, aumônier de la marine. Rédigées par E. Génin, professeur au lycée de Nancy, etc... *Douai, Imp. A. Duthillœul,* 1883. 11-53 pages, in-8°. Br.

10248. — Pourquoi nous n'avons pas recouvré l'Inde en 1782, d'après un manuscrit inédit de la Bibliothèque de Nancy, catalogué sous le n° 197 et intitulé : Histoire de la marine (par le comte Dessalles), extraits revus, annotés et précédés d'une notice sur l'auteur et sur ses travaux. *Paris, Chaix,* 1884. 34 pages, in-8°. Br. (Extrait du *Bulletin de la Société académique Indo-chinoise.*)

10249. GENNETÉ. Purification de l'air croupissant dans les hôpitaux, les prisons et les vaisseaux de mer, etc... On y a joint une seconde édition du manuel des laboureurs, réduisant à quatre chefs principaux ce qu'il y a d'essentiel à la bonne culture des champs. Par M. Genneté (né à Eulmont), premier physicien de Sa Majesté Impériale. *Nancy, J.-B. Hyacinthe Leclerc,* 1767. vi-113 pages, in-8°, Rel. veau.

10250. — Connoissances des veines de houille ou charbon de terre, et leur exploitation dans la mine qui les contient. Avec l'origine des fontaines, et de là des ruisseaux, des rivières et des fleuves. Ouvrage enrichi de planches gravées en taille douce, etc... *Nancy, J.-B.-Hyacinthe Le-*

clerc, 1774. xvi-149 et xvi-133 pages, in-8°. 2 tomes en 1 vol. Cart.

10251. — *Opuscules* : Cahier présenté à Messieurs de l'Académie royale des sciences de Paris, sur la construction et les effets d'une nouvelle cheminée qui garantit de la fumée... 1759. 14 p. et une pl., in-8°. — Le manuel des laboureurs, réduisant à quatre chefs principaux ce qu'il y a d'essentiel à la bonne culture des champs. 1765. 37 p., in-8°.

10252. GEORGE (L.-J.). Recueil de problèmes numériques, relatifs aux équations des deux premiers degrés ; par L.-J. George, régent de mathématiques au collège de Neufchâteau, etc... *Neufchâteau, Beaucolin*, 1813. 128 pages, in-8°. Cart.

10253. — Élémens d'arithmétique, destinés aux instituteurs et aux élèves des collèges du royaume, etc. *Neufchâteau, Beaucolin*, 1817. 11-160 pages, in-8°. Cart.

10254. — Cours d'arithmétique théorique et pratique, à l'usage des cours publics et gratuits de sciences appliquées au commerce et aux arts, établis à Nancy ; des écoles normales primaires et des collèges. *Paris, L. Hachette*, 1829. viii-252 pages, in-8°. Cart.

10255. — Art de lever et de laver les plans, destiné aux cours publics de Nancy, aux instituteurs primaires, etc... *Paris, Bachelier, etc...* 1830. 34 et 22 pages, in-8°. 2 brochures en 1 vol. in-8°. Cart.

10256. — Cours de géométrie pratique, à l'usage des cours publics et gratuits industriels de Nancy, des instituteurs, etc... *Paris, Bachelier, etc...* 1830. vi-144 pages, in-8°. Cart.

10257. — Cours de physique générale appliquée aux arts ; leçons données aux élèves des cours publics industriels. *Nancy, Senef, etc...* 1831-1832. iii-152 pages, in-8°. Cart.

10258. — Arithmétique des écoles primaires en vingt-deux leçons, renfermant tout ce qu'il est indispensable de connaître pour nos relations sociales. *Nancy, L. Vincenot, etc...* 1832. 75 pages, in-8°. Cart.

10259. — Leçons d'astronomie physique, à l'usage des cours publics industriels de Nancy. *Paris, Hachette, etc...* 1833. vi-128 pages, in-8°. Cart.

10260. — Leçons d'astronomie physique, destinées aux collèges, aux cours publics industriels, aux écoles normales primaires et aux pensions. *Paris, Hachette, etc...* 1833. vii-128 pages, in-8°. Demi-rel.

10261. GEORGE (L.-J.). *Suite :* — Traité de la sphère, précédé de l'exposition du système du monde, d'après les plus célèbres astronomes. *Paris, Hachette, etc...* 1833. iv-64 pages, in-8°. Cart.

10262. — Élémens d'algèbre, renfermant tout ce qui est exigé de cette science pour l'admission aux écoles royales de Saint-Cyr, de la marine et forestière, etc... *Paris, Hachette, etc...* 1837. vi-268 pages, in-8°. Cart.

10263. — Cours de géométrie pratique, à l'usage des divers établissemens d'instruction élémentaire, des écoles normales primaires, des pensions, des collèges et des cours publics industriels. *Nancy, Dard*, 1838. 148 pages, in-8°. 4 planches. Demi-rel.

10264. — Art de lever et dessiner les plans, destiné aux écoles normales primaires, aux élèves des collèges, etc... *Paris, Hachette*, 1835. 11-34 pages, in-8°.

10265. GEORGE (J.). Petite mythologie expliquée ; par J. George (né à Neufchâteau), licencié ès-lettres, etc... *Paris, J. Delalain et Cie*, 1848. x-218 pages, in-18. Demi-rel.

10266. GEORGE. Ce que coûte un empire, par M. George, député des Vosges. *Paris, Barthier*, 1874. 35 pages, in-12. Br.

10267. GEORGEL (L'abbé). Voyage à Saint-Pétersbourg, en 1799-1800, fait avec l'ambassade des chevaliers de l'ordre de Saint-Jean de Jérusalem, allant offrir à l'empereur Paul premier la grande maitrise de l'ordre, ... pour servir à l'histoire des événements de la fin du xviii° siècle ; par feu M. l'abbé Georgel, jésuite, ... publiés par M. Georgel, ancien avocat au parlement de Nanci, etc... *Paris, Alexis Eymery,...* 1818. 487 pages, in-8°. Demi-rel.

10268. — Mémoires pour servir à l'histoire des événements de la fin du xviii° siècle, depuis 1760 jusqu'en 1806-1810. *Paris, Alexis Eymery*, 1820. 6 vol., in-8°. Demi-reliure.

10269. GEORGEOT (Ch.). Éva, poème par Ch. Georgeot (né à Remiremont). *Remiremont, Mougin*, 1873. 16 pages, in-8°. Broché.

10270. GEORGES (Pierre). Horologe magnétique elliptique ou ovale nouveau de facile usage, et très commode pour trouver les heures du jour et de la nuict, etc... Par le P. Pierre Georges, chanoine régulier de la Congrégation de Notre-Sauveur. *Toul, S. Belgrand, G. Périn et J. Laurent*, 1660. x-296 pages, in-8°. Rel. parchemin.

10271. GEORGES (François). Les hiéroglyphes modernes. Première et seconde lettres d'un lorrain (D. François Georges, bibliothécaire à Senones), à un sçavant du Caire. *S. l., n. n., n. d.* (1760). 24 pages, in-4°. Br.

10272. GÉRANDO (G. de). Morale pratique enseignée par l'exemple à la jeunesse française. Par G. de Gérando, premier président honoraire de la Cour d'appel de Nancy, etc... *Tours, Alfred Mame et fils*, 1875. 240 pages, in-8°. Br.

10273. GÉRARD (Le général). Quelques documens sur la bataille de Waterloo, propres à éclairer la question portée devant le public par M. le marquis de Grouchy, par le général Gérard (né à Phalsbourg), député de la Dordogne. *Paris, Verdière*, 1829. 59 et 63 pages, in-8°. 2 brochures en 1 vol. Cart.

10274. GÉRARD (Charles). L'ancienne Alsace à table. Étude historique et archéologique sur l'alimentation, les mœurs et les usages épulaires de l'ancienne province d'Alsace. Par Charles Gérard, avocat à la Cour d'appel de Nancy. Deuxième édition. *Paris, Berger-Levrault et Cie*, 1877. vi-362 pages, in-8°. Demi-rel.

10275. — L'ancienne Alsace à table. Étude historique et archéologique sur l'alimentation, les mœurs et les usages épulaires de l'ancienne province d'Alsace. *Colmar, Imp. Camille Decker*, 1862. x-269 pages, in-8°. Demi-rel.

10276. — Les artistes de l'Alsace pendant le moyen-âge. *Colmar, E. Barth*, 1872-1873. xvi-453 et 491 pages, in-8°. 2 vol. Demi-rel.

10277. GERBAUT (D.-F.-J.). Essais sur le goût dans les décorations d'église, par D.-F.-J. Gerbaut, trésorier de la fabrique de la paroisse Saint-Nicolas de Nancy. *Nancy, Hinzelin*, 1836. 188 pages, in-12. Cart.

10278. GERGONNE (J.-D.). Annales de mathématiques pures et appliquées. Recueil périodique rédigé par J.-D. Gergonne (né à Nancy). *Nismes, Imp. Vve Belle*, 1810-1831. 21 vol. in-4°. Demi-rel.

10279. GERMAIN (Léon). *Opuscules* : Copie d'une notice manuscrite de Nicolas Spirlet, dernier abbé de Saint-Hubert, par Léon Germain. 1884. 4 p., in-8o. — Document sur les dîmes de Torgny. 1884. 15 p., in-4°. — La cloche de Lacrouzette (Tarn). 1887. 9 p., in-8°. — La cloche de Sarbazan (Landes); 1573. 1892. 15 p., in-8°. — L'ancienne cloche de Marey-sur-Tille (Côte-d'Or). 1630. (1893.) 3 p., in-4°. — Trèves, Saint-Mihiel, le Saint-Bernard. Transmission d'une relique. 1893. 7 p., in-8° — La cloche d'Héricourt (Haute-Saône). 1516. (1894.) 4 p., in-4°. — Observations sur les formules d'inscription des anciennes cloches de Vitteaux (Côte-d'Or). 1894. 5 p., in-4°. — Les anciennes cloches de Fontaines (Saône-et-Loire). 1515, 1634, 1781. 1896. 15 p., in-8°. — Monnaie inédite de Jean L'Aveugle, roi de Bohême, comte de Luxembourg, imitée du double parisis de Charles IV, roi de France. *S. d.* 4 p., in-4°.

10280. GERSCHEL (J.). Vocabulaire forestier allemand-français et français-allemand. Par J. Gerschel (professeur d'allemand à l'École forestière), agrégé de l'Université, etc... *Nancy, Berger-Levrault et Cie*, 1883. 66 p., in-18. Br. — 3e édition, revue et considérablement augmentée. *Ibid.*, 1896. 87 pages, in-18.

10281. GERSON-LÉVY. Orgue et Pioutim. Appel au simple bon sens sur ces deux questions : L'orgue est-il anti-religieux ? La prose rimée du moyen-âge a-t-elle un caractère de stabilité dans la synagogue française ? Par Gerson-Lévy (membre de l'Académie de Metz). *Paris ; Metz, Alcan*, 1859. xxxii-174 pages, in-8°. Demi-rel.

10282. — *Opuscules* : Hymne à l'occasion de l'avènement de Napoléon. 4 pp. — Hymne pour célébrer le couronnement de Napoléon. 7 pp. — Ode à l'occasion de la paix. 8 pp. — Rapport sur un mémoire relatif à une médaille en l'honneur de Louis-le-Débonnaire. 11 pp. — Rapport sur un mémoire relatif à l'origine des chiffres. 19 pp. — Culte Israélite. 12 pp. — Convictions d'un israélite en regard du prosélytisme. 10 pp. — Un mot réfléchi à propos d'un mot inconsidéré. 8 pp. — Histoire de la domination romaine en Judée, par Salvador. Critique. 20 pp. — Note sur un passage de Martial. 6 pp. — Considérations sur l'éducation religieuse chez les israélites. 24 pp. — De la condition et de l'éducation religieuse de la femme hébreue. 21 pp. — De la littérature allemande à la fin du xviii° siècle. 12 pp. — Du paupérisme chez les juifs. 64 pp. — Rapport sur le projet tendant à introduire l'orientalisme primitif dans l'enseignement des facultés des lettres. Recueil, g. in-8°. Demi-rel.

10283. GILBERT. Œuvres complètes de Gilbert (né à Fontenoy-le-Château). *Paris, Lejay*, 1788. xvi-232 pages, in-8°. Rel. veau.

10284. — Satires et poësies diverses. *Paris, Des Essarts, An V* (1797). ii-128 pages, in-8°. Demi-rel.

10285. — Œuvres complètes, nouvelle édition, où se trouvent insérés plusieurs morceaux qui n'avoient pas encore été publiés ; suivis de remarques critiques et littéraires. *Paris, s. n.*, 1798. 214 pages, in-12. Demi-rel.

10286. — Œuvres complètes. Nouvelle édition. *Paris, Pillot, An X.* xvi-171 et 171 pages, in-18. 2 tomes en 1 vol. Portrait. Demi-rel.

10287. — Œuvres complètes, contenant ses satires, ses poésies diverses, et ses ouvrages en prose. Nouvelle édition, ornée du portrait de l'auteur, et augmentée d'un discours sur la satire et les satiriques, tant anciens que modernes ; par N.-L.-M. Desessarts. *Paris, N.-L.-M. Desessarts*, 1806. xxxii-181 pages, pet. in-4°. Br.

10288. — Œuvres. *Paris, Ménard et Desenne*, 1817. 308 pages, in-12. Portrait. Rel. veau., d. s. tr. (*Ex libris* de Jules Janin.)

10289. — Œuvres complètes, publiées pour la première fois avec les corrections de l'auteur et les variantes accompagnées de notes littéraires et historiques. *Paris, Dalibon*, 1823. xvi-371 pages. Portrait. Fig. Rel. mar. cit., d. s. tr.

10290. — Œuvres. *Paris, J.-L. Bellemain*, 1826. 120 et 148 pages, in-24. 2 tomes en 1 vol. Demi-rel.

10291. — Gilbert ou le poète malheureux, par M. l'abbé P... (Pinard), curé du diocèse de Tours. *Tours, A. Mame et Cie*, 1840. 283 pages, in-12. Fig. Rel. bas.

10292. GILBERT. *Suite :* — Œuvres. Nouvelle édition avec une notice historique, par Charles Nodier. *Paris, Garnier*, 1840. 236 pages, in-12. Portrait. Demi-rel.

10293. — Gilbert ou le poète malheureux, par M. l'abbé Pinard, curé du diocèse de Tours. 3° édition. *Tours, A. Mame et Cie*, 1842. 287 pages, in-12. Fig. Rel. bas.

10294. — Œuvres précédées d'une notice historique par Charles Nodier. Nouvelle édition. *Paris, Garnier*, 1859. 332 pages, in-12. Br.

10295. — Œuvres choisies, avec une introduction et des notes par M. de Lescure. *Paris, s. n.*, 1882. xliii-66 pages, in-12. Br.

10296. — Poésies diverses, avec une notice bio-bibliographique, par Paul Perret. *Paris, A. Quantin*, 1882. xxxvi-221 pages, in-12. Gravures. Br.

10297. — Œuvres complètes, contenant ses satires du xviii° siècle, Didon à Enée, Héroïde, ses autres poésies et ouvrages en prose. 4° édition. *Paris, s. n., n. d.* 234 pages, in-12. Portrait. Rel. veau.

10298. — *Opuscules :* Le génie aux prises avec la fortune, ou le poète malheureux, pièce qui a concouru pour le prix de cette année. 1772. 15 p., in-12. — Le carnaval des auteurs ou les masques reconnus et punis. 1773. 22 p., in-8°. — Le dix-huitième siècle. Satire à M. Fréron. 1775. 21 p., in-8°. — Le Jubilé, ode suivie de deux autres ouvrages du même genre. 1776. 17 p., pet. in-8°.

10299. GILBERT (F.-H.). Recherches sur les causes des maladies charbonneuses dans les animaux ; leurs caractères, les moyens de les combattre et de les prévenir. — Instruction sur le vertige abdominal, ou l'indigestion vertigineuse des chevaux, etc... Par F.-H. Gilbert, professeur vétérinaire, etc... *Nancy, Pierre Barbier, An IV.* 104 et 35 pages, in-12. 2 opuscules en 1 vol. Cart.

10300. — Recherches sur les espèces de prairies artificielles qu'on peut cultiver avec le plus d'avantage en France. *Metz, Behmer*, 1796. 263 pages, in-12. Demi-rel.

10301. GILLEBERT-DHERCOURT. Observations sur l'hydrothérapie, par le Dr Gillebert-Dhercourt, directeur de l'établissement hydrotérapique (campagne du Sapin, près Nancy). *Paris, J.-B. Baillière*, 1845. 74 pages, in-8°. Demi-rel.

10302. GILLET (Jean). Azile ou deffence des pupilz, contenant un traicté bien ample des tutelles et curatelles... Composé par Jean Gillet, escuyer, conseiller du roy et lieutenant de M. le président de Selve en la justice royalle de Verdun. *Toul, S. Philippe*, 1618. xvi-471 pages, in-8°. Rel. parchemin.

10303. — Azile ou deffence des pupilz, contenant un traicté bien ample des tutelles, et curatelles... *Paris, Martin Collet*, 1621. xiii-465 pages, in-8°. Rel. parchemin.

10304. — Nouveau traité des tutelles et curatelles avec une paraphrase et un commentaire sur l'édit des mariages clandestins, et sur celui des secondes nôces. Dernière édition. *Paris, Nicolas Le Gras*, 1686. x-442 pages, in-4°. Rel. veau.

10305. (GILLET.) Loi sur les justices de paix, contenant les exposés des motifs, les rapports aux deux chambres, les discours et l'analyse, en regard de chaque article, de la discussion générale. (Par Gillet.) *Nancy, Grimblot, Thomas et Raybois*, 1838. 102 pages, in-8°. Cart.

10306. — Analyse des circulaires, instructions et décisions émanées du ministère de la justice (22 janvier 1791-23 juillet 1875). [Continué par M. Demoly]. *Paris, Marchal, Billard et Cie*, 1876. iv-545 et 517 pages, in-8°. 2 vol. Demi-rel.

10307. GILLIERS. Le cannaméliste françois, ou nouvelle instruction pour ceux qui désirent d'apprendre l'office, rédigé en forme de dictionnaire. Enrichi de planches en taille-douce. Par le sieur Gilliers, chef d'office et distillateur de S. M. le roi de Pologne, duc de Lorraine et de Bar. *Nancy, A.-D. Cusson*, 1751. iv-252 pages, in-4°. 1 frontispice, 1 vignette et 13 planches. Rel. mar. cit., dent., d. s. tr.

10308. GILLIOT (Alphonse). Esquisse d'une science morale. Première partie. Physiologie du sentiment ou méthode naturelle de classification et de description de nos sentiments moraux ; par Alphonse Gilliot (juge de paix à Nancy). *Paris, Ladrange*, s. d. xvi-437 pages, in-8°. Demi-rel.

10309. — Études historiques et critiques sur les religions et institutions comparées. *Nancy, N. Collin*, 1881. iv-208 et ii-456 pages, in-12. 2 vol. Cart.

10310. GIRONCOURT (de). Traité histori-

que de l'état des trésoriers de France et généraux des finances, avec les preuves de la supériorité de ces offices. Le tout enrichi de notes. Par M. de Gironcourt, conseiller-chevalier d'honneur au bureau des finances de Metz et Alsace. *Nancy, Leclerc*, 1776. xi-349 et 374 pages, in-4°. 2 tomes en 1 vol. Rel. veau.

10311. GISQUET. Mémoires de M. Gisquet (né à Vezin), ancien préfet de police, écrits par lui-même. *Paris, Marchant*, 1840. 4 vol., in-8°. Demi-rel.

10312. GLEY (G.). Langue et littérature des anciens francs. Par (l'abbé) G. Gley (né à Gérardmer). *Paris, L.-G. Michaud*, 1814. xvi-284 pages, in-8°. Demi-rel.

10313. GLEY (Gérard). *Opuscules* : Étude sur le Menteur de Corneille. Par G. Gley, président de la Société d'émulation des Vosges. 1882. 28 p., in-8°. — Étude littéraire sur Tibère, tragédie de Marie-Joseph Chénier. 1886. 29 p., in-12. — Voyages aux Alpes de M. Charles Grad. Analyse et compte rendu. 1887. 11 p., in-8°.

10314. GODFRIN (J.). Atlas manuel de l'histologie des drogues simples, par J. Godfrin, professeur à l'École supérieure de pharmacie de Nancy, etc... *Paris, F. Savy*, 1887. ii-94 pages, in-4°. Planches. Demi-reliure.

10315. GODFROY. Nouvel abrégé de grammaire française. Par le C. Godfroy, professeur de grammaire générale à l'École centrale du département de la Moselle. *Metz, Imp. Verronnais, An VI.* 123 pages, in-8°. Cart.

10316. — La quintessence de la doctrine catholique. *Paris, s. n.*, 1804. 86 pages, in-12. Cart.

10317. GODRON. Mélanges d'histoire naturelle, par M. Godron, doyen de la Faculté des sciences de Nancy. *Nancy, div. noms, div. dates.* 6 vol., in-8° et un volume, in-4°. Demi-rel. Voy. n° 4094.

10318. — Flore de France, ou description des plantes qui croissent naturellement en France et en Corse. (En collaboration avec M. Grenier.) *Paris, J.-B. Baillière*, 1848-1856. 766, 760 et 779 pages, in-8°. 3 vol. Demi-rel.

10319. — Florula juvenalis, ou énumération

des plantes étrangères qui croissent naturellement au Port Juvénal, près de Montpellier, précédée de considérations sur les migrations des végétaux. *Nancy, Grimblot et Vve Raybois*, 1854. 116 pages, in-8°. Demi-rel.

10320. GODRON. *Suite :* — De l'espèce et des races dans les êtres organisés et spécialement de l'unité de l'espèce humaine. *Paris, J.-B. Baillière et fils*, 1859. 472 et 429 pages, in-8°. 2 vol. Demi-rel.

10321. GOEZMANN (DE). Questions de droit public sur une matière très intéressante (par de Goetzmann, membre de l'Académie de Metz). *Amsterdam, s. n.*, 1770. 27 et 240 pages, in-8°. Cart.

10322. GOMIEN (L'abbé). Traité de littérature des meilleurs auteurs, à l'usage des maisons d'éducation, par l'abbé Gomien (né à Cutting), ancien professeur d'humanités, etc... *Nancy, Vagner*, 1847. VIII-352 pages, in-12. Demi-rel.

10323. GOMONT (H.). Le prisonnier de Chillon-Lara, Parisina. Poëmes de Lord Byron, traduits en vers, et poésies diverses par H. Gomont, membre correspondant de l'Académie de Stanislas. *Nancy, Vve Raybois*, 1862. VIII-228 pages, in-12. Demi-rel.

10324. — Poésies nouvelles. *Nancy, Mlle Gonet*, 1864. 154 pages, in-12. Cart.

10325. GONCOURT (DE). Sophie Arnould, d'après sa correspondance et ses mémoires inédits. Par MM. Edmond et Jules de Goncourt (nés le premier à Nancy, le second à Paris). *Paris, Poulet-Malassis et de Broise*, 1857. 198 pages, in-8°. Demi-rel.

10326. — Les maitresses de Louis XV. (Lettres et documents inédits). *Paris, Firmin-Didot*, 1860. XVI-321 et 305 pages, in-8°. 2 vol. Br.

10327. — L'art du XVIIIe siècle. *Paris, A. Quantin*, 1880-1882. 480 et 474 pages, in-4°. 2 vol. Gravures. Demi-rel.

10328. — Histoire de la société française pendant la Révolution. *Paris, Quantin*, 1889. 374 pages, in-4°. Gravures. Demi-rel.

10329. GORCY (P.-C.). Mémoire extrait du journal d'observations faites pendant l'année 1792, dans les armées françoises du Nord, du Centre et des Ardennes, par P.-C. Gorcy (né à Pont-à-Mousson), ex-médecin en chef des armées, etc... *Metz, Collignon, An VIII.* 39 et 90 pages, in-12. Broché.

10330. GOSSELIN (Th.). Mémoire sur la pratique de la gnomonique, par Th. Gosselin, capitaine du génie, membre de l'Académie royale de Metz. *Metz, S. Lamort*, 1837. 54 pages, in-8°. Fig. Demi-rel. (Extrait des *Mémoires de l'Académie royale de Metz*.)

10331. GOURCY (L'abbé DE). Œuvres diverses : Éloge de René Descartes. Par M. l'abbé de Gourcy (membre de l'Académie de Nancy). *Paris, A.-L. Regnard*, 1765. 48 pages, in-8°. Cart. — Histoire philosophique et politique des lois de Lycurgue, où l'on recherche par quelles causes et par quels degrés elles se sont altérées chez les Lacédémoniens, jusqu'à ce qu'elles ayent été anéanties. *Nancy, s. n.*, 1768. IV-108 pages, in-8°. Rel. veau. — Discours sur cette question : Est-il à propos de multiplier les académies ? *Paris, Desaint*, 1769. 39 pages, in-12. Rel. veau. — Quel fut l'état des personnes en France, sous la première et la seconde race de nos rois ? *Paris, Desaint*, 1769. XVI-296 pages, in-12. Rel. veau. — Essai sur le bonheur, où l'on recherche si l'on peut aspirer à un vrai bonheur sur la terre, etc... *Paris, Mérigot le jeune*, 1777. XVI-291 pages, in-12. Rel. veau. — Suite des anciens apologistes de la religion chrétienne, saint Justin, Athénagore, Théophile d'Antioche, Tertullien, Minucius Félix, Origène, traduits ou analysés, etc... *Paris, Imp. Michel Lambert*, 1785-1786. XXVII-414 et 364 pages, in-8°. 2 vol. Demi-rel. — Discours sur la religion chrétienne, où l'on essaie de la prouver par son histoire, par sa morale, par ses mystères et par l'avantage qu'elle a seule de faire le bonheur de l'homme. *S. l., n. n., n. d.* VI-200 pages, in-8°. Demi-rel.

10332. GOURCY (CONRAD DE). Voyage agricole en France — Allemagne — Hongrie — Bohème — Belgique, par le comte Conrad de Gourcy (né à Nancy). *Paris, Dusacq, s. d.* 428 pages, in-12. Br.

10333. GOUVION SAINT-CYR (Le maréchal). Journal des opérations de l'armée de Catalogne en 1808 et 1809, sous le commandement du général Gouvion Saint-

Cyr, ou matériaux pour servir à l'histoire de la guerre d'Espagne. Par le maréchal Gouvion Saint-Cyr (né à Toul). *Paris, Anselin et Pochard*, 1821. VII-503 pages, in-8°. Atlas. Demi-rel.

10334. GOUVION SAINT-CYR (Le maréchal). *Suite :* — Mémoires sur les campagnes des armées de Rhin-et-Moselle, de 1792 jusqu'à la paix de Campo-Formio. *Paris, Anselin*, 1829. 4 vol., in-8°. Demi-rel.

10335. — Mémoires pour servir à l'histoire militaire sous le Directoire, le Consulat et l'Empire. *Paris, Anselin*, 1831. 4 vol., in-8°. Demi-rel. Atlas.

10336. GOUY (J.). Entretiens confidentiels adressés par un penseur lorrain du XIXᵉ siècle à ses descendants du XXᵉ, sur les croyances religieuses, les questions philosophiques, les aberrations politiques et sociales du temps où il a vécu. (Par M. J. Gouy, avocat à la Cour royale de Nancy). *Nancy, Berger-Levrault et Cie*, 1875. 375 pages, in-8°. Demi-rel.

10337. — *Opuscules :* Rapport sur la théorie de l'aménagement des forêts de M. Noirot-Bonnet, fait au nom de la section des forêts. 1846. 22 p., in-8°. — Rapport sur la question des défrichements et des encouragements à accorder à la propriété forestière privée. 1848. 7 p., in-8°. — Rapport sur les moyens de favoriser les reboisements. 1851. 11 p., in-8°.

10338. GRAFFIGNY (DE). Génie. Pièce en cinq actes, par Mᵐᵉ de Graffigny (née à Nancy), représentée pour la première fois par les comédiens français ordinaires du roi, le 25 juin 1750. *Paris, Cailleau*, 1751. 59 pages, in-8°. Cart.

10339. — Génie. Pièce dramatique en cinq actes et en prose ; représentée pour la première fois par les comédiens françois ordinaires du roi, le 25 juin 1750. 3ᵉ édition. *Paris, Duchesne*, 1764. IV-104 pages, in-12. Rel. veau.

10340. — Lettres d'une péruvienne. *Paris, Duchesne*, 1752. 284 et 258 pages, in-12. Gravures. 2 vol. Rel. veau.

10341. — Lettres d'une péruvienne. Traduites du français en italien, par M. Deodati. Édition ornée du portrait de l'auteur, gravé par M. Gaucher et six gravures exécutées par les meilleurs artistes, d'après les dessins de M. Le Barbier l'aîné.

Paris, Impr. Migneret, 1797. 487 pages, in-8°. Demi-rel.

10342. GRAFFIGNY (DE). *Suite :* — Lettres d'une péruvienne, précédées d'une introduction historique. *Paris, Dauthereau*, 1827. VII-244 pages, in-16. Demi-rel.

10343. — Lettres d'une péruvienne. *S. l., A. Peine, s. d.* VI-278 pages, in-12. Rel. veau.

10344. — Lettere d'una peruviana, tradotte dal francese in italiano, di cui si sono accentuate tutte le voci, per facilitar agli stranieri il modo d'imparar la prosodia di questa lingua. Dal signor Deodati. *Parigi, Duchesne*, 1777. 453 pages, in-12. Cart.

10345. — La fille d'Aristide. Comédie en cinq actes ; représentée pour la première fois par les comédiens françois ordinaires du roi, le 29 avril 1758. *Paris, N.-B. Duchesne*, 1759. 120 pages, in-12. Rel. veau.

10346. — Œuvres posthumes, contenant Ziman et Zenise, suivi de Phaza, comédies en un acte en prose. *Amsterdam, s. n.*, 1770. 107 pages, in-12. Rel. veau.

10347. — (Œuvres choisies, augmentées des lettres d'Aza. *Londres, s. n.*, 1783. XII-269 et 250 pages, in-12. 2 vol. Rel. veau.

10348. — Vie privée de Voltaire et de Mᵐᵉ Du Châtelet, pendant un séjour de six mois à Circy ; suivie de cinquante lettres inédites en vers et en prose, de Voltaire. *Paris, Treuttel et Wurtz*, 1820. VI-461 pages, in-8°. Demi-rel.

10349. — Œuvres complètes. *Paris, Briand*, 1821. 480 pages, in-8°. Gravures et portrait. Demi-rel.

10350. GRAND (E.). La vue. Son mécanisme, son traitement, sa conservation par l'hygiène préventive et l'optique moderne. Ouvrage orné de 123 figures dans le texte. Par E. Grand, opticien (à Nancy). *Nancy, s. n.*, 1893. I-260 pages, in-8°. Br.

10351. GRANDEAU (L.). Recherches sur le rôle des matières organiques du sol dans les phénomènes de la nutrition des végétaux. Par M. L. Grandeau, directeur de la station agronomique de l'Est, etc... *Nancy, Impr. Berger-Levrault et Cie*, 1872. 65 pages, in-8°. Br.

10352. — Analyse spectrale. Recherches sur la présence du rubidium et du cœsium dans les eaux naturelles, les minéraux et les végétaux. *Paris, Mallet-Bachelier*, 1863. 88 pages, in-8°. Br.

10353. GRANDEAU (L.). *Suite :* — Pierre Gratiolet, professeur à la Faculté des sciences de Paris, etc... Sa vie et ses travaux. *Paris, J. Hetzel,* 1865. 56 pages, in-12. Demi-rel.

10354. — Recherches chimiques sur l'eau thermale sulfurée de Schinznach (Suisse). *Paris, Germer Baillière,* 1866.. 61 pages, in-8°. Br.

10355. — Traité d'analyse des matières agricoles. — Sols. — Eaux. — Amendements. — Engrais. — Principes immédiats des végétaux. — Fourrages. — Boissons. — Fumier. — Excréments. — Laines. — Produits de la laiterie. *Paris, Berger-Levrault et Cie,* 1877. xxviii-487 pages, in-12. Cart.

10356. — Influence de l'électricité atmosphérique sur la nutrition des végétaux. *Paris, Gauthier-Villars,* 1879. 87 pages, in-8°. Demi-rel.

10357. — Comptes rendus des travaux du congrès international des directeurs des stations agronomiques, publiés au nom du bureau. *Paris, Berger-Levrault et Cie,* 1881. xvi-483 pages, in-8°. Br.

10358. — Compagnie générale des voitures à Paris. Études expérimentales sur l'alimentation du cheval de trait. *Paris, Berger-Levrault et Cie,* 1882-1883. 157 et 203 pages, in-4°. Fig. 2 tomes en 1 vol. Br.

10359. — Annales de la science agronomique française et étrangère, organe des stations agronomiques et des laboratoires agricoles, publiées sous les auspices du Ministère de l'agriculture. *Paris, Berger-Levrault et Cie,* 1884-1895. 20 vol., in-8°. Cart.

10360. — La production agricole en France, son présent et son avenir. *Paris, Berger-Levrault et Cie,* 1885. viii-128 pages, in-8°. Br.

10361. — L'alimentation de l'homme et des animaux domestiques. La nutrition animale. *Paris, Firmin-Didot et Cie,* 1893. v-403 pages, in-8°. Rel. anglaise.

10362. — L'alimentation rationnelle du cheval de troupe et le budget du Ministère de la guerre. *Nancy, Impr. Berger-Levrault et Cie,* 1880. 13 pages, in-4°. Br.

10363. GRANDOGER DE FOIGNY. Traité pratique de l'inoculation, dans lequel on expose les règles de conduite relatives au choix de la saison propre à cette opération, etc... Par feu M. Grandoger de Foigny (médecin consultant de Stanislas), docteur en médecine, etc... *Nancy, Vve Leclerc,* 1786. xx-376 pages, in-8°. Rel. veau.

10364. GRANSARD (CHARLES). Poèmes par Charles Gransard (né à Épinal). *Paris, H. Souverain,* 1844. viii-300 pages, in-8°. Demi-rel.

10365. GRÉGOIRE (PIERRE). De republica libri sex et viginti, in duos tomos distincti. Authore D. Petro Gregorio Tholosano (dec. Fac. Jur. Mussip.). *Pontimussani, apud Nicolaum Claudet,* 1596. xviii-1168 et x-512 pages, in-4°. 2 tomes en 1 vol. Rel. parchemin.

10366. — De republica libri sex et viginti, in duos tomos distincti. *Lugduni, sumptibus Joannis Pillehotte,* 1609. x-480 et vi-274 pages, in-fol. 2 tomes en 1 vol. Rel. parchemin.

10367. GRÉGOIRE (HENRI). Essai sur la régénération physique, morale et politique des juifs. Par M. Grégoire (né à Vého), curé du diocèse de Metz. *Metz, Cl. Lamort,* 1789. vi-264 pages, in-8°. Rel. bas.

10368. — Éloge de la poésie ; discours qui a remporté le prix des belles-lettres, au jugement de Mrs de la Société royale des sciences et belles-lettres de Nancy, en l'année 1773. *Nancy, Leseure,* (1773). 72 pages, in-8°. Cart.

10369. — Mémoire en faveur des gens de couleur ou sang-mêlés de St-Domingue, et des autres isles françoises de l'Amérique, adressé à l'Assemblée nationale. *Paris, Belin,* 1789. 52 pages, in-8°. Demi-reliure.

10370. — La contre-révolution démontrée nécessaire par les Jacobins de Paris, dans le testament politique de la souveraineté expirante de M. l'abbé Grégoire, qu'ils ont adopté. *Paris, s. n.,* 1792. 75 pages, in-8°. Demi-rel.

10371. — Essai historique et patriotique sur les arbres de la liberté. *Paris, Desenne, An II.* 68 pages, in-12. Rel. mar. vert, fil., d. s. tr. (Exemplaire de l'auteur.)

10372. — Compte rendu au concile national, des travaux des évêques réunis à Paris. Imprimé par ordre du concile national. *Paris, Imprimerie - Librairie chrétienne,* 1797. 84 pages, in-8°. Cart.

10373. — Essai historique sur l'état de l'agriculture, en Europe, au seizième siècle. *Paris, Mme Huzard, An XII.* 85 pages, in-4°. Rel. basane.

10374. GRÉGOIRE (HENRI). *Suite :* — De la littérature des nègres, ou recherches sur leurs facultés intellectuelles, leurs qualités morales, etc. *Paris, Maradan,* 1808. xvi-289 pages, in-8°. Rel. veau.

10375. — Les ruines de Port-Royal des Champs, en 1809, année séculaire de la destruction de ce monastère. *Paris, Levacher,* 1809. 178 pages, in-8°. Demi-rel.

10376. — De la Constitution française de l'an 1814. *Paris, Le Normant,* 1814. 34 pages, in-8°. — 2ᵉ édition. *Paris, Egron,* 1814. 34 pages, in-8°. — 4ᵉ édition, corrigée et augmentée. *Paris, Egron,* 1814. 38 pages, in-8°. Demi-rel. — Lettre à M. Grégoire, sur un ouvrage intitulé : De la Constitution française de 1814 ; par un condamné à mort en l'an 3. (Dutronc de la couture.) *Paris, Poulet,* 1814. 99 pages, in-8°. Cart.

10377. — De la domesticité chez les peuples anciens et modernes. *Paris, A. Egron,* 1814. x-231 pages, in-8°. Demi-rel.

10378. — De la traite et de l'esclavage des noirs et des blancs. *Paris, A. Egron,* 1815. 84 pages, in-8°. Demi-rel.

10379. — On the slave trade and on the slavery of the blacks and of the whites. Translated from the original french. *London, Conder,* 1815. xi-89 pages, in-8°. Demi-rel.

10380. — Recherches historiques sur les congrégations hospitalières des frères pontifes, ou constructeurs de ponts. *Paris, Baudouin,* 1818. 64 pages, in-8°. Demi-reliure.

10381. — Essai historique sur les libertés de l'église gallicane et des autres églises de la catholicité, pendant les deux derniers siècles. *Paris, A. Comte,* 1820. xii-568 pages, in-8°. Demi-rel.

10382. — Lettres adressées, l'une à tous les journalistes, l'autre à M. de Richelieu ; précédées et suivies de considérations sur l'ouvrage de M. Guizot intitulé : Du gouvernement de la France depuis la Restauration, etc., par Benjamin Laroche. *Paris, Jeunehomme-Crémière,* 1820. 94 pages, in-8°. Cart.

10383. — Des peines infamantes à infliger aux négriers. *Paris, Baudouin,* 1822. 59 pages, in-8°. Cart.

10384. — Considérations sur le mariage et sur le divorce, adressées aux citoyens d'Haïti. *Paris, Baudouin frères,* 1823. 61 pages, pet. in-8°. Cart.

10385. GRÉGOIRE (HENRI). *Suite :* — Histoire des confesseurs des empereurs, des rois et d'autres princes. *Paris, Baudouin,* 1824. vii-434 pages, in-8°. Demi-rel.

10386. — Histoire du mariage des prêtres en France, particulièrement depuis 1789. *Paris, Baudoin,* 1826. xi-156 pages, in-8°. Demi-rel.

10387. — De la noblesse de la peau, ou du préjugé des blancs contre la couleur des Africains et celle de leurs descendans noirs et sang-mêlés. *Paris, Baudoin,* 1826. 76 pages, in-8°. Demi-rel.

10388. — Histoire des sectes religieuses, qui sont nées, se sont modifiées, se sont éteintes dans les différentes contrées du globe, etc. Nouvelle édition. *Paris, Baudouin,* 1828-1845. 463, 512, 431, 512, 520 et 320 pages, in-8°. 6 vol. Demi-rel.

10389. De l'influence du christianisme sur la condition des femmes. Troisième édition, revue et augmentée. *Paris, Baudouin,* 1829. 133 pages, in-12. Demi-rel.

10390. — Rapports sur la bibliographie, la destruction des patois et les excès du vandalisme, faits à la Convention ; réédités sous les auspices de M. Émile Egger, de l'Institut, par un bibliophile normand. *Caen, A. Massif ; Paris, Delarocque,* 1867. 138 pages, in-8°. Cart.

10391. — Compte-rendu aux évêques réunis à Paris, de la visite de son diocèse. Imprimé d'après leur avis, et suivi d'une dissertation sur l'argument du parti le plus sûr. Daté de Paris du 8 décembre 1795. S. l., n. n., n. d. 48 pages, in-8°. Cart.

10392. — Observations d'un habitant des colonies, sur le « Mémoire en faveur des gens de couleur, ou sang-mêlés, de Saint-Domingue et des autres isles françoises de l'Amérique, adressé à l'Assemblée nationale », datées du 16 décembre 1789. S. l., n. n., n. d. 68 pages, in-8°. Demi-rel.

10393. — Plan d'association générale entre les savans, gens de lettres et artistes, pour accélérer les progrès des bonnes mœurs et des lumières. S. l., n. n., n. d. 64 pages, in-12. Cart.

10394. — *Opuscules :* Motion à la séance du 14 juillet 1789. 1789. 4 p., in-8°. — Lettre aux philanthropes, sur les malheurs, les droits et les réclamations des gens de couleur de Saint-Domingue et des autres îles françoises de l'Amérique. 1790. 21 p., in-8°. — Mémoire sur la dotation des curés, en fonds territoriaux, lu à la séance du 11 avril 1790. 1790. 33 p., in-8°. — Défense de l'ouvrage intitulé : Légitimité du serment civique. 1791. 36 p., in-8°. — Légitimité du serment civique exigé des fonctionnaires ecclésiastiques. 1791. 31 p., in-8°. — Légitimité du serment civique exigé des fonctionnaires ecclésiastiques. 1791. 27 p., in-8°. — Légitimité du serment civique exigé des fonctionnaires ecclésiastiques. 1791. 33 p., in-8°. — Lettre pastorale. 1791. 25 p., in-8°. — Rapport présenté à la Convention nationale, au nom des commissaires envoyés par elle, pour organiser les départemens du Mont-Blanc et des Alpes-Maritimes. 1793. 49 p., in-8°. — Rapport sur la bibliographie ; séance du 22 germinal, l'an II de la République une et indivisible, suivi du décret de la Convention nationale. An II. 15 p., in-8°. — Compte en recette et dépense, rendu au comité des inspecteurs. An III. 4 p., in-8°. — Discours sur la liberté des cultes. An III. 16 p., in-8°. — Lettre encyclique de plusieurs évêques de France, à leurs frères les autres évêques et aux églises vacantes. 3° édition, revue corrigée et augmentée des nouvelles adhésions. 1795. 32 p., in-8°. — Rapport et projet de décret présentés au nom du comité d'instruction publique, sur les costumes des législateurs et des autres fonctionnaires publics, séance du 28 fructidor, l'an trois. An III. 10 p., in-8°. — Rapport sur les destructions opérées par le vandalisme, et sur les moyens de le réprimer, suivi du décret de la Convention nationale. S. d. 28 p., in-8°. — Second rapport. L'An III. An III°. 12 p., in-8°. — Troisième rapport. L'an III°. An III°. 21 p., in-8°. — Rapport sur les encouragemens, récompenses et pensions à accorder aux savans, aux gens de lettres et aux artistes. Séance du 17 vendémiaire, l'an 3 de la République une et indivisible. Suivi du décret de la Convention nationale. An III. 22 p., in-8°. — Rapport sur l'établissement du Bureau des longitudes. Séance du 7 messidor, l'an 3 de la République une et indivisible. Suivi du décret de la Convention nationale. An III. 16 p., in-8°. — Rapport sur l'établissement d'un Conservatoire des arts et métiers. Séance du 8 vendémiaire an III... Imprimé par ordre de la Convention nationale. An III. 20 p., in-8°. — Discours sur la liberté des cultes, prononcé à la séance du premier nivôse, an III de la République. 5° édition. An IV. 22 p., in-8°. — Rapport fait aux conseils des Cinq-Cents, sur les sceaux de la République. Séance du 11 pluviôse, an IV. 7 p., in-8°. — Rapport au nom d'une commission spéciale, sur le Conservatoire des arts et métiers. Séance du 17 floréal an 6. An VI. 16 p., in-8°. — Discours prononcé au Corps législatif, après la lecture du message qui annonce sa nomination au Sénat conservateur, dans la séance du 5 nivôse an 10. An X. 3 p., in-8°. — Discours prononcé par le citoyen Grégoire, orateur de la députation envoyée au Gouvernement par le Corps législatif, le 3 frimaire an 10. An X. 4 p., in-8°. — Nuove osservazioni sopra gli ebrei in generale e particolarmente su quelli d'Amsterdam e di Francfort, versione italiana corredata di note riguardanti specialmente gli ebrei d'Italia. 1807. 24 p., in-4°. — Observations critiques sur le poème de M. Joël Barlow, « The Colombiard, in-4°. Philadelphia 1807 ». 1809. 16 p., in-8°. — Oraison funèbre d'Antoine-Pascal-Hyacinthe Sermet, ex-provincial de l'ordre des Carmes déchaussés, ancien évêque métropolitain du Sud. 1809. 12 p., in-8°. — Homélie du citoyen cardinal Chiaramonti, évêque d'Imola, actuellement souverain pontife Pie VII, adressée au peuple de son diocèse, dans la République cisalpine, le jour de la naissance de Jésus-Christ, l'an 1797. Traduite (de l'italien en français). 1814. 30 p., in-8°. — Le philanthrope dévoilé, ou réponse aux observations de l'abbé Grégoire, sur la Constitution de 1814. 1814. 18 p., in-8°. — Réfutation de l'écrit de M. l'abbé Barruel, contre le sénateur Grégoire, et principalement de ses opinions sur la souveraineté des nations, le rétablissement de l'ancienne constitution, etc. 1814. 31 p., in-8°. — Réponse à quelques pamphlets contre la Constitution. 1814. 16 p., in-8°. — Homélie du citoyen cardinal Chiaramonti, évêque d'Imola, actuellement souverain pontife Pie VII, adressée au peuple de son diocèse, dans la République cisalpine, le jour de la naissance de Jésus-Christ, l'an 1797, traduite de l'italien. 1818. 30 p., in-8°. — L'esprit ou la quintessence de l'« Essai historique et patriotique sur les arbres de la liberté ». (1819.) 11 p., in-8°. — Lettre aux électeurs du département de l'Isère. 1819.

23 p., in-8°. — Seconde lettre aux électeurs du département de l'Isère. 1820. 31 p., in-8°. — Obéissance et respect aux seigneurs des paroisses ; paiement de la dîme, etc ; recommandés dans des catéchismes officiellement réimprimés depuis l'an 1814. 1820. 20 p., in-8°. — De l'influence du christianisme sur la condition des femmes. 1821. 48 p., in-8°. — Notice sur les singularités d'une lettre pastorale imprimée très récemment. 1821. 12 p., in-8°. — Notice sur une association de prières le dernier jour de chaque mois. 1821. 11 p., in-8°. — De la liberté de conscience et de culte à Haïti. 1824. 43 p., in-8°. — Appel à la raison, par un proscrit. 1830. 7 pages, in-8°. — Considérations sur la liste civile. 1830. 23 p., in-8°. — Adresse aux députés de la seconde législature, lue à la société des amis de la Constitution, séante aux Jacobins de Paris, et imprimée par son ordre, pour être distribuée aux nouveaux députés, et envoyée aux sociétés affiliées. S. d. 31 p., in-8°. — Desséchement des marais, défrichemens et plantation. Observations sur le rapport du comité d'agriculture. S. d. 8 p., in-8°. — Nouveaux développemens sur l'amélioration de l'agriculture, par l'établissement de maisons d'économie rurale. S. d. 18 p., in-8°. — Discours sur l'éducation commune, prononcé à la séance du 30 juillet. S. d. 10 p., in-8°. — Discours pour l'ouverture du concile national de France, prononcé le 29 juin 1801 (10 messidor an 9), en l'église métropolitaine de Paris. S. d. 42 p., in-8°. — Discours sur la liberté des cultes, lors de la discussion du rapport fait par le C. Duhot, contenant la célébration civile du décadi, le 25 frimaire an 6. Nouvelle édition. S. d. 11 p., in-8°. — Épître aux Haïtiens. 15 p., in-8°. — Épître des évêques réunis à Paris, aux pasteurs et aux fidèles des colonies françaises, datée de Paris du 1er germinal, an VII de la République française. S. d. 26 p., in-8°. — Légitimité du serment civique exigé des fonctionnaires ecclésiastiques. Nouvelle édition corrigée et augmentée. S. d. 35 p., in-8°. — Nouvelle lettre de MM. les curés, députés, aux États-généraux. S. d. 40 p., in-8°. — Lettre aux citoyens de couleur et nègres libres de Saint-Domingue, et des autres isles françoises de l'Amérique. S. d. 15 p., in-8°. — Lettre aux électeurs du département de l'Isère, datée d'Auteuil, près Paris, du 28 septembre 1819. S. d. 8 p., in-8°. — Lettre du Cap, du 18 juillet 1791, écrite par un créole blanc et propriétaire de St-Domingue, sur les manœuvres employées pour empêcher l'exécution du décret du 15 mai, à M. Grégoire. S. d. 16 p., in-8°. — Lettre à Dom Ramon-Joseph de Arce, archevêque de Burgos, grand inquisiteur d'Espagne. S. d. 24 p., in-8°. — Nouvelle lettre d'un curé à ses confrères, députés aux États-généraux. S. d. 28 p., in-8°. — Lettre pastorale des évêques réunis à Paris, pour exhorter les catholiques à concourir, par des dons patriotiques, aux frais de la descente en Angleterre. S. d. 8 p., in-8°. — Observations critiques sur l'ouvrage de M. de Maistre, intitulé : De l'Église gallicane dans son rapport avec le Souverain-Pontife. S. d. 22 p., in-8°. — Observations nouvelles sur les juifs, et spécialement sur ceux d'Allemagne. S. d. 20 p., in-8°. — Observations nouvelles sur les juifs, et spécialement sur ceux d'Amsterdam et de Francfort. S. d. 18 p., in-8°. — Observations préliminaires sur une nouvelle édition d'un ouvrage intitulé : Histoire du commerce homicide, appelé Traite des Noirs. S. d. 4 p., in-8°. — Opinion sur la sanction royale, à la séance du 4 septembre. S. d. 11 p., in-8°. — Opinion concernant le jugement de Louis XVI ; séance du 15 novembre 1792, l'an premier de la République française. S. d. 12 p., in-8°. — Du principe et de l'obstination des Jacobins, en réponse au sénateur Grégoire, par l'abbé Barruel. S. d. 16 p., in-8°. — Rapport et projet de décret, présenté au nom du comité d'instruction publique, à la séance du 8 août. S. d. 14 p., in-8°. — Rapport et projet de décret, sur les moyens d'améliorer l'agriculture en France, par l'établissement d'une maison d'économie rurale dans chaque département, présenté à la séance du 13 du premier mois de l'an deuxième de la République française, au nom des comités d'aliénation et d'instruction publique. S. d. 30 p., in-8°. — Rapport fait au nom des comités des finances, des domaines et d'instruction publique. Séance du 11 prairial, l'an deuxième de la République une et indivisible. S. d. 80 p., in-8°. — Rapport sur la nécessité et les moyens d'anéantir les patois, et d'universaliser l'usage de la langue fran-

çaise ; séance du 16 prairial, l'an deuxième de la République une et indivisible ; suivi du décret de la Convention nationale. *S. d.* 28 p., in-8°. — Rapport sur la réunion de la Savoie à la France, fait au nom des comités diplomatique et de constitution ; suivi du décret de la Convention nationale. Du 27 novembre 1792. *S. d.* 12 p., in-8°. — Rapport sur les inscriptions des monumens publics. Séance du 22 nivôse, l'an 2 de la République une et indivisible. Suivi du décret de la Convention nationale. *S. d.* 14 p., in-8°. — Rapport sur les moyens de rassembler les matériaux nécessaires à former les annales du civisme, et sur la forme de cet ouvrage. Séance du 28 septembre 1793. *S. d.* 12 p., in-8°. — Rapport sur l'ordre de Malte. *S. d.* 8 p., in-8°. — Rapport sur l'ouverture d'un concours pour les livres élémentaires de la première éducation. Séance du 3 pluviôse, l'an second de la République une et indivisible. *S. d.* 12 p., in-8°. — Rapporto sulla necessita e sui mezzi d'abolire i dialetti rozzi, e di rendere l'uso della lingua francese universale, all'adunanza dei 16 pratile, l'anno 2ª della Republica una ed indivisibile. Seguito dal decreto della Convenzione nazionale. *S. d.* 35 p., in-8°. — Réflexions sur les brochures de MM. Bergasse et Grégoire, par une française. *S. d.* 7 p., in-8°. — Réponse aux observations d'un habitant des colonies, sur le « Mémoire en faveur des gens de couleur, ou sang-mêlés, de Saint-Domingue, et des autres isles françoises de l'Amérique, adressé à l'Assemblée nationale »; par M. l'abbé de Cournand. *S. d.* 37 p., in-8°. — Système de dénominations topographiques pour les places, rues, quais, etc. de toutes les communes de la République. *S. d.* 27 p., in-8°.
Pièces diverses : Lettre pour obtenir les renseignements sur les patois. 4 pp. — Lettre à l'assemblée électorale du dép. de Loir-et-Cher, sur sa nomination à l'évêché de Blois. 1 p. — Inauguration du buste de Désilles, par la Soc. des amis de la Constitution, de Blois. 3 pp. — Lettre pastorale (première). 22 pp. — Lettre à Pie VI. 1791. 3 pp. — Lettre pastorale aux curés et fidèles de son diocèse sur le payement des contributions publiques. 15 pp. — Discours sur la fédération du 14 juillet 1792. 11 pp. — Discours prononcé à Blois, au service célébré pour les citoyens

morts à Paris le 10 août 1792. 17 pp. — Lettre pastorale sur la confirmation. 12 pp. — Lettre pastorale du 12 mars 1794. 17 pp. — Apologie de B. de Las-Casas. 31 pp. 11 pièces en un recueil, in-4°. Cart.

10395. GRELLOIS (Eugène). Notions d'hygiène privée à l'usage des départements du Nord-Est de la France. Par Eugène Grellois, médecin-major à l'hôpital de Metz. *Metz, Alcan,* 1853. 383 pages, in-12. Demi-rel.

10396. — Contribution à l'histoire médicale de l'armée d'Orient. *Metz, Imp. Jules Verronnais,* 1857. 95 pages, in-8°. Br.

10397. — Impressions de voyage. Excursion dans la Troade, septembre 1854. *Metz, F. Blanc,* 1857. 69 pages, in-8°. Cart.

10398. — Météorologie religieuse et mystique. *Metz, F. Blanc,* 1870. 268 pages, in-8°. Br.

10399. GRIDEL (L'abbé). Instructions sur les sacrements en général, par l'abbé Gridel, chanoine de Nancy. *Paris, Girard et Josserand,* 1859-1863. 474, 492, 438, 456 et 368 pages. 5 vol. in-12. Demi-rel.

10400. GRINGOIRE (Pierre). Notables enseignemens, adages et proverbes faitz et composez par Pierre Gringoire dit Vauldémont, hérault d'armes de hault et puissant seigneur monseigneur le duc de Lorraine, etc. A la fin : *Imprimez à Paris par Nicolas Couteau* (pour Galliot Dupré), 1528. 11-134 feuillets, pet. in-8°. Fig. Rel. maroquin bleu, d. sur tr.

10401. — (Œuvres complètes, réunies pour la première fois par MM. Ch. d'Héricault, A. de Montaiglon et J. de Rothschild. *Paris, P. Jannet, P. Daffis,* 1858-1877. LXXX-344 et XXXIX-358 pages, in-12. 2 vol. Cart.

10402. — Rondeaux contenant la confession d'un amoureux. *Caen, Ch. Valin,* 1893. 128 pages, in-8°. Demi-rel.

10403. GROMAIRE (E.). Notions pratiques d'agriculture, d'horticulture et d'arboriculture, à l'usage des écoles primaires. Par E. Gromaire (directeur de l'École normale d'instituteurs de Nancy), ancien professeur d'agriculture, etc... *Nancy, Berger-Levrault et Cie,* 1888. XIV-194 pages, in-12. Cart.

10404. GROMAIRE (E.). *Suite :* — Livre de comptabilité agricole à l'usage des cultivateurs et des élèves des écoles primaires, faisant suite aux notions pratiques d'agriculture. 1889. 39 p., in-4°.

10405. GROSS (F.). Leçons de clinique chirurgicale professées à l'hôpital Saint-Léon, par le docteur F. Gross, professeur agrégé et chef de clinique chirurgicale à la Faculté de médecine de Nancy. *Paris, Berger-Levrault et Cie*, 1878. 84 pages, in-8°. Br.

10406. — Manuel du brancardier, avec 92 dessins originaux dont 23 tirés hors texte, par E. Auguin, ingénieur des mines, etc... *Nancy, G. Crépin-Leblond*, 1884. 198 pages, in-8°. Rel. anglaise.

10407. GRUCKER (Émile). Histoire des doctrines littéraires et esthétiques en Allemagne. Par Émile Grucker, professeur de littérature étrangère à la Faculté des lettres de Nancy. *Paris, Berger-Levrault et Cie*, 1883. xvi-526 pages, in-8°. Demi-rel.

10408. — François Hemsterhuis. Sa vie et ses œuvres. *Paris, Durand*, 1866. 276 pages, in-8°. Cart.

10409. — Le Laocoon de Lessing. *Nancy, Berger-Levrault et Cie*, 1892. 73 pages, in-8°. Br.

10410. — Lessing. *Nancy, Berger-Levrault et Cie*, 1896. xii-666 pages, in-8°. Br.

10411. GUAITA (Stanislas de). Oiseaux de passages. Rimes fantastiques. Rimes d'ébène. Par Stanislas de Guaita (né au château d'Alteville, près Dieuze). *Paris, Berger-Levrault et Cie*, 1881. 151 pages, in-12. Br.

10412. GUÉNARD (Le P.). Discours qui a remporté le prix d'éloquence à l'Académie françoise en l'année 1755. Par le P. Guénard (né à Damblain), jésuite. *Pont-à-Mousson, Fr. Thouvenin*, 1756. 30 pages, in-8°. Cart. — Discours sur l'esprit philosophique. Nouvelle édition conforme à celle de 1755. *Paris, Guilbert*, 1843. v-30 pages, in-12. Demi-rel.

10413. GUÉRIN (Raoul). Études zoologiques et paléontologiques sur la famille des cétacés. Par Raoul Guérin, de la Société d'archéologie lorraine. *Paris, G. Chamerot*, 1874. 145 pages, in-8°. 3 cartes. Demi-rel.

10414. GUÉRIN (Raoul). *Suite :* — Excursion géologique de Luc-sur-Mer (partie préhistorique). *Nancy, A. Lepage*, 1869. 11 pages, in-8°, avec une planche hors texte. Br.

10415. GUÉRY (Ch.-Constant). Précis historique des progrès de la botanique, avec une notice sur Tournefort, Linnée et Jussieu, par Ch.-Constant Guéry (d'Épinal). *Épinal, Gérard*, 1832. 32 pages, in-8°. Br.

10416. GUIBAL (C.-F.). Ruth, poëme en trois chants ; par C.-F. Guibal, ex-professeur à l'École d'artillerie de Valence, avoué à Lunéville, et adjoint du maire de la même ville. *Lunéville, J.-E.-B. Guibal*, 1818. 86 pages, in-8°. Cart.

10417. — Nouvelle géographie des écoles, ou éléments de géographie physique et politique. *Paris, Roret*, 1837. ix-235 pages, in-12. Demi-rel.

10418. — Ruth, poëme en trois chants. *Nancy, G. Grimblot et Vve Raybois*, 1850. 72 pages, in-18. Cart.

10419. — *Opuscules :* Mémoire sur les nouvelles mesures. 1835. 24 p., in-8°. — Mémoire sur les cercles tangents. 1844. 21 p., in-8°. — Introduction à l'étude de l'harmonie. 1850. 23 p., in-4°. — Conseils propres à faciliter la solution des problèmes de géométrie. S. d. 19 p., in-8°.

10420. GUIBERT (Nicolas). Alchymia ratione et experientia ita demum viriliter impugnata et expugnata, etc. Auctore Nicolao Guiberto, lotharingo, doctore medico. Item de balsamo, ejusque lachrymæ quod opobalsamum dicitur, natura, viribus et facultatibus admirandis. *Argentorati, L. Zetzner*, 1603. xvi-104 et iv-18 pages, pet. in-8°. Demi-rel.

10421. — De interitu alchymiæ metallorum transmutatoriæ tractatus aliquot, multiplici eruditione referti. Adjuncta est ejusdem apologia in sophistam Libavium, alchymiæ refutatæ furentem calumniatorem, quæ loco præfationis in eosdem tractatus esse possit. *Tulli, Seb. Philippe*, 1614. xvi-88 et 64 pages (incomplet), in-8°. Rel. parchemin.

10422. GUILBERT de PIXERÉCOURT. Théâtre de René-Charles Guilbert de Pixerécourt (né à Nancy). *Paris, J.-N. Barba, An VI.* 11 vol., in-8°. Rel. veau.

10423. GUILBERT DE PIXERÉCOURT. *Suite :* — Théâtre choisi, précédé d'une introduction, par Ch. Nodier. *Nancy, Impr. Raybois et Cie,* 1841. 4 vol., in-8°. Demi-rel.

10424. — Le château des Apennins ou le fantôme vivant. Drame en cinq actes, en prose, et à grand spectacle. *Paris, Barba,* An 7. 64 pages, in-8°. Cart.

10425. — Zozo, ou le mal avisé. Comédie en un acte et en prose. *Paris, Barba, An VIII.* 35 pages, in-8°. Br.

10426. — Cœlina, ou l'enfant du mystère. Drame en trois actes, en prose et à grand spectacle. *Paris, s. n.,* 1801. 54 pages, in-8°. Br.

10427. — Le pèlerin blanc. Drame en trois actes, en prose et à grand spectacle. *Paris, André,* 1801. 64 pages, in-8°. Br.

10428. — Pizarre, ou la conquête du Pérou. Mélodrame historique, en trois actes, en prose et à grand spectacle. *Paris, s. n.,* 1802. 47 pages, in-8°. Br.

10429. — La femme à deux maris. Mélodrame en trois actes, en prose et à spectacle. *Paris, s. n.,* 1802. 71 pages, in-8°. Br.

10430. — Les Maures d'Espagne, ou le pouvoir de l'enfance. Mélodrame en trois actes, en prose, et à grand spectacle. *Paris, Barba,* 1804. 52 pages, in-8°. Br.

10431. — Le petit page, ou la prison d'État. Comédie en un acte et en prose, mêlée d'ariettes. 2° édition. *Paris, Barba,* 1804. 38 pages, in-8°. Br.

10432. — Robinson Crusoé. Mélodrame en trois actes, à grand spectacle. *Paris, Barba,* 1805. 78 pages, in-8°. Br.

10433. — L'ange tutélaire, ou le démon femelle. Mélodrame en trois actes et à grand spectacle. *Paris, Barba,* 1808. 60 pages, in-8°. Br.

10434. — Victor, ou l'enfant de la forêt. Mélodrame en trois actes, en prose et à grand spectacle. *Paris, Barba,* 1808. 54 pages, in-8°. Br.

10435. — La citerne. Mélodrame en quatre actes, en prose, et à grand spectacle. *Paris, Barba,* 1809. 77 pages, in-8°. Br.

10436. — Les ruines de Babylone, ou Giafar et Zaïda. Mélodrame historique, en trois actes, en prose, et à grand spectacle. 2° édition. *Paris, Barba,* 1810. 75 pages, in-8°. Br.

10437. — Le précipice, ou les forges de Norwège. Mélodrame en trois actes et à grand spectacle. *Paris, Barba,* 1811. 61 pages, in-8°. Br.

10438. GUILBERT DE PIXERÉCOURT. *Suite :* — Tékéli, ou le siège de Montgatz. Mélodrame historique, en trois actes, en prose et à grand spectacle. *Paris, Barba,* 1811. 56 pages, in-8°. Cart.

10439. — Le petit carillonneur, ou la tour ténébreuse. Mélodrame en trois actes et à grand spectacle. *Paris, J.-N. Barba,* 1812. 76 pages, in-8°. Br.

10440. — Le fanal de Messine. Mélodrame en trois actes, à grand spectacle. *Paris, Barba,* 1812. 70 pages, in-8°. Br.

10441. — La femme à deux maris. Mélodrame en trois actes, en prose et à grand spectacle. *Paris, Barba,* 1813. 64 pages, in-8°. Br.

10442. — Le chemin de Montargis, ou la forêt de Bondy. Mélodrame historique en trois actes et à grand spectacle. *Paris, Barba,* 1814. 64 pages, in-8°. Br.

10443. — Christophe Colomb, ou la découverte du Nouveau Monde. Mélodrame historique en trois actes, en prose et à grand spectacle. *Paris, Barba,* 1815. 100 pages, in-8°. Br.

10444. — La chapelle des bois, ou le témoin invisible. Mélodrame en trois actes, en prose et à grand spectacle. *Paris, Hocquet,* 1818. 76 pages, in-8°. Cart.

10445. — Bouton de rose, ou le pêcheur de Bassora. Mélodrame féerie en trois actes, à grand spectacle. 2° édition. *Paris, J.-N. Barba,* 1819. 47 pages, in-8°. Br.

10446. — La fille de l'exilé, ou huit mois en deux heures. Mélodrame historique en trois parties. *Paris, Barba,* 1819. 96 pages, in-8°. Br.

10447. — Le mont Sauvage, ou le solitaire. Mélodrame en trois actes et en prose. *Paris, J.-N. Barba,* 1821. 64 pages, in-8°. Broché.

10448. — Ali-Baba ou les quarante voleurs. Mélodrame en trois actes à grand spectacle, tiré des *Mille et une Nuits. Paris, Pollet,* 1822. 83 pages, in-8°. Br.

10449. — Le château de Loch-Leven. Mélodrame historique en trois actes, imité de Walter Scott. *Paris, Pollet,* 1822. 84 pages, in-8°. Br.

10450. — Valentine, ou la séduction. Mélodrame en trois actes et en prose. *Paris, J.-N. Barba,* 1822. 78 pages, in-8°. Br.

10451. — La place du Palais. Mélodrame en trois actes et en prose. *Paris, Quoy,* 1824. 85 pages, in-8°. Br.

10452. GUILBERT DE PIXERÉCOURT.
Suite : — La tête de mort, ou les ruines de
Pompeïa. Mélodrame en trois actes. *Paris,
Quoy,* 1828. 94 pages, in-8°. Br.

10453. — Guillaume Tell. Mélodrame en
six parties, imité de Schiller. *Paris, Lami,*
1828. 59 pages, in-8°. Br.

10454. — La peste de Marseille. Mélodrame
historique en trois actes et à grand spectacle. *Paris, Duvernois,* 1828. 88 pages,
in-8°. Br.

10455. — L'Aigle des Pyrénées. Mélodrame
en trois actes. *Paris, Barba,* 1829. 102
pages, in-8°. Br.

10456. — Ondine ou la nymphe des eaux.
Féerie en quatre actes. *Paris, Barba,* 1830.
104 pages, in-8°. Br.

10457. — L'allée des veuves ou la justice en
1773. Mélodrame en trois actes et six
tableaux. *Paris, Barba,* 1833. 80 pages,
in-8°. Br.

10458. — Esquisses et fragments de voyages
en France, à Bade, en Suisse et à Cha-
mouny, avec un plan du souterrain des
Francs-Juges. *Paris, s. n.,* 1842. 192 pages,
in-8°. Demi-rel.

10459. GUILLEMIN (C.-A.). Elementa
juris civilis Romanorum... Collecta per
C.-A. Guillemin, e regiâ societate litte-
rariâ nanceianâ, ac facultatum... decanum.
Ponti-Mussi, F. Thouvenin, 1752. III-447
pages, in-8°. Rel. veau. (Un second titre
se trouve en tête du livre III.)

10460. GUILLEMIN (J.-J.). De coloniis
urbibusque ab Alexandro et successoribus
ejus in Asiâ conditis dissertationem scripsit
J.-J. Guillemin (plus tard recteur de l'A-
cadémie de Nancy). *Parisiis, apud Joubert,*
1847. 80 pages, in-8°. Demi-rel.

10461. — Histoire ancienne. *Paris, L. Hachette et Cie,* 1852. XI-557 pages, in-12.
Cartonné.

10462. GUINET (NICOLAS). Pacti nudi
vindiciæ seu nomocanonica prælectio in
tit. de pactis apud Gregorium. Autore Nicolao Guineto. I. U. professore in academiâ Pontimussanâ. *Pontimussi, Phil.
Vincent,* 1629. XXXVI-239 pages, in-12. Rel.
parchemin.

10463. — Discours poétique sur la diversité
du naturel des femmes, avec la louange et
le chois de la bonne. *Pont-à-Mousson, E.
Marchand,* 1588. 33 feuillets non chiffrés,
pet. in-8°. Rel. parchemin.

10464. GUINET (NICOLAS). *Suite :* — Præfa-
tio ad Justinianeos habita Pontimussi..., in
qua principum series qui a Julio ad Cons-
tantinum civilem prudentiam constitue-
runt..., per Nicolaum Guinetum. *Pontimussi, apud Melchiorem Bernardum,* 1604.
24 pages, in-4°. Parchemin.

10465. GUINOT (L'abbé). Leçons philosophiques ou le germe des connaissances
humaines dans ses premiers développemens, par M. l'abbé Guinot (curé de Contrexéville). De la logique. *Nancy, Mathieu,*
1778. XXXIV-528 et 575 pages, in-12. 2 vol.
Rel. veau.

10466. GUYOT (P.). Opuscules : Recherches de chimie, par M. P. Guyot, chimiste
à Nancy, etc... *S. d.* 8 p., in-8°. — L'extrait
de légumes. 1869. 8 p., in-8°. — La
science familière. Le pain chimique. 1869.
4 p., in-8°. — Sur la valeur toxique de
quelques produits du groupe phénique.
1870. 8 p., in-8°. — Étude sur le protobro-
mure de soufre. *S. d.* 12 p., in-8°.

10467. GUYOT (CH.). Les droits d'emphy-
téose et de superficie, par Charles Guyot
(né à Mirecourt), sous-inspecteur des forêts,
etc... *Nancy, impr. G. Crépin-Leblond,*
1876. X-150, 163 et 106 pages, in-8°. 3 parties en 1 vol. Br.

10468. — Contrainte par corps en matière
criminelle et forestière. Commentaire de
la loi du 22 juillet 1867. *Paris, Marchal,
Billard et Cie,* 1880. 258 pages, in-8°. Br.

10469. — Opuscules : La réforme du code
forestier. 1894. 22 p., in-12. — Les prénoms de Vespuce et l'origine du nom
d'Amérique. *S. d.* 6 p., in-8°.

10470. HAEFFELÉ (E.). Guide des sociétés de tir. Organisation, fonctionnement
et administration des sociétés de tir territoriales et mixtes, par E. Haeffelé (commerçant à Nancy), capitaine d'infanterie
territoriale. *Nancy, Berger-Levrault et
Cie,* 1893. 248 pages, in-8°. Br.

10471. HAILLANT (N.). L'autorité pater-
nelle dans l'histoire du droit, par N. Haillant (avoué à Épinal), docteur en droit.
Saint-Nicolas et Nancy, N. Collin, 1873.
VIII-298 pages, in-8°. Demi-rel.

10472. HALDAT (ALEX. DE). Recherches
chimiques sur l'encre, son altérabilité et

les moyens d'y remédier, par Alex. de Haldat, docteur en médecine, professeur de physique et de chimie à Nancy, etc. 3ᵉ édition, considérablement augmentée. *Paris, A. Koenic,* 1805. 11-84 pages, in-8°. Cart.

10473. — Deux mémoires sur le magnétisme. *Nancy, Grimblot et Vve Raybois,* 1846. 41 et 24 pages, in-8°. Fig. Demi-rel.

10474. — Optique oculaire, suivie d'un essai sur l'achromatisme de l'œil... *Paris, J.-B. Baillière,* 1849. 84 pages, in-8°. Demi-rel.

10475. — Exposition de la doctrine magnétique ou traité philosophique, historique et critique du magnétisme. *Nancy, Grimblot et Vve Raybois,* 1852. viii-320 pages, in-8°. Demi-rel.

10476. — *Opuscules :* Notice sur un appareil électro-magnétique, inventé par M. Clarcke, mécanicien anglais. 1837. 10 p., in-8°. — Recherches sur la force coercitive et la polarité des aimants sans cohésion. 1837. 11 p., in-8°. — Essai historique sur le magnétisme et l'universalité de son influence dans la nature. 1849. 19 p., in-8°. — De l'influence de l'expérience sur le progrès des sciences et des arts. 1850. 14 p., in-8°. — Essais destinés à faciliter la répétition de l'expérience qui sert de base à la théorie de l'interférence des rayons lumineux. *S. d.* 24 p., in-8°.

10477. HALLER (A.). L'industrie chimique, par A. Haller, directeur de l'Institut chimique de la Faculté des sciences de Nancy, etc... Avec figures intercalées dans le texte. *Paris, J.-B. Baillière et fils,* 1895. 348 pages, in-12. Rel. angl.

10478. — Traité élémentaire de chimie à l'usage des candidats au certificat d'aptitude des sciences physiques, chimiques et naturelles et des candidats aux baccalauréats scientifiques. Chimie minérale. — Chimie organique. En collaboration avec P.-Th. Muller, maître de conférences à l'Institut chimique de Nancy. *Paris, Georges Carré,* 1896. 336 et 205 pages, in-8°. 2 vol. Rel. angl.

10479. HALLEZ (Hippolyte). De l'éloquence judiciaire, par Hippolyte Hallez (membre du comice agricole de Metz), docteur en droit, etc... *Nancy, impr. Thomas et Cie,* 1837. 28 pages, in-8°. Br.

10480. HAMONVILLE (Le baron d'). *Opuscules :* Note sur l'acclimatation ou la domestication de différents gallinacés ou palmipèdes, par le baron d'Hamonville (au château de Manonville). 1889. 7 p., in-8°. — Second congrès ornithologique international tenu à Buda-Pesth en mai 1891. 1891. 26 p., in-8°. — Liste des oiseaux recueillis par M. Émile Deschamps sur la côte de Malabar. 1891. 8 p., in-8°.

10481. HANCARVILLE (d'). Essay de politique et de morale calculée. (Par d'Hancarville, né à Nancy.) *Amsterdam, J. Wetstein,* 1752. 288 pages, in-8°. Rel. mar.

10482. — Antiquités étrusques, grecques et romaines gravées par F.-A. David, avec leurs explications. *Paris, s. n.,* 1785. 5 vol., in-4°. Rel. veau.

10483. HANNOTIN (Émile). Doctrine religieuse et philosophique fondée sur le témoignage de la conscience, par Émile Hannotin (né à Bar-le-Duc). *Bar-le-Duc, A. Laguerre,* 1842. viii-121 pages, in-8°. Demi-rel.

10484. HANRIOT (C.-L.). Éléments de dessin linéaire, à l'usage des écoles primaires des deux sexes, par M. C.-L. Hanriot, inspecteur d'académie à Nancy, licencié ès-sciences, etc... *Nancy, Thomas,* 1857. 83 pages, in-8°. Cart.

10485. HANRIOT (J.). Traité de l'élégance latine et de la composition du vers hexamètre, par J. Hanriot, de Nancy. *Nancy, s. n.,* 1749. 112 pages, in-18. Rel. basane.

10486. HANRIOT. Guide industriel du propriétaire et de l'artisan, contenant les formules des principaux actes sous seings privés, en matière civile et commerciale..., par Hanriot. *Nancy, L. Vincenot et Cie,* 1840. 465 pages, in-8°. Demi-rel.

10487. HARMAND. Rapport fait par Harmand (de la Meuse), sur la résolution du Conseil des Cinq-Cents du 19 messidor, relative au fugitifs des départemens du Haut et Bas-Rhin. Séance du 20 thermidor an V. *Paris, Imprimerie nationale, an V.* 52 pages, in-8°. Cart.

10488. — Anecdotes relatives à quelques personnes et à plusieurs évènemens remarquables de la Révolution. *Paris, Baudouin,* 1814. xvi-140 pages, in-8°. Cart.

10489. HARMAND (Mlles). Exercices de grammaire et d'orthographe préparés par Mlles Harmand (de Bar-le-Duc), pour les élèves de leur pensionnat. *Bar-le-Duc, Laguerre*, 1854. 189 pages, in-12. Demi-rel.

10490. HAUSSMANN. Cours méthodique de dictées françaises et exercices gradués sur toutes les règles de la grammaire, par M. Haussmann, professeur à Nancy. *Paris, Berger-Levrault et Cie*, 1881. vi-376 pages, in-12. Br.

10491. HAUSSONVILLE (J.-B. d'). Histoire de la politique extérieure du gouvernement français. 1830-1848. Avec notes, pièces justificatives et documents diplomatiques entièrement inédits, par J.-B. d'Haussonville, ancien député. *Paris, Michel Lévy frères*, 1850. 316 et 429 pages, in-12. 2 vol. Demi-rel.

10492. — L'Église romaine et le premier empire. 1800-1814. Avec notes, correspondances diplomatiques et pièces justificatives entièrement inédites. *Paris, Michel Lévy frères*, 1869. 5 vol., in-8°. Demi-rel.

10493. — Souvenirs et mélanges. *Paris, Calmann Lévy*, 1878. i-461 pages, in-8°. Demi-rel.

10494. — *Opuscules :* Rapport fait à la Chambre des députés sur le projet de loi tendant à ouvrir un crédit de 600.000 fr., pour subvenir à l'introduction des cultivateurs européens dans les colonies. 1845. 26 p., in-8°. — Rapport fait à la Chambre des députés sur le projet de loi relatif à la juridiction à laquelle seront soumis, dans les quatre principales colonies françaises, les crimes commis envers les esclaves. 1847. 15 p., in-8°. — De la situation actuelle. Affaires d'Espagne et de Cracovie. 1847. 32 p., in-8°.

10495. HAUSSONVILLE (G.-P. d'). Les établissements pénitentiaires en France et aux colonies, par le vicomte d'Haussonville, député à l'Assemblée nationale. *Paris, Michel-Lévy frères*, 1875. 638 pages, in-8°. Demi-rel.

10496. — C.-A. Sainte-Beuve. Sa vie et ses œuvres. *Paris, Michel-Lévy frères*, 1875. 338 pages, in-12. Br.

10497. — L'enfance à Paris. *Paris, Calmann-Lévy*, 1879. 473 pages, in-8°. Demi-rel.

10498. — Études biographiques et littéraires. Georges Sand, Prescott, Michelet, Lord Brougham. *Paris, Calmann-Lévy*, 1879. iii-409 pages, in-12. Demi-rel.

10499. — Le salon de Mme Necker, d'après des documents tirés des archives de Coppet. *Paris, Calmann-Lévy*, 1882. 360 et 303 pages, in-12. 2 vol. Demi-rel.

10500. HAUSSONVILLE (d'). *Suite :* — A travers les États-Unis. Notes et impressions. *Paris, Calmann-Lévy*, 1883. 400 pages, in-12. Br.

10501. — Mme de La Fayette. *Paris, Hachette et Cie*, 1891. 223 pages, in-12. Portrait. Demi-rel.

10502. — Lacordaire. *Paris, Hachette et Cie*, 1895. 217 pages, in-12. Portrait. Demi-rel.

10503. HAXO. *Opuscules :* Un mot sur le choléra-morbus, suivi d'une instruction pratique sur les moyens de le prévenir, de s'en préserver, de le combattre ; par le docteur Haxo, chirurgien en chef de l'hospice Saint-Maurice d'Épinal, etc... *S. d.* iv-23 pages, in-8°. — Rapport sur quelques brochures relatives au choléra-morbus épidémique, lu à la Société d'émulation du département des Vosges, le 7 février 1833. *S. d.* 24 p., in-8°.

10504. HECHT (L.). Les rapports de la médecine avec les sciences physiques et naturelles, par le Dr L. Hecht, professeur à la Faculté de médecine de Nancy. *Nancy, Berger-Levrault*, 1879. 31 pages, in-8°. Br. (Discours de réception à l'Académie de Stanislas).

10505. HELLER. La nature et le naturalisme, par Heller. *Nancy, typ. G. Crépin-Leblond*, 1884. 50 pages, in-8°. Br.

10506. HÉQUET (CHARLES). Le sire de Joinville (1223-1318). Essai biographique, par Charles Héquet. *Châlons-sur-Marne, J.-L. Le Roy*, 1869. 45 pages, in-8°. Br.

10507. HENNEQUIN (AMAND). Observations sur l'état actuel de l'instruction publique en France ; par Amand Hennequin (proviseur du collège royal de Nancy), officier de l'Université, etc... *Nancy, Impr. C.-J. Hissette*, 1831. 92, 19, 31 et 24 pages, in-8°. 4 lettres en 1 vol. Cart.

10508. — Essai de l'analogie des langues. *Douai, M. Contrejean*, 1838. 215 pages, in-8°. Cart.

10509. — Les leçons du bon pasteur sur la physique, à l'usage des écoles primaires des deux sexes. *Douai, Impr. V. Adam*, 1839. 199 pages, in-16. Cart.

10510. HENNEQUIN (Amand). *Suite :* — Les leçons du bon pasteur sur les devoirs de l'homme ; lectures morales destinées aux écoles primaires et aux pensionnats des deux sexes. *Le Puy, A. Guilhaume,* 1842. x-295 pages, in-12. Portrait. Cart.

10511. HENRION (M.-R.-A.). Histoire littéraire de la France, contenant les six périodes antérieures à Louis XI, avec un coup-d'œil sur la septième, et précédée d'une introduction ; par Mathieu-Richard-Auguste Henrion (né à Metz), avocat à la Cour royale de Paris. *Paris, J.-J. Blaise,* 1827. iii-256 pages, in-8°. Demi-rel.

10512. HENRION de PANSEY. Dissertatations féodales, par M. Henrion de Pansey (né à Tréveray), avocat au Parlement. *Paris, Théophile Barrois le jeune,* 1789. ii-681 et i-674 pages, in-4°. 2 vol. Cart.
10513. — De la compétence des juges de paix. *Paris, Théophile Barrois père,* 1812. xvi-576 pages, in-8°. Rel. veau.
10514. — Du pouvoir municipal et des biens communaux. *Paris, Théophile Barrois père,* 1822. xvi-416 pages, in-8°. Demi-rel.
10515. — Des assemblées nationales en France, depuis l'établissement de la monarchie jusqu'en 1614. *Paris, Théophile Barrois père,* 1826. ii-382 pages, in-8°. Demi-rel.
10516. — Un mot sur le contentieux du Conseil d'État. *Paris, T. Barrois et B. Duprat,* 1830. 67 pages, in-8°. Demi-rel.

10517. HENRIOT (Eugène). Mœurs juridiques et judiciaires de l'ancienne Rome, d'après les poètes latins, par Eug. Henriot (né à Nancy), conseiller à la Cour de cassation. *Paris, F. Didot,* 1865. xl-577, 547 et 433 pages, in-8°. 3 vol. Demi-rel.

10518. HENRIQUEZ. Moyens de prévenir la disette des bois, et d'en procurer l'abondance. Par M. Henriquez, procureur à Dun. *Paris, Delalain,* 1787. 196 pages, in-12. Demi-rel.

10519. HENRY (L'abbé Pierre-Xavier). Explication des pseaumes par manière de paraphrases. Par l'abbé Pierre-Xavier Henry, ancien docteur et professeur en théologie. *Nancy, Cl. Leseure,* 1790. xi-732 pages, in-12. Rel. bas.

10520. HENRY (L'abbé Gabriel). Leçons sur les principaux points de la grammaire française, à l'usage des élèves de M. l'abbé Henry, maître de pension à Nancy. *Nancy, Claude Leseure,* 1807. iv-84 pages, in-12. Demi-rel.
10521. — Histoire de la langue française. *Paris, Leblanc,* 1812. xxii-336 et 381 pages, in-8°. 2 vol. Cart.

10522. HENRY (L'abbé). Précis de l'histoire de l'éloquence, par l'abbé Henry, professeur de rhétorique au petit séminaire de Châtel-sur-Moselle. *Paris, Auguste Delalain,* 1834-1835. viii-395 et 457 pages, in-8°. 2 vol. Demi-rel.

10523. HENRY (J.-B.). Cours élémentaire de dessin linéaire, d'arpentage et d'architecture adapté à tous les modes d'enseignement. Par J.-B. Henry (des Vosges), maître de pension à Paris, etc... *Paris, Isidore Pesron,* 1843. vi-158 pages, in-8°. Cart.

10524. HERBERT. Li romans de Dolopathos (traduit du latin de Jean, religieux de l'abbaye de Haute-Seille, par Herbert). Publié pour la première fois en entier, par MM. Charles Brunet et Anatole de Montaiglon. *Paris, P. Jannet,* 1856. xxxii-432 pages, in-12. Cart.

10525. HERBET (Jean). Jo. Herbetii lotharingi de coena Domini oratio, in quâ demonstratur veritas corporis Christi in Eucharistiâ. *Parisiis, D. Du Val,* 1578. xiv-156 pages, in-8°. Rel. parchemin.

10526. HERMANN (Le baron de). La Pallantiade, poëme épique en vingt-quatre chants, par le baron de Hermann (né à Metz). *Paris, Firmin Didot frères,* 1835. 338 et 420 pages, in-8°. Gravure. 2 tomes en 1 vol. Demi-rel.

10527. HERMITE (H.-V.). Affût de place et de côte, en fonte, à bascule, par H.-V. Hermite (de Nancy), ancien élève de l'École polytechnique, etc... *Nancy, Imp. Vagner,* 1851. 23 pages, in-4°. Plan. Cart.

10528. HERMITE (Ch.). Cours d'analyse de l'École polytechnique, par M. Ch. Hermitte (né à Dieuze), membre de l'Institut, etc... *Paris, Gauthier-Villars,* 1873. iv-455 pages, in-8°. Demi-rel.

10529. HERMITE (Ch.). *Suite :* — Sur quelques applications des fonctions elliptiques. *Paris, Gauthier-Villars,* 1885. 146 pages, in-4°. Br.

10530. — Cours rédigé en 1882, par M. Andoyer, élève à l'École normale. *Paris, A. Hermann,* 1891. VI-293 pages, in-4°. Br.

10531. — *Opuscules :* Remarques sur les formes quadratiques de déterminant négatif. 1886. 8 p., in-8°. — Sur les polynômes de Legendre. 1890. 8 p., in-8°. — Sur la transformation des fonctions elliptiques. 1891. 3 p., in-8°. — Sur une extension de la formule de Stirling. (1893.) 10 p., in-8°. — Sur la généralisation des fractions continues algébriques. 1893. 20 p., in-4°. — Extrait d'une lettre adressée à M. Craig. *S. d.* 5 p., in-4°. — Sur les racines de la fonction sphérique de seconde espèce. Extrait d'une lettre adressée à M. Lerch. *S. d.* 10 p., in-4°.

10532. HERPIN (J.-Ch.). Avis aux parens sur la nouvelle méthode perfectionnée d'enseignement élémentaire, mutuel et simultané, adoptée par le Gouvernement français ; avec l'application de cette méthode à l'enseignement des filles. Par J.-C. Herpin, de Metz, membre de la Société pour l'encouragement de l'industrie nationale, etc... Avec planches. *Paris, Louis Colas,* 1818. 130 pages, in-12. Cart.

10533. — Récréations chimiques, ou recueil d'expériences curieuses et instructives, que l'on peut faire facilement, à peu de frais et sans danger, etc... *Paris, Audot,* 1823-1824. VI-384 et 304 pages, in-8°. 2 tomes en 1 vol. Cart.

10534. — Abrégé de la méthode naturelle de lecture. *Paris, Imp. Demonville,* 1833. 48, 98 et 107 pages, in-16. 3 brochures en 1 vol. Cart.

10535. — Avis aux parents, aux membres des conseils municipaux et des comités d'instruction primaire, aux ecclésiastiques et aux instituteurs, sur l'enseignement mutuel, etc... *Paris, L. Colas,* 1835. XI-124 pages, in-12. Cart.

10536. — Du raisin et de ses applications thérapeutiques. Études sur la médication par les raisins connue sous le nom de cure aux raisins ou ampélothérapie. *Paris, J.-B. Baillière et fils,* 1865. 362 pages, in-12. Cart.

10537. — Études sur la réforme et les systèmes pénitentiaires considérés au point de vue moral, social et médical. *Paris, Guillaumin et Cie,* 1868. 261 pages, in-12. Cart.

10538. HERPIN (J.-Ch.). *Suite :* — Histoire de quelques enfants du peuple devenus grands hommes d'État et qui ont rendu d'importants services à leur pays et à l'humanité. *Paris, Hachette et Cie,* 1870. 102 et 89 pages, in-18. 2 tomes en 1 vol. Cart.

10539. — Notions élémentaires d'arpentage, à l'usage des propriétaires ruraux, des instituteurs de campagne et des élèves des écoles primaires. *Paris, Impr. Bacquenois et Appert, s. d.* 86 pages, in-16. Cart.

10540. — *Opuscules :* De la graisse des vins, des phénomènes de cette maladie, de ses causes, etc... 1819. 8 p., in-8°. — Considérations générales sur le colportage, pour servir à une pétition présentée à la Chambre des députés par un grand nombre de négocians français. 1820. 31 p., in-8°. — Recherches sur l'emploi de divers procédés nouveaux, pour la conservation des substances animales destinées à l'histoire naturelle et à l'économie domestique. 1822. 8 p., in-12. — Description de plusieurs instrumens nouveaux pour conserver et améliorer les vins. 1823. 34 p., in-12. — Description d'un appareil de distillation continue, au moyen duquel on peut obtenir, à la fois, deux sortes d'esprits, aux degrés déterminés. 1823. 20 p., in-8°. — Description d'un nouvel alambic à l'usage des pharmaciens et des liquoristes. 1823. 23 p., in-12. — Quels inconvéniens y aurait-il à rendre à l'agriculture les terrains incultes dépendans des fortifications des places de guerre, quand on peut le faire sans nuire au service militaire ? 1823. 4 p., in-12. — Instruction sur la manière de faire commodément et à peu de frais les expériences et les observations d'agriculture. 1823. 32 p., in-8°. — Considérations physiologiques et pathologiques sur l'enfance sur l'adolescence. 1826. 22 p., in-4°. — Extrait du livre d'or de la R∴ loge écossaise chapitrale le Temple de Minerve ; séance solennelle du 19° jour de la lune de Schevat, an de la V∴ L∴ 5828. 1829. 31 p., in-8°. — Sur les canaux et les chemins de fer. 1830. 15 p., in-8°. — Essai sur la pousse des vins. (1833.) 20 p., in-8°. — Recherches économiques sur le son ou l'écorce du froment et des autres graines céréales. 1833. 36 p., in-12. — Instruction sur les moyens d'établir facilement et à peu de frais des écoles primaires dans les campagnes. 1834. 23 p., in-12. — Sur l'enseignement mutuel, les écoles primaires des campagnes et les salles d'éducation de l'enfance.1835. 24 p., in-12. — Instruction à l'usage des propriétaires de vignes sur la manière de fabriquer les vins mousseux façon de champagne. 1835. 12 p., in-12. — Mémoire sur une apoplexie charbonneuse de la rate, qui a régné épizootiquement sur les bêtes à laine, dans les départements de l'Indre et du Cher, pendant l'automne de 1834. 1836. 23 p., in-8º. — Recherches sur la destruction de l'alucite, ou teigne des grains. 1838. 30 p., in-8º. — Sur le déplacement ou l'échange des enfans trouvés et la suppression des tours d'arrondissement. 1838. 24 p., in-8º. — Rapports faits à la Société d'encouragement pour l'industrie nationale, au nom du comité des arts économiques. 1839. 31 p., in-4º. — Sur l'importance de la route projetée de Vatan à Romorantin, pour l'avenir et la prospérité de la ville de Châteauroux. 1840. 4 p., in-8º. — Considérations agricoles sur l'importation des bestiaux étrangers en France. (1840.) 20 p., in-8º. — Mémoire sur divers insectes nuisibles à l'agriculture, et plus particulièrement au froment, au seigle, à l'orge et au trèfle. 1841. 31 pages, in-8º. — Note sur divers moyens propres à la destruction de la pyrale de la vigne. (1845.) 8 p., in-8º. — Quelques mots sur le crédit agricole et la réforme du régime hypothécaire. (1848.) 12 p., in-8º. — Sur la cuscute (cuscuta europœa, Lin.). Plante parasite qui attaque la lin, le trèfle et la luzerne, etc... (1850.) 23 p., in-8º. — Destruction économique de l'alucite et du charançon vivant renfermés dans l'intérieur des grains, au moyen du tarare à grande vitesse ou brise-insectes. (1850.) 12 p., in-8º. — Rapport fait au nom du comité des arts économiques, sur les procédés de conservation des substances alimentaires et des produits présentés par M. Willaumez, à Lunéville (Meurthe). 1852. 14 p., in-4º. — Sur les bains et douches de gaz carbonique, etc... 1855. 8 p., in-8º. — Tableaux analytiques comparatifs des principales eaux minérales. 1855. 10 p., in-12. — Mémoire sur la conservation des blés dans les silos souterrains. (1856.) 15 p., in-8º. — De l'avoine considérée comme substance alimentaire pour l'homme. 1857. 18 p., in-8º. — Sur la nomenclature et la classification des eaux minérales. 1858. 27 p., in-8º. — Note sur l'emploi du gaz carbonique comme agent anesthésique. 1858. 8 p. in-8º. — Sur l'alucite ou teigne des blés et sur les moyens de la détruire. 1860. 26 p. in-8º. — Du raisin considéré comme médicament ou de la médication par les raisins. 1860. 36 p., in-12. — Instructions sur les premiers soins à donner aux personnes asphyxiées par le gaz acide carbonique. 1864. 7 p., in-8º. — Notice historique sur la vie et les travaux de Jean Méry, anatomiste, etc... 1864. 43 p., in-8º. Portrait. — Rapport sur les progrès et l'état actuel de l'instruction primaire en Espagne. 1864. 40 p., in-8º. — Sur la création en France d'un grand réseau de voies ferrées ou de communications à vapeur départementales et vicinales. 1867. 7 p., in-8º. — Des chemins de fer de Paris à Lyon, Toulouse et Bordeaux. S. d. 8 p., in-8º. — A MM. les électeurs du canton de Vatan. S. d. 8 p., in-8º. — Sur l'emploi du plâtre et du poussier du charbon pour désinfecter instantanément les matières fécales. S. d. 15 p., in-4º. — Des inconvéniens de l'appareil dit vinificateur, pour les vins peu spiritueux, et naturellement verts ou acides. S. d. 4 p., in-8º. — Instruction sur les premiers soins à donner aux personnes asphyxiées par les vapeurs du vin ou de la bière en fermentation, par celles du charbon et de la braise allumés. Gaz carbonique. S. d. 4 p., in-12. — Moulin à vent de trois paires de meules, avec scierie, huilerie et manège, établi dans le département de l'Indre. S. d. 20 p., in-8º. — Rapport sur le concours relatif au perfectionnement de procédés et appareils destinés au blanchissage du linge. S. d. 4 p., in-4º. — Réponse aux observations critiques de M. Robert, médecin de la Cour de Suède, sur l'appareil de distillation continue de M. Herpin. S. d. 32 p., in-8º.

10541. HOFFMAN (F.-B.). Poésies diverses de M. Hoffman (né à Nancy). *Paris, L.-F. Prault*, 1785. 164 pages, in-18. Demi-rel.

10542. — Poésies diverses. *Nancy, s. n.*, 1785. 164 pages, in-12. Rel. veau.

10543. — Œuvres. *Paris, Lefebvre*; 1829. 10 vol., in-8º. Portrait. Demi-rel.

10544. — Mes souvenirs, ou recueil de poésies fugitives. *Paris, Huet, an 10.* 140 pages, petit in-8°. Cart.

10545. HOFFMAN (F.-B.). *Suite :* — Callias, ou nature et patrie. Drame héroïque en un acte et en vers, mêlé de musique. *Paris, Maradan,* 1794. 31 pages, in-8°. Cart.

10546. — Le secret. Comédie en un acte et en prose, mêlée de musique. *Paris, Vente,* 1796. 32 pages, in-8°. Cart.

10547. — Bion. Comédie en un acte et en vers, mêlée de musique. *Paris, Huet, An XI.* 48 pages, in-8°. Cart.

10548. — Stratonice. Comédie-héroïque en un acte et en vers. *Paris, s. n., n. d.* 32 pages, in-8°. Cart.

10549. HOGARD (Henri). Recherches sur les glaciers et sur les formations erratiques des Alpes de la Suisse, par Henri Hogard (né à Charmes). *Épinal, Impr. Vve Gley,* 1858. ix-322 pages, in-8°. Demi-rel.

10550. HOLANDRE (J.-B.-A.). La terre sainte, ou description des lieux les plus célèbres de la Palestine, accompagnée du texte de l'écriture sainte, relatif à chaque monument, par J.-B.-A. Holandre (né à Tilly-sur-Meuse), avec sept gravures en taille douce. *Metz, C. Lamort,* 1819. 366 pages, in-8°. Demi-rel.

10551. HORDAL (Jean). — Mella apum romanarum. Authore Joanne Hordal I. U. doctore... Almæ Universitatis Pontimus-sanæ ordinario professore... *Pontimussi, apud J. Appier Hanzel et J. Bernardum,* 1628. 63 pages, in-16. Demi-rel.

10552. HOUPERT (L'abbé J.-P.). De l'émigration des campagnes ; ses illusions et ses dangers, et en particulier de l'émigration allemande à Paris, son passé, sa situation présente et les améliorations qu'elle réclame, par l'abbé J.-P. Houpert, ancien curé de Virming (Meurthe)... Deuxième édition. *Paris, chez l'auteur,* 1857. ix-228 pages, in-8°. Demi-rel.

10553. HUGO (Charles-Louis). Sacrae antiquitatis monumenta historica, dogmatica, diplomatica... Notis illustrata, a R. P. ac domino Carolo Ludovico Hugo, abbate Stivagii, etc... *Stivagii, typ. Joannis Martini Heller,* 1725. xxiv-574 et xx-569 pages, in-fol. 2 vol. Rel. veau.

10554. — Réfutation du système de Monsieur Faidy sur la Trinité, qui a pour titre : « Altération du dogme théologique, par la philosophie d'Aristote » ou les fausses idées des scholastiques, sur toutes les matières de religion. *Luxembourg, André Chevalier,* 1699. xxii-303 pages, in-8°. Rel. veau.

10555. HUGO (Charles-Louis). *Suite :* — La vie de S. Norbert, archevêque de Magdebourg et fondateur de l'ordre des chanoines prémontrez. Avec des notes pour l'éclaircissement de son histoire, et de celle du douzième siècle. *Luxembourg, A. Chevalier,* 1704. xxxii-492 pages, in-4°. Vignettes. Rel. veau.

10556. — Sacri et canonici ordinis praemonstratensis annales, in duas partes divisi. *Nanceii, Joan.-Bapt. Cusson, et Abelem-Dionysium Cusson,* 1734. lxvi-480-ccclxvi et xxiv-593-ccclxix pages, in-fol. 2 vol. Rel. veau.

10557. HUGO (Le général). Mémoires du général Hugo (né à Nancy), gouverneur de plusieurs provinces et aide-major général des armées en Espagne. *Paris, Ladvocat,* 1823. 292, cii-388 et 480 pages, in-8°. 3 vol. Cart.

10558. HULOT (Le baron Étienne). *Opuscules :* Les chinois partout. (Question de l'immigration chinoise.) Par le baron Étienne Hulot (de Nancy). 1888. 42 p., in-8°. — Le contre-amiral Dumont d'Urville (1790-1842). 1892. 48 p., in-8°. Portrait. Gravure. Carte. — Les relations de la France avec la Côte des Esclaves. 1894. 27 p., in-8°. — Les Canadiens-français et le développement des libertés parlementaires au Canada. *S. d.* 28 p., in-8°. — Le régime légal des associations en Suisse. *S. d.* 10 p., in-8°.

10559. HUMBERT. Les ténèbres du sieur Humbert (capitaine de l'Avant-Garde, au village de Pompey). Exposées au jour sérénissime de l'Altesse de Madame. *Nancy, Séb. Philippe,* 1624. 66 pages, in-8°. Rel. parchemin.

10560. HUMBERT (François). Essai et observations sur la manière de réduire les luxations spontanées ou symptomatiques de l'articulation ilio-fémorale ; par M. François Humbert, médecin orthopédiste à Morley (Meuse), etc... *Bar-le-Duc, F. Gigault d'Olincourt,* 1835. xiii-554 pages, in-8° et 1 vol. de planches, in-4°. Demi-rel.

10561. HUMBERT (François). *Suite :* — De l'emploi des moyens mécaniques et gymnastiques dans le traitement des difformités du système osseux. *Bar-le-Duc, F. Gigault d'Olincourt*, 1831-1836. 3 vol. de texte, in-8°. 1 vol. de planches, in-4°. Demi-rel.

10562. — De l'invention et de l'emploi de l'hybomètre. *Bar-le-Duc, F. Gigault d'Olincourt*, 1834. 88 pages, in-8° et 1 vol. de planches in-4°. Demi-rel.

10563. HUMBERT (F.). Leçons élémentaires d'histoire naturelle, suivies de réflexions pratiques sur l'application de cette science à la morale, à l'hygiène, à l'agriculture, au commerce et aux arts. Par F. Humbert, censeur des études au collège royal de Nancy, etc... *Nancy, Vidart*, 1836. x-324 et vi-234 pages, in-12. 2 vol. Cart.

10564. HUMBERT (Joseph). *Opuscules :* Sur le désastreux système du défrichement des forêts en France. Par Joseph Humbert, curé d'Haussonville. *Nancy, George Grimblot*, 1837. iv-44 pages, in-8°. Cart. — Quelques considérations sur les excès du déboisement, et sur le projet de reboisement, etc. 1847. 24 p., in-8°.

10565. HUSSENOT. Provinciales, par Louis-Cincinnatus-Séverin-Léon Dr Hussenot (de Nancy), interdit. *Nancy, Raybois et Cie*, 1842. 3 pages, in-4°. Br.

10566. HUSSON (Claude-Robert). La parfaite oraison, ou la vraie manière de méditer et de prier avec fruit. Par le R. P. Claude-Robert Husson, religieux cordelier. *Nancy, Pierre Antoine*, 1763. xxi-377 pages, in-12. Rel. bas.

10567. HUSSON. *Opuscules :* Arithmétique commerciale ou l'art du calcul en six leçons, par Husson, fabricant de broderies. *Nancy, Grimblot, Thomas et Raybois*, 1839. 65 pages in-fol. Cart. — La tenue des livres en une leçon. Traité sur le calcul des intérêts en matière civile et des escomptes en matière de commerce, suivi de la description du mécanisme des comptes courants et d'intérêts. *Nancy, chez l'auteur* (1849). 20 et 20 pages, in-4°. 2 brochures en 1 vol. Cart.

10568. HUSSON (Père). *Opuscules :* Importance d'un air abondant et pur pendant le sommeil, par Husson. *Toul, Auguste Bastien*, 1863. 15 p., in-8°. Br. — A la Constituante, à la France, à l'Europe, 10 février 1871. 4 p., in-8°.

10569. HUSSON (Fils). Du vin, ses propriétés, sa composition, sa préparation, ses maladies et les moyens de les guérir, ses falsifications et les procédés usités pour les reconnaître, par C. Husson, pharmacien de première classe à Toul, etc... *Paris, P. Asselin*, 1877. 204 pages, in-12. Rel. anglaise.

10570. — Étude sur le camp de Châlons. *Toul, T. Lemaire*, 1872. 67 pages, in-8°. Cart.

10571. — Le lait, la crème et le beurre au point de vue de l'alimentation, de l'allaitement naturel, de l'allaitement artificiel et de l'analyse chimique. *Paris, P. Asselin*, 1878. vii-252 pages, in-12. Rel. anglaise.

10572. — Le café, la bière et le tabac. Étude physiologique et chimique. *Paris, Asselin et Cie*, 1879. vii-206 pages, in-12. Rel. anglaise.

10573. — L'alimentation animale, ce qu'elle a été, — ce qu'elle doit être, — ce qu'elle devient, — ce qu'elle produit, — comment on la prépare, etc... *Paris, Dunod*, 1881. vi-272 pages, in-8°. Demi-rel.

10574. — Étude sur les épices, aromates, condiments, sauces et assaisonnements ; leur histoire, leur utilité, leur danger. *Paris, Dunod*, 1883. vii-350 pages, in-8°. Br.

10575. — *Opuscules :* Étude sur le café, le thé et les chicorées. 1879. 8 p. et une pl., in-8°. — Note sur l'absinthe. 1880. 9 p., in-8°. — Note sur les caractères de la viande saine et de la viande altérée. 1881. 43 p., in-8°. — Médecine populaire sur les premiers secours à donner dans les empoisonnements et les asphixies. S. d. 30 p., in-8°. — Recherches micrographiques sur les cires et les beurres utilisés en pharmacie. S. d. 11 p. et une pl., in-8°.

10576. HUSSON (A.-H.). Mémoires sur l'histoire naturelle de l'Égypte, dédiés à la Société royale des arts, lettres et sciences de Nancy, par Figari (de Gênes) et A.-H. Husson (de Nancy). Publiés par A. Deflers. Avec une gravure et deux portraits. *Le Caire, Impr. nationale*, 1896. 132 pages, in-8°. Br.

10577. HYVER (L'abbé Charles). Épigraphie chrétienne d'après les marbres de la

Gaule. Par l'abbé Charles Hyver (né à Pont-à-Mousson), chanoine honoraire de Bordeaux, etc... *Arras, Impr. de la société du Pas-de-Calais*, 1880. 21 pages, in-8°. Broché.

10578. IDOUX. Nouveaux éléments de géométrie, spécialement destinés aux élèves qui se préparent au baccalauréat ès-lettres et aux écoles militaires. Par A.-I. Idoux, professeur de mathématiques. *Lunéville, Mme George*, 1842. II-357 pages, in-8°. Demi-rel.

10579. IMHAUS. Les Nouvelles-Hébrides, par M. Imhaus (imprimeur à Nancy). *Nancy, Berger-Levrault et Cie*, 1890. XV-165 pages, in-8°. Demi-rel.

10580. JACQUES. Patrie et souvenirs. Poésies, par Jacques, de Héming. *Paris, Jacques*, 1847. 315 pages, in-16. Demi-rel.

10581. JACQUIN. *Opuscules :* Le voyage du poète à Luxeuil, par Jacquin, de Sancy ; dédié à Son Altesse Royale Madame la duchesse d'Orléans. *S. d.* 8 p., in-8°. — Honneur et gloire immortelle à la mémoire de Son Altesse Royale Monseigneur le Duc d'Orléans, très-haut et très-excellent Prince. (1842.) 8 p., in-8°.

10582. JACQUINÉ (J.-J.). *Opuscules :* Des routes royales et départementales et des chemins vicinaux, considérés sous le rapport de leur destination respective, par J.-J. Jacquiné, ingénieur en chef des ponts-et-chaussées du département de la Meurthe. 1840. 24 p., in-8°. — Mémoire sur les moyens à employer pour opérer la restauration et pourvoir à l'entretien des chemins vicinaux. 1832. 35 p., in-8°.

10583. JACQUINET. Conférence sur la loi du 15 mars 1790, concernant les droits féodaux ; commencée à la société des Amis de la Constitution de Vézelise, le 13 février 1791, continuée le 27 et terminée le 20 mars ; lue le 29 avril 1791 à la société des Amis de la Constitution établie à Nancy, qui, attendu l'utilité de cet ouvrage, principalement pour les campagnes, en a arrêté l'impression. Par M. Jacquinet, homme de loi, etc... *Nancy, Vve Bachot*, 1791. 64 pages, in-8°. Cart.

10584. (JACQUOT). Madame de Tencin. Par Eugène de Mirecourt (Jacquot) et Marc Fournier. *Paris, Gabriel Roux et Cassanet*, 1847. 364 et 322 pages, in-8°. 2 tomes en 1 vol. Demi-rel.

10585. — Le martyre de sainte Agnès, romaine. *Paris, Ledoyen*, 1852. VIII-160 pages, in-12.—Vie de sainte Agnès, romaine, vierge et martyre. *Paris, Jacques Lecoffre et Cie*, 1852. 107 pages, in-12. 2 brochures en 1 vol. Demi-rel.

10586. — Confessions de Marion Delorme. *Paris, A. Bourdilliat et Cie*, 1860. 322, 323 et 348 pages, in-12. 3 tomes en 1 vol. Demi-rel.

10587. — Nos voisins les Anglais, simples notes dédiées aux visiteurs de l'Exposition de Londres. *Paris, Humbert*, 1862. 396 pages, in-12. Br.

10588. — Les vrais misérables. *Paris, Humbert*, 1862-1863. 306 et 355 pages, in-12. 2 vol. Br.

10589. — La Bourse et les signes du siècle. *Paris, E. Dentu*, 1863. 399 pages, in-12. Broché.

10590. — Une histoire sous Robespierre. *Paris, Humbert*, 1863. 391 pages, in-12. Br.

10591. — Le petit-fils de Pigault-Lebrun. Réponse au fils de Giboyer. *Paris, E. Dentu*, 1863. 355 pages, in-12. Br.

10592. — La queue de Voltaire. *Paris, E. Dentu*, 1864. 407 pages, in-12. Br.

10593. — Avant, pendant et après la Terreur. Échos des gazettes françaises indépendantes, publiées à l'étranger de 1788 à 1794. *Paris, E. Dentu*, 1865. XXXI-367, 414 et 451 pages, in-8°. 3 vol. Demi-rel.

10594. — Dictionnaire des sciences catholiques contenant l'histoire générale de la religion, de son établissement et de ses dogmes ; de la discipline de l'Église, etc... *Paris, E. Dentu*, 1866. VI-532 pages, in-8°. Broché.

10595. — Les contemporains. Avec portraits et fac-simile. *Paris, chez l'auteur*, 1853-1858. 112 livraisons in-32, en 50 vol. Demi-rel.

10596. JACQUOT (F.). De l'esprit du catholicisme en matière d'éducation, considéré particulièrement dans les institutions pédagogiques de S. Ignace de Loyola et du B. Pierre Fourier ; par F. Jacquot (de Vallois), du tiers-ordre de Saint-Dominique, etc... *Metz, Mme Constant Loiez*, 1854. IV-114 pages, in-12. Cart.

10597. JACQUOT (F.). *Suite :* — Le bon maître d'école au xix⁰ siècle, avec les méthodes touloise, allemande, chinoise, arabe et française, pour l'enseignement élémentaire. *Nancy, Vagner*, 1858. viii-244 pages, in-12. Cart.

10598. — De l'introduction des idées napoléoniennes dans la discipline des collèges. *Vic, Gabriel*, 1863. 20 pages, in-8⁰.—Études historiques sur l'esprit militaire et l'éducation nationale des premiers empires. *Metz, Rousseau-Pallez*, 1868. 142 pages, in-8⁰. Br.

10599. — Défense des templiers contre la routine des historiens et les préjugés du vulgaire. *Paris, Féchoz et Letouzey*, 1882. 70 pages, in-8⁰. Br.

10600. JACQUOT (ALBERT). Dictionnaire pratique et raisonné des instruments de musique anciens et modernes. Orné de trente dessins. Par Albert Jacquot, auteur de la « Musique en Lorraine ». *Paris, Fischbacher*, 1886. xii-295 pages, in-8⁰. Br.

10601. JADELOT (J.-FR.-N.). Cours complet d'anatomie, peint et gravé en couleurs naturelles par M. A.-E. Gautier d'Agoty, second fils ; et expliqué par M. Jadelot, professeur d'anatomie à la Faculté de médecine de Nancy. *Nancy, Jean-Baptiste-Hyacinthe Leclerc*, 1773. 11-25 pages, in-plano. Grav. col. Demi-rel.

10602. — Pharmacopée des pauvres ou formules des médicamens les plus usuels dans le traitement des maladies du peuple. *Nancy, H. Haener*, 1784. 212 pages, in-8⁰. Cart.

10603. — Physica hominis sani, seu explicatio functionum corporis humani. *Nanceii, Sebastianus Bachot*, 1778. 249 pages, in-8⁰. Cart.

10604. — De l'art d'employer les médicamens, ou du choix des préparations et de la rédaction des formules dans le traitement des maladies. *Paris, Croullebois*, 1805. viii-172 pages, in-12. Demi-rel.

10605. — *Opuscules :* De la constitution de l'air et des maladies observées à l'hôpital des enfans malades, dans les années 13 et 14. .1806. 35 p., in-8⁰. — Notice sur le traitement de la gale au moyen de bains sulfureux. 1813. 14 p., in-8⁰. — Exposé des du traitement de la gale avec un liniment savonneux hydrosulfuré. (1814.) 8 p., in-8⁰.

10606. JAGER (L'abbé). Supplément à la grammaire française de Lhomond, précédé de cette même grammaire. A l'usage des collèges et des séminaires. Par l'abbé Jager, maître de pension à Vic. *Vic, Impr. R. Gabriel*, 1818. vi-173 pages, in-12. Cart.

10607. — Le célibat ecclésiastique considéré dans ses rapports religieux et politiques. *Paris, Gaume frères*, 1835. 96 pages, in-8⁰. Demi-rel.

10608. — Le protestantisme aux prises avec la doctrine catholique, ou controverses avec plusieurs ministres anglicans, membres de l'Université d'Oxford. *Paris, Debécourt*, 1836. 515 pages, in-8⁰. Demi-rel.

10609. — Histoire de Photius, patriarche de Constantinople, auteur du schisme des Grecs, d'après les monuments originaux, la plupart encore inconnus, accompagnée d'une introduction, de notes historiques et de pièces justificatives. *Paris, Aug. Vaton*, 1844. xliv-468 pages, in-8⁰. Portrait. Demi-rel.

10610. — Histoire de l'Église catholique en France, d'après les documents les plus authentiques, depuis son origine jusqu'au concordat de Pie VII. *Paris, Adrien Le Clerc et Cie*, 1862-1875. 21 vol., in-8⁰. Cart.

10611. JANDEL (AUGUSTE). La botanique sans maître, ou étude des fleurs et des plantes champêtres.., par Auguste Jandel, architecte à Lunéville. *Lunéville, Impr. Pignatel*, 1851. xii-388 pages, in-12. Demi-rel.

10612. JARDEL-CHEVALIER. La démocratie modérée et progressive. Par Jardel-Chevalier, de Saint-Dié. *Nancy, Impr. Vagner*, 1851. iv-155 pages, in-8⁰. Cart.

10613. JAUBERT (L. DE). Tableau historique des costumes, des mœurs et des usages des principaux peuples de l'antiquité et du moyen âge. Par Robert de Spallart (traduit de l'allemand par L. de Jaubert, bibliothécaire de la ville de Metz). *Metz, Collignon*, 1804-1809. 7 vol., in-8⁰ et 2 atlas, in-4⁰ oblong. Demi-rel.

10614. JAUFFRET (L'abbé). Manuscrit religieux et moral, à l'usage des écoles élémentaires, ou choix d'anecdotes chrétiennes recueillies sur la demande de l'éditeur, par M. l'abbé Jauffret, chanoine de

Metz. *Metz, Mme Thiel*, s. d. 88 pages, in-8°. Cart.

10615. JAUFFRET (L'abbé). *Suite :* — Lettre pastorale de Monseigneur l'évêque de Metz, sur le sacrement de la confirmation. *Metz, Collignon*, 1809. 278 pages, in-8°. Cart.

10616. — Le triomphe de la foi sur tous les efforts des impies, par Monseigneur l'évêque de Metz. *Metz, Collignon*, 1822. 1-234 pages, in-8°. Cart.

10617. — Avantages de l'amitié chrétienne ou lettres à Gustave. *Metz, Collignon, s. d.* VI-108 pages, in-8°. Cart.

10618. — Méditations sur les souffrances et la croix de Jésus-Christ. *Metz, Collignon,* s. d. IV-118 pages, in-8°. Cart.

10619. JEANDEL (Le R. P.). Manuel des frères et sœurs du tiers-ordre de la pénitence de Saint-Dominique, par le R. P. Jeandel, de l'ordre des frères prêcheurs. *Nancy, Impr. Vagner* (1849). XXXIV-388 et 464 pages, in-16. 2 vol. Bas.

10620. JEUNE (Mansuet). Histoire critique et apologétique de l'ordre des chevaliers du Temple de Jérusalem, dits Templiers. Par feu R. P. M. J. (le révérend père Mansuet Jeune), chanoine régulier de l'Ordre de Prémontré..., prieur de l'abbaye d'Étival. *Paris, Guillot*, 1789. XV-XXXII-XX-390 et 364 pages, in-4°. Cart. (V. D. Calmet. *Bibl. lor.*)

10621. JOLY (J.-Pierre). Emblèmes latins de J.-J. Boissard et l'interprétation françoise de J.-Pierre Joly, messin. *Metis, Abrahamus Faber*, 1588. 93 pages, in-16. Gravures. Rel. parchemin. Voy. n°s 9631-9632.

10622. JOLY (Henri). Henrici Joly, nanceiolotharingi, Eminentissimi Principis Electoris Caroli Caspari, episcopi trevirensis etc., sacellani, Celleidos libri duo. *Augustae Trevirorum, H. Reulandt*, 1655. 107 pages, in-4°. Br. parchemin.

10623. — *Opuscules :* Lessus funebris, quem D. Theodori Kramer piis manibus pio amicitiae pertinacis affectu instauravit Henricus Joly. 1655. 8 p., in-4°. — Genethliacon serenissimae Mariae Theresae Josephae archiducissae Austriae... *S. d.* 8 p., in-4°.

10624. — JOLY (N.). L'homme avant les métaux, par N. Joly (né à Toul), professeur à la Faculté des sciences de Toulouse, correspondant de l'Institut. Avec 150 figures dans le texte. *Paris, Germer Baillière et Cie*, 1879. 328 pages, in-8°. Fig. Cart.

10625. (JOLY DE MAIZEROY.) Traité des stratagèmes permis à la guerre, ou remarques sur Polyen et Frontin, avec des observations sur les batailles de Pharsale et d'Arbelles. Par M. J(oly) de M(aizeroy) (né à Metz), lieutenant-colonel d'infanterie. *Metz, Joseph Antoine*, 1765. XI-106 pages, in-8°. Demi-rel.

10626. — Cours de tactique théorique, pratique et historique. *Nancy, J.-B. Hiacinthe Leclerc*, 1766. XVIII-426 et 422 pages, in-8°. 2 vol. Demi-rel.

10627. — Traité de tactique, pour servir de supplément au cours tactique, théorique, pratique et historique. *Paris, J. Merlin*, 1767. XXXVI-332 et 300 pages, in-8°. Gravures. 2 vol. Rel. veau.

10628. — Traité des armes défensives. *Nancy, J.-B. Hiacinthe Leclerc*, 1767. II-78 pages, in-8°. Cart.

10629. — Mémoire sur les opinions qui partagent les militaires, suivi du traité des armes défensives. *Paris, Claude-Antoine Jombert*, 1773. XXIV-216 pages, in-8°. Gravures. Rel. veau.

10630. — Théorie de la guerre, où l'on expose la constitution et formation de l'infanterie et de la cavalerie, leurs manœuvres élémentaires, avec l'application des principes de la grande tactique, suivie de démonstrations sur la stratégique. *Nancy, Vve Leclerc*, 1777. CXIII-370 pages, in-8°. Cart.

10631. JORET-DESCLOSIÈRES. Mémoires sur les réformes à introduire dans l'organisation des conseils de préfecture, par M. Joret-Desclosières, conseiller de préfecture, secrétaire-général du département de la Meuse. *Paris, Cosse*, 1853. 124 pages, in-8°. Demi-rel.

10632. JOSSET (L'abbé). Panégyrique de saint Louis, prononcé à l'Académie françoise, le 25 août 1747, par M. l'abbé Josset, trésorier et chanoine de la cathédrale de Metz. *Paris, J.-B. Coignard*, 1747. 24 pages, in-4°. Cart.

10633. JOUVE (Louis). Au coin du feu, par Louis Jouve (né à Épinal). *Saint-Dié, Dufays*, 1880. 15 pages, in-8°. Br.

10634. KLEIN (Sophie). Cours méthodique de la langue allemande par Sophie Klein, maîtresse de pension (à Nancy). *Nancy, Grimblot et Vve Raybois,* 1849. x-308 pages, in-12. Demi-rel.

10635. KOCH (F.). Mémoires pour servir à l'histoire de la campagne de 1814, accompagnés de plans, d'ordres de bataille et de situations. Par F. Koch (né à Nancy), chef de bataillon d'état-major. *Paris, Magimel,* 1819. xxvi-448, 380 et 313 pages, in-8°. 3 vol. Demi-rel.

10636. — Mémoires de Masséna, rédigés d'après les documents qu'il a laissés et sur ceux du dépôt de la guerre et du dépôt des fortifications. *Paris, Paulinet Lechevalier,* 1848-1850. 7 vol., in-8°. Demi-rel.

10637. KŒNIG (Joseph). Olla podrida, par Joseph Kœnig (de Metz). *Nancy, Hinzelin,* (1836). viii-268 pages, in-8°. Cart.

10638. — Sara. Poésies. *Nancy, Hinzelin,* 1836. 197 pages, in-12. Demi-rel.

10639. KRANTZ (Émile). Essai sur l'esthétique de Descartes, étudiée dans les rapports de la doctrine cartésienne avec la littérature classique française au xvii° siècle. Par Émile Krantz (professeur à la Faculté des lettres de Nancy), ancien élève à l'École normale supérieure, etc... *Paris, Germer Baillière et Cie,* 1882. iv-376 pages, in-8°. Cart.

10640. — De amicitià apud Aristotelem. *Parisiis, apud Germer Baillière et Cie,* 1882. 58 pages, in-8°. Br.

10641. — Opuscules : Alfred de Musset à Bade. (Lettres inédites.) 1888. 11 p. in-8°. — Alfred de Musset. 1890. 30 p. in-8°.

10642. KRUG-BASSE (J.). L'Alsace avant 1789, ou état de ses institutions provinciales et locales, de son régime ecclésiastique, féodal et économique, de ses mœurs et de ses coutumes, sous l'ancienne administration française, par M. J. Krug-Basse, président du tribunal civil de Bergerac. *Paris, Sandoz et Fischbacher,* 1876. 366 pages, in-8°. Demi-rel.

10643. LABOURASSE (H.). *Opuscules :* Saint Baussange, apôtre d'Arcis, sa vie, ses reliques et son culte, par H. Labourasse (né à Vouthon-Haut). 52 p., in-8°. — Saint Louvent ou Lupcien (Lupentius), martyr du iv° siècle. 1892. 69 p., in-8°. Avec une phototypie. — Sainte Hoïlde, vierge champenoise (v° siècle). Sa famille, ses reliques et son culte. 1895. 25 p., in-8°. — Notes sur la commanderie de Thors et la seigneurie de Vernonfays. 1895. 22 p., in-8°. — La vérité vraie sur la plantation et le revenu des pins dans les terres crayeuses de l'arrondissement d'Arcis-sur-Aube et de la Champagne. 1896. 35 p., in-8°.

10644. LA BROSSE (Louis-Philippe). Traité du baromètre ; ouvrage mathématique, physique et critique, dans lequel on fait voir quelle est la nature de toutes sortes de baromètres, etc. Par le sieur Louis-Philippe La Brosse, ch. de Notre-Dame de Foy de Giroviller. *Nancy, Jean-Bapt. Cusson,* 1717. xxvi-320 pages, in-12. Rel. veau.

10645. LABROSSE (Em.). Révision du code de procédure civile. Projet de loi concernant les ventes judiciaires d'immeubles, les partages et la purge des hypothèques. Par Em. Labrosse, huissier à Bar-le-Duc. *Bar-le-Duc, L. Guérin et Cie, s. d.* 11-30 pages, in-4°. Br.

10646. LACAILLE (Antoine). Réflexions sur les élections, par Antoine Lacaille, homme de loi, résidant à Mirecourt. *Mirecourt, J. Bouillon,* 1791. 36 pages, in-8°. Broché.

10647. LA COSTE (F. de). Quelques mots sur la situation politique, par F. de la Coste. *Nancy, A. Lepage,* 1868. 16 pages, in-8°. Br.

10648. LACOUR. Oraison funèbre de très-haut, très-puissant et très-excellent prince Louis XV, roi de France et de Navarre, prononcée par M. Lacour, chanoine de l'église cathédrale de Toul. *Toul, J. Carez,* 1774. 63 pages, in-4°. Cart.

10649. LACOUR (E.). Principes de la théorie des fonctions elliptiques et applications, par P. Appell, membre de l'Institut, professeur à l'Université de Paris, et E. Lacour, maître de conférences à l'Université de Nancy. *Paris, Gauthier-Villars et fils,* 1897. iv-421 pages, in-8°. Br.

10650. LACOURT (J. de). Discours sur les moyens de confondre, après une longue révolution, tous les sentimens du peuple

42

dans l'amour de la patrie et du roi. (Par J. de Lacourt.) *Commercy, Imp. Denis,* 1817. 74 pages, in-8°. Br.

10651. LACRETELLE. (P.-L.). Discours sur ce sujet : Assigner les causes des crimes, et donner les moyens de les rendre plus rares et moins funestes. Par M. Lacretelle, fils, avocat à Nancy. *Nancy, P. Antoine et P. Barbier,* 1774. 87 pages, in-8°. Cartonné.

10652. — Discours sur le préjugé des peines infamantes, couronné à l'Académie de Metz. Lettre sur la réparation qui seroit dûe aux accusés jugés innocens. Dissertation sur le ministère public. Réflexion sur la réforme de la justice criminelle. *Paris, Cuchet,* 1784. XL-375 pages, pet. in-8°. Cart

10653. — De l'établissement des connoissances humaines, et de l'instruction publique dans la Constitution française. *Paris, Desenne,* 1791. XXXII-314 pages, in-8°. Demi-rel.

10654. LACRETELLE (Ch.). Précis historique de la Révolution française. Assemblée législative, par Lacretelle, jeune (né à Metz). *Paris, Onfroy,* 1801. XLVI-456 pages, in-24. Gravures. Demi-rel.

10655. — Histoire de l'Assemblée législative. *Paris, Treuttel et Würtz,* 1824. II-456 pages, in-8°. Rel. veau.

10656. — Précis historique de la Révolution française. Convention nationale. *Paris, Onfroy,* 1803. CXXXVI-327 et 481 pages, in-24. 2 vol. Gravures. Demi-rel.

10657. — Histoire de la Convention nationale. *Paris, Treuttel et Würtz,* 1824-1825. 508, 483 et 513 pages, in-8°. 3 vol. Rel. veau.

10658. — Histoire de l'Assemblée constituante. *Paris, Treuttel et Würtz,* 1821. VII-456 et 447 pages, in-8°. 2 vol. Rel. veau.

10659. — Précis historique de la Révolution française. Directoire exécutif. *Paris, Onfroy,* 1806. CXLIV-316 et 394-CCXVI pages, in-24. 2 vol. Gravures. Demi-rel.

10660. — Histoire du Directoire. *Paris, Treuttel et Würtz,* 1826. 441 et 459 pages, in-8°. 2 vol. Rel. veau.

10661. — Histoire du Consulat et de l'Empire. *Paris, Amyot,* 1846-1848. 6 vol., in-8°. Rel. veau.

10662. — Histoire de France pendant le dix-huitième siècle. *Paris, F. Buisson,* 1808-1812. 6 vol. in-8°. Rel. veau.

10663. LACRETELLE (Ch.). *Suite :* — Histoire de France pendant le dix-huitième siècle. Quatrième édition. *Paris, Delaunay,* 1819. 6 vol., in-8°. Rel. veau.

10664. — Histoire de France, depuis la Restauration. *Paris, Delaunay,* 1829-1835. 4 vol., in-8°. Rel. veau.

10665. — Histoire de France pendant les guerres de religion. *Paris, Delaunay,* 1814-1815. LV-397, 449 et 490 pages, in-8°. 3 vol. Demi-rel.

10666. — Histoire de France pendant les guerres de Religion. Deuxième édition. *Paris, Delaunay,* 1822. 4 vol., in-8°. Rel. veau.

10667. — Considérations sur la cause des Grecs. *Paris, Delaunay,* 1825. 86 pages, in-8°. Demi-rel.

10668. — Journal des cours publics de jurisprudence, histoire et belles-lettres, par une société d'avocats et d'hommes de lettres. Faculté des lettres. *Paris, Imp. A. Bobée,* 1820-1822. 384 et 382 pages. in-8°. 2 vol. Demi-rel.

10669. — Testament philosophique et littéraire. *Paris, P. Dufart,* 1840. 423 et 418 pages, in-8°. 2 vol. Demi-rel.

10670. — Dix années d'épreuves pendant la Révolution. *Paris, Allouard,* 1842. 402 pages, in-8°. Demi-rel.

10671. — Discours prononcé à la Faculté des lettres, le 29 novembre 1843, suivi d'une lettre à M. de Lamartine sur les rapports de l'Église et de l'État. *Paris, A. Allouard,* 1843. 59 pages, in-8°. Demi-rel.

10672. — Lettre à Milord Brougham, sur relations politiques de la France et de l'Angleterre. *Paris, A. Allouard,* 1843. 74 pages, in-8°. Demi-rel.

10673. — *Opuscules :* Éloge de Florian, prononcé à la séance publique de l'Institut du 10 septembre 1812. 1812. 32 p., in-8°. — Discours sur les pièces qui ont concouru pour le prix d'éloquence décerné dans la séance extraordinaire du 3 mai 1824. 1824. 15 p., in-8°. — Discours sur les pièces qui ont concouru pour le prix de poésie décerné dans la séance publique du 6 février 1824. 1824. 32 p., in-8°. — Discours. 1852. 16 p, in-8°. — Académie de Mâcon. Discours de réception de M. Émile Chasles, et réponse prononcés dans la séance du 28 juillet 1853. 1853. 32 p., in-8°. — Lettre à l'Académie française sur la réforme philosophique au XIX° siècle. 1853. 24 p., in-8°.

10674. LACRETELLE (Henri de). Le verger, par Henri de Lacretelle (fils du précédent). *Paris, Gerdès*, 1847. 69 pages, in-8°. Demi-rel. — Les quatre vents, poésie. *S. d.* 8 p., in-8°.

10675. LACROIX (L.). Souvenirs d'un voyage en Égypte, par M. L. Lacroix, professeur d'histoire à la Faculté des lettres de Nancy, membre de l'Académie de Stanislas. *Nancy, Grimblot, Vve Raybois et Cie*, 1857. 43 pages, in-8°. Cart. (Extrait des *Mémoires de l'Académie de Stanislas.*).

10676. — Recherches sur la religion des Romains d'après les Fastes d'Ovide. *Paris, Joubert*, 1846. 287 pages, in-8°. Demi-rel.

10677. — De la religion des Romains. *Paris, Firmin-Didot frères*, 1851. 133 pages, in-8°. Br.

10678. — Les îles de la Grèce. *Paris, Firmin-Didot frères*, 1853. IV-644 pages. Fig. Cart.

10679. — Dix ans d'enseignement à la Faculté des lettres de Nancy. *Paris, L. Hachette et Cie*, 1865. XLVIII-457 pages, in-8°. Demi-rel.

10680. LADOUCETTE (Le baron de). Archéologie de Mons Seleucus, ville romaine dans le pays des Voconces, aujourd'hui Labatie - Mont - Saléon, préfecture des Hautes-Alpes. (Par le baron de Ladoucette, né à Nancy.) *Gap, Imp. J. Allier*, 1806. 70 pages, in-8°. Cart.

10681. — Voyage fait en 1813 et 1814 dans le pays entre Meuse et Rhin, suivi de notes, avec une carte géographique. *Paris, Alexis Eymery*, 1818. X-378 pages, in-8°. Demi-rel.

10682. — Fables. *Paris, Arthur Bertrand, etc.*, 1842. 342 pages, in-8°. Demi-rel.

10683. — Nouvelles. *Paris, Dauvin et Fontaine*, 1844. 422 pages, in-8°. Demi-rel.

10684. — Mélanges. *Paris, Dauvin et Fontaine*, 1845. II-543 pages, in-8°. Demi-rel.

10685. — Histoire, topographie, antiquités, usages, dialectes des Hautes-Alpes, avec un atlas et des notes. *Paris, Gide et Cie*, 1848. XV-806 pages, in-8°, et atlas. Portrait. Demi-rel.

10686. — *Œuvres diverses :* Nouvelles, contes, apologues et mélanges. *Paris, Fantin, etc.*, 1822. 3 vol. — Robert et Léontine. *Ibidem, Lugan*, 1827. 3 vol. — Le Troubadour. *Ibidem, Masson*, 1824. 1 vol. En tout 7 vol., in-12. Demi-rel.

10687. — *Opuscules :* Notice biographique sur M. le Marquis de Lezay Marnésia, ancien préfet. 1817. 28 p., in-8°. Portrait. — Discours prononcé le 21 janvier 1835, à la Chambre des députés, à l'occasion d'une proposition de loi sur le défrichement des bois. 1835. 16 p., in-8°. — Discours prononcé à la Chambre des députés. (Séance du 27 février 1836.) 1836. 11 p., in-8°.

10688. LADVOCAT (L'abbé). Dictionnaire historique - portatif, contenant l'histoire des patriarches, des princes hébreux, des empereurs, des rois, etc... Par M. l'abbé Ladvocat (né à Vaucouleurs), docteur, etc... *Paris, Didot*, 1755. VIII-664 et 711 pages, in-8°. 2 vol. Rel. veau.

10689. — Interprétation historique et critique du psaume LXVIII *Exurgat Deus.* *La Haye-Paris, Lacombe*, 1767. XXIV-336 pages, in-12. Cart.

10690. — Grammaire hébraïque, à l'usage des écoles de Sorbonne, avec laquelle on peut apprendre les principes de l'hébreu, sans le secours d'aucun maître. *Paris Méquignon l'aîné*, 1789. VIII-191 pages, in-8°. Demi-rel.

10691. LA FARE (de). Considérations politiques sur les biens temporels du clergé. Par l'évêque de Nancy (de la Fare). *Nancy, H. Haener*, 1789. 66 pages, in-8°. Broché.

10692. — *Opuscules :* Quelle doit être l'influence de l'Assemblée nationale de France, sur les matières ecclésiastiques et religieuses ? 1790. 34 p., in-8°. Br. — Motion sur le parti provisoire à prendre cette année pour le remplacement du produit de la gabelle. *S. d.* 8 p., in-8°. — Motion sur la suppression des ordres religieux. *S. d.* 20 p., in-8°. — Opinion sur l'admissibilité des juifs à la plénitude de l'état civil, et des droits de citoyens actifs. *S. d.* 8 p., in-8°. — Opinion et réclamation sur le projet de décret portant invasion générale et absolue des biens et fonds patrimoniaux des églises de France, des ministres de la religion et des pauvres. Discours prononcé à l'Assemblée nationale le 12 avril 1790. *S. d.* 24 p., in-12.

10693. LAFITE (Émile). Fragments d'un essai sur l'éducation publique, par Émile Lafite, ancien pasteur et président du consistoire de l'Église réformée de Metz. *Metz, S. Lamort*, 1838. 95 pages, in-8°. Cartonné.

10694. LAFLIZE. Méthode nouvelle et facile d'administrer le vif-argent aux personnes attaquées de la maladie vénérienne. Ouvrage traduit du latin de M. Plenck, maître en chirurgie, etc., par M. Laflize, maître ès-arts à Nancy. *Nancy, J.-B. Hiacinthe Leclerc*, 1768. xxiii-114 pages, in-12. Rel. veau.

10695. LA GALAIZIÈRE (A.-P. DE). Mémoires sur les corvées. Par M. de la Galaizière, conseiller d'Etat. *S. l., n. n.*, 1785. 52 et 37 pages, in-8°. 2 mémoires en 1 vol. Cart.

10696. LAIRUELZ (SERVAIS DE). Catechismi novitiorum et corumdem magistri, omnibus quorumcumque ordinum religiosis utilissimi tomus i (et ii). Authore R. D. Servatio de Lairuelz, doct. theologo, S. Mariæ Majoris Mussipontanæ, olim ad Nemus, abbate... *Mussiponti, apud Sanctam Mariam Majorem, per F. du Bois*, 1623. xxiv-486 et xxiv-696 pages, in-fol. Frontispice et portrait. 2 vol. Rel. veau.

10697. LALANCE (GUSTAVE DE). Le maréchal d'Ancre, par M. Gustave de Lalance. *Paris, Madame Charles Béchet*, 1832. 5 vol., in-12. Br.

10698. — Les damnés de l'Autriche. Par H. Gourdon de Genouillac et G. de la Lance. *Paris, Achille Faure*, 1867. 496 pages, in-12. Br.

10699. LALANDE (L.-F.). *Opuscules :* Éloge funèbre de Jacques-Guillaume Simoneau, maire d'Étampes, prononcé le 3 juin 1792, dans l'église-cathédrale de Nancy, par M. Lalande, évêque du département de la Meurthe. 1792. 8 p., in-4°. — Le fanatisme de l'ignorance confondu, ou réponse à l'apologie des décrets. 48 pages, in-8°.

10700. LA LANDE (C. J. DE). Choix de poésies religieuses et morales, à l'usage des écoles primaires et des maisons d'éducation. Par C.-J. de la Lande, professeur de langue française, à Nancy. *Nancy, Thomas et Cie*, 1837. 66 pages, in-18. Cart.

10701 LALLEMENT (J.-G.). Les quatre jeux de dames, polonais, égyptien, échecs, et à trois personnes ; avec les damiers et pions nécessaires. Par J.-G. Lallement, membre de la ci-devant Société des sciences et arts de Metz. *Metz, Behmer*, 1802. 210, 210 et 178 pages, in-12. 3 vol. Cart.

10702. LALLEMENT (J.-G.). *Suite :* — Choix de rapports, opinions et discours prononcés à la tribune nationale depuis 1789 jusqu'à ce jour ; recueillis dans un ordre chronologique et historique. *Paris, Alexis Eymery*, 1820-1823. 501 et 746 pages, in-8°. 2 vol. Demi-rel.

10703. LAMBERTYE (Le comte LÉONCE DE). Catalogue raisonné des plantes vasculaires qui croissent spontanément dans le département de la Marne, etc..., avec une carte botanique indiquant les principales formations géologiques et toutes les localités citées dans l'ouvrage ; par M. le comte Léonce de Lambertye, membre titulaire de la Société d'agriculture, etc... de la Marne. *Paris, Chamerot*, 1846. xxiv-207 pages, in-8°. Cart.

10704. — Le fraisier. *Paris, Auguste Goin*, 1864. 392 pages, in-8°. Br.

10705. LAMOUREUX (JUSTIN). De la régénération définitive des juifs. Par Justin Lamoureux (juge au tribunal civil de Nancy). (*Paris, Revue philosophique*, 1806.) 9 pages, in-8°. Demi-rel.

10706. LANNUX (DE). Oraison funèbre de... Louis XIV, roy de France et de Navarre. Prononcée à Toul dans l'église-cathédrale, le 6 février 1716, par M. de Lannux, chanoine de ladite église. *Toul, Claude Vincent*, 1716. 45 pages, in-4°. Br.

10707. LAPLAINE (P.-J.). Arithmétique simplifiée et appliquée au service militaire, par P.-J. Laplaine (né à Thionville), ancien professeur, etc... *Nancy, Berger-Levrault et Cie*, 1874. 164 pages, in-12. Br.

10708. LAPOTRE. Causeries agricoles, par M. Lapôtre, médecin-vétérinaire, maire de Montiers-sur-Saulx (Meuse). *Wassy, Vve F. Blavier*, 1885. 68 pages, in-8° Br.

10709. LAPOULE. Réflexions sur la nouvelle constitution de l'Empire français, par M. Lapoule, curé de Martigny-les-Gerbonvaux, district de Neufchâteau, département des Vosges. *Neufchâteau, Monnoyer, An II.* 25 pages, in-12. Br.

10710. LARCHEY (Lorédan). Les excentricités du langage français. Par Lorédan Larchey (né à Metz). *Paris, typ. Henry Plon*, 1861. xii-267 pages, in-12. Br.

10711. — Dictionnaire historique d'argot. Septième édition des Excentricités du langage, considérablement augmentée et mise à la hauteur des révolutions du jour. *Paris, E. Dentu*, 1878. xliii-377 pages, in-8°. Demi-rel.

10712. — Dictionnaire des noms, contenant la recherche étymologique des formes anciennes de 20.200 noms, relevés sur les annuaires de Paris. *Paris, Imp. Berger-Levrault et Cie*, 1880. xxiv-511 pages, in-12. Demi-rel.

10713. — Nos vieux proverbes. *Paris, P. Mouillot*, 1886. xxxi-304 pages, in-12. Gravures. Br.

10714. — L'esprit de tout le monde. *Nancy, Berger-Levrault et Cie*, 1892-1893. xxxiv-358 et xxviii-336 pages, in-12. 2 vol. Br.

10715. — Ancien armorial équestre de la Toison d'or et de l'Europe au xv° siècle. Fac-similé contenant 942 écus, 74 figures équestres en 114 planches chromotypographiées, reproduites et publiées pour la première fois d'après le manuscrit 4790 de la Bibliothèque de l'Arsenal. *Paris, Berger-Levrault et Cie*, 1890. xxvi-292 pages, gr. in-4°. Rel. angl.

10716. LA RUE (A. de). Entomologie forestière ou histoire naturelle des insectes nuisibles et utiles aux forêts, par A. de La Rue (de Metz), ancien élève de l'École forestière de Tharant (Saxe), etc... *Nancy, George-Grimblot, Thomas et Raybois*, 1838. iv-133 pages. in-8°. Br.

10717. LASAULCE (Ad.). Histoire naturelle des écoles primaires, par Ad. Lasaulce, directeur de l'École normale primaire de Metz, etc... *Metz, Mme Thiel*, 1839. iii-190, 213 et 138 pages, in-12. 3 tomes en 1 vol. Planches. Demi-rel.

10718. LA TARTE. Le maître à lire, par principes et en peu de temps, selon le système inventé par feu le sieur Pypoulain Delaunay, mis en grammaire française par le sieur Delaunay fils, approfondi et rédigé en pratique par le sieur La Tarte, prêtre du diocèse de Toul, etc... *Épinal, Cl. Anselme Dumoulin*, 1750. v-110 pages, in-12. Cart.

10719. LATASSE (L'abbé). Le catholique instruit en forme de dialogue, ou traité philosophique et théologique sur la vraie religion. Par l'abbé Latasse (né à Nancy), docteur en théologie. *Nancy, Hissette*, 1803. xx-476 et 500 pages, in-12. 2 vol. Rel. bas.

10720. LAUBRUSSEL (Le P. de). Traité des abus de la critique en matière de religion. Par le père de Laubrussel (né à Verdun), de la Compagnie de Jésus. *Paris, Grégoire Du Puis*, 1710. lix-410 et 430 pages, in-12. 2 vol. Rel. veau.

10721. L'AUGE (F. André de). La saincte apocatastase ou sermons adventuels sur le psalme xxviii. Divisez en plusieurs belles tapisseries, ourdies avec les riches entrelaz du psalme xxxviii... Preschez à Nancy en Lorraine, devant Son Altesse, les Estats assemblez, l'an 1619. Par F. André de l'Auge, de l'ordre des Mineurs. *Paris, R. Foüet*, 1623. lii-971 pages, in-8°. Frontispice. Rel. mar. r. fil., d.s. tr.

10722. LAURENS (L. de). Traité sur les successions et les donations au point de vue du droit et de l'enregistrement comparés, mis au courant de la jurisprudence la plus récente, par L. de Laurens (né à St-Quirin), receveur de l'enregistrement, des domaines et du timbre. *Paris, A. Durand*, 1865. viii-294 et 344 pages. in-8°. 2 vol. Demi-rel.

10723. LAURENT (Paul). Précis des leçons de travail graphique, et de construction forestières, données à l'École royale forestière, par M. Paul Laurent (professeur à l'École forestière de Nancy), peintre, etc... *Nancy, chez l'auteur*, 1830. 53 pages, in-4°. Planches. Demi-rel.

10724. — De la formation des corps. *Nancy, Vidart et Julien*, 1834. 1-55 pages, in-8°. Br.

10725. — Théorie de la peinture. Perspective linéaire et aérienne à l'usage des artistes et des personnes qui se livrent à l'étude du dessin. *Nancy, Conty*, 1838. 330 pages, in-8°. Planches. Cart.

10726. — Précis du cours de constructions forestières à l'École royale forestière de Nancy. *Nancy, Grimblot, Raybois et Cie*, 1844-1848. 412 et 239 pages, in-8°. 2 vol. Brochés.

10727. LAURENT (Paul). *Suite :* — Des dimensions des routes forestières, de leurs profils, de leurs pentes, de leur empierrement, de leur fréquentation, et de leur entretien. *Nancy, Grimblot et Vve Raybois*, 1846. 142 pages, in-8° Br.

10728. — Du produit du sol forestier et de sa comparaison avec les autres biensfonds. *Nancy, Imp. Vve Raybois et Cie*, 1849-1850. 180 et 200 pages, in-8°. 2 vol. Brochés.

10729. — Études physiologiques sur les animalcules des infusions végétales, comparés aux organes élémentaires des végétaux. *Nancy, Mlle Gonet*, 1854. 172 et 183 pages, in-4°. 2 vol. Planches. Demireliure.

10730. — *Opuscules :* De l'influence de la culture en général sur l'atmosphère, et de celle des reboisements. 1838. 39 p., in-8°. — Mémoire au roi. 1830. 12 p., in-8°. — Mécanisme pour faire remonter des rivières à des mobiles, avec la seule force de projection de l'eau de ces rivières. 1840. 17 p., in-8°. — Mémoire sur la poussée des voûtes. 1841. 30 p. in-8°. — Perfectionnement apporté à l'instrument appelé *stadia*, pour remplacer la chaîne d'arpenteur dans la mesure des distances. 1845. 9 p., in-8°. — Expériences de traction exécutées sur les rampes du versant occidental du Donon, avec un chariot ordinaire à un cheval, et dont on avait doublé l'attelage. 1847. 10 p., in-8°. — Des scieries de l'administration forestière ; des réservoirs d'alimentation dans les forêts de l'État et de leurs avantages relativement à la marche constante des scieries, à l'organisation et à la régularisation du flottage, à l'irrigation des prairies inférieures et à l'alimentation des usines. 1848. 14 p., in-8°. — Taux du placement du capital engagé dans les forêts de l'État. 1851. 42 p., in-8°. — De la direction et de l'action des vents en pays de montagne pendant les orages. *S. d.* 11 p., in-8°.

10731. LAURENT. Application des principes de la tenue des livres en parties doubles aux exploitations rurales ; précédée de réflexions et observations sur la valeur des immeubles ruraux, leur produit, le canon qu'ils rapportent, etc... Par Laurent, commissaire-priseur (à Mirecourt). *Mirecourt, Vve Fricadel-Dubiez*, 1844. 216 pages, in-18. Cart.

10732. LAVOCAT (Antoine). Le vigneron expert, ou la vraie manière de cultiver la vigne (par Antoine Lavocat, receveur au bureau de Champigneulle, mécanicien de la Cour de Bruxelles). *Paris, Durand ; Nancy, Bonthoux*, 1782. viii-112 pages, in-8°. Rel. veau.

10733. LEBON (Ernest). Traité élémentaire de géométrie descriptive théorique et appliquée contenant un grand nombre de problèmes gradués à résoudre. Par Ernest Lebon (professeur au lycée de Nancy), ancien membre de l'École de Cluny. *Paris, Jules Delalain et fils* (1876). viii-132, viii-136 et viii-134 pages, in-8°. 3 tomes en 1 vol. et 1 vol. de planches. Demi-rel.

10734. LEBRUN (P.). Hymnes chantés dans la séance de la Convention nationale le 23 thermidor, jour anniversaire du 10 août, par Lebrun (professeur de musique à Nancy), Th. Desorgues, M. Chénier et Baour Lormian. *Nancy, P. Haener*, 1795. 8 pages, in-8°. Br.

10735. LECLERC (Lucien). Histoire de la médecine arabe. Par le docteur Lucien Leclerc (né à Ville-sur-Illon). *Paris, Ernest Leroux*, 1876. 588 et 527 pages, in-8°. 2 vol. Br.

10736. LÉCLUSE. Éclaircissemens essentiels pour parvenir à préserver les dents de la carie..., par Lécluse, chirurgiendentiste de S. M. le Roi de Pologne. *Paris, Duchesne*, 1755. 39 pages, in-12. Br.

10737. LECREULX. Examen critique de l'ouvrage de M. Dubuat, sur les principes de l'hydraulique, et observations sur les hypothèses dont il a fait usage et les expériences qu'il a fait exécuter. Par M. Lecreulx (membre de l'Académie de Nancy), inspecteur général des ponts et chaussées, etc... *Paris, Firmin Didot*, 1809. xx-262 pages, in-8°. Planches. Rel. veau.

10738. — Recherches sur la formation et l'existence des ruisseaux, rivières et torrens qui circulent sur le globe terrestre ; avec des observations sur les principaux fleuves qui traversent la France. *Paris, Bernard*, 1804. xv-407 pages, in-4°. Planches. Rel. bas.

10739. — Mémoire sur la construction des chemins publics et les moyens de les exécuter. *En France, s. n.*, 1782. 169 pages, in-4°. Cart.

10740. LÉCRIVAIN-DINVAUT. Arithmétique nationale décimale-métrique ou exercices raisonnés comparativement. Par F.-J. Lécrivain-Dinvaut, instituteur. *Metz, S. Lamort*, 1842. xxii-108 pages, in-12. Cartonné.

10741. — Étymologie et orthographie françaises, accompagnées d'une nouvelle méthode d'analyse grammaticale raisonnée, mise à la portée des commençants, etc. *Lunéville, Imp. Pignatel*, 1842. xii-182 pages, in-12. Cart.

10742. LEDERLIN. Notice sur le code de procédure civile pour l'empire d'Allemagne, par E. Lederlin (doyen de la Faculté de droit de Nancy). *Paris, F. Pichon*, 1885. 48 pages, in-8°. Br. (Extrait de la *Revue critique de législation et de jurisprudence.*)

10743. LEFEBURE. Méthode signalementaire pour servir à l'étude du nom des plantes, ou nouvelle manière d'apprendre à connaître le nom des plantes à leur première inspection, sans qu'il soit besoin d'avoir étudié aucun système, et par un procédé qui exige à peine une heure d'étude, par M. Louis Lefebure (de Verdun). *Paris, Th. Desoer*, 1814. 96 pages, in-8°. Demi-rel.

10744. — Essai sur l'organisation du monde physique et moral. *Commercy, Denis*, 1806. ii-106 pages, in-8°. Rel. veau.

10745. LEFÈVRE. Arithmétique élémentaire, suivie du calcul des surfaces et des solides, à l'usage des élèves de l'école mutuelle de Thionville, par Lefèvre, instituteur de premier degré. *Thionville, Impr. Tondeur, s. d.* ii-78 pages, in-12. Cart.

10746. LEFÈVRE (L'abbé). Conseils sur le choix et la forme des arbres avant la plantation, suivis d'un traité sur la culture et la restauration des arbres fruitiers. Par M. l'abbé Lefèvre, chanoine honoraire de de Nancy. *Nancy, Imp. Saint-Epvre*, 1886. iv-160 pages, in-12. Planches. Br.

10747. — Le verger. Conseils sur la culture et la restauration des arbres à fruits à haute tige. *Nancy, Impr. St-Epvre*, 1886. 24 p., in-12. Br.

10748. LEHR (Ernest). L'Alsace noble, suivie de : Le livre d'or du patriciat de Strasbourg, d'après des documents authentiques et en grande partie inédits. Par M. Ernest Lehr (né à Saint-Dié), docteur en droit. *Paris, Vve Berger-Levrault et fils*, 1870. xxii-408, 412 et 512 pages, in-4°. Gravures. 3 vol. Demi-rel.

10749. — Les écus de cinq francs, au point de vue de la numismatique et de l'histoire. *Paris, Vve Berger-Levrault et fils*, 1870. 111 pages, in-8°. Planches en relief.

10750. — Mélanges de littérature et d'histoire alsatiques. *Strasbourg, J. Noiriel*, 1870. ii-245 pages, in-8°. Br.

10751. — Éléments de droit civil germanique, considérés en eux-mêmes et dans leurs rapports avec la législation française. *Paris, E. Plon et Cie*, 1875. xiv-464 pages, in-8°. Demi-rel.

10752. — Éléments de droit civil russe. (Russie, Pologne, provinces baltiques.) *Paris, E. Plon et Cie*, 1877-1890. vi-509 et xvi-573 pages, in-8°. 2 vol. Demi-rel.

10753. — Éléments de droit civil espagnol. *Paris, L. Larose*, 1880-1890. iv-508 et iv-445 pages, in-8°. 2 vol. Demi-rel.

10754. — Éléments de droit civil anglais. *Paris, L. Larosse et Forcel*, 1885. xxxvi-774 pages, in-8°. Demi-rel.

10755. — Manuel théorique et pratique des agents diplomatiques et consulaires français et étrangers. *Paris, L. Larose et Forcel*, 1888. xiii-425 pages, in-12. D.-rel.

10756. — Code de commerce portugais de 1888. *Paris, Imp. nationale*, 1889. xlv-265 pages, in-8°. Demi-rel.

10757. — Code civil du canton de Zurich de 1887, traduit et annoté. *Paris, Imp. nationale*, 1890. lxx-293 pages, in-8°. D.-rel.

10758. — Traité élémentaire de droit civil germanique (Allemagne et Autriche). *Paris, Plon*, 1892. xiv-503 et x-518 pages, in-8°. 2 vol. Demi-rel.

10759. — Les monnaies des landgraves autrichiens de la Haute-Alsace. *Mulhouse, Soc. industrielle ; Paris, Berger-Levrault et Cie*, 1896. xvi-200 pages, in-8°. Planches. Br.

10760. — La tutelle des mineurs et les conseils de famille. Étude de législation comparée. *Lausanne, Viret-Genton*, 1896. 27 pages, in-8°. Br.

10761. LEJEUNE (J.). Philosophie pratique des différents âges, par M. J. Lejeune, juge au Tribunal civil de Vic (Meurthe). *Dieuze, Mainbourg,* 1852. vii-40 pages, in-8°. Cart.

10762. LEJEUNE (Jules). Les institutions ouvrières dans la Haute-Alsace, par Jules Lejeune. *Nancy, Berger-Levrault,* 1881. 42 pages, in-8°. Br. (Extrait des *Mémoires de l'Académie de Stanislas.*)

10763. LEMAIRE (P.-A.). Athenarum panorama, seu Græciæ veteris encomium, a P. Aug. Lemaire (né à Thiaucourt). *Parisiis, Rignoux,* 1821. 15 pages, in-8°. Demi-rel.

10764. — Grammaire de la langue française à l'usage des classes supérieures. *Paris, Jules Delalain,* 1862. x-440 pages, in-8°. Cartonné.

10765. LE MOINE. Diplomatique pratique ou traité de l'arrangement des archives et trésors des chartes, ouvrage nécessaire aux commissaires à terriers, aux dépositaires des titres des anciennes seigneuries. Par M. Le Moine (ancien archiviste de l'église de Toul), archiviste du chapitre de la métropole de Lyon, etc... *Metz, Joseph Antoine,* 1765. viii-396 et 64 pages, in-4°. 2 tomes en 1 vol. Demi-rel.

10766. LEMOINE (Albert). Du sommeil au point de vue physiologique. Par Albert Lemoine (ancien professeur à Nancy), docteur ès-lettres, etc... *Paris, J.-B. Baillière,* 1855. viii-410 pages, in-12. Demi-reliure.

10767. LE MONNIER (G.). Recherches sur la nervation de la graine. Par M. G. Le Monnier (professeur à la Faculté des sciences de Nancy), ancien élève de l'École normale supérieure, etc... *S. l., n. n., n. d.* 73 pages, in-8°. Grav. Br. (Extrait des *Annales des sciences naturelles,* 5ᵉ série, t. XIII.)

10768. — *Opuscules :* L'éducation de la bourgeoisie. Conférence faite pour la Ligue de l'enseignement à Nancy. 1889. 18 p., in-8°. — A propos d'un récent ouvrage de M. Yves Delage. 1896. 8. p., in-8°.

10769. LE NOBLE DE FÉNELIÈRE. L'hérésie détruite. Poème héroïque. Par M. Le Noble, ancien procureur général au parlement de Metz. *S. l., n. n., n. d.* iv-40 pages, in-12. Rel. parchemin.

10770. LE NOBLE DE FÉNELIÈRE. *Suite :* — L'Allée de la seringue ou les noyers. Poème hérosatyrique en quatre chants. *Francheville, Eugène Aléthophile,* 1690. vi-25 pages, in-12. Rel. parchemin.

10771. — La Fradine ou les ongles rognez. Poème hérosatyrique en trois chants. *Francheville, Eugène Aléthophile,* 1690. 1-21 pages, in-12. Rel. parchemin.

10772. LEPAGE (Auguste). Mademoiselle de Merville, par Auguste Lepage (né dans la Meuse). *Paris, Toinon et Cie,* 1869. vii-275 pages, in-12. Br.

10773. LE PAYEN. Essai sur les moulins à soie et description d'un moulin propre à servir seul à l'organsinage et à toutes les opérations du tord de la soie ; suivis de cinq mémoires relatifs à la soie et à la culture du mûrier. Par M. Le Payen, procureur du roi au bureau des finances de la généralité de Metz et Alsace, etc... *Metz, Joseph Antoine,* 1767. xxviii-174 pages, in-4°. Planches. Rel. veau.

10774. LE POIS (Antoine). Discours sur les médalles et graveures antiques, principalement romaines. Plus une exposition particulière de quelques planches ou tables estans sur la fin de ce livre, esquelles sont montrées diverses médalles et graveures antiques, rares et exquises. Par M. Antoine Le Pois, conseiller et médecin de Monseigneur le duc de Lorraine. *Paris, Mamert Patisson,* 1579. xiv-300 pages, in-4° Graveures. Demi-rel.

10775. — De cognoscendis et curandis praecipue internis humani corporis morbis libri tres. Accessit et de febribus liber unus. *Francofurti, A. Wechel,* 1580. xvi-490 pages, in-fol. Portrait. Rel. veau.

10776. — Selectiorum observationum et consiliorum de praeteruisis hactenus morbis affectibusque praeter naturam ab aqua, seu serosa colluvie et diluvie ortis liber singularis. Opus novitate et varietate doctrinae utile juxta atque jucundum. *Ponte ad Monticulum, apud Carolum Mercatorem,* 1618. xxvi-456 pages, in-4°. Rel. maroc. vert.

10777. — Selectiorum observationum... liber singularis. Opus novitate et varietate doctrinae utile juxta atque jucundum. Quod novissima hac editione correctius multo, elegantius, notis marginalibus necessariis, et triplici indice auctius prodit. *Lugduni Batavorum, apud Vid. et fil. Cornelii Boutenstein*, 1714. xxx-515 pages, in-4°. Rel. veau.

10778. LE POIS (ANTOINE). *Suite :* — Physicum cometae speculum, in quo natura, caussae, species atque formae, varii motus, statio, moles, natale tempus, aetas, occasus, viresque seu effectus deteguntur, et accurate atque dilucide demonstrantur. *Ponte ad Montionem, apud Carolum Mercatorem*, 1619. ix-157 pages, in-8°. Rel. veau. (Aux armes de N. Vassart.)

10779. LESERGENT (J.-J.). Essais poétiques. Trois napoléonides. Par Lesergent, des Vosges. *Paris, imp. Selligne*, 1827. 31 pages, in-8°. Cart.

10780. — Le troubadour français, chansons philosophiques, politiques, satiriques, érotiques et badines. *Paris, Ladvocat*, 1830. 252 pages, in-18. Cart.

10781. — Chansons nouvelles, souvenirs politiques. *Paris, Guillaumin*, 1834. 148 pages, in-18. Br.

10782. — Chants prophétiques, dédiés à M. de la Mennais. *Paris, Pagnerre, s. d.* 90 pages, petit in-12. Br.

10783. LESEURE. *Opuscules :* Avis aux trois ordres de la nation française. (Par Leseure, ancien conseiller à la Cour royale de Nancy.) 1788. 35 p., in-8°. — Discours sur l'amour de la patrie, dédié aux citoyens de la ville de Pont-à-Mousson. *Pont-à-Mousson, F. D. Thiéry*, 1791. 38 pages, in-8°. Rel.

10784. LESOING. Instructions paroissiales sur les vérités de la religion. Par M. Lesoing, prêtre du diocèse de Nancy, et licencié ès-loix de la Faculté de Paris. *Paris, Onfroix*, 1789. 256 et 144 pages, in-12. 2 parties en 1 vol. Cart.

10785. — Oraison funèbre de Louis XVI, roi de France et de Navarre, prononcée dans l'église cathédrale de Nancy, le 16 février 1815. *Nancy, Barbier*, 1815. 22 pages, in-4°. Br.

10786. LESPIN (DE). Géographie élémentaire de la France, par L.-B. de Lespin, officier de l'Université (recteur de l'Académie de Metz). *Metz, Antoine*, 1821. LXII-510 pages, in-8°. Demi-rel.

10787. LEUPOL (L.). Selectae e sanscriticis scriptoribus paginae. Choix de morceaux sanscrits traduits, annotés, analysés par L. Leupol, membre de l'Académie de Stanislas, etc... *Paris, Maisonneuve et Cie*, 1867. xvi-230 pages, in-8°. Demi-rel.

10788. — Spécimen des purânas ; texte, transcription, traduction et commentaire des principaux passages du Brahmâvaevarta purâna. *Paris, Maisonneuve et Cie*, 1868. xii-57 pages, in-8°. Demi-rel.

10789. — Le jardin des racines sanscrites, ouvrage faisant suite à la méthode grammaticale, au dictionnaire, aux deux selectae. *Nancy, Nicolas Grosjean*, 1870. xviii-221 pages, in-8°. Demi-rel.

10790. — Senilia. Poésies. Méditations ou légendes orientales. Le diamant du brahmane. Le procès du XIX° siècle. Mélanges intermédiaires. *Paris, Berger-Levrault et Cie*, 1888. xiv-576 pages, in-8°. Demi-rel.

10791. — *Opuscules :* Question de l'orientalisme rendu classique. Divers comptes-rendus du specimen d'orientalisme vulgarisé, intitulé *Fleurs de l'Inde*... 1858. 11 p., in-12, et 15 p., in-8°. — Méditations orientales. Première méditation. Dieu. 1861. 23 p., in-8°. — Vues d'avenir qu'avait émises de bonne heure la Lorraine sur l'orientalisme et notamment sur l'utile influence du sanscrit. 1867. viii-28 p., in-8°.

10792. LEURET (F.). Recherches physiologiques et chimiques pour servir à l'histoire de la digestion, par MM. Leuret (né à Nancy) et Lassaigne. *Paris, Mme Huzard*, 1825. xvi-228 pages, in-8°. Demi-rel.

10793. — Mémoire sur l'épidémie actuelle désignée sous le nom de choléra-morbus de l'Inde. *Paris, Crochard*, 1831. iii-160 pages, in-8°. Cart.

10794. — De la fréquence du pouls chez les aliénés, considérée dans ses rapports avec les saisons, la température atmosphérique, les phases de la lune, l'âge, etc... *Paris, Crochard*, 1832. xi-90 pages, in-8°. Cart.

10795. — Fragmens psychologiques sur la folie. *Paris, Crochard*, 1834. 426 pages. Demi-rel.

10796. — Du traitement moral de la folie. *Paris, J.-B. Baillière*, 1840. x-462 pages, in-8°. Demi-rel.

10797. — Des indications à suivre dans le traitement moral de la folie. *Paris, Vve Le Normant*, 1846. 114 pages, in-8° Cart.

10798. — Anatomie comparée du **système**

nerveux considéré dans ses rapports avec l'intelligence. *Paris, J.-B. Baillière*, 1839-1857. XIII-592 et XI-692 pages, in-8°. 2 vol. et atlas, in-f°. Demi-rel.

10799. LEVALLOIS (J.). Note sur le gisement de sel gemme dans le département du Jura, par J. Levallois. *Paris, Carilian-Gœury, s. d.* 23 pages, in-8°. Cart. (Extrait des *Annales des mines*.)

10800. LÉVRECHON (J.). Récréation mathématicque. Composée de plusieurs problèmes plaisants et facétieux. En faict d'arithmétique, géométrie, méchanicque, optique et autres parties de ces belles sciences. (Par J. Lévrechon, né à Bar-le-Duc, jésuite). *Pont-à-Mousson, J. Appier Hanzelet*, 1626. XIV-144 pages, petit in-8°. 1 vignette et 5 planches. Rel. veau.

10801. — Récréation mathématique. Quatrième édition. Par D. H. P. E. M. *Paris, A. Robinot*, 1627. XVI-239 pages, in-8°. Rel. parchemin.

10802. — Récréations mathémathiques. Composées de plusieurs problèmes plaisans et facétieux d'arithmétique, géométrie, astrologie, optique, perspective, méchanique, chymie, et d'autres rares et curieux secrets; plusieurs desquels n'ont jamais esté imprimés. *Rouen, Ch. Osmont*, 1630. IV-220, 86 et IV-50 pages, pet. in-8°. Rel. parchemin.

10803. LÉVY (Louis). Essais de panification avec les résidus de betteraves provenant de l'extraction du sucre ou de l'alcool, par le docteur Louis Lévy, pharmacien en chef de l'hôpital militaire de Strasbourg, membre de la Société des sciences médicales de la Moselle. *Metz, Alcan*, 1857. 33 pages, in-8°. Demi-rel.

10804. LÉVY-BING. Méditations religieuses. Par Lévy-Bing (né à Schalbach), membre du consistoire israélite de Paris. *Paris, Didier et Cie*, 1868. 270 pages, in-12 Br.

10805. (LEZAY - MARNÉSIA.) L'heureuse famille. Conte moral. (Par Lezay-Marnésia, né à Metz.) *Nancy, Leclerc*, 1766. 60 pages, in-8°. Cart.

10806. L'HOSTE (Jean). Practique de la géométrie. Contenant les moyens pour mesurer et arpenter tous plans accessibles, avec les démonstrations d'icelle

tirées des élémens d'Euclides les plus nécessaires pour parvenir à la congnoissance des mathématiques, expliquez pratiquement par diverses figures et raisons arithmétiques, etc... Par Jean L'Hoste (né à Nancy), licencié ès-drois, etc... *Pont-à-Mousson, François Du Bois*, 1607. 134 pages, in-4°. Rel. parchemin.

10807. L'HOSTE (Jean). *Suite* : — Épipolimétrie, ou art de mesurer toutes superficies... *Saint-Mihiel, Fr. Du Bois*, 1619. XL-115 pages, in-fol. Rel. parchemin.

10808. — Sommaire de la sphère artificielle, et de l'usage d'icelle. *Nancy, s. n.*, 1629. 208 pages, in-4°. Rel. parchemin.

10809. (LHOTE.) Grammaire française d'après Lhomond, par demandes et par réponses, à l'usage des écoles. (Par Lhôte, né à Vimenil). *Mirecourt, Humbert*, 1846. 176 pages, in-12. Cart.

10810. (L'HUILLIER). Les gémissemens d'un solitaire, ou élégies sur le sort de la France. Par M. L'....r (L'Huillier, vicaire de Saint-Hilaire en Vermois). *S. l., n. n., n. d.* (1793). X-91 pages, in-8°. Cart.

10811. LICHTENBERGER (H.). Le poème et la légende des Nibelungen. Par H. Lichtenberger (professeur à la Faculté des lettres de Nancy), docteur ès-lettres, etc... *Paris, Hachette et Cie*, 1891. 442 pages, in-8°. Demi-rel.

10812. LIÉBAULT (A.-A.). Du sommeil et des états analogues considérés surtout au point de vue de l'action du moral sur le physique. Par A.-A. Liébault (né à Favières), docteur en médecine. *Paris, Masson et fils*, 1866. 535 pages, in-8°. Demi-reliure.

10813. — Ébauche de psychologie. *Nancy, N. Grosjean*, 1873. XVI-202 pages, in-8°. Demi-rel.

10814. — Thérapeutique suggestive, son mécanisme. Propriétés diverses du sommeil provoqué et des états analogues. *Paris, Octave Doin*, 1891. VII-308 pages, in-12 Br.

10815. LIÉGEOIS (Jules). La monnaie et le billet de banque, par Liégeois, professeur à la Faculté de droit de Nancy. *Nancy, Berger-Levrault*, 1877. 25 pages, in-8°. Br. (Discours de réception à l'Académie de Stanislas.)

10816. LIÉGEOIS (JULES). *Suite :* — De la liberté de l'intérêt. *Nancy, Grimblot, Vve Raybois et Cie,* 1858. 57 pages, in-8°. Demi-rel.

10817. — De la liberté de l'intérêt. Deuxième édition augmentée d'un exposé sommaire de la législation et de la jurisprudence sur le prêt à intérêt et la constitution de rente. *Nancy, N. Grosjean,* 1861. 53 pages, in-8° Br.

10818. — Essai sur l'histoire de la législation de l'usure. *Paris, Auguste Durand,* 1863. 244 pages, in-8°. Demi-rel.

10819. — De la suggestion et du somnambulisme dans leurs rapports avec la jurisprudence et la médecine légale. *Paris, Octave Doin,* 1889. VII-758 pages, in-12. Demi-rel.

10820. LIÉTARD (G.). Affections de l'appareil digestif, par G. Liétard (né à Donremy-la-Pucelle), docteur en médecine, etc... *Paris, Victor Masson et fils,* 1865. 60 pages, in-8°. Br.

10821. — Asie et Asie Mineure. Géographie médicale. *Paris, Victor Masson et fils,* 1867. 53 pages, in-8°. Br.

10822. LIONNET (E.). Éléments de géométrie. Par E. Lionnet (né à Nancy), professeur de mathématiques au collège royal Louis-le-Grand, etc... *Paris, Dezobry, E. Magdeleine et Cie,* 1846. 344 pages, in-8°. Demi-rel.

10823. LIONNOIS (L'abbé). Histoire de France, depuis l'établissement de la monarchie jusqu'au règne de Louis XV. A l'usage des jeunes gens de qualité. (Par Lionnois, né à Nancy.) *Francfort-sur-le-Meyn, Venduren,* 1767. XIV-399 et 400 pages, in-8°. 2 vol. Rel. veau.

10824. — Les principes de la langue latine, mis dans un ordre très-clair, divisés en six parties. *Nancy, J.-B. Hiacinthe Leclerc,* 1771. VII-180 pages, in-8°. Rel. parchemin.

10825. — Tables historiques, généalogiques, et géographiques, contenant l'histoire du peuple de Dieu, de la France, de la Lorraine, de l'Égypte, des Assyriens, des Babyloniens et Caldéens. *Nancy, G. Henry,* 1771. 28 tableaux gravés par Nicole, avec le texte imprimé par P. Antoine. Gr. in-fol. Cart.

10826. LIONNOIS (L'abbé). *Suite :* — Traité de la mythologie, orné de 180 gravures en taille douce, à l'usage des jeunes gens de l'un et de l'autre sexe. 3° édition. *Mannheim, Mat. Fontaine,* 1798. II-194 pages, pet. in-8°. Rel. veau.

10827. — Explication de la fable par l'histoire et les hyéroglyphes des Égyptiens, véritable source de la fable, ornée de plusieurs gravures pour l'intelligence des monuments qui nous viennent de l'Égypte. *Nancy, Guivard,* 1801. II-329, 360 et II-163 pages, in-18. 3 vol. Demi-rel.

10828. — Traité de la mythologie, ou explication de la fable par l'histoire... *Nancy, Haener et Delahaye,* 1805. XXXVI-543 pages, in-8°. Demi-rel.

10829. — Histoire profane. *Nancy, s. n., n. d.* 245 pages, in-4°. Demi-rel.

10830. LIOUVILLE (FÉLIX). De la profession d'avocat. I. Devoirs, honneur, avantages, jouissances. II. Le stage. III. La plaidoirie. IV. Lois et règlements. Discours prononcés par Félix Liouville (né à Toul), docteur en droit, etc... *Paris, Cosse et Marchal,* 1864. x-558 pages, in-8°. Demi-rel.

10831. — Paillet ou l'avocat. Conseil d'un ancien aux stagiaires sur l'exercice de la profession d'avocat. *Paris, Marchal, Billard et Cie,* 1880. III-126 pages, in-12. Demi-rel.

10832. LIOUVILLE (ERNEST). Choix de fables mises en vers, par Ernest Liouville (de Toul). *Toul, T. Lemaire,* 1879. 63 pages, in-8°. Br.

10833. L'ISLE (CLAUDE DE). Abrégé chronologique de l'histoire universelle sacrée et profane. (Par M. Claude de L'Isle, né à Vaucouleurs.) *Paris, Nion,* 1715. 5 vol. in-12. Rel. veau.

10834. — Abrégé chronologique de l'histoire universelle sacrée et profane. Traduction nouvelle. Avec un traité de chronologie. *Paris, Vve Delaulne,* 1730. XVI-64, x-487, XII-612 et VIII-616 pages, in-12. 3 vol. Rel. veau.

10835. — Abrégé de l'histoire universelle. *Paris, Jacques Guérin,* 1731. 7 vol., in-12. Rel. veau.

10836. L'ISLE (JOSEPH DE). Traité dogmatique et historique touchant l'obligation de faire l'aumône. Par le R. P. D. Joseph de L'Isle, abbé de S. Léopold de Nancy. *Neufchâteau, J.-F. Rouerke*, 1736. IV-244 pages, pet. in-8°. Rel. veau.

10837. — La vie de Monsieur Hugi, calviniste converti, ci-devant capitaine dans le régiment de Sparre. *Nancy, J.-B. Cusson*, 1731. 48 pages, in-12. Rel. veau.

10838. — Défense de la vérité du martyre de la Légion Thébéenne, autrement de S. Maurice et de ses compagnons. Pour servir de réponse à la dissertation critique du ministre Dubourdieu; avec l'histoire détaillée de la même Légion. *Nancy, François Baltazard*, 1737. XIV-317 pages, in-12. Rel. mar.

10839. — Histoire dogmatique et morale du jeûne. Où l'on traite les questions et où l'on résoud les difficultés qui y ont rapport. *Paris, N. Lottin, etc.*, 1741. XXXII-576 pages, in-12. Rel. veau.

10840. — Avis touchant les dispositions dans lesquelles on doit être, selon le cœur, pour étudier la théologie; où l'on s'explique sur la vocation à l'état ecclésiastique, etc... *Nancy, Haener, s. d.* XXIV-355 pages, in-12. Rel. veau.

10841. LOCHET (J.). Tarif universel perpétuel et infaillible pour trouver la supputation de toute sorte de nombres, à quelque prix que les choses soient, et à quelque somme que la monoie ait cours. (Par Jean Lochet.) *Bar-le-Duc, Jean Lochet*, 1701. XXI-215 pages, in-8°. Rel. veau.

10842. LOLIVIER. Rapport et projet de décret relatifs à la pétition des sous-officiers surnuméraires de l'ancienne Garde de Paris, tendante à obtenir la haute-paye attachée à leurs grades, présenté à l'Assemblée nationale, au nom du comité militaire, par M. Lolivier, député de la Meuse, le 14 février 1792. *Paris, Imp. nationale, s. d.* 6 pages, pet. in-8°. Demi-reliure.

10843. LOMBARD (JEAN-LOUIS). Traité du mouvement des projectiles, appliqué au tir des bouches à feu. Par le citoyen Jean-Louis Lombard (ancien avocat au Parlement de Metz). *Dijon, Imp. L.-N. Frantin, An V.* XXII-260 pages, in-8°. Demi-rel.

10844. LONJARRET (CH.-M.). Nomenclature des quittances soumises ou non soumises au timbre, en vertu des lois du 8 juillet 1865 et 23 août 1871, des lois antérieures et postérieures, et de la jurisprudence, par Ch.-M. Lonjarret, percepteur (à Nancy). *Paris, Berger-Levrault et Cie*, 1888. 74 pages, in-8°. Br.

10845. (LORENTZ.) Notice sur les tremblements de terre; des tentatives faites pour les prévenir; exposé d'un nouveau mode de construction pour garantir la vie des hommes contre leurs désastreux effets; par Z. (Lorentz), membre du conseil municipal de Nancy. *Nancy, J. Troup*, 1843. VIII-75 pages, in-8°. Cart.

10846. LORENZ (J.-B.). Manuel du forestier, ou traité complet de tout ce qui a rapport à l'histoire naturelle des arbres, aux semis et plantations, repeuplement, conservation, aménagement, estimation et exploitation des forêts, avec des tables contenant la comparaison des anciennes mesures avec les nouvelles, tant sur la superficie que sur les mesures des bois marchands, de construction et de chauffage, par J.-B. Lorenz. *Sarrebourg, J.-S. Jarreis, An X.* XX-364 et XX-264 pages. 2 vol., in-12. Demi-rel.

10847. (LORIN.) Revision partielle du cadastre. Imposition des friches mises en valeur. Proposition Lanel. *Signé :* Cléante (Ed. Lorin, membre de l'Académie de Stanislas en 1881). *Paris, A. Sauton*, 1874. 65 pages, in-8°. Br. (Extrait du *Journal de la Meurthe et des Vosges*.)

10848. — Du renouvellement du cadastre et de la préparation de l'impôt foncier. *Nancy, G. Crépin-Leblond*, 1879. 152 pages, in-8°. Br.

10849. — *Opuscules :* Le budget et les nouveaux impôts. 1872. 13 p., in-8°. — Cadastre et abonnements généraux. Note sommaire sur le renouvellement des opérations cadastrales. 1875. 19 p., in-8°. — La dette publique en France. Étude et analyse d'un article de M. Paul Leroy-Beaulieu. 1875. 23 p., in-8°. — Quelques mots sur la frontière du nord-est. 1875. 19 p., in-8°.

10850. LOTTINGER (A.-J.). Le coucou. Discours apologétique, ou mémoire sur le coucou d'Europe. Par M. A.-J. Lottinger (de Sarrebourg), docteur-médecin. Première partie. *Nancy, J.-B.-H. Leclerc,* 1775. 81 pages, in-8°. Rel. veau. Fil. d.

10851. (LOUIS.) Discours sur la vérité de la religion chrétienne et catholique. (Par Louis, docteur en théologie.) *Nancy, Scolastique Baltazard,* 1776. 324 et 258 pages, in-12. 2 vol. Cart.

10852. — Discours chrétien sur les devoirs des enfans envers leurs pères et mères. *Nancy, Vve Leclerc,* 1778. 245 pages, in-8°. Cart.

10853. — Sermons. *Nancy, Vve Charlot,* 1781-1783. VIII-354, 404 et VIII-342 pages, in-12. 3 vol. Cart. parchemin.

10854. LOUIS (S.-N.). Poésies de S.-N. Louis (de Vouthon). *Paris, Jules Juteau,* 1842. 32 pages, in-8°. — Cantates. *Neufchâteau, Beaucolin, s. d.* 14 pages, in-8°. Cart.

10855. LOUIS (A.) Éloges lus dans les séances publiques de l'Académie royale de chirurgie, de 1750 à 1792. Par A. Louis (né à Metz). *Paris, J.-B. Baillière et fils,* 1859. LXXVI-456 pages, in-8°. Demi-rel.

10856. LOYSON (L'abbé Th.). Le mariage des prêtres. Réponse à M. Jules Favre, suivie du Concordat, des articles organiques et de la lettre du cardinal Caprara. Par M. l'abbé Th. Loyson (né à Metz). *Paris, Charles Douniol,* 1862. 159 pages, in-8°. Br.

10857. — Le sacrement de mariage. *Paris, Charles Douniol,* 1863. 87 pages, in-8°. Broché.

10858. — L'Avent, d'après les évangiles. Méditations. *Paris, E. Maillet,* 1868. XXV-416 pages, in-18. Cart.

10859. — La Vierge, mère de Dieu. *Paris, Joseph Albanel,* 1868. IV-332 pages, in-12. Broché.

10860. — L'assemblée du clergé de France de 1682, d'après des documents dont un grand nombre inconnus jusqu'à ce jour. *Paris, Didier et Cie,* 1870. XXXII-530 pages, in-8°. Demi-rel.

10861. LUBANSKI. De l'hydrothérapie et de son application au traitement de quelques affections chroniques ; par le Dr Lubanski, directeur de l'Institut hydro-

thérapique de Pont-à-Mousson (Meurthe). *Paris, Germère-Baillière,* 1845. IV-74 pages, in-8°. Demi-rel.

10862. LUDRE (Le vicomte A. DE). Appel aux peuples de l'Europe, en faveur des Grecs, par C.-M. Mynas, traduit par le vicomte de Ludre. *Paris, Bossange,* 1826. 47 pages, in-8°. Br.

10863. LUDRE (Le citoyen C. DE). Rapport fait à l'Assemblée nationale sur le projet de décret relatif à la mobilisation de trois cents bataillons de la garde nationale, par le citoyen de Ludre. 18 juillet 1848. *Paris, Henry,* 1848. 15 pages, in-8°. Br.

10864. LUDRE (G. DE). Le parti monarchiste pendant l'année du coup d'État (1851). Par le comte de Ludre. *Paris, E. de Soye et fils,* 1889. 65 pages, in-8°. Br.

10865. — Socialiste américain et positivistes anglais. *Paris, E. de Soye et fils,* 1890. 63 pages, in-8°. Br.

10866. — Dix années de la cour de George II. 1727-1737. *Paris, Librairie nouvelle,* 1860. 389 pages, in-12. Demi-rel.

10867. LUDRE (La vicomtesse DE). Études sur les idées et sur leur union au sein du catholicisme, par L. V. D. F. (la vicomtesse de Ludre). *Paris, Debécourt,* 1842. XV-434 et 428 pages, in-8°. 2 tomes en 1 vol. Demi-rel.

10868. MACHON (Louis). Sermon pour le jour de l'Assomption Nostre Dame, au retour de la procession générale établie par le roy Louis XIII, surnommé le Juste, en l'an 1638. (Par Louis Machon, archidiacre de Port et chanoine de Toul.) *Paris, T. Blaise,* 1641. IX-62 pages, in-12. Rel. marocain rouge.

10869. — Discours ou sermon apologétique en faveur des femmes ; question nouvelle, curieuse et non jamais soutenüe. *Paris, T. Blaise,* 1641. X-115 pages, in-12. Rel. marocain rouge.

10870. MACQUIN. L'ami des personnes pieuses. Par Macquin (né à Nancy). *Pont-à-Mousson, Simon,* 1849. IX-149 pages, in-12. Cart.

10871. — La plus grande gloire des Anglais ou histoire du pape Adrien IV. (Le seul que cette nation ait donné à l'Église.) *Paris, Charles Douniol,* 1854. 140 pages, in-12. Cart.

10872. MADELIN (Amédée). Le premier consul législateur. Étude sur la part que prit Napoléon aux travaux préparatoires du Code. Par Amédée Madelin (né à Mirecourt), docteur en droit, etc... *Paris, Auguste Durand,* 1865. 233 pages, in-8°. Demi-rel.

10873. MADIN. Considérations sur la nature et le traitement du choléra. Par M. Madin, médecin des épidémies de l'arrondissement de Verdun, etc... *Verdun, P. Bastien,* 1854. 80 pages, in-8°. Br.

10874. MAGGIOLO. Le manuel de l'art du dentiste, contenant la description des méchaniques nouvelles, etc., inventées par M. Maggiolo (chirurgien-dentiste à Nancy), docteur en chirurgie de la Faculté de Gênes, membre de la Société de médecine de Lyon, etc. Nouvelle édition enrichie de gravures. *Nancy, Impr. Claude Leseure,* 1809. 235 pages, in-12. Cart.

10875. MAGGIOLO (L.). Anthologie poétique italienne. Première partie, contenant un choix des plus beaux morceaux de Métastase, d'Alfieri, d'Annibal Caro et de Goldoni, avec des notices et des résumés, par M. Maggiolo, professeur de langue italienne (plus tard recteur de l'Académie de Nancy). *Paris, A. Delalain,* 1834. III-374 pages, in-12. Demi-rel.

10876. — Trois chants choisis de la Divine Comédie de Dante Alighieri, avec des notes et une notice sur sa vie et ses ouvrages. Traduction interlinéaire du 3° chant de l'Enfer. 2° édition. *Lunéville, Creusat,* 1834. 83 pages, in-18. Cart.

10877. — Essai sur la philosophie morale de Pétrarque. Thèse présentée à la Faculté des lettres de Strasbourg. *St-Nicolas, Impr. P. Trenel,* 1843. 108 pages, in-8°. Br.

10878. — Des cours d'adultes et des bibliothèques scolaires. *Paris, L. Hachette et Cie,* 1868. 61 pages, in-18. Cart.

10879. — Souvenir des conférences pédagogiques de la Sorbonne. Septembre 1867. Des cours d'adultes. Des bibliothèques scolaires. Du régime disciplinaire et des concours. *Nancy, N. Grosjean,* 1868. 99 pages, in-24. Cart.

10880. MAGGIOLO (L.). *Suite :* — Les archives scolaires de la Beauce et du Gâtinais, (1560-1808). *Nancy, Berger-Levrault et Cie,* 1877. 55 pages, in-8°. Cart.

10881. — Du droit public et de la législation des petites écoles de 789 à 1808, par L. Maggiolo. *Nancy, Berger-Levrault et Cie,* 1878. 65 pages, in-8°. Cart.

10882. — *Opuscules :* Quelques mots sur F. Pétrarque. 1841. 18 p., in-8°. — Des langues de l'Europe au IX° siècle, à propos du serment des fils de Louis-le-Débonnaire. 1846. 24 p., in-8°. — De la philosophie morale de Pétrarque. Étude sur le traité intitulé : « De contemptu mundi colloquiorum liber, quem secretum suum inscripsit. » 1863. 20 p., in-8°. — De l'enseignement primaire dans les Hautes-Cévennes avant et après 1789. 1879. 42 p., in-8°. — État récapitulatif et comparatif indiquant, par département, le nombre des conjoints qui ont signé l'acte de leur mariage, aux XVII°, XVIII° et XIX° siècles. Documents fournis par 15.928 instituteurs. *S. d.* 8 p., in-4°.

10883. MAGNANT (Ernest). Patkul ou le martyr de la liberté. Tragédie historique en cinq actes et en vers. Par le docteur Ernest Magnant (né à Houdelaincourt). *Paris, Alcan-Lévy,* 1880. 82 pages, in-8°. Broché.

10884. — Angela ou l'Alsace enchaînée. Poème épique, en dix chants. *Paris, Auguste Ghio,* 1881. 142 pages, in-8°. Br.

10885. MAGNIÉ (P.). Répertoire de principes de musique, ou manuel des étudians en musique, contenant tous les principes élémentaires de cet art, sous la forme d'un dictionnaire portatif, rédigé d'après les meilleurs auteurs, par M. P. Magnié, commis-greffier du tribunal de 1re instance séant à Mirecourt. *Mirecourt, G. Bouillon,* 1830. 50 pages, in-8°. Br.

10886. MAILLET (B. de). Telliamed ou entretiens d'un philosophe indien avec un missionnaire françois sur la diminution de la mer, la formation de la terre, l'origine de l'homme, etc... Mis en ordre sur les mémoires de feu M. de Maillet (né à Saint-Mihiel), par J.-A. Guer. *Amsterdam, L'honoré et fils,* 1748. CXXXIII-208 et 233 pages, in-8°. 2 tomes en 1 vol. Rel. veau.

10887. MAILLET (B. de). Suite : — Telliamed ou entretiens d'un philosophe indien avec un missionnaire françois sur la diminution de la mer... La Haye, Pierre Gosse, 1755. 336 et 372 pages, in-12. 2 vol. Rel. veau.

10888. MAIMBOURG (Le P. Louis). Sermons pour le caresme, où toutes les parties de chaque évangile sont comprises, et rapportées à un point principal. Par le Père Louis Maimbourg (né à Nancy), de la Compagnie de Jésus. Paris, Sébastien Mabre-Cramoisy, 1672. xxi-557 et 529 pages, in-8°. 2 vol. Rel. veau.

10889. — La méthode pacifique pour ramener sans dispute les protestans à la vraye foy sur le point de l'Eucharistie. Paris, Sébastien Mabre-Cramoisy, 1678. xviii-167 pages, in-12. Rel. veau.

10890. — Histoire du luthéranisme. Paris, s. n., 1681-1682. 304 et 293 pages, in-12. 2 tomes en 1 vol. Frontisp. Rel. parchemin.

10891. — Histoire du calvinisme et celle du papisme mises en parallèle. Rotterdam, Reinier Leers, 1683. 4 vol., in-12. Rel. veau.

10892. — Traité historique de l'établissement et des prérogatives de l'église de Rome et de ses évêques. Paris, Mabre-Cramoisy, 1684. xxviii-455 pages, in-12. Rel. veau.

10893. — Histoire du pontificat de S. Grégoire-le-Grand. Paris, Claude Barbin, 1686. xxxi-500 pages, in-4°. Rel. veau.

19894. — Les histoires du sieur Maimbourg, cy-devant jésuite. Paris, Sébastien Mabre-Cramoisy, 1686. 12 vol., in-4°. Rel. veau.

10895. MAIRE. De l'organisation de la défense des pauvres devant les tribunaux, par M. Maire (avocat à Nancy). Nancy, Hinzelin, 1849. 19 pages, in-8°. Br.

10896. MAIRE (Charles). Rimes d'automne. Par Charles Maire (de Lunéville). Paris, A. Lahure, 1892. 314 pages, in-18. Portrait. Demi-rel.

10897. — Rimes indiscrètes. Paris, A. Lahure, 1893. 261 pages, in-18. Portrait. Br.

10898. — Rimes affranchies. Lunéville, Bastien, 1894. 225 pages, in-18. Portrait. Br.

10899. MALCUIT (Louis). Vera jurisconsultorum philosophia authore Ludovico Malquytio I. C. (Dédiée à Charles IV, duc de Lorraine). S. l., n. n., n. d. (vers 1630). Frontispice signé J. de Courbes fecit. x-234 pages, in-4°. Rel. en parchemin.

10900. — MALDONAT (Jean). Joannis Maldonati Societatis Jesu theologi (Prof. Univ. Mussip.) Commentarii in quattuor evangelistas. Nunc primum in lucem editi et in duos tomos divisi. Ad Serenissimum Lotharingiæ ducem. Mussiponti, St. Mercator, 1596. x-478 et viii-598 pages, in-fol. à 2 col. Frontispice. Rel. veau.

10901. — Traité des anges et démons. Mis en françois par maistre François de la Borie, grand archidiacre et chanoine à Périgueux. Paris, François Hüby, 1605. xiv-484 pages, in-12. Frontisp. Rel. parchemin.

10902. — Traité des anges et démons. Mis en françois, par maistre François de la Borie, grand archidiacre et chanoine à Périgueux. Rouen, Louis Loudet, 1619. xiv-484 pages, in-12. Frontisp. Rel. veau.

10903. — Opera varia theologica tribus tomis comprehensa. Ex variis... bibliothecis maximâ parte nunc primum in lucem edita. Lutetiæ Parisiorum, apud Andream Pralard, 1677. xiv-255, ii-154 et i-43 pages, in-fol. 3 tomes en 1 vol. Rel. veau.

10904. MALGRAS. Leçons élémentaires de style épistolaire, ouvrage spécialement destiné aux élèves des écoles normales primaires... Par M. Malgras, directeur de l'École normale primaire des Vosges. Paris, L. Hachette, 1843. vi-178 pages, in-12. Demi-rel.

10905. — De l'éducation et de l'instruction publique considérées dans leurs rapports avec les besoins actuels de la société. Paris, L. Hachette et Cie, 1849. viii-326 pages, in-8°. Demi-rel.

10906. — Grand-livre à l'usage des écoles primaires renfermant les tableaux et registres indispensables pour la bonne tenue d'une école... Paris, L. Hachette et Cie, 1846. 42 pages, in-fol. Cart.

10907. MALHERBE (Alfred). Notice sur quelques espèces de chênes, et spécialement sur le chêne liège (Quercus suber), par Alfred Malherbe, juge au tribunal de première instance de Metz, etc... Metz, Verronnais, 1839. 36 pages, in-8°. Cart.

10908. — Faune ornithologique de la Sicile,

avec des observations sur l'habitat ou l'apparition des oiseaux de cette île, soit dans le reste de l'Europe, soit dans le nord de l'Afrique. *Metz, S. Lamort,* 1843. 242 pages, in-8°. Frontisp. Demi-rel.

10909. MALLARMÉ (F. R. A.) *Opuscules :* Rapport et projet de décret sur différentes pétitions adressées par des médecins, professeurs, agrégés aux collèges et aux universités de l'empire, pour être exempts du droit de patentes, présentés par F. R. A. Mallarmé, député de la Meurthe, au nom du comité de l'ordinaire des finances. *S. d.* 2 p., pet. in-8°. — Rapport et projet de décret sur l'interprétation et modification de la loi du 17 mars 1791, en ce qui concerne les maîtres d'hôtels garnis, et marchands de bois de la ville de Paris, présentés au nom du comité de l'ordinaire des finances. *S. d.* 18 p., pet. in-8°.

10910. MANDEL (François). *Opuscules :* Observations sur le remède intitulé : Quintessence antipsorique, ou eau de Mettemberg, officier de santé, à Paris, par François Mandel, pharmacien, professeur de l'École de médecine de Nancy. *An X.* 15 p., in-8°. Cart. — Rapport sur la gélatine des os. 1803. 19 et 20 p., in-8°. — Mémoires sur les moyens d'empêcher le salpêtre de se former sur les murs, et de remédier à la graisse des vins. 1820. 30 p., in-8°. — L'art de faire, de gouverner et de guérir les vins. *S. d.* 4 et 74 p., in-8°. — Lettre à M. Mettemberg, relative à son mémoire à consulter contre l'École de médecine de Paris. *S. d.* 9 p., in-8°. — Mémoire sur la nécessité de renouveller les pommes de terre, par un ensemencement nouveau. *S. d.* 12 p., in-8°.

10911. MANGEART (dom Thomas). Introduction à la science des médailles, pour servir à la connaissance des dieux, de la religion, des sciences, des arts, etc... Par Dom Thomas Mangeart (né à Metz), religieux bénédictin de la congrégation de S. Vanne et de S. Hidulphe, etc... *Paris, D'Houry,* 1763. xxiv-586 pages, in-f°. Planches. Rel. veau.

10912. MANGENOT (Nicolas). Principes de musique, composés et dédiés à Monsieur Himbert Flegny. Par Nicolas Mangenot, élève de la maîtrise de la ci-devant cathé-drale de Metz, etc... *Épinal, Pellerin, s. d.* 46 pages, in-8° oblong. Demi-rel.

10913. MANGENOT (L'abbé). Les travaux des bénédictins de Saint-Maur, de Saint-Vanne et Saint-Hydulphe sur les anciennes versions latines de la bible. Par M. l'abbé Mangenot, professeur d'Écriture sainte au grand séminaire de Nancy. *Amiens, Imp. Rousseau-Leroy et Cie,* 1888. 78 pages, in-8°. Br.

10914. MANGEOT (H.). Les francs-tireurs français ; leur armement et les tirs permanents au point de vue de l'ordre et de la défense nationale. Par H. Mangeot, membre de la Société des francs-tireurs de la Meurthe. *Nancy, N. Collin,* (1866). 158 pages, in-12. 3 tableaux. Br.

10915. — Traité du fusil de chasse et des armes de précision ; suivi de quelques considérations sur la manière d'éviter les accidents. *Bruxelles, s. n.,* 1852. vi-347 pages, in-8°. Planches. Demi-rel.

10916. — Des armes de guerre rayées. *Bruxelles, Impr. Henri Samuel et Cie,* 1860. xvi - 217 pages, in-8°. Planches. Demi-rel.

10917. MANGIN (J.). Exposition des preuves les plus sensibles et les plus évidentes qui établissent la divinité et l'unité de la religion chrétienne. Par J. Mangin. *Nancy, Hœner,* 1814. 119 pages, in-8". Cart.

10918. MANGIN (Joseph). Mémoires sur l'agriculture, ou moyens sûrs et faciles de perfectionner considérablement toutes les principales parties de cet art. Par Joseph Mangin, membre des sociétés d'agriculture et philomatique de Verdun. *Verdun, Villet-Collignon,* 1827. viii-79 pages, in-12. Cart.

10919. MANGIN (J.-H.-C.). Traité de l'action publique et de l'action civile en matière criminelle, par M. J.-H.-C. Mangin (né à Metz), ancien conseiller à la Cour de cassation. *Paris, Nève,* 1837. lxviii - 586 et 559 pages, in-8°. 2 vol. Demi-rel.

10920. — Traité de l'action publique et de l'action civile en matière criminelle. *Paris, L. Larose,* 1876. lvi-390 et 386 pages, in-8°. 2 vol. Demi-rel.

10921. MARANT (Joseph). Rapport présenté à l'Assemblée nationale, au nom des comités militaire, de l'ordinaire et de l'extraordinaire des finances, et de l'examen des comptes, sur l'administration de M. Narbonne, ex-ministre de la guerre, le 30 juin 1792, par Joseph Marant, député des Vosges. *Paris, Imprimerie nationale, S. d.* 30 pages, pet. in-8°. Demi-rel.

10922. MARCHAL (N.-D.). L'Instituteur révoqué. Deux comédies en vers comprenant chacune cinq actes, par N.-D. Marchal, instituteur à Aumontzey (Vosges). *Rambervillers, Méjeat,* 1853. 240 pages, in-12. Demi-rel.

10923. MARCHAL. Union et bon sens, par le citoyen Marchal fils, D. M., adjoint au maire de Nancy. *Nancy, Hinzelin,* 1849. 32 pages, in-8°. Br.

10924. MARCHAL. Pétition de M. Marchal, ancien député, demeurant à Nancy, tendante à ce que des modifications soient faites à la loi du mois de mai 1844, sur la chasse, pour favoriser la multiplication et assurer la conservation des oiseaux insectivores. *Nancy, Vve Raybois,* 1861. 19 pages, in-8°. Cart.

10925. MARCHAL. Le Parthénon, avec les dessins des deux frontons dont les restes sont au British Musœum, le dessin de Minerve de Phidias, d'après une patère antique trouvée par M. Quatremère de Quincy ; et une vue d'Athènes. Par M. Marchal (de Lunéville). *Paris, Didier,* 1864. 32 pages, in-8°. Fig. Br.

10926. MARCHAL (J.-B.-J.). Théorie et pratique du calcul, ou traité complet d'arithmétique. Par J.-B.-J. Marchal, maître de mathématiques, etc... *Lunéville, Guibal, S. d.* 212 pages, in-8°. Cart.

10927. MARCHAND-ENNERY. Dictionnaire hébreu-français ; par Marchand-Ennery, professeur aux écoles israélites de Nancy. *Metz, Imp. E. Hadamard,* 1827. IV-207 pages, in-8°. Demi-rel.

10928. MARCHANT (N.-D.). Mélanges de numismatique et d'histoire, ou correspondance sur les médailles et monnaies des empereurs d'Orient, des princes croisés d'Asie, des barons français établis dans la Grèce, des premiers califes de Damas, etc... Première monnaie épiscopale, sous les Mérovingiens, seule monnaie d'or légitime d'un évêque français. Avec figures, dont 36 de médailles et monnaies inédites du cabinet de l'auteur. Par N. D. Marchant (né à Pierrepont). *Metz, Devilly,* 1818. 128 et 170 pages, in-8°. 2 vol. Demi-rel.

10929. MARCUS (A.). Recherches expérimentales sur la dessiccation artificielle du bois. Par A. Marcus, chevalier de la Légion d'honneur, etc... *Metz, Imp. P. Boutillot,* 1884. 23 pages, in-8°. Br.

10930. MARDIGNY (DE). Mémoire sur les inondations des rivières de l'Ardèche, par M. de Mardigny (né à Metz), ingénieur en chef des ponts et chaussées... *Paris, Dalmont et Dunod,* 1860. 48 pages, in-8°. 2 pl. Br.

10931. MARGERIE (AMÉDÉE DE). De la famille. Leçons de philosophie morale par Amédée de Margerie, professeur de philosophie à la Faculté des lettres de Nancy. *Paris, Auguste Vaton,* 1860. XXIV-336 et 352 pages, in-12. 2 vol. Demi-rel.

10932. — La Fontaine moraliste, causeries. *Nancy, Vagner,* 1861. XI-257 pages, in-12. Demi-rel.

10933. — Théodicée. Études sur Dieu, la Création et la Providence. *Paris, Didier et Cie,* 1865. 400 et 432 pages, in-8°. 2 vol. Demi-rel.

10934. — La restauration de la France. *Paris, Didier et Cie,* 1872. XXIV-357 pages, in-8°. Br.

10935. — La fête du Sacré-Cœur en 1873, à Parey-le-Monial. Lettre à Monsieur Vagner, gérant de l'*Espérance. Nancy, Vagner,* 1873. 15 pages, in-8°. Br.

10936. MARGON (Le comte DE). La fortification et la défense de la frontière allemande-française. Exposé à l'armée allemande par un officier allemand, traduit par le comte de Margon (de Rupt-sur-Othain), capitaine au 10° hussards. *Paris, L. Baudoin et Cie,* 1883. 71 pages, in-8°. Br.

10937. — Le général Abdelal. *Paris, Calmann-Lévy,* 1887. IV-330 pages, in-12. D.-rel.

10938. — Historique du 8° régiment de chasseurs, de 1788 à 1888. (Extrait des archives du ministère de la guerre.) *Verdun, Imp. Renvé-Lallement,* 1889. IX-324 pages, in-8°. Grav. col. Br.

10939. MARGUET (L'abbé). Traité dogmatique et historique du pardon des offenses

43

et de l'amour des ennemis. Par l'abbé Marguet, chanoine et vicaire général de Nancy. *Lyon, Périsse frères* (1835). IV-230 pages, in-18. Cart.

10940. MARGUET (L'abbé). *Suite :* — Essai sur la violation des lois de l'abstinence et du jeûne. *Verdun, Imp. Villet-Collignon,* 1824. VI-170 pages, in-18. Cart.

10941. — Essai sur le blasphème. *Besançon, Imp. Ant. Montarsolo,* 1823. 144 pages, in-18. Cart.

10942. MARQUET (F. N.). Nouvelle méthode facile et curieuse, pour apprendre par les notes de musique à connoître le pous de l'homme, et les différents changements qui lui arrivent, depuis sa naissance jusqu'à sa mort, tirée des observations faites par M. F. N. Marquet, docteur en médecine, etc... *Nancy, Vve Baltazard,* 1747. 34 pages, in-4°. Demi-rel.

10943. — Traité de l'apoplexie, paralysie, et autres affections soporeuses développées par l'expérience, auquel on a joint deux discours latins sur le premier aphorisme d'Hypocrate, et sur le vingt-troisième de la seconde section du même auteur. *Paris, J.-P. Costard,* 1770. VI-216 pages, in-12. Demi-rel.

10944. — Veni mecum de botanique. Ouvrage utile à tout le monde, et particulièrement aux étudians en médecine, en chirurgie et en pharmacie, contenant la description et les propriétés des plantes usuelles... *Paris, Dufour,* 1773. XXXIV-776 pages, in-12. 2 tomes en 1 vol. Rel. veau.

10945. MARTIMPREY (Le comte DE). Projet d'économie sur les commis et employés de la ferme générale. Discours prononcé à l'Assemblée de l'ordre de la noblesse, tenue à Bruyères en Lorraine, dans la salle de l'hôtel-de-ville, le 16 mars 1789, par M. le comte de Martimprey. *S. l., n. n., n. d.* 24 pages, in-8°. Br.

10946. MARTIN (ALBERT). Les cavaliers athéniens, par Albert Martin (professeur à la Faculté des lettres de Nancy), ancien membre de l'École française de Rome, etc. *Paris, Ernest Thorin,* 1886. XII-588 pages, in-8°. Demi-rel.

10947. MARTIN (L'abbé A.). Une fête à l'ancienne Université de Strasbourg, par l'abbé A. Martin, licencié ès-langues vivantes, professeur à l'École Saint-Sigisbert (Nancy). *Nancy, A. Nicolle,* 1897. 20 pages, in-8°. Br.

10948. MARX (ROGER). Henri Regnault. Par Roger Marx (né à Nancy). Ouvrage accompagné de 40 gravures. *Paris, J. Rouam,* 1886. 100 pages, in-8°. Br.

10949. MASSON. Abrégé élémentaire de la géographie universelle de l'Italie. Par M. Masson, de Morvilliers. *Paris, Moutard,* 1774. 478 pages, in-12. Rel. veau.

10950. MASSON (J.-A.). Essai sur le code pénal forestier, par J.-A. Masson, inspecteur des forêts à Épinal, etc... *Épinal, s. n.,* 1806. IX-30 pages, in-8°. Cart.

10951. MASSON. Manuel d'éducation chrétienne, divisé en deux parties. Par M. Masson, curé de Saulxures-lès-Nancy. *Nancy, C.-J. Hissette,* 1814. XXXVI-299, 273 et 391 pages, in-12. Demi-rel.

10952. MASSON. Rapport fait à la Cour royale de Nancy, et approuvé par elle, sur le projet de loi concernant l'organisation judiciaire et la compétence des tribunaux, par M. Masson, conseiller. *Nancy, Impr. A. Paulet,* 1836. XIII-296 pages, in-8°. Cart.

10953. — Question du duel. Arrêt de Nancy rendu le 27 février 1839, par la Chambre des appels de police correctionnelle. *Nancy, Grimblot, Thomas et Raybois,* 1839. 59 pages, in-8°. Br.

10954. MASSON (G.-T.). *Opuscules :* Lettre aux fermiers du département de l'Indre, par G.-T. Masson..., des sociétés d'agriculture de France, de Nancy et de Châteauroux. *Nancy, Hœner,* 1837. 43 pages, in-8°. Cart. — Lettre adressée, le 25 août 1852, à M. Pracos, gérant de l'établissement connu sous le titre de « Société civile de Bercy », suivie d'observations servant au développement. *Nancy, Grimblot et Vve Raybois,* 1853. 15 pages, in-8°. Cart.

10955. MASSU (ACH.-FRANÇOIS). Oraison funèbre du R. P. Jean Estienne, général des chanoines réguliers de la Congrégation de N. Sauveur, et abbé de S. Gilles... Par le T. R. P. Ach. François Massu, abbé de S.-Pierrepont. *Pont-à-Mousson, Claude Cardinet,* 1785. 39 pages, in-4°. Br.

10956. MATHIEU (Ch.-Léopold). *Opuscules:* Discours sur l'instruction publique prononcé dans la séance du 15 fructidor, an 7, jour de la distribution solennelle des prix, par Ch.-Léopold Mathieu, de Nancy. *An 7.* 23 p., in-8°. — Ordre et nomenclature analytiques pour la lithologie, faisant suite à la nouvelle nomenclature chimique, extrait de la minéralogie systématique du cours académique de physique et de chimie. *An XII.* 29 p., in-8°. — Première élégie de Tibulle, traduite en vers français. (1814.) 23 p., in-8°. — Le Printemps, premier chant du poème chinois des Saisons, traduit en vers français et mêlé d'allusions au règne de Louis XVIII. 1816. 28 p., in-8°.

10957. MATHIEU (Auguste). Cours de zoologie forestière comprenant l'histoire et la description de tous les mammifères, oiseaux, reptiles et poissons d'eau douce indigènes, et l'entomologie ou traité des insectes forestiers, par Aug. Mathieu, professeur d'histoire naturelle à l'École royale forestière. *Nancy, Grimblot et Vve Raybois,* 1847-1848. II-400 et 466 pages et 1 atlas, in-8°. 3 vol. Cart.

10958. — Le reboisement et le regazonnement des Alpes. *Paris, Hennuyer et fils,* 1865. II-106 pages, in-8°. Br.

10959. — Les forêts à l'exposition et au congrès international agricole et forestier de Vienne en 1873. *Paris, A. Hennuyer,* 1874. II-126 pages, in-8°. Demi-rel.

10960. — Flore forestière. *Paris, Berger-Levrault et Cie,* 1877. XXVI-618 pages, in-8°. Demi-rel.

10961. — Flore forestière. Quatrième édition, revue par P. Fliche. *Paris, J.-B. Baillière; Nancy, Jacques,* 1897. XXXII-705 pages, in-8°. Br.

10962. — Météorologie comparée agricole et forestière. Rapport à M. le sous-secrétaire d'État, président du conseil d'administration des forêts. *Paris, s. n.,* 1878. 65 pages, in-4°. Br.

10963. — Description des bois, des essences forestières les plus importantes. *Nancy, Grimblot et Vve Raybois,* 1855. 37 pages in-8°. Br.

10964. MATHIEU (Émile). Dynamique analytique. Par M. Émile Mathieu, professeur à la Faculté des sciences de Nancy. *Paris, Gauthier-Villars,* 1878. VI-320 pages, in-4°. Demi-rel.

10965. MATHIEU (Émile). *Suite :* — Sur la généralisation du premier et du second potentiel. *Paris, Impr. Gauthier-Villars,* 1870-1872. 16 et 75 pages, in-4°. Demi-rel.

10966. — Cours de physique mathématique. *Paris, Gauthier-Villars,* 1873. VIII-294 pages, in-4°. Demi-rel.

10967. — Mémoire sur le mouvement vibratoire des cloches. *Paris, Impr. Gauthier-Villars,* 1882. 71 pages, in-4°. Demi-rel.

10968. — Théorie de la capillarité. *Paris, Gauthier-Villars,* 1883. II-191 pages, in-4°. Demi-rel.

10969. — Théorie du potentiel et ses applications à l'électro-statique et au magnétisme. *Paris, Gauthier-Villars,* 1885. I-179 et VI-235 pages, in-4°. 2 tomes en 1 vol. Demi-rel.

10970. — Théorie de l'électro-dynamique. *Paris, Gauthier-Villars et fils,* 1888. X-296 pages, in-4°. Demi-rel.

10971. — Théorie de l'élasticité des corps solides. *Paris, Gauthier-Villars et fils,* 1890. VIII-219 et 184 pages, in-4°. 2 tomes en 1 vol. Demi-rel.

10972. — Mémoire sur la dispersion de la lumière. *Paris, Imp. Gauthier-Villars, s. d.* 54 pages, in-4°. Demi-rel.

10973. — Mémoire sur la théorie des résidus biquadratiques. *Paris, Imp. Gauthier-Villars, s. d.* 62 pages, in-4°. Demi-rel.

10974. — Mémoire sur l'étude des fonctions de plusieurs quantités, sur la manière de les former et sur les substitutions qui les laissent invariables. *Paris, Imp. Mallet-Bachelier, s. d.* 83 pages, in-4°. Demi-rel.

10975. — *Opuscules :* Mémoire sur la résolution des équations dont le degré est une puissance d'un nombre premier. 1862. 20 p., in-4°. — Mémoire sur le mouvement vibratoire d'une membrane de forme elliptique. 1868. 67 p., in-4°. — Mémoire sur le mouvement de la température dans le corps renfermé entre deux cylindres circulaires excentriques et dans des cylindres lemniscatiques. 1869. 38 p., in-4°. — Mémoire sur l'équation aux différences partielles du quatrième ordre $\Delta\Delta\,v = 0$ et sur l'équilibre d'élasticité d'un corps solide. 1869. 44 p., in-4°. — Sur le mouvement vibratoire des plaques. 1869. 19 p., in-4°. — Sur la publication d'un cours de physique mathématique professé à Paris en 1867 et 1868. 1872. 4 p., in-4°. — Sur la fonction cinq fois transitive de 24 quantités. 1873. 22 p., in-4°. — Mémoire sur les inégalités séculaires des grands axes des orbites des planètes. (1875.) 31 p., in-4°. — Mémoire sur le problème des trois corps. (1876.) 26 p., in-4°. — Réflexions au sujet d'un théorème d'un mémoire de Gauss sur le potentiel. (1878.) 5 p., in-4°. — Mémoire sur la théorie des perturbations des mouvements des comètes. (1879.) 26 p., in-4°. — Mémoire sur des intégrations relatives à l'équilibre d'élasticité. 1880. 44 p., in-4°. — Réflexions sur les principes mathématiques de l'électro-dynamique. (1880.) 22 p., in-4°. — Mémoire sur l'équilibre d'élasticité d'un prisme rectangle. 1881. 24 p., in-4°. — De la polarisation elliptique par réflexion sur les corps transparents, pour une incidence voisine de l'angle de polarisation. (1881.) 20 p., in-4°. — Remarques sur les mémoires relatifs à la théorie de la lumière, renfermés dans les exercices d'analyse et de physique mathématique de Cauchy. (1881.) 14 p., in-4°. — Sur les données curvilignes. (1882.) 14 p., in-4°. — Sur l'équation différentielle à laquelle satisfait la fonction F. $(\alpha, \beta, \gamma x)$ de Gauss. (1882.) 26 p., in-4°. — Sur l'application du problème des trois corps à la détermination des perturbations de Jupiter et de Saturne. S. d. 25 p., in-4°. — Études des solutions simples des équations aux différences partielles de la physique mathématique. S. d. 16 p., in-4°. — Sur une formule relative à la théorie des nombres. S. d. 6 p., in-4°. — Mémoire sur des formules de perturbation. S. d. 26 p., in-4°. — Mémoire sur le mouvement de rotation de la terre. S. d. 40 p., in-4°. — Mémoire sur le nombre de valeurs que peut acquérir une fonction quand on y permute ses variables de toutes les manières possibles. S. d. 34 p., in-4°. — Mémoire sur les équations différentielles canoniques de la mécanique. S. d. 42 p., in-4°. — Mémoire sur les équations du mouvement d'un système de corps. S. d. 16 p., in-4°. — Mémoire sur les fonctions elliptiques. S. d. 31 p., in-4°. — Note sur la surface de l'onde. S. d. 7 p., in-4°.

10976. MATHIEU (A.). *Opuscules* : Les forêts de l'Algérie et la commission sénatoriale d'enquête. Par A. Mathieu (de Nancy), conservateur des forêts en retraite. 1893. 25 p., in-8°. — Les races et les religions en Algérie. 1894. 1-36 p., in-8°. — Une excursion dans l'Est oranais. La région des Beni-Ouragh. 1896. 37 p.,

in-8°. — Mélanges sur la province d'Oran. Diverses dates. 4 brochures.

10977. MATHIEU de DOMBASLE (C.-J.-A.). Essai sur l'analyse des eaux naturelles par les réactifs, par C.-J.-A. Mathieu de Dombasle (né à Nancy). *Nancy, J.-R. Vigneulle*, 1810. 86 pages, in-8°. Cart.

10978. — Faits et observations sur la fabrication du sucre de betteraves. *Paris, M° Huzard*, 1820. 212 pages, in-8°. 1 pl. Cart.

10979. — Instruction théorique et pratique sur la fabrication des eaux-de-vie de grain et de pomme de terre. *Ibidem*, 1820. 77 pages, in-8°. Cart.

10980. — Mémoire sur la charrue, considérée principalement sous le rapport de la présence ou de l'absence de l'avant-train. *Ibidem*, 1821. 117 pages, in-8°. 1 pl. Demi-rel.

10981. — Calendrier du bon cultivateur, ou manuel de l'agriculteur praticien. *Ibidem*, 1830. xi-475 pages, in-12. Cart.

10982. — Les intérêts respectifs du midi et du nord de la France, dans les questions de douanes ; de l'importance relative de l'industrie intérieure et du commerce extérieur ; des intérêts spéciaux du commerce et du système de protection pour l'industrie du pays ; de l'avenir industriel du royaume. *Ibidem*, 1834. 66 pages, in-8°. Cartonné.

10983. — Du sucre indigène, de la situation actuelle de cette industrie en France, de son avenir et du droit dont on se propose de la charger. *Ibidem*, 1835. 50 pages, in-8°. Cart.

10984. — Œuvres diverses : Économie politique. Instruction publique. Haras et remontes. *Paris, Vve Bouchard-Huzard, Audot*, 1843. 550 pages, in-8°. Demi-rel.

10985. — Du succès ou du revers dans les entreprises d'améliorations agricoles. De l'administration du personnel dans une exploitation rurale. *Nancy, Imp. Vve Raybois et Cie*, 1850. viii-152 pages, in-12. Cartonné.

10986. — Économie politique et agricole. Études sur le commerce international dans ses rapports avec la richesse des peuples, et de l'organisation du travail, du paupérisme et de la misère dans les sociétés humaines. *Paris, Vve Bouchard-Huzard ; Nancy, N. Grosjean*, 1861. 194 pages, in-12. Cart.

10987. MATHIEU DE DOMBASLE (C.-J.-A.).
Suite : — Enseignement public agricole.
Écoles d'arts et métiers. *Ibidem,* 1861.
105 pages, in-12. Cart.

10988. — Des impôts dans leurs rapports
avec la production agricole. *S. l., n. n.,
n. d.* 177 pages, in-8°. Cart.

10989. — *Opuscules :* Des chemins vicinaux
en France. 1833. 43 p., in-8°. — De l'impôt sur le sucre indigène. Nouvelles considérations. 1837. 45 p., in-8°. — Du
système métrique des poids et mesures.
1837. 16 p., in-8°. — De l'avenir de l'Algérie. 1838. 27 p., in-8°. — Des forêts
considérées relativement à l'existence des
sources. 1839. 24 p., in-12. — Question
des sucres. Indemnité aux fabricants.
1840. 8 p., in-8°. — La question des bestiaux considérée sous ses divers points
de vue. 1841. 42 p., in-8°. — Question des
sucres. 1841. 7 p., in-8°. — Sucre indigène. Le procédé de macération en 1842.
1842. 39 p., in-8°. — Du droit de chasse
et du projet de loi sur cette matière. 1843.
14 p., in-8°. — Fabrication simple et peu
dispendieuse du sucre indigène. 1838. 62
p. — Questions des sucres. Nouvelles
considérations. 23 p. — Lettre à un fabricant sur le procédé de macération,
1841. 8 et 7 p.

10990. MATHIEU-PERNET. Contes moraux. Victor Blanchet, par M. Mathieu-
Pernet, adjoint au maire de Nancy. *Nancy, N. Grosjean,* 1863. XII-335 pages,
in-12. Demi-rel.

10991. — Aux habitants des campagnes.
Pierre Gosselin. *Nancy, N. Grosjean,*
1865. VI-211 pages, in-12. Demi-rel.

10992. MAUCOMBLE (J.-F.-D. DE). Histoire
abrégée de la ville de Nîmes, avec la description de ses antiquités. (Par Jean-
François-Dieudonné de Maucomble, né à
Metz.) *Amsterdam, s. n.,* 1767. IV-162 et 28
pages, in-8°. 2 parties en 1 vol. Cart.

10993. MAUPASSANT (EUSTACHE). Oraison
funèbre de... Marie-Thérèse d'Autriche,
infante d'Espagne, Reyne de France et de
Navarre. Prononcée à Metz..., par le R.
P. Eustache Maupassant, gardien du couvent des RR. PP. Recollets de ladite ville.
Metz, Jean Antoine et Brice Antoine,
1683. 22 pages, in-4°. Br.

10994. — MAURICE. Dialogue entre une mère
et son enfant, sur l'anniversaire de la
mort de Louis XVI. Traduction en vers,
par Auguste Maurice, avocat. *Épinal,
Vautrin, s. d.* 15 pages, in-8°. Cart.

10995. MAXE WERLY (LÉON). Essai sur la
numismatique rémoise, par Léon Maxe
Werly (né à Bar-le-Duc), membre honoraire de l'Académie impériale de Reims.
Paris, E. Thunot et Cie, 1862. 83 pages,
in-8°. 11 planches. Cart.

10996. — *Opuscules :* Numismatique rémoise. (1867.) 16 p., in-8°. Fig. — Numismatique gauloise. Monnaie gauloise inédite, à la légende *Atesos.* 1875. 8 p., in-8°.
— Numismatique rémoise. Lettre à M.
Anatole de Barthélemy. 1877. 27 p., in-8°.
Fig. — Monnaies gauloises inédites. 1878.
16 p., in-8°.

10997. MAY (GASTON). Éléments de droit
romain à l'usage des étudiants des facultés de droit par Gaston May, professeur
de droit romain à la Faculté de droit de
Nancy. *Paris, L. Larose et Forcel,* 1889-
1890. VIII-574 et 666 pages, in-8°. 2 vol.
Demi-rel.

10998. — Précis des institutions du droit
privé de Rome destiné à l'explication des
auteurs latins. (Avec Henri Becker, professeur de rhétorique au lycée de Nancy.) *Paris, L. Larose et Forcel,* 1892.
XX-273 pages, in-12. Rel. angl.

10999. — *Opuscules :* Programme du cours
de droit romain. Première année, introduction. Historique. Personnes. Droits
réels. Successions. 1885. 14 p., in-8°. —
Programme du cours de droit romain.
Seconde année. Obligations. Organisation
judiciaire. Procédure civile. Actions. 1886.
16 p., in-8°.

11000. MEAUME (É.). Du droit de réduction par le conseil d'État des libéralités
faites aux corps moraux publics, par É.
Meaume, avocat à la Cour impériale de
Nancy, professeur à l'École forestière.
Paris, Cosse et Marchal, 1863. 51 pages,
in-8°. Br.

11001. — Commentaire du code forestier,
ouvrage présentant la solution des difficultés soulevées par l'interprétation de la
loi du 26 mai 1827 et de l'ordonnance
rendue pour son exécution. *Paris, Delamotte aîné,* 1843-1846. VIII-908, 1000 et
676 pages, in-8°. 3 vol. Demi-rel.

11002. MEAUME (É.). *Suite :* — Recherches critiques et bibliographiques sur Améric Vespuce et ses voyages. *Nancy, G. Crépin-Leblond*, 1888. 51 pages, in-8°. Br.

11003. — *Opuscules :* Étude sur la vie privée de Bernardin de Saint-Pierre. (1792-1800.) 1855. 36 p., in-8°. — Manuel de l'adjudicataire et du garde-vente des coupes dans les bois de l'État, des communes et des établissements publics, contenant : 1° le texte du cahier des charges, etc... 1846. 47 p., in-8°. — L'Eucalyptus à la colonie agricole des Trois-Fontaines près Rome. 1882. 32 p., in-8°.

11004. MEIXMORON (Ch. de). Le paysage d'après nature, par Ch. de Meixmoron de Dombasle (de Nancy). *Nancy, A. Voirin*, 1890. 44 pages, grand in-8°. Br. (Publ. de la *Lorraine Artiste*.)

11005. MÉLIN (Al.). *Opuscules :* Cours de dessin linéaire, par Al. Mélin, architecte et professeur de dessin à l'école d'adultes, aux cours industriels de Nancy, et à l'École normale de la Meurthe. *S. d.* 14 p., in-4°. Pl. Cart. — Instruction pratique sur le lavis et la topographie. 1856. 16 p., in-8°. Pl. — Travaux de bâtiments. Analyses des prix. 3° partie. Menuiserie. 1858. 74 p., in-12.

11006. MÉLIN (Gabriel). Essai sur la clientèle romaine. Par Gabriel Mélin (de Nancy), avocat, docteur en droit. *Nancy, E. Desté*, 1889. 170 pages, in-8°. Br.

11007. MELLIER (É.). Souvenir de l'exposition des beaux-arts à Nevers. (Par M. É. Mellier, inspecteur d'Académie à Nancy). *Nevers, Impr. Fay*, 1873-1874. 32 et 28 pages, in-8°. 2 plaquettes en 1 vol. Fig. Broché.

11008. — Le Tasse. *Paris, Lecène, Oudin et Cie*, 1893. 238 pages, in-8°. Fig. Br.

11009. MENGIN (J.). Rapport présenté à l'Assemblée nationale, au nom du comité de l'examen des comptes, sur le compte rendu par M. Cahier, ex-ministre de l'intérieur, des ordonnances de payemens qu'il a données pendant la durée de son ministère, par J. Mengin, député des Vosges. *Paris, Imprimerie nationale, s. d.* 12 pages, pet. in-8°. Demi-rel.

11010. (MENGIN.) Élémens de musique, ou exposé des principes de cet art, détaillés par ordre ; et, pour la facilité des élèves, distribués par demandes et par réponses ; rédigés par le citoyen M(engin), professeur de musique (à Nancy). *Nancy, Vincenot*, 1803. 62 pages, in-8°. Cart.

11011. MENOUX (Joseph de). Notions philosophiques des vérités fondamentales de la religion. Ouvrage didactique d'un ordre nouveau. Dédié à Sa Majesté le roi de Pologne, duc de Lorraine et de Bar. (Par le P. Joseph de Menoux, jésuite, prédicateur de Stanislas.) Nouvelle édition. *Nancy, les héritiers de N. Baltazard, s. d.* (1758). 144 pages, pet. in-8°. Rel. veau.

11012. — L'incrédulité combattue par le simple bons sens. Essai philosophique. 2° édition. *S. l., n. n., n. d.* II-64 pages, pet. in-8°. Rel. veau.

11013. MERCY (Le chevalier de). De l'enseignement médical, dans ses rapports avec la chimie, considérée comme science accessoire à la théorie de la médecine ; suivi d'un nouveau plan d'organisation des sociétés de médecine et de chirurgie, etc... Par M. le chevalier de Mercy (né à Pompey), docteur en médecine de la Faculté de Paris... *Paris, Impr. J.-M. Eberhart*, 1819. VIII-128 pages, in-8°. Gravure. Cart.

11014. — *Opuscules :* Mémoire au roi. *S. d.* 15 p., in-4°. — Réponse de M. le docteur de Mercy, à la critique qui a été insérée dans la *Bibliothèque médicale* (novembre 1812), de son édition des Aphorismes d'Hippocrate. *S. d.* 16 p., in-8°. — Ma dernière réponse à la critique des Aphorismes. *S. d.* 8 p., in-8°.

11015. MESSIER. Observations astronomiques faites à Senones... pendant les mois de septembre, octobre et novembre 1772, par Messier (né à Badonviller). (Extrait des *Mémoires de l'Académie des sciences*, p. 457 à 472.)

11016. METZ-NOBLAT (Alexandre de). Mémoire sur la chute des jésuites, par M. A. de Metz-Noblat, membre de l'Académie de Stanislas. *Nancy, Grimblot, Vve Raybois et Cie*, 1860. 107 pages, in-8°. Cart.

11017. — Analyse des phénomènes économiques. *Nancy, Vagner*, 1853. XXIV-370 et 376 pages, in-8°. 2 tomes en 1 vol. Demi-rel.

11018. — Bluettes. *Nancy, Vagner*, 1858. 243 pages, in-12. Demi-rel.

11019. METZ-NOBLAT (Alexandre de). Suite : — Varia. Morale. — Politique. — Littérature. *Nancy, Impr. Vagner*, 1860-1863. 5 vol., in-12. Br. (En collaboration avec : de Foblant, A. Lombard, Ed. Cournault, H. Gomont, Corne [du Nord], Paillart, Mᴵˡᵉ d'Haussonville, Raudot [de l'Yonne], St-Marc-Girardin et Henri de l'Espée.)

11020. — Un projet de décentralisation. Seconde édition. *Nancy, Vagner*, 1865. 240 pages, in-8°. Demi-rel. (En collaboration avec : Bastien, Ed. Berlet, H. de Bouvier, Ed. Cournault, Ed. Fabvier, Foblant, Gouy, Ed. Keller, L. de Klopstein, comte de Lambel, comte de Landreville, Larcher, H. de l'Espée, comte de Ludre, F. de Mont, F. Quintard, A. de Scitivaux, A. Volland.)

11021. — Les lois économiques. Résumé du cours d'économie politique fait à la Faculté de droit de Nancy, en 1865 et 1866. *Paris, Guillaumin et Cie*, 1867. xxiv-739 pages, in-8°. Demi-rel.

11022. — L'Église et l'État. Morceaux divers. *Paris, Douniol*, 1867. 575 pages, in-12. Demi-rel.

11023. — *Opuscules :* Exposition du système de M. Worms sur la constitution de la propriété dans les états musulmans. (1851.) 29 p., in-8°. — Du projet de loi sur les défrichements, présenté par la commission chargée de réviser le code forestier. 1851. 31 p., in-8°. — Les origines du droit de propriété. 1854. 35 p., in-8°. — Population et misère. 1854. 31 p., in-8°. — Sâti, souvenirs d'Orient. 1856. 24 p., in-8°. — Des rapports de l'Église et de l'État. *S. d.* 16 p., in-8°.

11024. METZ-NOBLAT (Antoine de). Dix jours en Corse, par A. de Metz-Noblat (membre de l'Académie de Stanislas). *Paris, Berger-Levrault*, 1886. 58 pages, in-8°. Br.

11025. — Maniement et usage des armes à feu. Accidents de chasse et de tir. Conseils pour les éviter. *Nancy, Berger-Levrault et Cie*, 1889. xiv-160 pages, in-18. Rel. angl.

11026. — *Opuscules :* Un péril pour l'Algérie. Le déboisement. 1878. 31 p., in-8°. — Recherches sur la limite de la portée efficace des fusils de chasse. 1893. 32 p., in-8°. — Application de la rayure à l'accroissement de l'efficacité pratique du tir de chasse. 1896. 28 p., in-8°.

11027. MEYER (Maurice). Études sur le théâtre latin. Par Maurice Meyer (né à Nancy), docteur ès-lettres, etc... *Paris, Dezobry, E. Magdeleine et Cie*, 1847. viii-348 pages, in-8°. Demi-rel.

11028. MÉZIÈRES (L.). Leçons anglaises de littérature et de morale ; nouvelle édition, traduite en français, par M. L. Mézières (ancien recteur de l'Académie de Metz), docteur ès-lettres, etc... *Paris, Réger et Cie*, 1828. x-556 et 492 pages, in-8°. 2 vol. Cart.

11029. — Histoire critique de la littérature anglaise, depuis Bacon jusqu'au commencement du dix-neuvième siècle. *Paris, Baudry*, 1834. xxiv-378, 396 et 411 pages, in-8°. 3 vol. Demi-rel.

11030. — L'économie ou remède au paupérisme. *Paris, Jules Renouard et Cie*, 1853. xix-356 pages, in-12. Demi-rel.

11031. MÉZIÈRES (Alfred). Shakespeare, ses œuvres et ses critiques. Par Alfred Mézières, professeur de littérature à la Faculté des lettres de Nancy. *Paris, Charpentier*, 1860. xi-511 pages, in-8°. Demi-rel

11032. — Étude sur les œuvres politiques de Paul Paruta. *Paris, Mme Vve Joubert*, 1853. iv-154 pages, in-8°. Demi-rel.

11033. — Mémoire sur le Pélion et l'Ossa. *Paris, Impr. impériale*, 1853. 118 pages, in-8°. Plan. Br.

11034. — Prédécesseurs et contemporains de Shakespeare. *Paris, Charpentier*, 1863. xi-403 pages, in-8°. Demi-rel.

11035. — Contemporains et successeurs de Shakespeare. *Paris, Charpentier*, 1764. iii-424 pages, in-8°. Demi-rel.

11036. — Pétrarque. Étude d'après de nouveaux documents. *Paris, Didier et Cie*, 1868. xxxix-435 pages, in-8°. Demi-rel.

11037. — W. Gœthe. Les œuvres expliquées par la vie. 1749-1795. *Paris, Didier et Cie*, 1874. viii-464 et 425 pages, in-12. 2 vol. Demi-rel.

11038. — Vie de Mirabeau. *Paris, Hachette et Cie*, 1892. iv-344 pages, in-12. Demi-rel.

11039. — Description de la Laconie. *(Paris), Impr. impériale*, 1854. 46 pages, in-8°. Br.

11040. MICHAUT (Narcisse). La lune. Étude psychologique et littéraire. Par N. Michaut (né à Robert-Espagne). *Paris, Berger-Levrault et Cie*, 1874. 58 pages, in-12. Broché.

11041. MICHAUT (Narcisse). *Suite :* — La lune et M. Sarcey, ou les dangers de la précipitation. *Paris, Berger-Levrault et Cie,* 1874. 64 pages, in-12. Br.

11042. — De l'imagination. Étude psychologique. *Paris, Berger-Levrault et Cie,* 1876. 324 pages, in-8°. Demi-rel.

11043. — Éloge de Buffon. *Paris, Hachette et Cie,* 1878. xxxii-234 pages, in-12. Demi-rel.

11044. MICHEL (Jean). Éloges des grandeurs de Jésus, de Marie et de Joseph, ou des personnes sacrées de la Famille divine. Dédiés à l'auguste maison de Lorraine, par M. Michel, ecclésiastique barisien et théologien de Sorbone. *Pont-à-Mousson, J. Bouchard, s. d.* (1699.) viii-76, 42, 50 et 99 pages, in-8°, en 1 vol. Rel. veau.

11045. — Panégyriques des saints fondateurs de divers ordres religieux. *Pont-à-Mousson, J. Bouchard et C.-A. Michard,* 1700. x-516, viii-459 et vi-440 pages, in-12. 3 vol. Rel. veau.

11046. MICHEL (Pierre). Système chronologique sur les trois textes de la Bible, avec l'histoire des anciennes monarchies, expliquée et rétablie. Ouvrage divisé en deux parties. Par M. Michel, de Toul. *Toul, Claude Vincent,* 1733. xlvi-50 et 378 pages, in-4°. Demi-rel.

11047. (MICHEL.) Essai sur les moyens d'améliorer les études actuelles des collèges. (Par Michel.) *Nancy, C.-S. Lamort,* 1769. iv-128 pages, in-8°. Rel. bas.

11048. MICHEL (Jean-François). Élémens de grammaire générale, appliqués spécialement à la langue française, à l'usage des commençans ; par J.-F. Michel, directeur du pensionnat établi près de l'École centrale du département de la Meurthe. *Nancy, J.-R. Vigneulle, An IX.* ii-156 pages, in-8°. Rel. bas.

11049. MICHEL (L.-A.). Théorie nouvelle et raisonnée du participe, accompagnée de notes et observations sur les principales difficultés de la langue française, et suivie de nombreux exemples choisis. Par Michel (né à Rambervillers), auteur du Manuel administratif, etc... *Vézelise, Imp. Michel,* 1830. 168 pages, in-12. Demi-rel.

11050. MICHEL (Émile). De l'enseignement et de l'utilité du dessin. Par Émile Michel (né à Metz). *Metz, F. Blanc,* 1869. 43 pages, in-8°. Cart. (Extrait des *Mémoires de l'Académie de Metz.*)

11051. — Les musées d'Allemagne. Cologne. Munich. Cassel. Ouvrage accompagné de 15 eaux-fortes et de 80 gravures. *Paris, Jules Rouam,* 1886. viii-298 pages, in-4°. Demi-rel.

11052. — Gérard Terburg (ter Borch) et sa famille. Ouvrage accompagné de 34 gravures. *Paris, J. Rouam,* 1887. 72 pages, in-8°. Br.

11053. — Rembrandt. Ouvrage accompagné de 41 gravures. *Paris, J. Rouam,* 1888. 126 pages, in-8°. Br.

11054. — Jacob van Ruysdael et les paysagistes de l'école de Harlem. Ouvrage accompagné de 21 gravures. *Paris, Imp. E. Ménard et Cie,* 1890. 90 pages, in-8°. Br.

11055. — Hobbema et les paysagistes de son temps en Hollande. Ouvrage accompagné de 12 gravures. *Paris, Imp. E. Ménard et Cie,* 1890. 54 pages, in-8°. Br.

11056. — Les Brueghel. Ouvrage accompagné de 45 gravures. *Paris, L. Allison et Cie,* 1892. 100 pages, in-8°. Br.

11057. — Les Van de Velde. Ouvrage accompagné de 70 gravures dans le texte et de trois gravures hors texte tirées en sanguine. *Paris, L. Allison et Cie,* 1892. 132 pages, in-8°. Br.

11058. — Rembrandt. Sa vie, son œuvre et son temps. Ouvrage contenant 343 reproductions directes d'après les œuvres du maître. *Paris, Hachette et Cie,* 1893. xii-630 pages, g. in-8°. Demi-rel.

11059. — Études sur l'histoire de l'art. *Paris, Hachette et Cie,* 1895. x-373 pages, in-12. Br.

11060. MILLARDET. De la maladie des pommes de terre causée par le parasitisme du Peronospora infestans. Par M. Millardet, professeur à la Faculté des sciences de Nancy. *Nancy, Imp. Berger-Levrault et Cie, s. d.* 19 pages, in-8°. Br.

11061. MILLOT (C.). Cours de météorologie professé à la Faculté des sciences de Nancy et inauguré en janvier 1884. Par M. Millot, ancien officier de marine. *Nancy, Autog. Berger-Levrault et Cie,* (1887). iv-194 et 234 pages, in-4°. 2 vol. Br.

11062. — *Opuscules :* La classification des

nuages de Poëy. 1885. 16 p., in-8°. Fig. — Le cyclone du 3 juin 1885 à Aden et la perte du *Renard*. 1885. 9 p., in-8°. — Tracé d'une courbe donnant la température moyenne de tous les points situés sur un même méridien, équateur anallothermique. 1886. 12 p., in-8°. — Marche apparente et trajectoire vraie des orages sur l'horizon. 1890. 7 p., in-8°. — De l'action de la nébulosité sur l'amplitude de l'oscillation diurne de la température. 1897. 11 p., in-8°.

11063. MIRABEAU (La comtesse DE). Les jeunes filles pauvres. Par la comtesse de Mirabeau (née de Gonneville). *Paris, Dupray de la Mahérie*, 1863. 353 pages, in-12. Br.

11064. MITRY (GABRIELLE-ROSE DE). Poësies mêlées dédiées à Monseigneur le marquis de Torcy, ministre et secrétaire d'État, etc. Par Madame la comtesse des Plassons (Gabrielle-Rose de Mitry, née à Nancy). *Cologne (Nancy), P. Marteau*, 1715. 160 pages, in-8°. Rel. veau.

11065. MITTIÉ (JEAN-STANISLAS). Suite de l'aitiologie de la salivation, ou explication des inconvéniens attachés au mercure administré en friction et en fumigation. Par Jean-Stanislas Mittié, médecin ordinaire du feu roi Stanislas, duc de Lorraine et de Bar, etc. *Paris, Didot*, 1781. 157 pages, in-8°. Cart.

11066. (MOLET.) Le vrai stoïque (par Molet, curé de Millery et Autreville). *Stoa (Pont-à-Mousson), s. n.*, 1766. 44 pages, in-8°. Cart.

11067. MOLK (JULES). Éléments de la théorie des fonctions elliptiques. Par Jules Molk, professeur à la Faculté des sciences de Nancy. *Paris, Gauthier-Villars et fils*, 1893-1896. VI-246 et II-299 pages, in-8°. 2 vol. Br.

11068. MOLLEVAUT (C.-L.). Tibulle. Traduction de C.-L. Mollevaut (membre de la Société des sciences, lettres et arts de Nancy), correspondant de l'Institut. *Paris, J.-L. Chanson*, 1814. 215 pages, in-12. — Poésies. *Paris, J.-L. Chanson*, 1813. 129 pages, in-12. 2 ouvrages en 1 vol. Cart.

11069. MOLLEVAUT (C.-L.). *Suite :* — Poésies diverses. Tacite. Vie d'Agricola. Traduction. *Paris, Lelong*, 1821-1822. IX-195 et XX-121 pages, in-12. Fig. 2 brochures en 1 vol. Demi-rel.

11070. — Catulle. Traduction. *Paris, F. Louis*, 1822. 143 pages, in-12. Cart.

11071. — L'Énéide de Virgile, traduite en vers, avec le texte en regard. *Paris, Lelong*, 1822. 4 vol., in-12. Demi-rel.

11072. — Pensées en vers. *Paris, C.-H. Langlois*, 1829. II-206 pages, in-12. Demireliure.

11073. — Chants sacrés. *Paris, Langlois*, 1832. XXXII-124 pages, in-12. Cart.

11074. — Cent épigrammes de Martial, toutes traduites vers pour vers, pour la première fois, avec le portrait du traducteur et la cinquième édition de l'Ode à la postérité. *Paris, L. Bouchard-Huzard*, 1840. 64 et 8 pages, in-12. Cart.

11075. — Cinquante sonnets dédiés aux cinquante membres titulaires et honoraires de l'Académie des inscriptions et belles-lettres, précédés de la biographie de l'auteur publiée par la Renommée. *Paris, s. n.*, 1843. XXVIII-72 pages, in-12. Portrait. Demi-rel.

11076. — *Opuscules :* La pacification de la Suisse et le XVIII brumaire. Odes. 1803. 14 pages, in-8°. — Sa Majesté Louis XVIII refuse d'abdiquer la couronne, ou la légitimité. Ode. 1820. 8 p., in-8°. — Cent fables nouvelles en quatrains. 1836. 46 pages, in-12. — Art poétique d'Horace, pour la première fois traduit vers pour vers. 1835. XIX-52 p. 1838. (Seconde édition.) 35 p., in-24. — La postérité. Ode. 6° édition. Portrait de l'auteur. 1840. 8 p., in-4°. — Mémoire sur la statue de Laocoon, mise en parallèle avec le Laocoon de Virgile. 1841. 9 p., in-4°. — Résumé de la discussion sur le cœur de saint Louis, extrait d'un précis inédit d'histoire de France. 1844. 1 p., in-8°. — Ode sur la poésie. La postérité. (Huitième édition.) — Sonnet à M. de Brière. La vieillesse. — Dithyrambe à Son Altesse Royale Mgr le duc d'Angoulême. — Fragment d'un poème épique. La bataille des Pyramides. (Ces cinq dernières pièces forment un recueil in-8°. Cart.)

11077. MONGIN (C.). Philosophie élémentaire, ou méthode analytique appliquée aux sciences et aux langues. Par le C.

Mongin, professeur de grammaire générale, à l'École centrale de la Meurthe. *Nancy, Hœner et Delahaye, an XI.* v-315 et 292 pages, in-8°. 2 tomes en 1 vol. Cart.

11078. (MONIN.) L'histoire de France, racontée par un instituteur (Monin, des Vosges) à ses élèves. *Mirecourt, Fricadel-Dubiez*, 1834. viii-130 pages, in-18. Cart.

11079. MONNIER (Auguste). Essai monographique sur les hiéracium et quelques genres voisins, par Auguste Monnier (de Nancy). *Nancy, Imp. C.-J. Hissette*, 1829. 92 pages, in-8°. Demi-rel.

11080. MONTALIVET (Le comte de). Le roi Louis-Philippe. Liste civile. Par M. le comte de Montalivet (né à Sarreguemines). *Paris, Michel Lévy frères*, 1851. xv-407 pages, in-8°. Portrait. Demi-rel.

11081. MONTÉMONT (Albert). Les Plaisirs de l'espérance, poème de Thomas Campbell, suivi de deux odes pindariques et de notes explicatives; traductions de l'anglais en vers français, avec les textes en regard; par Albert Montémont (né à Rupt-sur-Moselle), membre de plusieurs sociétés savantes, etc... *Paris, Baudry*, 1824. viii-219 pages, in-12. Gravure. Demi-rel.

11082. — Les odes d'Horace, traduites en vers français. *Paris, Ebrard*, 1839. viii-288 pages, in-12. Demi-rel.

11083. — Guide universel de l'étranger dans Paris, ou nouveau tableau de cette capitale. *Paris, Garnier frères*, 1843. iii-355 et 32 pages, in-12. Gravures. Rel. veau.

11084. — Grammaire générale ou philosophie des langues, présentant l'analyse de l'art de parler, considéré dans l'esprit et dans le discours. *Paris, Moquet*, 1845. viii-382 et 352 pages, in-8°. 2 vol. Cart.

11085. — Chansons diverses. *Paris, A. Appert, Garnier frères*, 1848. iv-384 pages, in-12. Demi-rel.

11086. — Lettres sur l'astronomie ou traité élémentaire et complet d'astronomie à la portée des gens du monde. *Paris, Ledoyen*, 1859. 359 et 376 pages, in-8°. 2 vol. Demi-rel.

11087. — Voyage aux Alpes et en Italie ou description nouvelle de ces contrées. *Paris, Arthus Bertrand*, 1860. 364 pages, in-8°. Demi-rel.

11088. — *Opuscules* : La fête d'Alexandre,

ou le pouvoir de l'harmonie. Ode lue par M. Tissot, professeur de poésie latine au Collège de France, à la clôture de son cours de 1820. 1820. 16 p., in-8°. — Dithyrambe sur l'attentat du 28 juillet 1835. — Les dix nombres ou décade poétique. — La Comète. — Le Progrès. — Le Réveil. — L'Homme heureux. — A M. l'amiral Dumont-d'Urville, sur sa nouvelle expédition dans le Grand-Océan. — L'Abeille. — Les Affinités. — L'Hirondelle. — Le Pays. — Mon Archipel. — La jeune malade. — Le Marocain. — Ode... à la mémoire de Dumont d'Urville. — Le Palais de Cristal. — Ode sur la mort du duc d'Orléans (1842). — Nous ne faisons que changer de folie. — Le retour de l'Empire. — Le 5 mai 1821, ode de Manzoni, traduite en vers français. (Ces vingt dernières pièces forment un recueil de 164 p., in-8° et in-12.) —Introduction aux voyages entrepris pour découvrir un passage maritime de l'Atlantique au Grand-Océan par le nord-ouest. *S. d.* 32 p., in-8°. — L'Océanie. *S. d.* 32 p., in-8°. — Le passage du mont Saint-Bernard, ode. *S. d.* 7 p., in-8°.

11089. MONTIGNOT (L'Abbé). État des étoiles fixes au second siècle, par Claude Ptolémée, comparé à la position des mêmes étoiles en 1786, avec le texte grec et la traduction française; par M. l'abbé Montignot, chanoine de Toul. *Nancy, C.-S. Lamort*, 1786. vi-192 p., in-4°. Demi-rel.

11090. — Dictionnaire de diplomatique, ou étymologies des termes des bas siècles pour servir à l'intelligence des archives, chartres, etc. *Nancy, Imp. C.-S. Lamort*, 1787. 319 pages, in-8°. Demi-rel.

11091. MONTUREUX (Le comte A. de). Essai sur l'esprit militaire et l'organisation de l'armée, considérés dans leurs rapports avec les lois, les mœurs, les intérêts et la position de la France, sous le régime constitutionnel. (Par de Montureux.) *Paris, Charles Béchet*, 1828. 344 et 455 pages, in-8°. 2 vol. Demi-rel.

11092. — Essai sur l'avenir alimentaire de la France, et sur les mesures à prendre pour atténuer les maux résultant de la rareté des subsistances. *Nancy, Grimblot et Vve Raybois*, 1852-1853. 323 pages, in-8°. Demi-rel.

11093. — *Opuscules* : Mémoire sur la possibilité de supprimer le droit sur le sel, en remplaçant cet impôt par un autre moins à charge aux contribuables. 1827. 28 p., in-8°. — De la nécessité et de la possibilité d'améliorer le mode de remplacement pour le service militaire. 1838. 48 p., in-8°. — Essai sur les moyens à employer pour abolir l'esclavage dans les colonies françaises. *Vic, Imp. Veuve Gabriel, s. d.* 1-88 pages, in-12. Cart. — Essai sur les moyens à employer pour atténuer les inconvénients résultant du morcellement de la propriété. *Vic, Vve Gabriel, s. d.* 52 pages, in-8°. Cart.

11094. MOREAU. *Opuscules :* Rapport et projet de décret sur l'admission provisoire de sujets à l'École des ponts-et-chaussées, faits et présentés au nom du comité d'agriculture, par J. Moreau, député de la Meuse, le 14 avril 1792. *S. d.* 12 p., in-8°. — Réponse au mémoire de M. Delacourt, au sujet de la maladie du sieur Barbel, exempt de maréchaussée à Stainville. *S.d.* 16 p., in-4°.

11095. MOREL (B.-A.). Études cliniques. Traité théorique et pratique des maladies mentales considérées dans leur nature, leur traitement, et dans leur rapport avec la médecine légale des aliénés, par M. Morel, médecin en chef de l'Asile d'aliénés de Maréville, etc... *Nancy, Grimblot et veuve Raybois,* 1852-1853. xviii-471 et 600 pages. 2 vol. in-8°. Gravures. Demi-rel.

11096. — Influence de la constitution géologique du sol sur la production du crétinisme. Lettres de Mgr Alexis Billiet, archevêque de Chambéry. Réponses de M. le Dr Morel. *Paris, Victor Masson,* 1855. xx-81 pages, in-8°. Demi-rel.

11097. — Traité des dégénérescences physiques, intellectuelles et morales de l'espèce humaine et des causes qui produisent ces variétés maladives. Accompagné d'un atlas de douze planches. *Paris, J.-B. Baillière,* 1857. xix-700 pages, in-8°. Atlas, in-4°. Demi-rel.

11098. — Traité des maladies mentales. *Paris, Victor Masson,* 1860. xvi-866 pages, in-8°. Br.

11099. — *Opuscules :* Y a-t-il plus d'aliénés aujourd'hui qu'autrefois ? ou de l'influence de la civilisation sur le développement de la folie. 1857. 47 p., in-8°. — Études cliniques sur les maladies mentales..., et médecine légale des aliénés. *S. d.* 16 p., in-8°.

11100. MOREY (P.). *Opuscules :* Charpente de la cathédrale de Messine, dessinée par M. Morey (né à Nancy), architecte, etc... 1841. 7 p., in-fol. — La Vénus de Milo. 1867. 14 p., in-8°.

11101. MORIN (Arthur). Expériences sur les roues hydrauliques à aubes planes, et sur les roues hydrauliques à augets, par Arthur Morin (professeur à l'École d'artillerie et du génie de Metz), capitaine d'artillerie, etc... *Metz, Mme Thiel,* 1836. xv-133 pages, in-4°. Br.

11102. MORISON. (A.). Relation historique d'un voyage nouvellement fait au mont de Sinaï et à Jérusalem. Par le sieur A. Morison, chanoine de Bar-le-Duc, etc... *Toul, A. Laurent,* 1704. xx-758 pages, in-4°. Rel. veau.

11103. MORLANNE (Pierre-Étienne). Essai sur les accouchements contre nature, ou méthode assurée de délivrer les femmes quand le fœtus est dans une mauvaise position... Par Pierre-Étienne Morlanne, ex-chirurgien interne à l'hôpital militaire de Metz, etc... *Metz, Devilly,* 1802. iii-119 pages, in-8°. Rel. veau.

11104. — Journal d'accouchemens ou recueil périodique d'observations sur les accouchemens... *Metz, Devilly, An XII-An XIII.* 406 et 568 pages, in-8°. 2 vol. Rel. veau.

11105. — Mémoire adressé à la Société de médecine de Montpellier sur la propriété qu'a la vaccine de préserver de la petite vérole. *Metz, C.-M.-Brice Antoine* (1806). 52 pages, in-8°. Demi-rel.

11106. MORTET (V.). Étude historique et archéologique sur la cathédrale et le palais épiscopal de Paris, du vie au xiie siècle. Par V. Mortet (né à Nancy), archiviste paléographe, etc... *Paris, Alphonse Picard,* 1888. xi-87 pages, in-8°. Gravures. Broché.

11107. MORY d'ELVANGE. Serment, pouvoirs, instructions (par Mory d'Elvange). Nancy, 7 mars 1789. *S. l., n. n., n. d.* 16 pages, in-8°. Br.

11108. MOUGENOT (L'abbé). Histoire de la sainte Bible, où l'on a conservé, autant qu'il a été possible, les propres paroles de l'Écriture Sainte, par l'abbé Mougenot, chanoine honoraire de la cathédrale de Nancy... 3ᵉ édition. *Nancy, Vagner,* 1845. 445 pages, in-12. Cart.

11109. MOUGEOT (J.-B.). Essai zoologique et médical sur les hydatides, par J.-B. Mougeot, médecin. *Paris, Feugueray, An XI* (1803). 75 pages, in-8°. Demi-rel.

11110. MOUSIN (Jean). Hortus iatrophysicus. Ex quo immensam exoticorum florum sylvam cuivis decerpere licet. Opus delectabili novitate jucundum pariter, ac studiosa lectione utile. Authore Joanne Mousino, archiatro lotharingo. *Nanceii, apud Anthonium Charlot,* 1632. xi-444 pages, in-8°. Rel. parchemin.

11111. — Discours de l'yvresse et yvrongnerie. Auquel les causes, nature, et effects de l'yvresse sont amplement déduictz, avec la guérison et préservation d'icelle. Ensemble la manière de carousser, et les combats bacchiques des anciens yvrongnes. Le tout pour le contentement des curieux. *Toul, Sébastien Philippe,* 1612. xxi-390 pages, in-8°. Rel. parchemin.

11112. MOZIN (L'abbé). Neues vollständiges Wörterbuch der deutschen und französischen Sprache, nach den neuesten und besten Quellen, über sprache, Künste und Wissenschaften, etc... Von abbé Mozin (né en Lorraine). *Stuttgart, J.-G. Cotta,* 1823-1826. 610, 350, 254, 514, 291, 510 et 401 pages, in-4°. 2 vol. Demi-rel.

11113. — Nouvelle grammaire allemande, contenant, dans les deux langues, les règles de la langue allemande accompagnées de nombreux exemples et d'exercices, et terminé par divers fragments des meilleurs poètes de la nation. Ouvrage particulièrement destiné à la jeunesse française. *Stuttgart, J.-G. Cotta,* 1836. xiv-545 pages, in-8°. Demi-rel.

11114. MUEL (Léon). Gouvernements, ministères et constitutions de la France depuis cent ans. Précis historique des révolutions, des crises ministérielles et gouvernementales, et des changements de constitutions de la France, depuis 1789 jusqu'en 1890, etc... Par Léon Muel (né à Tronville). *Paris, Paul Dupont,* 1890. x-557 pages, in-8°. Br.

11115. — Gouvernements, ministères et **constitutions** de la France de 1789 à 1895. Précis historique des révolutions... Cinquième édition, revue, corrigée et augmentée. Illustrée de 12 portraits hors texte. *Paris, P. Mouillot,* 1895. 557 et 148 pages, in-8°. Br.

11116. MULLER (Louis). Guide législatif du sous-officier. Lois, décrets, circulaires, instructions et notes concernant les sous-officiers. Par Louis Muller (adjudant à l'École forestière), ex-adjudant au 111ᵉ de ligne. *Paris, Berger-Levrault et Cie,* 1883. iv-195 pages, in-8°. Br.

11117. MUNIER (le P. Ch.). Discours d'un provincial de l'ordre de *** (Saint-Augustin), prononcé dans le cours de ses visites en 1788. (Par le P. Ch. Munier, prieur des Augustins de Nancy.) *S. l., n. n.,* 1789. vi-54 pages, in-12. Rel. veau.

11118. MUNIER (F.). Application des principes de la grammaire française à plusieurs phrases choisies, etc... Par F. Munier, instituteur à Metz. *Metz, Pierret,* 1816. 150 pages, in-12. Rel.

11119. — Recueil des locutions vicieuses les plus répandues, même dans la bonne compagnie. *Metz, Lamort,* 1812. 76 pages, in-8°. Cart.

11120. — Manuel des élèves d'écriture. *Metz, Thiel,* 1821. 22 pages. in-12. Cart.

11121. MOUSSON (Pierre). Tragediæ seu diversarum gentium et imperiorum magni principes. Dati in theatrum collegii regii Henricii Magni. Auctore P. Petro Mussonio Virdunensi e societate Jesu. *Flexiæ, apud Georgium Griveau,* 1621. xxx-402 pages, in-8°. Frontisp. Rel. parch.

11122. NANQUETTE (H.). Notions pratiques d'exploitation, de débit, de cubage et d'estimation des bois, contenant une notice sur l'emploi des bois dans les constructions navales, rédigée de concert avec Schlumberger, s. ingénieur de la marine, par M. H. Nanquette (ancien directeur de l'École forestière de Nancy), inspecteur des forêts. *Nancy, autog. L. Christophe,* 1856. 165 pages, in-8°. Cart.

11123. NAUDÉ (Philippe). Histoire abrégée de la naissance et du progrez du kouakerisme, avec celle de ses dogmes. (Par Philippe Naudé, né à Metz.) *Cologne, Pierre Marteau,* 1692. xxii-174 pages, in-12. Rel. veau.

11124. NETTER (A.). La parole intérieure et l'âme. Par le docteur A. Netter, bibliothécaire universitaire à Nancy. *Paris, Berger-Levrault et Cie*, 1892. 166 pages, in-12. Br.

11125. — Vues nouvelles sur le choléra, avec une étude sur les injections faites dans les veines. *Paris, Berger-Levrault*, 1874. 99 pages, in-8°. Br.

11126. — De l'intuition dans les découvertes et inventions. Ses rapports avec le positivisme et le darwinisme. *Strasbourg, Treuttel et Wurtz*, 1879. 116 pages, in-8°. Br.

11127. — La Fontaine et Descartes ou « Les deux rats, le renard et l'œuf ». *Paris, Berger-Levrault et Cie*, 1886. 92 pages, in-12. Broché.

11128. — L'homme et l'animal devant la méthode expérimentale. *Paris, Dentu*, 1882. 43 pages, in-12. Br.

11129. NEUFVILLE (Jean de). Joannis Neovillei Genvillani, de pulchritudine animi, libri quinque. In epicureos et atheos homines hujus seculi. Ad Nicolaum Lotharingum comitem Valdemontanum. *Parisiis, G. a Prato*, 1556. xxiv-304 pages, in-8°. Rel. parchemin.

11130. NEY. Du rengagement et du remplacement dans l'armée, par le colonel du 7ᵉ dragons, Ney d'Elchingen. *Maubeuge, Levecque et Préseau*, 1850. 32 pages, in-8°. Demi-rel.

11131. NICKLÈS (J.). Recherches sur la division du fluor. Par M. J. Nicklès, professeur à la Faculté des sciences de Nancy. *Nancy, Grimblot, Vve Raybois et Cie*, 1858. 56 pages, in-8°. Demi-rel.

11132. — Les électro-aimants et l'adhérence magnétique. *Paris, E. Lacroix*, 1860. viii-302 pages, in-8°. Planches. Demi-rel.

11133. — Revue des travaux de chimie publiés à l'étranger. *Paris, Imp. E. Thunot et Cie*, 1860-1868. 10 brochures in-8°, en 2 vol. Demi-rel.

11134. — Sur les relations d'isomorphisme qui existent entre les métaux du groupe de l'azote. *Nancy, Vve Raybois*, 1862. 75 pages, in-8°. Demi-rel.

11135. — Recherches de physique et de chimie (1866). *Nancy, Vve Raybois*, 1867. 62 pages, in-8°. Demi-rel.

11136. — *Opuscules :* Sur un acide particulier résultant du tartre brut sous l'influence de la chaux et des ferments. 1846. 13 p., in-8°. — Recherches cristallographiques. 1849. 22 p., in-8°. — Sur une cause de variations dans les angles des cristaux. 1850. 9 p., in-8°. — Sur le zinc amalgamé des piles à courant constant. 1852. 10 p., in-8°. — Recherches sur le polymorphisme. 1853. 23 p., in-8°. — De l'influence des milieux sur les cristaux en voie de formation. 1854. 3 p., in-4°. — Sur la passivité du nickel et du cobalt. 1854. 4 p., in-8°. — Sur les rapports qui existent entre le frottement et la pression. (1854.) 5 p., in-8°. — Recherches sur l'adhérence magnétique. 1854. 5 p., in-4°. — Sur l'isomorphisme des combinaisons homologues, lu à l'Académie des sciences, le 23 avril 1855. 1855. 4 p. in-8°. — Le moteur des convois des grands tunnels et en particulier du tunnel sous-marin. 1858. 30 p., in-8°. — Le congrès scientifique de Carlsruhe. 1859. 47 p., in-8°. — La psychologie et les sciences d'observation. Discours prononcé à la séance publique de l'Académie de Stanislas, le 30 mai 1861. 1861. 26 p., in-8°. — De l'analyse de la fonte et de l'acier. Recherche du soufre et du phosphore dans ces métaux. 1862. 7 p., in-8°. — Sur une nouvelle classe de combinaisons chimiques. 1862. 11 p., in-8°. — De la recherche de l'argent au point de vue médico-légal. 1862. 6 p., in-8°. — Sur une altération particulière des feuilles de zinc employées dans le bâtiment. 1863. 3 p., in-8°. — Sur la théorie physique des odeurs et des saveurs. 1862. 22 p., in-8°. — De la non existence du wasium comme corps simple. 1863. 4 p., in-8°. — La terre végétale du Rieth français. 1863. 13 p., in-8°. — Sur l'antimoine détonant. 1864. 4 p., in-8°. — Sur la non existence de l'erbium et du terbium comme corps simples. (1864.) 3 p., in-8°. — L'Atlantide de Platon expliquée scientifiquement. 1865. 12 p., in-8°. Notice biographique sur J.-Th. Silbermann. 1865. 4 p., in-8°. — Recherches sur le thallium. 1865. 24 p., in-8°. — Conférences scientifiques de Nancy. Physico-chimie appliquée aux beaux-arts. 1866. 5 p., in-4°. — Sur l'existence du perchlorure de manganèse et de ses congénères du brome et de l'iode ; sur les combinaisons du bore avec les corps halogènes ; sur la forme cristalline du sel gemme. 1876. 28 p., in-8°. — Recherches de chimie appliquée. Faits nouveaux concernant les corps gras, les matières sucrées, la séparation du plomb et du bismuth, etc... 1866. 22 p., in-8°. — Emploi des résidus. Rapport sur le procédé de concentration des liquides inventé par M. Porion. 1867. 4 p., in-4°. — Sur un nouveau procédé d'affinage de la fonte. 1867. 20 p., in-8°. — L'enseignement scientifique au village. 1868. 7 p., in-8°. — Présence de la vivianite dans des ossements humains. 1868. 4 p., in-8°. — Sur l'acide sulfurique fluorifère et sa purification. *S. d.* 8 pages, in-8°. — Analyse d'un calcul de bœuf. *S. d.* 3 p., in-8°. — Appareil pour servir à la démonstration de la théorie de la flamme. *S. d.* 4 p., in-8°. Fig. — Sur de nouvelles combinaisons manganiques. *S. d*, 7 p., in-8°. — Sur la dénaturation du sel destiné à l'agriculture. *S. d.* 32 p., in-8°. — Sur quelques réactions nouvelles du phosphore. Phosphure de zinc par voie humide. *S. d.* 20 p., in-8°. — Recherche du fluor. Action des acides sur le verre. *S. d.* 7 p., in-8°. — Recherches sur l'aimantation. *S. d.* 7 p., in-8°. — Les sesqui-fluoferrates. *S. d.* 12 p., in-8°. — Sur un nouveau système d'électro-aimants. *S. d.* 7 p., in-8°.

11137. NICOLAS (T.). Notice historique et descriptive sur la ville de Luxembourg, par T. Nicolas, receveur des douanes (à Mont-Saint-Martin). *Metz, J. Verronnais*, 1867. IV-132 pages, in-8°. Demi-rel.

11138. NICOLAS. Richesse et noblesse des travailleurs, par M. Nicolas, cultivateur. *Nancy, Sordoillet et fils*, 1872. 60 pages, in-12. Demi-rel.

11139. NICOLAS-FRANÇOIS de Lorraine. La fleur des plus belles practiques du compas de proportion présentée au Sérénissime duc de Lorraine Charles IIII. Par Monsieur le prince son frère. *Pont-à-Mousson, J. Appier-Hanzelet*, 1625. XVIII-38 pages, in-8°. Vignettes sur cuivre et figures sur bois. Cart.

11140. NIGRY (P. de). Remarques nécessaires pour l'intelligence des fortifications. Par P. D(e) N(igry, de Nancy), prestre. *Nancy, Anthoine Charlot*, 1644. V-91 pages, in-4°. Cart.

11141. NIVELET. *Opuscules :* Propositions médicales et observations relatives au choléra, à la cholérine et à la suette épidémique, par le docteur Nivelet, secrétaire de la Société de médecine de l'arrondissement de Commercy. 1854. 30 p., in-8°. — Étude sur trois causes principales de la dépopulation en France : malthusianisme — choléra infantile — phtisie pulmonaire. 1888. 49 p., in-8°.

11142. NOËL (F.-J.-B.). Lettre à Messieurs les membres des collèges électoraux, rassemblés au Champ-de-Mai. Par Noël (né à Nancy) notaire impérial. *Nancy, Vincenot*, 1815. 51 pages, in-8°. Cart.

11143. — Les chemins de fer seront ruineux pour la France, et spécialement pour les villes qu'ils traverseront. *Paris, Joubert ; Nancy, Dard*, 1842. 94 pages, in-8°. Cart.

11144. — Des complices, des corrupteurs, de la loi électorale, des injures et du paupérisme. — Lettre adressée au citoyen Michel Goudchaux, ministre des finances, et faisant suite à l'ouvrage ci-dessus. *Nancy, Impr. Dard*, 1848. 123 et 36 pages, in-8°. Cart.

11145. — Dissertation juridique sur le duel. *Nancy, Hinzelin*, 1845. 14 pages, in-8°. Br.

11146. NOËL (J.-N.-A.). Souvenirs militaires d'un officier du premier empire (1795-1832). Par J.-N.-A. Noël (de Nancy), chevalier de l'Empire, colonel d'artillerie. *Nancy, Berger-Levrault et Cie*, 1895. IV-300 pages, in-8°. Portrait. Br.

11147. NOLLET. Description du dendromètre de M. Nollet (de Toul). *Nancy, Imp. A. Paullet*, (1842). 4 pages, in-8°. Br.

11148. NOMEXI (Nicolas de). Nicolai Nomesseii Charmensis, Lotharingi, Parnassus biceps. Addita est ad finem ad novem priores musas decima Echo. *Moguntiae, J. Huntheim*, 1604. 983, 102 et 40 pages, in-8°. 3 parties en 1 vol. Rel. veau.

11149. — Parnassus poeticus biceps. Huic addita est, post sacram póesim, ad novem priores musas decima Echo. Ultima editio. *Lugduni, J. Pillehotte*, 1613. XXIV-972, 64, 41 et 95 pages, in-8°. 4 parties en 1 vol. Rel. parchemin.

11150. NORBERT (Le R. P.). Mémoires utiles et nécessaires, tristes et consolans, sur les missions des Indes orientales. Dressés sur l'ordre des supérieurs, par le R. P.

Norbert, de Bar-le-Duc. *Luques, Impr. Antoine Rossi*, 1742. xxxiv-377 pages, in-8°. Rel. veau.

11151. NORBERT (Le R. P.). *Suite :* — Mémoires historiques présentés au souverain pontife, Benoit XIV, sur les missions des Indes orientales. *Luques, Salvateur et J.-D. Marescandoli*, 1745. xxiv-419, 510, 467 et 342 pages. 4 vol. in-12. Rel. veau.

11152. — Memorie storiche intorno alle missioni dell' Indie orientali presentate al sommo pontefici Benedetto XIV. *Lucca, per Salvatore e Gian-Domenico Marescandoli*, 1744. xlvi-592, 321 et 224 pages, in-4°. 3 tomes en 2 vol. Rel. parchemin.

11153. — Oraison funèbre de Monseigneur de Visdelou, jésuite, évêque de Claudiopolis, vicaire apostolique en Chine. *Cadix, Antoine Pereira*, 1742. ix-217 pages, in-12. Rel. veau.

11154. — Lettres apologétiques du P. Norbert, capucin, où il dévoile les calomnies que les PP. jésuites ont répandu surtout en Italie et en France, dans un grand nombre de libelles, contre sa personne et ses ouvrages, présentées à Benoît XIV. *Luques, Dominique Ciufetti*, 1746. iv-318 et 386 pages, in-8°. 2 tomes en 1 vol. Rel. veau.

11155. — La foi des catholiques sur les articles controversés des principales communions où on voit que les accusations qu'on porte contre l'Église catholique, ne proviennent que du peu de connoissance qu'on a du fond de ses principes et de l'esprit de ses pratiques. Ouvrage soumis au Saint-Siège. *Wolfenbuttel, s. n.*, 1759. xx-119 pages, pet. in-4°. Rel. veau.

11156. NOVARIO (F.-M.-M.). Deux odes sur la mort de S. A. R. Mgr le duc d'Orléans, prince royal, arrivée le 13 juillet 1842. Une ode et un sonnet sur la mort et le convoi funèbre de Napoléon. Le chevalier du moyen-âge, élégie. Une tempête, barcarolle. Par F.-M.-M. Novario, maître en pharmacie, pharmacien-major de 1re classe, professeur de physique et de botanique à l'hôpital militaire d'instruction de Metz, etc. *Metz, Verronnais*, 1842. 24 pages, in-8°. Demi-rel.

11157. NUISEMENT. Traittez du vray sel secret des philosophes, et de l'esprit général du monde... Œuvre tres-nécessaire pour parvenir à la perfection de ce pré-

cieux élixir, ou médecine universelle..., par le Sr Nuisement, receveur au comté de Ligny-en-Barrois. *Paris*, 1621. xxii et 332 pages, in-8°. Une fig. Rel. veau. (Le titre est manuscrit.)

11158. NUISEMENT. *Suite :* — Poeme philosophie de la vérité de la phisique minéralle... *Paris, J. Périer et A. Buisard*, 1621. 80 pages, in-8°. Rel. veau.

11159. OLIVIER (Placide). Catéchisme évangélique ou éclaircissemens par demandes et par réponses, pour faciliter l'intelligence de plusieurs textes de l'Évangile, etc. Par le V. P. Placide Olivier, religieux du Tiers-Ordre de S.-François (né à Nancy). *Nancy, J.-J. Haener*, 1755. l-431, 445 et 461 pages, in-8°. 3 vol. Rel. veau. Fil. et tr. d.

11160. OLRY. Coup d'œil sur les facultés des lettres, par Monsieur Olry, professeur au collège royal de Metz. *Paris, Hachette*, 1838. 20 pages, in-8°. Demi-rel.

11161. — Les Néméennes de Pindare, traduction nouvelle avec des notes, des arguments, des études, et le texte en regard. *Paris, Firmin-Didot frères*, 1840. xxxi-304 pages, in-8°. Demi-rel.

11162. — Poésies diverses : Douze odes d'Anacréon, traduites en vers français. — Discours de l'Église à Luther. — Traduction de l'ode IIIe du Ier livre d'Horace. *Moulins, Place-Bujon, s. d.* 8, 8 et 3 p., in-8°. Cart.

11163. ORIET (Didier). Paraphrasis poetica in lamenta Jeremiæ. Desiderio Orieto, Lotharingo Portuensi occinente. *Metis, ex typographia Abrahami Fabri*, 1586. 32 pages, in-8°. Cart.

11164. OUDINOT (Le lieutenant-général). Des remontes de l'armée, de leurs rapports avec l'administration des haras, par le lieutenant-général marquis Oudinot (né à Bar-le-Duc). *Paris, G. Laguionie*, 1842. 95 pages, in-8°. Demi-rel.

11165. — *Opuscules :* Considérations sur les ordres de Saint-Louis et du Mérite militaire. 1833. 20 p., in-8°. — De la cavalerie et du casernement des troupes à cheval. 1840. 48 p., in-8°. 2 pl.

11166. OURCHES (Charles d'). Traité général des prairies, et de leurs irrigations. Par Charles d'Ourches (de Nancy), membre de plusieurs sociétés d'agriculture. *Nancy, Bontoux, An XI*. xv-188 pages, in-8°. Cart.

11167. OURCHES (CHARLES D'). *Suite :* — Observations et améliorations sur quelques parties de l'agriculture dans les sols sablonneux, d'après des expériences faites en grand. *Paris, Madame Huzard*, 1818. 175 pages, in-8°. Cart.

11168. — Aperçu général des forêts, dédié à la postérité. *Paris, A.-J. Marchant*, 1805 362 et 315 pages, in-8°. Fig. 2 vol. Cart.

11169. PAILLART. Les franchises de l'historien (de la diffamation envers la mémoire des morts). Étude philosophique et judiciaire par M. Paillart, docteur en droit, premier président honoraire de la Cour impériale de Nancy, membre de l'Académie de Stanislas. *St-Nicolas, P. Trenel*, 1866. 138 pages, in-12. Demi-rel.

11170. — Étude littéraire sur les tragédies de Schiller, (traduction en vers de M. Th. Braun). *Metz, Rousseau-Pallez*, 1867. 41 pages, in-8°. Cart.

11171. PAILLET. *Opuscules :* Épître à un disciple de Boileau, contre la satyre personnelle, par M. Paillet, de Plombières. 1821. 32 p., in-8°. — Mlle Azélie à M. Desaccords, entrepreneur de mariages, épître. 1821. 14 p., in-8°. — Milton mourant. Discours en vers... 1833. 8 p. — Les chemins de fer. Dialogue. 1837. 14 p. — Volte-face ! ou ma conversion littéraire. 1832. 16 p., in-8°. — Poésies. *S. d.* 14 p., in-8°.

11172. PAIXHANS (H.-J.). Force et faiblesse militaires de la France. Essai sur la question générale de la défense des états et sur la guerre défensive, en prenant pour exemples les frontières actuelles et l'armée de France. Par H.-J. Paixhans (né à Metz), lieutenant-colonel d'artillerie. *Paris, Bachelier*, 1830. viii-466 pages, in-8°. Cart.

11173. PALISSOT DE MONTENOY. Théâtre et œuvres diverses, contenant l'histoire des premiers siècles de Rome, de M. Palissot de Montenoy, de la Société royale et littéraire de Lorraine, etc. *Londres, s. n.*, 1763. xxiv-351, 386 et xliv-385 pages, in-12. Portrait. 3 vol. Rel. veau. (Aux armes du duc de Joyeuse.)

11174. — Œuvres. Nouvelle édition, revue et corrigée. *Paris, Moutard*, 1788. vii-520,

530, 537 et 528 pages. 4 vol. in-8°. Portrait. Cart.

11175. PALISSOT DE MONTENOY. *Suite :* — Œuvres complètes. *Paris, Léopold Collin*, 1809. 6 vol. in-8°. Rel. veau.

11176. — Apollon mentor, ou le Télémaque moderne. *Londres (Paris), s. n.*, 1748. viii-143 et 119 pages, in-12. En 1 vol. Gravures. Demi-rel.

11177. — Zarès, tragédie. *Paris, S. Jorry*, 1751. 84 pages, in-12. Cart.

11178. — Les tumeurs, comédie en deux actes et en vers. Représentée pour la première fois par les comédiens français ordinaires du roi, le 5 août 1754. *Paris, Duchesne*, 1755. xxiv-57 pages, in-12. Rel. veau.

11179. — Histoire raisonnée des premiers siècles de Rome, depuis sa fondation jusqu'à la république. *Londres, s. n.*, 1756. xlv-204 et 193 pages, in-12. 2 parties en 1 vol. Cart.

11180. — Les Philosophes, comédie en trois actes, en vers, représentée pour la première fois par les comédiens français ordinaires du roi, le 2 mai 1760, précédée de la préface. *Paris, Duchesne*, 1760. xvii-91 pages.

— Conseil de lanternes, ou la véritable vision de Charles Palissot, pour servir de post-scriptum à la comédie des Filosofes. *S. l., n. n.*, 1760. 24 pages.

— Discours sur la satyre contre les philosophes, représentée par une troupe qu'un poète philosophe fait vivre, et approuvée par un académicien qui a des philosophes pour collègues (par l'abbé Coyer). *Athénes, s. n.*, 1760. 91 pages.

— Lettre à M. Palissot, sur sa comédie des *Méprises*, morte au théâtre français le 7 juin 1762, avec de petites notes instructives. *S. l., n. n., n. d.* 16 pages.

— Lettre de l'auteur de la comédie des Philosophes, au public, pour servir de préface à la pièce. *S. l., n. n.*, 1760. 23 pages.

— Le Philosophe, ami de tout le monde, ou conseils désintéressés aux littérateurs, par M. L... C... (L. Coste), qui n'est point littérateur. *Sophopolis, Le Pacifique*, 1760. 36 pages.

— Préface de la comédie des Philosophes (ou la vision de Charles Palissot, par l'abbé Morellet). *Paris, s. n.*, 1760. 20 pages.

— Les *si* et les *mais*, lettre à M. l'abbé de La Porte (par l'abbé Morellet). *S. l., n. n.*, 1760. 8 pages.

— Les tristes adieux de Palissot qui part pour le royaume du Pont. *Rapsopolis, s. n.*, 1760. 23 pages.

— Lettre d'un original aux auteurs très-originaux de la comédie très-originale des Philosophes. *Berlin, s. n.*, 1760. 30 pages.

— Les Philosophes manqués, comédie nouvelle, en un acte et en prose. 3ᵉ édition, revue, corrigée, augmentée et enrichie de la médaille accordée pour prix, à l'auteur de la comédie des Philosophes (par Cailleau). *Criticomanie, La Satyre*, 1760. 32 pages. Fig.

— Les *Qu'est-ce ?* A l'auteur de la comédie des Philosophes, datés de Montmorenci, du 21 mai 1760. *S. l., n. n.*, 1760. 32 pages.

— Les *Quand* adressés à M. Palissot et publiés par lui-même (par La Condamine). *S. l., n. n.*, 1760. 23 pages.

— Réponse aux différents écrits publiés contre la comédie des Philosophes, ou parallèle des Nuées d'Aristophane, des Femmes sçavantes, du Méchant, et des Philosophes, par M. D. L. M. C. (de La-Marche-Courmont). *S. l., n. n.*, 1760. 76 pages.

— Lettres de M. de Voltaire à M. Palissot, avec les réponses, à l'occasion de la comédie des Philosophes. *Genève, s. n.*, 1760. 68 pages.

— Les Originaux ou les fourbes punis. Parodie, scène par scène, des prétendus Philosophes. Comédie nouvelle en trois actes et en vers, par M. ***, d'aucune académie ni de société. *Nancy, s. n.*, 1760. 62 pages.

— Petites lettres sur de grands Philosophes. *S. l., Lepaute*, 1757. IV-101 pages.

— Les Philosophes de bois, comédie en un acte en vers, par M. Cadet de Beaupré, membre de plusieurs troupes, et directeur des comédiens artificiels de Passy (par Poinsinet de Sivry), représentée pour la première fois sur son théâtre le 20 juillet 1760. *Paris, Ballard*, 1760. 34 pages — En tout 18 pièces en 3 vol. in-12. Demi-rel.

11181. — Le rival par ressemblance, comédie en cinq actes ; mise au théâtre français le 7 juin 1762. *Paris, Duchesne*, 1762. III-107 pages, in-12. Rel. veau.

11182. — La Dunciade, ou la guerre des sots. *Chelsea (Paris), s. n.*, 1764. 76 pages, in-8ᵉ. Cart.

11183. — L'homme dangereux, comédie. *Amsterdam, s. n.*, 1770. 199 pages, in-8ᵉ. Rel. veau.

11184. PALISSOT DE MONTENOY. *Suite :*
— La Dunciade, poëme en dix chants. — Mémoires littéraires. *Londres, s. n.*, 1771. 264 et 348 pages, in-8ᵉ. 2 vol. Rel. veau.

11185. — Les courtisannes, ou l'école des mœurs, comédie. *Toulouse, J.-F. Baour*, 1775. 42 pages, in-8ᵉ. Cart.

11186. — La Dunciade, poëme, augmentée du tableau du jacobinisme, à laquelle on a joint une pièce du même auteur, qui fut long-temps un secret d'État, et qui n'avait jamais paru. *Paris, Barrois*, 1797. 219 pages, in-12. Rel. veau.

11187. — Étrennes à M. de Laharpe, à l'occasion de sa brillante rentrée dans le sein de la philosophie. *Paris, Dabin*, 1802. 72 pages, in-16. Demi-rel.

11188. — La Dunciade, poëme. Nouvelle édition, augmentée de la généalogie du chien de la sottise. *Paris, s. n.*, 1803. II-156 pages, in-8ᵉ. Demi-rel.

11189. — La Dunciade, poëme. *Paris, Impr. Fournier fils*, 1805. XII-180 pages, in-18. Demi-rel.

11190. — Le génie de Voltaire, apprécié dans tous ses ouvrages. Volume destiné à servir de supplément à toutes les éditions de cet illustre écrivain. *Paris, C.-F. Patris*, 1806. XII-415 pages, in-8ᵉ. Demi-rel.

11191. — Questions importantes sur quelques opinions religieuses. 3ᵉ édition. Dédiée aux théophilanthropes. *Paris, Hautbout, An VI.* 48 pages, in-8ᵉ. Cart.

11192. PALLAS (BERNARDIN). Éloge funèbre de Louis-le-Grand, roy de France et de Navarre. Prononcé à la rentrée du Palais. Par Pallas, lieutenant-général du bailliage et siège présidial de Toul. *Toul, Claude Vincent*, 1716. 23 pages, in-4ᵉ. Br.

11193. — Testament paternel, ou avis d'un père à ses enfants. *Toul, Nicolas Néez ; Paris, J.-F. Bastien ; Meaux, Prudhomme*, 1778. IV-270 et IV-267 pages, in-12. 2 tomes en 1 vol. Rel. basane.

11194. PALTEAU. Nouvelle construction de ruches de bois, avec la façon d'y gouverner les abeilles, inventée par M. Palteau, premier commis du bureau des vivres de la généralité de Metz. *Metz, Joseph Collignon*, 1756. XXVIII-422 pages, in-12. Gravures. Rel. veau.

11195. PANGE (FRANÇOIS DE). Œuvres de François de Pange (1789-1796). Recueil-

44

lics et publiées, avec une étude sur sa vie et ses œuvres, des notes et une table analytique, par L. Becq de Fouquières. *Paris, Charpentier*, 1872. LXVII-278 pages, in-18. Broché.

11196. PARADE (A.). Reboisement des montagnes. Région des Alpes. Par M. A. Parade, directeur de l'École impériale forestière. *Nancy, Impr. Vve Raybois, s. d.* 12 pages, in-8°. Br.

11197. PARISET (G.). L'État et les Églises en Prusse sous Frédéric-Guillaume Ier (1713-1740). Par Georges Pariset, chargé de cours à la Faculté des lettres de l'Université de Nancy. *Paris, A. Collin*, 1897. xx-990 pages, in-8°. Br.

11198. — De primordiis Bituricensis Primatiæ. *Nanceii, Berger-Levrault*, 1896. 139 pages, in-8°. Br.

11199. — Introduction à l'étude de la Réforme en Allemagne au XVIe siècle. Leçon d'ouverture du cours d'histoire moderne. *Nancy, Berger-Levrault et Cie,* 1893. 29 pages, in-8°. Br.

11200. PARISET (E.). Histoire des membres de l'Académie royale de médecine, ou recueil des éloges lûs dans les séances publiques. Par E. Pariset (né à Grand), secrétaire perpétuel de l'Académie de médecine... *Paris, J.-B. Baillière*, 1850. XXXII-430 et 640 pages, in-12. 2 vol. Demi-rel.

11201. PARISET (F.). Économie rurale. Industrie, mœurs et usages de la Montagne-Noire (Aude et Tarn). Par M. F. Pariset, de l'Académie de Stanislas. *Paris, J. Tremblay*, 1882. 371 pages, in-8°. Br.

11202. — Économie rurale. Mœurs et usages du Lauragais (Aude et Haute-Garonne). *Paris, Mme Vve Bouchard-Huzard*, 1867. 256 pages, in-8°. Gravures. Br.

11203. PARISOT (Léon). *Opuscules :* Recherches sur le volume et la capacité du crâne, sur le volume et le poids de l'encéphale comparés chez l'homme et chez la femme, par le docteur Léon Parisot, professeur d'anatomie à l'École de médecine de Nancy. *S. d.* 11 p., in-8°. — Recherches expérimentales sur l'absorption par le tégument externe. 1863. 19 p., in-8°. — Considérations sur les anomalies de l'artère humérale. 1868. 31 p., in-8°. Avec deux planches.

11204. PAYARD (Émile). Notice sur un vase gallo-romain, en verre orné de peintures. Par Émile Payard, directeur de la cristallerie de Baccarat, etc... *Reims, Impr. de l'Académie*, 1891. 11 pages, in-8°. Br.

11205. PEIFFER (E.). Légende territoriale de la France, pour servir à la lecture des cartes topographiques. Par M. Peiffer, chef d'escadron au 32e régiment d'artillerie. *Paris, Ch. Delagrave*, 1877. VI-226 pages, in-8°. Br.

11206. — Recherches sur l'origine et la signification des noms de lieux. *Nice, Impr. V.-Eug. Gauthier et Cie*, 1894. 321 pages, in-8°. Rel. angl.

11207. — Promenade topographique dans le département du Loiret. *Orléans, Impr. Constant, s. d.* 104 pages, in-16. Br.

11208. PÈLERIN (Jean). De artificiali perspectiva. Viator. (Par Jean Pèlerin, chanoine de Toul.) Au fol. 42, la souscription, dans laquelle on lit : ... *Tulli, opera Petri Jacobi*, 1505. 46 feuillets non numérotés, pet. in-fol. Fig. Rel. maroquin rouge. (Les feuillets 43 et suivants renferment la traduction française de l'ouvrage.)

11209. — De artificiali perspectiva. Viator : Secundo. (Réimpression, en *fac simile*, de l'édition de 1509, faite par les soins de *Trosse, à Paris, en 1860*). 2 feuillets pour l'introduction et 30 pour le texte et les planches. Pet. in-fol. Cart. (Voy. nos 4608 et 4609.)

11210. PELET-BONNEVILLE (L.-H.). Traduction des œuvres de Sénèque ; par L.-H. Pelet-Bonneville, ancien conseiller-clerc au parlement de Lorraine... *Nancy, Duchène*, 1803. XCII-491 pages, in-12. Demi-reliure.

11211. PELLET (J.-F.). *Opuscules :* Dityrambe composé pendant le temps de l'invasion, par le F∴ Pellet, d'Épinal. (1814.) 8 p., in-8°. — Le réveil de la Grèce, première hellénide. 1824. 11 p., in-8°. — Le dévouement, seconde hellénide. 1825. 11 p., in-8°. — Ode à monsieur de Lamartine, sur la mort de sa mère. *S. d.* 12 p., in-8°. — Vicissitudes des empires. *S. d.* 7 p., in-8°.

11212. PELTRE (Le P. Hugues). La vie de sainte Odile, vierge, première abbesse du monastère d'Hohenbourg, diocèse de Strasbourg, etc... Par le P. Hugues Peltre (né à Saint-Nicolas), prestre, etc... *Strasbourg, Vve Michel Storck,* 1719. VIII-270 pages, in-8°. Rel. veau.

11213. PÉRAUX (E.). Instruction sur la règle à calcul à deux réglettes de E. Péraux. Par E. Péraux, à Nancy. *Paris, Tavernier-Gravet,* 1893. 80 pages, in-18. Br.

11214. PERCIN (J.). Géométrie simplifiée, à l'usage des collèges, des écoles normales et des écoles primaires supérieures. Par J. Percin, professeur de mathématiques supérieures au Collège royal de Nancy. *Nancy, Grimblot et Vve Raybois,* 1848. II-176 pages, in-12. Demi-rel.
11215. — Principes d'arpentage et de nivellement précédés de notions de trigonométrie rectiligne et accompagnés d'une table de sinus naturels. *Nancy, Grimblot et Vve Raybois,* 1848. I-71 pages, in-12. Demi-rel.

11216. PERRIN (Victor). Ministère de la guerre en 1822 et 1823, par le maréchal duc de Bellune (né à Lamarche). *Paris, C.-J. Trouvé,* 1824. 62 pages, in-4°. Cart.
11217. — Extraits d'une histoire inédite des guerres de la République et de l'Empire. *Paris, Vve Dondey-Dupré,* 1853. 311 pages, in-8°. Demi-rel.

11218. PERRIN (Le colonel). *Opuscules :* Adieux à Briqueville, par le colonel Perrin, d'Huberville. 1854. 13 p. — Édition de 1845. 9 p. — Le retour de Sainte-Hélène. 1843. 16 p. — Épître à Pauline. 1855. 39 p. — La pépie. Conte. (Incomplet.) Recueil in-8°. Cart.

11219. PERRIN-GOUVION. Nouveau guide en affaires, recueil complet de formules d'actes sous-seing privé en matière civile et commerciale, etc... Par P(errin)-G(ouvion), ancien avoué à la Cour royale de Nancy. *Nancy, L. Vincenot et Cie,* 1844. 188 pages, in-12. Cart.

11220. PERRON (Lucien). Hymne aux champs qui m'ont vu naître, par Lucien Perron. (Pièce couronnée par la Société d'émulation des Vosges, le 27 septembre 1855.) *Épinal, Valentin,* 1856. 8 pages, in-8°. Br.

11221. PERSY (N.). Notions élémentaires sur les formes des bouches à feu et sur les systèmes d'artillerie, à l'usage des élèves de l'École royale de l'artillerie et du génie. Par N. Persy, professeur (à Metz). *Metz, s. n., n. d.* 63 pages, petit in-fol. Cart.

11222. PETITDIDIER (Dom Mathieu). Traité théologique sur l'autorité et l'infaillibilité des papes. Par le révérend père Dom Mathieu Petitdidier, abbé de Saint-Pierre de Senones, etc... *Luxembourg, André Chevalier,* 1724. XXV-420 pages, in-12. Rel. veau.
11223. — Apologie des *Lettres provinciales* de Louis de Montalte ; contre la dernière réponse des PP. jésuites intitulée : *Entretiens de Cléandre et d'Eudoxe. Delft, Henry van Rhin,* 1698. XXIV-348 et VIII-340 pages, in-12. 2 vol. Rel. veau.
11224. — Dissertationes historicæ, criticæ, chronologicæ in sacram scripturam veteris testamenti. *Tulli Leucorum, Alexium Laurent,* 1699. XVIII-359 pages, in-4°. Rel. veau.
11225. — Dissertation historique et théologique, dans laquelle on examine quel a été le sentiment du concile de Constance, et des principaux théologiens qui y ont assisté, sur l'autorité des papes, et sur leur infaillibilité, etc... *Luxembourg, André Chevalier,* 1725. XVI-284 et 37 pages, in-8°. Rel. basane.

11226. PETITNICOLAS (L'abbé). Le procès ou débats de l'incrédulité et de la foi au tribunal de la raison, par l'abbé Petitnicolas (curé d'Anould). *Nancy, Vagner,* 1849. 428 et 383 pages, in-8°. Br.

11227. PETITPOISSON (C.). Recueil de notions et de traits de morale, à l'usage des écoles primaires, divisé en deux parties : Premières notions. La morale en action ; par Petitpoisson. *Saint-Dié, C. Petitpoisson,* 1804. II-267 pages, pet. in-8°. Demi-rel.

11228. PETITPOISSON (J.-J.). Le trésor des ménages, ou recueil d'utiles connaissances, de recettes et de procédés faciles et peu coûteux concernant l'industrie et l'économie domestique, la cuisine et l'office, le potager et le jardin, la cave et le cellier. Par J.-J. Petitpoisson, curé à Hammeville. *Nancy, Vagner,* 1859. 686 pages, in-12. Br.

11229. PFISTER (Ch.). Jean-Daniel Schœpflin. Étude biographique, par Ch. Pfister, professeur à la Faculté des lettres de Nancy. *Nancy, Berger-Levrault et Cie,* 1888. 135 pages, in-8°. Br.

11230. PFISTER (Ch.). *Suite : —* De Fulberti Carnotensis episcopi vita et operibus. *Nancy, Impr. Paul Sordoillet,* 1885. 135 pages, in-8°. Br.

11231. — Le comté de Horbourg et la seigneurie de Riquewihr sous la souveraineté française. (1680-1793.) *Paris, Fischbacher,* 1889. 124 pages, in-8°. Demi-rel.

11232. — Le duché mérovingien d'Alsace et la légende de sainte Odile, suivis d'une étude sur les anciens monuments du Sainte-Odile. *Nancy, Berger-Levrault et Cie,* 1892. 270 pages, in-8°. Demi-rel.

11233. — Les manuscrits allemands de la Bibliothèque nationale relatifs à l'histoire d'Alsace. *Paris, Fischbacher,* 1893. 247 pages, in-8°. Br.

11234. — Les Économies royales de Sully et le grand dessein de Henri IV. *Paris, s. n.,* 1894. 96 pages, in-8°. Br.

11235. — *Opuscules :* Note sur le formulaire de Marculf. 1892. 21 p., in-8°. — L'Alsace sous la domination française. 1893. 27 p., in-8°. — La vie de sainte Odile. 1894. 32 p., in-8°.

11236. PICARD (Benoit). Apologie de l'histoire de l'indulgence de portioncule, (par Benoît Picard, né à Toul). *Toul, Louis et Étienne Rolin,* 1714. xxiv-200 pages, in-12. Rel. bas.

11237. PICQUET (Ch.). Plan routier de la ville de Paris divisé en XII arrondissements ou mairies, etc. Par Ch. Picquet (né à Romagne-sous-Montfaucon), géographe ordinaire du roi, etc... *Paris, s. n.,* 1839. 1 étui, in-8°. Cart.

11238. PIÉROT (Ferdinand). Cours élémentaire de sciences physiques (physique-mécanique-chimie), par M. Ferdinand Piérot, directeur du pensionnat Saint-Pierre, à Gerbéviller (Meurthe). *Nancy, Vagner,* 1848. 716 pages, in-8°. Demi-rel.

11239. (PIERQUIN.) Dissertations physico-théologiques, touchant la conception de Jésus-Christ dans le sein de la Vierge Marie sa mère. Et sur un tableau de Jésus-Christ qu'on appelle la Sainte-Face, et qu'on a voulu faire passer pour une image constellée. Par M. P(ierquin), curé de Châtel. *Amsterdam, s. n.,* 1742. 261 pages, in-12. Rel. veau.

11240. PIERRON (D.). Principes de l'élé-gance, de la quantité et de la poésie latine, tirés des meilleurs auteurs. 2° édition retouchée avec soin (par D. Pierron). *Nancy, Haener,* 1778. 11-167 pages, pet. in-8°. Rel. veau.

11241. PIERRON (Le général). Stratégie et grande tactique d'après l'expérience des dernières guerres. Par le général Pierron (né à Moyenvic). *Paris, Berger-Levrault et Cie,* 1887-1896. 4 vol., in-8°. Demi-reliure.

11242. PIERROT (N.). Code des régistrateurs, ou commentaire disposé par ordre de matières, sur le tarif des droits d'enregistrement, qui seront perçus sur les actes civils et judiciaires, et sur les titres de propriété; par N. Pierrot, ci-devant officier municipal, et premier assesseur du juge de paix du canton de Toul. 2° édition. *Toul, J. Carez,* 1791. lxiv-160 pages, in-8°. Cart.

11243. PIERSON. Quelques mots sur la question de l'hérédité de la pairie, par M. Pierson, substitut à la cour de Nancy. *Nancy, Grimblot,* 1831. 37 pages, in-8°. Broché.

11244. — Manuel d'un jeune ménage. *Nancy, Vagner,* 1863. 185 pages, in-18. Br.

11245. PIERSON (Paul). Métrique naturelle de langage par Paul Pierson (né à Metz), ancien élève de l'École des hautes études. Avec une notice préliminaire par M. Gaston Paris, membre de l'Institut de France. *Paris, F. Vieweg,* 1884. xxxvii-261 pages, in-8°. Cart.

11246. PIERSON (N.). La rhétorique du candidat à la députation. Par N. Pierson (rédacteur en chef du *Progrès de l'Est*). *Nancy, s. n.,* 1889. iv-284 pages, in-18. Broché.

11247. — Les délicieuses après-midi du Palais-Bourbon. *Paris, Victor Havard,* 1891. xvi-339 pages, in-18. Demi-rel.

11248. PILICIER (R.). Mémoire sur les causes de la dégradation des routes, et sur les moyens de les réparer sans emprunt, de pourvoir à leur entretien futur avec une économie progressive, et de faire cesser le monopole du tabac ; observations sur les vices de la loi du 23 juin 1806, et considérations générales sur les entrepôts et le transit ; par R. Pilicier, commissionnaire de roulage à Metz. *Metz, Verronnais*, 1829. 48 pages, in-8°. Demi-reliure.

11249. PIROUX. Moyens de préserver les édifices d'incendies et d'empêcher les progrès des flammes ; par M. Piroux, avocat et architecte à Lunéville. *Strasbourg, Gay*, 1782. 170 pages, in-8°. 4 pl. Demi-rel.

11250. — L'art de voyager dans l'air et de s'y diriger. Mémoire qui va remporter le prix proposé par l'Académie de Lyon. *Ellirenul (Lunéville), s. n.,* 1784. 31 pages, in-8°. Cart.

11251. PLAIMPEL (Nicolas). Sermons du jubilé, composés et prêchés pendant le carême de l'année 1707. Par feu le R. P. Nicolas Plaimpel, de l'ordre des Frères prêcheurs. *Nancy, P. Antoine*, 1724. VIII-82 pages, in-12. Cart.

11252. POINCARÉ (Léon). Leçons sur la physiologie normale et pathologique du système nerveux. Par le docteur Poincaré, professeur adjoint à la Faculté de médecine de Nancy. *Paris, Berger-Levrault et Cie*, 1873-1877. III-395, 435 et 604 pages, in-8°. 3 vol. Demi-rel.

11253. — Prophylaxie et géographie médicale des principales maladies tributaires de l'hygiène. *Paris, G. Masson*, 1884. 500 pages, in-8°. Demi-rel.

11254. — Traité d'hygiène industrielle à l'usage des médecins et des membres des conseils d'hygiène. *Paris, G. Masson*, 1886. IV-640 pages, in-8°. Demi-rel.

11255. — *Opuscules* : Recherches expérimentales sur les parfums artificiels employés par les confiseurs et les liquoristes. 1884. 10 p., in-8°. — Recherches expérimentales sur les couleurs d'aniline. Dangers de leur fabrication et de leur emploi. 1887. 26 p., in-8°. — Recherches expérimentales sur les effets d'un air chargé de vapeurs de pétrole. 1885. 8 p., in-8°. — Recherches expérimentales sur la valeur nutritive des poudres de viande. 1886. 8 p., in-8°. — Recherches expérimentales sur l'action toxique des conserves. 1888. 16 p., in-8°. — Recherches sur la valeur nutritive des farines de meules et des farines de cylindres. 1889. 16 p., in-8°. — Influence du travail professionnel sur le pouls et les phénomènes mécaniques de

la respiration. *S. d.* 7 p., in-8°. — Recherches sur les conditions hygiéniques des matériaux de construction. *S. d.* 10 p., in-8°.

11256. POINCARÉ (H.). Leçons sur la théorie mathématique de la lumière, professées pendant le premier semestre 1887-1888. Par H. Poincaré (né à Nancy), membre de l'Institut. *Paris, Georges Carré*, 1889. IV-408 pages, in-8°. Demi-rel.

11257. — Sur le problème des trois corps et les équations de la dynamique. *S. l., n. n.,* 1889. 270 pages, in-4°. Demi-rel.

11258. — Électricité et optique. *Paris, Georges Carré*, 1890-1891. XIII-314 et VIII-262 pages, 2 vol. Demi-rel.

11259. — Cours de physique mathématique. Thermodynamique. *Ibidem*, 1892. XV-432 pages, in-8°. Br.

11260. — Leçons sur la théorie de l'élasticité. *Ibidem*, 1892. 208 pages, in-8°. Demi-rel.

11261. — Les méthodes nouvelles de la mécanique céleste. *Paris, Gauthier-Villars et fils*, 1892-1893. 385 et 314 pages, in-8°. 2 vol. Br.

11262. — Théorie des tourbillons. *Paris, Georges Carré*, 1893. II-209 pages, in-8°. Broché.

11263. — Les oscillations électriques. *Ibidem*, 1894. I-342 pages, in-8°. Br.

11264. — Théorie analytique de la propagation de la chaleur. *Ibidem*, 1895. 316 pages, in-8°. Br.

11265. — Calcul des probabilités. *Ibidem*, 1896. 275 pages. In-8°. Br.

11266. POINSINET DE SIVRY. Le Phasma, ou l'apparition. Histoire grecque, contenant les aventures de Néoclès, fils de Thémistocle. Ouvrage tiré d'un manuscrit trouvé à Smyrne, et traduit par M. Poinsinet de Sivry, de la Société royale des sciences et belles-lettres de Lorraine. *Paris, Lacombe*, 1772. VIII-183 pages, in-12. Cartonné. — Anacréon, Sapho, Moschus, Bion, Tyrthée, etc., traduits en vers français. *Nancy, P. Antoine*, 1758. VIII-92, 6, 24, 2, 52, 6, 7, 7 et 38 pages, in-8°. Rel. veau. (Aux armes de A.-M.-Gabrielle de Beauvau-Craon.)

11267. — Théâtre et œuvres diverses. *Londres, s. n.,* 1764. 374 pages, in-12. Rel. veau. — Théâtre. *Paris, Lacombe*, 1773. II-380 pages, in-12. Cart.

11268. POIREL (J.-F.). De la réduction de la magistrature et de la réforme des lois sur la compétence. Par M. Poirel, premier avocat général à la Cour de Nancy. *Nancy, Imp. Dard,* 1835. III-68 pages, in-8°. Br.

11269. — De la réforme des prisons et de la déportation. *Paris, Charles Hingray,* 1846. II-67 pages, in-8°. Br.

11270. — Projets de code d'organisation judiciaire, de code d'instruction criminelle, de code pénal, et de décrets en forme de réglements d'administration publique pour l'exécution de ces codes. *Paris, Hingray,* 1851. IV-379 pages, in-8°. Demi-rel.

11271. — Projet de code national et international du commerce et de l'industrie. *Paris, Hingray,* 1855. XXXVIII-107 pages, in-8°. Demi rel.

11272. — Lois organiques du gouvernement et de l'administration de la France. *Paris, Hingray, s. d.* VIII-550 pages, in-8°. Demi-reliure.

11273. — *Opuscules :* Projet de réduction dans la magistrature. *S. d.* 56 p., in-8°. — De l'emploi de quelques moyens de colonisation à Alger. 1836. 14 p., in-8°. — De l'occupation et de la colonisation militaire, agricole et pénale à Alger. 1837. 47 p., in-8°. — De la déportation et de la colonisation pénale de l'Algérie. 1844. 20 p., in-8°.

11274. POIREL (Victor). Mémoire sur les travaux à la mer, comprenant l'historique des ouvrages exécutés au port d'Alger, et l'exposé complet détaillé d'un système de fondation à la mer au moyen de blocs de béton. Par M. Poirel (né à Rozières-aux-Salines), ingénieur en chef des ponts et chaussées. *Paris, Carilian-Gœury et Victor Dalmont,* 1841. X-152 pages, in-4°. Cart.

11275. — Essai sur les discours de Machiavel, avec les considérations de Guicciardini. *Paris, s. n.,* 1869. XII-278 pages, in-8°. Demi-rel.

11276. POIRSON (Ch.). Projet de loi sur les justices de paix. Pétition adressée au Sénat et à la Chambre des députés, par Ch. Poirson, juge de paix du canton de Rambervillers. *Paris, Berger-Levrault et Cie,* 1880. 30 pages, in-8°. Br.

11277. — Les prolégomènes du dynamisme absolu. (*Épinal*), s. n., (1894). 288 pages, in-4°. Br.

11278. POIRSON (Ph.-E.) Quelques psaumes traduits en vers français. Par Ph.-E. Poirson. *Nanci, Collin,* 1866. X-158 pages, in-12. Cart.

11279. POMMERY (Berthe de). Petit manuel de droit pratique, ou conseils donnés à ses fils par un père de famille (Berthe de Pommery, de Nancy). *Nancy, Le Chevallier frères,* 1884. III-89 pages, in-8°. Br.

11280. PONCELET (L'abbé). Principes généraux pour servir à l'éducation des enfans, particulièrement de la noblesse françoise. (Par l'abbé Poncelet, né à Verdun.) *Paris, P.-G. Le Mercier,* 1763. XXXIII-268, IV-292 et IV-266 pages, in-12. Gravures. 3 vol. Rel. veau.

11281. — Histoire naturelle du froment, dans laquelle on traite du principe de la fécondité des terres, du développement du germe, de son accroissement, etc... *Paris, G. Desprez,* 1779. XXXII-387 pages, in-8°. Figures. Rel. veau.

11282. PONCELET (J.-V.). Introduction à la mécanique industrielle, physique ou expérimentale, par J.-V. Poncelet (né à Metz), chef de bataillon du génie. *Metz, Mme Thiel,* 1841. XVI-719 pages, in-8°. Cartonné.

11283. — Rapport sur les machines et outils employés dans les manufactures, fait à la commission française du jury international de l'Exposition universelle de Londres. *Paris, Imp. impériale,* 1857. X-618 et 555 pages, in-8°. 2 vol. Demi-rel.

11284. — Applications d'analyse et de géométrie, qui ont servi en 1822, de principal fondement au traité des propriétés projectives des figures. *Paris, Mallet-Bachelier,* 1862-1864. XIII-563 et VII-602 pages, in-8°. 2 vol. Demi-rel.

11285. — Traité des propriétés projectives des figures, ouvrage utile à ceux qui s'occupent des applications de la géométrie descriptive et d'opérations géométriques sur le terrain. *Paris, Gauthier-Villars,* 1865-1866. XXXII-428 et VIII-452 pages, in-4°. 2 vol. Demi-rel.

11286. — Cours de mécanique appliquée aux machines. *Paris, Gauthier-Villars,* 1874-1876. XXII-520 et XX-415 pages, in-8°. 2 vol. Br.

11287. PONS. Les loisirs, ou contes et poésies diverses de M. Pons (de Verdun). Nouvelle édition. *Paris, Imp. Basseur aîné*, 1807. 198 pages, in-8°. Cart.

11288. POULLAIN-GRANPREY (J.-C.). Projet d'un code forestier, présenté au nom des comités des domaines, d'aliénation, d'agriculture, de commerce, des finances et de la guerre ; par Poullain-Granprey, député par le département des Vosges. *Paris, Imprimerie nationale, s. d.* IV-199 pages, in-8°. Cart.

11289. PROTH. Lettre à une dame sur la religion, par un curé ami de la Patrie. (Proth, curé d'Hattonchâtel.) *Saint-Mihiel, Imprimerie patriotique*, 1792. 47 pages, in-12. Br.

11290. PROVENSAL (EUGÈNE). Cécile. 1870. Drame en quatre actes, en vers, par Eugène Provensal (né à Nancy). *Paris, E. Dentu*, 1873. 109 pages, in-12. Br.

11291. PRUGNEAUX. Campagne des Cent-jours. — Combat de Rodemack. — Souvenir patriotique aux défenseurs de ce fort. Notice historique. 3° édition. Par Prugneaux. *Toul, A. Bastien*, 1858. 31 pages, in-8°. Cart.

11292. PRUGNON. *Opuscules* : Premières idées sur les jurés, présentées à l'Assemblée nationale, par M. Prugnon, député de Nancy. 1790. 29 p., in-8°. — Réflexions sur l'accusation publique, proposées à l'Assemblée nationale. 1790. 32 p., in-8°. — Réfutation du projet de M. Chabroub, prononcée dans l'Assemblée nationale. 1790. 23 p., in-8°.

11293. PSAUME (N.). Canones et decreta sacrosancti oecumenici et generalis concilii Tridentini... auctore Reverendo in Christo patre DD. N. Psalmeo, episcopo comite Virdunensi. *Virduni, apud N. Bacnetium*, 1564. VIII-244 pages, in-4°. Rel. parchemin.

11294. — Decreta concilii provincialis Trevirensis, presidente Reverendissimo in Christo Patre ac D. Joanne Archiepiscopo Trevirensi... celebrati. Anno Jesu Christi 1549. Una cum decretis synodi episcopalis celebratæ anno 1548... *Coloniæ, Jaspar Gennepæus*, 1549. 82 et 31 feuillets, in-4°. Rel. veau. — « Qualem in condendis canonibus (hujus concilii) habuerit partem testantur vitæ illius (Psalmæi) diaria. » Hugo. *Sacræ antiq. monum. Prefatio.*

11295. PSAUME (ÉTIENNE.) Dictionnaire bibliographique ou nouveau manuel du libraire et de l'amateur de livres, par M. P. ***** (Psaume, né à Commercy). *Paris, Ponthieu*, 1824. 266-263 et 504 pages, in-8°. 2 vol. Demi-rel.

11296. — *Opuscules* : Réponse aux objections des monarchistes contre la possibilité d'une république en France. 1792. 17 p., in-8°. — Un patriote à Napoléon sur l'acte additionnel aux constitutions de l'Empire. 1815. 8 p., in-8°. — Un petit mot à M. le rédacteur du *Constitutionnel*, sur les jésuites Guéret et Guignard. 1826. 12 p., in-8°.

11297. PUTEGNAT (E.) Pathologie interne du système respiratoire ou traité théorique et pratique des maladies internes du larynx, de la trachée-artère, des bronches et de leurs glandes, du poumon ; du thymus et de la plèvre. Par E. Putegnat, de Lunéville, docteur en médecine, etc. *Lunéville, Mme Titercher*, 1839. XXVII-487 et 422 pages, in-8°. 2 vol. Demi-rel.

11298. — Mélanges de chirurgie. *Paris, Victor Masson*, 1849. I-102 pages, in-8°. Cart.

11299. — Nature, contagion et génie épidémique de la fièvre typhoïde ; ouvrage auquel la Société de médecine de Bordeaux et celle de Bruxelles ont décerné chacune une médaille d'honneur, aux concours de 1849. *Lunéville, Imp. de Pignatel*, 1850. 56 pages, în-8°. Cart.

11300. — De l'asthme, ouvrage auquel la Société des sciences médicales de Bruxelles a décerné une médaille d'honneur au concours de 1850. *Paris, Victor Masson*, 1851. 87 pages, in-8°. Demi-rel.

11301. — Histoire et thérapeutique de la syphilis des nouveau-nés et des enfants à la mamelle. *Paris, J.-B. Baillière*, 1854. 216 pages, in-8°. Demi-rel.

11302. — De la chlorose et des maladies chlorotiques. Mémoire auquel la Société des sciences médicales et naturelles de Bruxelles a décerné une médaille en vermeil. *Bruxelles, J.-B. Tircher*, 1855. 127 pages, in-8°. Demi-rel.

11303. — Quelques faits d'obstétricie. *Paris, Adrien Delahaye*, 1871. 328 pages, in-8°. Br.

11304. — De la rage spontanée. *Paris, A. Delahaye*, 1876. 27 pages, in-8°. Br.

11305. PUTON (Le colonel M.-A.-J.-F.). Le barde en 1815 et en 1830. Hymne guerrier dédié aux gardes nationales, par le colonel Puton (né à Remiremont). 1830. 4 p., in-8°.

11306. PUTON (E.). Lettre à M. le docteur Mougeot sur les mollusques de Syrie, envoyés au musée des Vosges par M. le docteur Gaillardot, de Saïda. Par E. Puton. *Épinal, Vve Gley*, 1855. 14 pages, in-8°. Broché.

11307. PUTON (F.-A.). Service administratif des chefs de cantonnement. Cours professé à l'École impériale forestière par A. Puton, ancien élève de cette école, etc... *Nancy, N. Grosjean*, 1870. VIII-539 pages, in-8°. Demi-rel.

11308. — L'aménagement des forêts. Traité pratique de la conduite des exploitations des forêts en taillis et en futaie. A l'usage des propriétaires, régisseurs, administrateurs et gardes forestiers. *Paris, J. Rothschild*, 1867. X-155 pages, in-18. Cart.

11309. — La louveterie et la destruction des animaux nuisibles. Quelques leçons professées à l'École forestière de Nancy. *Nancy, Imp. Sordoillet et fils*, 1872. 391 pages, in-12. Br.

11310. — Manuel de législation forestière. *Paris, Auguste Coin*, 1876. II-358 pages, in-12. Br.

11311. — Code de la législation forestière. Lois. — Décrets. — Ordonnances. — Avis du conseil d'État et règlements en matière de forêts. — Chasse. — Louveterie. — Dunes et reboisements. *Paris, J. Rotschild*, 1883. IX-484 pages, in-18. Rel. anglaise.

11312. — État des services des anciens élèves en fonctions dans l'administration des forêts en 1883. Publié avec l'autorisation de M. le directeur des forêts, par la Direction de l'École. *Nancy, Imp. Berger-Levrault et Cie*, 1883. VI-168 pages, in-8°. Br.

11313. — Estimations concernant la propriété forestière. *Paris, Marchal et Billard*, 1886. VII-316 pages, in-8°. Demi-rel.

11314. — Traité d'économie forestière. *Paris, Marchal et Billard*, 1888-1891. VII-330. VI-258 et VI-287 pages, in-8°. 3 vol. Demi-rel.

11315. — *Opuscules :* Du régime des forêts communales de nouvelle origine. 1864. 21 p., in-8°. — Du régime des forêts communales possédées par les sections de communes. 1865. 14 p., in-8°. — Les forêts et le projet de code rural. 1870. 27 p., in-8°.

— Questions de droit forestier. 1876. 18 p., in-8°. — Incendies dans les forêts. Droit de poursuite par les agents forestiers. 1877. 10 p., in-8°. — Détermination du revenu des futaies jardinées. 1879. 25 p., in-8°. — Coutume de Brécilien. Titres, jugements et arrêts concernant les usagers de Paimpont et Saint-Péran. 1879. 37 p., in-4°. — L'impôt foncier des forêts ; détermination du revenu imposable. 1882. 35 p., in-8°. — Les nouveaux pouvoirs confiés aux maires par la loi municipale du 5 avril 1884, en matière de destruction des animaux nuisibles. 1884. 36 p., in-12. — Détermination du revenu annuel des forêts de taillis sous futaie. S. d. 22 p., in-8°. — Les forêts communales en 1877. S. d. 16 p., in-12. — Questions de droits forestiers. S. d. 10 p., in-8°. — Questions sur le droit d'occupation des concessionnaires de mines dans les forêts. S. d. 13 p., in-8°. — La révision du titre VI du code forestier. S. d. 24 p., in-12.

11316. PUYMAIGRE (Le comte Th. DE). Les vieux auteurs castillans, par le comte Th. de Puymaigre (né à Metz). *Paris, Didier et Cie*, 1861-1862. XIV-491 et 495 pages, in-12. 2 vol. Cart.

11317. — Heures perdues. *Metz, Rousseau-Pallez*, 1866. 173 pages, in-12. Br.

11318. — La cour littéraire de don Juan II, roi de Castille. *Paris, A. Franck*, 1873. 234 et 223 pages, in-12. 2 vol. Br.

11319. — Petit romancero. Choix de vieux chants espagnols traduits et annotés. *Paris, Imp. Jules Le Clerc et Cie*, 1878. 179 pages, in-16. Br.

11320. — Romanceiro. Choix de vieux chants portugais traduits et annotés. *Paris, Ernest Leroux*, 1881. LX-280 pages, in-12. Broché.

11321. — Souvenirs sur l'Émigration, l'Empire et la Restauration. *Paris, Plon*, 1884. VII-448 pages, in-8°. Demi-rel.

11322. — Folk-Lore. *Paris, Didier*, 1885. XI-367 pages, in-12. Br.

11323. — Vieilles nouvelles. *Paris, L. Sauvaitre*, 1887. 327 pages, in-12. Br.

11324. — Jean l'Aveugle en France. *Paris, s. n.*, 1892. 64 pages, in-8°. Br.

11325. — *Opuscules :* Les poèmes chevaleresques. 1880. 16 p., in-8°. — Les souvenirs d'Alexis de Tocqueville. 1893. 14 p., in-8°. — Un prétendant au trône de France. Giannino Baglioni. 1895. 15 p., in-8°. —

Roland dans les traditions populaires. 1895. 12 p., in-8°. — Un savant espagnol du XVI° siècle. Argote de Molina. 1895. 35 p., in-8°. — Les habits neufs du Roi, conte imité de l'infant don Juan Manuel. *S. d.*, 7 p. in-8°. — Sur la poésie populaire. *S. d.* 21 p., in-8°.

11326. RAMBAUD (ALFRED). La Russie épique. Étude sur les chansons héroïques de la Russie, traduites ou analysées pour la première fois. Par Alfred Rambaud, professeur à la Faculté des lettres de Nancy, etc. *Paris, Maisonneuve et Cie*, 1876. xv-504 pages, in-8°. Br.

11327. — L'empire grec au dixième siècle. Constantin Porphyrogénète. *Paris, A. Franck*, 1870. xvi-551 pages, in-8°. D.-rel.

11328. — De byzantino hippodromo et circentibus factionibus. *Paris, A. Franck*, 1870. 114 pages, in-8°. Br.

11329. — La domination française en Allemagne. Les Français sur le Rhin (1792-1804). *Paris, Didier et Cie*, 1873. xii-379 pages, in-8°. Demi-rel.

11330. — La domination française en Allemagne. L'Allemagne sous Napoléon 1er (1804-1811). *Paris, Didier et Cie*, 1874. vii-484 pages, in-12. Demi-rel.

11331. — Histoire de la Russie depuis les origines jusqu'à l'année 1877. Ouvrage contenant 4 cartes. *Paris, Hachette et Cie*, 1878. 727 pages, in-18. Demi-rel.

11332. — Histoire de la civilisation française. *Paris, A. Colin et Cie*, 1885. viii-620 et 656 pages, in-18. 2 vol. Demi-rel.

11333. — Histoire de la civilisation contemporaine en France. *Paris, A. Colin et Cie*, 1888. viii-750 pages, in-18. Demi-rel.

11334. — Français et Russes. Moscou et Sévastopol. 1812-1854. Deuxième édition. *Paris, Berger-Levrault et Cie*, 1881. xxvii-354 pages, in-18. Demi-rel. — Le même, cinquième édition. *Ibidem*, 1892. xxxi-348 pages, in-18. Demi-rel.

11335. — Russes et Prussiens. Guerre de sept ans. Avec 10 dessins d'uniformes par Henry Ganier, 4 cartes et 7 plans de batailles hors texte. *Paris-Nancy, Berger-Levrault et Cie*, 1895. xii-400 pages, in-8°. Broché.

11336. RAMBERVILLER (ALPHONSE DE). Les dévots élancemens du poëte chrétien présentés à très-chrestien, très-auguste et très-victorieux monarque Henri IV, roy de France et de Navarre, par Alphonse de Ramberviller, docteur ez droicts, lieutenant général au bailliage de l'évesché de Metz. 1602. *Pont-à-Mousson, M. Bernard*, 1603. 295 pages, pet. in-8°. Titre, frontispice et figures gravés par Thomas de Leu. Rel. parchemin.

11337. RAMBERVILLER (ALPHONSE DE). Suite: — Discours de ce qui s'est passé en l'armée des chrestiens en Hongrie, contre le Turc, en la présente année 1600. *Paris, P. Chevalier, s. d.* 16 pages, in-12. Br.

11338. RAUCH (F.-A.). Harmonie hydro-végétale et météorologique, ou recherches sur les moyens de recréer, avec nos forêts, la force des températures et la régularité des saisons, par des plantations raisonnées, etc... Par F.-A. Rauch (de Vergaville), ingénieur des ponts et chaussées. *Paris, Levrault, an X.* 8, 375 et 299 pages, in-8°. Gravures. 2 vol. Demi-rel.

11339. — Régénération de la nature végétale ou recherches sur les moyens de recréer, dans tous les climats, les anciennes températures et l'ordre primitif des saisons, par des plantations raisonnées, etc... *Paris, Impr. P. Didot*, 1818. xxxv-502 et 398 pages, in-8°. 2 vol. Demi-rel.

11340. — Annales européennes de physique végétale et d'économie publique, rédigées par une société d'auteurs connus par des ouvrages de physique, d'histoire naturelle et d'économie publique. *Paris, J.-M. Eberhart*, 1821-1827. 13 vol. in-8°. Cart.

11341. RAUGÉ (F.-V.-A.). Application des principes de la tenue des livres à parties doubles, et développemens sur la manière de tenir les écritures, etc... Par F.-V.-A. Raugé, teneur de livres aux fonderies de Tusey. *Nancy, Imp. L. Vincenot et Cie*, 1838. 117 pages, in-4°. Cart.

11342. RAVELLY (J.). Traité de la maladie de la rage. Par J. Ravelly, médecin stipendié de la ville de Metz. *Metz, Jean Collignon*, 1696. x-192 pages, in-12. Rel. veau.

11343. RAVOLD (J.-B.). République et Monarchie, par J.-B. Ravold (sous-inspecteur de l'assistance publique à Nancy). *Nancy, Imp. nancéienne*, 1875. 63 pages, in-12. Br.

11344. RECOUVREUR (A.). Considérations chimiques sur l'emploi rationnel des couleurs dans la peinture artistique. Par A. Recouvreur, pharmacien. *Commercy, Imp. Tugny, s. d.* 21 pages, in-8°. Br.

11345. REGINALDUS. Matthæi Reginaldi Gorziensis in Lotharingia, S. Th. baccal., I. V. D. et in alma Andium universitate eloquentiæ professoris Horæ subsecivæ. *Juliomagi Andium, apud Antonium Hernault,* 1611. xiii-100 pages, in-4°. Rel. parchemin.

11346. — Ab laurea Andini collegii silva duodecim Ludovicos reges, Lodoico XIII, Francor. et Navarr. christianiss. regi, Andinopolim ingredienti vota epicis latinis voventes offert Daphnè, andegavis nympha. *Juliomagi Andium, apud Anthonium Hernault,* 1614. 11 p., in-4°. Rel. parchemin.

11347. REGNEAULT (E.-E.). De l'interpolation appliquée à l'expression de la marche de la végétation dans les grandes masses de forêts, par E.-E. Regneault, professeur de mathématiques à l'École royale forestière, etc... *Nancy, Grimblot, Thomas et Raybois,* 1839. 58 pages, in-8°. Br.

11348. — Cours de physique forestière. *S. l., n. n.,* 1836. 102 pages, in-4°. Cart.

11349. — Leçons de mécanique comprenant les premiers éléments de la science des machines, et leur application aux scieries. *Nancy, J. Troup,* 1844. ii-234 pages, in-8°. Cart.

11350. — Cours de stéréométrie appliquée spécialement au cubage des bois, suivi de tables pour abréger les calculs. *Nancy, Grimblot et Vve Raybois,* 1847. xiv-147 et 69 pages, in-8°. 2 parties en 1 vol. Cart.

11351. — Traité de mécanique comprenant les premiers éléments de la science des machines et leur application aux scieries forestières. *Nancy, Grimblot, Vve Raybois et Cie,* 1857. viii-302 pages, in-8°. Demi-rel.

11352. — Traité de topographie et de géodésie spécialement appliquées aux opérations forestières. *Nancy, Nicolas Grosjean,* 1861. v-341 pages, in-8°. Demi-rel.

11353. — Essai sur la constitution des corps célestes. *Nancy, Vve Raybois,* 1863. xvi-375 pages, in-8°. Br.

11354. RÉGNIER (J.). L'orgue, sa connaissance, son administration et son jeu, par M. Joseph Régnier, prêtre (du diocèse de Nancy). *Nancy, Vagner,* 1862. xiv-484 pages, in-8°. Demi-rel.

11355. — Lacordaire. Souvenirs et lettres d'ami. *Nancy, Vagner,* 1880. iii-198 pages, in-12. Cart.

11356. RENARD (N.-A.). Distribution de l'électricité dans les conducteurs cristallisés, en partant de l'hypothèse d'un seul fluide. Par M. N.-A. Renard, professeur de mathématiques à la Faculté des sciences de Nancy. *Nancy, Imp. Vve Raybois, s. d.* 53 pages, in-8°. Br.

11357. — Production de l'électricité par les actions mécaniques expliquée dans l'hypothèse d'un seul fluide électrique. Théorie des machines électriques et des condensateurs. *S. l., n. n., n. d.* 64 pages, in-8°. Br.

11358. — *Opuscules :* Sur la propagation de l'électricité. 1859. 18 p., in-8°. — Distribution de l'électricité dans les corps conducteurs, en partant de l'hypothèse d'un seul fluide. 1859. 28 p., in-8°. — Sur l'établissement des formules fondamentales de l'électro-dynamique, dans l'hypothèse d'un seul fluide. 1865. 42 p., in-8°. — Théorie de la dispersion de la lumière. 1867. 33 p., in-8°. — Théorie des actions des aimants sur les corps magnétiques et diamagnétiques, dans l'hypothèse d'un seul fluide électrique. 1868. 38 p., in-8°. — Électrochimie. 1869. 24 p., in-8°. — Action du magnétisme sur la lumière polarisée. 1869. 23 p., in-8°. — Lois des actions calorifiques produites par l'électricité et réciproquement de l'électricité produite par la chaleur, expliquées dans l'hypothèse d'un seul fluide électrique. *S. d.* 43 p., in-8°. — Théorie de l'induction en partant de l'hypothèse d'un seul fluide. *S. d.* 34 p., in-8°.

11359. RENAUDIN (L.-F.-E.). Administration des asiles d'aliénés, par L.-F.-E. Renaudin, directeur-médecin en chef de l'asile public d'aliénés de Fains (Meuse). *Paris, Fortin, Masson et Cie,* 1845. 155 pages, in-8°. Cart.

11360. RENAULDIN (L.-J.). Dissertation sur l'érysipèle, présentée et soutenue à l'École de médecine de Paris, le 3 ventôse an X ; par L.-J. Renauldin (né à Nancy), médecin, etc... *Paris, Gabon,* 1802. ii-76 pages, in-8°. Cart.

11361. — Traité du diagnostic médical, ou de la science des signes propres à distinguer les unes d'avec les autres, les maladies qui se ressemblent; ouvrage traduit de l'allemand du docteur Dreyssig. *Paris,*

Vve Richard, 1804. LXXI-510 pages, in-8°. Rel. veau.

11362. RENAULT-BÉCOUR. Le tombeau de toutes les philosophies, tant anciennes que modernes, ou exposition raisonnée d'un nouveau système de l'univers..., par R.-B. (Renault-Bécour, ancien officier). *Briey, Bancias*, 1834. XXXVI-226 pages, in-8°. Dem.-rel.

11363. RENAUT (ÉMILE). Rose André. — Un Van Dyck. — Le filleul du notaire. Nouvelles par Émile Renaut. *Paris, Hachette*, 1860. 347 pages, in-12. Demi-rel.

11364. RESAL (H.). Éléments de mécanique, rédigés d'après les programmes d'admission à l'École polytechnique adoptés par l'Université impériale, par H. Resal (né à Plombières), ancien élève de l'École polytechnique, etc... *Paris, Mallet-Bachelier*, 1862. XIV-231 pages, in-8°. Cart.

11365. — Traité élémentaire de mécanique céleste. *Paris, Gauthier-Villars*, 1865. XVI-464 pages, in-8°. Demi-rel.

11366. — Traité de mécanique générale comprenant les leçons professées à l'École polytechnique. *Paris, Gauthier-Villars*, 1873-1889. 7 vol. in-8°. Demi-rel.

11367. RESAL (VICTOR). La Révolution, 1789-1872. Poème en douze chants, par Victor Resal, ancien membre et ancien président du Conseil général des Vosges. *Paris, E. Lachaud*, 1872. II-96 pages, in-8°.

11368. — Quatre-vingts ans d'histoire. Souvenirs et réflexions. Petit poème en quatre chants. *Épinal, Fricotel*, 1869. 23 pages, in-8°. Br.

11369. RIANT (A.-L.). Poème cyclique, par l'abbé A.-Lucien Riant (né à Épinal), licencié ès-lettres, aumônier honoraire du Lycée de Strasbourg, etc. *Paris, Lecoffre fils et Cie*, 1873. VIII-374 pages, in-8°. Br.

11370. RICHARD (Le R. P.). Dictionnaire universel, dogmatique, canonique, historique, géographique et chronologique des sciences ecclésiastiques, contenant l'histoire générale de la religion, de son établissement et de ses dogmes ; de la discipline de l'Église, de ses rits, de ses cérémonies et de ses sacremens ; la théologie dogmatique et morale, spéculative et pratique, avec la décision des cas de conscience ; le droit canonique, etc... Par le R. P. Richard (né à Blainville-sur-l'Eau), et autres religieux dominicains. *Paris, Rollin*, 1760-1765. 6 vol. in-fol. Rel. veau.

11371. RICHARD (Le R. P.). *Suite :* — L'accord des loix divines, ecclésiastiques et civiles, relativement à l'état du clergé ; contre l'ouvrage qui a pour titre : « L'Esprit ou les principes du droit canonique ». *Paris, Moutard*, 1775. 484 pages, in-12. Rel. veau.

11372. RICHARD. Traité pratique des maladies des enfants, considérées dans leurs rapports avec l'organogénie et les développements du jeune âge, par Richard (de Nancy), chevalier de la Légion d'honneur, etc... *Paris, Germer Baillière*, 1839. XL-608 pages, in-8°. Demi-rel.

11373. — Traité sur l'éducation physique des enfants, à l'usage des mères de famille et des personnes dévouées à l'éducation de la jeunesse. *Paris, J.-B. Baillière*, 1843. XXIV-320 pages, in-12. Demi-rel.

11374. RIEMANN (OTHON). Études sur la langue et la grammaire de Tite Live. Par Othon Riemann (né à Nancy), ancien membre de l'École française d'Athènes, etc... *Paris, Ernest Thorin*, 1884. 326 pages, in-8°. Br.

11375. RIGOLEY DE JUVIGNY. — Les bibliothèques françaises de La Croix du Maine et du Verdier, sieur de Vauprivas ; nouvelle édition dédiée au roi, etc... Par M. Rigoley de Juvigny, conseiller honoraire au Parlement de Metz. *Paris, Saillant et Nyon*, 1772-1773. 6 vol., in-4°. Rel. veau.

11376. — De la décadence des lettres et des mœurs, depuis les Grecs et les Romains jusqu'à nos jours. *Paris, Mérigot le jeune*, 1787. V-552 pages, in-12. Demi-rel.

11377. — Discours sur le progrès des lettres en France. *Paris, de Bure*, 1782. XXII-190 pages, in-8°. Cart.

11378. RISTON. Opinion du citoyen Riston, sur le procès du ci-devant roi Louis XVI, à la Convention nationale. *Paris, Langlois*, 1792. 22 pages, in-8°. Br.

11379. RISTON (VICTOR). Du retrait d'indivision. Explication théorique et pratique de l'article 1408 — 2° du Code civil. Par Victor Riston (membre de la Société des sciences de Nancy), docteur en droit, etc... *Paris, Ernest Thorin*, 1890. 51 pages, in-8°. Br.

11380. RISTON (Victor). *Suite :* — De l'institution des délégués à la sécurité des ouvriers mineurs. Historique et commentaire critique de la loi du 8 juillet 1890 et des circulaires ministérielles qui s'y rattachent. *Lille, Imp. L. Danel,* 1891. 68 pages, in-8°. Br.

11381. — *Opuscules :* Sur un procédé pratique de tirage des épreuves positives sur verre. 1890. 5 p., in-8°. — Les dunes mouvantes d'Aïn-Sefra (Sud-oranais). Dangers d'envahissement du ksar. Plantations et essais de fixation des sables. 1890. 23 p., in-8°. — Six jours au pays des Ksour (Sud-Oranais). 1890. 35 p., in-8°. — Une excursion à Hammam-Meskoutine. 1891. 14 p., in-8°. Avec une gravure. — La photographie et l'espionnage devant la loi. 1891. 12 p., in-8°. — Une oasis saharienne en Espagne. La forêt de palmiers d'Elché. 1893. 21 p., in-8°.

11382. RITTER (E.). Des vins colorés par la fuchsine et des moyens employés pour les reconnaître, par E. Ritter, docteur ès-sciences, professeur-adjoint de chimie médicale et de toxicologie à la Faculté de médecine de Nancy, etc. *Nancy, Berger-Levrault et Cie,* 1876. 11-33 pages, in-8°. Br.

11383. RIVARD (F.). Élémens de mathématiques. Par M. Rivard (né à Neufchâteau), professeur de philosophie en l'Université de Paris. *Paris, Ph.-N. Lottin,* 1744. VIII-294 pages, in-4°. Rel. veau.

11384. — La gnomonique, ou l'art de faire des cadrans. *Paris, N. Lottin,* 1746. XVI-324, 53 et 16 pages, in-8°. 3 parties en 1 vol. Rel. veau.

11385. — Trigonométrie rectiligne et sphérique. Avec la construction des tables des sinus, des tangentes, des sécantes et des logarithmes. *Paris, Ph.-N. Lottin et J.-H. Butard,* 1747. XX-175 pages, in-8°. Rel. veau.

11386. — Traité de la sphère. *Paris, Jean Desaint,* 1768. VI-156 pages, in-8°. Cart.

11387. — Traité du calendrier. *Paris, Jean Desaint,* 1768. 84 pages, in-8°. Cart.

11388. — Réflexions sur les prix de l'Université, et sur quelques autres objets très intéressants pour l'éducation de la jeunesse. *S. l., n. n., n. d.* XII-110 pages, in-12. Cart.

11389. ROBERT (C.). Considérations sur la monnaie à l'époque romane et description de quelques triens mérovingiens. Par C. Robert (secrétaire de l'Académie royale de Metz). *Metz, Nouvian,* 1851. 60 pages, in-8°. Planche. Cart.

11390. ROBERT (C.). *Suite :* — Numismatique de Cambrai. *Paris, Rollin et Feuardent,* 1861. 11-381 pages, in-4°. Demi-rel.

11391. — Les légions du Rhin et les inscriptions des carrières. *Paris, A. Franck,* 1867. 50 pages, in-4°. Br.

11392. — Mélanges d'archéologie. *Paris, J.-B. Dumoulin,* 1875. 162 pages, in-8°. Demi-rel.

11393. — Monnaies gauloises. Description raisonnée de la collection de M. P. Charles Robert. *Paris, Impr. Pillet et Dumoulin,* 1880. 109 pages, in-8°. Br.

11394. — Les étrangers à Bordeaux. Études d'inscriptions de la période romaine portant les ethniques. *Bordeaux, Impr. Vve Cadoret,* 1883. 109 pages, in-8°. Cart.

11395. — *Opuscules :* La numismatique mérovingienne considérée dans ses rapports avec la géographie. 1846. 12 p., in-8°. — Note sur les monnaies provinoises des comtes de Champagne. 1861. 11 p., in-8°. — Note sur des débris antiques recueillis en 1855 à Kustendjé (Dobrudja). — 1857-1858. 1862. 10 p., in-8°. — Etudes sur quelques inscriptions antiques du musée de Bordeaux. 1879. 34 p., in-8°.

11396. ROBERT. Une année de la vie militaire de Marceau, par M. Robert l'aîné (de Nancy), ancien officier. *Nancy, Grimblot et Vve Raybois,* 1850. 44 pages, in-8°. Portrait. Cart.

11397. ROBILLARD (Prosper). Petit traité de littérature par Prosper Robillard. *Nancy, autographie,* 1855. 110 pages, in-8°. Cartonné.

11398. ROBINET. Notice sur l'œuvre et sur la vie d'Auguste Comte. Par le docteur Robinet (né à Vic-sur-Seille), son médecin, et l'un de ses treize exécuteurs testamentaires. *Paris, R. Pincebourde,* 1864. XVI-668 pages, in-8°. Demi-rel.

11399. — Danton. Mémoire sur sa vie privée. *Paris, Charavay frères,* 1884. 325 pages, in-12. Br.

11400. — Danton homme d'État. *Paris, Charavay frères,* 1889. 463 pages, in-8°. Portrait. Demi-rel.

11401. — Condorcet. Sa vie, son œuvre. 1743-1794. *Paris, Quantin, s. d.* X-397 pages, in-8°. Portrait. Br.

11402. ROEDERER (P.-L.). Éloge historique de Montesquiou, lu au Lycée républicain, le 6 germinal An VII. Par Roederer (né à Metz), de l'Institut national. *Paris, Imp. du Journal de Paris, An VII.* 56 pages, in-8°. Cart.

11403. — Opuscules mêlés de littérature et de philosophie. *Paris, Imp. du Journal de Paris, An VIII.* v-404 pages, in-8°. Cartonné.

11404. — Pichegru et Moreau au 18 fructidor An 5, suivi de la conjuration de ce dernier, pendant les années 3, 4 et 5 ; et de la correspondance des nommés Drake et Spencer-Smith, ambassadeurs des Anglais, pendant le mois de mars dernier, etc... *Paris, Imp. Bertrand-Pottier, An XII.* 335 pages, in-12. Cart.

11405. — Mémoire pour servir à une nouvelle histoire de Louis XII, le Père du peuple. *Paris, Imp. Firmin Didot, 1819.* 442 pages, in-8°. Cart.

11406. — Louis XII et François Ier ou mémoire pour servir à une nouvelle histoire de leur règne. *Paris, Bossange frères, 1825-1833.* 441, xvi-411 et 333 pages, in-8°. 3 vol. Demi-rel.

11407. — Le budget de Henri III, ou les premiers États de Blois. Comédie historique, précédée d'une dissertation sur la nature des guerres qu'on a qualifiées de guerres de religion, dans le seizième siècle ; suivie d'une notice nouvelle sur la vie de Henri III. *Paris, Hector Bossange, 1830.* viii-368 pages, in-8°. Demi-rel.

11408. — Théâtre historique. *Paris, Imp. Lachevardière fils, 1827-1830.* xxxiii-402, viii-484, et viii-368 pages, in-8°. 3 vol. Demi-rel.

11409. — L'esprit de la Révolution de 1789. *Paris, Imp. Lachevardière, 1831.* viii-235 pages, in-8°. Demi-rel.

11410. — Chronique de cinquante jours, du 20 juin au 10 août 1792, rédigée sur pièces authentiques. *Paris, Imp. Lachevardière, 1832.* vi-456 pages, in-8°. Demi-rel.

11411. — Mémoire pour servir à l'histoire de la société polie en France. *Paris, Firmin Didot frères, 1835.* 484 pages, in-8°. Demi-rel.

11412. — Œuvres. *Paris, Firmin Didot, 1853-1859.* 8 vol., in-8°. Portrait. Demi-rel.

11413. — *Opuscules :* Discours prononcé à l'Assemblée nationale, à la séance du 17 novembre, au soir. *S. d.* 7 pages, in-8°. — Adresse d'un constitutionnel aux constitutionnels. 2° édition. 1835. 40 p., in-8°. — Question d'économie publique. *S. d.* 11 p., in-8°.

11414. ROGET DE BELLOGUET. Ethnogénie gauloise ou mémoires critiques sur l'origine et la parenté des Cimmériens, des Cimbres, des Ombres, des Belges, des Ligures et des anciens Celtes, par Roget, baron de Belloguet (né à Neufgrange). *Paris, Benjamin Duprat, 1861.* xi-315 pages, in-8°. Demi-rel.

11415. — Le génie gaulois. Caractère national, druidisme, institutions, industrie, etc... *Paris, Maisonneuve et Cie, 1868.* xiv-546 pages, in-8°. Demi-rel.

11416. — Glossaire gaulois avec deux tableaux généraux de la langue gauloise. Deuxième édition. *Paris, Maisonneuve et Cie, 1872.* xx-450 pages, in-8°. Demi-rel.

11417. ROHRBACHER (L'abbé). Catéchisme du sens commun, par M. R(ohrbacher), supérieur des missionnaires du diocèse de Nancy, ancien vicaire de la paroisse de Lunéville. *Paris, Imp. Lachevardière, 1825.* iv-108 pages, in-12. Cart.

11418. — La religion méditée, à l'usage des personnes qui cherchent Dieu dans la simplicité de leur cœur. *Paris, Gaume, 1836.* ii-464 et 507 pages, in-18. 2 vol. Demi-rel.

11419. — De la grâce et de la nature, avec un discours sur la grâce, suivi des propositions condamnées par l'Église relativement à cette matière. *Paris, Outhenin-Chalandre fils, 1838.* iii-165 pages, in-8°. Cartonné.

11420. — Des rapports naturels entre les deux puissances d'après la tradition universelle. *Paris, Outhenin-Chalandre fils, 1838.* viii-383 et viii-356 pages, in-8°. 2 vol. Cartonné.

11421. — Le monopole universitaire dévoilé à la France libérale et à la France catholique. *Nancy, Grimblot, Raybois et Cie, 1840.* 197 pages, in-8°. Cart.

11422. — Motifs qui ont ramené à l'Église catholique un grand nombre de protestants. *Paris, V.-A. Waille, 1841.* iii-293 et iii-257 pages, in-16. 2 tomes en 1 vol. Demi-rel.

11423. — Tableau général des principales conversions qui ont eu lieu parmi les protestants et autres religionnaires depuis le commencement du 19° siècle. *Paris,*

Waille et Cie, 1841. VI-299, 341 pages, in-16. 2 tomes en 1 vol. Demi-rel.

11424. ROHRBACHER (L'abbé). *Suite : —* Histoire universelle de l'Église catholique. *Paris, Gaume frères*, 1842-1849. 29 vol., in-8°. Demi-rel.

11425. — Éléments de grammaire hébraïque. *Paris, Gaume frères, s. d.* 55 pages, in-8°. Br.

11426. — Opuscules : Catéchisme du sens commun. 1825. 16 p., in-12. — Sermon prononcé le vendredi-saint, 13 avril 1838, dans l'église de Lunéville et dans la cathédrale de Nancy. 1838. 28 p., in-8°.

11427. ROLLAND (Eugène). Faune populaire de la France. Par Eugène Rolland (né à Metz). *Paris, Maisonneuve et Cie*, 1877-1883. 6 vol., in-8°. Demi-rel. et br.

11428. — Recueil de chansons populaires. *Paris, Maisonneuve et Cie*, 1883. 378 pages, in-8°. Br.

11429. — Rimes et jeux de l'enfance. *Paris, Maisonneuve et Cie*, 1883. III-395 pages, in-16. Rel. angl.

11430. ROSIÈRES (François de). Six livres des politiques, contenants l'origine et estat des cités, conditions des personnes, économie, et police des monarchies et républiques du monde, tant en temps de paix, que de guerre, avec l'institution du monarch, et les moyens de conserver et détruire la chose publique en toutes espèces de gouvernement, etc... Par François de Rosières, archidiacre et chanoine de Toul. *Rheims, Jean de Foigny*, 1574. XVIII-263 pages, in-4°. Rel. parch.

11431. ROSIÈRES de CHAUDENEY. Les roses de l'amour céleste fleuries au verger des méditations de saint Augustin. Dédiées à Son Altesse, par le sieur de Rosières de Chaudeney, capitaine et prévost de Sain-Mihiel. *S. Mihiel, Fr. Du Bois*, 1619. XX-141 feuillets, in-8°. Titre, frontispice et figures gravés par Edme Moreau. Rel. veau.

11432. ROUGEMAITRE (C.-J.). L'ogre de Corse, histoire véritable et merveilleuse ; par C.-J. Rougemaitre (de Dieuze). *Paris, F. Louis*, 1815. XII-168 pages, in-12. Gravure. Cart.

11433. — Le perroquet. Roman anglais-français-allemand, et qui n'est traduit d'aucune langue. *Paris, Germain Mathiot*, 1817. 4 vol., in-12. Cart.

11434. ROUSSEL. Opinion de Roussel, député de France, à la Convention nationale, par le département de la Meuse, sur le jugement du roi. *Paris, Imp. nat., s. d.* 14 pages, in-8°. Br.

11435. ROUSSEL (Lucien). Étude sur un moteur hydraulique et sur son application aux scieries, par Lucien Roussel (né à Lunéville). *Nancy, Sordoillet*, 1869. 30 pages, in-8°. Br.

11436. ROUSSEL (C.). Fleurs des Vosges, par l'abbé C. Roussel (curé dans les Vosges). Poésies précédées d'une introduction, avec deux lettres de Sainte-Beuve. *Paris, Didier et Cie, s. d.* (1876). XLVII-404 pages, in-12. Demi-rel.

11437. ROUSSELOT (Charles). Astronomia practica sive motuum cælestium praxes et astrolabia quædam quibus syderum loca, motus, defectus, cito et facile pro quolibet tempore in perpetuum cognoscuntur. Authore R. P. Petro Courcier soc. Jesu etc., cum usu astrolabii de Rojas. Editio secunda auctior et emendatior, cura ac labore Caroli Rousselot nanceiani, etc... *Nanceii, Antonium, Claudium et Carolum Charlot*, 1655. 215 pages, in-8°. Rel. veau.

11438. ROUSSELOT (Xavier). Histoire de l'évangile éternel. Par Xavier Rousselot (né à Metz). *Paris, Didier*, 1861. 177 pages, in-8°. Demi-rel.

11439. ROUSSELOT (Paul). Les mystiques espagnols. Malon de Chaide, Jean d'Avila, Louise de Grenade, Louis de Léon, sainte Thérèse, S. Jean de la Croix et leur groupe. Par Paul Rousselot (né à Sarreguemines), inspecteur d'académie. *Paris, Didier et Cie*, 1869. VIII-500 pages, in-8°. Br.

11440. — Leçons de choses et lectures à l'usage des écoles primaires et des cours d'adultes. *Paris, Ch. Delagrave*, 1875. VIII-294 pages, in-12. Br.

11441. — Exercices de récitation et de composition française tirés des meilleurs écrivains, à l'usage des écoles primaires, des écoles normales et des cours d'enseignement spécial. *Paris, Ch. Delagrave*, 1876. 299 pages, in-12. Cart.

11442. — Pédagogie à l'usage de l'enseignement primaire. *Paris, Ch. Delagrave*, 1881. VI-525 pages, in-12. Demi-rel.

11443. — Histoire de l'éducation des femmes

en France. *Paris, Didier et Cie*, 1883. 442 et 467 pages, in-12. 2 vol. Demi-rel.

11444. ROUYER (A.-J.). Le paladin de la Meuse. Observations impartiales d'un philosophe chrétien, ou accord des lumières de la raison et des vérités de la foi. Par A.-J. R(ouyer), maître-ès-arts de l'ancienne Université de Paris. *Bar-le-Duc, Imp. Choppin*, 1818. 87 pages, in-8°. Cart.

11445. ROUYER (Jules). Histoire du jeton au moyen-âge. Par Jules Rouyer (directeur des postes à Nancy), et Eugène Hucher, membre de plusieurs sociétés archéologiques. *Paris, Rollin*, 1858. 179 pages, in-8°. Planches. Br.

11446. — Documents relatifs à l'atelier monétaire d'Arras, sous la domination des rois d'Espagne. *Bruxelles, F. Devroye*, 1859. 54 pages, in-8°. Cart.

11447. *Opuscules :* Notice sur quelques plombs des fêtes des Innocents ou d'autres divertissements analogues, intéressant la ville d'Aire. 1860. 14 p., in-8°. — Jetons municipaux de la ville de Paris au xve siècle. 1869. 19 p., in-8° — Des jetons du moyen âge, au type de l'ours. 1875. 16 p., in-8°. — Notes sur des jetons du moyen âge relatifs aux Pays-Bas. 1876. 26 p., in-8°.

11448. ROVEL (J.-J.). Étude sur les chemins de fer envisagés au point de vue militaire. Par J.-J. Rovel (né à Senones), officier d'artillerie. *Constantine, L. Marle*, 1874. 399 pages, in-8°. Br.

11449. ROYER (Charles-Didier). Caroli Desiderii Royeri de Nommeceio, Sarbockenhemiani, Lotharingi, etc... musarum juvenilium pars prima. Sive selectorum epigrammatum libri VI. *Francofurti ad Mœnum, sumptibus Georgii Henrici Waltheri*, 1702. 540 pages, in-8°. Rel. parchemin.

11450. ROYER (Fl.). Arithmétique et géométrie théoriques et pratiques des écoles primaires, par Fl. Royer, instituteur communal à Dieuze. *Nancy, Grimblot et Vve Raybois*, 1845. ix-147 pages in-18.

11451. — Récréations du jeudi ou notes sur le drainage et l'irrigation. *Nancy, Hinzelin et Cie*, 1863. 60 pages, in-12. Fig. Br.

11452. RUYR (Jean). Les triomphes de Pétrarque, mis en vers françois par forme de dialogues, avec autres meslanges de diverses inventions. Dédiez aux sieurs vénérables doyen, chanoines et chapitre de Sainct-Diey. Par Jean Ruyr Charmesien, secrétaire desdicts sieurs. *Troyes, Cl. Garnier*, 1588. 198 pages, in-8°. Rel. parchemin.

11453. SAINSÈRE (P.-F.). Appendix de diis et heroïbus poëticis, ou abrégé de l'histoire poétique, par le P. Jouvency. Nouvelle édition soigneusement revue et corrigée, avec de nouvelles notes explicatives ; par P.-F. Sainsère, prêtre et professeur de latin au Lycée impérial de Metz. *Metz, Devilly*, 1807. viii-152 pages, in-18. Demi-reliure.

11454. SAINTIGNON (de). Traité abrégé de physique, à l'usage des collèges. Par M. de Saintignon (membre de la Société des sciences de Metz), procureur général des Chanoines réguliers de la Congrégation de Notre-Sauveur, etc... *Paris, Durand*, 1763. 6 vol., in-12. Rel. veau.

11455. SAINT-LAMBERT. Œuvres de Saint-Lambert (né à Nancy), de l'Académie française. *Paris, s. n.*, 1798. 158, 150 et 212 pages, in-16. 3 volumes. Gravures. Rel. basane.

11456. — Les saisons. Poème. *Paris, Froment*, 1825. xxx-186 pages, in-16. Gravure. Cart.

11457. — Contes et fables. *Paris, Dauthereau*, 1829. xx-242 pages, in-18. Demi-rel.

11458. SAINT-VINCENT (de). Recherches sur le paupérisme et sur les moyens d'y remédier, par P. de Saint-Vincent. *Metz, S. Lamort*, 1847. 61 pages, in-8°. Br.

11459. SALEUR (Le P. J.). Instruction méthodique et abrégée pour bien dresser une méditation et practiquer, avec abondance de matières et de considérations, l'oraison mentale. Par P. J. Saleur, Père de province en l'ordre de S. François... et custos de Lorraine et Barrois. *Nancy, A. Charlot*, 1650. 119 pages, in-8°. Frontispice. Cart.

11460. — Les secrets de l'amour divin. *Nancy, A. Charlot*, 1651. viii-36 et 215 pages, in-8°. En 1 vol. Rel. parchemin.

11461. SALLE. Des moyens de maintenir la Constitution ; par M. Salle, député du département de la Meurthe, à l'Assemblée nationale. *Paris, Chalon*, 1791. 90 pages, in-8°. Cart.

11462. — Plan suivi par Robespierre et les Jacobins, pour donner un roi à la France. *Paris, Vve Corsas, An III*. 69 pages, in-8°. Cartonné.

11463. — *Opuscules* : Rapport fait à l'Assemblée nationale, à l'occasion des événemens qui ont eu lieu à Colmar les 21, 22 et 23 mai. *S. d.* 20 p., pet. in-8°. — Recherches sur les agens et les moyens de la faction d'Orléans. *S. d.* 16 p., in-8°.

11464. SALLE (A.-S.). Abréviateur décimal ou méthode simple et facile pour l'intelligence du nouveau système des poids et mesures. Par A.-S. Salle, percepteur des contributions directes, à Pont-à-Mousson, etc... *Nancy, A. Paullet*, 1840. 120 pages, in-12. Demi-rel.

11465. — Traité pratique sur la culture des champignons avec l'indication d'une nouvelle méthode pour en obtenir en tous lieux par l'emploi de la mousse, suivi d'une nomenclature des champignons comestibles et vénéneux et des premiers soins à donner en cas d'empoisonnement. *Pont-à-Mousson, Toussaint*, 1854. 36 pages, in-12. Cart.

11466. SALLES (Félix). Annales de l'Ordre teutonique ou de Sainte-Marie-de-Jérusalem, depuis son origine jusqu'à nos jours, et du service de santé volontaire, avec les listes officielles des chevaliers et des affiliés, par Félix Salles (né à Vézelise). *Paris, Libr. cathol.*, 1887. XI-583 pages, in-8°. Cartonné.

11467. SALMON (Nicolas). Dissertatio physiologica de fluxu menstruo, a Nicolao Salmon, Nanceiano. *Monspelii, J. Martel*, 1745. IV-42 pages, in-8°. Cart.

11468. SALMON (J.-B.). Les sages leçons d'un père à son fils ; ou les moyens assurés de faire des progrès dans la vertu ... (Par J.-B. Salmon, de Nancy.) *Nancy, J.-R. Vigneulle, An VI.* 51 pages, in-8°. Cart. (En vers latins et en vers français.)

11469. — *Opuscules* : Patris ad filium pia monita ; sive de recta ratione proficiendi in virtute litteris et moribus. *An VI.* 49 p., in-8°. — Hiems. Carmen. *An VI.* 14 p.,

in-8°. — L'hiver ; poème en deux chants. *An VII.* 1-17 p., in-8°. — Les jeux d'enfans, poème. *An VII.* 1-14 p., in-8°.

11470. SALMON (C.-A.). Conférences sur les devoirs des instituteurs primaires, par C.-A. Salmon, procureur du roi à Toul. *Nancy, Grimblot, Raybois et Cie*, 1842. XVII-192 et 28 pages, in-12. Cart.

11471. — Conférences sur les devoirs des instituteurs primaires. *Paris, L. Hachette*, 1844. 348 pages, in-12. Demi-rel.

11472. — Conférences sur les devoirs des hommes, adressées aux élèves d'une école normale primaire et à ceux d'une école primaire supérieure. *Paris, L. Hachette et Cie*, 1869. XXXX-828 pages, in-8°. Demi-reliure.

11473. — Questions de morale pratique et populaire. *Paris, Hachette et Cie, s. d.* VII-164 pages, in-12. Br.

11474. SALOMON (DE). Traité de l'aménagement des forêts, enseigné à l'École royale forestière, etc... Par M. de Salomon (directeur de l'École forestière), chevalier de la Légion d'honneur, etc... *Nancy, George Grimblot*, 1837. XXII-389 et XXI-372 pages, in-8°. 2 vol. Demi-rel.

11475. — Mémoire sur l'exploitation par le sartage des taillis de chêne de l'Odenwald, grand duché de Hesse, et sur le seigle multicaule (Secale cereale multicaule). *S. l., n. n.*, 1836. 10 pages, in-8°. Broché.

11476. SAPHARY. Essai analytique d'une métaphysique qui comprendrait les principes, la formation, la certitude de nos connaissances, dans le plan de M. Laromiguière, dont on résume d'abord les leçons ; par M. Saphary (professeur de philosophie au Collège royal de Nancy), agrégé aux chaires de philosophie de l'Académie de Paris, etc... *Paris, Brunot-Labbé*, 1827. 125 pages, in-8°. Demi-rel.

11477. SARAZIN (J.-N.). Éléments de la mécanique rationnelle de la charrue, suivis de la description d'une charrue conforme à cette mécanique, par J.-N. Sarazin, licencié ès-sciences physiques et ès-sciences mathématiques, membre de la Société d'émulation des Vosges et avocat à Nancy. *Nancy, Mlle Gonet*, 1853. 252 pages, in-12. Demi-rel.

11478. SARRAZIN (N.-J.). Opuscule sur les matières les plus importantes en mathématiques. Par N.-J. Sarrazin (de Nancy). *Pont-à-Mousson, F.-D. Thiéry,* 1816. XVI-304 et 55 pages, in-8°. 2 parties en 1 vol. Rel. veau.

11479. — Nouvelle trigonométrie raisonnée, théorique et pratique, qui atteint avec facilité beaucoup au-delà de ce que peut l'ancienne, à laquelle elle est comparée ; suivie de la construction et de l'usage d'un nouvel instrument nommé le concordateur, substitué au graphomètre, etc... *Metz, Pierret,* 1818. 80 et 16 pages, in-8°. 2 parties en 1 vol. Rel. veau.

11480. — Mélanges philosophiques, conformément au sommaire ci-dessous, plus propre à servir de titre : De la raison en elle-même, des causes et des effets de la certitude, etc... *Metz, Pierret, s. d.* 100 pages, in-8°. Rel. veau.

11481. — *Opuscules :* Le retour du siècle d'or. 40 p. — Projet de réunion des différentes branches du christianisme. 24 p. — Perfectionnement du projet du respectable abbé de Saint-Pierre, sur l'établissement de la paix perpétuelle et universelle. 10 p. — Le véritable optimisme. 110 p. — De l'existence de Dieu. 16 p. — Vraie théorie de l'impôt. 69 p. — Aratus de Sicyone. 32 p. *Metz, Lamort, Pierret ; Pont-à-Mousson, Thierry,* 1816-1818. 1 vol. in-8°. Cart.

11482. SAUCEROTTE (L.-S.). Histoire abrégée de la lithotomie, par M. Saucerotte, maître en chirurgie gradué, chirurgien ordinaire du feu roi de Pologne Stanislas 1er. *S. l., n. n.,* 1790. 46 pages, in-8°. Br.

11483. — Examen de plusieurs préjugés et usages abusifs, concernant les femmes enceintes, celles qui sont accouchées, et les enfans en bas âge ; lesquels préjugés et usages abusifs font dégénérer l'espèce humaine ; avec les moyens d'y remédier. *Strasbourg, Gay,* 1757. VI-99 pages, in-8°. Cartonné.

11484. — De la conservation des enfans pendant la grossesse, et de leur éducation physique, depuis la naissance jusqu'à l'âge de six à huit ans. *Paris, Guillaume et Cie,* 1820. 72 pages, in-16. Br.

11485. SAUCEROTTE (C.). Histoire critique de la doctrine physiologique, suivie de considérations sur l'histoire philosophique de la médecine, et sur l'hippocratisme moderne. Par C. Saucerotte, médecin en chef de l'hôpital civil et militaire de Lunéville, etc... *Paris, J.-B. Baillière,* 1847. VII-274 pages, in-8°. Demi-reliure.

11486. SAUCEROTTE (C.). *Suite :* — Conseils sur la santé, ou hygiène des classes industrielles. *Paris, Louis Colas,* 1827. IV-100 pages, in-18. Demi-rel.

11487. — Élémens d'histoire naturelle. *Paris, Delalain,* 1835. 73, 59, 82 et 16 pages, in-4°. 4 parties en 1 vol. Planches. D.-rel.

11488. — Petite histoire naturelle des écoles. *Paris, Aug. Delalain,* 1835. 210 pages, in-18. Cart.

11489. — De l'influence de l'anatomie pathologique sur les progrès de la médecine, depuis Morgagni jusqu'à nos jours. *Paris, J.-B. Baillière,* 1837. 130 pages, in-4°. Demi-rel.

11490. — Petite géographie des écoles primaires et des classes élémentaires, ou notions sur les habitans, le sol, le climat, les productions naturelles et fabriquées des différentes contrées du globe, et parculièrement de la France. *Paris, Delalain,* 1839. X-212 pages, in-18. Cart.

11491. — Recherches sur le régime alimentaire des anciens. *Paris, Paul Dupont,* 1861. 60 pages, in-8°. Br.

11492. — L'histoire et la philosophie dans leurs rapports avec la médecine. *Paris, Victor Masson et fils,* 1863. XII-468 pages, in-12. Br.

11493. — Les médecins au théâtre depuis Molière. *Paris, Dentu,* 1881. 54 pages, in-12. Br.

11494. — La profession médicale il y a cent ans. *Paris, G. Masson,* 1882. 55 pages, in-8°. Br.

11495. — L'esprit de Montaigne ; choix des meilleurs chapitres et des plus beaux passages des « Essais » disposés dans un ordre méthodique avec notes et commentaires. *Paris, Didier, Perrin et Cie,* 1886. 444 pages, in-12. Br.

11496. — Les médecins pendant la Révolution. 1789-99. *Paris, Didier, Perrin et Cie,* 1887. V-158 pages, in-8°. Br.

11497. — *Opuscules :* Introduction sur les moyens propres à se préserver du choléra-morbus. 1831. IV-25 p., in-8°. — Étude sur Bichat. 1853. 32 p., in-8°. — Aperçu sur la réorganisation de la médecine en France. *S. d.* 25 p., in-8°.

11498. SAULCY (F. DE). Dictionnaire topographique abrégé de la Terre Sainte, par F. de Saulcy (membre de l'Académie de Metz), membre de l'Institut, etc... *Paris, F. Vieweg*, 1877. 11-324 pages, in-8°. Br.

11499. — Essai de classification des monnaies autonomes de l'Espagne. *Metz, S. Lamort*, 1840. x-219 pages, in-8°. Demireliure.

11500. — Essai de classification des suites monétaires byzantines. *Metz, S. Lamort*, 1836. xiv-488 pages in-8°, et un atlas in-4°. Demi-rel.

11501. — Étude chronologique des livres d'Esdras et de Néhémie. *Paris, A. Lévy*, 1868. 107 pages, in-8°. Br.

11502. — Histoire numismatique du règne de François Ier, roi de France. *Paris, C. Van Peteghem*, 1876. vi-261 pages, in-4°. Demi-rel.

11503. — Numismatique de la Terre Sainte. Description des monnaies autonomes et impériales de la Palestine et de l'Arabie Pétrée, ornée de 25 planches gravées par L. Dardel. *Paris, J. Rothschild*, 1874. xv-406 pages, in-4°. Br.

11504. — La Palestine, le Jourdain et la Mer Morte. Examen du rapport de M. Isambert. *Paris, Just Rouvier*, 1854. vii-88 pages, in-8°. Demi-rel.

11505. — Recueil de documents relatifs à l'histoire des monnaies frappées par les rois de France depuis Philippe II jusqu'à François Ier. *Paris, Imp. nationale*, 1879. xvi-568 pages, in-4°. Cart.

11506. — Souvenirs numismatiques de la Révolution de 1848. Recueil complet des médailles, monnaies et jetons qui ont paru en France depuis le 22 février jusqu'au 20 décembre 1848. *Paris, J. Rousseau, s. d.* 111 pages, in-4°. Demi-rel.

11507. — La Syrie et la Palestine. Examen critique de l'ouvrage de M. Van de Velde. *Paris, J. Rouvier*, 1855. 84 pages, in-8°. Cartonné.

11508. — Voyage autour de la Mer Morte et dans les terres bibliques, exécuté de décembre 1850 à avril 1851. *Paris, Gide et J. Baudry*, 1853. v-394 et 655 pages, in-8°. 2 vol. et 2 atlas, in-4°. Demi-rel.

11509. — Voyage en Terre Sainte. *Paris, Didier et Cie*, 1865. 411 et 355 pages, in-8°. 2 vol. Demi-rel.

11510. — *Opuscules* : Réponse à M. Vinet. 1854. 39 p., in-8°. — Un article du journal des savants. Réponse à M. Et. Qua-

tremère. 1855. 24 p., in-8°. — Notice sur le lac de Gennézareth. *S. d.* 7 p., in-4°. — Récit d'une excursion sur les bords de la Mer Morte. *S. d.* 20 p., in-4°. Figures.

11511. SAULNIER (CHARLES). Statuta candidi et canonici ordini præmonstratensis renovata ac anno 1630 a capitulo generali plene resoluta, accepta, et omnibus suis subditis ad stricte observandum imposita. A R. P. Carolo Saulnier (prieur d'Étival), canonico praemonstrensis, etc... *Stivagii, typ. Joannis Martini Heller*, 1725. lxx-612 pages, in-4°. Rel. veau.

11512. SAULNIER. Notice sur le voyage de M. Lelorrain en Égypte ; et observations sur le zodiaque circulaire de Denderah ; par M. Saulnier fils (né à Nancy). *Paris, Imp. Sétier*, 1822. 92 pages, in-8°. Planche. Demi-rel.

11513. SCHACKEN (DE). Instruction médicale sur les précautions à prendre contre le choléra et sur les soins à donner, en l'absence du médecin, aux personnes qui en sont atteintes. Par de Schacken (médecin à Nancy), Roussel, etc... *Nancy, Grimblot et Vve Raybois*, 1849. 8 pages. in-8°. Cart.

11514. SCHMIT (J.-A.). Études sur saint Irénée et les gnostiques, par J.-A. Schmit (de Château-Salins). *Paris, Ch. Douniol*, 1855. 88 pages, in-8°. Cart.

11515. — La raison en danger. *Louvain, Ch. Peeters*, 1873. 54 pages, in-8°. Cart.

11516. — La dogmatique révolutionnaire. *Louvain, Ch. Peeters*, 1874. 68 pages, in-8°. Cart.

11517. L'Académie commentée par les clubs. *Louvain, Ch. Peeters*, 1875. 82 pages, in-8°. Cart.

11518. — *Opuscules* : Philosophie de la connaissance de Dieu, de A. Gratry. 1853. 17 p., in-8°. — Histoire critique des doctrines religieuses de la philosophie moderne, de Christian Bartholmèss. 1855. 34 p., in-8°. — Philosophie chrétienne. L'évangile, l'histoire, et la légende. 1857. 30 p., in-8°. — Histoire sacrée. Les derniers jours de Jérusalem. 1858. 19 p., in-8°. — La philosophie de saint Thomas d'Aquin, de Charles Jourdain. 1858. 20 p., in-8°. — Études politiques. Le comte Joseph de Maistre, d'après sa nouvelle

correspondance inédite. 1859. 33 p., in-8°.
— Maine de Biran. Ses œuvres inédites.
1860. 49 p., in-8°. — Œuvres inédites du
comte Joseph de Maistre. 1861. 36 p.,
in-8°. — La question russe d'après le
prince Dolgoroukow et J. de Maistre.
1861. 23 p., in-8°. — De l'usage de la philosophie de saint Augustin dans les controverses modernes. S. d. 13 p., in-8°.

11519. (SCHMITZ.) Manuel du sapeur-pom-
pier, contenant la description des machines
en usage contre les incendies, l'exercice
régulier pour la manœuvre des pompes,
et celle pour les grands incendiés, etc...
Orné de huit planches lithographiées.
(Par Schmitz, lieutenant de la compagnie
de sapeurs-pompiers de Nancy.) Nancy,
Impr. C.-J. Hissette, 1824. 56 pages, in-4°.
Cart.

11520. SCHREIBER (C.-J.). La religion de
l'être raisonnable, jouissant de la liberté
dans la vie sociale... Par C.-J. Schreiber,
ingénieur minéralogiste de Ste-Marie-aux-
Mines. Nancy, Vve Bachot, 1797. 90 pages, in-8°. Cart.

11521. SCHWAB (Jacques). Le système métrique et ses rapports. Par Jacques Schwab,
habitant de Nancy. Metz, Pierret, An X.
96 et III-52 pages, in-8°. 2 parties en 1 vol.
Rel. bas.

11522. SCOUTETTEN (H.). Rapport sur
l'épidémie de choléra qui a régné à Berlin,
présenté à MM. les membres de l'intendance sanitaire du département de la
Moselle ; par M. Scoutetten (médecin en
chef de l'hôpital militaire de Metz), rapporteur, docteur en médecine, etc... Metz,
Ch. Dosquet, 1832. 176 pages, in-8°. Cart.

11523. — L'ozone ou recherches chimiques,
météorologiques, physiologiques et médicales sur l'oxygène électrisé. Paris, Victor
Masson, 1856. 287 pages, in-12. Demi-rel.

11524. — De l'électricité considérée comme
cause principale de l'action des eaux minérales sur l'organisme. Paris, J.-B. Baillière et fils, 1864. XI-420 pages, in-8°. Br.

11525. — Étude sur les trichines et sur les
maladies qu'elles déterminent chez l'homme. Paris, J.-B. Baillière et fils, 1866.
VIII-107 pages, in-8°. Br.

11526. — Histoire chronologique, topographique et étymologique du choléra depuis

la haute antiquité jusqu'à son invasion en
France en 1832. Paris, Victor Masson et
fils, 1869. 121 pages, in-8°. Br.

11527. SCOUTETTEN (H.). Suite : — Rapport sur les momies d'Égypte et sur la
pratique des embaumements depuis les
temps anciens jusqu'à nos jours. Metz,
F. Blanc, 1859. 23 p., in-8°. Cart.

11528. SCOUTETTEN (L.). De l'insolation,
de ses dangers et de la nécessité, en Afrique,
d'adopter l'usage d'un couvre-nuque pour
garantir complètement le soldat contre
l'ardeur du soleil. Par L. Scoutetten,
membre de la Société des sciences médicales du département de la Moselle. Metz,
F. Blanc, 1857. 30 pages, in-8°. Demi-rel.

11529. SERRE (Le comte DE). Discours prononcés dans les chambres législatives, par
le comte de Serre (né à Pagny-sur-Moselle).
1815-1829. Paris, Auguste Vaton, 1886.
VII-488 et 551 pages, in-8°. 2 vol. Demi-rel.

11530. — Correspondance (1796-1824), annotée et publiée par son fils, ornée de deux
portraits gravés sur acier par M. D. Des-
vachez et du fac-similé de deux autographes. Paris, Auguste Vaton, 1876-1877. 6
vol., in-8°. Demi-rel.

11531. SERRIÈRES (Séb.). Discours sur l'influence de la Révolution française dans
l'enseignement et la pratique de la médecine, prononcé à la séance publique de
l'Académie des sciences, lettres, arts et
agriculture de Nancy, par M. Serrières,
docteur en médecine, etc. Nancy, F. Guivard, s. d. 24 pages, in-8°. Br.

11532. — Considérations médicales sur la
femme enceinte, les causes des accidens de
la grossesse ; suivies de vues générales
d'hygiène. Paris, Méquignon, 1802. VIII-
100 pages, in-8°. Rel. veau.

11533. SERULLAS (G.-S.). Sur l'hydriodure
de carbone ; nouveau moyen de l'obtenir,
par G.-S. Serullas, premier professeur de
l'hôpital royal militaire d'instruction de
Metz. Metz, Antoine, 1823. 28 pages, in-8°.
Demi-rel.

11534. SERVAN. Éducation d'un fils par son
père, par M. Servan, secrétaire de la Faculté des sciences et des lettres de Nancy.
Nancy, Grimblot et Vve Raybois, 1856.
VIII-359 pages, in-8°. Demi-rel.

11535. SIBUET (Le baron Prosper). Voyage dans la presqu'île scandinave et au cap Nord, par le baron Prosper Sibuet (né à Thionville), auditeur au Conseil d'État, etc... *Paris, Arthus Bertrand*, 1848. viii-438 pages, in-8°. Demi-rel.

11536. SIGORGNE (L'abbé Pierre). Institutions newtoniennes ou introduction à la philosophie de M. Newton. Par M. Sigorgne (né à Rambercourt), de la maison et société de Sorbonne, etc... *Paris, Jacques-François Quillau, fils,* 1747. xlviii-528 pages, in-8°. 2 tomes en 1 vol. Rel. veau.

11537. — Lettres écrites de la plaine, en réponse à celles de la montagne. Ou défense des miracles contre le philosophe de Neuf-Châtel. *Amsterdam, s. n.,* 1765. 156 pages, in-12. Demi-rel.

11538. — Le philosophe chrétien, ou lettres à un jeune homme entrant dans le monde, sur la vérité et la nécessité de la religion. *Avignon, s. n.,* 1765. viii-480 pages, in-12. Rel. bas.

11539. — Oraison funèbre, de très-haut, très-puissant et très-excellent prince, Louis XV, roi de France et de Navarre, prononcée dans l'église de Mâcon, le 13 juin 1774. *Mâcon, J.-B. Goery,* 1774. 32 pages, in-4°. Cart.

11540. SIMONIN. Les principes, l'esprit et les devoirs du gouvernement chrétien, ou du ministère épiscopal. Par M. Simonin, docteur en théologie. *Metz, Joseph Antoine,* 1780. xxix-296 pages, in-8°. Cart.

11541. SIMONIN (F.). Tableaux des Alpes. Par F. S(imonin, de Nancy). *Paris, Le Normant,* 1814. 188 p., in-12. Demi-rel.

11542. — Le dix-huitième siècle. *Nancy, Hissette,* 1821. 96 pages, in-12. Demi-rel.

11543. SIMONIN (Edmond). *Opuscules :* Recherches sur les propriétés actuelles du virus vaccin, par Edmond Simonin, d. m. p., chirurgien en chef des hôpitaux civils de Nancy, etc... 1841. 47 p., in-8°. — Recherches des bases sur lesquelles doit reposer la gymnastique des lycées. 1868. 15 p., in-8°. — Dilatation rapide du canal de l'urètre chez la femme en vue du diagnostic et pour l'extraction de calculs volumineux et multiples. 1882. 9 p., in-8°. Pl. — Quelques faits de chirurgie. 1881. 39 p., in-8°. Pl.

11544. — SIREJEAN (Pierre). *Opuscules :* Discours sur la thériaque, prononcé le premier jour de la dispensation publique qu'en a fait le sieur Beaulieu, doyen des maîtres apoticaires, et apoticaire stipendié de la ville de Nancy, à l'hôtel de ville, en présence de messieurs du magistrat, par Pierre Sirejean, médecin ordinaire du roy de Pologne, duc de Lorraine et de Bar, le 5 décembre 1746. 1746. 28 p., in-4°. — Observation sur une hydropisie enkistée de l'ovaire gauche. *S. d.* 19 p., in-4°.

11545. SOLIGNAC (Le chevalier de). Histoire générale de Pologne, par M. le chevalier de Solignac, secrétaire du cabinet et des commandemens du roi de Pologne, etc... *Paris, Jean-Thomas Hérissant,* 1750. 5 vol., in-12. Rel. veau.

11546. — La Saxe galante. *Amsterdam, s. n.,* 1734. 416 pages, in-12. Rel. veau.

11547. — *Opuscules :* Éloge historique de... Montesquieu, prononcé à l'assemblée... de la Société royale... de Nancy... 1755. 34 p., in-4°. — Éloge historique de M. de Fontenelle, prononcé à la séance publique de la Société royale... de Nancy le 8 mai 1757. 1757. 24 p., in-4°. — Éloge historique de M. Tercier... (1767). 23 p., in-8°.

11548. — SOMMER (E.). Lexique latin-français à l'usage des classes élémentaires, extrait du dictionnaire latin-français de MM. L. Quicherat et Daveluy et augmenté de toutes les formes de mots irréguliers ou difficiles. Par E. Sommer (né à Nancy), agrégé des classes supérieures, etc... *Paris, L. Hachette et Cie,* 1860. iv-460 pages, in-8°. Demi-rel.

11549. SOMMIER (Jean-Claude). Histoire dogmatique de la religion, ou la religion prouvée par l'autorité divine et humaine, et par les lumières de la raison. Dédiée à notre saint père le pape, par Mre Jean-Claude Sommier (curé de Champs). *Paris, Jean Delaulne,* 1708-1714. 6 vol. in-4°. Rel. veau.

11550. — Histoire dogmatique du St-Siège, dédiée à N. S. père le pape Clément XI. *Nancy, Jean-Bapt. Cusson,* 1716-1733. 7 vol. in-12. Rel. bas.

11551. SONNET (H.). Dictionnaire de mathématiques appliquées comprenant les principales applications des mathématiques : à l'architecture, à l'arithmétique commerciale, etc..., et l'explication d'un grand nombre de termes techniques usités dans les applications. Par H. Sonnet (né à Nancy), officier de la Légion d'honneur, etc... Ouvrage contenant 1900 figures intercalées dans le texte. *Paris, Hachette et Cie*, 1874. IV-1474 pages, in-8°. Demi-rel.

11552. SONNINI de MANONCOURT. Mémoire sur la culture et les avantages du chou-navet de Laponie ; lu à l'assemblée publique de l'Académie royale des sciences, arts et belles-lettres de Nancy, le 25 août 1787. Par M. Sonnini de Manoncourt (né à Lunéville), ancien officier de marine, etc... *Paris, Née de la Rochelle*, 1788. 52 pages, in-8°. Cart.

11553. — Voyage dans la haute et basse Égypte, fait par ordre de l'ancien gouvernement, et contenant des observations de tous genres ; avec une collection de 40 planches, gravées en taille-douce par J.-B.-P. Tardieu, contenant des portraits, vues, plans, carte géographique, antiquités, plantes, animaux, etc., dessinés sur les lieux, sous les yeux de l'auteur. *Paris, F. Buisson, An VII.* VIII-425, 417 et 424 pages, in-8°. 3 vol. Demi-rel.

11554. — Voyage en Grèce et en Turquie, fait par ordre de Louis XVI, et avec l'autorisation de la Cour ottomane. *Paris, F. Buisson*, 1801. 460 et 456 pages. 2 vol. in-8° et un atlas in-4°. Rel. veau. Cart.

11555. — Mémoire sur la culture et les avantages du chou-navet de Laponie. *Paris, F. Buisson*, 1804. 96 pages, in-12. Demi-rel.

11556. — Manuel des propriétaires ruraux et de tous les habitans de la campagne ou recueil, par ordre alphabétique, de tout ce que la loi permet, défend ou ordonne dans toutes les circonstances de la vie et des opérations rurales ; on y a joint tout ce qui a rapport à la chasse, à la pêche, aux étangs, etc... *Paris, Buisson*, 1808. IV-280 pages, in-12. Rel. veau.

11557. — Traité de l'arachide ou pistache de terre ; contenant la description, la culture et les usages de cette plante ; avec des observations générales sur plusieurs sujets. *Paris, D. Colas*, 1808. VIII-87 pages, in-8°. Planches. Cart.

11558. — Traité des asclépiades, particulièrement de l'asclépiade de Syrie ; précédé de quelques observations sur la culture du coton en France. *Paris, F. Buisson*, 1810. 146 pages, in-8°. Planches. Cart.

11559. SONNINI de MANONCOURT. *Suite :* — Vocabulaire portatif d'agriculture, d'économie rurale et domestique ; de médecine de l'homme et des animaux ; de botanique, de chimie, de chasse, de pêche... En collaboration avec Veillard et Chevalier... *Paris, François Buisson*, 1810. XIV-463 pages, in-8°. Demi-rel.

11560. — *Opuscules :* Le vœu d'un agriculteur, ou essai sur quelques moyens de remédier aux ravages de la grêle et à la disette des grains. 1788. 38 p., in-8°. — Culture de la julienne comme plante utile. 1804. 12 p., in-8°.

11561. SORNET (Gaspard). L'Alexandriade. Poëme héroïque en neuf chants, composé l'an Ier de l'Empire français ; par Gaspard Sornet, maître ès arts de l'Université de Nancy. *Metz, Behmer*, 1806. 134 pages, in-8°. Cart.

11562. SOUHESMES (R. de). En pays scandinave. Par R. de Souhesmes (de Nancy). *Paris, H. Lecène et H. Oudin*, 1885. 113 pages, in-12. Br.

11563. — Notes de voyage en Allemagne et en Autriche. *Paris, Didier*, 1886. 135 pages, in-12. Br.

11564. — En Écosse. *Laval, E. Jamin*, 1890. 55 pages, in-8°. Br.

11565. — Du Tyrol à la Dalmatie. *Nancy, Imp. R. Vagner*, s. d. 180 pages, in-12. Br.

11566. — De Saint-Pétersbourg à Samarkande. *Paris, A. Challamel*, (1897). 119 pages, pet. in-4°. Br.

11567. — *Opuscules :* La procession dansante d'Echternach. 1890. 16 p., grand in-8°. — Les châteaux du roi de Bavière. 1891. 15 p., in-8°. — La république de Saint-Marin en 1893. 1894. 18 p., in-8°.

11568. SOULACROIX. Observations sur le projet de loi concernant l'instruction primaire, présenté à la chambre des Pairs, le 20 janvier 1831 ; par M. Soulacroix, recteur de l'Académie de Nancy, ancien élève de l'École normale. *Nancy, C.-J. Hissette*, 1831. 40 pages, in-8°. Demi-rel.

11569. SOYER-WILLEMET (H.-F.). Mémoire sur le nectaire, par M. Soyer-Willemet (bibliothécaire en chef de la ville de Nancy). *Paris, Decourchant et Gallay*, 1826. 57 pages, in-8°. Demi-rel.

11570. — Monographie des *Silene* de l'Algérie. En collaboration avec Godron. *Nan-*

cy, *Grimblot et Vve Raybois*, 1851. 51 pages, in-8°. Demi-rel.

11571. — *Opuscules : Euphrasia officinalis et espèces voisines. Erica vacans et multiflora.* Observations de botanique. 1835. 19 p., in-8°. — *Gnaphalium neglectum*, nouvelle espèce du groupe des filaginées, avec des observations sur les autres espèces françaises de ce groupe. 1836. 11 p., in-8°. — Observations sur la gamme mineure. 1837. 14-19 p., in-8° et in-4°. — Sur le *cerastium manticum* et quelques espèces de ce genre. *Erodium, Chium et Laciniatum*, plantes nouvelles pour la flore française. 1839. 24 p., in-8°. — Revue des trèfles de la section *chronosemium*, (avec Godron). 1847. 35 p., in-8°. — Nouvelles observations sur les trèfles de la section *chronosemium*. 1852. 8 p., in-8°.

11572. SPILLMANN (Paul). Des syphilides vulvaires. Par le docteur Paul Spillmann (né à Nancy), interne en médecine et en chirurgie des hôpitaux de Paris, etc... *Paris, Adrien Delahaye*, 1869. 116 pages, in-8°. Planches. Br.

11573. (SPITZ.) Traité élémentaire d'arithmétique. (Par Spitz, ancien professeur de mathématiques à l'École centrale de la Meurthe.) *Nancy, Haener et Delahaye, An X.* 256 pages, in-8°. Demi-rel.

11574. STANISLAS. La voix libre du citoyen (en polonais. Par Stanislas, roi de Pologne, duc de Lorraine et de Bar). *S. l., n. n.*, 1733. 11-181 pages, in-4°. Demi-rel.

11575. — Le philosophe chrétien. *S. l., n. n.*, 1749. 57 et 64 pages, in-12. 2 parties en 1 vol. Rel. bas.

11576. — La voix libre du citoyen, ou observations sur le gouvernement de Pologne. *S. l., n. n.*, 1749. XXXII-196 et 167 pages, petit in-8°. Rel. veau.

11577. — Réflexions sur divers sujets de morale. *S. l., n. n.*, 1750. 113 pages, in-8°. Rel. veau.

11578. — Réponse d'Ariste aux *Conseils de l'amitié*, imprimés à Lyon en 1747. *S. l., n. n.*, 1750. 235 pages, in-12. Rel. veau.

11579. — Entretien d'un european, avec un insulaire du royaume de Dumocala. — Réponse à la lettre d'un ami. *S. l., n. n.*, 1752. 158 pages, pet. in-8°. Cart. (Le titre de la première partie manque.)

11580. — Lettre du roi de Pologne. Où il raconte la manière dont il est sorti de Dantzig durant le siège de cette ville. *La Haye, s. n.*, (1757). XX-109 pages, in-12. Rel. bas.

11581. STANISLAS. *Suite :* — Œuvres du philosophe bienfaisant (publiées par F.-L.-Cl. Marin). *Paris, s. n.*, 1763. LXII-351, LXXXIV-268, 400 et 416 pages, in-8°. Vignettes à chaque titre. 4 vol. Rel. veau.

11582. — L'esprit des monarques philosophes, Marc-Aurèle, Julien, Stanislas et Frédéric. *Amsterdam ; Paris, Vincent*, 1764. VI-256 pages, in-12. Rel. veau. (L'esprit de Stanislas occupe les pages 129-200.)

11583. — Recueil de diverses matières. *Nancy, Vve et Claude Leseure*, 1765. 88 pages, in-8°. Br.

11584. — Pensées philosophiques, morales et politiques. Ouvrage de main de maître. *Nancy, Babin*, 1768. X-360 pages, in-12. Frontispice. Rel. veau.

11585. — Maximes et réflexions politiques, morales et religieuses, d'un administrateur couronné, qualifié du titre de Philosophe-Bienfaisant, extraites des mémoires de Stanislas Leckzinski. *Parme, Bodoni*, 1822. X-71 pages, in-8°. Demi-rel.

11586. — Relation d'un voyage de Dantzick à Marienwerder. 1734. *Paris, Raynal*, 1823. IV-112 pages, in-8°. Cart.

11587. — Œuvres choisies. Précédées d'une notice historique par Mme de St-Ouën. *Paris, J. Carez*, 1825. VII-451 pages, in-8°. Fig. Demi-rel.

11588. — Nouvelles découvertes pour l'avantage et l'utilité du public. *Nancy, Haener, s. d.* VI-58 pages, in-4°. 12 planches. Rel. veau.

11589. — *Opuscules :* Lettre à un ami. *S. d.* 20 p., in-8°. — Pensées sur les dangers de l'esprit. *S. d.* 22 p., in-8°. — Réflexions sur soi-même. *S. d.* 31 p., petit in-8°.

11590. STOFFELS (Charles). Résurrection. Par Charles Stoffels (avocat à Metz). *Paris, Paulin*, 1840. 368 pages, in-8°. Demi-rel.

11591. — Introduction à la théologie de l'histoire ou du progrès dans ses rapports avec la liberté. *Paris, Debécourt*, 1842. 275 pages, in-12. Cart.

11592. — Du catholicisme et de la démocratie, ou des anciens et des nouveaux rapports de l'Église et de l'État. *Paris, Sagnier et Bray*, 1845. VIII-573 pages, in-8°. Demi-rel.

11593. TASTU (Mᵐᵉ Amable). Chroniques de France. Par Mᵐᵉ Amable Tastu (née à Metz). *Paris, Delangle frères*, 1829. 396 pages, in-8°. Demi-rel.

11594. — Poésies nouvelles. *Paris, Denain et Delamare*, 1835. 378 pages, in-12. Gravures. Demi-rel.

11595. — Lectures pour les jeunes filles, ou leçons et modèles de littérature en prose (et en vers). *Paris, Didier*, 1840. 534 et v-458 pages, in-12. Rel. mar. bleu. D. s. tr.

11596. — Poésies complètes. Premières poésies. Poésies nouvelles. Chroniques de France. *Paris, Didier et Cie*, 1858. 552 pages, in-12. Gravures. Demi-rel.

11597. TEISSIER (G.-F.). Mémorial du garde-champêtre, ou instruction générale et méthodique sur les attributions du garde-champêtre, avec des modèles d'actes; publié par G.-F. Teissier, chevalier de la Légion d'honneur, etc... *Metz, Ch. Dosquet*, 1829. xviii-310 pages, in-12. Demi-reliure.

11598. TERQUEM (Olry). Nouvelles annales de mathématiques. Journal des candidats aux écoles Polytechnique et Normale, rédigé par MM. Terquem (né à Metz), officier de l'Université, etc..., et Gérono, professeur de mathématiques. *Paris, Carilian-Gœury et V. Dalmont*. 1842-1862. 21 vol., in-8°. Cart.

11599. — Bulletin de bibliographie, d'histoire et de biographie mathématiques. *Paris, Mallet-Bachelier*, 1855. 11, 7, 204, 208, 100 et 95 pages, in-8°. 6 fasc. en 1 vol. Cart.

11600. TERVENUS (François). Traité du bonheur d'une chanoinesse qui remplit ses devoirs. Composé par le sieur Charles-François Tervenus, ... curé de Saint-Roch à Nancy. *Nancy, F. Baltazar*, 1736. iv-182 pages, in-8°. Suivies de : Lettre contenant deux preuves particulières de la présence réelle de Jésus-Christ dans l'Eucharistie... adressée à M. Désinod... converty. *Ibidem.* 16 pages. 1 vol. Rel. veau.

11601. THEIL (du). Manœuvres d'infanterie pour résister à la cavalerie et l'attaquer avec succès. Par le chevalier du Theil, major du régiment de Toul, du corps royal de l'artillerie. *Metz, J.-B. Collignon*, 1782. 80 pages et 11 pl. in-8°. Cart.

11602. THEURIET (André). Le livre de la payse. Nouvelles poésies. (1872-1882.) Par André Theuriet (d'une famille lorraine). *Paris, Alphonse Lemerre*, 1883. 175 pages, in-12. Br.

11603. THÉVENIN (Pantaléon). L'hymne de la philosophie de P. de Ronsard, commenté par Pantaléon Thévenin, de Commercy en Lorraine. Le tout dédié à très-illustres et sérénissimes princes Messeigneurs, Monseigneur le révérendissime Charles, Cardinal de Vaudémont, et Monseigneur Charles de Lorraine, évesque de Metz. *Paris, Jean Febvrier*, 1582. xvi-136 pages, in-4°. Rel. parchemin.

11604. THIAUCOURT (C.). Les causes et l'origine de la seconde guerre punique et le commencement de la troisième décade de Tite-Live. Par C. Thiaucourt, professeur à la Faculté des lettres de Nancy. *Paris, Hachette et Cie*, 1890. 54 pages, in-8°. Br.

11605. — Essai sur les traités philosophiques de Cicéron et leurs sources grecques. *Paris, Hachette et Cie*, 1885. vii-359 pages, in-8°. Br.

11606. THIBAULT (Timothée - François). Tableau de l'avocat, divisé en six chapitres qui traitent de l'esprit, de l'étude, de la science, de l'éloquence, de l'air, de la mémoire, de la prononciation, du geste et de la voix. Par M. Timothée-François Thibault, avocat à la Cour souveraine de Lorraine et Barrois, etc... *Nancy, Pierre Antoine*, 1737. 72 pages, in-12. Demi-rel.

11607. — La femme jalouse, comédie en cinq actes, en vers françois, dédiée à Son Altesse Royale Madame Régente. *Nancy, Pierre Antoine*, 1734. 124 pages, in-8°. Rel. veau.

11608. THIBAUT (P.). Cours de chymie de P. Thibaut, dit le Lorrain, reveu, enrichi de plusieurs figures. *Paris, J. d'Houry*, 1674. xiv-324 pages, in-8°. Rel. veau.

11609. THIÉBAULT (Dieudonné). De l'enseignement dans les écoles centrales; par Dieudonné Thiébault (né à La Roche, Vosges). *Strasbourg, F.-G. Levrault, an V*. 53 pages, in-12. Cart.

11610. — Grammaire philosophique, ou la métaphysique, la logique et la grammaire, réunies en un seul corps de doctrine. *Paris, Courcier,* 1802. xxxvii-303 et 250 pages, in-8°. 2 vol. Cart.

11611. THIÉBAULT (DIEUDONNÉ). *Suite :* — Principes de lecture et de prononciation, à l'usage des écoles primaires, ouvrage examiné par ordre du gouvernement, et déclaré classique. *Paris, Genets,* 1802. xvi-200 pages. in-8°. Demi-rel.

11612. — Souvenirs de vingt ans de séjour à Berlin. (Tomes 23 et 24 de la collection Barrière.) *Paris, Firmin-Didot frères,* 1860. iii-382 et 438 pages, in-12. 2 vol. Demi-reliure.

11613. THIÉBAUT (N.). Observations très importantes sur les projets de décret des comités ecclésiastiques et de constitution, concernant les empêchemens, les dispenses, la forme des mariages, notamment des comédiens. Par Thiébaut, curé de Sainte-Croix. *Metz, J.-B. Collignon,* 1790. 38 pages, in-8°. Br.

11614. THIÉBAUT (C.). Instruction d'un père à son fils, pour toutes les circonstances de la vie. — Livre élémentaire pour les écoles républicaines ; par C. Thiébaut, chef de bureau de l'administration du département de la Meurthe. *Nancy, Guivard, (An II).* 122 pages, in-12. Cart.

11615. — Les tablettes annuelles. Livre nécessaire pour trouver la concordance des calendriers Républicain et Grégorien, etc. *Nancy, Thiébaut,* 1806. 60 pages, in-12. Cart.

11616. THIERRIAT (FLORENTIN DE). Trois traictez, scavoir : 1° De la noblesse de race. — 2° De la noblesse civile. — 3° Des immunitez des ignobles. Esquels toutes les questions touchant les exemptions, immunitez et autres droicts des nobles et ignobles sont rédigées en un bel ordre, etc. par Florentin de Thierriat, escuyer, seigneur de Lochepierre, etc. *Paris, Lucas Bruneau,* 1606. xii-404 pages, in-8°. Rel. veau.

11617. THIERY. Dissertation sur cette question : Est-il des moyens de rendre les juifs plus heureux et plus utiles en France ? Ouvrage couronné par la Société royale des sciences et des arts de Metz. Par M. Thiery, avocat au Parlement de Nancy. *Paris, Knapen,* 1788. iv-109 pages, in-8°. Demi-rel.

11618. THILLOY (JULES). Herbitzheim. Étude par Jules Thilloy (né à Sarreguemines). *Strasbourg, Vve Berger-Levrault,* 1864. 31 pages, in-4°. Avec une carte. Cart.

11619. THIRION (A.). Leçons sur le système métrique, à l'usage des écoles élémentaires ; par A. Thirion, directeur de l'École normale primaire de la Meuse. *Paris, L. Hachette,* 1840. 1-68 pages, in-8°. Demi-rel.

11620. THIRIOT. Documents inédits sur l'histoire et la géographie de l'Inde française. D'après le manuscrit n° 448 de la bibliothèque de Nancy intitulé : « Voyage dans l'Indoustan, par Thiriot, de Commercy ». Résumés et annotés par E. Génin, professeur agrégé au Lycée de Nancy, etc... 1881. 40 p., in-8°. — Mœurs des Indiens. Extrait du manuscrit Thiriot. Revu et annoté par le même. 1882. 36 p., in-8°. — Talents militaires d'Haïder-Ali. Sa lutte contre les Anglais (1780-1782). Extrait du manuscrit Thiriot. Revu et annoté par le même. 1882. 23 p. in-8°. — La colonie du Cap et les mœurs de ses habitants. Extrait du manuscrit Thiriot. Revu et annoté par le même. S. d. 24 p., in-8°. — Extraits du manuscrit Thiriot. Revu et annoté par le même. S. d. 39 p., in-8°. — La marine française dans l'Atlantique et la mer des Indes, de 1781 à 1783. Campagnes de l'Inde, 1781-1783. Extrait du manuscrit Thiriot. Revu et annoté par le même. S. d. 34 p. in-8°.

11621. THOMAS (Le R. P.). Theologia universa ad usum S. Theologiæ candidatorum, auctore R. P. Thoma, ex Charmes, provinciæ Lotharingiæ, capucinorum définitore, custode generali, necnon antiquo sacræ theologiæ professore. Editio tertia, auctior et emendatior. *Nanceii, P. Antoine, H. et P. Thomas,* 1759. 7 vol., pet., in-8°. Rel. veau.

11622. — Theologia universa ad usum s. theologiæ candidatorum. *Nanceii, Claudium Leseure,* 1765-1766. 7 vol., in-8°. Rel. veau.

11623. THOMAS (J.-B.). Pensées diverses sur la religion chrétienne. tirées des auteurs les plus célèbres de notre tems. Seconde édition. (Par J.-B. Thomas, de Metz.) *Nancy, Cl. Leseure,* 1802. iv-169 pages, in-16. Rel. veau.

11624. THOMAS (PROSPER). Souvenirs de Russie, par M. Prosper Thomas, ancien professeur à l'Institut noble de Moscou, etc. *Épinal, Gley*, 1844. 105 pages, in-8°. Broché.

11625. THOMAS (AUGUSTE). Fleurs d'exil, poésies par Auguste Thomas. *Mirecourt, Humbert*, 1865. vii-179 pages, in-12 Br.

11626. THOMAS (GABRIEL). Les révolutions politiques de Florence. (1177-1530.) Études sur leurs causes et leur enchaînement. Par Gabriel Thomas, conseiller à la Cour d'appel de Nancy. *Paris, Hachette et Cie*, 1887. x-452 pages, in-8°. Demi-rel.

11627. De la servitude réelle usagère dans les forêts. Thèse pour le doctorat. *Nancy, Imp. N. Collin*, 1870. 331 pages, in-8°. Br.

11628. — Du Danube à la Baltique. Allemagne, Autriche - Hongrie, Danemarck. Descriptions et souvenirs. *Nancy, Berger-Levrault et Cie*, 1888. 1-590 pages, in-12. Broché.

11629. THOMAS (O.). Guide pratique de l'amateur de fruits. Description et culture de plus de 5000 variétés de fruits... Suivi d'une table générale alphabétique de tous les synonymes connus français et étrangers, appartenant à chaque variété. Par O. Thomas, sous-directeur de pépinières. *Nancy, Imp. E. Réau*, 1876. viii-394 pages, in-8°. Rel. angl.

11630. THOULET (J.). De l'état des études d'océanographie en Norwège et en Écosse. Rapport sur une mission du ministère de l'Instruction publique. Par M. J. Thoulet, professeur à la Faculté des sciences de Nancy. *Paris, E. Leroux*, 1889. 62 pages, in-8°. Br.

11631. — Un voyage à Terre-Neuve. *Nancy, Berger-Levrault et Cie*, 1891. 173 pages, in-8°. Br.

11632. — Introduction à l'étude de la géographie physique. *Paris, s. n.*, 1893. ii-350 pages, in-8°. Br.

11633. — Océanographie. (Dynamique.) — Première partie. *Paris, L. Baudoin*, 1896. 131 pages, in-8°. 2 cartes. Br.

11634. — L'étude des lacs en Suisse. Rapport sur une mission du ministre de l'Instruction publique. *Angers, Imp. Burdin et Cie, s. d.* 66 pages, in-8°. Br.

11635. — Opuscules : Notes sur les projections orthographiques. 1875. 17 p., in-8°.

— Notes sur les projections stéréographiques. 1877. 20 p., in-8°. — Note sur la projection cylindrique ou de Mercator. 1879. 14 p., in-8°. — Séparation mécanique des divers éléments minéralogiques des roches. 1879. 8 p., in-8°. — De la solubilité de quelques substances dans l'eau de mer. 1890. 3 p., in-4°. — Expériences sur la sédimentation. 1891. 31 p., in-8°. — Considérations sur la structure et la genèse des bancs de Terre-Neuve. *S. d.* 39 p., in-8°.

11636. THOUVENEL (P.). Mémoire physique et médicinal, montrant des rapports évidens entre les phénomènes de la baguette divinatoire, du magnétisme et de l'électricité. Avec des éclaircissemens sur d'autres objets non moins importans, qui y sont relatifs. Par M. Thouvenel (né à Sauville), D. M. M. *Paris, Didot le jeune*, 1781-1784. iv-304 et 268 pages, in-8°. 2 vol. Cart.

11637. — Mélanges d'histoire naturelle, de physique et de chimie. Mémoires sur l'aérologie et l'électrologie, etc... *Paris, Imp. Valade*, 1806. 372, viii-336 et xxii-360 pages, in-8°. 3 vol. Planches. Demi-rel.

11638. THOUVENEL (P.-S.-B.). Discours de M. Thouvenel, député de la Meurthe..., sur le rétablissement du divorce ; prononcé (à la Chambre des députés), dans la séance du 23 mars 1833. *Paris, Vve Agasse*, 1833. 36 pages, in-8°. Demi-rel.

11639. THOUVENEL (E.-A.). Le secret de l'empereur. Correspondance confidentielle et inédite échangée entre M. Thouvenel (né à Verdun), le duc de Gramont et le général comte de Flahault. 1860-1863. Publiée avec notes et index biographique par L. Thouvenel. *Paris, Calmann Lévy*, 1889. xix-494 et 571 pages, in-8°. 2 vol. Demi-reliure.

11640. — La Grèce du roi Othon. Correspondance de M. Thouvenel avec sa famille et ses amis, recueillie et publiée avec notes et index biographique. *Paris, Calmann Lévy*, 1890. v-465 pages, in-8°. Demi-rel.

11641. — Nicolas Ier et Napoléon III. Les préliminaires de la guerre de Crimée, 1852-1854, d'après les papiers inédits de M. Thouvenel. *Paris, Calmann Lévy*, 1891. xxxi-390 pages, in-8°. Demi-rel.

11642. THOUVENIN (L'abbé). La manière de bien mourir, ou consolations contre les frayeurs de la mort, par M. l'abbé Thouvenin, aumônier ordinaire de S. A. R. Monseigneur le duc de Lorraine. *Paris, D. Pepie*, 1707. 253 pages, in-12. Rel. bas.

11643. THOUVENIN (T.-E.). Précis historique illustré du train des équipages militaires, par le capitaine T.-E. Thouvenin .(de Nancy), chevalier de la Légion d'honneur. *Paris-Nancy, Berger-Levrault et Cie*, 1895. 295 pages et 40 pl., in-8°. Br.

11644. TIPHAINE (Claude). Declaratio, defensio scholastica doctrinæ sanctorum patrum doctorisque angelici de hypostasi et persona. Auctore R. H. Claudio Tiphano, doctore theologo Societatis Jesu. *Mussiponti, Ph. Vincentius*, 1634. xvi-456 pages, in-4°. Rel. parchemin.

11645. TISSERANT (H.). Compte rendu du IV° congrès international de médecine vétérinaire, tenu à Bruxelles en 1883, par H. Tisserant (vétérinaire à Nancy). *Nancy, Paul Sordoillet*, 1886. 85 pages, in-8°. Br.

11646. TITERCHER (N.). Nouvelle grammaire française, pour les écoles primaires, par N. Titercher (membre du comité d'instruction primaire de Lunéville), professeur de rhétorique, etc... *Lunéville, Creusat*, 1832. 11-72 pages, in-12. Cart.

11647. TOURDES (Gabriel). Traité de médecine légale théorique et pratique. Par Gabriel Tourdes, doyen honoraire de la Faculté de médecine de Nancy, etc., et Edmond Metzquer, docteur en médecine, etc. *Paris, Asselin et Houzeau*, 1896. viii-956 pages, in-16. Cart.

11648. — Mémoire sur l'endocardite. *S. l., Mme Huzard*, 1837. 99 pages, in-8°. Br.

11649. — Hisoire de l'épidémie de méningite cérébro-spinale observée à Strasbourg en 1840 et 1841. *Strasbourg, Derivaux*, 1842. 182 pages, in-8°. Br.

11650. — Topographie et histoire médicale de Strasbourg et du département du Bas-Rhin. En collaboration avec V. Stoeber. *Paris, Vve Berger-Levrault et fils*, 1864. 617 pages, in-8°. Br.

11651. TOUSSAINT (Dom George). Abrégé de la doctrine et de la discipline de l'Église, touchant le sacrement de mariage. Par le R. P. dom George Toussaint (né à Saint-Dié), religieux bénédictin, etc... *Saint-Diez, Joseph Charlot*, (1742). viii-448 pages, in-12. Rel. veau.

11652. TOUSTAIN de VIRAY (Le comte de). Motion de M. le comte de Toustain de Viray, député de Lorraine, sur les assignats, prononcée à l'Assemblée nationale, le 9 avril 1790. *Paris, Imp. nationale*, 1790. 12 pages, in-8°. Br.

11653. TRÉLIS. Cours élémentaire de dessin linéaire perspectif, à l'usage de toutes les écoles, et utile à toutes les professions ; par Trélis (professeur de dessin au collège royal de Nancy), architecte, etc... *Paris, Carilian-Gœury et Victor Dalmont*, 1842. 95 pages, in-8°. Planches. Demi-rel.

11654. TRESSAN (Le comte de). Œuvres diverses de M. le comte de Tressan, lieutenant-général des armées du roi, de la Société royale et littéraire de Nancy. *Amsterdam, s. n.*, 1776. viii-476 pages, in-8°. Rel. veau.

11655. — Œuvres, précédées d'une notice sur sa vie et ses ouvrages, par M. Campenon, de l'Académie française. Édition revue, corrigée et accompagnée de notes ; ornée de gravures d'après les dessins de M. Colin. *Paris, Neveu*, 1823. 10 vol. in-8°. Demi-rel.

11656. — Essai sur le fluide électrique, considéré comme agent universel. *Paris, Buisson*, 1786. lxxx-398 et 489 pages, in-8°. 2 vol. Rel. veau.

11657. — Histoire de Robert, surnommé le Brave. Ouvrage posthume. *Londres, A. Dulau*, 1800. xii-259 pages, in-8°. Rel. veau.

11658. — Histoire du petit Jehan de Saintré. — Histoire de Gérard de Nevers et de la belle Euriant, sa mie. *Paris, Dauthereau*, 1827-1828. xix-146 et 154 pages, in-16. Le tout en 1 vol. Demi-rel.

11659. — *Opuscules* : Éloge de M. Moreau de Maupertuis, président de l'Académie de Berlin, l'un des quarante de l'Académie française. 1760. 48 p., in-8°. — Discours prononcés dans l'Académie française, le jeudi 25 janvier 1781. 1781. 26 p., in-4°.

11660. TSCHUDY (Le baron de). Essai sur la greffe de l'herbe, des plantes et des arbres. Par Monsieur le baron Tschudy (né à Metz), bourgeois de Glaris. *Metz, Antoine*, 1819. 60 pages, in-8°. Demi-rel.

11661. TURCK (S.-A.). Traité de la goutte et des maladies goutteuses, par S.-A. Turck (professeur de chimie industrielle à Nancy), docteur en médecine de la Faculté de Strasbourg, etc... *Paris, Béchet jeune*, 1837. xxxii-516 pages, in-8°. Demi-rel.

11662. — Le médecin des douleurs. Gouttes, rhumatimes, tic douloureux, sciatique ; suivi de recherches nouvelles sur la nature et le traitement des affections de poitrine. *Paris, Baillère*, 1841. xix-390 pages, in-12. Demi-rel.

11663. — La médecine domestique du choléra. *Nancy, Hinzelin*, 1854. 32 pages, in-16. Cart.

11664. TURCK (Léopold). De la nature et du traitement de la fièvre typhoïde, par le docteur Léopold Turck, médecin à Plombières. 3e mémoire. *Épinal, Gley*, 1846. viii-41 pages, in-8°. Demi-rel.

11665. — De la vieillesse étudiée comme maladie, et des moyens de la combattre. *Paris, J.-B. Baillère*, 1854. xv-391 pages, in-8°. Demi-rel.

11666. — Mémoire en faveur des pauvres. *Épinal, Gérard*, s. d. 12 pages, in-8°. Demi-rel.

11667. TURINAZ. La patrie et la famille de Pierre de Tarentaise, pape sous le nom d'Innocent V, par Mgr Turinaz (actuellement évêque de Nancy). *Nancy, s. n.*, 1882. 55 pages, in-8°. Br.

11668. — Œuvres pastorales. — Lettres pastorales. — Lettres sur divers sujets. *Paris, Retaux-Bray*, 1890. 546 et 534 pages, in-8°. 2 vol. Br. — Discours et panégyriques. — Allocutions. *Nancy, Le Chevallier*, 1895. 366 et 416 pages, in-8°. 2 vol. Br. (Voy. n°s 5838 et 5840.)

11669. VACANT (Alfred). De certitudine judicii quo assentitur existentia Revelationis. Auct. J. M. A. Vacant, in seminario nanceiensi sacræ theologiæ professore. *Nancy, Imp. Humbert*, 1878. 147 pages, in-8°. Br.

11670. — De nostra naturali cognitione Dei. *Nanceii, apud Vagner*, 1879. 334 pages, in-8°. Br.

11671. — Les versions latines de *La morale à Nicomaque* antérieures au xve siècle. Leur emploi, leurs caractères, leur pa-

renté, leur date, leurs auteurs. *Amiens, Rousseau-Leroy*, 1885. 59 pages, in-8°. Br.

11672. VACANT (Alfred). *Suite :* — Le magistère de l'Église et ses organes. *Paris, Delhomme et Briguet*, 1887. ii-117 pages, in-12. Br.

11673. — Renseignements inédits sur l'auteur du « Problème ecclésiastique » publié en 1698, contre M. de Noailles, archevêque de Paris. *Paris, Delhomme et Briguet*, 1890. 50 pages, in-8°. Br.

11674. — Études comparées sur la philosophie de S. Thomas et sur celle de Duns Scot. *Paris, Delhomme et Briguet*, 1891. 207 pages, in-8°. Br.

11675. — Histoire de la conception du sacrifice de la messe dans l'Église latine. *Paris, Delhomme et Briguet*, 1894. 60 pages, in-8°. Br.

11676. — Études théologiques sur les constitutions du concile du Vatican, d'après les actes du concile. *Paris, Delhomme et Briguet*, 1895. 734 et 569 pages, in-8°. 2 vol. Br.

11677. — *Opuscules :* Notes sur les séminaires de philosophie en France. (1880.) 46 p., in-8°. — Note sur de prétendus ouvrages inédits de Bossuet conservés au monastère de la Visitation de Nancy. 1882. 16 p., in-8°.

11678. VAGNER. Une visite au champ de bataille de Loigny (22 avril 1871), par Vagner, rédacteur-gérant de l'*Espérance*. 4e édition. *Nancy, Vagner*, 1878. 40 pages, in-8° Br.

11679. VAILLANT (N.-G.-V.). Décentralisation et régime représentatif (par Vaillant). *Metz, Rousseau-Pallez*, 1863. 86 pages, in-8°. Cart.

11680. VALENTIN (Louis). Notice historique sur le docteur Jenner, suivie de notes relatives à sa découverte de la vaccine ; par le Dr Louis Valentin, chevalier des ordres royaux de Saint-Michel et de la Légion d'honneur, membre du conseil municipal de Nancy et de plusieurs sociétés savantes d'Europe et d'Amérique. *Nancy, C.-J. Hissette*, 1823. 47 pages, in-8°. Cart. — 2e édition. *Ibidem*, 1824. 52 pages, in-8°. Br.

11681. — Traité de la fièvre jaune d'Amérique ; ouvrage dans lequel on recherche son origine, ses causes tant sur terre que sur les vaisseaux, etc. *Paris, Méquignon l'aîné*, 1803. 247 et 18 pages, in-8°. 2 parties en 1 vol. Demi-rel.

11682. VALENTIN (Louis). *Suite :* — Coup-d'œil sur les différens modes de traiter le tétanos en Amérique, précédé d'une notice sur les bons effets des fruits du solanum carolinense et du suc d'ail contre cette maladie. *Paris, Imp. Laurens aîné*, 1811. 62 pages, in-8°. Demi-rel.

11683. — Recherches historiques et pratiques sur le croup. *Paris, Le Normant*, 1812. 682 pages, in-8°. Rel. veau.

11684. — Mémoire et observations concernant les bons effets du cautère actuel, appliqué sur la tête, ou sur la nuque, dans plusieurs maladies des yeux, des enveloppes du crâne, du cerveau et du système nerveux. *Nancy, Imp. C.-J. Hissette*, 1815. 176 pages, in-8°. Rel. veau.

11685. — Mémoire sur les fluxions de poitrine. *Nancy, Imp. C.-J. Hissette*, 1815. 165 pages, in-8°. Rel. veau.

11686. — Voyage médical en Italie, fait en l'année 1820, précédé d'une excursion au volcan du Mont-Vésuve, et aux ruines d'Herculanum et de Pompeia. *Nancy, C.-J. Hissette*, 1822. 166 pages, in-8°. Demi-rel.

11687. VALLADIER (André). Divines parallèles de la Saincte-Eucharistie. Sermons pour l'octave du Saint-Sacrement preschés à Paris à Saint-Médric, l'an 1612. Par André Valladier, abbé de Sainct-Arnoul de Metz, etc... *Paris, Pierre Chevallier.* 1613. xiv-500 pages, in-8°. Frontispice. Rel. parchemin.

11688. — La sainte philosophie de l'âme, sermons pour l'Advant preschez à Paris, à St-Médric, l'an 1612. *Paris, Pierre Chevallier*, 1613. xvi-1152 pages, in-8°. Frontispice. Rel. parchemin.

11689. — Métanéologie sacrée. Sermons sur toutes les évangiles du caresme preschés à Paris, à St-Jacques de la Boucherie, l'an 1609, au roy. *Paris, Pierre Chevallier*, 1616. xxiv-944 et ii-683 pages, in-8°. 2 vol. Frontispice. Rel. parchemin.

11690. — Partitiones oratoriæ seu de oratore perfecto. *Parisiis ex officina Petri Chevalier*, 1621. xvi-887 pages, in-8°. Frontispice. Rel. parchemin.

11691. — Le mariage divin et spirituel entre Dieu et l'homme, en la Saincte-Eucharistie. Octave seconde des divines parallèles. *Paris, Pierre Chevalier*, 1623. cvii-513 pages, in-8°. Frontispice. Rel. parchemin.

11692. VALLADIER (André). *Suite :* — Métanéalogie sacrée. Sermons sur toutes les évangiles du caresme preschez à Paris à S. Jacques de la Boucherie. Tome second qui commence au lundy de la Passion. *Rouen, L. Loudet*, 1628. 681 pages, pet. in-8°. Rel. parchemin.

11693. VALLIER (Le colonel). Le citoyen. Poème, par M. Vallier, colonel d'infanterie, de l'Académie des sciences, belles-lettres et arts d'Amiens, et de la société royale des sciences et belles-lettres de Nancy. *Nancy et Paris, S. Jorry*, 1759. 63 pages, in-8°. Cart.

11694. VANNOZ (de). Profanation des tombes royales de St-Denis, en 1793, par Mme de Vannoz (de Nancy), née Sivry. *Paris, Giguet et Michaud*, 1806. 59 pages, in-12. Cart.

11695. — Profanation des tombes royales de St-Denis en 1793. Poème élégiaque. 3° édition. *Paris, Giguet et Michaud*, 1807. 60 pages, in-8°. Demi-rel.

11696. — Conseils à une femme, sur les moyens de plaire dans la conversation, suivis de poésies fugitives. *Paris, Michaud frères*, 1812. 196 pages, in-12. Demi-rel.

11697. — Poésies. *Paris, Firmin-Didot frères*, 1845. 324 pages, in-8°. Demi-rel.

11698. — Le vingt-un janvier, élégie. *Paris, L.-G. Michaud*, 1814. 14 pages, in-8°. Cart.

11699. VANSON (Le général). Le manuscrit des Carabiniers. (Par le général Vanson, né à Lunéville.) *Nancy, Berger-Levrault et Cie*, 1894. viii-290 pages, in-8°. Br.

11700. VARIN (Pierre). Archives administratives de la ville de Reims. Collection de pièces inédites pouvant servir à l'histoire des institutions dans l'intérieur de la cité; par Pierre Varin (né à Brabant-le-Roi), ancien secrétaire du comité des chartes et inscriptions, etc... *Paris, Imp. Crapelet*, 1839-1853. 10 vol., in-4°. Cart.

11701. VAUGEOIS (A.). Étude sur la caducité des legs d'usufruit par rapport aux personnes qui doivent en profiter lorsqu'il existe un légataire de la nue propriété. Par A. Vaugeois, professeur de code Napoléon à la Faculté de droit de Nancy, etc... *Paris, Cotillon*, 1868. 68 pages, in-8°. Broché.

11702. VAUGEOIS (A.). *Suite* : — De l'inscription des hypothèques judiciaires et des privilèges garantissant des créances indéterminées. Étude sur la spécialité de l'hypothèque. *Paris, A. Maresq aîné*, 1875. 67 pages, in-8°. Br.

11703. — *Opuscules* : Du consentement des époux au mariage d'après le droit romain, le droit canonique, l'ancien droit français, le code Napoléon et les législations étrangères, par M. E. Glasson, professeur agrégé à la Faculté de droit de Nancy. Compte-rendu. 1866. 20 p., in-8°. — Des conditions d'application de l'article 1318 du code Napoléon. De la preuve en matière de transaction. 1868. 47 p., in-8°. — Du sort des actes sous seing privé non conformes aux prescriptions des articles 1325 et 1326 C. civ., mais déposés aux mains d'un tiers ou même aux minutes d'un officier public. Réponse à un article de M. Jozon publié au n° 2346 de la *Revue du notariat et de l'enregistrement* (avril 1869). 1873. 37 p., in-8°.

11704. VAUTRIN (HUBERT). L'observateur en Pologne, de Hubert Vautrin, de l'Académie de Nancy. *Paris, Giguet et Michaud*, 1807. VIII-484 pages, in-8°. Rel. veau.

11705. VENCE (L'abbé DE). Analyses et dissertations sur les livres de l'Ancien Testament, etc... Par M. l'abbé de Vence, docteur de Sorbonne. — Commentaire littéral sur le Nouveau Testament de Notre Seigneur Jésus-Christ, inséré dans la traduction françoise, avec le texte latin à côté. Par le R. P. de Carrières, prêtre de l'oratoire de Jésus. *Nancy, Leseure*, 1738-1743. 30 vol., in-12. Rel. mar. r. D. s. tr. (Aux armes de Stanislas.)

11706. — Sainte Bible en latin et en françois, avec des notes littérales, critiques et historiques, des préfaces et des dissertations ; tirées du *Commentaire* de Dom Augustin Calmet, de M. l'abbé de Vence, etc... *Paris, Antoine Boudet*, 1767-1773. 17 vol. in-4°. Fig. et cartes. Rel. veau.

11707. VENERONI (DE). Nouvelle méthode pour apprendre la langue italienne avec grande facilité et en très-peu de tems. Dédiée à monseigneur le Dauphin, par le sieur de Veneroni (Vigneron, né à Verdun), interprète du roy en la langue italienne, etc... *Paris, Étienne Loyson*, 1688. VI-116 pages, in-4°. Rel. veau.

11708. VENERONI (DE). *Suite* : — Dittionario imperiale nel quale le quattro principali lingue d'Europa, etc... *Francoforte sul Meno, Giovanni Davide Zunnero*, 1700. 570, 218 et 150 pages, in-4°. 3 tomes en 1 vol. Rel. parch.

11709. — Lettres de Leredano, noble vénitien, sur diverses matières de politique, et autres importans sujets. Traduites en françois avec l'italien à costé. *Bruxelles, t' Serstevens*, 1708. 500 pages, in-12. Gravure. Demi-rel.

11710. — Le nouveau dictionnaire italien et françois, contenant tout ce qui se trouve dans les meilleurs dictionnaires. *Basle, Jean Henri Harscher*, 1764. 11-522 et 442 pages, in-4°. Frontisp. 2 tomes en 1 vol. Rel. veau.

11711. — Le maitre italien ou la grammaire françoise et italienne. *Lyon, Jean-Marie Bruyset*, 1778. VIII-620 pages, in-8°. Rel. veau.

11712. — Maître italien ou grammaire françoise et italienne. *Lyon, Blache et Boget*, 1810. 552 pages, in-8°. Br.

11713. VÉRANI (DE). La mort de Louis XVI. Élégie, par M. de Vérani, secrétaire de l'Académie de Nancy. *Nancy, Leseure, s. d.* 23 pages, in-8°. Br.

11714. VERLAINE (P.). Choix de poésies de Paul Verlaine (né à Metz) ; avec un portrait d'après Eugène Carrière. *Paris, Charpentier*, 1897. IV-360 pages, in-18. Br.

11715. VEYLAND (A.-N.). Les plaies sanglantes du Christ reproduites dans trois vierges chrétiennes. Traduit par A. N. Veyland, professeur d'histoire à l'École normale de la Moselle. *Paris, Pallez et Rousseau*, 1844. 462 pages, in-12. Fig. Demi-rel.

11716. VIALLEMIN (L'abbé NICOLAS). Exposition familière de la doctrine de l'Église catholique. A l'usage des François épars en Europe. Par un curé du diocèse de Nancy (l'abbé Nicolas Viallemin). *Augsbourg, J.-B. Roesl*, (1798). XXXX-206 pages, pet. in-8°. Cart.

11717. VIANSSON. Les octrois, par Viansson. *Metz, F. Blanc*, (1870). 10 pages, in-8°. Cart.

11718. VIDAMPIERRE (La comtesse DE). Mélanges de poésie et de prose, par madame la comtesse de Vidamp[ierre]. (Publiés par Delisle de Sales, avec une préface de l'éditeur.) *Londres et Paris, chez les libraires qui vendent des nouveautés.* 1777. 64 pages non numér., in-18 carré. Demi-rel.

11719. VIDART (Paul). Manuel du baigneur. Guide indispensable à tout malade faisant la cure d'eau froide. Par M. le Dr Paul Vidart (né à Nancy), directeur de l'établissement hydrothérapique de Divonne (Ain). *Genève, Joël Cherbuliez*, 1853. 82 pages, in-12. Br.

11720. — Études pratiques sur l'hydrothérapie, ou traitement des maladies par l'eau froide. *Paris, Joël Cherbuliez*, 1855. 1-365 pages, in-8°. Br.

11721. VIENNE (M. de). La livre de Parisis et la livre de Tournois. Origine et établissement d'une proportion permanente entre ces deux unités. Par M. de Vienne (de Nancy). *Paris, au siège de la Soc. française de numismatique*, 1896. 79 pages, gr. in-8°. Br.

11722. — *Opuscules :* Origine de la livre d'argent unité monétaire. 1887. 44 p., in-8°. — Établissement et affaiblissement de la livre de compte. 1888. 37 p., in-8°. — A propos des articles de MM. de Marchéville et Blancard, sur le rapport de l'or à l'argent au temps de saint Louis. 1891. 21 p., in-8°. — Des transformations successives du sou. 1891. 14 pages, in-8°. — De la prétendue livre de Charlemagne. 1896. 33 p., in-8°.

11723. VIGEANT (A.). La bibliographie de l'escrime ancienne et moderne. Par Vigeant (né à Metz), maître d'armes à Paris. *Paris, Imp. Motteroz*, 1882. 168 pages, in-8°. Br.

11724. VIGNERON (L'abbé Ch.-S.). Le distillateur pratique. Traité de distillation indispensable à tous les propriétaires, cultivateurs, vignerons, bouilleurs de crûs, etc... Par l'abbé Ch.-S. Vigneron, curé de Hudiviller. *Paris, librairie spéciale*, 1888. 308 pages, in-12. Br.

11725. — Le viticulteur pratique ou culture rationnelle de la vigne, suivi d'un traité sur la vinification. *Nancy, typographie G. Crépin-Leblond*, 1891. 323 pages, in-12. Br.

11726. VILLEMAN (J.). Le Talisman où la cause du flux, comédie de deux actes, en prose, par J. Villeman (né à Damas-aux-Bois). *Paris, Fruchard*, 1859. 59 pages, in-12. Cart.

11727. — Un baptême à Plombières. *Paris, Fruchard*, 1862. 61 pages, in-12. Cart.

11728. VILLEMET (L'abbé Eugène). Essai sur les principes. Par l'abbé Eugène Villemet, du diocèse de Nancy. *Saint-Nicolas, Imp. Prosper Trenel*, 1860. xxxiii-345 pages, in-8°. Demi-rel.

11729. — Le temple, ciel de la terre. Sermon pour la bénédiction de l'église Saint-Nicolas-de-Nancy, le 6 juin 1881. *Nancy, J. Picart*, 1881. 29 pages, in-8°. Br.

11730. VILLENEUVE-TRANS (Le marquis de). Lyonnel ou la Provence au treizième siècle. Roman historique. (Par le marquis de Villeneuve-Trans, membre de l'Académie de Nancy.) *Paris, J.-J. Blaise*, 1824. 5 vol., in-12. Demi-rel.

11731. — Histoire de saint Louis, roi de France. *Paris, Paulin*, 1839, xlvii-494, 605 et 682 pages, in-8°. 3 vol. Demi-rel.

11732. VILLERS (Ch.). De la liberté : son tableau et sa définition ; ce qu'elle est dans la société ; moyens de l'y conserver (par Ch. Villers, né à Boulay). *Metz, Collignon*, 1791. 238 pages, pet. in-8°. Rel. veau.

11733. — Philosophie de Kant. Ou principes fondamentaux de la philosophie transcendentale. *Metz, Collignon*, 1801. lxviii-441 pages, in-8°. Demi-rel.

11734. — Lettre à Georges Cuvier, de l'Institut national de France, sur une nouvelle théorie du cerveau, par le docteur Gall ; ce viscère étant considéré comme l'organe immédiat des facultés morales. *Metz, Collignon*, 1802. 84 pages, in-8°. Planche. Cartonné.

11735. — Coup-d'œil sur les universités et le mode d'instruction publique de l'Allemagne protestante ; en particulier du royaume de Westphalie. *Cassel, s. n.*, 1808. iv-112 pages, in-8°. Demi-rel.

11736. — Essai sur l'esprit et l'influence de la réformation de Luther ; ouvrage qui a remporté le prix sur la question proposée dans la séance publique du 15 germinal an 10 (5 avril 1802), par l'Institut national de France. *Paris, Didot jeune*, 1808. xxviii-425 pages, in-8°. Demi-rel.

11737. VILLIAUMÉ. Histoire de la Révolution française (1789), par Villiaumé (né à Pont-à-Mousson). *Paris, Michel Lévy frères*, 1851. 4 vol., in-8°. Portrait. Demi-rel.

11738. VILLOTTE (J.). Voyages d'un missionnaire de la Compagnie de Jésus (J. Villotte, né à Bar), en Turquie, en Perse, en Arménie, en Arabie et en Barbarie. *Paris, Jacques Vincent*, 1730. viii-647 pages, in-12. Rel. veau.

11739. VIMONT. Éloge d'Ambroise Paré, restaurateur de la chirurgie en France ; par le docteur Vimont, médecin des salines de la Meurthe. *Paris, J.-B. Sajou*, 1814. 60 pages, in-8°. Cart.

11740. VINATY (J.-A.). Éloge de La Pérouse. Ouvrage qui a obtenu l'églantine d'or, décernée par l'Académie des jeux floraux de Toulouse, au concours de 1823, par J.-A. Vinaty, de Verdun, employé au ministère de la marine et des colonies. *Paris, F. Didot*, 1823. 46 pages, in-8°. Demi-rel.

11741. VINCENT (P.). Traité d'arithmétique ou l'arithmétique dans sa pureté. Nouvellement dressé..., par P. Vincent. *Toul, Alexis Laurent*, 1707. 55 pages, in-4°. Cart.

11742. VINCENT (Adrien). Manuel pratique de l'instituteur primaire. Par M. Adrien Vincent (de Versailles), principal du collège de St-Dié. *St-Dié, s. n.*, 1818. 84 pages, in-12. Cart.

11743. VINET (Gérard). Gerardi Vineti maxeiani (né à Maxey), de fructu virginei ventris, libri tres. *Mussiponti, ex officina Martini Mercatoris*, 1587. 1-62 pages, in-4°. Rel. veau.

11744. VIOLETTE (H.). Notions élémentaires de chimie à l'usage des écoles ; par M. Violette (professeur de chimie aux cours industriels de la ville de Nancy), ancien élève de l'École polytechnique, etc... *Nancy, George Grimblot, Thomas, Raybois*, 1838. xi-187 pages, in-12. Demi-rel.

11745. — Dictionnaire des analyses chimiques ou répertoire alphabétique des analyses de tous les corps naturels et artificiels depuis l'origine de la chimie jusqu'à nos jours avec l'indication du nom des auteurs et des recueils où elles ont été insérées. En collaboration avec P.-J.

Archambault, professeur au Lycée Charlemagne. *Paris, J.-B. Baillière*, 1851. vii-528 et 446 pages, in-8°. 2 vol. Demi-rel.

11746. VIOLETTE (H.). *Suite :* — Nouvelles manipulations chimiques simplifiées ou laboratoire économique de l'étudiant. *Paris, Lacroix et Baudry*, 1860. iii-476 pages, in-8°. Cart.

11747. VIOX (Camille). Lettres de Versailles, écrites au *Progrès de l'Est*. Par Camille Viox (député de Meurthe-et-Moselle). *Paris, Schulz et fils*, 1875. 242 pages, in-8°. Cart.

11748. VIRION (D.). L'homme d'estat chrestien, tiré des vies de Moyse et Josué, princes du peuple de Dieu, par maistre Jean Marquez... Traduit d'espagnol en françois par le sieur D. Virion, conseiller d'estat de S. A... *Nancy, J. Garnich*, 1621. xii-354 et xii-346 pages, in-fol. 2 tomes en 1 vol. Rel. veau.

11749. VIVENOT-LAMY. Emploi du bois cru dans les hauts-fourneaux. Par Vivenot-Lamy, ancien maitre de forges, à Nancy. *Nancy, Imp. A. Lepage*, 1859. 21 pages, in-8°. Br.

11750. VOÏART (Élise). Lettres sur la toilette des dames. Par Mme Élise Voïart (née à Nancy). *Paris, Audot*, 1822. 305 pages, in-18. Cart.

11751. — La Vierge d'Arduène, traditions gauloises, ou esquisse des mœurs et usages de la nation, avant l'ère chrétienne. 2° édition. *Paris, A. Chasseriau*, 1822. xviii-424 pages, in-8°. Frontispice et titre gravés. Demi-rel.

11752. — Essai sur la danse antique et moderne. *Paris, Audot*, 1823. 251 pages, gravures, in-18. Br.

11753. — La femme ou les six amours. *Paris, Ambroise Dupont et Cie*, 1827. 6 vol., in-12. Demi-rel.

11754. — Chants populaires des Serviens, recueillis par Wuk Stephanowitsch, et traduits, d'après Talvy. *Paris, J.-A. Merckleim*, 1834. 308 et 280 pages, in-8°. 2 vol. Demi-rel.

11755. — Tableau de la littérature allemande, depuis l'établissement du christianisme jusqu'à nos jours. *Tours, A. Mame et Cie*, 1843. 400 pages, in-8°. Demi-rel.

11756. — Le calice. Méditations d'une âme chrétienne sur les souffrances et la mort du Sauveur. Préparation pour le temps pascal. Prière pour toutes les circonstances de la vie. Traduit de l'allemand. *Paris, Jules Tardieu*, 1857. III-244 pages, in-18. Demi-rel.

11757. VOÏART (J.-P.). Entretiens sur la théorie de la peinture, pour aider aux progrès des jeunes personnes qui cultivent cet art. Par J.-P. Voïart (né à Longwy), de l'Athénée des arts. *Paris, Aubry, s. d.* 140 pages, in-8°. Rel. veau.

11758. VOLCYR (Nicolas). Collectaneorum poligraphi libellus. Le petit recueil ou poligraphe instructif et moral, faict en latin et françoys, sur les elemens des lettres, commandemens de la foy, oraison dominicale et sermon des cendres. Etc. (Par Nicolas Volcyr, né à Bar-le-Duc.) *S. l., n. n., n. d. (Paris, Didier Maheu*, 1523.) 44 feuillets non chiffrés, in-4°. Fig. Rel. velin.

11759. (VOLMERANGE.) Comptabilité des fabriques. (Par M. Volmerange, de Nancy.) *Nancy, René Vagner*, 1892. x-209 pages, in-8°. Br.

11760. VUILLAUME (L'abbé). L'Orient et la Bible. Par M. l'abbé Vuillaume, professeur de rhétorique au petit séminaire de Châtel (Vosges). *Nancy, Imp. Vve Raybois et Cie*, 1855. VIII-339 pages, in-8°. Demi-reliure.

11761. — Cours complet de rhétorique à l'usage des séminaires, des institutions catholiques et du clergé. *Paris, Victor Sarlit*, 1857. XII-288 pages, in-12. Demi-rel.

11762. VUILLEMIN (Dom J.-B.). Nouveau voyage autour de ma chambre. Notes tirées des archives d'un pensionnat et publiées par le R. P. Dom J.-B. Vuillemin (aumônier de la congrégation de Notre-Dame, à Mattaincourt), chanoine régulier de Saint-Augustin, etc... *Mattaincourt, Mme Vve Grandidier*, 1881. 238 pages, in-12. Cart.

11763. WAIPY (J. de). Le bref usage de l'arithmétique par la plume et par les iettons. Tiré de quelques escrits portans diverses questions d'arithmétique, laissés par feu le sieur J. de Waipy conseiller en la cité de Verdun. *Verdun, Louys le Géant*, 1631. VIII-195 pages, in-8°. Rel. parch.

11764. WALDNER (Le P. Joseph). Le chrétien selon le cœur de Jésus par la pratique de ses vertus, par le P. Joseph Waldner, de la Compagnie de Jésus. Première édition. *Nancy, L. Beaurain*, 1751. VI-335 pages, in-8°. Frontispice. Rel. veau.

11765. WANDELAINCOURT (H.). Principes généraux et particuliers de la langue françoise ; avec quelques observations sur l'orthographe, les lettres, la ponctuation, la prononciation, la prosodie françoise et les accents. Pour servir d'introduction à l'étude de la langue latine. Par M. Wandelaincourt, préfet du collège royal de Verdun. *Bouillon, s. n.*, 1776. x-339 pages, in-12. Rel. basane.

11766. — Méthode raisonnée pour apprendre la langue latine, très facilement et en très peu de temps. *Verdun, Imp. Christophe*, 1777. 143 pages, in-8°. Cart.

11767. — Entretiens d'une mère avec son enfant, sur les devoirs du citoyen, et du chrétien. *Paris, Ancelle*, 1803. 176 pages, in-12°. Cart.

11768. WARREN (Le comte Édouard de). L'Inde anglaise en 1843. Par le comte Édouard de Warren (de Nancy), ancien officier au service de S. M. Britannique dans l'Inde. *Paris, Imp. Paul Renouard*, 1844. VIII-443 et 414 pages, in-8°. 2 vol. Demi-rel.

11769. — L'Inde anglaise en 1843-1844. *Paris, Comon et Cie*, 1845. XIX-416, 388 et 411 pages, in-8°. 3 vol. Demi-rel.

11770. — L'Inde anglaise avant et après l'insurrection de 1857. *Paris, L. Hachette et Cie*, 1857-1858. III-511 et 340 pages, in-12. 2 vol. Demi-rel.

11771. — L'Italie et Rome en 1869. *Paris, C. Dillet*, 1869. VI-210 pages, in-12. Demi-reliure.

11772. — La vie et les œuvres de Victor Jacquemont. Discours de réception à l'Académie de Stanislas, prononcé à Nancy le 24 juin 1852. *Nancy, Grimblot et Vve Raybois*, 1852. 47 pages, in-8°. Cart.

11773. WARREN (Le vicomte Lucien de). Tactique des armées prussiennes, suivie d'un projet de cadres pour l'armée territoriale, par M. le vicomte de Warren (de Nancy), ancien capitaine d'artillerie. *Paris-Nancy, Berger-Levrault et Cie*, 1873. IV-176 pages, in-12. Br.

11774. WAYANT (Charles). Histoire de la robe de Jésus-Christ conservée dans la cathédrale de Trèves, par J. Marx, professeur au grand séminaire, approuvée par Monseigneur l'évêque de Trèves. Ouvrage traduit de l'allemand par Ch. Wayant, vicaire de l'église Notre-Dame de Metz. *Metz, Pallez et Rousseau*, 1844. IV-154 pages, in-12. Demi-rel.

11775. WIESENER (L.). Marie Stuart et le comte de Bothwell. Par L. Wiesener (né à Metz), professeur d'histoire au lycée Louis-le-Grand. *Paris, L. Hachette et Cie*, 1863. XI-552 pages, in-8°. Demi-rel.

11776. — La jeunesse d'Élisabeth d'Angleterre (1533-1558). *Paris, Hachette et Cie*, 1878. XII-402 pages, in-8°. Demi-rel.

11777. — Études sur les Pays-Bas au XVI° siècle. Charles-Quint. Commencements de Philippe II, Marguerite de Parme et Granvelle. *Paris, Hachette et Cie*, 1889. IX-220 pages, in-8°. Br.

11778. — Le Régent, l'abbé Dubois et les Anglais d'après les sources britanniques. *Paris, Hachette et Cie*, 1891. XII-518 et VIII-336 pages, in-8°. 2 vol. Demi-rel.

11779. WILLEMET (Remy). Monographie pour servir à l'histoire naturelle et botanique de la famille des plantes étoilées ; ouvrage couronné dans la séance publique de l'Académie royale des sciences, arts et belles-lettres de Lyon, le 7 décembre 1790. Par M. Willemet, doyen du collège de pharmacie, démonstrateur royal de chymie et de botanique au collège et à la faculté de médecine de l'Université de Nanci, etc. *Strasbourg, A. Koenig*, 1791. 103 pages, in-8°. Cart.

11780. WILLEMET (Pierre-Remy). Herbarium Mauritianum auctore Petro Remigio Willemet (né à Nancy). *Lipsiae, apud Petr. Phil. Wolff*, 1796. XII-64 pages, in-12. Cart.

11781. — Dissertatio de frigoris usu medico. Nanceii 1783. *S. l., n. n.*, 1783. 21 pages, in-8°. Br.

11782. WITTERSHEIM (Prosper). Mémoire sur les moyens de hâter la régénération des Israélites de l'Alsace. Par Prosper Wittersheim (imprimeur à Metz). *Metz, Imp. E. Hadamard*, 1825. 50 pages, in-8°. Cartonné.

11783. WOHLGEMUTH (Jules). Recherches sur le jurassique moyen à l'est du bassin de Paris. Par J. Wohlgemuth (né à St-Prancher), docteur ès-sciences naturelles. *Paris, F. Savy*, 1883. 340 pages, in-8°. Br.

11784. WONNER (L'abbé). Journal d'un pèlerinage en Terre-Sainte exécuté en 1852, du mois d'août au mois de décembre, par M. l'abbé Wonner, curé de Notre-Dame de Metz. *Metz, Pallez et Rousseau*, 1853. 386 pages, in-12. Plans. Demi-rel.

11785. XAVIER (L'abbé). De l'ordre surnaturel et divin, par l'abbé Xavier, membre de la Société *Foi et Lumière* de Nancy, etc. *Nancy, Vagner*, 1847. VIII-486 pages, in-8°. Demi-rel.

11786. XILLIEZ (L'abbé Paul). La psychologie des tuberculeux, par l'abbé Paul Xilliez (né à Blâmont). Extrait de *La Quinzaine*, 1897. 17 pages, in-8°.

11787. ZEILLER (Élisa). Souvenirs d'un voyage au Mexique. Par Mlle Élisa Zeiller. *Metz, Alcan*, 1863. 218 pages, in-12. Cart.

11788. ZEILLER (R.). Mémoire sur les roches éruptives et les filons métallifères du district de Schemnitz (Hongrie). Par MM. R. Zeiller (né à Nancy) et A. Henry, ingénieurs des mines. *Paris, Dunod*, 1873. 214 pages, in-8°. Cartes. Cart.

11789. — Rapport sur les produits de l'exploitation des mines et de la métallurgie. Substances minérales et métaux précieux. *Paris, Imp. nationale*, 1881. 108 pages, in-8°. Br.

11790. — Étude des gîtes minéraux de la France, publiées sous les auspices de M. le ministre des travaux publics par le service des topographies souterraines. Bassin houiller de Valenciennes. Description de la flore fossile. *Paris, Quantin*, 1888. 731 pages, in-4°. 1 vol. de texte et 1 vol. de planches. Br.

11791. — Étude des gîtes minéraux de la France, etc... Bassin houiller et permien de Brive. Flore fossile. *Paris, Imp. nationale*, 1892. 132 pages, in-4°. Planches. Br.

11792. — *Opuscules* : Notes sur la flore houillère des Asturies. 1882. 22 p., in-4°. — Sur les cônes de fructification de sigillaires. 1884. 4 p., in-4°. — Fougères recueillies dans la péninsule malaise par

46

M. de Morgan. 1885. 11 p., in-8°. — Sur un nouveau type de Cordaïtée. 1885. 3 p., in-4°. — Sur quelques Cycadées houillères. 1886. 3 p., in-4°. — Sur les troncs de fougères du terrain houiller supérieur. 1886. 3 p., in-4°. — Sur l'attribution des genres Fayolia et Palaeoxyris. 1888. 4 p., in-4°. — Sur les variations de formes du Sigillaria Brardi, Brongniart. 1889. 8 p., in-8°. Pl. — Flore de Commentry. 1890. 5 p., in-8°. — La géologie et la paléontologie du bassin houiller du Gard, de M. Grand'Eury. 1891. 12 p., in-8°. — Sur la valeur du genre Trizygia. 1891. 6 p., in-8°. — Sur la constitution des épis de fructification du Sphénophyllum cuneifolium. 1892. 3 p., in-4°. — Sur les empreintes du sondage de Douvres. 1892. 4 p., in-4°. — Étude sur la constitution de l'appareil fructificateur des Sphénophyllum. 1893. 37 p., in-4°. — Adolphe Henry, ingénieur en chef des mines, ingénieur en chef du matériel et de la traction des chemins de fer P.-L.-M. Notice nécrologique. 1893. 26 p., in-8°. — Sur l'âge des dépôts houillers de Commentry. 1894. 27 p., in-8°. — Notes sur la flore des couches permiennes de Trienbach (Alsace). 1894. 20 p., in-8°. Pl. — Sur quelques empreintes végétales des gisements houillers du Brésil méridional. 1895. 4 p., in-4°. — Sur la flore des dépôts houillers d'Asie mineure et sur la présence, dans cette flore, du genre Phyllotheca. 1895. 4 p., in-4°. — Note sur la flore fossile des gisements houillers de Rio Grande do Sul (Brésil méridional). 1895. 35 p., in-8°. Pl. — Notes sur la flore des gisements houillers de la Rhune et d'Ibantelli (Basses-Pyrénées). 1895. 8 p., in-8°. Pl. — Sur les subdivisions du Westphalien du nord de la France d'après les caractères de la flore. 1895. 19 p., in-8°. — Sur l'attribution du genre Vertebraria. 1896. 4 p., in-4°. — Étude sur quelques plantes fossiles, en particulier Vertebraria et Glossopteris, des environs de Johannesburg (Transvaal). 1896. 30 p., in-8°. — Remarques sur la flore fossile de l'Altaï, à propos des dernières découvertes paléobotaniques de MM. les Drs Bodenberder et Kurtz, dans la République argentine. 1896. 22 p., in-8°. — Note sur les rapports de la flore du bassin houiller de Douvres avec la flore du bassin du Pas-de-Calais. S. d. 3 p., in-8°. — Oswald Heer. Notice biographique. S. d. 12 p., in-8°.

11793. ZELLER (Jean). La diplomatie française vers le milieu du xvi° siècle, d'après la correspondance de Guillaume Pellicier, évêque de Montpellier, ambassadeur de François Ier à Venise. (1539-1542.) Par Jean Zeller, professeur suppléant à la Faculté des lettres de Nancy. Paris, Hachette et Cie, 1881. xiii-412 pages, in-8°. Demi-reliure.

11794. FERRY (Paul). Le dernier désespoir de la tradition contre l'Escriture, où est amplement refuté le livre du P. François Véron, jésuite... Par Paul Ferry, ministre de la parole de Dieu en l'église de Metz. Sedan, J. Jannon, 1618. xvi-840 pages, in-8°. Rel. parchemin.

11795. FRIZON (Nicolas). Nouvel abrégé des méditations du P. Louis du Pont, ou l'art de méditer, réduit dans une pratique aisée. Par le P. Nicolas Frizon, de la Compagnie de Jésus. Nouvelle édition. Nancy, J.-B. Cusson, 1724. xvi-558, 566 et 558 pages, in-8°. 3 vol. Rel. veau. (Voy. n° 10217.)

11796. — La vie de Jean Berchmans, de la Compagnie de Jésus. Nancy, Paul Barbier, 1766. xiv-316 pages, in-12. Rel. basane.

11797. GUILLEMINOT (Joannes). Dissertationes de principiis intrinsecis rerum corporearum et de cognitione brutorum. Auctore P. Joanne Guilleminot Mombarraeo, (prof. Univ. Mussip.) S. J... Parisiis, Apud Sebastianum Cramoisy, 1679. 346 pages, in-12. Veau.

11798. HUMBLOT (François). Conceptions admirables sur toutes les festes de l'année, preschées en divers lieux, par le R. P. F. François Humblot (né à Verdun), religieux minime. — Conceptions admirables sur tous les dimanches de l'année... Paris, P. Chevalier, 1625-1626. xx-816, viii-310, viii-966 et 647 pages, in-8°. En 3 vol. Rel. veau.

11799. LALOUETTE (de). Des affaires d'estat. Des finances ; du prince et de sa noblesse. Par le présid. de Lalouette, conseiller du roi (au parlement de Metz). Metz, Jean d'Arras, 1597. iv-268 pages, in-8°. Rel. parchemin.

11800. MACLOT (Émond). Histoire du Nouveau Testament ou du sixième âge du monde, divisé en deux parties... Par le R. P. Émond Maclot, docteur en théologie et abbé de l'Étanche... *Paris, N. Pépie*, 1712. xxxii-798 pages, in-8°. Rel. mar. r. (Les derniers feuillets de la table manquent.)

II. OUVRAGES

IMPRIMÉS EN LORRAINE
dont les auteurs et les
sujets sont

ÉTRANGERS A LA LORRAINE

(1507 - 1800)

(On a fait figurer dans cette section quelques auteurs dont l'origine n'a pu être établie ; ainsi que les ouvrages anonymes dont les noms d'auteurs n'ont pas été retrouvés.)

11801. (GENTIL.) Retraite ecclésiastique ou méditations sur les principaux devoirs des prêtres, par le R. P. G. D. L. C. D. J. (le P. Claude Gentil). *Bar-le-Duc, N. Baltazard*, 1709. viii-136 pages, in-12. Cart.

11802. HAUTESERRE (de). De l'Institut des Carmélites réformées par Ste Thérèse. Par l'abbé de Hauteserre. *Bar-le-Duc, R. Briffot*, 1739. xvi-292 pages, in-8°. Rel. veau.

11803. GRIGNON. Bultin des fouilles faites par ordre du roi, d'une ville romaine, sur la petite montagne du Châtelet, entre St-Dizier et Joinville en Champagne, découverte en 1772. Par Grignon, maître de forges à Bayard, etc... *Bar-le-Duc, Christophe*, 1774. 254 pages, in-8°. Rel. veau.

11804. JARGON (Le) ou langage de l'argot réformé, comme il est à présent en usage parmi les bons pauvres, tiré et recueilli des plus fameux argotiers de ce tems ; composé par un pilier de Boutanche, qui maquille en molanche en la Vergne de Tours. *Bruyères, Vve Vivot*, 1771. 36 pages, in-12. Cart.

11805. (MALEBRANCHE.) Observations sur l'incrédulité des philosophes modernes. Pour servir d'introduction à l'exposition de la doctrine catholique. (Par l'abbé Malebranche.) *Bruyères, J.-V. Vivot*, 1771. viii-128 pages, in-8°. Rel. parchemin.

11806. ÉPITRES et évangiles des dimanches et fêtes de l'année, avec de courtes réflexions. *Bruyères, Vve Vivot*, 1784. 528 pages, in-12. Rel. veau, d. s. tr.

11807. PETITS cantiques spirituels. Dédiés aux religieuses consacrées à l'éducation de la jeunesse. 3ᵉ édition. Nouveaux cantiques spirituels pour les fêtes et à l'honneur des saints. *Bruyères, Vve Vivot*, 1788. 60 et 61 pages, in-12. Br.

11808. (COUTURIER.) La famille sainte, ou l'histoire de Tobie, présentée pour modèle aux familles chrétiennes. Seconde édition. (Par J. Couturier, ex-jésuite.) *Bruyères, Vve Vivot*, 1792. 247 pages, in-12. Rel. veau.

11809. CHOMEL. Dictionnaire œconomique, contenant divers moyens d'augmenter son bien, et de conserver sa santé. Avec plusieurs remèdes assurés et éprouvés pour un très grand nombre de maladies, et de beaux secrets pour parvenir à une longue et heureuse vieillesse, etc... Par M. Noël Chomel, prêtre, etc... *Commercy, Henri Thomas et Cie*, 1741. ix-424, ii-522, 400 et 460 pages, in-fol. 4 tomes en 2 vol. Gravures de Nicole. Rel. veau.

11810. PORTAL. Instruction sur les traitemens des asphixiés par le méphitisme, des noyés, des personnes qui ont été mordues par des animaux enragés, etc... Par Antoine Portal, professeur de médecine au Collège de France, etc... *Commercy, Denis, An V*. 106 pages, in-12. Cart.

11811. ALLETZ. Connaissance de la mythologie, par demandes et par réponses ; augmentée des traits d'histoire qui ont servi de fondement à tout son système ; avec une table servant de dictionnaire de la fable. (Par Pons-Augustin Alletz.) *Commercy, Denis, An VIII*. xii-286 pages, in-8°. Cart.

11812. INSTRUCTIONS pour la première communion, distribuées en trois parties. *Étienne, J.-J. Lambelet, s. d.* (1786.) xii-164 pages, in-12. Cart.

11813. LE MAISTRE. Conseils préservatif et curatif contre la peste. Plus contre les piqueures venimeuses et les poisons. Par le s^r Le Maistre, conseiller du roy... *Espinal*, Ambroise Ambroise, 1631. IV-96 pages, in-12. Rel. veau.

11814. ARITHMÉTIQUE (L') nouvelle dans sa véritable intelligence, où l'on peut, en peu de tems, et même seul, apprendre à compter, chiffrer, calculer, sans maître et sans jettons, toutes sortes de sommes ; mise dans une facilité toute particulière, dans cette dernière édition, augmentée. *Espinal*, Hubert Marulier, 1741. 24 pages, in-12. Cart.

11815. (GIRARDIN.) Lettre d'un gentilhomme à un docteur de ses amis, pour savoir s'il est obligé de se confesser au temps de Pâques à son curé, ou d'obtenir de lui la permission de s'adresser à un autre confesseur, avec la réponse du docteur. (Par M. J.-B. Girardin, curé de Mailleroncourt). *Épinal*, Claude-Anselme Dumoulin, 1762. 98 pages, in-12. Cart.

11816. DUNOD DE CHARNAGE. Traités des prescriptions, de l'aliénation des biens d'église, et des dixmes ; suivant les droits civil et canon, la jurisprudence du royaume, et les usages du comté de Bourgogne. Par M. F. Dunod de Charnage, écuyer, etc... *Épinal*, Antoine-Hyacinthe Vautrin, 1763. VIII-530 pages, in-4°. Rel. veau.

11817. GIRARDIN. L'incrédule désabusé, par la considération de l'Univers. Contre les spinosistes et les épicuriens. Par M. Girardin, curé du diocèse de Besançon. *Épinal*, Antoine Vautrin, 1766-1767. 366 et 397 pages, in-12. 2 vol. Rel. veau.

11818. BOCHART. Instructions sur les faux assignats de 250 et 125 livres, par Bochart, remplaçant par intérim le vérificateur général des assignats. *Épinal*, Haener, An 3. 12 pages, in-8°. Br.

11819. MANUEL des Théophilanthropes, ou adorateurs de Dieu, et amis des hommes, contenant l'exposition de leurs dogmes, de leur morale et de leurs pratiques religieuses. *Epinal*, Haener, An V. 48 pages, in-12. Br.

11820. ÉLÉMENS de la religion, ou abrégé méthodique de la doctrine chrétienne. *Lunéville*, C.-F. Messuy, 1756. XVIII-36, 88, 104 et 78 pages, in-12. 4 parties en 1 vol. Rel. veau.

11821. ÉLÉMENS de l'arithmétique ou méthode courte et facile pour apprendre à calculer selon ses principales règles. *Lunéville*, Messuy, 1758. 168 pages, in-12. Rel. bas.

11822. HEURES sacrées ou recueil général de ce qu'il y a de plus touchant, de plus instructif et de plus curieux dans les prières, la morale et l'histoire de l'Ancien et du nouveau Testament. Distribué en sujets de méditations et de lectures pour tous les jours de l'année. *Lunéville*, Messuy, s. d. (1760.) XXIV-254, 279, XXXII-276 et 226 pages, in-8°. 4 parties en 2 vol. Rel. veau.

11823. CHANSONNIER du bon goût, ou recueil intéressant de chansons nouvelles, choisies et des plus à la mode. *Lunéville*, Vve Messuy, 1784. 32, 32 et 32 pages, in-12. 3 parties en 1 vol. Rel. veau.

11824. PORTE (La) du ciel ouverte pour les pécheurs qui reviennent au Maitre des pardons et de la miséricorde, etc. *Lunéville*, dans la communauté sainte, 5559 (1798). [En hébreu]. In-4°. Demi-rel.

11825. VOCABULARIUS latinis, gallicis et theutonicis verbis scriptus. A la fin : Impressum *Metis* per magistrum Gasparum Hochffeder, 1510. 87 pages, in-8°. Cart. Voy. n° 8885.

11826. ENEN. Epitome alias medulla gestorum Trevirorum nuper per venerabilem virum dominum Joannem Enen, divine pagine doctorem eximium, teutonico sermone edita, jam pridem extemporaliter in latinum versa, Fratre Joanne Schekmanno traductore, tribus libellis perfecta, etc... *Metis*, Caspari Hochffeder, 1517. VI-128 pages, in-4°. Frontispice. Rel. parchemin.

11827. POISON (Le) caché sous le jansénisme ou les dangereuses conclusions tirées de ses principes. Avec le contre-poison de son venin dans le renversement de sa doctrine. Par un prédicateur orthodoxe. *Metz*, J. Antoine, 1653. IV-176 pages, in-8°. Rel. parchemin.

11828. HISTOIRE de la terre et seigneurie de Bretzenheim. *Metz, André Chevalier*, 1686. 170 pages, in-12. Rel. veau.

11829. CIBUS solidus animæ ex sanctorum patrum essatis ac doctrinæ medullâ. « Electus cibus ecce meus patris una voluntas. » [Christus Joan. IV.] Sive panis quotidianus his qui esuriunt, et sitiunt justitiam. *Metis, apud Petrum Collignon*, 1688. 175 pages, in-8°. Rel. veau.

11830. LA LONDE. L'arithmétique de l'ingénieur françois, par Monsieur de La Londe. *Metz, François Bouchard*, 1688. IV-178 pages, in-4°. Rel. veau.

11831. MÉMOIRE des raisons qui ont obligé le roy à reprendre les armes, et qui doivent persuader toute la chrétienté des sincères intentions de Sa Majesté, pour l'affermissement de la tranquillité publique. *Metz, F. Bouchard*, 1688. 11 pages, petit in-4°. Cart.

11832. BOROMÉE. Instructions de saint Charles Boromée, cardinal archevesque de Milan. *Metz, Brice Antoine*, 1699. XXIV-283 pages, in-12. Rel. veau.

11833. PATERCULUS. Caius Velleius Paterculus ex emendatione et recensione Justi Lipsi. Ad usum studiosæ juventutis. *Metis, J. Collignon*, s. d. (vers 1700.) 209 pages, in-24. Rel. veau.

11834. SAINT-ANGE (DE). Sonnet (et) Vers françois sur la bataille de Spire, gagnée par Monseigneur le Maréchal de Tallard et sur la prise de Landau par le même, pour le jour du *Te Deum*, qu'on doit chanter en action de grâces, dans la ville de Metz, le 16 décembre 1703. Par F. Laurent de St-Ange, religieux grand Carme. (*Metz*), s. n., (1703). 10 pages, in-4°. Br.

11835. OFFICES (Les) propres des saints chanoines réguliers de l'ordre de S. Augustin. Nouvellement reveu et corrigé selon la forme du bréviaire romain. *Metz, Brice Antoine*, 1706. XII-284 pages, in-4°. Rel. veau.

11836. RECUEIL de pièces concernant les religieuses de Port-Royal-des-Champs qui se sont soûmises à l'église. *Metz, B. Antoine*, 1710. 6 et 87 pages, in-4°. Rel.

11837. CHALINE. Méthode générale pour l'intelligence des coûtumes de France, suivant l'autorité des arrests de la cour, la plûpart desquels n'ont pas encore été donnés au public ; de la doctrine de maître Charles Dumoulin, de maître René Choppin, de M. d'Argentré ; et de plusieurs autres célèbres jurisconsultes ; par maître Paul Chaline, ancien avocat en Parlement. 2° édition. *Metz, J. Antoine*, 1725. VI-270 pages, pet. in-4°. Rel. veau.

11838. MÉMOIRE pour dame Anne-Ferdinande-Josephe de Grammont, baronne de Faucogney, etc. ; contre M. Jean-Claude Pusel, seigneur de Boursière, etc. S. l. (*Metz*), J. Antoine, 1738. 20 pages, in-fol. Relié.

11839. LETTRE de Monsieur ***, avocat au Parlement de Metz, à Monsieur *** (?) avocat au même Parlement, au sujet du précis du discours sur l'utilité de l'étude des mathématiques, relativement à l'usage qu'on en peut faire dans la professsion d'avocat, etc. *Metz, J. Antoine*, 1743. 29 et 31 pages, in-12. Rel. veau.

11840. EXPOSÉ des motifs qui ont obligé le roy de Prusse de donner des troupes auxiliaires à l'empereur. *Metz, J. Antoine*, s. d. (vers 1745). 4 pages, petit in-4°. Cart.

11841. EXTRAIT du manifeste de Charles-Édouard d'Angleterre, fils ainé de Jacques Stuart III. *Metz, J. Antoine*, s. d. (vers 1745). 4 pages, petit in-4°. Cart.

11842. JOURNAL de ce qui s'est passé depuis l'arrivée des troupes qui ont marché de Flandres en Alsace, jusques au 24 août 1744. *Metz, J. Antoine*, s. d. (vers 1745). 16 pages, petit in-4°. Cart.

11843. LETTRE (Extrait d'une) écrite de l'armée de l'infant Dom Philippe. Du 28 septembre 1745. *Metz, J. Antoine*, s. d. (vers 1745). 3 pages, petit in-4°. Cart.

11844. MANIFESTE du roy de Prusse, contre la cour de Dresde. *Metz, J. Antoine*, s. d. (vers 1745). 8 pages, petit in-4°. Cart.

11845. MÉMOIRE au sujet des entreprises faites contre les constitutions et les libertés germaniques. *Metz, J. Antoine*, s. d. (vers 1745). 4 pages, petit in-4°. Cart.

11846. RELATION de la campagne du roy en Silésie, de l'an 1745, et de la bataille de Friedberg, gagnée par le roy de Prusse, sur l'armée combinée, autrichienne et saxonne, le 4 juin 1745. *Metz*, *J. Antoine*, *s. d.* (vers 1745). 8 pages, petit in-4°. Cart.

11847. THAYLORD. Discours fait par le lord Thaylord, au nom du Parlement d'Écosse, au prince royal Charles Édouard, d'Écosse et d'Irlande, sous Édimbourg, le 15 septembre 1745, traduit par M. Ohalon. *Metz*, *J. Antoine*, *s. d.* (vers 1745). 4 pages, petit in-4°. Cart.

11848. ORDONNANCES militaires de la cavalerie, sçavoir : Instruction sur l'exercice de la cavalerie, du 29 juin 1753. Instruction sur le service que les régimens de cavalerie devront faire dans les camps qui s'assembleront pendant la présente année, du 29 juin 1753. *Metz*, *Joseph Collignon*, 1753. 168 pages, in-18. Cart.

11849. DÉLICES (Les) de la langue latine, prises toutes la plûpart dans les œuvres de Cicéron. Avec une introduction à l'explication françoise des auteurs latins. *Metz*, *J. Collignon*, 1754. 175 pages, in-24. Rel. basane.

11850. LA SALLE (DE). Les règles de la bienséance et de la civilité chrétienne, divisées en deux parties. Par Monsieur de la Salle, prêtre, etc... *Metz*, *Joseph Collignon*, 1754. xiv-255 pages, in-8°. Cart.

11851. CICÉRON. Marci Tullii Ciceronis, pro Q. Ligario ad C. Cæsarem. Oratio XLI. Cum notis... *Metis*, *J. Collignon*, 1757. 72 pages, in-4°. Br.

11852. CHARLES. Oraison funèbre de très-haut et très-puissant seigneur Louis-Marie Foucquet, comte de Gisors, etc. Prononcée le 9 août 1758 dans l'église cathédrale de Metz, par le R. P. Charles, de la Compagnie de Jésus. *Metz*, *Joseph Collignon*, 1758. 39 pages, in-4°. Br.

11853. AURELII S. V. Historiæ romanæ breviarium. *Metis*, *J. Collignon*, 1762. 165 pages, in-24. Cart.

11854. CICÉRON. Marci Tullii Ciceronis pro M. Marcello, ad. C. Cœsarem, oratio XL. Cum notis ad usum scholasticorum. *Metis*, *J. Collignon*, 1762. 26 pages, in-4°. Br.

11855. HILLAR. Vindiciæ historiæ Trevirensis, sive historia Trevirensis de tribus primis Trevirorum episcopis Euchario, Valerio, Materno, S. Petri apostoli discipulis, ab eodem Treviros ablegatis, vindicata contra impactam recentius crisin. Authore P. R. et eximio P. Mauro Hillar, ord. S. Benedicti, etc... *Metis*, *typis Josephi Antoine*, 1763. xiv-182 pages, in-4°. Rel. veau.

11856. PRINCIPES élémentaires de la poétique, à l'usage des jeunes gens. *Metz*, *P. Marchal*, 1775. iv-268 pages, in-8°. Rel. veau.

11857. PORTAL. Rapport fait par ordre de l'Académie des sciences, sur les effets des vapeurs méphitiques dans le corps de l'homme, et principalement sur la vapeur du charbon ; avec un précis des moyens les plus efficaces pour rappeler à la vie ceux qui ont été suffoqués, etc... Par M. Portal, médecin consultant de Monsieur, etc... *Metz*, *J. Antoine*, 1776. xiv-92 pages, in-12. Cart.

11858. PRÉVOST DE MONTIGNI. Le fermier reconnoissant, comédie en deux actes et en prose, mêlée d'ariettes, par Prévost de Montigni, garde du corps de Monseigneur, comte d'Artois... *Metz*, *Joseph Antoine*, 1777. 40 pages, in-8°. Cart.

11859. BONAFFOS DE LATOUR. Poésies diverses par le chevalier de Bonaffos de Latour, capitaine au régiment de Vexin. *Metz*, *Joseph Antoine*, 1778. 42 pages, in-8°. Cart.

11860. OFFICIUM S. Vincentii a Paulo, congregationis Missionis ac Puellarum caritatis institutoris. *Metis*, *J.-B. Collignon*, 1779. 48 pages, in-8°. Cart.

11861. PORTAL. Extrait des observations sur la nature et le traitement de la rage. Par M. Portal. *Metz*, *Joseph Antoine*, 1779. 8 pages, in-12. Cart.

11862. INSTRUCTION sur les moyens de rendre le blé moucheté propre à la semence. *Metz*, *Joseph Antoine*, 1785. 18 pages, in-12. Cart.

11863. INSTRUCTION sur les moyens de suppléer à la disette de fourrages, et d'augmenter la subsistance des bestiaux.

Publiée par ordre du roi. *Metz*, *Joseph Antoine*, 1785. 29 pages, in-8°. Cart.

11864. ÉLÉMENS de jardinage utile ; ou manière de cultiver avec succès le potager et le verger, d'après les principes et les expériences de Roger Schabol, et des meilleurs auteurs qui ont écrit sur cette matière. *Metz*, *Lamort*, 1786. XI-238 pages, in-12. Rel. veau.

11865. INSTRUCTION sur les prairies artificielles, publiée par ordre du roi. *Metz*, *Vve Antoine*, 1786. 50 pages, in-8°. Cart.

11866. DISCOURS (du roi et de M. de Calonne) prononcés dans l'Assemblée des Notables, tenue à Versailles, le 22 février 1787. *Metz*, *C. Lamort*, 1787. 32 pages, in-8°. Cart.

11867. ÉCOLE du peloton et de la division, détachée des manœuvres de l'infanterie et rédigée d'après les points définitivement arrêtés par le conseil de la guerre. *Metz*, *Collignon*, 1789. 112 pages, in-12. Cart.

11868. CARAMAN (DE). Projet d'instruction pour assurer la paix parmi les hommes. (Par de Caraman.) *Metz*, *Imp. J.-B. Collignon*, 1791. 142 pages, in-8°. Demi-rel.

11869. LETTRES d'un prêtre catholique, sur la reconnaissance de la République française, et l'adhésion à la Constitution de 1795. *Metz*, *Collignon*, 1796. 51 pages, in-8°. Br.

11870. LETTRE (Seconde) d'un prêtre catholique. Tableau général de la conduite des chrétiens durant le cours et dans les révolutions des empires. *Metz*, *Collignon*, 1796. 95 pages, in-8°. Br.

11871. RECUEIL des loix criminelles et de police contenant le Code des délits et des peines, le Code pénal, les lois postérieures à sa publication, et celles relatives à la police ordinaire, rurale et correctionnelle. *Metz*, *Imp. C. Lamort*, An IV. IV-214 et 319 pages, in-12. 2 tomes en 1 vol. Demi-rel.

11872. MONTFAUCON DE VILLARS (DE). Le comte de Gabalis, ou entretiens sur les sciences secrètes. (Par l'abbé de Monfaucon de Villars.) *Metz*, *Imp. F.-G. Behmer*, An V. 220 pages, in-18. Demi-rel.

11873. TRIOMPHE (Le) de la vertu, ou lettres d'Hilary à Zélia M... par B***. *Metz*, *Behmer*, An VI. VIII-130 et 153 pages, in-12. 2 tomes en 1 vol. Rel. parch.

11874. KOTZEBUE. Le Mensonge généreux, drame en un acte, traduit de l'allemand, d'Auguste Kotzebue, par Jean-Nicolas-Étienne Bock, faisant suite au drame de « La misantropie et du repentir», du même auteur. *Metz*, *Behmer*, An 8. 66 pages, pet. in-8°. Cart.

11875. MANUEL des créanciers et des débiteurs de rentes, où l'on trouve d'un coup d'œil, ce qu'un capital quelconque (depuis vingt sols jusqu'à cinquante mille livres) donne de rente pour tel nombre d'années, de mois et de jours que ce soit, à cinq pour cent, etc... *Mirecourt*, *Christophe Gauthier*, 1771. VI-128 pages, in-4°. Rel. bas.

11876. CATÉCHISME de la Constitution, composé par un député de l'Assemblée nationale, et réimprimé par ordre du conseil du département des Vosges. *Mirecourt*, *J. Bouillon*, 1790. 16 pages, in-16. Broché.

11877. CHOIX d'hymnes et de chansons patriotiques. *Mirecourt*, *Imp. Bouillon*, An II. 88 pages, in-12. Cart.

11878. CORROZET. Le Parnasse des poëtes françois modernes, contenant leurs plus riches et graves sentences, discours, descriptions et doctes enseignemens, recueillies par feu Gilles Corrozet, parisien. *Nancy*, *J. Jenson*, 1572. VII-100 et 76 feuillets, pet. in-8°. Rel. mar. v. Fil., d. s. tr. (Premier livre imprimé à Nancy.)

11879. HAREN. Treize cathéchèses de Jean Haren, contre les erreurs des calvinistes. *Nancy*, *Blaise André*, 1599. XII-192 feuillets, in-8°. Rel. parchemin.

11880. HAREN. Profession catholique de Jean Haren. A laquelle sont adjoustées certaines demandes chrestiennes, proposées par luy à un certain ministre protestant, etc... *Nancy*, *Blaise André*, 1599. IV-96 feuillets, in-8°. Rel. parch.

11881. (GUTOLPHUS.) Vita et miracula sancti Bernardi primi Clarævallis abbatis, ac præcipui sacri Cisterciensis ordinis illustratoris, a quodam ipsius ordinis monaco (Gutolpho) metricè edita. *Clari loci ad Nanceium, J. Savine, 1606.* 36 feuillets non num, pet. in-8°. Cart. (Le tirre manque.)

11882. LUBLERUS. Tractatus de incendio antehac nunquam editus, in quo omnia ac singula ad hanc materiam pertinentia dilucidè proponuntur ac succinctè deciduntur. Autore D. Johanne Lublero J. C. *Nanceii, Franc. Estienne,* 1608. VIII-344 pages, in-12. Rel. veau.

11883. (GUTOLPHUS.) De vita et miraculis theodidacti ac melliflui doctoris beati Bernardi primi Clarævallis abbatis, sacrique Cisterciensis ordinis illustratoris præcipui. Carmen a quodam ipsius ordinis monacho (Gutolpho) compositum. *Offic. typog. Clariloci ad Nanceium, J. Savine,* 1609. VIII-75 pages, petit in-8°. Rel. Parchemin.

11884. CHAPPOT. Vie et miracles du B. H. S. François de Paule, par J. Chappot. *Nancy, Séb. Philippe et Cl. Loys,* 1621. XXIII-562 pages, in-8°. Demi-rel.

11885. TRAGÉDIE du martyre et mort de S. Sébastien, soubs l'empire de Diocletian. Avec les oraisons propres pour la contagion. *Nancy, J. Garnich,* 1628. 118 pages, in-12. Rel. parchemin.

11886. ORLÉANS (D'). Lettre escrite au Roy par Monsieur et envoyée par luy au Parlement pour la présenter à Sa Majesté. Par Gaston (d'Orléans). *Nancy, s. n.,* 1631. 71 pages, in-4°. Br. (Cette lettre est datée de Nancy.)

11887. FAYDIT. Apologie du système des des Saints Pères sur la Trinité, contre les tropolatres et les sociniens, ou les deux nouvelles hérésies d'Étienne Nye, et Jean Le Clerc, protestans, réfutées dans la réponse de M. l'abbé Faydit au livre du R. père Hugo, chanoine régulier de l'ordre de Prémontré. *Nancy, Paul Barbier,* 1702. LXXXII-332 pages, in-8°. Rel. basane.

11888. ESSAY des mœurs du siècle, par M***. *Nancy, R. Charlot et P. Deschamps,* 1704. IV-40 pages, pet. in-8°. Cart.

11889. LENAIN DE TILLEMONT. Lettre de M. Lenain de Tillemont au R. P. Armand-Jean Boutillier de Rancé, abbé de la Trappe, et réponses de cet abbé. *Nancy,* (lire : *En Hollande*), *J. Nicolai,* 1705. 334 pages, in-12. Portrait. Rel. veau.

11890. RÉFLEXIONS d'un docteur en théologie sur l'ordonnance et l'instruction pastorale de M. l'archevêque duc de Cambrai, touchant le cas de conscience, etc. *Nancy* (lire : *En Hollande*), *J. Nicolai,* 1705. 227 pages, in-12. Rel. veau.

11891. LOUAIL. Histoire du cas de conscience signé par quarante docteurs de Sorbonne ; contenant le bref du Pape, etc. (par Jean Louail et Mlle de Joncoux). *Nancy* (lire : *En Hollande*), *J. Nicolai,* 1705-1711. 8 vol., in-12°. Rel. veau.

11892. (BRUSLÉ DE MONTPLEINCHAMP.) Le diable bossu. (Par l'abbé Bruslé de Montpleinchamp.) *Nancy* (lire : *Bruxelles*), *Dominique Gaydon,* 1708. XXIV-274 pages, in-12. Rel. veau.

11893. DOURCHE. Les véritez en petits contes, dédiées à Son Altesse Sérénissime Monseigneur le prince Louis de Lorraine. (La dédicace est signée « Dourche. ») *Nancy* (lire : *Bruxelles*), *D. Gaydon,* 1708. 147 pages, in-12. Rel. veau.

11894. TRIOMPHE (Le) de l'auguste alliance et la levée du siège de Brusselle, par l'armée de France sous les ordres de Son Altesse Électorale de Bavière, au mois de novembre 1708, dédié à leurs Hautes Puissances Messeigneurs les États généraux des Provinces-Unies, par C. M. D. R. *Nanci* (lire : *Bruxelles*), *D. Gaidon,* 1709. XXII-105 pages, petit in-8°. Fig. Br.

11895. FURETIÈRE (DE). Le roman bourgeois. Par feu monsieur de Furetière. *Nancy, Jean-Baptiste Cusson,* 1712. VI-327 pages, in-8°. Gravures. Rel. veau.

11896. IMITATION (L') de Jésus-Christ. Traduction nouvelle. Avec une pratique et une prière à la fin de chaque chapitre. Par le R. P. de Gonnelieu, de la Compagnie de Jésus. Seconde édition. *Nancy, J.-B. Cusson,* 1713. XIV-346 pages, in-12. Rel. veau.

11897. (DROUET DE MAUPERTUY.) La femme faible : où l'on représente aux femmes les dangers auxquels elles s'exposent, par un commerce fréquent et assidu avec les hommes : à quoi on a joint quelques avis touchant leur conduite. Par Madame de S*** (Jean-Baptiste Drouet de Maupertuy). *Nanci* (lire : *Vienne*), *Nicolas Chenois*, 1714. 193 pages, in-12. Rel. bas.

11898. ABRÉGÉ du triomphe de l'amour divin, ou les sentiments et les pratiques de la bonne Armelle, pauvre villageoise... *Nancy, N. Baltazard*, 1715. 112 pages, in-8°. Cart.

11899. NOUVELLE méthode pour trouver la valeur de quelque nombre que ce soit d'écus blancs et de louis d'or, avec un calcul pour les rentes depuis le denier sept, jusqu'au denier trente, etc... *Nancy, Jean-Baptiste Cusson*, 1715. xxxv-216 pages, in-18. Rel. bas.

11900. RETZ (DE). Mémoires de monsieur le cardinal de Retz. *Nancy, Jean-Baptiste Cusson*, 1717. II-354, 359 et 389 pages, in-12. 3 vol. Rel. veau. (1re édition.)

11901. MÉMOIRES en forme de manifeste sur le procez criminel jugé et publié à S.-Pétersbourg en Moscovie, le 25 juin 1718. Contre le Czarevitch Alexei, fils aîné de Sa Majesté czarienne, convaincu de factions, rebellion et désobéissance envers son père, etc... *Nancy, Jean de la Rivière* (?), 1718. VI-382 pages, in-12. Portrait. Rel. veau.

11902. LARREY (DE). Histoire de France sous le règne de Louis XIV. Par M. de Larrey, conseiller de la cour et des ambassades de Sa Majesté le roy de Prusse. *Nancy, Jean-Bapt. Cusson*, 1719-1722. 9 vol. in-12. Rel. veau.

11903. GRANADO. Lettre du Père François Granado, recteur du noviciat de Madrit, aux Pères supérieurs de la province de Tolède de la Compagnie de Jésus. Touchant les vertus et la mort du R. P. Guillaume Daubenton, confesseur de S. M. Catholique. Traduite de l'espagnol en français. *Nancy, Jean-Baptiste Cusson*, 1724. 19 pages, in-4°. Br.

11904. IMITATIONE (DE) Christi libri quatuor, cum interpretatione gallica. *Nanceii*,

J.-B. Cusson, 1726. VIII-376 pages, in-8°. Rel. veau.

11905. TRIOMPHE (Le) de la religion sur les indifférens, par un auteur catholique. *Nancy, J.-B. Cusson*, 1727. XIV-216 pages, in-8°. Cart.

11906. (LOMBARD.) Méthode courte et facile pour discerner la véritable religion chrétienne d'avec les fausses qui prennent ce nom aujourd'hui. (Par Lombard.) *Nancy, Nicolas Baltazard*, 1728. X-235 pages, in-12. Rel. bas.

11907. OFFICE (L') de la Sainte Vierge sans renvoy. Depuis la Purification jusqu'à l'Avent. *Nancy, J.-B. Cusson*, 1728. XII-98 et 204 pages, in-12. 2 parties en 1 vol. Rel. veau.

11908. VIE (La) abrégée des saints Louis de Gonzague et Stanislas Kostka de la Compagnie de Jésus. *Nancy, Nicolas Baltazard*, 1728. 56 pages, in-12. Cart.

11909. CHEMINAIS. Sentimens de piété. Par le Père Cheminais, de la Compagnie de Jésus. Sixième édition, augmentée. *Nancy, N. Baltazard*, 1729. VI-138 pages, in-12. Rel. veau.

11910. (GAICHIÈS.) Maximes sur le ministère de la chaire, par le P. M*** (J. Gaichiès), prêtre de l'Oratoire. *Nancy, J.-B. Cusson*, 1729. VI-296 pages, in-12. Rel. veau.

11911. OFFICE de la semaine sainte, selon l'usage romain. *Nancy, Fr. Baltazard*, 1729. XIV-315 pages, in-12. Rel. veau.

11912. FRANÇOIS DE SALES (S.). Introduction à la vie dévote de saint François de Sales, évêque et prince de Genève, fondateur de l'ordre de la Visitation de sainte Marie. Nouvelle édition revue par le R. P. J. Brignon de la Compagnie de Jésus, et augmentée d'un exercice spirituel durant la sainte messe. *Nancy, N. Baltazard*, 1730. 448 pages, petit in-8°. Portrait. Rel. veau.

11913. COURTOT. La vie de saint François Solano, religieux prestre de l'observance de saint François, patron du Pérou. Composée par le R. P. François Courtot, religieux du même ordre, etc... *Nancy*,

François Midon, 1730. IV-115 pages, Rel. veau.

11914. LACHÈRE. La vie de St Jacques de la Marche, religieux prestre de la régulière observance de saint François ; canonisé par N. S. P. le pape Benoît XIII, le 10 Décembre 1726. Recueillie par le père François Lachère, religieux du même ordre, etc... *Nancy, Pierre Antoine*, 1730. II-76 pages, in-8°. Rel. veau.

11915. MÉDITATIONS pour les retraites, sur différents sujets, propres aux religieuses et à toutes les personnes spirituelles. Sixième édition. *Nancy, J.-B. Cusson*, 1730. 504 pages, in-8°. Rel. veau.

11916. BRIGNON. Le combat spirituel. Nouvellement traduit de l'italien. Par le P. J. Brignon, de la Compagnie de Jésus. *Nancy*, N. *Baltazard*, 1731. 407 pages, in-12. Rel. veau.

11917. IMITATION (L') de Jésus-Christ, nouvellement traduite. *Nancy, F. Midon*, 1731. IV-420 pages, in-8°. Rel. veau.

11918. RELATION de la maladie et de la mort du P. Girard, jésuite, mort à Dôle, le quatre juillet 1733. *Nancy, Antoine Leseure*, 1733. 7 pages, in-4°. Br.

11919. AVIS salutaires d'un serviteur de Dieu, contenant une courte instruction pour tendre sûrement à la perfection chrétienne... *Nanci, s. n.*, 1734. 212 pages, in-12. Rel. veau.

11920. DICTIONNAIRE universel françois et latin contenant la signification et la définition tant des mots de l'une et l'autre langue, avec leurs différens usages, que des termes propres de chaque état et de chaque profession. (Dictionnaire de Trévoux). *Nancy, Pierre Antoine*, 1734-1752. 7 vol. in-fol. Rel. mar. rouge.

11921. AVRILLON. Conduite pour passer saintement le carême. Par le R. P. Avrillon. *Nancy, Vve J.-B. Cusson*, 1735. 721 pages, in-8°. Rel. veau.

11922. AVRILLON. Réflexions, sentimens et pratiques sur la divine enfance de Jésus-Christ, tirez de l'écriture et des pères de l'Église, par le R. P. Avrillon, religieux minime. 3e édition. *Nancy, Vve J.-B. Cusson*, 1735. 276 pages, in-12. Rel. veau.

11923. (BOUTAUD.) Les conseils de la sagesse, ou le recueil des maximes de Salomon les plus nécessaires à l'homme pour se conduire sagement. Avec des réflexions sur ces maximes. (Par le P. Boutaud.) *Nancy, Nicolas Baltazard*, 1735. XVIII-256 et XXXIV-288 pages, in-8°. 2 tomes en 1 vol. Frontisp. Rel. veau.

11924. CHRÉTIEN (Le) dans la tribulation et l'adversité. Le chrétien malade et mourant. *Nancy*, N. *Baltazard*, 1735. VI-382 et 454 pages. 2 vol. in-12. Rel. veau.

11925. (LALLEMANT.) Le sens propre et littéral des pseaumes de David, exposé brièvement dans une interprétation suivie, avec le sujet de chaque pseaume. (Par Lallemant.) *Nancy, Vve Cusson*, 1735. XXVIII-540 pages, in-12. Rel. bas.

11926. PINAMONTI. Le directeur dans les voyes du salut et de la perfection chrétienne, traduit de l'italien, du R. P. Jean-Pierre Pinamonti. 4e édition. *Nancy, F. Baltazard*, 1735. VIII-366 pages, pet. in-8°. Rel. veau.

11927. ASPIRATIONS sacrées d'une personne embrazée de l'amour divin, présentées aux âmes dévotes, pour leur servir de modèle dans leurs élévations amoureuses vers Dieu. Par un P. M. — Poëme de la virginité, à l'usage des vierges chrétiennes, sur le bonheur et les engagements de leur état. *Nancy*, N. *Baltazard*, 1736. 56 et 24 pages, in-8°. En 1 vol. Cart.

11928. BLOSIUS. Instruction spirituelle et pensées consolantes pour les âmes affligées ou timides, ou scrupuleuses, traduites du latin de Louis Blosius, abbé de Lessies, avec quelques sentimens d'une âme pénitente. Nouvelle édition augmentée d'une addition à l'instruction spirituelle sur la préparation à la mort, par le P. J. Brignon, de la Compagnie de Jésus. *Nancy*, N. *Baltazard*, 1737. 210 et LX pages, pet. in-8°. Rel. veau.

11929. DELANNES. Histoire du pontificat d'Eugène III. Dédiée à Monseigneur l'illustrissime et révérendissime évêque duc de Langres, pair de France. Par dom Jean Delannes, religieux, bibliothécaire de l'abbaye de Clairvaux, etc... *Nancy, Pierre Antoine*, 1737. XII-274 pages, in-12. Rel. veau.

11930. PALAFOX (DE). Œuvres spirituelles de Dom Jean de Palafox, évesque d'Osma. *Nancy, N. Baltazard*, 1737. IV-368 pages, in-12. Rel. veau.

11931. BOSSUET. Justification des réflexions sur le Nouveau Testament..., composée en 1699, contre le problème ecclésiastique, etc., par Messire Jacques-Bénigne Bossuet. Nouvelle édition. *Nancy, J. Nicolai*, 1740. XXXII-112 pages, in-12. Rel. veau.

11932. DÉVOTION (La) au cœur de Jésus. Recueil d'instructions et de prières, pour les associations de Jésus. *Nancy, Vve N. Baltazard*, 1740. IV-284 pages, in-12. Cart.

11933. NEUVAINE à l'honneur de saint François Xavier, de la Compagnie de Jésus. *Nancy, Vve N. Baltazard*, 1741. 76 pages, in-12. Br.

11934. GERVAISE. L'honneur de l'Église catholique et des souverains pontifes défendu contre les calomnies, les impostures et les blasphèmes du Père Courayer, répandus dans la traduction de l'« Histoire du concile de Trente », par Fra Paolo, etc. (Par dom Fr. Arm. Gervaise.) *Nancy, F. Midon*, 1742. 640 pages, in-12. En 2 vol. Rel. veau.

11935. CORNEILLE. L'Imitation de Jésus-Christ, mise en vers par Monsieur Corneille, de l'Académie françoise. Nouvelle édition, augmentée des autres poésies spirituelles du mesme auteur. *Nancy, A.-D. Cusson*, 1745. XII-630 pages, in-4°. Fig. Rel. veau.

11936. LETTRES spirituelles et instructives sur les sujets les plus intéressans et les plus pratiques de la vie chrétienne. Par un ancien directeur de conscience. *Nancy, Fr. Midon*, 1745. IV-352 pages, pet. in-8°. Rel. veau.

11937. EXTRAIT des pseaumes ou pseautier composé par St Augustin pour sainte Monique, sa mère. *Nancy, P. Antoine*, 1746. VI-38 pages, pet. in-8°. Rel. veau.

11938. SALAZAR (DE). La conversion d'un pécheur réduite en principes. Par le P. François de Salazar, de la Compagnie de Jésus. Traduite de l'espagnol. *Nancy, Vve N. Baltazard*, 1747. XVI-288 pages, in-8°. Rel. veau.

11939. (COLLET.) La vie de St Vincent de Paul, instituteur de la congrégation de la Mission, et des Filles de la Charité. (Par Collet.) *Nancy, A. Leseure*, 1748. XXXIII-588 et X-615 pages, in-4°. 2 vol. Portrait. Rel. veau.

11940. (GOART.) Première lettre d'un docteur en Sorbonne (Goart), à Mademoiselle D. H., nouvellement réunie à l'Église catholique. *Nancy, Leseure*, 1748. 124 pages, in-8°. Cart.

11941. IMITATIONE (De) Christi libri quatuor. *Nanceii, A.-D. Cusson*, 1748. 227 pages, in-12. Frontispice. Rel. veau.

11942. ESPRIT (L') de l'Église dans le cours de l'année chrétienne. *Nancy, Héritiers de N. Baltazard*, 1749. 168 pages, in-12. Rel. veau.

11943. INSTRUCTIONS courtes et familières sur les devoirs du chrétien. *Nancy, Leseure*, 1749. 462 pages, in-8°. Rel. veau.

11944. (GOURY DE CHAMPGRAN.) Histoire de l'Isle de Corse, contenant en abrégé les principaux événemens de ce pays, le génie, les mœurs et les coûtumes de ses habitans, etc... (Par Goury de Champgran.) *Nancy, Abel-Denis Cusson*, 1749. XVI-296 pages, in-12. Rel. veau.

11945. MÉMOIRES du chevalier de Montendre, de Madame et de Mademoiselle Vanclève. *Nancy, H. Thomas*, 1749. 173 pages, in-12. Rel. veau.

11946. FOURQUEVAUX (DE). Catéchisme historique et dogmatique, sur les contestations qui divisent maintenant l'Église. (Par les abbés de Fourquevaux et Troïa d'Assigny.) Nouvelle édition... *Nancy, J. Nicolai* (Pseud.), 1750-1758. XL-408, 505, 530, 603 et 572 pages, in-12. 5 vol. Rel. veau.

11947. LE PRINCE. Lettres diverses et critiques. Par Madame Le Prince d(e) B(eaumont). *Nancy, H. Thomas*, 1750. VI-191 et 130 pages, in-12. 2 tomes en 1 vol. Demi-rel.

11948. LE PRINCE. Le triomphe de la vérité, ou mémoires de M. de La Villète. Par Mme Le Prince d(e) B(eaumont). *Nancy, H. Thomas*, 1751. XII-131 et 139 pages, in-12. 2 tomes en 1 vol. Rel. veau.

11949. NOVUM Jesu-Christi Testamentum, vulgatæ editionis, Sixti V pont. max. jussu recognitum et Clementis VIII auctoritate editum, notis historicis et criticis illustratum. *Nanceii*, A.-D. *Cusson*, 1751. viii-619 pages, in-12. Rel. veau.

11950. BARDOU du HAMEL. Dissertation sur la satyre. Plan développé du plaidoyé de Cicéron pour Milon. Dissertation sur la manière d'imiter les auteurs excellens, par Bardou du Hamel. *Nancy, Jean-Jacques Haener*, 1753. 62 pages, in-4°. Cartonné.

11951. HUBERT. Oraison funèbre de... très-excellente Princesse Madame Anne-Henriette de France. Prononcée... à Paris, le 27 avril 1752. Par le P. Hubert de Dole, capucin du couvent de St-Honoré. *Nancy, H. Thomas*, 1753. 24 pages, in-4°. Br.

11952. MAINTENON (DE). Lettres de Madame de Maintenon. *Nancy, Deilleau*, 1753. viii-205 et 201 pages, in-12. 2 tomes en 1 vol. Rel. veau.

11953. FELLON. Traité de l'amour de Dieu, divisé en XII livres, avec un discours préliminaire à la tête de chaque livre, et à la fin de chaque tome, un recueil de maximes spirituelles, de sentences, et de pieuses affections tirées du corps de l'ouvrage, selon la doctrine, l'esprit et la méthode de S. François de Sales, par Fellon, de la Compagnie de Jésus. *Nancy, J.-B. Cusson*, 1754. lii-408 et viii-411 pages, in-12. 2 vol. Rel. veau.

11954. LUBERT (Mlle DE). Léonille. Nouvelle. Par Mlle L. (de Lubert). *Nancy, H. Thomas*, 1755. ii-300 et 256 pages, in-12. 2 vol. Rel. veau.

11955. LETTRE à Monsieur Montignot, sur son système des causes physiques du tremblement de terre arrivé à Lisbonne. *Nancy, Leseure*, 1756. 34 pages, in-18. Cart.

11956. SAUVIGNY. La valeur récompensée. Poëme au Roi (Louis XV), en deux chants... Par Sauvigny, gendarme écossois. *Nancy, Haener*, 1757. 19 pages, in-8°. Cart.

11957. HUBI. Pratique de l'amour de Dieu et de Notre Seigneur Jésus-Christ. Par le R. P. Hubi, de la Compagnie de Jésus.

Nancy, Haener, 1758. 216 pages, in-12. Rel. veau.

11958. PRATIQUES pour se conserver en la présence de Dieu. Nouvelle édition, etc. *Nancy, Vve N. Baltazard*, 1758. 112 pages, pet. in-8°. Rel. veau.

11959. RELATION circonstanciée et détaillée de ce qui s'est passé au sujet du convoi enlevé aux Prussiens, et de la levée du siège d'Olmutz. *Nancy, J. Lechesne*, (1758). 4 pages, in-4°.

11960. CONVERSION (La) des juifs dispersés en Pologne, Hongrie, Turquie, etc. *Nancy, Haener*, 1759. 9 pages, in-4° à 2 col. Cart.

11961. BOSSUET. Retraite de dix jours ou œuvres détachées de feu Mgr... J.-B. de Bossuet, évêque de Meaux. *Nancy, Vve et Cl. Leseure*, 1760. 264 pages, in-12. Rel. veau.

11962. HISTORYA starego y nowego testamentu. (Histoire de l'ancien et du nouveau Testament en vers polonais, publiée par les soins de Stanislas.) *Nancy, Piotra Antoine*, 1761. iii-743 pages, in-fol. Rel. mar. rouge.

11963. (GRANGIER.) Examen théologique sur la société du prêt à rente : Dialogue entre Bail et Pontas, docteurs en théologie. Par M. X*** (le P. Grangier), aussi docteur en théologie. *Nancy, P. Duranzo(?)*, 1762. 258 pages, in-12. Rel. veau.

11964. SAINT (DE). Lettre à Monsieur ***, contre l'inoculation, qui combat le mémoire historique de M. de la Condamine, lû à l'Académie royale des sciences, sur l'insertion de la petite vérole ; dans laquelle sont insérés des principes pour la connoissance et guérison de cette maladie. *Nancy*, s. n., 1763. 132 pages, in-12. Cart.

11965. HEURES nouvelles dédiées à Monseigneur le Prince Royal, contenant les prières du matin, du soir... *Nancy, J. Haener*, 1764. cxxviii-66 et 239 pages, in-12. Rel. mar. r., d. s. tr.

11966. INSTRUCTIONS touchant l'adoration perpétuelle du Très-Saint Sacrement de l'autel. *Nancy, Henry*, 1764. xxiv-232 pages, in-8°. Rel. basane.

11967. FLEURY. Catéchisme historique contenant en abrégé l'histoire sainte et la doctrine chrétienne, par M. Claude Fleury, abbé du Loc-Dieu. *Nancy, P. Antoine,* 1765. 112 pages, in-8°. Cart.

11968. AIDE-MÉMOIRE, ou chronologie abrégée. Vue, corrigée et augmentée. *Nancy, Thomas père et fils,* 1766. 107 pages, in-18. Rel. veau.

11969. MÉDITATIONS chrétiennes. (Par la princesse Isabelle Bourbon-Parme.) *Nancy, Vve et Cl. Leseure,* 1766. 136 pages, in-8°. Cart.

11970. ORTOGRAFE des dames, pour aprandre à écrire et à lire corectement en très peu de tems. *Nancy, Haener,* 1766. 72 pages, in-12. Br.

11971. LISTE de MM. les chevaliers de la vénérable langue de France, divisés en trois prieurés : France, Aquitaine et Champagne, faite par les commissaires nommés à cet effet par la vénérable langue, en 1766. *Malte ; Nancy, P. Antoine,* 1767. 30 pages, in-8°. Br.

11972. AGÉNOR et Zulmé. *Nancy, J.-B. Hiacinthe Leclerc,* 1768. 241 pages, in-12. Rel. veau.

11973. ABRÉGÉ de la vie de sainte Jeanne-Françoise de Chantal, fondatrice de l'ordre de la Visitation de sainte Marie. *Nancy, Imp. Séb. Baltazard,* 1769. vi-160 pages, in-8°. Cart.

11974. CICÉRON. M. Tullii Ciceronis selectæ orationes, summa cura emendatæ ; ad usum universitatis nanceianæ. *Nanceii, ex typis Sebastiani Bachot,* 1769. 68, 18, 20, 20, 20, et 101 pages, in-12. 6 brochures en 1 vol. Rel. parchemin.

11975. POISONS, contre-poisons. Avis à l'humanité, par un médecin citoyen. *Nancy, C.-S. Lamort,* 1769. 43 pages, in-8°. Cart.

11976. TALON. La vie de S. François de Sales, évêque et prince de Genève. Par le R. P. Nicolas Talon, de la Compagnie de Jésus. *Nancy, Imp. Séb. Baltazard,* 1769. x-420 pages, in-12. Rel. veau.

11977. VAUBER (le R. P.). Exercices de piété pour les associés à l'Adoration perpétuelle du S.-Sacrement. Par le R. P. Vauber. *Nancy, M.-M.-S. Baltazard et J. Orbelin,* 1770. 192 pages, in-12. Cart.

11978. BAUDOT. Essais anti-hidrophobiques, par Baudot, docteur en médecine à La Charité-sur-Loire. *Nancy, H. Leclerc,* 1770. viii-37 pages, in-16. Br.

11979. MEURSIUS. Joannis Meursii elegantiæ latini sermonis, seu Aloisia Sigæa Toletana, de arcanis amoris et veneris, adjunctis fragmentis quibusdam eroticis. *Birminghamiæ (Nancy, Hyacinthe Leclerc),* 1770. xxxviii-296 et iv-285 pages, in-16. Frontispice gravé par Collin, fils. 2 vol. Rel. veau.

11980. MÉMOIRE à consulter pour le sieur Doens, premier vicaire de l'église paroissiale de Dunkerque. *Nancy, P. Antoine, P. Barbier,* 1771. 22 pages, in-4°. Br.

11981. (FOURCROY.) Méthode pour apprendre facilement l'histoire de la Bible, avec l'histoire de conciles généraux. Nouvelle édition. (Par l'abbé de Fourcroy.) *Nancy, Messein, Gervois et Leclerc,* 1772. xiv-223 pages, pet. in-8°. Rel. veau.

11982. VILLIERS (DE). Méthode pour rappeler les noyés à la vie, recueillie des meilleurs auteurs. Par M. de Villiers, docteur en médecine. *Nancy, J.-B.-H. Leclerc,* 1772. 135 pages, in-16. Rel. veau.

11983. MARMONTEL. La voix des pauvres. Épitre au Roi sur l'incendie de l'Hôtel-Dieu, par Marmontel, historiographe de France, l'un des Quarante de l'Académie française. *Nancy, P. Antoine, P. Barbier,* 1773. 16 pages, in-8°. Cart.

11984. LASSONE... Précis du traitement contre les ténia ou vers solitaires, pratiqué à Morat en Suisse, examiné et éprouvé à Paris, par MM. Lassone, Macquer, E. de La Motte, A.-L. de Jussieu, et J.-B. Carburi. *Nancy, J.-B.-H. Leclerc,* 1775. 8 pages, in-4°. Cart.

11985. RECUEIL d'ouvrages sur la discipline des avocats. (*Nancy*), s. n., 1775. 109 pages, in-8°. Cart.

11986. FLEURY. Catechismus historicus minor, quo et historiæ sacræ et doctrinæ christianæ summa continetur; auctore Claudio Fleury, abbate Loci-Dei. *Nanceii*, J. *Haener*, 1776. 92 pages, pet. in-8°. Br.

11987. MÉMOIRE instructif sur ce que les parens doivent observer pour proposer leurs enfans pour les Écoles royales-militaires. *Nancy*, *Vve Leclerc*, 1776. 4 pages, in-4°. Br.

11988. MAXIMES éternelles, ou méditations pour chaque jour de la semaine. *Nancy*, C.-S. *Lamort*, 1777. 63 pages, in-12. Br.

11989. PELLEGRIN. Cantiques spirituels, à l'usage des catéchismes et des écoles chrétiennes, par M. l'abbé Pellegrin, et autres auteurs. Septième édition. *Nancy*, J. *Haener*, 1777. 124 pages, in-8°. Demi-rel.

11990. LA HARPE. Les muses rivales ou l'apothéose de Voltaire, en un acte, et en vers libres, représentées pour la première fois, par les comédiens français, le 1er février 1779; et à Nancy, le 17 novembre, même année. Par M. de la Harpe, de l'Académie française. *Nancy*, *Vve Leclerc*, 1779. 31 pages, in-8°, Cart.

11991. INDICE des noms françois et latins de toutes les choses, mis en ordre suivant leurs différents rapports, ou indiculus universalis, à l'usage des collèges. *Nancy*, *Sébastien Bachot*, 1781. 11-227 pages, in-12. Rel. veau.

11992. OFFICIUM S. Vincentii a Paulo, congregationis Missionis et Puellarum charitatis institutoris. *Nanceii*, H. *Haener*, 1781. 40 pages, in-8°. Cart.

11993. LIVRE (Le) des enfans, ou idées générales et définitions des choses dont ils doivent être instruits. *Nancy*, P. *Barbier*, 1782. 120 pages, in-8°. Cart.

11994. BONAVENTURE. Histoires et paraboles du P. Bonaventure. *Nancy*, *Vve Leclerc*, 1783. 196 pages, in-12. Rel. bas.

11995. MÉMOIRE sur la maladie qui a attaqué, en différens temps, les femmes en couche, à l'Hôtel-Dieu de Paris, lû dans une des assemblées de la Faculté de médecine de Paris, dites *Prima-mensis*, suivi d'un rapport, fait par ordre du gouvernement, sur le même sujet ; avec des ré-

flexions sur la nature et le traitement de la fièvre puerpérale, lû dans la séance de la Société royale de médecine, tenue au Louvre le 6 septembre 1782. *Nancy*, H. *Haener*, 1783. 26 pages, in-4°. Cart.

11996. INTRODUCTION à la vie intérieure en forme d'entretien, ou explication familière des dispositions nécessaires au chrétien, pour être intérieur et homme d'oraison. *Nancy*, N. *Baltazard*, 1785. 167 pages, in-12. Rel. veau.

11997. RÉFLEXIONS sur la récitation du chapelet. (*Nancy*, P. *Barbier*, 1785.) 24 pages, in-8°. Cart.

11998. LA LOMIA. Le mois consacré à Marie, ou pratiques de dévotion à l'honneur de la Ste Vierge, pour un mois entier; suite de méditations, de prières et d'exemples pour chaque jour, par M. François La Lomia, missionnaire d'Italie. 2° édition (traduction française). *Nancy*, C.-S. *Lamort*, 1786. xxxviii-180 pages, in-18. Rel. bas.

11999. DISCOURS du Roi, prononcé à l'assemblée des notables, du lundi 23 avril 1787. *Nancy*, *Vve Leclerc*, 1787. 7 pages, in-4°. Cart.

12000. DISCOURS du Roi, prononcé à l'assemblée des notables du lundi 23 avril 1787. *Nancy*, *Henri Haener*, 1787. 7 pages, in-4°.

12001. DISCOURS prononcés à l'assemblée des notables, du vendredi 25 mai 1787. (Par le Roi, M. de Lamoignon, M. de Brienne, M. Dillon, M. d'Aligre, etc.) *Nancy*, H. *Haener*, 1787. 44 pages, in-4°. Relié.

12002. HEURES nouvelles, en forme de pratique de piété, et de dévotion, contenant un recueil de prières choisies. *Nancy*, P. *Barbier*, 1787. iv-212 pages, in-18. Rel. mar. vert orné.

12003. DISCOURS du roi ; discours de M. le garde des sceaux ; rapport de M. le directeur général des finances, fait par ordre du roi. (Ouverture des États-Généraux, faite à Versailles le 5 mai 1789.) *Nancy*, H. *Haener*, 1789. 132 pages, in-8°. Cart.

12004. RECUEIL des actions héroïques et civiques des républicains français, imprimé par ordre de la Convention nationale. Réimprimé en exécution de l'arrêté de l'administration du département de la Meurthe, du 19 fructidor, de l'an 2e de la République, pour être enseigné dans les écoles comme livre élémentaire. *Nancy, H. Haener, An III.* 104 pages, in-8°. Cart.

12005. TABLEAU de l'emplacement des tribunaux correctionnels, avec les noms des cantons assignés à chaque arrondissement. *Nancy, Imp. H. Haener, An IV.* 119 pages, in-8°. Cart.

12006. COURS des changes étrangers, avec la réduction des monnoies, poids et aunages, tirés de plusieurs manuscrits, et augmentés par M. L. I. *Nancy, J.-R. Vigneulle, An VI* (1797). 300 pages, in-8° obl. Rel. veau.

12007. ÉGLISE (L') de France assemblée en concile national, à notre Très-Saint-Père le Pape Pie VI. *Nancy, Duplan, 1797.* 11 pages, in-8°. Br.

12008. LEÇONS de morale pour servir à l'instruction des enfants; suivies de discours, hymnes, extraits et morceaux choisis de religion et de morale. *Nancy, Guivard, 1797.* 80 pages, in-24. Br.

12009. INSTRUCTIONS concernant les nouveaux poids et mesures, avec des tables de comparaison pour en faciliter l'application aux différens usages de la société. *Nancy, Guivard, (An VI).* 82 pages, in-8°. Cart.

12010. JOURNÉE du dix-huit fructidor. *Nancy, P. Barbier, An VI.* 36 pages, in-8°. Br.

12011. MANUEL et année religieuse des théophilanthropes ou adorateurs de Dieu et amis des hommes. *Nancy, Guivard, An VI.* 108 pages, in-8°. Cart.

12012. CORRESPONDANCE du comte de Callidon avec madame Francine B.; publiée par Oudard Lucy. *Nancy, s. n., An IX.* 240 pages, in-12. Cart.

12013. PRINCIPES élémentaires de la lecture, en latin. *Nancy, Vve Bachot, s. d.* 166 pages, in-8°. Cart.

12014. DÉCLARATION des sentimens du Concile national, envers les autorités spirituelle et temporelle. *Nancy, Vve Bachot, s. d.* 18 pages, in-8°. Br.

12015. PATER (Le) de la jardinière, et l'Ave Maria de la jardinière. *Nancy, F. Balthazard, s. d.* 8 pages, in-12. Rel. veau.

12016. CATÉCHISME de la déclaration des droits de l'homme et du citoyen, par J.-B. B***, maître de pension, et ci-devant professeur à l'Université de Paris. *Nancy, P. Barbier, s. d.* 72 pages, in-12. Cart.

12017. LIVRE de la sainte confrérie ou confédération d'amour de Notre-Dame Auxiliatrice, érigée à Munich... Traduit de l'allemand. *Nancy, L. Beaurain, s. d.* 72 pages, in-12. Cart.

12018. RUDIMENS (Les) ou commencemens de la langue latine, avec les concordances, ou règles plus faciles pour apprendre à composer en latin, par un père de la Compagnie de Jésus. *Nancy, J. Bonchard, s. d.* 24 pages, in-18. Br.

12019. DIALOGUE sur ces mots de Montesquieu : « La vertu est la base des républiques. » *Nancy, Delahaye, s. d.* 17 pages, in-8°. Br.

12020. DÉLICES (Les) de la langue latine, prises toutes la plupart dans les œuvres de Cicéron, avec une introduction à l'explication françoise des auteurs latins. *Nancy, Drouin, s. d.* 176 pages, in-18. Rel. parchemin.

12021. HOMMAGE à l'Éternel. Profession de foi des hommes libres sur la vraie religion et l'immortalité de l'âme, reconnue par le peuple français, dans la séance du 19 floréal, pour être récitée dans toute l'étendue de la République française... *Nancy, Guivard, s. d.* 8 pages, in-8°. Br.

12022. BOUDIN. Oraison funèbre du général Joubert, prononcée à Nancy, le 10 vendémiaire an 8 de la République française, une et indivisible, par le citoyen Boudin, aide-de-camp du général Gilot, commandant la 4e division militaire. *Nancy, Guivard, s. d.* 8 pages, in-8°. Br.

12023. CONSTITUTION française de l'an VIII, suivie des lois organiques. *Nancy,*

Haener et Vigneulle, s. d. 268 pages, in-12. Demi-rel.

12024. BULLE de notre Très-Saint Père en Jésus-Christ et Seigneur le pape Benoît XIV, sur l'ordre de préséance entre l'abbé général et les autres abbés et chanoines réguliers de la congrégation de Latran, et l'abbé général, les autres abbés et moines de l'ordre et congrégation de Saint Basile-le-Grand, conforme à l'exemplaire romain, avec la version du texte latin. *Nancy, Haener*, s. d. 39 pages, in-4°. Rel.

12025. CAVALIER. Topographie médicale et historique de la ville de Dunkerque, par P.-J. Cavalier, chevalier de la Légion d'honneur, etc... *Nancy, Imp. C.-J. Hissette*, s. d. iv-89 pages, in-12. Demi-rel.

12026. VÉTILLARD. Mémoire sur une espèce de poison, le seigle ergoté. Par Vétillard, membre de la compagnie des médecins du Mans. *Nancy, Hiacinthe Leclerc*, s. d. 20 pages, in-4°. Br.

12027. MOULT. Prophéties perpétuelles très-curieuses et très-certaines, de Thomas-Joseph Moult, natif de Naples, astronome et philosophe. *Nancy, Leseure-Gervois et fils*, s. d. 95 pages, in-12. Cart.

12028. DÉVOTION (La) au Sacré-Cœur de Notre Seigneur Jésus-Christ, établie dans les communautés des religieuses de la Visitation de Sainte-Marie, etc. *Nancy, Leseure-Gervois*, s. d. xiv-496 pages, in-8°. Rel. veau.

12029. CONQUÊTES du grand Charlemagne, roi de France. Avec les faits héroïques des douze pairs de France et du grand Fierabras, et le combat fait par lui contre le petit Olivier qui le vainquit ; et des trois frères qui firent les neuf épées, dont Fierabras en avaient trois pour combattre contre ses ennemis, comme vous les verrez ci-après. *Nancy, Leseure-Gervois et fils*, s. d. 192 pages, in-12. Cart.

12030. CONVENTION entre le gouvernement français et sa sainteté Pie VII, échangée le 25 fructidor An IX. *Nancy, Thiébaut*, s. d. 8 pages, in-8°. Br.

12031. ÉLÉMENS ou abrégé de l'histoire universelle. *Nancy, H. Thomas*, s. d. xxxii-178 pages, in-12°. Rel. veau.

12032. (CÉLESTIN.) La science du chrétien, ou l'abrégé de la connaissance de Dieu. Par le R. P. *** (Célestin), carme déchaussé. *Neufchâteau, J.-F. Rouerke*, 1737. xvi-339 et 417 pages, in-8°. 2 tomes en 1 vol. Rel. veau.

12033. AVERTISSEMENT du clergé de France, assemblé à Paris par permission du roi, aux fidèles du royaume, sur les dangers de l'incrédulité. *Neufchâteau, Monnoyer*, 1770. 100 pages, in-16. Br.

12034. ROBBE. Tractatus de augustissimo Eucharistiae sacramento, auctore M. Jacobo Robbe, sacrae Facultatis Parisiensis doctore, e societate Sorbonicâ et regio sacrae theologiae professore in Sorbonâ. *Neocastri, J.-N. Monnoyer*, 1772. 508 pages, in-8°. Demi-rel.

12035. HERVET. Le sainct, sacré, universel et général concile de Trente. Traduict de latin en françois, par Gentian Hervet d'Orléans, chanoine de Rheims. Augmenté des choses mentionnées en la page suyvante : Le catalogue des pères et des officiers du sainct concile. — Le catalogue des livres censurés, etc. *Pont-à-Mousson, M. Marchant*, 1584. xii-504 et 111 pages, pet. in-8°. Rel. parchemin.

12036. FRUSIUS. Epigrammata in haereticos. Authore Andrea Frusio societatis Jesu. *Mussiponti, ex officina Martini Mercatoris*, 1587. 116 pages, in-12. Rel. parchemin

12037. PAPON. Commentaires sur la loy, *Si unquam c. de revocand. donat*. Contenans plusieurs décisions fort notables sur le faict des donations, testamens, substitutions et autres matières tirées des docteurs et jurisconsultes, par Estienne Papon, sieur du Buillon, conseiller du roy, lieutenant-général criminel au bailliage et comté de forests. *Pont-Amousson, J. de La Fontaine*, 1608. viii-84 pages, in-4°. Demi-rel.

12038. PAPON. Recueil d'arrests notables des cours souveraines de France, ordonnez par titres en vingt-quatre livres, par Jean Papon, conseiller du roy et lieutenant général au bailliage de forests ; augmenté en ceste dernière édition de plusieurs nouveaux arrests, et curieuses recherches... *Pont-Amousson, J. de La Fontaine*, 1608. xx-1456 pages, in-4°. Demi-rel.

12039. RIBADENERA. La vie du B. P. Ignace de Loyola, fondateur de la religion de la Compagnie de Jésus. Escrite premièrement en espagnol par le R. P. Pierre Ribadenera, etc... et nouvellement traduite en français par le sieur Henry de Sponde. *Pont-à-Mousson*, *Melchior Bernard*, 1608. IV-239 pages, in-12. Rel. parchemin.

12040. TITE-LIVE. T. Livii patavini historici clarissimi decadis primæ liber secundus. *Mussiponti*, *apud Melchiorem Bernardum*, 1610. 104 pages, in-12. Cart.

12041. APHTHONIUS. Aphthonii sophistæ progymnasmata, sive exercitationes primæ, partim a Rodolpho Agricola, partim a Joanne Maria Catanæo latinitate donata. *Pontimussi*, *apud Melchiorem Bernardum*, 1612. 39 feuillets, in-32. Br.

12042. TURSELLINUS. Horatii Tursellini romani e societate Jesu lauretanæ historiæ libri quinque. *Mussiponti*, *apud Melchiorem Bernardum*, 1614. XXII-639 pages, in-12. Demi-rel.

12043. PLUTARQUE. Apophtegmes de Plutarque. Ou dicts notables des anciens roys, princes et grands capitaines. Translatées de grec en françois, par Jacques Amyot, E. d'Auxerre. *Mussiponti*, *apud Melchiorem Bernardum*, 1615. 358 pages, in-8°. Rel. parchemin.

12044. VÉRON. Bref et facile moyen par lequel toute personne bien qu'elle ne soit versée en théologie, peut par la seule bible, soit de Genève, soit autre, et par la confession de foy de la religion prétenduë, faire paroistre évidemment à tout ministre qu'il est abusé en tous et un chacun des poincts de la prétenduë réformation, par le P. François Véron, parisien, de la Compagnie de Jésus. *Pont-à-Mousson*, *M. Bernard*, 1617. 214 pages, in-32. Br.

12045. APHTONIUS. Aphtonii sophistæ progymnasmata, sive exercitationes primæ. Partim a Rodolpho Agricola, partim a Joanne Maria Catanæo latinitate donata. *Mussiponti*, *apud Melchiorem Bernardum*, 1620. 150 pages, in-12. Relié parchemin.

12046. RIBADENEYRA (DE). La vie du bienheureux Louis de Gonsague, de la Compagnie de Jésus. Composée par le R. P. Pierre de Ribadeneyra, de la mesme compagnie. Dédiée à l'Altesse de madame de Lorraine. *Pont-à-Mousson*, *Charles Marchant*, 1620. 130 pages, in-24. Rel. parchemin.

12047. TABLATURE spirituelle des offices et officiers de la couronne de Jésus, couchez sur l'estat royal de la crèche, et payez sur l'espargne de l'estable de Bethléem, réduits en petits exercices pour la consolation des ames dévotes qui s'addonnent à l'oraison, par un père de la congrégation du Tiers ordre S.-François. *Pont-à-Mousson*, *M. Bernard*, 1621. 158 pages, in-18 obl. Rel. veau.

12048. CICÉRON. M. Tullii Ciceronis ad Q. fratrem dialogi tres de oratore. *Mussiponti*, *apud Sebastianum Cramoisy*, 1622. 119, 170 et 108 pages, in-18. 3 brochures en 1 vol. Rel. parch.

12049. GUERSON. L'Anti-Rochelle ou doux contre-poison à l'insolent manifeste des Rochellois, où l'auteur descouvre la malice invétérée des rebelles... Par le sieur Guerson, docteur en théologie. *Pont-à-Mousson*, *M. Bernard*, 1622. 87 pages, in-8°. Cart.

12050. RELATIO facta in consistorio secreto, coram S. D. N. Gregorio papa XV, a Francisco Maria, episcopo portuensi, S. R. E. card. a Monte, die XXIV janvarii MDCXXII, super vita, sanctitate, actis canonizationis, et miraculis beati Francisci Xavier e societate Jesu. *Mussiponti*, *apud Sebastianum Cramoisy*, 1622. 99 pages, in-8°. Rel. parch.

12051. RELATIO facta in consistorio secreto, coram S. D. N. Gregorio papa XV, a Francisco Maria, episcopo portuensi, S. R. E. card. a Monte, die XIX janvarii MDCXXII super vita, sanctitate, actis canonizationis, et miraculis beati Ignatii, fundatoris societatis Jesu. *Mussiponti*, *apud Sebastianum Cramoisy*, 1622. 58 pages, in-8°. Rel. parch.

12052. ZAMBECCARUS. Oratio Nicolai Zambeccari consistorialis aulæ advocati, utriusq., signaturæ referendarii, et sacræ congreg., super episcopis, et regularibus secretarii coram sanctiss. D. N. Gregorio

47

XV, in publico consistorio supplicantis pro beatis Ignatio Loiola fundatore societatis Jesu, ejusque socio Franc. Xaviero in sanctorum numerum referendis, habita die xxvii janvarii MDCXXII. *Mussiponti*, *apud Sebastianum Cramoisy*, 1622. 28 pages, in-8°. Rel. parch.

12053. FLORUS. Lucii Annæi Senecæ Flori libri quatuor... et Ruffi Festi V. C. breviarium. *Mussiponti*, *Seb. Cramoisy*, 1624. 217 pages, demi in-8°. Rel. parch.

12054. BINET. La vie et les éminentes vertus de sainct Gombert yssu de la royale maison de France et de saincte Berthe sa femme, fondatrice du Val-d'or d'Avenay. Par le R. P. Estienne Binet, de la Compagnie de Jésus. *Pont-à-Mousson*, *Sébastien Cramoisy*, 1624. x-258 et 332 pages, in-12. 2 tomes en 1 vol. Rel. veau.

12055. ÉSOPE. Selectiores Æsopi fabulæ. Accessit interpretatio, et vocum omnium explicatio, in usum studiosæ juventis. *Mussiponti*, *J. Appier Hanzelet*, 1625. 176 pages, pet. in-8°. Cart.

12056. NICAISE. Thesaurus elegantiarum seu latinæ phrases, ex optimis quibusque phrasiologis electæ, auctæque per P. F. Nicasium Baxium Augustinianum. *Mussiponti*, *Séb. Cramoisy*, 1626. xviii-574 pages, pet. in-8°. Rel. parch.

12057. LE MAISTRE (RODOLPHE). Conseil préservatif et curatif des fièvres pestilentes de ce temps. Par le sieur Rodolphe Le Maistre, conseiller médecin ordinaire du roy, etc... *Pont-à-Mousson*, *Gaspar Bernard*, 1631. 95 pages, in-12. Rel. parchemin.

12058. EXERCICES (Divers) de dévotion à S. Antoine de Padoüe, avec une instruction touchant la méthode de les pratiquer et un abrégé de sa vie et de ses miracles. Recueillies par un religieux de l'ordre de S. François, en faveur de ceux qui demandent des grâces au ciel par la puissance intercession de ce grand saint. *Pont-à-Mousson*, François Maret, (1703.) xvi-320 pages, in-8°. Rel. veau.

12059. SEGNERI. Considérations chrétiennes pour tous les jours de la semaine. Traduction de l'italien du R. P. Paul Se-

gneri, de la Compagnie de Jésus. *Pont-à-Mousson*, *F. Maret*, 1710. 284 pages, in-12. Rel. veau.

12060. PHÈDRE. Phædri, Augusti liberti, fabularum æsopiarum liber tertius. *Mussi-Ponti*, *apud Petrum Maret*, 1744. 23 pages, in-4°. Cart.

12061. PROGRESSION de la grammaire à la logique, nouvelle expérience du sieur ***, selon ses livres élémentaires autorisés par arrêt du conseil de Sa Majesté polonoise du 13 juillet 1762, regître à la Cour souveraine le 21. *Pont-à-Mousson*, *M. Thiéry*, s. d. (1762). 18 pages, pet. in-4°. Cart.

12062. (WALDSEMULLER.) Cosmographiæ introductio, cum quibusdam geometriæ ac astronomiæ principiis ad eam rem necessariis. Insuper quattuor Americi Vespucii navigationes, etc. (Auct. Martino Ylacomilo-Waldsemuller.) *A la fin* : *Urbs Deodate...*, s. n. (G. Lud), IIII calend. sept. 1507. 54 feuillets, non chiffrés, in-4°. Fig. astronom. Rel. parchemin.

12063. DENIS DE FORMOND. La tarantule du Guenon de Genève ci-devant nommé Léandre, et à présent Constance Guenard, hérétique, apostat, dévoyé de la vraye foy, et de la sainte Église romaine... Par Denys de Formont, théologien bourguignon. *Saint-Mihiel*, *Fr. du Bois*, 1620. xxiv-296 pages, in-8°. Rel. parchemin.

12064. (LE FÈVRE DE SAINT-MARC.) Vie de monsieur Pavillon, évêque d'Alet. (Par Le Fèvre de Saint-Marc et La Chassagne.) *Saint-Miel*, s. n., 1738. xiv-408, 144, 498 et 434 pages, in-8°. 4 tomes en 3 vol. Rel. veau.

12065. COSSIN DE LISLEDONT. Aspirationes sacræ, per missas capitulares; ad usum canonicorum, et omnium de clero. Auctore D. Cossin de Lisledont, sacerdote. *San-Mielli*, *typis Caroli Duval*, 1786. 31 pages, in-18. Cart.

12066. COSSIN DE LISLEDONT. Confession d'un pénitent, en forme de paraphrases des pseaumes de la pénitence. Avec des élévations à Dieu, en langue latine, à l'usage des chanoines et autres, obligés par état d'assister aux messes capitulaires.

Par l'abbé Cossin de Lisledont. **Saint-Mihiel**, *Imp. Charles Duval*, 1786. VIII-240 pages, in-18. Cart.

12067. JULIEN. Les merveilles de la ville de Rome, où il est traicté des églises, stations et reliques des corps saintz, qui y sont... Par Pierre Paul Julien. **Toul**, *S.-S. Martel*, 1616. II-168 pages, in-8°. Cart.

12068. PALLADIO. Les antiquitez de la ville de Rome briefvement recueillies des autheurs tant anciens que modernes, par M. André Palladio ; avec un discours sur les feux des anciens. Le tout traduict d'italien en françois par Pompée de Launay ; plus y est adjousté le chemin de Toul à Rome. **Toul**, *S.-S. Martel*, 1616. 74 pages, in-8°. Cart. (Incomplet.)

12069. MANUEL (Le) des religieuses contenant des advis très utiles pour faire bien et parfaitement les fonctions et exercices de la vie religieuse et spirituelle... **Toul**, *Simon-S. Martel*, 1619. 444 pages, in-12. Rel. parchemin.

12070. (GARASSE). Le Rabelais réformé par les ministres et nommément par Pierre Du Moulin, ministre de Charenton, pour response aux bouffonneries insérées en son livre de « La vocation des pasteurs ». (Par le P. François Garasse, jésuite.) **Toul**, *Simon-S. Martel*, 1621. 248 pages, in-8°. Rel. parchemin.

12071. VIE (La) du B. F. Félix de Cantalice, capucin. Recueillie par un P. capucin, des informations qui ont été faictes par l'auctorité du sainct siège. **Toul**, *Simon-S. Martel*, 1626. VI-172 pages, in-12. Rel. parchemin.

12072. YEPES (DE). Chroniques générales de l'ordre de S. Benoist, composées en espagnol par le R. P. dom Anthoine de Yepes, abbé de saint Benoist de Valladolid, et traduites en françois par le R. P. Dommartin, etc... **Toul**, *Jean Laurent, et Jean-François Laurent*, 1670-1674. 7 vol., in-fol. Rel. veau.

12073. COMPENDIUM biblicum ss. litterarum universas pene historias, leges, prophetias... complectens... Per quemdam FF. Minorum Capucinorum presbyterum. *Tulli-Leucorm*, *A. Laurent*, 1676. 142 pages, in-18. Rel. veau.

12074. DIURNUS sacerdotum cibus, ad mensam altaris praevius. Ubi, quæ scire, vitare, peragere debet sacerdos, ex sacris litteris et sanctis patribus summatim collecta sunt. *Tulli-Leucorum*, *A. Laurent*, 1676. 52 pages, in-18. Rel. veau.

12075. CONSTITUTION de notre S. Père le Pape Clément XI, du 8 de septembre 1713, en latin et en françois, portant condamnation de plusieurs propositions extraites d'un livre imprimé en françois, et divisé en plusieurs tomes, intitulé : « Le nouveau testament en françois, avec des réflexions morales sur chaque verset. A Paris 1699 » ; et autrement : « Abrégé de la morale de l'évangile, des épitres de S. Paul, des épitres canoniques, etc., ou pensées chrétiennes, sur le texte de ces livres sacrez. A Paris 1693 et 1694. » **Toul**, *A. Laurent*, 1714. 19 pages, in-4°. Rel.

12076. CENSURE des livres de frère Pierre-François Le Courayer, chanoine régulier de Sainte-Geneviève, intitulés : « Dissertation sur la validité des ordinations des anglois, et deffense de la dissertation sur sur la validité des ordinations des anglois, etc., par les cardinaux, archevêques et évêques assemblés extraordinairement à Paris ». **Toul**, *L. et E. Rolin*, 1728. 24 pages, in-4°. Rel.

12077. TRAITÉ de la prononciation et de l'orthographe de la langue françoise, tiré des meilleurs auteurs, suivi d'une instruction sur l'écriture, enrichie d'exemples en taille douce, faisant partie de la méthode familière pour les petites écoles, imprimée par ordre de Monseigneur l'évêque, comte de Toul, etc... **Toul**, *Joseph Carrez*, 1769. VIII-181 pages, in-8°. Cart.

12078. IMITATION de la Très-Sainte Vierge, sur le modèle de l'Imitation de Jésus-Christ, imprimée par ordre de Monseigneur, à l'usage de son diocèse. **Toul**, *J. Carez*, 1772. X-192 pages, in-12. Cart.

12079. BICQUILLEY (DE). Du calcul des probabilités. Par C.-F. de Bicquilley, garde-du-corps du roi. **Toul**, *Joseph Carez*, 1783. VI-164 pages, in-8°.

12080. OBSERVATIONS impartiales sur l'aménagement des bois du roi, de ceux des gens de main-morte et des particuliers. Ouvrage qui peut être utile aux officiers d'eaux et forêts, et à tous propriétaires de bois, par un officier d'eaux et forêts. *Verdun*, J.-L. *Christophe*, 1781. v-88 pages, pet. in-8°. Demi-rel.

12081. MONTGARNY (DE). Nouveau traitement des maladies dyssentériques, à l'usage du peuple indigent, par M. Harmand de Montgarny, docteur en médecine de

l'Université de Montpellier, etc. *Verdun*, *Christophe*, 1783. 10 pages, in-4°. Cart.

12082. MONTGARNY (DE). Alchianologie de l'homme, par J.-P. Harmand de Montgarny. Partie physiologique. *Verdun*, *Christophe*, 1792. 52 pages, in-12. Cart.

12083. CONSTITUTION française précédée de la déclaration des droits et devoirs de l'homme et du citoyen..., moyens de terminer la Révolution. *Vézelise*, J. *Richard Vigneulle*, s. d. 81 pages, in-12. Cart.

TABLE ALPHABÉTIQUE

GÉNÉRALE (*)

A

Abainville (Meuse). 7996.

ABANZY (Mme d'). 8951.

Abaucourt (Meurthe). 1746.

ABEL (Charles). *Histoire* : 289, 943, 1692, 1849, 1902, 2074, 2171, 2251, 2279, 2307, 2316, 2317, 2322-2324, 2329, 2935, 3079, 4365, 4411. — *Archéologie* : 4879-4881, 4958, 5019, 5579, 6499. — *Sciences et Arts* : 7962, 8147, 8456, 9199, 9250.

Aboncourt-en-Vosges (Meurthe). 1747, 3183.

ABOUT (Edmond). 9340-9362.

About (Edmond). 3375.

ABRAM (Le P.). 5110, 9363-9366.

Abram (Le P.). 3376.

Académie de Stanislas. Voy. Nancy (Sociétés savantes).

ADAM, avocat. 3743, 9367, 9368.

ADAM (C.-E.). 9378.

ADAM (L.-S.). 8819.

ADAM (Lucien). 3319, 3894, 8871, 9369-9377, 9916.

ADAM (N.). 3982.

Adam (Les). 8820.

Adam. 6763.

ADDE-MARGRAS (Docteur). 9379.

Adelphe (Saint). 8840.

ADELSWARD (O. d'). 8299.

Adelsward (Oscar d'). 3377.

Adhémar de Marsanne (D'). 6789, 7278.

ADRIEN (Le R. P.). 3922, 9380.

Adwide de Namur. 472.

Aerts. 6558.

Aerts, de Metz. 5696.

Affiches (Recueil d'). 1731, 1732, 2495.

Affrique (Camp d'). Voy. Ludres.

Agent (Saint). 3372.

Agincourt (Meurthe). 1748.

Agriculture. 2199, 5373, 5403-5408, 5421, 5422, 5449, 8147-8262, 10977-10989.

Agrippa (Corneille). 3378, 3379.

Aingeray (Meurthe). 1749, 1750.

Alba. 6559.

Albéchaux (Meurthe). 1751.

Albert. 6560.

Albestroff (Meurthe). 1752.

ALBRIER (Albert). 4655.

Alcan. 6975.

Alençon (Charles-Mathias, comte d'). 3380.

Alençon (D'). 6561-6564.

ALEXANDRE (C.-A.). 1931, 4664, 6521.

Alexandre (ci-devant rabbin). 3381.

Alexandre. 6565, 7823.

ALCAN (Moyse). 9381.

Alix-Berthe de Lorraine. 701.

ALIX DE CHAMPÉ. 487.

Allain-aux-Bœufs (Habitants d'). 6743, 6744.

Archives départementales et communales. 388, 5727-5756.

Arcy-Chambille (D'). 7013, 7014.

Argent (D'). 6588.

Argenteau (D'). Voy. *Mercy (De)*.

Argonne (L'). 323, 8357.

Arlange (Meurthe). 1760.

ARMAILLÉ (Comtesse D'). 563, 938.

Armaillé (D'). 6589-6593.

Armande-Henriette de Lorraine. 709.

Armoriaux. Voy. Noblesse.

ARNAUD. 9436.

ARNAUD (D'). 648.

Arnoul (Saint). 2148, 3558, 3559.

Arnoul (Mme). Voy. Plessy (Jeanne-Sylvanie).

ARNOULT (Gabriel). 9437.

Arnoult. 6594.

Arrancy (Meuse). 1761.

ARRAULT (Charles). 658, 659.

Arros (D'). 6595, 6596.

Arry (Moselle). 1762.

Ars-sur-Moselle (Moselle). 1763, 1764.

ARTH (G.). 9438.

Artmann. 6597.

Arts divers. 8843-8870.

Art-sur-Meurthe (Meurthe). 1765, 8626.

ASSELINEAU (Charles). 4734.

Assemblées provinciales. 990-1004.

Athanase. 6599.

ATORF (Docteur). 534.

Atrie (D'). 7667.

ATTEL DE LUTANGE (J.-F.-D. D'). 3390.

Aubarède (D'). 6682.

AUBÉ (Ph.). 9439, 9440.

Aube (Moselle). 1766.

AUBERNON, pair de France. 4179.

AUBERT (A.). 106, 868, 9441.

AUBERT (L.). 7953.

Aubert. 6600-6602.

AUBERTIN, général. 9443.

AUBERTIN (Le R. P. Antonin). 9442.

Aubertot. 7133, 7134.

AUBERY (Georges). 466.

Aubery de Ponthieu. 6562, 6564.

Auboué (Moselle). 8441.

AUBRI (Sébastien). 9444.

AUBRION (Jehan). 2271.

Aubrion (Jean). 2274.

Aubry (Abbé). 3562.

Aubry (Abbé), ex-évêque. 9040.

AUBRY (Dom J.-B.). 9445, 9446.

Aubry (Dom J.-B.). 3561, 3563.

Aubry. 6603, 6855.

AUBURTIN (J.-D.-V.). 9447.

AUCLAIRE. 9448.

AUDENELLE (J.). 22.

AUDIAT, substitut. 6530.

AUDIFFRET (Marquis D'). 4395.

AUDIGUIER. 4118.

Audun-le-Roman (Moselle). 1767.

Audun-le-Tiche (Moselle). 1767.

AUERBACH (Bertrand). 9449.

Augny (Famille d'). 3260.

Augny (Moselle). 1768.

AUGUIN (Edgard). 7, 1779, 2598, 3824, 5486, 8133, 8667, 8672.

Auguste (L'évêque d'). 6604.

Augustins. Voy. le lieu de la résidence.

Aulnois (Habitants d'). 6988.

Aulnois (Meurthe). 1769, 1770.

Aulnois-en-Voëvre (Meuse). 1771.

Aulnois-sous-Vertuzey (Meuse). 1772.

Aumale (D'). 6605, 6606.

AUPICK (J.). 161, 176, 177, 229, 280.

Aurel (Mme). 8679.

AURELIUS (S.-V.). 11853.

AURIAC (Eugène d'). 2296.

AURICOSTE DE LAZARQUE (E.). 2871, 2924, 4185, 4666, 4975-4977, 8863-8865, 8873, 8953, 9202, 9281-9283, 9450-9452.

AUSONE. 4891.

Autrécourt (Meuse). 1773.

Autrey (Abbaye d'). 6607-6616.

Autrey (Commune d'). 6607.

Autrey (Vosges). 1774.

AUVERGNE (D'). 8025.

AUVERNI. 9453.

AUVRAY (Richard). Voy. BOURGEOIS (Louis-Alfred).

Auxonne (D'). 6558, 6711.

AVELINE. 2691.

Aveugles (Institution de jeunes). 5281, 5282.

AVEZAC (D'). 5580.

Avioth (Meuse). 1775-1777.

AVRIGNI (C.-J.-L.). 9203.

AVRILLON (Le R. P.). 11921, 11922.

Aymé. 7048.

Aymier. 6649, 6650.

Aymont. 6617.

Ayotte (Pierre). 3564.

AZAÏS (P.-H.). 2659, 9454, 9455.

AZAÏS (P.-H.). 3565, 3566.

Azannes (Meuse). 1778.

Azoudange (Fabrique d'). 6598.

B

Baade-d'Ourlac (De). 7770.

Baalon (Commune de). 6605.

Baar. 6693.

Bacalan. 6618.

Berman (J.-P.). 3625.

BERMANN (DE). 3214.

BERMANN (Mlle de). 5336.

Bermont. 6669, 6703-6705.

Bermond (De). Voy. Beauchamps (De).

Bermont (Vosges). 1821, 2771, 3449.

BERNARD, avocat. 4188.

Bernard, de Lunéville. 3626.

BERNARD (Docteur). 9571.

BERNARD, maire. 2504, 2527, 5294.

BERNARD (Barthélemy). 9204.

BERNARD (H.). 8255.

BERNARD (Louis-Gaspard). 6137.

Bernard. 6706-6708.

Bernard de Bade. 3627.

Bernardel. 7284, 7285.

Bernécourt (Meurthe). 1822.

BERNEL (Abbé J.). 5985.

BERNHARDT (C.). 1941, 4903.

BERNHEIM (Docteur H.). 9572-9575.

BERNHOEFT (Ch.). 8698.

Bernis (Cardinal). 3628.

BERNOT. 1704.

BERR (Berr-Isaac). 1411, 6251, 9576.

BERR (Jacob). 1409.

BERR (Michel). 3629, 6248-6250, 6252, 9577-9581.

Berr (Michel). 9128.

Berret. 6588.

BERRIAT-SAINT-PRIX. 3397.

BERRYER (père), avocat. 4553.

BERSEAUX (Abbé). 6069, 9582.

Bertaut. 7841.

Berteaux. 6709.

BERTHE DE POMMERY. Voy. POMMERY (DE).

BERTHELÉ (Joseph). 3327.

BERTHELET (Dom Grégoire). 9583.

BERTHELIN (E.). 6380.

BERTHEMIN (Docteur D.). 2805, 2806.

BERTIER (Antoine). 9584.

Bertier (Antoine). 3630-3632.

Bertier. 6669.

BERTINI (Docteur B.). 5419, 8543.

BERTOLIO. 6435.

BERTON (N.). 9585.

Bertrand, capitaine. 3633.

Bertrand. 6710, 6711.

Bertrichamps (Meurthe). 1823.

Bérup (De). 7020.

BESANCENET (Alfred DE). 950, 4004.

Besançon. 6712.

Besse de la Richardie (De). 7511.

BESSON (Alexandre). 7928.

Besson, évêque. 3634.

Besviller (Meurthe). 1824.

Béthune. 7878.

Bettaincourt (Habitants de). 7647.

Bettainviller (De). 6713, 6714.

Bettange (Moselle). 1825.

BEUGNET (Abbé A.). 3737.

Beurges (De). 6715.

Beuvard. 6716.

Beuvelot. 7105.

BEXON (Abbé). 367, 703.

Bexon (Abbé). 3635, 3636.

BEXON (S.-J.). 9586-9590.

Bexon (S.-J.). 3637, 3638.

Bexon. 6717, 6718, 7006.

BEYERLÉ (J.-P.-L.). 6272, 9591-9595.

Bezaumont (Commune de). 6923.

BIANCOLELLI (P.-Fr.). Voy. DOMINIQUE.

Bibliographie critique. 2090, 5579-5643.

Bibliothèques. 5644-5726.

BICHAT (E.). 9596, 9597.

Bichet. 6899.

Bicquelley (Baron de), général. 3639.

BICQUILLEY (C.-F. DE). 12079.

Bidal de Noue (A.-A.-G.). 1518, 1519.

Bidestroff (Meurthe). 5062.

BIENAYMÉ, évêque. 9598.

Bienville-la-Petite (Meurthe). 1826.

Bigarel. 6719.

BIGELOT. 9599.

BIGOT (Le P.). 9600.

Bigot. 6720.

BIGOT DE PRÉAMENEU (Comte). 4275.

Bilharan. 6685.

BILISTEIN (Charles-Léopold Andreu DE). 439, 2450, 8114, 9601.

Billaut (De). 6721.

BILLECARD (L.-J.). 5145, 5321.

Billecard. 6722, 6946, 7274, 7275.

Billion. 6577.

Billoutel. 6723-6725.

BILLY (E. DE). 8304.

BINET (Le R. P. Estienne). 12054.

Biographie. 3319-4878.

Birckenfel (De). 7749, 7751, 7753, 7754, 7765.

BIRÉ (Pierre). 403.

Bitche (Ville de). 6726.

Bitche (Moselle). 1827, 4895.

Bitche (Comté de). 293, 4970, 7992.

BIZEMONT (Vicomte H. DE). 9602-9604.

Blainville (Commune de). 7280.

Blainville-sur-l'Eau (Meurthe). 1828, 1829, 7975.

BLAISE, de Nancy. 2557.

BLAISE, des Vosges. 9608.

BLAISE, de Remiremont. 9605.

Blaise (Le P.). 3640.

BLAISE (Mlle). 9607.

BLAISE (Ch.-E.). 9606.
Blaise. 6727-6731.
Blaisin. 6732, 6733.
Blaissière [La] (Meurthe). 3126.
Blâmont (Meurthe). 1830, 2183, 8995.
BLANC (Abbé). 2193, 3583, 3958, 4442, 4477, 4478, 5252, 5955, 6145, 9609, 9610.
BLANC (Charles). 4111. Voy. GRANDVILLE.
BLANC (F.). 4052, 8653, 8968.
Blanchelaine. 6734.
Blanchet. 6735, 7792.
Blanchevoye (Jean). 3641.
Blanchevoye (Famille). 3267.
Blanc-Rupt [Vallée du] (Vosges). 292.
BLANPAIN (Le R. P.). 4217.
Blanpain. 6736-6739.
Blanzey (Meurthe). 1831.
BLARD (J.). 4284.
BLARRU (Pierre DE). 8969, 8970.
Blarru (Pierre de). 3642, 3643.
BLAU (Jean). 872, 3785, 4494, 4904.
Blau. 3644.
Blaume. 6740.
BLAUX (N.-F.). 1307.
BLEICHER (Gustave). 26, 1957, 2443, 2453, 2483, 3192, 4905-4909, 5233, 8305-8323, 8353, 9611-9614.
Blénod-les-Toul (Meurthe). 1832, 1833.
BLIER (Paul). 8971.
BLOCH (Armand). 3398.
BLOCH (Isaac). 6253, 6254, 9615.
Blondel (J.-F.). 3645.
BLONDIN, fils. 9616.
BLONDLOT (Docteur N.). 8544, 9617-9621.
BLONDLOT (R.). 9622, 9623.
BLOSIUS (Le P. Louis). 11928.
BLOUET DE CAMILLY (F.). 5815.
Blouet de Camilly (F.). 3646.
BLUMEREL (Jean). 9624.
BOCHART. 11818.
BOCHERON (Léon). 2936.
BOCK (J.-N.-E. DE). 9625.
Bock. 7191.
Bockange (Portériens de). 6823-6825.
BOFFRAND (Germain). 8812, 8815, 9626.
Boffrand (Germain). 3647.
BOILEAU (P.). 9627-9629.
Boileau. 7193.
BOINETTE (Alfred). 3928, 9630.
BOISARD (F.). 4568.
BOISGELIN DE CUCÉ (Raimond de). 917.
BOISGELIN DE KERDU. Voy. CAILLOT-DUVAL.
BOISSARD (G.-D.-F.). 6223, 6227.
BOISSARD (Jean-Jacob). 2307, 9631, 9632, 10621.

BOISSEAU (François). 8972.
Boisserand. 6741, 6742.
Boivin. 6743, 6744.
BOLLIOUD-MERMET. 5340.
Bombelles (Famille de). 3268.
Bombelles (De). 6746.
BONAFFOS DE LATOUR (DE). 11859.
BONAVENTURE (Le P.). 11994.
Bonaventure. 6710.
Boncourt (De). Voy. *Barat.*
Bondidier. 6747.
BONET (Justin). 8199.
BONFILS (François). 4163.
Bonfils (Docteur J.-F.). 3649.
BONFILS (Paul). 9633.
Bonhomme. 6924.
Boniard. 6748.
BONNABELLE (Cl.). 2158, 2384, 2982, 3019, 5560.
BONNAIRE (Justin). 2237, 2984, 3759, 9031, 8973, 9636.
BONNAIRE-MANSUY (J.-S.). 9634, 9635.
BONNARD (A.-H. DE). 8325.
BONNARDOT (F.). 5746, 8875, 8876, 9069.
Bonnay (De). 6749.
BONNE (N. ?). 104.
BONNE (L.-Ch.). 4084, 9637-9646.
Bonne-Fontaine (Meurthe). 1834.
BONNET (Docteur Henry). 8545.
BONNET (J.-M.). 9647.
BONNET (Jules). 4684.
Bonnet. 6863.
Bonnet-Bonneville. 1520.
BONNEVAL (Alexandre DE). 6289.
Bonneval (Alexandre de). 3351, 3650.
Bonneval. 6750.
Bonneval (Vosges). 1835.
Bonsecours. Voy. Nancy (Monuments religieux).
BONVALOT (Édouard). 6279, 6344, 6371, 6459.
BONVARLET (A.). 982.
BONY DE LA VERGNE (Jean-Léandre). 295.
BOPPE (Aug.). 9648.
BOPPE (L.). 2453, 5247, 5349.
BORD (F.-J.). 9649.
Borde de Charmois. 6751.
BORÉ (Léon). 3443.
Borny (Moselle). 1721, 1836, 2343.
BOROMÉE (Charles). 11832.
Bosche. 6752.
BOSCOVICH (Le P. Joseph). 8974, 8975.
Bosserville (Meurthe). 1837, 8626.
Bosserville (Chartreuse de). 6598, 6684.
Bosserville (Chartreuse de). 1837, 6069-6071.

Bossuet (J.-B.). 6214, 11931, 11961.
Botanique. 8456-8503.
Botta. 6728.
Bottentuit (Docteur). 2822.
Bottin (Sébastien). 1652, 3178, 4488, 4910, 8212, 9650-9654.
Bottin (Sébastien). 3651, 3652.
Boucault (De). 7052, 7053.
Bouchard (De). 6753, 6754.
Boucher (H.). 8877.
Boucher (Nicolas). 725, 726.
Boucher de Crévecœur de Perthes. 5605.
Boucher de Molandon. 3399.
Bouchet (Ch.). 8976.
Bouchot (Abbé). 9655, 9656.
Bouchot [Le] (Vosges). 1838.
Bouchotte (Émile). 3578, 9657.
Bouchy (Abbé François). 8935, 9658.
Bouconville (Meuse). 1740.
Boudard. 6755.
Boudet. 6756.
Boudin (Le citoyen). 12022.
Boudin (A.). 4286, 4287.
Boudon (Abbé Henry-Marie). 4658.
Boudonville (Habitants de la vallée de). 6757.
Boudonville (Commune de Nancy). 1839.
Boudot. 6758, 6759.
Bouffey (Docteur). 5354.
Boufflers (Chevalier de). 1005, 3605, 9659-9668.
Boufflers (Chevalier de). 3653-3656, 5331.
Boufflers (Duc de). 3657.
Boufflers (Mère du marquis de). 3658.
Bougarre (Léopold). 8977, 9669, 9670.
Bougarre (Léopold). 3659.
Bougaud (Abbé Em.). 3400.
Bougeat. 6760.
Bouillé (Marquis de). Voy. Nancy (Affaire (de).
Bouillé (Marquis de). 3660, 10218.
Bouillé (René de). 458.
Bouillé (Victor de). 8699.
Bouillé (Victor de). 3661.
Bouillon (De). 6761.
Bouilloux. 6763.
Bouisson (F.). 4073.
Boulangé (Ernestine-Élisabeth). 3662.
Boulangé (Georges). 951, 2282, 2840, 3183, 4911-4914.
Boulanger (Ernest). 9671.
Boulanger. 6764.
Boulay (Abbé). 8324, 8461.
Boulay (Confrérie de). 6765.
Boulay (Moselle). 1840.
Boulay de la Meurthe (A.-J.-C.-J.). 1227, 6487, 7931, 9672-9674.

Boulay de la Meurthe (A.-J.-C.-J.). 3663-3666.
Boulay de la Meurthe (Henri). 1691, 5307, 5309, 9675-9680.
Boulay de la Meurthe (Henri). 3667-3669.
Boulenger (Abbé J.-Baptiste). 3670.
Boulet (J.-E.). 9681.
Boullan (Abbé J.-A.). 4699.
Boullanger (Abbé). 9682.
Bouloumié (Ambroise). 296.
Bourbon (Henri de). 3671.
Bourbon (Henri II de). 3672.
Bourbon (Louis II de). 3673.
Bourbon. 6766.
Bourbon-Lancy (Archange de). 3879.
Bourbonne (F. de). Voy. Lambert des Cilleuls.
Bourcier de Montureux (J.-B.-J.). 430-432.
Bourcier de Montureux (J.-Léonard). 8978, 9182.
Bourcier de Montureux (J.-Léonard). 3674-3676, 6524.
Bourcier de Montureux (J.-Louis). 8936.
Bourcier de Montureux. 6767, 7675.
Bourcier-de-Villé. 6768.
Bourcier de Villers. 8937.
Bourdaloue. Voy. Leclerc (Sébastien).
Bourdon (Roland). 804.
Bourdon (Rose-Catherine). 3677.
Bourelli (J.). 3943.
Bourgeat (Abbé J.-B.). 9683, 9684.
Bourgeois (Abbé). 2558.
Bourgeois (Claude). 6290.
Bourgeois (Abbé Étienne). 3678.
Bourgeois (Louis-Alfred). 9285.
Bourgongne (De). 7266.
Bourguignon (A.). 9685.
Bourguignon. 6790.
Bourlain (J.-And.). Voy. Dumaniant.
Bourlémont (Thomas de). 5077.
Bourlier (P.). 3953.
Bourlotte (Famille de). 3269.
Bourmont (Chapitre de). 6769-6772, 7048.
Bourmont (Chapitre de). 6132.
Bourmont (Hte-Marne). 1841, 3327.
Bournon (Charles). 9686.
Bournon (Jacques). 952.
Bournon (Jacques). 3679.
Bousse (Moselle). 1487.
Boutaud (Le P.). 11923.
Bouteiller (C.-F.-R. de), général. 3680.
Bouteiller (Ernest de). 206, 2272, 2273, 2279, 3258, 3259, 3401, 9069, 9178, 9687.
Bouteiller (Jean-Hyacinthe de). 1228, 1299, 6469.

48

E

Galilée [Val de] (Vosges). 6134.

GALITZIN (Prince Augustin). 833, 834.

Galland (Abbé). 4044.

GALLAND (N.). 10220.

GALLAY (J.). 8856.

GALLÉ (Émile). 8482, 8848.

GALLICE (Henri). 8869.

Gallois. 7635.

GAMA (J.-P.). 10221, 10222.

GAMON (Franç.-Joseph). 9222.

GANDAR (Eugène). 3833, 4701, 4775, 8646, 8690, 10223-10227.

Gandar (Eugène). 4045, 4046.

GANDELET (Comte Albert). 5493.

Gandoger, médecin. 4047.

GANGEL. 8092.

GANIER (Henry). 309, 310, 965.

Gannal (Jean-Nicolas). 4048.

GARASSE (Le P. François). 12070.

GARDÉ (Abbé). 9058.

GARDEL (Pierre-Gabriel). 10228.

Gardel (Pierre-Gabriel). 4049.

Gardes nationales. Voy. Metz, Nancy, etc.

GAREL (Hélye). 10229.

Gargan (de), 4050.

Garin le Loherin. 9298, 9299, 9320.

GARNIER, avocat général. 6491, 6516.

GARNIER (Docteur). 8131.

GARNIER (Ad.). 173.

GARNIER (Jules). 10230.

GAROT (Abbé). 10231.

Garrisson d'Estillac. 6730, 6731.

GASPARD (A.). 10232.

GASPARD (Émile). 6174.

GASQUET, recteur. 5234.

GAUCOURT (Marquis de). 3436.

Gaucourt (Sire de). 3436.

GAUDCHAUX-PICARD (Émile). 2506, 2507, 10233, 10234.

GAULARD, professeur. 8360, 8361.

Gault de Montaran. 7197.

Gautherot (Joseph). 4051.

GAUTHIER (Abbé). 2899.

Gauthier. 7145.

GAUTIER (Abbé Jos.). 10235, 10236.

GAUTIER (Léon). 9069.

GAUTIER (Théophile). 291.

Gautier. 7146-7153, 7274-7276.

Gautiez (Charles). 4052.

GAUTRELLE (Le P. Thimothée). 4332.

Gauzelin (Saint). 4980.

Gavard. 7899.

GAY (Le R, P. J.-B.). 10237.

Gay. 6793.

GAY DE VERNON (Baron). 4106.

GAZIN. 5455.

Gazin. 7154.

GEBHART (Émile). 10238-10244.

GEGOUT (Edgard). 1035.

GÉHIN (J.-B.). 8509.

GÉHIN (Louis). 2046.

GELÉE (Claude). 8727-8729.

Gelée (Claude). 1993, 4053-4060, 8651, 8652.

Gelée (Famille de Claude). 3325.

GELLE, professeur. 10245.

Gellenoncourt (De). 7155.

GENAUDET (J.-B.). 1508, 1594.

Genaudet (J.-B.). 1563.

GENAY, agriculteur. 10246.

GENAY (Ferdinand). 8816.

Gendarmes rouges. 948, 949.

Généalogie de la Maison de Lorraine. 400-454.

Généalogies. 2216, 2284, 3214-3318.

Genette. 6716.

Genève. 6931, 6932, 6935, 6937-6940, 6945.

GÉNEVOIS. 1323, 1324.

GÉNIN, agronome. 8179.

GÉNIN (E.). 10247, 10248, 11620.

GÉNIOLE, dessinateur. 8730.

GENNETÉ. 10249-10251.

GENTIL (N. ?) 8878, 8879.

GENTIL (Le P. Claude). 11801.

GENTIL (E.), dessinateur. 8731.

GENTIL (Émile). 3890.

GENTILHOMME (Paul). 9301.

GENTILLIATRE. 9059-9063.

Gentillâtre. 7156, 7157.

Gentilly (Meurthe). 2044, 5312.

Gény (Alexandre-Esprit). 3351.

Gény (Alfred). 4061.

Geoffroi de Limon. 6751.

GEOFFROY. 8559.

Géographie générale. 1-112.

Géographie historique. 967, 968.

Géographie par départements, 113-288.

Géologie. 8299-8455.

GEORGE, député. 10266.

GEORGE (J.). 10265.

GEORGE (L.-J.). 10252-10264.

George ou Georges. 7158-7160, 7839, 7840, 7882.

GEORGEL (Abbé). 10267, 10268.

Georgel (Abbé). 4062.

GEORGEL (J.-Alcide). 3248.

GEORGEL (Pierre-Michel). 3857.

GEORGEN (Abbé). 8893.

GEORGEOT (Charles). 2906, 10269.

GEORGES (Abbé Étienne). 3437.

GEORGES (François). 10271.

GEORGES (Pierre). 10270.

HENRY (Abbé Pierre-Xavier). 10519.
Henry. 6763, 6897, 6919, 7268-7271.
Henzen. 6745.
HEPP (Eugène). 6501.
HÉQUET (Charles). 3095, 3104, 3648, 4058, 4059, 4158, 4377, 5773, 10506.
HÉRAUDEL (J.). 9074-9078.
HERBERT. 10524.
HERBET (Jean). 10525.
Herbin (Nicolas). 4195.
HÉRÉ (Emmanuel). 8813.
Héré (Emmanuel). 4196-4198.
HÉRICART DE THURY. 34.
Hérival (Religieux d'). 6723-6725.
Hérival (Vosges). 2096.
HERLUISON (H.). 8997.
HERMANN (Baron DE). 10526.
HERMITE (Ch.). 10528-10531.
HERMITE (H.-V.). 10527.
Hernepont. 7195.
HERPIN (Docteur J.-Ch.). 5303, 5630, 10532-10540.
Herpin (Docteur J.-Ch.). 4199, 4200.
Herrenberger. 7272.
HERRGOTT (Docteur). 4730.
HERSENT (R. Charles). 2285.
HERVET (Gentian). 12035.
HERVIN (Abbé). 4469.
Hesse (Meurthe). 2097.
Hesse-Darmstadt (De). 7770.
Hesse-Hombourg (De). 7344-7348.
Hettange (Moselle). 8402, 8448.
HETZEL (P.-J.). Voy. GRANDVILLE.
Heu (Maison de). 3291, 3292.
Heudicourt (Marquise d'). 4201.
Heudicourt (Meuse). 1740.
Heudicourt de Lenoncourt (D'). 7273-7278, 7638, 7639. Voy. Lenoncourt (De).
Heures (Livres d'). 5967-5971.
HEURLIN (Chan.). 8899. Voy. BRONDEX.
HEYMÈS (Colonel). 4557.
H'EYMONET (Georges). 9236.
Heynard. 7111.
Hidulphe (Saint). 4202-4204.
Hilaire. 7381, 7382.
Hilarion (Dom). 4205.
Hilbert. 7589.
HILLAR (Le P. M.). 11855.
Hillard. 6874.
HIMBERT DE FLÉGNY (Baron). 9237.
Hingray (Charles). 4206.
Hinkelbein. 7279.
HINZELIN (A.). 124, 152.
HINZELIN (Émile). 9079.
Histoire générale de Lorraine. 346-465.
Hochstatt [Fief d'] (Haut-Rhin). 6168.

Hocquet. 1534.
Hoffelize (D'). 7280, 7281.
HOFFMAN (F.-B.). 10541-10548.
Hoffmann (F.-B.). 4207, 4208.
HOGARD (Henri). 241, 269-274, 8370-8380, 8429, 10549.
Hohenlohe (De). 7115.
Hohneck [Le] (Vosges). 311, 330.
Hoïlde (Sainte). 4209, 10643.
HOLANDRE (J.-B.-A.). 10550.
HOLANDRE (J.-J.-J.). 8486, 8514-8519.
Holandre (J.-J.-J.). 4210, 4211.
HOLFORD (Miss). 847.
Holstein. 7316.
HOLTZ, ingénieur. 8130.
Hombourg (Moselle). 2098, 6129.
HOMMEY (F.-J.). 817, 9081.
HONORÉ (Jules). 6538.
HORDAL (Jean). 3454, 10551.
Hordal (Jean). 4212.
Hordal-Dulis. 7282.
Horgne-au-Sablon [La] (Moselle). 2099
Horiot (Rosine). 4213.
Horticulture. 5409, 8147-8262.
Houard (N.-J. et C.-F.). 1535-1538.
HOUBIGANT (Le P. Ch.-F.). 6241.
HOUCHARD (Nicolas). 4214.
Houchard (J.-N.), général. 4214, 4215.
Houdemont (Meurthe). 2100.
Houdreville (Meurthe). 1646.
Houécourt (Vosges). 2101.
Houël (Jean-Hubert). 4216.
Hoüin. 7283.
Hoüot. 7235.
HOUPERT (Abbé J.-B.). 10552.
HUART (Em. D'). 2025, 2262, 3021, 4892, 9305.
HUART (Baron G. D'). 3790.
HUART (Jean). 6332.
Huart (D'). 6764.
HUBER-SALADIN, colonel. 3770.
HUBERT (Le P.). 11951.
HUBI (Le R. P.). 11957.
Huel. 7267.
HUGO (Le P. Ch.-L.). 425, 426, 3280, 3927, 5048, 5618, 6099, 10553-10556.
Hugo (Le P. Ch.-L.). 4217-4219, 5606, 6086-6091, 6098.
HUGO, général. 3078, 4220, 10557.
Hugo, général. 4220-4222.
Hugo. 7104, 7284, 7285.
HUGUENIN (Alexandre). 353, 354, 509, 2318.
Huguenin (Alexandre). 4223.
HUGUENIN (J.-F.). 2274, 2290.
Huguenin. 6948, 6949.

Jacquier. 7299.

Jacquin, de Sancy. 10581.

Jacquiné (J.-J.). 8107, 10582.

Jacquinet (N. ?). 1326, 10583.

Jacquinet (P.). 4207.

Jacquinot (Alfred). 4166.

Jacquinot. 6635, 6636, 6809, 7114.

Jacquot (Albert). 3341, 3826, 4872, 8831, 8856, 10600.

Jacquot (Albert). 5609.

Jacquot (Eugène), dit de Mirecourt. 4634, 9316, 10584-10595.

Jacquot (Eugène), dit de Mirecourt. 4242-4247.

Jacquot (Eugène), ingénieur. 2362, 7983, 8195, 8196, 8384-8387, 8389.

Jacquot (François). 383, 3934, 4949, 5604, 5985, 9030, 9728, 10596-10599.

Jacquot (J.-B.). 8572.

Jacquot (Victor). 8757.

Jacquot. 6566, 6810.

Jadart (Henri). 323, 3456, 3878.

Jadelot (N. ?). 1348.

Jadelot (J.-Fr.-N.). 3568, 5157, 10601-10605.

Jadelot (J.-F.-N.). 4248.

Jadin, musicien. 9233.

Jager (Abbé). 10606-10610.

Jager (Mgr). 4249.

Jager. 7300.

Jaillon (Meurthe). 2105, 2181.

Jaillot (H.). 75.

Jalabert (Ph.). 4877, 5368.

Jambois (C.). 2479.

Jamerai-Duval (Valentin). Voy. Duval.

Jametz (Meuse). 2106, 2107.

Jamin (Général). 4256.

Jammaire. 7301.

Jandel (Auguste). 10611.

Jandel (Le R. P.). 10619.

Jandel (Le R. P. Al.-V.). 4251, 4252.

Jandel. 7302. Voy. Jeandel.

Janke. 6702.

Jankovitz de Jezenicze (Baron de). 4253, 4254.

Janny (Abbé). 4255.

Janvier (M.-Alb.). 3457.

Jardel-Chevalier. 10612.

Jarménil (Vosges). 2108.

Jarny (Moselle). 2109.

Jarny (De). 6993.

Jarville (Meurthe). 8352.

Jaubert (Comte). 4537.

Jaubert (L. de). 10613.

Jauffret (G.-J.-A.-J.). 5805, 5806, 10614-10618.

Jauffret (G.-J.-A.-J.). 4256, 4257.

Jaugeon dit Lavaux. 6855.

Jaulny (Meurthe). 2110.

Jaunez (J.-P.). 7984, 8197.

Jean, religieux. 10524.

Jean I. 488, 5039.

Jean d'Anjou II. 816.

Jean de Lorraine, cardinal. 814, 815.

Jean de Luxembourg. 6218.

Jeandel. 6857, 6858.

Jeand'heures (Religieux de). 7305.

Jeand'heures (Meuse). 2111.

Jean-François (Dom). 6065.

Jeanne de Laval. 502.

Jeannin (Abbé). 5711.

Jeanniot, peintre. 8666.

Jeannot. 7852.

Jeantin (Le président). 970-973, 1742, 1743, 8198.

Jénin (Pierre). 5600.

Jennesson, architecte. 6163.

Jennesson. 7226, 7227.

Jennot (Abbé Nicolas). 4258.

Jenot. 7306.

Jéricho. Voy. Malzéville (Meurthe).

Jérome (Abbé L.-M.-O.). 3124, 4219, 4876.

Jérome (Abbé O.-Th.). 8944.

Jésuites. 6116 et suivants.

Jésuites. 7307-7311, 7349. Voy. le lieu de la résidence.

Jeune (Le R. P. Mansuet). 10620.

Jeux. 4995, 5000, 8870.

Jezainville (Meurthe). 2113.

Joanne (Adolphe). 125, 324, 325.

Jobal (Claude). 803.

Jobard (D.). 562.

Jobart (De). 1064.

Joguet, ancien proviseur. 4259.

Johanneau (Eloi). 4950.

Joinville (Ancel de). 4260.

Joli (Jacques). 3459.

Jolibois (Meurthe). 2114.

Jolivet (Meurthe). 2115.

Jollain. 51.

Jollois (J.-B.-P.). 3460-3462, 4951, 4952.

Joly (Alexandre). 2187, 2188, 2190, 2191, 2403, 3903, 4612.

Joly (J.-Pierre). 10621.

Joly (Henri). 10622, 10623.

Joly (Nicolas). 5619, 10624.

Joly (N.). 5631.

Joly (Pierre). 4261.

Joly ou Joli. 6595, 7312, 7313.

Joly de Maizeroy. 10625-10630.

Jombert (Charles-Antoine). 4341.

Lachasse. 7127.

La Chataigneraye (De'. Voy. *Turpin.*

Lachaussée (Meuse). 1740.

La Chauvinière (De). 7040.

LACHÈRE (Le P. François). 11914.

LA CHÈZE (R. DE). 823.

Lacier. 7530.

LACOMBE (Ch. DE). 4746.

LACOMBE (Ferdinand DE). 510.

LACORDAIRE (Le R. P. H.-D.). 3865, 3986, 4017.

LA COSTE (F. DE). 10647.

LACOSTE (J.-B.). 1328, 1329, 1596, 1604.

La Coste de Beaufort (De). 6758.

LACOUR, chanoine. 10648.

Lacour (De), général. 4272.

La Cour (Dom Didier de). 4268-4271.

LACOUR (E.). 10649.

Lacour. 7161-7165.

LACOURT (J. DE). 10650.

Lacourt (J. de). 4273.

LACRETELLE (Charles DE). 10654-10673.

Lacretelle (Charles de). 4276, 4278, 4279.

LACRETELLE (Henri DE). 10674.

LACRETELLE (Pierre-Louis DE). 7337, 10651-10653.

Lacretelle (Pierre-Louis de). 4274, 4275, 4277.

Lacretelle. 7334-7336.

LACROIX (Louis). 2464, 5224, 5243, 5622, 10675-10679.

LACROIX (Pierre). 6036.

Lacroix. 6639.

LADOUCETTE (J.-Ch.-F. baron DE). 326, 3347, 3664, 4994, 8202, 9307, 10680-10687.

Ladoucette (J.-Ch.-F. baron de). 4280-4292.

LADVOCAT (Abbé). 10688-10690.

LA FARE (A.-L.-H. de). 1135, 1422-1424, 1430, 1431, 10691, 10692.

La Fare (A.-L.-H. de). 4293, 4294, 9038.

Lafauche. 7338.

Lafaulx. 6871-6873.

La Ferté-Senneterre (Henri II, duc de), maréchal. 4295.

LAFITE (Émile). 10693.

Lafitte (Docteur J.-B.). 4296.

LA FIZELIÈRE (Albert DE). 8887.

LA FLIZE (Abbé). 2553, 2599, 2630.

LAFLIZE, docteur. 10694.

La Flize (G.-Ch.-C.). 4297.

LAFON (A.). 4075.

LA FONTAINE. Voy. GRANDVILLE.

LAFONTAINE (A.-P.). 3464.

LA FORCE (DE), maréchal. 575.

La Forest (De). 7339.

Laforge (Vosges). 1745.

LA FOSSE (DE). 95.

Lafrogne (François-Balthazard). 4298.

La Galaizière (Mlle Chaumont de'. 9051.

La Galaizière (A.-M. Chaumont de), intendant de Lorraine. 4299.

LA GALAIZIÈRE (A.-P. DE). 10695.

LA GALAIZIÈRE (B.-L.-M. Chaumont DE), évêque de Saint-Dié. 1449, 5843.

La Galaizière (De). 6881-6886, 7340, 7805.

La Garde. 6649, 6650.

LA GERVAISAIS (DE). 7939, 7985.

Lagney (Meurthe). 6186.

La Grange. 7341, 7342.

LA GRASSERIE (Raoul DE). 9098.

Lagresse. 7343.

LAGRUE (Androphile). 8203, 8204.

Laguerre. 4300.

LAGUILLE (Louis). 6001.

LAHACHE (E.). 4400, 4535.

Lahalle (Docteur J.-B.). 4301.

LA HARPE (DE). 11990.

La Henrière (De). 6993.

LA HIÈRE (J. DE). 556.

La Huguerye (Michel de). 552.

LAIGLE (Charles-Claude DE). 5817, 6424.

LAINÉ (P.-Louis). 3272.

LAIRUELZ (Servais DE). 10696.

Laître, c^ne de Deneuvre (Meurthe). 2123.

Laître (Vosges). 2122.

Laître-sous-Amance (Meurthe). 2124.

La Lance (De'. 4302.

LA LANCE (Gustave DE). 9308-9310, 10697, 10698.

La Lance (De). 6976, 7698.

LALANDE (Le P.), évêque. 1414-1419, 1436, 1439, 10699.

LA LANDE (C.-J. DE). 10700.

Lalande. 7294.

La Leyen (De'. 7344-7348.

LALLAIN DE MONTIGNY. 3226, 3227.

Lalleman (Georges). 3357.

Lallemand (Docteur C.-F.). 4303, 4304.

Lallemand (C.-F.-A., baron). 4305.

LALLEMANT. 11925.

LALLEMEND (Marcel). 3928, 8823.

LALLEMENT (Docteur Ed.). 2508, 4763, 5295, 8574.

LALLEMENT (J.-G.). 10701, 10702.

LALLEMENT (Louis). 379, 698, 850, 935, 936, 974, 2208, 2430, 2431, 2458, 2475, 2590, 2609, 3358, 4343, 4832, 4861, 6071, 8832, 8850.

Lallement (Louis). 4306-4308.

LA LOMIA (François). 11998.

LA LONDE. 11830.

La Tour-du-Pin Montauban (De). 7279.

LA TOUR-DU-PIN CHAMBLEY (Comte DE). 1705.

La Tour-en-Voivre (De). 6775, 6776.

LATOUR-MAUBOURG (Marquis Victor DE). 4837.

Latournelle (De). 7363.

LA TOURRETTE (J.-A. Claret de Fleurieu DE). 5318.

Latran (Chanoines de). 7860, 7861. Voy. le lieu de la résidence.

La Trémoille (De). Voy. Talmond (De).

Latte (De). 6663, 7087.

LAUBRUSSEL (Le R. P. DE). 737, 10720.

L'AUGE (F. André DE). 10721.

LAUGIED, ex-curé. 1461.

LAUGIER (Abbé François DE). 9101.

LAUGIER (Louis). 1153, 1396, 9102.

Laugier (Louis). 9060.

Laugier. 7299.

Launet (De). 6691.

Launois (Gaspard-Auguste). 4324.

LAURENS (J.). 291.

LAURENS (L.). 2989, 9103-9105.

LAURENS (L. DE). 10722.

LAURENT, commissaire-priseur. 10731.

LAURENT (Abbé N?). 3639.

LAURENT (Abbé E.). 840.

LAURENT (Émile). Voy. COLOMBEY.

LAURENT (Jean-Antoine). 8759.

Laurent (Jean-Antoine). 4325, 4326.

LAURENT (Jules). 1987, 5056, 5057.

LAURENT (Paul). 8648, 8685, 10723-10730.

Laurent. 6559, 6699, 6750, 6759, 7067, 7069, 7072.

Lauriet. 7228.

La Valette (De). Voy. Nogaret de La Valette.

LA VALETTE (Fr.-L.-J.-B. de Thomas DE). 1347, 1350, 1353, 1355, 1370, 1371.

LAVALETTE (S.). Voy. GRANDVILLE.

LA VALLÉE (Jos.). 327, 9242.

La Vallée (Jos.). 9086.

La Vallée (Melchior de). 3294, 4327.

La Vallée (De). 7364.

La Vallée de Pimodan (De). 7317.

LAVAUD (J.). 4135.

La Vaulx (Maison de). 3295.

La Vaux. 7013, 7014.

Laveline (Habitants de). 7528.

L'AVERDY (Cl.-Ch.-Fr. DE). 3413, 3414, 3471.

LAVERDY (Clément-François DE). 435.

La Vieuville. 7365-7367.

Lavigerie (C.-M. Allemand). 4328, 4329.

LAVIGNON. 9009.

Lavignon (Dom Pulchrone). 6060.

LAVO, négociant. 9243.

LAVOCAT (Antoine). 8849, 10732.

LAVOCAT (L.-G). 184.

Lawaetz. 7342.

Laxou (Meurthe). 2146, 2147, 8414.

Lay-Saint-Christophe (Religieux de). 7368, 7369.

Lay-Saint-Christophe (Meurthe). 2148, 2149, 6048.

Lay-Saint-Remy (Meurthe). 2150.

Le Bègue. 6729-6731, 7093, 7094, 7111, 7146, 7148, 7370, 7371.

Lebel. 6793, 7372.

Lebeuf (Famille). 3296.

LE BLANC (Le P. Thomas). 5121.

Le Blanc. 6763, 7375, 7827.

Le Bœuf de Millet. 7373, 7374.

LEBON (Ernest). 10733.

LE BON (Jean). 2824.

Le Bonnetier (Le P.). 4330.

Le Bonnetier. 6922.

LEBORNE (Louis). 8760.

LE BRUN, géographe. 101.

LEBRUN (Joseph-Félix). 8206, 8390-8394.

LEBRUN (P.). 10734.

Le Brun. 7242, 7243, 7375, 7827.

LE BRUN DES CHARMETTES. 3472.

LE CHAPELAIN (Le R. P.). 696.

LE CHATELAIN (Jean). 2278.

LECLAIRE (A.). 5237.

LECLER (Abbé A.). 3293.

LE CLER (G.). 572.

LECLERC (N?). 2551.

Leclerc (Mère Alix). 4331-4336, 6138.

Leclerc (François). 4344.

Le Clerc (Jean). 3357.

LECLERC (Laurent). 3614, 3616, 4669.

Leclerc (Laurent). 4343.

LECLERC (Docteur Lucien). 10735.

Leclerc (Marie-Louise). 4337, 4338.

LECLERC (Docteur N.). 8575.

LECLERC (Sébastien). 8761-8780.

Leclerc (Sébastien). 4339-4342, 8781-8783.

LECLERC (Sébastien), fils. 8784.

Leclerc. 7000, 7054, 7055, 7235, 7271.

LECLERC-THOUIN (Oscar). 4453.

LECLÈRE (Docteur C.). 2825.

LÉCLUSE, dentiste. 10736.

L'Écluse (De). 6951.

Lecomte. 7376.

LE COULLON (Jean). 2273.

LE COURTIER (Abbé). 3473.

LECOY DE LA MARCHE (A.). 497.

LECREULX (H.). 114, 5351, 8115, 10737-10739.

Louise de Lorraine, reine de France, 831-835.

Louise de Lorraine, princesse de Ligne. 9058.

Louise-Marguerite de Lorraine, princesse de Bourbon-Conty. 836.

Loumont. 7003.

Louppy-le-Petit (Meuse). 2179.

LOUVAIN - PESCHELOCHE. 1131.

Louve (Abbé Thiébaut). 4399.

Louvigny (Habitants de). 7086.

Louvigny (Moselle). 2180.

Loyal. 6847, 6848.

Loyauté (De). 7211.

Loye, sous-préfet. 4400.

LOYSEL, député. 7927.

Leys de La Bastie (De). 6795-6798.

LOYSON (Abbé Jules-Théodore). 7990, 10856-10860.

LUBANSKI (Docteur). 10861.

LUBERIUS (Jean). 618, 619.

LUBERT (Mlle DE). 11954.

LUBLERUS (J.). 11882.

Luc (De). 7017-7019, 7460, 7461.

LUCAS (H.). 8409.

LUCE (Siméon). 3482.

LUCHET (DE). 3483.

LUCY. 8653.

Lud (Vautrin). 4401.

Ludomille de Pologne. 477.

Ludres (Maison de). 3300-3302.

Ludres (Marquise de). 4405.

LUDRES (Vicomtesse DE). 10867.

LUDRES (Vicomte A. de). 10862.

LUDRES (C. DE). 10863.

Ludres (C.-L.-M.-Y. vicomte DE). 4402.

LUDRES (Comte G. de). 3301, 10864-10866, 11019.

Ludres (Marie-Isabelle de). 4403, 4404.

Ludres (De). 6894, 7035, 7471, 7472.

Ludres (Habitants de). 7471, 7472.

Ludres (Meurthe). 2181, 2182.

Lunéville (Accusés d'avril, de). 7463.

Lunéville (Manufacture de faïence de). 7462.

Lunéville (Meurthe). 129, 896, 902, 1067, 1124, 1396, 1624, 1679, 1696, 1697, 2183-2198, 5055, 5167, 5169-5171, 5651, 7987, 8612, 8677, 8812, 8846.

Lupcourt (De). Voy. *Mahuet (de)*...

Lupcourt (Habitants de). 7471, 7472, 7475.

Lupcourt (Meurthe). 2199, 8626.

LUSSAN (Mlle DE). 801.

LUTHMER (Docteur Jean). 8698.

LUTTEROTH (H.). 4580.

Lutzelbourg (De). 6802.

Lutzelbourg (Meurthe). 2200, 2201.

Luxembourg (De). 7415, 7416, 7464-7467, 7795.

LUXER (A.). 6286, 6287, 6302.

Luxer (Nicolas-Henri de). 4406.

Lycées. Voy. Collèges.

Lyvron (Mme de). 4407.

M
•

MABILLON (Dom Jean). 6158.

Macé (De). 6749.

MACHON (Louis). 10868, 10869.

Machon (Louis). 4408.

Macklot (De). 7363.

MACLOT (Le R. P. Émond). 11800.

MACQUIN (Nicolas). 4637, 4824, 9318, 10870, 10871.

Madeleine [La] (Meurthe). 2202.

MADELIN (Amédée). 10872.

MADIN (Docteur). 10873.

Madin. 7131.

MAFFIOLI (N.?). 1549.

Maffioli (Abbé J.-N.). 4409.

Maffioli. 6686.

Maget. 7841.

MAGGIOLO, dentiste. 10874.

MAGGIOLO (L.). 39, 3725, 3726, 4137, 5113, 5116, 5129, 5179, 5186, 5191-5194, 5258, 5259, 5283, 5289, 5311, 6110, 9277, 9278, 10875-10882.

Maggiolo (L.). 4410.

Maghin. 7468, 7469.

MAGIN-MARRENS, recteur. 5359.

MAGNANT (Docteur Ernest). 10883, 10884.

Magnicourt de Méligny (De). 6892, 6893.

MAGNIÉ (P.). 10885.

Magnien de Serrière. 6622.

MAGNIENVILLE (R. DE). 559.

Magnières (Meurthe). 2203.

Magniette. 6808.

MAGNY, maître de danse. 9214.

Magny (Moselle). 2204.

Magot. 7470.

Magras. 7259.

MAGUIN (Henri). 2180, 4316.

Maguin (Henri). 4411, 4412.

Maguin (Nicolas). 4413.

Maherus (Château de). 4918.

Mahuet (De). 6714, 6720, 6988, 7471-7479, 7631, 7632.

Maidières (Meurthe). 2205.

MAIGRET (Jean-François). 9121, 9122.

Mailhanc (De). 7155.

Maillard. 7112, 7271.

MAILLE (Parfait). 463.

MARTIN (Abbé Eug.). 2228, 2463, 2867, 3092, 3103, 3376, 5111, 5302, 5767, 6077, 6131.

MARTIN (Félix). 3486.

MARTIN (Henri). 345, 3487, 3488.

MARTIN (J.-A.-L.-B.). 1551, 1552.

Martin. 6902, 6983, 6984, 6988, 7491.

MARTIN DE BOUREY (F.). 4618.

Martincourt (Meurthe). 2230.

MARTINEAU DE SOLLEINNE. 877, 9125.

MARTINET (J.-F.). 8584.

Martinvelle (Habitants de). 7072, 7842.

MARTON (Abbé P.). 5989, 6052.

MARTZ. 2527.

Marville (Habitants de). 7492.

Marville (Meuse). 2231-2235, 6369.

MARX (Roger). 8666, 10948.

Marx. 7589.

MASSAROLI (E.). 2173.

Masse. 7663.

MASSON (N.?). 1553, 1603.

MASSON (Abbé). 5423, 6011, 10951.

MASSON, conseiller à la cour. 10952, 10953.

MASSON, de Morvilliers. 10949.

MASSON (J.-A.). 10950.

MASSON (G.-T.). 8123, 8213-8215, 10954.

Masson. 6576, 7198-7202, 7206, 7493.

MASSU (Achille-François). 10955.

Massu (Achille-François). 4443.

MASSY (A.). 2389.

Mastine. 7282.

MATHELIN. 221.

MATHER. 5651.

Mathieu I. 475.

Mathieu II. 480, 5071.

MATHIEU (N.?). 259, 2520, 8125.

MATHIEU (A.). 10976.

MATHIEU (Auguste). 10957-10963.

Mathieu (Auguste). 4447, 4448.

MATHIEU (Charles-Léopold). 2181, 3040, 5201, 10956.

MATHIEU (Abbé Désiré). 981, 4306, 4711, 6034, 6051.

MATHIEU (Émile). 10964-10975.

Mathieu (Émile). 4444-4446.

MATHIEU (Hubert). 4581, 5449, 8216, 8217.

MATHIEU (Abbé O.). 3037.

Mathieu. 6563, 6809, 6950, 7016.

MATHIEU DE DOMBASLE (C.-J.-A.). 8218-8220, 8861, 8862. 10977-10989.

Mathieu de Dombasle (C.-J.-A.). 2753, 4449-4458.

MATHIEU DE MOULON, fils. 5068.

MATHIEU dit MOULON. 1555, 1556.

Mathieu de Moulon. 7495-7500.

Mathieu des Essarts. 1554.

MATHIEU-PERNET. 10990, 10991.

Mathiot. 6911.

MATHIS. 8221.

Mathis. 6588.

Matsuque (Abbé J.-B.). 4459.

Mattaincourt (Habitants et religieux de). 7120-7124.

Mattaincourt (Vosges). 2236-2240, 6002, 6015.

MATTHIEU (Pierre). 9248.

Maubon (Bernard). 1557.

MAUCOMBLE (J.-F.-D. DE). 10992.

Maucotel. 6635, 6636.

Maucourt (Meuse). 8007.

MAUD'HEUX (Félix). 4535.

MAUD'HEUX (François-Félix). 1982, 6488, 7958, 8074, 8132, 8585.

Maud'heux. 7218.

Maud'huy (De). 6795.

MAUDRU (Jean-Antoine). 1441-1443, 1455.

Maudru (Jean-Antoine). 4460.

MAUDUICT (François). 6210.

MAUGER (Auguste). 1330.

Maugérard (Dom). 4461.

Maujean (Pierre). 1558, 4462.

Maujean ou *Mauljean.* 6655, 7494.

Mauléon (Maison de). 3304.

MAUPASSANT (Le R. P. Eustache). 10993.

MAUREL-DUPEYRÉ. 3592.

MAURICE (Auguste). 10994.

Maurice. 6708.

MAURIN. 9249.

Maurin. 7282.

MAURY (Abbé). 921.

Maury. 6913.

Mauvages (Meuse). 2241.

MAXÉ (Abbé C.-A.). 5281.

Maxéville (Meurthe). 2242, 2243.

MAXE-WERLY (L.). 18, 19, 1847, 5060-5063, 10995, 10996.

MAY (Gaston). 10997-10999.

Mayence. 7663.

Mayre. 7246-7249.

MAZADE (Ch. DE). 4747.

MAZADE (J.-B.-D.). 1331-1333, 1621.

Mazarini-Mancini (L.-J.-B.), duc de Nivernais. 4463.

Mazelure (Meurthe). 2244.

MAZERAT. 4138.

MAZEROLLE (Pierre). 4246.

Mazi. 6644.

Méaille. 6915.

MEAUME (Éd.). 481, 583, 832, 1934, 2587, 3356-3358, 3658, 3708, 3825, 4053, 4054, 4340, 4404, 4430, 4432, 4570, 4600, 5374, 6982, 8650, 8781, 8782, 11000-11003.

Mirbeck (Frédéric-Ignace de), avocat. 4503.

Mircourt (De). 7530, 7531.

MIRECOURT (Eugène DE). Voy. JACQUOT (Eugène).

Mirecourt (Habitants de). 7120-7124, 7532-7534, 7719, 7720.

Mirecourt (Vosges). 1275, 1646, 2368-2374, 5054, 5658, 9028.

MIROMÉNIL (J.). 223, 224.

Missels. Voy. Liturgie.

MISSET (E.). 3495-3499.

MITRY (Gabrielle-Rose DE). 11064.

Mitry (De). 7340.

Mitté. 7236.

Mittersheim (Meurthe). 2375.

MITTIÉ (Jean-Stanislas). 11065.

Mœurs et usages. 952, 1745, 1860, 2268, 2283, 4894, 4972, 4975-5018, 6311, 6350, 6361, 6365, 6379, 6380.

Mohr de Waldt. 7535.

Moidrey (Tardif de). 4504.

Moienna. 6728.

MOINEL (Ch.). 8227.

MOÏSE, évêque. 4139.

Moissy de Cléron (De). Voy. Haussonville (D').

Moitessier. 7487.

MOITHEY (Maurille-Antoine). 155, 186, 2707.

Moivrons (Meurthe). 2376, 8607.

Moizin (Docteur C.-J.). 4505.

Molé. 6713.

MOLÉRI. Voy. DEMOLIÈRE.

MOLET (Abbé). 9126, 11066.

MOLIEN (DE). 1121.

MOLITOR (G.-J.-J., comte). 4506.

Molitor (G.-J.-J., comte). 4506-4511.

Molitor. 6693.

MOLK (Jules). 11067.

MOLL (L.). 8228.

MOLLEVAUT (Ch.-L.). 1492, 9127, 11068-11076.

Mollevaut (Ch.-L.). 4515-4518, 5629, 9001, 9128.

Mollevaut (Abbé Gabriel). 4512, 4513.

Mollevaut (Abbé G.-E.-J.). 4514.

Mompéroux (De). Voy. Dio (De).

Monard. 6890.

Monchy (Scévole). 4519.

MONCRIF (DE). 891.

Monet. 7882.

MONGIN (F.-B.). 1490, 1493, 5200, 11077.

Mongin (Abbé F.-B.). 4520.

Monier. 7536.

MONIN (N.). 156, 187, 225, 277, 11078.

MONNIER (Auguste). 5064, 8229, 8410, 11079.

Monnier (Auguste). 4521.

Monnier. 6740, 7105-7110.

Monot. 7125, 7126.

MONQUERRON (Louis de). 656.

MONT (F. DE). 11019.

Montade. 7198-7206.

Montagnac (De). 7089, 7090, 7537, 7538.

Montagnard-Valory. 1560.

MONTAIGLON (Anatole de). 4608, 4609.

MONTAIGNE. 345.

Montaigu, commune de Laneuveville-devant-Nancy (Meurthe). 2377.

MONTALIVET (Comte DE). 11080.

Montalivet (Comte de). 4522.

Montauban (De). 7888.

Montbras (Meuse). 2378, 2379.

Mont-devant-Sassey (Meuse). 2380, 2381.

MONTECATINI (Jean-Baptiste). 695.

MONTÉMONT (Albert). 334, 3633, 4290, 9128, 11081-11088.

Montémont (Albert). 4523, 4524, 9172.

MONTESQUIOU (DE). 1337.

Montesquiou (DE). 4525.

Montet (Le), commune de Villers-lès-Nancy (Meurthe). 2382.

MONTFAUCON DE VILLARS (Abbé DE). 11872.

Montfaucon-en-Argonne (Meuse). 2383, 2384.

Montgaillard (Dom Bernard de). 4526.

MONTGARNY (Harmand DE). 12081, 12082.

Monthureux (Vosges). 2385.

MONTIGNOT (Abbé). 11089, 11090.

Montigny (De). 7539.

Montigny-les-Metz (Moselle). 2386.

MONTJOIE (DE). 2505.

Montjoie (De). 7733, 7734.

Montluc (De). 7383, 7384.

Montmédy (Meuse). 1742, 2387-2392, 5641, 6369.

MONTMORENCY-LAVAL (L.-J. DE). 5804.

Montmorency-Laval (De). 7368.

Montmorency-Luxembourg (De). 7414. Voy. Luxembourg (De).

Montreux (Meurthe). 2770.

MONTROND (Maxime DE). 3500.

Mont-Saint-Martin (Moselle). 2393.

Montsavillon (Commune de). 6617.

Montsec (Meuse). 2394.

MONTUREUX (Comte A. DE). 11091-11093.

Montzéville (Meuse). 2395.

Monvel (J.-M. Boutet de). 4527.

MOORE (Thomas). 3501.

Moore-Barbé-Marbois (Élisa). 1561.

MORAND. 335.

Morbac (De). 7489.

MOREAU (Jean). 11094.

Moreau (Jean). 4528.

MELOTTE. 8113.
MULTZER. 1562.
MUNDWEILER (Abbé X.). 2409.
MUNIER, capitaine. 7997.
MUNIER (Le P. Ch.). 6074, 11117.
MUNIER (F.). 8920, 11118-11120.
Munier (Nicolas). 4547.
Munier. 7547.
MUNIER-JOLAIN (J.). 2995.
Munster (Meurthe). 2422, 2423.
MUNTZ, ingénieur. 2504.
Mureau (Religieux de). 7548-7550.
MURET, géographe. 278.
Mury. 6875.
Musculus (Wolfgangus). 4548.
Musique. Voy. Arts divers.
MUSSEY (Jean). 428.
MUSSOT (E.). 226.
MUTH (J.-P.). 6500.
Myon (De). 6997, 6998.
Mystiques (Ouvrages). 5956 et suivants.
  Voy. Appendice II.

N

Naas. 6676-6678.
Naix (Meuse). 339, 2420, 2424, 2758, 4915.
Najean (Véridique). 4549.
NAJOTTE (Fr.). 2588.
Najotte. 6819-6822.
Nancy (Administration de la ville de). 1276-1301, 2495-2545.
Nancy (Affaire de). 1048-1168, 5069.
Nancy (Alliés [Les] à). 1688-1690.
Nancy (Armoiries de). 2478-2480, 2750.
Nancy (Arsenal de). 957.
Nancy (Avocats de la Cour de). 7380.
Nancy (Bailliage de). 6734, 7007, 7587, 7588.
Nancy (Bataille de). 505-514, 9231.
Nancy (Bénédictins de). 7567, 7897.
Nancy (Bibliothèque publique de). 2492, 5660-5675.
Nancy (Cartes, plans et vues de). 2663-2757.
Nancy (Chapelle ronde). 444, 445, 946, 984, 2626-2629, 2755, 8834.
Nancy (Chapitre de l'église St-Georges de). 7580, 7656, 7671, 7681, 7682, 7684.
Nancy (Collège et Lycée de). 5175, 5178, 5252-5254, 5256, 5257.
Nancy (Cordeliers de). 7570.
Nancy (Corps des marchands de). 7054, 7585, 7586.
Nancy (Cures de). 7672, 7678, 7686.
Nancy (Dominicains de). 7571.
Nancy (Eaux de). 2504, 2505, 8593, 8594.

Nancy (École forestière). 5244-5251, 9489, 10142-10145, 10289, 10723, 10726-10730, 10846, 10957-10963, 11196, 11307-11315, 11474, 11475.
Nancy (Écoles municipales de). 5255, 5262, 5263, 5284, 5285, 5293-5302.
Nancy (Évêché de). 5765, 5777-5780.
Nancy *(*Fêtes publiques à). 1697, 2634-2654.
Nancy (Fêtes révolutionnaires à). 1471, 1477-1485, 1488, 1490, 1492, 1493, 1495-1497.
Nancy (Garde citoyenne et garde nationale de). 1085, 1089, 1091, 1095, 1125, 1126-1129, 1167, 1346-1393, 1396, 1398, 2545, 5527, 8958, 8987, 9014.
Nancy (Guerre de 1870-71). 2464-2466.
Nancy (Guides à). 2425-2435.
Nancy (Histoire proprement dite de). 305, 381, 896, 902, 2436-2450.
Nancy (Hospices et hôpitaux de). 2546-2558, 2749, 2750.
Nancy (Jésuites de). 6732, 6733, 7551, 7553-7566, 7590, 7591.
Nancy (Jetons, monnaies et médailles). 5044-5046, 5058, 5076, 5109.
Nancy (Maisons de charité de). 7569.
Nancy (Maisons historiques de). 2457, 2458, 2750, 8812.
Nancy (Minimes de). 6919.
Nancy (Monuments civils de). 2577-2597.
Nancy (Monuments religieux de). 2598-2633, 2657, 2658, 2756, 2757, 6002, 6016-6022, 6177, 6178, 6180-6185, 6188, 6190-6195, 6200-6202, 8817, 9173.
Nancy (Musées de). 2488, 2490, 2491, 2493, 8659-8661.
Nancy (Noblesse de). 3232, 3234.
Nancy (Officiers municipaux de). 7362, 7586, 7589.
Nancy (Palais ducal et Musée lorrain de). 2447, 2485-2487, 2489, 2580-2585, 2754, 4973, 4974, 5394, 5395, 5397, 8812, 9035.
Nancy (Paroisse St-Vincent et St-Fiacre de). 7581.
Nancy (Perruquiers de). 7341.
Nancy (Portes de). 2592-2594, 2751, 9325.
Nancy (Prémontrés de). 7572.
Nancy (Présidial de). 7582, 7583.
Nancy (Primatiale de). 6622, 6641, 7652-7658, 7661, 7663-7665, 7667-7671, 7673-7676, 7678, 7681, 7682, 7684, 7685, 7812, 7816.
Nancy (Procureur général de). 7392.
Nancy (Refuge [Dames du] de). 7573-7575.
Nancy (Rues, places et promenades de). 2451, 2452, 2459, 2470-2476, 2493, 2494, 2749, 2750, 2752, 8479, 8480, 8814.

Nolin (J.-B.). 76, 86.
Nollet, de Toul. 11147.
Nollet-Fabert (J.). 3363, 3869, 3936, 3937, 4107, 4113, 4221, 4250, 4262, 4594, 4595, 4679, 4841.
Nomeny (Meurthe). 2768.
Nomexi (Nicolas de). 11148, 11149.
Nomexy (Vosges). 2769.
Noncourt (J.-B.-A.). 5146.
Nonhigny (Meurthe). 2770.
Norbert (Le R. P.). 4632, 11150-11155.
Nord (Le), Cie d'assurances. 6696.
Norroy (De). 92.
Norroy (Meurthe). 2771-2773.
Notta de la Tour. 7004.
Nouet (Nicolas-Antoine). 4579.
Nouve (Noël de). 8846.
Nouveau-Lieu, commune de Rosières-aux-Salines (Meurthe). 2774.
Nouvelles et romans. 9280-9339.
Novario (F.-M.-M.). 11156.
Novéant (Moselle). 2775.
Novillars (De). Voy. *Jouffroy (De)*.
Nubécourt (Meuse). 2776, 2777.
Nuisement. 11157, 11158.
Numismatique. 4956, 5019-5109.
Nurdin. 7096.
Nyegard (E.). 6235.
Nyel (Louis). 3602, 3603.

O

Oberlin (Docteur Henri Gottfried). 8420.
Oberlin (Jean-Frédéric). 1791, 4580-4583.
Oberlin (Jérôme-Jacques). 8921.
Obrin, substitut. 6550, 6553.
Odot. 6902.
Offices, emplois et charges. 6289, 6303, 6402-6407.
Oger. 7080, 7081.
Ogéviller (Meurthe). 2183, 2778.
O'Hèguerty. 7596, 7597.
Ohleyer. 533.
Old Nick. Voy. Forgues (P.-E.-D.).
Olincourt (F. d'). 4596, 9321.
Olivet (Fabre d'). 376.
Olivier (J.-D.). 4584.
Olivier (Le P. Placide). 11159.
Olley (Moselle). 2779.
Ollivier. 7387, 7598-7604.
Olry, d'Épinal. 9140, 9141.
Olry, professeur. 11160-11162.
Olry, vice-amiral. 4585.
Olry (E.). 158, 159, 337, 338, 1753, 2056, 3101, 3126, 3179, 4961, 4962, 5001, 8265, 8421.
Olry (Jean). 6208.
Olry. 6763, 7181-7184.
Oncourt (Vosges). 2780.
Ondernard (N.-A.). 4586.
Openheim. 7605, 7606, 7608.
Oppel de Saint-Astier (D'). 7039.
Orbain (J.-A.). 4788.
Ordener (Michel, comte). 4587.
Ordonnances, édits, arrêts. 6381 et suivants.
Ordres religieux (Histoire des). 6041-6175.
O'Reilly (E.). 3504.
Oriet (Didier). 11163.
Oriot. 6679.
Orléans (Gaston d'). 11886.
Ormerswiller (Moselle). 2781.
Ormes-et-Ville (Meurthe). 2782.
Ormont (Vosges). 2783.
Ortlieb, professeur. 4588.
Ory (N.?). 4877.
Ory (Eugène). 2845, 5634.
Osmond (Antoine-Eustache d'). 5835.
Osmond (Antoine-Eustache d'). 4589, 4590.
Ossolinski. 7609, 7610, 7843, 7844.
Ostfrise (D'). Voy. *Créhange (De)*.
Othenim. 6712.
Ott (A.). 3288.
Otthenin. 1563.
Oubriot (Maurice). 4591.
Oudé (Le R. P. Nicolas). 6230
Oudenot (Le R. P. D. Placide). 4098, 4615.
Oudin (A.-François). 9142.
Oudinot (Charles-Nicolas), maréchal. 4592-4597.
Oudinot (Nicolas-Charles-Victor), général. 11164, 11165.
Oudinot (Nicolas-Charles-Victor), général. 4598.
Ourches (Charles d'). 11166-11168.
Ourches (D'). 6802, 7020-7022.
Oustry, préfet. 5453.
Ovide. Voy. Leclerc (Sébastien).
Ozaneaux (Georges). 3505.

P

Pacotte (N.-B.). 5152.
Pacquotte (Docteur Ch.-G.). 8597.
Padoux (Vosges). 2784.
Pagel. 7817.
Pagnant. 7741.
Pagny-sur-Moselle (Meurthe). 2785.
Paillart. 3635, 3688, 3734, 3955, 4191, 4273, 4649, 4878, 5360, 5362, 6512-6515, 11169, 11170.
Paillet (Julien). 11171.

VALLET DE VIRIVILLE. 3409, 3422, 3543-3546, 5108.
VALLIER (F.-C. DE). 9190, 11693.
VALLIÈRES (Louis DE). 9336.
Valmonzey (Mlle C.). 4819.
VALOIS. 1647, 1648.
Valory (G.-F.-H.). 4820.
VALTER (L.). 3652.
Valter. 6618.
Valtin [Le] (Vosges). 3135.
VANAZZI. 2740.
VAN DER NOOT. 2360.
VAN DER STRATEN-PONTHOZ (Comte F.). 449, 3291, 3292, 8250, 8811.
Vandœuvre (Meurthe). 3136.
VAN HELDEN (Général). 3801.
Vannes (Meurthe). 3137.
VANNOZ (Mme DE). 11694-11698.
Vannoz (Mme de). 4821.
VANSON (Abbé). 3130, 6017.
VANSON (Général). 989, 11699.
Vanson. 7847.
Vantoux (Moselle). 3138.
Vany (Habitants de). 7017-7019.
Varangéville (Meurthe). 3006, 3139.
Varennes-en-Argonne (Meuse). 3140, 10218.
Varin (Charles Voirin dit). 4822.
VARIN (Pierre). 11700.
VARINOT. 1828.
Varize (Moselle). 3141.
VARROY (H.). 8083-8089, 8140.
Varroy (H.). 4823.
Varry. 7299.
Vasberg (De). 6752.
Vassart (Nicolas). 5673.
VATEL (Charles). 3874, 3875, 4722.
Vatelot (Abbé). 4824.
Vathelot. 7034.
Vatry (Bourdon de). 4825.
VAUBER (Le R. P.). 11977.
Vaubécourt (Meuse). 3142.
Vaucouleurs (Meuse). 3143, 3496.
Vaucourt (De). 7208.
Vaudémont (Comté de). 3144, 3179.
Vaudémont (Meurthe). 3057, 3058, 3145.
Vaudeville (Abbé). 4826.
VAUGEOIS (A.). 4165, 11701-11703.
VAUGONDY (Robert DE). 94.
Vaultrin. 6588, 6759, 6817, 7320, 7871, 7872.
Vautier. 6950.
VAUTRIN (Abbé). 8950.
Vautrin (Abbé). 4827.
VAUTRIN (Hubert). 8851, 11704.
Vautrin. 7354, 7907.
VAUTROT (J.-B.). 6101.

Vaux (Habitants de). 7873.
Vaux (Moselle). 3146.
VAUZELLES (Ludovic DE). 3547.
VAYRINGE (Philippe). 5169.
Vayringe (Philippe). 3346.
Veckersviller (Moselle). 3147.
Velaine-en-Haye (Meurthe). 8613.
VENCE (Abbé DE). 11705, 11706.
VENDEL (A.). 3080, 5579.
VENERONI (DE). 11707-11712.
Venette (De). 7129, 7130.
Ventron (Vosges). 3148, 4983.
Venture (De). 6682.
VENUTI (Benvenuto DI). 691.
VÉRANI (DE). 11713.
Vercly (Général de). 4828.
Verder (Mme). 4829.
Verdet (Louis). 4830.
Verdet. 6894, 7874-7876.
VERDUN (Abbé J.-G.). 4831.
Verdun (Les Srs). 6983, 6984, 7505.
Verdun (Meuse). 2261, 3149-3176, 3245, 3339, 5038, 5040, 5043, 5066, 5432, 5692-5694, 5735, 5742, 5754, 6373-6376, 8409, 9222.
Verdun (Abbaye St-Maur de). 6062.
Verdun (Augustins de). 7888.
Verdun (Bénédictins de). 7003, 7886, 7891-7894, 7897, 7898.
Verdun (Chanoines de la congrégation de Notre-Sauveur de). 6101.
Verdun (Chapitre de la cathédrale de). 7878-7880, 7889, 7890.
Verdun (Chapitre de la Madeleine de). 7887.
Verdun (Évêché de). 5757, 5786-5793, 6374-6376.
Verdun (Jésuites de). 7877.
Verdun (Prémontrés de). 6922, 7881-7885.
Vergaville (Meurthe). 3177.
VERGNAUD-ROMAGNÉSI (C.-F.). 3548-3550.
VERLAINE (Paul). 11714.
VERNÉGEOL (Jules). 5564.
VERNEUIL (V.). 9337.
VERNIER (J.). 5742.
VÉRON (Le P. François). 12044.
Verraquin de la Magdelaine. 6630.
Verriers (Gentilshommes). 7965-7967.
VERRONNAIS (François). 202, 234, 1895, 2303, 5566.
Véry. 7899.
VÉTILLARD. 12026.
VEUILLOT (Louis). 4699.
VEYLAND (A.-N.). 11715.
Vézelise (Meurthe). 1630, 1646, 3178-3181.
VIALLEMIN (Abbé Nicolas). 11716.

W

IMPROBVS

OMNIA

VINCIT

LABOR